Come usare il dizionario

Tutte le **voci** (lemmi, abbreviazioni, parole composte, varianti ortografiche e rimandi) compaiono in ordine alfabetico, in grassetto.
Le abbreviazioni sono seguite dalla loro forma per esteso.

AGIP ['aː·dʒip] *f acro di* **Azienda Generale Italiana Petroli** *Italian Gas Company*
agire [a·'dʒiː·re] <agisco> *vi* **1.** (*operare*) to act …
agli ['aʎ·ʎi] *prep* = **a + gli** *v.* **a**

I *phrasal verbs* inglesi seguono il verbo base e sono contrassegnati da una losanga (◆).

I numeri arabi in posizione esponenziale indicano parole che si scrivono nello stesso modo ma che hanno significati diversi (i cosiddetti **omografi**).

accesso[1] [at·'tʃɛs·so] *pp di* **accedere**
accesso[2] *m* **1.** (*possibilità di entrare*) access; **divieto di ~** no admittance …

Per la trascrizione fonetica è stato usato l'alfabeto fonetico internazionale.
Le trascrizioni fonetiche dell'inglese sono suddivise in sillabe tramite punti.

farfalla [far·'fal·la] *f* **1.** ZOO, SPORT butterfly **2.** (*cravatta*) bow tie

I **plurali irregolari** compaiono tra parentesi uncinate così come le **forme irregolari dei verbi e degli aggettivi inglesi.**

sobborgo [sob·'bor·go] <-ghi> *m* suburb
trittico ['trit·ti·ko] <-ci> *m* **1.** ARTE triptych **2.** LIT trilogy

I numeri romani suddividono la voce in diverse **categorie grammaticali**, mentre le cifre arabe contrassegnano le scansioni di **significato**.

abbandonare [ab·ban·do·'naː·re] **I.** *vt* **1.** (*lasciare: famiglia, paese*) to abandon; (*non aiutare: amico*) to let down **2.** (*trascurare: casa, giardino*) to neglect **3.** (*rinunciare a: progetto, speranza*) to give up

La **tilde** sostituisce il lemma negli esempi e nelle locuzioni idiomatiche, mentre il segno ► introduce la sezione di **espressioni figurate, frasi idiomatiche e proverbi**. Le parole chiave sono state sottolineate per facilitare la ricerca.

capo ['kaː·po] **I.** *m* **1.** ANAT head; **chinare il ~** *fig* to bow one's head

Sono stati utilizzati diversi **indicatori semantici** per guidare l'utente nella scelta della traduzione giusta:

- **indicatori di campo semantico**

neretto [ne·ret·to] *m* TYP bold

v. a. (vedi anche) or *s. a. (see also)* invita il lettore a consultare un'altra **voce modello** per ottenere ulteriori informazioni.

marzo ['mar·tso] *m* March; *v.a.* **aprile**

atlas ['æt·ləs] <-es> *n* atlante *m*
ATM [ˌeɪ·tiː·'em] *n abbr of* **automated teller machine** ≈ Bancomat® *m inv*
atmosphere ['æt·məs·fɪr] *n* **1.** *a.* PHYS atmosfera *f* **2.** *fig* atmosfera *f*

All **entries** (including words, abbreviations, compounds, variant spellings and cross-references) appear in alphabetical order and are printed in bold type. Abbreviations are followed by their full form.

build [bɪld] **I.** *vt* <built, built> **1.** (*make: house*) costruire; (*fire*) fare; (*car*) fabbricare …
◆**build on** *vt* basare su; **to build sth on sth** basare qc su qc

English phrasal verbs come directly after the base verb and are marked with a diamond (◆).

console[1] [kən·'soʊl] *vt* (*comfort*) consolare
console[2] ['kɑːn·sɔʊl] *n* (*switch panel*) console *f*

Superscript, or raised numbers, indicate identically spelled words with different meanings (so-called **homographs**).

handsome ['hæn·səm] *adj* bello, -a

The International Phonetic Alphabet is used for all phonetic transcriptions. Transcriptions of English are divided into syllables by means of centered dots.

eat [iːt] **I.** <ate, eaten> *vt* mangiare; …
empty ['emp·ti] **I.** <-ier, -iest> *adj* **1.** …

Irregular plural forms and **forms of English irregular verbs and adjectives are given in angle brackets**.

Italian feminine forms are shown unless they are identical to the masculine form. Italian nouns are followed by their gender.

gossip ['gɑː·səp] **I.** *n* **1.** (*rumor*) pettegolezzi *mpl*, gossip *m inv;* **idle ~** pettegolezzi; **~ columnist** cronista *mf* mondano, -a **2.** (*person*) pettegolo, -a *m, f* **II.** *vi* **1.** (*spread rumors*) spettegolare; **to ~ about sb** spettegolare su qu **2.** (*chatter*) chiacchierare

Roman numerals are used for the **parts of speech** of a word, and Arabic numerals for **sense divisions**.

hot [hɑːt] **I.** *adj* **1.** (*very warm*) caldo, -a; **it's ~** fa caldo **2.** (*spicy*) piccante **3.** *inf* (*skillful*) bravo, -a; … **8.** *sl* (*stolen*) **to be ~** scottare ▶**to be all ~ and <u>bothered</u>** essere agitato **II.** *n* **he has the ~s for her** gli piace un sacco …

The **swung dash** represents the entry word in examples and idioms. The ▶ sign introduces **a block of set expressions, idioms and proverbs**. Key words are <u>underlined</u> as a guide.

Various kinds of **meaning indicators** are used to guide users to the required translation:

September [sep·'tem·bɚ] *n* settembre *m;* *s.a.* **April**

v. a. (vedi anche) or *s. a. (see also)* invites the reader to consult a **model entry** for further information.

With the aid of the alphabetical thumb index overleaf (at the edge of the page) you can quickly locate the letter you need to find in the Italian-English and English-Italian dictionary.

Once you have located the letter you need on the thumb index, simply flip to the correspondingly marked part of the dictionary.

If you are left-handed, you can use the thumb index at the end of this book.

Con l'aiuto dell'indice alfabetico a bordo pagina è possibile selezionare rapidamente la lettera di cui si ha bisogno nelle sezioni Italiano-Inglese e Inglese-Italiano del dizionario.

Dopo aver scelto la lettera nell'indice, aprire il dizionario alla sezione voluta.

Gli utenti mancini possono servirsi dell'indice che si trova alla fine del dizionario.

ITALIAN–ENGLISH

Pocket Dictionary

Dizionario tascabile

ITALIANO–INGLESE

BARRON'S Foreign Language Guides
Italian-English Pocket Dictionary
Dizionario tascabile Italiano-Inglese

First edition for the United States and Canada published in 2008 by Barron's Educational Series, Inc.

Editorial management: Dr. Andreas Cyffka, Dr. Helen Hyde
Contributors: Richard Alderman, Gabriella Bacchelli, Helen Hyde, Liz Potter

Typesetting: Mariusz Idzikowski, Poznań; Dörr und Schiller GmbH, Stuttgart

All inquiries should be addressed to:

Barron's Educational Series, Inc.
250 Wireless Boulevard
Hauppauge, NY 11788
www.barronseduc.com

ISBN-13: 978-0-7641-4004-4
ISBN-10: 0-7641-4004-3
Library of Congress Control Number 2008920658

Printed in China
9 8 7 6 5 4 3 2 1

Indice

Contents

La trascrizione fonetica dell'italiano – Italian phonetic symbols

Vocali/Vowels

[a]	baco
[e]	mela
[ɛ]	elica
[i]	dito
[o]	onda
[ɔ]	oasi
[u]	muro

Dittonghi/Diphtongs

[ja]	piatto
[je]	pieno
[jo]	fionda
[ju]	fiume
[wa]	guaio
[wo]	fuorilegge
[wɔ]	fuori

Consonanti/Consonants

[b]	bello
[d]	dama
[dʒ]	giorno, gelo
[dz]	zeta
[f]	fune
[g]	gola, ghiro
[k]	come, chino, che
[l]	loro
[ʎ]	aglio
[m]	mercato
[ŋ]	natura
[ŋŋ]	degno
[p]	pagina
[r]	regola
[s]	sale
[ʃ]	sciare
[t]	timbro
[ts]	zio
[tʃ]	cinese, cera
[v]	vapore
[z]	slegare

English phonetic symbols – La trascrizione fonetica dell'inglese

Vowels/Vocali

[a]	farm, father, not
[æ]	man, plant, sad
[e]	bed, get, hair
[ə]	actor, ago, better
[ᵊ]	nation, sudden, wonderful
[ɜ]	bird, her
[i]	beat, bee, belief, me
[ɪ]	it, near, wish
[ɔ]	all, law, long
[u]	do, soon, you
[ʊ]	look, push, sure
[ʌ]	but, son
[ã]	croissant, denouement

Diphthongs/Dittonghi

[aɪ]	buy, by, life
[aʊ]	growl, house
[eɪ]	lame, name
[ɔɪ]	boy, oil
[oʊ]	road, rope, show
[ju]	abuse, pupil

Consonants/Consonanti

[b]	been, blind
[d]	do, had
[ð]	father, this
[dʒ]	jam, object
[f]	father, wolf
[g]	beg, go
[h]	house
[j]	youth
[ʒ]	pleasure
[k]	keep, milk
[l]	ill, lamp, oil
[m]	am, man
[n]	manner, no
[ŋ]	long, prank, string
[p]	happy, paper
[r]	dry, red
[s]	sand, stand, yes
[ʃ]	fish, ship, station
[t]	fat, tell
[ţ]	butter, water
[θ]	death, thank
[tʃ]	catch, church
[v]	live, voice
[w]	water, we, which
[z]	gaze, these, zeal

Signs/Segni

[ˈ]	primary stress
[ˌ]	secondary stress
[·]	syllable division

La trascrizione fonetica dell'italiano – Italian phonetic symbols

Vocali/Vowels

[a]	baco
[e]	mela
[ɛ]	elica
[i]	dito
[o]	onda
[ɔ]	oasi
[u]	muro

Dittonghi/Diphtongs

[ja]	piatto
[je]	pieno
[jo]	fionda
[ju]	fiume
[wa]	guaio
[wo]	fuorilegge
[wɔ]	fuori

Consonanti/Consonants

[b]	bello
[d]	dama
[dʒ]	giorno, gelo
[dz]	zeta
[f]	fune
[g]	gola, ghiro
[k]	come, chino, che
[l]	loro
[ʎ]	aglio
[m]	mercato
[ŋ]	natura
[ŋŋ]	degno
[p]	pagina
[r]	regola
[s]	sale
[ʃ]	sciare
[t]	timbro
[ts]	zio
[tʃ]	cinese, cera
[v]	vapore
[z]	slegare

English phonetic symbols – La trascrizione fonetica dell'inglese

Vowels/Vocali

[a]	farm, father, not
[æ]	man, plant, sad
[e]	bed, get, hair
[ə]	actor, ago, better
[ᵊ]	nation, sudden, wonderful
[ɜ]	bird, her
[i]	beat, bee, belief, me
[ɪ]	it, near, wish
[ɔ]	all, law, long
[u]	do, soon, you
[ʊ]	look, push, sure
[ʌ]	but, son
[ã]	croissant, denouement

Diphthongs/Dittonghi

[aɪ]	buy, by, life
[aʊ]	growl, house
[eɪ]	lame, name
[ɔɪ]	boy, oil
[oʊ]	road, rope, show
[ju]	abuse, pupil

Consonants/Consonanti

[b]	been, blind
[d]	do, had
[ð]	father, this
[dʒ]	jam, object
[f]	father, wolf
[g]	beg, go
[h]	house
[j]	youth
[ʒ]	pleasure
[k]	keep, milk
[l]	ill, lamp, oil
[m]	am, man
[n]	manner, no
[ŋ]	long, prank, string
[p]	happy, paper
[r]	dry, red
[s]	sand, stand, yes
[ʃ]	fish, ship, station
[t]	fat, tell
[ţ]	butter, water
[θ]	death, thank
[tʃ]	catch, church
[v]	live, voice
[w]	water, we, which
[z]	gaze, these, zeal

Signs/Segni

[']	primary stress
[ˌ]	secondary stress
[·]	syllable division

A

A, a [a] <-> *f* A, a; **dall'~ alla zeta** from A to Z; **~ come Ancona** A for Apple

a *abbr di* **anno** yr.

a [a] <al, allo, all', alla, ai, agli, alle> *prep* **1.** (*stato in luogo*) at; **al mare** at the beach; **al mercato** at the market; **sono ~ casa** I am at home; **~ Trieste** in Trieste; **~ 20 chilometri da Torino** 20 kilometers from Turin; **~ pagina cinque** on page five; **alla televisione** on television **2.** (*moto a luogo*) to; **andare al mare** to go to the beach; **andare ~ Trieste** to go to Trieste **3.** (*tempo*) at; (*riferito a mese, stagione*) in; (*fino*) till; **~ mezzogiorno** at noon; **alle sette** at seven; **~ marzo** in March; **~ domani** see you tomorrow; **al venerdì** on Fridays **4.** (*con prezzo*) at; **~ 2 euro al chilo** (at) 2 euros a kilo **5.** (*complemento di termine*) to; **lo regalo ~ Giuseppe** I'm giving it to Giuseppe **6.** (*età*) **~ vent'anni** at the age of twenty **7.** (*proposizione finale*) **andare ~ sciare** to go skiing **8.** (*modo*) **fatto ~ mano** handmade **9.** (*mezzo*) **~ cavallo** on horseback; **~ piedi** on foot **10.** (*velocità*) **viaggiare ~ 120 chilometri l'ora** to travel at 120 kilometers an hour

A **1.** *abbr di* **Austria** A **2.** *abbr di* **autostrada** I **3.** *abbr di* **ampère** A

AAST *abbr di* **Azienda Autonoma di Soggiorno e Turismo** Local Convention and Visitors Bureau

abate [a·'ba:·te] *m* abbot

abbagliante [ab·ba·'ʎʎan·te] *agg* dazzling

abbagliare [ab·ba·'ʎʎa:·re] *vt essere* to dazzle

abbaiare [ab·ba·'ia:re] *vi* to bark

abbandonare [ab·ban·do·'na:·re] **I.** *vt* **1.** (*lasciare*) to abandon **2.** (*trascurare*) to neglect **3.** (*rinunciare a*) to give up **II.** *vr:* **-rsi** *a. fig* to let oneself go

abbandonato, -a [ab·ban·do·'na:·to] *agg* (*bambino*) abandoned; (*trascurato*) neglected

abbandono [ab·ban·'do:·no] *m* **1.** (*di famiglia*) abandonment **2.** (*trascuratezza*) neglect **3.** (*rinuncia*) giving up

abbassamento [ab·bas·sa·'men·to] *m* **1.** (*di prezzi*) reduction **2.** (*di temperatura*) drop **3.** (*d'intensità*) lowering

abbassare [ab·bas·'sa:·re] **I.** *vt* **1.** (*mettere più in basso*) to lower; (*finestrino*) to wind down **2.** (*prezzo*) to reduce; (*voce*) to keep down; (*radio*) to turn down; (*tasto*) to push down; **~ gli occhi** to lower one's eyes **II.** *vr:* **-rsi** **1.** (*chinarsi*) to bend down **2.** *fig* (*umiliarsi*) to demean oneself **3.** (*calare: temperatura*) to drop

abbasso [ab·'bas·so] *avv* **~ qc!** down with sth!

abbastanza [ab·bas·'tan·tsa] **I.** *avv* **1.** (*a sufficienza*) enough; **averne ~ di qu/qc** to be fed up with sb/sth **2.** (*alquanto*) pretty **II.** <inv> *agg* (*a sufficienza*) enough; **non ho ~ tempo** I don't have enough time

abbattere [ab·'bat·te·re] **I.** *vt* **1.** (*alberi*) to cut down; (*muri*) to pull down **2.** (*uccidere*) to kill; (*bestie al macello*) to slaughter **3.** *fig* (*prostrare*) to depress; (*malattia*) to lay low **II.** *vr:* **-rsi** **1.** (*cadere di schianto*) **~ su qu/qc** to hit sb/sth **2.** *fig* (*deprimersi*) to get depressed

abbazia [ab·ba·'tsi:a] <-ie> *f* abbey

abbellire [ab·bel·'li:·re] <abbellisco> **I.** *vt* **1.** (*rendere più bello*) to make more attractive **2.** (*stanza*) to decorate **3.** (*racconto*) to embellish **II.** *vr:* **-rsi** to become more attractive

abbia ['ab·bia] *1., 2. e 3. pers sing conj pr di* **avere**[1]

abbicci [ab·bit·'tʃi] <-> *m* **1.** (*alfabeto*) ABC **2.** (*sillabario*) ABC book **3.** *fig* (*primi elementi*) ABCs

abbigliamento [ab·bi·ʎʎa·'men·to] *m* clothing; (*indumenti*) clothes

abbinamento [ab·bi·na·'men·to] *m* combination

abbinare [ab·bi·'na:·re] *vt* (*unire*) to join; (*colori*) to match; **una giacca da ~ a questi pantaloni** a jacket to go with these pants

abbisognare [ab·bi·zo·ɲ'ɲa:·re] *vi* **~ di qc** to need sth

abbonamento [ab·bo·na·'men·to] *m*

1. (*a giornale*) subscription; (*a teatro*) season ticket; **fare l'~ a qc** (*giornale*) to subscribe to sth; (*teatro*) to buy a season ticket for sth **2.** (*ferroviario, tranviario*) season pass

abbonare [ab·bo·'na:·re] **I.** *vt* **1.** (*debito*) **~ qc a qu** to let sb off sth **2.** *fig* (*perdonare*) **~ qc a qu** to forgive sb sth **II.** *vr* **-rsi a un giornale** to subscribe to a newspaper

abbonato, -a [ab·bo·'na:·to] **I.** *agg* **essere ~** (*a giornale*) to be a subscriber; (*alla televisione*) to be a license holder; (*all'autobus*) to be a season pass holder **II.** *m, f* (*a teatro*) season ticket holder; (*al telefono*) subscriber; (*alla televisione*) license holder

abbondante [ab·bon·'dan·te] *agg* large

abbondanza [ab·bon·'dan·tsa] *f* abundance; **abbiamo verdura in ~** we have plenty of vegetables

abbondare [ab·bon·'da:·re] *vi* **1.** (*essere in grande quantità*) to be plentiful **2.** (*eccedere*) **~ di** to be full of

abbordabile [ab·bor·'da:·bi·le] *agg* **1.** (*spesa*) affordable **2.** (*persona*) approachable

abbottonare [ab·bot·to·'na:·re] **I.** *vt* to button up **II.** *vr:* **-rsi** *fig inf* to clam up

abbozzare [ab·bot·'tsa:·re] *vt* to sketch

abbozzo [ab·'bɔt·tso] *m* sketch

abbracciare [ab·brat·'tʃa:·re] **I.** *vt* to hug **II.** *vr:* **-rsi** to hug

abbraccio [ab·'brat·tʃo] <-cci> *m* hug

abbreviare [ab·bre·'via:·re] *vt* **1.** (*percorso*) to shorten **2.** (*parola*) to abbreviate

abbreviazione [ab·bre·viat·'tsio:·ne] *f* (*di parola*) abbreviation

abbronzante [ab·bron·'dzan·te] **I.** *agg* tanning **II.** *m* suntan lotion

abbronzare [ab·bron·'dza:·re] **I.** *vt* to tan **II.** *vr:* **-rsi** to tan

abbronzato, -a [ab·bron·'dza:·to] *agg* tan

abbronzatura [ab·bron·dza·'tu:·ra] *f* tan

abbrustolire [ab·brus·to·'li:·re] <abbrustolisco> **I.** *vt* (*pane*) to toast; (*verdure*) to broil **II.** *vr:* **-rsi** *scherz* **~ al sole** to roast in the sun

abbuffarsi [ab·buf·'far·si] *vr inf* to stuff oneself (with food)

abbuffata [ab·buf·'fa:·ta] *f* **fare un'~** to stuff oneself (with food)

abete [a'be:·te] *m* fir

abile ['a:bi·le] *agg* **1.** (*idoneo*) MIL fit **2.** (*esperto*) skillful **3.** (*accorto*) clever

abilità [abi·li·'ta] <-> *f* **1.** (*idoneità*) fitness; **~ al lavoro** fitness for work **2.** (*capacità*) skill **3.** (*accortezza*) cleverness

abilitante [abi·li·'tan·te] *agg* qualifying; **esame ~** qualifying examination

abilitare [abi·li·'ta:·re] **I.** *vt* to qualify **II.** *vr:* **-rsi** to qualify

abilitato, -a [abi·li·'ta:·to] **I.** *agg* qualified **II.** *m, f* qualified teacher

abilitazione [abi·li·tat·'tsio:·ne] *f* qualification; **~ all'insegnamento** qualification to teach

abisso [a'bis·so] *m a. fig* abyss

abitabile [abi·'ta:·bi·le] *agg* habitable

abitabilità <-> *f* habitability; **permesso di ~** certificate of occupancy

abitacolo [abi·'ta:·ko·lo] *m* (*di auto*) interior; (*di camion*) driver's cab; (*di aereo*) cockpit

abitante [abi·'tan·te] *mf* (*di paese*) inhabitant; (*di casa, appartamento*) occupant

abitare [abi·'ta:·re] **I.** *vt* (*paese*) to inhabit; (*casa*) to live in **II.** *vi* to live; **~ a Firenze** to live in Florence

abitato [abi·'ta:·to] *m* built-up area

abitato, -a *agg* inhabited; (*popolato*) populated

abitazione [abi·tat·'tsio:·ne] *f* (*appartamento*) apartment; (*casa*) house; **~ popolare** public housing unit

abito ['a:bi·to] *m* **1.** (*da donna*) dress; (*da uomo*) suit; **~ da cerimonia** formal dress **2.** *pl* (*vestiti*) clothes *pl*

abituale [abi·tu'a:·le] *agg* usual

abitualmente [abi·tual·'men·te] *avv* usually

abituare [abi·tu·'a:re] **I.** *vt* **~ qu a qc** to get sb used to sth **II.** *vr* **-rsi a qc** to get used to sth

abituato, -a [abi·tu·'a:to] *agg* **essere ~ a qc** to be used to sth

abitudinario, -a [abi·tu·di·'na:·rio] <-i, -ie> **I.** *agg* of habit **II.** *m, f* creature of habit

abitudine [abi·'tu:·di·ne] *f* **1.** (*consuetu-*

dine) habit; **d'~** usually **2.** (*assuefazione*) **fare l'~ a qc** to get used to sth

abolire [a·bo·'liː·re] <abolisco> *vt* to abolish

abolizione [a·bo·lit·'tsioː·ne] *f* abolition

abominevole [a·bo·mi·'neː·vo·le] *agg* **1.** (*mostro*) appalling **2.** (*esecrabile*) dreadful

abortire [a·bor·'tiː·re] <abortisco> *vi* **1.** *avere* MED to have an abortion; (*involontariamente*) to have a miscarriage **2.** *essere fig* (*fallire*) to fail

abortista [a·bor·'tis·ta] <-i , -e> **I.** *mf* abortionist **II.** *agg* pro-abortion

aborto [a·'bɔr·to] *m* **1.** (*procurato*) abortion **2.** (*spontaneo*) miscarriage **3.** *fig* (*persona*) freak; (*opera d'arte*) monstrosity

abruzzese [a·brut·'tseː·se] **I.** *agg* from the Abruzzi **II.** *mf* (*abitante*) inhabitant of the Abruzzi **III.** *m* (*dialetto*) dialect of the Abruzzi

Abruzzi [a·'brut·tsi] *pl* Abruzzo

abside ['ab·si·de] *f* ARCH apse

abusare [a·bu·'zaː·re] *vi* **~ di** (*sessualmente*) to abuse; (*approfittare*) to take advantage of; **~ di alcolici** to drink too much

abusivismo [a·bu·zi·'viz·mo] *m* illegal activity; **~ edilizio** illegal building

abusivista [a·bu·zi·'vis·ta] <-i , -e> *mf* *person who engages in unauthorized activities*

abusivo, -a [a·bu·'ziː·vo] **I.** *agg* illegal **II.** *m, f* *person who engages in unauthorized activities*

abuso [a·'buː·zo] *m* abuse; **~ di autorità** abuse of power; **fare ~ di alcolici** to drink too much

a.C. *abbr di* **avanti Cristo** BC

acca ['ak·ka] <-> *f* (*lettera*) letter H

accaddi [ak·'kad·di] *1. pers sing pass rem di* **accadere**

accademia [ak·ka·'dɛː·mia] <-ie> *f* academy; **~ di Belle Arti** art school; **~ musicale** conservatory of music

accademico, -a [ak·ka·'dɛː·mi·ko] <-ci, -che> **I.** *agg* academic **II.** *m, f* academic

accadere [ak·ka·'deː·re] <irr> *vi essere* to happen

accaduto [ak·ka·'duː·to] *m* event

accalappiare [ak·ka·lap·'piaː·re] *vt* (*catturare*) to catch

accaldarsi [ak·kal·'dar·si] *vr* **1.** (*riscaldarsi*) to get hot **2.** *fig* (*infervorarsi*) to get heated

accalorarsi [ak·ka·lo·'rar·si] *vr* to get heated

accampamento [ak·kam·pa·'men·to] *m* camp

accanirsi [ak·ka·'nir·si] <mi accanisco> *vr* **1.** (*infierire*) **~ (contro qu/qc)** to rage (against sb/sth) **2.** (*ostinarsi*) **~ (in qc)** to persist (in doing sth)

accanito, -a [ak·ka·'niː·to] *agg* **1.** (*discussione*) heated **2.** (*lavoratore*) tireless; (*sostenitore*) keen; **fumatore ~** chain smoker

accanto [ak·'kan·to] **I.** *avv* nearby; **abitano qui ~** they live next door **II.** *prep* **~ a** next to **III.** <inv> *agg* next

accantonare [ak·kan·to·'naː·re] *vt* **1.** (*merci*) to put aside **2.** COM (*utili*) to set aside **3.** MIL (*truppe*) to billet **4.** *fig* (*progetto*) to shelve

accaparrare [ak·ka·par·'raː·re] **I.** *vt* (*merce*) to buy up **II.** *vr* **-rsi qc** (*merce*) to buy sth up; (*biglietto*) to grab sth

accapo [ak·'kaː·po] *avv* **andare ~** to begin a new paragraph

accappatoio [ak·kap·pa·'toː·io] <-oi> *m* bathrobe

accarezzare [ak·ka·re·'tsaː·re] *vt* (*con la mano*) to stroke

accartocciare [ak·kar·tot·'tʃaː·re] **I.** *vt* to crumple up **II.** *vr:* **-rsi** to curl up

accasciarsi [ak·kaʃ·'ʃaːr·si] *vr* **1.** (*lasciarsi cadere*) to collapse **2.** *fig* (*avvilirsi*) to become disheartened

accatastabile [ak·ka·tas·'taː·bi·le] *agg* **1.** (*ammucchiabile*) stackable **2.** (*registrabile al catasto*) **bene ~** *property that can be registered at the land office*

accatastare [ak·ka·tas·'taː·re] *vt* **1.** (*disporre a catasta*) to stack **2.** *fig* (*ammucchiare*) to accumulate **3.** (*registrare al catasto*) to register at the land office

accattivante [ak·kat·ti·'van·te] *agg* captivating

accavallare [ak·ka·val·'laː·re] **I.** *vt* (*gambe*) to cross **II.** *vr:* **-rsi** *fig* (*pensieri,* *avvenimenti*) to overlap

accecare [at·tʃe·'ka:·re] **I.** *vt avere* **1.** *a. fig* (*persone*) to blind **2.** (*abbagliare*) to dazzle **II.** *vi essere* to become blind

accedere [at·'tʃɛ:·de·re] <accedo, accedei *o* accedetti, accesso> *vi* **1.** *essere* **~ a qc** (*arrivare*) to get to sth; (*entrare*) to enter sth **2.** *avere fig* **~ a qc** (*università*) to be admitted to sth; (*partito*) to join sth

accelerare [at·tʃe·le·'ra:·re] *vi, vt* to accelerate

acceleratore [at·tʃe·le·ra·'to:·re] *m* MOT accelerator

accelerazione [at·tʃe·le·rat·'tsio:·ne] *f* acceleration

accendere [at·'tʃɛn·de·re] <accendo, accesi, acceso> **I.** *vt* **1.** (*fuoco, sigaretta*) to light; **mi fai** [*o* **hai da**] **~?** do you have a light? **2.** (*conto*) to open; (*ipoteca*) to take out **3.** (*apparecchio*) to switch on; (*gas*) to turn on; (*motore*) to start **II.** *vr:* **-rsi** **1.** (*prender fuoco*) to catch fire **2.** (*luce*) to come on

accendigas [at·tʃen·di·'gas] <-> *m* kitchen lighter

accendino [at·tʃen·'di:·no] *m* lighter

accennare [at·tʃen·'na:·re] **I.** *vt* **1.** (*canzone*) to sing a few notes of **2.** (*sorriso, smorfia*) to give a hint of **II.** *vi* **1.** (*fare un cenno*) to make a sign; **~ di sì** to nod **2.** (*dare indizio*) to make as if; **accennò ad alzarsi** he made as if to get up **3.** (*alludere*) **~ a qc** to mention sth

accenno [at·'tʃen·no] *m* **1.** (*cenno, indizio*) hint **2.** (*allusione*) **fare ~ a qc** to mention sth

accensione [at·tʃen·'sio:·ne] *f* **1.** (*avvio*) switching on **2.** (*di motore*) ignition

accento [at·'tʃɛn·to] *m* **1.** LING accent, stress; **~ acuto** acute accent; **porre l'~ su qc** *fig* to stress sth **2.** (*intonazione*) accent

accentuare [at·tʃen·tu·'a:re] **I.** *vt* **1.** (*dare rilievo*) to stress **2.** (*aumentare: disagio*) to make worse **II.** *vr:* **-rsi** **1.** (*aumentare*) to increase **2.** (*peggiorare*) to get worse

accertamento [at·tʃer·ta·'men·to] *m* (*verifica*) check

accertare [at·tʃer·'ta:·re] **I.** *vt* (*verificare*) to check **II.** *vr:* **-rsi** to make sure

accesi [at·'tʃe:·si] *1. pers sing pass rem di* **accendere**

acceso, -a [at·'tʃe:·so] **I.** *pp di* **accendere** **II.** *agg* **1.** (*fuoco*) lit **2.** (*luce, gas*) on; (*motore*) running **3.** (*colore*) bright; **rosso ~** bright red **4.** *fig* heated

accessibile [at·tʃes·'si:·bi·le] *agg* **1.** (*raggiungibile*) accessible **2.** (*comprensibile*) comprehensible **3.** (*alla mano*) approachable **4.** (*prezzo*) affordable

accesso[1] [at·'tʃɛs·so] *pp di* **accedere**

accesso[2] *m* **1.** (*possibilità di entrare*) access; **divieto di ~** no admittance **2.** (*porta*) entrance **3.** MED fit; **~ di tosse** coughing fit **4.** COMPUT access

accessori [at·tʃes·'sɔ:·ri] *mpl* accessories

accessoriato, -a [at·tʃes·so·'ria:·to] *agg* with optional extras

accettabile [at·tʃet·'ta:·bi·le] *agg* acceptable

accettare [at·tʃet·'ta:·re] *vt* to accept; **~ una sfida** to accept a challenge

accettazione [at·tʃet·tat·'tsio:·ne] *f* **1.** (*di proposta*) acceptance **2.** (*ufficio*) reception **3.** (*presa in consegna*) receipt; **~ bagagli** check-in

acchiappare [ak·kiap·'pa:·re] *vt* to catch

acchito [ak·'ki:·to] *m fig* **di primo ~** offhand

acciacco [at·'tʃak·ko] <-cchi> *m* ailment; **piena di -chi** full of aches and pains

acciaieria [at·tʃa·ie·'ri:·a] <-ie> *f* steelworks

acciaio [at·'tʃa:·io] <-ai> *m* steel; **avere nervi d'~** to have nerves of steel

accidentaccio [at·tʃi·den·'tak·kio] **I.** *inter* goddamn **II.** <-> *m* mess; **un ~ di situazione** a goddamn awful situation

accidentale [at·tʃi·den·'ta:·le] *agg* **1.** (*casuale*) accidental **2.** (*accessorio*) secondary

accidente [at·tʃi·'dɛn·te] *m* **1.** (*evento fortuito*) accident **2.** (*disgrazia*) mishap; **gli venisse un ~!** *inf* damn him! **3.** MED stroke **4.** (*loc*) **non … un ~** *inf* not a damn; **non m'importa un ~** *inf* I don't give a damn!; **-i!** *inf* damn it!

accigliarsi [at·tʃiʎ·'ʎar·si] *vr* to frown

accingersi [at·'tʃin·dʒer·si] <irr> *vr* **~ a fare qc** to get ready to do sth

accipicchia [at·tʃi·ˈpik·kia] *inter inf* shoot!

acciuga [at·ˈtʃuː·ga] <-ghe> *f* anchovy

acclamare [ak·kla·ˈmaː·re] **I.** *vt* **1.** (*applaudire*) to applaud **2.** (*eleggere*) to acclaim **II.** *vi* ~ **a** to applaud

accludere [ak·ˈkluː·de·re] <accludo, acclusi, accluso> *vt* to enclose

accluso, -a [ak·ˈkluː·zo] *agg* enclosed; ~ **alla lettera invio ...** please find enclosed ...

accogliente [ak·koʎ·ˈʎɛn·te] *agg* welcoming

accoglienza [ak·koʎ·ˈʎɛn·tsa] *f* welcome

accogliere [ak·ˈkɔʎ·ʎe·re] <irr> *vt* **1.** (*persone*) to welcome **2.** (*consiglio*) to accept

accollato, -a [ak·kol·ˈlaː·to] *agg* (*abito*) high-necked; (*scarpe*) high-fronted

accolsi [ak·ˈkɔl·si] *1. pers sing pass rem di* **accogliere**

accoltellare [ak·kol·tel·ˈlaː·re] *vt* to stab

accolto [ak·ˈkɔl·to] *pp di* **accogliere**

accomodante [ak·ko·mo·ˈdan·te] *agg* accommodating

accomodare [ak·ko·mo·ˈdaː·re] **I.** *vt* **1.** (*aggiustare*) to fix **2.** (*riordinare*) to arrange **3.** *fig* (*debito, lite*) to settle **II.** *vr:* **-rsi 1.** (*mettersi a proprio agio*) to settle down; (*sedersi*) to sit down; **prego, si accomodi!** (*si sieda*) please take a seat!; (*entri*) come in! **2.** (*accordarsi*) to reach a settlement

accompagnamento [ak·kom·paɲ·ɲa·ˈmen·to] *m* **1.** (*seguito*) company **2.** (*aggiunta*) **lettera di ~** cover letter **3.** ADM (*pensione*) **indennità d'~** *home care benefit*

accompagnare [ak·kom·pa·ˈɲaː·re] **I.** *vt* **1.** (*andare insieme*) to go with; ~ **un bambino a scuola** to take a child to school; ~ **qu alla porta** to see sb off **2.** (*seguire*) ~ **qu con lo sguardo** to follow sb with one's eyes **3.** (*unire*) to enclose **4.** MUS ~ **qu al** [*o* **con il**] **violino** to accompany sb on the violin **II.** *vr:* **-rsi 1.** MUS to accompany oneself **2.** (*armonizzare*) **questo vino si accompagna ai dolci** this wine goes well with desserts **3.** (*prendere come compagno*) **-rsi a qu** to associate with sb

accompagnatore, -trice [ak·kom·pa·ɲa·ˈtoː·re] *m, f* **1.** (*corteggiatore*) companion; ~ **turistico** courier **2.** (*call-girl, gigolo*) escort **3.** MUS accompanist

accompagnatoria [ak·kom·pa·ɲa·ˈtɔː·ria] <-ie> *f* ADM cover letter

accompagnatorio, -a [ak·kom·pa·ɲa·ˈtɔː·rio] <-i, -ie> *agg* accompanying

accompagnatrice *f v.* **accompagnatore**

acconciare [ak·kon·ˈtʃaː·re] *vt* (*capelli*) to do sb's hair

acconciatura [ak·kon·tʃa·ˈtuː·ra] *f* **1.** (*pettinatura*) hairstyle **2.** (*ornamento*) headdress

accondiscendere [ak·kon·diʃ·ˈʃen·de·re] <irr> *vi* ~ **a qc** to consent to sth

acconsentire [ak·kon·sen·ˈtiː·re] *vi* ~ (**a qc**) to agree (to sth); ~ **a un progetto** to approve a plan

acconsenziente [ak·kon·sen·ˈtsiɛn·te] *agg* ~ (**a qc**) in agreement with sth

accontentare [ak·kon·ten·ˈtaː·re] **I.** *vt* to please **II.** *vr:* **-rsi** to be content with what one has; **-rsi di qc** to content oneself with sth

acconto [ak·ˈkon·to] *m* deposit; **ritenuta d'~** estimated tax payment; **in ~** as a deposit

accoppiare [ak·kop·ˈpiaː·re] **I.** *vt* **1.** (*accostare*) to combine **2.** (*animali*) to mate **II.** *vr:* **-rsi** (*unirsi in coppia*) to pair off; (*animali*) to mate

accorciare [ak·kor·ˈtʃaː·re] **I.** *vt* to shorten **II.** *vr:* **-rsi** (*giornate*) to grow shorter; (*abito*) to shrink

accordare [ak·kor·ˈdaː·re] **I.** *vt* **1.** (*concedere*) to grant **2.** (*mettere d'accordo*) to reconcile **3.** *fig* (*armonizzare*) to harmonize; (*colori*) to match **4.** MUS to tune **II.** *vr:* **-rsi 1.** (*persone*) to come to an agreement **2.** *fig* (*colori*) to match

accordo [ak·ˈkɔr·do] *m* **1.** agreement; **andare d'~** to get on well; **d'~!** OK!; **di comune ~** by mutual consent; **essere d'~** to agree; **mettersi d'~** to reach an agreement **2.** MUS chord

accorgersi [ak·ˈkɔr·dʒer·si] <mi accorgo, mi accorsi, accorto> *vr* ~ **di qc** to notice sth

accorgimento [ak·kor·dʒi·'men·to] *m* (*espediente*) trick

accorrere [ak·'kor·re·re] <irr> *vi essere* to rush up

accorsi [ak·'kɔr·si] *1. pers sing pass rem di* **accorgersi**

accortezza [ak·kor·'tet·tsa] *f* good sense

accorto, -a [ak·'kɔr·to] **I.** *pp di* **accorgersi** **II.** *agg* (*prudente*) cautious; (*astuto*) smart

accostamento [ak·ko·sta·'men·to] *m* (*di colori*) combination

accostare [ak·kos·'ta:·re] **I.** *vt* (*mettere vicino*) to move nearer; **~ qu** to approach sb **II.** *vr:* **-rsi** (*avvicinarsi*) **-rsi a qu** to approach sb; **-rsi a qc** (*auto*) to draw up to sth

accovacciarsi [ak·ko·vat·'tʃar·si] *vr* to crouch down

accrebbi [ak·'kreb·bi] *1. pers sing pass rem di* **accrescere**

accreditare [ak·kre·di·'ta:·re] *vt* **1.** COM to credit **2.** (*ipotesi*) to confirm

accredito [ak·'kre:·di·to] *m* credit

accrescere [ak·'kreʃ·ʃe·re] <irr> *vt* to increase

accudire [ak·ku·'di:·re] <accudisco> **I.** *vt* to look after **II.** *vi* **~ a qc** to attend to sth

accumulare [ak·ku·mu·'la:·re] **I.** *vt* to accumulate **II.** *vr:* **-rsi** to accumulate

accumulazione [ak·ku·mu·lat·'tsio:·ne] *f* accumulation

accumulo [ak·'ku:·mu·lo] *m* accumulation

accuratezza [ak·ku·ra·'tet·tsa] *f* accuracy

accurato, -a [ak·ku·'ra:·to] *agg* **1.** (*lavoro*) accurate **2.** (*artigiano*) careful

accusa [ak·'ku:·za] *f* **1.** (*attribuzione di colpa*) accusation **2.** GIUR charge **3.** GIUR prosecution; **pubblica ~** the prosecution

accusare [ak·ku·'za:·re] *vt* **1.** (*incolpare*) to accuse; **~ qu di qc** to accuse sb of sth **2.** GIUR to charge; **~ qu di qc** to charge sb with sth **3.** (*dolore*) to complain of; (*fatica*) to show signs of; **~ mal di testa** to have a headache

accusato, -a [ak·ku·'za:·to] **I.** *agg* accused **II.** *m, f* accused

accusatore, -trice [ak·ku·za·'to:·re] *m, f* **1.** (*chi accusa*) accuser **2.** GIUR prosecutor

acerbo, -a [a·'tʃɛr·bo] *agg* **1.** (*immaturo*) unripe **2.** (*aspro*) sour

aceto [a·'tʃe:·to] *m* vinegar; **cetriolini sott'~** pickled gherkins; **mettere sott'~** to pickle

acetone [a·tʃe·'to:·ne] *m* nail polish remover

ACI ['a:·tʃi] *m* **1.** *abbr di* **Automobile Club d'Italia** ≈ AAA **2.** *abbr di* **Azione Cattolica Italiana** Italian Catholic Action

acidità [a·tʃi·di·'ta] <-> *f* **1.** *a.* CHEM (*asprezza*) acidity **2.** *fig* (*mordacità*) sharpness **3.** MED **~ di stomaco** heartburn

acido ['a:·tʃi·do] *m* acid

acido, -a *agg* **1.** (*aspro*) sour **2.** *fig* (*mordace*) sharp

acino ['a:·tʃi·no] *m* grape

acqua ['ak·kua] *f* **1.** water; **~ alta** high tide; **~ benedetta** holy water; **~ corrente** running water; **~ dolce** fresh water; **~ minerale** mineral water; **~ potabile** drinking water; **~ salata** salt water; **~ da bere** drinking water **2.** *pl* (*massa*) waters; (*termale*) the waters; **fare la cura delle -e** to take the waters **3.** *fig* **calmare le -e** to calm things down; **~ in bocca!** don't say a word!; **è ~ passata** it's all water under the bridge; **sentirsi come un pesce fuor d'~** to feel like a fish out of water; **fare ~ da tutte le parti** (*barca*) to be leaky; *fig* (*argomento*) to be full of holes

acquaplano [ak·kua·'pla:·no] *m* aquaplane

acquario [ak·'kua:·rio] <-i> *m* **1.** (*edificio*) aquarium **2.** ASTR Aquarius; **sono (dell'** [*o* **un**]**) Acquario** I am (an) Aquarius

acquasanta [ak·kua·'san·ta] *f* holy water

acquascivolo [ak·kua·'ʃi:·vo·lo] *m* waterslide

acquatico, -a [ak·'kua:·ti·ko] <-ci, -che> *agg* aquatic

acquavite [ak·kua'vi:·te] *f* spirit; **~ di vino** ≈ brandy

acquazzone [ak·kuat·'tso:·ne] *m* cloudburst

acquedotto [ak·kue·'dɔt·to] *m* aqueduct

acquerello [ak·kuer·'rɛl·lo] *m* watercolor
acquirente [ak·kui·'rɛn·te] *mf* buyer
acquisire [ak·kui·'ziː·re] <acquisisco> *vt* to acquire
acquisito, -a [ak·kui·'ziː·to] *agg* **1.** (*diritto*) acquired **2.** (*parente*) related by marriage
acquisizione [ak·kui·zit·'tsioː·ne] *f* acquisition; ~ **ostile** hostile takeover
acquistare [ak·kuis·'taː·re] **I.** *vt* **1.** COM to buy **2.** *fig* (*diritto*) to acquire **II.** *vi* ~ **in qc** to improve in sth; ~ **in bellezza** to become more beautiful
acquisto [ak·'kuis·to] *m* COM purchase; **fare -i** to shop
acquolina [ak·kuo·'liː·na] *f* **far venire a qu l'~ in bocca** to make sb's mouth water; **mi viene l'~ in bocca** my mouth is watering
acre ['aːk·re] <più acre, acerrimo> *agg* **1.** (*sapore, odore*) pungent; (*fumo*) acrid **2.** *fig* (*critica*) harsh
acrilico, -a [a·'kriː·li·ko] <-ci, -che> *agg* acrylic
acrobata [a·'krɔː·ba·ta] <-i , -e> *mf* acrobat
acrobatico, -a [a·kro·'baː·ti·ko] <-ci, -che> *agg* acrobatic
acrobazia [a·kro·bat·'tsiːa] <-ie> *f* **1.** (*ginnastica*) acrobatic feat **2.** *fig* (*espediente*) acrobatics
acustica [a·'kus·ti·ka] <-che> *f* acoustics
acustico, -a [a·'kus·ti·ko] <-ci, -che> *agg* **1.** PHYS acoustic **2.** ANAT **apparecchio ~** hearing aid
acuto, -a *agg* **1.** (*punta*) sharp **2.** (*dolore*) acute **3.** (*vista, udito*) keen; (*suono*) shrill **4.** (*intelligenza*) keen; (*osservazione*) acute **5.** (*freddo*) sharp; (*odore*) pungent **6.** (*desiderio, rimorso*) strong
ad [ad] *prep* = **a** *davanti a vocale v.* **a**
adagiare [a·da·'dʒaː·re] **I.** *vt* to lay down **II.** *vr:* **-rsi 1.** (*distendersi*) to lie down **2.** *fig* to take things easy; **-rsi in qc** (*ozio*) to give oneself up to sth
adagio [a·'daː·dʒo] *avv* **1.** (*lentamente*) slowly **2.** (*con cautela*) gently **3.** MUS adagio
adattabile [a·dat·'taː·bi·le] *agg* adaptable
adattamento [a·dat·ta·'men·to] *m* **1.** THEAT adaptation **2.** (*di edificio*) conversion **3.** *fig* (*adeguamento*) **spirito di ~** adaptability
adattare [a·dat·'taː·re] **I.** *vt* **1.** (*modificare*) to adapt **2.** (*edificio*) to convert **3.** (*applicare*) to fit **II.** *vr:* **-rsi 1.** (*stare bene*) to suit; **si adatta molto a lei** it suits her beautifully **2.** (*adeguarsi*) **-rsi (a qc)** to adapt (to sth)
adattatore *m* COMPUT adaptor
adatto, -a [a·'dat·to] *agg* (*giusto*) right; (*appropriato*) suitable
addebitare [ad·de·bi·'taː·re] *vt* **1.** COM ~ **qc in conto a qu** to debit sb's account with sth **2.** *fig* (*incolpare*) ~ **qc a qu** to blame sb for sth
addebito [ad·'deː·bi·to] *m* **1.** COM debit; **nota di ~** debit note **2.** *fig* (*accusa*) blame
addentare [ad·den·'taː·re] *vt* (*cibo*) to bite into
addentrarsi [ad·den·'trar·si] *vr* **1.** (*inoltrarsi*) to go into **2.** *fig* (*in materia*) to go into in more depth
addentro [ad·'den·tro] *avv* deeply; **essere ~ in qc** *fig* to be well-versed in sth
addestramento [ad·des·tra·'men·to] *m* (*di persone, animali*) training; (*di cavalli*) dressage
addestrare [ad·des·'traː·re] **I.** *vt* to train **II.** *vr:* **-rsi; -rsi in qc** to practice sth
addestratore, -trice [ad·des·tra·'toː·re] *m, f* trainer
addetto, -a [ad·'det·to] **I.** *agg* (*responsabile*) responsible; **essere ~ a qc** to be in charge of sth **II.** *m, f* **1.** (*responsabile*) person in charge; **'vietato l'ingresso ai non -i ai lavori'** 'authorized personnel only'; **gli -i alla manutenzione** the maintenance crew; ~ **stampa** press officer **2.** (*di corpo diplomatico*) attaché; ~ **culturale** cultural attaché
addietro [ad·'diɛː·tro] *avv* (*tempo*) before; **anni ~** years before; **tempo ~** previously
addio[1] [ad·'diːo] *inter* goodbye
addio[2] <-ii> *m* goodbye
addirittura [ad·di·rit·'tuː·ra] *avv* **1.** (*perfino*) even **2.** (*veramente*) **~!** really!
additivo [ad·di·'tiː·vo] *m* CHEM additive
addizionale [ad·dit·tsio·'naː·le] *agg* additional

addizione [ad·dit·'tsio:·ne] *f* addition
addobbare [ad·dob·'ba:·re] *vt* to decorate
addobbo [ad·'dɔ·bo] *m* decoration; **-i natalizi** Christmas decorations
addolcire [ad·dol·'tʃi:·re] <addolcisco> **I.** *vt* **1.** (*caffè*) to sweeten **2.** *a. fig* (*acqua*) to soften **II.** *vr:* **-rsi 1.** (*carattere*) to soften **2.** (*tempo*) to become milder
addome [ad·'dɔ:·me] *m* abdomen
addomesticare [ad·do·mes·ti·'ka:·re] *vt* to tame
addominale [ad·do·mi·'na:·le] *agg* abdominal
addormentare [ad·dor·men·'ta:·re] **I.** *vt* **1.** *a.* MED (*far dormire*) to put to sleep **2.** *fig* (*intorpidire*) to send to sleep **II.** *vr:* **-rsi** to fall asleep; **mi si è addormentata la mano** my arm has gone to sleep
addormentato, -a [ad·dor·men·'ta:·to] *agg* **1.** (*immerso nel sonno*) asleep **2.** MED (*con narcotico*) drugged **3.** *fig* (*sonnacchioso*) dopey **4.** *fig* (*gambe, braccia*) numb
addossare [ad·dos·'sa:·re] **I.** *vt* **1.** (*accostare*) ~ **qc a qc** to move sth nearer to sth; (*appoggiare*) to lean sth against sth **2.** *fig* ~ **qc a qu** (*debiti*) to encumber sb with sth; (*colpa*) to put the blame for sth onto sb **II.** *vr:* **-rsi 1.** (*appoggiarsi*) **-rsi a qc** to lean against sth **2.** *fig* (*accollarsi*) **-rsi la colpa di qc** to take the blame for sth; **-rsi le spese di qc** to take on the cost of sth
addosso [ad·'dɔs·so] **I.** *avv* on; **avere** ~ (*vestito*) to be wearing; (*denaro*) to carry; **mettere** ~ to put on; **levarsi qu d'**~ *fig* to get sb off one's back **II.** *prep* (*sopra*) on; (*contro*) against; (*vicino*) very close to; **mettere le mani ~ a qu** to lay hands on sb
adeguare [a·de·'gua:·re] **I.** *vt* ~ **qc a qc** to bring sth into line with sth **II.** *vr:* **-rsi; -rsi a qc** to adapt to sth
adeguato, -a [a·de·'gua:·to] *agg* (*stipendio*) adequate; (*momento*) appropriate
aderente [a·de·'rɛn·te] **I.** *agg* (*vestito*) close-fitting **II.** *mf* supporter
aderire [a·de·'ri:·re] <aderisco> *vi* **1.** ~ **a** to stick to **2.** ~ **a** *fig* (*proposta, richiesta*) to agree to **3.** ~ **a** *fig* (*partito*) to join
adescare [a·desk·'ka:·re] *vt a. fig* to lure
adesione [a·de·'zio:·ne] *f* **1.** PHYS adhesion **2.** *fig* (*a richiesta*) agreement; (*a iniziativa*) support **3.** (*a partito*) membership
adesivo [a·de·'zi:·vo] *m* **1.** (*collante*) glue **2.** (*autoadesivo*) sticker
adesivo, -a *agg* sticky; **nastro** ~ adhesive tape
adesso [a·'dɛs·so] *avv* **1.** (*in questo momento*) now **2.** (*poco fa*) just now **3.** (*tra poco*) any minute now
adiacente [a·dia·'tʃɛn·te] *agg* adjacent
Adige ['a:·di·dʒe] *m* **l'**~ the Adige; **Alto** ~ South Tyrol
adirarsi [a·di·'rar·si] *vr* ~ **con qu** to get angry with sb
adirato, -a [a·di·'ra:·to] *agg* angry
adocchiare [ad·dok·'kia:·re] *vt* **1.** (*trovare*) to spot **2.** (*con compiacenza*) to eye
adolescente [a·do·leʃ·'ʃɛn·te] **I.** *agg* teenage **II.** *mf* teenager
adolescenza [a·do·leʃ·'ʃɛn·tsa] *f* adolescence
adolescenziale [a·do·leʃ·ʃen·'tsia:·le] *agg* **problemi -i** teenage [*o* adolescent] problems
adorabile [a·do·'ra:·bi·le] *agg* adorable
adorare [a·do·'ra:·re] *vt* **1.** (*persona*) to adore **2.** (*arte, cibo*) to love
adorazione [a·do·rat·'tsio:·ne] *f* (*amore*) adoration
adornare [a·dor·'na:·re] **I.** *vt* ~ (**di qc**) to adorn (with sth) **II.** *vr:* **-rsi;** ~ (**di qc**) to adorn oneself (with sth)
adorno, -a [a·'dor·no] *agg* ~ (**di qc**) adorned (with sth)
adottare [a·dot·'ta:·re] *vt* to adopt; ~ **provvedimenti contro** to take measures against
adottivo, -a [a·dot·'ti:·vo] *agg* (*figlio*) adoptive
adozione [a·dot·'tsio:·ne] *f* adoption
Adriatico [a·dri·'a:·ti·ko] *m* **l'**~ the Adriatic
adriatico, -a <-ci, -che> *agg* Adriatic; **il Mare Adriatico** the Adriatic Sea
adulterio [a·dul·'tɛ:·rio] <-i> *m* adultery

adultero, -a [a·ˈdul·te·ro] **I.** *agg* adulterous **II.** *m, f* adulterer, adulteress

adulto, -a [a·ˈdul·to] **I.** *agg* **1.** (*persona*) adult **2.** (*animale*) fully-grown **3.** *fig* mature **II.** *m, f* adult

adunanza [a·du·ˈnan·tsa] *f* assembly

adunare [a·du·ˈnaː·re] **I.** *vt* to assemble **II.** *vr:* **-rsi** to assemble

adunata [a·du·ˈnaː·ta] *f* gathering

aerare [a·e·ˈraː·re] *vt* to air

aerazione [a·e·rat·ˈtsioː·ne] *f* ventilation

aereo [a·ˈɛː·re·o] <-ei> *m* **1.** (*aeroplano*) airplane **2.** (*antenna*) aerial

aereo, -a <-ei, -ee> *agg* air; **biglietto ~** plane ticket; **linea -a** AERO airline; EL, TEL overhead cable; **rotta -a** flight path; **spazio ~** airspace; **per via -a** by airmail

aerobus [ˈaː·e·ro·bus] <-> *m* airbus

aerodinamico, -a [a·e·ro·di·ˈnaː·mi·ko] <-ci, -che> *agg* aerodynamic; (*carrozzeria*) streamlined; **resistenza -a** air resistance

aerodromo [a·e·ˈrɔː·dro·mo] *m* airfield

aerogramma [a·e·ro·ˈgram·ma] <-i> *m* airmail letter

aerolinea [a·e·ro·ˈliː·nea] *f* airline

aeronautica [a·e·ro·ˈnaːu·ti·ka] *f* aeronautics; **~ civile** civil aviation; **~ militare** air force

aeronautico, -a [a·e·ro·ˈnaːu·ti·ko] <-ci, -che> *agg* aeronautical

aeroplano [a·e·ro·ˈplaː·no] *m* airplane; **~ da turismo** private plane

aeroporto [a·e·ro·ˈpɔr·to] *m* airport

aeroportuale [a·e·ro·por·tu·ˈaː·le] **I.** *mf* airport staff **II.** *agg* airport; **tassa ~** airport tax

aeropostale [a·e·ro·pos·ˈtaː·le] **I.** *agg* air mail **II.** *m* mail plane

aerosol [a·e·ro·ˈsɔl] <-> *m* **1.** (*sistema*) aerosol **2.** (*contenitore*) inhaler

aerospazio [a·e·ro·ˈspat·tsio] <-zi> *m* airspace

aerostatico, -a [a·e·ro·ˈstaː·ti·ko] <-ci, -che> *agg* aerostatic; **pallone ~** (hot-air) balloon

aerostato [a·e·ˈrɔ·sta·to] *m* (hot-air) balloon; (*fisso*) captive balloon; (*dirigibile*) airship

aerostazione [a·e·ro·stat·ˈtsioː·ne] *f* (airport) terminal

aerotrasporto [a·e·ro·tras·ˈpɔr·to] *m* air transportation

afa [ˈaː·fa] *f* mugginess; **c'è ~** it's muggy

affabile [af·ˈfaː·bile] *agg* friendly

affabilità [af·fa·bi·li·ˈta] <-> *f* friendliness

affaccendarsi [af·fat·tʃen·ˈdar·si] *vr* **~ a fare qc** to be busy doing sth

affacciarsi [af·fat·ˈtʃaːr·si] *vr* **~ alla finestra** to look out of the window

affamato, -a [af·fa·ˈmaː·to] **I.** *agg a. fig* hungry; **essere ~ di qc** to be hungry for sth **II.** *m, f* hungry person

affannare [af·fan·ˈnaː·re] **I.** *vt* **1.** (*dare affanno*) to make breathless **2.** *fig* (*procurare pena*) to worry **II.** *vr:* **-rsi 1.** (*provare affanno*) to pant **2.** *fig* (*affaticarsi*) **-rsi a fare qc** to go to the trouble of doing sth **3.** *fig* (*preoccuparsi*) to worry

affanno [af·ˈfan·no] *m* **1.** (*difficoltà di respiro*) breathlessness **2.** *fig* (*preoccupazione*) worry

affare [af·ˈfaː·re] *m* **1.** (*faccenda*) matter; **non è ~ tuo!** it's none of your business!; **sono -i miei** it's my business **2.** COM deal; **concludere un ~ con qu** to make a deal with sb; **essere in -i con qu** to be doing business with sb; **parlare d'-i** to talk business; **uomo d'-i** businessman; **viaggio d'-i** business trip **3.** occasione, bargain; **fare un ~** to get a bargain **4.** GIUR case **5.** *inf* (*cosa*) thing majig

affarone [af·fa·ˈroː·ne] *m inf* very good deal

affascinante [af·faʃ·ʃi·ˈnan·te] *agg* attractive

affascinare [af·faʃ·ʃi·ˈnaː·re] *vt* (*attrarre*) to charm

affaticamento [af·fa·ti·ka·ˈmen·to] *m* tiredness

affaticare [af·fa·ti·ˈkaː·re] **I.** *vt* to tire **II.** *vr:* **-rsi** to tire oneself out

affatto [af·ˈfat·to] *avv* **niente** [*o* **non**] **~** not at all

affermare [af·fer·ˈmaː·re] **I.** *vt* **1.** (*dire di sì*) to answer in the affirmative **2.** (*sostenere*) to claim **3.** GIUR (*innocenza*) to protest; (*diritto*) to assert **II.** *vr:* **-rsi** (*persona*) to establish oneself; (*moda*) to become popular

affermazione [af·fer·mat·'tsio:·ne] *f* **1.** (*sì*) **rispondere con un'~** to answer in the affirmative **2.** (*asserzione*) statement **3.** (*di diritti*) assertion **4.** (*di persona, squadra*) success

afferrare [af·fer·'ra:·re] **I.** *vt* **1.** (*prendere*) to grab **2.** *fig* (*occasione*) to seize **3.** *fig* (*senso, idea*) to grasp **II.** *vr:* **-rsi** *a. fig* **-rsi a qc** to cling to sth

affettare [af·fet·'ta:·re] *vt* to slice

affettato [af·fet·'ta:·to] *m* cold cuts

affettato, -a *agg* affected

affettivo, -a [af·fet·'ti:·vo] *agg* emotional

affetto [af·'fɛt·to] *m* fondness; **provare ~ per qu** to be fond of sb; **'con ~'** (*nelle lettere*) 'with love'

affetto, -a *agg* **essere ~ da qc** to suffer from sth

affettuoso, -a [af·fet·tu·'o:·so] *agg* (*persona*) affectionate; (*parole*) fond; **'un saluto ~'** (*nelle lettere*) 'love'

affezionarsi [af·fet·tsio·'na:r·si] *vr* **~ a qu** to grow fond of sb; **~ a qc** to take a liking to sth

affezionato, -a [af·fe·zio·'na:·to] *agg* **essere ~ a qu** to be fond of sb

affezione [af·fet·'tsio:·ne] *f* (*sentimento*) affection

affiancare [af·fiaŋ·'ka:·re] **I.** *vt* **1.** (*mettere a lato*) to place side by side **2.** MIL to flank **II.** *vr* **-rsi a qu** to draw level with sb

affibbiare [af·fib·'bia:·re] *vt* **~ qc a qu** (*compito, multa*) to saddle sb with sth; (*nomignolo, colpa*) to pin sth on sb

affidabile *agg* reliable

affidabilità [af·fi·da·bi·li·'ta] <-> *f* reliability

affidamento [af·fi·da·'men·to] *m* **1.** (*fiducia*) trust; **dare ~** to seem reliable; **fare ~ su qu** to rely on sb **2.** GIUR (*di minori*) fostering; **ottenere l'~ di un minore** to foster a child

affidare [af·fi·'da:·re] **I.** *vt* **~ qc a qu** to entrust sth to sb **II.** *vr:* **-rsi; -rsi a qu** to put oneself in sb's hands

affido [af·'fi:·do] *m* fostering; **dare un bambino in ~** to give a child to a foster family; **prendere un bambino in ~** to foster a child

affievolire [af·fie·vo·'li:·re] <affievolisco> **I.** *vt* (*interesse*) to weaken **II.** *vr:* **-rsi** (*fuoco*) to die down; (*luce*) to fade

affiggere [af·'fid·dʒe·re] <affiggo, affissi, affisso> *vt* to stick up

affilare [af·fi·'la:·re] **I.** *vt* **1.** (*coltello*) to sharpen **2.** *fig* (*lineamenti*) to make thinner **II.** *vr:* **-rsi** (*dimagrire*) to get thinner

affilato, -a [af·fi·'la:·to] *agg* **1.** (*coltello*) sharp **2.** *fig* (*lingua*) sharp **3.** (*naso*) pointed; (*volto*) thin

affiliare [af·fi·'lia:·re] **I.** *vt* (*associare*) to link **II.** *vr:* **-rsi; -rsi a qc** to join sth

affiliata *f* FIN (*società*) affiliated

affinché [af·fiŋ·'ke] *cong* so that

affine [af·'fi:·ne] **I.** *agg* (*prodotto*) related; (*materia*) similar **II.** *mf* (*parente del coniuge*) in-law

affinità [af·fi·ni·'ta] <-> *f a.* CHEM (*somiglianza*) affinity

affiorare [af·fio·'ra:·re] *vi essere* **1.** (*spuntare*) **~ da** to stick (up) out of **2.** *fig* (*problema*) to emerge; **~ alla mente** (*dubbio, pensiero*) to come to mind

affissi [af·'fis·si] *1. pers sing pass rem di* **affiggere**

affissione [af·fis·'sio:·ne] *f* (*di manifesti, cartelli*) billposting; **divieto d'~** post no bills

affisso[1] [af·'fis·so] *pp di* **affiggere**

affisso[2] *m* (*avviso*) notice

affittacamere [af·fit·ta·'ka:·me·re] <-> *mf* landlord, landlady

affittare [af·fit·'ta:·re] *vt* **1.** (*dare in affitto*) to rent (out); **"affittasi alloggio ammobiliato"** "furnished house for rent" **2.** (*prendere in affitto*) to rent

affitto [af·'fit·to] *m* rental; **dare in ~** to rent (out); **prendere in ~** to rent

affittuario, -a [af·fit·tu·'a:·ri·o] <-i, -ie> *m, f* (*di immobile*) tenant; (*di terreno*) tenant farmer

affliggere [af·'flid·dʒe·re] <affliggo, afflissi, afflitto> **I.** *vt* to trouble **II.** *vr:* **-rsi** to worry

afflizione [af·flit·'tsio:·ne] *f* **1.** (*tristezza*) sadness **2.** (*tristezza*) trouble

affluenza [af·flu·'ɛn·tsa] *f* (*di persone*) influx; (*di traffico*) flow; **~ alle urne** turnout

affluire [af·flu·'i:·re] <affluisco> *vi esse-*

A

re **1.** (*persone*) to pour in **2.** (*liquidi*) to flow
afflusso [af·'flus·so] *m* **1.** (*di persone*) influx **2.** (*di liquidi*) flow
affogare [af·fo·'ga:·re] **I.** *vi, vt* to drown **II.** *vr:* **-rsi** to drown oneself
affogato, -a [af·fo·'ga:·to] **I.** *agg* **1.** (*annegato*) drowned **2.** CULIN **gelato ~ al caffè** hot coffee with ice cream; **uova -e** poached eggs **II.** *m, f* body of a drowned person
affollato, -a *agg* crowded
affondare [af·fon·'da:·re] **I.** *vt avere* **1.** (*nave*) to sink **2.** (*nell'acqua, nella neve*) **~ qc in qc** to plunge sth into sth **II.** *vi essere* **1.** (*nave*) to sink **2.** **~ in qc** (*nell'acqua, nella neve*) to sink into sth
affrancare [af·fraŋ·'ka:·re] **I.** *vt* **1.** (*posta*) to frank **2.** (*liberare: schiavo*) to free **II.** *vr:* **-rsi; -rsi dalla schiavitù di qc** (*fumo, droga, gioco*) to put an end to one's addiction to sth
affrancatura [af·fraŋ·ka·'tu:·ra] *f* **1.** (*operazione*) franking **2.** (*tassa*) postage
affrescare [af·fres·'ka:·re] *vt* to decorate with frescoes
affresco [af·'fres·ko] <-schi> *m* fresco
affrettare [af·fret·'ta:·re] **I.** *vt* **1.** (*sveltire*) **~ il passo** to hurry up **2.** (*anticipare: arrivo*) to bring forward **II.** *vr:* **-rsi** to hurry (up); **-rsi a fare qc** to hurry to do sth
affrettato, -a [af·fret·'ta:·to] *agg* **1.** (*veloce: passo*) quick **2.** *pej* (*mal fatto: lavoro*) rushed **3.** (*frettoloso*) hasty
affrontare [af·fron·'ta:·re] **I.** *vt* **1.** (*andare incontro a: pericolo, paura*) to face **2.** (*discutere: problema*) to tackle **3.** (*sostenere: spesa*) to incur **II.** *vr:* **-rsi** **1.** (*scontrarsi: eserciti*) to clash **2.** SPORT (*pugili, squadre*) to face up to one another
affumicare [af·fu·mi·'ka:·re] *vt* (*pesce, carne, prosciutto*) to smoke
affumicato, -a [af·fu·mi·'ka:·to] *agg* **1.** (*pesce, carne*) smoked **2.** (*vetri, lenti, occhiali*) tinted
affusolato, -a [af·fu·so·'la:·to/af·fu·zo·'la:·to] *agg* **1.** (*magro: dita, mano*) slender **2.** (*pantaloni*) tapered; (*corpo, forma*) tapering
afoso, -a [a·'fo:·so] *agg* (*tempo*) muggy
Africa ['a:·fri·ka] *f* Africa
africano, -a [a·fri·'ka:·no] **I.** *agg* African **II.** *m, f* African
afterhour [a:ftɐ·'aʊɐ] *m* late night club
agenda [a·'dʒɛn·da] *f* **1.** (*libretto*) diary **2.** (*elenco di argomenti*) agenda **3.** COMPUT **~ elettronica** personal organizer
agente [a·'dʒɛn·te] **I.** *mf* **1.** *a.* COM agent; **~ di assicurazione** insurance agent; **~ di cambio** stockbroker; **~ di commercio** sales representative; **~ immobiliare** realtor **2.** (*guardia*) (police) officer; **~ investigativo** detective **II.** *m* **1.** MED, CHEM agent **2.** *pl* METEO **-i atmosferici** weather
agenzia [a·dʒen·'tsi:·a] <-ie> **1.** (*ufficio*) agency; **~ di cambio** bureau de change; **~ (di) viaggi** travel agency **2.** (*filiale*) branch
agevolare [a·dʒe·vo·'la:·re] *vt* **1.** (*render facile*) to facilitate **2.** (*favorire*) to make easier **3.** (*aiutare*) to help
agevolazione [a·dʒe·vo·lat·'tsio:·ne] *f* **-i** special terms; **-i fiscali** tax relief
agevole [a·'dʒe:·vo·le] *agg* **1.** (*comodo*) smooth **2.** (*facile*) easy
agganciare [ag·gan·'tʃa:·re] *vt* **1.** (*unire: vagone*) to couple **2.** (*riappendere: telefono*) to hang up
aggancio [ag·'gan·tʃo] <-ci> *m* **1.** (*collegamento*) attachment **2.** *fig* (*conoscenze*) contact
aggeggio [ad·'dʒed·dʒo] <-ggi> *m* thing(amajig)
aggettivo [ad·dʒet·'ti:·vo] *m* LING adjective
agghiacciante [ag·giat·'tʃa:n·te] *agg* (*scena*) chilling; (*urlo*) bloodcurdling
aggiornamento [ad·dʒor·na·'men·to] *m* **1.** (*perfezionamento: di docenti*) in-service training; **corsi di ~** refresher courses **2.** (*revisione: di testo*) updating; **~ dati** data updating **3.** (*rinvio: di seduta*) adjournment
aggiornare [ad·dʒor·'na:·re] **I.** *vt avere* **1.** (*attualizzare: testo*) to update **2.** (*adeguare: prezzi*) to revise **3.** (*mettere al corrente: persona*) to bring up to date **4.** (*rinviare: seduta, processo*) to

adjourn **II.** *vr:* **-rsi** (*mettersi al corrente*) to keep up to date; **ci aggiorniamo?** let's keep in touch!

aggirare [ad·dʒi·'raː·re] **I.** *vt* **1.** (*circondare*) to go around **2.** *fig* (*evitare: ostacolo*) to get around **3.** *fig* (*ingannare*) to con **II.** *vr:* **-rsi 1.** (*andare in giro*) to wander around **2. -rsi intorno a** [*o* **su**] **qc** (*approssimarsi*) to be around sth

aggiudicare [ad·dʒu·di·'kaː·re] **I.** *vt* **1.** (*assegnare*) to award **2.** (*nelle aste*) to sell **II.** *vr:* **-rsi 1.** (*ottenere*) to win **2.** (*nelle aste*) to buy

aggiungere [ad·'dʒun·dʒe·re] <irr> **I.** *vt* **1. ~ qc a qc** to add sth to sth **2.** (*soggiungere*) to add **II.** *vr:* **-rsi** (*unirsi*) to be added

aggiunta [ad·'dʒun·ta] *f* **1.** (*aumento*) addition **2.** (*in libri*) **-e al testo** additions to the text

aggiunto, **-a** [ad·'dʒun·to] **I.** *pp di* **aggiungere II.** *agg* (*medico, insegnante*) assistant **III.** *m, f* (*sostituto*) assistant; **~ giudiziario** *magistrate who is at the first stage of a judicial career*

aggiustare [ad·dʒus·'taː·re] **I.** *vt* **1.** (*riparare*) to repair; (*vestito*) to alter **2.** (*mettere in ordine*) to tidy; (*abiti*) to straighten **II.** *vr:* **-rsi** *inf* (*adattarsi*) to get by

aggrapparsi [ag·grap·'paːr·si] *vr* **-rsi** (**a qu/qc**) *a. fig* to cling onto (sb/sth)

aggravare [ag·gra·'vaː·re] **I.** *vt* GIUR (*pena*) to increase **II.** *vr:* **-rsi** (*malattia*) to get worse

aggredire [ag·gre·'diː·re] <aggredisco> *vt* **1.** (*persona*) to attack **2.** (*affrontare: problema*) to tackle

aggreditrice *f v.* **aggressore**

aggregare [ag·gre·'gaː·re] **I.** *vt* (*riunire*) to get together **II.** *vr* (*unirsi*) **-rsi a qu/qc** to join sb/sth

aggregato, **-a** *agg* **1.** (*aggiunto: socio*) associate **2.** (*distaccato provvisoriamente: funzionario*) attached

aggressione [ag·gres·'sioː·ne] *f* **1.** (*assalto*) assault; **~ a mano armata** armed assault **2.** MIL aggression

aggressività [ag·gres·si·vi·'ta] <-> *f* aggressiveness

aggressivo, **-a** *agg* **1.** (*violento*) aggressive **2.** (*scattante: auto*) dynamic **3.** (*che attacca*) attacking; (*sciatore*) daring

aggressore, aggreditrice [ag·gres·'soː·re, ag·gre·di·'triː·tʃe] **I.** *agg* aggressor **II.** *m, f* attacker

aggrinzire [ag·grin·'tsiː·re] **I.** *vt* (*pelle*) to wrinkle **II.** *vr:* **-rsi** (*pelle*) to wrinkle (up)

aggrottare [ag·grot·'taː·re] *vt* **~ la fronte** to frown

aggrovigliare [ag·gro·viʎ·'ʎaː·re] **I.** *vt* (*fili*) to tangle **II.** *vr:* **-rsi 1.** (*fili*) to become tangled **2.** *fig* (*situazione*) to become complicated; (*pensieri*) to become confused

agguato [ag·'guaː·to] *m* ambush; **stare in ~** to lie in wait; **tendere un ~ a qu** to set a trap for sb

agiatezza [a·dʒa·'tet·tsa] *f* **1.** (*ricchezza*) prosperity **2.** (*comodità*) comfort

agiato, **-a** [a·'dʒaː·to] *agg* **1.** (*benestante*) well-off **2.** (*vita, casa*) comfortable

agibile [a·'dʒiː·bi·le] *agg* (*edificio*) habitable; (*strada*) passable

agile ['aː·dʒi·le] *agg* **1.** *a. fig* (*persona*) agile **2.** (*veloce*) speedy

agilità [a·dʒi·li·'ta] <-> *f a. fig* (*di persona*) agility

agio ['aː·dʒo] <-gi> *m* (*comodo*) comfort; **trovarsi a proprio ~** to feel comfortable; **mettiti a tuo ~!** make yourself comfortable!

AGIP ['aː·dʒip] *f v.* **Azienda Generale Italiana Petroli** *Italian Gas Company*

agire [a·'dʒiː·re] <agisco> *vi* **1.** (*operare*) to act **2.** (*comportarsi*) to behave; **~ bene/male** to behave well/badly **3.** GIUR **~** (**contro qu**) to take action (against sb)

agitare [a·dʒi·'taː·re] **I.** *vt* **1.** (*scuotere: bottiglia*) to shake; (*braccia*) to wave; (*coda*) to wag; **~ prima dell'uso** shake before use **2.** *fig* (*eccitare: gente*) to agitate **II.** *vr:* **-rsi 1.** (*rigirarsi*) to toss and turn **2.** (*mare*) to get rough **3.** *fig* (*turbarsi*) to get upset

agitato, **-a** [a·dʒi·'taː·to] *agg* **1.** (*mare*) rough **2.** (*discussione*) animated **3.** (*turbato: persona*) worried

agitazione [a·dʒi·tat·'tsioː·ne] *f* **1.** (*tur-*

bamento) unrest; **mettere in** ~ to upset **2.** POL protest; **stato di** ~ **sindacale** industrial action

agli ['aʎ·ʎi] *prep* = **a** + **gli** *v.* **a**

aglio ['aʎ·ʎo] <-gli> *m* garlic

agnello [aɲ·'ɲɛl·lo] *m* lamb; ~ **arrosto** roast lamb

agnolotti [aɲ·ɲo·'lɔt·ti] *mpl type of round or square filled pasta*

ago ['a:·go] <-ghi> *m* needle; (*da maglia*) (knitting) needle

agonia [a·go·'ni:·a] <-ie> *f* **1.** MED death throes **2.** *fig* (*angoscia*) torture

agonismo [a·go·'niz·mo] *m* competitiveness

agonistico, -a [a·go·'nis·ti·ko] <-ci, -che> *agg* SPORT competitive

agonizzare [a·go·nid·'dza:·re] *vi* to be dying

agopuntura [a·go·pun·'tu:·ra] *f* acupuncture

agosto [a·'gos·to] *m* August; *v. a.* **aprile**

agraria [a·'gra:·ria] *f* agriculture

agrario, -a [a·'gra:·rio] <-i, -ie> *agg* agricultural

agricolo, -a [a·'gri:·ko·lo] *agg* agricultural

agricoltore [a·gri·kol·'to:·re] *m* farmer

agricoltura [a·gri·kol·'tu:·ra] *f* agriculture

agrifoglio [a·gri·'fɔʎ·ʎo] *m* holly

agrigentino, -a [a·gri·dʒen·'ti:·no] **I.** *agg* from Agrigento **II.** *m, f* (*abitante*) person from Agrigento

Agrigento *f* Agrigento *town in Sicily*

agriturismo [a·gri·tu·'riz·mo] *m* **1.** (*attività*) agritourism **2.** (*azienda*) agritourism farm

agriturista [a·gri·tu·'ris·ta] <-i , -e> *mf* agritourist

agrituristico, -a [a·gri·tu·'ris·ti·ko] <-ci, -che> *agg* (*ristorante, centro, operatore*) agritourist; **azienda -a** *agritourist business*

agro ['a:·gro] *m* **1.** (*sapore aspro*) sharpness; **all'**~ CULIN with lemon or vinegar **2.** (*campagna*) countryside

agro, -a ['a:·gro] *agg a. fig.* sharp; **in** ~ CULIN with lemon or vinegar

agrodolce [a·gro·'dol·tʃe] *agg* bittersweet; **in** ~ CULIN sweet-and-sour

agrume [a·'gru:·me] *m* **1.** (*frutto*) citrus fruit **2.** (*pianta*) citrus

aguzzare [a·gut·'tsa:·re] *vt a. fig* (*rendere appuntito*) to sharpen; ~ **le orecchie** to listen carefully; ~ **la vista** to look carefully

aguzzo, -a [a·'gut·tso] *agg* **1.** (*denti*) sharp **2.** (*a punta: naso*) pointed **3.** *fig* (*occhi*) piercing

ah [a] *inter* oh

ahimè [ai·'mɛ] *inter* alas

ai ['a:i] *prep* = **a** + **i** *v.* **a**

AIDO *f v.* **Associazione Italiana Donatori Organi** *Italian Association of Organ Donors*

AIDS *m v.* **Acquired Immune Deficiency Syndrome** AIDS

AIG ['a:ig] *f v.* **Associazione Italiana Alberghi per la Gioventù** *Italian Association of Youth Hostels*

aiola [a·'iɔ:·la] *f* flowerbed

airone [ai·'ro:·ne] *m* heron

aitante [ai·'tan·te] *agg* (*atletico*) vigorous

aiuola [a·'iu·ɔ:·la] *v.* **aiola**

aiutante [a·iu·'tan·te] *mf* **1.** (*collaboratore*) assistant **2.** MIL adjutant

aiutare [a·iu·'ta:·re] **I.** *vt* **1.** (*assistere*) ~ **qu** (**a fare qc**) to help sb (do sth) **2.** (*favorire*) to aid **II.** *vr:* **-rsi** to try hard

aiuto [a·'iu:·to] *m* **1.** (*assistenza, soccorso*) help; ~**!** help!; **correre in** ~ **a qu** to go to sb's aid; **essere di** ~ **a qu** to help sb **2.** (*collaboratore*) assistant; ~ **medico** ≈ resident *(relatively junior hospital doctor)*; ~ **regista** assistant director **3.** *pl* aid

al [al] = **a** + **il** *v.* **a**

ala ['a:·la] <-i> *f a.* ARCH, SPORT (*di uccello, aereo*) wing; ~ **destra/sinistra** right/left wing

à la coque [a la 'kɔk] <inv> *agg* **uovo** ~ soft-boiled egg

alano [a·'la:·no] *m* Great Dane

alba ['al·ba] *f* dawn; **all'**~ at dawn

albanese [al·ba·'ne:·se] **I.** *agg* Albanian **II.** *mf* Albanian

Albania [al·ba·'ni:·a] *f* Albania

alberato, -a [al·be·'ra:·to] *agg* (*viale, piazza*) tree-lined

albergare [al·ber·'ga:·re] **I.** *vt* **1.** (*al-*

loggiare) to stay **2.** *fig* (*sentimenti*) to nurse **II.** *vi* to stay

albergatore, -trice [al·ber·ga·'to:·re] *m, f* hotel owner

alberghiero, -a [al·ber·'giɛ:·ro] *agg* (*istituto, settore*) hotel; **l'industria -a** the hotel industry

albergo [al·'bɛr·go] <-ghi> *m* (*hotel*) hotel; **~ per la gioventù** youth hostel; **~ diurno** *public baths that offer various services*

albero ['al·be·ro] *m* **1.** BOT tree; **~ di Natale** Christmas tree **2.** NAUT mast **3.** TEC shaft; **~ motore** crankshaft

albicocca [al·bi·'kɔk·ka] <-cche> *f* apricot

albicocco [al·bi·'kɔk·ko] <-cchi> *m* apricot (tree)

albino, -a [al·'bi:·no] **I.** *agg* albino **II.** *m, f* albino

albo ['al·bo] *m* **1.** (*bacheca*) bulletin board **2.** (*registro*) register; **~ dei medici** medical register; **l'~ d'oro** honor roll **3.** (*libro illustrato*) album

albume [al·'bu:·me] *m* egg white

alcalino, -a [al·ca·'li:·no] *agg* (*sostanza, batteria*) alkaline

alco(o)l ['al·kol ('alkool)] <-> *m a.* CHEM alcohol

alco(o)lico [al·'kɔ:·li·ko (alko'ɔ:liko)] <-ci> *m* (*bevanda*) alcohol; **"non si servono -ci"** "we do not serve alcohol"

alco(o)lico, -a <-ci, -che> *agg* (*bevanda, sostanza*) alcoholic

alco(o)lismo [al·ko·'liz·mo (al·ko·'ɔ·liz·mo)] *m* alcoholism

alco(o)lizzato, -a [al·ko·lid·'dza:·to] **I.** *agg* drunk **II.** *m, f* alcoholic

alco(o)ltest [al·kol·'tɛst (alko·ɔ:l·'tɛst)] <-> *m* Breathalyzer®

alcun, alcun' [al·'kun] *v.* **alcuno**

alcuno, -a [al·'ku:·no] **I.** *agg* **1.** (*nessuno*) no; **non c'è alcun problema** there's no problem **2.** *pl* (*qualche*) some; **devo fare -e cose** I have to do a few things; **-i consigli utili** some useful advice **II.** *pron indef* **1.** (*nessuno*) (not) any; **non ne ho visto ~** I haven't seen any of them **2.** *pl* (*qualche*) some (of them); **-i ci danno la mano** some of them help us

alé [a'·le] *inter inf* come on; **~ Juve!** come on Juve!

aletta [a·'let·ta] *f* (*di pesce*) fin; (*di freccia*) feather; (*di tasca*) flap; **~ parasole** AUTO visor

alfa ['al·fa] <-> *f* (*lettera*) alpha

alfabetico, -a [al·fa·'bɛ:·ti·ko] <-ci, -che> *agg* (*elenco*) alphabetical; **in ordine ~** in alphabetical order

alfabetizzare [al·fa·be·tid·'dza:·re] *vt* (*alunni*) to teach to read

alfabetizzazione [al·fa·be·tid·dzat·'tsio:·ne] *f* (*di adulti*) literacy

alfabeto [al·fa·'bɛ:·to] *m* alphabet

alfiere [al·'fiɛ:·re] *m* **1.** (*portabandiera*) standard-bearer **2.** (*negli scacchi*) bishop

algebrico, -a [al·'dʒɛ:·bri·ko] <-ci, -che> *agg* (*calcolo*) algebraic

aliante [a·'li·an·te] *m* glider

alice [a'·li:·tʃe] *f* anchovy

alieno, -a [a·'liɛ:·no] *agg* **essere ~ da qc** (*privo di*) to be free from sth

alimentare[1] [a·li·men·'ta:·re] *agg* (*prodotto, additivo*) food; **generi -i** foodstuffs

alimentare[2] **I.** *vt* **1.** (*nutrire*) to feed **2.** (*motore, computer*) to power **3.** *fig* (*mantenere vivo: interesse*) to fuel **II.** *vr:* **-rsi** to eat

alimentari [a·li·men·'ta:·ri] <-> *m* (*negozio*) grocery store

alimentazione [a·li·men·tat·'tsio:·ne] *f* **1.** (*con cibo*) diet; **scienza dell'~** nutrition **2.** TEC (*fornitura*) **~ elettrica** electricity supply

alimento [a·li·'men·to] *m* **1.** (*cibo*) food **2.** *pl* GIUR alimony

aliquota [a·'li:·kuo·ta] *f* FIN rate

aliscafo [a·lis·'ka:·fo] *m* NAUT hydrofoil

alitare [a·li·'ta:·re] *vi* **1.** (*respirare*) to breathe **2.** *fig* (*soffiare: vento*) to blow

alito ['a:·li·to] *m a. fig* breath; **aver l'~ cattivo** to have bad breath

all. *abbr di* **allegato, -i** attached

all', alla [all, 'al·la] *prep* = **a + l', la** *v.* **a**

allacciamento [al·lat·tʃa·'men·to] *m* **1.** TEC (*elettrico, del gas*) connection **2.** FERR **~ ferroviario** rail link

allacciare [al·la·'tʃa:·re] **I.** *vt* **1.** (*scarpe*) to lace; (*cappotto*) to do up **2.** TEC (*collegare*) to connect **3.** *fig* (*stringere:*

amicizia) to make **II.** *vr* (*cappotto*) to do up; (*scarpe*) to lace; **-rsi la cintura** (**di sicurezza**) to fasten one's seat belt

allagamento [al·la·ga·'men·to] *m* flooding

allagare [al·la·'ga:·re] *vt* to flood

allargare [al·lar·'ga:·re] **I.** *vt* **1.** (*rendere più largo*) to make wider; (*strada*) to widen; (*vestito*) to let out **2.** (*braccia*) to spread **II.** *vr:* **-rsi 1.** (*diventare più largo*) to get wider **2.** *fig* (*ampliarsi*) to expand **3.** *fig* (*estendersi: protesta*) to spread

allarmare [al·lar·'ma:·re] **I.** *vt* **1.** (*dare l'allarme a*) to alert **2.** *fig* (*mettere in agitazione*) to alarm **II.** *vr:* **-rsi** to become alarmed

allarme [al·'lar·me] *m* alarm; **~ antifurto** burglar alarm

alle ['al·le] *prep* = **a + le** *v.* **a**

alleanza [al·le·'an·tsa] *f* alliance

allearsi [al·le·'ar·si] *vr* **~ a** [*o* **con**] **qu** to ally oneself with sb

alleato, -a [al·le·'a:·to] **I.** *agg* allied; HIST Allied **II.** *m, f* ally; **gli -i** HIST the Allies

allegare [al·le·'ga:·re] *vt* to attach; **~ qc a qc** to attach sth to sth

allegato [al·le·'ga:·to] *m* attachment; **in ~** attached

allegato, -a *agg* attached

alleggerire [al·led·dʒe·'ri:·re] <alleggerisco> **I.** *vt* **1.** (*rendere leggero*) to make lighter **2.** *fig* (*rendere tollerabile*) to lighten **3.** *scherz* (*derubare*) **~ qu di qc** to relieve sb of sth **II.** *vr:* **-rsi** (*diventare leggero*) to become lighter; **-rsi di qc** (*peso*) to relieve oneself of sth

allegria [al·le·'gri:·a] <-ie> *f* cheerfulness

allegro, -a *agg* (*carattere, persona, colore*) cheerful; **essere un po' ~** *inf* to be merry

allenamento [al·le·na·'men·to] *m* training; **esser fuori ~** to be out of shape; **tenersi in ~** to keep in shape

allenare [al·le·'na:·re] **I.** *vt* **1.** (*atleta, squadra*) to train **2.** (*cuore, muscoli*) to strengthen **II.** *vr* **-rsi** to train; **-rsi** (**per** [*o* **a**] **qc**) to train for sth

allenatore, -trice [al·le·na·'to:·re] *m, f* (*tecnico*) coach

allentare [al·len·'ta:·re] **I.** *vt* **1.** (*rendere meno stretto*) to loosen **2.** (*diminuire*) to slacken **II.** *vr:* **-rsi 1.** (*divenire lento*) to come loose **2.** (*diminuire*) to slacken

allergia [al·ler·'dʒi:·a] <-gie> *f* allergy

allergico, -a [al·'lɛr·dʒi·ko] <-ci, -che> *agg a. fig scherz* **essere ~** (**a qc**) to be allergic (to sth)

allergologo, -a [al·ler·'gɔ:·lo·go] <-gi, -ghe> *m, f* MED allergist

allerta [al·'ler·ta] *avv* **stare ~** to be alert

allestimento [al·les·ti·'men·to] *m* **1.** (*approntamento*) preparation **2.** FILM, THEAT production

allestire [al·les·'ti:·re] <allestisco> *vt* **1.** (*pranzo, festa*) to hold **2.** (*vetrina*) to dress **3.** THEAT (*spettacolo*) to put on

allevamento [al·le·va·'men·to] *m* **1.** (*di bestiame*) rearing; (*di pesci*) farming; (*di piante*) growing **2.** (*luogo*) farm **3.** (*di bambini*) raising

allevare [al·le·'va:·re] *vt* **1.** (*bestiame*) to rear; (*pesci*) to farm; (*piante*) to grow **2.** (*bambini*) to raise

allevatore, -trice [al·le·va·'to:·re] *m, f* farmer; (*di piante*) grower

alleviare [al·le·'via:·re] *vt* to alleviate

allibito, -a [al·li·'bi:·to] *agg* appalled

allietare [al·lie·'ta:·re] *vt* (*ospiti*) to delight; (*giornata, vita*) to brighten

allievo, -a [al·'liɛ:·vo] *m, f* student

alligatore [al·li·ga·'to:·re] *m* alligator

allineare [al·li·ne·'a:·re] **I.** *vt* **1.** (*disporre in linea*) to line up **2.** (*adeguare*) to adjust **3.** COMPUT (*testi, punti*) to align **II.** *vr:* **-rsi 1.** (*mettersi in linea*) to line up **2.** (*conformarsi*) to align oneself with

allineato, -a *agg* **1.** COMPUT (*testo*) justified; **~ a sinistra/destra** left/right justified **2.** POL aligned

allo ['al·lo] *prep* = **a + lo** *v.* **a**

alloggiare [al·lod·'dʒa:·re] **I.** *vi* **1.** (*dimorare: permanentemente*) to live; (*temporaneamente*) to stay **2.** MIL to be quartered **II.** *vt avere* **1.** (*dare ospitalità a*) to put up **2.** (*contenere*) to contain **3.** MIL to accommodate

alloggio [al·'lɔd·dʒo] <-ggi> *m* **1.** *a.*

MIL (*dimora*) accommodation; **vitto e ~** room and board **2.** (*appartamento*) apartment

allontanare [al·lon·ta·'na:·re] **I.** *vt* **1.** (*collocare lontano*) to move away **2.** (*dal posto di lavoro*) to dismiss; (*dalla scuola*) to expel **II.** *vr:* **-rsi** to move away

allora [al·'lo:·ra] **I.** *avv* then; **da ~ in poi** from then on; **fino ~** until then **II.** *cong* **1.** (*in questo caso*) then **2.** (*ebbene*) well

alluce ['al·lu·tʃe] *m* big toe

allucinante [al·lu·tʃi·'nan·te] *agg* terrible

allucinazione [al·lu·tʃi·nat·'tsio:·ne] *f* hallucination

alludere [al·'lu:·de·re] <alludo, allusi, alluso> *vi* **~ a qc** to refer to sth

alluminio [al·lu·'mi:·nio] <-i> *m* aluminum

allungare [al·lun·'ga:·re] **I.** *vt* **1.** (*accrescere di lunghezza*) to make longer; (*abito*) to lengthen; (*capelli*) to have extensions in; (*tavolo*) to extend; **~ il passo** to hurry up **2.** (*accrescere di durata*) to extend **3.** (*diluire: vino*) to water down **4.** (*loc*) **allungare le mani su qc** *fig* (*per rubare*) to steal sth **II.** *vr:* **-rsi 1.** (*farsi più lungo*) to get longer **2.** (*crescere*) to get taller **3.** (*sdraiarsi*) to stretch out

allusi [al·'lu:·zi] *1. pers sing pass rem di* **alludere**

alluso [al·'lu:·zo] *pp di* **alludere**

alluvionale [al·lu·vio·'na:·le] *agg* **pianura ~** flood plain

alluvionato, -a [al·lu·vio·'na:·to] **I.** *agg* (*zona, città*) flooded **II.** *m, f* flood victim

alluvione [al·lu·'vio:·ne] *f a. fig* flood

almeno [al·'me:·no] **I.** *avv* at least **II.** *cong* if only

Alpi ['al·pi] *fpl* Alps; **nelle ~** in the Alps

alpinismo [al·pi·'niz·mo] *m* climbing

alpinista [al·pi·'nis·ta] <-i , -e> *mf* climber

alpinistico, -a [al·pi·'nis·ti·ko] <-ci, -che> *agg* (*sci, scalate*) alpine

alpino [al·'pi:·no] *m member of the Italian Alpine troops*

alpino, -a *agg* alpine; **soccorso ~** mountain rescue

alquanto [al·'kuan·to] **I.** *avv* (*piuttosto*) rather **II.** *agg* quite a few **III.** *pron indef* quite a few

alt[1] [alt] *inter* stop

alt[2] <-> *m* halt; **dare l'~** to call a halt

altalena [al·ta·'le:·na] *f* **1.** (*in bilico*) seesaw **2.** (*con le funi*) swing

altamente [al·ta·'men·te] *avv* highly

altare [al·'ta:·re] *m* altar; **~ maggiore** high altar

alterare [al·te·'ra:·re] **I.** *vt* **1.** (*modificare*) to change **2.** (*far guastare*) to spoil **3.** (*falsificare*) to falsify **II.** *vr:* **-rsi 1.** (*modificarsi*) to change **2.** (*guastarsi*) to be spoiled **3.** *fig* (*turbarsi*) to get angry

alterazione [al·te·rat·'tsio:·ne] *f* **1.** (*modifica*) alteration **2.** (*falsificazione*) falsification **3.** (*deterioramento*) deterioration **4.** MED change **5.** *fig* (*turbamento*) irritation

alternanza [al·ter·'nan·tsa] *f* alternation

alternare [al·ter·'na:·re] **I.** *vt* (*medicine, attività*) to alternate **II.** *vr:* **-rsi** to alternate

alternativa [al·ter·na·'ti:·va] *f* **1.** (*possibilità di scegliere*) choice **2.** (*scelta*) alternative

alternativo, -a [al·ter·na·'ti:·vo] *agg* alternative

alternato, -a [al·ter·'na:·to] *agg* alternate

alterno, -a [al·'tɛr·no] *agg* alternate; **a settimane -e** every other week; **targhe -e** alternating license plates *system of allowing only vehicles with either odd or even license plate numbers to travel on a particular day*

altero, -a [al·'tɛ:·ro] *agg* proud

altezza [al·'tet·tsa] *f* **1.** (*gener*) height **2.** MUS pitch **3.** (*livello*) **essere all'~** to be up to it **4.** (*vicinanza*) proximity; **all'~ di** near **5.** (*larghezza di tessuti*) width **6.** (*titolo nobiliare*) **Sua Altezza** His/Her/Your Highness

altezzoso, -a [al·tet·'tso:·so] *agg* haughty

alticcio, -a [al·'tit·tʃo] <-cci, -cce> *agg* (*ubriaco*) tipsy

altitudine [al·ti·'tu:·di·ne] *f* altitude

alto[1] ['al·to] *m* (*parte più elevata*) top;

guardare in ~ to look up; **mani in ~!** hands up!; **gli -i e i bassi** the highs and lows; **guardare qu dall'~ in basso** to look down on sb

alto² *avv* **mirare ~** to aim high

alto, -a <più alto *o* superiore, altissimo *o* supremo *o* sommo> *agg* **1.** (*edificio, albero*) tall; (*montagna, muro*) high **2.** (*statura*) tall; **quanto sei ~?** how tall are you? **3.** (*elevato: prezzo*) high **4.** (*allegro: morale*) high **5.** GEOG (*in luogo elevato*) upper; (*settentrionale*) northern **6.** (*profondo: acqua*) deep **7.** (*tessuto*) wide **8.** (*acuto: suono*) high **9.** *fig* (*eminente: carica*) high; **-a società** high society; **-a moda** high fashion; **avere un ~ concetto di sé** to have a high opinion of oneself **10.** (*loc*) **-a stagione** high season; **-a finanza** high finance

Alto Adige ['al·to 'aː·di·dʒe] *m* Alto Adige; **Trentino ~** Trentino-Alto-Adige

altoatesino, -a [al·to·a·te·'ziː·no] **I.** *agg* from the Alto Adige **II.** *m, f* (*abitante*) person from the Alto Adige

altoparlante [al·to·par·'lan·te] *m* loudspeaker

altrettanto [al·tret·'tan·to] *avv* equally

altrettanto, -a I. *agg* as much, as many **II.** *pron indef* as much, as many; **grazie ~!** thanks, and the same to you!

altri ['al·tri] <inv, solo al sing> *pron indef* (*altra persona*) someone else

altrimenti [al·tri·'men·ti] *avv* **1.** (*in caso contrario*) otherwise **2.** (*in modo diverso*) differently

altro ['al·tro] *m* something else; **che ~ vuoi?** what else do you want?; **dell'~** more; **desidera ~?** would you like anything else?; **per ~** moreover; **più che ~** above all; **senz'~** of course; **tra l'~** among other things; **tutt'~** quite the contrary; **l'un l'~** each other

altro, -a I. *agg* **1.** (*distinto*) different; **in un ~ modo** differently **2.** (*ulteriore*) another; **un ~ caffè, per favore!** another coffee please; **un'-a volta** again **3.** (*passato*) last; **l'-a settimana** last week; **l'~ ieri** the day before yesterday **4.** (*prossimo*) next; **domani l'~** the day after tomorrow; **quest'altr'anno** nex year **II.** *pron indef* another; **un giorno o l'~** one day or another; **noi -i/voi -i** us/you

altroché [al·tro·'ke] *inter* and how

altronde [al·'tron·de] *avv* **d'~** on the other hand

altrove [al·'troː·ve] *avv* somewhere else

altrui [al·'truːi] <inv> *agg* other people's

altura [al·'tuː·ra] *f* **1.** (*luogo elevato*) high ground **2.** (*alto mare*) deep sea

alunno, -a [a·'lun·no] *m, f* student

alveare [al·ve·'aː·re] *m* beehive

alzare [al·'tsaː·re] **I.** *vt* **1.** (*gener*) to raise; (*peso*) to lift; (*bandiera*) to hoist; **~ il bicchiere** to raise one's glass; **~ le spalle** to shrug; **~ la cresta** *fig* to get too big for one's britches; **~ il gomito** *fig* to drink too much; **non ~ un dito** *fig* to not lift a finger; **~ la voce** to raise one's voice **2.** (*muro*) to increase the height of **II.** *vr:* **-rsi 1.** (*levarsi*) to get up **2.** (*sorgere: sole*) to rise **3.** (*aumentare: vento*) to get up

AM 1. *abbr di* **Aeronautica Militare** ≈ USAF **2.** *abbr di* **Modulazione d'Ampiezza** AM

amabile [a·'maː·bi·le] *agg* **1.** (*persona*) likable **2.** (*vino*) sweet

amaca [a·'maː·ka] <-che> *f* hammock

amalgamare [a·mal·ga·'maː·re] **I.** *vt* **1.** (*unire in lega: metalli*) to amalgamate **2.** (*colori, ingredienti*) to mix **II.** *vr:* **-rsi** (*ingredienti*) to mix; (*musiche*) to combine

amante [a·'man·te] **I.** *agg* **essere ~ di qc** to be fond of sth **II.** *mf* lover; **è un ~ della buona tavola** he loves good food

amare [a·'maː·re] **I.** *vt* to love **II.** *vr:* **-rsi** to love each other

amarena [a·ma·'rɛː·na] *f* sour black cherry

amaretto [a·ma·'ret·to] *m* **1.** (*biscotto*) amaretto *(almond-flavored cookie)* **2.** (*liquore*) amaretto *(almond-flavored liqueur)*

amarezza [a·ma·'ret·tsa] *f fig* bitterness

amaro [a·'maː·ro] *m* **1.** (*sapore*) bitter taste **2.** (*liquore*) *aromatic liqueur usually drunk after a meal* **3.** *fig* bitterness

amaro, -a *agg* **1.** (*bibita, sapore*) bitter; **cioccolato ~** dark chocolate **2.** (*senza *zucchero: caffè, tè*) without sugar

amarone [a·ma·'ro:·ne] *m* Amarone *(a dry red wine obtained from withered grapes from the Valpolicella region)*

amatoriale [a·ma·to·'ria:·le] *agg* amateur; **teatro ~** amateur dramatics

ambasciata [am·baʃ·'ʃa:·ta] *f* (*luogo*) embassy

ambasciatore, -trice [am·baʃ·ʃa·'to:·re] *m, f* ambassador

ambedue [am·be·'du:·e] **I.** <inv> *agg* both **II.** *pron* both

ambidestro, -a [am·bi·'dɛs·tro] *agg* (*guanto, tastiera*) that can be used with either hand

ambientale [am·bien·'ta:·le] *agg* environmental; **danni -i** environmental damage; **impatto ~** environmental impact; **tutela ~** environmental protection

ambientalismo [am·bien·ta·'liz·mo] *m* environmentalism

ambientalista [am·bien·ta·'lis·ta] <-i , -e> **I.** *mf* environmentalist **II.** *agg* (*associazione, politica*) environmental

ambientamento [am·bien·ta·'men·to] *m* (*adeguamento*) **periodo di ~** settling-in period

ambientare [am·bien·'ta:·re] **I.** *vt* LIT, FILM, THEAT to set **II.** *vr:* **-rsi** to settle in

ambientazione [am·bien·tat·'tsio:·ne] *f* FILM, THEAT setting

ambiente [am·'biɛn·te] *m* **1.** (*spazio*) place; **a temperatura ~** at room temperature **2.** BIOL environment; **tutela dell'~** protection of the environment **3.** (*stanza*) room **4.** (*politico, internazionale*) circle; **sentirsi nel proprio ~** to feel at home

ambiguità [am·bi·gui·'ta] <-> *f* **1.** (*di testo*) ambiguity **2.** *pej* (*di comportamento*) duplicity

ambiguo, -a [am·'bi:·guo] <-i, -ie> *agg* **1.** (*testo*) ambiguous **2.** *pej* (*comportamento*) dishonest

ambire [am·'bi:·re] <ambisco> **I.** *vt* to desire **II.** *vi* ~ (**a qc**) to aspire (to sth)

ambito ['am·bi·to] *m* field

ambivalente [am·bi·va·'lɛn·te] *agg* with more than one possible meaning

ambivalenza [am·bi·va·'lɛn·tsa] *f* ambivalence

ambizione [am·bit·'tsio:·ne] *f* ambition

ambizioso, -a [am·bi·'tsio:·so] *agg* ambitious

ambo ['am·bo] *m* (*nel gioco*) double

ambo, -a <inv *o* -i, -e> *agg* both; ~ [*o* **-i**] **i lati** both sides

ambosessi [am·bo·'sɛs·si] <inv> *agg* of either sex

ambrosiano, -a [am·bro·'zia:·no] *agg* Milanese

ambulante [am·bu·'lan·te] **I.** *agg* (*venditore, commercio*) traveling **II.** *mf* street vendor

ambulanza [am·bu·'lan·tsa] *f* ambulance

ambulatorio [am·bu·la·'tɔ:·rio] <-i> *m* (*medico, dentistico*) surgery

amen ['a:·men] *m* **1.** REL amen **2.** *inf* (*pazienza*) never mind

America *f* America; ~ **Latina** Latin America; ~ **Centrale** Central America; ~ **del Nord/Sud** North/South America

americano, -a [a·me·ri·'ka:·no] **I.** *agg* American **II.** *m, f* American

amianto [a·'mian·to] *m* asbestos

amichevole [a·mi·'ke:·vo·le] *agg* **1.** (*trattamento*) friendly **2.** (*accordo*) amicable

amicizia [a·mi·'tʃit·tsia] <-ie> *f* **1.** (*affetto*) friendship; **fare ~ con qu** to make friends with sb **2.** *pl fig* (*relazioni*) friends

amico, -a [a·'mi:·ko] <-ci, -che> **I.** *m, f* **1.** (*conoscente*) friend; ~ **intimo** [*o* **del cuore**] close friend; ~ **di famiglia** family friend; **essere -ci per la pelle** to be great friends **2.** (*amante*) lover **II.** *agg* friendly

ammaccare [am·mak·'ka:·re] **I.** *vt* (*auto*) to dent **II.** *vr:* **-rsi** (*parti del corpo*) to bruise

ammaccatura [am·mak·ka·'tu:·ra] *f* **1.** (*deformazione*) dent **2.** (*contusione*) bruise

ammalarsi [am·ma·'la:r·si] *vr:* **-rsi** to get sick; **-rsi di ...** to fall sick with ...

ammalato, -a [am·ma·'la:·to] **I.** *agg* sick **II.** *m, f* sick

ammanettare [am·ma·net·'ta:·re] *vt* to handcuff

ammassare [am·mas·'sa:·re] **I.** *vt* **1.** (*og-

getti) to pile up **2.** (*raccogliere: truppe*) to mass **3.** (*accumulare: ricchezze*) to amass **II.** *vr:* **-rsi 1.** (*radunarsi*) to mass **2.** (*accumularsi*) to pile up

ammasso [am·'mas·so] *m* (*mucchio*) heap

ammazzare [am·mat·'tsa:·re] **I.** *vt* **1.** to kill **2.** *fig* (*affaticare*) to exhaust **3.** (*loc*) **~ il tempo** to kill time **II.** *vr:* **-rsi** *a. fig* to kill oneself

ammenda [am·'mɛn·da] *f* **1.** (*multa*) fine **2.** *fig* (*riparazione*) **far ~ di qc** to make amends for sth

ammesso, -a [am·'mes·so] **I.** *agg* (*imprese, attività*) permitted; **~ che** *+conj* supposing **II.** *m, f* (*candidato*) **gli -i agli esami** candidates who are allowed to take the exams

ammettere [am·'met·te·re] <irr> *vt* **1.** (*supporre*) to suppose **2.** (*riconoscere*) to admit **3.** (*permettere*) to accept **4.** (*accettare*) **~ a qc** to be allowed to do sth

amministrare [am·mi·nis·'tra:·re] *vt* **1.** ADM to administer; (*azienda*) to run; **~ un sito Internet** to manage a website **2.** *fig* (*tempo*) to organize

amministrativo, -a [am·mi·nis·tra·'ti:·vo] *agg* administrative

amministratore, -trice [am·mi·nis·tra·'to:·re] *m, f* manager; **~ delegato** CEO

amministrazione [am·mi·nis·trat·'tsio:·ne] *f* **1.** (*gestione*) administration; **cose di ordinaria ~** *fig* normal events **2.** (*organi*) board; **~ comunale** local government; **~ pubblica** public administration **3.** (*ufficio*) office

ammiraglio [am·mi·'raʎ·ʎo] <-gli> *m* admiral

ammirare [am·mi·'ra:·re] *vt* to admire

ammiratore, -trice [am·mi·ra·'to:·re] *m, f* admirer

ammirazione [am·mi·rat·'tsio:·ne] *f* admiration

ammirevole [am·mi·'re:·vo·le] *agg* admirable

ammisi [am·'mi:·zi] *1. pers sing pass rem di* **ammettere**

ammissibile [am·mis·'si:·bi·le] *agg* allowable

ammissione [am·mis·'sio:·ne] *f* admission

ammobiliare [am·mo·bi·'lia:·re] *vt* to furnish

ammobiliato, -a *agg* furnished

ammodo [am·'mɔ:·do] <inv> **I.** *agg* nice **II.** *avv* well

ammollo [am·'mɔl·lo] *m* (*di biancheria*) soaking; **lasciare in ~** to soak

ammoniaca [am·mo·'ni:·a·ka] <-che> *f* ammonia

ammonimento [am·mo·ni·'men·to] *m* **1.** (*avvertimento*) warning **2.** (*rimprovero*) reprimand

ammonire [am·mo·'ni:·re] <ammonisco> *vt* **1.** to warn **2.** SPORT (*calciatore*) to book

ammonizione [am·mo·nit·'tsio:·ne] *f* **1.** warning **2.** SPORT (*di calciatore*) booking

ammontare[1] [am·mon·'ta:·re] *vi essere* **~ a qc** to add up to sth

ammontare[2] *m* (*totale*) total amount

ammorbidente [am·mor·bi·'dɛn·te] *m* fabric softener

ammorbidire [am·mor·bi·'di:·re] <ammorbidisco> **I.** *vt avere a. fig* to soften **II.** *vr:* **-rsi** to soften

ammortizzatore [am·mor·tid·dza·'to:·re] *m* AUTO shock absorber

ammucchiare [am·muk·'kia:·re] **I.** *vt* (*oggetti*) to pile up **II.** *vr:* **-rsi** (*raccogliersi*) to crowd

ammucchiata [am·muk·'kia:·ta] *f* **1.** *fig* jumble **2.** SPORT (*nel rugby*) scrum

ammuffire [am·muf·'fi:·re] <ammuffisco> *vi essere* to go moldy

ammutolire [am·mu·to·'li:·re] <ammutolisco> *vi essere* to be struck dumb

amniocentesi [am·nio·'tʃen·te·si] <-> *f* MED amniocentesis

amniotico, -a [am·ni·'ɔ:·ti·ko] <-ci, -che> *agg* ANAT amniotic; **liquido ~** amniotic fluid

amnistia [am·nis·'ti:·a] <-ie> *f* amnesty

amo ['a:·mo] *m* hook

amorale [a·mo·'ra:·le] *agg* amoral

amore [a'·mo:·re] *m* **1.** (*sentimento*) love; **~ materno** motherly love; **amor proprio** self esteem; **un ~ di casetta** a delightful house; **far l'~** [*o* **all'~**] **con qu** to make love to sb; **per ~ di qu** for sb's sake; **per amor di Dio!** for God's sake! **2.** (*persona*) love

amoreggiare [a·mo·red·dʒaː·re] *vi* to flirt

amorevole [a·mo·'reː·vo·le] *agg* loving

amoroso, -a [a·mo·'roː·so] **I.** *agg* **1.** (*frase*) amorous **2. vita ~** love life **II.** *m, f* (*innamorato*) boyfriend, girlfriend

ampère [ã·'pɛːr] <-> *m* amp

ampiezza [am·'piet·tsa] *f* **1.** (*larghezza: di strada*) width; (*di locale*) size **2.** (*estensione: di fenomeno*) scale **3.** *fig* (*abbondanza: di particolari*) wealth

ampio, -a ['am·pio] <-i, -ie, amplissimo> *agg* **1.** (*spazioso: strada*) wide; (*locale*) large **2.** (*abbondante: abito*) loose **3.** (*esauriente: spiegazione*) full **4.** (*esteso: garanzia*) ample **5.** (*loc*) **una persona di -e vedute** a broad-minded person

amplesso [am·'plɛs·so] *m* (*coito*) intercourse

ampliamento [am·pli·a·'men·to] *m* **1.** (*di edificio*) extension; (*di strada*) widening **2.** COMPUT (*di memoria*) expansion

ampliare [am·pli·'aː·re] **I.** *vt* **1.** (*edificio*) to extend; (*strada*) to widen **2.** COMPUT (*memoria*) to expand **3.** (*conoscenze*) to broaden **II.** *vr:* **-rsi** (*prestazioni*) to expand

amplificare [am·pli·fi·'kaː·re] *vt* **1.** (*notizie*) to broadcast **2.** TEC to amplify

amplificatore [am·pli·fi·ka·'toː·re] *m* TEC amplifier

amplificazione [am·pli·fi·kat·'tsioː·ne] *f* TEC amplification

amplissimo [am·'plis·si·mo] *superlativo di* **ampio**

amputare [am·pu·'taː·re] *vt* **1.** MED to amputate **2.** *fig* to cut

amputazione [am·pu·tat·'tsioː·ne] *f* **1.** MED amputation **2.** *fig* cutting

AN *f abbr di* **Alleanza Nazionale** National Alliance *right-wing party*

anabbagliante [a·nab·baʎ·'ʎan·te] **I.** *agg* (*faro*) dimmed **II.** *mpl* dimmed headlights *pl*

anagrafe [a·'naː·gra·fe] *f* **1.** (*registro*) register **2.** (*ufficio*) office of vital statistics

anagrafico, -a [a·na·'graː·fi·ko] <-ci, -che> *agg* (*elenco ~*) register; **dati -i** personal data

anagramma [a·na·'gram·ma] <-i> *m* anagram

analcolico [an·al·'kɔː·li·ko] <-ci> *m* non-alcoholic drink

analcolico, -a <-ci, -che> *agg* (*bevanda*) non-alcoholic

analfabeta [an·al·fa·'bɛː·ta] <-i , -e> **I.** *mf* illiterate person **II.** *agg* (*adulto, popolazione*) illiterate

analfabetismo [an·al·fa·be·'tiz·mo] *m* illiteracy

analgesico [an·al·'dʒɛː·zi·ko] <-ci> *m* analgesic

analisi [a·'naː·li·zi] <-> *f* analysis; **fare l'~ della situazione** to analyze the situation

analista [a·na·'lis·ta] <-i , -e> *mf* PSYCH, CHEM analyst; **~ di sistemi** COMPUT systems analyst

analizzare [a·na·lid·'dzaː·re] *vt* to analyze

anallergico, -a [an·al·'lɛr·dʒi·ko] *agg* hypoallergenic

analogico, -a [a·na·'lɔː·dʒi·ko] <-ci, -che> *agg* (*telefono*) analog

analogo, -a [a·'naː·lo·go] <-ghi, -ghe> *agg* similar

ananas ['aː·na·nas/a·na·'nas] <-> *m* pineapple

anarchia [a·nar·'kiː·a] <-chie> *f* anarchy

anarchico, -a [a·'nar·ki·ko] <-ci, -che> **I.** *agg* (*idea, teoria, movimento, spirito*) anarchic **II.** *m, f* anarchist

anarchismo [a·nar·'kiz·mo] *m* anarchism

ANAS ['aː·nas] *f abbr di* **Azienda Nazionale Autonoma delle Strade** *National Highway Department*

anatomia [a·na·to·'miː·a] <-ie> *f* **1.** anatomy **2.** *fig* (*analisi minuziosa*) detailed analysis

anatomico, -a [a·na·'tɔː·mi·ko] <-ci, -che> *agg* anatomical; **sedile ~** orthopedic chair

anatra ['aː·na·tra] *f* duck

anca ['aŋ·ka] <-che> *f* hip

anche ['aŋ·ke] *cong* **1.** (*pure*) too **2.** (*inoltre*) as well **3.** (*perfino*) even; **~ se ...** *+conj* even if; **quand'~ ...**

+*conj* even if

ancheggiare [aŋ·ked·'dʒaː·re] *vi* to wiggle one's hips

Ancona [aŋ·'koː·na] *f* Ancona *city on the east coast of Italy*

anconetano, -a **I.** *agg* from Ancona **II.** *m, f* (*abitante*) person from Ancona

ancora[1] [aŋ·'koː·ra] *avv* **1.** (*tuttora*) still **2.** (*fino ad ora*) **non** ~ not ... yet **3.** (*un'altra volta*) again **4.** (*in aggiunta*) (some) more; ~ **più bella** even more beautiful

ancora[2] ['aŋ·koː·ra] *f* anchor

andai [an·'daːi] *1. pers sing pass rem di* **andare**[1]

andamento [an·da·'men·to] *m* **1.** (*di produzione*) progress; (*di mercato*) trend; **l'~ dei prezzi** price trends; ~ **scolastico** academic progress **2.** MUS progression

andante [an·'dan·te] **I.** *agg* **1.** (*scadente*) cheap **2.** MUS andante **II.** *m* MUS andante

andare[1] [an·'daː·re] <vado, andai, andato> **I.** *vi essere* **1.** (*a piedi, con mezzo, recarsi*) to go; ~ **a piedi** to walk; ~ **avanti** to go forward; ~ **di fretta** to hurry; ~ **via** to leave; **andiamo!** let's go!; ~ **in treno** to go by train; ~ **in macchina** to drive; ~ **in aereo** to fly; ~ **a cavallo** to ride; ~ **a scuola in bicicletta** to go to school by bike; ~ **a fare la spesa** to go shopping; ~ **a mangiare** to go out to eat; ~ **a prendere** to go and get; ~ **a sciare** to go skiing; ~ **a trovare** to visit **2.** (*recarsi*) to go; ~ **a Roma** to go to Rome; ~ **in Germania** to go to Germany **3.** (*strada*) to go; **questa strada va a Milano** this road goes to Milan **4.** (*venir messo*) to go; **dove vanno i piatti?** where do the plates go? **5.** *fig* (*svolgersi*) to go; **com'è andata?** how did it go?; **è andata bene** it went well **6.** (*vestiario*) to fit; **i pantaloni non mi vanno più** the pants don't fit me any more **7.** (*essere di moda*) to be in; **quest'anno vanno le gonne corte** short skirts are in this year **8.** (*funzionare*) to work; **la macchina non va?** won't the car start? **9.** (*piacere*) **ti va di andare a ballare?** do you want to go dancing?; **quel tipo non mi va proprio** I can't stand that guy **10.** (*procedere*) **come va? — bene grazie!** how are things? — good, thanks; **come vanno gli affari?** how's business? **11.** (*loc*) ~ **a monte** to come to nothing; ~ **di mezzo** to get involved; ~ **pazzo per qc** to be crazy about sth; ~ **all'aria** to come to nothing; **questa camicia va lavata** this shirt needs washing; **vai al diavolo!** *inf* go to hell! **II.** *vr* **andarsene** to go away; (*sparire*) to disappear; **me ne vado subito** I'm off

andare[2] *m* **a lungo** ~ in the long run; **con l'andar del tempo** with the passing of time

andata [an·'daː·ta] *f* **1.** (*percorso*) outward journey **2.** (*biglietto*) **biglietto di (sola)** ~ one-way ticket; **biglietto di** ~ **e ritorno** roundtrip ticket **3.** (*partenza*) journey **4.** SPORT leg

andatura [an·da·'tuː·ra] *f* **1.** (*modo di andare*) walk **2.** (*di auto*) speed **3.** SPORT pace

andirivieni [an·di·ri·'viɛː·ni] <-> *m* coming and going

aneddoto [an·'nɛː·do·to] *m* anecdote

anello [a·'nɛl·lo] *m* **1.** (*gioiello, forma*) ring; ~ **di fidanzamento** engagement ring; ~ **stradale** beltway **2.** SPORT circuit **3.** (*di catena*) link

anemico, -a [a·'nɛː·mi·ko] <-ci, -che> *agg* MED anemic

anestesia [a·nes·te·'ziː·a] <-ie> *f* anesthetic; ~ **generale** general anesthetic; ~ **locale** local anesthetic

anestetico, -a <-ci, -che> *agg* anesthetic

anestetizzare [a·nes·te·tid·'dzaː·re] *vt* to anesthetize

anfetamina [an·fe·ta·'miː·na] *f* MED amphetamine

anfibio [an·'fiː·bio] *m a.* MOT, AERO amphibian

anfiteatro [an·fi·te·'aː·t·ro] *m* **1.** (*edificio*) amphitheater **2.** (*aula*) lecture hall

angelico, -a [an·'dʒɛː·li·ko] <-ci, -che> *agg* angelic

angelo ['an·dʒe·lo] *m* angel; ~ **custode** *a. scherz* guardian angel

anglicano, -a [aŋ·gli·'kaː·no] **I.** *agg* An-

glican **II.** *m, f* Anglican
anglofono, -a [aŋ·'glɔː·fo·no] **I.** *agg* English-speaking **II.** *m, f* English speaker
anglosassone [aŋ·glo·'sas·so·ne] **I.** *agg* Anglo-Saxon **II.** *mf* Anglo Saxon
angolare [aŋ·go·'laː·re] *agg* (*velocità, distanza*) angular
angolazione [aŋ·go·lat·'tsioː·ne] *f a. fig* FILM, SPORT angle
angolo ['aŋ·go·lo] *m* **1.** (*in geometria*) angle **2.** *a.* SPORT (*di strada, mobile*) corner; **calcio d'~** corner **3.** (*loc*) ~ **cottura** kitchen area
angoscia <-sce> *f* **1.** (*stato di ansia*) angst **2.** MED anxiety
angosciare [aŋ·goʃ·'ʃaː·re] **I.** *vt* ~ **qu** to upset sb **II.** *vr* to become upset; **-rsi** (**per qu/qc**) to get upset (about sb/sth)
anguilla [aŋ·'guil·la] *f* eel
anguria [aŋ·'guː·ria] <-ie> *f sett* watermelon
angustia [aŋ·'gus·tia] <-ie> *f* **1.** (*ristrettezza*) hardship **2.** (*angoscia*) distress
angustiare [aŋ·gus·'tiaː·re] **I.** *vt* to bother **II.** *vr* **-rsi** (**per qc**) to worry (about sth)
angusto, -a [aŋ·'gus·to] *agg* **1.** (*stretto*) narrow **2.** *fig* (*meschino*) narrow-minded
anice ['aː·ni·tʃe] *m* (*pianta*) anise; (*frutto*) aniseed
anima ['aː·ni·ma] *f* soul; **l'~ gemella di qu** sb's soulmate; **romper l'~ a qu** *inf* to pester sb
animale [a·ni·'maː·le] **I.** *m* **1.** animal; ~ **domestico** pet **2.** *fig* (*persona violenta*) brute; (*persona stupida*) idiot **II.** *agg a. fig* animal
animalesco, -a [a·ni·ma·'les·ko] <-schi, -sche> *agg* (*istinto, fattezze*) animal
animare [a·ni·'maː·re] **I.** *vt* **1.** (*render più vivo*) to liven up **2.** (*spingere*) ~ **qu** (**a fare qc**) to encourage sb (to do sth) **II.** *vr:* **-rsi 1.** (*vivacizzarsi*) to become lively; (*luogo*) to come to life **2.** *fig* (*accalorarsi*) to become animated
animato, -a [a·ni·'maː·to] *agg* **1.** (*vivace*) animated **2.** (*vivente*) animate; **esseri -i** living things **3.** (*loc*) **disegni** [*o* **cartoni**] **-i** cartoons
animatore, -trice [a·ni·ma·'toː·re] *m, f* **1.** (*di villaggio turistico*) tour guide; (*di serata*) life and soul **2.** (*tecnico di cartoni animati*) animator
animazione [a·ni·mat·'tsioː·ne] *f* **1.** *a.* FILM animation; **film d'~** animated film **2.** (*folla*) bustle
animo ['aː·ni·mo] *m* **1.** (*spirito, anima*) mind; **stato d'~** state of mind; **mettersi l'~ in pace** to set one's mind at rest **2.** (*coraggio*) courage; **farsi ~** to pluck up one's courage **3.** (*intendimento*) **di buon/mal ~** willingly/unwillingly
anitra ['aː·ni·tra] *v.* **anatra**
annaffiare [an·naf·'fiaː·re] *vt* **1.** (*orti, fiori*) to water **2.** (*spruzzare*) to sprinkle
annaffiatoio [an·naf·fia·'toː·io] <-oi> *m* watering can
annaspare [an·nas·'paː·re] *vi* **1.** (*dibattersi*) to flounder **2.** *fig* (*nel parlare*) to stumble
annata [an·'naː·ta] *f* **1.** year **2.** (*produzione*) vintage; **vini d'~** vintage wines
annebbiare [an·neb·'biaː·re] **I.** *vt* **1.** (*cielo*) to cloud **2.** *fig* (*vista*) to blur; (*mente, sensi*) to cloud **II.** *vr:* **-rsi 1.** (*riempirsi di nebbia*) to become foggy **2.** (*offuscarsi*) to become blurred
annegare [an·ne·'gaː·re] **I.** *vi, vt* to drown **II.** *vr:* **-rsi** (*uccidersi*) to drown oneself
annerire [an·ne·'riː·re] <annerisco> *vi, vt* to turn black
annessione [an·nes·'sioː·ne] *f* POL annexation
annesso, -a [an·'nɛs·so] *agg* **1.** (*documento*) attached **2.** POL (*Stato*) annexed
annettere [an·'nɛt·te·re] <annetto, annettei *o* annessi, annesso> *vt* **1.** POL (*Stato*) to annex **2.** *a. fig* to attach
annientamento [an·nien·ta·'men·to] *m* destruction
annientare [an·nien·'taː·re] *vt* to destroy
anniversario [an·ni·ver·'saː·rio] <-i> *m* (*ricorrenza*) anniversary; ~ **di matrimonio** wedding anniversary
anniversario, -a <-i, -ie> *agg* anniversary
anno ['an·no] *m* **1.** (*di calendario*) year; ~ **accademico** academic year; ~ **bisestile** leap year; ~ **civile** calendar year; ~ **commerciale** business year; ~ **corren-**

te this year; ~ **scolastico** school year; **buon ~!** happy new year!; **capo d'~** *v.* **capodanno** **2.** (*età*) year; **il bambino ha un ~** the baby's one; **ha tre -i** he [*o* she] is three; **compiere gli -i** to have one's birthday; **quanti -i hai?** how old are you?

annoiare [an·no·'iaː·re] **I.** *vt* to bore **II.** *vr:* **-rsi** to get bored

annotare [an·no·'taː·re] *vt* **1.** to note; ~ **qc** to note sth (down) **2.** (*testo*) to annotate

annotazione [an·no·tat·'tsioː·ne] *f* **1.** (*registrazione*) noting down **2.** (*postilla*) note

annuale [an·nu·'aː·le] *agg* annual

annuire [an·nu·'iː·re] <annuisco> *vi* to nod

annullamento [an·nul·la·'men·to] *m* **1.** (*di prenotazione*) cancellation **2.** (*di contratto*) annulment

annullare [an·nul·'laː·re] **I.** *vt* **1.** (*prenotazione*) to cancel **2.** (*rendere nullo*) to annul; (*sentenza*) to quash **3.** (*vanificare*) to undo **4.** (*eliminare*) to eliminate **5.** COMPUT undo; **'annulla e ripristina'** 'undo and redo' **II.** *vr:* **-rsi** **1.** (*punti, forze*) to cancel each other out **2.** (*annichilirsi*) to immerse oneself

annunciare [an·nun·'tʃaː·re] **I.** *vt* **1.** *a.* RADIO, TV to announce **2.** (*predire*) to foretell **II.** *vr:* **-rsi** to be on the horizon

annunciatore, -trice [an·nun·tʃa·'toː·re] *m, f* TV, RADIO announcer

Annunciazione [an·nun·tʃat·'tsioː·ne] *f* REL Annunciation

annuncio [an·'nun·tʃo] <-ci> *m* **1.** (*comunicazione*) announcement **2.** (*nel giornale*) advertisement; **mettere un ~ sul giornale** to place an advertisement in the paper; **-ci economici** classified ads; **-ci mortuari** death notices

annunziare [an·nun·'tsiaː·re] *v.* **annunciare**

annuo, -a ['an·nuo] *agg* annual

annusare [an·nu·'saː·re] *vt a. fig* to sniff

ano ['aː·no] *m* anus

anonimato [a·no·ni·'maː·to] *m* anonymity; **conservare l'~** to remain anonymous

anonimo [a·'nɔː·ni·mo] *m* unknown person

anonimo, -a *agg* **1.** (*gener*) anonymous **2.** (*insignificante*) colorless

anoressante [a·no·res·'san·te] **I.** *mf* appetite suppressant **II.** *agg* (*farmaco, prodotto*) appetite suppressing

anoressia [a·no·res·'siː·a] <-ie> *f* anorexia

anoressico, -a [a·no·'res·si·ko] *agg, m, f* anorexic

anoressizzante [an·o·res·sit·'tsaːn·te] *m* appetite suppressant

anormale [a·nor·'maː·le] **I.** *agg a.* MED abnormal **II.** *mf* MED person with learning disabilities

ANPA *f v.* **Associazione Nazionale per la Protezione dell'Ambiente** *National Association for the Protection of the Environment*

ansia ['an·sia] <-ie> *f a.* PSYCH anxiety; **essere in ~ per qu** to worry about sb; **aspettare qc con ~** to be looking forward to sth

ansietà [an·sie·'ta] <-> *f* anxiety

ansimare [an·si·'maː·re] *vi* to pant

ansioso, -a [an·'sioː·so] *agg* anxious; ~ **di fare qc** anxious to do sth

anta ['an·ta] *f* **1.** (*sportello*) door **2.** (*battente*) shutter

antagonismo [an·ta·go·'niz·mo] *m* rivalry

antagonista [an·ta·go·'nis·ta] <-i , -e> *mf* opponent

antartico [ant·'ar·ti·ko] <-ci> *m* Antarctic

antartico, -a <-ci, -che> *agg* Antarctic

Antartide [an·'tar·ti·de] *f* Antarctica

antecedente [an·te·tʃe·'dɛn·te] **I.** *agg* (*giorno*) preceding **II.** *mpl fig* history

anteguerra [an·te·'guɛr·ra] **I.** <inv> *agg* pre-war **II.** <-> *m* pre-war period

antenato, -a [an·te·'naː·to] *m, f* ancestor

antenna [an·'ten·na] *f* RADIO, TV antenna; ~ **parabolica** (satellite) dish

anteporre [an·te·'por·re] <irr> *vt* to put before; ~ **qc a qc** to put sth before sth

anteprima [an·te·'priː·ma] *f* preview

anteriore [an·te·'rioː·re] *agg* **1.** (*davanti: sedile*) front **2.** (*precedente: data*) previous

anti- [an·ti] **1.** (*indica anteriorità*) ante- **2.** (*indica avversione*) anti-

antibatterico, -a [an·ti·bat·'tɛː·ri·ko] <-ci, -che> *agg* (*prodotto*) anti-bacterial

antibiotico [an·ti·bi·'ɔː·ti·ko] <-ci> *m* antibiotic

antibiotico, -a <-ci, -che> *agg* (*terapia*) antibiotic

antibloccante [an·ti·blok·'kan·te] *agg* **sistema ~** antilock braking system

antiblocco [an·ti·'blɔk·ko] **I.** <-> *m* antilock braking system **II.** <inv> *agg* MOT (*sistema*) antilock

anticalcare [an·ti·kal·'kaː·re] *m* (*prodotto*) anti-limescale

anticamera [an·ti·'kaː·me·ra] *f* hall

anticancro [an·ti·'kaŋ·kro] <inv> *agg* (*vaccino, farmaco*) cancer; **terapia ~** cancer treatment

anticarie [an·ti·'kaː·rie] <inv> *agg* (*dentifricio*) that fights decay

anticellulite [an·ti·tʃel·lu·'liː·te] <inv> *agg* (*dieta*) anti-cellulite

antichità [an·ti·ki·'ta] <-> *f* **1.** (*qualità*) (great) age **2.** (*età, oggetto*) antiquity

anticipare [an·ti·tʃi·'paː·re] *vt* **1.** (*fare prima: azione*) to bring forward **2.** (*dire prima: notizia*) to reveal in advance **3.** (*dare prima: somma*) to advance

anticipazione [an·ti·tʃi·pat·'tsioː·ne] *f* **1.** (*notizia in anteprima*) preview **2.** FIN advance

anticipo [an·'tiː·tʃi·po] *m* **1.** (*di tempo*) advance notice; **in ~** early **2.** COM (*somma*) advance

antico [an·'tiː·ko] <-chi> *m* **1. abbinare ~ e moderno** to combine (the) old and (the) new **2.** *pl* (*popoli*) ancients *pl*

antico, -a <-chi, -che> *agg* **1.** HIST (*epoca*) ancient; **storia -a** ancient history **2.** (*mobile*) antique **3.** (*tradizionale*) former

anticoncezionale [an·ti·kon·tʃet·tsio·'naː·le] *agg, m* contraceptive

anticrimine [an·ti·'kriː·mi·ne] <inv> *agg* (*tecnica, piano*) crime-fighting; **squadra ~** crime prevention unit

antidolorifico [an·ti·do·lo·'riː·fi·ko] <-ci> *m* MED painkiller

antidoping [an·ti·'dɔ·pin(g)] **I.** <-> *m* drug test **II.** <inv> *agg* (*commissione, campagna*) drug testing

antidoto [an·'tiː·do·to] *m a. fig* antidote

antidroga [an·ti·'drɔː·ga] <inv> *agg* (*legge, operazione*) anti-narcotics; **cane ~** sniff dog; **squadra ~** (anti-)narcotics unit

antifascismo [an·ti·faʃ·'ʃiz·mo] *m* antifascism

antifona [an·'tiː·fo·na] *f* **1.** *fig* (*allusione*) hint; **capire l'~** *inf* to get the message **2.** *fig* (*discorso noioso*) lecture; **la solita ~** *inf* the usual blah blah

antiforfora [an·ti·'for·fo·ra] <inv> *agg* **shampoo ~** antidandruff shampoo

antifumo [an·ti·'fuː·mo] <inv> *agg* (*centro, legge*) antismoking

antifurto [an·ti·'fur·to] **I.** <inv> *agg* (*allarme, sistema*) anti-theft **II.** <-> *m* alarm

antigelo [an·ti·'dʒɛː·lo] **I.** <inv> *agg* (*fluido*) antifreeze **II.** <-> *m* antifreeze

anti(i)gienico, -a [an·ti·(i)·'dʒɛː·ni·ko] <-ci, -che> *agg* unhygienic

anti(i)nfiammatorio [an·ti·(i)n·fiam·ma·'tɔː·rio] <-i> *m* MED anti-inflammatory

anti(i)nfiammatorio, -a <-i, -ie> *agg* (*farmaco, sostanza*) anti-inflammatory

antilope [an·'tiː·lo·pe] *f* antelope

antimafia [an·ti·'maː·fia] <inv> *agg* anti-Mafia; **squadra ~** anti-Mafia squad

antincendio [an·tin·'tʃɛn·dio] **I.** <inv> *agg* (*allarme*) fire; (*impianto*) fire safety **II.** <-> *m* fire extinguisher

antinfluenzale [an·tin·flu·en·'tsaː·le] **I.** *m* flu vaccine **II.** *agg* **vaccino ~** flu vaccine

antinquinamento [an·tiŋ·kui·na·'men·to] <inv> *agg* (*azione*) antipollution

antinquinante [an·tiŋ·kui·'naːn·te] *agg* ECO (*prodotto*) non-polluting; **motore ~** low-emission engine

antinucleare [an·ti·nu·kle·'aː·re] *mf* antinuclear campaigner

antiorario, -a [an·ti·o·'raː·rio] <-i, -ie> *agg* (*rotazione*) counterclockwise; **in senso ~** counterclockwise

antipasto [an·ti·'pas·to] *m* antipasto *(cold food served at the start of an Italian meal);* **~ misto** mixed antipasto

antipatia [an·ti·pa·'tiː·a] <-ie> *f* dislike; **provare ~ per qu** to dislike sb

antipatico, -a [an·ti·ˈpaː·ti·ko] <-ci, -che> **I.** *agg* **1.** (*persona*) not likable; **essere ~** to be disliked; **stare ~ a qu** to be disliked by sb **2.** (*problema, malessere*) unpleasant **II.** *m, f* unpleasant person

antiplacca [an·ti·ˈplak·ka] <inv> *agg* (*dentifricio*) anti-plaque

antiproiettile [an·ti·pro·iet·ˈtiː·le] <inv> *agg* **giubbotto ~** bulletproof vest; **cristallo ~** bulletproof glass

antiquariato [an·ti·kua·ˈriaː·to] *m* antiques business; **pezzo d'~** antique

antiquario, -a [an·ti·ˈkuaː·rio] <-i, -ie> **I.** *agg* (*fiera, commercio*) antiques; **libreria -a** antiquarian bookshop **II.** *m, f* antiquarian

antiquato, -a [an·ti·ˈkuaː·to] *agg* (*idea*) obsolete; (*abbigliamento*) antiquated

antirazzismo [an·ti·rat·ˈtsiz·mo] *m* antiracism

antirazzista [an·ti·rat·ˈtsis·ta] *agg, mf* anti-racist

antiriciclaggio [an·ti·ri·tʃi·ˈklad·dʒo] <inv> *agg* (*normativa*) anti-laundering

antisemita [an·ti·se·ˈmiː·ta] <-i , -e> **I.** *mf* anti-Semite **II.** *agg* anti-Semitic

antisemitico, -a [an·ti·se·ˈmiː·ti·ko] <-ci, -che> *agg* anti-Semitic

antisemitismo [an·ti·se·mi·ˈtiz·mo] *m* anti-Semitism

antisequestro [an·ti·se·ˈkuɛs·tro] <inv> *agg* (*operazione, servizio di scorta*) antikidnapping

antisettico [an·ti·ˈsɛt·ti·ko] <-ci> *m* antiseptic

antisettico, -a <-ci, -che> *agg* (*soluzione*) antiseptic

antisismico, -a [an·ti·ˈsiz·mi·ko] <-ci, -che> *agg* (*costruzione*) earthquake-proof

antismog [an·ti·zmɔg] <inv> *agg* (*misura, piano*) anti-smog; **blocco ~** *smog control regulations*

antistaminico [an·ti·sta·ˈmiː·ni·ko] <-ci> *m* antihistamine

antistaminico, -a <-ci, -che> *agg* (*collirio*) anithistamine

antistrappo [an·ti·ˈstrap·po] <inv> *agg* tear-resistant

antistress [an·ti·ˈstres] <inv> *agg* stress-reducing

antitartaro [an·ti·ˈtar·ta·ro] <inv> *agg* (*dentifricio*) anti-tartar

antiterrorismo [an·ti·ter·ro·ˈriz·mo] **I.** <-> *m* anti-terrorism **II.** <inv> *agg* (*blitz, misure*) anti-terrorist

antitumorale [an·ti·tu·mo·ˈraː·le] *agg* (*vaccino, terapia*) cancer

antiurto [an·ti·ˈur·to] <inv> *agg* (*imbottitura*) shockproof

antivigilia [an·ti·vi·ˈdʒiː·lia] *f* **l'~ di Natale** the day before Christmas Eve

antologia [an·to·lo·ˈdʒiː·a] <-gie> *f* (*di scritti, testi*) anthology; (*di canzoni, brani musicali*) collection

anulare [a·nu·ˈlaː·re] **I.** *agg* (*strada*) circular; **Grande Raccordo Anulare** *beltway around Rome* **II.** *m* (*dito*) ring finger

anzi [ˈan·tsi] *avv* **1.** (*invece*) on the contrary **2.** (*o meglio*) or rather

anzianità [an·tsia·ni·ˈta] <-> *f* **1.** (*condizione*) old age **2.** ADM length of service

anziano, -a [an·ˈtsiaː·no] **I.** *agg* **1.** (*non giovane*) elderly **2.** ADM (*funzionario*) senior **II.** *m, f* senior (citizen); **gli -i** senior citizens

anziché, anzi che [an·tsi·ˈke] *cong* **1.** (*invece di*) instead of **2.** (*piuttosto che*) rather than

anzitutto [an·tsi·ˈtut·to] *avv* first of all

Aosta [a·ˈɔs·ta] *f* Aosta *city in northwest of Italy;* **Valle d'~** Valle d'Aosta

aostano, -a [a·os·ˈtaː·no] **I.** *agg* from Aosta **II.** *m, f* (*abitante*) person from Aosta

a.p.c. *abbr di* **a pronta cassa** collect on delivery

ape [ˈaː·pe] *f* bee; **~ regina** queen bee

aperitivo [a·pe·ri·ˈtiː·vo] *m* aperitif

apersi [a·ˈpɛr·si] *1. pers sing pass rem di* **aprire**

aperto [a·ˈpɛr·to] *m* **all'~** outdoors; **cinema all'~** open-air cinema

aperto, -a **I.** *pp di* **aprire** **II.** *agg* **1.** (*gener*) open; **lettera -a** open letter; **all'aria -a** in the open air; **in mare ~** on the high seas **2.** (*gas*) on; (*rubinetto*) running **3.** (*loc*) **a braccia -e** with open arms; **rimanere a bocca -a** to be astounded

apertura [a·per·ˈtuː·ra] *f* **1.** (*gener*) opening; **articolo di ~** editorial; **~ delle**

scuole beginning of term **2.** *fig* openness; ~ **mentale** open-mindedness **3.** (*ampiezza*) width

apicoltore, -trice [a·pi·kol·'to:·re] *m, f* beekeeper

apicoltura [a·pi·kol·'tu:·ra] *f* beekeeping

apogeo [a·po·'dʒɛ:·o] *m* **1.** ASTR apogee **2.** *fig* zenith

apoplettico, -a [a·po·'plɛt·ti·ko] <-ci, -che> **I.** *agg* apoplectic; **colpo** ~ stroke **II.** *m, f* stroke patient

apostolo [a·'pɔs·to·lo] *m* apostle

apostrofo [a·'pɔs·tro·fo] *m* (*segno*) apostrophe

app. *abbr di* **appendice** appendix

appagamento [ap·pa·ga·'men·to] *m* satisfaction

appagare [ap·pa·'ga:·re] **I.** *vt* to satisfy **II.** *vr* **-rsi di qc** to be satisfied with sth

appaio [ap·'pa·io] *1. pers sing pr di* **apparire**

appaltare [ap·pal·'ta:·re] *vt* (*lavori, servizi*) to contract out

appaltatore, -trice [ap·pal·ta·'to:·re] **I.** *agg* (*azienda*) contracting **II.** *m, f* contractor

appalto [ap·'pal·to] *m* (*contratto*) contract; **dare in** ~ to contract out

appannare [ap·pa·'na:·re] **I.** *vt* **1.** (*vetro, lente*) to steam up **2.** *fig* (*offuscare: mente*) to cloud **II.** *vr:* **-rsi 1.** (*vetro, lente*) to steam up **2.** (*memoria, bellezza*) to fade

apparato [ap·pa·'ra:·to] *m* **1.** ADM, ANAT apparatus; ~ **digerente** digestive system **2.** TEC (*impianto*) (piece of) equipment **3.** THEAT set; **l'~ scenico** the set **4.** (*sfoggio*) display

apparecchiare [ap·pa·rek·'kia:·re] *vt* to set the table; **puoi ~ per favore** could you set the table, please?

apparecchiatura [ap·pa·rek·kia·'tu:·ra] *f* TEC (*strumento*) equipment

apparecchio [ap·pa·'rek·kio] <-cchi> *m* **1.** TEC (*strumento*) piece of equipment **2.** (*aereo*) aircraft

apparente [ap·pa·'rɛn·te] *agg* apparent

apparenza [ap·pa·'rɛn·tsa] *f* **1.** (*aspetto*) appearance **2.** *pl* (*forma*) appearances; **salvare le -e** to keep up appearances **3.** (*loc*) **in** ~ apparently

apparire [ap·pa·'ri:·re] <appaio *o* apparisco, apparvi *o* apparii *o* apparsi, apparso> *vi essere* to appear

appariscente [ap·pa·riʃ·'ʃɛn·te] *agg* (*persona*) glamorous; (*abito*) showy

apparizione [ap·pa·rit·'tsio:·ne] *f* appearance

apparsi [ap·'par·si] *1. pers sing pass rem di* **apparire**

apparso [ap·'par·so] *pp di* **apparire**

appartamento [ap·par·ta·'men·to] *m* apartment

appartenente [ap·par·te·'nɛn·te] **I.** *agg* belonging; ~ **a qc** belonging to sth **II.** *mf* member

appartenenza [ap·par·te·'nɛn·tsa] *f* membership; ~ **a qc** membership of sth

appartenere [ap·par·te·'ne:·re] <irr> *vi essere o avere* ~ **a qu/qc** to belong to sb/sth

apparvi [ap·'par·vi] *1. pers sing pass rem di* **apparire**

appassionare [ap·pas·sio·'na:·re] **I.** *vt* to grip **II.** *vr* **-rsi (a qc)** to become very interested in sth

appassionato, -a [ap·pas·sio·'na:·to] **I.** *agg* **1.** enthusiastic; **essere ~ di qc** to love sth **2.** (*parole*) passionate **II.** *m, f* enthusiast

appassire [ap·pas·'si:·re] <appassisco> *vi essere* (*fiore*) to wilt; (*pelle*) to age

appellare [ap·pel·'la:·re] **I.** *vt* GIUR ~ **una sentenza** to appeal a sentence **II.** *vr:* **-rsi 1. -rsi a qu/qc** to appeal to sb/sth **2.** GIUR to appeal

appello [ap·'pɛl·lo] *m* **1.** (*chiamata*) roll-call; **fare l'~** to call the roll **2.** *a.* GIUR (*invocazione*) appeal; **fare ~ a qc** to appeal to sth; **corte d'~** court of appeal **3.** UNIV (*sessione d'esami*) exam session

appena [ap·'pe:·na] **I.** *avv* **1.** (*soltanto*) only just; **sono ~ le dieci** it's only just 10 **2.** (*da poco*) just; **sono ~ partite** they've just left **3.** (*a stento*) hardly; **ha parlato ~** he [*o* she] hardly spoke **II.** *cong* as soon as

appendere [ap·'pɛn·de·re] <appendo, appesi, appeso> **I.** *vt* (*cappotto, quadro*) to hang (up); ~ **alla parete** to hang (up) on the wall **II.** *vr:* **-rsi** to hang

appendice [ap·pen·ˈdiː·tʃe] *f* **1.** *a.* ANAT (*aggiunta: di libro*) appendix **2.** (*nei giornali*) supplement

appendicite [ap·pen·di·ˈtʃiː·te] *f* appendicitis

Appennino [ap·pen·ˈniː·no] *m* Appennine; **gli -i** the Appennines

appesantire [ap·pe·san·ˈtiː·re] <appesantisco> **I.** *vt* **1.** (*auto, barca*) to weigh down **2.** (*stomaco*) to overload **II.** *vr:* **-rsi** *iron* (*ingrassare*) to put on weight

appesi [ap·ˈpeː·si] *1. pers sing pass rem di* **appendere**

appeso [ap·ˈpeː·so] *pp di* **appendere**

appetibile [ap·pe·ˈtiː·bi·le] *agg* attractive

appetito [ap·pe·ˈtiː·to] *m* (*fame*) appetite; **buon ~!** enjoy your meal!

appetitoso, -a [ap·pe·ti·ˈtoː·so] *agg* appetizing

appezzamento [ap·pet·tsa·ˈmen·to] *m* plot; **~ di terreno** piece of land

appianare [ap·pia·ˈnaː·re] *vt* **1.** (*terreno*) to level **2.** *fig* (*difficoltà*) to smooth out; (*lite*) to settle

appiattire [ap·pi·at·ˈtiː·re] <appiattisco> **I.** *vt* (*superficie*) to flatten **II.** *vr:* **-rsi 1.** (*divenire piatto*) to become flat **2.** (*farsi piatto*) to flatten oneself

appiccicare [ap·pit·tʃi·ˈkaː·re] **I.** *vt* (*attaccare: etichetta*) to stick **II.** *vr:* **-rsi** to stick

appiccicoso, -a [ap·pit·tʃi·ˈkoː·so] *agg* **1.** (*vischioso*) sticky **2.** *fig* (*persona*) clingy

appieno [ap·ˈpiɛː·no] *avv* fully

appigliarsi [ap·piʎ·ˈʎar·si] *vr* **1.** (*aggrapparsi*) **~ a qu/qc** to grab hold of sb/sth **2.** *fig* **~ a qc** (*speranza, pretesto*) to cling onto sth

appiglio [ap·ˈpiʎ·ʎo] <-gli> *m* **1.** (*punto di appoggio*) handhold **2.** *fig* pretext

appioppare [ap·piop·ˈpaː·re] *vt inf* **~ uno schiaffo a qu** to whack sb

appisolarsi [ap·pi·zo·ˈlar·si] *vr* to doze off

applaudire [ap·plau·ˈdiː·re] <applaudo *o* applaudisco> *vi, vt* **~** (**a**) **qu/qc** to applaud sb/sth

applauso [ap·ˈplaːu·zo] *m* **1.** (*battendo le mani*) applause **2.** (*approvazione*) approval

applicabile [ap·pli·ˈkaː·bi·le] *agg* **essere ~** (**a qc**) to be applicable (to sth)

applicare [ap·pli·ˈkaː·re] **I.** *vt* **1.** (*attaccare: cucendo*) to sew on; (*cerrotto*) to stick on **2.** (*crema*) to apply **3.** (*far pagare: multa*) to impose **II.** *vr:* **-rsi** (*nello studio*) to apply oneself

applicazione [ap·pli·kat·ˈtsioː·ne] *f* **1.** *a.* COMPUT application **2.** (*di multa*) imposition **3.** (*decorazione*) appliqué

applique [a·ˈplik] <-> *f* wall light

appoggiacapo [ap·pod·dʒa·ˈkaː·po] <-> *m* headrest

appoggiare [ap·pod·ˈdʒaː·re] **I.** *vt* **1.** (*posare*) to place **2.** (*accostare*) to lean; **~ qc a qc** to lean sth against sth **3.** *fig* (*sostenere*) to support **II.** *vr:* **-rsi 1.** (*sostenersi*) **-rsi a qc** to lean against sth; **-rsi a qu** to lean on sb **2.** *fig* (*ricorrere*) **-rsi a qc** to rely on sth

appoggiatesta [ap·pod·dʒa·ˈtɛs·ta] <-> *m* headrest

appoggio [ap·ˈpɔd·dʒo] <-ggi> *m* support

appollaiarsi [ap·pol·la·ˈiar·si] *vr* **~ su qc** to perch on sth

apporre [ap·ˈpor·re] <irr> *vt* **~ qc a qc** (*timbro, firma*) to append sth to sth

apportare [ap·por·ˈtaː·re] *vt* **1.** (*effettuare: modifica*) to carry out **2.** (*causare: danni*) to cause

apporto [ap·ˈpɔr·to] *m* contribution

appositamente [ap·po·zi·ta·ˈmen·te] *avv* specially

apposito, -a [ap·ˈpɔː·zi·to] *agg* appropriate

apposta [ap·ˈpɔs·ta] **I.** *avv* specially; **non l'ho fatto ~** I didn't do it on purpose **II.** <inv> *agg* special

appostamento [ap·pos·ta·ˈmen·to] *m* **1.** (*agguato*) ambush **2.** MIL post

appostare [ap·pos·ˈtaː·re] **I.** *vt* **~ qu 1.** (*piazzare*) to station sb **2.** (*fare la posta a*) to lie in wait for sb **II.** *vr:* **-rsi** to lie in wait

apposto [ap·ˈpɔs·to] *pp di* **apporre**

apprendere [ap·ˈprɛn·de·re] <irr> *vt* to learn

apprendimento [ap·pren·di·ˈmen·to] *m* learning

apprendista [ap·pren·'dis·ta] <-i , -e> *mf* apprentice

apprendistato [ap·pren·dis·'taː·to] *m* apprenticeship

apprensione [ap·pren·'sioː·ne] *f* anxiety; **essere in ~** to be worried

apprensivo, -a [ap·pren·'siː·vo] *agg* (*madre*) anxious

appresi [ap·'preː·zi] *1. pers sing pass rem di* **apprendere**

appreso [ap·'preː·zo] *pp di* **apprendere**

appresso [ap·'prɛs·so] **I.** *avv* **1.** (*vicino*) **portarsi ~ qc/qu** to take sth/sb with oneself **2.** *form* (*in seguito*) below; **come ~ indicato** as indicated below **II.** *prep* (*dietro*) behind; **andare ~ a qu** (*seguire*) to follow sb; **stare ~ a qu** to stay close to sb **III.** <inv> *agg* (*dopo*) after

apprestare [ap·pres·'taː·re] **I.** *vt* to prepare **II.** *vr* **-rsi a fare qc** to get ready to do sth

apprezzabile [ap·pret·'tsaː·bi·le] *agg* **1.** admirable **2.** (*notevole*) significant

apprezzare [ap·pret·'tsaː·re] *vt* to appreciate

approccio [ap·'prɔt·tʃo] <-cci> *m* **1.** (*primo contatto*) encounter **2.** (*metodo*) approach

approdare [ap·pro·'daː·re] *vi essere o avere* **1.** NAUT to land **2.** (*arrivare*) to arrive

approdo [ap·'prɔː·do] *m* **1.** (*manovra*) landing **2.** (*luogo*) landing place

approfittare [ap·pro·fit·'taː·re] **I.** *vi* **1.** (*trarre vantaggio*) **~ di qc** to take advantage of sth; **~ dell'occasione** to take the opportunity **2.** (*sfruttare*) **~ di qu** to take advantage of sb **II.** *vr* **-rsi di qu/qc** to take advantage of sb/sth

approfondire [ap·pro·fon·'diː·re] <approfondisco> **I.** *vt* **1.** *fig* to deepen **2.** *fig* (*studiare a fondo*) to go into in greater depth **II.** *vr:* **-rsi** *fig* to deepen

approntare [ap·pron·'taː·re] *vt* (*bilancio, relazione*) to prepare

appropriarsi [ap·pro·'pri·ar·si] *vr* **~ (di) qc** to appropriate sth

appropriato, -a [ap·pro·'priaː·to] *agg* (*termine, scelta*) appropriate

approssimarsi [ap·pros·si·'mar·si] *vr* **~ (a qc)** to approach (sth)

approssimativo, -a [ap·pros·si·ma·'tiː·vo] *agg* **1.** (*non preciso*) approximate **2.** (*vago*) vague

approssimazione [ap·pros·si·mat·'tsioː·ne] *f* MATH approximation; **per ~** approximately

approvare [ap·pro·'vaː·re] *vt* to approve

approvazione [ap·pro·vat·'tsioː·ne] *f* approval

approvvigionamento [ap·prov·vi·dʒo·na·'men·to] *m* **1.** (*rifornimento*) supply **2.** *pl* (*provvista*) supplies *pl*

approvvigionare [ap·prov·vi·dʒon·'naː·re] *vt a.* MIL to supply

appuntamento [ap·pun·ta·'men·to] *m* **1.** (*di piacere*) date; **darsi (un) ~** to arrange a date; **~ al buio** blind date **2.** (*d'affari, dal medico*) appointment; **prendere un'~** to make an appointment

appuntato [ap·pun·'taː·to] *m* (*di carbinieri, guardia di finanza*) corporal

appuntire [ap·pun·'tiː·re] <appuntisco> *vt* to sharpen

appuntito, -a [ap·pun·'tiː·to] *agg* **1.** (*matita*) sharp **2.** (*naso, mento*) pointed

appunto[1] [ap·'pun·to] *avv* **1.** just; **volevo per l'~ proporre ...** I was just going to suggest ... **2.** (*nelle risposte*) exactly

appunto[2] *m* **1.** (*nota*) note **2.** (*rimprovero*) reproach

appurare [ap·pu·'raː·re] *vt* to check

apribile [a·'priː·bi·le] *agg* (*tavolo, divano*) that can be opened; **tettuccio ~** sunroof

apribottiglie [a·pri·bot·'tiʎ·ʎe] <-> *m* bottle opener

aprii [a·'priː·i] *1. pers sing pass rem di* **aprire**

aprile [a·'priː·le] *m* April; **in ~** [*o* **nel mese di**] **~** in April; **alla fine di ~** at the end of April; **a fine ~** at the end of April; **a metà ~** in mid-April; **ai primi di ~** in early April; **~ ha 30 giorni** there are 30 days in April; **Firenze, (il) 15 ~ 2008** Florence, April 15, 2008; **oggi è il primo (di) ~** today is the first of April; **l'undici/il venti/il ventun ~** April eleventh/twentieth/twenty-first

aprire [a·'pri:·re] <apro, apersi *o* aprii, aperto> **I.** *vt* **1.** (*gener*) to open; ~ **le braccia** to open one's arms; ~ **un conto** to open an account **2.** (*gas, acqua, rubinetto*) to turn on **3.** (*creare un'apertura: varco, passaggio*) to clear **4.** (*corteo*) to lead **5.** (*loc*) **non ~ bocca** (*non parlare*) to not say a word; (*mantenere un segreto*) to keep mum; ~ **gli occhi** (*rendersi conto*) to open one's eyes (to sth); ~ **le orecchie** (*prestare attenzione*) to listen carefully **II.** *vr:* **-rsi 1.** (*porta*) to open **2.** (*confidarsi*) **-rsi con qu** to open up to sb

apriscatole [a·pris·'ka:·to·le] <-> *m* can opener

aquagym [a·kua·'dʒi:m] *f* aquarobics

aquila ['a:·kui·la] *f* eagle

aquilano, -a [a·kui·'la:·no] **I.** *agg* from Aquila **II.** *m, f* (*abitante*) person from Aquila

aquilino, -a [a·kui·'li:·no] *agg* **naso ~** aquiline nose

aquilone [a·kui·'lo:·ne] *m* kite

arabesco, -a <-schi, -sche> *agg* (*abito, scritta*) Arab

Arabia [a·'ra:·bia] *f* Arabia; ~ **Saudita** Saudi Arabia

arabo ['a:·ra·bo] *m* Arabic; **parlare ~** *fig* to be incomprehensible

arabo, -a I. *agg* **1.** (*paese, cavallo*) Arab **2.** (*lingua*) Arabic **II.** *m, f* Arab

arachide [a·'ra:·ki·de] *f* peanut

aragosta [a·ra·'gos·ta] *f* lobster

arancia [a·'ran·tʃa] <-ce> *f* orange

aranciata [a·ran·'tʃa:·ta] *f* orange soda

arancino [a·ran·'tʃi:·no] *m* CULIN *croquette made of rice*

arancio[1] [a·'ran·tʃo] <inv> *agg* orange

arancio[2] <-ci> *m* **1.** (*albero*) orange tree **2.** (*frutto*) orange **3.** (*colore*) orange

arancione [a·ran·'tʃo:·ne] <inv *o* -i> *agg* orange

arare [a·'ra:·re] *vi, vt* to plow

aratro [a·'ra:·tro] *m* plow

arazzo [a·'rat·tso] *m* tapestry

arbitraggio [ar·bi·'trad·dʒo] <-ggi> *m* **1.** GIUR, COM arbitration **2.** SPORT (*nel calcio*) refereeing; (*nel tennis*) umpiring

arbitrale [ar·bi·'tra:·le] *agg* **1.** COM (*decisione*) arbitration **2.** SPORT **decisione ~** (*nel calcio*) referee's decision; (*nel tennis*) umpire's decision

arbitrare [ar·bi·'tra:·re] *vt* **1.** (*controversia*) to arbitrate **2.** (*incontro*) to referee; (*nel tennis*) to umpire

arbitrio [ar·'bi:·trio] <-i> *m* (*facoltà di scelta*) will; **libero ~** free will

arbitro ['ar·bi·tro] *m* **1.** SPORT (*nel calcio*) referee; (*nel tennis*) umpire **2.** GIUR arbitrator

arbusto [ar·'bus·to] *m* shrub

arcata [ar·'ka:·ta] *f* **1.** ANAT, ARCH arch **2.** MUS bow

archeologia [ar·keo·lo·'dʒi:·a] <-ie> *f* archeology

archeologico, -a [ar·keo·'lɔ:·dʒi·ko] <-ci, -che> *agg* archeological

archeologo, -a [ar·ke·'ɔ:·lo·go] <-gi, -ghe> *m, f* archeologist

archetto [ar·'ket·to] *m* MUS bow

architetto, -a [ar·ki·'tet·to] *m, f* architect

architettonico, -a [ar·ki·tet·'tɔ:·ni·ko] <-ci, -che> *agg* architectural

architettura [ar·ki·tet·'tu:·ra] *f* architecture

archiviare [ar·ki·'via:·re] *vt* **1.** ADM (*documento*) to file; ~ **una pratica** to put a file away **2.** *fig* (*non occuparsi più di*) to forget about

archivio [ar·'ki:·vio] <-i> *m a.* COMPUT archive

arci- [ar·tʃi] (*in parole composte*) mega-

arcigno, -a [ar·'tʃiɲ·ɲo] *agg* (*persona*) severe; (*volto, espressione*) frowning

arcistufo, -a [ar·tʃi·'stu:·fo] *agg inf* **essere ~ di qc** to be sick to death of sth

arcivescovo [ar·tʃi·'ves·ko·vo] *m* archbishop

arco ['ar·ko] <-chi> *m* **1.** ARCHIT arch **2.** (*periodo*) period; ~ **di tempo** period of time **3.** MUS bow; **strumenti ad ~** stringed instruments; **gli -chi** the strings

arcobaleno [ar·ko·ba·'le:·no] *m* rainbow

ardente [ar·'dɛn·te] *agg* **1.** (*sole*) blazing; (*clima*) blazing hot **2.** (*passione*) burning **3.** (*loc*) **camera ~** funeral parlor

ardere ['ar·de·re] <ardo, arsi, arso> **I.** *vt avere* (*legna*) to burn **II.** *vi essere o* *avere* to burn

ardire [ar·'di:·re] <ardisco> *vi* ~ **fare qc** to dare (to) do sth

ardito, -a *agg* **1.** (*originale: idea*) bold **2.** (*insolente*) impertinent

ardore [ar·'do:·re] *m* heat; **con** ~ passionately

arduo, -a ['ar·duo] *agg* difficult

area ['a:·rea] *f* **1.** (*gener*) area; ~ **di servizio** rest area **2.** *fig* POL (*raggruppamento*) grouping

arena[1] [a'·re:·na] *f* sand

arena[2] [a'·rɛ:·na] *f* (*stadio*) arena

arenarsi [a·re·'nar·si] *vr* **1.** NAUT to run aground **2.** *fig* (*bloccarsi*) to come to a standstill

aretino, -a [a·re·'ti:·no] **I.** *agg* from Arezzo **II.** *m, f* (*abitante*) person from Arezzo

Arezzo *f* Arezzo *town in southern Tuscany*

argenteo, -a [ar·'dʒɛn·teo] *agg* silver

argenteria [ar·dʒen·te·'ri:·a] <-ie> *f* silver; ~ **da tavola** silverware

Argentina [ar·dʒen·'ti:·na] *f* Argentina

argentino, -a [ar·dʒen·'ti:·no] **I.** *agg* **1.** (*suono*) silvery **2.** (*dell'Argentina*) Argentinian **II.** *m, f* (*abitante*) Argentinian

argento [ar·'dʒɛn·to] *m* silver; **carta d'**~ FERR *card giving discounts on rail travel for senior citizens;* **nozze d'**~ silver wedding

argilla [ar·'dʒil·la] *f* clay

arginare [ar·dʒi·'na:·re] *vt* **1.** (*fiume*) to embank **2.** *fig* (*problema, spese*) to limit

argine ['ar·dʒi·ne] *m* **1.** (*di fiume*) bank; **rompere gli -i** to break the banks **2.** *fig* check

argomentare [ar·go·men·'ta:·re] *vi* to argue

argomentazione [ar·go·men·tat·'tsio:·ne] *f* argument

argomento [ar·go·'men·to] *m* **1.** (*tema*) subject **2.** (*prova*) argument

arguzia [ar·'gut·tsia] <-ie> *f* **1.** (*vivacità d'ingegno*) intelligence **2.** (*spirito*) wit **3.** (*facezia*) witticism

aria ['a:·ria] <-ie> *f* air; ~ **di mare** sea air; **all'**~ **aperta** in the open air; ~ **condizionata** air conditioning; **corrente d'**~ draft; **non c'è un filo d'**~ there isn't a breath of air; **prendere una boccata d'**~ to get a breath of fresh air; **cambiare l'**~ to have a change of scene; **andare all'**~ *fig* (*progetto, matrimonio*) to come to nothing; **c'è qc nell'**~ *fig* there's sth in the air; **avere un'**~ **stanca** (*espressione*) to look tired; **darsi delle -e** to show off

arido, -a ['a:·ri·do] *agg* (*campagna, deserto*) arid

ariete [a·'riɛ:·te] *m* **1.** ZOO ram **2.** ASTR **Ariete** Aries; **sono (dell'** [*o* **un**]) **Ariete** I'm (an) Aries

arista ['a:·ris·ta] *f* CULIN pork chine *(for roasting)*

aristocratico, -a [a·ris·to·'kra:·ti·ko] <-ci, -che> **I.** *agg* aristocratic **II.** *m, f* aristocrat

aristocrazia [a·ris·to·krat·'tsi:·a] <-ie> *f* **1.** (*nobiltà*) *a.* POL aristocracy **2.** *fig* (*comportamento raffinato*) refinement

aritmetica [a·rit·'mɛ:·ti·ka] <-che> *f* arithmetic

aritmia [a·rit·'mi:·a] <-ie> *f* MED arrhythmia

arma ['ar·ma] <-i> *f* **1.** (*strumento di difesa*) weapon; ~ **azzurra** *the Italian air force;* **essere alle prime -i** *fig* to be a beginner **2.** (*esercito*) army; **andare sotto le -i** to join the armed forces

armadio [ar·'ma:·dio] <-i> *m* wardrobe; ~ **guardaroba** closet; ~ **a muro** built-in closet

armamento [ar·ma·'men·to] *m* **1.** MIL weapons *pl* **2.** NAUT (*attrezzatura*) fitting out **3.** *pl* (*armi*) arms

armare [ar·'ma:·re] **I.** *vt* **1.** MIL (*fornire di armi*) to arm **2.** ARCH (*rinforzare: parete*) to reinforce **3.** NAUT (*nave*) to fit out **II.** *vr:* **-rsi; -rsi di qc** *a. fig* to arm oneself with sth

armata [ar·'ma:·ta] *f* army

armato, -a *agg* **1.** MIL (*fornito di armi*) armed; **carro** ~ tank **2.** *fig* ~ **di qc** armed with sth

armatore, -trice [ar·ma·'to:·re] **I.** *agg* shipping; **società -trice** shipping company **II.** *m, f* shipowner

armatura [ar·ma·'tu:·ra] *f* **1.** HIST armor

2. (*struttura*) reinforcement

armeggiare [ar·med·'dʒa:·re] *vi* to mess around

armonia [ar·mo·'ni:·a] <-ie> *f a. mus* harmony

armonico, -a [ar·'mɔ:·ni·ko] <-ci, -che> *agg* **1.** (*convivenza, sviluppo*) harmonious **2.** (*sapore*) balanced **3.** MUS harmonic

armonioso, -a [ar·mo·'nio:·so] *agg* **1.** (*proporzionato*) well-proportioned **2.** (*dotato di armonia*) graceful

armonizzare [ar·mo·nid·'dza:·re] **I.** *vt* (*far accordare: norme, programmi*) to harmonize **II.** *vi* to go well together

arnese [ar·'ne:·se] *m* **1.** (*attrezzo*) tool **2.** (*oggetto*) thing

aroma [a·'rɔ:·ma] <-i> *m* **1.** (*sapore*) aroma **2.** *pl* (*erbe*) herbs

aromaterapia [a·rɔ·ma·te·ra·'pi:·a] *f* aromatherapy

aromatico, -a [a·ro·'ma:·ti·ko] <-ci, -che> *agg* (*sapore, vino*) aromatic; **erbe -che** herbs; **piante -che** herbs

aromatizzare [a·ro·ma·tid·'dza:·re] *vt* (*bevanda, cibo*) to flavor

arrabbiare [ar·rab·'bia:·re] **I.** *vt* **far ~ qu** to make sb angry **II.** *vr* **-rsi** (**con qu**) to get angry (with sb)

arrabbiato, -a [ar·rab·'bia:·to] *agg* **1.** (*irato*) angry; **essere ~** (**con qu**) to be angry with sb **2.** (*accanito: musicista*) fanatical **3.** CULIN **all'-a** in a spicy sauce

arraffare [ar·raf·'fa:·re] *vt* **1.** (*afferrare: oggetto*) to snatch **2.** (*rubare: soldi*) to steal

arrampicarsi [ar·ram·pi·'kar·si] *vr* to climb; **~ sugli specchi** *fig* to grasp at straws

arrangiamento [ar·ran·dʒa·'men·to] *m* MUS arrangement

arrangiare [ar·ran·'dʒa:·re] **I.** *vt* **1.** (*aggiustare: faccenda*) to settle **2.** MUS (*pezzo, brano*) to arrange **II.** *vr:* **-rsi** (*industriarsi*) to manage; **ci arrangiamo da soli, grazie!** we can manage, thank you!

arrecare [ar·re·'ka:·re] *vt* (*causare*) to cause; **~ disturbo** to bother

arredamento [ar·re·da·'men·to] *m* **1.** (*mobili*) furniture **2.** (*attività*) furnishing

arredare [ar·re·'da:·re] *vt* to furnish

arredatore, -trice [ar·re·da·'to:·re] *m, f* interior designer

arredo [ar·'rɛ:·do] *m* **1.** (*arredamento*) furnishing **2.** *pl* (*mobili*) furniture

arrendersi [ar·'rɛn·der·si] <irr> *vr* **1.** (*darsi vinto*) **~** (**a qu**) to surrender (to sb) **2.** *fig* (*desistere*) **~** (**a qc**) to give in (to sth)

arrestare [ar·res·'ta:·re] **I.** *vt* **1.** (*catturare*) to arrest **2.** (*fermare*) to stop **II.** *vr:* **-rsi** (*fermarsi*) to stop

arresto [ar·'rɛs·to] *m* **1.** (*cattura*) arrest; **-i domiciliari** house arrest **2.** (*interruzione*) **~ cardiaco** cardiac arrest

arretrare [ar·re·'tra:·re] **I.** *vi essere* to withdraw **II.** *vt avere* (*spostare indietro*) to move back

arretrati [ar·re·'tra:·ti] *mpl* **1.** (*di stipendio*) back pay; (*di affitto*) arrears *pl* **2.** *fig* unfinished business

arretrato, -a [ar·re·'tra:·to] *agg* **1.** (*in ritardo: pagamento*) back; **del lavoro ~** a backlog of work **2.** (*sottosviluppato*) underdeveloped **3.** (*mentalità*) backward

arricchire [ar·rik·'ki:·re] <arricchisco> **I.** *vt avere a.* TEC to enrich **II.** *vr:* **-rsi** to get rich

arricchito, -a [ar·rik·'ki:·to] *m, f pej* nouveau riche

arricciacapelli [ar·rit·tʃa·ka·'pel·li] <-> *m* curling tongs *pl*

arricciare [ar·rit·'tʃa:·re] *vt* **1.** (*capelli*) to curl **2.** (*manica*) to roll up

arrivare [ar·ri·'va:·re] *vi essere* **1.** (*giungere*) to arrive; **~ primo/secondo** SPORT to come first/second **2.** (*raggiungere*) **~ a ...** to reach; **~ ad un accordo** to reach an agreement **3.** (*affermarsi*) to succeed **4. arrivarci** (*riuscire a toccare*) to reach; **io non ci arrivo** I can't reach (it); (*capire*) to get it; **non ci arriva** he [*o* she] doesn't get it

arrivato, -a [ar·ri·'va:·to] **I.** *agg* (*socialmente*) successful **II.** *m, f* (*socialmente*) person who has made it

arrivederci [ar·ri·ve·'der·tʃi] *inter* (good) bye; **~** (**a**) **presto** see you soon

arrivederLa [ar·ri·ve·'der·la] *inter* goodbye

arrivismo [ar·ri·'viz·mo] *m* social climbing

arrivista [ar·ri·'vis·ta] <-i , -e> *mf* social climber

arrivo [ar·'riː·vo] *m* **1.** (*venuta*) arrival; **posta in ~** incoming mail; **il treno è in ~ sul quarto binario** the train is arriving at platform four **2.** SPORT finishing line **3.** *pl* (*merce*) **i nuovi -i** the new stock **4.** *pl* (*in aeroporto*) arrivals

arrogante [ar·ro·'gan·te] *agg* arrogant

arroganza [ar·ro·'gan·tsa] *f* arrogance

arrostire [ar·ros·'tiː·re] <arrostisco> **I.** *vt* (*al forno*) to roast; (*ai ferri*) to grill; (*allo spiedo: pollo*) to spitroast **II.** *vi essere fig* (*al sole*) to roast

arrosto [ar·'rɔs·to] *m* roast

arrotare [ar·ro·'taː·re] *vt* **1.** (*affilare*) to sharpen **2.** *inf* (*investire*) to run over

arrotolare [ar·ro·to·'laː·re] *vt* (*filo, carta*) to roll up

arruffare [ar·ruf·'faː·re] *vt* (*capelli*) to ruffle

arruolamento [ar·ruo·la·'men·to] *m* MIL enlistment

arruolare [ar·ruo·'laː·re] **I.** *vt* MIL to enlist **II.** *vr:* **-rsi** MIL to enlist

arsenale [ar·se·'naː·le] *m* **1.** NAUT dockyard **2.** MIL (*deposito*) arsenal

arsi ['ar·si] *1. pers sing pass rem di* **ardere**

arso, -a ['ar·so] **I.** *pp di* **ardere** **II.** *agg* **1.** (*bruciato*) burned **2.** (*secco*) dry

arte ['ar·te] *f* **1.** (*gener*) art; **-i grafiche** graphic arts; **le belle -i** the fine arts; **le -i figurative** the visual arts; **nome d'~** stage name; **opera d'~** work of art; **a regola d'~** perfectly; **storia dell'~** history of art **2.** (*mestiere*) craft **3.** HIST (*corporazione*) guild

artefice [ar·'teː·fi·tʃe] *mf* (*autore*) author

arteria [ar·'tɛː·ria] <-ie> *f* **1.** ANAT artery **2.** (*strada*) arterial road

arteriosclerosi [ar·te·rio·skle·'rɔː·zi] <-> *f* arteriosclerosis

arteriosclerotico, -a [ar·te·rio·skle·'rɔː·ti·ko] <-ci, -che> **I.** *agg* **1.** MED arteriosclerotic **2.** *inf* (*rimbambito*) senile **II.** *m, f* person suffering from arteriosclerosis

artico, -a ['ar·ti·ko] <-ci, -che> *agg* (*calotta, regione, spedizione*) Arctic

articolare[1] [ar·ti·ko·'laː·re] *agg* (*dolore*) of the joints

articolare[2] *vt* **1.** (*pronunciare*) to articulate **2.** (*suddividere*) to divide up

articolazione [ar·ti·co·lat·'tsioː·ne] *f* **1.** ANAT, TEC joint **2.** (*suddivisione*) division

articolo [ar·'tiː·ko·lo] *m* **1.** *a.* GIUR, LING (*di giornale*) article; **~ di fondo** leading article **2.** COM (*merce, di bilancio*) item

Artide ['ar·ti·de] *f* Arctic

artificiale [ar·ti·fi·'tʃaː·le] *agg* **1.** (*lago, seta*) artificial **2.** (*sorriso*) forced

artificio [ar·ti·'fiː·tʃo] <-ci> *m* **1.** (*espediente*) device **2.** (*ricercatezza*) artificiality **3.** (*loc*) **fuochi d'~** fireworks

artificioso, -a [ar·ti·fi·'tʃoː·so] *agg* unnatural

artigianale [ar·ti·dʒa·'naː·le] *agg* (*non industriale*) by hand; (*gioielleria*) craftsman-made; (*gelato*) handmade

artigianato [ar·ti·dʒa·'naː·to] *m* **1.** (*attività*) craftsmanship **2.** (*categoria*) craftspeople **3.** (*prodotti*) craft item; **~ artistico** arts and crafts

artigiano, -a [ar·ti·'dʒaː·no] **I.** *agg* (*attività, impresa*) craft; (*lavorazione, produzione*) by hand; (*gioielleria*) craftsman-made; (*gelato*) handmade **II.** *m, f* craftsman *m*, craftswoman *f*

artiglio [ar·'tiʎ·ʎo] <-gli> *m a. fig* claw

artista [ar·'tis·ta] <-i , -e> *mf* **1.** artist; **~ lirico** (opera) singer **2.** (*di circo*) artiste

artistico, -a [ar·'tis·ti·ko] <-ci, -che> *agg* **1.** artistic **2.** (*loc*) **direttore ~** artistic director; **liceo ~** *high school specializing in art*

arto ['ar·to] *m* limb

artrite [ar·'triː·te] *f* arthritis

artrosi [ar·'trɔː·zi] <-> *f* osteoarthritis

arzillo, -a [ar·'dzil·lo] *agg* (*persona*) lively

asce ['aʃ·ʃe] *pl di* **ascia**

ascella [aʃ·'ʃɛl·la] *f* ANAT armpit

ascendente [aʃ·ʃen·'dɛn·te] **I.** *agg* **1.** (*flusso*) upward **2.** MUS ascending **II.** *m* **1.** (*parente*) ancestor **2.** *fig* (*influsso*) influence

ascensione [aʃ·ʃen·'sioː·ne] *f* **1.** (*scalata*)

ascent **2.** (*al cielo*) ascension; **l'Ascensione** the Ascension

ascensore [aʃ·ʃen·'so:·re] *m* elevator

ascesa [aʃ·'ʃe:·sa] *f* ascent

ascesso [aʃ·'ʃɛs·so] *m* abscess

ascia ['aʃ·ʃa] <asce> *f* ax

asciugacapelli [aʃ·ʃu·ga·ka·'pel·li] <-> *m* hairdryer

asciugamano [aʃ·ʃu·ga·'ma:·no] *m* towel

asciugare [aʃ·ʃu·'ga:·re] **I.** *vt* to dry **II.** *vr:* **-rsi** **1.** to dry oneself; **-rsi le mani/i capelli** to dry one's hands/hair **2.** (*diventare asciutto*) to dry (out)

asciugatore [aʃ·ʃu·ga·'to:·re] *m* (*per le mani*) hand dryer

asciugatrice [aʃ·ʃu·ga·'tri:·tʃe] *f* (*per biancheria*) dryer

asciutto [aʃ·'ʃut·to] *m* dry; **rimanere** [*o* **restare**] **all'~** *fig* to be broke

asciutto, -a *agg* **1.** dry; **restare a bocca -a** *fig* to be disappointed **2.** (*prosciugato*) dried-up **3.** *fig* (*magro: persona*) lean **4.** (*brusco*) curt

ascolano, -a [as·ko·'la:·no] **I.** *agg* from Ascoli; **olive all'-a** *stuffed green olives fried in breadcrumbs* **II.** *m, f* (*abitante*) person from Ascoli

Ascoli Piceno *f* Ascoli *city in eastern central Italy*

ascoltare [as·kol·'ta:·re] **I.** *vt* **1.** (*radio*) to listen to **2.** (*dar retta a*) **~ qu/qc** to listen to sb/sth **3.** (*desiderio*) to grant **II.** *vi* to listen

ascoltatore, -trice [as·kol·ta·'to:·re] *m, f* listener

ascolto [as·'kol·to] *m* **1.** (*l'ascoltare*) listening **2.** RADIO, TV **indice di ~** audience ratings **3.** (*attenzione*) **dare ~ a qu** to listen to sb **4.** (*origliare*) **stare in ~** to eavesdrop

asfissiare [as·fis·'sia:·re] *vi, vt* to suffocate

Asia ['a:·zia] *f* Asia; **~ Minore** Asia Minor

asiatico, -a [a·'zia:·ti·ko] <-ci, -che> **I.** *agg* (*città*) Asian **II.** *m, f* Asian

asilo [a·'zi:·lo] *m* **1.** (*rifugio*) shelter **2.** POL asylum; **richiesta di ~** (**politico**) request for (political) asylum **3.** (*scuola materna*) nursery; **~ d'infanzia** nursery school; **~ nido** day nursery

asimmetrico, -a [a·sim·'mɛ:·tri·ko] <-ci, -che> *agg* asymmetric

asinino, -a [a·si·'ni:·no] *agg* **tosse -a** whooping cough

asino, -a ['a:·si·no] *m, f* (*animale, persona*) donkey; **essere un ~** to be thick

ASL *f abbr di* **Azienda Sanitaria Locale** *local health center*

asma ['az·ma] *f* asthma

asmatico, -a [az·'ma:·ti·ko] <-ci, -che> **I.** *agg* asthmatic **II.** *m, f* asthmatic

asola ['a:·zo·la] *f* buttonhole

asparago [as·'pa:·ra·go] <-gi> *m* asparagus

aspettare [as·pet·'ta:·re] **I.** *vt* **1.** (*telefonata, ospite*) to expect; **~ un bambino** to be expecting a baby **2.** (*treno, autobus*) to wait for; **farsi ~** to keep people waiting **II.** *vi* (*attendere*) to wait **III.** *vr:* **-rsi** to expect

aspettativa [as·pet·ta·'ti:·va] *f* **1.** (*speranza*) expectation **2.** ADM leave

aspetto [as·'pɛt·to] *m* **1.** (*apparenza*) appearance; **avere un bell'~** to be nice-looking **2.** (*punto di vista*) aspect; **sotto questo ~** in this regard **3.** (*attesa*) wait; **sala d'~** waiting room

aspirante [as·pi·'ran·te] **I.** *agg* (*forza*) suction **II.** *mf* candidate

aspirapolvere [as·pi·ra·'pol·ve·re] <-> *m* vacuum cleaner

aspirare [as·pi·'ra:·re] **I.** *vt* to breathe (in) **II.** *vi* **~** (**a qc**) to aspire (to sth)

aspirazione [as·pi·rat·'tsio:·ne] *f* **1.** *fig* ambition **2.** MOT suction

asportare [as·por·'ta:·re] *vt* to remove

asportazione [as·por·tat·'tsio:·ne] *f* removal

asprezza [as·'pret·tsa] *f* **1.** (*di sapore*) sharpness **2.** (*di terreno*) roughness **3.** *a. fig* (*di inverno*) harshness **4.** *fig* (*di battaglia*) bitterness

aspro, -a ['as·pro] <più aspro, asperrimo *o* asprissimo> *agg* **1.** (*sapore*) sharp; (*odore*) pungent **2.** (*suono*) shrill **3.** (*terreno*) rough **4.** (*clima*) harsh **5.** (*battaglia*) bitter

Ass. *abbr di* **Assicurazione** Insurance

assaggiare [as·sad·'dʒa:·re] *vt* to try

assaggio [as·'sad·dʒo] <-ggi> *m* **1.** (*degustazione*) tasting **2.** (*piccola quantità*) taste **3.** (*prova*) sample

assai [as·'saː·i] **I.** *avv* **1.** (*molto*) very **2.** (*molto*) a lot **II.** <inv> *agg* (*parecchio*) a lot of

assalire [as·sa·'liː·re] <irr> *vt* **1.** to attack **2.** *fig* (*sopraffare*) to overcome

assaltare [as·sal·'taː·re] *vt* (*banca*) to raid; (*convoglio*) to attack

assalto [as·'sal·to] *m a.* MIL attack

assassinare [as·sas·si·'naː·re] *vt* (*uccidere*) to murder; POL to assassinate

assassinio [as·sas·'siː·nio] <-ii> *m* (*omicidio*) murder; POL assassination

assassino, -a [as·sas·'siː·no] **I.** *agg a. fig* murderous **II.** *m, f* (*omicida*) killer

asse ['as·se] *f* (*tavola di legno*) board; **l'~ del gabinetto** toilet seat; **~ da stiro** ironing board

assecondare [as·se·kon·'daː·re] *vt* **1.** (*favorire*) to encourage **2.** (*soddisfare*) **~ qc** to go along with sth; **~ qu in qc** to support sb in sth

assegnare [as·seɲ·'ɲaː·re] *vt* **1.** (*dare*) **~ qc a qu** (*premio, borsa di studio*) to award sth to sb; (*compiti scolastici*) to give sth to sb **2.** (*destinare*) to assign; **~ qu a qc** to assign sb to sth **3.** (*stabilire: scadenza*) to set

assegnazione [as·seɲ·ɲat·'tsioː·ne] *f* **1.** (*di premio*) award; (*di prestito*) allocation; (*di compiti scolastici*) setting **2.** (*di incarico*) assignment **3.** (*di persona*) posting

assegno [as·'seɲ·ɲo] *m* **1.** COM, FIN check; **~ in bianco** blank check; **~ postale** postal order; **~ sbarrato** crossed check; **~ scoperto** [*o* **a vuoto**] bad check **2.** (*sussidio*) welfare payment; **~ di maternità** maternity pay; **-i familiari** family welfare benefits

assemblaggio [as·sem·'blad·dʒo] <-ggi> *m* **1.** (*montaggio*) assembly **2.** (*di brani*) compilation

assemblea [as·sem·'blɛː·a] *f* **1.** (*riunione*) meeting **2.** (*organo*) assembly

assenso [as·'sɛn·so] *m* approval

assente [as·'sɛn·te] **I.** *agg* **1.** (*non presente: da scuola*) absent; (*per lavoro*) away **2.** (*inesistente*) non-existent **3.** (*distratto*) distracted **II.** *mf* absent person

assentire [as·sen·'tiː·re] *vi* **~ a qc** to agree to sth

assenza [as·'sɛn·tsa] *f* **1.** (*da luogo*) absence **2.** (*mancanza*) lack; **l'~ di qc** the lack of sth

assenziente [as·sen·'tsiɛn·te] *agg* (*sguardo, risposta*) consenting; **essere ~** to be in agreement

asserire [as·se·'riː·re] <asserisco> *vt* to maintain

asserzione [as·ser·'tsioː·ne] *f* (*dichiarazione*) assertion

assessorato [as·ses·so·'raː·to] *m* (*ufficio*) department

assessore [as·ses·'soː·re] *m* councilor; **~ comunale** local councilor

assestare [as·ses·'taː·re] **I.** *vt* (*affibbiare*) **~ un colpo** to deal a blow **II.** *vr:* **-rsi** **1.** (*terreno, valore*) to settle **2.** *fig* (*situazione*) to settle down

assetato, -a [as·se·'taː·to] *agg a. fig* thirsty

assetto [as·'sɛt·to] *m* **1.** (*ordinamento*) organization **2.** (*equipaggiamento*) gear **3.** AUTO stability

assicurare [as·si·ku·'raː·re] **I.** *vt* **1.** (*contro rischi*) to insure; **~ (contro qc)** (*furto, incendio*) to insure (against sth) **2.** (*garantire*) to secure **3.** (*affermare*) **~ qc a qu** to assure sb of sth; **~ a qu che** to assure sb that **II.** *vr:* **-rsi** **1.** (*fare un assicurazione*) to get insurance; **-rsi (contro qc)** to insure oneself (against sth) **2.** (*garantirsi*) to secure **3.** (*accertarsi*) to make sure

assicurato, -a [as·si·ku·'raː·to] *m, f* policyholder

assicuratore, -trice [as·si·ku·ra·'toː·re] **I.** *agg* (*società, ente*) insurance **II.** *m, f* insurance agent

assicurazione [as·si·ku·rat·'tsioː·ne] *f* **1.** (*contratto*) insurance; **~ casco/contro tutti i rischi** comprehensive insurance; **~ contro la responsabilità civile** third party insurance; **~ sulla vita** life insurance **2.** (*affermazione*) assurance

assideramento [as·si·de·ra·'men·to] *m* exposure

assiderare [as·si·de·'raː·re] **I.** *vt* (*mani*) to freeze; (*pianta*) to frost **II.** *vi:* **-rsi** to suffer from exposure

assiduità [as·si·dui·'ta] <-> *f* **1.** (*abituale*) regularity; **con ~** regularly **2.** (*perseveranza*) diligence

assiduo, -a [as·'siː·duo] *agg* **1.** (*regolare*) regular **2.** (*costante*) constant **3.** (*diligente*) hardworking

assieme [as·'siɛː·me] **I.** *avv* together **II.** *prep* **~ a** (together) with **III.** <-> *m* **1.** (*complesso*) whole; **un quadro d'~** an overall picture **2.** MUS, THEAT ensemble

assisano, -a [as·si·'zaː·no] **I.** *agg* from Assisi **II.** *m, f* (*abitante*) person from Assisi

assise [as·'siː·ze] *fpl* **1.** GIUR **Corte d'Assise** ≈ district court **2.** (*riunione plenaria*) meeting

Assisi *f* Assisi *city in central Italy*

assistei [as·sis·'teː·i] *1. pers sing pass rem di* **assistere**

assistente [as·sis·'tɛn·te] **I.** *agg* assistant **II.** *mf* assistant; **~ di bordo** flight attendant; **~ sociale** social worker

assistenza [as·sis·'tɛn·tsa] *f* assistance; **~ sanitaria** health care; **~ sociale** welfare; **~ tecnica** technical support; **~ legale** legal aid

assistenziale [as·sis·ten·'tsiaː·le] *agg* (*attività, servizio*) welfare

assistere [as·'sis·te·re] <assisto, assistei *o* assistetti, assistito> **I.** *vi* **~ a qc** (*spettacolo, lezione*) to attend sth; (*incidente*) to witness sth **II.** *vt* **1.** (*curare*) **~ qu** (*anziano, malato*) to care for **2.** (*aiutare*) to help **3.** (*cliente*) to assist

asso ['as·so] *m* **1.** *a.* SPORT (*di carte da gioco*) ace; **un ~ dello sport** a sporting champion **2.** (*loc*) **piantare** [*o* **lasciare**] **qu in ~** to leave sb in the lurch

associare [as·so·'tʃaː·re] **I.** *vt* **1.** (*unire: idee*) to associate **2.** (*a circolo, partito*) to enroll **3.** (*mettere insieme*) to bring together **II.** *vr:* **-rsi 1.** (*unirsi*) **-rsi con qu** to join sb **2. -rsi a qc** (*circolo, partito*) to join sth **3. -rsi a qc** (*protesta*) to join in sth **4.** (*accompagnarsi*) to be associated with

associativo, -a [as·so·tʃa·'tiː·vo] *agg* (*quota*) membership

associazione [as·so·tʃat·'tsioː·ne] *f* association

assoggettare [as·sod·dʒet·'taː·re] **I.** *vt* **1.** (*sottomettere*) to subjugate **2.** (*sottoporre*) **~ a qc** to subject to sth **II.** *vr:* **-rsi; -rsi a qc 1.** (*sottomettersi: nemico*) to submit to sth **2.** (*sottoporsi*) to comply with sth **3.** (*adattarsi*) to adapt to sth

assolato, -a [as·so·'laː·to] *agg* sunny

assolsi [as·'sɔl·si] *1. pers sing pass rem di* **assolvere**

assolto [as·'sɔl·to] *pp di* **assolvere**

assolutamente [as·so·lu·ta·'men·te] *avv* **1.** (*senz'altro*) definitely **2.** (*del tutto*) absolutely

assoluto, -a [as·so·'luː·to] *agg* **1.** (*generale*) absolute; **in ~** absolutely **2.** (*totale*) complete **3.** SPORT undisputed **4.** (*urgente*) urgent

assoluzione [as·so·lut·'tsioː·ne] *f* **1.** GIUR (*di imputato*) acquittal **2.** REL absolution

assolvere [as·'sɔl·ve·re] <assolvo, assolsi, assolto> *vt* **1.** GIUR (*imputato*) to acquit **2.** *a.* REL to absolve **3.** (*eseguire: compito, dovere*) to carry out

assomigliare [as·so·miʎ·'ʎaː·re] **I.** *vi* **~ a qu/qc** to resemble sb/sth **II.** *vr:* **-rsi** to look alike

assonnato, -a [as·so·'naː·to] *agg a. fig* sleepy

assorbente [as·sor·'bɛn·te] **I.** *agg* (*carta, tessuto*) absorbent **II.** *m* **~ igienico** sanitary towel; **~ interno** tampon

assorbire [as·sor·'biː·re] *vt* **1.** (*gener*) to absorb **2.** (*incorporare*) to swallow up **3.** (*consumare: tempo*) to take up

assordante [as·sor·'dan·te] *agg* (*rumore, musica*) deafening

assordare [as·sor·'daː·re] *vt avere* to deafen

assortimento [as·sor·ti·'men·to] *m* range

assortire [as·sor·'tiː·re] <assortisco> *vt* (*combinare: colori*) to mix

assortito, -a [as·sor·'tiː·to] *agg* **1.** (*misto*) assorted **2.** (*che armonizza*) **ben ~** well-matched

assorto, -a [as·'sɔr·to] *agg* **~ nei pensieri** lost in thought

assottigliare [as·sot·tiʎ·'ʎaː·re] **I.** *vt* **1.** (*render sottile*) to slim down **2.** (*ridurre*) to reduce **II.** *vr:* **-rsi 1.** (*diven-*

tar sottile) to become slimmer **2.** (*ridursi*) to dwindle **3.** (*dimagrire*) to slim down

assumere [as-'suː-me-re] <assumo, assunsi, assunto> **I.** *vt* **1.** (*responsibilità, personale*) to take on **2.** (*colpa, merito*) to take **II.** *vr:* **-rsi** **1.** (*prendersi: responsibilità, impegno*) to take on **2.** (*attribuirsi: colpa, merito*) to take

Assunta [as-'sun-ta] *f* **1.** (*Maria Vergine*) the Virgin Mary **2.** (*festa*) the feast of the Assumption

assunto *pp di* **assumere**

assunzione [as-sun-'tsioː-ne] *f* **1.** (*di impiegato*) employment **2.** (*di farmaco*) taking **3.** REL **l'Assunzione** (**della Vergine**) the Assumption (of the Virgin Mary)

assurdità [as-sur-di-'ta] <-> *f* **1.** (*caratteristica*) absurdity **2.** (*cosa assurda*) stupid thing

assurdo, -a *agg* (*comportamento, idea, storia*) ridiculous

asta ['as-ta] *f* **1.** *a.* SPORT (*bastone*) pole; **salto con l'~** pole vault; (*di compasso, occhiali*) arm **2.** (*vendita all'incanto*) auction; **mettere all'~** to auction (off)

astemio, -a [as-'tɛː-mio] <-i, -ie> **I.** *agg* teetotal **II.** *m, f* teetotaler

astenersi [as-te-'ner-si] <irr> *vr* to abstain; **~ da qc** to abstain from sth; **~ dal fare qc** to refrain from doing sth

astensione [as-ten-'sioː-ne] *f* **1.** (*non votante*) abstention **2.** (*sciopero*) **~ dal lavoro** withdrawal of labor

asterisco [as-te-'ris-ko] <-schi> *m* TYP asterisk

Asti *f* Asti *town in northern Italy*

astice ['as-ti-tʃe] *m* lobster

asticella [as-ti-'tʃɛl-la] *f* SPORT bar

astigiano, -a [as-ti-'dʒaː-no] **I.** *agg* from Asti **II.** *m, f* (*abitante*) person from Asti

astigmatico, -a [a-stig-'maː-ti-ko] <-ci, -che> **I.** *agg* (*paziente, lente*) astigmatic **II.** *m, f* person with astigmatism

astinente [a-sti-'nɛn-te] *agg* (*da droga, alcol*) abstinent

astinenza [a-sti-'nɛn-tsa] *f* (*da droga, alcol, nicotina*) abstinence

astio ['as-tio] <-i> *m* resentment

astioso, -a [as-'tioː-so] *agg* **1.** (*parola*) hostile **2.** (*persona*) resentful

astrologia [as-tro-lo-'dʒiː-a] <-gie> *f* astrology

astrologo, -a [as-'trɔː-lo-go] <-gi, -ghe> *m, f* ASTR astrologer

astronauta [as-tro-'naːu-ta] <-i , -e> *mf* astronaut

astronave [as-tro-'naː-ve] *f* spaceship

astronomia [as-tro-no-'miː-a] <-ie> *f* astronomy

astronomico, -a [as-tro-'nɔː-mi-ko] <-ci, -che> *agg* astronomical

astronomo, -a [as-'trɔː-no-mo] *m, f* astronomer

astuccio [as-'tut-tʃo] <-cci> *m* case

astuto, -a [as-'tuː-to] *agg* (*persona, idea*) smart

astuzia [as-'tut-tsia] <-ie> *f* **1.** (*furbizia*) cunning **2.** (*trucco*) trick

AT **1.** *abbr di* **Antico Testamento** OT **2.** *abbr di* **Alta Tensione** HT

ateismo [a-te-'iz-mo] *m* atheism

atelier [a-tə-'lje] <-> *m* (*di pittore, fotografo*) studio

ateo, -a ['aː-te-o] **I.** *agg* (*persona, pensiero*) atheist **II.** *m, f* atheist

atesino, -a [a-te-'ziː-no] **I.** *agg* from Alto Adige **II.** *m, f* person from Alto Adige

atlante [at-'lan-te] *m* atlas

atlantico, -a [at-'lan-ti-ko] <-ci, -che> *agg* (*traversata, onda*) Atlantic; **l'Oceano Atlantico** the Atlantic (Ocean)

atleta [at-'lɛː-ta] <-i , -e> *mf* athlete

atletica [at-'lɛː-ti-ka] *f* athletics; **~ leggera** track and field

atletico, -a [at-'lɛː-ti-ko] <-ci, -che> *agg* athletic

atmosfera [at-mos-'fɛː-ra] *f* *a. fig* atmosphere

atmosferico, -a [at-mos-'fɛː-ri-ko] <-ci, -che> *agg* atmospheric; **condizioni -che** weather conditions

atomico, -a [a-'tɔː-mi-ko] <-ci, -che> *agg* **1.** CHEM, PHYS atomic **2.** (*nucleare*) **bomba -ca** atom bomb; **centrale -ca** nuclear power station

atrio ['aː-trio] <-ii> *m* lobby

atroce [a-'troː-tʃe] *agg* dreadful

atrocità [a-tro-tʃi-'ta] <-> *f* **1.** (*caratteristica*) awfulness **2.** (*cosa atroce*) atrocity

attaccamento [at·tak·ka·'men·to] *m* attachment

attaccante [at·tak·'kan·te] **I.** *agg* (*squadra*) attacking **II.** *mf* SPORT forward

attaccapanni [at·tak·ka·'pan·ni] <-> *m* (*a muro*) hook; (*a stelo*) coat tree

attaccare [at·tak·'ka:·re] **I.** *vt* **1.** (*fissare*) to attach **2.** (*con colla*) to stick **3.** (*cucire*) to sew **4.** (*appendere*) to hang **5.** (*agganciare*) to hook up **6.** (*alla corrente*) to connect up **7.** *a.* CHEM, SPORT (*assalire*) to attack **8.** MED (*malattia*) ~ **qc a qu** to give sb sth **9.** (*iniziare*) ~ **discorso** to start a conversation **II.** *vi* **1.** (*avere azione adesiva*) to stick **2.** (*muovere all'assalto*) to attack **3.** *fig* (*attecchire*) to work; **con me non attacca!** *inf* that doesn't work with me! **4.** (*impersonale*) to start; **attacca a piovere** it's starting to rain **III.** *vr:* **-rsi** **1.** *a.* CULIN (*restare aderente*) to stick **2.** MED to be catching **3.** (*aggrapparsi*) **-rsi a qu/qc** to catch on to sb/sth **4.** (*affezionarsi*) **-rsi a qu** to become attached to sb

attaccatutto [at·tak·ka·'tut·to] *m* (*colla*) superglue

attacco [at·'tak·ko] <-cchi> *m* **1.** (*giunzione*) connection **2.** *a. fig* MED, MIL, SPORT attack **3.** (*avvio*) beginning

atteggiamento [at·ted·dʒa·'men·to] *m* attitude

attendere [at·'tɛn·de·re] <irr> **I.** *vt* to wait (for) **II.** *vi* ~ **a qc** to attend to sth

attendibile [at·ten·'di:·bi·le] *agg* (*giornale, fonte*) credible

attenere [at·te·'ne:·re] <irr> **I.** *vi essere* ~ **a qc** to be relevant to sth **II.** *vr* **-rsi a qc** to stick to sth

attentato [at·ten·'ta:·to] *m* attack; ~ **kamikaze** kamikaze attack

attenti [at·'tɛn·ti] *inter* **1.** (*attenzione*) be careful; ~ **al cane!** beware of the dog! **2.** MIL attention!

attento, -a [at·'tɛn·to] **I.** *agg* **1.** (*concentrato: interlocutore*) attentive **2.** (*diligente: scolaro*) diligent **3.** (*accurato: analisi*) careful **II.** *inter* be careful!

attenuante [at·te·nu·'an·te] **I.** *agg* GIUR **circostanze -i** extenuating circumstances **II.** *f* GIUR extenuating circumstances

attenuare [at·te·nu·'a:·re] **I.** *vt* (*dolore*) to ease; (*rumore*) to deaden; (*colpo*) to soften **II.** *vr:* **-rsi** (*dolore*) to ease

attenzione[1] [at·ten·'tsio:·ne] *f* **1.** *a.* COM (*concentrazione*) attention; **fare** ~ to be careful; **alla cortese ~ di …** for the attention of … **2.** *pl* attentions *pl*

attenzione[2] *inter* be careful!

atterraggio [at·ter·'rad·dʒo] <-ggi> *m* AERO, SPORT landing; **campo d'~** landing strip; ~ **di fortuna** crash landing

atterrare [at·ter·'ra:·re] **I.** *vt* (*avversario*) to floor **II.** *vi* AERO, SPORT to land

atterrire [at·ter·'ri:·re] <atterrisco> **I.** *vt* to terrify **II.** *vr:* **-rsi** to become terrified

attesa [at·'te:·sa] *f* wait; **sala d'~** waiting room; **lista d'~** waiting list; **essere in ~ di qu/qc** to be waiting for sb/sth

attesi [at·'e:·si] *1. pers sing pass rem di* **attendere**

atteso, -a **I.** *pp di* **attendere** **II.** *agg* long-awaited

attestato [at·tes·'ta:·to] *m* certificate; **rilasciare un** ~ to issue a certificate

attestazione [at·tes·tat·'tsio:·ne] *f* **1.** (*testimonianza*) proof **2.** (*certificato*) declaration **3.** *fig* (*dimostrazione*) demonstration

attico ['at·ti·ko] <-ci> *m* (*appartamento*) penthouse

attiguo, -a [at·'ti:·guo] *agg* (*appartamento, stanza*) adjoining; ~ **a qc** next to sth

attillato, -a [at·til·'la:·to] *agg* (*abito*) tight

attimo ['at·ti·mo] *m* moment; **in un** ~ in a moment; **tra un** ~ in a moment; **non ho un ~ di tempo** I don't have a spare minute

attirare [at·ti·'ra:·re] **I.** *vt* **1.** *a. fig* to attract **2.** *fig* (*allettare*) to appeal to **II.** *vr:* **-rsi** to attract one another

attitudine [at·ti·'tu:·di·ne] *f* (*capacità*) aptitude

attivare [at·ti·'va:·re] *vt* **1.** (*mettere in azione*) to start **2.** *a.* CHEM, PHYS to activate

attivazione [at·ti·vat·'tsio:·ne] *f* **1.** (*messa in azione*) starting **2.** *a.* CHEM, PHYS activation

attività [at·ti·vi·'ta] <-> *f* **1.** (*operosità*)

activeness **2.** (*lavoro*) business **3.** occupazione; ~ **sportiva** sporting activity

attivo [at·'tiː·vo] *m* **1.** COM assets *pl;* **essere in** ~ to be profitable **2.** (*loc*) **avere al proprio** ~ to have to one's credit

attivo, **-a** *agg* **1.** (*vita, mente*) active **2.** (*determinante*) **principio** ~ active ingredient **3.** (*in funzione*) TEC in operation **4.** COM credit

atto ['at·to] *m* **1.** (*gesto*) act; (*azione*) action; **essere in** ~ to be underway; **mettere in** ~ **qc** to put sth into action; **nell'**~ **di** in the act of **2.** THEAT act; ~ **unico** one-act play **3.** (*documento*) document; ~ **di matrimonio** marriage certificate; ~ **di nascita** birth certificate **4.** (*loc*) **dare** ~ **di qc** to give credit for sth; **prendere** ~ **di qc** to take note of sth

atto, **-a** *agg* **1.** (*idoneo: persona*) ~ **a qc** able to do sth **2.** (*adatto: mezzo*) ~ **a qc** suitable for sth

attore, **attrice** [at·'toː·re] *m, f* **1.** (*in spettacoli*) actor; ~ **cinematografico** movie actor; ~ **comico** comic actor **2.** *fig* (*protagonista*) central figure **3.** GIUR plaintiff

attorniare [at·tor·'niaː·re] **I.** *vt* (*circondare*) to surround **II.** *vr* **-rsi di qc** to surround oneself with sth; **-rsi di qu** to surround oneself with sb

attorno [at·'tor·no] **I.** *avv* around; **guardarsi** ~ to look around **II.** *prep* **1.** ~ **a** around; **stare** ~ **a qu** to be around sb **2.** (*circa*) about

attraente [at·tra·'ɛn·te] *agg* attractive

attrarre [at·'trar·re] <irr> *vt* **1.** (*tirare a sé*) to attract **2.** *fig* (*allettare: proposta*) to appeal

attraversamento [at·tra·ver·sa·'men·to] *m* crossing; ~ **pedonale** pedestrian crossing

attraversare [at·tra·ver·'saː·re] *vt* **1.** (*passare attraverso*) to cross **2.** *fig* (*trascorrere: periodo*) to go through

attraverso [at·tra·'vɛr·so] *prep* **1.** (*da parte a parte*) across **2.** (*mediante*) through

attrazione [at·trat·'tsioː·ne] *f* attraction

attrezzare [at·tret·'tsaː·re] **I.** *vt* to fit out; ~ **qc** (**con qc**) to fit sth out with sth **II.** *vr:* **-rsi** to equip oneself

attrezzato, **-a** [at·tret·'tsaː·to] *agg* equipped

attrezzatura [at·tret·tsa·'tuː·ra] *f* equipment; **-e sportive** sporting facilities

attrezzo [at·'tret·tso] *m* tool

attribuire [at·tri·bu·'iː·re] <attribuisco> **I.** *vt* **1.** (*assegnare*) ~ **qc a qu** to award sth to sb **2.** (*ascrivere*) to give; ~ **qc a qu/qc** to give sth to sb/sth **II.** *vr:* **-rsi** to claim

attributo [at·tri·'buː·to] *m* attribute

attribuzione [at·tri·but·'tsioː·ne] *f* **1.** (*assegnazione*) award **2.** *pl* (*mansioni, funzioni*) duties

attrice *f v.* **attore**

attuale [at·tu·'aː·le] *agg* **1.** (*odierno*) present **2.** (*presente, tuttora valido*) current

attualità [at·tua·li·'ta] <-> *f* **1.** (*modernità*) topicality **2.** (*avvenimento*) current affairs; **settimanale/programma di** ~ current affairs magazine/program

attuare [at·tu·'aː·re] **I.** *vt* to carry out **II.** *vr:* **-rsi** (*realizzarsi*) to be carried out

audace [au·'daː·tʃe] *agg* **1.** (*coraggioso*) daring **2.** (*arrischiato: impresa*) bold **3.** (*provocante: scollatura*) plunging

audacia [au·'daː·tʃa] <-cie> *f* **1.** (*coraggio*) daring **2.** (*atto arrischiato*) daring act **3.** (*insolenza*) impudence

audioleso, **-a** [au·dio·'lɛː·zo] *agg* hearing-impaired

auditivo, **-a** [au·di·'tiː·vo] *agg* hearing

auditorio [au·di·'tɔː·rio] <-i> *m* auditorium

audizione [au·dit·'tsioː·ne] *f* (*provino*) audition

augurare [au·gu·'raː·re] **I.** *vt* to wish; ~ **buon viaggio** to wish sb a good trip **II.** *vi* to wish **III.** *vr:* **-rsi** to hope

augurio [au·'guː·rio] <-i> *m* **1. fare** [*o* **porgere**] **gli -i a qu** to give sb one's best wishes; **tanti -i di buon compleanno!** happy birthday! **2.** (*presagio*) omen; **essere di buon** ~ to be a good omen

aula ['aː·u·la] *f* **1.** (*di tribunale*) courtroom **2.** (*di scuola*) classroom; (*di università*) lecture hall

aumentare [au·'men·'taː·re] **I.** *vt avere a. fig* to increase **II.** *vi essere* **1.** (*numero, prezzi, salari*) to rise **2.** (*quan-*

tità) to increase **3.** *inf* (*diventare più caro*) to go up

aumento [au·'men·to] *m* **1.** (*crescita*) increase; ~ **salariale** raise; ~ **di temperatura** rise in temperature; **essere in** ~ to be going up **2.** (*rincaro*) increase in price

auricolare [au·ri·ko·'laː·re] **I.** *agg* MED ear **II.** *m* earphone

austero, -a [aus·'tɛː·ro] *agg* **1.** (*rigido*) strict **2.** (*senza superfluità*) austere

Australia [aus·'traː·lia] *f* Australia

australiano, -a [aus·tra·'liaː·no] **I.** *agg* Australian **II.** *m, f* Australian

Austria ['aːus·tria] *f* Austria

austriaco, -a [aus·'triːa·ko] <-ci, -che> **I.** *agg* Austrian **II.** *m, f* Austrian

autenticare [au·ten·ti·'kaː·re] *vt* GIUR, ADM to authenticate

autenticità [au·ten·ti·tʃi·'ta] <-> *f* **1.** (*di documento*) authenticity **2.** (*veridicità*) truthfulness

autentico, -a [au·'tɛn·ti·ko] <-ci, -che> *agg* **1.** (*firma, documento*) genuine **2.** (*fatto, notizia*) true **3.** (*sentimento*) sincere

autismo [au·'tiz·mo] *m* PSYCH autism

autista [au·'tis·ta] <-i , -e> **I.** *mf* **1.** (*conducente*) driver **2.** PSYCH person with autism **II.** *agg* PSYCH autistic

autistico, -a [au·'tis·ti·ko] <-ci, -che> *agg* autistic

auto ['aːu·to] <-> *f* car

autoabbronzante [au·to·ab·bron·'dzan·te] **I.** *agg* self-tanning **II.** *m* self-tanning cream

autoadesivo [au·to·ade·'ziː·vo] *m* sticker

autoadesivo, -a *agg* sticky

autobiografia [au·to·bi·o·gra·'fiː·a] *f* autobiography

autobiografico, -a [au·to·bi·o·'graː·fi·ko] <-ci, -che> *agg* autobiographical

autoblinda, autoblindata [au·to·'blin·da, au·to·blin·'daː·ta] *f* armored car

autobloccante [au·to·blok·'kan·te] *agg* TEC self-locking

autobomba [au·to·'bom·ba] <-> *f* car bomb

autobus ['aːu·to·bus] <-> *m* bus

autocarro [au·to·'kar·ro] *m* truck

autocertificazione [au·to·tʃer·ti·fi·kat·'tsioː·ne] *f* self-certification

autocompiacimento [au·to·kom·pia·tʃi·'men·to] *m* self-satisfaction

autoconcessionario [au·to·kon·tʃes·sio·'naː·rio] <-ri> *m* car dealership

autocontrollo [au·to·kon·'trɔl·lo] *m* self-control

autocoscienza [au·to·koʃ·'ʃɛn·tsa] *f* PHILOS self-awareness; **gruppo di** ~ encounter group

autocritica [au·to·'kriː·ti·ka] *f* self-criticism

autocritico, -a [au·to·'kriː·ti·ko] <-ci, -che> *agg* self-critical

autodifesa [au·to·di·'feː·sa] *f* self-defense

autodisciplina [au·to·diʃ·ʃi·'pliː·na] *f* self-discipline

autodromo [au·'tɔː·dro·mo] *m* racetrack

autoferrotranviario, -a [au·to·fer·ro·tran·'viaː·rio] <-i, -ie> *agg* public transportation

autofficina [au·to·of·fi·'tʃiː·na] *f* garage

autogol [au·to·'gɔl] *m* own goal

autografo [au·'tɔː·gra·fo] *m* (*firma*) autograph

autolavaggio [au·to·la·'vad·dʒo] <-ggi> *m* carwash

autolinea [au·to·'liː·nea] *f* bus route

automatico [au·to·'maː·ti·ko] <-ci> *m* **1.** (*bottone*) snap **2.** (*fucile*) automatic

automatico, -a <-ci, -che> *agg* automatic; **pilota** ~ automatic pilot

automatizzare [au·to·ma·tid·'dzaː·re] *vt* to automate

automazione [au·to·mat·'tsioː·ne] *f* automation

automezzo [au·to·'mɛd·dzo] *m* motor vehicle

automobile [au·to·'mɔː·bi·le] *f* car; ~ **da corsa** racing car

automobilismo [au·to·mo·bi·'liz·mo] *m* **1.** (*delle auto*) motoring **2.** SPORT (motor) racing

automobilista [au·to·mo·bi·'lis·ta] <-i , -e> *mf* driver

automobilistico, -a [au·to·mo·bi·'lis·ti·ko] <-ci, -che> *agg* (*industria*) automotive; (*sport*) racing; (*incidente, traffico*) road; **patente -a** driver's license

autonoleggiatore, -trice [au·to·no·led·

dʒa·'to:·re] *m, f* owner [*o* manager] of a car rental company
autonoleggio [au·to·no·'led·dʒo] <-ggi> *m* car rental
autonomia [au·to·no·'mi:·a] <-ie> *f* (*indipendenza*) POL autonomy
autonomo, -a [au·'tɔ:·no·mo] *agg* **1.** (*ente, regione*) autonomous **2.** (*persona, sindacato*) independent **3.** (*lavoro*) freelance
autopattuglia [au·to·pat·tuʎ·'ʎi:·a] *f* patrol car
autopilota [au·to·pi·'lɔ:·ta] *m* autopilot
autopsia [au·top·'si:·a] <-ie> *f* autopsy
autopullman [au·to·'pul·man] <-> *m* bus
autoradio [au·to·'ra:·dio] <-> *f* **1.** (*radio*) car radio **2.** (*auto*) radio car
autore, -trice [au·'to:·re] *m, f* **1.** *a.* LIT (*esecutore*) author **2.** (*compositore*) composer **3.** (*pittore*) painter; (*scultore*) sculptor
autoreggente [au·to·red·'dʒɛn·te] *agg* **calze -i** hold-up tights
autorete [au·to·'re:·te] *f* own goal
autorevole [au·to·'re:·vo·le] *agg* **1.** (*potente: scienziato*) authoritative **2.** (*competente: giudizio*) definitive
autoricambio [au·to·ri·'kam·bio] <-bi> *m* car parts *pl;* **negozio di -i** car parts store
autorimessa [au·to·ri·'mes·sa] *f* garage
autorità [au·to·ri·'ta] <-> *f* **1.** *a.* ADM, GIUR authority **2.** *pl* authorities
autoritario, -a [au·to·ri·'ta:·rio] <-i, -ie> *agg* authoritarian
autoritratto [au·to·ri·'trat·to] *m* self-portrait
autorizzare [au·to·rid·'dza:·re] *vt* to authorize; **~ qu a fare qc** to authorize sb to do sth
autorizzazione [au·to·rid·dzat·'tsio:·ne] *f* **1.** (*permesso*) authorization **2.** (*documento*) license
autosalone [au·to·sa·'lo:·ne] *m* car showroom
autoscuola [au·to·'skuɔ:·la] <-> *f* driving school
autoservizio [au·to·ser·'vit·tsio] *m* (*trasporto pubblico*) bus service
autosilo [au·to·'si:·lo] *m* parking garage
autosoccorso [au·to·sok·'kor·so] *m* **1.** (*veicolo*) tow truck **2.** (*servizio*) towing and recovery service
autostazione [au·to·stat·'tsio:·ne] *f* **1.** (*stazione di servizio*) service station **2.** (*di autolinee*) bus station
autostima [au·to·'sti:·ma] *f* self-esteem
autostop [au·to·'stɔp] *m* hitchhiking; **fare (l')~** to hitchhike
autostoppista [au·to·stop·'pis·ta] <-i , -e> *mf* hitchhiker
autostrada [au·to·'stra:·da] *f* expressway; **~ a pedaggio** turnpike; **~ del Sole** *expressway linking Milan to the south of Italy*
autostradale [au·to·stra·'da:·le] *agg* (*di autostrade*) expressway; **casello ~** turnpike; **raccordo ~** access road
autosufficiente [au·to·suf·fi·'tʃɛn·te] *agg* self-sufficient
autotassazione [au·to·tas·sat·'tsio:·ne] *f* self-assessment
autoveicolo [au·to·ve·'i:·ko·lo] *m* motor vehicle
autovettura [au·to·vet·'tu:·ra] *f* car
autrice *f v.* **autore**
autunnale [au·tun·'na:·le] *agg* fall
autunno [au·'tun·no] *m* fall; **d'~** in fall
avambraccio [a·vam·'brat·tʃo] <-cci> *m* forearm
avances [a·'vɑ̃s] *fpl* **fare delle ~ a qu** to hit on sb
avanguardia [a·vaŋ·'guar·dia] *f* (*nell'arte*) avant-garde; **essere all'~** *fig* to be on the cutting edge
avanti [a·'van·ti] **I.** *avv* **1.** (*stato in luogo*) ahead **2.** (*avvicinamento*) forward; **andare ~** to move forward; **farsi ~** to step forward; **~ e indietro** backward and forward; **mettere le mani ~** *fig* to come clean **3.** (*allontanamento*) ahead **4.** (*tempo: successivamente*) **d'ora in ~** from now on; **l'orologio va ~** the watch is fast **5.** (*loc*) **essere ~ negli studi** to be ahead in one's studies; **tirare ~** to manage **II.** *prep* (*moto*) ahead **III.** <inv> *agg* (*di tempo*) before; **il giorno ~** the day before **IV.** <-> *m* SPORT forward **V.** *inter* **1.** (*moto*) **~! entrate pure** come in!; **~! muovetevi** go on! hurry up! **2.** (*esortazione*) come on; ~

tutta! NAUT full speed ahead!

avantieri, avant'ieri [a·van·'tiɛː·ri] *avv* the day before yesterday

avanzamento [a·van·tsa·'men·to] *m* **1.** (*promozione*) promotion **2.** (*progresso*) progress

avanzare [a·van·'tsaː·re] **I.** *vi essere* **1.** (*andare avanti*) to advance **2.** *fig* (*progredire: lavoro*) to progress **3.** (*essere promosso*) to be promoted **4.** (*sporgere in fuori*) to stick out **5.** (*rimanere come resto*) to be (left) over **II.** *vt avere* **1.** (*spostare in avanti*) to move forward **2.** (*promuovere*) to promote **3.** (*presentare: proposta*) to put forward **4.** (*essere creditore*) ~ **qc** (**da qu**) to be owed sth (by sb)

avanzo [a·'van·tso] *m* **1.** MATH remainder **2.** COM surplus **3.** (*di cibo*) leftover; **mangiare gli -i** to eat leftovers **4.** (*di stoffa*) remnant

avarizia [a·va·'rit·tsia] <-ie> *f* avarice

avaro, -a [a·'vaː·ro] **I.** *agg* **1.** (*persona*) cheap; ~ **di parole** *fig* of few words **2.** (*terreno*) poor **II.** *m, f* miser

avellinese [a·vel·li·'neː·se] **I.** *agg* from Avellino **II.** *mf* (*abitante*) person from Avellino

Avellino *f* Avellino *town in southern Italy*

avem(m)aria [a·ve·m(m)a·'riː·a] <-ie> *f* Hail Mary

avena [a·'veː·na] *f* oats *pl*

avere[1] [a·'veː·re] <ho, ebbi, avuto> *vt* **1.** (*possedere, tenere*) to have; **non ho soldi** I don't have any money; **ha gli occhi neri** she has dark eyes; **non ha i genitori** he doesn't have any parents; ~ **un bambino** to have a child; **ce l'avevo in mano** I had it in my hand **2.** (*portare*) to wear; **aveva il cappello?** was he wearing a hat? **3.** (*ricevere*) to receive; **l'ho avuto in dono** I was given it **4.** (*età*) to be; ~ **vent'anni** she's twenty **5.** (*provare*) to be; ~ **freddo** to be cold; ~ **sete** to be thirsty **6.** (*impegno*) **ho da fare** I have things to do; **abbiamo ospiti a cena** we are having people to dinner **7.** (*loc*) ~ **a che fare** [*o* **vedere**] **con qu** to have sth to do with sb; **avercela con qu** to be angry with sb

avere[2] *m* **1.** (*patrimonio*) property; **tutti i suoi -i** all his possession **2.** COM credit; **il dare e l'**~ debit and credit

aviazione [a·viat·'tsioː·ne] *f* aviation; ~ **militare** air force

avido, -a ['aː·vi·do] *agg* greedy

avo, -a ['aː·vo] *m, f* ancestor

avorio [a·'vɔː·rio] <-i> *m* (*sostanza, colore*) ivory

avvalersi [av·va·'ler·si] <irr> *vr* ~ **di qc** to make use of sth

avvalorare [av·va·lo·'raː·re] *vt* to support

avvampare [av·vam·'paː·re] *vi essere* **1.** (*fiamma*) to blaze up **2.** (*arrossire per la vergogna*) to blush **3.** *fig* (*di rabbia*) to flare up

avvantaggiare [av·van·tad·'dʒaː·re] **I.** *vt* **1.** (*favorire*) to favor **2.** (*far progredire*) to benefit **II.** *vr:* **-rsi** **1.** (*avvalersi con profitto*) to benefit; ~ **di qc** to benefit from sth **2.** (*guadagnar tempo*) to get ahead **3.** (*prevalere*) **-rsi su qu** to get ahead of sb

avvantaggiato, -a [av·van·tad·'dʒa·to] *agg* **partire -i** to have a head start

avvedersi [av·ve·'der·si] <irr> *vr* ~ **di qc** to notice sth

avvelenamento [av·ve·le·na·'men·to] *m* poisoning

avvelenare [av·ve·le·'naː·re] **I.** *vt* to poison **II.** *vr:* **-rsi** **1.** (*con veleno*) to take poison **2.** *fig* (*amareggiarsi*) to become bitter

avvenente [av·ve·'nɛn·te] *agg* attractive

avvenimento [av·ve·ni·'men·to] *m* event

avvenire[1] [av·ve·'niː·re] **I.** <-> *m* future **II.** <inv> *agg* future

avvenire[2] <irr> *vi essere* to become; **che è avvenuto di lui?** what became of him?

avventato, -a [av·ven·'taː·to] *agg* rash

avvento [av·'vɛn·to] *m* **1.** (*venuta*) coming **2.** REL **l' Avvento** Advent

avventura [av·ven·'tuː·ra] *f* adventure

avventurarsi [av·ven·tu·'raːr·si] *vr a. fig* (*esporsi a rischi*) to venture

avventuroso, -a [av·ven·tu·'roː·so] *agg* **1.** (*storia, viaggio*) adventurous **2.** *fig* (*rischioso*) risky

avvenuto [av·ve·'nuː·to] *pp di* **avvenire[2]**

avverare [av·ve·'raː·re] **I.** *vt* to fulfill **II.** *vr:* **-rsi** to come true

avverbio [av·'vɛr·bio] <-i> *m* adverb

avversario, -a [av·ver·'saː·rio] <-i, -ie> **I.** *agg* rival **II.** *m, f* opponent; MIL (*nemico*) adversary

avversione [av·ver·'sioː·ne] *f* aversion; **avere un'~ per qu/qc** to loathe sb/sth

avversità [av·ver·si·'ta] <-> *f* **1.** (*ostilità*) loathing **2.** *pl* (*disgrazia*) adversities

avverso, -a *agg* (*sorte, fortuna*) adverse

avvertenza [av·ver·'tɛn·tsa] *f* **1.** (*cautela*) good sense; **avere l'~ di fare qc** to take care to do sth **2.** (*avviso*) warning **3.** *pl* (*istruzioni per l'uso*) instructions

avvertimento [av·ver·ti·'men·to] *m* warning

avvertire [av·ver·'tiː·re] *vt* **1.** (*avvisare*) **~ qu** (**di qc**) to let sb know (about sth) **2.** (*ammonire*) to warn **3.** (*percepire*) to feel

avvezzo, -a [av·'vet·tso] *agg* accustomed; **essere ~ a qc** to be accustomed to sth

avviamento [av·via·'men·to] *m* **1.** (*formazione*) training; **l'~ a qc** training for sth **2.** COM (*di negozio*) opening **3.** TEC (*messa in moto*) starting; **motorino d'~** starter

avviare [av·vi·'aː·re] **I.** *vt* **1.** *fig* (*indirizzare*) **~ qu a qc** to direct sb toward sth **2.** TEC (*mettere in moto*) to start **3.** (*dare inizio*) to start up **II.** *vr:* **-rsi 1.** (*dirigersi*) to set off **2.** *fig* (*stare per*) **-rsi a fare qc** to be about to do sth

avvicinare [av·vi·tʃi·'naː·re] **I.** *vt* **1.** (*mettere vicino*) **~ qc a qu/qc** to bring sth close to sb/sth **2.** (*entrare in rapporti con qu*) **~ qu** to approach sb **II.** *vr:* **-rsi** (*farsi vicino*) **-rsi** (**a qu/qc**) to come closer (to ab/sth); **l'inverno si avvicina** winter is coming

avvilente [av·vi·'lɛn·te] *agg* (*degradante*) degrading; (*scoraggiante*) disheartening

avvilire [av·vi·'liː·re] <avvilisco> **I.** *vt* (*scoraggiare*) to discourage **II.** *vr:* **-rsi** (*perdersi d'animo*) to become discouraged

avvincente [av·vin·'tʃɛn·te] *agg* (*racconto*) gripping

avvincere [av·'vin·tʃe·re] <irr> *vt fig* (*spettacolo*) to captivate

avvio [av·'viː·o] <-ii> *m* **1.** (*inizio*) start; **dare (l')~ a qc** to start sth **2.** (*computer*) start

avvisaglia [av·vi·'zaʎ·ʎa] <-glie> *fpl* (*primi sintomi*) symptoms

avvisare [av·vi·'zaː·re] *vt* **1.** (*informare*) to inform **2.** (*ammonire*) to warn

avvisatore [av·vi·za·'toː·re] *m* (*dispositivo*) alarm; **~ acustico** horn; **~ d'incendio** fire alarm

avviso [av·'viː·zo] *m* **1.** *a.* GIUR (*informazione, notizia*) notice; **dare ~** to give notice; **~ di sfratto** eviction order **2.** (*sul giornale*) advertisement **3.** (*consiglio, ammonimento*) warning **4.** (*parere, opinione*) opinion; **a mio ~** in my opinion

avvistare [av·vis·'taː·re] *vt* to sight

avvitare [av·vi·'taː·re] **I.** *vt* to screw **II.** *vr:* **-rsi** AERO to go into a spin

avvocato, -essa [av·vo·'kaː·to] *m, f* lawyer; **~ difensore** defense lawyer; **~ dello Stato** prosecutor; **~ penale** criminal lawyer

avvolgere [av·'vɔl·dʒe·re] <irr> **I.** *vt* **~ qu/qc** (*matassa, filo*) to wind; **~ qc attorno a qu/qc** to wind sth around sb/sth **II.** *vr:* **-rsi** to wind

avvolgibile [av·vol·'dʒiː·bi·le] **I.** *m* roller shutter **II.** *agg* (*persiana*) roller

avvolsi *1. pers sing pass rem di* **avvolgere**

avvolto *pp di* **avvolgere**

azienda [ad·'dziɛn·da] *f* firm

aziendale [ad·dzien·'daː·le] *agg* business; **economia ~** UNIV business studies

azionario, -a [at·tsio·'naː·rio] <-i, -ie> *agg* share; **mercato ~** stock market

azione [at·'tsioː·ne] *f* **1.** (*l'agire, operato, effetto*) action; **passare all'~** to go into action; **avere il coraggio delle proprie -i** to have the courage of one's convictions **2.** TEC (*funzionamento*) working; **essere in ~** to be working; **entrare in ~** to start working **3. ~ dimostrativa** demonstration **4.** (*di romanzo, film*) story **5.** GIUR action; **intraprendere un'~ legale contro qu** to start legal action against sb **6.** MIL operation **7.** FIN share **8.** FILM **~!** action!

azionista [at·tsio·'nis·ta] <-i , -e> *mf* shareholder

azzannare [at·tsan·'naː·re] *vt* to bite

azzardato, -a [ad·dzar·'daː·to] *agg* **1.** (*imprudente*) rash; **mossa -a** rash move **2.** (*avventato: scelta*) daring **3.** (*rischioso*) risky; **investimento ~** risky investment

azzardo [ad·'dzar·do] *m* **1.** (*rischio*) risk **2.** (*atto sconsiderato*) gamble; **giocatore d'~** gambler

azzeccare [at·tsek·'kaː·re] *vt* **1.** (*colpire nel segno*) to hit **2.** *fig* (*indovinare*) to guess right

azzurro [ad·'dzur·ro] *m* **1.** (*colore*) blue **2.** SPORT **gli -i** the Italian national team

azzurro, -a *agg* blue; **principe ~** Prince Charming

B

B, b [bi] <-> *f* B, b; **~ come Bologna** B as in Boy

babbo ['bab·bo] *m inf* dad; **~ Natale** Santa Claus

babbuino, -a [bab·bu·'iː·no] *m, f* ZOO baboon

baby ['bei·bi] <inv> *agg* children's

baby-sitter ['bei·bi·'si·tə] <-> *mf* babysitter

bacato, -a [ba·'kaː·to] *agg* **1.** (*frutta*) rotten **2.** *fig, pej* (*corrotto*) crooked

bacca ['bak·ka] <-cche> *f* berry

baccalà [bak·ka·'la] <-> *m* dried cod

baccano [bak·'kaː·no] *m* racket; **fare ~** to make a racket

bacchetta [bak·'ket·ta] *f* (*asticciola*) stick; (*di direttore d'orchestra*) baton; (*per tamburo*) drumstick; (*di mago, fata*) wand

bacheca [ba·'kɛː·ka] <-che> *f* (*per affissione*) notice board; (*di museo*) display case

baciamano [ba·tʃa·'maː·no] <- *o* -i> *m* **fare il ~ a qu** to kiss sb's hand

baciare [ba·'tʃaː·re] **I.** *vt* to kiss **II.** *vr:* **-si** to kiss each other

... [...a·'tʃil·lo] *m* germ

... [...la] *f* bowl

bacino [ba·'tʃiː·no] *m* **1.** (*recipiente*) basin **2.** ANAT pelvis **3.** MIN (*giacimento*) bed **4.** GEOG basin; **~ idroelettrico** hydroelectric basin **5.** NAUT dock

bacio ['baː·tʃo] <-ci> *m* kiss; **al ~** *fig inf* fab

baco ['baː·ko] <-chi> *m* ZOO, COMPUT worm; **~ da seta** silk worm

badante [ba·'dan·te] *mf* carer

badare [ba·'daː·re] *vi* **1.** (*accudire*) **~ a qu/qc** to look after sb/sth **2.** (*stare attento*) to mind **3.** (*loc*) **bada ai fatti tuoi!** mind your own business!

baffo ['baf·fo] *m* (*di persona*) moustache; (*di animale*) whisker; **ridere sotto i -i** to snigger; **una cosa da leccarsi i -i** a mouthwatering thing

baffuto, -a [baf·'fuː·to] *agg* with a moustache

bagagliaio [ba·gaʎ·'ʎaː·io] <-ai> *m* MOT trunk; FERR baggage car

bagaglio [ba·'gaʎ·ʎo] <-gli> *m* **1.** (*valigie*) luggage; **deposito -gli** luggage room; **disfare i -gli** to unpack; **fare i -gli** to pack; **~ a mano** carryon luggage **2.** *fig* (*formazione*) background; **~ culturale** cultural background

bagnante [baɲ·'ɲan·te] *mf* swimmer

bagnare [baɲ·'ɲaː·re] **I.** *vt* **1.** (*con liquido*) to wet **2.** (*annaffiare*) to water **3.** (*inumidire*) to moisten **4.** (*fiume*) to flow through; (*mare*) to wash **II.** *vr:* **-rsi** (*con pioggia, acqua*) to get soaked

bagnato, -a *agg* **1.** (*con liquido*) wet; **~ fradicio** soaked **2.** (*umido*) damp

bagnino, -a [baɲ·'ɲiː·no] *m, f* lifeguard

bagno ['baɲ·ɲo] *m* **1.** (*stanza*) bathroom; **andare in ~** to go to the bathroom; **~ turco** Turkish bath **2.** (*immersione in acqua*) bathing; **costume da ~** (*da donna*) swimming costume; (*da uomo*) trunks *pl;* **fare il ~** (*nella vasca*) to have a bath; (*in piscina, nel mare*) to go swimming **3.** (*lavaggio*) **mettere qc a ~** to leave sth to soak **4.** *pl* (*stabilimento balneare*) lido

bagnomaria [baɲ·ɲo·ma·'riː·a] <-> *m* **a ~** in a bain-marie

bagnoschiuma [baɲ·ɲo·'ʃuː·ma] <-> *m* bubble bath

baia ['baː·ia] <-aie> *f* GEOG bay

baita ['ba:·i·ta] *f* mountain hut

balbettare [bal·bet·'ta:·re] **I.** *vi* **1.** (*tartagliare*) to stammer **2.** (*bambino*) to gibber **II.** *vt* (*scusa*) to mumble

balbuzie [bal·'but·tsi·e] <-> *f* stammer; **avere la ~** to have a stammer

balbuziente [bal·but·'tsi·ɛn·te] **I.** *agg* stammering **II.** *mf* stammerer

Balcani [bal·'ka:·ni] *mpl* Balkans

balcanico, -a [bal·'ka:·ni·ko] <-ci, -che> *agg* Balkan

balconata [bal·ko·'na:·ta] *f* balcony

balcone [bal·'ko:·ne] *m* balcony

baldoria [bal·'dɔ:·ria] <-ie> *f* fun; **fare ~** to have fun

balena [ba·'le:·na] *f* ZOO whale

balenare [ba·le·'na:·re] *vi essere* (*apparire improvvisamente*) to flash

baleno [ba·'le:·no] *m* (*attimo*) **in un ~** *fig* in a flash

balia [ba·'li:·a] *f* mercy; **essere in ~ di qu/qc** to be at the mercy of sb/sth

balla ['bal·la] *f* **1.** *inf* (*frottola*) lie; **non raccontare -e!** don't tell lies! **2.** (*di cotone*) bale

ballabile [bal·'la:·bi·le] *agg* good for dancing

ballare [bal·'la:·re] **I.** *vt* (*tango, valzer*) to dance **II.** *vi* **1.** (*danzare*) to dance **2.** (*barca, nave*) to toss **3.** (*abiti*) **~ addosso a qu** to be too big for sb

ballata [bal·'la:·ta] *f* ballad

ballerina [bal·le·'ri:·na] *f* (*scarpa*) ballet shoe

ballerino, -a [bal·le·'ri:·no] *m, f* dancer; **prima -a** prima ballerina

balletto [bal·'let·to] *m* ballet

ballo ['bal·lo] *m* **1.** (*il ballare*) dancing; **corpo di ~** corps de ballet; **festa da ~** ball; **scuola di ~** dancing school **2.** (*movimenti, giro di danza*) dance **3.** (*festa*) ball **4.** *fig* **essere in ~** to be involved; **tirare in ~ qu/qc** to bring sb/sth into play

ballottaggio [bal·lot·'tad·dʒo] <-ggi> *m* **1.** POL second ballot **2.** SPORT playoff

balneare [bal·ne·'a:·re] *agg* seaside; **stagione ~** swimming season

balordo, -a [ba·'lor·do] **I.** *agg* stupid **II.** *m, f* fool

balsamico, -a [bal·'sa:·mi·ko] <-ci, -che> *agg* **1.** MED balsamic **2.** (*salubre: aria*) balmy **3.** (*loc*) **aceto ~** balsamic vinegar

balsamo ['bal·sa·mo] *m* **1.** (*per capelli*) conditioner **2.** MED balm

baltico, -a ['bal·ti·ko] <-ci, -che> *agg* Baltic

balzare [bal·'tsa:·re] *vi essere* **1.** to leap; **~ giù da qc** to leap down from sth; **~ giù dal letto** to leap out of bed; **~ in piedi** to leap to one's feet; **le balzò il cuore in gola** her heart leapt **2.** *loc* **~ agli occhi** to be obvious

balzo ['bal·tso] *m* **1.** (*salto*) leap **2.** (*avanzamento*) step

bambagia [bam·'ba:·dʒa] <-gie> *f* (*loc*) **tenere qu nella ~** *fig* to mollycoddle sb

bambinaia [bam·bi·'na:·ia] <-aie> *f* nanny

bambinata [bam·bi·'na:·ta] *f* (*atto puerile*) childish thing

bambino, -a [bam·'bi:·no] *m, f* **1.** (*bimbo: maschio*) little boy; (*femmina*) little girl; **aspettare un ~** *inf* to be pregnant **2.** *scherz* (*adulto infantile*) child

bamboccio [bam·'bɔt·tʃo] <-cci> *m inf fig* (*semplicione*) fool

bambola ['bam·bo·la] *f* doll

bambù [bam·'bu] <-> *m* bamboo

banale [ba·'na:·le] *agg* **1.** (*insignificante*) ordinary; (*osservazione, domanda*) banal **2.** (*poco importante*) mere

banana [ba·'na:·na] *f* (*frutto*) banana

banano [ba·'na:·no] *m* banana tree

banca ['baŋ·ka] <-che> *f* COM, COMPUT, MED bank; **Banca centrale europea** EU European Central Bank; **~ dati** data bank; **~ del sangue** blood bank

bancarella [baŋ·ka·'rɛl·la] *f* stall

bancario, -a [baŋ·'ka:·rio] <-i, -ie> **I.** *agg* bank; **sistema ~** banking stystem **II.** *m, f* (*impiegato*) bank employee

bancarotta [baŋ·ka·'rot·ta] *f* bankruptcy; **fare ~** to go bankrupt

banchetto [baŋ·'ket·to] *m* **1.** (*bancarella*) stall **2.** (*pranzo*) banquet

banchiere, -a [baŋ·'kiɛ:·re] *m, f* FIN banker

banchina [baŋ·'ki:·na] *f* NAUT wh

banco ['baŋ·ko] <-chi> *m*

bench; ~ **degli imputati** [*o* **accusati**] dock; ~ **della giuria** jury box **2.** (*di scuola*) desk **3.** (*di bar*) bar; (*di negozio*) counter **4.** (*al mercato*) stall **5.** (*banca, a. nei giochi*) bank **6.** TEC bench; ~ **di prova** testing bench **7.** GEOL, ZOO layer; ~ **di nebbia** fog bank; ~ **di ghiaccio** ice floe; ~ **di pesci** shoal of fish

bancomat [baŋ·ko·'mat/'baŋ·ko·mat] <-> *m* **1.** (*servizio*) automated banking **2.** (*sportello*) automated teller machine/ATM; **prelevare soldi al** ~ to get money out of the ATM **3.** (*tessera*) cash card

bancone [baŋ·'ko:·ne] *m* (*di bar*) bar; (*di banca*) counter; (*di biglietteria*) ticket counter

banconota [baŋ·ko·'nɔ:·ta] *f* bill

banda ['ban·da] *f* **1.** MUS, RADIO, COMPUT, PHYS band **2.** (*di malviventi*) gang **3.** (*striscia*) stripe

banderuola [ban·de·'ru·ɔ:·la] *f* METEO weathervane

bandiera [ban·'diɛ:·ra] *f* flag; ~ **bianca** white flag

bandierina [ban·die·'ri:·na] *f* **1.** (*piccola bandiera*) small flag **2.** (*nel calcio*) corner flag; **tiro dalla** ~ (*calcio d'angolo*) corner kick

bandire [ban·'di:·re] <bandisco> *vt* **1.** (*indire*) to announce **2.** (*eliminare*) to ban

bandito [ban·'di:·to] *m* outlaw

bando ['ban·do] *m* **1.** (*annuncio*) announcement; ~ **di concorso** (*di lavoro*) announcement of job vacancies; (*di premio*) announcement of competition **2.** (*divieto*) ban; **mettere al** ~ **a** *fig* to ban

bar [bar] <-> *m* **1.** (*con licenza per alcolici*) bar **2.** PHYS bar

bara ['ba:·ra] *f* coffin

baracca [ba·'rak·ka] <-cche> *f* **1.** (*catapecchia*) hut **2.** (*loc*) **mandare avanti la** ~ *inf* to keep things going; **piantare** ~ **e burattini** *fig* to pack up everything

baraccato, -a [ba·rak·'ka:·to] **I.** *agg* living in a shantytown **II.** *m, f* shantytown dweller

baraccone [ba·rak·'ko:·ne] *m* (*nelle fiere*) booth

baraccopoli [ba·rak·'ko:·po·li] <-> *f* shantytown

baraonda [ba·ra·'on·da] *f* (*caos*) din

barare [ba·'ra:·re] *vi* (*al gioco*) to cheat

baratro ['ba:·rat·ro] *m* **1.** (*precipizio*) chasm **2.** *fig* (*abisso*) abyss

barattare [ba·rat·'ta:·re] *vt* ~ **qc** (**con qc**) to trade sth (for sth)

baratto [ba·'rat·to] *m* trade

barattolo [ba·'rat·to·lo] *m* (*di latta*) can; (*di vetro*) jar

barba ['bar·ba] *f* **1.** (*peli*) beard; **farsi la** ~ to shave **2.** *fig* (*noia*) bore; **che ~!** *fig inf* what a pain!

barbabietola [bar·ba·'biɛ:·to·la] *f* beet

barbarico, -a [bar·'ba:·ri·ko] <-ci, -che> *agg* barbarian

barbarie [bar·'ba:·ri·e] <-> *f* act of barbarism

barbaro ['bar·ba·ro] *m* **1.** HIST Barbarian **2.** *fig* barbarian

barbaro, -a *agg* **1.** HIST barbarous **2.** *fig* (*spietato*) barbaric **3.** *fig* (*rozzo*) uncouth

barbiere [bar·'biɛ:·re] *m* barber; **andare dal** ~ to go to the barber's

barbiturico [bar·bi·'tu:·ri·ko] <-ci> *m* barbiturate

barbone [bar·'bo:·ne] *m* **1.** (*vagabondo*) tramp **2.** ZOO poodle

barboso, -a [bar·'bo:·so] *agg fig* (*noioso*) boring

barbuto, -a [bar·'bu:·to] *agg* bearded

barca ['bar·ka] <-che> *f* **1.** NAUT boat; ~ **a motore** motorboat; ~ **a remi** rowing boat; ~ **a vela** sailboat; **andare in** ~ (*gener*) to go by boat; (*fare vela*) to go sailing **2.** *fig inf* (*mucchio*) **una** ~ **di** loads of

barcamenarsi [bar·ka·me·'nar·si] *vr* to manage

barcollare [bar·kol·'la:·re] *vi* to stagger

barcone [bar·'ko:·ne] *m* barge

barella [ba·'rɛl·la] *f* stretcher; **in** ~ on a stretcher

barese [ba·'re:·se] **I.** *agg* from Bari **II.** *mf* (*abitante*) person from Bari

Bari *f* Bari *city in Southern Italy*

barile [ba·'ri:·le] *m* barrel

barista [ba·'ris·ta] <-i *m*, -e *f*> *mf* (*cameriere*) barman *m*, barmaid *f*

baritono [ba·'riː·to·no] *m* MUS baritone

barlume [bar·'luː·me] *m* glimmer; ~ **di speranza** glimmer of hope

barocco [ba·'rɔk·ko] *m* Baroque

barocco, -a <-cchi, -cche> *agg* **1.** (*del barocco*) baroque **2.** *fig pej* over-the-top

barometro [ba·'rɔː·met·ro] *m* barometer

barone, -essa [ba·'roː·ne, ba·ro·'nes·sa] *m, f* baron *m,* baroness *f*

barra ['bar·ra] *f* **1.** (*asta*) rod; (*di metallo*) bar **2.** TEC, MOT, COMPUT bar; ~ **dei menu** menu bar; ~ **di navigazione** navigation bar; ~ **del titolo** title bar; ~ **di scorrimento** scroll bar; **codice a -e** bar code **3.** NAUT helm **4.** (*segno grafico*) slash; ~ **inversa** backslash

barricarsi [bar·ri·'kaː·r·si] *vr* to barricade oneself; **-rsi in casa** to barricade oneself in one's house

barricata [bar·ri·'kaː·ta] *f* barricade

barriera [bar·'riɛː·ra] *f* **1.** (*sbarramento*) barrier; ~ **architettonica** access-limiting architectural feature; ~ **doganale** trade barrier; **le -e sociali** the social barriers **2.** GEOG reef; ~ **corallina** coral reef **3.** (*nel calcio*) wall

baruffa [ba·'ruf·fa] *f* (*litigio*) row; **far ~** to have a row

barzelletta [bar·dzel·'let·ta] *f* joke; **raccontare -e** to tell jokes

basare [ba·'zaː·re] **I.** *vt* (*fondare*) ~ **qc su qc** to base sth on sth **II.** *vr:* **-rsi** to base oneself; **-rsi su qc** (*argomento, valutazione*) to be based on sth

basco ['bas·ko] <-schi> *m* (*cappello*) beret

base ['baː·ze] *f* **1.** (*parte inferiore*) base **2.** (*principio, fondamento*) basis; **gettare** [*o* **porre**] **le -i di qc** to lay the basis for sth; **in ~ a** according to **3.** CULIN **minestra a ~ di carote** carrot soup; **piatto a ~ di carne** meat-based dish **4.** MIL, MATH, CHEM, SPORT base; ~ **aerea** air base **5.** ASTR station; ~ **spaziale** space station **6.** POL rank-and-file

basetta [ba·'zet·ta] *f* sideburn

basilare [ba·zi·'laː·re] *agg* basic

basilica [ba·'ziː·li·ka] <-che> *f* basilica

Basilicata [ba·zi·li·'kaː·ta] *f* Basilicata *a region in Southern Italy*

basilico [ba·'ziː·li·ko] *m* basil

bassezza [bas·'set·tsa] *f* **1.** *fig* vileness; ~ **d'animo** meanness of spirit **2.** (*azione vile*) vile action

bassifondi *pl di* **bassofondo**

bassipiani *pl di* **bassopiano**

basso ['bas·so] *m* **1.** bottom; **in ~** at the bottom; **più in ~** further down; **cadere in ~** *fig* to come down in the world **2.** MUS bass

basso, -a <più basso *o* inferiore, bassissimo *o* infimo> **I.** *agg* **1.** (*di statura*) short **2.** (*edificio, muro, tacco*) low; **scarpe con i tacchi -i** low-heeled shoes **3.** (*inferiore: parte*) lower **4.** (*abbassato*) down, to keep one's eyes down **5.** (*d'intensità: pressione, temperatura*) low **6.** (*non profondo: acqua*) shallow **7.** (*prezzi*) cheap **8.** (*debole: voce*) soft; **parlare a voce -a** to speak quietly **9.** MUS bass **10.** (*loc*) **-a stagione** low season **11.** SOC (*ceti, classi*) lower **12.** *fig* (*vile*) base **13.** GEO lower; **Bassa Italia** Southern Italy; **i Paesi Bassi** the Netherlands **II.** *avv* **1.** (*in basso*) low **2.** (*a bassa voce*) quietly

bassofondo [bas·so·'fon·do] <bassifondi> *mpl* (*quartieri*) slums

bassopiano [bas·so·'piaː·no] <-i *o* bassipiani> *m* lowland

bassorilievo [bas·so·ri·'liɛː·vo] *m* bas-relief

bassotto [bas·'sɔt·to] *m* ZOO dachshund

basta ['bas·ta] *inter, v. a.* **bastare**

bastardo, -a [bas·'tar·do] **I.** *agg* **1.** (*figlio*) illegitimate **2.** (*animale*) crossbred; **cane ~** mongrel **3.** *fig* (*maledetto*) damn **4.** *fig* (*cattivo*) dreadful **II.** *m, f* **1.** *pej inf* (*persona*) bastard **2.** (*animale*) crossbreed; (*cane*) mongrel

bastare [bas·'taː·re] *vi essere* **1.** (*essere sufficiente*) to be enough; **basta poco per essere felici** it doesn't take much to be happy; **come se non bastasse** as if that wasn't enough; **basta che ...** *+conj* you [*o* we] [*o* they] [*o* he] [*o* she] just have to ...; **basta con** [*o* **di**] **...** that's enough of ...; **basta così** that's enough; **punto e basta!** period! **2.** (*durare*) to last

bastimento [bas·ti·'men·to] *m* **1.** (*nave*)

ship **2.** (*carico*) load

bastonare [bas·to·'naː·re] **I.** *vt* to beat **II.** *vr:* **-rsi** to beat each other up

bastonata [bas·to·'naː·ta] *f* blow (with a stick); **prendere qu a -e** *inf* to beat sb

bastoncino [bas·ton·'tʃiː·no] *m* **1.** (*piccolo bastone*) small stick **2.** (*da sci*) ski stick **3.** CULIN **~ di pesce** fish finger

bastone [bas·'toː·ne] *m* **1.** (*di legno*) stick; **~ da passeggio** walking stick; **mettere i -i tra le ruote a qu** *fig* to cause sb problems **2.** (*nel golf*) club **3.** *pl* (*di carte da gioco*) *suit in Italian playing cards* **4.** *fig* (*sostegno*) support

batosta [ba·'tɔs·ta] *f* slap in the face

battaglia [ba·'taʎ·ʎa] <-glie> *f* **1.** *a. fig* MIL battle; **campo di ~** battle field **2.** (*campagna*) fight; **una ~ per** [*o* **contro**] **qc** a campaign for sth

battagliero, -a [bat·taʎ·'ʎɛː·ro] *agg* aggressive

battaglione [bat·taʎ·'ʎoː·ne] *m* battalion

battello [bat·'tɛl·lo] *m* boat

battente [bat·'tɛn·te] *m* (*di porta*) wing; (*di finestra*) shutter; **chiudere i -i** *fig* to close up shop

battere ['bat·te·re] **I.** *vt* **1.** (*dar colpi*) to beat; **~ i denti** (*per il freddo*) to chatter; **~ le mani** to clap (one's hands); **~ i piedi** *fig* to stamp one's feet; **non so dove ~ il capo** [*o* **la testa**] *fig* I don't know what to do; **non ~ ciglio** to not bat an eyelid; **in un batter d'occhio** in a flash **2.** (*tempo, primato*) to beat **3.** (*tirare: rigore, calcio d'angolo*) to kick; **~ una punizione** to take a penalty **4.** FIN (*moneta*) to mint **5.** (*dattilografare*) to type **6.** *inf* (*prostituirsi*) **~ il marciapiede** to be on the game **II.** *vi* **1.** (*pioggia, sole, cuore*) to beat; (*orologio*) to tick **2.** (*bussare*) to knock; **~ alla porta** to knock on the door **3.** MOT, TEC to knock **4.** (*insistere*) to go on about sth **III.** *vr:* **-rsi** *a. fig* MIL to fight; **-rsi per qc** to fight for sth; **battersela** *inf* to beat it

batteria [bat·te·'riː·a] <-ie> *f* **1.** MOT, EL battery **2.** (*di pentole*) set **3.** MUS drums *pl*

batterio [bat·'tɛː·rio] <-i> *m* bacterium

batteriologico, -a [bat·te·rio·'lɔː·dʒi·ko] <-ci, -che> *agg* biological

batterista [bat·te·'ris·ta] <-i *m*, -e *f*> *mf* MUS drummer

battesimo [bat·'teː·zi·mo] *m* **1.** REL baptism; **nome di ~** christian name; **tenere a ~ qu** to be godfather [*o* godmother] to sb **2.** (*cerimonia, rito*) christening

battezzare [bat·ted·'dzaː·re] *vt* **1.** REL to baptize **2.** (*denominare*) to christen

battibecco [bat·ti·'bek·ko] <-chi> *m* squabble

batticuore [bat·ti·'kuɔː·re] *m* palpitations *pl*

battimani [bat·ti·'maː·ni] *mpl* applause

battiscopa [bat·tis·'koː·pa] <-> *m* baseboard

battistero [bat·tis·'tɛː·ro] *m* baptistry

battistrada [bat·tis·'traː·da] <-> *m* **1.** MOT thread **2.** SPORT pacemaker

battitappeto [bat·ti·tap·'peː·to] <- *o* -i> *m* vacuum cleaner

battito ['bat·ti·to] *m* (*del cuore*) beat; (*dell'orologio*) tick; (*della pioggia*) patter

battitore, -trice [bat·ti·'toː·re] *m, f* (*nel baseball*) batter

battuta [bat·'tuː·ta] *f* **1.** (*percossa*) beating **2.** (*frase spiritosa*) quip; **~ di spirito** witty remark; **avere la ~ pronta** to never be lost for words **3.** MUS bar **4.** (*di tasto*) stroke **5.** THEAT (*frase*) cue **6.** (*nel baseball*) strike **7.** (*caccia*) beat **8.** (*di polizia*) search operation

battuto, -a *agg* **1.** (*rame, ferro*) wrought **2.** (*sconfitto*) beaten

baule [ba·'uː·le] *m* **1.** (*da viaggio*) trunk **2.** (*di auto*) boot

bava ['baː·va] *f* **1.** (*di persona*) dribble; (*di animale*) slobber; **avere la ~ alla bocca** *fig* to be foaming at the mouth **2.** (*alito*) **~ di vento** breath of wind

bavaglino [ba·vaʎ·'ʎiː·no] *m* bib

bavaglio [ba·'vaʎ·ʎo] <-gli> *m* gag; **mettere il ~ a qu** *fig* to gag sb

bavarese [ba·va·'reː·se] *f* CULIN bavarois

bavero ['baː·ve·ro] *m* collar

bazar [bad·'dzar] <-> *m* **1.** (*mercato orientale*) bazaar **2.** (*negozio*) emporium

bazzicare [bat·tsi·'kaː·re] *vi* to hang out; **~ con qc/qu** to hang out with sb/sth

BCE *f abbr di* **Banca Centrale Europea** ECB

be' [bɛ] *inter* **e ~ sì** well, yes; **va ~, non esageriamo** okay, let's not exaggerate

beato, -a [be·'aː·to] *agg* **1.** (*felice*) happy **2.** (*fortunato*) lucky; **~ te!** *inf* lucky you!; **~ tra le donne** *scherz* lucky so-and-so **3.** REL blessed

bebè [be·'bɛ] <-> *m* baby

beccare [bek·'kaː·re] **I.** *vt* **1.** (*con il becco*) to peck **2.** *inf* (*buscarsi: raffreddore*) to catch **3.** *inf* (*sorprendere*) to nab; **~ qu sul fatto** to catch sb in the act **II.** *vr:* **-rsi 1.** ZOO to peck (at) each other **2.** *inf* (*bisticciare*) to snipe at each other

beccheggiare [bek·ked·'dʒaː·re] *vi* NAUT to pitch

becco ['bek·ko] <-cchi> *m* **1.** ZOO beak **2.** (*loc*) **chiudi il ~!** *inf* shut up!; **mettere il ~ dappertutto** *inf* to stick one's nose in everywhere

befana [be'·faː·na] *f* **1.** (*festa*) *Italian national holiday on January 6th* **2.** (*personaggio*) *a witch who brings sweets to good children and coal to bad children on January 6th*

beffa ['bɛf·fa] *f* hoax; **farsi -e di qu** to make a fool of sb

beffardo, -a [bef·'far·do] *agg* mocking

bega ['bɛː·ga] <-ghe> *f inf* **1.** (*noia*) problem **2.** (*litigio*) quarrel

begli ['bɛʎ·ʎi] *v.* **bello, -a**

beh [bɛ] *inter inf* well; **e ~ non importa** oh well, it doesn't matter

bei ['bɛː·i] *v.* **bello, -a**

beige [bɛːʒ] <inv> *agg* <-> *m* beige

bel [bɛl] *v.* **bello, -a**

belare [be·'laː·re] *vi* to bleat

belga ['bɛl·ga] <-gi *m*, -ghe *f*> *agg, mf* Belgian

Belgio ['bɛl·dʒo] *m* **il ~** Belgium

Belgrado [bel·'graː·do] *f* Belgrade

bell' [bɛll] *v.* **bello, -a**

bella ['bɛl·la] *f* **1.** (*donna bella*) beauty **2.** (*copia*) fair copy; **ricopiare in ~** to copy out again **3.** (*finale*) final

bellezza [bel·'let·tsa] *f* **1.** (*qualità, persona*) beauty; **istituto di ~** beauty parlor; **prodotti di ~** beauty products; **le -e di Siena** the sights of Siena; **le -e della natura** the beauties of nature; **concorso di ~** beauty competition **2.** (*loc*) **che ~!** wonderful!; **la ~ di tremila euro** *inf* the princely sum of three thousand euros

bellico, -a <-ci, -che> *agg* war

bellicoso, -a [bel·li·'koː·so] *agg* **1.** (*guerrafondaio*) warmongering **2.** (*battagliero*) belligerent

bellimbusto [bel·lim·'bus·to] *m inf* dandy

bello ['bɛl·lo] *m* **1.** (*bellezza*) beauty; **che c'è di ~ alla TV?** *inf* what's good on TV?; **che fai di ~?** what are you up to?; **ora viene il ~** *inf* now for the best bit; **il ~ è che ...** *iron inf* best of all ...; **questo è il ~** *inf* the great thing is; **sul più ~** *inf* at that very moment **2.** METEO good weather; **oggi fa ~** it's fine today

bello, -a *agg* **1.** (*carino*) beautiful; (*uomo*) handsome; **il bel mondo** high society; **le -e arti** fine arts **2.** (*piacevole: camminata, viaggio*) lovely **3.** (*buono: idea, libro, film, voto*) good; **che -a idea!** what a good idea! [*o* she] **4.** (*sereno: tempo*) fine **5.** (*nobile: gesto*) kind **6.** (*considerevole: somma*) large; **una -a somma** *inf* a lot of money **7.** (*rafforzativo*) **un bel pasticcio!** a real mess!; **sei un bel cretino** *inf* you're a real idiot **8.** *iron* (*brutto*) fine; **questa è -a!** *inf* that's nice! **9.** (*loc*) **fare la -a vita** to lead an easy life; **alla bell'e meglio** *inf* somehow or other; **un bel niente** absolutely nothing

bellunese [bel·lu·'neː·se] **I.** *agg* from Belluno **II.** *mf* (*abitante*) person from Belluno

Belluno *f* Belluno *city in the Veneto*

belva ['bel·va] *f* wild beast

belvedere [bel·ve·'deː·re] <-> *m* lookout

benché [beŋ·'ke] *cong* although

benda ['bɛn·da] *f* **1.** MED bandage **2.** (*per occhi*) blindfold

bendare [ben·'daː·re] *vt* **1.** MED to bandage **2.** (*occhi*) to blindfold

bendisposto, -a [ben·dis·'pos·to] *agg* well-disposed

bene[1] ['bɛː·ne] <meglio, benissimo *o* ottimamente> *avv* **1.** (*in modo giusto, soddisfacente*) well; **comportarsi ~** to behave well; **è andata ~** it went well; **star ~** (**di salute**) to be well; **non mi sento ~ oggi** I don't feel well today **2.** (*a proprio agio*) **trovarsi ~ con qu/**

qc to get on well with sb/sth; **ti trovi ~ in Italia?** do you like being in Italy? **3.** (*elegantemente*) **essere vestito ~** to be well-dressed; **quel cappello ti sta ~** that hat suits you **4.** (*addirittura*) at least **5.** (*loc*) **di ~ in meglio** *a. iron* better and better; **~ o male** (*comunque sia*) whatever happens; **ben ~** *inf* (*accuratamente*) well; (*a fondo*) thoroughly; **lo credo ~** *inf* I can well believe it; **ben gli sta!, gli sta ~!** *inf* serves him right!; **ben detto!** *inf* well put!; **va ~!** *inf* okay!; **tutto è ~ quel che finisce ~** *prov* all's well that ends well *prov*

bene[2] *inter* good; **~, basta così** good, that's enough; **~! bravo! bis!** well done! bravo! encore!

bene[3] *m* **1.** (*ciò che è buono*) good **2.** (*amore, affetto*) affection; **voler ~ a qu** to love sb **3.** (*opera buona*) good deed; **opere di ~** charitable works **4.** (*benificio*) good; **per il tuo ~** for your own good; **lo dico per il tuo ~** I'm telling you for your own good; **fare qc a fin di ~** to do sth for a good reason **5.** (*benessere*) welfare; **far ~** (**alla salute**) to be good (for one's health) **6.** *pl* COM, GIUR goods *pl;* **-i culturali** cultural heritage; **-i di consumo** consumer goods; **-i immobili** real estate; **-i mobili** personal property

benedetto, -a [be·ne·'det·to] *agg* **1.** REL (*acqua*) holy; (*ostia*) consecrated; (*persona*) blessed **2.** (*maledetto*) damned

benedire [be·ne·'diː·re] <benedico, benedissi *o* benedii, benedetto> *vt* REL to bless; **mandare qu a farsi ~** *inf* to tell sb to go to hell

benedizione [be·ne·dit·'tsioː·ne] *f* **1.** REL (*atto*) blessing; (*funzione*) benediction **2.** *fig* boon

beneducato, ben educato, -a [be·ne·du·'kaː·to] *agg* polite

benefattore, -trice [be·ne·fat·'toː·re] *m, f* benefactor *m,* benefactress *f*

beneficenza [be·ne·fi·'tʃɛn·tsa] *f* charity; **fiera di ~** charity event

beneficiare [be·ne·fi·'tʃaː·re] *vi* **~ di qc** to benefit from sth

beneficiario, -a [be·ne·fi·'tʃaː·rio] <-i, -ie> *m, f* **1.** (*di eredità*) beneficiary **2.** (*di assegno, bonifico*) recipient

beneficio [be·ne·'fiː·tʃo] <-ci> *m a.* GIUR benefit; **a ~ di qc/qu** for the benefit of sb/sth; **trarre ~ da qc** to benefit from sth

benefico, -a [be·'nɛː·fi·ko] <-ci, -che> *agg* **1.** (*che fa bene*) beneficial **2.** (*di beneficenza*) charitable

benessere [be·'nɛs·se·re] *m* **1.** (*di salute*) well-being **2.** (*economico*) affluence; **società del ~** affluent society

benestante [ben·es·'tan·te] **I.** *agg* well-off **II.** *mf* well-off person; **i -i** the well-off

benestare [be·nes·'taː·re] <-> *m* ADM consent

benfatto, ben fatto, -a [ben·'fat·to] *agg* **1.** (*figura, corpo*) shapely **2.** (*lavoro, cosa*) good

beniamino, -a [be·nia·'miː·no] *m, f* favorite

benigno, -a [be·'niɲ·ɲo] *agg* **1.** (*benevolo*) kind **2.** *fig* (*favorevole*) benevolent **3.** MED benign

beninformato, ben informato, -a [ben·in·for·'maː·to] *agg* well-informed

benintenzionato, -a [ben·in·ten·tsio·'naːto] *agg* well-meaning

benissimo [be·'nis·si·mo] *superlativo di* **bene**[1]

benpensante [ben·pen·'san·te] *mf agg* conformist

benservito [ben·ser·'viː·to] *m* reference; **dare il ~ a qu** to sack sb; *iron* to send sb packing

bensì [ben·'si] *cong* but

bentornato [ben·tor·'naː·to] *m* welcome back

benvenuto [ben·ve·'nuː·to] *m* welcome; **dare il ~ a qu** to welcome sb

benvenuto, ben venuto [ben·ve·'nuː·to] *m* welcome; **dare il ~ a qu** to welcome sb

benvenuto, ben venuto, -a **I.** *agg* welcome **II.** *inter* welcome **III.** *m, f* **essere il ~ in un luogo** to be welcome in a place

benvisto, -a [ben·'vis·to] *agg* well thought of

benvolere [ben·vo·'leː·re] <benvoluto>

vt to like; **farsi ~ da qu** to win sb's affection

benzina [ben·'dzi:·na] *f* gas; **~ senza piombo/verde** unleaded gasoline; **serbatoio della ~** gas tank; **fare ~** to get gas

benzinaio, -a [ben·dzi·'na:·io] <-ai, -aie> *m, f* gas pump attendant

bere ['be:·re] <bevo, bevvi *o* bevetti, bevuto> **I.** *vt* **1.** to drink **2.** (*credere*) to swallow; **darla a ~ a qu** *fig inf* to get sb to swallow sth **II.** *vi* to drink; **~ come una spugna** to drink like a fish

bergamasco [ber·ga·'mas·ko] *m* (*dialetto*) *the dialect of Bergamo*

bergamasco, -a <-chi, -che> **I.** *agg* from Bergamo **II.** *m, f* (*abitante*) person from Bergamo

Bergamo *f* Bergamo *city in Lombardy*

bergamotto [ber·ga·'mɔt·to] *m* bergamot

berlina [ber·'li:·na] *f* AUTO sedan

Berlino [ber·'li:·no] *f* Berlin

bermuda [ber·'mu:·da] *mpl* Bermuda shorts *pl*

bernoccolo [ber·'nɔk·ko·lo] *m* **1.** (*in testa*) bump **2.** *fig* (*inclinazione*) **avere il ~ di qc** to have a talent for sth

berretto [ber·'ret·to] *m* cap

bersagliare [ber·saʎ·'ʎa:·re] *vt* **1.** *fig* to bombard; **~ qu di domande** to bomard sb with questions **2.** MIL to fire on

bersagliere [ber·saʎ·'ʎɛ:·re] *m* MIL bersagliere *member of the artillery corps of the Italian army*

bersaglio [ber·'saʎ·ʎo] <-gli> *m a. fig* MIL, SPORT target; **tiro al ~** target practice

besciamella [beʃ·ʃa·'mɛl·la] *f* bechamel sauce

bestemmia [bes·'tem·mia] <-ie> *f* swearword; REL blasphemy

bestemmiare [bes·tem·'mia:·re] *vi* to swear; REL to blaspheme

bestia ['bes·tia] <-ie> *f* beast; **una ~ rara** *fig* a rare breed; **andare in ~** to fly into a rage

bestiale [bes·'tia:·le] *agg* **1.** (*crudele*) brutal **2.** *inf* (*intenso: caldo, fame*) terrible; (*incredibile*) incredible

bestialità [bes·tia·li·'ta] <-> *f* **1.** (*sproposito*) nonsense **2.** (*crudeltà*) brutality

bestiame [bes·'tia:·me] *m* livestock; (*mucche*) cattle *pl*

beta ['bɛ:·ta] <-> *f* <inv> *agg* beta

bettola ['bet·to·la] *f pej inf* dive

betulla [be·'tul·la] *f* birch

bevanda [be·'van·da] *f* drink

bevetti [be·'vɛt·ti] *1. pers sing pass rem di* **bere**[1]

bevitore, -trice [be·vi·'to:·re] *m, f* drinker

bevo ['be:·vo] *1. pers sing pr di* **bere**[1]

bevuta [be·'vu:·ta] *f* drink

bevuto [be·'vu:·to] *pp di* **bere**[1]

bevvi ['bev·vi] *1. pers sing pass rem di* **bere**[1]

biancheria [biaŋ·ke·'ri:·a] <-ie> *f* linen; **~ intima** underwear; **~ da letto** night clothes *pl;* **~ da tavola** table linen

bianchetto [biaŋ·'ket·to] *m* (*per correggere*) whiteout

bianco ['biaŋ·ko] <-chi> *m* **1.** (*colore*) white; **vestirsi di ~** to dress in white; **in ~ e nero** black and white; **mettere nero su ~** to write down **2.** (*parte bianca*) white; **~ dell'uovo** egg-white **3.** COM **assegno in ~** blank check **4.** CULIN **mangiare in ~** to eat bland food **5.** (*loc*) **di punto in ~** suddenly; **notte in ~** sleepless night

bianco, -a <-chi, -che> **I.** *agg* **1.** (*colore*) white **2.** (*non scritto: foglio*) blank **3.** (*pallido*) pale **4.** (*loc*) **settimana -a** winter sports holiday; **voce -a** child's voice **II.** *m, f* white person

biasimare [bia·zi·'ma:·re] *vt* to criticize

biat(h)lon [bi·a·'tlon] <-> *m* SPORT biathlon

Bibbia ['bib·bia] <-ie> *f* Bible

biberon [bi·be·'rɔn] <-> *m* baby's bottle

bibita ['bi:·bi·ta] *f* soft drink

biblico, -a ['bi:·bli·ko] <-ci, -che> *agg* REL biblical

bibliografia [bi·bli·o·gra·'fi:·a] <-ie> *f* bibliography

bibliografico, -a [bi·bli·o·'gra:·fi·ko] <-ci, -che> *agg* bibliographical

bibliografo, -a [bi·'bliɔ:·gra·fo] *m, f* bibliographer

biblioteca [bi·bli·o·'tɛ:·ka] <-che> *f* **1.** (*edificio, stanza*) library **2.** (*mobile*) bookshelf

bibliotecario, -a [bi·bli·o·te·'ka:·rio] <-i, -ie> *m, f* librarian

bicamerale [bi·ka·me·'ra:·le] *agg* POL bicameral
bicarbonato [bi·kar·bo·'na:·to] *m* bicarbonate; ~ **di sodio** bicarbonate of soda
bicchiere [bik·'kiɛ:·re] *m* glass; ~ **da vino/acqua** wine/water glass; **un ~ di vino/d'acqua** a glass of wine/water
bici ['bi:·tʃi] <-> *f inf* bike; **in ~** by bike; **andare in ~** to ride a bike
bicicletta [bi·tʃi·'klet·ta] *f* bicycle; ~ **da corsa** bicycle race; **andare in ~** to ride a bicycle
bicipite [bi·'tʃi:·pi·te] *m* bicep(s) *sg o pl*
bicolore [bi·ko·'lo:·re] *agg* two-tone
bidè [bi·'dɛ] <-> *m* bidet
bidello, -a [bi·'dɛl·lo] *m, f* janitor
bidimensionale [bi·di·men·sio·'na:·le] *agg* two-dimensional
bidonata [bi·do·'na:·ta] *f inf* (*fregatura*) rip-off
bidone [bi·'do:·ne] *m* **1.** (*recipiente*) drum; **il ~ della spazzatura** garbage can **2.** *inf* (*imbroglio*) swindle **3.** *inf* (*appuntamento mancato*) missed date; **mi ha fatto il ~** *inf* he stood me up
bidonville [bi·dɔ̃·'vil] <-> *f* shantytown
Bielorussia [bie·lo·'rus·sia] *f* Belarus
bielorusso, -a [bie·lo·'rus·so] **I.** *agg* (*cultura, cittadinanza*) Belarussian **II.** *m, f* (*abitante*) Belarussian **III.** *m, f* (*lingua*) Belarussian
biennale [bien·'na:·le] *agg* **1.** (*che dura due anni*) two-year **2.** (*ogni due anni*) biannual
biennio [bi·'ɛn·nio] <-i> *m* **1.** (*periodo*) two-year period **2.** (*nella scuola*) *the first two years of secondary school*
bierre [bi·'ɛr·re] **I.** <-> *m member of the Red Brigades terrorist group* **II.** *fpl* (*organizzazione*) Red Brigades
bietola ['biɛ:·to·la] *f* beet
bifamiliare [bi·fa·mi·'lia:·re] *agg* **villetta ~** small house for two families
bifocale [bi·fo·'ka:·le] *agg* bifocal
biforcazione [bi·for·kat·'tsio:·ne] *f* fork
biforcuto, -a [bi·for·'ku:·to] *agg* forked
bigamia [bi·ga·'mi:·a] <-ie> *f* bigamy
bigamo, -a ['bi:·ga·mo] **I.** *agg* bigamous **II.** *m, f* bigamist
bighellonare [bi·gel·lo·'na:·re] *vi* to loaf around
bigiotteria [bi·dʒot·te·'ri:·a] <-ie> *f* costume jewelry
bigliettaio, -a [biʎ·ʎet·'ta:·io] <-ai, -aie> *m, f* (*su bus, treno*) ticket collector; (*di cinema, teatro*) box office clerk
biglietteria [biʎ·ʎet·te·'ri:·a] <-ie> *f* (*di treno, bus*) ticket office; (*di cinema, teatro*) box office
biglietto [biʎ·'ʎet·to] *m* **1.** (*cartoncino*) card; ~ **d'auguri** greeting card; ~ **da visita** business card **2.** (*di treno, teatro, lotteria*) ticket; ~ **di andata e ritorno** roundtrip ticket; **fare il ~** to buy a ticket **3.** FIN bill; ~ **di banca** bill **4.** (*foglietto*) note
bignè [biɲ·'ɲɛ] <-> *m* cream puff
bigodino [bi·go·'di:·no] *m* roller
bigotto, -a [bi·'gɔt·to] *agg* REL overly pious
bikini [bi·'ki:·ni] *m* bikini
bilancia [bi·'lan·tʃa] <-ce> *f* **1.** scales *pl;* **porre qc sul piatto della ~** *fig* to weigh sth up; **essere l'ago della ~** *fig* to be the deciding factor **2.** ASTR **Bilancia** Libra; **sono (della** [*o* **una**]**) Bilancia** I'm Libra **3.** COM balance; ~ **commerciale** balance of trade
bilanciare [bi·lan·'tʃa:·re] *vt a fig* (*carico*) to distribute; (*dieta*) to balance
bilancio [bi·'lan·tʃo] <-ci> *m* **1.** COM balance; ~ **consuntivo** final balance; ~ **preventivo/pubblico** budget **2.** *fig* assessment; **fare il ~ della propria vita** *fig* to take stock of one's own life
bile ['bi:·le] *f* **1.** ANAT bile **2.** *fig* (*collera*) anger
bilia ['bi:·li·a] <-ie> *f* marble; **giocare a -ie** to play marbles
biliardo [bi·'liar·do] *m* pool
bilico ['bi:·li·ko] <-chi> *m* **in ~** in the balance
bilingue [bi·'liŋ·gue] **I.** *agg* bilingual **II.** *mf* bilingual person
bilinguismo [bi·liŋ·'guiz·mo] *m* bilingualism
bilocale [bi·lo·'ka:·le] *m* two-roomed apartment
bimbo, -a ['bim·bo] *m, f* child
bimensile [bi·men·'si:·le] *agg* semimonthly
bimestrale [bi·mes·'tra:·le] *agg* **1.** (*che

dura due bimestri) two-month **2.** (*ogni due bimestri*) bimonthly

bimestre [bi·'mɛs·tre] *m* two month period

binario [bi·'naː·ri·o] <-i> *m* FERR platform; ~ **morto** dead-end track

binocolo [bi·'nɔː·ko·lo] *m* binoculars *pl*

bioagricoltura [bi·o·a·gri·kol·'tuː·ra] *f* organic farming

biocarburante [bi·o·kar·bu·'ran·te] *m* biofuel

biochimica [bi·o·'kiː·mi·ka] <-che> *f* biochemistry

biodegradabile [bi·o·de·gra·'daː·bi·le] *agg* biodegradable

biodiesel ['bi·o·diː·zel] <-> *m* biodiesel

bioetica [bi·o·'ɛː·ti·ka] <-che> *f* bioethics

biofisica [bi·o·'fiː·zi·ka] <-che> *f* biophysics

biofisico, -a [bi·o·'fiː·zi·ko] <-ci, -che> *agg* biophysical

biogas [bi·o·'gas] <-> *m* biogas

biografia [bi·o·gra·'fiː·a] *f* biography

biografico, -a [bi·o·'graː·fi·ko] <-ci, -che> *agg* biographical

biografo, -a [bi·'ɔː·gra·fo] *m, f* biographer

biologia [bi·o·lo·'dʒiː·a] <-ie> *f* biology

biologico, -a [bi·o·'lɔː·dʒi·ko] *agg* **1.** (*cibo, coltura*) organic **2.** (*ciclo, scienza, arma*) biological

biologo, -a [bi·'ɔː·lo·go] <-gi, -ghe> *m, f* biologist

biondo ['bion·do] *m* blond color

biondo, -a **I.** *agg* **1.** (*donna*) blonde; (*uomo*) blond **2.** (*capelli*) blond; ~ **cenere** ash blond **II.** *m, f* (*donna*) blonde; (*uomo*) fair-haired

biopsia [bi·o·'psiː·a] <-ie> *f* biopsy

bioritmo [bi·o·'rit·mo] *m* biorhythm

biosfera [bi·os·'fɛː·ra] *f* biosphere

biossido [bi·'ɔs·si·do] *m* dioxide

biotopo [bi·'ɔː·to·po] *m* biotope

bipartisan [bi·'par·ti·zan] <inv> *agg* POL bipartisan

bipartitico, -a [bi·par·'tiː·ti·ko] *agg* two-party; **governo** ~ two-party government

bipede ['biː·pe·de] **I.** *m* ZOO biped **II.** *agg* two-footed

bipolare [bi·po·'laː·re] *agg* bipolar

bipolarismo [bi·po·la·'riz·mo] *m* POL bipolarism

biposto [bi·'pos·to] <inv> *agg* two-seater

birbante [bir·'ban·te] *mf scherz inf* (*monello*) rascal

birbone, -a [bir·'boː·ne] *m, f* *scherz inf* terror

birichino, -a [bi·ri·'kiː·no] *inf* **I.** *agg* mischievous **II.** *m, f* rascal

birillo [bi·'ril·lo] *m* pin

birra ['bir·ra] *f* beer; **lievito di** ~ brewer's yeast; ~ **alla spina** draft beer; **a tutta** ~ *inf* flat out

birreria [bir·re·'riː·a] <-ie> *f* **1.** (*locale*) pub **2.** (*fabbrica*) brewery

bis [bis] **I.** *inter* encore! **II.** <-> *m* encore; **chiedere il** ~ to call for an encore; **fare il** ~ **di qc** to give an encore of sth; (*nel mangiare*) to have a second helping

bisbetico, -a [biz·'bɛː·ti·ko] <-ci, -che> **I.** *agg* cantakerous **II.** *m, f* *pej* cantankerous person

bisbigliare [biz·biʎ·'ʎaː·re] *vt, vi* to whisper

bisbiglio [biz·'biʎ·ʎo] <-gli> *m* whisper

bisca ['bis·ka] <-sche> *f* *pej* gambling den

biscia ['biʃ·ʃa] <-sce> *f* grass snake

biscottato, -a [bis·kot·'taː·to] *agg* crisp

biscotto [bis·'kɔt·to] *m* CULIN cookie

bisessuale [bi·ses·su·'aː·le] *agg* bisexual

bisestile [bi·zes·'tiː·le] *agg* **anno** ~ leap year

bisettimanale [bi·set·ti·ma·'naː·le] *agg* twice weekly

bisex [bi·'seks] <inv> *agg* <-> *mf* bisexual

bislungo, -a [bi·'zluŋ·go] <-ghi, -ghe> *agg* oblong

bisnonno, -a [biz·'nɔn·no] *m, f* great-grandfather *m,* great-grandmother, f

bisognare [bi·zoɲ·'ɲaː·re] <bisogna, bisognano> *vi essere* to be necessary; **bisogna che …** +*conj* **bisogna …** to have to; **bisogna che tu lo faccia** you must[*o* have to] do it; **bisogna farlo subito!** you [*o* we] [*o* he] [*o* she] must do it right away

bisogno [bi·ˈzoɲ·ɲo] *m* **1.** (*necessità*) need; **avere ~ di qc/qu** to need sb/sth; **in caso di ~** if necessary; **non c'è ~ che tu venga** there's no need for you to come; **non c'è ~ di ...** there's no need to ...; **sentire il ~ di fare qc** to feel the need to do sth **2.** (*mancanza di mezzi*) want; **vivere nel ~** to live in poverty **3.** *pl inf* **fare i propri -i** to go to the toilet

bisognoso, -a [bi·zoɲ·ˈɲoː·so] **I.** *agg* needy; **~ di aiuto/cure** in need of help/care **II.** *m, f* needy person

bisonte [bi·ˈzon·te] *m* (*europeo*) bison; (*americano*) buffalo

bistecca [bis·ˈtek·ka] <-cche> *f* steak

bistecchiera [bis·tek·ˈkiɛː·ra] *f* grill

bisticciare [bis·tit·ˈtʃaː·re] *vi inf* to squabble

bisticcio [bis·ˈtit·tʃo] <-cci> *m inf* squabble

bisturi [ˈbis·tu·ri] <-> *m* scalpel

bivio [ˈbiː·vio] <-i> *m* **1.** (*di strada*) fork **2.** *fig* (*svolta*) crossroads; **essere (giunto) a un ~** to be at a crossroads

bizantino, -a [bid·dzan·ˈtiː·no] *agg* HIST Byzantine

bizza [ˈbid·dza] *f* tantrum; **fare le -e** to have a temper tantrum

bizzarro, -a [bid·ˈdzar·ro] *agg* weird

bizzeffe [bid·ˈdzɛf·fe] *avv* **a ~** galore; **avere denaro a ~** to have money galore

blando, -a [ˈblan·do] *agg* mild

blasfemo, -a [blas·ˈfɛː·mo] *agg* blasphemous

blaterare [bla·te·ˈraː·re] *vi inf* to babble on about

blindato, -a [blin·ˈdaː·to] *agg* armored; **camera ~** strong room; **auto -a** armored car; **vetro ~** bulletproof glass

blitz [blits] <-> *m* raid

bloccare [blok·ˈkaː·re] **I.** *vt* **1.** (*fissare: porta, finestra*) to block **2.** TEC (*motore*) to block; (*sterzo*) to lock **3.** (*paziente, criminale, traffico*) to stop **4.** (*interrompere: comunicazioni, strada*) to cut off **5.** (*intralciare: città, binari*) to immobilize **6.** (*prezzi, salari*) to freeze **7.** FIN **~ un assegno** to stop a check; **~ un conto** to freeze an account **8.** SPORT (*avversario, pallone*) to stop **9.** (*inibire*) to inhibit **II.** *vr:* **-rsi 1.** (*computer*) to freeze; (*freni*) to jam; (*motore*) to stall **2.** *fig* (*inibirsi*) to freeze

bloccaruote [blok·ka·ˈruɔː·te] <-> **I.** *m* wheel clamp **II.** <inv> *agg* clamping; **ceppo ~** wheel clamp

bloccasterzo [blok·kas·ˈtɛr·tso] *m* steering lock

blocco [ˈblɔk·ko] <-cchi> *m* **1.** (*pezzo*) block **2.** (*notevole quantità*) load; **vendere/comprare in ~** to sell/buy in bulk **3.** TEC lock; **~ motore** engine block **4.** (*per appunti*) notepad **5.** NAUT, MIL blockade; **~ navale** naval blockade; **~ stradale** roadblock; **posto di ~** (*alla frontiera*) checkpoint; (*per strada*) roadblock **6.** GIUR, FIN (*a. di lavoro, affitti*) freeze **7.** (*arresto: di congegno*) jamming **8.** MED **~ renale** kidney failure; **~ cardiaco** cardiac arrest **9.** PSYCH block

bloc-notes [blɔk·ˈnɔt] <-> *m* notepad

blu [blu] <inv> *agg* <-> *m* blue

blue-jeans [ˈbluː ˈdʒiːnz] *mpl* jeans

bluffare [bluf·ˈfaː·re] *vt* to bluff

blusa [ˈbluː·za] *f* blouse

boa[1] [ˈbɔː·a] <-> *m* ZOO boa constrictor

boa[2] *f* NAUT buoy

boato [bo·ˈaː·to] *m* rumbling

bob [bɔb] <-> *m* (*sport*) bobsled

bocca [ˈbok·ka] <-cche> *f* **1.** ANAT mouth; **a ~ piena** with one's mouth full; **restare a ~ aperta** *a fig* to be speechless; **tenere la ~ chiusa** *a fig* to keep one's mouth shut; **in ~ al lupo!** *inf* good luck! **2.** *fig* (*apertura*) opening

boccaccia [bok·ˈkat·tʃa] <-cce> *f* grimace; **fare le -cce** to make a face

boccale [bok·ˈkaː·le] *m* **1.** (*recipiente*) jug; (*per bere*) mug **2.** (*quantità*) jugful

boccata [bok·ˈkaː·ta] *f* (*d'aria, acqua*) mouthful; (*di sigaretta*) puff; **andare a prendere una ~ d'aria** *fig* to go and get some air

boccetta [bot·ˈtʃet·ta] *f* small bottle

bocchino [bok·ˈkiː·no] *m* (*per sigaretta*) cigarette holder

boccia [ˈbɔt·tʃa] <-cce> *f* bowl; **gioco delle -cce** bowls; **giocare alle -cce** to play bowls

bocciare [bot·ˈtʃaː·re] *vt* **1.** (*agli esami*)

to fail **2.** (*proposta, idea*) to reject

bocciatura [bot·tʃa·'tuː·ra] *f* **1.** (*agli esami*) failure **2.** (*di proposta, idea*) rejection

bocciolo [bot·'tʃɔː·lo] *m* bud

boccolo ['bok·ko·lo] *m* curl

bocconcino [bok·kon·'tʃiː·no] *m* **1.** (*piccolo pezzo*) bite-sized piece **2.** (*piccola mozzarella*) small mozzarella cheese

boccone [bok·'koː·ne] *m* **1.** (*piccolo pezzo*) mouthful **2.** (*pasto*) light meal; **mangiare un ~** to have a bite to eat

bocconi [bok·'koː·ni] *avv* face down; **stare ~** to lie face down

body ['bɔ·di] <-> *m* (*intimo*) body; (*per ginnastica*) leotard

boia ['bɔː·ia] <-> *m* executioner

boicottaggio [boi·kot·'tad·dʒo] <-ggi> *m* boycott

boicottare [boi·kot·'taː·re] *vt* **1.** COM to boycott **2.** (*ostacolare*) to sabotage

boiler ['bɔi·lə/'bɔi·ler] <-> *m* water heater

bolgia ['bɔl·dʒa] <-ge> *f* (*baraonda*) bedlam

bolide ['bɔː·li·de] *m* AUTO racing car

bolla ['bol·la] *f* **1.** bubble; **finire in una ~ di sapone** *fig* to come to nothing **2.** MED blister **3.** REL bull **4.** COM (*documento*) bill; **~ di accompagnamento** waybill; **~ di consegna** delivery note

bollare [bol·'laː·re] *vt* **1.** ADM to stamp **2.** *fig* (*marchiare*) to brand

bollato, -a [bol·'laː·to] *agg* **1.** ADM stamped; **carta -a** stamped paper **2.** *fig* (*marchiato*) branded

bollente [bol·'lɛn·te] *agg* boiling

bolletta [bol·'let·ta] *f* (*fattura*) bill; **essere in ~** *inf* to be broke

bollettino [bol·let·'tiː·no] *m* **1.** (*pubblicazione*) bulletin; **~ medico** medical bulletin; **~ meteorologico** weather report **2.** (*loc*) **~ di versamento** paying-in slip

bollino [bol·'liː·no] *m* (*tagliando*) coupon; **~ blu** AUTO ≈ Reduced Pollution Certificate

bollire [bol·'liː·re] *vi, vt* to boil

bollito [bol·'liː·to] *m* boiled meat

bollito, -a *agg* boiled

bollitore [bol·li·'toː·re] *m* **1.** (*per acqua*) kettle **2.** TEC boiler

bollo ['bol·lo] *m* stamp; **carta da ~** stamped paper; **marca da ~** revenue stamp

Bologna *f* Bologna *city in Emilia-Romagna*

bolognese [bo·loɲ·'ɲeː·se] **I.** *agg* from Bologna; **spaghetti alla ~** spaghetti bolognese **II.** *mf* (*abitante*) person from Bologna **III.** *m* (*dialetto*) Bolognese dialect

bolzanino, -a [bol·tsa·'niː·no] **I.** *agg* - **II.** *m, f* (*abitante*) person from Bolzano

Bolzano [bol·'tsaː·no] *f* Bolzano *city in the Trentino region*

bomba ['bom·ba] *f* MIL bomb; **~ a idrogeno/orologeria** hydrogen/time bomb; **~ a mano** hand grenade; **~ atomica** atomic bomb; **una notizia ~** *fig* a bombshell; **fare scoppiare la ~** *fig* to let the fox into the chicken coop; **a prova di ~** watertight

bombardamento [bom·bar·da·'men·to] *m* PHYS, MIL (*con bombe aeree*) air raid; (*con artiglieria pesante*) bombardment

bombardare [bom·bar·'daː·re] *vt a. fig* MIL, PHYS to bombard

bombardiere [bom·bar·'diɛː·re] *m* **1.** (*pilota*) bombardier **2.** (*aereo*) bomber

bomber ['bɔm·bə/'bɔm·ber] <- *o* bombers> *m* **1.** SPORT (*cannoniere*) striker **2.** (*giubbotto*) bomber jacket

bombetta [bom·bet·'ta] *f* (*cappello*) bowler

bombola ['bom·bo·la] *f* cylinder; **-e da sub** oxygen cylinders; **~ del gas** gas cylinder

bomboniera [bom·bo·'niɛː·ra] *f* box of candy *given as a present to guests at weddings and baptisms*

bonaccia [bo·'nat·tʃa] <-cce> *f* NAUT dead calm

bonaccione, -a [bo·nat·'tʃoː·ne] *inf* **I.** *agg* good-natured **II.** *m, f* good-natured person

bonifico [bo·'niː·fi·ko] <-ci> *m* FIN credit transfer

bontà [bon·'ta] <-> *f* **1.** (*di persona*) goodness **2.** (*di prodotto*) high quality

bonus ['bɔ·nus] <-> *m* bonus

bonus-malus ['bɔ·nus·'ma·lus] <-> *m* no

claims bonus

borbottare [bor·bot·'taː·re] *vi, vt inf* **1.** (*gener*) to mutter **2.** (*brontolare*) to grumble

borchia ['bɔr·kia] <-chie> *f* stud

bordello [bor·'dɛl·lo] *m* brothel

bordo ['bor·do] *m* **1.** (*di vestito*) hem; (*guarnizione*) border **2.** (*di tavolo, sedia*) edge; (*di strada*) side **3.** NAUT (*fiancata*) ship's side **4.** (*di nave, aero, auto*) **salire a ~** to get on board; **prendere qu a ~** to take sb on board; **a ~** on board

bordura [bor·'duː·ra] *f* (*di aiuola, abito*) border

borgata [bor·'gaː·ta] *f* **1.** (*piccolo centro*) village **2.** (*rione*) working-class suburb

borghese [bor·'geː·se] **I.** *agg* **1.** (*della borghesia: famiglia*) middle-class **2.** *fig pej* (*conservatore*) bourgeois **3.** ADM civilian; **abito ~** civilian clothes; **poliziotto in ~** plain-clothes policeman **II.** *mf* middle-class person; **piccolo ~** lower middle-class person; *pej* petty bourgeois **III.** *m* civilian

borghesia [bor·ge·'ziː·a] <-ie> *f* bourgeoisie; **alta ~** upper middle class; **media ~** middle class; **piccola ~** lower middle class

borgo ['bor·go] <-ghi> *m* village

borraccia [bor·'rat·tʃa] <-cce> *f* water bottle

borsa ['bor·sa] *f* **1.** bag; (*da donna*) handbag; **~ da viaggio** travelling bag; **~ dell'acqua calda** hot water bottle; **~ del ghiaccio** ice bag; **~ della spesa** shopping bag; **o la ~ o la vita!** your money or your life! **2.** FIN Stock Market; **giocare in ~** to play the Stock Market

borsanera [bor·sa·'neː·ra] **borsa nera** black market; *loc* **~ di studio** grant; ANAT bursa; **avere le -e sotto gli occhi** to have bags under one's eyes

borseggiatore, -trice [bor·sed·dʒa·'toː·re] *m, f* pickpocket

borsellino [bor·sel·'liː·no] *m* purse

borsello [bor·'sɛl·lo] *m* handbag

borsetta [bor·'set·ta] *f* handbag

borsista [bor·'sis·ta] <-i *m*, -e *f*> *mf* grant holder

boscaglia [bos·'kaʎ·ʎa] <-glie> *f* undergrowth

boscaiolo, -a [bos·ka·'iɔː·lo] *m, f* (*spaccalegna*) lumberjack; (*guardaboschi*) forester

bosco ['bɔs·ko] <-schi> *m* wood

boscoso, -a [bos·'koː·so] *agg* wooded

Bosnia *f* Bosnia

bosniaco, -a [bos·'niaː·ko] <-ci, -che> *agg, m, f* Bosnian

bossolo ['bɔs·so·lo] *m* MIL shell

botanica [bo·'taː·ni·ka] <-che> *f* botany

botanico, -a [bo·'taː·ni·ko] <-ci, -che> **I.** *agg* botanical **II.** *m, f* botanist

botola ['bɔː·to·la] *f* trap door

botta ['bɔt·ta] *f* **1.** blow; **un sacco di -e** a thorough beating; **fare a -e** to come to blows **2.** (*rumore*) bang

botte ['bot·te] *f* **1.** (*di vino*) cask; **essere in una ~ di ferro** *fig* to be as safe as houses **2.** ARCHIT barrel

bottega [bot·'teː·ga] <-ghe> *f* **1.** (*negozio*) shop **2.** (*officina: di fabbro, falegname*) workshop

botteghino [bot·te·'giː·no] *m* THEAT, FILM box office; (*di stadio*) ticket office

bottiglia [bot·'tiʎ·ʎa] <-glie> *f* bottle

bottino [bot·'tiː·no] *m* MIL booty; (*di furto*) loot

botto ['bɔt·to] *m* (*colpo*) bang; (*di sparo*) crack; **di ~** all of a sudden; **in un ~** all at once

bottone [bot·'toː·ne] *m* **1.** button; **~ automatico** snapper **2.** TEC (*interruttore*) switch **3.** (*loc*) **attaccare ~** (**con qu**) *fig inf* to strike up a conversation (with sb); **attaccare un ~** (**a qu**) *fig inf* to buttonhole sb

bouquet [bu·'kɛ] <-> *m* bouquet

boutique [bu·'tik] <-> *f* boutique

bovino [bo·'viː·no] *agg* (*carne, razza*) bovine; (*allevamento*) cattle

bowling ['bou·liŋ] <-> *m* **1.** (*gioco*) tenpin bowling **2.** (*luogo*) bowling alley

box [bɔks] <-> *m* **1.** (*per bambini*) playpen **2.** (*per auto*) garage **3.** (*di corse automobilistiche*) pit; **sosta ai ~** pit stop

boxe [bɔks] <-> *f* boxing

boxer ['bɔk·sə/'bɔk·ser] <-> *m* **1.** (*cane*) boxer **2.** *pl* (*mutande*) boxer shorts *pl*

bozza ['bɔt·tsa] *f* **1.** TYP proof; **correzio-**

ne di -e proofreading **2.** (*di contratto, progetto*) draft

bozzolo ['bɔt·tso·lo] *m* ZOO cocoon

BR *fpl abbr di* **Brigate Rosse** Red Brigades

braccare [brak·'ka:·re] *vt* **1.** (*selvaggina*) to hunt **2.** (*malviventi*) to hunt down

braccetto [brat·'tʃet·to] *m* **a ~** arm in arm; **prendere qu a ~** to take sb's arm

braccia ['brat·tʃa] *f pl di* **braccio[1]**

bracciale [brat·'tʃa:·le] *m* **1.** (*ornamento*) bracelet **2.** (*fascia*) armband **3.** (*per nuotare*) water wing

braccialetto [brat·tʃa·'let·to] *m* bracelet

bracciante [brat·'tʃan·te] *mf* **~ agricolo** farm hand

braccio[1] ['brat·tʃo] <braccia> *m* ANAT arm; **agitare le braccia** (*in cerca di aiuto*) to wave one's arms; (*per salutare*) to wave; **portare un bambino in ~** to carry a child (in one's arms); **prendere qu per un ~** to grab sb by the arm; **~ di ferro** arm-wrestling; *fig* tug of war; **stare a braccia conserte** to have one's arms crossed; **essere il ~ destro di qu** *fig* to be sb's right-hand man

braccio[2] <-cci> *m* GEOG **~ di fiume** arm of the river; **~ di mare** strait; **~ di terra** stretch of land

bracciolo [brat·'tʃɔ:·lo] *m* arm

brace ['bra:·tʃe] *f* embers *pl;* **alla ~** grilled

braciola [bra·'tʃɔ:·la] *f* chop; **~ di maiale** pork chop

branca ['braŋ·ka] <-che> *f* (*ramo*) branch

branchie ['braŋ·kie] *fpl* gills

branco ['braŋ·ko] <-chi> *m* **1.** (*di lupi, cani*) pack; (*di uccelli, pecore*) flock; (*di pesci, delfini, foche*) school **2.** *fig pej* (*di persone*) gang

branda ['bran·da] *f* camp bed

brandello [bran·'dɛl·lo] *m* scrap; **fare a -i** to tear into shreds

brandina [bran·'di:·na] *f* (*per dormire*) camp bed; (*da spiaggia*) sun lounger

brandire [bran·'di:·re] <brandisco> *vt* to brandish

brano ['bra:·no] *m* MUS piece; (*di libro*) passage

branzino [bran·'tsi:·no] *m* sea bass

brasato [bra·'za:·to] *m* braised beef

Brasile [bra·'zi:·le] *m* **il ~** Brazil

brasiliano, -a [bra·zi·'lia:·no] *agg, m, f* Brazilian

bravata [bra·'va:·ta] *f* act of bravado

bravo, -a ['bra:·vo] **I.** *agg* **1.** (*abile*) capable; **essere ~ in qc** [*o* **a fare qc**] to be good at sth [*o* at doing sth] **2.** (*per bene*) nice **3.** (*buono*) good; **fare il ~** to be good **II.** *inter* bravo; **-i bis!** bravo encore!

bravura [bra·'vu:·ra] *f* skill

bretella [bre·'tɛl·la] *fpl* (*per indumenti*) braces

breve ['brɛ:·ve] *agg* short; **essere ~** *fig* to be brief; **a farla ~** in short; **a ~ termine** short-term; **in ~** in short; **fra ~** shortly

brevettare [bre·vet·'ta:·re] *vt* to patent

brevetto [bre·'vet·to] *m* **1.** (*su invenzione, prodotto*) patent **2.** (*patente*) license; **~ da sub** diving license

brevità [bre·vi·'ta] <-> *f* brevity

brezza ['bred·dza] *f* breeze

bricco ['brik·ko] <-cchi> *m* jug, coffeepot

briccone, -a [brik·'ko:·ne] *m, f* *inf* rascal

briciola ['bri:·tʃo·la] *f* **1.** (*di pane*) crumb **2.** *fig* tiniest bit; **andare in -e** *fig* to be smashed to smithereens

briciolo ['bri:·tʃo·lo] *m* *fig* tiniest bit; **avere un ~ di cervello** *fig* to have an ounce of common sense

bricolage [bri·ko·'laʒ] <-> *m* do-it-yourself

bridge [bridʒ] <-> *m* bridge

briga ['bri:·ga] <-ghe> *f* **1.** (*problema*) trouble; **prendersi la ~ di fare qc** to take the trouble to do sth **2.** (*lite*) quarrel; **attaccar ~ con qu** to start a quarrel with sb

brigante, -essa [bri·'gan·te, bri·gan·'tes·sa] *m, f* **1.** (*bandito*) bandit **2.** *scherz inf* rascal

brigata [bri·'ga:·ta] *f* **1.** *inf* (*gruppo*) group **2.** MIL brigade; **~ aerea** air brigade; **le Brigate Rosse** the Red Brigades

brigatista [bri·ga·'dis·ta] <-i *m*, -e *f*> *mf* **~ nero** member of the Black Brigades; **~ rosso** member of the Red Brigades

briglia ['briʎ·ʎa] <-glie> *f* bridle

brillante [bril·'lan·te] **I.** *agg* **1.** *a fig* brilliant; **avere la ~ idea di fare qc** *a. iron* to have the brilliant idea of doing sth **2.** (*che luccica*) shining **3.** (*vivace: colore*) bright **II.** *m* diamond

brillare [bril·'laː·re] **I.** *vi* **1.** (*luccicare*) to shine **2.** *fig* (*spiccare*) to stand out **II.** *vt* (*bomba, mina*) to explode

brillo, -a ['bril·lo] *agg* tipsy

brina ['briː·na] *f* frost

brindare [brin·'daː·re] *vi* **~ a qu/qc** to toast sb/sth

brindisi ['brin·di·zi] <-> *m* toast; **fare un ~ (a qu)** to toast (to sb)

Brindisi *f* Brindisi *city in the Puglia region*

brindisino, -a [brin·di·'ziː·no] **I.** *agg* from Brindisi **II.** *m, f* (*abitante*) person from Brindisi

brioche [bri·'ɔʃ] <-> *f* brioche

briscola ['bris·ko·la] *f* **1.** briscola *a type of card game* **2.** (*carta*) trump card

brivido ['briː·vi·do] *m* **1.** (*tremore*) shiver; **mi vengono i -i** it gives me the shivers **2.** (*emozione*) thrill; **racconto del ~** suspense story

brizzolato, -a [brit·tso·'laː·to] *agg* (*persona*) gray-haired; (*barba, capelli*) graying

brocca ['brɔk·ka] <-cche> *f* jug

brodo ['brɔː·do] *m* broth; **~ ristretto** consommé; **~ di verdura** vegetable broth; **tortellini in ~** tortellini in a broth; **lasciar cuocere qu nel proprio brodo** *fig* to let sb stew; **tutto fa ~** *fig* every bit helps

broglio ['brɔʎ·ʎo] <-gli> *m* **~ elettorale** election rigging

bronchite [broŋ·'kiː·te] *f* bronchitis

broncio ['bron·tʃo] <-ci> *m inf* sulky face; **fare** [*o* **tenere**] **il ~** to sulk

bronco ['broŋ·ko] <-chi> *m* bronchial tube

brontolare [bron·to·'laː·re] *vi* **1.** (*persona*) to grumble **2.** (*stomaco*) to rumble

brontolone, -a [bron·to·'loː·ne] **I.** *agg* grumbling **II.** *m, f* grumbler

bronzo ['bron·dzo] *m* bronze; **che faccia di ~!** what nerve!

browser ['brau·zə] <- *o* browsers> *m* COMPUT browser

brucare [bru·'kaː·re] *vt* to nibble

bruciapelo [bru·tʃa·'peː·lo] *avv* **a ~** out of the blue

bruciare [bru·'tʃaː·re] **I.** *vt avere* **1.** (*carta, legna, pentola*) to burn; (*casa*) to burn down **2.** (*sole, vento, freddo*) to burn; (*gelo*) to blacken **II.** *vi essere* **1.** (*fuoco, carta, rami*) to burn **2.** (*casa, bosco*) to be on fire **3.** (*sole, sabbia*) to be burning **4.** (*cibi*) to be hot **III.** *vr:* **-rsi 1.** (*scottarsi*) to burn oneself **2.** (*pietanza*) to be burnt

bruciato [bru·'tʃaː·to] *m* **1.** CULIN **il sugo sa di bruciato** the sauce tastes burnt **2.** (*odore*) burning

bruciato, -a *agg* **1.** (*dal fuoco, troppo cotto*) burnt **2.** (*dal sole*) sunburnt **3.** (*inaridito: campo*) scorched

bruciatore [bru·tʃa·'toː·re] *m* burner

bruciatura [bru·tʃa·'tuː·ra] *f* burn

bruciore [bru·'tʃoː·re] *m* MED burning; **~ di stomaco** stomach acid

bruco ['bruː·ko] <-chi> *m* grub

brufolo ['bruː·fo·lo] *m* spot

brughiera [bru·'giɛː·ra] *f* heath

brûlé [bry·'le] <inv> *agg* **vin ~** mulled wine

brullo, -a ['brul·lo] *agg* barren

bruno ['bruː·no] *m* (*colore*) brown

bruno, -a *agg* (*capelli, occhi*) brown; (*carnagione*) dark; (*persona*) dark-haired

brusco, -a ['brus·ko] <-schi, -sche> *agg* **1.** (*non gentile*) brusque **2.** (*improvviso*) abrupt

brusio [bru·'ziː·o] <-ii> *m* buzzing

brutale [bru·'taː·le] *agg* (*gesto*) brutal; (*domanda*) blunt

bruto, -a ['bruː·to] **I.** *agg* brute; **forza -a** brute strength **II.** *m, f* brute

brutta ['brut·ta] *f inf* (*brutta copia*) rough copy

bruttezza [brut·'tet·tsa] *f* ugliness

brutto ['brut·to] **I.** *m* **1.** ugliness; **il ~ è che …** the problem is that … **2.** (*tempo*) bad weather; **mettersi al ~** to turn for the worse **II.** *avv* **di ~** badly; **qui nevica di ~** it's snowing heavily here

brutto, -a I. *agg* **1.** (*non bello*) ugly **2.** (*abitudine, momento*) bad **3.** (*tempo*) horrible **4.** (*pesante: scherzo, tiro*) nasty **5.** (*forte: raffreddore*) heavy; (*tosse*) bad; **un ~ male** cancer **6.** (*loc*) **-a copia** rough copy; **fare una -a figura** *fig* to create a bad impression; **fare una -a fine** *fig* to come to a bad end **II.** *m, f* ugly person

BSE *f abbr di* **Bovine Spongiform Encephalopathy** BSE

buca ['bu:·ka] <-che> *f* **1.** (*fossa*) pit **2.** (*nel golf*) hole **3.** (*nel biliardo*) pocket **4.** (*loc*) **~ delle lettere** letterbox

bucaneve [bu·ka·'ne:·ve] <-> *m* snowdrop

bucare [bu·'ka:·re] **I.** *vt* **1. bucare qc** to make a hole in sth; **~** (**una gomma**) to get a puncture **2.** (*pelle, naso, orecchie*) to pierce **II.** *vr:* **-rsi 1.** (*pungersi*) to prick oneself **2.** (*pneumatico*) to puncture **3.** *sl* (*drogati*) to mainline

Bucarest [bu·ka·'rɛst/'bu:·ka·rest] *f* Bucharest

bucato [bu·'ka:·to] *m* washing; **fare il ~** to do the washing; **fresco di ~** freshly washed

bucato, -a *agg* with holes; (*metallo, pelle*) pierced; **avere le mani -e** *fig* to be a spendthrift

buccia ['but·tʃa] <-cce> *f* (*di frutta, verdura*) skin; (*di agrumi, patate*) peel

buco ['bu:·ko] <-chi> *m* **1.** (*foro*) hole **2.** (*apertura*) opening; **~ della chiave** keyhole **3.** (*bugigattolo*) pokey space **4.** (*intervallo*) gap **5.** *sl* (*di eroina*) fix **6.** (*loc*) **tappare un ~** *a fig* to fill in a gap

Budapest ['bu:·da·pest/bu·da·'pɛst] *f* Budapest

buddismo [bud·'diz·mo] *m* Buddhism

buddista [bud·'dis·ta] <-i *m*, -e *f*> *agg, mf* Buddhist

budello [bu·'dɛl·lo] *m* **1.** ANAT bowel **2.** (*materiale*) gut

budino [bu·'di:·no] *m* pudding

bue ['bu:·e] <buoi> *m* ZOO ox

bufala ['bu:·fa·la] *f* **1.** (*bufalo femmina*) cow buffalo **2.** (*errore*) howler **3.** (*nel giornalismo*) invented story

bufalo ['bu:·fa·lo] *m* buffalo

bufera [bu·'fɛ:·ra] *f* (*tempesta*) storm; **~ di neve** snowstorm

buffet [by·'fɛ] <-> *m* **1.** (*mobile*) sideboard **2.** (*pranzo*) buffet; **~ freddo** cold buffet

buffetto [buf·'fet·to] *m* tap

buffo, -a *agg* funny

buffonata [buf·fo·'na:·ta] *f* joke; **fare -e** to play a prank

buffone, -a [buf·'fo:·ne] *m, f* **1.** *inf* (*pagliaccio*) clown; **fare il ~** to play the clown **2.** HIST (*di corte*) jester

bugia [bu·'dʒi:·a] <-gie> *f* (*menzogna*) lie; **dire le -gie** to tell lies; **le -gie hanno le gambe corte** *prov* truth will out *prov*

bugiardo, -a [bu·'dʒar·do] **I.** *agg* lying **II.** *m, f* liar

buio ['bu:·io] *m* dark; **al ~** in the dark; **~ pesto** pitch dark; **farsi ~** to become dark; **brancolare nel ~** *fig* to grope in the dark

buio, -a <bui, buie> *agg* **1.** (*non illuminato*) dark **2.** *fig* bad

bulbo ['bul·bo] *m* **1.** BOT bulb **2.** ANAT **~ oculare** eyeball

Bulgaria [bul·ga·'ri:·a] *f* Bulgaria

bulgaro ['bul·ga·ro] *m* (*lingua*) Bulgarian

bulgaro, -a *agg, m, f* Bulgarian

bullo ['bul·lo] *m* (*gradasso*) **fare il ~** to act tough

bungalow ['bʌŋ·gə·lou/'bun·ga·lov] <-> *m* chalet

buoi ['buɔ:·i] *pl di* **bue**

buon, buon' [buɔn] *v.* **buono, -a**

buonafede, buona fede [buo·na·'fe:·de] *f* **in ~** in good faith

buonanotte, buona notte [buo·na·'nɔt·te] **I.** *inter* good night **II.** <-> *f* **dare** [*o* **augurare**] **la ~ a qu** to say good night to sb

buonasera, buona sera [buo·na·'se:·ra] **I.** *inter* good evening **II.** <-> *f* **dare** [*o* **augurare**] **la ~ a qu** to wish sb good evening

buoncostume [buoŋ·kos·'tu:·me] <-> *f* vice squad

buondì [buon·'di] *inter* hello

buongiorno, buon giorno [buon·'dʒor·no] **I.** *inter* good morning **II.** <-> *m* **dare** [*o* **augurare**] **il ~ a qu** to wish sb good morning

buongustaio, -a [buoŋ·gus·'ta:·io] <-ai,

-aie> *m, f* CULIN gourmet

buongusto, buon gusto [buoŋ·'gus·to] *m* **1.** (*raffinatezza*) good taste **2.** (*tatto*) tact

buono ['buɔː·no] *m* **1.** COM voucher; **un ~ per l'acquisto di libri** book token; **~ del Tesoro** Treasury bill **2.** *sing* (*cosa buona*) good thing; **sapere di ~** to smell nice

buono, -a <più buono *o* migliore, buonissimo *o* ottimo> **I.** *agg* **1.** (*albergo, libro, voto*) good **2.** (*gentile: persona, animo*) kind; **è -a gente** they're nice people; **essere ~ con qu** to be nice to sb **3.** (*calmo: bambino, cane*) good **4.** (*abile: professionista*) good; **un buon medico** a good doctor; **essere in -e mani** to be in good hands **5.** (*di qualità*) good; **una -a macchina fotografica** a good camera **6.** (*propizio: momento*) right **7.** (*vantaggioso: affare*) **fare un buon affare** to get a bargain **8.** (*giusto: ragione*) valid **9.** (*gradevole: odore*) nice; **c'è un buon odore qui** there's a nice smell **10.** (*gustoso: pranzo, vino*) delicious **11.** (*valido: biglietto*) valid; (*bancanote*) genuine **12.** (*socialmente elevato*) high; **la -a società** high society **13.** (*adatto: maniere*) good; **con le -e** nicely **14.** (*loc*) **alla -a** simple; **ti ho aspettato un'ora -a** I waited a good hour for you **15.** (*espressioni esclamative*) **buon anno!** Happy New Year!; **buon appetito!** enjoy your meal!; **buon divertimento!** have a good time!; **buon giorno!** good morning!; **buon riposo!** sleep well!; **buon viaggio!** have a good journey!; **-a fortuna!** good luck!; **-a notte!** good night!; **-a sera!** good evening!; **Dio ~!** good God! **II.** *m, f* (*persona*) good person; **un ~ a nulla** a good-for-nothing; **essere un poco di ~** to be a nasty piece of work; **fare il ~** to be good

buonora, buon'ora [buo·'noː·ra] <-> *f* **di ~** early

buonsenso, buon senso [buoŋ·'sɛn·so] <-> *m* common sense

buonumore, buon umore [buoŋ·u·'moː·re] <-> *m* good mood; **essere di ~** to be in a good mood

burattino [bu·rat·'tiː·no] *m a fig* puppet; (*con fili*) marionette; **teatro dei -i** puppet theater

burbero, -a ['bur·be·ro] *agg* surly

burla ['bur·la] *f* prank; **per ~** for a joke

burlarsi *vr* **-rsi di qu/qc** to make fun of sb/sth

burocrate [bu·'rɔː·kra·te] *mf* ADM bureaucrat

burocratico, -a [bu·ro·'kraː·ti·ko] <-ci, -che> *agg* bureaucratic

burocrazia [bu·ro·krat·'tsiː·a] <-ie> *f* ADM bureaucracy

burrasca [bur·'ras·ka] <-sche> *f* (*tempesta*) storm; **il mare è in ~** the sea is stormy

burrascoso, -a [bur·ras·'koː·so] *agg* stormy

burro ['bur·ro] *m* butter; **al ~** in butter

burrone [bur·'roː·ne] *m* ravine

buscare [bus·'kaː·re] *vt, vr:* **-rsi** *inf* to catch; **-rsi l'influenza** to catch flu

bussare [bus·'saː·re] *vi* to knock; **~ alla porta** to knock on the door

bussola ['bus·so·la] *f* NAUT compass

busta ['bus·ta] *f* **1.** (*per lettera*) envelope; **~ paga** pay packet **2.** (*per occhiali*) case **3.** (*borsa di plastica*) bag

bustarella [bus·ta·'rɛl·la] *f* bribe

busto ['bus·to] *m* **1.** ANAT, ART bust **2.** MED (*a. indumento*) corset

buttafuori [but·ta·'fuɔː·ri] <-> *m* bouncer

buttare [but·'taː·re] **I.** *vt* **1.** (*gettare*) to throw; **buttare qc a qu** to throw sth at sb **2.** (*loc*) **~ all'aria** (*cassetto*) to turn inside out; (*piano, progetto*) to give up on; **~ giù un edificio** to knock down a building; **~ giù due righe** to jot down a couple of lines; **~ giù un boccone** to have a quick bite; **~ (via)** (*nella spazzatura*) to throw away; (*sprecare*) to waste; **~ la pasta** to put the pasta on **II.** *vr:* **-rsi** to throw oneself; **-rsi giù** *fig* to get depressed

bypass ['bai·'paːs] <- *o* bypasses> *m a.* MED bypass

bypassare [bai·pas·'saː·re] *vt* to bypass

byte [bait] <-> *m* COMPUT byte

C

C, c [tʃi] <-> *f* C; ~ **come Catania** C for Charlie

c.a. *abbr di* **corrente anno** current year

cabina [ka·'biː·na] *f* **1.** (*vano*) booth; ~ **telefonica** telephone booth **2.** (*di automezzo*) cab, driver's cab **3.** (*di nave*) cabin; ~ **di pilotaggio** cockpit

cacare [ka·'kaː·re] **I.** *vi, vt vulg* to shit *vulg;* **ma va a ~!** just fuck off! **II.** *vr vulg* **cacarsi sotto** *fig* to shit oneself *vulg*

cacarella [ka·ka·'rɛl·la] *f* **1.** *vulg* shits *pl vulg* **2.** *fig* (*paura*) **avere la ~** to be shitting oneself

cacca ['kak·ka] <-cche> *f inf* poo *inf;* **fare la ~** to go poo

cacchio ['kak·kio] <-cchi> *m vulg* dick *vulg;* **che ~ vuoi?** what the hell do you want?; **non vale un ~** it's not worth a damn

caccia ['kat·tʃa] <-cce> *f* **1.** (*arte venatoria*) hunting; **cane da ~** hunting dog; **andare a ~** to go hunting **2.** (*inseguimento*) hunt; **dare la ~ a qu** to hunt sb **3.** (*ricerca*) search

cacciagione [kat·tʃa·'dʒoː·ne] *f* game

cacciare [kat·'tʃaː·re] **I.** *vt* **1.** SPORT to hunt **2.** *fig* (*mettere*) to put; **dove ho cacciato l'orologio?** *inf* where have I put my watch? **3.** *inf* (*emettere*) to let out; ~ **un urlo** to let out a yell **II.** *vr:* **-rsi 1.** *inf* (*nascondersi*) to hide (oneself) **2.** (*introdursi*) to get; **-rsi nei pasticci** *fig* to get into trouble

cacciatora [kat·tʃa·'toː·ra] *f* **1.** (*giacca*) hunting jacket **2.** CULIN **alla ~** chasseur

cacciatore, -trice *m, f* hunter

cacciavite [kat·tʃa·'viː·te] <-> *m* screwdriver

caccola ['kak·ko·la] *m* **1.** *inf* (*di naso*) booger *inf* **2.** (*cacca: di animale*) dropping

cachemire [kaʃ·'miːr] <-> *m* cashmere

cachet [ka·'ʃɛ] <-> *m* **1.** MED (*compressa*) tablet **2.** THEAT, FILM (*compenso*) fee

cachi ['kaː·ki] **I.** <inv> *agg* (*colore*) khaki **II.** <-> *m* **1.** (*colore cachi*) khaki **2.** (*albero, frutto*) persimmon

cacio ['kaː·tʃo] <-ci> *m* cheese

cadavere [ka·'daː·ve·re] *m* corpse

caddi ['kad·di] *1. pers sing pass rem di* **cadere**[1]

cadente [ka·'dɛn·te] *agg* (*edificio*) crumbling

cadere [ka·'deː·re] <cado, caddi, caduto> *vi essere* **1.** (*cascare: persona*) to fall; (*aereo*) to crash; ~ **morto** to drop dead; ~ **dalle nuvole** *fig* to be shocked **2.** (*staccarsi: capelli*) to fall out; (*foglie*) to fall **3.** (*abito*) to hang **4.** (*trovarsi in difficoltà*) ~ **in disgrazia** to fall out of favor; ~ **in miseria** to fall on hard times **5.** POL (*governo*) to fall **6.** (*capitare*) ~ **a proposito** to come at the right time **7.** (*loc*) ~ **dalla padella nella brace** *fig* to jump out of the frying pan into the fire

caduta [ka·'duː·ta] *f* (*il cadere*) fall; **'~ massi'** 'falling rocks'; ~ **della temperatura** drop in temperature

caduto [ka·'duː·to] *m* MIL fallen soldier; **i -i** the fallen

caduto, -a *pp di* **cadere**[1]

caffè [kaf·'fɛ] <-> *m* **1.** CULIN coffee; ~ **espresso** espresso; ~ **corretto** liqueur coffee; ~ **macchiato** coffee with a dash of milk; ~ **in chicchi** coffee beans *pl;* ~ **in polvere** coffee powder; **macchinetta del ~** coffee machine **2.** (*locale*) café

caffel(l)atte [kaf·fe·'lat·te (kaffel'latte)] <-> *m* white coffee

caffetteria [kaf·fet·te·'riː·a] <-ie> *f* (*bar: di museo*) coffee bar

caffettiera [kaf·fet·'tiɛː·ra] *f* **1.** (*macchina*) coffee-maker **2.** (*bricco*) coffeepot

cafone, -a [ka·'foː·ne] **I.** *agg* boorish **II.** *m, f* boor

cagare [ka·'gaː·re] *v.* **cacare**

Cagliari *f* Cagliari *capital of Sardinia*

cagliaritano, -a [caʎ·ʎa·ri·'taː·no] **I.** *agg* from Cagliari **II.** *m, f* (*abitante*) person from Cagliari

calabrese [ka·la·'breː·se] **I.** *agg* Calabrian **II.** *mf* (*abitante*) Calabrian **III.** *sing* (*dialetto*) Calabrian

Calabria [ka·'laː·bri·a] *f* Calabria; **abitare in ~** to live in Calabria; **andare in ~** to go to Calabria

calabrone [ka·la·'broː·ne] *m* ZOO hornet

calamaro [ka·la·'maː·ro] *m* ZOO squid

calamita [ka·la·'miː·ta] *f* magnet

calamità [ka·la·mi·'ta] <-> *f* disaster

calare [ka·'laː·re] **I.** *vt avere* **1.** (*abbassare: reti*) to cast; (*sipario*) to bring down **2.** (*diminuire: maglie*) to decrease **II.** *vi essere* **1.** (*scendere: sipario, notte*) to fall **2.** (*invadere*) to descend **3.** (*diminuire: vento*) to drop; (*acqua*) to subside; (*vista*) to get worse; (*prezzo*) to come down; ~ **di peso** to lose weight **III.** *vr:* **-rsi** to lower oneself

calcagno [kal·'kaɲ·ɲo] *m* heel; **avere qu alle -a** *fig* to have sb at one's heels

calcare[1] [kal·'kaː·re] *vt* **1.** (*con i piedi*) to tread **2.** (*con la voce: parole*) to emphasize **3.** (*disegno*) to trace **4.** (*premere*) to press down; ~ **la mano** *fig* to overdo it

calcare[2] *m* MIN limestone

calce ['kal·tʃe] *f* lime

calcetto [kal·'tʃet·to] *m* **1.** SPORT five-a-side soccer **2.** (*gioco da tavolo*) foosball

calciare [kal·'tʃaː·re] *vi, vt* to kick

calciatore, -trice [kal·tʃa·'toː·re] *m, f* soccer player

calcio ['kal·tʃo] <-ci> *m* **1.** (*pedata, zampata*) kick; **prendere qu a -ci** to give sb a kicking; **tirare -ci** (*persona, animale*) to kick **2.** SPORT soccer; ~ **d'angolo** corner (kick); ~ **d'inizio** kick-off; ~ **di punizione** free kick; ~ **di rigore** penalty (kick); ~ **di rinvio** goal kick; **giocare a** ~ to play soccer **3.** CHEM calcium

calciomercato [kal·tʃo·mer·'kaː·to] <-> *m* transfer market

calcioscommesse [kal·tʃos·kom·'mes·se] <-> *m illegal betting on the results of soccer games*

calcistico, -a <-ci, -che> *agg* (*tifo, risultati*) soccer

calcolabile [kal·ko·'laː·bi·le] *agg* (*costo, danno*) calculable

calcolare [kal·ko·'laː·re] *vt* **1.** MATH to calculate **2.** *fig* (*valutare*) to assess **3.** (*tenere conto*) to take into account

calcolatore [kal·ko·la·'toː·re] *m* ~ **elettronico** COMPUT computer

calcolatore, -trice **I.** *agg* **1.** MATH **macchina -trice** calculator **2.** *fig* (*persona, mente*) calculating **II.** *m, f fig* (*persona*) calculating person

calcolatrice [kal·ko·la·'triː·tʃe] *f* COMPUT calculator; ~ **tascabile** pocket calculator

calcolo ['kal·ko·lo] *m* **1.** MATH calculation; **fare i -i** to do the calculations; **agire per** ~ *fig* to act out of self-interest; ~ **dei costi** costing **2.** MED calculus; ~ **renale** kidney stone

caldaia [kal·'daː·ia] <-aie> *f* (*per riscaldamento*) boiler

caldamente [kal·da·'men·to] *avv* highly

caldarrosta [kal·dar·'rɔs·ta] *f* roast chestnut

caldo ['kal·do] *m* warmth; (~ *intenso*) heat; **fa** ~ it's hot; **ho** [*o* **sento**] ~ I'm hot; **a** ~ *fig* in the heat of the moment; **non mi fa né ~ né freddo** *fig* I don't care either way

caldo, -a *agg* **1.** (*clima, giornata*) warm; (*molto* ~) hot **2.** (*acqua, cibo*) hot **3.** (*che tiene caldo: cappotto*) warm **4.** (*colore, voce*) warm **5.** (*di conflitto: zona*) turbulent **6.** (*passionale*) passionate; **essere una testa -a** *fig* to be a hothead

calendario [ka·len·'daː·rio] <-i> *m* calendar

calle ['kal·le] *f* (*a Venezia*) narrow street

calligrafia [kal·li·gra·'fiː·a] *f* **1.** (*bella scrittura*) calligraphy **2.** (*scrittura*) handwriting

callista [kal·'lis·ta] <-i , -e> *mf* podiatrist

callo ['kal·lo] *m* corn; **fare il ~ a qc** *fig* to get used to sth

calma ['kal·ma] *f* **1.** (*quiete*) quietness **2.** (*tranquillità*) quiet **3.** (*autocontrollo*) calm; ~ **e sangue freddo!** keep calm! **4.** (*flemma*) calmness; **prendersela con** ~ to take it easy

calmante [kal·'man·te] **I.** *agg* **1.** (*rilassante*) calming **2.** (*che calma il dolore*) soothing **II.** *m* **1.** (*del sistema nervoso*) sedative **2.** (*contro il dolore*) painkiller

calmare [kal·'maː·re] **I.** *vt* **1.** (*persona, ira*) to calm (down) **2.** (*dolore*) to alleviate **II.** *vr:* **-rsi** **1.** (*persona*) to calm down **2.** (*dolore*) to ease **3.** (*vento*) to drop

calmo, -a ['kal·mo] *agg* **1.** (*posto, giornata*) quiet **2.** (*persona, mare*) calm

calo ['ka:·lo] *m* **1.** (*di mercato, prezzo*) fall **2.** (*di peso, vista*) loss; (*di qualità*) reduction **3.** (*di temperatura, pressione*) drop

calore [ka·'lo:·re] *m* **1.** (*energia, calura*) heat **2.** (*affetto*) warmth **3.** (*di animali*) **essere/andare in ~** to be in/go into heat

caloria [ka·lo·'ri:·a] <-ie> *f* calorie

calorico, -a [ka·'lɔ:·ri·ko] <-ci, -che> *agg* caloric; **apporto ~** caloric intake

caloroso, -a [ka·lo·'ro:·so] *agg* **1.** (*persona*) warm blooded **2.** *fig* (*cordiale*) warm

calpestare [kal·pes·'ta:·re] *vt* **1.** (*con i piedi*) to tread on; **'(è) vietato ~ l'erba'** 'keep off the grass' **2.** *fig* (*sentimenti*) to trample on

Caltanissetta *f* Caltanissetta *province in the south of Sicily*

calunnia [ka·'lun·nia] <-ie> *f* **1.** (*accusa infondata*) slander **2.** (*bugia*) lie

calunniare [ka·lun·'nia:·re] *vt* to slander

calvinismo [kal·vi·'niz·mo] *m* Calvinism

calvizie [kal·'vit·tsie] <-> *f* baldness

calvo, -a ['kal·vo] **I.** *agg* (*senza capelli*) bald **II.** *m, f* bald person

calza ['kal·tsa] *f* **1.** (*calzettone*) sock; **ferri da ~** knitting needles; **fare la ~** to knit **2.** (*da donna*) stocking; **~ elastica** support stocking

calzamaglia [kal·tsa·'maʎ·ʎa] *f* leotard

calzare [kal·'tsa:·re] **I.** *vt avere* (*scarpe, guanti*) to wear **II.** *vi avere* (*scarpe, guanti*) to fit

calzatura [kal·tsa·'tu:·ra] *f* footwear

calzino [kal·'tsi:·no] *m* ankle sock

calzolaio, -a [kal·tso·'la:·io] <-ai, -aie> *m, f* **1.** (*che fa le scarpe*) shoemaker **2.** (*che aggiusta le scarpe*) shoe repairer

calzoncini [kal·tson·'tʃi:·ni] *mpl* shorts *pl;* **~ da bagno** trunks

calzone [kal·'tso:·ne] *m* **1.** (*indumento*) pants **2.** (*parte*) pants leg **3.** CULIN (*pizza*) calzone

cambiamento [kam·bia·'men·to] *m* change

cambiare [kam·'bia:·re] **I.** *vt avere* **1.** (*gener*) to change; **~ casa** to move; **~ idea** to change one's mind; **~ treno** to change trains; **~ euro in dollari** to change euros into dollars **2.** (*scambiare*) to exchange; **~ qc con qc** to exchange sth for sth **II.** *vi essere* (*trasformarsi*) to change **III.** *vr:* **-rsi** (*d'indumento*) to change

cambio ['kam·bio] <-i> *m* **1.** (*sostituzione: di pneumatico*) changing **2.** (*modifica: indumenti*) change; **~ di casa** house move **3.** MOT (*dispostivo*) gears *pl* **4.** (*turno*) relief; **dare il ~ a qu** to take over from sb **5.** (*di merce*) exchange **6.** FIN exchange rate; **agente di ~** stockbroker

camera ['ka:·me·ra] *f* **1.** (*locale d'abitazione*) room; **~ da letto** bedroom; **~ da pranzo** dining room; **~ degli ospiti** guest room; **~ matrimoniale** double room; **~ singola** single room; **~ ad un letto/a due letti** single/twin-bedded room; **prenotare/disdire una ~** to book/to cancel a room **2.** (*mobilia*) bedroom suite **3.** POL, ADM chamber; **Camera di Commercio** Chamber of Commerce

camerata [ka·me·'ra:·ta] *f* (*di collegio*) dormitory; (*di caserma*) barrack room

cameriera [ka·me·'riɛ:·ra] *f* **1.** (*di casa privata*) maid **2.** (*di locale*) waitress **3.** (*di albergo*) (chamber)maid

cameriere [ka·me·'riɛ:·re] *m* **1.** (*di casa privata*) servant **2.** (*di locale*) waiter; **~, (mi porti il conto,) per favore!** waiter, (check,) please! **3.** (*di albergo*) busboy

camerino [ka·me·'ri:·no] *m* THEAT dressing room

camice ['ka:·mi·tʃe] *m* MED (*di medico, chimico*) white coat

camicetta [ka·mi·'tʃet·ta] *f* blouse

camicia [ka·'mi:·tʃa] <-cie> *f* **1.** (*da uomo*) shirt; (*da donna*) blouse; **~ da notte** (*da uomo*) nightshirt; (*da donna*) nightdress; **essere nato con la ~** *fig* to be born lucky; **-cie nere** HIST blackshirts; **~ verde** POL green shirt *Northern League militant* **2.** MOT, TEC (*rivestimento: di caldaia, motore*) jacket

caminetto [ka·mi·'net·to] *m* fireplace

camino [ka·'mi:·no] *m* **1.** (*focolare*) fireplace **2.** (*canna fumaria*) chimney

camion ['ka:·mion] <-> *m* truck

camioncino [ka·mion·'tʃi:·no] *m* van

camionista [ka·mio·'nis·ta] <-i , -e> *mf* truck driver

cammello[1] [kam·'mɛl·lo] *m* **1.** ZOO camel **2.** (*tessuto*) camelhair

cammello[2] <inv> *agg* (*colore*) camel

camminare [kam·mi·'na:·re] *vi* **1.** (*andare a piedi*) to walk; **cammina!** (*affrettati*) come on!; (*vattene*) go away!; ~ **sulle uova** *fig inf* to walk on eggshells **2.** TEC (*funzionare*) to work

camminata [kam·mi·'na:·ta] *f* **1.** (*passeggiata*) walk **2.** (*modo di camminare*) gait

cammino [kam·'mi:·no] *m* **1.** (*viaggio*) walk; **mettersi in** ~ to set off; **ci sono tre ore di** ~ it's a three-hour walk **2.** (*strada*) way

camomilla [ka·mo·'mil·la] *f* **1.** (*pianta*) chamomile **2.** (*infuso*) chamomile tea

camorra [ka·'mɔr·ra] *f* Neapolitan mafia

camorrista [ka·mor·'ris·ta] <-i , -e> *mf* member of the Neapolitan mafia

camoscio [ka·'mɔʃ·ʃo] <-sci> *m* **1.** ZOO chamois **2.** (*pelle*) suede

campagna [kam·'paɲ·ɲa] *f* **1.** AGR, GEOG country; **abitare in** ~ to live in the country **2.** MIL, POL, COM campaign; ~ **elettorale** election campaign

campagnolo, -a [kam·'paɲ·'ɲɔ:·lo] *agg, m, f* peasant

campana [kam·'pa:·na] *f* bell; ~ **per la raccolta del vetro** bottle bank

campanello [kam·pa·'nɛl·lo] *m* (*della porta*) bell; ~ **d'allarme** *fig* alarm bell

Campania [kam·'pa:·nia] *f* Campania; **abitare in** ~ to live in Campania; **andare in** ~ to go to Campania

campanile [kam·pa·'ni:·le] *m* ARCH bell tower

campanilismo [kam·pa·ni·'liz·mo] *m* parochialism

campano, -a [kam·'pa:·no] **I.** *agg* from Campania **II.** *m, f* (*abitante*) person from Campania

campare [kam·'pa:·re] *vi essere inf* to live; ~ **alla giornata** to live from day to day; ~ **di qc** to live on sth; ~ **di aria** *fig* to live on nothing

campeggiare [kam·ped·'dʒa:·re] *vi* **1.** (*far campeggio*) to camp **2.** (*spiccare*) to stand out

campeggiatore, -trice [kam·ped·dʒa·'to:·re] *m, f* camper

campeggio [kam·'ped·dʒo] <-ggi> *m* **1.** (*terreno*) campground **2.** (*turismo*) camping; **fare** ~ to go camping

campestre [kam·'pɛs·tre] *agg* country; **corsa** ~ cross-country race

camping ['kæm·piŋ/'kam·piŋ] *m v.* **campeggio**

campionario, -a <-i, -ie> *agg* **fiera -a** trade fair

campionato [kam·pio·'na:·to] *m* championship; ~ **mondiale di calcio** World Cup

campioncino [kam·pion·'tʃi:·no] *m* (*di prodotto*) sample

campione[1] [kam·'pio:·ne] <inv> *agg* **1.** SPORT championship-winning **2.** (*per indagini*) sample

campione[2] *m* (*di merce, materiale*) sample

campione, -essa *m, f* **1.** SPORT champion **2.** *fig* (*chi eccelle in un'attività*) ace; **essere un** ~ **in qc** to be an expert at sth

campo ['kam·po] *m* **1.** (*gener*) field; ~ **sportivo** sports field; ~ **da gioco** playing field; ~ **da golf** golf course; ~ **da tennis** tennis court; ~ **di calcio** soccer field **2.** (*area*) area; **avere** ~ **libero** *fig* to have a free hand; ~ **di concentramento** concentration camp; ~ **profughi** refugee camp **3.** (*nell'arte: sfondo*) background **4.** TV, FILM shot

camposanto [kam·po·'san·to] <campisanti> *m* cemetery

camuffare [ka·muf·'fa:·re] **I.** *vt* **1.** (*travestire*) to disguise; ~ **qu da qc** to disguise sb as sth **2.** *fig* (*nascondere*) to hide **II.** *vr:* **-rsi** to disguise oneself

canadese [ka·na·'de:·se] *agg, mf* Canadian

canaglia [ka·'naʎ·ʎa] <-glie> *f* **1.** *pej* (*persona malvagia*) scoundrel **2.** *scherz* (*birbante*) rascal

canale [ka·'na:·le] *m* **1.** (*artificiale*) canal; **il Canal Grande** the Grand Canal **2.** GEOG (*tratto di mare*) channel **3.** ANAT canal **4.** (*tubo, condotto*) pipe **5.** TV, RADIO channel

canarino[1] [ka·na·'riː·no] *m* ZOO canary

canarino[2] <inv> *agg* (*colore*) canary yellow

cancellare [kan·tʃel·'laː·re] *vt* **1.** (*con la gomma*) to erase; (*con la penna*) to cross out; (*sulla lavagna*) to wipe off; COMPUT to delete **2.** *fig* (*appuntamento, volo*) to cancel **3.** *fig* (*ricordo*) to erase

cancellazione [kan·tʃel·lat·'tsioː·ne] *f* (*di prenotazione, volo*) cancellation

cancelleria [kan·tʃel·le·'riː·a] <-ie> *f* **1.** GIUR (*di tribunale*) clerk of the court's office **2.** (*materiale per scrivere*) stationery

cancelletto [kan·tʃel·'let·to] *m* TEL, COMPUT pound sign

cancelliere [kan·tʃel·'liɛː·re] *m* **1.** POL (*primo ministro*) chancellor **2.** GIUR (*impiegato di tribunale*) clerk

cancello [kan·'tʃɛl·lo] *m* gate

cancro ['kaŋ·kro] *m* **1.** MED *a. fig* cancer **2.** ASTR **Cancro** Cancer; **sono (del** [*o* **un**]**) Cancro** I'm (a) Cancer

candeggiante [kan·ded·'dʒan·te] **I.** *agg* bleaching **II.** *m* bleach

candeggiare [kan·ded·'dʒaː·re] *vt* to bleach

candela [kan·'deː·la] *f* **1.** (*di cera*) candle; **a lume di ~** by candlelight **2.** MOT spark plug **3.** EL **una lampadina da 60 -e** a 60-watt bulb

candeliere [kan·de·'liɛː·re] *m* candlestick

candelotto [kan·de·'lɔt·to] *m* **~ di dinamite** stick of dynamite; **~ fumogeno** smoke bomb

candidare [kan·di·'daː·re] **I.** *vt* **1.** (*presentare come candidato*) to put forward as a candidate **2.** (*proporre come candidato*) to nominate **II.** *vr:* **-rsi** to run as a candidate

candidato, -a [kan·di·'daː·to] *m, f* candidate

candidatura [kan·di·da·'tuː·ra] *f* **1.** (*per lavoro, borsa di studio*) application **2.** POL, ADM candidacy

candido, -a ['kan·di·do] *agg* **1.** (*pulito: biancheria, bucato*) snow-white **2.** (*splendente: neve, denti*) pure white **3.** (*colore*) pure **4.** *fig* (*ingenuo*) naive; (*sincero*) candid

candito, -a *agg* candied; **zucchero ~** rock candy

cane ['kaː·ne] *m* **1.** ZOO dog; **~ da caccia** hunting dog; **~ da guardia** guard dog; **lavoro da -i** botched job; **tempo da -i** awful weather; **fa un freddo ~** *inf* it's freezing cold *inf* **2.** (*di arma da fuoco*) hammer

canestro [ka·'nɛs·tro] *m* basket; **fare ~** (*nella pallacanestro*) to shoot a basket

canile [ka·'niː·le] *m* **1.** (*cuccia*) kennel **2.** (*luogo*) pound

canino, -a *agg* **1.** (*di cani*) canine; **mostra -a** dog show **2.** MED **tosse -a** whooping cough **3.** ANAT **dente ~** canine

canna ['kan·na] *f* **1.** BOT reed **2.** (*bastone*) stick; **~ da pesca** fishing rod **3.** (*di fucile*) barrel **4.** (*di bicicletta*) crossbar **5.** *sl* (*di marijuana, hascisc*) joint; **farsi una ~** to roll oneself a joint

cannella [kan·'nɛl·la] *f* **1.** CULIN cinnamon **2.** (*tubo*) spout; (*di botte*) spigot

cannocchiale [kan·nok·'kiaː·le] *m* telescope

cannoniere [kan·no·'niɛː·re] *m* **1.** (*bombardiere*) gunner **2.** (*nel calcio*) scorer

cannuccia [kan·'nut·tʃa] <-cce> *f* (*per bibite*) straw

canoa [ka·'nɔː·a] *f* canoe

canone [ka·'noː·ne] *m* **1.** (*norma*) canon **2.** (*schema di riferimento*) ideal **3.** (*pagamento*) rent; **~ d'affitto** rent; **~ di abbonamento** RADIO, TV license fee

canonico, -a <-ci, -che> *agg* **1.** (*regolare*) standard **2.** REL canonical

canotta [ka·'not·ta] *f* undershirt

canottaggio [ka·not·'tad·dʒo] <-ggi> *m* rowing

canottiera [ka·not·'tiɛː·ra] *f* undershirt

canottiere [ka·not·'tiɛː·re] *m* rower

canotto [ka·'nɔt·to] *m* **1.** (*piccola barca*) dinghy; **~ di salvataggio** lifeboat **2.** (*di gomma*) (rubber) dinghy

cantante [kan·'tan·te] *mf* singer; **~ lirico** opera singer

cantare [kan·'taː·re] **I.** *vi* **1.** MUS, ZOO to sing **2.** *fig* (*fare la spia*) to squeal **II.** *vt* to sing

cantautore, -trice [kan·tau·'toː·re] *m, f* singer-songwriter

canticchiare [kan·tik·'kiaː·re] *vi, vt* to hum

cantiere [kan·'tiɛː·re] *m* site; ~ **edile** construction site

cantina [kan·'tiː·na] *f* **1.** ARCH (*di edificio*) cellar; (*per il vino*) (wine) cellar **2.** (*produzione e vendita di vino*) vineyard; ~ **sociale** winegrowers' cooperative

canto ['kanto] *m* **1.** MUS, ZOO (*il cantare*) singing **2.** (*canzone*) song **3.** (*parte*) part; **d'altro** ~ on the other hand; **dal** ~ **mio/loro** for my/their part

canuto, -a [ka·'nuː·to] *agg* **1.** (*capelli*) white **2.** (*persona*) white-haired

canzone [kan·'tsoː·ne] *f* MUS song

canzonetta [kan·tso·'net·ta] *f* MUS pop song

caotico, -a [ka·'ɔː·ti·ko] <-ci, -che> *agg* chaotic

cap. *abbr di* **capitolo** ch.

CAP [kap] *m v.* **Codice di Avviamento Postale** zip code

capace [ka·'paː·tʃe] *agg* **1.** (*in grado di*) capable; **essere** ~ **di fare qc** to be capable of doing sth **2.** (*abile*) able **3.** (*spazioso: ambiente*) spacious; (*borsa*) capacious

capacità [ka·pa·tʃi·'ta] <-> *f* **1.** (*di contenere*) capacity **2.** (*abilità*) ability

capanna [ka·'pan·na] *f* hut

capanno [ka·'pan·no] *m* (*in spiaggia*) hut

capannone [ka·pan·'noː·ne] *m* (*deposito*) shed; (*fabbrica*) warehouse

caparbietà [ka·par·bie·'ta] <-> *f* stubbornness

caparbio, -a [ka·'par·bio] <-i, -ie> *agg* stubborn

caparra [ka·'par·ra] *f* (*cauzione*) deposit

capatina [ka·pa·'tiː·na] *f* quick visit; **fare una** ~ to make a quick visit

capeggiare [ka·ped·'dʒaː·re] *vt* to lead

capellini [ka·pel·'liː·ni] *mpl* angel hair pasta

capello [ka·'pel·lo] *m* hair; **-i d'angelo** angel hair pasta; **portare i -i lunghi/corti** to have long/short hair; **spaccare un** ~ **in quattro** *fig* to split hairs

capellone, -a [ka·pel·'loː·ne] **I.** *m, f inf* (*hippy*) hippie **II.** *agg* hippie

capelluto, -a [ka·pel·'luː·to] *agg* **cuoio** ~ scalp

capezzale [ka·pet·'tsaː·le] *m* **1.** (*capo del letto*) bolster **2.** *fig* (*letto di un malato*) bedside

capezzolo [ka·'pet·tso·lo] *m* nipple

capi- [ka·pi] (*in compounds*); *v. a.* **capo-**

capiarea *pl di* **capoarea**

capicronisti *pl di* **capocronista**

capiente [ka·'piɛn·te] *agg* (*recipiente, valigia*) capacious; (*sala*) spacious

capienza [ka·'piɛn·tsa] *f* (*di sala, recipiente*) capacity

capifabbrica *pl di* **capofabbrica**

capifamiglia *pl di* **capofamiglia**

capigliatura [ka·piʎ·ʎa·'tuː·ra] *f* hair; ~ **folta** thick hair

capilinea *pl di* **capolinea**

capilista *pl di* **capolista**[1]

capillare [ka·pil·'laː·re] **I.** *agg* **1.** ANAT **vasi -i** capillary **2.** (*minuzioso: indagine*) detailed **3.** (*diffuso: organizzazione*) widespread **II.** *m* capillary

capimafia *pl di* **capomafia**

capire [ka·'piː·re] <capisco> **I.** *vt avere* to understand; **far** ~ **qc a qu** to make sth clear to sb *inf* **II.** *vi essere* to understand; **farsi** ~ to make oneself understood; ~ **al volo** to be quick on the uptake; **si capisce** of course **III.** *vr:* **-rsi** to understand each other

capiredattori *pl di* **caporedattore**

capireparto *pl di* **caporeparto**

capisala *pl di* **caposala**

capisaldi *pl di* **caposaldo**

capisezione *pl di* **caposezione**

capisquadra *pl di* **caposquadra**

capistazione *pl di* **capostazione**

capitale [ka·pi·'taː·le] **I.** *agg* **1.** (*principale: importanza, punto*) fundamental **2.** GIUR capital; **sentenza** ~ death sentence **3.** REL deadly; **i peccati -i** the deadly sins **II.** *f* (*città*) capital **III.** *m* (*patrimonio*) capital

capitalismo [ka·pi·ta·'liz·mo] *m* capitalism

capitalista [ka·pi·ta·'lis·ta] <-i , -e> *agg, mf* capitalist

capitano [ka·pi·'taː·no] *m* captain

capitare [ka·pi·'ta:·re] *vi essere* **1.** (*giungere*) to come; ~ **bene/male** to have good luck/bad luck **2.** (*succedere*) to happen; **capita a tutti** it happens to everyone; **dove capita** anywhere

capitavola *pl di* **capotavola**

capitello [ka·pi·'tɛl·lo] *m* capital

capitolo [ka·'pi:·to·lo] *m a.* REL chapter

capi ufficio *pl di* **capo ufficio**

capo ['ka:·po] **I.** *m* **1.** ANAT head; **chinare il** ~ *fig* to bow one's head **2.** (*persona: di azienda, istituto*) head; (*di associazione a delinquere*) boss; (*di tribù*) chief; ~ **del governo** leader of the government; ~ **dello Stato** head of state; **essere a** ~ **di qu/qc** to head sb/sth **3.** GEOG cape **4.** (*singolo oggetto*) item **5.** (*capitolo*) chapter; **per sommi -i** briefly **6.** (*estremità*) end; **andare in** ~ **al mondo** to go to the ends of the earth **7.** (*principio*) **cominciare da** ~ to start again; **andare a** ~ to start a new paragraph; **punto e a** ~ period, new paragraph **8.** (*fine, conclusione*) **in** ~ **ad un mese** in a month; **venire a** ~ **di qc** to get to the end of sth **II.** <inv> *agg* chief; **ispettore** ~ chief inspector

capoarea [ka·po·a·'rɛ:·a] *mf* area manager

capocronista [ka·po·kro·'nis·ta] *mf* news editor

capocuoco, -a [ka·po·'kuɔ:·ko] <-chi, -che> *m, f* head chef

capodanno, capo d'anno [ka·po·'dan·no] *m* New Year

capofabbrica [ka·po·'fab·bri·ka] *mf* works manager

capofamiglia [ka·po·fa·'miʎ·ʎa] *mf* head of the family

capofitto [ka·po·'fit·to] *avv* **a** ~ headlong; **buttarsi a** ~ **in qc** *fig* to throw oneself into sth

capolavoro [ka·po·la·'vo:·ro] *m* masterpiece

capolinea [ka·po·'li:·nea] <capilinea> *m* terminus

capolista[1] [ka·po·'lis·ta] *mf* POL (*candidato*) top candidate

capolista[2] *f* top team

capolista[3] <inv> *agg* **candidato** ~ POL top candidate; **squadra** ~ SPORT top team

capoluogo [ka·po·'luɔ:·go] <capoluoghi *o* capiluoghi> *m* ADM (*di regione, provincia*) capital

capomafia [ka·po·'ma:·fia] <capimafia> *m* mafia boss

capoofficina [ka·po·of·fi·'tʃi:·na] *mf* shop foreman *m,* shop forewoman *f*

caporale [ka·po·'ra:·le] *m* private first class

caporedattore, -trice [ka·po·re·dat·'to:·re] *m, f* editor-in-chief

caporeparto [ka·po·re·'par·to] *mf* foreman *m,* forewoman *f*

caposala [ka·po·'sa:·la] *mf* (*in ospedale*) head nurse

caposezione [ka·po·set·'tsio:·ne] *mf* ADM section head

caposquadra[1] [ka·pos·'kua:·dra] *mf* **1.** (*di operai, tecnici*) foreman *m,* forewoman *f* **2.** SPORT (team) captain

caposquadra[2] <capisquadra> *m* MIL squad leader

capostazione [ka·pos·ta·'tsio:·ne] *mf* station master

capotavola <capitavola> *m* head of the table; **sedersi a** ~ to sit at head of the table

capotreno [ka·po·'trɛ:·no] *mf* conductor

cap(o)ufficio, capo ufficio [ka·p(o)·uf·'fi:·tʃo] *mf* office manager

capoverso [ka·po·'vɛr·so] *m* paragraph

capovolgere [ka·po·'vɔl·dʒe·re] <irr> **I.** *vt* **1.** (*rovesciare: barca*) to capsize; (*rovesciare: auto*) to overturn; (*immagine, oggetto*) to turn upside down **2.** *fig* (*situazione, risultato*) to reverse **II.** *vr:* **-rsi 1.** (*barca*) to capsize; (*macchina*) to overturn **2.** *fig* (*cambiare radicalmente*) to be reversed

capovolgimento [ka·po·vol·dʒi·'men·to] *m* **1.** (*ribaltamento: di barca*) capsizing; (*di macchina*) overturning; (*di oggetti, immagini*) turning upside down **2.** *fig* (*rovesciamento*) reversal

cappa <-> *m o f* (*lettera*) *v.* **k**

cappella [kap·'pɛl·la] *f* **1.** REL chapel **2.** MUS choir

cappellano [kap·pel·'la:·no] *m* chaplain

cappello [kap·'pɛl·lo] *m* **1.** (*copricapo*) hat; **tanto di ~!** congratulations!

2. (*introduzione: di scritto, discorso*) preamble

capperi ['kap·pe·ri] *inter inf* wow!

cappero ['kap·pe·ro] *m* CULIN, BOT caper

cappotto [kap·'pɔt·to] *m* (*mantello*) coat

cappuccino [kap·put·'tʃiː·no] *m* **1.** CULIN cappuccino **2.** REL Capuchin

cappuccio [kap·'put·tʃo] <-cci> **I.** *m* **1.** (*copricapo*) hood **2.** (*di penna, biro*) cap; (*di fiala, rossetto*) top **3.** *inf* CULIN cappuccino **II.** *agg* **cavolo ~** spring cabbage

capra ['kaː·pra] *f* ZOO goat

caprese [ka·'preː·se] **I.** *agg* from Capri **II.** *mf* (*abitante*) person from Capri **III.** *f* CULIN *mozzarella, tomato and basil salad*

capretto [ka·'pret·to] *m* kid; **guanti di ~** kid gloves

Capri *f* Capri; **abitare a ~** to live in Capri; **andare a ~** to go to Capri

capriccio [ka·'prit·tʃo] <-cci> *m* **1.** (*voglia*) whim; **fare i -cci** to have a temper tantrum **2.** MUS caprice

capriccioso, -a [ka·prit·'tʃoː·so] *agg* **1.** (*bambino*) naughty; (*ragazza*) capricious **2.** (*tempo*) changeable

Capricorno [ka·pri·'kɔr·no] *m* ASTR Capricorn; **sono (del [*o* un]) Capricorno** I'm (a) Capricorn

caprino [ka·'priː·no] *m* CULIN (*formaggio*) goat's cheese

capriola [ka·pri·'ɔː·la] *f* somersault

captare [kap·'taː·re] *vt* **1.** TEL, RADIO to pick up **2.** *fig* (*cogliere: pensiero*) to read; (*intuire: desiderio*) to guess

capufficio [ka·puf·'fiː·tʃo] *v.* **cap(o)ufficio**

carabina [ka·ra·'biː·na] *f* rifle

carabiniere [ka·ra·bi·'niɛː·re] *m* carabiniere *member of Italian military police force*

caraffa [ka·'raf·fa] *f* carafe

caramba [ka·'ram·ba] <-> *m sl* carabiniere *member of Italian military police force*

caramella [ka·ra·'mɛl·la] *f* CULIN piece of candy

caramello [ka·ra·'mɛl·lo] *m* caramel

carato [ka·'raː·to] *m* **1.** (*di oro*) karat **2.** (*di pietre preziose*) carat

carattere [ka·'rat·te·re] *m* **1.** (*indole*) character **2.** (*natura*) character **3.** TYP, COMPUT character; **~ corsivo** italic; **~ grassetto** bold; **-i a stampatello** capital letters **4.** (*di scrittura*) character

caratteriale [ka·rat·te·'riaː·le] **I.** *agg* disturbed **II.** *mf* disturbed child

caratteristica [ka·rat·te·'ris·ti·ka] <-che> *f* characteristic

caratteristico, -a [ka·rat·te·'ris·ti·ko] <-ci, -che> *agg* **1.** (*particolare*) characteristic **2.** (*tipico*) typical **3.** (*pittoresco*) picturesque

caratterizzare [ka·rat·te·rid·'dzaː·re] *vt* to characterize

caravan [kæ·rə·'væn] <-> *m* trailer

carboidrato [kar·bo·i·'draː·to] *m* carbohydrate

carbonaro, -a *agg* CULIN **alla -a** carbonara *made with eggs, bacon, and pecorino cheese*

carboncino [kar·bon·'tʃiː·no] *m* **1.** (*per disegnare*) charcoal **2.** (*disegno*) charcoal drawing

carbone [kar·'boː·ne] *m* MIN coal; **nero come il ~** black as pitch

carburante [kar·bu·'ran·te] *m* fuel

carburare [kar·bu·'raː·re] *vi* (*motore*) to fire; **oggi proprio non carburo** *sl* I'm not firing on all cylinders today

carburatore [kar·bu·ra·'toː·re] *m* MOT carburetor

carcerato, -a [kar·tʃe·'raː·to] *m, f* prisoner

carcerazione [kar·tʃe·rat·'tsioː·ne] *f* imprisonment

carcere ['kar·tʃe·re] **1.** (*luogo*) prison **2.** (*pena*) imprisonment; **~ preventivo** remand

carciofo [kar·'tʃɔː·fo] *m* BOT artichoke

cardellino [kar·del·'liː·no] *m* ZOO goldfinch

cardiaco, -a [kar·'diː·a·ko] <-ci, -che> *agg* (*del cuore*) heart; (*insufficienza*) cardiac

cardinale [kar·di·'naː·le] **I.** *agg* **1.** (*fondamentale*) cardinal; **numero ~** cardinal number **2.** GEOG cardinal; **punti -i** cardinal points **II.** *m* cardinal

cardine ['kar·di·ne] *m* **1.** (*di porta, fine-*

stra) hinge **2.** *fig* (*fondamento, base*) cornerstone

cardiochirurgia [kar·dio·ki·rur·'dʒi·a] <-gie> *f* heart surgery

cardiochirurgico, -a [kar·dio·ki·'rur·dʒi·ko] <-ci, -che> *agg* (*intervento*) heart; (*reparto*) cardiology

cardiochirurgo, -a [kar·dio·ki·'rur·go] <-gi *o* -ghi, -ghe> *m, f* heart surgeon

cardiogramma [kar·dio·'gram·ma] <-i> *m* cardiogram

cardiologia [kar·dio·lo·'dʒiː·a] <-gie> *f* cardiology

cardiologo, -a [kar·'diɔː·lo·go] <-gi, -ghe> *m, f* cardiologist

cardiopatico, -a [kar·dio·'paː·ti·ko] <-ci, -che> **I.** *agg* (*paziente*) heart **II.** *m, f* heart patient

carente [ka·'rɛn·te] *agg* lacking; **essere ~ di qc** to be lacking in sth

carenza [ka·'rɛn·tsa] *f* lack; **la ~ di qc** the lack of sth

carestia [ka·res·'tiː·a] <-ie> *f* **1.** (*carenza di cibo*) famine **2.** (*scarsità*) scarcity

carezza [ka·'ret·tsa] *f* caress

carezzare [ka·ret·'tsaː·re] *vt* to stroke

cariare [ka·'riaː·re] **I.** *vt* (*denti*) to rot **II.** *vr:* **-rsi** (*denti*) to rot

carica ['kaː·ri·ka] <-che> *f* **1.** ADM (*lavoro*) post; **in ~** in office **2.** (*di meccanismo*) winding **3.** EL, PHYS charge **4.** MIL (*attacco*) charge **5.** SPORT tackle **6.** *fig* (*slancio*) drive

caricabatteria [ka·ri·ka·bat·te·'riː·a] <-> *m* (*per auto, cellulare*) battery charger

caricare [ka·ri·'kaː·re] **I.** *vt* **1.** (*macchina, camion*) to load **2.** (*passeggeri*) to pick up **3.** (*batterie*) to charge **4.** (*fucile, pistola*) to load **5.** (*orologio*) to wind (up) **6.** MIL (*assaltare*) to charge **7.** SPORT to tackle **8.** COMPUT (*programma*) to load **9.** *fig* (*oberare*) to overload; **~ qu di qc** to overload sb with sth **10.** (*aumentare*) to increase; **~ il prezzo di qc** to put up the price of sth **II.** *vr:* **-rsi 1. -rsi di qc** (*di pacchi*) to load oneself with sth; (*di lavoro*) to overload oneself with sth **2.** *fig* (*gasarsi*) to psych oneself up

caricatore [ka·ri·ka·'toː·re] *m* **1.** (*di arma*) magazine; (*di telefono cellulare*) charger **2.** (*operaio*) loader

caricatura [ka·ri·ka·'tuː·ra] *f* caricature

carico ['kaː·ri·ko] <-chi> *m* **1.** (*operazione*) loading **2.** (*merce*) load; NAUT cargo **3.** (*portata: di veicolo*) load **4.** EL charge **5.** *fig* (*onere*) burden; **persone a ~** dependents; **a ~ di** payable by

carico, -a <-chi, -che> *agg* **1.** *a. fig* (*pieno*) loaded; **~ di qc** loaded with sth **2.** (*persona*) laden; **~ di qc** (*pacchetti*) laden with sth; (*compiti, lavoro*) overloaded with sth **3.** (*pistola*) loaded; (*batteria*) charged; (*orologio*) wound up

carie ['kaː·rie] <-> *f* decay

carino, -a [ka·'riː·no] *agg* **1.** (*grazioso*) nice **2.** (*gentile*) kind

carità [ka·ri·'ta] <-> *f* **1.** REL charity **2.** (*elemosina*) charity **3.** *inf* (*favore*) favor; **per ~!** for heaven's sake!

carnagione [kar·na·'dʒoː·ne] *f* complexion

carnale [kar·'naː·le] *agg* **1.** (*sensuale*) carnal; **violenza ~** rape **2.** (*fratello*) blood; (*cugino*) first

carne ['kar·ne] *f* **1.** (*cibo*) meat; **~ bianca** white meat; **~ rossa** red meat **2.** (*muscoli, corpo*) flesh; **in ~ ed ossa** in the flesh

carneficina [kar·ne·fi·'tʃiː·na] *f* **1.** (*strage*) massacre **2.** *fig* (*disastro*) disaster

carnet [kar·'nɛ] <-> *m* book; **~ degli assegni** checkbook

carnevale [kar·ne·'vaː·le] *m* (*periodo festivo*) carnival; **veglione di ~** carnival masked ball

carnivoro, -a [kar·'niː·vo·ro] *agg* carnivorous

carnoso, -a [kar·'noː·so] *agg* fleshy

caro, -a ['kaː·ro] **I.** *agg* **1.** (*amato*) dear **2.** (*gentile*) kind; **(tanti) -i saluti** best wishes; **sono stati molto -i con me** they were very kind to me **3.** (*pregiato*) precious **4.** (*costoso*) expensive **II.** *avv* a lot; **pagare ~ qc** to pay a lot for sth; **pagarla -a** *inf* to pay dearly **III.** *m, f* darling

carogna [ka·'roɲ·ɲa] *f* **1.** ZOO carcass **2.** *fig pej* (*persona vile*) swine

carota [ka·'rɔː·ta] *f* BOT carrot

carovana [ka·ro·'vaː·na] *f* **1.** (*convoglio*) caravan **2.** (*colonna*) convoy

carovita [ka·ro·'viː·ta] <-> *m* high cost of living

carpa ['kar·pa] *f* ZOO carp

carpentiere [kar·pen·'tiɛː·re] *m* carpenter

carrabile [kar·'raː·bi·le] *agg* suitable for vehicles; **passo** ~ driveway

carré [ka·'re] <-> *m* CULIN loin; **pan** ~ sliced loaf

carreggiata [kar·red·'dʒaː·ta] *f* **1.** (*strada*) highway **2.** MOT (*di veicolo*) track

carrello [kar·'rɛl·lo] *m* **1.** (*per bagagli*) (baggage) cart; (*al supermercato*) (shopping) cart **2.** (*per cibi e bevande*) cart **3.** AERO landing gear

carriera [kar·'riɛː·ra] *f* career; **far** ~ to get on in one's career

carro ['kar·ro] *m* **1.** (*veicolo*) cart; ~ **armato** tank; ~ **attrezzi** tow truck **2.** (*contenuto*) cartload

carrozza [kar·'rɔt·tsa] *f* **1.** (*vettura*) carriage **2.** FERR car; ~ **ristorante** dining car

carrozzella [kar·rot·'tsɛl·la] *f* **1.** (*per bambini*) baby carriage **2.** MED wheelchair

carrozzeria [kar·rot·tse·'riː·a] <-ie> *f* **1.** MOT bodywork **2.** (*officina*) body shop

carrozzina [kar·rot·'tsiː·na] *f* (*per bambini*) baby carriage

carta ['kar·ta] *f* **1.** (*materiale*) paper; ~ **assorbente** blotting paper; ~ **da lettere** writing paper; ~ **da pacchi** brown paper; ~ **da regalo** wrapping paper; ~ **igienica** toilet paper; ~ **vetrata** sandpaper; ~ **velina** tissue paper **2.** GIUR, ADM paper; ~ **bancomat** ATM card; ~ **bollata** [*o* **da bollo**] stamped paper; ~ **d'identità** identity card; ~ **di credito** credit card; ~ **d'imbarco** boarding card **3.** (*geografica*) map; ~ **stradale** street map **4.** CULIN menu; **mangiare alla** ~ to eat à la carte **5.** (*da gioco*) card; **giocare a -e** to play (at) cards

cartaceo, -a [kar·'taː·tʃeo] *agg* FIN paper

cartamoneta [kar·ta·mo·'neː·ta] *f* paper money

cartapesta [kar·ta·'pes·ta] *f* papier mâché

cartella [kar·'tɛl·la] *f* **1.** (*scheda*) card; ~ **clinica** medical records *pl* **2.** TYP page **3.** FIN ~ **delle tasse** tax form **4.** (*custodia: di plastica, di cartone*) folder **5.** (*borsa: per la scuola*) schoolbag

cartellino [kar·tel·'liː·no] *m* **1.** (*etichetta*) tag; ~ **dei prezzi** price tag **2.** (~ *(di presenza)*) time card; **timbrare il** ~ (*all'entrata*) to clock in; (*all'uscita*) to clock out **3.** SPORT (*nel calcio*) card; ~ **giallo/rosso** yellow/red card

cartello [kar·'tɛl·lo] *m* **1.** (*avviso*) notice; ~ (**stradale**) road sign **2.** (*insegna*) sign

cartellone [kar·tel·'loː·ne] *m* **1.** (*per pubblicità*) poster **2.** THEAT (*programma*) bill

cartilagine [kar·ti·'laː·dʒi·ne] *f* cartilage

cartina [kar·'tiː·na] *f* **1.** GEO map **2.** (*per sigarette*) cigarette paper

cartoccio [kar·'tɔt·tʃo] <-cci> *m* **1.** (*involucro di carta*) paper cone **2.** (*contenuto*) paper coneful **3.** CULIN **al** ~ in foil

cartolaio, -a [kar·to·'laː·io] <-ai, -aie> *m, f* stationery store

cartoleria [kar·to·le·'riː·a] <-ie> *f* (*negozio*) stationery store

cartolibreria [kar·to·li·bre·'riː·a] <-ie> *f* (*negozio*) book and stationery store

cartolina [kar·to·'liː·na] *f* postcard

cartomante [kar·to·'man·te] *mf* fortuneteller

cartoncino [kar·ton·'tʃiː·no] *m* **1.** (*cartone leggero*) cardboard **2.** (*biglietto*) card

cartone [kar·'toː·ne] *m* **1.** (*carta consistente*) cardboard **2.** (*disegno*) cartoon; **i -i animati** cartoons

cartoon [kaː·'tuː·n] <-> *m* FILM cartoon

cartuccia [kar·'tut·tʃa] <-cce> *f* (*di arma da fuoco, penna*) cartridge

casa ['kaː·sa] *f* **1.** (*edificio*) house **2.** (*luogo in cui si vive*) home; ~ **popolare** public housing unit; **a** ~ **mia** at my place; **andare a** ~ to go home; **essere a** ~ to be (at) home; **essere fuori** (**di**) ~ to be out; **uscire di** ~ to go out; **essere di** ~ *fig* to be at home; **cercare/trovare** ~ to look for/to find a house; **faccende** [*o* **lavori**] **di** ~ housework; **metter su** ~ *fig* to set up home **3.** CULIN homemade **4.** (*istituto*) home; ~ **di cura** nursing home; ~ **di ricovero per anziani** (*old* *people's home*) ~ **da gioco** casino; ~ **dello studente** dormitory; ~ **chiusa** [*o* **di tolleranza**] whorehouse **5.** COM (*ditta*) company; ~ **editrice** publishing house **6.** SPORT **giocare in/fuori** ~ to play at home/away

casaccio [ka·'zat·tʃo] *m* **a** ~ *pej* at random

casalinghi [ka·sa·'liŋ·gi] *mpl* housewares *pl*

casalingo, -a [ka·sa·'liŋ·go] <-ghi, -ghe> **I.** *agg* **1.** (*vita*) home; (*persona*) homeloving **2.** CULIN homemade; **pane** ~ homemade bread; **alla -a** made simply **3.** SPORT home **II.** *m, f* homeloving person

cascare [kas·'ka:·re] *vi essere inf* to fall; ~ **bene/male** *fig* to be lucky/unlucky

cascata [kas·'ka:·ta] *f* GEOG waterfall

cascina [kaʃ·'ʃi:·na] *f* (*fattoria*) farm

cascinale [kaʃ·ʃi·'na:·le] *m* **1.** (*gruppo di case*) farmstead **2.** (*cascina*) farmhouse

casco ['kas·ko] <-schi> *m* (*per bicicletta*) helmet; (*per motocicletta*) (crash) helmet; (*per equitazione*) (riding) hat; **-schi blu** MIL blue berets

caseggiato [ka·sed·'dʒa:·to] *m* **1.** (*gruppo di case*) block of houses **2.** (*singolo edificio*) apartment building

caseificio [ka·zei·'fi:·tʃo] <-ci> *m* dairy

casella [ka·'sɛl·la] *f* **1.** (*scomparto: di mobile*) compartment; ~ **postale** post office box **2.** (*riquadro: di foglio*) box; (*di scacchiera*) square **3.** COMPUT box; ~ **di dialogo** dialog box

casellante [ka·sel·'lan·te] *mf* MOT (*di austostrada*) toll collector

casello [ka·'sɛl·lo] *m* MOT (*di austostrada*) tollbooth

casereccio, -a [ka·se·'ret·tʃo] <-cci, -cce> *agg* homemade

caserma [ka·'sɛr·ma/ka·'zɛr·ma] *f* barracks

Caserta *f* Caserta *town in southern Italy*

casertano, -a **I.** *agg* from Caserta **II.** *m, f* (*abitante*) person from Caserta

casino [ka·'si:·no] *m* **1.** *inf* (*confusione*) mess **2.** *inf* (*chiasso*) racket *inf* **3.** *inf* (*pasticcio*) screw-up *inf* **4.** *inf* (*mucchio*) ton *inf* **5.** *vulg* (*bordello*) brothel

casinò [ka·zi·'nɔ] <-> *m* casino

caso ['ka:·zo] *m* **1.** (*avvenimento fortuito*) chance; **per** ~ by chance; **a** ~ at random **2.** (*ipotesi*) case; **in** [*o* **nel**] ~ **contrario** otherwise; **in qualunque** ~ in any case; **in ogni** ~ in any case; **in nessun** ~ in no case **3.** (*fatto*) case; **un** ~ **disperato** a desperate case; **il** ~ **Dreyfus** the Dreyfus Affair

casolare [ka·so·'la:·re] *m* cottage

casomai, caso mai [ka·zo·'ma:·i, 'ka:·zo 'ma:·i] *cong* (*eventualmente*) in case

caspita ['kas·pi·ta] *inter inf* heavens!

cassa ['kas·sa] *f* **1.** (*recipiente*) crate **2.** MUS ~ **acustica** speaker **3.** (*somma*) cash; ~ **comune** kitty **4.** (*banca*) bank; ~ **di risparmio** savings bank **5.** (*di negozio*) cash desk; (*di supermercato*) checkout

cassaforte [kas·sa·'fɔr·te] <casseforti> *f* safe

cassapanca [kas·sa·'paŋ·ka] <-che *o* cassepanche> *f* chest

cassazione [kas·sat·'tsio:·ne] *f* **1.** (*(Corte di) Cassazione* ≈) Court of Appeals **2.** (*annullamento*) annulment by a higher court

casseruola [kas·se·'ruɔ:·la] *f* casserole

cassetta [kas·'set·ta] *f* **1.** (*piccola cassa*) box; ~ **delle lettere** mailbox; ~ **postale elettronica** COMPUT electronic mailbox; ~ **di sicurezza** safe-deposit box **2.** (*di registratore, video*) cassette **3.** CINE box-office receipts *pl*

cassetto [kas·'set·to] *m* (*di mobile*) drawer

cassettone [kas·set·'to:·ne] *m* **1.** (*mobile*) chest of drawers **2.** ARCH coffer

cassiere, -a [kas·'siɛ:·re] *m, f* (*di banca*) cashier; (*di supermercato*) checkout clerk

cassonetto [kas·so·'net·to] *m* (*per rifiuti*) trashcan

castagna [kas·'taɲ·ɲa] *f* chestnut

castagno [kas·'taɲ·ɲo] *m* chestnut

castano, -a [kas·'ta:·no] *agg* (*capelli*) chestnut; (*occhi*) hazel

castello [kas·'tɛl·lo] *m* **1.** (*gener*) castle **2.** (*impalcatura*) **letto a** ~ bunk bed

castigare [kas·ti·'ga:·re] *vt* to punish

castigo [kas·'tiː·go] <-ghi> *m* punishment

casual ['kæ·ʒuəl] **I.** <inv> *agg* (*abiti, look*) casual; **abbigliamento** ~ casual clothes *pl* **II.** *avv* casually; **vestirsi** ~ to dress casually **III.** <-> *m* casual wear

casuale [ka·zu·'aː·le] *agg* (*dovuto al caso: incontro*) chance

casualità [ca·zua·li·'ta] <-> *f* (*di eventi, incontri*) chance nature

catacomba [ka·ta·'kom·ba] *f* catacomb

catalitico, -a [ka·ta·'liː·ti·ko] <-ci, -che> *agg* MOT catalytic; **marmitta -a** catalytic converter

catalizzato, -a [ka·ta·lid·'dzaː·to] *agg* MOT (*dotato di catalizzatore: auto*) fitted with a catalytic converter

catalizzatore [ka·ta·lid·dza·'toː·re] *m* MOT catalytic converter

catalogare [ka·ta·lo·'gaː·re] *vt* **1.** (*registrare: pubblicazioni*) to catalog **2.** (*elencare*) to list

catalogo [ka·'taː·lo·go] <-ghi> *m* **1.** (*di libri, oggetti*) catalog **2.** *fig* (*elencazione*) list

catanese [ka·ta·'neː·se] **I.** *agg* from Catania **II.** *mf* (*abitante*) person from Catania

Catania *f* Catania *port in eastern Sicily*

catanzarese [ka·tan·tsa·'reː·se] **I.** *agg* from Catanzaro **II.** *mf* (*abitante*) person from Catanzaro

Catanzaro *f* Catanzaro *city in Calabria, southern Italy*

catarro [ka·'tar·ro] *m* catarrh

catasto [ka·'tas·to] *m* **1.** (*registro*) land register **2.** (*ufficio*) land office

catastrofe [ka·'tas·tro·fe] *f* (*sciagura*) *a. fig* catastrophe; ~ **ecologica** ecological disaster

catastrofico, -a [ka·tas·'trɔː·fi·ko] <-ci, -che> *agg* **1.** (*disastroso: inondazione*) catastrophic **2.** (*pessimista: previsioni*) pessimistic

catechismo [ka·te·'kiz·mo] *m* REL catechism

categoria [ka·te·go·'riː·a] <-ie> *f* **1.** (*classe*) category; **associazione di** ~ trade association **2.** (*di albergo*) class **3.** SPORT class

categorico, -a [ka·te·'gɔː·ri·ko] <-ci, -che> *agg* categorical; **imperativo** ~ categorical imperative

catena [ka·'teː·na] *f* **1.** (*serie di anelli*) chain; **-e** (**da neve**) snow chains **2.** (*collana*) chain **3.** (*gruppo di imprese*) chain; ~ **di negozi** chain of stores **4.** (*serie*) chain; ~ **di montaggio** assembly line

catenaccio [ka·te·'nat·tʃo] <-cci> *m* **1.** (*spranga*) bolt **2.** SPORT defensive game

cateratta [ka·te·'rat·ta] *f* MED, GEOG cataract

catering ['kei·tə·riŋ] <-> *m* **1.** (*servizio*) catering **2.** (*azienda*) catering company

catinella [ka·ti·'nɛl·la] *f* basin; **piove a -e** it's raining cats and dogs

catino [ka·'tiː·no] *m* **1.** (*recipiente*) basin **2.** (*quantità*) basinful

cattedra ['kat·te·dra] *f* **1.** (*tavolo di scuola*) (teacher's) desk **2.** (*incarico*) chair

cattedrale [kat·te·'draː·le] cathedral

cattedratico, -a [kat·te·'draː·ti·ko] <-ci, -che> **I.** *agg* (*corso, lezione*) university **II.** *m, f* professor

cattiveria [kat·ti·'vɛː·ria] <-ie> *f* **1.** (*qualità*) nastiness **2.** (*azione*) nasty things **3.** (*frase*) nasty thing

cattivo [kat·'tiː·vo] *m* (*non buono*) bad

cattivo, -a <più cattivo *o* peggiore, cattivissimo *o* pessimo> **I.** *agg* **1.** (*gener*) bad; **essere di ~ umore** to be in a bad mood; **fa ~ tempo** the weather's bad **2.** (*irrequieto: bambino*) naughty **II.** *m, f* **1.** (*malvagio: persona*) bad guy **2.** (*irrequieto: bambino*) naughty child; **fare il** ~ to be naughty

cattolicesimo [kat·to·li·'tʃeː·zi·mo] *m* (Roman) Catholicism

acattolico, -a [a·kat·'tɔː·li·ko] <-ci, -che> **I.** *agg* non-Catholic **II.** *m, f* non Catholic

cattura [kat·'tuː·ra] *f* capture; **mandato** [*o* **ordine**] **di** ~ arrest warrant

catturare [kat·tu·'raː·re] *vt* to capture

causa ['kaːu·za] *f* **1.** (*origine*) cause; **essere ~ di qc** to be the cause of sth **2.** GIUR (*processo*) case; ~ **penale** criminal case; **far ~ a qu** to sue sb **3.** *fig* (*ideale*) cause **4.** *fig* (*interessi*) cause

5. (*motivo*) reason; **a** [*o* **per**] ~ **di qc** because of sth

causare [kau·'zaː·re] *vt* to cause

cautela [kau·'tɛː·la] *f* **1.** (*prudenza*) caution **2.** (*precauzione*) precaution

cauto, -a ['kaːu·to] *agg* (*persona, parole, sorriso*) cautious

cauzionale [kau·tsio·'naː·le] *agg* **deposito** ~ deposit

cauzione [kau·'tsioː·ne] *f* deposit

cava ['kaː·va] *f* (*di pietre*) quarry

cavalcare [ka·val·'kaː·re] **I.** *vt* (*cavallo, asino*) to ride **II.** *vi* to ride

cavalcata [ka·val·'kaː·ta] *f* (*di cavallo*) ride

cavalcavia [ka·val·ka·'viː·a] <-> *m* (*ponte*) overpass

cavalcioni [ka·val·'tʃoː·ni] *avv* **a** ~ astride

cavalla [ka·'val·la] *f* mare

cavalleria [ka·val·le·'riː·a] <-ie> *f* **1.** MIL cavalry **2.** *fig* (*raffinata cortesia*) chivalry

cavalletta [ka·val·'let·ta] *f* ZOO grasshopper

cavalletto [ka·val·'let·to] *m* **1.** TEC (*per piani da lavoro*) trestle **2.** (*da pittore*) easel **3.** FOTO, FILM (*treppiede*) tripod

cavallina [ka·val·'liː·na] *f* **1.** ZOO filly **2.** SPORT (*attrezzo ginnico*) (vaulting) horse **3.** (*gioco dei bambini*) leapfrog

cavallo [ka·'val·lo] *m* **1.** ZOO, SPORT horse; ~ **a dondolo** rocking horse; ~ **da corsa** racehorse; ~ **di battaglia** *fig* forte; (*di artista*) signature piece; **coda di** ~ ponytail; **andare a** ~ to go riding; **montare** [*o* **salire**] **a** ~ to mount; **scendere da** ~ to dismount **2.** (*di scacchi*) knight **3.** (*di calzoni, mutande*) crotch

cavare [ka·'vaː·re] *vt* **1.** (*estrarre, tirare fuori*) to take out; (*dente*) to pull; (*marmo*) to quarry **2.** (*levarsi di dosso: vestiti*) to take off; **-rsi la fame** to satisfy one's hunger **3. cavarsela** *inf* to get by; **come te la cavi?** *inf* how are you getting along?

cavatappi [ka·va·'tap·pi] <-> *m* corkscrew

caverna [ka·'vɛr·na] *f* (*grotta*) cave

caviale [ka·'viaː·le] *m* caviar

caviglia [ka·'viʎ·ʎa] <-glie> *f* (*di persona, animale*) ankle; (*malleolo*) ankle bone

cavo ['kaː·vo] *m* **1.** (*cavità*) hollow **2.** ANAT cavity; ~ **orale** oral cavity **3.** EL cable; **televisione via** ~ cable televsion **4.** (*corda*) cable

cavo, -a *agg* (*vuoto*) hollow

cavolata [ka·vo·'laː·ta] *f* *fig inf* stupid thing

cavolfiore [ka·vol·'fioː·re] <-> *m* cauliflower

cavolo ['kaː·vo·lo] *m* cabbage; ~ **di Bruxelles** Brussels sprout; **non capire un** ~ *inf* not to understand a thing; **non me ne importa un** ~ *inf* I don't give a damn *inf;* **sono -i tuoi** *inf* that's your problem

cazzata [kat·'tsaː·ta] *f* *vulg* fucking stupid thing *vulg;* **non dire -e!** don't talk crap! *inf*

cazzo ['kat·tso] *m* *vulg* (*pene*) dick *vulg;* **testa di** ~ *vulg* dickhead *vulg;* **non me ne importa un** ~ *vulg* I don't give a fuck *vulg;* **non capisce un** ~ *vulg* he doesn't understand a fucking thing *vulg*

cazzotto [kat·'tsɔt·to] *m* *inf* (*pugno*) punch

CC *abbr di* **Carabinieri** Carabinieri *Italian military police*

C.C. **1.** *abbr di* **Codice Civile** civil code **2.** *abbr di* **Corte Costituzionale** Constitutional Court **3.** *abbr di* **Corte di Cassazione** ≈ Court of Appeals **4.** *abbr di* **Corte dei Conti** *court auditing public finances*

c/c *abbr di* **conto corrente** checking account

CD <-> *m abbr di* **Compact Disc** CD; **lettore** ~ CD player

CD-RAM *m abbr di* **Compact Disc Random Access Memory** COMPUT CD-RAM

CD-ROM, cd-rom *m abbr di* **Compact Disc Read Only Memory** COMPUT CD-ROM; **lettore** ~ CD-ROM drive

C.d.S. *abbr di* **Codice della Strada** ≈ rules of the road

ce [tʃe] *pron pers* (*davanti a lo, la, li, le, ne*) *v.* **ci I., II., III.**

cece ['tʃeː·tʃe] *m* chickpea

cecità [tʃe·tʃi·'ta] <-> *f* blindness

cedere ['tʃɛː·de·re] **I.** *vi* **1.** MIL to yield

2. *fig* (*darsi per vinto*) to give in 3. (*fondazioni*) to give way II. *vt* 1. (*lasciare*) to give up; ~ **terreno** *fig* to give ground 2. COM, GIUR (*vendere*) to sell

cedevole [tʃe·'deː·vo·le] *agg* 1. (*molle: terreno*) soft 2. *fig* (*docile: carattere*) amenable

cedibile [tʃe·'diː·bi·le] *agg* transferable

cedimento [tʃe·di·'men·to] *m* subsidence

cedola ['tʃɛː·do·la] *f* 1. (*tagliando*) voucher 2. FIN (*di azioni*) coupon

cefalea [tʃe·fa·'lɛː·a] *f* headache

cefalo ['tʃɛː·fa·lo] *m* mullet

ceffone [tʃef·'foː·ne] *m* slap

celeberrimo, -a [tʃe·le·'bɛr·ri·mo] *agg superlativo di* **celebre** very famous

celebrare [tʃe·le·'braː·re] *vt* 1. (*festeggiare*) to celebrate 2. (*ufficiare: messa*) to celebrate; (*nozze*) to officiate at 3. (*glorificare*) to celebrate

celebrazione [tʃe·le·brat·'tsioː·ne] *f* 1. (*festeggiamento*) celebration 2. (*svolgimento: di messa*) celebration; (*di matrimonio*) officiation; (*di processo*) hearing

celebre ['tʃɛː·le·bre] <**più celebre, celeberrimo**> *agg* famous

celebrità [tʃe·le·bri·'ta] <-> *f* 1. (*fama*) fame 2. (*persona*) celebrity

celere ['tʃɛː·le·re] *agg* (*servizio, spedizione*) express

celeste [tʃe·'lɛs·te] I. *agg* 1. ASTR celestial 2. REL (*divino*) heavenly 3. (*occhi, cielo*) light blue II. *m* (*colore*) light blue

celibato [tʃe·li·'baː·to] *m* celibacy

celibe ['tʃɛː·li·be] I. *agg* (*uomo*) single II. *m* bachelor

cella ['tʃɛl·la] *f* (*gener*) cell

cellula ['tʃɛl·lu·la] *f* BIOL, TEC, POL cell

cellulare [tʃel·lu·'laː·re] I. *agg* 1. BIOL cell 2. (*telefono*) cellular II. *m* 1. (*telefono*) cellphone; ~ **GSM** GSM phone 2. (*furgone*) police van

cellulite [tʃel·lu·'liː·te] *f* cellulite

cementare [tʃe·men·'taː·re] *vt a. fig* to cement

cemento [tʃe·'men·to] *m* 1. (*nell'edilizia*) cement 2. (*per denti*) amalgam

cena ['tʃeː·na] *f* dinner; **l'ultima** ~ the Last Supper

cenacolo [tʃe·'naː·ko·lo] *m* (*nell'arte*) Last Supper

cenare [tʃe·'naː·re] *vi* to have dinner

cenere[1] ['tʃeː·ne·re] *f* ash; (**mercoledì del**)**le -i** Ash Wednesday

cenere[2] <inv> *agg* ash

cenno ['tʃen·no] *m* 1. (*gesto*) signal; ~ **di riscontro** reply; **salutare qu con un ~ della mano** to give sb a wave; **fare ~ di sì/no** (*con il capo*) to nod (in agreement)/to shake one's head (in disagreement) 2. (*indizio*) sign 3. (*informazione*) mention

cenone [tʃe·'noː·ne] *m* dinner; ~ **di San Silvestro** New Year's Eve dinner

censimento [tʃen·si·'men·to] *m* census

censura [tʃen·'suː·ra] *f* 1. (*controllo*) censorship 2. (*ufficio*) censor's office

censurare [tʃen·su·'raː·re] *vt* (*film, opera*) to censor

centenario, -a <-i, -ie> I. *agg* 1. (*che ha cent'anni*) hundred-year-old 2. (*che ricorre ogni cento anni*) centennial II. *m, f* centenarian

centennale[1] [tʃen·ten·'naː·le] *agg* 1. (*che ha cent'anni*) hundred-year-old 2. (*che ricorre ogni cento anni*) centennial

centennale[2] [tʃen·ten·'naː·le] *m* (*anniversario*) centennial

centesimo [tʃen·'tɛː·zi·mo] *m* 1. (*frazione*) hundredth 2. (*moneta*) cent 3. *fig inf* (*denaro*) **non avere un ~ in tasca** to not have a cent; **non valere un ~** to not be worth a dime

centesimo, -a *agg, m, f* hundredth

centigrado, -a [tʃen·'tiː·gra·do] *agg* centigrade; **grado ~** degree centigrade

centimetro [tʃen·'tiː·met·ro] *m* centimeter

centinaio [tʃen·ti·'naː·io] *m* hundred; **un ~ (di…)** about a hundred (…); **a -aia** by the hundred

cento ['tʃɛn·to] I. *num* 1. (*dieci decine*) a [*o* one] hundred 2. (*moltissimi*) a hundred; ~ **di questi giorni!** many happy returns! II. <-> *m* a [*o* one] hundred; **per ~** per cent; *v. a.* **cinque**

centomila [tʃen·to·'miː·la] I. *num* a [*o* one] hundred thousand II. <-> *m* a [*o* one] hundred thousand

centomillesimo, -a [tʃen·to·mil·'lɛː·zi·

mo] *agg* hundred-thousandth

centotredici [tʃen·to·'tre·di·tʃi] <-> *m* **1.** (*numero di telefono*) *113, emergency telephone number* **2.** (*gruppo di pronto intervento*) emergency services *pl;* **chiamare il ~** to call the emergency services

centrale [tʃen·'tra:·le] **I.** *agg* **1.** (*parte, appartamento*) central; **riscaldamento ~** central heating **2.** ADM (*sede, ufficio*) head **II.** *f* head office; **~ telefonica** telephone exchange

centralinista [tʃen·tra·li·'nis·ta] <-i , -e> *mf* switchboard operator

centralino [tʃen·tra·'li:·no] *m* switchboard

centralizzare [tʃen·tra·lid·'dza:·re] *vt* (*attività, servizi*) to centralize

centralizzazione [tʃen·tra·lid·dza·'tsio:·ne] *f* (*di attività, servizi*) centralization

centrare [tʃen·'tra:·re] *vt* **1.** (*bersaglio*) to hit in the center; (*canestro*) to score **2.** COMPUT, FOTO to center

centrato, -a *agg* **1.** COMPUT, FOTO (*testo*) centered **2.** *fig* (*domanda, intervento*) pertinent

centravanti [tʃen·tra·'van·ti] <-> *m* center-forward

centrifuga [tʃen·'tri:·fu·ga] <-ghe> *f* **1.** TEC centrifuge **2.** (*per frutta*) juicer **3.** (*per insalata*) salad spinner **4.** (*di lavatrice*) dryer

centrifugare [tʃen·tri·fu·'ga:·re] *vt* **1.** (*frutta*) to juice **2.** (*insalata*) to spin **3.** (*biancheria*) to dry

centro ['tʃɛn·tro] *m* **1.** MATH, POL center **2.** (*punto di mezzo*) center **3.** (*di bersaglio*) bull's eye **4.** (*di città*) downtown; **andare in ~** to go downtown; **~ storico** old town **5.** (*insediamento*) **~ abitato** built-up area; **~ balneare** seaside resort **6.** (*servizio*) **~ commerciale** shopping center **7.** (*istituto di studi*) center; **~ trapianti** transplant center **8.** *fig* (*punto fondamentale*) core

Centroamerica [tʃen·tro·a·'mɛ:·ri·ka] *f* Central America

centrocampista [tʃen·tro·kam·'pis·ta] <-i, -e> *mf* midfielder

centrocampo [tʃen·tro·'kam·po] *m* midfield

centrodestra [tʃen·tro·'dɛs·tra] <-> *m* POL center-right

centrosinistra [tʃen·tro·si·'nis·tra] <-> *m* POL center-left

cera[1] ['tʃe:·ra] *f* **1.** (*sostanza*) wax **2.** (*per lucidare*) polish; **~ da scarpe** shoe polish **3.** (*modello*) waxwork; **museo delle -e** waxwork museum

cera[2] ['tʃe:·ra/'tʃɛ:·ra] *f* (*aspetto: del viso*) **avere una bella/brutta ~** to look well/sick

ceramica [tʃe·'ra:·mi·ka] <-che> *f* **1.** (*oggetto*) ceramic **2.** (*arte*) ceramics **3.** (*impasto*) ceramic

cerca ['tʃer·ka] <-che> *f* **in ~ di** looking for

cercapersone [tʃer·ka·per·'so:·ne] <-> *m* (*beeper*) pager

cercare [tʃer·'ka:·re] **I.** *vt* **1.** (*tentare di trovare*) to look for; (*in un libro*) to look up; **~ guai** to look for trouble; **'cercasi …'** '… wanted' **2.** (*tentare di ottenere: gloria, fama*) to seek **3.** (*desiderare: affetto, serenità*) to want **II.** *vi* (*sforzarsi*) to try

cerchia ['tʃer·kia] <-chie> *f* circle

cerchiato, -a [tʃer·'kia:·to] *agg* (*ruota*) rimmed; **con gli occhi -i** with bags under one's eyes

cerchio ['tʃer·kio] <-chi> *m* **1.** MATH circle **2.** (*di ruota*) rim; **-chi in lega** alloy wheels **3.** (*di persone*) circle

cereale [tʃe·re·'a:·le] *agg* cereal

ceretta [tʃe·'ret·ta] *f* wax

cerimonia [tʃe·ri·'mɔ:·nia] <-ie> *f* **1.** (*rito, festeggiamento*) ceremony; **abito da ~** formal dress **2.** *pl* (*complimenti*) ceremony

cerimoniale [tʃe·ri·mo·'nia:·le] *m* **1.** (*regole*) etiquette **2.** (*libro*) book of etiquette

cerino [tʃe·'ri:·no] *m* wax match

cerniera [tʃer·'niɛ:·ra] *f* **1.** (*di borsa*) zipper; **~ lampo** zipper **2.** (*cardine*) hinge

cero ['tʃe:·ro] *m* candle

cerotto [tʃe·'rɔt·to] *m* MED Band-Aid®

certamente [tʃer·ta·'men·te] *avv* certainly

certezza [tʃer·'tet·tsa] *f* certainty

certificato [tʃer·ti·fi·'ka:·to] *m* ADM certificate; ~ **di morte/nascita** death/birth certificate

certo ['tʃɛr·to] *avv* certainly; ~ **che vengo!** of course I'll come!; **ma ~!** of course

certo, -a **I.** *agg* **1.** (*indubbio*) definite **2.** (*garantito*) certain **3.** (*convinto*) sure **4.** (*vero*) **dare qc per ~** to be sure that **5.** (*qualche*) certain; **-i giorni** certain days **6.** (*alquanto*) **avere una -a fame** to be rather hungry **7.** (*non definito*) certain; **in un ~ senso** in a sense **8.** (*di tale genere*) such **9.** (*tale*) certain; **ha telefonato un ~ Davide** someone called David phoned **II.** *pron indef* (*alcuni*) some (people)

cervello [tʃer·'vɛl·lo] *m* **1.** ANAT, COMPUT brain **2.** *fig* (*intelletto*) brains *pl;* **usare il ~** to use one's head; **uscire di ~** *fig* to go out of one's mind

cesareo [tʃe·'zaː·reo] *agg* MED cesarean; **parto ~** cesarean birth; **taglio ~** cesarean section

cespuglio [tʃes·'puʎ·ʎo] <-gli> *m* bush

cessare [tʃes·'saː·re] *vi, vt* to stop; **~ di fare qc** to stop doing sth

cessione [tʃes·'sioː·ne] *f* (*di azienda*) sale; (*di diritto*) assignment

cesso ['tʃɛs·so] *m inf* john *inf*

cesta ['tʃes·ta] *f* **1.** (*recipiente*) basket **2.** (*contenuto*) basket(ful)

cestinare [tʃes·ti·'naː·re] *vt* **1.** (*gettare*) to throw away **2.** *fig* (*rifiutare, non considerare*) to reject

cestino [tʃes·'tiː·no] *m* basket; **~ da viaggio** lunchbox; **~ della carta** wastebasket

cesto ['tʃes·to] *m* **1.** (*recipiente*) basket **2.** (*contenuto*) basket(ful)

ceto ['tʃɛː·to] *m* class

cetriolo [tʃe·tri·'ɔː·lo] *m* cucumber

cf., cfr. *abbr di* **confronta** cf.

CGIL *f abbr di* **Confederazione Generale Italiana del Lavoro** *left-wing Italian labor union assocation*

champignon [ʃã·pi·'ɲɔ̃] <- *o* champignons> *m* CULIN mushroom

chattare [tʃat·'taː·re] *vi* COMPUT to chat

chatting ['tʃɛt·ting] <-> *m* COMPUT chat

che [ke] **I.** *pron* **1.** (*soggetto*) who; (*cosa, animale*) which **2.** (*complemento: persona*) who(m); (*cosa, animale*) which **3.** (*la qual cosa*) which **4.** (*temporale: in cui*) that **II.** *pron inter* what?; **~ (cosa)?** what?; **~ cosa vuoi da bere?** what do you want to drink?; **~ ne dici?** what do you say? **III.** *pron* what!; **~, sei già in piedi!** what, you're up already! **IV.** *pron indef* **il libro non è un gran ~** the book isn't much good **V.** <inv> *agg* (*interrogativo*) what?; **in ~ mese andate in vacanza?** which month did you go on vacation? **VI.** <inv> *agg* (*esclamativo*) what!; **~ bello!** how lovely!; **~ stupido sono stato!** how stupid I've been! **VII.** *cong* **1.** (*dichiarativa*) that; **è ora ~ tu vada** it's time (that) you went **2.** (*causale*) that; **era così triste ~ non voleva uscire dalla sua camera** she was so sad (that) she wouldn't come out of her room **3.** (*consecutiva*) that; **siediti in modo ~ ti veda** sit down so (that) I can see you **4.** (*temporale*) that; **prima ~ arrivi** before she arrives; **sono ore ~ lo aspetto** I've been waiting for him for hours **5.** (*concessiva*) **~ si comportino pure come vogliono** they can behave as they want **6.** (*eccettuativa*) **nonostante ~ sia tardi** even though it's late **7.** (*in comparazioni*) than; **è andata meglio ~ non credessi** it went better than I thought **8.** (*limitativa*) **~ io sappia non è ancora arrivato** as far as I know, he's not arrived yet; **non fa altro ~ brontolare** she does nothing but complain **9.** (*nelle alternative*) **sia ~ ..., sia ~ ...** whether ... or ...; **~ mi sia sbagliato?** or am I mistaken? **10.** (*imperativa*) **~ vada!** let him go!; **~ nessuno osi entrare!** no one should dare come in!

checca ['kek·ka] <-cche> *f pej sl* queen *pej*

checché [kek·'ke] *pron, pron indef* whatever

check-in ['tʃek·'in] <-> *m* **1.** (*sportello*) check-in (desk) **2.** (*operazione*) check-in; **fare il ~** to check in

chemioterapia [ke·mio·te·ra·'piː·a] <-ie> *f* chemotherapy

chèque [ʃɛk] <-> *m* check

chi [ki] **I.** *pron* **1.** (*soggetto*) who; **si salvi ~ può** every man for himself

2. (*oggetto*) who(m); **parlane a ~ vuoi** tell who you like **II.** *pron indef* some; **~ dice una cosa, ~ un'altra** some say one thing; others say another **III.** *pron inter* **1.** (*soggetto*) who?; **~ c'è?** who is it? **2.** (*oggetto*) who(m)?; **~ hai incontrato al cinema?** who did you meet at the movie theater? **3.** (*complemento*) who(m)?; **con ~ esci?** who are you going out with?; **di ~ è questo giornale?** whose is this newspaper?; **di ~ stavate parlando?** who were you talking about? **IV.** *pron* **1.** (*soggetto*) who **2.** (*oggetto*) who(m); **~ si vede!** look who it is!

chiacchiera ['kiak·kie·ra] *f* **1.** *pl* (*conversazione*) chat; **fare quattro -e** *inf* to have a chat **2.** (*notizia infondata*) rumor; **tutte -e!** it's just gossip! **3.** *pl* CULIN *fried sweet pastry typically eaten at carnival time*

chiacchierare [kiak·kie·'ra:·re] *vi* **1.** (*parlare*) to chat **2.** *pej* (*spettegolare*) to gossip

chiacchierata [kia·kie·'ra:·ta] *f* chat

chiacchierone, -a [kia·kie·'ro:·ne] **I.** *agg* **1.** (*che chiacchiera molto*) chatty **2.** (*pettegolo*) gossipy **II.** *m, f* **1.** (*chi chiacchiera molto*) chatterbox **2.** (*pettegolo*) gossip

chiamare [kia·'ma:·re] **I.** *vt* **1.** (*rivolgersi a*) to call **2.** (*far venire: medico*) to call; **mandare a ~ qu** to send for sb **3.** (*telefonare a*) to call **4.** (*radunare*) **~ a raccolta** to gather together **5.** (*mettere nome a*) to call; **lo hanno chiamato Davide** they called him David **6.** (*definire*) to call **II.** *vr:* **-rsi** (*aver nome*) to be called; **come ti chiami?** what's your name?; **mi chiamo Davide** my name's Davide

chiamata [kia·'ma:·ta] *f* (*telefonata*) call; **~ interurbana** long-distance call

chiarezza [kia·'ret·tsa] *f* **1.** (*comprensibilità*) clarity **2.** (*precisione*) clearness; **fare ~ su qc** to find out the truth about sth

chiarimento [kia·ri·'men·to] *m* clarification

chiarire [kia'ri:re] <chiarisco> **I.** *vt* **1.** (*spiegare*) to clarify; (*dubbio*) to clear up **2.** (*risolvere*) to sort out **II.** *vr:* **-rsi** (*diventare chiaro*) to be cleared up

chiaro ['kia:·ro] **I.** *m* **1.** (*luminosità*) light; **quando fa ~** when it gets light **2.** (*colore*) **vestirsi di ~** to wear light colors **II.** *avv* clearly; **parlar ~** to speak frankly

chiaro, -a *agg* **1.** (*delicato: colore*) light; (*pelle, capelli*) fair; **blu/verde ~** light blue/green **2.** (*luminoso: giorno, luce*) bright **3.** (*limpido: cielo, acqua*) clear **4.** *fig* (*comprensibile*) clear **5.** *fig* (*netto, deciso*) flat

chiaroveggente [kia·ro·ved·'dʒɛn·te] **I.** *agg* clairvoyant **II.** *mf* clairvoyant

chiasso ['kias·so] *m* (*rumore*) din

chiassoso, -a [kias·'so:·so] *agg* **1.** (*persone, luoghi*) noisy **2.** (*colore*) loud

chiave ['kia:·ve] *f* **1.** (*di casa, auto*) key; **chiudere a ~** to lock **2.** TEC (*attrezzo*) wrench; **~ inglese** monkey wrench **3.** *fig* (*cardine*) key **4.** COMPUT **~ di ricerca** search term **5.** MUS clef, key

chicchessia [kik·kes·'si:·a] <inv> *pron indef* anybody

chicco ['kik·ko] <-cchi> *m* **1.** BOT (*di grano, riso*) grain; (*di caffè*) bean; **un ~ d'uva** a grape **2.** (*di grandine*) hailstone

chiedere ['kiɛ:·de·re] <chiedo, chiesi, chiesto> **I.** *vt* **1.** (*per sapere*) to ask; **~ qc a qu** to ask sb for sth; **~ notizie di qu** to ask after sb **2.** (*per avere*) to ask for; **~ a qu di fare qc** to ask sb to do sth **II.** *vi* to ask; **~ di qu** (*al telefono*) to ask for sb

chiesa ['kiɛ:·za] *f* church

chiesi ['kiɛ:·si/'kiɛ:·zi] *1. pers sing pass rem di* **chiedere**

chiesto ['kiɛs·to] *pp di* **chiedere**

Chieti *f* Chieti *city and province in central Italy*

chietino, -a [kie·'ti:·no] **I.** *agg* from Chieti **II.** *m, f* (*abitante*) person from Chieti

chilo ['ki:·lo] *m abbr di* **chilogrammo** kilo

chilogrammo [ki·lo·'gram·mo] *m* kilogram

chilohertz [ki·lo·'ɛrts] *m* kilohertz

chilometraggio [ki·lo·me·'trad·dʒo] <-ggi> *m* =mileage

chilometrico, -a [ki·lo·'mɛ:·tri·ko] <-ci,

-che> *agg* kilometric; **percorso ~** distance in kilometers

chilometro [ki·ˈlɔː·met·ro] *m* kilometer

chilowatt [ki·lo·ˈvat/ˈkiː·lo·vat] *m* kilowatt

chimica [ˈkiː·mi·ka] <-che> *f* chemistry

chimico, -a [ˈkiː·mi·ko] <-ci, -che> **I.** *agg* (*analisi, processo*) chemical **II.** *m, f* chemist

chinare [ki·ˈnaː·re] **I.** *vt* (*testa, volto*) to bow; (*sguardo, occhi*) to lower; **~ il capo** *fig* (*sottomettersi*) to bow one's head **II.** *vr:* **-rsi** to bend down

chino, -a [ˈkiː·no] *agg* (*persona, schiena*) bent

chiocciola [ˈkiɔt·tʃo·la] *f* **1.** ZOO snail **2.** (*forma*) spiral; **scala a ~** spiral staircase **3.** COMPUT at (sign)

chiodo [ˈkiɔː·do] *m* **1.** (*per legno, metallo*) nail; **magro come un ~** *fig* (as) thin as a rake **2.** *fig* (*idea fissa*) obsession **3.** BOT **-i di garofano** cloves

chioma [ˈkiɔː·ma] *f* **1.** (*capigliatura*) (head of) hair **2.** BOT foliage

chiosco [ˈkiɔs·ko] <-schi> *m* (*padiglione*) kiosk

chiostro [ˈkiɔs·tro] *m* cloister

chirurgia [ki·rur·ˈdʒiː·a] <-gie> *f* surgery; **~ plastica** plastic surgery

chirurgico, -a [ki·ˈrur·dʒi·ko] <-ci, -che> *agg* (*strumenti, operazione*) surgical; **intervento ~** surgical operation

chirurgo, -a [ki·ˈrur·go] <-gi *o* -ghi, -ghe> *m, f* surgeon

chissà [kis·ˈsa] *avv* who knows; **~ chi verrà** who knows who'll come

chitarra [ki·ˈtar·ra] *f* guitar; **suonare la ~** to play the guitar

chitarrista [ki·tar·ˈris·ta] <-i , -e> *mf* guitarist

chiudere [ˈkiuː·de·re] <chiudo, chiusi, chiuso> **I.** *vt* **1.** (*finestra, libro,*) to shut; **~ qc a chiave** to lock sth; **~ un occhio** *fig* to turn a blind eye **2.** (*spegnere: acqua, gas*) to turn off **3.** (*delimitare: strada, passaggio*) to close **4.** (*bloccare: buco, falla*) to plug **5.** (*cessare l'attività*) to close down **6.** (*terminare: lettera*) to close **7.** (*rinchiudere*) to shut; **~ qu sotto chiave** to lock sb up **II.** *vi* **1.** (*porta, finestra*) to close **2.** (*rubinetto*) to turn off **3.** (*scuola, locale*) to close **4.** COM (*cessare l'attività*) to close down **III.** *vr:* **-rsi** (*rinchiudersi*) to shut oneself; **-rsi in se stesso** to withdraw into oneself

chiunque [ki·ˈuŋ·kue] <inv, solo al sing> *pron* **1.** (*relativo*) whoever **2.** (*indefinito*) anybody

chiusi [ˈkiuː·si] *1. pers sing pass rem di* **chiudere**

chiuso, -a **I.** *pp di* **chiudere** **II.** *agg* **1.** (*finestra, libro, occhi*) closed; **avere il naso ~** to have a stuffy nose; **~ a chiave** locked **2.** (*acqua, gas*) turned off **3.** (*strada, passaggio*) closed **4.** (*non più attivo: fabbrica*) closed down **5.** (*temporaneamente: scuola, museo*) closed **6.** (*concluso: capitolo*) closed **7.** (*riservato: persona*) reserved

chiusura [kiu·ˈsuː·ra] *f* **1.** (*interruzione*) closing; **orario di ~** closing time **2.** (*cessazione: di attività*) closing down **3.** (*di strada*) closure **4.** (*abbottonatura*) fastener; **~ lampo** zipper **5.** (*serratura*) lock

ci [tʃi] **I.** *pron* **1.** (*oggetto: noi*) us **2.** (*complemento: a noi*) (to) us **II.** *pron 1. pers pl* ourselves; **~ siamo divertiti** we enjoyed ourselves; **~ siamo lavate le mani** we washed our hands; **~ vediamo!** see you! **III.** *pron dem* **1.** (*a quella cosa*) it; **non ~ pensare più** don't think about it anymore; **non ~ credo** I don't believe it **2.** (*a quella persona*) him [*o* her] [*o* them]; **lo faccio perchè ~ tengo alla famiglia** I do it because I care about my family **IV.** *pron* **~ si diverte** it's fun **V.** *avv* **1.** (*qui*) here; **c'è** [*o* **ci**] **sono ...** there is [*o* there are] ... **2.** (*lì*) there **3.** (*per quel luogo*) that way

C.ia *abbr di* **compagnia** Co.

ciabatta [tʃa·ˈbat·ta] *f* **1.** (*pantofola*) mule **2.** (*tipo di pane*) ciabatta

cialda [ˈtʃal·da] *f* wafer

ciambella [tʃam·ˈbɛl·la] *f* **1.** CULIN doughnut **2.** (*salvagente*) lifebelt

ciao [ˈtʃaː·o] *inter* **1.** (*nell'incontrarsi*) hi! **2.** (*nel lasciarsi*) bye!

ciascuno, -a [tʃas·ˈkuː·no] <sing> **I.** *agg* each **II.** *pron indef* each (person); **a ~ il**

suo to each his own

cibo [ˈtʃiː·bo] *m* food

cicatrice [tʃi·ka·ˈtriː·tʃe] *f* scar

cicatrizzare [tʃi·ka·trid·ˈdzaː·re] **I.** *vi* to heal **II.** *vr:* **-rsi** to heal

cicca [ˈtʃik·ka] <-cche> *f* **1.** (*mozzicone di sigaretta*) butt **2.** (*sigaretta*) cigarette **3.** (*da masticare*) chewing gum

cicchetto [tʃik·ˈket·to] *m* (*di vino, liquore*) shot

ciccia [ˈtʃit·tʃa] <-cce> *f inf* **1.** (*carne*) meat **2.** (*grasso*) flab *inf*

ciccione, -a [tʃit·ˈtʃoː·ne] *m, f inf* fatty *inf*

cicerone [tʃi·tʃe·ˈroː·ne] *m* guide

ciclabile [tʃi·ˈklaː·bi·le] *agg* bicycle; **pista ~** bicycle lane

ciclico, -a [ˈtʃiː·kli·ko] <-ci, -che> *agg* **1.** (*andamento, fenomeno*) cyclical **2.** LIT (*romanzo*) cyclic

ciclismo [tʃi·ˈkliz·mo] *m* cycling

ciclista [tʃi·ˈklis·ta] <-i , -e> *mf* cyclist

ciclistico, -a [tʃi·ˈklis·ti·ko] <-ci, -che> *agg* (*evento, giro*) cycling; (*gara*) cycle

ciclo [ˈtʃiː·klo] *m* **1.** (*gener*) cycle; **~ mestruale** menstrual cycle **2.** (*serie*) series

ciclomotore [tʃi·klo·mo·ˈtoː·re] *m* moped

ciclone [tʃi·ˈkloː·ne] *m* METEO cyclone

cicogna [tʃi·ˈkoɲ·ɲa] *f* stork

cicoria [tʃi·ˈkɔː·ria] <-ie> *f* chicory

cieco, -a [ˈtʃɛː·ko] <-chi, -che> **I.** *agg* blind; **diventare ~** to go blind; **vicolo ~** *fig* dead end **II.** *m, f* blind person

cielo [ˈtʃɛː·lo] **I.** *m* **1.** sky; **per l'amore del ~!** for heaven's sake **2.** REL (*paradiso*) heaven **II.** *inter inf* heavens!

cifra [ˈtʃiː·fra] *f* **1.** MATH figure **2.** (*somma*) amount; **quel quadro costa una ~** *fig* that painting costs a fortune *fig*

cifrare [tʃi·ˈfraː·re] *vt* to encode

ciglio[1] [ˈtʃiʎ·ʎo] <-gli> *m* (*orlo*) edge

ciglio[2] *m* ANAT, ZOO eyelash; **senza batter ~** *fig* without batting an eye(lid)

cigno [ˈtʃiɲ·ɲo] *m* swan

cigolare [tʃi·go·ˈlaː·re] *vi* to squeak

cigolio [tʃi·go·ˈliː·o] <-ii> *m* squeaking

Cile [ˈtʃiː·le] *m* **il ~** Chile

cileno, -a [tʃi·ˈlɛː·no] *agg, m, f* Chilean

ciliegia [tʃi·ˈliɛː·dʒa] <-ge *o* -gie> *f* cherry

ciliegio [tʃi·ˈliɛː·dʒo] <-gi> *m* **1.** (*albero*) cherry (tree) **2.** (*legno*) cherry

cima [ˈtʃiː·ma] *f* (*vertice: di edificio, albero*) top; (*di montagna*) peak; **da ~ a fondo** from top to bottom

cimitero [tʃi·mi·ˈtɛː·ro] *m* cemetery

Cina [ˈtʃiː·na] *f* China; **la ~** China; **abitare in ~** to live in China; **andare in ~** to go to China

cincin, cin cin [tʃin·ˈtʃin] *inter inf* cheers!

cineasta [tʃi·ne·ˈas·ta] <-i , -e> *mf* filmmaker

cineclub [tʃi·ne·ˈklub] *m* movie club

cinema [ˈtʃiː·ne·ma] <-> *m* **1.** (*locale*) movie theater **2.** (*arte*) movies *pl* **3.** (*produzione*) cinema

cinematografia [tʃi·ne·ma·to·gra·ˈfiː·a] *f* **1.** (*arte*) cinematography **2.** (*produzione*) filmmaking

cinematografico, -a [tʃi·ne·ma·to·ˈgraː·fi·ko] <-ci, -che> *agg* (*genere, produzione, sala*) movie

cinepresa [tʃi·ne·ˈpreː·sa] *f* movie camera

cinese [tʃi·ˈneː·ze] **I.** *agg* Chinese **II.** *mf* Chinese man *m,* Chinese woman *f* **III.** *m* (*lingua*) Chinese

cinghia [ˈtʃiŋ·gia] <-ghie> *f a. fig* (*cintura*) belt

cinghiale [tʃiŋ·ˈgiaː·le] *m* **1.** ZOO (wild) boar **2.** (*pelle*) pigskin

cinico, -a [ˈtʃiː·niko] <-ci, -che> **I.** *agg* (*persona, osservazione*) cynical **II.** *m, f* (*persona*) cynic

cinismo [tʃi·ˈniz·mo] *m* cynicism

cinofilia [tʃi·no·fi·ˈliː·a] *f* dog lover

cinquanta [tʃiŋ·ˈkuan·ta] **I.** *num* fifty **II.** <-> *m* fifty; **gli anni ~** the Fifties; **essere sui ~** to be about fifty (years old)

cinquantenario [tʃiŋ·kuan·te·ˈnaː·rio] <-i> *m* fiftieth anniversary

cinquantenne [tʃiŋ·kuan·ˈtɛn·ne] **I.** *agg* fifty-year-old **II.** *mf* fifty year old

cinquantennio [tʃiŋ·kuan·ˈtɛn·nio] <-i> *m* period of fifty years

cinquantesimo [tʃiŋ·kuan·ˈtɛː·zi·mo] *m* (*frazione*) fiftieth

cinquantesimo, -a **I.** *agg* fiftieth **II.** *m, f* fiftieth; *v. a.* **quinto**

cinquantina [tʃiŋ·kuan·ˈtiː·na] *f* **una ~ (di ...)** about fifty ...; **essere sulla ~** to be about fifty (years old)

cinque ['tʃiŋ·kue] **I.** *num* five; **capitolo/pagina ~** chapter/page five; **tre più due fa ~** three plus two makes five; **siamo in ~** there are five of us; **a ~ a ~** in fives; **ho ~ anni** I'm five (years old); **di ~ anni** five-year-old; **ogni ~ anni** every five years; **~ volte** five times **II.** <-> *m* **1.** (*numero*) five; **abita al** (**numero**) **~** he lives at number five; **il** (**tram numero**) **~** the number five streetcar **2.** (*nelle date*) fifth; **oggi è il ~ agosto** today is August fifth; **arriverò il ~** I'm arriving on the fifth; **arriverò il ~ maggio** I'm arriving on May fifth; **Roma,** (**il**) **~ dicembre 2007** Rome, December fifth, 2007 **3.** (*voto scolastico*) =D; **prendere un ~** =to get a D **4.** (*nei giochi a carte*) **il ~ di cuori** the five of hearts **III.** *fpl* five (o'clock); **alle ~** at five (o'clock); **sono le ~** (**del mattino/pomeriggio**) it's five (in the morning/evening); **sono le ~ in punto** it's five (o'clock) exactly; **sono le quattro meno ~** it's five to four; **sono le ~ e mezzo** it's half past five

cinquecentesco, -a [tʃiŋ·kue·tʃen·'tes·ko] <-schi, -sche> *agg* **1.** (*castello, mura*) sixteenth-century **2.** (*nell'arte italiana*) of the Cinquecento

cinquecento [tʃiŋ·kue·'tʃɛn·to] **I.** *num* five hundred **II.** <-> *m* **il Cinquecento** (*secolo*) the sixteenth century; (*nell'arte italiana*) the Cinquecento

cinquemila [tʃiŋ·kue·'miː·la] **I.** *num* five thousand **II.** <-> *m* five thousand

cinquina [tʃiŋ·'kuiː·na] *f* (*al lotto*) set of five winning numbers

cintola ['tʃin·to·la] *f* **1.** ANAT waist; **dalla ~ in su** from the waist up **2.** *inf* (*cintura*) belt

cintura [tʃin·'tuː·ra] *f* belt; **allacciare le -e di sicurezza** to fasten seatbelts; **~ verde** (*di una città*) green belt

cinturino [tʃin·tu·'riː·no] *m* (*dell'orologio*) strap

ciò [tʃɔ] <solo sing> *pron dem* that, this; **~ che ...** what ...; **~ non di meno** nonetheless; **con tutto ~** for all that

ciocca ['tʃɔk·ka] <-cche> *f* (*ciuffo*) lock

cioccolata [tʃok·ko·'laː·ta] *f* **1.** (*liquida*) hot chocolate **2.** (*solida*) chocolate; **una tavoletta di ~** a bar of chocolate

cioccolatino [tʃok·ko·la·'tiː·no] *m* chocolate

cioccolato [tʃok·ko·'laː·to] *m* chocolate

cioè [tʃo·'ɛ] *avv* **1.** (*vale a dire*) that is **2.** (*o meglio*) or rather

C

ciondolo ['tʃon·do·lo] *m* pendant

ciononostante, ciò nonostante [tʃo·no·nos·'tan·te, tʃɔ no·nos·'tan·te] *avv* nevertheless

ciotola ['tʃɔː·to·la] *f* **1.** (*recipiente*) bowl **2.** (*contenuto*) bowl(ful)

ciottolo ['tʃɔt·to·lo] *m* pebble

cip [tʃip] <-> *m* (*nel poker*) chip

cipolla [tʃi·'pol·la] *f* onion

cipollina [tʃi·pol·'liː·na] *f* **1.** (*piccola cipolla*) small onion **2.** (*erba cipollina*) (**erba**) **~** chives *pl*

cipresso [tʃi·'prɛs·so] *m* (*albero, legno*) cypress

cipria ['tʃiː·pri·a] <-ie> *f* (face) powder

circa ['tʃir·ka] **I.** *avv* about **II.** *prep* (*a proposito*) about

circo ['tʃir·ko] <-chi> *m* circus

circolare[1] [tʃir·ko·'laː·re] *vi essere o avere* **1.** (*veicoli, traffico*) to be on the roads; **~!** move along! **2.** (*sangue*) to circulate **3.** FIN (*capitale*) to be in circulation **4.** (*idee, notizie, voce*) to go around

circolare[2] **I.** *agg* **1.** (*figura, stadio, tracciato*) circular **2.** FIN **assegno ~** bank draft **II.** *f* **1.** ADM (*lettera*) circular **2.** (*linea di autobus*) circle line

circolatorio, -a [tʃir·ko·la·'tɔː·rio] <-i, -ie> *agg* circulatory

circolazione [tʃir·ko·lat·'tsioː·ne] *f* **1.** BIOL circulation; **disturbi di ~** circulation problems **2.** MOT traffic **3.** (*di moneta, libro*) circulation

circolo ['tʃir·ko·lo] *m* **1.** MATH, GEOG circle **2.** (*associazione*) club **3.** ADM district

circoncisione [tʃir·kon·tʃi·'zioː·ne] *f* circumcision

circondare [tʃir·kon·'daː·re] **I.** *vt* **1.** (*accerchiare, contornare*) to surround **2.** *fig* (*colmare*) **~ qu di qc** (*attenzioni, affetto*) to lavish sth on sb **II.** *vr:* **-rsi; -rsi di qu/qc** to surround oneself with sb/sth

circonferenza [tʃir·kon·fe·'rɛn·tsa] *f* **1.** MATH circumference **2.** (*di tronco,* *torace*) measurement; ~ (**della**) **vita** waist measurement

circonvallazione [tʃir·kon·val·la·'tsio:·ne] *f* beltway

circoscrizione [tʃir·kos·kri·'tsio:·ne] *f* ADM district; ~ **elettorale** constituency

circospetto, -a [tʃir·kos·'pɛt·to] *agg* circumspect

circostante [tʃir·kos·'tan·te] *agg* (*area, territorio*) surrounding; (*persone*) nearby

circostanza [tʃir·kos·'tan·tsa] *f* **1.** (*condizione*) circumstance; **-e attenuanti/aggravanti** GIUR mitigating/aggravating circumstances **2.** (*occasione*) occasion

circuito [tʃir·'ku:i·to] *m* **1.** SPORT, EL circuit **2.** (~ *elettrico*) wiring; **corto** ~ short circuit

CISL [tʃizl] *f v.* **Confederazione Italiana Sindacati Lavoratori** *center-right Italian labor union association*

CISNAL ['tʃiz·nal] *f v.* **Confederazione Italiana Sindacati Nazionali dei Lavoratori** *right-wing Italian labor union association*

cisterna [tʃis·'tɛr·na] **I.** *f* (*serbatoio*) tank **II.** <inv> *agg* (*aereo, camion*) tanker

cisti ['tʃis·ti] <-> *f* MED cyst

cistifellea [tʃis·ti·'fɛl·lea] *f* MED gall bladder

cistite [tʃis·'ti:·te] *f* MED cystitis

CIT [tʃit] *f v.* **Compagnia Italiana Turismo** *Italian tourism company*

cit. *abbr di* **citato, -a** cited

citare [tʃi·'ta:·re] *vt* **1.** (*indicare*) to cite; ~ **ad esempio** to cite as an example **2.** (*testo, discorso*) to quote **3.** GIUR ~ **qu in giudizio** to take sb to court

citazione [tʃi·ta·'tsio:·ne] *f* **1.** GIUR summons **2.** LIT quotation **3.** (*menzione*) mention

citofonare [tʃi·to·fo·'na:·re] *vi, vt* to call on the entrance phone

citofono [tʃi·'tɔ:·fo·no] *m* entrance phone

città [tʃit·'ta] <-> *f* city; ~ **nuova/vecchia** new/old town; ~ **universitaria** university campus; **Città del Vaticano** Vatican City; **abitare in** ~ to live in town

cittadina [tʃit·ta·'di:·na] *f* small town

cittadinanza [tʃit·ta·di·'nan·tsa] *f* **1.** GIUR citizenship; **diritto di** ~ right of citizenship; ~ **onoraria** freedom of the city **2.** (*insieme di cittadini*) town

cittadino, -a [tʃit·ta·'di:·no] **I.** *agg* (*infrastrutture, museo*) city **II.** *m, f* **1.** GIUR citizen **2.** (*di città*) inhabitant; **primo** ~ mayor

citycar ['si·ti·car] *f* small car

ciuccio ['tʃut·tʃo] <-cci> *m inf* (*tettarella*) pacifier

ciuffo ['tʃuf·fo] *m* **1.** (*di capelli*) lock **2.** (*d'erba*) clump

civetta[1] [tʃi·'vet·ta] *f* **1.** ZOO owl **2.** *fig pej* (*donna frivola*) flirt; **fare la ~ con qu** to flirt with sb

civetta[2] <inv> *agg* **auto** ~ unmarked police car

civico, -a ['tʃi:·vi·ko] <-ci, -che> *agg* **1.** (*di città: museo*) town; **numero** ~ house number **2.** (*dovere, sentimento*) civic; **senso** ~ public spirit

civile [tʃi·'vi:·le] **I.** *agg* **1.** (*del cittadino*) civil; **guerra** ~ civil war; **stato** ~ marital status **2.** (*non militare: abiti*) civilian **3.** (*non ecclesiastico*) civil; **matrimonio** ~ civil wedding **4.** (*civilizzato: nazione*) civilized **5.** (*educato: persona, maniere*) civil **II.** *m* (*non militare*) civilian; **essere vestito in** ~ to be in civilian clothes

civilizzazione [tʃi·vi·lid·dza·'tsio:·ne] *f* civilization

civilmente [tʃi·vil·'men·te] *avv* **1.** (*educatamente*) civilly **2.** ADM in a civil ceremony; **sposarsi** ~ to get married in a civil ceremony

civiltà [tʃi·vil·'ta] <-> *f* **1.** (*cultura, progresso*) civilization **2.** (*cortesia*) civility

civismo [tʃi·'viz·mo] *m* civic-mindedness

clacson ['klak·son] <-> *m* horn; **suonare il** ~ to sound one's horn

clamore [kla·'mo:·re] *m* **1.** *fig* (*scalpore*) uproar; **suscitare** [*o* **destare**] ~ cause an uproar **2.** (*chiasso*) din

clamoroso, -a [kla·mo·'ro:·so] *agg* (*successo, sconfitta*) resounding; (*notizia, novità*) sensational

clandestino, -a [klan·des·'ti:·no] **I.** *agg* illegal; **passeggero** ~ stowaway **II.** *m, f* stowaway

clarinetto [kla·ri·'net·to] *m* clarinet

clarino [kla·'ri:·no] *m* clarinet

classe ['klas·se] *f* **1.** (*servizio*) class; **viaggiare in prima** ~ to travel first class **2.** (*corso scolastico*) class; (*aula*) class(room) **3.** *fig* (*ceto*) class; **la ~ dirigente** the ruling class **4.** *fig* (*qualità*) class; **un uomo di** ~ a classy man; **avere** ~ to have class

classico ['klas·si·ko] <-ci> *m* **1.** (*autore*) classical author **2.** (*romanzo*) classic

classico, -a <-ci, -che> *agg* classical

classifica [klas·'si:·fi·ka] <-che> *f* **1.** SPORT standings *pl;* **essere in testa alla** ~ to be in first place **2.** (*gradutoria: di concorso*) list **3.** (*di dischi*) charts *pl*

classificare [klassifi'ka:re] **I.** *vt* **1.** (*ordinare*) to classify **2.** (*valutare*) to grade **3.** (*inquadrare*) to categorize **II.** *vr:* **-rsi 1.** (*arrivare*) to come; **-rsi terzo** to come third **2.** (*qualificarsi*) to qualify

classificatore [klas·si·fi·ka·'to:·re] *m* **1.** (*raccoglitore*) loose-leaf file **2.** (*mobile*) filing cabinet

classificazione [klas·si·fi·ka·'tsio:·ne] *f* **1.** (*ordinazione per classi*) classification **2.** (*valutazione*) categorization

claustrofobia [klaus·tro·fo·'bi:·a] *f* claustrophobia

clavicola [kla·'vi:·ko·la] *f* collarbone

clear [kliə] <-> *m* COMPUT (*tasto*) clear key

clemente [kle·'mɛn·te] *agg* **1.** (*clima, tempo*) mild **2.** (*persona*) lenient

clemenza [kle·'mɛn·tsa] *f* **1.** (*di clima*) mildness **2.** (*di persona*) leniency

cleptomane [klep·'tɔ:·ma·ne] *agg, mf* kleptomaniac

cleptomania [klep·to·ma·'ni:·a] *f* kleptomania

clericale [kle·ri·'ka:·le] **I.** *agg* clerical **II.** *mf* clericalist

clero ['klɛ:·ro] *m* clergy

clessidra [kles·'si:·dra] *f* (*a sabbia*) hourglass

clic [klik] <-> *m* COMPUT click; **fare (doppio) ~ su qc** to (double-)click on sth

cliccare [klik·'ka:·re] **I.** *vt* (*icona, punto*) to click on **II.** *vi* ~ **su qc** to click on sth

cliente [kli·'ɛn·te] *mf* (*di negozio, ristorante*) customer; (*di albergo*) guest; (*di avvocato*) client; ~ **fisso** [*o* **abituale**] regular

clientela [klien·'tɛ:·la] *f* (*di negozio, ristorante, bar*) clientele; (*di albergo*) guests *pl;* (*di avvocato*) clients *pl*

clima ['kli:·ma] <-i> *m a. fig* climate

climatico, -a [kli·'ma:·ti·ko] <-ci, -che> *agg* (*cambiamento, zona*) climate; **stazione -a** health resort

climatizzare [kli·ma·tid·'dza:·re] *vt* (*ambiente, abitazione*) to air-condition

climatizzatore [kli·ma·tid·dza·'to:·re] *m* air conditioner

clinica ['kli:·ni·ka] <-che> *f* clinic

clinico ['kli:·ni·ko] <-ci> *m* (*medico*) clinician

clinico, -a <-ci, -che> *agg* clinical; **cartella -a** medical records *pl*

CLIP [klɪp] *m* TEL caller ID

clitoride [kli·'tɔ:·ri·de] *m o f* clitoris

cloaca [klo·'a:·ka] <-che> *f* **1.** (*canale, fogna*) sewer **2.** *fig* (*luogo corrotto*) cesspool **3.** *fig* (*persona*) pig

clonare [klo·na:·re] *vt* BIO, COMPUT to clone

clonazione [klo·na·'tsio:·ne] *f* BIO, COMPUT cloning

clone ['klɔ·ne] *m* BIO, COMPUT clone

cloro ['klɔ:·ro] *m* chlorine

cm *abbr di* **centimetro** cm.

c.m. *abbr di* **corrente mese** inst.

CNR *m abbr di* **Consiglio Nazionale delle Ricerche** *national research council*

c/o *abbr di* **care of** (*presso*) c/o

coabitare [ko·a·bi·'ta:·re] *vi* to live together

coabitazione [ko·a·bi·ta·'tsio:·ne] *f* cohabitation

coagulare [ko·a·gu·'la:·re] **I.** *vi* MED (*sangue*) to clot **II.** *vr:* **-rsi** MED (*sangue*) to clot

coagulazione [ko·a·gu·la·'tsio:·ne] *f* MED (*di sangue*) clotting; **la ~ del sangue** blood clotting

coalizione [koa·li·'tsio:·ne] *f* (*di partiti*) coalition

coalizzare [koa·lid·'dza:·re] **I.** *vt* (*unire: forze, sforzi*) to unite **II.** *vr:* **-rsi** (*unirsi: persone, partiti, Stati*) to form a coalition

coautore, -trice [ko·au·'to:·re] *m, f* (*di libro, film, progetto*) coauthor

cobas *m v.* **Comitato di Base** *labor union organization functioning as an alternative to the main unions*
coca ['kɔː·ka] <-che> *f* **1.** BOT coca **2.** *sl* (*cocaina*) coke **3.** *inf* (*bevanda*) Coke®
cocaina [ko·ka·'iː·na] *f* cocaine
cocainomane [ko·kai·'nɔː·ma·ne] *mf* cocaine addict
coccige [kot·'tʃiː·ge] *m* coccyx
coccinella [kot·tʃi·'nɛl·la] *f* ladybug
coccio ['kɔt·tʃo] <-cci> *m* **1.** (*terracotta*) earthenware **2.** (*frammento*) shard
cocciutaggine [kot·tʃu·'tad·dʒi·ne] *f* (*di persona*) pigheadedness
cocciuto, -a [kot·'tʃuː·to] **I.** *agg* (*persona*) pigheaded; (*speranza, pretesa*) stubborn **II.** *m, f* pigheaded person
cocco ['kɔk·ko] <-cchi> *m* **1.** BOT (*albero*) coconut palm; **noce di ~** coconut **2.** BIOL coccus
cocco, -a <-cchi, -cche> *m, f* *scherz inf* darling; **essere il ~ di mamma** to be mom's little darling; **povero ~!** *iron* poor dear!
coccodrillo [kok·ko·'dril·lo] *m* **1.** ZOO crocodile; **lacrime di ~** *fig* crocodile tears *pl* **2.** (*pelle*) crocodile skin
coccola [kok·'ko·la] *f* cuddle; **fare le -e a qu** to cuddle sb
coccolare [kok·ko·'laː·re] *vt inf* to cuddle
cocente [ko·'tʃɛn·te] *agg* **1.** (*ardente: sole*) scorching **2.** *fig* (*delusione, sconfitta*) bitter
cocker ['kɔ·kə/'kɔ·ker] <-> *m* cocker spaniel
cocomero [ko·'koː·me·ro] *m* watermelon
cod. *abbr di* **codice** code
coda ['koː·da] *f* **1.** (*di animale*) tail; **~ di cavallo** (*acconciatura*) ponytail **2.** CULIN oxtail; **~ di rospo** (*pesce*) angler fish **3.** (*di aereo*) tail; (*di treno*) rear; **vettura di ~** FERR rear car **4.** (*fila: di auto*) backup; (*di persone*) line; **fare la ~** to stand in line; **mettersi in ~** to get in line **5.** (*appendice*) **titoli di ~** FILM, TV credits **6.** (*loc*) **con la ~ dell'occhio** out of the corner of one's eye
code [koud] <- *o* codes> *m* TEL, COMPUT password
codice ['kɔː·di·tʃe] *m* (*gener*) code; **~ penale** penal code; **~ della strada** ≈ rules of the road *pl;* **~ a barre** bar code; **~ di avviamento postale** zip code; **~ fiscale** tax code
codificatore [ko·di·fi·ka·'toː·re] *m* COMPUT encoder
coeditore, -trice [ko·e·di·'toː·re] *m, f* copublisher
coedizione [ko·e·di·'tsioː·ne] *f* coedition
coerente [ko·e·'rɛn·te] *agg fig* (*persona*) consistent; (*argomento*) coherent
coerenza [ko·e·'rɛn·tsa] *f* (*di persona*) consistency; (*di argomento*) coherence
coesione [ko·e·'zioː·ne] *f* *fig* (*di opera*) cohesion; (*di gruppo*) cohesiveness
coetaneo, -a [ko·e·'taː·neo] **I.** *agg* (*della stessa età*) of the same age; **essere ~ (di qu)** to be the same age (as sb) **II.** *m, f* (*della stessa età*) person of the same age
cofanetto [ko·fa·'net·to] *m* **1.** (*cassetta*) box; (*per gioielli*) jewel box **2.** (*di libri, CD*) boxed set
cofano ['kɔː·fa·no] *m* MOT hood
cogli ['koʎ·ʎi] *prep* = **con + gli** *v.* **con**
cogliere ['kɔʎ·ʎere] <colgo, colsi, colto> *vt* **1.** (*fiore, frutto*) to pick **2.** *fig* (*occasione*) to take; (*offerta*) to accept **3.** (*sorprendere*) to catch **4.** *fig* (*significato, problema*) to understand **5.** (*colpire*) **~ nel segno** to hit the nail on the head
coglione, -a [koʎ·'ʎoː·ne] *m, f* *vulg* (*idiota*) dickhead *vulg*
coglioni [koʎ·'ʎoː·ni] *mpl vulg* balls *vulg;* **rompere** [*o* **far girare**] **i ~ a qu** *vulg* to get on sb's nerves
cognato, -a [koɲ·'ɲaː·to] *m, f* brother-in-law *m,* sister-in-law *f*
cognome [koɲ·'ɲoː·me] *m* surname; **nome e ~** first and last name; **~ da nubile** maiden name
coi ['koː·i] *prep* = **con + i** *v.* **con**
coincidenza [ko·in·tʃi·'dɛn·tsa] *f* **1.** (*avvenimento*) coincidence **2.** (*di mezzi di trasporto*) connection **3.** (*corrispondenza*) correspondence
coincidere [ko·in·'tʃiː·de·re] <irr> *vi* **1.** (*accadere insieme*) to coincide

2. (*corrispondere*) to concur; ~ **con qc** to concur with sth

coinvolgente [ko·in·vol·ˈdʒɛn·te] *agg* (*legame*) serious; (*libro, spettacolo*) engrossing

coinvolgere [ko·in·ˈvɔl·dʒe·re] <irr> *vt* to involve

coinvolgimento [ko·in·ˈvɔl·dʒi·men·to] *m* involvement

coinvolto, **-a** [ko·in·ˈvɔl·to] **I.** *pp di* **coinvolgere** **II.** *agg* involved

col [kol] *prep* = **con + il** *v.* **con**

colabrodo [ko·la·ˈbrɔː·do] <-> *m* colander

colapasta [ko·la·ˈpas·ta] <-> *m* colander

colare [ko·ˈlaː·re] **I.** *vt avere* **1.** (*liquido, brodo*) to strain; ~ **la pasta** to drain the pasta **2.** (*metallo*) to cast **II.** *vi* **1.** *essere o avere* (*gocciolare: liquido*) to run; **mi cola il naso** my nose is running **2.** (*recipiente*) to leak **3.** *essere* (*nave*) ~ **a picco** to sink to the bottom; *fig* to be in free fall

colazione [ko·la·ˈtsioː·ne] *f* **1.** (*prima* ~) breakfast; **fare** ~ to have breakfast **2.** (*seconda* ~) lunch; ~ **di lavoro** working lunch

colei *f v.* **colui**

colesterina [ko·les·te·ˈriː·na] *f* cholesterol

colesterolo [ko·les·te·ˈrɔː·lo] *m* cholesterol

colf [kɔlf] <-> *f* home help

colgo [ˈkɔl·go] *1. pers sing pr di* **cogliere**

colica [ˈkɔː·li·ka] <-che> *f* (*renale, intestinale*) colic

colino [ko·ˈliː·no] *m* strainer

colite [ko·ˈliː·te] *f* MED colitis

colla[1] [ˈkɔl·la] *f* glue

colla[2] [ˈkol·la] *prep* = **con + la** *v.* **con**

collaborare [kol·la·bo·ˈraː·re] *vi* **1.** (*cooperare*) to work together; ~ **a un progetto** to work together on a project **2.** (*dare il proprio contributo a*) to contribute **3.** (*confessare*) to cooperate

collaboratore, **-trice** [kol·la·bo·ra·ˈtoː·re] *m, f* **1.** (*aiutante*) coworker; **-trice domestica** home help **2.** (*a giornale*) contributor; ~ **esterno** freelancer **3.** (*pentito*) ~ **della giustizia** informer

collaborazione [kol·la·bo·ra·ra·ˈtsioː·ne] *f* **1.** (*partecipazione*) collaboration; ~ **ad un progetto** collaboration on a project **2.** (*a giornale*) contribution

collana [kol·ˈlaː·na] *f* **1.** (*di perle, oro*) necklace **2.** (*di libri*) series

collant [kɔl·ˈlɑ̃] <-> *m* pantyhose

collare [kol·ˈlaːre] *m* **1.** (*per cani*) collar **2.** REL (*di prete*) dog collar

collasso [kol·ˈlas·so] *m* collapse; ~ **cardiaco** heart failure

collaterale [kol·la·te·ˈraː·le] *agg* collateral; **effetti -i** side effects

collaudare [kol·lau·ˈdaː·re] *vt* (*auto, motore, sistema*) to test

collaudatore, **-trice** [kol·lau·da·ˈtoː·re] *m, f* (*di auto*) test driver; (*di aereo*) test pilot

collaudo [kol·ˈlaːu·do] *m* (*di aereo, auto*) test; **volo di** ~ test flight

colle[1] [ˈkɔl·le] *m* **1.** (*rilievo*) hill **2.** (*passo*) pass

colle[2] [ˈkol·le] *prep* = **con + le** *v.* **con**

collega [kol·ˈlɛː·ga] <-ghi , -ghe> *mf* colleague

collegamento [kol·le·ga·ˈmen·to] *m* **1.** (*connessione*) connection; ~ **ferroviario** rail link **2.** COMPUT, TEL, RADIO, TV (*connessione*) link; ~ **Internet** Internet connection; ~ **radiofonico** radio link; **in ~ con Madrid, vi trasmettiamo …** TV, RADIO live from Madrid we bring you … **3.** EL connection; ~ **in serie/parallelo** series/parallel connection

collegare [kol·le·ˈgaː·re] **I.** *vt* (*fili, cavi, computer*) to connect **II.** *vr:* **-rsi** to connect

collegiale [kol·le·ˈdʒaː·le] **I.** *agg* (*collettivo: organo, seduta*) collegiate; (*seduta*) joint **II.** *mf* **1.** (*allievo*) boarder **2.** *fig* (*giovane inesperto*) schoolboy *m*, schoolgirl *f*

collegio [kol·ˈlɛː·dʒo] <-gi> *m* **1.** (*istituto*) boarding school **2.** (*professionale*) college **3.** (*circoscrizione*) ~ **elettorale** constituency

collera [ˈkɔl·le·ra] *f* (*rabbia*) anger; **andare/essere in ~ con qu** to get/be angry with sb

colletta [kol·ˈlɛt·ta] *f* (*raccolta*) collection

C

collettivo [kol·let·'tiː·vo] *agg, m* collective

colletto [kol·'let·to] *m* (*di camicia, abito*) collar

collezionare [kol·le·tsio·'naː·re] *vt* (*francobolli, monete, oggetti*) to collect

collezione [kol·le·'tsioː·ne] *f* collection; **fare ~ di qc** to collect sth

collezionista [kol·le·tsio·'nis·ta] <-i , -e> *mf* collector

collina [kol·'liː·na] *f* hill

collirio [kol·'liː·rio] <-i> *m* eyedrops *pl*

collisione [kol·li·'zioː·ne] *f* collision; **entrare in ~** to collide

collo[1] ['kɔl·lo] *m* **1.** (*anat*) neck; **~ del piede** instep; **essere nei debiti fino al ~** *fig* to be up to one's ears in debt **2.** (*di bottiglia*) neck **3.** (*di abito*) neck; **a ~ alto** (*maglione*) high-necked **4.** COM (*pacco*) package

collo[2] ['kol·lo] = **con + lo**

collocamento [kol·lo·ka·'men·to] *m* **1.** (*in lavoro*) employment; **agenzia** [*o* **ufficio**] **di ~** employment agency **2.** (*disposizione*) placing

collocare [kol·lo·'kaː·re] **I.** *vt* to place **II.** *vr:* **-rsi** (*posizionarsi*) to be placed

collocazione [kol·lo·ka·'tsioː·ne] *f* **1.** (*sistemazione, lavoro*) position **2.** (*di libro*) classification

colloquiale [kol·lo·'kui·aː·le] *agg* colloquial; **linguaggio ~** informal language

colloquio [kol·'lɔː·kui·o] <-qui> *m* **1.** (*conversazione*) talk **2.** (*incontro*) interview; **~ di lavoro** job interview **3.** (*esame*) oral exam

colmare [kol·'maː·re] *vt* **1.** (*recipiente, lacuna*) to fill; **~ di qc** to fill with sth **2.** *fig* (*dare in abbondanza*) **~ qu di qc** to shower sb with sth

colmo ['kol·mo] *m* **1.** (*di cima, colle*) top **2.** *fig* (*apice*) height; **ma è il ~!** *inf* that beats everything! *inf*

colmo, -a *agg a. fig* full; **~ fino all'orlo** filled to the brim

colomba [ko·'lom·ba] *f* dove; **la ~ pasquale** (*dolce*) *caked shaped like a dove, eaten at Easter*

colombo [ko·'lom·bo] *m* pigeon

colon ['kɔː·lon] <-> *m* ANAT colon

colonia [ko·'lɔː·nia] <-ie> *f* **1.** POL, BIOL colony **2.** (*per le vacanze*) summer camp **3.** (*profumo*) cologne

colonico, -a [ko·'lɔː·ni·ko] <-ci, -che> *agg* (*rurale*) farm; **casa -a** farmhouse

colonna [ko·'lon·na] *f* **1.** (*gener*) column **2.** (*di automobili*) backup; (*di veicoli militari*) convoy **3.** ANAT **~ vertebrale** spinal column **4.** *fig* (*sostegno*) mainstay **5.** CINE **~ sonora** soundtrack

colonnello [ko·lon·'nɛl·lo] *m* colonel

colorare [ko·lo·'raː·re] **I.** *vt* (*capelli, tessuti*) to color; (*disegno*) to color in **II.** *vr:* **-rsi di verde/rosso** to turn green/red

colorazione [ko·lo·'ra·'tsioː·ne] *f* color

colore [ko·'loː·re] *m* **1.** (*tinta*) color; **scatola di -i** paintbox; **uomo di ~** man of color; **-i a olio/tempera** oil/tempera paints *pl;* **dare una mano di ~ a qc** to give sth a coat of paint; **a -i** (*illustrazione, rivista*) color; **senza ~** colorless; **dirne di tutti i -i a qu** *fig* to lay into sb; **farne di tutti i -i** *fig* to get up to all sorts **2.** (*folclore*) color; **il ~ locale** local color

colorire [ko·lo·'riː·re] <colorisco> *vt* **1.** (*colorare: disegno*) to color in **2.** *fig* (*racconto*) to embellish

colorito [ko·lo·'riː·to] *m* (*della pelle*) complexion

colorito, -a *agg* **1.** (*viso, guance*) rosy **2.** *fig* (*linguaggio, parole*) colorful

coloro [ko·'loː·ro] *pron dem pl di* **colui**

colossale [ko·los·'saː·le] *agg a. fig* huge

colpa ['kol·pa] *f* fault; **dare la ~ a qu** to blame sb; **sentirsi in ~** to feel guilty; **non è ~ mia** it's not my fault

colpevole [kol·'peː·vo·le] **I.** *agg* guilty **II.** *mf* culprit

colpire [kol·'piː·re] <colpisco> *vt* **1.** (*avversario, bersaglio*) to hit **2.** (*danneggiare: città, zona*) to strike **3.** *fig* (*impressionare*) to make an impression on

colpo ['kol·po] *m* **1.** (*botta*) blow **2.** (*sparo*) shot; **~ di grazia** *a. fig* coup de grâce; **al primo ~** *fig* at the first attempt; **sul ~** instantly **3.** (*rumore*) knock **4.** (*suono: di tosse*) fit; **dare un ~ di telefono a qu** *inf* to give sb a call **5. a ~ d'occhio** at a glance; **~ di testa** *fig* impulse **6.** *fig* (*manifestazione im-*

provvisa) ~ **di fortuna** stroke of luck; **un ~ di fulmine** *fig* love at first sight; ~ **di vento** gust of wind; **di ~** suddenly **7.** (*malore*) stroke; ~ **d'aria** chill **8.** *fig* (*spavento*) shock **9.** *fig* (*impressione*) impression; **la notizia ha fatto ~** *fig* the news caused a sensation **10.** *fig* (*azione sleale*) job; **fare un ~ in banca** to do a bank raid; ~ **di Stato** coup (d'état)

colposo, -a [kol·'poː·so] *agg* GIUR **omicidio ~** manslaughter

colsi ['kɔl·si] *1. pers sing pass rem di* **cogliere**

coltellata [kol·tel·'laː·ta] *f* stab wound

coltello [kol·'tɛl·lo] *m* knife

coltivare [kol·ti·'vaː·re] *vt* **1.** (*campo, terreno*) to cultivate **2.** (*patate, rape*) to grow **3.** *fig* (*amicizia, mente*) to cultivate; (*scienze, arti*) to go in for

coltivatore, -trice [kol·ti·va·'toː·re] *m, f* farmer

coltivazione [kol·ti·va·'tsioː·ne] *f* **1.** (*di campo*) cultivation **2.** (*di prodotto*) growing **3.** (*piantagione*) crop

colto ['kɔl·to] *pp di* **cogliere**

colto, -a ['kol·to] *agg* (*persona*) cultured; (*libro*) learned

coltura [kol·'tuː·ra] *f* **1.** AGR cultivation **2.** BIOL culture

colui, colei [ko·'luː·i, ko·'lɛː·i] <coloro> *pron dem* ~ **che ...** the one who ...

comandante [ko·man·'dan·te] *m* **1.** MIL commander **2.** AERO, NAUT captain

comandare [ko·man·'daː·re] **I.** *vt* **1.** MIL (*reggimento, nave*) to command **2.** (*ordinare*) to order; **comandi!** yes, sir! **II.** *vi* to be in command; ~ **a qu di fare qc** to order sb to do sth

comando [ko·'man·do] *m* **1.** (*ordine*) command **2.** (*comput*) command; **riga di ~** command line **3.** TEC control; ~ **a distanza** remote control **4.** (*guida, potere*) charge **5.** MIL (*organo responsabile*) command; (*caserma*) headquarters **6.** SPORT (*prima posizione*) lead

comasco, -a <-schi, -sche> **I.** *agg* from Como **II.** *m, f* (*abitante*) person from Como

combaciare [kom·ba·'tʃaː·re] *vi* **1.** (*aderire: pezzi, tubi*) to fit together **2.** *fig* (*coincidere: idee*) to agree

combattente [kom·bat·'tɛn·te] **I.** *agg* (*esercito, popolazione*) combatant **II.** *mf* combatant

combattere [kom·'bat·te·re] **I.** *vi a. fig* to fight **II.** *vt* **1.** MIL (*nemico, guerra*) to fight **2.** *fig* (*malattia, ignoranza*) to combat

combattimento [kom·bat·ti·'men·to] *m* **1.** MIL combat **2.** SPORT match; **mettere fuori ~** to knock out; *fig* to see off

combattuto, -a [kom·bat·'tuː·to] *agg* **1.** (*confuso: persona*) undecided; (*decisione*) difficult; **essere ~ fra due possibilità** to be torn between two possibilities **2.** (*contrastato: partita*) hard-fought

combinare [kom·bi·'naː·re] **I.** *vt* **1.** (*unire: elementi, colori*) to combine **2.** (*organizzare: cena, gita*) to arrange **3.** (*concludere: affare*) to conclude **4.** *inf* (*fare*) to do; ~ **un guaio** *inf* to mess up *inf* **II.** *vr:* **-rsi 1.** CHEM to combine **2.** *inf* (*conciarsi*) to get oneself up; **ma come ti sei combinato oggi?** *inf* what on earth are you wearing today?

combinazione [kom·bi·na·'tsioː·ne] *f* **1.** (*caso fortuito*) coincidence; **per (pura) ~** by (sheer) chance **2.** (*di colori, idee*) combination **3.** (*numerica, di cassaforte*) combination

combustibile [kom·bus·'tiː·bi·le] **I.** *agg* (*materiale*) combustible **II.** *m* fuel

combutta [kom·'but·ta] *f pej* gang; **essere in ~ con qu** to be in league with sb

come ['koː·me] **I.** *avv* **1.** (*nei paragoni*) as; **intelligenti ~ noi** as intelligent as us; **un uomo buono ~ il pane** a man with a heart of gold **2.** (*interrogativo*) how?; ~ **stai?** how are you?; ~ **mai?** how come?; ~ **no?** of course! **3.** (*esclamativo*) how!; ~ **è cara!** how kind she is!; **ma ~!** what! **4.** (*correlativo*) **ora ~ ora** right now **5.** (*in qualità di*) as; **lavora ~ giornalista** he works as a reporter **II.** *cong* **1.** (*dichiarativo*) how; **guarda ~ li hai ridotti** look what you've done to them **2.** (*modale*) as; **si comporta ~ se non sapesse nulla** he acts as if he knew nothing **3.** (*temporale*) as soon as; ~ **mi ha visto, se n'è andata** as soon as she saw me, she left **4.** (*comparativo*) as … as; **non sei buono ~ pensavo** you're not as good as I thought **III.** <-> *m* how; **raccontami il ~ e il perché** tell me the whys and wherefores

cometa [ko-'mɛ:-ta] *f* comet

comica ['kɔ:-mi-ka] <-che> *f* **1.** FILM silent comedy **2.** *fig* (*situazione farsesca*) farce

comicità [ko-mi-tʃi-'ta] <-> *f* funniness

comico ['kɔ:-mi-ko] <-ci> *m* **1.** (*attore*) comedian **2.** (*comicità*) funny side

comico, -a <-ci, -che> *agg* **1.** (*della commedia: attore*) comic **2.** (*buffo: scena, film*) funny

comignolo [ko-'miɲ-ɲo-lo] *m* chimney

cominciare [ko-min-'tʃa:-re] *vi, vt* to start; **comincia a piovere** it's starting to rain; **a che ora cominciano le lezioni?** what time do lectures start?; **a ~ da oggi** starting from today; **ho cominciato il libro** I've started the book; **e' cominiciato a piovere** it's started to rain

comitato [ko-mi-'ta:-to] *m* committee

comitiva [ko-mi-'ti:-va] *f* group

commedia [kom-'mɛ:-dia] <-ie> *f* comedy; **~ musicale** musical; **~ a soggetto** improvised comedy

commediante [kom-me-'dian-te] *mf* **1.** THEAT comedian **2.** *fig pej* (*simulatore*) fake

commediografo, -a [kom-me-'diɔ:-gra-fo] *m, f* comedy writer

commemorare [kom-me-mo-'ra:-re] *vt* to commemorate

commemorativo, -a [kom-me-mo-ra-'ti:-vo] *agg* commemorative

commemorazione [kom-me-mo-ra-'tsio:-ne] *f* **1.** (*celebrazione*) commemoration **2.** (*cerimonia*) remembrance ceremony

commentare [kom-men-'ta:-re] *vt* **1.** (*passo, poesia*) to comment on **2.** (*evento*) to commentate on

commentatore, -trice [kom-men-ta-'to:-re] *m, f* RADIO, TV commentator

commento [kom-'men-to] *m* **1.** LIT, RADIO, TV commentary **2.** (*osservazione, giudizio*) comment **3.** FILM **~ musicale** background music

commerciale [kom-mer-'tʃa:-le] *agg* commercial

commercialista [kom-mer-tʃa-'lis-ta] <-i, -e> *mf* **1.** (*consulente*) accountant **2.** (*esperto in diritto commerciale*) commercial lawyer

commercializzare [kom-mer-tʃa-lid-'dza:-re] *vt* **1.** COM (*vendere: prodotto*) to market **2.** *fig, pej* (*rendere commerciale*) to commercialize

commerciante [kom-mer-'tʃan-te] *mf* **1.** (*negoziante*) storekeeper; **~ all'ingrosso** wholesaler **2.** (*mercante*) dealer

commerciare [kom-mer-'tʃa:-re] *vi* to trade; **~ in qc** to deal in sth

commercio [kom-'mɛr-tʃo] <-ci> *m* **1.** (*settore*) commerce; **essere nel ~** to be in business **2.** (*attività*) trade; **~ all'ingrosso** wholesale trade; **~ al minuto** retail trade; **~ elettronico** e-commerce **3.** (*distribuzione: prodotto, libro*) **essere in ~** to be on sale

commessa [kom-'mes-sa] *f* **1.** (*di negozio*) sales clerk **2.** (*ordine*) order

commesso, -a [kom-'mes-so] **I.** *pp di* **commettere II.** *m, f* (*di negozio*) sales clerk; **~ viaggiatore** traveling salesman

commestibile [kom-mes-'ti:-bi-le] *agg* edible

commettere [kom-'met-te-re] <irr> *vt* (*delitto, imprudenza*) to commit; (*errore*) to make

commiserare [kom-mi-ze-'ra:-re] *vt* **1.** (*avere compassione per*) to feel sorry for **2.** (*disprezzare*) to pity

commiserazione [kom-mi-ze-ra-'tsio:-ne] *f* sympathy

commisi [kom-'mi:-zi] *1. pers sing pass rem di* **commettere**

commissariato [kom-mis-sa-'ria:-to] *m* **~ di polizia** police station

commissario, -a [kom-mis-'sa:-rio] <-i, -ie> *m, f* **1.** ADM (*funzionario*) captain; **~ di pubblica sicurezza** police captain **2.** (*membro di commissione*) commissioner; **~ d'esame** examiner **3.** SPORT steward; **~ tecnico** team manager

commissionare [kom-mis-sio-'na:-re] *vt* to commission

commissione [kom-mis-'sio:-ne] *f* **1.** COM (*ordine*) order; **prodotto su ~** made to order **2.** (*somma*) commission; **spese di ~** commission **3.** (*faccenda*) **fare**

una ~ to run an errand; **fare -i** to do the shopping **4.** (*comitato*) commission

commossi *1. pers sing pass rem di* **commuovere**

commosso *pp di* **commuovere**

commovente [kom·mo·'vɛn·te] *agg* moving

commozione [kom·mo·'tsioː·ne] *f* **1.** (*turbamento*) emotion **2.** MED **~ cerebrale** MED concussion

commuovere [kom·'muɔː·ve·re] <irr> **I.** *vt* (*momento, storia, cerimonia*) to move **II.** *vr:* **-rsi** to be moved

comò [ko·'mɔ] <-> *m* dresser

Como ['kɔː·mo] *f* Como; **il lago di ~** Lake Como

comodino [ko·mo·'diː·no] *m* bedside table

comodità [ko·mo·di·'ta] <-> *f* **1.** (*agio*) ease **2.** (*comfort*) comfort

comodo ['kɔː·mo·do] *m* **1.** (*agio*) comfort **2.** (*convenienza*) convenience; **con ~** at one's leisure; **fare** [*o* **tornare**] **~ a qu** to come in handy for sb

comodo, -a *agg* **1.** (*agiato: vita*) easy **2.** (*confortevole*) comfortable **3.** (*pratico*) practical **4.** (*conveniente*) convenient **5.** (*a proprio agio*) comfortable; **state -i!** don't get up!

compaesano, -a [kom·pae·'zaː·no] *m, f* person from the same town

compagnia [kom·paɲ·'ɲiː·a] <-ie> *f* **1.** (*lo stare insieme*) company; **essere di ~** to be good company; **fare** [*o* **tenere**] **~ a qu** to keep sb company **2.** (*gruppo*) group **3.** THEAT company **4.** MIL, COM company; **~ aerea** airline; **~ low-cost** budget airline

compagno, -a [kom·'paɲ·ɲo] *m, f* **1.** (*persona amica*) companion; (*di sport*) partner; **~ di classe** classmate; **~ di scuola** schoolfriend; **~ di stanza** roommate **2.** (*partner*) partner

compaio [kom·'paː·io] *1. pers sing pr di* **comparire**

comparativo, -a *agg* comparative

comparazione [kom·pa·ra·'tsioː·ne] *f* comparison

comparire [kom·pa·'riː·re] <compariscoо *o* compaio, comparvi *o* comparii, comparso> *vi essere* to appear

comparizione [kom·pa·ri·'tsioː·ne] *f* appearance; **mandato** [*o* **ordine**] **di ~** GIUR summons

comparsa [kom·'par·sa] *f* **1.** THEAT walk-on; FILM extra; **fare la ~** to be a walk-on [*o* an extra] **2.** (*apparizione*) appearance

comparso [kom·'par·so] *pp di* **comparire**

compartimento [kom·par·ti·'men·to] *m* *a.* FERR compartment

comparvi [kom·'par·vi] *1. pers sing pass rem di* **comparire**

compassione [kom·pas·'sioː·ne] *f* **1.** (*pietà*) compassion; **avere ~ di** [*o* **per**] [*o* **verso**] **qu** to feel pity for sb; **far ~ a qu** to arouse sb's pity **2.** (*disprezzo*) pity

compatibile [kom·pa·'tiː·bi·le] *agg* compatible

compatibilità [kom·pa·ti·bi·li·'ta] <-> *f* compatibility

compatire [kom·pa·'tiː·re] <compatisco> *vt* **1.** (*avere compassione di*) to feel sorry for **2.** (*disprezzare*) to pity

compattezza [kom·pat·'tet·tsa] *f* **1.** (*solidità*) solidity **2.** *fig* (*di gruppo*) unity

compatto, -a [kom·'pat·to] *agg* **1.** (*solido*) solid **2.** (*piccolo*) compact **3.** (*unitario*) close-knit

compensare [kom·pen·'saː·re] *vt* **1.** (*dare un compenso a*) to remunerate **2.** (*ricompensare*) to make up for **3.** (*bilanciare: differenza*) to make up for

compensato *m* plywood

compenso [kom··'pɛn·so] *m* **1.** COM (*retribuzione*) remuneration **2.** COM (*risarcimento*) compensation **3.** (*loc*) **in ~** on the other hand

competente [kom·pe·'tɛn·te] *agg* **1.** (*esperto: medico*) qualified **2.** ADM (*giudice*) with giurisdiction; (*ufficio*) appropriate

competenza [kom·pe·'tɛn·tsa] *f* **1.** (*preparazione*) competence **2.** ADM (*autorità*) giurisdiction **3.** ADM (*pertinenza*) responsibility; **non è di sua ~** it's not his [*o* her] responsibility **4.** *pl* COM (*onorario*) fees

competere [kom·'pɛː·te·re] <competo, competei> *manca il pp vi* **1.** (*gareggia-*

re) to compete; ~ **per qc** to compete for sth **2.** ADM **qc compete a qu** sth is sb's responsibility

competitività [kom·pe·ti·ti·vi·'ta] <-> *f* competitiveness

competitivo, **-a** [kom·pe·ti·'tiː·vo] *agg* competitive

competizione [kom·pe·ti·'tsioː·ne] *f* (*rivalità, gara*) competition

compiacente [kom·pia·'tʃɛn·te] *agg* (*accomodante*) amenable

compiacimento [kom·pia·tʃi·'men·to] *m* satisfaction

compiangere [kom·'pian·dʒe·re] <irr> *vt* (*commiserare*) to feel sorry for

compianto [kom·'pian·to] *m* mourning

compianto, **-a** *agg* (*defunto*) late

compiere ['kom·pie·re] <compio, compii *o* compiei, compiuto> **I.** *vt* **1.** (*concludere: missione, studi*) to complete; ~ **gli anni** to have one's birthday **2.** (*fare*) to carry out **II.** *vr:* **-rsi** (*avverarsi*) to take place

compilare [kom·pi·'laː·re] *vt* **1.** (*riempire*) to fill out **2.** (*redigere: lista*) to draw up; (*vocabolario*) to compile

compilazione [kom·pi·la·'tsioː·ne] *f* **1.** (*di modulo, questionario*) filling out **2.** (*di lista*) drawing up; (*di vocabolario*) compilation

compito ['kom·pi·to] *m* **1.** (*di scuola*) test; ~ **in classe** (**d'italiano**) class test (in Italian); **-i a casa** homework **2.** (*incarico*) duty

compiutamente [kom·piu·ta·'men·te] *avv* (*descrivere, esprimere*) fully

compiuto, **-a** [kom·'piuː·to] **I.** *pp di* **compiere II.** *agg* completed; **un fatto** ~ a fait accompli

compleanno [kom·ple·'an·no] *m* birthday; **tanti auguri di buon ~!** happy birthday!

complessato, **-a** [kom·ples·'saː·to] **I.** *agg* (*persona*) hung-up *inf* **II.** *m, f* person with hang-ups *inf*

complessità [kom·ples·si·'ta] <-> *f fig* complexity

complessivamente [kom·ples·si·va·'men·te] *avv* altogether

complessivo, **-a** [kom·ples·'siː·vo] *agg* (*quadro, valutazione*) overall; (*reddito*) total; **visione -a** overview

complesso [kom·'plɛs·so] *m* **1.** PSYCH complex; ~ **d'inferiorità** inferiority complex **2.** (*architettonico, ospedaliero*) complex **3.** MUS (*gruppo*) group **4.** (*insieme*) whole; **in** [*o* **nel**] ~ altogether

complesso, **-a** *agg* **1.** (*di più elementi*) complex **2.** (*complicato*) complicated

completamente [kom·ple·ta·'men·te] *avv* completely

completamento [kom·ple·ta·'men·to] *m* completion

completare [kom·ple·'taː·re] *vt* to complete

completo [kom·'plɛː·to] *m* **1.** (*accessori*) set **2.** (*abito*) suit **3.** (*loc*) **al** ~ (*con tutti i partecipanti*) at full strength; (*teatro*) sold out; (*albergo*) full

completo, **-a** *agg* **1.** (*dettagliato, totale*) complete **2.** (*pieno: cinema, teatro*) sold out; (*albergo*) full

complicare [kom·pli·'kaː·re] **I.** *vt* (*vita, situazione, scenario*) to complicate **II.** *vr:* **-rsi** (*situazione, trama*) to become complicated; **la malattia si è complicata** MED there have been complications

complicato, **-a** [kom·pli·'kaː·to] *agg* complicated

complicazione [kom·pli·ka·'tsioː·ne] *f* **1.** MED complication **2.** (*difficoltà*) problem

complice ['kɔm·pli·tʃe/'kom·pli·tʃe] *mf* GIUR accomplice

complimentarsi [kom·pli·men·'taːr·si] *vr* ~ **con qu** (**per qc**) to compliment sb (on sth)

complimento [kom·pli·'men·to] *m* **1.** (*lode*) compliment; **-i!** congratulations! **2.** **-i** (*convenevoli*) ceremony; **non fare -i!** be my guest!; **no grazie, senza -i!** no, but thanks all the same!

componente [kom·po·'nɛn·te] *m* (*ingrediente, pezzo*) component

compongo *1. pers sing pr di* **comporre**

componibile [kom·po·'niː·bi·le] *agg* (*mobili*) modular; **cucina** ~ fitted kitchen

componimento [kom·po·ni·'men·to] *m* **1.** (*scolastico*) composition **2.** MUS composition

comporre [kom·'por·re] <irr> *vt* **1.** (*formare*) to create; (*numero telefonico*) to dial **2.** LIT, MUS to compose **3.** TYP to typeset **4.** DIR to settle
comportamento [kom·por·ta·'men·to] *m* behavior
comportare [kom·por·'ta·re] **I.** *vt* (*implicare*) to involve **II.** *vr:* **-rsi** to behave
composi *1. pers sing pass rem di* **comporre**
compositore, **-trice** [kom·po·zi·'to:·re] *m, f* MUS composer
composizione [kom·po·zi·'tsio:·ne] *f* **1.** (*struttura*) composition **2.** (*sistemazione*) arrangement **3.** MUS composition **4.** (*a scuola*) composition **5.** TYP typesetting
compostaggio [kɔm·pɔs·'tad·dʒo] <-ggi> *m* composting
composto [kom·'pos·to] *m* (*mescolanza*) mixture
comprare [kom·'pra:·re] *vt* **1.** (*acquistare*) to buy **2.** (*corrompere: persona*) to bribe
compratore, **-trice** [kom·pra·'to:·re] *m, f* buyer
compravendita [kom·pra·'ven·di·ta] *f* COM buying and selling
comprendere [kom·'prɛn·de·re] <irr> **I.** *vt* **1.** (*capire*) to understand **2.** (*contenere*) to consist of **II.** *vr:* **-rsi** (*capirsi*) to understand each other
comprensibile [kom·pren·'si:·bi·le] *agg* understandable
comprensione [kom·pren·'sio:·ne] *f* understanding
comprensivo, **-a** [kom·pren·'si:·vo] *agg* **1.** (*indulgente: persona*) understanding **2.** COM inclusive; **~ di qc** inclusive of sth; **prezzo ~ di I.V.A.** price inclusive of VAT
compresi [kom·'pre:·si] *1. pers sing pass rem di* **comprendere**
compreso, **-a** [kom·'pre:·so] **I.** *pp di* **comprendere** **II.** *agg* **1.** (*capito: persona*) understood **2.** (*incluso*) included; **tutto ~** all inclusive; **I.V.A. -a** including VAT
compressa [kom·'prɛs·sa] *f* **1.** (*pastiglia*) tablet **2.** (*garza*) compress
compressi [kom·'prɛs·si] *1. pers sing pass rem di* **comprimere**
compresso, **-a** [kom·'prɛs·so] **I.** *pp di* **comprimere** **II.** *agg* **1.** (*sottoposto a pressione: aria, gas*) compressed **2.** COMPUT (*file*) zipped
comprimere [kom·'pri:·me·re] <comprimo, compressi, compresso> *vt* **1.** (*sottoporre a pressione: aria, gas*) to compress **2.** COMPUT (*file, dati, testo*) to zip
compromesso [kom·pro·'mɛs·so] *m* **1.** *fig* (*accomodamento*) compromise; **arrivare** [*o* **scendere**] **ad un ~** to reach a compromise **2.** GIUR (*per l'acquisto di un immobile*) preliminary contract
compromesso, **-a** **I.** *pp di* **compromettere** **II.** *agg pej* (*persona, reputazione*) compromised
compromettente [kom·pro·met·'tɛn·te] *agg* (*foto, lettera*) compromising
compromettere [kom·pro·'met·te·re] <irr> **I.** *vt* (*impresa, reputazione*) to compromise **II.** *vr:* **-rsi** (*mettersi in cattiva luce*) to compromise oneself
comproprietà [kom·pro·prie·'ta] *f* joint ownership
comproprietario, **-a** [kom·pro·prie·'ta:·rio] *m, f* joint owner
computer [kəm·'pju:·tə/kom·'pju·ter] <-> *m* computer; **~ portatile** laptop (computer); **~ tascabile** pocket computer
computeristico, **-a** [kom·pju·te·'ris·ti·ko] <-ci, -che> *agg* (*scienza, sistema, terminologia*) computer
computerizzare [kom·pu·te·rid·'dza:·re] *vt* (*dati, documenti, sistema, impianto*) to computerize
computerizzato, **-a** [kom·pju·te·rid·'dza:·to] *agg* (*sistema, impianto, macchinario*) computerized
computerizzazione [kom·pju·te·rid·dza·'tsio:·ne] *f* (*di sistema, impianto, macchinario*) computerization
computista [kom·pu·'tis·ta] <-i , -e> *mf* bookkeeper
computisteria [kom·pu·tis·te·'ri:·a] <-ie> *f* bookkeeping
comunale [ko·mu·'na:·le] *agg* ADM (*del comune: ufficio, servizio*) town; (*biblioteca, teatro*) municipal; (*imposte*) local; **palazzo ~** HIST town hall
comune [ko·'mu:·ne] **I.** *agg* **1.** (*di tutti*)

common; **bene** ~ common good **2.** (*di due o più persone: interessi*) common; (*amico*) mutual **3.** (*diffuso: opinione, uso*) common **4.** (*medio, normale*) ordinary **5.** (*non raffinato: gente*) ordinary **II.** *m* **1.** ADM (*ente*) city council; (*sede*) city hall; **sposarsi in** ~ to get married at city hall **2.** HIST city state **3.** (*insieme*) **avere qc in** ~ to have sth in common **4.** (*ordinario*) **fuori dal** ~ out of the ordinary

comunicante [ko·mu·ni·'kan·te] *agg* (*camere*) communicating

comunicare [ko·mu·ni·'ka:·re] **I.** *vt* (*notizia, data, dati*) to communicate; ~ **qc a qu** to inform sb of sth **II.** *vi* to communicate; ~ **con qc** to communicate with sth

comunicativo, **-a** [ko·mu·ni·ka·'ti:·vo] *agg* (*persona*) communicative

comunicato [ko·mu·ni·'ka:·to] *m* communiqué; ~ **stampa** press release

comunicazione [ko·mu·ni·ka·'tsio:·ne] *f* **1.** (*collegamento*) connection; **-i ferroviarie** rail connections; **mettersi in** ~ (**con qu**) to get in contact (with sb) **2.** (*informazione*) message **3.** (*trasmissione*) communication; ~ **telefonica/interurbana** telephone/long-distance call

comunione [ko·mu·'nio:·ne] *f* **1.** REL communion; **prima** ~ first communion **2.** *fig* (*di interessi*) community; (*di idee*) similarity

comunismo [ko·mu·'niz·mo] *m* communism

comunista [ko·mu·'nis·ta] <-i , -e> *agg, mf* communist

comunità [ko·mu·ni·'ta] <-> *f* **1.** (*collettività*) community **2.** (*di lavoro, terapeutica*) center **3.** (*organizzazione*) group; **Comunità Europea** European Community

comunitario, **-a** [ko·mu·ni·'ta:·rio] <-i, -ie> *agg* **1.** (*della comunità*) community **2.** (*della Comunità Europea*) Community

comunque [ko·'muŋ·kue] **I.** *avv* (*in ogni modo*) anyway **II.** *cong* **1.** (*in qualunque modo*) however; ~ **vada** whatever happens **2.** (*tuttavia*) nevertheless

con [kon] <col, collo, colla, coi, cogli, colle> *prep* **1.** (*compagnia, relazione*) with **2.** (*verso*) to; **essere gentile** ~ **qu** to be nice to sb **3.** (*unione*) with; **caffè col latte** coffee with milk; **un uomo coi capelli bianchi** a man with white hair **4.** (*mezzo, strumento*) with; **l'ho aperto** ~ **un coltello** I opened it with a knife; **viaggiare con treno/con la macchina** to travel by train/by car **5.** (*modo, maniera*) with; ~ **tutto il cuore** with all one's heart **6.** (*causa*) with; ~ **questo caldo non si può uscire** you can't go out in this heat **7.** (*avversativo*) despite; ~ **tutto che ...** despite all that ...

concavo, **-a** ['kɔŋ·ka·vo] *agg* (*lente, specchio*) concave

concedere [kon·'tʃɛ:·de·re] <concedo, concessi *o* concedei *o* concedetti, concesso> **I.** *vt* (*grazia, prestito*) to grant **II.** *vr:* **-rsi** (*permettersi: lusso, vacanza*) to allow oneself

concentramento [kon·tʃen·tra·'men·to] *m* concentration; **campo di** ~ concentration camp

concentrare [kon·tʃen·'tra:·re] **I.** *vt* **1.** MIL (*truppe*) to mass **2.** *fig* (*energie, risorse*) to concentrate **II.** *vr* **-rsi su qc** to concentrate on sth

concentrato [kon·tʃen·'tra:·to] *m* CULIN concentrate; ~ **di pomodoro** tomato purée

concentrato, **-a** *agg* **1.** (*assorto: persona*) absorbed **2.** (*condensato: liquido*) concentrated

concentrazione [kon·tʃen·tra·'tsio:·ne] *f* (*raccoglimento*) concentration

concepibile [kon·tʃe·'pi:·bi·le] *agg* conceivable; **non è** ~ **che ...** *+conj* it is inconceivable that ...

concepimento [kon·tʃe·pi·'men·to] *m a.* BIOL conception

concepire [kon·tʃe·'pi:·re] <concepisco> *vt* **1.** *a.* BIOL to conceive **2.** *fig* (*comprendere*) to understand

concertista [kon·tʃer·'tis·ta] <-i , -e> *mf* concert performer

concerto [kon·'tʃɛr·to] *m* MUS concert

concessi [kon·'tʃɛs·si] *1. pers sing pass rem di* **concedere**

concessionaria [kon·tʃes·sio·'na:·ria]

<-ie> *f* dealership

concessionario [kon·tʃes·sio·ˈnaː·rio] <-i> *m* **1.** (*rivenditore*) dealer **2.** (*destinatario di una concessione*) agent

concessionario, -a <-i, -ie> *agg* **1.** (*di vendita*) **agente ~** agent **2.** (*destinatario di una concessione*) **società/ditta -a** agency

concessione [kon·tʃes·ˈsioː·ne] *f* **1.** (*di prestito, mutuo*) granting **2.** COM (*licenza*) franchise **3.** DIR (*appalto*) contract

concesso [kon·ˈtʃɛs·so] *pp di* **concedere**

concetto [kon·ˈtʃɛt·to] *m* **1.** (*nozione*) concept **2.** (*opinione*) opinion

concezione [kon·tʃe·ˈtsioː·ne] *f* **1.** (*concetto*) concept **2.** (*ideazione*) conception

conchiglia [koŋ·ˈkiʎ·ʎa] <-glie> *f* **1.** ZOO shell **2.** *pl* CULIN *pasta shell*

conciliante [kon·tʃi·ˈlian·te] *agg* (*persona, tono, saluto*) conciliatory

conciliare [kon·tʃi·ˈliaː·re] **I.** *vt* **1.** ADM (*pagare: multa*) to pay on the spot **2.** (*sonno*) to be conducive to **3.** (*controversia*) to settle **4.** *fig* (*attività, interessi*) to reconcile **II.** *vr:* **-rsi** (*armonizzare*) to become reconciled

conciliatore, -trice [kon·tʃi·lia·ˈtoː·re] **I.** *agg* **1.** (*commissione*) conciliation; **giudice ~** justice of the peace **2.** *fig* (*figura, posizione*) conciliatory **II.** *m, f* **1.** (*intermediario*) conciliator **2.** GIUR (*giudice di pace*) justice of the peace

concilio [kon·ˈtʃiː·lio] <-i> *m* **1.** REL council **2.** *scherz* (*riunione*) conference

concime [kon·ˈtʃiː·me] *m* (*chimico*) fertilizer; (*naturale*) manure

conciso, -a [kon·ˈtʃiː·zo] *agg* (*discorso, testo*) concise

concittadino, -a [kon·tʃit·ta·ˈdiː·no] *m, f* fellow citizen

concludente [koŋ·klu·ˈdɛn·te] *agg* conclusive

concludere [koŋ·ˈkluː·de·re] <concludo, conclusi, concluso> **I.** *vt* **1.** (*condurre a termine: discorso*) to end; (*lavoro*) to finish **2.** (*affare, trattato*) to conclude **3.** (*dedurre*) to conclude **II.** *vr:* **-rsi** to end

conclusione [koŋ·klu·ˈzioː·ne] *f* **1.** (*fine: di conflitto, partita*) end **2.** (*deduzione*) conclusion

conclusivo, -a [kon·klu·ˈziː·vo] *agg* (*osservazione, frase*) concluding

concluso, -a [kon·ˈkluː·zo] **I.** *pp di* **concludere** **II.** *agg* **1.** (*affare, pace*) concluded **2.** (*lavoro*) finished

concordanza [koŋ·kor·ˈdan·tsa] *f* (*di opinioni, idee*) concordance

concordare [koŋ·kor·ˈdaː·re] **I.** *vt* (*data, prezzo*) to agree on **II.** *vi* **~ con qu su qc** to agree with sb on sth

concordia [koŋ·ˈkɔr·dia] <-ie> *f* **1.** (*accordo*) agreement **2.** (*armonia*) harmony

concorrente [koŋ·kor·ˈrɛn·te] **I.** *agg* COM (*azienda*) competing **II.** *mf* **1.** SPORT, COM competitor **2.** (*di concorso*) candidate

concorrenza [koŋ·kor·ˈrɛn·tsa] *f a.* COM competition; **fare ~ a qu** to compete with sb

concorrere [koŋ·ˈkor·re·re] <irr> *vi* **1.** (*competere*) to compete; **~ a una gara** to compete in a race **2.** (*contribuire*) **~ alle spese** to contribute to expenses

concorso [koŋ·ˈkor·so] *m* **1.** (*gara*) contest; **~ di bellezza** beauty contest **2.** SPORT competition; **~ ippico** horse show

concreto [koŋ·ˈkrɛː·to] *m* **venire al ~** to get to the crux of the matter; **in ~** in reality

concreto, -a *agg* **1.** (*materiale: oggetto*) concrete **2.** (*reale: esempio*) solid **3.** (*pratico: persona*) practical

concussione [koŋ·kus·ˈsioː·ne] *f* extortion

condanna [kon·ˈdan·na] *f* **1.** GIUR sentence **2.** *fig* (*disapprovazione*) condemnation

condannare [kon·dan·ˈnaː·re] *vt* **1.** GIUR to sentence **2.** *fig* (*disapprovare*) to condemn

condensare [kon·den·ˈsaː·re] **I.** *vt* **1.** PHYS (*aria, gas*) to condense **2.** *fig* (*riassumere*) to summarize **II.** *vr:* **-rsi** **1.** PHYS (*aria, gas*) to condense **2.** *fig* (*concentrarsi*) to be concentrated

condensato, -a *agg* **1.** (*latte*) condensed

2. PHYS condensed **3.** (*libro, racconto*) summarized

condimento [kon·di·'men·to] *m* CULIN (*per insalata*) dressing; (*per pasta*) sauce

condire [kon·'di:·re] <condisco> *vt* **1.** CULIN (*insalata*) to dress; (*pasta*) to put the sauce on **2.** *fig* to spice up

condividere [kon·di·'vi:·de·re] <irr> *vt* (*opinioni, idee*) to share; (*scelta*) to agree with

condivisibile [kon·di·vi·'zi:·bi·le] *agg* (*opinione, idea*) able to be shared; (*decisione*) able to be agreed with

condivisione [kon·di·vi·'zio:·ne] *f* **1.** (*di idee, speranze*) sharing **2.** COMPUT (*di dati, stampante*) sharing

condizionamento [kon·di·tsio·na·'men·to] *m* **1.** (*climatizzazione*) air conditioning **2.** PSYCH conditioning

condizionare [kon·di·tsio·'na:·re] *vt* **1.** (*climatizzare*) to air-condition **2.** PSYCH to condition

condizionatore [kon·di·tsio·na·'to:·re] *m* (~ *d'aria*) air-conditioner

condizione [kon·di·'tsio:·ne] *f* **1.** (*requisito*) condition; **porre delle -i** to lay down conditions; **a ~ che ...** *+conj* on condition that ... **2.** *pl* COM conditions *pl* **3.** (*stato*) condition; **-i di salute** state of health

condoglianze [kon·doʎ·'ʎan·tse] *fpl* condolences; **fare le ~ a qu** to offer one's condolences to sb; **'sentite ~,** 'with deepest sympathy'

condominio [kon·do·'mi:·nio] <-i> *m* (*casa*) condominium

condomino, -a [kon·'dɔ:·mi·no] *m, f* condominium owner

condono [kon·'do:·no] *m* remission; **~ fiscale** tax amnesty; **~ edilizio** *amnesty for infringing building regulations*

condotta [kon·'dot·ta] *f* **1.** (*comportamento*) conduct **2.** SPORT **~ di gioco** play **3.** TEC (*tubazione*) pipe

condotto [kon·'dɔt·to] *m* **1.** ANAT duct; **~ uditivo** auditory canal **2.** TEC (*tubazione*) pipe

condotto, -a **I.** *pp di* **condurre** **II.** *agg* **medico ~** *local authority country doctor*

conducente [kon·du·'tʃɛn·te] *mf* (*di veicolo*) driver

condurre [kon·'dur·re] <conduco, condussi, condotto> **I.** *vt* **1.** (*veicolo, treno*) to drive; (*nave*) to steer **2.** (*accompagnare*) to take **3.** (*azienda*) to run **4.** (*trattative*) to hold **5.** (*vita*) to lead **6.** SPORT **~ la gara** to lead **7.** *fig* (*portare*) **~ a termine qc** to complete sth **II.** *vi* **1.** SPORT to lead; **~ per due a zero** to lead two to nothing **2.** (*strada*) to lead

conduttore, -trice **I.** *agg* leading **II.** *m, f* **1.** FERR (*bigliettaio*) guard **2.** MOT (*di auto da corsa*) driver **3.** DIR (*di contratto*) lessee **4.** TV, RADIO (*di trasmissione*) host

conduttura [kon·dut·'tu:·ra] *f* (*di scarico*) pipe; (*elettrica, idrica*) main

conduzione [kon·du·'tsio:·ne] *f* **1.** (*gestione*) management; **ristorante a ~ familiare** family-run restaurant **2.** TV, RADIO hosting

conferenza [kon·fe·'rɛn·tsa] *f* **1.** (*discorso*) lecture; **tenere una ~ su qc** to give a lecture on sth; **~ stampa** press conference **2.** (*riunione*) conference

conferimento [kon·fe·ri·'men·to] *m* (*di medaglia, premio, titolo*) awarding; (*di incarico*) assignment

conferire [kon·fe·'ri:·re] <conferisco> **I.** *vt* (*premio, titolo*) to award; (*incarico*) to assign **II.** *vi* (*colloquiare*) to confer

conferma [kon·'fer·ma] *f* confirmation

confermare [kon·fer·'ma:·re] **I.** *vt* to confirm **II.** *vr:* **-rsi** **1.** (*rafforzarsi: sospetto*) to be confirmed **2.** (*affermarsi*) to establish oneself

confessare [kon·fes·'sa:·re] **I.** *vt* **1.** REL (*peccato*) to confess **2.** REL (*fedeli*) **~ qu** to hear sb's confession **3.** (*a persona amica*) to confess **4.** (*delitto*) to confess to **5.** (*ammettere: colpa, errori*) to admit **II.** *vr:* **-rsi** REL to go to confession

confessionale [kon·fes·sio·'na:·le] *agg, m* confessional

confessione [kon·fes·'sio:·ne] *f* REL, GIUR confession

confessore [kon·fes·'so:·re] *m* REL confessor

confetto [kon·'fɛt·to] *m* CULIN sugared almond

confezionare [kon·fe·tsio·ˈnaː·re] *vt* **1.** (*vestito*) to make **2.** (*incartare: regali*) to wrap **3.** (*imballare: pacco*) to package

confezione [kon·fe·ˈtsioː·ne] *f* **1.** (*pacco*) pack; ~ **regalo** gift pack; ~ **di cioccolatini** box of chocolates **2.** (*vestiti*) clothes *pl*

conficcare [kon·fik·ˈkaː·re] **I.** *vt* **1.** (*ficcare: chiodo*) to drive in **2.** *fig* (*nella mente*) to put in **II.** *vr:* **-rsi 1.** (*penetrare*) to lodge **2.** (*nella mente*) **quel film mi si è conficcato in testa!** I can't get that movie out of my head!

confidare [kon·fi·ˈdaː·re] **I.** *vt* to confide **II.** *vi* (*aver fiducia*) to have confidence; ~ **in qu** to have confidence in sb **III.** *vr* **-rsi con qu** to confide in sb

confidente [kon·fi·ˈdɛn·te] *mf* **1.** (*persona amica*) confidant *m,* confidante *f* **2.** (*informatore: di polizia*) informer

confidenza [kon·fi·ˈdɛn·tsa] *f* **1.** (*familiarità*) familiarity; **essere in ~ con qu** to be friends with sb **2.** (*segreto*) confidence; **fare una ~ a qu** to share a confidence with sb

configurazione [kon·fi·gu·ra·ˈtsioː·ne] *f* **1.** COMPUT configuration **2.** (*aspetto, forma*) shape **3.** GEOG (*di terreno*) contour

confinante [kon·fi·ˈnan·te] *agg* (*stanza, terreno*) adjacent; **paese ~** neighboring country

confinare [kon·fi·ˈnaː·re] **I.** *vi* to be adjacent; ~ **con qc** to be adjacent to sth **II.** *vt fig* (*relegare*) to confine

CONFINDUSTRIA [kon·fin·ˈdus·tria] *f v.* **Confederazione Generale dell'Industria Italiana** *Italian employers' confederation*

confine [kon·ˈfiː·ne] *m* border

conflitto [kon·ˈflit·to] *m* conflict; ~ **mondiale** world war

confluire [kon·flu·ˈiː·re] <confluisco> *vi a. fig* (*convergere*) to come together

confondere [kon·ˈfon·de·re] <irr> **I.** *vt* to confuse **II.** *vr:* **-rsi 1.** (*mescolarsi*) to mingle **2.** (*immagini, suoni, colori*) to merge **3.** (*sbagliarsi*) to get confused **4.** (*turbarsi*) to get flustered

conforme [kon·ˈfor·me] *agg* **essere ~ alle norme** to comply with the regulations

conformità [kon·for·mi·ˈta] <-> *f* conformity; **in ~ a** [*o* **con**] in conformity with

confortare [kon·for·ˈtaː·re] **I.** *vt* **1.** (*consolare*) to comfort **2.** (*tesi, assunto*) to support **II.** *vr:* **-rsi 1.** (*farsi animo*) to console oneself **2.** (*consolarsi*) to comfort each other

confortevole [kon·for·ˈteː·vo·le] *agg* **1.** (*comodo*) comfortable **2.** (*consolante*) comforting

conforto [kon·ˈfɔr·to] *m* **1.** (*consolazione*) comfort **2.** (*sostegno*) support

confraternita [kon·fra·ter·ni·ˈta] *f* brotherhood

confrontare [kon·fron·ˈtaː·re] *vt* to compare

confronto [kon·ˈfron·to] *m* **1.** (*paragone*) comparison; **fare un ~ (fra)** to make a comparison (between); **mettere a ~** to compare; **in ~ a** in comparison with **2.** (*loc*) **nei -i di** toward

confusi [kon·ˈfuː·zi] *1. pers sing pass rem di* **confondere**

confusionario, -a [kon·fu·zio·ˈnaː·rio] <-i, -ie> **I.** *agg* (*pensieri, ricordi*) jumbled; (*persona*) muddle-headed **II.** *m, f* muddlehead

confusione [kon·fu·ˈzioː·ne] *f* **1.** (*disordine*) mess **2.** (*agitazione*) confusion **3.** (*imbarazzo*) embarrassment

confuso, -a [kon·ˈfuː·zo] **I.** *pp di* **confondere II.** *agg* (*discorso, situazione*) confused

congedo [kon·ˈdʒɛː·do] *m* leave; **essere in ~** to be on leave

congegno [kon·ˈdʒeɲ·ɲo] *m* (*apparecchio*) device

congelamento [kon·dʒe·la·ˈmen·to] *m* **1.** (*raffreddamento*) freezing **2.** MED frostbite

congelare [kon·dʒe·ˈlaː·re] **I.** *vt* (*alimenti, credito*) to freeze **II.** *vr:* **-rsi** PHYS, MED to freeze

congelatore [kon·dʒe·la·ˈtoː·re] *m* freezer

congenito, -a [kon·ˈdʒɛː·ni·to] *agg* (*malformazione, malattia*) congenital

congestione [kon·dʒes·ˈtioː·ne] *f* congestion

C

congiungere [kon·'dʒun·dʒe·re] <irr> **I.** *vt* (*tubi, mani*) to join **II.** *vr* (*strade, linee*) to join

congiuntivite [kon·dʒun·ti·'vi:·te] *f* conjunctivitis

congiuntivo [kon·dʒun·'ti:·vo] *m* LING subjunctive

congiunto, -a [kon·'dʒun·to] **I.** *agg* (*comunicato, divorzio*) joint **II.** *m, f* relative

congiura [kon·'dʒu:·ra] *f* conspiracy

congiurare [kon·dʒu·'ra:·re] *vi* to conspire

congratularsi [koŋ·gra·tu·'lar·si] *vr* **~ con qu per qc** to congratulate sb on sth

congratulazione [koŋ·gra·tu·la·'tsio:·ne] *f* congratulation; **fare le -i a qu per qc** to congratulate sb on sth; **-i!** congratulations! *pl*

congresso [koŋ·'grɛs·so] *m* conference

conguaglio [koŋ·'guaʎ·ʎo] <-gli> *m* **1.** (*pareggio*) balancing; **~ salariale** salary adjustment **2.** (*somma*) balance

conico, -a ['kɔ:·ni·ko] <-ci, -che> *agg* conical

coniglio [ko·'niʎ·ʎo] <-gli> *m* **1.** ZOO rabbit **2.** *fig* (*persona paurosa*) chicken

coniugare [kon·iu·'ga:·re] **I.** *vt* **1.** LING (*verbo*) to conjugate **2.** *fig* (*unire*) to combine **II.** *vr:* **-rsi** (*combinarsi*) to combine

coniugazione [kon·iu·ga·'tsio:·ne] *f* LING conjugation

coniuge ['kɔn·iu·dʒe] *mf* spouse

connazionale [kon·na·tsio·'na:·le] **I.** *agg* (*persona, cittadino*) from the same country **II.** *mf* fellow countryman *m*, fellow countrywoman *f*

connessione [kon·nes·'sio:·ne] *f* connection; **~ a banda larga** broadband connection

connesso, -a [kon·'nɛs·so] *agg* connected

connettere [kon·'nɛt·te·re] <connetto, connettei, connesso> **I.** *vt* to connect **II.** *vi* (*pensare*) to think straight; **non riesco a ~** I can't think straight **III.** *vr:* **-rsi** (*collegarsi*) to connect

connivente [kon·ni·'vɛn·te] **I.** *agg* conniving **II.** *mf* conniving person

connotazione [kon·no·ta·'tsio:·ne] *f* connotation

cono ['kɔ:·no] *m* MATH cone; **~ gelato** ice-cream cone

conobbi [ko·'nob·bi] *1. pers sing pass rem di* **conoscere**

conoscente [ko·noʃ·'ʃɛn·te] *mf* acquaintance

conoscenza [ko·noʃ·'ʃɛn·tsa] *f* **1.** (*apprendimento*) knowledge; **essere a ~ di qc** to know sth; **venire a ~ di qc** to find out about sth **2.** MED consciousness; **perdere la ~** to lose consciousness; **privo di ~** unconscious **3.** (*persona*) acquaintance; **fare la ~ di qu** to make sb's acquaintance; **"piacere di fare la sua ~"** "pleased to meet you"

conoscere [ko·'noʃ·ʃe·re] <conosco, conobbi, conosciuto> **I.** *vt* **1.** (*persona, metodo, ristorante*) to know; **~ qu di vista/personalmente** to know sb by sight/personally; **ti faccio ~ mio fratello** I'll introduce you to my brother **2.** (*incontrare*) to meet **II.** *vr:* **-rsi** **1.** (*incontrarsi*) to meet **2.** (*essere amici*) to know each other

conoscitore, -trice [ko·noʃ·ʃi·'to:·re] *m, f* (*di musica, vini*) connoisseur

conosciuto, -a [ko·noʃ·'ʃu:·to] **I.** *pp di* **conoscere** **II.** *agg* (*albergo, personaggio*) well-known

conosco [ko·'nos·ko] *1. pers sing pr di* **conoscere**

conquista [koŋ·'kuis·ta] *f* **1.** (*ottenimento: di diritto, potere, libertà*) gaining **2.** MIL conquest **3.** (*progresso: scientifico*) achievement **4.** *fig* (*~ amorosa*) conquest

conquistare [koŋ·kuis·'ta:·re] *vt* **1.** (*ottenere: diritto, potere, libertà*) to gain **2.** MIL to conquer **3.** *fig* (*persona*) to win over; (*amicizia, amore, simpatia*) to win

consapevole [kon·sa·'pe:·vo·le] *agg* (*persona*) aware

consapevolizzare [kon·sa·pe·vo·lid·'dza:·re] **I.** *vt* to make aware; **~ qu circa** [*o* **rispetto a**] **qc** to make sb aware of sth **II.** *vr* **-rsi di qc** to become aware of sth

conscio, -a ['kɔnʃ·ʃo] <-sci, -sce> *agg* conscious

consecutivo, -a [kon·se·ku·'ti:·vo] *agg*

1. (*seguente: giorno*) next 2. (*che si sussegue: numeri, ore, risultati*) consecutive

consegna [kon·'seɲ·ɲa] *f* 1. (*di merci*) delivery; **pagamento alla ~** cash on delivery 2. (*custodia*) care; **ricevere in ~** to be entrusted with

consegnare [kon·seɲ·'ɲaː·re] *vt* 1. (*recapitare: posta, merce*) to deliver 2. (*affidare*) to hand over

conseguente [kon·se·'guɛn·te] *agg* 1. (*danno, disturbi*) consequent 2. (*ragionamento, deduzione*) consistent

conseguenza [kon·se·'guɛn·tsa] *f* (*effetto*) consequence; **in ~ di qc** as a consequence of sth

conseguimento [kon·se·gui·'men·to] *m* obtaining

conseguire [kon·se·'guiː·re] **I.** *vt* (*patente, diploma*) to obtain; (*obiettivo*) to achieve **II.** *vi* to follow; **ne consegue che ...** it follows that ...

consenso [kon·'sɛn·so] *m* consent

consentire [kon·sen·'tiː·re] *vt* to allow

conserva [kon·'sɛr·va] *f* (*di frutta*) preserve; **~ di pomodoro** canned tomato sauce; **carciofi in ~** canned artichokes; **tonno/carne in ~** canned tuna/meat

conservabile [kon·ser·'vaː·bi·le] *agg* (*cibo, vernice*) able to be kept

conservante [kon·ser·'van·te] *m* preservative

conservare [kon·ser·'vaː·re] **I.** *vt* 1. CULIN (*frutta, carne, pesce*) to preserve 2. (*custodire*) to keep **II.** *vr:* **-rsi** 1. CULIN (*frutta, carne*) to keep 2. (*mantenersi: persona*) **-rsi in salute** to keep (oneself) healthy; **-rsi bene** to be well preserved

conservatore, -trice [kon·ser·va·'toː·re] *m, f* conservative

conservatorio [kon·ser·va·'tɔː·rio] <-i> *m* MUS conservatory

conservazione [kon·ser·va·'tsioː·ne] *f* 1. (*gener*) preservation; **istinto di ~** instinct for self-preservation 2. (*di edificio, quadro*) conservation

considerare [kon·si·de·'raː·re] *vt* 1. (*tenere conto*) to consider; **tutto considerato** all things considered 2. (*esaminare*) to examine 3. (*stimare*) **~ qu molto** to think highly of sb

considerazione [kon·si·de·ra·'tsioː·ne] *f* 1. (*osservazione*) observation 2. (*esame*) consideration 3. (*stima*) esteem

considerevole [kon·si·de·'reː·vo·le] *agg* considerable

consigliabile [kon·siʎ·'ʎaː·bi·le] *agg* advisable

consigliare [kon·siʎ·'ʎaː·re] **I.** *vt* to recommend; **~ a qu di fare qc** to advise sb to do sth **II.** *vr:* **-rsi** to get advice

consigliere, -a [kon·siʎ·'ʎɛː·re] *m, f* 1. (*chi dà consigli*) adviser 2. ADM councilor

consiglio [kon·'siʎ·ʎo] <-gli> *m* 1. (*suggerimento*) advice; **chiedere un ~ a qu** to ask sb for advice; **dare un ~ a qu** to give sb advice 2. ADM (*organo, riunione*) council; **il ~ d'amministrazione** [*o* **direttivo**] the board of directors; **Consiglio dei Ministri** Cabinet

consistente [kon·sis·'tɛn·te] *agg* 1. (*materiale, tessuto*) firm 2. *fig* (*notevole*) substantial

consistenza [kon·sis·'tɛn·tsa] *f* 1. (*di crema*) consistency; (*di materiale, tessuto*) texture 2. *fig* (*fondatezza*) substance; **prendere ~** to gain substance

consistere [kon·'sis·te·re] <consisto, consistei *o* consistetti, consistito> *vi essere* 1. (*basarsi su*) **~ in qc** to consist in sth 2. (*essere composto di*) **~ di qc** to consist of sth

consolare [kon·so·'laː·re] **I.** *vt* (*bambino*) to console **II.** *vr* **-rsi di qc** to console oneself with sth

consolato [kon·so·'laː·to] *m* consulate

consolazione [kon·so·la·'tsioː·ne] *f* consolation; **premio di ~** consolation prize

console ['kɔn·so·le] *m* consul

consolidamento [kon·so·li·da·'men·to] *m* 1. (*di struttura, terreno*) consolidation 2. *fig* (*rinsaldamento: di amicizia*) strengthening

consolidare [kon·so·li·'daː·re] **I.** *vt* 1. (*rendere solido*) to consolidate 2. *fig* (*rinsaldare: amicizia*) to strengthen **II.** *vr:* **-rsi** 1. (*diventare solido*) to consolidate 2. (*amicizia, conoscenza*) to strengthen

consolle [kon·'sɔl·le] <-> *f* (*tastiera*) console

constatare [kons·ta·'taː·re] *vt* to note

constatazione [kons·ta·ta·'tsioː·ne] *f* observation

consueto, -a *agg* usual

consuetudine [kon·sue·'tuː·di·ne] *f* **1.** (*abitudine*) habit; **avere la ~ di fare qc** to be in the habit of doing sth **2.** (*costume*) custom

consulente [kon·su·'lɛn·te] *mf* consultant; **~ legale/tributario** legal/tax consultant

consulenza [kon·su·'lɛn·tsa] *f* (*legale, tecnica*) advice

consulta [kon·'sul·ta] *f* (*Corte Costituzionale*) Constitutional Court

consultare [kon·sul·'taː·re] **I.** *vt* (*medico, avvocato*) to consult **II.** *vr:* **-rsi** to get advice; **-rsi con qu** to consult sb

consultazione [kon·sul·ta·'tsioː·ne] *f* consultation; **opere di ~** reference works

consultorio [kon·sul·'tɔː·rio] <-i> *m* clinic; **~ familiare** family planning clinic

consumare [kon·su·'maː·re] **I.** *vt* **1.** (*rovinare: scarpe*) to wear out **2.** (*mangiare*) to consume **II.** *vr:* **-rsi** (*logorarsi*) to wear out

consumato, -a [kon·su·'maː·to] *agg* (*consunto: vestiti, scarpe*) worn-out

consumatore, -trice [kon·su·ma·'toː·re] *m, f* consumer

consumistico, -a [kon·su·'mis·ti·ko] <-ci, -che> *agg* (*società, logica, abitudini*) consumer

consumo [kon·'suː·mo] *m* consumption; **beni di ~** consumer goods

consunto, -a [kon·'sun·to] *agg* **1.** (*consumato: scarpe, indumenti*) worn-out **2.** (*volto*) haggard

contabile [kon'taː·bi·le] **I.** *agg* (*operazione, revisione*) accounting **II.** *mf* accountant

contabilità [kon·ta·bi·li·'ta] <-> *f* **1.** (*operazioni contabili*) accounting; **tenere la ~** to do the bookkeeping; **ufficio ~** accounts department **2.** (*ragioneria*) accountancy

contachilometri [kon·ta·ki·'lɔː·met·ri] <-> *m* odometer

contadino, -a [kon·ta·'diː·no] **I.** *m, f* **1.** AGR farmer **2.** *pej* (*persona dai modi grossolani*) peasant **II.** *agg* (*cultura, usanza*) peasant; **casa -a** country cottage

contagiare [kon·ta·'dʒaː·re] *vt a. fig* to infect

contagioso, -a [kon·ta·'dʒoː·so] *agg a. fig* infectious

contagiri [kon·ta·'dʒiː·ri] <-> *m* AUTO tachometer

contaminare [kon·ta·mi·'naː·re] *vt* to contaminate

contaminazione [kon·ta·mi·na·'tsioː·ne] *f* contamination

contaminuti [kon·ta·mi·'nuː·ti] <-> *m* timer

contante [kon·'tan·te] **I.** *agg* **denaro** [*o* **moneta**] **~** cash **II.** *m* cash; **pagare in -i** to pay (in) cash

contare [kon·'taː·re] **I.** *vt* **1.** (*numerare, calcolare*) to count; **~ i giorni** *fig* to count the days *fig* **2.** (*proporsi*) **~ di fare qc** *+inf* to think of doing sth **II.** *vi* **1.** (*numeri*) to count; **~ fino a trenta** to count up to thirty **2.** (*valere*) to count **3.** (*fare assegnamento*) **~ su qu/qc** to count on sb/sth

contascatti [kon·ta·'skat·ti] <-> *m* TEL unit counter

contatore [kon·ta·'toː·re] *m* (*di gas, acqua*) meter

contattare [kon·tat·'taː·re] *vt* to contact

contatto [kon·'tat·to] *m* contact; **mantenere i -i con qu** to keep in contact with sb; **prendere ~ con qu** to get in contact with sb; **essere in ~ con qu** to be in contact with sb; **lenti a ~** contact lenses

conte, -essa ['kon·te, kon·'tes·sa] *m, f* count *m* [*o* countess] *f*

conteggio [kon·'ted·dʒo] <-ggi> *m* count; **~ alla rovescia** countdown

contegno [kon·'teɲ·ɲo] *m* **1.** (*compostezza*) composure **2.** (*comportamento*) behavior

contemplare [kon·tem·'plaː·re] *vt* **1.** (*ammirare*) to gaze at **2.** (*prevedere*) to provide for

contemplativo, -a [kon·tem·pla·'tiː·vo] *agg* contemplative

contemporaneamente [kon·tem·po·ra·nea·'men·te] *avv* simultaneously

contemporaneo, **-a** [kon·tem·po·ˈraː·neo] <-ei, -ee> **I.** *agg* **1.** (*simultaneo*) simultaneous **2.** HIST contemporary; **storia -a** contemporary history **II.** *m, f* contemporary

contenere [kon·te·ˈneː·re] <irr> **I.** *vt* **1.** (*persone, cose*) to contain **2.** *fig* (*trattenere*) to hold back; (*entusiasmo*) to contain **II.** *vr:* **-rsi** (*moderarsi*) to contain oneself

contenitore [kon·te·ni·ˈtoː·re] *m* container

contentezza [kon·ten·ˈtet·tsa] *f* happiness

contento, **-a** [kon·ˈtɛn·to] *agg* **1.** (*soddisfatto*) pleased; **essere ~ di qc** to be pleased with sth; **fare ~ qu** to please sb **2.** (*lieto*) happy; **essere ~ di qc** to be happy about sth; **sono ~ per te** I'm happy for you

contenuto [kon·te·ˈnuː·to] *m* **1.** (*di pacco, valigia*) contents *pl* **2.** (*di libro, film*) content

contenuto, **-a** **I.** *pp di* **contenere** **II.** *agg* (*misurato*) restrained

contessa *f v.* **countess**

contestabile [kon·tes·ˈtaː·bi·le] *agg* questionable

contestare [kon·tes·ˈtaː·re] *vt* **1.** (*negare: tesi, teoria*) to contest **2.** POL, SOC (*protestare*) to protest against

contestatore, **-trice** [kon·tes·ta·ˈtoː·re] *m, f* POL, SOC protester

contestazione [kon·tes·ta·ˈtsioː·ne] *f* POL, SOC protest

contesto [kon·ˈtɛs·to] *m a. fig* context

contestuale [kon·tes·tu·ˈaː·le] *agg* DIR (*contemporaneo*) contemporary

continentale [kon·ti·nen·ˈtaː·le] **I.** *agg* (*clima, massa*) continental **II.** *mf* mainlander

continente [kon·ti·ˈnɛn·te] *m* **1.** (*terre emerse*) continent; **~ antico/nuovo** Old/New World **2.** (*terraferma*) mainland

contingenza [kon·tin·ˈdʒɛn·tsa] *f* **1.** (*circostanza*) contingency **2.** (**indennità di**) ~ cost-of-living allowance

continuare [kon·ti·nu·ˈaː·re] *vi, vt* to continue

continuativo, **-a** [kon·ti·nua·ˈtiː·vo] *agg* (*lavoro*) permanent; (*attività*) continuous; **orario ~** all-day opening; **impiego a carattere ~** permanent job

continuazione [kon·ti·nua·ˈtsioː·ne] *f* continuation; **in ~** continuously

continuo, **-a** [kon·ˈtiː·nuo] *agg* (*rumore*) continuous; **di ~** nonstop

conto [ˈkon·to] *m* **1.** MATH count **2.** COM (*di bar, ristorante*) check; **a -i fatti** *fig* all things considered **3.** FIN (*in banca*) account **4.** (*stima*) **tenere da ~ qc** to take great care of sth; **tenere in gran ~ qu/qc** to hold sb/sth in high regard **5.** (*valutazione*) **tenere ~ di qc** to take account of sth **6.** (*affidamento*) **far ~ su qu/qc** to count on sb/sth **7.** (*interesse*) **per ~ di qu** on behalf of sb; **per ~ mio/tuo/suo** on my/your/his [*o* her] own **8.** (*loc*) **fare i -i con qu** to sort things out with sb; **rendere ~ a qu di qc** to be accountable to sb for sth; **dire qc sul ~ di qu** to say sth about sb; **rendersi ~ di qc** to realize sth; **alla fin**(e) **dei -i** all things considered

contorno [kon·ˈtor·no] *m* **1.** CULIN side order **2.** (*di disegno, volto*) outline

contrabbando [kon·trab·ˈban·do] *m* smuggling; **di ~** contraband

contraccettivo, **-a** [kon·trat·tʃet·ˈtiː·vo] *agg, m, f* contraceptive

contraddire [kon·trad·ˈdiː·re] <irr> **I.** *vt* to contradict **II.** *vr:* **-rsi** to contradict oneself

contraddittorio, **-a** <-i, -ie> *agg* contradictory

contraddizione [kon·trad·di·ˈtsioː·ne] *f* contradiction

contraffare [kon·traf·ˈfaː·re] <irr> *vt* to forge

contraffazione [kon·traf·fa·ˈtsioː·ne] *f* forgery

contrapposizione [kontrappozitˈtsioːne] *f* contrast

contrariamente [kon·tra·ria·ˈmen·te] *avv* **~ a …** contrary to …

contrario [kon·ˈtraː·rio] <-i> *m* opposite; **al ~** on the contrary; **in caso ~** otherwise; **avere qualcosa in ~** to have an objection; **non avere nulla in ~** to have no objection

contrario, **-a** <-i, -ie> *agg* **1.** (*avverso*)

opposing; **essere ~ a ...** to be against ... **2.** (*opposto*) opposite

contrassegnare [kon·tras·seɲ·'ɲaː·re] *vt* to mark

contrassegno [kon·tras·'seɲ·ɲo] *m* **1.** (*distintivo*) mark **2.** (*modalità di pagamento*) cash on delivery

contrastare [kon·tras·'taː·re] **I.** *vt* (*impedire*) to hinder **II.** *vi* (*essere in disaccordo*) **~ con qc** to contrast with sth

contrasto [kon·'tras·to] *m* **1.** (*diverbio*) dispute **2.** (*di colori*) contrast

contrattacco [kon·tra·'tak·ko] <-cchi> *m* counterattack

contrattare [kon·trat·'taː·re] *vi, vt* to negotiate

contrattempo [kon·trat·'tɛm·po] *m* (*impedimento*) hitch

contratto [kon·'trat·to] *m* contract; **~ d'affitto** lease; **~ a tempo determinato** fixed-term contract; **~ a tempo indeterminato** permanent contract

contrattuale [kon·trat·tu·'aː·le] *agg* contractual

contravvenzione [kon·trav·ven·'tsioː·ne] *f* **1.** (*violazione*) contravention **2.** (*multa*) fine

contrazione [kon·tra·'tsioː·ne] *f* **1.** (*spasmo: di muscolo*) contraction **2.** (*riduzione*) fall

contribuente [kon·tri·bu·'ɛn·te] *mf* taxpayer

contribuire [kon·tri·bu·'iː·re] <contribuisco> *vi* **~ a qc** to contribute to sth

contributo [kon·tri·'buː·to] *m* contribution

contro ['kon·tro] **I.** *prep* against; **sbattere ~ qc** to bump into sth; **~ di me/te/lei** against me/you/her; **~ assegno** cash on delivery; **~ ricevuta/pagamento** on receipt/payment **II.** *avv* against; **votare/essere ~** to vote/to be against **III.** <-> *m* **i pro ed i ~** the pros and cons

contro- [kon·tro] (*in parole composte*) counter-

controbattere [kon·tro·'bat·te·re] *vt fig* (*ribattere*) to rebut

controbilanciare [kon·tro·bi·lan·'tʃaː·re] **I.** *vt* **1.** (*carico, pesi*) to counterbalance **2.** *fig* (*compensare*) to make up for **II.** *vr:* **-rsi** (*pesi, pressioni*) to counterbalance each other

controcorrente [kon·tro·kor·'rɛn·te] *avv* against the current; **andare ~** to go against the current; *fig* to swim against the tide

controffensiva [kon·trof·fen·'siː·va] *f* **1.** MIL counteroffensive **2.** *fig* (*replica*) counterattack; **passare alla ~** to go on the counterattack

controindicazione [kon·tro·in·di·ka·'tsioː·ne] *f* MED contraindication

controllare [kon·trol·'laː·re] **I.** *vt* **1.** (*documenti, biglietti*) to check **2.** (*attività*) to keep a watch on **3.** (*mercato, emozioni*) to control **II.** *vr:* **-rsi** to control oneself; **non riuscire a -rsi** not to be able to control oneself

controllo [kon·'trɔl·lo] *m* **1.** (*verifica*) check; **~ dei biglietti** ticket inspection; **visita di ~** MED checkup **2.** *fig* (*di gesti, emozioni*) control; **perdere il ~** to lose control

controllore [kon·trol·'loː·re] *m* **1.** FERR guard **2.** AERO **-i di volo** [*o* **del traffico aereo**] air traffic controller

contromano [kon·tro·'maː·no] *avv* on the wrong side of the road

contropiede [kon·tro·'piɛː·de] *m* **prendere** [*o* **cogliere**] **qu in ~** *fig* to wrong-foot sb

controversia [kon·tro·'vɛr·sia] <-ie> *f* controversy

controverso, **-a** [kon·tro·'vɛr·so] *agg* controversial

controvoglia [kon·tro'vɔʎ·ʎa] *avv* reluctantly

contundente [kon·tun·'dɛn·te] *agg* (*arma*) blunt

contusione [kon·tu·'zioː·ne] *f* bruise

contuso, -a [kon·'tuː·zo] *agg* bruised

convalescente [kon·va·leʃ·'ʃɛn·te] *agg, mf* convalescent

convalescenza [kon·va·leʃ·'ʃɛn·tsa] *f* convalescence

convalida [kon·'vaː·li·da] *f* (*di biglietto*) stamping

convalidare [kon·va·li·'daː·re] *vt* (*biglietto*) to stamp

convegno [kon·'veɲ·ɲo] *m* conference

conveniente [kon·ve·'niɛn·te] *agg*

1. (*vantaggioso: prezzo*) low; (*economico: prodotto*) inexpensive **2.** (*adatto: atteggiamento*) suitable

convenienza [kon·ve·ˈniɛn·tsa] *f* **1.** (*cortesia*) **visita di ~** courtesy visit **2.** (*economicità: di prodotto*) inexpensiveness; (*di prezzo*) lowness; **matrimonio di ~** marriage of convenience

convenire [kon·ve·ˈniː·re] <irr> **I.** *vi essere o avere* **1.** (*tornare utile*) to be worthwhile; **ci conviene tentare** it's worth our while trying **2.** (*impersonale: essere opportuno*) it is advisable **3.** (*concordare*) **~ su qc** to agree on sth; **~ con qu** to agree with sb **4.** (*riunirsi*) to gather **II.** *vt avere* **~ un prezzo** to agree on a price

convento [kon·ˈvɛn·to] *m* convent

convenuto, -a **I.** *pp di* **convenire** **II.** *agg* agreed; **come ~** as agreed **III.** *m, f* **1.** GIUR defendant **2.** *pl* (*a riunione*) people present *pl*

convenzionale [kon·ven·tsio·ˈnaː·le] *agg* **1.** (*comune*) conventional **2.** *pej* (*banale*) conventional **3.** (*stabilito*) agreed

convenzione [kon·ven·ˈtsioː·ne] *f* **1.** (*accordo*) agreement **2.** *pl* (*regole tradizionali*) conventions *pl*

convergente [kon·ver·ˈdʒɛn·te] *agg* **1.** (*strade, linee*) converging **2.** PHYS *a. fig* (*coincidente: opinioni, indizi*) convergent

convergenza [kon·ver·ˈdʒɛn·tsa] *f a. fig* (*di propositi, idee*) convergence

convergere [kon·ˈvɛr·dʒe·re] <convergo, conversi, converso> *vi, vt* to converge

conversare [kon·ver·ˈsaː·re] *vi* to talk

conversazione [kon·ver·sa·ˈtsioː·ne] *f* conversation

conversione [kon·ver·ˈsioː·ne] *f* conversion; **~ monetaria** currency conversion

converso, -a [kon·ˈvɛr·so] *pp di* **convergere**

convertire [kon·ver·ˈtiː·re] **I.** *vt* **1.** (*trasformare*) **~ qc in qc** to convert sth into sth **2.** REL, POL **~ qu a qc** to convert sb to sth **3.** COMPUT to convert **II.** *vr* **1.** (*trasformarsi*) **-rsi in qc** to be converted into sth **2.** REL, POL **-rsi a qc** to convert to sth

convertito, -a [kon·ver·ˈtiː·to] **I.** *agg* converted **II.** *m, f* convert

convesso, -a [kon·ˈvɛs·so] *agg* (*lente*) convex; (*angolo*) salient

convincere [kon·ˈvin·tʃe·re] <irr> **I.** *vt* **~ qu** (**di qc**) to convince sb (of sth); **mi hanno convinto a venire** they convinced me to come **II.** *vr* **-rsi** (**di qc**) to be convinced (of sth)

convinzione [kon·vin·ˈtsioː·ne] *f* conviction

convitto [kon·ˈvit·to] *m* boarding school

convivenza [kon·vi·ˈvɛn·tsa] *f* **1.** (*di persone*) living together **2.** (*di popoli*) coexistence

convivere [kon·ˈviː·ve·re] <irr> *vi essere o avere* **1.** (*persone*) to live together **2.** (*popoli, idee, dialetti*) to coexist

convocare [kon·vo·ˈkaː·re] *vt* **1.** POL, ADM (*indire: riunione*) to call; (*seduta*) to convene **2.** (*invitare*) to summon

convocazione [kon·vo·ka·ˈtsioː·ne] *f* **1.** POL, ADM (*di riunione*) calling; (*di seduta*) convening **2.** (*invito, in tribunale*) summons

convoglio [kon·ˈvɔʎ·ʎo] <-gli> *m* (*di navi, veicoli*) convoy

convulsione [kon·vul·ˈsioː·ne] *f* MED convulsion

convulso, -a *agg* **1.** MED convulsive; **tosse -a** whooping cough **2.** (*pianto, riso*) convulsive **3.** *fig* (*lavoro, attività*) feverish **4.** *fig* (*parole, discorso*) confused

cooperare [ko·o·pe·ˈraː·re] *vi* (*collaborare*) to cooperate; **~ a qc** to cooperate in sth

cooperativa [ko·o·pe·ra·ˈtiː·va] *f* cooperative

coordinamento [ko·or·di·na·ˈmen·to] *m* coordination

coordinare [ko·or·di·ˈnaː·re] *vt* to coordinate

coordinata [ko·or·di·ˈnaː·ta] *f* coordinate; **mandami le tue -e** send me your details; **-e bancarie** bank details

coordinato, -a *agg* (*armonioso: movimento*) coordinated

coordinatore, -trice [ko·or·di·na·ˈtoː·re] *m, f* coordinator

coordinazione [ko·or·di·na·ˈtsioː·ne] *f* coordination

coperchio [ko·'pɛr·kio] <-chi> *m* lid; (*di flacone*) top

coperta [ko·'pɛr·ta] *f* **1.** (*panno*) blanket **2.** NAUT (*ponte*) deck

copertina [ko·per·'tiː·na] *f* (*di libro*) cover; (*di disco*) sleeve

coperto [ko·'pɛr·to] *m* **1.** (*in tavola*) cover charge **2.** (*luogo riparato*) **stare al ~** to be under cover

coperto, -a **I.** *pp di* **coprire** **II.** *agg* **1.** (*struttura*) covered; (*luogo*) indoor **2.** FIN (*assegno, rischio*) covered **3.** METEO (*cielo, tempo*) overcast **4.** (*cosparso*) **essere ~ di qc** to be covered with sth

copertone [ko·per·'toː·ne] *m* MOT tire

copertura [ko·per·'tuː·ra] *f* **1.** (*rivestimento*) cover **2.** *fig* (*di attività illegale*) cover **3.** FIN, TV coverage

copia ['kɔː·pia] <-ie> *f* **1.** (*trascrizione*) copy; **~ di sicurezza** COMPUT backup copy **2.** (*riproduzione*) duplicate

copiare [ko·'piaː·re] *vt* to copy

copione [ko·'pioː·ne] *m* THEAT, FILM script

coppa ['kɔp·pa/'kop·pa] *f* **1.** (*recipiente*) cup; **~ da gelato** ice-cream bowl **2.** (*contenuto*) cup(ful); **~ di gelato** bowl of ice cream **3.** SPORT (*trofeo*) cup **4.** (*di reggiseno*) cup

coppia ['kɔp·pia] <-ie> *f* **1.** *a.* SPORT pair; **a -ie, in ~** in pairs **2.** (*due persone*) couple

copricapo [ko·pri·'kaː·po] *m* hat

copricostume [ko·pri·kos·'tuː·me] <-> *m* beach robe

copridivano [kɔ·pri·di·'vaː·no] *m* sofa cover

coprii [ko·'priː·i] *1. pers sing pass rem di* **coprire**

copriletto [ko·pri·'lɛt·to] <-> *m* bedspread

copripiumone [ko·pri·piu·'moː·ne] <-> *m* comforter cover

coprire [ko·'priː·re] <copro, coprii *o* copersi, coperto> **I.** *vt* **1.** (*gener*) to cover **2.** (*riempire*) **~ qu di baci** to shower sb with kisses **3.** *fig* (*carica*) to hold **II.** *vr:* **-rsi 1.** FIN to cover oneself **2.** (*cielo*) to become overcast **3.** (*colmarsi*) **-rsi di qc** to cover oneself with sth **4.** (*con vestiti*) to wrap up; **-rsi bene** to wrap up well

copy ['kɔ·pi] <-> *mf* copywriter

coque [kɔk] <-> *f* **uovo alla ~** soft-boiled egg

coraggio [ko·'rad·dʒo] *m* **1.** (*forza d'animo*) courage; **avere il ~ di fare qc** to have the courage to do sth **2.** (*sfacciataggine*) nerve

coraggioso, -a [ko·rad·'dʒoː·so] *agg* brave

corale [ko·'raː·le] **I.** *agg* MUS choral **II.** *m* MUS chorale

corano [ko·'raː·no] *m* Koran

corazza [ka·'rat·tsa] *f* **1.** MIL armor **2.** ZOO shell

corazzato, -a [ko·rat·'tsaː·to] *agg* **1.** MIL armored **2.** (*rinforzato: vetro*) toughened **3.** (*protetto: persona*) hardened

corda ['kɔr·da] *f* **1.** (*fune*) rope; **essere giù di ~** *fig* to be feeling down; **tirar troppo la ~** *fig* to push it *inf* **2.** (*per pacchi*) string **3.** SPORT rope **4.** MUS string; **strumenti a ~** string(ed) instruments **5.** (*di arco*) string **6.** ANAT **-e vocali** vocal cords

cordiale [kor·'diaː·le] *agg* friendly; **"-i saluti"** (*nelle lettere*) "kind regards"

cordialità [kor·dia·li·'ta] <-> *f* **1.** (*affabilità*) friendliness; **accogliere qu con ~** to give sb a warm welcome **2.** *pl* (*saluti*) best wishes *pl*

cordialmente [kor·dial·'men·te] *avv* **1.** (*accogliere*) warmly; **'~,** (*nelle lettere*) "best wishes" *pl* **2.** (*odiare*) intensely

cordoglio [kor·'dɔʎ·ʎo] <-gli> *m* grief

cordone [kor·'doː·ne] *m* **1.** (*di tenda*) rope **2.** ANAT **~ ombelicale** umbilical cord **3.** EL cord **4.** (*sbarramento*) cordon

coreografia [ko·reo·gra·'fiː·a] *f* choreography

coreografo, -a [ko·re·'ɔː·gra·fo] *m, f* choreographer

coriaceo, -a [ko·'riaː·tʃeo] *agg* **1.** (*duro*) leathery **2.** *fig* (*insensibile*) hard

coriandolo [ko·'rian·do·lo] *m* **1.** BOT cilantro **2.** *pl* (*di carnevale*) confetti

coricare [ko·ri·'kaː·re] **I.** *vt* (*distendere*) to lay down **II.** *vr:* **-rsi** to go to bed

cornetta [kor·ˈnet·ta] *f inf* (*di telefono*) receiver

cornetto [kor·ˈnet·to] *m* **1.** (*amuleto*) horn-shaped amulet **2.** CULIN croissant

cornice [kor·ˈniː·tʃe] *f* **1.** (*di quadro, specchio*) frame **2.** (*ambientazione*) setting

corniciaio [kor·ni·ˈtʃaː·io] <-ai> *m* framemaker

corno[1] [ˈkɔr·no] <-e, -a> *m* **1.** ZOO (*di toro*) horn; (*di cervo, dell'alce*) antler *inf* **2.** *pl fig inf* (*tradimento*) **fare le -a alla moglie/al marito** to cheat on one's wife/one's husband **3.** *inf* (*niente*) **non me ne importa un ~** I don't give a damn *inf* **4.** *inf* (*scongiuro*) **fare le -a** to cross one's fingers

corno[2] *m* **1.** (*sostanza*) horn **2.** (*da scarpe*) shoehorn **3.** MUS horn

cornuto, -a [kor·ˈnuː·to] **I.** *agg* **1.** ZOO (*animale*) horned **2.** *fig inf* (*persona*) cheated on **II.** *m, f* **1.** *fig inf* (*persona tradita*) man [*o* woman] who has been cheated on **2.** *vulg* (*insulto*) bastard *vulg*

corona [ko·ˈroː·na] *f* **1.** *a. fig* crown **2.** (*oggetto*) wreath

coronamento [ko·ro·na·ˈmen·to] *m* (*di sogni*) fulfillment; (*di carriera*) crowning achievement

coronare [ko·ro·ˈnaː·re] *vt* **1.** *fig* (*sogno*) to fulfill; (*carriera*) to be the crowning achievement of **2.** (*cingere*) to ring

coronaria [ko·ro·ˈnaː·ria] <-ie> *f* ANAT coronary artery

corpo [ˈkɔr·po] *m* **1.** (*materia*) substance; **-i celesti** heavenly bodies **2.** (*oggetto*) object; **~ del reato** GIUR corpus delicti **3.** (*umano e animale*) body; **guardia del ~** bodyguard; **anima e ~** body and soul **4.** (*cadavere*) body **5.** (*forma*) substance; **prendere ~** to take shape **6.** (*insieme di persone*) body **7.** MUS (*cassa*) body **8.** (*loc*) **andare di ~** *inf* to have a bowel movement

corporale [kor·po·ˈraː·le] *agg* (*bisogni*) bodily; (*punizione*) corporal

corporatura [kor·po·ra·ˈtuː·ra] *f* physique

corporazione [kor·po·ra·ˈtsioː·ne] *f* COM, ADM association

corporeo, -a [kor·ˈpɔː·reo] <-ei, -ee> *agg* (*del corpo umano*) body

corposo, -a [kor·ˈpoː·so] *agg* **1.** (*voluminoso*) fat **2.** (*vino*) full-bodied

corpulento, -a [kor·pu·ˈlɛn·to] *agg* stout

Corpus Domini [ˈkɔr·pus ˈdɔː·mi·ni] <-> *m* Corpus Christi

corredare [kor·re·ˈdaː·re] *vt* to equip; **~ qc di qc** to equip sth with sth

corredo [kor·ˈrɛː·do] *m* **1.** (*di sposa*) trousseau **2.** (*di laboratorio*) equipment

correggere [kor·ˈrɛd·dʒe·re] <irr> **I.** *vt* to correct **II.** *vr* **-rsi di qc** to break oneself of sth

corrente [kor·ˈrɛn·te] **I.** *agg* **1.** (*acqua*) running **2.** (*mese, anno*) current **3.** FIN **conto ~** checking account **II.** *m* **essere al ~ di qc** to know about sth **III.** *f* **1.** (*di fiume, mare*) current **2.** (*~ (d'aria)*) draft **3.** EL current; **presa di ~** socket **4.** *fig* (*moda, tendenza*) trend; **seguire la ~** *fig* to follow the trend; **andare contro ~** *fig* to swim against the tide

correntemente [kor·ren·te·ˈmen·te] *avv* **1.** (*bene*) fluently **2.** (*comunemente*) commonly

correre [ˈkor·re·re] <corro, corsi, corso> **I.** *vi essere o avere* **1.** (*persona*) to run; **~ a gambe levate** to run as fast as one's legs can carry one **2.** (*in auto, moto*) to drive fast **3.** SPORT (*gareggiare*) to race **4.** *fig* (*strade*) to run **5.** (*tempo*) to fly **II.** *vt avere* **1.** SPORT (*distanza*) to run; (*gara*) to race in **2.** (*rischio*) to run

corressi [kor·ˈrɛs·si] *1. pers sing pass rem di* **correggere**

correttezza [kor·ret·ˈtet·tsa] *f* correctness

corretto, -a [kor·ˈrɛt·to] **I.** *pp di* **correggere** **II.** *agg* **1.** (*affermazione, risposta*) correct **2.** (*compito, bozza*) corrected **3.** (*caffè*) laced; **un caffè ~ alla grappa** a coffee laced with grappa

correttore, -trice [kor·ret·ˈtoː·re] *m, f* **~ di bozze** proofreader

correzione [kor·re·ˈtsioː·ne] *f* (*di difetto, compiti*) correction; **~ di bozze** proofreading

corridoio [kor·ri·ˈdoː·io] <-oi> *m* **1.** (*di*

edificio, treno) corridor **2.** (*di aereo*) aisle

corridore, **-trice** [kor·ri·'do:·re] *m, f* (*automobilista*) race car driver; (*ciclista*) racing cyclist; (*podista*) runner

corriera [kor·'riɛ:·ra] *f* bus

corriere [kor·'riɛ:·re] *m* **1.** (*spedizioniere*) courrier **2.** (*titolo di giornale*) Courier

corrimano [kor·ri·'ma:·no] *m* (*di scala, barca*) handrail

corrispettivo [kor·ris·pet·'ti:·vo] *m* compensation

corrispettivo, **-a** *agg* corresponding

corrispondente [kor·ris·pon·'dɛn·te] **I.** *agg* corresponding **II.** *mf* (*di giornale*) correspondent; ~ **dall'estero** foreign correspondent

corrispondenza [kor·ris·pon·'dɛn·tsa] *f* **1.** (*lettere*) correspondence **2.** (*coincidenza*) connection

corrispondere [kor·ris·'pon·de·re] <irr> **I.** *vi* **1.** (*equivalere*) ~ **a qc** to correspond to sth **2.** (*soddisfare*) ~ **a qc** to meet sth **3.** (*per lettera*) to correspond **II.** *vt* **1.** (*pagare*) to pay **2.** (*sentimenti*) to reciprocate

corrodere [kor·'ro:·de·re] <irr> **I.** *vt* (*metalli*) to corrode; (*rocce*) to erode **II.** *vr:* **-rsi** (*metalli*) to corrode; (*rocce*) to erode

corrompere [kor·'rom·pe·re] <irr> **I.** *vt* **1.** *fig* (*con denaro*) to bribe **2.** (*moralmente*) to corrupt **3.** (*acqua, aria*) to contaminate **4.** COMPUT (*file*) to corrupt **II.** *vr:* **-rsi** **1.** (*depravarsi*) to be corrupted **2.** COMPUT (*file*) to become corrupted

corrosi *1. pers sing pass rem di* **corrodere**

corrosione [kor·ro·'zio:·ne] *f* (*di metallo*) corrosion; (*di rocce*) erosion

corrosivo, **-a** *agg* corrosive

corroso *pp di* **corrodere**

corrotto *pp di* **corrompere**

corrugare [kor·ru·'ga:·re] **I.** *vt* (*fronte*) to wrinkle; ~ **le sopracciglia** to frown **II.** *vr:* **-rsi** to wrinkle

corruppi [kor·'rup·pi] *1. pers sing pass rem di* **corrompere**

corruttore, **-trice** [kor·rut·'to:·re] **I.** *agg* corrupting **II.** *m, f* **1.** (*di giudici*) briber **2.** (*seduttore: di giovani*) corrupter

corruzione [kor·ru·'tsio:·ne] *f* **1.** (*con denaro*) bribery **2.** (*seduzione*) corruption

corsa ['kor·sa] *f* **1.** (*il correre*) running; **di** ~ in a hurry; **fare una** ~ (*gara*) to have a race **2.** SPORT (*gara*) race; **cavallo da** ~ racehorse **3.** (*di mezzo pubblico*) trip; **l'ultima ~ è alle 23:00** the last bus is at 11 o'clock **4.** (*movimento*) motion

corsi ['kor·si] *1. pers sing pass rem di* **correre**

corsia [kor·'si:·a] <-ie> *f* **1.** MED (*di ospedale*) ward **2.** (*di strada*) lane; ~ **di emergenza** shoulder **3.** SPORT lane

Corsica ['kɔr·si·ka] *f* Corsica; **abitare in** ~ to live in Corsica; **andare in** ~ to go to Corsica

corsivo [kor·'si:·vo] *m* italics *pl*

corsivo, **-a** *agg* (*scrittura, testo*) italic

corso[1] ['kor·so] *m* **1.** (*andamento*) course; **seguire** [*o* **fare**] **il suo** ~ to take its course; **in ~ di stampa** at the printers **2.** (*insegnamento*) course **3.** (*studente*) **fuori** ~ to have failed to finish one's course by the deadline **4.** FIN circulation; **moneta fuori** ~ money that is no longer in circulation **5.** (*strada*) main street

corso[2] *pp di* **correre**

corso, **-a** ['kɔr·so] *agg, m, f* Corsican

corte ['kor·te] *f* **1.** (*reggia*) court **2.** ARCH courtyard **3.** GIUR court; ~ **d'appello** appeals court; **Corte di Cassazione** ≈ Court of Appeals **4.** (*corteggiamento*) courtship

corteccia [kor·'tet·tʃa] <-cce> *f* **1.** (*di albero*) bark **2.** MED cortex

corteggiare [kor·ted·'dʒa:·re] *vt* to court

corteggiatore, **-trice** [kor·ted·dʒa·'to:·re] *m, f* suitor

corteo [kor·'tɛ:·o] *m* **1.** (*di matrimonio, funerale*) procession **2.** (*manifestazione*) march

cortese [kor·'te:·ze] *agg* (*garbato: parola, gesto*) polite; (*gentile: persona*) kind

cortesia [kor·te·'zi:·a] <-ie> *f* **1.** (*gentilezza*) politeness; **per** ~ please **2.** (*favore*) favor; **fammi la ~ di uscire** would you mind leaving?

cortile [kor·'tiː·le] *m* (*di edificio*) courtyard; (*di casa colonica*) farmyard

cortina [kor·'tiː·na] *f* (*tenda*) curtain

corto, -a ['kor·to] **I.** *agg* short; **essere a ~ di soldi** to be short of money; **per farla -a** in short **II.** *avv* **tagliar ~** to get straight to the point

cortocircuito [kor·to·tʃir·'kuː·ito] *m* short circuit

corvo ['kɔr·vo] *m* crow

cosa ['kɔː·sa] *f* **1.** (*entità*) thing; **è ~ fatta** it's a done deal; **non è una gran ~** it's nothing special; **è la stessa ~** it's all the same thing; **è tutt'altra ~** it's quite another matter; **ho le mie -e** *inf* (*mestruazioni*) I've got my period; **dimmi una ~** tell me something; **sai una ~? …** do you know something? …; **per prima ~** first of all; **fra le altre -e** among other things; **tante** (**belle**) **-e!** (*auguri*) all the best!; **qualche ~** something; **qualsiasi ~ succeda** whatever happens **2.** (*nelle interrogative*) (**che**) **~?** what?; **a che ~ serve?** what's it for?; **a** (**che**) **~ pensi?** what are you thinking about? **3.** (*situazione*) thing; **le -e si mettono male** things are turning out badly; **raccontami come sono andate le -e** tell me how things went

coscia ['kɔʃ·ʃa] <-sce> *f* **1.** ANAT thigh **2.** CULIN (*di pollo, maiale*) leg

cosciente [koʃ·'ʃɛn·te] *agg* **1.** (*consapevole*) aware **2.** MED (*lucido: paziente*) conscious

coscienza [koʃ·'ʃɛn·tsa] *f* **1.** (*consapevolezza*) awareness **2.** MED (*lucidità*) consciousness; **perdere/riacquistare la ~** to lose/to regain consciousness **3.** (*valori morali*) conscience; **avere la ~ pulita/sporca** to have a clear/guilty conscience; **avere qc sulla ~** to have sth on one's conscience **4.** (*senso del dovere*) conscientiousness; **agire con ~** to act conscientiously **5.** (*onestà*) honesty

coscienzioso, -a [koʃ·ʃen·'tsioː·so] *agg* (*persona, opera, lavoro*) conscientious

cosentino, -a **I.** *agg* from Cosenza **II.** *m, f* (*abitante*) person from Cosenza

Cosenza *f* Cosenza *a city in Southern Italy*

così [ko·'si] **I.** *avv* **1.** (*in questo modo*) like this; **come va? — ~ ~** how's it going? — so-so; **non devi fare ~** you shouldn't do it like that; **per ~ dire** so to speak; **e ~ via** and so on; **è proprio ~** it's exactly like that **2.** (*tanto*) so **3.** (*correlativo di come*) **~ … come** both … and **II.** <inv> *agg* (*siffatto*) like that **III.** *cong* **1.** (*perciò*) so **2.** (*nel modo*) **~ … come** as … as; **~ sia** amen

cosicché [ko·sik·'ke] *cong* so

cosiddetto, -a [ko·sid·'det·to] *agg* so-called

cosmetico [kos·'mɛː·ti·ko] <-ci> *m* cosmetic

cosmetico, -a <-ci, -che> *agg* (*prodotto, cura, azienda*) cosmetic

cosmo ['kɔz·mo] *m* cosmos

cosmonauta [koz·mo·'naːu·ta] <-i , -e> *mf* astronaut

cosmonautico, -a [koz·mo·'naːu·ti·ko] <-ci, -che> *agg* astronautical

cosmonave [koz·mo·'naː·ve] *f* spaceship

cosmopolita [koz·mo·po·'liː·ta] <-i , -e> **I.** *mf* cosmopolitan **II.** *agg* (*persona, città*) cosmopolitan

cospargere [kos·'par·dʒe·re] <irr> *vt* to sprinkle; **~ qc di qc** to sprinkle sth with sth

cospicuo, -a [kos·'piː·kuo] *agg* considerable

cospirare [kos·pi·'raː·re] *vi* to conspire

cospiratore, -trice [kos·pi·ra·'toː·re] *m, f* conspirator

cospirazione [kos·pi·ra·'tsioː·ne] *f* conspiracy

cossi ['kɔs·si] *1. pers sing pass rem di* **cuocere**

costa ['kɔs·ta] *f* **1.** GEOG coast **2.** BOT (*nervatura*) rib **3.** (*di libro*) spine **4.** (*di coltello*) back **5.** (*di tessuto*) ribbing; **velluto a -e** corduroy

costante [kos·'tan·te] **I.** *agg* **1.** (*continuo*) constant **2.** (*stabile: tempo*) unchanging **3.** (*persona*) persevering **4.** (*sentimenti, desideri*) constant **II.** *f* constant

costanza [kos·'tan·tsa] *f* perseverance

Costanza [kos·'tan·tsa] *f* Constance; **Lago di ~** Lake Constance

costare [kos·'taː·re] *vi, vt essere* **1.** (*avere il prezzo di*) to cost; ~ **caro** to be expensive; ~ **poco** to be inexpensive; **quanto costa?** how much is it? **2.** (*essere caro*) to be expensive

costata [kos·'taː·ta] *f* (*bistecca*) chop

costeggiare [kos·ted·'dʒaː·re] *vt* **1.** NAUT to sail along **2.** (*strada, sentiero*) to run along the side of

costei *v.* **costui**

costiera [kos·'tiɛː·ra] *f* coast

costiero, -a [kos·'tiɛː·ro] *agg* (*strada, zona*) coastal

costituire [kos·ti·tu·'iː·re] <costituisco> **I.** *vt* **1.** (*fondare: società*) to set up **2.** (*rappresentare*) to constitute **3.** (*formare*) to make up; **essere costituito da** to consist of **II.** *vr:* **-rsi** **1.** GIUR (*consegnarsi alla giustizia*) to turn oneself in **2.** (*formarsi*) to be formed

costituzione [kos·ti·tu·'tsioː·ne] *f* **1.** GIUR, MED constitution **2.** (*di società*) setting-up; (*di società, giuria*) formation

costo ['kɔs·to] *m a. fig* cost; **sotto** ~ for less than cost price; **a qualunque** [*o* **ogni**] ~**, a tutti i -i** at all costs

costola ['kɔs·to·la] *f* ANAT, BOT rib

costoletta [kos·to·'let·ta] *f* CULIN cutlet

costoro [kos·'toː·ro] *v.* **costui**

costoso, -a [kos·'toː·so] *agg* expensive

costringere [kos·'trin·dʒe·re] <irr> *vt* to force; ~ **qu a fare qc** to force sb to do sth

costruire [kos·tru·'iː·re] <costruisco> *vt* **1.** ARCH (*edificare*) to build **2.** TEC (*assemblare*) to construct **3.** *fig* (*società, vita*) to build

costruttore, -trice [kos·trut·'toː·re] *m, f* (*imprenditore edile*) builder

costruzione [kos·tru·'tsioː·ne] *f* **1.** (*edificio*) building **2.** (*fabbricazione*) construction; **essere in** ~ to be under construction **3.** *fig* (*di società, vita*) building

costui, costei [kos·'tuː·i, kos·'tɛː·i] <costoro> *pron dem* he *m*, she *f*

costume [kos·'tuː·me] *m* **1.** THEAT costume **2.** (*foggia di vestire*) dress; ~ **da bagno** (*da donna*) bathing suit; (*da uomo*) trunks *pl* **3.** (*usanze*) custom **4.** (*abitudine*) habit

cotechino [ko·te·'kiː·no] *m pork and bacon sausage, boiled and served with lentils*

cotoletta [ko·to·'let·ta] *f* CULIN (*di maiale*) chop; (*di vitello*) cutlet

cotone [ko·'toː·ne] *m* cotton

cotta ['kɔt·ta] *f inf* (*passione*) crush; **avere una** ~ **per qu** to have a crush on sb

cottimo ['kɔt·ti·mo] *m* piecework; **lavorare a** ~ to do piecework

cotto, -a **I.** *pp di* **cuocere** **II.** *agg* **1.** CULIN (*pronto*) done **2.** (*bollito*) boiled; (*preparato: al forno*) roast; (*in padella*) fried; (*in umido*) stewed; **ben** ~ well done **3.** *inf* (*innamorato*) **essere** ~ **di qu** to be smitten with sb **4.** *inf* (*sfinito*) done in *inf*

cottura [kot·'tuː·ra] *f* CULIN cooking; (*bollitura: in acqua*) boiling; (*in padella*) frying; (*in umido*) stewing; (*in forno*) baking; **raggiungere il punto di** ~ to be done

covo ['koː·vo] *m* **1.** ZOO lair **2.** *fig* (*nascondiglio*) den

cozza ['kɔt·tsa] *f* mussel

cozzare [kot·'tsaː·re] *vi* **1.** (*sbattere*) ~ **contro qu/qc** to bang into sb/sth **2.** *fig* (*mettersi in contrasto*) ~ **con qc** to clash with sth

C.P. *abbr di* **Casella Postale** P.O. box

crac [krak] <-> *m* **1.** (*rumore*) crack **2.** *fig* COM (*fallimento*) crash

cracker ['kræ·kə/'krɛ·ker] <-> *m* **1.** (*galletta*) cracker **2.** COMPUT (*pirata*) cracker

cranio ['kraː·nio] <-i> *m* skull

cravatta [kra·'vat·ta] *f* tie

crawl [krɔːl] <-> *m* crawl; **nuotare a** ~ to swin the crawl

creare [kre·'aː·re] *vt* **1.** (*gener*) to create **2.** (*nella moda*) to design **3.** COM (*società*) to set up **4.** (*nominare*) to appoint

creatività [kre·a·ti·vi·'ta] <-> *f* creativity

creativo, -a [kre·a·'tiː·vo] **I.** *agg* creative **II.** *m, f* (*in pubblicità*) copywriter

creatore, -trice [kre·a·'toː·re] **I.** *agg* creative **II.** *m, f* **1.** (*autore, ideatore*) creator **2.** (*di moda, di profumi*) designer

creatura [kre·a·'tuː·ra] *f* **1.** (*essere umano*) creature **2.** (*bambino*) baby **3.** *fig* (*cosa creata*) creation

creazione [kre·a·'tsioː·ne] *f* **1.** (*il creare*)

creation **2.** (*fondazione, realizzazione*) setting-up **3.** (*nella moda*) design

crebbi ['kreb·bi] *1. pers sing pass rem di* **crescere**

credei [kre·'de:·i] *1. pers sing pass rem di* **credere**[1]

credente [kre·'dɛn·te] **I.** *agg* believing **II.** *mf* REL believer

credenza [kre·'dɛn·tsa] *f* **1.** (*mobile*) hutch **2.** (*tradizione*) belief

credere[1] ['kre:·de·re] <credo, credetti *o* credei, creduto> **I.** *vt* **1.** (*ritenere vero*) to believe; **io non ci credo** I don't believe it; **lo credo bene!** *inf* I should think so! **2.** (*ritenere*) to think; **credo che ...** *+conj* I think (that) ... **3.** (*ritenere opportuno*) to think; **fa come credi** do as you like **II.** *vi* to believe; **~ in qu/qc** to believe in sb/sth; **~ a qu** to believe sb; **non potevo ~ ai miei occhi** I couldn't believe my eyes **III.** *vr:* **-rsi** to think oneself; **-rsi furbo/intelligente** to think one is smart/intelligent

credere[2] *m* (*opinione*) opinion

credibilità [kre·di·bi·li·'ta] <-> *f* credibility

creditizio, -a [kre·di·'ti·tsio] <-i, -ie> *agg* (*politica, mediazione*) credit

credito ['kre:·di·to] *m* **1.** COM, FIN credit; **essere in ~** to be in credit; **~ d'imposta** tax credit **2.** (*voto, valutazione*) credit; **~ scolastico** school credit **3.** *fig* (*attendibilità*) credit; **godere di molto ~** to be held in high esteem

creditore, -trice [kre·di·'to:·re] *agg, m, f* creditor

crema ['krɛ:·ma] **I.** *f* **1.** (*panna*) cream; **gelato alla ~** vanilla ice cream; **la ~ della società** *fig* the cream of society **2.** CULIN (*passato*) purée; **~ di pomodoro** tomato purée; (*per dolci*) cream **3.** (*cosmetico*) cream; **~ per le mani** handcream; **~ solare** suntan lotion **4.** (*per scarpe*) polish; **~ da scarpe** shoe polish **II.** <inv> *agg* (**color**) **~** cream(-colored)

cremare [kre·'ma:·re] *vt* to cremate

crematorio [kre·ma·'tɔ:·rio] <-i> *m* crematorium

cremazione [kre·ma·'tsio:·ne] *f* cremation

Cremona [kre·'mo:·na] *f* Cremona *city in northern Italy*

cremonese [kre·mo·'ne:·se] *agg, mf* Cremonese

cren [krɛn] <-> *m* CULIN horseradish sauce

crepa ['krɛ:·pa] *f* crack

crepacuore [kre·pa·'kuɔ:·re] *m* (*dolore*) heartbreak; **morire di ~** to die of a broken heart

crepare [kre·'pa:·re] **I.** *vi essere fig inf* (*morire*) to kick the bucket *inf;* **~ dal caldo/dalla sete/fame** to be dying from the heat/of thirst/of hunger; **~ di paura** to be scared to death; **in bocca al lupo! — crepi (il lupo)!** *inf* good luck! — thanks! **II.** *vr:* **-rsi** (*muro, terra, pelle*) to crack

crepuscolo [kre·'pus·ko·lo] *m a. fig* twilight

crescendo [kre·'ʃɛn·do] *m a. fig* crescendo

crescente [kreʃ·'ʃɛn·te] *agg* **1.** (*luna*) waxing; (*marea*) rising **2.** (*attenzione, partecipazione, malcontento*) growing

crescere ['kreʃ·ʃe·re] <cresco, crebbi, cresciuto> **I.** *vi essere* **1.** (*svilupparsi*) to grow; **come sei cresciuto!** how you've grown! **2.** (*spuntare: denti*) to come through **3.** (*aumentare*) to increase; **~ di peso/volume** to increase in weight/volume **4.** (*diventare adulto*) to grow up **II.** *vt avere* (*allevare: figli*) to raise

crescione [kreʃ·'ʃo:·ne] *m* watercress

crescita ['kreʃ·ʃi·ta] *f* **1.** (*sviluppo*) growth **2.** (*aumento*) increase

cresciuto [kreʃ·'ʃu:·to] *pp di* **crescere**

cresco ['kres·ko] *1. pers sing pr di* **crescere**

cresima ['krɛ:·zi·ma] *f* REL confirmation

cresimare [kre·zi·'ma:·re] **I.** *vt* REL to confirm **II.** *vr:* **-rsi** REL to be confirmed

crespo ['kres·po] *m* crêpe

cretinata [kre·ti·'na:·va] *f inf* **1.** (*sciocchezza*) stupid thing **2.** (*cosa di poca importanza*) trifle

cretino, -a [kre·'ti:·no] **I.** *agg inf* stupid **II.** *m, f inf* (*stupido*) fool

CRI *f abbr di* **Croce Rossa Italiana** Italian Red Cross

cric [krik] <-> *m mot* jack

criceto [kri·'tʃɛː·to] *m* ZOO hamster

criminale [kri·mi·'naː·le] *agg* criminal

criminalità [kri·mi·na·li·'ta] <-> *f* **1.** (*delinquenza*) crime; **~ organizzata** organized crime **2.** (*caratteristica*) criminality

crimine ['kriː·mi·ne] *m* crime; **-i di guerra** war crimes

cripta ['krip·ta] *f* (*di chiesa*) crypt

criptare [krip·'taː·re] *vt* COMPUT to encrypt

criptato, -a [krip·'taː·to] *agg* COMPUT encrypted

crisi ['kriː·zi] <-> *f* **1.** (*periodo difficile*) crisis **2.** MED (*attacco*) attack; **~ epilettica** epileptic fit

cristianesimo [kris·tia·'neː·zi·mo] *m* REL Christianity

cristianità [kris·tia·ni·'ta] <-> *f* **1.** (*qualità*) Christianity **2.** (*tutti i cristiani*) Christendom

cristiano, -a [kris·'tiaː·no] **I.** *agg* REL Christian **II.** *m, f* **1.** REL Christian **2.** *fig inf* (*essere umano*) human being; **da ~** *inf* in a civilized manner; **essere un buon ~** *inf* to be a decent human being

critica ['kriː·ti·ka] <-che> *f* **1.** (*giudizio negativo*) criticism; **rivolgere -che a qu** to criticize sb **2.** (*valutazione*) criticism **3.** (*recensione*) review **4.** (*critici*) critics *pl*

criticare [kri·ti·'kaː·re] *vt* **1.** (*disapprovare*) to criticize **2.** LIT, FILM, THEAT (*valutare*) to review

critico, -a ['kriː·ti·ko] <-ci, -che> **I.** *agg* critical **II.** *m, f* LIT, FILM, THEAT critic; **~ letterario/musicale** literary/music critic

croccante [krok·'kan·te] **I.** *agg* (*biscotto, pane*) crunchy **II.** *m* CULIN brittle

crocchetta [krok·'ket·ta] *f* CULIN croquette

croce ['kroː·tʃe] *f* **1.** REL cross **2.** (*oggetto*) cross; **fare una ~ sopra qc** *fig* to forget about sth **3.** (*organizzazione*) **Croce Rossa** Red Cross **4.** (*di moneta*) tails; **testa o ~?** heads or tails?

crocevia [kro·tʃe·'viː·a] <-> *m* crossroads

crociera [kro·'tʃɛː·ra] *f* **1.** NAUT cruise **2.** AERO **velocità di ~** cruising speed

crocifissione [kro·tʃi·fis·'sioː·ne] *f* crucifixion

crocifisso [kro·tʃi·'fis·so] *m* REL (*immagine di Gesù*) crucifix

crollare [krol·'laː·re] *vi essere* **1.** (*costruzione*) to collapse **2.** (*persona*) to break down **3.** (*prezzi, azioni*) to fall

crollo ['krɔl·lo] *m* **1.** (*di casa, ponte*) collapse **2.** COM (*di prezzi, azioni*) fall **3.** *fig* (*di persona*) breakdown

cronaca ['krɔː·na·ka] <-che> *f* **1.** (*reportage*) commentary **2.** (*notizie*) news; **~ bianca** general news; **~ nera** crime news

cronico, -a ['krɔː·ni·ko] <-ci, -che> **I.** *agg* (*malattia, dolore*) chronic **II.** *m, f* chronic invalid

cronista [kro·'nis·ta] <-i , -e> *mf* columnist

cronologia [kro·no·lo·'dʒiː·a] <-gie> *f* chronology

cronologico, -a [kro·no·'lɔː·dʒi·ko] <-ci, -che> *agg* (*ordine, tavole*) chronological

cronometro [kro·'nɔː·met·ro] *m* **1.** (*orologio*) chronometer **2.** SPORT stopwatch

crosta ['krɔs·ta] *f* **1.** (*di pane*) crust; (*di formaggio*) rind **2.** MED scab

crostacei [kros·'taː·tʃei] *mpl* shellfish

crostino [kros·'tiː·no] *m* CULIN canapé

cruciverba [kru·tʃi·'vɛr·ba] <-> *m* crossword

crudele [kru·'deː·le] *agg* cruel

crudeltà [kru·del·'ta] <-> *f* **1.** (*di persona, animo*) cruelty **2.** (*azione*) act of cruelty

crudo, -a ['kruː·do] *agg* **1.** (*non cotto*) raw **2.** (*poco cotto*) undercooked **3.** *fig* (*verità*) stark

cruscotto [krus·'kɔt·to] *m* AUTO dashboard

c.s. *abbr di* **come sopra** as above

cubetto [ku·'bet·to] *m* (*di ghiaccio*) cube

cubico, -a ['kuː·bi·ko] <-ci, -che> *agg* cubic

cubo ['kuː·bo] **I.** *agg* cubic; **metro ~** cubic meter **II.** *m* cube

cuccetta [kut·'tʃet·ta] *f* NAUT (*di nave*)

berth; FERR (*di treno*) couchette

cucchiaiata [kuk·kia·'ia:·ta] *f* spoonful

cucchiaino [kuk·kia·'i:·no] *m* **1.** (*posata*) teaspoon **2.** (*quantità*) teaspoonful

cucchiaio [kuk·'kia:·io] <-ai> *m* **1.** (*posata*) spoon **2.** (*quantità*) spoonful

cuccia ['kut·tʃa] <-cce> *f* (*di cane*) dog basket; **a ~!** down!

cucciolata [kut·tʃo·'la:·ta] *f* litter

cucciolo, -a ['kut·tʃo·lo] *m, f* (*di cane*) puppy; (*di gatto*) kitten

cucina [ku·'tʃi:·na] *f* **1.** (*luogo*) kitchen; **~ componibile** [*o* **all'americana**] fitted kitchen **2.** (*arte, modo*) cooking; **libro di ~** cookbook **3.** (*apparecchio*) stove; **~ a gas** gas stove; **~ elettrica** electric stove

cucinare [ku·tʃi·'na:·re] *vi, vt* to cook

cucinino [ku·tʃi·'ni:·no] *m* kitchenette

cucire [ku·'tʃi:·re] *vt* **1.** (*orlo, abito*) to sew; **macchina da ~** sewing machine **2.** (*ferita*) to sew up

cucito [ku·'tʃi:·to] *m* (*tecnica*) sewing

cucito, -a *agg* sewn

cucitrice [ku·tʃi·'tri:·tʃe] *f* (*spillatrice*) stapler

cuffia ['kuf·fia] <-ie> *f* **1.** (*di lana*) hat **2.** (*impermeabile*) cap; **~ (da bagno)** (*per piscina*) swimming cap; **~ (da doccia)** shower cap **3.** TEL, RADIO headphones *pl*

cugino, -a [ku·'dʒi:·no] *m, f* cousin

cui ['ku:·i] *pron* **1.** (*con preposizioni*) **a ~** (*persona*) to whom; (*cosa*) to which; **con ~** (*persona*) with whom; (*cosa*) with which; **di ~** (*persona*) of whom; (*cosa*) of which; **in ~** in which; **per ~** (*persona*) for whom; (*cosa*) for which **2.** (*a cui*) to whom; (*cosa*) to which **3.** (*di cui*) whose

culinario, -a [ku·li·'na:·rio] <-i, -ie> *agg* culinary

culla ['kul·la] *f* cradle

culminare [kul·mi·'na:·re] *vi essere fig* (*arrivare all'apice*) **~ in qc** to culminate in sth

culmine ['kul·mi·ne] *m* **1.** *fig* (*apice: di carriera*) peak; (*apice: di potenza*) height **2.** (*di monte*) top

culo ['ku:·lo] *m vulg* ass *vulg;* **avere ~** to be lucky; **prendere qu per il ~** to take sb for a ride *inf;* **farsi il ~** [*o* **un ~ così**] to work one's ass off *vulg*

culto ['kul·to] *m* REL (*di reliquie, anime*) cult

cultura [kul·'tu:·ra] *f* **1.** (*conoscenze*) culture; **un uomo di ~** an educated man **2.** AGR crop

culturale [kul·tu·'ra:·le] *agg* cultural

culturismo [kul·tu·'riz·mo] *m* bodybuilding

culturista [kul·tu·'ris·ta] <-i , -e> *mf* bodybuilder

cumulare [ku·mu·'la:·re] *vt* (*contributi, ore lavorative*) to accumulate

cumulativo, -a [ku·mu·la·'ti:·vo] *agg* (*biglietto, sconto, prezzo*) inclusive

cumulo ['ku:·mu·lo] *m* (*mucchio*) heap

cuneo ['ku:·neo] *m* wedge

cuocere ['kuɔ:·tʃe·re] <cuocio, cossi, cotto> **I.** *vt avere* **1.** to cook; (*bollire*) to boil; (*in padella*) to fry; (*in umido*) to stew; (*in forno*) to bake; **~ alla griglia** to broil; **~ sulla brace** to grill **2.** (*ceramiche, mattoni*) to fire **II.** *vi essere* CULIN to cook; **il riso sta cuocendo** the rice is cooking

cuoco, -a ['kuɔ:·ko] <-chi, -che> *m, f* **1.** (*chi cucina*) cook **2.** (*di ristorante*) chef

cuoio ['kuɔ:·io] *m* **1.** (*pelle conciata*) leather **2.** ANAT **~ capelluto** scalp

cuore ['kuɔ:·re] *m* **1.** ANAT heart **2.** *fig* (*sede dei sentimenti*) heart; **amica del ~** bosom friend; **stare a ~** to be important; **spezzare il ~ a qu** *fig* to break sb's heart; **con tutto il ~** with all one's heart **3.** (*di carte da gioco*) hearts *pl* **4.** *fig* (*punto centrale*) heart; **nel ~ della notte** in the dead of night

cupo, -a ['ku:·po] *agg* **1.** (*colore*) dark **2.** (*notte, foresta*) pitch-black **3.** (*voce*) deep **4.** *fig* (*volto, sguardo*) sullen

cupola ['ku:·po·la] *f* dome

cura ['ku:·ra] *f* **1.** (*interessamento*) care; **prendersi ~ di qu** to take care of sb **2.** (*accuratezza*) care; **a ~ di ...** (*libro*) edited by ... **3.** MED treatment; **casa di ~** nursing home

curare [ku·'ra:·re] **I.** *vt* **1.** (*malato, malattia*) to treat **2.** (*occuparsi di: aziani, malati*) to take care of **3.** (*testo*) to edit

II. *vr:* **-rsi** 1. (*prendersi cura*) to take care of oneself 2. MED (*sottoporsi a una terapia*) to get treatment 3. (*preoccuparsi*) **-rsi di qc** to care about sth

curato [ku·ˈraː·to] *m* REL parish priest

curiosità [ku·rio·si·ˈta] <-> *f* curiosity

curioso, -a [ku·ˈrioː·so] I. *agg* 1. (*interessato*) curious 2. (*indiscreto*) nosy 3. (*bizzarro: oggetto, fatto*) curious II. *m, f* onlooker

cursore *m* COMPUT cursor

curva [ˈkur·va] *f* 1. (*su diagramma*) curve 2. (*stradale*) bend

curvare [kur·ˈvaː·re] I. *vi* 1. (*auto*) to turn 2. (*strada*) to bend II. *vt* 1. (*sbarra, ramo*) to bend 2. (*capo, fronte*) to bow III. *vr:* **-rsi** (*ramo*) to bend; (*persona*) to bend down

curvo, -a [ˈkur·vo] *agg* (*linea, legno*) curved; (*spalle, persona*) bent

cuscino [kuʃ·ˈʃiː·no] *m* 1. (*guanciale*) pillow 2. (*per poltrona, divano*) cushion

custode [kus·ˈtɔː·de] I. *mf* (*di museo*) attendant; (*di palazzo*) superintendent; (*di scuola*) janitor II. *agg* **angelo ~** guardian angel

custodia [kus·ˈtɔː·dia] <-ie> *f* 1. (*cura*) care; **dare qu/qc in ~ a qu** to entrust sb/sth to sb's care 2. GIUR **~ cautelare** custody 3. (*astuccio: di occhiali, violino*) case

custodire [kus·to·ˈdiː·re] <custodisco> *vt* to take care of; (*segreto*) to keep

cutaneo, -a [ku·ˈtaː·neo] *agg* skin; **eruzione -a** rash

cute [ˈkuː·te] *f* skin

CV 1. *abbr di* **Cavallo Vapore** h.p. 2. *abbr di* **curriculum vitae** résumé

cybercafé [sai·ber·ka·ˈfe] <-> *m* Internet café

cyberspazio [tʃi·ber·ˈspa·zio] <-i> *m* COMPUT cyberspace

D

D, d [di] <-> *f* D, d; **~ come Domodossola** D for Dog

d' *prep =* **di** *used before a vowel v.* **di**

D *abbr di* **Diretto** Dir.

da [da] <dal, dallo, dall', dalla, dai, dagli, dalle> *prep* 1. (*stato in luogo*) at; (*moto da luogo*) from; (*moto a luogo: con persone*) to; (*attraverso*) through; (*distanza*) from; **abito ~ mio zio** I live with my uncle; **andare ~ Torino a Stoccarda** to go from Turin to Stuttgart; **vado ~ un amico** I'm going to a friend's house; **vengo ~ casa** I've come from home 2. (*con verbi passivi*) by 3. (*causa*) with; **tremare dal freddo** to shiver with cold 4. (*tempo*) **~ principio** from the beginning; **~ domani** from tomorrow; **dal lunedì al venerdì** from Monday to Friday; (**fin**) **~ bambino** since childhood; **~ allora** since then; **~ cinque anni** for five years 5. (*fine, scopo*) **auto ~ corsa** racecar; **cane ~ caccia** hunting dog 6. (*modo*) like; **comportarsi ~ vero amico** to behave like a true friend; **ho fatto tutto ~ me** I did it all by myself; **~ solo** alone 7. (*qualità*) with; **una ragazza dai capelli rossi** a redheaded girl 8. (*valore*) **un gelato ~ due euro** a two euro ice cream 9. (*con inf*) **qualcosa ~ bere** something to drink; **non c'è niente ~ fare** there's nothing to be done

daccapo [dak·ˈkaː·po] *avv* again; **ricominciare ~** to start again

dado [ˈdaː·do] *m* 1. (*cubetto*) dice 2. CULIN bouillon cube 3. (*per bulloni*) nut

dagli, dai [ˈdaʎ·ʎi, ˈdaː·i] *prep =* **da + gli, i** *v.* **da**

dal [dal] *prep =* **da + il** *v.* **da**

dall', dalla, dallo, dalle [dall, ˈdal·la, ˈdal·lo, ˈdal·le] *prep =* **da + l', la, lo, le** *v.* **da**

daltonico, -a [dal·ˈtɔː·ni·ko] <-ci, -che> *agg* colorblind

dama [ˈdaː·ma] *f* (*gioco*) checkers; **giocare a ~** to play checkers

danese [da·ˈneː·se] I. *agg* Danish II. *mf* (*persona*) Dane

Danimarca [da·ni·ˈmar·ka] *f* Denmark; **abitare in ~** to live in Denmark; **andare in ~** to go to Denmark

dannare [dan·ˈnaː·re] I. *vt* **far ~ qu** to drive sb crazy II. *vr:* **-rsi** to fret

dannato, -a [dan·ˈnaː·to] *agg inf* damn

danneggiare [dan·ned·'dʒaː·re] *vt* 1. (*oggetto*) to damage 2. (*nuocere a*) to harm
danno ['dan·no] *m* damage; **far -i** to cause damage; **arrecare ~ a qc** to harm sth; **pagare i -i** to pay damages
dannoso, -a [dan·'noː·so] *agg* harmful
danza ['dan·tsa] *f* dance; **~ classica** classical ballet
danzare [dan·'tsaː·re] *vi, vt* to dance
danzatore, -trice [dan·tsa·'toː·re] *m, f* dancer
dappertutto [dap·per·'tut·to] *avv* everywhere
dapprima [dap·'priː·ma] *avv* at first
dare ['daː·re] <do, diedi *o* detti, dato> **I.** *vt* **1.** (*gener*) **~ qc a qu** to give sb sth; **~ una notizia a qu** to give sb some news; (*~ fuoco a qc*) to set sth on fire; (*~ uno sguardo a qc*) to look at sth; **darsi delle arie** to show off; **non darsi pace** to not be able to stop thinking about sth **2.** (*produrre: frutti*) to produce **3.** (*causare*) **~ preoccupazioni a qu** to worry sb; **~ un dispiacere a qu** to upset sb **4.** (*fare: lezione*) to give; **~ un esame** to take an exam; **~ una festa** to have a party **5.** (*dire*) to call; **~ del Lei/tu a qu** to call sb Lei/tu; **~ dell'imbecille a qu** to call sb an idiot **II.** *vi* **1.** (*guardare*) **~ su qc** to overlook sth; **la finestra dà sul cortile** the window overlooks the courtyard **2.** (*prorompere*) **~ in escandescenze** to go mad **3.** (*battere*) **~ in qc** to hit sth **4.** (*fare effetto*) **~ nell'occhio** to stick out; **~ alla testa** to go to one's head **III.** *vr:* **-rsi 1.** (*dedicarsi*) to devote oneself; **darsi alla pittura** to take up painting **2.** (*reciproco*) **ci siamo dati un bacio** we kissed **3.** (*loc*) **può darsi che ...** *+conj* perhaps ...; **darsela a gambe** to run away; **-rsi per vinto** to give in
dark [daːk/dark] <inv> *agg, mf* Goth
darsena ['dar·se·na] *f* dock
data ['daː·ta] *f* date; **~ di nascita** date of birth
datare [da·'taː·re] *vi essere* to date; **la nostra amicizia data dal 1998** our friendship dates back to 1998
dato ['daː·to] *m* datum; **-i anagrafici** personal data; **~ di fatto** fact; **banca -i** COMPUT data bank
dato, -a I. *pp di* **dare**[1] **II.** *agg* **1.** (*determinato*) certain **2.** (*considerato*) given; **~ che ...** since; **-e le circostanze** under the circumstances
datore, -trice [da·'toː·re] *m, f* **~ di lavoro** employer
dattero ['dat·te·ro] *m* **1.** (*frutto*) date **2.** (*pianta*) date palm
dattilografare [dat·ti·lo·gra·'faː·re] *vt* to type
dattilografo, -a [dat·ti·'lɔː·gra·fo] *m, f* typist
dattorno [dat·'tor·no] **I.** *avv* around **II.** *prep* **~ a** around
davanti [da·'van·ti] **I.** *avv* (*di fronte*) opposite; (*nella parte anteriore*) in front **II.** *prep* **~ a 1.** (*di fronte a*) in front of **2.** (*dirimpetto*) opposite **III.** <inv> *agg, m* front
davanzale [da·van·'tsaː·le] *m* windowsill
davanzo, d'avanzo [da·'van·tso] *avv* more than enough
davvero [dav·'veː·ro] *avv* really; **per ~** really and truly
d.C. *abbr di* **dopo Cristo** A.D.
dea ['dɛː·a] *f* goddess
debilitante [de·bi·li·'tan·te] *agg* debilitating
debitamente [de·bi·ta·'men·te] *avv* duly
debito ['deː·bi·to] *m a.* FIN debt; **sentirsi in ~ verso qu** to be in sb's debt
debito, -a *agg* **1.** (*doveroso*) due **2.** (*opportuno*) proper; **a tempo ~** at the right time
debitore, -trice [de·bi·'toː·re] *m, f* **1.** FIN debtor **2.** *a. fig* **ti sono ~** I'm in your debt
debole ['deː·bo·le] **I.** *agg* weak **II.** *m* **avere un ~ per qc/qu** to have a weakness for sth/sb
debolezza [de·bo·'let·tsa] *f* weakness
debutto [de·'but·to] *m* debut
decade ['dɛː·ka·de] *f* (*dieci giorni*) ten days
decadente [de·ka·'dɛn·te] *agg* decadent
decadere [de·ka·'deː·re] <irr> *vi essere* (*declinare*) to fall into decline
decaduto, -a [de·ka·'duː·to] *agg* (*impo-*

D

verito) impoverished; **nobiltà -a** decayed nobility

decaffeinato, -a *agg* decaffeinated

deceduto, -a [de·tʃe·'du:·to] *agg form* deceased

decelerare [de·tʃe·le·'ra:·re] *vt* to slow down

decennale [de·tʃen·'na:·le] **I.** *agg* **1.** (*che dura 10 anni*) ten-year **2.** (*ogni 10 anni*) ten-yearly **II.** *m* (*anniversario*) tenth anniversary

decennio [de·'tʃɛn·nio] <-i> *m* decade

decente [de·'tʃɛn·te] *agg* decent

decentramento [de·tʃen·tra·'men·to] *m* decentralization

decentrare [de·tʃen·'tra:·re] *vt* to decentralize

decentrato, -a [de·tʃen·'tra:·to] *agg* decentralized

decenza [de·'tʃɛn·tsa] *f* **1.** (*pudore, dignità*) decency **2.** (*convenienza*) suitability

decibel [de·tʃi·'bɛl/'dɛ:·tʃi·bel] <-> *m* decibel

decidere [de·'tʃi:·de·re] <decido, decisi, deciso> **I.** *vt* (*stabilire*) to decide; (*scegliere*) to choose; ~ **di fare qc** to decide to do sth **II.** *vi* to decide (**di** about) **III.** *vr:* **-rsi** to make up one's mind; **-rsi a fare qc** to make up one's mind to do sth

decifrare [de·tʃi·'fra:·re] *vt* (*scrittura*) to decipher; (*codice*) to work out

decima ['dɛ:·tʃi·ma] *f* MATH, MUS tenth; **7 alla** ~ 7 to the tenth

decimale [de·tʃi·'ma:·le] *agg* decimal

decimare [de·tʃi·'ma:·re] *vt* to decimate

decimo ['dɛ:·tʃi·mo] *m* (*in frazione*) tenth

decimo, -a *agg, m, f* tenth; *v. a.* **quinto**

decina [de·'tʃi:·na] *f* MATH ten or so *pl;* **una** ~ (**di** …) ten or so …; **a -e** by the dozen

decisamente [de·tʃi·za·'men·te] *avv* (*veramente*) really

decisi [de·'tʃi:·zi] *1. pers sing pass rem di* **decidere**

decisionale [de·tʃi·zio·'na:·le] *agg* decision-making

decisione [de·tʃi·'zio:·ne] *f* **1.** (*risolutezza*) decisiveness **2.** (*deliberazione*) *a.* GIUR decision; **prendere una** ~ to make a decision

decisivo, -a [de·tʃi·'zi:·vo] *agg* decisive

deciso, -a [de·'tʃi:·zo] **I.** *pp di* **decidere** **II.** *agg* **1.** (*convinto*) decided **2.** (*risoluto*) determined

declassare [de·klas·'sa:·re] *vt* to downgrade

declinare [de·kli·'na:·re] **I.** *vt a.* LING to decline **II.** *vi* **1.** (*essere in pendenza*) to slope downwards **2.** (*diminuire: febbre*) to drop; (*tendenza*) to decline

declinazione [de·kli·nat·'tsio:·ne] *f* LING declension

declino [de·'kli:·no] *m* (*decadenza*) decline

decodificare [de·ko·di·fi·'ka:·re] *vt* to decode

decodificatore [de·ko·di·fi·ka·'to:·re] *m* (*apparecchio*) decoder

decollare [de·kol·'la:·re] *vi* to take off

décolleté [de·kɔl·'te] **I.** <inv> *agg* (*abito*) low-cut; (*scarpe* ~) pumps **II.** <-> *m* **1.** (*scarpa*) pump **2.** (*di abito*) low neckline **3.** (*di donna*) cleavage

decolorare [de·ko·lo·'ra:·re] *vt* (*peli, capelli*) to bleach

decompongo *1. pers sing pr di* **decomporre**

decomporre [de·kom·'por·re] <irr> **I.** *vt* CHEM to decompose **II.** *vr:* **-rsi** CHEM to decompose

decomposizione [de·kom·po·zit·'tsio:·ne] *f* (*di cadavere*) decomposition

decomposto, -a [de·kom·'pɔs·to] *pp di* **decomporre**

deconcentrato, -a [de·kon·tʃen·'tra:·to] *agg* distracted

decontaminare [de·kon·ta·mi·'na:·re] *vt* to decontaminate

decontaminazione [de·kon·ta·mi·nat·'tsio:·ne] *f* decontamination

decontrarre [de·kon·'trar·re] <irr> *vt* to relax

decontrazione [de·kon·trat·'tsio:·ne] *f* relaxation

decorare [de·ko·'ra:·re] *vt* to decorate

decorativo, -a [de·ko·ra·'ti:·vo] *agg* decorative

decorato, -a [de·ko·'ra:·to] *agg* decorated

decoratore, -trice [de·ko·ra·'to:·re] *m, f* (*d'interno*) decorator; (*in teatro*) set designer

decorazione [de·ko·rat·'tsio:·ne] *f* decoration

decoro [de·'kɔ:·ro] *m* **1.** (*dignità*) decorum **2.** (*onore, prestigio*) honor

decoroso, -a [de·ko·'ro:·so] *agg* (*atteggiamento, discorso*) dignified; (*stipendio*) decent

decorrenza [de·kor·'rɛn·tsa] *f* **con ~ da** with effect from

decorso [de·'kor·so] *m* **1.** (*del tempo*) passage **2.** (*di malattia*) course

decrebbi *1. pers sing pass rem di* **decrescere**

decrepito, -a [de·'krɛ:·pi·to] *agg* **1.** (*rafforzativo*) decrepit **2.** (*idee, mentalità*) obsolete

decrescere [de·'kreʃ·ʃe·re] <irr> *vi essere* to fall

decretare [de·kre·'ta:·re] *vt* (*stabilire*) to order

decreto [de·'krɛ:·to] *m* decree; **~ di citazione** summons; **~ ministeriale** *ministerial decree*

dedica ['dɛ:·di·ka] <-che> *f* dedication

dedicare [de·di·'ka:·re] **I.** *vt* to dedicate **II.** *vr:* **-rsi** to dedicate oneself

dedito, -a ['dɛ:·di·to] *agg* dedicated

dedizione [de·dit·'tsio:·ne] *f* dedication; **~ al dovere** devotion to duty

dedotto [de·'dot·to] *pp di* **dedurre**

deducibile [de·du·'tʃi:·bi·le] *agg* **1.** (*concetto*) deducible **2.** COM (*spese*) deductible

dedurre [de·'dur·re] <deduco, dedussi, dedotto> *vt* **1.** (*concetto*) **~ da qc** to deduce from sth **2.** COM (*spese*) to deduct

deduzione [de·dut·'tsio:·ne] *f* deduction

defalcare [de·fal·'ka:·re] *vt* to deduct

defezione [de·fet·'tsio:·ne] *f* defection

deficiente [de·fi·'tʃɛn·te] **I.** *agg* (*scarso*) insufficient **II.** *mf* (*imbecille*) idiot

deficienza [de·fi·'tʃɛn·tsa] *f* **1.** (*scarsità*) shortage **2.** (*lacuna*) weakness

deficit ['dɛ:·fi·tʃit] <-> *m* FIN deficit

défilé [de·fi·'le] <-> *m* fashion show

definire [de·fi·'ni:·re] <definisco> *vt* **1.** (*stabilire*) to decide **2.** (*spiegare*) to define **3.** (*risolvere*) to settle

definitivo, -a [de·fi·ni·'ti:·vo] *agg* definitive; **in -a** (*in conclusione*) in the end; (*tutto sommato*) all things considered

definito, -a [de·fi·'ni:·to] *agg* **1.** (*risposta*) definite **2.** (*contorni, colore, immagine*) clear

definizione [de·fi·nit·'tsio:·ne] *f* definition; **per ~** by definition

defluire [de·flu·'i:·re] <defluisco> *vi essere* **1.** (*liquidi, capitale*) to flow **2.** (*folla*) to stream

deflusso [de·'flus·so] *m* **1.** (*di marea*) ebb **2.** (*di folla*) flow

deforestazione [de·fo·res·tat·'tsio:·ne] *f* deforestation

deformare [de·for·'ma:·re] *vt* **1.** (*corpo, mani, piedi*) to deform; (*maglione*) to put out of shape; (*lamiera, plastica*) to warp **2.** (*verità, fatti*) to distort

deformato, -a [de·for·'ma:·to] *agg* **1.** (*dita, corpo*) deformed; (*oggetto*) misshapen; (*carrozzeria, pneumatico*) warped **2.** (*verità, fatto*) distorted

deformazione [de·for·mat·'tsio:·ne] *f* **1.** (*di oggetto, corpo*) deformation **2.** (*di fatti, verità*) distortion

deforme [de·'for·me] *agg* (*corpo, mani, testa*) deformed

deformità [de·for·mi·'ta] <-> *f* (*di corpo, mani*) deformity

defunto, -a [de·'fun·to] *agg form* deceased

degenerare [de·dʒe·ne·'ra:·re] *vi* (*cellule, tessuto*) to degenerate (**in** into)

degenerato, -a [de·dʒe·ne·'ra:·to] *agg, m, f* degenerate

degenerazione [de·dʒe·ne·rat·'tsio:·ne] *f* degeneration

degente [de·'dʒɛn·te] *mf* inpatient

degenza [de·'dʒɛn·tsa] *f* stay in bed; **~ ospedaliera** stay in the hospital

degli ['deʎ·ʎi] *prep =* **di + gli** *v.* **di**

deglutire [de·glu·'ti:·re] <deglutisco> *vt* to swallow

degnare [deɲ·'ɲa:·re] **I.** *vt* **non mi ha neanche degnato di una risposta** he didn't even deign to answer me **II.** *vr:* **-rsi; -rsi di fare qc** to deign to do sth

degno, -a ['deɲ·ɲo] *agg* **1.** (*meritevole*)

~ **di qc/qu** worthy of sth/sb **2.** (*adatto*) suitable; **una -a ricompensa** a suitable reward

degrado [de·ˈgraː·do] *m* decay

degustare [de·gus·ˈtaː·re] *vt* to taste

degustazione [de·gus·tat·ˈtsioː·ne] *f* (*assaggio*) taste

dei[1] [ˈdɛː·i] *m pl di* **dio**

dei[2] [ˈdeː·i] *prep* = **di + i** *v.* **di**

del [del] *prep* = **di + il** *v.* **di**

delega [ˈdɛː·le·ga] <-ghe> *f* proxy; **per** ~ by proxy

delegare [de·le·ˈgaː·re] *vt* **1.** to delegate; ~ **qc a qu** to delegate sth to sb **2.** GIUR to nominate

delegato, -a [de·le·ˈgaː·to] *m, f* delegate

delegazione [de·le·gat·ˈtsioː·ne] *f* delegation

deleterio, -a [de·le·ˈtɛː·rio] <-i, -ie> *agg* harmful

delfino [del·ˈfiː·no] *m* dolphin; **nuoto a** ~ butterfly

delibera [de·ˈliː·be·ra] *f* decision

deliberante [de·li·be·ˈran·te] *agg* decision-making; **potere** ~ decision-making power

deliberare [de·li·be·ˈraː·re] *vt, vi* (*decidere*) to rule (**su** on)

deliberatamente [de·li·be·ra·ta·ˈmen·te] *avv* deliberately

deliberato, -a *agg* deliberate

delicatezza [de·li·ka·ˈtet·tsa] *f* **1.** (*gener*) delicacy **2.** (*di sentimenti*) thoughtfulness **3.** (*tatto*) tact

delicato, -a [de·li·ˈkaː·to] *agg* **1.** (*fine, fragile*) delicate **2.** (*argomento, problema*) tricky **3.** (*cibo, bevanda*) subtle

delimitare [de·li·mi·ˈtaː·re] *vt* (*terreno, zona*) to mark

delineare [de·li·ne·ˈaː·re] **I.** *vt* (*descrivere*) to outline **II.** *vr:* **-rsi** (*presentarsi*) to take shape

delinquente [de·liŋ·ˈkuɛn·te] *mf* **1.** GIUR criminal **2.** *fig, scherz* crook

delinquenza [de·liŋ·ˈkuɛn·tsa] *f* crime; ~ **minorile** juvenile delinquency

delinquere [de·ˈliŋ·kue·re] *vi* to commit crimes; **associazione per** [*o* **a**] ~ criminal syndicate

delirante [de·li·ˈran·te] *agg* (*irragionevole*) crazy

delirare [de·li·ˈraː·re] *vi* **1.** MED to be delirious **2.** *fig* (*dire assurdità*) to rave

delirio [de·ˈliː·rio] <-i> *m* **1.** MED delirium **2.** *fig* (*follia*) madness **3.** (*entusiasmo*) frenzy; **andare in** ~ to go wild

delitto [de·ˈlit·to] *m* **1.** (*reato*) crime; ~ **colposo** criminal negligence **2.** (*omicidio*) murder

delittuoso, -a [de·lit·tu·ˈoː·so] *agg* criminal

delizia [de·ˈlit·tsia] <-ie> *f* (*cosa piacevole*) delight

delizioso, -a [de·lit·ˈtsioː·so] *agg* **1.** (*cibo, bevanda*) delicious **2.** (*persona, cosa*) delightful

dell', della, delle, dello [dell, ˈdel·la, ˈdel·le, ˈdel·lo] *prep* = **di + l', la, le, lo** *v.* **di**

delta [ˈdɛl·ta] <-> *m* (*di fiume*) delta

deltaplanista [del·ta·pla·ˈnis·ta] <-i *m*, -e *f*> *mf* hang glider

deltaplano [del·ta·ˈplaː·no] *m* hang glider; **fare** ~ to go hang gliding

delucidare [de·lu·tʃi·ˈdaː·re] *vt* (*chiarire*) to clarify

deludente [de·lu·ˈdɛn·te] *agg* disappointing

deludere [de·ˈluː·de·re] <deludo, delusi, deluso> *vt* to disappoint

delusione [de·lu·ˈzioː·ne] *f* disappointment

deluso, -a [de·ˈluː·zo] **I.** *pp di* **deludere** **II.** *agg* disappointed

demente [de·ˈmɛn·te] *agg* **1.** MED demented **2.** (*idiota*) crazy

demenza [de·ˈmɛn·tsa] *f* **1.** MED dementia **2.** *fig* (*stupidità*) insanity

demenziale [de·men·ˈtsiaː·le] *agg* **1.** MED (*stato, comportamento*) demented **2.** (*discorso, atteggiamento*) crazy; (*comicità, umorismo*) off-the-wall

demerito [de·ˈmɛː·ri·to] *m* **andare a** ~ **di qu** to reflect badly on sb

demilitarizzare [de·mi·li·ta·rid·ˈdzaː·re] *vt* to demilitarize

demistificare [de·mis·ti·fi·ˈkaː·re] *vt* to demystify

demmo [ˈdem·mo] *1. pers pl pass rem di* **dare**[1]

democratico, -a [de·mo·ˈkraː·ti·ko] <-ci, -che> **I.** *agg* POL (*regime, elezioni, prin-*

cipio) democratic **II.** *m, f* democrat

democrazia [de·mo·krat·'tsiː·a] <-ie> *f* democracy

demografico, -a [de·mo·'graː·fi·ko] <-ci, -che> *agg* demographic

demolire [de·mo·'liː·re] <demolisco> *vt* **1.** (*edificio*) to demolish; (*auto, nave*) to break up **2.** *fig* (*teoria*) to tear to pieces; (*reputazione*) to destroy

demolizione [de·mo·lit·'tsioː·ne] *f* (*di edificio, teoria*) demolition; (*di auto, nave*) breakup

demone ['dɛː·mo·ne] *m* demon

demoniaco, -a [de·mo·'niː·a·ko] <-ci, -che> *agg* demonic

demonio [de·'mɔː·nio] <-i> *m* (*ragazzo vivace*) little devil; **fare il ~** to behave like a little devil

demonizzare [de·mo·nid·'dzaː·re] *vt* to demonize

demoralizzare [de·mo·ra·lid·'dzaː·re] **I.** *vt* to demoralize **II.** *vr:* **-rsi** to get demoralized

demotivato, -a [de·mo·ti·'vaː·to] *agg* demotivated

denaro [de·'naː·ro] *m* (*soldi*) money; **~ contante** cash; **~ spicciolo** change

denigrare [de·ni·'graː·re] *vt* to denigrate

denominare [de·no·mi·'naː·re] **I.** *vt* to name **II.** *vr:* **-rsi** to be named

denominatore [de·no·mi·na·'toː·re] *m* MATH denominator

denotare [de·no·'taː·re] *vt* to show

densità [den·si·'ta] <-> *f* **1.** (*gener*) density; **~ della popolazione** population density **2.** (*di nebbia, sugo*) thickness

denso, -a ['dɛn·so] *agg* **1.** (*spesso*) thick **2.** (*ricco*) **~ di** full of; **una settimana -a di avvenimenti** an eventful week

dentale [den·'taː·le] *agg* dental

dentato, -a [den·'taː·to] *agg* TEC toothed

dente ['dɛn·te] *m* **1.** ANAT, TEC tooth; **~ del giudizio** wisdom tooth; **~ di latte** baby tooth; **avere mal di -i** to have a toothache; **batteva i -i** his teeth were chattering **2.** CULIN **al ~** (*spaghetti, pasta, riso*) al dente *still firm*

dentiera [den·'tiɛː·ra] *f* (*protesi*) dentures *pl*

dentifricio [den·ti·'friː·tʃo] <-ci> *m* toothpaste

dentista [den·'tis·ta] <-i *m*, -e *f*> *mf* dentist

dentro ['den·tro] **I.** *avv* (*stato, moto*) inside; **essere ~** *fam* (*in carcere*) to be inside **II.** *prep* **~** (**a**) (*stato*) inside; (*moto*) in; **~ casa** in the house; **~ di me** in my heart of hearts

denudare [de·nu·'daː·re] **I.** *vt* (*parte del corpo*) to bare **II.** *vr:* **-rsi** to strip

denuncia [de·'nun·tʃa] <-ce *o* -cie, -ie> *f* **1.** GIUR **sporgere ~** to report to the police **2.** (*accusa*) accusation **3.** ADM (*di nascita, decesso, matrimonio*) registration; **~ dei redditi** tax return

denunciare [de·nun·'tʃaː·re] *vt* **1.** GIUR to report to the police **2.** ADM (*nascita, decesso, matrimonio*) to register **3.** (*scandalo, malasanità*) to criticize

denutrito, -a [de·nu·'triː·to] *agg* undernourished

denutrizione [de·nu·trit·'tsioː·ne] *f* malnutrition

deodorante [de·o·do·'ran·te] *agg, m* deodorant

depenalizzare [de·pe·na·lid·'dzaː·re] *vt* GIUR to decriminalize

deperibile [de·pe·'riː·bi·le] *agg* perishable

deperimento [de·pe·ri·'men·to] *m* **1.** MED wasting away **2.** (*deterioramento*) deterioration

deperire [de·pe·'riː·re] <deperisco> *vi essere* **1.** (*di salute*) to waste away **2.** (*deteriorarsi*) to deteriorate

deperito, -a [de·pe·'riː·to] *agg* (*persona, organismo*) weak

depilare [de·pi·'laː·re] *vt* (*gambe*) to depilate; **~ le sopracciglia** to pluck one's eyebrows

depilatorio, -a <-i, -ie> *agg* (*crema, rasoio*) depilatory

depistare [de·pis·'taː·re] *vt* (*indagine, inquirenti*) to put off the scent

dépliant [de·pli·'jã] <-> *m* leaflet

deporre [de·'por·re] <irr> **I.** *vt* **1.** (*oggetto*) to put down; **~ le armi** *fig* to lay down one's arms **2.** (*uova*) to lay **3.** (*testimoniare*) **~ il vero** to tell the truth **4.** *fig* (*rinunciare a: idea, intenzione*) to give up; (*corona*) to renounce

II. *vi* (*testimoniare*) to give evidence; ~ **a favore di/contro qu** to give evidence for/against sb
deportare [de·por·'ta:·re] *vt* to deport
deportato, -a [de·por·'ta:·to] *m, f* deportee
deposi *1. pers sing pass rem di* **deporre**
depositare [de·po·zi·'ta:·re] **I.** *vt* **1.** (*gener*) to deposit **2.** (*collocare*) to put **3.** (*in custodia*) to leave **II.** *vr:* **-rsi** (*materiale sedimento*) to settle
depositario, -a [de·po·zi·'ta:·rio] <-i, -ie> *m, f* custodian
deposito [de·'pɔ:·zi·to] *m* **1.** (*di denaro, liquidi*) deposit **2.** (*luogo*) warehouse; ~ **bagagli** luggage room **3.** (*oggetti*) collection
deposizione [de·po·zit·'tsio:·ne] *f* **1.** (*in tribunale*) deposition **2.** (*da una carica*) removal
deposto *pp di* **deporre**
depravato, -a [de·pra·'va:·to] **I.** *agg* depraved **II.** *m, f* degenerate
depredare [de·pre·'da:·re] *vt* **1.** (*saccheggiare*) to loot **2.** (*derubare*) to rob; ~ **qu di qc** to rob sb of sth
depressi [de·'prɛs·si] *1. pers sing pass rem di* **deprimere**
depressione [de·pres·'sio:·ne] *f* depression
depressivo, -a [de·pres·'si:·vo] *agg* (*stato, comportamento*) depressive
depresso, -a [de·'prɛs·so] **I.** *pp di* **deprimere** **II.** *agg* depressed **III.** *m, f* MED person with depression
deprezzamento [de·pret·tsa·'men·to] *m* depreciation
deprezzare [de·pret·'tsa:·re] **I.** *vt* to reduce the value of **II.** *vr:* **-rsi** to depreciate
deprimente [de·pri·'mɛn·te] *agg* depressing
deprimere [de·'pri:·me·re] <deprimo, depressi, depresso> **I.** *vt fig* (*avvilire*) to depress **II.** *vr:* **-rsi** (*avvilirsi*) to get depressed
depurare [de·pu·'ra:·re] *vt* to purify
depuratore [de·pu·ra·'to:·re] *m* (*apparecchio*) purifier
depuratore, -trice *agg* purifying
deputato, -a [de·pu·'ta:·to] *m, f* POL deputy
deragliamento [de·raʎ·ʎa·'men·to] *m* (*di treno*) derailment
deretano [de·re·'ta:·no] *m* backside
deridere [de·'ri:·de·re] <irr> *vt* to mock
derisione [de·ri·'zio:·ne] *f* derision
derisorio, -a [de·ri·'zɔ:·rio] <-i, -ie> *agg* **1.** (*atteggiamento*) derisive **2.** (*somma, compenso*) derisory
deriva [de·'ri:·va] *f* **1.** (*spostamento*) drift; **andare alla** ~ *a. fig* to drift **2.** NAUT (*imbarcazione*) dinghy
derivare [de·ri·'va:·re] **I.** *vi essere* **1.** (*aver origine*) ~ **da** to derive from; (*fiumi*) to spring from **2.** *fig* (*essere causato*) ~ **da** to be caused by **II.** *vt avere* **1.** (*canale*) to divert **2.** *fig* (*dedurre*) to conclude
derivato [de·ri·'va:·to] *m* derivative
derivazione [de·ri·vat·'tsio:·ne] *f* **1.** (*di acqua*) diversion **2.** TEL extension
dermatologo, -a [der·ma·'tɔ:·lo·go] <-gi, -ghe> *m, f* dermatologist
deroga ['dɛ:·ro·ga] <-ghe> *f* **in ~ a** contrary to
derubare [de·ru·'ba:·re] *vt* to rob; ~ **qu di qc** to steal sth from sb
descrissi *1. pers sing pass rem di* **descrivere**
descrittivo, -a [des·krit·'ti:·vo] *agg* (*romanzo, quadro*) descriptive
descrivere [des·'kri:·ve·re] <irr> *vt* to describe
descrizione [des·krit·'tsio:·ne] *f* description
desertico, -a [de·'zɛr·ti·ko] <-ci, -che> *agg* (*zona, paesaggio*) desert
deserto [de·'zɛr·to] *m* desert
deserto, -a *agg* (*strada, locale, casa*) deserted
déshabillé [de·za·bi·'je] <-> *m* **in ~** not dressed
desiderabile [de·si·de·'ra:·bi·le] *agg* desirable
desiderare [de·si·de·'ra:·re] *vt* to want; (*sessualmente*) to desire; ~ **fare qc** to want to do sth; **farsi** ~ to play hard to get; **lasciare a** ~ to leave a lot to be desired
desiderio [de·si·'dɛ:·rio] <-i> *m* **1.** (*aspi-*

razione) wish **2.** (*forte, sessuale*) desire (**di** for)

desideroso, -a [de·si·de·'roː·so] *agg* **essere ~ di qc** to long for sth

designare [de·siɲ·'ɲaː·re] *vt* **1.** (*indicare*) to appoint **2.** (*significare*) to designate

desinenza [de·zi·'nɛn·tsa] *f* ending

desolante [de·zo·'lan·te] *agg* depressing

desolare [de·zo·'laː·re] *vt* (*addolorare*) to upset

desolato, -a [de·zo·'laː·to] *agg* **1.** (*squallido*) desolate **2.** (*dispiaciuto*) **essere ~ di ...** to be sorry that ...

desolazione [de·zo·lat·'tsioː·ne] *f* **1.** (*squallore*) desolation **2.** (*dolore*) sorrow

dessert [de·'sɛːr] <-> *m* dessert

dessi ['des·si] *1. e 2. pers sing conj imp di* **dare**[1]

destabilizzare [des·ta·bi·lid·'dzaː·re] *vt* to destabilize

destare [des·'taː·re] *vt* (*curiosità, stupore*) to cause; (*sospetto*) to arouse

deste ['des·te] *2. pers pl pass rem, 2. pers pl conj imp di* **dare**[1]

desti ['des·ti] *2. pers sing pass rem di* **dare**[1]

destinare [des·ti·'naː·re] *vt* **~ qc a qu/qc** to set sth aside for sb/sth; **destinato al fallimento** destined to fail

destinatario, -a [des·ti·na·'taː·rio] <-i, -ie> *m, f* (*di lettera, iniziativa*) addressee; (*di iniziativa*) recipient

destinazione [des·ti·nat·'tsioː·ne] *f* **1.** (*scopo, fine*) purpose **2.** (*di viaggio, treno*) destination; **giungere a ~** to arrive

destino [des·'tiː·no] *m* destiny

desto, -a ['des·to] *agg* (*pronto*) lively

destra ['dɛs·tra] *f* **1.** (*mano*) right hand **2.** (*lato*) *a.* POL right; **a ~** right; **alla mia ~** on my right

destreggiarsi [des·tred·'dʒar·si] *vr* to cope (**in** with); **~ con qu/qc** to handle sb/sth

destrezza [des·'tret·tsa] *f* skill

destro, -a *agg* **1.** (*lato, parte*) right; **il braccio ~ di qu** sb's right-hand man **2.** (*abile*) skillful

desumere [de·'suː·me·re] <desumo, desunsi, desunto> *vt* **~ qc (da qc)** to deduce sth (from sth)

desumibile [de·su·'miː·bi·le] *agg* **è ~ che ...** presumably ...

desunsi [de·'sun·si] *1. pers sing pass rem di* **desumere**

desunto [de·'sun·to] *pp di* **desumere**

detective [di·'tek·tiv/de·'tɛk·tiv] <-> *m* (*investigatore privato*) private detective

detenere [de·te·'neː·re] <irr> *vt* **1.** (*possedere*) to hold **2.** (*in prigione*) to detain

detentivo, -a [de·ten·'tiː·vo] *agg* **pena -a** prison sentence

detentore, -trice [de·ten·'toː·re] *m, f* holder; **~ di un titolo** SPORT title holder

detenuto, -a [de·te·'nuː·to] *m, f* detainee

detenzione [de·ten·'tsioː·ne] *f* **1.** (*di bene*) holding; (*possesso illecito*) possession **2.** (*pena*) detention; **~ preventiva** remand

detergente [de·ter·'dʒɛn·te] **I.** *agg* cleansing; **latte ~** cleansing milk **II.** *m* (*detersivo*) detergent; (*cosmetico*) cleanser

detergere [de·'tɛr·dʒe·re] <irr> *vt* (*pavimento, ferita*) to clean; (*viso, pelle*) to cleanse

deterioramento [de·te·rio·ra·'men·to] *m* deterioration

deteriorare [de·te·rio·'raː·re] *vr:* **-rsi 1.** (*cibi*) to go bad; (*oggetti*) to get damaged **2.** (*situazione, rapporti, edifici*) to deteriorate

deteriorato, -a [de·te·rio·'raː·to] *agg* worsening

determinante [de·ter·mi·'nan·te] *agg* (*decisivo*) deciding

determinare [de·ter·mi·'naː·re] *vt* **1.** (*stabilire*) to establish **2.** (*causare*) to cause

determinato, -a [de·ter·mi·'naː·to] *agg* **1.** (*stabilito*) certain; **in -i casi** in certain cases **2.** (*risoluto*) determined

determinazione [de·ter·mi·nat·'tsioː·ne] *f* **1.** (*definizione*) fixing **2.** (*decisione*) decision **3.** (*fermezza*) determination

detersi *1. pers sing pass rem di* **detergere**

detersivo [de·ter·'siː·vo] *m* (*per pavimenti*) floor cleaner; (*per panni*) laundry detergent; (*per stoviglie*) dishwashing liquid

deterso *pp di* **detergere**

detestabile [de·tes·'taː·bi·le] *agg* (*persona, atteggiamento*) odious; (*sapore, odore*) disgusting

detestare [de·tes·'taː·re] *vt* to detest

detraggo *1. pers sing pr di* **detrarre**

detraibile [de·tra·'iː·bi·le] *agg* deductible

detrarre [de·'trar·re] <irr> *vt* to deduct

detrazione [de·trat·'tsioː·ne] *f* (*sottrazione*) deduction

detrito [de·'triː·to] *m* **1.** (*frammento*) fragment **2.** GEOL deposit

dettagliato, -a [det·taʎ·'ʎaː·to] *agg* detailed

dettaglio [det·'taʎ·ʎo] <-gli> *sing* **1.** (*particolare*) detail; **nei -i** in detail **2.** (*piccola quantità*) retail; **al ~** retail

dettare [det·'taː·re] *vt* to dictate

dettato [det·'taː·to] *m* (*testo*) dictation

detti ['dɛt·ti] *1. pers sing pass rem di* **dare**[1]

detto ['det·to] *m* (*motto*) saying

detto, -a **I.** *pp di* **dire**[1] **II.** *agg* **1.** (*soprannominato*) nicknamed **2.** (*suddetto*) above-mentioned **3.** (*loc*) **~ fatto** no sooner said than done; **come non ~** forget it

deumidificatore [de·u·mi·di·fi·ka·'toː·re] *m* dehumidifier

devastare [de·vas·'taː·re] *vt* **1.** (*rovinare*) to ruin **2.** (*sconvolgere*) to devastate

devastatore, -trice [de·vas·ta·'toː·re] *agg* destructive

devastazione [de·vas·tat·'tsioː·ne] *f* devastation

deviante [de·'vian·te] *agg* deviant

deviare [de·vi·'aː·re] **I.** *vi* **1.** (*cambiare direzione*) to take a detour; (*strada*) to come off **2.** *fig* (*divagare*) to deviate **II.** *vt* to divert; **~ il discorso** to change the subject

deviazione [de·viat·'tsioː·ne] *f* **1.** (*del traffico*) detour; (*strada*) turnoff **2.** (*allontanamento dalla norma*) deviation; (*comportamento anomalo*) deviance

devitalizzare [de·vi·ta·lid·'dzaː·re] *vt* MED (*dente*) to kill

devo ['dɛː·vo] *1. pers sing pr di* **dovere**[1]

devoto, -a [de·'vɔː·to] **I.** *agg* **1.** REL devout **2.** (*affezionato*) devoted **II.** *m, f* **1.** REL devout person **2.** (*seguace*) follower

devozione [de·vot·'tsioː·ne] *f* **1.** (*religiosità*) devoutness **2.** (*deferenza*) devotion (**a** to)

di [di] <d', del, dello, dell', della, dei, degli, delle> *prep* **1.** (*specificazione*) of; **una donna ~ trent'anni** a woman of thirty; **un litro ~ latte** a liter of milk; **la città ~ Torino** the city of Turin; **il mese ~ gennaio** the month of January; **il presidente della Repubblica** the president of the Republic; **un libro ~ Calvino** a book by Calvino **2.** (*materia*) **un tavolo ~ legno** a wooden table; **un anello d'oro** a gold ring **3.** (*possessivo*) **la casa dei miei genitori** my parents' house; **il libro di Paolo** Paolo's book **4.** (*argomento*) about; **un libro ~ geografia** a book about geography; **parlare ~ qc/qu** to speak about sth/sb **5.** (*modo, mezzo*) **venire ~ corsa** to come running; **mangiare ~ gusto** to eat heartily; **fermarsi ~ colpo** to stop dead **6.** (*fine, scopo*) **pezzi ~ ricambio** spare parts; **uscita ~ emergenza** emergency exit **7.** (*origine*) from; **essere ~ Trieste** to be from Trieste **8.** (*luogo*) **uscire ~ casa** to leave the house; **passiamo ~ qui** let's go this way **9.** (*tempo*) **~ mattina/sera** in the morning/evening; **d'estate/d'inverno** in summer/in winter; **~ giorno/notte** by day/night **10.** (*paragone*) than; **sono più alto ~ te** I'm taller than you **11.** (*partitivo*) some; **vorrei del pane** I'd like some bread; **alcuni ~ noi** some of us; **non c'è niente ~ meglio** there's nothing better **12.** (*con infinito*) **mi sembra ~ capire** it seems to me; **tentare ~ fuggire** to try to escape

dia ['diː·a] *1., 2. e 3. pers sing conj pr di* **dare**[1]

diabete [dia·'bɛː·te] *m* diabetes

diabetico, -a [dia·'bɛː·ti·ko] <-ci, -che> *agg, m, f* diabetic

diabolico, -a [dia·'bɔː·li·ko] <-ci, -che> *agg* devilish

diaframma [dia·'fram·ma] <-i> *m* ANAT, FOTO, CONTRACCETTIVO diaphragm

diagnosi [di·ˈaɲ·ɲo·zi] <-> *f* diagnosis; **fare una ~** to make a diagnosis

diagnosticare [di·aɲ·ɲos·ti·ˈkaː·re] *vt* to diagnose

diagnostico, -a [di·aɲ·ˈɲɔs·ti·ko] <-ci, -che> *agg* diagnostic

diagonale [di·a·go·ˈnaː·le] **I.** *agg* diagonal **II.** *m* SPORT (*nel calcio*) cross; (*nel tennis*) crosscourt shot **III.** *f* diagonal

diagramma [di·a·ˈgram·ma] <-i> *m* diagram; **~ di flusso** COMPUT flow chart

dialetto [di·a·ˈlɛt·to] *m* dialect

dialogo [di·ˈaː·lo·go] <-ghi> *m* dialog

diamante [di·a·ˈman·te] *m* (*gemma*) diamond; **nozze di ~** diamond wedding

diametralmente [di·a·me·tral·ˈmen·te] *avv* diametrically

diametro [di·ˈaː·met·ro] *m* diameter

diamine [ˈdi·aː·mi·ne] *inter fam* good grief; **che ~ stai dicendo?** what the heck are you saying?

diapositiva [di·a·po·zi·ˈtiː·va] *f* slide

diaria [di·ˈaː·ria] <-ie> *f* daily allowance *for expenses*

diario [di·ˈaː·rio] <-i> *m* diary; **~ di bordo** log; **~ (scolastico)** planner; **tenere un ~** to keep a diary

diarrea [di·ar·ˈrɛː·a] *f* diarrhea

diavolo [ˈdiaː·vo·lo] *m* devil; **un povero ~** *fam* a poor devil; **mandare qu al ~** to tell sb to get lost; **mandare tutto al ~** to throw up everything; **che ~ vuoi adesso?** what the hell do you want now?; **come/dove/perché ~?** how/where/why the hell?

dibattere [di·ˈbat·te·re] **I.** *vt* (*discutere*) to debate **II.** *vr:* **-rsi** to struggle; (*divincolarsi*) to thrash around

dibattito [di·ˈbat·ti·to] *m* debate (**su** about)

dicembre [di·ˈtʃɛm·bre] *m* December; *v. a.* **aprile**

diceria [di·tʃe·ˈriː·a] <-ie> *f* piece of gossip

dichiarare [di·kia·ˈraː·re] **I.** *vt* to declare; **~ guerra a qu** to declare war on sb; **~ colpevole qu** to declare sb guilty **II.** *vr:* **-rsi** (*a innamorato*) to declare oneself; **-rsi innocente** to declare one's innocence; **-rsi favorevole** to come out in favor

dichiarazione [di·kia·rat·ˈtsioː·ne] *f* declaration; **~ dei redditi** tax return

diciannove [di·tʃan·ˈnɔː·ve] **I.** *num* nineteen **II.** <-> *m* **1.** (*numero*) nineteen **2.** (*nelle date*) nineteenth **III.** *fpl* (*ore*) nineteen hundred (hours); *v. a.* **cinque**

diciannovenne [di·tʃan·no·ˈvɛn·ne] **I.** *agg* nineteen-year-old **II.** *mf* nineteen year old

diciannovesimo [di·tʃan·no·ˈvɛː·zi·mo] *m* (*in frazione*) nineteenth

diciannovesimo, -a *agg, m, f* nineteenth; *v. a.* **quinto**

diciassette [di·tʃas·ˈsɛt·te] **I.** *num* seventeen **II.** <-> *m* **1.** (*numero*) seventeen **2.** (*nelle date*) seventeenth **III.** *fpl* (*ore*) seventeen hundred (hours); *v. a.* **cinque**

diciassettenne [di·tʃas·set·ˈtɛn·ne] **I.** *agg* seventeen-year-old **II.** *mf* seventeen year old

diciassettesimo [di·tʃas·set·ˈtɛː·zi·mo] *m* (*in frazione*) seventeenth

diciassettesimo, -a *agg, m, f* seventeenth; *v. a.* **quinto**

diciottenne [di·tʃot·ˈtɛn·ne] **I.** *agg* eighteen-year-old **II.** *mf* eighteen year old

diciottesimo, -a [di·tʃot·ˈtɛː·zi·mo] *m, f* (*in frazione*) eighteenth

diciottesimo, -a *agg, m, f* eighteenth; *v. a.* **quinto**

diciotto [di·ˈtʃɔt·to] **I.** *num* eighteen **II.** <-> *m* **1.** (*numero*) eighteen **2.** (*nelle date*) eighteenth **III.** *fpl* (*ore*) eighteen hundred (hours); *v. a.* **cinque**

dico [ˈdiː·ko] *1. pers sing pr di* **dire**[1]

didascalia [di·das·ka·ˈliː·a] <-ie> *f* **1.** (*di immagine*) caption **2.** DI FILM subtitle **3.** THEAT surtitle

didattico, -a [di·ˈdat·ti·ko] <-ci, -che> *agg* teaching

didietro [di·ˈdiɛː·t·ro] <-> *m* **1.** (*parte posteriore*) bottom **2.** *scherz* (*sedere*) backside

dieci [ˈdiɛː·tʃi] **I.** *num* ten **II.** <-> *m* **1.** (*numero*) ten; (*nelle date*) tenth **2.** (*voto scolastico*) ten (out of ten) **III.** *fpl* (*ore*) ten o'clock; *v. a.* **cinque**

diecimila [die·tʃi·ˈmiː·la] **I.** *num* ten thousand **II.** <-> *m* ten thousand

diecina [die·ˈtʃiː·na] *f v.* **decina**

diedi ['diɛː·di] *1. pers sing pass rem di* **dare**[1]

dieta ['diɛː·ta] *f* diet; **essere a ~** to be on a diet

dietro ['diɛː·t·ro] **I.** *prep* **1. ~ (a)** (*stato, moto*) behind; **~ di me** behind me **2.** (*appresso*) **portarsi ~ qu** to take sb with one **3.** *fig* (*alle spalle*) **tutti gli ridono ~** everyone laughs at him behind his back **4.** (*temporale*) after; **un guaio ~ l'altro** one problem after another; **~ consegna** on delivery; **~ ricevuta** on receipt; **~ ricetta medica** on prescription **II.** *avv* (*stato, moto*) behind **III.** *m* back

difatti [di·'fat·ti] *cong* in fact

difendere [di·'fɛn·de·re] <difendo, difesi, difeso> **I.** *vt* (*gener*) *a.* GIUR to defend **II.** *vr* **1.** (*da pericolo*) **-rsi da qu/qc** to protect oneself from sb/sth **2.** (*cavarsela*) to get by

difensivo, -a [di·fen·'siː·vo] *agg* defensive

difensore, difenditrice [di·fen·'soː·re] *m, f* **1.** (*gener*) *a.* SPORT defender **2.** (*avvocato*) defense lawyer

difesa [di·'feː·sa] *f* (*protezione*) *a.* GIUR, MIL, SPORT defense (**di** of); **legittima ~** self-defense

difesi [di·'feː·si] *1. pers sing pass rem di* **difendere**

difeso [di·feː·so] *pp di* **difendere**

difettare [di·fet·'taː·re] *vi* (*mancare*) to lack; **~ di qc** to lack sth

difetto [di·'fɛt·to] *m* **1.** (*mancanza*) lack **2.** (*imperfezione*) defect **3.** (*di carattere*) fault

difettoso, -a [di·fet·'toː·so] *agg* faulty

diffamare [dif·fa·'maː·re] *vt* (*dire male di*) to slander; (*per iscritto*) to libel

diffamatorio, -a [dif·fa·ma·'tɔː·rio] <-i, -ie> *agg* (*affermazioni*) slanderous; (*lettera, scritto*) libelous

diffamazione [dif·fa·mat·'tsioː·ne] *f* defamation; GIUR libel

differente [dif·fe·'rɛn·te] *agg* different

differenza [dif·fe·'rɛn·tsa] *f* difference; **~ di opinioni** difference of opinion; **a ~ di** unlike; **per me non fa ~** it's all the same to me

differenziare [dif·fe·ren·'tsiaː·re] **I.** *vt* to distinguish **II.** *vr* **-rsi da qu/qc** to be different from sb/sth

differire [dif·fe·'riː·re] <differisco> **I.** *vt avere* (*rinviare*) to postpone; **~ qc di un mese** to delay sth by a month **II.** *vi essere o avere* to be different (**da** from)

difficile [dif·'fiː·tʃi·le] **I.** *agg* **1.** (*gener*) difficult; **essere di gusti -i** to be fussy **2.** (*improbabile*) unlikely; **è ~ che venga ...** he's unlikely to come **II.** *m* (*momento, fase*) difficult part **III.** *mf* (*persona*) **fare il** [*o* **la**] **~** to be difficult

difficilmente [dif·fi·tʃil·'men·te] *avv* **1.** (*con fatica*) with difficulty **2.** (*con poca probabilità*) it's unlikely that

difficoltà [dif·fi·kol·'ta] <-> *f* **1.** (*complessità, problema*) difficulty; **con ~** with difficulty; **incontrare delle ~** to run into difficulty; **ad ogni/alla minima ~** at the slightest difficulty **2.** (*obiezione*) **fare ~** to make objections

difficoltoso, -a [dif·fi·kol·'toː·so] *agg* difficult

diffidente [dif·fi·'dɛn·te] *agg* distrustful

diffondere [dif·'fon·de·re] <irr> **I.** *vt* to spread **II.** *vr:* **-rsi** **1.** (*luce, profumo, notizia, moda*) to spread **2.** (*dilungarsi*) **-rsi troppo su una questione** to spend too long on a question

difforme [dif·'for·me] *agg a. fig* different

diffusi *1. pers sing pass rem di* **diffondere**

diffusione [dif·fu·'zioː·ne] *f* **1.** (*di luce, calore*) *a.* PHYS diffusion **2.** (*di notizia, moda*) spread **3.** (*di giornale*) circulation

diffuso, -a [dif·'fuː·zo] **I.** *pp di* **diffondere** **II.** *agg* widespread

difilato, -a [di·fi·'laː·to] *avv* (*subito*) straight; (*di seguito*) running; **tre giorni ~** three days running

difronte [di·'fron·te] **I.** <inv> *agg* opposite **II.** *avv* in front of; **me lo sono trovato ~ all'improvviso** he suddenly appeared in front of me; **~ alle difficoltà** in the face of difficulty; **abito ~ alla stazione** I live opposite the station

difterite [dif·te·'riː·te] *f* diphtheria

diga ['diː·ga] <-ghe> *f* dam; **~ marittima** seawall

digerente [di·dʒe·'rɛn·te] *agg* digestive

digeribile [di·dʒe·'riː·bi·le] *agg* digestible

digerire [di·dʒe·'riː·re] <digerisco> *vt* **1.** MED (*cibo*) to digest **2.** (*sconfitta*) to accept **3.** *fig* (*modi, persona*) to stomach

digestione [di·dʒes·'tioː·ne] *f* digestion

digestivo [di·dʒes·'tiː·vo] *m* (*bevanda*) after-dinner liqueur

digestivo, -a *agg* digestive

digitale [di·dʒi·'taː·le] *agg* digital

digitare [di·dʒi·'taː·re] *vt* to key in

digiunare [di·dʒu·'naː·re] *vi* to fast

digiuno [di·'dʒuː·no] *m* (*astensione da alimenti*) fast; **a ~** on an empty stomach

digiuno, -a *agg* (*senza cibo*) **essere ~** to have an empty stomach; **essere (a) ~ di qc** *fig* (*non conoscere*) to know nothing about sth

dignità [diɲ·ɲi·'ta] <-> *f* dignity

dignitoso, -a [diɲ·ɲi·'toː·so] *agg* **1.** (*pieno di contegno*) dignified **2.** (*decoroso*) decent

digressione [di·gres·'sioː·ne] *f* digression

digrignare [di·griɲ·'ɲaː·re] *vt* **~ i denti** (*persona*) to grind one's teeth; (*animale*) to bare one's teeth

dilagare [di·la·'gaː·re] *vi essere* **1.** (*fiume*) to flood **2.** (*diffondersi*) to spread

dilatare [di·la·'taː·re] **I.** *vt* to cause to expand **II.** *vr:* **-rsi 1.** (*ampliarsi: pupille*) to dilate **2.** (*gas, liquido, spazio*) to expand; (*tempo*) to stretch (out) **3.** (*stomaco*) to distend **4.** *fig* (*fenomeno*) to spread

dilatazione [di·la·tat·'tsioː·ne] *f* **1.** (*di pupille*) dilation **2.** (*di gas, liquido, spazio*) expansion **3.** (*di stomaco*) distension **4.** *fig* (*di tempo*) stretching (out)

dileguare [di·le·'guaː·re] **I.** *vt avere lit* to disperse **II.** *vr:* **-rsi** to vanish

dilemma [di·'lɛm·ma] <-i> *m* **1.** (*scelta*) dilemma **2.** (*problema difficile*) puzzler

dilettante [di·let·'tan·te] **I.** *agg* **1.** (*non professionista*) amateur; **fotografo ~** amateur photographer **2.** *pej* (*non competente*) amateurish **II.** *mf* **a.** *pej* (*non professionista*) amateur; **compagnia di -i** THEAT amateur theater company

dilettantismo [di·let·tan·'tiz·mo] *m* **1.** SPORT amateurism **2.** *pej* (*incapacità*) amateurishness

dilettare [di·let·'taː·re] **I.** *vt lit* to delight **II.** *vr:* **-rsi** to enjoy; **-rsi di qc** to have sth as a hobby

diletto [di·'lɛt·to] *m* pleasure; **fare qc per ~** to do sth for pleasure

diligente [di·li·'dʒɛn·te] *agg* (*persona*) diligent; (*lavoro*) careful

diligenza [di·li·'dʒɛn·tsa] *f* (*accuratezza*) *a.* GIUR care

diluire [di·lu·'iː·re] <diluisco> *vt* **1.** (*sostanze*) to dilute; (*sciogliere*) to dissolve **2.** *fig* (*concetto, pensiero*) to water down

dilungare [di·luŋ·'gaː·re] *vr* **-rsi in qc** to go into great detail about sth

diluviare [di·lu·'viaː·re] *vi essere o avere* to pour

diluvio [di·'luː·vio] <-i> *m* **1.** METEO downpour; **~ universale** the Flood **2.** *fig* (*di parole, insulti*) torrent

dimagrante [di·ma·'gran·te] *agg* **cura ~** diet

dimagrire [di·ma·'griː·re] <dimagrisco> *vi essere* to lose weight

dimensione [di·men·'sioː·ne] *f* dimension; **-i** (*misure*) measurements

dimenticanza [di·men·ti·'kan·tsa] *f* **1.** (*omissione*) oversight; (*cosa dimenticata*) omission **2.** (*mancanza di memoria*) forgetfulness

dimenticare [di·men·ti·'kaː·re] **I.** *vt* **1.** (*gener*) to forget **2.** (*lasciare*) to leave **II.** *vr* **-rsi di** to forget

dimesso, -a [di·'mes·so] **I.** *pp di* **dimettere II.** *agg* **1.** (*modesto: atteggiamento, tono*) modest **2.** *pej* (*trascurato: abbigliamento, tenuta*) shabby

dimestichezza [di·mes·ti·'ket·tsa] *f a. fig* familiarity; **avere ~ con qc** to be familiar with sth

dimettere [di·'met·te·re] <irr> **I.** *vt* (*da ospedale*) to discharge **II.** *vr:* **-rsi** to resign

dimezzare [di·med·'dzaː·re] *vt* **1.** (*in due*) to halve **2.** (*ridurre*) to slash

diminutivo [di·mi·nu·'tiː·vo] *m agg a.* LING diminutive

diminuzione [di·mi·nut·'tsioː·ne] *f* reduction; ~ **dei costi** cost-cutting; ~ **di peso** weight loss; ~ **di temperatura** fall in temperature; ~ **del valore** fall in value

dimisi *1. pers sing pass rem di* **dimettere**

dimora [di·ˈmɔː·ra] *f* residence; **senza fissa** ~ homeless

dimostrante [di·mos·ˈtran·te] *mf* demonstrator

dimostrare [di·mos·ˈtraː·re] **I.** *vt* **1.** (*mostrare*) to show; **non dimostra affatto i suoi sessant'anni** she doesn't look sixty **2.** (*provare*) to prove **II.** *vi* (*in corteo*) to demonstrate **III.** *vr:* **-rsi** to turn out to be; **la notizia si è dimostrata falsa** the news turned out to be false

dimostrativo, -a [di·mos·tra·ˈtiː·vo] *agg* LING demonstrative

dimostrazione [di·mos·trat·ˈtsioː·ne] *f* demonstration

dinamica [di·ˈnaː·mi·ka] <-che> *f* **1.** FIS dynamics **2.** (*di fatti, incidente*) dynamic

dinamico, -a [di·ˈnaː·mi·ko] <-ci, -che> *agg* (*persona, azienda*) dynamic

dinamite [di·na·ˈmiː·te] *f* dynamite

dinamo [ˈdiː·na·mo] <-> *f* dynamo

dinanzi [di·ˈnan·tsi] **I.** *avv* (*guardare, stare, mettere*) ahead **II.** *prep* ~ **a** in front of **III.** <inv> *agg* **1.** (*anteriore*) in front **2.** (*precedente*) before

dinastia [di·nas·ˈtiː·a] <-ie> *f* dynasty

dinosauro [di·no·ˈsaːu·ro] *m* dinosaur

dintorni [din·ˈtor·ni] *mpl* surrounding area; **nei** ~ **di** close to

dintorno [din·ˈtor·no] **I.** *avv* around **II.** *prep* ~ **a** around

dio [ˈdiː·o] <dei> *m* god

Dio *m* God; **grazie a** ~ thank God; **se** ~ **vuole** God willing; ~ **non voglia!** God forbid!; **per l'amor di** ~**!** for God's sake!

diocesi [di·ˈɔː·tʃe·zi] <-> *f* diocese

dipartimento [di·par·ti·ˈmen·to] *m* **1.** (*gener*) department **2.** (*ministero*) Department

dipendente [di·pen·ˈdɛn·te] **I.** *agg* ~ **da qu** dependent on sb **II.** *mf* employee

dipendenza [di·pen·ˈdɛn·tsa] *f* **1.** (*subordinazione*) dependence; **alle -e di qu** in sb's employ **2.** MED addiction

dipendere [di·ˈpɛn·de·re] <dipendo, dipesi, dipeso> *vi essere* ~ **da qu/qc** to depend on sb/sth; **dipende** it depends

dipingere [di·ˈpin·dʒe·re] <dipingo, dipinsi, dipinto> *vt* **1.** (*gener*) to paint; ~ **ad acquerello** to paint in watercolors; ~ **ad olio** to paint in oils **2.** *fig* (*descrivere*) to portray

dipinto, -a **I.** *pp di* **dipingere** **II.** *agg* painted; **non voler vedere qu neanche** ~ to not have the slightest desire to see sb

dipl. *abbr di* **diploma** dip.

diploma [di·ˈplɔː·ma] <-i> *m* diploma

diplomatico [dip·lo·ˈmaː·ti·ko] <-ci> *m* POL diplomat

diplomatico, -a <-ci, -che> *agg* diplomatic

diplomato, -a [dip·lo·ˈmaː·to] **I.** *agg* qualified **II.** *m, f* graduate; ~ **in agraria** graduate in agriculture

diplomazia [dip·lo·mat·ˈtsiː·a] <-ie> *f a. fig* diplomacy; **entrare nella** ~ to enter the diplomatic service

diporto [di·ˈpɔr·to] *m* SPORT **imbarcazione da** ~ pleasure boat

diradare [di·ra·ˈdaː·re] **I.** *vt* **1.** (*rendere meno fitto: piante*) to thin out; (*nebbia*) to disperse **2.** *fig* (*visite*) to spread out **II.** *vr:* **-rsi** (*piante, capelli*) to become thinner; (*nebbia, folla*) to disperse

diramare [di·ra·ˈmaː·re] **I.** *vt* (*comunicato, ordine*) to circulate **II.** *vr:* **-rsi** **1.** (*strada*) to branch off **2.** (*notizia*) to spread

diramazione [di·ra·mat·ˈtsioː·ne] *f* **1.** (*ramificazione*) branch; ~ **di un fiume** branch of a river **2.** (*di comunicato, ordine, notizia*) circulation

dire [ˈdiː·re] <dico, dissi, detto> *vt* **1.** (*affermare, recitare*) to say; **dice di essere ammalato** he says he's sick; **si dice che sia molto ricco** people say he's very rich; ~ **di sì/no** to say yes/no **2.** (*chiedere, raccontare*) to tell; ~ **bugie** to tell lies; ~ **la propria** to have one's say; **dirle grosse** *fam* to talk nonsense; **dir male di qu** to speak ill of sb; **avere da** ~ **su qu** to have sth to say about sb; **a** ~ **il vero** to tell the truth; **dico bene?**

am I right?; **come si dice in inglese?** what's the English for ...?; ~ **pane al pane e vino al vino** to call a spade a spade; **dico sul serio** I mean it; **diciamo, ...** suppose, ...; (**mi**) **dica** can I help you? **3.** (*significare*) **come sarebbe a ~?** what does that mean?; **voler** ~ to mean; **vale a** ~ that is **4.** (*pensare*) **che ne dici del mio abito nuovo?** what do you think of my new dress?; **che ne dici di uscire a cena?** shall we go out for dinner? **5.** (*chiamare*) to call

diressi [di·'rɛs·si] *1. pers sing pass rem di* **dirigere**

diretta [di·'rɛt·ta] *f* TV **in -a** live

direttamente [di·ret·ta·'men·te] *avv* **1.** (*senza tappe*) straight **2.** (*senza intermediari*) directly

direttissima [di·ret·'tis·si·ma] *f* (*linea ferroviaria*) high-speed railway line

direttivo [di·ret·'ti:·vo] *m* leadership

direttivo, -a *agg* (*organo, comitato*) executive

diretto [di·'rɛt·to] *m* **1.** (*treno*) local train **2.** SPORT (*nel pugilato*) jab

diretto, -a **I.** *pp di* **dirigere** **II.** *agg* **1.** (*senza deviazioni, soste*) direct **2.** (*rivolto*) ~ **a qu** directed at sb **3.** (*destinato*) **il treno ~ a Roma** the train for Rome **4.** LING **complemento** ~ direct object; **discorso** ~ direct speech

direttore, -trice [di·ret·'to:·re] *m, f* director; ~ **di produzione** CINE producer; ~ **d'orchestra** conductor; ~ (**didattico**) principal; ~ **tecnico** SPORT coach; ~ **responsabile** editor

direzione [di·ret·'tsio:·ne] *f* **1.** (*di azienda, partito*) management; ~ **amministrativa** administration **2.** (*senso*) direction; **in ~ di** toward

dirigente [di·ri·'dʒɛn·te] **I.** *agg* managerial; **classe** ~ ruling class **II.** *mf* manager

dirigenza [di·ri·'dʒɛn·tsa] *f* management

dirigere [di·'ri:·dʒe·re] <dirigo, diressi, diretto> **I.** *vt* **1.** (*azienda*) to manage; (*lavori, scuola*) to run; (*orchestra*) to conduct **2.** (*indirizzare*) to direct; ~ **qu/qc a** [*o* **verso**] **qu/qc** to direct sb/sth to sb/sth **II.** *vr:* **-rsi** to make one's way (**verso** toward)

dirimpetto [di·rim·'pɛt·to] **I.** *avv* opposite **II.** *prep* ~ **a te** opposite you **III.** <inv> *agg* **la casa** ~ the house opposite

diritto [di·'rit·to] **I.** *m* **1.** (*complesso di norme, scienza*) law; ~ **civile** civil law; ~ **penale** criminal law **2.** (*interesse*) right; **avere ~ a qc** to have a right to sth; ~ **di sciopero** right to strike; ~ **di voto** right to vote; **-i d'autore** copyright; **-i dell'uomo** human rights; **di** ~ by right; **a buon** ~ quite rightly **3.** *pl* (*tassa*) fees **4.** (*di maglia, stoffa*) right side **5.** SPORT forehand **II.** *avv* **1.** (*in linea retta*) straight (on) **2.** (*direttamente*) straight; **tirar ~ per la propria strada** *fig* to go one's own way; **rigare** [*o* **filare**] ~ to go straight

diritto, -a *agg* straight

dirottamento [di·rot·ta·'men·to] *m* (*di nave, aereo*) hijacking

dirottare [di·rot·'ta:·re] **I.** *vt* **1.** (*far deviare*) to reroute **2.** (*con la forza*) to hijack **II.** *vi* (*cambiare rotta*) to change course

dirottatore, -trice [di·rot·ta·'to:·re] *m, f* hijacker

dirotto, -a [di·'rot·to] *agg* **scoppiare in un pianto** ~ to burst into tears; **piovere a** ~ to pour down rain

disabile [di·'za:·bi·le] **I.** *agg* disabled **II.** *mf* disabled person; **posti riservati ai -i** places reserved for the disabled

disabilità [di·za·bi·li·'ta] <-> *f* disability

disabilitare [di·za·bi·li·'ta:·re] *vt* (*programma, macchina, funzione*) to disable

disabilitato, -a [di·za·bi·li·'ta:·to] *agg* disabled

disabitato, -a [di·za·bi·'ta:·to] *agg* uninhabited

disabituare [di·za·bi·tu·'a:·re] **I.** *vt* ~ **qu a qc** to break sb of a habit **II.** *vr* **-rsi a qc** to break oneself of a habit

disaccordo [di·zak·'kɔr·do] *m* **1.** MUS discord **2.** (*contrasto*) disagreement; **essere in ~ su qc** to disagree about sth

disadatto, -a [di·za·'dat·to] *agg* unsuitable; **essere ~ a** [*o* **per**] **qc** to be unsuitable for sth

disagio [di·'za:·dʒo] *m* **1.** (*mancanza*

di comodità) discomfort **2.** (*imbarazzo*) unease; **sentirsi a ~** to feel awkward; **mettere a ~ qu** to make sb feel awkward

disambientato, **-a** [di·zam·bien·ˈtaː·to] *agg* disoriented

disapprovare [di·zap·pro·ˈvaː·re] *vt* to disapprove of

disapprovazione [di·zap·pro·vat·ˈtsioː·ne] *f* disapproval

disarmato, **-a** [di·zar·ˈmaː·to] *agg* **1.** (*senza armi*) unarmed **2.** (*indifeso*) defenseless

disarmo [di·ˈzar·mo] *m* (*di nazione*) disarmament

disastrato, **-a** [di·zas·ˈtraː·to] **I.** *agg* (*zona, paese*) devastated **II.** *m, f* victim

disastro [di·ˈzas·tro] *m* **1.** (*gener*) disaster **2.** (*caos*) disaster area

disastroso, **-a** [di·zas·ˈtroː·so] *agg* disastrous

disattento, **-a** [di·zat·ˈtɛn·to] *agg* inattentive

disattenzione [di·zat·ten·ˈtsioː·ne] *f* **1.** (*mancanza di attenzione*) carelessness **2.** (*svista*) oversight

disattivare [di·zat·ti·ˈvaː·re] *vt* **1.** (*bomba*) to defuse **2.** (*macchina, impianto*) to deactivate

disavventura [di·zav·ven·ˈtuː·ra] *f* misadventure

discapito [dis·ˈkaː·pi·to] *m* **a ~ di qu** to the detriment of sb

discarica [dis·ˈkaː·ri·ka] <-che> *f* dump

discendente [diʃ·ʃen·ˈdɛn·te] *mf* descendant

discendenza [diʃ·ʃen·ˈdɛn·tsa] *f* **1.** (*origine*) descent **2.** (*discendenti*) descendants *pl*

discendere [diʃ·ˈʃen·de·re] <irr> *vi essere* **1.** (*provenire*) **~ da qu** to descend from sb; **~ da qc** to come from sth **2.** (*scendere*) to descend; (*da macchina*) to get out; (*da cavallo, bicicletta, treno, aereo*) to get off

discepolo, **-a** [diʃ·ˈʃeː·po·lo] *m, f* **1.** *poet* (*allievo*) pupil; (*seguace*) follower **2.** REL disciple

discernere [diʃ·ˈʃɛr·ne·re] <discerno, discernei, *manca il pp*> *vt* **1.** (*distinguere*) to distinguish **2.** (*scorgere*) to make out

discesa [diʃ·ˈʃeː·sa] *f* **1.** (*azione*) descent **2.** (*pendenza*) slope; **in ~** downward sloping **3.** SPORT **~ libera** downhill race

discesi *1. pers sing pass rem di* **discendere**

disceso *pp di* **discendere**

dischetto [dis·ˈket·to] *m* COMPUT diskette

dischiudere [dis·ˈkiuː·de·re] <irr> *vt* **1.** (*aprire*) to open **2.** (*rivelare: segreto*) to disclose

disciogliere [diʃ·ˈʃɔʎ·ʎe·re] <irr> *vt* **1.** (*neve*) to melt **2.** (*diluire*) to dissolve

disciplina [diʃ·ʃi·ˈpliː·na] *f* **1.** (*ordine*) discipline **2.** (*materia di studio*) subject

disciplinare[1] [diʃ·ʃi·pli·ˈnaː·re] *agg* (*provvedimento, misura*) disciplinary; **sanzioni -i** disciplinary measures

disciplinare[2] *vt* (*regolare*) to regulate

disciplinato, **-a** [diʃ·ʃi·pli·ˈnaː·to] *agg* (*alunno, traffico*) disciplined

disco [dis·ko] <-schi> *m* **1.** (*piastra rotonda*) *a.* ANAT, COMPUT disk; (**~** *magnetico*) magnetic disk; **~ fisso** COMPUT hard disk; **~ volante** flying saucer **2.** SPORT discus **3.** MUS record; **cambiare ~** *fig* change the subject **4.** MOT **~ del freno** brake disk

discografico, **-a** [dis·ko·ˈgraː·fi·ko] <-ci, -che> *agg* (*casa, mercato, produttore*) record

discolpa [dis·ˈkol·pa] *f* (*giustificazione*) excuse; **a ~ di qu** in sb's defense

discolpare [dis·kol·ˈpaː·re] **I.** *vt* (*giustificare*) to excuse; (*da accusa*) to prove innocent **II.** *vr:* **-rsi** (*giustificarsi*) to justify oneself

disconoscere [dis·ko·ˈnoʃ·ʃe·re] <irr> *vt* (*figlio, scrittura*) to disown

discontinuità [dis·kon·ti·nui·ˈta] *f* discontinuity; **con ~** with interruptions

discontinuo, **-a** [dis·kon·ˈtiː·nuo] *agg* **1.** (*linea*) broken **2.** (*sforzo, allievo, rendimento*) erratic

discordante [dis·kor·ˈdan·te] *agg* (*opinioni, suoni*) discordant; (*colori*) clashing

discorrere [dis·ˈkor·re·re] <irr> *vi* **~ di qc** to talk about sth

discorsivo, **-a** [dis·kor·ˈsiː·vo] *agg* **1.** (*re-

lativo al discorso) discursive **2.** (*testo, linguaggio*) flowing

discorso [dis·'kor·so] **I.** *pp di* **discorrere** **II.** *m* **1.** (*discussione*) conversation; **cambiare** ~ to change the subject; **attaccar** ~ (**con qu**) to start a conversation (with sb) **2.** (*esposizione orale*) speech; ~ **inaugurale** opening speech; **pronunciare un** ~ to give a speech **3.** LING ~ **diretto/indiretto** direct/indirect speech

discoteca [dis·ko·'tɛː·ka] <-che> *f* club; **andare in** ~ to go clubbing

discretamente [dis·kre·ta·'men·te] *avv* **1.** (*con discrezione*) discreetly **2.** (*abbastanza*) quite **3.** (*abbastanza bene*) quite well

discreto, **-a** [dis·'kreː·to] *agg* **1.** (*moderato*) modest **2.** (*riservato*) discreet **3.** (*abbastanza buono*) fair **4.** (*domanda*) modest; (*ospite*) undemanding

discrezione [dis·kret·'tsioː·ne] *f* **1.** (*tatto*) tact; **con** ~ tactfully **2.** (*moderazione*) moderation; **senza** ~ excessively **3.** (*volontà*) **a** ~ **di qu** at sb's discretion

discriminante [dis·kri·mi·'nan·te] *agg* (*trattamento, politica*) discriminatory; (*fattore*) determining

discriminazione [dis·kri·mi·nat·'tsioː·ne] *f* (*trattamento inuguale*) discrimination; ~ **razziale** racial discrimination

discussi [dis·'kus·si] *1. pers sing pass rem di* **discutere**

discussione [dis·kus·'sioː·ne] *f* **1.** (*dibattito*) discussion; **essere in** ~ to be in doubt; **essere fuori** ~ to be out of the question **2.** (*litigio*) argument

discusso, **-a** [dis·'kus·so] **I.** *pp di* **discutere** **II.** *agg* (*decisione, scelta*) controversial

discutere [dis·'kuː·te·re] <discuto, discussi, discusso> **I.** *vt* **1.** (*dibattere*) to discuss **2.** (*contestare*) to doubt **II.** *vi* **1.** (*parlare*) ~ **di** [*o* **su**] **qc** to discuss sth **2.** (*litigare*) to argue

discutibile [dis·ku·'tiː·bi·le] *agg* (*opinione, scelta*) dubious

disdegnare [diz·deɲ·'ɲaː·re] *vt* to scorn

disdegno [diz·'deɲ·ɲo] *m* scorn

disdetta [diz·'det·ta] *f* **1.** (*sfortuna*) bad luck **2.** (*di contratto*) cancellation; **dare la** ~ to cancel

disdire [diz·'diː·re] <irr> *vt* **1.** (*appuntamento, prenotazione*) to cancel **2.** (*contratto, società*) to dissolve

disegnare [di·seɲ·'ɲaː·re] *vt* **1.** (*immagine, piantina*) to draw **2.** (*veicolo, edificio*) to design **3.** (*descrivere*) to outline

disegnatore, **-trice** [di·seɲ·ɲa·'toː·re] *m, f* designer

disegno [di·'seɲ·ɲo] *m* **1.** (*immagine*) drawing; ~ **animato** cartoon **2.** (*motivo*) pattern **3.** *fig* (*intenzione*) plan **4.** GIUR ~ **di legge** bill

diserbante [di·zer·'ban·te] *m* herbicide

diseredare [di·ze·re·'daː·re] *vt* to disinherit

disertare [di·zer·'taː·re] **I.** *vi* **1.** MIL to desert **2.** *fig* (*abbandonare*) ~ **da qc** to leave sth **II.** *vt* to leave

disertore [di·zer·'toː·re] *m a. fig* MIL deserter

disfare [dis·'faː·re] <irr> **I.** *vt* (*scomporre: nodo*) to undo; (*letto*) to strip; (*cucitura, orlo*) to unpick; (*bagagli, valigie*) to unpack **II.** *vr:* **-rsi** **1.** (*nodo*) to come undone; (*cucitura, orlo*) to come unstitched **2.** *fig* (*famiglia, società*) to fall apart **3.** (*liberarsi*) **-rsi di qc/qu** to get rid of sth/sb

disfatta [dis·'fat·ta] *f* (*di esercito, squadra, partito*) crushing defeat

disfatto *pp di* **disfare**

disfeci *1. pers sing pass rem di* **disfare**

disgrazia [diz·'grat·tsia] *f* **1.** (*sfortuna*) misfortune; **per mia/tua** ~ unfortunately for me/you **2.** (*avvenimento*) **è successa una** ~ something terrible has happened **3.** (*sfavore*) **cadere in** ~ to fall out of favor

disgraziatamente [diz·grat·tsia·ta·'men·te] *avv* unfortunately

disgraziato, **-a** [diz·grat·'tsiaː·to] **I.** *agg* **1.** (*persona*) unfortunate **2.** (*evento*) unlucky **II.** *m, f* **1.** (*persona sfortunata*) poor soul **2.** (*sciagurato*) jerk

disgregare [diz·gre·'gaː·re] **I.** *vt* **1.** (*frantumare*) to shatter **2.** *fig* (*partito, famiglia, società*) to break up **II.** *vr:* **-rsi** **1.** (*andare in pezzi*) to shatter **2.** *fig* (*partito, famiglia, società*) to break up

disgregazione [diz·gre·gat·'tsio:·ne] *f* **1.** (*di rocce, materia, cellule*) disintegration; ~ **meteorica** weathering **2.** (*di partito, famiglia, società*) breakup

disguido [diz·'gui:·do] *m* **1.** (*burocratico, tecnico*) error **2.** (*svista*) mistake

disgustare [diz·gus·'ta:·re] **I.** *vt* **1.** (*nauseare*) ~ **qu** to make sb feel sick **2.** *fig* (*infastidire*) to disgust **II.** *vr:* **-rsi; -rsi di qc** to grow sick of sth

disgusto [diz·'gus·to] *m a. fig* disgust

disgustoso, -a [diz·gus·'to:·so] *agg* disgusting

disidratato, -a [di·zi·dra·'ta:·to] *agg* (*alimenti, organismo*) dehydrated; (*pelle*) dry

disilludere [di·zil·'lu:·de·re] <irr> **I.** *vt* to disillusion; ~ **le speranze di qu** to disappoint sb's hopes **II.** *vr:* **-rsi** to lose one's illusions

disimpegnare [di·zim·peɲ·'ɲa:·re] **I.** *vt* *fig* (*da impegno, promessa*) to release **II.** *vr:* **-rsi** **1.** (*liberarsi*) to free oneself **2.** SPORT (*nel calcio*) to run with the ball

disimpegnato, -a [di·zim·peɲ·'ɲa:·to] *agg* POL uncommitted

disincantato, -a [di·ziŋ·kan·'ta:·to] *agg* (*disilluso*) disenchanted

disinfettante [di·zin·fet·'tan·te] *m* disinfectant

disinfettare [di·zin·fet·'ta:·re] *vt* to disinfect

disinformato, -a [di·zin·for·'ma:·to] *agg* ignorant; ~ **su qc** ignorant of sth

disingannare [di·ziŋ·gan·'na:·re] **I.** *vt* **1.** (*togliere dall'errore*) to undeceive **2.** (*disilludere*) to disillusion **II.** *vr:* **-rsi** to become disillusioned

disinibito, -a [di·zi·ni·'bi:·to] *agg* (*persona, atteggiamento*) uninhibited

disinnestare [di·zin·nes·'ta:·re] *vt* AUTO ~ **la marcia** to disengage

disinquinare [di·ziŋ·kui·'na:·re] *vt* to clean up

disinserire [di·zin·se·'ri:·re] <disinserisco> *vt* to disconnect

disinstallare [di·zins·tal·'la:·re] *vt* COMPUT to uninstall

disintegrare [di·zin·te·'gra:·re] **I.** *vt* **1.** (*ridurre in frammenti*) to blow to pieces **2.** PHYS (*atomo*) to split **II.** *vr:* **-rsi** **1.** (*ridursi in frammenti*) to disintegrate **2.** PHYS to split

disintegrazione [di·zin·te·grat·'tsio:·ne] *f* **1.** (*distruzione*) disintegration **2.** PHYS decay

disinteressato, -a [di·zin·te·res·'sa:·to] *agg* **1.** (*privo di interesse*) **essere ~ (a qc)** to be uninterested (in sth) **2.** (*senza fini personali*) disinterested

disinteresse [di·zin·te·'rɛs·se] *m* **1.** (*indifferenza*) lack of interest; **mostrare ~ per qc** to show a lack of interest in sth **2.** (*generosità*) disinterest

disintossicare [di·zin·tos·si·'ka:·re] **I.** *vt* (*organismo, tossicodipendente*) to detox **II.** *vr:* **-rsi** to detox

disinvolto, -a [di·zin·'vɔl·to] *agg* **1.** (*non timido*) confident **2.** *pej* (*sfacciato*) familiar

disinvoltura [di·zin·vol·'tu:·ra] *f* **1.** (*naturalezza*) ease **2.** *pej* (*sfacciataggine*) insolence **3.** (*superficialità*) flippancy

dislivello [diz·li·'vɛl·lo] *m* **1.** (*differenza di altezza*) difference in height **2.** *fig* (*divario*) gap

dismisura [diz·mi·'zu:·ra] *f* **a ~** beyond measure

disoccupato, -a [di·zok·ku·'pa:·to] **I.** *agg* (*senza lavoro*) unemployed **II.** *m, f* unemployed person; ~ **di lunga durata** long-term unemployed person

disoccupazione [di·zok·ku·pat·'tsio:·ne] *f* unemployment; ~ **giovanile** youth unemployment

disonestà [di·zo·nes·'ta] *f* dishonesty

disonesto, -a [di·zo·'nɛs·to] *agg* dishonest

disonorare [di·zo·no·'ra:·re] **I.** *vt* to disgrace **II.** *vr:* **-rsi** to disgrace oneself

disonore [di·zo·'no:·re] *m* **1.** (*perdita dell'onore*) dishonor **2.** (*persona*) disgrace

disopra, di sopra [di·'so:p·ra] **I.** *avv, agg* <inv> upstairs **II.** <-> *m* (*parte superiore*) top; **essere al ~ di ogni sospetto** to be above suspicion

disordinato, -a [di·zor·di·'na:·to] *agg* **1.** (*stanza*) untidy **2.** (*idea, racconto*) incoherent **3.** (*vita, alimentazione*) disorderly

disordine [di·'zor·di·ne] *m* **1.** (*scompiglio*) mess; **in ~** in a mess **2.** (*situazione confusa*) disorder **3.** (*nel mangiare, bere*) irregularity **4.** *pl* (*tumulti*) trouble

disorganizzato, **-a** [di·zor·ga·nid·'dzaː·to] *agg* disorganized

disorientamento [di·zo·rien·ta·'men·to] *m* disorientation

disorientare [di·zo·rien·'taː·re] **I.** *vt* **1.** (*nella direzione*) to disorient **2.** *fig* (*confondere*) to confuse **II.** *vr:* **-rsi 1.** (*nella direzione*) to become disoriented **2.** *fig* (*confondersi*) to become confused

disorientato, **-a** [di·zo·rien·'taː·to] *agg* (*confuso*) confused

disotto, di sotto [di·'sot·to] **I.** *avv, agg* <inv> downstairs **II.** <-> *m* (*parte inferiore*) bottom; **al ~ del livello del mare** below sea level; **al ~ di qu/qc** below sb/sth

disparato, **-a** [dis·pa·'raː·to] *agg* varied

dispari ['dis·pa·ri] <inv> *agg* MATH odd

disparità [dis·pa·ri·'ta] *f* difference

disparte [dis·'par·te] *avv* **lasciare qc in ~** to set sth aside; **tenersi** [*o* **starsene**] **in ~** to stay by oneself

dispendio [dis·'pɛn·dio] <-i> *m* (*spesa eccessiva*) expense; (*consumo eccessivo*) waste; **~ di energie** expenditure of energy

dispendioso, **-a** [dis·pen·'dioː·so] *agg* (*acquisto, vita*) extravagant; (*sport*) expensive

dispensa [dis·'pɛn·sa] *f* **1.** (*fascicolo*) part; **~ universitaria** lecture notes **2.** (*esonero*) dispensation **3.** (*mobile*) sideboard

dispensare [dis·pen·'saː·re] *vt* **1.** *iron* (*distribuire*) to hand out **2.** (*da tassa, servizio militare*) **~ qu da qc** to exempt sb from sth

disperare [dis·pe·'raː·re] **I.** *vt* **~ di fare qc** to despair of doing sth **II.** *vi* to despair; **~ di qc** to despair of sth; **far ~ qu** to drive sb crazy **III.** *vr:* **-rsi** to despair; **-rsi per qc** to be in despair about sth

disperato, **-a** [dis·pe·'raː·to] *agg* **1.** (*persona*) in despair **2.** (*situazione*) desperate; **caso ~** hopeless case

disperazione [dis·pe·rat·'tsioː·ne] *f* **1.** (*sconforto*) despair **2.** (*che fa disperare*) **essere una ~** to drive sb to distraction

disperdere [dis·'pɛr·de·re] <irr> **I.** *vt* **1.** (*folla*) to disperse **2.** (*averi*) to squander **II.** *vr:* **-rsi 1.** (*allontanarsi*) to disperse **2.** (*andare sprecato*) to be lost **3.** *fig* (*distrarsi*) **-rsi in qc** to get distracted by sth

dispersione [dis·per·'sioː·ne] *f* **1.** (*di folla, esercito*) dispersal **2.** *fig* (*di energia, forze*) waste **3.** PHYS (*di elettricità, suono*) dispersion; **~ di calore** heat loss

disperso, **-a** [dis·'pɛr·so] **I.** *agg* **1.** (*sparso*) scattered **2.** (*perso*) lost; **dare qu per ~** to report sb missing **II.** *m, f* missing person

dispetto [dis·'pet·to] *m* **1.** (*azione*) piece of spite; **fare un ~ a qu** to spite sb; **a ~ di qu** in spite of sb's opposition **2.** (*irritazione*) **provare ~ per qc** to find sth annoying

dispettoso, **-a** [dis·pet·'toː·so] *agg* **1.** (*che fa dispetti*) spiteful **2.** (*tempo, vento*) unpleasant

dispiacere[1] [dis·pia·'tʃeː·re] *m* (*afflizione*) sorrow; **dare un ~ a qu** to upset sb

dispiacere[2] <irr> *vi essere* **1.** (*causare dispiacere*) to upset; **mi dispiace (che ...)** I'm sorry (that ...); **ti dispiace posare il libro sul tavolo?** would you mind putting the book on the table?; **se non ti dispiace ...** if you don't mind ... **2.** (*non piacere*) **il film non mi è dispiaciuto** I really liked the movie; **non mi dispiacerebbe vederlo** I wouldn't mind seeing him/it

dispiaciuto, **-a** [dis·pia·'tʃuː·to] *agg* sorry; **essere ~ di dover fare qc** to be sorry to have to do sth

dispongo *1. pers sing pr di* **disporre**

disponibile [dis·po·'niː·bi·le] *agg* **1.** (*a disposizione*) available; **non c'è più un posto ~** there are no more seats **2.** (*libero da impegni*) free **3.** (*gentile*) helpful

disponibilità [dis·po·ni·bi·li·'ta] <-> *f* **1.** (*gener*) availability **2.** (*gentilezza*) helpfulness

disporre [dis·'por·re] <irr> **I.** *vt* **1.** (*siste-*

mare) to arrange **2.** (*preparare*) to prepare **3.** (*prescrivere: legge*) to lay down; (*giudice*) to order **II.** *vi* **1.** (*avere a disposizione*) ~ **di qc** to have sth (available) **2.** (*decidere*) to decide **3.** (*possedere*) to have **III.** *vr:* **-rsi 1.** (*sistemarsi*) to arrange oneself **2.** (*prepararsi*) **-rsi a fare qc** to get ready to do sth

dispositivo [dis·po·zi·'tiː·vo] *m* (*congegno*) device; ~ **di sicurezza** safety device

disposizione [dis·po·zit·'tsioː·ne] *f* **1.** (*sistemazione*) arrangement **2.** (*inclinazione*) bent; **avere ~ a** [*o* **per**] **qc** to have a bent for sth **3.** (*stato d'animo*) mood **4.** (*prescrizione*) instruction **5.** (*servizio*) **essere a ~ di qu** to be at sb's disposal; **tenersi a ~** to make oneself available

disposto [dis·'pos·to] *m* provision

disposto, -a I. *pp di* **disporre II.** *agg* **1.** (*sistemato*) arranged **2.** (*pronto*) **essere ~ a fare qc** to be disposed to do sth **3.** (*psicologicamente*) **ben/mal ~ verso qu** well/ill disposed toward sb

dispregiativo, -a [dis·pre·dʒa·'tiː·vo] *agg* LING pejorative

disprezzabile [dis·pret·'tsaː·bi·le] *agg* contemptible

disprezzare [dis·pret·'tsaː·re] *vt* **1.** (*non stimare*) to despise **2.** (*offerta*) to scorn **3.** (*pericolo, ordini*) to disregard

disprezzo [dis·'prɛt·tso] *m* **1.** (*mancanza di stima*) contempt **2.** (*di pericolo, tradizioni*) disregard

disputa ['dis·pu·ta] *f* **1.** (*discussione*) discussion **2.** (*lite*) dispute **3.** SPORT **la ~ del campionato** the championship game

disputare [dis·pu·'taː·re] **I.** *vt* SPORT (*partita, gara*) to take part in **II.** *vr* **-rsi qc** (*primo posto, premio, vittoria*) to compete for sth

disquisizione [dis·kui·zit·'tsioː·ne] *f* detailed discussion

disseminare [dis·se·mi·'naː·re] *vt* **1.** (*spargere*) to scatter **2.** *fig* (*diffondere*) to spread

dissenso [dis·'sɛn·so] *m* **1.** (*contrasto*) disagreement **2.** (*disapprovazione*) disapproval **3.** POL, REL dissent

disseppellire [dis·sep·pel·'liː·re] <disseppellisco> *vt* **1.** (*rovine*) to excavate **2.** (*cadavere*) to exhume

dissertazione [dis·ser·tat·'tsioː·ne] *f* dissertation; ~ **di laurea** dissertation *for a first degree*

dissesto [dis·'sɛs·to] *m fig* (*economico*) difficulty; (*sociale*) disorder

dissetante [dis·se·'tan·te] *agg* thirst-quenching

dissi ['dis·si] *1. pers sing pass rem di* **dire**[1]

dissidente [dis·si·'dɛn·te] *agg, mf* dissident

dissidio [dis·'siː·dio] <-i> *m* (*politico, religioso*) disagreement

dissimile [dis·'siː·mi·le] *agg* dissimilar

dissimulare [dis·si·mu·'laː·re] *vt* **1.** (*sentimento, pensiero*) to hide **2.** (*fingere*) to pretend

dissimulatore, -trice [dis·si·mu·la·'toː·re] *m, f* deceiver

dissimulazione [dis·si·mu·lat·'tsioː·ne] *f* deceit

dissipare [dis·si·'paː·re] **I.** *vt* **1.** (*nebbia, fumo, nubi*) to disperse **2.** (*dubbi, sospetti*) to dispel **3.** (*patrimonio*) to squander **II.** *vr:* **-rsi 1.** (*nebbia*) to clear **2.** (*dubbi*) to disappear

dissociare [dis·so·'tʃaː·re] **I.** *vt a.* CHEM to separate **II.** *vr:* **-rsi; -rsi da qc** to dissociate oneself from sth

dissolsi [dis·'sɔl·si] *1. pers sing pass rem di* **dissolvere**

dissolto [dis·'sɔl·to] *pp di* **dissolvere**

dissoluto, -a [dis·so·'luː·to] *agg* (*vita, persona*) dissolute

dissoluzione [dis·so·lut·'tsioː·ne] *f* **1.** (*disfacimento*) collapse **2.** (*corruzione*) dissolution

dissolvenza [dis·sol·'vɛn·tsa] *f* FILM ~ **in apertura** fade-in; ~ **in chiusura** fade-out

dissolvere [dis·'sɔl·ve·re] <dissolvo, dissolsi, dissolto> **I.** *vt* **1.** (*compressa, legame*) to dissolve **2.** (*nebbia*) to dispel **II.** *vr:* **-rsi** (*sciogliersi*) to dissolve

dissotterrare [dis·sot·ter·'raː·re] *vt* **1.** (*rovine*) to excavate **2.** (*cadavere*) to exhume

dissuadere [dis·sua·'deː·re] <dissuado,

dissuasi, dissuaso> *vt* to dissuade; ~ **qu da qc/dal fare qc** to dissuade sb from doing sth

dissuaso [dis·su·'aː·zo] *pp di* **dissuadere**

distaccare [dis·tak·'kaː·re] **I.** *vt* **1.** (*separare*) to separate **2.** (*trasferire*) to transfer **3.** SPORT (*gruppo, concorrenti*) to outstrip **II.** *vr:* **-rsi 1.** (*allontanarsi*) to detach oneself **2.** (*distinguersi*) to stand out

distaccato, -a [dis·tak·'kaː·to] *agg* (*atteggiamento, tono, espressione*) detached

distacco [dis·'tak·ko] <-chi> *m* **1.** (*di parti, componenti*) removal **2.** *fig* (*allontanamento*) separation **3.** (*freddezza*) detachment **4.** SPORT **ha vinto con un ~ di dieci secondi** he won by ten seconds; **avere un ~ di cinque metri su qu** to have a five-meter lead over sb; **ridurre il ~** to close the gap

distante [dis·'tan·te] **I.** *agg* **1.** (*lontano*) faraway **2.** (*opinioni*) different **3.** *fig* (*freddo*) distant **II.** *avv* far away

distanza [dis·'tan·tsa] *f* **1.** (*spazio*) distance; **~ di sicurezza** braking distance; **comando a ~** remote control; **tenere le -e** *fig* to keep one's distance; **prendere le -e da qu/qc** to distance oneself from sb/sth **2.** (*tempo*) time; **a ~ di dieci anni** after ten years

distare [dis·'taː·re] <disto, *mancano pass rem e pp*> *vi* ~ (**da qc**) to be far away (from sth)

distendere [dis·'tɛn·de·re] <irr> **I.** *vt* **1.** (*coperta, vele*) to spread; (*braccia, mani, gambe*) to stretch **2.** (*sdraiare*) to lay down **3.** (*nervi, muscoli*) to relax **4.** (*vernice, colore*) **~ qc su qc** to apply sth to sth **II.** *vr:* **-rsi 1.** (*rilassarsi*) to relax **2.** (*sdraiarsi*) to stretch out

distensione [dis·ten·'sioː·ne] *f* **1.** (*di muscoli, corda*) stretching **2.** (*rilassamento*) relaxation **3.** (*di rapporti*) improvement

distensivo, -a [dis·ten·'siː·vo] *agg* **1.** (*rilassante*) relaxing **2.** (*fase, misura*) conciliatory

distesa [dis·'teː·sa] *f* **1.** (*estensione*) expanse **2.** (*quantità*) collection

distesi *1. pers sing pass rem di* **distendere**

disteso, -a [dis·'teː·so] **I.** *pp di* **distendere II.** *agg* **1.** (*sdraiato, allungato*) stretched out **2.** (*rapporti*) improved **3.** (*rilassato*) relaxed

distillato, -a *agg* distilled

distinguere [dis·'tiŋ·gue·re] <distinguo, distinsi, distinto> **I.** *vt* **1.** (*differenziare*) to tell **2.** (*vedere, sentire*) to make out **3.** (*rendere riconoscibile: bagagli*) to identify; (*persona*) to distinguish **II.** *vr* **-rsi da qu** (**per qc**) to be distinguished from sb (by sth)

distintivo [dis·tin·'tiː·vo] *m* badge

distintivo, -a *agg* (*carattere, tratto*) distinctive

distinto, -a [dis·'tin·to] **I.** *pp di* **distinguere II.** *agg* **1.** (*differente*) distinct **2.** (*chiaro*) clear **3.** (*elegante*) distinguished **4.** *form* (*nelle lettere*) **-i saluti** yours truly

distinzione [dis·tin·'tsioː·ne] *f* distinction; **senza ~** without distinction

distogliere [dis·'tɔʎ·ʎe·re] <irr> *vt* to remove; (*attenzione*) to distract; **~ lo sguardo** to look away; **~ qu da qc** to dissuade sb from sth

distorcere [dis·'tɔr·tʃe·re] <irr> **I.** *vt* **1.** (*torcere, contorcere*) to twist **2.** TEC, PHYS to distort **II.** *vr:* **-rsi** to twist; **-rsi il polso** to sprain one's wrist

distorsione [dis·tor·'sioː·ne] *f* **1.** (*gener*) distortion **2.** MED sprain

distrarre [dis·'trar·re] <irr> **I.** *vt* **1.** (*deconcentrare*) to distract **2.** (*divertire*) to entertain **3.** (*somma*) to subtract **II.** *vr:* **-rsi 1.** (*deconcentrarsi*) to get distracted **2.** (*divertirsi*) to enjoy oneself

distratto, -a [dis·'trat·to] *agg* **1.** (*deconcentrato*) **ero ~** I wasn't paying attention **2.** (*sbadato*) absent-minded

distrazione [dis·trat·'tsioː·ne] *f* **1.** (*disattenzione*) inattention **2.** (*divertimento*) amusement

distretto [dis·'tret·to] *m* (*circoscrizione*) district; **~ di polizia** precinct

distribuire [dis·tri·bu·'iː·re] <distribuisco> *vt* **1.** (*compiti, premi, ruoli*) to give out **2.** (*peso*) to distribute **3.** (*posta, giornali, pubblicità*) to deliver; (*acqua, elettricità*) to supply

distributore [dis·tri·bu·'toː·re] *m* TEC

D

pump; ~ **di benzina** gas pump; ~ **automatico** (*bancomat*) ATM

distribuzione [dis·tri·but·'tsio:·ne] *f* **1.** (*di compiti, regali, ruoli, prodotti*) distribution **2.** (*di posta, giornali, acqua*) delivery **3.** AUTO (*in un motore*) distributor

distruggere [dis·'trud·dʒe·re] <irr> *vt a. fig* to destroy

distruttivo, **-a** [dis·trut·'ti:·vo] *agg* destructive

distrutto [dis·'trut·to] *pp di* **distruggere**

distruttore, **-trice** **I.** *agg* destructive **II.** *m, f* destroyer

distruzione [dis·trut·'tsio:·ne] *f a. fig* destruction

disturbare [dis·tur·'ba:·re] **I.** *vt* to disturb **II.** *vr:* **-rsi** to put oneself out; **non si disturbi** please don't get up; **grazie, ma non doveva -rsi** thank you, but you shouldn't have

disturbo [dis·'tur·bo] *m* **1.** (*fastidio*) trouble; **togliere il** ~ to leave **2.** MED problem; ~ **di stomaco** upset stomach **3.** MALFUNZIONAMENTO interference

disubbidiente [di·zub·bi·'diɛn·te] *agg* disobedient

disubbidienza [di·zub·bi·'diɛn·tsa] *f* disobedience

disubbidire [di·zub·bi·'di:·re] <disubbidisco> *vi* ~ **a qu** to disobey sb; ~ **a un ordine** to disobey an order

disuguaglianza [di·zu·guaʎ·'ʎan·tsa] *f* **1.** *a.* MATH inequality; **-e sociali** social differences **2.** (*irregolarità*) unevenness

disuguale [di·zu·'gua:·le] *agg* **1.** (*diverso*) unequal **2.** (*rendimento, umore*) uncertain; (*terreno*) uneven

disumano, **-a** [di·zu·'ma:·no] *agg* inhuman

disuso [di·'zu:·zo] *m* **cadere in** ~ (*usanza, espressione*) to fall into disuse

ditale [di·'ta:·le] *m* thimble

ditata [di·'ta:·ta] *f* **1.** (*colpo*) poke **2.** (*impronta*) fingerprint

dito ['di:·to] <nel loro insieme: -a *f*, considerati separatamente:-i *m*> *m* **1.** (*della mano, guanto*) finger; (*del piede*) toe; **sapere qc sulla punta delle -a** *fig* to have sth at one's fingertips; **non muovere un** ~ **in favore di qu** to not lift a finger to help sb; **legarsi qc al** ~ *fig* to not forget a wrong **2.** (*misura, quantità*) inch; (*di bevande*) drop

ditta ['dit·ta] *f* firm

dittatore [dit·ta·'to:·re] *m* dictator

dittatura [dit·ta·'tu:·ra] *f* dictatorship

dittongo [dit·'tɔŋ·go] <-ghi> *m* LING diphthong

diva ['di:·va] *f* star

divagare [di·va·'ga:·re] **I.** *vi* to digress; ~ **da qc** (*argomento, tema*) to stray from sth **II.** *vr:* **-rsi** to enjoy oneself

divampare [di·vam·'pa:·re] *vi essere* **1.** (*incendio, fuoco*) to flare up **2.** *fig* (*rivolta, guerra*) to break out; ~ **d'ira** (*persone*) to fly into a rage

divano [di·'va:·no] *m* sofa; ~ **letto** sofa bed

divaricare [di·va·ri·'ka:·re] *vt* **1.** (*braccia, gambe*) to open wide **2.** (*allargare*) to widen

divario [di·'va:·rio] *m* gap; ~ **nord-sud** north-south divide

divenire [di·ve·'ni:·re] <irr> *vi essere* to become

diventare [di·ven·'ta:·re] *vi essere* to become; ~ **vecchio** to grow old; **mi fai** ~ **nervoso** you're getting on my nerves

diverbio [di·'vɛr·bio] <-i> *m* quarrel

divergere [di·'vɛr·dʒe·re] <divergo, *mancano pass rem e pp*> *vi* **1.** (*strade, binari*) to diverge **2.** (*opinioni*) to differ

diversamente [di·ver·sa·'men·te] *avv* **1.** (*in maniera diversa*) differently **2.** (*altrimenti*) otherwise

diversificare [di·ver·si·fi·'ka:·re] **I.** *vt* **1.** (*attività, interessi, letture*) to vary **2.** COM (*produzione*) to diversify **II.** *vr:* **-rsi** **1.** (*differenziarsi*) to differ **2.** COM to diversify

diversità [di·ver·si·'ta] <-> *f* **1.** (*differenza*) difference **2.** (*varietà*) diversity

diversivo [di·ver·'si:·vo] *m* (*distrazione*) distraction

diversivo, **-a** *agg* **manovra -a** diversion

diverso, **-a** [di·'vɛr·so] **I.** *agg* **1.** (*differente*) different (**da** from) **2.** *pl* (*vari*) various **II.** *pron pl* several

divertente [di·ver·'tɛn·te] *agg* (*buffo*) entertaining; (*piacevole*) enjoyable

divertimento [di·ver·ti·'men·to] *m* **1.** (*piacere*) pleasure; **buon ~!** have a good time! **2.** (*cosa che diverte*) pastime

divertire [di·ver·'tiː·re] **I.** *vt* to entertain **II.** *vr:* **-rsi** (*svagarsi*) to enjoy oneself; **-rsi un mondo** to have a great time; **-rsi a fare qc** to enjoy doing sth; **-rsi alle spalle di qu** to laugh at sb behind their back

divertito, -a [di·ver·'tiː·to] *agg* amused

dividendo [di·vi·'dɛn·do] *m* FIN, MATH dividend

dividere [di·'viː·de·re] <divido, divisi, diviso> **I.** *vt* **1.** (*gener*) to divide; **~ in quattro** to divide into four; **~ 9 per 3** to divide 9 by 3 **2.** (*separare*) to separate **3.** (*distribuire, condividere*) to share **II.** *vr:* **-rsi** (*in gruppi, categorie*) to divide; (*tra attività*) to divide one's time

divieto [di·'viɛː·to] *m* ban; **'~ di parcheggio'** 'No parking'; **'~ di sosta'** 'No waiting'; **'~ di transito'** 'No entry'

divino, -a *agg* **1.** (*di Dio, di divinità*) divine **2.** (*eccellente*) heavenly

divisa [di·'viː·za] *f* **1.** (*uniforme*) uniform; **essere in ~** to be in uniform **2.** FIN currency; **~ estera** foreign currency

divisi [di·'viː·zi] *1. pers sing pass rem di* **dividere**

divisibile [di·vi·'ziː·bi·le] *agg* divisible

divisione [di·vi·'zioː·ne] *f* **1.** (*gener*) division; **~ dei beni** GIUR division of assets **2.** (*separazione*) separation; **~ dei poteri** separation of powers **3.** SPORT league

diviso, -a [di·'viː·zo] **I.** *pp di* **dividere** **II.** *agg* **1.** (*coniugi*) separated **2.** (*zone, locali, unità*) separate

divisore [di·vi·'zoː·re] *m* MATH divisor; **~ comune** common denominator

divisorio, -a <-i, -ie> *agg* dividing; **parete -a** dividing wall

divo, -a ['diː·vo] *m, f* star

divorare [di·vo·'raː·re] *vt* (*preda, piatto, libro*) to devour

divorziare [di·vor·'tsiaː·re] *vi* GIUR to get divorced; **~ da qu** to divorce sb

divorzio [di·'vɔr·tsio] <-i> *m a. fig* GIUR divorce

divulgare [di·vul·'gaː·re] **I.** *vt* (*notizie, informazioni*) to divulge; (*idee*) to popularize **II.** *vr:* **-rsi** to spread

dizionario [dit·tsio·'naː·rio] <-i> *m* dictionary; **consultare il ~** to look in a dictionary

dizione [dit·'tsioː·ne] *f* (*locuzione*) expression

do[1] [dɔ] <-> *m* MUS C; **~ maggiore/minore** C major/minor; **chiave di ~** key of C

do[2] *1. pers sing pr di* **dare**[1]

dobbiamo [dob·'biaː·mo] *1. pers pl pr di* **dovere**[1]

DOC [dɔk] *v.* **Denominazione di Origine Controllata** DOC *mark guaranteeing the origin of a wine*

doccia ['dot·tʃa] <-cce> *f* shower; **fare la ~** to take a shower; **una ~ fredda** *fig* a slap in the face

docciacrema [dot·tʃa·'krɛː·ma] *m* shower gel

docente [do·'tʃɛn·te] **I.** *agg* teaching; **personale ~** teaching staff **II.** *mf* teacher; **~ universitario** professor

docile ['dɔː·tʃi·le] *agg* (*persona, carattere, animale*) docile

docilità [do·tʃi·li·'ta] <-> *f* (*di persona, animale*) docility

documentare [do·ku·men·'taː·re] **I.** *vt* to document **II.** *vr* **-rsi** (**su qc**) to find out (about sth)

documentario [do·ku·men·'taː·rio] <-i> *m* documentary

documentazione [do·ku·men·tat·'tsioː·ne] *f* documentation

documento [do·ku·'men·to] *m* **1.** (*personale*) **~** (**di identità**) ID **2.** ADM document

dodicenne [do·di·'tʃɛn·ne] **I.** *agg* twelve-year-old **II.** *mf* twelve year old

dodicennio [do·di·'tʃɛn·nio] <-i> *m* period of twelve years

dodicesimo [do·di·'tʃɛː·zi·mo] *m* (*in frazione*) twelfth

dodicesimo, -a *agg, m, f* twelfth; *v. a.* **quinto**

dodici ['doː·di·tʃi] **I.** *num* twelve **II.** <-> *m* **1.** (*numero*) twelve; **essere in ~** to be twelve **2.** (*nelle date*) twelfth **III.** *fpl* (*ore*) twelve o'clock; *v. a.* **cinque**

dogana [do·'gaː·na] *f* **1.** (*ufficio*) customs *pl;* **passare la ~** to go through customs **2.** (*impiegati*) customs officers

doganale [do·ga·'na:·le] *agg* customs

doglie ['dɔʎ·ʎa] <-glie> *f pl* (*del parto*) labor; **avere le -glie** to have labor pains

dolce ['dol·tʃe] **I.** *agg* sweet; **acqua ~** freshwater **II.** *m* **1.** (*dessert*) dessert **2.** (*torta*) cake

dolceamaro, -a [dol·tʃe·a·'ma:·ro] *agg* sweet and sour

dolcezza [dol·'tʃet·tsa] *f* sweetness

dolciastro, -a [dol·'tʃas·tro] *agg* **1.** (*sapore*) sickly sweet **2.** *fig* (*persona, maniera*) ingratiating

dolcificante [dol·tʃi·fi·'kan·te] *m* sweetener

dolciumi [dol·'tʃu:·me] *m pl* (*prodotti*) sweet things

dolente [do·'lɛn·te] *agg* (*testa, braccio*) painful

dollaro ['dɔl·la·ro] *m* dollar

dolomite [do·lo·'mi:·te] *f* **le Dolomiti** GEOG the Dolomites

dolorante [do·lo·'ran·te] *agg* aching

dolore [do·'lo:·re] *m* **1.** MED pain; **~ di testa** headache; **~ alla schiena** backache **2.** (*afflizione*) grief; **con mio grande ~** to my sorrow

doloroso, -a [do·lo·'ro:·so] *agg* **1.** MED (*ferita, intervento*) painful **2.** (*avvenimento, perdita*) sad

doloso, -a [do·'lo:·so] *agg* GIUR malicious

dolsi ['dɔl·si] *1. pers sing pass rem di* **dolere**

doluto [do·'lu:·to] *pp di* **dolere**

domanda [do·'man·da] *f* **1.** (*interrogazione, quesito*) question; **fare una ~** to ask a question; **punto di ~** question mark **2.** (*di rimborso, iscrizione*) request; **~ di lavoro** application **3.** COM demand

domandare [do·man·'da:·re] **I.** *vt* **1.** (*per sapere*) to ask; **~ qc a qu** to ask sb sth; **~ un consiglio a qu** to ask sb for advice; **~ il prezzo di qc** to ask the price of sth **2.** (*per ottenere*) to ask for; **~ un favore a qu** to ask sb for a favor **II.** *vr:* **-rsi** to wonder

domani [do·'ma:·ni] **I.** *avv* tomorrow; **~ mattina** tomorrow morning; **~ pomeriggio** tomorrow afternoon; **a ~!** see you tomorrow! **II.** *m* (*futuro*) **il ~** the future

domare [do·'ma:·re] *vt* **1.** (*animali*) to tame **2.** *fig* (*passione*) to master; (*popolo, rivolta*) to subdue; **~ un incendio** to bring a fire under control

domattina [do·mat·'ti:·na] *avv* tomorrow morning

domenica [do·'me:·ni·ka] <-che> *f* Sunday; **la** [*o* **di**] **~** on Sundays; **l'ho visto ~** I saw him on Sunday; **~ scorsa/prossima** last/next Sunday; **tutta la ~** all day Sunday; **ogni ~, tutte le -che** every Sunday; **una ~ sì, una ~ no** on alternate Sundays; **una ~** one Sunday; **~ mattina/pomeriggio/sera** Sunday morning/afternoon/evening; **di ~ mattina/pomeriggio/sera** on Sunday morning/afternoon/evening; **oggi è ~** it's Sunday today

domenicale [do·me·ni·'ka:·le] *agg* Sunday

domestico, -a [do·'mɛs·ti·ko] <-ci, -che> **I.** *agg* domestic; **pianta -ca** houseplant; **lavori -ci** housework **II.** *m, f* servant

domicilio [do·mi·'tʃi:·lio] <-i> *m* (*abitazione*) home; **consegna a ~** home delivery; **lavoro a ~** home working

dominante [do·mi·'nan·te] *agg* dominant

dominare [do·mi·'na:·re] **I.** *vi* (*avere il controllo*) **~** (**su qc/qu**) to control (sth/sb) **II.** *vt* (*mercato, situazione*) to dominate; (*lingua*) to master **III.** *vr:* **-rsi** to control oneself

dominazione [do·mi·nat·'tsio:·ne] *f* domination

dominio [do·'mi:·nio] <-i> *m* **1.** (*padronanza*) control; **avere il ~ di qc** to have control of sth **2.** (*controllo*) **~ di sé** self control **3.** GIUR (*proprietà*) property; **essere di ~ pubblico** *fig* to be common knowledge **4.** (*in Internet*) domain

donare [do·'na:·re] **I.** *vt* **1.** (*regalo, sangue*) to give **2.** (*organi*) to donate **II.** *vi* (*star bene: abito, taglio di capelli*) **~ a qu** to suit sb **III.** *vr:* **-rsi** *lit* to dedicate oneself

donatore, -trice [do·na·'to:·re] *m, f* (*di sangue, organo*) donor

donazione [do·nat·'tsioː·ne] *f* donation; GIUR gift

dondolare [don·do·'laː·re] **I.** *vt* (*piedi, gambe*) to swing; (*culla, sedia, bambino*) to rock; (*corda*) to dangle; (*testa*) to nod **II.** *vr:* **-rsi** **1.** (*su una sedia*) to rock; (*sull'altalena*) to swing **2.** *fig* (*oziare*) to laze around

dondolo ['don·do·lo] *m* **cavallo a ~** rocking horse; **sedia a ~** rocking chair

donna ['dɔn·na] *f* **1.** (*gener*) woman; **~ di casa** housewife; **bicicletta da ~** woman's bicycle **2.** (*nelle carte*) queen **3.** (*domestica*) **~** (**di servizio**) cleaner

donnola ['dɔn·no·la] *f* weasel

dono ['doː·no] *m* (*regalo*) gift; **in ~** as a gift

dopante [do·'pan·te] *agg* **sostanza ~** performance-enhancing drug

doping ['dou·piŋ/'dɔ·pin(g)] <-> *m* doping

dopo ['doː·po] **I.** *avv* **1.** (*tempo*) afterwards; **poco ~** shortly afterwards; **due anni ~** two years later; **a ~** see you later **2.** (*luogo*) next **II.** *prep* **1.** (*tempo*) after; **~ pranzo/cena** after lunch/supper **2.** (*luogo*) past **III.** *cong* after **IV.** <inv> *agg* next; **il giorno ~** the next day

dopobarba [do·po·'bar·ba] <-> *m* aftershave

dopodomani [do·po·do·'maː·ni] *avv* the day after tomorrow

doposci [do·poʃ·'ʃi] *mpl* (*scarponi*) après-ski boots

dopotutto, dopo tutto [do·po·'tut·to, 'doː·po 'tut·to] *avv* after all

doppiaggio [dop·'piad·dʒo] <-ggi> *m* FILM dubbing

doppio ['dop·pio] **I.** *m* **1.** (*di quantità, numero, misura*) double **2.** SPORT doubles; **~ femminile/maschile** women's/men's doubles; **~ misto** mixed doubles **II.** *avv* **vederci ~** to see double

doppio, -a <-i, -ie> *agg* **1.** (*gener*) double; **un caffè ~** a double espresso; **in -a copia** in duplicate; **fare il ~ gioco** to play a double game **2.** (*falso*) deceitful

doppione [dop·'pioː·ne] *m* duplicate

doppiovetro [dop·pio·'veːt·ro] <doppivetri> *m fam* (*vetrocamera*) double glazing

dorare [do·'raː·re] *vt* **1.** (*con oro*) to gild **2.** CULIN (*rosolare*) to brown

dorato, -a [do·'raː·to] *agg* **1.** (*rivestito d'oro*) gilt **2.** (*color dell'oro*) golden **3.** CULIN browned

dormicchiare [dor·mik·'kiaː·re] *vi* to doze

dormiglione, -a [dor·miʎ·'ʎoː·ne] *m, f* sleepyhead

dormire [dor·'miː·re] *vi* (*essere addormentato*) to sleep; **~ come un ghiro** to sleep like a log; **~ in piedi** to be dead tired

dormita [dor·'miː·ta] *f* sleep

dormitorio [dor·mi·'tɔː·rio] <-i> *m* **1.** (*stanza*) dormitory; **~** (**pubblico**) shelter *for homeless people* **2.** (*città, quartiere*) commuter town

dormiveglia [dor·mi·'veʎ·ʎa] <-> *m* **essere nel ~** to be half asleep

dorsale [dor·'saː·le] **I.** *agg* **spina ~** spine **II.** *m* **1.** (*di letto*) headboard **2.** (*di poltrona*) back **III.** *f* ridge, range

dorso ['dɔr·so] *m* **1.** (*gener*) back; **a ~ nudo** barebacked **2.** SPORT backstroke

dosaggio [do·'zad·dʒo] <-ggi> *m* dosage

dosare [do·'zaː·re] *vt* (*misurare*) to measure out

dose ['dɔː·ze] *f* **1.** (*quantità*) amount; **una buona ~ di** a lot of **2.** MED dose

dosso ['dɔs·so] *m* **1.** (*dorso*) **levarsi qc di ~** to get rid of sth **2.** (**~** *stradale*) speed bump

dotare [do·'taː·re] *vt* (*corredare*) **~ qc di qc** to provide sth with sth

dotato, -a [do·'taː·to] *agg* **1.** (*di talento*) gifted **2.** (*provvisto*) **~ di qc** equipped with sth

dote ['dɔː·te] *f* **1.** (*della sposa*) dowry **2.** *fig* (*pregio*) quality

dotto, -a ['dɔt·to] *agg* learned

dottorato [dot·to·'raː·to] *m* doctorate; **fare il ~ di ricerca** to do a PhD

dottore, -essa [dot·'toː·re, dot·to·'res·sa] *m, f* **1.** (*laureato*) **~ in legge/medicina** graduate in law/medicine **2.** *fam* (*medico*) doctor

dottrina [dot·'triː·na] *f* **1.** (*gener*) doctrine **2.** (*cultura*) learning **3.** GIUR law

double-face [dub·le·'faːs] *agg* (*giacca,*

impermeabile) reversible

dove ['do:·ve] *avv* where; **da ~, ~ vai?** where are you going?; **la via ~ abito** the street where I live

dovere[1] [do·'ve:·re] <devo *o* debbo, dovei *o* dovetti, dovuto> **I.** *vi* **1.** (*obbligo, necessità*) to have to; **devo essere a casa per le otto** I have to be home by eight; **sono dovuto andare** I had to go; **ho dovuto dirglielo** I had to tell him; **devo andare in bagno** I have to go to the bathroom; **devi dirlo alla polizia** you must tell the police; **grazie, ma non dovevi disturbarti** thanks, but you shouldn't have bothered **2.** (*probabilità*) **deve essere successo qc** something must have happened; **strano, dovrebbe essere già qui** strange, he should be here by now **II.** *vt* (*essere debitore*) to owe; **essere dovuto a** to be due to

dovere[2] *m* duty; **sentirsi in ~ di fare qc** to feel obliged to do sth

dovunque [do·'vuŋ·kue] *cong* **1.** (*in qualunque luogo*) wherever; **~ tu sia** wherever you are **2.** (*dappertutto*) everywhere

dovuto [do·'vu:·to] *agg* **1.** (*necessario*) due **2.** (*causato*) **~ a** due to

dozzina [dod·'dzi:·na] *f* **una ~** (**di …**) a dozen (…); **a -e** by the dozen

dozzinale [dod·dzi·'na:·le] *agg pej* second-rate; **prodotti -i** shoddy goods

drago ['dra:·go] <-ghi> *m* dragon

dramma ['dram·ma] <-i> *m* **1.** THEAT drama **2.** (*vicenda dolorosa*) tragedy

drammatico, -a [dram·'ma:·ti·ko] <-ci, -che> *agg* **1.** THEAT dramatic; **attore ~** theater actor **2.** (*doloroso*) terrible; **una situazione -a** a terrible situation

drammaturgo, -a [dram·ma·'tur·go] <-ghi, -ghe> *m, f* playwright

drastico, -a ['dras·ti·ko] <-ci, -che> *agg* (*misure, decisione, soluzione*) drastic

drenaggio [dre·'nad·dʒo] <-ggi> *m* **1.** (*sistema*) drainage **2.** *a.* MED draining

dribblare [drib·'bla:·re] *vi* to dribble

dritto, -a ['drit·to] *m, f* *fam* smart cookie

drizzare [drit·'tsa:·re] **I.** *vt* **1.** (*raddrizzare*) to straighten; **~ le orecchie** *fig* to listen carefully **2.** (*innalzare*) to erect **II.** *vr:* **-rsi** to stand up

droga ['drɔ:·ga] <-ghe> *f* **1.** (*gener*) drug; **-ghe leggere/pesanti** soft/hard drugs **2.** (*in cucina*) spice

drogare [dro·'ga:·re] **I.** *vt* (*dare una droga a*) to drug; SPORT to dope **II.** *vr:* **-rsi** (*prendere droga*) to take drugs

drogato, -a [dro·'ga:·to] *m, f* drug addict

drogheria [dro·ge·'ri:·a] <-ie> *f* grocery store

droghiere, -a [dro·'giɛ:·re] *m, f* grocer

dromedario [dro·me·'da:·rio] <-i> *m* dromedary

dubbio ['dub·bio] *m* doubt; **essere in ~ su qc** to be doubtful about sth; **senza ~** without (a) doubt; **mi sorge un ~** I'm doubtful

dubbio, -a <-i, -ie> *agg* **1.** (*esito*) uncertain **2.** (*reputazione*) dubious

dubbioso, -a [dub·'bio:·so] *agg* (*espressione, sguardo*) doubtful

dubitare [du·bi·'ta:·re] *vi* **1.** (*non credere*) to doubt; **~ di qu/qc** to be doubtful about sb/sth **2.** (*essere incerto*) **~ di qc** to doubt sth

Dublino [du·'bli:·no] *f* Dublin

duca ['du:·ka] <-chi> *m* duke

duchessa [du·'kes·sa] *f* duchess

due ['du:·e] **I.** *num* two; (*pochi*) a few; **fare ~ passi** *fig* to have a walk; **scambiare ~ chiacchiere** to have a chat; **su ~ piedi** *fig* on the spot **II.** <-> *m* **1.** (*numero*) two; **lavorare/mangiare per ~** *fig* to work/eat enough for two **2.** (*nelle date*) second **3.** (*voto scolastico*) *a flunk* **III.** *fpl* (*ore*) two o'clock; *v. a.* **cinque**

duecento [du·e·'tʃɛn·to] **I.** *num* two hundred **II.** <-> *m* two hundred; **il Duecento** the thirteenth century

duello [du·'ɛl·lo] *m* duel

duemila [due·'mi:·la] **I.** *num* two thousand **II.** <-> *m* two thousand; **il ~** the year 2000

duepezzi, due pezzi [du·e·'pɛt·tsi, 'du:·e 'pɛt·tsi] <-> *m* (*giacca e gonna*) suit; (*costume da bagno*) bikini

duetto [du·'et·to] *m* MUS duet

duna ['du:·na] *f* dune

dunque ['duŋ·kue] **I.** *cong* **1.** (*perciò*)

so **2.** (*allora*) well **3.** (*rafforzativo*) well then **II.** *m* **essere al ~** to arrive at the moment of truth; **veniamo al ~** let's get to the point

duomo ['du·ɔː·mo] *m* cathedral

duplicare [du·pli·'kaː·re] *vt* to duplicate

duplicato [dup·li·'kaː·to] *m* (*di documento*) duplicate

duplice ['duːp·li·tʃe] *agg* **1.** (*in due parti*) double **2.** (*doppio*) **in ~ copia** in duplicate

durante [du·'ran·te] *prep* during; **~ la guerra** during the war

durare [du·'raː·re] *vi essere o avere* **1.** (*continuare*) to last; **così non può ~** things can't go on like this **2.** (*mantenersi*) to keep

durata [du·'raː·ta] *f* duration; **di lunga ~** long-lasting

duraturo, -a [du·ra·'tuː·ro] *agg* lasting

durevole [du·'reː·vo·le] *agg* durable

durezza [du·'ret·tsa] *f* **1.** (*qualità*) hardness **2.** *fig* (*severità*) harshness

duro, -a **I.** *agg* **1.** (*gener*) hard; **è ~ farlo ragionare** it's hard to make him see sense; **tempi -i** hard times; **~ di comprendonio** slow **2.** (*ostinato*) stubborn **3.** (*freddo*) harsh **II.** *m, f* **fare il ~** to act tough **III.** *avv* **tener ~** to stand firm; **lavorare ~** to work hard

duttile ['dut·ti·le] *agg* **1.** (*materiale, metallo*) malleable **2.** *fig* (*carattere*) flexible

E

E, e [e] <-> *f* E, e; **~ come Empoli** E for Echo

e [e] *cong* **1.** (*correlativa*) and; **tutti ~ tre** all three of them **2.** (*ma, invece*) but **3.** (*ebbene*) well

E *abbr di* **est** E

è [ɛ] *3. pers sing pr di* **essere**[1]

ebbe ['ɛb·be] *3. pers sing pass rem di* **avere**[1]

ebbene [eb·'bɛː·ne] *cong* **1.** (*dunque*) so **2.** (*interrogativo*) well

ebbi ['ɛb·bi] *1. pers sing pass rem di* **avere**[1]

ebbrezza [eb·'bret·tsa] *f* **1.** (*ubriachezza*) drunkenness; **guidare in stato di ~** drunk driving **2.** *fig* (*euforia*) thrill

ebraico, -a [e·'braː·i·ko] <-ci, -che> *agg* Jewish

ebreo, -a [e·'brɛː·o] <-ei, -ee> **I.** *agg* Jewish **II.** *m, f* Jew *m*, Jewess *f*

EC *abbr di* **EuroCity** FERR *European intercity train*

ecc. *abbr di* **eccetera** etc.

eccedenza [et·tʃe·'dɛn·tsa] *f* surplus; **~ di qc** surplus of sth; **bagaglio in ~** excess baggage

eccedere [et·'tʃɛː·de·re] **I.** *vt* to exceed **II.** *vi* to go too far; **~ nel bere/nel mangiare** to drink/eat too much

eccellente [ettʃel'lɛnte] *agg* excellent

eccellenza [et·tʃel·'lɛn·tsa] *f* **1.** (*qualità*) excellence; **per ~** par excellence **2.** (*titolo*) Excellency

eccellere [et·'tʃɛl·le·re] <eccello, eccelsi, eccelso> *vi essere o avere* **~ (in qc)** to excel (at sth)

eccentrico, -a [et·'tʃɛn·tri·ko] <-ci, -che> *agg fig* (*stravagante*) eccentric

eccessivo, -a [et·tʃes·'siː·vo] *agg* (*prezzo, temperatura*) excessive; (*caldo, freddo*) extreme

eccesso [et·'tʃɛs·so] *m* **1.** (*superamento*) excess; **~ di velocità** speeding; **bagaglio in ~** excess baggage **2.** (*sfrenatezza*) excess **3.** *pl* (*comportamento smodato*) extremes

eccetera [et·'tʃɛː·te·ra] *avv* etcetera

eccetto [et·'tʃɛt·to] *prep* except for

eccettuare [et·tʃet·tu·'aː·re] *vt* to exclude; **eccettuati i presenti** present company excepted

eccezionale [et·tʃet·tsio·'naː·le] *agg* exceptional; **in via ~** as an exception

eccezione [et·tʃet·'tsioː·ne] *f* exception; **fare ~** to be an exception; **fare un'~** to make an exception; **senza -i** without exception; **ad ~ di** apart from

eccitante [et·tʃi·'tan·te] **I.** *agg* **1.** (*sostanza*) stimulating **2.** (*atmosfera*) exciting **3.** (*sessualmente*) sexy **II.** *m* stimulant

eccitare [et·tʃi·'taː·re] **I.** *vt* **1.** (*rendere nervoso*) to excite **2.** *fig* (*curiosità, fantasia*) to stimulate **3.** (*sessualmente*) to arouse **II.** *vr:* **-rsi** **1.** (*innervosirsi*) to get worked up **2.** (*sessualmente*) to become aroused

eccitazione [et·tʃi·tat·'tsio:·ne] *f* **1.** (*agitazione*) excitement **2.** (*sessuale*) arousal

ecclesiastico, -a <-ci, -che> *agg* ecclesiastical

ecco ['ɛk·ko] **I.** *avv* here; **eccomi** here I am; ~ **il libro** here's the book; ~ **perché ...** that's why ...; ~ **fatto** that's that; ~ **tutto** that's all **II.** *inter* there

eccome [ek·'ko:·me] *avv* of course

echi *pl di* **eco**

eclatante [e·kla·'tan·te] *agg* sensational

eclettico, -a [e·'klɛt·ti·ko] <-ci, -che> *agg* versatile

eclisse [e·'klis·se] *f* ASTR eclipse; ~ **di luna/sole** lunar/solar eclipse

eco ['ɛ:·ko] <echi *m*> *f o m* **1.** (*di suono*) echo **2.** *fig* (*di notizia*) impact

ecodiesel [ɛ·ko·'di:·zel] <-> *m o f* AUTO biodiesel

ecografia [e·ko·gra·'fi:·a] <-ie> *f* MED ultrasound scan

ecografo [e·'kɔ:·gra·fo] *m* ultrasonographer

ecologia [e·ko·lo·'dʒi:·a] <-gie> *f* ecology

ecologico, -a [e·ko·'lɔ·dʒi·ko] <-ci, -che> *agg* **1.** (*sistema*) ecological **2.** (*prodotto*) eco-friendly

ecologista [e·ko·lo·'dʒis·ta] <-i *m*, -e *f*> *mf* ecologist

e-commerce [i·'kɔ·mers] <-> *m* COM e-commerce

economia [e·ko·no·'mi:·a] <-ie> *f* **1.** (*scienza*) economics **2.** (*sistema*) economy; ~ **di mercato** market economy **3.** (*risparmio*) saving; **fare** ~ [*o* **-ie**] to economize; **in** ~ cheaply

economico, -a [e·ko·'nɔ:·mi·ko] <-ci, -che> *agg* **1.** (*dell'economia*) economic **2.** (*poco costoso*) cheap; **classe -a** economy class

economista [e·ko·no·'mis·ta] <-i *m*, -e *f*> *mf* economist

economizzare [e·ko·no·mid·'dza:·re] **I.** *vt* to save **II.** *vi* to economize

ecosistema [e·ko·sis·'tɛ:·ma] *m* ecosystem

ecru [e·'kry] <inv> *agg* (*colore*) fawn

eczema [ek·'dzɛ:·ma] <-i> *m* eczema

ed. *abbr di* **edizione** ed.

ed *cong* = **e** *davanti a vocale*

edera ['e:·de·ra] *f* ivy

edicola [e·'di:·ko·la] *f* (*del giornalaio*) newsstand

edicolante [e·di·ko·'lan·te] *mf* newsdealer

edificabile [e·di·fi·'ka:·bi·le] *agg* suitable for building

edificante [e·di·fi·'kan·te] *agg* uplifting

edificare [e·di·fi·'ka:·re] *vt a. fig* to build

edificio [e·di·'fi:·tʃo] <-ci> *m* ARCH building

edile [e·'di:·le] **I.** *agg* building **II.** *m* (*operaio*) construction worker

edilizia [e·di·'lit·tsia] <-ie> *f* **1.** (*costruzioni*) building **2.** (*settore*) construction industry

edilizio, -a [e·di·'lit·tsio] <-i, -ie> *agg* building

edito, -a ['ɛ:·di·to] *agg* published

editore, -trice [e·di·'to:·re] **I.** *agg* **casa -trice** publishing house **II.** *m, f* publisher

editoria [e·di·to·'ri:·a] <-ie> *f* **1.** (*settore*) publishing industry **2.** (*attività*) publishing

editoriale [e·di·to·'ria:·le] **I.** *agg* editorial; **direttore ~** publishing manager **II.** *m* (*articolo di fondo*) editorial

editrice *f v.* **editore**

edizione [e·dit·'tsio:·ne] *f* **1.** (*pubblicazione*) publication **2.** (*libro*) edition; ~ **economica** paperback; ~ **originale** original edition **3.** (*tiratura*) print run; ~ **straordinaria** special edition

educare [e·du·'ka:·re] *vt* **1.** (*giovani*) to bring up; ~ **qu a fare qc** to bring sb up to do sth; ~ **i giovani al rispetto per gli altri** to teach young people to respect others **2.** (*cane, gatto*) to train **3.** *fig* (*affinare: mente, voce*) to train **4.** (*allenare: corpo*) to train

educativo, -a [e·du·ka·'ti:·vo] *agg* educational

educato, -a [e·du·'ka:·to] *agg* polite

educatore, -trice [e·du·ka·'to:·re] *m, f* (*professore*) teacher

educazione [e·du·kat·'tsio:·ne] *f* **1.** (*di

giovani) education; ~ **fisica** physical education 2. (*buone maniere*) good manners *pl;* **gente senza** ~ ill-mannered people

effem(m)inato, -a *agg* effeminate

efferato, -a [ef·fe·'raː·to] *agg* (*delitto*) brutal

effervescente [ef·fer·veʃ·'ʃɛn·te] *agg* 1. (*frizzante: acqua, bibita*) fizzy; (*pasticca*) effervescent 2. *fig* (*carattere, persona*) bubbly; (*atmosfera*) exciting

effettivamente [ef·fet·ti·va·'men·te] *avv* 1. (*in effetti*) indeed 2. (*realmente*) actually

effettivo, -a *agg* (*reale: costo, valore*) real; (*danno*) actual

effetto [ef·'fɛt·to] *m* 1. (*risultato*) effect; ~ **ottico** optical illusion; ~ **serra** greenhouse effect; **avere** ~ to take effect; **ottenere l'~ voluto** to achieve the desired result 2. *fig* (*impressione*) impression; **fare** ~ to cause an impression 3. (*loc*) **in -i** indeed; **-i collaterali** side-effects; **-i personali** personal belongings

effettuare [ef·fet·tu·'aː·re] *vt* (*controllo*) to carry out; (*pagamento, vendita*) to make; ~ **una fermata** to stop

efficace [ef·fi·'kaː·tʃe] *agg* 1. (*metodo, medicina, risposta*) effective 2. (*descrizione, racconto*) vivid

efficacia [ef·fi·'kaː·tʃa] <-cie> *f* 1. (*di metodo, medicina*) effectiveness 2. (*di descrizione, racconto*) vividness

efficiente [ef·fi·'tʃɛn·te] *agg* efficient

efficienza [ef·fi·'tʃɛn·tsa] *f* efficiency

effimero, -a [ef·'fiː·me·ro] *agg* fleeting

effluvio [ef·'fluː·vio] <-i> *m* 1. *lit* (*profumo*) scent 2. *iron* (*puzza*) stink

effusioni [ef·fu·'zioː·ni] *fpl* effusions

Egeo [e·'dʒɛː·o] *m* **l'~** the Aegean; **il Mar ~** the Aegean Sea

Egitto [e·'dʒit·to] *m* **l'~** Egypt

egiziano, -a [e·dʒit·'tsiaː·no] *agg, m, f* Egyptian

egli ['eʎ·ʎi] *pron 3. pers sing m* he

ego ['ɛː·go] <-> *m agg* ego

egocentrico, -a [e·go·'tʃɛn·tri·ko] <-ci, -che> I. *agg* (*carattere, persona*) self-centered II. *m, f* self-centered person

egoismo [e·go·'iz·mo] *m* selfishness

egoista [e·go·'is·ta] <-i *m*, -e *f*> I. *mf* selfish person II. *agg* selfish

Egr. *abbr di* **egregio** Dear

egregio, -a [e·'grɛː·dʒo] <-gi, -gie> *agg* (*nelle lettere*) Dear

eguaglianza [e·guaʎ·'ʎan·tsa] *f v.* **uguaglianza**

egualitario, -a [e·gua·li·'taː·rio] <-i, -ie> *agg* egalitarian

eh [ɛ/e] *inter fam* 1. (*richiamo*) hey 2. (*domanda*) **niente male, ~?** not bad, is it?

eiaculazione [e·ia·ku·lat·'tsioː·ne] *f* ejaculation

elaborare [e·la·bo·'raː·re] *vt* 1. (*tesi, piano*) to devise; (*sistema*) to create 2. COMPUT (*dati*) to process 3. (*digerire*) to digest

elaborato [e·la·bo·'raː·to] *m* 1. (*scritto*) essay 2. COMPUT printout

elaborato, -a *agg* (*ricercato: stile*) ornate; (*piatto, ricetta*) elaborate

elaboratore [e·la·bo·ra·'toː·re] *m* COMPUT ~ (**elettronico**) processor

elaborazione [e·la·bo·rat·'tsioː·ne] *f* 1. COMPUT (*di dati*) processing 2. (*di progetto, teoria*) creation

elargire [e·lar·'dʒiː·re] <elargisco> *vt* (*fondi*) to give out; (*regali, favori*) to lavish

elargizione [e·lar·dʒit·'tsioː·ne] *f* (*di denaro*) donation

elasticità [e·las·ti·tʃi·'ta] <-> *f* 1. (*di molle, gomma*) elasticity 2. (*agilità: di persona*) agility 3. *fig* (*apertura*) flexibility; ~ **mentale** mental agility

elasticizzato, -a [e·las·ti·tʃid·'dzaː·to] *agg* elasticized

elastico [e·'las·ti·ko] <-ci> *m* rubber band

elastico, -a <-ci, -che> *agg* 1. (*tessuto*) elastic; (*pelle*) supple 2. (*agile: persona, passo, mente*) nimble 3. (*flessibile: orario*) flexible 4. (*morale*) flexible

Elba *f* **l'~** Elba

elefante [e·le·'fan·te] *m* elephant

elegante [e·le·'gan·te] *agg* elegant

eleganza [e·le·'gan·tsa] *f* elegance

eleggere [e·'lɛd·dʒe·re] <irr> *vt* to elect

elegia [e·le·'dʒiː·a] <-gie> *f* elegy

elementare [e·le·men·'taː·re] I. *agg* 1. (*semplice, di base*) basic 2. (*scuo-*

la) elementary **II.** *fpl* (*scuole*) elementary school

elemento [e·le·'men·to] *m* **1.** (*sostanza*) element **2.** (*parte*) part **3.** (*dato*) fact **4.** *fig, pej* (*individuo*) individual **5.** *pl* (*nozioni*) rudiments

elemosina [e·le·'mɔː·zi·na] *f* charity; **chiedere l'~** to beg; **fare l'~** to give charity

elencare [e·leŋ·'kaː·re] *vt* **1.** (*registrare*) to list **2.** (*enumerare*) to count

elencazione [e·leŋ·kat·'tsioː·ne] *f* **1.** (*registrazione*) listing **2.** (*enumerazione*) counting

elenco [e·'lɛŋ·ko] <-chi> *m* list; ~ **telefonico** phone book

elessi *1. pers sing pass rem di* **eleggere**

eletto, -a [e·'lɛt·to] **I.** *pp di* **eleggere** **II.** *agg* **1.** POL (*nominato*) elected **2.** REL chosen; **il popolo** ~ the chosen people

elettorale [e·let·to·'raː·le] *agg* electoral

elettorato [e·let·to·'raː·to] *m* (*elettori*) electorate

elettore, -trice [e·let·'toː·re] *m, f* voter

elettrauto [e·let·'traː·u·to] <-> *m* **1.** (*persona*) car electrician **2.** (*officina*) electrical repair shop *for cars*

elettrice *f v.* **elettore**

elettricista [e·let·tri·'tʃis·ta] <-i *m*, -e *f*> *mf* electrician

elettricità [e·let·tri·tʃi·'ta] <-> *f* PHYS electricity

elettrico, -a [e·'lɛt·tri·ko] <-ci, -che> *agg* electric; **centrale -a** power station; **energia -a** electric power

elettrizzante [e·let·trid·'dzan·te] *agg* electrifying

elettrizzare [e·let·trid·'dzaː·re] **I.** *vt* **1.** PHYS to electrify **2.** *fig* (*entusiasmare*) to electrify **II.** *vr:* **-rsi** **1.** PHYS to be electrified **2.** *fig* (*entusiasmarsi*) to become electric

elettrodomestico [e·let·tro·do·'mɛs·ti·ko] *m* electrical appliance

elettronico, -a [e·let·'trɔː·ni·ko] <-ci, -che> *agg* **1.** PHYS electronic **2.** COMPUT (*giornale, rivista*) online; (*cartolina*) electronic; **posta -a** email; **commercio** ~ e-commerce

elettroshock [e·let·tro·'ʃɔk] <-> *m* electroshock

elevare [e·le·'vaː·re] **I.** *vt* **1.** (*edificio*) to erect **2.** *fig* (*migliorare*) to raise **3.** (*aumentare*) to increase **4.** MAT ~ **un numero al quadrato** to square a number **II.** *vr:* **-rsi** to rise

elevato, -a [e·le·vaː·to] *agg* **1.** (*alto*) high **2.** (*nobile*) noble

elevatore [e·le·va·'toː·re] *m* TEC elevator

elezione [e·let·'tsioː·ne] *f* POL election

eliambulanza [e·li·am·bu·'lan·tsa] *f* medevac

elica ['ɛː·li·ka] <-che> *f* (*di nave, aereo*) propellor

elicottero [e·li·'kɔt·te·ro] *m* helicopter

eliminare [e·li·mi·'naː·re] *vt* **1.** (*gener*) to remove **2.** *fig* (*dubbio, ipotesi*) to eliminate **3.** (*avversario, squadra*) to knock out **4.** *inf* (*uccidere*) to rub out

eliminatoria [e·li·mi·na·'tɔː·ria] <-ie> *f* preliminary round

eliminazione [e·li·mi·nat·'tsioː·ne] *f* **1.** (*gener*) removal **2.** *inf* (*uccisione*) killing

eliporto [e·li·'pɔr·to] *m* heliport

elisione [e·li·'zioː·ne] *f* LING (*di vocale*) elision

elitario, -a [e·li·'taː·rio] <-i, -ie> *agg* elite

élite [e·'lit] <-> *f* elite; **d'~** (*scuola, albergo*) elite

ella ['el·la] *pron 3. pers sing f* she

elmetto [el·'met·to] *m* helmet

elmo ['el·mo] *m* helmet

elogiare [e·lo·'dʒaː·re] *vt* to praise

elogio [e·'lɔː·dʒo] <-gi> *m* **1.** (*orazione*) eulogy **2.** (*lode*) praise

eloquente [e·lo·'kuɛn·te] *agg* **1.** (*oratore, discorso*) eloquent **2.** (*sguardo, silenzio*) meaningful

eloquenza [e·lo·'kuɛn·tsa] *f a fig* eloquence

eludere [e·'luː·de·re] <eludo, elusi, eluso> *vt* ~ **qc** (*confronto*) to avoid sth; (*controllo*) to evade sth

elusivo, -a [e·lu·'ziː·vo] *agg* evasive

eluso [e·'lu·zo] *pp di* **eludere**

elvetico, -a [el·'vɛː·ti·ko] <-ci, -che> *agg* Swiss

E-mail [i·'meil] <-> *f* e-mail

emanare [e·ma·'naː·re] *vt avere* **1.** (*luce, calore, profumo*) to give out; (*gas*) to give off **2.** GIUR (*leggi*) to issue **3.** *fig* (*simpatia*) to exude

emancipare [e·man·tʃi·'paː·re] **I.** *vt* **1.** (*popolazione, cultura, paese*) to liberate **2.** (*donna, minore*) to emancipate **II.** *vr:* **-rsi** **1.** (*popolazione, paese*) to be liberated **2.** (*donna*) to be emancipated

emancipazione [e·man·tʃi·pat·'tsioː·ne] *f* (*di popolazione, paese*) liberation; ~ **della donna** women's liberation

emarginare [e·mar·dʒi·'naː·re] *vt* to marginalize

emarginati [e·mar·dʒi·'naː·ti] *mpl* outcasts *pl*

emarginato, -a [e·mar·dʒi·'naː·to] *agg, m, f* outcast

ematoma [e·ma·'tɔː·ma] <-i> *m* (*livido*) bruise; MED hematoma

embargo [em·'bar·go] <-ghi> *m* embargo

emblema [em·'blɛː·ma] <-i> *m* emblem

emblematico, -a [em·ble·'maː·ti·ko] <-ci, -che> *agg* **1.** (*personaggio, figura*) emblematic **2.** (*caso, esperienza*) typical

embolia [em·bo·'liː·a] <-ie> *f* MED embolism

embrione [em·bri·'oː·ne] *m* **1.** BIOL embryo **2.** *fig* **essere in ~** (*progetto, idea*) to be embryonic

emendamento [e·men·da·'men·to] *m* **1.** (*correzione*) correction **2.** GIUR amendment

emendare [e·men·'daː·re] *vt* **1.** (*correggere*) to correct **2.** GIUR to amend

emergente [e·mer·'dʒɛn·te] *agg* (*cantante, autore*) up-and-coming; (*mercato, paesi*) emerging

emergenza [e·mer·'dʒɛn·tsa] *f* (*situazione critica*) emergency; **stato di ~** state of emergency

emergere [e·'mɛr·dʒe·re] <emergo, emersi, emerso> *vi essere* **1.** (*venire a galla*) to emerge **2.** (*risultare*) to come out **3.** *fig* (*eccellere*) to stand out

emerito, -a [e·'mɛː·ri·to] *agg* **1.** (*professore*) emeritus **2.** (*insigne: studioso, statista*) eminent

emersi [e·'mɛr·si] *1. pers sing pass rem di* **emergere**

emersione [e·mer·'sioː·ne] *f* **1.** (*di sommergibile, subaqcueo*) surfacing **2.** (*regolarizzazione: di lavoratore*) regularization

emerso [e·'mɛr·so] *pp di* **emergere**

emettere [e·'met·te·re] <irr> *vt* **1.** (*luce, radiazione, calore*) to emit; (*grido, sibilo, suono*) to let out **2.** FIN (*titoli, assegno*) to issue **3.** GIUR (*sentenza*) to pass; (*mandato*) to issue

emicrania [e·mi·'kraː·nia] <-ie> *f* MED migraine

emigrante [e·mi·'gran·te] *m* emigrant

emigrare [e·mi·'graː·re] *vi essere o avere* **1.** (*espatriare*) to emigrate **2.** ZOO (*migrare*) to migrate

emigrato, -a [e·mi·'graː·to] *agg, m, f* emigrant

emigrazione [e·mi·grat·'tsioː·ne] *f* (*espatrio*) emigration

emiliano [e·mi·'liaː·no] <*sing*> *m* (*dialetto*) dialect spoken in the Emilia region

emiliano, -a **I.** *agg* from Emilia **II.** *m, f* (*abitante*) person from Emilia

Emilia-Romagna [e·'miː·lia ro·'maɲ·ɲa] *f* Emilia-Romagna

eminente [e·mi·'nɛn·te] *agg fig* eminent

eminenza [e·mi·'nɛn·tsa] *f* **1.** REL (*titolo*) Eminence **2.** (*persona*) **eminent person** ~ grigia, éminence grise

emisi *1. pers sing pass rem di* **emettere**

emissione [e·mis·'sioː·ne] *f* **1.** (*fuoriuscita*) emission **2.** (*di titoli, francobolli*) issue

emittente [e·mit·'tɛn·te] *f* TV, RADIO broadcast

emofilia [e·mo·fi·'liː·a] <-ie> *f* MED hemophilia

emofiliaco [e·mo·fi·'liː·a·ko] <-ci> *m* hemophiliac

emoglobina [e·mo·glo·'biː·na] *f* hemoglobin

emolliente [e·mol·'liɛn·te] *agg* emollient

emorragia [e·mor·ra·'dʒiː·a] <-gie> *f* MED hemorrhage

emorroidi [e·mor·'rɔː·i·di] *fpl* hemorrhoids

emotività [e·mo·ti·vi·'ta] <-> *f* emotionality

emotivo, -a [e·mo·'tiː·vo] **I.** *agg* emotional **II.** *m, f* emotional person

E

emozionante [e·mot·tsio·'nan·te] *agg* (*storia, vita*) inspiring

emozionare [e·mot·tsio·'naː·re] **I.** *vt* to thrill **II.** *vr:* **-rsi;** ~ **per qc** to get excited by sth

emozione [e·mot·'tsioː·ne] *f* emotion

empatia [em·pa·'tiː·a] <-ie> *f* PSYCH empathy

empirico, -a [em·'piː·ri·ko] <-ci, -che> *agg* empirical

emporio [em·'pɔː·rio] <-i> *m* general store

emulare [e·mu·'laː·re] *vt a.* COMPUT to emulate

emulazione [e·mu·lat·'tsioː·ne] *f a.* COMPUT emulation

emulsione [e·mul·'sioː·ne] *f* emulsion

Enalotto [e·na·'lɔt·to] *m state lottery*

enciclica [en·'tʃiːk·li·ka] <-che> *f* encyclical

enciclopedia [en·tʃik·lo·pe·'diː·a] <-ie> *f* encyclopedia

enciclopedico, -a [en·tʃik·lo·'pɛː·di·ko] <-ci, -che> *agg* encyclopedic

encomio [eŋ·'kɔː·mio] <-i> *m* tribute

endovenoso, -a [en·do·ve·'noː·so] *agg* MED intravenous

ENEL ['ɛː·nel] *m abbr di* **Ente Nazionale per l'Energia Elettrica** *state electricity company*

energetico, -a [e·ner·'dʒɛː·ti·ko] <-ci, -che> *agg* **1.** (*gener*) energy; **fonti -che** electricity sources **2.** (*cibo*) high-energy

energia [e·ner·'dʒiː·a] <-gie> *f* energy; ~ **atomica** [*o* **nucleare**] nuclear power; ~ **elettrica** electric power; **con** ~ energetically; **senza** ~ apathetically

energico, -a [e·'nɛr·dʒi·ko] <-ci, -che> *agg* (*persona, protesta*) energetic; (*passo*) determined

energumeno, -a [e·ner·'guː·me·no] *m, f* wild man *m,* wild woman *f*

enfasi ['ɛn·fa·zi] <-> *f* **1.** (*foga*) emphasis; **con** ~ (*parlare*) enthusiastically **2.** (*rilievo*) stress

enfatico, -a [en·'faː·ti·ko] <-ci, -che> *agg* emphatic

enigma [e·'nig·ma] <-i> *m* **1.** (*indovinello*) riddle **2.** (*mistero*) mystery

enigmatico, -a [e·nig·'maː·ti·ko] <-ci, -che> *agg* enigmatic

enigmistico, -a [e·nig·'mis·ti·ko] <-ci, -che> *agg* **gioco** ~ puzzle; **giornale** ~ puzzle magazine

ennesimo, -a [en·'nɛː·zi·mo] *agg* **1.** *fam* umpteenth; **per l'-a volta** for the umpteenth time **2.** MAT nth

enologo, -a [e·'nɔː·lo·go] <-gi, -ghe> *m, f* enologist

enorme [e·'nor·me] *agg* **1.** (*oggetto, edificio*) enormous **2.** (*fortuna, gioia*) great

enormità [e·nor·mi·'ta] <-> *f* **1.** (*grandezza*) enormity **2.** (*eccesso*) **costa un'~!** *fam* it costs a fortune! **3.** (*stupidaggine*) nonsense; **dire un'~** to talk nonsense

enoteca [e·no·'tɛː·ka] *f* (*locale*) wine bar

ente ['ɛn·te] *m* (*istituzione*) body

entrambi, -e [en·'tram·bi] *agg, pron* both; **-e le parti** both parties

entrante [en·'tran·te] *agg* (*anno, mese*) coming

entrare [en·'traː·re] *vi essere* **1.** (*in un luogo*) to enter, to go in; ~ **in acqua** to get into the water; ~ **in casa** to go indoors; ~ **dalla porta/finestra** to go in through the door/window; **entrate pure!** please come in; **fare** ~ **qu** to bring sb in **2.** *fig* (*in un gruppo*) to join; ~ **nell'esercito** to join the army; ~ **in convento** (*frate*) to enter a monastery; (*suora*) to enter a convent **3.** (*vestito*) to fit; **la gonna non mi entra più** the skirt doesn't fit me anymore **4.** (*trovare posto*) to fit; **qui non c'entra più nessuno** *fam* there's no room for anyone else **5.** (*avere a che vedere*) to be relevant; **la politica non c'entra** *fig fam* politics has nothing to do with it **6.** *fig* (*iniziare*) ~ **in contatto con qu** to get in touch with sb; ~ **in carica** to take office; ~ **in guerra** to go to war

entrata [en·'traː·ta] *f* **1.** (*ingresso*) entrance **2.** (*l'entrare*) entry; ~ **in carica** appointment; ~ **in vigore** (*di legge*) coming into force **3.** *pl* COM (*guadagno*) income

entro ['en·tro] *prep* within; ~ **e non oltre il 30 ottobre** ADM no later than October 30; **si sposano ~ l'anno** they're getting married this year

entroterra [en·tro·'tɛr·ra] <-> *m* inland region; **nell'~** inland

entusiasmare [en·tuz·iaz·'maː·re] **I.** *vt* to excite **II.** *vr:* **-rsi; -rsi per qc** to become excited about sth

entusiasmo [en·tu·'ziaz·mo] *m* enthusiasm

entusiasta [en·tu·'zias·ta] <-i *m*, -e *f*> **I.** *agg* enthusiastic; **essere ~ di qc** to be enthusiastic about sth **II.** *mf* enthusiast

enumerare [e·nu·me·'raː·re] *vt* (*qualità, difficoltà*) to list

enunciare [e·nun·'tʃaː·re] *vt* to state

enunciato [e·nun·'tʃaː·to] *m* statement

enzima [en·'dziː·ma] <-i> *m* enzyme

eolico, -a [e·'ɔː·li·ko] <-ci, -che> *agg* (*del vento*) wind; **energia -a** wind power

epatite [e·pa·'tiː·te] *f* hepatitis

epica ['ɛː·pi·ka] <-che> *f* epic

epicentro [e·pi·'tʃɛn·tro] *m a fig* epicenter

epico, -a ['ɛː·pi·ko] <-ci, -che> *agg* epic

epidemia [e·pi·de·'miː·a] <-ie> *f a fig* epidemic

epidermide [e·pi·'dɛr·mi·de] *f* ANAT epidermis

epifania [e·pi·fa·'niː·a] <-ie> *f* epiphany

epigrafe [e·'piː·gra·fe] *f* epigraph

epilessia [e·pi·les·'siː·a] <-ie> *f* epilepsy

epilettico, -a [e·pi·'lɛt·ti·ko] <-ci, -che> *agg, m, f* epileptic

epilogo [e·'piː·lo·go] <-ghi> *m* **1.** (*di romanzo*) epilogue **2.** *fig* (*di storia, avvenimento*) end

episodico, -a [e·pi·'zɔː·di·ko] <-ci, -che> *agg* **1.** (*film, romanzo*) episodic **2.** *fig* (*fenomeno*) occasional

episodio [e·pi·'zɔː·dio] <-i> *m* **1.** (*avvenimento*) episode **2.** (*di sceneggiato televisivo*) episode; (*di romanzo*) instalment

epistolare [e·pis·to·'laː·re] *agg* epistolary; **romanzo ~** epistolary novel; **scambio ~** correspondence

epiteto [e·'piː·te·to] *m pej* (*insulto*) insult

epoca ['ɛː·po·ka] <-che> *f* **1.** (*periodo storico*) epoch; **auto d'~** vintage car **2.** (*tempo*) time; **a quell'~** at that time

epopea [e·po·'pɛː·a] *f* LIT epic poem

eppure [ep·'puː·re] *cong* (and) yet

equatore [e·kua·'toː·re] *m* equator

equazione [e·kuat·'tsioː·ne] *f* equation

equestre [e·'kuɛs·tre] *agg* (*sport*) equestrian; **circo ~** *horse show*

equilibrare [e·kui·li·'braː·re] **I.** *vt a.* MOT to balance **II.** *vr:* **-rsi** (*pesi, forze*) to balance (each other)

equilibrato, -a [e·kui·li·'braː·to] *agg* balanced

equilibrio [e·kui·'liː·bri·o] <-i> *m* **1.** (*stabilità*) balance; **perdere/mantenere l'~** to lose/keep one's balance; **stare in ~** to be balanced **2.** (*interiore*) equilibrium

equilibrista [e·kui·li·'bris·ta] <-i *m*, -e *f*> *mf* tightrope walker

equino, -a *agg* horse

equinozio [e·kui·'nɔt·tsio] <-i> *m* ASTR equinox; **~ di primavera/d'autunno** spring/autumnal equinox

equipaggiamento [e·kui·pad·dʒa·'men·to] *m* equipment

equipaggiare [e·kui·pad·'dʒaː·re] **I.** *vt* (*esercito, nave*) to equip **II.** *vr:* **-rsi** to equip oneself

equipaggio [e·kui·'pad·dʒo] <-ggi> *m* (*di nave, aereo*) equipment

équipe [e·'kip] <-> *f* team; **lavoro d'~** teamwork

equità [e·kui·'ta] <-> *f* fairness; **~ sociale** social justice

equitazione [e·kui·tat·'tsioː·ne] *f* horseback riding

equivalente [e·kui·va·'lɛn·te] *agg, m* equivalent

equivalenza [e·kui·va·'lɛn·tsa] *f a fig* equivalence

equivalere [e·kui·va·'leː·re] <irr> **I.** *vi essere o avere ~* (**a qc**) to be equivalent (to sth) **II.** *vr:* **-rsi** to be equivalent (to each other)

equivocare [e·kui·vo·'kaː·re] *vi* to misunderstand; **~ su qc** to misunderstand sth

equivoco [e·'kuiː·vo·ko] <-ci> *m* misunderstanding

equivoco, -a <-ci, -che> *agg* **1.** (*ambivalente*) ambiguous **2.** *fig* (*losco*) dubious

equo, -a ['ɛː·kuo] *agg* **1.** (*imparziale: persona*) impartial **2.** (*giusto: pagamento, condizioni*) fair

era[1] ['ɛː·ra] *f* age; **l'~ atomica** the nuclear age; **le -e geologiche** the geological eras

era[2] *3. pers sing imp di* **essere**[1]

erba ['ɛr·ba] *f* **1.** BOT grass; **un filo d'~** a blade of grass **2.** CULIN herb; **-e aromatiche** mixed herbs; **~ cipollina** chives **3.** *sl* (*marijuana*) grass

erbivoro, -a [er'biːvoro] **I.** *agg* herbivorous **II.** *m, f* herbivore

erboristeria *f* **1.** (*negozio*) herbalist shop **2.** (*disciplina*) herbal medicine

erboso, -a [er·'boː·so] *agg* (*d'erba*) grassy; **tappeto** [*o* **manto**] **~** lawn

erede [e·'rɛː·de] *mf* heir

eredità [e·re·di·'ta] <-> *f* inheritance; **lasciare qc in ~** to bequeath sth; **ricevere qc in ~** to inherit sth

ereditare [e·re·di·'taː·re] *vt* to inherit; **~ qc da qu** to inherit sth from sb

ereditario, -a [e·re·di·'taː·rio] <-i, -ie> *agg* **1.** (*principe*) hereditary **2.** GIUR (*bene, debiti, diritti*) inherited **3.** BIOL (*malattia, caratteri*) hereditary

eremita [e·re·'miː·ta] <-i> *m* hermit

eresia [e·re·'ziː·a] <-ie> *f* **1.** REL heresy **2.** (*assurdità*) nonsense

eressi [e·'rɛs·si] *1. pers sing pass rem di* **erigere**

eretico, -a [e·'rɛː·ti·ko] <-ci, -che> **I.** *agg* REL heretical **II.** *m, f* REL heretic

eretto, -a [e·'rɛt·to] **I.** *pp di* **erigere** **II.** *agg* (*andatura, capo*) erect

erezione [e·ret·'tsioː·ne] *f* **1.** ARCH (*di edificio*) raising **2.** BIOL erection

ergastolo [er·'gas·to·lo] *m* life sentence

ergonomico, -a [er·go·'nɔː·mi·ko] <-ci, -che> *agg* ergonomic

erica ['ɛː·ri·ka] <-che> *f* BOT heather

erigere [e·'riː·dʒe·re] <erigo, eressi, eretto> *vt* **1.** ARCH (*edificio*) to build **2.** *fig* (*barriera, ostacolo*) to erect

eritema [e·ri·'tɛː·ma] <-i> *m* erythema

ermafrodito [er·ma·fro·'diː·to] *m* hermaphrodite

ermellino [er·mel·'liː·no] *m* ermine

ermetico, -a [er·'mɛː·ti·ko] <-ci, -che> *agg* **1.** (*stagno*) hermetic **2.** LIT (*poesie, letteratura*) obscure **3.** *fig* (*persona, frase*) enigmatic

ernia ['ɛr·nia] <-ie> *f* MED hernia; **~ al** [*o* **del**] **disco** slipped disc; **~ inguinale** hernia of the groin

ero ['ɛː·ro] *1. pers sing imp di* **essere**[1]

erodere [e·'roː·de·re] <irr> *vt a. fig* to erode

eroe, eroina [e·'rɔː·e, e·ro·'iː·na] *m, f* hero

erogazione [e·ro·ga·'tsioː·ne] *f* **1.** (*di gas, luce, acqua*) supply **2.** (*di denaro*) distribution

eroico, -a [e·'rɔː·i·ko] <-ci, -che> *agg* heroic

eroina[1] [e·ro·'iː·na] *f* heroine

eroina[2] [e·ro·'iː·na] *f* (*droga*) heroin

eroinomane [e·roi·'nɔː·ma·ne] **I.** *mf* heroin addict **II.** *agg* (*persona*) addicted to heroin

eroismo [e·ro·'iz·mo] *m* heroism

erosi *1. pers sing pass rem di* **erodere**

erosione [e·ro·'zioː·ne] *f a. fig* erosion

eroso *pp di* **erodere**

erotico, -a [e·'rɔː·ti·ko] <-ci, -che> *agg* erotic

erotismo [e·ro·'tiz·mo] *m* eroticism

errare [er·'raː·re] *vi* **1.** (*sbagliare*) to make a mistake; **se non erro** if I'm not mistaken **2.** (*vagare*) to wander

erroneo, -a [er·'rɔː·ne·o] *agg* wrong

errore [er·'roː·re] *m* error; **~ di battitura** typo; **~ di calcolo** miscalculation; **~ d'ortografia** spelling mistake; **per ~** by mistake

erudito, -a [e·ru·'diː·to] **I.** *agg* scholarly **II.** *m, f* scholar

erudizione [e·ru·dit·'tsioː·ne] *f* erudition

eruzione [e·rut·'tsioː·ne] *f* **1.** GEOL (*di vulcano*) eruption **2.** MED **~ cutanea** rash

es. *abbr di* **esempio** e.g.

esagerare [e·za·dʒe·'raː·re] **I.** *vt* to exaggerate **II.** *vi* to exaggerate; **~ con qc** to go too far with sth; **~ in qc** to overdo sth

esagerazione [e·za·dʒe·rat·'tsioː·ne] *f* exaggeration

esagitato, -a [e·za·dʒi·'taː·to] *agg* frantic

esagono [e·'zaː·go·no] *m* hexagon

esalazione [e·za·lat·'tsio:·ne] *f* emission
esaltare [e·zal·'ta:·re] **I.** *vt* **1.** (*infervorare: folla*) to stir up **2.** (*evidenziare: pregio, difetto*) to bring out **II.** *vr:* **-rsi** (*entusiasmarsi*) to get excited
esame [e·'za:·me] *m* **1.** (*nell'insegnamento*) exam; **~ orale/scritto** oral/written exam; **~ di guida** driving test; **~ di laurea** finals; **-i di maturità** school exit exam; **dare un ~** to take an exam; **passare un ~** to pass an exam **2.** MED examination; **~ del sangue** blood test
esaminare [e·za·mi'na:·re] *vt* **1.** (*studenti*) to test **2.** (*analizzare: situazione, cause*) to study **3.** MED to examine
esaminatore, -trice [e·za·mi·na·'to:·re] **I.** *agg* **commissione -trice** board of examiners **II.** *m, f* examiner
esangue [e·'zaŋ·gue] *agg* **1.** (*pallido: volto*) pallid **2.** MED (*dissanguato: corpo*) bloodless
esasperante [e·zas·pe·'ran·te] *agg* (*attesa, lentezza*) infuriating
esasperare [e·zas·pe·'ra:·re] *vt* **1.** (*stressare: persona*) to exasperate **2.** (*aggravare: pena, sofferenza*) to aggravate
esasperazione [e·zas·pe·rat·'tsio:·ne] *f* exasperation; **portare qu all'~** to drive sb crazy
esattezza [e·zat·'tet·tsa] *f* **1.** (*di calcolo, metodo, risposta*) accuracy **2.** (*precisione: di descrizione*) precision
esatto [e·'zat·to] **I.** *pp di* **esigere II.** *agg* **1.** (*corretto: calcolo, risposta*) correct **2.** (*preciso: descrizione*) precise
esaudire [e·zau·'di:·re] <esaudisco> *vt* to fulfill
esauriente [e·zau·ri·'ɛn·te] *agg* thorough
esaurimento [e·zau·ri·'men·to] *m* **1.** MED exhaustion; **~ nervoso** nervous exhaustion **2.** (*consumo*) depletion; **fino ad ~ della merce** while stocks last
esaurire [e·zau·'ri:·re] <esaurisco> **I.** *vt* (*finire: merce*) to sell off **II.** *vr:* **-rsi** (*finire: sorgente, miniera*) to be used up
esausto, -a [e·'za:us·to] *agg* exhausted
esca ['es·ka] <esche> *f* bait
escandescenza [es·kan·deʃ·'ʃɛn·tsa] *f* **dare in -e** to fly into a rage
escavatore, -trice [es·ka·va·'to:·re] *m, f* digger
esclamare [es·kla·'ma:·re] *vt* to exclaim
esclamativo, -a [es·kla·ma·'ti:·vo] *agg* (*frase, pronome*) exclamatory; **punto ~** exclamation mark
esclamazione [es·kla·mat·'tsio:·ne] *f* exclamation
escludere [es·'klu:·de·re] <escludo, esclusi, escluso> *vt* **1.** (*eliminare: da gara, concorso*) to eliminate; (*da lista*) to exclude **2.** (*dubitare*) to rule out **3.** (*eccettuare*) to exclude
esclusione [es·klu·'zio:·ne] *f* exclusion; **a ~ di** apart from
esclusiva [es·klu·'zi:·va] *f* (*diritti*) exclusive right; **dare l'~ a qu** (*di intervista*) to grant sb an exclusive (interview); (*di prodotto*) to grant sb exclusive rights
esclusivamente [es·klu·zi·va·'men·te] *avv* exclusively
esclusivo, -a [es·klu·'zi:·vo] *agg* exclusive
escluso, -a [es·'klu:·zo] **I.** *pp di* **escludere II.** *agg* **1.** (*eccetto*) excluded; **-i i presenti** present company excluded; **fino al 24 maggio ~** up to and excluding May 24 **2.** (*impossibile*) impossible; **non è ~ che ...** *+conj* it's not impossible that ... **III.** *m, f* unsuccessful candidate
esco ['ɛs·ko] *1. pers sing pr di* **uscire**
escogitare [es·ko·dʒi·'ta:·re] *vt* to come up with
escoriazione [es·ko·ri·at·'tsio:·ne] *f* graze
escrescenza [es·kreʃ·'ʃɛn·tsa] *f* MED outgrowth
escursione [es·kur·'sio:·ne] *f* **1.** (*gita: in auto, battello*) trip; (*a piedi*) walk; **fare un'~ a** to go on a trip to **2.** METEO (*differenza*) range; **~ termica** temperature range
escursionista [es·kur·sio·'nis·ta] <-i *m*, -e *f*> *mf* (*in auto, battello*) excursionist; (*a piedi*) walker
esecutivo, -a *agg* executive
esecuzione [e·ze·ku·'tsio:·ne] *f* **1.** realizzazione: di lavoro, performance **2.** (*uccisione*) killing **3.** MUS interpretazione
eseguire [e·ze·'gui:·re] *vt* **1.** (*gener*) to perform **2.** (*effettuare: pagamento*) to make **3.** (*mettere in atto: ordine*) to carry out

esempio [e·'zɛm·pio] <-i> *m* example; **dare il buon/cattivo ~** to give a good/bad example; **fare un ~** to give an example; **per ~** for example

esemplare [e·zem·'pla:·re] **I.** *agg* exemplary **II.** *m* **1.** (*copia*) copy **2.** (*campione*) specimen **3.** (*esempio*) model

esentasse [e·zen·'tas·se] <inv> *agg* tax-exempt

esente [e·'zɛn·te] *agg* exempt; **essere ~ da qc** (*da tasse*) to be exempt from sth; (*da difetti, colpe*) to be free of sth

esercente [e·zer·'tʃɛn·te] *mf* storekeeper

esercitare [e·zer·tʃi·'ta:·re] **I.** *vt* **1.** (*professione*) to practice **2.** (*corpo, memoria*) to train **3.** (*potere, diritto*) to exercise **II.** *vr* **-rsi** (**in qc**) to practice (sth)

esercitazione [e·zer·tʃi·ta·'tsio:·ne] *f* **1.** (*allenamento*) training **2.** (*lezione*) exercise

esercito [e·'zɛr·tʃi·to] *m* army

esercizio [e·zer·'tʃi·tsio] <-i> *m* **1.** (*gener*) exercise **2.** (*pratica*) practice; **essere fuori ~** to be out of practice **3.** (*sport*) practice; **fare ~** to train **4.** (*albergo, bar*) business

esibire [e·zi·'bi:·re] <esibisco> **I.** *vt* (*passaporto, documento*) to show **II.** *vr:* **-rsi** **1.** (*attore, musicista*) to perform; **~ in pubblico** to perform in public **2.** (*mettersi in mostra*) to show off

esibizione [e·zi·bi·'tsio:·ne] *f* **1.** THEAT performance **2.** (*di documenti*) presentation **3.** (*sfoggio*) display **4.** (*mostra*) exhibition

esibizionismo [e·zi·bi·tsio·'niz·mo] *m* **1.** (*protagonismo*) exhibitionism **2.** (*sessuale*) indecent exposure

esibizionista [e·zi·bi·tsio·'nis·ta] <-i *m*, -e *f*> *mf* exhibitionist

esigei [e·zi·'dʒe:·i] *1. pers sing pass rem di* **esigere**

esigente [e·zi·'dʒɛn·te] *agg* demanding

esigenza [e·zi·'dʒɛn·tsa] *f* requirement

esigere [e·'zi:·dʒe·re] <esigo, esigei *o* esigetti, esatto> *vt* **1.** (*richiedere*) to demand **2.** (*riscuotere: somma*) to collect **3.** *fig* (*necessitare*) to require

esiguo, -a [e·'zi:·guo] *agg* meager

esile ['ɛ:·zi·le] *agg* **1.** (*gener*) slender **2.** (*tenue: speranza*) slender

esiliare [e·zi·'lia:·re] *vt* to exile

esiliato, -a [e·zi·'lia:·to] **I.** *agg* exiled **II.** *m, f* exile

esilio [e·'zi:·lio] <-i> *m* POL exile

esistei [e·zis·'te:·i] *1. pers sing pass rem di* **esistere**

esistente [e·zis·'tɛn·te] *agg* existing

esistenza [e·zis·'tɛn·tsa] *f* **1.** (*vita*) life **2.** (*presenza*) existence

esistenziale [e·zis·ten·'tsia:·le] *agg* existential

esistere [e·'zis·te·re] <esisto, esistei *o* esistetti, esistito> *vi essere* (*gener*) to exist; **esistono diversi tipi di carta** there are various types of paper

esitare [e·zi·'ta:·re] *vi* to hesitate; **~ a fare qc** to be hesitant about doing sth

esitazione [e·zi·ta·'tsio:·ne] *f* hesitation

esito ['ɛ:·zi·to] *m* outcome

esodo ['ɛ:·zo·do] *m* REL, LIT exodus

esofago [e·'zɔ:·fa·go] <-gi> *m* esophagus

esonerare [e·zo·ne·'ra:·re] *vt* to exonerate; **~ qu da qc** to exonerate sb of sth

esonero [e·'zɔ:·ne·ro] *m* exemption

esorbitante [e·zor·bi·'tan·te] *agg* exorbitant

esorcismo [e·zor·'tʃiz·mo] *m* exorcism

esorcista [e·zor·'tʃis·ta] <-i *m*, -e *f*> *mf* exorcist

esorcizzare [e·zor·tʃid·'dza:·re] *vt* REL to exorcize

esordiente [e·zor·'diɛn·te] **I.** *agg* budding **II.** *mf* beginner

esordio [e·'zɔr·dio] <-i> *m* **1.** (*inizio*) beginning **2.** THEAT, SPORT debut

esordire [e·zor·'di:·re] <esordisco> *vi* **1.** (*iniziare*) to start off **2.** SPORT, THEAT to make one's debut

esortare [e·zor·'ta:·re] *vt* to exhort; **~ qu a fare qc** to urge sb to do sth

esortazione [e·zor·ta·'tsio:·ne] *f* exhortation

esoterico, -a [e·zo·'tɛ:·ri·ko] <-ci, -che> *agg* esoteric

esotico, -a [e·'zɔ:·ti·ko] <-ci, -che> *agg* exotic

espandere [es·'pan·de·re] <espando, espansi *o* espandetti, espanso> **I.** *vt* (*gener*) to expand **II.** *vr:* **-rsi** **1.** (*ingrandirsi: macchia*) to spread **2.** (*au-

mentare: volume) to expand **3.** *fig* (*diffondersi: notizia*) to spread **4.** COM (*azienda*) to grow

espansione [es·pan·'sio:·ne] *f* **1.** (*aumento di volume*) expansion **2.** (*diffusione*) spread

espansivo, -a [es·pan·'si:·vo] *agg* affectionate

espanso, -a [es·'pan·so] *pp di* **espandere**

espatriare [es·pa·tri·'a:·re] *vi essere* to emigrate

espatrio [es·'pa:·trio] <-i> *m* authorization to travel abroad

espediente [es·pe·'diɛn·te] *m* dodge

espellere [es·'pɛl·le·re] <espello, espulsi, espulso> *vt* (*allievo*) to expel; (*giocatore*) to send off; (*immigrato*) to deport

esperienza [es·pe·'riɛn·tsa] *f* (*gener*) experience; **per ~** from experience; **senza ~** inexperienced

esperimento [es·pe·ri·'men·to] *m* experiment

esperto, -a [es·'pɛr·to] **I.** *agg* **1.** (*pratico*) experienced **2.** (*conoscitore*) expert **3.** (*abile: mani*) capable **II.** *m, f* expert

espiare [es·pi·'a:·re] *vt* **1.** GIUR (*pena*) to serve **2.** REL (*peccato*) to atone for

espiatorio, -a [es·pia·'tɔ:·rio] <-i, -ie> *agg* **capro ~** *fig* scapegoat

espirare [es·pi·'ra:·re] *vt* to breathe out

esplicito, -a [es·'pli:·tʃi·to] *agg* explicit

esplodere [es·'plɔ:·de·re] <esplodo, esplosi, esploso> *vi essere o avere* (*bomba, dinamite*) to explode

esplorare [es·plo·'ra:·re] *vt* **1.** (*gener*) to explore **2.** *fig* (*indagare: possibilità*) to investigate

esploratore, -trice *m, f* explorer

esplorazione [es·plo·ra·'tsio:·ne] *f* exploration

esplosi [es·'plɔ:·zi] *1. pers sing pass rem di* **esplodere**

esplosione [es·plo·'zio:·ne] *f* **1.** (*di mina, bomba*) explosion **2.** *fig* (*di rabbia*) outburst

esplosivo [es·plo·'zi:·vo] *m* explosive

esplosivo, -a *agg* (*sostanza, miscela*) explosive

esploso [es·'plɔ:·zo] *pp di* **esplodere**

esponente [es·po·'nɛn·te] *mf* representative

esporre [es·'por·re] <irr> **I.** *vt* **1.** (*esibire: opera d'arte, merce*) to exhibit **2.** (*al sole, a rischio*) to expose **3.** (*spiegare*) to set out **II.** *vr:* **-rsi** **1.** (*al sole, a rischio*) to expose oneself **2.** (*compromettersi*) to leave oneself open

esportare [es·por·'ta:·re] *vt* COM to export

esportazione [es·por·ta·'tsio:·ne] *f* export

esposi *1. pers sing pass rem di* **esporre**

esposizione [es·po·zi·'tsio:·ne] *f* **1.** (*di opere d'arte*) exhibition; (*di prodotti*) display; **in ~** on display **2.** (*a luce, sole, vento*) exposure **3.** FOTO exposure **4.** (*di edifici, terreni*) orientation **5.** (*narrazione: di fatto, brano*) presentation

esposto, -a [es·'pos·to] **I.** *pp di* **esporre** **II.** *agg* **1.** (*opera d'arte*) on display **2.** (*edificio, terreno*) **essere ~ a nord/sud** to face north/south

espressamente [es·pres·sa·'men·te] *avv* expressly

espressi [es·'prɛs·si] *1. pers sing pass rem di* **esprimere**

espressione [es·pres·'sio:·ne] *f* (*gener*) expression

espressionismo [es·pres·sio·'niz·mo] *m* expressionism

espressionista [es·pres·sio·'nis·ta] <-i *m*, -e *f*> *agg, mf* expressionist

espressivo, -a [es·pres·'si:·vo] *agg* expressive

espresso [es·'prɛs·so] *m* **1.** (*caffè*) espresso **2.** FERR express (train) **3.** (*lettera*) express

espresso, -a *pp di* **esprimere**

esprimere [es·'pri:·me·re] <esprimo, espressi, espresso> **I.** *vt* to express **II.** *vr:* **-rsi** to express oneself

espropriare [es·pro·'pria:·re] *vt* to expropriate

esproprio [es·'prɔ:·pio] <-i> *m* expropriation

espugnare [es·puɲ·'ɲa:·re] *vt* MIL (*fortezza, città*) to take

espulsi [es·'pul·si] *1. pers sing pass rem di* **espellere**

espulsione [es·pul·'sio:·ne] *f* (*di allievo,*

socio) expulsion; (*di giocatore*) sending off; (*di immigrato*) deportation

espulso [es·'pul·so] *pp di* **espellere**

esquimese [es·kui·'meː·se] *mf v.* **eschimese**

essa ['es·sa] *pron 3. pers sing f* **1.** (*soggetto: persona*) she; (*animale, cosa*) it **2.** (*complemento: persona*) her; (*animale, cosa*) it

essai [e·'sɛ] <-> *m* **cinema d'~** arthouse cinema

esse ['es·se] *pron 3. pers pl f* **1.** (*soggetto*) they **2.** (*complemento*) them

essenza [es·'sɛn·tsa] *f a.* CHEM essence

essenziale [es·sen·'tsiaː·le] **I.** *agg* **1.** (*gener*) essential; **oli -i** essential oils **2.** (*scarno: stile, arredamento*) minimalist **II.** *m* **l'~** the basics

essenzialmente [es·sen·tsial·'men·te] *avv* essentially

essere[1] ['ɛs·se·re] <sono, fui, stato> *vi essere* **1.** (*gener*) to be; **c'è** there is; **ci sono** there are; **ci siamo!** (*siamo arrivati*) we're here!; *fig* (*è arrivato il momento*) the time has come; **~ di qu** to belong to sb; **è Natale** it's Christmas; **chi è?** (*alla porta*) who is it? **2.** (*trovarsi*) to be **3.** *fam* (*costare*) to cost; **quant'è?** *fam* how much is it? **4.** (*provenire*) to be; **sono di Padova** I'm from Padua

essere[2] *m* (*creatura*) being; **gli -i viventi** living beings

essi ['es·si] *pron 3. pers pl m* **1.** (*soggetto*) they **2.** (*complemento*) them

esso ['es·so] *pron 3. pers sing m* **1.** (*soggetto: persona*) he; (*animale, cosa*) it **2.** (*complemento: persona*) him; (*animale, cosa*) it

est [ɛst] <-> *m* east; **ad ~** east; **ad ~ di** (to the) east of; **verso ~** eastward

estasi ['ɛs·ta·zi] <-> *f* ecstasy; **andare in ~** to go into raptures

estasiare [es·ta·'ziaː·re] *vt* to thrill

estate [es·'taː·te] *f* summer; **in** [*o* **d'**] **~** in summer

estendere [es·'tɛn·de·re] <irr> **I.** *vt* **1.** (*allungare: braccia, gambe*) to stretch **2.** *fig* (*ampliare: attività, struttura*) to expand **II.** *vr:* **-rsi** (*pianura, mare*) to extend

estensione [es·ten·'sioː·ne] *f* **1.** (*superficie*) extent **2.** (*di servizio, garanzia*) extension **3.** (*di arto*) stretching

estenuante [es·te·nu·'an·te] *agg* lengthy

estenuare [es·te·nu·'aː·re] *vt* (*attesa, fatica*) to exhaust

esteriore [es·te·'rioː·re] *agg* external

esternare [es·ter·'naː·re] *vt* (*sentimento, disagio*) to display

esterno [es·'tɛr·no] *m* **1.** (*di contenitore*) outside **2.** (*di edificio*) exterior **3.** THEAT outdoor scene

esterno, -a *agg* **1.** (*fuori: lato*) outer **2.** (*farmaco*) for external use **3.** (*fuori casa*) outdoor; (*da fuori: nemico, pericolo*) external

estero ['ɛs·te·ro] *m* **all'~** abroad; **andare all'~** to go abroad

estero, -a *agg* foreign

esterrefatto, -a [es·ter·re·'fat·to] *agg* astonished

estesi *1. pers sing pass rem di* **estendere**

esteso, -a [es·'teː·so] **I.** *pp di* **estendere** **II.** *agg* **1.** (*terreno, superficie*) extensive **2.** (*testo*) **per ~** in full

esteta [es·'tɛː·ta] <-i *m*, -e *f*> *mf* aesthete

estetica [es·'tɛː·ti·ka] <-che> *f* **1.** (*scienza*) aesthetics **2.** (*bellezza*) beauty

estetico, -a [es·'tɛː·ti·ko] <-ci, -che> *agg* **1.** (*aspetto, gusto*) aesthetic **2.** (*chirurgia, trattamento, centro*) cosmetic

estetista [es·te·'tis·ta] <-i *m*, -e *f*> *mf* aesthetician

estinguere [es·'tiŋ·gue·re] <estinguo, estinsi, estinto> **I.** *vt* **1.** (*incendio*) to put out **2.** (*debito*) to settle **II.** *vr:* **-rsi** **1.** (*incendio*) to go out **2.** (*specie*) to become extinct

estinto, -a [es·'tin·to] **I.** *agg* **1.** (*vulcano*) extinct; (*incendio*) extinguished **2.** (*diritto*) expired; (*debito*) settled; (*rapporto di lavoro*) terminated **II.** *m, f* (*defunto*) deceased

estintore [es·tin·'toː·re] *m* (fire) extinguisher

estinzione [es·tin·'tsioː·ne] *f* **1.** BIOL extinction **2.** (*di incendio*) extinction **3.** (*di debito*) settlement; (*di rapporto*) termination

estirpare [es·tir·'paː·re] *vt* **1.** (*sradicare:*

erbacce) to uproot **2.** MED (*dente*) to pull out; (*tumore*) to remove **3.** *fig* (*debellare: odio, corruzione*) to eradicate

estivo, -a [es·'tiː·vo] *agg* summer

estone ['ɛs·to·ne] *agg, mf* Estonian

Estonia [es·'tɔː·nia] *f* Estonia

estorsione [es·tor·'sioː·ne] *f* extortion

estradizione [es·tra·dit·'tsioː·ne] *f* extradition

estraneo, -a [es·'traː·neo] <-ei, -ee> **I.** *agg* **1.** (*non conosciuto*) unknown **2.** (*esterno*) external **3.** (*non coinvolto*) uninvolved **II.** *m, f* stranger; **'vietato l'ingresso agli -i'** 'authorized individuals only'

estraniarsi [es·tra·'niaː·rsi] *vr* **-rsi da qc** (*mondo, realtà, famiglia*) to become alienated from sth

estrarre [es·'trar·re] <irr> *vt* **1.** (*tirare fuori*) to pull out; **~ qc a sorte** to draw sth out of a hat **2.** (*dente, carbone*) to extract **3.** MAT (*radice*) to extract

estratto [es·'trat·to] *m* **1.** CULIN (*di carne, pomodori*) extract **2.** COM statement; **~ conto** bank statement **3.** ADM certificate; **~ di nascita** birth certificate

estrazione [es·trat·'tsioː·ne] *f* **1.** (*gener*) extraction **2.** (*sorteggio*) draw **3.** *fig* (*origine*) origins *pl*

estremismo [es·tre·'miz·mo] *m* extremism

estremista [es·tre·'mis·ta] <-i *m*, -e *f*> *mf* extremist

estremità [es·tre·mi·'ta] <-> *f* **1.** (*parte: di bastone, tavolo*) end **2.** *pl* (*mani e piedi*) extremities *pl*

estremo [es·'trɛː·mo] *m* **1.** (*punto estremo*) extreme **2.** *pl, fig* extremes *pl* **3.** *pl* ADM particulars *pl*

estremo, -a *agg* extreme; **l'Estremo Oriente** GEOG the Far East

estrogeno [es·'trɔː·dʒe·no] *m* estrogen

estroverso, -a [es·tro·'vɛr·so] *agg, m, f* extrovert

esuberante [e·zu·be·'ran·te] *agg* (*persona, carattere*) exuberant

esuberanza [e·zu·be·'ran·tsa] *f* (*vivacità*) exuberance

esule ['ɛː·zu·le] *mf* exile

esultare [e·zul·'taː·re] *vi* to rejoice; **~ per qc** to rejoice over sth

età [e·'ta] <-> *f* **1.** (*anni*) age; **maggiore ~** majority **2.** (*periodo*) age

eternità [e·ter·ni·'ta] <-> *f a fig* eternity

eterno, -a *agg* **1.** (*gener*) eternal **2.** (*interminabile: attesa*) interminable

etero ['ɛ·te·ro] <inv> *agg v.* **eterosessuale**

eterogeneo, -a [e·te·ro·'dʒɛː·neo] *agg* heterogeneous

eterosessuale [e·te·ro·ses·su·'aː·le] *agg, mf* heterosexual

etica ['ɛː·ti·ka] <-che> *f* ethics

etichetta [e·ti·'ket·ta] *f* **1.** COM (*su prodotto*) label; **~ del prezzo** price tag **2.** (*cerimoniale*) etiquette

etico, -a ['ɛː·ti·ko] <-ci, -che> *agg* ethical

etilismo [e·ti·'liz·mo] *m* alcoholism

etnico, -a ['ɛt·ni·ko] <-ci, -che> *agg* ethnic

etnologo, -a [et·'nɔː·lo·go] <-gi, -ghe> *m, f* ethnologist

etrusco, -a [e·'trus·ko] <-schi, -sche> *agg, m, f* Etruscan

ettaro ['ɛt·ta·ro] *m* hectare

etto ['ɛt·to] *m* one hundred grams

eucalipto [eu·ka·'lip·to] *m* eucalyptus

eufemismo [eu·fe·'miz·mo] *m* euphemism

eufemistico, -a [eu·fe·'mis·ti·ko] <-ci, -che> *agg* euphemistic

euforico, -a [eu·'fɔː·ri·ko] <-ci, -che> *agg* euphoric

eurocity [eu·ro·'si·ti] <-> *m* FERR *European intercity train*

Eurolandia [ɛu·ro·'lan·dia] *f* Euroland

Europa [eu·'rɔː·pa] *f* Europe

europarlamentare [eu·ro·par·la·men·'taː·re] *mf* MEP *Member of the European Parliament*

europarlamento [eu·ro·par·la·'men·to] *m* European Parliament

europeista [eu·ro·pe·'is·ta] <-i *m*, -e *f*> *agg, mf* pro-European

europeo, -a [eu·ro·'pɛː·o] <-ei, -ee> *agg, m, f* European

Eurostar [ɛu·ro·'staːr] <-> *m* FERR Eurostar

eutanasia [eu·ta·na·'ziː·a] <-ie> *f* euthanasia

evacuare [e·va·ku·'aː·re] **I.** *vt* to evacuate

II. *vi* 1. (*luogo*) to evacuate 2. (*defecare*) to defecate

evacuazione [e·va·ku·a·'tsio:·ne] *f* (*gener*) evacuation

evadere [e·'va:·de·re] <evado, evasi, evaso> I. *vi essere* (*scappare*) to escape; ~ **dalla prigione** to escape from prison II. *vt avere* 1. ADM (*pratica, corrispondenza*) to deal with 2. GIUR ~ **le tasse** to evade taxes

evangelico, -a [e·van·'dʒɛ:·li·ko] <-ci, -che> *agg* evangelical; (*chiesa, dottrina*) Protestant

evaporare [e·va·po·'ra:·re] *vi essere o avere* to evaporate

evaporazione [e·va·po·ra·'tsio:·ne] *f* evaporation

evasi [e·'va:·zi] *1. pers sing pass rem di* **evadere**

evasione [e·va·'zio:·ne] *f* 1. (*fuga: da carcere*) escape 2. *fig* (*distrazione*) escape; **romanzo d'** ~ escapist novel 3. ADM (*di posta, pratiche*) dispatch 4. (*mancato pagamento*) avoidance; ~ **fiscale** tax evasion

evasivo, -a [e·va·'zi:·vo] *agg* evasive

evaso, -a [e·'va:·zo] I. *pp di* **evadere** II. *m, f* escapee

evasore [e·va·'zo:·re] *m* ~ (**fiscale**) tax evader

evenienza [e·ve·'niɛn·tsa] *f* eventuality; **all'~** if required; **nell'~ che ...** *+conj* in the event that ...

evento [e·'vɛn·to] *m* event

eventuale [e·ven·tu·'a:·le] *agg* possible

eventualità [e·ven·tu·a·li·'ta] <-> *f* 1. (*circostanza*) eventuality; **nell'~ che ...** *+conj* in the event that ...; **per ogni** ~ for all eventualities 2. (*possibilità*) possibility

eventualmente [e·ven·tual·'men·te] *avv* if necessary

eversivo, -a [e·ver·'si:·vo] *agg* subversive

evidente [e·vi·'dɛn·te] *agg* 1. (*visibile*) clear 2. (*indubitabile*) evident

evidenza [e·vi·'dɛn·tsa] *f* 1. (*indiscutibilità*) clarity 2. (*risalto*) **mettere in ~ qc** to highlight sth; **mettersi in ~** to draw attention to oneself

evidenziare *vt* 1. (*sottolineare*) to stress 2. (*con evidenziatore*) to highlight

evidenziatore *m* (*pennarello*) highlighter

evitare [e·vi·'ta:·re] *vt* to avoid; ~ **di fare qc** to avoid doing sth

evo ['ɛ:·vo] *m* (*periodo*) era; **medio ~** Middle Ages

evocare [e·vo·'ka:·re] *vt* 1. (*spiriti*) to evoke 2. (*ricordo, fatto*) to recall

evolutivo, -a [e·vo·lu·'ti:·vo] *agg* developmental

evoluto, -a [e·vo·'lu:·to] I. *pp di* **evolversi** II. *agg* 1. (*gener*) developed 2. (*sistema, tecnologia*) advanced

evoluzione [e·vo·lut·'tsio:·ne] *f* 1. (*gener*) development 2. BIOL evolution 3. (*acrobazia*) evolutions *pl*

evolversi [e·'vɔl·ve·rsi] <evolvo, evolvei *o* evolvetti, evoluto> *vr* to evolve

evviva [ev·'vi:·va] *inter fam* hurrah!; ~ **gli sposi!** three cheers for the bride and groom!

ex [ɛks] I. *prep* (*moglie, presidente*) ex-; (*paese*) former II. <-> *mf* (*amante, moglie*) ex

expo [ɛks·'po] <-> *f* (international) exhibition

extra ['ɛks·tra] I. <inv> *agg* 1. (*speciale: qualità*) top-notch 2. COM (*spese*) additional II. <-> *m* (*spese*) additional expenses *pl* III. *prep* (*fuori*) extra

extracomunitario, -a [eks·tra·ko·mu·ni·'ta:·rio] <-i, -ie> I. *agg* non-EU II. *m, f* non-EU citizen

extraconiugale [eks·tra·kon·iu·'ga:·le] *agg* extramarital

extraparlamentare [eks·tra·par·la·men·'ta:·re] *mf member of an extra-parliamentary group*

extrascolastico, -a [eks·tra·sko·'las·ti·ko] <-ci, -che> *agg* (*attività, formazione*) after-school

extrasensoriale [eks·tra·sen·so·'ria:·le] *agg* extrasensory

extraterrestre [eks·tra·ter·'rɛs·tre] *agg, mf* extraterrestrial

extraurbano, -a [eks·tra·ur·'ba:·no] *agg* out-of-town

extravergine [eks·tra·'ver·dʒi·ne] <inv> *agg* extra-virgin

F

F, f ['ɛf·fe] <-> *f* F, f; ~ **come Firenze** F for Fox

fa[1] [fa] <-> *m* MUS fa; ~ **maggiore/minore** F major/minor

fa[2] **I.** *3. pers sing pr di* **fare** **II.** *avv* ago; **tre anni** ~ three years ago

fabbisogno [fab·bi·'zoɲ·ɲo] *m* requirements *pl*

fabbrica ['fab·bri·ka] <-che> *f* factory

fabbricante [fab·bri·'kan·te] *mf* (*produttore*) maker

fabbricare [fab·bri·'kaː·re] *vt* **1.** (*costruire*) to build **2.** (*produrre*) to make

fabbricazione [fab·bri·ka·'tsioː·ne] *f* (*produzione*) manufacture; ~ **in serie** mass production

fabbro ['fab·bro] *m* smith

faccenda [fat·'tʃɛn·da] *f* **1.** (*cosa da fare*) thing **2.** *pl* (*lavori domestici*) housework **3.** (*questione*) business

facchino [fak·'kiː·no] *m* (*di stazione, albergo*) porter

faccia ['fat·tʃa] <-cce> *f* **1.** (*volto, espressione*) face; ~ **tosta** [*o* **di bronzo**] *fig* nerve; (*persona*) person with a lot of nerve; ~ **a** ~ face to face; **dire le cose in** ~ **a qu** to tell sb to their face; **alla ~!** *fam* good God!; **perdere la** ~ to lose face; **salvare la** ~ to save face **2.** (*aspetto*) look **3.** (*lato: di medaglia, cubo*) face; (*di luna*) side

facciata [fat·'tʃaː·ta] *f* **1.** (*di edificio*) façade **2.** (*di pagina*) side

faccina [fat·tʃiː·na] *f* COMPUT emoticon

faccio ['fat·tʃo] *1. pers sing pr di* **fare**

facile ['faː·tʃi·le] *agg* **1.** (*lavoro, testo, guadagno*) easy **2.** (*incline*) **essere** ~ **al pianto/al riso** to cry/laugh easily **3.** (*probabile*) likely; **è** ~ **che nevichi** it's probably going to snow

facilità [fa·tʃi·li·'ta] <-> *f* **1.** (*d'uso, di manutenzione*) easiness **2.** (*predisposizione*) aptitude; **avere** ~ **a fare qc** to have an aptitude for doing sth; **con** ~ (*senza sforzo*) with ease

facilitare [fa·tʃi·li·'taː·re] *vt* **1.** (*lavoro, compito*) to make easier **2.** COM (*pagamento*) to make easy

facilitazione [fa·tʃi·li·tat·'tsioː·ne] *f* (*agevolazione*) facility; **-i di pagamento** easy terms *pl*

facoltà [fa·kol·'ta] <-> *f* **1.** (*capacità*) faculty **2.** (*potere*) power **3.** (*possibilità*) right **4.** (*universitaria*) faculty

facoltativo, -a [fa·kol·ta·'tiː·vo] *agg* (*non obbligatorio*) optional; **fermata -a** flag stop

facoltoso, -a [fa·kol·'toː·so] *agg* (*persona, famiglia*) well-off

faggio ['fad·dʒo] <-ggi> *m* beech

fagiano [fa·'dʒaː·no] *m* pheasant

fagiolino [fa·dʒo·'liː·no] *m* green bean

fagiolo [fa·'dʒɔː·lo] *m* bean

fagotto [fa·'gɔt·to] *m* **1.** MUS bassoon **2.** (*involto*) bundle; **far** ~ to pack one's bags

falce ['fal·tʃe] *f* scythe

falciare [fal·'tʃaː·re] *vt* **1.** (*tagliare: erba*) to mow; (*grano*) to reap **2.** *fig* (*uccidere: vittime, vite*) to take **3.** SPORT (*atterrare*) to bring down

falco ['fal·ko] <-chi> *m* hawk

falda ['fal·da] *f* **1.** GEOL stratum; ~ **acquifera** aquifer; ~ **freatica** water table **2.** (*di monte*) lower slope **3.** (*di cappello*) brim

falegname [fa·leɲ·'ɲaː·me] *m* carpenter

falegnameria [fa·leɲ·ɲa·me·'riː·a] <-ie> *f* carpentry

falena [fa·'lɛː·na] *f* moth

falla ['fal·la] *f* **1.** NAUT leak **2.** *fig* (*difetto*) failing

fallace [fal·'laː·tʃe] *agg lit* **1.** (*ingannevole: discorso*) deceptive **2.** (*illusorio: promessa*) false; (*speranza*) vain

fallimento [fal·li·'men·to] *m* **1.** GIUR (*bancarotta*) bankruptcy **2.** *fig* (*risultato, persona*) failure

fallire [fal·'liː·re] <fallisco> **I.** *vi essere* **1.** (*azienda*) to go bankrupt **2.** *fig* (*non riuscire*) ~ **in qc** to fail in sth **II.** *vt avere fig* (*mancare*) ~ **il colpo** [*o* **il bersaglio**] to miss

fallo ['fal·lo] *m* **1.** (*errore*) fault; **cogliere qu in** ~ to catch sb out **2.** SPORT foul **3.** ANAT (*pene*) phallus

falloso, -a [fal·'loː·so] *agg* SPORT (*gioco, intervento*) illegal

falò [fa·'lɔ] <-> *m* bonfire

falsare [fal·'saː·re] *vt* **1.** (*distorcere: fatti, dati*) to falsify **2.** (*alterare: voce*) to distort

falsariga [fal·sa·'riː·ga] <-ghe> *f* **1.** (*foglio*) lined page **2.** *fig* (*esempio, modello*) model; **sulla ~ di qu** following sb's example

falsario [fal·'saː·rio] <-i> *m* (*di quadri*) forger; (*di monete*) counterfeiter

falsificare [fal·si·fi·'kaː·re] *vt* **1.** (*firma, banconota, quadro*) to forge **2.** (*notizia*) to distort

falsificazione [fal·si·fi·kat·'tsioː·ne] *f* (*di firma, quadro*) forgery; (*di banconota*) counterfeiting

falsità [fal·si·'ta] <-> *f* **1.** (*non autenticità, ipocrisia*) falseness **2.** *pl* (*bugia*) lie

falso[1] ['fal·so] *m* **1.** (*cosa non vera*) falsehood; **giurare il ~** to commit perjury **2.** GIUR (*reato*) forgery; **~ in bilancio** false accounting

falso[2] ['fal·so] **I.** *agg* **1.** (*non vero: notizia, indizio*) false **2.** (*errato: idea, sospetto*) mistaken **3.** (*non sincero: sorriso, lacrime*) fake **4.** (*falsificato: denaro*) counterfeit; (*quadro, gioielli*) fake **5.** (*loc*) **~ allarme** false alarm; **fare un passo ~** to slip up; **-a partenza** false start; **sotto ~ nome** under a false name **II.** *m* (*ipocrita*) hypocrite

fama ['faː·ma] *f* **1.** (*reputazione*) reputation **2.** (*celebrità*) fame

fame ['faː·me] *f* hunger; *a. fig* **avere poca ~** to be not very hungry; **mi viene ~** I feel hungry; **avere una ~ da lupi** *inf* to be starving; **morire di ~** to starve to death; *fig* to be starving

famigerato, -a [fa·mi·dʒe·'raː·to] *agg* notorious

famiglia [fa·'miʎ·ʎa] <-glie> *f* family; **essere uno di ~** to be one of the family; **metter su ~** to start a family; **sentirsi in ~** to feel at home

familiare [fa·mi·'liaː·re] **I.** *agg* **1.** (*vita, nucleo*) family **2.** (*viso, linguaggio, modi*) familiar **3.** (*pensione, trattamento*) friendly **4.** (*linguaggio*) informal **II.** *mf* (*parente*) family member **III.** *f* AUTO station wagon

familiarità [fa·mi·lia·ri·'ta] <-> *f* (*confidenza, pratica*) familiarity

familiarizzarsi [fa·mi·lia·rid·'dzar·si] *vr* (*impratichirsi*) to familiarize oneself

famoso, -a [fa·'moː·so] *agg* famous

fanale [fa·'naː·le] *m* (*di automobile, bicicletta*) light; **~ antinebbia** fog light

fanalino [fa·na·'liː·no] *m* light; **~ di coda** AUTO tail light

fanatico, -a [fa·'naː·ti·ko] <-ci, -che> **I.** *agg* **1.** *pej* (*intollerante*) fanatical **2.** (*appassionato*) **essere ~ di** [*o* **per**] **qc** to be mad about sth **II.** *m, f* fanatic

fanatismo [fa·na·'tiz·mo] *m* fanaticism

fanculo [fan·'kuː·lo] *inter vulg* (*vaffanculo*) fuck off!

fandonia [fan·'dɔː·nia] <-ie> *f* lie

fanfara [fan·'faː·ra] *f* **1.** (*banda*) brass band **2.** (*musica*) fanfare

fango ['faŋ·go] <-ghi> *m* **1.** (*melma*) mud **2.** *fig* (*infamia*) mire

fannullone, -a [fan·nul·'loː·ne] *m, f* layabout

fantascienza [fan·taʃ·'ʃɛn·tsa] *f* science fiction

fantasia [fan·ta·'ziː·a] <-ie> *f* **1.** (*immaginazione*) imagination **2.** (*capriccio*) whim **3.** (*tessuto*) pattern

fantasioso, -a [fan·ta·'zioː·so] *agg* imaginative

fantasma[1] [fan·'taz·ma] <-i> *m* (*apparizione*) ghost

fantasma[2] <inv> *agg* (*apparente: governo*) shadow; (*abbandonato: nave, città*) ghost; **scrittore ~** ghost writer

fantasticare [fan·tas·ti·'kaː·re] *vi* to fantasize; **~ su qc** to fantasize about sth

fantastico, -a [fan·'tas·ti·ko] <-ci, -che> *agg* **1.** (*irreale*) imaginary **2.** (*straordinario*) fantastic; **~!** fantastic!

fante ['fan·te] *m* (*nelle carte*) jack

fantino [fan·'tiː·no] *m* jockey

fantoccio [fan·'tɔt·tʃo] <-cci> *m a. fig* puppet

fantomatico, -a [fan·to·'maː·ti·ko] <-ci, -che> *agg* mysterious

farabutto, -a [fa·ra·'but·to] *m, f* crook

faraona [fa·ra·'oː·na] *f* guinea fowl

faraone [fa·ra·'oː·ne] *m* pharaoh

farcire [far·'tʃiː·re] <farcisco> *vt* CULIN to stuff

farcitura [far·tʃi·'tuː·ra] *f* (*ripieno*) stuffing

fard [far(d)] <-> *m* (*cosmetico, belletto*) blusher

fardello [far·'dɛl·lo] *m* **1.** (*fagotto*) bundle **2.** *fig* (*di preoccupazioni*) burden

fare ['faː·re] <faccio, feci, fatto> **I.** *vt* **1.** (*compiere azioni*) to do; **~ il bagno** to take a bath; **~ colazione** to have lunch; **~ un sonnellino** to have a nap; **~ un favore a qu** to do sb a favor; **~ del bene** to do good **2.** (*creare: quadro*) to paint; (*poesia*) to write **3.** (*suscitare*) **mi fa pena** I feel sorry for him; **~ rabbia a qu** to annoy sb **4.** (*esercitare: mestiere, professione*) to be; **~ il medico/l'insegnante** to be a doctor/ teacher; **che lavoro fai?** what do you do? **5.** (*ammontare*) to be; **tre più due fa cinque** three plus two is five; **quanto fa?** how much is it?; **fa 6 euro** it's 6 euros **6.** SPORT (*praticare*) **~ sport** to do sport; **~ vela** to sail; **~ una partita a tennis** to have a game of tennis **7.** CULIN (*preparare: minestra, frittata*) to make **8.** (*comportamento*) **~ lo scemo** to play the fool; **~ il furbo** to try to be smart; **non ~ la sciocca!** don't play dumb!; **~ buon viso a cattivo gioco** to make the best of it **9.** (*loc*) **~ sapere qc a qu** to inform sb of sth; **~ vedere** to show; **~ a meno di qc** to do without sth; **farcela** to succeed; **farla finita con qu/qc** to have done with sb/sth; **far da sé** to do it oneself **II.** *vi* **1.** (*agire*) to act; **darsi da ~** to get a move on *inf* **2.** (*essere adatto*) to do; **questo lavoro non fa per me** this job isn't for me **3.** (*loc*) **fa bello** it's nice; **fa caldo/freddo** it's hot/ colld; **~ in tempo** to be in time; **faccia pure!** go ahead! **III.** *vr:* **-rsi** (*loc*) **-rsi avanti** to step forward; **-rsi da parte** to move aside; **-rsi notare** to get oneself noticed; **-rsi pregare** to play hard to get; **-rsi strada** to make one's way; **si è fatto tardi** it's late; **-rsi** *inf* (*drogarsi*) to do drugs

farfalla [far·'fal·la] *f* **1.** butterfly **2.** (*cravatta*) bow tie

farfugliare [far·fuʎ·'ʎaː·re] *vi* to mutter

farina [fa·'riː·na] *f* flour; **~ gialla** (*di mais*) corn flour

farinoso, -a [fa·ri·'noː·so] *agg* (*patata*) floury; (*neve*) powdery

farmaceutico, -a [far·ma·'tʃɛːu·ti·ko] <-ci, -che> *agg* (*industria, prodotto*) pharmaceutical

farmacia [far·ma·'tʃiː·a] <-cie> *f* (*scienza, negozio*) pharmacy; **~ di turno** duty farmacy

farmacista [far·ma·'tʃis·ta] *mf* pharmacist

farmaco ['far·ma·ko] <-ci *o* -chi> *m* drug

farmacologia [far·ma·ko·lo·'dʒiː·a] <-gie> *f* pharmacology

Farnesina [far·ne·'ziː·na] <*sing*> *f* (*Ministero degli Affari Esteri italiano*) **la ~** = the State Department

farneticare [far·ne·ti·'kaː·re] *vi* **1.** (*delirare*) to rave **2.** (*dire assurdità*) to talk nonsense

faro ['faː·ro] *m* **1.** (*torre*) lighthouse **2.** (*di veicolo*) headlight; **-i antinebbia** fog lights *pl;* **-i anabbaglianti** low beams *pl*

fascia ['faʃ·ʃa] <-sce> *f* **1.** (*striscia di tessuto*) sash **2.** (*benda*) bandage **3.** (*di territorio*) strip **4.** SPORT **~ laterale** wing **5.** *fig* (*settore, gruppo*) group

fasciare [faʃ·'ʃaː·re] *vt* **1.** (*ferita*) to bandage **2.** (*aderire: abito*) to cling to

fasciatoio [faʃ·ʃa·'toː·io] <-oi> *m* changing table

fasciatura [faʃ·ʃa·'tuː·ra] *f* bandage

fascicolo [faʃ·'ʃiː·ko·lo] *m* **1.** (*di enciclopedia*) volume; (*di rivista*) issue **2.** (*dossier personale*) file

fascino ['faʃ·ʃi·no] *m* charm

fascio ['faʃ·ʃo] <-sci> *m* **1.** (*di erba, fieno*) sheaf; (*di banconote*) wad **2.** ANAT (*nervoso, muscolare*) bundle

fascismo [faʃ·'ʃiz·mo] *m* fascism

fascista [faʃ·'ʃis·ta] <-i, -e> *m f agg, mf* fascist

fase ['faː·ze] *f* **1.** (*di processo, malattia, lavoro*) stage; (*di motore*) stroke **2.** *pl* (*lunare, di Mercurio*) phase

fastidio [fas·'tiː·dio] <-i> *m* **1.** (*molestia*) trouble; **dare ~ a qu** to annoy sb **2.** (*insofferenza*) irritation **3.** (*seccatura, problema*) problem

fastidioso, -a [fas·ti·'dioː·so] *agg* **1.** (*irritante*) annoying **2.** (*sgradevole*) difficult

fasullo, **-a** [fa·'zul·lo] *agg* **1.** (*moneta*) counterfeit; (*oro*) fake **2.** *fig* (*persona*) bogus

fata ['fa:·ta] *f* (*di fiaba*) fairy

fatale [fa·'ta:·le] *agg* **1.** (*fatidico*) fateful **2.** (*letale*) fatal **3.** (*seducente*) irresistible; **donna ~** femme fatale

fatica [fa·'ti:·ka] <-che> *f* **1.** (*sforzo*) effort **2.** (*affaticamento*) exhaustion **3.** (*pena, difficoltà*) difficulty; **a ~** with difficulty; **fare ~ a fare qc** to have a hard time doing sth **4.** (*lavori pesanti*) labor

faticare [fa·ti·'ka:·re] *vi* **1.** (*affaticarsi*) to work hard **2.** (*incontrare difficoltà*) to have trouble

faticoso, **-a** [fa·ti·'ko:·so] *agg* **1.** (*lavoro, viaggio*) exhausting **2.** (*respirazione*) labored

fatiscente [fa·tiʃ·'ʃɛn·te] *agg* (*edificio*) dilapidated

fato ['fa:·to] *m* fate

Fatt. *abbr di* **fattura** inv.

fattibile [fat·'ti:·bi·le] *agg* feasible

fattispecie [fat·tis·'pɛ:·tʃe] <-> *f* **nella ~** in this case

fattivo, **-a** [fat·'ti:·vo] *agg* (*efficace: intervento*) effective

fatto ['fat·to] *m* **1.** (*azione*) fact; **cogliere qu sul ~** to catch sb in the act; **dato di ~** fact; **i -i parlano chiaro** the facts speak for themselves; **il ~ è che ...** the fact is that ...; **~ sta che ...** the fact is that ... **2.** (*avvenimento*) event; **~ di cronaca** news item **3.** (*loc*) **badare ai** [*o* **farsi i**] **-i propri** to mind one's own business; **sapere il ~ proprio** to know what one is doing; **impicciarsi dei -i altrui** to stick one's nose into other people's business

fatto, **-a** **I.** *pp di* **fare** **II.** *agg* **1.** (*fabbricato*) made; **~ a macchina** machine-made; **~ a mano** handmade; **~ di legno/di plastica** made of wood/plastic; **ben ~!** well done!; **a conti -i** all things considered; **detto ~** no sooner said than done **2.** (*maturo: uomo, donna*) grown; (*inoltrato*) **a giorno ~** in broad daylight; **a notte -a** after dark **3.** (*adatto*) **essere** [*o* **non essere**] **~ per qu/qc** to be made/not to be made for sb/sth **4.** *inf* (*sfinito*) done in *inf* **5.** *inf* (*drogato*) stoned

fattore[1] [fat·'to:·re] *m* factor

fattore[2] [fat·'to:·re/fat·to·'res·sa] *m* farm manager

fattoria [fat·to·'ri:·a] <-ie> *f* farm

fattorino [fat·to·'ri:·no] *m* (*per consegne*) delivery man

fattura [fat·'tu:·ra] *f* (*documento*) invoice

fatturare [fat·tu·'ra:·re] *vt* **1.** (*merce, prestazione*) to invoice for **2.** (*volume d'affari*) to have a turnover of

fatturato [fat·tu·'ra:·to] *m* turnover

fatuo, **-a** ['fa:·tuo] *agg* fatuous; **fuoco ~** will-o'-the-wisp

fauci ['fa:u·tʃi] *fpl* jaws *pl*

fauna ['fa:u·na] *f* fauna

fausto, **-a** ['fa:us·to] *agg* (*evento, ricorrenza*) auspicious

fava ['fa:·va] *f* (*legume*) fava bean

favilla [fa·'vil·la] *f* (*scintilla*) spark; **far -e** *fig* to shine

favola ['fa:·vo·la] *f* **1.** (*fiaba*) fable; **le -e di Esopo** Aesop's fables **2.** (*fandonia*) fairy tale **3.** (*persona o cosa stupenda*) dream

favoloso, **-a** [fa·vo·'lo:·so] *agg* amazing

favore [fa·'vo:·re] *m* **1.** (*benevolenza, cortesia*) favor; **per ~** please; **fare un ~ a qu** to do sb a favor **2.** (*aiuto*) **a ~ di qu** in aid of sb

favorevole [fa·vo·'re:·vo·le] *agg* **1.** (*voto, giudizio*) in one's favor; **essere ~ a qu/qc** to be in favor of sb/sth **2.** (*situazione, vento*) favorable

favorire [fa·vo·'ri:·re] <favorisco> *vt* **1.** (*avvantaggiare*) to favor **2.** (*sostenere: iniziativa, commercio*) to encourage **3.** (*in espressioni di cortesia*) **favorisca il biglietto** may I see your ticket, please?; **vuole ~?** (*offrendo da mangiare*) would you like some?

favorito, **-a** [fa·vo·'ri:·to] *agg, m, f* favorite

fax [faks] <-> *m* fax; **via** [*o* **per**] **~** by fax

fazione [fat·'tsio:·ne] *f* faction

fazioso, **-a** [fat·'tsio:·so] *agg, m, f* partisan

fazzoletto [fat·tso·'let·to] *m* **1.** (*per il naso*) handkerchief; **~ di carta** paper

handkerchief **2.** (*foulard*) headscarf
febbraio [feb·'bra:·io] *m* February; *v. a.* **aprile**
febbre ['fɛb·bre] *f a. fig* fever; **avere la ~** to have a temperature
febbrile [feb·'bri:·le] *agg* **1.** (*stato*) feverish **2.** *fig* (*attesa*) anxious; (*attività*) feverish
feci[1] ['fɛ:·tʃi] *fpl* feces *pl*
feci[2] ['fe:·tʃi] *1. pers sing pass rem di* **fare**
fecondare [fe·kon·'da:·re] *vt* to fertilize
fecondazione [fe·kon·dat·'tsio:·ne] *f* fertilization; **~ artificiale** artificial insemination; **~ in vitro** in vitro fertilization
fecondità [fe·kon·di·'ta] <-> *f a. fig* fertility
fecondo, -a [fe·'kon·do] *agg* (*persona, terreno, mente*) fertile; (*scrittore*) prolific
fede ['fe:·de] *f* **1.** faith; **in buona ~** in good faith; **in mala ~** in bad faith **2.** (*anello*) wedding ring
fedele [fe·'de:·le] **I.** *agg* faithful **II.** *mf* **1.** (*credente*) believer **2.** (*seguace*) follower
fedeltà [fe·del·'ta] <-> *f* **1.** (*gener*) faithfulness **2.** MUS **alta ~** high fidelity
federa ['fɛ:·de·ra] *f* pillowcase
federale [fe·de·'ra:·le] *agg* federal
federazione [fe·de·rat·'tsio:·ne] *f* federation
fedina [fe·'di:·na] *f* **~ penale** criminal record
fegato ['fe:·ga·to] *m* liver; **avere ~** *fig* to have guts *inf;* **rodersi il ~** *fig* to sulk
felce ['fel·tʃe] *f* fern
felice [fe·'li:·tʃe] *agg* happy
felicità [fe·li·tsi·'ta] <-> *f* happiness
felicitarsi [fe·li·tʃi·'tar·si] *vr* **1.** (*rallegrarsi*) **~ di qc** to rejoice at sth **2.** (*complimentarsi*) **~ con qu per qc** to congratulate sb on sth
felino, -a [fe·'li:·no] *agg, m, f* feline
felpa ['fel·pa] *f* (*indumento*) sweatshirt
felpato, -a [fel·'pa:·to] *agg* (*indumento*) brushed-cotton; **con passo ~** *fig* stealthily
feltro ['fel·tro] *m* (*tessuto*) felt
femmina ['fem·mi·na] *f* **1.** (*bambina, ragazza*) girl **2.** ZOO, TEC female
femminile [fem·mi·'ni:·le] **I.** *agg* **1.** (*abbigliamento, squadra*) women's; (*scuola*) girls' **2.** (*astuzia, grazia*) LING feminine; **genere ~** feminine gender **II.** *m* LING feminine
femminilità [fem·mi·ni:·li·'ta] *f* femininity
femminismo [fem·mi·'niz·mo] *m* feminism
femminista [fem·mi·'nis·ta] <-i, -e> *m f mf* feminist
femore ['fɛ:·mo·re] *m* thighbone
fendere ['fɛn·de·re] <fendo, fendei *o* fendetti, fenduto> *vt* **1.** (*spaccare*) to split **2.** (*solcare*) to slice through
fendinebbia [fen·di·'neb·bia] <-> *m* fog light
fenditura [fen·di·'tu:·ra] *f* (*fessura*) crack
fenice [fe·'ni:·tʃe] *f* phoenix
fenicottero [fe·ni·'kɔt·te·ro] *m* flamingo
fenomenale [fe·no·me·'na:·le] *agg* phenomenal
fenomeno [fe·'nɔ:·me·no] *m* phenomenon
feretro ['fɛ:·re·tro] *m* coffin
feriale [fe·'ria:·le] *agg* weekday; **giorni -i** workdays
ferie ['fɛ:·rie] *fpl* vacation; **andare in ~** to go on vacation; **essere in ~** to be on vacation
ferire [fe·'ri:·re] <ferisco> *vt* **1.** to injure **2.** *fig* (*offendere*) to hurt
ferita [fe·'ri:·ta] *f* injury; **riaprire una ~** *fig* to open an old wound
ferito, -a [fe·'ri:·to] **I.** *agg* injured **II.** *m, f* casualty
ferma ['fer·ma] *f* MIL service
fermacarte [fer·ma·'kar·te] <-> *m* paperweight
fermaglio [fer·'maʎ·ʎo] <-gli> *m* **1.** (*borchia, fibbia*) clasp **2.** (*fermacapelli*) barrette
fermare [fer·'ma:·re] **I.** *vt* **1.** (*gener*) to stop **2.** (*bloccare: motore*) to switch off **3.** GIUR (*arrestare*) to arrest **4.** (*fissare: bottone*) to sew on **5.** *fig* (*sguardo*) to fix **II.** *vr:* **-rsi** to stop; **senza -rsi** without stopping
fermata [fer·'ma:·ta] *f* (*di treno, metropolitana, autobus*) stop; **~ facoltativa** [*o* **a richiesta**] flag stop; **~ obbligatoria** compulsory stop

fermentare [fer·men·'ta:·re] **I.** *vi a. fig* to ferment **II.** *vt* to ferment

fermento [fer·'men·to] *m* **1. -i lattici** lactobacilli *pl* **2.** (*lievito*) yeast **3.** *fig* (*agitazione*) ferment

fermezza [fer·'met·tsa] *f* firmness

fermo ['fer·mo] *m* **1.** (*chiusura: di porta*) catch **2.** GIUR custody

fermo, -a *agg* **1.** (*immobile: persona*) still; (*veicolo*) stationary; **stai ~!** keep still! **2.** (*non funzionante: orologio*) stopped **3.** (*stagnante: acqua*) stagnant **4.** *fig* (*risoluto*) **avere il polso ~** [*o* **la mano -a**] to take a firm hand **5.** (*costante*) firm; **~ restando che ...** it being understood that ...

fermoposta [fer·mo·'pɔs·ta] <-> *m* general delivery

feroce [fe·'ro:·tʃe] *agg* **1.** (*bestia*) ferocious **2.** (*tiranno, battaglia*) *a. fig* fierce

ferocia [fe·'rɔ:·tʃa] <-cie> *f* (*crudeltà*) ferocity

ferramenta [fer·ra·'men·ta] *fpl* hardware; **negozio di ~** hardware store

Ferrara *f* Ferrara

ferrarese [fer·ra·'re:·se] **I.** *agg* from Ferrara **II.** *mf* (*abitante*) person from Ferrara

ferrato, -a [fer·'ra:·to] *agg* **1.** (*cavallo*) shod; (*scarpa*) hobnailed **2.** *fig* (*esperto*) **essere ~ in qc** to be hot on sth *inf*

ferreo, -a ['fɛr·reo] <-ei, -ee> *agg fig* **1.** (*volontà, disciplina*) iron **2.** (*memoria*) tenacious

ferro ['fɛr·ro] *m* **1.** MIN, CHEM iron; **~ battuto** wrought iron; **di ~** (*robusto: stomaco*) strong; (*salute*) iron; (*inattaccabile: alibi*) cast-iron **2.** (*oggetto*) **~ da stiro** iron; **~ da calza** knitting needle; **~ di cavallo** horseshoe **3.** *pl* (*strumenti di lavoro*) tools; **i -i del mestiere** the tools of the trade **4.** CULIN (*alla griglia*) **ai -i** grilled **5.** (*loc*) **battere il ~ finché è caldo** *fig* to strike while the iron's hot; **toccare ~** *fig* to touch wood; **ai -i corti** *fig* at daggers drawn

ferrovia [fer·ro·'vi:·a] *f* **1.** (*strada ferrata, amministrazione*) railroad; **Ferrovie dello Stato** *Italian state-owned railroad company* **2.** (*sistema di trasporto*) rail; **per ~** by rail

ferroviario, -a [fer·ro·'via:·rio] *agg* railroad; **linea -a** railroad line

ferroviere, -a [fer·ro·'viɛ:·re] *m, f* railroad worker

fertile ['fɛr·ti·le] *agg* fertile

fertilizzante [fer·ti·lid·'dzan·te] *m* fertilizer

fertilizzare [fer·ti·lid·'dza:·re] *vt* to fertilize

fervore [fer·'vo:·re] *m* fervor

fesseria [fes·se·'ri:·a] <-ie> *f fam* **1.** (*idiozia*) stupid thing **2.** (*inezia*) trifle

fesso, -a ['fes·so] **I.** *pp di* **fendere** **II.** *agg fam* (*tonto*) dumb *inf*; **fare ~ qu** to take sb for a ride

fessura [fes·'su:·ra] *f* **1.** (*spaccatura: in terreno, muro*) crack **2.** (*spiraglio: di porta, finestra*) chink

festa ['fɛs·ta] *f* **1.** (*ricorrenza civile*) holiday; (*religiosa*) feast day; **~ della mamma** [*o* **del papà**] Mother's [*o* Father's] Day; **~ nazionale** national holiday; **Buone Feste!** Happy holidays! **2.** (*cerimonia, ricevimento*) party; **una ~ di compleanno** a birthday party **3.** (*dimostrazione gioiosa*) **far ~ a qu** to give sb a warm welcome

festeggiamenti [fes·ted·dʒa·'men·ti] *mpl* celebrations

festeggiare [fes·ted·'dʒa:·re] *vt* **1.** (*anniversario*) to celebrate **2.** (*persona*) to hold a celebration for

festival [fes·ti·'val/'fɛs·ti·val] *m* festival

festività [fes·ti·vi·'ta] <-> *f* (*giorno di festa*) holiday

festivo, -a [fes·'ti:·vo] *agg* holiday; **giorno ~** holiday; **orario ~** timetable for Sundays and public holidays

feto ['fɛ:·to] *m* fetus

fetore [fe·'to:·re] *m* stench

fetta ['fet·ta] *f* **1.** (*di pane, torta, prosciutto, formaggio*) slice; **tagliare a -e** to slice; **-e biscottate** crackers *pl* **2.** (*striscia: di cielo, terra*) strip

feudale [feu·'da:·le] *agg* feudal

feudo ['fɛ:u·do] *m* (*proprietà terriera*) estate

fiaba ['fia:·ba] *f* fairy tale

fiabesco, -a [fia·'bes·ko] <-schi, -sche> *agg* fairy-tale

fiacco, -a ['fiak·ko] <-cchi, -cche> *agg* **1.** (*persona*) listless **2.** *fig* (*discorso, serata*) dull

fiaccola ['fiak·ko·la] *f* torch; **la ~ olimpica** the Olympic torch

fiaccolata [fiak·ko·'la:·ta] *f* torchlight procession

fiala ['fia:·la] *f* (*di medicinale*) vial; (*di profumo*) bottle

fiamma ['fiam·ma] *f a. fig* flame; **andare in -e** to go up in flames

fiammante [fiam·'man·te] *agg* (*colore*) bright red; **nuovo ~** brand-new

fiammata [fiam·'ma:·ta] *f* **1.** (*fiamma*) blaze **2.** *fig* burst

fiammifero [fiam·'mi:·fe·ro] *m* match

fiancata [fiaŋ·'ka:·ta] *f* (*di vettura, edificio*) side

fianco ['fiaŋ·ko] <-chi> *m* **1.** ANAT hip **2.** (*lato*) side; **~ a ~** *a. fig* side by side; **di ~** from the side; **di ~ a** next to

fiasco ['fias·ko] <-schi> *m* **1.** (*recipiente*) bottle **2.** *fig* (*insuccesso: esame, spettacolo*) fiasco; **fare ~** to flop; (*a un esame*) to fail

fiatare [fia·'ta:·re] *vi* **senza ~** without saying a word

fiato ['fia:·to] *m* **1.** (*alito*) breath; **avere il ~ grosso** to pant; **trattenere il ~** to hold one's breath **2.** (*energia*) stamina **3.** MUS (*strumenti*) wind instruments *pl* **4.** *fig* (*loc*) **rimanere senza ~** to be speechless; **col ~ sospeso** with bated breath; **in un** [*o* **d'un**] **~** in one gulp; **a perdi~** (*urlare*) at the top of one's voice

fibbia ['fib·bia] <-ie> *f* buckle

fibra ['fi:b·ra] *f* (*gener*) fiber; **-e alimentari** dietary fiber

fica ['fi:·ka] <-che> *f vulg* cunt *vulg*

ficcanaso [fik·ka·'na:·so] <-i *o* - *m*, - *f*> *mf fam* nosy parker *inf*

ficcare [fik·'ka:·re] **I.** *vt* **1.** (*conficcare*) to knock **2.** *inf* (*mettere*) to put; **~ il naso in qc** *fig* to stick one's nose into sth **II.** *vr:* **-rsi** *inf* **1.** (*infilarsi*) **-rsi a letto** to get into bed; **-rsi le mani in tasca** to stick one's hands in one's pockets **2.** *fig* (*cacciarsi*) to get to; **-rsi nei guai** to get into trouble; **-rsi qc in testa** to get sth into one's head

fichidindia *pl di* **ficodindia**

fico ['fi:·ko] <-chi> *m* **1.** (*albero*) fig (tree) **2.** (*frutto*) fig; **non me n'importa un ~** *inf* I don't give a damn

fico, -a <-chi, -che> **I.** *agg inf* cool *inf* **II.** *m, f fam* cool person *inf;* **che ~!** he' so cool!

ficodindia [fi·ko·'din·dia] <fichidindia> *m* (*pianta, frutto*) prickly pear

fidanzamento [fi·dan·tsa·'men·to] *m* engagement

fidanzato, -a [fi·dan·'tsa:·to] *m, f* fiancé *m*, fiancée *f*

fidarsi [fi·'da:r·si] *vr* **-rsi di qu/qc** to trust sb/sth

fidato, -a [fi·'da:·to] *agg* trusted

fiducia [fi·'du:·tʃa] <-cie> *f* trust; **avere ~ in qu/qc** to have faith in sb/sth; **di ~** (*persona*) reliable; (*medico*) good; (*delicato: incarico*) responsible; **ispirare ~** to inspire confidence

fiducioso, -a [fi·du·'tʃo:·so] *agg* confident; **essere ~ in qc** to be confident of sth

fienile [fie·'ni:·le] *m* hayloft

fieno ['fiɛ:·no] *m* hay; **febbre** [*o* **raffreddore**] **da ~** hay fever

fiera ['fiɛ:·ra] *f* **1.** (*mostra*) fair; **~ del libro** book fair **2.** (*sagra*) festival

fiero, -a ['fiɛ:·ro] *agg* (*orgoglioso*) proud; **essere ~ di qu/qc** to be proud of sb/sth

fievole ['fie:·vo·le] *agg* (*voce, suono*) faint

fifa ['fi:·fa] *f fam* fear; **avere una ~ blu** to be scared stiff *inf*

fifone, -a [fi·'fo:·ne] *m, f fam* wuss *inf*

fig. *abbr di* **figura** fig.

figlia ['fiʎ·ʎa] <-glie> *f* daughter

figliastro, -a [fiʎ·'ʎas·tro] *m, f* stepchild

figlio ['fiʎ·ʎo] <-gli> *m* **1.** son; **~ unico** only child **2.** *pl* (*prole*) children *pl;* **essere senza -gli** to be childless

figlioccio, -a [fiʎ·'ʎɔt·tʃo] <-cci, -cce> *m, f* (*di battesimo, di cresima*) godchild

figura [fi·'gu:·ra] *f* **1.** (*gener*) figure **2.** (*apparenza*) appearance **3.** (*loc*) **fare** (**una**) **bella/brutta ~** to make a good/bad impression; **che ~!** *iron* how embarrassing!

F

figurare [fi·gu·'ra:·re] **I.** *vi* to appear **II.** *vr:* **-rsi** (*immaginarsi*) to imagine; **figurati!** of course not!; **ma si figuri!** not at all!

figurato, **-a** [fi·gu·'ra:·to] *agg* figurative

fila ['fi:·la] *f* **1.** (*allineamento, coda*) line; **far la** ~ to stand in line **2.** *fig* (*serie continua*) series; **di** ~ in a row

filare[1] [fi·'la:·re] *m* (*di piante*) row

filare[2] **I.** *vt avere* **1.** (*fibre tessili*) to spin **2.** NAUT (*lasciar scorrere*) to pay out **II.** *vi essere o avere* **1.** (*ragno, baco da seta*) to spin **2.** *fig* (*discorso, ragionamento*) to hang together **3.** *fam* (*andare veloce*) to zoom along *inf;* (*andarsene*) to make oneself scarce **4.** (*loc*) ~ **liscio** to go smoothly

filastrocca [fi·las·'trɔk·ka] <-cche> *f* (*per bambini*) nursery rhyme

filato [fi·'la:·to] *m* yarn

file [fail] <-> *m* COMPUT file; ~ **di testo** text file

filetto [fi·'let·to] *m* CULIN fillet

filiale [fi·'lia:·le] *f* branch

filigrana [fi·li·'gra:·na] *f* **1.** (*in oreficeria*) filigree **2.** (*sulla carta*) watermark

film [film] <-> *m* **1.** (*pellicola*) film **2.** (*opera cinematografica*) movie; ~ **d'animazione** animated movie; ~ **giallo** thriller; **girare un** ~ to shoot a movie

filmare [fil·'ma:·re] *vt* (*riprendere*) to film

filmina [fil·'mi:·na] *f* FILM filmstrip

filo ['fi:·lo] *m* **1.** (*per cucire*) thread; **un** ~ **di perle** a string of pearls **2.** (*di erba*) blade; (*di paglia*) piece **3.** (*di ferro, rame*) wire; ~ **spinato** barbed wire **4.** (*cavo: luce, telefono*) wire **5.** *fig* (*di speranza*) glimmer; **con un** ~ **di voce** in a whisper **6.** <fila> **tenere** [*o* **reggere**] **le -a** to pull the strings **7.** (*loc*) ~ **conduttore** thread; **perdere il** ~ to lose the thread; **per** ~ **e per segno** word for word

filobus ['fi:·lo·bus] *m* trolley bus

filodiffusione [fi·lo·dif·fu·'zio:·ne] *f* cable radio

filodrammatico, **-a** [fi·lo·dram·'ma:·ti·ko] <-ci, -che> **I.** *agg* amateur-dramatic **II.** *m, f* amateur actor *m o f,* amateur actress *f*

filoncino [fi·lon·'tʃi:·no] *m* (*di pane*) baguette

filone [fi·'lo:·ne] *m* **1.** (*di giacimento*) vein **2.** *fig* (*di cultura*) tradition

filosofale [fi·lo·zo·'fa:·le] *agg* **pietra** ~ philosopher's stone

filosofia [fi·lo·zo·'fi:·a] <-ie> *f* philosophy; *fig* **con** ~ philosophically

filosofico, **-a** [fi·lo·'zɔ:·fi·ko] <-ci, -che> *agg* philosophical

filosofo, **-a** [fi·'lɔ:·zo·fo] *m, f* philosopher

filtrare [fil·'tra:·re] **I.** *vt avere a. fig* to filter **II.** *vi essere a. fig* to filter

filtro ['fil·tro] *m* filter; ~ **dell'olio** oil filter

finale [fi·'na:·le] **I.** *agg* final **II.** *m* (*conclusione: di commedia*) ending; (*di gara*) end; (*di sinfonia*) finale **III.** *f* SPORT final; **entrare in** ~ to reach the final

finalissima [fi·na·'lis·si·ma] *f* championship final

finalista [fi·na·'lis·ta] <-i *m,* -e *f*> *mf* finalist

finalizzare [fi·na·lid·'dza:·re] *vt* (*indirizzare*) ~ **qc a qc** to aim sth at sth

finalmente [fi·nal·'men·te] *avv* finally

finanza [fi·'nan·tsa] *f* **1.** (*gener*) finance **2.** *pl* (*mezzi economici*) finance; **ministero delle Finanze** Department of the Treasury **3.** MIL **Guardia di Finanza** *branch of the miltary dealing with tax evasion and customs*

finanziamento *m* financing

finanziare [fi·nan·'tsia:·re] *vt* to finance

finanziario, **-a** [fi·nan·'tsia:·rio] <-i, -ie> *agg* financial

finanziere [fi·nan·'tsiɛ:·re] *m* **1.** (*banchiere*) financier **2.** (*di Guardia di Finanza*) *member of the military dealing with tax evasion and customs crimes such as smuggling*

finché [fiŋ·'ke] *cong* **1.** (*fino a quando*) until **2.** (*per tutto il tempo che*) as long as

fine[1] ['fi:·ne] *agg* **1.** (*capello, tessuto, lineamenti*) fine **2.** *fig* (*vista, udito*) sharp **3.** (*ironia, mente*) subtle **4.** *fig* (*raffinato*) refined

fine[2] ['fi:·ne] **I.** *f* (*conclusione, morte*) end; **alla** ~ in the end; **alla fin** ~ at the end of the day; **senza ~** endless; **a ~ mese** at the end of the month; **che ~ ha fatto?** what's become of him? **II.** *m* **1.** (*scopo*) aim; **secondo ~** ulterior motive; **il ~ giustifica i mezzi** the end justifies the means **2.** (*esito*) end; **lieto ~** happy ending; **andare a buon ~** to be successful

finesettimana [ˈfiː·ne set·ti·ˈmaː·na] <-> *m o f* weekend

finestra [fi·ˈnɛs·tra] *f* (*di edificio, busta*) COMPUT window

finestrino [fi·nes·ˈtriː·no] *m* (*di automobile, treno, autobus*) window

finezza [fi·ˈnet·tsa] *f* **1.** (*di udito, intelletto*) sharpness **2.** (*di gusto, modi*) refinement

fingere [ˈfin·dʒe·re] <fingo, finsi, finto> **I.** *vt* (*gioia, dolore*) to feign *form* **II.** *vi* to pretend; **~ di fare qc** to pretend to do sth **III.** *vr* **-rsi malato/pazzo** to pretend to be sick/crazy

finimondo [fi·ni·ˈmon·do] *m fam* (*confusione*) pandemonium

finire [fi·ˈniː·re] <finisco> **I.** *vt avere* **1.** (*portare a compimento: libro, lavoro*) to finish; **~ di fare qc** to finish doing sth; **~ di mangiare** to finish eating **2.** (*smettere*) to stop; **finiscila!** stop it! **3.** (*esaurire: scorte, soldi*) to get through **II.** *vi essere* **1.** (*concludersi*) to finish; **ho finito** I've finished **2.** (*esaurirsi*) to run out; **è finita la benzina** we're out of gas **3.** (*terminare*) to end **4.** (*cacciarsi: persona, cosa*) to get to **5.** (*capitare*) to end up **6.** (*loc*) **com'è andata a ~?** what happened in the end?; **~ bene/male** to have a happy/unhappy ending; **~ in carcere** to end up in prison; **finirai con l'ammalarti** you'll end up making yourself sick

finlandese [fin·lan·ˈdeː·se] **I.** *agg* Finnish **II.** *mf* (*abitante*) Finn **III.** *m* (*lingua*) Finnish

Finlandia [fin·ˈlan·dia] *f* Finland; **abitare in ~** to live in Finland; **andare in ~** to go to Finland

fino [ˈfiː·no] <*davanti a consonante*: fin> *prep* **1.** (*tempo*) **~ a** until; **~ a domani** up until tomorrow; **~ a tardi** until late; **~ alle tre** until three o'clock **2.** (*spazio, quantità*) as far as; **~ a qui** up to here; **~ a casa** all the way home; **~ in cima** right to the top; **~ all'ultimo centesimo** down to one's last penny **3.** (*loc*) **averne fin sopra ai capelli** to have had it up to here; **~ a un certo punto** up to a point; **fin da piccolo** since childhood; **fin troppo** more than enough

fino, -a *agg* **1.** (*sale*) fine **2.** (*oro, argento*) pure **3.** (*cervello*) sharp

F

finocchio [fi·ˈnɔk·kio] <-cchi> *m* **1.** BOT fennel **2.** *vulg* faggot *vulg*

finora [fi·ˈnoː·ra] *avv* so far

finta [ˈfin·ta] *f* **1.** (*simulazione*) pretense; **fare ~ di niente** to pretend not to notice **2.** SPORT feint

finto, -a [ˈfin·to] **I.** *pp di* **fingere II.** *agg* (*nome, persona, denti*) false; (*gioiello, quadro*) fake; (*fiori*) artificial

finzione [fin·ˈtsioː·ne] *f* (*simulazione*) pretense

fiocco [ˈfiɔk·ko] <-cchi> *m* **1.** (*di nastro*) bow; **coi -cchi** *fig* (*eccellente*) first-rate **2.** (*batuffolo: lana, cotone*) flock **3.** (*di neve, cereale*) flake; **-cchi d'avena** oat flakes

fioco, -a [ˈfiɔː·ko] <-chi, -che> *agg* (*voce, luce*) faint

fionda [ˈfion·da] *f* slingshot

fioraio, -a [fio·ˈraː·io] <-ai, -aie> *m, f* florist

fiordo [ˈfiɔr·do] *m* fjord

fiore [ˈfioː·re] *m* **1.** BOT flower; (*di albero*) blossom; **un mazzo di -i** a bunch of flowers; **a -i** (*tessuto, tappezzeria*) flowery **2. il** (**fior**) **~** *fig* (*il meglio*) the cream **3.** *pl* (*di carte da gioco*) clubs *pl* **4.** (*loc*) **avere i nervi a fior di pelle** to be on edge; **a fior di labbra** in a whisper

fiorentino [fio·ren·ˈtiː·no] <*sing*> *m* (*dialetto*) Florentine

fiorentino, -a I. *agg* Florentine; **bistecca alla -a** T-bone steak **II.** *m, f* (*abitante*) person from Florence

fioretto [fio·ˈret·to] *m* SPORT foil

fiorire [fio·ˈriː·re] <fiorisco> *vi essere* to flower

fiorista [fio·ˈris·ta] <-i *m*, -e *f*> *mf* florist

fiorito, -a [fio·ˈriː·to] *agg* (*pianta*) in flower; (*prato, giardino*) in bloom

fioritura [fio·ri·'tuː·ra] *f* flowering

Firenze [fi·'rɛn·tse] *f* Florence

firma ['fir·ma] *f* **1.** (*autografo*) signature; ~ [*o* **elettronica**] **digitale** digital signature **2.** (*marchio, griffe*) label

firmamento [fir·ma·'men·to] *m* firmament

firmare [fir·'maː·re] *vt* to sign

fisarmonica [fi·zar·'mɔː·ni·ka] <-che> *f* accordion

fiscale [fis·'kaː·le] *agg* (*sistema, politica*) tax; **codice** ~ tax code; **scontrino** ~ cash-register receipt

fischiare [fis·'kiaː·re] **I.** *vi* to whistle; **mi fischiano le orecchie** *fig* my ears are burning **II.** *vt* **1.** (*zufolare*) to whistle **2.** (*per disapprovare*) to boo **3.** SPORT (*rigore, fallo*) to blow the whistle for

fischietto [fis·'kiet·to] *m* whistle

fischio ['fis·kio] <-schi> *m* whistle

fisco ['fis·ko] *m* (*amministrazione*) =IRS

fisica ['fiː·zi·ka] <-che> *f* physics; ~ **nucleare** nuclear physics

fisico ['fiː·zi·ko] <-ci> *m* (*corporatura*) physique

fisima ['fiː·zi·ma] *f* fixation

fisiologia [fi·zio·lo·'dʒiː·a] *f* physiology

fisiologico, -a [fi·zio·'lɔː·dʒi·ko] *agg* <-ci, -che> physiological

fisioterapia [fi·zio·te·ra·'piː·a] *f* physical therapy

fisioterapista [fi·zio·te·ra·'pis·ta] <-i *m*, -e *f*> *mf* physical therapist

fissamaiuscole [fis·sa·ma·'ius·ko·le] <-> *m* shift lock

fissare [fis·'saː·re] **I.** *vt* **1.** (*chiodo*) to hammer in; (*imposta*) to fasten; (*foglio*) to pin **2.** (*capelli*) to keep in place; (*colore*) to make fast; (*pellicola*) to fix **3.** *fig* (*sguardo, attenzione*) to focus **4.** (*guardare intensamente*) to stare at **5.** (*imprimere*) to fix; ~ **qc nella mente** to fix sth firmly in one's mind **6.** (*stabilire: data, prezzo*) to fix; (*appuntamento*) to arrange; (*domicilio*) to establish **7.** *fig* (*prenotare: camera, tavolo*) to reserve **II.** *vr:* **-rsi 1.** (*stabilirsi in un luogo*) to settle **2.** (*ostinarsi*) **-rsi di fare qc** to get it into one's head to do sth

fissato, -a [fis·'saː·to] *m, f* (*maniaco*) obsessive

fissazione [fis·sat·'tsioː·ne] *f* (*ossessione*) fixation

fissione [fis·'sioː·ne] *f* fission

fisso, -a *agg* **1.** (*gener*) fixed; **prezzo** ~ fixed price **2.** (*invariabile: regola*) hard-and-fast; (*impiego*) permanent

fitness ['fit·nis] <-> *f* fitness; **fare** ~ to work out

fitta ['fit·ta] *f* sharp pain

fittavolo, -a [fit·'taː·vo·lo] *m, f* tenant

fittizio, -a [fit·'tit·tsio] <-i, -ie> *agg* (*nome*) fictitious; (*contratto*) bogus; (*immagine*) illusory

fitto **I.** *agg* **1.** (*bosco, nebbia*) dense; (*pioggia*) heavy; (*pelo*) thick; **buio** ~ pitch dark **2.** (*pettine, rete*) fine **II.** *avv* **piove** [*o* **nevica**] **fitto** (*intensamente*) it's raining [*o* snowing] hard

fiumana [fiu·'maː·na] *f* **1.** (*piena*) torrent **2.** *fig* (*massa: di gente*) stream; (*di parole*) torrent

fiume ['fiuː·me] *m* **1.** (*corso d'acqua*) river **2.** *fig* (*grande quantità: di lacrime*) flood; (*di parole*) torrent

fiutare [fiu·'taː·re] *vt* **1.** (*annusare*) to sniff **2.** (*aspirare: cocaina*) to snort **3.** *fig* (*intuire: inganno, affare*) to smell

fiuto ['fiuː·to] *m* **1.** (*odorato*) sense of smell **2.** *fig* (*intuito*) nose

flaccido, -a ['flat·tʃi·do] *agg* (*pelle*) saggy; (*seno, corpo*) flabby

flacone [fla·'koː·ne] *m* bottle

flagellare [fla·dʒel·'laː·re] *vt* **1.** (*fustigare*) to flog **2.** (*grandine, tempesta*) to beat against

flagello [flad·'dʒɛl·lo] *m* **1.** (*frusta*) whip **2.** *fig* (*calamità*) scourge

flagrante [fla·'gran·te] *agg* (*evidente*) flagrant; **cogliere qu in** ~ to catch sb red-handed

flash [flæʃ/flɛʃ] **I.** <inv> *agg* (*breve*) **notizia** ~ newsflash; **telegiornale** ~ news summary **II.** <-> *m* **1.** FOTO flash **2.** (*notizia*) newsflash

flautista [flau·'tis·ta] <-i *m*, -e *f*> *mf* flutist

flauto ['flaːu·to] *m* flute; ~ **dolce** recorder

flebile ['flɛː·bi·le] *agg* (*voce, suono*) faint

flebo ['flɛː·bo] <-> *f* *fam* (*fleboclisi*) drip

flemma ['flɛm·ma] *f* calm

flemmatico, **-a** [flem·ˈmaː·ti·ko] <-ci, -che> *agg* calm

flessibile [fles·ˈsiː·bi·le] *agg* **1.** (*materiale*) flexible; **orario di lavoro** ~ flextime **2.** *fig* (*carattere*) adaptable

flessione [fles·ˈsioː·ne] *f* **1.** (*nella ginnastica*) bend **2.** LING inflection

flesso [ˈflɛs·so] *pp di* **flettere**

flessuoso, **-a** [fles·su·ˈoː·so] *agg* (*corpo*) lithe

flettere [ˈflɛt·te·re] <fletto, fletei *o* flessi, flesso> **I.** *vt* **1.** (*membra*) to bend **2.** LING to inflect **II.** *vr:* **-rsi** (*curvarsi*) to bend; **-rsi sulle ginocchia** to squat

flipper [ˈflip·per] <-> *m* pinball machine; **giocare a** ~ to play pinball

flirt [fləːt] <-> *m* fling

flirtare [flir·ˈtaː·re] *vi* to flirt

F.lli *abbr di* **fratelli** Bros

flora [ˈflɔː·ra] *f* flora

floreale [flo·re·ˈaː·le] *agg* floral

florido, **-a** [ˈflɔː·ri·do] *agg* **1.** (*aspetto*) healthy **2.** (*commercio*) flourishing

floscio, **-a** [ˈflɔʃ·ʃo] <-sci, -sce> *agg* **1.** (*muscoli*) flabby **2.** (*tessuto, cappello*) soft

flotta [ˈflɔt·ta] *f* fleet

fluente [flu·ˈɛn·te] *agg* **1.** (*chioma, barba*) flowing **2.** (*lingua*) fluent

fluido [ˈfluː·ido] *m* fluid

fluido, **-a** *agg* fluid

fluire [flu·ˈiː·re] <fluisco> *vi essere* to flow

fluorescente [fluo·reʃ·ˈʃɛn·te] *agg* fluorescent

fluoro [flu·ˈɔː·ro] *m* CHEM fluorine

flusso [ˈflus·so] *m* flow

fluttuare [flut·tu·ˈaː·re] *vi* **1.** (*ondeggiare*) to float **2.** *fig* (*oscillare*) to waver **3.** ECON, FIN to fluctuate

fluttuazione [flut·tu·at·ˈtsioː·ne] *f* ECON, FIN fluctuation

fluviale [flu·ˈviaː·le] *agg* **1.** (*bacino, navigazione, vegetazione*) river **2.** (*pesci*) freshwater

f.m. *abbr di* **fine mese** end of month

fobia [fo·ˈbiː·a] <-ie> *f* phobia

foca [ˈfɔː·ka] <-che> *f* seal

focaccia [fo·ˈkat·tʃa] <-cce> *f* **1.** (*salata*) foccaccia **2.** (*dolce*) bun **3.** (*loc*) **rendere pan per** ~ to get one's own back

focale [fo·ˈkaː·le] *agg* focal; **distanza** ~ focal length

focalizzare [fo·ka·lid·ˈdzaː·re] *vt* **1.** (*obiettivo*) to focus; (*immagine*) to get into focus **2.** *fig* (*situazione*) to get into perspective **3.** *fig* (*attenzione*) to focus

foce [ˈfoː·tʃe] *f* mouth

focolare [fo·ko·ˈlaː·re] *m* (*camino*) hearth

focoso, **-a** [fo·ˈkoː·so] *agg* (*temperamento*) fiery

fodera [ˈfɔː·de·ra] *f* **1.** (*di cuscino*) cover **2.** (*di abito*) lining **3.** (*di libro*) jacket

foderare [fo·de·ˈraː·re] *vt* **1.** (*abiti, cassetti*) to line **2.** (*libri*) to cover

foggia [ˈfɔd·dʒa] <-gge> *f* (*forma*) form; (*di abito*) style

Foggia *f* Foggia

foggiano, **-a** **I.** *agg* from Foggia **II.** *m, f* (*abitante*) person from Foggia

foglia [ˈfɔʎ·ʎa] <-glie> *f* leaf

fogliame [foʎ·ˈʎaː·me] *m* (*di pianta*) foliage

foglio [ˈfɔʎ·ʎo] <-gli> *m* **1.** (*di carta*) sheet; ~ **a righe/a quadretti** sheet of lined/squared paper; ~ **illustrativo** instructions *pl* **2.** (*documento, modulo*) form; ~ **rosa** AUTO learner's permit; ~ **complementare** AUTO registration **3.** (*banconota*) bill **4.** (*lamina*) sheet

fogna [ˈfoɲ·ɲa] *f* (*discarica*) sewer

fognatura [foɲ·ɲa·ˈtuː·ra] *f* sewers *pl*

folata [fo·ˈlaː·ta] *f* (*di vento*) gust

folclore [folk·ˈloː·re] *m* folklore

folcloristico, **-a** [fol·klo·ˈris·ti·ko] <-ci, -che> *agg* folk

folgorante [fol·go·ˈran·te] *agg* **1.** (*luce*) dazzling **2.** *fig* (*amore, passione*) intense **3.** (*idea*) brilliant

folgorazione [fol·go·rat·ˈtsioː·ne] *f* **1.** (*scarica elettrica*) electrocution **2.** *fig* (*della mente*) brainstorm

folk [fouk/fɔlk] **I.** <inv> *agg* (*musica, canzone*) folk **II.** <-> *m* (*genere musicale*) folk (music)

folla [ˈfol·la/ˈfɔl·la] *f* crowd

folle [ˈfɔl·le] **I.** *agg* **1.** (*persona, idea, spesa*) crazy **2.** MOT **in** ~ in neutral **II.** *mf* madman *m,* madwoman *f*

follia [fol·ˈliː·a] <-ie> *f* madness; **alla** ~ madly; **fare -ie per qu** to be crazy about sb

folto, -a *agg* (*bosco, schiera*) dense; (*chioma*) thick

fonda ['fon·da] *f* NAUT anchorage

fondale [fon·'da:·le] *m* **1.** (*di mare*) bottom **2.** THEAT backdrop

fondamentale [fon·da·men·'ta:·le] *agg* fundamental

fondamento[1] [fon·da·'men·to] <le fondamenta> *m* ARCH foundation; **gettare le -a** to lay the foundations

fondamento[2] *m fig* (*principio base*) foundation

fondare [fon·'da:·re] **I.** *vt* **1.** (*città*) to found **2.** (*società, ordine religioso*) to establish **3.** (*teoria, accusa*) to base **II.** *vr* **-rsi su qc** (*basarsi: ipotesi, sospetto*) to be based on sth

fondatezza [fon·da·'tet·tsa] *f* soundness

fondazione [fon·dat·'tsio:·ne] *f* foundation

fondello [fon·'dɛl·lo] *m* **1.** (*di bossolo*) bottom **2.** (*di calzoni*) seat; **prendere qu per i -i** *fig* to pull sb's leg

fondente [fon·'dɛn·te] *agg* **cioccolato ~** dark chocolate

fondere ['fon·de·re] <fondo, fusi, fuso> **I.** *vt* **1.** (*metallo, ghiaccio*) to melt **2.** (*statua, campana*) to cast **3.** *fig* (*unire: aziende, partiti, gruppi*) to merge **II.** *vi* to melt **III.** *vr:* **-rsi 1.** (*sciogliersi: neve, cera*) to melt **2.** *fig* (*unirsi: aziende, partiti, gruppi*) to merge

fondista [fon·'dis·ta] <-i *m*, -e *f*> *mf* **1.** SPORT long-distance runner **2.** (*di giornale*) editorial writer

fondo ['fon·do] *m* **1.** (*parte inferiore*) bottom; **incagliarsi sul ~** to run aground **2.** (*estremità: di strada*) end; (*di scena*) back; **in ~ alla stanza** at the back of the room **3.** SPORT **gara di ~** (*corsa*) distance race; **sci di ~** cross-country skiing **4.** (*strato*) **~ tinta** foundation; **~ stradale** roadbed **5.** (*deposito: di vino, aceto*) lees *pl;* **-i di caffè** grounds *pl* **6.** (*terreno*) estate **7. articolo di ~** editorial **8.** ECON (*denaro*) fund; **~ pensioni** pension fund; **~ di cassa** float **9.** (*loc*) **andare in ~ a qc** to get to the bottom of sth; **da cima a ~** from top to bottom; **in ~ al cuore** in one's heart of hearts; **in ~** after all

fondo, -a *agg* (*profondo*) deep; **piatto ~** soup plate; **a notte -a** at dead of night

fonetica [fo·'nɛ:·ti·ka] <-che> *f* phonetics

fonologia [fo·no·lo·'dʒi:·a] <-gie> *f* LING phonology

font [fɔnt] <-> *m o f* font

fontana [fon·'ta:·na] *f* fountain

fonte ['fon·te] **I.** *f* **1.** (*sorgente*) spring **2.** *fig* (*di guadagno, informazioni*) source; **-i energetiche** energy sources *pl* **II.** *m* **~ battesimale** font

footing ['fu·tiŋ] <-> *m* SPORT jogging; **fare ~** to go jogging

forare [fo·'ra:·re] **I.** *vt* **1.** (*parete, lamiera*) to make a hole in **2.** (*biglietti*) to punch **3.** (*pneumatico*) to burst **II.** *vi* (*pneumatico*) to burst

forbito [for·'bi:·to] *agg fig* (*raffinato*) elegant

forca ['for·ka] <-che> *f* **1.** AGR pitchfork **2.** (*patibolo*) gallows

forcella [for·'tʃɛl·la] *f* (*di carrucola, di bicicletta, di ramo*) fork

forchetta [for·'ket·ta] *f* fork

forchettata [for·ket·'ta:·ta] *f* forkful

forcina [for·'tʃi:·na] *f* hairpin

forcone [for·'ko:·ne] *m* pitchfork

forense [fo·'rɛn·se] *agg* forensic

foresta [fo·'rɛs·ta] *f* forest

forestale [fo·res·'ta:·le] *agg* forest; **guardia ~** forest ranger; **Corpo ~ dello Stato** = Forest Service

forestiero, -a [fo·res·'tiɛ:·ro] **I.** *agg* foreign **II.** *m, f* foreigner

forfait [fɔr·'fɛ] <-> *m* **1.** ECON (*prezzo fisso*) fixed price; **a ~** for a fixed price **2.** SPORT (*ritiro*) default; **dichiarare ~** *fig* to give in

forfettario, -a [for·fe·'ta:·rio] <-i, -ie> *agg* ECON fixed-price

forfora ['for·fo·ra] *f* dandruff

forgia ['fɔr·dʒa] <-ge> *f* (*fucina*) forge

forgiare [for·'dʒa:·re] *vt* **1.** (*metallo*) to forge **2.** *fig* (*plasmare: carattere*) to mold

Forlì *f* Forlì

forlivese [for·li·'ve:·se] **I.** *agg* from Forlì **II.** *mf* (*abitante*) person from Forlì

forma ['for·ma] *f* **1.** (*gener*) form; **prendere ~** to take shape; **a ~ di ...** in the shape of …; **essere in ~** to be in shape; **peso ~** ideal weight **2.** *pl* (*fattezze*) figure **3.** (*per calzature*) last; (*per dolci*) mold; **una ~ di formaggio** a whole cheese

formaggino [for·mad·'dʒiː·no] *m* processed cheese triangle

formaggio [for·'mad·dʒo] <-ggi> *m* cheese; **~ stagionato** mature cheese; **~ molle** soft cheese

formale [for·'maː·le] *agg* formal

formalità [for·ma·li·'ta] <-> *f* formality; **per ~** as a formality

formalizzare [for·ma·lid·'dzaː·re] **I.** *vt* (*rendere formale*) to formalize **II.** *vr* **-rsi per qc** (*risentirsi*) to take offense at sth

formare [for·'maː·re] **I.** *vt* **1.** (*modellare: statua*) to make **2.** (*corteo, partito*) to form **3.** (*addestrare: ufficiali, atleti*) to train **4.** *fig* (*carattere*) to mold **5.** TEL (*numero*) to dial **II.** *vr:* **-rsi 1.** (*prodursi*) to form **2.** (*svilupparsi*) to develop

formato [for·'maː·to] *m* format; **~ tascabile** pocket size

formattare [for·mat·'taː·re] *vt* COMPUT to format

formazione [for·mat·'tsioː·ne] *f* **1.** (*gener*) formation **2.** (*sviluppo*) development **3.** (*addestramento*) training

formica [for·mi'ka] *f* ant

formicolare [for·mi·ko·'laː·re] *vi* **1.** *avere* (*brulicare*) **~ di …** to swarm with … **2.** *essere* (*essere intorpidito*) **mi formicola il braccio** I've got pins and needles in my arm

formicolio [for·mi·ko·'liː·o] <-ii> *m* (*intorpidimento*) pins and needles

formidabile [for·mi·'daː·bi·le] *agg* **1.** (*fortissimo*) powerful **2.** (*eccezionale*) amazing

formula ['fɔr·mu·la] *f* formula; **~ magica** magic spell; **Formula Uno** Formula One

formulare [for·mu·'laː·re] *vt* to formulate

formulario [for·mu·'laː·rio] <-i> *m* (*modulo*) form

fornace [for·'naː·tʃe] *f* **1.** TEC kiln **2.** *fig* (*luogo caldo*) oven

fornaio, -a [for·'naː·io] <-ai, -aie> *m, f* **1.** (*operaio*) baker **2.** (*negozio*) bakery

fornello [for·'nɛl·lo] *m* (*cucina*) stova; (*fuoco*) burner; **~ a gas** gas stove; **~ elettrico** electric stove

fornire [for·'niː·re] <fornisco> **I.** *vt* **1.** (*provvedere*) to supply; **~ qu di qc** to supply sb with sth **2.** (*informazioni, prova*) to provide **II.** *vr* **-rsi di qc** to provide oneself with sth

fornitore, -trice [for·ni·'toː·re] *m, f* supplier

fornitura [for·ni·'tuː·ra] *f* supply

forno ['for·no] *m* **1.** (*per cuocere*) oven; **patate al ~** baked potatoes; **~ a microonde** microwave oven **2.** TEC furnace **3.** (*panetteria*) bakery

foro[1] ['foː·ro] *m* (*buco*) hole

foro[2] ['fɔː·ro] *m* GIUR (*tribunale*) court

forse ['for·se] **I.** *avv* perhaps **II.** *m* **essere in ~** to be doubtful

forte[1] ['fɔr·te] *avv* **1.** (*a voce alta*) loud **2.** (*velocemente*) fast

forte[2] **I.** *agg* **1.** (*robusto, determinato*) strong **2.** (*elevato: somma*) large **3.** (*acuto: dolore*) intense **4.** (*intenso: colore*) bright; (*sapore, odore*) strong **5.** (*abile*) good; **essere ~ in qc** to be good at sth **6.** *inf* (*simpatico*) great **II.** *m* **1.** (*specialità*) forte; **la matematica non è il suo ~** math is not his forte **2.** MIL fort

fortezza [for·'tet·tsa] *f* fortress

fortuito, -a [for·'tuːi·to] *agg* (*coincidenza, incontro, incidente*) chance; **per un caso ~** by chance

fortuna [for·'tuː·na] *f* **1.** (*destino, patrimonio*) fortune; **fare ~** to make one's fortune **2.** (*buona sorte*) luck; **un colpo di ~** a stroke of luck; **per ~** luckily

fortunato, -a [for·tu·'naː·to] *agg* lucky

foruncolo [fo·'ruŋ·ko·lo] *m* boil

forwardare *vt* COMPUT (*mail*) to forward

forza ['fɔr·tsa] *f* **1.** (*fisica, morale*) strength; **con ~** hard; **con tutte le -e** with all one's might **2.** (*violenza*) PHYS, NAUT force; **~ bruta** brute force; **con la ~** by force **3.** *pl* MIL forces; **-e** (**armate**) (armed) forces **4.** (*loc*) **a ~ di …** by dint of …; **a ~ di gridare** by shouting; **per ~** (*controvoglia*) against one's will; (*naturalmente*) of course

forzare [for·'tsaː·re] *vt* **1.** (*porta*) to break

down; (*serratura*) to force; (*blocco stradale*) to break through **2.** (*accelerare*) ~ **il passo** to speed up; *fig* to force the pace **3.** (*costringere*) to force

forzato, **-a** [for·'tsaː·to] *agg* **1.** (*sorriso, assenza, rinuncia*) forced **2.** GIUR (*esproprio*) compulsory; **lavori -i** forced labor

foschia [fos·'kiː·a] <-schie> *f* mist

fosco, **-a** ['fos·ko] <-schi, -sche> *agg* **1.** (*cielo*) overcast **2.** (*previsione, futuro*) gloomy **3.** *fig* (*sguardo*) menacing

fosfato [fos·'faː·to] *m* phosphate

fosforescente [fos·fo·reʃ·'ʃɛn·te] *agg* phosphorescent

fosforo ['fɔs·fo·ro] *m* CHEM phosphorus

fossa ['fɔs·sa] *f* **1.** (*buca*) hole **2.** (*tomba*) grave; ~ **comune** mass grave

fossato [fos·'saː·to] *m* ditch

fosse ['fos·se] *3. per sing conj imp di* **essere**[1]

fossetta [fos·'set·ta] *f* (*su guance*) dimple

fossi ['fos·si] *1. e 2. pers sing conj imp di* **essere**[1]

fossile ['fɔs·si·le] *agg, m* fossil

fosso ['fɔs·so] *m* (*fossa*) ditch

foste ['fos·te] *2. pers pl conj imp di* **essere**[1]

fosti ['fos·ti] *2. pers sing pass rem di* **essere**[1]

foto ['fɔː·to] <-> *f* photo

foto- [fo·to] (*in parole composte*) photo-

fotocellula [fo·to·'tʃɛl·lu·la] *f* photoelectric cell

fotocopia [fo·to·'kɔː·pia] *f* photocopy

fotocopiare [fo·to·ko·'piaː·re] *vt* to photocopy

fotocopiatrice [fo·to·ko·pia·'triː·tʃe] *f* photocopier

fotogenico, **-a** [fo·to·'dʒɛː·ni·ko] <-ci, -che> *agg* photogenic

fotografare [fo·to·gra·'faː·re] *vt* FOTO to photograph

fotografia [fo·to·gra·'fiː·a] *f* **1.** (*tecnica*) photography **2.** (*immagine*) photograph; ~ **a colori** color photograph; ~ **in bianco e nero** black-and-white photograph

fotografico, **-a** [fo·to·'graː·fi·ko] <-ci, -che> *agg* FOTO photographic; **macchina -a** camera

fotografo, **-a** [fo·'tɔː·gra·fo] *m, f* photographer

fotomodella [fo·to·mo·'dɛl·la] *f* model

fotoromanzo [fo·to·ro·'man·dzo] *m* photo story

fotosintesi [fo·to·'sin·te·zi] <-> *f* BOT photosynthesis

fototessera [fo·to·'tɛs·se·ra] *f* FOTO passport photo

fottere ['fot·te·re] **I.** *vt* **1.** *vulg* to fuck; **va a farti ~!** *vulg* fuck off! **2.** *fam* (*imbrogliare*) to screw *vulg* **3.** *fam* (*rubare*) to steal **II.** *vr* **fottersene di qu/qc** *vulg* not to give a fuck about sb/sth

foulard [fu·'lar] <-> *m* (*fazzoletto*) scarf

fra [fra] *prep v.* **tra**

fracassare [fra·kas·'saː·re] **I.** *vt* (*frantumare*) to smash **II.** *vr:* **-rsi** (*frantumarsi*) to smash

fracasso [fra·'kas·so] *m* din

fradicio, **-a** <-ci, -ce> *agg* (*bagnato*) soaked; **bagnato ~** soaking wet

fragile ['fraː·dʒi·le] *agg* **1.** (*vetro, oggetto*) fragile; (*capelli*) brittle; **'~'** (*su pacchi*) 'fragile' **2.** (*salute, costituzione*) delicate

fragola ['fraː·go·la] *f* strawberry

fragore [fra·'goː·re] *m* (*di tuono*) rumble; (*di cascata, torrente*) roar; (*di motore*) noise

fragoroso, **-a** [fra·go·'roː·so] *agg* (*tonfo, risata*) loud; (*applauso, esplosione*) deafening

fragrante [fra·'gran·te] *agg* fragrant

fragranza [fra·'gran·tsa] *f* fragrance

fraintendere [fra·in·'tɛn·de·re] <irr> *vt* to misunderstand

frammentare [fram·men·'taː·re] *vt* **1.** (*frantumare*) to break up **2.** *fig* (*mercato*) to fragment; (*racconto*) to dissect; (*unità*) to shatter

frammento [fram·'men·to] *m* (*pezzo*) fragment

frana ['fraː·na] *f* **1.** (*di terreno*) landslide **2.** *scherz fam* (*persona*) disaster

franare [fra·'naː·re] *vi essere a. fig* to collapse

francamente [fraŋ·ka·'men·te] *avv* frankly

francescano [fran·tʃes·'kaː·no] *m agg* Franciscan

francese [fran·'tʃeː·se] **I.** *agg* French **II.** *mf* Frenchman *m*, Frenchwoman *f*

Francia ['fran·tʃa] *f* France; **abitare in**

~ to live in France; **andare in** ~ to go to France

franco ['fraŋ·ko] <-chi> *m* (*moneta*) franc

franco, -a <-chi, -che> **I.** *agg* **1.** (*sincero*) frank **2.** (*loc*) **farla -a** *fig* to get away with it **II.** *avv* **1.** (*apertamente*) frankly **2.** COM ~ **domicilio** carriage free; ~ **magazzino** ex warehouse

francobollo [fraŋ·ko·'bol·lo] *m* stamp

frangente [fran·'dʒɛn·te] *m* **1.** (*onda*) breaker **2.** *fig* (*momento grave*) situation

frangere ['fran·dʒe·re] <frango, fransi, franto> **I.** *vt* (*olive*) to press **II.** *vr:* **-rsi** (*onde*) to break

frangia ['fran·dʒa] <-ge> *f* **1.** (*di stoffa, tenda, sciarpa*) fringe **2.** (*di capelli*) bangs *pl*

frangivento [fran·dʒi·'vɛn·to] <-> *m* windbreak

fransi ['fran·si] *1. pers sing pass rem di* **frangere**

franto ['fran·to] *pp di* **frangere**

frantoio [fran·'to:·io] <-oi> *m* olive press

frantumare [fran·tu·'ma:·re] **I.** *vt* (*spezzare*) to smash **II.** *vr:* **-rsi** (*spezzarsi*) to smash

frantumi [fran·'tu:·mi] *mpl* pieces; **andare in** ~ to smash to pieces; *fig* (*speranza*) to be dashed

frappé [frap·'pɛ] <-> *m* milk shake

frapporre [frap·'por·re] <irr> **I.** *vt* **1.** (*oggetti*) to interpose **2.** *fig* (*ostacoli*) to put in the way **II.** *vr:* **-rsi** **1.** (*barriera, oggetto*) to come; (*persona*) to stand **2.** *fig* (*ostacoli*) to be put in the way

frase ['fra:·ze] *f* **1.** LING sentence **2.** (*espressione*) expression; ~ **fatta** cliché **3.** MUS phrase

frassino ['fras·si·no] *m* ash

frastagliato, -a [fras·taʎ·'ʎa:·to] *agg* (*contorni, foglio, tessuto*) indented; (*terreno*) rugged; (*costa*) jagged

frastornato, -a [fras·tor·'na:·to] *agg* dazed

frastuono [fras·'tuɔ:·no] *m* noise

frate ['fra:·te] *m* monk

fratellastro [fra·tel·'las·tro] *m* stepbrother

fratello [fra·'tɛl·lo] *m* brother

fraterno, -a [fra·'tɛr·no] *agg* **1.** (*di, tra fratelli*) brotherly **2.** (*di amico: amicizia*) fraternal

fratricida [fra·tri·'tʃi:·da] <-i *m*, -e *f*> *mf* (*di fratello*) fratricide; **guerra** ~ civil war

frattaglie [frat·'taʎ·ʎe] *fpl* (*di pollo*) giblets; (*di agnello*) offal

frattanto [frat·'tan·to] *avv* meanwhile

frattempo [frat·'tɛm·po] *m* **nel** ~ in the meantime

frattura [frat·'tu:·ra] *f* (*di ossa*) fracture

fraudolento, -a [frau·do·'lɛn·to] *agg* fraudulent

frazione [frat·'tsio:·ne] *f* **1.** (*gener*) fraction **2.** (*borgata*) hamlet

freccia ['fret·tʃa] <-cce> *f* arrow

freddare [fred·'da:·re] *vt* **1.** (*cibi*) to cool **2.** (*entusiasmo*) to dampen **3.** (*uccidere*) to kill

freddo ['fred·do] *m* cold; **avere** ~ to be cold; **fa** ~ it's cold; **fa un** ~ **cane** *fam* it's freezing cold; **non mi fa né caldo né** ~ it leaves me cold

freddo, -a *agg* **1.** (*acqua, vento, mani*) cold; **a sangue** ~ (*uccidere*) in cold blood; **animali a sangue** ~ cold-blooded animals **2.** *fig* (*distaccato*) cool; **essere** ~ **con qu** to be cool with sb

freddoloso, -a [fred·do·'lo:·so] *agg* sensitive to the cold

freezer ['fri:·zə/'fri·zer] *m* freezer

fregare [fre·'ga:·re] **I.** *vt* **1.** (*strofinare*) to wipe **2.** *fam* (*imbrogliare*) to rip off **3.** *fam* (*rubare*) to swipe **II.** *vr:* **-rsi** *fam* **fregarsene di qu/qc** not to give a damn about sb/sth

fregatura [fre·ga·'tu:·ra] *f* *fam* rip-off; **dare una** ~ **a qu** to rip sb off

fremere ['frɛ:·me·re] <fremo, fremei *o* fremetti, fremuto> *vi* ~ **per qc** to quiver with sth

fremito ['frɛ:·mi·to] *m* (*di paura*) shudder; (*di rabbia*) wave

frenare [fre·'na:·re] **I.** *vi* (*veicolo*) to brake **II.** *vt* **1.** (*veicolo*) to slow down **2.** (*lacrime, riso*) to hold back **3.** (*immigrazione, inflazione*) to curb **III.** *vr:* **-rsi** (*dominarsi*) to control oneself

frenata [fre·'na:·ta] *f* braking

frenetico, -a [fre·'nɛ:·ti·ko] <-ci, -che> *agg* (*attività, ritmo*) frenetic

freno ['fre:·no] *m* **1.** TEC brake; **~ a mano** emergency brake **2.** *fig* (*inibizione*) restraint; **tenere a ~ qc** to keep sth in check

frequentare [fre·kuen·'ta:·re] *vt* **1.** (*persone*) to see; (*ambiente*) to go to; **~ cattive compagnie** to be in with a bad crowd **2.** (*scuola, università*) to be in; (*corso*) to be on

frequente [fre·'kuɛn·te] *agg* (*malattia, problema*) common; (*visita*) frequent; **di ~** frequently

frequenza [fre·'kuɛn·tsa] *f* **1.** (*di incidenti, fatti*) PHYS frequency **2.** (*di scuola, università*) attendance; **obbligo di ~** compulsory attendance **3.** (*di cuore, polso*) rate

freschezza [fres·'ket·tsa] *f* freshness

fresco ['fres·ko] *m* (*temperatura*) coolness; **fa ~** it's cool; **al ~** outdoors; **conservare al ~** store in a cool place

fresco, -a <-schi, -sche> *agg* **1.** (*aria, acqua, pane, frutta*) fresh **2.** (*clima*) cool **3.** (*recente*) recent **4.** (*riposato*) refreshed **5.** (*loc*) **stare ~** *fig fam* to be in for it *inf*

fretta ['fret·ta] *f* hurry; **aver ~** to be in a hurry; **non c'è ~** there's no hurry; **in ~** in a hurry; **in ~ e furia** in a terrible hurry

frettoloso, -a [fret·to·'lo:·so] *agg* **1.** (*passo*) hurried **2.** (*lavoro*) rushed

friabile [fri·'a:·bi·le] *agg* (*biscotti, pasta frolla*) crumbly; (*terreno, roccia*) friable

friggere ['frid·dʒe·re] <friggo, frissi, fritto> **I.** *vt* to fry; **mandare qu a farsi ~** *inf* to tell sb to get lost **II.** *vi* **1.** (*crepitare*) to sizzle **2.** *fig* (*fremere*) to tremble

frigido, -a ['fri:·dʒi·do] *agg* MED frigid

frignare [friɲ·'ɲa:·re] *vi* to whine

frigobar [fri·go·'bar] <-> *m* minibar

frigorifero [fri·go·'ri:·fe·ro] *m* refrigerator

fringuello [friŋ·'guɛl·lo] *m* chaffinch

frissi ['fris·si] *1. pers sing pass rem di* **friggere**

frittata [frit·'ta:·ta] *f* omelette

frittella [frit·'tɛl·la] *f* fritter

fritto ['frit·to] *m* **~ misto** mixed fried fish

fritto, -a **I.** *pp di* **friggere** **II.** *agg* **1.** CULIN fried **2.** *fig inf* (*spacciato*) done for

friulano [fri·u·'la:·no] <*sing*> *m* (*lingua*) Friulian

friulano, -a **I.** *agg* Friulian **II.** *m, f* (*abitante*) Friulian

frivolo, -a ['fri:·vo·lo] *agg* frivolous

frizionare [frit·tsio·'na:·re] *vt* to massage

frizione [frit·'tsio:·ne] *f* **1.** MOT clutch **2.** *fig* (*dissenso*) friction **3.** (*massaggio*) massage

frizzante [frid·'dzan·te] *agg* **1.** (*bibita*) fizzy; (*vino*) sparkling **2.** (*aria*) crisp

frocio ['frɔ·tʃo] <-i> *m vulg* (*omosessuale*) faggot

frodare [fro·'da:·re] *vt* **1.** (*derubare*) to defraud **2.** (*ingannare*) to cheat

frode ['frɔ:·de] *f* fraud

frodo ['frɔ:·do] *m* **cacciare di ~** to poach

frollo, -a ['frɔl·lo] *agg* CULIN **pasta -a** pie crust

frontale [fron·'ta:·le] *agg* **1.** ANAT, LING frontal **2.** (*pagina, vista*) front **3.** (*scontro*) head-on

frontalino [fron·ta·'li:·no] *m* (*di autoradio*) front panel

fronte ['fron·te] **I.** *f* ANAT forehead; **di ~** opposite **II.** *m* **1.** MIL, POL front **2.** (*loc*) **far ~ a** (*difficoltà*) to face; (*impegni*) to keep; (*spese*) to meet

frontiera [fron·'tiɛ:·ra] *f* **1.** (*confine: tra Stati*) border; **passare la ~** to cross the border **2.** (*di tecnologia, comunicazioni*) frontier

fronzolo ['fron·dzo·lo] *m a. fig* frill

Frosinone *f* Frosinone *province in central Italy*

frotta ['frɔt·ta] *f* (*di persone*) crowd; (*di pesci*) shoal; (*di animali*) herd

frottola ['frɔt·to·la] *f* lie

frugale [fru·'ga:·le] *agg* (*cibo, pasto*) frugal

frugare [fru·'ga:·re] **I.** *vi* to search **II.** *vt* to search

fruire [fru·'i:·re] <fruisco> *vi* **~ di qc** to enjoy sth

frullato [frul·'la:·to] *m* shake

frullatore [frul·la·'to:·re] *m* blender

frullino [frul·'li:·no] *m* whisk

frumento [fru·'men·to] *m* wheat

fruscio [fruʃ·'ʃi:o] <-scii> *m* **1.** (*di carta, seta, vento*) rustle **2.** (*di telefono, registratore*) hiss

frusinate [fru·zi·'na:·te] **I.** *agg* from Frosinone **II.** *mf* (*abitante*) person from Frosinone

frusta ['frus·ta] *f* **1.** (*sferza*) whip **2.** (*da cucina*) whisk

frustare [frus·'ta:·re] *vt* (*con la frusta*) to whip

frustrante [frus·'tran·te] *agg* frustrating

frustrazione [frus·trat·'tsio:·ne] *f* frustration

frutta ['frut·ta] <*sing*> *f* fruit; ~ **secca** dried fruit

frutteto [frut·'te:·to] *m* orchard

fruttiera [frut·'tiɛ:·ra] *f* fruit bowl

fruttifero, -a [frut·'ti:·fe·ro] *agg* **1.** BOT (*albero*) fruit-bearing **2.** FIN (*capitale, deposito*) interest-bearing

fruttivendolo, -a [frut·ti·'ven·do·lo] *m, f* **1.** (*venditore*) produce dealer **2.** (*negozio*) produce store

frutto ['frut·to] *m a. fig* fruit; **-i di bosco** berries; **-i di mare** seafood

fruttuoso, -a [frut·tu·'o:·so] *agg* fruitful

FS *fpl abbr di* **Ferrovie dello Stato** *Italian state railroad*

fu [fu] **I.** *3. pers sing pass rem di* **essere**[1] **II.** <inv> *agg* late; **il ~ Gino Martignon** the late Gino Martignon

fucilare [fu·tʃi·'la:·re] *vt* to shoot

fucilata [fu·tʃi·'la:·ta] *f* shot

fucilazione [fu·tʃi·lat·'tsio:·ne] *f* shooting

fucile [fu·'tʃi:·le] *m* gun; ~ **da caccia** shotgun

fucina [fu·'tʃi:·na] *f* (*di fabbro*) forge

fuga ['fu:·ga] <-ghe> *f* **1.** (*atto del fuggire*) escape; **darsi alla** ~ to flee **2.** (*di gas, notizie*) leak; ~ **di cervelli** brain drain **3.** MUS fugue

fugace [fu·'ga:·tʃe] *agg* fleeting

fuggiasco, -a [fud·'dʒas·ko] <-schi, -sche> *agg, m, f* runaway

fuggifuggi [fud·dʒi·'fud·dʒi] <-> *m* stampede

fuggire [fud·'dʒi:·re] **I.** *vi essere* **1.** (*scappare*) to escape; ~ **via** to get away **2.** (*passare*) fly **II.** *vt avere* to avoid

fuggitivo, -a [fud·dʒi·'ti:·vo] *agg, m, f* runaway

fui *1. pers sing pass rem di* **essere**[1]

fulcro ['ful·kro] *m* **1.** TEC fulcrum **2.** *fig* (*di commercio*) hub; (*di conflitto*) nub

fulgore [ful·'go:·re] *m* **1.** (*di astri*) brightness **2.** (*di bellezza*) radiance

fuliggine [fu·'lid·dʒi·ne] *f* soot

fulmine ['ful·mi·ne] *m* lightning

fulmineo, -a [ful·'mi:·neo] <-ei, -ee> *agg* **1.** (*veloce: carriera*) rapid; (*riflessi*) lightning **2.** (*improvviso*) sudden

fumare [fu·'ma:·re] **I.** *vi* **1.** (*persona*) to smoke **2.** (*minestra, asfalto*) to steam **II.** *vt* (*sigarette, sigaro, pipa*) to smoke

fumatore, -trice [fu·ma·'to:·re] *m, f* smoker

fumetto [fu·'met·to] *m* **1.** (*nuvoletta*) bubble **2.** (*giornalino*) comic book

fummo ['fum·mo] *1. pers pl pass rem di* **essere**[1]

fumo ['fu:·mo] *m* **1.** (*prodotto di combustione*) smoke; **andare in** ~ *fig* to fall through **2.** (*vapore*) steam **3.** (*di tabacco*) smoking

fumoso, -a [fu·'mo:·so] *agg* (*ambiente*) smoky

fune ['fu:·ne] *f* **1.** (*corda*) rope **2.** (*cavo d'acciaio*) cable

funebre ['fu:·ne·bre] *agg* **1.** (*cerimonia, rito*) funeral **2.** *fig* (*aspetto, aria*) gloomy

funerale [fu·ne·'ra:·le] *m* funeral

funerario, -a [fu·ne·'ra:·rio] <-i, -ie> *agg* (*arte, monumento*) funerary; (*rito*) funeral

funesto, -a [fu·'nɛs·to] *agg* sad

fungere ['fun·dʒe·re] <fungo, funsi, funto> *vi* ~ **da** (*persona*) to act as; (*oggetto*) to function as

fungo ['fuŋ·go] <-ghi> *m* mushroom; ~ **velenoso** toadstool

funivia [fu·ni·'vi:·a] <-ie> *f* cablecar

funsi ['fun·si] *1. pers sing pass rem di* **fungere**

funto ['fun·to] *pp di* **fungere**

funzionale [fun·tsio·'na:·le] *agg* functional

funzionamento [fun·tsio·na·'men·to] *m* functioning

funzionare [fun·tsio·'na:·re] *vi* to work; **come funziona?** how does it work?

F

funzionario, -a [fun·tsio·'naː·rio] <-i, -ie> *m, f* (*impiegato*) official

funzione [fun·'tsioː·ne] *f* **1.** (*gener*) function; **entrare in ~** to start operating **2.** (*ufficio*) post **3.** (*cerimonia, rito*) service; **~ religiosa** religious service

fuoco ['fuɔː·ko] <-chi> *m* **1.** *gener* fire; **-chi d'artificio** fireworks; **dar ~ a qc** to set fire to sth; **prendere ~** to catch fire; **andare a ~** to go up in flames; **al ~!** fire! **2.** (*fornello*) burner **3.** FOTO, PHYS focus **4.** MIL fire; **fare ~** to fire; **aprire/cessare il ~** to open/cease fire

fuorché [fuor·'ke] *cong, prep* except for

fuori [fu·'ɔː·ri] **I.** *avv* **1.** (*all'esterno*) outside; **sporgersi in ~** to lean out; **~!** get out! **2.** (*di casa*) out **3.** (*da città*) away **4.** (*loc*) **essere ~ strada** *fig* to be way out; **far ~** *inf* (*uccidere*) to rub out; **buttar ~** (*persona*) to throw out **II.** *prep* out of; **~ da** out (of); **~ di** out of; **~ di sé** beside oneself; **~ di testa** off one's head; **~ concorso** out of competition; **~ luogo** out of place; **~ mano** out of the way; **~ orario** out of hours; **~ pericolo** out of danger; **~ uso** not in use **III.** *m* **dal di ~** from the outside

fuoribordo [fuo·ri·'bor·do] <-> *m* NAUT outboard motor

fuoricampo [fuo·ri·'kam·po] **I.** <inv> *agg* FILM **voce ~** off-screen **II.** <-> *m* SPORT (*nel baseball*) home run

fuoriclasse [fuo·ri·'klas·se] <-> *mf* superstar

fuoricorso [fuo·ri·'kor·so] <inv> *agg* **studente ~** *student who has not completed his or her course within the prescribed time*

fuorigioco [fuo·ri·'dʒɔː·ko] <-> *m* offside

fuorilegge [fuo·ri·'led·dʒe] <-> *mf* outlaw

fuorimano [fuo·ri·'maː·no] *avv* off the beaten track; **abitare ~** [*o* **vivere**] to live off the beaten track

fuorimoda [fuo·ri·'moː·da] <inv> *agg* (*acconciatura, abito*) unfashionable

fuoripasto [fuo·ri·'pas·to] *avv* between meals

fuoripista [fuo·ri·'pis·ta] <-> *m* SPORT (*nello sci*) off-piste skiing; **fare un ~** to ski off piste

fuoriserie [fuo·ri·'sɛː·rie] <inv> *agg* (*auto, modello*) custom-built

fuoristrada [fuo·ri·'straː·da] <-> *m* AUTO off-road vehicle

fuoriuscire [fuo·ri·uʃ·'ʃiː·re] <irr> *vi* **~ da** to leak from

fuor(i)uscita [fuo·r(i)·uʃ·'ʃiː·ta] *f* (*di liquido, gas*) leak

fuorviante [fuor·'vian·te] *agg* misleading

fuorviare [fuor·vi·'aː·re] *vt* (*sviare*) to mislead

furbacchione, -a [fur·bak·'kioː·ne] *m, f* *fam* cunning devil

furberia [fur·be·'riː·a] <-ie> *f* **1.** (*qualità*) cunning **2.** (*atto*) trick

furbizia [fur·'bit·tsia] <-ie> *f* **1.** (*qualità*) cunning **2.** (*atto*) trick

furbo, -a ['fur·bo] **I.** *agg* smart **II.** *m, f* cunning person

furente [fu·'rɛn·te] *agg* furious

furfante [fur·'fan·te] *m* rascal

furgone [fur·'goː·ne] *m* van

furia ['fuː·ria] <-ie> *f* **1.** (*collera*) rage; **andare su tutte le -ie** to fly into a rage **2.** (*di vento, mare*) fury **3.** (*fretta*) hurry; **in fretta e ~** in a real hurry **4.** (*loc*) **a ~ di fare qc** by doing sth

furibondo, -a [fu·ri·'bon·do] *agg* furious

furioso, -a [fu·'rioː·so] *agg* furious

furono ['fuː·ro·no] *3. pers pl pass rem di* **essere**[1]

furore [fu·'roː·re] *m* fury; **far ~** *fig* to be a great success

furoreggiare [fu·ro·red·'dʒaː·re] *vi* to be very popular

furtivo, -a [fur·'tiː·vo] *agg* (*sguardo*) furtive

furto ['fur·to] *m* (*azione*) theft

fusa ['fuː·sa] *fpl* **far le ~** to purr

fusi ['fuː·zi] *1. pers sing pass rem di* **fondere**

fusibile [fu·'ziː·bi·le] *m* fuse

fusione [fu·'zioː·ne] *f* **1.** (*di metalli, cera*) melting; **punto di ~** melting point; **~ nucleare** nuclear fusion **2.** (*di colori, suoni*) blending **3.** COM (*di aziende*) merger

fuso ['fuː·zo] **I.** *pp di* **fondere** **II.** *m* **1.** (*in filatura*) spindle **2.** GEO **~ orario** time zone

fustino [fus·'ti:·no] *m* (*di detersivo*) box

fusto ['fus·to] *m* **1.** BOT (*di pianta*) stem **2.** (*recipiente: di benzina*) drum

futuro [fu·'tu:·ro] *m* future; ~ **anteriore** future perfect

futuro, -a *agg* future

G

G, g [dʒi] <-> *f* g; ~ **come Genova** G for George

g *abbr di* **grammo** g

gabbia ['gab·bia] <-ie> *f* **1.** (*per animali*) cage; (*per uccelli*) bird cage **2.** MED (~ *toracica*) rib cage **3.** *fig fam* (*prigione*) jail

gabbiano [gab·'bia:·no] *m* (sea)gull

gabinetto [ga·bi·'net·to] *m* **1.** (*toilette*) restroom **2.** (*studio*) study; ~ **medico** surgery **3.** POL (*ministri*) cabinet

gadget ['ga·dʒit] <-> *m* **1.** (*accessorio*) gadget **2.** (*omaggio*) free gift

gaffe [gaf] <-> *f* blunder; **fare una** ~ to put one's foot in it

gala ['ga:·la] *f* **abito di** ~ formal dress

galante [ga·'lan·te] *agg* gallant

galantuomo [ga·lan·'tuɔ:·mo] <galantuomini> *m* gentleman

galateo [ga·la·'tɛ:·o] *m* etiquette

galattico, -a [ga·'lat·ti·ko] <-ci, -che> *agg* ASTRON galactic

galera [ga·'lɛ:·ra] *f* (*prigione*) prison; **avanzo di** ~ (*delinquente*) crook

galla ['gal·la] *f* (*loc*) **a** ~ on the surface; **stare a** ~ to float; **venire a** ~ *fig* to come out

galleggiamento [gal·led·dʒa·'men·to] *m* flotation

galleggiante [gal·led·'dʒan·te] **I.** *agg* free-floating **II.** *m* **1.** (*per la pesca*) float **2.** (*dello sciacquone*) ball cock **3.** (*boa*) buoy

galleggiare [gal·led·'dʒa:·re] *vi* to float

galleria [gal·le·'ri:·a] <-ie> *f* **1.** MOT, AERO, MIN tunnel **2.** ARCHIT arcade **3.** (*per esposizioni*) gallery **4.** (*di cinema, teatro*) circle

galletto [gal·'let·to] *m* **1.** ZOO cockerel **2.** *fig fam* cock of the roost; **fare il** ~ to play Casanova

gallina [gal·'li:·na] *f* hen

gallo ['gal·lo] *m* ZOO cock

galoppare [ga·lop·'pa:·re] *vi* (*cavallo*) to gallop

galoppo [ga·'lɔp·po] *m* gallop; **andare al** ~ to gallop

gamba ['gam·ba] *f* (*gener*) leg; **andare a -e all'aria** to fall flat on one's back; *fig* (*fallire*) to fall through; **darsela a -e levate** to run away; **essere in** ~ *fig* to be on the ball; **prendere qc sotto** ~ *fig* to take sth too lightly; **sedere a -e incrociate** to sit cross-legged

gamberetto [gam·be·'ret·to] *m* shrimp

gambero ['gam·be·ro] *m* prawn; **diventare rosso come un** ~ to turn as red as a tomato

gambo ['gam·bo] *m* (*di fiore*) stem; (*di frutta, fungo*) stalk

gamma[1] ['gam·ma] *f* (*di colori, prodotti*) range

gamma[2] <inv> *agg* PHYS (*raggi*) gamma

gancio ['gan·tʃo] <-ci> *m* hook; ~ (**di traino**) AUTO tow hook

gara ['ga:·ra] *f* **1.** (*competizione*) competition; (*di velocità*) race; **fare a** ~ (**con qu**) to compete (with sb) **2.** (*concorso*) competition; ~ **d'appalto** tender for bids

garante [ga·'ran·te] **I.** *agg* **farsi** ~ **di qc** to vouch for sth **II.** *mf* (*ente, persona*) guarantor

garantire [ga·ran·'ti:·re] <garantisco> *vt* **1.** (*assicurare*) to ensure **2.** *a.* COM, GIUR to guarantee; ~ **qc a qu** to guarantee sb sth

garantito, -a [ga·ran·'ti:·to] *agg* (*prodotto*) guaranteed; (*auto*) under warranty

garanzia [ga·ran·'tsi:·a] <-ie> *f* **1.** *a.* COM guarantee; **in** ~ under warranty **2.** (*impegno: su finanziamento*) security **3.** GIUR **avviso di** ~ *written warning given to a suspect that he/she is under investigation*

garbare [gar·'ba:·re] *vi essere fam* **non mi garba** I don't like it

garbato, -a [gar·'ba:·to] *agg* (*gentile*) kind; (*educato*) polite

garbo ['gar·bo] *m* (*educazione*) politeness; **con** ~ politely

gardenia [gar·'dɛː·nia] <-ie> *f* gardenia

gareggiare [ga·red·'dʒaː·re] *vi* to compete; **~ in qc con qc** to compete in sth with sth

garganella [gar·ga·'nɛl·la] *f* **bere a ~** to drink from the bottle

gargarismo [gar·ga·'riz·mo] *m* (*azione, colluttorio*) gargle; **fare i -i** to gargle

garofano [ga·'rɔː·fa·no] *m* carnation

garza ['gar·dza] *f* **1.** (*tessuto*) gauze **2.** MED (*per fasciare*) gauze bandage

garzone, -a [gar·'dzoː·ne] *m, f* boy

gas [gas] <-> *m* gas; **a tutto ~** (*veloce*) at full speed; **~ di scarico** exhaust gas; **~ esilarante** laughing gas; **~ lacrimogeno** tear gas; **~ serra** greenhouse gas; **bolletta del ~** gas bill

gasarsi [ga·'sar·si] *vr fig fam* (*esaltarsi*) to get excited; (*montarsi*) to get big-headed

gasato, -a [ga·'saː·to] **I.** *agg* (*bevanda*) fizzy **II.** *m, f fig fam* (*esaltato*) excited person; (*montato*) big head

gasdotto [gaz·'dot·to] *m* gas pipeline

gasolio [ga·'zɔː·lio] *m* diesel

gassato, -a [gas·'saː·to] *agg* fizzy

gassosa [gas·'soː·sa] *f* gassosa *a clear fizzy drink*

gassoso, -a [gas·'soː·so] *agg* gaseous

gastrico, -a ['gas·tri·ko] <-ci, -che> *agg* (*gener*) gastric; **lavanda -a** stomach pumping

gastrite [gas·'triː·te] *f* MED gastritis

gastroenterite [gas·tro·en·te·'riː·te] *f* MED gastroenteritis

gastrointestinale [gas·tro·in·tes·ti·'naː·le] *agg* MED gastrointestinal

gastronomia [gas·tro·no·'miː·a] <-ie> *f* cuisine

gastronomico, -a [gas·tro·'nɔː·mi·ko] <-ci, -che> *agg* gastronomic

gastroscopia [gas·tros·ko·'piː·a] <-ie> *f* MED gastroscopy

gatta ['gat·ta] *f* (female) cat; **una ~ da pelare** (*problema*) a thorny problem

gatto ['gat·to] *m* (*animale*) cat; (*maschio*) tomcat; **c'erano quattro -i** *fig* there weren't many people

gattoni [gat·'toː·ni] *avv* on all fours; **andare a ~** to crawl

gattopardo [gat·to·'par·do] *m* ZOO leopard; **~ africano** serval; **~ americano** ocelot

gavetta [ga·'vet·ta] *f* **1.** (*per vivande*) mess kit **2.** (*apprendistato*) **fare la ~** to start at the bottom; **venire dalla ~** to come up through the ranks

gavettone [ga·vet·'toː·ne] *m* (*scherzo*) water-filled bag

gay ['gei] **I.** <-> *mf* gay person **II.** <inv> *agg* gay; **locale ~** gay bar; **matrimonio ~** gay marriage

gazza ['gad·dza] *f* ZOO magpie; **~ ladra** magpie

gazzarra [gad·'dzar·ra] *f fam* din

gazzella [gad·'dzɛl·la] *f* **1.** ZOO gazelle; **occhi da ~** doe eyes **2.** *sl* (*dei carabinieri*) police car

gazzetta [gad·'dzet·ta] *f* gazette; **la Gazzetta Ufficiale** the Official Gazette *newspaper published by the government containing all new laws*

gazzettino [gad·dzet·'tiː·no] *m* **1.** (*giornale*) gazette **2.** (*notiziario*) section

gazzosa [gad·'dzoː·sa] *v.* **gassosa**

GB *abbr di* **gigabyte** GB

gelare [dʒe·'laː·re] **I.** *vi* **1.** *essere* (*gener*) to freeze **2.** *essere o avere* (*impersonale*) METEO to freeze **II.** *vt avere* **1.** (*gener*) to freeze **2.** *fig* (*sangue*) to run cold **III.** *vr:* **-rsi** to freeze

gelata [dʒe·'laː·ta] *f* frost

gelataio, -a [dʒe·la·'taː·io] <-ai, -aie> *m, f* (*chi vende gelati*) ice-cream seller; (*chi fa gelati*) ice-cream maker

gelateria [dʒe·la·te·'riː·a] <-ie> *f* ice-cream parlor

gelatiera [dʒe·la·'tiɛː·ra] *f* ice-cream maker

gelatina [dʒe·la·'tiː·na] *f* CULIN, CHEM gelatine; **~ di frutta** fruit jelly

gelato [dʒe·'laː·to] *m* ice-cream

gelato, -a *agg* (*mani, piedi*) frozen; **cono ~** ice-cream cone

gelido, -a ['dʒɛː·li·do] *agg* **1.** (*gener*) freezing **2.** *fig* (*persona, sguardo*) cold

gelo ['dʒɛː·lo] *m* **1.** METEO cold weather **2.** *fig* (*ostilità*) chill

gelone [dʒe·'loː·ne] *m* chilblain

gelosia [dʒe·lo·'siː·a] <-ie> *f* **1.** (*stato d'animo*) jealousy; **fare una scenata di ~** to throw a jealous fit **2.** (*cura atten-*

ta) great care

geloso, -a [dʒe·ˈloː·so] *agg* jealous; ~ **di qu** jealous of sb

gelso [ˈdʒɛl·so] *m* BOT mulberry tree

gelsomino [dʒel·so·ˈmiː·no] *m* BOT jasmine

gemellaggio [dʒe·mel·ˈlad·dʒo] <-ggi> *m* (*di città*) twinning

gemelli [dʒe·ˈmɛl·li] *mpl* **1.** ASTR **Gemelli** Gemini; **sono** (**dei**)[*o* un] **Gemelli** I'm Gemini **2.** (*bottoni*) cufflinks

gemello, -a [dʒe·ˈmɛl·lo] **I.** *agg* (*fratello, letto*) twin **II.** *m, f* twin

gemere [ˈdʒɛː·me·re] *vi* (*lamentarsi*) to groan; ~ **di** to groan with

gemito [ˈdʒɛː·mi·to] *m* groan

gemma [ˈdʒɛm·ma] *f* **1.** BOT bud **2.** *a. fig* gem

gendarme [dʒen·ˈdar·me] *m* policeman

gene [ˈdʒɛː·ne] *m* BIO gene

genealogico, -a [dʒe·ne·a·ˈlɔː·dʒi·ko] <-ci, -che> *agg* (*gener*) genealogical; **albero** ~ family tree

generale [dʒe·ne·ˈraː·le] **I.** *agg* **1.** (*gener*) general **2.** (*comune a tutti: sciopero, lutto*) national; (*sorpesa*) widespread; (*opinione*) public; **in** ~ in general **II.** *m* MIL general

generalità [dʒe·ne·ra·li·ˈta] <-> *f pl* ADM (*nome, cognome*) personal details

generalizzare [dʒe·ne·ra·lid·ˈdzaː·re] **I.** *vt* **1.** (*diffondere*) to spread **2.** (*uniformare*) to generalize **II.** *vi* (*uniformare*) to generalize

generalizzazione [dʒe·ne·ra·lid·dzat·ˈtsioː·ne] *f* generalization

generalmente [dʒe·ne·ral·ˈmen·te] *avv* generally

generare [dʒe·ne·ˈraː·re] *vt* **1.** (*figlio*) to give birth to **2.** *a. fig* (*produrre, causare*) to generate

generatore [dʒe·ne·ra·ˈtoː·re] *m* generator

generazionale [dʒe·ne·rat·tsio·ˈnaː·le] *agg* generational

generazione [dʒe·ne·rat·ˈtsioː·ne] *f* generation

genere [ˈdʒɛː·ne·re] *m* **1.** LING gender **2.** (*letterario*) genre **3.** BOT, ZOO genus **4.** (*insieme di persone*) **il** ~ **umano** mankind **5.** (*tipo*) type **6.** *pl* COM goods; **-i alimentari** foodstuffs; **-i di consumo** consumer goods; **-i di prima necessità** staple commodities **7.** (*loc*) **in** ~ in general

generico [dʒe·ˈnɛː·ri·ko] *m* general; **restare nel** ~ to be non-specific

generico, -a <-ci, -che> *agg* **1.** (*discorso, significato*) generic **2.** MED **medico** ~ general practicioner; **medicinali -ci** generic drugs

genero [ˈdʒɛː·ne·ro] *m* son-in-law

generosità [dʒe·ne·ro·si·ˈta] <-> *f* generosity

generoso, -a [dʒe·ne·ˈroː·so] *agg* generous

Genesi [ˈdʒɛː·ne·zi] <-> *f o m* REL Genesis

genetica [dʒe·ˈnɛː·ti·ka] <-che> *f* genetics

genetico, -a [dʒe·ˈnɛː·ti·ko] <-ci, -che> *agg* genetic; **ingegneria -a** genetic engineering

gengiva [dʒen·ˈdʒiː·va] *f* gum

gengivite [dʒen·dʒi·ˈviː·te] *f* MED gingivitis

geniale [dʒe·ˈniaː·le] *agg* brilliant

genio [ˈdʒɛː·nio] <-i> *m* **1.** (*talento, persona*) genius; **un uomo di** ~ a genius; **lampo di** ~ brainwave **2.** (*folletto*) genie **3.** ADM ~ **civile** civil engineers *pl;* **il** ~ **militare** the Army Corps of Engineers **4.** (*loc*) **non mi va a** ~ I don't like it [*o* him] [*o* her]

genitale [dʒe·ni·ˈtaː·le] *agg* genital

genitali [dʒe·ni·ˈtaː·li] *mpl* genitals

gennaio [dʒen·ˈnaː·io] *m* January; *v. a.* **aprile**

genocidio [dʒe·no·ˈtʃiː·dio] <-i> *m* genocide

Genova [ˈdʒɛː·no·va] *f* Genoa *the capital of the Liguria region*

genovese [dʒe·no·ˈveː·se] **I.** *agg* Genoese; **pesto alla** ~ pesto *a sauce for pasta consisting of basil, olive oil and pine nuts* **II.** *mf* (*abitante*) Genoese **III.** <*sing*> *m* (*dialetto*) Genoese dialect

gentaglia [dʒen·ˈtaʎ·ʎa] <-glie> *f pej* riffraff

gente [ˈdʒɛn·te] *f* <*sing*> (*persone*) people *pl*

gentildonna [dʒen·til·ˈdɔn·na] *f* lady

gentile [dʒen·ˈtiː·le] *agg* **1.** (*persona*) kind; (*maniere*) courteous **2.** (*sentimenti, animo*) gentle; **il gentil sesso** the fair sex **3.** (*nelle lettere*) ~ **signora** dear madam

gentilezza [dʒen·ti·ˈlet·tsa] *f* **1.** (*di persona*) kindness; (*di modi*) courtesy **2.** (*piacere*) favor; **per ~** please; **fammi la ~ di ...** +*inf* please just ...; **fare una ~ a qu** to do sb a favor

gentiluomo [dʒen·ti·ˈluɔː·mo] <gentiluomini> *m* gentleman; **comportarsi da ~** to behave like a gentleman

genuinità [dʒe·nui·ni·ˈta] <-> *f* **1.** (*di prodotto*) naturalness **2.** (*di affermazione, notizia, fonte*) authenticity

genuino, -a [dʒe·nu·ˈiː·no] *agg* natural

geofisica [dʒe·o·ˈfiː·zi·ka] <-che> *f* geophysics

geofisico, -a [dʒe·o·ˈfiː·zi·ko] <-ci, -che> **I.** *agg* geophysical **II.** *m, f* (*studioso*) gephysicist

geografia [dʒe·o·gra·ˈfiː·a] *f* geography

geografico, -a [dʒe·o·ˈgraː·fi·ko] <-ci, -che> *agg* geographical; **atlante ~** atlas; **carta -a** map

geografo, -a [dʒe·ˈɔː·gra·fo] *m, f* geographer

geologia [dʒe·o·lo·ˈdʒiː·a] <-gie> *f* geology

geologico, -a [dʒe·o·ˈlɔː·dʒi·ko] <-ci, -che> *agg* geological

geologo, -a [dʒe·ˈɔː·lo·go] <-gi, -ghe> *m, f* geologist

geometra [dʒe·ˈɔː·met·ra] <-i *m*, -e *f*> *mf* surveyor

geometria [dʒe·o·me·ˈtriː·a] <-ie> *f* MATH geometry

geometrico, -a [dʒe·o·ˈmɛː·tri·ko] *agg a. fig* geometric(al)

geranio [dʒe·ˈraː·nio] <-i> *m* BOT geranium

gerarca [dʒe·ˈrar·ka] <-chi> *m* HIST party official

gerarchia [dʒe·rar·ˈkiː·a] <-chie> *f* hierarchy

gerarchico, -a [dʒe·ˈrar·ki·ko] <-ci, -che> *agg* hierarchical

gerente [dʒe·ˈrɛn·te] *mf* (*di società, negozio*) manager *m*, manageress *f*

gergale [dʒer·ˈgaː·le] *agg* (*di slang*) slang; (*di linguaggio professionale*) jargon; **espressione ~** slang expression

gergo [ˈdʒɛr·go] <-ghi> *m* (*linguaggio informale*) slang; (*linguaggio professionale*) jargon; ~ **giornalistico** newspaper jargon

geriatra [dʒe·ˈriaː·tra] <-i *m*, -e *f*> *mf* geriatrician

geriatria [dʒe·ria·ˈtriː·a] <-ie> *f* geriatrics

geriatrico, -a [dʒe·ˈriaː·tri·ko] <-ci, -che> *agg* geriatric; **clinica -a** geriatric clinic

Germania [dʒer·ˈmaː·nia] *f* Germany; **la ~** Germany; **abitare in ~** to live in Germany; **andare in ~** to go to Germany

germanico, -a [dʒer·ˈmaː·ni·ko] <-ci, -che> *agg* Germanic

germanista [dʒer·ma·ˈnis·ta] <-i *m*, -e *f*> *mf* Germanist

germe [ˈdʒɛr·me] *m* BIOL germ

germicida[1] [dʒer·mi·ˈtʃiː·da] <-i, -e> *agg* germicidal

germicida[2] <-i> *m* germicide

germinare [dʒer·mi·ˈnaː·re] *vi essere o avere* BOT to germinate

germinazione [dʒer·mi·nat·ˈtsioː·ne] *f* BOT germination

germogliare [dʒer·moʎ·ˈʎaː·re] *vi essere o avere* **1.** (*seme*) to germinate **2.** (*albero, ramo*) to bud

germoglio [dʒer·ˈmoʎ·ʎo] <-gli> *m* **1.** (*di seme*) shoot **2.** (*di albero, ramo*) bud

geroglifico [dʒe·ro·ˈgliː·fi·ko] *m a. fig* LING hieroglyphic

geroglifico, -a <-ci, -che> *agg* hieroglyphic

gerontologia [dʒe·ron·to·lo·ˈdʒiː·a] <-gie> *f* gerontology

gerontologo, -a [dʒe·ron·ˈtɔː·lo·go] <-gi, -ghe> *m, f* gerontologist

gerundio [dʒe·ˈrun·dio] <-i> *m* LING gerund

gerundivo, -a [dʒe·run·ˈdiː·vo] *agg* LING gerundive

Gerusalemme [dʒe·ru·za·ˈlɛm·me] *f* Jerusalem

gessato [dʒes·ˈsaː·to] *m* (*abito*) pinstripe suit

gessato, -a *agg* (*abito, pantaloni*) pinstripe

gessetto [dʒes·ˈset·to] *m* piece of chalk
gesso [ˈdʒɛs·so] *m* **1.** (*per lavagna*) chalk **2.** MIN gypsum **3.** MED, SCULTURA plaster cast
gesta [ˈdʒɛs·ta] *fpl* LIT feats
gestante [dʒes·ˈtan·te] *f* pregnant woman
gestazione [dʒes·tat·ˈtsio:·ne] *f* MED pregnancy
gesticolare [dʒes·ti·ko·ˈla:·re] *vi* to gesticulate
gestionale [dʒes·tio·ˈna:·le] *agg* management
gestione [dʒes·ˈtio:·ne] *f* (*gener*) management; ~ **dei costi** cost management
gestire [dʒes·ˈti:·re] <gestisco> *vt* (*amministrare*) to run; (*fondi*) to manage; (*tempo*) to organize
gesto [ˈdʒɛs·to] *m* gesture
gestore, -trice [dʒes·ˈto:·re] *m, f* **1.** (*di albergo, ditta*) manager *m*, manageress *f* **2.** (*fornitore di servizio*) supplier; **il ~ della rete elettrica** the electricity network supplier
gestuale [dʒes·tu·ˈa:·le] *agg* **linguaggio ~** sign language
Gesù [dʒe·ˈzu] *m* Jesus
gesuita [dʒe·zu·ˈi:·ta] <-i> *m* REL Jesuit
gesuitico, -a [dʒe·zu·ˈi:·ti·ko] <-ci, -che> *agg* REL Jesuitical
gettare [dʒet·ˈta:·re] **I.** *vt* **1.** (*lanciare*) to throw; ~ **via qc** to throw sth away; ~ **le braccia al collo a qu** to throw one's arms around sb's neck **2.** NAUT (*ancora*) to drop; (*reti*) to cast **3.** ARCH (*fondamenta*) to lay **II.** *vr:* **-rsi 1.** (*buttarsi*) **-rsi a terra** to throw oneself down on the ground; **-rsi ai piedi di qu** to throw oneself at sb's feet; **-rsi contro qu** to attack sb; **-rsi dalla finestra** to throw oneself out of the window; **-rsi in acqua** to jump into the water **2.** (*fiume*) to flow into
gettata [dʒet·ˈta:·ta] *f* (*di cemento*) casting
gettito [ˈdʒɛt·ti·to] *m* (*introiti*) revenue
getto [ˈdʒɛt·to] *m* **1.** BOT shoot **2.** (*di liquido*) jet; **stampanti a ~ d'inchiostro** ink-jet printers **3.** (*di metallo, calcestruzzo*) casting **4.** *fig* **a ~ continuo** continuously; **di ~** straight off
gettonato, -a [dʒet·to·ˈna:·to] *agg fam* popular
gettone [dʒet·ˈto:·ne] *m* token
ghepardo [ge·ˈpar·do] *m* cheetah
gheriglio [ge·ˈriʎ·ʎo] <-gli> *m* (*di noce*) kernel
ghermire [ger·ˈmi:·re] *vt* to seize
ghetta [ˈget·ta] *f* gaiter
ghettizzare [get·tid·ˈdza:·re] *vt* (*minoranze*) to segregate
ghettizzazione [get·tid·dzat·ˈsio:·ne] *f* (*di minoranze*) segregation
ghiacciaia [giat·ˈtʃa:·ia] <-aie> *f* icebox
ghiacciare [giat·ˈtʃa:·re] **I.** *vt avere* (*gelare*) to freeze **II.** *vr:* **-rsi** to freeze
ghiacciato, -a [giat·ˈtʃa:·to] *agg* frozen
ghiaccio [ˈgiat·tʃo] <-cci> *m* ice; ~ **secco** dry ice; **pattinaggio sul ~** ice skating; **rompere il ~** *a. fig* to break the ice; **essere un pezzo di ~** *fig* to be as cold as ice
ghiacciolo [giat·ˈtʃɔ:·lo] *m* **1.** (*pezzo di ghiaccio*) icicle **2.** CULIN popsicle
ghiaia [ˈgia:·ia] <-aie> *f* gravel
ghiaioso, -a [gia·ˈio:·so] *agg* gravelly
ghianda [ˈgian·da] *f* BOT acorn
ghiandola [ˈgian·do·la] *f* ANAT gland
ghigliottina [giʎ·ʎot·ˈti:·na] *f* guillotine
ghigliottinare [giʎ·ʎot·ti·ˈna:·re] *vt* to guillotine
ghignare [giɲ·ˈɲa:·re] *vi* to snicker
ghingheri [ˈgiŋ·ge·ri] *avv* **mattersi in ~** *scherz fam* to put on one's finery
ghiotto, -a [ˈgiot·to] *agg* **1.** (*persona*) greedy; **è ~ di dolci** he's [*o* she's] a glutton for cakes **2.** (*cibo*) delicious
ghiottone, -a [giot·ˈto:·ne] *m, f* (*persona*) glutton
ghiottoneria [giot·to·ne·ˈri:·a] <-ie> *f* **1.** (*golosità*) gluttony **2.** (*leccornia*) delicacy
ghirlanda [gir·ˈlan·da] *f* garland
ghiro [ˈgi:·ro] *m* ZOO dormouse; **dormire come un ~** to sleep like a log
ghisa [ˈgi:·za] *f* cast iron
già [dʒa] *avv* **1.** (*fatto compiuto*) already; **sono ~ partiti** they've already left **2.** (*prima d'ora*) before; (*in frasi interrogative*) yet; **l'ho ~ fatto** I've done it before; **hai ~ fatto i compiti?** have you done your homework yet? **3.** (*ormai*)

by now **4.** (*sin d'ora*) right; ~ **da ora** right now; ~ **da oggi** from today **5.** (*sin da alllora*) ever since **6.** (*ex*) formerly **7.** (*rafforzativo*) quite; ~ **tanto** quite something **8.** (*loc*) ~ **che** while

giacca ['dʒak·ka] <-cche> *f* (*indumento*) jacket; ~ **a vento** windbreaker

giacché [dʒak·'ke] *cong* (*poiché*) since

giaccio ['dʒat·tʃo] *1. pers sing pr di* **giacere**

giacenza [dʒa·'tʃɛn·tsa] *f* (*deposito*) **in** ~ in abeyance; **posta in** ~ unclaimed mail; **-e di magazzino** (*resti*) unsold stock

giacere [dʒa·'tʃe:·re] <giaccio, giacqui, giaciuto> *vi essere* **1.** (*essere disteso*) to lie; ~ **bocconi** to lie on one's face; ~ **sul fianco** to lie on one's side; ~ **supino** to lie on one's back **2.** (*essere sepolto*) to be buried; **qui giace ...** (*sulle tombe*) here lies ...

giacimento [dʒa·tʃi·'men·to] *m* (*di petrolio, di gas*) deposit

giacinto [dʒa·'tʃin·to] *m* BOT hyacinth

giaciuto [dʒa·'tʃu:·to] *pp di* **giacere**

giacqui ['dʒak·kui] *1. pers sing pass rem di* **giacere**

giada[1] ['dʒa:·da] *f* jade

giada[2] <inv> *agg* **verde** ~ jade green

giaguaro [dʒa·'gua:·ro] *m* ZOO jaguar

giallastro, -a [dʒal·'las·tro] *agg* yellowish

giallo ['dʒal·lo] *m* **1.** (*colore*) yellow; **il** ~ **dell'uovo** the egg yolk; **passare col** ~ to go through a yellow light **2.** LIT detective story; CINE thriller

giallo, -a *agg* **1.** (*colore*) yellow; **farina -a** corn flour; **febbre -a** yellow fever; **Pagine -e**® Yellow Pages® **2.** (*romanzo*) detective story; (*film*) thriller

giammai [dʒam·'ma:·i] *avv poet* never

gianduia [dʒan·'du:·ia] <-> *m* CULIN nut chocolate

Giappone [dʒap·'po:·ne] *m* Japan; **il** ~ Japan

giapponese [dʒap·po·'ne:·se] **I.** *agg* Japanese **II.** *mf* Japanese **III.** <*sing*> *m* (*lingua*) Japanese

giardinaggio [dʒar·di·'nad·dʒo] <-ggi> *m* gardening

giardiniere, -a [dʒar·di·'niɛ:·re] *m, f* gardener

giardino [dʒar·'di:·no] *m* garden; **in** ~ in the garden; ~ **botanico** botanic garden; **da** ~ garden; **mobili da** ~ garden furniture; **-i pubblici** public gardens; ~ **zoologico** zoo

giarrettiera [dʒar·ret·'tiɛ:·ra] *f* garter

giavellotto [dʒa·vel·'lɔt·to] *m* SPORT javelin

gigante [dʒi·'gan·te] **I.** *agg* giant-size **II.** *m* giant

gigantesco, -a [dʒi·gan·'tes·ko] <-schi, -sche> *agg* gigantic

giglio ['dʒiʎ·ʎo] <-gli> *m* BOT lily

gilè [dʒi·'lɛ] <-> *m* vest

ginecologo, -a [dʒi·ne·'kɔ:·lo·go] <-gi, -ghe> *m, f* gynecologist

ginepro [dʒi·'ne:·pro] *m* BOT juniper

ginestra [dʒi·'nɛs·tra] *f* BOT broom

Ginevra [dʒi·'ne:v·ra] *f* (*città*) Geneva

ginnasio [dʒin·'na:·zio] <-i> *m the first and second years of a high school which specializes in Latin and Greek (the Liceo Classico)*

ginnasta [dʒin·'nas·ta] <-i *m*, -e *f*> *mf* gymnast

ginnastica [dʒin·'nas·ti·ka] <-che> *f* **1.** (*esercizio*) gymnastics; ~ **correttiva** physical therapy **2.** *fig* (*materia scolastica*) physical education

ginnico, -a ['dʒin·ni·ko] <-ci, -che> *agg* (*attrezzi*) gymnastic; **percorso** ~ training

ginocchiera [dʒi·nok·'kiɛ:·ra] *f* **1.** (*per sport*) knee pad **2.** (*fascia elastica*) knee bandage

ginocchio [dʒi·'nɔk·kio] <-cchi *m o* -cchia *f*> *m* knee; **stare in** ~ to kneel; **mettersi in** ~ to kneel down

giocare [dʒo·'ka:·re] **I.** *vi* **1.** *a.* SPORT to play; ~ **a carte** to play cards; ~ **a palla** to play ball; ~ **con qc** to play with sth; **gioca nell'Inter** he plays for Inter **2.** (*scommettere*) to bet; ~ **al lotto** to play the lottery **3.** FIN to speculate; ~ **in borsa** to play the Stock Market **II.** *vt* **1.** (*gener*) to play **2.** (*scommettere: somma*) to bet

giocatore, -trice [dʒo·ka·'to:·re] *m, f* (*a carte, pallone, tennis*) player; ~ **d'azzardo** gambler

giocattolo [dʒo·'kat·to·lo] *m* toy

giocherellare [dʒo·ke·rel·'la:·re] *vi* to play

giocherellone, -a [dʒo·ke·rel·'lo:·ne] *agg* playful

gioco ['dʒɔ:·ko] <-chi> *m* **1.** (*divertimento*) game; ~ **d'azzardo** game of chance; ~ **di parole** pun; ~ **di società** parlor game; **i -chi olimpici** the Olympic Games; **campo da ~** pitch; **fare il ~ di qu** *fig* to play sb's game; **fare il doppio ~** *fig* to double-cross; **mettere in ~ qc** *fig* to risk sth; **prendersi ~ di qu** *fig* to make fun of sb **2.** (*giocattolo*) toy **3.** (*lavoro facile*) child's play

giocoliere, -a [dʒo·ko·'liɛ:·re] *m, f* juggler

gioia ['dʒɔ:·ia] <-ie> *f* **1.** (*emozione*) joy; **darsi alla pazza ~** to live things up **2.** (*gioiello*) jewel **3.** (*persona*) darling

gioielleria [dʒo·iel·le·'ri:·a] <-ie> *f* **1.** (*negozio*) jeweler's shop **2.** (*arte*) jeweler's craft **3.** (*goielli*) jewelry

gioielliere, -a [dʒo·iel·'liɛ:·re] *m, f* **1.** (*persona*) jeweler **2.** (*negozio*) jeweler's

gioiello [dʒo·'iɛl·lo] *m* jewel

gioioso, -a [dʒo'io:so] *agg* joyful

giornalaio, -a [dʒor·na·'la:·io] <-ai, -aie> *m, f* newsdealer

giornale [dʒor·'na:·le] *m* **1.** (*quotidiano*) newspaper **2.** RADIO, TV news bulletin; ~ **radio** radio news **3.** (*registro*) journal; ~ **di bordo** ship's log

giornaliero, -a [dʒor·na·'liɛ:·ro] *agg* daily

giornalino [dʒor·na·'li:·no] *m fam* comic

giornalismo [dʒor·na·'liz·mo] *m* journalism

giornalista [dʒor·na·'lis·ta] <-i *m*, -e *f*> *mf* journalist

giornalistico, -a [dʒor·na·'lis·ti·ko] <-ci, -che> *agg* journalistic

giornata [dʒor·'na:·ta] *f* day; **in ~** by the end of the day; **vivere alla ~** to live from day to day

giorno ['dʒor·no] *m* **1.** (*24 ore*) day; ~ **feriale** weekday; ~ **festivo** holiday; ~ **lavorativo** work day; **piatto del ~** today's specialty; **al ~** per day; **da un ~ all'altro** suddenly; **un ~ o l'altro** one of these days; ~ **per ~** day by day **2.** (*ore di luce*) daylight; **di ~** by day **3.** (*loc*) **al ~ d'oggi** nowadays; **ai nostri -i** in our time; **buon ~** *v.* **buongiorno**

giostra ['dʒɔs·tra] *f* (*al luna park*) merry-go-round

giovamento [dʒo·va·'men·to] *m* benefit

giovane ['dʒo:·va·ne] **I.** *agg* **1.** (*persona, animale*) young **2.** (*moda, letteratura*) youth **II.** *mf* (*ragazzo*) young man; (*ragazza*) young woman; **da ~** as a young man [*o* woman]

giovanile [dʒo·va·'ni:·le] *agg* **1.** (*amore, delusione*) youthful **2.** (*movimento, politica*) youth

giovanotto [dʒo·va·'nɔt·to] *m* young man

giovare [dʒo·'va:·re] *vi avere o essere* **1.** (*essere utile*) to be useful **2.** (*fare bene*) to do good

Giove ['dʒɔ:·ve] *m* Jupiter; **per ~!** *fam* by Jove!

giovedì [dʒo·ve·'di] <-> *m* Thursday; ~ **grasso** last Thursday before Lent; *v. a.* **domenica**

gioventù [dʒo·ven·'tu] <-> *f* **1.** (*età*) youth; **in ~** in one's youth **2.** (*giovani*) young people *pl*

gioviale [dʒo·'via:·le] *agg* (*accoglienza*) hearty; (*persona, clima*) jovial

giovinastro [dʒo·vi·'nas·tro] *m* young hoodlum

giovinezza [dʒo·vi·'net·tsa] *f* youth; **la seconda ~** the golden years

GIP ['dʒip] <-> *mf abbr di* **giudice per le indagini preliminari** *the magistrate appointed to supervise the initial police investigation into a case*

giradischi [dʒi·ra·'dis·ki] <-> *m* record player

giraffa [dʒi·'raf·fa] *f* **1.** ZOO giraffe **2.** FILM, TV, RADIO boom

giramento [dʒi·ra·'men·to] *m* ~ **di testa** *fam* dizzy spell

giramondo [dʒi·ra·'mon·do] <-> *mf* globetrotter

girare [dʒi·'ra:·re] **I.** *vt* **1.** (*chiave, testa, occhi*) to turn **2.** *fig* (*domanda, lettera*) to pass on **3.** (*film*) to shoot **4.** (*assegno*) to endorse **5.** (*città, isola*) to go around; ~ **il mondo** to travel around the world **II.** *vi* **1.** (*ruotare*) to revolve; **mi gira la testa** I feel dizzy; **far ~ la testa a qu** (*fare innamorare*) to turn sb's head;

G

~ **alla larga** to keep clear **2.** (*camminare*) to go around **3.** (*voltare*) to turn **4.** (*notizie, dicerie*) to circulate **III.** *vr:* **-rsi** (*voltarsi*) to turn; **-rsi nel letto** to turn over in bed; **-rsi dall'altra parte** to turn away

girasole [dʒi·ra·'soː·le] *m* BOT sunflower

girata [dʒi·'raː·ta] *f* FIN (*di assegno*) endorsement

giravolta [dʒi·ra·'vɔl·ta] *f* (*piroetta*) pirouette

girello [dʒi·'rɛl·lo] *m* **1.** (*per bambini*) baby walker **2.** CULIN bottom round

girevole [dʒi·'reː·vo·le] *agg* revolving

girino [dʒi·'riː·no] *m* ZOO tadpole

giro ['dʒiː·ro] *m* **1.** (*rotazione*) revolution; **su di -i** (*motore*) revved-up; *fig* (*persona*) high-spirited; ~ **di valzer** waltz **2.** (*passeggiata*) stroll; (*in macchina, bicicletta*) ride; (*percorso*) trip; ~ **turistico** sightseeing tour; **essere in ~ per lavoro** to be out and about on work; **andare in ~** to go around; **lasciare in ~** to leave lying around; **mettere in ~** (*voci, dicerie*) to spread **3.** SPORT (*di pista*) lap; (*gara*) tour; **il ~ di Francia** the Tour de France **4.** (*periodo di tempo*) course; **nel ~ di un mese/anno** in a month's/year's time **5.** (*cerchia*) circle; (*ambiente*) scene **6.** (*circonferenza: di collo*) circumference **7.** COM ~ **d'affari** turnover **8.** (*loc*) **prendere in ~ qu** to make fun of sb

girocollo [dʒi·ro·'kɔl·lo] *m* **1.** (*collana*) choker **2.** (*maglione*) crewneck sweater

giroconto [dʒi·ro·'kon·to] *m* credit transfer

girone [dʒi·'roː·ne] *m* SPORT leg; ~ **d'andata** away leg; ~ **di ritorno** return leg

gironzolare [dʒi·ron·dzo·'laː·re] *vi fam* to wander about

girotondo [dʒi·ro·'ton·do] *m* ring-around-the-rosey

girovagare [dʒi·ro·va·'gaː·re] *vi* to wander around

girovago, -a [dʒi·'rɔː·va·go] <-ghi, -ghe> **I.** *agg* traveling **II.** *m, f* wanderer

gita ['dʒiː·ta] *f* trip; **andare in ~ a …** to go on a trip to …

gitano, -a [dʒi·'taː·no] *agg, m, f* gypsy

gitante [dʒi·'tan·te] *mf* tripper

gittata [dʒit·'taː·ta] *f* (*di arma*) range

giù [dʒu] *avv* (*in basso*) down; (*dabbasso*) downstairs; **mandare ~** *a fig* to swallow; **essere ~** *fig* to be depressed; **in ~** down(wards); **~ le mani!** get your hands off!

giubbotto [dʒub·'bɔt·to] *m* jacket; ~ **antiproiettile** bulletproof vest; ~ **salvagente** life jacket

giudaico, -a [dʒu·'daː·i·ko] <-ci, -che> *agg* Judaic

giudicare [dʒu·di·'kaː·re] *vt* **1.** *a.* GIUR (*persona*) to judge; **fu giudicato colpevole** he was found guilty **2.** (*ritenere*) to consider

giudice ['dʒuː·di·tʃe] *mf* **1.** GIUR judge; **giudice per le indagini preliminari** *the magistrate appointed to supervise the initial police investigation into a case* **2.** SPORT judge; ~ **di gara** (*tennis*) umpire; (*calcio, rugby*) referee

giudiziario, -a [dʒu·dit·'tsiaː·rio] <-i, -ie> *agg* (*gener*) judicial; **ufficiale ~** bailiff

giudizio [dʒu·'dit·tsio] <-i> *m* **1.** (*senno*) judgment **2.** opinion; **a mio/tuo ~** in my/your opinion **3.** GIUR (*processo*) trial **4.** GIUR (*sentenza*) verdict **5.** REL judgement; **il ~ universale** the Last Judgement

giudizioso, -a [dʒu·dit·'tsioː·so] *agg* (*persona*) sensible; (*soluzione, scelta*) judicious

giugno ['dʒuɲ·ɲo] *m* June; *v. a.* **aprile**

giunco ['dʒuŋ·ko] <-chi> *m* BOT rush

giungere ['dʒun·dʒe·re] <giungo, giunsi, giunto> *vi essere* to reach

giungla ['dʒuŋ·gla] *f* jungle

giunsi ['dʒun·si] *1. pers sing pass rem di* **giungere**

giunta ['dʒun·ta] *f* **1.** ADM (*consiglieri*) council **2.** (*loc*) **per ~** what's more

giunto ['dʒun·to] *m* MOT joint

giunto *pp di* **giungere**

giuntura [dʒun·'tuː·ra] *f* *a.* ANAT joint

giuramento [dʒu·ra·'men·to] *m* oath; **prestare ~** to swear an oath

giurare [dʒu·'raː·re] **I.** *vt* to swear; ~ **il falso** to commit perjury **II.** *vi* ~ **su qc** to swear on sth

giurato, -a [dʒu·'raː·to] **I.** *agg* sworn;

guardia ~ security guard **II.** *m, f* GIUR juror

giuria [dʒu·'riː·a] <-ie> *f* jury

giuridico, -a [dʒu·'riː·di·ko] <-ci, -che> *agg* legal

giurisdizione [dʒu·riz·dit·'tsioː·ne] *f a.* GIUR jurisdiction

giurisprudenza [dʒu·ris·pru·'dɛn·tsa] *f* law

giurista [dʒu·'ris·ta] <-i *m*, -e *f*> *mf* jurist

giustificare [dʒus·ti·fi·'kaː·re] **I.** *vt* to justify **II.** *vr:* **-rsi** to justify oneself

giustificazione [dʒus·ti·fi·kat·'tsioː·ne] *f* **1.** (*spiegazione*) justification **2.** (*a scuola*) absence note; **libretto delle -i** absences' book

giustizia [dʒus·'tit·tsia] <-ie> *f* **1.** (*equità*) justice; **rendere ~ a qu** to do sb justice **2.** GIUR (*autorità giudiziaria*) law; **ricorrere alla ~** to take legal steps

giustiziare [dʒus·tit·'tsiaː·re] *vt* to execute

giustiziato, -a [dʒus·tit·'tsiaː·to] *m, f* executed person

giusto[1] ['dʒus·to] *m* right; **essere nel ~** to be in the right

giusto[2] **I.** *avv* **1.** (*esattamente*) correctly **2.** (*proprio*) exactly; **arrivare ~ in tempo** to arrive just in time **3.** (*appena*) just **II.** *inter* (*in risposta*) right

giusto, -a *agg* **1.** (*equo*) just **2.** (*vero*) true **3.** (*adeguato*) right **4.** (*corretto*) correct

glaciale [gla·'tʃaː·le] *agg* **1.** (*gelato*) frozen **2.** *fig* (*accoglienza, sguardo*) icy

glaciazione [gla·tʃat·'tsioː·ne] *f* glaciation

gladiolo [gla·'diː·o·lo] *m* BOT gladiolus

glassa ['glas·sa] *f* (*per torte*) icing

glassare [glas·'saː·re] *vt* (*torta*) to ice

gli [ʎi] **I.** *art det m pl* (*davanti a s impura, gn, pn, ps, x, z*) the **II.** *pron pers 3. pers m sing* **1.** (*a lui*) (to) him; (*a esso*) (to) it [*o* him]; (*a loro*) (to) them **2.** (*unito a la, le, li, lo, ne: a lei, a lui, a loro*) **non glielo dare** don't give it to him [*o* her] [*o* it] [*o* them]; **diglielo tu** you tell him [*o* her] [*o* it] [*o* them] it; **gliene parlerò domani** I'll talk to him [*o* her] [*o* it] [*o* them] about it tomorrow **3.** (*unito a la, le, li, lo, ne: forma di cortesia: Lei*) to [*o* for] you

glicemia [gli·tʃe·'miː·a] <-ie> *f* MED glycemia

glicerina [gli·tʃe·'riː·na] *f* glycerine

glicine ['gliː·tʃi·ne] *m* BOT wisteria

gliela, gliele, glieli, glielo, gliene ['ʎeː·la, 'ʎeː·le, 'ʎeː·li, 'ʎeː·lo, 'ʎeː·ne] = **gli/le + la, le, li, lo, ne**

globale [glo·'baː·le] *agg* **1.** (*totale*) total **2.** (*mondiale*) global

globalizzazione [glo·ba·lid·dzat·'tsioː·ne] *f* globalization

globo ['glɔː·bo] *m* **1.** (*sfera*) globe **2.** ASTR **~ celeste** celestial globe; **~ terrestre** Earth

globulo ['glɔː·bu·lo] *m* MED corpuscle

gloria ['glɔː·ria] <-ie> *f* glory

gloriarsi [glo·'riar·si] *vr* **~ di qc** (*vantarsi*) to take pride in sth

glorioso, -a [glo·'rioː·so] *agg* glorious

glossa ['glɔs·sa] *f* gloss

glossario [glos·'saː·rio] <-i> *m* glossary

glottologia [glot·to·lo·'dʒiː·a] <-gie> *f* linguistics

glottologo, -a [glot·'tɔː·lo·go] <-gi, -ghe> *m, f* linguist

glucosio [glu·'kɔː·zio] <-i> *m* glucose

glutammato [glu·tam·'maː·to] *m* glutamate

gluteo ['gluː·teo] *m* gluteus; **i -i** buttocks

glutine ['gluː·ti·ne] *m* gluten

gnocco ['ɲɔk·ko] <-cchi> *m* CULIN gnocco *small potato dumpling eaten with pasta sauce*

gnomo ['ɲɔː·mo] *m* gnome

gnorri ['ɲɔr·ri] *m* **fare lo ~** *fam* to look blank

goal [goul/gɔl] <-> *m* goal; **fare** [*o* **segnare**] **un ~** to score a goal

gobba ['gɔb·ba] *f* **1.** *a. fam* (*sulla schiena*) hump; **avere la ~** *fam* to be hunchbacked **2.** (*di naso*) bump

gobbo, -a ['gob·bo] **I.** *agg* **1.** (*che ha la gobba*) hunch-backed **2.** (*con le spalle curve*) round-shouldered; **stare ~** to be bent over **II.** *m, f* hunchback

goccia ['got·tʃa] <-cce> *f* drop; **la ~ che fa traboccare il vaso** *fig* the straw that broke the camel's back; **fino all'ultima ~** to the last drop; **a ~** drop-shaped;

orecchini a ~ drop-earrings

goccio ['got·tʃo] <-cci> *m fam* drop

gocciolare [got·tʃo·'la:·re] **I.** *vt avere* to drip **II.** *vi essere o avere* **1.** (*rubinetto, liquido*) to drip **2.** (*naso*) to run

godere [go·'de:·re] <godo, godei *o* godetti, goduto> **I.** *vi* **1.** (*provare piacere*) to enjoy; ~ **nel fare qc** to enjoy doing sth **2.** (*sessualmente*) to come **3.** (*beneficiare*) ~ **di qc** to benefit from sth; ~ **della fiducia di qu** to enjoy sb's trust **II.** *vt* to enjoy; ~ **ottima salute** to enjoy excellent health; **-rsi la vita/le vacanze** to enjoy life/ one's holidays

godimento [go·di·'men·to] *m* **1.** *a.* GIUR enjoyment **2.** (*sessuale*) pleasure

goffaggine [gof·'fad·dʒi·ne] *f* awkwardness

goffo, -a ['gɔf·fo] *agg* **1.** (*impacciato: persona*) awkward **2.** (*sgraziato: movimento*) clumsy

gol [gɔl] *v.* **goal**

gola ['go:·la] *f* **1.** ANAT (*collo*) throat; **aver il mal di** ~ to have a sore throat **2.** (*vizio*) gluttony; **peccati di** ~ sins of gluttony; **far** ~ **a qu** *fig* to tempt sb **3.** GEOG gorge

golf [gɔlf] <-> *m* **1.** SPORT golf; **giocare a** ~ to play golf **2.** (*maglione*) sweater

golfo ['gol·fo] *m* gulf; **guerra del Golfo** Gulf War

golosità [go·lo·si·'ta] <-> *f* **1.** (*ghiottoneria*) gluttony **2.** (*leccornia*) delicacy

goloso, -a [go·'lo:·so] **I.** *agg* **1.** (*ghiotto: persona*) greedy **2.** (*appetitoso: cibo*) delicious **II.** *m, f* glutton

golpe ['gɔl·pe] <-> *m* coup

golpista [gol·'pis·ta] <-i *m*, -e *f*> *mf* member of a coup

gomitata [go·mi·'ta:·ta] *f* shove with the elbow

gomito ['go:·mi·to] *m* ANAT elbow; **alzare il** ~ *fig* to drink a lot

gomitolo [go·'mi:·to·lo] *m* ball

gomma ['gom·ma] *f* **1.** (*materiale*) rubber; ~ **americana** [*o* **da masticare**] chewing gum **2.** *fam* (*pneumatico*) tire; **cambiare una** ~ to change a tire; **forare una** ~ to have a flat **3.** (*per cancellare*) eraser

gommato, -a [gom·'ma:·to] *agg* (*tela*) rubberized; (*carta*) gummed

gommista [gom·'mis·ta] <-i *m*, -e *f*> *mf* tire specialist

gommone [gom·'mo:·ne] *m* NAUT rubber dinghy

gommoso, -a [gom·'mo:·so] *agg* rubbery

gondoliere [gon·do·'liɛ:·re] *m* gondolier

gonfiabile [gon·'fia:·bi·le] *agg* inflatable

gonfiare [gon·'fia:·re] **I.** *vt* **1.** (*pallone, materassino*) to inflate; (*gomma*) to pump up; (*vele*) to fill; (*guance*) to puff out **2.** (*dilatare: stomaco*) to bloat **3.** *fig* (*notizia*) to blow out of proportion **II.** *vr:* **-rsi 1.** (*mani, piedi, occhi*) to swell (up); (*occhi*) to puff up **2.** (*dilatarsi*) to get bloated

gonfiato, -a [gon·'fia:·to] *agg* inflated; **un pallone** ~ *fig, pej* a bighead

gonfio, -a ['gon·fio] <-i, -ie> *agg* **1.** (*mani, piedi*) swollen; (*occhi*) puffy **2.** (*stomaco, pancia*) bloated **3.** (*vela*) full; **andare a -ie vele** (*progetto*) to go really well

gonfiore [gon·'fio:·re] *m* swelling

gonna ['gon·na/'gɔn·na] *f* skirt; ~ **a pieghe** pleated skirt; ~ **pantalone** culottes *pl*

gorgo ['gor·go] <-ghi> *m* whirlpool

gorgogliare [gor·goʎ·'ʎa:·re] *vi* to gurgle

gorgonzola [gor·gon·'dzɔ:·la] *m* gorgonzola *a blue-veined cheese*

gorilla [go·'ril·la] <-> *m* **1.** ZOO gorilla **2.** *fig* bodyguard

Gorizia *f* Gorizia *town in the Friuli Venezia Giulia region*

goriziano, -a I. *agg* from Gorizia **II.** *m, f* (*abitante*) person from Gorizia

gotico *m* Gothic

gotico, -a ['gɔ:·ti·ko] <-ci, -che> *agg* Gothic

goto ['gɔ:·to] *m* HIST Goth

gotta ['got·ta] *f* MED gout

governante [go·ver·'nan·te] **I.** *mf* POL ruler **II.** *f* (*di casa, albergo*) housekeeper

governare [go·ver·'na:·re] **I.** *vt* **1.** (*amministrare*) to govern **2.** (*guidare: famiglia, azienda*) to run **3.** (*nave, veicolo*) to handle **II.** *vr:* **-rsi** to govern oneself

governativo, **-a** [go·ver·na·'tiː·vo] *agg* government

governatore, **-trice** [go·ver·na·'toː·re] *m, f* governor

governo [go·'vɛr·no] *m* POL government; ~ **fantasma** shadow cabinet; ~ **di coalizione** coalition government

gozzo ['got·tso] *m* MED goiter

GR *m abbr di* **Giornale Radio** (radio) news bulletin; **il ~ 1** the news bulletin on Radio 1

gracchiare [grak·'kiaː·re] *vi* (*corvo*) to caw

gracidare [gra·tʃi·'daː·re] *vi* (*rana*) to croak

gracile ['graː·tʃi·le] *agg* **1.** (*esile*) slender **2.** (*debole*) frail

gracilità [gra·tʃi·li·'ta] <-> *f* **1.** (*esilità*) slenderness **2.** (*debolezza*) frailty

gradasso [gra·'das·so] *m pej* braggart; **fare il** ~ to bluster

gradatamente [gra·da·ta·'men·te] *avv* gradually

gradazione [gra·dat·'tsioː·ne] *f* **1.** (*di vino, liquore*) percent; ~ **alcolica** alcohol content **2.** (*di colori, luci*) shade

gradevole [gra·'deː·vo·le] *agg* pleasant

gradimento [gra·di·'men·to] *m* **1.** (*soddisfacimento*) liking **2.** (*accettazione*) (customer) satisfaction; **indice di** ~ TV, RADIO popularity rating

gradinata [gra·di·'naː·ta] *f* (*scalinata*) flight of stairs; (*di stadio*) terraces *pl;* (*tiers*)

gradino [gra·'diː·no] *m* step

gradire [gra·'diː·re] <gradisco> *vt* **1.** (*apprezzare*) to appreciate **2.** (*desiderare*) to like; **gradisci un caffè?** would you like a coffee?

grado ['graː·do] *m* **1.** MATH, PHYS, GEO degree **2.** (*in una graduatoria*) place; **interrogatorio di terzo** ~ the third degree; **ustioni di terzo** ~ third-degree burns **3.** (*di parentela*) **una cugina di primo/secondo** ~ a first/second cousin **4.** (*stadio*) phase; **al massimo** ~ to the highest degree **5.** MIL rank **6.** LING form; ~ **comparativo** comparative form **7.** (*loc*) **essere in ~ di fare qc** to be able to do sth; **di buon** ~ willingly

graduale [gra·du·'aː·le] *agg* gradual

gradualmente [gra·dual·'men·te] *avv* gradually

graduato [gra·du·'aː·to] *m* MIL non-commissioned officer

graduato, **-a** *agg* (*lente, scala*) graduated; (*esercizio*) graded

graduatoria [gra·dua·'tɔː·ria] <-ie> *f* list

graffetta [graf·'fet·ta] *f* (*per fogli*) paper clip

graffiare [graf·'fiaː·re] **I.** *vt* to scratch **II.** *vr:* **-rsi** to scatch oneself

graffio ['graf·fio] <-i> *m* scratch

graffitaro, **-a** [graf·fit·'taː·ro] *m, f* graffiti artist

graffito [graf·'fiː·to] *m* graffito; **i -i** graffiti

grafia [gra·'fiː·a] <-ie> *f* **1.** (*modo di scrivere*) handwriting **2.** (*ortografia*) spelling

grafica ['graː·fi·ka] <-che> *f* **1.** *a.* COMPUT (*arte*) graphics **2.** (*opera*) graphic work

grafico ['graː·fi·ko] <-ci> *m* graph

grafico, **-a** <-ci, -che> **I.** *agg* graphic **II.** *m, f* (*tecnico*) graphic designer

grafologia [gra·fo·lo·'dʒiː·a] <-gie> *f* graphology

gramigna [gra·'miɲ·ɲa] *f* BOT Bermuda grass; **crescere come la** ~ *fig* to grow like weeds

graminacee [gra·mi·'naː·tʃee] *fpl* grasses

grammatica [gram·'maː·ti·ka] <-che> *f* grammar

grammaticale [gram·ma·ti·'kaː·le] *agg* grammatical

grammo ['gram·mo] *m* (*unità di misura*) gram

grammofono [gram·'mɔː·fo·no] *m* gramophone

gran [gran] *v.* **grande I.**

grana[1] ['graː·na] *f* **1.** *sl* (*denaro*) dough **2.** *fig fam* (*guaio*) problem; **piantare una** ~ to cause problems; **un sacco di -e** a load of problems; **avere -e con la giustizia** to have trouble with the law

grana[2] <-> *m* CULIN grana *a cheese similar to Parmesan*

granaio [gra·'naː·io] <-ai> *m* (*deposito*) barn; (*per il grano*) granary

granata [gra·'naː·ta] *f* (*bomba*) grenade

Gran Bretagna ['gram bre·'taɲ·ɲa] *f* Great Britain; **la** ~ Great Britain; **abita-**

G

re in ~ to live in Great Britain; **andare in** ~ to go to Great Britain

granchio ['graŋ·kio] <-chi> *m* **1.** ZOO crab **2.** *fig* (*sbaglio*) mistake; **prendere un** ~ to make a mistake

grand' [grand] *v.* **grande I.**

grandangolare [gran·daŋ·go·'la:·re] *m* FOTO wide-angle lens

grande ['gran·de] <più grande *o* maggiore, grandissimo *o* massimo *o* sommo> **I.** *agg* **1.** (*vasto*) big; (*largo*) wide **2.** (*alto: persona*) tall; (*montagna*) high; **come ti sei fatto ~!** you've really grown! **3.** (*di età*) big; (*adulto*) grown-up; **sono piu ~ di lui** I'm older than him **4.** *fig* (*bravo*) brilliant **5.** (*intenso*) great **6.** (*rafforzativo*) **una gran bella donna** a really good-looking woman **II.** *mf* **1.** (*adulto*) grown-up **2.** (*chi eccelle*) great person **III.** *m* **fare le cose in** ~ to do things on a grand scale

grandezza [gran·'det·tsa] *f* **1.** PHYS, MATH quantity **2.** (*dimensione*) size; **a ~ naturale** life-size **3.** *fig* (*nobiltà*) greatness; ~ **d'animo** magnanimity **4.** *fig* (*sfarzo*) grandeur; **mania di** ~ delusions of grandeur *pl*

grandinare [gran·di·'na:·re] *vi essere o avere* METEO to hail

grandinata [gran·di·'na:·ta] *f* METEO hailstorm

grandine ['gran·di·ne] *f* METEO hail

grandioso, -a [gran·'dio:·so] *agg* (*imponente*) grandiose; (*grosso*) huge

granello [gra·'nɛl·lo] *m a. fig* (*di sale, sabbia*) grain; (*di polvere*) speck; **un ~ di pepe** a peppercorn; **un ~ di buon senso** an ounce of common sense

granita [gra·'ni:·ta] *f a kind of crushed ice drink which can be of different flavors*

granito [gra·'ni:·to] *m* MIN granite

grano ['gra:·no] *m* **1.** BOT (*frumento*) wheat; ~ **saraceno** buckwheat **2.** (*chicco*) grain; **un ~ di pepe** a peppercorn; **un ~ di caffè** a coffee bean

gran(o)turco [gran(o)·'tur·ko] <-chi> *m* corn

granulare [gra·nu·'la:·re] *agg* granular

granuloso, -a [gra·nu·'lo:·so] *agg* granular

grappa ['grap·pa] *f* CULIN grappa *a spirit distilled from wine residues*

grappolo ['grap·po·lo] *m* bunch; **un ~ d'uva** a bunch of grapes

grassetto [gras·'set·to] *m* bold

grasso ['gras·so] *m* **1.** *a.* CULIN fat; ~ **animale/vegetale** animal/vegetable fat **2.** (*sostanza untuosa*) grease; ~ **per lubrificare** lubricating grease

grasso, -a *agg* **1.** (*persona*) fat **2.** (*pelle, capelli*) greasy **3.** (*carne, formaggio, brodo*) fatty; (*cucina, cibo*) rich **4.** BOT **piante -e** succulent plants

grassoccio, -a [gras·'sɔt·tʃo] <-cci, -cce> *agg* plump

grassone, -a [gras·'so:·ne] *m, f* fat person

grata ['gra:·ta] *f* grating

graticola [gra·'ti:·ko·la] *f* CULIN grill

gratifica [gra·'ti:·fi·ka] <-che> *f* COM (*compenso*) bonus; ~ **natalizia** Christmas bonus

gratificante [gra·ti·fi·'kan·te] *agg* rewarding

gratificazione [gra·ti·fi·kat·'tsio:·ne] *f* reward

gratin [gra·'tɛ̃] <-> *m* CULIN gratin; **al** ~ au gratin

gratinare [gra·ti·'na:·re] *vt* to cook au gratin

gratis ['gra:·tis] *avv* free of charge

gratitudine [gra·ti·'tu:·di·ne] *f* gratitude

grato, -a ['gra:·to] *agg* (*riconoscente*) grateful; **essere ~ a qu per** [*o* **di**] **qc** to be grateful to sb for sth

grattacapo [grat·ta·'ka:·po] *m fam* headache

grattacielo [grat·ta·'tʃɛ:·lo] *m* skyscraper

gratta e vinci ['grat·ta e 'vin·tʃi] <-> *m* scratchcard

grattare [grat·'ta:·re] **I.** *vt* **1.** (*pelle*) to scratch **2.** (*grattugiare: formaggio*) to grate **3.** (*raschiare*) to scrape **II.** *vi* (*produrre rumore metallico*) to screech **III.** *vr:* **-rsi** to scratch oneself

grattata [grat·'ta:·ta] *f* **1.** *fam* MOT grinding of the gears **2.** CULIN (*di tartufo, formaggio*) shaving

grattugia [grat·'tu:·dʒa] <-gie> *f* grater

grattugiare [grat·tu·'dʒa:·re] *vt* to grate

gratuito, -a [gra·'tu:i·to/gra·tu·'i:·to] *agg*

1. (*gratis*) free; **biglietto ~** free ticket **2.** *fig* (*arbitrario*) gratuitous

gravare [gra·'va:·re] **I.** *vt* **1.** (*caricare*) **~ il peso di qc su qc** to rest the weight of sth on sth **2.** *fig* (*di tasse, costi*) **~ qu/qc di qc** to burden sb/sth with sth **II.** *vi* **~ su qu/qc** (*pesare*) to weigh on sb/sth; *fig* to lie on sb/sth

grave ['gra:·ve] *agg* **1.** (*importante*) grave **2.** (*serio*) serious **3.** (*solenne*) solemn **4.** MUS (*suono, nota*) low **5.** LING (*accento*) grave

gravidanza [gra·vi·'dan·tsa] *f* pregnancy

gravido, -a ['gra:·vi·do] *agg* pregnant

gravità [gra·vi·'ta] <-> *f* **1.** PHYS **forza di ~** force of gravity **2.** *fig* (*di situazione, malattia*) seriousness

gravitazione [gra·vi·tat·'tsio:·ne] *f* gravitation

gravoso, -a [gra·'vo:·so] *agg a. fig* heavy

grazia ['grat·tsia] <-ie> *f* **1.** (*armonia, delicatezza*) grace **2.** (*gentilezza*) graciousness; **con ~** graciously **3.** (*benevolenza*) favor **4.** REL grace; **colpo di ~** *fam* last straw **5.** GIUR pardon; **concedere la ~ a qu** to pardon sb

graziare [grat·'tsia:·re] *vt* GIUR to pardon

graziato, -a [grat·'tsia:·to] **I.** *agg* GIUR pardoned person **II.** *m, f* pardoned person

grazie ['grat·tsie] *inter* thank you; **tante ~!** thank you very much!; **~ mille!** thank you very much indeed!; **sì/no, ~** yes/no thanks; **~ a** thanks to; **~ a Dio/al cielo** thank God/heavens

grazioso, -a [grat·'tsio:·so] *agg* **1.** (*bello*) beautiful **2.** (*piacevole*) charming

Grecia ['grɛ:·tʃa] *f* Greece; **la ~** Greece

greco ['grɛ:·ko] <*sing*> *m* LING Greek; **~ antico/moderno** ancient/modern Greek

greco, -a <-ci, -che> *agg, m, f* Greek

gregario, -a <-i, -ie> *agg* **1.** (*mentalità, spirito*) herd **2.** ZOO gregarious

gregge ['gred·dʒe] <*pl:* -i *f*> *m* ZOO (*di pecore*) flock

greggio ['gred·dʒo] *m* crude oil

grembo ['grɛm·bo/'grem·bo] *m* **1.** (*ventre materno*) womb **2.** (*incavo*) lap; **in grembo** on one's lap

gremire [gre·'mi:·re] <gremisco> **I.** *vt* to pack **II.** *vr* **-rsi di** to be packed with

gretto, -a ['gret·to] *agg* mean

greve ['grɛ:·ve] *agg* oppressive

gridare [gri·'da:·re] **I.** *vi* (*urlare*) to shout; (*strillare*) to scream **II.** *vt* to shout; **~ aiuto** to cry for help

grido ['gri:·do] <*pl:* -a *f*> *m* **1.** (*urlo*) shout; (*strillo*) scream **2.** *fig* (*moda*) fashion; **di ~** fashionable; **essere l'ultimo ~** to be the latest thing

grifone [gri·'fo:·ne] *m* griffon

grigio ['gri:·dʒo] <-gi> *m* gray

grigio, -a <-gi, -gie> *agg* (*colore*) gray; **~ cenere** ash gray

griglia ['griʎ·ʎa] <-glie> *f* **1.** CULIN grill; **pollo/bistecca alla ~** grilled chicken/steak **2.** MOT grille

grill [gril] <-> *m* **1.** (*griglia*) grill **2.** *fam* (*ristorante*) highway restaurant

grilletto [gril·'let·to] *m* trigger; **premere il ~** to pull the trigger

grillo ['gril·lo] *m* ZOO cricket

grinta ['grin·ta] *f* *fig* (*di persona*) determination

grinza ['grin·tsa] *f* **1.** (*di vestito*) crease; (*di calze, pelle*) wrinkle **2. non fare una ~** (*vestito*) to fit like a glove; *fig* to be faultless

grinzoso, -a [grin·'tso:·so] *agg* (*vestito*) creased; (*pelle, volto*) wrinkled

grippare [grip·'pa:·re] *vi* MOT to jam

grissino [gris·'si:·no] *m* CULIN breadstick; **è magro come un ~** *fig* he's as thin as a rail

groenlandese [gro·en·lan·'de:·se] *agg, mf* Greenlander

Groenlandia [gro·en·'lan·dia] *f* Greenland; **la ~** Greenland

grondaia [gron·'da:·ia] <-aie> *f* gutter

grondare [gron·'da:·re] **I.** *vi* to pour; **~ di sudore** to drip with sweat **II.** *vt* to pour

groppa ['grɔp·pa] *f* (*dorso*) back; **salire in ~ a un cavallo** to mount a horse

grossetano, -a **I.** *agg* from Grosseto **II.** *m, f* (*abitante*) person from Grosseto

Grosseto *f* Grosseto *town in Tuscany*

grossista [gros·'sis·ta] <-i *m*, -e *f*> *mf* wholesaler

grosso ['grɔs·so] *m* (*maggior parte*) majority; **sbagliarsi di** ~ *fam* to be very wrong

grosso, -a *agg* **1.** (*grande*) big **2.** (*spesso*) thick; **sale** ~ coarse salt **3.** (*robusto*) big **4.** *fig* (*autorevole*) important; **un pezzo** ~ a big shot **5.** (*notevole: somma, guadagno*) large; (*affare, successo, occasione*) big **6.** (*grave: errore*) serious **7.** (*agitato*) **mare** ~ rough sea

grossolano, -a [gros·so·'la:·no] *agg* **1.** (*rozzo: persona, modi*) coarse **2.** (*grande: errore*) huge

grossomodo [gros·so·'mɔ:·do] *avv* more or less

grotta ['grɔt·ta] *f* cave

grottesco, -a <-schi, -sche> *agg* ridiculous

groviera [gro·'viɛ:·ra] <-> *m o f* CULIN gruyère cheese

groviglio [gro·'viʎ·ʎo] <-gli> *m* (*di fili, cavi, tubi*) tangle

gru [gru] <-> *f* ZOO, TEC crane

gruccia ['grut·tʃa] <-cce> *f* **1.** (*stampella*) crutch; **camminare con le -cce** to walk with crutches **2.** (*per abiti*) hanger

grugnire [gruɲ·'ɲi:·re] <grugnisco> *vi* to grunt

grugnito [gruɲ·'ɲi:·to] *m* grunt

grumo ['gru:·mo] *m* (*di sangue*) clot; (*di farina*) lump

gruppo ['grup·po] *m* (*gener*) group; **lavoro di** ~ teamwork; ~ **sanguigno** blood type; ~ **finanziario** financial group

gruviera [gru·'viɛ:·ra] *v.* **groviera**

gruzzolo ['grut·tso·lo] *m fam* tidy sum of money

GSM *m abbr di* **Global System for Mobile communication** GSM

G.U. *v.* **Gazzetta Ufficiale** Official Gazette *newspaper published by the government containing all new laws*

guadagnare [gua·daɲ·'ɲa:·re] **I.** *vt* **1.** (*denaro*) to earn; **tanto di guadagnato** *fig* so much the better **2.** *a. fig* to gain; ~ **tempo** to gain time; ~ **terreno** to gain ground **3.** (*raggiungere: vetta*) to reach **II.** *vi* to earn; ~ **per vivere** to have to work for a living

guadagno [gua·'daɲ·ɲo] *m* profit; ~ **lordo/netto** gross/net profit

guadare [gua·'da:·re] *vt* to wade

guaio ['gua:·io] <-ai> *m* **1.** (*disgrazia*) trouble; **ficcarsi nei -ai** *fam* to get into trouble; **passare un** ~ to go through a rough patch **2.** (*fastidio*) nuisance; **che ~!** what a nuisance!

guaire [gua·'i:·re] *vi* to whine

guaito [gua·'i:·to] *m* whine

guancia ['guan·tʃa] <-ce> *f* ANAT cheek

guanciale [guan·'tʃa:·le] *m* pillow

guanto ['guan·to] *m* glove; **trattare qu coi -i** to handle sb with kid gloves

guantone [guan·'to:·ne] *m* boxing glove

guardaboschi [guar·da·'bos·ki] <-> *m* forester

guardacaccia [guar·da·'kat·tʃa] <-> *m* gamekeeper

guardacoste [guar·da·'kɔs·te] <-> *m* coastguard

guardalinee [guar·da·'li:·nee] <-> *m* (*nel calcio*) assistant referee

guardare [guar·'da:·re] **I.** *vt* **1.** (*vedere*) to look at; **guarda!** look!; ~ **la televisione** to watch television; ~ **un film** to watch a film; **stare a** ~ to stand and stare **2.** (*vigilare su*) to look after **II.** *vi* **1.** (*fare in modo*) ~ **di fare qc** to try to do sth **2.** (*edificio, finestra*) ~ **su qc** to look onto sth; **le finestre guardano a sud** the windows face South **III.** *vr:* **-rsi 1.** (*osservarsi*) to look at oneself; (*reciproco*) to look at each other **2.** (*stare in guardia*) **-rsi da qc** to be wary of sth

guardaroba [guar·da·'rɔ:·ba] <-> *m* **1.** (*armadio, indumenti*) wardrobe **2.** (*stanza*) coatroom

guardia ['guar·dia] <-ie> *f* **1.** (*attività*) guard duty; **cane da** ~ guard dog; **essere di** ~ (*soldato*) to be on guard duty; (*medico*) to be on call; **fare la** ~ to keep watch; ~ **medica** first-aid station; **medico di** ~ doctor on call **2.** (*sentinella*) guard; **cambio della** ~ *a. fig* changing of the guard **3.** (*persona*) guard; ~ **forestale** forest ranger; ~ **giurata** security guard; ~ **del corpo** bodyguard; **giocare a -ie e ladri** to play cops and robbers **4.** (*corpo armato*) guard; ~ **di finanza** Customs *a military body which investigates financial crimes* **5.** LOC **in ~!** on guard!; **mettere qu in** ~ to put sb on their guard; **mettersi/stare in** ~ to put sb/be on one's guard

guardiano, -a [guar·ˈdiaː·no] *m, f* **1.** (*di edificio*) caretaker **2.** (*di zoo*) keeper

guardingo, -a [guar·ˈdiŋ·go] <-ghi, -ghe> *agg* wary

guardone [guar·ˈdoː·ne] *m* peeping Tom

guarigione [gua·ri·ˈdʒoː·ne] *f* recovery

guarire [gua·ˈriː·re] <guarisco> **I.** *vt avere* **1.** (*ferita*) to heal; (*malattia*) to cure **2.** (*persona, animale*) to cure; **~ qu da qc** *a. fig* to cure sb of sth **II.** *vi essere* **1.** (*ferita*) to heal; (*malattia*) to disappear **2.** (*persona, animale*) to recover; **~ da qc** to recover from sth

guaritore, -trice [gua·ri·ˈtoː·re] *m, f* healer

guarnire [guar·ˈniː·re] <guarnisco> *vt* **1.** (*indumento, tovaglia*) to trim **2.** (*piatto, pietanza*) to garnish

guarnizione [guar·nit·ˈtsioː·ne] *f* **1.** TEC washer **2.** TEC gasket; (*dei freni*) lining **3.** (*di indumento, tenda*) trimming **4.** CULIN garnish

guastafeste [guas·ta·ˈfɛs·te] <-> *mf* spoilsport

guastare [guas·ˈtaː·re] **I.** *vt* (*meccanismi, strada*) to damage; (*tempo*) to change for the worse; (*serata, vacanza*) to spoil **II.** *vr:* **-rsi** (*tempo*) to change for the worse; (*computer, meccanismo*) to go wrong; (*cibi*) to go off; (*rapporti*) to break down

guasto [ˈguas·to] *m* TEC, MOT breakdown; **~ al motore** engine failure

guasto, -a *agg* **1.** (*rotto*) broken; **il motore è** ~ the engine has failed; **l'ascensore è** ~ the elevator is out of order **2.** (*frutta, uova*) rotten

guercio, -a [ˈguɛr·tʃo] <-ci, -ce> *agg* cross-eyed

guerra [ˈguɛr·ra] *f* **1.** *a. fig* MIL, POL, COM (*conflitto*) war; **~ civile** civil war; **~ fredda** Cold War; **~ atomica** atomic war; **-e stellari** star wars; **la prima/seconda ~ mondiale** the First/Second World War; **entrare in** ~ to go to war; **essere in ~ con qu** to be at war with sb; **la ~ contro la droga/criminalità** the war on drugs/crime **2.** (*tecnica*) warfare; **~ chimica** chemical warfare; **~ lampo** blitzkrieg

guerriero, -a [guer·ˈriɛː·ro] *m, f* warrior

guerriglia [guer·ˈriʎ·ʎa] <-glie> *f* guerilla (warfare)

guerrigliero, -a [guer·riʎ·ˈʎɛː·ro] *m, f* guerrilla

gufo [ˈguː·fo] *m* ZOO owl

guglia [ˈguʎ·ʎa] <-glie> *f* ARCH spire

guida [ˈguiː·da] *f* **1.** MOT driving; **scuola ~** driving school; **patente di ~** driver's license; **posto di ~** driving seat **2.** (*libro*) guide; **~ telefonica** telephone directory; **~ turistica** guidebook **3.** (*persona*) guide; **fare da ~ a qu** (*la strada*) to show sb the way; (*un posto*) to show sb the sights; **~ turistica** guide

guidare [gui·ˈdaː·re] *vt* **1.** (*veicolo*) to drive; **non sa ~** he [*o* she] can't drive **2. ~ qu** (*far da guida a*) to show sb around **3.** (*indirizzare*) to guide **4.** SPORT (*classifica*) to head **5.** (*capeggiare: gruppo, rivolta*) to lead

guidatore, -trice [gui·da·ˈtoː·re] *m, f* driver

guinzaglio [guin·ˈtsaʎ·ʎo] <-gli> *m* leash

guizzare [guit·ˈtsaː·re] *vi essere* (*pesce, serpente, persona*) to dart; (*fiamme*) to flicker

guizzo [ˈguit·tso] *m* (*di pesce, serpente, persona*) dart; (*di fiamme*) flicker

guscio [ˈguʃ·ʃo] <-sci> *m* **1.** ZOO shell **2.** BOT (*di piselli*) pod; (*di noce*) nutshell

gustare [gus·ˈtaː·re] **I.** *vt* **1.** CULIN (*provare*) to taste **2.** (*assaporare*) to enjoy **II.** *vr:* **-rsi** to enjoy

gusto [ˈgus·to] *m* **1.** (*sapore*) flavor; **al ~ di lampone** raspberry-flavored **2.** (*senso*) taste **3.** (*piacere*) pleasure; **mangiare/ridere di ~** to eat/laugh heartily; **prenderci ~** to get a taste for sth **4.** (*eleganza*) taste; **avere buon ~** to have good taste; **vestire con ~** to dress tastefully; **uno scherzo di pessimo ~** a joke in the worst possible taste **5.** (*preferenza*) taste; **è questione di -i** it's a question of tastes; **non è di mio ~** it's not to my taste

G

gustoso, -a [gus·'toː·so] *agg* **1.** CULIN tasty **2.** *fig* (*divertente*) amusing
gutturale [gut·tu·'raː·le] *agg* guttural

H

H, h ['akka] <-> *f* H, h; ~ **come hotel** H for Hotel
h **1.** *abbr di* **ora** h *hour* **2.** *abbr di* **etto** *100 g.*
ha *abbr di* **ettaro** hectare
ha [a] *3. pers sing pr di* **avere**[1]
habitat ['aː·bi·tat] <-> *m* **1.** BIOL habitat **2.** *fig* (*ambiente adatto*) setting
handicap ['hæn·di·kæp, 'ɛn·di·kap] <-> *m* **1.** MED disability **2.** SPORT handicap
handicappato, -a [an·di·kap·'paː·to] **I.** *agg* MED disabled **II.** *m, f* MED disabled person
hanno ['an·no] *3. pers pl pr di* **avere**[1]
happening ['hæ·pə·niŋ, 'ɛp·pe·nin(g)] <-> *m* event
hardware ['haːd·wɛ·ə, 'ard·wer] <-> *m* COMPUT hardware
hascisc [aʃ·'ʃiʃ] <-> *m* hashish
help [help, ɛlp] <-> *m* COMPUT help
henna ['ɛn·na] *f* henna
herpes ['ɛr·pes] <-> *m* herpes
hertz [(h)ɛrts] <-> *m* hertz
hg *abbr di* **ettogrammo** 100 g.
hi-fi ['hai·fai, 'ai·fai] *m abbr di* **high-fidelity** hi-fi
hippy ['hi·pi, 'ip·pi] <-> *mf agg* hippie
hit-parade ['(h)it pə·'reid] <-> *f* MUS charts *pl;* **entrare nella ~** to hit the charts
hl *abbr di* **ettolitro** hectoliter
ho [ɔ] *1. pers sing pr di* **avere**[1]
hobby ['hɔ·bi, 'ɔb·bi] <-> *m* hobby
hockey ['hɔ·ki, 'ɔ·kei] <-> *m* hockey; **~ su prato** field hockey; **~ sul ghiaccio** ice hockey
hostess ['ɔs·tes] <-> *f* **1.** (*assitente di volo*) flight attendant **2.** (*accompagantrice*) hostess
hotel [o·'tɛl] <-> *m* hotel
HTML *abbr di* **Hypertext Markup Language** COMPUT HTML
humour ['hjuː·mə, 'ju·mor] <-> *m* humor
humus ['um·us] <-> *m* **1.** BOT humus **2.** *fig* soil
Hz *abbr di* **hertz** Hz

I

I, i [i] <-> *f* I; ~ **come Imola** I for Item; **~ lunga** j
i *art m pl* (*dav a consonante, che non sia a s+consonante, gn, ps, x, y, z*) the
ibrido ['iː·bri·do] *agg, m a. fig* ZOO, BOT hybrid
icona [i·'kɔː·na] *f a. fig* COMPUT, REL icon
id. *abbr di* **idem**
idea [i·'dɛː·a] <-ee> *f* idea; **neanche per ~!** not on your life!; **cambiare ~** to change one's mind; **essere dell'~ che ...** *+cong* to think that ...; **m'è venuta** [*o* **ho**] **un'~!** I've had an idea!
ideale [i·de·'aː·le] *agg, m* ideal; (*l'~ sarebbe ...*) the ideal thing would be ...
idealista [i·de·a·'lis·ta] <-i *m*, -e *f*> *mf* (*sognatore*) idealist
idealizzare [i·de·a·lid·'dzaː·re] *vt* to idealize
idealmente [i·de·al·'men·te] *avv* ideally
ideare [i·de·'aː·re] *vt* (*inventare*) to think up
idem ['iː·dem] <-> *avv inf* likewise; **~ come sopra** just the same
identico, -a [i·'dɛn·ti·ko] <-ci, -che> *agg* (*uguale*) identical; **lo stesso ~** the very same
identificare [i·den·ti·fi·'kaː·re] **I.** *vt* to identify **II.** *vr:* **-rsi; -rsi con qu** to identify with sb
identità [i·den·ti·'ta] <-> *f* (*di persona*) identity; **carta d'~** identity card
ideologia [i·de·o·lo·'dʒiː·a] <-gie> *f* ideology
idilliaco, -a [i·dil·'liː·a·ko] <-ci, -che> *agg* (*romantico*) idyllic
idioma [i·'diɔː·ma] <-i> *m* (*lingua*) language
idiomatico, -a [i·dio·'maː·ti·ko] <-ci, -che> *agg* idiomatic
idiota [i·'diɔː·ta] <-i *m*, -e *f*> **I.** *agg* (*stupido*) idiotic **II.** *mf* (*persona*) idiot
idiozia [i·diot·'tsiː·a] <-ie> *f* **1.** (*stupidità*)

idiocy **2.** (*cosa stupida*) idiotic thing

idolo [ˈiː·do·lo] *m a. fig* idol

idoneo, **-a** [i·ˈdɔː·neo] <-ei, -ee> *agg* **1.** (*persona*) fit; **essere ~ a qc** to be fit for sth **2.** (*cosa*) suitable

idrante [i·ˈdran·te] *m* (*per incendi*) fire hydrant

idratante [i·dra·ˈtan·te] *agg* (*crema, lozione*) moisturizing

idratare [i·dra·ˈtaː·re] *vt* (*pelle, viso*) to moisturize

idraulico, **-a** [i·ˈdraːu·li·ko] <-ci, -che> **I.** *agg* (*freno, pompa*) hydraulic; **impianto ~** plumbing **II.** *m, f* (*artigiano*) plumber

idroelettrico, **-a** [i·dro·e·ˈlɛt·tri·ko] <-ci, -che> *agg* (*centrale, bacino*) hydroelectric

idrogeno [i·ˈdrɔː·dʒe·no] *m* CHEM hydrogen

idrorepellente [i·dro·re·pel·ˈlɛn·te] *agg* (*materiale, sostanza*) waterproof

iena [ˈiɛː·na] *f* (*animale*) hyena

ieri [ˈiɛː·ri] *avv, m* yesterday; **~ l'altro** the day before yesterday; **~ mattina/pomeriggio/sera** yesterday morning/afternoon/evening; **~ notte** last night; **~ a mezzogiorno** midday yesterday

igiene [i·ˈdʒɛː·ne] *f* (*pulizia*) cleanliness; **~ personale** personal hygiene; **~ mentale** mental health

igienico, **-a** [i·ˈdʒɛː·ni·ko] <-ci, -che> *agg* **1.** (*della salute*) healthy **2.** (*della pulizia*) hygienic; **carta -a** toilet paper

ignaro, **-a** [iɲ·ˈɲaː·ro] *agg* **essere ~ di qc** to be unaware of sth

ignobile [iɲ·ˈɲɔː·bi·le] *agg* despicable

ignorante [iɲ·ɲo·ˈran·te] **I.** *agg* **1.** (*gener*) ignorant; **essere ~ in qc** to be ignorant about sth **2.** *inf* (*maleducato*) rude **II.** *mf* **1.** (*incolto*) ignoramus **2.** (*maleducato*) hood

ignoranza [iɲ·ɲo·ˈran·tsa] *f* **1.** (*mancanza d'istruzione*) ignorance **2.** *inf* (*maleducazione*) rudeness

ignorare [iɲ·ɲo·ˈraː·re] **I.** *vt* **1.** (*non sapere*) to not know **2.** (*non considerare*) to ignore **II.** *vr:* **-rsi** to ignore each other

ignoto[1] [iɲ·ˈɲɔː·to] <*sing*> *m* **l'~** the unknown

ignoto[2] *agg* (*sconosciuto*) unknown; **di autore ~** anonymous

il [il] *art m sing* (*dav a consonante, che non sia a s+consonante, gn, ps, x, y, z*) the; **~ ragazzo** the boy; **~ Lussemburgo** Luxembourg; **preferisco ~ caffé** I prefer coffee; **ha ~ naso grande** he [*o* she] has a big nose; **Mario vive con ~ fratello** Mario lives with his brother

illecito[1] [il·ˈleː·tʃi·to] *agg* (*comportamento, guadagno*) unlawful

illecito[2] *m* GIUR offense; **~ civile/penale** civil/criminal offense

illegale [il·le·ˈgaː·le] *agg* (*attività, operazione*) illegal

illeggibile [il·led·ˈdʒiː·bi·le] *agg* (*firma, scrittura*) illegible

illegittimo, **-a** [il·le·ˈdʒit·ti·mo] *agg* illegitimate

illeso, **-a** [il·ˈleː·zo] *agg* **1.** (*persona*) unharmed **2.** (*cosa*) intact

illimitato, **-a** [il·li·mi·ˈtaː·to] *agg* **1.** (*spazio, tempo, risorsa*) unlimited **2.** (*fiducia*) infinite

illogico, **-a** [il·ˈlɔː·dʒi·ko] <-ci, -che> *agg* (*ragionamento, discorso*) illogical

illudere [il·ˈluː·de·re] <illudo, illusi, illuso> **I.** *vt* **~ qu (con qc)** to deceive sb (with sth) **II.** *vr:* **-rsi** to deceive oneself

illuminare [il·lu·mi·ˈnaː·re] *vt a. fig* to light up; **~ qc a giorno** to floodlight sth

illuminazione [il·lu·mi·nat·ˈtsioː·ne] *f* **1.** (*di ambiente, luogo*) lighting **2.** *fig inf* (*intuizione, idea*) bright idea

illusi [il·ˈluː·zi] *1. pers sing pass rem di* **illudere**

illusione [il·lu·ˈzioː·ne] *f* illusion; **farsi/non farsi -i** to deceive/not deceive oneself

illuso, **-a** [il·ˈluː·zo] *pp di* **illudere**

illustrare [il·lus·ˈtraː·re] *vt* to illustrate

illustrato, **-a** [il·lus·ˈtraː·to] *agg* (*libro, rivista*) illustrated; **cartolina -a** picture postcard

illustrazione [il·lus·trat·ˈtsioː·ne] *f* illustration

illustre [il·ˈlus·tre] *agg* (*celebre*) famous

imballaggio [im·bal·ˈlad·dʒo] <-ggi> *m* **1.** (*operazione*) packing **2.** (*contenitore*) pack

imballare [im·bal·'la:·re] *vt* (*merce, mobile*) to pack

imbarazzante [im·ba·rat·'tsan·te] *agg* (*domanda, situazione*) embarrassing

imbarazzo [im·ba·'rat·tso] *m* (*disagio*) embarrassment; **essere** [*o* **trovarsi**] [*o* **sentirsi**] **in ~** to be embarrassed; **mettere qu in ~** to embarrass sb; **avere l'~ della scelta** to be spoiled for choice

imbarcare [im·bar·'ka:·re] **I.** *vt* **1.** (*merce*) to load **2.** (*passeggeri*) to embark; **~ acqua** MAR to ship water **II.** *vr:* **-rsi 1.** (*passeggero*) to embark; **-rsi su qc** to board sth **2. -rsi in qc** *fig* (*in avventura, impresa*) to embark on sth

imbarcazione [im·bar·kat·'tsio:·ne] *f* boat; **~ a motore** motorboat; **~ a vela** sailing boat

imbarco [im·'bar·ko] <-chi> *m* (*di merci, passeggeri*) boarding; **carta d'~** boarding card

imbattersi [im·'bat·ter·si] *vr* **1. ~ in qu** to run into sb **2. ~ in qc** *fig* (*difficoltà*) to run up against sth

imbattibile [im·bat·'ti:·bi·le] *agg* unbeatable

imbattuto, -a [im·bat·'tu:·to] *agg* (*campione, record*) unbeaten

imbecille [im·be·'tʃil·le] *mf inf* idiot

imbianchino [im·biaŋ·'ki:·no] *m* (*operaio*) decorator

imboccare [im·bok·'ka:·re] *vt* **1.** (*persona*) to feed **2.** (*strada, uscita*) to take

imboccatura [im·bok·ka·'tu:·ra] *f* **1.** (*di bottiglia, tubo,*) mouth; (*di galleria, porto*) entrance **2.** (*di strumento*) mouthpiece

imbocco [im·'bok·ko] <-cchi> *m* (*di autostrada, tunnel*) entrance

imboscata [im·bos·'ka:·ta] *f* (*di guerriglieri*) ambush

imbranato, -a [im·bra·'na:·to] *agg inf* awkward

imbrattare [im·brat·'ta:·re] **I.** *vt* (*sporcare*) to dirty; **gli hai imbrattato la camicia di sugo!** you've got sauce on his shirt! **II.** *vr:* **-rsi** (*sporcarsi*) to get dirty; **-rsi la camicia di sugo** to get sauce on one's shirt

imbrigliare [im·briʎ·'ʎa:·re] *vt* (*cavallo*) to harness

imbrogliare [im·broʎ·'ʎa:·re] *vt* (*truffare*) to swindle

imbroglio [im·'brɔʎ·ʎo] *m* (*truffa*) swindle

imbroglione, -a [im·broʎ·'ʎo:·ne] *m, f* (*truffatore*) swindler

imbrunire <*sing*> *m* (*tramonto*) dusk; **all'~** at dusk

imbucare [im·bu·'ka:·re] *vt* (*lettera*) to mail

imbuto [im·'bu:·to] *m* (*utensile*) funnel

imitare [i·mi·'ta:·re] *vt* **1.** (*modello, stile*) to imitate **2.** (*suono, voce, gesto*) to mimic; (*come caricatura*) to impersonate

imitazione [i·mi·tat·'tsio:·ne] *f* **1.** (*gener*) imitation **2.** (*di suono, voce, gesto*) mimicry; (*come caricatura*) impersonation

immaginabile [im·ma·dʒi·'na:·bi·le] *agg* (*pensabile*) conceivable

immaginare [im·ma·dʒi·'na:·re] *vt* **1.** (*raffigurarsi*) to imagine **2.** *inf* (*enfatico*) to imagine; **puoi ~ come mi sono sentito** you can just imagine how I felt; **Grazie! — S'immagini!** Thanks! — Don't mention it! **3.** (*ideare*) to think up **4.** (*credere, supporre*) to suppose

immaginario [im·ma·dʒi·'na:·rio] <-i, -ie> *agg* (*mondo, paura*) imaginary; (*personaggio*) fictitious; **malato ~** hypochondriac

immaginazione [im·ma·dʒi·nat·'tsio:·ne] *f* (*facoltà*) imagination

immagine [im·'ma:·dʒi·ne] *f* image; **essere l'~ di qu** to be the image of sb; **essere l'~ della salute** to be the picture of health

immancabile [im·maŋ·'ka:·bi·le] *agg* **1.** (*solito*) inevitable **2.** (*inevitabile*) certain

immane [im·'ma:·ne] *agg* (*fatica, lavoro*) huge

immangiabile [im·man·'dʒa:·bi·le] *agg* (*cibo*) inedible

immatricolare [im·ma·tri·ko·'la:·re] *vt* (*veicolo*) to register

immaturo, -a [im·ma·'tu:·ro] *agg* (*persona*) immature; **essere ~ per qc** to be too young for sth

immedesimarsi [im·me·de·zi·'ma:r·si] *vr*

~ **in qu** to identify with sb
immediatamente [im·me·dia·ta·'men·te] *avv* immediately
immediato [im·me·'dia:·to] *agg* (*contatto, soccorso, reazione*) immediate
immenso, -a [im·'mɛn·so] *agg* **1.** (*spazio*) vast **2.** (*ricchezza, amore, dolore*) immense; (*folla*) huge
immergere [im·'mɛr·dʒe·re] <immergo, immersi, immerso> **I.** *vt* ~ **qc in qc** (*liquido*) to dip sth in sth **II.** *vr:* **-rsi 1.** (*in liquido, vasca*) to plunge **2.** (*in profondità*) to dive **3.** *fig* (*in pensieri, attività*) to immerse oneself
immersi [im·'mɛr·si] *1. pers sing pass rem di* **immergere**
immersione [im·mer·'sio:·ne] *f* **1.** (*atto*) dive; **corso di ~** diving course; **~ subacquea** scuba diving **2.** *fig* immersion; **~ totale** total immersion
immerso [im·'mɛr·so] *pp di* **immergere**
immettere [im·'met·te·re] <immetto, immisi, immesso> *vt* **1.** (*liquido, gas, prodotto*) to introduce **2.** COMPUT (*dati*) to enter **3.** (*strada, corridoio*) to lead
immigrato, -a [im·mi·'gra:·to] *m, f* immigrant
immigrazione [im·mi·grat·'tsio:·ne] *f* (*fenomeno, atto*) immigration
imminente [im·mi·'nɛn·te] *agg* (*pericolo, evento*) imminent
immisi [im·'mi:·zi] *1. pers sing pass rem di* **immettere**
immobile [im·'mɔ:·bi·le] **I.** *agg* **1.** (*persona, cosa*) motionless **2. bene ~** GIUR real estate **II.** *m* (*edificio*) property
immobiliare [im·mo·bi·'lia:·re] *agg* (*mercato, patrimonio*) property; **agenzia/società ~** realtor; **proprietà ~** real estate
immondizia [im·mon·'dit·tsia] <-ie> *f* (*rifiuti*) garbage
immorale [im·mo·'ra:·le] *agg* immoral
immortale [im·mor·'ta:·le] *agg* **1.** (*gener*) immortal **2.** (*sentimento*) undying
immortalità [im·mor·ta·li·'ta] <-> *f* immortality
immotivato, -a [im·mo·ti·'va:·to] *agg* (*senza motivo*) unjustified
immune [im·'mu:·ne] *agg* MED immune; **essere ~ a** [*o* **da**] **qc** to be immune to sth
immunità [im·mu·ni·'ta] <-> *f* MED, GIUR immunity
immunitario, -a [im·mu·ni·'ta:·rio] <-i, -ie> *agg* MED immune; **sistema ~** immune system
immutabile [im·mu·'ta:·bi·le] *agg* (*legge, decisione*) unchangeable; (*amore*) unchanging
immutato, -a [im·mu·'ta:·to] *agg* unchanged
impacciato, -a [im·pat·'tʃa:·to] *agg a. fig* awkward
impaccio [im·'pat·tʃo] <-cci> *m* **1.** (*oggetto, persona*) hindrance; **essere d'~** (**a qu**) to be in the way (of sb) **2.** (*situazione*) awkward situation; **trarre qu d'~** to get sb out of an awkward situation
impadronirsi [im·pa·dro·'nir·si] <m'impadronisco> *vr* ~ **di qc** (*denaro, potere*) to take possession of sth; *fig* (*materia, mestiere*) to become proficient in sth
impalcatura [im·pal·ka·'tu:·ra] *f* **1.** (*nel cantiere*) scaffolding **2.** (*portante*) framework
impallidire [im·pal·li·'di:·re] <impallidisco> *vi essere* (*in volto*) to grow pale
imparare [im·pa·'ra:·re] *vt* to learn; **~ a fare qc** to learn to do sth; **~ qc a memoria** to learn sth by heart; **così impari!** that'll teach you!
impareggiabile [im·pa·red·'dʒa:·bi·le] *agg* **1.** (*bellezza, eleganza*) incomparable **2.** (*amico, artista*) unique
impari ['im·pa·ri] <inv> *agg* (*forze, lotta*) unequal
impartire [im·par·'ti:·re] <impartisco> *vt* ~ **qc a qu** (*ordine, lezione*) to give sb sth [*o* to give sth to sb]
imparziale [im·par·'tsia:·le] *agg* (*arbitro, giudice*) unbiased; (*valutazione, giudizio*) impartial
impassibile [im·pas·'si:·bi·le] *agg* impassive
impastare [im·pas·'ta:·re] *vt* (*pane*) to knead; (*farina, colori, cemento*) to mix
impasto [im·pas·to] *m* (*amalgama*) mixture; (*di pasta di pane*) dough
impatto [im·'pat·to] *m* **1.** (*di veicolo*) collision **2.** *fig* impact; **~ ambientale** impact on the environment

impaziente [im·pat·'tsiɛn·te] *agg* **1.** (*per nervosismo*) impatient **2. essere ~ di fare qc** (*per l'attesa*) to be anxious to do sth

impazienza [im·pat·'tsiɛn·tsa] *f* **1.** (*nervosismo*) impatience **2.** (*per l'attesa*) anxiety

impazzata [im·pat·'tsa:·ta] *f* **all'~** wildly

impazzire [im·pat·'tsi:·re] <impazzisco> *vi essere* (*ammattire*) to go crazy; **sei impazzito?** have you gone crazy?; **fare ~ qu** to drive sb crazy; **da ~** *inf* incredible; **ho un mal di testa da ~** I've got an incredible headache; **~ di qc** *fig* (*gioia, gelosia*) to be mad with sth; **~ per qc/qu** *fig* to be crazy about sth/sb

impeccabile [im·pek·'ka:·bi·le] *agg* impeccable

impedimento [im·pe·di·'men·to] *m* (*ostacolo*) problem; **essere d'~ a qc/qu** to be in the way of sb/sth

impedire [im·pe·'di:·re] <impedisco> *vt* **1.** (*vietare*) to prevent; **~ a qu di fare qc** to prevent sb from doing sth **2.** (*evitare*) to stop **3.** (*vista, passaggio*) to block; (*movimenti*) to restrict

impegnare [im·peɲ·'ɲa:·re] **I.** *vt* (*lavoro, studio*) to keep busy **II.** *vr:* **-rsi 1. -rsi (con qu) a fare qc** to agree to do sth (with sb) **2. -rsi in qc** (*studio, lavoro*) to work hard at sth; (*lotta*) to commit oneself to sth

impegnativo, -a [im·peɲ·ɲa·'ti:·vo] *agg* **1.** (*lavoro, compito*) demanding **2.** (*firma, promessa*) binding

impegnato, -a [im·peɲ·'ɲa:·to] *agg* **1.** (*occupato*) busy **2.** (*militante*) politically committed

impegno [im·'peɲ·ɲo] *m* **1.** (*obbligo*) undertaking; **senza ~** no strings attached **2.** (*incombenza*) commitment; **avere un ~** to have a prior commitment **3.** (*dedizione*) enthusiasm **4.** (*militanza*) political commitment

impellente [im·pel·'lɛn·te] *agg* (*bisogno, motivo*) urgent

impenetrabile [im·pe·ne·'tra:·bi·le] *agg* **1.** (*foresta, buoi, nebbia*) impenetrable **2.** *fig* (*sguardo, occhi*) inscrutable; (*persona*) mysterious

impennarsi [im·pen·'nar·si] *vr* (*cavallo, moto*) to rear up

impensabile [im·pen·'sa:·bi·le] *agg* (*inimmaginabile, assurdo*) inconceivable

impensierire [im·pen·sie·'ri:·re] <impensierisco> *vt* **~ qu** to worry sb

imperativo[1] [im·pe·ra·'ti:·vo] *agg* **1.** (*tono, esigenza*) authoritative **2. modo ~** LING imperative

imperativo[2] *m* LING, PHILOS imperative

imperatore, -trice [im·pe·ra·'to:·re] *m, f* emperor *m*, empress *f*

impercettibile [im·per·tʃet·'ti:·bi·le] *agg* **1.** (*movimento, suono*) imperceptible **2.** (*molto piccolo*) very slight

imperdonabile [im·per·do·'na:·bi·le] *agg* (*errore, mancanza*) unforgivable

imperfetto[1] [im·per·'fɛt·to] *agg* **1.** (*funzionamento, meccanismo*) faulty **2. tempo ~** LING imperfect

imperfetto[2] *m* LING imperfect

imperfezione [im·per·fet·'tsio:·ne] *f* **1.** (*caratteristica*) imperfection **2.** (*difetto*) flaw; **~ fisica** physical imperfection

Imperia [im·pe·'ri:·a] *f* Imperia *a city in the Liguria region*

imperiale [im·pe·'ria:·le] *agg* (*dell'imperatore*) imperial

imperialista [im·pe·ria·'lis·ta] <-i *m*, -e *f*> *agg, mf* imperialist

imperioso, -a [im·pe·'rio:·so] *agg* (*tono, sguardo*) imperious

impermeabile [im·per·me·'a:·bi·le] **I.** *agg* **1.** (*tessuto, terreno*) waterproof; (*orologio*) water-resistant **2.** *fig* (*persona*) impervious **II.** *m* (*soprabito*) raincoat

impero [im·'pɛ:·ro] *m a. fig* empire

impersonale [im·per·so·'na:·le] *agg* **1.** (*non mirato*) general **2.** *a.* LING (*stile, tono*) impersonal

impersonare [im·per·so·'na:·re] *vt* **1.** (*concetto, caratteristica*) to personify **2.** (*personaggio*) to play

imperterrito, -a [im·per·'tɛr·ri·to] *agg* (*impassibile*) calm; **continuare ~ a fare qc** to calmly carry on doing sth; **rimanere ~** [*o* **restare**] to be unperturbed

impertinente [im·per·ti·'nɛn·te] *agg* (*persona, domanda*) impertinent

imperturbabile [im·per·tur·'ba:·bi·le] *agg* **1.** (*persona, carattere*) impassive **2.** (*calma, serenità*) undisturbed

impeto ['im·pe·to] *m* **1.** (*di onda, vento*) force; (*di nemico, attacco*) onslaught; (*di discorso, ragionamento*) heat; **con ~** forcefully **2.** *fig* (*di passione, collera*) outburst; **agire/reagire d'~** to act/react on impulse

impiantare [im·pian·'ta:·re] *vt* **1.** (*palo, antenna*) to erect **2.** MED to implant **3.** (*attività, azienda*) to set up

impianto [im·'pian·to] *m* **1.** (*allestimento*) installation **2.** (*attrezzature*) plant; **~ di riscaldamento** heating; **~ sportivo** sports facility; **~ stereo** stereo **3.** MED implant

impiccio [im·'pit·tʃo] <-cci> *m* (*ostacolo*) hindrance; **essere d'~** to be in the way

impiegare [im·pie·'ga:·re] *vt* **1.** (*strumento, oggetto*) to use; (*capacità, energie*) to employ **2.** (*tempo*) to take

impiegato, -a [im·pie·'ga:·to] *m, f* (*dipendente*) employee; **~ statale** civil servant

impiego [im·'piɛ:·go] <-ghi> *m* **1.** (*di strumento, attrezzo*) use; (*di manodopera*) employment **2.** (*lavoro*) job; **~ fisso** permanent job; **~ a tempo parziale/pieno** part-time/full-time job

implicare [im·pli·'ka:·re] *vt* **1.** (*come conseguenza*) to mean **2.** (*coinvolgere*) **~ qu in qc** to involve sb in sth

implicazione [im·pli·kat·'tsio:·ne] *f* **1.** (*conseguenza*) implication **2.** (*di persona*) involvement

implicito, -a [im·'pli:·tʃi·to] *agg* implicit

implorare [im·plo·'ra:·re] *vt* **1.** (*aiuto, perdono*) to beg for **2.** **~ qn per qc/di fare qc** to beg sb for sth/to do sth

imponente [im·po·'nɛn·te] *agg* impressive

impongo [im·'po·ŋo] *1. pers sing pr di* **imporre**

imponibile [im·po·'ni:·bi·le] *agg* ADM, FIN (*reddito, patrimonio*) taxable

impopolare [im·po·po·'la:·re] *agg* unpopular

imporre [im·'por·re] <impongo, imposi, imposto> **I.** *vt* **1.** *fig* (*obbligo, ordine, legge*) to impose; (*condizione*) to set **2.** **~ qc a qu** to impose sth on sb; **~ a qu di fare qc** to make sb do sth **II.** *vr:* **-rsi** **1.** (*persona*) to assert oneself; **-rsi all'attenzione di qu** to attract sb's attention **2.** (*moda, prodotto*) to become popular **3.** **-rsi su qu** to dominate sb

importante [im·por·'tan·te] **I.** *agg* important **II.** <*sing*> *m* **l'~** the important thing

importanza [im·por·'tan·tsa] *f* importance; **avere ~** to matter; **non dare ~ a qc/qu** not to bother about sth/sb; **darsi ~** to put on airs

importare [im·por·'ta:·re] **I.** *vt avere* ECON to import **II.** *vi essere* (*interessare*) to matter; **non importa** (*a. come risposta*) it doesn't matter; **non me ne importa niente** I don't care about it

importazione [im·por·tat·'tsio:·ne] *f* **1.** (*di merce*) import **2.** *pl* **le -i** (*merci*) imports

importo [im·'pɔr·to] *m* (*di fattura*) amount; (*somma*) sum

imposi [im·'po:·zi] *1. pers sing pass rem di* **imporre**

impossessarsi [im·pos·ses·'sar·si] *vr* **~ di qc** to get hold of sth

impossibile [im·pos·'si:·bi·le] *agg* **1.** (*gener*) impossible; **sembra** [*o* **pare**] **~** it seems incredible **2.** (*cibo, bevanda*) disgusting; (*freddo, caldo*) unbelievable; **c'era un caldo ~** it was unbelievably hot

impossibilità [im·pos·si·bi·li·'ta] <-> *f* impossibility; **essere** [*o* **trovarsi**] **nell'~ di fare qc** to be unable to do sth

imposta [im·'pɔs·ta] *f* **1.** (*di finestra, porta*) shutter **2.** FIN (*tassa*) tax; **esente da ~** tax free; **soggetto a ~** taxable

impostare [im·pos·'ta:·re] *vt* **1.** (*edificio, mura*) to build **2.** *fig* (*lavoro*) to set up; (*progetto, problema, questione*) to set out; (*opera, dipinto, romanzo*) to plan out **3.** MATH to formulate **4.** TYP (*pagina, giornale*) to lay out **5.** MUS (*voce*) to pitch **6.** (*lettera, cartolina*) to mail

imposto, -a [im·'pos·to] *pp di* **imporre**

impotente [im·po·'tɛn·te] *agg* **1.** (*persona*) powerless **2.** *a. fig a.* MED (*governo, legge*) impotent

impoverire [im·po·ve·'ri:·re] <impoverisco> *vt avere* (*persona, terreno*) to impoverish

impraticabile [im·pra·ti·'ka:·bi·le] *agg*

(*strada, sentiero*) impassable; (*campo da gioco*) unplayable

imprecare [im·pre·'ka:·re] *vi* to curse; ~ **contro qc/qu** to curse sb/sth

imprecisione [im·pret·tʃi·'tsio:·ne] *f* **1.** (*approssimazione*) imprecision **2.** (*errore*) inaccuracy

impreciso, **-a** [im·pre·'tʃi:·zo] *agg* **1.** (*lavoro, calcolo*) imprecise; (*strumento*) inaccurate **2.** (*persona*) careless

imprenditore, **-trice** [im·pren·di·'to:·re] *m, f* entrepreneur

impresa [im·'pre:·za] *f* **1.** (*azione*) enterprise **2.** (*ditta*) company; ~ **edile** construction company; ~ **familiare** family firm **3.** *pl* (*di eroe*) feats

impresario, **-a** [im·pre·'za:·rio] <-i, -ie> *m, f* **1.** (*di ditta*) director; ~ **edile** building contractor **2.** (*di teatro*) producer

imprescindibile [im·preʃ·ʃin·'di:·bi·le] *agg* (*bisogno, dovere*) unavoidable

impressi [im·'prɛs·si] *1. pers sing pass rem di* **imprimere**

impressionante [im·pres·sio·'nan·te] *agg* **1.** (*incidente, delitto*) shocking **2.** (*eccezionale*) incredible; **faceva un caldo** ~ it was incredibly hot

impressionare [im·pres·sio·'na:·re] **I.** *vt* **1.** (*turbare*) to upset **2.** (*fare buona impressione*) to impress **II.** *vr:* **-rsi** (*turbarsi*) to get upset

impressione [im·pres·'sio:·ne] *f* **1.** (*sensazione*) sensation **2.** (*idea, opinione*) impression; **fare buona/cattiva** ~ (**a qu**) to make a good/bad impression (on sb) **3.** (*turbamento*) **che ~!** it was dreadful!; **fare** ~ (**a qu**) to upset (sb)

impressionista [im·pres·sio·'nis·ta] <-i *m*, -e *f*> ART **I.** *agg* (*opera, pittore*) Impressionist **II.** *mf* (*artista*) Impressionist

impresso [im·'prɛs·so] *pp di* **imprimere**

imprevedibile [im·pre·ve·'di:·bi·le] *agg* **1.** (*circostanza, motivo*) unforeseeable **2.** (*persona, carattere*) unpredictable

imprevisto[1] [im·pre·'vis·to] *agg* (*ritardo, spesa*) unforeseen

imprevisto[2] *m* (*contrattempo*) unforeseen event; **salvo -i** unless something happens

imprigionare [im·pri·dʒo·'na:·re] *vt* (*ladro, malvivente*) to imprison; (*animale*) to cage

imprimere [im·'pri:·me·re] <imprimo, impressi, impresso> *vt* **1.** *a. fig* (*segno*) to stamp; (*orma*) to leave **2.** *fig* (*concetto, ricordo*) to fix

improbabile [im·pro·'ba:·bi·le] *agg* unlikely

improduttivo, **-a** [im·pro·dut·'ti:·vo] *agg* **1.** (*terreno*) infertile **2.** *fig* (*investimento, sforzo*) unprofitable **3.** (*persona*) unproductive

impronta [im·'pron·ta] *f* (*segno*) mark; (*di mano, piede, zampa*) print; **-e digitali** fingerprints; ~ **del piede** footprint; **lasciare le -e** to leave prints

improprio, **-a** [im·'prɔ:·prio] <-i, -ie> *agg* **1.** (*inesatto*) improper; **uso** ~ improper use; (*termine, parola*) incorrect **2.** (*inadatto*) unsuitable

improvvisare [im·prov·vi·'za:·re] *vt* **1.** (*discorso, canzone*) to improvise **2.** (*pranzo, festa*) to throw together; (*risposta, scusa*) to think up

improvviso[1] [im·prov·'vi:·zo] *agg* sudden; (*cambiamento del tempo*) unexpected

improvviso[2] *m* **all'**~ suddenly

imprudente [im·pru·'dɛn·te] *agg* (*persona*) rash; (*guidatore*) careless

impugnare [im·puɲ·'ɲa:·re] *vt* **1.** (*fucile, racchetta*) to grip **2.** GIUR (*sentenza, testamento*) to contest

impugnatura [im·puɲ·ɲa·'tu:·ra] *f* (*manico*) handle

impulsivo, **-a** [im·pul·'si:·vo] *agg* **1.** (*persona, carattere*) impulsive **2.** (*atto, gesto*) instinctive

impulso [im·'pul·so] *m* **1.** *a. fig* MEC, EL impulse; ~ **di corrente** electrical impulse; **d'**~ impulsively **2.** *fig* (*stimolo*) impetus; **dare ~ a qc** to boost sth

impunito, **-a** [im·pu·'ni:·to] *agg* unpunished

impurità [im·pu·ri·'ta] *f* **1.** (*stato*) impurity **2.** *pl* (*particelle*) impurities

impuro, **-a** [im·'pu:·ro] *agg a. fig* REL impure

imputato, **-a** [im·pu·'ta:·to] *m, f* GIUR defendant; **banco degli -i** dock

in [in] <nel, nello, nell', nella, nei, ne-

gli, nelle> *prep* **1.** (*stato in luogo*) in; **essere ~ casa** to be at home; **abitare ~ campagna/città/montagna** to live in the countryside/city/mountains; **abitare ~ via Garibaldi** to live in via Garibaldi; **vivere ~ Francia** to live in France; **lavorare ~ fabbrica** to work in a factory; **dormire ~ albergo** to sleep in a hotel; **tenere un oggetto ~ mano/nella borsa** to keep sth in one's hand/bag **2.** (*moto a luogo*) to; **andare ~ campagna/città/montagna** to go to the countryside/into the city/to the mountains; **entrare ~ casa** to go into the house; **andare ~ Spagna** to go to Spain; **trasferirsi negli Stati Uniti** to move to the United States; **versare il vino nel bicchiere** to pour the wine into the glass **3.** (*moto per luogo*) in; **passeggiare nel parco** to walk in the park; **viaggiare ~ Australia** to travel around Australia **4.** (*tempo determinato*) in; **nel 2007** in 2007; **~ primavera/estate/autunno/inverno** in Spring/Summer/Fall/Winter; **~ gennaio** in January; **nel pomeriggio** in the afternoon; **~ gioventù** in one's youth; **~ tempo di guerra/pace** in times of war/peace **5.** (*durata: entro*) within [*o* in]; **finirò il lavoro ~ due mesi** I'll finish the work within two months; **~ tre giorni/settimane/mesi/anni** within three days/weeks/months/years; **~ un attimo** in a moment; **~ giornata** before the end of the day **6.** (*modo*) in; **parlare ~ fretta** to talk quickly; **mettersi ~ cerchio/fila** to get into a circle/line; **stare ~ piedi/~ ginocchio** to be standing/kneeling; **essere ~ vacanza** to be on vacation; **vivere ~ pace** to live in peace; **essere ~ servizio/congedo/pensione** to be on duty/on leave/retired; **colorare ~ rosso** to color red; **trasmettere ~ diretta** to transmit live; **casa ~ vendita** house for sale; **riso ~ bianco** boiled rice **7.** (*mezzo*) by; **viaggiare ~ aereo/macchina/treno** to travel by plane/car/train; **pagare ~ contanti** to pay cash **8.** (*materia*) in; **pilastro ~ cemento armato** pillar in reinforced concrete; **mobile ~ legno** piece of wooden furniture **9.** (*fine, scopo*) to; **correre ~ aiuto** to run to help; **dare ~ omaggio** to give away free; **festa ~ onore di qu** party in sb's honor; **dare ~ prestito** to lend **10.** (*quantità, distribuzione*) in; **essere ~ pochi** to be only a few; **tagliare ~ due** to cut into two; **~ tutto sono dieci euro** that's ten euros in total **11.** (*area di competenza*) in; **dottore ~ legge** doctor of law; **essere bravo ~ matematica** to be good in math; **laurearsi ~ medicina** to get a degree in medicine **12.** (*trasformazione*) into; **cambiare gli euro ~ dollari** to change euros into dollars; **tradurre dal francese ~ italiano** to translate from French into Italian

inabile [i·ˈnaː·bi·le] *agg* **essere ~ a qc** to be unfit for sth; **~ al lavoro** unfit for work

inabilità [in·a·bi·li·ˈta] <-> *f* unfitness; (*per infortunio*) disability

inabitabile [in·a·bi·ˈtaː·bi·le] *agg* uninhabitable

inaccessibile [in·at·tʃes·ˈsiː·bi·le] *agg* **1.** (*luogo*) inaccessible **2.** *fig* (*persona*) unapproachable **3.** *fig* (*prezzo*) unaffordable

inaccettabile [in·at·tʃet·ˈtaː·bi·le] *agg* unacceptable

inadatto, -a [in·a·ˈdat·to] *agg* **~** (**a qc**) (*abito, strumento*) unsuited (for sth); (*persona*) unfit (for sth)

inadeguato, -a [in·a·de·ˈguaː·to] *agg* **1.** (*mezzo, compenso, capacità*) inadequate **2.** (*persona*) unfit

inafferrabile [in·af·fer·ˈraː·bi·le] *agg* **1.** (*ladro, evaso, preda*) elusive **2.** (*suono, parole*) inaudible **3.** *fig* (*concetto, significato*) incomprehensible

inagibile [in·a·ˈdʒiː·bi·le] *agg* (*edificio*) unfit for use; (*strada*) impassable

inalterato, -a [in·al·te·ˈraː·to] *agg* **1.** (*materiale*) fresh **2.** *fig* (*programma*) unchanged; (*sentimento, interesse*) constant

inammissibile [in·am·mis·ˈsiː·bi·le] *agg* (*opinione*) inadmissible; (*errore, comportamento*) unjustifiable

inanimato, -a [in·a·ni·ˈmaː·to] *agg* **1.** (*cosa*) inanimate **2.** (*corpo*) lifeless

inarrestabile [in·ar·res·'ta:·bi·le] *agg* **1.** (*aumento, crescita*) unstoppable **2.** (*pianto, discorso*) never ending

inaspettato, **-a** [in·as·pet·'ta:·to] *agg* (*evento, notizia, ospite*) unexpected

inasprire [in·as·'pri:·re] <inasprisco> *vt* **1.** (*conflitto, rapporti*) to worsen **2.** (*pena*) to increase **3.** (*carattere*) to embitter

inattendibile [in·at·ten·'di:·bi·le] *agg* unreliable

inatteso, **-a** [in·at·'te:·so] *agg* (*notizia, ospite*) unexpected

inattività [in·at·ti·vi·'ta] <-> *f* (*di persona, di impianto*) inactivity

inattivo, **-a** [in·at·'ti:·vo] *agg* **1.** (*persona, impianto*) inactive **2.** (*vulcano*) dormant

inaudito, **-a** [in·au·'di:·to] *agg* **1.** (*fatto, ferocia*) unheard-of **2.** (*esclamativo*) outrageous

inaugurale [in·au·gu·'ra:·le] *agg* (*cerimonia, discorso*) inaugural

inaugurare [in·au·gu·'ra:·re] *vt* **1.** (*ospedale, stadio*) to inaugurate; (*negozio, mostra*) to open; (*anno accademico*) to begin **2.** *inf* (*vestito, automobile*) to christen

inaugurazione [in·au·gu·rat·'tsio:·ne] *f* (*di ospedale, stadio*) inauguration; (*di negozio, mostra*) opening; (*di anno accademico*) start

inavvertitamente [in·av·ver·ti·ta·'men·te] *avv* (*involontariamente*) inadvertently

incalcolabile [iŋ·kal·ko·'la:·bi·le] *agg* **1.** (*distanza*) incalculable **2.** (*danno, vantaggio*) inestimable

incallito, **-a** [in·cal·'li:·to] *agg* (*fumatore, bevitore*) inveterate

incalzante [iŋ·kal·'tsan·te] *agg* (*domande, richieste*) urgent; (*ritmo*) insistent

incanalare [iŋ·ka·na·'la:·re] **I.** *vt* (*folla, traffico*) to channel **II.** *vr* (*folla, traffico*) to flow

incandescente [iŋ·kan·deʃ·'ʃɛn·te] *agg* **1.** (*metallo*) incandescent **2.** *fig* (*atmosfera*) heated

incantare [iŋ·kan·'ta:·re] **I.** *vt* **1.** *fig* (*affascinare*) to enchant **2.** *fig* (*abbindolare*) to get around **II.** *vr:* **-rsi** **1.** (*restare assorto*) to fall under a spell **2.** (*restare affascinato*) to be spellbound **3.** (*meccanismo*) to get stuck

incantato, **-a** [iŋ·kan·'ta:·to] *agg* **1.** (*castello, giardino*) enchanted **2.** (*paesaggio, aspetto*) enchanting **3.** (*persona: assorto*) in a daze; (*affascinato*) enchanted

incantesimo [iŋ·kan·'te:·zi·mo] *m* (*magia*) spell; **rompere l'~** to break the spell

incantevole [iŋ·kan·'te:·vo·le] *agg* (*persona, luogo*) enchanting

incanto [iŋ·'kan·to] *m* **1.** (*magia*) spell; **come per ~** as if by magic **2.** *fig* (*fascino*) enchantment; **d'~** (*a meraviglia*) wonderfully

incapace [iŋ·ka·'pa:·tʃe] **I.** *agg* **1.** **~ di fare qc** incapable of doing sth **2.** (*nella professione*) incompetent **II.** *mf* (*nella professione*) incompetent

incapacità [iŋ·ka·pa·tʃi·'ta] <-> *f* **1.** **~ di fare qc** inability to do sth; **~ d'intendere e di volere** GIUR incapacity **2.** (*nella professione*) incompetency

incappare [iŋ·kap·'pa:·re] *vi essere* **~ in qu** to run into sb; **~ in qc** to fall into sth

incaricare [iŋ·ka·ri·'ka:·re] *vt* **~ qu di qc** to entrust sb with sth; **~ qu di fare qc** to give sb the job of doing sth

incaricato, **-a** [iŋ·ka·ri·'ka:·to] **I.** *agg* **~ di qc** responsible for sth **II.** *m, f* (*addetto*) employee

incarico [iŋ·'ka:·ri·ko] <-chi> *m* **1.** (*compito*) task; **avere l'~ di fare qc** to have the job of doing sth; **per** [*o* **su**] **~ di qu** on behalf of sb **2.** (*funzione*) position; (*di insegnante*) temporary teaching position

incartare [iŋ·kar·'ta:·re] *vt* (*merce, regalo*) to wrap (up)

incasinato, **-a** [in·ka·zi·'na:·to] *agg inf* **1.** (*cosa*) topsy turvy **2.** (*persona*) disorganized

incassare [iŋ·kas·'sa:·re] *vt* **1.** (*mobile, elettrodomestico*) to set **2.** (*contante*) to take; (*assegno*) to cash **3.** *fig* (*critica, offesa*) to take; **~ il colpo** to suffer the blow **4.** SPORT (*pugilato: colpi*) to take; (*calcio: reti, gol*) to let in

incasso [iŋ·'kas·so] *m* (*somma*) takings *pl*

incastrare [iŋ·kas·'traː·re] **I.** *vt* **1.** (*pezzi, elementi*) to fit together; ~ **qc in qc** to fit sth in sth **2.** *fig* (*persona*) to trap; *scherz inf* to catch out **II.** *vr:* **-rsi 1.** (*combinarsi*) to fit **2.** (*bloccarsi*) to get stuck

incauto, -a [iŋ·'kaːu·to] *agg* unwise

incavo [iŋ·'kaː·vo] *m* (*di pietra, stampo*) groove; (*di parete*) hollow

incazzarsi [iŋ·kat·'tsar·si] *vr vulg* (*arrabbiarsi*) to get pissed off

incendiare [in·tʃen·'diaː·re] **I.** *vt* **1.** (*bosco, casa*) to set fire to **2.** *fig* (*animi, cuori*) to inflame **II.** *vr:* **-rsi** (*prendere fuoco*) to catch fire

incendiario, -a [in·tʃen·'diaː·rio] <-i, -ie> **I.** *agg* (*materiale, sostanza*) incendiary **II.** *m, f* (*persona*) arsonist

incendio [in·'tʃɛn·dio] <-i> *m* (*fuoco*) fire; ~ **doloso** arson

incenerimento [in·tʃe·ne·ri·'men·to] *m* (*di rifiuti*) incineration

incenso [in·'tʃɛn·so] *m* (*resina*) incense

incensurato, -a [in·tʃen·su·'raː·to] *agg* GIUR **essere** ~ to have a clean record

incentivare [in·tʃen·ti·'vaː·re] *vt* **1.** ECON to boost **2.** (*persona*) to motivate

incentivo [in·tʃen·'tiː·vo] *m* **1.** (*a studio, lavoro*) incentive **2.** ECON boost; **-i fiscali** tax incentives

inceppare [in·tʃep·'paː·re] **I.** *vt* **1.** *fig* (*andamento, sviluppo*) to hamper **2.** (*meccanismo*) to jam **II.** *vr:* **-rsi** (*meccanismo*) to jam

incertezza [in·tʃer·'tet·tsa] *f* **1.** (*gener*) uncertainty **2.** (*di notizia, fonte*) doubtful nature

incerto [in·'tʃɛr·to] *agg* **1.** (*notizia, attribuzione*) doubtful **2.** (*esito, data, persona*) uncertain **3.** (*luce*) feeble; (*suono*) indistinct; (*confine*) unclear **4.** (*passo, scrittura*) hesitant **5.** (*tempo*) variable

incesto [in·'tʃɛs·to] *m* incest

inchiesta [iŋ·'kiɛs·ta] *f* **1.** (*ricerca*) investigation; (*giornalistica*) report; ~ **di mercato** market survey **2.** ADM, GIUR inquiry

inchino [iŋ·'kiː·no] *m* (*atto*) bow; **fare un** ~ to bow

inchiodare [iŋ·kio·'daː·re] *vt* **1.** (*con chiodi*) to nail **2.** *fig* (*persona*) to keep; (*con la forza*) to hold

inchiostro [iŋ·'kiɔs·tro] *m* ink

inciampare [in·tʃam·'paː·re] *vi essere o avere* (*col piede*) to trip; ~ **in qc** to trip over sth

incidentale [in·tʃi·den·'taː·le] *agg* **1.** (*casuale*) accidental **2.** (*secondario*) incidental

incidente [in·tʃi·'dɛn·te] *m* **1.** (*disgrazia*) accident; ~ **stradale** traffic accident **2.** *fig* (*fatto spiacevole*) incident; ~ **di percorso** hitch

incidenza [in·tʃi·'dɛn·tsa] *f* **1.** *fig* (*di spese*) effect **2.** *fig* (*di malattia*) frequency

incidere [in·'tʃiː·de·re] <incido, incisi, inciso> **I.** *vi avere* ~ **su qc** (*pesare*) to have an effect on sth **II.** *vt* **1.** (*tagliare*) to carve **2.** (*scolpire*) to engrave; ~ **il legno** to carve wood; ~ **la pietra/ il rame** to engrave stone/copper **3.** (*disco, canzone*) to record

incinta [in·'tʃin·ta] *agg* pregnant; **è** ~ **di cinque mesi** she's five months pregnant

incirca [in·'tʃir·ka] *avv* **all'**~ about

incisi [in·'tʃiː·zi] *1. pers sing pass rem di* **incidere**

incisione [in·tʃi·'zioː·ne] *f* **1.** (*taglio*) carving **2.** (*tecnica, quadro*) engraving **3.** (*di disco, canzone*) recording; **sala d'**~ recording studio

incisivo[1] [in·tʃi·'ziː·vo] *agg fig* (*discorso, stile*) incisive

incisivo[2] *m* ANAT incisor

inciso[1] [in·'tʃiː·zo] *pp di* **incidere**

inciso[2] *m* LING parenthesis; **per** ~ in passing

incitamento [in·tʃi·ta·'men·to] *m* **1.** (*esortazione*) incitement **2.** (*stimolo*) incentive

incitare [in·tʃi·'taː·re] *vt* to urge

incivile [in·tʃi·'viː·le] **I.** *agg* **1.** (*popolo, legge*) uncivilized **2.** (*comportamento, persona*) rude **II.** *mf* (*persona*) peasant

inciviltà [in·tʃi·vil·'ta] *f* **1.** (*di popolo, legge*) barbarity **2.** (*di persona, comportamento*) rudeness

inclinabile [iŋ·kli·'naː·bi·le] *agg* (*sedile, piano*) reclining

inclinare [iŋ·kli·'naː·re] **I.** *vt* (*corpo, og-*

getto, test) to tilt; (*schienale*) to tilt back **II.** *vi* (*schienale*) to tilt

inclinazione [iŋ·kli·nat·'tsioː·ne] *f* **1.** (*di corpo, piano, superficie*) slope **2.** *fig* (*predisposizione*) inclination

incline [iŋ·'kliː·ne] *agg* **essere ~ a qc** to be inclined to sth

includere [iŋ·'kluː·de·re] <includo, inclusi, incluso> *vt* **1.** (*comprendere*) to include **2.** (*in busta, lettera*) to enclose

inclusione [iŋ·klu·'zioː·ne] *f* inclusion

inclusivo, -a [iŋ·klu·'ziː·vo] *agg* (*prezzo*) **~ di qc** including sth

incluso, -a [iŋ·'kluː·zo] **I.** *pp di* **includere II.** *agg* (*servizio, spese*) included; *inf* **saremo in sette, -i noi** there will be seven including us

incoerente [iŋ·ko·e·'rɛn·te] *agg* **1.** (*persona, comportamento*) inconsistent **2.** (*discorso, testo*) incoherent

incognito [iŋ·'kɔɲ·ɲi·to] *m* **in ~** incognito

incollare [iŋ·kol·'laː·re] *vt* to stick; **incolla** COMPUT paste

incolore [iŋ·ko·'loː·re] *agg* **1.** (*liquido, sostanza*) colorless **2.** *fig* dull

incolpare [iŋ·kol·'paː·re] *vt* **1.** (*persona*) to blame; **~ qu di qc** to accuse sb of sth **2.** (*destino, circostanze*) to blame

incolto, -a [iŋ·'kol·to] *agg* **1.** (*terreno*) uncultivated **2.** *fig* (*barba, capelli*) unkempt **3.** *fig* (*persona*) uneducated

incombere [iŋ·'kom·be·re] <incombo, incombei *o* incombetti, *manca il pp*> *vi* (*pericolo, rischio*) to threaten

incominciare [iŋ·ko·min·'tʃaː·re] **I.** *vt* (*dare inizio*) to start [*o* to begin]; **~ a fare qc** to start [*o* begin] to do sth; **incomincia a piovere** it's starting to rain **II.** *vi essere* (*avere inizio*) to start [*o* begin]

incomparabile [iŋ·kom·pa·'raː·bi·le] *agg* (*eccezionale*) incomparable

incompatibile [iŋ·kom·pa·'tiː·bi·le] *agg* (*inconciliabile*) incompatible

incompetente [iŋ·kom·pe·'tɛn·te] *agg, mf* incompetent; **essere ~ in qc** to know nothing about sth

incompetenza [iŋ·kom·pe·'tɛn·tsa] *f* **1.** (*in una materia*) lack of knowledge **2.** (*nella professione*) incompetence

incompiuto, -a [iŋ·kom·'piuː·to] *agg* (*progetto, opera*) unfinished

incompleto, -a [iŋ·kom·'plɛː·to] *agg* (*informazione, raccolta*) incomplete

incomprensibile [iŋ·kom·pren·'siː·bi·le] *agg* (*discorso, scrittura, comportamento*) incomprehensible; (*persona*) hard to understand

incompreso, -a [iŋ·kom·'preː·so] *agg* misunderstood

inconcepibile [iŋ·kon·tʃe·'piː·bi·le] *agg* (*assurdo, incredibile*) inconceivable

incondizionato, -a [iŋ·kon·dit·tsio·'naː·to] *agg* unconditional

inconfondibile [iŋ·kon·fon·'diː·bi·le] *agg* (*voce, stile*) unmistakable

incongruo, -a [iŋ·'kɔŋ·gruo] *agg* (*compenso, retribuzione*) inadequate

inconsapevole [iŋ·kon·sa·'peː·vo·le] *agg* **1.** (*persona*) unaware **2.** (*gesto*) unconscious

inconscio[1] [iŋ·'kɔn·ʃo] <-sci, -sce> *agg* (*atto, desiderio*) unconscious

inconscio[2] <*sing*> *m* PSYCH **l'~** the unconscious

inconsistente [iŋ·kon·sis·'tɛn·te] *agg* **1.** (*tessuto, materiale*) flimsy **2.** *fig* (*accusa, prova*) unfounded; (*discorso, tesi*) groundless

inconsueto, -a [iŋ·kon·su·'ɛː·to] *agg* (*insolito*) unusual

incontaminato, -a [iŋ·kon·ta·mi·'naː·to] *agg* (*luogo*) uncontaminated

incontrare [iŋ·kon·'traː·re] **I.** *vt* **1.** (*per appuntamento*) to meet; (*per caso*) to bump into **2.** (*difficoltà, problema*) to come up against; (*favore*) to win over **3.** SPORT (*avversario, squadra*) to meet **II.** *vr:* **-rsi 1.** (*per appuntamento*) to meet; (*per caso*) to bump into each other; **-rsi con qu** to meet with sb **2.** SPORT to meet **3.** (*strade, fiumi*) to meet up

incontro[1] [iŋ·'kon·tro] *m* **1.** (*casuale*) encounter; (*per appuntamento*) meeting; **~ di lavoro** work meeting **2.** SPORT match

incontro[2] *prep* **1. ~ a qu/qc** (*in direzione di*) toward sb/sth; **andare ~ a qc/qu** to go toward sth/sb; **venire ~ a qc/qu** to come toward sth/sb **2. andare ~ a qc** *fig* (*pericoli, difficoltà*) to come up against sth; **andare/venire ~ a qu** *fig* (*aiutarlo*) to meet sb halfway

inconveniente [iŋ·kon·ve·'niɛn·te] *m* **1.** (*ostacolo*) difficulty **2.** (*svantaggio*) drawback

incoraggiamento [iŋ·ko·rad·dʒa·'men·to] *m* (*incitamento, esortazione*) encouragement; **premio di ~** consolation prize

incoraggiare [iŋ·ko·rad·'dʒaː·re] *vt* to encourage

incorniciare [iŋ·kor·ni·'tʃaː·re] *vt* (*foto, quadro*) to frame

incoronazione [iŋ·ko·ro·nat·'tsioː·ne] *f* (*di re, vincitore*) coronation

incorporare [iŋ·kor·po·'raː·re] *vt* (*elementi, sostanze*) to mix (in)

incorrere [iŋ·'kor·re·re] <incorro, incorsi, incorso> *vi essere* **~ in qc** (*errore, sanzione*) to incur sth; **~ in un pericolo** to run into danger

incorsi [iŋ·'kor·si] *1. pers sing pass rem di* **incorrere**

incorso [iŋ·'kor·so] *pp di* **incorrere**

incosciente [iŋ·koʃ·'ʃɛn·te] *agg* **1.** (*svenuto*) unconscious **2.** (*irresponsabile*) irresponsible

incoscienza [iŋ·ko·'ʃɛn·tsa] *f* **1.** (*stato*) unconsciousness **2.** (*irresponsabilità*) irresponsibility

incostante [iŋ·kos·'tan·te] *agg* **1.** (*persona, carattere*) fickle **2.** (*impegno, rendimento*) inconsistent

incredibile [iŋ·kre·'diː·bi·le] *agg* incredible

incrementare [iŋ·kre·men·'taː·re] *vt* to increase

incremento [iŋ·kre·'men·to] *m* (*di produzione, consumo*) increase; **~ della popolazione** population growth

incrinare [iŋ·kri·'naː·re] **I.** *vt* **1.** (*bicchiere, piatto*) to crack **2.** *fig* (*rapporto, amicizia*) to spoil **II.** *vr:* **-rsi 1.** (*bicchiere, piatto, voce*) to crack **2.** *fig* (*rapporto, amicizia*) to worsen

incrociare [iŋ·kro·'tʃaː·re] **I.** *vt* **1.** *a.* BIOL (*assi, bastoni, gambe*) to cross; **~ le dita** *fig* to cross one's fingers **2.** (*strada*) to cut across **3.** (*persona, veicolo*) to meet **II.** *vr:* **-rsi 1.** (*strade*) to cross **2.** (*persone, veicoli*) to meet

incrocio [iŋ·'kroː·tʃo] <-ci> *m* **1.** (*di assi, travi*) crossing **2.** (*di strade*) junction **3.** BIOL cross

incubatrice [iŋ·ku·ba·'triː·tʃe] *f* (*per neonati*) incubator

incubo ['iŋ·ku·bo] *m a. fig* nightmare

incudine [iŋ·'kuː·di·ne] *f* (*attrezzo*) anvil

incurabile [iŋ·ku·'raː·bi·le] *agg* (*malattia, malato*) incurable

incurante [iŋ·ku·'ran·te] *agg* **~ di qc** (*pericolo, critiche*) indifferent to sth

incuriosire [iŋ·ku·rio·'siː·re] <incuriosisco> *vt* to intrigue

incursione [iŋ·kur·'sioː·ne] *f* (*di soldati, polizia, ladri*) raid

incustodito, -a [iŋ·kus·to·'diː·to] *agg* (*macchina, bagaglio*) unattended; (*parcheggio, passaggio a livello*) unmanned

indaffarato, -a [in·daf·fa·'raː·to] *agg* busy; **essere ~ in qc** to be busy with sth

indagare [in·da·'gaː·re] *vi* to investigate; **~ su qc** GIUR to investigate sth

indagine [in·'daː·dʒi·ne] *f* **1.** (*ricerca*) research; **~ di mercato** market research **2.** GIUR investigation

indebolire [in·de·bo·'liː·re] <indebolisco> **I.** *vt avere* **1.** (*persona*) to weaken; (*vista, udito*) to worsen **2.** *fig* (*autorità, capacità*) to weaken **II.** *vr:* **-rsi** (*persona, autorità, capacità*) to grow weak; (*vista, udito*) to worsen

indecente [in·de·'tʃɛn·te] *agg* **1.** (*scollatura, proposta*) indecent **2.** (*indecoroso*) dreadful

indeciso, -a [in·de·'tʃiː·zo] *agg* (*persona, carattere*) undecided

indefinito, -a [in·de·fi·'niː·to] *agg* **1.** (*quantità*) indefinite; (*sensazione, idea*) vague **2.** (*questione*) unresolved **3.** LING (*modo, pronome*) indefinite

indegno, -a [in·'deɲ·ɲo] *agg* (*persona, comportamento*) shameful; **essere ~ di qc/qu** to be unworthy of sth/sb

indelebile [in·de·'lɛː·bi·le] *agg a. fig* indelible

indenne [in·'dɛn·ne] *agg* **1.** (*da incidente*) unharmed **2.** (*da malattia*) uncontaminated

indennità [in·den·ni·'ta] <-> *f* **1.** (*compenso*) allowance; **~ di trasferta** travel expenses *pl* **2.** (*sussidio*) benefit

indescrivibile [in·des·kri·'vi:·bi·le] *agg* indescribable

indesiderato, -a [in·de·si·de·'ra:·to] *agg* **1.** (*persona, ospite*) unwanted **2.** (*effetto, conseguenza*) undesired

India ['in·dia] *f* **l'~** India; **abitare in ~** to live in India; **andare in ~** to go to India

indiano, -a [in·'dia:·no] **I.** *agg* **1.** (*dell'India*) Indian; **Oceano Indiano** Indian Ocean **2.** (*d'America*) Native American; **in fila -a** single file **II.** *m, f* **1.** (*dell'India*) Indian **2.** (*d'America*) Native American

indicare [in·di·'ka:·re] *vt* **1.** (*con parole*) to show; (*con gesto*) to point out **2.** (*strumento, segnale*) to indicate; (*orologio*) to say; (*etichetta, istruzioni*) to explain **3.** (*consigliare*) to recommend

indicativo *m* LING indicative

indicazione [in·di·kat·'tsio:·ne] *f* **1.** (*informazione*) information **2.** (*suggerimento*) recommendation **3.** *pl* (*istruzioni*) instructions

indice ['in·di·tʃe] *m* **1.** (*dito*) index finger **2.** (*di libro*) index **3.** (*di strumento*) needle **4.** (*rapporto*) index; **~ d'ascolto** ratings *pl;* **~ di natalità** birth rate

indico [in·'di:·ko] *1. pers sing pr di* **indire**

indietro [in·'diɛ:·tro] *avv* **1.** (*luogo*) back; **rimanere ~** to be left behind; **tornare ~** to turn back; **voltarsi ~** to turn around; **all'~** backwards **2.** (*tempo*) **essere ~ col lavoro** to be behind with one's work **3.** (*orologio*) **essere ~** to be slow; **il mio orologio va ~ di cinque minuti** my watch is five minutes slow

indifeso, -a [in·di·'fe:·so] *agg* **1.** (*luogo, postazione*) undefended **2.** (*persona*) defenseless

indifferente [in·dif·fe·'rɛn·te] **I.** *agg* **1.** (*persona*) indifferent; **lasciare qu ~** to leave sb cold **2.** (*non importante*) **quel ragazzo mi è ~** I couldn't care less about that boy **3.** (*scelta, questione*) **essere ~** to be all the same; **non ~** (*notevole: somma*) considerable **II.** *m* (*persona*) **fare l'~** to pretend not to care

indifferenza [in·dif·fe·'rɛn·tsa] *f* indifference

indigeno, -a [in·'di:·dʒe·no] **I.** *agg* (*popolazione*) indigenous; (*prodotto*) local **II.** *m, f* (*persona*) native

indigestione [in·di·dʒes·'tio:·ne] *f* **1.** (*di cibo*) indigestion; **fare un'~ di dolci** to eat too much cake **2.** *fig* (*di libri, film*) **ho fatto un'~ di latino** I've had more than enough of Latin

indimenticabile [in·di·men·ti·'ka:·bi·le] *agg* (*fatto, persona*) unforgettable

indipendente [in·di·pen·'dɛn·te] *agg* independent; **essere ~ da qu/qc** to independent of sb/sth

indipendenza [in·di·pen·'dɛn·tsa] *f* independence

indiretto, -a [in·di·'rɛt·to] *agg a.* LING indirect; **per vie -e** indirectly; **discorso ~** indirect speech

indirizzare [in·di·rit·'tsa:·re] *vt* **1.** (*persona*) to send; **~ i passi** [*o* **il cammino**] **verso un luogo** to set off toward a place **2.** (*posta*) to address

indirizzo [in·di·'rit·tso] *m* (*di persona*) address; **~ di posta elettronica** e-mail address

indisciplinato, -a [in·di·ʃi·pli·'na:·to] *agg* (*persona, comportamento*) undisciplined

indiscreto, -a [in·dis·'kre:·to] *agg* **1.** (*persona*) intrusive **2.** (*domanda*) indiscreet; (*sguardo*) prying

indiscusso, -a [in·dis·'kus·so] *agg* (*fama, competenza*) undisputed

indispensabile [in·dis·pen·'sa:·bi·le] **I.** *agg* indispensable **II.** *sing* **l'~** the necessities *pl;* **lo stretto ~** the bare necessities *pl*

indisponibile [in·dis·po·'ni:·bi·le] *agg* **1.** (*cosa*) unavailable **2.** (*persona, non pronto*) unwilling; (*non libero*) unavailable

indissi [in·'dis·si] *1. pers sing pass rem di* **indire**

indistinto, -a [in·dis·'tin·to] *agg* **1.** (*figura, suono*) indistinct **2.** (*insieme, massa*) amorphous

indistruttibile [in·dis·trut·'ti:·bi·le] *agg* **1.** (*materiale, macchina*) indestructible **2.** (*fede, principio*) unwavering

indisturbato, **-a** [in·dis·tur·'baː·to] *agg* undisturbed

indivia [in·'diː·via] <-ie> *f* endive

individuale [in·di·vi·du·'aː·le] *agg* individual

individuare [in·di·vi·du·'aː·re] *vt* **1.** (*colpevole*) to identify; (*obiettivo*) to locate; **~ qu tra la folla** to pick sb out of the crowd **2.** (*causa, guasto*) to identify

individuo [in·di·'viː·duo] *m a. pej* individual

indizio [in·'dit·tsio] <-i> *m* (*sintomo*) sign

indole ['in·do·le] *f* (*temperamento*) temperament

indolore [in·do·'loː·re] *agg a. fig* painless

indomani [in·do·'maː·ni] *m* **l'~** the next day

indossare [in·dos·'saː·re] *vt* **1.** (*portare*) to wear **2.** (*mettersi*) to put on

indossatore, -trice [in·dos·sa·'toː·re] *m, f* (*uomo*) male model; (*donna*) model

indotto [in·'dɔt·to] **I.** *pp di* **indurre** **II.** *agg* **1.** (*fatto, fenomeno*) caused **2.** PHYS (*carica, corrente*) induced

indovinare [in·do·vi·'naː·re] *vt* **1.** (*intuire*) to guess; (*risultato, gusti*) to predict; (*soluzione, risposta*) to get right; **tirare a ~** to have a guess **2.** (*scegliere bene*) to choose well; **non indovinarne una** to get nothing right

indovinello [in·do·vi·'nɛl·lo] *m* (*quesito*) puzzle

indovino, -a [in·do·'viː·no] *m, f* (*mago*) fortuneteller

indubbio, -a [in·'dub·bio] <-i, -ie> *agg* undeniable

induco [in·'duː·ko] *1. pers sing pr di* **indurre**

indugiare [in·du·'dʒaː·re] *vi* (*tardare*) to delay; **~ a fare qc** to hesitate to do sth

indugio [in·'duː·dʒo] <-gi> *m* (*ritardo*) delay; **senza ~** without delay

indulgente [in·dul·'dʒɛn·te] *agg* **1.** (*persona, sguardo, sorriso*) indulgent **2.** (*giudizio, critica*) lenient

indumento [in·du·'men·to] *m* (*abito*) garment; **-i intimi** underwear

indurre [in·'dur·re] <induco, indussi, indotto> *vt fig* (*spingere*) to persuade; **~ qu a fare qc** to persuade sb do sth; **~ qu in errore** to mislead sb; **~ qu in tentazione** to tempt sb

industria [in·'dus·tri·a] <-ie> *f* **1.** (*attività*) industry **2.** (*fabbrica*) factory

industriale [in·dus·'triaː·le] **I.** *agg* industrial; **zona ~** industrial area **II.** *mf* (*imprenditore*) industrialist

inedito [i·'nɛː·di·to] *agg* (*scritto, autore*) unpublished

inefficace [in·ef·fi·'kaː·tʃe] *agg* ineffective

inefficiente [in·ef·fi·'tʃɛn·te] *agg* inefficient

inefficienza [in·ef·fi·'tʃɛn·tsa] *f* inefficiency

ineguagliabile [in·e·guaʎ·'ʎaː·bi·le] *agg* (*artista, atleta*) incomparable; (*record, talento*) unbeatable

ineguale [in·e·'guaː·le] *agg* **1.** (*altezza, forza, valore*) unequal **2.** (*terreno, stile*) uneven

inerente [in·e·'rɛn·te] *agg* **~ a qc** regarding sth

inerme [i·'nɛr·me] *agg* **1.** (*senza armi*) unarmed **2.** *fig* (*senza difese*) defenseless

inerte [i·'nɛr·te] *agg* **1.** (*persona*) motionless **2.** (*corpo, arto*) lifeless **3.** CHEM, PHYS inert

inerzia [i·'nɛr·tsia] <-ie> *f a. fig* PHYS inertia

inesattezza [in·e·zat·'tet·tsa] *f* **1.** (*caratteristica*) inaccuracy **2.** (*errore*) mistake

inesatto, -a [in·e·'zat·to] *agg* (*calcolo, risposta*) inaccurate

inesauribile [in·e·zau·'riː·bi·le] *agg* **1.** (*fonte, risorsa*) inexhaustible **2.** *fig* (*fantasia, argomento*) endless

inesistente [in·e·zis·'tɛn·te] *agg* nonexistent

inesperto, -a [in·es·'pɛr·to] *agg* inexperienced; **essere ~ di qc** to have no experience of sth

inestimabile [in·es·ti·'maː·bi·le] *agg* (*bene, valore*) inestimable

inetto, -a [i·'nɛt·to] *agg, m, f* incompetent

inevitabile[1] [in·e·vi·'taː·bi·le] *agg* **1.** (*errore, danno*) unavoidable **2.** (*risultato, conseguenza*) inevitable

inevitabile[2] <*sing*> *m* **l'~** the inevitable

inezia [i·'nɛt·tsia] <-ie> *f* (*piccolezza*) trifle; **costare/pagare un'~** to cost/pay next to nothing

infallibile [in·fal·'liː·bi·le] *agg* **1.** (*persona*) infallible **2.** (*mira*) unerring; (*metodo, sistema*) foolproof

infame [in·'faː·me] *agg* **1.** (*persona, tradimento, accusa*) vile **2.** *inf* (*tempo, viaggio*) foul; (*fatica*) dreadful

infantile [in·fan·'tiː·le] *agg* **1.** (*di bambino*) children's; **asilo ~** nursery school **2.** *fig* (*persona, atteggiamento*) childish

infanzia [in·'fan·tsia] <-ie> *f* (*periodo*) childhood; **prima ~** infancy

infarto [in·'far·to] *m* MED heart attack

infastidire [in·fas·ti·'diː·re] <infastidisco> **I.** *vt* to bother **II.** *vr* **-rsi per qc** to get annoyed with sth

infatti [in·'fat·ti] *cong* in fact; (*come risposta*) indeed

infedele [in·fe·'deː·le] *agg* (*amico*) disloyal; (*amante*) unfaithful

infedeltà [in·fe·del·'ta] *f* (*caratteristica*) disloyalty; (*di un coniuge*) infidelity

infelice [in·fe·'liː·tʃe] *agg* **1.** (*persona, infanzia, vita*) unhappy; **amore ~** unhappy love story **2.** (*scelta, frase*) unfortunate

infelicità [in·fe·li·tʃi·'ta] <-> *f* (*di persona*) unhappiness

inferiore [in·fe·'rioː·re] *comp di* **basso** lower **I.** *agg* **1.** *a. fig* (*per posizione, grado*) lower **2.** (*per dimensioni, quantità*) smaller; **~ a qc** below sth **3.** *fig* (*per qualità*) inferior; **~ a qu/qc** inferior to sb/sth **II.** *mf* inferior

inferiorità [in·fe·rio·ri·'ta] <-> *f* inferiority

inferire [in·fe·'riː·re] <inferisco, infersi, inferto> *vt* (*danni*) to inflict; **~ un colpo** to strike

infermeria [in·fer·me·'riː·a] <-ie> *f* (*ambulatorio*) sick bay

infermiere, **-a** [in·fer·'miɛː·re] *m, f* male nurse *m*, nurse *f*

infermità [in·fer·mi·'ta] <-> *f* (*malattia*) illness

infermo, **-a** [in·'fer·mo] **I.** *agg* (*malato*) ill **II.** *m, f* sick person

infernale [in·fer·'naː·le] *agg* **1.** (*gener*) infernal; **macchina ~** *fig* infernal device **2.** (*rumore, caldo, giornata*) hellish; (*danza, ritmo*) frenetic

inferno [in·'fɛr·no] *m a. fig* REL hell; **mandare qu all'~** *fig* to tell sb to go to hell; **d'~** hellish

inferriata [in·fer·'riaː·ta] *f* (*di finestra*) grating

infersi [in·'fɛr·si] *1. pers sing pass rem di* **inferire**

inferto [in·'fɛr·to] *pp di* **inferire**

infettare [in·fet·'taː·re] **I.** *vt* **1.** (*ferita*) to infect **2.** (*acqua, aria*) to pollute **3.** (*persona, territorio*) to infect **II.** *vr:* **-rsi** (*persona, ferita*) to become infected

infettivo, **-a** [in·fet·'tiː·vo] *agg* (*malattia*) infectious

infetto, **-a** [in·'fɛt·to] *agg* **1.** (*ferita, persona*) infected **2.** (*acqua, aria*) polluted

infezione [in·fet·'tsioː·ne] *f* MED infection; **fare ~** to become infected

infiammabile [in·fiam·'maː·bi·le] *agg* (*liquido, gas*) inflammable

infiammazione [in·fiam·mat·'tsioː·ne] *f* MED inflammation

infido, **-a** [in·'fiː·do] *agg* **1.** (*persona, comportamento*) unreliable **2.** (*mare, sentiero*) treacherous

infierire [in·fie·'riː·re] <infierisco> *vi* (*accanirsi*) **~ su** to turn on; *fig* to rage at

infilare [in·fi·'laː·re] **I.** *vt* **1.** (*ago, perle*) to thread **2.** **~ qc in qc** to put sth in sth **3.** (*indumento*) to put on **II.** *vr:* **-rsi 1.** (*indumento*) to put on **2.** **-rsi in qc** to get into sth; **-rsi sotto le coperte** to get under the covers

infiltrarsi [in·fil·'trar·si] *vr* (*umidità, fumo*) to seep

infiltrazione [in·fil·trat·'tsioː·ne] *f* (*di acqua, gas*) leak

infine [in·'fiː·ne] *avv* **1.** (*alla fine*) finally **2.** (*insomma*) in short

infinità [in·fi·ni·'ta] <-> *f* **un'~ di qc** (*enorme quantità*) a mass of sth

infinito[1] [in·fi·'niː·to] *agg* **1.** (*spazio, tempo*) infinite; (*quantità*) countless; **grazie -e** many thanks **2.** LING infinitive

infinito[2] *m* **1.** *a.* MATH (*spazio, tempo illimitato*) infinity; **all'~** endlessly **2.** LING infinitive

inflazione [in·flat·'tsio:·ne] *f* ECON inflation

inflessibile [in·fles·'si:·bi·le] *agg* (*persona, carattere*) inflexible

infliggere [in·'flid·dʒe·re] <infliggo, inflissi, inflitto> *vt* **1.** (*condanna, punizione*) to impose **2.** (*sconfitta*) to inflict

influenza [in·flu·'ɛn·tsa] *f* **1.** (*influsso, prestigio*) influence **2.** MED flu

influenzare [in·flu·en·'tsa:·re] *vt* to influence; **lasciarsi** [*o* **farsi**] ~ **da qu/qc** to be influenced by sb/sth

influire [in·flu·'i:·re] <influisco> *vi* ~ **su qu/qc** to influence sb/sth

infondato, -a [in·fon·'da:·to] *agg* (*accusa, notizia*) unfounded; (*dubbio, sospetto*) groundless

informale [in·for·'ma:·le] *agg* (*invito, colloquio*) informal

informare [in·for·'ma:·re] **I.** *vt* (*con notizie*) to tell; ~ **qu** (**di** [*o* **su**] **qc**) to tell sb (about sth) **II.** *vr* to keep oneself up-to-date; **-rsi su** [*o* **di**] **qc** to inquire about sth

informatica [in·for·'ma:·ti·ka] <-che> *f* (*disciplina*) computer science

informatico, -a [in·for·'ma:·ti·ko] <-ci, -che> **I.** *agg* (*sistema, linguaggio*) computer **II.** *m, f* (*studioso*) computer scientist; (*tecnico*) computer technician

informativo, -a [in·for·ma·'ti:·vo] *agg* (*articolo, foglio*) informative; **prospetto** ~ prospectus; **a titolo** ~ for information only

informazione [in·for·mat·'tsio:·ne] *f* **1.** (*scambio, notizia*) information; **ufficio/sportello -i** information office/desk **2.** COMPUT **scienza dell'**~ information science

infortunio [in·for·'tu:·nio] <-i> *m* (*incidente*) accident; ~ **sul lavoro** occupational accident

infrangere [in·'fran·dʒe·re] <infrango, infransi, infranto> **I.** *vt* (*vetro, vaso*) to smash **II.** *vr:* **-rsi** (*vaso*) to smash; (*onde*) to break

infransi *1. pers sing pass rem di* **infrangere**

infranto, -a [in·'fran·to] *pp di* **infrangere**

infrarosso, -a [in·fra·'ros·so] *agg* PHYS (*raggi, radiazioni*) infrared

infrasettimanale [in·fra·set·ti·ma·'na:·le] *agg* (*chiusura, festività*) midweek

infrazione [in·frat·'tsio:·ne] *f* (*di norma, regolamento*) violation; ~ **al codice stradale** traffic violation

infrequente [in·fre·'kuɛn·te] *agg* (*caso, fenomeno*) infrequent

infuori [in·'fuɔ:·ri] **I.** *avv* **all'**~ outwards **II.** *prep* **all'**~ **di** (*tranne*) except

infuriare [in·fu·'ria:·re] **I.** *vi* (*vento, tempesta*) to rage **II.** *vr:* **-rsi** (*persona*) to fly into a rage

infusi [in·'fu:·zi] *1. pers sing pass rem di* **infondere**

infuso [in·'fu:·zo] *pp di* **infondere**

ingaggiare [iŋ·gad·'dʒa:·re] *vt* **1.** (*operaio, attore*) to hire; (*soldato*) to recruit **2.** SPORT (*giocatore*) to sign **3.** MAR to sign on

ingannare [iŋ·gan·'na:·re] *vt* **1.** (*indurre in errore*) to deceive; **l'apparenza inganna** *prov* don't judge a book by its cover *prov* **2.** (*cliente, amico*) to deceive; (*marito, moglie*) to cheat on

inganno [iŋ·'gan·no] *m* **1.** (*imbroglio*) fraud **2.** (*errore*) **cadere in** ~ to be mistaken; **trarre qu in** ~ to mislead sb

ingegnere [in·dʒeɲ·'ɲɛ:·re] *m* engineer

ingegneria [in·dʒeɲ·ɲe·'ri:·a] <-ie> *f* (*disciplina*) engineering; ~ **civile** civil engineering; ~ **genetica** BIOL genetic engineering

ingegno [in·'dʒeɲ·ɲo] *m* (*intelligenza*) intelligence

ingegnoso, -a [in·dʒeɲ·'ɲo:·so] *agg* (*persona, macchina, risposta*) ingenious

ingenuità [in·dʒe·nui·'ta] <-> *f* (*innocenza*) innocence

ingenuo, -a [in·'dʒɛ:·nuo] **I.** *agg* ingenuous **II.** *m, f* (*persona*) ingenuous person; **fare l'**~ to play the innocent

ingerenza [in·dʒe·'rɛn·tsa] *f* interference

ingerire [in·dʒe·'ri:·re] <ingerisco> *vt* (*cibo, medicina*) to swallow

Inghilterra [iŋ·gil·'tɛr·ra] *f* **l'**~ England; **abitare in** ~ to live in England; **andare in** ~ to go to England

inghiottire [iŋ·giot·'ti:·re] <inghiottisco *o* inghiotto> *vt a. fig* to swallow

inginocchiarsi [in·dʒi·nok·'kiar·si] *vr* (*piegarsi*) to kneel down

ingiù [in·'dʒu] *avv* **all'~** downward

ingiuria [in·'dʒuː·ria] *f* **1.** (*offesa*) affront **2.** (*insulto*) insult

ingiustizia [in·dʒus·'tit·tsia] *f* injustice

ingiusto, -a [in·'dʒus·to] *agg* **1.** (*persona*) unfair **2.** (*condanna, critica, tassa*) unjust

inglese[1] [iŋ·'gleː·se] <*sing*> *m* (*lingua*) English

inglese[2] **I.** *agg* English **II.** *mf* (*abitante*) Englishman *m*, Englishwoman *f*

ingoiare [iŋ·go·'iaː·re] *vt* (*cibo, medicina*) to gulp down

ingombrante [iŋ·gom·'bran·te] *agg* (*mobile*) cumbersome

ingordo, -a [iŋ·'gor·do] *agg* greedy; **~ di qc** greedy for sth

ingorgo [iŋ·'gor·go] <-ghi> *m* **1.** (*di tubatura*) blockage **2.** (*di traffico*) traffic jam

ingrandimento [in·gran·di·'men·to] *m* **1.** (*di edificio*) extension; (*di attività, azienda*) expansion **2.** FOTO, OPT enlargement; **lente d'~** magnifying glass

ingrandire [in·gran·'diː·re] <ingrandisco> **I.** *vt avere* **1.** (*edificio*) to extend; (*attività, azienda*) to expand **2.** FOTO, OPT to enlarge **3.** *fig* (*problemi, difficoltà*) to exaggerate **II.** *vr:* **-rsi** to expand

ingrassare [iŋ·gras·'saː·re] **I.** *vt avere* **1.** (*animale*) to fatten **2.** (*persona*) to make fat **II.** *vi essere* (*diventare grasso*) to put on weight

ingratitudine [iŋ·gra·ti·'tuː·di·ne] *f* (*caratteristica*) ingratitude

ingrato, -a [iŋ·'graː·to] **I.** *agg* **1.** (*persona*) ungrateful **2.** (*compito, lavoro*) thankless **II.** *m, f* (*persona*) ingrate

ingrediente [iŋ·gre·'diɛn·te] *m a. fig* ingredient

ingresso [iŋ·'grɛs·so] *m* **1.** (*atto*) entry **2.** (*facoltà di entrare*) admission; **~ libero** free admission **3.** (*porta, cancello*) entrance; (*atrio*) hallway

ingrosso [iŋ·'grɔs·so] *avv* **all'~** COM wholesale

inguaribile [iŋ·gua·'riː·bi·le] *agg* **1.** (*malattia*) incurable **2.** *fig* (*vizio, bevitore, giocatore*) hardened; *scherz* (*romantico, sognatore*) incurable

inguine ['iŋ·gui·ne] *m* ANAT groin

inibire [i·ni·'biː·re] <inibisco> PSYCH **I.** *vt* to inhibit **II.** *vr:* **-rsi 1.** (*frenarsi*) to be inhibited **2.** (*intimidirsi*) to become inhibited

inibizione [i·ni·bit·'tsioː·ne] *f* PSYCH inhibition

iniettare [in·iet·'taː·re] *vt* (*vaccino, farmaco*) to inject

iniezione [in·iet·'tsioː·ne] *f* MED, TEC injection; **motore a ~** fuel injection engine

ininterrotto, -a [in·in·ter·'rot·to] *agg* (*serie, flusso*) uninterrupted

iniziale [i·nit·'tsiaː·le] **I.** *agg* initial; **stipendio ~** starting salary **II.** *f* (*lettera*) initial; **le -i** (*di nome*) initials; **firmare con le -e** to initial

iniziare [i·nit·'tsiaː·re] **I.** *vt avere* **1.** (*attività, studio*) to start [*o* begin]; **~ a fare qc** to start [*o* begin] to do sth **2. ~ qu a qc** (*rito*) to initiate sb into sth; (*vizio, attività*) to introduce sb to sth **II.** *vi* (*avere inizio*) to begin [*o* start]

iniziativa [i·nit·tsia·'tiː·va] *f* **1.** (*decisione*) initiative; **di propria ~** on one's own iniative **2.** (*attitudine*) enterprise; **essere ricco** [*o* **pieno**] **di ~** to be enterprising

inizio [i·'nit·tsio] <-i> *m* (*atto, momento*) start [*o* beginning]; **avere ~** to start [*o* begin]; **dare ~ a qc** to start [*o* begin] sth; **all'~** at the start [*o* beginning]; **gli -i** the beginning [*o* start]

innalzare [in·nal·'tsaː·re] **I.** *vt* **1.** (*gener*) to raise **2.** (*antenna, palo*) to erect **II.** *vr:* **-rsi** to rise

innamorare [in·na·mo·'raː·re] *vr:* **-rsi** (*reciproco*) to fall in love with each other; **-rsi di qu/qc** to fall in love with sb/sth

innamorato, -a [in·na·mo·'raː·to] **I.** *agg* in love; **essere ~ di qu** to be in love with sb; **essere ~ di qc** to be mad about sth **II.** *m, f* (*fidanzato*) boyfriend *m*, girlfriend *f*

innanzi [in·'nan·tsi] *lit* **I.** *avv* **1.** (*avanti*) forward; **farsi ~** to step forward **2.** (*prima*) previously **3.** (*poi, in seguito*) later; **d'ora ~** from now on **II.** *prep* **~ a qu/qc** (*davanti a*) in front of sb/sth

innato, **-a** [in·ˈnaː·to] *agg* **1.** (*istinto, difetto*) inborn; (*talento*) natural **2.** (*gentilezza, eleganza*) innate

innaturale [in·na·tu·ˈraː·le] *agg* (*gesto, recitazione*) unnatural

innegabile [in·ne·ˈgaː·bi·le] *agg* (*principio, verità*) undeniable; **essere ~** to be true

innervosire [in·ner·vo·ˈsiː·re] <innervosisco> **I.** *vt* to get on sb's nerves **II.** *vr:* **-rsi** to get annoyed

innescare [in·nes·ˈkaː·re] *vt* **1.** (*amo*) to bait **2.** (*bomba, mina*) to prime **3.** *fig* (*reazione, rivolta*) to set off

innesto [in·ˈnɛs·to] *m* **1.** AGR, MED graft **2.** TEC (*attacco*) joint; EL (*presa*) socket

inno [ˈin·no] *m a. fig* hymn; **~ nazionale** national anthem

innocente [in·no·ˈtʃɛn·te] **I.** *agg* **1.** (*gener*) innocent **2.** (*non colpevole*) not guilty **II.** *mf* **1.** (*non colpevole*) innocent person **2.** (*bambino*) innocent

innocenza [in·no·ˈtʃɛn·tsa] *f* innocence

innocuo, **-a** [in·ˈnɔː·kuo] *agg a. pej* innocuous

innovativo, **-a** [in·no·va·ˈtiː·vo] *agg* (*idea, proposta, persona*) innovative

innovatore, **-trice** [in·no·va·ˈtoː·re] **I.** *agg* innovative **II.** *m, f* (*persona*) innovator

innovazione [in·no·vat·ˈtsioː·ne] *f* **1.** (*cambiamento*) change **2.** (*elemento nuovo*) innovation

innumerevole [in·nu·me·ˈreː·vo·le] *agg* countless

inodore, **-a** [i·no·ˈdoː·re] *agg* (*sostanza, gas*) odorless

inoffensivo, **-a** [in·of·fen·ˈsiː·vo] *agg* **1.** (*parole, frasi*) inoffensive **2.** (*persona, animale*) harmless

inoltrare [in·ol·ˈtraː·re] *vt* **1.** ADM (*domanda, pratica*) to submit **2.** (*posta*) to forward

inoltrato, **-a** [in·ol·ˈtraː·to] *agg* (*nel tempo*) late; **a notte/a sera -a** late at night/in the evening

inoltre [i·ˈnol·tre] *avv* furthermore

inondare [in·on·ˈdaː·re] *vt* **1.** (*acque*) to flood; (*lacrime, luce*) to bathe **2.** *fig* (*folla*) to flood into; (*merce*) to flood

inondazione [in·on·dat·ˈtsioː·ne] *f* **1.** (*di acque*) flooding **2.** *fig* (*di turisti, film*) flood

inopportuno, **-a** [in·op·por·ˈtuː·no] *agg* untimely

inorganico, **-a** [in·or·ˈgaː·ni·ko] <-ci, -che> *agg* CHEM (*elemento, sostanza*) inorganic

inospitale [in·os·pi·ˈtaː·le] *agg* **1.** (*persona, paese*) unfriendly **2.** (*casa, regione*) inhospitable

inosservato, **-a** [in·os·ser·ˈvaː·to] *agg* (*non notato*) unobserved; **passare ~** to escape notice

inossidabile [in·os·si·ˈdaː·bi·le] *agg* (*metallo*) rustproof; **acciaio ~** stainless steel

inquadrare [iŋ·kua·ˈdraː·re] **I.** *vt* **1.** FOTO to frame **2.** *fig* (*opera*) to place; (*problema, situazione*) to identify **II.** *vr:* **-rsi** (*collocarsi*) to be part of

inquietante [iŋ·kui·e·ˈtan·te] *agg* **1.** (*silenzio, atmosfera*) worrying **2.** (*film, libro, sogno*) disturbing

inquieto, **-a** [iŋ·ˈkui·ɛː·to] *agg* **1.** (*agitato*) restless **2.** (*preoccupato*) worried

inquilino, **-a** [iŋ·kui·ˈliː·no] *m, f* (*affittuario*) tenant

inquinamento [iŋ·kui·na·ˈmen·to] *m* ECO pollution; **~ acustico** noise pollution

inquinare [iŋ·kui·ˈnaː·re] *vt* ECO to pollute

inquisitore, **-trice** [iŋ·kui·zi·ˈtoː·re] *agg* (*occhio, sguardo*) inquiring

insalata [in·sa·ˈlaː·ta] *f* salad; **in ~** in a salad; **~ di mare** seafood salad

insanabile [in·sa·ˈnaː·bi·le] *agg* **1.** *fig* (*danno, errore*) irreparable **2.** *fig* (*contrasto*) permanent; (*odio, rancore*) undying

insano, **-a** [in·ˈsaː·no] *agg* (*gesto, sentimento*) mad

insaporire [in·sa·po·ˈriː·re] <insaporisco> *vt* CULIN to flavor

insaputa [in·sa·ˈpuː·ta] *f* **all'~ di qu** without sb's knowledge

insediare [in·se·ˈdiaː·re] *vt* **1.** (*in carica*) to swear in **2.** (*in luogo*) to settle

insegna [in·ˈseɲ·ɲa] *f* **1.** (*di negozio, locale*) sign; **~ stradale** road sign **2. all'~ di** *fig* characterized by

insegnamento [in·seɲ·ɲa·ˈmen·to]

m **1.** (*attività, professione*) teaching **2.** (*precetto*) lesson; **trarre ~ da qc** to learn from sth

insegnante [in·seɲ·ˈɲan·te] *mf* (*professore*) teacher; **~ di sostegno** support teacher

insegnare [in·seɲ·ˈɲaː·re] **I.** *vt* **1.** (*gener*) to teach; **~ qc a qu** to teach sb sth [*o* to teach sth to sb]; **~ a qu a fare qc** to teach sb how to do sth **2.** (*storia, esperienza*) to show **II.** *vi* (*come professione*) to teach

inseguire [in·se·ˈguiː·re] *vt a. fig* (*persona, animale, successo*) to chase after

inseminazione [in·se·mi·nat·ˈtsioː·ne] *f* BIOL insemination; **~ artificiale** artificial insemination

insenatura [in·se·na·ˈtuː·ra] *f* inlet

insensato, -a [in·sen·ˈsaː·to] *agg* **1.** (*persona*) foolish **2.** (*idea, gesto, discorso*) senseless

insensibile [in·sen·ˈsiː·bi·le] *agg* **1.** (*arto*) numb; **essere ~ a qc** (*al freddo, dolore*) to not be susceptible to sth **2.** *fig* **essere ~ a qc** (*a fascino, lusinghe, musica*) to be indifferent to sth

inseparabile [in·se·pa·ˈraː·bi·le] *agg* inseparable

inserimento [in·se·ri·ˈmen·to] *m* **1.** (*di moneta, chiave, spina*) insertion; (*di marcia*) setting **2.** (*di foglio, nominativo*) inclusion; (*di dati*) entry

inserire [in·se·ˈriː·re] <inserisco> **I.** *vt* **1.** (*moneta, chiave, spina*) to insert; (*marcia*) to go into **2.** (*foglio, nominativo*) to put; (*dati*) to enter **3.** *fig* (*persona*) to integrate **4.** (*annuncio*) to place **5.** (*audio, corrente*) to switch on **II.** *vr:* **-rsi** **1.** (*meccanismo, congegno*) to fit **2.** (*riforma, progetto, opera*) to be part of **3.** *fig* (*in ambiente*) to fit in **4.** (*in una discussione*) to enter

inserto [in·ˈsɛr·to] *m* **1.** (*di giornale, rivista*) supplement **2.** (*di film*) clip; **~ pubblicitario** commercial

inserzione [in·ser·ˈtsioː·ne] *f* (*annuncio*) advert

insetticida [in·set·ti·ˈtʃiː·da] <-i> *m* insecticide

insetto [in·ˈsɛt·to] *m* (*animale*) insect

insicurezza [in·si·ku·ˈret·tsa] *f* (*di situazione, persona*) insecurity

insicuro, -a [in·si·ˈkuː·ro] **I.** *agg* **1.** (*persona, carattere*) insecure **2.** (*voce, andatura*) faltering **3.** (*luogo, strada, scala*) unsafe; (*lavoro*) precarious **4.** (*notizia*) unconfirmed **II.** *m, f* (*persona*) insecure person

insidia [in·ˈsiː·dia] <-ie> *f* **1.** (*agguato*) ambush **2.** (*pericolo*) hidden danger

insidiare [in·si·ˈdiaː·re] *vt* **1.** (*nemico*) to ambush **2.** (*onore, reputazione*) to sully

insidioso, -a [in·si·ˈdioː·so] *agg* (*percorso, arma*) dangerous

insieme [in·ˈsiɛː·me] **I.** *avv* **1.** (*gener*) together; **tutti** [*o* **tutti quanti**] **~** all together; **tutto** [*o* **tutto quanto**] **~** everything at once; **mettere ~** to put together; **si sono messi ~** they started dating **2.** (*contemporaneamente*) at the same time **II.** *prep* **~ a** (*compagnia*) with; (*contemporaneità*) at the same time as **III.** *m* **1.** (*complesso*) whole; **nell'~** on the whole **2.** MATH set

insignificante [in·siɲ·ɲi·fi·ˈkan·te] *agg* **1.** (*banale*) insignificant; (*parole, gesti*) meaningless **2.** (*particolare, differenza*) trifling

insinuare [in·si·nu·ˈaː·re] *vt* **1.** (*dubbio, sospetto*) to instil **2.** (*sottintendere*) to insinuate; **cosa vorresti ~?** what are you insinuating?

insipido, -a [in·ˈsiː·pi·do] *agg* **1.** (*cibo*) tasteless **2.** *fig* (*persona, faccia*) insipid; (*film, storia*) dull

insistente [in·sis·ˈtɛn·te] *agg* **1.** (*persona, domande, richieste*) insistent **2.** (*pioggia*) persistent

insistenza [in·sis·ˈtɛn·tsa] *f* (*ostinazione*) insistence; **con ~** insistently

insistere [in·ˈsis·te·re] <insisto, insistei *o* insistetti, insistito> *vi* **1.** **~ su qc** (*argomento*) to insist on sth; **non insisto!** I won't insist! **2.** **~ in qc** to persist in sth; **~ nel** [*o* **a**] **fare qc** to persist in doing sth

insoddisfatto, -a [in·sod·dis·ˈfat·to] *agg* **1.** (*persona*) dissatisfied; **essere/rimanere ~ di qc** to be unhappy about sth **2.** (*bisogno, desiderio*) not met

insoddisfazione [in·sod·dis·fat·ˈtsioː·ne] *f* dissatisfaction

insofferente [in·sof·fe·ˈrɛn·te] *agg* (*persona, carattere*) impatient; **essere ~ a qc** to not be able to stand sth

insofferenza [in·sof·fe·ˈrɛn·tsa] *f* (*di persona, carattere*) impatience; **~ a qc** lack of tolerance of sth

insolazione [in·so·lat·ˈtsioː·ne] *f* MED sunstroke

insolente [in·so·ˈlɛn·te] *agg* (*persona, modo, tono*) insolent

insolito, **-a** [in·ˈsɔː·li·to] **I.** *agg* unusual **II.** *m, f* **qualcosa d'~** something unusual

insomma [in·ˈsom·ma] **I.** *avv* **1.** (*in conclusione*) in short **2.** (*così così*) so, so **II.** *inter* right; **ma ~ !** well really!

insonne [in·ˈsɔn·ne] *agg* (*persona*) awake; (*notte*) sleepless

insonnia [in·ˈsɔn·nia] <-ie> *f* **1.** (*disturbo*) insomnia **2.** (*stato*) sleeplessness

insopportabile [in·sop·por·ˈtaː·bi·le] *agg* **1.** (*dolore, caldo, persona*) unbearable **2.** (*affronto, prepotenza*) intolerable

insorgere [in·ˈsor·dʒe·re] <insorgo, insorsi, insorto> *vi essere* **1. ~ contro qu/qc** to rebel against sb/sth **2.** (*malattia, difficoltà*) to arise

insorsi *1. pers sing pass rem di* **insorgere**

insorto, **-a** [in·ˈsor·to] **I.** *pp di* **insorgere** **II.** *agg* **1.** (*popolazione*) rebellious **2.** (*difficoltà*) manifested

insospettire [in·sos·pet·ˈtiː·re] <insospettisco> **I.** *vt avere* **~ qu** to make sb suspicious **II.** *vr:* **-rsi** to become suspicious

insostenibile [in·sos·te·ˈniː·bi·le] *agg* **1.** (*spesa, sforzo*) unsustainable; (*situazione*) intolerable **2.** (*argomento, tesi*) untenable

insperato, **-a** [in·spe·ˈraː·to] *agg* unexpected

inspiegabile [in·spie·ˈgaː·bi·le] *agg* inexplicable

instabile [ins·ˈtaː·bi·le] *agg* **1.** (*carico, ponte, sedia, passo*) unsteady **2.** *fig* (*tempo, clima*) changeable; (*prezzo*) variable; (*situazione, governo, persona*) unstable

instabilità [in·sta·bi·li·ˈta] <-> *f* *a. fig* (*gener*) instability; (*di tempo, clima*) changeability; (*di prezzo*) variability

installare [in·stal·ˈlaː·re] **I.** *vt a.* COMPUT (*apparecchio, impianto*) to install **II.** *vi:* **-rsi; -rsi in qc** (*in luogo*) to settle in sth

installazione [in·stal·lat·ˈtsioː·ne] *f* **1.** *a.* COMPUT (*di apparecchio, impianto*) installation **2.** (*impianto: sportivo, portuale*) facilities *pl*

instancabile [in·staŋ·ˈkaː·bi·le] *agg* tireless

instaurare [in·stau·ˈraː·re] *vt* **1.** (*regime*) to institute **2.** (*metodo, tendenza*) to introduce **3.** (*amicizia, rapporto*) to establish

insù [in·ˈsu] *avv* **all'~** upwards; **naso all'~** snub nose

insuccesso [in·sut·ˈtʃɛs·so] *m* (*di impresa, progetto*) failure; **essere un ~** to be a failure

insufficiente [in·suf·fi·ˈtʃɛn·te] **I.** *agg* **1.** (*per quantità, qualità*) insufficient **2.** (*a scuola: compito*) below standard **II.** *m* (*voto*) fail

insufficienza [in·suf·fi·ˈtʃɛn·tsa] *f* **1.** (*per quantità, qualità*) shortage; **~ di prove** GIUR lack of evidence **2.** (*incapacità*) inability **3.** (*a scuola*) fail **4.** MED insufficiency; **~ cardiaca** cardiac insufficiency

insulina [in·su·ˈliː·na] *f* BIOL, MED insulin

insultare [in·sul·ˈtaː·re] *vt* (*offendere*) to insult

insulto [in·ˈsul·to] *m* insult; **coprire qu di -i** to hurl insults at sb

insurrezione [in·sur·ret·ˈtsioː·ne] *f* insurrection

intaccare [in·tak·ˈkaː·re] *vt* **1.** (*acido, ruggine*) to corrode **2.** (*malattia*) to attack **3.** (*risparmi, patrimonio*) to eat into **4.** *fig* (*onore, amicizia*) to sully

intanto [in·ˈtan·to] **I.** *avv* **1.** (*temporale*) in the meantime **2.** (*avversativo*) yet; **e ~ devo pagare io!** and yet I'll end up paying! **II.** *cong* **~ che ...** *+ind* while ...

intasamento [in·ta·za·ˈmen·to] *m* **1.** (*di tubo, canale*) blockage **2.** (*di strada*) traffic jam; **~ del traffico** traffic jam

intasare [in·ta·ˈzaː·re] **I.** *vt* to block **II.** *vr:* **-rsi** (*tubo, canale, naso*) to become blocked

intatto, -a [in·'tat·to] *agg* **1.** (*neve, patrimonio, eredità*) untouched **2.** (*serratura, edificio*) intact

integrale [in·te·'gra:·le] *agg* **1.** (*intero*) complete; **edizione ~** unabridged edition **2.** (*farina, pane*) wholewheat

integrare [in·te·'gra:·re] **I.** *vt* **1.** (*completare*) to supplement **2.** (*persona*) **~ qu in qc** to integrate sb into sth **II.** *vr:* **-rsi 1.** (*persona*) to fit in **2.** (*reciproco*) to complement one another

integratore [in·te·gra·'to:·re] *m* vitamin supplement; **~ alimentare** nutritional supplement

integrazione [in·te·grat·'tsio:·ne] *f* **1.** (*gener*) integration **2.** (*di stipendio, alimentazione*) supplement

integrità [in·te·gri·'ta] <-> *f a. fig* integrity; **~ fisica e mentale** physical and mental well-being

integro, -a ['in·te·gro] <più integro, integerrimo> *agg* **1.** (*intatto*) intact; (*energie, facoltà*) unimpaired **2.** *fig* (*persona*) upright

intelletto [in·tel·'lɛt·to] *m* intellect

intellettuale [in·tel·let·tu·'a:·le] *agg, mf* intellectual

intelligente [in·tel·li·'dʒɛn·te] *agg* (*acuto: persona, osservazione*) intelligent; **vacanze -i** *planned vacation including excursions/visits*

intelligenza [in·tel·li·'dʒɛn·tsa] *f* **1.** (*facoltà*) mind; **~ artificiale** COMPUT artificial intelligence **2.** (*acutezza*) intelligence; **quoziente d'~** intelligence quotient

intendente [in·ten·'dɛn·te] *m* ADM (*funzionario*) official

intendere [in·'tɛn·de·re] <intendo, intesi, inteso> **I.** *vt* **1.** (*capire*) to understand; **lasciare** [*o* **fare**] **~ qc** to make sth understood; **~ qc al volo** to immediately grasp sth; **s'intende** of course **2.** (*udire*) to hear **3.** (*accettare*) to listen to; **non ~ ragioni** to not listen to reason **4.** (*volere*) to wish; **non intendevo offenderti** I didn't mean to offend you **5.** (*voler dire*) to mean **II.** *vr:* **-rsi 1.** (*andare d'accordo*) to get along **2.** (*accordarsi, capirsi*) to understand each other; **-rsi su qc** to agree on sth; **tanto per intenderci** just to be clear **3.** (*essere esperto di*) **-rsi di qc** (*argomento, materia*) to know sth about sth; **non m'intendo di quadri/di politica** I don't know anything about paintings/politics

intenditore, -trice [in·ten·di·'to:·re] *m, f* (*esperto*) connoisseur

intensificare [in·ten·si·fi·'ka:·re] **I.** *vt* **1.** (*colore*) to intensify **2.** (*controlli, sforzi, produzione*) to increase **II.** *vr:* **-rsi** (*rumore, traffico*) to intensify; (*produzione*) to increase

intensità [in·ten·si·'ta] <-> *f a. fig* PHYS intensity

intensivo, -a [in·ten·'si:·vo] *agg* (*corso, cura*) intensive; **terapia -a** MED intensive care

intenso, -a [in·'tɛn·so] *agg* **1.** (*suono, dolore, desiderio*) intense; (*nebbia, pioggia*) heavy; (*odore, sapore*) overpowering; (*colore*) deep; (*luce*) bright **2.** (*giornata, vita*) busy; (*lavoro, studio*) demanding; **traffico ~** heavy traffic

intento [in·'tɛn·to] *agg* (*concentrato*) intent; **essere ~ a qc** to be absorbed in sth; **essere ~ a fare qc** to be busy doing sth

intenzionale [in·ten·tsio·'na:·le] *agg* (*offesa, errore*) intentional

intenzionato, -a [in·ten·tsio·'na:·to] *agg* **essere ~ a fare qc** to intend to do sth; **essere bene/male ~** to have good/bad intentions

intenzione [in·ten·'tsio:·ne] *f* (*proposito*) intention; **avere (l')~ di fare qc** to intend to do sth; **con/senza ~** intentionally/unintentionally

interagire [in·te·ra·'dʒi:·re] <interagisco> *vi* **~ con qc/qu** (*fenomeni, elementi, persone*) to interact with sth/sb

interattivo, -a [in·ter·at·'ti:·vo] *agg a. fig* COMPUT interactive

interazione [in·ter·at·'tsio:·ne] *f* interaction

intercalare [in·ter·ka·'la:·re] *vt* (*parola, frase*) to insert; **~ qc a qc** (*testo*) to insert sth into sth; *fig* to alternate sth with sth

intercambiabile [in·ter·kam·'bia:·bi·le] *agg* (*pezzi, elementi, ruoli*) interchangeable

intercedere [in·ter·'tʃɛː·de·re] *vi avere* ~ **presso qu (per qu/qc)** (*intervenire*) to intercede with sb (on behalf of sb/sth)

intercettare [in·ter·tʃet·'taː·re] *vt* (*aereo, lettera, telefonata*) to intercept

intercettazione [in·ter·tʃet·tat·'tsioː·ne] *f* **1.** (*di aereo*) interception **2.** (*di telefonata*) tapping; ~ **telefonica** phone tapping

intercity [in·ter·'si·ti] <-> *m* FERR inter-city train

intercorrere [in·ter·'kor·re·re] <intercorro, intercorsi, intercorso> *vi essere* **1.** (*tempo*) to elapse **2.** *fig* (*rapporto, colloquio*) to exist

interdetto, -a **I.** *pp di* **interdire** **II.** *agg* **1.** (*sconcertato*) disconcerted **2.** GIUR (*persona*) banned

interdire [in·ter·'diː·re] <interdico, interdissi, interdetto> *vt* GIUR ~ **qu (da qc)** to ban sb (from sth)

interessante [in·te·res·'san·te] *agg* interesting

interessare [in·te·res·'saː·re] **I.** *vt avere* **1.** (*incuriosire*) to interest; ~ **qu a qc** to interest sb in sth **2.** (*riguardare*) to affect **II.** *vi essere* (*importare*) ~ **a qu** to matter to sb; **non gli interessa vincere** he's not interested in winning **III.** *vr:* **-rsi** **1. -rsi a qc** (*incuriosirsi*) to be interested in sth **2. -rsi di qu/qc** (*occuparsi*) to take an interest in sb/sth; (*intervenire*) to intervene

interessato, -a [in·te·res·'saː·to] **I.** *agg* **1.** (*incuriosito*) interested; ~ **a qc** interested in sth **2.** (*calcolatore*) interested; (*amicizia, proposta*) selfish **II.** *m, f* (*persona in causa*) person concerned

interesse [in·te·'rɛs·se] *m* **1.** *a.* FIN (*gener*) interest; **di grande** ~ of great interest; **tasso d'**~ interest rate **2.** *pl* (*attività*) interests *pl;* **avere molti -i** to have a lot of interests **3.** (*vantaggio*) self-interest; **nell'**~ **di qu** in sb's interest

interfaccia [in·ter·'fat·tʃa] <-cce> *f* COMPUT interface; ~ **utente** user interface

interferenza [in·ter·fe·'rɛn·tsa] *f* **1.** PHYS, TEL interference **2.** *fig* (*intromissione*) meddling

interferire [in·ter·fe·'riː·re] <interferisco> *vi* **1.** *a. fig* PHYS (*elementi, fattori*) to interfere; ~ **in** [*o* **con**] **qc** to interfere with sth **2.** *fig* (*persona*) to interfere

interiezione [in·te·ri·et·'tsioː·ne] *f* LING interjection

interinale [in·te·ri·'naː·le] *agg* temporary; **lavoro** ~ temporary job

interiora [in·te·'rioː·ra] *fpl* innards *pl*

interiore [in·te·'rioː·re] *agg* **1.** (*parte, lato*) internal **2.** (*spirituale*) inner; **mondo/vita** ~ interior world/life

interlinea [in·ter·'liː·nea] *f* (*spazio*) line spacing

interlocutore, -trice [in·ter·lo·ku·'toː·re] *m, f* **1.** (*conversatore*) speaker **2.** (*controparte*) counterpart

intermediario, -a [in·ter·me·'diaː·rio] <-i, -ie> *agg, m, f* intermediary; **fare da** ~ to act as an intermediary

intermedio, -a [in·ter·'mɛː·dio] *agg* **1.** (*periodo, punto, condizione*) intermediate **2.** *fig* (*soluzione*) compromise

intermezzo [in·ter·'mɛd·dzo] *m* **1.** (*intervallo*) interlude **2.** MUS intermezzo

interminabile [in·ter·mi·'naː·bi·le] *agg* (*troppo lungo*) interminable

intermittente [in·ter·mit·'tɛn·te] *agg* (*segnale, luce, pioggia*) intermittent

internazionale [in·ter·nat·tsio·'naː·le] *agg* international

Internet [in·ter·'net] <-> *f* COMPUT Internet; **navigare in** [*o* **su**] ~ to go on the Internet; **sito** ~ website

interno[1] [in·'tɛr·no] *agg* **1.** (*parte, lato*) inner **2.** (*regolamento, membro*) internal **3.** (*politica, affari*) national; (*volo*) domestic **4.** GEOG inland; **acque -e** inland waters **5.** *fig* (*interiore*) inner

interno[2] <*sing*> *m* **1.** (*di struttura*) inside; (*di indumento*) lining; **all'**~ inside; **all'**~ **di qc** inside sth; **dall'**~ from the inside; **dall'**~ **di qc** from inside sth **2.** (*di territorio*) interior **3.** (*telefono*) extension; (*abitazione*) apartment number **4.** *fig* (*animo*) inner being **5.** (*di stato*) home; **notizie dall'**~ national news

intero[1] [in·'teː·ro] *agg* **1.** (*completo*) whole; **prezzo** ~ full price; **costume** ~ bathing suit; **latte** ~ full fat milk **2.** (*intatto*) whole

intero[2] *m* whole; **per ~** in full

interpellare [in·ter·pel·'laː·re] *vt* **1.** (*persona, medico, avvocato*) to consult **2.** POL to question

interporre [in·ter·'por·re] <interpongo, interposi, interposto> **I.** *vt* (*ostacolo, difficoltà*) to put **II.** *vr:* **-rsi 1.** (*ostacolo*) to be **2.** *fig* (*persona*) to intervene

interposi [in·ter·'poː·zi] *1. pers sing pass rem di* **interporre**

interposto, -a [in·ter·'pos·to] *pp di* **interporre**

interpretare [in·ter·pre·'taː·re] *vt a. fig* FILM, THEAT, MUS to interpret

interpretazione [in·ter·pre·tat·'tsioː·ne] *f a. fig* FILM, THEAT, MUS interpretation

interprete [in·'tɛr·pre·te] *mf* **1.** (*gener*) interpreter; **~ simultaneo** simultaneous interpreter **2.** (*attore, musicista*) performer

interrato, -a [in·ter·'raː·to] *agg* **piano ~** basement

interrogare [in·ter·ro·'gaː·re] *vt* **1.** (*testimone, sospetto*) to question **2.** (*a scuola*) to test

interrogativo[1] [in·ter·ro·ga·'tiː·vo] *agg* **1.** (*sguardo, espressione*) questioning **2.** LING interrogative; **punto ~** question mark

interrogativo[2] *m* (*dubbio*) question

interrogatorio [in·ter·ro·ga·'tɔː·rio] <-i> *m* GIUR questioning

interrogazione [in·ter·ro·gat·'tsioː·ne] *f* **1.** (*a scuola*) test **2.** POL **~ parlamentare** parliamentary question

interrompere [in·ter·'rom·pe·re] <interrompo, interruppi, interrotto> **I.** *vt* **1.** (*lavoro, trattativa, persona*) to interrupt **2.** (*strada, passaggio, linea, corrente*) to cut off **II.** *vr:* **-rsi 1.** (*in attività*) to break off; (*nel parlare*) to stop talking **2.** (*trattativa*) to be interrupted **3.** (*linea, corrente, strada*) to be cut off

interruttore [in·ter·rut·'toː·re] *m* (*dispositivo*) switch

interruzione [in·ter·rut·'tsioː·ne] *f* **1.** (*gener*) interruption; (*di strada*) break; **senza ~** without stopping; **~ di gravidanza** termination of a pregnancy **2.** (*pausa*) break; **~ pubblicitaria** advertising break

interscambio [in·ters·kam·bio] *m* exchange

intersezione [in·ter·set·'tsioː·ne] *f* (*di linee, strade*) intersection; **punto di ~** junction

interurbana [in·ter·ur·'baː·na] *f* (*telefonata*) long-distance call

interurbano, -a [in·ter·ur·'baː·no] *agg* (*telefonata, tariffa*) long distance

intervallo [in·ter·'val·lo] *m* **1.** (*gener*) interval; **a -i** at intervals **2.** (*pausa*) break; (*a scuola*) break

intervenire [in·ter·ve·'niː·re] <intervengo, intervenni, intervenuto> *vi essere* **1.** (*intromettersi, parlare*) to intervene **2.** (*partecipare*) **~ a qc** to take part in sth **3.** MED to operate

intervento [in·ter·'vɛn·to] *m* **1.** (*intromissione, discorso*) intervention **2.** SPORT tackle **3.** (*partecipazione*) participation **4.** MED operation; **~ chirurgico** surgery

intervenuto, -a [in·ter·ve·'nuː·to] **I.** *pp di* **intervenire** **II.** *agg* (*persona, pubblico*) present

intervista [in·ter·'vis·ta] *f* interview

intervistare [in·ter·vis·'taː·re] *vt* to interview

intesa [in·'teː·sa] *f* **1.** *a. fig* POL agreement **2.** (*affiatamento*) understanding

intesi [in·'te·zi] *1. pers sing pass rem di* **intendere**

inteso, -a [in·'teː·zo] **I.** *pp di* **intendere** **II.** *vt* **restare** [*o* **rimanere**] **~ che ...** to agree that ...; (**siamo**) **intesi?** agreed?

intestare [in·tes·'taː·re] *vt* **1.** (*lettera, pagina*) to head **2.** GIUR **~ qc a qu** (*bene, casa*) to register sth in sb's name; (*assegno*) to make out sth in sb's name

intestazione [in·tes·tat·'tsioː·ne] *f* (*di foglio*) heading; (*di libro, articolo*) title

intestino [in·tes·'tiː·no] *m* ANAT intestine; **~ crasso/tenue** large/small intestine

intimidire [in·ti·mi·'diː·re] <intimidisco> *vt avere* **1.** (*imbarazzare*) to make shy **2.** (*minacciare*) to intimidate

intimità [in·ti·mi·'ta] <-> *f* **1.** (*ambito privato*) privacy; **nell'~** (*in casa, in famiglia*) in private **2.** (*confidenza*) familiarity

intimo[1] ['in·ti·mo] **I.** *agg* **1.** *fig* (*amico, amicizia*) close; **ambiente ~** intimate atmosphere; **cenetta -a** romantic meal **2.** *fig* (*convinzione, gioia*) inner; (*ragioni, significato*) innermost **3.** (*nascosto*) hidden; **parti -e** private parts; **biancheria -a** underwear **II.** *m* (*persona*) close friend

intimo[2] <*sing*> *m* **1.** (*interiorità*) heart **2.** (*biancheria*) underwear

intimorire [in·ti·mo·'ri:·re] <intimorisco> **I.** *vt* to frighten **II.** *vr:* **-rsi** to get frightened

intitolare [in·ti·to·'la:·re] **I.** *vt* **1.** (*libro, film*) to give a title to **2.** (*strada, edificio*) to name; **~ qc a qu** to name sth after sb **II.** *vr:* **-rsi** (*libro, film*) to be called

intoccabile [in·tok·'ka:·bi·le] *agg* **1.** (*oggetto, patrimonio*) untouchable **2.** *fig* (*argomento*) indisputable **3.** *fig* (*persona*) unassailable

intollerabile [in·tol·le·'ra:·bi·le] *agg* **1.** (*sopruso, offesa*) intolerable **2.** (*caldo, dolore*) unbearable

intollerante [in·tol·le·'ran·te] *agg* (*persona, carattere*) intolerant

intonaco [in·'tɔ:·na·ko] <-ci *o* -chi> *m* (*per muro*) plaster

intonare [in·to·'na:·re] **I.** *vt* **1.** MUS (*strumento, voce*) to tune up **2.** (*colori, indumenti*) to match **II.** *vr:* **-rsi** (*colori, indumenti*) to match; **-rsi a qc** to go with sth

intonazione [in·to·nat·'tsio:·ne] *f* **1.** MUS tuning; (*della voce*) pitch **2.** LING intonation

intoppo [in·'tɔp·po] *m* (*ostacolo*) hitch

intorno [in·'tor·no] **I.** *avv* around; **guardarsi ~** to look around; **qui ~ non ci sono bar** there aren't any bars around here; **tutto ~** all around; **togliersi qu d'~** to get rid of sb **II.** *prep* **1. ~ a** around; (*spazio*) round **2.** (*tempo, quantità*) around about **3.** (*argomento*) on

intossicazione [in·tos·si·kat·'tsio:·ne] *f* MED poisoning

intralciare [in·tral·'tʃa:·re] *vt* **1.** (*traffico*) to hold up; (*movimento*) to hamper **2.** *fig* (*attività, progetto*) to hinder

intralcio [in·'tral·tʃo] <-ci> *m* (*ostacolo*) hindrance

intramuscolare [in·tra·mus·ko·'la:·re] *agg* MED (*iniezione*) intramuscular

intransigente [in·tran·si·'dʒɛn·te] *agg* **1.** (*giudice, insegnante*) harsh **2.** (*politico, corrente*) intransigent **3.** (*atteggiamento*) intolerant

intrappolare [in·trap·po·'la:·re] *vt* **1.** (*topo, ladro*) to trap **2.** *fig* (*raggirare*) to catch out

intraprendente [in·tra·pren·'dɛn·te] *agg* (*persona*) enterprising; (*in amore*) forward

intraprendere [in·tra·'prɛn·de·re] <intraprendo, intrapresi, intrapreso> *vt* (*attività, viaggio*) to undertake; (*carriera, studi*) to start

intrattabile [in·trat·'ta:·bi·le] *agg* (*persona, carattere*) impossible

intrattenere [in·trat·te·'ne:·re] <intrattengo, intrattenni, intrattenuto> **I.** *vt* (*ospite, pubblico*) to entertain **II.** *vr* **1. -rsi con qu** to stop with sb **2. -rsi su qc** to concentrate on sth

intrattenimento [in·trat·te·ni·'men·to] *m* entertainment

intrecciare [in·tret·tʃa:·re] **I.** *vt* **1.** (*capelli, paglia*) to pleat **2.** *fig* (*rapporti*) to establish **II.** *vr:* **-rsi** (*fili, rami*) to become interwined; (*capelli*) to be pleated; (*strade*) to intersect

intrigo [in·'tri:·go] <-ghi> *m* **1.** (*macchinazione*) plot **2.** (*situazione confusa*) difficult situation

intrinseco, -a [in·'trin·se·ko] <-ci, -che> *agg* (*proprio, interno*) intrinsic

intriso, -a *agg* **~ di qc** (*liquido*) soaked in [*o* with] sth; *fig* (*sentimento*) steeped in sth

introdurre [in·tro·'dur·re] <introduco, introdussi, introdotto> **I.** *vt* **1.** (*chiave, moneta, scheda*) to put **2.** (*prodotto, moda, uso*) to introduce; (*legge, riforma*) to bring in **3.** (*discorso, tema*) to start **4.** (*persona*) to show; **~ qu in qc** (*ambiente*) to introduce sb into sth; **~ qu a qc** (*disciplina*) to introduce sb to sth **II.** *vr* **-rsi in qc** (*luogo*) to enter sth; (*ambiente*) to join sth

introduzione [in·tro·dut·'tsio:·ne] *f* **1.** (*gener*) introduction **2.** (*di moneta, scheda*) insertion

introito [in·'trɔː·i·to] *m* (*incasso*) income

intromissione [in·tro·mis·'sioː·ne] *f* (*ingerenza*) interference

intruso, -a [in·'truː·zo] *m, f* (*persona*) intruder

intuire [in·tu·'iː·re] <intuisco> *vt* (*percepire*) to perceive

intuito [in·'tuːi·to] *m* (*attitudine*) intuition

intuizione [in·tuit·'tsioː·ne] *f* **1.** (*presentimento, intuito*) intuition **2.** (*trovata*) insight

inumano, -a [i·nu·'maː·no] *agg* inhumane

inutile [i·'nuː·ti·le] *agg* (*oggetto, attrezzo, persona*) useless; (*spesa, consiglio, discorso*) worthless; (*lavoro, sforzo*) pointless

inutilità [i·nu·ti·li·'ta] <-> *f* **1.** (*di oggetto*) uselessness **2.** (*di rimedio, sforzo*) pointlessness

invadente [in·va·'dɛn·te] **I.** *agg* (*persona*) intrusive **II.** *mf* busybody

invadere [in·'vaː·de·re] <invado, invasi, invaso> *vt* **1.** (*gener*) to invade **2.** (*animali, piante*) to take over; (*acque*) to flood

invalidare [in·va·li·'daː·re] *vt* GIUR, ADM (*atto, documento*) to invalidate

invalidità [in·va·li·di·'ta] <-> *f* (*fisica*) disability; **pensione di ~** disability benefit

invalido, -a [in·'vaː·li·do] **I.** *agg* (*disabile*) disabled **II.** *m, f* disabled person; **~ di guerra** disabled veteran

invano [in·'vaː·no] *avv* in vain

invasi [in·'vaː·zi] *1. pers sing pass rem di* **invadere**

invasione [in·va·'zioː·ne] *f* **1.** (*gener*) invasion; **~ di campo** SPORT field invasion **2.** (*di malattia*) spread; (*di acque*) flooding

invaso [in·'vaː·zo] *pp di* **invadere**

invasore, invaditrice [in·va·'zoː·re, in·va·di·'triː·tʃe] *m, f* invader

invecchiare [in·vek·'kiaː·re] **I.** *vi essere* **1.** (*diventare vecchio*) to grow old **2.** (*vino, formaggio*) to mature **II.** *vt avere* **1.** (*persona*) to age **2.** (*vino, formaggio*) to mature

invece [in·'veː·tʃe] **I.** *avv* instead **II.** *prep* **~ di** instead of

inventare [in·ven·'taː·re] *vt* **1.** (*oggetto, fiaba*) to invent **2.** (*notizia, scuse*) to make up; (*bugia*) to tell

inventario [in·ven·'taː·rio] <-i> *m* **1.** COM stocktaking **2.** (*elenco*) inventory; **fare l'~** (**di qc**) to draw up an inventory (of sth)

inventore, -trice [in·ven·'toː·re] *m, f* (*ideatore*) inventor

invenzione [in·ven·'tsioː·ne] *f* **1.** (*gener*) invention **2.** (*di notizia, bugia, scuse*) lie

invernale [in·ver·'naː·le] *agg* (*stagione, clima*) wintry; (*vacanze, sport, abbigliamento*) winter

inverno [in·'vɛr·no] *m* winter; **d'~** in winter

inverosimile [in·ve·ro·'siː·mi·le] *agg* **1.** (*improbabile*) unlikely **2.** (*enorme, straordinario*) incredible

inversione [in·ver·'sioː·ne] *f* **1.** (*di direzione*) reverse; **fare ~** to make a U-turn; **~ a U** U-turn **2.** (*di ordine*) inversion **3.** *fig* (*di parti, ruoli*) reversal; **~ di campo** SPORT changing of ends

inverso[1] [in·'vɛr·so] *agg* (*direzione, ordine*) reverse; (*ragionamento, situazione, caso*) opposite

inverso[2] <*sing*> *m* (*contrario*) opposite; **all'~** the wrong way around

invertire [in·ver·'tiː·re] *vt* **1.** (*direzione*) to reverse **2.** (*ordine, posizione*) to invert **3.** (*parti, ruoli*) to swap

investigare [in·ves·ti·'gaː·re] **I.** *vt* (*cause, ragioni*) to investigate **II.** *vi* **~ su qc** to investigate sth

investigatore, -trice [in·ves·ti·ga·'toː·re] *m, f* investigator; **~ privato** private detective

investimento [in·ves·ti·'men·to] *m* **1.** *a. fig* ECON, FIN investment **2.** (*incidente*) traffic accident

investire [in·ves·'tiː·re] *vt* **1.** *a. fig* ECON, FIN to invest **2.** (*bufera, ondata, valanga*) to hit **3.** (*veicolo*) to crash into; (*pedone*) to run over **4.** **~ qu di qc** (*carica, titolo*) to give sb sth

investitore, -trice [in·ves·ti·'toː·re] *m, f* ECON, FIN investor

inviare [in·vi·'aː·re] *vt* (*lettera, merce, persona*) to send

inviato, -a [in·vi·'aː·to] *m, f* **1.** (*delegato*) envoy **2.** (*giornalista*) correspondent; ~ **speciale** special correspondent

invidia [in·'viː·dia] <-ie> *f* envy; **ha una casa che è l'~ di tutti** his [*o* her] house is the envy of everybody

invidiare [in·vi·'diaː·re] *vt* to envy; ~ **qu per qc** to envy sb sth; **non avere nulla** [*o* **niente**] **da ~ a qu/qc/nessuno** to be the equal of sb/sth/anybody

invidioso, -a [in·vi·'dioː·so] *agg* envious

invincibile [in·vin·'tʃiː·bi·le] *agg* (*avversario, nemico*) invincible

invio [in·'viː·o] <-ii> *m* **1.** (*di lettera, pacco, persona*) sending; (*di merce*) dispatch **2.** (*oggetto, merce*) consignment **3.** COMPUT (*tasto*) return

invisibile [in·vi·'ziː·bi·le] *agg* **1.** (*non visibile*) invisible **2.** (*piccolissimo*) tiny

invitare [in·vi·'taː·re] *vt* **1.** (*a cena, festa*) to invite **2.** (*esortare*) to ask

invitato, -a [in·vi·'taː·to] *m, f* (*persona*) guest

invito [in·'viː·to] *m* **1.** (*a cena, festa*) invitation; (*biglietto*) invitation; **~ a nozze** *fig* wedding invitation **2.** (*esortazione*) request

invogliare [in·voʎ·'ʎaː·re] *vt* to entice

involontario, -a [in·vo·lon·'taː·rio] *agg* (*errore, gesto, offesa*) involuntary

involtino [in·vol·'tiː·no] *m* CULIN ~ **primavera** spring roll

involucro [in·'vɔː·lu·kro] *m* (*confezione*) wrapping; (*per protezione*) casing

io ['iː·o] *pron 1. pers sing* I; **sono ~** it's me; ~ **stesso/stessa** I personally; **neanch'~** me neither; **neanch'~ sono stato invitato** I haven't been invited either

iodio ['iɔː·dio] *m* CHEM iodine

ione ['ioː·ne] *m* CHEM ion

iperattivo, -a [i·pe·rat·'tiː·vo] *agg* (*persona, bambino*) hyperactive

iperbole [i·'pɛr·bo·le] *f* MATH hyperbola; LING hyperbole

ipercalorico, -a [i·per·ka·'lɔː·ri·ko] <-ci, -che> *agg* (*cibo, dieta*) high in calories

ipermercato [i·per·mer·'kaː·to] *m* superstore

ipertensione [i·per·ten·'sioː·ne] *f* MED hypertension

ipertesto [i·per·'tɛs·to] *m* COMPUT hypertext

ipnosi [ip·'nɔː·zi] <-> *f* PSYCH hypnosis

ipnotizzare [ip·no·tid·'dzaː·re] *vt a. fig* to hypnotize

ipoallergenico, -a [i·po·al·ler·'dʒɛː·ni·ko] <-ci, -che> *agg* (*cosmetico, alimento*) hypoallergenic

ipocalorico, -a [i·po·ka·'lɔː·ri·ko] <-ci, -che> *agg* (*alimento, dieta*) low-calorie

ipocondria [i·po·kon·'driː·a] <-ie> *f* PSYCH, MED hypochondria

ipocrisia [i·po·kri·'ziː·a] <-ie> *f* hypocrisy

ipocrita [i·'pɔː·kri·ta] <-i *m*, -e *f*> **I.** *agg* hypocritical **II.** *mf* (*persona*) hypocrite

ipoteca [i·po·'tɛː·ka] <-che> *f* GIUR mortgage

ipotesi [i·'pɔː·te·zi] <-> *f* **1.** (*supposizione*) hypothesis; **per ~** supposing **2.** (*teoria*) theory **3.** (*eventualità*) eventuality; **nell'~ che ...** *+cong* should ...; **nella migliore/peggiore delle ~** at best/worst

ipotetico, -a [i·po·'tɛː·ti·ko] <-ci, -che> *agg* **1.** (*caso, ragionamento, successo*) hypothetical **2.** LING **periodo ~** conditional clause

ipotizzare [i·po·tid·'dzaː·re] *vt* (*caso, situazione*) to imagine; **~ che ...** *+cong* to suppose that ...; **~ di ...** *+inf* to suppose that ...

ippica ['ip·pi·ka] <-che> *f* (*sport*) horse racing

ippico, -a ['ip·pi·ko] <-ci, -che> *agg* (*gara, concorso*) horse

ippocastano [ip·po·kas·'taː·no] *m* (*albero*) horse chestnut tree

ippodromo [ip·'pɔː·dro·mo] *m* (*impianto*) racetrack

ippopotamo [ip·po·'pɔː·ta·mo] *m* (*animale*) hippopotamus

ira ['iː·ra] *f* (*collera*) anger; **in** (**preda ad**) **uno scatto d'~** in a fit of anger; **fare l'~ di Dio** *fig* to wreak havoc; **costare l'~ di Dio** *fig* to cost an arm and a leg

iracheno, -a [i·ra·'kɛː·no] *agg, m, f* Iraqi

Iran [i·'ran] *m* **l'~** Iran; **abitare in ~** to live in Iran; **andare in ~** to go to Iran

iraniano, -a [i·ra·'niaː·no] *agg, m, f* Iranian

iride ['iː·ri·de] *f* **1.** (*arcobaleno*) rainbow **2.** ANAT iris

Irlanda [ir·'lan·da] *f* **l'~** Ireland; **l'~ del Nord** Northern Ireland; **abitare in ~** to live in Ireland; **andare in ~** to go to Ireland

irlandese [ir·lan·'deː·se] **I.** *agg* (*dell'Irlanda*) Irish **II.** *mf* (*abitante*) Irishman *m,* Irishwoman *f*

ironia [i·ro·'niː·a] <-ie> *f* irony; **fare dell'~** (**su qc**) to be ironic (about sth)

ironico, -a [i·'rɔː·ni·ko] <-ci, -che> *agg* ironic

ironizzare [i·ro·nid·'dzaː·re] *vi* **~ su qc/qu** to be ironic about sth/sb

irradiare [ir·ra·'diaː·re] **I.** *vt avere* **1.** (*luce*) to light up; (*calore*) to give off **2.** *fig* (*felicità, gioia*) to radiate **3.** MED to irradiate **II.** *vi essere* (*propagarsi*) to radiate **III.** *vr:* **-rsi** (*calore, dolore*) to spread; (*strade*) to radiate

irraggiungibile [ir·rad·dʒun·'dʒiː·bi·le] *agg* **1.** (*meta, luogo*) inaccessible **2.** *fig* (*traguardo, risultato*) unattainable

irragionevole [ir·ra·dʒo·'neː·vo·le] *agg* **1.** (*gener*) unreasonable **2.** (*paura, sospetto*) irrational

irrazionale [ir·rat·tsio·'naː·le] *agg* irrational

irrazionalità [ir·rat·tsio·na·li·'ta] <-> *f* **1.** (*di comportamento, gesto*) irrationality **2.** (*di abitazione, metodo*) impracticality

irreale [ir·re·'aː·le] *agg* (*atmosfera, immagine, luogo*) unreal

irrealizzabile [ir·re·a·lid·'dzaː·bi·le] *agg* (*desiderio, sogno*) unattainable; (*impresa, progetto*) unworkable

irrecuperabile [ir·re·ku·pe·'raː·bi·le] *agg* **1.** (*denaro, perdita*) lost **2.** (*distanza, ritardo*) irrecoverable **3.** (*macchinario, elettrodomestico*) dead **4.** (*malato, delinquente*) irredeemable

irregolare [ir·re·go·'laː·re] *agg* **1.** (*procedura, documento*) irregular; **unione ~** unlawful union **2.** (*forma, dimensione*) irregular **3.** (*andamento, funzionamento*) erratic; (*persona*) inconsistent **4.** MED (*polso, respiro*) intermittent **5.** LING (*nome, verbo*) irregular

irregolarità [ir·re·go·la·ri·'ta] <-> *f* **1.** (*di procedura, documento*) irregularity **2.** (*di forma, dimensione*) irregularity **3.** (*di andamento, funzionamento*) erratic nature **4.** (*violazione*) unlawful act **5.** SPORT foul

irremovibile [ir·re·mo·'viː·bi·le] *agg* **1.** (*carattere, opinione*) inflexible **2.** (*persona*) adamant

irreparabile [ir·re·pa·'raː·bi·le] *agg* (*danno, errore, offesa*) irreparable

irreperibile [ir·re·pe·'riː·bi·le] *agg* **1.** (*prodotto, documento*) untraceable **2.** (*persona*) unable to be found; **rendersi ~** to make oneself scarce

irreprensibile [ir·re·pren·'siː·bi·le] *agg* **1.** (*persona*) irreproachable **2.** (*comportamento, vita*) faultless

irrequieto, -a [ir·re·'kui·ɛː·to] *agg* (*persona, animo, sguardo*) restless; (*bambino*) lively

irresistibile [ir·re·sis·'tiː·bi·le] *agg* irresistible

irresponsabile [ir·res·pon·'saː·bi·le] **I.** *agg* irresponsible **II.** *mf* (*persona*) irresponsible person

irreversibile [ir·re·ver·'siː·bi·le] *agg a. fig* MED, CHEM irreversible

irrevocabile [ir·re·vo·'kaː·bi·le] *agg* (*decisione, scelta*) irrevocable

irriconoscibile [ir·ri·ko·noʃ·'ʃiː·bi·le] *agg* (*persona, voce*) unrecognizable

irriducibile [ir·ri·du·'tʃiː·bi·le] *agg* **1.** (*volontà, tenacia*) unshakeable **2.** (*fumatore, giocatore*) die-hard

irrigare [ir·ri·'gaː·re] *vt* **1.** (*terreno, campo*) to water **2.** (*fiume, canale*) to irrigate

irrigazione [ir·ri·gat·'tsioː·ne] *f a. fig* MED irrigation

irrigidire [ir·ri·'diː·re] <irrigidisco> **I.** *vt* **1.** (*arto, corpo*) to stiffen **2.** *fig* (*pena*) to increase **II.** *vr:* **-rsi 1.** (*arto, corpo*) to stiffen **2.** (*temperatura*) to drop **3.** *fig* (*ostinarsi*) **-rsi su** [*o* **in**] **qc** to cling doggedly to sth

irrilevante [ir·ri·le·'van·te] *agg* (*danno, problema*) insignificant

irrimediabile [ir·ri·me·'diaː·bi·le] *agg* (*danno*) irreparable

irripetibile [ir·ri·pe·'tiː·bi·le] *agg* **1.** (*momento, esperienza*) one-time **2.** (*frase,* *insulto*) unrepeatable

irrisorio, -a [ir·ri·'zɔː·rio] <-i, -ie> *agg* (*prezzo, compenso*) derisory

irritabile [ir·ri·'taː·bi·le] *agg a. fig* MED irritable

irritare [ir·ri·'taː·re] **I.** *vt a. fig* MED to irritate **II.** *vr:* **-rsi 1.** (*persona*) to get irritated **2.** MED (*pelle*) to become irritated

irritazione [ir·ri·tat·'tsioː·ne] *f a. fig* MED irritation

irriverente [ir·ri·ve·'rɛn·te] *agg* (*persona, gesto*) irreverent

irrobustire [ir·ro·bus·'tiː·re] <irrobustisco> **I.** *vt* (*corpo*) to make stronger **II.** *vr:* **-rsi** (*persona*) to become stronger

irrompere [ir·'rom·pe·re] <irrompo, irruppi, irrotto> *vi essere* ~ **in qc** to flood into sth

irrotto [ir·'rot·to] *pp di* **irrompere**

irruenza [ir·ru·'ɛn·tsa] *f* (*di persona, carattere*) impetuousness

irruppi [ir·'rup·pi] *1. pers sing pass rem di* **irrompere**

irruzione [ir·rut·'tsioː·ne] *f* **1.** (*di polizia, ladri*) raid **2.** (*entrata*) irruption; **fare ~ in qc** to burst into sth

iscrissi [is·'kris·si] *1. pers sing pass rem di* **iscrivere**

iscritto[1] [is·'krit·to] **I.** *pp di* **iscrivere** **II.** *agg* (*a corso, partito, circolo, università*) enrolled; (*a gara*) entered **III.** *m* **1.** (*a corso*) pupil **2.** (*a gara*) competitor **3.** (*a partito, circolo*) member; (*all'università*) student

iscritto[2] *m* **per** ~ in writing

iscrivere [is·'kriː·ve·re] <iscrivo, iscrissi, iscritto> **I.** *vt* **1.** ~ **qu** (**a qc**) (*a corso*) to enrol sb (in sth); (*a gara*) to enter sb (for sth) **2.** (*in registro*) to enter **II.** *vr* **-rsi** (**a qc**) (*all'università, a corso*) to enroll (in sth); (*a gara*) to enter oneself (for sth); (*a partito, circolo*) to join (sth)

iscrizione [is·krit·'tsioː·ne] *f* **1.** (*a corso, all'università*) enrollment; (*a gara*) entry; (*a partito*) subscription; **quota d'~** subscription fee **2.** (*in registro*) registration **3.** (*su pietra, metallo*) inscription

Islam [iz·'lam] <-> *m* (*religione*) Islam

islamico, -a [iz·'laː·mi·ko] <-ci, -che> *agg* (*dell'Islam*) Islamic

islamista [iz·la·'mis·ta] <-i *m*, -e *f*> *mf* (*studioso*) Islamicist

Islanda [iz·'lan·da] *f* **l'~** Iceland; **abitare in ~** to live in Iceland; **andare in ~** to go to Iceland

islandese[1] [iz·lan·'deː·se] <*sing*> *m* (*lingua*) Icelandic

islandese[2] **I.** *agg* (*dell'Islanda*) Icelandic **II.** *mf* (*abitante*) Icelander

isola ['iː·zo·la] *f* island; ~ **deserta** desert island; **le Isole** Sicily and Sardinia; ~ **pedonale** pedestrian area

isolamento [i·zo·la·'men·to] *m* **1.** (*solitudine*) solitude **2.** (*di popolo, nazione*) isolation **3.** (*di malato, detenuto*) isolation; **cella di ~** solitary confinement **4.** PHYS insulation; ~ **acustico** soundproofing; ~ **termico** thermal insulation

isolano, -a [i·zo·'laː·no] **I.** *agg* (*dell'isola*) island **II.** *m, f* (*abitante*) islander

isolante [i·zo·'lan·te] PHYS, TEC **I.** *agg* (*materiale, sostanza*) insulating; **nastro ~** insulating tape **II.** *m* insulation

isolare [i·zo·'laː·re] **I.** *vt* **1.** (*zona*) to screen; (*per sicurezza*) to isolate **2.** (*malato, detenuto*) to isolate; (*da amici, contatti*) to cut off **3.** PHYS, TEC (*filo, stanza*) to insulate **II.** *vr:* **-rsi** (*persona*) to isolate oneself; **-rsi da qu/qc** to cut oneself off from sb/sth

isolato[1] [i·zo·'laː·to] *agg* **1.** (*luogo, caso, persona*) isolated **2.** PHYS, TEC (*parete, stanza*) insulated

isolato[2] *m* (*edifici*) block

ispettorato [is·pet·to·'raː·to] *m* (*ente*) department; ~ **del lavoro** Department of Labor

ispettore, -trice [is·pet·'toː·re] *m, f* (*funzionario*) inspector; ~ **di polizia** police inspector

ispezionare [is·pet·'tsio·'naː·re] *vt* (*luogo, impianto*) to inspect

ispezione [is·pet·'tsioː·ne] *f* **1.** (*di luogo, impianto*) inspection; **fare/compiere un'~** to carry out an inspection **2.** ADM audit

ispirare [is·pi·'raː·re] **I.** *vt* **1.** (*fiducia*) to inspire; (*compassione*) to arouse **2.** *inf* (*piacere*) to like **3.** (*artista*) to inspire **4.** (*suggerire*) to prompt **II.** *vr* **-rsi a**

qc (*a natura, bellezza, modello*) to be inspired by sth; (*a ideale, principio*) to be based on sth

ispirazione [is·pi·rat·'tsio:·ne] *f* **1.** (*potenza creativa*) inspiration **2.** (*intuizione*) sudden idea **3.** (*tendenza*) leaning

Israele [iz·ra·'ɛ:·le] *m* Israel; **abitare in** ~ to live in Israel; **andare in** ~ to go to Israel

israeliano, -a [iz·ra·el·'ia:·no] *agg, m, f* Israeli

istantanea [is·tan·'ta:·nea] <-ee> *f* (*fotografia*) snap

istantaneo, -a [is·tan·'ta:·neo] <-ei, -ee> *agg* **1.** (*immediato*) instantaneous **2.** (*cibo*) instant

istante [is·'tan·te] *m* (*momento*) instant; **all'~** at once; **tra un** ~ in a moment

istanza [is·'tan·tsa] *f* **1.** GIUR, ADM application; **presentare** [*o* **inoltrare**] ~ to apply; **in ultima** ~ (*alla fine*) finally **2.** (*esigenza*) need

isteria [is·te·'ri:·a] <-ie> *f* PSYCH, MED hysteria

isterico, -a [is·'tɛ:·ri·ko] <-ci, -che> **I.** *agg* hysterical **II.** *m, f* (*persona*) hysteric

istigazione [is·ti·gat·'tsio:·ne] *f* **1.** (*incitamento*) instigation; **su** [*o* **per**] ~ **di qu** at sb's instigation **2.** GIUR incitement; ~ **a delinquere** incitement to crime

istintivo, -a [is·tin·'ti:·vo] *agg* instinctive

istinto [is·'tin·to] *m* instinct; ~ **materno** maternal instinct; **seguire il proprio** ~ to follow one's instincts; **d'~** instinctively

istituire [is·ti·tu·'i:·re] <istituisco> *vt* (*tradizione, premio*) to found; (*commissione, cattedra*) to set up

istituto [is·ti·'tu:·to] *m* **1.** (*ente*) institution; ~ **di bellezza** beauty salon; ~ **di credito** bank; ~ **di cultura** cultural institute; ~ **di pena** prison **2.** (*scuola*) school; ~ **professionale** teachers college; ~ **tecnico** technical college **3.** (*di università*) department

istituzionale [is·ti·tut·tsio·'na:·le] *agg a. fig* POL institutional; **riforma** ~ institutional reform

istituzione [is·ti·tut·'tsio:·ne] *f* **1.** (*di servizio, governo, premio*) founding **2.** (*ente*) institution; **-i pubbliche** public institutions; **è un'~!** *inf* (*persona*) he [*o* she] 's an institution!

istmo ['ist·mo] *m* GEOG isthmus

istrice ['is·tri·tʃe] *m* (*animale*) porcupine

istruire [is·tru·'i:·re] <istruisco> *vt* **1.** (*educare*) to teach; ~ **qu** (**in qc**) to teach sb (sth) **2.** (*consigliare*) to instruct; ~ **qu su qc** to instruct sb about sth **3.** GIUR (*causa, processo*) to prepare; ~ **una pratica** to prepare the documentation

istruttivo, -a [is·trut·'ti:·vo] *agg* (*libro, film, viaggio*) informative

istruttore, -trice [is·trut·'to:·re] **I.** *agg* **giudice** ~ GIUR committing magistrate **II.** *m, f* (*insegnante*) instructor; ~ **di guida** driving instructor

istruzione [is·trut·'tsio:·ne] *f* **1.** (*insegnamento*) education; ~ **obbligatoria** compulsory education; ~ **primaria** [*o* **elementare**] elementary education; ~ **secondaria** secondary education; ~ **professionale** vocational training; ~ **pubblica/privata** public/private education **2.** (*cultura*) education **3.** *pl* (*direttive*) instructions *pl* **4.** *pl* (*norme*) instructions *pl;* **manuale d'-i** instruction booklet; **-i per l'uso** instructions for use

Italia [i·'ta:·lia] *f* Italy; **l'~** Italy; **l'~ centrale** Central Italy; **l'~ del Nord** [*o* **settentrionale**] Northern Italy; **l'~ del Sud** [*o* **meridionale**] Southern Italy; **abitare in** ~ to live in Italy; **andare in** ~ to go to Italy

italiano[1] [i·ta·'lia:·no] <*sing*> *m* (*lingua*) Italian

italiano[2] *agg, m* Italian

italico, -a [i·'ta:·li·ko] <-ci, -che> *agg* **carattere** ~ TYP italic

iter ['i:·ter] <-> *m* ADM (*di pratica*) process; ~ **burocratico** bureaucratic process

itinerante [i·ti·ne·'ran·te] *agg* (*spettacolo, mostra*) traveling

itinerario [i·ti·ne·'ra:·rio] <-i> *m* (*di viaggio, gita*) itinerary

Iugoslavia [iu·goz·'la:·via] *f* **la** ~ Yugoslavia; **l'ex** ~ the former Yugoslavia

iugoslavo, -a [iu·goz·'la:·vo] *agg, m, f* Yugoslav(ian)

IVA ['i:·va] *f v.* **Imposta sul Valore Aggiunto** VAT; ~ **inclusa** VAT included; **partita** ~ VAT number

J

J, j [i l·'luŋ·ga] <-> *f* J, j; ~ **come jersey** J for Juliet

jack [dʒæk] <-> *m* (*nelle carte da gioco*) Jack

jazzista [dʒad·'dzis·ta] <-i *m*, -e *f*> *mf* jazz musician

jeans [dʒi:nz] *mpl* jeans *pl*

jeanseria [dʒin·se·'ri:·a] <-ie> *f* (*negozio*) jeans store

jet [dʒɛt] <-> *m* (*aeroplano*) jet

jet-set [dʒɛt·'sɛt] <-> *m* jet set

jogging ['dʒɔ·giŋ] <-> *m* jogging; **fare** ~ to go jogging

jolly ['dʒɔ·li] <-> *m* **1.** (*nelle carte*) joker **2.** *fig* wildcard

joystick ['dʒɔi·stik] <- *o* joysticks> *m* COMPUT joystick

jumbo [dʒʌm·bou, dʒum·bo] *m* <-> *m* AERO jumbo

K

K, k ['kap·pa] <-> *m o f* K, k; ~ **come Kursaal** K for Kilo

kamikaze [ka·mi·'ka·dze] <-> *m* kamikaze

karaoke [ka·ra·'ɔ·ke] <-> *m* karaoke

karatè [ka·ra·'tɛ, ka·'ra·te] <-> *m* karate

kashmir ['ka·ʃmir, ka·'ʃmir] <-> *m* cashmere; **maglione di** ~ cashmere sweater

kB *abbr di* **kilobyte** COMPUT KB

Kbyte [kei·'bait] *m abbr di* **kilobyte** kilobyte

ketchup ['kɛ·tʃəp] <-> *m* ketchup

kg *abbr di* **chilogrammo** kg

kibbu(t)z [kib·'buts] <-> *m* kibbutz

killer ['ki·lə, 'kil·ler] <-> *m* hitman

kilobyte ['ki·lə bait] <- *o* kilobytes> *m* COMPUT (*unità pari a 1024 byte*) KB

kit [kit] <- *o* kits> *m* kit; ~ **di montaggio** self-assembly kit

kitesurf [kait·'səf] <-> *m* SPORT kitesurfing

kiwi ['ki·wi] <-> *m* kiwi fruit

km *abbr di* **chilometro** km

know-how [nou·'hau] <-> *m* know-how

koala [ko·'a:·la] <-> *m* koala

kolossal [ko·lɔs·'sa:l] <-> *m* FILM epic

kW *abbr di* **chilowatt** KW

L

L, l ['ɛl·le] <-> *f* L, l; ~ **come Livorno** L for Lima

l *abbr di* **litro** l.

l' **I.** *art det m e f sing davanti a vocale* the **II.** *pron pers* **1.** *3. pers m sing* (*persona*) him; (*cosa*) it **2.** *3. pers f sing* (*persona*) her; (*cosa*) it **3.** (*forma di cortesia*) **L'** you

L *abbr di* **lira** lira

la[1] [la] **I.** *art det f sing* the **II.** *pron pers* **1.** *3. pers f sing* (*persona*) her; (*cosa*) it **2.** (*forma di cortesia*) **La** you

la[2] <-> *m* MUS A

là [la] *avv* (*in quel posto*) there; **di** ~ (*nella stanza accanto*) there; (*da quel luogo*) from there; (*attraverso quel luogo*) over there; **al di ~ del fiume** across the river; **per di** ~ that way; **via di ~!** get away from there!

labbro[1] ['lab·bro] <*pl*: -a *f*> *m* ANAT lip

labbro[2] *m* (*di ferita*) edge

labile ['la:·bi·le] *agg* (*persona, carattere*) unstable; (*memoria*) weak; (*concetto, confine*) shifting

labirinto [la·bi·'rin·to] *m* **1.** (*nella mitologia*) labyrinth **2.** (*di siepi, strade*) maze

laboratorio [la·bo·ra·'tɔ:·rio] <-i> *m* **1.** (*gener*) laboratory; ~ **linguistico** language lab; ~ **di analisi** analysis laboratory **2.** (*officina*) workshop

laborioso, -a [la·bo·'rio:·so] *agg* **1.** (*operoso*) hard-working **2.** (*difficile: operazione, procedura*) laborious

lacca ['lak·ka] <-cche> *f* **1.** (*vernice*) lacquer **2.** (*per capelli*) hairspray

laccio ['lat·tʃo] <-cci> *m* **1.** (*nastro*)

(piece of) string **2.** (*per scarpe*) lace

lacerare [la·tʃe·'raː·re] **I.** *vt* (*strappare: tessuto*) to tear **II.** *vr:* **-rsi** **1.** (*strapparsi: tessuto*) to tear **2.** MED to tear

laconico, -a [la·'kɔː·ni·ko] <-ci, -che> *agg* **1.** (*conciso: risposta*) brief **2.** (*persona*) laconic

lacrima ['laː·kri·ma] *f* (*pianto*) tear; **avere le -e agli occhi** to have tears in one's eyes

lacrimare [la·kri·'maː·re] *vi* (*persona*) to cry; (*occhi*) to water

lacrimogeno, -a [la·kri·'mɔː·dʒe·no] *agg* **gas ~** tear gas

lacuna [la·'kuː·na] *f* (*vuoto*) gap

lacunoso, -a [la·ku·'noː·so] *agg* (*conoscenze, informazioni*) incomplete

ladro, -a ['laː·dro] *m, f* thief

lager ['laː·gər] <-> *m* concentration camp

laggiù [lad·'dʒu] *avv* down there

lagna ['laɲ·ɲa] *f fam* **1.** (*lamento*) whining **2.** (*persona*) whiner **3.** (*canzone, discorso*) drag

lagnarsi [laɲ·'ɲar·si] *vr* (*lamentarsi*) **~ per** [*o* **di**] **qc** to complain about sth

lago ['laː·go] <-ghi> *m* GEOG lake; **Lago Maggiore/di Garda** Lake Maggiore/Garda

laguna [la·'guː·na] *f* lagoon

L'Aia ['laː·ia] *f* The Hague

laico, -a ['laː·i·ko] <-ci, -che> **I.** *agg* **1.** (*non ecclesiastico*) lay **2.** (*non confessionale: Stato*) secular **II.** *m, f* layperson

lama[1] ['laː·ma] *f* (*di coltello*) blade

lama[2] <-> *m* REL lama

lama[3] <-> *m* ZOO llama

lamentarsi [la·men·'taː·rsi] *vr* **-rsi per** [*o* **di**] **qc** to complain about sth

lamentela [la·men·'tɛː·la] *f* complaint

lamento [la·'men·to] *m* (*gemito*) groan

lametta [la·'met·ta] *f* (*per rasoio*) (razor)blade

lamiera [la·'miɛː·ra] *f* plate

lamina ['laː·mi·na] *f* **1.** (*piastra*) (thin) plate; **~ d'oro** gold foil **2.** (*di sci*) edge

lampada ['lam·pa·da] *f* lamp; **~ al neon** neon lamp

lampadario [lam·pa·'daː·rio] <-i> *m* chandelier

lampadina [lam·pa·'diː·na] *f* lightbulb

lampante [lam·'pan·te] *agg* (*evidente*) clear

lampeggiare [lam·ped·'dʒaː·re] *vi* **1.** *avere* TEC (*spia, indicatore luminoso*) to flash; **~ con gli abbaglianti** MOT to flash one's headlights **2.** *avere fig* to gleam **3.** *essere o avere* (*impersonale*) **sta lampeggiando** there is lightning

lampeggiatore [lam·ped·dʒa·'toː·re] *m* MOT turn signal

lampione [lam·'pioː·ne] *m* streetlamp

lampo[1] ['lam·po] *m* **1.** (*fulmine*) flash of lightning **2.** (*bagliore*) flash **3.** *fig* (*batter d'occhio*) flash; **in un ~** in a flash **4.** (*intuizione*) flash; **~ di genio** brainwave

lampo[2] <inv> *agg* **1. chiusura** [*o* **cerniera**] **~** zipper **2.** (*veloce*) lightning; **visita ~** lightning visit

lampone [lam·'poː·ne] *m* **1.** (*pianta*) raspberry bush **2.** (*frutto*) raspberry

lana ['laː·na] *f* wool

lancetta [lan·'tʃet·ta] *f* (*di orologio*) hand

lancia ['lan·tʃa] <-ce> *f* **1.** (*asta*) spear **2.** (*imbarcazione*) launch

lanciafiamme [lan·tʃa·'fiam·me] <-> *m* flamethrower

lanciare [lan·'tʃaː·re] **I.** *vt* **1.** (*gettare: oggetti*) to throw; (*bombe*) to drop; **~ un'occhiata a qu** to throw sb a look **2.** COMPUT (*programma, software*) to launch **3.** (*razzo, capsula spaziale*) *a.* COM (*prodotto*) to launch **4.** (*emettere: grido*) to let out **II.** *vr:* **-rsi** **1.** (*buttarsi*) to throw oneself; **-rsi contro qu/qc** to throw oneself against sb/sth **2.** *fig* (*avventura*) **-rsi in qc** to throw oneself into sth

lancinante [lan·tʃi·'nan·te] *agg* (*dolore*) piercing

lancio ['lan·tʃo] <-ci> *m* **1.** (*di oggetto, palla, sasso*) throwing; (*di bombe*) dropping **2.** (*salto: con paracadute*) jump **3.** SPORT **lancio del giavellotto** javelin throwing; **lancio del peso** shot put **4.** (*di razzo, capsula spaziale*) *a.* COM launch

languido, -a ['laŋ·gui·do] *agg fig* (*svenevole: sguardo, occhi*) languid

languore [laŋ·'guoː·re] *m* (*fiacchezza*) languor

lanterna [lan·'tɛr·na] *f* lantern

lapidare [la·pi·'daː·re] *vt* (*uccidere a sassate*) to stone

lapide ['laː·pi·de] *f* **1.** (*su tomba*) gravestone **2.** (*su muro*) plaque

lapsus ['lap·sus] <-> *m* (*distrazione*) slip; ~ **freudiano** Freudian slip

L'Aquila *f* L'Aquila *city in southern Italy*

lardo ['lar·do] *m* lard

larghezza [lar·'get·tsa] *f* **1.** (*ampiezza*) breadth **2.** *fig* (*di idee, vedute*) liberality

largo ['lar·go] <-ghi> *m* **1.** *sing* (*larghezza*) breadth; **farsi ~ tra la folla** to push one's way through the crowd; **girare al ~ da qu** to steer clear of sb; **fate ~!** make way! **2.** *sing* (*mare*) open sea; **prendere il ~** NAUT to put out to sea; *fig* (*andarsene*) to push off **3.** (*piccola piazza*) *small square;* ~ **Garibaldi** Garibaldi Square

largo, -a <-ghi, -ghe> *agg* **1.** (*ampio*) wide; ~ **tre metri** three meters long; **essere ~ di fianchi** to have broad hips; ~ **di spalle** broad-shouldered; **stare alla -a da qu** to give sb a wide berth; **su -a scala** far-reaching **2.** (*vestito*) loose

larice ['laː·ri·tʃe] *m* BOT larch

laringe [la·'rin·dʒe] *f o m* ANAT larynx

laringite [la·rin·'dʒiː·te] *f* MED laryngitis

larva ['lar·va] *f* ZOO larva

lasagne [la·'zaɲ·ɲe] *fpl* lasagna *sing*

lasciare [laʃ·'ʃaː·re] **I.** *vt* **1.** (*gener*) to leave; **prendere o ~** take it or leave it **2.** (*mollare la presa*) to let; **lasciami andare** let me go **3.** (*consentire*) to allow; ~ **andare** (*non curarsi di*) to neglect; ~ **fare qu** to leave sb alone; ~ **perdere** to give up; ~ **correre** to let it pass; ~ **stare qu** to let sb be; **lasciamo stare!** forget it! **4.** (*non chiudere*) to leave; ~ **acceso** to leave on; ~ **aperto** to leave open **II.** *vr:* **-rsi** (*coppia*) to split up; **-rsi andare** *fig* (*non avere freni*) to let oneself go; (*non curarsi*) to neglect oneself

lascivo, -a [laʃ·'ʃiː·vo] *agg* lascivious

La Spezia *f* La Spezia *city in north east Italy*

lassativo [las·sa·'tiː·vo] *m* laxative

lassismo [las·'siz·mo] *m* (*permissivismo*) laxity

lasso ['las·so] *m* ~ **di tempo** interval

lassù [las·'su] *avv* (*in montagna*) up there; (*in cielo*) up above

lastra ['las·tra] *f* **1.** (*piastra: di metallo, di pietra*) slab; (*di vetro*) sheet **2.** (*radiografia*) X-ray

lastrico ['las·tri·ko] <-chi *o* -ci> *m fig* (*miseria*) **finire sul ~** to be on the rocks; **ridurre qu sul ~** to reduce sb to poverty

latente [la·'tɛn·te] *agg* latent

laterale [la·te·'raː·le] *agg* **1.** (*ingresso, parete, bordo*) side **2.** SPORT (*nel calcio*) **linea ~** touchline; (*nel tennis*) sideline

latino [la·'tiː·no] <*sing*> *m* Latin

latino, -a *agg* Latin; **America -a** Latin America; **~-americano** Latin American

latitante [la·ti·'tan·te] **I.** *agg* fugitive **II.** *mf* fugitive

latitudine [la·ti·'tuː·di·ne] *f* latitude

lato ['laː·to] *m* **1.** (*parte*) side; **a ~ di qc** next to **2.** *fig* (*aspetto*) aspect; **d'altro ~** on the other hand; **da un ~ ..., dall'altro ...** on one hand ..., on the other ...

latte ['lat·te] <*sing*> *m* milk; ~ **condensato** condensed; ~ **detergente** (*per struccare*) cleansing lotion; ~ **intero** whole milk; ~ **materno** breast milk; ~ **scremato** skimmed milk; ~ **in polvere** powdered milk; **denti da ~** baby teeth; **fior di ~** (*mozzarella*) *made from cow's milk* mozzarella; (*gelato*) plain ice cream

latteo, -a ['lat·teo] <-ei, -ee> *agg* **1.** (*di latte: alimento, prodotto*) milk **2.** (*simile al latte*) milky; **via -a** ASTR Milky Way

latteria [lat·te·'riː·a] <-ie> *f* (*negozio*) dairy

latticini [lat·ti·'tʃiː·ni] *mpl* dairy products

lattina [lat·'tiː·na] *f* can

lattuga [lat·'tuː·ga] <-ghe> *f* lettuce

laurea ['laːu·rea] *f* degree; ~ **triennale** *bachelor's degree;* **esame di ~** finals *pl;* **tesi di ~** degree thesis; **conseguire la ~** to graduate; **prendere la ~ in giurisprudenza** to do a law degree

laureando, -a [lau·re·'an·do] *m, f* final year student

laurearsi [lau·re·'aː·rsi] *vr* to graduate; **-rsi**

in medicina to graduate in medicine
laureato, -a [lau·re·'a:·to] **I.** *agg* (*studente*) graduate **II.** *m, f* graduate; ~ **in legge/lettere** law/arts graduate
lavabiancheria [la·va·biaŋ·ke·'ri:·a] <-> *f* washing machine
lavabile [la·'va:·bi·le] *agg* (*vernice*) cleanable; (*pannolino*) machine-washable
lavabo [la·'va:·bo] *m* (*lavandino*) sink
lavaggio [la·'vad·dʒo] <-ggi> *m* washing; ~ **a secco** dry-cleaning; ~ **del cervello** *fig* brainwashing
lavagna [la·'vaɲ·ɲa] *f* (*nelle scuole*) blackboard; ~ **luminosa** overhead projector
lavanda [la·'van·da] *f* **1.** MED lavage; **fare una ~ gastrica a qu** to pump sb's stomach out **2.** (*pianta, profumo*) lavender
lavanderia [la·van·de·'ri:·a] <-ie> *f* **1.** (*negozio*) dry cleaner's **2.** (*stanza*) laundry(room)
lavandino [la·van·'di:·no] *m* sink
lavapiatti[1] [la·va·'piat·ti] <-> *f* dishwasher
lavapiatti[2] [la·va·'piat·ti] <-> *mf* dishwasher
lavare [la·'va:·re] **I.** *vt* (*biancheria, stoviglie*) to wash; (*pavimento, denti, vetri*) to clean; ~ **a secco** to dry-clean **II.** *vr:* **-rsi** to wash; **lavarsene le mani (di qc)** *fig* to wash one's hands (of sth)
lavasecco [la·va·'sek·ko] <-> *m o f* (*negozio*) dry cleaner's
lavastoviglie [la·vas·to·'viʎ·ʎe] <-> *f* dishwasher
lavata [la·'va:·ta] *f* wash; **dare una ~ di capo a qu** *fig* to give sb a dressing down
lavativo [la·va·'ti:·vo] *m* shirker
lavatrice [la·va·'tri:·tʃe] *f* (*per biancheria*) washing machine
lavavetri [la·va·'ve:·tri] <-> *mf* **1.** (*chi pulisce le finestre*) window cleaner **2.** (*chi pulisce i parabrezza*) squeegee man *inf, pej*
lavello [la·'vɛl·lo] *m* sink
lavorare [la·vo·'ra:·re] **I.** *vt* (*ferro, pasta, terreno*) to work **II.** *vi* **1.** (*gener*) to work **2.** (*negozio*) to do business; ~ **bene** to do good business
lavorativo, -a [la·vo·ra·'ti:·vo] *agg* working
lavoratore, -trice [la·vo·ra·'to:·re] **I.** *agg* working; **la classe -trice** the working class **II.** *m, f* worker; ~ **autonomo** self-employed worker; ~ **dipendente** employee
lavorazione [la·vo·rat·'tsio:·ne] *f* (*di materie prime*) processing; (*di film*) production; (*di pasta*) working
lavoro [la·'vo:·ro] *m* **1.** (*attività di produzione*) work; ~ **nero** *work in the black economy;* **-i domestici** housework; **-i in corso** (*su strade*) work in progress **2.** (*rimunerato*) job; **senza ~** unemployed; **andare al ~** to go to work **3.** (*opera*) work; ~ **teatrale** play
laziale [lat·'tsia:·le] **I.** *mf* (*abitante*) person from the Lazio region **II.** *agg* Lazio
Lazio ['lat·tsio] <*sing*> *m* Lazio region
lazzarone [lad·dza·'ro:·ne] *m* (*canaglia*) rascal
le [le] **I.** *art det f pl* the; ~ **signore** the women **II.** *pron pers 3. pers f sing* **1.** (*complemento di termine*) (to) her; **non ~ hai detto nulla?** didn't you say anything to her? **2.** (*complemento di termine, forma di cortesia: Le*) (to) you; **Le dà fastidio se apro la finestra?** do you mind if I open the window? **III.** *pron pers 3. pers f pl* **1.** (*complemento oggetto*) them; **non ~ conosco** I don't know them **2.** (*in espressioni ellittiche, spesso non tradotto*) **guarda che ~ prendi!** you're heading for a smack!
leale [le·'a:·le] *agg* **1.** (*onesto, sincero: persona*) honest; (*comportamento*) fair **2.** (*fedele*) loyal
lealtà [le·al·'ta] <-> *f* **1.** (*onestà, sincerità*) honesty; (*di comportamento*) fairness **2.** (*fedeltà*) loyalty
leasing ['li:·siŋ] <-> *m* FIN leasing; **prendere qc in ~** to lease sth
lebbra ['leb·bra] *f* MED leprosy
lebbroso, -a [leb·'bro:·so] **I.** *agg* leprous **II.** *m, f* leper
lecca lecca [lek·ka·'lek·ka] <-> *m* lollipop
leccapiedi [lek·ka·'piɛ:·di] <-> *mf pej* brownnoser
leccare [lek·'ka:·re] **I.** *vt* to lick; ~ **i piedi**

a qu *fig* to suck up to sb **II.** *vr:* **-rsi; -rsi le dita** [*o* **i baffi**] *fig* to lick one's lips; **-rsi le ferite** *fig* to lick one's wounds

leccata [lek·'kaː·ta] *f* lick

Lecce *f* Lecce *city in southern Italy*

leccese [let·tʃe·se] **I.** *agg* (*di Lecce*) from Lecce **II.** *mf* (*abitante*) person from Lecce

leccio ['let·tʃo] <-cci> *m* **1.** (*albero*) holm oak **2.** (*legno*) holm wood

leccornia [lek·kor·'niː·a] <-ie> *f* delicacy

lecito, -a ['leː·tʃi·to] *agg* (*azione, intercettazione*) lawful; (*copia*) legal

ledere ['lɛː·de·re] <ledo, lesi, leso> *vt* **1.** MED (*ferire*) to injure **2.** *fig* (*danneggiare*) to harm

lega ['leː·ga] <-ghe> *f* **1.** (*associazione*) league **2.** (*di metalli*) alloy; ~ **in argento** silver alloy

legale [le·'gaː·le] **I.** *agg* **1.** (*secondo la legge*) legal; **studio** ~ law firm; **spese legali** legal costs **2.** (*legittimo*) lawful **II.** *mf* lawyer

legalità [le·ga·li·'ta] <-> *f* legality

legalizzare [le·ga·lid·'dzaː·re] *vt* to legalize

legalizzazione [le·ga·lid·dzat·'tsioː·ne] *f* legalization

legame [le·'gaː·me] *m* **1.** (*vincolo*) link **2.** (*rapporto*) relationship **3.** (*nesso logico*) link

legamento [le·ga·'men·to] *m* ANAT ligament

Lega Nord ['leː·ga nɔrd] *f* POL Northern League

legare [le·'gaː·re] **I.** *vt* **1.** (*collegare*) to bind; (*con spago, funi*) to tie up; **avere le mani legate** *fig* to have one's hands tied; **se l'è legata al dito** *fam* he didn't forget it **2.** *fig* (*unire*) to bind together **II.** *vi fig* (*andare d'accordo*) to get on **III.** *vr* **1.** (*attaccarsi*) to tie oneself **2.** (*unirsi*) **-rsi a qu** to become involved with sb

legge ['led·dʒe] *f* GIUR law; **per** ~ by law; **dottore in** ~ law graduate

leggenda [led·'dʒɛn·da] *f* **1.** LIT legend **2.** *fig* (*invenzione*) myth; ~ **metropolitana** urban myth

leggendario, -a <-i, -ie> *agg* legendary

leggere ['lɛd·dʒe·re] <leggo, lessi, letto> **I.** *vt* (*libro, testo*) to read; ~ **la mano a qu** to read sb's palm; ~ **le labbra** to lip-read **II.** *vi* to read

leggerezza [led·dʒe·'ret·tsa] *f* **1.** (*di oggetto, tessuto, pasto*) lightness **2.** (*agilità*) nimbleness; **con** ~ nimbly **3.** *fig* (*superficialità*) levity **4.** *fig* (*spensieratezza*) thoughtlessness

leggero, -a [led·'dʒɛː·ro] *agg* **1.** (*gener*) light **2.** (*malessere, variazione*) mild **3.** *fig* (*superficiale*) frivolous; **prendere le cose alla -a** to take things lightly **4.** (*loc*) **atletica -a** track and field; **musica -a** light music

leggibile [led·'dʒiː·bi·le] *agg* **1.** (*scrittura*) legible **2.** (*libro*) readable

leggio [led·'dʒiː·o] <-ii> *m* **1.** (*per libri*) bookstand **2.** MUS music stand

leghista [le·'gis·ta] <-i *m*, -e *f*> **I.** *mf* POL supporter of the Northern League **II.** *agg* POL (*della Lega Nord*) Northern League

legiferare [le·dʒi·fe·'raː·re] *vi* GIUR to legislate

legione [le·'dʒoː·ne] *f* MIL **la Legione Straniera** the Foreign Legion

legislativo, -a [le·dʒiz·la·'tiː·vo] *agg* legislative

legislatura [le·dʒiz·la·'tuː·ra] *f* (*periodo*) legislature

legislazione [le·dʒiz·lat·'tsioː·ne] *f* **1.** (*attività*) legislation **2.** (*le leggi*) legislation

legittimo, -a [le·'dʒit·ti·mo] *agg a. fig* legitimate; **-a difesa** self-defense

legna ['leɲ·ɲa] <- *o* -e> *f* wood; **far** ~ to gather wood

legname [leɲ·'ɲaː·me] *m* wood

legnata [leɲ·'ɲaː·ta] *f* (*bastonata*) blow (with a stick); **prendere qu a -e** to give sb a thrashing

legno ['leɲ·ɲo] *m* wood

lei ['lɛː·i] *pron pers* **1.** *3. pers f sing* (*soggetto*) she; **beata ~!** lucky her! **2.** (*oggetto*) her **3.** (*con preposizione*) her **4.** *3. pers m e f sing* (*forma di cortesia soggetto: Lei*) you **5.** *3. pers m e f sing* (*con preposizione: Lei*) you; **dare del Lei a qu** to address sb using the polite form

lente ['lɛn·te] *f* lens; ~ **d'ingrandimento** magnifying lens; **-i a contatto** contact lenses

lentezza [len·'tet·tsa] *f* (*di persona, film*) slowness

lenticchia [len·'tik·kia] <-cchie> *f* BOT lentil

lentiggine [len·'tid·dʒi·ne] *f* freckle

lentigginoso, -a [len·tid·dʒi·'no:·so] *agg* (*volto, persona*) freckled

lento ['lɛn·to] *m* MUS slow dance

lento, -a *agg* **1.** *a. fig* slow **2.** (*veleno, medicina*) slow-acting **3.** (*allentato: vite*) loose

lenza ['lɛn·tsa] *f* (*per pescare*) line

lenzuolo [lɛn·'tsuɔ:·lo] <-i *m, o* -a *f*> *m* sheet; ~ **con gli angoli** fitted sheet

leone [le·'o:·ne] *m* **1.** ZOO lion **2.** ASTR **Leone** Leo; **sono** (**del** [*o* **un**]) **Leone** I'm Leo

leonessa [le·o·'nes·sa] *f* lioness

leopardo [le·o·'par·do] *m* leopard

leporino [le·po·'ri:·no] *agg* **labbro** ~ MED cleft lip

lepre ['lɛ:·pre] *f* hare; ~ **in salmì** jugged hare

lercio, -a ['lɛr·tʃo/'ler·tʃo] <-ci, -ce> *agg* filthy

lesbica ['lɛz·bi·ka] <-che> *f* lesbian

lesi ['le:·zi] *1. pers sing pass rem di* **ledere**

lesinare [le·zi·'na:·re] **I.** *vt* ~ **qc a qu** to grudge sth to sb **II.** *vi* ~ **su qc** to skimp on sth

lesione [le·'zio:·ne] *f* (*ferita*) injury

leso, -a ['le:·zo] **I.** *pp di* **ledere II.** *agg* GIUR injured

lessare [les·'sa:·re] *vt* (*patate, carne, riso*) to boil

lessi ['lɛs·si] *1. pers sing pass rem di* **leggere**

lessicale [les·si·'ka:·le] *agg* lexical

lessico ['lɛs·si·ko] <-ci> *m* **1.** (*dizionario, glossario*) lexicon **2.** LING vocabulary

lesso ['les·so] *m* (*carne lessata*) boiled meat

lesso, -a *agg* boiled

letale [le·'ta:·le] *agg* (*colpo, arma, veleno*) lethal

letamaio [le·ta·'ma:·io] <-ai> *m* **1.** (*per letame*) dung-heap **2.** *fig* (*luogo sporco*) pigsty

letame [le·'ta:·me] *m* manure

letargo [le·'tar·go] <-ghi> *m* **1.** MED lethargy **2.** ZOO hibernation

letta ['lɛt·ta] *f* read; **dare una ~ a qc** to have a read of sth

lettera ['lɛt·te·ra/'let·te·ra] *f* **1.** (*di alfabeto, comunicazione scritta*) letter; **alla ~** to the letter; ~ **assicurata** special delivery letter; ~ **raccomandata** registered letter; **per ~** by letter **2.** *pl* (*materie letterarie*) literature; **Lettere** Arts

letterale [let·te·'ra:·le] *agg* literal

letteralmente [let·te·ral·'men·te] *avv a fig* literally

letterario, -a [let·te·'ra:·rio] <-i, -ie> *agg* literary; **materie -ie** arts subjects

letterato, -a [let·te·'ra:·to] *m, f* scholar

letteratura [let·te·ra·'tu:·ra] *f* literature

lettiga [let·'ti:·ga] <-ghe> *f* (*barella*) stretcher

lettino [let·'ti:·no] *m* **1.** (*per bambini*) crib **2.** (*branda: dal dottore*) bed; (*per spiaggia*) sun lounger **3.** ~ **solare** tanning bed

letto ['lɛt·to] *m* **1.** (*mobile*) bed; ~ **matrimoniale** [*o* **a due piazze**] double bed; ~ **a castello** bunk beds; **andare a ~** to go to bed; **andare a ~ con qu** *fam* to go to bed with sb; **rifare il ~** to make the bed **2.** GEOL (*di fiume*) bed

letto <-a> *pp di* **leggere**

lettore [let·'to:·re] *m* TEC reader; ~ **DVD** DVD player; ~ **ottico** optical character reader; ~ **MP3** MP3 player

lettore, -trice *m, f* **1.** (*chi legge*) reader **2.** (*professione*) foreign language assistant

lettura [let·'tu:·ra] *f* **1.** (*atto del leggere*) reading **2.** (*scritto*) (piece of) writing

leucemia [leu·tʃe·'mi:·a] <-ie> *f* MED leukemia

leva ['lɛ:·va] *f* **1.** TEC lever; **fare ~ su qc** *fig* to play on sth **2.** (*arruolamento*) conscription; **essere di ~** to be liable for military service

levante [le·'van·te] *m* **1.** (*est*) east **2.** (*vento*) east wind

levare [le·'va:·re] **I.** *vt* **1.** (*togliere*) to remove; ~ **di mezzo qu** to get sb out of the way **2.** (*estrarre: dente, chiodo*) to pull out **3.** (*alzare*) to raise **II.** *vr*: **-rsi**

1. (*indumenti*) to take off **2.** (*dubbio, voglia, vizio*) to dispel; **-rsi qu/qc dalla testa** *fig* to put sb/sth out of one's mind **3.** (*togliersi*) **-rsi** (**dai piedi**) to get out of the way **4.** (*alzarsi*) to get up; **-rsi in volo** to fly up

levataccia [le·va·'tat·tʃa] <-cce> *f* **fare una** ~ to get up at an ungodly hour

levatoio, -a [le·va·'toː·io] <-oi, -oie> *agg* **ponte** ~ drawbridge

levigare [le·vi·'gaː·re] *vt* (*lisciare*) to smooth down

lezione [let·'tsioː·ne] *f* (*a scuola, all'università, in libro*) *a. fig* lesson; **assistere alla** ~ to attend class; **fare** ~ to teach a class; **dare -i** to give classes; **prendere -i** to take classes; **dare a qu una** ~ to teach sb a lesson

li [li] *pron pers 3. pers m pl* them

lì [li] *avv* (*stato*) there; **fin** ~ up to there; **giù di** ~ thereabouts; **per** (**di**) ~ that way; ~ **per** ~ right then

liana [li·'aː·na] *f* creeper

libbra ['lib·bra] *f* (*unità di misura*) pound

libellula [li·'bɛl·lu·la] *f* dragonfly

liberale [li·be·'raː·le] **I.** *agg* **1.** (*genitori, partito, politica*) liberal **2.** (*generoso*) generous **II.** *m a.* POL liberal

liberalizzare [li·be·ra·lid·'dzaː·re] *vt* to liberalize

liberamente [li·be·ra·'men·te] *avv* (*parlare, muoversi, circolare*) freely

liberare [li·be·'raː·re] **I.** *vt* **1.** (*prigioniero, ostaggio*) to release **2.** (*sgombrare: tavolo, strada*) to clear **3.** (*camera, casa*) to vacate **II.** *vr* **1. -rsi da** [*o* **di**] **qc** to get rid of sth **2.** (*posto, casa*) to become free

liberatorio, -a [li·be·ra·'tɔː·rio] <-i, -ie> *agg* (*risata, urlo*) liberating

liberazione [li·be·rat·'tsioː·ne] *f* **1.** (*di prigioniero, ostaggio*) release **2.** (*di città, paese*) liberation; **Festa della Liberazione** Liberation Day **3.** *fig* (*sollievo*) relief

liberismo [li·be·'riz·mo] *m* free trade

libero, -a ['liː·be·ro] *agg* **1.** (*gener*) free; **essere** ~ **di fare qc** *+inf* to be free to do sth **2.** (*indipendente*) independent; ~ **professionista** self-employed professional

libertà [li·ber·'ta] <-> *f* freedom; ~ **di parola** freedom of speech; **rimettere in** ~ (*prigioniero*) to release; **prendersi la** ~ **di fare qc** to take the liberty of doing sth

libertino, -a [li·ber·'tiː·no] *agg, m, f* libertine

libidine [li·'biː·di·ne] *f* **1.** (*sessuale*) lust **2.** *fam* (*goduria*) luxury; **che ~!** what luxury!

libidinoso, -a [li·bi·di·'noː·so] *agg* **1.** (*sessualmente*) lustful **2.** *fam* (*godurioso*) luxurious

libraio, -a [li·'braː·io] <-ai, -aie> *m, f* (*chi vende libri*) bookseller

libreria [li·bre·'riː·a] <-ie> *f* **1.** (*negozio*) bookstore **2.** (*mobile*) bookshelf

libretto [li·'bret·to] *m* **1.** (*opuscolo*) booklet **2.** (*documento, carnet*) book; ~ **di circolazione** vehicle registration book; ~ **universitario** *university record book;* ~ **di risparmio** savings book; ~ **degli assegni** checkbook

libro ['liː·bro] *m* book; ~ **di cucina** cookbook; ~ **di testo** textbook

liceale [li·tʃe·'aː·le] *agg, mf* *senior high school*

licenza [li·'tʃɛn·tsa] *f* **1.** (*autorizzazione*) *a.* COM license; ~ **di caccia** hunting license **2.** MIL (*congedo*) leave; ~ **premio** special leave **3.** (*attestato*) certificate; ~ **elementare** *elementary school leaving certificate*

licenziamento [li·tʃen·tsia·'men·to] *m* dismissal; ~ **per riduzione del personale** layoff

licenziare [li·tʃen·'tsiaː·re] **I.** *vt* (*impiegato*) to dismiss; (*per riduzione del personale*) to lay off **II.** *vr:* **-rsi** (*da un impiego*) to resign

liceo [li·'tʃɛː·o] *m senior high school*

lieto, -a ['liɛː·to] *agg* cheerful; ~ **evento** (*nascita*) happy event; ~ **fine** happy ending; **sono** ~ **di conoscerLa** pleased to meet you

lieve ['liɛː·ve] *agg* **1.** (*poco pesante: peso*) light **2.** (*leggero: rumore, scossa, passo*) slight **3.** (*delicato: carezza, tocco*) delicate

lievitare [lie·vi·'taː·re] *vi essere* to rise

lievito ['liɛː·vi·to] *m* BIOL yeast; ~ **di bir-**

ra brewer's yeast; ~ **in polvere** baking powder

lifting ['lif·ting] <-> *m* face-lift; ~ **facciale** face-lift

ligio, -a ['li:·dʒo] <-gi, -gie> *agg* (*rispettoso*) faithful; ~ **al dovere** dutiful

ligure[1] [li·'gu:·re] <*sing*> *m* (*dialetto*) Ligurian (dialect)

ligure[2] **I.** *mf agg* (*costa, cucina, tradizioni*) Ligurian **II.** (*abitante*) person from Liguria

Liguria [li·'gu:·ria] <*sing*> *f* Liguria

lilla, lillà ['lil·la, lil·'la] **I.** <inv> *agg* lilac **II.** <-> *m* (*colore, fiore*) lilac

lima ['li:·ma] *f* file

limare [li·'ma:·re] **I.** *vt* (*sbarra, superficie, unghia*) to file **II.** *vr* **-rsi le unghie** to file one's nails

limetta [li·'met·ta] *f* nail file

limitare [li·mi·'ta:·re] **I.** *vt* **1.** (*ridurre: costi, libertà*) to restrict **2.** (*delimitare: zona*) to delimit **II.** *vr* **-rsi** (**in qc**) to cut down (on sth); **-rsi a qc** to restrict oneself to sth

limitativo, -a [li·mi·ta·'ti:·vo] *agg* restrictive

limitato, -a [li·mi·'ta:·to] *agg* **1.** (*delimitato: traffico, durata*) restricted **2.** (*determinato: potere*) limited **3.** (*di piccola entità*) modest **4.** (*scarso: prestazioni, risorse*) limited **5.** (*stupido*) slow

limitazione [li·mi·tat·'tsio:·ne] *f* **1.** (*limite: di orario, responsabilità*) limit **2.** (*restrizione: di libertà*) restriction **3.** (*riduzione: di assunzioni, circolazione stradal*) restriction

limite ['li:·mi·te] **I.** *m* **1.** (*confine*) limit **2.** *fig* (*ultimo grado*) limit; **nei -i del possibile** as far as is possible **3.** (*restrizione*) restriction; **-i di età** age restrictions; ~ **di velocità** speed limit **4.** (*loc*) **al** ~ at worst **II.** <inv> *agg* **caso** ~ extreme case

limonata [li·mo·'na:·ta] *f* lemonade

limone [li·'mo:·ne] *m* **1.** (*frutto*) lemon **2.** (*pianta*) lemon tree

limpido, -a ['lim·pi·do] *agg* (*cielo, aria, acqua*) clear

lince ['lin·tʃe] *f* ZOO lynx

linciaggio [lin·'tʃad·dʒo] <-ggi> *m* lynching; ~ **morale** moral witch-hunt

lindo, -a ['lin·do] *agg* (*pulito e ordinato*) neat

linea ['li:·nea] *f* **1.** (*segno, su strada*) *a.* SPORT, TEL line; **a grandi -e** in broad terms; **in** ~ **di massima** broadly speaking; ~ **di partenza** starting line; **restare in** ~ to hold the line; **è caduta la** ~ the call was cut off **2.** (*di aero, autobus*) service; (*di treno*) line; **di** ~ regular **3.** (*figura*) figure; **tenerci alla** ~ to look after one's figure **4.** (*norma*) **in** ~ **con** in line with

lineamenti [li·nea·'men·ti] *mpl* features *pl*

lineare [li·ne·'a:·re] *agg* **1.** (*algebra, misura*) linear **2.** *fig* (*coerente*) straightforward

lineetta [li·ne·'et·ta] *f* (*trattino*) hyphen

linfa ['lin·fa] *f* **1.** ANAT lymph **2.** BOT sap **3.** *fig* ~ **vitale** lifeblood

linfatico, -a [lin·'fa:·ti·ko] <-ci, -che> *agg* lymphatic

lingua ['liŋ·gua] *f* **1.** ANAT tongue; **avere la** ~ **lunga** *fig* to have a loose tongue; **avere qc sulla punta della** ~ *fig* to have sth on the tip of one's tongue; **mordersi la** ~ *fig* to bite one's tongue **2.** (*linguaggio*) language; **di** ~ **inglese** English-speaking; ~ **parlata** spoken language; **studiare -e** to study languages

linguaccia [liŋ·'guat·tʃa] <-cce> *f* (*boccaccia*) rude face; **fare le -cce a qu** to stick one's tongue out at sb

linguaggio [liŋ·'guad·dʒo] <-ggi> *m* language; ~ **di programmazione** COMPUT programming language

linguetta [liŋ·'guet·ta] *f* **1.** (*di buste*) flap **2.** (*di scarpe*) tongue

linguista [liŋ·'guis·ta] <-i *m*, -e *f*> *mf* linguist

linguistica [liŋ·'guis·ti·ka] <-che> *f* linguistics *sing*

linguistico, -a [liŋ·'guis·ti·ko] <-ci, -che> *agg* linguistic

lino ['li:·no] *m* **1.** (*pianta*) flax **2.** (*tessuto*) linen

linoleum [li·'nɔ:·le·um] <-> *m* linoleum

liofilizzato, -a *agg* (*alimenti*) freeze-dried

liquefare [li·kue·'fa:·re] <irr> **I.** *vt* **1.** (*gas*) to liquefy **2.** (*metalli, neve*) to melt **II.** *vr:* **-rsi** **1.** (*gas*) to liquefy **2.** (*metalli, ghiaccio*) to melt

liquefeci *1. pers sing pass rem di* **liquefare**

liquidare [li·kui·'daː·re] *vt* **1.** (*calcolare: conto, somma*) to settle **2.** (*pagare: creditori*) to pay; (*debito*) to settle **3.** (*svendere: merce*) to sell off **4.** (*chiudere: azienda*) to liquidate **5.** *fig* (*criticare*) to write off **6.** (*uccidere: avversario*) to dispose of **7.** (*mandar via: persona*) to get rid of

liquidazione [li·kui·dat·'tsioː·ne] *f* **1.** (*svendita*) clearance; **~ di fine stagione** end of season sale **2.** (*somma liquidata per*) settlement **3.** (*di azienda*) liquidation **4.** (*di pensione, danni*) settlement

liquidità [li·kui·di·'ta] <-> *f* PHYS, FIN liquidity

liquido ['liː·kui·do] *m* **1.** PHYS liquid; **~ per freni** brake fluid; **~ refrigerante** coolant **2.** FIN liquidity

liquido, -a *agg* **1.** (*gener*) liquid **2.** FIN **denaro ~** liquid cash

liquirizia [li·kui·'rit·tsia] <-ie> *f* licorice

liquore [li·'kuoː·re] *m* liquor

lira ['liː·ra] *f* (*moneta*) lira; **non avere una ~** not to have a cent

lirica ['liː·ri·ka] <-che> *f* **1.** LIT (*componimento poetico*) lyric **2.** LIT (*arte poetica*) poetry **3.** MUS opera

lirico, -a ['liː·ri·ko] <-ci, -che> *agg* MUS opera

Lisbona [liz·'boː·na] *f* Lisbon

lisca ['lis·ka] <-sche> *f* (*di pesce*) bone

liscio ['liʃ·ʃo] *m* (*ballo*) ballroom dance

liscio, -a <-sci, -sce> *agg* **1.** (*superficie, pelle*) smooth **2.** (*capelli*) straight **3.** *fig* (*bene*) smooth; **è andato tutto ~** everything went smoothly; **passarla -a** to get away with it **4.** CULIN (*acqua*) still; (*caffè*) straight; (*bevanda alcolica*) neat

liso, -a ['liː·zo] *agg* (*cappotto, tessuto*) worn

lista ['lis·ta] *f* (*elenco*) list; **la ~ dei vini** the winelist

listino [lis·'tiː·no] *m* list; **~ dei prezzi** price list; **~ di Borsa** Stock list

lite ['liː·te] *f* (*litigio*) quarrel

litigare [li·ti·'gaː·re] *vi* to quarrel

litigio [li·'tiː·dʒo] <-gi> *m* quarrel

litigioso, -a [li·tid·'dʒoː·so] *agg* quarrelsome

litorale [li·to·'raː·le] *m* (*costa*) coast

litoranea [li·to·'raː·nea] *f* (*strada*) coastal road

litoraneo, -a [li·to·'raː·neo] *agg* (*zona, fondale*) coastal

litro ['liː·tro] *m* liter

liturgico, -a [li·'tur·dʒi·ko] <-ci, -che> *agg* (*formula, musica*) liturgical; (*anno, calendario, ricorrenza*) ecclesiastical

liuto [li·'uː·to] *m* MUS lute

livellamento [li·vel·la·'men·to] *m* **1.** (*di terreno*) leveling **2.** *fig* leveling out

livellare [li·vel·'laː·re] *vt* **1.** TEC (*terreno*) to level **2.** *fig* to level out

livello [li·'vɛl·lo] *m* **1.** (*gen*) level; **sotto il ~ del mare** below sea level; **ad alto ~** high-level **2.** (*grado*) standard

livido ['liː·vi·do] *m* bruise

livido, -a *agg* (*occhi*) black; (*cielo*) leaden

livornese [li·vor·'neː·se] **I.** *agg* from Livorno **II.** *mf* (*abitante*) person from Livorno

Livorno [li·'vɔːr·no] <*sing*> *f* Livorno *city in Tuscany*

lo [lo] **I.** *art m sing davanti a s impura, gn, pn, ps, x, z* the **II.** *pron* **1.** (*persona*) him **2.** (*cosa*) it

lobo ['lɔː·bo] *m* ANAT lobe; **~ dell'orecchio** earlobe

locale [lo·'kaː·le] **I.** *agg* local; **anestesia ~** local anesthesia **II.** *m* **1.** (*stanza*) room **2.** (*luogo pubblico: caffè*) café; (*ristorante*) restaurant; **~ notturno** nightclub

località [lo·ka·li·'ta] <-> *f* locality; **una ~ di mare** a seaside resort

localizzare [lo·ka·lid·'dzaː·re] *vt* (*individuare*) to locate

locandina [lo·kan·'diː·na] *f* playbill

locomotiva [lo·ko·mo·'tiː·va] *f* engine

locomotore [lo·ko·mo·'toː·re] *m* electric engine

locusta [lo·'kuːs·ta] *f* ZOO locust

locuzione [lo·kut·'tsioː·ne] *f* phrase

lodare [lo·'daː·re] *vt* (*elogiare, celebrare*) to praise; **sia lodato il cielo!** thank heavens!

lode ['lɔː·de] *f* **1.** (*elogio*) praise **2.** (*voto*) **prendere trenta e ~** to straight A's; **laurearsi con 110 e ~** to graduate magna cum laude

loden ['loː·dən] <-> *m* (*panno, cappotto*) loden

lodevole [lo·'deː·vo·le] *agg* praiseworthy

loggia ['lɔd·dʒa] <-gge> *f* **1.** ARCH gallery **2.** (*nella massoneria*) lodge

loggione [lɔd·'dʒoː·ne] *m* THEAT gallery

logica ['lɔː·dʒi·ka] <-che> *f* logic

logico, -a ['lɔː·dʒi·ko] <-ci, -che> *agg* logical

login [log·'ɪn] <-> *f* COMPUT login; **fare il ~** to log in

logistico, -a [lo·'dʒis·ti·ko] <-ci, -che> *agg* logistic

logo ['lo·go] <-> *m* logo

logorante [lo·go·'ran·te] *agg* (*attività, giornata, passione*) exhausting

logorare [lo·go·'raː·re] **I.** *vt* to wear out **II.** *vr:* **-rsi** **1.** (*consumarsi: scarpe, ingranaggi*) to become worn out **2.** *fig* (*per passione, rabbia*) to be consumed

logorio [lo·go·'riː·o] <-ii> *m* **1.** (*logoramento*) wear and tear **2.** *fig* (*stress*) exhaustion

logoro, -a ['loː·go·ro] *agg* worn-out

lombaggine [lom·'bad·dʒi·ne] *f* lumbago

Lombardia [lom·bar·'diː·a] *f* Lombardy

lombardo [lom·'bar·do] <*sing*> *m* (*dialetto*) Lombard (dialect)

lombardo, -a **I.** *agg* from Lombardy **II.** *m, f* (*abitante*) person from Lombardy

lombare [lom·'baː·re] *agg* lumbar

lombata [lom·'baː·ta] *f* (*taglio di carne*) loin

lombrico [lom·'briː·ko] <-chi> *m* earthworm

Londra ['lon·dra] *f* London

longevo, -a [lon·'dʒɛː·vo] *agg* long-lived

longilineo, -a [lon·dʒi·'liː·neo] <-ei, -ee> *agg* (*persona, fisico*) long-limbed

longitudinale [lon·dʒi·tu·di·'naː·le] *agg* (*taglio, sezione*) longitudinal

longitudine [lon·dʒi·'tuː·di·ne] *f* longitude

lontanamente [lon·ta·na·'men·te] *avv* distantly; **non ci penso neanche ~** I wouldn't dream of it

lontananza [lon·ta·'nan·tsa] *f* **1.** (*distanza*) distance; **in ~** in the distance **2.** (*assenza, mancanza*) absence

lontano, -a [lon·'taː·no] **I.** *agg* **1.** (*nello spazio*) far away; **quanto è ~ ...?** how far away is ...? **2.** (*nel tempo*) distant **3.** (*estraneo*) far **4.** (*assente: sguardo*) distant **5.** (*vago: somiglianza*) vague **II.** *avv* far; **andare ~** to go far; **vedere ~** *fig* to be far-sighted; **alla -a** in a roundabout way; **parenti alla -a** distant relatives

lontra ['lon·tra] *f* ZOO otter

look [luk] <- *o* looks> *m* (*immagine*) look

loquace [lo·'kuaː·tʃe] *agg* (*persona*) talkative

lordo, -a ['lor·do] *agg* gross

loro ['lɔː·ro] **I.** *pron pers* **1.** *3. pers pl* (*soggetto*) they; **~ due** the two of them; **beati ~!** lucky them! **2.** (*complemento oggetto, con preposizione*) them **3.** (*complemento di termine*) (to) them **4.** *3. pers pl* (*forma di cortesia soggetto. oggetto*) you **II.** <inv> *agg* their; **il ~ padre/zio** their father/uncle; **un ~ amico** one of their friends **III.** *pron* **il** [*o* **la**] [*o* **i**] [*o* **le**] ~ theirs **IV.** *m* **1.** (*averi*) their property **2.** (*famiglia*) their family **3.** (*gruppo, amici*) their friends **V.** *f* **1.** (*parte*) their side **2.** (*opinione*) their opinion

lotta ['lɔt·ta] *f* **1.** (*combattimento*) combat; **~ a corpo a corpo** hand to hand combat; **fare la ~** to wrestle **2.** SPORT wrestling; **~ libera** professional wrestling **3.** *fig* (*contro fumo, malattia*) fight **4.** *fig* struggle; **~ di classe** class struggle

lottare [lot·'taː·re] *vi* **1.** (*combattere*) *a. fig* to fight **2.** SPORT (*fare lotta*) to wrestle

lotteria [lot·te·'riː·a] <-ie> *f* lottery

lottizzare [lot·tid·'dzaː·re] *vt* (*terreno, area*) to parcel out (for building)

lotto ['lɔt·to] *m* **1.** (*gioco*) bingo; **giocare al ~** to play bingo **2.** (*terreno*) plot **3.** (*partita: di merce*) batch **4.** (*negli appalti*) lot

love story [lʌv 'stɔː·ri] <- *o* love stories> *f* affair

lozione [lot·'tsioː·ne] *f* lotion

lubrificante [lu·bri·fi·'kan·te] *agg, m* lubricant

lubrificare [lu·bri·fi·'kaː·re] *vt* to lubricate

lucano [lu·'kaː·no] <*sing*> *m* (*dialetto*) dialect of the Basilicata region

lucano, -a I. *agg* from the Basilicata region **II.** *m, f* (*abitante*) person from the Basilicata region

Lucca *f* Lucca *city in Tuscany*

lucchese [luk·'keː·se] **I.** *agg* from Lucca **II.** *mf* (*abitante*) person from Lucca

lucchetto [luk·'ket·to] *m* padlock

luccicare [lut·tʃi·'kaː·re] *vi* (*stelle, gioielli, occhi*) to sparkle

luccio ['lut·tʃo] <-cci> *m* ZOO pike

lucciola ['lut·tʃo·la] *f* glow-worm

luce ['luː·tʃe] *f* (*gener*) light; **dare alla ~** to give birth (to); **fare ~ su qc** to shed light on sth; **mettere qu in cattiva ~** to show sb in a bad light; **mettersi in ~** to come to the fore; **riportare qc alla ~** to bring sth to light; **contro ~** against the light; **cinema a -i rosse** blue movie; **-i di posizione** parking lights

lucertola [lu·'tʃɛr·to·la] *f* ZOO lizard

lucidalabbra [lu·tʃi·da·'lab·bra] <-> *m* lip gloss

lucidare [lu·tʃi·'daː·re] *vt* (*scarpe, mobili*) to polish

lucidità [lu·tʃi·di·'ta] <-> *f* (*consapevolezza*) lucidity

lucido ['luː·tʃi·do] *m* **1.** (*lucentezza*) shine **2.** (*per scarpe*) (shoe) polish **3.** (*per lavagna luminosa*) slide

lucido, -a *agg* **1.** (*lucente: scarpe, pavimento*) shiny; **carta -a** glossy paper **2.** *fig* (*mente, analisi*) lucid

luglio ['luʎ·ʎo] *m* July; *v. a.* **aprile**

lugubre ['luː·gu·bre] *agg* (*aspetto, grida*) gloomy

lui ['luː·i] *pron pers 3. pers m sing* **1.** (*soggetto*) he; **beato ~!** lucky him! **2.** (*oggetto, con preposizione*) him

lumaca [lu·'maː·ka] <-che> *f* slug

luminoso, -a [lu·mi·'noː·so] *agg* **1.** (*che emette luce*) luminous **2.** (*limpido: cielo*) bright **3.** *fig* (*sorriso, occhi*) bright

luna ['luː·na] *f* **1.** ASTR moon; **~ calante** waning moon; **~ crescente** waxing moon; **~ piena** full moon; **~ di miele** honeymoon **2.** *fig* (*umore*) **avere la ~ di traverso** [*o* **storta**] to be in a bad mood

luna park ['luː·na 'park] <-> *m* amusement park

lunare [lu·'naː·re] *agg* lunar

lunatico, -a [lu·'naː·ti·ko] <-ci, -che> *agg* (*strano*) moody

lunedì [lu·ne·'di] <-> *m* Monday; *v. a.* **domenica**

lungamente [luŋ·ga·'men·te] *avv* at length

lunghezza [luŋ·'get·tsa] *f* length; **~ d'onda** wavelength

lungimirante [lun·dʒi·mi·'ran·te] *agg* (*persona, idea, scelta*) far-sighted

lungo ['luŋ·go] **I.** *m* length; **per il ~** lengthwise; **in ~ e in largo** far and near **II.** *prep* **1.** (*luogo*) along **2.** (*tempo*) during

lungo, -a <-ghi, -ghe> *agg* **1.** (*estenso*) long; **saperla -a** *fig* to know what's what **2.** (*che dura*) long; **alla -a** in the long run; **a ~ andare** long term **3.** (*alto*) tall **4.** (*lento*) slow **5.** (*caffè, brodo*) weak **6.** (*loc*) **di gran -a** by far

lungomare [luŋ·go·'maː·re] *m* seafront

lungometraggio [luŋ·go·me·'trad·dʒo] <-ggi> *m* feature film

lunotto [lu·'nɔt·to] *m* MOT rear window; **~ termico** heated rear window

luogo ['luɔː·go] <-ghi> *m* **1.** (*posto*) place; **in ogni ~** everywhere; **~ di nascita** birthplace; **le autorità del ~** the local authorities **2.** (*di delitto, avvenimento*) scene; **sul ~** on the scene **3.** (*locale*) place **4.** (*loc*) **in primo ~, … in secondo ~** firstly, … secondly; **fuori ~** out of place; **aver ~** to take place; **dar ~ a qc** to give rise to sth

lupa ['luː·pa] *f* ZOO she-wolf

lupetto [lu·'pet·to] *m* **1.** ZOO (*cucciolo di lupo*) wolf cub; (*cucciolo di cane lupo*) German shepherd pup **2.** (*negli scout*) cub scout **3.** (*maglione*) turtle neck

lupo ['luː·po] *m* wolf; **~ mannaro** werewolf; **cane ~** German shepherd; **avere una fame da -i** to be really hungry; **~**

di mare (old) sea dog
lurido, -a [ˈluː·ri·do] *agg* (*sporco*) filthy
lusinga [lu·ˈziŋ·ga] <-ghe> *f* temptation
lusingare [lu·ziŋ·ˈgaː·re] *vt* ~ **qu** to flatter sb
lusinghiero, -a [lu·ziŋ·ˈgiɛː·ro] *agg* flattering
lussemburghese [lus·sem·bur·ˈgeː·se] **I.** *agg* Luxembourgeois **II.** *mf* Luxemburger
Lussemburgo [lus·sem·ˈbur·go] *m* **il** ~ Luxemburg
lusso [ˈlus·so] *m* luxury
lussuoso, -a [lus·su·ˈoː·so] *agg* luxurious
lussureggiante [lus·su·red·ˈdʒan·te] *agg* (*giardino, piante*) luxuriant
lussuria [lus·ˈsuː·ria] <-ie> *f* lust
lussurioso, -a [lus·su·ˈrioː·so] *agg* lustful
lustrascarpe [lus·tras·ˈkar·pe] <-> *mf* bootblack
lustro [ˈlus·tro] *m* **1.** (*lucentezza*) shine **2.** *fig* (*splendore*) splendor **3.** (*periodo di cinque anni*) five-year period
lustro, -a *agg* **1.** (*scarpe*) polished **2.** (*occhi*) watery
luterano, -a [lu·te·ˈraː·no] *agg, m, f* Lutheran
lutto [ˈlut·to] *m* **1.** (*dolore*) grief **2.** (*abiti*) mourning (clothes); **essere in** ~ to be in mourning **3.** (*perdita*) bereavement; **chiuso per** ~ closed due to a death in the family

M

M, m [ˈɛm·me] <-> *f* M, m; ~ **come Milano** M for Mike
m metro
ma [ma] *cong* but; ~ **che bella notizia!** what wonderful news!; ~ **insomma!** for heaven's sake!; ~ **no!** no!; ~ **sì!** go on!
macabro, -a [ˈmaː·ka·bro] *agg* macabre
macché [mak·ˈke] *inter* are you kidding?
maccheroni [mak·ke·ˈroː·ni] *mpl* macaroni
macchia [ˈmak·kia] <-cchie> *f* **1.** (*di sporco*) stain **2.** (*di colore diverso*) spot
macchiare [mak·ˈkiaː·re] **I.** *vt* **1.** (*sporcare*) to stain **2.** *fig* (*onore, nome*) to sully **II.** *vr:* **-rsi 1.** (*sporcarsi*) to get dirty **2.** *fig* (*rendersi colpevole*) **-rsi di qc** to be guilty of sth
macchiato, -a [mak·ˈkiaː·to] *agg* **1.** (*sporco*) dirty **2.** (*maculato*) spotted **3.** (*caffè*) with a dash of milk; **latte** ~ a glass of hot milk with a single espresso
macchina [ˈmak·ki·na] *f* **1.** (*apparecchio*) machine; ~ **da cucire** sewing machine; ~ **da scrivere** typewriter; ~ **fotografica** camera; **a** ~ by machine; **fatto a** ~ machine-made **2.** (*auto*) car; **andare in** ~ to go by car
macchinista [mak·ki·ˈnis·ta] <-i *m*, -e *f*> *mf* (*di locomotiva*) driver
macedonia [mat·ʃe·ˈdɔː·nia] <-ie> *f* ~ (**di frutta**) fruit salad
macellaio, -a [ma·tʃel·ˈlaː·io] <-i, -ie> *m, f* butcher
macellare [ma·tʃel·ˈlaː·re] *vt* to slaughter
macelleria [ma·tʃel·le·ˈriː·a] <-ie> *f* butcher's
macello [ma·ˈtʃɛl·lo] *m* **1.** (*mattatoio*) slaughterhouse **2.** *inf* disaster
Macerata [ma·tʃe·ˈraː·ta] *f* Macerata *city in the Marches region*
maceratese [ma·tʃe·ra·ˈteː·ze] **I.** *agg* (*di Macerata*) from Macerata **II.** *mf* (*abitante*) person from Macerata
macerie [ma·ˈtʃɛː·rie] *fpl* rubble
machiavellico, -a [ma·kia·ˈvɛl·li·ko] <-ci, -che> *agg* Machiavellian
macigno [ma·ˈtʃiɲ·ɲo] *m* rock; **è pesante come un** ~ it weighs a ton
macina [ˈmaː·tʃi·na] *f* millstone
macinapepe [ma·tʃi·na·ˈpeː·pe] <-> *m* pepper mill
macinare [ma·tʃi·ˈnaː·re] *vt* (*gener*) to grind; (*olive*) to crush
macrobiotico, -a [ma·kro·bi·ˈɔː·ti·ko] <-ci, -che> *agg* macrobiotic
macroscopico, -a [ma·kros·ˈkɔː·pi·ko] <-ci, -che> *agg fig* (*differenza*) huge; (*errore*) glaring
Madonna [ma·ˈdɔn·na] *f* **1.** REL Madonna **2.** (*in esclamazioni*) good God!
madornale [ma·dor·ˈnaː·le] *agg* huge
madre[1] [ˈmaː·dre] *f* **1.** (*genitrice*) mother **2.** (*suora*) Mother **3.** *fig* (*origine*) cause;

la ~ di tutte ... the mother of all ...
madre² ['maː·dre] *agg* mother; **lingua ~** mother tongue; **ragazza ~** single mother
madrelingua [ma·dre·'liŋ·gua] **I.** <madrelingue *o* madrilingue> *f* mother tongue; **è di ~ francese** his [*o* her] mother tongue is French **II.** <inv> *agg* mother tongue **III.** <-> *mf* (*persona*) native speaker
madrepatria [ma·dre·'paː·tria] *f* homeland
madreperla [ma·dre·'pɛr·la] *f* mother-of-pearl
madrina [ma·'driː·na] *f* (*di battesimo, cresima*) godmother
maestà [ma·es·'ta] <-> *f* majesty; **(Sua) Maestà** (His) Majesty *m,* (Her) Majesty *f*
maestoso, -a [ma·es·'toː·so] *agg* majestic
maestrale [ma·es·'traː·le] *m* northwest wind
maestro, -a [ma·'ɛs·tro/ma·'es·tro] **I.** *m, f* **1.** (*insegnante elementare*) elementary school teacher **2.** (*di danza*) teacher; (*di sci*) instructor **3.** (*musicista*) maestro **II.** *agg* (*principale*) main; **strada -a** main road; **muro ~** main wall
mafia ['maː·fia] *f* Mafia
mafioso, -a [ma·'fioː·so] **I.** *agg* Mafia **II.** *m, f* member of the Mafia
magari [ma·'gaː·ri] **I.** *inter* (*desiderio*) you bet!; (*affermazione*) certainly! **II.** *cong* (*desiderio, rimpianto*) if only; **~ fosse vero!** if only it was true! **III.** *avv* **1.** (*forse*) perhaps **2.** (*se possibile*) if possible; (*se necessario*) if necessary **3.** (*persino*) even
magazziniere, -a [ma·gad·dzi·'niɛː·re] *m, f* warehouse keeper
magazzino [ma·gad·'dziː·no] *m* **1.** (*deposito*) warehouse **2. grande ~** department store
maggio ['mad·dʒo] *m* May; **il primo ~** the first of May; *v. a.* **aprile**
maggiolino [mad·dʒo·'liː·no] *m* (*automobile*) Beetle
maggiorana [mad·dʒo·'raː·na] *f* marjoram
maggioranza [mad·dʒo·'ran·tsa] *f* majority
maggiordomo [mad·dʒor·'dɔː·mo] <-i> *m* butler
maggiore¹ [mad·'dʒoː·re] **I.** *agg comp di* **grande** **1.** (*comparativo: per dimensioni*) bigger [*o* biggest]; **~ di** bigger than; **il/la ~** the biggest **2.** (*per numero*) greater [*o* greatest]; **la maggior parte di** most of; (*per intensità*) greater **3.** (*per importanza*) more [*o* most] important; **le opere -i** the major works; **a maggior ragione** even more so **4.** (*per età*) older [*o* oldest]; **essere ~ di qu (di un anno)** to be (a year) older than sb; **la ~ età** the age of majority **5.** MUS major **II.** *mf* oldest
maggiore² *m* MIL major
maggiorenne [mad·dʒo·'rɛn·ne] **I.** *agg* of age **II.** *mf* adult
maggiormente [mad·dʒor·'men·te] *avv* **1.** (*di più*) more **2.** (*più di tutto*) more than anything else
magi ['maː·dʒi] *mpl* **i (tre) (re) ~** the Magi
magia [ma·'dʒiː·a] <-gie> *f* **1.** (*arte*) magic; **~ bianca/nera** white/black magic **2.** (*incantesimo*) spell
magico, -a ['maː·dʒi·ko] <-ci, -che> *agg* **1.** (*di magia*) magic; **bacchetta -a** magic wand; **formula -a** magic words *pl* **2.** *fig* (*straordinario, suggestivo*) magical
magistrale [ma·dʒis·'traː·le] **I.** *agg* (*eccellente*) masterly **II.** *fpl* **le -i** *secondary school which trains elementary school teachers*
magistrato [ma·dʒis·'traː·to] *m* (*giudice*) judge
magistratura [ma·dʒis·tra·'tuː·ra] *f* judiciary
maglia ['maʎ·ʎa] <-glie> *f* **1.** (*golf*) sweater **2.** SPORT shirt; **~ azzurra** Italian national teams' shirt **3.** (*punto*) stitch; **lavorare a ~** to knit **4.** (*tessuto*) jersey **5.** (*di catenina*) link
maglieria [maʎ·ʎe·'riː·a] <-ie> *f* (*indumenti*) knitwear
maglietta [maʎ·'ʎet·ta] *f* (*indumento intimo*) vest; (*indumento estivo*) T-shirt
maglione [maʎ·'ʎoː·ne] *m* sweater
magnanimo, -a [maɲ·'ɲaː·ni·mo] *agg* magnanimous

magnate [maɲ·ˈɲaː·te] *m* magnate

magnesio [maɲ·ˈɲɛː·zio] *m* CHEM magnesium

magnete [maɲ·ˈɲɛː·te] *m* magnet

magnetico, **-a** [maɲ·ˈɲɛː·ti·ko] <-ci, -che> *agg a. fig* PHYS magnetic

magnifico, **-a** [maɲ·ˈɲiː·fi·ko] <-ci, -che> *agg* (*gioiello, casa*) magnificent; (*interpretazione, spettacolo*) wonderful; (*idea, serata, giornata*) marvellous

magnolia [maɲ·ˈɲɔː·lia] <-ie> *f* magnolia

mago, **-a** [ˈmaː·go] <-ghi, -ghe> *m, f* **1.** (*indovino*) fortune-teller **2.** (*nelle fiabe*) wizard; **il ~ Merlino** Merlin the wizard **3.** (*illusionista*) magician **4.** *fig* (*persona abile*) wizard

magro, **-a**[1] [ˈmaː·gro] *agg* **1.** (*gener*) thin; **~ come un chiodo** [*o* **uno stecco**] thin as a rail **2.** (*alimento*) low-fat

magro, **-a**[2] *m, f* **1.** (*persona*) thin person **2.** *sing* (*parte magra*) lean part

mah [maː] *inter* **1.** (*dubbio, incertezza*) well **2.** (*rassegnazione, disapprovazione*) huh

mai [ˈmaː·i] *avv* **1.** never; **non mi saluta ~** he [*o* she] never says hello to me; **~ più** never again; **più che ~** more than ever **2.** (*in interrogative*) ever; **sei ~ stato a Venezia?** have you ever been to Venice?; **come ~ sei ancora qui?** why ever are you still here?

maiale [ma·ˈiaː·le] *m* **1.** (*animale*) *a. fig* pig **2.** (*carne*) pork

maionese [ma·io·ˈneː·se] *f* mayonnaise

mais [ˈmaː·is] <-> *m* (*cereale*) corn; (*chicchi*) sweetcorn

maiuscola [ma·ˈius·ko·la] *f* capital (letter)

maiuscolo, **-a**[1] [ma·ˈius·ko·lo] *agg* capital

maiuscolo[2] *m* capital letters *pl*

mal [mal] *m v.* **male**[2]

malafede [ma·la·ˈfeː·de] <malefedi> *f* (*slealtà*) bad faith; **in ~** in bad faith

malandato, **-a** [ma·lan·ˈdaː·to] *agg* **1.** (*indumento*) shabby; (*edificio, veicolo*) dilapidated **2.** (*persona: trasandato*) in a bad way

malapena [ma·la·ˈpeː·na] *f* **a ~** only just

malaria [ma·ˈlaː·ria] <-ie> *f* malaria

malasanità [ma·la·sa·ni·ˈta] <-> *f* medical malpractice

malato, **-a** [ma·ˈlaː·to] **I.** *agg* (*persona, animale*) ill; (*pianta*) diseased; **essere ~ di qc** to suffer from sth; **~ di mente** mentally ill **II.** *m, f* (*persona malata*) ill person; (*in ospedale*) patient; **~ terminale** terminally ill person [*o* patient]

malattia [ma·lat·ˈtiː·a] <-ie> *f* (*di persona, animale*) illness; (*di pianta*) disease; **prendersi una ~** to catch an illness; **essere/mettersi in ~** to be/go on sick leave

malavita [ma·la·ˈviː·ta] *f* **1.** (*delinquenza*) crime **2.** (*insieme di persone*) underworld; **~ organizzata** organized crime

malcapitato, **-a** [mal·ka·pi·ˈtaː·to] **I.** *agg* unlucky **II.** *m, f* unlucky person

malconcio, **-a** [mal·ˈkon·tʃo] <-ci, -ce> *agg* (*persona, abito*) worse for wear; (*libro*) battered

malcostume [mal·kos·ˈtuː·me] *m* corruption

maldestro, **-a** [mal·ˈdɛs·tro] *agg* clumsy

maldicenza [mal·di·ˈtʃɛn·tsa] *f* gossip

maldisposto, **-a** [mal·dis·ˈpos·to] *agg* hostile; **essere ~ verso qu** to be hostile towards sb

male[1] [ˈmaː·le] <peggio, malissimo> *avv* **1.** (*in modo insoddisfacente*) badly; **andare ~** to go badly; **comportarsi ~** to behave badly; **vestire ~** to dress badly **2.** (*in modo malevolo*) badly; **parlare/pensare ~ di qu** to talk/think badly of sb; **rispondere ~ a qu** to answer sb rudely **3.** (*in cattiva salute*) ill; **sentirsi/stare ~** to feel/be ill **4.** (*a disagio*) uneasy; **rimanere/restare ~** to feel let down **5.** (*in modo imperfetto*) badly; **funzionare ~** to not work properly; **riuscire** [*o* **venire**] **~** to not turn out well; **la foto è venuta ~** the photo hasn't come out well; **quel vestito ti sta ~** you look awful in that dress **6.** (*loc*) **niente ~** not bad; **non è ~** it's not bad; **hai fatto ~ a non farlo!** you were wrong not to do it!

male[2] *m* **1.** (*in senso morale*) evil **2.** (*danno, svantaggio*) bad thing; **andare a ~** (*cibo*) to go off; **non c'è ~** not bad; **non c'è nulla di** ~ it's pretty good **3.** (*sofferenza*) pain; **fare** (**del**) ~ **a qu** to hurt sb **4.** (*malattia*) illness; **un brutto** ~ cancer; **mal di denti** toothache; **mal di gola** a sore throat; **mal di pancia/stomaco** stomachache; **mal di schiena** backache; **mal di testa** a headache; **mal d'aria** [*o* **d'aereo**] air sickness; **mal d'auto** car sickness; **mal di mare** seasickness

maledetto [ma·le·'det·to] **I.** *pp di* **maledire** **II.** *agg* **1.** (*segnato da maledizione*) cursed **2.** (*causa di sventura, detestabile*) damned **3.** *inf* (*fame, caldo*) incredible; **ho una sete -a** I'm incredibly thirsty

maledire [ma·le·'di:·re] <irr> *vt* to curse

maledizione [ma·le·dit·'tsio:·ne] **I.** *f* curse **II.** *inter* damn

maleducato, -a [ma·le·du·'ka:·to] **I.** *agg* rude **II.** *m, f* rude person

maleducazione [ma·le·du·kat·'tsio:·ne] *f* bad manners *pl*

malessere [ma·lɛs·se·re] *m* **1.** (*malore*) ailment **2.** (*disagio*) uneasiness

malfamato, -a [mal·fa·'ma:·to] *agg* rough

malformazione [mal·for·mat·'tsio:·ne] *f* MED malformation

malgrado [mal·'gra:·do] **I.** *prep* in spite of; **mio/tuo** ~ against my/your will **II.** *cong +conj* even though

malignità [ma·liɲ·ɲi·'ta] <-> *f* **1.** (*caratteristica*) malice **2.** (*parola*) malicious remark; (*pensiero*) malicious thought

maligno, -a [ma·'liɲ·ɲo] *agg* **1.** (*spirito, persona*) evil **2.** (*pensiero, voce*) malicious **3.** (*tumore*) malignant

malinconia [ma·liŋ·ko·'ni:·a] <-ie> *f* melancholy

malinconico, -a [ma·liŋ·'kɔ:·ni·ko] <-ci, -che> *agg* **1.** (*persona, carattere, sguardo*) melancholy **2.** (*ricordo, musica*) sad

malincuore [ma·liŋ·'kuɔ:·re] *m* **a** ~ unwillingly

malintenzionato, -a [mal·in·ten·tsio·'na:·to] **I.** *agg* up to something **II.** *m, f* suspicious character

malinteso [mal·in·'te:·so] *m* misunderstanding

malissimo [ma·'lis·si·mo] *avv superlativo di* **male**[1]

malizia [ma·'lit·tsia] <-ie> *f* **1.** (*cattiveria*) malice **2.** (*allusività*) cunning

malizioso, -a [ma·lit·'tsio:·so] *agg* **1.** (*allusivo*) cunning **2.** (*birichino*) mischievous

malleolo [mal·'lɛ:·o·lo] *m* ANAT malleolus

malnutrito, -a [mal·nu·'tri:·to] *agg* malnourished

malocchio [ma·'lɔk·kio] *m* evil eye

malore [ma·'lo:·re] *m* sudden illness; **essere colto da** ~ to be suddenly taken ill

malridotto, -a [mal·ri·'dot·to] *agg* **1.** (*abito, casa, libro*) in a sorry state **2.** (*persona*) in a bad way

malsano, -a [mal·'sa:·no] *agg* **1.** (*clima, luogo, aspetto*) unhealthy **2.** (*idea, pensiero*) unwholesome

Malta ['mal·ta] *f* Malta

maltempo [mal·'tɛm·po] *m* bad weather

malto ['mal·to] *m* malt

maltrattamento [mal·trat·ta·'men·to] *m* ill-treatment

maltrattare [mal·trat·'ta:·re] *vt* to mistreat

M

malumore [ma·lu·'mo:·re] *m* **1.** (*cattivo umore*) bad mood; **di** ~ in a bad mood **2.** (*rancore, scontento*) ill feeling

malva ['mal·va] **I.** *f* (*pianta*) mallow **II.** <-> *m* (*colore*) mauve **III.** <inv> *agg* (*colore*) mauve

malvagio, -a [mal·'va:·dʒo] <-gi, -gie> **I.** *agg* **1.** (*gener*) wicked **2.** *inf* (*pessimo*) terrible; **non è un'idea -gia** it's not a bad idea **II.** *m, f* wicked person

malvagità [mal·va·dʒi·'ta] <-> *f* **1.** (*inclinazione*) wickedness **2.** (*atto*) wicked deed

malvivente [mal·vi·'vɛn·te] *mf* crook

malvolentieri [mal·vo·len·'tiɛ:·ri] *avv* unwillingly

mamma[1] ['mam·ma] *f inf* mom

mamma[2] *inter* heavens; ~ **mia!** good heavens!

mammella [mam·'mɛl·la] *f* ANAT breast

mammifero [mam·'mi:·fe·ro] *m* mammal

mammografia [mam·mo·gra·'fi:·a] *f* MED mammogram

manageriale [ma·na·dʒe·'ria:·le] *agg* managerial

mancanza [maŋ·'kan·tsa] *f* **1.** (*carenza*) lack; **~ di qc** lack of sth; **in ~ di** if there is [*o* are] no; **in ~ di meglio** if there's nothing better **2.** (*assenza*) absence; **sentire la ~ di qu** to miss sb

mancare [maŋ·'ka:·re] **I.** *vi* **1.** *essere* (*non esserci, non bastare*) to be lacking; (*acqua, corrente, luce*) to go off **2.** *essere* (*essere assente*) to not be there; (*provocare nostalgia*) to miss; **ti sono mancato?** did you miss me? **3.** *essere* (*distare*) to be **4.** *essere* (*forze*) **mi manca il fiato** I'm out of breath; **mi sono mancate le forze** my strength failed **5.** *essere* (*svenire*) to faint; **sentirsi ~** to feel faint **6.** *avere* (*essere privo*) **~ di qc** to be lacking in sth **II.** *vt avere* **1.** (*bersaglio, colpo, palla*) to miss **2.** (*occasione, opportunità*) to miss **3.** (*omettere*) **non ~ di ...** *+inf* to not fail to ...; **non mancherò!** I certainly will!

mancato, -a [maŋ·'ka:·to] *agg* **1.** (*pagamento, funzionamento*) non-; **il ~ arrivo** the non-arrival; (*colpo, goal, obbiettivo*) missed; (*tentativo, accordo, film, libro*) unsuccessful; (*occasione*) wasted **2.** (*attore, cantante, pittore*) manqué

mancia ['man·tʃa] <-ce> *f* tip

mancino, -a [man·'tʃi:·no] **I.** *agg* left-handed; **essere ~** to be left-handed **II.** *m, f* (*persona*) left-handed person

mandante [man·'dan·te] *mf* (*di delitto*) instigator

mandarancio [man·da·'ran·tʃo] <-ci> *m* clementine

mandare [man·'da:·re] *vt* **1.** (*persona*) to send; (*a sede, ufficio*) to post; **~ a chiamare qu** to summons sb; **~ qu a prendere qc/qu** to send sb to get sth/sb; **~ via qu** to send sb away **2.** (*lettera, pacco, fiori*) to send **3.** (*luce, fumo, odore*) to give off; (*grido, verso*) to let out **4.** (*loc*) **~ avanti qu** to send sb on; **~ avanti qc** (*famiglia, azienda*) to keep sth going; **~ avanti/indietro** (*cassetta, nastro*) to forward/rewind; **~ giù qc** (*cibo*) to swallow

mandarino [man·da·'ri:·no] *m* mandarin

mandato [man·'da:·to] *m* **1.** (*incarico*) job; **agire su ~ di qu** to act on sb's orders **2.** GIUR warrant; **~ di arresto/cattura** arrest warrant

mandibola [man·'di:·bo·la] *f* ANAT jaw

mandolino [man·do·'li:·no] *m* mandolin

mandorla ['man·dor·la] *f* almond; **olio di -e** almond oil; **occhi a ~** almond-shaped eyes

mandorlo ['man·dor·lo] *m* almond tree

mandria ['mand·ria] <-ie> *f* herd

maneggevole [ma·ned·'dʒe:·vo·le] *agg* easy to handle

maneggiare [ma·ned·'dʒa:·re] *vt* to handle; **~ con cura** handle with care

manesco, -a [ma·'nes·ko] <-schi, -sche> **I.** *agg* aggressive **II.** *m, f* agressive type

manetta [ma·'net·ta] *f* **1.** (*manopola*) lever **2.** *pl* (*per polsi*) handcuffs *pl;* **mettere le -e a qu** to handcuff sb

manganello [maŋ·ga·'nɛl·lo] *m* billy club

mangia-e-bevi [man·dʒa·e·'be:·vi] <-> *m* ice cream sundae

mangiare[1] [man·'dʒa:·re] **I.** *vt* **1.** (*ingerire*) to eat; **dare da ~ qc a qu** to give sb sth to eat; **fare da ~** to get some food ready **2.** (*nei giochi*) to take **II.** *vr:* **-rsi** to eat; **-rsi il fegato** *fig* to be consumed with rage; **-rsi le mani** *fig* to really regret; **-rsi la parola** *fig* to not keep one's word; **-rsi le parole** *fig* to mumble; **-rsi le unghie** to bite one's nails

mangiare[2] *m* food

mangiata [man·'dʒa:·ta] *f* **farsi una bella ~ di qc** to stuff oneself on sth

mania [ma·'ni:·a] <-ie> *f* mania; **avere la ~ dell'ordine** to be obsessively tidy; **~ di grandezza** delusions of grandeur *pl;* **~ di persecuzione** persecution complex

maniaco, -a [ma·'ni:·a·ko] <-ci, -che> *m, f* **1.** (*squilibrato*) maniac; **~ sessuale** sex maniac **2.** (*fanatico*) fanatic

manica ['ma:·ni·ka] <-che> *f* sleeve; **a -che corte/lunghe** short/long -sleeved; **a mezze -che** short-sleeved; **senza -che** sleeveless; **rimboccarsi le -che** *a. fig* to roll one's sleeves up

Manica ['ma:·ni·ka] *f* **la Manica** the English Channel; **il canale della Manica** the English Channel

manichino [ma·ni·'ki:·no] *m* dummy

manico ['maː·ni·ko] <-chi *o* -ci> *m* handle

manicomio [ma·ni·'kɔː·mio] <-i> *m* mental hospital

manicure [ma·ni·'kuː·re, ma·ni·'kuːr] <-> *mf* **1.** (*persona*) manicurist **2.** (*trattamento*) manicure

maniera [ma·'niɛː·ra] *f* **1.** (*modo*) way **2.** (*stile*) style; **alla ~ di qu** in the style of sb **3.** *pl* (*comportamento, modo di fare*) manners *pl*

manifestante [ma·ni·fes·'tan·te] *mf* demonstrator

manifestare [ma·ni·fes·'taː·re] **I.** *vt* **1.** (*esprimere*) to express **2.** (*mostrare*) to show **II.** *vi* (*protestare*) to demonstrate **III.** *vr:* **-rsi** (*rivelarsi*) to show oneself

manifestazione [ma·ni·fes·tat·'tsioː·ne] *f* **1.** (*di affetto, gioia*) display **2.** (*di malattia, fenomeno*) sign **3.** (*di protesta, appoggio*) demonstration **4.** (*artistica, sportiva*) event

manifesto *m* **1.** (*gener*) poster **2.** (*programma*) manifesto

maniglia [ma·'niʎ·ʎa] <-glie> *f* handle

manipolare [ma·ni·po·'laː·re] *vt* **1.** (*lavorare: cera, creta*) to work; (*mescolare: pasta*) to mix **2.** (*alterare: vino, alimento*) to adulterate **3.** *fig* (*notizia, risultato, idea, opinione*) to manipulate

manipolazione [ma·ni·po·lat·'tsioː·ne] *f* **1.** (*lavorazione*) working; (*mescolazione*) mixing **2.** (*alterazione*) adulteration **3.** *fig* manipulation

mannaro [man·'naː·ro] *agg* **lupo ~** *inf* werewolf

mano ['maː·no] *f* **1.** (*estremità*) hand; **a ~** by hand; **alla ~** (*persona*) easy-going; **avere qc per le -i** to have sth on the go; **dare** [*o* **stringere**] **la ~ a qu** to shake sb's hand; **dare una ~ a qu** to lend sb a hand; **~ nella ~** hand in hand; **a -i vuote** empty handed; **di seconda ~** second-hand **2.** (*di vernice, smalto*) coat **3.** (*nel gioco*) hand **4.** (*nella guida*) side; **andare contro ~** to go against traffic

manomesso *pp di* **manomettere**

manomettere [ma·no·'met·te·re] <irr> *vt* **1.** (*prove, documento, lettera*) to tamper with **2.** (*serratura*) to force

manoscritto, **-a** [ma·nos·'krit·to] *agg* handwritten

manovale [ma·no·'vaː·le] *m* worker

manovra [ma·'nɔː·v·ra] *f* **1.** (*di macchinario, veicolo*) maneuver; **~ di atterraggio/di decollo** landing/take-off; **fare ~** to maneuver **2.** MIL maneuver **3.** *fig* (*intrigo*) scheme **4.** POL measure

manovrare [ma·no·'vraː·re] *vt* **1.** (*dispositivo, macchinario*) to maneuver **2.** *fig* (*persona, situazione*) to manipulate **3.** MIL to maneuver

mansarda [man·'sar·da] *f* attic

mansueto, **-a** [man·su·'ɛː·to] *agg* (*animale*) docile; (*persona, sguardo*) meek

mantello [man·'tɛl·lo] *m* **1.** (*indumento*) cloak **2.** (*pelo*) coat

mantenere [man·te·'neː·re] <irr> **I.** *vt* **1.** (*disciplina, calma, ordine*) to keep **2.** (*in vita, funzione*) to keep; **~ giovane** to keep young **3.** (*impegno, promessa, segreto*) to keep **4.** (*figli, famiglia*) to support; (*casa, auto*) to maintain **II.** *vr:* **-rsi 1.** (*conservarsi*) to keep **2.** (*sostentarsi*) to support oneself

Mantova ['man·to·va] *f* Mantua *a city in the Lombardy region*

mantovano[1] [man·to·'vaː·no] <*sing*> *m* (*dialetto*) Mantuan dialect

mantovano, **-a**[2] **I.** *agg* (*di Mantova*) from Mantua **II.** *m, f* (*abitante*) person from Mantua

manuale[1] [ma·nu·'aː·le] *agg* **1.** (*lavoro, attività, comando*) manual **2.** (*orologio*) hand-wound

manuale[2] *m* **1.** (*di cucina, giardinaggio*) manual; **~ di istruzioni** instruction booklet **2.** (*scolastico*) textbook

manubrio [ma·'nuː·bri·o] <-i> *m* **1.** (*di bicicletta, moto*) handlebars *pl* **2.** SPORT dumbbell

manufatto [ma·nu·'fat·to] *m* handmade article

manutenzione [ma·nu·ten·'tsioː·ne] *f* maintenance

manzo ['man·dzo] *m* **1.** (*bovino*) steer **2.** (*carne*) beef

mappamondo [map·pa·'mon·do] *m* globe

maquillage [ma·ki·'jaːʒ] <-> *m* make-up

maratona [ma·ra·'toː·na] *f a. fig* marathon

marca ['mar·ka] <-che> *f* **1.** (*marchio*) brand name **2.** (*produttore, ditta*) brand; **di ~** brand-name **3.** (*contrassegno*) stamp; **~ da bollo** revenue stamp

marcare [mar·'kaː·re] *vt* **1.** (*linea, contorno, accento*) to highlight **2.** SPORT (*rete*) to score; (*avversario*) to mark

marcato, -a [mar·'kaː·to] *agg* (*lineamenti, tratti, accento*) pronounced

marcatore, -trice [mar·ka·'toː·re] *m, f* SPORT (*di gol*) scorer; (*di avversario*) marker

Marche ['mar·ke] *fpl* **le ~** the Marches

marchese, -a [mar·'keː·ze] *m, f* (*nobile*) marquis *m*, marquess *f*

marchiare [mar·'kiaː·re] *vt* **1.** (*oggetto*) to mark; (*bestiame*) to brand **2.** *fig* (*persona*) to brand

marchigiano, -a **I.** *agg* (*delle Marche*) from the Marches **II.** *m, f* (*abitante*) person from the Marches

marchio ['mar·kio] <-chi> *m* **1.** (*su oggetto, prodotto*) brand symbol; **~ di fabbrica** trademark; **~ di qualità** seal of quality; **~ registrato** registered trademark **2.** (*su animali*) brand

marcia ['mar·tʃa] <-ce> *f* **1.** (*passo, camminata*) march; **mettersi in ~** to get going; **~ forzata** MIL forced march **2.** SPORT walk **3.** (*corteo*) march **4.** MUS march **5.** (*di veicolo*) gear; **andare a ~ indietro** [*o* **in retromarcia**] to reverse; **fare ~ indietro** *fig* to change one's mind

marciapiede [mar·tʃa·'piɛː·de] *m* **1.** (*di strada*) sidewalk **2.** (*di stazione ferroviaria*) platform

marciare [mar·'tʃaː·re] *vi* **1.** *a. fig* to march **2.** SPORT to walk **3.** (*veicolo*) to go **4.** (*motore, meccanismo*) to work

marcio, -a[1] ['mar·tʃo] <-ci, -ce> *agg* **1.** (*cibo, legno, muro*) rotten **2.** *fig* (*società, ambiente*) corrupt; **avere torto ~** to be completely wrong

marcio[2] <*sing*> *m* **1.** (*di cibo*) rotten part; (*odore*) bad smell; (*sapore*) bad taste **2.** *fig* (*corruzione*) rot

marcire [mar·'tʃiː·re] <marcisco> *vi essere* **1.** (*cibo*) to go off **2.** (*legno, carta*) to become moldy **3.** *fig* (*nell'ozio, in prigione, casa*) to rot away

marco ['mar·ko] <-chi> *m* (*moneta*) mark

mare ['maː·re] *m* **1.** (*massa d'acqua*) sea; **in alto ~** in [*o* on] the open sea; **andare al ~** to go to the seaside **2.** *fig* (*grande quantità*) load

marea [ma·'rɛː·a] <-ee> *f* **1.** GEOG tide; **alta/bassa ~** high/low tide **2.** (*di fango*) river **3.** *fig* (*grande quantità*) load

mareggiata [ma·red·'dʒaː·ta] *f* sea storm

maremoto [ma·re·'mɔː·to] *m* GEOG tsunami

maresciallo [ma·reʃ·'ʃal·lo] *m* warrant officer

margarina [mar·ga·'riː·na] *f* margarine

margherita [mar·ge·'riː·ta] *f* **1.** (*fiore*) daisy **2.** CULIN (**pizza**) **~** *pizza with tomato paste and mozzarella cheese* **3.** POL **la Margherita** *Italian center-left political party*

marginale [mar·dʒi·'naː·le] *agg* marginal

margine ['mar·dʒi·ne] *m* **1.** (*di strada, fiume, bosco*) edge **2.** (*di società, legalità*) fringe **3.** (*di foglio*) margin; **a ~** in the margin **4.** (*di guadagno, tempo, azione*) margin; **~ di errore** margin of error; **~ di sicurezza** safety margin

marina[1] [ma·'riː·na] *f* (*flotta*) navy; **~ mercantile** merchant marine; **~ militare** U.S. Navy

marina[2] [ma·'riː·na] *m e f* (*porticciolo*) marina

marinaio [ma·ri·'naː·io] <-ai> *m* sailor

marinare [ma·ri·'naː·re] *vt* **1.** CULIN to marinate **2.** (*loc*) **~ la scuola** *fig inf* to play hooky

marinaro, -a [ma·ri·'naː·ro] *agg* (*di mare*) seafaring; **repubbliche -e** maritime republics; **borgo ~** coastal village

marino, -a [ma·'riː·no] *agg* (*del mare*) marine

marionetta [ma·rio·'net·ta] *f a. fig* puppet

marito [ma·'riː·to] *m* husband

marittimo, -a[1] [ma·'rit·ti·mo] **I.** *agg* (*città, stazione*) seaside; (*attività, trasporto*) maritime; (*clima*) coastal **II.** *m, f* (*persona*) maritime worker

marittimo[2] *m* (*marinaio*) seaman

marketing ['maː·ki·tiŋ/'mar·ke·ting] <-> *m* marketing

marmellata [mar·mel·'laː·ta] *f* jam; (*di arance*) marmalade

marmitta [mar·'mit·ta] *f* AUTO muffler; ~ **catalitica** catalytic converter

marmo ['mar·mo] *m* marble

marmoreo, -a [mar·'mɔː·reo] <-ei, -ee> *agg* marble

marocchino, -a [ma·rok·'kiː·no] *agg, m, f* Moroccan

Marocco [ma·'rɔk·ko] *m* Morocco; **il** ~ Morocco

marrone[1] <inv *o* -i> *agg* brown

marrone[2] [mar·'roː·ne] *m* **1.** (*castagna*) chestnut **2.** (*colore*) brown

marsala [mar·'saː·la] <-> *m* Marsala

marsupio [mar·'suː·pio] <-i> *m* **1.** ZOO pouch **2.** (*per neonati*) baby sling **3.** (*borsello*) fanny pack **4.** (*tasca*) front pocket

Marte ['mar·te] <-> *m* Mars

martedì [mar·te·'di] <-> *m* Tuesday; ~ **grasso** Shrove Tuesday; *v. a.* **domenica**

martellare [mar·tel·'laː·re] **I.** *vt* **1.** (*con martello*) to hammer **2.** (*con pugni*) to beat **3.** *fig* (*con domande, richieste*) to bombard; ~ **qu di domande** to bombard sb with questions **II.** *vi* (*cuore, sangue, tempie*) to throb

martellata [mar·tel·'laː·ta] *f* (*colpo*) hammer blow; **darsi una ~ sulle dita** to hit one's fingers with a hammer

martello [mar·'tɛl·lo] *m* (*attrezzo*) *a.* SPORT hammer; ~ **pneumatico** pneumatic drill

martire ['mar·ti·re] *mf a. fig* martyr; **fare il** ~ to play the martyr

martirio [mar·'tiː·rio] <-i> *m* (*per fede, ideale*) martyrdom

marxismo [mark·'siz·mo] *m* Marxism

marxista [mark·'sis·ta] <-i *m*, -e *f*> *agg, mf* Marxist

marzapane [mar·tsa·'paː·ne] *m* marzipan

marziano, -a [mar·'tsiaː·no] *agg, m, f* Martian

marzo ['mar·tso] *m* March; *v. a.* **aprile**

mascalzone [mas·kal·'tsoː·ne] *m* rogue

mascella [maʃ·'ʃɛl·la] *f* ANAT jaw

maschera ['mas·ke·ra] *f* **1.** (*finto volto*) mask **2.** (*costume*) fancy dress; **essere/mettersi in** ~ to be in/put on fancy dress **3.** (*persona*) masked person **4.** *fig* mask **5.** (*dispositivo*) mask; ~ **antigas** gas mask; ~ **a ossigeno** oxygen mask; ~ **subacquea** diving mask; ~ **di bellezza** face pack **6.** (*al cinema*) usher *m*, usherette *f*

mascherare [mas·ke·'raː·re] **I.** *vt* **1.** (*viso*) to mask; (*persona*) to dress up; ~ **qu da qu/qc** to dress sb up as sb/sth **2.** *fig* (*sentimento*) to mask **II.** *vr* **-rsi da qu/qc** to dress up as sb/sth

mascherata [mas·ke·'raː·ta] *f* (*sfilata, festa*) masquerade

mascherato, -a [mas·ke·'raː·to] *agg* **1.** (*volto*) masked **2.** (*persona*) dressed-up **3.** (*ballo, corso*) fancy dress

mascherina [mas·ke·'riː·na] *f* **1.** (*mezza maschera*) half mask **2.** (*per proteggersi*) mask **3.** (*per disegnare, verniciare*) mask

maschile [mas·'kiː·le] **I.** *agg* **1.** (*sesso*) male; (*voce, aspetto*) masculine **2.** (*per uomini*) men's; (*per ragazzi*) boy's **3.** LING masculine **II.** *m* LING masculine

maschilismo [mas·ki·'liz·mo] *m* male chauvinism

maschilista [mas·ki·'lis·ta] <-i *m*, -e *f*> *agg, mf* male chauvinist

maschio[1] ['mas·kio] <-schi> *agg* **1.** BIOL male **2.** (*voce, carattere*) masculine

maschio[2] *m* **1.** BIOL male; (*ragazzo*) boy; (*uomo*) man **2.** TEC male

mascolino, -a [mas·ko·'liː·no] *agg* masculine

masochismo [ma·zo·'kiz·mo] *m* masochism

masochista [ma·zo·'kis·ta] <-i *m*, -e *f*> **I.** *agg* masochistic **II.** *mf* (*persona*) masochist

massa ['mas·sa] *f* **1.** (*di terra, aria*) mass; (*di acqua*) body **2.** *a. fig* (*di pietre, legna, errori*) pile **3.** (*di gente*) crowd; **di** ~ (*cultura*) mass; **in** ~ en masse **4.** PHYS mass **5.** EL earth

Massa ['mas·sa] *f* Massa *a city in Tuscany*

massacrante [mas·sa·'kran·te] *agg* (*cor-*

sa, fatica, viaggio) exhausting

massacrare [mas·sa·'kraː·re] *vt* **1.** (*trucidare*) to massacre **2.** (*malmenare*) to pulverize **3.** *fig* (*rovinare*) to ruin **4.** (*stancare*) to murder

massacro [mas·'saː·kro] *m* **1.** (*strage*) massacre **2.** *fig* (*disastro*) disaster

massaggiare [mas·sad·'dʒaː·re] *vt* to massage

massaggiatore, -trice [mas·sad·dʒa·'toː·re] *m, f* masseur *m*, masseuse *f*

massaggio [mas·'sad·dʒo] <-ggi> *m* massage; ~ **cardiaco** heart massage

massaia [mas·'saː·ia] <-aie> *f* housewife

massiccio, -a[1] [mas·'sit·tʃo] <-cci, -cce> *agg* **1.** (*oro, legno*) solid; (*edificio*) massive **2.** (*persona, corporatura*) massive **3.** *fig* (*intervento*) huge; (*opera*) massive

massiccio[2] <-cci> *m* GEOG massif

massificazione [mas·si·fi·kat·'tsioː·ne] *f* (*di idee, cultura*) homogenization

massima ['mas·si·ma] *f* **1.** (*principio*) maxim; **di** ~ general; **in linea di** ~ on the whole **2.** (*motto*) saying **3.** (*temperatura*) maximum temperature **4.** MED (*pressione*) highest level of blood pressure

massimale [mas·si·'maː·le] *m* (*di assicurazione*) maximum liability

massimalista [mas·si·ma·'lis·ta] <-i *m*, -e *f*> *agg, mf* maximalist

massimizzare [mas·si·mid·'dzaː·re] *vt* ECON (*rendimento, profitto*) to maximize

massimo, -a[1] ['mas·si·mo] **I.** *agg superl di* **grande** **1.** (*il più grande*) biggest **2.** (*altezza, temperatura, velocità*) maximum; **tempo** ~ time limit; **campionato dei pesi -i** heavyweight championship **3.** (*risultato, vantaggio*) best **4.** (*attenzione, importanza, stima*) greatest **II.** *avv* (*negli annunci*) max

massimo[2] *m* **1.** (*il grado più alto*) maximum; **al** ~ (*al grado più alto*) on maximum **2.** (*tutt'al più*) at the outside; **sfruttare qc al** ~ to make full use of sth **3.** (*il meglio*) best

mass media [mæs 'miː·djə/mas 'mɛ·dia] *mpl* mass media

masso ['mas·so] *m* (*sasso*) rock; **caduta -i** falling rocks

massone [mas·'soː·ne] *m* freemason

massoneria [mas·so·ne·'riː·a] <-ie> *f* freemasonry

massonico, -a [mas·'sɔː·ni·ko] <-ci, -che> *agg* masonic

mastello [mas·'tɛl·lo] *m* (*per uva*) vat; (*per il bucato*) tub

master ['maːs·tə/'mas·ter] *m* (*corso*) masters (degree); ~ **in economia aziendale** masters (degree) in business administration

masterizzare [mas·te·rid·'dzaː·re] *vt* COMPUT to burn

masterizzatore [mas·te·rid·dza·'toː·re] *m* COMPUT CD burner

masticare [mas·ti·'kaː·re] *vt* **1.** (*cibo*) to chew **2.** *fig* (*conoscere poco*) ~ **qc** to know a little bit of sth

masticazione [mas·ti·kat·'tsioː·ne] *f* chewing

mastice ['mas·ti·tʃe] *m* mastic

mastino [mas·'tiː·no] *m* (*cane*) mastiff

mastodontico, -a [mas·to·'dɔn·ti·ko] <-ci, -che> *agg* (*costruzione, diga*) gigantic; *inf* (*cappello, sciocchezza*) huge

masturbarsi [mas·tur·'bar·si] *vr* to masturbate

masturbazione [mas·tur·bat·'tsioː·ne] *f* masturbation

matassa [ma·'tas·sa] *f* (*di lana*) skein; (*di cotone*) hank

matematica [ma·te·'maː·ti·ka] <-che> *f* mathematics

matematicamente [ma·te·ma·ti·ka·'men·te] *avv* (*assolutamente*) one hundred percent

matematico, -a [ma·te·'maː·ti·ko] <-ci, -che> **I.** *agg* **1.** (*calcolo, principio, regola*) mathematical **2.** (*certezza, evidenza*) absolute **II.** *m, f* (*studioso*) mathematician

Matera *f* Matera *a city in the Basilicata region*

materassino [ma·te·ras·'siː·no] *m* **1.** (*da ginnastica*) mat **2.** (*da spiaggia, tenda*) inflatable mattress

materasso [ma·te·'ras·so] *m* (*da letto*) mattress; ~ **in lattice** latex mattress; ~

a molle spring mattress

materia [ma·'tɛː·ria] <-ie> *f* **1.** (*sostanza*) material; **~ grigia** BIOL, ANAT gray matter; *scherz* (*intelligenza*) little gray cells; **-ie prime** raw materials **2.** (*argomento, disciplina*) subject; **in ~** on the subject

materiale[1] [ma·te·'riaː·le] *agg* **1.** (*aiuto, bisogno*) material **2.** (*tempo, possibilità*) necessary **3.** (*persona*) materialistic

materiale[2] *m* **1.** (*sostanza, documenti*) material **2.** (*strumenti*) equipment; **~ chirurgico** surgical equipment

materialismo [ma·te·ria·'liz·mo] *m* materialism

materialista [ma·te·ria·'lis·ta] <-i *m*, -e *f*> *mf* materialist

materialmente [ma·te·rial·'men·te] *avv* **1.** (*concretamente*) materially **2.** (*oggettivamente*) **essere ~ impossibile** to be absolutely impossible

maternità [ma·ter·ni·'ta] <-> *f* **1.** (*condizione*) motherhood **2.** (*reparto*) maternity **3.** (*congedo*) maternity leave; **essere/entrare** [*o* **mettersi**] **in ~** to be/go on maternity leave

materno, -a [ma·'tɛr·no] *agg* **1.** (*latte, istinto*) maternal; **scuola -a** nursery school **2.** (*parente, eredità*) mother's

matita [ma·'tiː·ta] *f* pencil

matrice [ma·'triː·tʃe] *f* **1.** *fig* (*fonte*) origin **2.** (*originale*) matrix **3.** (*di assegno, biglietto*) counterfoil **4.** MATH matrix

matricola [ma·'triː·ko·la] *f* **1.** (*registro*) register **2.** (*numero*) registration number **3.** (*studente*) freshman

matrigna [ma·'triɲ·ɲa] *f* stepmother

matrimoniale[1] [ma·tri·mo·'niaː·le] *agg* **1.** (*cerimonia*) wedding; (*vita*) married **2.** (*lenzuolo, letto*) double; **camera ~** double room

matrimoniale[2] *f* (*camera*) double room

matrimonio [mat·ri·'mɔː·nio] <-i> *m* **1.** (*unione*) marriage **2.** (*cerimonia*) wedding

mattina [mat·'tiː·na] *f* morning; **di/la ~** in the morning; **di prima ~** early in the morning; **ieri/domani ~** yesterday/tomorrow morning; **lunedì ~** Monday morning

mattinata [mat·ti·'naː·ta] *f* (*mattina*) morning; **in ~** in the morning

mattiniero, -a [mat·ti·'niɛː·ro] *agg* **essere ~** to be an early bird

mattino [mat·'tiː·no] *m* morning; **al ~** in the morning; **di buon ~** early in the morning

matto, -a ['mat·to] **I.** *agg* **1.** (*malato*) mad; **andare ~ per qc** to be crazy about sth; **sei ~/siamo -i?** are you/we insane? **2.** (*bizzarro*) crazy **3.** *fig* (*voglia, paura*) incredible **4.** (*negli scacchi*) **scacco ~** checkmate **II.** *m, f* madman *m*, madwoman *f*; **da -i** really

mattone [mat·'toː·ne] *m* **1.** (*da costruzione*) brick **2.** *fig* (*libro, film*) bore **3.** *fig* (*cibo*) lead weight

mattonella [mat·to·'nɛl·la] *f* tile

mattutino, -a *agg* morning

maturando, -a [ma·tu·'ran·do] *m, f* *student taking high school final exams*

maturare [ma·tu·'raː·re] **I.** *vi essere* **1.** (*frutto*) to ripen; (*vino, formaggio*) to mature **2.** *fig* (*persona*) to grow up **3.** ECON (*interesse, dividendo*) to mature **II.** *vt avere* (*idea, proposito*) to develop; **~ una decisione** to come to a decision

maturità [ma·tu·ri·'ta] <-> *f* **1.** (*età adulta*) maturity **2.** (*consapevolezza*) maturity **3.** (*diploma*) high school exit exam; **esame di ~** *high school exit exam*

maturo, -a [ma·'tuː·ro] *agg* **1.** (*frutto*) ripe; (*vino*) mature **2.** (*adulto*) mature **3.** *fig* (*consapevole*) mature

maxischermo [mak·si·'sker·mo] *m* giant screen

mazza ['mat·tsa] *f* **1.** (*bastone*) club **2.** (*martello*) sledgehammer **3.** SPORT **~ da baseball** baseball bat; **~ da golf** golf club

mazzo ['mat·tso] *m* **1.** (*di fiori, erbe, chiavi,*) bunch **2.** (*di funi, documenti, matite*) bundle **3.** (*di carte da gioco*) pack

me [me] *pron 1. pers sing* **1.** (*complemento oggetto*) me **2.** (*complemento di termine*) to me **3.** (*con preposizione*) me; **venite da ~** come to my house; **c'è posta per ~?** is there any mail for me?; **per/secondo ~** in my opinion **4.** (*nelle comparazioni, esclamazioni*) **è contento come ~** he's as happy as me [*o* I am]; **lavorano quanto** ~ they work as hard as me [*o* I do]; **è più brava di** ~ she's better than me [*o* I am]; **povero ~!** poor me! **5.** (*davanti a lo, la, li, le, ne*) *v.* **mi**

MEC [mɛk] *m v.* **Mercato Comune Europeo** ECM

Mecca ['mɛk·ka] <-cche> *f* **La Mecca** Mecca

meccanica [mek·'kaː·ni·ka] <-che> *f* **1.** A,PHYS, TEC mechanics **2.** (*modalità*) process; (*di avvenimento*) sequence of events

meccanico, -a [mek·'kaː·ni·ko] <-ci, -che> **I.** *agg a. fig* mechanical; **officina di riparazioni -che** garage **II.** *m, f* (*di automobili*) mechanic

meccanismo [mek·ka·'niz·mo] *m* **1.** (*congegno*) mechanism **2.** (*funzionamento*) mechanics *pl* **3.** *pl, fig* mechanisms

mecenate [me·tʃe·'naː·te] *mf* patron

mecenatismo [me·tʃe·na·'tiz·mo] *m* patronage

mèche [mɛʃ] <-> *f* highlight

medaglia [me·'daʎ·ʎa] <-glie> *f* medal; ~ **d'oro/d'argento/di bronzo** gold/silver/bronze medal; **il rovescio della** ~ *fig* the other side of the coin

medaglione [me·daʎ·'ʎoː·ne] *m* **1.** (*gioiello*) locket **2.** CULIN medallion

medesimo, -a [me·'deː·zi·mo] *agg* (*identico, uguale*) same; **nel ~ tempo** at the same time

media[1] ['mɛː·dia] <-ie> *f* **1.** MATH mean; ~ **aritmetica** arithmetical mean **2.** (*misura di mezzo*) average; **al di sopra/sotto della** ~ above/below average; **in** [*o* **di**] ~ on average **3.** (*votazione*) average overall grade **4.** (*scuola*) **le -e** *first three years of junior high school* **5.** (*taglia*) medium size

media[2] ['miː·dʒe] *mpl* media

mediano, -a [me·'diaː·no] **I.** *agg* (*di mezzo*) middle **II.** *m, f* SPORT (*nel calcio*) halfback; (*nel rugby*) back

mediante [me·'dian·te] *prep* by (means of); **pagare ~ assegno** to pay by check

mediare [me·'diaː·re] **I.** *vt* (*accordo, conflitto, disputa*) to mediate **II.** *vi* to mediate

mediatico, -a [me·'diaː·ti·ko] *agg* (*evento, fenomeno*) media

mediato, -a [me·'diaː·to] *agg* (*indiretto*) indirect

mediatore, -trice [me·dia·'toː·re] *m, f* **1.** (*intermediario*) mediator; **fare da** ~ to mediate **2.** COM broker

mediazione [me·di·at·'tsioː·ne] *f* **1.** (*intervento*) mediation **2.** COM brokerage

medicamento [me·di·ka·'men·to] *m* (*farmaco*) medication

medicare [me·di·'kaː·re] **I.** *vt* **1.** (*persona*) to treat **2.** (*ferita*) to dress **II.** *vr:* **-rsi** to treat oneself; **-rsi le ferite** to dress one's wounds

medicazione [me·di·kat·'tsioː·ne] *f* dressing

medicina [me·di·'tʃiː·na] *f* **1.** (*scienza*) medicine; ~ **legale** forensic medicine **2.** (*farmaco*) medicine **3.** *a. fig* (*rimedio*) cure

medicinale [me·di·tʃi·'naː·le] **I.** *agg* (*erba, preparato*) medicinal **II.** *m* medicine

medico, -a[1] ['mɛː·di·ko] <-ci, -che> *agg* **1.** (*ambulatorio, visita*) doctor's **2.** (*erba, preparato*) medicinal

medico[2] *m* doctor; **andare dal** ~ to go to the doctor's; ~ **di base** [*o* **di famiglia**] [*o* **generico**] GP; ~ **fiscale** *state doctor who checks adherence to sick leave regulations;* ~ **di guardia** duty doctor; ~ **legale** forensic scientist

medievale [me·die·'vaː·le] *agg* medieval

medio ['mɛː·dio] <-i> *m* (*dito*) middle finger

medio, -a <-i, -ie> *agg* **1.** (*valore, grandezza*) average; **ceto** ~ middle class; **dito** ~ middle finger; **scuola -a** *school for pupils of 11 to 14 years* **2.** (*normale*) average **3.** (*centrale*) middle; **Medio Oriente** Middle East

mediocre [me·'diɔː·kre] *agg* **1.** (*per dimensioni, valore*) poor **2.** (*per capacità, qualità*) mediocre

mediocrità [me·dio·kri·'ta] <-> *f* (*scarso valore*) mediocrity

mediorientale [me·dio·rien·'taː·le] *agg* Middle Eastern

meditabondo, -a [me·di·ta·'bon·do] *agg* pensive

meditare [me·di·'taː·re] **I.** *vt* **1.** (*esami-*

nare) to ponder **2.** (*progettare*) to plan **II.** *vi* ~ **su qc** to think about sth

meditazione [me·di·tat·'tsio:·ne] *f* **1.** (*riflessione*) consideration **2.** (*ascetica*) meditation

Mediterraneo [me·di·ter·'ra:·neo] *m* **il** (**Mare**) **Mediterraneo** the Mediterranean (Sea)

mediterraneo, -a <-ei, -ee> *agg* Mediterranean

medium ['mɛd·jum] <-> *mf* (*persona*) medium

medusa [me·'du:·za] *f* jellyfish

megabyte ['me·ga·'bait] <-> *m* COMPUT megabyte

megaconcerto [me·ga·kon·'tʃɛr·to] *m* mega concert

megafono [me·'ga:·fo·no] *m* megaphone

megalomane [me·ga·'lɔ:·ma·ne] *mf* megalomaniac

meglio[1] ['mɛʎ·ʎo] **I.** *avv comp di* **bene** **1.** (*comparativo*) better; **~ di** better than; **o** ~ or even better **2.** (*superlativo*) best; **il ~ possibile** in the best possible way **II.** *agg comp di* **buono** (*migliore*) better; **di ~** better; **qualcosa di ~** something better

meglio[2] <-> **I.** *m* (*cosa migliore*) best; **fare del proprio** ~ to do one's best; **per il** ~ for the best; **per il tuo/suo** ~ for your/his/her own good **II.** *f* **alla** ~ as best as possible; **avere la ~** (**su qu**) to get the better (of sb)

mela ['me:·la] *f* (*frutto*) apple; **~ cotogna** quince

melanina [me·la·'ni:·na] *f* BIOL melanin

melanzana [me·lan·'dza:·na/me·lan·'tsa:·na] *f* aubergine

melma ['mel·ma] *f* (*fango*) mud

melmoso, -a [mel·'mo:·so] *agg* muddy

melo ['me:·lo] *m* apple tree

melodia [me·lo·'di:·a] <-ie> *f* **1.** MUS melody **2.** (*armonia*) melodiousness

melodico, -a [me·'lɔ:·di·ko] <-ci, -che> *agg* **1.** (*di melodia*) melodic **2.** (*genere*) sing-a-long

melodioso, -a [me·lo·'dio:·so] *agg* melodious

melodramma [me·lo·'dram·ma] <-i> *m* MUS melodrama

melodrammatico, -a [me·lo·dram·'ma:·ti·ko] <-ci, -che> *agg a. fig* MUS melodramatic

melone [me·'lo:·ne] *m* (*frutto*) melon

membrana [mem·'bra:·na] *f* ANAT, BIOL membrane

membro[1] ['mɛm·bro] *m* **1.** (*componente: persona*) member **2.** (*pene*) penis

membro[2] <-a *f*> *m* ANAT limb; **le -a** the limbs

memorabile [me·mo·'ra:·bi·le] *agg* memorable

memorandum [me·mo·'ran·dum] <-> *m* GIUR memorandum

memoria [me·'mɔ:·ria] <-ie> *f* **1.** (*facoltà*) memory; **a** ~ by heart; *pej* by rote **2.** (*ricordo*) memory; **in ~ di qu/qc** in memory of sb/sth **3.** *pl* (*opera*) memoirs *pl* **4.** COMPUT memory

memorizzare [me·mo·rid·'dza:·re] *vt* **1.** (*imparare*) to memorize **2.** COMPUT to store

memorizzazione [me·mo·rid·dzat·'tsio:·ne] *f* **1.** (*apprendimento*) learning by heart **2.** COMPUT storage

menadito [me·na·'di:·to] *avv* **a ~** perfectly

mendicante [men·di·'kan·te] *mf* beggar

mendicare [men·di·'ka:·re] **I.** *vt* **~ qc** to beg for sth **II.** *vi* to beg

menefreghismo [me·ne·fre·'giz·mo] *m* couldn't-give-a-damn attitude

menefreghista [me·ne·fre·'gis·ta] <-i *m*, -e *f*> **I.** *agg* couldn't-give-a-damn **II.** *mf* person who couldn't give a damn

meningite [me·nin·'dʒi:·te] *f* MED meningitis

menisco [me·'nis·ko] <-schi> *m* ANAT meniscus

meno ['me:·no] **I.** *avv comp di* **poco** **1.** (*nei comparativi*) less; **Maria è ~ brava di Anna** Maria is not as good as Anna **2.** (*nei superlativi*) least **3.** (*negazione*) **o** ~ or not **4.** MATH minus; (*nelle temperature*) below freezing; (*nei voti scolastici*) minus; (*nell'ora*) to; **sono le undici ~ un quarto** it's a quarter to eleven **5.** (*nelle correlazioni*) the less; **~ studi, ~ impari** the less you study, the less you learn **6.** (*loc*) **fare a ~ di qu/qc** to do without sb/sth; **~ male**

M

(**che …**) just as well (that …); **più o** ~ more or less; **tanto** [*o* **ancora**] ~ even less (reason why); **venir** ~ (*coraggio, aiuto*) to be lacking **II.** <inv> *agg* **1.** (*nei comparativi*) less; **ha** ~ **rughe di me** she's got fewer wrinkles than me **2.** (*nelle correlazioni*) the less **III.** *prep* (*tranne*) except for; **a** ~ **che …** *+cong* unless … **IV.** <-> *m* **1. il** ~ the least; **parlare del più e del** ~ to talk about this and that **2.** MATH minus (sign)

menomato [me·no·'maː·to] **I.** *agg* damaged **II.** *m* disabled person

menomazione [me·no·mat·'tsioː·ne] *f* disability

menopausa [me·no·'paːu·za] *f* menopause

mensa ['mɛn·sa] *f* (*locale*) canteen

mensile [men·'siː·le] *agg, m* monthly

mensilità [men·si·li·'ta] <-> *f* (*stipendio*) monthly salary

mensola ['mɛn·so·la] *f* shelf

menta ['men·ta] *f* mint; (*sciroppo*) peppermint cordial; (*caramella*) mint; **alla** ~ mint-flavored

mentale [men·'taː·le] *agg* mental

mentalità [men·ta·li·'ta] <-> *f* mentality

mentalmente [men·tal·'men·te] *avv* mentally

mente ['men·te] *f* **1.** (*pensiero, testa*) mind; **a** ~ **fresca** [*o* **riposata**] when one's mind is fresh; **avere in** ~ **di fare qc** to have one's heart set on doing sth; **saltare in** ~ **a qu** to occur to sb; **cosa ti è saltato** [*o* **venuto**] **in** ~**?** what got into you? **2.** (*intelligenza*) brain; (*attitudine*) mind **3.** (*attenzione*) attention; **avere la** ~ **altrove** to be thinking about sth else; **fare** ~ **locale** to concentrate **4.** (*memoria*) mind; **a** ~ by heart; **venire in** ~ **a qu** to remember **5.** (*persona*) brain

mentina [men·'tiː·na] *f* mint

mentire [men·'tiː·re] *vi* to lie

mento ['men·to] *m* chin; **doppio** ~ double chin

mentolo [men·'tɔː·lo] *m* CHEM menthol; **al** ~ menthol flavored

mentre ['men·tre] *cong* **1.** (*nel tempo, nel momento in cui*) while **2.** (*invece*) whereas

menu [me·'nu] <-> *m* **1.** (*lista*) menu; ~ **turistico** tourist menu **2.** COMPUT menu

menzionare [men·tsio·'naː·re] *vt* to mention

menzione [men·'tsioː·ne] *f* mention; **fare** ~ **di qc/qu** to mention sth/sb

menzogna [men·'tsoɲ·ɲa] *f* lie

meraviglia [me·ra·'viʎ·ʎa] <-glie> *f* **1.** (*stupore*) amazement; **a** ~ perfectly **2.** (*cosa, persona*) wonder; **che** ~ how wonderful; **essere una** ~ to be a complete joy

meravigliare [me·ra·viʎ·'ʎaː·re] **I.** *vt* (*stupire*) to amaze **II.** *vr:* **-rsi; -rsi di qc/qu** to be amazed at sth/sb

meraviglioso, -a [me·ra·viʎ·'ʎoː·so] *agg* wonderful

mercante [mer·'kan·te] *m* **1.** (*commerciante*) merchant; ~ **di vini/d'olio** wine/oil merchant; ~ **d'arte** art dealer **2.** *pej* dealer

mercantile [mer·kan·'tiː·le] **I.** *agg* (*attività, spirito*) commercial; (*nave*) merchant **II.** *m* (*nave*) merchant ship

mercanzia [mer·kan·'tsiː·a] <-ie> *f* **1.** (*merce*) goods *pl* **2.** *a. pej, scherz inf* stuff

mercatino [mer·ka·'tiː·no] *m* (*rionale*) local market; ~ **delle pulci** flea market; ~ **dell'usato** swap meet

mercato [mer·'kaː·to] *m* market; ~ **coperto** covered market; ~ **all'ingrosso** wholesale market; ~ **al minuto** retail market; ~ **nero** black market; **a buon** ~ cheap; *fig* easily

merce ['mɛr·tʃe] *f* **1.** (*prodotto*) goods *pl;* **scalo -i** goods yard; **treno -i** goods train **2.** *fig* commodity

mercenario, -a [mer·tʃe·'naː·rio] <-i, -ie> *agg, m, f* mercenary

merceria [mer·tʃe·'riː·a] <-ie> *f* **1.** (*negozio*) haberdashery **2.** (*articoli*) haberdashery

mercoledì [mer·ko·le·'di] <-> *m* Wednesday; ~ **delle Ceneri** Ash Wednesday; *v. a.* **domenica**

mercurio [mer·'kuː·rio] *m* CHEM mercury

Mercurio [mer·'kuː·rio] *m* Mercury

merda ['mɛr·da] *f* **1.** *vulg* (*escremento*) shit **2.** *fig inf, vulg* (*persona, cosa*) (piece of) shit; (*situazione*) shit; **essere nella** ~ to be in the shit; **~!** shit! **3. di** ~ *inf, vulg* shitty

merenda [me·'rɛn·da] *f* snack; **fare** (**la**) ~ to have a snack

meridiana [me·ri·'dia:·na] *f* sundial

meridiano *m* GEOG meridian

meridionale [me·ri·dio·'na:·le] **I.** *agg* **1.** (*a sud, del sud*) southern; **l'Asia** ~ Southern Asia **2.** (*del Sud d'Italia*) Southern Italian; **l'Italia** ~ Southern Italy **II.** *mf* **1.** (*nativo, abitante*) southerner **2.** (*del Sud d'Italia*) Southern Italian

meridione [me·ri·'dio:·ne] *m* (*sud*) south; **il Meridione** (*d'Italia*) the South of Italy

meringa [me·'riŋ·ga] <-ghe> *f* CULIN meringue

meritare [me·ri·'ta:·re] **I.** *vt* **1.** (*premio, punizione*) to deserve **2.** *inf* (*prezzo*) to be worth **3.** *solo 3a pers.* (*valere la pena*) to be worth **II.** *vr:* **-rsi** to deserve

meritevole [me·ri·'te:·vo·le] *agg* deserving

merito ['mɛ:·ri·to] *m* **1.** (*valore*) merit; **a pari** ~ (*in competizioni*) tied; **per** ~ **di qu** thanks to sb **2.** (*di problema, questione*) heart; **entrare nel** ~ **di qc** to go to the heart of sth; **in** ~ **a** with reference to

merletto [mer·'let·to] *m* (*pizzo*) lace

merlo[1] ['mɛr·lo] *m* ARCH battlement

merlo, -a[2] *m, f* (*uccello*) blackbird

merluzzo [mer·'lut·tso] *m* (*pesce*) cod

meschinità [mes·ki·ni·'ta] <-> *f* **1.** (*grettezza*) pettiness **2.** (*cosa gretta*) pettiness **3.** (*avarizia*) stinginess

meschino, -a [mes·'ki:·no] *agg* **1.** (*gretto: persona*) petty **2.** (*idea, sentimento*) petty **3.** (*dono, ricompensa*) stingy

mescolanza [mes·ko·'lan·tsa] *f* **1.** (*di sapori, stili*) mixture **2.** (*di persone*) mix

mescolare [mes·ko·'la:·re] **I.** *vt* **1.** (*rimestare*) to stir **2.** (*mischiare: ingredienti*) to mix **3.** (*scompigliare: oggetti*) to mix up; (*carte da gioco*) to shuffle **4.** *fig* (*elementi diversi*) to confuse **II.** *vr:* **-rsi 1.** (*mischiarsi: ingredienti*) to mix **2.** (*scompigliarsi: oggetti*) to get mixed up **3.** (*confondersi: persone*) to mingle; **-rsi alla folla** to mingle with the crowd; (*frequentare*) to go around with **4.** *fig* (*trovarsi, unirsi*) to be mixed

mese ['me:·se] *m* (*di calendario, periodo*) month; **da -i** for ages; **essere al primo/secondo** ~ to be one/two month(s) pregnant

messa ['mes·sa] *f* (*il mettere*) ~ **a fuoco** FOTO focusing; *fig* highlighting; ~ **in moto** ignition; ~ **in opera** installation; ~ **in piega** set; ~ **a punto** adjustment; ~ **in scena** *v.* **messinscena**

messaggero, -a [mes·sad·'dʒɛ:·ro] *m, f* messenger

messaggiare [mes·sad·'dʒa:·re] **I.** *vi inf* to text **II.** *vt* ~ **qc a qu** *inf* to text sb sth **III.** *vr:* **-rsi** *inf* to text each other

messaggino [mes·sad·'dʒi:·no] *m* TEL text

messaggio [mes·'sad·dʒo] <-ggi> *m a. fig* message; ~ **pubblicitario** (*nei giornali*) advertisement; (*alla radio, in tv*) commercial

messia [mes·'si:·a] <-> *m* REL **il Messia** the Messiah

messicano, -a [mes·si·'ka:·no] *agg, m, f* Mexican

Messico ['mɛs·si·ko] *m* **il** ~ Mexico

Messina [mes·'si:·na] *f* Messina *a city in Sicily;* **lo stretto di** ~ the Strait of Messina

messinese [mes·si·'ne:·se] **I.** *agg* (*di Messina*) from Messina **II.** *mf* (*abitante*) person from Messina

messinscena, messa in scena [mes·sin·'ʃɛ:·na] <messe in scena> *f* **1.** THEAT production **2.** *fig* act

messo ['mes·so] *pp di* **mettere**

mestiere [mes·'tiɛ:·re] *m* **1.** (*lavoro*) job; (*lavoro manuale*) trade; **essere del** ~ to be an expert **2.** (*pratica*) experience

mestolo ['mes·to·lo] *m* (*da cucina*) ladle

mestruale [mes·tru·'a:·le] *agg* menstrual

mestruazione [mes·trua·'tsio:·ne] *f* menstruation; **avere le -i** to have one's period

meta ['mɛ:·ta] *f* **1.** (*destinazione*) destination **2.** *fig* (*scopo*) purpose **3.** SPORT try

metà [me·'ta] <-> *f* **1.** (*parte*) half; ~ **torta** half the cake **2.** (*punto di mezzo*) middle; **a ~** in half; **a ~ libro** half-way through the book; **a ~ prezzo** half-price; **a ~ settimana** mid-week; **a ~ strada** half-way there **3.** *fig, scherz* half; **la mia dolce ~** my better half

metabolismo [me·ta·bo·'liz·mo] *m* BIOL metabolism

metadone [me·ta·'dɔː·ne] *m* CHEM, MED methadone

metafisica [me·ta·'fiː·zi·ka] *f* PHILOS metaphysics

metafora [me·'taː·fo·ra] *f* LING metaphor

metaforico, -a [me·ta·'fɔː·ri·ko] <-ci, -che> *agg* LING metaphorical

metallico, -a [me·'tal·li·ko] <-ci, -che> *agg* **1.** (*di metallo*) metal **2.** (*suono, voce, colore*) metallic

metallizzato, -a [me·tal·lid·'dzaː·to] *agg* (*colore*) metallic; (*auto*) metallized

metallo [me·'tal·lo] *m* metal; **di ~** metal

metalmeccanico, -a [me·tal·mek·'kaː·ni·ko] **I.** *agg* (*industria, produzione*) engineering **II.** *m, f* (*operaio*) engineering worker

metamorfosi [me·ta·'mɔr·fo·zi] <-> *f a. fig* metamorphosis

metano [me·'taː·no] *m* CHEM methane; **a ~** methane; **funzionare/andare a ~** to be methane-powered

metanodotto [me·ta·no·'dot·to] *m* methane pipeline

metastasi [me·'tas·ta·zi] <-> *f* MED metastasis

meteo ['mɛː·teo] **I.** <inv> *agg* (*bollettino, previsioni*) weather **II.** <-> *m* (*bollettino*) weather forecast

meteora [me·'tɛː·o·ra] *f* ASTR meteor

meteorite [me·te·o·'riː·te] *m o f* ASTR meteorite

meteorologia [me·te·o·ro·lo·'dʒiː·a] <-gie> *f* meteorology

meteorologico, -a [me·te·o·ro·'lɔː·dʒi·ko] <-ci, -che> *agg* weather

meteorologo, -a [me·te·o·'rɔː·lo·go] <-gi, -ghe> *m, f* weather forecaster

meticcio, -a [me·'tit·tʃo] <-cci, -cce> *m, f* (*persona*) half-caste

meticolosità [me·ti·ko·lo·si·'ta] <-> *f* meticulousness

meticoloso, -a [me·ti·ko·'loː·so] *agg* meticulous

metodico, -a [me·'tɔː·di·ko] <-ci, -che> *agg* methodical

metodo ['mɛː·to·do] *m* **1.** (*sistema*) method **2.** (*modo di agire*) way **3.** (*ordine*) method; **fare qc con ~** to do sth methodically **4.** (*manuale*) manual

metodologia [me·to·do·lo·'dʒiː·a] <-gie> *f* methodology

metodologico, -a [me·to·do·'lɔː·dʒi·ko] <-ci, -che> *agg* methodological

metratura [met·ra·'tuː·ra] *f* **1.** (*lunghezza*) length **2.** (*superficie*) size **3.** (*misurazione*) measurement

metrica ['mɛː·tri·ka] <-che> *f* LIT, LING metrics

metrico, -a ['mɛː·tri·ko] *agg* **1.** MATH metric **2.** LIT, LING metrical

metro[1] ['mɛː·tro] *m* **1.** (*unità di misura*) meter; **~ cubo** cubic meter, square meter **2.** (*strumento*) rule; **~ a nastro** tape measure **3.** *fig* (*criterio*) criteria *pl*

metro[2] ['mɛː·tro] *f inf* subway

metropoli [me·'trɔː·po·li] <-> *f* metropolis

metropolitana [me·tro·po·li·'taː·na] *f* subway

metropolitano, -a *agg* (*di metropoli*) metropolitan

mettere ['met·te·re] <metto, misi, messo> **I.** *vt* **1.** (*collocare: in luogo*) to put; (*in posizione*) to place **2.** (*francobollo*) to stick; (*ingrediente*) to add; (*liquido*) to pour; (*chiave, chiodo*) to put; (*quadro, tende*) to hang **3.** (*indumento*) to put on **4.** (*telefono, ascensore*) to install **5.** (*abbaglianti*) to switch on; (*marcia*) to go into; (*sveglia*) to set **6.** (*denaro, annuncio, firma, visto*) to put **7.** (*energia, forza*) to put; **mettercela tutta** to give one's all; **metterci un'ora/un giorno** to take an hour/a day **8.** (*loc*) **~ su qc** (*casa, attività*) to set up; (*famiglia*) to start; **metti/mettiamo che ...** *+cong* suppose (that) ... **II.** *vr:* **-rsi 1.** (*in posizione*) to put oneself; **-rsi a letto** to go to bed **2.** (*in condizione*) to make oneself **3.** (*indossare*) to put on; **-rsi in qc** to wear sth **4.** (*infilarsi*) to put **5.** (*cominciare*) **-rsi a fare qc** to start to do sth **6.** (*unirsi*) **-rsi con qu** to join up with sb **7.** (*evolversi: situazione*) to turn out

mezzanotte [med·dza·'nɔt·te] <mezzenotti> *f* (*ora*) midnight; **a ~** at midnight

mezzo, -a[1] ['mɛd·dzo] *agg* **1.** (*metà*) half; **~ litro di acqua** half a liter of water; **-a giornata** half a day; **mezz'ora** half an hour; **-a pensione** half-board **2.** (*dopo numerale*) half; **tre litri e ~** three and a half liters **3.** (*nelle ore*) half; **le nove e mezza** [*o* **mezzo**] half-past nine **4.** (*intermedio*) middle; **di mezza età** middle-aged; **-a stagione** spring and fall **5.** (*davanti a aggettivo*) half; **la porta è -a chiusa** the door is half-closed

mezzo[2] *m* **1.** (*metà*) half **2.** (*parte centrale*) middle; **in ~ a** in the middle of; **via di ~** middle way; **levarsi** [*o* **togliersi**] **di ~** to get out of the way **3.** (*strumento*) means *inv;* **-i di comunicazione** (**di massa**) mass media *pl;* **per ~ di** by means of **4.** (*veicolo*) vehicle; **-i pubblici** public transport **5.** *pl* (*denaro*) means *pl;* **essere privo di -i** to have no money **6.** *pl* (*capacità*) capability

mezzogiorno [med·dzo·'dʒor·no] *m* **1.** (*ora*) noon; **a ~** at noon **2.** (*sud*) south **3.** (*meridione*) South; **il Mezzogiorno** the South of Italy

mi[1] [mi] **I.** *pron 1. pers sing* **1.** (*me: complemento oggetto*) me; **non ~ toccare!** don't touch me! **2.** (*a me: complemento di termine*) (to) me; **datemi una mano!** give me a hand!; (*davanti a lo, la, li, le, ne diventa me*) (to) me; **me lo presterai?** will you lend me it ? [*o* will you lend it to me?] **II.** *pron 1. pers sing* myself; **~ vesto** I get dressed; **mi sono lavata la faccia** I washed my face; **mi sono fatto male** I hurt myself

mi[2] <-> *m* MUS E

miagolare [mia·go·'la:·re] *vi* to meow

miagolio [mia·go·'li:·o] <-ii> *m* meowing

miao ['mia:·o] *inter* meow

MIB *m abbr di* **Milano Indice Borsa** FIN Milan Stock Exchange Index

MIBTEL *m abbr di* **Milano Indice Borsa Telematico** FIN Milan Stock Exchange Telematic Index

mica ['mi:·ka] *avv* **1.** *inf* (*affatto, per niente*) at all; **non sono ~ arrabbiato** I'm not at all angry **2.** *inf* (*senza altra negazione*) not; **~ sono matto!** I'm not crazy!; **~ tanto** not that much; **~ male!** not bad! **3.** *inf* (*per caso*) by chance

miccia ['mit·tʃa] <-cce> *f* (*dispositivo*) fuse

micidiale [mi·tʃi·'dia:·le] *agg* **1.** (*mortale: arma, gas, veleno*) lethal **2.** (*dannoso: alimento, clima*) dangerous **3.** *inf* (*intollerabile*) terrible **4.** *inf* (*potente: pugno, tiro*) murderous

micio, -a ['mi:·tʃo] <-ci, -ce> *m, f* *inf* puss

micosi [mi·'kɔ:·zi] <-> *f* MED mycosis

microbiologia [mi·kro·bi·o·lo·'dʒi:·a] *f* microbiology

microbiologico, -a [mi·kro·bi·o·'lɔ:·dʒi·ko] <-ci, -che> *agg* BIOL microbiological

microbo ['mi:·kro·bo] *m* (*germe*) germ

microcriminalità [mi·kro·kri·mi·na·li·'ta] <-> *f* petty crime

microfibra [mi·kro·'fi:·bra] *f* microfiber

microfilm [mi·kro·'film] <-> *m* (*pellicola*) microfilm

microfono [mi·'krɔ:·fo·no] *m* **1.** (*amplificatore*) microphone **2.** *inf* (*cornetta del telefono*) receiver

microonda [mi·kro·'on·da] *f* PHYS microwave; **forno a -e** microwave oven

microprocessore [mi·kro·pro·tʃes·'so:·re] *m* COMPUT microprocessor

microrganismo [mi·kro·or·ga·'niz·mo] *m* BIOL microorganism

microscopico, -a [mi·kros·'kɔ:·pi·ko] <-ci, -che> *agg a. scherz* microscopic

microscopio [mi·kro·'skɔ:·pio] *m* microscope

midollo [mi·'dol·lo] <-a *f*> *m* ANAT, CULIN marrow; **~ osseo** bone marrow; **~ spinale** spinal cord

mie, miei ['mi:·e, 'miɛ:·i] *v.* **mio**

miele ['miɛ:·le] *m* honey

mietere ['miɛ:·te·re] *vt* **1.** (*tagliare: avena, grano, orzo*) to harvest **2.** *fig* (*uccidere*) to kill; **~ vittime** to claim victims; *inf* (*conquistare*) to conquer all and sundry **3.** *fig* (*conseguire: consensi, successi*) to gather

mietitrice [mie·ti·'tri:·tʃe] *f* (*macchina*) harvester

migliaio [miʎ·ˈʎaː·io] <-aia *f*> *m* thousand; **un ~ di qc** about a thousand sth; **-aia di …** (*grande numero*) thousands of …; **a -aia** by the thousand

miglio[1] [ˈmiʎ·ʎo] <-glia *f*> *m* mile; **essere lontano mille miglia** (*grande distanza*) to be nowhere near; **si vede lontano un ~ (che …)** *fig* you can see from a mile away (that …)

miglio[2] <-gli> *m* BOT millet

miglioramento [miʎ·ʎo·ra·ˈmen·to] *m* **1.** (*di situazione, salute, edificio*) improvement **2.** (*di stipendio*) rise

migliorare [miʎ·ʎo·ˈraː·re] **I.** *vt avere* (*rendere migliore*) to improve **II.** *vi essere* **1.** (*diventare migliore*) to improve **2.** (*stare meglio*) to get better **III.** *vr:* **-rsi** to improve oneself

migliore [miʎ·ˈʎoː·re] **I.** *agg comp di* **buono; ~ di** (*comparativo*) better; **il ~** (*superlativo relativo*) the best; **nel ~ dei casi** at best; **nella ~ delle ipotesi** at best **II.** *mf* the best

miglioria [miʎ·ʎo·ˈriː·a] <-ie> *f* improvement

mignolo [ˈmiɲ·ɲo·lo] *m* **1.** (*della mano*) little finger **2.** (*del piede*) little toe

migrare [mi·ˈgraː·re] *vi essere* to migrate

migratore, -trice [mi·gra·ˈtoː·re] *agg, m, f* migrant

migrazione [mi·grat·ˈtsioː·ne] *f* migration

milanese[1] [mi·la·ˈneː·se] <*sing*> *m* (*dialetto*) Milanese dialect

milanese[2] **I.** *agg* (*di Milano*) Milanese; **cotoletta alla ~** fried cutlet Milan style; **risotto alla ~** *risotto with saffron* **II.** *mf* (*abitante*) Milanese

milanese[3] *f* (*cotoletta*) wiener schnitzel

Milano [mi·ˈlaː·no] *f* Milan

miliardario, -a [mil·iar·ˈdaː·rio] <-i, -ie> *agg, m, f* billionaire

miliardo [mi·ˈliar·do] *m* **1.** (*numero*) billion **2.** *inf* (*quantità enorme*) million

miliare [mi·ˈliaː·re] *agg* **pietra ~** *a. fig* milestone

milionario, -a [mi·lio·ˈnaː·rio] <-i, -ie> *agg, m, f* millionaire

milione [mi·ˈlioː·ne] *m* (*munero,gran quantità*) million

militante [mi·li·ˈtan·te] **I.** *agg* (*impegnato*) militant **II.** *mf* (*attivista*) activist

militare[1] [mi·li·ˈtaː·re] **I.** *agg* (*di soldati, esercito*) military; **servizio ~** military service; **zona ~** military zone **II.** *mf* (*soldato*) soldier; **fare il ~** to do one's military service

militare[2] *vi* **1.** (*fare il soldato*) to serve **2.** (*impegnarsi*) to be involved

milite [ˈmiː·li·te] *m* LIT (*soldato*) soldier; **~ ignoto** unknown soldier

mille [ˈmil·le] <mila> **I.** *num* **1.** (*numerale cardinale*) a [*o* one] thousand; **~ euro** a [*o* one] thousand euros **2.** (*posposto: numerale ordinale*) one thousand **3.** *inf* (*moltissimi*) thousands of; **~ auguri!** very best wishes!; **~ grazie!** thank you so much!; **~ scuse!** I'm so sorry! **II.** <-> *m* **1.** (*numero*) a [*o* one] thousand **2.** (*nelle percentuali*) thousand; **per ~** per thousand

millenario, -a [mil·le·ˈnaː·rio] <-i, -ie> *agg* **1.** (*di mille anni*) millenial **2.** (*ogni mille anni*) millenary

millennio [mil·ˈlɛn·nio] <-i> *m* millenium

millepiedi [mil·le·ˈpiɛː·di] <-> *m* millipede

millesimo, -a[1] [mil·ˈlɛː·zi·mo] **I.** *agg* **1.** (*numerale ordinale*) thousandth **2.** *inf* (*ennesimo*) thousandth **II.** *m, f* thousandth

millesimo[2] *m* thousandth

milleusi [mil·le·ˈuː·zi] <inv> *agg* multipurpose

milligrammo [mil·li·ˈgram·mo] *m* milligram

millimetro [mil·ˈliː·met·ro] *m* millimeter

milza [ˈmil·tsa] *f* ANAT spleen

mimare [mi·ˈmaː·re] *vt* **1.** (*scena*) to mime **2.** (*persona*) to imitate

mimetico, -a [mi·ˈmɛː·ti·ko] <-ci, -che> *agg* **1.** *a. fig* MIL (*tuta, vettura, vernice*) camouflage **2.** ZOO, BOT mimetic

mimetizzarsi [mi·me·tid·ˈdzaː·rsi] *vr* to camouflage oneself

mimica [ˈmiː·mi·ka] <-che> *f* **1.** (*gestualità*) gestures **2.** (*arte*) mime

mimo, -a [ˈmiː·mo] *m, f* (*attore*) mime artist

mimosa [mi·ˈmoː·sa] *f* mimosa

mina ['mi:·na] *f* **1.** MIL (*ordigno*) mine; ~ **antiuomo** anti-personnel mine; ~ **vagante** *fig* ticking bomb; *scherz* walking time bomb **2.** (*di matita*) lead

minaccia [mi·'nat·tʃa] <-cce> *f* threat

minacciare [mi·nat·'tʃa:·re] *vt* to threaten; ~ **qu di qc** to threaten sb with sth; ~ **di fare qc** to threaten to do sth

minaccioso, -a [mi·nat·'tʃo:·so] *agg* threatening

minare [mi·'na:·re] *vt* **1.** (*terreno, ponte, strada*) to mine **2.** *fig* (*insidiare*) to undermine

minatore, -trice [mi·na·'to:·re] *m, f* miner

minatorio, -a [mi·na·'tɔ:·rio] <-i, -ie> *agg* threatening

minerale[1] [mi·ne·'ra:·le] **I.** *agg* mineral; **acqua** ~ mineral water **II.** *m* mineral

minerale[2] *f* mineral water

minestra [mi·'nɛs·tra] *f* **1.** (*zuppa*) soup **2.** *fig* (*faccenda, storia*) story; **è sempre la solita ~!** it's the same old story!

minestrone [mi·nes·'tro:·ne] *m* (*zuppa*) minestrone

mingherlino, -a [miŋ·ger·'li:·no] *agg* skinny

mini ['mi:·ni] **I.** <inv> *agg* (*piccolo, corto, breve*) mini **II.** <-> *f* (*minigonna*) miniskirt

miniappartamento [mi·ni·ap·par·ta·'men·to] *m* small apartment

miniatura [mi·nia·'tu:·ra] *f* **1.** (*tecnica*) miniature painting **2.** (*dipinto*) miniature **3.** (*modellino*) miniature model; **in** ~ in miniature

miniera [mi·'niɛ:·ra] *f* *a. fig* mine; ~ **d'oro** *fig* gold mine

minigonna [mi·ni·'gon·na] *f* miniskirt

minima ['mi:·ni·ma] *f* **1.** (*temperatura*) minimum temperature **2.** (*pressione*) minimum blood pressure level **3.** (*pensione*) minimum pension

minimalismo [mi·ni·ma·'liz·mo] *m* minimalism

minimalista [mi·ni·ma·'lis·ta] <-i *m*, -e *f*> *agg, mf* minimalist

minimizzare [mi·ni·mid·'dza:·re] *vt* to minimalize

minimo, -a[1] ['mi:·ni·mo] *agg superl di* **piccolo** **1.** (*piccolissimo*) very small **2.** (*il più piccolo*) least; **non avere la -a idea di qc** to not have the faintest idea about sth **3.** (*tempo*) minimum **4.** (*voto, temperatura, pressione*) lowest; **prezzo** ~ lowest price **5.** (*importanza, particolare, problema*) slightest

minimo[2] *m* **1.** (*la quantità/misura più piccola*) minimum; **al** ~ (*volume, gas*) on low; **come** [*o* **al**] ~ (*almeno*) at the very least **2.** (*la cosa più piccola*) least

ministeriale [mi·nis·te·'ria:·le] *agg* ministerial

ministero [mi·nis·'tɛ:·ro] *m* **1.** (*dicastero, edificio*) department; **Ministero degli (Affari) Esteri** Department of State; **Ministero della Salute** Department of Health and Human Services **2.** GIUR **pubblico** ~ (*magistrato*) District Attorney

ministro [mi·'nis·tro] *m* (*del governo*) secretary; **primo** ~ Prime Minister

minoranza [mi·no·'ran·tsa] *f* **1.** (*gener*) minority **2.** POL (*opposizione*) Opposition

minore [mi·'no:·re] **I.** *agg comp di* **piccolo** **1.** (*comparativo*) ~ **di** less than; **il/la** ~ (*superlativo relativo*) the least **2.** (*per dimensioni*) smaller **3.** (*per quantità*) lower **4.** (*per intensità, forza, gravità*) lesser **5.** (*per importanza*) minor **6.** (*di età*) younger **7.** MATH less **8.** MUS (*accordo, scala*) minor **II.** *mf* **1.** (*più giovane*) youngest **2.** (*minorenne*) minor

minorenne [mi·no·'rɛn·ne] **I.** *agg* underage **II.** *mf* minor

minorile [mi·no·'ri:·le] *agg* juvenile; **delinquenza** ~ juvenile delinquency; **lavoro** ~ child labor

minoritario, -a [mi·no·ri·'ta:·rio] <-i, -ie> *agg* minority

minuscola [mi·'nus·ko·la] *f* lower case letter

minuscolo, -a [mi·'nus·ko·lo] *agg* **1.** (*lettera*) lower case **2.** (*piccolissimo*) minuscule

minuto, -a[1] [mi·'nu:·to] **I.** *agg* **1.** (*piccolo*) minute **2.** (*sabbia, neve, pioggia*) fine **3.** (*corporatura, lineamenti*) delicate **II.** **al** ~ retail

minuto[2] *m* **1.** (*unità di tempo*) minute;

M

al ~ per minute; **spaccare il** ~ *fig* (*persona*) to always be on time; (*orologio*) to always be accurate **2.** (*momento*) moment; **a -i** any time now; **da un** ~ **all'altro** suddenly; **in** [*o* **tra**] **un** ~ immediately; **avere i -i contati** (*avere fretta*) to be in a rush

minuzioso, **-a** [mi·nut·'tsio:·so] *agg* **1.** (*persona*) meticulous **2.** (*lavoro*) detailed

mio, **-a** ['mi:·o] <miei, mie> **I.** *agg* my; ~ **padre** my father; **i miei fratelli** my brothers; **un** ~ **amico** a friend of mine **II.** *pron* **1. il** ~, **la -a** mine **2.** (*opinione*) my say; **dalla -a** (*parte*) on my side **3. il** ~ (*ciò che mi appartiene*) mine; (*proprietà*) my own property; **i miei** (*genitori*) my parents; (*parenti*) relatives

miope ['mi:·o·pe] **I.** *agg* MED short-sighted **II.** *mf* MED short-sighted person

miopia [mio·'pi:·a] <-ie> *f fig* MED short-sightedness

mira ['mi:·ra] *f* **1.** (*di tiro*) aim; **prendere la** ~ to take aim; **prendere di** ~ **qu** *fig* to pick on sb **2.** *fig* (*scopo*) goal

miracolo [mi·'ra:·ko·lo] *m a. fig* miracle; **per** ~ miraculously; ~ **economico** economic miracle

miracoloso, **-a** [mi·ra·ko·'lo:·so] *agg* miraculous

mirare [mi·'ra:·re] *vi a. fig* to aim; ~ **a qc** (*parte del corpo*) to aim at sth; (*potere, denaro*) to aspire to sth

mirino [mi·'ri:·no] *m* **1.** (*di arma*) sight; **essere** [*o* **trovarsi**] **nel** ~ **di qu** *a. fig* to have sb's eyes on you **2.** (*di apparecchio*) viewfinder

mirra ['mir·ra] *f* BOT myrrh

mirtillo [mir·'til·lo] *m* (*frutto*) blueberry

mirto ['mir·to] *m* myrtle

misantropo, **-a** [mi·'zan·tro·po] **I.** *agg* misanthropic **II.** *m, f* (*persona*) misanthrope

miscela [miʃ·'ʃɛ:·la] *f* **1.** (*di caffè*) blend **2.** (*di elementi diversi*) mixture

miscelatore [miʃ·ʃe·la·'to:·re] *m* **1.** (*apparecchio*) mixer **2.** (*rubinetto*) mixer tap

mischia ['mis·kia] <-schie> *f* **1.** (*rissa*) brawl; **buttarsi** [*o* **gettarsi**] **nella** ~ to enter the fray **2.** SPORT (*nel rugby*) scrum

mischiare [mis·'kia:·re] **I.** *vt a. fig* to mix **II.** *vr* (*unirsi: persona*) to mix

miscredente [mis·kre·'dɛn·te] **I.** *agg* non-religious **II.** *mf* non-believer

miscuglio [mis·'kuʎ·ʎo] <-gli> *m* **1.** (*di elementi, sostanze*) mixture **2.** (*di persone, razze*) mix **3.** *fig* (*di idee, pensieri, sentimenti*) hotchpotch

miserabile [mi·ze·'ra:·bi·le] **I.** *agg* **1.** (*povero*) wretched **2.** *pej* (*spregevole*) despicable **3.** (*scarso: compenso, paga*) poor **II.** *mf* **1.** (*persona povera*) poor person **2.** (*persona spregevole*) wretch

miseria [mi·'zɛ:·ria] <-ie> *f* **1.** (*povertà*) poverty **2.** (*loc*) **porca ~!** *inf* damn it!

misericordia [mi·ze·ri·'kɔr·dia] <-ie> *f* mercy

misericordioso, **-a** [mi·ze·ri·kor·'dio:·so] *agg* merciful

misero, **-a** ['mi:·ze·ro] *agg* **1.** (*povero*) poor **2.** (*infelice*) wretched **3.** (*scarso, inadeguato*) scant **4.** (*spregevole*) wretched

misi ['mi:·zi] *1. pers sing pass rem di* **mettere**

misogino, **-a** [mi·'zɔ:·dʒi·no] **I.** *agg* misogynistic **II.** *m, f* (*persona*) mysoginist

missile ['mis·si·le] *m* (*veicolo, arma*) missile

missionario, **-a** [mis·sio·'na:·rio] <-i, -ie> **I.** *agg a. fig* missionary **II.** *m, f* **1.** (*religioso*) missionary **2.** *fig* (*propugnatore*) envoy

missione [mis·'sio:·ne] *f* **1.** (*incarico*) mission **2.** REL mission

mister ['mis·tə] <-> *m* **1.** (*in un concorso*) mister **2.** SPORT (*allenatore*) manager

misterioso, **-a** [mis·te·'rio:·so] **I.** *agg* **1.** (*inspiegabile*) mysterious **2.** (*sospetto*) suspicious; (*enigmatico*) enigmatic **3.** (*sconosciuto, segreto*) secret **II.** *m, f* **1.** (*cosa inspiegabile*) mystery **2.** (*persona sospetta, enigmatica*) mystery man *m*, mystery woman *f*

mistero [mis·'tɛ:·ro] *m* **1.** (*enigma*) mystery; **~!** who knows! **2.** (*segreto*) secret **3.** REL mystery

misticismo [mis·ti·'tʃiz·mo] *m* REL mysticism

mistico, **-a** ['mis·ti·ko] <-ci, -che> *agg* REL mystical

misto, **-a**[1] ['mis·to] *agg* **1.** (*gener*) mixed; **antipasti -i** mixed appetizers; **classe/ scuola -a** mixed class/school; **fritto** ~ *dish of different types of fried fish or meat;* **insalata -a** mixed salad; **matrimonio** ~ mixed marriage **2.** (*tessuto*) blended

misto[2] *m* **1.** (*miscuglio*) mixture **2.** (*tessuto*) blend

misura [mi·'zu:·ra] *f* **1.** (*grandezza*) measure **2.** (*dimensioni*) size; **prendere le -e a qu** to take sb's measurements; **su** ~ custom made **3.** (*taglia*) size **4.** (*misurazione*) measurement; **avere due pesi e due -e** to have double standards **5.** (*limite*) limit; **oltrepassare la** ~ to go too far **6.** *fig* (*moderazione, equilibrio*) moderation; **senso della** ~ sense of proportion **7.** *fig* (*proporzione*) measure; **a** ~ **d'uomo** on a human scale; **in ugual** ~ equally **8.** *fig* (*criterio, parametro*) measure **9.** *pl* (*provvedimento*) measures *pl;* **-e di sicurezza** security measures

misurare [mi·zu·'ra:·re] **I.** *vt* **1.** (*calcolare*) to measure; ~ **ad occhio** to measure roughly **2.** (*indossare*) to try on **3.** (*moderare*) to measure **4.** (*stimare*) to weigh up **II.** *vi* to measure **III.** *vr:* **-rsi 1.** *fig* (*cimentarsi*) to measure oneself; **-rsi con qu** to measure oneself against sb **2.** (*limitarsi*) to control

misurato, **-a** [mi·zu·'ra:·to] *agg* **1.** (*pacato: tono, discorso, gesto*) measured **2.** (*moderato: persona*) moderate

mite ['mi:·te] *agg* **1.** (*persona, sguardo, animale*) mild-mannered **2.** (*clima*) mild **3.** (*pena, giudice*) lenient

mitico, **-a** ['mi:·ti·ko] <-ci, -che> *agg* **1.** (*del mito*) mythical **2.** (*memorabile*) legendary **3.** *inf* (*eccezionale, straordinario*) awesome

mitigare [mi·ti·'ga:·re] **I.** *vt* **1.** (*dolore, fatica*) to relieve **2.** *fig* (*sentimento, stato d'animo*) to dampen **3.** (*condanna, pena, punizione*) to reduce **II.** *vr:* **-rsi 1.** (*freddo, dolore*) to lessen **2.** (*carattere, sentimento*) to calm down

mitizzare [mi·tid·'dza:·re] *vt* (*idealizzare*) to turn into a legend

mito ['mi:·to] *m* **1.** (*gener*) myth **2.** *fig* (*sogno individuale*) dream **3.** *fig, a. scherz inf* star; **sei un ~!** you're a star!

mitologia [mi·to·lo·'dʒi:·a] <-gie> *f* mythology

mitologico, **-a** [mi·to·'lɔ:·dʒi·ko] <-ci, -che> *agg* mythological

mitra ['mi:·tra] <-> *m* (*arma*) submachine gun

mitragliatrice [mi·traʎ·ʎa·'tri:·tʃe] *f* machine gun

mitt. *abbr di* **mittente** sender

mittente [mit·'tɛn·te] *mf* (*di lettera, pacco*) sender

mixer ['mik·sə] <-> **I.** *m* (*frullatore*) blender **II.** *mf* TV (*tecnico*) mixer

mnemonico, **-a** [mne·'mɔ:·ni·ko] <-ci, -che> *agg* mnemonic

mobbing ['mɔ·biŋ] <-> *m* workplace bullying

mobile ['mɔ:·bi·le] **I.** *agg* **1.** (*non fisso*) movable **2.** (*in movimento*) moving; **scala** ~ escalator; **squadra** ~ police rapid response team **3.** (*instabile*) wobbly **II.** *m* (*di arredamento*) piece of furniture **III.** *f* (*squadra mobile*) police rapid response team

mobilia [mo·'bi:·lia] <-> *f* furniture

mobilificio [mo·bi·li·'fi:·tʃo] <-ci> *m* **1.** (*fabbrica*) furniture factory **2.** (*negozio*) furniture shop

mobilitare [mo·bi·li·'ta:·re] **I.** *vt a. fig* to mobilize **II.** *vr:* **-rsi** (*impegnarsi*) to take action

mobilitazione [mo·bi·li·tat·'tsio:·ne] *f* mobilization

moca ['mo:·ka] <-che> *f* mocha coffee maker

mocassino [mo·kas·'si:·no] *m* moccasin

moda ['mɔ:·da] *f* fashion; **alla** ~ fashionable; **vestirsi alla** ~ to dress fashionably; **all'ultima** ~ in the latest fashion; **fuori** ~ out of fashion; **andare** [*o* **essere**] **di** ~ to be fashionable; **sfilata di** ~ fashion show; **alta** ~ haute couture

modalità [mo·da·li·'ta] <-> *f* **1.** (*forma, modo*) method; ~ **di pagamento** method of payment; ~ **d'uso** instructions for use **2.** (*procedura*) procedure

modella [mo·'dɛl·la] *f* model

modellare [mo·del·'la:·re] **I.** *vt* **1.** (*plasmare*) to model **2.** (*sagomare*) to shape **3.** (*far risaltare*) to cling **4.** *fig* (*conformare*) ~ **qc su qc** to model sth on sth **II.** *vr* **-rsi su qc** *a. fig* to model oneself on sth

modellismo [mo·del·'liz·mo] *m* model making

modello [mo·'dɛl·lo] *m* **1.** (*originale, tipo, prototipo*) model **2.** *fig* (*di coerenza, stile*) model; **essere un ~ di qc** to be a model of sth; **prendere qu a ~** to take sb as a model **3.** (*plastico, modellino*) model **4.** (*forma, stampo*) mold **5.** (*capo d'abbigliamento*) model; (*del sarto*) pattern **6.** ADM (*modulo*) form

modello [mo·'dɛl·lo] *m* model

Modena ['mo·de·na] *f a city in the Emilia-Romagna region*

modenese [mo·de·'ne:·se] **I.** *agg* (*di Modena*) from Modena **II.** *mf* (*abitante*) person from Modena

moderare [mo·de·'ra:·re] **I.** *vt* **1.** (*spese, velocità*) to curb; (*tono, collera*) to moderate; ~ **i termini** [*o* **le parole**] to weigh one's words **2.** (*dibattito*) to chair **II.** *vr:* **-rsi** to keep oneself in check; **-rsi in qc** to do sth moderately; **-rsi nel bere** to drink moderately

moderato, **-a** [mo·de·'ra:·to] **I.** *agg* **1.** (*prezzo, consumo*) moderate **2.** (*misurato: persona*) measured; **essere ~ in qc** to do sth moderately **3.** POL moderate **II.** *m, f* POL moderate

moderatore, **-trice** *m, f* (*in dibattito*) chairperson

moderazione [mo·de·rat·'tsio:·ne] *f* **1.** (*misura*) moderation **2.** (*contenimento*) modesty

modernità [mo·der·ni·'ta] <-> *f* (*caratteristica, attualità*) modernity

modernizzare [mo·der·nid·'dza:·re] **I.** *vt* (*rinnovare*) to modernize **II.** *vr:* **-rsi** to modernize oneself

moderno, **-a** *agg* **1.** (*attuale*) modern; **storia -a** early modern history **2.** (*aggiornato*) up-to-date

modestia [mo·'dɛs·tia] <-ie> *f* **1.** (*virtù*) modesty; **falsa ~** false modesty **2.** (*moderazione*) moderation **3.** (*di arredamento, indumento, lavoro*) modesty

modesto, **-a** [mo·'dɛs·to] *agg* **1.** (*non presuntuoso*) modest **2.** (*non lussuoso*) modest **3.** (*origine, estrazione, condizione*) humble **4.** (*prezzo, paga, spesa*) moderate **5.** (*mediocre*) modest

modico, **-a** ['mɔ:·di·ko] <-ci, -che> *agg* moderate

modifica [mo·'di:·fi·ka] <-che> *f* **1.** (*cambiamento*) alteration **2.** (*miglioramento*) improvement

modificare [mo·di·fi·'ka:·re] **I.** *vt* **1.** (*cambiare*) to alter; **modifica** COMPUT modify **2.** (*migliorare*) to improve **II.** *vr:* **-rsi** to change

modo ['mɔ:·do] *m* **1.** (*maniera*) way; **in ~ …** *adj* in a … way; **~ di dire** expression; **di** [*o* **in**] **~ che …** *+conj* so that …; **in ~ da …** *+inf* so as to … **2.** (*comportamento, atteggiamento*) manners *pl* **3.** (*mezzo, metodo*) means *inv* **4.** (*occasione, opportunità*) chance; **ad** [*o* **in**] **ogni ~** anyway **5.** LING mood **6.** MUS mode

modulare *vt* to modulate

modulazione [mo·du·lat·'tsio:·ne] *f* **1.** (*di voce, suono*) modulation **2.** RADIO modulation; **~ di frequenza** frequency modulation

modulo ['mɔ:·du·lo] *m* **1.** (*stampato*) form; **~ d'iscrizione** enrollment form; **~ di versamento** deposit slip **2.** (*parte, elemento*) unit **3.** (*all'università*) module

mogano ['mɔ:·ga·no] *m* (*legno*) mahogany

mogio, **-a** ['mɔ:·dʒo] <-gi, -ge> *agg* dejected

moglie ['moʎ·ʎe] <-gli> *f* wife; **mia ~** my wife; **prendere ~** to get married

molare [mo·'la:·re] **I.** *agg* **dente ~** molar tooth **II.** *m* (*dente*) molar

mole ['mɔ:·le] *f* **1.** (*massa enorme*) sheer size **2.** (*edificio*) mausoleum **3.** *fig* (*quantità*) amount

molecola [mo·'lɛ:·ko·la] *f* CHEM molecule

molestare [mo·les·'ta:·re] *vt* **1.** (*infastidire*) to bother **2.** (*donna*) to sexually harass

molestia [mo·'lɛs·tia] <-ie> *f* **1.** (*fasti-*

dio) bother **2. -e sessuali** sexual harassment

molesto, -a [mo·ˈlɛs·to] *agg* (*fastidioso*) bothersome

molisano, -a **I.** *agg* (*del Molise*) from Molise **II.** *m, f* (*abitante*) person from Molise

Molise [mo·ˈliː·ze] *m* Molise *region in Central Italy*

molla [ˈmɔl·la] *f* **1.** (*meccanismo*) spring; **materasso a -e** spring mattress **2.** *fig* (*stimolo*) incentive **3.** *pl* (*pinza*) tongs

mollare [mol·ˈlaː·re] **I.** *vt* **1.** (*allentare*) to cast off; **molla!** let go!; **~ la presa** to let go **2.** *inf* (*dare*) to give; **~ un pugno a qu** to land a punch on sb **3.** *fig inf* (*famiglia, lavoro, partner*) to leave **II.** *vi* **1.** *inf* (*cedere*) to give in **2.** *fig inf* (*smettere*) to stop

molle [ˈmɔl·le] *agg* (*soffice*) soft

molletta [mol·ˈlet·ta] *f* **1.** (*da bucato*) clothespin **2.** (*per capelli*) hairpin

mollica [mol·ˈliː·ka] <-che> *f* (*di pane*) soft part of a roll/loaf

molliccio, -a [mol·ˈlit·tʃo] <-cci, -cce> *agg* soft

mollo [ˈmɔl·lo] *agg v.* **molle**

molo [ˈmɔː·lo] *m* (*di porto*) jetty

molteplice [mol·ˈteː·pli·tʃe] *agg* **1.** (*composito: forma, struttura*) composite **2.** *pl* (*numerosi*) many

moltiplicare [mol·ti·pli·ˈkaː·re] **I.** *vt* MATH to multiply; **~ qc per qc** to multiply sth by sth **II.** *vr:* **-rsi** **1.** (*aumentare*) to increase **2.** (*riprodursi*) to multiply

moltiplicazione [mol·ti·pli·kat·ˈtsioː·ne] *f* **1.** MATH multiplication **2.** (*aumento*) increase

moltissimo [mol·ˈtis·si·mo] *superl di* **molto** the most

moltitudine [mol·ti·ˈtuː·di·ne] *f* (*di persone*) vast number; *a. pej* (*folla*) crowd

molto[1] [ˈmol·to] <più, moltissimo> **I.** *avv* **1.** (*intensità*) very much **2.** (*con aggettivi e avverbi*) very; **~ prima** much earlier **3.** (*tempo*) for a long time; (*spesso*) often **4.** (*distanza*) much farther **5.** (*con comparativi*) much **II.** *pron* **1.** (*quantità, misura, numero*) a lot **2.** (*tempo*) a long time; **ci vuole ~?** will it take a long time?; **fra non ~** shortly **3.** (*distanza*) far **4.** (*denaro*) a lot; **costa ~** it costs a lot **5.** (*intelligenza, sforzo*) much **6.** (*cosa importante*) something **7.** *pl* (*persone*) many [*o* a lot of] people

molto, -a[2] <più, moltissimo> *agg* **1.** (*quantità, misura, numero*) a lot of **2.** (*intenso, grande*) very; **fa ~ caldo** it's very hot; **c'è ~ vento** it's very windy **3.** (*lungo*) **c'è ancora -a strada prima di arrivare?** is it much farther before we arrive?; **è passato ~ tempo da allora** it was a long time ago

momentaneamente [mo·men·ta·nea·ˈmen·te] *avv* at present

momentaneo, -a [mo·men·ˈtaː·neo] <-ei, -ee> *agg* momentary

momento [mo·ˈmen·to] *m* **1.** (*attimo*) moment; **un ~!** just a moment!; **al** [*o* **per il**] **~** at the moment; **a -i** (*tra poco*) any time now; *inf* (*per poco*) almost; **dal ~ che ...** (*dato che*) given that ...; **da un ~ all'altro** from one moment to the next; **sul ~** there and then **2.** (*periodo*) period **3.** (*circostanza*) chance; (*istante opportuno*) right moment

monaca [ˈmɔː·na·ka] <-che> *f* nun

monacale [mo·na·ˈkaː·le] *agg* **1.** (*abito, ordine*) monastic **2.** *fig* (*rigore, vita*) monkish

monaco [ˈmɔː·na·ko] <-ci> *m* monk

Monaco [ˈmɔː·na·ko] *f* **1.** **~ (di Baviera)** Munich **2.** **(il Principato di) ~** (the Principality of) Monaco

monarca [mo·ˈnar·ka] <-chi> *m* monarch

monarchia [mo·nar·ˈkiː·a] <-chie> *f* monarchy

monarchico, -a [mo·ˈnar·ki·ko] <-ci, -che> **I.** *agg* (*regime, potere*) monarchic; (*partito*) monarchist **II.** *m, f* (*sostenitore*) monarchist

monastero [mo·nas·ˈtɛː·ro] *m* monastery

moncherino [moŋ·ke·ˈriː·no] *m* stump

monco, -a [ˈmoŋ·ko] <-chi, -che> *agg* **1.** (*braccio, gamba*) maimed **2.** (*parola, frase*) incomplete

mondanità [mon·da·ni·ˈta] <-> *f* (*modo di vivere*) worldly pleasures *pl*

mondano, -a [mon·ˈdaː·no] *agg* **1.** (*persona, vita*) worldly **2.** (*evento*) society

mondiale [mon·'dia:·le] **I.** *agg* (*internazionale*) world; **di fama** ~ world-famous **II.** *m* SPORT (*campionato*) world championship; **i -i** the World Cup

mondo ['mon·do] *m a. fig* world; **al** ~ in the world; **il bel** [*o* **gran**] ~ the jet set; **uomo/donna di** ~ jet setter; **andare all'altro** ~ to pass on; **mettere al** ~ **qu** to give birth to sb; **venire al** ~ to be born; **un** ~ (**di qc**) a lot (of sth)

mondovisione [mon·do·vi·'zio:·ne] *f* **in** ~ TV worldwide

moneta [mo·'ne:·ta] *f* **1.** (*di metallo*) coin **2.** (*valuta*) currency **3.** (*denaro*) money **4.** (*spiccioli*) change

monetario, -a [mo·ne·'ta:·rio] <-i, -ie> *agg* ECON, FIN monetary

mongolfiera [moŋ·gol·'fiɛ:·ra] *f* hot-air balloon

monito ['mɔ:·ni·to] *m* warning

monitoraggio [mo·ni·to·'ra:·dʒio] <-ggi> *m a. fig* monitoring

monogamia [mo·no·ga·'mi:·a] <-ie> *f* monogamy

monografia [mo·no·gra·'fi:·a] *f* monograph

monografico, -a [mo·no·'gra:·fi·ko] <-ci, -che> *agg* (*opera, ricerca, saggio*) monographic; (*corso*) dedicated

monogramma [mo·no·'gram·ma] <-i> *m* monogram

monolingue [mo·no·'liŋ·gue] <inv> *agg* LING monolingual; **dizionario** ~ monolingual dictionary

monolocale [mo·no·lo·'ka:·le] *m* studio apartment

monologo [mo·'nɔ:·lo·go] <-ghi> *m* monologue

monopattino [mo·no·'pat·ti·no] *m* scooter

monopolio [mo·no·'pɔ:·lio] <-i> *m a. fig* ECON monopoly; ~ **di stato** state monopoly

monopolizzare [mo·no·po·lid·'dza:·re] *vt a. fig* to monopolize

monoscì [mo·no·'ʃi] <-> *m* SPORT (*alpino*) monoski; (*sci d'acqua*) water ski

monossido [mo·'nɔs·si·do] *m* CHEM ~ **di carbonio** carbon monoxide

monoteista [mo·no·te·'is·ta] <-i *m*, -e *f*> *agg* monotheist

monoteistico, -a [mo·no·te·'is·ti·ko] <-ci, -che> *agg* monotheistic

monotonia [mo·no·to·'ni:·a] <-ie> *f* monotony

monotono, -a [mo·'nɔ:·to·no] *agg* monotonous

monouso [mo·no·'u:·zo] <inv> *agg* disposable

monovolume [mo·no·vo·'lu:·me] <-> *f* (*automobile*) minivan

monsignore [mon·siɲ·'ɲo:·re] *m* (*titolo*) Monsignor

monsone [mon·'so:·ne] *m* monsoon

monta ['mon·ta] *f* **1.** (*accoppiamento*) covering **2.** (*in equitazione*) riding

montacarichi [mon·ta·'ka:·ri·ki] <-> *m* elevator

montaggio [mon·'tad·dʒo] <-ggi> *m* **1.** (*assemblaggio*) assembly; **catena di** ~ assembly line **2.** FILM editing

montagna [mon·'taɲ·ɲa] *f* **1.** (*monte*) mountain; **-e russe** roller coaster **2.** (*regione*) mountains *pl;* **da** ~ mountain; **di** ~ mountain; **in** ~ in [*o* to] the mountains **3.** *fig* (*grande quantità*) mountain

montagnoso, -a [mon·taɲ·'ɲo:·so] *agg* mountainous

montanaro, -a [mon·ta·'na:·ro] **I.** *agg* mountain **II.** *m, f* (*abitante*) mountain dweller

montano, -a [mon·'ta:·no] *agg* mountain

montare [mon·'ta:·re] **I.** *vt avere* **1.** (*scala, pendio*) to climb **2.** (*cavallo*) to ride **3.** (*fecondare*) to cover **4.** CULIN to whisk **5.** (*mobile, pezzi*) to assemble; (*scaffale*) to put up **6.** *fig* (*notizia, fatto*) to exaggerate **7.** (*fotografia, diamante*) to mount **8.** FILM, PELLICOLA to edit **II.** *vi essere* **1.** (*salire*) to climb; (*in bicicletta*) to get on; (*in macchina*) to get in; **monta in macchina!** get in the car! **2.** CULIN to rise **3.** *a. fig* (*acque, tono, malcontento*) to rise **4.** (*iniziare un turno*) to clock in **III.** *vr:* **-rsi; -rsi** (**la testa**) *inf* to become big-headed

montato, -a [mon·'ta:·to] *agg* **1.** CULIN **panna -a** whipped cream **2.** *inf* (*persona*) big-headed

montatura [mon·ta·'tu:·ra] *f* **1.** (*di occhiali*) frames *pl* **2.** (*di gioielli*) setting

3. *fig* (*esagerazione*) invention

monte ['mon·te] *m* **1.** (*montagna*) mountain; **il Monte Bianco** Mont Blanc; **a ~** uphill; *fig* at the source **2.** *fig* (*di libri, pacchi, problemi*) mountain **3.** (*loc*) **andare a ~** *fig* to fall apart; **mandare a ~** *fig* to finish off

montone [mon·'toː·ne] *m* **1.** (*animale*) ram; **carne di ~** mutton **2.** *inf* (*cappotto*) sheepskin jacket/coat

montuoso, -a [mon·tu·'oː·so] *agg* (*regione, paesaggio*) mountainous; **catena -a** mountain range

monumentale [mo·nu·men·'taː·le] *agg* **1.** (*arte, pittura*) on [*o* of] a monument **2.** (*imponente*) monumental

monumento [mo·nu·'men·to] *m* monument; **~ ai caduti** war memorial; **~ nazionale** national monument

moquette [mo·'kɛt] <-> *f* fitted carpet

mora ['mɔː·ra] *f* **1.** (*di rovo*) blackberry; (*di gelso*) mulberry **2.** GIUR surcharge on arrears

morale[1] [mo·'raː·le] *agg* moral

morale[2] **I.** *f* **1.** (*norme*) morality **2.** (*dottrina*) morals *pl* **3.** (*di favola, racconto*) moral **II.** *m inf* (*umore*) morale; **essere giù/su di ~** to be in good/low spirits

moralismo [mo·ra·'liz·mo] *m pej* moralizing

moralista [mo·ra·'lis·ta] <-i *m*, -e *f*> **I.** *agg* moralistic **II.** *mf pej* (*persona*) moralizer

moralità [mo·ra·li·'ta] <-> *f* morality

morbidezza [mor·bi·'det·tsa] *f* softness

morbido, -a ['mɔr·bi·do] *agg* soft

morbillo [mor·'bil·lo] *m* MED measles

morbo ['mɔr·bo] *m* **1.** (*malattia*) disease; **~ di Alzheimer** Alzheimer's disease **2.** *fig* evil

morbosità [mor·bo·si·'ta] <-> *f* morbidness

morboso, -a [mor·'boː·so] *agg fig* (*attaccamento, curiosità*) morbid; (*persona*) overly attached

mordace [mor·'daː·tʃe] *agg fig* (*battuta, scrittore*) scathing

mordere ['mɔr·de·re] <mordo, morsi, morso> **I.** *vt* to bite; (*mela, panino*) to bite into **II.** *vr:* **-rsi** (*lingua, labbro, unghie*) to bite; **-rsi la lingua** [*o* **le labbra**] *fig* to bite one's tongue; **-rsi le mani** [*o* **le dita**] [*o* **le unghie**] *fig* to kick oneself

morente [mo·'rɛn·te] *agg a. fig* dying

morfina [mor·'fiː·na] *f* morphine

morfologia [mor·fo·lo·'dʒiː·a] <-gie> *f* morphology

morfologico, -a [mor·fo·'lɔː·dʒi·ko] *agg* morphological

moribondo, -a [mo·ri·'bon·do] **I.** *agg* dying; **essere ~** to be dying **II.** *m, f* dying person

morire [mo·'riː·re] <muoio, morii, morto> *vi essere* **1.** (*persona, animale, pianta*) to die; **~ di qc** to die from sth **2.** *fig* (*soffrire*) **~ di fame/di sete** to die of hunger/thirst; **~ dall'invidia** to be green with envy; **~ di freddo/di noia** to be frozen/bored stiff; **~ dal ridere/dalle risate** to die laughing; **~ dal sonno** to be dead tired; **~ dalla voglia di fare qc** to be dying to do sth; **fa un caldo/un freddo da ~** *inf* it's boiling hot/bitterly cold; **bello/brutto da ~** drop-dead gorgeous/as ugly as sin; **mi piace da ~** I love it **3.** *fig* (*conversazione, discorso*) to die off; (*progetto, questione*) to die **4.** *fig* (*fuoco, luce*) to die out; (*passione, speranza*) to die off

mormone [mor·'moː·ne] *m* Mormon

mormorare [mor·mo·'raː·re] *vi* (*bisbigliare*) to whisper

mormorio [mor·mo·'riː·o] <-ii> *m* (*di persone*) murmur

moro, -a **I.** *agg* (*dai capelli scuri*) dark-haired **II.** *m, f* (*persona*) dark-haired person

moroso, -a[1] [mo·'roː·zo/mo·'roː·so] *agg* GIUR in arrears

moroso, -a[2] *m, f sett* (*innamorato*) boyfriend *m*, girlfriend *f*

morsa ['mɔr·sa] *f* **1.** (*attrezzo*) vise **2.** (*stretta*) grip **3.** *fig* (*disagio*) grip

morsi ['mɔr·si] *1. pers sing pass rem di* **mordere**

morsicare [mor·si·'kaː·re] *vt* to bite; (*mela, pane*) to bite into

morso[1] ['mɔr·so] *pp di* **mordere**

morso[2] *m* **1.** (*gener*) bite **2.** *fig* (*fitta*) pang **3.** (*per cavallo*) bit

mortadella [mor·ta·'dɛl·la] *f* mortadella

M

mortale [mor·'taː·le] **I.** *agg* **1.** (*non eterno*) mortal **2.** (*umano, terreno*) human **3.** (*malattia, ferita, veleno*) deadly; **nemico ~** deadly enemy; **salto ~** somersault **4.** (*insopportabile*) terrible **II.** *m* (*essere umano*) mortal

mortalità [mor·ta·li·'ta] <-> *f* mortality rate; **~ infantile** infant mortality

mortalmente [mor·tal·'men·te] *avv* mortally; **annoiarsi ~** to be bored to death

morte ['mɔr·te] *f* **1.** (*decesso*) death; **essere fra la vita e la ~** to be fighting for one's life; **in punto di ~** on one's deathbed; **colpire/ferire qu a ~** to mortally wound sb; **odiare qu a ~** *inf* to really hate sb's guts **2.** (*pena*) death; **pena di ~** death penalty **3.** *fig* (*fine*) end

mortificare [mor·ti·fi·'kaː·re] **I.** *vt* (*persona*) to humiliate **II.** *vr:* **-rsi 1.** (*avvilirsi*) to feel humiliated **2.** (*punirsi*) to punish oneself

morto, -a ['mɔr·to] **I.** *pp di* **morire** **II.** *agg* **1.** (*persona, animale, albero*) dead **2.** *fig* (*sfinito*) dying; **essere ~ di fame/di sete/di freddo** to be dying of hunger/thirst/cold; **essere ~ di fatica** to be dead tired; **stanco ~** dead tired; **essere ~ di paura** to be really scared **III.** *m, f* (*persona*) dead person; **i Morti** [*o* **il giorno dei -i**] All Soul's Day; **fare il ~** to float; **un ~ di fame** *fig, pej* poor wretch

mortuario, -a [mor·tu·'aː·rio] <-i,-ie> *agg* (*annuncio*) death; (*servizio*) funeral; **camera -a** mortuary

mosaico [mo·'zaː·i·ko] <-ci> *m* mosaic

mosca ['mos·ka] <-sche> *f* (*insetto*) fly; **~ cieca** (*gioco*) blind man's bluff

Mosca ['mos·ka] *f* Moscow

moscato [mos·'kaː·to] *m* (*vino*) muscatel

moscato, -a *agg* **noce -a** nutmeg

moscerino [moʃ·ʃe·'riː·no] *m* gnat

moschea [mos·'kɛː·a] <-schee> *f* mosque

moscio, -a ['moʃ·ʃo] <-sci, -sce> *agg* (*loc*) **avere** [*o* **parlare con**] **la erre -a** to not be able to roll one's "r"s

moscone [mos·'koː·ne] *m* **1.** (*insetto*) bluebottle **2.** (*imbarcazione*) pedal boat

mossa ['mɔs·sa] *f* **1.** (*movimento*) movement; **fare la ~ di** to make as if to **2.** A, SPORT move; **fare la prima ~** *a. fig* to make the first move; **darsi una ~** *inf* to get a move on

mossi ['mɔs·si] *1. pers sing pass rem di* **muovere**

mosso, -a ['mɔs·so] **I.** *pp di* **muovere** **II.** *agg* **1.** (*mare*) rough **2.** (*fotografia*) blurred; (*capelli*) wavy

mostarda [mos·'tar·da] *f* **1.** (*salsa*) mustard **2. ~ di Cremona** *pickled fruit in a mustard-based sauce*

mostra ['mos·tra] *f* **1.** (*sfoggio*) show; **mettersi in ~** to draw attention to oneself **2.** (*d'arte*) exhibition; (*di prodotti*) display; (*di animali*) show; **~ mercato** market

mostrare [mos·'traː·re] **I.** *vt* **1.** (*far vedere*) to show; **~ qc a qu** to show sb sth [*o* to show sth to sb] **2.** (*additare*) to point out **3.** (*spiegare, dimostrare*) to explain **4.** (*palesare*) to show **5.** (*fingere*) to pretend **II.** *vr:* **-rsi 1.** (*farsi vedere*) to appear **2.** (*dimostrarsi*) to appear

mostro ['mos·tro] *m a. fig, a. scherz* monster

mostruosità [mos·truo·zi·'ta] <-> *f* **1.** (*aspetto*) monstrosity **2.** *fig* (*atto, malvagità*) dreadful deed **3.** *fig* (*difformità*) anomaly

mostruoso, -a [mos·tru·'oː·zo] *agg* **1.** (*orrendo*) monstruous **2.** *fig* (*eccezionale*) incredible **3.** *fig* (*malvagio*) monstruous

motivare [mo·ti·'vaː·re] *vt* **1.** (*spiegare*) to justify **2.** (*causare*) to cause **3.** (*stimolare*) to motivate

motivazione [mo·ti·vat·'tsioː·ne] *f* **1.** (*giustificazione*) justification **2.** (*stimolo*) motivation

motivo [mo·'tiː·vo] *m* **1.** (*ragione*) reason; **avere ~ di qc** to have reason to sth; **per quale ~?** why?; **per questo ~** this is why **2.** MUS (*tema, melodia*) motif; (*brano*) tune **3.** (*tematica*) theme **4.** (*floreale, geometrico*) motif

moto[1] ['mɔː·to] *m* **1.** PHYS motion **2.** (*di apparecchio, macchina*) movement; **mettere in ~** (*auto*) to start up; *fig* to set sth in motion; **mettersi in ~** *fig* to get moving **3.** (*ginnastica*) exercise **4.** (*gesto*) movement; (*impulso*) gesture

moto[2] <-> *f* (*motocicletta*) motorcycle

motocicletta [mo·to·tʃi·'klet·ta] *f* motorcycle

motociclismo [mo·to·tʃi·'kliz·mo] *m* motorcycling

motociclista [mo·to·tʃi·'klis·ta] <-i *m*, -e *f*> *mf* motorcyclist

motociclistico, -a [mo·to·tʃi·'klis·ti·ko] *agg* motorcycling

motore, -trice[1] [mo·'toː·re] *agg* (*forza, albero*) driving

motore[2] *m* **1.** TEC engine; **a ~** motor-powered; **~ a benzina** gas engine **2.** COMPUT **~ di ricerca** search engine

motorino [mo·to·'riː·no] *m* **1.** *inf* (*ciclomotore*) moped **2. ~ d'avviamento** AUTO starter

motorizzarsi [mo·to·rid·'dzaː·rsi] *vr inf* to get some wheels

motorizzazione [mo·to·rid·dzat·'tsioː·ne] *f* *inf* ADM Department of Motor Vehicles

motoscafo [mo·tos·'kaː·fo] *m* motorboat

motovedetta [mo·to·ve·'det·ta] *f* patrol boat

motrice [mo·'triː·tʃe] *f* (*di tram, treno*) engine

motto ['mɔt·to] *m* **1.** (*massima*) motto; **~ popolare** popular saying **2.** (*battuta*) witticism; **~ di spirito** witty remark

mouse [maus] <-> *m* COMPUT mouse

mousse [mus] <-> *f* CULIN mousse

movente [mo·'vɛn·te] *m* motive

movimentare [mo·vi·men·'taː·re] *vt* to liven up

movimento [mo·vi·'men·to] *m* **1.** (*gener*) movement; **fare ~** to exercise; **essere in ~** to be moving; **mettersi in ~** to begin to move **2.** (*animazione*) bustle; (*traffico*) traffic **3.** *fig* (*corrente, tendenza*) movement

moviola [mo·'viɔː·la] *f* TV slow motion replay; **alla ~** on the replay

mozione [mot·'tsioː·ne] *f* motion; **~ di fiducia/sfiducia** POL motion of confidence/no-confidence

mozzafiato [mot·tsa·'fiaː·to] <inv> *agg* *fig* breathtaking

mozzare [mot·'tsaː·re] *vt* **1.** (*testa*) to cut off; (*coda*) to dock **2. da ~ il fiato** *fig* breathtakingly

mozzarella [mot·tsa·'rɛl·la] *f* mozzarella; **~ di bufala** *mozzarella made from buffalo's milk*

mozzicone [mot·tsi·'koː·ne] *m* (*di sigaretta*) butt; (*di candela*) end; (*di matita*) stub

mozzo, -a[1] ['mot·tso] *agg* (*testa, dito*) cut off; **coda -a** docked tail

mozzo[2] *m* **1.** MAR deck hand **2.** (*di ruota, elica*) hub

mucca ['muk·ka] <-cche> *f* cow; **morbo della ~ pazza** mad cow disease

mucchio ['muk·kio] <-cchi> *m* **1.** (*di carte, pietre, stracci*) heap **2.** (*grande quantità*) a lot

muco ['muː·ko] <-chi> *m* mucus

mucosa [mu·'koː·za] *f* ANAT mucous membrane

muffa ['muf·fa] *f* mold; **fare la ~** to go moldy; *fig* to gather dust

muggire [mud·'dʒiː·re] <muggisco> *vi* (*bovino*) to moo

muggito [mud·'dʒiː·to] *m* (*di bovino*) moo

mughetto [mu·'get·to] *m* **1.** (*fiore*) lily of the valley **2.** MED thrush

mugolare [mu·go·'laː·re] *vi* **1.** (*cane*) to whimper **2.** (*persona*) to groan

mugolio [mu·go·'liː·o] <-ii> *m* **1.** (*di cane*) whining **2.** (*di dolore, piacere*) groaning

mulattiera [mu·lat·'tiɛː·ra] *f* muletrack

mulatto, -a [mu·'lat·to] *agg, m, f* mulatto

mulinello [mu·li·'nɛl·lo] *m* **1.** (*vortice: di acqua, vento*) eddy **2.** (*di canna da pesca*) reel

mulino [mu·'liː·no] *m* mill; **~ ad acqua** water mill; **~ a vento** windmill; **tirare** [*o* **portare**] **l'acqua al proprio ~** *fig* to add grist to one's own mill; **combattere contro i -i a vento** *fig* to tilt at windmills

mulo ['muː·lo] *m* mule; **testardo** [*o* **ostinato**] **come un ~** as stubborn as a mule

multa ['mul·ta] *f* fine

multare [mul·'ta:·re] *vt* to fine

multicolore [mul·ti·ko·'lo:·re] *agg* multicolored

multiculturale [mul·ti·kul·tu·'ra:·le] *agg* multicultural

multidisciplinare [mul·ti·diʃ·ʃi·pli·'na:·re] *agg* multidisciplinary

multietnico, -a [mul·ti·'ɛt·ni·ko] <-ci, -che> *agg* multiethnic

multifunzione [mul·ti·funt·'tsio:·ne] <inv> *agg* multifunctional

multimediale [mul·ti·mɛ·'dia:·le] *agg* multimedia

multinazionale [mul·ti·nat·tsio·'na:·le] *agg, f* multinational

multiplo ['mul·ti·plo] *m* MATH multiple

multiplo, -a *agg* A, MATH multiple; **vettura** [*o* **auto**] **-a** minivan; (*furgone*) large van

multiproprietà [mul·ti·pro·prie·'ta] <-> *f* **1.** GIUR (*comproprietà*) time-sharing **2.** (*immobile*) time-share

multirazziale [mul·ti·rat·'tsia:·le] *agg* multiracial

multisala [mul·ti·'sa:·la] **I.** <inv> *agg* (*cinema*) multiplex **II.** <- *m*, -e *f*> *m o f* (*cinema*) multiplex

multiuso [mul·ti·'u:·zo] <inv> *agg* multipurpose

mummia ['mum·mia] <-ie> *f* mummy

mungere ['mun·dʒe·re] <mungo, munsi, munto> *vt a. fig* to milk

municipale [mu·ni·tʃi·'pa:·le] *agg* (*comunale*) municipal; **palazzo** ~ city hall

municipio [mu·ni·'tʃi:·pio] <-i> *m* **1.** (*amministrazione*) city council **2.** (*edificio*) city hall; **sposarsi in** ~ to get married at city hall

munire [mu·'ni:·re] <munisco> **I.** *vt* (*dotare*) to equip; ~ **qu/qc di qc** to equip sb/sth with sth **II.** *vr* **-rsi di qc** (*dotarsi*) to equip oneself with sth; *fig* to muster

munizioni [mu·nit·'tsio:·ni] *fpl* (*di armi*) munitions *pl*

munsi ['mun·si] *1. pers sing pass rem di* **mungere**

munto ['mun·to] *pp di* **mungere**

muoio ['muɔ:·io] *1. pers sing pr di* **morire**

muovere ['muɔ:·ve·re] <muovo, mossi, mosso> **I.** *vt avere* **1.** (*parte del corpo*) to move; **non ~ un dito** to not lift a finger **2.** (*azionare*) to drive **3.** (*spostare*) to move; (*vento*) to blow **4.** (*nella dama, negli scacchi*) to move **5.** *fig* (*attacco*) to launch **6.** *fig* (*accusa*) to level; (*obiezione*) to raise; (*osservazione*) to make **II.** *vi* **1.** (*dirigersi*) to move **2.** *fig* (*provenire*) to come from **III.** *vr:* **-rsi** **1.** (*gener*) to move; (*veicolo*) to move off; (*essere in moto*) to be moving **2.** (*sbrigarsi*) to get a move on **3.** *fig* (*intervenire*) to move

muraglia [mu·'raʎ·ʎa] <-glie> *f* defensive wall; ~ **cinese** Great Wall of China

murales [mu·'ra·les] *mpl* (*dipinti*) murals *pl*

murare [mu·'ra:·re] **I.** *vt* **1.** (*porta, finestra*) to wall up **2.** (*presa, gancio*) to fix on a wall; (*cassaforte, libreria*) to fix in [*o* on] a wall **II.** *vr:* **-rsi** (*rinchiudersi*) to wall oneself up

murario, -a [mu·'ra:·rio] <-i, -ie> *agg* **1.** (*opera, arte*) masonry **2.** **cinta -a** wall

muratore [mu·ra·'to:·re] *m* bricklayer

muratura [mu·ra·'tu:·ra] *f* **1.** (*lavoro*) walling; **in** ~ (*di pietra*) built of stone; (*di mattoni*) built of brick **2.** (*muro*) wall

murena [mu·'rɛ:·na] *f* moray eel

muriatico, -a [mu·'ria:·ti·ko] <-ci, -che> *agg* CHEM **acido** ~ muriatic acid

muro[1] ['mu:·ro] <-a *f*> *m a. fig* (*di città*) wall; **entro/fuori le mura** within/outside the walls

muro[2] *m* **1.** (*di edificio*) wall; ~ **divisorio** dividing wall; ~ **maestro** main wall; ~ **portante** bearing wall; **a** ~ wall; **parlare al** ~ *fig* to talk to the wall **2.** (*di nebbia, acqua*) wall **3.** *fig* (*di indifferenza, omertà, silenzio*) wall; ~ **di gomma** wall of indifference

musa ['mu:·za] *f* *fig* (*fonte d'ispirazione*) muse

muschio ['mus·kio] <-schi> *m* **1.** (*pianta*) moss **2.** (*essenza*) musk

muscolare [mus·ko·'la:·re] *agg* muscular

muscolatura [mus·ko·la·'tu:·ra] *f* musculature

muscolo ['mus·ko·lo] *m* **1.** ANAT muscle

2. *pl fig* (*forza fisica*) muscles **3.** (*carne*) stew meat
muscoloso, -a [mus·ko·'loː·so] *agg* muscular
museo [mu·'zɛː·o] *m* museum
museruola [mu·ze·'ruɔː·la] *f* muzzle; **mettere la ~ a qu** *fig* to muzzle sb
musica ['muː·zi·ka] <-che> *f* music; **è sempre la stessa ~!** it's always the same old story!
musicale [mu·zi·'kaː·le] *agg* musical
musicista [mu·zi·'tʃis·ta] <-i *m*, -e *f*> *mf* **1.** (*compositore*) composer **2.** (*esecutore*) musician
muso ['muː·zo] *m* **1.** (*di animale*) muzzle **2.** *pej, scherz* (*faccia*) face; **rompere** [*o* **spaccare**] **il ~ a qu** *inf* to smash sb's face in **3.** (*broncio*) sulky expression; **avere** [*o* **fare**] [*o* **tenere**] **il ~** (**lungo**) *inf* to sulk
muta ['muː·ta] *f* **1.** ZOO (*di uccelli*) molting; (*di rettili*) shedding **2.** SPORT (*tuta*) wetsuit **3.** (*di cani*) pack
mutamento [mu·ta·'men·to] *m* change
mutande [mu·'tan·de] *fpl* (*da uomo*) underpants; (*da donna*) panties
mutandine [mu·tan·'diː·ne] *fpl* (*da donna*) panties; (*da bambino*) pants
mutare [mu·'taː·re] **I.** *vt avere* (*idea, aspetto, città, abito*) to change; (*pelle, penne, squame*) to shed **II.** *vi essere* (*diventare diverso*) to change
mutevole [mu·'teː·vo·le] *agg* **1.** (*tempo, situazione*) changeable **2.** (*umore, carattere*) moody
mutilare [mu·ti·'laː·re] *vt* **1.** (*corpo, arto*) to amputate **2.** *fig* (*opera*) to mutilate
mutilato, -a [mu·ti·'laː·to] **I.** *agg* (*persona*) maimed **II.** *m, f* (*invalido*) disabled person
mutilazione [mu·ti·lat·'tsioː·ne] *f* (*di corpo, arto*) amputation
muto, -a **I.** *agg* **1.** MED dumb **2.** (*silenzioso*) silent; (*ammutolito*) dumbstruck; **essere ~ come un pesce** *scherz* to be as silent as the grave **3.** (*senza suono, senza voce*) silent; **cinema ~** silent cinema; **fare scena -a** *fig* to not utter a word **II.** *m, f* (*persona*) dumb person
mutuo[1] ['muː·tuo] *agg* (*reciproco*) mutual
mutuo[2] *m* GIUR ECON (*prestito*) loan; **~ ipotecario** mortgage

N

N, n ['ɛn·ne] <-> *f* N, n; **~ come Napoli** N for November
n *abbr di* **numero** no.
N *abbr di* **nord** N
nacqui ['nak·kui] *1. pers sing pass rem di* **nascere**
nafta ['naf·ta] *f* (*olio combustibile*) oil
naïf [na·'if] <inv> *agg* naive
nanna ['nan·na] *f* (*linguaggio infantile*) night-night; **andare a ~** to go to night-night; **fare la ~** to go to sleep
nano, -a ['naː·no] **I.** *agg* (*razza, pianta*) dwarf **II. 1.** (*di favole*) dwarf **2.** (*persona bassa*) dwarf; *pej* midget
napoletano [na·po·le·'taː·no] *m* (*dialetto*) Neapolitan
napoletano, -a **I.** *agg* Neapolitan **II.** *m, f* (*abitante*) Neapolitan
Napoli ['naː·po·li] *f* Naples
narcisista [nar·tʃi·'zis·ta] <-i *m*, -e *f*> *mf* narcissist; **è un narcisista** he's extremely vain
narciso [nar·'tʃiː·zo] *m* BOT daffodil
narcotico, -a <-ci, -che> *agg* narcotic
narcotizzare [nar·ko·tid·'dzaː·re] *vt* to narcotize
narcotrafficante [nar·ko·traf·fi·'kan·te] *mf* drug trafficker
narice [na·'riː·tʃe] *f* nostril
narrare [nar·'raː·re] **I.** *vt* (*storia, leggenda*) to tell; (*libro, film*) to narrate **II.** *vi* **~ di qu/qc** to tell of sb/sth
narrativa [nar·ra·'tiː·va] *f* LIT narrative
narrativo, -a [nar·ra·'tiː·vo] *agg* narrative
narrazione [nar·ra·'tsioː·ne] *f* **1.** (*di fatto, viaggio*) account **2.** (*in libro, film*) narration
NAS *v.* **Nucleo Antisofisticazioni Sanità (dei Carabinieri)** *health investigation department of the Carabinieri*
nasale [na·'saː·le] *agg, f* nasal
nascere ['naʃ·ʃe·re] <nasco, nacqui, nato> *vi essere* **1.** (*persone, animali*)

to be born; **non sono nato ieri** I wasn't born yesterday **2.** (*pianta*) to come up; (*fiore*) to come out **3.** (*fiumi*) to rise **4.** (*sole*) to rise; (*giorno*) to break **5.** *fig* (*avere origine: tradizione, iniziativa*) to come from **6.** *fig* (*formarsi: associazione*) to be created **7.** *fig* (*amore*) to be born **8.** *fig* **far ~** (*dubbio, sospetto*) to give rise to

nascita ['naʃ·ʃi·ta] *f* **1.** (*di bambino*) birth; **di ~** by birth **2.** BOT appearance **3.** *fig* (*di sentimento*) beginning

nascituro, -a [naʃ·ʃi·'tu:·ro] *m, f* unborn child

nascondere [nas·'kon·de·re] <nascondo, nascosi, nascosto> **I.** *vt* **1.** (*oggetto*) to hide **2.** (*sentimento, verità*) to conceal; **~ qc a qu** to hide sth from sb **II.** *vr:* **-rsi** to hide

nascondiglio [nas·kon·'diʎ·ʎo] <-gli> *m* hiding place

nascondino [nas·kon·'di:·no] *m* **giocare a ~** to play hide-and-seek

nascosi [nas·'ko:·si] *1. pers sing pass rem di* **nascondere**

nascosto, -a [nas·'kos·to] **I.** *pp di* **nascondere II.** *agg* **1.** (*oggetto*) hidden; (*luogo*) secret; **rimanere ~** to remain hidden **2.** *fig* **di ~** (*sposarsi, vedersi*) in secret; (*uscire*) unseen; (*fumare, mangiare*) on the sly

naso ['na:·so] *m* nose; **~ all'insù** snub nose; **ficcare il ~ negli affari altrui** to stick one's nose into other people's business

nastro ['nas·tro] *m* (*per capelli, abiti*) ribbon; **~ adesivo** adhesive tape; **~ trasportatore** conveyor belt

natale [na·'ta:·le] *agg* native

Natale [na·'ta:·le] *m* Christmas

natalizio, -a [na·ta·'lit·tsio] <-i, -ie> *agg* Christmas

natica ['na:·ti·ka] <-che> *f* buttock

nativo, -a [na·'ti:·vo] **I.** *agg* (*paese*) home; (*lingua*) native; **essere ~ di Firenze** to be from Florence **II.** *m, f* native

nato, -a ['na:·to] **I.** *pp di* **nascere II.** *agg* born; **un attore ~** *fig* a born actor

natura [na·'tu:·ra] *f* **1.** (*universo*) nature; **~ morta** still life; **contro ~** unnatural **2.** (*indole*) character

naturale [na·tu·'ra:·le] *agg* (*non artefatto, ovvio*) natural; **a grandezza ~** life-size

naturalmente [na·tu·ral·'men·te] *avv* **1.** (*secondo natura*) naturally **2.** (*ovviamente*) of course

naufragare [nau·fra·'ga:·re] *vi essere o avere fig* (*progetto*) to fail

naufragio [nau·'fra:·dʒo] <-gi> *m* **1.** NAUT shipwreck **2.** *fig* (*di progetto*) failure

naufrago, -a ['na:u·fra·go] <-ghi, -ghe> *m, f* shipwreck survivor

nausea ['na:u·ze·a] *f* **1.** MED nausea; **avere la ~** to feel nauseous **2.** *fig* **mi dà la ~** it makes me feel sick

nauseante [nau·ze·'an·te] *agg* nauseous

nauseare [nau·ze·'a:·re] *vt* to nauseate

nautico, -a ['na:u·ti·ko] <-ci, -che> *agg* (*di mare*) nautical; **sport -ci** water sports

navale [na·'va:·le] *agg* **1.** (*accademia*) naval **2.** (*cantiere, industria*) shipbuilding

navata [na·'va:·ta] *f* **~ centrale** nave; **~ laterale** aisle

nave ['na:·ve] *f* ship; **~ da guerra** warship

navetta [na·'vet·ta] *f* (*treno, autobus*) shuttle; **~ spaziale** space shuttle

navicella [na·vi·'tʃɛl·la] *f* **~ spaziale** capsule

navigabile [na·vi·'ga:·bi·le] *agg* navigable

navigare [na·vi·'ga:·re] *vi* **1.** NAUT to sail **2.** COMPUT **~ in Internet/in Rete** to surf the Internet/the Net

navigatore, -trice [na·vi·ga·'to:·re] *m, f* sailor

navigatore [na·vi·ga·'to:·re] *m* TEC **~ (satellitare)** GPS navigator

navigazione [na·vi·ga·'tsio:·ne] *f* NAUT, AERO navigation

nazionale [nat·tsio·'na:·le] **I.** *agg* (*di nazione*) national; (*mercato*) domestic **II.** *f* (national) team; **la ~ italiana** the Italian soccer team

nazionalista [nat·tsio·na·'lis·ta] <-i *m*, -e *f*> *mf* nationalist

nazionalistico, -a [nat·tsio·na·'lis·ti·ko] <-ci, -che> *agg* nationalistic

nazionalità [nat·tsio·na·li·'ta] <-> *f* nationality

nazionalizzare [nat·tsio·na·lid·'dzaː·re] *vt* to nationalize

nazione [na·'tsioː·ne] *f* nation; **le Nazioni Unite** the United Nations

naziskin ['naː·tsi·skin] <-> *mf* (neonazi) skinhead

nazismo [na·'tsiz·mo] *m* Nazism

nazista [na·'tsis·ta] *agg, mf* Nazi

'ndrangheta [n·'draŋ·ge·ta] *f Calabrian Mafia*

ne [ne] **I.** *pron* **1.** (*persona: di lui*) about him; (*di lei*) about her; (*di loro*) about them **2.** (*di ciò*) about it; **~ parlano molto** they talk about it a lot; **non me ~ importa** (**niente**) I don't care (at all) **3.** (*da ciò*) from it **4.** (*con valore partitivo: di questo*) of it; (*di questi*) of them; **me ~ daresti un po'?** could you give me some of it? **II.** *avv* **1.** (*da un luogo*) from there; (*da una situazione*) from it; **andarsene** to go away **2.** (*rafforzativo*) **me ~ sto qui** I'm just sitting here

né [ne] *cong* neither; **~ ... ~ ...** neither ... nor ...; **~ più ~ meno** no more, no less

NE *abbr di* **nordest** NE

neanche [ne·'aŋ·ke] *avv v.* **nemmeno**

nebbia ['neb·bia] <-ie> *f* METEO fog

nebbioso, -a [neb·'bioː·so] *agg* METEO foggy; (*coperto da foschia*) misty

necessariamente [ne·tʃes·sa·ria·'men·te] *avv* necessarily

necessario [ne·tʃes·'saː·rio] *m* **lo stretto ~** the bare essentials

necessario, -a <-i, -ie> *agg* necessary

necessità [ne·tʃes·si·'ta] <-> *f* need; (*povertà*) poverty; **in caso di ~** if need be; **per ~** out of necessity

necessitare [ne·tʃes·si·'taː·re] *vi* **1.** (*avere bisogno*) **~ di qc** to need sth **2.** (*impersonale*) to require

necrologio [ne·kro·'lɔː·dʒo] <-gi> *m* (*annuncio*) obituary

necropoli [ne·'krɔː·po·li] <-> *f* necropolis

negare [ne·'gaː·re] *vt* **1.** (*contestare*) to deny **2.** (*rifiutare*) to deny

negativo [ne·ga·'tiː·vo] *m* FOTO negative

negativo, -a *agg* negative

negato, -a [ne·'gaː·to] *agg fig* (*non portato*) **essere ~ per qc** to be hopeless at sth

negazione [ne·gat·'tsioː·ne] *f* **1.** (*rifiuto*) denial **2.** (*contrario*) opposite **3.** LING negation

negli ['neʎ·ʎi] *prep v.* **in + gli** *v.* **in**[1]

negligenza [ne·gli·'dʒɛn·tsa] *f* negligence

negoziante [ne·go·'tsian·te] *mf* storekeeper

negoziare [ne·go·'tsiaː·re] *vt a.* FIN to negotiate

negoziato [ne·go·'tsiaː·to] *m* negotiation

negoziazione [ne·go·tsia·'tsioː·ne] *f a.* FIN (*di titoli, cambiali*) negotiation

negozio [ne·'gɔ·tsio] <-i> *m* store

negro, -a ['neː·gro] *agg, m, f* negro

nel, nell', nella, nelle, nello, nei [nel, 'nel·la, 'nel·le, 'nel·lo, 'neː·i] *prep v.* **in + il, l', la, le, lo, i** *v.* **in**[1]

nemico, -a [ne·'miː·ko] <-ci, -che> **I.** *agg* **1.** (*attacco, esercito*) enemy; **farsi ~ qu** to make an enemy of sb **2.** (*atteggiamento, parole*) hostile; **essere ~ di qu/qc** to be opposed to sb/sth **II.** *m, f* enemy

nemmeno [nem·'meː·no] *avv* **1.** (*neppure*) neither; **~ io** me neither **2.** (*rafforzativo*) not even; **~ uno** not even one; **~ per idea** [*o* **per sogno**]**!** no chance!

neo ['nɛː·o] *m* **1.** ANAT mole **2.** *fig* (*piccolo difetto*) flaw

neofascista [ne·o·faʃ·'ʃis·ta] <-i *m*, -e *f*> *agg, mf* neo-fascist

neologismo [ne·o·lo·'dʒiz·mo] *m* neologism

neon ['nɛː·on] <-> *m* neon

neonato, -a [ne·o·'naː·to] *m, f* newborn infant

neonazista [ne·o·na·'tsis·ta] <-i *m*, -e *f*> *agg, mf* neo-Nazi

neozelandese [ne·o··dze·lan·'deː·se] **I.** *agg* New Zealand **II.** *m* (*abitante*) New Zealander

neppure [nep·'puː·re] *avv v.* **nemmeno**

neretto [ne·'ret·to] *m* TYP bold

nero ['neː·ro] *m* black

nero, -a *agg a. fig* (*colore*) black; **cronaca -a** crime news; **vedere tutto ~** to look on the down side of everything

nervo ['nɛr·vo] *m* **1.** ANAT nerve; **avere i**

-i a fior di pelle *fig* to be on edge; **avere i -i a pezzi** *fig* to be a nervous wreck; **far venire i -i a qu** *fig* to get on sb's nerves **2.** *inf* (*tendine*) tendon

nervosismo [ner·vo·'siz·mo] *m* nervousness

nervoso [ner·'voː·so] *m inf* irritability; **mi viene il ~** I get annoyed; **far venire il ~ a qu** to annoy sb

nervoso, -a *agg* **1.** ANAT nervous **2.** (*irritabile*) on edge

nesso ['nɛs·so] *m* link

nessuno [nes·'suː·no] *m* nobody

nessuno, -a I. *agg* no; (*con negazione*) any; **in nessun caso** under no circumstances; **in nessun luogo** nowhere; **non ho -a voglia di farlo** I don't feel at all like doing it **II.** *pron* **1.** (*non uno*) nobody; **non ho visto ~** I didn't see anybody **2.** (*qualcuno*) anybody

nettare ['nɛt·ta·re] *m* nectar

nettezza [net·'tet·tsa] *f* **~ urbana** *street cleaning and garbage collection*

netto, -a ['net·to] *agg* **1.** (*risposta, rifiuto*) straight; **tagliare qc di ~** to cut sth (clean) off **2.** COM net; **stipendio ~** net salary; **al ~** net

netturbino [net·tur·'biː·no] *m* garbage man

neurologo, -a [neu·'rɔː·lo·go] <-gi, -ghe> *m, f* neurologist

neutrale [neu·'traː·le] *agg* neutral

neutralizzare [neu·tra·lid·'dzaː·re] *vt* **1.** (*rendere inoffensivo*) to neutralize **2.** (*rendere inutile*) to cancel out

neutro ['nɛː·u·tro] *m* **1.** EL neutral **2.** LING neuter

neutro, -a *agg* **1.** CHEM, EL, POL *a. fig* neutral **2.** LING neuter

neve ['neː·ve] *f* METEO snow; **~ fresca** fresh snow; **fiocco di ~** snowflake; **palla di ~** snowball

nevicare [ne·vi·'kaː·re] *vi essere o avere* to snow

nevicata [ne·vi·'kaː·ta] *f* snowfall

nevischio [ne·'vis·kio] <-schi> *m* sleet

nevralgia [ne·vral·'dʒiː·a] <-gie> *f* neuralgia

nevralgico, -a [nev·'ral·dʒi·ko] <-ci, -che> *agg* neuralgic; **punto ~** *fig* key point

nevrastenico, -a <-ci, -che> *agg* MED neurasthenic; **essere ~** *fig* to be a nervous wreck

nevrosi [ne·'vrɔː·zi] <-> *f* neurosis

nevrotico, -a [nev·'rɔː·ti·ko] <-ci, -che> *agg* neurotic

nicchia ['nik·kia] <-cchie> *f* ARCH niche; (*nella roccia*) recess

nichel ['niː·kel] *m* nickel

nichilista [ni·ki·'lis·ta] <-i *m*, -e *f*> **I.** *agg* nihilistic **II.** *mf* nihilist

nicotina [ni·ko·'tiː·na] *f* nicotine

nidiata [ni·'diaː·ta] *f* **1.** (*di uccelli*) nestful; (*di topi, conigli*) litter **2.** *fig, scherz* brood

nido ['niː·do] **I.** *m* **1.** ZOO nest; **a ~ d'ape** *fig* honeycomb **2.** *fig* (*casa*) **abbandonare il ~** to leave the nest **II.** *agg* **asilo ~** nursery

niente ['niɛn·te] **I.** *pron* **1.** (*nessuna cosa*) nothing; **non fa ~** it doesn't matter; **~ di ~** nothing at all; **per ~** (*assolutamente non*) not at all; **di ~!** you're welcome! **2.** (*interrogativo*) anything; **ti serve ~?** do you need anything? **3.** (*poca cosa*) nothing; **è una cosa da ~** it was nothing **II.** *m* **1.** (*nessuna cosa*) nothing; **un bel ~** nothing at all **2.** (*poca cosa*) anything **III.** *avv* **non è ~ male** it's not at all bad; **~ affatto** not at all; **nient'altro** nothing else **IV.** *agg fam* no; **~ paura!** never fear!

nientedimeno, nientemeno [nien·te·di·'meː·no, nien·te·'meː·no] **I.** *avv* no less **II.** *inter* you don't say!

Nilo ['niː·lo] *m* Nile

ninfomane [nin·'fɔː·ma·ne] *agg, f* nymphomaniac

ninnananna [nin·na·'nan·na] <ninnenanne> *f* lullaby

nipote [ni·'poː·te] *mf* **1.** (*di zio*) nephew *m*, niece *f* **2.** (*di nonno*) grandson *m*, granddaughter *f*

nisseno, -a [nis·'seː·no] **I.** *agg from Caltanissetta* **II.** *m, f* (*abitante*) *person from Caltanissetta*

nitidezza [ni·ti·'det·tsa] *f* **1.** (*chiarezza*) clarity **2.** (*di immagine, contorno*) clarity

nitido, -a ['niː·ti·do] *agg* **1.** (*chiaro*) clear **2.** (*immagine, contorno*) clear

nitrire [ni·'tri:·re] <nitrisco> *vi* to neigh
nitrito [ni·'tri:·to] *m* **1.** (*di cavallo*) whinny **2.** CHEM nitrite
no [nɔ] **I.** *avv* not; **parti o ~?** are you leaving or not?; **lo farai, ~?** you'll do it, won't you?; **pare di ~** it seems not; **come ~!** I'll bet!; **perché ~?** why not?; **~ e poi ~** absolutely not; **dire di ~** to say no; **rispondere di ~** to answer no; **non dico di ~** (*per accettare*) I wouldn't say no; (*lo ammetto*) I don't deny it **II.** <-> *m* **1.** (*risposta*) no **2.** (*voto*) no (vote)
NO *abbr di* **nordovest** NW
nobildonna [no·bil·'dɔn·na] *f* noblewoman
nobile ['nɔ:·bi·le] **I.** *agg a.* CHEM noble **II.** *mf* nobleman *m,* noblewoman *f;* **i -i** the nobility
nobiliare [no·bi·'lia:·re] *agg* noble
nobiltà [no·bil·'ta] <-> *f a. fig* nobility
nobiluomo [no·bi·'luɔ:·mo] <nobiluomini> *m* nobleman
nocca ['nɔk·ka] <-cche> *f* (*di mani*) knuckle
nocciola[1] [not·'tʃɔ:·la] *f* hazelnut
nocciola[2] <inv> *agg* (*colore*) (light) brown; (*occhi*) hazel
nocciolina [not·tʃo·'li:·na] *f* peanut
nocciolo[1] ['nɔt·tʃo·lo] *m* **1.** BOT stone **2.** *fig* heart
nocciolo[2] [not·'tʃɔ:·lo] *m* BOT hazel
noce ['no:·tʃe] **I.** *m* (*albero, legno*) walnut **II.** *f* BOT walnut; **~ moscata** nutmeg
nocepesca [no·tʃe·'pɛs·ka] <nocipesche> *f* nectarine
nociuto [no·'tʃu:·to] *pp di* **nuocere**
nocivo, **-a** [no·'tʃi:·vo] *agg* harmful
nocqui ['nɔk·kui] *1. pers sing pass rem di* **nuocere**
nodo ['nɔ:·do] *m* **1.** (*intreccio*) knot; **avere un ~ alla gola** *fig* to have a lump in one's throat; **fare il ~ alla cravatta** to knot one's tie **2.** (*trama: di azione, dramma*) plot; (*problema*) sticking point; (*impedimento*) obstacle **3.** (*punto centrale: di problema*) nub **4.** MOT, FERR **~ ferroviario** railway junction; **~ stradale** road junction
nodulo ['nɔ:·du·lo] *m* BIOL, MED nodule
noi ['no:·i] *pron* **1.** (*soggetto*) we **2.** (*oggetto*) us
noia ['nɔ:·ia] <-oie> *f* **1.** (*tedio*) boredom **2.** (*seccatura*) nuisance; **dar ~ a qu** to annoy sb
noioso, **-a** [no·'io:·so] *agg* **1.** (*tedioso: libro, persona*) boring **2.** (*che dà fastidio*) annoying
noleggiare [no·led·'dʒa:·re] *vt* **1.** (*dare a nolo*) to rent (out) **2.** (*prendere a nolo*) to rent; (*navi, aerei*) to charter
noleggiatore, **-trice** [no·led·dʒa·'to:·re] *m, f* **1.** (*che dà a nolo*) renter **2.** (*che prende a nolo*) renter; (*di navi, aerei*) charterer
noleggio [no·'led·dʒo] <-ggi> *m* **1.** (*affitto*) rental; (*di navi, aerei*) charter **2.** (*prezzo*) rental charge; (*di navi, aerei*) charter fee **3.** (*impresa*) rental company
nomade ['nɔ:·ma·de] **I.** *agg* nomadic **II.** *mf* nomad
nome ['no:·me] *m* **1.** (*nome e cognome*) name; (*opposto a cognome*) first name; **~ di battesimo** baptismal name; **farsi un ~** to make a name for oneself; **a ~ di qu** in sb's name; **di ~** (*chiamato*) called; **conoscere qu di ~** to know sb's name **2.** LING noun; **~ astratto** abstract noun; **~ proprio** proper name
nomenclatura [no·meŋ·kla·'tu:·ra] *f* nomenclature
nomignolo [no·'miɲ·ɲo·lo] *m* nickname
nomina ['nɔ:·mi·na] *f* appointment
nominale [no·mi·'na:·le] *agg* **1.** LING, COM nominal **2.** (*teorico*) in name
nominare [no·mi·'na:·re] *vt* **1.** (*citare*) to mention; **mai sentito ~!** I've never heard of him [*o* her] [*o* it]! **2.** (*eleggere*) to nominate; (*commissione, avvocato*) to appoint
nominativo [no·mi·na·'ti:·vo] *m* **1.** LING nominative **2.** ADM name
nominativo, **-a** *agg* nominative
non [non] *avv* **1.** (*con verbi*) not **2.** (*con aggettivi, sostantivi, avverbi*) non-; **~ fumatori** non-smokers; **~ violenza** non-violence **3.** (*con un'altra negazione*) **~ appena** as soon as; **~ ... niente** not at all; **~ ... mai** never
non aggressione [non ag·gres·'sio:·ne]

N

f GIUR non-aggression
non allineato, -a *agg* non-aligned
nonchalance [nɔ̃·ʃa·'lɑ̃s] <-> *f* nonchalance
non credente [non kre·'dɛn·te] *mf* REL non-believer
noncuranza [noŋ·ku·'ran·tsa] *f* **1.** (*nonchalance*) nonchalance **2.** (*inosservanza*) lack of attention
non docente [non do·'tʃɛn·te] *agg* non-teaching
non intervento [non in·ter·'vɛn·to] *m* GIUR, POL non-intervention
nonni ['nɔn·ni] *mpl* grandparents; (*antenati*) ancestors
nonno, -a ['nɔn·no] *m, f* grandpa *m*, grandma *f*
nonnulla [non·'nul·la] <-> *m* **un** ~ a trifle
nono ['nɔː·no] *m* (*frazione*) ninth
nono, -a *agg, m, f* ninth; *v. a.* **quinto**
nonostante [no·nos·'tan·te] **I.** *prep* despite **II.** *cong* although
non plus ultra [nɔn plus 'ul·tra] <-> *m* **il** ~ **di** the height of
non so che [non sɔ k·'ke] <-> *m* **un** (**certo**) ~ a certain something
non-ti-scordar-di-me [non·tis·kor·dar·di·'me] <-> *m* forget-me-not
non udente [non u·'dɛn·te] **I.** *mf form* hearing-impaired person **II.** *agg* hearing-impaired
non vedente [non ve·'dɛn·te] **I.** *mf form* blind person **II.** *agg* blind
non violento, -a [non vio·'lɛn·to] **I.** *agg* non-violent **II.** *m, f advocate of non-violence*
nord [nɔrd] *m* north; **l'Italia del** ~ northern Italy; **a** ~ **di ...** to the north of ...; **verso** ~ northwards; **il Mare del Nord** the North Sea; **il Polo Nord** the North Pole
nordest [nɔr·'dɛst] *m* north-east; **di** ~ northeasterly
nordico, -a ['nɔr·di·ko] <-ci, -che> *agg, m, f* Nordic
nordovest [nor·'dɔː·vest] *m* north-west; **di** ~ northwesterly
norma ['nɔr·ma] *f* **1.** (*regola*) rule; **-e per l'uso** instructions; **a** ~ **di legge** in accordance with the law; **di** ~ (*abitualmente*) as a rule **2.** (*uso*) custom **3.** (*in statistica*) norm
normale [nor·'maː·le] *agg* normal
normalità [nor·ma·li·'ta] <-> *f* normality
normalizzare [nor·ma·lid·'dzaː·re] **I.** *vt* **1.** (*rendere normale*) to normalize **2.** (*standardizzare*) to standardize **II.** *vr:* **-rsi** to normalize
normalmente [nor·mal·'men·te] *avv* **1.** (*secondo la norma*) normally **2.** (*abitualmente*) usually
normanno, -a [nor·'man·no] *agg, m, f* Norman
norvegese [nor·ve·'dʒeː·se] *agg, mf* Norwegian
Norvegia [nor·'vɛː·dʒa] *f* Norway
nostalgia [nos·tal·'dʒiː·a] <-gie> *f* (*rimpianto*) nostalgia; **sentire** ~ **del proprio paese** to be homesick for one's town; **avere** ~ **della famiglia** to miss one's family
nostalgico, -a [nos·'tal·dʒi·ko] <-ci, -che> *agg, m, f* nostalgic
nostrano, -a [nos·'traː·no] *agg* local
nostro, -a ['nɔs·tro] **I.** *agg* our; **la -a speranza** our hope; ~ **padre/zio** our father/uncle; **un** ~ **amico** a friend of ours **II.** *pron* **il ~, la -a** ours
nota ['nɔː·ta] *f* **1.** (*contrassegno*) feature **2.** (*appunto*) note; **prendere** ~ **di qc** to take note of sth; **degno di** ~ noteworthy **3.** (*a scuola*) reprimand slip **4.** (*conto*) check; ~ **spese** expense sheet **5.** (*comunicazione*) note **6.** MUS note
nota bene ['nɔː·ta 'bɛː·ne] <-> *m* NB
notaio [no·'taː·io] <-ai> *m* notary (public)
notare [no·'taː·re] *vt* **1.** (*rilevare*) to notice; **farsi** ~ to attract attention **2.** (*prender nota, considerare*) to note; **far** ~ **a qu qc** to point sth out to sb
notarile [no·ta·'riː·le] *agg* notarial
notevole [no·'teː·vo·le] *agg* **1.** (*degno di nota*) notable **2.** (*grande*) significant
notificare [no·ti·fi·'kaː·re] *vt* **1.** ADM to notify; GIUR (*sentenza*) to serve **2.** (*dichiarare*) to declare
notizia [no·'ti·tsia] <-ie> *f* (*novità*) piece of news; **-ie** news *sing*
notiziario [no·ti·'tsiaː·rio] <-i> *m* TV, RADIO news program

noto, -a [ˈnɔː·to] *agg* well-known; **ben ~** notable; *pej* (*criminale, truffatore*) notorious

notoriamente [no·to·ria·ˈmen·te] *avv* notoriously

notorietà [no·to·rie·ˈta] <-> *f* (*fama*) fame

nottata [not·ˈtaː·ta] *f* night

notte [ˈnɔt·te] *f* night; **nel cuore della ~** in the middle of the night; **~ bianca** [*o* **in bianco**] sleepless night; **di ~** at night

notturno [not·ˈtur·no] *m* **1.** MUS (*in pittura*) nocturne **2.** FOTO, FILM night scene

notturno, -a *agg* nocturnal

novanta [no·ˈvan·ta] **I.** *num* ninety **II.** <-> *m* (*numero*) ninety; *v. a.* **cinquanta**

novantenne [no·van·ˈtɛn·ne] *agg, mf* ninety-year-old

novantesimo [no·van·ˈtɛː·zi·mo] *m* ninetieth

novantesimo, -a *agg, m, f* ninetieth; *v. a.* **quinto**

Novara *f* Novara *city in North East Italy*

novarese [no·va·ˈreː·se] **I.** *agg* from Novara **II.** *mf* (*abitante*) person from Novara

nove [ˈnɔː·ve] **I.** *num* nine **II.** <-> *m* **1.** (*numero*) nine **2.** (*nelle date*) ninth **3.** (*voto scolastico*) *9 out of 10* **III.** *fpl* nine (o'clock); *v. a.* **cinque**

novecento [no·ve·ˈtʃɛn·to] **I.** *num* ninehundred **II.** <-> *m* nine-hundred; **il Novecento** the twentieth century

novella [no·ˈvɛl·la] *f* LIT short story

novello, -a *agg* **1.** (*patate*) new; (*vino*) young **2.** (*nuovo*) **-i sposi** newlyweds

novembre [no·ˈvɛm·bre] *m* November; *v. a.* **aprile**

novemila [no·ve·ˈmiː·la] **I.** *num* nine thousand **II.** <-> *m* nine thousand

novità [no·vi·ˈta] <-> *f* **1.** (*qualità*) novelty **2.** (*notizia*) news

nozione [not·ˈtsioː·ne] *f* **1.** (*conoscenza*) knowledge; **perdere la ~ del tempo** to lose track of time **2.** (*concetto*) notion

nozionismo [no·tsio·ˈniz·mo] *m* superficiality

nozionistico, -a [no·tsio·ˈnis·ti·ko] <-ci, -che> *agg* superficial

nozze [ˈnɔt·tse] *fpl* wedding; **~ d'argento/d'oro** silver/gold wedding

NU *abbr di* **Nazioni Unite** UN

nube [ˈnuː·be] *f* (*nuvola: a. radioattiva, tossica*) cloud

nubifragio [nu·bi·ˈfraː·dʒo] <-gi> *m* downpour

nubile [ˈnuː·bi·le] **I.** *agg* unmarried **II.** *f* unmarried woman

nuca [ˈnuː·ka] <-che> *f* nape

nucleare [nu·kle·ˈaː·re] *agg* nuclear

nucleo [ˈnuː·kleo] *m* **1.** SCIENT nucleus **2.** *fig* (*gruppo*) unit

nudismo [nu·ˈdiz·mo] *m* nudism

nudista [nu·ˈdis·ta] <-i *m*, -e *f*> *agg, mf* nudist

nudo [ˈnuː·do] *m* nude

nudo, -a *agg* **1.** (*persona*) naked; (*piedi, gambe*) bare **2.** *fig* **a occhio ~** with the naked eye; **mettere a ~ qc** *fig* to reveal sth

nulla [ˈnul·la] **I.** <inv> *pron v.* **niente** **II.** *avv* **non contare ~** to count for nothing **III.** *m* nothing

nullaosta, nulla osta [nul·la·ˈɔs·ta] <-> *m* authorization

nullità [nul·li·ˈta] <-> *f* **1.** DIR nullity **2.** (*persona*) nonentity

nullo, -a [ˈnul·lo] *agg* **1.** (*non valido*) null and void **2.** SPORT disallowed

numerale [nu·me·ˈraː·le] *agg, m* numeral

numerare [nu·me·ˈraː·re] *vt* **1.** (*segnare con un numero*) to number **2.** (*quantificare*) to count

numerazione [nu·me·ra·ˈtsioː·ne] *f* numbering

numerico, -a [nu·ˈmɛː·ri·ko] <-ci, -che> *agg* numerical

numero [ˈnuː·me·ro] *m* **1.** *gener* number; **~ civico** street number; **~ di telefono** phone number; **~ verde** TEL toll-free number; **chiamare un ~** TEL to ring a number; **sbagliare ~** TEL to dial a wrong number; **dare i -i** *inf* to go out of one's head **2.** (*quantità*) number; **far ~** *a. fig* to make up the numbers; **in gran ~** in large numbers; **~ chiuso** UNIV *restricted number of places* **3.** (*di giornale, rivista*) issue; **-i arretrati** back issues **4.** (*di*

N

spettacolo) number **5.** (*di scarpe*) size; **che ~ (di scarpe) porti?** what's your shoe size? **6.** LING number

numeroso, -a [nu·me·'roː·so] *agg* **1.** (*famiglia, pubblico*) large **2.** *pl* many; **-e possibilità** many chances

nuocere ['nuɔː·tʃe·re] <nuoccio, nocqui, nociuto> *vi* to be harmful; **~ a qu/qc** to harm sb/sth

nuora ['nuɔː·ra] *f* daughter-in-law

nuorese [nuo·'reː·se] **I.** *agg* from Nuoro **II.** *mf* (*abitante*) person from Nuoro

Nuoro *f* Nuoro *city in Sardinia*

nuotare [nuo·'taː·re] *vi* to swim; **~ a farfalla** to swim butterfly (stroke); **~ a rana** to swim breaststroke

nuotatore, -trice [nuo·ta·'toː·re] *m, f* swimmer

nuoto [ɔː·to] *m* swimming

nuova ['nuɔː·va] *f* **nessuna ~, buona ~** *prov* no news is good news

Nuova Zelanda ['nuɔː·va ddze·'lan·da] *f* New Zealand

nuovo ['nuɔː·vo] *m* (*novità*) **che c'è di ~?** what's new?

nuovo, -a <più nuovo, nuovissimo> *agg* new; **~ fiammante** [*o* **di zecca**] brand new; **questa è -a!** that's quite something!; **di ~** (*ancora*) again

nutriente [nu·tri·'ɛn·te] *agg* nutritious

nutrimento [nu·tri·'men·to] *m* nourishment

nutrire [nu·'triː·re] **I.** *vt* **1.** (*alimentare*) to feed **2.** *fig* (*mente*) to nourish; (*fiducia*) to foster; (*odio*) to harbor **II.** *vr:* **-rsi** to feed; **-rsi di** to feed on

nutrito, -a [nu·'triː·to] *agg* **ben ~** well-nourished; **mal ~** malnourished

nutrizione [nu·tri·'tsioː·ne] *f* **1.** (*atto del nutrire*) nutrition **2.** (*cibo*) nourishment

nuvola ['nuː·vo·la] *f* cloud; **avere la testa tra le -e** *inf* to have one's head in the clouds; **cadere** [*o* **cascare**] **dalle -e** *inf* to come down to earth with a bang

nuvoloso, -a [nu·vo·'loː·so] *agg* cloudy

nuziale [nu·'tsiaː·le] *agg* (*festa, rito*) wedding; **anello ~** wedding ring

O

O, o [ɔ] <-> *f* O, o; **~ come Otranto** O for Oscar

o [o] <davanti a vocale spesso *od*> *cong* **1.** (*oppure*) or **2.** (*ossia, vale a dire*) or; **~ ... ~** either ... or

O *abbr di* **ovest** W

oasi ['ɔː·a·zi] <-> *f* oasis

obbediente [ob·be·'diɛn·te] *agg v.* **ubbidiente**

obbligare [ob·bli·'gaː·re] *vt* **1.** (*costringere*) to force; **~ qu a fare qc** to make sb do sth **2.** (*vincolare*) to compel

obbligato, -a [ob·bli·'gaː·to] *agg* **1.** (*costretto*) obliged **2.** (*vincolato*) bound **3.** (*per riconoscenza*) indebted **4.** (*inevitabile: percorso, tappa*) obligatory

obbligatorio, -a [ob·bli·ga·'tɔːr·io] <-i, -ie> *agg* compulsory

obbligazione [ob·bli·gat·'tsioː·ne] *f* FIN bond

obbligo ['ɔb·bli·go] <-ghi> *m* obligation; **scuola dell'~** compulsory education; **essere in** [*o* **avere l'**]**~ di fare qc** to be obliged to do sth; **sentirsi in ~** to feel indebted to sb

obbrobrioso, -a [ob·bro·'brioː·so] *agg* **1.** (*vergognoso*) shameful **2.** (*brutto*) ugly

obelisco [o·be·'lis·ko] <-schi> *m* obelisk

oberato, -a [o·be·'raː·to] *agg* **1.** (*di debiti*) overburdened **2.** *fig* (*sovraccarico*) overloaded

obeso, -a [o·'bɛː·zo] *agg* obese

obiettare [o·biet·'taː·re] *vt* to object

obiettivo [ob·iet·'tiː·vo] *m* **1.** FOTO lens **2.** MIL (*bersaglio*) target **3.** (*scopo*) objective

obiettivo, -a *agg* (*imparziale*) objective

obiettore, -trice [ob·iet·'toː·re] *m, f* **~ (di coscienza)** conscientious objector

obiezione [ob·iet·'tsioː·ne] *f* objection

obitorio [o·bi·'tɔː·rio] <-i> *m* mortuary

obliquo, -a [ob·'liː·kuo] *agg* (*sghembo: lato, parete*) oblique

obliterare [ob·li·te·'raː·re] *vt* (*biglietto*) to stamp

obliteratrice [ob·li·te·ra·'triː·tʃe] *f* (*di biglietti*) ticket stamping machine

oblò [or·'blɔ] <-> *m* (*di nave*) porthole; (*di aereo*) window

obsoleto, -a [ob·so·'lɛː·to] *agg* obsolete

oca ['ɔː·ka] <oche> *f* ZOO goose; **pelle d'~** *fig* goose bumps *pl*

occasionale [ok·ka·zio·'naː·le] *agg* **1.** (*saltuario: lavoro*) occasional **2.** (*per caso: incontro*) chance

occasione [ok·ka·'zioː·ne] *f* **1.** (*opportunità*) opportunity; **cogliere l'~** to take the opportunity; **perdere un'~** to miss an opportunity **2.** COM (*affare*) bargain; **auto d'~** bargain car **3.** (*circostanza*) occasion; **adatto all'~** suitable to the occasion; **in ~ di ...** on the occasion of ...; **per l'~** for the occasion **4.** (*motivo*) cause

occhi *pl di* **occhio**

occhiali [ok·'kiaː·li] *mpl* glasses *pl;* **~ da sole** sunglasses

occhiata [ok·'kiaː·ta] *f* glance; **dare un'~ a qc** to take a look at sth; (*a giornale*) to take a quick look at; (*a bambini*) to check on; **lanciare un'~ a qu** to glance at sb

occhio ['ɔk·kio] <-chi> *m* ANAT eye; **a colpo d'~** at a glance; **costare un ~ della testa** to cost an arm and a leg; **dare nell'~** to attract attention; **non perdere d'~** not to lose sight of; **vedere di buon ~ qu** to look kindly on sb; **a ~** at a glance; **a ~ e croce** at an estimate; **avere ~** to have a good eye; **a -chi chiusi** *fig* with one's eyes closed; **in un batter d'~** in a flash; **~!** watch out!

occhiolino [ok·kio·'liː·no] *m* **fare l'~ a qu** to wink at sb

occidentale [ot·tʃi·den·'taː·le] **I.** *agg* **1.** (*lato, confine*) western **2.** (*civiltà mondo*) Western **II.** *mf* Westerner

occidente [ot·tʃi·'dɛn·te] *m* west; **a ~ di** to the west of

occludere [ok·'kluː·de·re] <occludo, occlusi, occluso> *vt* (*arteria, passaggio, tubo*) to block

occlusione [ok·klu·'zioː·ne] *f* MED obstruction; **~ intestinale** gastrointestinal obstruction

occluso [ok·'kluː·zo] *pp di* **occludere**

occorrente [ok·kor·'rɛn·te] *m* materials *pl*

occorrenza [ok·kor·'rɛn·tsa] *f* **all'~** if necessary

occorrere [ok·'kor·re·re] <irr> *vi essere* **1.** (*essere necessario*) to be needed; **mi occorre del latte** I need some milk **2.** (*impersonale*) **occorre ...** *+inf* it's necessary to ...; **occorre che ...** *+cong* it is necessary that ...; **non occorre ...** *+inf* there's no need to ...

occultare [ok·kul·'taː·re] *vt* **1.** (*nascondere*) to hide **2.** *fig* to conceal

occulto, -a [ok·'kul·to] *agg* (*scienze, forze*) occult

occupante [ok·ku·'pan·te] *mf* (*di veicolo, edificio*) occupant

occupare [ok·ku·'paː·re] **I.** *vt* **1.** (*casa, fabbrica, scuola*) MIL to occupy **2.** (*riempire: spazio*) to take up **3.** (*ricoprire: carica*) to hold **II.** *vr:* **-rsi 1.** (*interessarsi*) **-rsi di qc** to be involved in **2.** (*prendersi cura*) **-rsi di qu** to look after sb **3.** (*impicciarsi*) **-rsi di qc** to interfere with sth; **occupati dei fatti tuoi** mind your own business

occupato, -a [ok·ku·'paː·to] *agg* **1.** (*posto*) taken **2.** (*telefono, linea*) busy; (*affaccendato*) busy **3.** (*impiegato*) employed

occupazione [ok·ku·pat·'tsioː·ne] *f* **1.** (*di casa, fabbrica, scuola*) MIL occupation **2.** (*impiego*) job **3.** (*attività*) pastime **4.** (*lavoro*) employment

oceano [o·'tʃɛː·a·no] *m* GEOG ocean

oche *pl di* **oca**

OCSE *f abbr di* **Organizzazione per la Cooperazione e lo Sviluppo Economico** OECD

oculare [o·ku·'laː·re] *agg* (*nervo*) ocular; **bulbo ~** eyebulb; **testimone ~** eyewitness

oculista [o·ku·'lis·ta] <-i *m*, -e *f*> *mf* opthalmologist

od [od] *cong* = **o** *or*

odiare [o·'diaː·re] *vt* to hate

odierno, -a [o·'diɛr·no] *agg* **1.** (*riunione, seduta*) today's **2.** (*società*) present-day

odio ['ɔː·dio] <-i> *m* hatred

odioso, -a [o·'dioː·so] *agg* **1.** (*detestabile*) unpleasant **2.** (*antipatico: persona*) dislikable

odissea [o·dis·ˈsɛː·a] *f fig* odyssey
odo [ˈɔː·do] *1. pers sing pr di* **udire**
odontoiatra [o·don·to·ˈiaː·tra] <-i *m*, -e *f*> *mf* dentist
odontoiatria [o·don·to·ia·ˈtriː·a] <-ie> *f* dentistry
odontotecnico, -a [o·don·to·ˈtɛk·ni·ko] <-ci, -che> *m, f* dental technician
odorare [o·do·ˈraː·re] *vi* ~ **di qc** to smell of sth
odorato [o·do·ˈraː·to] *m* sense of smell
odore [o·ˈdoː·re] *m* **1.** (*esalazione*) smell; **sentire ~ di qc** to smell sth **2.** *fig* (*sentore*) scent **3.** *pl* CULIN (*spezie*) herbs *pl*
offendere [of·ˈfɛn·de·re] <offendo, offesi, offeso> **I.** *vt* (*persona*) to offend **II.** *vr:* **-rsi 1.** (*risentirsi*) to take offense **2.** (*insultarsi*) to insult each other
offensiva [of·fen·ˈsiː·va] *f* **1.** MIL offensive **2.** POL campaign
offensivo, -a [of·fen·ˈsiː·vo] *agg a.* MIL offensive
offersi [of·ˈfɛr·si] *1. pers sing pass rem di* **offrire**
offerta [of·ˈfɛr·ta] *f* **1.** (*proposta*) offer; **~ di lavoro** job offer **2.** COM supply; **domanda e ~** supply and demand **3.** (*donazione*) donation; (*obolo*) offering
offerto [of·ˈfɛr·to] *pp di* **offrire**
offesa [of·ˈfeː·sa] *f* (*insulto*) insult
offesi [of·ˈfeː·si] *1. pers sing pass rem di* **offendere**
offeso, -a [of·ˈfeː·so] **I.** *pp di* **offendere II.** *agg* (*insultato*) insulted **III.** *m, f* offended person; **fare l'~** to take offense
officina [of·fi·ˈtʃiː·na] *f* **1.** (*fabbrica*) workshop **2.** (*per auto*) garage
offrire [of·ˈfriː·re] <offro, offersi *o* offrii, offerto> **I.** *vt* **1.** (*gener*) to offer; **chi mi offre una sigaretta?** has anyone got a cigarette? **2.** (*fornire: pretesto, appiglio, scusa*) to provide **3.** (*regalare*) to give **4.** *fam* (*pagare*) to pay; **oggi offre lui** he's paying today **II.** *vr:* **-rsi** to offer oneself
offuscare [of·fus·ˈkaː·re] *vt* **1.** (*oscurare: luce, vista*) to obscure **2.** *fig* (*mente*) to cloud
oggettivo, -a [od·dʒet·ˈtiː·vo] *agg* (*reale, obiettivo*) objective
oggetto [od·ˈdʒɛt·to] *m* **1.** (*cosa, scopo*) LING object; **-i preziosi** valuables; (*complemento ~*) direct object **2.** (*argomento*) subject; **~ del discorso** subject of the speech **3.** ADM (*nelle lettere*) re:
oggi [ˈɔd·dʒi] **I.** *avv* today; **~ stesso** today **II.** *m* today; **il giornale di ~** today's paper; **al giorno d'~** nowadays
oggigiorno [od·dʒi·ˈdʒor·no] *avv* nowadays
OGM *v.* **Organismi Geneticamente Modificati** GMO
ogni [ˈoɲ·ɲi] <inv, solo al sing> *agg* every; **uno ~ dieci** one in ten; **~ tre giorni** every three days; **~ tanto** now and then; **~ momento** all the time; **ad ~ modo** at any rate; **con ~ mezzo** with every means available; **in ~ caso** in any case; **in ~ luogo** everywhere; **in ~ modo** in every way
Ognissanti [oɲ·ɲis·ˈsan·ti] <-> *m* All Saints' Day
ognuno, -a [oɲ·ˈɲuː·no] <*sing*> *pron indef* everyone; **~ di noi/voi** each of us/you
ohimè [oi·ˈmɛ] *inter* oh dear
Olanda [o·ˈlan·da] *f* **l'~** Holland
olandese[1] [o·lan·ˈdeː·se] <*sing*> *m* (*lingua*) Dutch
olandese[2] **I.** *agg* Dutch **II.** *mf* Dutchman *m*, Dutchwoman *f*
oleodotto [o·le·o·ˈdot·to] *m* oil pipeline
oleoso, -a [o·le·ˈoː·so] *agg* oily
olfatto [ol·ˈfat·to] *m* sense of smell
oliare [o·ˈliaː·re] *vt* **1.** (*motore, ingranaggi*) to oil **2.** CULIN to grease
oliera [o·ˈliɛː·ra] *f* oil jug
olimpiade [o·lim·ˈpiː·a·de] *f* Olympic Games *pl*
olimpico, -a [o·ˈlim·pi·ko] <-ci, -che> *agg* Olympic
olimpionico, -a [o·lim·ˈpiɔː·ni·ko] <-ci, -che> **I.** *agg* (*campione, piscina*) Olympic **II.** *m, f* Olympic athlete
olio [ˈɔː·lio] <-i> *m* oil; **~ abbronzante** suntan lotion; **~ essenziale** essential oil; **~ di oliva** olive oil; **~ di semi** corn oil; **quadro ad ~** oil painting; **sott'~** CULIN in oil
oliva[1] [o·ˈliː·va] *f* olive

oliva[2] <inv> *agg* ~ **oliva** (*colore*) olive green

oliveto [o·li·'vɛː·to] *m* olive grove

olivo [o·'liː·vo] *m* BOT olive tree

olmo ['ol·mo] *m* BOT elm

olocausto [o·lo·'kaːus·to] *m* HIST holocaust

oltraggio [ol·'trad·dʒo] <-ggi> *m* offense; ~ **a pubblico ufficiale** insulting a public official

oltraggioso, -a [ol·trad·'dʒoː·so] *agg* (*parole, scritte*) offensive

oltranza [ol·'tran·tsa] *f* **ad** ~ to the last

oltre ['ol·tre] **I.** *avv* **1.** (*di tempo*) longer **2.** (*di luogo*) further; **andare** ~ to go further; **andare troppo** ~ *fig* to go too far **II.** *prep* **1.** (*dall'altra parte di*) beyond **2.** (*più avanti di*) more than; **non ~ il 15 giugno** no later than June 15 **3.** (*in più, eccetto*) ~ **a** apart from

oltremanica [ol·tre·'maː·ni·ka] **I.** <*sing*> *m* GEOG **d'~** British **II.** *avv* **1.** (*stato in luogo*) in Britain **2.** (*moto a luogo*) to Britain

oltrepassare [ol·tre·pas·'saː·re] *vt* **1.** (*superare*) to cross **2.** *fig* (*limite, soglia*) to exceed

omaggio[1] [o·'mad·dʒo] <-ggi> *m* **1.** (*offerta*) gift; **in** ~ complimentary **2.** *fig* (*segno di rispetto*) tribute; **rendere ~ a qu** to pay homage to sb **3.** *pl* (*ossequi*) regards *pl;* **gradisca i miei -ggi** kindest regards

omaggio[2] <inv> *agg* complimentary

ombelicale [om·be·li·'kaː·le] *agg* umbilical; **cordone** ~ umbilical cord

ombelico [om·be·'liː·ko] <-chi> *m* navel

ombra ['om·bra] *f* **1.** (*zona non illuminata*) shade; **all'~ di** in the shade of **2.** *fig* (*oscurità*) darkness; **restare nell'~** to stay in the background **3.** (*sagoma*) shadow; **senz'~ di dubbio** *fig* without a shadow of a doubt

ombrello [om·'brɛl·lo] *m* umbrella

ombrellone [om·brel·'loː·ne] *m* (*per spiaggia*) beach umbrella

ombretto [om·'bret·to] *m* eye shadow

ombroso, -a [om·'broː·so] *agg* **1.** (*luogo*) shady **2.** (*albero, fronde*) shady

omeopatia [o·me·o·pa·'tiː·a] <-ie> *f* homeopathy

omeopatico [o·me·o·'paː·ti·ko] <-ci, -che> *agg* (*cura, medicina*) homeopathic

omertà [o·mer·'ta] <-> *f code of silence*

omettere [o·'met·te·re] <irr> *vt* (*tralasciare*) to omit; ~ **di dire/fare qc** to fail to say/do sth

omicida [o·mi·'tʃiː·da] <-i *m*, -e *f*> **I.** *mf* murderer **II.** *agg* (*follia, mire, padre*) murderous

omicidio [o·mi·'tʃiː·dio] <-i> *m* homicide; ~ **colposo** negligent homicide; ~ **premeditato** premeditated murder

omisi *1. pers sing pass rem di* **omettere**

omissione [o·mis·'sioː·ne] *f* **1.** (*dimenticanza*) omission **2.** (*mancata attuazione*) failure; ~ **di soccorso** failure to help

omogeneità [o·mo·dʒe·nei·'ta] <-> *f* **1.** (*di gruppi, materiali*) homogeneity **2.** (*di dati, procedure*) consistency

omogeneizzati [o·mo·dʒe·neid·'dzaː·ti] *mpl* (*alimenti*) baby food

omogeneizzato, -a [o·mo·dʒe·neid·'dzaː·to] *agg* (*pollo, pesce, latte*) homogenized

omogeneo, -a [o·mo·'dʒɛː·ne·o] *agg* homogeneous

omografo, -a *agg* LING homographic

omologazione [o·mo·lo·gat·'tsioː·ne] *f* **1.** (*di autoveicoli*) homologation **2.** (*riconoscimento: di risultato*) recognition

omonimia [o·mo·ni·'miː·a] <-ie> *f a.* LING homonymy

omonimo [o·'mɔː·ni·mo] *m* LING homonym

omonimo, -a **I.** *agg a.* LING homonymous **II.** *m, f* namesake

omosessuale [o·mo·ses·su·'aː·le] *agg, mf* homosexual

onda ['on·da] *f* **1.** (*del mare*) wave; **-e corte/lunghe/medie** short/long/medium waves; **andare in** ~ TV, RADIO to be broadcast; **mandare in** ~ TV, RADIO to broadcast **2.** (*loc*) ~ **verde** (*semafori*) synchronized traffic lights

ondata [on·'daː·ta] *f* (*di mare*) wave

ondulato, -a [on·du·'laː·to] *agg* (*capelli*) wavy; (*cartone, lamiera*) corrugated

onere ['ɔː·ne·re] *m* **1.** (*obbligo*) burden;

~ **fiscale** tax burden **2.** (*responsabilità*) responsibility

oneroso, **-a** [o·ne·'roː·so] *agg* burdensome

onestà [o·nes·'ta] <-> *f* honesty; **in tutta ~** in all honesty

onestamente [o·nes·ta·'men·te] *avv* honestly

onesto, **-a** [o·'nɛs·to] *agg* **1.** (*retto: persona*) honest **2.** (*decoroso: prezzo*) fair

onnipotente [on·ni·po·'tɛn·te] *agg* omnipotent

onnipresente [on·ni·pre·'zɛn·te] *agg* omnipresent

onnivoro, **-a** *agg* omnivorous

onomastico [o·no·'mas·ti·ko] *m* (*festa*) name day

onomatopeico, **-a** [o·no·ma·to·'pɛː·i·ko] <-ci, -che> *agg* LING onomatopoeic

onorare [o·no·'raː·re] *vt* **1.** (*rendere onore a*) to honor **2.** REL (*venerare, adorare*) to honor **3.** (*rispettare: impegno*) to fulfill

onorario [o·no·'raː·rio] *m* fee

onorario, **-a** <-i, -ie> *agg* (*console, cittadino*) honorary

onore [o·'noː·re] *m* **1.** (*gener*) honor; **parola d'~** word of honor; **uomo d'~** man of honor; **ho l'~ di presentarLe …** I have the honor of introducing …; **Vostro Onore** Your Honor **2.** (*gloria*) glory; **farsi ~ in qc** to distinguish oneself in sth; **fare ~ a qc** to honor sth; (*cucina*) to do justice to sth **3.** (*omaggio*) tribute; **in ~ di** in honor of; **damigella d'~** bridesmaid

onorevole [o·no·'reː·vo·le] **I.** *agg* **1.** (*degno di onore*) honorable **2.** (*parlamentare*) Honorable **II.** *mf Member of the Italian Parliament*

onorificenza [o·no·ri·fi·'tʃɛn·tsa] *f* (*decorazione*) distinction

ONU ['ɔː·nu] *f v.* **Organizzazione delle Nazioni Unite** UN

opaco, **-a** [o·'paː·ko] <-chi, -che> *agg* **1.** (*vetro, lente*) opaque **2.** (*metallo*) matte

opera ['ɔː·pe·ra] *f* **1.** (*attività, prodotto*) *a.* LIT, ARTE work; **mettersi all'~** to get to work; **è ~ sua** it's his/her work; **-e pubbliche, ~ d'arte** work of art **2.** MUS opera; **~ lirica** opera

operaio, **-a** [o·pe·'raː·io] <-ai, -aie> **I.** *agg* (*sciopero, movimento, lotta*) workers'; **classe -a** working class **II.** *m, f* worker; **~ specializzato** specialist worker

operare [o·pe·'raː·re] **I.** *vt* **1.** (*fare: controllo*) to exercise; (*scelta, taglio*) to make **2.** MED (*paziente*) to operate on **II.** *vr:* **-rsi** MED to be operated on

operativo, **-a** [o·pe·ra·'tiː·vo] *agg* operative; **ricerca -a** operational research

operato [o·pe·'raː·to] *m* actions *pl*

operatore, **-trice** [o·pe·ra·'toː·re] *m, f* **1.** (*specialista*) operator; **~ sociale** social worker; **~ turistico** tour operator **2.** TV, FILM cameraman

operazione [o·pe·rat·'tsioː·ne] *f* MAT, MED, MIL, COM operation

opinione [o·pi·'nioː·ne] *f* opinion; **~ pubblica** public opinion

opinionista [o·pi·nio·'nis·ta] <-i *m*, -e *f*> *mf* columnist

oppio ['ɔp·pio] <-i> *m* opium

opporre [op·'por·re] <irr> **I.** *vt* **1.** (*argomenti, rifiuto*) to oppose **2.** (*resistenza*) to offer **II.** *vr* **-rsi a qu/qc** to oppose sb/sth

opportunismo [op·por·tu·'niz·mo] *m* opportunism

opportunista [op·por·tu·'nis·ta] <-i *m*, -e *f*> *mf* opportunist

opportunità [op·por·tu·ni·'ta] <-> *f* **1.** (*occasione*) opportunity **2.** (*utilità*) advisability

opportuno, **-a** [op·por·'tuː·no] *agg* (*adatto*) advisable

opposi *1. pers sing pass rem di* **opporre**

oppositore, **-trice** [op·po·zi·'toː·re] *m, f* opponent

opposizione [op·po·zit·'tsioː·ne] *f* (*resistenza*) *a.* POL opposition

opposto [op·'pos·to] *m* opposite

opposto, **-a** *agg* opposite

oppressi [op·'prɛs·si] *1. pers sing pass rem di* **opprimere**

oppressione [op·pres·'sioː·ne] *f* **1.** (*sopraffazione*) oppression **2.** (*sensazione*) constriction

oppresso, **-a** [op·'prɛs·so] **I.** *pp di* **op-**

primere **II.** *agg* (*popolo*) oppressed

oppressore [op·pres·'soː·re] *m* oppressor

opprimente [op·pri·'mɛn·te] *agg* **1.** (*caldo*) oppressive **2.** (*persona*) overbearing

opprimere [op·'priː·me·re] <opprimo, oppressi, oppresso> *vt a. fig* to oppress

oppure [op·'puː·re] *cong* **1.** (*o*) or **2.** (*altrimenti*) otherwise

optare [op·'taː·re] *vi* ~ **per qc** to choose sth

opuscolo [o·'pus·ko·lo] *m* pamphlet

opzionale [op·tsio·'naː·le] *agg* optional

opzione [op·'tsioː·ne] *f* option

ora[1] ['oː·ra] **I.** *avv* **1.** (*adesso*) now; **d'~ in avanti** [*o* **in poi**] from now on **2.** (*poco fa*) (just) now **3.** (*tra poco*) (right) now **II.** *cong* **1.** (*invece*) but **2.** (*dunque, allora*) now

ora[2] *f* **1.** (*unità*) hour; **a -e** by the hour; **correre a cento all'~** to do sixty miles an hour; **tra mezz'~** in half an hour; **per -e e -e** for hours **2.** (*nelle indicazioni temporali*) time; ~ **legale** daylight-saving time; ~ **locale** local time; **che ~ è — è l'una** what's the time? — (it's) one o'clock; **che -e sono? — sono le quattro** what's the time? — (it's) four o'clock **3.** *fig* (*momento*) time; **di buon'~** in good time; **è ~ di partire** it's time to leave; **era ora!** about time!; **far le -e piccole** to stay up late; **non veder l'~ di ...** *+inf* not to be able to wait to ...

orafo, -a ['ɔː·ra·fo] *m, f* goldsmith

orale [o·'raː·le] **I.** *agg* oral; **per via ~** orally; **prova ~** oral exam **II.** *m* oral

oramai [o·ra·'maː·i] *avv v.* **ormai**

orario [o·'raː·rio] <-i> *m* **1.** (*di lavoro, ufficio, negozio*) hours *pl;* ~ **continuato** all-day opening; ~ **elastico** [*o* **flessibile**] flextime; ~ **d'apertura dei negozi** opening hours; ~ **di lavoro** working hours; ~ **delle visite** visiting hours; ~ **d'ufficio** office hours **2.** AERO, FERR, SCOL timetable; **in ~** on time

orario, -a <-i, -ie> *agg* **1.** (*di ora, delle ore*) time; **disco ~** parking disk; **fascia ~** time slot; **fuso ~** time zone **2.** (*all'ora: retribuzione, paga*) hourly **3.** (*dell'orologio*) **in senso ~** clockwise

oratore, -trice [o·ra·'toː·re] *m, f* orator

orbita ['ɔr·bi·ta] *f* **1.** ASTR, PHYS orbit **2.** ANAT socket

orca ['ɔr·ka] <-che> *f* ZOO killer whale

orchestra [or·'kɛs·tra] *f* orchestra

orchestrale [or·kes·'traː·le] **I.** *agg* orchestral **II.** *mf* orchestral musician

orchidea [or·ki·'dɛː·a] *f* orchid

orco ['ɔr·ko] <-chi> *m* (*nelle fiabe*) ogre

ordigno [or·'diɲ·ɲo] *m* **1.** (*congegno*) device **2.** (*bomba*) bomb; ~ **esplosivo** explosive device

ordinale [or·di·'naː·le] *agg* ordinal

ordinare [or·di·'naː·re] *vt* **1.** (*gener*) to order **2.** (*mettere in ordine*) to organize

ordinario [or·di·'naː·rio] <-i> *m* **1.** (*normalità*) **fuori dell'~** out of the ordinary **2.** (*professore di ruolo*) full professor

ordinario, -a <-i, -ie> *agg* **1.** (*normale*) ordinary; **tariffa -a** standard rate **2.** (*di ruolo: docente*) full **3.** (*grossolano*) vulgar

ordinato, -a [or·di·'naː·to] *agg* (*persona, casa*) tidy

ordinazione [or·di·nat·'tsioː·ne] *f* COM (*al bar, ristorante*) order; **su ~** to order

ordine ['or·di·ne] *m* **1.** (*gener*) order; ~ **alfabetico** alphabetic order; **mettere ~** to tidy up; **richiamare qu all'~** to call sb to order; **con ~** in an orderly fashion; ~ **del giorno** agenda; **parola d'~** password; **agli -i!** yes, sir!; **per ~ di** by order of; ~ **di pagamento** payment order **2.** (*qualità*) quality; **di prim'~** first-rate; **d'infimo ~** poor quality

orecchia [o·'rek·kia] <-cchie> *f* ANAT ear; *v. a.* **orecchio**

orecchiabile [o·rek·'kiaː·bi·le] *agg* (*musica, canzone*) catchy

orecchino [o·rek·'kiː·no] *m* (*gioiello*) earring

orecchio [o·'rek·kio] <-cchi *m*, -cchie *f*> *m* **1.** ANAT (*per la musica*) ear; **avere molto ~** to have a very good ear; **cantare a ~** to sing by ear **2.** (*udito*) hearing **3.** (*loc*) **essere duro d'-cchi** to be hard of hearing; **tirare le -cchie a qu** to give sb a slap on the wrist; **aprir bene le -cchie** to prick up one's ears; **essere tutt'-cchi** to be all ears

orecchioni [o·rek·'kioː·ni] *mpl fam* mumps *sing*

orefice [o·'reː·fi·tʃe] *mf* **1.** (*artigiano*) goldsmith **2.** (*negoziante*) jeweler

oreficeria [o·re·fi·tʃe·'riː·a] <-ie> *f* **1.** (*arte*) goldwork **2.** (*laboratorio*) goldsmith's workshop **3.** (*negozio*) goldsmith's

orfano, -a ['ɔr·fa·no] **I.** *agg* orphan; **essere ~ di madre** to have lost one's mother **II.** *m, f* orphan

orfanotrofio [or·fa·no·'trɔː·fio] <-i> *m* orphanage

organico [or·'gaː·ni·ko] <-ci> *m* **1.** ADM (*personale*) staff **2.** MIL (*personale*) members *pl*

organico, -a <-ci, -che> *agg* **1.** (*di organismi, organi*) organic **2.** *fig* (*strutturato*) comprehensive

organismo [or·ga·'niz·mo] *m* **1.** (*essere vivente*) organism **2.** (*corpo umano*) body **3.** *fig* (*ente*) body

organizzare [or·ga·nid·'dzaː·re] **I.** *vt* to organize **II.** *vr:* **-rsi** to organize oneself

organizzativo, -a [or·ga·nid·dza·'tiː·vo] *agg* **1.** (*capacità aspetto*) organizational **2.** (*comitato, segreteria*) organizing

organizzato, -a [or·ga·nid·'dzaː·to] *agg* organized; **viaggio ~** package tour

organizzatore, -trice [or·ga·nid·dza·'toː·re] **I.** *agg* (*comitato, segreteria*) organizing **II.** *m, f* organizer

organizzazione [or·ga·nid·dzat·'tsioː·ne] *f* organization

organo ['ɔr·ga·no] *m* **1.** ANAT, MUS organ **2.** TEC component **3.** (*ente*) body

orgasmo [or·'gaz·mo] *m* orgasm

orgia ['ɔr·dʒa] <-ge *o* -gie> *f* orgy

orgoglio [or·'goʎ·ʎo] <-gli> *m* **1.** (*superbia*) pride **2.** (*motivo di vanto*) pride

orgoglioso, -a [or·goʎ·'ʎoː·so] *agg* proud

orientale [o·rien·'taː·le] *agg* **1.** (*a est: parte, frontiera, lato*) eastern **2.** (*civiltà, popolazioni*) oriental

orientamento [o·rien·ta·'men·to] *m* **1.** (*gener*) orientation; **perdere l'~** to lose one's bearings **2.** (*scelta di indirizzo*) guidance; **~ professionale** guidance counseling

orientare [o·rien·'taː·re] **I.** *vt* **1.** (*disporre*) to point; **~ qc verso l'alto** to point sth upwards **2.** *fig* (*indirizzare*) to direct; **~ qu verso** [*o* **a**] **qc** to direct sb towards sth **II.** *vr:* **-rsi 1.** (*orizzontarsi*) to find one's bearings **2.** (*indirizzarsi*) **-rsi verso qc** to opt for sth

orientativo, -a [o·rien·ta·'tiː·vo] *agg* **1.** (*indicativo*) indicative; **a titolo ~** as a guideline **2.** (*per orientarsi: corso, test*) guidance

oriente [o·'riɛn·te] *m* **1.** (*est*) east **2.** (*civiltà*) East; **l'Estremo ~** the Far East; **il Medio ~** the Middle East

origami [o·ri·'ga·mi] <-> *m* ARTE origami

origano [o·'riː·ga·no] *m* **1.** (*pianta*) wild marjoram **2.** (*spezia*) oregano

originale [o·ri·dʒi·'naː·le] **I.** *agg* **1.** (*opera, peccato, idea*) original **2.** (*stravagante: persona*) eccentric **II.** *mf* eccentric

originalità [o·ri·dʒi·na·li·'ta] <-> *f* **1.** (*autenticità*) authenticity **2.** (*novità*) originality **3.** (*stravaganza*) eccentricity

originare [o·ri·dʒi·'naː·re] *vt* (*causare*) to give rise to

originario, -a [o·ri·dʒi·'naː·rio] <-i, -ie> *agg* (*proveniente*) native; **essere ~ di** to come from

origine [o·'riː·dʒi·ne] *f* **1.** (*gener*) origin; **dare ~ a qc** to give rise to sth; **in ~** originally; **ha ~ da** it has it's origins in **2.** *pl* origins *pl*

origliare [o·riʎ·'ʎaː·re] *vi* to eavesdrop

orina [o·'riː·na] *f* urine

orinare [o·ri·'naː·re] *vi* to urinate

oristanese [o·ris·ta·'neː·se] **I.** *agg* from Oristano **II.** *mf* (*abitante*) person from Oristano

Oristano [o·ri·'staː·no] *f* Oristano *city in Sardina*

orizzontale [o·rid·dzon·'taː·le] *agg* horizontal

orizzonte [o·rid·'dzon·te] *m* **1.** GEO horizon; **giro d'~** to survey the horizon **2.** *fig* (*prospettiva*) opportunity

orlo ['or·lo] *m* **1.** (*margine*) edge **2.** (*di tessuto*) hem **3.** *fig* (*di pazzia*) brink

orma ['or·ma] *f* **1.** (*di persona*) footprint **2.** (*di animale*) track **3.** *fig* footstep; **seguire** [*o* **calcare**] **le -e di qu** to follow in sb's footsteps

ormai [or·'maː·i] *avv* **1.** (*a questo punto*)

now **2.** (*a quel punto*) by then **3.** (*giò*) already

ormeggiare [or·med·'dʒaː·re] *vt* NAUT to moor

ormeggio [or·'med·dʒo] <-ggi> *m* NAUT (*manovra, luogo*) mooring

ormonale [or·mo·'naː·le] *agg* hormonal

ormone [or·'moː·ne] *m* hormone

ornamentale [or·na·men·'taː·le] *agg* ornamental

ornamento [or·na·'men·to] *m* (*decorazione*) ornament

ornare [or·'naː·re] *vt* (*abbellire: abito, tavola*) to decorate

oro ['ɔː·ro] *m* **1.** (*metallo, colore*) gold; **~ bianco/giallo/rosso** white/yellow/red gold; **d'~** gold; **anello/catena d'~** gold ring/chain **2.** (*denaro*) money; **nuotare nell'~** to be rolling in it **3.** *pl* (*oggetti d'~*) gold items *pl*

orologeria [o·ro·lo·dʒe·'riː·a] <-ie> *f* **1.** (*negozio*) watchmaker's (shop) **2.** (*dispositivo*) **bomba a ~** time bomb

orologiaio, -a [o·ro·lod·'dʒaː·io] <-giai, -giaie> *m, f* **1.** (*riparatore*) clock repairer; (*di orologi da polso*) watch repairer **2.** (*negozio*) clock seller's; (*di orologi da polso*) watch seller's

orologio [o·ro·'lɔː·dʒo] <-gi> *m* clock; (*da polso*) watch; **~ da polso** wristwatch; **essere come un ~** *fig* to be as regular as clockwork; **l'~ va avanti/indietro** the click is fast/slow

oroscopo [o·'rɔs·ko·po] *m* ASTR horoscope

orrendo, -a [or·'rɛn·do] *agg* horrible

orribile [or·'riː·bi·le] *agg* **1.** (*atroce*) awful **2.** *fig* (*pessimo: gusto, film*) terrible

orrido, -a *agg* (*aspetto, creatura*) horrible

orrore [or·'roː·re] *m* **1.** (*repulsione, cosa orribile*) horror; **avere ~ di qc** to loathe sth; **gli -i della guerra** the horrors of war **2.** (*terrore*) terror; **film dell'~** horror movie **3.** (*cosa brutta*) fright

orsa ['or·sa] *f* **1.** ZOO bear **2.** ASTR **l'Orsa maggiore/minore** Ursa Major/Minor

orsacchiotto [or·sak·'kiɔt·to] *m* **1.** (*piccolo orso*) bear cub **2.** (*di peluche*) teddy bear

orso ['ors·o] *m* bear; **~ bianco** [*o* **polare**] polar bear; **~ bruno** brown bear; **~ grigio** grizzly bear

ortaggio [or·'tad·dʒo] <-ggi> *m* vegetable

ortica [or·'tiː·ka] <-che> *f* stinging nettle

orticaria [or·ti·'kaː·ria] <-ie> *f* hives *sing*

orto ['ɔr·to] *m* (vegetable) garden; **~ botanico** botanical gardens

ortodosso, -a [or·to·'dɔs·so] *agg a. fig* orthodox

ortofrutticolo, -a [or·to·frut·'tiː·ko·lo] *agg* (*mercato, prodotto*) fruit and vegetable

ortografia [or·to·gra·'fiː·a] *f* spelling

ortografico, -a [or·to·'graː·fi·ko] <-ci, -che> *agg* (*errori, convenzione*) spelling

ortolano, -a [or·to·'laː·no] *m, f* (*venditore*) fresh produce vendor

ortopedico, -a [or·to·'pɛː·di·ko] <-ci, -che> **I.** *agg* (*scarpe, busto*) orthopedic **II.** *m, f* (*medico*) orthopedic surgeon

orzaiolo [or·dza·'iɔː·lo] *m* MED sty

orzo ['ɔr·dzo] *m* barley

osannare [o·zan·'naː·re] *vt* to praise

osare [o·'zaː·re] *vt* to dare; **non oso chiedere** I don't dare ask

oscenità [oʃ·ʃe·ni·'ta] <-> *f* **1.** (*indecenza*) obscenity **2.** (*atto indecente*) indecent act **3.** (*parole indecenti*) obscenity **4.** *fam* (*cosa brutta*) monstrosity

osceno, -a [oʃ·'ʃɛː·no] *agg* **1.** (*indecente: atto, gesto, film*) obscene **2.** *fam* (*bruttissimo*) disgusting

oscillare [oʃ·ʃil·'laː·re] *vi* **1.** PHYS (*pendolo*) to oscillate **2.** (*variare*) to fluctuate

oscillazione [oʃ·ʃil·lat·'tsioː·ne] *f* **1.** PHYS oscillation **2.** (*di prezzo, temperatura*) fluctuation

oscurare [os·ku·'raː·re] **I.** *vt* **1.** (*rendere oscuro: cielo*) to darken **2.** (*rete televisiva*) to block out **II.** *vr:* **-rsi** **1.** (*diventare oscuro*) to darken **2.** *fig* (*vista*) to cloud over

oscurità [os·ku·ri·'ta] <-> *f* (*assenza di luce*) darkness

oscuro [os·'kuː·ro] *m* **essere all'~ di qc** to be in the dark about sth

oscuro, -a *agg* **1.** (*buio: notte, zona*) dark; **camera -a** PHOT dark room **2.** *fig* (*pensiero, testo*) gloomy

ospedale [o·pe·ˈdaː·le] *m* hospital
ospitale [os·pi·ˈtaː·le] *agg* (*persona, casa*) hospitable
ospitalità [os·pi·ta·li·ˈta] <-> *f* **1.** (*caratteristica*) hospitality **2.** (*accoglienza*) hospitality; **dare ~ a qu** to offer hospitality to sb
ospitare [os·pi·ˈtaː·re] *vt* **1.** (*dare ospitalità a*) to accommodate **2.** (*accogliere: convegno*) *a.* SPORT to host **3.** (*contenere: persone, barche*) to hold **4.** (*custodire: quadro, statua*) to house
ospite [ˈɔs·pi·te] *agg, mf* **1.** (*che ospita*) host **2.** (*che è ospitato*) guest
ospizio [os·ˈpit·tsio] <-i> *m* (*per anziani*) nursing home
ossequio [os·ˈsɛ·kui·o] <-qui> *m* **1.** (*rispetto*) respect **2.** *pl* (*saluto*) regards *pl*
osservante [os·ser·ˈvan·te] **I.** *agg* **1.** REL practicing **2.** (*rispettoso*) respectful **II.** *mf* REL churchgoer
osservanza [os·ser·ˈvan·tsa] *f a.* REL observance
osservare [os·ser·ˈvaː·re] *vt* **1.** (*guardare attentamente, rispettare*) to observe **2.** (*rilevare*) to notice
osservatore, **-trice** [os·ser·va·ˈtoː·re] *m, f* observer
osservatorio [os·ser·va·ˈtɔː·rio] <-i> *m* observatory; **~ astronomico** astronomical observatory; **~ meteorologico** weather station
osservazione [os·ser·vat·ˈtsioː·ne] *f* **1.** (*atto, considerazione*) observation; **spirito di ~** power of observation **2.** (*rimprovero*) reproach
ossessionante [os·ses·sio·ˈnan·te] *agg* **1. desiderio, idea, ricordo** all-consuming **2.** (*persona*) obsessive **3.** (*danza, musica*) haunting
ossessionare [os·ses·sio·ˈnaː·re] *vt* **1.** (*tormentare: ricordo, idea*) to obsess **2.** (*infastidire: persona*) to pester
ossessione [os·ses·ˈsioː·ne] *f* obsession; **avere l'~ di qc** to be obsessed with sth
ossessivo, **-a** [os·ses·ˈsiː·vo] *agg* **1.** PSYCH obsessive **2.** (*ritmo, musica*) haunting
ossesso, **-a** [os·ˈsɛs·so] *m, f* (*indemoniato*) possessed person
ossia [os·ˈsiː·a] *cong* that is
ossidare [os·si·ˈdaː·re] **I.** *vt* to oxidize **II.** *vr:* **-rsi** to oxidize
ossigenare [os·si·dʒe·ˈnaː·re] **I.** *vt* **1.** CHEM to oxygenate **2.** (*decolorare*) to bleach **II.** *vr:* **-rsi 1.** (*capelli*) to bleach one's hair **2.** (*polmoni*) to get some fresh air
ossigeno [os·ˈsiː·dʒe·no] *m* CHEM oxygen
osso [ˈɔs·so] <*pl:* -a *f*> *m* **1.** ANAT bone; **avere le -a rotte** to be exhausted; **farsi le -a** to cut one's teeth; **un ~ duro** *fig* (*difficoltà*) a hard nut to crack; (*persona*) a tough customer **2.** (*nocciolo*) stone; **sputa l'~!** *scherz fam* spit it out!
ossuto, **-a** [os·ˈsuː·to] *agg* (*persona*) skinny; (*volto, mani, gambe*) bony
ostacolare [os·ta·ko·ˈlaː·re] *vt* (*movimenti*) to obstruct; (*decisioni*) to block; (*ingresso, sviluppo, ricerca*) to hinder
ostacolo [os·ˈtaː·ko·lo] *m* **1.** (*impedimento*) obstacle **2.** *fig* (*intralcio*) hindrance; **essere d'~ a qc** to be a hindrance to sth **3.** SPORT **corsa a -i** obstacle race
ostaggio [os·ˈtad·dʒo] <-ggi> *m* hostage; **tenere qu in ~** to hold sb hostage
ostello [os·ˈtɛl·lo] *m* **~ della gioventù** youth hostel
osteria [os·te·ˈriː·a] <-ie> *f* tavern
ostetrica [os·ˈtɛː·tri·ka] <-che> *f* obstetrician
ostetrico, **-a** [os·ˈtɛː·tri·ko] <-ci, -che> *agg* (*clinica*) obstetric
ostia [ˈɔs·tia] <-ie> *f* REL Host
ostico, **-a** [ˈɔs·ti·ko] <-ci, -che> *agg* difficult
ostile [os·ˈtiː·le] *agg* (*atto, forze*) hostile
ostilità [os·ti·li·ˈta] <-> *f* hostility
ostinato, **-a** [os·ti·ˈnaː·to] *agg* (*persona*) obstinate
ostinazione [os·ti·nat·ˈtsioː·ne] *f* obstinacy
ostrica [ˈɔs·tri·ka] <-che> *f* oyster
ostruire [os·tru·ˈiː·re] <ostruisco> *vt* (*passaggio, strada*) to block
ostruzionismo [os·trut·tsio·ˈniz·mo] *m* stonewalling; **fare ~** to stonewall
ostruzionista [os·trut·tsio·ˈnis·ta] <-i *m*, -e *f*> *mf* stonewaller
otite [o·ˈtiː·te] *f* MED ear infection
otorinolaringoiatra [o·to·ri·no·la·riŋ·go·

'iaː·tra] <-i *m*, -e *f*> *mf* ear, nose and throat specialist

ottanta [ot·'tan·ta] **I.** *num* eighty **II.** <-> *m* eighty; *v. a.* **cinquanta**

ottantenne [ot·tan·'tɛn·ne] *agg, mf* eighty-year-old

ottantesimo, -a *agg, m, f* eightieth; *v. a.* **quinto**

ottantina [ot·tan·'tiː·na] *f* **un'~ (di ...)** about eighty (...)

ottava [ot·'taː·va] *f* MUS octave

ottavo [ot·'taː·vo] *m* **1.** (*frazione*) eighth **2.** SPORT **-i di finale** quarterfinals

ottavo, -a *agg, m, f* eighth; *v. a.* **quinto**

ottenere [ot·te·'neː·re] <irr> *vt* **1.** (*gener*) to obtain **2.** (*ricevere: ricompensa, premio*) to gain

ottenni *1. pers sing pass rem di* **ottenere**

ottenuto *pp di* **ottenere**

ottica ['ɔt·ti·ka] <-che> *f* **1.** PHYS optics *sing* **2.** (*tecnica*) optics *sing* **3.** (*lenti*) optical system **4.** *fig* (*punto di vista*) point of view

ottico ['ɔt·ti·ko] <-ci> *m* (*negozio*) optician's

ottico, -a <-ci, -che> **I.** *agg* **1.** (*dell'occhio: nervo*) optic **2.** COMPUT **lettore ~** OCR **II.** *m, f* (*tecnico*) optician

ottimale [ot·ti·'maː·le] *agg* optimal

ottimismo [ot·ti·'miz·mo] *m* optimism

ottimista [ot·ti·'mis·ta] <-i *m*, -e *f*> **I.** *agg* optimistic **II.** *mf* optimist

ottimistico, -a [ot·ti·'mis·ti·ko] <-ci, -che> *agg* optimistic

ottimizzare [ot·ti·mid·'dzaː·re] *vt* to optimize

ottimo, -a *agg superlativo di* **buono, -a** excellent

otto ['ɔt·to] **I.** *num* eight **II.** <-> *m* **1.** (*numero*) eight **2.** (*nelle date*) eighth **3.** (*voto scolastico*) *8 out of 10* **III.** *fpl* eight o'clock; *v. a.* **cinque**

ottobre [ot·'toː·bre] *m* October; *v. a.* **aprile**

ottocentesco, -a [ot·to·tʃen·'tes·ko] <-schi, -sche> *agg* nineteenth-century

ottocento [ot·to·'tʃɛn·to] **I.** *num* eight hundred **II.** <-> *m* eight hundred; **l'Ottocento** the nineteenth century

ottomila [ot·to·'miː·la] **I.** *num* eight thousand **II.** <-> *m* eight thousand

ottone [ot·'toː·ne] *m* **1.** (*lega*) brass **2.** *pl* MUS brass section

otturare [ot·tu·'raː·re] **I.** *vt* **1.** MED (*dente*) to fill **2.** TEC (*tubo*) to block **II.** *vr:* **-rsi** to become blocked

otturazione [ot·tu·rat·'tsioː·ne] *f* **1.** (*di scarico, tubo*) blockage **2.** (*di dente*) filling

ottuso, -a [ot·'tuː·zo] *agg a fig* obtuse

ovaio [o'vaːio] <*pl:* -aia *f*> *m* ovary

ovale [o·'vaː·le] *agg, m* oval

ovatta [o·'vat·ta] *f* cotton wool

ovest ['ɔː·vest] *m* west; **ad ~** to the west; **ad ~ di** west of; **verso ~** westwards

ovile [o·'viː·le] *m* sheepfold

ovino [o·'viː·no] *m* sheep

ovino, -a *agg* ovine; **carne ~** mutton

ovulazione [o·vu·lat·'tsioː·ne] *f* BIOL ovulation

ovulo ['ɔː·vu·lo] *m* **1.** BOT ovule **2.** BIOL ovum

ovunque [o·'vuŋ·kue] *avv* **1.** (*dovunque*) wherever **2.** (*dappertutto*) everywhere

ovvero [ov·'veː·ro] *cong* that is

ovvietà [ov·vie·'ta] <-> *f* **1.** (*caratteristica*) obviousness **2.** (*cosa banale*) clichè

ovvio, -a ['ɔv·vio] <-i, -ie> *agg* **1.** (*normale*) normal **2.** (*logico*) obvious **3.** (*scontato*) predictable

ozio ['ɔt·tsio] <-i> *m* **1.** (*abituale inoperosità*) idleness **2.** (*inattività temporanea*) inactivity **3.** (*tempo libero*) leisure

ozono [od·'dzɔː·no] *m* CHEM ozone; **buco nell'~** ozone hole

P

P, p [pi] <-> *f* P, p; **~ come Palermo** P for Papa

p. *abbr di* **pagina** p.

pacato, -a [pa·'kaː·to] *agg* calm

pacca ['pak·ka] <-cche> *f* *fam* (*manata*) slap

pacchetto [pak·'ket·to] *m* **1.** (*piccolo pacco*) package **2.** (*confezione*) pack; **un ~ di sigarette** a pack of cigarettes **3.** COMPUT package

pacchia ['pak·kia] <-cchie> *f fam* blast

pacchiano, -a [pak·'kia:·no] *agg* vulgar

pacco ['pak·ko] <-cchi> *m* **1.** (*involto*) package; **le faccio un ~ regalo?** would you like it gift-wrapped? **2.** *fam* (*fregatura*) rip-off; **mi ha tirato un ~** he stood me up

pace ['pa:·tʃe] *f* peace; **fare ~ con qu** to make it up with sb; **lasciare qu in ~** to leave sb alone; **starsene in** (**santa**) **~** to have some peace

Pachistan [pa·kis·'tan] *m* **il ~** Pakistan

pachistano, -a [pa·kis·'ta:·no] *agg, m, f* Pakistani

pacifico, -a [pa·'tʃi:·fi·ko] <-ci, -che> *agg* **1.** (*uomo, indole*) peace-loving **2.** (*intervento, manifestazione*) peaceful **3.** GEOG **il** [*o* **l'Oceano**] **Pacifico** the Pacific (Ocean)

pacifista [pa·tʃi·'fis·ta] <-i *m*, -e *f*> **I.** *mf* pacifist **II.** *agg* pacifist

padano, -a [pa·'da:·no] *agg* Po; **pianura -a** Po Valley

padella [pa·'dɛl·la] *f* **1.** frying pan; **cadere dalla ~ nella brace** *fig* to jump out of the frying pan into the fire **2.** (*per malati*) bedpan

padiglione [pa·diʎ·'ʎo:·ne] *m* (*di fiera, edificio*) pavilion

Padova ['pa:·do·va] *f* Padua *city in northeast Italy*

padovano, -a [pa·do·'va:·no] **I.** *agg* Paduan **II.** *m, f* (*abitante*) person from Padua

padre ['pa:·dre] *m* **1.** *a. fig* (*genitore*) father; **tale il ~ tale il figlio** *prov* like father, like son *prov* **2.** REL (*Dio*) Father **3.** REL (*titolo*) Father; **il santo Padre** (*Papa*) the Holy Father

Padrenostro [pad·re·'nɔs·tro] <-> *m* Our Father

padrino [pa·'dri:·no] *m* (*di battesimo, nella mafia*) godfather; (*di cresima*) sponsor

padronanza [pa·dro·'nan·tsa] *f* **1.** (*di materia, argomento*) command **2.** (*di emozioni*) control

padrone, -a [pa·'dro:·ne] *m, f* **1.** (*proprietario*) owner; **~ di casa** landlord; **essere ~ di fare qc** (*libero*) to be free to do sth **2.** (*datore di lavoro*) employer

padroneggiare [pa·dro·ned·'dʒa:·re] *vt* **1.** (*emozioni*) to control **2.** (*materia, argomento*) to master

paesaggio [pae·'zad·dʒo] <-ggi> *m* **1.** GEOG, ART landscape **2.** (*panorama*) view

paesano, -a [pae·'za:·no] *agg* country

paese [pa·'e:·ze] *m* **1.** (*nazione, Stato*) country; **~ in via di sviluppo** developing country; **i Paesi Bassi** the Netherlands *pl* **2.** (*villaggio*) village; **mandare qu a quel ~** *fig fam* to tell sb to go to hell

paffuto, -a [paf·'fu:·to] *agg* chubby

pag. *abbr di* **pagina** p.

paga ['pa:·ga] <-ghe> *f* (*stipendio*) pay; **giorno di ~** payday; **busta ~** pay envelope

pagabile [pa·'ga:·bi·le] *agg* payable

pagaia [pa·'ga:·ia] <-aie> *f* paddle

pagamento [pa·ga·'men·to] *m* payment

pagano, -a [pa·'ga:·no] *agg, m, f* pagan

pagare [pa·'ga:·re] *vt* **1.** (*persona*) to pay; (*acquisto, servizio*) to pay for; **~ caro qc** to pay a lot for sth; *fig* (*errori*) to pay dearly for sth; **farla ~ a qu** *fam* to make sb pay for sth **2.** (*offrire*) to buy; **~ da bere a qu** to buy sb a drink **3.** *fig* (*ricompensare*) to repay; **~ qu con qc** to pay sb back for sth

pagella [pa·'dʒɛl·la] *f* report card

pagina ['pa:·dʒi·na] *f* page; **prima ~** (*di giornale*) front page; **terza ~** culture page; **Pagine gialle** Yellow Pages®; **voltar ~** to turn the page; (*cambiare vita*) to turn over a new leaf; (*cambiare discorso*) to move on; **~ web** Web page

paglia ['paʎ·ʎa] <-glie> *f* (*materiale*) straw

pagliacciata [paʎ·ʎat·'tʃa:·ta] *f fam* farce

pagliaccio [paʎ·'ʎat·tʃo] <-cci> *m* **1.** (*di circo*) clown **2.** *fig* (*buffone*) fool

paglietta [paʎ·'ʎet·ta] *f* **1.** (*cappello*) boater **2.** (*d'acciaio*) steel wool

pagnotta [paɲ·'ɲɔt·ta] *f* round loaf

pagoda [pa·'gɔ:·da] *f* pagoda

paia *pl di* **paio**[2]

paillette [pa·'jɛt] <-> *f* sequin

paio[1] ['pa:·io] *1. pers sing pr di* **parere**[1]

paio[2] <*pl:* paia *f*> *m* pair; **un ~ di** (*al-

cuni) a couple of; **un ~ di calzoni** a pair of pants; **un ~ di occhiali** a pair of glasses

Pakistan [pa·kis·'tan] *m v.* **Pachistan**

pala ['pa:·la] *f* **1.** (*attrezzo*) shovel **2.** REL **~ d'altare** altar piece **3.** (*di elica, turbina*) blade

paladino, -a *m, f* (*difensore*) champion

palafitta [pa·la·'fit·ta] *f* HIST pile-dwelling

palasport [pa·la·'spɔrt] <-> *m* sports arena

palata [pa·'la:·ta] *f* **1.** (*quantità*) shovelful; **aver soldi a -e** *fam* to have lots of money **2.** (*colpo di pala*) blow with a shovel

palato [pa·'la:·to] *m a. fig* palate

palazzina [pa·lat·'tsi:·na] *f* *small apartment building*

palazzo [pa·'lat·tso] *m* **1.** (*edificio signorile*) palace **2.** (*condominio*) apartment building **3.** (*sede amministrativa*) **il ~ di giustizia** the law courts *pl;* **il Palazzo** (*governo*) the government

palco ['pal·ko] <-chi> *m* **1.** THEAT box **2.** (*piano sopraelevato*) platform

palcoscenico [pal·koʃ·'ʃɛ:·ni·ko] <-ci> *m* stage

palermitano, -a **I.** *agg* from Palermo **II.** *m, f* (*abitante*) person from Palermo

Palermo *f* Palermo *capital of Sicily*

palese [pa·'le:·ze] *agg* (*chiaro*) clear

palestra [pa·'lɛs·tra] *f* (*locale*) gym; (*attività*) working out; **fare ~** to work out

paletta [pa·'let·ta] *f* **1.** (*piccola pala*) spade; (*per brace, carbone*) shovel **2.** (*di forse dell'ordine*) signal bat **3.** (*per dolci*) cake slice

paletto [pa·'let·to] *m* (*nel terreno*) stake; (*per tenda*) peg

palio ['pa:·lio] <-i> *m* **1. il Palio di Siena** the Palio *horse race between seventeen districts in historical costume* **2.** *fig* **essere in ~** to be at stake; **mettere in ~** to offer as a prize

palizzata [pa·lit·'tsa:·ta] *f* palisade

palla ['pal·la] *f* **1.** (*gener*) ball; **~ di neve** snowball; **~ da tennis** tennis ball; **giocare a ~** to play ball; **prendere la ~ al balzo** *fig* to seize one's chance **2.** *pl, vulg* (*testicoli*) balls; **che -e!** what a drag!; **non mi rompere le -e!** *vulg* don't be such a pain in the ass!

pallacanestro [pal·la·ka·'nɛs·tro] *f* basketball

pallamano [pal·la·'ma:·no] *f* handball

pallanuoto [pal·la·'nuɔ:·to] *f* water polo

pallavolo [pal·la·'vo:·lo] *f* volleyball

palleggiare [pal·led·'dʒa:·re] *vi* (*nel basket*) to dribble; (*nel calcio*) to practice with the ball

palliativo [pal·lia·'ti:·vo] *m* **1.** MED palliative **2.** *fig* (*rimedio inefficace*) stopgap

pallido, -a ['pal·li·do] *agg* **1.** (*viso, colore*) pale **2.** (*luce, immagine*) faint; **non avere la più -a idea di qc** *fig* to not have the faintest idea about sth

pallino [pal·'li:·no] *m* **1.** (*del biliardo*) cue ball; (*delle bocce*) jack **2.** *pl* (*di fucile*) pellet **3.** (*su stoffa*) dot **4.** *fig fam* (*fissazione*) craze; **avere il ~ della pulizia** to be fanatical about cleanliness

palloncino [pal·lon·'tʃi:·no] *m* **1.** (*gonfiabile*) balloon **2.** *fam* (*alcoltest*) **fare la prova del ~** to blow into the Breathalyzer®

pallone [pal·'lo:·ne] *m* **1.** (*palla*) ball **2.** (*calcio*) **giocare a ~** to play soccer

pallottola [pal·'lɔt·to·la] *f* (*proiettile*) bullet

palma ['pal·ma] *f* palm (tree); **la domenica delle Palme** Palm Sunday

palmare [pal·'ma:·re] *m* (*computer*) palmtop

palmo ['pal·mo] *m* (*di mano*) palm

palo ['pa:·lo] *m* **1.** (*di legno*) stake; (*del telegrafo*) pole; (*della luce*) post; **fare il** [*o* **da**] **~** *sl* to act as lookout **2.** SPORT (*calcio*) (goal)post

palombaro [pa·lom·'ba:·ro] *m* diver

palpare [pal·'pa:·re] *vt* (*tastare*) to feel; MED to palpate

palpebra ['pal·pe·bra] *f* eyelid

paltò [pal·'tɔ] <-> *m* overcoat

palude [pa·'lu:·de] *f* marsh

paludoso, -a [pa·lu·'do:·so] *agg* marshy

panca ['paŋ·ka] <-che> *f* bench

pancarré [paŋ·kar·'re] <-> *m* sliced bread

pancetta [pan·'tʃet·ta] *f* CULIN bacon

panchina [paŋ·ˈkiː·na] *f* bench; **rimanere in ~** *fig* to stay on the bench

pancia [ˈpan·tʃa] <-ce> *f a. fig fam* (*ventre*) belly; **avere (il) mal di ~** to have a stomachache; **metter su ~** *fam* to get a potbelly

pancione [pan·ˈtʃoː·ne] *m fam* **1.** (*grossa pancia*) big belly **2.** (*persona*) person with a big belly

panciotto [pan·ˈtʃɔt·to] *m* vest

panciuto, -a [pan·ˈtʃuː·to] *agg* **1.** (*persona*) potbellied **2.** (*vaso*) rounded

pancreas [ˈpaŋ·kre·as] <-> *m* pancreas

panda [ˈpan·da] <-> *m* panda

pandoro [pan·ˈdɔː·ro] *m cone-shaped sponge cake, originally from Verona, eaten at Christmas*

pane [ˈpaː·ne] *m* **1.** (*alimento*) bread; **~ integrale** whole-wheat bread; **Pan di Spagna** sponge cake; **dire ~ al ~ e vino al vino** *fig* to call a spade a spade; **rendere pan per focaccia** *fam* to give tit for tat; **essere buono come il ~** to have a heart of gold **2.** (*pagnotta*) loaf **3.** (*blocchetto: di burro*) pat; (*di cera*) bar

panetteria [pa·net·te·ˈriː·a] <-ie> *f* bakery

panettiere, -a [pa·net·ˈtiɛː·re] *m, f* baker

panettone [pa·net·ˈtoː·ne] *m dome-shaped sweet loaf containing sultanas and candied fruit eaten at Christmas*

panfilo [ˈpan·fi·lo] *m* yacht

panforte [pan·ˈfɔr·te] *m round, flat cake containing candied fruit and nuts,*

panico [ˈpaː·ni·ko] *m* panic; **farsi prendere dal ~** to panic

paniere [pa·ˈniɛː·re] *m* basket

panificio [pa·ni·ˈfiː·tʃo] <-ci> *m* bakery

panino [pa·ˈniː·no] *m* roll; **un ~ al prosciutto** a ham roll

panna [ˈpan·na] *f* CULIN cream; **~ montata** whipped cream

panne [pan] <-> *f* MOT breakdown; **essere** [*o* **rimanere**] **in ~** to have broken down

pannello [pan·ˈnɛl·lo] *m* panel; **~ solare** solar panel

panno [ˈpan·no] *m* **1.** (*tessuto, pezzo di stoffa*) cloth **2.** *pl* (*vestiti*) clothes; **lavare i -i** to do the laundry; **mettersi nei -i di qu** to put oneself in sb's shoes

pannocchia [pan·ˈnɔk·kia] <-cchie> *f* cob

pannolino [pan·no·ˈliː·no] *m* **1.** (*per neonato*) diaper **2.** (*da donna*) sanitary napkin

panorama [pa·no·ˈraː·ma] <-i> *m* **1.** (*veduta*) panorama **2.** *fig* (*contesto*) context

panoramica [pa·no·ˈraː·mi·ka] <-che> *f* **1.** (*veduta*) panorama **2.** FOTO panorama; FILM pan shot **3.** *fig* (*rassegna*) survey

panoramico, -a [pa·no·ˈraː·mi·ko] <-ci, -che> *agg* **1.** (*strada, percorso*) scenic; **veduta -a** panoramic **2.** *fig* (*rassegna*) general

pantacollant [pan·ta·kol·ˈlan] *mpl* leggings *pl*

pantaloncini [pan·ta·lon·ˈtʃiː·ni] *mpl* shorts

pantaloni [pan·ta·ˈloː·ni] *mpl* pants; **un paio di ~** a pair of pants

pantano [pan·ˈtaː·no] *m* (*fango*) mud

pantera [pan·ˈtɛː·ra] *f* ZOO panther

pantofola [pan·ˈtɔː·fo·la] *f* slipper

pantomima [pan·to·ˈmiː·ma] *f* **1.** THEAT pantomime **2.** *fig* (*finzione*) play-acting

paonazzo, -a [pao·ˈnat·tso] *agg* (*viso*) purple

papa [ˈpaː·pa] <-i> *m* pope; **ad ogni morte di ~** *fig* once in a blue moon

papà [pa·ˈpa] <-> *m fam* dad; **figlio di ~** *pej* spoiled boy

papale [pa·ˈpaː·le] *agg* papal

paparazzo [pa·pa·ˈrat·tso] *m* paparazzo

papato [pa·ˈpaː·to] *m* papacy

papavero [pa·ˈpaː·ve·ro] *m* BOT poppy

papera [ˈpaː·pe·ra] *f* **1.** ZOO gosling **2.** *fig* (*errore*) gaffe; **fare una ~** to make a gaffe

papilla [pa·ˈpil·la] *f* ANAT **-e gustative** taste buds

papillon [pa·pi·ˈjɔ̃] <-> *m* bow tie

papiro [pa·ˈpiː·ro] *m* **1.** (*gener*) papyrus **2.** *scherz* (*scritto prolisso*) screed

pappa [ˈpap·pa] *f* **1.** (*per bambini*) babyfood **2.** *pej* (*minestra troppo cotta*) mush **3.** *sostanza* **~ reale** royal jelly

pappagallo [pap·pa·ˈgal·lo] *m* **1.** (*uccello*) parrot **2.** *fig* (*uomo*) wolf **3.** (*per urinare*) urine bottle

pappardella [pap·par·'dɛl·la] <-> *f* **1.** *pl* CULIN *wide pasta strips* **2.** *fig* (*tiritera*) blather

pappare [pap·'paː·re] *vt fam* (*divorare*) to scarf

paprica ['paː·pri·ka] <-che> *f* paprika

pap-test [pap·'test] *m* Pap smear

par. *abbr di* **paragrafo** par.

parabola [pa·'raː·bo·la] *f* **1.** DEL VANGELO parable **2.** MATH parabola **3.** (*antenna*) satellite dish

parabolico, -a [pa·ra·'bɔː·li·ko] <-ci, -che> *agg* parabolic; **antenna -a** parabolic antenna

parabrezza [pa·ra·'bred·dza] <-> *m* windshield

paracadute [pa·ra·ka·'duː·te] <-> *m* parachute

paracadutismo [pa·ra·ka·du·'tiz·mo] *m* parachuting

paracadutista [pa·ra·ka·du·'tis·ta] <-i *m*, -e *f*> *mf* **1.** parachutist **2.** MIL paratrooper

paracarro [pa·ra·'kar·ro] *m* curbstone

paradisiaco, -a [pa·ra·di·'ziː·a·ko] <-ci, -che> *agg a. fig* heavenly

paradiso [pa·ra·'diː·zo] *m a. fig* paradise; **~ terrestre** earthly paradise

paradossale [pa·ra·dos·'saː·le] *agg* paradoxical

paradosso [pa·ra·'dɔs·so] *m* **1.** (*argomentazione*) paradox **2.** (*assurdità*) nonsense

parafango [pa·ra·'faŋ·go] <-ghi> *m* (*di macchina*) mudguard; (*di motocicletta*) fender

parafrasi [pa·'raː·fra·zi] <-> *f* paraphrase

parafulmine [pa·ra·'ful·mi·ne] *m* lightning conductor

paraggi [pa·'rad·dʒi] *mpl* **nei ~** in the vicinity

paragonare [pa·ra·go·'naː·re] *vt* to compare

paragone [pa·ra·'goː·ne] *m* (*confronto*) comparison; **a ~ di** in comparison with; **essere senza ~** [*o* **non avere -i**] to be incomparable

paragrafo [pa·'raː·gra·fo] *m* paragraph

paralisi [pa·'raː·li·zi] <-> *f a. fig* paralysis

paralitico, -a [pa·ra·'liː·ti·ko] <-ci, -che> **I.** *agg* **1.** (*persona*) paralyzed **2.** (*di paralisi*) paralytic **II.** *m, f* paralytic

paralizzare [pa·ra·lid·'dzaː·re] *vt a. fig* to paralyze

parallela [pa·ral·'lɛː·la] *f* **1.** MATH parallel (line); **una ~ di via Roma** a street running parallel to via Roma **2.** *pl* SPORT parallel bars

parallelo [pa·ral·'lɛː·lo] *m* parallel

parallelo, -a *agg* **1.** (*retta, linea*) parallel **2.** (*simile*) similar

paralume [pa·ra·'luː·me] *m* lampshade

paramedico, -a <-ci, -che> *agg* paramedical; **personale ~** paramedics *pl*

parametro [pa·'raː·met·ro] *m* parameter

paranoia [pa·ra·'nɔː·ia] <-oie> *f* paranoia; **andare in ~** to get paranoid

paranoico, -a [pa·ra·'nɔː·i·ko] <-ci, -che> *agg, m, f* paranoid

paranormale [pa·ra·nor·'maː·le] *agg* paranormal

paraocchi [pa·ra·'ɔk·ki] <-> *m* blinders *pl;* **avere i ~** *fig* to be blind

paraorecchie [pa·rao·'rek·kie] <-> *m* (*contro il freddo*) ear muffs *pl*

parapendio [pa·ra·pen·'diː·o] <-> *m* **1.** (*paracadute*) paraglider **2.** (*attività*) paragliding

parapetto [pa·ra·'pɛt·to] *m* **1.** (*di balcone, ponte*) parapet **2.** NAUT rail

paraplegico, -a [pa·ra·'plɛː·dʒi·ko] <-ci, -che> *agg, m, f* paraplegic

parare [pa·'raː·re] *vt* (*colpo*) to parry; SPORT (*tiro*) to save

parasole [pa·ra·'soː·le] <-> *m* (*ombrello*) parasol

parassita [pa·ras·'siː·ta] <-i *m*, -e *f*> **I.** *mf a. fig* parasite **II.** *agg a. fig* parasitic

parata [pa·'raː·ta] *f* **1.** SPORT (*calcio*) save **2.** MIL parade

parati [pa·'raː·ti] *mpl* **carta da ~** wallpaper

paraurti [pa·ra·'ur·ti] <-> *m* MOT bumper

paravento [pa·ra·'vɛn·to] <-> *m* **1.** (*protezione*) screen **2.** *fig* **fare da ~ a qu** to be a cover for sth

parcella [par·'tʃɛl·la] *f* **1.** (*di terreno*) parcel **2.** (*di professionista*) fee

parcheggiare [par·ked·'dʒaː·re] **I.** *vt a. fig* to park **II.** *vi* to park

parcheggio [par·'ked·dʒo] <-ggi> *m*

1. (*area*) parking lot; ~ **a pagamento** pay parking lot **2.** (*sosta, manovra*) parking; **area di** ~ parking area; **divieto di** ~ no parking

parchimetro [par·'kiː·met·ro] *m* parking meter

parco ['par·ko] <-chi> *m* **1.** (*spazio verde*) park; ~ **nazionale** national park **2.** (*area attrezzata*) ~ **giochi** playground; ~ **dei divertimenti** amusement park

parcometro [par·'kɔ·met·ro] *m v.* **parchimetro**

par condicio [par kon·'di·tʃo] <-> *f* DIR, POL equal opportunity

pardon [par·'dɔ̃] *inter* sorry

parecchio [pa·'rek·kio] *avv* **1.** (*molto*) quite **2.** (*a lungo*) quite a while

parecchio, -a <-cchi, -cchie> **I.** *agg* (*con sostantivo singolare*) quite a lot of; (*con sostantivo plurale*) several; ~ **tempo** quite a long time; **c'è** ~ **vento** it's quite windy **II.** *pron indef* (*singolare*) quite a lot; (*plurale*) several; **-cchi di noi** several of us **III.** *avv* (*molto tempo*) long

pareggiare [pa·red·'dʒaː·re] **I.** *vt* **1.** (*terreno*) to level **2.** (*bilancio*) to balance; ~ **i conti** to balance the books; *fig* to get even **II.** *vi* ~ (**con qu**) to tie (with sb)

pareggio [pa·'red·dʒo] <-ggi> *m* **1.** COM balance **2.** SPORT tie

parente [pa·'rɛn·te] *mf* (*congiunto*) relative; **i miei -i** my relatives

parentela [pa·ren·'tɛː·la] *f* **1.** (*insieme dei parenti*) relatives *pl* **2.** (*legame*) relationship; **grado di** ~ degree of kinship

parentesi [pa·'rɛn·te·zi] <-> *f* **1.** (*segno grafico*) parenthesis; ~ **tonda** parenthesis; ~ **quadra** square bracket; ~ **graffa** brace; **fra** ~ *fig* incidentally **2.** (*digressione*) digression **3.** *fig* (*periodo*) interlude

parere[1] [pa·'reː·re] <paio, parvi, parso> *vi essere* **1.** (*apparire*) to seem; **mi pare di averlo visto** I think I saw him; **pare di sì/no** it seems so/not; **pare impossibile** it seems impossible; **a quanto pare** apparently **2.** (*avere l'impressione*) **ti pare di aver ragione?** do you think you're right?; **che te ne pare?** what do you think?; **non ti pare?** don't you think?; **ma Le pare!** not at all!; **fai come ti pare** do as you like

parere[2] *m* **1.** (*opinione*) opinion; **a mio** ~ in my opinion; **essere del** ~ **che ...** to be of the opinion that ... **2.** (*di esperto*) advice

parete [pa·'reː·te] *f* wall; **tra le -i domestiche** *fig* at home

pari ['paː·ri] **I.** <inv> *agg* **1.** (*uguale*) equal; **essere** ~ **a qc** to be equal to sth; **di** ~ **passo** at the same pace **2.** MATH (*numero*) even **3.** SPORT (*nei giochi*) tied **4. alla** ~ (*lavorare*) as an au pair; **ragazza alla** ~ au pair (girl) **II.** <inv> *avv* evenly **III.** <-> *mf* equal; **trattare qu da** ~ **a** ~ to treat sb as an equal; **non aver** ~ to be unequaled; **senza** ~ without equal **IV.** <-> *m* **1.** (*parità*) tie; **al** ~ **di** just like; **mettersi in** ~ (*con programma*) to catch up **2.** (*numero pari*) **fare a** ~ **e dispari** to play odds and evens

Parigi [pa·'riː·dʒi] *f* Paris

parità [pa·ri·'ta] <-> *f* **1.** (*uguaglianza*) equality **2.** SPORT (*punteggio*) tie; **finire in** ~ to end in a tie

paritario, -a [pa·ri·'taː·rio] <-i, -ie> *agg* equal

paritetico, -a [pa·ri·'tɛː·ti·ko] <-ci, -che> *agg* joint

parlamentare [par·la·men·'taː·re] **I.** *agg* parliamentary **II.** *mf* POL Congressman *m*, Congresswoman *f*

parlamento [par·la·'men·to] *m* parliament; **sedere in** ~ to have a seat in parliament; **Parlamento europeo** European Parliament

parlante [par·'lan·te] **I.** *agg* (*che parla*) talking **II.** *mf* speaker

parlantina [par·lan·'tiː·na] *f* *fam* **avere una bella** [*o* **buona**] ~ to have the gift of gab

parlare [par·'laː·re] **I.** *vi* **1.** (*esprimersi*) to speak; ~ **tra sé e sé** to talk to oneself; ~ **male di qu** to speak ill of sb; **far** ~ **di sé** to get oneself talked about; **per non** ~ **di** not to mention **2.** (*conversare*) to talk; ~ **a qu** to talk to sb; ~ **con qu** to talk to sb; ~ **di qu/qc** to talk about sb/sth; **non parliamone più** let's say no more about it **3.** *fig* (*trattare*) **~ di qu/qc** to be about sb/sth **II.** *vt* to speak; **~ francese/inglese** to speak French/English **III.** *vr:* **-rsi** to speak (to each other)

parlato, -a [par·'la:·to] *agg* spoken

parlottare [par·lot·'ta:·re] *vi* to mutter

Parma ['par·ma] *f* Parma *city in northern Italy*

parmense [par·'mɛn·se] **I.** *agg* from Parma **II.** *mf* (*abitante*) person from Parma

parmigiana [par·mi·'dʒa:·na] *f dish consisting of layers of sliced fried vegetables, tomato sauce and Parmesan cheese;* **~ di melanzane** *eggplant Parmesan*

parmigiano [par·mi·'dʒa:·no] *m* (*formaggio*) Parmesan (cheese)

parmigiano, -a **I.** *agg* from Parma **II.** *m, f* (*abitante*) person from Parma

parola [pa·'rɔ:·la] *f* **1.** (*vocabolo, discorso*) word; **~ d'ordine** password; **~ chiave** keyword; **-e (in)crociate** crossword; **~ per ~** word for word; **rivolgere la ~ a qu** to speak to sb; **avere l'ultima ~** to have the last word; **solo a -e** in word only **2.** (*facoltà*) speech; **restare senza -e** to be speechless **3.** (*diritto di parlare*) **chiedere la ~** to ask to speak; **dare la ~ a qu** to call on sb to speak; **prendere la ~** to take the floor **4.** (*promessa*) word; **~ d'onore** word of honor; **essere di ~** [*o* **mantenere la ~**] to keep one's word; **credere a qu sulla ~** to take sb's word for it; **prendere qu in ~** to take sb at their word

parolaccia [pa·ro·'lat·tʃa] <-cce> *f* swearword

parotite [pa·ro·'ti:·te] *f* mumps

parquet [par·'kɛ] <-> *m* parquet

parrocchia [par·'rɔk·kia] <-ie> *f* **1.** (*insieme dei fedeli*) parish **2.** (*chiesa*) parish church

parrocchiano, -a [par·rok·'kia:·no] *m, f* parishioner

parroco ['par·ro·ko] <-ci> *m* parish priest

parrucca [par·'ruk·ka] <-cche> *f* wig

parrucchiere, -a [par·ruk·'kiɛ:·re] *m, f* hairdresser

parrucchino [par·ruk·'ki:·no] *m* hairpiece

parsimonioso, -a [par·si·mo·'nio:·so] *agg* thrifty

parso ['par·so] *pp di* **parere**[1]

parte ['par·te] *f* **1.** (*gener*) part; **~ del discorso** part of speech; **-i intime** private parts; **a ~** (*separato*) separate; (*separatamente*) separately; (*senza contare*) apart from; **in ~** in part; **far ~ di qc** to belong to sth; **prendere ~ a qc** to take part in sth; **la maggior ~ di** the majority of **2.** (*quota*) share **3.** (*luogo*) **da ogni ~** everywhere; **da queste -i** around here; **da un'altra ~** somewhere else; **da qualche ~** somewhere **4.** (*lato*) side; (*direzione*) direction; **da ~ di** from; **da una ~ … dall'altra** on the one hand … on the other (hand); **mettere da ~** (*metter via*) to put aside; (*tralasciare*) to leave aside; **fatti da ~!** *fam* to move aside **5.** (*fazione*) faction; **di ~** (*fazioso*) partisan; **prendere le -i di qu** to take sb's side; **essere** [*o* **stare**] **dalla ~ del torto** to be in the wrong **6.** GIUR party **7.** THEAT, MUS part

partecipante [par·te·tʃi·'pan·te] **I.** *mf* participant **II.** *agg* participating

partecipare [par·te·tʃi·'pa:·re] *vi* **~ a qc** to participate in sth; FIN to share in sth; **~ al dolore/alla gioia di qu** to share sb's pain/joy

partecipazione [par·te·tʃi·'pat·'tsio:·ne] *f* **1.** (*presenza*) participation **2.** (*coinvolgimento*) involvement **3.** (*di matrimonio, nascita*) announcement card **4.** FIN (*in società*) interest; **~ agli utili** profit-sharing

partecipe [par·'te:·tʃi·pe] *agg* (*interessato*) interested; **essere ~ di qc** to share sth

parteggiare [par·ted·'dʒa:·re] *vi* **~ per qu/qc** to support sb/sth

partenza [par·'tɛn·tsa] *f* **1.** (*atto, momento*) departure; **-e** (*in stazione, aeroporto*) departures; **punto di ~** *fig* (*inizio*) starting point; **in ~** leaving **2.** (*di veicolo*) starting **3.** SPORT start

particella [par·ti·'tʃɛl·la] *f* LING, PHYS particle

participio [par·ti·'tʃi:·pio] <-i> *m* LING participle

particolare [par·ti·ko·ˈlaː·re] **I.** *m* detail; **entrare** [*o* **scendere**] **nei -i** to go into detail; **fin nei minimi -i** in minute detail **II.** *agg* **1.** (*caratteristico*) particular **2.** (*diverso dagli altri*) special **3.** (*fuori dal comune*) unusual

particolareggiato, **-a** [par·ti·ko·la·red·ˈdʒaː·to] *agg* detailed

partigiano, **-a** [par·ti·ˈdʒaː·no] *agg, m, f* HIST partisan

partire [par·ˈtiː·re] *vi essere* **1.** (*andare via*) to leave; ~ **per Napoli** to leave for Naples; ~ **per le vacanze** to go away on vacation; ~ **in quarta** *fig fam* to jump right in **2.** (*colpo*) to go off **3.** (*macchina*) *a.* SPORT to start **4.** *fig* (*avere inizio*) to start; **a ~ da** starting from **5.** (*provenire*) ~ **da qc** to come from sth

partita [par·ˈtiː·ta] *f* **1.** (*incontro sportivo, gioco*) game; **fare una ~ a carte/scacchi** to have a game of cards/chess **2.** COM entry; ~ **IVA** VAT number **3.** (*di caccia*) party

partitico, **-a** [par·ˈtiː·ti·ko] <-ci, -che> *agg* party

partitivo, **-a** [par·ti·ˈtiː·vo] *agg* partitive

partito [par·ˈtiː·to] *m* **1.** POL party **2.** (*decisione*) **non sapere che ~ prendere** not to know what to do; **per ~ preso** because of preconceived ideas **3.** (*persona da sposare*) catch

partitocrazia [par·ti·to·krat·ˈtsiː·a] *f* POL *control of state institutions by political parties*

partitura [par·ti·ˈtuː·ra] *f* MUS score

partizione [par·tit·ˈtsioː·ne] *f* **1.** (*suddivisione*) subdivision **2.** COMPUT partition

partner [ˈpaːt·nə/ˈpart·ner] *mf* partner

parto [ˈpar·to] *m* (*di bambino*) birth

partoriente [par·to·ˈriɛn·te] *f* woman in labor

partorire [par·to·ˈriː·re] <partorisco> *vt* **1.** MED to give birth to **2.** *fig* to produce

part-time [paːt·ˈtaim/part·ˈtaim] **I.** <inv> *agg, avv* part-time **II.** <-> *m* part-time job

parvi [ˈpar·vi] *1. pers sing pass rem di* **parere**[1]

parziale [par·ˈtsiaː·le] *agg* partial

pascià [paʃ·ˈʃa] <-> *m* pasha; **vivere come un** ~ to live in the lap of luxury

pascolare [pas·ko·ˈlaː·re] **I.** *vi* to graze **II.** *vt* to graze

pascolo [ˈpas·ko·lo] *m* pasture

Pasqua [ˈpas·kua] *f* (*nel cristianesimo*) Easter; (*nell'ebraismo*) Passover

pasquale [pas·ˈkuaː·le] *agg* Easter

pasquetta [pas·ˈkuet·ta] *f* (*lunedì di Pasqua*) Easter Monday

pass [paːs] <-> *m* pass

passabile [pas·ˈsaː·bi·le] *agg* passable

passaggio [pas·ˈsad·dʒo] <-ggi> *m* **1.** (*transito*) passing by; **essere di ~** to be passing through **2.** (*luogo*) passage; ~ **pedonale** crosswalk; ~ **a livello** grade crossing **3.** (*di veicoli, persone*) traffic **4.** (*su veicolo*) ride; **dare un ~ a qu** to give sb a ride **5.** *fig* (*cambiamento di stato*) change; ~ **di proprietà** change of ownership **6.** LIT, MUS (*brano*) passage **7.** SPORT pass

passamontagna [pas·sa·mon·ˈtaɲ·ɲa] <-> *m* balaclava

passante [pas·ˈsan·te] **I.** *mf* passerby **II.** *m* (*per cintura*) loop

passaparola [pas·sa·pa·ˈrɔː·la] <-> *m* **1.** MIL order passed by word of mouth **2.** (*gioco*) telephone; **giocare a ~** to play telephone **3.** (*sistema di diffusione*) word of mouth

passaporto [pas·sa·ˈpɔr·to] *m* passport

passare [pas·ˈsaː·re] **I.** *vi essere* **1.** (*transitare*) to pass; **di qui non si passa** you can't go this way; ~ **per la mente** to go through one's mind; ~ **sopra a qc** *fig* to overlook sth **2.** (*strada, canale*) to run **3.** (*andare*) to call in; ~ **a prendere qu** to call for sb; ~ **a trovare qu** to go and see sb; **passo da te più tardi** I'll drop by your place later **4.** (*attraversare un'apertura*) to get in; (*penetrare*) to come in **5.** (*da una persona all'altra*) to pass **6.** (*trascorrere*) to go by **7.** (*cambiare stato*) ~ **da qc a qc** to change from sth to sth **8.** (*cambiare argomento*) to move on **9.** (*sparire*) to pass; ~ **di moda** to go out of fashion; ~ **di mente** to go out of sb's head **10.** (*essere accettabile*) to do; **per questa volta passi!** I'll let it go this time! **11.** (*a livello superiore*) to change; ~ **di grado** to be promoted

12. (*agli esami*) to pass; (*legge*) to be passed **13.** (*essere considerato*) ~ **per qc** to be considered sth **14.** SPORT to pass **II.** *vt avere* **1.** (*attraversare: confine*) to cross **2.** (*oltrepassare: semaforo, strada*) to go past **3.** *fig* (*superare*) to pass; **ha passato la sessantina** he's over sixty **4.** (*trascorrere*) to spend; **passarsela bene/male** *fam* to get on well/badly **5.** (*dare*) to pass **6.** TEL ~ **qu a qu** to put sb through to sb; **mi può passare Paola, per favore?** can you put Paola on, please **7.** (*notizia*) to tell; ~ **la voce** to spread the word **8.** (*patire*) to undergo; **passarne di tutti i colori** to go through it **9.** (*legge*) to pass **10.** (*superare: esame, controllo*) to pass **11.** (*patate, verdura*) to purée **12.** (*loc*) **passarla liscia** *fam* to get away with it

passata [pas·'saː·ta] *f* **1.** (*pulita*) clean; (*stirata*) iron **2.** DI VERDURE ~ **di pomodoro** tomato sauce

passatempo [pas·sa·'tɛm·po] *m* pastime; **per** ~ as a hobby

passato [pas·'saː·to] *m* **1.** (*tempo*) past; **in** ~ in the past **2.** LING ~ **prossimo** (present) perfect; ~ **remoto** past historic **3.** CULIN (*di verdura*) purée

passato, -a *agg* **1.** (*trascorso*) past; **è acqua -a** *fig* it's water under the bridge **2.** (*scorso*) last; **l'anno** ~ last year **3.** CULIN puréed

passeggero, -a [pas·sed·'dʒɛː·ro] **I.** *agg* passing **II.** *m, f* passenger; ~ **clandestino** stowaway

passeggiare [pas·sed·'dʒaː·re] *vi* (*andare a spasso*) to walk

passeggiata [pas·sed·'dʒaː·ta] *f* **1.** (*a piedi*) walk **2.** (*strada*) walk **3.** (*loc*) **essere una** ~ to be a piece of cake

passeggino [pas·sed·'dʒiː·no] *m* stroller

passeggio [pas·'sed·dʒo] <-ggi> *m* (*camminata*) **andare a** ~ to go for a walk; **portare a** ~ to take for a walk

passe-partout [pas·par·'tu] <-> *m* **1.** (*chiave*) master key **2.** (*cornice*) passepartout

passerella [pas·se·'rɛl·la] *f* **1.** (*ponte*) footbridge **2.** NAUT, AERO gangway **3.** THEAT forestage **4.** (*per indossatrici*) catwalk

passero, -a ['pas·se·ro] *m, f* sparrow

passino [pas·'siː·no] *m fam* (*colino*) sieve

passionale [pas·sio·'naː·le] *agg* passionate; **delitto** ~ crime of passion

passione [pas·'sioː·ne] *f* passion

passivo [pas·'siː·vo] *m* **1.** LING passive **2.** COM liabilities *pl;* **chiudere in** ~ to end up in the red

passivo, -a *agg* **1.** (*gener*) passive **2.** COM debit

passo ['pas·so] *m* **1.** (*gener*) step; **fare due** [*o* **quattro**] **-i** *fig* to go for a short walk; **muovere i primi -i** *fig* to take one's first steps; **tornare sui propri -i** to retrace one's steps; (*cambiare idea*) to change one's mind **2.** (*andatura*) pace; **a** ~ **d'uomo** at walking pace; **camminare di buon** ~ to proceed at a brisk pace; ~ ~ step by step; **e via di questo** ~ *fam* and so on; **di questo** ~ *fig* like this; **essere al** ~ **con i tempi** to be up to date **3.** (*impronta*) footprint **4.** MUS passage **5.** (*passaggio*) ~ **carrabile** [*o* **carraio**] driveway **6.** (*valico*) pass **7.** *fig* (*loc*) **fare un** ~ **falso** to slip up; **fare il primo** ~ to make the first move

password ['paːs·wəːd/'pas·word] *f* COMPUT password

pasta ['pas·ta] *f* **1.** (*pastasciutta*) pasta **2.** (*impasto*) dough; ~ **frolla** shortcrust pastry; ~ **sfoglia** puff pastry **3.** (*dolce*) cake **4.** (*preparazione: d'acciughe, olive*) paste

pastasciutta [pas·taʃ·'ʃut·ta] *f* pasta

pastello[1] [pas·'tɛl·lo] *m* pastel

pastello[2] <inv> *agg* pastel; **tinta** ~ pastel color

pasticca [pas·'tik·ka] <-cche> *f* pastille

pasticceria [pas·tit·tʃe·'riː·a] <-ie> *f* **1.** (*negozio*) cake shop **2.** (*arte*) patisserie

pasticciare [pas·tit·'tʃaː·re] *vt* **1.** (*fare male*) to mess up **2.** (*imbrattare*) to make a mess of

pasticciere, -a [pas·tit·'tʃɛː·re] *m, f* pastry cook

pasticcino [pas·tit·'tʃiː·no] *m* cake

pasticcio [pas·'tit·tʃo] <-cci> *m* **1.** CULIN pie **2.** *fig fam* mess; **mettersi nei -cci** *fam* to get into trouble

pasticcione, -a [pas·tit·'tʃoː·ne] **I.** *m, f*

fam messy person **II.** *agg fam* messy

pastificio [pas·ti·'fiː·tʃo] <-ci> *m* pasta factory

pastiglia [pas·'tiʎ·ʎa] <-glie> *f* **1.** (*pasticca*) pastille **2.** MOT (*dei freni*) pad

pastina [pas·'tiː·na] *f* **1.** (*per brodo*) small pasta shapes *pl* **2.** (*pasticcino*) cake

pasto ['pas·to] *m* meal; **saltare il ~** to skip a meal

pastore, -a [pas·'toː·re] *m, f* **1.** (*di greggi*) shepherd *m,* shepherdess *f* **2.** (*cane*) **~ tedesco** German shepherd **3.** REL (*ministro*) pastor

patata [pa·'taː·ta] *f* potato; **-e fritte** (French) fries; **-e lesse** boiled potatoes

patatina [pa·ta·'tiː·na] *f* (*in sacchetto*) chip

patente [pa·'tɛn·te] *f* license; **~ (di guida)** (driver's) license; **~ a punti** *driver's license with a demerit points system*

patentino [pa·ten·'tiː·no] *m* (*per motorini*) moped license

paternale [pa·ter·'naː·le] *f* reprimand

paternalismo [pa·ter·na·'liz·mo] *m* **1.** POL paternalism **2.** (*condiscendenza*) patronizing attitude

paternità [pa·ter·ni·'ta] <-> *f* **1.** (*condizione di padre*) fatherhood **2.** ADM paternity **3.** (*di opera*) authorship

paterno, -a [pa·'tɛr·no] *agg* **1.** (*istinto, affetto*) paternal **2.** (*da padre: consiglio*) fatherly

patetico, -a [pa·'tɛː·ti·ko] <-ci, -che> *agg* pathetic

patibolo [pa·'tiː·bo·lo] *m* gallows

patina ['paː·ti·na] *f* **1.** (*su metallo*) patina **2.** (*vernice*) varnish

patire [pa·'tiː·re] <patisco> **I.** *vt* (*offesa, torto*) to suffer; (*fame, sete, freddo, caldo*) to suffer from **II.** *vi* to suffer

patito, -a [pa·'tiː·to] **I.** *agg* (*deperito*) sickly **II.** *m, f* (*appassionato*) fan

patologia [pa·to·lo·'dʒiː·a] <-gie> *f* pathology

patologico, -a [pa·to·'lɔː·dʒi·ko] <-ci, -che> *agg a. fig, scherz* pathological

patologo, -a [pa·'tɔː·lo·go] <-gi, -ghe> *m, f* pathologist

patria ['paː·tria] <-ie> *f* **1.** (*nazione*) home country; (*città, paese*) birthplace **2.** (*luogo d'origine*) home

patriarcale [pa·tri·ar·'kaː·le] *agg* patriarchal

patrigno [pa·'triɲ·ɲo] *m* stepfather

patrimoniale [pa·tri·mo·'niaː·le] *agg* property

patrimonio [pa·tri·'mɔː·nio] <-i> *m* **1.** GIUR estate; (*beni materiali*) possessions *pl;* **un ~** (*grossa somma*) a fortune **2.** BIOL **~ genetico** gene pool **3.** *fig* (*ricchezza*) heritage; **~ culturale** cultural heritage

patriota [pa·tri·'ɔː·ta] <-i *m,* -e *f*> *mf* patriot

patriottico, -a [pa·tri·'ɔt·ti·ko] <-ci, -che> *agg* patriotic

patrocinare [pa·tro·tʃi·'naː·re] *vt* **1.** GIUR to defend **2.** (*iniziativa*) to support

patrocinio [pa·tro·'tʃiː·nio] <-i> *m* **1.** (*patronato*) patronage; **sotto il ~ di** under the patronage of **2.** GIUR defense

patrono, -a [pa·'trɔː·no] *m, f* **1.** (*protettore*) patron; REL patron saint **2.** (*socio di patronato*) charity official

patteggiare [pat·ted·'dʒaː·re] **I.** *vt* (*resa, pena*) to negotiate **II.** *vi* **~ con qu** to negotiate with sb

pattinaggio [pat·ti·'nad·dʒo] <-ggi> *m* skating; **~ a rotelle** roller skating; **~ su ghiaccio** ice skating

pattinare [pat·ti·'naː·re] *vi* **1.** (*su ghiaccio, a rotelle*) to skate **2.** MOT (*slittare*) to skid

patto ['pat·to] *m* **1.** (*accordo*) pact; **venire** [*o* **scendere**] **a -i con qu** to come to terms with sb; **stare ai -i** to keep to an agreement **2.** (*condizione*) condition; **a ~ che ...** *+conj* on condition that ...

pattuglia [pat·'tuʎ·ʎa] <-glie> *f* patrol; **~ stradale** traffic patrol; **essere di ~** to be on patrol

pattugliare [pat·tuʎ·'ʎaː·re] **I.** *vi* to patrol **II.** *vt* to patrol

pattuire [pat·tu·'iː·re] <pattuisco> *vt* to agree on

pattumiera [pat·tu·'miɛː·ra] *f* garbage can

paura [pa·'uː·ra] *f* fear; **aver ~ di qu/qc** to be afraid of sb/sth; **niente ~!** don't worry!; **aver ~ che ...** to be afraid that ...; **far ~ a qu** [*o* **mettere ~ a qu**] to scare sb

pauroso, -a [pau·'roː·so] *agg* **1.** (*sce-

na, incidente) frightening **2.** (*persona, carattere*) fearful **3.** *fig* (*straordinario*) incredible

pausa ['paːu·za] *f* pause; (*interruzione*) break

pavese **I.** *agg* from Pavia **II.** *mf* (*abitante*) person from Pavia

Pavia *f* Pavia *city in Lombardy*

pavimentare [pa·vi·men·'taː·re] *vt* (*stanza*) to floor; (*strada*) to pave

pavimento [pa·vi·'men·to] *m* (*di stanza*) floor

pavone [pa·'voː·ne] *m* ZOO peacock

pavoneggiarsi [pa·vo·ned·'dʒar·si] *vr* to show off

pazientare [pat·tsien·'taː·re] *vi* to be patient

paziente [pat·'tsiɛn·te] **I.** *agg* **1.** (*persona*) patient **2.** (*lavoro, ricerca*) painstaking **II.** *mf* (*malato*) patient

pazienza [pat·'tsiɛn·tsa] *f* patience; **~!** *fam* never mind!; **perdo** [*o* **mi scappa**] **la ~** I'm losing my patience

pazzesco, -a [pat·'tses·ko] <-schi, -sche> *agg* **1.** (*di, da pazzo*) crazy **2.** *fam* (*straordinario*) incredible

pazzia [pat·'tsiː·a] <-ie> *f* **1.** MED madness **2.** (*azione stravagante*) something crazy

pazzo, -a ['pat·tso] **I.** *agg* **1.** MED mad **2.** (*insensato*) crazy; **essere ~ da legare** *fig* to be a raving lunatic; **essere innamorato ~ di qu** to be madly in love with sb; **andare ~ per qc** to be crazy about sth **II.** *m, f* **1.** MED madman *m*, madwoman *f* **2.** (*persona insensata*) crazy person

PD *m abbr di* **Partito Democratico** *left-wing Italian party*

pecca ['pɛk·ka] <-cche> *f* flaw

peccare [pek·'kaː·re] *vi* to sin; **~ di presunzione** to be presumptuous

peccato [pek·'kaː·to] *m* **1.** REL sin **2.** *fig* (*per esprimere rammarico*) (**che**) **~!** (what a) shame!; **è un ~ che …** *+conj* it's a shame that …

peccatore, -trice [pek·ka·'toː·re] *m, f* sinner

pece ['peː·tʃe] *f* pitch; **nero come la ~** (as) black as pitch

pechinese [pe·ki·'neː·se] **I.** *agg* from Beijing **II.** *mf* **1.** (*abitante*) person from Beijing **2.** (*cane*) Pekinese

Pechino [pe·'kiː·no] *f* Beijing

pecora ['pɛː·ko·ra] *f* sheep; **~ nera** *fig* black sheep

pecorino [pe·ko·'riː·no] *m* pecorino

peculiare [pe·ku·'liaː·re] *agg* peculiar

pedaggio [pe·'dad·dʒo] <-ggi> *m* toll; **~ autostradale** highway toll

pedagogia [pe·da·go·'dʒiː·a] <-gie> *f* pedagogy

pedagogico, -a [pe·da·'gɔː·dʒi·ko] <-ci, -che> *agg* pedagogic(al)

pedalare [pe·da·'laː·re] *vi* (*in bicicletta*) to pedal

pedale [pe·'daː·le] *m* pedal

pedana [pe·'daː·na] *f* **1.** (*di scrivania*) footrest **2.** (*per salti*) springboard; (*per lancio del disco*) throwing circle

pedante [pe·'dan·te] *agg* pedantic

pedata [pe·'daː·ta] *f* (*calcio*) kick; **prendere qu a -e** to kick sb

pediatra [pe·'diaː·tra] <-i *m*, -e *f*> *mf* pediatrician

pedicure [pe·di·'kuː·re] <-> **I.** *m* (*trattamento*) pedicure **II.** *mf* podiatrist

pediluvio [pe·di·'luː·vio] <-i> *m* footbath; **farsi un ~** to have a footbath

pedina [pe·'diː·na] *f* **1.** (*nella dama*) checker; (*negli scacchi*) pawn **2.** *fig* (*persona*) pawn

pedinare [pe·di·'naː·re] *vt* to tail

pedonale [pe·do·'naː·le] *agg* –; **isola** [*o* **zona**] **~** pedestrian mall; **strisce -i** crosswalk

pedone [pe·'doː·ne] *m* **1.** (*persona*) pedestrian **2.** (*negli scacchi*) pawn

peeling ['pi·liŋ] <-> *m* MED exfoliation

peggio ['pɛd·dʒo] *comparativo di* **male**[1] **I.** *avv* **1.** (*comparativo*) worse; **andare di male in ~** to go from bad to worse; **cambiare in ~** to change for the worse **2.** (*superlativo*) worst **II.** <inv> *agg* worse; (**tanto**) **~ per lui!** that's his loss! **III.** <-> *m* worst **IV.** <-> *f* **avere la ~** to come off worst; **alla meno ~** (*come si può*) as best one can; **alla ~** (*nella peggiore ipotesi*) if (the) worst comes to (the) worst

peggioramento [ped·dʒo·ra·'men·to] *m* worsening

P

peggiorare [ped·dʒo·'ra:·re] **I.** *vt avere* to make worse **II.** *vi essere* to get worse

peggiorativo, -a *agg* LING pejorative

peggiore [ped·'dʒo:·re] *comparativo di* **cattivo, -a** **I.** *agg* **1.** (*comparativo*) worse **2.** (*superlativo*) worst; **nel ~ dei casi** if (the) worst comes to (the) worst **II.** *mf* worst

pegno ['peɲ·ɲo] *m* **1.** GIUR security **2.** *fig* (*d'amore, amicizia*) pledge

pelapatate [pe·la·pa·'ta:·te] <-> *m* potato peeler

pelare [pe·'la:·re] *vt* **1.** (*patate, castagne*) to peel **2.** (*tagliare a zero*) to scalp **3.** (*lasciare senza soldi*) to rip off

pelata [pe·'la:·ta] *f* **1.** (*testa calva*) bald head **2.** (*in negozio, ristorante*) rip-off

pelato, -a *agg* **1.** (*testa, persona*) bald **2.** CULIN skinned

pellame [pel·'la:·me] *m* (*pelli conciate*) hides *pl*

pelle ['pɛl·le] *f* **1.** (*cute*) skin; **avere la ~ d'oca** *fig* to have goose bumps; **essere ~ ed ossa** to be (all) skin and bone(s); **non stare più nella ~** *fig* to be beside oneself **2.** (*pellame*) leather; **oggetti di** [*o* **in**] **~** leather goods *pl* **3.** *fig fam* (*vita*) **lasciarci** [*o* **rimetterci**] **la ~** to lose one's life

pellegrinaggio [pel·le·gri·'nad·dʒo] <-ggi> *m* pilgrimage

pellegrino, -a [pel·le·'gri:·no] *m, f* pilgrim

pellicano [pel·li·'ka:·no] *m* pelican

pelliccia [pel·'lit·tʃa] <-cce> *f* **1.** (*di animale*) fur **2.** (*in abbigliamento*) fur (coat); **~ ecologica** fake fur

pellicola [pel·'li:·ko·la] *f* **1.** FOTO film **2.** (*film*) movie **3.** (*strato sottile*) layer

pelo ['pɛ:·lo] *m* **1.** (*di uomo, animale, pianta*) hair; **per un ~** *fig fam* by the skin of one's teeth; **non avere -i sulla lingua** *fig* to say what one thinks **2.** (*pelame*) coat **3.** (*su indumenti*) fur

peloso, -a [pe·'lo:·so] *agg* hairy

peluche [pə·'luʃ] <-> *m* **di ~** plush

pena ['pe:·na] *f* **1.** GIUR penalty; (*punizione*) punishment; **~ di morte** death penalty; **~ pecuniaria** fine **2.** (*sofferenza*) sorrow; **-e d'amore** heartache; **soffrire le -e dell'inferno** to suffer the torments of hell **3.** (*angoscia*) **essere** [*o* **stare**] **in ~ per qu** to be worried for sb **4.** (*pietà*) pity; **mi fa veramente ~** I feel really sorry for him **5.** (*loc*) **a mala ~** barely; **valere la ~** to be worth it

penale [pe·'na:·le] **I.** *agg* criminal; **il codice ~** the penal code **II.** *f* (*somma*) penalty

penalità [pe·na·li·'ta] <-> *f* penalty

penalizzare [pe·na·lid·'dza:·re] *vtt* to penalize

penare [pe·'na:·re] *vi* **1.** (*soffrire*) to suffer **2.** (*faticare*) to struggle

pendaglio [pen·'daʎ·ʎo] <-gli> *m* pendant

pendente [pen·'dɛn·te] **I.** *agg* (*che pende*) hanging; (*inclinato*) leaning **II.** *m* (*ciondolo*) pendant

pendere ['pɛn·de·re] *vi* **1.** (*essere appeso*) **~ da qc** to hang from sth; **~ dalle labbra di qu** *fig* to hang on sb's every word **2.** (*essere inclinato*) to slant

pendio [pen·'di:·o] <-ii> *m* slope

pendolare **I.** *agg* (*lavoratore, studente*) commuting **II.** *mf* commuter

pendolo ['pɛn·do·lo] *m* **1.** PHYS pendulum **2.** (*orologio*) pendulum clock

pene ['pɛ:·ne] *m* penis

penetrante [pe·ne·'tran·te] *agg* **1.** (*odore*) pungent; (*freddo, gelo*) penetrating **2.** (*sguardo*) searching

penetrare [pe·ne·'tra:·re] *vi essere* **~ in qc** to penetrate sth; (*in un luogo*) to get into sth

penetrazione [pe·ne·trat·'tsio:·ne] *f* penetration

penicillina [pe·ni·tʃil·'li:·na] *f* penicillin

penisola [pe·'ni:·zo·la] *f* peninsula

penitenza [pe·ni·'tɛn·tsa] *f* **1.** (*gener*) penance **2.** (*nei giochi*) forfeit

penitenziario [pe·ni·ten·'tsia:·rio] <-i> *m* penitentiary

penna ['pen·na] *f* **1.** ZOO feather; **lasciarci** [*o* **rimetterci**] **le -e** *fig* to get one's fingers burned **2.** (*per scrivere*) pen; **~ biro** [*o* **a sfera**] ballpoint; **~ ottica** COMPUT optical pen; **~ stilografica** fountain pen **3.** *pl* (*pasta*) penne *pl*

pennarello [pen·na·'rɛl·lo] *m* felt-tip (pen)

pennellata [pen·nel·'la:·ta] *f* brush stroke

pennello [pen·'nɛl·lo] *m* brush; ~ **da barba** shaving brush
pennino [pen·'niː·no] *m* nib
penombra [pe·'nom·bra] *f* half-light
penoso, -a [pe·'noː·so] *agg* **1.** (*triste*) distressing **2.** (*sgradevole*) unpleasant **3.** (*negativo*) pathetic
pensare [pen·'saː·re] **I.** *vt* to think; **a cosa stai pensando?** what are you thinking?; **penso che ...** *+conj* I think that ...; ~ **di fare qc** to think of doing sth **II.** *vi* **1.** to think; ~ **a qc** to think of sth; **pensarci su** to think about it; ~ **a qu/qc** to think about sb/sth; ~ **a qc/fare qc** (*occuparsi di*) to think about sth/doing sth; (*provvedere a*) to take care of sth/doing sth; **pensa ai fatti tuoi!** mind your own business! **2.** (*giudicare*) ~ **bene/male di qu** to think well/badly of sb
pensiero [pen·'siɛː·ro] *m* **1.** (*gener*) thought **2.** (*opinione*) thoughts *pl* **3.** (*preoccupazione*) worry; **stare in** ~ **per qu/qc** to be worried about sb/sth; **togliersi il** ~ to get it over and done with **4.** *fam* (*regalo*) present
pensieroso, -a [pen·sie·'roː·so] *agg* thoughtful
pensile ['pɛn·si·le] *agg* (*mobile*) wall; (*giardino*) hanging
pensilina [pen·si·'liː·na] *f* (*di fermata di autobus*) bus shelter
pensionamento [pen·sio·na·'men·to] *m* retirement; ~ **anticipato** early retirement
pensionante [pen·sio·'nan·te] *mf* guest
pensionato, -a **I.** *agg* retired **II.** *m, f* (*persona*) pensioner
pensione [pen·'sioː·ne] *f* **1.** (*vitto e alloggio*) board; ~ **completa** American plan; **mezza** ~ modified American plan **2.** (*albergo*) guesthouse **3.** (*retribuzione*) pension **4.** (*condizione*) retirement; **essere in** ~ to be retired; **andare in** ~ to retire
pensoso, -a [pen·'soː·so] *agg* thoughtful
pentagono [pen·'taː·go·no] *m* pentagon; **il Pentagono** the Pentagon
Pentecoste [pen·te·'kɔs·te] *f* Pentecost
pentimento [pen·ti·'men·to] *m* remorse
pentirsi [pen·'tir·si] *vr* ~ **di qc/di aver fatto qc** (*provare rimorso*) to feel remorse for sth/having done sth; (*rimpiangere*) to regret sth/having done sth
pentola ['pen·to·la] *f* pot; ~ **a pressione** pressure cooker
penultimo, -a [pe·'nul·ti·mo] *agg, m, f* penultimate
penuria [pe·'nuː·ria] <-ie> *f* shortage
penzoloni [pen·dzo·'loː·ni] *avv* (**a**) ~ dangling
pepare [pe·'paː·re] *vt* to pepper
pepe ['peː·pe] *m* pepper; ~ **bianco/nero** white/black pepper
peperonata [pe·pe·ro·'naː·ta] *f sliced peppers fried in oil with onions, garlic, and tomatoes*
peperoncino [pe·pe·ron·'tʃiː·no] *m* chili (pepper)
peperone [pe·pe·'roː·ne] *m* (bell) pepper; **diventare rosso come un** ~ to get as red as a beet
per [per] *prep* **1.** (*moto per luogo*) through; (*moto a luogo*) for; (*stato in luogo*) on **2.** (*tempo: durata, momento esatto*) for; (*scadenza*) by; ~ **il momento** for the moment; ~ **questa volta** this time; **sarò di ritorno** ~ **le otto** I'll be back by eight **3.** (*scopo, fine*) for; **un libro** ~ **bambini** a book for children; ~ **iscritto** in writing; ~ **esempio** for example **4.** (*mezzo, modo*) by; **spedire** ~ **posta** to send by mail **5.** (*causa*) because of; ~ **caso** by chance; ~ **questo** for this reason **6.** (*destinazione, vantaggio*) for; **c'è una lettera** ~ **te** there's a letter for you **7.** (*prezzo*) for; **l'ho venduto** ~ **100 euro** I sold it for a 100 euros **8.** (*estensione*) for; **correre** ~ **30 chilometri** to run (for) 30 kilometers **9.** (*distributivo*) for; **uno** ~ **volta** one at a time; **in fila** ~ **tre** in threes **10.** MATH by; **tre** ~ **tre** three times three; **dividere** ~ **sette** to divide by seven; **il tre** ~ **cento** three percent **11.** (*come*) as; **l'ho preso** ~ **un altro** I took him for someone else **12.** (*con infinito: finale*) (in order) to; (*causale*) for **13.** (*loc*) **stare** ~ **...** *+inf* to be about to ...
pera ['peː·ra] *f* **1.** (*frutto*) pear **2.** *sl* (*di eroina*) fix; **farsi una** ~ to give oneself a fix

P

peraltro [pe·'ral·tro] *avv* moreover
percento [per·'tʃɛn·to] <-> *m* percent
percentuale [per·tʃen·tu·'aː·le] **I.** *agg* percentage **II.** *f* **1.** MATH percentage **2.** (*provvigione*) commission
percepire [per·tʃe·'piː·re] <percepisco> *vt* **1.** (*ricevere*) to receive **2.** (*sentire*) to perceive
perché [per·'ke] **I.** *avv* why **II.** *cong* **1.** (*causale*) because **2.** *+conj* (*finale*) so that **III.** <-> *m* **1.** (*motivo*) reason **2.** (*interrogativo*) question
perciò [per·'tʃɔ] *cong* so
percorrere [per·'kor·re·re] <irr> *vt* (*distanza*) to cover; (*strada*) to drive along
percorso [per·'kor·so] *m* **1.** (*tragitto*) route **2.** (*tempo di percorrenza*) journey
percorso, -a **I.** *pp di* **percorrere** **II.** *agg* covered
percuotere [per·'kuɔː·te·re] <percuoto, percossi, percosso> *vt* to strike
percussione [per·kus·'sioː·ne] *f* percussion; **strumenti a ~** percussion instruments
perdei [per·'deː·i] *1. pers sing pass rem di* **perdere**
perdente [per·'dɛn·te] **I.** *agg* losing **II.** *mf* loser
perdere ['pɛr·de·re] <perdo, persi *o* perdei *o* perdetti, perso *o* perduto> **I.** *vt* **1.** (*gener*) to lose; **~ (il) colore** (*tessuto*) to fade; **~ le staffe** *fig fam* to lose one's temper; **~ la testa** *fig* to lose one's head **2.** (*treno, film, evento, occasione*) to miss **3.** (*sprecare*) to waste **4.** (*acqua, gas*) to leak; (*sangue*) to lose **5.** (*loc*) **lasciar ~ qu/qc** to forget sb/sth; **lasciamo ~** let's forget it **II.** *vi* (*diminuire*) **~ di qc** (*interesse, valore*) to lose sth **III.** *vr:* **-rsi** (*smarrirsi*) to get lost; **-rsi d'animo** to get discouraged
perdita ['pɛr·di·ta] *f* **1.** (*gener*) loss **2.** COM **essere in ~** to be running at a loss **3.** (*di acqua, gas*) leak
perditempo [per·di·'tɛm·po] <-> *mf fam* (*persona*) time-waster
perdonare [per·do·'naː·re] *vt* **1.** (*per colpa, errore*) to forgive; **non ~ qc a qu** not to forgive sb sth **2.** (*per disturbo*) to excuse
perdono [per·'doː·no] *m* **1.** REL forgiveness **2.** (*scusa*) pardon; **chiedere ~ a qu** to apologize to sb
perdurare [per·du·'raː·re] *vi* (*permanere*) to continue
perdutamente [per·du·ta·'men·te] *avv* desperately
perduto, -a [per·'duː·to] *agg* lost; **andare ~** to get lost
perenne [pe·'rɛn·ne] *agg* **1.** BOT perennial **2.** *fig* (*continuo: disturbo*) continual
perentorio, -a [pe·ren·'tɔː·rio] <-i, -ie> *agg* **1.** (*improrogabile: termine*) final **2.** (*tono, risposta*) peremptory
perfettamente [per·fet·ta·'men·te] *avv* perfectly
perfetto, -a [per·'fɛt·to] *agg* perfect
perfezionamento [per·fet·tsio·na·'men·to] *m* improvement; **corso di ~** proficiency course
perfezionare [per·fet·tsio·'naː·re] **I.** *vt* (*opera*) to improve; (*metodo, macchina*) to perfect **II.** *vr:* **-rsi** **1.** (*tecnica, scienza*) to improve **2.** (*materia*) **-rsi in inglese** to perfect one's English
perfezione [per·fet·'tsioː·ne] *f* perfection; **alla ~** perfectly
perfezionista [per·fet·tsio·'nis·ta] <-i *m*, -e *f*> *mf* perfectionist
perfido, -a ['pɛr·fi·do] *agg* treacherous
perfino [per·'fiː·no] *avv* even
perforare [per·fo·'raː·re] *vt* (*carta, scheda, banda*) to punch; (*organo, tessuto*) to pierce
perforazione [per·fo·rat·'tsioː·ne] *f* **1.** (*gener*) perforation **2.** (*di terreno, roccia*) drilling
performance [per·'fɔr·məns] <-> *f* performance
pergamena [per·ga·'mɛː·na] *f* parchment
pericolante [pe·ri·ko·'lan·te] *agg* unsafe
pericolo [pe·'riː·ko·lo] *m* danger; **essere in ~** to be in danger; **essere fuori ~** to be out of danger; **c'è ~ che …** *+conj* there's a danger that …
pericoloso, -a [pe·ri·ko·'loː·so] *agg* dangerous
periferia [pe·ri·fe·'riː·a] <-ie> *f* (*di città*) suburbs *pl;* **quartiere di ~** suburb; **abitare in ~** to live in the suburbs

periferica [pe·ri·'fɛː·ri·ka] <-che> *f* COMPUT peripheral

periferico, -a [pe·ri·'fɛː·ri·ko] <-ci, -che> *agg* (*quartiere, scuola*) suburban

perifrasi [pe·'riː·fra·zi] <-> *f* periphrasis

perimetro [pe·'riː·me·tro] *m* perimeter

periodico [pe·'riɔː·di·ko] <-ci> *m* (*rivista*) periodical

periodico, -a <-ci, -che> *agg* **1.** (*ricorrente*) periodic **2.** MATH recurring

periodo [pe·'riː·o·do] *m* period; **attraversare un brutto ~** to go through a bad patch; **~ di prova** trial period

perito, -a [pe·'riː·to] *m, f* **1.** (*esperto*) expert **2.** (*titolo di studio*) **~ agrario/chimico** qualified agronomist/chemist

peritonite [pe·ri·to·'niː·te] *f* peritonitis

perizia [pe·'rit·tsia] <-ie> *f* **1.** (*abilità*) skill **2.** (*esame*) report

perizoma [pe·rid·'dzɔː·ma] <-i> *m* thong

perla[1] ['pɛr·la] *f* (*gioiello*) pearl; **~ coltivata** cultivated pearl

perla[2] <inv> *agg* **grigio ~** pearl gray

perlustrare [per·lus·'traː·re] *vt* to patrol

permaloso, -a [per·ma·'loː·so] *agg* touchy

permanente [per·ma·'nɛn·te] **I.** *agg* permanent **II.** *f* (*di capelli*) perm

permeabile [per·me·'aː·bi·le] *agg* permeable

permesso [per·'mes·so] **I.** *m* **1.** (*autorizzazione*) permission; **~ di lavoro** work permit; **~ di soggiorno** residence permit; **~ di caccia** hunting license; **chiedere il ~ di fare qc** to ask permission to so sth **2.** MIL leave; **essere in ~** to be on leave **II.** *agg* (**è**) **permesso?** (*entrando*) may I?; (*passando*) can I get past?

permettere [per·'met·te·re] <irr> **I.** *vt* **1.** (*dare il permesso per*) to allow; **~ a qu di fare qc** to allow sb to do sth **2.** (*dare la possibilità*) to permit **3.** (*concedersi*) to afford **II.** *vr:* **-rsi** to take the liberty; **come si permette!** how dare you!

permissivo [per·mis·'siː·vo] *agg* permissive

pernice [per·'niː·tʃe] *f* partridge

pernottamento [per·not·ta·'men·to] *m* overnight stay

pernottare [per·not·'taː·re] *vi* to stay the night

pero ['peː·ro] *m* pear tree

però [pe·'rɔ] *cong* **1.** (*avversativo*) but **2.** (*concessivo*) nevertheless

perpendicolare [per·pen·di·ko·'laː·re] *agg* perpendicular

perpetuo, -a [per·'pɛː·tuo] *agg* **1.** (*eterno*) everlasting **2.** (*continuo*) perpetual

perplesso, -a [per·'plɛs·so] *agg* (*indeciso*) undecided; (*disorientato*) perplexed

perquisire [per·kui·'ziː·re] <perquisisco> *vt* (*stanza, persona*) to search

perquisizione [per·kui·zit·'tsioː·ne] *f* search; **mandato di ~** search warrant

persecuzione [per·se·kut·'tsioː·ne] *f* (*repressione*) persecution; **mania di ~** persecution complex

perseguire [per·se·'guiː·re] *vt* **1.** (*scopo*) to pursue **2.** (*criminale, reato*) to prosecute

perseguitare [per·se·gui·'taː·re] *vt* **1.** (*sottoporre a persecuzione*) to persecute **2.** *fig* (*ossessionare*) to hound

perseguitato, -a [per·se·gui·'taː·to] *m, f* victim of persecution

perseveranza [per·se·ve·'ran·tsa] *f* perseverance

perseverare [per·se·ve·'raː·re] *vi* **~ in qc** to persevere in sth

persi ['pɛr·si] *1. pers sing pass rem di* **perdere**

persiana [per·'siaː·na] *f* (*imposta*) shutter

persiano [per·'siaː·no] *m* (*gatto*) Persian

persino [per·'siː·no] *avv v.* **perfino**

persistente [per·sis·'tɛn·te] *agg* (*pioggia, odore*) persistent

perso ['pɛr·so] *pp di* **perdere**

persona [per·'soː·na] *f* person; (*al plurale*) people; **in prima ~** personally; **di ~** (*conoscere*) personally; (*andare*) in person; **in ~** (*personalmente*) in person

personaggio [per·so·'nad·dʒo] <-ggi> *m* **1.** (*persona importante*) figure **2.** (*di romanzo, film*) character **3.** *fig* (*tipo*) individual

personale [per·so·'naː·le] **I.** *agg* personal **II.** *m* **1.** (*impiegati*) personnel; **~ di volo** flight crew; **~ qualificato** skilled workers *pl;* **~ insegnante** faculty **2.** (*aspetto fisico*) figure

personalità [per·so·na·li·'ta] <-> *f* (*gener*) personality

personalizzare [per·so·na·lid·'dza:·re] *vt* (*ambiente, arredamento*) to personalize; (*prodotto*) to customize

personalmente [per·so·nal·'men·te] *avv* personally

personificare [per·so·ni·fi·'ka:·re] *vt* **1.** (*rappresentare*) to represent **2.** (*essere simbolo di*) to personify

perspicace [per·spi·'ka:·tʃe] *agg* shrewd

persuadere [per·sua·'de:·re] <persuado, persuasi, persuaso> **I.** *vt* (*convincere*) to persuade; **~ qu di qc** to persuade sb of sth; **~ qu di fare qc** to persuade sb to do sth **II.** *vr:* **-rsi** (*convincersi*) to convince oneself

persuasi [per·su·'a:·zi] *1. pers sing pass rem di* **persuadere**

persuasione [per·sua·'zio:·ne] *f* **1.** (*opera di convincimento*) persuasion **2.** (*opinione*) conviction

persuasivo, -a [per·sua·'zi:·vo] *agg* persuasive

persuaso [per·su·'a:·zo] *pp di* **persuadere**

pertanto [per·'tan·to] *cong* therefore

pertinente [per·ti·'nɛn·te] *agg* pertinent

pertosse [per·'tos·se] *f* whooping cough

perturbazione [per·tur·bat·'tsio:·ne] *f* METEO **~ (atmosferica)** atmospheric disturbance

Perù [pe·'ru] *m* **il ~** Peru

Perugia *f* Perugia *city in central Italy*

perugino, -a [pe·ru·'dʒi:·no] **I.** *agg* Perugian **II.** *m, f* (*abitante*) person from Perugia

peruviano, -a [pe·ru·'via:·no] *agg, m, f* Peruvian

perversione [per·ver·'sio:·ne] *f* perversion

perverso, -a [per·'vɛr·so] *agg* perverse

pervertito, -a [per·ver·'ti:·to] **I.** *agg* perverted **II.** *m, f* pervert

pesante [pe·'san·te] *agg* **1.** (*valigia, pacco, cibo, passo*) heavy; (*maglia, giacca*) thick; **avere il sonno ~** to be a heavy sleeper **2.** *fig* (*atmosfera*) oppressive; (*discorso*) boring **3.** (*situazione, danno*) serious **4.** (*lavoro*) physically demanding **5.** (*stile*) ponderous **6.** (*gioco*) physical

pesantezza [pe·san·'tet·tsa] *f* (*di oggetto*) weight; (*di movimento, stile*) heaviness; **~ di stomaco** bloated feeling

pesare [pe·'sa:·re] **I.** *vt* **1.** (*persona, merce*) to weigh **2.** *fig* (*valutare*) to weigh up; **~ le parole** to weigh one's words **II.** *vi* **1.** (*avere un peso*) to weigh; (*essere pesante*) to be heavy **2.** (*essere sgradevole*) **~ a qu** to be difficult for sb; **~ sulla coscienza** to weigh on one's conscience; **~ sullo stomaco** to lie heavily on one's stomach **3.** (*influire*) **~ su qc** to influence sth; **far ~ qc a qu** to remind sb of sth **III.** *vr:* **-rsi** to weigh oneself

pesarese [pe·sa·'re:·se] **I.** *agg* from Pesaro **II.** *mf* (*abitante*) person from Pesaro

Pesaro *f* Pesaro *city on the east coast of central Italy*

pesca¹ ['pɛs·ka] <-sche> *f* (*frutto*) peach; **~ noce** nectarine

pesca² ['pes·ka] <-sche> *f* **1.** (*attività*) fishing; (*pescato*) catch; **~ subacquea** underwater fishing; **canna da ~** fishing rod **2.** (*lotteria*) **~ di beneficenza** grab bag

Pescara *f* Pescara *city on the east coast of central Italy*

pescare [pes·'ka:·re] *vt* **1.** (*pesci*) to catch **2.** *fig* (*trovare*) to get **3.** *fig* (*carta da gioco*) to pick **4.** *fig* (*sorprendere*) to catch

pescarese [pes·ka·'re:·se] **I.** *agg* from Pescara **II.** *mf* (*abitante*) person from Pescara

pescatore, -trice [pes·ka·'to:·re] *m, f* fisherman *m,* fisherwoman *f*

pesce ['peʃ·ʃe] *m* **1.** ZOO, GASTRON fish; **~ d'aprile** *fam* April fool; **non sapere che -i pigliare** *fam* not to know which way to turn **2.** ASTR **Pesci** Pisces; **sono (dei** [*o* **un**])**Pesci** I'm (a) Pisces

pescecane [peʃ·ʃe·'ka:·ne] <pescicani *o* pescecani> *m* ZOO shark

peschereccio [pes·ke·'ret·tʃo] <-cci> *m* fishing boat

pescheria [pes·ke·'ri:·a] <-ie> *f* fish shop

pescicani *pl di* **pescecane**

pescivendolo, -a [peʃ·ʃi·'ve:n·do·lo] *m, f* (*venditore*) fish merchant; (*negozio*) fish shop

pesco ['pɛs·ko] <-schi> *m* peach tree

peso ['peː·so] *m* **1.** (*gener*) weight; (*cosa pesante*) heavy object; ~ **lordo/netto** gross/net weight; **dar ~ a qu/qc** *fig* to pay attention to sb/sth **2.** SPORT (*in atletica*) shot; **lancio del** ~ shot put; (*nel pugilato*) ~ **massimo/medio** heavyweight/middleweight; **sollevamento -i** weightlifting **3.** *fig* (*incombenza, angoscia*) burden

pessimismo [pes·si·'miz·mo] *m* pessimism

pessimista [pes·si·'mis·ta] <-i *m*, -e *f*> **I.** *mf* pessimist **II.** *agg* pessimistic

pessimo, -a ['pɛs·si·mo] *agg superlativo di* **cattivo, -a** very bad

pestare [pes·'taː·re] *vt* **1.** (*calpestare*) to tread on; ~ **i piedi** to stamp one's foot **2.** *fig* (*picchiare*) to beat

peste ['pɛs·te] *f* **1.** (*malattia*) plague **2.** (*bambino vivace*) pest

pestello [pes·'tɛl·lo] *m* (*di mortaio*) pestle

pestifero, -a [pes·'tiː·fe·ro] *agg fig* (*cattivo*) pestilential; (*nauseabondo*) noxious

pesto ['pes·to] *m* pesto

pesto, -a *agg* **1.** (*ossa, membra*) aching **2.** (*occhi*) black **3.** *fig* **è buio ~** it's pitch-black

petalo ['pɛː·ta·lo] *m* petal

petardo [pe·'tar·do] *m* (*bombetta di carta*) firecracker

petizione [pe·tit·'tsioː·ne] *f* GIUR petition

petroliera [pe·tro·'liɛː·ra] *f* (oil) tanker

petroliere [pe·tro·'liɛː·re] *m* oilman

petrolifero, -a [pe·tro·'liː·fe·ro] *agg* oil

petrolio [pe·'trɔː·lio] *m* oil; (*cherosene*) kerosene; ~ **grezzo** crude oil

pettegolare [pet·te·go·'laː·re] *vi* to gossip

pettegolezzo [pet·te·go·'led·dzo] *m* gossip

pettegolo, -a [pe·'teː·go·lo] **I.** *agg* gossipy **II.** *m, f* gossip

pettinare [pet·ti·'naː·re] **I.** *vt* to comb; (*acconciare*) ~ **qu** to do sb's hair **II.** *vr:* **-rsi** (*gener*) to comb one's hair; (*acconciarsi*) to do one's hair

pettinato, -a *agg* (*persona*) with one's hair combed

pettinatura [pet·ti·na·'tuː·ra] *f* hairstyle

pettine ['pɛt·ti·ne] *m* comb

pettirosso [pet·ti·'ros·so] <-i> *m* robin

petto ['pɛt·to] *m* **1.** ANAT chest; (*di donna*) bust; (*organi*) breasts *pl* **2.** (*di abito*) front; **a doppio** ~ double-breasted

pettorina [pet·to·'riː·na] *f* bib

petulante [pe·tu·'lan·te] *agg* impertinent

petunia [pe·'tuː·nia] <-ie> *f* petunia

pezza ['pɛt·tsa] *f* **1.** (*pezzo di tessuto*) cloth; (*rotolo di tessuto*) bolt **2.** (*toppa, macchia*) patch

pezzente [pet·'tsɛn·te] *mf pej* beggar

pezzo ['pet·tso] *m* **1.** (*gener*) piece; **un ~ di dolce/pane** a piece of candy/bread; **andare in mille -i** to smash into a thousand pieces; **cadere a** [*o* **in**] **-i** *fig* to fall to pieces; **fare a -i qc** to smash sth to pieces; **fare a -i qc/qu** (*denigrare*) to tear sb/sth to pieces; **un due -i** (*costume da bagno*) a two-piece; **costano tre euro al ~** they cost three euros each **2.** (*di meccanismo, macchina*) part; ~ **di ricambio** spare part **3.** LIT (*brano*) passage **4.** (*di strada*) stretch **5.** *fig* (*tempo*) **un ~** a while **6.** (*loc*) **un ~ grosso** a big shot; **un bel ~ di ragazza** a babe

piaccio ['piat·tʃo] *1. pers sing pr di* **piacere**[1]

piacente [pia·'tʃɛn·te] *agg* attractive

piacentino, -a [pia·tʃen·'tiː·no] **I.** *agg* from Piacenza **II.** *m, f* (*abitante*) inhabitant of Piacenza

Piacenza *f* Piacenza *town in northern Italy*

piacere[1] [pia·'tʃeː·re] <piaccio, piacqui, piaciuto> *vi essere* **mi piace nuotare** I like swimming; **mi piace molto la pasta** I like pasta a lot; **il libro che mi piace di più** the book I like best; **mi piacerebbe rivederti** I'd like to see you again; **che ti piaccia o no** whether you like it or not

piacere[2] *m* **1.** (*gener*) pleasure; **provare ~ a fare qc** to take pleasure in doing sth; **viaggio di** ~ pleasure trip; **~!** it's a pleasure!; **è un ~ conoscerla** pleased to meet you; **con** (**molto**) **~!** with (great) pleasure! **2.** (*favore*) favor; **fare un ~ a qu** to do sb a favor; **per** ~ please **3.** (*volontà*) **a** ~ as much as one likes

piacimento [pia·tʃi·'men·to] *m* **a ~** as much as one likes

piaciuto [pia·'tʃu:·to] *pp di* **piacere**[1]

piacqui ['piak·kui] *1. pers sing pass rem di* **piacere**[1]

piadina [pia·'di:·na] *f flat unleavened bread from the Emilia Romagna region*

piaga ['pia:·ga] <-ghe> *f* MED sore

piagnucolare [piaɲ·ɲu·ko·'la:·re] *vi* to whine

piagnucolone, -a [piaɲ·ɲu·ko·'lo:·ne] *m, f fam* whiner

pianeggiante [pia·ned·'dʒan·te] *agg* flat

pianerottolo [pia·ne·'rɔt·to·lo] *m* landing

pianeta [pia·'ne:·ta] <-i> *m* ASTR planet

piangente [pian·'dʒɛn·te] *agg* (*persona*) crying; **salice ~** weeping willow

piangere ['pian·dʒe·re] <piango, piansi, pianto> **I.** *vi* to cry; **~ di gioia/dolore/rabbia** to cry with joy/in pain/with rage; **~ sul latte versato** *fig fam* to cry over spilled milk **II.** *vt* **1.** (*lacrime*) to cry **2.** (*lamentare*) to mourn

pianificare [pia·ni·fi·'ka:·re] *vt* to plan

pianificazione [pia·ni·fi·kat·'tsio:·ne] *f* planning

pianista [pia·'nis·ta] <-i *m*, -e *f*> *mf* pianist

piano[1] ['pia:·no] *m* **1.** (*livello*) level; MAT plane; **mettere sullo stesso ~** *fig* to put on the same level; **sul ~ politico/economico** politically/economically **2.** (*superficie*) surface **3.** (*di edificio*) floor; **abitare al primo ~** to live on the second floor **4.** (*progetto*) plan **5.** FOTO, FILM **primo ~** (*viso*) close-up; **in primo/secondo ~** in the foreground/the background; **di primo ~** *fig* prominent; **passare in secondo ~** *fig* to become less important **6.** MUS piano

piano[2] *avv* **1.** (*senza fretta*) slowly; **pian**(o) **~** little by little **2.** (*a bassa voce*) quietly

piano, -a *agg* flat

pianoforte [pia·no·'fɔr·te] *m* piano; **~ a coda** grand piano

pianoterra [pia·no·'tɛr·ra] <-> *m fam* first floor

piansi ['pian·si] *1. pers sing pass rem di* **piangere**

pianta ['pian·ta] *f* **1.** BOT plant **2.** (*del piede*) sole **3.** (*di edificio, città*) layout **4.** (*loc*) **inventare qc di sana ~** to make sth up completely

piantagione [pian·ta·'dʒo:·ne] *f* plantation

piantagrane [pian·ta·'gra:·ne] <-> *mf fam* troublemaker

piantare [pian·'ta:·re] *vt* **1.** (*fiori, alberi*) to plant **2.** (*conficcare*) to hammer **3.** *fig* (*lasciare*) to leave; **piantala!** *fam* stop it!; **~ in asso qu** to leave sb in the lurch

pianterreno [pian·ter·'re:·no] *m* first floor

pianto ['pian·to] *m* crying

pianto, -a *pp di* **piangere**

pianura [pia·'nu:·ra] *f* plain; **la ~ Padana** the Po Valley

piastra ['pias·tra] *f* (*lastra*) plate; **~ di cottura** hotplate

piastrella [pias·'trɛl·la] *f* tile

piastrina [pias·'tri:·na] *f* (*medaglietta*) tag

piattaforma [piat·ta·'for·ma] <piatteforme> *f* **1.** (*gener*) platform; **~ petrolifera** oil platform **2.** (*per tuffi*) board

piattino [piat·'ti:·no] *m* (*di tazzina*) saucer

piatto ['piat·to] *m* **1.** (*recipiente*) plate; **~ fondo/piano** soup/dinner plate **2.** GASTR (*vivanda*) dish; (*portata*) course; **un ~ di minestra/di spaghetti** a plate of soup/spaghetti; **primo ~** first course; **~ del giorno** today's special **3.** (*di bilancia*) pan **4.** *pl* MUS cymbals

piatto, -a *agg* (*piano*) flat

piazza ['piat·tsa] *f* **1.** (*di città*) squadre; **scendere in ~** (*manifestare*) to take to the streets; **fare ~ pulita** (*sbarazzarsi*) to make a clean sweep; **mettere in ~** *fig* to make public **2.** (*luogo di operazioni*) market **3.** (*posto*) **letto ad una ~** single bed; **letto a due -e** double bed

piazzale [piat·'tsa:·le] *m* **1.** (*piazza*) square **2.** (*di stazione*) forecourt; (*di aeroporto*) apron

piazzamento [piat·tsa·'men·to] *m* placing

piazzare [piat·'tsa:·re] **I.** *vt* **1.** (*gener*) to place **2.** COM to sell **II.** *vr:* **-rsi 1.** SPORT to be placed **2.** *fam* (*mettersi*) to plant oneself

piazzata [piat·'tsaː·ta] *f fam* (*scenata*) scene

piazzato, -a [piat·'tsaː·to] *agg* **1.** (*nell'ippica*) placed **2.** (*robusto*) **ben ~** well-built

piazzola [piat·'tsɔː·la] *f* **1.** (*su una strada*) pull-off; **~ di sosta** pull-off; **~ di emergenza** emergency pull-off **2.** (*in campeggio*) spot

picca ['pik·ka] <-cche> *f pl* (*di carte da gioco*) spades

piccante [pik·'kan·te] *agg* **1.** (*piatto, salsa*) spicy; (*formaggio*) strong **2.** (*storiella*) racy; (*particolare*) juicy

picchettaggio [pik·ket·'tad·dʒo] <-ggi> *m* picketing

picchettare [pik·ket·'taː·re] *vt* **1.** (*fabbrica*) to picket **2.** (*area*) to stake out

picchetto [pik·'ket·to] *m* **1.** (*paletto*) peg **2.** MIL (*gruppo di scioperanti*) picket

picchiare [pik·'kiaː·re] **I.** *vt* **1.** (*dare colpi su*) to beat **2.** (*percuotere*) to beat up **II.** *vi* **1.** (*dare colpi*) to beat **2.** (*sole*) to beat down **3.** AUTO **~ in testa** to knock **III.** *vr:* **-rsi** to fight

picchiata [pik·'kiaː·ta] *f* AERO **scendere in ~** to nosedive

picchiatore, -trice [pik·kia·'toː·re] *m, f* goon *inf*

picchio ['pik·kio] <-cchi> *m* ZOO woodpecker

piccino, -a [pit·'tʃiː·no] **I.** *agg* (*piccolo*) little **II.** *m, f* little one

picciolo [pit·'tʃɔː·lo] *m* stalk

piccioncino, -a [pit·tʃon·'tʃiː·no] *m, f fam* lovebird

piccione [pit·'tʃoː·ne] *m* pigeon; **prendere due -i con una fava** *fig* to kill two birds with one stone

picco ['pik·ko] <-cchi> *m* peak; **a ~** (*perpendicolare*) vertically; **colare a ~** to sink

piccolezza [pik·ko·'let·tsa] *f* **1.** (*dimensione*) smallness **2.** (*inezia*) trifle **3.** (*meschinità*) pettiness

piccolo, -a ['pik·ko·lo] <più piccolo *o* minore, piccolissimo *o* minimo> **I.** *agg* **1.** (*non grande*) small **2.** (*breve*) short **3.** (*di età*) young **4.** (*di poco conto*) little **5.** *fig* (*meschino*) petty **II.** *m, f* (*gener*) little one; **da ~** as a child

piccone [pik·'koː·ne] *m* pickax

piccozza [pik·'kɔt·tsa] *f* ice ax

pick-up ['pik·ʌp] <-> *m* (*furgone*) pick-up

picnic [pik·'nik] <-> *m* picnic

pidocchio [pi·'dɔk·ko] <-cchi> *m* louse

pidocchioso, -a [pi·dok·'ki·ioː·so] *agg pej* (*con i pidocchi*) lice-infested

piè [piɛ] *m* **a ~ di pagina** at the foot of the page

pied-à-terre [pie·ta·'tɛːr] <-> *m* pied-à-terre

piede ['piɛː·de] *m* **1.** ANAT (*unità di misura*) foot; **stare in -i** to stand; **essere a -i** to be on foot; **non stare in -i** (*ragionamento, teoria*) not to stand up; **andare a -i** to go on foot; **levarsi** [*o* **togliersi**] **dai -i** *fam* to go away; **prender ~** to gain ground; **tenere in -i** (*azienda, famiglia*) to keep going; **mettere i -i in testa a qu** (*trattar male*) to walk all over sb; **mettere in -i qc** (*allestire*) to set sth up; **puntare i -i** (*intestardirsi*) to dig one's heels in; **fatto coi -i** *fam* (*malfatto*) badly done; **a -i nudi** barefoot; **da capo a -i** from head to toe; **su due -i** (*immediatamente*) immediately; **ai -i del letto** at the foot of the bed **2.** (*di mobile*) leg; (*di lampada*) base

piedino [pi·'diː·no] *m* **fare ~ a qu** to play footsie with sb

piedipiatti [pie·di·'piat·ti] <-> *m sl* (*poliziotto*) cop

piedistallo [pie·dis·'tal·lo] *m* pedestal

piega ['piɛː·ga] <-ghe> *f* fold; **gonna a -ghe** pleated skirt; **messa in ~** set; **non fare una ~** (*rimanere impassibile*) not to bat an eye; **prendere una brutta ~** *fig* to take a turn for the worse

piegamento [pie·ga·'men·to] *m* SPORT push-up

piegare [pie·'gaː·re] **I.** *vt* **1.** (*gener*) to bend; (*foglio, vestiti*) to fold **2.** (*dominare*) to subdue **II.** *vi* (*voltare*) to turn **III.** *vr:* **-rsi 1.** (*incurvarsi*) to bend **2.** (*arrendersi*) to submit

pieghevole [pie·'geː·vo·le] *agg* **1.** (*metallo, ramo*) pliant **2.** (*sedia, tavolo*) folding

Piemonte [pie·'mon·te] *m* Piedmont

piemontese[1] <*sing*> *m* (*dialetto*) Piedmontese

piemontese[2] I. *agg* Piedmontese II. *mf* (*abitante*) person from Piedmont

piena ['piɛː·na] *f* (*di corso d'acqua*) flood; **in ~** in spate

pieno ['piɛː·no] *m* 1. (*di benzina*) **fare il ~** to fill up 2. **in ~** (*completamente*) completely

pieno, -a *agg* 1. (*gener*) full; **~ di** full of; **essere ~ di sé** to be full of oneself; **~ zeppo** completely full; **a stomaco ~** on a full stomach; **luna -a** full moon; **in ~ giorno** in broad daylight; **in ~ inverno** in the depths of winter 2. (*giornata, periodo*) busy

piercing ['piːr·sing] <-> *m* piercing

pietà [pie·'ta] <-> *f* 1. (*compassione*) pity; **avere ~ di qu** to feel pity for sb; **muovere qu a ~** to move sb to pity 2. REL piety

pietanza [pie·'tan·tsa] *f* dish

pietoso, -a [pie·'toː·so] *agg* 1. (*che prova pietà*) compassionate 2. (*che ispira pietà*) pitiful 3. *fam* (*pessimo*) pathetic

pietra ['piɛː·tra] *f* stone; **~ preziosa** precious stone; **età della ~** Stone Age; **porre la prima ~** *fig* to lay the foundations; **mettere una ~ sopra qc** *fig* to say no more about sth

pietrificare [pie·tri·fi·'kaː·re] *vt* to petrify

piffero ['pif·fe·ro] *m* (*strumento*) pipe

pigiama [pi·'dʒaː·ma] <-i> *m* pajamas

pigliare [piʎ·'ʎaː·re] *vt fam* to take; **pigliarle** (*essere picchiato*) to get a hiding

pigna ['piɲ·ɲa] *f* (*di pino*) pine cone

pignoleria [piɲ·ɲo·le·'riː·a] <-ie> *f* fussiness

pignolo, -a I. *agg* fussy II. *m, f* fussbudget

pignorare [piɲ·ɲo·'raː·re] *vt* GIUR to distrain

pigolare [pi·go·'laː·re] *vi* (*uccellino*) to chirp

pigrizia [pi·'grit·tsia] <-ie> *f* laziness

pigro, -a ['piː·gro] I. *agg* (*indolente*) lazy II. *m, f* lazybones *inf*

PIL [pil] *abbr di* **Prodotto Interno Lordo** GDP

pila ['piː·la] *f* 1. (*batteria*) battery 2. (*cumulo*) pile 3. *fam* (*lampadina tascabile*) flashlight

pilastro [pi·'las·tro] *m* ARCH pillar

pile [pail] *m* fleece

pillola ['pil·lo·la] *f* pill; **prendere la ~** (*anticoncezionale*) to be on the pill

pilone [pi·'loː·ne] *m* ARCH pier

pilota[1] [pi·'lɔː·ta] <-i> *m* TEC **~ automatico** automatic pilot

pilota[2] <-i *m*, -e *f*> *mf* AERO, NAUT pilot; MOT driver

pilotare [pi·lo·'taː·re] *vt* 1. (*automobile*) to drive 2. (*nave, aereo*) to pilot

pinacoteca [pi·na·ko·'tɛː·ka] <-che> *f* art gallery

pineta [pi·'neː·ta] *f* pinewood

pinguino [piŋ·'guiː·no] *m* ZOOL penguin

pinna ['pin·na] *f* 1. (*di pesce, imbarcazione*) fin 2. (*calzatura*) flipper

pino ['piː·no] *m* (*albero, legno*) pine

pinolo [pi·'nɔː·lo] *m* pine kernel

pinza ['pin·tsa] *f* TEC pliers *pl;* MED forceps *pl*

pinzetta [pin·'tset·ta] *f* tweezers *pl*

pio, -a ['piː·o] <pii, pie> *agg* 1. (*devoto*) pious 2. (*caritatevole*) charitable

pioggerella [piod·dʒe·'rɛl·la] *f* drizzle

pioggia ['piɔd·dʒa] <-gge> *f* METEO rain; **~ acida** acid rain; **la stagione delle -gge** the rainy season

piolo ['piɔː·lo] *m* (*di scala*) rung; **scala a -i** ladder

piombare [piom·'baː·re] *vi essere* 1. (*cadere dall'alto*) to fall 2. (*sprofondare*) **~ nella disperazione/depressione** to be plunged into despair/depression 3. (*disgrazie, aggressore*) **~ addosso a qu** to descend on sb 4. (*arrivare all'improvviso*) to turn up

piombatura [piom·ba·'tuː·ra] *f* 1. (*di dente*) filling 2. (*rivestimento di piombo*) sealing with lead

piombino [piom·'biː·no] *m* 1. (*proiettile*) lead pellet 2. (*di lenza, rete*) sinker 3. (*di pacco*) lead seal

piombo ['piom·bo] *m* 1. CHEM lead; **pesare come il ~** to weigh a ton; **senza ~** (*benzina*) unleaded 2. (*di lenza, rete*) sinker

pioniere [pio·'niɛː·re] *m* pioneer

piovano, -a [pio·'vaː·no] *agg* **acqua ~** rainwater

piovere ['piɔː·ve·re] <piove, piovve, pio-

vuto> *vi essere o avere* **1.** METEO to rain; **~ a dirotto** to pour (down); **su questo non ci piove** *fig fam* there's no doubt about it; **piove sul bagnato** (*in senso positivo*) some people have all the luck; (*in senso negativo*) it never rains but it pours **2.** *cadere come pioggia* to rain down; **~ dal cielo** *fig* to fall into one's lap **3.** (*arrivare in grande quantità*) to come thick and fast; **~ addosso a qu** (*disgrazia*) to assail sb

piovigginare [pio·vid·dʒi·ˈnaː·re] *vi essere o avere* to drizzle

piovoso, -a [pio·ˈvoː·so] *agg* rainy

piovra [ˈpiɔː·vra] *f* **1.** ZOO octopus **2.** *mafia* **la ~** the Mafia

piovve [ˈpiɔv·ve] *3. pers sing pass rem di* **piovere**

pipa [ˈpiː·pa] *f* pipe; **fumare la ~** to smoke a pipe

pipì [pi·ˈpi] <-> *f fam* pee; **fare (la) ~** to have a pee

pipistrello [pi·pis·ˈtrɛl·lo] *m* ZOO bat

piramidale [pi·ra·mi·ˈdaː·le] *agg* (*forma, organizzazione*) pyramidal

piramide [pi·ˈraː·mi·de] *f* pyramid

piranha [pi·ˈre·ɲa] <-> *m* piranha

pirata <inv> *agg* pirate; **copia ~** pirate copy

pirata [pi·ˈraː·ta] <-i> *m* **1.** (*uomo di mare*) pirate; **~ della strada** hit-and-run driver; **~ dell'aria** hijacker **2.** COMPUT **~ informatico** hacker

piratato, -a [pi·ra·ˈtaː·to] *agg* pirated

Pirenei [pi·re·ˈnɛː·i] *mpl* **i ~** the Pyrenees

piroetta [pi·ro·ˈet·ta] *f* pirouette

pirofila [pi·ˈrɔː·fi·la] *f* (*tegame*) Pyrex® dish

piromane [pi·ˈrɔː·ma·ne] *mf* pyromaniac

piroscafo [pi·ˈrɔs·ka·fo] *m* steamship

pirotecnico, -a <-ci, -che> *agg* (*arte*) pyrotechnical; (*spettacolo*) fireworks

Pisa *f* Pisa *city in northwest Italy*

pisano, -a [pi·ˈsaː·no] **I.** *agg* Pisan **II.** *m, f* (*abitante*) person from Pisa

pisciare [piʃ·ˈʃaː·re] *vi vulg* to piss; **pisciarsi addosso** [*o* **sotto**] *fig* to piss oneself

pisciata [piʃ·ˈʃaː·ta] *f vulg* piss; **fare una ~** to take a piss

piscina [piʃ·ˈʃiː·na] *f* (swimming) pool; **~ olimpionica** Olympic pool; **~ coperta** indoor pool; **~ scoperta** open-air pool

pisello[1] [pi·ˈsɛl·lo] *m* **1.** BOT, GASTR pea **2.** *fam* (*pene*) dick

pisello[2] <inv> *agg* **verde ~** pea-green

pisolino [pi·zo·ˈliː·no] *m fam* nap; **fare** [*o* **schiacciare**] **un ~** to take a nap

pista [ˈpis·ta] *f* **1.** (*gener*) track **2.** (*spazio libero*) **~ da ballo** dance floor; **~ di pattinaggio** skating rink **3.** (*nello sci*) run **4.** AERO **~ di atterraggio** landing strip **5.** (*via*) **~ ciclabile** bike lane

pistacchio[1] [pis·ˈtak·kio] <-cchi> *m* (*albero, frutto*) pistachio

pistacchio[2] <inv> *agg* pistachio

pistillo [pis·ˈtil·lo] *m* pistil

pistola [pis·ˈtɔː·la] *f* **1.** (*arma*) pistol; **~ ad acqua** water pistol **2.** (*strumento*) **~ a spruzzo** spray gun

pistone [pis·ˈtoː·ne] *m* **1.** (*di motore*) piston **2.** (*di strumenti a fiato*) valve

pitagorico, -a <-ci, -che> *agg* **tavola -a** multiplication table

pitone [pi·ˈtoː·ne] *m* (*serpente, pelle*) python

pittore, -trice [pit·ˈtoː·re] *m, f* painter

pittoresco, -a [pit·to·ˈres·ko] <-schi, -sche> *agg* (*suggestivo*) picturesque; (*stravagante*) colorful

pittorico, -a [pit·ˈtɔː·ri·ko] <-ci, -che> *agg* **1.** (*tecnica, scuola*) painting **2.** *fig* (*vivacità, descrizione*) colorful

pittura [pit·ˈtuː·ra] *f* **1.** (*arte, dipinto*) painting **2.** *fam* (*vernice*) paint

pitturare [pit·tu·ˈraː·re] *vt* to paint

più [piu] *comparativo di* **molto, -a** **I.** *avv* **1.** (*comparativo*) more; (*superlativo*) most; **~ intelligente** more intelligent; **~ piccolo/grande** smaller/bigger; **il ~ interessante** the most interesting; **il ~ vecchio di tutti** the oldest of them all; **il ~ vecchio dei due** the older of the two; **di ~** more; **mi piace di ~ il rosso** I like the red one better; **la canzone che mi piace di ~** the song I like best; **tanto ~ che** especially since; **~ … che mai** more … than ever; **~ … che …** more … than …; **chi ~ chi meno** some more than others; **tra non ~ di un mese** in less than a month **2.** (*ol-*

P

tre) **non ...** ~ not ... anymore; **non ci pensare** ~ don't think about it anymore; **mai** ~ never again; **per di** ~ what's more; **a** ~ **non posso** *fam* (*correre*) as fast as possible **3.** (*nelle temperature*) MAT plus; ~ **tre** plus three; **tre** ~ **tre fa sei** three plus three is six; **in** ~ more; ~ **o meno** more or less **4.** (*nei voti scolastici*) plus **II.** *prep* plus **III.** <inv> *agg* **1.** (*comparativo*) more; (*superlativo*) most; **ho** ~ **amici di te** I've got more friends than you; **ci vuole** ~ **tempo** more time is needed; ~ **persone vengono e meglio è** the more people that come the better; **al** ~ **presto** as soon as possible; **al** ~ **tardi** at the latest **2.** (*parecchi*) several; **te l'ho ripetuto** ~ **volte** I've told you several times **IV.** <-> *m* **1.** (*massimo*) most; (**tutt'**)**al** ~ at most; **per lo** ~ usually; **parlare del** ~ **e del meno** to talk about this and that **2.** (*parte maggiore*) most; **il** ~ **è fatto** most of it is done; **il** ~ **delle volte** most of the time **3.** MAT plus sign

piuma ['piuː·ma] *f* **1.** (*penna*) feather **2.** (*ornamento*) plume

piumino [piu·'miː·no] *m* **1.** (*coperta*) comforter **2.** (*giacca*) padded jacket **3.** (*per spolverare*) feather duster

piuttosto [piut·'tɔs·to] *avv* (*anzi, alquanto*) rather; ~ **che ...** +*inf* rather than ...; (*anziché*) ~ **che** rather than

pixel ['pik·səl] <-> *m* pixel

pizza ['pit·tsa] *f* **1.** GASTR pizza; ~ **al taglio** pizza by the slice **2.** *fig* (*persona o cosa noiosa*) bore; **che ~!** what a bore! **3.** (*pellicola*) reel

pizzaiolo, -a [pit·tsa·'jɔː·lo] *m, f* (*chi fa le pizze*) pizza chef; **alla -a** *cooked with tomato, parsley and garlic*

pizzeria [pit·tse·'riː·a] <-ie> *f* pizzeria

pizzicare [pit·tsi·'kaː·re] **I.** *vt* **1.** (*con le dita*) to pinch; (*solleticare*) to tickle **2.** (*pungere*) to sting **3.** *fam* (*cogliere*) to catch **4.** MUS to pluck **II.** *vi* **1.** (*prudere*) to tingle **2.** (*essere piccante*) to be hot

pizzico ['pit·tsi·ko] <-chi> *m* (*gener*) pinch

pizzicotto [pit·tsi·'kɔt·to] *m* (*con le dita*) pinch

pizzo ['pit·tso] *m* **1.** (*merletto*) lace **2.** (*barba*) goatee **3.** (*tangente*) protection money

placare [pla·'kaː·re] **I.** *vt* **1.** (*collera*) to appease; (*persona*) to calm down **2.** (*fame*) to satisfy; (*sete*) to quench **II.** *vr:* **-rsi** (*persona*) to calm down; (*dolore*) to ease; (*tempesta*) to die down

placca ['plak·ka] <-cche> *f* **1.** (*lamina*) EL plate **2.** (*targhetta, sulla pelle*) plaque; ~ **batterica** [*o* **dentaria**] dental plaque

placenta [pla·'tʃɛn·ta] *f* placenta

placido, -a ['plaː·tʃi·do] *agg* (*persona, carattere*) placid; (*serata*) calm

plafoniera [pla·fo·'niɛː·ra] *f* ceiling light

plagiare [pla·'dʒaː·re] *vt* **1.** (*opera*) to plagiarize **2.** (*persona*) to subject to duress

plagio ['plaː·dʒo] <-gi> *m* **1.** (*di opera*) plagiarism **2.** (*di persona*) duress

plaid [plɛd] <-> *m* lap robe

planare [pla·'naː·re] *vi* (*aereo*) to glide; (*imbarcazione*) to skim

plancia ['plan·tʃa] <-ce> *f* **1.** AUTO dashboard **2.** NAUT (*ponte*) bridge; (*passerella*) gangway

planetario, -a <-i, -ie> *agg* (*dei pianeti*) planetary; (*della Terra*) worldwide

planimetria [pla·ni·me·'triː·a] <-ie> *f* (*pianta*) plan

planisfero [pla·nis·'fɛː·ro] *m* planisphere

plantare [plan·'taː·re] *m* arch support

plasma ['plaz·ma] <-i> *m* plasma

plasmare [plaz·'maː·re] *vt* to mold

plastica ['plas·ti·ka] <-che> *f* **1.** (*materiale*) plastic **2.** MED plastic surgery

plastico ['plas·ti·ko] <-ci> *m* **1.** (*modello*) scale model **2.** (*esplosivo*) plastic explosive

plastico, -a <-ci, -che> *agg* plastic; **arti -che** plastic arts; **chirurgia -a** plastic surgery

plastificare [plas·ti·fi·'kaː·re] *vt* **1.** (*rendere plastico*) to plasticize **2.** (*rivestire di plastica*) to coat with plastic

platano ['plaː·ta·no] *m* plane (tree)

platea [pla·'tɛː·a] *f* (*parte del teatro*) orchestra; (*spettatori*) audience

plateale [pla·te·'aː·le] *agg* theatrical

platino ['plaː·ti·no] *m* platinum

platonico, -a <-ci, -che> *agg* (*pensie-

ro, opera) Platonic; (*amore, amicizia*) platonic

plausibile [plau·ˈziː·bi·le] *agg* plausible

plausibilità [plau·zi·bi·li·ˈta] <-> *f* plausibility

playback [ˈplei·bæk] <-> *m* miming

plebeo, -a [ple·ˈbɛː·o] *agg* HIST plebeian

plenario, -a [ple·ˈnaː·rio] <-i, -ie> *agg* (*riunione*) plenary

plenilunio [ple·ni·ˈluː·nio] <-i> *m* full moon

pleura [ˈplɛː·u·ra] *f* pleura

pleurite [pleu·ˈriː·te] *f* pleurisy

plico [ˈpliː·ko] <-chi> *m* package; (*insieme di documenti*) sheaf of papers

plissé [pli·ˈse] <inv> *agg* (*gonna, tessuto*) pleated

plotone [plo·ˈtoː·ne] *m* MIL platoon; ~ **d'esecuzione** firing squad

plumbeo, -a [ˈplum·beo] <-ei, -ee> *agg* (*cielo, colore*) leaden

plurale [plu·ˈraː·le] **I.** *agg* plural **II.** *m* plural; **al** ~ in the plural

pluralista [plu·ra·ˈlis·ta] <-i *m*, -e *f*> *mf* pluralist

pluriennale [plu·rien·ˈnaː·le] *agg* lasting many years

plurimiliardario, -a [plu·ri·mi·liar·ˈdaː·rio] *agg, m, f* multimillionaire

pluriomicida [plu·rio·mi·ˈtʃiː·da] *mf* multiple murderer

plusvalore [pluz·va·ˈloː·re] *m* surplus value

plutonio [plu·ˈtɔː·nio] *m* CHIM plutonium

pluviale [plu·ˈviaː·le] *agg* **foresta** ~ rainforest

PM *m abbr di* **Pubblico Ministero** District Attorney

pneumatico [pneu·ˈmaː·ti·ko] <-ci> *m* tire

pneumatico, -a <-ci, -che> *agg* **1.** TEC pneumatic; **martello** ~ jackhammer **2.** (*gonfiabile*) inflatable; **materassino** ~ air mattress

po' [pɔ] *avv fam* **un** ~ a little; **un bel** ~ quite a while; **un** ~ **di ...** a little ...

poco[1] [ˈpɔː·ko] <meno, pochissimo> *avv* **1.** (*con verbo: in piccola misura*) not very much; (*per breve tempo*) a little while; **il film mi è piaciuto** ~ I didn't like the movie very much; **ho dormito** ~ I slept for a little while; (**a**) ~ (**a**) ~ little by little **2.** (*con aggettivo, avverbio*) not very; **è** ~ **gentile** she's not very nice; ~ **dopo/prima** shortly after/before; ~ **fa** a short time ago; **stare** ~ **bene** to not be very well

poco[2] <-chi> *m* little; **un** ~ a little; **un** ~ **di ...** a little ...; *v. a.* **po'**

poco, -a <-chi, -che> **I.** *agg* **1.** (*una piccola quantità di*) not very much; (*in piccolo numero*) not very many; **è -a cosa** it's nothing **2.** (*con valore ellittico*) **mangia** ~ he doesn't eat much; **fra** ~ soon; **per** ~ **non** (*quasi*) nearly; **un errore da** ~ a trivial mistake; **un oggetto da** ~ a worthless object; (*siamo arrivati da* ~) we've just arrived **II.** *pron* **1.** (*piccola quantità*) little **2.** *pl* (*non numerosi*) few; **essere in -chi** to be few in number

podio [ˈpɔː·dio] <-i> *m* podium

podismo [po·ˈdiz·mo] *m* running

podista [po·ˈdis·ta] <-i *m*, -e *f*> *mf* runner

podistico, -a [po·ˈdis·ti·ko] <-ci, -che> *agg* running

poema [po·ˈɛː·ma] <-i> *m* LIT poem; ~ **epico** epic poem

poesia [poe·ˈziː·a] <-ie> *f* **1.** (*genere, complesso di opere*) poetry **2.** (*componimento*) poem

poeta, -tessa [po·ˈɛː·ta, poe·ˈtes·sa] <-i, -esse> *m, f* poet

poetico, -a [po·ˈɛː·ti·ko] <-ci, -che> *agg* poetic

poggiare [pod·ˈdʒaː·re] **I.** *vt* (*posare*) to place **II.** *vi* (~ *su qc*) ARCH to rest on sth; *teoria* to be based on sth

poggiatesta [pod·dʒa·ˈtɛs·ta] <-> *m* headrest

poggiolo [pod·ˈdʒɔː·lo] *m* (*terrazzino*) balcony

poi [ˈpɔː·i] *avv* **1.** (*dopo, infine*) then; (*più tardi*) later; **prima o** ~ sooner or later; **d'ora in** ~ from now on **2.** (*inoltre*) besides **3.** (*enfatico*) **no e** ~ **no** absolutely not

poiché [poi·ˈke] *cong* since

pois [pwa] <-> *m* **a** ~ polka-dot

poker [ˈpou·kər/ˈpo·ker] <-> *m* poker; **giocare a** ~ to play poker; ~ **d'assi/di fanti** four aces/jacks

P

polacco, **-a** [po·'lak·ko] <-cchi, -cche> **I.** *agg* Polish **II.** *m, f* Pole

polare [po·'laː·re] *agg* (*del polo*) polar

polemica [po·'lɛː·mi·ka] <-che> *f* (*contrasto di opinioni*) argument; (*attacco*) attack; **fare delle -che** to be argumentative

polemico, **-a** [po·'lɛː·mi·ko] <-ci, -che> *agg* (*spirito, scritto*) controversial; (*tono, atteggiamento*) argumentative

polemizzare [po·le·mid·'dzaː·re] *vi* ~ **su qc** to argue about sth

polenta [po·'lɛn·ta] *f* polenta

poliambulatorio [po·li·am·bu·la·'tɔː·rio] <-i> *m* MED clinic

policlinico [po·li·'kliː·ni·ko] <-ci> *m* general hospital

poliestere [po·liv'ɛs·te·re] *m* polyester

polifonico, **-a** [po·li·'fɔː·ni·ko] <-ci, -che> *agg* MUS polyphonic

poligamia [po·li·ga·'miː·a] <-ie> *f* polygamy

poligamo, **-a** [po·'liː·ga·mo] **I.** *agg* polygamous **II.** *m, f* polygamist

poliglotta [po·li·'glɔt·ta] <-i *m*, -e *f*> *agg, mf* polyglot

poligono [po·'liː·go·no] *m* **1.** MAT polygon **2.** MIL ~ **di tiro** firing range

polio ['pɔː·lio] <-> *f* MED polio

poliomielite [po·lio·mie·'liː·te] *f* poliomyelitis

poliomielitico, **-a** [po·lio·mie·'liː·ti·ko] <-ci, -che> **I.** *m, f* MED person with polio **II.** *agg* MED poliomyelitic

polipo ['pɔː·li·po] *m* MED polyp

polistirolo [po·lis·ti·'rɔː·lo] *m* Styrofoam®

politeista [po·li·te·'is·ta] **I.** *mf* polytheist **II.** *agg* (*religione, culto*) polytheistic

politica [po·'li·ti·ka] <-che> *f* **1.** (*scienza, ambito*) politics **2.** (*strategia*) policy; ~ **estera** foreign policy; ~ **interna** domestic policy

politicante [po·li·ti·'kan·te] *mf pej* politico

politicizzare [po·li·ti·tʃid·'dzaː·re] *vt* to politicize

politico [po·'liː·ti·ko] <-ci> *m* politician

politico, **-a** <-ci, -che> *agg* political; **elezioni -che** general election; **scienze -che** political science

polizia [po·lit·'tsiː·a] <-ie> *f* (*corpo*) police; (*commissariato*) police station; **agente di** ~ police officer; ~ **stradale** highway patrol; ~ **municipale** local police

poliziesco, **-a** [po·lit·'tsies·ko] <-schi, -sche> *agg* (*romanzo, film*) detective

poliziotto [po·lit·'tsiɔt·to] <inv> *agg* **cane** ~ police dog; **donna** ~ policewoman

poliziotto, **-a** *m, f* policeman *m*, policewoman *f*

polizza ['pɔː·lit·tsa] *f* COM policy

pollaio [pol·'laː·io] <-ai> *m* (*per polli*) henhouse

pollame [pol·'laː·me] *m* poultry

pollice ['pɔl·li·tʃe] *m* **1.** ANAT (*della mano*) thumb; **avere il ~ verde** *fig* to have a green thumb **2.** (*unità di misura*) inch

polline ['pɔl·li·ne] *m* pollen

pollo ['pol·lo] *m* **1.** (*animale*) chicken; **conoscere i propri -i** *fam* to know who one is dealing with; **far ridere i -i** to be ridiculous **2.** *fig* (*individuo ingenuo*) sucker

polmonare [pol·mo·'naː·re] *agg* pulmonary

polmone [pol·'moː·ne] *m* ANAT lung

polmonite [pol·mo·'niː·te] *f* pneumonia

polo[1] ['pɔː·lo] *m* **1.** GEOG, PHYS pole; **il ~ nord** the North Pole **2.** *fig* **essere ai -i opposti** to be poles apart **3.** POL (*coalizione*) coalition; **il Polo** (**per le libertà**) POL *the House of Freedom Coalition* **4.** SPORT polo

polo[2] <-> *f* (*maglia*) polo shirt

Polonia [po·'lɔː·nia] *f* **la** ~ Poland

polpa ['pol·pa] *f* (*di frutto*) flesh; (*di carne*) lean meat

polpaccio [pol·'pat·tʃo] <-cci> *m* calf

polpastrello [pol·pas·'trɛl·lo] *m* pad

polpetta [pol·'pet·ta] *f* GASTR meatball

polpettone [pol·pet·'toː·ne] *m* **1.** GASTR meat loaf **2.** (*film, libro*) mishmash

polpo ['pol·po] *m* octopus

polsino [pol·'siː·no] *m* cuff

polso ['pol·so] *m* **1.** ANAT wrist **2.** (*carattere*) firmness; **un uomo di ~** a strong man **3.** MED pulse; **tastare il ~ a qu** to take sb's pulse

poltrire [pol·'triː·re] <poltrisco> *vi* **1.** (*ri-*

posarsi) to laze **2.** (*vivere nell'ozio*) to laze around

poltrona [pol·'troː·na] *f* **1.** (*mobile*) armchair **2.** *fig* (*carica*) position

polvere ['pol·ve·re] *f* **1.** (*sui mobili, in strada*) dust; **togliere la ~** to do the dusting; **ridurre qu in ~** *fig* to pulverize sb **2.** (*sostanza sminuzzata*) powder; **in ~** powdered; **caffè in ~** instant coffee **3.** MIL **~ da sparo** gunpowder

polveriera [pol·ve·'riɛː·ra] *f* **1.** (*magazzino*) munitions store **2.** *fig* (*territorio*) powder keg

polverizzare [pol·ve·rid·'dzaː·re] **I.** *vt* **1.** (*ridurre in polvere*) to pulverize **2.** (*nebulizzare*) to atomize **3.** (*annientare*) to crush; (*record*) to smash **II.** *vr:* **-rsi** (*disintegrarsi*) to disintegrate

polverone [pol·ve·'roː·ne] *m* (*nuvola di polvere*) dust cloud

polveroso, -a [pol·ve·'roː·so] *agg* dusty

pomata [po·'maː·ta] *f* ointment

pomello [po·'mɛl·lo] *m* (*di porta, cassetto*) knob

pomeridiano, -a [po·me·ri·'diaː·no] *agg* afternoon

pomeriggio [po·me·'rid·dʒo] <-ggi> *m* afternoon; **di ~** in the afternoon; **domani/oggi ~** tomorrow/this afternoon; **venerdì ~** Friday afternoon

pomiciare [po·mi·'tʃaː·re] *vi sl* to smooch

pomo ['poː·mo] *m* **1.** ANAT **~ d'Adamo** Adam's apple **2.** (*di letto, bastone*) knob

pomodoro [po·mo·'dɔː·ro] *m* tomato

pompa ['pom·pa] *f* (*per gonfiare, di benzina*) pump; **impresa di -e funebri** funeral home

pompare [pom·'paː·re] *vt* **1.** (*acqua, benzina*) to pump **2.** (*pneumatico*) to pump up

pompelmo [pom·'pɛl·mo] *m* grapefruit

pompiere [pom·'piɛː·re] *m* firefighter

ponente [po·'nɛn·te] *m* **1.** (*ovest*) west **2.** (*vento*) west wind

pongo ['poŋ·go] *1. pers sing pr di* **porre**

ponte ['pon·te] *m* **1.** (*su fiume, strada, protesi*) bridge; **~ levatoio** drawbridge; **~ sospeso** suspension bridge; **tagliare i -i** *fig* to sever all ties **2.** (*collegamento*) **~ aereo** airlift; **~ radio** radio link **3.** (*di nave*) deck **4.** (*in ginnastica*) crab **5.** (*vacanza*) long weekend; **fare il ~** to make a long weekend of it

pontefice [pon·'teː·fi·tʃe] <-ci> *m* **1.** REL pontiff **2.** HIST pontifex

pontificio, -a [pon·ti·'fiː·tʃo] <-ci, -cie> *agg* pontifical; **lo stato ~** the Papal State

pontile [pon·'tiː·le] *m* pier

pony ['pou·ni] <-> *m* pony

pool [puːl] <-> *m* (*giudici*) team; **~ antimafia** anti-Mafia team

pop [pɔp] <inv> *agg* pop

pop-corn ['pɔp·kɔːn] <-> *m* popcorn

popò [po·'pɔ] <-> **I.** *f fam* (*feci*) poop **II.** *m fam* (*sedere*) bottom

popolare[1] [po·po·'laː·re] *agg* **1.** (*gener*) popular; **musica ~** popular music **2.** (*delle classi inferiori*) working-class; **casa ~** public housing unit

popolare[2] **I.** *vt* to populate **II.** *vr:* **-rsi** **1.** (*diventare popolato*) to become populated **2.** (*affollarsi*) to fill up

popolarità [po·po·la·ri·'ta] <-> *f* popularity

popolazione [po·po·lat·'tsioː·ne] *f* **1.** (*abitanti*) population **2.** (*popolo*) people

popolo ['pɔː·po·lo] *m* **1.** (*gener*) people **2.** (*classi più basse*) common people

popoloso, -a [po·po·'loː·so] *agg* (*quartiere, città*) populous

poppa ['pop·pa] *f* NAUT stern

poppata [pop·'paː·ta] *f* feed

populistico, -a [po·pu·'lis·ti·ko] <-ci, -che> *agg* populist

porcata [por·'kaː·ta] *f* **1.** (*cosa disgustosa*) crap **2.** *fam* (*cosa brutta, malfatta*) piece of crap

porcellana [por·tʃel·'laː·na] *f* (*materiale*) porcelain; (*oggetto*) piece of porcelain

porcellino [por·tʃel·'liː·no] *m* ZOO **~ d'India** guinea pig

porcheria [por·ke·'riː·a] <-ie> *f* **1.** (*sporcizia*) mess **2.** (*cibo disgustoso*) muck; (*cibo non sano*) garbage **3.** *fig* (*azione*) dirty trick; *fam* (*cosa brutta*) piece of junk

porchetta [por·'ket·ta] *f* GASTR roast suckling pig

porcile [por·'tʃiː·le] *m* pigsty

porcino [por·'tʃiː·no] *m* (*fungo*) porcino

porco, -a ['pɔr·ko] <-ci, -che> **I.** *m, f* **1.** ZOO (*persona viziosa*) pig **2.** (*carne*) pork **II.** *agg fam* (*in esclamazioni*) **-a miseria!** shit!

porcospino [por·kos·'piː·no] *m* (*istrice*) porcupine; *fam* (*riccio*) hedgehog

Pordenone [por·de·'noː·ne] *f* Pordenone *town in northeastern Italy*

pordenonese [por·de·no·'neː·se] **I.** *mf* (*abitante*) person from Pordenone **II.** *agg* from Pordenone

porgere ['pɔr·dʒe·re] <porgo, porsi, porto> *vt* (*dare*) to hand

pornografia [por·no·gra·'fiː·a] *f* pornography

pornografico, -a [por·no·'graː·fi·ko] <-ci, -che> *agg* pornographic

pornostar [por·no·'staː] <-> *mf* porn star

poro ['pɔː·ro] *m* pore

poroso, -a [po·'roː·so] *agg* porous

porpora ['por·po·ra] *f* (*colore*) purple

porre ['por·re] <pongo, posi, posto> **I.** *vt* **1.** (*mettere*) to put **2.** *fig* (*supporre*) to suppose; **poni caso che ...** suppose that ... **3.** (*loc*) ~ **una domanda a qu** to ask sb a question; ~ **un problema a qu** to pose a problem for sb; ~ **fine** [*o* **termine**] **a qc** to put an end to sth **II.** *vr:* **-rsi** (*mettersi*) **-rsi in marcia** to set off; **-rsi in salvo** to reach safety

porro ['pɔr·ro] *m* **1.** BOT leek **2.** *fam* (*verruca*) wart

porsi ['pɔr·si] *1. pers sing pass rem di* **porgere**

porta ['pɔr·ta] *f* **1.** (*gener*) door; ~ **di servizio** service entrance; **mettere qu alla** ~ to throw sb out; **chiudere la ~ in faccia a qu** *fig* to slam the door in sb's face **2.** SPORT goal **3.** (*nello sci*) gate

portabagagli [por·ta·ba·'gaʎ·ʎi] <-> *m* (*sul tetto di automobile*) luggage rack; *fam* (*bagagliaio*) trunk

portaborse [por·ta·'bor·se] <-> *mf pej* gofer

portacenere [por·ta·'tʃeː·ne·re] <-> *m* ashtray

portachiavi [por·ta·'kiaː·vi] <-> *m* keyring

portadocumenti [po·ta·do·ku·'men·ti] <-> *m* (*custodia*) document holder

portafinestra [por·ta·fi·'nɛs·tra] <portefinestre> *f* French door

portafoglio [por·ta·'fɔʎ·ʎo] *m* **1.** (*per banconote*) wallet **2.** (*pol, fin*) portfolio

portafortuna [por·ta·for·'tuː·na] **I.** <inv> *agg* lucky **II.** <-> *m* lucky charm

portafotografie [por·ta·fo·to·gra·'fiː·e] <-> *m* frame

portale [por·'taː·le] *m* portal

portamento [por·ta·'men·to] *m* bearing

portamonete [por·ta·mo·'neː·te] <-> *m* change purse

portante [por·'tan·te] *agg* (*struttura, muro*) load-bearing

portaocchiali [por·ta·ok·'kiaː·li] <-> *m* glasses case

portaoggetti [por·ta·od·'dʒɛt·ti] **I.** <inv> *agg* **vano** ~ MOT glove compartment **II.** <-> *m* holder

portaombrelli [por·ta·om·'brɛl·li] <-> *m* umbrella stand

portapacchi [por·ta·'pak·ki] <-> *m* (*di automobile*) luggage rack; (*di bicicletta*) carrier

portare [por·'taː·re] **I.** *vt* **1.** (*trasportare, trascinare*) to carry **2.** (*trasferire, accompagnare, prendere con sé*) to take; ~ **qc in tavola** to serve sth; ~ **su/giù** to take up/down; ~ **dentro/fuori** to take in/out; ~ **fuori qu** (*a cena, al cinema*) to take sb out; ~ **via** (*allontanare*) to take away; (*rubare*) to steal **3.** (*dare, causare*) to bring; ~ **qc in regalo** to give sth as a present; ~ **bene** [*o* **fortuna**] **a qu** to bring sb good luck; ~ **male** [*o* **sfortuna**] **a qu** to bring sb bad luck **4.** (*indossare*) to wear **5.** (*condurre*) to lead; (*veicoli*) to go **6.** (*taglia*) to take; **porto la 44/il 39** I wear a size 44/39 **7.** (*dimostrare*) ~ **bene/male gli anni** not to look/to look one's age **8.** (*reggere*) to support **II.** *vr:* **-rsi** (*recarsi*) to go

portariviste [por·ta·ri·'vis·te] <-> *m* magazine rack

portarotoli [por·ta·'rɔː·to·li] <-> *m* toilet paper holder

portasapone [por·ta·sa·'poː·ne] <-> *m* soap dish

portasci [por·taʃ·'ʃi] <-> *m* ski rack

portasciugamano [por·taʃ·ʃu·ga·'maː·no] <-> *m* towel rail

portasigarette [por·ta·si·ga·'ret·te] <-> *m* cigarette case

portata [por·'taː·ta] *f* **1.** (*di pranzo*) course **2.** (*capacità di carico*) capacity **3.** (*di arma*) range **4.** (*di fiume*) flow **5.** *fig* (*importanza*) importance **6.** (*livello*) **alla ~ di** (*libro*) within the grasp of; (*spesa*) within the means of; **a ~ di mano** to hand; *fig* within one's grasp

portatile [por·'taː·ti·le] **I.** *agg* portable **II.** *m* (*computer*) laptop

portato, -a *agg* **1.** (*abito, giacca*) second-hand **2.** *fig* (*predisposto*) **essere ~ per qc** to have a gift for sth

portatore, -trice [por·ta·'toː·re] *m, f* **1.** (*trasportatore*) FIN bearer; **al ~** to the bearer **2.** (*di malattia, virus*) carrier; **~ sano** healthy carrier

portatovagliolo [por·ta·to·vaʎ·'ʎɔː·lo] *m* (*busta*) napkin holder; (*anello*) napkin ring

portatrice *f v.* **portatore**

portavoce [por·ta·'voː·tʃe] <-> *mf* spokesman *m*, spokeswoman *f*

portefinestre *pl di* **portafinestra**

portello [por·'tɛl·lo] *m* **1.** (*sportello*) door **2.** NAUT, AERO hatch

portellone [por·tel·'lɔː·ne] *m* (*di nave, aereo*) hatch; (*di automobile*) tailgate

portentoso, -a *agg* **1.** (*fatto, avvenimento*) extraordinary **2.** (*medicina, atleta*) marvelous

porticato [por·ti·'kaː·to] *m* colonnade

porticato, -a *agg* porticoed

portico ['pɔr·ti·ko] <-ci> *m* **1.** ARCH portico **2.** (*costruzione rurale*) lean-to

portiera [por·'tiɛː·ra] *f* (*di veicolo*) door

portiere, -a [por·'tiɛː·re] *m, f* **1.** (*di albergo*) porter; (*di ufficio*) superintendent **2.** SPORT goalkeeper

portinaio, -a [por·ti·'naː·io] <-i, -ie> *m, f* (*di condominio*) superintendent

porto[1] ['pɔr·to] *pp di* **porgere**

porto[2] *m* **1.** NAUT port **2.** *fig* (*punto d'arrivo*) **giungere in ~** to reach a successful conclusion **3.** (*autorizzazione*) **~ d'armi** gun license

porto[3] <-> *m* (*vino*) port

Portogallo [por·to·'gal·lo] *m* **il ~** Portugal

portoghese [por·to·'geː·se] **I.** *agg* Portuguese **II.** *mf* **1.** (*abitante*) Portuguese **2.** *fig* (*chi entra senza pagare*) **fare il ~** to get in without paying

portone [por·'toː·ne] *m* (*di palazzo*) main door

portuale [por·tu·'aː·le] **I.** *agg* (*zona, attività*) port **II.** *m* longshoreman

porzione [por·'tsioː·ne] *f* (*di cibo*) portion; (*di eredità, responsabilità*) share

posa ['pɔː·sa] *f* **1.** (*di materiale*) laying **2.** FOTO exposure **3.** (*atteggiamento*) pose; **mettersi in ~** to pose **4.** (*riposo*) **senza ~** without a break

posacenere [po·sa·'tʃeː·ne·re] <-> *m* ashtray

posare [po·'saː·re] **I.** *vt* (*metter giù*) to put down **II.** *vi* **1.** (*poggiare*) to rest **2.** (*stare in posa*) to pose **III.** *vr:* **-rsi** (*uccello*) to alight; (*sguardo*) to light

posata [po·'saː·ta] *f* piece of silverware

posato, -a [po·'saː·to] *agg* (*equilibrato*) level-headed

posi ['poː·si] *1. pers sing pass rem di* **porre**

positivismo [po·zi·ti·'vis·mo] *m* PHILOS positivism

positivo, -a *agg* positive

posizionare [po·zit·tsio·'naː·re] *vt* to position

posizione [po·zit·'tsioː·ne] *f* position ~; **farsi una ~** to make a career for oneself; **prendere ~** to come out

posologia [po·zo·lo·'dʒiː·a] <-gie> *f* dosage

posporre [pos·'por·re] <irr> *vt* **1.** (*collocare dopo*) **~ qc** to put sth after **2.** (*rimandare*) to postpone

possedere [pos·se·'deː·re] <possiedo, possedetti *o* possedei, posseduto> *vt* (*beni*) to have

possedimento [pos·se·di·'men·to] *m* **1.** (*proprietà terriera*) property **2.** (*colonia*) possession

posseditrice *f v.* **possessore**

possente [pos·'sɛn·te] *agg* (*fisico, individuo*) owner

possessivo, -a [pos·ses·'siː·vo] *agg* possessive

possesso [pos·'sɛs·so] *m* possession; **entrare in ~ di qc** to come into possession of sth

P

possessore, **posseditrice** [pos·ses·'so:·re, pos·se·di·'tri:·t] *m, f* owner

possibile [pos·'si:·bi·le] **I.** *agg* possible; **è ~ che ...** it is possible that ...; **il prima** [*o* **più presto**] ~ as soon as possible **II.** *m* possible; **nei limiti del ~** as far as possible

possibilità [pos·si·bi·li·'ta] <-> *f* **1.** (*attuabilità, capacità*) possibility **2.** (*opportunità*) opportunity **3.** *pl* (*mezzi*) means *pl* ~

possibilmente [pos·si·bil·'men·te] *avv* (*se possibile*) possibly

posso ['pɔs·so] *1. pers sing pr di* **potere**[1]

posta ['pɔs·ta] *f* **1.** (*servizio*) postal service; (*ufficio postale*) post office; **spedire** [*o* **mandare**] **qc per ~** to mail sth; **~ aerea** airmail; **~ elettronica** COMPUT electronic mail; **~ prioritaria** first class mail **2.** (*corrispondenza*) mail **3.** (*rubrica di giornale*) **~ del cuore** advice column **4.** (*nei giochi*) stake; **la ~ in gioco** *fig* the stakes *pl alta*

postacelere [pos·ta·'tʃe:·le·re] *m* special delivery

postale [pos·'ta:·le] *agg* (*servizio, ufficio*) postal; (*pacco*) mail; **cartolina ~** stamped postcard; **casella ~** post office box

postazione [pos·tat·'tsio:·ne] *f* **1.** MIL emplacement **2.** (*apparecchiature*) **~ di lavoro** workstation

postbellico, **-a** [post·'bɛl·li·ko] <-ci, -che> *agg* postwar

postdatare [post·da·'ta:·re] *vt* (*assegno, documento*) to postdate

posteggiare [pos·ted·'dʒa:·re] **I.** *vt* to park **II.** *vi* to park

posteggiatore, **-trice** [post·ed·dʒa·'to:·re] *m, f* parking lot attendant

posteggio [pos·'ted·dʒo] <-ggi> *m* (*luogo*) parking lot; **~ a pagamento** pay parking lot; **~ dei taxi** taxi stand; **divieto di ~** no parking

poster ['pɔs·ter] <-> *m* poster

posteri ['pɔs·te·ri] *mpl* posterity

posteriore [pos·te·'rio:·re] **I.** *agg* **1.** (*nello spazio*) back **2.** (*nel tempo*) later **3.** (*arto*) hind **II.** *m scherz fam* (*sedere*) behind

posticcio, **-a** <-cci, -cce> *agg* (*baffi, capelli*) false

posticipare [pos·ti·tʃi·'pa:·re] *vt* (*data, appuntamento*) to postpone

postino, **-a** [pos·'ti:·no] *m, f* (*portalettere*) mailman *m*, mailwoman *f*

postmoderno, **-a** [post·mo·'dɛr·no] *agg* ARCH postmodern

posto ['pɔs·to] *m* **1.** (*gener*) place; **fuori ~** out of place; **(ri)mettere a ~ qc** to put sth back (in its place); **mettere a ~** (*riordinare*) to tidy up; **al ~ di qu** in sb's place; **essere a ~** (*in ordine*) to be tidy; (*in regola*) in order; **una persona a ~** *fig* an OK kind of guy; **del ~** local; **sul ~** there; **~ di polizia** police station **2.** (*spazio libero*) space; **far ~ a qu** to make room for sb **3.** (*sedia*) seat; **~ a sedere** seat; **~ in piedi** standing place; **~ di guida** driver's seat; **~ letto** bed **4.** MIL post; **~ di guardia** sentry post; **~ di blocco** roadblock **5.** (*impiego*) position

posto, **-a** **I.** *pp di* **porre** **II.** *agg* **1.** (*collocato*) situated **2.** (*dato*) **~ che ...** *+conj* given that ...

postumo ['pɔs·tu·mo] *m* **1.** (*di malattia*) aftereffect **2.** *pl* (*conseguenze*) aftermath

postumo, **-a** *agg* (*scritto, figlio*) posthumous

post-universitario, **-a** [pos·tu·ni·ver·si·'ta:·rio] <-i, -ie> *agg* postuniversity

potabile [po·'ta:·bi·le] *agg* drinkable

potare [po·'ta:·re] *vt* (*pianta*) to prune

potassio [po·'tas·sio] *m* potassium

potei [po·'te:·i] *1. pers sing pass rem di* **potere**[1]

potente [po·'tɛn·te] *agg* powerful

potentino, **-a** [po·ten·'ti:·no] **I.** *m, f* (*abitante*) person from Potenza **II.** *agg* from Potenza

potenza [po·'tɛn·tsa] *f* **1.** (*gener*) power; **all'ennesima ~** *fig* to the nth degree **2.** (*forza fisica*) strength **3.** (*nazione*) **le grandi -e** the great powers

Potenza *f* Potenza *town in southern Italy*

potenziale [po·ten·'tsia:·le] *agg, m* potential

potenziamento [po·ten·tsia·'men·to] *m* strengthening

potenziare [po·ten·'tsia:·re] *vt* to strengthen

potere[1] [po·'te:·re] <posso, potei, potuto> *vi* **1.** (*gener*) to be able to; **posso fare un tentativo** I can have a try; **non potevo saperlo** I couldn't have known; **non ne posso più** I can't take any more; **può darsi** [*o* **essere**] **che ...** *+conj* perhaps ... **2.** (*avere il permesso di*) may; **permesso, si può?** excuse me, may I?

potere[2] *m* (*gener*) power; **essere al ~** to be in power; **~ legislativo/esecutivo** legislative/executive power; **~ d'acquisto** purchasing power

potestà [po·tes·'ta] <-> *f* DIR power; **patria ~** GIUR parental authority

povero, -a ['pɔ:·ve·ro] **I.** *agg* **1.** (*senza mezzi*) poor; **un ~ diavolo** *fam* poor devil **2.** (*stile, arredamento*) plain; **in parole -e** in short **3.** (*scarso*) **~ di** (*proteine, idee*) lacking in **II.** *m, f* poor person

povertà [po·ver·'ta] <-> *f* poverty

pozione [pot·'tsio:·ne] *f* potion

pozzanghera [pot·'tsaŋ·ge·ra] *f* puddle

pozzo ['pot·tso] *m* **1.** (*d'acqua*) well; **~ petrolifero** oil well **2.** (*~ nero*) cesspool **3.** *loc* **essere un ~ di scienza** to be a mine of information; **essere un ~ senza fondo** *fig* to be a bottomless pit

PPI *m abbr di* **Partito Popolare Italiano** *center-right Italian political party*

Praga ['pra:·ga] *f* Prague

pragmatico, -a [prag·'ma:·ti·ko] <-ci, -che> *agg* pragmatic

pranzare [pran·'dza:·re] *vi* to have lunch

pranzo ['pran·dzo] *m* lunch; **sala da ~** dining room; **all'ora di ~** at lunchtime; **dopo ~** after lunch

prassi ['pras·si] <-> *f* **1.** (*procedura corrente*) usual procedure **2.** (*pratica*) practice

prateria [pra·te·'ri:·a] <-ie> *f* prairie

pratica ['pra:·ti·ka] <-che> *f* **1.** (*gener*) practice; **mettere in ~ qc** to put sth into practice; **in ~** in practice **2.** (*esperienza*) experience; **avere ~ di qc** to have experience of sth **3.** ADM (*dossier*) file **4.** *pl* (*procedura*) proceedings **5.** (*tirocinio*) training

praticabile [pra·ti·'ka:·bi·le] *agg* **1.** (*idea, progetto*) feasible **2.** (*strada*) passable

praticamente [pra·ti·ka·'men·te] *avv* practically

praticare [pra·ti·'ka:·re] *vt* **1.** (*esercitare: professione*) to practice **2.** (*effettuare: taglio*) to make; (*sconto*) to give

praticità [pra·ti·tʃi·'ta] <-> *f* practicality

pratico, -a ['pra:·ti·ko] <-ci, -che> *agg* **1.** (*gener*) practical **2.** (*esperto*) **~ di qc** experienced in sth; **non sono ~ del posto** I'm not familiar with the place

prato ['pra:·to] *m* (*in campagna*) meadow; (*di giardino, parco*) lawn

preambolo [pre·'am·bo·lo] *m* **1.** (*introduzione*) preamble **2.** *pl, fam* (*cerimonie*) **senza tanti -i** *fam* without beating around the bush

preavvisare [pre·av·vi·'za:·re] *vt* to inform in advance

preavviso [pre·av·'vi:·zo] *m* **1.** (*avviso preventivo*) warning **2.** GIUR notice

precariato [pre·ka·'ria:·to] *m* temporary employment

precario, -a [pre·'ka:·rio] <-i, -ie> **I.** *agg* **1.** (*situazione, salute*) precarious **2.** (*lavoro, lavoratore*) temporary **II.** *m, f* temporary worker

precauzionale [pre·kaut·tsio·'na:·le] *agg* (*misura*) precautionary

precauzione [pre·kaut·'tsio:·ne] *f* (*prudenza*) caution; (*misura*) precaution; **prendere le proprie -i** to take precautions

precedei *1. pers sing pass rem di* **precedere**

precedente [pre·tʃe·'dɛn·te] **I.** *agg* (*nello spazio, nel tempo*) previous **II.** *m* **1.** (*evento*) precedent; **senza -i** unprecedented **2.** *pl* (*di persona*) history; **-i penali** criminal record

precedenza [pre·tʃe·'dɛn·tsa] *f* **1.** MOT right of way; **dare la ~** to give way **2.** (*anteriorità*) **in ~** previously **3.** (*priorità*) priority

precedere [pre·'tʃɛ:·de·re] <precedo, precedetti *o* precedei, preceduto> *vt* to precede

precipitare [pre·tʃi·pi·'ta:·re] **I.** *vi essere* **1.** (*cadere*) to fall **2.** *fig* to plunge

II. *vr:* **-rsi** **1.** (*gettarsi*) to throw oneself **2.** (*recarsi in fretta*) to rush

precipitazione [pre·tʃi·pi·tat·'tsio:·ne] *f* **1.** METEO rainfall **2.** *fig* (*fretta*) hurry

precipitosamente [pre·tʃi·pi·to·sa·'men·te] *avv* hastily

precipitoso, -a [pre·tʃi·pi·'to:·so] *agg* (*persona, decisione*) hasty; (*fuga*) headlong

precipizio [pre·tʃi·'pit·tsio] <-i> *m* **1.** (*abisso*) precipice **2.** *fig* **essere sull'orlo del ~** to be on the brink

precisare [pre·tʃi·'za:·re] *vt* to specify

precisazione [pre·tʃi·zat·'tsio:·ne] *f* (*chiarimento*) clarification

precisione [pre·tʃi·'zio:·ne] *f* precision; **sapere qc con ~** to know sth exactly

preciso, -a [pre·'tʃi:·zo] *agg* **1.** (*esatto*) exact; (*chiaro*) clear; **sono le 10 -e** it's exactly ten o'clock **2.** (*scrupoloso*) precise **3.** (*uguale*) exactly the same

precludere [pre·'klu:·de·re] <precludo, preclusi, precluso> *vt* (*possibilità*) to preclude

precoce [pre·'kɔ:·tʃe] *agg* **1.** (*bambino, ragazzo*) precocious **2.** (*morte*) premature

preconcetto [pre·kon·'tʃɛt·to] *m* prejudice; **avere dei -i nei confronti di qu** to be prejudiced against sb

preconcetto, -a *agg* preconceived

precotto, -a [pre·'kɔt·to] *agg* precooked

precursore, -corritrice [pre·kur·'so:·re] *m, f* precursor

preda ['prɛ:·da] *f* prey; **essere in ~ a qc** to be prey to sth

predatore, -trice [pre·da·'to:·re] *m, f* (*mammifero, uccello*) predator

predecessore [pre·de·tʃes·'so:·re] *m* (*in una carica, attività*) predecessor

predetto, -a [pre·'dɛt·to] **I.** *pp di* **predire** **II.** *agg* aforementioned

predica ['prɛ:·di·ka] <-che> *f* **1.** REL sermon **2.** *fam* (*rimprovero*) telling-off

predicare [pre·di·'ka:·re] **I.** *vt* (*pace, fratellanza*) to preach **II.** *vi* **1.** (*prete*) to preach **2.** *fig* **~ al vento** to waste one's breath

predicato [pre·di·'ka:·to] *m* LING predicate

predicatore, -trice [pre·di·ka·'to:·re] *m, f* REL preacher

predico [pre·'di:·co] *1. pers sing pr di* **predire**

predilessi [pre·di·'lɛs·si] *1. pers sing pass rem di* **prediligere**

prediletto, -a [pre·di·'lɛt·to] **I.** *pp di* **prediligere** **II.** *agg, m, f* favorite

predilezione [pre·di·let·'tsio:·ne] *f* fondness

prediligere [pre·di·'li:·dʒe·re] <prediligo, predilessi, prediletto> *vt* to favor

predire [pre·'di:·re] <irr> *vt* to predict

predisporre [pre·dis·'por·re] <irr> **I.** *vt* to prepare; **~ qu a qc** to prepare sb for sth **II.** *vr* **-rsi a qc** to prepare oneself for sth

predisposizione [pre·dis·po·zit·'tsio:·ne] *f* **1.** (*inclinazione*) aptitude; **avere ~ alla musica** to be musical **2.** MED predisposition

predisposto, -a [pre·dis·'pos·to] *pp di* **predisporre**

predissi *1. pers sing pass rem di* **predire**

predizione [pre·dit·'tsio:·ne] *f* prediction

predominante [pre·do·mi·'nan·te] *agg* predominant

predominio [pre·do·'mi:·nio] <-i> *m* dominance

preesistente [pre·e·zis·'tɛn·te] *agg* preexisting

prefabbricato [pre·fab·bri·'ka:·to] *m* prefabricated house

prefabbricato, -a *agg* prefabricated

prefazione [pre·fat·'tsio:·ne] *f* (*di scritto*) preface

preferenza [pre·fe·'rɛn·tsa] *f* preference; **fare -e** to have favorites; **non ho -e** I've no preference

preferenziale [pre·fe·ren·'tsia:·le] *agg* preferential; **corsia ~** bus lane

preferibile [pre·fe·'ri:·bi·le] *agg* preferable

preferire [pre·fe·'ri:·re] <preferisco> *vt* to prefer; **~ il nuoto allo sci** I prefer swimming to skiing

preferito, -a [pre·fe·'ri:·to] *agg, m, f* favorite

prefetto [pre·'fɛt·to] *m* prefect

prefettura [pre·fet·'tu:·ra] *f* prefecture

prefissarsi [pre·fis·'sa:·rsi] *vr* **-rsi una meta** to set oneself a goal

prefisso *m* **1.** LING prefix **2.** TEL (~ *(telefonico)*) area code
pregare [pre·'gaː·re] *vt* **1.** REL to pray to **2.** (*chiedere*) to beg; **ti prego di farmi un favore** please do me a favor **3.** (*in frasi di cortesia*) **si prega di non fumare** please do not smoke
pregevole [pre·'dʒeː·vo·le] *agg* (*oggetto, opera*) valuable
preghiera [pre·'giɛː·ra] *f* **1.** REL prayer **2.** (*richiesta*) request
pregiato, -a [pre·'dʒaː·to] *agg* (*vino, tessuto*) fine; (*quadro*) valuable; (*nelle lettere*) Dear
pregio ['prɛː·dʒo] <-gi> *m* **1.** (*valore*) value **2.** (*qualità*) quality
pregiudicare [pre·dʒu·di·'kaː·re] *vt* (*compromettere*) to prejudice
pregiudicato, -a [pre·dʒu·di·'kaː·to] *m, f* convicted criminal
pregiudizio [pre·dʒu·'dit·tsio] <-zi> *m* prejudice; **avere -i nei confronti di** [*o* **contro**] **qu/qc** to be prejudiced against sb/sth; **senza -i** without prejudice
Preg.mo *abbr di* **pregiatissimo** Dear
pregnante [preɲ·'ɲan·te] *agg* (*discorso, frase*) pregnant
prego ['prɛː·go] *inter* **1.** (*come invito*) please; **~?** excuse me? **2.** (*come risposta*) you're welcome
preistoria [pre·is·'tɔː·ria] *f* HIST prehistory
preistorico, -a [pre·is·'tɔː·ri·ko] <-ci, -che> *agg* prehistoric
prelavaggio [pre·la·'vad·dʒo] <-ggi> *m* prewash
prelevamento [pre·le·va·'men·to] *m* **1.** (*operazione bancaria, somma*) withdrawal **2.** (*di persona, oggetto*) collection
prelevare [pre·le·'vaː·re] *vt* **1.** (*in banca*) to withdraw **2.** (*sangue, campione*) to take **3.** (*andare a prendere: merce, persona*) to collect; (*arrestare*) to pick up
prelibato, -a [pre·li·'baː·to] *agg* (*vino, cibo*) delicious
prelievo [pre·'liɛː·vo] *m* **1.** (*di sangue, urina*) sample **2.** (*di denaro*) withdrawal
preliminare [pre·li·mi·'naː·re] *agg* preliminary; **corso ~** introductory course
pré-maman [pre ma·'mã] <inv> *agg* maternity
prematrimoniale [pre·ma·tri·mo·'niaː·le] *agg* (*accordo, contratto*) prenuptial
prematuro, -a [pre·ma·'tuː·ro] *agg a. fig* premature
premeditato, -a [pre·me·di·'taː·to] *agg* premeditated
premeditazione [pre·me·di·tat·'tsioː·ne] *f* premeditation
premere ['prɛː·me·re] **I.** *vt* **1.** (*spingere su*) to press; **~ il freno/l'acceleratore** to put one's foot on the brake/the gas **2.** *fig* (*incalzare*) to pursue **II.** *vi* **1.** (*esercitare una pressione*) **~ su qc** to press on sth; **~ su qu** *fig* to put pressure on sb **2.** *fig* (*gravare*) **~ su qu** to weigh on sb **3.** *fig* (*stare a cuore*) to be important
premessa [pre·'mes·sa] *f* **1.** (*di discorso*) introductory statement; (*di libro*) introduction **2.** (*presupposto*) basis; (*di ragionamento*) premise
premettere [pre·'met·te·re] <irr> *vt* to start by saying; **premesso ciò, …** that said, …
premiare [pre·'miaː·re] *vt* (*vincitore*) to give a prize to; (*sforzo, sincerità*) to reward
premiazione [pre·mi·at·'tsioː·ne] *f* prizegiving
premier ['prəm·jə/'prɛm·jer] <-> *m* premier
premio[1] ['prɛː·mio] <-i> *m* **1.** (*gener*) prize; (*ricompensa*) reward; **Premio Nobel** Nobel Prize **2.** (*indennità*) bonus; **~ di produzione** productivity bonus **3.** IN CONTRATTO **~ di assicurazione** insurance premium
premio[2] <inv> *agg* prize; **viaggio ~** prize trip
premisi *1. pers sing pass rem di* **premettere**
premonitore, -trice [pre·mo·ni·'toː·re] *agg* warning
premonizione [pre·mo·nit·'tsioː·ne] *f* premonition
premura [pre·'muː·ra] *f* **1.** (*fretta*) hurry **2.** (*cura*) care **3.** *pl* (*attenzioni*) kindness
premuroso, -a [pre·mu·'roː·so] *agg* considerate

prendere ['prɛn·de·re] <prendo, presi, preso> **I.** *vt* **1.** (*gener*) to take; ~ **qu per mano** to take sb by the hand; ~ **la parola** to speak; **-rsi un giorno di ferie** to take a day off **2.** (*procurarsi, ricevere, derivare*) to get; ~ **in affitto** to rent **3.** (*malattia*) to catch **4.** (*al bar, al ristorante*) to have; **cosa prendi?** what would you like?; **prendo solo un caffè** I'll just have a coffee **5.** (*catturare, sorprendere*) to catch; ~ **qu alla sprovvista** to catch sb unawares **6.** (*far pagare*) to charge **7.** (*assumere*) to take on; **-rsi cura di qu** to take care of sb **8.** (*spazio*) to take up **9.** (*scambiare*) ~ **qu per qu** to take sb for sb **10.** (*loc*) ~ **appunti** to take notes; ~ **aria** (*persona*) to get some fresh air; ~ **una decisione** to make a decision; ~ **forma** to take shape; ~ **fuoco** to catch fire; ~ **in giro qu** to make fun of sb; ~ **le misure** to measure; ~ **piede** to catch on; ~ **posizione** to take sides; ~ **il sole** to sunbathe; ~ **sonno** to go to sleep; ~ **tempo** to play for time; **prenderle** *fam* to get a licking; **prendersela** (*offendersi*) to get upset; **prendersela con qu** to get angry with sb; **prendersela comoda** *fam* to take it easy **II.** *vi* **1.** (*piante*) to take **2.** (*fuoco*) to catch **3.** (*colla, cemento*) to set **4.** (*venire in mente*) **ma cosa ti prende?** what got into you? **III.** *vr:* **-rsi** **1.** (*azzuffarsi*) **-rsi a pugni/calci** to punch/kick each other **2.** (*aggrapparsi*) **-rsi a qu/qc** to grab hold of sb/sth

prenotare [pre·no·'ta:·re] *vt* to reserve

prenotazione [pre·no·tat·'tsio:·ne] *f* reservation

preoccupante [pre·ok·ku·'pan·te] *agg* worrying

preoccupare [pre·ok·ku·'pa:·re] **I.** *vt* to worry **II.** *vr* **-rsi** (**per qu/qc**) to worry (about sb/sth); **-rsi di fare qc** to think to do sth

preoccupazione [pre·ok·ku·pat·'tsio:·ne] *f* worry

prepagato, -a [pre·pa·'ga:·to] *agg* prepaid

preparare [pre·pa·'ra:·re] **I.** *vt* **1.** (*letto, pranzo, lista*) to make; (*stanza*) to get ready; ~ **la tavola** to set the table; ~ **le valigie** to pack one's bags **2.** (*piano, sorpresa, persona*) to prepare **II.** *vr* **1.** (*predisporsi*) **-rsi a qc** to prepare oneself for sth; **-rsi a fare qc** to get ready to do sth **2.** (*vestirsi*) to get ready

preparativi [pre·pa·ra·'ti:·vi] *mpl* (*di viaggio, festa*) preparations

preparato, -a *agg* **1.** (*letto, bagagli*) ready **2.** (*per interrogazione*) prepared

preparazione [pre·pa·rat·'tsio:·ne] *f* **1.** (*attività*) preparation; (*di atleta*) training; **la** ~ **agli esami** reviewing for the exams **2.** (*conoscenze*) knowledge; ~ **generale** general knowledge

prepensionamento [pre·pen·sio·na·'men·to] *m* early retirement

preposizione [pre·po·zit·'tsio:·ne] *f* preposition

prepotente [pre·po·'tɛn·te] **I.** *agg* **1.** (*persona*) domineering **2.** (*bisogno, impulso*) overwhelming **II.** *mf* bully

prepotenza [pre·po·'tɛn·tsa] *f* **1.** (*caratteristica*) overbearingness **2.** (*atto*) bullying

prerogativa [pre·ro·ga·'ti:·va] *f* **1.** (*caratteristica propria*) quality **2.** (*privilegio*) prerogative

presa ['pre:·sa] *f* **1.** (*atto del prendere*) grip **2.** (*di città, postazione*) taking **3.** (*di cemento, colla*) setting **4.** (*del gas, dell'acqua*) point; ~ **d'aria** air intake; ~ (**di corrente**) outlet **5.** (*loc*) ~ **di posizione** *fig* stance; ~ **in giro** *fam* joke; **essere alle -e con qc** to be struggling with sth

presbite ['prɛz·bi·te] **I.** *agg* far-sighted **II.** *mf* far-sighted person

presciistico, -a [pre·ʃi·'is·ti·ko] <-ci, -che> *agg* (*esercizio, ginnastica*) preski

prescindere [preʃ·'ʃin·de·re] <irr> *vi* ~ **da qc** to leave sth aside; **a** ~ **da** regardless of

prescrivere [pres·'kri:·ve·re] <irr> *vt* to prescribe

prescrizione [pres·krit·'tsio:·ne] *f* **1.** (*regola*) rule **2.** GIUR, MED prescription

presentare [pre·zen·'ta:·re] **I.** *vt* **1.** (*mostrare: documento, passaporto*) to show; (*sottoporre: domanda, proposta*) to submit **2.** (*far conoscere*) ~ **qu a qu** to introduce sb to sb **3.** (*comportare*) to offer **4.** (*prodotto*) to present **5.** (*programma televisivo*) to host **II.** *vr:* **-rsi** **1.** (*andare*) to go **2.** (*apparire*) to appear; **-rsi bene/male** to make a good/bad impression **3.** (*farsi conoscere*) to introduce oneself **4.** (*occasione*) to present itself; (*difficoltà*) to come up

presentatore, -trice [pre·zen·ta·'to:·re] *m,f* (*di spettacolo*) host

presentazione [pre·zen·tat·'tsio:·ne] *f* **1.** (*di passaporto, biglietto*) production; (*di domanda, ricorso*) submission; (*di candidato*) nomination **2.** (*di modello, merce*) presentation **3.** (*di persona, scritto, discorso*) introduction; **fare le -i** to do the introductions; **lettera di ~** letter of introduction

presente [pre·'zɛn·te] **I.** *agg* **1.** (*gener*) present; **aver ~ qu/qc** *fig* to know sb/sth; **far ~ qc a qu** *fig* to point sth out to sb; **tener ~ qu/qc** *fig* to bear sb/sth in mind **2.** (*questo*) this **II.** *mf* those present **III.** *m* **1.** (*tempo*) present **2.** LING present (tense); **al ~** in the present **3.** *form* (*dono*) gift **IV.** *f* (*lettera*) **con la ~ Le comunichiamo ...** we hereby inform you ...

presentimento [pre·sen·ti·'men·to] *m* feeling

presenza [pre·'zɛn·tsa] *f* **1.** (*in un luogo, esistenza*) presence; **in ~ di** in the presence of **2.** (*aspetto*) **di bella ~** neat-looking

preservare [pre·ser·'va:·re] *vt* **~ qu/qc da qc** to protect sb/sth from sth

preservativo [pre·ser·va·'ti:·vo] *m* condom

presi ['pre:·si] *1. pers sing pass rem di* **prendere**

preside ['prɛ:·si·de] *mf* (*di scuola*) principal; (*di facoltà*) dean

presidente, -essa [pre·si·'dɛn·te, pre·si·den·'tes·] *m, f* president; **Presidente della Repubblica** President of the Republic; **Presidente del Consiglio (dei ministri)** Prime Minister

presidenza [pre·si·'dɛn·tsa] *f* **1.** (*carica di presidente*) presidency **2.** (*sede*) president's office **3.** (*personale*) president's staff

presidenziale [pre·si·den·'tsia:·le] *agg* presidential

presidiare [pre·si·'dia:·re] *vt* (*città, zona, ingresso*) to guard

presiedere [pre·'siɛ:·de·re] <presiedo, presiedei *o* presiedetti, presieduto> **I.** *vt* (*riunione, assemblea*) to chair **II.** *vi* **~ a qc** (*essere a capo di*) to be in charge of sth

preso ['pre:·so] *pp di* **prendere**

pressante [pres·'san·te] *agg* (*bisogno*) pressing

pressare [pres·'sa:·re] *vt* **1.** TEC to press **2.** *fig* (*incalzare*) to pressure

pressi ['prɛs·si] *mpl* **nei -i di** near

pressione [pres·'sio:·ne] *f* pressure; **~ atmosferica** atmospheric pressure; **pentola a ~** pressure cooker; **far ~ su qu** to put pressure on sb; **essere sotto ~** to be under pressure; **~ (sanguigna)** blood pressure; **avere la ~ alta/bassa** to have high/low blood pressure

presso ['prɛs·so] **I.** *avv* nearby **II.** *prep* **1.** (*vicino a*) near **2.** (*azienda, negozio, ufficio*) at; (*a casa di*) with; (*nell'ambito di*) among **3.** (*nelle lettere*) care of

pressoché [pres·so·'ke] *avv* (*quasi*) nearly

prestabilito, -a [pres·ta·bi·'li:·to] *agg* (*prefissato*) prearranged; **una data -a** a prearranged date

prestampato, -a *agg* (*modulo*) preprinted

prestanome [pres·ta·'no:·me] <-> *mf* front man

prestante [pres·'tan·te] *agg* good-looking

prestanza [pres·'tan·tsa] *f* presence

prestare [pres·'ta:·re] **I.** *vt* **1.** (*dare in prestito*) to lend **2.** *fig* (*dare*) to give; **~ attenzione (a qc)** to pay attention (to sth); **~ fede a qc** to believe sth; **~ giuramento** to take an oath; **~ orecchio a qc** to listen to sth **II.** *vr:* **-rsi** **1.** (*offrirsi*) to offer; (*acconsentire*) to agree **2.** (*essere adatto*) **-rsi a** [*o* **per**] **qc** to be appropriate for sth

prestazione [pres·tat·'tsio:·ne] *f* **1.** (*di atleta, squadra*) performance; **-i** (*di macchina*) performance **2.** (*servizio*) service

prestigiatore, -trice [pres·ti·dʒa·'toː·re] *m, f* conjurer

prestigio [pres·'tiː·dʒo] <-gi> *m* **1.** (*fama*) prestige **2.** (*illusione*) **giochi di ~** conjuring tricks

prestigioso, -a [pres·ti·'dʒoː·so] *agg* prestigious

prestito ['prɛs·ti·to] *m* **1.** (*somma*) loan **2.** (*atto*) **dare in** [*o* **a**] **~ qc** to lend sth; **prendere in** [*o* **a**] **~ qc** to borrow sth

presto ['prɛs·to] *avv* **1.** (*fra breve*) soon; **a ~!** see you soon! **2.** (*in fretta*) quickly; **fare ~** to hurry up; **al più ~** as soon as possible **3.** (*prima del tempo, di buon'ora*) early

presumere [pre·'zuː·me·re/pre·'suː·me·re] <presumo, presunsi, presunto> *vt* (*supporre*) to presume

presunsi [pre·'zun·si] *1. pers sing pass rem di* **presumere**

presunto, -a [pre·'zun·to/pre·'sun·to] **I.** *pp di* **presumere II.** *agg* presumed

presuntuoso, -a [pre·zun·tu·'oː·so] *agg* presumptuous

presunzione [pre·zun·'tsioː·ne/pre·sun·'tsioː·ne] *f* (*arroganza*) presumptuousness

presupporre [pre·sup·'por·re] <irr> *vt* **1.** (*immaginare*) to suppose **2.** (*implicare*) to presuppose

presupposto [pre·sup·'pos·to] *m* condition

presupposto, -a I. *pp di* **presupporre II.** *agg* supposed

prêt-à-porter ['prɛt a por·'te] <-> *agg* ready-to-wear

prete ['prɛː·te] *m* priest

pretendente [pre·ten·'dɛn·te] *mf* **1.** (*aspirante*) **~ al trono** pretender to the throne **2.** (*corteggiatore*) suitor

pretendere [pre·'tɛn·de·re] <irr> *vt* **1.** (*esigere*) to demand **2.** (*presumere*) to presume **3.** (*affermare*) to claim

pretesa [pre·'teː·sa] *f* (*richiesta, presunzione*) claim; (*esigenza eccessiva*) demand; **senza -e** (*persona, arredamento*) unpretentious

pretesi *1. pers sing pass rem di* **pretendere**

preteso *pp di* **pretendere**

pretesto [pre·'tɛs·to] *m* **1.** (*scusa*) excuse; **con il ~ di ...** with the excuse of ... **2.** (*occasione*) chance

prevalente [pre·va·'lɛn·te] *agg* (*caratteristica, colore*) predominant; (*opinione*) prevailing

prevalentemente [pre·va·len·te·'men·te] *avv* predominantly

prevalere [pre·va·leː·re] <irr> *vi essere o avere* **1.** (*predominare*) to prevail **2.** (*vincere*) **~ su qu** to prevail over sb

prevaricazione [pre·va·ri·kat·'tsioː·ne] *f* abuse of power

prevedere [pre·ve·'deː·re] <irr> *vt* **1.** (*anticipare*) to foresee; (*programmare*) to plan **2.** (*prescrivere*) to provide for

prevedibile [pre·ve·'diː·bi·le] *agg* foreseeable

preventivo [pre·ven·'tiː·vo] *m* estimate

preventivo, -a *agg* preventive

prevenuto, -a [pre·ve·'nuː·to] **I.** *pp di* **prevenire II.** *agg* **essere ~ contro qu/qc** to be prejudiced against sb/sth

prevenzione [pre·ven·'tsioː·ne] *f* prevention

previdente [pre·vi·'dɛn·te] *agg* prudent

previdenza [pre·vi·'dɛn·tsa] *f* **1.** (*assistenza*) welfare system; **~ sociale** welfare **2.** (*caratteristica*) foresight

previdi *1. pers sing pass rem di* **prevedere**

previsione [pre·vi·'zioː·ne] *f* prediction; **le -i del tempo** the weather forecast

previsto *pp di* **prevedere**

prezioso, -a [pret·'tsioː·so] *agg* (*oggetto*) valuable; (*pietra, metallo*) precious

prezzemolo [pret·'tseː·mo·lo] *m* parsley

prezzo ['prɛt·tso] *m* **1.** *a. fig* (*valore*) price; **a metà ~** half price; **a qualunque ~** *fig* at any price; **pagare qc a caro ~** *fig* to pay dearly for sth; **non avere ~** to be priceless; **tirare sul ~** to haggle over the price **2.** (*cartellino*) price tag

prigione [pri·'dʒoː·ne] *f* prison

prigionia [pri·dʒo·'niː·a] <-ie> *f* imprisonment

prigioniero, -a [pri·dʒo·'niɛː·ro] **I.** *agg* **1.** (*carcerato*) captive; **tenere/fare ~ qu** to keep/take sb prisoner **2.** *fig* **essere ~ di qc** to be a prisoner of sth **II.** *m, f* prisoner

prima[1] ['priː·ma] *avv* **1.** (*in precedenza, nello spazio*) before; (*più presto*) earlier; **tre giorni ~** three days earlier; **come ~** as before; **quanto ~** as soon as possible; **~ di** before; **~ che** *+conj* **~ o poi** sooner or later **2.** (*per prima cosa*) first; **~ di tutto** first of all

prima[2] *f* **1.** THEAT, FILM premiere; **~ tv** TV premiere **2.** MOT (*classe*) first **3.** (*scuola: elementare*) first grade; (*media*) sixth grade; (*superiore*) tenth grade

primario, -a [pri·'maː·rio] <-i, -ie> **I.** *agg* primary; **scuola -a** elementary school **II.** *m, f* (*medico*) chief physician

primato [pri·'maː·to] *m* **1.** SPORT record **2.** (*superiorità*) primacy

primavera [pri·ma·'vɛː·ra] *f* (*stagione*) spring; **in ~** in spring

primitivo, -a [pri·mi·'tiː·vo] *agg* **1.** (*originario*) original **2.** (*rudimentale*) rudimentary; (*rozzo*) uncouth

primizia [pri·'mit·tsia] <-ie> *f* (*frutto*) early fruit; (*ortaggio*) early vegetable

primo ['priː·mo] *m* **1.** (*primo giorno*) first; **il ~ dell'anno** New Year's Day; **il ~ maggio** the first of May **2.** *pl* **ai -i di maggio** at the beginning of May **3.** CULIN first course

primo, -a I. *agg* **1.** (*gener*) first; **arrivare ~** to come first; **di -a qualità** top-quality **2.** (*iniziale*) initial; **nelle -e ore del mattino** in the early hours of the morning; **in un ~ tempo** [*o* **momento**] at first; **a -a vista** at first sight **3.** (*principale*) main; **in ~ luogo** in the first place; **di ~ piano** prominent **II.** *m, f* (*di successione*) first (person); **il ~ della classe** first in the class; **per ~** first

primogenito, -a [pri·mo·'dʒɛː·ni·to] *agg, m, f* firstborn

primula ['priː·mu·la] *f* primula

principale [prin·tʃi·'paː·le] **I.** *agg* **1.** (*più importante*) main **2.** LING (*proposizione*) principal **II.** *mf* (*capo*) boss

principalmente [prin·tʃi·pal·'men·te] *avv* mainly

principe ['prin·tʃi·pe] *m* prince; **il ~ azzurro** Prince Charming

principessa [prin·tʃi·'pes·sa] *f* princess

principiante [prin·tʃi·'pian·te] *mf* beginner

principio [prin·'tʃiː·pio] <-i> *m* **1.** (*inizio*) beginning; **da** [*o* **in**] [*o* **al**] **~** at first; (**sin**) **dal ~** (right) from the start **2.** (*origine*) origin **3.** *pl* (*concetto fondamentale*) principles **4.** (*concetto, norma etica*) principle; **una questione di ~** a matter of principle; **per ~** on principle; **in linea di ~** in principle

priorità [pri·o·ri·'ta] <-> *f* priority

prioritario, -a [pri·o·ri·'taː·rio] <-i, -ie> *agg* priority; **posta -a** first-class mail

privacy ['prai·və·si/'prai·va·si] <-> *f* privacy

privare [pri·'vaː·re] **I.** *vt* **~ qu di qc** to deprive sb of sth **II.** *vr* **-rsi di qc** to go without sth

privatizzare [pri·va·tid·'dzaː·re] *vt* to privatize

privato, -a *agg* private; **in ~** in private

privazione [pri·vat·'tsioː·ne] *f* (*rinuncia*) privation

privilegiare [pri·vi·le·'dʒaː·re] *vt* **1.** (*favorire*) to favor **2.** (*preferire*) to prefer

privilegio [pri·vi·'lɛː·dʒo] <-gi> *m* **1.** (*onore*) privilege; **avere il ~ di …** *form* to have the honor to … **2.** (*vantaggio*) advantage

privo, -a ['priː·vo] *agg* **~ di** without; **~ di sensi** unconscious

pro [prɔ] **I.** *prep* for **II.** <-> *m* **i ~ ed i contro** the pros and cons

probabile [pro·'baː·bi·le] *agg* probable

probabilità [pro·ba·bi·li·'ta] <-> *f* (*caratteristica*) probability; (*possibilità*) chance; **con molta** [*o* **tutta**] [*o* **ogni**] **~** in all probability

problema [pro·'blɛː·ma] <-i> *m* (*gener*) problem; (*quesito*) question; **non c'è ~** it's no problem

problematico, -a [pro·ble·'maː·ti·ko] <-ci, -che> *agg* (*situazione, questione*) problematic; (*persona*) difficult

proboscide [pro·'bɔʃ·ʃi·de] *f* (*di elefante*) trunk

procedere [pro·'tʃɛː·de·re] <procedo, procedei *o* procedetti, proceduto> *vi* **1.** *essere* (*veicolo, persona*) to proceed **2.** *avere* (*continuare*) to continue **3.** *essere* (*affari, attività*) to go **4.** *avere* (*dare inizio*) **~ a qc** to proceed with sth

procedimento [pro·tʃe·di·'men·to] *m*

1. (*metodo*) process 2. GIUR proceedings *pl*

procedura [pro·tʃe·ˈduː·ra] *f* procedure

processare [pro·tʃes·ˈsaː·re] *vt* to try

processione [pro·tʃes·ˈsioː·ne] *f* REL procession

processo [pro·ˈtʃɛs·so] *m* **1.** GIUR lawsuit; ~ **civile** civil suit; ~ **penale** criminal trial **2.** (*successione di fenomeni, metodo*) process

proclamare [pro·kla·ˈmaː·re] *vt* to declare

procurare [pro·ku·ˈraː·re] *vt* **1.** (*fare avere*) to get; **procurarsi qc** to get oneself sth **2.** (*causare*) to cause

prodigio[1] [pro·ˈdiː·dʒo] <-gi> *m* **1.** (*gener*) marvel **2.** (*persona*) prodigy

prodigio[2] <inv> *agg* **bambino** ~ child prodigy

prodotto[1] [pro·ˈdot·to] *pp di* **produrre**

prodotto[2] *m* **1.** (*gener*) product; (*della terra*) produce; ~ **alimentare** foodstuff; **-i di bellezza** beauty products **2.** (*risultato*) result; ~ **interno lordo** gross domestic product

produrre [pro·ˈdur·re] <produco, produssi, prodotto> **I.** *vt* **1.** (*gener*) to produce **2.** (*opera*) to write **3.** (*causare*) to cause **II.** *vr:* **-rsi** (*formarsi*) to develop

produttività [pro·dut·ti·vi·ˈta] <-> *f* productivity

produttivo, -a [pro·dut·ˈtiː·vo] *agg* **1.** (*gener*) productive; (*terreno*) fertile **2.** (*metodo, ciclo*) production

produttore, -trice [pro·dut·ˈtoː·re] *m, f* producer

produzione [pro·dut·ˈtsioː·ne] *f* **1.** (*gener*) production; (*di frutta, ortaggi*) yield; ~ **in serie** mass production **2.** (*letteraria, artistica*) work

profanare [pro·fa·ˈnaː·re] *vt* to profane

profano, -a I. *agg* profane **II.** *m, f* (*persona non competente*) **essere un** ~ to be no expert

professionale [pro·fes·sio·ˈnaː·le] *agg* (*gener*) professional; (*scuola, formazione*) vocational

professionalità [pro·fes·sio·na·li·ˈta] <-> *f* professionalism

professione [pro·fes·ˈsioː·ne] *f* profession; **libera** ~ profession

professionista [pro·fes·sio·ˈnis·ta] <-i *m*, -e *f*> *mf* professional; **libero** ~ professional person

professore, -essa [pro·fes·ˈsoː·re, pro·fes·so·ˈres·s] *m, f* (*di scuola*) teacher; (*di università*) professor

profeta, -tessa [pro·ˈfɛː·ta, pro·fe·ˈtes·sa] <-i, -esse> *m, f* prophet

profetico, -a [pro·ˈfɛː·ti·ko] <-ci, -che> *agg* prophetic

profezia [pro·fet·ˈtsiː·a] <-ie> *f* prophecy

proficuo, -a [pro·ˈfiː·kuo] *agg* profitable

profilassi [pro·fi·ˈlas·si] <-> *f* prophylaxis

profilattico [pro·fi·ˈlat·ti·ko] <-ci> *m* condom

profilo [pro·ˈfiː·lo] *m* (*gener*) profile; (*di montagna, edificio*) outline; **di** ~ (*persona*) in profile; **sotto il** ~ **...** from the point of view of

profitto [pro·ˈfit·to] *m* **1.** (*giovamento*) advantage; **trarre** ~ **da qc** to benefit from sth **2.** (*negli studi, nel lavoro*) progress **3.** (*utile*) profit

profondità [pro·fon·di·ˈta] <-> *f* depth

profondo, -a *agg* **1.** (*gener*) deep **2.** (*pensiero, delusione, rispetto*) profound

profugo, -a [ˈprɔː·fu·go] <-ghi, -ghe> *agg, m, f* refugee

profumare [pro·fu·ˈmaː·re] **I.** *vt avere* ~ **qc** to make sth smell nice **II.** *vi essere* ~ (**di qc**) to have a nice smell (of sth) **III.** *vr:* **-rsi** to put on perfume

profumatamente [pro·fu·ma·ta·ˈmen·te] *avv* **pagare qc** ~ to pay handsomely for sth

profumeria [pro·fu·me·ˈriː·a] <-ie> *f* perfumery

profumo [pro·ˈfuː·mo] *m* **1.** (*fragranza: di fiore*) scent; (*di caffè*) aroma **2.** (*essenza*) perfume

progettare [pro·dʒet·ˈtaː·re] *vt* **1.** (*viaggio, spedizione*) to plan **2.** (*ponte, edificio*) to design

progettazione [pro·dʒet·tat·ˈtsioː·ne] *f* (*di ponte, edificio*) designing

progettista [pro·dʒet·ˈtis·ta] <-i *m*, -e *f*> *mf* designer

progetto [pro·ˈdʒɛt·to] *m* plan; ~ **di legge** bill; **essere in** ~ to be being planned

prognosi ['prɔɲ·ɲo·zi] <-> *f* prognosis; **in ~ riservata** on the critical list

programma [pro·'gram·ma] <-i> *m* **1.** (*gener*) program; (*di lavoro*) schedule; **fuori ~** unscheduled **2.** (*progetto*) plan; **avere in ~ qc** to have sth planned **3.** (*di corso, esame*) syllabus

programmare [pro·gram·'maː·re] *vt* **1.** (*viaggio, incontro, riforma*) to plan **2.** (*elettrodomestico*) to set **3.** COMPUT to program

programmatore, -trice [pro·gram·ma·'toː·re] *m, f* **1.** COMPUT programmer **2.** COM planner

programmazione [pro·gram·mat·'tsioː·ne] *f* **1.** (*di piano economico*) devising; (*di produzione*) planning **2.** (*di elettrodomestico*) setting **3.** COMPUT programming **4.** (*a scuola*) syllabus

progredire [pro·gre·'diː·re] <progredisco> *vi essere o avere* **1.** (*avanzare*) to progress **2.** (*far progressi*) to make progress

progredito, -a [pro·gre·'diː·to] *agg* (*tecnica, paese*) advanced

progressista [pro·gres·'sis·ta] <-i *m*, -e *f*> *agg, mf* progressive

progressivo, -a [pro·gres·'siː·vo] *agg* progressive

progresso [pro·'grɛs·so] *m* progress; **far -i** to make progress

proibire [pro·i·'biː·re] <proibisco> *vt* to forbid; **~ a qu di fare qc** to forbid sb to do sth

proibitivo, -a [pro·i·bi·'tiː·vo] *agg* (*prezzo*) prohibitive

proibizione [pro·i·bit·'tsioː·ne] *f* prohibition

proibizionismo [pro·i·bit·tsio·'niz·mo] *m* HIST prohibition

proiettare [pro·iet·'taː·re] *vt* (*film, diapositive*) to project

proiettile [pro·iet·'tiː·le] *m* (*di arma da fuoco*) bullet

proiettore [pro·iet·'toː·re] *m* **1.** (*per film, diapositive*) projector **2.** (*per illuminare*) floodlight

proiezione [pro·iet·'tsioː·ne] *f* **1.** (*gener*) projection **2.** (*spettacolo*) showing

proletariato [pro·le·ta·'riaː·to] *m* proletariat

proletario, -a [pro·le·'taː·rio] <-i, -ie> *agg, m, f* proletarian

proliferare [pro·li·fe·'raː·re] *vi* **1.** BIOL to proliferate **2.** *fig* (*moltiplicarsi*) to spring up everywhere

prolifico, -a [pro·'liː·fi·ko] <-ci, -che> *agg* prolific

prologo ['prɔː·lo·go] <-ghi> *m* prologue

prolunga [pro·'luŋ·ga] <-ghe> *f* **1.** EL extension **2.** (*di tavolo*) leaf

prolungamento [pro·luŋ·ga·'men·to] *m* extension

prolungare [pro·luŋ·'gaː·re] **I.** *vt* to extend **II.** *vr:* **-rsi** (*nello spazio*) to extend; (*nel tempo*) to continue

promemoria [pro·me·'mɔː·ria] <-> *m* note

promessa [pro·'mes·sa] *f* **1.** (*impegno*) promise; **fare una ~** (**a qu**) to make (sb) a promise **2.** (*persona*) **una ~ della letteratura** a promising young author

promesso, -a [pro·'mes·so] *pp di* **promettere**

promettente [pro·met·'tɛn·te] *agg* (*inizio, giovane*) promising

promettere [pro·'met·te·re] <irr> *vt* to promise; **~ di fare qc** to promise to do sth; **~ bene/male** to be/not to be promising

promiscuo, -a *agg* **1.** (*classe, scuola*) mixed; **matrimonio ~** mixed marriage **2.** (*sessualmente*) promiscuous

promisi *1. pers sing pass rem di* **promettere**

promontorio [pro·mon·'tɔː·rio] <-i> *m* GEOGR promontory

promossi *1. pers sing pass rem di* **promuovere**

promosso, -a [pro·'mɔs·so] *pp di* **promuovere**

promotore, -trice [pro·mo·'toː·re] *m, f* (*di iniziativa, ideologia*) promoter

promozionale [pro·mot·'tsio·'naː·le] *agg* (*attività, campagna*) promotional

promozione [pro·mot·'tsioː·ne] *f* **1.** (*gener*) promotion **2.** (*a scuola, esame*) pass

promuovere [pro·'muɔː·ve·re] <irr> *vt* **1.** (*gener*) to promote **2.** (*a scuola, esame*) to pass

pronipote [pro·ni·'poː·te] *mf* (*di nonni*) great-grandchild; (*di zii*) great-nephew *m*, great-niece *f*

pronome [pro·'noː·me] *m* pronoun

pronostico [pro·'nɔs·ti·ko] <-ci> *m* prediction

prontezza [pron·'tet·tsa] *f* (*di parola, riflessi*) quickness

pronto ['pron·to] *inter* TEL hello

pronto, -a *agg* **1.** (*preparato*) ready; **essere ~ per qc** to be ready for sth **2.** (*disposto*) **essere ~ a fare qc** to be ready to do sth; **essere ~ a tutto** to be ready to do anything **3.** (*rapido*) prompt; **~ soccorso** first aid

pronuncia [pro·'nun·tʃa] <-ce> *f* (*articolazione*) pronunciation; (*accento*) accent

pronunciare [pro·nun·'tʃaː·re] **I.** *vt* (*parola, consonante*) to pronounce; (*discorso*) to deliver **II.** *vr:* **-rsi** (*esprimere giudizio*) to comment

pronunciato, -a *agg* (*naso, mento*) prominent

propaganda [pro·pa·'gan·da] *f* propaganda

propagandistico, -a [pro·pa·gan·'dis·ti·ko] <-ci, -che> *agg* propagandistic

propagarsi [pro·pa·'gaː·rsi] *vr* **1.** (*luce, calore, onde*) to be propagated **2.** (*epidemia, notizia*) to spread

propagazione [pro·pa·gat·'tsioː·ne] *f* **1.** (*di luce, calore, onde*) propagation **2.** (*di notizie, scandalo*) spread

propenso, -a [pro·'pɛn·so] *agg* **essere ~ a fare qc** to be inclined to do sth

propizio, -a [pro·'pit·tsio] <-i, -ie> *agg* (*occasione, momento*) propitious

proponibile [pro·po·'niː·bi·le] *agg* proposable

proporre [pro·'por·re] <irr> *vt* **1.** (*suggerire*) to propose **2.** (*scopo*) **-rsi qc** to set sth for oneself; **-rsi una meta** to set oneself a goal

proporzionale [pro·por·tsio·'naː·le] *agg* proportional; **sistema ~** proportional representation

proporzionato, -a [pro·por·tsio·'naː·to] *agg* proportionate

proporzione [pro·port·'tsioː·ne] *f* proportion; **in ~ a** in proportion to

proposi *1. pers sing pass rem di* **proporre**

proposito [pro·'pɔː·zi·to] *m* **1.** (*intenzione*) intention; **di ~** (*apposta*) on purpose **2.** (*argomento*) **a ~ di** with regard to; **a ~!** by the way; **capitare a ~** to be just in time; **a questo ~** on this subject

proposizione [pro·po·zit·'tsioː·ne] *f* clause

proposta [pro·'pos·ta] *f* proposal; **~ di matrimonio** marriage proposal; **~ di legge** bill

proposto *pp di* **proporre**

propriamente [pro·pria·'men·te] *avv* **1.** (*veramente*) really **2.** (*in senso proprio*) strictly

proprietà [pro·prie·'ta] <-> *f* **1.** (*diritto*) ownership; (*bene, caratteristica*) property **2.** (*di linguaggio*) correctness

proprietario, -a [pro·prie·'taː·rio] <-i, -ie> *m, f* owner

proprio[1] ['prɔː·prio] *avv* **1.** (*precisamente*) exactly **2.** (*davvero*) really

proprio[2] <-i> *m* **lavorare in ~** to be self-employed

proprio, -a <-i, -ie> *agg* **1.** (*impersonale*) one's **2.** (*insieme a possessivo*) own **3.** (*tipico*) typical **4.** (*linguaggio*) correct; **vero e ~** real

proroga ['prɔː·ro·ga] <-ghe> *f* extension

prorompente [pro·rom·'pɛn·te] *agg* (*gioia*) overwhelming; (*entusiasmo*) boundless

prosa ['prɔː·za] *f* (*forma letteraria*) prose; (*componimento*) prose work

prosciogliere [proʃ·'ʃɔʎ·ʎe·re] <irr> *vt* **1.** (*da obbligo, giuramento*) to release **2.** GIUR to acquit

prosciugare [proʃ·ʃu·'gaː·re] **I.** *vt* (*terreno*) to drain; (*finanze*) to use up **II.** *vr:* **-rsi** (*terreno*) to be drained; (*finanze*) to get used up

prosciutto [proʃ·'ʃut·to] *m* ham

prosecco [pro·'sek·ko] <-chi> *m sparkling dry white wine*

prosecuzione [pro·se·kut·'tsioː·ne] *f* continuation

proseguimento [pro·se·gui·'men·to] *m* continuation

proseguire [pro·se·'guiː·re] **I.** *vt* to continue **II.** *vi* to carry on; ~ **in qc** to continue with sth

prosperare [pros·pe·'raː·re] *vi* to prosper

prosperità [pros·pe·ri·'ta] <-> *f* prosperity

prosperoso, -a [pros·pe·'roː·so] *agg* **1.** (*regione*) prosperous **2.** (*donna, forme*) curvaceous

prospettare [pros·pet·'taː·re] **I.** *vt* (*esporre*) to put forward **II.** *vr:* **-rsi** to look

prospettiva [pros·pet·'tiː·va] *f* **1.** (*tecnica*) perspective **2.** (*vista*) view **3.** (*punto di vista*) point of view **4.** (*possibilità*) prospect

prospetto [pros·'pɛt·to] *m* **1.** (*tabella*) table **2.** (*veduta*) view; **di** ~ from the front **3.** (*facciata*) facade **4.** (*disegno*) elevation

prossimamente [pros·si·ma·'men·te] *avv* soon

prossimo ['prɔs·si·mo] *m* **il tuo/mio** ~ your/my neighbor

prossimo, -a *agg* **1.** (*vicino*) near; **un parente** ~ a close relative **2.** (*successivo*) next; **la -a volta** the next time; **passato** ~ LING present perfect

prostata ['prɔs·ta·ta] *f* ANAT prostate

prostituta [pros·ti·'tuː·ta] *f* prostitute

prostituzione [pros·ti·tut·'tsioː·ne] *f* prostitution

protagonista [pro·ta·go·'nis·ta] <-i *m*, -e *f*> *mf* protagonist

proteggere [pro·'tɛd·dʒe·re] <proteggo, protessi, protetto> **I.** *vt* (*difendere*) to protect; (*soccorrere*) to defend **II.** *vr:* **-rsi** to protect oneself

proteggi-slip [pro·'tɛd·dʒi·zlip] <-> *m* pantyliner

proteina [pro·te·'iː·na] *f* protein

protesi ['prɔː·te·zi] <-> *f* MED prosthesis

protessi [pro·'tɛs·si] *1. pers sing pass rem di* **proteggere**

protesta [pro·'tɛs·ta] *f* protest; **per** ~ in protest

protestante [pro·tes·'tan·te] *agg, mf* Protestant

protestantesimo [pro·tes·tan·'teː·zi·mo] *m* Protestantism

protestare [pro·tes·'taː·re] *vi* ~ (**contro qc**) to protest (against sth)

protettivo, -a [pro·tet·'tiː·vo] *agg* protective

protetto, -a [pro·'tɛt·to] **I.** *pp di* **proteggere II.** *m, f* protégé *m*, protégée *f* **III.** *agg* protected

protettore, -trice [pro·tet·'toː·re] *m, f* **1.** (*difensore*) protector **2.** (*santo*) patron **3.** (*di prostitute*) pimp

protezione [pro·tet·'tsioː·ne] *f* protection; **la** ~ **civile** (*ente*) ≈Federal Emergency Management Agency

protezionista [pro·tet·tsio·'nis·ta] <-i *m*, -e *f*> *agg, mf* protectionist

protocollo [pro·to·'kɔl·lo] *m* (*accordo, cerimoniale*) protocol

prototipo [pro·'tɔː·ti·po] *m* (*modello*) prototype

protrarre [pro·'trar·re] <irr> **I.** *vt* (*prolungare*) to prolong **II.** *vr:* **-rsi** to continue

protuberanza [pro·tu·be·'ran·tsa] *f* protuberance

Prov. *abbr di* **provincia** Prov.

prova ['prɔː·va] *f* **1.** (*esperimento*) test; **mettere qu alla** ~ to put sb to the test; **a** ~ **di bomba** (*oggetto*) bombproof; (*rapporto, contratto*) indestructible; **periodo di** ~ trial period **2.** (*esame*) examination; ~ **orale/scritta** oral/written examination **3.** (*dimostrazione*) GIUR proof; **dar** ~ **di qc** to show sth; **fino a** ~ **contraria** until proven otherwise **4.** (*theat, mus*) rehearsal; ~ **generale** dress rehearsal **5.** (*tentativo*) try **6.** SPORT competition

provare [pro·'vaː·re] *vt* **1.** (*gener*) to try; TEC, SCIENT to test; (*abito, scarpe*) to try on; ~ **a fare qc** to try to do sth **2.** (*indebolire*) to weaken **3.** (*dolore, simpatia, pietà*) to feel **4.** (*dimostrare*) to prove **5.** MUS, THEAT to rehearse

provato, -a [pro·'vaː·to] *agg* **1.** (*dimostrato*) proven **2.** (*affaticato*) exhausted

provengo *1. pers sing pr di* **provenire**

provenienza [pro·ve·'niɛn·tsa] *f* **1.** (*luogo*) provenance **2.** (*origine*) origin

provenire [pro·ve·'niː·re] <irr> *vi essere* **1.** (*arrivare*) ~ **da** to come from **2.** *fig* (*trarre origine*) ~ **da qc** to derive from sth

provenuto *pp di* **provenire**

P

proverbiale [pro·ver·'bia:·le] *agg* (*leggendario*) legendary
proverbio [pro·'vɛr·bio] <-i> *m* proverb
provetta [pro·'vet·ta] *f* test tube; **figlio in ~** test tube baby
provider <- *o* providers> *m* COMPUT provider
provincia [pro·'vin·tʃa] <-cie *o* -ce> *f* provinces; **di ~** provincial
provinciale [pro·vin·'tʃa:·le] *agg a. pej* provincial
provino [pro·'vi:·no] *m* **1.** (*di fotografie*) contact print **2.** (*di attore*) screen test
provocante [pro·vo·'kan·te] *agg* (*abbigliamento, sguardo*) provocative
provocare [pro·vo·'ka:·re] *vt* **1.** (*causare*) to cause **2.** (*sfidare*) to provoke **3.** (*sessualmente*) to behave provocatively toward
provocatore, -trice [pro·vo·ka·'to:·re] **I.** *agg* (*atteggiamento, discorso*) provocative; **agente ~** agent provocateur **II.** *m, f* troublemaker
provocatorio, -a [pro·vo·ka·'tɔ:·rio] <-i, -ie> *agg* provocative
provocatrice *f v.* **provocatore**
provocazione [pro·vo·kat·'tsio:·ne] *f* (*sfida*) provocation
provvedere [prov·ve·'de:·re] <irr> *vi* **~ a qc/a fare qc** to take care of sth/of doing sth
provvedimento [prov·ve·di·'men·to] *m* **1.** (*misura*) step; **prendere -i** to take steps **2.** GIUR measure
provveditorato [prov·ve·di·to·'ra:·to] *m* **~ agli studi** local education department
provvidenza [prov·vi·'dɛn·tsa] *f* REL providence
provvidenziale [prov·vi·den·'tsia:·le] *agg* providential
provvidi *1. pers sing pass rem di* **provvedere**
provvisorio, -a [prov·vi·'zɔ:·rio] <-i, -ie> *agg* (*lavoro, soluzione*) temporary; (*governo*) provisional
provvista [prov·'vis·ta] *f* **1.** (*rifornimento*) **fare ~ di qc** to stock up on sth **2.** *pl* (*scorte*) supplies
provvisto, -a [prov·'vis·to] **I.** *pp di* **provvedere II.** *agg* **essere ~ di qc** to be provided with sth
prozio, -a [prot·'tsi:·o] *m, f* great uncle *m,* great aunt *f*
prua ['pru:·a] *f* bow
prudente [pru·'dɛn·te] *agg* cautious
prudenza [pru·'dɛn·tsa] *f* caution; **guidare con ~** to drive carefully
prudere ['pru:·de·re] <*manca il pp*> *vi* to itch; **mi prude il naso** my nose is itchy
prugna ['pruɲ·ɲa] *f* plum
prurito [pru·'ri:·to] *m* itch
PS 1. *abbr di* **Pubblica Sicurezza** Police **2.** *abbr di* **postscriptum** P.S.
pseudonimo [pseu·'dɔ:·ni·mo] *m* pseudonym
psicanalisi [psi·ka·'na:·li·zi] *f* psychoanalysis
psicanalista [psi·ka·na·'lis·ta] <-i *m,* -e *f*> *mf* psychoanalyst
psicanalitico, -a [psi·ka·na·'lis·ti·ko] <-ci, -che> *agg* psychoanalytic(al)
psiche ['psi:·ke] *f* (*mente*) psyche
psichiatra [psi·'kia:·tra] <-i *m,* -e *f*> *mf* psychiatrist
psichiatria [psi·kia·'tri:·a] <-ie> *f* psychiatry
psichiatrico, -a [psi·'kia:·tri·ko] <-ci, -che> *agg* psychiatric
psichico, -a ['psi:·ki·ko] <-ci, -che> *agg* mental
psicologia [psi·ko·lo·'dʒi:·a] <-gie> *f* psychology
psicologico, -a [psi·ko·'lɔ:·dʒi·ko] <-ci, -che> *agg* psychological
psicopatico, -a [psi·ko·'pa:·ti·ko] <-ci, -che> **I.** *agg* psychopathic **II.** *m, f* psychopath
psicosi [psi·'kɔ:·zi] <-> *f* psychosis; **~ collettiva** collective fear
psicosomatico, -a [psi·ko·so·'ma:·ti·ko] <-ci, -che> *agg* psychosomatic
psicoterapista [psi·ko·te·ra·'pis·ta] <-i *m,* -e *f*> *mf* psychotherapist
PT *abbr di* **Poste e Telecomunicazioni** ≈ Postal Service
pubblicare [pub·bli·'ka:·re] *vt* to publish
pubblicazione [pub·bli·kat·'tsio:·ne] *f* **1.** (*attività, opera*) publication **2.** *pl* **-i** (**matrimoniali**) (wedding) banns
pubblicità [pub·bli·tʃi·'ta] <-> *f* **1.** (*ge-

ner) publicity **2.** (*annuncio*) advertisement

pubblicitario, -a [pub·bli·tʃi·'taː·rio] <-i, -ie> *agg* (*annuncio, campagna*) advertising

pubblicizzare [pub·bli·tʃid·'dzaː·re] *vt* to publicize

pubblico ['pub·bli·ko] *m* (*gente*) public; (*spettatori, ascoltatori*) audience; **in ~** in public

pubblico, -a <-ci, -che> *agg* public; **la -a amministrazione** the civil service; **-che relazioni** public relations

pube ['puː·be] *m* pubis

pubertà [pu·ber·'ta] <-> *f* puberty

pudico, -a [pu·'diː·ko] <-chi, -che> *agg* (*persona, sguardo*) modest

pudore [pu·'doː·re] *m* **1.** (*riserbo*) modesty **2.** (*contegno*) decency

puerile [pue·'riː·le] *agg* **1.** (*dei fanciulli*) **età ~** childhood **2.** *pej* (*immaturo*) childish

pugilato [pu·dʒi·'laː·to] *m* SPORT boxing

pugile ['puː·dʒi·le] *m* boxer

Puglia ['puʎ·ʎa] *f* Puglia

pugliese[1] [puʎ·'ʎeː·se] <*sing*> *m* (*dialetto*) Puglia dialect

pugliese[2] **I.** *agg* from Puglia **II.** *mf* (*abitante*) person from Puglia

pugnalare [puɲ·ɲa·'laː·re] *vt* to stab

pugnalata [puɲ·ɲa·'laː·ta] *f* (*ferita*) stab wound

pugnale [puɲ·'ɲaː·le] *m* dagger

pugno ['puɲ·ɲo] *m* **1.** (*mano chiusa*) fist; **avere qc in ~** *fig* to have sth within one's grasp **2.** (*colpo*) punch; **fare a -i** to fight; *fig* (*colori, accessori*) to clash; **prendere a -i qu** to punch sb **3.** (*quantità*) handful

pulce ['pul·tʃe] *f* (*insetto*) flea; **mercato delle -i** flea market

pulcino [pul·'tʃiː·no] *m* chick

puledro, -a [pu·'leː·dro] *m, f* (*cavallo*) colt *m,* filly *f*

pulire [pu·'liː·re] <pulisco> **I.** *vt* to clean; **-rsi le orecchie** to clean out one's ears; **-rsi la bocca** to wipe one's mouth **II.** *vr:* **-rsi** to clean oneself up

pulita [pu·'liː·ta] *f* **dare una ~ a qc** to clean sth; **darsi una ~** to wash up

pulito [pu·'liː·to] *m* cleanness

pulito, -a *agg* **1.** (*gener*) clean **2.** (*coscienza*) clear **3.** (*faccenda*) shady

pulitura [pu·li·'tuː·ra] *f* (*operazione di pulire*) cleaning; **~ a secco** dry-cleaning

pulizia [pu·lit·'tsiː·a] <-ie> *f* **1.** (*azione*) cleaning; **donna delle -ie** cleaning woman; **fare le -ie** to do the cleaning; **~ etnica** ethnic cleansing **2.** (*condizione*) cleanliness

pullman ['pul·man] <-> *m* bus

pulsante [pul·'san·te] *m* button

pulsare [pul·'saː·re] *vi* (*cuore*) to beat

pulsazione [pul·sat·'tsioː·ne] *f* beat

puma ['puː·ma] <-> *m* puma

pungente [pun·'dʒɛn·te] *agg* **1.** (*freddo*) biting **2.** (*battuta*) cutting

pungere ['pun·dʒe·re] <pungo, punsi, punto> **I.** *vt* (*soggetto: spina, spillo*) to prick; (*insetto, ortica*) to sting **II.** *vr:* **-rsi** to prick oneself

pungiglione [pun·dʒiʎ·'ʎoː·ne] *m* (*di insetto*) stinger

punire [pu·'niː·re] <punisco> *vt* to punish

punizione [pu·nit·'tsioː·ne] *f* **1.** (*castigo*) punishment; **per ~** as a punishment **2.** (*nel calcio*) (**tiro di**) **~** free kick

punsi ['pun·si] *1. pers sing pass rem di* **pungere**

punta ['pun·ta] *f* **1.** (*di coltello, bastone*) point; (*di naso, dita, lingua*) tip; **camminare in ~ di piedi** to walk on tiptoe; **fare la ~ ad una matita** to sharpen a pencil; **avere le doppie -e** (*ai capelli*) to have split ends **2.** (*cima, valore massimo*) peak; **ore di ~** peak time

puntare [pun·'taː·re] *vt* **1.** (*appoggiare*) to brace **2.** (*dirigere*) to point; **~ il dito verso qu** to point the finger at sb **3.** (*scommettere*) **~ qc su qc** to bet sth on sth

puntata [pun·'taː·ta] *f* **1.** TV, RADIO episode; **a -e** (*romanzo, sceneggiato*) serialized **2.** (*breve gita*) flying visit **3.** (*scommessa*) bet

punteggiatura [pun·ted·dʒa·'tuː·ra] *f* LING punctuation

punteggio [pun·'ted·dʒo] <-ggi> *m* (*di gara*) score; (*di esame*) grade

puntellare [pun·tel·'laː·re] *vt* (*muro*) to prop up

puntiglioso, -a [pun·tiʎ·'ʎoː·so] *agg* (*persona*) punctilious

puntina [pun·'tiː·na] *f* **1.** (*di giradischi*) stylus **2.** (*chiodino*) ~ (**da disegno**) thumb tack

puntino [pun·'tiː·no] *m* dot; **-i di sospensione** suspension points; **mettere i -i sulle i** *fig* to cross the t's and dot the i's; **a ~** perfectly

punto[1] ['pun·to] *pp di* **pungere**

punto[2] *m* **1.** GENER point; **i -i cardinali** the cardinal points; **alle tre in ~** at exactly three o'clock; **~ di vista** point of view; **questo è il ~** that's the point; **essere sul ~ di ...** to be on the point of ...; **ad un certo ~** at a certain point; **di ~ in bianco** suddenly **2.** *nella punteggiatura* period; **~ esclamativo** exclamation point; **~ interrogativo** question mark; **-i di sospensione** suspension points; **~ e virgola** semicolon; **due -i** colon **3.** (*tondino*) spot; **-i neri** blackhead **4.** (*luogo*) place; **~ vendita** sales outlet; **~ di ritrovo** meeting place **5.** (*nel cucito*) *a.* MED stitch; **dare un ~ a qc** to sew sth up **6.** (*riassunto*) **fare il ~** to sum up

puntuale [pun·tu·'aː·le] *agg* punctual; **essere** [*o* **arrivare**] **~** to be punctual

puntualità [pun·tua·li·'ta] <-> *f* (*di persona, treno*) punctuality

puntualizzare [pun·tua·lid·'dzaː·re] *vt* to clarify

puntura [pun·'tuː·ra] *f* **1.** *fam* (*iniezione*) injection **2.** (*di zanzara*) bite; (*di ago, spina*) prick **3.** (*fitta*) sharp pain

punzecchiare [pun·tsek·'kiaː·re] *vt* **1.** (*pungere*) to prick **2.** *fig* (*provocare*) to tease

può ['pu·ɔ] *3. pers sing pr di* **potere**[1]

puoi ['puɔː·i] *2. pers sing pr di* **potere**[1]

pupazzo [pu·'pat·tso] *m* puppet

pupilla [pu·'pil·la] *f* ANAT pupil

pur *v.* **pure**

purché [pur·'ke] *cong* provided (that)

pure ['pu·re] **I.** *avv* (*anche*) too; **fai ~!** please do! **II.** *avv* (*tuttavia*) but

purè [pu·'rɛ] <-> *m* ~ (**di patate**) mashed potatoes *pl*

purezza [pu·'ret·tsa] *f* purity

purga ['pur·ga] <-ghe> *f* laxative

purgatorio [pur·ga·'tɔː·rio] <-i> *m* REL purgatory

purificare [pu·ri·fi·'kaː·re] *vt* to purify

purista [pu·'ris·ta] <-i *m*, -e *f*> *mf* purist

puritano, -a [pu·ri·'taː·no] **I.** *agg* HIST Puritan; (*moralista*) puritanical **II.** *m, f* HIST Puritan; (*moralista*) puritan

puro, -a ['puː·ro] *agg* **1.** (*gener*) pure; (*vino*) undiluted **2.** (*semplice: curiosità*) simple; (*verità*) absolute; **~ e semplice** pure and simple; **per ~ caso** by sheer chance

purosangue [pu·ro·'saŋ·gue] **I.** <inv> *agg* **1.** (*cavallo*) thoroughbred **2.** (*nobile, piemontese*) full-blooded **II.** <-> *mf* (*cavallo*) thoroughbred

purtroppo [pur·'trɔp·po] *avv* unfortunately

pus [pus] *m* pus

putiferio [pu·ti·'fɛː·rio] <-i> *m* (*schiamazzo*) uproar; *fig* (*confusione*) confusion

puttana [put·'taː·na] *f* *vulg* (*prostituta*) whore

puttanesco, -a [put·ta·'nes·ko] <-schi, -sche> *agg* **spaghetti alla -a** *spaghetti with a tomato, anchovy, caper, and olive s*

puzza ['put·tsa] *f* *dial* stink; **avere la ~ sotto il naso** *fig* to be a snob

puzzare [put·'tsaː·re] *vi* (*mandare puzzo*) to stink

puzzle ['pʌ·zəl/'pat·sle] <-> *m* jigsaw (puzzle)

puzzo ['put·tso] *m* stink

puzzola ['put·tso·la] *f* polecat

puzzolente [put·tso·'lɛn·te] *agg* smell

P.za *abbr di* **Piazza** Sq.

Q

Q, q [ku] <-> *f* Q, q; **~ come quarto** Q for Queen

q *abbr di* **quintale** q *quintal (metric unit of weight = 100 kg)*

qua [kua] *avv* **1.** (*stato, moto*) here; **vieni ~** come here; **per di ~** this way; **questo ~** this one **2.** (*temporale*) **da un anno in ~** since last year

quaderno [kua·'dɛr·no] *m* notebook; ~ **a quadretti/a righe** notebook with squared/lined pages

quadrante [kua·'dran·te] *m* **1.** (*di orologio*) face **2.** (*di bussola, cerchio*) quadrant

quadrare [kua·'draː·re] **I.** *vt avere a. fig* (*conti*) to balance; ~ **il bilancio** to balance the books **II.** *vi essere o avere* **1.** (*corrispondere*) ~ **con qc** to square with sth; **c'è qualcosa che non quadra** there's something that doesn't add up **2.** (*conti, calcoli*) to tally

quadrato [kua·'draː·to] *m* **1.** MAT (*quadrangolo*) square **2.** MAT (*potenza*) square; **7 al** ~ 7 squared; **elevare un numero al** ~ to square a number **3.** SPORT (*nel pugilato*) ring

quadrato, -a *agg* **1.** (*forma*) square **2.** MAT square; **radice -a** square root

quadretto [kua·'dret·to] *m* **1.** (*piccolo quadrato*) (small) square; **a -i** (*foglio, quaderno*) squared **2.** *fig* (*scena*) picture

quadriennale [kua·dri·en·'naː·le] *agg* **1.** (*che dura quattro anni*) four-year **2.** (*che ricorre ogni quattro anni*) four-yearly

quadriennio [kua·dri·'ɛn·nio] <-i> *m* four-year period

quadrifoglio [kua·dri·'fɔʎ·ʎo] <-gli> *m* BOT four-leaf clover

quadrilatero [kua·dri·'laː·te·ro] *m* MAT quadrilateral

quadrimestre [kua·dri·'mɛs·tre] *m* **1.** (*periodo*) four-month period **2.** (*di scuola*) quarter

quadro ['kuaː·dro] *m* **1.** (*dipinto*) painting **2.** (*quadrato*) square; **a -i** checked **3.** *fig* (*descrizione*) picture; **fare un** ~ **della situazione** to give an account of the situation **4.** *fig* (*scena*) sight **5.** TEC panel **6.** *pl* ADM cadres; **-i direttivi** (senior) management **7.** *pl* (*di carte da gioco*) diamonds

quadro, -a *agg a.* MAT square; **metro/centimetro** ~ square meter/centimeter

quadrupede [kua·'druː·pe·de] **I.** *m* quadruped **II.** *agg* (*animali*) four-footed

quadruplicare [kua·dru·pli·'kaː·re] **I.** *vt avere* to quadruple **II.** *vr:* **-rsi** to quadruple

quadruplice [kua·'druː·pli·tʃe] *agg* (*copia*) four

quadruplo ['kuaː·drup·lo] *m* four times as much

quaggiù [kuad·'dʒu] *avv* down here

quaglia ['kuaʎ·ʎa] <-glie> *f* quail

qual [kual] *v.* **quale**

qualche ['kual·ke] <inv, solo al sing> *agg* **1.** (*alcuni*) some; (*nelle frasi interrogative*) a few; ~ **ora/giorno/mese** a few hours/days/months; ~ **volta** sometimes **2.** (*uno*) some; (*nelle frasi interrogative*) any; **in** ~ **modo** somehow **3.** (*un certo*) some; ~ **cosa** *v.* **qualcosa**

qualcosa [kual·'kɔː·sa] <inv> *pron* (*una cosa*) something; (*nelle frasi interrogative*) anything; ~ **di bello** something nice

qualcuno, -a [kual·'kuː·no] <solo al sing> *pron* **1.** (*alcuni*) some people; ~ **di loro** some of them **2.** (*uno*) someone; (*nelle frasi interrogative*) anyone; **c'è ~?** is anyone there? **3.** (*persona importante*) somebody

quale ['kuaː·le] <*davanti a consonante spesso* qual> **I.** *agg* **1.** (*interrogativo*) which; **qual è il tuo libro preferito?** which is your favorite book? **2.** (*indefinito*) some; **in certo qual modo** in some ways **3.** (*esclamativo*) what **4.** (*come*) **tale** ~ just like **II.** *pron* **1.** (*interrogativo*) which (one) **2.** (*relativo: persona*) who; (*cosa*) that; **il bambino del** ~ **ti ho accennato** the child (who) I told you about; **è tale e** ~ **sua madre** *fam* she's exactly like her mother **3.** (*come*) such as

qualifica [kua·'liː·fi·ka] <-che> *f* **1.** (*titolo*) qualification **2.** (*categoria professionale*) job title

qualificare [kua·li·fi·'kaː·re] **I.** *vt* **1.** (*definire*) to define **2.** (*formare*) to qualify **II.** *vr:* **-rsi 1.** (*definirsi*) to describe oneself **2.** SPORT to qualify

qualificativo, -a [kua·li·fi·ka·'tiː·vo] *agg* qualifying; **aggettivo** ~ qualifying adjective

qualificato, -a [kua·li·fi·'kaː·to] *agg* **1.** (*operaio, tecnico*) skilled **2.** (*esperto*) qualified

qualificazione [kua·li·fi·ka·'tsio:·ne] *f* qualification

qualità [kua·li·'ta] <-> *f* **1.** (*gener*) quality; **prodotti di ~** quality products; **di ~** high quality; **di prima ~** top quality **2.** (*varietà*) type

qualora [kua·'lo:·ra] *cong* if

qualsiasi [kual·'si:·a·si] <inv, solo al sing> *agg* any; **vieni un giorno ~** come any day

qualunque [kua·'luŋ·kue] <inv, solo al sing> *agg* **1.** (*ogni, uno qualsiasi*) any; **a ~ costo** at any cost; **è una persona ~** he's [*o* she's] an ordinary person **2.** *+conj* (*relativo*) whatever

qualunquismo [kua·luŋ·'kuiz·mo] *m apathy toward politics*

qualunquista [kua·luŋ·'kuis·ta] <-i *m*, -e *f*> *mf person who is apathetic about politics*

quando ['kuan·do] **I.** *avv* **1.** (*interrogativo*) when; **da ~?** since when?; **di ~?** when from?; **fino a ~?** how long? **2.** (*correlativo*) **di ~ in ~** from time to time **II.** *cong* **1.** (*temporale*) when; **da ~** since; **sono passati sei anni da ~ ci siamo lasciati** it's been six years since we split up **2.** (*tutte le volte che*) whenever **3.** (*mentre*) while

quantificare [kuan·ti·fi·'ka:·re] *vt* to quantify

quantistico, -a [kuan·'tis·ti·ko] <-ci, -che> *agg* PHYS quantum

quantità [kuan·ti·'ta] <-> *f* **1.** (*numero*) quantity **2.** (*gran numero*) load; **in ~** in large quantities

quantitativo, -a [kuan·ti·ta·'ti:·vo] **I.** *agg* quantitative **II.** *m, f* quantity

quanto[1] ['kuan·to] *m* PHYS quantum

quanto[2] *avv* **1.** (*interrogativo*) how much; **~ costa?** how much is it?; **~ sei alto?** how tall are you?; (*tempo*) how long; **~ ci impieghi?** how long does it take you?; (*distanza*) how far; **~ è lontano?** how far is it? **2.** (*esclamativo*) **~ sei grande!** you're so tall! **3.** (*come*) as; **tanto … ~ …** as … as …; **in ~** because; **per ~** *+conj* as far as; **per ~ ne sappia io** as far as I know; **~ mai** (*estremamente*) extremely; **~ prima** as soon as possible

quanto, -a I. *agg* **1.** (*interrogativo: singolare*) how much; (*plurale*) how many; **~ tempo ci vuole?** how long does it take?; **-i anni hai?** how old are you? **2.** (*esclamativo*) **-e storie!** what a fuss!; **-a fretta!** you're in a hurry! **3.** (*nella quantità che*) **compra -e cartoline vuoi** buy as many cards as you like; **tutti -i** everyone **4.** (*quello che*) **da ~ ho capito** as I understand it **II.** *pron* **1.** (*interrogativo: singolare*) how much; (*plurale*) how many **2.** (*relativo: singolare*) as much as; (*plurale*) as many as **3.** *pl* (*coloro che*) those who

quantunque [kuan·'tuŋ·kue] *cong* although

quaranta [kua·'ran·ta] **I.** *num* forty **II.** <-> *m* forty; *v. a.* **cinquanta**

quarantena [kua·ran·'tɛ:·na] *f* MED quarantine; **mettere in ~** MED to quarantine

quarantenne [kua·ran·'tɛn·ne] **I.** *agg* forty-year-old **II.** *mf* forty year old

quarantesimo [kua·ran·'tɛ:·zi·mo] *m* (*frazione*) fortieth

quarantesimo, -a *agg, m, f* fortieth

quaresima [kua·'re:·zi·ma] *f* Lent

quarta ['kuar·ta] *f* **1.** (*classe: nelle elementari*) fourth grade; (*nelle superiori*) twelfth grade **2.** MOT (*marcia*) fourth (gear)

quartetto [kuar·'tet·to] *m* MUS quartet

quartiere [kuar·'tiɛ:·re] *m* **1.** (*di città*) neighborhood **2.** MIL quarters; **~ generale** headquarters *pl*

quarto ['kuar·to] *m* (*frazione, quantità*) quarter; **~ d'ora** quarter of an hour; **sono le tre e un ~** it's a quarter after three; **i -i di finale** the quarterfinals

quarto, -a *agg, m, f* fourth; *v. a.* **quinto**

quarzo ['kuar·tso] *m* quartz

quasi ['kua:·zi] **I.** *avv* **1.** (*circa*) around **2.** (*pressoché*) almost **3.** (*come se fosse*) **sembrare ~ qc** to be like sth **II.** *cong +conj* as if

quassù [kuas·'su] *avv* up here

quatto, -a ['kuat·to] *agg* (*zitto zitto*) **~ ~** as quiet as a mouse

quattordicesima [kuat·tor·di·'tʃe·zi·ma] *f bonus equivalent to one month's pay*

quattordici [kuat·'tor·di·tʃi] **I.** *num* fourteen **II.** <-> *m* **1.** (*numero*) fourteen **2.** (*nelle date*) fourteenth **III.** *fpl* 2 pm; *v. a.* **cinque**

quattrino [kuat·'triː·no] *m* (*soldi*) money; **non ha il becco di un ~** he doesn't have a penny; **costa fior di -i** it costs a fortune; **avere un sacco di -i** *fam* to be loaded

quattro ['kuat·tro] **I.** *num* four **II.** *agg fig* (*pochi*) **alla festa c'erano ~ gatti** there were only a few people at the party; **fare ~ chiacchiere** to have a chat; **fare ~ passi** to go for a stroll; **fare ~ salti** to go dancing; **farsi in ~ per qu** to bend over backwards to help sb; **in ~ e quattr'otto** in no time **III.** <-> *m* **1.** (*numero*) four **2.** (*nelle date*) fourth **IV.** *fpl* four o'clock; *v. a.* **cinque**

quattrocchi, quattr'occhi [kuat·'trɔk·ki] *avv* **a ~** face to face; **parlare a quattr'occhi con qu** to speak to someone privately

quattrocento [kuat·tro·'tʃɛn·to] **I.** *num* four hundred **II.** <-> *m* four hundred; **il Quattrocento** the fifteenth century

quello, -a ['kuel·lo] **I.** <quel, quell', quei, quegli> *agg* (*singolare*) that; (*plurale*) those; **-a casa** that house; **-e montagne** those mountains **II.** *pron* **1.** (*singolare*) that (one); (*plurale*) those (ones), I'd like that one, not this one **2.** (*colui*) the one; **~ che** the one who **3.** (*ciò*) **~ che** what; **digli ~ che pensi** tell him what you think; **parlami di ~ che vuoi** tell me what you want; **tutto ~ che ...** everything (that) ... **4.** (*uomo*) he; (*donna*) she **5.** (*persone*) they

quercia ['kuɛr·tʃa] <-ce> *f* oak

querela [kue·'rɛː·la] *f* lawsuit; **sporgere ~ contro qu** to take sb to court

querelare [kue·re·'laː·re] *vt* to sue

quesito [kue·'ziː·to] *m* question

questionario [kues·tio·'naː·rio] <-i> *m* questionnaire

questione [kues·'tioː·ne] *f* **1.** POL, SOC, HIST (*problema*) question; **in ~** in question **2.** (*controversia*) issue **3.** (*faccenda*) matter; **~ d'onore** affair of honor; **è ~ di un minuto** it will only take a minute; **è ~ di vita o di morte** it's a matter of life and death

questo, -a ['kues·to] **I.** *agg* (*singolare*) this; (*plurale*) these; **-a casa** this house; **-i libri** these books; **in ~ momento** at this moment **II.** *pron* **1.** (*singolare*) this (one); (*plurale*) these (ones) **2.** (*ciò*) **~ mai** never; **~ no** not this; **~ sì** this is OK; **senti -a!** listen to this!; **per ~ ti ho chiamato** this is why I called you; **-a proprio non ci voleva!** *fam* that's all we need!; **-a sì che è bella!** *fam* amazing!

questore [kues·'toː·re] *m* ≈ police commissioner

questura [kues·'tuː·ra] *f* **1.** (*organo*) police department **2.** (*sede*) police headquarters

qui [kui] *avv* **1.** (*stato, moto*) here; **siamo ~** we're here; **vieni ~** come here; **~ dentro/sopra/vicino** in/over/near here; **da ~** from here; **da ~ in avanti** from here (on); **per di ~** this way; **fin ~** up to here **2.** (*temporale*) now; **fin ~** until now

quietanza [kuie·'tan·tsa] *f* receipt

quiete ['kuiɛː·te] *f* (*calma*) peace; (*silenzio*) quiet

quieto, -a ['kuiɛː·to] *agg* (*mare, persona*) calm; (*zona, notte*) peaceful

quindi ['kuin·di] **I.** *cong* (*perciò*) so **II.** *avv* (*poi*) then

quindici ['kuin·di·tʃi] **I.** *num* fifteen; **fra ~ giorni** in two weeks **II.** <-> *m* **1.** (*numero*) fifteen **2.** (*nelle date*) fifteenth **III.** *fpl* 3 p.m.; *v. a.* **cinque**

quindicina [kuin·di·'tʃiː·na] *f* **1.** (*serie*) about fifteen; **una ~ (di ...)** about fifteen (...) **2.** (*periodo*) two weeks

quinquennio [kuiŋ·'kuɛn·nio] <-i> *m* five year period

quinta ['kuin·ta] *f* **1.** THEAT flat; **stare dietro le -e** to be backstage; *fig* to be behind the scenes **2.** (*classe: nelle elementari*) fifth grade; (*nelle superiori*) freshman year *at college* **3.** MOT fifth (gear); *v. a.* **quinto**

quintale [kuin·'taː·le] *m* quintal *metric unit of weight = 100 kg*

quintetto [kuin·'tet·to] *m* quintet

quinto ['kuin·to] *m* (*frazione*) fifth; **quattro -i** four fifths

quinto ['kuin·to] *m* (*frazione*) fifth; **quattro -i** four fifths

quinto, -a **I.** *agg* fifth; **la -a volta** the fifth time; **la -a parte di** one fifth of **II.** *m, f* fifth; **arrivare** ~ to come fifth

Quirinale [kui·ri·'na:·le] *m* POL *residence of the President of Italy*

quisquilia [kuis·'kui:·lia] <-ie> *f* trifle

quiz [kuidz] <-> *m* **1.** (*domanda*) question **2.** TV quiz

quorum ['kuɔ:·rum] *m* quorum

quota ['kuɔ:·ta] *f* **1.** (*percentuale*) share **2.** (*somma*) fee; ~ **di partecipazione** enrollment fee **3.** (*altitudine*) height; **perdere** ~ to lose height

quotare [kuo·'ta:·re] *vt* FIN to list

quotato, -a [kuo·'ta:·to] *agg* **1.** (*apprezzato*) highly rated **2.** FIN listed

quotazione [kuo·ta·'tsio:·ne] *f* FIN listing

quotidiano [kuo·ti·'dia:·no] *m* daily newspaper

quotidiano, -a *agg* **1.** (*di tutti i giorni*) daily **2.** (*solito*) everyday

quoziente [kuo·'tsiɛn·te] *m* MAT, MED, PSYCH quotient; ~ **di intelligenza** intelligence quotient

R

R, r ['ɛr·re] <-> *f o m* (*lettera*) r; ~ **come Roma** r for Roger

rabbia ['rab·bia] <-ie> *f* **1.** MED rabies **2.** (*collera, furore*) anger **3.** (*stizza, disappunto*) irritation; **fare ~ a qu** to make sb cross; **che ~!** *fam* how annoying! **4.** *fig* (*impeto, furia*) fury; **con ~** furiously

rabbino [rab·'bi:·no] *m* rabbi

rabbioso, -a [rab·'bio:·so] *agg* **1.** MED rabid **2.** (*pieno di rabbia*) angry **3.** (*furioso*) furious **4.** (*vento, mare*) raging

rabbrividire [rab·bri·vi·'di:·re] <rabbrivi-disco> *vi essere* to shiver

racc. *abbr di* **raccomandata** certified mail

raccapezzarsi [rak·ka·pet·'tsa:r·si] *vr fam* (*riuscire ad orientarsi*) to get one's head around sth; **non mi ci raccapezzo** I can't get my head around it

raccapricciante [rak·ka·prit·'tʃa:n·te] <-i> *agg* (*scena, visione, spettacolo*) horrifying

raccattapalle [rak·kat·ta·'pal·le] <-> (*nel tennis*) ball boy *m*, ball girl *f*

raccattare [rak·kat·'ta:·re] *vt* (*raccogliere da terra*) to pick up

racchetta [rak·'ket·ta] *f* SPORT racket; ~ **da tennis** tennis racket; ~ **da ping-pong** table tennis paddle; ~ **da neve** snowshoe; ~ **da sci** ski stick

racchiudere [rak·'kiu:·de·re] <irr> *vt* **1.** (*contenere*) to contain **2.** *fig* (*implicare*) to imply

raccogliere [rak·'kɔʎ·ʎe·re] <irr> **I.** *vt* **1.** (*da terra*) to pick up **2.** (*frutti, fiori*) to pick **3.** (*mettere insieme: soldi*) to collect; (*idee, energie*) to gather **4.** (*collezionare: francobolli*) to collect **II.** *vr:* **-rsi** (*radunarsi*) to gather

raccoglimento [rak·koʎ·ʎi·'men·to] *m* concentration

raccoglitore [rak·koʎ·ʎi·'to:·re] *m* (*per documenti*) file

raccolgo *1. pers sing pr di* **raccogliere**

raccolsi *1. pers sing pass rem di* **raccogliere**

raccolta [rak·'kɔl·ta] *f* **1.** (*atto*) collecting; (*di frutta*) picking; ~ **dei rifiuti** garbage collection; ~ **differenziata** recycling collection; ~ **di fondi** fundraising **2.** (*le cose raccolte*) collection **3.** (*collezione: di opere d'arte*) collection

raccolto [rak·'kɔl·to] *m* harvest; (*di frutta*) crop

raccolto, -a **I.** *pp di* **raccogliere** **II.** *agg* **1.** (*capelli: tenuti insieme*) gathered back; (*tirati su*) gathered up; (*documenti*) gathered together **2.** *fig* (*tranquillo: ambiente*) secluded

raccomandabile [rak·ko·man·'da:·bi·le] *agg* commendable; **un tizio poco ~** a guy not to be trusted

raccomandare [rak·ko·man·'da:·re] **I.** *vt* **1.** (*affidare alle cure*) to entrust **2.** (*consigliare*) to advise; ~ **a qu di fare qc** to advise sb to do sth **3.** (*appoggiare: candidato*) to recommend **II.** *vr* **-rsi a qc** (*clemenza, bontà*) to beg for sth; **mi raccomando!** don't forget!

raccomandata [rak·ko·man·'daː·ta] *f* (*lettera*) certified letter

raccomandazione [rak·ko·man·dat·'tsioː·ne] *f* **1.** (*consiglio*) advice **2.** (*segnalazione: per lavoro*) recommendation

raccontare [rak·kon·'taː·re] *vt* (*riferire*) ~ **qc a qu** to tell sb sth

racconto [rak·'kon·to] **1.** (*narrazione*) account **2.** (*fatto raccontato*) story **3.** (*novella*) short story

raccordare [rak·kor·'daː·re] *vt* to connect

raccordo [rak·'kɔr·do] (*strada*) junction; (*ferroviario*) siding; ~ **anulare** beltway

rachitico, -a [ra·'kiː·ti·ko] <-ci, -che> *agg* MED (*affetto da rachitismo*) suffering from rickets

rachitismo [ra·ki·'tiz·mo] *m* rickets

racimolare [ra·tʃi·mo·'laː·re] *vt fig* to scrape together

radar ['raː·dar] <-> *m* <inv> *agg* radar

raddolcire [rad·dol·'tʃiː·re] <raddolcisco> **I.** *vt* to sweeten **II.** *vr:* **-rsi** *fig* (*carattere*) to soften

raddoppiare [rad·dop·'piaː·re] *vt avere vi essere* to double

raddrizzare [rad·drit·'tsaː·re] **I.** *vt* **1.** (*lama, chiodo, quadro*) to straighten **2.** *fig* (*correggere*) to straighten out **II.** *vr:* **-rsi** (*mettersi eretto*) to straighten oneself up

radente [ra·'dɛn·te] *agg* (*volo*) skimming; (*tiro*) grazing

radere ['raː·de·re] <rado, rasi, raso> **I.** *vt* **1.** (*barba, baffi*) to shave **2.** (*distruggere*) ~ **al suolo** to raze to the ground **3.** (*sfiorare*) to graze **II.** *vr:* **-rsi** (*barba, baffi*) to shave

radiare [ra·'diaː·re] *vt* ADM (*da scuola*) to expel; (*da albo professionale*) to strike off

radiatore [ra·dia·'toː·re] *m* radiator

radiazione [ra·diat·'tsioː·ne] *f* PHYS radiation

radicale [ra·di·'kaː·le] *agg* **1.** *a. fig* radical **2.** (*partito*) Radical

radicalizzare [ra·di·ka·lid·'dzaː·re] *vt avere* (*inasprire*) to radicalize

radice [ra·'diː·tʃe] *f a. fig* root; **mettere -i** *fig* to put down roots

radi e getta ['raː·di e 'dʒɛt·ta] <inv> *agg* disposable

radio[1] ['raː·dio] **I.** <-> *f* radio; **trasmettere per** ~ to broadcast on the radio; ~ **ricevente** receiver; ~ **trasmittente** transmitter; **sentire** [*o* **ascoltare**] **la** ~ to listen to the radio **II.** <inv> *agg* radio; **contatto** ~ radio contact; **giornale** ~ radio news bulletin; **ponte** ~ radio link

radio[2] *m* CHEM radium

radioamatore, -trice [ra·dio·a·ma·'toː·re] *m, f* radio ham

radioattività [ra·dio·at·ti·vi·'ta] *f* radioactivity

radioattivo, -a [ra·dio·at·'tiː·vo] *agg* radioactive; **scorie -e** radioactive waste

radiocronaca [ra·dio·'krɔː·na·ka] *f* radio commentary

radiocronista [ra·dio·kro·'nis·ta] *mf* radio commentator

radiofonico, -a [ra·dio·'fɔː·ni·ko] <-ci, -che> *agg* radiophonic

radiografia [ra·dio·gra·'fiː·a] *f* **1.** (*operazione, tecnica*) radiography **2.** (*lastra*) X-ray **3.** (*esame*) scrutiny

radiologia [ra·dio·lo·'dʒiː·a] <-gie> *f* MED radiology

radiologico, -a [ra·dio·'lɔː·dʒi·ko] <-ci, -che> *agg* radiological

radiologo, -a [ra·'diɔː·lo·go] <-gi, -ghe> *m, f* radiologist

radioregistratore [ra·dio·re·dʒis·tra·'toː·re] *m* cassette radio

radioricevente [ra·dio·ri·tʃe·'vɛn·te] **I.** *agg* radio receiving **II.** *f* radio receiver

radioso, -a [ra·'dioː·so] *agg a. fig* radiant

radiosveglia [ra·dioz·'veʎ·ʎa] *f* clock radio

radiotaxi [ra·dio·'tak·si] <-> *m* radio taxi

radiotelefono [ra·dio·te·'lɛː·fo·no] *m* radio telephone

radiotelevisione [ra·dio·te·le·vi·'zioː·ne] *f* radio and television broadcasting company

radiotelevisivo, -a [ra·dio·te·le·vi·'ziː·vo] *agg* radio and television broadcasting

radioterapia [ra·dio·te·ra·'piː·a] *f* radiotherapy

radiotrasmittente [ra·dio·traz·mit·'tɛn·te] **I.** *agg* broadcasting **II.** *f* radio broadcasting station

rado, **-a** ['ra:·do] *agg* **1.** (*nebbia, tela, capelli*) thin **2.** (*infrequente*) rare; **di ~** rarely

radunare [ra·du·'na:·re] **I.** *vt* to gather together **II.** *vr:* **-rsi** to gather

raduno [ra·'du:·no] *m* gathering

radura [ra·'du:·ra] *f* glade

rafano ['ra:·fa·no] *m* horseradish

raffermo, **-a** [raf·'fer·mo] *agg* (*pane*) stale

raffica ['raf·fi·ka] <-che> *f* **1.** METEO gust; **~ di vento** gust of wind **2.** (*di mitra*) burst **3.** *fig* spate; **scioperi a ~** a spate of strikes

raffigurare [raf·fi·gu·'ra:·re] *vt* **1.** (*rappresentare*) to depict **2.** (*simboleggiare*) to represent

raffinare [raf·fi·'na:·re] **I.** *vt* to refine **II.** *vr:* **-rsi** to become refined

raffinatezza [raf·fi·na·'tet·tsa] *f* refinement

raffinato, **-a** [raf·fi·'na:·to] *agg* refined

raffineria [raf·fi·ne·'ri:·a] <-ie> *f* refinery

rafforzamento [raf·for·tsa·'men·to] *m* **1.** (*irrobustimento*) reinforcement **2.** (*di carattere*) strengthening

rafforzare [raf·for·'tsa:·re] **I.** *vt* **1.** (*rinforzare*) to reinforce **2.** (*carattere*) to strengthen **II.** *vr:* **-rsi** to get stronger

raffreddamento [raf·fred·da·'men·to] *m* cooling

raffreddore [raf·fred·'do:·re] *m* cold

raffronto [raf·'fron·to] *m* comparison

ragazza [ra·'gat·tsa] *f* **1.** (*giovane donna*) girl; **~ madre** single mother **2.** *fam* (*fidanzata*) girlfriend

ragazzata [ra·gat·'tsa:·ta] *f fam* childish prank

ragazzo [ra·'gat·tso] *m* **1.** (*giovane uomo*) boy **2.** (*inesperto*) lad **3.** *fam* (*fidanzato*) boyfriend **4.** (*garzone*) boy

raggiante [rad·'dʒan·te] *agg* radiant

raggio ['rad·dʒo] <-ggi> *m* **1.** (*gener*) ray; **-ggi X** X-rays; **~ di speranza** ray of hope **2.** MATH radius **3.** (*zona*) radius; (*ambito*) range; **~ d'azione** range of action **4.** (*di ruota*) spoke

raggirare [rad·dʒi·'ra:·re] *vt* to trick

raggiro [rad·'dʒi:·ro] *m* trick

raggiungere [rad·'dʒun·dʒe·re] <irr> *vt* **1.** (*meta, vetta*) to reach; (*persone*) to join **2.** *fig* (*obiettivo*) to achieve **3.** (*colpire: bersaglio, cuore*) to hit

raggiungimento [rad·dʒun·dʒi·'men·to] *m* achievement

raggiunsi *1. pers sing pass rem di* **raggiungere**

raggiunto *pp di* **raggiungere**

raggomitolarsi [rag·go·mi·to·'la:·rsi] *vr* (*rannicchiarsi*) to curl up

raggranellare [rag·gra·nel·'la:·re] *vt fam* to scrape together

raggruppamento [rag·grup·pa·'men·to] *m* **1.** (*azione*) grouping **2.** (*gruppo*) group

raggruppare [rag·grup·'pa:·re] **I.** *vt* (*riunire*) to gather together **II.** *vr:* **-rsi** to gather

ragguagliare [rag·guaʎ·'ʎa:·re] *vt* (*informare*) to update

ragguaglio [rag·'guaʎ·ʎo] <-gli> *m* (*informazione*) update

ragia ['ra:·dʒa] <-gie *o* -ge> *f* **acqua ~** turpentine

ragionamento [ra·dʒo·na·'men·to] *m* **1.** (*pensiero*) reasoning **2.** (*argomentazione*) argument

ragionare [ra·dʒo·'na:·re] *vi* **1.** (*riflettere*) to think **2.** *fam* (*discorrere*) **~ di qc** to discuss sth

ragione [ra·'dʒo:·ne] *f* **1.** (*facoltà*) reason; **farsi una ~ di qc** to come to terms with sth; **ridurre qu alla ~** to bring sb back to his/her senses **2.** (*motivo*) reason; **non sentir ~** to refuse to listen to reason; **per -i di famiglia** for family reasons; **per -i di forza maggiore** due to circumstances beyond one's control; **a maggior ~** all the more reason why **3.** (*diritto*) right; **avere ~** to be right; **dare ~ a qu** to admit that sb's right **4.** (*loc*) **picchiare qu di santa ~** *fam* to give sb a good hiding; **a ragion veduta** after due consideration

ragioneria [ra·dʒo·ne·'ri:·a] <-ie> *f* **1.** (*disciplina*) accountancy **2.** (*ufficio*) accounts department

ragionevole [ra·dʒo·'ne:·vo·le] *agg* **1.** (*di buon senso: persona*) sensible **2.** (*giusto: prezzo*) reasonable

ragioniere, **-a** [ra·dʒo·'niɛ:·re] *m, f* accountant

ragliare [raʎ·'ʎaː·re] *vi* (*asino*) to bray
raglio ['raʎ·ʎo] <-gli> *m* (*di asino*) bray
ragnatela [raɲ·ɲa·'teː·la] *f* **1.** (*di ragno*) cobweb **2.** *fig* (*intreccio*) web
ragno ['raɲ·ɲo] *m* spider
ragù [ra·'gu] <-> *m* (*sugo*) bolognese sauce
Ragusa [ra·'guː·sa] *f* Ragusa, *city in Sicily*
ragusano, -a [ra·gu·'saː·no] **I.** *m, f* (*abitante*) person from Ragusa **II.** *agg* from Ragusa
RAI ['raː·i] *f v.* **Radio Audizione Italiana** *Italian public television and radio broadcasting company*
rallegramenti [ral·le·gra·'men·ti] *mpl* congratulations
rallegrare [ral·le·'graː·re] **I.** *vt* to cheer up **II.** *vr:* **-rsi 1.** (*diventar allegro*) to cheer up **2.** (*congratularsi*) **-rsi con qu per qc** to congratulate sb on sth
rallentare [ral·len·'taː·re] **I.** *vt* **1.** (*rendere più lento*) to slow down; **~ il passo** to slow down **2.** *fig* (*farsi meno intenso*) to slacken **II.** *vi* to slow down
rallentatore [ral·len·ta·'toː·re] *m* TV slow motion; **al ~** very slowly
ramanzina [ra·man·'dziː·na] *f fam* telling-off; **fare una ~ a qu** to give sb a telling-off
rame ['raː·me] **I.** *m* copper **II.** <inv> *agg* (*colore*) copper; **rosso ~** copper red
ramino [ra·'miː·no] *m* rummy
rammarico [ram·'maː·ri·ko] <-chi> *m* regret
rammendare [ram·men·'daː·re] *vt* to darn
rammendo [ram·'mɛn·do] *m* **1.** (*azione*) darning **2.** (*risultato*) darn
rammentare [ram·men·'taː·re] *vt* **1.** (*ricordare*) to remember **2.** (*far presente*) **~ qc a qu** to remind sb of sth
rammollirsi [ram·mol·'liː·rsi] <rammollisco> *vr a. fig* to go soft
ramo ['raː·mo] *m a. fig* branch
ramoscello [ra·moʃ·'ʃɛl·lo] *m* twig
rampa ['ram·pa] *f* **1.** (*di scale*) flight **2.** AERO **~ di lancio** launch pad **3.** (*salita*) ramp
rampicante [ram·pi·'kan·te] **I.** *agg* BOT climbing **II.** *m* climber
rampollo [ram·'pol·lo] *m* **1.** (*discendente*) descendant **2.** *scherz* (*figlio*) son
rampone [ram·'poː·ne] *m* SPORT (*nell'alpinismo*) crampon
rana ['raː·na] *f* frog
rancido, -a *agg* rancid
rancore [raŋ·'koː·re] *m* rancor
randagio, -a [ran·'daː·dʒo] <-gi, -ge *o* -gie> *agg* stray
randello [ran·'dɛl·lo] *m* cudgel
rango ['raŋ·go] <-ghi> *m* **1.** (*condizione sociale*) social standing **2.** MIL rank
rannicchiarsi [ran·nik·'kiar·si] *vr* to crouch down
ranocchio [ra·'nɔk·kio] <-cchi> *m* frog
ranuncolo [ra·'nuŋ·ko·lo] *m* buttercup
rapa ['raː·pa] *f* turnip; **cima di ~** turnip top; **testa di ~** *fig, scherz* dumbo
rapace [ra·'paː·tʃe] **I.** *agg* **uccello ~** bird of prey **II.** *m* bird of prey
rapidità [ra·pi·di·'ta] <-> *f* speed
rapido ['raː·pi·do] *m* (*treno*) express
rapido, -a *agg* rapid
rapimento [ra·pi·'men·to] *m* (*di persona*) kidnapping
rapina [ra·'piː·na] *f* robbery; **~ in banca** bank robbery; **~ a mano armata** armed robbery
rapinare [ra·pi·'naː·re] *vt* to rob
rapinatore, -trice [ra·pi·na·'toː·re] *m, f* robber
rapire [ra·'piː·re] <rapisco> *vt* to kidnap
rapitore, -trice [ra·pi·'toː·re] *m, f* kidnapper
rappezzare [rap·pet·'tsaː·re] *vt a. fig* to patch up
rapporto [rap·'pɔr·to] *m* **1.** (*resoconto*) report **2.** (*legàme*) relationship; **essere in buoni -i con qu** to be on good terms with sb; **in ~ a** with relation to **3.** MAT, TEC ratio; **avere un buon ~ qualità-prezzo** to be good value for money
rappresaglia [rap·pre·'saʎ·ʎa] <-glie> *f* reprisal
rappresentante [rap·pre·zen·'tan·te] *mf* **1.** (*chi fa le veci*) representative; **~ di classe** class representative **2.** COM sales representative
rappresentanza [rap·pre·zen·'tan·tsa] *f* **1.** (*delegazione*) delegation; **in ~ di qu** on behalf of sb **2.** COM agency
rappresentare [rap·pre·zen·'taː·re] *vt* **1.** (*raffigurare*) to depict **2.** (*simboleg-*

giare) to represent **3.** THEAT (*pezzo teatrale*) to stage; (*ruolo*) to play **4.** (*agire per conto di*) to represent

rappresentativo, -a [rap·pre·zen·ta·'ti:·vo] *agg a. fig* representative

rappresentazione [rap·pre·zen·tat·'tsio:·ne] *f* **1.** (*gener*) depiction **2.** THEAT performance

rarità [ra·ri·'ta] <-> *f* rarity

raro, -a ['ra:·ro] *agg* rare

rasare [ra·'sa:·re] **I.** *vt* **1.** (*barba, capelli*) to shave **2.** (*siepe*) to trim; (*prato*) to mow **II.** *vr:* **-rsi** (*barba, capelli*) to shave

raschiamento [ras·kia·'men·to] *m* MED curettage

raschiare [ras·'kia:·re] *vt* to scrape

rasentare [ra·zen·'ta:·re] *vt* (*sfiorare*) to graze; ~ **qc** to border on sth; ~ **il ridicolo** *fig* to border on the ridiculous

rasente [ra·'zɛn·te] *prep* ~ (**a**) close to

rasi ['ra:·si] *1. pers sing pass rem di* **radere**

raso ['ra:·so] *m* satin

raso, -a **I.** *pp di* **radere** **II.** *agg* (*bicchiere*) full; (*cucchiaio*) level; ~ **terra** *v.* **rasoterra**

rasoio [ra·'so:·io] <-oi> *m* razor

rasoterra [ra·so·'tɛr·ra] *avv* close to the ground

rassegna [ras·'seɲ·ɲa] *f* **1.** MIL inspection **2.** (*esame accurato*) review; **passare in ~ qc** *fig* to review sth **3.** (*elenco*) listing; ~ **degli spettacoli** theater listings *pl* **4.** (*mostra*) exhibition; ~ **cinematografica** film festival

rassegnare [ras·seɲ·'ɲa:·re] **I.** *vt* ~ **le dimissionii** to resign **II.** *vr* **-rsi a qc** to resign oneself to sth

rassegnazione [ras·seɲ·ɲat·'tsio:·ne] *f* resignation

rasserenare [ras·se·re·'na:·re] **I.** *vt* **1.** (*cielo*) to brighten up **2.** *fig* (*persona*) to cheer up **II.** *vr:* **-rsi** **1.** METEO to brighten up **2.** *fig* (*persona*) to cheer up; **-rsi in volto** to brighten

rassettare [ras·set·'ta:·re] **I.** *vt* (*stanza, casa*) to tidy **II.** *vr:* **-rsi** to tidy oneself up

rassicurare [ras·si·ku·'ra:·re] **I.** *vt* to reassure **II.** *vr:* **-rsi** to be reassured

rassicurazione [ras·si·ku·rat·'tsio:·ne] *f* reassurance

rassodare [ras·so·'da:·re] **I.** *vt* (*muscoli*) to firm up **II.** *vr:* **-rsi** (*muscoli*) to become firm

rassomigliare [ras·so·miʎ·'ʎa:·re] **I.** *vi* ~ **a qc** to resemble sth **II.** *vr:* **-rsi** to look like each other

rastrellamento [ras·trel·la·'men·to] *m* **1.** AGR raking **2.** MIL combing

rastrellare [ras·trel·'la:·re] *vt* **1.** AGR to rake **2.** MIL to comb

rastrelliera [ras·trel·'liɛ:·ra] *f* **1.** (*per fieno*) hayrack **2.** (*per biciclette*) bicycle rack

rastrello [ras·'trɛl·lo] *m* rake

rata ['ra:·ta] *f* installment; **pagare/comprare a -e** to pay for/buy sth in installments

rateale [ra·te·'a:·le] *agg* in installments

ratifica [ra·'ti:·fi·ka] <-che> *f* ratification

ratificare [ra·ti·fi·'ka:·re] *vt* to ratify

ratto ['rat·to] *m* ZOO rat

rattoppare [rat·top·'pa:·re] *vt a. fig* to patch up

rattrappirsi [rat·trap·'pi:·rsi] <rattrappisco> *vr* to become stiff

rattristare [rat·tris·'ta:·re] **I.** *vt* to sadden **II.** *vr:* **-rsi** to become sad

raucedine [rau·'tʃɛ:·di·ne] *f* hoarseness

rauco, -a ['ra:u·ko] <-chi, -che> *agg* hoarse

ravanello [ra·va·'nɛl·lo] *m* radish

Ravenna *f* Ravenna *city in the Emilia-Romagna region*

ravennate [ra·ven·'na:·te] **I.** *mf* (*abitante*) person from Ravenna **II.** *agg* from Ravenna

ravioli [ra·'viɔ:·li] *mpl* ravioli

ravvedersi [rav·ve·'der·si] <irr> *vr* to become a reformed character

ravvicinamento [rav·vi·tʃi·na·'men·to] *m* **1.** (*tra partiti, paesi*) rapprochement **2.** *fig* (*tra coniugi*) reconciliation

ravvivare [rav·vi·'va:·re] **I.** *vt* (*fiamma, sentimento*) to rekindle **II.** *vr:* **-rsi** (*interesse*) to revive

raziocinio [rat·tsio·'tʃi:·nio] <-i> *m* **1.** (*ragione*) reason **2.** (*buon senso*) common sense

razionale [rat·tsio·'naː·le] *agg* **1.** (*persona, metodo*) rational **2.** (*architettura*) functional; (*alimentazione*) balanced **3.** MATH rational
razionalista [rat·tsio·na·'lis·ta] <-i *m*, -e *f*> *mf* rationalist
razionalità [rat·tsio·na·li·'ta] <-> *f* **1.** (*facoltà*) common sense **2.** (*funzionalità*) functionality
razionalizzare [rat·tsio·na·lid·'dzaː·re] *vt* to rationalize
razionalizzazione [rat·tsio·na·lid·dzat·'tsioː·ne] *f* rationalization
razionamento [rat·tsio·na·'men·to] *m* rationing
razionare [rat·tsio·'naː·re] *vt* to ration
razione [rat·'tsioː·ne] *f* **1.** (*quantità*) ration **2.** (*porzione*) share
razza[1] ['rat·tsa] *f* **1.** (*di uomini*) race **2.** (*di animali*) breed; **di ~ pura** thoroughbred **3.** (*famiglia, stirpe*) family **4.** *pej fam* kind; **che ~ di uomo sei!** you're a real piece of work!
razza[2] ['rad·dza] *f* ZOO skate
razzia [rat·'tsiː·a] <-ie> *f* raid
razziale [rat·'tsiaː·le] *agg* racial; **odio ~** racial hatred
razzismo [rat·'tsiz·mo] *m* racism
razzista [rat·'tsis·ta] <-i *m*, -e *f*> *mf agg* racist
razzo ['rad·dzo] *m* rocket
RC *f abbr di* **Rifondazione Comunista** *Italian Communist party*
re[1] [re] <-> *m a. fig* king
re[2] [rɛ] <-> *m* MUS D
reagente [rea·'dʒɛn·te] *m* reagent
reagire [re·a·'dʒiː·re] <reagisco> *vi* to react
reale [re·'aː·le] **I.** *agg* **1.** (*di, da re*) royal; **aquila ~** golden eagle **2.** (*vero: oggetto, fatto*) real **3.** (*effettivo: stipendio*) actual **II.** *m* reality
realismo [re·a·'liz·mo] *m* realism
realista [re·a·'lis·ta] <-i *m*, -e *f*> **I.** *mf* (*persona concreta*) realist **II.** *agg* realistic
realistico, **-a** [re·a·'lis·ti·ko] <-ci, -che> *agg* realistic
realizzabile [re·a·lid·'dzaː·bi·le] *agg* feasible
realizzare [re·a·lid·'dzaː·re] **I.** *vt* to realize **II.** *vr:* **-rsi 1.** (*aspirazioni*) to come true **2.** (*come persona*) to find fulfillment
realizzazione [re·a·lid·dzat·'tsioː·ne] *f* realization
realizzo [re·a·'lid·dzo] *m* **1.** COM realization **2.** FIN proceeds *pl*
realmente [re·al·'men·te] *avv* really
realtà [re·al·'ta] <-> *f* reality; **in ~** really; **~ virtuale** TEL, COMPUT virtual reality
reame [re·'aː·me] *m* realm
reatino, **-a** [re·a·'tiː·no] **I.** *m, f* (*abitante*) person from Rieti **II.** *agg* from Rieti
reato [re·'aː·to] *m* crime; **corpo del ~** material evidence
reattivo, **-a** *agg* **1.** (*persona*) with it **2.** CHEM, EL reactive
reattore [re·at·'toː·re] *m* PHYS reactor
reazionario, **-a** [re·at·tsio·'naː·rio] <-i, -ie> *agg, m, f* reactionary
reazione [re·at·'tsioː·ne] *f* **1.** (*gener*) reaction **2.** AERO **motore a ~** jet engine; **aereo a ~** jet
rebus ['rɛː·bus] <-> *m* (*gioco*) rebus
recapitare [re·ka·pi·'taː·re] *vt* to deliver
recapito [re·'kaː·pi·to] *m* (*indirizzo*) address
recare [re·'kaː·re] **I.** *vt* **1.** (*portare*) to bring **2.** (*avere su di sé*) to bear **3.** (*causare*) to cause; **~ disturbo a qu** to inconvenience sb **II.** *vr:* **-rsi** to go
recedere [re·'tʃɛː·de·re] <recedo, recedetti *o* recedei, receduto> *vi* GIUR *a. fig* to withdraw
recensione [re·tʃen·'sioː·ne] *f* review
recente [re·'tʃɛn·te] *agg* recent; **di ~** recently
recentemente [re·tʃen·te·'men·te] *avv* recently
reception [ri·'sep·ʃən] <- *o* receptions> *f* (*di albergo*) reception desk
recessione [re·tʃes·'sioː·ne] *f* COM recession
recesso [re·'tʃɛs·so] *m* (*della mente*) recess
recidere [re·'tʃiː·de·re] <recido, recisi, reciso> *vt* to cut off
recintare [re·tʃin·'taː·re] *vt* to fence off
recinto *m* **1.** (*spazio circoscritto*) enclosure; (*per animali*) pen **2.** (*recinzione: di legno*) fence; (*di mattoni*) wall

recinzione [re·tʃin·'tsio:·ne] *f* (*di legno*) fence; (*di mattoni*) wall
recipiente [re·tʃi·'piɛn·te] *m* container
reciprocità [re·tʃi·pro·tʃi·'ta] <-> *f* reciprocity
reciproco, -a <-ci, -che> *agg* reciprocal
recisi [re·'tʃi:·zi] *1. pers sing pass rem di* **recidere**
reciso, -a [re·'tʃi:·zo] **I.** *pp di* **recidere** **II.** *agg* cut off
recita ['rɛ:·tʃi·ta] *f* (*teatrale*) performance; (*di poesie*) recital
recitare [re·tʃi·'ta:·re] **I.** *vt* **1.** (*poesia, lezioni, orazioni*) to recite **2.** THEAT, FILM to act; **~ una parte** to play a part **II.** *vi* (*fingere*) to pretend
recitazione [re·tʃi·tat·'tsio:·ne] *f* **1.** (*interpretazione*) delivery **2.** (*disciplina*) acting
reclamare [re·kla·'ma:·re] *vi* **~ contro** [*o* **per**] **qc** to complain about sth
réclame [re·'klam] <-> *f* **1.** (*pubblicità*) advertising **2.** (*avviso pubblicitario*) advertisement
reclamizzare [re·kla·mid·'dza:·re] *vt* to advertise
reclamo [re·'kla:·mo] *m* complaint; **fare/sporgere ~** to complain; **ufficio -i** complaints department
reclinare [re·kli·'na:·re] *vt* (*capo*) to bow
reclusione [re·klu·'zio:·ne] *f* GIUR imprisonment
recluso, -a [re·'klu:·zo] **I.** *agg* secluded; GIUR imprisoned **II.** *m, f* prisoner
recluta ['rɛ:·klu·ta] *f* recruit
reclutamento [re·klu·ta·'men·to] *m* recruitment
reclutare [re·klu·'ta:·re] *vt* to recruit
recondito, -a [re·'kɔn·di·to] *agg poet* **1.** (*luogo*) secluded **2.** *fig* (*pensieri*) hidden
record ['rɛ:·kord] <-> *m* **1.** SPORT record; **battere un ~** to beat a record; **~ mondiale** world record; **a tempo di ~** in record time **2.** COMPUT record
recriminare [re·kri·mi·'na:·re] *vi* **~ su qc** to complain about sth
recriminazione [re·kri·mi·nat·'tsio:·ne] *f* complaint
redarguire [re·dar·gu·'i:·re] <redarguisco> *vt* to rebuke
redassi [re·'das·si] *1. pers sing pass rem di* **redigere**
redatto [re·'dat·to] *pp di* **redigere**
redattore, -trice [re·dat·'to:·re] *m, f* **1.** (*di giornale, casa editrice*) editor **2.** (*di atti, documenti*) author
redazionale [re·dat·tsio·'na:·le] *agg* editorial
redazione [re·dat·'tsio:·ne] *f* **1.** (*stesura*) writing; **~ di un documento** drawing up of a document **2.** (*attività*) editing **3.** (*team*) editorial staff **4.** (*ufficio*) editorial office
redditizio, -a [red·di·'tit·tsio] <-i, -ie> *agg* profitable
reddito ['rɛd·di·to] *m* income; **~ imponibile** taxable income; **~ non imponibile** non-taxable income
redditometro [red·di·'tɔ:·me·tro] *m system used by the state for assessing income*
redentore [re·den·'to:·re] *m* **il ~** the Redeemer
redenzione [re·den·'tsio:·ne] *f* redemption
redigere [re·'di:·dʒe·re] <redigo, redassi, redatto> *vt* (*scrivere*) to draw up; **~ un verbale** to draw up a record; **~ un articolo** to write an article
redini ['rɛ:·di·ni] *fpl* reins *pl*
reduce ['rɛ:·du·tʃe] **I.** *agg* **essere ~ da qc** (*guerra*) to be back from sth; *fig* (*influenza*) to have gone through sth **II.** *mf* veteran
referendum [re·fe·'rɛn·dum] <-> *m* **1.** GIUR referendum **2.** (*indagine*) survey
referenza [re·fe·'rɛn·tsa] *f* reference
referenziato, -a [re·fe·ren·'tsia:·to] *agg* with references
referto [re·'fɛr·to] *m* MED report
refrattario, -a [re·frat·'ta:·rio] <-i, -ie> *agg* (*materiale*) refractory
refrigerante [re·fri·dʒe·'ran·te] *agg* refrigerating
refrigerare [re·fri·dʒe·'ra:·re] *vt* to refrigerate
refrigerio [re·fri·'dʒɛ:·rio] <-i> *m* coolness; **~ dalla calura estiva** relief from the summer heat
refurtiva [re·fur·'ti:·va] *f* loot

regalare [re·ga·'laː·re] *vt* to give

regale [re·'gaː·le] *agg* **1.** (*del re*) royal **2.** *fig* (*comportamento*) regal

regalo [re·'gaː·lo] *m* present; **fare un ~ a qu** to give sb a present

regata [re·'gaː·ta] *f* regatta

reggente [red·'dʒɛn·te] **I.** *mf* regent **II.** *f* LING main clause **III.** *agg* (*principe, sovrano*) reigning

reggenza [red·'dʒɛn·tsa] *f* regency

reggere ['rɛd·dʒe·re] <reggo, ressi, retto> **I.** *vt* **1.** (*tenere*) to hold; (*sostenere*) to support; (*tenere fermo*) to hold still **2.** (*resistere a*) to deal with **3.** (*governare*) to rule **4.** LING to govern **5.** (*sopportare: alcol, vino*) to take **II.** *vi* **1.** (*resistere*) to deal with **2.** (*durare: bel tempo*) to last; (*cibi*) to stay fresh **III.** *vr:* **-rsi 1.** (*sostenersi*) to stand up; **-rsi a galla** to keep afloat **2.** (*attaccarsi*) to hold on

reggia ['rɛd·dʒa] <-gge> *f a. fig* palace

reggiano, -a [red·'dʒiaː·no] **I.** *m, f* (*abitante*) person from Reggio Emilia **II.** *agg* from Reggio Emilia

reggicalze [red·dʒi·'kal·tse] <-> *m* garter belt

reggimento [red·dʒi·'men·to] *m* MIL regiment

reggino, -a [red·'dʒiː·no] **I.** *m, f* (*abitante*) person from Reggio Calabria **II.** *agg* from Reggio Calabria

Reggio Calabria *f* Reggio Calabria *city in Calabria*

Reggio Emilia *f* Reggio Emilia *city in the Emilia-Romagna area*

regia [re·'dʒiː·a] <-gie> *f* FILM, TV direction

regime [re·'dʒiː·me] *m* **1.** POL regime **2.** (*regola di vita*) regime **3.** TEC, MOT speed

regina [re·'dʒiː·na] *f* queen

reginetta [re·dʒi·'net·ta] *f* **~ di bellezza** beauty queen

regionale [re·dʒo·'naː·le] *agg* regional

regione [re·'dʒoː·ne] *f* region

regista [re·'dʒis·ta] <-i *m*, -e *f*> *mf* director

registrare [re·dʒis·'traː·re] *vt* **1.** (*gener*) to record **2.** FIN (*entrate, uscite*) to enter **3.** (*aumento, diminuzione*) to report

registratore [re·dʒis·tra·'toː·re] *m* recorder; **~ di cassa** till; **~ di volo** flight recorder

registrazione [re·dʒis·trat·'tsioː·ne] *f* **1.** (*di musica, spettacolo*) recording **2.** ADM (*di atto, società*) registration **3.** (*in contabilità*) entry

registro [re·'dʒis·tro] *m* **1.** (*libro*) register **2.** TEC regulator

regnante [reɲ·'ɲan·te] **I.** *agg* reigning **II.** *mf* ruler

regnare [reɲ·'ɲaː·re] *vi* to reign

regno ['reɲ·ɲo] *m* kingdom

regola ['rɛː·go·la] *f* **1.** (*norma*) rule; **di regola** as a rule **2.** (*ordine*) order; **essere in ~** to be in order; **mettere in ~** (*immigrato*) to regularize illegal workers

regolabile [re·go·'laː·bi·le] *agg* adjustable

regolamentare[1] [re·go·la·men·'taː·re] *agg* regulation; **tempi regolamentari** SPORT regulation (time)

regolamentare[2] *vt* to regulate

regolamentazione [re·go·la·men·tat·'tsioː·ne] *f* regulations *pl*

regolamento [re·go·la·'men·to] *m* **1.** (*norme*) regulations *pl* **2.** (*sistemazione: di questione*) settling **3.** (*di conto*) settlement; (*di debito*) repayment

regolare[1] [re·go·'laː·re] **I.** *vt* **1.** (*mettere a punto*) to adjust; (*orologio*) to set **2.** (*conto*) to settle; (*debito*) to repay **II.** *vr:* **-rsi 1.** (*comportarsi*) to behave **2.** (*controllarsi*) to control oneself

regolare[2] *agg* **1.** LING, MAT regular **2.** (*a norma*) standard **3.** (*velocità, andatura*) steady **4.** (*superficie*) even

regolarità [re·go·la·ri·'ta] <-> *f* regularity

regolarizzare [re·go·la·rid·'dzaː·re] *vt* **1.** (*posizione, immigrato*) to regularize **2.** (*conto*) to settle

regolarizzazione [re·go·la·rid·dzat·'tsioː·ne] *f* **1.** (*di posizione, immigrato*) regularization **2.** (*di conto*) settlement

regolata [re·go·'laː·ta] *f* TEC adjustment; **darsi una ~** *fig fam* to pull oneself together

regolazione [re·go·lat·'tsioː·ne] *f* regulation

regredire [re·gre·'diː·re] <regredisco, regredii, regredito *o* regresso> *vi essere* to go backwards

regressione [re·gres·'sioː·ne] *f* regression

regressivo, -a [re·gres·'siː·vo] *agg a. fig* backwards

regresso[1] [re·'grɛs·so] *pp di* **regredire**

regresso[2] *m* **1.** MED regression **2.** *a. fig* decline

reincarnazione [re·iŋ·kar·nat·'tsioː·ne] *f* reincarnation

reinserimento [re·in·se·ri·'men·to] *m* reintegration

reinserire [re·in·se·'riː·re] <reinserisco> **I.** *vt* (*persona, paziente*) to reinstate **II.** *vr:* **-rsi** (*in gruppo*) to reinstate oneself

reintegrare [re·in·te·'graː·re] **I.** *vt* (*nella società*) to reintegrate; (*in una carica*) to reinstate **II.** *vr:* **-rsi** (*in gruppo, attività*) to reinstate oneself

reintegrazione [re·in·te·grat·'tsioː·ne] *f* reintegration

reinvestire [re·in·ves·'tiː·re] *vt* to reinvest

relativamente [re·la·ti·va·'men·te] *avv* relatively; ~ **a qc** with reference to sth

relatività [re·la·ti·vi·'ta] <-> *f* relativity

relativizzare [re·la·ti·vid·'dzaː·re] *vt* to view objectively

relativo, -a [re·la·'tiː·vo] *agg* **1.** (*pertinente*) relevant **2.** (*limitato*) relative **3.** LING **pronome** ~ relative pronoun

relatore, -trice [re·la·'toː·re] *m, f* speaker

relax [re·'laks] <-> *m* relaxation

relazione [re·lat·'tsioː·ne] *f* **1.** (*esposizione*) account **2.** (*rapporto tra persone*) relationship

relegare [re·le·'gaː·re] *vt* to relegate

religione [re·li·'dʒoː·ne] *f* religion

religioso, -a [re·li·'dʒoː·so] **I.** *agg a. fig* religious; **matrimonio** ~ church wedding **II.** *m, f* monk *m*, nun *f*

reliquia [re·'liː·ku·ia] <-quie> *f* relic

relitto [re·'lit·to] *m a. fig* wreck

remare [re·'maː·re] *vi* to row

reminiscenza [re·mi·niʃ·'ʃɛn·tsa] *f* reminiscence

remo ['rɛː·mo] *m* oar

remoto, -a [re·'mɔː·to] *agg* **1.** (*tempo, causa*) distant **2.** (*paese, località*) remote **3.** LING **passato** ~ past simple

renale [re·'naː·le] *agg* MED renal

rendere ['rɛn·de·re] <rendo, resi, reso> **I.** *vt* **1.** (*tornare indietro*) to return **2.** (*tributare*) ~ **omaggio a qu** to pay homage to sb **3.** (*esprimere*) to convey; ~ **l'idea di qc** to give the idea of sth **4.** (*far diventare*) to make **5.** (*fruttare*) to earn **II.** *vr:* **-rsi 1.** (*diventare*) to become **2.** (*sembrare*) to seem **3.** (*loc*) **-rsi conto di qc** to realize sth

rendiconto [ren·di·'kon·to] *m* COM statement

rendimento [ren·di·'men·to] *m* **1.** (*di macchina, persona*) performance; **avere un buon** ~ (*persona*) to do well **2.** (*reddito*) return

rendita ['rɛn·di·to] *f* income

rene ['rɛː·ne] *m* kidney

reni ['reː·ni] *fpl* back

renna ['rɛn·na] *f* ZOO reindeer

reparto [re·'par·to] *m* **1.** (*di azienda*) department **2.** (*di ospedale*) ward; ~ **psichiatrico** psychiatric ward

repellente [re·pel·'lɛn·te] *agg* repulsive

repentaglio [re·pen·'taʎ·ʎo] <-gli> *m* **mettere a** ~ to risk

repentino, -a [re·pen·'tiː·no] *agg* sudden

reperibile [re·pe·'riː·bi·le] *agg* (*professore, medico*) contactable; (*prodotto, informazione*) available

reperimento [re·pe·ri·'men·to] *m* finding

reperire [re·pe·'riː·re] <reperisco> *vt* to find

reperto [re·'pɛr·to] *m* **1.** (*archeologico*) find **2.** MED report

repertorio [re·per·'tɔː·rio] <-i> *m* THEAT, MUS repertoire

replay [riː·'plei] <- *o* replays> *m* TV, SPORT action replay

replica ['rɛː·pli·ka] <-che> *f* **1.** (*risposta*) answer **2.** THEAT repeat performance **3.** TV, RADIO repeat

replicare [re·pli·'kaː·re] *vt* **1.** (*rispondere*) to say something in reply; (*obiettare*) to make an objection **2.** (*ripetere: impresa, iniziativa*) to repeat **3.** (*spettacolo*) to perform again; (*trasmissione*) to show again

reportage [rə·pɔr·'taʒ] <-> *m* report
repressi [re·'prɛs·si] *1. pers sing pass rem di* **reprimere**
repressione [re·pres·'sio:·ne] *f* repression
repressivo, -a [re·pres·'si:·vo] *agg* repressive
represso, -a [re·'prɛs·so] *agg* (*emozioni*) repressed
reprimere [re·'pri:·me·re] <reprimo, repressi, represso> **I.** *vt* to repress **II.** *vr:* **-rsi** to keep a grip on oneself
repubblica [re·'pub·bli·ka] <-che> *f* republic
repubblicano, -a [re·pub·bli·'ka:·no] *agg, m, f* republican
repulsione [re·pul·'sio:·ne] *f a. fig* repulsion
reputare [re·pu·'ta:·re] **I.** *vt* to consider **II.** *vr:* **-rsi** to consider oneself
reputazione [re·pu·tat·'tsio:·ne] *f* reputation
requisire [re·kui·'zi:·re] <requisisco> *vt* to requisition
requisito [re·kui·'zi:·to] *m* requirement
requisitoria [re·kui·zi·'tɔ:·ria] <-ie> *f* GIUR prosecution's closing argument
resa ['re:·sa] *f* **1.** MIL surrender **2.** (*restituzione*) return **3.** (*rendimento*) performance **4.** (*loc*) ~ **dei conti** *a. fig* day of reckoning
rescissione [reʃ·ʃis·'sio:·ne] *f* annulment
resettare [re·set·'ta:·re] *vi* COMPUT to reset
resi ['re:·si] *1. pers sing pass rem di* **rendere**
residence ['rɛ·zi·dəns] <-> *m building offering fully-equipped and serviced apartments for medium- to long-term rents*
residente [re·si·'dɛn·te] *agg, mf* resident
residenza [re·si·'dɛn·tsa] *f* residence
residenziale [re·si·den·'tsia:·le] *agg* residential
residuo [re·'si:·duo] *m* **1.** GENER remainder **2.** (*di sostanza*) residue
residuo, -a *agg* remaining
resina ['rɛ:·zi·na] *f* resin
resistei [re·sis·'te:·i] *1. pers sing pass rem di* **resistere**
resistente [re·sis·'tɛn·te] *agg* resistant; (*materiale, tessuto, legno*) durable; ~ **al calore** heat-resistant; ~ **all'acqua** waterproof
resistenza [re·sis·'tɛn·tsa] *f* **1.** (*gener*) resistance; **opporre** ~ to put up a fight **2.** (*energia*) stamina **3.** HIST **la Resistenza** the Resistance
resistere [re·'sis·te·re] <resisto, resistei *o* resistetti, resistito> *vi* **1.** (*opporsi*) ~ **a qu/qc** to resist sb/sth **2.** (*sopportare*) ~ **a qc** to put up with sth; **resisti!** hang on in there!
reso, -a I. *pp di* **rendere II.** *agg* returned
resoconto [re·so·'kon·to] *m* account
respingente [res·pin·'dʒɛn·te] *m* bumper
respingere [res·'pin·dʒe·re] <irr> *vt* **1.** (*nemico, aggressore*) to repel **2.** (*regalo*) to return; (*proposta*) to reject; (*accusa*) to deny **3.** (*bocciare*) to fail **4.** SPORT to ward off
respirare [res·pi·'ra:·re] **I.** *vi* to breathe; ~ **col naso** to breathe through one's nose; ~ **a pieni polmoni** to take deep breaths **II.** *vt* to breathe
respiratore [res·pi·ra·'to:·re] *m* **1.** (*per sub*) breathing apparatus **2.** MED respirator
respiratorio, -a [res·pi·ra·'tɔ:·rio] <-i, -ie> *agg* breathing
respirazione [res·pi·rat·'tsio:·ne] *f* breathing; ~ **artificiale** artificial respiration
respiro [res·'pi:·ro] *m* **1.** (*il respirare*) breathing; **da togliere il** ~ breathtaking **2.** (*singolo atto*) breath
responsabile [res·pon·'sa:·bi·le] **I.** *agg* responsible; **essere** ~ **di qc** to be in charge of sth **II.** *mf* person in charge
responsabilità [res·pon·sa·bi·li·'ta] <-> *f* (*consapevolezza*) responsibility
responsabilizzare [res·pon·sa·bi·lid·'dza:·re] **I.** *vt* ~ **qu** to make sb aware of his [*o* her] responsibilities **II.** *vr:* **-rsi** to become aware of one's responsibilities
responso [res·'pɔn·so] *m* (*di giuria, commissione*) verdict
ressa ['rɛs·sa] *f* crowd

ressi [ˈrɛs·si] *1. pers sing pass rem di* **reggere**

restare [res·ˈtaː·re] *vi essere* **1.** (*continuare a stare*) to remain; ~ **in piedi/seduto** to remain standing/seated; ~ **indietro** *a. fig* to get behind **2.** (*avanzare*) to be left

restaurare [res·tau·ˈraː·re] *vt* to restore

restauratore, -trice [res·tau·ra·ˈtoː·re] *m, f* restorer

restauro [res·ˈtaːu·ro] *m* restoration

restio, -a [res·ˈtiː·o] <-ii, -ie> *agg* (*riluttante*) reluctant

restituire [res·ti·tu·ˈiː·re] <restituisco> *vt* (*gener*) to give back; (*soldi*) to refund

restituzione [res·ti·tut·ˈtsioː·ne] *f* (*gener*) return; (*di soldi*) refund

resto [ˈrɛs·to] *m* **1.** (*di tempo, oggetti, persone*) rest **2.** (*in denaro*) change **3.** *pl* (*di monumenti*) remains *pl* **4.** *pl* (*di cibo*) leftovers *pl* **5.** (*loc*) **del** ~ besides

restringere [res·ˈtrin·dʒe·re] <irr> **I.** *vt* **1.** (*abito*) to take in **2.** *fig* (*campo d'azione*) to limit **II.** *vr:* **-rsi** **1.** (*diventar stretto: strada*) to narrow **2.** (*stoffa*) to shrink

restrittivo, -a [res·trit·ˈtiː·vo] *agg* restrictive

restrizione [res·trit·ˈtsioː·ne] *f* restriction

retata [re·ˈtaː·ta] *f fig* (*di persone*) round-up

rete [ˈreː·te] *f* **1.** (*di filo*) net **2.** (*di letto*) base of the bed **3.** (*stradale, commerciale*) network; ~ **di distribuzione** distribution network; ~ **stradale** road network **4.** COMPUT network; **essere in Rete** to be on the Internet; **accesso alla** ~ Internet access **5.** TV channel

reticente [re·ti·ˈtʃɛn·te] *agg* reticent

reticolato [re·ti·ko·ˈlaː·to] *m* **1.** (*di linee, strade*) grid **2.** (*metallico*) chain-link fence

retina [ˈrɛː·ti·na] *f* ANAT retina

retorica [re·ˈtɔː·ri·ka] <-che> *f* rhetoric

retorico, -a [re·ˈtɔː·ri·ko] <-ci, -che> *agg* LIT rhetorical

retributivo, -a [re·tri·bu·ˈtiː·vo] *agg* pay

retribuzione [re·tri·but·ˈtsioː·ne] *f* pay

retro[1] [ˈrɛː·tro] *avv* **vedi** ~ see over

retro[2] *m* back; **sul** ~ on the back

retroattivo, -a [re·tro·at·ˈtiː·vo] *agg* retroactive

retrocedere [re·tro·ˈtʃɛː·de·re] <retrocedo, retrocessi, retrocesso> **I.** *vi essere* **1.** (*indietreggiare*) to move back **2.** SPORT to be relegated **II.** *vt avere* **1.** SPORT to relegate **2.** MIL to demote

retrocessione [re·tro·tʃes·ˈsioː·ne] *f* **1.** SPORT relegation **2.** MIL demotion

retrocesso [re·tro·ˈtʃɛs·so] *pp di* **retrocedere**

retrodatare [re·tro·da·ˈtaː·re] *vt* to backdate

retrogrado, -a [re·ˈtrɔː·gra·do] **I.** *agg* (*persone, idee*) backward looking **II.** *m, f* backward looking person

retroguardia [re·tro·ˈguar·dia] *f* rearguard

retromarcia [re·tro·ˈmar·tʃa] <-ce> *f* **1.** (*rapporto*) reverse gear **2.** (*movimento*) reverse; **fare** ~ *fig* to change one's mind

retroscena [re·troʃ·ˈʃɛː·na] <-> *m* **1.** THEAT backstage **2.** *pl, fig* behind-the-scenes goings-on

retrospettiva [re·troc·spet·ˈtiː·va] *f* retrospective

retrospettivo, -a [re·tro·spet·ˈtiː·vo] *agg* **mostra -a** retrospective

retrostante [re·tros·ˈtan·te] *agg* at the back

retrovisore [re·tro·vi·ˈzoː·re] *m* rearview mirror

retta [ˈrɛt·ta] *f* **1.** (*di convitto, pensionato*) charge **2.** MATH straight line **3.** (*loc*) **dar ~ a qu** to pay attention to sb

rettangolare [ret·taŋ·go·ˈlaː·re] *agg* rectangular

rettangolo [ret·ˈtaŋ·go·lo] **I.** *agg* right-angled **II.** *m* MATH rectangle

rettifica [ret·tiː·fi·ka] <-che> *f* (*correzione*) correction

rettificare [ret·ti·fi·ˈkaː·re] *vt* (*correggere*) to correct

rettile [ˈrɛt·ti·le] *m* reptile

rettilineo, -a *agg* straight

rettitudine [ret·ti·ˈtuː·di·ne] *f* rectitude

retto, -a **I.** *pp di* **reggere** **II.** *agg* (*gener*) straight; **angolo** ~ right angle

rettore [ret·ˈtoː·re] <-trice> *m, f* chancellor

reumatico, -a [reu·'maː·ti·ko] <-ci, -che> *agg* rheumatic
reumatismo [reu·ma·'tiz·mo] *m* rheumatism
reverendo [re·ve·'rɛn·do] *m* priest
reverenziale [re·ve·ren·'tsiaː·le] *agg* reverential
reversibile [re·ver·'siː·bi·le] *agg* **1.** (*processo*) reversible **2.** (*pensione*) reversionary
reversibilità [re·ver·si·bi·li·'ta] <-> *f* **1.** (*gener*) reversibility **2.** (*di pensione*) reversion
revisionare [re·vi·zio·'naː·re] *vt* **1.** (*testo, documento*) to check **2.** TEC to overhaul **3.** (*conti*) to audit
revisione [re·vi·'zioː·ne] *f* **1.** checking **2.** TEC overhaul **3.** (*dei conti*) audit
revisore, -a [re·vi·'zoː·re] *m, f* checker; **~ dei conti** auditor
revoca ['rɛː·vo·ka] <-che> *f* revocation
revocare [re·vo·'kaː·re] *vt* to revoke
ri- [ri] (*in parole composte*) re–; (*di nuovo*) re-
riabilitare [ri·a·bi·li·'taː·re] **I.** *vt* to rehabilitate **II.** *vr:* **-rsi** to rehabilitate oneself
riabilitazione [ri·a·bi·li·tat·'tsioː·ne] *f* MED rehabilitation
rialzare [ri·al·'tsaː·re] **I.** *vt avere* **1.** (*alzare di nuovo*) to pick up again **2.** *fig* (*testa*) to lift up again **3.** (*muro, edificio*) to raise **4.** (*prezzi*) to increase **II.** *vr:* **-rsi** **1.** (*risollevarsi*) to get back up again **2.** *fig* (*riprendersi*) to get back on one's feet
rialzato, -a [ri·al·'tsaː·to] *agg* **piano ~** mezzanine
rialzo [ri·'al·tso] *m* **1.** (*dei prezzi*) increase **2.** (*in borsa*) rise **3.** (*loc*) **giocare al ~** (*in borsa*) to force up the price
rianimare [ri·a·ni·'maː·re] **I.** *vt* MED to resuscitate **II.** *vr:* **-rsi** **1.** (*riprendere forza*) to come around **2.** *fig* (*riprendere coraggio*) to take heart **3.** *fig* (*luogo*) to come alive again
rianimazione [ri·a·ni·mat·'tsioː·ne] *f* MED resuscitation; **reparto (di) ~** intensive care unit
riapertura [ri·a·per·'tuː·ra] *f* reopening
riaprire [ri·a·'priː·re] <irr> *vt vr:* **-rsi** to reopen
riarmo [ri·'ar·mo] *m* **corsa al ~** arms race
riassetto [ri·as·'sɛt·to] *m* reorganization
riassorbimento [ri·as·sor·bi·'men·to] *m* **1.** (*di liquidi*) reabsorption **2.** *fig* (*di dipendenti*) new intake
riassumere [ri·as·'suː·me·re] <irr> *vt* **1.** (*operaio*) to re-employ **2.** (*riepilogare*) to recap
riassunto [ri·as·'sun·to] *m* summary
riassunto, -a *pp di* **riassumere**
riattivare [ri·at·ti·'vaː·re] *vt* **1.** (*processo, rapporto, servizio*) to reactivate **2.** MED to stimulate
riavere [ri·a·'veː·re] <irr> **I.** *vt* (*libri, soldi*) to get back **II.** *vr:* **-rsi** *fig* (*riprendere i sensi*) to come around
riavvolgimento [ri·av·vol·dʒi·'men·to] *m* FILM, MUS rewinding
ribadire [ri·ba·'diː·re] <ribadisco> *vt* to confirm
ribalta [ri·'bal·ta] *f* **1.** THEAT footlights *pl* **2.** (*loc*) **tornare alla ~** to make a comeback
ribaltabile [ri·bal·'taː·bi·le] *agg* (*sedile*) reclining
ribaltare [ri·bal·'taː·re] **I.** *vt* **1.** (*capovolgere*) to tip over **2.** *fig* (*governo, decisione*) to overturn; (*situazione, risultato*) to reverse **II.** *vr:* **-rsi** **1.** (*auto, autocarro*) to overturn **2.** (*situazione, tendenza*) to reverse
ribassare [ri·bas·'saː·re] **I.** *vt avere* (*prezzo*) to lower **II.** *vi essere* to come down
ribasso [ri·'bas·so] *m* **1.** (*di prezzi*) fall **2.** (*in borsa*) **essere in ~** to be down
ribattere [ri·'bat·te·re] *vt* **1.** (*palla*) to return **2.** (*posizioni, affermazioni*) to refute **3.** (*replicare*) to reply
ribellarsi [ri·bel·'lar·si] *vr* **~ a qu/qc** to rebel against sb/sth
ribelle [ri·'bɛl·le] **I.** *agg* **1.** (*popolazione, villaggio*) rebel **2.** (*animo*) rebellious **II.** *mf* rebel
ribellione [ri·bel·'lioː·ne] *f* rebellion
ribes ['riː·bes] <-> *m* currant
ribrezzo [ri·'bred·dzo] *m* (*repulsione*) revulsion; **fare ~** to disgust
ributtante [ri·but·'tan·te] *agg* disgusting
ricadere [ri·ka·'deː·re] <irr> *vi essere*

1. (*cadere di nuovo*) to fall down again; *fig* ~ **in qc** to fall back into sth **2.** (*compito, responsabilità*) to fall on

ricaduta [ri·ka·ˈduː·ta] *f* MED relapse

ricalcare [ri·kal·ˈkaː·re] *vt* (*disegno*) to trace

ricalcitrante [ri·kal·tʃi·ˈtran·te] *agg* recalcitrant

ricamare [ri·ka·ˈmaː·re] *vt a. fig* to embroider

ricambiare [ri·kam·ˈbiaː·re] *vt avere* (*favore, invito*) to return; (*auguri*) to reciprocate

ricambio [ri·ˈkam·bio] <-i> *m* **1.** (*rinnovamento: di personale*) turnover **2.** (*di scorta*) **di** ~ spare; **pezzo di** ~ spare part

ricamo [ri·ˈkaː·mo] *m* **1.** (*lavoro*) piece of embroidery **2.** (*operazione*) embroidery

ricandidarsi [ri·kan·di·ˈdaːr·si] *vr* to run again

ricapitolare [ri·ka·pi·to·ˈlaː·re] *vt* to recap

ricarica [ri·ˈkaː·ri·ka] <-che> *f* **1.** (*di cellulare*) top up; (*operazione*) topping up **2.** (*di biro, stampante*) refill; (*operazione*) refilling

ricaricare [ri·ka·ri·ˈkaː·re] *vt* **1.** (*fucile*) to reload **2.** (*batteria*) to recharge **3.** (*orologio*) to wind up again **4.** (*bombole, accendini*) to refill

ricattare [ri·kat·ˈtaː·re] *vt* to blackmail

ricatto [ri·ˈkat·to] *m* blackmail

ricavare [ri·ka·ˈvaː·re] *vt* (*guadagnare*) to make

ricavato [ri·ka·ˈvaː·to] *m* (*somma*) proceeds *pl*

ricavo [ri·ˈkaː·vo] *m* COM proceeds *pl*

ricchezza [rik·ˈket·tsa] *f* **1.** (*gener*) wealth **2.** (*di luogo, colore*) richness **3.** (*di doni, risorse*) abundance

riccio [ˈrit·tʃo] <-cci> *m* **1.** ZOO hedgehog; **chiudersi come un** ~ *fig* to clam up like an oyster **2.** (*di castagna*) chestnut husk **3.** (*di capelli*) curl

riccio, -a <-cci, -cce> *agg* **1.** (*capelli*) curly **2. insalata -a** curly leafed lettuce

ricciolo [rit·ˈtʃɔː·lo] *m* curl

ricco, -a [ˈrik·ko] <-cchi, -cche> **I.** *agg* **1.** rich; ~ **sfondato** filthy rich **2.** (*abbondante*) vast; ~ **di qc** (*risorse, informazioni*) full of sth **II.** *m, f* wealthy person

ricerca [ri·ˈtʃɛr·ka] <-che> *f* **1.** (*di lavoro, di colpevole, di cause*) search; **andare alla ~ di qc/qu** to go looking for sth/sb; **motore di** ~ COMPUT search engine **2.** SCIENT research; **dottorato di** ~ PhD **3.** (*indagine*) investigation; ~ **di mercato** market research **4.** (*a scuola*) research

ricercato, -a [ri·tʃer·ˈkaː·to] **I.** *agg* **1.** (*apprezzato: persona, locale*) popular **2.** (*affettato: persona, modi*) affected **3.** (*raffinato: maniere, stile, design*) tasteful **II.** *m, f* wanted person

ricercatore, -trice [ri·tʃer·ka·ˈtoː·re] *m, f* researcher

ricetta [ri·ˈtʃɛt·ta] *f* **1.** (*di cucina*) recipe **2.** (*del medico*) prescription

ricettario [ri·tʃet·ˈtaː·rio] <-i> *m* **1.** MED prescription pad **2.** (*di cucina*) recipe book

ricettatore, -trice [ri·tʃet·ta·ˈtoː·re] *m, f* receiver of stolen goods

ricettività [ri·tʃet·ti·vi·ˈta] <-> *f* **1.** (*gener*) receptivity **2.** (*di luogo, di albergo*) accommodation

ricettivo, -a [ri·tʃet·ˈtiː·vo] *agg* (*gener*) receptive

ricevere [ri·ˈtʃeː·ve·re] **I.** *vi* (*medico, professore*) to receive patients **II.** *vt* **1.** (*ospiti, regalo, lettera*) to receive **2.** RADIO, TEL to pick up

ricevimento [ri·tʃe·vi·ˈmen·to] *m* reception

ricevitoria [ri·tʃe·vi·to·ˈriː·a] <-ie> *f* outlet

ricevuta [ri·tʃe·ˈvuː·ta] *f* receipt; ~ **fiscale** receipt for tax purposes; **raccomandata con ~ di ritorno** certified letter with return receipt

ricezione [ri·tʃet·ˈtsioː·ne] *f* (*di onde*) reception

richiamare [ri·kia·ˈmaː·re] **I.** *vt* **1.** (*chiamare di nuovo*) to call again **2.** (*per far tornare*) to call back **3.** MIL to recall **4.** (*attrarre: turisti, folla*) to attract; ~ **l'attenzione di qu su qc** to call sb's attention to sth **5.** (*sgridare*) to reprimand **II.** *vr* **-rsi a qc** (*riferirsi*) to refer to sth

richiamo [ri·ˈkiaː·mo] *m* **1.** (*invito al ritorno*) recall **2.** (*invito: a dovere, obbedienza*) call **3.** (*attrazione*) attraction **4.** (*fascino: di luoghi, persone*) charm **5.** MED (*vaccinazione*) booster

richiedente [ri·kie·ˈdɛn·te] *mf* applicant

richiedere [ri·ˈkiɛː·de·re] <irr> *vt* **1.** (*chiedere di nuovo*) to ask again **2.** (*con fermezza*) to request **3.** ADM (*documenti*) to apply for **4.** (*necessitare*) to require **5.** (*parere*) to ask for **6.** (*per farsi restituire*) to request the return of

richiesta [ri·ˈkiɛs·ta] *f* **1.** (*domanda*) request **2.** ADM (*di documento*) application **3.** (*di compenso*) charge **4.** (*esigenza*) necessity; **a ~ (di)** on (sb's) request

richiesto, -a [ri·ˈkiɛs·to] *pp di* **richiedere**

riciclabile [ri·tʃi·ˈkla·bi·le] *agg* recyclable

riciclaggio [ri·tʃi·ˈklad·dʒo] <-ggi> *m* **1.** (*di rifiuti, materiali*) recycling **2.** (*di denaro sporco*) money laundering

riciclare [ri·tʃi·ˈklaː·re] *vt* **1.** (*gener*) to recycle **2.** (*denaro sporco*) to launder

riciclato, -a [ri·tʃi·ˈklaː·to] *agg* recycled

ricino [ˈriː·tʃi·no] *m* castor-oil plant

ricognizione [ri·koɲ·ɲit·ˈtsioː·ne] *f a. scherz* reconnaissance

ricollegare [ri·kol·le·ˈgaː·re] **I.** *vt* **1.** (*collegare di nuovo*) to reconnect **2.** *fig* (*ragionamenti, concetti*) to connect **II.** *vr:* **-rsi** (*riferirsi: a discorso*) **-rsi a qu/qc** to refer to sb/sth

ricolmo, -a [ri·ˈkol·mo] *agg* full

ricominciare [ri·ko·min·ˈtʃaː·re] **I.** *vt avere* to start again **II.** *vi essere* to start again; **si ricomincia!** *fam* we're off again!

ricomparsa [ri·kom·ˈpar·sa] *f* (*di malattie*) reappearance

ricompensa [ri·kom·ˈpɛn·sa] *f* reward

ricompensare [ri·kom·pen·ˈsaː·re] *vt* to reward

riconciliare [ri·kon·tʃi·ˈliaː·re] **I.** *vt* (*persone*) to reconcile **II.** *vr:* **-rsi** to be reconciled

riconciliazione [ri·kon·tʃi·liat·ˈtsioː·ne] *f* reconciliation

ricondotto *pp di* **ricondurre**

riconducibile [ri·kon·du·ˈtʃiː·bi·le] *agg* **~ a** related to

ricondurre [ri·kon·ˈdur·re] <irr> *vt* to take back; **~ qu alla ragione** to bring sb back to his [*o* her] senses

riconferma [ri·kon·ˈfer·ma] *f* **1.** (*di incarico*) reappointment **2.** (*nuova conferma*) confirmation; (*dimostrazione, prova*) proof

riconfermare [ri·kon·fer·ˈmaː·re] **I.** *vt* **1.** (*notizia, informazione*) to reconfirm **2.** (*in un incarico*) to reappoint **II.** *vr:* **-rsi** (*campione*) to prove oneself again

ricongiungere [ri·kon·ˈdʒun·dʒe·re] <irr> **I.** *vt* (*famiglie*) to reunite **II.** *vr:* **-rsi; -rsi a qu** to rejoin sb

riconobbi *1. pers sing pass rem di* **riconoscere**

riconoscente [ri·ko·noʃ·ˈʃɛn·te] *agg* grateful

riconoscenza [ri·ko·noʃ·ˈʃɛn·tsa] *f* gratitude

riconoscere [ri·ko·ˈnoʃ·ʃe·re] <irr> **I.** *vt* **1.** (*persona, oggetto*) to recognize; **~ qu dalla voce** to recognize sb by his [*o* her] voice **2.** (*distinguere*) to distinguish **3.** (*ammettere: errori*) to admit **4.** (*considerare: colpevole*) to find **5.** (*Stato, ente*) to recognize; (*figlio*) to acknowledge **II.** *vr:* **-rsi** (*identificarsi*) **-rsi in qc/qu** to identify with sth/sb

riconoscibile [ri·ko·noʃ·ˈʃiː·bi·le] *agg* recognizable

riconoscimento [ri·ko·noʃ·ʃi·ˈmen·to] *m* **1.** (*identificazione*) identification **2.** (*di figlio*) acknowledgement; (*di Stato, titolo*) recognition **3.** (*di colpa, di errore*) admission

riconosciuto [ri·ko·noʃ·ˈʃuː·to] *pp di* **riconoscere**

riconquista [ri·koŋ·ˈkuis·ta] *f* reconquest

riconquistare [ri·koŋ·kuis·ˈtaː·re] *vt* **1.** (*territorio*) to reconquer **2.** (*fiducia, speranza*) to regain

riconversione [ri·kon·ver·ˈsioː·ne] *f* (*di industria*) reorganization

ricoperto *pp di* **ricoprire**

ricoprire [ri·ko·ˈpriː·re] <irr> **I.** *vt* **1.** (*coprire di nuovo*) to re-cover **2.** (*mobili, poltrone*) to cover **3.** *fig* (*colmare*) **~ qu/qc di qc** to shower sb/sth with sth **4.** ADM (*carica*) to hold **II.** *vr:* **-rsi; ~**

di qc to cover oneself with sth; (*bolle, macchie*) to be covered in sth

ricordare [ri·kor·'daː·re] **I.** *vt* **1.** (*serbare memoria di*) ~ **qu/qc** to remember sb/sth **2.** (*richiamare alla memoria*) ~ **a qu qc/qu** to remind sb of sth/sb **3.** (*far presente*) ~ **qc a qu** to remind sb about sth **4.** (*assomigliare*) ~ **qu a qu** to remind sb of sb **5.** (*citare*) to mention **6.** (*commemorare*) to commemorate **II.** *vr:* **-rsi** (*serbare memoria di*) **-rsi di qu/qc** to remember sb/sth

ricordo [ri·'kɔr·do] *m* **1.** (*di persona, periodo*) memory; **serbare un buon ~ di qu/qc** to have happy memories of sb/sth **2.** (*di un viaggio*) souvenir; (*di persona morta*) memento; **per ~** as a memento

ricorrenza [ri·kor·'rɛn·tsa] *f* (*festività*) holiday; (*anniversario*) anniversary

ricorrere [ri·'kor·re·re] <irr> *vi essere* **1.** (*rivolgersi*) ~ **a qu** to turn to sb **2.** (*servirsi*) ~ **a qc** to use sth **3.** (*festa, anniversario*) to take place **4.** (*ripetersi: evento, fenomeno*) to recur **5.** (*comparire: parola*) to appear

ricorso [ri·'kor·so] *m* **1.** GIUR appeal **2.** (*loc*) **fare ~ a qu/qc** to turn to sb/sth

ricostituente [ri·kos·ti·tu·'ɛn·te] *agg, m* tonic

ricostituire [ri·kos·ti·tu·'iː·re] <ricostituisco> **I.** *vt* to re-form **II.** *vr:* **-rsi** to re-form

ricostruire [ri·kos·tru·'iː·re] <ricostruisco> *vt* **1.** (*gener*) to rebuild **2.** (*fatti, eventi*) to reconstruct

ricostruzione [ri·kos·trut·'tsioː·ne] *f* **1.** (*di paese, economia*) rebuilding **2.** (*di fatti, trama*) reconstruction

ricotta [ri·'kɔt·ta] *f soft cheese made from sheep's milk*

ricoverare [ri·ko·ve·'raː·re] *vt* (*in ospedale*) to admit

ricovero [ri·'koː·ve·ro] *m* **1.** (*in ospedale*) admission; **~ d'urgenza** emergency admission **2.** (*istituto*) institution; (*per anziani*) old people's home **3.** *fig* (*rifugio*) refuge

ricreare [ri·kre·'aː·re] **I.** *vt* **1.** (*ristabilire*) to restore **2.** (*creare di nuovo*) to recreate **II.** *vr:* **-rsi** **1.** (*divertirsi*) to enjoy oneself **2.** (*situazione, atmosfera*) to be recreated

ricreazione [ri·kre·at·'tsioː·ne] *f* **1.** (*intervallo*) break **2.** (*svago*) entertainment

ricredersi [ri·'kreː·der·si] *vr* **-rsi su qc/qu** to change one's mind about sth/sb

ricuperare [ri·ku·pe·'raː·re] *vt* **1.** (*documenti, portafoglio*) to get back; (*salute, vista, parola, forze*) to regain **2.** (*tempo*) to make up **3.** (*carcerato, tossicodipendente*) to rehabilitate **4.** SPORT (*in una partita*) to add on **5.** (*materiali, dati*) to recover

ricupero [ri·'kuː·pe·ro] *m* **1.** (*riacquisto*) recovery **2.** (*ricostruzione*) renovation **3.** (*di carcerato*) rehabilitation **4.** SPORT overtime

ridacchiare [ri·dak·'kiaː·re] *vi* to snicker

ridare [ri·'daː·re] <irr> *vt* **1.** (*dare di nuovo*) to give again **2.** (*rifare: esami*) to retake **3.** (*restituire*) to give back

ridarella [ri·da·'rɛl·la] *f fam* giggles *pl*

ridere ['riː·de·re] <rido, risi, riso> *vi* **1.** to laugh; **~ fino alle lacrime** to laugh until one cries; **far ~ i polli** *fam* to make everybody laugh; **ma non farmi ~!** *fam* don't make me laugh!; **ride bene chi ride ultimo** *prov* he who laughs last laughs longest *prov* **2.** (*burlarsi*) **~ di qc** to laugh at sth

ridetti *1. pers sing pass rem di* **ridare**

ridetto *pp di* **ridire**

ridico *1. pers sing pr di* **ridire**

ridicolizzare [ri·di·ko·lid·'dza·re] *vt* to ridicule

ridicolo, **-a** *agg* ridiculous

ridiedi *1. pers sing pass rem di* **ridare**

ridimensionare [ri·di·men·sio·'naː·re] **I.** *vt* **1.** (*industria*) to downsize **2.** (*fatti, importanza*) to put into perspective **II.** *vr:* **-rsi** (*ambizioni, pretese*) to become more realistic

ridire [ri·'diː·re] <irr> *vt* **1.** (*dire di nuovo*) to repeat **2.** (*criticare*) **avere qc da ~ su qc/qu** to object to sth/sb

ridissi *1. pers sing pass rem di* **ridire**

ridondante [ri·don·'dan·te] *agg* bombastic

ridosso [ri·'dɔs·so] *m* **a ~ di** behind

ridotto, **-a** **I.** *pp di* **ridurre** **II.** *agg* (*prezzi, biglietto*) discounted; **prezzo ~** cut-price

ridurre [ri·'dur·re] <riduco, ridussi, ridotto> **I.** *vt* **1.** (*gener*) to reduce **2.** (*far diventare*) **~ al silenzio** to silence; **~ alla disperazione** to drive to despair **3.** (*costringere*) **essere ridotto a fare qc** to be reduced to doing sth **II.** *vr:* **-rsi 1.** (*diventare*) to be reduced **2.** (*diminuire*) to decrease

riduzione [ri·dut·'tsio:·ne] *f* **1.** (*di prezzi, tasse*) reduction **2.** THEAT, FILM adaptation

riedizione [ri·e·dit·'tsio:·ne] *f* **1.** (*ristampa*) new edition **2.** THEAT revival; (*film*) re-release

rieducazione [ri·e·du·kat·'tsio:·ne] *f* (*di ragazzo*) re-education; (*di detenuto, condannato*) rehabilitation

rielaborare [ri·e·la·bo·'ra:·re] *vt* **1.** (*progetto, testo*) to rework **2.** *fig* (*idee, convinzioni*) to rethink

rieleggere [ri·e·'lɛd·dʒe·re] <irr> *vt* to re-elect

riemergere [ri·e·'mɛr·dʒe·re] <irr> *vi essere a. fig* to re-emerge

riempire [ri·em·'pi:·re] **I.** *vt* **1.** (*bicchiere, sacco*) to fill **2.** (*modulo*) to fill in **3.** (*loc*) **~ qu di gioia** to fill sb with joy **II.** *vr:* **-rsi 1.** (*mangiare troppo*) **-rsi di qc** *fam* to stuff oneself with sth; **-rsi lo stomaco di qc** to eat sth **2.** (*diventare pieno*) **-rsi di qc** to fill with sth; (*di brufoli, macchie*) to be covered in sth

rientranza [ri·en·'tran·tsa] *f* (*di superficie*) recess

rientrare [ri·en·'tra:·re] *vi essere* **1.** (*entrare di nuovo*) to come [*o* go] back in **2.** (*tornare*) to return; (*a casa*) to come [*o* go] home **3.** (*piegarsi in dentro*) to recede **4.** (*fare parte*) **~ in qc** to be part of sth

rientro [ri·'en·tro] *m* (*da viaggio, vacanze*) return

riepilogare [ri·e·pi·lo·'ga:·re] *vt* to summarize

riepilogo [ri·e·'pi:·lo·go] <-ghi> *m* summary

riesco *1. pers sing pr di* **riuscire**

riesumare [ri·e·zu·'ma:·re] *vt* (*cadavere*) to exhume

Rieti *f* Rieti *city in the Lazio region*

rietino, -a I. *agg* from Rieti **II.** *m, f* (*abitante*) person from Rieti

rievocare [ri·e·vo·'ka:·re] *vt* to remember

rievocazione [ri·e·vo·kat·'tsio:·ne] *f* (*storica*) commemoration

rifacimento [ri·fa·tʃi·'men·to] *m* **1.** (*di palazzo, edificio*) reconstruction **2.** (*di opera, film*) remake

rifare [ri·'fa:·re] <irr> **I.** *vt* **1.** (*gener*) to do again; **~ la strada** to retrace one's steps **2.** (*esame*) to retake; (*compito*) to redo **3.** (*stanza*) to clean; (*letto*) to make **II.** *vr:* **-rsi 1.** (*diventare nuovamente*) to become again **2.** (*loc*) **~ una vita** to rebuild one's life; **~ la bocca** [*o* **il seno**] to have one's mouth [*o* breasts] redone

riferimento [ri·fe·ri·'men·to] *m* reference; **fare ~ a** to refer to; **punto di ~** reference point

riferire [ri·fe·'ri:·re] <riferisco> **I.** *vt* (*riportare*) to report **II.** *vi* (*presentare una relazione*) **~ su qc** to report on sth **III.** *vr:* **-rsi; -rsi a qc** (*fare riferimento*) to refer to sth; (*alludere*) to allude to sth

rifilare [ri·fi·'la:·re] *vt* **1.** *fam* (*affibbiare*) **~ qc a qu** to land sb with sth **2.** *fam* (*vendere*) to palm off

rifinire [ri·fi·'ni:·re] *vt* to add the finishing touches to

rifinitura [ri·fi·ni·'tu:·ra] *f* **1.** (*perfezionamento*) finishing touch **2.** (*guarnizione: di tessuto*) trimming

rifiutare [ri·fiu·'ta:·re] **I.** *vt* **1.** (*proposta, invito*) to turn down; (*consigli*) to reject **2.** (*negare*) **~ qc a qu** to refuse sb sth **II.** *vr:* **-rsi; -rsi di fare qc** to refuse to do sth

rifiuto [ri·'fiu:·to] *m* **1.** (*negazione*) refusal **2.** *pl* (*immondizie*) garbage; **-i tossici** toxic waste

riflessi [ri·'flɛs·si] *1. pers sing pass rem di* **riflettere**

riflessione [ri·fles·'sio:·ne] *f* (*considerazione*) reflection; (*osservazione*) remark

riflessivo, -a [ri·fles·'si:·vo] *agg* **1.** (*persona, carattere*) thoughtful **2.** LING **ver-**

bo ~ reflexive verb; **pronome** ~ reflexive pronoun

riflesso [ri·'flɛs·so] *m* **1.** (*di sole, luce*) reflection **2.** (*conseguenza*) repercussion **3.** MED reflex

riflesso, -a *pp di* **riflettere**

riflessologia [ri·fles·so·lo·'dʒiː·a] *f* reflexology; ~ **plantare** reflexology

riflettere [ri·'flɛt·te·re] <irr> **I.** *vt* to reflect **II.** *vi* ~ **su qc** to think about sth **III.** *vr:* **-rsi** **1.** (*specchiarsi*) to be reflected **2.** *fig* (*influire*) **-rsi su qc** to influence sth

riflettore [ri·flet·'toː·re] *m* reflector; **sotto i -i** *a. fig* in the spotlight

riflusso [ri·'flus·so] *m a. fig* reflux

rifocillare [ri·fo·tʃil·'laː·re] **I.** *vt* to feed **II.** *vr:* **-rsi** to eat

rifondazione [ri·fon·dat·'tsioː·ne] *f* refoundation; **Rifondazione Comunista** POL *Italian Communist party*

rifondere [ri·'fon·de·re] <irr> *vt* **1.** (*fondere di nuovo*) to melt down again **2.** (*danni*) to pay compensation for; (*spese*) to reimburse

riforma [ri·'for·ma] *f* reform

riformare [ri·for·'maː·re] **I.** *vt* **1.** (*formare di nuovo: squadra, gruppo*) to re-form; (*partito, ordinamento*) to reform **2.** MIL to medically discharge **II.** *vr:* **-rsi** (*formarsi di nuovo*) to re-form

riformatore, -trice [ri·for·ma·'toː·re] **I.** *agg* reformist **II.** *m, f* POL, REL reformer

riformista [ri·for·'mis·ta] <-i *m*, -e *f*> *mf agg* reformist

rifornimento [ri·for·ni·'men·to] *m* **1.** (*di benzina*) refueling; **fare ~ di benzina** to fill up with gasoline **2.** (*fornitura: di gas*) provision **3.** *pl* (*viveri*) supplies *pl*

rifornire [ri·for·'niː·re] <rifornisco> **I.** *vt* ~ **qu/qc di qc** to supply sb/sth with sth **II.** *vr* **-rsi di qc** to stock up on sth

rifugiarsi [ri·fu·'dʒar·si] *vr a. fig* to seek refuge

rifugiato, -a [ri·fu·'dʒaː·to] *m, f* refugee

rifugio [ri·'fuː·dʒo] <-gi> *m* **1.** (*riparo*) shelter **2.** (*luogo*) refuge; ~ **alpino** alpine refuge; ~ **antiatomico** fallout shelter

riga ['riː·ga] <-ghe> *f* **1.** (*linea*) line; **quaderno a -ghe** lined excercise book **2.** (*striscia: su tessuto*) stripe **3.** (*di scritto*) line **4.** (*di persone, cose*) line; **mettersi in** ~ to get in line **5.** (*di capelli*) parting **6.** (*asticella*) ruler

rigare [ri·'gaː·re] **I.** *vt* **1.** (*auto, CD*) to scratch **2.** *fig* (*volto, guance*) to bathe **II.** *vi* **rigar diritto** to behave oneself

rigatoni [ri·ga·'toː·ni] *mpl* rigatoni *tube-shaped pasta*

rigattiere [ri·gat·'tiɛː·re] *m* secondhand dealer

rigenerarsi [ri·dʒe·ne·'raː·rsi] *vr* BIOL to regenerate

rigettare [ri·dʒet·'taː·re] **I.** *vt* **1.** (*gettare di nuovo*) to throw again **2.** (*respingere*) to reject **3.** *fam* (*vomitare*) to throw up **II.** *vr:* **-rsi** *a. fig* to throw oneself back

rigetto [ri·'dʒɛt·to] *m a. fig* rejection

righello [ri·'gɛl·lo] *m* ruler

rigidità [ri·dʒi·di·'ta] <-> *f* **1.** (*severità*) severity; (*di clima*) harshness **2.** (*di struttura*) rigidity **3.** MED stiffness

rigido, -a ['riː·dʒi·do] *agg* **1.** (*colletto, dito*) stiff; (*cappello*) hard **2.** (*clima, inverno*) harsh **3.** *fig* (*severo*) strict; (*tono*) harsh

rigirare [ri·dʒi·'raː·re] **I.** *vt* **1.** (*girare più volte*) to turn **2.** (*percorrere*) to go around **3.** *fig* (*discorso*) to change; (*situazione*) to switch; ~ **la frittata** to turn the situation around **II.** *vi* to go around **III.** *vr:* **-rsi** (*girarsi di nuovo*) to turn around; (*nel letto*) to turn over

rigoglioso, -a [ri·goʎ·'ʎoː·so] *agg* BOT luxuriant

rigore [ri·'goː·re] *m* **1.** (*severità*) severity; **a rigor di logica** logically speaking **2.** (*esattezza*) precision **3.** (*di clima*) harshness **4.** SPORT penalty

rigoroso, -a [ri·go·'roː·so] *agg* **1.** (*severo*) strict **2.** (*esatto: ragionamento, logica*) rigorous; (*controllo*) precise

rigovernare [ri·go·ver·'naː·re] *vt* (*piatti*) to wash up; (*cucina*) to clean up

riguardare [ri·guar·'daː·re] **I.** *vt* **1.** (*guardare di nuovo*) to look at again **2.** (*rivedere*) to revise; (*ricontrollare*) to check **3.** (*concernere*) to concern; **per quanto riguarda ...** as far as ... is concerned **II.** *vr:* **-rsi** to look after oneself

riguardo [ri·'guar·do] *m* **1.** (*cura: di oggetto*) care **2.** (*stima: di persona*) respect; **ospite di ~** special guest **3.** (*relazione*) **nei -i di** with reference to; **~ a** regarding

rigurgito [ri·'gur·dʒi·to] *m* (*di neonato*) regurgitation

rilanciare [ri·lan·'tʃa:·re] *vt* **1.** (*palla, sasso*) to throw again [*o* back] **2.** (*prodotto, film, moda*) to relaunch

rilasciare [ri·laʃ·'ʃa:·re] *vt* **1.** ADM (*documento*) to issue **2.** (*prigioniero*) to release

rilascio [ri·'laʃ·ʃo] <-sci> *m* **1.** ADM (*di documento*) issue **2.** (*di prigioniero*) release

rilassamento [ri·las·sa·'men·to] *m* (*di muscoli, nervi*) relaxation

rilassare [ri·las·'sa:·re] **I.** *vt* (*muscoli, nervi*) to relax **II.** *vr:* **-rsi** (*distendersi*) to relax

rilegare [ri·le·'ga:·re] *vt* to bind

rilegatura [ri·le·ga·'tu:·ra] *f* binding

rileggere [ri·'lɛd·dʒe·re] <irr> *vt* **1.** (*leggere di nuovo*) to reread **2.** (*rivedere*) to read over

rilento [ri·'lɛn·to] *avv* **a ~** slowly

rilessi *1. pers sing pass rem di* **rileggere**

riletto *pp di* **rileggere**

rilevamento [ri·le·va·'men·to] *m* **1.** (*di dati*) identification **2.** (*topografico*) survey **3.** (*di attività*) takeover

rilevante [ri·le·'van·te] *agg* important

rilevare [ri·le·'va:·re] *vt* **1.** (*mettere in evidenza*) to highlight **2.** (*notare: errori, inesattezze*) to note **3.** (*azienda, negozio*) to takeover

rilievo [ri·'liɛ:·vo] *m* **1.** GEOG relief **2.** (*scultura*) **alto/basso ~** haut/bas relief **3.** *fig* importance; **mettere in ~ qc** to highlight sth

riluttante [ri·lut·'tan·te] *agg* reluctant

rima ['ri:·ma] *f* rhyme

rimandare [ri·man·'da:·re] *vt* **1.** (*mandare di nuovo*) to send back **2.** (*restituire*) to give back **3.** (*rinviare*) to postpone **4.** (*riviare: in libro*) **~ a qc** to refer to sth

rimando [ri·'man·do] *m* reference

rimanente [ri·ma·'nɛn·te] **I.** *agg* remaining **II.** *m* (*ciò che rimane*) remainder

rimanenza [ri·ma·'nɛn·tsa] *f* (*di magazzino*) **-e di magazzino** unsold stock

rimanere [ri·ma·'ne:·re] <rimango, rimasi, rimasto> *vi essere* **1.** (*restare*) to stay; **~ male/confuso** to be offended/confused **2.** (*avanzare*) to be left

rimango [ri·'maŋ·go] *1. pers sing pr di* **rimanere**

rimare [ri·'ma:·re] *vi* to rhyme

rimasi [ri·'ma:·si] *1. pers sing pass rem di* **rimanere**

rimasto [ri·'mas·to] *pp di* **rimanere**

rimbalzare [rim·bal·'tsa:·re] *vi essere o avere* (*palla*) to bounce

rimbalzo [rim·'bal·tso] *m* bounce; **di ~** indirectly

rimbambito, -a [rim·bam·'bi:·to] **I.** *agg* (*persona*) stupid; (*vecchio*) senile **II.** *m, f* senile person

rimbecillire [rim·be·tʃil·'li:·re] <rimbecillisco> **I.** *vi essere* to become stupid **II.** *vt avere* to make stupid **III.** *vr:* **-rsi** to become stupid

rimbecillito, -a [rim·be·tʃil·'li:·to] *agg* stupid

rimboccare [rim·bok·'ka:·re] *vt* **1.** (*lenzuola, coperta*) to tuck in **2.** (*loc*) **-rsi le maniche** *fig* to roll up one's sleeves

rimbombare [rim·bom·'ba:·re] *vi essere o avere* to thunder

rimbombo [rim·'bom·bo] *m* (*di suono*) rumble

rimborsare [rim·bor·'sa:·re] *vt* **1.** (*denaro*) to repay **2.** (*persone*) to refund

rimborso [rim·'bor·so] *m* refund

rimboschimento [rim·bos·ki·'men·to] *m* reforestation

rimediare [ri·me·'dia:·re] **I.** *vi* **~ a qc** to make sth good **II.** *vt* (*procurarsi*) to get hold of

rimedio [ri·'mɛ:·dio] <-i> *m* **1.** (*provvedimento*) remedy; **porre ~ a qc** to remedy sth **2.** MED cure

rimessa [ri·'mes·sa] *f* **1.** (*per veicoli*) garage; (*per attrezzi*) shed **2.** SPORT throw-in; (*del portiere*) goal kick **3.** (*il rimettere*) **la ~ in funzione** the return to service

rimesso, -a [ri·'mes·so] *pp di* **rimettere**

rimettere [ri·'met·te·re] <irr> **I.** *vt* **1.** (*mettere di nuovo a posto*) to put back **2.** (*indossare di nuovo*) to put on again **3.** SPORT to throw in **4.** *fam* (*vomitare*) to puke up **5.** (*loc*) **rimetterci** *fam* to lose **II.** *vr:* **-rsi** **1.** (*riprendersi*) to recover **2.** (*tempo*) to improve **3.** (*ricominciare*) **-rsi a studiare** to begin to study again

riminese [ri·mi·'ne:·se] **I.** *mf* (*abitante*) person from Rimini **II.** *agg* from Rimini

Rimini *f* Rimini *seaside resort in Emilia-Romagna*

rimisi *1. pers sing pass rem di* **rimettere**

rimodernare [ri·mo·der·'na:·re] *vt* to modernize

rimonta [ri·'mon·ta] *f* SPORT comeback

rimontare [ri·mon·'ta:·re] **I.** *vt avere* **1.** (*montare di nuovo*) to put back together again **2.** SPORT to catch up **II.** *vi essere* **1.** (*montare di nuovo*) to climb back on **2.** (*in macchina, treno*) to climb back in

rimorchiare [ri·mor·'kia:·re] *vt* **1.** (*veicolo*) to tow; (*nave*) to tug **2.** *fig fam* (*abbordare*) to pull

rimorchio [ri·'mɔr·kio] <-chi> *m* trailer

rimorso [ri·'mɔr·so] *m* remorse

rimostranza [ri·mos·'tran·tsa] *f* complaint

rimozione [ri·mot·'tsio:·ne] *f* **1.** (*allontanamento*) removal **2.** (*da carica, impiego*) dismissal **3.** PSYCH repression

rimpastare [rim·pas·'ta:·re] *vt* **1.** (*pasta*) to re-knead **2.** (*governo*) to reshuffle

rimpasto [rim·'pas·to] *m* (*di governo*) reshuffle

rimpatriare [rim·pa·'tria:·re] **I.** *vi essere* to return home **II.** *vt avere* to repatriate

rimpatriata [rim·pa·'tria:·ta] *f* *fam* get-together

rimpatrio [rim·'pa:·trio] <-ii> *m* repatriation

rimpiangere [rim·'pian·dʒe·re] <irr> *vt* ~ **qc** to regret sth; (*passato*) to miss

rimpianto [rim·'pian·to] *m* regret

rimpiazzare [rim·piat·'tsa:·re] *vt* to replace

rimpinzare [rim·pin·'tsa:·re] *fam* **I.** *vt* (*di cibo*) ~ **qu di qc** to stuff sb with sth **II.** *vr:* **-rsi** (*di cibo*) **-rsi di qc** to stuff oneself with sth

rimpolpare [rim·pol·'pa:·re] *vt* (*arricchire*) to fatten up

rimproverare [rim·pro·ve·'ra:·re] **I.** *vt* (*biasimare*) to tell off **II.** *vr:* **-rsi; -rsi** (**di**) **qc** to reproach oneself for sth

rimprovero [rim·'prɔ:·ve·ro] *m* telling-off

rimuginare [ri·mu·dʒi·'na:·re] *vt* to ponder

rimunerativo, -a [ri·mu·ne·ra·'ti:·vo] *agg* profitable

rimunerazione [ri·mu·ne·rat·'tsio:·ne] *f* **1.** (*ricompensa*) reward **2.** (*paga*) pay

rimuovere [ri·'muɔ:·ve·re] <irr> *vt* **1.** (*togliere*) to remove **2.** ADM (*destituire*) to dismiss **3.** PSYCH to repress

rinascimentale [ri·naʃ·ʃi·men·'ta:·le] *agg* Renaissance

rinascimento [ri·naʃ·ʃi·'men·to] *m* Renaissance

rinascita [ri·'naʃ·ʃi·ta] *f* revival

rincarare [riŋ·ka·'ra:·re] **I.** *vt avere* to put up (the price of) **II.** *vi essere* to go up

rincaro [riŋ·'ka:·ro] *m* (*di prezzi, tariffe*) increase

rincasare [riŋ·ka·'sa:·re] *vi essere* to go [*o* come] home

rinchiudere [riŋ·'kiu:·de·re] <irr> **I.** *vt* to shut up **II.** *vr:* **-rsi** *fig* (*in se stesso*) to withdraw into one's shell

rincorrere [riŋ·'kor·re·re] <irr> **I.** *vt a. fig* ~ **qc/qu** to chase after sth/sb **II.** *vr:* **-rsi** to chase each other

rincorsa [riŋ·'kor·sa] *f* (*breve corsa*) run-up; **prendere la** ~ to take a run-up

rincrescere [riŋ·'kreʃ·ʃe·re] <irr> *vi essere* (*impersonale*) **mi rincresce che ...** I regret that ...

rinfacciare [rin·fat·'tʃa:·re] *vt* ~ **qc a qu** to throw sth in sb's face

rinforzare [rin·for·'tsa:·re] **I.** *vt avere* **1.** (*edificio, muro*) to reinforce **2.** (*muscoli, potere*) to strengthen **3.** MIL to reinforce **II.** *vr:* **-rsi** (*diventare più forte*) to become stronger

rinforzo [rin·'fɔr·tso] *m* **1.** (*sostegno*) reinforcement **2.** *fig* (*aiuto*) support **3.** MIL reinforcement

rinfrancare [rin·fraŋ·'ka:·re] **I.** *vt* (*ridare*

coraggio) to encourage **II.** *vr:* **-rsi** (*riacquistare fiducia*) to take heart

rinfrescante [rin·fres·'kan·te] *agg* refreshing

rinfrescare [rin·fres·'ka:·re] **I.** *vt avere* **1.** (*ambienti, gola*) to freshen **2.** *fig* (*memoria*) to refresh **II.** *vi essere* (*diventare fresco*) to grow cooler **III.** *vr:* **-rsi** **1.** (*lavarsi*) to freshen oneself up **2.** (*con bibita*) to have sth to drink

rinfresco [rin·'fres·ko] <-schi> *m* reception

rinfusa [rin·'fu:·za] *f* **alla** ~ (*merci*) in bulk; **sistemato alla** ~ mixed up

ringhiare [riŋ·'gia:·re] *vi* (*cane*) to growl

ringhiera [riŋ·'giɛ:·ra] *f* railing

ringiovanire [rin·dʒo·va·'ni:·re] <ringiovanisco> *vi essere* to become younger

ringraziamento [riŋ·grat·tsia·'men·to] *m* (*espressione*) thank you; **-i** thanks; **lettera** [*o* **biglietto**] **di** ~ thank you letter [*o* card]

ringraziare [riŋ·grat·'tsia:·re] *vt* ~ **qu** to thank sb

rinnegare [rin·ne·'ga:·re] *vt* **1.** (*ideale, passato*) to renounce **2.** (*figlio, genitore*) to disown

rinnegato, -a [rin·ne·'ga:·to] *agg, m, f* renegade

rinnovamento [rin·no·va·'men·to] *m* renewal

rinnovare [rin·no·'va:·re] **I.** *vt* **1.** (*rendere nuovo*) to change **2.** (*contratto, abbonamento, alleanza*) to renew **3.** (*domanda, istanza*) to repeat **II.** *vr:* **-rsi** (*diventare nuovo*) to change

rinnovo [rin·'nɔ:·vo] *m* renewal

rinoceronte [ri·no·tʃe·'ron·te] *m* rhinoceros

rinomato, -a [ri·no·'ma:·to] *agg* famous

rinsaldare [rin·sal·'da:·re] **I.** *vt* to strengthen **II.** *vr:* **-rsi** to get stronger

rintocco [rin·'tok·ko] <-cchi> *m* (*di orologio*) stroke; (*di campana*) toll

rintracciare [rin·trat·'tʃa:·re] *vt* to find

rinuncia [ri·'nun·tʃa] <-ie> *f* **1.** (*gener*) ~ **a** withdrawal **2.** GIUR (*a eredità*) renunciation **3.** (*privazione*) sacrifice

rinunciare [ri·nun·'tʃa:·re] *vi* **1.** (*rifiutare*) ~ **a qc** to give up sth **2.** (*astenersi*) ~ **a fare qc** to decide not to do sth

rinvenire [rin·ve·'ni:·re] <irr> **I.** *vt avere* (*ritrovare*) to discover **II.** *vi essere* (*ricuperare i sensi*) to come around

rinviare [rin·vi·'a:·re] *vt* **1.** (*mandare indietro*) to send back **2.** SPORT to clear **3.** (*rimandare a*) ~ **a** to refer to **4.** (*differire*) to postpone

rinvio [rin·'vi:·o] *m* **1.** (*restituzione*) return **2.** SPORT clearance **3.** (*differimento*) postponement **4.** (*rimando*) reference

rione [ri·'o:·ne] *m* neighborhood

riorganizzare [ri·or·ga·nid·'dza:·re] **I.** *vt* to reorganize **II.** *vr:* **-rsi** to reorganize oneself

riorganizzazione [ri·or·ga·nid·dzat·'tsio:·ne] *f* reorganization

ripagare [ri·pa·'ga·re] *vt* **1.** (*pagare di nuovo*) ~ **qc** to pay for sth again; ~ **con la stessa moneta** *fig* to give as good as one gets **2.** ~ **qu di qc** (*ricompensare*) to repay sb for sth **3.** (*risarcire*) ~ **qc** to pay for sth

riparare [ri·pa·'ra:·re] **I.** *vt* **1.** (*aggiustare*) to fix **2.** (*proteggere*) to protect **3.** (*rimediare a*) to put right **II.** *vi fam* (*provvedere*) ~ **a qc** to put sth right **III.** *vr* **1.** (*cercare riparo*) to shelter **2.** *fig* (*proteggersi*) to protect oneself

riparazione [ri·pa·rat·'tsio:·ne] *f* **1.** (*di mobile, di auto*) repairing **2.** (*di danno*) repair **3.** *fig* (*di torto*) reparation

riparo [ri·'pa:·ro] *m* **1.** (*protezione*) shelter; **mettersi al** ~ to take shelter **2.** (*rimedio*) **porre** ~ **a qc** to do sth about sth

ripartire [ri·par·'ti:·re] <ripartisco> **I.** *vt* (*dividere*) to divide up; (*compiti, mansioni*) to share out **II.** *vi essere* (*partire di nuovo*) to set off again; (*macchina*) to start again

ripartizione [ri·par·tit·'tsio:·ne] *f* (*divisione*) division; (*di compiti, mansioni*) sharing out

ripassare [ri·pas·'sa:·re] **I.** *vi essere* (*ritornare*) to call in again **II.** *vt avere* **1.** (*passare sopra*) to go over again **2.** (*ripetere: lezione*) to revise

ripasso [ri·'pas·so] *m* revision

ripensamento [ri·pen·sa·'men·to] *m* rethink

ripensare [ri·pen·'saː·re] *vi* **1.** (*riflettere*) **~ a qc** to think about sth **2.** (*riandare con la memoria*) **~ a qu/qc** to think back to sb/sth

ripercorrere [ri·per·'kor·re·re] <irr> *vt* **1.** (*itinerario, tragitto*) to follow again **2.** (*rianalizzare*) to review **3.** *fig* (*esperienze vissute*) **~ qc** to return to sth

ripercussione [ri·per·kus·'sioː·ne] *f fig* (*effetto*) incidental effect

ripescare [ri·pes·'kaː·re] *vt* **1.** (*dall'acqua*) to fish out **2.** *fig fam* (*ritrovare*) to unearth

ripetente [ri·pe·'tɛn·te] **I.** *agg* repeat **II.** *mf* repeat student

ripetere [ri·'pɛː·te·re] **I.** *vt* **1.** (*rifare*) to repeat **2.** (*ripassare: lezione*) to go over again **3.** (*ridire*) to repeat **II.** *vr:* **-rsi** **1.** (*dire o fare le stesse cose*) to repeat oneself **2.** (*accadere di nuovo*) to happen again

ripetitivo, **-a** [ri·pe·ti·'tiː·vo] *agg* repetitive

ripetitore [ri·pe·ti·'toː·re] *m* RADIO, TV repeater

ripetizione [ri·pe·tit·'tsioː·ne] *f* **1.** (*di prova, registrazione*) repetition **2.** (*lezione privata*) private lesson

ripiano [ri·'piaː·no] *m* (*di mobile, scaffale*) shelf

ripicca [ri·'pik·ka] <-cche> *f* act of spite; **per ~** out of spite

ripido, **-a** ['riː·pi·do] *agg* steep

ripiegare [ri·pie·'gaː·re] **I.** *vt* (*piegare di nuovo*) to fold again **II.** *vi* **1.** *fig* **~ su qc** to make do with sth **2.** MIL to retreat **III.** *vr:* **-rsi** (*incurvarsi*) to bend

ripiego [ri·'piɛː·go] <-ghi> *m* (*via d'uscita*) stopgap; **soluzione di ~** makeshift solution

ripieno [ri·'piɛː·no] *m* CULIN (*di verdura*) filling; (*di carne*) stuffing

ripieno, **-a** *agg* CULIN stuffed

ripopolamento [ri·po·po·la·'men·to] *m* (*di paese*) repopulation; (*con animali*) restocking

riporre [ri·'por·re] <irr> *vt* **1.** (*mettere via*) to put away **2.** *fig* (*affidare*) **~ fiducia/speranze in qu** to place one's trust/hopes in sb

riportare [ri·por·'taː·re] *vt* **1.** (*portare di nuovo o indietro*) to take back **2.** (*riferire*) to report **3.** (*ricavare: impressione*) to get **4.** MATH to carry over **5.** (*ottenere: vittoria*) to achieve **6.** (*subire: danni*) to suffer

riporto [ri·'pɔr·to] *m* **1.** MATH amount carried over **2.** (*di capelli*) combover

riposante [ri·po·'san·te] *agg* (*effetto*) soothing; (*lettura, vacanza*) relaxing

riposare [ri·po·'saː·re] **I.** *vi* **1.** (*dormire*) to sleep **2.** (*ritemprarsi*) to rest **II.** *vt* **1.** (*mente, membra, vista*) to rest **2.** (*posare di nuovo*) to put back again **III.** *vr:* **-rsi** **1.** (*dormire*) to sleep **2.** (*ritemprarsi*) to rest

riposi *1. pers sing pass rem di* **riporre**

riposo [ri·'pɔː·so] *m* **1.** (*sospensione dell'attività*) rest; **casa di ~** old folk's home; **giornata di ~** day off **2.** (*sonno*) sleep; **buon ~!** sleep well!

ripostiglio [ri·pos·'tiʎ·ʎo] <-gli> *m* closet

riposto, **-a** [ri·'pos·to] **I.** *pp di* **riporre** **II.** *agg* secret

riprendere [ri·'prɛn·de·re] <irr> **I.** *vt* **1.** (*prendere di nuovo*) to pick up again; **~ posto** to go back to one's seat; **~ quota/velocità** to regain height/speed; **~ le forze** *fig* to regain one's strength; **~ i sensi** to come around **2.** (*prendere indietro*) to get back **3.** (*ricominciare*) to start again **4.** (*rimproverare*) to tell off **5.** FILM to shoot **II.** *vi* (*ricominciare*) to start again **III.** *vr:* **-rsi** (*ricuperare vigore*) to recover

ripresa [ri·'preː·sa] *f* **1.** (*inizio*) resumption **2.** (*economica*) recovery **3.** (*da malattia*) recovery **4.** FILM, TV filming **5.** MOT acceleration **6.** SPORT second half

ripresi *1. pers sing pass rem di* **riprendere**

ripreso *pp di* **riprendere**

ripristinare [ri·pris·ti·'naː·re] *vt* **1.** (*consuetudine*) to reinstate; (*ordine*) to restore **2.** (*edificio, facciata*) to restore

ripristino [ri·'pris·ti·no] *m* **1.** (*ricupero: di dati*) recovery **2.** (*di edificio*) restoration

riprodotto *pp di* **riprodurre**

riprodurre [ri·pro·'dur·re] <irr> **I.** *vt* (*im-*

magine, opera d'arte) to reproduce; (*documento, libro*) to print **II.** *vr:* **-rsi** BIOL to reproduce

riproduttivo, -a [ri·pro·dut·'tiː·vo] *agg* reproductive

riproduzione [ri·pro·dut·'tsioː·ne] *f* reproduction

riprova [ri·'prɔː·va] *f* confirmation

ripudiare [ri·pu·'diaː·re] *vt* **1.** (*persone, passato*) to disown **2.** (*fede, ideologia*) to reject

ripugnante [ri·puɲ·'ɲan·te] *agg* repugnant

ripugnare [ri·puɲ·'ɲaː·re] *vi* ~ **a qu** to disgust sb

ripulire [ri·pu·'liː·re] <ripulisco> *vt* **1.** (*pulire di nuovo*) to clean again **2.** *fig fam* (*svaligiare: appartamento*) to clean out

riqualificare [ri·kua·li·fi·'kaː·re] **I.** *vt* **1.** (*dipendenti*) to retrain **2.** (*valorizzare: area, edificio*) to upgrade **II.** *vr:* **-rsi** (*nel lavoro*) to retrain

RIS *m v.* **reparto investigazioni scientifiche** Crime Scene Investigation Team

risacca [ri·'sak·ka] <-cche> *f* backwash

risaia [ri·'saː·ia] <-aie> *f* rice paddy

risalire [ri·sa·'liː·re] <irr> **I.** *vt avere* (*albero, scale*) to climb back up **II.** *vi essere* **1.** (*salire di nuovo*) to go up again; (*su albero, scale*) to climb back up **2.** (*prezzi*) to go up again **3.** *fig* (*a causa, origine*) ~ **a qc** to trace sth **4.** *fig* (*essere avvenuto*) ~ **a** to date back to

risalita [ri·sa·'liː·ta] *f* climb back up; **impianti di** ~ ski lifts

risaltare [ri·sal·'taː·re] *vi essere o avere* **1.** (*spiccare, eccellere*) to stand out **2.** (*risultare evidente da*) ~ **da** to be obvious from

risalto [ri·'sal·to] *m* prominence; **mettere** [*o* **porre**] **in** ~ **qc** to highlight sth

risanamento [ri·sa·na·'men·to] *m* **1.** (*di terreno*) redevelopment **2.** (*di azienda, bilancio*) reorganization

risanare [ri·sa·'naː·re] *vt avere* **1.** (*azienda, economia, bilancio*) to reorganize **2.** (*zona paludosa*) to reclaim; (*terreno, quartiere*) to redevelop

risaputo, -a [ri·sa·'puː·to] *agg* well-known

risarcimento [ri·sar·tʃi·'men·to] *m* compensation

risarcire [ri·sar·'tʃiː·re] <risarcisco> *vt* **1.** (*danno*) to pay for **2.** (*persone*) ~ **qu** to pay compensation to sb

risata [ri·'saː·ta] *f* laugh

riscaldamento [ris·kal·da·'men·to] *m* **1.** (*impianto*) heating; ~ **a gas** gas heating; ~ **centrale** central heating **2.** (*azione*) warming; ~ **del pianeta** global warming **3.** (*di motore*) warm-up **4.** SPORT warm-up

riscaldare [ris·kal·'daː·re] **I.** *vt* **1.** (*minestra*) to warm up again **2.** (*stanza, casa*) to heat **II.** *vr:* **-rsi** to get warm

riscattare [ris·kat·'taː·re] **I.** *vt* **1.** (*gener*) to redeem; (~ *una polizza*) to surrender a policy **2.** (*prigioniero*) to ransom **II.** *vr:* **-rsi** *fig* (*redimersi*) to redeem oneself

riscatto [ris·'kat·to] *m* **1.** (*gener*) redemption **2.** (*per persona, prigioniero*) ransom

rischiarare [ris·kia·'raː·re] **I.** *vt avere a. fig* to light up **II.** *vr:* **-rsi 1.** (*cielo*) to become clearer **2.** *fig* (*persona*) to brighten up

rischiare [ris·'kiaː·re] **I.** *vt* to risk **II.** *vi* ~ **di fare qc** to risk doing sth

rischio ['ris·kio] <-schi> *m* risk; **correre un** ~ to run a risk

rischioso, -a [ris·'kioː·so] *agg* risky

risciacquare [riʃ·ʃak·'kuaː·re] *vt* to rinse

risciacquo [riʃ·'ʃak·kuo] *m* rinsing

riscontrare [ris·kon·'traː·re] **I.** *vt* **1.** (*rilevare: difetto, irregolarità*) to identify **2.** (*confrontare*) to compare **3.** (*avere: successo*) to enjoy **II.** *vi essere* (*corrispondere*) to match

riscontro [ris·'kon·tro] *m* **1.** (*confronto*) comparison **2.** (*risposta*) reply **3.** *fig* (*risposta*) feedback

riscossa [ris·'kɔs·sa] *f* counterattack; **alla** ~ on the counterattack

riscuotere [ris·'kuɔː·te·re] <irr> *vt* **1.** (*stipendio*) to draw; (*pagamento, assegno*) to cash **2.** (*successo*) to enjoy

risentimento [ri·sen·ti·'men·to] *m* resentment

risentire [ri·sen·'tiː·re] **I.** *vt* **1.** (*sentire di nuovo*) to hear again **2.** (*ascoltare di* *nuovo*) to listen again to **II.** *vi* ~ **di qc** to be affected by sth **III.** *vr:* **-rsi 1.** (*sentirsi di nuovo*) to talk to each other again **2.** (*offendersi*) to be offended

risentito, -a [ri·sen·'tiː·to] *agg* resentful

riserbo [ri·'sɛr·bo] *m* discretion

riserva [ri·'sɛr·va] *f* **1.** (*provvista*) stock **2.** SPORT, MIL reserve **3.** (*di caccia, pesca*) reserve **4.** (*dubbio*) reservation **5.** MOT **in** ~ low on gasoline

riservare [ri·ser·'vaː·re] **I.** *vt* **1.** (*tavolo, posto*) to reserve **2.** (*tenere in serbo*) to save **II.** *vr* **-rsi di fare qc** to reserve the right to do sth

riservatezza [ri·ser·va·'tet·tsa] *f* discretion

riservato, -a [ri·ser·'vaː·to] *agg* **1.** (*segreto*) confidential **2.** (*prenotato*) reserved **3.** (*timido*) reserved

risi ['riː·si] *1. pers sing pass rem di* **ridere**

risiedere [ri·'siɛː·de·re] *vi* (*abitare*) to be based

risma ['riz·ma] *f* **1.** (*di carta*) ream **2.** *fig, pej* type

riso[1] ['riː·so] *pp di* **ridere**

riso[2] <*pl:* -a *f*> *m* (*risata*) laughing

riso[3] *m* BOT, CULIN rice

risolsi [ri·'sɔl·si] *1. pers sing pass rem di* **risolvere**

risolto [ri·'sɔl·to] *pp di* **risolvere**

risolutivo, -a [ri·so·lu·'tiː·vo] *agg* decisive

risoluto, -a [ri·so·'luː·to] **I.** *pp di* **risolvere II.** *agg* decisive

risoluzione [ri·so·lut·'tsioː·ne] *f* **1.** (*decisione*) decision **2.** (*di dubbio, quesito*) solution **3.** (*di conflitto, questione*) settlement **4.** GIUR (*di contratto*) cancellation

risolvere [ri·'sɔl·ve·re] <risolvo, risolsi, risolto *o* risoluto> **I.** *vt* (*equazione, problema, indovinello*) to solve; (*questione, controversia*) to resolve **II.** *vr:* **-rsi 1.** (*decidersi*) **-rsi a fare qc** to decide to do sth **2.** *fig* (*andare a finire*) **-rsi in qc** to turn into sth

risonanza [ri·so·'nan·tsa] *f* **1.** *fig* (*eco*) interest **2.** PHYS resonance

risorgere [ri·'sor·dʒe·re] <irr> *vi essere* (*gener*) to rise again

risorgimento [ri·sor·dʒi·'men·to] *m* Risorgimento

risorsa [ri·'sor·sa] *f* resource

risorsi *1. pers sing pass rem di* **risorgere**

risorto *pp di* **risorgere**

risotto [ri·'sɔt·to] *m* risotto; ~ **ai funghi** mushroom risotto

risparmiare [ris·par·'miaː·re] *vt* **1.** (*gener*) to save **2.** (*salvare: persona, vita*) to spare

risparmio [ris·'par·mio] <-i> *m* saving

rispecchiare [ris·pek·'kiaː·re] *vt a. fig* to reflect

rispettabile [ris·pet·'taː·bi·le] *agg* (*persone*) respectable

rispettare [ris·pet·'taː·re] *vt* **1.** (*persone, opinioni, diritti*) to respect **2.** (*ordini*) to obey

rispettivo, -a [ris·pet·'tiː·vo] *agg* respective

rispetto [ris·'pɛt·to] *m* **1.** (*stima*) respect **2.** (*di legge, regolamento*) observance **3.** ~ **a qu/qc** (*riguardo*) with reference to sb/sth; (*in confronto*) compared to sb/sth

rispondere [ris·'pon·de·re] <rispondo, risposi, risposto> *vi* **1.** (*dare una risposta*) to answer; ~ **ad una domanda/lettera** to reply to a question/letter; ~ **al telefono** to answer the phone **2.** (*replicare*) to answer back **3.** (*essere responsabile*) ~ **di qc** to answer for sth

risposta [ris·'pos·ta] *f* **1.** answer; **in** ~ **a** in answer to **2.** (*reazione*) **la** ~ **a qc** the reply to sth **3.** TEC response

risposto [ris·'pos·to] *pp di* **rispondere**

rissa ['ris·sa] *f* brawl

ristabilire [ris·ta·bi·'liː·re] <ristabilisco> **I.** *vt* to re-establish **II.** *vr:* **-rsi** (*rimettersi*) to get better

ristagnare [ris·taɲ·'ɲaː·re] *vi a. fig* to stagnate

ristagno [ris·'taɲ·ɲo] *m a. fig* stagnation

ristampa [ris·'tam·pa] *f* **1.** (*azione*) reprinting **2.** (*opera*) reprint

ristampare [ris·tam·'paː·re] *vt* to reprint

ristorante[1] [ris·to·'ran·te] *m* restaurant

ristorante[2] <inv> *agg* FERR **vagone** ~ restaurant car

ristoro [ris·'tɔː·ro] *m* (*sollievo*) relief

ristrettezza [ris·tret·'tet·tsa] *f* **1.** (*di spazio*) narrowness **2.** (*di mezzi*) scarcity **3.** *fig* (*di mente, idee, vedute*) narrow-mindedness

ristretto, -a [ris·'tret·to] **I.** *pp di* **restringere** **II.** *agg* **1.** (*limitato: numero, quantità*) small **2.** CULIN **brodo ~** consommé; **caffè ~** strong coffee **3.** *fig* (*meschino: mente*) narrow

ristrutturare [ris·trut·tu·'ra:·re] *vt* **1.** (*edificio*) to renovate **2.** (*azienda*) to reorganize

ristrutturazione [ris·trut·tu·rat·'tsio:·ne] *f* **1.** (*di edificio*) renovation **2.** (*di azienda*) reorganization

risucchio [ri·'suk·kio] <-cchi> *m* suction; (*di onda*) undertow

risultare [ri·sul·'ta:·re] *vi essere* **1.** (*derivare*) to be shown **2.** (*essere accertato*) to be clear **3.** (*rivelarsi*) to prove to be

risultato [ri·sul·'ta:·to] *m* result

risurrezione [ri·sur·ret·'tsio:·ne] *f* REL resurrection

risuscitare [ri·suʃ·ʃi·'ta:·re] **I.** *vt* **1.** (*morti*) to bring back to life **2.** *fig* (*tradizione, moda*) to revive **II.** *vi essere* **1.** REL to rise from the dead **2.** *fig* (*riprendersi*) to recover

risveglio [ris·'vɛʎ·ʎo] <-gli> *m* **1.** (*dal sonno*) awakening **2.** *fig* (*di speranze, paure, ostilità*) revival

risvolto [riz·'vɔl·to] *m* **1.** (*di pantaloni*) turn-up; (*di giacca*) lapel **2.** *fig* (*ripercussione*) implication

ritagliare [ri·taʎ·'ʎa:·re] *vt* to cut out

ritaglio [ri·'taʎ·ʎo] <-gli> *m* **1.** (*di giornale*) clipping **2.** (*di stoffa*) remnant **3.** (*loc*) **-i di tempo** spare time

ritardare [ri·tar·'da:·re] **I.** *vi* (*persona*) to be late; (*treno*) to be running late **II.** *vt* **1.** (*far tardare*) to delay **2.** (*differire*) to defer

ritardatario, -a [ri·tar·da·'ta:·rio] <-i, -ie> *m, f* latecomer

ritardato, -a [ri·tar·'da:·to] **I.** *agg* **1.** (*moto, scoppio, pagamento*) delayed **2.** (*persona*) mentally challenged; (*scolaro*) with learning difficulties **II.** *m, f* (*mentale*) mentally challenged person

ritardo [ri·'tar·do] *m* **1.** (*non puntualità*) delay; **essere in ~** to be late **2.** (*indugio*) delay **3.** MED, PSYCH retardation

ritegno [ri·'teɲ·ɲo] *m* restraint; **senza ~** without restraint

ritenere [ri·te·'ne:·re] <irr> **I.** *vt* (*considerare*) to consider **II.** *vr:* **-rsi** (*considerarsi*) to consider oneself

ritenuta [ri·te·'nu:·ta] *f* (*detrazione*) deduction; **~ d'acconto** tax withholding at the source

ritirare [ri·ti·'ra:·re] **I.** *vt* **1.** (*tirare di nuovo*) to throw again **2.** (*tirare indietro*) to pull back **3.** (*truppe, squadra, moneta*) to withdraw **4.** (*farsi consegnare*) to pick up **5.** (*riscuotere: stipendio*) to get **6.** *fig* (*promessa*) to take back **7.** (*revocare: legge*) to abrogate **II.** *vr:* **-rsi** **1.** (*appartarsi*) to withdraw **2.** (*abbandonare: gara*) **-rsi da qc** to withdraw from sth **3.** (*restringersi: maglione*) to shrink

ritirata [ri·ti·'ra:·ta] *f* MIL retreat

ritiro [ri·'ti:·ro] *m* **1.** (*di truppe, squadra, merce*) withdrawal **2.** (*di pacco, merce*) collection **3.** (*di patente*) suspension

ritmico, -a ['rit·mi·ko] <-ci, -che> *agg* rhythmic

ritmo ['rit·mo] *m* rhythm

rito ['ri:·to] *m* **1.** REL rite; (*cerimonia*) ceremony **2.** (*usanza*) custom; **di ~** (*discorso, presentazioni*) customary

ritoccare [ri·tok·'ka:·re] *vt* **1.** (*toccare di nuovo*) to touch again **2.** (*correggere: disegno*) to retouch; (*trucco, labbra*) to touch up

ritocco [ri·'tok·ko] <-cchi> *m* (*rifinitura*) alteration; FOTO retouching

ritornare [ri·tor·'na:·re] *vi essere* **1.** (*venire di nuovo*) to go [*o* come] back; **~ a casa** to go [*o* come] home; **~ in sé** to return to normal **2.** (*ricomparire*) to return **3.** (*ridiventare*) to become again

ritornello [ri·tor·'nɛl·lo] *m* MUS refrain

ritorno [ri·'tor·no] *m* (*rientro*) return; **essere di ~** to be back; **biglietto di andata e ~** roundtrip ticket

ritorsione [ri·tor·'sio:·ne] *f* retaliation

ritrarre [ri·'trar·re] <irr> *vt* **1.** (*tirare indietro*) to pull back **2.** (*dipingere*) to portray

ritratto[1] [ri·'trat·to] *pp di* **ritrarre**

ritratto[2] *m* **1.** (*immagine*) portrait **2.** *fig* (*descrizione*) picture

ritroso, -a [ri·ˈtroː·so] *agg* (*riservato*) shy

ritrovare [ri·tro·ˈvaː·re] **I.** *vt* **1.** (*persone, cose smarrite*) to find **2.** *fig* (*salute, pace*) to regain **3.** *fig* (*cammino, filo del discorso*) to find again **II.** *vr:* **-rsi 1.** (*incontrarsi di nuovo*) to meet up again **2.** (*senza accorgersi*) to end up **3.** *fig* (*in situazione*) to find oneself **4.** (*raccapezzarsi*) **-rsi con qc** to understand sth **5.** *fam* (*avere: sfortuna*) to have

ritrovo [ri·ˈtrɔː·vo] *m* **1.** (*luogo*) meeting place **2.** (*riunione*) gathering

rituale [ri·tu·ˈaː·le] **I.** *agg* **1.** (*di un rito*) ritual **2.** *fig* (*abituale: brindisi, discorso*) customary **II.** *m* ritual

riunificazione [ri·u·ni·fi·kat·ˈtsioː·ne] *f* reunification

riunione [ri·u·ˈnioː·ne] *f* (*raduno*) gathering

riunire [ri·u·ˈniː·re] <riunisco> **I.** *vt* **1.** (*elementi*) to unite **2.** (*mettere insieme: pezzi, fogli*) to gather **3.** (*riconciliare: coniugi*) to reconcile **4.** (*convocare: squadra*) to gather together **II.** *vr:* **-rsi 1.** (*fare una riunione*) to meet **2.** (*tornare insieme: squadra*) to reunite

riuscire [ri·uʃ·ˈʃiː·re] <irr> *vi essere* **1.** (*raggiungere*) ~ **a fare qc** to manage to do sth **2.** (*avere esito: foto, film*) to come out **3.** (*risultare*) to be; ~ **difficile a qu** to be difficult for sb **4.** (*avere successo*) to succeed

riuscita [ri·uʃ·ˈʃiː·ta] *f* success

riva [ˈriː·va] *f* (*di mare*) shore; (*di fiume*) bank

rivale [ri·ˈvaː·le] **I.** *agg* (*banda*) rival; (*squadra*) opposing **II.** *mf* rival

rivalità [ri·va·li·ˈta] <-> *f* rivalry

rivalsa [ri·ˈval·sa] *f* revenge

rivalutare [ri·va·lu·ˈtaː·re] *vt* **1.** FIN to revalue **2.** (*riconoscere il valore di*) to re-evaluate

rivalutazione [ri·va·lu·tat·ˈtsioː·ne] *f* (*monetaria, di terreni, beni*) revaluation; (*di opera d'arte*) re-evaluation

rivangare [ri·vaŋ·ˈgaː·re] *vt fig* to dig up again

rivedere [ri·ve·ˈdeː·re] <irr> **I.** *vt* **1.** (*persona, luogo, film*) to see again **2.** (*revisionare: testo*) to have another look at **3.** (*rileggere*) to reread **II.** *vr:* **-rsi** (*vedersi di nuovo*) to see one another again

rivelare [ri·ve·ˈlaː·re] **I.** *vt* **1.** (*notizia, segreto*) to disclose; (*intenzioni*) to reveal **2.** (*manifestare*) to reveal **II.** *vr:* **-rsi** (*risultare*) to turn out to be

rivelazione [ri·ve·lat·ˈtsioː·ne] *f* **1.** (*gener*) revelation **2.** (*di notizie, segreti*) disclosure

rivendicare [ri·ven·di·ˈkaː·re] *vt* **1.** GIUR to claim **2.** (*libertà, diritto*) to demand **3.** (*assumersi la responsabilità di*) ~ **qc** to claim responsibility for sth

rivendicazione [ri·ven·di·kat·ˈtsioː·ne] *f* **1.** (*di diritto*) claim **2.** (*di attentato*) claiming of responsibility

rivendita [ri·ˈven·di·ta] *f* **1.** (*di auto, immobile*) resale **2.** (*negozio*) shop

rivenditore, -trice [ri·ven·di·ˈtoː·re] *m, f* retailer

riverbero [ri·ˈvɛr·be·ro] *m* reflection

riversare [ri·ver·ˈsaː·re] *vt* **1.** (*versare di nuovo*) to pour again **2.** *fig* (*energia, capacità*) to pour

rivestimento [ri·ves·ti·ˈmen·to] *m* (*operazione, materiale*) covering

rivestire [ri·ves·ˈtiː·re] **I.** *vt* **1.** (*ricoprire: parete, divano*) to cover **2.** *fig* (*carica*) to hold **3.** *fig* (*avere*) ~ **una grande importanza** to be very important **II.** *vr:* **-rsi** (*vestirsi di nuovo*) to get dressed again

rividi *1. pers sing pass rem di* **rivedere**

riviera [ri·ˈviɛː·ra] *f* coast; **la Riviera ligure** the Ligurian Riviera

rivincita [ri·ˈvin·tʃi·ta] *f* **1.** (*seconda partita*) return match **2.** *fig* revenge; **prendersi la** ~ to get one's revenge

rivissi *1. pers sing pass rem di* **rivivere**

rivissuto *pp di* **rivivere**

rivista [ri·ˈvis·ta] *f* (*periodico*) magazine

rivisto *pp di* **rivedere**

rivivere [ri·ˈviː·ve·re] <irr> **I.** *vi essere* **1.** (*rinascere: pianta*) to come back to life **2.** *fig* (*riacquistare vigore: persona*) to be reborn **3.** *fig* (*tornare in uso: tradizione*) to be revived **4.** *fig* (*vivere in altra forma: persona*) to live on; (*passato*) to come alive again **II.** *vt* *avere* to relive

rivolgere [ri·'vol·dʒe·re] <irr> **I.** *vt* to turn; ~ **la parola a qu** to speak to sb **II.** *vr:* **-rsi; -rsi a qu** (*per parlargli*) to turn to sb; (*per chiedere aiuto, informazioni*) to go and see sb

rivolsi [ri·'vɔl·si] *1. pers sing pass rem di* **rivolgere**

rivolta [ri·'vɔl·ta] *f* (*insurrezione*) revolt

rivoltare [ri·vol·'ta:·re] **I.** *vt* **1.** (*sottosopra*) to turn over **2.** (*ripetutamente*) to turn over again **3.** (*provocare disgusto*) to disgust **II.** *vr:* **-rsi 1.** (*ribellarsi*) **-rsi contro qu/qc** to rebel against sb/sth **2.** (*girarsi indietro*) to turn around **3.** (*loc*) **mi si rivolta lo stomaco** it turns my stomach

rivoltella [ri·vol·'tɛl·la] *f* revolver

rivoltellata [ri·vol·tel·'la:·ta] *f* revolver shot

rivolto *pp di* **rivolgere**

rivoltoso, -a [ri·vol·'to:·so] **I.** *agg* rebellious **II.** *m, f* rebel

rivoluzionare [ri·vo·lut·tsio·'na:·re] *vt* **1.** (*società, mercato, moda*) to revolutionize **2.** *fig* (*vita*) to change

rivoluzionario, -a [ri·vo·lut·tsio·'na:·rio] <-i, -ie> **I.** *agg* (*partito, idee, corrente*) revolutionary **II.** *m, f* revolutionary

rivoluzione [ri·vo·lut·'tsio:·ne] *f* POL, SOC revolution

rizzarsi [rit·'tsa:·rsi] *vr* ~ **in piedi** to stand up

RNA *m abbr di* **ribonucleic acid** RNA

roba ['rɔ:·ba] *f* **1.** (*cose, abiti*) things *pl* **2.** (*materiale, stoffa*) material **3.** (*oggetti*) stuff; ~ **da mangiare** *fam* things to eat **4.** (*da vendere*) goods *pl;* ~ **usata** second hand goods **5.** *sl* (*droga*) dope

robusto, -a [ro·'bus·to] *agg* **1.** (*persona: gener*) strong; (*grasso*) overweight **2.** (*valigia, scarpe*) sturdy

roccia ['rɔt·tʃa] <-cce> *f a. fig* rock

roccioso, -a [rot·'tʃo:·so] *agg* (*terreno, panorama*) rocky

rockettaro, -a [ro·ket·'ta:·ro] *m, f* **1.** (*compositore*) rocker **2.** (*appassionato*) rock fan

rococò [ro·ko·'kɔ] <-> **I.** *m* Rococo **II.** <inv> *agg* rococo

rodaggio [ro·'dad·dʒo] <-ggi> *m* TEC, MOT breaking in

rodere ['ro:·de·re] <rodo, rosi, roso> *vt* **1.** (*rosicchiare*) to gnaw **2.** (*corrodere: roccia*) to erode **3.** *fig* (*gelosia, sconfitta*) ~ **qu** to get to sb

rodigino, -a [ro·di·'dʒi:·no] **I.** *agg* from Rovigo **II.** *m, f* (*abitante*) person from Rovigo

roditore [ro·di·'to:·re] *m* rodent

rododendro [ro·do·'dɛn·dro] *m* rhododendron

rogna ['roɲ·ɲa] *f* **1.** MED mange **2.** *fig fam* (*problema*) hassle

rognoso, -a [roɲ·'ɲo:·so] *agg* **1.** MED mangy **2.** *fig* (*questione, problema*) annoying

rogo ['rɔ:·go/'ro:·go] <-ghi> *m* fire

roller ['rou·lə] <- *o* rollers> *m* (*pattini*) Rollerblade *pl*

Roma ['ro:·ma] *f* Rome *capital city of Italy*

Romagna [ro·'maɲ·ɲa] *f* Romagna *area in Northern Italy*

romagnolo [ro·maɲ·'ɲo:·lo] <*sing*> *m* (*dialetto*) Romagna dialect

romagnolo, -a I. *m, f* (*abitante*) person from Romagna **II.** *agg* from Romagna

romanesco, -a [ro·ma·'nes·ko] <-schi, -sche> *agg* Roman

Romania [ro·ma·'ni:·a] *f* Romania

romanico [ro·'ma:·ni·ko] *m* ARCH Romanesque

romanico, -a <-ci, -che> *agg* ARCH Romanesque

romano, -a [ro·'ma:·no] *agg, m, f* Roman

romantico, -a [ro·'man·ti·ko] <-ci, -che> **I.** *agg* **1.** (*del romanticismo*) Romantic **2.** (*sentimentale*) romantic **II.** *m, f* **1.** (*scrittore, artista*) Romantic **2.** (*persona sentimentale*) romantic

romanzesco, -a [ro·man·'dzes·ko] <-schi, -sche> *agg* **1.** LIT fictional **2.** (*avventura, amore*) fantastic

romanziere, -a [ro·man·'dziɛ:·re] *m, f* novelist

romanzo [ro·'man·dzo] *m a. fig* novel

rombo ['rom·bo] *m* **1.** MATH rhombus **2.** (*rumore*) rumble **3.** ZOO turbot

rompere ['rom·pe·re] <rompo, ruppi, rot-

R

to> **I.** *vt* **1.** (*vetro, vaso*) to smash; (*bastone*) to break; ~ **le scatole** [*o* **palle**] **a qu** *fam* to annoy sb **2.** *fig* (*silenzio, incanto*) to break **3.** (*interrompere: amicizia*) to break off **II.** *vi* (*troncare*) ~ **con qu** to break up with sb **III.** *vr:* **-rsi** **1.** (*spezzarsi: vaso, bicchiere*) to smash; **-rsi la testa** *fig* to rack one's brains; **-rsi un braccio/una gamba** to break one's arm/leg **2.** (*macchina, radio, lavatrice*) to break down

rompiballe [rom·pi·'bal·le] <-> *mf vulg* pain in the ass

rompicapo [rom·pi·'kaː·po] *m* brain teaser

rompicoglioni [rom·pi·koʎ·'ʎoː·ni] <-> *mf vulg v.* **rompiballe**

rompiscatole [rom·pis·'kaː·to·le] <-> *mf fam* pain in the neck

ronda ['ron·da] *f* MIL patrol

rondine ['ron·di·ne] *f* swallow

ronfare [ron·'faː·re] *vi* **1.** (*russare*) to snore **2.** (*gatto*) to purr

ronzare [ron·'dzaː·re] *vi a. fig* to buzz

ronzio [ron·'dziː·o] <-ii> *m* (*di insetti*) buzzing

rosa[1] ['rɔː·za] *f* BOT rose; ~ **dei venti** wind rose; **se son -e, fioriranno** *fig* time will tell

rosa[2] **I.** <inv> *agg* (*colore*) pink; **foglio** ~ learner's permit; **romanzo** ~ romantic novel **II.** <-> *m* pink

rosario [ro·'zaː·rio] <-i> *m* rosary

rosato, -a *agg* **1.** (*vino*) rosé **2.** (*labbra*) pink

roseo, -a ['rɔː·zeo] *agg a. fig* rosy

rosi ['roː·si] *1. pers sing pass rem di* **rodere**

rosicchiare [ro·sik·'kiaː·re] *vt* to gnaw

rosmarino [roz·ma·'riː·no] *m* rosemary

roso ['roː·so] *pp di* **rodere**

rosolare [ro·zo·'laː·re] *vt* **1.** CULIN to brown **2.** (*loc*) **rosolarsi al sole** to bask

rosolia [ro·zo·'liː·a] <-ie> *f* German measles

rosone [ro·'zoː·ne] *m* **1.** (*motivo ornamentale*) rosette **2.** (*vetrata*) rose window

rospo ['rɔs·po] *m* toad

rossetto [ros·'set·to] *m* lipstick

rosso ['ros·so] *m* red

rosso, -a **I.** *agg* red **II.** *m, f* **1.** (*persona rossa di capelli*) redhead **2.** COM **essere in** ~ to be in the red

rossore [ros·'soː·re] *m* (*del viso*) blush

rosticceria [ros·tit·tʃe·'riː·a] <-ie> *f* rotisserie

rotaia [ro·'taː·ia] <-aie> *f* FERR rail

rotatoria [ro·ta·'tɔː·ria] *f* traffic circle

rotatorio, -a [ro·ta·'tɔː·rio] <-i, -ie> *agg* rotating

rotazione [ro·tat·'tsioː·ne] *f* rotation

rotella [ro·'tɛl·la] *f* (*piccola ruota*) small wheel; **gli manca qualche** ~ *fam* he's got a screw loose

rotocalco [ro·to·'kal·ko] *m* illustrated magazine

rotolare [ro·to·'laː·re] **I.** *vi essere* to roll **II.** *vr:* **-rsi** (*girarsi*) to roll over

rotolo ['rɔː·to·lo] *m* **1.** (*di carta, stoffa*) roll **2.** (*loc*) **andare a -i** to go to the dogs

rotondo, -a [ro·'ton·do] *agg* round

rotta ['rot·ta] *f* (*percorso*) route; **cambiare** ~ *a. fig* to change direction

rottamare [rot·ta·'maː·re] *vt* (*auto*) to scrap

rottamazione [rot·ta·mat·'tsioː·ne] *f* (*di auto*) scrapping

rottame [rot·'taː·me] *m* **1.** (*residuo*) scrap **2.** (*ammasso inservibile*) wreck **3.** *fig fam* (*persona*) wreck

rotto, -a **I.** *pp di* **rompere** **II.** *agg* **1.** (*vaso, bicchiere*) broken **2.** (*automobile*) broken down **3.** (*scarpe*) worn out; (*pantaloni*) torn **4.** (*ossa*) aching **5.** *fig* (*voce*) broken

rottura [rot·'tuː·ra] *f* **1.** (*di tubo*) breaking; (*di vetro*) smashing **2.** (*di automobile*) breakdown **3.** (*di osso*) aching **4.** (*di tregua*) breaking; (*di trattative, fidanzamento*) breaking-off **5.** (*di fidanzamento, amicizia*) split

rotula ['rɔː·tu·la] *f* kneecap

roulotte [ru·'lɔt] <-> *f* trailer

rovente [ro·'vɛn·te] *agg* **1.** (*caldo, estate*) boiling hot **2.** (*ferro*) red-hot **3.** *fig* (*polemica, questione*) prickly

rovere ['roː·ve·re] *m o f* oak

rovesciare [ro·veʃ·'ʃaː·re] **I.** *vt* **1.** (*inavvertitamene: liquido*) to spill **2.** (*far ca-

dere: oggetto) to knock over **3.** (*ribaltare: barca*) to overturn; ~ **il governo** to overturn the government; ~ **la situazione** to reverse the situation **4.** (*voltare: indumento*) to turn inside out **II.** *vr:* **-rsi** **1.** (*capovolgersi*) to overturn **2.** (*versarsi*) to spill

rovescio, -a <-sci, -sce> *agg* **a** ~ inside out

Rovigo *f* Rovigo *city in the Veneto area*

rovigotto, -a [ro·vi·'gɔt·to] **I.** *agg fam* from Rovigo **II.** *m, f* *fam* (*abitante*) person from Rovigo

rovina [ro·'viː·na] *f* **1.** (*disfacimento*) collapse **2.** *pl* (*macerie*) ruins *pl* **3.** *fig* (*sfacelo*) ruin

rovinare [ro·vi·'naː·re] **I.** *vt a. fig* to ruin **II.** *vr:* **-rsi** (*danneggiarsi*) to ruin oneself

rovistare [ro·vis·'taː·re] *vt* ~ **qc** to rummage in sth

rozzo, -a ['rod·dzo] *agg* coarse

R.R. *abbr di* **ricevuta di ritorno** return receipt

RSM *m abbr di* **Repubblica di San Marino** Republic of San Marino

ruba ['ruː·ba] *f* **andare a** ~ *fam* to sell like hotcakes

rubare [ru·'baː·re] *vt* to steal

rubinetto [ru·bi·'net·to] *m* tap

rubino[1] [ru·'biː·no] *m* ruby

rubino[2] <inv> *agg* (*colore*) ruby

rublo ['ruː·blo] *m* ruble

rubrica [ru·'briː·ka] <-che> *f* **1.** (*degli indirizzi*) address book **2.** RADIO, TV feature **3.** (*di giornale*) column

rucola ['ruː·ko·la] *f* rocket

rude ['ruː·de] *agg* coarse

rudimentale [ru·di·men·'taː·le] *agg* rudimentary

rudimento [ru·di·'men·to] *m* **-i** rudiments *pl*

ruffiano, -a [ruf·'fiaː·no] *m, f* *fam* creep

ruga ['ruː·ga] <-ghe> *f* wrinkle

ruggine[1] ['rud·dʒi·ne] *f* **1.** (*sostanza*) rust; **fare la** ~ *a. fig* to get rusty **2.** *fig fam* (*attrito*) bad blood

ruggine[2] <inv> *agg* (*colore*) rust

ruggire [rud·'dʒiː·re] <ruggisco> *vi* **1.** (*leone*) to roar **2.** (*mare*) to crash; (*tempesta*) to roar

ruggito [rud·'dʒiː·to] *m* **1.** (*del leone*) roar **2.** (*del mare*) crashing; (*roaring*)

rugiada [ru·'dʒaː·da] *f* dew

rugoso, -a [ru·'goː·so] *agg* **1.** (*volto*) wrinkled **2.** (*superficie*) rough

rullino [rul·'liː·no] *m* roll of film

rullo ['rul·lo] *m* **1.** (*di tamburo*) roll **2.** (*cilindro*) roller

rumeno [ru·'mɛː·no] *m sing* (*lingua*) Romanian

rumeno, -a [ru·'mɛː·no] *agg, m, f* Romanian

ruminanti [ru·mi·'nan·ti] *mpl* ruminants *pl*

ruminare [ru·mi·'naː·re] *vt a. fig* to ruminate

rumore [ru·'moː·re] *m* **1.** (*suono*) noise **2.** *fig* (*scalpore*) fuss; **fare** ~ *fig* to cause a fuss

rumoroso, -a [ru·mo·'roː·so] *agg* noisy

ruolo ['ruɔː·lo] *m* **1.** (*funzione*) role **2.** THEAT part **3.** ADM **insegnanti di** ~ tenured teachers

ruota ['ruɔː·ta] *f* **1.** TEC, MOT wheel **2.** (*di luna park*) ~ **panoramica** big wheel

rupe ['ruː·pe] *f* rock

ruppi ['rup·pi] *1. pers sing pass rem di* **rompere**

rurale [ru·'raː·le] *agg* rural

ruscello [ruʃ·'ʃɛl·lo] *m* stream

ruspa ['rus·pa] *f* excavator

ruspante [rus·'pan·te] *agg* (*pollo*) free-range

russare [rus·'saː·re] *vi* to snore

Russia ['rus·sia] *f* Russia

russo ['rus·so] *m sing* (*lingua*) Russian

russo, -a ['rus·so] **I.** *agg* (*della Russia*) Russian; **insalata -a** Russian salad; **montagne -e** big dipper **II.** *m, f* (*abitante*) Russian

rustico, -a <-ci, -che> *agg* **1.** (*campagnolo*) rustic **2.** (*persona*) rough

ruttare [rut·'taː·re] *vi* to burp

ruttino [rut·'tiː·no] *m* burp; **fare il** ~ to burp

rutto ['rut·to] *m* burp; **fare un** ~ to burp

ruvido, -a ['ruː·vi·do] *agg a. fig* rough

ruzzolone [rut·tso·'loː·ne] *m* tumble

S

S, s ['ɛs·se] <-> *f* (*lettera*) S; ~ **come Savona** S for Sugar
S *abbr di* **sud** S
sabato ['saː·ba·to] *m* Saturday; *v. a.* **domenica**
sabbia ['sab·bia] <-ie> *f* sand
sabotaggio [sa·bo·'tad·dʒo] <-ggi> *m* sabotage
sabotare [sa·bo·'taː·re] *vt* to sabotage
sacca ['sak·ka] <-cche> *f* (*borsa*) bag
saccheggiare [sak·ked·'dʒaː·re] *vt* **1.** (*città, villaggio*) to sack **2.** (*frigorifero, negozio*) to raid
sacchetto [sak·'ket·to] *m* bag
sacco ['sak·ko] <-cchi> *m* **1.** (*recipiente*) bag; ~ **a pelo** sleeping bag; **pranzo al** ~ packed lunch; **vuotare il** ~ *fig* to spill the beans **2.** *fig fam* **un** ~ **di** loads of
saccopelista [sak·ko·pe·'lis·ta] <-i *m*, -e *f*> *mf* backpacker
sacerdote, -essa [sa·tʃer·'dɔː·te, sa·tʃer·do·'tes·sa] *m, f* priest
sacramento [sa·kra·'men·to] *m* sacrament
sacrestano [sa·kres·'taː·no] *v.* **sagrestano**
sacrificare [sa·kri·fi·'kaː·re] **I.** *vt* (*animali, persone*) to sacrifice **II.** *vr:* **-rsi** **1.** (*offrirsi in sacrificio*) to sacrifice oneself **2.** (*sopportare privazioni*) to make sacrifices
sacrificio [sa·kri·'fiː·tʃo] <-ci> *m* sacrifice
sacro, -a *agg* sacred; **le -e scritture** the holy scriptures
sadico, -a ['saː·di·ko] <-ci, -che> **I.** *agg* sadistic **II.** *m, f* PSYCH sadist
saetta [sa·'et·ta] *f* (*fulmine*) lightning; **come una** ~ like lightning
saggezza [sad·'dʒet·tsa] *f* wisdom
saggiare [sad·'dʒaː·re] *vt* to test
saggio ['sad·dʒo] <-gi> *m* **1.** (*prova*) proof; **dare** ~ **di qc** to demonstrate sth; ~ **di ginnastica** gymnastics display; ~ **musicale** recital **2.** (*scritto*) essay
saggio, -a <-ggi, -gge> **I.** *agg* wise **II.** *m, f* wise man *m*, wise woman *f*
saggistica [sad·'dʒis·ti·ka] <-che> *f* essays *pl*
sagittario [sa·dʒit·'taː·rio] *m* ASTR Sagittarius; **sono** (**del** [*o* **un**]) **Sagittario** I'm (a) Sagittarius
sagoma ['saː·go·ma] *f* **1.** (*profilo*) outline **2.** (*nel tiro a segno*) target **3.** (*modello*) template
sagra ['saː·gra] *f* (*festa popolare*) festival
sagrestano, -a [sa·gres·'taː·no] *m, f* sexton
sala ['saː·la] *f* room; (*grande*) hall; ~ **d'aspetto** waiting room; ~ **da ballo** ballroom; ~ **da pranzo** dining room
salame [sa·'laː·me] *m* CULIN salami
salamoia [sa·la·'mɔː·ia] <-oie> *f* brine
salare [sa·'laː·re] *vt* to salt
salario [sa·'laː·rio] <-i> *m* (*di operaio*) wage; (*di dipendente*) salary
salasso [sa·'las·so] *m fig* drain on resources
salatino [sa·la·'tiː·no] *m* cocktail snack
salato, -a [sa·'laː·to] *agg* **1.** (*burro*) salted; (*pane*) made with salt; **torta -a** savory pie **2.** (*acqua del mare*) salt **3.** (*troppo salato: pasta, carne*) salty **4.** *fig* (*prezzo*) high
saldare [sal·'daː·re] *vt* **1.** TEC to weld **2.** (*conto*) to pay; (*debito*) to pay off
saldatura [sal·da·'tuː·ra] *f* TEC welding
saldo ['sal·do] *m* **1.** (*svendita*) sales **2.** (*di conto, fattura*) settlement
saldo, -a *agg* firm
sale ['saː·le] *m* salt; ~ **da cucina** cooking salt; **sotto** ~ CULIN salted
salernitano, -a [sa·ler·ni·'taː·no] **I.** *agg* from Salerno **II.** *m, f* (*abitante*) person from Salerno
Salerno [sa·'lɛr·no] *f* Salerno *city in southwestern Italy*
salgo ['sal·go] *1. pers sing pr di* **salire**
salice ['saː·li·tʃe] *m* willow; ~ **piangente** weeping willow
saliente [sa·'liɛn·te] *agg fig* main
saliera [sa·'liɛː·ra] *f* saltcellar
salii [sa·'liː·i] *1. pers sing pass rem di* **salire**
salire [sa·'liː·re] <salgo, salii, salito> **I.** *vt avere* (*scale, gradini, montagna*) to climb **II.** *vi essere* **1.** (*gener*) to go up **2.** (*aereo, strada, sentiero*) to climb **3.** (*fumo, urla*) to rise **4.** (*montare:*

sul treno) to get on; (*sull'auto*) to get in **5.** (*aumentare: livello, temperatura*) to rise **6.** (*diventare più caro*) to go up (in price)

salita [sa·'liː·ta] *f* **1.** (*azione*) climb **2.** (*strada*) hill; **in ~** uphill

saliva [sa·'liː·va] *f* saliva

salma ['sal·ma] *f* body

salmastro, -a *agg* (*odore, sapore*) salty; **acque -e** brackish water

salmì [sal·'mi] *m* **lepre in ~** salmi of hare

salmo ['sal·mo] *m* psalm

salmone [sal·'moː·ne] *m* salmon

salone [sa·'loː·ne] *m* **1.** (*ampia sala*) hall **2.** (*esposizione*) show; **~ dell'automobile** auto show

salopette [sa·lɔ·'pɛt] <- *o* salopettes> *f* overalls *pl*

salotto [sa·'lɔt·to] *m* **1.** (*stanza*) living room **2.** (*mobilio*) living room furniture

salpare [sal·'paː·re] **I.** *vi essere* to set sail **II.** *vt avere* **~ l'ancora** to raise the anchor

salsa ['sal·sa] *f* sauce; **~ di pomodoro** tomato sauce

salsiccia [sal·'sit·tʃa] <-cce> *f* sausage

saltare [sal·'taː·re] **I.** *vi essere o avere* **1.** (*da terra*) to jump; **~ dalla finestra** to jump out of the window; **~ dal ponte** to jump off the bridge; **~ dalla gioia** to jump for joy; **~ al collo di qu** (*abbracciare*) to throw one's arms around sb; (*aggredire*) to jump on sb; **~ fuori** (*essere trovato*) to turn up; (*esprimere*) to come out with; **~ in mente** to think of; **ma cosa ti è saltato in mente?** what got into you? **2.** (*esplodere*) **~ in aria** *fig* to blow up **II.** *vt avere* **1.** (*ostacolo*) to jump (over); **~ la corda** to jump rope **2.** CULIN to sauté **3.** *fig* to skip; **~ il pasto** to skip a meal

saltellare [sal·tel·'laː·re] *vi* to skip

salto ['sal·to] *m* **1.** (*gener*) jump; **~ in alto** high jump; **~ in lungo** long jump; **~ con l'asta** pole vault; **~ mortale** somersault; **fare quattro -i** *fam* to dance **2.** (*scappata*) **fare un ~ in centro** to pop into town; **fare un ~ da qu** to drop in on sb

salubre [sa·'luː·bre] *agg* healthy

salume [sa·'luː·me] *m* (type of) cured pork; **-i** cold cuts

salumeria [sa·lu·me·'riː·a] <-ie> *f* ≈ delicatessen

salutare[1] [sa·lu·'taː·re] *agg* healthy

salutare[2] **I.** *vt* to greet; **salutami tua moglie** say hello to your wife for me; **andare a ~ qu** to go and see sb **II.** *vr* (*incontrandosi*) to greet one another; (*lasciandosi*) to say goodbye to one another

salute [sa·'luː·te] *f* **1.** (*benessere fisico*) (good) health; (*benessere mentale*) mental health **2.** (*loc*) **bere alla ~ di qu** to drink to sb's health; **~!** (*nei brindisi*) cheers!; (*quando si starnutisce*) bless you!

saluto [sa·'luː·to] *m* greeting; **portare a qu i -i di qu** to say hello to sb for sb; **rivolgere un ~ a qu** to greet sb; **tanti cari -i** love from; **cordiali -i** with best wishes

salvagente [sal·va·'dʒɛn·te] **I.** <inv> *agg* **giubbotto ~** life jacket **II.** <-> *m* (*per nuotare*) rubber ring

salvaguardare [sal·va·guar·'daː·re] **I.** *vt* to safeguard **II.** *vr* **-rsi da qc** to protect oneself from sth

salvare [sal·'vaː·re] **I.** *vt* **1.** (*gener*) to save; **~ la vita a qu** to save sb's life **2.** (*proteggere: onore*) to preserve **II.** *vr:* **-rsi 1.** (*dalla morte*) to survive **2.** (*trovare scampo*) **si salvi chi può!** it's every man for himself!

salvaschermo [sal·va·'sker·mo] <-> *m* screen saver

salvaslip [sal·va·'zlip] <-> *m* panty liner

salvataggio [sal·va·'tad·dʒo] <-ggi> *m* rescue; **operazioni di ~** rescue operations

salve ['sal·ve] *inter* hi

salvezza [sal·'vet·tsa] *f a.* REL salvation

salvia ['sal·via] <-ie> *f* sage

salvietta [sal·'viet·ta] *f* hand towel; **~ rinfrescante** wet wipe

salvo[1] ['sal·vo] *msing* **trarre qu in ~** to lead sb to safety; **mettere qc in ~** to keep sth safe

salvo[2] **I.** *prep* (*ad eccezione*) except (for) **II.** *cong* **~ che ...** *+conj* unless

salvo, -a *agg* safe
san [san] *v.* **santo I.**
sanare [sa·'naː·re] *vt* **1.** (*gener*) to heal **2.** (*bilancio*) to put right; ~ **un debito** to pay (off) a debt
sanatoria [sa·na·'tɔ·ria] *f* GIUR act of indemnity; ~ **fiscale** tax amnesty
sancire [san·'tʃiː·re] <sancisco> *vt* **1.** (*patto, alleanza, accordo*) to ratify **2.** GIUR to sanction
sandalo ['san·da·lo] *m* **1.** (*calzatura*) sandal **2.** BOT sandalwood
sangria [san·'griː·a] <-> *f* sangria
sangue ['saŋ·gue] *m* blood; ~ **freddo** *fig* sang-froid; **a** ~ **freddo** in cold blood; **una bistecca al** ~ a rare steak
sanguigno, -a [saŋ·'guiɲ·ɲo] *agg* MED blood; **pressione -a** blood pressure
sanguinaccio [saŋ·gui·'nat·tʃo] <-cci> *m* black pudding
sanguinare [saŋ·gui·'naː·re] *vi* to bleed
sanguisuga [saŋ·gui·'suː·ga] <-ghe> *f* **1.** ZOO leech **2.** *fig, pej* bloodsucker
sanità [sa·ni·'ta] <-> *f* **1.** (*salute*) health **2.** ADMIN public health
sanitario, -a [sa·ni·'taː·rio] <-i, -ie> *agg* ADMIN health
sano, -a ['saː·no] *agg* MED healthy; ~ **come un pesce** in perfect health
sant' [sant] *v.* **santo I.**
santo, -a ['san·to] **I.** *agg* **1.** (*gener*) holy; **acqua -a** holy water **2.** (*con nome proprio*) Saint **3.** (*loc*) **tutto il** ~ **giorno** *fam* all day long **II.** *m, f* *a.* REL saint
santone, -a [san·'toː·ne] *m, f* **1.** REL holy man **2.** *fig* guru
santuario [san·tu·'aː·rio] <-i> *m* sanctuary
sanzione [san·'tsioː·ne] *f* **1.** GIUR, ADMIN sanction **2.** (*punizione*) penalty; ~ **disciplinare** punishment
sapere[1] [sa·'peː·re] <so, seppi, saputo> **I.** *vt* **1.** (*gener*) to know; **lo so** I know; **non saprei** I don't know; **non si sa mai** you never know; **buono a sapersi** that's good to know **2.** (*essere in grado*) to know how to; **saper fare qc** to know how to do sth; **so nuotare** I can swim **3.** (*apprendere*) to find out **II.** *vi* **1.** (*aver sapore*) ~ **di qc** to taste of sth; **non sa di niente** it has no flavor **2.** (*avere odore*) ~ **di qc** to smell of sth
sapere[2] *m* knowledge
sapiente [sa·'piɛn·te] *agg* (*persona*) learned
sapienza [sa·'piɛn·tsa] *f* wisdom
sapone [sa·'poː·ne] *m* soap; ~ **da bucato** laundry soap
saponetta [sa·po·'net·ta] *f* bar of soap
sapore [sa·'poː·re] *m a. fig* flavor; **avere** ~ **di qc** to smack of sth; **senza** ~ flavorless
saporito, -a [sa·po·'riː·to] *agg* CULIN tasty
sarà [sa·'ra] *3. pers sing futuro di* **essere**[1]
saracinesca [sa·ra·tʃi·'nes·ka] <-sche> *f* rolling shutter
sarcasmo [sar·'kaz·mo] *m* sarcasm
sarcastico, -a [sar·'kas·ti·ko] <-ci, -che> *agg* sarcastic
sarcofago [sar·'kɔː·fa·go] <-gi *o* -ghi> *m* sarcophagus
Sardegna [sar·'deɲ·ɲa] *f* Sardinia
sardina [sar·'diː·na] *f* sardine
sardo, -a *agg, m, f* Sardinian
sareste, saresti [sa·'res·te, sa·'res·ti] *2. pers pl, 2. pers sing condizionale di* **essere**[1]
sarto, -a ['sar·to] *m, f* tailor [*o* m], dressmaker [*o* f]
sartoria [sar·to·'riː·a] <-ie> *f* **1.** (*per uomo*) tailor's; (*per donna*) dressmaker's **2.** (*settore*) tailoring
sassarese [sas·sa·'reː·se] **I.** *agg* from Sassari **II.** *mf* (*abitante*) person from Sassari
Sassari *f* Sassari *city in NW Sardinia*
sassata [sas·'saː·ta] *f* **tirare una** ~ **a qu** to throw a stone at sb
sasso ['sas·so] *m* (*pietra*) stone; (*masso*) rock; (*ciottolo*) pebble
sassofonista [sas·so·fo·'nis·ta] <-i *m*, -e *f*> *mf* saxophonist
sassofono [sas·'sɔː·fo·no] *m* saxophone
Satana ['saː·ta·na] *m* Satan
satellitare [sa·tel·li·'taː·re] *agg* satellite
satellite [sa·'tɛl·li·te] *m agg* satellite
satinare [sa·ti·'naː·re] *vt* to satinize
satira ['saː·ti·ra] *f* satire
satirico, -a [sa·'tiː·ri·ko] <-ci, -che> *agg* satirical
saudita [sau·'diː·ta] <-i *m*, -e *f*> *agg* Sau-

di; **Arabia Saudita** Saudi Arabia

sauna ['saːu·na] *f* sauna; **fare la** ~ to have a sauna

savana [sa·'vaː·na] *f* savannah

Savona [sa·'vɔː·na] *f* Savona *town in northwestern Italy*

savonese [sa·vo·'neː·se] **I.** *agg* from Savona **II.** *mf* (*abitante*) person from Savona

saziare [sat·'tsiaː·re] **I.** *vt a. fig* to satisfy **II.** *vr:* **-rsi 1.** (*riempirsi*) to eat one's fill; **-rsi di qc** to eat one's fill of sth **2.** *fig* to have one's fill

sazietà [sat·tsie·'ta] <-> *f* **1.** (*essere sazio*) fullness; **mangiare a** ~ to eat one's fill **2.** *fig* satisfaction

sazio, -a ['sat·tsio] <-i, -ie> *agg* **1.** (*di cibo*) full (up) **2.** *fig, pej* sated; **non esser mai** ~ *a. fig* to never be satisfied

sbadataggine [zba·da·'tad·dʒi·ne] *f* carelessness

sbadato, -a [zba·'daː·to] *agg* careless

sbadigliare [zba·diʎ·'ʎaː·re] *vi* to yawn

sbadiglio [zba·'diʎ·ʎo] <-gli> *m* yawn

sbagliare [zbaʎ·'ʎaː·re] **I.** *vt* **1.** *a. fig* (*colpo, mira*) to miss **2.** (*scambiare*) ~ **indirizzo** to get the wrong address; ~ **strada** to take the wrong road; ~ **treno** to catch the wrong train **II.** *vi, vr:* **-rsi** to make a mistake; **sbagliando s'impara** *prov* you live and learn

sbagliato, -a [zbaʎ·'ʎaː·to] *agg* wrong; **investimento** ~ bad investment

sbaglio ['zbaʎ·ʎo] <-gli> *m* mistake; **per** ~ by mistake

sbalordire [zba·lor·'diː·re] <sbalordisco> *vt* to amaze

sbalorditivo, -a [zba·lor·di·'tiː·vo] *agg* incredible

sbandare [zban·'daː·re] *vi* (*auto*) to skid

sbando ['zban·do] *m* **allo** ~ floundering

sbaraglio [zba·'raʎ·ʎo] <-gli> *m* **gettarsi** [*o* **buttarsi**] **allo** ~ to plunge recklessly into sth; **mandare allo** ~ **qu** to put sb in danger

sbarazzarsi [zba·rat·'tsaːr·si] *vr* ~ **di qu/qc** to get rid of sb/sth

sbarcare [zbar·'kaː·re] **I.** *vt avere* **1.** (*passeggeri*) to disembark; (*merce*) to unload **2.** (*loc*) ~ **il lunario** to make ends meet **II.** *vi essere* NAUT to disembark; AERO to get off

sbarco ['zbar·ko] <-chi> *m* **1.** (*atto*) disembarkation; (*di merci*) unloading **2.** MIL landing

sbarra ['zbar·ra] *f* **1.** SPORT (*gener*) bar; **essere dietro le -e** *fig* to be behind bars **2.** (*barriera*) barrier

sbarrare [zbar·'raː·re] *vt* **1.** (*chiudere*) to close off **2.** (*occhi*) to widen

sbattere ['zbat·te·re] **I.** *vt* **1.** (*panni, tappeti*) to beat **2.** (*ali*) to flap **3.** (*battere forte*) to slam **4.** CULIN to whip **II.** *vi* **1.** (*porta*) to bang **2.** (*urtare*) ~ **contro qc** to bang into sth

sbattitore [zbat·ti·'toː·re] *m* beater

sbattuto, -a [zbat·'tuː·to] *agg* **1.** CULIN beaten **2.** (*viso*) worn out

sberla ['zbɛr·la] *f fam* slap; **prendere a -e qu** to slap sb

sbiadire [zbia·'diː·re] <sbiadisco> **I.** *vi essere* to fade **II.** *vr:* **-rsi** to fade

sbiancare [zbiaŋ·'kaː·re] **I.** *vt avere* (*abiti*) to bleach **II.** *vr:* **-rsi** *fig* (*in volto*) to go pale

sbilanciarsi [zbi·lan·'tʃaː·rsi] *vr:* **-rsi** (*esporsi troppo*) to compromise oneself

sbirro ['zbir·ro] *m pej* cop

sbloccare [zblok·'kaː·re] **I.** *vt* **1.** (*cancello, catena*) to undo; (*cambio, ingranaggio*) to release **2.** *fig* (*situazione*) to unblock **3.** (*fondi, aiuti*) to free up **II.** *vr* **1.** (*computer*) to unfreeze; (*chiavistello*) to come free **2.** *fig* (*situazione, problema*) to be resolved; (*traffico*) to start moving again

sblocco ['zblɔk·ko] <-cchi> *m* **1.** TEL (*di cellulare*) unblocking **2.** (*di merci*) release **3.** *fig* (*di situazione, risultato*) resolution

sboccare [zbok·'kaː·re] *vi essere* (*fiume*) to flow; (*strada*) to come out

sbocciare [zbot·'tʃaː·re] *vi essere* **1.** (*fiore*) to bloom **2.** *fig* (*persona, bellezza*) to blossom

sbocco ['zbok·ko] <-cchi> *m* **1.** (*di fiume*) mouth; (*di strada*) end; **strada senza** ~ dead end **2.** *fig* (*soluzione*) resolution

sbollire [zbol·'liː·re] <sbollisco *o* sbollo> *vi essere o avere* **1.** CULIN to stop boiling **2.** *fig* (*placarsi: rabbia*) to cool

sbornia ['zbɔr·nia] <-ie> *f fam* **prendersi una** ~ to get hammered

sborsare [zbor·'saː·re] *vt* to pay out

sbottonare [zbot·to·'naː·re] **I.** *vt* (*camicia, giacca*) to undo **II.** *vr fig fam* (*confidarsi*) to unburden oneself

sbraitare [zbrai·'taː·re] *vi fam* to yell

sbranare [zbra·'naː·re] **I.** *vt* (*fare a pezzi*) to tear to pieces **II.** *vr:* **-rsi** *a. fig* to tear one another to pieces

sbriciolare [zbri·tʃo·'laː·re] **I.** *vt* to crumble up **II.** *vr:* **-rsi** *a. fig* to crumble

sbrigare [zbri·'gaː·re] **I.** *vt* (*faccenda, questione*) to deal with **II.** *vr:* **-rsi** **1.** (*affrettarsi*) to hurry up **2.** *fam* to deal with sth oneself

sbrigativo, -a [zbri·ga·'tiː·vo] *agg* **1.** (*persona, modi*) brusque; (*risposta*) quick **2.** *pej* (*superficiale*) hasty

sbrinare [zbri·'naː·re] *vt* (*frigo*) to defrost

sbronza ['zbron·tsa/'zbron·dza] *f fam* **prendersi una** ~ to get hammered

sbronzarsi [zbron·'tsar·si/zbron·'dzar·si] *vr fam* to get hammered

sbronzo, -a ['zbron·tso/'zbron·dzo] *agg fam* hammered

sbruffone, -a [zbruf·'foː·ne] *m, f pej fam* braggart

sbucare [zbu·'kaː·re] *vi essere* **1.** (*animale*) to pop out **2.** (*apparire improvvisamente*) to appear

sbucciapatate [zbut·tʃa·pa·'taː·te] <-> *m* potato peeler

sbucciare [zbut·'tʃaː·re] *vt* **1.** (*patate, castagne*) to peel **2.** MED to skin

sbuffare [zbuf·'faː·re] *vi* **1.** (*persona*) to snort **2.** (*locomotiva*) to puff

scabbia ['skab·bia] <-ie> *f* scabies *sing*

scabroso, -a [ska·'broː·so] *agg* **1.** (*tema, argomento*) delicate **2.** (*impudico: fatto*) indecent

scacchiera [skak·'kiɛː·ra] *f* chessboard

scacco ['skak·ko] <-cchi> *m* **1.** *pl* (*gioco*) chess *sing;* **giocare a -cchi** to play chess **2.** (*mossa*) checkmate **3.** *fig* (*sconfitta*) setback **4.** (*quadratino*) **a -cchi** checked

scaddi ['skad·di] *1. pers sing pass rem di* **scadere**

scadente [ska·'dɛn·te] *agg* **1.** (*voto*) unsatisfactory **2.** (*merce*) shoddy; (*prodotto*) poor-quality

scadenza [ska·'dɛn·tsa] *f* **1.** (*di abbonamento, contratto*) expiry; (*di bando*) deadline **2.** FIN due date **3.** (*periodo*) timescale; **a breve/lunga** ~ short-/long-term **4.** (*di alimento*) expiration date

scadere [ska·'deː·re] <scado, scaddi, scaduto> *vi essere* **1.** COM, ADMIN to expire **2.** (*perdere valore*) to decline

scaffale [skaf·'faː·le] *m* set of shelves

scafo ['skaː·fo] *m* hull

scagionare [ska·dʒo·'naː·re] *vt* (*discolpare*) to exonerate

scaglia ['skaʎ·ʎa] <-glie> *f* **1.** (*di pesce*) scale **2.** (*di pietra, vetro*) splinter; (*di cioccolato, formaggio*) flake

scagliare [skaʎ·'ʎaː·re] **I.** *vt* (*lanciare*) to throw **II.** *vr:* **-rsi** **1.** (*aggredire, avventarsi*) to hurl oneself **2.** (*inveire*) to hurl abuse

scala ['skaː·la] *f* **1.** ARCH staircase; ~ **a chiocciola** spiral staircase; ~ **mobile** escalator **2.** (*apparecchio*) ladder **3.** *a. fig* TEC, PHYS, MUS, GEOG scale; **in** ~ **ridotta** to scale; **su larga** ~ *fig* on a grand scale **4.** COM ~ **mobile** escalator

scalare *vt* **1.** (*montagna*) to climb; ~ **un muro** to climb over **2.** COM (*scontare*) to take off **3.** (*capelli*) to layer **4.** MOT (*marcia*) to downshift

scalata [ska·'laː·ta] *f* (*di montagna*) ascent

scalatore, -trice [ska·la·'toː·re] *m, f* climber

scalciare [skal·'tʃaː·re] *vi* to kick

scaldare [skal·'daː·re] **I.** *vt* (*acqua*) to boil; (*minestra*) to heat (up); (*stanza, motore*) to warm (up) **II.** *vr:* **-rsi** **1.** *a.* SPORT (*diventare caldo*) to warm up **2.** *fig* (*accalorarsi, irritarsi*) to grow heated

scalinata [ska·li·'naː·ta] *f* flight of steps

scalino [ska·'liː·no] *m* step

scalo ['skaː·lo] *m* **1.** NAUT slipway **2.** FERR yard **3.** AERO stopover; **volo senza** ~ nonstop flight; **fare** ~ to make a stopover

scalogna [ska·'loɲ·ɲa] *f fam* bad luck

scaloppa [ska·'lɔp·pa] *f* escalope

scalpello [skal·'pɛl·lo] *m* (*gener*) chisel; MED scalpel

scalpitare [skal·pi·'taː·re] *vi* **1.** ZOO to paw the ground **2.** *fig, scherz* (*essere impazienti*) to be unable to wait; **sto scalpitando!** I can't wait!

scalpore [skal·'poː·re] *m* sensation; **destare** [*o* **fare**] ~ to cause a sensation

scaltro, -a ['skal·tro] *agg* cunning

scalzo, -a ['skal·tso] *agg* barefoot; **a piedi -i** barefoot

scambiare [skam·'biaː·re] **I.** *vt* **1.** (*confondere*) ~ **qu per qu** to mistake sb for sb; ~ **qc per qc** *fig* to mistake sth for sth **2.** (*fare uno scambio*) to exchange; ~ **qc con qc** to exchange sth for sth **3.** (*impressioni, opinioni*) to share; (*parole*) to exchange; ~ **due chiacchiere** to have a chat **II.** *vr:* **-rsi 1.** (*sostituirsi*) to change over; **-rsi di posto** to change places **2.** (*dare l'un l'altro*) to exchange

scambio ['skam·bio] <-i> *m* **1.** (*di persona*) case of mistaken identity **2.** (*di doni, cortesie, idee*) exchange **3.** COM trade; **-i commerciali** trade; **libero** ~ free trade **4.** FERR switches *pl*

scamorza [ska·'mɔr·tsa] *f* CULIN *soft cheese in a pear shape*

scamosciato, -a [ska·moʃ·'ʃaː·to] *agg* suede

scampagnata [skam·paɲ·'ɲaː·ta] *f fam* trip to the country

scampare [skam·'paː·re] **I.** *vi essere* (*sfuggire*) to escape **II.** *vt avere* (*sfuggire a*) to escape; **scamparla bella** *fam* to have a lucky escape

scampo ['skam·po] *m* **1.** (*salvezza*) safety; (*via d'uscita*) **senza** ~ with no way out **2.** ZOO Norway lobster; **risotto agli -i** risotto with scampi

scanalatura [ska·na·la·'tuː·ra] *f* (*incavo*) groove

scandagliare [skan·daʎ·'ʎaː·re] *vt* NAUT to sound

scandalistico, -a [skan·da·'lis·ti·ko] <-ci, -che> *agg* scandalmongering; **giornale** ~ tabloid

scandalizzare [skan·da·lid·'dzaː·re] **I.** *vt* to scandalize **II.** *vr* **-rsi di qc** to be scandalized by sth

scandalo ['skan·da·lo] *m* scandal

scandaloso, -a [skan·da·'loː·so] *agg* scandalous

Scandinavia [skan·di·'naː·via] *f* Scandinavia

scandinavo, -a [skan·di·'naː·vo] *agg, m, f* Scandinavian

scandire [skan·'diː·re] <scandisco> *vt* **1.** (*dividere a intervalli*) to mark out **2.** *fig* (*parole, nome*) to pronounce

scannare [skan·'naː·re] **I.** *vt* (*animale, persona*) to slaughter **II.** *vr:* **-rsi** to slaughter one another

scanner ['skan·ner] <- *o* scanners> *m* scanner

scannerizzare [skan·ne·rid·'dzaː·re] *vt* COMPUT to scan

scanning ['skan·niŋ] <-> *m* COMPUT scanning; **fare lo ~ di qc** to scan sth

scansafatiche [skan·sa·fa·'tiː·ke] <-> *mf fam* lazybones

scansare [skan·'saː·re] **I.** *vt* **1.** (*schivare*) ~ **qu/qc** to dodge sb/sth **2.** (*evitare*) ~ **qu/qc** to avoid sb/sth **II.** *vr:* **-rsi** (*spostarsi*) to move

scansione [skan·'sioː·ne] *f* COMPUT, TV scanning

scanso ['skan·so] *m* **a ~ di qc** in order to avoid

scantinato [skan·ti·'naː·to] *m* basement

scapaccione [ska·pat·'tʃoː·ne] *m* smack

scapestrato, -a [ska·pes·'traː·to] *agg, m, f* good-for-nothing

scapito ['skaː·pi·to] *m* **a ~ di** at the expense of

scapola ['skaː·po·la] *f* shoulder blade

scapolo ['skaː·po·lo] *m* bachelor

scapolo, -a *agg* unmarried

scappamento [skap·pa·'men·to] *m* MOT exhaust

scappare [skap·'paː·re] *vi essere* **1.** (*darsi alla fuga*) to flee **2.** (*di prigione*) to escape **3.** (*andar via in fretta*) to run **4.** *fig* (*sfuggire*) to slip out; **gli è scappato di mente** he [*o* she] has forgotten it **5.** *fam* (*loc*) **mi scappa la pipì!** I'm bursting; **mi scappa da ridere** I can't help laughing

scappata [skap·'paː·ta] *f* (*breve visita*) **ho fatto una ~ dalla nonna** I popped in to see grandma; **abbiamo fatto una ~ a Asolo** we popped over to Asolo

scappatella [skap·pa·'tɛl·la] *f* adventure

scappatoia [skap·pa·'toː·ia] <-oie> *f* way out

scarabeo [ska·ra·'bɛː·o] *m* **1.** (*insetto*) scarab beetle **2.** (*gioco*) **Scarabeo®** Scrabble®

scarabocchiare [ska·ra·bok·'kiaː·re] *vt* to scribble

scarabocchio [ska·ra·'bɔk·kio] <-cchi> *m* **1.** (*parola*) scribble **2.** (*disegno*) doodle

scarafaggio [ska·ra·'fad·dʒo] <-ggi> *m* cockroach

scaramanzia [ska·ra·man·'tsiː·a] <-ie> *f* **per ~** for luck

scaraventare [ska·ra·ven·'taː·re] **I.** *vt* to hurl **II.** *vr:* **-rsi** to hurl oneself

scarcerare [skar·tʃe·'raː·re] *vt* to release (from prison)

scardinare [skar·di·'naː·re] *vt* **1.** (*porta, finestra*) to take off its hinges **2.** *fig* (*demolire*) to demolish

scarica ['skaː·ri·ka] <-che> *f* **1.** MIL **una ~ di mitra** a burst of machine-gun fire **2.** *fig* (*di grandine, pugni*) shower; (*bestemmie*) torrent **3.** EL discharge

scaricare [ska·ri·'kaː·re] **I.** *vt* **1.** (*macchina, merci, bagagli*) to unload **2.** (*arma*) to unload; (*sparare*) to discharge **3.** (*riversare su altri: responsabilità*) to offload **4.** COMPUT to download **5.** (*loc*) **~ la coscienza** to ease one's conscience; **~ la colpa addosso a qu** to lay the blame on sb; **~ qu** to dump sb **II.** *vr:* **-rsi** **1.** (*peso*) to unburden oneself **2.** *fig* (*tensione nervosa*) to let off **3.** (*rilassarsi*) to unwind **4.** (*batteria, accumulatore*) to go flat; (*orologio*) to wind down

scarico ['skaː·ri·ko] *m* **1.** (*di merci, nave, vagone*) unloading **2.** (*di rifiuti*) dumping; **-chi industriali** industrial waste **3.** (*di acque*) draining **4.** MOT discharge; (*impianto*) exhaust

scarico, -a <-chi, -che> *agg* **1.** (*carro*) empty **2.** (*batteria*) dead; (*orologio*) wound down

scarlattina [skar·lat·'tiː·na] *f* scarlet fever

scarno, -a ['skar·no] *agg* **1.** (*viso, mani*) bony **2.** *fig* (*povero*) meager

scarpa ['skar·pa] *f* (*calzatura*) shoe; **~ da ginnastica** sneakers; **numero di -e** shoe size

scarpata [skar·'paː·ta] *f* escarpment

scarpiera [skar·'piɛː·ra] *f* shoe rack

scarpinata [skar·pi·'naː·ta] *f* *fam* trek

scarpone [skar·'poː·ne] *m* (walking) boot; **~ da sci** ski boot; **~ da montagna** climbing boot

scarseggiare [skar·sed·'dʒaː·re] *vi* to be lacking

scarso, -a ['skar·so] *agg* **1.** (*insufficiente*) poor; **essere ~ in inglese** to not be very good at English **2.** (*chilo, metro, anno*) just under; **è lungo un metro ~** it's just under a meter long

scartare [skar·'taː·re] *vt* **1.** (*pacco, regalo*) to unwrap **2.** *fig* (*escludere*) to reject **3.** (*nelle carte*) to discard **4.** SPORT to dodge

scarto ['skar·to] *m* **1.** (*eliminazione*) dumping **2.** (*di produzione, fabbrica, magazzino*) **materiali di ~** waste materials **3.** (*nelle carte*) discard **4.** (*differenza*) gap

scassinare [skas·si·'naː·re] *vt* to force

scassinatore, **-trice** [skas·si·na·'toː·re] *m, f* burglar

scasso ['skas·so] *m* breaking and entering; **furto con ~** burglary

scatenante [ska·te·'nan·te] *agg* triggering

scatenare [ska·te·'naː·re] **I.** *vt* (*provocare*) to trigger **II.** *vr:* **-rsi** **1.** (*battaglia, discussione*) to break out; (*tempesta, temporale*) to break **2.** (*sfogarsi*) to let off steam

scatola ['skaː·to·la] *f* **1.** (*di biscotti, scarpe*) tin; (*di carne, piselli*) can; **cibo in ~** canned food **2.** *fam* (*loc*) **rompere** [*o* **far girare**] **le -e a qc** to get on sb's nerves; **levarsi dalle -e** to get out **3.** (*elemento, dispositivo*) **~ cranica** cranium; AERO **~ nera** black box

scatoletta [ska·to·'lɛt·ta] *f* box

scattante [skat·'tan·te] *agg* speedy

scattare [skat·'taː·re] **I.** *vi essere o avere* **1.** (*congegno*) to be tripped; (*allarme*) to go off **2.** (*avere inizio: operazione*) to begin; (*diritto, legge*) to come into effect **3.** (*muoversi repentinamente: persona*) to leap; **~ in piedi** to jump to one's feet **4.** MOT to go **5.** *fig* (*per l'ira*) to fly off the handle **6.** SPORT (*al via*) to spring forward; (*durante la corsa*) to put a spurt on **II.** *vt avere* (*foto*) to take

scatto ['skat·to] *m* **1.** (*dispositivo*) release; **serratura a ~** spring lock **2.** (*moto brusco*) jump **3.** SPORT spurt **4.** MOT acceleration **5.** *fig* (*d'ira*) outburst; **avere uno ~ di rabbia** to fly off the handle **6.** *fig* (*aumento di stipendio*) increment **7.** TEL unit

scaturire [ska·tu·'riː·re] <scaturisco> *vi essere* **1.** (*liquidi*) to gush **2.** *fig* (*derivare*) to derive

scavalcare [ska·val·'kaː·re] *vt* **1.** (*ostacolo*) to climb over **2.** *fig* (*saltare*) **~ qu** to bypass sb **3.** *fig* (*superare: in una competizione*) to pass; (*nella professione*) to be promoted over

scavare [ska·'vaː·re] *vt* **1.** (*fosso, galleria, pozzo*) to dig **2.** (*legno, pietra*) to hollow out **3.** (*città, tesoro*) to excavate

scavo ['skaː·vo] *m* excavation

scazzato, -a [skat·'tsaː·to] *agg vulg* pissed (off)

scegliere ['ʃeʎ·ʎe·re] <scelgo, scelsi, scelto> *vt* to choose

sceicco [ʃe·'ik·ko] <-cchi> *m* sheik

scelgo ['ʃel·go] *1. pers sing pr di* **scegliere**

scellerato, -a [ʃel·le·'raː·to] *agg* wicked

scelsi ['ʃel·si] *1. pers sing pass rem di* **scegliere**

scelta ['ʃel·ta] *f* choice; **fare una buona/cattiva ~** to make a good/bad choice; **a ~** of one's choice; **merce di prima ~** top quality products; **merce di seconda ~** second-class products

scelto, -a ['ʃel·to] **I.** *pp di* **scegliere II.** *agg* **1.** (*vestito, prodotto, facoltà*) selected **2.** (*di buona qualità*) top quality **3.** (*addestrato*) **tiratore ~** marksman

scemare [ʃe·'maː·re] *vi essere* to decline

scemata [ʃe·'maː·ta] *f fam* stupid thing

scemo, -a ['ʃeː·mo] **I.** *agg* stupid **II.** *m, f* idiot; **~ del villaggio** village idiot

scena ['ʃɛː·na] *f* **1.** (*palcoscenico*) stage; **entrare in ~** to come on stage; *fig* to come on the scene; **essere di ~** to be on; *fig* to take the stage; **mettere in ~** to stage **2.** *a. fig* scene; **colpo di ~** coup de théâtre; *fig* dramatic turn of events; **la ~ del delitto** the scene of the crime; **fare -e** to make a scene **3.** (*loc*) **fare ~ muta** to not open one's mouth

scenario [ʃe·'naː·rio] <-i> *m* **1.** THEAT setting; FILM location **2.** (*paesaggio*) backdrop

scenata [ʃe·'naː·ta] *f* scene; **fare una ~ a qu** to make a scene

scendere ['ʃen·de·re] <scendo, scesi, sceso> *vi essere* **1.** (*andare giù*) to go down; **~ a valle** to go back down the mountain/hill **2.** (*smontare: da macchina*) to get out of; (*da bus, treno*) to get off; (*da cavallo*) to dismount **3.** (*essere in pendenza*) to descend **4.** (*calare*) to drop; (*notte*) to fall; (*sole*) to set **5.** (*di grado*) to decline **6.** (*loc*) **~ in piazza** to take to the streets; **~ in campo** *a. fig* to take the field

sceneggiato [ʃe·ned·'dʒaː·to] *m* TV (television) drama

sceneggiatore, -trice [ʃe·ned·dʒa·'toː·re] *m, f* screenwriter

sceneggiatura [ʃe·ned·dʒa·'tuː·ra] *f* screenplay

scenografia [ʃe·no·gra·'fiː·a] *f* **1.** (*tecnica*) set design **2.** (*elementi scenici*) scenery

scenografo, -a [ʃe·'nɔː·gra·fo] *m, f* set designer

sceriffo [ʃe·'rif·fo] *m* sheriff

scervellarsi [stʃer·vel·'lar·si] *vr* **~ su qc** to rack one's brains over sth

scesi ['ʃeː·si] *1. pers sing pass rem di* **scendere**

sceso ['ʃeː·so] *pp di* **scendere**

scettico, -a ['ʃɛt·ti·ko] <-ci, -che> **I.** *agg* (*diffidente*) skeptical **II.** *m, f* skeptic

scettro ['ʃɛt·tro] *m* (*del re*) scepter

scheda ['skɛː·da] *f* ADMIN card; **~ elettorale** ballot paper; **~ grafica** COMPUT graphics card; **~ madre** COMPUT motherboard

schedare [ske·'daː·re] *vt* **1.** (*registrare*) to catalog **2.** ADMIN to put on record

schedario [ske·'daː·rio] <-i> *m* **1.** (*raccolta*) file **2.** (*mobile*) filing cabinet; (*dispositivo*) box file

schedato, -a [ske·'daː·to] *m, f* person with a police record

schedina [ske·'diː·na] *f* (*di Lotto*) ticket; (*di Totocalcio*) coupon

scheggia ['sked·dʒa] <-gge> *f* (*di legno*) splinter

scheletro ['skɛː·le·tro] *m* ANAT skeleton

schema ['skɛː·ma] <-i> *m* **1.** (*modello*) diagram **2.** GIUR draft **3.** *fig* (*mentale*) pattern **4.** SPORT game plan

scherma ['sker·ma] *f* fencing

schermare [sker·'maː·re] *vt* (*proteggere*) to screen

schermata [sker·'maː·ta] *f* (*videata*) screen

schermo ['sker·mo] *m a. fig* screen; **grande/piccolo ~** big /small screen

schernire [sker·'niː·re] <schernisco> *vt* to mock

scherzare [sker·'tsaː·re] *vi* to joke

scherzo ['sker·tso] *m* **1.** (*azione, parola scherzosa*) joke; **stare allo ~** to take a joke; **per ~** for fun; **neppure per ~** not even in fun; **-i a parte!** seriously! **2.** (*sorpresa sgradevole*) trick **3.** *fig* (*impresa facile*) child's play

scherzoso, -a [sker·'tsoː·so] *agg* (*tono, brano*) jokey; (*persona*) fun

schiaccianoci [skiat·tʃa·'noː·tʃi] <-> *m* nutcracker

schiacciante [skiat·'tʃan·te] *agg* (*vittoria, prova*) overwhelming

schiacciare [skiat·'tʃaː·re] *vt* **1.** (*patate*) to mash; (*dito*) to squash; (*noci, mandorle*) to crack **2.** SPORT to smash **3.** (*premere: pedale, pulsante*) to push **4.** *fig* (*annientare*) to thrash **5.** (*travolgere*) to crush

schiacciata [skiat·'tʃaː·ta] *f* **1.** SPORT smash **2.** CULIN *type of flat, usually salty bread*

schiaffeggiare [skiaf·fed·'dʒaː·re] *vt* to slap

schiaffo ['skiaf·fo] *m* slap; **prendere qu a -i** to slap sb around

schiantarsi [skian·'taː·rsi] *vr* to crash

schianto ['skian·to] *m* (*boato*) crash; **di ~** suddenly

schiarire [skia·'riː·re] <schiarisco> **I.** *vt avere* to lighten; **-rsi la voce** to clear one's throat **II.** *vr:* **-rsi 1.** (*cielo, tempo*) to brighten **2.** (*capelli, tessuto*) to become lighter

schiarita [skia·'riː·ta] *f* **1.** METEO bright spell **2.** *fig* (*miglioramento*) improvement

schiavitù [skia·vi·'tu] <-> *f a. fig* slavery; **ridurre in ~** to enslave

schiavo, -a ['skiaː·vo] **I.** *agg* enslaved **II.** *m, f* slave

schiena ['skiɛː·na] *f* back

schienale [skie·'naː·le] *m* back

schiera ['skiɛː·ra] *f* **1.** (*moltitudine*) crowd **2.** MIL force **3.** (*loc*) **casa a ~** row house

schieramento [skie·ra·'men·to] *m* **1.** MIL, SPORT formation **2.** POL alliance

schierare [skie·'raː·re] **I.** *vt* (*esercito, soldati*) to draw up; (*squadra, giocatori*) to select **II.** *vr:* **-rsi 1.** MIL to line up **2.** *fig* (*prendere posizione*) to align oneself; **-rsi dalla parte di/contro qu** to side with/against sb

schifare [ski·'faː·re] *vt* to disgust

schifo ['skiː·fo] *m* disgust; **i funghi mi fanno ~** I can't stand mushrooms; **che ~!** yuck!

schifoso, -a [ski·'foː·so] *agg* disgusting

schioccare [ski·ok·'kaː·re] *vt* (*frusta*) to crack; (*lingua, dita*) to click

schiudere ['skiuː·de·re] <irr> **I.** *vt* to open **II.** *vr:* **-rsi** (*fiori*) to open; (*uova*) to crack open

schiuma ['skiuː·ma] *f* foam; **~ da barba** shaving foam

schiusi ['skiuː·si] *1. pers sing pass rem di* **schiudere**

schiuso ['skiuː·so] *pp di* **schiudere**

schivare [ski·'vaː·re] *vt* to avoid; **~ un colpo** to dodge a blow

schizofrenico, -a [skid·dzo·'frɛː·ni·ko] <-ci, -che> *agg, m, f* MED schizophrenic

schizzare [skit·'tsaː·re] **I.** *vt avere* **1.** (*liquidi*) to splash **2.** (*sporcare*) to spatter **II.** *vi essere* **1.** (*liquidi*) to spurt **2.** *fig* (*guizzare*) to shoot **III.** *vr:* **-rsi** to spatter oneself

schizzinoso, -a [skit·tsi·'noː·so] *agg* fussy

schizzo ['skit·tso] *m* **1.** (*di fango, inchiostro*) splash **2.** (*abbozzo*) sketch

sci [ʃi] <-> *m* **1.** (*attrezzo*) ski **2.** (*attività*) skiing

sciabola ['ʃaː·bo·la] *f* saber

sciacallo [ʃa·'kal·lo] *m* **1.** ZOO jackal **2.** *fig* (*in guerra*) looter **3.** *fig* (*approfittatore*) profiteer

sciacquare [ʃak·ˈkuaː·re] *vt* (*piatti, bicchieri*) to rinse; (*panni*) to rinse (out); **-rsi la bocca** to rinse one's mouth (out); **-rsi le mani** to wash one's hands

sciacquone [ʃak·ˈkuoː·ne] *m* flush; **tirare lo ~** to flush

sciagura [ʃa·ˈguː·ra] *f* **1.** (*disgrazia*) disaster **2.** *fig* (*sfortuna*) misfortune

sciagurato, -a [ʃa·gu·ˈraː·to] **I.** *agg* **1.** (*sfortunato*) unlucky **2.** (*malvagio*) wicked **3.** (*dissennato*) insane **II.** *m, f* (*disgraziato*) wretch

scialacquare [ʃa·lak·ˈkuaː·re] *vt* to squander

scialle [ˈʃal·le] *m* shawl

scialuppa [ʃa·ˈlup·pa] *f* **~ di salvataggio** lifeboat

sciame [ˈʃaː·me] *m* (*di api*) swarm

sciare [ʃi·ˈaː·re] *vi* to ski

sciarpa [ˈʃar·pa] *f* scarf

sciatica [ˈʃaː·ti·ka] <-che> *f* sciatica

sciatore, -trice [ʃia·ˈtoː·re] *m, f* skier

sciatto, -a [ˈʃat·to] *agg* (*persona*) unkempt; (*abito*) shabby; (*stile*) sloppy

scientifica [ʃen·ˈtiː·fi·ka] <-che> *f* (*polizia*) forensics

scientifico, -a <-ci, -che> *agg* scientific; **liceo scientifico** *high school specializing in science subjects*

scienza [ˈʃɛn·tsa] *f* science; **-e economiche** economics; **-e naturali** natural science

scienziato, -a [ʃɛn·ˈtsiaː·to] *m, f* scientist

scimmia [ˈʃim·mia] <-ie> *f* monkey; (*più grande*) ape

scimpanzé [ʃim·pan·ˈtse] <-> *m* chimpanzee

scintilla [ʃin·ˈtil·la] *f* (*di fuoco*) spark

scintillare [ʃin·til·ˈlaː·re] *vi* **1.** PHYS to give off sparks **2.** (*luccicare*) to sparkle; (*risplendere di luce*) to glitter

scioccante [ʃok·ˈkan·te] *agg* shocking

scioccare [ʃok·ˈkaː·re] *vt* to shock

sciocchezza [ʃok·ˈket·tsa] *f* **1.** (*scemenza*) stupid thing **2.** *fig* (*cosa da nulla*) **è una ~** it's nothing

sciocco, -a [ˈʃɔk·ko] <-cchi, -cche> **I.** *agg* silly **II.** *m, f* idiot

sciogliere [ˈʃɔʎ·ʎe·re] <sciolgo, sciolsi, sciolto> **I.** *vt* **1.** (*slegare: capelli*) to loosen; (*nodo*) to undo **2.** (*liberare: cane*) to let off the leash **3.** CHEM to dissolve **4.** (*porre fine a: contratto*) to cancel; (*società*) to wind up **5.** (*seduta, manifestazione, riunione*) to bring to an end; (*parlamento*) to dissolve **6.** (*muscoli, gambe*) to loosen up **II.** *vr:* **-rsi** **1.** (*neve*) to melt **2.** CHEM to dissolve

scioglilingua [ʃoʎ·ʎi·ˈliŋ·gua] <-> *m* tongue twister

sciolgo [ˈʃɔl·go] *1. pers sing pr di* **sciogliere**

sciolina [ʃio·ˈliː·na] *f* wax

sciolsi [ˈʃɔl·si] *1. pers sing pass rem di* **sciogliere**

scioltezza [ʃol·ˈtet·tsa] *f* **1.** (*di movimenti*) suppleness **2.** (*nel parlare*) fluency

sciolto, -a [ˈʃɔl·to] *pp di* **sciogliere**

scioperare [ʃo·pe·ˈraː·re] *vi* to strike

sciopero [ˈʃɔː·pe·ro] *m* strike; **~ bianco** slowdown; **~ della fame** hunger strike; **fare ~** to (go on) strike

sciovia [ʃio·ˈviː·a] *f* ski tow

scippare [ʃip·ˈpaː·re] *vt* **~ qu** to rob sb in the street

scippatore, -trice [ʃip·pa·ˈtoː·re] *m, f* street robber

scippo [ˈʃip·po] *m* street robbery

scirocco [ʃi·ˈrɔk·ko] <-cchi> *m* sirocco

sciroppo [ʃi·ˈrɔp·po] *f* MED syrup; **~ per la tosse** cough syrup

scisma [ˈʃiz·ma] <-i> *m* REL schism

scissi [ˈʃis·si] *1. pers sing pass rem di* **scindere**

scissione [ʃis·ˈsioː·ne] *f* (*di partito*) split; (*di società*) division

scisso [ˈʃis·so] *pp di* **scindere**

sciupare [ʃu·ˈpaː·re] **I.** *vt* **1.** (*rovinare: abito, mobile*) to ruin **2.** *fig* (*rovinare: sorpresa*) to spoil **3.** (*sprecare: tempo, fatica*) to waste **II.** *vr:* **-rsi** **1.** (*indumenti*) to be ruined **2.** (*persone*) to become run down

scivolare [ʃi·vo·ˈlaː·re] *vi essere* **1.** (*perdere l'equilibrio*) to slip; **~ di mano a qu** to slip out of sb's hand **2.** (*scorrere*) to slide

scivolo [ˈʃiː·vo·lo] *m* slide

scivolone [ʃi·vo·ˈloː·ne] *m* **1. fare uno scivolone** to slip **2.** *fig* (*errore*) blunder

S

scivoloso, -a [ʃi·vo·ˈloː·so] *agg* slippery
sclerosi [skle·ˈrɔː·zi] <-> *f* MED ~ **multipla** multiple sclerosis
scoccare [skok·ˈka·re] **I.** *vt avere* **1.** (*freccia*) to shoot **2.** (*ore*) to strike **II.** *vi essere* (*ore*) to strike
scocciare [skot·ˈtʃaː·re] *fam* **I.** *vt* (*stufare*) to annoy **II.** *vr:* **-rsi** to grow tired of sth
scocciatore, -trice [skot·tʃa·ˈtoː·re] *m, f fam* pain (in the neck)
scocciatura [skot·tʃa·ˈtuː·ra] *f fam* pain
scodella [sko·ˈdɛl·la] *f* bowl
scodinzolare [sko·din·tso·ˈlaː·re] *vi* to wag its tail
scogliera [skoʎ·ˈʎɛː·ra] *f* (*scogli*) rocks *pl;* (*a strapiombo*) cliffs *pl*
scoglio [ˈskɔʎ·ʎo] <-gli> *m* GEOG rock
scoiattolo [sko·ˈiat·to·lo] *m* squirrel
scolapasta [sko·la·ˈpas·ta] <-> *m* colander
scolapiatti [sko·la·ˈpiat·ti] <-> *m* drainboard
scolare *vt avere* to drain; **scolarsi una bottiglia di vino** to drink a whole bottle of wine
scolaresca [sko·la·ˈres·ka] <-sche> *f* schoolchildren *pl*
scolaro, -a [sko·ˈlaː·ro] *m, f* student
scolastico, -a [sko·ˈlas·ti·ko] <-ci, -che> *agg* (*anno, tasse, programma*) school; **inglese** ~ basic English
scoliosi [sko·ˈliɔː·zi] <-> *f* scoliosis
scollato, -a [skol·ˈlaː·to] *agg* (*abito*) low-cut; **scarpa -a** pump
scollatura [skol·la·ˈtuː·ra] *f* **1.** (*di abito*) neckline **2.** (*parte scoperta*) cleavage
scolpire [skol·ˈpiː·re] <scolpisco> *vt* **1.** (*marmo, statua*) to sculpt **2.** (*legno*) to carve **3.** (*incidere*) to engrave
scombinare [skom·bi·ˈnaː·re] *vt* to upset
scombussolare [skom·bus·so·ˈlaː·re] *vt* to unsettle
scommessa [skom·ˈmes·sa] *f* bet; **fare una** ~ to (make a) bet
scommettere [skom·ˈmet·te·re] <irr> *vt* to bet
scomodarsi [sko·mo·ˈdaː·rsi] *vr* (*disturbarsi*) to bother (oneself)
scomodo, -a *agg* uncomfortable
scomparire [skom·pa·ˈriː·re] <irr> *vi essere* **1.** (*sparire*) to disappear **2.** (*morire*) to die
scomparsa [skom·ˈpar·sa] *f* **1.** (*sparizione*) disappearance **2.** (*morte*) death
scomparso, -a [skom·ˈpar·so] *agg* **1.** (*popolo, continente*) vanished **2.** (*irreperibile: documento*) lost; (*persona*) missing
scompartimento [skom·par·ti·ˈmen·to] *m* **1.** FERR compartment **2.** (*di armadio*) section
scomparto [skom·ˈpar·to] *m* section
scompigliare [skom·piʎ·ˈʎaː·re] *vt* (*capelli*) to mess up
scomporre [skom·ˈpor·re] <irr> **I.** *vt* **1.** (*disgregare: elementi*) to break up **2.** MATH to factor **II.** *vr:* **-rsi** (*mostrare turbamento*) to lose one's composure
scomposto, -a [skom·ˈpos·to] **I.** *pp di* **scomporre** **II.** *agg* (*sguaiato*) unseemly
scomunicare [sko·mu·ni·ˈkaː·re] *vt* REL to excommunicate
sconcertante [skon·tʃer·ˈtan·te] *agg* disconcerting
sconcio, -a <-ci, -ce> *agg* dirty
sconclusionato, -a [skon·klu·zio·ˈnaː·to] *agg* (*discorso, frase*) inconclusive
scondito, -a [skon·ˈdiː·to] *agg* without dressing
sconfiggere [skon·ˈfid·dʒe·re] <sconfiggo, sconfissi, sconfitto> *vt* **1.** *a.* MIL to defeat **2.** *fig* (*eliminare*) to overcome
sconfissi [skon·ˈfis·si] *1. pers sing pass rem di* **sconfiggere**
sconfitta [skon·ˈfit·ta] *f* defeat; ~ **elettorale** electoral defeat; **subire una** ~ to be defeated
sconfitto [skon·ˈfit·to] *pp di* **sconfiggere**
sconfortante [skon·for·ˈtan·te] *agg* discouraging
sconforto [skon·ˈfɔr·to] *m* dejection
scongelare [skon·dʒe·ˈlaː·re] *vt* to defrost
scongiurare [skon·dʒu·ˈraː·re] *vt* **1.** (*pregare*) to beg **2.** (*evitare: pericolo*) to avert
scongiuro [skon·ˈdʒuː·ro] *m* charm
sconosciuto, -a [sko·noʃ·ˈʃuː·to] **I.** *agg* unknown **II.** *m, f* stranger

sconsigliare [skon·siʎ·ˈʎaː·re] *vt* **~ qc a qu** to advise sb against sth; **~ a qu di ...** *+inf* to advise sb not to ...

sconsolato, -a [skon·so·ˈlaː·to] *agg* disconsolate

scontare [skon·ˈtaː·re] *vt* COM to take off

scontato, -a [skon·ˈtaː·to] *agg* (*previsto*) expected

scontento, -a *agg* discontented

sconto [ˈskon·to] *m* COM discount

scontrino [skon·ˈtriː·no] *m* receipt

scontro [ˈskon·tro] *m* **1.** MOT, FERR, AERO crash **2.** MIL, SPORT clash **3.** *fig* (*litigio*) confrontation

scontroso, -a [skon·ˈtroː·so] *agg* surly

sconveniente [skon·ve·ˈniɛn·te] *agg* improper

sconvolgente [skon·vol·ˈdʒɛn·te] *agg* devastating

sconvolgere [skon·ˈvɔl·dʒe·re] <irr> *vt* **1.** (*turbare profondamente*) to devastate **2.** (*piano, progetto*) to upset

sconvolsi *1. pers sing pass rem di* **sconvolgere**

sconvolto *pp di* **sconvolgere**

scooter [ˈskuː·tə/ˈsku·ter] <-> *m* scooter

scopa [ˈskoː·pa] *f* broom

scopare [sko·ˈpaː·re] *vt* **1.** (*pavimento*) to sweep **2.** *vulg* to screw

scopata [sko·ˈpaː·ta] *f* **1.** (*spazzata*) **dare una ~ a qc** to give sth a sweep **2.** *vulg* screw; **farsi una ~** to screw

scoperchiare [sko·per·ˈkiaː·re] *vt* (*pentola*) to uncover; **~ una casa** to take the roof off a house

scoperta [sko·ˈpɛr·ta] *f* discovery

scoperto [sko·ˈpɛr·to] *m* (*luogo aperto*) **dormire allo ~** to sleep in the open

scoperto, -a *agg* **1.** (*terrazzo*) roofless **2.** (*braccia, capo*) bare; **essere troppo ~** to be wearing too few clothes **3.** COM, FIN overdrawn

scopo [ˈskɔː·po] *m* (*fine*) aim; **a che ~?** why?

scoppiare [skop·ˈpiaː·re] *vi essere* **1.** (*guerra, epidemia*) to break out **2.** (*bomba, moda*) to explode **3.** (*gomma*) to burst **4.** *fig* (*per aver mangiato troppo*) to burst; **~ a piangere** to burst into tears; **~ a ridere** to burst out laughing; **~ dal caldo** to be boiling (hot)

scoppio [ˈskɔp·pio] <-i> *m* **1.** (*di bomba, mina*) explosion; **a ~ ritardato** *fig* delayed action **2.** (*rumore*) bang **3.** *fig* burst; **uno ~ di risa** a burst of laughter

scoprire [sko·ˈpriː·re] <scopro, scoprii *o* scopersi, scoperto> **I.** *vt* **1.** (*gener*) to discover **2.** (*pentola, gambe*) to uncover **3.** *fig* (*palesare*) to reveal **II.** *vr:* **-rsi** **1.** (*spogliarsi*) to take some clothes off **2.** *fig* (*rivelarsi*) to give oneself away

scopritore, -trice [sko·pri·ˈtoː·re] *m, f* discoverer

scoraggiante [sko·rad·ˈdʒan·te] *agg* discouraging

scoraggiare [sko·rad·ˈdʒaː·re] **I.** *vt* to discourage **II.** *vr:* **-rsi** to lose heart

scorbutico, -a [skor·ˈbuː·ti·ko] <-ci, -che> *agg* surly

scorciatoia [skor·tʃa·ˈtoː·ia] <-oie> *f a. fig* shortcut

scordare [skor·ˈdaː·re] **I.** *vt* **1.** (*dimenticare*) to forget **2.** MUS to put out of tune **II.** *vr:* **-rsi** **1.** (*dimenticarsi*) to forget **2.** (*lasciare*) to leave; **mi sono scordato gli appunti a casa** I left my notes at home **3.** MUS to go out of tune

scoreggia [sko·ˈred·dʒa] <-gge> *f vulg* fart

scoreggiare [sko·red·ˈdʒaː·re] *vi vulg* to fart

scorgere [ˈskɔr·dʒe·re] <scorgo, scorsi, scorto> *vt* (*vedere*) to see

scorpacciata [skor·pat·ˈtʃaː·ta] *f fam* feast; **fare una ~ di qc** to feast on sth

scorpione [skor·ˈpioː·ne] *m* **1.** ZOO scorpion **2.** ASTR **sono (dello [*o* uno]) Scorpione** I'm (a) Scorpio

scorrere [ˈskor·re·re] <irr> **I.** *vi essere* **1.** (*fiume, lacrime, discorso*) to flow **2.** (*tempo*) to pass **3.** (*traffico*) to move **II.** *vt avere* **1.** (*libro, testo*) to scan **2.** COMPUT to scroll (through)

scorrettezza [skor·ret·ˈtet·tsa] *f* **1.** (*errore*) mistake **2.** (*azione*) act of rudeness; (*condizione*) rudeness

scorretto, -a [skor·ˈrɛt·to] *agg* **1.** (*sbagliato*) incorrect **2.** (*disonesto*) improper; (*nello sport*) **gioco ~** foul play

scorrevole [skor·ˈreː·vo·le] *agg* **1.** (*traf-*

fico, discorso) flowing **2.** (*su rotaie*) **porta ~** sliding door

scorsi ['skɔr·si] *1. pers sing pass rem di* **scorgere**, **scorrere**

scorso, **-a** ['skor·so] **I.** *pp di* **scorrere** **II.** *agg* (*passato*) last; **l'anno ~** last year

scorta ['skɔr·ta] *f* **1.** (*accompagnamento*) bodyguard **2.** MIL escort **3.** (*provvista*) supply; **fare ~ di qc** to stock up on sth; **ruota di ~** spare tire

scortare [skor·'ta:·re] *vt* to escort

scortese [skor·'te:·ze] *agg* rude

scortesia [skor·te·'zi:·a] *f* **1.** (*essere scortese*) rudeness **2.** (*gesto*) act of rudeness

scorto ['skɔr·to] *pp di* **scorgere**

scorza ['skɔr·dza/'skɔr·tsa] *f* (*di frutto*) peel

scosceso, **-a** [skoʃ·'ʃe:·so] *agg* steep

scossa ['skɔs·sa] *f* **1.** EL shock; **prendere una ~** to get an electric shock **2.** (*sbalzo*) **~ di terremoto** tremor

scossi ['skɔs·si] *1. pers sing pass rem di* **scuotere**, **scuocere**

scosso, **-a** ['skɔs·so] **I.** *pp di* **scuotere** **II.** *agg* (*sconvolto*) shaken

scostante [skos·'tan·te] *agg* (*atteggiamento, carattere*) inconsistent

scostare [skos·'ta:·re] **I.** *vt* (*spostare*) to move **II.** *vr:* **-rsi** (*farsi da parte*) to move

scottante [skot·'tan·te] *agg fig* (*grave*) sensitive; (*urgente*) pressing

scottare [skot·'ta:·re] **I.** *vt* **1.** (*fiamma, sole*) to burn; (*liquido*) to scald **2.** CULIN (*carne*) to sear; (*verdure*) to cook quickly **II.** *vi* **1.** (*minestra, acqua*) to be very hot **2.** *fig* (*destare interesse*) **è una questione/un tema che scotta** it's a burning question/issue **III.** *vr:* **-rsi** MED to burn oneself

scottatura [skot·ta·'tu:·ra] *f* **1.** MED burn **2.** (*di sole*) sunburn

scotto ['skɔt·to] *pp di* **scuocere**

scout [skaut] <-> *mf* <inv> *agg* scout

scovare [sko·'va:·re] *vt* (*scoprire*) to discover

Scozia ['skɔt·tsia] *f* Scotland

scozzese [skot·'tse:·se] **I.** *agg* Scottish; **gonna ~** kilt **II.** *mf* Scot

screditare [ske·di·'ta:·re] *vt* to discredit

scremare [skre·'ma:·re] *vt* (*latte*) to skim

screpolare [skre·po·'la:·re] **I.** *vt* (*mani, labbra*) to chap **II.** *vr:* **-rsi** (*mani, labbra*) to chap

scricchiolare [skrik·kio·'la:·re] *vi* to squeak

scrigno ['skriɲ·ɲo] *m* casket

scrissi ['skris·si] *1. pers sing pass rem di* **scrivere**

scritta ['skrit·ta] *f* writing

scritto ['skrit·to] *m* **1.** (*cosa scritta*) written word **2.** (*opera*) work

scritto, **-a** **I.** *pp di* **scrivere** **II.** *agg* written

scrittoio [skrit·'to:·io] <-oi> *m* (writing) desk

scrittore, **-trice** [skrit·'to:·re] *m, f* writer

scrittura [skrit·'tu:·ra] *f* (*attività*) writing; COMPUT **programma di ~** word processing program

scritturare [skrit·tu·'ra:·re] *vt* (*attore*) to engage

scrivania [skri·va·'ni:·a] <-ie> *f* desk

scrivere ['skri:·ve·re] <scrivo, scrissi, scritto> *vt* to write; **~ a mano** to write by hand; **~ alla lavagna** to write on the board; **come si scrive?** how do you spell?

scroccare [skrok·'ka:·re] *vt fam* to scrounge

scrocco ['skrɔk·ko] *m fam* **a ~** free

scroccone, **-a** [skrok·'ko:·ne] *m, f fam* scrounger

scrofa ['skrɔ:·fa] *f* sow

scrollare [skrol·'la:·re] *vt* to shake; **~ le spalle** to shrug one's shoulders

scrosciare [skroʃ·'ʃa:·re] *vi essere o avere* (*pioggia, acqua*) to pour (down)

scrostare [skros·'ta:·re] **I.** *vt* (*muro*) to strip; (*intonaco*) to scrape off **II.** *vr:* **-rsi** (*muro*) to peel; (*intonaco*) to flake off

scrupolo ['skru:·po·lo] *m* **1.** (*timore*) scruple; **senza -i** unscrupulous **2.** (*diligenza*) care

scrupoloso, **-a** [skru·po·'lo:·so] *agg* scrupulous

scrutare [skru·'ta:·re] *vt* to scrutinize

scrutatore, **-trice** [skru·ta·'to:·re] **I.** *m, f* scrutinizer **II.** *agg* (*sguardo, occhio*) searching

scrutinio [skru·'tiː·nio] <-i> *m* **1.** GIUR counting *of votes* **2.** (*a scuola*) assignment of grades *at the end of a term*

scucire [sku·'tʃiː·re] **I.** *vt* (*orlo*) to unpick **II.** *vr:* **-rsi** to come unstitched

scuderia [sku·de·'riː·a] <-ie> *f* **1.** ZOO stable **2.** AUTOMOBILISMO team

scudetto [sku·'det·to] *m* SPORT championship; **vincere lo ~** to win the championship

scudo ['skuː·do] *m* **1.** (*gener*) shield **2.** (*moneta*) scudo

sculacciare [sku·lat·'tʃaː·re] *vt* to spank

sculaccione [sku·lat·'tʃoː·ne] *m* spank

sculettare [sku·let·'taː·re] *vi* to wiggle one's hips

scultore, -trice [skul·'toː·re] *m, f* sculptor

scultura [skul·'tuː·ra] *f* sculpture

scuocere ['skuɔː·tʃe·re] <scuocio, scossi, scotto> *vi* to overcook

scuola ['skuɔː·la] *f* school; **~ elementare** elementary school; **~ media** middle school; **~ superiore** high school; **~ materna** (*dai 3 ai 5 anni*) nursery school; (*da 5 a 6 anni*) kindergarten; **~ guida** driving school; **~ serale** night school

scuolabus ['skuɔː·la·bus/skuo·la·'bus] *m* school bus

scuotere ['skuɔː·te·re] <scuoto, scossi, scosso> **I.** *vt a. fig* to shake; **~ la testa** to shake one's head **II.** *vr:* **-rsi** *fig* (*dal torpore*) to shake oneself

scurire [sku·'riː·re] <scurisco> **I.** *vt avere* to make darker **II.** *vr:* **-rsi** to become darker

scuro, -a *agg* dark; **si fece ~ in volto** his [*o* her] face darkened

scurrile [sku·'riː·le] *agg* (*volgare*) scurrilous

scusa ['skuː·za] *f* **1.** (*lo scusarsi*) apology; **chiedere** [*o* **domandare**] **~** to apologize **2.** (*pretesto*) excuse

scusare [sku·'zaː·re] **I.** *vt* to excuse; (*perdonare*) to forgive; **scusi, che ore sono?** excuse me, do you have the time?; **mi scusi!** I beg your pardon **II.** *vr* **-rsi con qu di/per qc** to apologize to sb for sth

sdebitarsi [zde·bi·'tar·si] *vr fig* **~ con qu di qc** to repay sb for sth

sdegno ['zdeɲ·ɲo] *m* indignation

sdolcinato, -a [zdol·tʃi·'naː·to] *agg* sugary; **parole -e** sweet nothings

sdraiarsi [zdra·'iaː·rsi] *vr* to lie down

sdraio <-> *f* beach chair; **sedia a ~** lounger

sdrammatizzare [zdram·ma·tid·'dzaː·re] *vt* to play down

sdrucciolevole [zdrut·tʃo·'leː·vo·le] *agg* slippery

se[1] [se] **I.** *cong* if; **~ non altro** at least; **~ non che** but; **~ ben ricordo** if I remember rightly; **come ~** as if; **~ solo l'avessi saputo!** if only I'd known! **II.** *m* if

se[2] *pron* (*davanti a lo, la, li, le, ne*) *v.* **si**[1]

SE *abbr di* **sudest** southeast

sé [se] *pron refl. 3. pers* (*impersonale*) oneself; (*persona*) himself *m*, herself *f;* (*plurale*) themselves; (*cosa*) itself; **essere fuori di ~** to be beside oneself; **fra ~** (**e ~**) to oneself; **parlano solo di ~** they only talk about themselves; **~ stesso** oneself; **dentro di ~** inside; **un caso a ~** a special case; **è un uomo che si è fatto da ~** he's a self-made man

sebbene [seb·'bɛː·ne] *cong* although

sec *abbr di* **secondo** sec

seccante [sek·'kan·te] *agg* annoying

seccare [sek·'kaː·re] **I.** *vt avere* **1.** (*terreno, aria*) to dry (out); (*fiori*) to wither **2.** *fig fam* (*infastidire*) to annoy **II.** *vr:* **-rsi 1.** (*diventare secco: frutta, pianta*) to wither; (*pelle*) to dry out **2.** (*diventare asciutto*) to dry up **3.** *fam* (*stancarsi*) **-rsi di fare qc** to grow tired of doing sth

seccato, -a [sek·'kaː·to] *agg* (*irritato*) annoyed

seccatore, -trice [sek·ka·'toː·re] *m, f fam* nuisance

seccatura [sek·ka·'tuː·ra] *f fam* nuisance

secchiello [sek·'kiɛl·lo] *m* bucket; **~ per il ghiaccio** ice bucket

secchio ['sek·kio] <-cchi> *m* bucket; **~ della spazzatura** trash can

secchione, -a [sek·'kioː·ne] *m, f pej fam* grind

secco ['sek·ko] *m* **pulitura a ~** dry clean-

S

ing; **rimanere a ~ di carburante** *fig* to run out of gas

secco, -a <-cchi, -cche> *agg* **1.** (*terreno, clima, pelle*) dry; (*palude, fiume*) dried-up **2.** (*frutta, funghi, rami*) dried **3.** (*vino, liquore*) dry **4.** (*persona, gambe*) skinny **5.** *fig* (*privo di garbo: tono, modo*) brusque; (*risposta*) curt **6.** *fig* (*netto: sconfitta*) decisive **7.** (*loc*) **fare ~ qu** *fam* to do sb in; *fam* (*morire*) **c'è rimasto ~** he bought it

secolare [se·ko·'la:·re] *agg* **1.** (*che ha uno, più secoli*) age-old **2.** (*laico, mondano*) secular

secolo ['sɛ:·ko·lo] *m* **1.** (*periodo*) century **2.** *fam* age; **è un ~ che non ti vedo** I haven't seen you for ages

seconda [se·'kon·da] *f* **1.** (*classe: nelle elementari*) second grade; (*nelle medie*) seventh grade; (*nelle superiori*) tenth grade **2.** MOT second gear **3.** (*loc*) **a ~ di** according to; **a ~ dei casi** according to circumstances

secondario, -a [se·kon·'da:·rio] <-i, -ie> *agg* secondary

secondo[1] [se·'kon·do] *prep* **1.** (*conformemente a*) according to; **~ l'uso** according to current practice; **~ me/te** in my/your opinion **2.** (*nel modo prescritto*) in accordance with **3.** (*in base a*) depending on

secondo[2] *m* **1.** CULIN main course **2.** (*unità di misura del tempo*) second

secondo, -a *agg* second; **abiti di -a mano** hand-me-downs; **~ fine** ulterior motive; **di ~ piano** *fig* of lesser importance

secondogenito, -a [se·kon·do·'dʒɛ:·ni·to] **I.** *agg* second **II.** *m, f* secondborn

sedano ['sɛ:·da·no] *m* celery

sedativo [se·da·'ti:·vo] *m* sedative

sede ['sɛ:·de] *f* **1.** (*di governo*) seat; (*di partito, società*) headquarters; (*di università*) administration **2.** (*di manifestazione, evento*) site **3.** (*loc*) **in separata ~** *a. fig* on another occasion; **Santa Sede** Holy See

sedentario, -a [se·den·'ta:·rio] <-i, -ie> *agg* sedentary

sedere[1] [se·'de:·re] <siedo, sedetti *o* sedei, seduto> **I.** *vi essere* to be sitting; **è seduto sulla panca** he is sitting on the bench; **mettersi a ~** to sit down **II.** *vr:* **-rsi** to sit (down); **-rsi a tavola** to sit (down) at the table

sedere[2] *m* ANAT bottom; **mi stai prendendo per il ~?** *fam* are you pulling my leg?

sedia ['sɛ:·dia] <-ie> *f* chair; **~ a sdraio** lounger; **~ elettrica** electric chair

sedicenne [se·di·'tʃɛn·ne] **I.** *agg* sixteen-year-old **II.** *mf* sixteen year old

sedicesimo [se·di·'tʃɛ:·zi·mo] *m* sixteenth

sedicesimo, -a *agg, m, f* sixteenth; *v. a.* **quinto**

sedici ['se:·di·tʃi] **I.** *num* sixteen **II.** <-> *m* (*numero*) sixteen; (*nelle date*) sixteenth **III.** *fpl* 4 pm; *v. a.* **cinque**

sedile [se·'di:·le] *m* seat; **il ~ posteriore** the back seat

sedotto [se·'dot·to] *pp di* **sedurre**

seducente [se·du·'tʃɛn·te] *agg* seductive

sedurre [se·'dur·re] <seduco, sedussi, sedotto> *vt* (*donna, uomo*) to seduce

seduta [se·'du:·ta] *f* (*riunione*) meeting

seduttore, -trice [se·dut·'to:·re] *m, f* seducer

seduzione [se·dut·'tsio:·ne] *f* charm

sega ['se:·ga] <-ghe> *f* **1.** (*utensile*) saw; **~ circolare** circular saw **2.** *vulg* **farsi una ~** to jerk off

segare [se·'ga:·re] *vt* (*tronco*) to saw

segatura [se·ga·'tu:·ra] *f* **1.** (*di albero*) sawing **2.** (*residuo*) sawdust

seggio ['sɛd·dʒo] <-ggi> *m* PARL seat; **~ elettorale** (*luogo*) polling station

seggiola ['sɛd·dʒo·la] *f* chair

seggiolino [sed·dʒo·'li:·no] *m* (*per bambini*) child's seat

seggiolone [sed·dʒo·'lo:·ne] *m* high chair

seghettato, -a [se·get·'ta:·to] *agg* serrated

segnalare [seɲ·ɲa·'la:·re] **I.** *vt* **1.** (*annunciare*) to signal **2.** *fig* (*richiamare l'attenzione su*) **~ qc a qu** to tell sb about sth **II.** *vr* (*distinguersi*) **-rsi per qc** to be distinguished by sth

segnalazione [seɲ·ɲa·lat·'tsio:·ne] *f* **1.** (*segnale*) signal **2.** (*azione*) signalling **3.** *fig* (*di artista, di libro*) recommendation

segnale [seɲ·ˈɲaː·le] *m* signal; ~ **stradale** road sign; ~ **d'allarme** alarm

segnaletica [seɲ·ɲa·ˈlɛː·ti·ka] <-che> *f* signs *pl;* ~ **stradale** road signs *pl*

segnalibro [seɲ·ɲa·ˈliː·bro] *m* bookmark

segnare [seɲ·ˈɲaː·re] **I.** *vt* **1.** (*gener*) to mark **2.** (*prendere nota di*) to jot down **3.** SPORT (*gol, punto*) to score **4.** (*indicare: orologio, termometro*) to show **II.** *vr:* **-rsi** (*fare il segno della croce*) to cross oneself

segno [ˈseɲ·ɲo] *m* **1.** (*gener*) sign; **-i dello zodiaco** signs of the zodiac; **fare ~ di sì** to nod; **fare ~ di no** to shake one's head **2.** (*traccia, espressione grafica, limite*) mark; **lasciare il ~** *a. fig* to leave a mark; **-i di interpunzione** punctuation marks; **passare il ~** to overstep the mark **3.** (*bersaglio*) **tiro a ~** target shooting; **andare a ~** to score; *fig* to strike home; **colpire nel ~** to hit the target; *fig* to hit the nail on the head

segretario, -a [se·gre·ˈtaː·rio] <-i, -ie> *m, f* secretary

segreteria [se·gre·te·ˈriː·a] <-ie> *f* **1.** (*ufficio*) office **2.** (*loc*) ~ **telefonica** answering machine

segreto [se·ˈgreː·to] *m* secret; **sai mantenere un ~?** can you keep a secret?; ~ **bancario** banking secrecy; ~ **di stato** state secret

segreto, -a *agg* secret

seguace [se·ˈguaː·tʃe] *mf* follower

seguente [se·ˈguɛn·te] *agg* next

seguire [se·ˈguiː·re] **I.** *vt avere* **1.** (*gener*) ~ **qu/qc** to follow sb/sth; ~ **il consiglio di qu** to follow sb's advice **2.** (*corso di studi*) to take **3.** (*con lo sguardo*) to watch; (*con l'attenzione*) to follow **II.** *vi essere* **1.** (*venir dopo, derivare*) to follow; **ne segue che ...** it follows that ... **2.** (*continuare*) to continue

seguito [ˈseː·gui·to] *m* **1.** (*scorta*) retinue **2.** (*discepoli*) followers *pl* **3.** (*continuazione*) sequel; **dare ~ a qc** to follow sth up **4.** *fig* (*conseguenza*) repercussions *pl* **5.** (*loc*) **in ~ a** as a result of; **in ~** later on; **di ~** below

sei[1] [ˈsɛː·i] **I.** *num* six **II.** <-> *m* **1.** (*numero*) six **2.** (*nelle date*) sixth **3.** (*voto scolastico*) =C *average grade* **III.** *fpl* 6 o'clock

sei[2] *2. pers sing pr di* **essere**[1]

seicentesco, -a [sei·tʃen·ˈtes·ko] <-schi, -sche> *agg* seventeenth-century

seicento [sei·ˈtʃɛn·to] **I.** *num* six hundred **II.** <-> *m* six hundred; **il Seicento** the seventeenth century

seimila [sei·ˈmiː·la] **I.** *num* six thousand **II.** <-> *m* six thousand

selettivo, -a [se·let·ˈtiː·vo] *agg* **1.** (*criteri, metodo*) selective **2.** (*persona*) choosy

selezionare [se·let·tsio·ˈnaː·re] *vt* to choose

selezione [se·let·ˈtsioː·ne] *f* selection

self-service [ˈsɛlf·ˈsəː·vis] <-> *m* self-service restaurant

sella [ˈsɛl·la] *f* saddle

selvaggina [sel·vad·ˈdʒiː·na] *f* game

selvaggio, -a [sel·ˈvad·dʒo] <-ggi, -gge> **I.** *agg* (*luogo*) wild **II.** *m, f* savage

selvatico, -a <-ci, -che> *agg* **1.** (*gener*) wild; **gatto ~** feral cat **2.** *fig* (*persona*) unsociable

semaforo [se·ˈmaː·fo·ro] *m* traffic lights *pl;* ~ **verde** *fig* green light

sembrare [sem·ˈbraː·re] *vi essere* **1.** (*parere*) to seem; **sembra che ...** *+conj* it seems (that) ...; **sembra contento** he seems happy **2.** (*ritenere*) **ti sembra di aver ragione?** do you think you're right?; **come ti sembra?** what do you think (of it)? **3.** (*avere l'aspetto*) to look like

seme [ˈseː·me] *m* seed

semestrale [se·mes·ˈtraː·le] *agg* (*corso*) six-month; (*rivista*) biannual

semestre [se·ˈmɛs·tre] *m* semester

semi- [se·mi] semi-

semifinale [se·mi·fi·ˈnaː·le] *f* semifinal

semifreddo [se·mi·ˈfred·do] *m cold dessert made with ice cream*

seminare [se·mi·ˈnaː·re] *vt* **1.** *a. fig* (*odio, discordia*) to sow **2.** (*inseguitore*) to shake off; SPORT to leave behind

seminario [se·mi·ˈnaː·rio] <-i> *m* **1.** REL seminary **2.** (*corso*) seminar **3.** (*convegno*) conference

seminudo, -a [se·mi·ˈnuː·do] *agg* half-naked

semivuoto, **-a** [se·mi·'vuɔː·to] *agg* half empty

semmai [sem·'maː·i] *cong* if anything

semola ['seː·mo·la] *f* flour

semolino [se·mo·'liː·no] *m* (*farina*) semolina

semplice ['sem·pli·tʃe] *agg* **1.** (*gener*) simple **2.** (*schietto: persona*) straightforward; (*ingenuo*) ingenuous

semplicemente [sem·pli·tʃe·'men·te] *avv* simply

semplificare [sem·pli·fi·'kaː·re] *vt a.* MATH to simplify

sempre ['sɛm·pre] *avv* **1.** (*gener*) always; **da ~** always **2.** (*ancora, tuttavia, nondimeno*) still **3. ~ che** *+conj* as long as

sempreverde [sem·pre·'ver·de] *agg, m o f* evergreen

senape ['sɛː·na·pe] *f* mustard

senato [se·'naː·to] *m* Senate

senatore, **-trice** [se·na·'toː·re] *m, f* senator

senese[1] <*sing*> *m* (*dialetto*) Sienese

senese[2] [se·'neː·se] **I.** *agg* Sienese **II.** *mf* (*abitante*) person from Siena

senno ['sen·no] *m* **uscire di ~** to lose one's mind

sennò [sen·'nɔ] *avv fam* otherwise

seno ['seː·no] *m* (*mammella*) breast; (*petto*) breasts *pl*

sensato, **-a** [sen·'saː·to] *agg* sensible

sensazionale [sen·sat·tsio·'naː·le] *agg* sensational

sensazione [sen·sat·'tsioː·ne] *f* **1.** (*tattile, visiva*) sensation **2.** (*impressione*) feeling

sensibile [sen·'siː·bi·le] *agg* **1.** (*gener*) sensitive; **essere ~ a qc** to be sensitive to sth **2.** (*notevole*) noticeable

sensibilità [sen·si·bi·li·'ta] <-> *f* **1.** (*gener*) feeling **2.** (*emotiva*) sensitivity

senso ['sɛn·so] *m* **1.** (*gener*) sense; **buon ~** good sense; **~ comune** common sense; **avere ~ pratico** to be practical; **fare ~ a qu** to disgust sb **2.** *pl* (*coscienza*) **riprendere i -i** to regain consciousness; **perdere i -i** to lose consciousness **3.** (*sensazione*) feeling **4.** (*significato*) meaning **5.** (*direzione*) direction; **'~ vietato'** 'no entry'; **strada a ~ unico** one way street; **in ~ opposto** from the opposite direction; **in ~ orario/antiorario** clockwise/counterclockwise

sensuale [sen·su·'aː·le] *agg* sensual

sentenza [sen·'tɛn·tsa] *f* GIUR sentence

sentiero [sen·'tiɛː·ro] *m* path

sentimentale [sen·ti·men·'taː·le] *agg* sentimental

sentimentalismo [sen·ti·men·ta·'liz·mo] *m pej* sentimentality

sentimento [sen·ti·'men·to] *m* (*gener*) feeling

sentinella [sen·ti·'nɛl·la] *f* guard; **fare la ~** *a. fig* to keep watch

sentire [sen·'tiː·re] **I.** *vt* **1.** (*con le orecchie*) to hear; (*ascoltare*) to listen to; **farsi ~** to make one's voice heard; **stare a ~** (**qu**) to listen (to sb) **2.** (*con il naso*) to smell **3.** (*col gusto*) to taste **4.** (*col tatto*) to feel **5.** (*provare, accorgersi*) to feel; **~ fame** to feel hungry; **sentire caldo/freddo** to feel hot/cold **6.** (*venire a sapere*) to hear; **ho sentito che ...** I heard that ... **II.** *vr:* **-rsi** to feel; **mi sento bene** I feel well; **mi sento male** I feel ill; **-rsi svenire** to feel faint; **non me la sento** *fam* I don't feel like it

sentito, **-a** [sen·'tiː·to] *agg* **1.** (*sincero*) sincere **2.** (*loc*) **per ~ dire** by hearsay

senza ['sɛn·tsa] **I.** *prep* without; **~ di me/te** without me/you; **~ dubbio** without doubt; **senz'altro** certainly; **fare ~ qc/qu** to do without sth/sb; **rimanere ~ qc** to have run out of sth **II.** *cong* without *+inf;* **~ dire niente** without saying anything; **~ che** *+conj* without; **~ che io glielo chiedessi** without my asking him

senzatetto [sen·tsa·'tet·to] <-> *mf* homeless person

separare [se·pa·'raː·re] **I.** *vt* **1.** (*disgiungere*) to separate **2.** (*tenere distinto*) to distinguish **II.** *vr:* **-rsi** (*lasciarsi: coniugi*) to separate; (*amici, soci*) to part company

separatamente [se·pa·ra·ta·'men·te] *avv* separately

separazione [se·pa·rat·'tsioː·ne] *f* separation

sepolto, **-a** [se·'pol·to] **I.** *pp di* **seppellire** **II.** *agg* buried

seppellire [sep·pel·'liː·re] <seppellisco,

seppellii, seppellito *o* sepolto> *vt* to bury

seppi ['sɛp·pi] *1. pers sing pass rem di* **sapere**[1]

seppia ['sep·pia] <-ie> *f* cuttlefish

sequenza [se·'kuɛn·tsa] *f* **1.** (*serie*) sequence **2.** FILM sequel

sequestrare [se·kues·'traː·re] *vt* **1.** GIUR to seize **2.** (*illegalmente*) to kidnap

sequestratore, -trice [se·kues·tra·'toː·re] *m, f* kidnapper

sequestro [se·'kuɛs·tro] *m* **1.** GIUR seizure; **mettere sotto ~** to seize **2.** (*illegale*) kidnap; **~ di persona** false imprisonment

sera ['seː·ra] *f* evening; **buona ~** good evening; **di ~** in the evening; **domani/ieri ~** tomorrow/yesterday evening

serale [se·'raː·le] *agg* evening; **scuola ~** night school

serata [se·'raː·ta] *f* evening

serbare [ser·'baː·re] *vt* (*segreto*) to keep; **~ rancore a qu** to bear a grudge against sb

serbatoio [ser·ba·'toː·io] <-oi> *m* tank

Serbia ['sɛr·bia] *f* Serbia

serbo ['sɛr·bo] *m* **in ~** in store

serbo, -a **I.** *agg* Serbian **II.** *m, f* (*abitante*) Serb

serbocroato [ser·bo·kro·'aː·to] *m* (*lingua*) Serbo-Croatian

serbocroato, -a *agg* Serbo-Croatian

serenata [se·re·'naː·ta] *f* serenade

sereno, -a *agg* **1.** METEO clear **2.** (*persona*) calm; (*vita*) quiet

sergente [ser·'dʒɛn·te] *m* sergeant

seriamente [se·ria·'men·te] *avv* seriously

serie ['sɛː·rie] <-> *f* **1.** (*gener*) series; **produzione in ~** mass production **2.** SPORT league; **~ A** *the top league of Italian soccer*

serietà [se·rie·'ta] <-> *f* seriousness

serio ['sɛː·rio] *m* **sul ~** seriously; **fare sul ~** *fam* to be serious; **prendere qc/qu sul ~** to take sth/sb seriously

serio, -a <-i, -ie> *agg* **1.** (*uomo, condotta*) responsible **2.** (*sguardo, voce, questione*) serious

serpente [ser·'pɛn·te] *m* snake; **~ a sonagli** rattlesnake

serra ['sɛr·ra] *f* greenhouse; **effetto ~** greenhouse effect

serramento [ser·ra·'men·to] <-i *m o* -a *f*> *mf* (*porta*) door; (*finestra*) window

serranda [ser·'ran·da] *f* shutter

serrare [ser·'raː·re] *vt* to close

serrata [ser·'raː·ta] *f* lockout

serratura [ser·ra·'tuː·ra] *f* lock

servire [ser·'viː·re] **I.** *vt avere* (*gener*) to serve **II.** *vi essere o avere* **1.** (*essere utile*) to be useful; **non ~ a niente** to be useless **2.** (*aver bisogno*) to need **3.** SPORT to serve **III.** *vr:* **-rsi** **1.** (*usare*) **-rsi di qc** to use sth **2.** (*a tavola*) to help oneself; **servitevi pure** help yourselves

servizio [ser·'vit·tsio] <-i> *m* **1.** (*gener*) service; **~ assistenza clienti** customer services; **~ militare** military service; **essere in ~** to be in service; **donna di ~** maid; **stazione di ~** gas station; **fuori ~** *fig* out of order **2.** (*giornalismo*) RADIO, TV report **3. ~ da tavola** dinner service **4.** *pl* bathroom

servofreno [ser·vo·'freː·no] *m* servo brake

servosterzo [ser·vos·'tɛr·tso] *m* power steering

sessanta [ses·'san·ta] **I.** *num* sixty **II.** <-> *m* sixty; *v. a.* **cinquanta**

sessantenne [ses·san·'tɛn·ne] **I.** *agg* sixty-year-old **II.** *mf* sixty year old

sessantesimo [ses·san·'tɛː·zi·mo] *m* (*frazione*) sixtieth

sessantesimo, -a *agg, m, f* sixtieth; *v. a.* **quinto**

sessantina [ses·san·'tiː·na] *f* **una ~** (**di ...**) around sixty; **essere sulla ~** to be around sixty

sessione [ses·'sioː·ne] *f* session

sessista [ses·'sis·ta] <-i *m*, -e *f*> *agg, mf* sexist

sesso ['sɛs·so] *m* sex

sessuale [ses·su·'aː·le] *agg* sexual

sesto ['sɛs·to] *m* **1.** (*frazione*) sixth **2.** (*loc*) **rimettere in ~** to put back in order

sesto, -a ['sɛs·to] *agg, m, f* sixth; *v. a.* **quinto**

set [sɛt] <-> *m* CINE set

seta ['seː·ta] *f* silk

setacciare [se·tat·'tʃaː·re] *vt* **1.** (*farina*)

to sieve **2.** *fig* (*zona*) to comb

sete ['seː·te] *f* thirst; **avere** ~ to be thirsty

setta ['sɛt·ta] *f* sect

settanta [set·'tan·ta] **I.** *num* seventy **II.** <-> *m* seventy; *v. a.* **cinquanta**

settantenne [set·tan·'tɛn·ne] **I.** *agg* seventy-year-old **II.** *mf* seventy year old

settantesimo [set·tan·'tɛː·zi·mo] *m* seventieth

settantesimo, -a *agg, m, f* seventieth; *v. a.* **quinto**

settantina [set·tan·'tiː·na] *f* **una ~ (di ...)** around seventy; **essere sulla ~** to be around seventy

sette ['sɛt·te] **I.** *num* seven **II.** <-> *m* **1.** (*numero*) seven **2.** (*nelle date*) seventh **3.** (*voto scolastico*) =B *above average grade* **III.** *fpl* seven o'clock; *v. a.* **cinque**

settecentesco, -a [set·te·tʃen·'tes·ko] <-schi, -sche> *agg* eighteenth-century

settecento [set·te·'tʃɛn·to] **I.** *num* seven hundred **II.** <-> *m* seven hundred; **il Settecento** the eighteenth century

settembre [set·'tɛm·bre] *m* September; *v. a.* **aprile**

settemila [set·te·'miː·la] **I.** *num* seven thousand **II.** <-> *m* seven thousand

settentrionale [set·ten·trio·'naː·le] **I.** *agg* northern **II.** *mf* **1.** (*del Nord*) northerner **2.** (*dell'Italia del Nord*) northern Italian

settentrione [set·ten·'trioː·ne] *m* **1.** (*il nord*) north **2.** (*d'Italia*) north of Italy

settimana [set·ti·'maː·na] *f* week; **~ bianca** ski vacation

settimanale [set·ti·ma·'naː·le] *agg, m* weekly

settimo ['sɛt·ti·mo] *m* seventh

settimo, -a *agg, m, f* seventh; *v. a.* **quinto**

settore [set·'toː·re] *m* **1.** GENER sector **2.** *a. fig* (*zona*) area

severità [se·ve·ri·'ta] <-> *f* **1.** (*di docente, genitore*) strictness **2.** (*di metodo, studio*) rigor

severo, -a [se·'vɛː·ro] *agg* strict

seviziare [se·vit·'tsiaː·re] *vt* to beat up

sexy ['sek·si] <inv> *agg* sexy

sezione [set·'tsioː·ne] *f* section

sfacciataggine [sfat·tʃa·'taː·dʒi·ne] *f* nerve

sfacciato, -a [sfat·'tʃaː·to] **I.** *agg* (*tono, gesto*) nervy **II.** *m, f* **è uno ~** he has no shame

sfamare [sfa·'maː·re] **I.** *vt* to feed **II.** *vr:* **-rsi** to satisfy one's hunger

sfarzo ['sfar·tso] *m* opulence

sfarzoso, -a [sfar·'tsoː·so] *agg* opulent

sfasciacarrozze [sfaʃ·ʃa·kar·'rɔt·tse] <-> *m* wrecking yard

sfasciare [sfaʃ·'ʃaː·re] **I.** *vt a. fig* (*distruggere*) to wreck **II.** *vr:* **-rsi** to smash to pieces

sfascio ['sfaʃ·ʃo] *m fig* (*rovina*) ruin; **essere allo ~** to be on the verge of collapse

sfaticato, -a [sfa·ti·'kaː·to] *m, f pej fam* lazybones

sfavorevole [sfa·vo·'reː·vo·le] *agg* unfavorable

sfera ['sfɛː·ra] *f* **1.** MATH sphere; **penna a ~** ballpoint (pen) **2.** *fig* (*ambito*) area

sferico, -a ['sfɛː·ri·ko] <-ci, -che> *agg* spherical

sferrare [sfer·'raː·re] *vt* (*colpo, attacco*) to launch

sfiancare [sfiaŋ·'kaː·re] **I.** *vt fig* (*spossare*) to exhaust **II.** *vr:* **-rsi** to exhaust oneself

sfida ['sfiː·da] *f* **1.** (*invito a battersi*) challenge; **lanciare una ~ a qu** to challenge sb **2.** *fig* (*provocazione*) defiance

sfidante [sfi·'dan·te] **I.** *agg* challenging **II.** *mf* challenger

sfidare [sfi·'daː·re] *vt* **1.** (*gener*) to challenge; **~ qu a fare qc** to challenge sb to do sth **2.** (*pericolo, morte*) to defy; **sfido io!** *fam* of course!

sfiducia [sfi·'duː·tʃa] *f* mistrust; **voto di ~** vote of no confidence

sfigato, -a [sfi·'gaː·to] *vulg* **I.** *agg* (*sfortunato*) unlucky **II.** *m, f* (*sfortunato*) unlucky person

sfigurare [sfi·gu·'raː·re] **I.** *vt fig* (*deturpare*) to disfigure **II.** *vi* (*fare brutta figura*) to make a bad impression

sfilare [sfi·'laː·re] **I.** *vt avere* (*anello, indumenti*) to take off **II.** *vr:* **-rsi 1.** (*calze, maglia*) to run **2.** (*collana*) to come unstrung

sfilata [sfi·'laː·ta] *f* (*di persone*) procession; ~ **di moda** fashion show

sfinge ['sfin·dʒe] *f* sphinx

sfinire [sfi·'niː·re] <sfinisco> *vt* to exhaust

sfiorare [sfio·'raː·re] *vt* **1.** (*toccare*) to brush **2.** *fig* (*tema*) to touch on

sfiorire [sfio·'riː·re] <sfiorisco> *vi essere* **1.** BOT to wither **2.** *fig* (*bellezza*) to fade

sfizio ['sfit·tsio] <-i> *m dial* whim; **per ~** on a whim

sfizioso, -a [sfit·'tsioː·so] *agg* (*cibo*) tasty

sfocato, -a [sfo·'kaː·to] *agg* out of focus

sfociare [sfo·'tʃaː·re] *vi essere* (*fiume*) **~ in** to flow into

sfogare [sfo·'gaː·re] **I.** *vt avere* (*rabbia, odio*) to work off **II.** *vr:* **-rsi** (*manifestare ansia*) to unburden oneself; **-rsi su** [*o* **contro**] **qu** to take it out on sb

sfoggiare [sfod·'dʒaː·re] *vt* to show off

sfoggio ['sfɔd·dʒo] <-ggi> *m* **fare ~ di qc** to show sth off

sfoglia ['sfɔʎ·ʎa] *f* CULIN pasta dough; **pasta ~** puff pastry

sfogliare [sfoʎ·'ʎaː·re] *vt* to flick through

sfogo ['sfoː·go] <-ghi> *m* **1.** (*gener*) outlet **2.** *fam* MED rash **3.** *fig* (*di rabbia*) outburst; **dare ~ ai propri sentimenti** to give vent to one's feelings

sfollare [sfol·'laː·re] *vt avere* (*sgombrare: persone*) to displace

sfoltire [sfol·'tiː·re] <sfoltisco> *vt* (*bosco, capelli*) to thin (out)

sfondare [sfon·'daː·re] **I.** *vt* (*porta, cassa*) to break down **II.** *vi* (*avere successo*) to make a name for oneself

sfondato, -a *agg* (*botte, parete*) broken; (*scarpe*) worn-out; **essere ricco ~** *fam* to be rolling in it

sfondo ['sfon·do] *m* background; **sullo ~** in the background

sformare [sfor·'maː·re] **I.** *vt* (*scarpe, giacca*) to put out of shape **II.** *vr:* **-rsi** (*scarpe, giacca*) to go out of shape

sformato [sfor·'maː·to] *m savory dish made of vegetables and eggs*

sfornare [sfor·'naː·re] *vt* **1.** CULIN to take out of the oven **2.** *fig* (*far uscire in abbondanza*) to churn out

sfornito, -a [sfor·'niː·to] *agg* (*cucina*) badly equipped; (*supermercato*) badly stocked

sfortuna [sfor·'tuː·na] *f* bad luck

sfortunato, -a [sfor·tu·'naː·to] *agg* unlucky

sforzare [sfor·'tsaː·re] **I.** *vt* to force **II.** *vr:* **-rsi** (*impegnarsi*) to make an effort

sforzo ['sfɔr·tso] *m* effort; **fare uno ~** to make an effort; **non fare -i!** *fam* don't tire yourself out!

sfottere ['sfot·te·re] *vt fam* to tease

sfrattare [sfrat·'taː·re] *vt* to evict

sfratto ['sfrat·to] *m* eviction

sfrecciare [sfret·'tʃaː·re] *vi essere* to shoot past

sfregare [sfre·'gaː·re] *vt* **1.** (*occhi*) to rub **2.** (*oggetto*) to scrape

sfrenato, -a [sfre·'naː·to] *agg* (*ritmo*) frenetic; (*passione*) unbridled

sfrontato, -a [sfron·'taː·to] *agg* impudent

sfruttamento [sfrut·ta·'men·to] *m* exploitation

sfruttare [sfrut·'taː·re] *vt* **1.** AGR, MIN to work **2.** (*spazio*) to make the most of **3.** *fig* (*situazione, persona*) to take advantage of **4.** (*dipendenti*) to exploit

sfuggire [sfud·'dʒiː·re] *vi essere* **~ a** (*inseguitori*) to escape; **~ alla morte** to escape death; **mi è sfuggita la penna di mano** the pen slipped out of my hand; **mi è sfuggito che ...** I forgot (that) ...

sfuggita [sfud·'dʒiː·ta] *f* **di ~** in passing

sfumare [sfu·'maː·re] *vt avere* (*colori*) to shade

sfumatura [sfu·ma·'tuː·ra] *f* **1.** (*gradazione*) tone **2.** *fig* (*di testo*) shade of meaning **3.** *fig* (*accenno*) hint

sfuriata [sfu·'riaː·ta] *f fam* outburst

sgabello [zga·'bɛl·lo] *m* stool

sgabuzzino [zga·bud·'dziː·no] *m* storage room

sgambato, -a [zgam·'baː·to] *agg* high-cut

sgambettare [zgam·bet·'taː·re] *vi* to kick one's legs

sgambetto [zgam·'bet·to] *m a. fig* **fare lo ~ a qu** to trip sb up

sganciare [zgan·'tʃaː·re] **I.** *vt* **1.** (*veicolo*) to uncouple **2.** (*bomba, siluro*) to launch **3.** *fam* (*denaro*) to fork out **II.** *vr:* **-rsi** **1.** (*staccarsi: rimorchio*) to come uncoupled; (*oggetto legato, ap-*

peso) to come undone **2.** *fig fam* (*da persona, impegno*) to get away

sgarbato, -a [zgar·'baː·to] *agg* ill-mannered

sgarbo ['zgar·bo] *m* **fare uno ~ a qu** to be rude to sb

sgargiante [zgar·'dʒan·te] *agg* (*colore*) garish

sgelare [zdʒe·'laː·re] **I.** *vt avere* (*scongelare*) to defrost **II.** *vr:* **-rsi** (*scongelarsi*) to defrost

sghignazzare [zgiɲ·ɲat·'tsaː·re] *vi fam* to laugh scornfully

sgobbare [zgob·'baː·re] *vi fam* to slave (away); **~ sui libri** to study hard

sgocciolare [zgot·tʃo·'laː·re] *vi essere o avere* (*liquidi*) to drip

sgolarsi [zgo·'lar·si] *vr* to shout oneself hoarse

sgomb(e)rare [zgom·'braː·re (zgom·be·'raː·re)] *vt* **1.** (*tavolo, stanza, strada*) to clear **2.** (*appartamento*) to vacate

sgombro ['zgom·bro] *m* ZOO mackerel

sgombro, -a *agg* (*casa, appartamento*) vacant

sgomento [zgo·'men·to] *m* dismay

sgomento, -a *agg* dismayed

sgominare [zgo·mi·'naː·re] *vt* to defeat

sgommare [zgom·'maː·re] *vi* to make one's tires screech

sgonfiare [zgon·'fiaː·re] **I.** *vt* **1.** (*pneumatico, pallone*) to let the air out of **2.** MED to bring down the swelling of **II.** *vr:* **-rsi** **1.** (*ruota, pallone*) to go flat **2.** MED to go down

sgorbio ['zgɔr·bio] <-i> *m* (*scrittura*) scrawl; (*disegni*) scribble

sgorgare [zgor·'gaː·re] *vi essere* to gush

sgozzare [zgot·'tsaː·re] *vt* to slaughter

sgradevole [zgra·'deː·vo·le] *agg* unpleasant

sgradito, -a [zgra·'diː·to] *agg* unwelcome

sgrammaticato, -a [zgram·ma·ti·'kaː·to] *agg* ungrammatical

sgranocchiare [zgra·nok·'kiaː·re] *vt fam* to munch

sgravio ['zgraː·vio] <-i> *m* relief; **~ fiscale** tax relief

sgraziato, -a [zgrat·'tsiaː·to] *agg* ungainly

sgretolarsi [zgre·to·'laːr·si] *vr a. fig* to crumble

sgridare [zgri·'daː·re] *vt* **~ qu** to tell sb off

sguaiato, -a [zgua·'iaː·to] *agg* (*risata, gesto*) vulgar

sgualcire [zgual·'tʃiː·re] <sgualcisco> *vt* to crush

sgualdrina [zgual·'driː·na] *f* whore

sguardo ['zguar·do] *m* look; **alzare/abbassare lo ~** to look up/down; **dare uno ~ a qc** to look at sth

sguattero, -a ['zguat·te·ro] *m, f* scullery boy *m*, scullery maid *f*

sguazzare [zguat·'tsaː·re] *vi* (*nell'acqua*) to splash around

sguinzagliare [zguin·tsaʎ·'ʎaː·re] *vt* **1.** (*cani*) to let off the leash **2.** *fig* (*mandare alla ricerca*) **~ un detective dietro qu** to hire a private detective to follow sb

sgusciare [zguʃ·'ʃaː·re] *vt avere* (*uova, fagioli, fave*) to shell

shampoo [ʃæm·'puː/'ʃam·po] <-> *m* shampoo

shock [ʃɔk] <-> *m* shock

shorts [ʃɔːts] *mpl* shorts

si[1] [si] *pron 3. pers m e f sing e pl* **1.** (*riflessivo, complemento oggetto: impersonale*) oneself; (*maschile*) himself; (*femminile*) herself; (*neutro*) itself; (*plurale*) themselves; **~ è tagliato** he cut himself; **~ è scottata** she burned herself; **~ alzano sempre tardi** they always get up late **2.** (*riflessivo, complemento di termine*) **~ è rotta un piede** she broke her foot; **~ è tagliato un dito** he cut his finger; **~ è messo il cappotto** he put on his coat **3.** (*intensivo*) **~ è comprata un vestito nuovo** she bought herself a new dress; **guardarsi un film** to watch a movie **4.** (*reciproco*) each other; **vogliono conoscersi meglio** they want to get to know each other better; **~ sono separati** they split up **5.** (*impersonale*) **in Australia ~ parla inglese** they speak English in Australia; **cercasi segretaria** secretary wanted **6.** (*passivante*) **non ~ accettano assegni** checks not accepted

si[2] <-> *m* MUS B; (*nel solfeggio*) ti

sì [si] **I.** *avv* yes; **certo che** ~ of course; **rispondere di** ~ to say yes; **credo di** ~ I think so; **un giorno ~ ed uno no** on alternate days; **~ e no** yes and no **II.** <-> *m* yes

sia[1] ['siː·a] *cong* **~ ... o** whether ... or; **~ ... che** both ... and

sia[2] *1., 2. e 3. pers sing conj pr di* **essere**[1]

siamese [sia·'meː·se] *agg* Siamese; **gatto** ~ Siamese cat; **fratelli -i** Siamese twins

Siberia [si·'bɛː·ria] *f* Siberia

sibilare [si·bi·'laː·re] *vi* to whistle

sibilo ['siː·bi·lo] *m* whistling

sicché [sik·'ke] *cong* **1.** (*così che, perciò*) so **2.** (*ebbene*) well

siccità [sit·tʃi·'ta] <-> *f* drought

siccome [sik·'koː·me] *cong* since

Sicilia [si·'tʃiː·lia] *f* Sicily

siciliano [si·tʃi·'liaː·no] <*sing*> *m* (*dialetto*) Sicilian

siciliano, -a I. *agg* Sicilian **II.** *m, f* (*abitante*) Sicilian

sicurezza [si·ku·'ret·tsa] *f* safety; (*certezza*) certainty; **cintura di** ~ seat belt; **uscita di** ~ emergency exit

sicuro [si·'kuː·ro] **I.** *m* **1. essere al** ~ to be safe; **sentirsi al** ~ to feel safe; **mettersi al** ~ *fig* to take cover **2. andare sul** ~ to play (it) safe **II.** *avv* certainly; **di** ~ certainly

sicuro, -a *agg* **1.** (*luogo, posto*) safe **2.** (*che sa con certezza*) sure **3.** (*abile*) confident; **essere ~ di sé** to be self-confident **4.** (*che dà certezza di avvenire*) certain

sidro ['siː·dro] *m* cider

Siena *f* Siena *city in Tuscany*

siepe ['siɛː·pe] *f* BOT hedge

siero ['siɛː·ro] *m* **1.** (*del latte*) whey **2.** MED serum

sieronegativo, -a [sie·ro·ne·ga·'tiː·vo] *agg* MED (*AIDS*) HIV negative

sieropositivo, -a [sie·ro·po·si·'tiː·vo] *agg* MED (*AIDS*) HIV positive

siete ['siɛː·te] *2. pers pl pr di* **essere**[1]

Sig. *abbr di* **signore** Mr.

sigaretta [si·ga·'ret·ta] *f* cigarette

sigaro ['siː·ga·ro] *m* cigar

Sigg. *abbr di* **signori** Messrs.

sigillare [si·dʒil·'laː·re] *vt* to seal

sigla ['siː·gla] *f* **1.** (*abbreviazione*) acronym **2.** MUS, TV, RADIO signature tune

Sig.na *abbr di* **signorina** Miss

significare [siɲ·ɲi·fi·'kaː·re] *vt* to mean

significativo, -a [siɲ·ɲi·fi·ka·'tiː·vo] *agg* meaningful

significato [siɲ·ɲi·fi·'kaː·to] *m* **1.** (*concetto*) meaning **2.** (*importanza*) significance

signora [siɲ·'ɲoː·ra] *f* **1.** (*gener*) lady; **signori e -e** ladies **2.** (*appellativo*) Mrs.; **la ~ Trevisan** Mrs. Trevisan **3.** (*moglie*) wife

signore [siɲ·'ɲoː·re] *m* (*gener*) gentleman; **il signor Martignon** Mr. Martignon; **i -i Berla** the Berlas; **Egregio signor Colombo** Dear Mr. Colombo; **-i e signore** ladies and gentlemen

signorina [siɲ·ɲo·'riː·na] *f* **1.** (*donna nubile, appellativo*) Miss; **la ~ Marchi** Mrs. Marchi **2.** (*donna giovane*) young lady

Sig.ra *abbr di* **signora** Mrs.

silenzio [si·'lɛn·tsio] <-i> *m* silence; **fare** ~ to be quiet

silenzioso, -a [si·len·'tsioː·so] *agg* quiet

silicio [si·'liː·tʃo] *m* silicon

silicone [si·li·'koː·ne] *m* silicone

sillaba ['sil·la·ba] *f* syllable

simboleggiare [sim·bo·led·'dʒaː·re] *vt* to symbolize

simbolico, -a [sim·'bɔː·li·ko] <-ci, -che> *agg* symbolic

simbolo ['sim·bo·lo] *m* symbol

simile ['siː·mi·le] **I.** *agg* **1.** (*analogo*) similar; **essere ~ a qu/qc** to be similar to sb/sth **2.** (*tale*) such **II.** *mf* (*il prossimo*) neighbor

similpelle [si·mil·'pɛl·le] *f* imitation leather

simmetria [sim·me·'triː·a] <-ie> *f* symmetry

simmetrico, -a [sim·'mɛː·tri·ko] <-ci, -che> *agg* symmetrical

simpatia [sim·pa·'tiː·a] <-ie> *f* **1.** (*di carattere*) pleasant nature **2.** (*inclinazione*) liking; **avere ~ per qu/qc** to like sb/sth; **prendere qu in** ~ to take a liking to sb

simpatico, -a [sim·'paː·ti·ko] <-ci, -che> *agg* nice

simpatizzante [sim·pa·tid·'dzan·te] *mf* sympathizer

simpatizzare [sim·pa·tid'dza:·re] *vi* ~ **per qc** to support sth

simultaneo, -a [si·mul·'ta:·neo] *agg* simultaneous

sinagoga [si·na·'gɔ:·ga] <-ghe> *f* synagogue

sinceramente [sin·tʃe·ra·'me:n·te] *avv* honestly

sincerità [sin·tʃe·ri·'ta] <-> *f* honesty; **con tutta** ~ in all honesty

sincero, -a [sin·'tʃɛ:·ro] *agg* **1.** (*persona*) honest **2.** *fig* (*gesto, parole*) sincere

sincronizzare [siŋ·kro·nid·'dza:·re] *vt* to synchronize

sindacale [sin·da·'ka:·le] *agg* (trade) union

sindacalista [sin·da·ka·'lis·ta] <-i *m*, -e *f*> *mf* trade unionist

sindacato [sin·da·'ka:·to] *m* (*di lavoratori*) (trade) union

sindaco ['sin·da·ko] <-ci> *m* ADMIN mayor

sindrome ['sin·dro·me] *f* syndrome

sinfonia [sin·fo·'ni:·a] <-ie> *f* MUS symphony

singhiozzare [siŋ·giot·'tsa:·re] *vi* **1.** (*piangere*) to sob **2.** (*avere il singhiozzo*) to hiccup

singhiozzo [siŋ·'giot·tso] *m* **1.** MED hiccups *pl* **2.** (*pianto*) sob

single ['siŋ·gl] <-> *mf* single person

singolare [siŋ·go·'la:·re] **I.** *agg* **1.** (*particolare*) strange **2.** (*insolito*) remarkable **II.** *m* LING singular

singolo, -a **I.** *agg* single **II.** *m, f* individual

sinistra [si·'nis·tra] *f* **1.** (*gener*) left; **partito di** ~ party of the left; **a** ~ on the left; **girare a** ~ to turn left; **tenere la** ~ to keep left **2.** (*mano*) left hand

sinistrato, -a [si·nis·'tra:·to] *agg* damaged

sinistro [si·'nis·tro] *m* **1.** (*infortunio*) accident **2.** SPORT (*piede*) left foot; (*mano, pugno*) left

sinistro, -a *agg* (*che è a sinistra*) left

sino ['si:·no] *prep* ~ **a** until

sinonimo [si·'nɔ:·ni·mo] *m* synonym

sintassi [sin·'tas·si] <-> *f* LING syntax

sintesi ['sin·te·zi] <-> *f* **1.** PHILOS, BIOL, CHEM, MED synthesis **2.** (*riassunto*) summary; **in** ~ in short

sintetico, -a [sin·'tɛ:·ti·ko] <-ci, -che> *agg* **1.** (*schematico*) concise **2.** (*tessuto*) synthetic

sintetizzare [sin·te·tid·'dza:·re] *vt* **1.** (*riassumere*) to summarize **2.** CHEM to synthesize

sintomo ['sin·to·mo] *m* symptom

sintonia [sin·to·'ni:·a] <-ie> *f fig* (*perfetto accordo*) harmony; **essere in ~ con** to be in harmony with

sinusite [si·nu·'zi:·te] *f* sinusitis

sipario [si·'pa:·rio] <-i> *m* curtain

Siracusa [si·ra·'ku:·za] *f* Syracuse *city in southeastern Sicily*

siracusano, -a [si·ra·ku·'sa:·no] **I.** *agg* from Syracuse **II.** *m, f* (*abitante*) person from Syracuse

sirena [si·'rɛ:·na] *f* mermaid

siringa [si·'riŋ·ga] <-ghe> *f* MED syringe

sisma ['siz·ma] <-i> *m* earthquake

SISMI ['siz·mi] *m v.* **Servizio per l'Informazione e la Sicurezza Militare** *Italian military security service*

sismico, -a ['siz·mi·ko] <-ci, -che> *agg* seismic; **zona -a** earthquake zone

sistema [sis·'tɛ:·ma] <-i> *m* system; ~ **immunitario** immune system; ~ **nervoso** nervous system; ~ **operativo** operating system

sistemare [sis·te·'ma:·re] **I.** *vt* **1.** (*mettere a posto*) to tidy (up) **2.** (*faccenda*) to sort out **3.** (*procurare un lavoro*) to fix up **4.** (*procurare un alloggio a*) to put; **sistemalo nella stanza degli ospiti** put him in the guest room **5.** *fam* (*punire*) to chew out **II.** *vr:* **-rsi** **1.** (*trovare lavoro*) to find a job **2.** (*trovare alloggio*) to find a place to stay **3.** (*sposarsi*) to settle down

sistematicamente [sis·te·ma·ti·ka·'men·te] *avv* **1.** (*secondo un piano organico*) systematically **2.** (*regolarmente*) regularly

sistemazione [sis·te·mat·'tsio:·ne] *f* **1.** (*risoluzione*) settling **2.** (*impiego*) job **3.** (*alloggio*) accomodations

sistemista [sis·te·'mis·ta] <-i *m*, -e *f*> *mf* COMPUT systems engineer

sito ['si·to] *m* **1.** *poet* place **2.** COMPUT site; ~ **Web** web site

situare [si·tu·'aː·re] *vt* to locate

situazione [si·tu·at·'tsioː·ne] *f* situation

skateboard ['skeit·bɔːd/'skeit·bɔrd] <-> *m* **1.** (*tavola*) skateboard **2.** (*sport*) skateboarding

skipass [ski·'pas] <-> *m* ski pass

slacciare [zlat·'tʃaː·re] **I.** *vt* to undo **II.** *vr:* **-rsi** to come undone

slalom ['zlaː·lom] <-> *m* SPORT slalom

slalomista [zla·lo·'mis·ta] <-i *m*, -e *f*> *mf* slalom racer

slanciato, -a [zlan·'tʃaː·to] *agg* slim

slancio ['zlan·tʃo] <-ci> *m* **1.** (*balzo*) leap **2.** *fig* (*impeto*) gusto

slargo ['zlar·go] <-ghi> *m* widening

slavato, -a [zla·'vaː·to] *agg* faded

slavina [zla·'viː·na] *f* snowslide

slavo, -a ['zlaː·vo] **I.** *agg* Slavic **II.** *m, f* Slav

sleale [zle·'aː·le] *agg* cheating

slegare [zle·'gaː·re] *vt* to untie

slegato, -a [zle·'gaː·to] *agg* (*senza connessione*) disconnected

slip [zlip] <-> *m* (*da uomo*) briefs *pl;* (*da donna*) panties *pl*

slitta ['zlit·ta] *f* sledge

slittamento [zlit·ta·'men·to] *m* **1.** (*di ruote*) skidding **2.** (*rinvio*) postponement

slittare [zlit·'taː·re] *vi essere o avere* **1.** (*ruote*) to skid **2.** (*essere rinviato*) to be postponed

slittino [zlit·'tiː·no] *m* toboggan

s.l.m. *abbr di* **sul livello del mare** asl *above sea level*

slogan ['zlɔː·gan] <-> *m* slogan

slogare [zlo·'gaː·re] *vt* (*spalla*) to dislocate; (*polso, caviglia*) to sprain

slogatura [zlo·ga·'tuː·ra] *f* (*di spalla*) dislocation; (*di polso, caviglia*) sprain

sloggiare [zlod·'dʒaː·re] *vi* **1.** (*abbandonare un alloggio*) to move out **2.** *fam* (*andarsene*) to clear out

Slovacchia [zlo·vak·'kia] *f* Slovakia

slovacco, -a [zlo·'vak·ko] <-cchi, -cche> *agg, m, f* Slovak

Slovenia [zlo·'vɛː·nia] *f* Slovenia

sloveno, -a [zlo·'vɛː·no] *agg, m, f* Slovenian

smacchiare [zmak·'kiaː·re] *vt* to remove stains from

smacchiatore, -trice [zmak·kia·'toː·re] *m, f* stain remover

smagliante [zmaʎ·'ʎan·te] *agg* (*sorriso, bellezza*) radiant; **in forma** ~ in great shape

smagliatura [zmaʎ·ʎa·'tuː·ra] *f* **1.** (*di calze*) run **2.** MED stretch mark

smaliziato, -a [zma·lit·'tsiaː·to] *agg* (*non più ingenuo*) knowing

smaltare [zmal·'taː·re] *vt* **1.** (*vaso*) to glaze; (*padella*) to enamel **2.** (*unghie*) to put nail polish on

smaltimento [zmal·ti·'men·to] *m* disposal; **lo ~ dei rifiuti** waste disposal

smaltire [zmal·'tiː·re] <smaltisco> *vt* **1.** (*digerire: cibo*) to digest **2.** (*far passare: sbornia, rabbia*) to get over **3.** (*eliminare: acque*) to drain away; (*rifiuti*) to dispose of

smalto ['zmal·to] *m* **1.** (*per decorare, dei denti*) enamel **2.** (*per unghie*) nail polish

smanettare [zma·net·'taː·re] *vi sl* ~ **al computer** to mess around on the computer

smania ['zmaː·nia] *f* **1.** (*agitazione*) agitation **2.** *fig* (*intenso desidero*) ~ **di qc** thirst for sth

smanioso, -a [zma·'nioː·so] *agg* **essere ~ di fare qc** to be eager to do sth

smantellamento [zman·tel·la·'men·to] *m* **1.** (*chiusura: di fabbrica*) shutting down **2.** *fig* (*di sistema politico*) dismantling

smantellare [zman·tel·'laː·re] *vt* **1.** (*mura*) to demolish; (*fabbrica*) to shut down **2.** (*tesi,accusa*) to take apart

smarrimento [zmar·ri·'men·to] *m* **1.** (*di oggetto*) loss **2.** *fig* (*mancanza di lucidità*) confusion

smarrire [zmar·'riː·re] <smarrisco> **I.** *vt* (*perdere: oggetti*) to lose **II.** *vr:* **-rsi** (*perdersi*) to get lost

smascherare [zmas·ke·'raː·re] **I.** *vt fig* (*mettere a nudo*) to reveal **II.** *vr:* **-rsi** *fig* (*rivelare la propria natura*) to give oneself away

SME *m abbr di* **Sistema Monetario Europeo** EMS

smemorato, **-a** [zme·mo·'ra:·to] **I.** *agg* forgetful **II.** *m, f* forgetful person

smentire [zmen·'ti:·re] <smentisco> **I.** *vt* **1.** (*notizia, fatti*) to deny **2.** GIUR to retract **II.** *vr:* **-rsi** (*contraddirsi*) to contradict oneself

smentita [zmen·'ti:·ta] *f* denial

smeraldo [zme·'ral·do] **I.** *m* emerald **II.** <inv> *agg* **verde** ~ emerald green

smerciare [zmer·'tʃa:·re] *vt* to sell off

smettere ['zmet·te·re] <irr> **I.** *vt* (*interrompere: lavoro*) to stop; (*studi*) to give up; (*discussione*) to end; **smettila!** *fam* stop it! **II.** *vi* to stop; ~ **di fare qc** to stop doing sth; **ha smesso di piovere** it's stopped raining

smilzo, **-a** ['zmil·tso] *agg* (*persona*) skinny

sminuire [zmi·nu·'i:·re] <sminuisco> *vt* to belittle

smisi ['zmi·zi] *1. pers sing pass rem di* **smettere**

smistare [zmis·'ta:·re] *vt* (*corrispondenza, merci*) to sort

smisurato, **-a** [zmi·zu·'ra:·to] *agg* (*spazio*) enormous; (*amore*) excessive

smitizzare [zmi·tid·'dza:·re] *vt* to demystify

smobilitare [zmo·bi·li·'ta:·re] *vt* (*truppe*) to demobilize

smodato, **-a** [zmo·'da:·to] *agg* excessive

smog [zmɔg] <-> *m* smog

smoking ['zmɔ:·kiŋg] <-> *m* tuxedo

smontare [zmon·'ta:·re] **I.** *vt avere* **1.** (*scomporre*) to take apart **2.** *fig* (*scoraggiare*) to dishearten **II.** *vi essere o avere* **1.** (*scendere: da treno*) to get off; (*da cavallo*) to dismount **2.** (*di turno, lavoro*) to finish **III.** *vr:* **-rsi** (*scoraggiarsi*) to lose heart

smorfia ['zmɔr·fia] <-ie> *f* (*contrazione del viso*) grimace; **fare le -ie** to make faces

smorfioso, **-a** [zmor·'fio:·so] **I.** *agg* (*bambino*) simpering **II.** *m, f* spoiled brat

smorto, **-a** ['zmɔr·to] *agg fig* (*pallido*) pale

smorzare [zmor·'tsa:·re] *vt* **1.** (*luce*) to dim **2.** *fig* (*attutire: sete*) to quench; (*desiderio, passione*) to dampen **3.** *fig* (*attenuare: polemica, suoni*) to tone down

smossi *1. pers sing pass rem di* **smuovere**

smosso *pp di* **smuovere**

SMS ['ɛs·se·ɛm·me·'ɛs·se] <-> *m abbr di* **Short Message System** TEL (*messaggio*) text

smuovere ['zmuɔ:·ve·re] <irr> **I.** *vt* **1.** (*spostare*) to shift **2.** *fig* (*dissuadere: da idea, decisione*) to dissuade **II.** *vr:* **-rsi 1.** (*spostarsi*) to shift **2.** *fig* (*cambiare idea*) ~ **da qc** to change one's mind about sth

smussare [zmus·'sa:·re] **I.** *vt* **1.** (*angolo*) to smooth off; (*coltello*) to blunt **2.** *fig* (*carattere*) to soften **II.** *vr:* **-rsi** (*coltello*) to get blunt

snaturato, **-a** [zna·tu·'ra:·to] *agg* (*madre, padre*) heartless

snello, **-a** ['znɛl·lo] *agg* (*persona, figura*) slim

snervante [zner·'van·te] *agg* (*attesa*) nerve-wracking; (*polemica*) exhausting

snervare [zner·'va:·re] *vt* (*logorare*) to wear out

sniffare [znif·'fa:·re] *vt sl* (*cocaina*) to snort

snob [znɔb] **I.** <inv> *agg* snobbish **II.** <-> *mf* snob

snobbare [znob·'ba:·re] *vt* to snub

so [sɔ] *1. pers sing pr di* **sapere**[1]

SO *abbr di* **sudovest** SW

sobbarcarsi [sob·bar·'ka:r·si] *vr* ~ **qc** to take on sth

sobborgo [sob·'bor·go] <-ghi> *m* suburb

sobillare [so·bil·'la:·re] *vt* (*istigare*) to stir up

sobrio, **-a** ['sɔ:·brio] <-i, -ie> *agg* **1.** (*stile, vita, abitudini*) simple **2.** (*non ubriaco*) sober

socchiudere [sok·'kiu:·de·re] <irr> *vt* (*porta, finestra*) to leave ajar; (*occhi*) to half-close

soccorrere [sok·'kor·re·re] <irr> *vt* ~ **qu** to help sb

soccorritore, **-trice** [sok·kor·ri·'to:·re] *m, f* rescuer

soccorso [sok·'kor·so] *m* (*aiuto*) help; **-i** aid; **il pronto** ~ the emergency room; ~ **stradale** emergency road service; **cassetta di pronto** ~ first aid kit

socialdemocratico, -a [so·tʃal·de·mo·'kraː·ti·ko] <-ci, -che> *agg, m, f* social democrat

sociale [so·'tʃaː·le] *agg* social

socialismo [so·tʃa·'liz·mo] *m* socialism

socialista [so·tʃa·'lis·ta] <-i *m*, -e *f*> *mf agg* socialist

socializzare [so·tʃa·lid·'dzaː·re] *vi* (*avere rapporti sociali*) to form relationships

società [so·tʃe·'ta] <-> *f* **1.** (*gener*) society; ~ **dei consumi** consumer society; **alta** ~ high society **2.** COM company; ~ **per azioni** corporation; ~ **a responsabilità limitata, in** ~ in partnership **3.** (*associazione*) club; ~ **sportiva** sports club **4. giochi di** ~ parlor games

socievole [so·'tʃeː·vo·le] *agg* sociable

socio, -a ['sɔː·tʃo] <-ci, -cie> *m, f* **1.** (*membro*) member **2.** COM partner

sociologia [so·tʃo·lo·'dʒiː·a] <-gie> *f* sociology

sociologo, -a [so·'tʃɔː·lo·go] <-gi, -ghe> *m, f* sociologist

sociosanitario, -a [so·tʃo·sa·ni·'taː·rio] *agg* healthcare

soddisfacente [sod·dis·fa·'tʃɛn·te] *agg* satisfactory

soddisfare [sod·dis·'faː·re] <irr> *vt* to satisfy

soddisfatto, -a [sod·dis·'fat·to] *agg* satisfied

soddisfazione [sod·dis·fat·'tsioː·ne] *f* **1.** (*contentezza*) satisfaction; **con mia grande** ~ to my great satisfaction **2.** (*adempimento: di aspirazioni, richieste*) fulfillment

soddisfeci *1. pers sing pass rem di* **soddisfare**

sodio ['sɔː·dio] *m* sodium

sodo ['sɔː·do] **I.** *avv* **1.** (*alacremente*) **lavorare/studiare** ~ to work/study hard **2.** (*profondamente*) **dormire** ~ to sleep soundly **II.** *m fam* **venire al** ~ to come to the point

sodo, -a *agg* **1.** (*carne, muscoli*) firm **2. uova -e** hard-boiled eggs

sofà [so·'fa] <-> *m* sofa

sofferente [sof·fe·'rɛn·te] *agg* **1. una persona** ~ a sufferer **2.** (*sguardo*) pained

sofferenza [sof·fe·'rɛn·tsa] *f* suffering

soffermare [sof·fer·'maː·re] **I.** *vt* ~ **lo sguardo su qc** to rest one's gaze on sth **II.** *vr:* **-rsi** *fig* **-rsi su qc** to dwell on sth

soffersi [sof·'fɛr·si] *1. pers sing pass rem di* **soffrire**

sofferto, -a [sof·'fɛr·to] **I.** *pp di* **soffrire** **II.** *agg* (*vittoria, risultato*) hard-fought

soffiare [sof·'fiaː·re] **I.** *vi* to blow **II.** *vt* **1.** (*aria, fumo, vetro*) to blow; **-rsi il naso** to blow one's nose **2.** *fig fam* (*portar via*) to steal

soffice ['sɔf·fi·tʃe] *agg* soft

soffio ['sof·fio] <-i> *m* **1.** (*gener*) puff; **in un** ~ in a sec; **c'è mancato un** ~ *fig* it was a close call **2.** MED **un** ~ **al cuore** a heart murmur

soffitta [sof·'fit·ta] *f* attic

soffitto [sof·'fit·to] *m* ceiling

soffocante [sof·fo·'kan·te] *agg* **1.** (*aria*) suffocating **2.** *fig* (*persona, atmosfera*) oppressive

soffocare [sof·fo·'kaː·re] **I.** *vt avere* to suffocate **II.** *vi essere* to suffocate; **mi sento** ~ I'm suffocating

soffriggere [sof·'frid·dʒe·re] <irr> *vt* to fry lightly

soffrire [sof·'friː·re] <soffro, soffrii *o* soffersi, sofferto> **I.** *vt* **1.** (*patire*) to suffer; ~ **il caldo/freddo** to suffer from the heat/cold; ~ **la fame** to suffer from hunger **2.** (*sopportare*) to bear **II.** *vi* to suffer; ~ **di qc** MED to suffer from sth

soffritto[1] [sof·'frit·to] *pp di* **soffriggere**

soffritto[2] *m a mixture of chopped herbs and onions fried in oil*

sofisticato, -a [so·fis·ti·'kaː·to] *agg* **1.** (*persona, impianto*) sophisticated **2.** (*linguaggio*) elevated

soft [sɔft] <inv> *agg* **1.** (*atmosfera*) relaxed **2.** (*luce, musica*) soft

software ['sɔft·wɛə] <-> *m* COMPUT software

soggettivo, -a [sod·dʒet·'tiː·vo] *agg* subjective

soggetto [sod·'dʒɛt·to] *m* **1.** (*tema*) theme **2.** LING, MUS, PHILOS subject **3.** *fam* (*persona, tipo*) character

soggetto, -a *agg* **1.** (*esposto*) **essere** ~ **a qc** to be subject to sth **2.** MED **essere** ~ **a qc** to be prone to sth

sogghignare [sog·giɲ·ˈɲaː·re] *vi* to snicker

sogghigno [sog·ˈgiɲ·ɲo] *m* snicker; **-i** snickering

soggiornare [sod·dʒor·ˈnaː·re] *vi* to stay

soggiorno [sod·ˈdʒor·no] *m* **1.** (*permanenza*) stay; **permesso di ~** residence permit **2.** (*stanza*) living room

soglia [ˈsɔʎ·ʎa] <-glie> *f* (*di porta*) doorstep; *fig* threshold

sogliola [ˈsɔʎ·ʎo·la] *f* sole

sognare [soɲ·ˈɲaː·re] *vt* **1.** (*vedere in sogno*) to dream; **ho sognato che ...** I dreamed (that) ...; **ho sognato il nonno** I dreamed about (my) granddad **2.** *fig* (*desiderare*) to dream of **3.** *fig* (*illudersi*) **te lo sogni che venga!** *fam* in your dreams he's [*o* she's] coming!

sognatore, -trice [soɲ·ɲa·ˈtoː·re] *m, f* dreamer

sogno [ˈsoɲ·ɲo] *m a. fig* dream; **fare un ~** to dream; **nemmeno** [*o* **neanche**] *fam* **per ~** you've got to be kidding

soia [ˈsɔː·ia] <soie> *f* soy

sol [sɔl] <-> *m* MUS G; (*nel solfeggio*) so

solare [so·ˈlaː·re] *agg* solar; **energia ~** solar energy; **crema** [*o* **olio**] **~** suntan lotion

solco [ˈsol·ko] <-chi> *m* **1.** AGR furrow **2.** (*incavatura*) track **3.** (*ruga*) wrinkle

soldatino [sol·da·ˈtiː·no] *m* toy soldier

soldato, -essa [sol·ˈdaː·to] *m, f* soldier; **fare il ~** to serve in the army

soldo [ˈsɔl·do] *m pl* money; **fare -i a palate** to make a fortune; **mio padre non aveva un ~** my father was penniless; **da pochi** [*o* **quattro**] **-i** *fig fam* worthless

sole [ˈsoː·le] *m* sun; **c'è il ~** it's sunny; **colpo di ~** sunstroke; **occhiali da ~** sunglasses; **prendere il ~** to sunbathe; **stare al ~** to stay in the sun

soleggiato, -a [so·led·ˈdʒaː·to] *agg* sunny

solenne [so·ˈlɛn·ne] *agg* **1.** (*gener*) solemn **2.** *fam* **una lezione ~** a good lesson

solerte [so·ˈlɛr·te] *agg* diligent

solfeggio [sol·ˈfed·dʒo] <-i> *m* MUS sol-fa

solforico, -a [sol·ˈfɔː·ri·ko] <-ci, -che> *agg* sulfuric

solidale [so·li·ˈdaː·le] *agg* supportive

solidarietà [so·li·da·rie·ˈta] <-> *f* support

solidarizzare [so·li·da·rid·ˈdzaː·re] *vi* **~ con qu/qc** to express one's support for sb/sth

solido [ˈsɔː·li·do] *m* MATH, PHYS solid

solido, -a *agg* **1.** MATH, PHYS solid **2.** (*argomento, base, costruzione*) strong

solista [so·ˈlis·ta] <-i *m*, -e *f*> *mf* soloist

solitario [so·li·ˈtaː·rio] <-i> *m* solitaire; **fare un ~** to play solitaire

solitario, -a <-i, -ie> *agg* **1.** (*luogo, via*) lonely **2.** (*persona, animale*) solitary; **un tipo ~** a loner; **verme ~** tapeworm

solito [ˈsɔː·li·to] *m* usual; (*nelle ordinazioni*) **il ~** the [*o* my] usual; **più tardi del ~** later than usual; **di ~** usually; **come al ~** as usual

solito, -a *agg* usual; **essere ~ fare qc** to usually do sth; **siamo alle -e** *fam* here we go again

solitudine [so·li·ˈtuː·di·ne] *f* loneliness

sollecitare [sol·le·tʃi·ˈtaː·re] *vt* **1.** (*cose*) to request urgently **2.** (*persone*) to urge **3.** TEC to stress

sollecito, -a *agg* **1.** (*risposta*) speedy **2.** (*persona*) helpful

solletico [sol·ˈleː·ti·ko] <-chi> *m* **fare il ~ a qu** to tickle sb; **soffrire il ~** to be ticklish

sollevamento [sol·le·va·ˈmen·to] *m* **1.** (*il sollevare*) lifting **2.** SPORT **~ pesi** weightlifting

sollevare [sol·le·ˈvaː·re] **I.** *vt* **1.** (*peso*) to lift **2.** (*testa, occhi, questione*) to raise **II.** *vr:* **-rsi** **1.** (*alzarsi: da tavola*) to get up; **si sollevò dal letto** he [*o* she] got out of bed **2.** *fig* (*ribellarsi*) to rise up **3.** *fig* (*riprendersi*) to recover

sollevato, -a [sol·le·ˈvaː·to] *agg fig* relieved

sollievo [sol·ˈliɛː·vo] *m* relief

solo [ˈsoː·lo] **I.** *avv* only; **non ~ ..., ma anche ...** not only ..., but also ... **II.** *cong* (*ma*) but; **~ che** *+conj* only

solo, -a **I.** *agg* (*senza compagnia*) alone; **parlare da ~** to talk to oneself; **vivere (da) ~** to live alone; **sentirsi -i** to feel lonely **II.** *m, f* the only one

soltanto [sol·ˈtan·to] *avv* only

solubile [so·'luː·bi·le] *agg* soluble; **caffè ~** instant coffee
soluzione [so·lut·'tsioː·ne] *f* solution
solvente [sol·'vɛn·te] *agg, m* solvent
somaro, -a [so·'maː·ro] *m, f* **1.** ZOO donkey **2.** *pej fam* idiot
somiglianza [so·miʎ·'ʎan·tsa] *f* resemblance
somigliare [so·miʎ·'ʎaː·re] **I.** *vi* to look like; **~ a qu** to look like sb **II.** *vr:* **-rsi** (*fisicamente*) to look alike; (*di carattere*) to be alike
somma ['som·ma] *f* sum; **fare la ~** to add up
sommare [som·'maː·re] *vt* **1.** MATH to add up **2.** (*aggiungere*) to add; **tutto sommato** all things considered
sommario [som·'maː·rio] <-i> *m* summary
sommario, -a <-i, -ie> *agg* **1.** (*superficiale: lavoro*) perfunctory **2.** GIUR (*procedimento, processo*) summary **3.** (*breve: racconto, esposizione*) brief
sommergere [som·'mɛr·dʒe·re] <irr> *vt* **1.** (*terre, villaggi*) to submerge **2.** *fig* (*di regali*) to overwhelm
sommergibile [som·mer·'dʒiː·bi·le] *m* submarine
sommersi [som·'mɛr·si] *1. pers sing pass rem di* **sommergere**
sommerso, -a [som·'mɛr·so] *pp di* **sommergere**
sommesso, -a [som·'mes·so] *agg* subdued
somministrare [som·mi·nis·'traː·re] *vt* to admininister
sommità [som·mi·'ta] <-> *f* summit
sommo, -a **I.** *superlativo di* **alto, -a** **II.** *superlativo di* **grande** **III.** *agg* **1.** (*superiore: capo, sacerdote*) chief **2.** (*eccellente: poeta*) outstanding **3.** *fig* (*massimo: rispetto*) greatest
sommossa [som·'mɔs·sa] *f* uprising
sommozzatore [som·mot·tsa·'toː·re] *m* diver
sonda ['son·da] *f* probe
sondaggio [son·'dad·dʒo] <-ggi> *m* (*indagine*) survey; **~ d'opinione** opinion poll
sondare [son·'daː·re] *vt* **1.** (*con sonda*) to survey **2.** *fig* (*intenzioni*) to discover; **~ il terreno** to test the water
sondriese [son·'drieː·se] **I.** *agg* from Sondrio **II.** *mf* (*abitante*) person from Sondrio
Sondrio *f* Sondrio *town in northern Italy*
sonetto [so·'net·to] *m* sonnet
sonnambulo, -a [son·'nam·bu·lo] *m, f* sleepwalker
sonnifero [son·'niː·fe·ro] *m* sleeping pill
sonno ['son·no] *m* sleep; **avere ~** to be sleepy; **prendere ~** to fall asleep; **morire di ~** to be half asleep
sono ['soː·no] *1. pers sing pr di* **essere**[1]
sonoro, -a *agg* **1.** PHYS sound; **onde -e** soundwaves **2.** (*voce*) sonorous **3.** FILM **colonna -a** soundtrack
soppalco [sop·'pal·ko] <-chi> *m* platform
soppesare [sop·pe·'saː·re] *vt* **1.** *fig* (*valutare*) to weigh up **2.** (*oggetto*) **~ qc** to feel the weight of sth
soppiatto [sop·'piat·to] *agg* **di ~** furtively
sopportare [sop·por·'taː·re] *vt* **1.** (*peso, sofferenza, spese*) to bear; **~ una perdita** to sustain a loss **2.** (*persona, caldo, freddo*) to stand
sopprimere [sop·'priː·me·re] <irr> *vt* **1.** (*autobus, servizio*) to cancel **2.** (*persona*) to eliminate
sopra ['soː·pra] **I.** *prep* **1.** (*gener*) over; **un ponte ~ il fiume** a bridge over the river **2.** (*con contatto: stato*) on; **ha appoggiato il braccio sopra la mia spalla** he [*o* she] leaned his [*o* her] arm on my shoulder. **3.** (*con conttatto: moto*) on top of; **ho messo i miei documenti sopra i tuoi libri.** I put my documents on top of your books **4.** (*senza contatto: stato*) above **II.** *avv* (*gener*) up; (*in cima*) on top; **vive al piano di sopra** he [*o* she] lives upstairs; **al di ~ di** above; **vedi ~** see above **III.** <inv> *agg* above; **la figura ~** the above figure **IV.** <-> *m* (*parte superiore*) top
soprabito [so·'praː·bi·to] *m* light coat
sopracciglio [so·prat·'tʃiʎ·ʎo] <*pl:* -glia *f*> *m* eyebrow
sopr(a)elevato, -a [so·pr(a)·e·le·'vaː·to]

S

agg (*strada, ferrovia*) elevated

sopraffare [so·praf·'fa:·re] <irr> *vt* to overcome

sopraffeci *1. pers sing pass rem di* **sopraffare**

sopraggiungere [so·prad·'dʒun·dʒe·re] <irr> *vi essere* **1.** (*arrivare*) to arrive (unexpectedly) **2.** (*accadere*) to happen

sopralluogo [so·pral·'luɔ:·go] <-ghi> *m* on-the-spot investigation

soprammobile [so·pram·'mɔ:·bi·le] *m* ornament

soprannaturale [so·pran·na·tu·'ra:·le] *agg, m* supernatural

soprannome [so·pran·'no:·me] *m* nickname

soprannominato, -a [so·pran·no·mi·'na:·to] *agg* nicknamed

soprano [so·'pra:·no] *m* soprano

soprassalto [sop·ras·'sal·to] *m* start; **di** ~ with a start

soprattutto [sop·rat·'tut·to] *avv* especially

sopra(v)valutare [sop·ra(v)·va·lu·'ta:·re] *vt* to overestimate

sopravvento [sop·rav·'vɛn·to] *m* **prendere il** ~ *fig* to prevail

sopravvissi *1. pers sing pass rem di* **sopravvivere**

sopravvissuto, -a [sop·rav·vis·'su:·to] **I.** *pp di* **sopravvivere** **II.** *agg* surviving **III.** *m, f* survivor

sopravvivenza [sop·rav·vi·'vɛn·tsa] *f* survival; **istinto di** ~ survival instinct

sopravvivere [sop·rav·'vi:·ve·re] <irr> *vi essere* (*a persone, a disgrazia*) ~ **a qu** to outlive sb; ~ **a qc** to survive sth

soprintendere [sop·rin·'tɛn·de·re] <irr> *vi* ~ **a qc** to supervise sth

sopruso [so·'pru:·zo] *m* abuse

soqquadro [sok·'kua:d·ro] *m* **mettere a** ~ to turn upside down

sorbetto [sor·'bet·to] *m* sorbet

sorbire [sor·'bi:·re] <sorbisco> *vt fig* (*sopportare*) to put up with

sorcio ['sor·tʃo] <-ci> *m fam* mouse

sordina [sor·'di:·na] *f* MUS mute; **in** ~ *fig* on the quiet

sordo, -a ['sor·do] **I.** *agg* deaf; **essere** ~ **da un orecchio** to be deaf in one ear **II.** *m, f* deaf person

sordomuto, -a [sor·do·'mu:·to] **I.** *agg* deaf-and-dumb **II.** *m, f* deaf mute

sorella [so·'rɛl·la] *f* sister

sorellastra [so·rel·'las·tra] *f* stepsister; (*con un genitore in comune*) half sister

sorgente [sor·'dʒɛn·te] *f* source

sorgere ['sor·dʒe·re] <sorgo, sorsi, sorto> *vi essere* **1.** (*gener*) to rise **2.** *fig* (*manifestarsi*) to arise

soriano, -a *agg* tabby

sormontare [sor·mon·'ta:·re] *vt* (*difficoltà, ostacolo*) to overcome

sornione, -a [sor·'nio:·ne] *agg* sly

sorpassare [sor·pas·'sa:·re] *vt* **1.** (*veicolo*) to pass **2.** (*in altezza: persona*) to be taller than **3.** *fig* (*in bravura*) to be better than

sorpassato, -a [sor·pas·'sa:·to] *agg* (*antiquato*) outdated

sorpasso [sor·'pas·so] *m* **fare** [*o* **effettuare**] **un** ~ to pass; **divieto di** ~ no passing; **corsia di** ~ passing lane

sorprendente [sor·pren·'dɛn·te] *agg* surprising

sorprendere [sor·'prɛn·de·re] <irr> **I.** *vt* **1.** (*stupire*) to surprise **2.** (*raggiungere*) ~ **qu** to take sb by surprise **3.** *fig* (*cogliere sul fatto*) ~ **qu** to catch sb in the act **II.** *vr* (*meravigliarsi*) **-rsi di qc** to be surprised about sth

sorpresa [sor·'pre:·sa] *f* surprise; **cogliere qu di** ~ to take sb by surprise; **con mia grande** ~ to my great surprise; **fare una** ~ **a qu** to give sb a surprise

sorreggere [sor·'rɛd·dʒe·re] <irr> *vt* to support

Sorrento [sor·'rɛn·to] *f* Sorrento *town in southwestern Italy*

sorressi *1. pers sing pass rem di* **sorreggere**

sorretto *pp di* **sorreggere**

sorridente [sor·ri·'dɛn·te] *agg* smiling; **è sempre** ~ he [*o* she] is always in a good mood

sorridere [sor·'ri:·de·re] <irr> *vi* (*ridere*) to smile; ~ **a qu** to smile at sb

sorriso [sor·'ri:·so] *m* smile

sorseggiare [sor·sed·'dʒa:·re] *vt* to sip

sorsi ['sor·si] *1. pers sing pass rem di* **sorgere**

sorso ['sor·so] *m* sip
sorta ['sɔr·ta] *f* sort; **d'ogni** ~ of every sort
sorte ['sɔr·te] *f* (*destino*) fate; **tirare** [*o* **estrarre**] **a** ~ to draw lots
sorteggiare [sor·ted·'dʒaː·re] *vt* to draw
sorteggio [sor·'ted·dʒo] <-ggi> *m* draw
sortilegio [sor·ti·'lɛː·dʒo] <-gi> *m* spell
sortire [sor·'tiː·re] <sortisco> *vt* (*effetto, risultato*) to produce
sorto ['sor·to] *pp di* **sorgere**
sorvegliante [sor·veʎ·'ʎan·te] *mf* supervisor
sorvegliare [sor·veʎ·'ʎaː·re] *vt* (*traffico*) to monitor; (*alunni*) to keep an eye on; (*operai*) to supervise
sorvolare [sor·vo·'laː·re] **I.** *vt* **1.** AERO to fly over **2.** *fig* (*passar sopra*) to pass over **II.** *vi* ~ **su qc** *fig* to pass over sth
S.O.S. ['ɛs·se·o·'ɛs·se] <-> *m* SOS; **lanciare un** ~ *a. fig* to send out an SOS
sosia ['sɔː·zia] <-> *mf* double
sospendere [sos·'pɛn·de·re] <irr> *vt* **1.** (*gener*) to suspend; ~ **qu da una carica** to suspend sb from office **2.** (*appendere*) to hang
sospensione [sos·pen·'sioː·ne] *f* (*gener*) suspension
sospesi [sos·'peː·si] *1. pers sing pass rem di* **sospendere**
sospeso, **-a** [sos·'peː·so] **I.** *pp di* **sospendere** **II.** *agg* **1.** (*sollevato verso l'alto*) raised; (*che pende dall'alto*) hanging **2.** (*interrotto*) suspended; **col fiato** ~ with bated breath **3.** *fig* (*incerto, indeciso: pratica*) **in** ~ pending; **tenere qu in** ~ to keep sb in suspense
sospettare [sos·pet·'taː·re] **I.** *vt* **1.** (*ritenere responsabile*) ~ **qu di** (**fare**) **qc** to suspect sb of (doing) sth **2.** (*immaginare*) to suspect **II.** *vi* (*diffidare*) ~ **di qu** to be suspicious of sb
sospetto [sos·'pɛt·to] *m* suspicion; **destare** ~ to arouse suspicion
sospetto, **-a** *agg* suspicious
sospettoso, **-a** [sos·pet·'toː·so] *agg* suspicious
sospirare [sos·pi·'raː·re] *vi* to sigh
sospiro [sos·'piː·ro] *m* sigh; **tirare un** ~ to sigh
sosta ['sɔs·ta] *f* **1.** (*fermata*) stop; **'divieto di** ~**'** 'No Parking' **2.** (*riposo*) break; **lavorare senza** ~ to work nonstop
sostantivo [sos·tan·'tiː·vo] *m* LING noun
sostanza [sos·'tan·tsa] *f* **1.** (*gener*) substance **2.** (*parte essenziale*) essence; **in** ~ in essence
sostanziale [sos·tan·'tsiaː·le] *agg* main
sostanzioso, **-a** [sos·tan·'tsioː·so] *agg* substantial
sostare [sos·'taː·re] *vi* **1.** (*fermarsi*) to stop **2.** (*fare una pausa*) to take a break
sostegno [sos·'teɲ·ɲo] *m* support
sostenere [sos·te·'neː·re] <irr> **I.** *vt* **1.** (*reggere*) to hold up **2.** (*spese*) to bear **3.** *fig* (*persona, legge*) to support **4.** (*esame*) to take **5.** (*affermare*) to maintain **II.** *vr:* **-rsi** (*tenersi ritto*) to support oneself
sostenibile [sos·te·'niː·bi·le] *agg* (*teoria, idea*) plausible; **sviluppo** ~ sustainable development
sostenitore, **-trice** [sos·te·ni·'toː·re] **I.** *agg* supporting **II.** *m, f* supporter
sostenuto, **-a** [sos·te·'nuː·to] *agg* (*tono*) distant; (*atteggiamento*) reserved
sostituire [sos·ti·tu·'iː·re] <sostituisco> **I.** *vt* **1.** (*cambiare*) to replace **2.** (*prendere il posto di*) to stand in for **II.** *vr* **-rsi a qu** to replace sb; **-rsi a qc** to replace sth
sostitutivo, **-a** [sos·ti·tu·'tiː·vo] *agg* replacement
sostituto, **-a** [sos·ti·'tuː·to] *m, f* replacement
sostituzione [sos·ti·tut·'tsioː·ne] *f* **1.** SPORT substitution **2.** (*di pezzo*) replacement
sottaceti [sot·ta·'tʃeː·ti] *mpl* pickles
sottaceto, **sott'aceto** [sot·ta·'tʃeː·to] **I.** *agg* <inv> pickled; **cetriolini** ~ gherkins **II.** *avv* **mettere** ~ to pickle
sotterraneo [sot·ter·'raː·neo] *m* cellar
sotterraneo, **-a** *agg* underground; **ferrovia -a** subway
sotterrare [sot·ter·'raː·re] *vt* to bury
sottigliezza [sot·tiʎ·'ʎet·tsa] *f* **1.** *fig* (*acutezza*) subtlety **2.** *fig* (*cavillo*) detail
sottile [sot·'tiː·le] *agg* **1.** (*filo, strato, aria*) thin **2.** (*figura, gambe*) slim **3.** *fig* (*mente*) shrewd **4.** (*acuto: vista, odora-*

S

to) sharp **5.** (*sofistico: argomentazione, discorso*) subtle

sottiletta [sot·ti·'let·ta] *f* processed cheese slice

sottintendere [sot·tin·'tɛn·de·re] <irr> *vt* **1.** (*lasciare intendere*) to imply; **è sottinteso** it goes without saying **2.** (*non esprimere*) to mean

sottinteso, **-a** *agg* understood

sotto ['sot·to] **I.** *prep* **1.** (*gener*) under(neath); **~ il tavolo** under the table; **~ questo aspetto** from this point of view; **~ la pioggia** in the rain **2.** (*più in basso di*) below; **~ lo zero** below zero **3.** *fig* (*subordinazione, vigilanza*) under; **~ il dominio austriaco** under Austrian rule **4. sott'aceto** pickled; **sott'olio** in oil **II.** *avv* **1.** (*stato*) down; **il piano di ~** downstairs; **le stanze di ~** the rooms downstairs **2.** (*moto*) forward; **farsi ~** *fig* to go for something; **fatti ~!** go for it!; **mettere ~** to run over; **mettersi ~** *fig fam* to get going **3.** (*addosso*) underneath **4.** (*più giù, oltre*) below; **vedi ~** see below; **~ ~** *fig* deep down **III.** <inv> *agg* (*sottostante*) below **IV.** <-> *m* underneath

sottobanco [sot·to·'baŋ·ko] *avv* under the counter

sottobicchiere [sot·to·bik·'kiɛː·re] *m* coaster

sottobraccio [sot·to·'brat·tʃo] *avv* **prendere qu ~** to take sb by the arm; **passeggiare ~ con qu** to walk arm in arm with sb

sottocosto [sot·to·'kɔs·to] *avv, agg* below cost

sottofondo [sot·to·'fon·do] *m* **1.** MUS, FILM, TV background **2.** (*strato sottostante*) lower layer **3.** *fig* (*connotazione*) undertone

sottogamba [sot·to·'gam·ba] *avv* **prendere qc ~** to not take sth seriously

sottogonna [sot·to·'gon·na] *f* underskirt

sottolineare [sot·to·li·ne·'aː·re] *vt* **1.** (*con matita, evidenziatore*) to underline **2.** *fig* (*evidenziare: fatto, aspetto, forma*) to emphasize

sottomano [sot·to·'maː·no] *avv* to hand

sottomarino [sot·to·ma·'riː·no] *m* submarine

sottomarino, **-a** *agg* underwater

sottomesso, **-a** [sot·to·'mes·so] *agg* **1.** (*atteggiamento, persona*) submissive **2.** (*popolo*) subjugated

sottomettere [sot·to·'met·te·re] <irr> **I.** *vt* (*popolo*) to subjugate **II.** *vr:* **-rsi** (*assogettarsi*) to submit

sottopassaggio [sot·to·pas·'sad·dʒo] <-ggi> *m* underpass

sottoporre [sot·to·'por·re] <irr> **I.** *vt* **1.** (*costringere*) **~ qu a qc** to subject sb to sth **2.** *fig* (*presentare*) **~ qc a qu** to submit sth to sb **3. ~ qu ad un'operazione** to operate on sb **II.** *vr:* **-rsi** **1.** (*sottomettersi*) to submit **2.** (*affrontare*) to undergo

sottoscritto, **-a** [sot·tos·'krit·to] **I.** *agg* signed **II.** *m, f* ADMIN **il** [*o* **la**] **~** the undersigned

sottoscrivere [sot·tos·'kriː·ve·re] <irr> *vt* **1.** (*contratto, petizione, abbonamento*) to sign **2.** *fig* (*condividere*) **~ qc** to agree with sth

sottoscrizione [sot·tos·krit·'tsioː·ne] *f* **1.** ADMIN signing **2.** (*raccolta di adesioni*) subscription

sottosegretario, **-a** [sot·to·se·gre·'taː·rio] *m, f* assistant secretary

sottosopra [sot·to·'soː·pra] *avv* in a mess

sottospecie [sot·tos·'pɛː·tʃe] *f* BOT, ZOO subspecies

sottostare [sot·tos·'taː·re] <irr> *vi essere* (*essere soggetto*) to submit

sottostetti *1. pers sing pass rem di* **sottostare**

sottosuolo [sot·to·'suɔː·lo] *m* AGR subsoil

sottosviluppato, **-a** [sot·toz·vi·lup·'paː·to] *agg* **paese ~** developing country

sottosviluppo [sot·toz·vi·'lup·po] *m* underdevelopment

sottotenente [sot·to·te·'nɛn·te] *m* sublieutenant

sottoterra [sot·to·'tɛr·ra] *avv* below ground

sottotitolato, **-a** [sot·to·ti·to·'laː·to] *agg* subtitled

sottotitolo [sot·to·'tiː·to·lo] *m* subtitle

sottovalutare [sot·to·va·lu·'taː·re] *vt* (*situazione, difficoltà*) to undervalue

sottoveste [sot·to·'vɛs·te] *f* petticoat
sottovoce [sot·to·'voː·tʃe] *avv* quietly
sottovuoto [sot·to·'vuɔː·to] <inv> *agg* vacuum-packed
sottrarre [sot·'trar·re] <irr> **I.** *vt* **1.** MATH to subtract **2.** (*rubare: denaro, documento*) to steal **II.** *vr* (*sfuggire*) **-rsi a qu/qc** to avoid sb/sth; **-rsi al pericolo** to escape danger
sottrazione [sot·trat·'tsioː·ne] *f* **1.** MATH subtraction **2.** (*di denaro, documento*) theft
sottufficiale [sot·tuf·fi·'tʃaː·le] *m* non-commissioned officer
sovietico, -a [so·'viɛː·ti·ko] <-ci, -che> **I.** *agg* Soviet; **l'Unione Sovietica** the Soviet Union **II.** *m, f* (*cittadino sovietico*) Soviet citizen
sovrabbondante [sov·rab·bon·'dan·te] *agg* overabundant
sovraccarico, -a <-chi, -che> *agg* overloaded
sovraesporre [sov·ra·es·'por·re] <irr> *vt* FOTO to overexpose
sovraffollato, -a [sov·raf·fol·'laː·to] *agg* overcrowded
sovrano, -a [so·'vraː·no] *m, f* sovereign
sovrappongo *1. pers sing pr di* **sovrapporre**
sovrappopolato, -a [sov·rap·po·po·'laː·to] *agg* overpopulated
sovrapporre [sov·rap·'por·re] <irr> **I.** *vt* to place on top of **II.** *vr:* **-rsi** to be superimposed
sovrapposizione [sov·rap·po·zit·'tsioː·ne] *f* superimposition
sovrapprezzo [sov·rap·'prɛt·tso] *m* extra charge
sovrapproduzione [sov·rap·pro·dut·'tsioː·ne] *f* COM overproduction
sovrastare [sov·ras·'taː·re] *vt avere* (*dominare*) to dominate
sovrumano, -a [sov·ru·'maː·no] *agg* superhuman
sovvenzionare [sov·ven·tsio·'naː·re] *vt* to subsidize
sovvenzione [sov·ven·'tsioː·ne] *f* subsidy
sovversivo, -a [sov·ver·'siː·vo] **I.** *agg* (*spirito, corrente*) subversive **II.** *m, f* subversive
S.p.A. *abbr di* **Società per Azioni** Corp.
spaccare [spak·'kaː·re] **I.** *vt* (*rompere*) to break **II.** *vr:* **-rsi** (*rompersi*) to break; **-rsi in due** to break in half
spaccata [spak·'kaː·ta] *f* SPORT **fare la ~** to do the splits
spacciare [spat·'tʃaː·re] **I.** *vt* **1.** (*droga*) to push **2.** (*far passare per*) **~ per** to pass off as **II.** *vr* **-rsi per qu** to pass oneself off as sb
spacciatore, -trice [spat·tʃa·'toː·re] *m, f* (*di droga*) pusher
spaccio ['spat·tʃo] <-cci> *m* (*negozio*) shop
spacco ['spak·ko] <-cchi> *m* **1.** (*nella pietra*) split **2.** (*di indumento*) slit
spaccone, -a [spak·'koː·ne] *m, f* *fam* show-off
spada ['spaː·da] *f* **1.** (*gener*) sword; **pesce ~** swordfish **2.** SPORT saber **3.** *pl* (*di carte da gioco*) *one of the suits in Neapolitan cards*
spaesato, -a [spae·'zaː·to] *agg* lost
spaghettata [spa·get·'taː·ta] *f fam* pasta meal
spaghetteria [spa·get·te·'riː·a] *f* pasta restaurant
spaghetti [spa·'get·ti] *mpl* CULIN spaghetti
Spagna ['spaɲ·ɲa] *f* Spain
spagnolo, -a [spaɲ·'ɲɔː·lo] **I.** *agg* Spanish **II.** *m, f* Spaniard
spago ['spaː·go] <-ghi> *m* (*per legare*) string
spaiato, -a [spa·'iaː·to] *agg* (*calzino*) unpaired
spalancare [spa·laŋ·'kaː·re] **I.** *vt* **1.** (*porta, finestra*) to fling open **2.** (*occhi, bocca, braccia*) to open wide; (*gambe*) to spread **II.** *vr:* **-rsi** (*aprirsi*) to open wide
spalare [spa·'laː·re] *vt* to shovel
spalla ['spal·la] *f* **1.** ANAT shoulder; **alzare le -e** *a. fig* to shrug; **avere la famiglia sulle -e** *fig* to have a family to support; **vivere alle -e di qu** to live off sb **2.** (*schiena*) back; **voltare le -e a qu** *a. fig* to turn one's back on sb; **ridere alle -e di qu** to laugh behind sb's back; **con le -e al muro** *fig* with one's back to the wall

spalleggiare [spal·led·'dʒaː·re] **I.** *vt* (*sostenere*) to support **II.** *vr:* **-rsi** to support one another
spalliera [spal·'liɛː·ra] *f* **1.** (*di sedia, poltrona*) back **2.** (*di letto*) bedhead
spalmare [spal·'maː·re] *vt* to spread
spalti ['spal·ti] *mpl* (*di stadio*) bleachers
spandere ['span·de·re] <spando, spandei *o* spansi *o* spandetti, spanto> **I.** *vt* **1.** (*liquidi*) to spill **2.** *fig* (*lacrime*) to shed **II.** *vr:* **-rsi** (*diffondersi*) to spread
spansi ['span·si] *1. pers sing pass rem di* **spandere**
spanto ['span·to] *pp di* **spandere**
spappolare [spap·po·'laː·re] **I.** *vt* (*ridurre in poltiglia*) to crush **II.** *vr:* **-rsi** to get crushed
sparare [spa·'raː·re] **I.** *vt* **1.** (*colpo*) to fire **2.** *fig* **spararle (grosse)** *fam* to talk a load of bull **II.** *vi* MIL (*soldati*) to shoot; (*fucile, pistola*) to fire **III.** *vr:* **-rsi** to shoot oneself
sparatoria [spa·ra·'tɔː·ria] <-ie> *f* gunfight
sparecchiare [spa·rek·'kiaː·re] *vt* ~ (**la tavola**) to clear (the table)
spareggio [spa·'red·dʒo] <-ggi> *m* SPORT playoff
spargere ['spar·dʒe·re] <spargo, sparsi, sparso> **I.** *vt* **1.** (*semi, fiori*) to scatter **2.** (*luce, calore, notizia*) to spread **3.** (*liquidi*) to spill; (*lacrime, sangue*) to shed **II.** *vr:* **-rsi** **1.** (*persone, animali*) to scatter **2.** (*notizie, dicerie*) to spread
sparire [spa·'riː·re] <sparisco> *vi essere* to disappear
sparlare [spar·'laː·re] *vi pej* ~ **di qu** to badmouth sb
sparo ['spaː·ro] *m* shot
sparpagliare [spar·paʎ·'ʎaː·re] **I.** *vt* (*spargere*) to spread **II.** *vr:* **-rsi** (*spargersi*) to scatter
sparsi ['spar·si] *1. pers sing pass rem di* **spargere**
sparso, **-a** ['spar·so] **I.** *pp di* **spargere** **II.** *agg* (*non ordinato*) scattered
spartano, -a [spar·'taː·no] *agg a. fig* (*modesto*) spartan
spartire [spar·'tiː·re] <spartisco> *vt* to share out
spartito [spar·'tiː·to] *m* MUS music
spartitraffico [spar·ti·'traf·fi·ko] <-> *m* median (strip)
spartizione [spar·tit·'tsioː·ne] *f* **1.** (*distribuzione*) sharing out **2.** (*di cariche*) division
spasimante [spa·zi·'man·te] *mf scherz* admirer
spasmo ['spaz·mo] *m* MED spasm
spasmodico, **-a** [spaz·'mɔː·di·ko] <-ci, -che> *agg* **1.** MED spasmodic **2.** *fig* (*attesa, ricerca*) feverish
spassionato, **-a** [spas·sio·'naː·to] *agg* (*consiglio, parere*) impartial
spasso ['spas·so] *m* **1.** (*divertimento*) fun **2.** (*persona*) scream **3.** (*passeggiata*) **andare a** ~ to go for a walk
spassoso, **-a** [spas·'soː·so] *agg* entertaining
spastico, -a ['spas·ti·ko] <-ci, -che> *agg* spastic
spatola ['spaː·to·la] *f* **1.** (*arnese*) trowel **2.** MED spatula
spavaldo, -a [spa·'val·do] *agg* cocky
spaventapasseri [spa·ven·ta·'pas·se·ri] <-> *m* (*fantoccio*) scarecrow
spaventare [spa·ven·'taː·re] **I.** *vt* (*mettere paura a*) to frighten **II.** *vr:* **-rsi** to be frightened
spavento [spa·'vɛn·to] *m* fright
spaventoso, **-a** [spa·ven·'toː·so] *agg* **1.** (*terribile*) terrible **2.** *fig* (*straordinario*) incredible; **ho una fame -a** I'm starving
spaziale [spat·'tsiaː·le] *agg* **1.** (*dello spazio*) spatial **2.** (*cosmico*) space; **navicella** ~ spacecraft
spaziare [spat·'tsiaː·re] **I.** *vi* **1.** (*vista*) to sweep **2.** *fig* (*pensieri*) to range widely **II.** *vt* TYP to space (out)
spazientirsi [spat·tsien·'tir·si] <mi spazientisco> *vr* to lose patience
spazio ['spat·tsio] <-i> *m* space; (*posto*) room; **fare** ~ **a qu/qc** to make room for sb/sth
spazioso, **-a** [spa·'tsioː·so] *agg* spacious
spazzaneve [spat·tsa·'neː·ve] <-> *m* snow plow
spazzare [spat·'tsaː·re] *vt* to sweep
spazzatura [spat·tsa·'tuː·ra] *f a. fig* trash
spazzino [spat·'tsiː·no] *m* garbage collector

spazzola ['spat·tso·la] *f* (*gener*) brush; (*per capelli*) hairbursh; **avere i capelli a ~** to have a flattop

spazzolare [spat·tso·'laː·re] *vt* to brush

spazzolino [spat·tso·'liː·no] *m* (small) brush; **~ da denti** (**elettrico**) (electric) toothbrush; **~ per unghie** nail brush

specchietto [spek·'kiet·to] *m* **1.** (*piccolo specchio*) (small) mirror **2.** AUTO **~ retrovisore** rear-view mirror **3.** (*prospetto riassuntivo*) table

specchio ['spɛk·kio] <-cchi> *m* mirror; **guardarsi allo ~** to look in the mirror

speciale [spe·'tʃaː·le] *agg* special; (*ottimo*) excellent

specialista [spe·tʃa·'lis·ta] <-i *m*, -e *f*> *mf* **1.** MED specialist **2.** (*persona specializzata*) expert

specialità [spe·tʃa·li·'ta] <-> *f* specialty

specializzarsi [spe·tʃa·lid·'dzaː·rsi] *vr* **-rsi in qc** to specialize in sth

specializzato, -a [spe·tʃa·lid·'dzaː·to] *agg* (*operaio, medico*) specialized

specializzazione [spe·tʃa·lid·dzat·'tsioː·ne] *f* specialization

specialmente [spe·tʃal·'men·te] *avv* especially

specie ['spɛː·tʃe] **I.** <-> *f* **1.** BIOL species **2.** (*sorta, tipo*) kind; **una ~ di** a kind of; **d'ogni ~** of all kinds **II.** *avv* especially

specificare [spe·tʃi·fi·'kaː·re] *vt* to state

specifico, -a [spe·'tʃiː·fi·ko] <-ci, -che> *agg* (*particolare*) particular

speck [spɛk] <-> *m smoked ham from the South Tyrol region*

speculare [spe·ku·'laː·re] *vi* FIN, COM to speculate

speculazione [spe·ku·lat·'tsioː·ne] *f* speculation

spedire [spe·'diː·re] <spedisco> *vt* (*inviare*) to send

spedito, -a [spe·'diː·to] *agg* (*rapido*) fast; **camminare a passo ~** to walk quickly

spedizione [spe·dit·'tsioː·ne] *f* **1.** (*di pacco, merce*) dispatch **2.** (*operazione*) mailing **3.** MIL, SCIENT expedition

spegnere ['spɛɲ·ɲe·re/'speɲ·ɲe·re] <spengo, spensi, spento> **I.** *vt* **1.** (*fuoco, fiamma, sigaretta*) to put out **2.** (*luce, radio, motore, apparecchio*) to turn off **II.** *vr:* **-rsi 1.** (*fuoco, sigaretta*) to go out **2.** (*motore, apparecchio*) to go off **3.** *fig* (*morire*) to pass away

speleologo, -a [spe·le·'ɔː·lo·go] <-gi, -ghe> *m, f* **1.** (*studioso*) speleologist **2.** (*hobbista*) spelunker

spellare [spel·'laː·re] **I.** *vt* **1. ~ un animale** to skin **2.** *fam* **~ qu** to rip sb off **II.** *vr:* **-rsi 1.** (*serpenti*) to shed one's skin **2.** MED to skin; **-rsi le ginocchia** to skin one's knees

spendere ['spɛn·de·re] <spendo, spesi, speso> *vt* **1.** (*soldi, tempo*) to spend **2.** *fig* (*impiegare: energie, forze*) to expend

spengo ['spɛŋ·go/'speŋ·go] *1. pers sing pr di* **spegnere**

spensi ['spɛn·si/'spen·si] *1. pers sing pass rem di* **spegnere**

spensierato, -a [spen·sie·'raː·to] *agg* (*ragazzo*) lighthearted

spento, -a ['spɛn·to/'spen·to] **I.** *pp di* **spegnere II.** *agg* **1.** (*fuoco*) **il fuoco è spento** the fire is out **2.** (*sigaretta*) extinguished **3.** *fig* (*colore, espressione*) dull

speranza [spe·'ran·tsa] *f* hope; **un filo** [*o* **un barlume**] **di ~** a glimmer [*o* ray] of hope; **senza ~** hopeless

sperare [spe·'raː·re] **I.** *vt* to hope; **~ di fare qc** *+inf* to hope to do sth; **~ in qc** to hope for sth; **~ che** *+conj* to hope that; **spero di sì** I hope so; **spero di no** I hope not; **speriamo** (**bene**)**!** let's hope so **II.** *vi* **~ in qu/qc** to have great hopes of sb/sth

sperduto, -a [sper·'duː·to] *agg* **1.** (*paese, luogo*) remote **2.** (*persona*) lost

spericolato, -a [spe·ri·ko·'laː·to] *agg* reckless

sperimentale [spe·ri·men·'taː·le] *agg* (*progetto, ricerca*) experimental; **centro ~** research center

sperimentare [spe·ri·men·'taː·re] *vt* **1.** TEC to try out **2.** (*conoscere per esperienza*) to experience

sperimentazione [spe·ri·men·tat·'tsioː·ne] *f* TEC testing

sperma ['spɛr·ma] <-i> *m* semen

spermatozoo [sper·ma·tod·'dzɔː·o] <-oi> *m* sperm

sperperare [sper·pe·'ra:·re] *vt* to squander

sperpero ['spɛr·pe·ro] *m* (*spreco*) waste

spesa ['spe:·sa] *f* **1.** (*somma*) expense; **non badare a -e** to spare no expense; **imparare qc a proprie -e** *fig* to learn sth to one's cost; **a -e di qu** *a. fig* at sb's expense **2.** (*acquisto di cibo*) shopping; **fare la ~** to do the shopping **3.** *pl* COM expenses

spesi ['spe:·si] *1. pers sing pass rem di* **spendere**

speso ['spe:·so] *pp di* **spendere**

spesso ['spes·so] *avv* often

spesso, -a *agg* (*libro, muro*) thick

spessore [spes·'so:·re] *m* thickness

spettacolare [spet·ta·ko·'la:·re] *agg* (*straordinario*) fantastic

spettacolo [spet·'ta:·ko·lo] *m* **1.** THEAT performance **2.** FILM (*rappresentazione*) showing **3.** (*vista*) spectacle

spettare [spet·'ta:·re] *vi essere* (*appartenere per diritto*) to be due; **non spetta a me giudicare** it's not up to me to judge

spettatore, -trice [spet·ta·'to:·re] *m, f* **1.** THEAT, FILM spectator **2.** (*chi è presente*) onlooker; **sono stato ~ di un terribile incidente** I witnessed a terrible accident

spettegolare [spet·te·go·'la:·re] *vi pej* to gossip

spettinare [spet·ti·'na:·re] *vt* to muss *inf*

spettro ['spɛt·tro] *m* **1.** *a. fig* (*fantasma*) ghost **2.** PHYS, ASTR spectrum

spezie ['spɛt·tsie] *fpl* spices

spezzare [spet·'tsa:·re] **I.** *vt* **1.** (*rompere*) to break **2.** *fig* (*dividere: viaggio, periodo*) **~ qc in qc** to break sth into sth **II.** *vr:* **-rsi** (*rompersi*) to break

spezzatino [spet·tsa·'ti:·no] *m* stew

spezzato, -a *agg* (*braccio, gamba*) broken; **cuore ~** broken heart

spezzino, -a [spet·'tsi:·no] **I.** *agg* from La Spezia **II.** *m, f* (*abitante*) person from La Spezia

spia ['spi:·a] <-ie> *f* **1.** (*persona*) spy; **fare la ~** *fam* to tell tales **2.** TEC light

spiacente [spia·'tʃɛn·te] *agg* **sono ~** I'm sorry

spiacere [spia·'tʃe:·re] <irr> *vi essere* **mi spiace** I'm sorry

spiacevole [spia·'tʃe:·vo·le] *agg* unpleasant

spiaggia ['spiad·dʒa] <-gge> *f* beach

spianare [spia·'na:·re] *vt* (*terreno, strada*) to level (off); **~ la pasta** to roll out the dough

spiantato, -a [spian·'ta:·to] *pej* **I.** *agg* (*persona*) penniless **II.** *m, f* dropout

spiare [spi·'a:·re] *vt* (*seguire di nascosto*) **spiare qu/qc** to spy on sb/sth

spiazzo ['spiat·tso] *m* clearing; **~ erboso** patch of grass

spiccare [spik·'ka:·re] **I.** *vt* **~ un salto** [*o* **balzo**] to leap; **~ il volo** to take flight; *fig* to spread one's wings **II.** *vi* (*distinguersi*) to stand out

spiccato, -a [spik·'ka:·to] *agg* (*accento, senso dell'umorismo*) strong

spicchio ['spik·kio] <-cchi> *m* (*di agrumi, aglio*) segment

spicciaresi [spit·'tʃa:·rsi] *vr fam* (*sbrigarsi*) to hurry; **spicciati!** hurry up!

spiccioli ['spit·tʃo·li] *mpl* (small) [*o* (loose)] change

spicco ['spik·ko] <-cchi> *m* **fare ~** to be prominent

spider ['spai·der] <-> *m o f* convertible

spiedino [spie·'di:·no] *m* **1.** (*arnese*) skewer **2.** (*piatto*) shish kebab

spiedo ['spiɛ:·do] *m* CULIN spit; **arrosto allo ~** spit roast

spiegare [spie·'ga:·re] **I.** *vt* **1.** (*far capire*) to explain **2.** (*tovaglia, cartina*) to unfold **3.** (*ali, vele*) to spread **4.** MIL (*truppe*) to deploy **II.** *vr:* **-rsi** (*chiarirsi*) to explain (oneself); (*con un'altra persona*) to sort things out; **mi sono spiegato?** do you understand?

spiegazione [spie·gat·'tsio:·ne] *f* explanation

spietato, -a [spie·'ta:·to] *agg* ruthless

spifferare [spif·fe·'ra:·re] *vt fam* to blab

spiffero ['spif·fe·ro] *m fam* draft

spiga ['spi:·ga] <-ghe> *f* (*di grano*) ear

spigliato, -a [spiʎ·'ʎa:·to] *agg* self-assured

spigola ['spi:·go·la] *f* sea bass

spigolo ['spi:·go·lo] *m* (*angolo*) sharp edge

spilla ['spil·la] *f* (*gioiello*) brooch

spillo ['spil·lo] *m gener* pin; **tacchi a ~** stilettos

spilungone, -a [spi·luŋ·'go:·ne] *m, f fam* beanpole

spina ['spi:·na] *f* **1.** BOT thorn **2.** ZOO (*di istrice*) spine; (*di pesce*) bone **3.** ANAT **~ dorsale** spine **4.** EL plug; **~ multipla** adapter **5. birra alla ~** draft beer **6.** (*loc*) **stare** [*o* **essere**] **sulle -e** to be on tenterhooks

spinacio [spi·'na:·tʃo] <-ci> *m* spinach; **-ci** spinach

spinello [spi·'nɛl·lo] *m sl* joint

spingere ['spin·dʒe·re] <spingo, spinsi, spinto> **I.** *vt* **1.** (*spostare*) to push **2.** (*premere*) to press **3.** *fig* (*indurre*) **~ qu a qc** to drive sb to sth **4.** (*fare ressa*) to push and shove **II.** *vr:* **-rsi 1.** (*inoltrarsi*) to go on **2.** *fig* (*osare*) **non pensavo che potesse spingersi fino a tal punto** I didn't think he [*o* she] would go that far

spinoso, -a [spi·'no:·so] *agg a. fig* prickly

spinsi ['spin·si] *1. pers sing pass rem di* **spingere**

spinta ['spin·ta] *f* **1.** (*urto, stimolo*) push **2.** PHYS thrust

spintarella [spin·ta·'rɛl·la] *f fam* (*raccomandazione*) leg-up

spinto, -a ['spin·to] **I.** *pp di* **spingere II.** *agg* (*discorso, barzelletta*) risqué; (*film, scena*) steamy

spionaggio [spio·'nad·dʒo] <-ggi> *m* spying

spioncino [spion·'tʃi:·no] *m* spyhole

spione, -a [spi·'o:·ne] *m, f pej* tattle-tale

spiovente [spio·'vɛn·te] *agg* **1.** (*tetto*) pitched **2.** SPORT (*tiro*) dipping

spiovere ['spiɔ:·ve·re] <irr> *vi essere o avere* to stop raining

spira ['spi:·ra] *f* coil

spiraglio [spi·'raʎ·ʎo] <-gli> *m* **1.** (*di porta, finestra*) chink **2.** (*di luce*) ray **3.** *fig* (*barlume*) glimmer

spirale [spi·'ra:·le] *f* **1.** (*gener*) spiral **2.** (*di fumo*) ring **3.** (*metallica*) spring

spirare [spi·'ra:·re] *vi avere* **1.** (*vento*) to blow **2.** *essere* (*morire*) to pass away

spiritato, -a [spi·ri·'ta:·to] *agg* (*faccia, occhi*) wild

spiritico, -a [spi·'ri:·ti·ko] <-ci, -che> *agg* (*seduta -a*) seance

spirito ['spi:·ri·to] *m* **1.** REL **lo Spirito Santo** the Holy Spirit **2.** (*senso dell'umorismo*) wit; **una battuta di ~** a witticism; **fare dello ~** to make jokes **3.** (*fantasma*) ghost **4.** (*qualità*) spirit; **~ di carità** spirit of charity; **ha un grande ~ di osservazione** he [*o* she] is very observant **5.** (*sostanza alcolica*) alcohol

spiritoso, -a [spi·ri·'to:·so] **I.** *agg* (*persona, carattere*) funny **II.** *m, f* clown; **smettila di fare lo ~** stop clowning around

spirituale [spi·ri·tu·'a:·le] *agg* spiritual

splendere ['splɛn·de·re] *vi* to shine

splendido, -a ['splɛn·di·do] **I.** *agg* wonderful **II.** *inter* great!

spodestare [spo·des·'ta:·re] *vt* to remove from power

spogliare [spoʎ·'ʎa:·re] **I.** *vt* **1.** (*svestire*) to undress **2.** *fig* (*derubare*) to strip **II.** *vr:* **-rsi 1.** (*svestirsi*) to undress **2.** *fig* (*privarsi*) **-rsi di qc** (*beni,*) to strip oneself of sth

spogliarellista [spoʎ·ʎa·rel·'lis·ta] <-i *m*, -e *f*> *mf* stripper

spogliarello [spoʎ·ʎa·'rɛl·lo] *m* striptease; **fare lo ~** to strip

spogliatoio [spoʎ·ʎa·'to:·io] <-oi> *m* locker room

spoglio ['spɔʎ·ʎo] *m* (*esame*) reading; **~ dei voti** count of the votes

spoglio, -a <-gli, -glie> *agg* (*albero, terreno*) bare

spola ['spɔ:·la] *f* **fare la ~** *fig* to commute

spolpare [spol·'pa:·re] *vt* **1.** (*osso*) to bone **2.** *fig* (*privare degli averi*) to fleece

spolverare [spol·ve·'ra:·re] *vt* to dust

spolverata [spol·ve·'ra:·ta] *f* (*pulizia*) **dare una ~ a qc** to dust sth

sponda ['spon·da] *f* **1.** (*di fiume*) bank **2.** (*di letto*) edge

sponsor ['spɔn·sor] <-> *m* sponsor

sponsorizzare [spon·so·rid·'dza:·re] *vt* to sponsor

spontaneità [spon·ta·nei·'ta] <-> *f* spontaneity

spontaneo, -a [spon·'ta:·neo] *agg*

1. (*persona, adesione, offerta*) spontaneous 2. (*vegetazione*) wild

spopolamento [spo·po·la·'men·to] *m* depopulation; ~ **delle campagne** flight from the countryside

spopolare [spo·po·'laː·re] **I.** *vt* to depopulate **II.** *vi fam* (*avere grande successo*) to be all the rage **III.** *vr:* **-rsi** to empty

sporadico, -a [spo·'raː·di·ko] <-ci, -che> *agg* sporadic

sporcaccione, -a [spor·kat·'tʃoː·ne] *agg pej* dirty beast

sporcare [spor·'kaː·re] **I.** *vt* 1. (*vestito, tovaglia*) to dirty 2. *fig* (*nome, reputazione*) to sully **II.** *vr:* **-rsi** 1. (*insudiciarsi*) to get dirty 2. *fig* (*compromettersi*) to sully oneself

sporcizia [spor·'kit·tsia] <-ie> *f* (*mancanza di pulizia*) dirt

sporco ['spɔr·ko] *m* dirt

sporco, -a <-chi, -che> *agg* dirty

sporgere ['spɔr·dʒe·re] <irr> **I.** *vi essere* to stick out **II.** *vr:* **-rsi** (*in fuori, avanti*) to lean out

sport [spɔrt] <-> *m* sport; **fare dello** ~ to play sports

sportello [spor·'tɛl·lo] *m* 1. (*gener*) door 2. (*di ufficio, banca*) window; ~ **automatico** ATM

sportivo, -a [spor·'tiː·vo] **I.** *agg* 1. (*giornale, gara, auto*) sports; (*evento*) sporting; **campo** ~ sports field 2. (*persona*) sporty 3. (*abbigliamento*) casual **II.** *m, f* (*atleta*) sportsman *m*, sportswoman *f*

sposa ['spɔː·za] *f* bride; (*moglie*) wife; **abito** [*o* **vestito**] **da** ~ wedding dress

sposalizio [spo·za·'lit·tsio] <-i> *m* wedding

sposare [spo·'zaː·re] **I.** *vt* 1. (*gener*) to marry 2. (*dare in moglie o marito*) to marry (off) **II.** *vr* **-rsi con qu** to marry sb; **-rsi in chiesa/in comune** to get married in church/in city hall

sposo ['spɔː·zo] *m* (bride)groom; (*marito*) husband; **-i** newlyweds

spossatezza [spos·sa·'tet·tsa] *f* exhaustion

spostamento [spos·ta·'men·to] *m* movement; (~ *d'aria*) blast

spostare [spos·'taː·re] **I.** *vt* 1. (*mobile*) to move 2. (*data*) to change **II.** *vr:* **-rsi** to move

spostato, -a [spos·'taː·to] *agg, m, f* oddball

spot [spɔt] <-> *m* 1. TV, RADIO ~ **pubblicitario** commercial 2. (*riflettore*) spotlight

spranga ['spraŋ·ga] <-ghe> *f* (metal) bar

sprangare [spraŋ·'gaː·re] *vt* (*sbarrare*) to bolt

spray ['spraː·i] **I.** <-> *m* spray **II.** <inv> *agg* **bomboletta** ~ spray can

sprecare [spre·'kaː·re] *vt* (*tempo, denaro*) to waste

sprecato [spre·'kaː·to] *agg* wasted; **fatica -a** a waste of energy; **è tempo** ~ it's a waste of time; **essere** ~ **per qc** to be wasted on sth

spreco ['sprɛː·ko] <-chi> *m* waste

spregevole [spre·'dʒeː·vo·le] *agg* 1. (*persona, cosa*) contemptible 2. (*gesto*) despicable

spregiudicato, -a [spre·dʒu·di·'kaː·to] *agg* unscrupulous

spremere ['sprɛː·me·re] **I.** *vt* 1. (*limone, arancia*) to squeeze 2. *fig* (*far parlare*) to pump **II.** *vr:* **-rsi; -rsi le meningi** to rack one's brains

spremiagrumi [spre·mia·'gruː·mi] <-> *m* juicer

spremilimoni [spre·mi·li·'moː·ni] <-> *m* lemon squeezer

spremuta [spre·'muː·ta] *f* freshly-squeezed fruit juice

sprezzante [spret·'tsan·te] *agg* contemptuous

sprigionare [spri·dʒo·'naː·re] **I.** *vt* (*emettere*) to give off **II.** *vr:* **-rsi** (*uscire: calore, fumo*) to come out of

sprint [sprint] <-> *m* SPORT sprint

sprofondare [spro·fon·'daː·re] **I.** *vi essere* 1. (*pavimento, casa*) to collapse 2. (*affondare*) to sink 3. *fig* **sentirsi** ~ **dalla vergogna** to die of embarrassment **II.** *vr:* **-rsi** *fig* (*immergersi*) to bury oneself

spronare [spro·'naː·re] *vt* 1. (*cavallo*) to spur 2. *fig* (*stimolare*) ~ **qu a fare qc** to spur sb (on) to do sth

sproporzionato, -a [spro·por·tsio·'naː·

to] *agg* **1.** (*braccia, persona*) out of proportion **2.** (*prezzo, reazione*) disproportionate

spropositato, -a [spro·po·zi·'ta:·to] *agg* (*eccessivo: cifra*) enormous; (*richiesta*) ridiculous

sprovveduto, -a [sprov·ve·'du:·to] **I.** *agg* (*ingenuo*) gullible; (*impreparato*) inexperienced **II.** (*incapace*) babe in arms

sprovvisto, -a [sprov·'vis·to] *agg* **essere ~ di qc** (*negozio*) to be out of sth; **~ di passaporto/biglietto** without passport/ticket; **alla -a** by surprise

spruzzare [sprut·'tsa:·re] *vt* to spray

spruzzo ['sprut·tso] *m* **1.** (*d'acqua, fango*) splash **2.** TEC **verniciatura a ~** spray-painting

spudorato, -a [spu·do·'ra:·to] *agg* impudent

spugna ['spuɲ·ɲa] *f* **1.** (*per pulire*) sponge; **gettare la ~** *fig* SPORT to throw in the towel; **bere come una ~** to drink like a fish **2.** (*tessuto*) terry cloth

spumante [spu·'man·te] *m* sparkling wine

spuntare [spun·'ta:·re] **I.** *vt avere* **1.** (*penna, lapis*) to break the point of **2.** (*capelli, baffi*) to trim **3.** *fig* (*superare*) **spuntarla** *fam* to win through **4.** (*depennare: lista*) to cross out **II.** *vi essere* **1.** (*venir fuori*) to poke up **2.** (*fiori*) to come out **3.** (*sole*) to rise; (*giorno*) to break **4.** (*apparire*) to appear; **da dove spunti?** where did you spring from? **III.** *vr:* **-rsi** (*penna, lapis*) to become blunt

spuntino [spun·'ti:·no] *m* snack

sputare [spu·'ta:·re] **I.** *vt* to spit (out); **~ sangue** *fig* to sweat blood; **~ veleno** *fig* to say spiteful things; **sputa l'osso!** *fig fam* spit it out! **II.** *vi* to spit; **~ su qc** *fig fam* to despise sth

sputo ['spu:·to] *m* spit

sputtanare [sput·ta·'na:·re] *vulg* **I.** *vt* **~ qu** to dish the dirt on sb **II.** *vr:* **-rsi** to lose face

squadra ['skua:·dra] *f* **1.** (*complesso di persone*) troop **2.** SPORT team **3.** ADMIN, MIL squad; **~ mobile** rapid response team **4.** (*da disegno*) set square

squadrare [skua·'dra:·re] *vt fig* (*osservare*) **~ qu** to look sb up and down

squalifica [skua·'li:·fi·ka] <-che> *f* SPORT disqualification

squalificare [skua·li·fi·'ka:·re] *vt* to disqualify

squallido, -a ['skual·li·do] *agg* (*luogo*) squalid; (*vita*) dreary

squallore [skual·'lo:·re] *m* **1.** (*di luogo*) dreariness **2.** (*miseria*) wretchedness

squalo ['skua:·lo] *m* shark

squama ['skua:·ma] *f* ZOO scale

squamare [skua·'ma:·re] **I.** *vt* (*pesce*) to scale **II.** *vr:* **-rsi** (*perdere la pelle*) to peel

squarciagola [skuar·tʃa·'go:·la] *avv* **a ~** at the top of one's voice

squarciare [skuar·'tʃa:·re] *vt* to rip open

squartare [skuar·'ta:·re] *vt* **1.** (*vitello*) to quarter **2.** (*massacrare*) to butcher

squattrinato, -a [skuat·tri·'na:·to] *fam* **I.** *agg* penniless **II.** *m, f* penniless person

squilibrato, -a [skui·li·'bra:·to] **I.** *agg* unbalanced **II.** *m, f* MED loony

squillante [skuil·'lan·te] *agg* **1.** (*acuto: voce*) shrill **2.** (*colore*) harsh

squillare [skuil·'la:·re] *vi essere o avere* **1.** (*trombe*) to sound **2.** (*telefono, campanello*) to ring

squillo[1] ['skuil·lo] *m* **1.** (*di tromba*) sounding **2.** (*di telefono, campanello*) ringing

squillo[2] <inv> *agg* **ragazza ~** call girl

squisito, -a [skui·'zi:·to] *agg* **1.** (*cibo*) delicious **2.** (*modi*) delightful

squittire [skuit·'ti:·re] <squittisco> *vi* to squeak

sradicare [zra·di·'ka:·re] *vt* **1.** (*pianta*) to uproot **2.** *fig* (*vizio, male*) to root out

sragionare [zra·dʒo·'na:·re] *vi* (*parlando*) to talk nonsense

sregolato, -a [zre·go·'la:·to] *agg* **1.** (*senza regola: nel mangiare*) disorderly **2.** (*dissoluto: vita*) wild

S.r.l. *abbr di* **Società a responsabilità limitata** Ltd.

srotolare [zro·to·'la:·re] *vt* to unroll

S.S. *abbr di* **Strada Statale** *highway*

stabile ['sta:·bi·le] **I.** *agg* **1.** (*scala, impiego*) steady **2.** (*governo, moneta, prezzi*) stable **3.** METEO (*tempo*) settled **II.** *m* ARCH building

stabilimento [sta·bi·li·'men·to] *m* **1.** (*edificio*) building; **~ termale** spa **2.** (*fabbrica*) factory

stabilire [sta·bi·'li:·re] <stabilisco> **I.** *vt* **1.** (*dimora, sede*) to set up **2.** (*decidere*) to establish **II.** *vr:* **-rsi** (*prendere dimora*) to set up home

stabilito, -a [sta·bi·'li:·to] *agg* set; **entro il termine ~** by the due date

stabilizzare [sta·bi·lid·'dza:·re] **I.** *vt* to stabilize **II.** *vr:* **-rsi** **1.** (*diventare stabile*) to stabilize **2.** METEO to become settled

staccare [stak·'ka:·re] **I.** *vt* **1.** (*francobollo, etichetta*) to remove **2.** (*quadro*) to take down; (*bottone*) to take off **3.** FERR (*vagone*) to detach **4.** (*assegno, ricevuta*) to write **5.** SPORT to outdistance **6.** (*parole, sillabe*) to articulate **II.** *vi fam* (*finire di lavorare*) to knock off **III.** *vr:* **-rsi** **1.** (*gener*) **-rsi da qc** to come off sth **2.** *fig* (*allontanarsi*) to detach oneself

stacco ['stak·ko] <-cchi> *m* **1.** (*intervallo*) pause **2.** SPORT takeoff **3.** *fig* (*contrasto*) contrast

stadio ['sta:·dio] <-i> *m* **1.** SPORT stadium **2.** (*fase*) stage

staffa ['staf·fa] *f* (*di sella*) stirrup; **perdere le -e** *fig* to lose it

staffetta [staf·'fet·ta] *f* SPORT relay (race)

stage [sta:ʒ] <-> *m* internship

stagionale [sta·dʒo·'na:·le] **I.** *agg* (*fenomeno, malattia*) seasonal **II.** *mf* seasonal worker

stagionato, -a [sta·dʒo·'na:·to] *agg* CULIN mature

stagione [sta·'dʒo:·ne] *f* (*gener*) season; **alta/bassa ~** high/low season

stagnante [staɲ·'ɲan·te] *agg* (*acqua*) stagnant; (*aria*) stale

stagno ['staɲ·ɲo] *m* **1.** CHEM tin **2.** (*d'acqua*) pond

stagno, -a *agg* watertight

stagnola [staɲ·'ɲɔ:·la] *f* foil

stalinista [sta·li·'nis·ta] <-i *m*, -e *f*> *mf* Stalinist

stalla ['stal·la] *f* (*per cavalli*) stable

stallone [stal·'lo:·ne] *m* stallion

stamane, stamani [sta·'ma:·ne, sta·'ma:·ni] *avv* this morning

stamattina [sta·mat·'ti:·na] *avv* this morning

stampa[1] ['stam·pa] *f* **1.** TYP printing; **mandare in ~** to print **2.** (*giornalismo*) press; **libertà di ~** freedom of the press **3.** (*riproduzione*) print

stampa[2] <inv> *agg* press; **comunicato ~** press release

stampante [stam·'pan·te] *f* COMPUT printer; **~ laser** laser printer

stampare [stam·'pa:·re] *vt* (*libro, testo*) to print

stampatello [stam·pa·'tɛl·lo] *m* capital letters *pl*

stampato, -a *agg* printed

stampella [stam·'pɛl·la] *f* **1.** (*gruccia*) crutch **2.** (*per abiti*) hanger

stampo ['stam·po] *m* mold

stanare [sta·'na:·re] *vt a. fig* to flush (out)

stancare [staŋ·'ka:·re] **I.** *vt* **1.** (*gener*) **~ qu** to tire sb out **2.** (*cose, discorso*) to weary **II.** *vr:* **-rsi** **1.** (*affaticarsi*) to get tired **2.** (*stufarsi*) **-rsi di qc** to grow tired of sth; **-rsi di qu** to grow tired of sb

stanchezza [staŋ·'ket·tsa] *f* tiredness

stanco, -a ['staŋ·ko] <-chi, -che> *agg* tired; **~ morto** *fam* dead tired

standard ['stæn·dəd/'stan·dard] **I.** <-> *m* standard; **~ di vita** standard of living **II.** <inv> *agg* standard

stanghetta [staŋ·'get·ta] *f* (*di occhiali*) arm

stanotte [sta·'nɔt·te] *avv* tonight

stanza ['stan·tsa] *f* room; **~ da letto** bedroom

stanziamento [stan·tsia·'men·to] *m* (*di denaro*) allocation

stanziare [stan·'tsia:·re] **I.** *vt* (*denaro*) to allocate **II.** *vr:* **-rsi** (*stabilirsi*) to settle

stanzino [stan·'tsi:·no] *m* utility room

stappare [stap·'pa:·re] *vt* (*bottiglia*) to uncork

star [sta:] <-> *f* star

stare ['sta:·re] <sto, stetti, stato> *vi essere* **1.** (*restare*) to stay; **~ fermo** to stay still; **~ seduto** to sit; **~ in piedi** to stand **2.** (*trovarsi*) to be **3.** (*abitare*) to live; **Gianna sta a Roma** Gianna lives in Rome **4.** (*di salute*) to be; **come stai?** how are you?; **sto bene/male/così**

così I'm fine/not well/OK **5.** (*toccare*) ~ **a qu fare qc** to be up to sb to do sth **6.** (*colore, indumento*) to suit **7.** (*entrarci*) to fit; **non ci sta** it doesn't fit in here **8.** (*con gerundio*) **sto leggendo** I'm reading **9.** (*con infinito*) ~ **a sentire** to wait and find out; ~ **per fare qc** to be about to do sth **10.** (*loc*) **lasciar ~ qc** to let sth drop; **ti sta bene!** *fam* that'll teach you!; **starci** *fig fam* (*essere d'accordo*) to agree

starnuto [star·'nuː·to] *m* sneeze; **fare uno ~** to sneeze

stasera [sta·'seː·ra] *avv* this evening

statale [sta·'taː·le] **I.** *agg* state; **impiegato ~** civil servant **II.** *mf* civil servant **III.** *f* **1.** (*strada*) highway **2.** *pl* public schools

statalizzare [sta·ta·lid·'dzaː·re] *vt* to bring under state control

statico, -a ['staː·ti·ko] <-ci, -che> *agg* static

statista [sta·'tis·ta] <-i *m*, -e *f*> *mf* statesman *m*, stateswoman *f*

statistica [sta·'tis·ti·ka] <-che> *f* statistics

statistico, -a [sta·'tis·ti·ko] <-ci, -che> *agg* statistical

stato[1] ['staː·to] *pp di* **essere**[1], **stare**

stato[2] *m* **1.** (*nazione*) state; **capo dello ~** head of state; **gli Stati Uniti d'America** the United States of America **2.** (*condizione*) state; ~ **d'animo** state of mind **3.** ADMIN (*ceto*) status; ~ **civile** [*o* **di famiglia**] civil status

statua ['staː·tua] *f* statue

statunitense [sta·tu·ni·'tɛn·se] *agg, mf* American

statura [sta·'tuː·ra] *f* **1.** (*altezza*) height **2.** *fig* (*morale*) stature

statuto [sta·'tuː·to] *m* **1.** GIUR, COM statute *pl* **2.** POL, HIST constitution

stavolta [sta·'vɔl·ta] *avv fam* this time

stazionario, -a [stat·tsio·'naː·rio] <-i, -ie> *agg* (*invariato*) stable

stazione [stat·'tsioː·ne] *f* **1.** FERR station **2.** MOT ~ **di servizio** gas station **3.** RADIO (radio) station **4.** (*di polizia*) police station

stecca ['stek·ka] <-cche> *f* **1.** (*di ombrello, ventaglio*) rib **2.** MED splint **3.** (*di sigarette*) carton **4.** MUS wrong note

steccato [stek·'kaː·to] *m* fence

stecchito, -a [stek·'kiː·to] *agg* **1.** (*rami, pianta*) dead **2.** (*loc*) **morto ~** stone dead

stella ['stel·la] *f* **1.** *fig* ASTR star; ~ **cadente** falling star; **vedere le -e** *fig* to daydream; **i prezzi sono saliti alle -e** prices have gone sky high **2.** FILM star; ~ **del cinema** movie star **3.** BOT ~ **alpina** edelweiss; ~ **di Natale** poinsettia **4.** ZOO ~ **di mare** starfish

stellato, -a [stel·'laː·to] *agg* starry

stelo ['stɛː·lo] *m* **1.** (*di fiore*) stem **2.** (*asta di sostegno*) **lampada a ~** floor lamp

stemma ['stɛm·ma] <-i> *m* coat of arms

stempiarsi [stem·'piar·si] *vr* to have a receding hairline

stendere ['stɛn·de·re] <irr> **I.** *vt* **1.** (*braccia, gambe, mano*) to stretch (out) **2.** (*biancheria*) to spread (out); (*tappeto, tovaglia*) to spread **3.** (*pasta*) to roll (out) **4.** (*colori*) to spread **5.** (*persona*) to lay; (*con pugno, pallottola*) to knock down **6.** ADMIN (*verbale*) to write (up) **II.** *vr:* **-rsi 1.** (*allungarsi*) to stretch out **2.** *fig* (*estendersi*) to extend

stendibiancheria [sten·di·biaŋ·ke·'riː·a] <-> *m* clotheshorse

stenditoio [sten·di·'toː·io] <-oi> *m* (*locale*) drying room; (*stendibiancheria*) clotheshorse

stenografare [ste·no·gra·'faː·re] *vt* to take down in shorthand

stenografo, -a [ste·'nɔː·gra·fo] *m, f* stenographer

stentare [sten·'taː·re] *vi* (*faticare*) to have difficulty; ~ **a leggere** to have difficulty reading

stentato, -a [sten·'taː·to] *agg* **1.** (*lavoro*) labored **2.** (*vita*) hard

stento ['stɛn·to] *m* **1.** (*fatica*) difficulty; **a ~** with difficulty **2.** *pl* (*disagio*) hardships

sterco ['stɛr·ko] <-chi> *m* dung

stereo ['stɛː·reo] **I.** <-> *m fam* (*impianto*) stereo **II.** <inv> *agg* stereo

stereofonico, -a [ste·reo·'fɔː·ni·ko] <-ci, -che> *agg* stereo

sterile ['stɛː·ri·le] *agg* **1.** MED infertile

2. BOT, AGR barren **3.** (*infecondo: discorso, atteggiamento*) sterile

sterilizzare [ste·ri·lid·'dza:·re] *vt* to sterilize

sterlina [ster·'li:·na] *f* pound (sterling)

sterminare [ster·mi·'na:·re] *vt* to exterminate

sterminato, -a [ster·mi·'na:·to] *agg* (*pianura*) endless

sterminio [ster·'mi:·nio] <-i> *m* (*distruzione*) extermination; **campo di ~** death camp

sterzare [ster·'tsa:·re] *vt* MOT to turn

sterzo ['stɛr·tso] *m* (*volante*) steering wheel

stesi *1. pers sing pass rem di* **stendere**

steso *pp di* **stendere**

stessi ['stes·si] *1. e 2. pers sing conj imp di* **stare**

stesso ['stes·so] **I.** *avv* **lo ~** just the same **II.** *m* the same; **fa** [*o* **è**] **lo ~** it makes no difference

stesso, -a I. *agg* **1.** (*medesimo*) **lo ~** [*o* **la -a**] [*o* **le -e**] [*o* **gli -i**] the same **2.** (*rafforzativo*) **io ~** myself; **tu ~** yourself; **voi -i** yourselves; **lo farò io ~** I'll do it myself; **il presidente ~** the president himself; **ci vado oggi ~** I'll go today **II.** *pron* **lo ~** [*o* **la -a**] the same (one); **le -e** [*o* **gli -i**] the same (ones)

steste ['stes·te] *2. pers pl pass rem di* **stare**

stesti ['stes·ti] *2. pers sing pass rem di* **stare**

stesura [ste·'su:·ra] *f* (*di contratto, documento*) drawing up; (*di testo, libro*) writing

stetti ['stet·ti] *1. pers sing pass rem di* **stare**

stia *1., 2. e 3. pers sing conj pr di* **stare**

stile ['sti:·le] *m* style; **~ di vita** lifestyle; **avere ~** to have style; **in grande ~** in style; **con ~** stylishly; **~ libero** freestyle

stilista [sti·'lis·ta] <-i *m*, -e *f*> *mf* stylist

stilizzare [sti·lid·'dza:·re] *vt* to outline

stilografica [sti·lo·'gra:·fi·ka] <-che> *f* fountain pen

stima ['sti:·ma] *f* **1.** (*apprezzamento*) esteem; **avere ~ di qu** to esteem sb **2.** COM (*valutazione*) valuation; **fare una ~ di qc** to estimate sth

stimare [sti·'ma:·re] *vt* **1.** COM to value **2.** (*persona*) to esteem

stimolante [sti·mo·'lan·te] **I.** *agg* (*conversazione, persona*) stimulating **II.** *m* (*sostanza, farmaco*) stimulant

stimolare [sti·mo·'la:·re] *vt* **1.** (*sensi*) to awaken; (*appetito*) to sharpen **2.** (*incitare*) to encourage

stimolo ['sti:·mo·lo] *m* **1.** (*incentivo*) stimulus **2.** (*fisiologico: della fame*) impulse

stinco ['stiŋ·ko] <-chi> *m* shin

stipare [sti·'pa:·re] **I.** *vt* (*ammassare*) to cram **II.** *vr:* **-rsi** (*accalcarsi*) to cram

stipendio [sti·'pɛn·dio] <-i> *m* salary; **aumento di ~** raise

stipite ['sti:·pi·te] *m* (*di porta, finestra*) jamb

stipulare [sti·pu·'la:·re] *vt* (*contratto, accordo*) to draw up

stiracchiarsi [sti·rak·'kia:r·si] *vr* to stretch

stiramento [sti·ra·'men·to] *m* MED strain

stirare [sti·'ra:·re] **I.** *vt* (*con il ferro*) to iron **II.** *vr:* **-rsi** *fam* to stretch

stiro ['sti:·ro] *m* **asse** [*o* **tavolo**] **da ~** ironing board; **ferro da ~** iron

stirpe ['stir·pe] *f* **1.** (*origine*) race **2.** (*discendenza*) line

stitichezza [sti·ti·'ket·tsa] *f* constipation

stitico, -a ['sti:·ti·ko] <-ci, -che> *agg* constipated

stiva ['sti:·va] *f* hold

stivale [sti·'va:·le] *m* boot

stivaletto [sti·va·'let·to] *m* ankle boot

stizza ['stit·tsa] *f* anger

stizzire [stit·'tsi:·re] <stizzisco> **I.** *vt* to annoy **II.** *vr:* **-rsi** to get angry

sto [stɔ] *1. pers sing pr di* **stare**

stoffa ['stɔf·fa] *f* **1.** (*tessuto*) cloth **2. avere della ~** *fam* to have what it takes

stomaco ['stɔ:·ma·ko] <-chi *o* -ci> *m* stomach; **avere qc sullo ~** to not have digested sth; **dare di ~** to be sick; **riempirsi lo ~** *fam* to eat one's fill

stonare [sto·'na:·re] **I.** *vt* MUS (*cantare*) to sing out of tune; (*suonare*) to play out of tune **II.** *vi fig* **~ con qc** to be out of tune with sth; (*colori*) to clash with sth

stonato, -a [sto·'na:·to] *agg* MUS (*stru-*

mento) out of tune; **è stonato** (*persona*) he sings out of tune

stop [stɔp] <-> *m* **1.** (*segnale stradale*) stop sign **2.** MOT (*fanalino*) brake light

stoppare [stop·'paː·re] *vt* SPORT to block

storcere ['stɔr·tʃe·re] <irr> *vt* **1.** (*chiave, chiodo*) to bend **2.** (*piede, gamba, braccio*) to twist; (*~ il naso*) to wrinkle one's nose

stordire [stor·'diː·re] <stordisco> *vt* to daze

storia ['stɔː·ria] <-ie> *f* history; **~ medievale/moderna** medieval/modern history; **passare alla ~** to go down in history; **è sempre la solita ~** *fam* it's the same old same old; **sono tutte -ie!** *fam* it's a load of nonsense!; **quante -ie!** *fam* what a fuss!; **non fare tante -ie!** *fam* don't make such a fuss!

storico, -a ['stɔː·ri·ko] <-ci, -che> **I.** *agg* **1.** HIST historical; **centro ~** old town **2.** (*memorabile*) historic **II.** *m, f* historian

stormo ['stor·mo] *m* flock

stornare [stor·'naː·re] *vt* COM to cancel

storpio, -a ['stɔr·pio] <-i, -ie> **I.** *agg* disabled **II.** *m, f* disabled person

storsi *1. pers sing pass rem di* **storcere**

storta ['stɔr·ta] *f fam* sprain; **prendere una ~** to sprain one's foot

storto, -a ['stɔr·to] **I.** *pp di* **storcere** **II.** *agg* **1.** (*gambe, righe*) crooked **2.** *fig* **oggi mi va tutto ~!** everything's going wrong for me today!

stoviglie [sto·'viʎ·ʎe] *fpl* dishes

strabico, -a ['straː·bi·ko] <-ci, -che> **I.** *agg* cross-eyed **II.** *m, f* cross-eyed person

strabismo [stra·'biz·mo] *m* squint

stracarico, -a [stra·'kaː·ri·ko] <-ci, -che> *agg fam* packed

stracchino [strak·'kiː·no] *m soft white cheese made in Lombardy*

stracciare [strat·'tʃaː·re] **I.** *vt* **1.** (*lettera*) to tear up; (*vestito*) to tear **2.** *fam* SPORT (*avversario*) to crush **II.** *vr:* **-rsi** (*lacerarsi*) to tear

stracciatella [strat·tʃa·'tɛl·la] *f* (*gelato*) *vanilla ice cream with chocolate chips*

straccio ['strat·tʃo] <-cci> *m* **1.** (*cencio*) cloth; **~ per i pavimenti** floor cloth; **sentirsi uno ~** *fig* to be exhausted **2.** *pl, pej fam* rags

straccio, -a <-cci, -cce> *agg* **carta -a** waste paper

stracotto, -a *agg* overcooked

strada ['straː·da] *f* **1.** (*via*) road; (*in città*) street; **farsi ~** to get on in life; **essere su una cattiva ~** *fig* to be on the wrong track; **tagliare la ~ a qu** to cut sb up; **~ facendo** *fig* on the way; **non c'è molta ~** it's not far **2.** *fig* (*cammino*) journey

stradale [stra·'daː·le] *agg* street; **carta ~** street map; **incidente ~** accident; **lavori -i** roadwork

stradario [stra·'daː·rio] <-i> *m* street map

strafaccio [stra·'fat·tʃo] *1. pers sing pr di* **strafare**

strafalcione [stra·fal·'tʃoː·ne] *m* blooper

strafare [stra·'faː·re] <irr> *vt* to overdo it [*o* things]

strafeci *1. pers sing pass rem di* **strafare**

strafottente [stra·fot·'tɛn·te] *agg* arrogant

strage ['straː·dʒe] *f* **1.** (*uccisione*) massacre **2.** *fig fam* ton

stragrande [stra·'gran·de] *agg fam* **la ~ maggioranza** the vast majority

stralciare [stral·'tʃaː·re] *vt* to remove

stralunato, -a [stra·lu·'naː·to] *agg* **1.** (*occhi*) staring **2.** (*persona*) dazed

strambo, -a ['stram·bo] *agg* (*persona*) weird

strangolare [straŋ·go·'laː·re] *vt* to strangle

straniero, -a [stra·'niɛː·ro] **I.** *agg* foreign **II.** *m, f* foreigner

strano, -a ['straː·no] *agg* strange

straordinario [stra·or·di·'naː·rio] <-ri> *m* overtime; **fare gli -i** to do [*o* work] overtime

straordinario, -a <-ri, -rie> *agg* extraordinary; **treno ~** special train; **lavoro ~** overtime

strapazzarsi [stra·pat·'tsaː·rsi] *vr* (*affaticarsi*) to tire oneself out

strapazzato, -a [stra·pat·'tsaː·to] *agg* **uova -e** scrambled eggs

strapiombo [stra·'piom·bo] *m* drop; **a ~** with a sheer drop

strappare [strap·'paː·re] **I.** *vt* **1.** (*ramo, fiore*) to break off; (*pagina*) to tear out; (*carta*) to tear up **2.** *fig* (*promessa, confessione*) to extract **II.** *vr:* **-rsi** (*lacerarsi*) to break

strappo ['strap·po] *m* **1.** MED (*lacerazione*) strain **2.** *fig* (*eccezione*) **fare uno ~ alla regola** to make an exception **3.** *fam* (*passaggio*) ride; **dare uno ~ a qu** to give sb a ride

straricco, -a [stra·'rik·ko] <-cchi, -cche> *agg fam* loaded

straripare [stra·ri·'paː·re] *vi essere o avere* to overflow

stratagemma [stra·ta·'dʒɛm·ma] <-i> *m* stratagem

strategia [stra·te·'dʒiː·a] <-gie> *f* strategy

strategico, -a [stra·'tɛː·dʒi·ko] <-ci, -che> *agg* strategic

strato ['straː·to] *m* (*gener*) stratum; **a -i** in layers

stravagante [stra·va·'gan·te] *agg* odd

stravolgere [stra·'vɔl·dʒe·re] <irr> *vt* **1.** *fig* (*persona: brutta esperienza*) to upset; (*lavoro*) to exhaust **2.** (*fatti*) to distort

stravolto, -a [stra·'vɔl·to] *agg* (*espressione, viso*) distraught

straziante [strat·'tsian·te] *agg* (*grida*) piercing; (*immagine*) horrifying; (*dolore*) excruciating

strazio ['strat·tsio] <-i> *m* (*grande pena*) torment; **che ~!** *fam* what a disaster!

strega ['streː·ga] <-ghe> *f* witch

stregare [stre·'gaː·re] *vt a. fig* to bewitch

stregone [stre·'goː·ne] *m* **1.** (*mago*) wizard **2.** (*dei popoli primitivi*) witch doctor

stregoneria [stre·go·ne·'riː·a] <-ie> *f* witchcraft

stremare [stre·'maː·re] *vt* to wear out

strepitare [stre·pi·'taː·re] *vi* to make a racket

strepitoso, -a [stre·pi·'toː·so] *agg fig* (*successo*) resounding

stress [stres] <-> *m* stress; **essere sotto ~** to be stressed

stressante [stres·'san·te] *agg* stressful

stressare [stres·'saː·re] *vt* to put under stress

stressato, -a [stres·'saː·to] *agg* stressed (out)

stretching ['stre·tʃiŋ] <-> *m* SPORT stretching

stretta ['stret·ta] *f* **1.** (*pressione*) **dare una ~ a qc** (*vite, rubinetto*) to tighten sth; **~ di mano** handshake; **dare una ~ di mano a qu** to shake hands with sb **2.** *fig* (*turbamento*) **sentire una ~ al cuore** to feel one's heart jump **3.** (*situazione difficile*) **mettere qu alle -e** to force sb into a corner

stretto ['stret·to] *m* GEO strait

stretto, -a **I.** *pp di* **stringere** **II.** *agg* **1.** (*tavolo, strada*) narrow **2.** (*vestito*) tight **3.** (*parente, amico*) close **4.** (*osservanza, disciplina*) strict

strettoia [stret·'toː·ia] <-oie> *f* (*di strada*) narrowing

stridente [stri·'dɛn·te] *agg* **1.** (*contrasto*) glaring **2.** (*colori*) garish

stridere ['striː·de·re] <strido, stridei *o* stridetti, *rar* striduto> *vi* **1.** (*animali*) to screech **2.** (*freni*) to squeal; (*porta*) to squeak **3.** *fig* (*essere in contrasto*) **~ con qc** to jar with sth; **quei colori stridono fra loro** those colors clash

strigliare [striʎ·'ʎaː·re] *vt* (*cavallo*) to curry

strigliata [striʎ·'ʎaː·ta] *f* **1.** (*a cavallo*) currying **2.** *fig* (*sgridata*) talking-to

strillare [stril·'laː·re] **I.** *vi* to shout **II.** *vt fam* (*sgridare urlando*) to shout at

strillo ['stril·lo] *m* yell

striminzito, -a [stri·min·'tsiː·to] *agg* (*vestito*) skimpy

stringa ['striŋ·ga] <-ghe> *f* **1.** (*delle scarpe*) lace **2.** COMPUT string

stringere ['strin·dʒe·re] <stringo, strinsi, stretto> **I.** *vt* **1.** (*serrare*) to squeeze (together); **~ la mano a qu** to shake sb's hand; **~ qu fra le braccia** to hug sb **2.** (*vite*) to tighten **3.** (*denti, pugni*) to clench **4.** (*vestito*) to take in **5.** *fig* (*riassumere*) to condense **6.** (*loc*) **~ un'alleanza** to make an alliance; **~ amicizia** to make friends **II.** *vr:* **-rsi** **1.** (*avvicinarsi*) **-rsi attorno a qu** to gather around sb

2. (*loc*) **-rsi nelle spalle** to shrug

striscia [ˈstriʃ·ʃa] <-sce> *f* **1.** (*di stoffa, carta*) strip; **a -sce** striped **2.** *pl* **-sce** (**pedonali**) crosswalk

strisciare [striʃ·ˈʃaː·re] **I.** *vi* **1.** ZOO to crawl **2.** (*rasentare*) to scrape; **~ contro un muro** to scrape along a wall **II.** *vt* **1.** (*piedi*) to drag **2.** (*auto, paraurti*) to scrape **3.** (*passare rasente: proiettile*) to graze

striscio [ˈstriʃ·ʃo] <-sci> *m* **1.** MED Pap smear **2.** (*loc*) **colpire qc di ~** to hit sth a glancing blow

striscione [striʃ·ˈʃoː·ne] *m* advertising banner

stritolare [stri·to·ˈlaː·re] *vt* to crush

strizzacervelli [strit·tsa·tʃer·ˈvɛl·li] <-> *mf scherz* shrink

strizzare [strit·ˈtsaː·re] *vt* **1.** (*panni*) to wring **2.** (*loc*) **~ l'occhio a qu** to wink at sb

strofa [ˈstrɔː·fa] <-> *f* verse

strofinaccio [stro·fi·ˈnat·tʃo] <-cci> *m* floor cloth

strofinare [stro·fi·ˈnaː·re] **I.** *vt* (*argenteria*) to polish; (*pavimento*) to wipe **II.** *vr:* **-rsi** (*strusciarsi*) to rub oneself; **-rsi gli occhi/le mani** to rub one's eyes/hands

stroncare [stroŋ·ˈkaː·re] *vt* **1.** *fig* (*interrompere*) to break up **2.** *fig* (*criticando*) to tear to pieces **3.** (*loc*) **~ la vita a qu** to cut sb's life short

stronzata [stron·ˈtsaː·ta] *f* stupid thing to do [*o* say]; **combinare una bella ~** to screw it up

stronzo [ˈstron·tso] *m* (*escremento*) turd

stronzo, -a *m, f vulg* asshole

strozzare [strot·ˈtsaː·re] **I.** *vt* **1.** (*uccidere*) to strangle **2.** (*tubo, condotto*) to narrow **II.** *vr:* **-rsi** to strangle oneself

strozzino, -a [strot·ˈtsiː·no] *m, f* loan shark

struccante [struk·ˈkan·te] *m* makeup remover

struccarsi [struk·ˈkaː·rsi] *vr* to remove one's makeup

strumentalizzare [stru·men·ta·lid·ˈdzaː·re] *vt* to exploit

strumento [stru·ˈmen·to] *m* **1.** (*gener*) tool; **-i di precisione** precision tools **2.** MUS instrument; **-i a corda** stringed instruments; **-i a fiato** wind instruments; **-i a percussione** percussion instruments

struttura [strut·ˈtuː·ra] *f* structure

strutturale [strut·tu·ˈraː·le] *agg* structural

struzzo [ˈstrut·tso] *m* ostrich

stuccare [stuk·ˈkaː·re] *vt* **1.** (*preparare: parete*) to plaster; (*turare: buco*) to fill **2.** (*decorare*) to stucco

stucco [ˈstuk·ko] <-cchi> *m* **1.** (*malta*) plaster **2.** (*ornamento*) stucco **3.** (*loc*) **rimanere di ~** to be struck dumb

studente, -essa [stu·ˈdɛn·te, stu·den·ˈtes·sa] *m, f* student

studentesco, -a [stu·den·ˈtes·ko] <-schi, -sche> *agg* student

studentessa *f v.* **studente**

studiare [stu·ˈdiaː·re] **I.** *vt* **1.** (*per imparare qc*) to study; **~ al liceo/all'università** to be a high school/university student **2.** (*esaminare, indagare*) to examine **II.** *vr:* **-rsi** (*osservarsi*) to weigh each other up

studio [ˈstuː·dio] <-i> *m* **1.** (*gener*) study; **borsa di ~** grant **2.** <*gener al pl*> (*all'università*) studies *pl* **3.** (*di professionista*) office; **~ legale** law firm **4.** FILM, TV, RADIO studio

studioso, -a [stu·ˈdioː·so] **I.** *agg* (*persona*) studious **II.** *m, f* scholar

stufa [ˈstuː·fa] *f* stove

stufare [stu·ˈfaː·re] **I.** *vt* **1.** CULIN to stew **2.** *fig fam* (*stancare*) to weary **II.** *vr* **-rsi di qu/qc** *fam* to get fed up with sb/sth

stufato [stu·ˈfaː·to] *m* stew

stufo, -a [ˈstuː·fo] *agg fam* **essere ~ di qu/qc** to be fed up with sb/sth

stuoia [ˈstuɔː·ia] <-oie> *f* mat

stupefacente [stu·pe·fa·ˈtʃɛn·te] *agg* **1.** (*sorprendente*) astonishing **2.** MED **sostanze -i** drugs

stupendo, -a [stu·ˈpɛn·do] *agg* wonderful

stupidaggine [stu·pi·ˈdad·dʒi·ne] *f* stupidity

stupidità [stu·pi·di·ˈta] <-> *f* stupidity

stupido, -a [ˈstuː·pi·do] **I.** *agg* stupid **II.** *m, f* idiot

stupire [stu·ˈpiː·re] <stupisco> **I.** *vt avere* to amaze **II.** *vr:* **-rsi** to be amazed

stupore [stu·'poː·re] *m* amazement

stupratore [stu·pra·'toː·re] *m* rapist

stupro ['stuː·pro] *m* rape

sturare [stu·'raː·re] *vt* (*lavandino*) to unblock

stuzzicadenti [stut·tsi·ka·'dɛn·ti] <-> *m* toothpick

stuzzicare [stut·tsi·'kaː·re] *vt* **1.** (*molestare*) to tease **2.** (*stimolare: appetito*) to whet

su [su] <sul, sullo, sull', sulla, sui, sugli, sulle> **I.** *prep* **1.** (*con contatto*) on; **sul lago/mare** by the lake/ocean; **Parigi è sulla Senna** Paris is on the Seine **2.** (*senza contatto*) over; **giurare ~ qc/qu** *fig* to swear on sth/sb **3.** (*mezzi di trasporto*) on; **erano seduti sull'autobus** they were sitting on the bus **4.** (*complemento d'argomento*) about **5.** (*complemento di modo*) **~ richiesta** on request; **~ misura** custom-made **6.** (*circa*) around; **un uomo sulla sessantina** a man of around 60 **7.** (*di, fra*) out of; **sette volte ~ dieci** seven times out of ten; **un candidato ~ quattro** one candidate in four **II.** *avv* up; **andare ~ e giù** to walk up and down; **~ per giù** around; **pensarci ~** *fam* to think about it; **dai 100 euro in ~** from 100 euros upwards; **~ le mani!** hands up!; **~ con la vita!** cheer up! **III.** *inter* come on

sub [sub] <-> *mf* scuba diver

sub- [sub] (*in parole composte*) sub-

subacqueo, -a [sub·'ak·kue·o] **I.** *agg* underwater **II.** *m, f* scuba diver

subaffittare [sub·af·fit·'taː·re] *vt* to sublet

subconscio [sub·'kon·ʃo] *m* subconscious

subdolo, -a ['sub·do·lo] *agg* underhand

subentrare [su·ben·'traː·re] *vi essere* **1.** (*succedere*) to happen **2.** (*sostituire*) **~ a qu** to succeed sb

subire [su·'biː·re] <subisco> *vt* **1.** (*gener*) to suffer **2.** (*sottoporsi a*) **~ un'operazione** to have an operation

subito ['suː·bi·to] *avv* **1.** (*immediatamente*) at once **2.** (*in un attimo*) instantly

sublime [sub·'liː·me] *agg* (*eccellente*) wonderful

subordinato, -a [sub·or·di·'naː·to] *agg, m, f* subordinate

succedere [sut·'tʃɛː·de·re] <succedo, successi *o* succedetti, successo> **I.** *vi essere* **1.** (*avvenire*) to happen; **cosa ti succede?** what's the matter?; **sono cose che succedono** these things happen **2.** (*prendere il posto di*) **~ a qu** to succeed sb **3.** (*venir dopo*) **~ a qc** to follow sth **II.** *vr:* **-rsi** (*susseguirsi*) to follow one another

successi [sut·'tʃɛs·si] *1. pers sing pass rem di* **succedere**

successione [sut·tʃes·'sioː·ne] *f* succession

successivo, -a [sut·tʃes·'siː·vo] *agg* next

successo[1] [stu·'tʃɛs·so] *pp di* **succedere**

successo[2] *m* success; **un film di ~** a hit movie

succhiare [suk·'kiaː·re] *vt* to suck

succhiotto [suk·'kiɔt·to] *m* (*per bambini*) pacifier

succinto, -a [sut·'tʃin·to] *agg* **1.** (*vestito*) skimpy **2.** (*resoconto*) scanty

succo ['suk·ko] <-cchi> *m* **1.** (*di frutta*) juice **2.** ANAT **-cchi gastrici** gastric juices **3.** *fig* (*contenuto*) gist

succube ['suk·ku·be] *agg* **essere ~ di qu** to be under sb's thumb

succulento, -a [suk·ku·'lɛn·to] *agg* (*cibo*) delicious

succursale [suk·kur·'saː·le] *f* branch

sud [sud] <-> *m* south; **Mare del Sud** Southern Ocean; **Polo Sud** South Pole; **a ~ di** south of; **Napoli si trova a ~ di Roma** Naples is south of Rome

Sudafrica [su·'daː·fri·ka] *m* South Africa

sudare [su·'daː·re] **I.** *vi* to sweat **II.** *vt fig* **~ sangue** to sweat blood

suddito, -a ['sud·di·to] *m, f* subject

suddividere [sud·di·'viː·de·re] <irr> *vt* to subdivide

suddivisione [sud·di·vi·'zioː·ne] *f* subdivision

sudest [su·'dɛst] *m* southeast

sudicio, -a <-ci, -ce *o* -cie> *agg* (*mani, vestito, luogo*) filthy

sudoccidentale [su·dot·tʃi·den·'taː·le] *agg* southwest

sudore [su·'doː·re] *m* sweat

sudorientale [sud·or·ien·'taː·le] *agg* southeast

sudovest [su·'dɔː·vest] *m* southwest

sufficiente [suf·fi·'tʃɛn·te] *agg* (*che basta*) sufficient

sufficienza [suf·fi·'tʃɛn·tsa] *f* **1.** (*l'essere sufficiente*) **c'è n'è a ~** there's enough of it; **averne a ~ di qc** to have had enough of sth **2.** (*voto scolastico*) pass; **prendere la ~** to pass **3.** *fig, pej* (*boria*) superiority

suffisso [suf·'fis·so] *m* LING suffix

suggerimento [sud·dʒe·ri·'men·to] *m* suggestion

suggerire [sud·dʒe·'riː·re] <suggerisco> *vt* **1.** (*a scuola*) **~ la risposta a qu** to tell sb the answer **2.** THEAT to prompt **3.** (*consigliare*) to suggest; **~ a qu di fare qc** to suggest that sb does sth

suggeritore, -trice [sud·dʒe·ri·'toː·re] *m, f* (*theat*) prompter

suggestionare [sud·dʒes·tio·'naː·re] *vt* to affect

suggestivo, -a [sud·dʒes·'tiː·vo] *agg* (*paesaggio, spettacolo*) beautiful

sughero ['suː·ge·ro] *m* cork

sugli ['suʎ·ʎi] *prep* = **su + gli** *v.* **su**

sugo ['suː·go] <-ghi> *m* sauce

sui ['suː·i] *prep* = **su + i** *v.* **su**

suicida [sui·'tʃiː·da] <-i *m*, -e *f*> **I.** *mf* suicide **II.** *agg* suicidal

suicidarsi [sui·tʃi·'dar·si] *vr* to commit suicide

suicidio [sui·'tʃiː·dio] <-i> *m* suicide

suino [su·'iː·no] *m* pig; **carne di ~** pork

sul [sul] *prep* = **su + il** *v.* **su**

sull', sulla, sulle, sullo [sul, 'sul·la, 'sul·le, 'sul·lo] *prep* = **su + l', la, le, lo** *v.* **su**

sultano, -a [sul·'taː·no] *m, f* sultan *m,* sultana *f*

suo, -a <suoi, sue> **I.** *agg* **1.** (*di lui*) his; (*di lei*) her; **la -a voce** his [*o* her] voice; **~ padre/zio** his [*o* her] father/uncle; **un ~ amico** a friend of his [*o* hers]; **essere dalla -a** to be on his [*o* her] side; **dire la -a** to say one's piece; **sta sulle sue** he keeps to himself **2.** (*forma di cortesia: Suo*) your; **in seguito al Suo scritto del ...** in reply to your letter of ... **II.** *pron* **1. il ~** [*o* **la -a**] (*di lui*) his; (*di lei*) hers; **i suoi** his [*o* her] parents **2.** (*forma di cortesia: Suo*) yours

suocero, -a ['suɔː·tʃe·ro] *m, f* father-in-law *m,* mother-in-law *f;* **-i** in-laws

suoi ['suɔː·i] *v.* **suo**

suola ['suɔː·la] *f* sole

suolo ['suɔː·lo] *m* (*terra*) ground

suonare [suo·'naː·re] **I.** *vt avere* **1.** MUS to play **2.** (*orologio*) to strike; (*campana, campanello*) to ring; **~ il clacson** to sound the horn **3.** *fam* (*picchiare*) **suonarle a qu** to give sb a good beating **II.** *vi essere o avere* **1.** (*campana, telefono*) to ring; (*sveglia*) to go off; **sta suonando il campanello** the doorbell is ringing **2.** MUS to play **3.** (*parole, frasi*) to sound

suonato, -a *agg fam* **essere ~** to be crazy

suonatore, -trice [so·na·'toː·re] *m, f* player

suoneria [so·ne·'riː·a] <-ie> *f* ringtone

suono ['suɔː·no] *m* sound

suora ['suɔː·ra] *f* nun

super ['suː·per] <inv> *agg* fantastic

superalcolico [su·per·al·'kɔː·li·ko] <-ci> *m* high-alcohol drink

superalcolico, -a <-ci, -che> *agg* high-alcohol; **bevanda -a** high-alcohol drink

superamento [su·per·a·'men·to] *m* (*di difficoltà*) overcoming

superare [su·pe·'raː·re] *vt* **1.** (*per qualità*) to surpass; (*per dimensioni, quantità*) to be bigger than; (*di numero*) to be greater than; **~ qu in qc** to be better than sb at sth **2.** MOT (*sorpassare*) to pass **3.** *fig* (*età*) to be over; (*velocità*) to exceed; (*prova*) to overcome; (*esame*) to pass; (*malattia*) to get over; (*difficoltà, ostacolo, crisi*) to get through

superato, -a [su·pe·'raː·to] *agg* outdated

superbia [su·'pɛr·bia] <-ie> *f* pride

superbo, -a [su·'pɛr·bo] *agg* **1.** *pej* proud **2.** *fig* (*grandioso*) superb

Superenalotto [su·pe·re·na·'lɔt·to] <-> *m national lottery*

superficiale [su·per·fi·'tʃaː·le] **I.** *agg* shallow **II.** *mf* shallow person

superficie [su·per·'fiː·tʃe] <-ci> *f* surface; **in ~** on the surface

superfluo [su·'pɛr·flu·o] *m* unnecessary things *pl*

superfluo, -a *agg* unnecessary

superiore [su·pe·'rioː·re] **I.** *comparativo di* **alto, -a** **II.** *agg* **1.** (*di posizione*) upper; **al piano** ~ upstairs **2.** (*maggiore, in una gerarchia*) higher; ~ **alla media** above average; **scuola media** ~ high school **3.** (*migliore*) better **III.** *m* (*capo*) boss

superiorità [su·pe·rio·ri·'ta] <-> *f* superiority

superlativo [su·per·la·'tiː·vo] *m* LING superlative

superlativo, -a *agg* **1.** (*massimo*) extraordinary **2.** *fig* (*grandioso*) superb **3.** LING **grado** ~ superlative

superlavoro [su·per·la·'voː·ro] *m* overwork

supermercato [su·per·mer·'kaː·to] *m* supermarket

superpotenza [su·per·po·'tɛn·tsa] *f* superpower

superstite [su·'pɛr·sti·te] *m, f* survivor

superstizione [su·per·stit·'tsioː·ne] *f* (*credenza*) superstition

superstizioso, -a [su·per·stit·'tsioː·so] **I.** *agg* (*credenza, persona*) superstitious **II.** *m, f* superstitious person

superstrada [su·per·'straː·da] *f* highway

supervisione [su·per·vi·'zioː·ne] *f* (*controllo*) supervision

supino, -a [su·'piː·no] *agg* supine

suppellettile [sup·pel·'lɛt·ti·le] *f* **1.** (*arredamento*) ornament; **-i di casa** furnishings **2.** (*in archeologia*) object

suppergiù [sup·per·'dʒu] *avv fam* roughly

suppl. *abbr di* **supplemento** supplement

supplementare [sup·ple·men·'taː·re] *agg* (*aggiuntivo*) extra; **tempi -i** SPORT overtime

supplemento [sup·ple·'men·to] *m* **1.** (*a giornale, libro*) supplement **2.** FERR surcharge; ~ **rapido** *surcharge payable on fast trains*

supplente [sup·'plɛn·te] *mf* substitute teacher

supplenza [sup·'plɛn·tsa] *f* **fare** ~ to do substitute teaching

supplica ['sup·pli·ka] <-che> *f* plea

supplicare [sup·pli·'kaː·re] *vt* ~ **qu di fare qc** to plead with sb to do sth

supplire [sup·'pliː·re] <supplisco> *vi* ~ (**con qc**) **a qc** to make up for sth (with sth)

supplizio [sup·'plit·tsio] <-i> *m* torture

supporre [sup·'por·re] <irr> *vt* to suppose

supporto [sup·'pɔr·to] *m* **1.** (*gener*) support **2.** (*di strumento, dipinto*) stand

supposi *1. pers sing pass rem di* **supporre**

supposizione [sup·po·zit·'tsioː·ne] *f* supposition

supposta [sup·'pos·ta] *f* suppository

supposto *pp di* **supporre**

supremazia [sup·re·mat·'tsiː·a] <-ie> *f* supremacy

supremo, -a [su·'prɛː·mo] *agg superlativo di* **alto, -a** supreme

surf [səːf/sərf] <-> *m* surfing; **tavola da** ~ surfboard; **praticare il** ~ to surf

surfista [sur·'fis·ta] <-i *m*, -e *f*> *mf* surfer

surgelare [sur·dʒe·'laː·re] *vt* to freeze

surgelato [sur·dʒe·'laː·to] *m* frozen food

surgelato, -a *agg* frozen

surreale [sur·re·'aː·le] *agg* surreal

surrealista [sur·re·a·'lis·ta] <-i *m*, -e *f*> *mf* surrealist

surriscaldare [sur·ris·kal·'daː·re] *vr:* **-rsi** to overheat

surrogato [sur·ro·'gaː·to] *m* copy

suscettibile [suʃ·ʃet·'tiː·bi·le] *agg* (*sensibile*) touchy

suscitare [suʃ·ʃi·'taː·re] *vt* to arouse; ~ **la pietà di qu** to arouse sb's pity

susina [su·'siː·na/su·'ziː·na] *f* plum

susseguirsi [sus·se·'guiː·rsi] <irr> *vr* to follow one another

sussidiario [sus·si·'diaː·rio] <-i> *m textbook used in elementary school*

sussidio [sus·'siː·dio] <-i> *m* subsidy

sussistei [sus·sis·'teː·i] *1. pers sing pass rem di* **sussistere**

sussistere [sus·'sis·te·re] <sussisto, sussistei *o* sussistetti, sussistito> *vi essere* to exist

sussurrare [sus·sur·'raː·re] *vt* to whisper

sussurro [sus·'sur·ro] *m* whisper

suvvia [suv·'viː·a] *inter fam* come on

svagarsi [zva·'gaː·rsi] *vr* to get distracted

svago ['zvaː·go] *m* distraction

svaligiare [zva·li·ˈdʒaː·re] *vt* **1.** (*banca*) to rob **2.** *fig* (*negozio*) to ransack

svalutare [zva·lu·ˈtaː·re] **I.** *vt* to devalue **II.** *vr:* **-rsi** **1.** (*valuta*) to be devalued **2.** (*bene, immobile*) to depreciate

svalutazione [zva·lu·tat·ˈtsioː·ne] *f* (*di valuta*) devaluation; (*di bene*) depreciation

svanire [zva·ˈniː·re] <svanisco> *vi essere* to disappear

svantaggiato, -a [zvan·tad·ˈdʒaː·to] *agg* disadvantaged; **essere ~ rispetto a qu** to be at a disadvantage compared to sb

svantaggio [zvan·ˈtad·dʒo] <-ggi> *m* **1.** (*gener*) disadvantage; **essere in ~ rispetto a qu** to be at a disadvantage compared to sb **2.** SPORT **essere in ~** to be behind

svantaggioso, -a [zvan·tad·ˈdʒoː·so] *agg* unfavorable

svedese [zve·ˈdeː·se] **I.** *agg* Swedish **II.** *mf* Swede

sveglia[1] [ˈzveʎ·ʎa] *f* **1.** (*lo svegliare*) **dare la ~ a qu** to wake sb up **2.** (*orologio*) alarm clock

sveglia[2] *inter fam* wake up; **~, che è tardi!** wake up, it's late!

svegliare [zveʎ·ˈʎaː·re] **I.** *vt* **1.** (*dal sonno*) to wake (up) **2.** *fig* (*animare: persone*) to liven up **3.** *fig* (*suscitare: emozioni*) to awaken **II.** *vr:* **-rsi** *a. fig* to wake up

sveglio, -a [ˈzveʎ·ʎo] <-gli, -glie> *agg* **1.** (*non addormentato*) awake **2.** *fig* (*perspicace*) smart

svelare [zve·ˈlaː·re] *vt* (*segreto, verità*) to reveal

sveltire [zvel·ˈtiː·re] <sveltisco> *vr:* **-rsi** to speed up

svelto [ˈzvɛl·to] *avv* quickly

svelto, -a *agg* **1.** (*rapido*) quick **2.** *fig* (*vivace*) smart

svendita [ˈzven·di·ta] *f* sale

svenimento [zve·ni·ˈmen·to] *m* fainting fit

svenire [zve·ˈniː·re] <irr> *vi essere* to faint

sventola [ˈzvɛn·to·la] *f* **1.** *fam* (*schiaffone*) slap **2.** (*loc*) **orecchie a ~** dumbo ears

sventolare [zven·to·ˈlaː·re] *vi* to wave

sventrare [zven·ˈtraː·re] *vt* **1.** (*pollo*) to draw; (*pesce*) to gut **2.** (*uccidere*) **~ qu** to slay sb **3.** (*distruggere: edificio*) to flatten

sventura [zven·ˈtuː·ra] *f* misfortune; **compagno di ~** companion in misfortune

sventurato, -a [zven·tu·ˈraː·to] **I.** *agg* unlucky **II.** *m, f* unlucky person

svenuto *pp di* **svenire**

svergognato, -a [zver·goɲ·ˈɲaː·to] *m, f* shameless person

svestire [zves·ˈtiː·re] **I.** *vt* to undress **II.** *vr:* **-rsi** to get undressed

Svezia [ˈzvɛt·tsia] *f* Sweden

svezzamento [zvet·tsa·ˈmen·to] *m* weaning

svezzare [zvet·ˈtsaː·re] *vt* to wean

sviare [zvi·ˈaː·re] *vt* (*colpo, tiro*) to deflect; **~ il discorso** to change the subject

svignarsela [zviɲ·ˈɲar·se·la] *vi essere fam* to slip away

svilire [zvi·ˈliː·re] <svilisco> *vt* to debase

sviluppare [zvi·lup·ˈpaː·re] *vr:* **-rsi** to develop

sviluppo [zvi·ˈlup·po] *m* development; **paese in via di ~** developing country; **~ sostenibile** sustainable development

svincolarsi [zviŋ·ko·ˈlaː·rsi] *vr* (*liberarsi*) to free oneself

svincolo [ˈzviŋ·ko·lo] *m* MOT junction; (*entrata*) on-ramp; (*uscita*) exit

svista [ˈzvis·ta] *f* slip

svitare [zvi·ˈtaː·re] *vt* to unscrew

Svizzera [ˈzvit·tse·ra] *f* (**la**) **~** Switzerland

svogliato, -a [zvoʎ·ˈʎaː·to] *agg* apathetic

svolazzare [zvo·lat·ˈtsaː·re] *vi* (*uccelli, insetti*) to flutter

svolgere [ˈzvɔl·dʒe·re] <irr> **I.** *vt* **1.** (*gomitolo*) to unwind **2.** (*idea, tema*) to set out; (*programma, piano*) to carry out **3.** (*lavoro*) to do **II.** *vr:* **-rsi** **1.** (*accadere*) to happen **2.** THEAT, LIT to be set

svolsi *1. pers sing pass rem di* **svolgere**

svolta [ˈzvɔl·ta] *f* **1.** (*azione*) turn; **divieto di ~ a destra/sinistra** no right/left turn **2.** (*curva*) bend **3.** *fig* (*cambiamento*) turning point

svoltare [zvol·ˈtaː·re] *vi* (*girare*) to turn; ~

S

a destra/a sinistra turn right/left

svolto *pp di* **svolgere**

svuotare [zvuo·'taː·re] *vt* to empty

T

T, t [ti] <-> *f* T, t; ~ **come Torino** T for Tommy

tabaccaio, -a [ta·bak·'kaː·io] <-ccai, -ccaie> *m, f* tobacconist

tabaccheria [ta·bak·ke·'riː·a] <-ie> *f* tobacconist's *sells stamps and bus tickets*

tabacco[1] [ta·'bak·ko] <-cchi> *m* tobacco

tabacco[2] <inv> *agg* tobacco

tabella [ta·'bɛl·la] *f* **1.** (*tavola*) table **2.** (*prospetto*) list; ~ **dei prezzi** price list

tabellone [ta·bel·'loː·ne] *m* **1.** (*di orari, punteggi*) board **2.** (*per affiggere*) bulletin board

tabù [ta·'bu] **I.** <inv> *agg* taboo **II.** <-> *m* (*proibizione*) taboo

tabulato [ta·bu·'la·to] *m* printout

tabulatore [ta·bu·la·'toː·re] *m* tab

taccagno, -a [tak·'kaɲ·ɲo] **I.** *agg* cheap **II.** *m, f* cheapskate

tacchetto [tak·'ket·to] *m* SPORT stud

tacchino, -a [tak·'kiː·no] *m, f* turkey; **petto di** ~ turkey breast

tacciare [tat·'tʃaː·re] *vt* ~ **qu di qc** to accuse sb of sth

taccio ['tat·tʃo] *1. pers sing pr di* **tacere**

tacco ['tak·ko] <-cchi> *m* (*di scarpa*) heel; ~ **alto/basso** high/low heel

taccuino [tak·ku·'iː·no] *m* (*per appunti*) notebook

tacere [ta·'tʃeː·re] <taccio, tacqui, taciuto> **I.** *vt* (*non rivelare*) to say nothing about **II.** *vi* **1.** (*stare in silenzio*) to be quiet; (*non opporsi*) to keep quiet **2.** (*non eprimersi, non riferire*) to keep silent; ~ **su qc** to remain silent about sth

tachimetro [ta·'kiː·met·ro] *m* speedometer

tacito, -a ['taː·tʃi·to] *agg* (*sottinteso: accordo*) tacit

taciturno, -a [ta·tʃi·'tur·no] *agg* (*introverso*) taciturn; (*silenzioso*) quiet

taciuto [ta·'tʃuː·to] *pp di* **tacere**

tacqui ['tak·kui] *1. pers sing pass rem di* **tacere**

tafferuglio [taf·fe·'ruʎ·ʎo] <-gli> *m* scuffle

taglia ['taʎ·ʎa] <-glie> *f* **1.** (*di abito*) size; ~ **unica** one size **2.** (*ricompensa*) bounty

tagliaboschi [taʎ·ʎa·'bɔs·ki] <-> *m* lumberjack

tagliacarte [taʎ·ʎa·'kar·te] <-> *m* paperknife

taglialegna [taʎ·ʎa·'leɲ·ɲa] <-> *m* lumberjack

tagliando [taʎ·'ʎan·do] *m* (*cedola*) receipt; **fare il** ~ AUTO to have the car serviced

tagliapietre [taʎ·ʎa·'piɛːt·re] <-> *mf* stonecutter

tagliare [taʎ·'ʎaː·re] **I.** *vt* **1.** (*gener*) to cut; (*albero*) to cut down; **-rsi un dito** to cut one's finger **2.** (*in parti*) to cut up; ~ **in due** to cut in half; ~ **le carte** to cut the cards **3.** (*staccare con un taglio*) to cut off; **tagliarsi i capelli** to cut one's hair **II.** *vi* (*percorrere la via più breve*) to cut through

tagliatelle [taʎ·ʎa·'tɛl·le] *fpl* tagliatelle

tagliato, -a [taʎ·'ʎaː·to] *agg* **1.** (*abbreviato: film*) abridged **2.** *fig* (*portato*) **essere** ~ **per qc** to be cut out for sth

tagliaunghie [taʎ·ʎa·'uŋ·gie] <-> *m* nail clippers

tagliente [taʎ·'ʎɛn·te] **I.** *agg* sharp **II.** *m* edge

tagliere [taʎ·'ʎɛː·re] *m* (*per cucinare*) cutting board

taglierina [taʎ·ʎe·'riː·na] *f* cutter

taglio ['taʎ·ʎo] <-gli> *m* **1.** (*operazione*) cutting; (*di vini*) blending **2.** (*fenditura, linea*) cut **3.** *fig* (*di spese, film*) cut **4.** (*pezzo*) piece **5.** (*di capelli*) hairstyle **6.** (*di lama*) edge **7.** FIN (*di banconote*) denomination

tailleur [ta·'jœːr] <-> *m* suit

takeaway ['teik·ə·wei] <-> *m* **1.** (*negozio*) takeout **2.** (*servizio*) **la pizzeria ha il** ~ the pizzeria does takeout

tal [tal] *v.* **tale**

talco ['tal·ko] <-chi> *m* (*polvere*) talcum powder

tale ['ta:·le] <*davanti a consonante spesso* tal> **I.** *agg* **1.** (*di questa specie*) such (a) **2.** (*così grande*) so much **3.** (*questo*) that; **in tal caso** in that case **4.** (*indefinito*) **un ~ signor Veneruso** a certain Mr. Veneruso **5.** **~ (e) quale** exactly the same **II.** *pron* **1.** (*persona già menzionata*) that; **quel ~** that person **2.** (*indefinito*) **un/una ~** someone; **dei -i** some people

talento [ta·'lɛn·to] *m* (*inclinazione*) talent

tallone [tal·'lo:·ne] *m* (*calcagno*) heel

talmente [tal·'men·te] *avv* so

talora [ta·'lo:·ra] *avv* sometimes

talpa ['tal·pa] *f* mole

talvolta [tal·'vɔl·ta] *avv* sometimes

tamburello [tam·bu·'rɛl·lo] *m* **1.** MUS tambourine **2.** (*gioco*) tamburello *racket game played in northern Italy*

tamburino [tam·bu·'ri:·no] *m* **1.** MUS (*strumento*) tabor **2.** MUS (*suonatore*) drummer

tamburo [tam·'bu:·ro] *m* **1.** MUS (*strumento*) drum **2.** MUS (*suonatore*) drummer

Tamigi [ta·'mi:·dʒi] *m* **il ~** the Thames

tamponamento [tam·po·na·'men·to] *m* **1.** (*di veicoli*) collision; **~ a catena** pile-up **2.** (*di ferita*) packing

tamponare [tam·po·'na:·re] *vt* **1.** (*veicolo*) to go into the back of **2.** (*ferita*) to pack

tampone [tam·'po:·ne] *m* **1.** (*per medicare*) pad **2.** (*assorbente interno*) tampon

tana ['ta:·na] *f* **1.** (*di animali*) den **2.** (*di criminali*) hideout **3.** *fig, pej* (*stamberga*) hovel

tanfo ['tan·fo] *m* stink

tangente [tan·'dʒɛn·te] **I.** *agg* tangential **II.** *f* **1.** (*retta*) tangent **2.** (*bustarella*) bribe; (*pizzo*) protection money

tangentopoli [tan·dʒen·'tɔ:·po·li] <-> *f* Tangentopoli *corruption scandal of early 1990s*

tangenziale [tan·dʒen·'tsia:·le] *f* (*strada*) bypass

tangibile [tan·'dʒi:·bi·le] *agg* (*manifesto*) tangible

tanica ['ta:·ni·ka] <-che> *f* (*recipiente*) jerrycan

tantino [tan·'ti:·no] *avv* **un ~** a little

tanto ['tan·to] **I.** *avv* **1.** (*molto: con aggettivo*) very; (*con verbo*) so much; **ti ringrazio ~** thank you so much; **~ meglio** so much the better **2.** (*così*) so; **~ ... che ...** *+indicativo*, **~ ... da ...** *+inf* so ... that **3.** (*altrettanto*) **~ ... quanto ...** as much ... as **4.** (*soltanto*) **una volta ~** once in a while; **~ per cambiare** just for a change **II.** *cong* after all; **~ è lo stesso** but it doesn't matter

tanto, -a **I.** *agg* **1.** (*così molto, così grande*) so much; **~ ... che ...** *+indicativo* so much ... that; **~ ... da ...** *+inf* enough ... to **2.** *pl* (*in numero così grande*) so many; **-i ... che ...** *+indicativo*, **-i ... da ...** *+inf* so many ... that **3.** (*molto grande*) **ho -a fame** I'm so hungry; **non ho ~ tempo** I don't have much time **4.** *pl* (*molto numerosi*) **c'erano -e persone** there were such a lot of people; **-i saluti** best wishes; **-e grazie** many thanks **5.** (*altrettanto*) **~ ... quanto ...** as much ... as ...; **-i ... quanti ...** as many ... as ... **6.** (*ellittico*) so much; **spende ~** she spends a fortune; **da ~** for ages; **di ~ in ~** once in a while; **ogni ~** every so often **II.** *pron* **1.** (*molto*) a lot **2.** *pl* (*molti*) (so) many **3.** (*quantità indeterminata*) some; **non più che ~** not much **4.** *pl* (*numero indeterminato*) some **5.** *pl* (*molte persone*) **-i** many people

tapiro [ta·'pi:·ro] *m* tapir

tapis roulant [ta·'pi ru·'lã] <-> *m* moving sidewalk

tappa ['tap·pa] *f* **1.** (*sosta*) stop **2.** (*percorso, momento decisivo*) *a.* SPORT stage

tappabuchi [tap·pa·'bu:·ki] <-> *m* stopgap

tappare [tap·'pa:·re] *vt* (*buco*) to stop up; (*bottiglia*) to cork; **-rsi il naso** to hold one's nose

tapparella [tap·pa·'rɛl·la] *f* rolling shutter

tappetino [tap·pe·'ti:·no] *m* COMPUT mouse pad

tappeto [tap·'pe:·to] *m* **1.** (*per pavimen-*

ti) carpet; **a ~** *fig* blanket **2.** (*per tavoli*) cloth **3.** SPORT (*nel pugilato*) canvas

tappezzare [tap·pet·'tsaː·re] *vt* **1.** (*con carta da parati*) to paper **2.** (*poltrona, divano*) to cover

tappezzeria [tap·pet·tse·'riː·a] <-ie> *f* **1.** (*per pareti*) wallpaper **2.** (*per poltrone, tecnica*) upholstery

tappezziere, -a [tap·pet·'tsiɛː·re] *m, f* upholsterer

tappo ['tap·po] *m* **1.** (*turacciolo*) stopper; (*di sughero*) cork **2.** *scherz* (*persona piccola*) shorty

TAR [tar] *m abbr di* **Tribunale Amministrativo Regionale** *regional administrative court*

tarantino, -a [ta·ran·'tiː·no] **I.** *agg* from Taranto **II.** *m, f* (*abitante*) person from Taranto

Taranto [ta·'ran·to] *f* Taranto *city in the southeast of Italy*

tarantola [ta·'ran·to·la] *f* (*ragno*) tarantula

tarchiato, -a [tar·'kiaː·to] *agg* stocky

tardare [tar·'daː·re] **I.** *vi* **1.** (*arrivare tardi*) to be late **2.** (*indugiare*) **~ a rispondere** to delay replying **3.** (*in consegna, pagamento*) to delay **II.** *vt* to delay

tardi ['tar·di] *avv* late; **far ~** to be late; **più ~** later; **a più ~!** see you later!; **sul ~** quite late

tardo, -a ['tar·do] *agg* **1.** (*rinascimento, serata*) late **2.** *a. pej* (*lento: reazione, persona*) slow

targa ['tar·ga] <-ghe> *f* (*su porta, tomba*) plate; (*di veicolo*) license plate

target ['taː·git/'tar·get] <-> *m* COM (*consumatori*) target market; (*vendite*) sales target

targhetta [tar·'get·ta] *f* plate

tariffa [ta·'rif·fa] *f* rate; **~ ordinaria** regular rate; **~ ridotta** reduced rate; **~ telefonica** phone rates *pl*

tariffario [ta·rif·'faː·rio] <-i> *m* price list

tarlo ['tar·lo] *m* ZOO woodworm

tarma ['tar·ma] *f* moth

taroccare [ta·rok·'kaː·re] *vi sl* (*falsificare*) to fake

tartagliare [tar·taʎ·'ʎaː·re] **I.** *vt* to stammer **II.** *vi* to stammer

tartaro ['tar·ta·ro] *m* tartar

tartaro, -a **I.** *agg* tartar; **salsa -a** tartar sauce **II.** *m, f* Tartar

tartaruga [tar·ta·'ruː·ga] <-ghe> *f* **1.** ZOO turtle **2.** (*materiale*) tortoiseshell

tartassare [tar·tas·'saː·re] *vt* (*strapazzare*) to maltreat

tartina [tar·'tiː·na] *f* canapé

tartufo [tar·'tuː·fo] *m* truffle

tasca ['tas·ka] <-sche> *f* pocket; **conoscere qc come le proprie -sche** to know sth like the back of one's hand; **ne ho piene le -sche** *fam* I've had it up to here

tascabile [task·'kaː·bi·le] **I.** *agg* (*libro, edizione*) pocket; **computer ~** palmtop **II.** *m* (*libro*) paperback

taschino [task·'kiː·no] *m* (*di giacca, camicia*) breast pocket; (*di gilet, pantaloni*) small pocket

tassa ['tas·sa] *f* **1.** (*su un servizio*) tax; **~ di circolazione** road tax; **~ di soggiorno** tourist tax **2.** *pl, fam* (*imposte*) taxes

tassametro [tas·'saː·met·ro] *m* (*di taxi*) taximeter; **~ di parcheggio** parking meter

tassare [tas·'saː·re] *vt* (*reddito, servizio*) to tax

tassazione [tas·sat·'tsioː·ne] *f* (*imposizione di una tassa*) taxation

tassello [tas·'sɛl·lo] *m* **1.** (*pezzetto di legno*) plug **2.** *fig* (*elemento*) piece

tassì [tas·'si] <-> *m* taxi

tassista [tas·'sis·ta] <-i *m*, -e *f*> *mf* taxi driver

tasso ['tas·so] *m* **1.** (*gener*) rate; **~ di mortalità/natalità** death/birth rate; **~ d'interesse** interest rate; **-i di conversione** conversion rates **2.** ZOO badger **3.** ARBUSTO, LEGNO yew

tastare [tas·'taː·re] *vt* to feel

tastiera [tas·'tiɛː·ra] *f* **1.** (*di computer, pianoforte*) keyboard **2.** (*di chitarra*) fingerboard

tastierino *m* **~ numerico** (*di computer*) numeric keypad

tasto ['tas·to] *m* **1.** (*di computer, pianoforte*) key; **tasti di scelta rapida** hot keys **2.** (*di telefono, software*) button **3.** MUS (*di chitarra*) fret

tastoni [tas·'toː·ni] *avv* feeling one's way;

procedere a ~ *fig* to feel one's way forward

tattica ['tat·ti·ka] <-che> *f* tactics *pl*

tattico, -a ['tat·ti·ko] <-ci, -che> *agg* tactical

tattile [tat·'ti:·le] *agg* tactile

tatto ['tat·to] *m* **1.** (*senso*) touch **2.** *fig* tact

tatuaggio [ta·tu·'ad·dʒo] <-ggi> *m* tattoo

taurino, -a [tau·'ri:·no] *agg* bull-like

taverna [ta·'vɛr·na] *f* tavern

tavola ['ta:·vo·la] *f* **1.** (*mobile*) table; **~ calda** diner *serving hot food;* **~ fredda** diner *serving cold food;* **mettersi a ~** to sit down to eat; **mettere le carte in ~** *fig* to put one's cards on the table; **il pranzo è in ~** lunch is on the table **2.** (*asse*) board; (*lastra*) plate; (*piastra*) slab; **~ da surf** surfboard **3.** (*pittura*) painting *on wood;* (*illustrazione*) plate **4.** (*tabella*) table

tavolata [ta·vo·'la:·ta] *f* (*commensali*) group at table

tavoletta [ta·vo·'let·ta] *f* **1.** (*assicella*) board **2.** (*pezzo rettangolare*) bar; **~ di cioccolata** bar of chocolate **3.** *fam* (*a tutta velocità*) **andare a ~** to go flat out

tavolino [ta·vo·'li:·no] *m* (*piccolo tavolo*) (small) table

tavolo ['ta:·vo·lo] *m* table; **~ da disegno** drawing board; **~ da stiro** ironing board

tavolozza [ta·vo·'lɔt·tsa] *f* palette

tazza ['tat·tsa] *f* cup; **una ~ da caffè** a coffee cup; **una ~ di caffè** a cup of coffee

te [te] *pron 2. pers sing* **1.** (*complemento oggetto*) you; **ho visto solo ~** I only saw you **2.** (*complemento di termine*) you; **lo ha regalato a ~** he gave it to you; **ricordatelo** remember that **3.** (*con preposizione*) you; **vengo con ~** I'll come with you **4.** (*con funzione di soggetto e nelle comparazioni, esclamazioni*) you; **povero ~!** (you) poor thing! **5.** (*davanti a lo, la, li, le, ne*) *v.* **ti**

tè [tɛ] <-> *m* tea; **bustina di ~** tea bag

teatino, -a [te·a·'ti:·no] **I.** *agg* (*di Chieti*) from Chieti **II.** *m, f* (*abitante*) person from Chieti

teatrale [te·a·'tra:·le] *agg* **1.** (*di, da teatro*) theater **2.** *fig* theatrical

teatro [te·'a:·tro] *m a. fig* theater; **~ all'aperto** open-air theater; **~ di prosa** theater; **~ lirico** opera

teatro-tenda [te·'a:·tro 'tɛn·da] *m* marquee *used for performances*

tecnica ['tɛk·ni·ka] <-che> *f* (*norme*) technology; (*sistema*) technique

tecnico ['tɛk·ni·ko] <-ci> *m* technician

tecnico, -a <-ci, -che> *agg* technical; **termine ~** technical term; (**assistente**) **tecnico sanitario** medical technician *with a degree*

tecnologia [tek·no·lo·'dʒi:·a] <-gie> *f* technology; **alta ~** high technology; **-gie dolci** soft technologies

tecnologico, -a [tek·no·'lɔ:·dʒi·ko] *agg* technological

tedesco [te·'des·ko] <*sing*> *m* (*lingua*) German

tedesco, -a <-schi, -sche> *agg* German

tedioso, -a [te·'dio:·so] *agg* **1.** (*noioso*) boring **2.** (*fastidioso*) annoying

tegame [te·'ga:·me] *m* skillet

teglia ['teʎ·ʎa] <-glie> *f* pan

tegola ['te:·go·la] *f* (roof) tile; **~ in testa** *fig* shock

teiera [te·'iɛ:·ra] *f* teapot

teina [te·'i:·na] *f* theine

tela ['te:·la] *f* **1.** (*tessuto*) cloth; **~ di ragno** cobweb **2.** (*dipinto*) canvas

telaio [te·'la:·io] <-ai> *m* **1.** (*per tessitura*) loom **2.** (*di finestra*) frame; (*di auto*) chassis; (*di letto*) base

tele ['tɛ:·le] <-> **I.** *f fam* (*televisione*) TV **II.** *m* (*teleobiettivo*) telephoto lens

teleabbonato, -a [te·le·ab·bo·'na:·to] *m, f* television license holder

telebanking [te·le·'bɛn·king] <-> *m* home banking

telecamera [te·le·'ka:·me·ra] *f* television camera

Telecom [te·le·kom] *f* **~ Italia** *Italian national phone company*

telecomando [te·le·ko·'man·do] *m* remote control

telecomunicazione [te·le·ko·mu·ni·kat·'tsio:·ne] *f* telecommunication

telecontrollo [te·le·kon·'trɔl·lo] *m* remote control

telecronaca [te·le·'krɔː·na·ka] *f* television report

telecronista [te·le·kro·'nis·ta] *mf* television reporter

telediffusione [te·le·dif·fu·'zioː·ne] *f* broadcasting

telefilm [te·le·'film] *m* TV film

telefonare [te·le·fo·'naː·re] **I.** *vt* to call **II.** *vi* to call; ~ **a qu** to call sb; **posso telefonare?** can I make a phone call?

telefonata [te·le·fo·'naː·ta] *f* phone call; ~ **interurbana** long distance phone call; ~ **urbana** local phone call; **fare una ~ a qu** to call sb; **scusi, posso fare una telefonata?** excuse me, can I make a phone call?

telefonico, -a [te·le·'fɔː·ni·ko] <-ci, -che> *agg* phone; **scheda -a** phone card; **cabina** ~ phone booth; **elenco** ~ phone book

telefonino [te·le·fo·'niː·no] *m* cellphone

telefono [te·'lɛː·fo·no] *m* phone; ~ **amico** *hotline for people with psychological problems;* ~ **azzurro** *hotline for reporting child abuse;* ~ **cellulare** cellphone; **bolletta del** ~ phone bill; ~ **senza filo** cordless phone; **dare un colpo di ~ a qu** *fam* to call sb

telegiornale [te·le·dʒor·'naː·le] *m* (television) news

telegrafare [te·le·gra·'faː·re] *vt* to telegraph

teleguida [te·le·'guiː·da] *f* radio control

telelavorare [te·le·la·vo·'raː·re] *vi* COMPUT to telecommute

telematica [te·le·'maː·ti·ka] <-che> *f* telematics

telematico, -a [te·le·'maː·ti·ko] <-ci, -che> *agg* telematic; **giornale** ~ COMPUT e-newspaper

telenovela [te·le·no·'vɛ·la] *f Latin American soap opera*

teleobiettivo [te·le·o·biet·'tiː·vo] *m* telephoto lens

telepatia [te·le·pa·'tiː·a] <-ie> *f* telepathy

telepilotare [te·le·pi·lo·'taː·re] *vt* to operate by radio control

telepromozione [te·le·pro·mot·'tsioː·ne] *f* TV television advertising

telequiz [te·le·'kui·ts] *m* game show

teleromanzo [te·le·ro·'man·dzo] *m* miniseries

teleschermo [te·les·'ker·mo/te·les·'kɛr·mo] *m* television screen

telescopico, -a [te·les·'kɔː·pi·ko] <-ci, -che> *agg* telescopic

telescopio [te·les·'kɔː·pio] <-i> *m* telescope

telespettatore, -trice [te·les·pet·ta·'toː·re] *m, f* viewer

teletex [te·le·'tɛks] <-> *m* teletex

teletext [te·le·'tɛkst] <-> *m* teletext®

teletrasmettere [te·le·traz·'met·te·re] <irr> *vt* to televise

teleutente [te·leu·'tɛn·te] *mf* television subscriber

televendita [te·le·'ven·di·ta] *f* teleshopping

televideo [te·le·'viː·deo] <-> *m system of teletext used in Italy*

televisione [te·le·vi·'zioː·ne] *f* **1.** (*sistema*) television; ~ **via cavo** cable television **2.** *fam* (*televisore*) television; ~ **a colori** color television

telo ['teː·lo] *m* piece of cloth; ~ **da bagno** beach towel; ~ **da salvataggio** safety blanket

telone [te·'loː·ne] *m* **1.** (*copertura*) tarpaulin **2.** (*sipario*) safety curtain

tema ['tɛː·ma] <-i> *m* **1.** (*argomento*) subject; **andare fuori** ~ to wander off the subject **2.** (*componimento scolastico*) essay

tematica [te·'maː·ti·ka] <-che> *f* themes *pl*

tematico, -a [te·'maː·ti·ko] <-ci, -che> *agg* thematic

temerarietà [te·me·ra·rie·'ta] <-> *f* recklessness

temere [te·'meː·re] **I.** *vt* (*avere paura di*) to be afraid of **II.** *vi* **1.** (*essere preoccupato*) ~ **per qu/qc** to worry about sb/sth; **non ~!** don't worry! **2.** (*diffidare di*) ~ **di qu/qc** to distrust sb/sth

temperamento [tem·pe·ra·'men·to] *m* (*indole*) temperament

temperante [tem·pe·'ran·te] *agg* moderate

temperare [tem·pe·'raː·re] *vt* **1.** (*gener*) to temper **2.** (*matita*) to sharpen

temperato, -a [tem·pe·'raː·to] *agg* **1.** (*ge-

ner) moderate **2.** (*clima*) temperate

temperatura [tem·pe·ra·'tuː·ra] *f* temperature; ~ **di ebollizione** boiling point; **sbalzo di** ~ sudden fall/rise in temperature

temperino [tem·pe·'riː·no] *m* **1.** (*per matite*) sharpener **2.** (*coltello*) penknife

tempesta [tem·'pɛs·ta] *f* (*bufera*) storm; **c'è aria di** ~ *fig* there's a storm brewing

tempestina [tem·pes·'tiː·na] *f* CULIN *small cylindrical pasta for soup*

tempestività [tem·pes·ti·vi·'ta] <-> *f* timeliness

tempestivo, -a [tem·pes·'tiː·vo] *agg* timely

tempestoso, -a [tem·pes·'toː·so] *agg* **1.** (*cielo, mare*) stormy **2.** (*pensieri*) agitated **3.** (*vita*) eventful

tempia ['tɛm·pia] <-ie> *f* ANAT temple

tempio ['tɛm·pio] <-i *o* templi> *m* temple

tempismo [tem·'piz·mo] *m* (good) timing

tempo ['tɛm·po] *m* **1.** (*gener*) time; ~ **libero** free time; ~ **reale** real time; **a** ~ **pieno** full time; **in** [*o* **per**] ~ in time; ~ **fa** a while ago; **quanto ~?** how long? **2.** METEO weather; **previsioni del** ~ weather forecast; ~ **da cani** [*o* **da lupi**] terrible weather **3.** LING tense **4.** MUS time; **andare a** ~ to keep time **5.** DI PARTITA half; **-i supplementari** extra time **6.** (*di spettacolo*) part

temporale [tem·po·'raː·le] **I.** *agg* **1.** *a.* ANAT temporal **2.** REL, POL worldly; **il potere** ~ earthly power **3.** LING time **II.** *m* METEO storm

temporaneo, -a [tem·po·'raː·neo] *agg* (*provvisorio*) temporary

temporeggiare [tem·po·red·'dʒaː·re] *vi* (*prendere tempo*) to play for time

temprare [tem·'praː·re] *vt* **1.** (*vetro, metallo*) to temper **2.** (*persona, carattere*) to strengthen

tenace [te·'naː·tʃe] *agg* **1.** (*resistente: filo, colore*) tough; (*duro: legno*) hard **2.** (*persona*) tenacious; (*odio, avversione*) strong

tenacia [te·'naː·tʃa] <-cie> *f* tenacity

tenaglia [te·'naʎ·ʎa] *f* TEC **un paio di -e** a pair of pliers

tenda ['tɛn·da] *f* **1.** (*per finestre*) curtain **2.** (*per negozi, balconi*) awning **3.** tent

tendenza [ten·'dɛn·tsa] *f* **1.** (*propensione*) tendency; **avere ~ a fare qc** to tend to do sth **2.** (*orientamento*) trend

tendere ['tɛn·de·re] <tendo, tesi, teso> **I.** *vt* **1.** (*fune*) to tighten; (*lenzuolo*) to spread out; (*muscoli*) to stretch **2.** (*mano*) to hold out; (*braccio*) to stretch out **II.** *vi* **1.** (*aspirare*) ~ **a qc** to aim toward sth **2.** (*propendere*) ~ **a qc** to tend toward sth

tendina [ten·'diː·na] *f* (*per finestre*) curtain

tendine ['tɛn·di·ne] *m* tendon

tendone [ten·'doː·ne] *m* (*copertura*) (big) tent; (*di circo*) big top

tendopoli [ten·'dɔː·po·li] <-> *f* tented camp *for disaster victims*

tenebre ['tɛː·ne·bre] *f* **1.** *pl* (*buio*) darkness **2.** (*ignoranza*) ignorance

tenebroso, -a [te·ne·'broː·so] *agg* **1.** (*buio*) dark **2.** (*schivo*) mysterious

tenente [te·'nɛn·te] *m* lieutenant

tenere [te·'neː·re] <tengo, tenni, tenuto> **I.** *vt* **1.** (*in mano/braccio*) to hold; (*non lasciar sfuggire*) to hold onto; **ecco il resto: tenga!** here's your change **2.** (*mantenere*) to keep; ~ **a mente qc** to bear sth in mind; ~ **le distanze** *fig* to keep one's distance; ~ **una promessa** to keep a promise; ~ **la destra/sinistra** to keep to the right/left **3.** (*contenere*) to hold **4.** (*discorso, conferenza*) to give; (*riunione*) to hold **5.** *fig* (*occupare*) to take up; (*dominare*) to hold; ~ **banco** *fig* to hold the stage **6.** (*loc*) ~ **conto di qc** to bear sth in mind; ~ **compagnia a qu** to keep sb company; ~ **d'occhio qu** to keep an eye on sb **II.** *vi* **1.** (*reggere: scaffale*) to hold up; (*colla*) to stick; ~ **duro** *fam* (*resistere*) to hang on in there **2.** (*dare importanza*) ~ **a qc** to care about sth; **tengo a ...** *+inf* I would like to ... **3.** (*parteggiare*) ~ **per qu** to be on sb's side; ~ **per una squadra** to support a team **III.** *vr:* **-rsi** **1.** (*reggersi*) to hold on **2.** (*mantenersi*) to keep; **tenersi aggiornato** to keep up to date; ~ **pronto** to be ready **3.** (*trattenersi*)

T

to keep oneself; **-rsi dal ridere** to keep oneself from laughing **4.** (*attenersi*) **-rsi a qc** to stick to sth

tenerezza [te·ne·'ret·tsa] *f* tenderness

tenero, -a *agg* **1.** (*morbido: carne*) tender; (*legno, pietra*) soft **2.** (*affettuoso: sguardo, parole*) tender; (*non severo: madre, padre*) soft; **che ~!** how sweet! **3.** (*giovane*) **in -a età** at a tender age

tengo ['tɛŋ·go] *1. pers sing pr di* **tenere**

tennis ['tɛn·nis] <-> *m* tennis; **~ da tavolo** table tennis

tennista [ten·'nis·ta] <-i *m*, -e *f*> *mf* tennis player

tenore [te·'noː·re] **I.** *agg* tenor; **sax ~** tenor sax **II.** *m* **1.** MUS tenor **2.** (*contenuto*) content **3.** (*modo*) way **4.** (*tono*) tone; **~ di vita** standard of living

tensione [ten·'sioː·ne] *f* tension

tentare [ten·'taː·re] *vt* **1.** (*provare*) to try; **~ di fare qc** to try to do sth **2.** (*allettare*) to tempt

tentativo [ten·ta·'tiː·vo] *m* (*prova*) attempt

tentatore, -trice [ten·ta·'toː·re] **I.** *agg* tempting **II.** *m, f* tempter *m*, temptress *f*

tentazione [ten·tat·'tsioː·ne] *f* temptation; **indurre qu in ~** to lead sb into temptation

tentennamento [ten·ten·na·'men·to] *m* (*indecisione*) hesitation

tentennare [ten·ten·'naː·re] **I.** *vt* (*testa*) to shake **II.** *vi* **1.** (*dente, tavolo*) to wobble **2.** (*esitare*) to waver

tenue ['tɛː·nue] *agg* **1.** (*colore*) soft **2.** (*speranza, luce*) faint; (*voce*) feeble

tenuta [te·'nuː·ta] *f* **1.** (*azione*) handling **2.** TEC sealing; **a ~ d'acqua** watertight **3.** (*abito: da lavoro*) clothes *pl;* (*uniforme*) uniform **4.** (*resistenza: di atleta*) stamina

teologia [te·o·lo·'dʒiː·a] <-gie> *f* theology

teologico, -a [te·o·'lɔː·dʒi·ko] <-ci, -che> *agg* theological

teoretico, -a [te·o·'rɛː·ti·ko] <-ci, -che> *agg* theoretical

teoria [te·o·'riː·a] <-ie> *f* theory; **in ~** in theory

teorico, -a [te·'ɔː·ri·ko] <-ci, -che> **I.** *agg* theoretical **II.** *m, f* theorist

tepore [te·'poː·re] *m* warmth

teppismo [tep·'piz·mo] *m* (*comportamento*) hooliganism

teppista [tep·'pis·ta] <-i *m*, -e *f*> *mf* hooligan

teramano, -a [te·ra·'maː·no] **I.** *agg* from Teramo **II.** *m, f* (*abitante*) person from Teramo

Teramo *f* Teramo *city in southeastern Italy*

terapeuta [te·ra·'pɛːu·ta] <-i *m*, -e *f*> *mf* therapist

terapeutico, -a [te·ra·'pɛːu·ti·ko] <-ci, -che> *agg* therapeutic

terapia [te·ra·'piː·a] <-ie> *f* **1.** (*cura*) treatment; **~ intensiva** intensive care **2.** *fam* (*psicoterapia*) therapy

terapista [te·ra·'pis·ta] <-i *m*, -e *f*> *mf* therapist

tergicristallo [ter·dʒi·kris·'tal·lo] *m* MOT windshield wiper

tergilunotto [ter·dʒi·lu·'nɔt·to] *m* MOT rear windshield wiper

tergiversare [ter·dʒi·ver·'saː·re] *vi* (*temporeggiare*) to prevaricate

tergo ['tɛr·go] <-ghi> *m* (*di foglio, moneta*) back; **a ~** behind; **vedi a ~** please turn over

termale [ter·'maː·le] *agg* thermal; **stazione ~** spa resort

terme ['tɛr·me] *fpl a.* HIST (thermal) baths

termico, -a ['tɛr·mi·ko] <-ci, -che> *agg* thermal

terminale [ter·mi·'naː·le] **I.** *agg* **1.** (*finale*) final **2.** (*malato*) terminal **II.** *m a.* COMPUT terminal

terminare [ter·mi·'naː·re] **I.** *vt avere* (*concludere*) to finish **II.** *vi essere* (*concludersi*) to end

terminazione [ter·mi·nat·'tsioː·ne] *f* ending

termine ['tɛr·mi·ne] *m* **1.** (*scadenza*) deadline; **a ~** (*contratto*) fixed-term; **a breve ~** short-term **2.** (*fine*) end; **aver ~** to end; **portare a ~** to finish **3.** (*vocabolo, elemento*) term; **~ tecnico** technical term

terminologia [ter·mi·no·lo·'dʒiː·a] <-gie> *f* terminology

termodistruttore [ter·mo·dis·trut·'toː·re] *m* incinerator

termoelettrico, -a [ter·mo·e·'lɛt·tri·ko] *agg* thermoelectric; **centrale -a** thermoelectric power station

termometro [ter·'mɔː·me·tro] *m* thermometer

termonucleare [ter·mo·nu·kle·'aː·re] *agg* thermonuclear

termos ['tɛr·mos] <-> *m v.* **thermos**

termosifone [ter·mo·si·'foː·ne] *m* **1.** (*radiatore*) radiator **2.** (*impianto*) central heating

termostato [ter·'mɔːs·ta·to] *m* thermostat

termoventilazione [ter·mo·ven·ti·lat·'tsioː·ne] *f* warm-air heating

terna ['tɛr·na] *f* (*tre elementi*) set of three

ternano, -a [ter·'na·no] **I.** *agg* from Terni **II.** *m, f* (*abitante*) person from Terni

Terni ['tɛr·ni] *f* Terni *city in Umbria*

terno ['tɛr·no] *m* set of three winning numbers

terra ['tɛr·ra] *f* **1.** (*pianeta*) earth **2.** (*suolo*) ground; **finire per** ~ to fall to the ground; **raso** ~ close to the ground; **avere una gomma a** ~ to have a flat *fam* **3.** (*paese, campagna*) land **4.** (*terreno*) piece of land; ~ **di nessuno** no man's land **5.** EL ground; **mettere a** ~ to ground

terracotta [ter·ra·'kɔt·ta] <terrecotte> *f* **1.** (*materiale*) terracotta **2.** (*manufatto*) earthenware

terraferma [ter·ra·'fer·ma] <-> *f* dry land

terrapieno [ter·ra·'piɛː·no] *m* embankment

terrazza [ter·'rat·tsa] *f* (*di edificio*) terrace

terrazzino [ter·rat·'tsiː·no] *m* balcony

terrazzo [ter·'rat·tso] *m* terrace

terremotato, -a [ter·re·mo·'taː·to] **I.** *agg* (*zona*) affected by an earthquake **II.** *m, f* earthquake victim

terremoto [ter·re·'mɔː·to] *m* **1.** (*movimento tellurico*) earthquake **2.** *fig, scherz* (*persona*) terror

terreno [ter·'reː·no] *m* **1.** *superficie di terra* land **2.** (*suolo*) ground **3.** SPORT ~ (**di gioco**) (sports) field

terreno, -a *agg* **piano** ~ first floor

terrestre [ter·'rɛs·tre] **I.** *agg* **1.** (*superficie, temperatura*) earth's **2.** (*battaglia, animale*) land **II.** *mf* earthling

terribile [ter·'riː·bi·le] *agg* **1.** (*spaventoso*) terrible **2.** (*molto intenso: freddo*) awful

terriccio [ter·'rit·tʃo] <-cci> *m* compost

terriero, -a [ter·'riɛː·ro] *agg* (*proprietà*) landed; **proprietario** ~ landowner

terrificante [ter·ri·fi·'kan·te] *agg* terrifying

terrina [ter·'riː·na] *f* CULIN (*di lepre, anatra*) terrine

territorio [ter·ri·'tɔː·rio] <-i> *m* (*regione*) region; ~ **nazionale** national territory

terrò [ter·'rɔ] *1. pers sing futuro di* **tenere**

terrone, -a [ter·'roː·ne] *m, f pej derogatory term for someone from the South of Italy*

terrore [ter·'roː·re] *m* terror

terrorismo [ter·ro·'riz·mo] *m* terrorism

terrorista [ter·ro·'ris·ta] <-i *m*, -e *f*> *mf* terrorist

terroristico, -a [ter·ro·'ris·ti·ko] <-ci, -che> *agg* terrorist

terrorizzare [ter·ro·rid·'dzaː·re] *vt* to terrorize

terza ['tɛr·tsa] *f* **1.** (*classe: elementare*) third grade; (*media*) eighth grade; (*superiore*) eleventh grade **2.** MOT third gear **3.** MUS third

terzetto [ter·'tset·to] *m a.* MUS trio

terziario [ter·'tsiaː·rio] *m* **1.** GEOL tertiary **2.** COM service sector

terziario, -a <-i, -ie> *agg, m, f* tertiary

terzino [ter·'tsiː·no] *m* fullback *in soccer*

terzo ['tɛr·tso] *m* **1.** (*frazione*) third **2.** *pl* (*altri*) other people; **per conto -i** on behalf of a third party

terzo, -a **I.** *agg* third **II.** *m, f* (*terza persona*) third; *v. a.* **quinto**

terzultimo, -a [ter·'tsul·ti·mo] **I.** *agg* third from last **II.** *m, f* third from last

tesi ['tɛː·zi] <-> *f* **1.** (*proposizione*) theory **2.** (*di laurea*) dissertation; (*di dottorato*) doctoral thesis

teso, -a ['teː·so] **I.** *pp di* **tendere** **II.** *agg* **1.** (*corda, muscoli*) tight **2.** (*nervoso*) tense

tesoro [te·'zɔː·ro] *m* **1.** (*cose preziose*) treasure **2.** (*erario pubblico*) Treasury

tessera ['tɛs·se·ra] *f* **1.** (*documento*) membership card; ~ **sanitaria** *card entitling its bearer to health care* **2.** (*di mosaico*) tile

tesserare [tes·se·'raː·re] *vt* (*iscrivere*) ~ **qu** to make sb a member

tesserato, -a [tes·se·'raː·to] *m, f* (paid-up) member

tessere ['tɛs·se·re] *vt* **1.** (*con telaio*) to weave; (*intrecciare*) to braid **2.** (*ingan-no*) to plot

tesserino [tes·se·'riː·no] *m* card; ~ **sanitario** *card entitling its bearer to health care;* ~ **universitario** student ID card

tessile ['tɛs·si·le] **I.** *agg* textile **II.** *mf* textile worker **III.** *m* **1.** (*settore*) textile sector **2.** *pl* (*prodotti*) textiles

tessitura [tes·si·'tuː·ra] *f* weaving

tessuto [tes·'suː·to] *m* **1.** (*stoffa*) material **2.** *fig* ~ **sociale** social fabric **3.** BIOL, ANAT tissue **4.** *pl* textiles

test [tɛst] <-> *m* test; ~ **di gravidanza** pregnancy test

testa ['tɛs·ta] *f* **1.** DI PERSONA head; **mal di** ~ headache; **andar fuori di** ~ *fam* to go crazy; **avere la** ~ **tra le nuvole** to have one's head in the clouds; **fare di** ~ **propria** to do as one pleases **2.** (*persona*) ~ **calda** hothead; **colpo di** ~ impulse; **a** ~ each **3.** (*parte superiore*) top; **in** ~ **al treno** at the front of the train **4.** (*di spillo, martello*) head; ~ **d'aglio** head of garlic **5.** (*di fila*) front; **essere in** ~ (*in classifica, gara*) to be [*o* come] first

testamento [tes·ta·'men·to] *m* **1.** (*atto*) will **2.** (*Bibbia*) **l'Antico** ~ the Old Testament; **il Nuovo** ~ the New Testament

testardaggine [tes·tar·'dad·dʒi·ne] *f* stubbornness

testardo, -a [tes·'tar·do] **I.** *agg* stubborn **II.** *m, f* stubborn person

testata [tes·'taː·ta] *f* **1.** (*colpo*) **prendere/dare una** ~ to bump one's head **2.** (*di letto*) headboard **3.** (*di motore*) (cylinder) head **4.** (*di giornale*) masthead **5.** (*di missile*) warhead

teste ['tɛs·te] *mf* witness

testicolo [tes·'tiː·ko·lo] *m* testicle

testimone [tes·ti·'mɔː·ne] *mf* **1.** (*persona*) witness; ~ **oculare** eyewitness; **Testimone di Geova** REL Jehovah's Witness **2.** SPORT baton

testimonianza [tes·ti·mo·'nian·tsa] *f* **1.** GIUR testimony **2.** (*prova*) proof; **rendere** ~ **di qc** to testify to sth

testimoniare [tes·ti·mo·'niaː·re] **I.** *vt a.* GIUR to testify (that); ~ **il falso** to commit perjury **II.** *vi* (*deporre*) to testify

testo ['tɛs·to] *m* text; **libri di** ~ textbooks

testuale [tes·tu·'aː·le] *agg* **1.** (*del testo: analisi, critica*) textual **2.** (*esatto*) exact

testuggine [tes·'tud·dʒi·ne] *f* turtle

tetano ['tɛː·ta·no] *m* tetanus

tetro, -a ['tɛːt·ro] *agg* (*buio*) dark; (*lugubre*) gloomy

tetta ['tet·ta] *f fam* tit

tetto ['tet·to] *m* **1.** (*di edificio, vettura*) roof; ~ **scorrevole** sunroof **2.** (*casa*) home; **rimanere senza** ~ to be homeless **3.** (*limite massimo*) ceiling

tettoia [tet·'toː·ia] <-oie> *f* (*copertura*) canopy

Tevere ['teː·ve·re] *m* Tiber

TG <-> *m abbr di* **Telegiornale** TV news; **il** ~ **della sera** the evening news

the [tɛ] *m v.* **tè**

ti [ti] **I.** *pron 2. pers sing* **1.** (*oggetto: te*) you; **chi** ~ **ha invitato?** who invited you? **2.** (*complemento: a te*) (to) you; ~ **farò un bel regalo** I'll give you a lovely present **II.** *pron 2. pers sing* yourself

ticket ['ti·kit/'ti·ket] <-> *m* **1.** (*buono pasto*) meal ticket **2.** (*di scommesse*) betting slip **3.** (*su medicine, esami*) *charge for medicine and medical examinations*

tiene, tieni ['tiɛː·ne, 'tiɛː·ni] *3. e 2. pers sing pr di* **tenere**

tiepido, -a ['tiɛː·pi·do] *agg* **1.** (*poco caldo*) tepid **2.** (*poco entusiastico*) lukewarm

tifare [ti·'faː·re] *vi fam* ~ **per qu** to support sb

tifo ['tiː·fo] *m* **1.** MED typhus **2.** (*per squadra, atleta*) **fare il** ~ **per qu** to support sb

tifoso, -a [ti·'foː·so] **I.** *agg* **1.** MED typhous **2.** SPORT **essere ~ del Milan** to be a fan of Milan **II.** *m, f* **1.** MED typhus patient **2.** SPORT fan; **~ di calcio** soccer fan

tight [tait] <-> *m* morning suit

tigrato, -a [ti·'graː·to] *agg* striped

tigre ['tiː·gre] *f* tiger

tilt [tilt] <-> *m* **andare in ~** (*macchina*) to go on the blink; (*traffico*) to go crazy; (*persona*) to lose it

TIM *f abbr di* **Telecom Italia Mobile** *Italian cellphone operator*

timballo [tim·'bal·lo] *m* CULIN timbale; **~ di riso** rice timbale

timbrare [tim·'braː·re] *vt* to stamp

timbro ['tim·bro] *m* **1.** (*marchio, strumento*) stamp **2.** (*di suono*) timbre

timidezza [ti·mi·'det·tsa] *f* shyness

timido, -a ['tiː·mi·do] *agg* (*persona, carattere*) shy; (*gesto, tentativo*) timid

timo ['tiː·mo] *m* thyme

timone [ti·'moː·ne] *m* NAUT, AERO rudder

timoniere, -a [ti·mo·'niɛː·re] *m, f* helmsman

timore [ti·'moː·re] *m* **1.** (*paura*) fear **2.** (*preoccupazione*) concern **3.** (*rispetto*) awe

timoroso, -a [ti·mo·'roː·so] *agg* (*pauroso*) fearful

timpano ['tim·pa·no] *m* **1.** ANAT eardrum **2.** MUS kettledrum

tinello [ti·'nɛl·lo] *m* (*stanza*) small dining room

tingere ['tin·dʒe·re] <tingo, tinsi, tinto> **I.** *vt* (*capelli, stoffa*) to dye **II.** *vr:* **-rsi 1.** (*colorarsi*) **il cielo al tramonto si tinge di rosso** the sky turns red at sunset **2.** *fig* (*sentimenti*) **-rsi di qc** to be tinged with sth

tinozza [ti·'nɔt·tsa] *f* (*per il bucato*) tub; (*da bagno*) bathtub

tinta ['tin·ta] *f* **1.** (*sfumatura*) color; **in ~ unita** plain-colored **2.** (*per muri*) paint; **dare una mano di ~ a qc** to give sth a coat of paint **3.** (*per capelli*) dye; **farsi la ~** to dye one's hair

tintarella [tin·ta·'rɛl·la] *f* (*abbronzatura*) suntan; **prendere la ~** to get a suntan

tinteggiare [tin·ted·'dʒaː·re] *vt* (*casa, parete*) to paint

tinteggiatura [tin·ted·dʒa·'tuː·ra] *f* (*di casa, pareti*) painting

tinto ['tin·to] *pp di* **tingere**

tintoria [tin·to·'riː·a] <-ie> *f* **1.** (*fabbrica*) dyeworks **2.** (*lavanderia*) dry cleaner's

tipico, -a ['tiː·pi·ko] <-ci, -che> *agg* (*di persona, cosa*) characteristic; (*di regione*) traditional

tipo ['tiː·po] *m* **1.** (*genere*) type; **merce di tutti i -i** all kinds of goods **2.** (*individuo*) person; **un ~ ti vuole parlare** there's someone who wants to speak to you

tipografia [ti·po·gra·'fiː·a] *f* **1.** (*procedimento*) typography **2.** (*stabilimento*) print shop

tipografico, -a [ti·po·'graː·fi·ko] <-ci, -che> *agg* typographic

tipografo, -a [ti·'pɔː·gra·fo] *m, f* typographer

TIR [tir] <-> *m* tractor-trailer

tiramisù [ti·ra·mi·'su] <-> *m* tiramisu *dessert made of sponge cake, coffee, cream cheese and eggs*

tirannico, -a [ti·'ran·ni·ko] <-ci, -che> *agg* tyrannical

tirannide [ti·'ran·ni·de] *f* tyranny

tiranno, -a [ti·'ran·no] *m, f* tyrant

tirare [ti·'raː·re] **I.** *vt* **1.** (*carro*) to pull; (*cassetto*) to open; (*tenda*) to draw; **~ su qc** to pick sth up; **~ su le maniche** to roll up one's sleeves; **-rsi su** *fig* to cheer up; **-rsi indietro** *fig* to back out **2.** (*fune*) to stretch **3.** (*linea*) to trace **4.** (*lanciare*) to throw; **~ (in porta)** to score **5.** (*sparare: colpo*) to fire **6.** (*dare*) to give; **~ un sberla a qu** to give sb a slap; **~ calci** to kick; **~ pugni** to punch **7.** (*stampare*) to print **8.** (*loc*) **~ il fiato** *fig* to breathe a sigh of relief; **~ a sorte** to draw out of a hat **II.** *vi* **1.** *gener* to pull **2.** (*vento*) to blow **3.** (*abito*) to be tight **4.** (*camino*) to draw **5.** (*sparare*) to shoot **6.** (*loc*) **~ sul prezzo** to bargain; **~ avanti** *fig fam* to get by; **~ diritto** to keep right on going

tirato, -a [ti·'raː·to] *agg* **1.** (*corda, filo*) taut **2.** (*volto*) drawn **3.** *fig* (*avaro*) cheap **4.** *fig* (*sorriso*) forced

tiratura [ti·ra·'tuː·ra] *f* (*numero di copie*) circulation

tirchieria [tir·kie·'riː·a] <-ie> *f fam* cheapness

tirchio, -a ['tir·kio] <-chi, -chie> *fam* **I.** *agg* cheap **II.** *m, f* skinflint

tiro ['tiː·ro] *m* **1.** (*azione di tirare*) pull; ~ **alla fune** tug-of-war **2.** (*azione di sparare*) shooting; (*sparo*) shot; ~ **con l'arco** archery **3.** (*azione di lanciare*) throwing; (*lancio*) throw

tirocinante [ti·ro·tʃi·'nan·te] *agg, mf* trainee

tirocinio [ti·ro·'tʃiː·nio] <-i> *m* (*formazione professionale*) training; (*stage*) internship

tiroide [ti·'rɔː·i·de] *f* thyroid

tisana [ti·'zaː·na] *f* tisane

tisi ['tiː·zi] <-> *f* tuberculosis

titolo ['tiː·to·lo] *m* **1.** (*di libro, quadro*) title; (*di articolo*) headline; **-i di prima pagina** front page headlines **2.** (*qualifica*) qualification; ~ **di studio** academic qualification **3.** SPORT title **4.** (*diritto*) right; **a** ~ **gratuito** free; **a** ~ **personale** in a private capacity **5.** FIN security; ~ **azionario** stock; **portafoglio -i** investment portfolio

titubante [ti·tu·'ban·te] *agg* hesitant

titubare [ti·tu·'baː·re] *vi* to hesitate

tizio, -a ['tit·tsio] <-zi, -zie> *m, f* guy *m,* woman *f;* **un** ~ **qualunque** an ordinary guy; **Tizio, Caio e Sempronio** Tom, Dick, and Harry

toast [toust/tɔst] <-> *m* toasted sandwich

toccante [tok·'kan·te] *agg* touching

toccare [tok·'kaː·re] **I.** *vt avere* **1.** *a. fig* to touch; ~ (**il fondo**) (*in acqua*) to touch the bottom; ~ **un tasto dolente** to touch a sore point **2.** (*giungere*) to reach; ~ **terra** to reach land; ~ **la sessantina** to turn sixty **3.** (*argomento*) to touch on **4.** (*commuovere*) to touch **5.** (*riguardare*) to concern **II.** *vi essere* **1.** (*accadere*) ~ **a qu** to happen to sb **2.** (*essere obbligato*) **guarda un po' cosa mi tocca fare!** see what I have to do!; **mi tocca andarmene** I have to leave **3.** (*spettare*) **tocca a te dirglielo** it's your job to tell him; **ti tocca una parte dei soldi** part of the money's for you; **a chi tocca tocca** that's life **4. tocca a me** (*nei giochi*) it's my turn

tocco ['tok·ko] <-cchi> *m* **1.** (*gener*) touch **2.** (*di campane, orologio*) stroke **3.** (*pezzo: di pane, formaggio*) chunk

togliere ['tɔʎ·ʎe·re] <tolgo, tolsi, tolto> **I.** *vt* **1.** (*rimuovere*) to take away; (*dente*) to take out; (*vestito, cappello*) to take off; **-rsi la vita** to kill oneself **2.** *fig* (*privare*) ~ **il saluto a qu** to ignore sb; ~ **la parola a qu** to interrupt sb **3.** *fig* (*divieto*) to remove **4.** *fig* (*liberare*) ~ **qu dai guai** to rescue sb; ~ **qu dall'imbarazzo** to save sb from embarrassment **II.** *vr:* **-rsi** to remove oneself; **-rsi dai piedi** *fam* to get out

tolgo ['tɔl·go] *1. pers sing pr di* **togliere**

tollerabile [tol·le·'raː·bi·le] *agg* tolerable

tollerante [tol·le·'ran·te] *agg* tolerant

tolleranza [tol·le·'ran·tsa] *f a.* MED tolerance; **casa di** ~ brothel

tollerare [tol·le·'raː·re] *vt* **1.** (*sopportare*) to tolerate **2.** (*reggere a: freddo, alcolici*) to take

tolto ['tɔl·to] *pp di* **togliere**

tomba ['tom·ba] *f* tomb

tombino [tom·'biː·no] *m* manhole cover

tombola ['tom·bo·la] *f* bingo

tomo ['tɔː·mo] *m* **1.** (*volume*) volume **2.** *fig fam* (*persona bizzarra*) oddball

tonale [to·'naː·le] *agg* tonal

tonalità [to·na·li·'ta] <-> *f* **1.** MUS tonality **2.** (*di colore*) shade

tondeggiante [ton·ded·'dʒa·nte] *agg* rounded

tondo ['ton·do] *m* (*cerchio*) circle; **girare in** ~ to go around in circles

tondo, -a *agg* round; **chiaro e** ~ straight out

tonfo ['ton·fo] *m* **1.** (*rumore*) thud; (*nell'acqua*) plop **2.** (*caduta*) tumble

tonico ['tɔː·ni·ko] <-ci> *m* (*ricostituente*) tonic; (*per la pelle*) toner

tonico, -a <-ci, -che> *agg* **1.** (*muscolo, fisico*) toned **2.** *a.* LING tonic; **acqua -a** tonic water

tonnato, -a [ton·'naː·to] *agg* **vitello** ~ *veal with tuna sauce;* **salsa -a** tuna sauce

tonnellaggio [ton·nel·'lad·dʒo] <-ggi> *m* tonnage

tonnellata [ton·nel·'laː·ta] *f* ton

tonno ['ton·no] *m* tuna; ~ **sott'olio** tuna in oil

tono [ˈtɔː·no] *m* **1.** *a.* MUS, PHYS tone **2.** (*di colore*) shade
tonsilla [ton·ˈsil·la] *f* ANAT tonsil
tonsillite [ton·sil·ˈliː·te] *f* tonsillitis
tonto, -a [ˈton·to] *agg* dumb; **fare il finto** ~ to play dumb
topaia [to·ˈpaː·ia] <-aie> *f fig* dump
topicida <-i> *m* rat poison
topo [ˈtɔː·po] *m* rat; ~ **di biblioteca** *fig* bookworm
topolino [to·po·ˈliː·no] *m* (*piccolo topo*) mouse; **Topolino** Mickey Mouse
toppa [ˈtɔp·pa] *f* **1.** (*serratura*) keyhole **2.** (*rappezzo*) patch
torace [to·ˈraː·tʃe] *m* chest
torbido, -a [ˈtor·bi·do] *agg* **1.** (*acqua, vino*) cloudy **2.** (*pensieri, intenzioni*) dark
torchiare [tor·ˈkiaː·re] *vt* **1.** (*spremere*) to press **2.** *fig* (*a un esame*) to grill
torchio [ˈtɔr·kio] <-chi> *m* press; **mettere qu sotto** (**il**) ~ *fig* to give sb the third degree
torcia [ˈtɔr·tʃa] <-ce> *f* (*fiaccola*) torch; ~ **elettrica** flashlight
torcicollo [tor·tʃi·ˈkɔl·lo] *m* stiff neck
torinese[1] [to·ri·ˈneː·se] **I.** *agg* from Turin **II.** *mf* (*abitante*) person from Turin
torinese[2] <*sing*> *m* (*dialetto*) Turin dialect
Torino [to·ˈriː·no] *f* Turin *capital of Piedmont*
tormenta [tor·ˈmen·ta] *f* blizzard
tormentare [tor·men·ˈtaː·re] **I.** *vt* (*dolore, rimorso*) to torment; (*assillare*) to pester **II.** *vr:* **-rsi** to worry
tormento [tor·ˈmen·to] *m* **1.** *fig* (*sofferenza*) torment **2.** (*dolore*) agony
tormentoso, -a [tor·men·ˈtoː·so] *agg* (*dubbio, pensiero*) nagging
tornaconto [tor·na·ˈkon·to] *m* (*guadagno*) benefit
tornante [tor·ˈnan·te] *m* hairpin curve
tornare [tor·ˈnaː·re] *vi essere* **1.** (*venire di nuovo*) to come back; (*andare di nuovo*) to go back; ~ **sull'argomento** to come back to a subject; ~ **su una decisione** to change one's mind **2.** (*ridiventare*) to become again; ~ **di moda** to become fashionable again **3.** (*essere esatto, giusto*) **il conto torna** the check is correct; **c'è qualcosa che non mi torna** there's something not quite right here
torneo [tor·ˈnɛː·o] *m* tournament
torno [ˈtor·no] *m* **levarsi di** ~ to go away; **levarsi qu di** ~ to get rid of sb
toro [ˈtɔː·ro] *m* **1.** ZOO bull **2.** ASTR **Toro** Taurus; **sono** (**del** [*o* **un**]) **Toro** I'm (a) Taurus
torpedone [tor·pe·ˈdoː·ne] *m* tourist bus
torpido, -a [ˈtɔr·pi·do] *agg* **1.** (*gamba, piede*) numb **2.** (*ingegno, volontà*) sluggish
torpore [tor·ˈpoː·re] *m* drowsiness
torre [ˈtɔr·re] *f* **1.** tower; ~ **di controllo** control tower **2.** (*negli scacchi*) castle
torrefazione [tor·re·fat·ˈtsioː·ne] *f* **1.** (*azione: di caffè*) roasting **2.** (*locale*) coffee store
torrente [tor·ˈrɛn·te] *m* **1.** (*corso d'acqua*) torrent **2.** *fig* (*di lava, lacrime*) flood
torrenziale [tor·ren·ˈtsiaː·le] *agg* torrential
torrido, -a [ˈtɔr·ri·do] *agg* scorching hot
torrione [tor·ˈrioː·ne] *m* fortified tower *in a castle or city walls*
torrone [tor·ˈroː·ne] *m type of nougat*
torsione [tor·ˈsioː·ne] *f* **1.** (*gener*) twisting **2.** (*in ginnastica*) twist
torso [ˈtor·so] *m* **1.** (*gener*) torso **2.** BOT (*di frutto*) core
torsolo [ˈtor·so·lo] *m* (*di mela*) core
torta [ˈtɔr·ta] *f* (*dolce*) cake; (*salata*) savory pie
tortellini [tor·tel·ˈliː·ni] *mpl* tortellini *small round pasta filled with meat or vegetables*
tortelloni [tor·tel·ˈloː·ni] *mpl* tortelloni *large round pasta filled with cheese and spinach*
tortiera [tor·ˈtiɛː·ra] *f* cake pan
torto *m* **1.** (*ingiustizia*) wrong **2.** (*mancanza di ragione*) **avere** ~ to be wrong; **dar** ~ **a qu** to say that sb is wrong; **a** ~ wrongly
tortora [ˈtor·to·ra] **I.** *f* turtle dove **II.** *agg* **grigio** ~ dove gray
tortuoso, -a [tor·tu·ˈoː·so] *agg* **1.** (*strada, percorso*) winding **2.** (*ragionamento*) tortuous
tortura [tor·ˈtuː·ra] *f* **1.** (*corporale*) tor-

T

ture **2.** *fig* (*sofferenza*) torment

torturare [tor·tu·'raː·re] **I.** *vt* **1.** (*corporalmente*) to torture **2.** (*tormentare*) to torment **II.** *vr:* **-rsi** to torment oneself

torvo, -a ['tor·vo] *agg* grim

tosaerba [to·za·'ɛr·ba] <-> *m o f* lawnmower

tosare [to·'zaː·re] *vt* **1.** (*pecore*) to shear **2.** *scherz* (*capelli*) to crop **3.** (*siepi*) to clip

Toscana [tos·'kaː·na] *f* Tuscany

toscano, -a **I.** *agg* Tuscan **II.** *m, f* (*abitante*) Tuscan

tosse ['tos·se] *f* cough; **~ canina** [*o* **asinina**] whooping cough

tossicchiare [tos·sik·'kiaː·re] *vi* to clear one's throat

tossico ['tɔs·si·ko] <-ci> *m* (*veleno*) poison

tossico, -a <-ci, -che> **I.** *agg* toxic **II.** *m, f* *sl* junkie

tossicodipendente [tos·si·ko·di·pen·'dɛn·te] *mf* drug addict

tossicodipendenza [tos·si·ko·di·pen·'dɛn·tsa] *f* drug addiction

tossicomane [tos·si·'kɔː·ma·ne] **I.** *agg* drug addicted **II.** *mf* drug addict

tossina [tos·'siː·na] *f* toxin

tossire [tos·'siː·re] <tossisco> *vi* to cough

tostapane [tos·ta·'paː·ne] <-> *m* toaster

tostare [tos·'taː·re] *vt* (*caffè, mandorle*) to roast; (*pane*) to toast

tosto, -a ['tɔs·to] *agg* **1.** (*duro*) tough; **faccia -a** nerve **2.** *sl* (*bello*) cool

tot [tɔt] *fam* **I.** <inv> *agg* so much/many **II.** <-> *m* so much

totale [to·'taː·le] *agg, m* total

totalità [to·ta·li·'ta] <-> *f* entirety; **la ~ di** all

totalitario, -a [to·ta·li·'taː·rio] <-i, -ie> *agg* (*regime, Stato*) totalitarian

totalitarismo [to·ta·li·ta·'riz·mo] *m* totalitarianism

totalizzare [to·ta·lid·'dzaː·re] *vt* (*ottenere*) to score

totano ['tɔː·ta·no] *m* squid

totip [to·'tip] *m v.* **totalizzatore ippico,** *weekly game of betting on horse races*

totocalcio [to·to·'kal·tʃo] *m v.* **totalizzatore calcistico,** *weekly game of betting on soccer results*

toupet [tu·'pɛ] <-> *m* (*di capelli*) toupee

tovaglia [to·'vaʎ·ʎa] <-glie> *f* (*per tavolo*) tablecloth

tovagliolo [to·vaʎ·'ʎɔː·lo] *m* napkin; **~ di carta** paper napkin

tozzo ['tɔt·tso] *m* (*di pane*) crust

tozzo, -a *agg* (*persona, fisico*) stocky; (*edificio*) squat

tra [tra] *prep* **1.** (*fra due persone, cose*) between; (*fra più persone, cose*) among; **siediti ~ di noi** sit between us; **arriveremo ~ le sette e le otto** we'll be there between seven and eight; **sono amici ~ loro** they are friends; **sono incerto ~ il pesce e la carne** I can't decide whether to have fish or meat; **~ sé e sé** to oneself **2.** (*attraverso*) through **3.** (*partitivo*) of; **~ l'altro** among other things **4.** (*causale*) what with; **~ vitto e alloggio ho speso quasi tutto** with food and lodging, I've spent almost all my money **5.** (*di tempo*) in; **~ un'ora** in an hour; **~ poco** soon

traballare [tra·bal·'laː·re] *vi* **1.** (*tavolo, dente*) to wobble **2.** *fig* (*speranza, convinzione*) to waver

traboccare [tra·bok·'kaː·re] *vi* to overflow

trabocchetto [tra·bok·'ket·to] *m* **1.** (*congegno*) trap door **2.** *fig* (*trappola*) trap; **tendere un ~ a qu** to set a trap for sb

traccia ['trat·tʃa] <-cce> *f* **1.** (*gener*) trace **2.** (*impronta*) track **3.** (*di libro, testo*) outline

tracciare [trat·'tʃaː·re] *vt* **1.** (*linea, quadrato*) to draw **2.** (*strade, ferrovie*) to mark out **3.** *fig* (*discorso, lettera*) to draft

tracciato [trat·'tʃaː·to] *m* **1.** (*di strada, ferrovia, percorso*) route; **~ di gara** course **2.** (*grafico*) trace

tracolla [tra·'kɔl·la] *f* shoulder strap; **borsa a ~** shoulder bag

tracollo [tra·'kɔl·lo] *m* (*nervoso, finanziario*) collapse

tracotante [tra·ko·'tan·te] *agg* arrogant

tracotanza [tra·ko·'tan·tsa] *f* arrogance

tradimento [tra·di·'men·to] *m* **1.** (*gener*) betrayal **2.** (*di coniuge*) infidelity

tradire [tra·'diː·re] <tradisco> **I.** *vt* **1.** (*gener*) to betray **2.** (*coniuge*) to cheat on **3.** (*promessa, patto*) to break **II.** *vr:* **-rsi** to give oneself away

traditore, -trice [tra·di·'toː·re] **I.** *m, f* traitor **II.** *agg* treacherous

tradizionale [tra·dit·tsio·'naː·le] *agg* **1.** (*festa, usanza*) traditional **2.** (*abituale*) usual

tradizione [tra·dit·'tsioː·ne] *f* **1.** (*di un popolo*) tradition **2.** (*consuetudine*) custom

tradurre [tra·'dur·re] <traduco, tradussi, tradotto> *vt* **1.** (*testo*) to translate **2.** *fig* (*sentimento*) to put into words

traduttivo, -a [tra·dut·'tiː·vo] *agg* (*processo, metodo*) translation

traduttore, -trice [tra·dut·'toː·re] *m, f* translator; ~ **elettronico** electronic translator

traduzione [tra·dut·'tsioː·ne] *f* (*di scritto, discorso*) translation

trafelato, -a [tra·fe·'laː·to] *agg* breathless

trafficante [traf·fi·'kan·te] *mf pej* trafficker

trafficare [traf·fi·'kaː·re] **I.** *vi pej* (*smerciare*) ~ **in** [*o* **con**] **qc** to traffic in sth **II.** *vt pej* to traffic in

traffico ['traf·fi·ko] <-ci> *m* **1.** COM trafficking; ~ **di stupefacenti** drug trafficking **2.** (*movimento*) traffic; ~ **stradale** road traffic

trafiggere [tra·'fid·dʒe·re] <trafiggo, trafissi, trafitto> *vt* to pierce

trafiletto [tra·fi·'let·to] *m* short article *in a newspaper*

trafitto [tra·'fit·to] *pp di* **trafiggere**

trafugamento [tra·fu·ga·'men·to] *m* secret theft

trafugare [tra·fu·'gaː·re] *vt* to steal secretly

tragedia [tra·'dʒɛː·dia] <-ie> *f* **1.** (*gener*) tragedy **2.** *fig* (*dramma*) fuss

traggo ['trag·go] *1. pers sing pr di* **trarre**

traghettare [tra·get·'taː·re] *vt* **1.** (*cose, persone*) to ferry **2.** (*fiume*) to cross on a ferry

traghetto [tra·'get·to] *m* (*imbarcazione*) ferry

tragico ['traː·dʒi·ko] *m* (*tragicità*) tragedy

tragico, -a <-ci, -che> *agg* tragic

tragitto [tra·'dʒit·to] *m* (*percorso*) journey

traguardo [tra·'guar·do] *m* **1.** (*in gara*) finishing line; **tagliare il** ~ to cross the finishing line **2.** *fig* (*obiettivo*) goal **3.** (*di arma*) sight

traiettoria [tra·iet·'tɔː·ria] <-ie> *f* trajectory

traino ['traːi·no] *m* **1.** (*azione: di automobile*) towing **2.** (*veicolo trainato*) trailer

tralasciare [tra·laʃ·'ʃaː·re] *vt* (*omettere*) to leave out

tralcio ['tral·tʃo] <-ci> *m* (*ramo*) shoot

traliccio [tra·'lit·tʃo] <-cci> *m* **1.** (*per cavi di alta tensione*) pylon **2.** (*per piante*) trellis

tram [tram] <-> *m* streetcar

trama ['traː·ma] *f* **1.** (*di tessuto*) weft **2.** *a. pej* plot

tramandare [tra·man·'daː·re] *vt* to hand down

tramare [tra·'maː·re] *vt fig* to plot

trambusto [tram·'bus·to] *m* racket

tramezzino [tra·med·'dziː·no] *m* (*panino*) sandwich

tramezzo [tra·'mɛd·dzo] *m* partition

tramite[1] ['traː·mi·te] *m* (*mezzo*) means; **per il** ~ **di** by means of

tramite[2] *prep* by

tramontana [tra·mon·'taː·na] *f* north wind

tramontare [tra·mon·'taː·re] *vi essere* **1.** ASTR to set **2.** (*civiltà*) to decline

tramonto [tra·'mon·to] *m* **1.** ASTR (*del sole*) sunset; (*di astri*) setting **2.** (*di civiltà*) decline

trampolino [tram·po·'liː·no] *m* (*per tuffi*) springboard; (*per sci*) ski jump

trampolo ['tram·po·lo] *m* stilt

tramutare [tra·mu·'taː·re] **I.** *vt lit* (*cambiare*) to change **II.** *vr:* **-rsi** to change

tranello [tra·'nɛl·lo] *m* **1.** (*inganno*) trap **2.** (*difficoltà*) pitfall

trangugiare [traŋ·gu·'dʒaː·re] *vt* to gulp down

tranne ['tran·ne] *prep* except

tranquillante [traŋ·kuil·'lan·te] *m* tranquilizer

tranquillità [traŋ·kuil·li·'ta] <-> *f* tranquility

tranquillizzare [traŋ·kuil·lid·'dza:·re] *vt* to reassure

tranquillo, -a [traŋ·'kuil·lo] *agg* **1.** (*calmo: notte, luogo*) peaceful **2.** (*persona*) calm; **sta ~!** don't worry!

transalpino, -a [tran·sal·'pi:·no] *agg* (*oltrealpe*) transalpine; (*francese*) French

transatlantico [tran·sat·'lan·ti·ko] <-ci> *m* transatlantic liner

transatlantico, -a <-ci, -che> *agg* transatlantic

transazione [tran·sat·'tsio:·ne] *f* **1.** GIUR settlement **2.** COM deal

transcontinentale [trans·kon·ti·nen·'ta:·le] *agg* transcontinental

transenna [tran·'sɛn·na] *f* (*barriera*) barrier

transennare [tran·zen·'na:·re] *vt* to cordon off

transessuale [tran·ses·su·'a:·le] *agg, mf* transsexual

transetto [tran·'sɛt·to] *m* transept

transgenico [trans·'dʒɛ·ni·ko] <-ci, -che> *agg* genetically modified; **alimento ~** GM food

transitabile [tran·si·'ta:·bi·le] *agg* passable

transitare [tran·si·'ta:·re] *vt essere* to pass

transitivo, -a [tran·si·'ti:·vo] *agg* transitive

transito ['tran·si·to] *m* (*passaggio*) transit; **'divieto di ~'** 'no entry'; **treno in ~** train that is not stopping

transitorio, -a [tran·si·'tɔ:·rio] <-i, -ie> *agg* (*non duraturo*) transitory; (*provvisorio*) temporary

transizione [tran·sit·'tsio:·ne] *f* (*passaggio*) transition

tranviario, -a [tran·'via:·rio] *agg* streetcar

tranviere, -a [tran·'viɛ:·re] *m, f* streetcar driver

trapanare [tra·pa·'na:·re] *vt* to drill

trapanese [tra·pa·'ne:·se] **I.** *agg* from Trapani **II.** *mf* (*abitante*) person from Trapani

Trapani *f* Trapani *city in western Sicily*

trapano ['tra:·pa·no] *m* drill

trapassato [tra·pas·'sa:·to] *m* LING **~ prossimo** past perfect; **~ remoto** past pluperfect

trapelare [tra·pe·'la:·re] *vi essere* **1.** (*luce*) to filter in **2.** (*verità, fatto*) to leak out

trapiantare [tra·pian·'ta:·re] **I.** *vt* to transplant **II.** *vr:* **-rsi** to move

trapianto [tra·'pian·to] *m* **1.** AGR, BOT transplantation **2.** MED transplant; **~ renale** kidney transplant

trappola ['trap·po·la] *f* trap

trapunta [tra·'pun·ta] *f* quilt

trarre ['trar·re] <traggo, trassi, tratto> **I.** *vt* **1.** (*ricavare: guadagno, beneficio*) to obtain **2.** (*portare*) to bring **3.** (*derivare*) to derive; **~ le conclusioni** to draw conclusions **II.** *vr:* **-rsi; -rsi d'impaccio** (*togliersi*) to extricate oneself

trasalire [tra·sa·'li:·re] <trasalisco> *vi essere o avere* to jump

trasandato, -a [tra·zan·'da:·to] *agg* (*sciatto*) scruffy

trasbordo [traz·'bor·do] *m* transfer

trascendentale [traʃ·ʃe·den·'ta:·le] *agg* **1.** PHILOS transcendental **2.** *fig* (*complicato*) difficult

trascinare [traʃ·ʃi·'na:·re] **I.** *vt* **1.** (*tirare*) to drag **2.** *fig* (*oratore, entusiasmo*) to enthuse **II.** *vr:* **-rsi 1.** (*persona*) to drag oneself **2.** (*faccenda, questione*) to drag on

trascorrere [tras·'kor·re·re] <irr> **I.** *vt avere* (*vacanze, giornata*) to spend **II.** *vi essere* (*tempo*) to pass

trascrivere [tras·'kri:·ve·re] <irr> *vt* **1.** (*copiare*) to copy down; (*su registro*) to set down **2.** LING, MUS to transcribe

trascrizione [tras·krit·'tsio:·ne] *f* **1.** (*copiatura*) copying down; (*su registro*) setting down **2.** LING, MUS transcription

trascurabile [tras·ku·'ra:·bi·le] *agg* negligible

trascurare [tras·ku·'ra:·re] **I.** *vt* **1.** (*non curare*) to neglect **2.** (*non tener conto di*) to ignore **3.** (*omettere*) **~ di fare qc** to omit to do sth **II.** *vr:* **-rsi** to neglect oneself

trascuratezza [tras·ku·ra·'tet·tsa] *f* carelessness

trasecolare [tra·se·ko·'la:·re] *vi essere o avere* to be dumbfounded

trasferibile [tras·fe·'ri:·bi·le] *agg* transferable

trasferimento [tras·fe·ri·'men·to] *m* transfer

trasferire [tras·fe·'riː·re] <trasferisco> **I.** *vt* to transfer **II.** *vr:* **-rsi** to move

trasferta [tras·'fɛr·ta] *f* **1.** DI IMPIEGATO temporary transfer **2.** SPORT away game; **giocare in ~** to play away (from home)

trasformare [tras·for·'maː·re] **I.** *vt* **1.** (*cambiare*) to transform **2.** SPORT (*rigore, meta*) to convert **II.** *vr:* **-rsi** to change

trasformatore [tras·for·ma·'toː·re] *m* transformer

trasformazione [tras·for·mat·'tsioː·ne] *f* **1.** (*gener*) transformation **2.** (*nel rugby*) conversion

trasfusione [tras·fu·'zioː·ne] *f* transfusion

trasgredire [traz·gre·'diː·re] <trasgredisco> **I.** *vt* (*legge*) to break; (*ordini*) to disobey **II.** *vi* **~ a qc** (*legge*) to break sth; (*ordini*) to disobey sth

trasgressione [traz·gres·'sioː·ne] *f* **1.** (*violazione*) infringement **2.** (*anticonformismo*) transgression

traslocare [traz·lo·'kaː·re] **I.** *vt* to move **II.** *vi* to move

trasloco [traz·'lɔː·ko] <-chi> *m* move

trasmettere [traz·'met·te·re] <irr> **I.** *vt* **1.** (*malattia, notizia*) to pass on; (*eredità*) to hand down **2.** (*ordine*) to give; (*lettera, dati*) to send **3.** RADIO, TV to broadcast **II.** *vi* to broadcast **III.** *vr:* **-rsi** **1.** (*eredità*) to be handed down **2.** (*malattia, virus*) to be spread

trasmettitore [traz·met·ti·'toː·re] *m* transmitter

trasmissibile [traz·mis·'siː·bi·le] *agg* **1.** (*eredità*) inheritable **2.** (*malattia*) transmissible

trasmissione [traz·mis·'sioː·ne] *f* **1.** (*gener*) transmission **2.** (*di beni, tradizione*) handing down **3.** RADIO, TV broadcast

trasmittente [traz·mit·'tɛn·te] *f* **1.** (*stazione*) station **2.** (*apparecchio*) transmitter

trasognato, -a [tra·soɲ·'ɲaː·to] *agg* dreamy

trasparente [tras·pa·'rɛn·te] *agg* transparent

trasparenza [tras·pa·'rɛn·tsa] *f* transparency

traspirazione [tras·pi·rat·'tsioː·ne] *f* perspiration

trasportare [tras·por·'taː·re] *vt* (*gener*) to transport

trasporto [tras·'pɔr·to] *m* (*gener*) transportation; **-i pubblici** public transport

trassi ['tras·si] *1. pers sing pass rem di* **trarre**

trastullare [tras·tul·'laː·re] **I.** *vt* (*divertire*) to amuse **II.** *vr:* **-rsi** **1.** (*divertirsi*) to enjoy oneself **2.** (*perdere tempo*) to waste time

trastullo [tras·'tul·lo] *m* (*divertimento*) pastime

trasudare [tra·su·'daː·re] **I.** *vi essere* (*fuoriuscire*) to ooze out **II.** *vt avere* (*mandar fuori*) **~ qc** to ooze with sth

trasversale [traz·ver·'saː·le] **I.** *agg* cross; MAT transverse; **via ~** side street **II.** *f* side street

tratta ['trat·ta] *f* COM (*cambiale*) draft

trattabile [trat·'taː·bi·le] *agg* **1.** (*prezzo*) negotiable **2.** *fig* (*persona*) reasonable

trattamento [trat·ta·'men·to] *m* **1.** (*gener*) treatment **2.** (*retribuzione*) payment **3.** COMPUT processing

trattare [trat·'taː·re] **I.** *vt* **1.** (*gener*) to treat **2.** (*argomento, pratica*) to deal with **3.** (*affare, compravendita*) to negotiate **4.** COM (*articoli*) to sell **II.** *vi* **1.** (*avere per argomento*) **~ di qc** to be about sth **2.** (*avere a che fare*) **~ con qu** to deal with sb **3.** (*impersonale*) **dimmi pure di cosa si tratta** tell me what's the matter; **deve -rsi di un errore** there must be some mistake **III.** *vr* to treat oneself

trattativa [trat·ta·'tiː·va] *f* negotiation

trattato [trat·'taː·to] *m* **1.** (*opera*) treatise **2.** POL (*accordo*) treaty

trattato, -a [trat·'taː·to] *agg* (*materiale*) treated; (*alimento*) processed

trattenere [trat·te·'neː·re] <irr> **I.** *vt* **1.** (*far rimanere*) to keep; (*in questura*) to detain; **non ti voglio ~** I don't want to keep you **2.** (*non dare*) to withhold **3.** (*detrarre: somma*) to deduct **4.** (*riso, pianto*) to keep back **II.** *vr:* **-rsi**

1. (*astenersi*) to help oneself **2.** (*fermarsi*) to stay

trattenuta [trat·te·'nu:·ta] *f* (*sullo stipendio*) deduction

trattino [trat·'ti:·no] *m* (*in parole composte*) hyphen; (*tra parole*) dash

tratto ['trat·to] **I.** *pp di* **trarre** **II.** *m* **1.** (*di penna, pennello*) stroke **2.** (*di strada, cielo*) stretch **3.** (*di tempo*) period; **tutto ad un ~** suddenly **4.** *pl* (*lineamenti*) features; (*caratteristiche*) characteristics

trattore [trat·'to:·re] *m* tractor

trattoria [trat·to·'ri:·a] <-ie> *f* trattoria *small restaurant serving simple food*

traumatizzare [trau·ma·tid·'dza:·re] *vt* to traumatize

travaglio [tra·'vaʎ·ʎo] <-gli> *m* **1.** (*sofferenza*) anguish **2.** (*del parto*) labor pains *pl*

travasare [tra·va·'za:·re] *vt* (*vino*) to decant

trave ['tra:·ve] *f* beam

traveggole [tra·'veg·go·le] *fpl* **avere le ~** *fam* to be seeing things

traversa [tra·'vɛr·sa] *f* **1.** TEC, ARCH crossbeam **2.** (*via*) side road **3.** (*di binario*) railroad tie **4.** (*nel calcio*) crossbar

traversare [tra·ver·'sa:·re] *vt* to cross

traversata [tra·ver·'sa:·ta] *f* crossing

traversina [tra·ver·'si:·na] *f* (*di binario*) railroad tie

traverso [tra·'vɛr·so] *m* width; **di ~** (*obliquamente*) sideways; **prendere qc di ~** to take sth the wrong way

traverso, -a *agg* cross; **per vie ~e** *fig* in a roundabout way

travertino [tra·ver·'ti:·no] *m* travertine

travestimento [tra·ves·ti·'men·to] *m* **1.** (*azione*) dressing up **2.** (*costume*) costume

travestito [tra·ves·'ti:·to] *m* transvestite

traviare [tra·vi·'a:·re] **I.** *vt* to lead astray **II.** *vr:* **-rsi** to be led astray

travisare [tra·vi·'za:·re] *vt* (*distorcere*) to distort

travolgente [tra·vol·'dʒɛn·te] *agg* overwhelming

travolgere [tra·'vɔl·dʒe·re] <irr> *vt* **1.** (*trascinare via*) to sweep away; (*con veicolo*) to run over **2.** *fig* (*sentimento*) to overwhelm

trazione [trat·'tsio:·ne] *f* **1.** (*gener*) traction **2.** AUTO drive; **~ integrale** four-wheel drive

tre [tre] **I.** *num* three **II.** <-> *m* **1.** (*numero*) three **2.** (*nelle date*) third **3.** (*voto scolastico*) =F *very low grade* **III.** *fpl* (*ore*) three o'clock; *v. a.* **cinque**

trebbiare [treb·'bia:·re] *vt* to thresh

trebbiatrice [treb·bia·'tri·tʃe] *f* threshing machine

treccia ['tret·tʃa] <-cce> *f* braid

trecentesco, -a [tre·tʃen·'tes·ko] <-schi, -sche> *agg* fourteenth-century

trecento [tre·'tʃɛn·to] <-> *num, m* three hundred; **il Trecento** the fourteenth century

tredicenne [tre·di·'tʃɛn·ne] **I.** *agg* thirteen-year-old **II.** *mf* thirteen year old

tredicesima [tre·di·'tʃɛ:·zi·ma] *f* (*retribuzione*) thirteenth month *extra money paid to employees as a Christmas bonus*

tredicesimo, -a [tre·di·'tʃɛ:·zi·mo] *agg, m, f* thirteenth; *v. a.* **quinto**

tredici ['tre:·di·tʃi] **I.** *num* thirteen **II.** <-> *m* **1.** (*numero*) thirteen **2.** (*nelle date*) thirteenth **III.** *fpl* (*ore*) 1 pm; *v. a.* **cinque**

tregua ['tre:·gua] *f* **1.** (*gener*) truce **2.** (*sosta*) rest; **senza ~** nonstop

tremare [tre·'ma:·re] *vi* **1.** (*fiamma, terra*) to shake **2.** (*persona, voce*) to tremble

tremarella [tre·ma·'rɛl·la] *f* **1.** (*tremito*) trembling **2.** *fam* (*paura*) shivers *pl*

tremendo, -a [tre·'mɛn·do] *agg* (*spaventoso*) terrible

tremila [tre·'mi:·la] **I.** *num* three thousand **II.** <-> *m* three thousand

tremulo, -a ['trɛ:·mu·lo] *agg* (*voce*) tremulous; (*luce*) flickering

trenette [tre·'net·te] *fpl long flat pasta*

treno ['trɛ:·no] *m* train; **~ ad alta velocità** high-speed train; **~ interregionale** long-distance train; **~ locale** local train; **~ rapido** express train; **~ diretto** through train; **~ merci** goods train; **prendere il ~** to catch the train; **perdere il ~** to miss the train; **il ~ per Venezia** the train to Venice

trenta ['tren·ta] **I.** *num* thirty **II.** <-> *m* **1.** (*numero*) thirty **2.** (*nelle date*) thirtieth; *v. a.* **cinquanta**

trentesimo [tren·'tɛː·zi·mo] *m* thirtieth

trentesimo, -a **I.** *agg* thirtieth **II.** *m, f* thirtieth; *v. a.* **quinto**

trentina [tren·'tiː·na] *f* **una ~ (di ...)** about thirty

trentino, -a **I.** *agg* **1.** (*di Trento*) from Trento **2.** (*del Trentino*) from Trentino **II.** *m, f* **1.** (*di Trento*) person from Trento **2.** (*del Trentino*) person from Trentino

Trento ['trɛn·to] *f* Trento *capital of Trentino-Alto Adige region*

trepidante [tre·pi·'dan·te] *agg* anxious

tressette [tres·'sɛt·te] <-> *m Italian card game played with a deck of forty cards*

trevigiano, -a [tre·vi·'dʒiaː·no] **I.** *agg* from Treviso **II.** *m, f* (*abitante*) person from Treviso

Treviso *f* Treviso *city in north-eastern Italy*

triangolare [tri·aŋ·go·'laː·re] *agg* triangular

triangolo [tri·'aŋ·go·lo] *m* **1.** (*poligono, forma*) triangle; **~ industriale** industrial triangle *area between Milan, Turin and Genoa* **2.** (*rapporto a tre*) love triangle

tribolare [tri·bo·'laː·re] *vi* (*patire*) to suffer

tribordo [tri·'bor·do] *m lit* starboard

tribù [tri·'bu] <-> *f a. scherz* tribe

tribuna [tri·'buː·na] *f* **1.** (*podio*) platform **2.** (*negli stadi*) stand

tribunale [tri·bu·'naː·le] *m* court; **~ arbitrale** tribunal; **~ supremo** Supreme Court; **presentarsi in ~** to appear in court

tributario, -a [tri·bu·'taː·rio] <-i, -ie> *agg* **1.** (*delle tasse*) tax; **riforma -a** tax reform **2. fiume ~** tributary

tributo [tri·'buː·to] *m* **1.** FIN tax **2.** *fig* (*prezzo*) price

tricheco [tri·'kɛː·ko] <-chi> *m* walrus

triciclo [tri·'tʃiː·k·lo] *m* (*per bambini*) tricycle

tricolore [tri·ko·'loː·re] **I.** *agg* three-color **II.** *m* tricolor *especially the Italian flag*

tridimensionale [tri·di·men·sio·'naː·le] *agg* three-dimensional

Trieste [tri·'ɛs·te] *f* Trieste *capital of Friuli region*

triestino [tri·es·'tiː·no] <*sing*> *m* (*dialetto*) Triestine dialect

triestino, -a **I.** *agg* from Trieste **II.** *m, f* (*abitante*) person from Trieste

trifoglio [tri·'fɔʎ·ʎo] *m* clover

trifolato, -a [tri·fo·'laː·to] *agg cut up and cooked in oil, garlic and parsley*

triglia ['triʎ·ʎa] <-glie> *f* mullet

trilaterale [tri·la·te·'raː·le] *agg* trilateral

trilingue [tri·'liŋ·gue] <-> *agg* trilingual

trilione [tri·'lioː·ne] *m* (*mille miliardi*) trillion

trillare [tril·'laː·re] *vi* (*campanello*) to ring; (*usignolo*) to trill

trillo ['tril·lo] *m* (*di usignolo*) trill; (*di campanello*) ring

trilocale [tri·lo·'kaː·le] **I.** *m* three-roomed apartment; **affittasi ~** three-roomed apartment to rent **II.** *agg* three-roomed

trilogia [tri·lo·'dʒiː·a] <-gie> *f* trilogy

trimestrale [tri·mes·'traː·le] *agg* **1.** (*che dura tre mesi*) three-month **2.** (*ogni tre mesi*) three-monthly

trimestre [tri·'mɛs·tre] *m* three-month period; UNIV term

trincare [triŋ·'kaː·re] *vt fam* **1.** (*vino, birra*) to knock back **2.** (*bere molto*) to booze

trinciare [trin·'tʃaː·re] *vt* **1.** (*tagliare: lamiera*) to cut up **2.** CULIN to carve

trinità [tri·ni·'ta] <-> *f* REL trinity

trio ['triː·o] <-ii> *m* **1.** MUS trio **2.** (*tre persone*) threesome

trionfale [tri·on·'faː·le] *agg* triumphal

trionfante [tri·on·'fan·te] *agg* triumphant

trionfare [tri·on·'faː·re] *vi* **1.** (*vincere*) to win **2.** (*prevalere*) to triumph

trionfo [tri·'on·fo] *m* **1.** (*vittoria*) victory **2.** (*successo*) triumph

triplicare [tri·pli·'kaː·re] *vt* to triple

triplice ['triː·pli·tʃe] *agg* triple

triplo ['triː·plo] *m* **il ~ (di)** three times as much (as)

triplo, -a *agg* triple

trippa ['trip·pa] *f* CULIN tripe

trisavolo, -a [tri·'zaː·vo·lo] *m, f* great-great-grandfather *m*, great-great-grandmother *f*

triste ['tris·te] *agg* sad

tristezza [tris·'tet·tsa] *f* sadness

tritacarne [tri·ta·'kar·ne] <-> *m* grinder

tritare [tri·'taː·re] *vt* (*carne*) to grind; (*verdura, cipolla*) to chop finely

tritarifiuti [tri·ta·ri·'fiuː·ti] <-> *m* garbage disposal unit

tritatutto [tri·ta·'tut·to] <-> *m* (*elettrico*) grinder

trito, -a ['triː·to] *agg* **1.** CULIN (*carne*) ground; (*cipolla*) chopped **2.** (*argomento*) tired

trittico ['trit·ti·ko] <-ci> *m* **1.** ARTE triptych **2.** LIT trilogy

trivella [tri·'vɛl·la] *f* (*sonda*) drill

triviale [tri·'viaː·le] *agg* vulgar

trivialità [tri·via·li·'ta] <-> *f* vulgarity

trofeo [tro·'fɛː·o] *m* trophy

troia ['trɔː·ia] <-ie> *f* **1.** ZOO sow **2.** *fig vulg* whore

tromba ['trom·ba] *f* **1.** MUS trumpet **2.** (*di auto*) horn **3.** METEO ~ **d'aria** whirlwind **4.** (*passaggio*) ~ **delle scale** stairwell **5.** ANAT ~ **di Fallopio** fallopian tube

trombosi [trom·'boː·zi] <-> *f* thrombosis

troncamento [troŋ·ka·'men·to] *m* (*interruzione*) cutting off

troncare [tron·'kaː·re] *vt* **1.** (*tagliare*) to cut off **2.** *fig* (*interrompere*) to break off

tronco ['troŋ·ko] <-chi> *m* **1.** BOT, ANAT trunk **2.** (*tratto: di strada, ferrovia*) stretch

tronco, -a <-chi, -che> *agg* (*tagliato*) cut off

tronfio, -a ['tron·fio] <-i, -ie> *agg* **1.** (*borioso: persona*) conceited **2.** (*parole*) pompous

trono ['trɔː·no] *m* throne

tropicale [tro·pi·'kaː·le] *agg* tropical

troppo ['trɔp·po] **I.** *m* too much **II.** *avv* too much; **ho mangiato** ~ I've eaten too much; **non** ~ (*poco*) not much; **di** ~ too much; **sentirsi di** ~ (*inopportuno*) to feel in the way

troppo, -a I. *agg* (*in quantità eccessiva*) too much; (*in numero eccessivo*) too many; **troppo lavoro** too much work; **troppe cose** too many things **II.** *pron* (*in quantità eccessiva*) too much; (*in numero eccessivo*) too many; **questo è** ~ *fig* this is too much!; **-i** (*troppe persone*) too many people

trota ['trɔː·ta] *f* trout

troupe [trup] <-> *f* (*di artisti*) company; ~ **televisiva** television crew

trovare [tro·'vaː·re] **I.** *vt* **1.** (*gener*) to find; **andare a** ~ **qu** to visit sb; **ti trovo bene** you look well **2.** (*pensare*) to think; ~ **qu simpatico** to like sb **II.** *vr:* **-rsi 1.** (*essere*) to be; **-rsi bene con qu** to get on well with sb; **-rsi d'accordo** to agree **2.** (*incontrarsi*) to meet

trovata [tro·'vaː·ta] *f* brainstorm

truccare [truk·'kaː·re] **I.** *vt* **1.** (*con cosmetici*) to make up **2.** (*falsificare: risultati, elezioni*) to rig; (*partita*) to fix **3.** (*motore*) to soup up **II.** *vr:* **-rsi** (*con cosmetici*) to put on makeup

trucco ['truk·ko] <-cchi> *m* **1.** (*cosmesi*) makeup **2.** (*espediente*) trick

truce ['truː·tʃe] *agg* grim

truffa ['truf·fa] *f* **1.** (*imbroglio*) swindle **2.** GIUR fraud

truffare [truf·'faː·re] *vt* (*imbrogliare*) to swindle

truffatore, -trice [truf·fa·'toː·re] *m, f* swindler

truppa ['trup·pa] *f* **1.** MIL troop **2.** *fig* (*gruppo numeroso*) band

tu [tu] *pron 2. pers sing* you; **dare del** ~ **a qu** ≈ to be on a first name basis with sb; **parlare a** ~ **per** ~ to speak to sb privately

tuba ['tuː·ba] *f* **1.** MUS tuba **2.** (*cappello*) top hat **3.** ANAT tube; ~ **uditiva** auditory canal

tubare [tu·'baː·re] *vi* **1.** (*colomba*) to coo **2.** (*innamorati*) to bill and coo

tubatura [tu·ba·'tuː·ra] *f* pipes *pl*

tubercolosi [tu·ber·ko·'lɔː·zi] <-> *f* tuberculosis

tubercoloso, -a [tu·ber·ko·'loː·so] **I.** *agg* tubercular **II.** *m, f* tuberculosis patient

tubo ['tuː·bo] *m* **1.** (*gener*) tube; ~ **di scappamento** exhaust pipe **2.** *fam* (*niente*) **un** ~ nothing; **non ho capito un** ~ I didn't understand a thing

tuffare [tuf·'faː·re] **I.** *vt* (*immergere*) to plunge **II.** *vr:* **-rsi 1.** (*in acqua*) to dive; (*nel vuoto*) to throw oneself **2.** *fig* (*dedicarsi*) **-rsi in qc** to throw oneself into sth

tuffo ['tuf·fo] *m* **1.** (*gener*) dive **2.** (*sport*) diving

tufo ['tu:·fo] *m* tuff

tulipano [tu·li·'pa:·no] *m* tulip

tumido, -a ['tu:·mi·do] *agg* (*labbra*) swollen

tumore [tu·'mo:·re] *m* (*cancro*) tumor

tumulto [tu·'mul·to] *m* **1.** (*rumore*) tumult **2.** (*rivolta*) riot **3.** *fig* (*agitazione*) turmoil

tuo, -a <tuoi, tue> **I.** *agg* your; **la -a voce** your voice; **~ padre** your father; **un ~ amico** a friend of yours **II.** *pron* **il ~, la -a** yours; **i tuoi** (*genitori*) your parents

tuono ['tuɔ:·no] *m* thunder

tuorlo ['tuɔr·lo] *m* yolk

turare [tu·'ra:·re] **I.** *vt* **1.** (*bottiglia*) to cork **2.** (*buco, falla*) to stop (up); **-rsi il naso** to hold one's nose; **-rsi gli occhi** to cover one's eyes **II.** *vr:* **-rsi** to get blocked

turba ['tur·ba] *f* (*di persone*) crowd; *pej* mob

turbamento [tur·ba·'men·to] *m* (*ansia*) agitation

turbo ['tur·bo] <-> *agg, m* turbo; **motore ~** turbo engine

turbogetto [tur·bo·'dʒɛt·to] *m* **1.** (*motore*) jet engine **2.** (*aereo*) jet

turbolento, -a [tur·bo·'lɛn·to] *agg* **1.** (*persona*) unruly **2.** (*periodo*) turbulent

turbolenza [tur·bo·'lɛn·tsa] *f* **1.** (*gener*) turbulence **2.** (*di persona*) unruliness

turbomotore [tur·bo·mo·'to:·re] *m* turbine

turchese [tur·'ke:·se] **I.** *f* (*pietra*) turquoise **II.** *m* (*colore*) turquoise

Turchia [tur·'ki:·a] *f* **la ~** Turkey; **abitare in ~** to live in Turkey; **andare in ~** to go to Turkey

turchino, -a [tur·'ki:·no] *agg* deep blue

turco ['tur·ko] <*sing*> *m* Turkish

turco, -a <-chi, -che> **I.** *agg* Turkish **II.** *m, f* Turk

turgido, -a ['tur·dʒi·do] *agg* swollen

turismo [tu·'riz·mo] *m* tourism

turista [tu·'ris·ta] <-i *m*, -e *f*> *mf* tourist

turistico, -a [tu·'ris·ti·ko] <-ci, -che> *agg* tourist

turnista [tur·'nis·ta] <-i *m*, -e *f*> *mf* shift worker

turno ['tur·no] *m* **1.** (*di lavoro*) shift; **essere di ~** to be on duty; **~ di notte** night shift; **medico di ~** duty doctor; **farmacia di ~** late-night drugstore **2.** (*volta*) turn; **aspettare il proprio ~** to wait one's turn; **fare a ~** to take turns **3.** SPORT round

turpe ['tur·pe] *agg* (*infame*) vile

tuta ['tu:·ta] *f* jumpsuit; **~ (da ginnastica)** sweatsuit; **~ da lavoro** coveralls

tutela [tu·'tɛ:·la] *f* **1.** (*difesa*) protection; **~ dell'ambiente** protection of the environment **2.** GIUR (*di minore*) guardianship

tutelare[1] [tu·te·'la:·re] *agg* (*misura*) protective

tutelare[2] **I.** *vt* to protect **II.** *vr:* **-rsi** to protect oneself

tutore, -trice [tu·'to:·re] *m, f* **1.** (*protettore*) protector **2.** GIUR guardian

tutrice *f v.* **tutore**

tuttavia [tut·ta·'vi:·a] *cong* but

tutto ['tut·to] *m* the (whole) shebang; **preferisco pagare il ~ ora** I'd rather pay the whole deal now

tutto, -a **I.** *agg* **1.** (*intero*) whole; **~ il denaro** all the money; **~ il giorno** the whole day (long); **a -a velocità** at top speed **2.** (*la totalità di*) all; **-a la mia famiglia** all my family; **-i e due** both **3.** (*qualsiasi*) **in -i i modi** whatever happens; **in -i i casi** in any case; **a -i i costi** at all costs; **-e le volte che** every time **4.** (*rafforzativo*) **era ~ contento** he was all happy **II.** *pron* **1.** (*ogni cosa*) everything; **prima di ~** first of all **2.** (*la totalità*) everyone; **-i risero** everyone laughed **III.** *avv* quite; **del ~** completely; **tutt'al più** at (the) most; **tutt'altro** on the contrary

tuttofare [tut·to·'fa:·re] **I.** <inv> *agg* **donna ~** maid **II.** <-> *mf* (*domestico*) handyman *m*, maid *f*

tuttora [tut·'to:·ra] *avv* still

U

U, u [u] *f* U, u; ~ **come Udine** U for Uncle; **inversione a U** U-turn
ubbidiente [ub·bi·'diɛn·te] *agg* obedient
ubbidire [ub·bi·'diː·re] *ubbidisco vi* to obey; ~ **a qu/qc** to obey sb/sth
ubriacarsi [u·bri·a·'kaː·rsi] *vr* to get drunk
ubriacatura [u·bri·a·ka·'tuː·ra] *f* drinking binge
ubriaco, -a [u·bri·'aː·ko] *-chi, -che* **I.** *agg* drunk; ~ **fradicio** *fam* plastered **II.** *m, f* drunk
ubriacone, -a [u·bri·a·'koː·ne] *m, f* drunk
uccello [ut·'tʃɛl·lo] *m* **1.** ZOO bird; **fare l'~ del malaugurio** *fig* to be a prophet of doom **2.** *vulg* (*pene*) dick
uccidere [ut·'tʃiː·de·re] *uccido, uccisi, ucciso* **I.** *vt a. fig* to kill **II.** *vr:* **-rsi** **1.** (*suicidarsi*) to kill oneself **2.** (*vicendevolmente*) to kill each other
uccisi [ut·'tʃiː·zi] *1. pers sing pass rem di* **uccidere**
uccisione [ut·tʃi·'zioː·ne] *f* killing
ucciso [ut·'tʃiː·zo] *pp di* **uccidere**
udienza [u·'diɛn·tsa] *f* GIUR hearing
Udine *f* Udine *city in northeastern Italy*
udinese [u·di·'neː·se] **I.** *agg* from Udine **II.** *mf* (*abitante*) person from Udine
udire [u·'diː·re] *odo, udii, udito vt* **1.** (*sentire*) to hear **2.** (*ascoltare*) to listen to
udito [u·'diː·to] *m* hearing
UE *f* EU *abbr di* **Unione Europea**
ufficiale [uf·fi·'tʃaː·le] **I.** *agg* official **II.** *m* **1.** ADM official; **pubblico** ~ public official **2.** MIL officer
ufficializzare [uf·fi·tʃa·lid·'dzaː·re] *vt* ~ **qc** to make sth official
ufficio [uf·'fiː·tʃo] *-ci m* **1.** (*gen*) office; ~ **postale** post office **2.** (*reparto*) department; ~ **informazioni** information office; ~ **personale** personnel department
ufficioso, -a [uf·fi·'tʃoː·so] *agg* unofficial
U.F.O. ['uː·fo] *m* UFO
uguaglianza [u·guaʎ·'ʎan·tsa] *f* **1.** (*coincidenza*) similarity **2.** MATH, GIUR equality
uguagliare [u·guaʎ·'ʎaː·re] *vt* (*gener*) to equal; ~ **qu in qc** to equal sb in sth
uguale [u·'guaː·le] *agg* **1.** (*identico*) identical; **per me è** ~ it's all the same to me **2.** MATH equal **3.** (*uniforme: tono*) even
ugualmente [u·gual·'men·te] *avv* all the same
UIL [uil] *f Italian labor union abbr di* **Unione Italiana del Lavoro**
ulcera ['ul·tʃe·ra] *f* ulcer
ulivista [u·li·'vis·ta] *-i,-e* **I.** *agg* (*partito, politica*) Olive Tree **II.** *mf* POL Olive Tree supporter
ulivo [u·'liː·vo] *m v.* **olivo**
Ulivo [u·'liː·vo] *m* POL *Olive Tree, center-left Italian political party*
ulteriore [ul·te·'rioː·re] *agg* further
ultima ['ul·ti·ma] *f fam* (*novità*) latest; **vuoi sapere l'~?** do you want to know the latest?
ultimare [ul·ti·'maː·re] *vt* to complete
ultimatum [ul·ti·'maː·tum] *m* ultimatum
ultimo, -a ['ul·ti·mo] **I.** *agg* **1.** (*gener*) last; **all'~ momento** at the last moment **2.** (*recente*) latest **3.** (*estremo*) utmost **II.** *m, f* last; **l'~ del mese** the last day of the month; **all'~** in the end; **fino all'~** to the last; **in** ~ finally; **per** ~ lastly
ultracentenario, -a [ult·ra·tʃen·te·'naː·rio] *agg* more than a hundred years old
ultraleggero [ult·ra·led·'dʒɛː·ro] *m* (*aereo*) ultralight
ultrapiatto, -a [ult·ra·'piat·to] *agg* (*cellulare, microfono, tastiera*) ultrathin; **schermo** ~ flat screen
ultrasuono [ult·ra·'suɔː·no] *m* ultrasound
ultraterreno, -a [ult·ra·ter·'reː·no] *agg* (*visioni*) of another world; **vita -a** afterlife
ultravioletto, -a [ult·ra·vio·'let·to] *agg* (*raggi*) ultraviolet
ululare [u·lu·'laː·re] *vi* (*lupo, vento*) to howl
umanamente [u·ma·na·'men·te] *avv* **1.** (*dell'uomo*) humanly; **è ~ impossibile** it's not humanly possible **2.** *fig* (*con umanità*) humanely
umanesimo [u·ma·'neː·zi·mo] *m* humanism
umanistico, -a [u·ma·'nis·ti·ko] *agg -ci,*

-che **1.** (*dell'umanesimo*) humanistic **2.** (*materie, facoltà*) arts
umanità [u·ma·ni·'ta] *f* **1.** (*natura umana, genere umano*) humanity **2.** (*sentimento*) humaneness
umanitario, -a [u·ma·ni·'taː·rio] *-i, -ie agg* (*attività, associazione*) humanitarian; **aiuti -i** humanitarian aid
umano, -a *agg* **1.** (*dell'uomo*) human **2.** *fig* (*buono*) kind
Umbria ['um·bria] *f* Umbria
umidificare [u·mi·di·fi·'kaː·re] *vt* (*aria, ambiente*) to humidify
umidificatore [u·mi·di·fi·ka·'toː·re] *m* humidifier
umidità [u·mi·di·'ta] *f* **1.** (*nell'aria*) humidity **2.** (*bagnato*) damp
umido ['uː·mi·do] *m* **1.** (*umidità*) damp **2.** CULIN **coniglio in ~** rabbit stew
umido, -a *agg* **1.** (*clima*) humid **2.** (*bagnato: biancheria*) damp
umile ['uː·mi·le] *agg* humble
umiliare [u·mi·'liaː·re] **I.** *vt* (*offendere*) to humiliate **II.** *vr:* **-rsi** (*abbassarsi*) to humiliate oneself
umiliazione [u·mi·liat·'tsioː·ne] *f* (*offesa*) humiliation
umiltà [u·mil·'ta] *f* (*modestia*) humility
umore [u·'moː·re] *m* **1.** BIOL, BOT (*liquido*) humor **2.** (*indole*) temperament **3.** (*disposizione d'animo*) mood; **essere di buon ~** to be in a good mood; **essere di ~ nero** to be in a black mood
umorismo [u·mo·'riz·mo] *m* humor; **non avere il senso dell'~** to have no sense of humor
un' [un] *art f davanti a vocale* a, an *v.* **un, una**
un(**una**) [un, 'uː·na] *art m, f* a, an
una[1] ['uː·na] *art v.* **un, uno**
una[2] *f* **1.** (*temporale*) one (o'clock); **è l'~** it's one (o'clock) **2.** (*loc*) **non me ne va bene ~** nothing ever goes right for me; **me n'è capitata ~** something happened to me
unanime [u·'naː·ni·me] *agg* **1.** (*assemblea*) whole **2.** (*decisione*) unanimous
unanimità [u·na·ni·mi·'ta] *f* unanimity; **all'~** unanimously
una tantum ['uː·na 'tan·tum] <inv> *agg* one-time
uncinetto [un·tʃi·'net·to] *m* crochet
uncino [un·'tʃiː·no] *m* hook
undicenne [un·di·'tʃɛn·ne] **I.** *agg* (*ragazzi*) eleven-year-old **II.** *mf* eleven year old
undicesimo [un·di·'tʃɛː·zi·mo] *m* (*frazione*) eleventh
undicesimo, -a *agg, m, f* eleventh; *v. a.* **quinto**
undici ['un·di·tʃi] **I.** *num* eleven **II.** <-> *m* **1.** (*numero*) eleven **2.** (*nelle date*) eleventh **III.** *fpl* eleven (o'clock); **le ~** (**di mattina/sera**) 11 (a.m./p.m.); *v. a.* **cinque**
ungere ['un·dʒe·re] *ungo, unsi, unto* **I.** *vt* **1.** (*ingranaggio, motore, teglia*) to grease; (*con creme, pomate: corpo*) to oil **2.** (*sporcare*) to get grease on **II.** *vr:* **-rsi** **1.** (*spalmarsi d'unto*) to oil oneself **2.** (*sporcarsi d'unto*) to get grease on oneself
ungherese [uŋ·ge·'reː·se] *agg, mf* Hungarian
Ungheria [uŋ·ge·'riː·a] *f* Hungary
unghia ['uŋ·gia] <-ghie> *f* **1.** ANAT nail; **mangiarsi le -ghie** to bite one's nails **2.** ZOO (*di uccello, gatto*) claw; **tirar fuori le -ghie** *fig* to show one's claws
unguento [uŋ·'guɛn·to] *m* ointment
unicità [u·ni·tʃi·'ta] <-> *f* uniqueness
unico, -a ['uː·ni·ko] <-ci, -che> **I.** *agg* unique; **essere ~ nel suo genere** to be one of a kind; **figlio ~** only child **II.** *m, f* only one
unifamiliare [u·ni·fa·mi·'liaː·re] *agg* (*casa, villetta*) single-family
unificare [u·ni·fi·'kaː·re] *vt* **1.** (*ridurre a unità*) to unify **2.** (*standardizzare*) to standardize
unificazione [u·ni·fi·kat·'tsioː·ne] *f* **1.** (*atto dell'unificare*) unification **2.** (*standardizzazione*) standardization
uniformare [u·ni·for·'maː·re] **I.** *vt* **1.** (*unificare*) to homogenize **2.** (*adeguare*) **~ qc a qc** to make sth conform to sth **II.** *vr* **-rsi a qc** to conform to sth
uniforme [u·ni·'for·me] **I.** *agg* **1.** (*uguale: superficie*) even; (*colore*) uniform **2.** *fig* (*monotono: voce*) monotonous **II.** *f* uniform
unilaterale [u·ni·la·te·'raː·le] *agg* **1.** GIUR,

U

POL (*accordo, tregua*) unilateral **2.** *fig, pej* (*visione, idea*) one-sided

uninominale [u·ni·no·mi·'na:·le] *agg* (*collegio*) single-member; (*votazione*) single-candidate; **sistema** ~ single-candidate system

unione [u·'nio:·ne] *f* **1.** (*gener*) union; **Unione delle Repubbliche Socialiste Sovietiche** Union of Soviet Socialist Republics; **Unione europea** European Union **2.** *fig* (*concordia*) unity

unire [u·'ni:·re] <unisco> **I.** *vt* **1.** (*collegare: fili, cavi, tessuti*) to join **2.** (*aggiungere*) to add **3.** (*allegare*) to enclose **4.** (*persone*) to unite; ~ **in matrimonio** to join in matrimony **II.** *vr:* **-rsi** **1.** (*legarsi*) to be united; **-rsi in matrimonio** to be joined in matrimony **2.** (*associarsi*) to join together **3.** (*accompagnarsi*) **-rsi a qu** to join sb

unisono [u·'ni:·so·no] *m* **all'~** *a. fig* MUS in unison

unità [u·ni·'ta] <-> *f* **1.** (*gener*) unit; ~ **centrale** COMPUT central processing unit **2.** (*unione, concordia*) unity

unitario, -a [u·ni·'ta:·rio] <-i, -ie> *agg* **1.** (*congiunto: sforzo*) united; (*sindacato*) amalgamated **2.** (*per singolo pezzo*) **costo/prezzo** ~ cost/price per unit

unito, -a [u·'ni:·to] *agg* **1.** (*congiunto*) united; **Stati Uniti d'America** United States of America; **Nazioni Unite** United Nations **2.** (*affiatato*) close; **una famiglia molto -a** a very close family **3.** (*uniforme*) plain; **in tinta -a** self-colored

universale [u·ni·ver·'sa:·le] *agg* **1.** (*gener*) universal; **diluvio** ~ Great Flood **2.** (*totale*) sole; **erede** ~ sole heir **3.** (*generale*) general; **suffragio** ~ universal suffrage

università [u·ni·ver·si·'ta] <-> *f* university

universitario, -a [u·ni·ver·si·'ta:·rio] <-i, -ie> *agg* university

universo [u·ni·'vɛr·so] *m* **1.** ASTR universe **2.** *fig* (*mondo*) world

univoco, -a [u·'ni:·vo·ko] <-ci, -che> *agg* (*affermazione, discorso*) unambiguous

uno ['u:·no] **I.** *num* one **II.** <-> *m* **1.** (*numero*) one **2.** (*voto scolastico*) fail; *v. a.* **cinque**

uno, una **I.** *art m davanti a s impura, gn, pn, ps, x, z; f davanti a consonante* a, an **II.** *pron* **1.** (*cosa*) one; ~ **e mezzo** one and a half; ~ **solo** just one **2.** (*persona*) someone; **a ~ a ~** one by one; ~ **per volta** one at a time; **si aiutano l'un l'altro** they help each other **3.** (*impersonale*) you; **se ~ ci crede** if you believe in it

unsi ['un·si] *1. pers sing pass rem di* **ungere**

unto ['un·to] *m* grease

unto, -a **I.** *pp di* **ungere** **II.** *agg* greasy

uomo ['uɔ:·mo] <uomini> *m* **1.** (*essere umano*) person **2.** (*di sesso maschile*) man; ~ **d'affari** businessman; ~ **di mondo** man of the world; **l'~ della strada** the man on the street; **abito da** ~ man's suit

uovo ['uɔ:·vo] <*pl:* -a *f*> *m* egg; **bianco d'~** egg white; **rosso d'~** egg yolk; **pasta all'~** egg pasta; ~ **à la coque** (soft-)boiled egg; ~ **all'occhio di bue** eggs sunny-side up; ~ **al tegame** fried egg; ~ **sodo** (hard-)boiled egg; **-a affogate** poached eggs; **-a strapazzate** scrambled eggs

uragano [u·ra·'ga:·no] *m* hurricane

uranio [u·'ra:·nio] *m* uranium

urbanista [ur·ba·'nis·ta] <-i *m*, -e *f*> *mf* city planner

urbanistica [ur·ba·'nis·ti·ka] <-che> *f* city planning

urbanistico, -a [ur·ba·'nis·ti·ko] <-ci, -che> *agg* (*piano, progetto*) city; (*regolamento*) planning

urbanizzazione [ur·ba·nid·dzat·'tsio:·ne] *f* urbanization

urbano, -a [ur·'ba:·no] *agg* urban; **nettezza -a** department of sanitation; **linea -a** city bus route; **rete -a** city transportation network; **vigile** ~ municipal police officer

urgente [ur·'dʒɛn·te] *agg* (*caso, affare, messaggio*) urgent; (*lettera, pacco*) express

urgenza [ur·'dʒɛn·tsa] *f* **1.** (*fretta*) urgency; **non c'è** ~ there's no hurry **2.** (*emergenza*) emergency; **ricoverare qu d'~** to rush sb to the hospital

urina [u·ˈriː·na] *f v.* **orina**
urinare [u·ri·ˈnaː·re] *v.* **orinare**
urlare [ur·ˈlaː·re] **I.** *vi* **1.** (*persona, scimmia*) to scream **2.** (*parlare forte*) to shout **II.** *vt* (*dire a voce alta*) to shout
urlo[1] [ˈur·lo] <*pl:* -a *f*> *m* (*di dolore, spavento*) scream
urlo[2] *m* (*di animale*) cry
urna [ˈur·na] *f* **1.** (*per le votazioni*) ~ (**elettorale**) ballot box; **andare alle -e** to go to the polls **2.** (*recipiente*) ~ **cineraria** funeral urn
urologo, -a [u·ˈrɔː·lo·go] <-gi, -ghe> *m, f* urologist
urrà [ur·ˈra] *inter, m* hooray
URSS [urs] *f* USSR *abbr di* **Unione delle Repubbliche Socialiste Sovietiche**
urtare [ur·ˈtaː·re] **I.** *vt* **1.** (*andare contro a*) to knock against; (*con veicoli*) to hit **2.** *fig* (*irritare*) to annoy; ~ **i nervi di qu** to get on sb's nerves **II.** *vi* (*sbattere contro*) ~ **contro qc** to knock against sth; (*con veicolo*) to hit sth **III.** *vr:* **-rsi** (*scontrarsi*) to collide
urto [ˈur·to] *m* **1.** (*colpo, spinta*) shove; **resistente agli -i** shockproof **2.** (*scontro, collisione*) collision
U.S.A. [ˈuː·za] *mpl* USA; **negli** ~ in the USA
usa e getta [ˈu·za e ˈdʒet·ta] <inv> *agg* disposable
usanza [u·ˈzan·tsa] *f* custom
usare [u·ˈzaː·re] *vt avere* **1.** (*adoperare, impiegare*) to use **2.** (*vestiti*) to wear **3.** *avere* (*avere l'abitudine*) ~ **fare qc** to be in the habit of doing sth
usato [u·ˈzaː·to] *m* secondhand goods
usato, -a *agg* secondhand
uscii [uʃ·ˈʃiː·i] *1. pers sing pass rem di* **uscire**
uscire [uʃ·ˈʃiː·re] <esco, uscii, uscito> *vi essere* **1.** (*gener*) to come out; (*per svago*) to go out; (*da veicolo, carcere, ospedale*) to get out **2.** *fig* (*da situazione*) to emerge; ~ **un da partito** to leave a party **3.** (*loc*) **mi è uscito di mente** it slipped my mind; ~ **di strada** to go off the road; ~ **di bocca a qu** to come out of sb's mouth
uscita [uʃ·ˈʃiː·ta] *f* **1.** (*movimento*) leaving **2.** (*apertura, di autostrada*) exit; ~ **di sicurezza** emergency exit; **senza via d'~** *fig* with no way out **3.** (*in aeroporto*) gate **4.** (*di pubblicazioni*) publication; (*di film*) release **5.** MIL **essere in libera ~** to be off duty
uscito [uʃ·ˈʃiː·to] *pp di* **uscire**
usignolo [u·ziɲ·ˈɲɔː·lo] *m* nightingale
uso [ˈuː·zo] *m* **1.** (*gener*) use; **istruzioni per l'~** instructions for use; **fuori** ~ out of order **2.** (*usanza*) custom; **-i e costumi** customs and traditions
ustionare [us·tio·ˈnaː·re] **I.** *vt* to burn **II.** *vr:* **-rsi** to burn oneself
ustione [us·ˈtioː·ne] *f* burn
usuale [u·zu·ˈaː·le] *agg* habitual
usufruire [u·zu·fru·ˈiː·re] <usufruisco> *vi* ~ **di qc** to benefit from sth
usura [u·ˈzuː·ra] *f* **1.** (*strozzinaggio*) usury **2.** TEC wear
usuraio, -a [u·zu·ˈraː·io] <-ai, -aie> *m, f* usurer
usurpazione [u·zur·pat·ˈtsioː·ne] *f* usurpation
utensile [u·ten·ˈsiː·le] **I.** *agg* **macchina** ~ machine tool **II.** *m* tool; **-i da cucina** kitchen utensils
utente [u·ˈtɛn·te] *mf* user; ~ **finale** end user
utero [ˈuː·te·ro] *m* uterus
utile [ˈuː·ti·le] **I.** *agg* **1.** (*che è di aiuto*) useful; **rendersi** ~ to make oneself useful; (*in formule di cortesia*) **se posso essere ~ in qc ...** if I can be of help in sth ... **2.** (*vantaggioso*) handy **II.** *m* **1.** (*ciò che serve*) usefulness **2.** (*vantaggio*) benefit **3.** FIN profit
utilità [u·ti·li·ˈta] <-> *f* **1.** (*funzionalità*) usefulness **2.** (*vantaggio*) benefit
utilitaria [u·ti·li·ˈtaː·ria] *f* compact
utilitaristico, -a [u·ti·li·ta·ˈris·ti·ko] <-ci, -che> *agg pej* utilitarian
utilizzabile [u·ti·lid·ˈdzaː·bi·le] *agg* usable
utilizzare [u·ti·lid·ˈdzaː·re] *vt* to use
utilizzo [u·ti·ˈlid·dzo] *m* use
utopia [u·to·ˈpiː·a] <-ie> *f* utopia
utopico, -a [u·ˈtɔː·pi·ko] <-ci, -che> *agg* utopian
uva [ˈuː·va] *f* grapes *pl;* ~ **passa** raisins *pl;* ~ **da tavola** dessert grapes *pl*
uvetta [u·ˈvet·ta] *f* raisins *pl*

V

V, v [vu] <-> *f* V; ~ **come Venezia** V for Victor; ~ **doppia** double U; **scollo** [*o* **scollatura**] **a** ~ V-neck

va [va] *3. pers sing pr di* **andare**[1]

vacante [va·ˈkan·te] *agg* (*posto, sede*) vacant

vacanza [va·ˈkan·tsa] *f* (*ferie*) vacation; **essere in** ~ to be on vacation; **andare in** ~ to go on vacation; **-e estive** summer vacation

vacca [ˈvak·ka] <-cche> *f* (*mucca*) cow

vaccinare [vat·tʃi·ˈnaː·re] **I.** *vt* (*immunizzare*) to vaccinate **II.** *vr* **-rsi contro qc** to get vaccinated against sth

vaccinazione [vat·tʃi·nat·ˈtsioː·ne] *f* vaccination

vaccino [vat·ˈtʃiː·no] *m* vaccine

vacillare [va·tʃil·ˈlaː·re] *vi* **1.** (*persona*) to stagger **2.** (*cosa*) to wobble; (*fiamma*) to flicker

vado [ˈvaː·do] *1. pers sing pr di* **andare**[1]

va e vieni [ˈva e ˈviɛː·ni] <-> *m* (*movimento*) coming and going

vaffanculo [vaf·fan·ˈkuː·lo] *inter vulg* fuck off!

vagabondo, -a [va·ga·ˈbon·do] *m, f* (*persona senza fissa dimora*) vagrant, bum *inf*

vagare [va·ˈgaː·re] *vi a. fig* to wander

vagheggiare [va·ged·ˈdʒaː·re] *vt* (*successo, vittoria*) to long for

vagina [va·ˈdʒiː·na] *f* vagina

vaglia [ˈvaʎ·ʎa] <-> *m* money order; ~ **bancario** bank draft; ~ **postale** money order

vagliare [vaʎ·ˈʎaː·re] *vt* (*proposta, problema*) to examine

vaglio [ˈvaʎ·ʎo] <-gli> *m fig* (*di proposta, tesi*) examination; **passare** [*o* **sottoporre**] **qc al** ~ to examine sth

vago, -a <-ghi, -ghe> *agg* (*somiglianza, ricordo*) vague

vagone [va·ˈgoː·ne] *m* car; ~ **letto** sleeping car; ~ **ristorante** dining car

vai [ˈvaː·i] *2. pers sing pr di* **andare**[1]

valanga [va·ˈlaŋ·ga] <-ghe> *f* **1.** (*di neve, ghiaccio*) avalanche **2.** *fig* (*quantità enorme*) flood

Val d'Aosta [val·da·ˈɔs·ta] *f* (**la**) ~ Val d'Aosta

valdostano, -a [val·dos·ˈtaː·no] **I.** *agg* (*della Val d'Aosta*) from the Val d'Aosta **II.** *m, f* (*abitante*) person from the Val d'Aosta

valere [va·ˈleː·re] <valgo, valsi, valso> **I.** *vi essere* **1.** (*avere potere, influenza*) **non ~ nulla** to count for nothing; ~ **molto** to be worth a lot **2.** (*essere capace*) to be good; ~ **poco** not to be very good; **farsi** ~ to show what one is worth **3.** (*avere efficacia: legge*) to be valid; (*norma*) to apply **4.** (*essere valido*) to be valid; **non vale!** *inf* that doesn't count! **5.** (*costare*) to be worth; ~ **un tesoro** [*o* **un occhio della testa**] to be priceless; **non ~ un fico** (**secco**) [*o* **una lira**] [*o* **una cicca**] *fam* not to be worth a fig **6.** (*essere uguale a*) to be the same as; **uno vale l'altro** they're both the same; **tanto vale** [*o* **varrebbe**] *+inf* it's all the same; **tanto vale che …** I [*o* you] [*o* he] etc. might as well …; (**non**) ~ **la pena** (not) to be worth the effort; **vale a dire** (*cioé, ovvero*) that is **II.** *vr* (*servirsi*) **-rsi di qc** to make use of sth

valevole [va·ˈleː·vo·le] *agg* (*biglietto*) valid; **partita** ~ SPORT deciding game

valgo [ˈval·go] *1. pers sing pr di* **valere**

valicare [va·li·ˈkaː·re] *vt* (*confine, frontiera*) to cross

valico [ˈvaː·li·ko] <-chi> *m* **1.** (*passo*) pass; ~ **di frontiera** border crossing **2.** (*attraversamento*) crossing

validità [va·li·di·ˈta] <-> *f* validity

valido, -a [ˈvaː·li·do] *agg* **1.** (*persona*) fit **2.** (*prodotto*) good **3.** (*aiuto, contributo*) effective **4.** (*argomento, matrimonio, documento*) valid **5.** (*opera, scrittore, avvocato*) well-regarded

valigia [va·ˈliː·dʒa] <-gie *o* -ge> *f* suitcase; **fare** [*o* **preparare**] **la** ~ to pack (one's suitcase); **disfare la** ~ to unpack (one's suitcase); ~ **ventiquattr'ore** overnight bag; **fare le -gie** *fig* to pack one's bags

vallata [val·ˈlaː·ta] *f* valley

valle [ˈval·le] *f* valley; **a** ~ (*di monte*) downhill; (*di fiume*) downstream

Valle d'Aosta [val·le·da·'ɔs·ta] *f v.* **Val d'Aosta**

valore [va·'loː·re] *m* **1.** (*gener*) value; **aumentare di** ~ to gain value; **diminuire di** ~ to lose value; ~ **aggiunto** added value; **imposta sul** ~ **aggiunto** value-added tax; **-i umani** human values **2.** (*validità*) validity; **avere ~ legale** to be legally valid **3.** (*capacità*) worth **4.** (*coraggio*) bravery **5.** FIN (*moneta, titolo, obbligazione*) security; **borsa -i** stock exchange; **-i mobiliari** stocks and shares **6.** *pl* (*gioielli, oggetti preziosi*) valuables *pl*

valorizzare [va·lo·rid·'dzaː·re] *vt* **1.** (*gener*) to value **2.** (*abiti, trucco*) to flatter

valorizzazione [va·lo·rid·dzat·'tsioː·ne] *f* **1.** (*di valore, pregio*) increase **2.** (*di qualità, merito*) appreciation

valoroso, -a [va·lo·'roː·so] *agg* brave

valsi ['val·si] *1. pers sing pass rem di* **valere**

valso ['val·so] *pp di* **valere**

valuta [va·'luː·ta] *f* ECON (*moneta*) currency; ~ **estera** foreign currency

valutare [va·lu·'taː·re] *vt* **1.** *a. fig* (*gener*) to value; **la casa è valutata 350.000 euro** the house has been valued at 350,000 euros **2.** (*calcolare*) to estimate **3.** (*conseguenze*) to evaluate **4.** (*a scuola, nei concorsi*) to mark

valutazione [va·lu·tat·'tsioː·ne] *f* **1.** COM (*stima*) valuation **2.** (*apprezzamento*) appreciation **3.** (*giudizio, verifica*) assessment

valva ['val·va] *f* BOT, ZOO valve

valvola ['val·vo·la] *f a. fig* EL, TEC, MED valve; ~ **cardiaca** heart valve; ~ **di sicurezza** safety valve

valzer ['val·tser] <-> *m* (*danza, musica*) waltz

vampata [vam·'paː·ta] *f* **1.** (*di fuoco, calore*) blast **2.** (*sensazione di calore*) flush

vampiro [vam·'piː·ro] *m* vampire

vandalismo [van·da·'liz·mo] *m* vandalism

vandalo ['van·da·lo] *m* (*teppista*) vandal

vaneggiare [va·ned·'dʒaː·re] *vi* **1.** (*delirare*) to be delirious **2.** (*dire o pensare cose assurde*) to babble

vanga ['vaŋ·ga] <-ghe> *f* spade

vangare [vaŋ·'gaː·re] *vt* (*campo, orto, terreno*) to dig (over)

Vangelo [van·'dʒɛː·lo] *m* **1.** REL Gospel **2.** (*libro*) New Testament; **giurare sul** ~ to swear on the Bible

vaniglia [va·'niʎ·ʎa] <-glie> *f* (*pianta, essenza*) vanilla; **gelato alla** ~ vanilla ice-cream

vanità [va·ni·'ta] <-> *f* **1.** (*di persona*) vanity **2.** (*di sforzo, speranza*) futility **3.** (*di successo, bellezza*) worthlessness

vanitoso, -a [va·ni·'toː·so] *agg* **1.** (*persona*) vain **2.** (*comportamento, atteggiamento*) conceited

vanno ['van·no] *3. pers pl pr di* **andare**[1]

vano ['vaː·no] *m* **1.** (*di finestra*) opening; (*di scala*) (stair)well; (*di ascensore*) shaft **2.** (*stanza*) room **3.** (*scomparto*) compartment

vano, -a *agg* **1.** (*speranza, illusione*) vain **2.** (*bellezza, ricchezze*) transient **3.** (*tentativo, sforzo*) pointless; **rendere ~ qc** to frustrate sth **4.** (*frivolo, sciocco*) vain

vantaggio [van·'tad·dʒo] <-ggi> *m* **1.** (*privilegio*) advantage; **a ~ di qu/qc** to sb's/sth's advantage **2.** (*giovamento, convenienza*) benefit **3.** (*distacco*) *a.* SPORT lead

vantaggioso, -a [van·tad·'dʒoː·so] *agg* (*condizione, offerta, accordo*) favorable; (*posizione*) advantageous

vantare [van·'taː·re] **I.** *vt* **1.** (*lodare*) to praise; ~ **i propri meriti** to sing one's own praises **2.** (*affermare di possedere*) to boast; ~ **diritti su qc** to lay claim to sth **II.** *vr* **-rsi di qc** to boast about sth; **non** (**faccio**) **per vantarmi** I don't want to brag

vanto ['van·to] *m* **1.** (*il vantare, vantarsi*) boasting; **farsi ~ di qc** to boast about sth **2.** (*motivo di orgoglio*) pride **3.** (*merito*) merit

vanvera ['van·ve·ra] *avv* (*a caso*) **a** ~ haphazardly; **parlare a** ~ to talk nonsense

vapore [va·'poː·re] *m* **1.** PHYS vapor **2.** (*di acqua*) ~ (**acqueo**) steam; **cuocere al** ~ to steam; **a** ~ (*locomotiva, macchina,* *turbina*) steam-powered **3.** *pl* (*nebbia, fumo, esalazione*) vapors *pl*

vaporetto [va·po·'ret·to] *m* steamboat

vaporizzare [va·po·rid·'dza:·re] **I.** *vt* **1.** (*liquido*) to vaporize **2.** (*insetticida, profumo*) to spray **II.** *vi essere* to evaporate

vaporizzatore [va·po·rid·dza·'to:·re] *m* **1.** (*di profumo*) atomizer **2.** (*per aerosol*) vaporizer

vaporoso, -a [va·po·'ro:·so] *agg* (*leggero*) gauzy

varare [va·'ra:·re] *vt* **1.** NAUT to launch **2.** GIUR (*legge, decreto*) to issue

varcare [var·'ka:·re] *vt* **1.** (*fiume, confine, soglia*) to cross **2.** *fig* (*limite*) to overstep; (*età*) to pass

varco ['var·ko] <-chi> *m* opening; **aprirsi un ~ tra la folla** to make one's way through the crowd

varec(c)hina [va·re·'ki:·na (va·rek·'ki:·na)] *f* bleach

Varese *f* Varese *city in north east Italy*

varesino, -a **I.** *agg* (*di Varese*) from Varese **II.** *m, f* (*abitante*) person from Varese

variabile [va·'ria:·bi·le] **I.** *agg* **1.** (*tempo, umore*) changeable **2.** *a.* MAT (*quantità, valore, prezzo*) variable **II.** *f* variable; **~ indipendente** ECON independent variable

variante [va·'rian·te] *f* **1.** (*alternativa*) variant **2.** (*modifica*) change **3.** LING (*forma diversa*) variant **4.** (*strada alternativa*) bypass

variare [va·'ria:·re] **I.** *vt* (*modifica*) **1.** (*data, programma*) to change **2.** (*alimentazione*) to vary **II.** *vi essere* (*subire cambiamenti*) to vary

variazione [va·riat·'tsio:·ne] *f* **1.** (*modificazione: di dato, umore*) change; (*di clima, temperatura*) fluctuation **2.** (*di colori, toni*) variety **3.** MUS variation; **~ sul tema** *a. fig* variation on a theme

varicella [va·ri·'tʃɛl·la] *f* chickenpox

varicoso, -a [va·ri·'ko:·so] *agg* varicose; **vena -a** varicose vein

varietà [va·rie·'ta] <-> **I.** *f* **1.** (*gener*) variety **2.** (*diversità: di prodotti*) diversity; (*di opinioni, gusti, idee*) range **II.** *m* **1.** THEAT vaudeville **2.** (*luogo*) music hall **3.** TV variety show

vario, -a ['va:·rio] <-i, -ie> *agg* **1.** (*alimentazione, paesaggio*) varied **2.** (*tempo, umore*) changeable **3.** (*diverso*) various; **autori -i** various artists **4.** *pl* (*numerosi*) several

variopinto, -a [va·rio·'pin·to] *agg* multicolored

varo ['va:·ro] *m* **1.** (*di nave, progetto, iniziativa*) launch **2.** GIUR (*di legge*) passing

varrò [var·'rɔ] *1. pers sing futuro di* **valere**

Varsavia [var·'sa:·via] *f* Warsaw

vasca ['vas·ka] <-sche> *f* **1.** (*recipiente*) basin; **~ da bagno** bathtub **2.** SPORT (*piscina*) pool; **fare una ~** (*nuotare*) to swim a length

vasellame [va·zel·'la:·me] *m* (*di ceramica, porcellana*) crockery; (*di vetro*) glassware; (*d'argento*) silverware

vaso ['va:·zo] *m* **1.** (*recipiente*) vase; (*per piante*) flower pot **2.** (*per alimenti*) jar; **~ da conserva** jam jar **3.** (*di gabinetto*) bowl **4.** ANAT, PHYS vessel

vassoio [vas·'so:·io] <-oi> *m* tray

vasto, -a ['vas·to] *agg* **1.** (*territorio*) vast **2.** *fig* (*cultura, esperienza, argomento*) deep **3.** (*loc*) **di -a portata** (*fenomeno, conseguenze, rivolgimento*) far-reaching; **di -e proporzioni** (*incendio, rivolta, riforma*) widespread; **su -a scala** (*commercio, produzione, esperimento*) large-scale

vaticano, -a [va·ti·'ka:·no] *agg, m, f* Vatican

ve [ve] *pron* (*before lo, la, li, le, ne*) *v.* **vi**

vecchiaia [vek·'kia:·ia] <-aie> *f* (*età*) old age

vecchio ['vɛk·kio] *m* <-> **1.** (*sapore, odore*) **sapere di ~** (*cibo*) to taste stale; (*abito*) to smell musty **2.** (*cosa datata*) **il ~ e il nuovo** the old and the new

vecchio, -a <-cchi, -cchie> **I.** *agg* **1.** (*gener*) old; **essere più ~ di qu** to be older than sb; **essere meno ~ di qu** not to be as old as sb **2.** (*superato*) outdated; (*mentalità, moda, sistema*) old-fashioned **3.** (*stagionato, invecchiato: alimenti*) mature; (*legna*) seasoned **4.** (*loc*) **una -cchia conoscenza** an old acquaintance; **essere ~ del mestiere** to be an old hand; **-cchia guardia** old guard **II.** *m, f* **1.** (*persona anziana*) old person **2.** (*genitore, antenato*) **il mio ~** my old man; **i miei -cchi** *inf* my folks

vece ['ve:·tʃe] *f* (*funzione, ufficio, mansione*) **fare le -i di qu** to act for sb

vedere [ve·'de:·re] <vedo, vidi, visto *o* veduto> **I.** *vt* **1.** (*gener*) to see; **~ con i propri occhi** to see with one's own eyes; (**guarda**) **chi si vede!** *inf* look who it is!; **non farsi ~** not to appear; **farsi ~ dal medico** to see the doctor; **si vede che** it's clear that; **vediamo** (**un po'**) let's see; **~ di ...** *+inf* (*badare*) to take care to ...; **vedi** (*nell'editoria*) see **2.** (*visitare: museo, mostra*) to visit **3.** (*esaminare: giornale, questione*) to look at **4.** (*loc*) **avere a che ~ con qc/qu** (*essere in rapporto con*) to have something to do with sth/sb; **chi s'è visto s'è visto** and that's that; **non ~ l'ora di ...** *+inf fig* (*desiderare*) not to be able to wait until ...; **stiamo** [*o* **staremo**] **a ~!** let's wait and see!; **vedrò** [*o* **vedremo**] well **II.** *vr:* **-rsi** **1.** (*vedere se stessi*) to see oneself **2.** (*incontrarsi, frequentarsi*) to see (one another); **con Maria mi vedo spesso** I see a lot of Maria; **ci vediamo domani** see you tomorrow **3.** (*riconoscersi*) to see oneself **4.** (*trovarsi in una situazione*) to be

vedovo, -a ['ve:·do·vo] **I.** *m, f* (*uomo*) widower; (*donna*) widow **II.** *agg* **rimanere ~** to be widowed

veduta [ve·'du:·ta] *f* **1.** (*panorama, immagine*) view; **~ aerea** aerial view **2.** *pl fig* (*mentalità, idee*) views *pl*

vegetale [ve·dʒe·'ta:·le] **I.** *agg* **1.** (*delle piante*) plant; **vita ~** plant life **2.** (*ricavato da piante*) vegetable; **olio ~** vegetable oil **II.** *m* (*pianta*) vegetable

vegetare [ve·dʒe·'ta:·re] *vi* **1.** (*pianta*) to grow **2.** (*persona*) to vegetate

vegetariano, -a [ve·dʒe·ta·'ria:·no] *agg, m, f* vegetarian

vegetazione [ve·dʒe·tat·'tsio:·ne] *f* vegetation

vegeto, -a ['vɛ:·dʒe·to] *agg* **1.** (*persona*) healthy; **vivo e ~** alive and well **2.** (*pianta*) flourishing

veggente [ved·'dʒɛn·te] *mf* fortuneteller

veglia ['veʎ·ʎa] <-glie> *f* **1.** (*essere sveglio*) waking; **tra la ~ e il sonno** between sleep and waking **2.** (*periodo*) wakeful night; **fare la ~ a qu** to sit by sb's bedside; **~ funebre** wake

vegliare [veʎ·'ʎa:·re] **I.** *vt* (*malato, morto*) to keep vigil for **II.** *vi* **1.** (*restare sveglio*) to keep vigil **2.** *fig* (*stare attenti*) to keep a watch

veglione [veʎ·'ʎo:·ne] *m* (*festa da ballo*) **~ di Capodanno** [*o* **di San Silvestro**] New Year's Eve ball

veicolo [ve·'i:·ko·lo] *m* **1.** (*mezzo di trasporto*) vehicle **2.** *fig* (*di idee, atteggiamenti*) medium **3.** MED (*di malattie*) vector

vela ['ve:·la] *f* **1.** NAUT (*tela*) sail; **barca a ~** sailboat; **andare a ~** to sail **2.** SPORT sailing

velare [ve·'la:·re] **I.** *vt* **1.** (*capo, viso*) to cover; (*quadro, statua*) to veil; (*luce, lampada*) to shade **2.** (*nuvole, nebbia*) to hide **3.** *fig* (*realtà, verità*) to obscure **II.** *vr:* **-rsi** **1.** (*con velo*) to cover oneself; **-rsi il volto** to cover one's face; (*nell'Islam*) to wear the veil; **-rsi il capo** to cover one's head **2.** (*di rugiada*) to be covered **3.** (*orizzonte, sole, luna*) to mist over **4.** *fig* (*voce*) to go husky

velato, -a [ve·'la:·to] *agg* **1.** (*capo, volto*) veiled **2.** (*cielo, sole*) hazy **3.** *fig* (*sguardo*) misty; (*voce*) husky **4.** (*calze*) gauzy

veleggiare [ve·led·'dʒa:·re] *vi* **1.** (*navigare a vela*) to sail **2.** (*aliante*) to glide

veleno [ve·'le:·no] *m* (*gener*) poison; (*di serpente*) venom

velenoso, -a [ve·le·'no:·so] *agg* poisonous

veliero [ve·'liɛ:·ro] *m* sailing ship

velina [ve·'li:·na] *f* (*carta*) tissue paper

velista [ve·'lis·ta] <-i *m*, -e *f*> *mf* sailor

velleità [vel·lei·'ta] <-> *f* (*ambizione*) unrealistic ambition

vellutato, -a [vel·lu·'ta:·to] *agg* **1.** (*stoffa, pelle, petalo*) velvety **2.** (*suono, voce*) smooth

velluto [vel·'lu:·to] *m a. fig* (*tessuto*) velvet; **~ a coste** corduroy

velo ['ve:·lo] *m* **1.** *a. fig* (*gener*) veil; ~

da sposa [*o* **nuziale**] bridal veil; (*di tristezza*) shadow; (*d'indifferenza*) cloak **2.** (*strato*) layer; **zucchero a ~** confectioners' sugar

veloce [ve·'lo:·tʃe] **I.** *agg* **1.** (*veicolo, animale, pista, tempo*) fast **2.** (*lavoratore, lettura, pasto*) quick **3.** (*loc*) **~ come un lampo** as fast as lightning; **~ come il vento** like the wind **II.** *avv* quickly

velocità [ve·lo·tʃi·'ta] <-> *f* speed; **~ di crociera** cruising speed; **limite di ~** speed limit; **~ della luce** speed of light

vena ['ve:·na] *f* **1.** *a. fig* ANAT, GEOG, MIN vein **2.** *fig* (*di malinconia, ironia*) trace **3.** *fig* (*disposizione, umore*) mood; **essere** [*o* **sentirsi**] **in ~ di fare qc** to be in the mood to do sth

vendemmia [ven·'dem·mia] <-ie> *f* (grape) harvest

vendemmiare [ven·dem·'mia:·re] **I.** *vi* (*fare la vendemmia*) to harvest **II.** *vt a. fig* to gather

vendere ['ven·de·re] **I.** *vt* to sell; **vendesi** [*o* **vendonsi**] for sale; **~ l'anima al diavolo** *fig* to sell one's soul to the devil **II.** *vr:* **-rsi** to sell oneself; **-rsi la camicia** (*ridursi sul lastrico*) to sell the shirt off one's back

vendetta [ven·'det·ta] *f* **1.** (*rivalsa*) revenge **2.** (*castigo*) vengeance; **gridare ~** *a. scherz* to demand justice

vendicare [ven·di·'ka:·re] *vr* **-rsi di qc** (*offesa, torto*) to avenge sth; **-rsi di qu** (*offensore*) to take revenge on sb

vendicativo, -a [ven·di·ka·'ti:·vo] *agg* (*pronto a vendicarsi*) vindictive

vendita ['ven·di·ta] *f* sale; **essere in ~** to be for sale; **~ all'asta** auction; **~ all'ingrosso** wholesale; **~ al minuto** retail sale; **~ di fine stagione** end of season sale

venditore, -trice [ven·di·'to:·re] *m, f* **1.** COM salesperson; **~ ambulante** travelling salesperson **2.** GIUR seller

venduto, -a [ven·'du:·to] *agg* **1.** (*merce*) sold **2.** *fig, pej* (*persona*) corrupt

venerare [ve·ne·'ra:·re] *vt* **1.** REL (*adorare*) to venerate **2.** (*genitori, memoria*) to revere

venerdì [ve·ner·'di] <-> *m* Friday; **~ santo** Good Friday; *v. a.* **domenica**

venereo, -a [ve·'nɛ:·reo] *agg* MED **malattia -a** venereal disease

Veneto *m* Veneto (region)

veneto ['vɛ:·ne·to] <*sing*> *m* (*dialetto*) *dialect spoken in the Veneto region*

veneto, -a **I.** *agg* **1.** (*del Veneto*) *from the Veneto region* **2.** (*di Venezia*) Venetian **II.** *m, f* *person from the Veneto region*

Venezia [ve·'nɛt·tsia] *f* **1.** (*città*) Venice **2.** (*regione*) **la ~-Giulia** Venezia-Giulia

veneziana [ve·net·'tsia:·na] *f* (*tenda*) Venetian blind

veneziano [ve·net·'tsia:·no] <*sing*> *m* (*dialetto*) Venetian (dialect)

veneziano, -a *agg, m, f* Venetian

venire [ve·'ni:·re] <vengo, venni, venuto> **I.** *vi essere* **1.** (*gener*) to come; **~ da qc/qu** to come from sth/sb; **far ~** (*chiamare*) to call out **2.** (*uscire: liquido*) to come out **3.** (*cadere: pioggia, neve*) to fall **4.** (*alla mente*) to occur; **mi è venuta un'idea** I've had an idea **5.** (*malattie*) **mi sta venendo l'influenza** I'm coming down with the flu **6.** **~ da ...** *+inf* (*sentire l'impulso di*) to feel like ... **7.** (*ricordare*) to remember; **non mi viene!** I don't remember! **8.** (*riuscire*) to turn out (well); **non mi viene mai la maionese** my mayonnaise never turns out well **9.** (*risultare: numero*) to come to; (*nel lotto, nella tombola*) to come up **10.** *inf* (*costare*) to come to; **ci vengono 100 euro a testa** it comes to 100 euros each **11.** (*loc*) **a ~** (*in futuro*) to come; **andare e ~** to come and go; **come viene viene** (*alla meno peggio*) come what may; **~ a conoscenza di qc** (*essere informato*) to come to know of sth; **~ al dunque** [*o* **sodo**] to get to the point; **~ alla luce** (*nascere: bambino*) to be born; (*essere scoperto: cosa*) to come to light; **~ dentro** (*entrare*) to come in; **~ fuori** (*uscire*) to come out; **~ giù** (*scendere*) to come down; **~ in mente a qu** (*essere ricordato*) to come to sb's mind; **~ incontro a qu** *fig* (*aiutare*) to come to sb's help; **~ meno** (*mancare*) to be lacking; **~ prima di qc/qu** (*precedere, essere più importante*) to come before sth/sb; **~ su** (*salire*) to come up; *fig* (*crescere*) to grow up; ~ **via** (*spostarsi: persona*) to come away; (*staccarsi: cosa*) to come off; (*scomparire: macchia*) to come out **II.** *vr* **venirsene** (*procedere*) to come; **venirsene** (**via**) *fam* (*allontanarsi*) to walk out

ventaglio [ven·'taʎ·ʎo] <-gli> *m* (*oggetto*) fan; **a** ~ (*a raggiera*) in a fan shape

ventata [ven·'ta:·ta] *f* **1.** (*di vento*) gust of wind **2.** *fig* (*di entusiasmo*) surge; (*di novità, freschezza*) wave

venti ['ven·ti] **I.** *num* twenty **II.** <-> *m* **1.** (*numero*) twenty **2.** (*nelle date*) twentieth **III.** *fpl* (*ore*) 8 pm; *v. a.* **cinquanta**

ventilare [ven·ti·'la:·re] *vt* **1.** (*stanza, casa*) to air **2.** (*fare vento*) to fan **3.** *fig* (*idea, ipotesi, progetto*) to air

ventilatore [ven·ti·la·'to:·re] *m* fan

ventilazione [ven·ti·lat·'tsio:·ne] *f* **1.** (*aerazione*) ventilation **2.** (*presenza di vento*) air

ventiquattr'ore, ventiquattrore [ven·ti·kuat·'tro:·re] *f* **1.** (*valigetta*) overnight bag **2.** SPORT (*gara*) twenty-four hour race **3.** *pl* (*periodo*) twenty-four hours *pl;* ~ **su ventiquattro** twenty-four hours a day

vento ['vɛn·to] *m* (*spostamento d'aria*) wind; **giacca a** ~ windbreaker; **mulino a** ~ windmill

ventola ['vɛn·to·la] *f* **1.** (*per il fuoco*) bellows *pl* **2.** (*di raffreddamento*) fan

ventosa [ven·'to:·sa] *f* **1.** (*adesiva*) suction cup; (*per sturare*) plunger **2.** ZOO (*di polipo, sanguisuga*) sucker

ventoso, -a [ven·'to:·so] *agg* windy

ventre ['vɛn·tre] *m* ANAT (*pancia*) stomach; ~ **a terra** face down

ventura [ven·'tu:·ra] *f* (*sorte*) chance; **andare alla** ~ to trust to luck

venturo, -a [ven·'tu:·ro] *agg* (*prossimo*) next; **ci vediamo la settimana -a** see you next week

venuto, -a [ve·'nu:·to] **I.** *pp di* **venire II.** *m, f* **nuovo** ~ newcomer

vera ['ve:·ra] *f* (*anello*) wedding band

veramente [ve·ra·'men·te] *avv* **1.** (*gener*) really **2.** (*molto*) very **3.** (*a dire la verità*) actually

verbale [ver·'ba:·le] **I.** *agg* **1.** (*gener*) verbal **2.** LING oral **II.** *m* ADM **1.** (*di contravvenzione, processo*) record; **mettere qc a** ~ to put sth on record **2.** (*di riunione*) minutes *pl;* **redigere** [*o* **stendere**] **un** ~ to take the minutes

verbo ['vɛr·bo] *m* verb

vercellese I. *agg* (*di Vercelli*) from Vercelli **II.** *mf* (*abitante*) person from Vercelli

Vercelli *f* Vercelli, *city in north west Italy*

verdastro, -a [ver·'das·tro] *agg* (*colore*) greenish

verde ['ver·de] **I.** *agg* **1.** (*gener*) green; **zona** ~ green zone; **essere** ~ **per l'invidia** to be green with envy **2.** (*frutta, verdura*) unripe **3.** (*giovanile*) **anni -i** adolescence **4.** (*loc*) **carta** ~ FIN international auto insurance card; **numero** ~ toll free number **II.** *m* **1.** (*gener*) green **2.** (*parte*) green part; **essere** [*o* **ridursi**] **al** ~ *fig fam* to be broke **3.** (*vegetazione*) greenery **III.** *mf* POL green; **il partito dei -i** the Greens

verdetto [ver·'det·to] *m* **1.** *a. fig* GIUR (*sentenza*) verdict; ~ **di assoluzione** not guilty verdict; ~ **di condanna** guilty verdict **2.** SPORT (*di arbitro, giuria*) ruling

verdura [ver·'du:·ra] *f* vegetables *pl*

vergare [ver·'ga:·re] *vt* **1.** (*tessuto, foglio*) to rule **2.** (*scrivere a mano*) to write (by hand)

verginale [ver·dʒi·'na:·le] *agg* (*di vergine*) virginal

vergine ['ver·dʒi·ne] **I.** *f* **1.** (*donna illibata*) virgin **2.** *sing* REL **la Vergine** (*la Madonna*) the Virgin Mary **3.** *sing* ASTR **la Vergine** Virgo; **sono** (**della** [*o* **una**]) **Vergine** I'm Virgo **II.** *agg* **1.** (*gener*) virgin; **foresta** ~ virgin forest; **olio** (**extra**)~ **d'oliva** (extra) virgin olive oil; **terreno** ~ virgin soil **2.** (*nastro, cassetta, dischetto*) blank

verginità [ver·dʒi·ni·'ta] <-> *f* **1.** (*illibatezza*) virginity **2.** *fig* (*integrità morale*) reputation; **rifarsi una** ~ *scherz* to rebuild one's reputation

vergogna [ver·'goɲ·ɲa] *f* **1.** (*gener*) shame; **provare** ~ **per qc** to be ashamed of sth; **che** ~**!** [*o* ~**!**] what a disgrace!

2. (*imbarazzo, disagio*) embarrassment; **avere ~ di qc** to be embarrassed about sth **3.** (*timidezza*) shyness; **avere ~ di fare qc** to be afraid to do sth

vergognarsi [ver·goɲ·'ɲar·si] *vr* **1.** (*essere mortificato*) to be ashamed; **~ di qc/qu** to be ashamed of sth/sb; **vergognati!** *fam* shame on you! **2.** (*imbarazzarsi*) to be embarrassed; **~ a fare qc** to be embarrassed about doing sth **3.** (*essere timido*) to be shy

vergognoso, -a [ver·goɲ·'ɲoː·so] *agg* **1.** (*ignobile, disonorevole*) disgraceful **2.** (*sguardo, tono*) embarrassed **3.** (*timido*) shy

verifica [ve·'riː·fi·ka] <-che> *f* **1.** (*controllo*) *a.* MAT check **2.** (*di bilancio, conto*) audit **3.** (*a scuola*) test

verificare [ve·ri·fi·'kaː·re] **I.** *vt* **1.** (*provare: qualità, funzionamento*) to test; (*documento, firma, affermazione*) to check; (*bilancio, conto*) to audit **2.** (*nella scienza: convalidare*) to confirm **II.** *vr:* **-rsi 1.** (*fatto*) to happen **2.** (*ipotesi, previsione*) to prove to be true

verità [ve·ri·'ta] <-> *f* truth; **in** [*o* **per la**] **~** (*veramente*) to tell the truth

veritiero, -a [ve·ri·'tiɛː·ro] *agg* **1.** (*persona*) truthful **2.** (*notizia, testimonianza, racconto*) accurate

verme ['vɛr·me] *m a. fig* worm; **~ solitario** tapeworm

vermiglio, -a <-gli, -glie> *agg, m, f* vermillion

vernice [ver·'niː·tʃe] *f* **1.** (*tinta*) paint; **'~ fresca!'** 'wet paint!' **2.** (*trasparente*) varnish **3.** (*pellame*) patent leather **4.** *fig* (*apparenza*) veneer

verniciare [ver·ni·'tʃaː·re] *vt* **1.** (*con tinta*) to paint **2.** (*con vernice trasparente*) to varnish

vero ['veː·ro] <*sing*> *m* **1.** (*verità*) truth; **a dire il ~** to tell the truth **2.** (*realtà*) reality; **ritratto dal ~** life drawing

vero, -a *agg* **1.** (*affermazione, notizia, persona*) true; (*pentimento*) genuine; **è ~ che ...** it's true that ...; **è incredibile, ma ~** it may seem incredible, but it's true **2.** (*autentico, reale*) real; **~ e proprio** out and out **3.** (*genuino*) genuine

Verona *f* Verona *city in north east Italy*

veronese [ve·ro·'neː·se] <*sing*> *m* (*dialetto*) Veronese (dialect)

veronese I. *agg* (*di Verona*) from Verona **II.** *mf* (*abitante*) person from Verona

verosimile [ve·ro·'siː·mi·le] *agg* (*ipotesi, racconto*) plausible

verrò [ver·'rɔ] *1. pers sing futuro di* **venire**

verruca [ver·'ruː·ka] <-che> *f* MED wart; (*al piede*) verruca

versamento [ver·sa·'men·to] *m* (*deposito, pagamento*) deposit; **fare** [*o* **effettuare**] **un ~** to make a deposit

versante [ver·'san·te] *m* GEOG side

versare [ver·'saː·re] **I.** *vt* **1.** (*liquido, farina, zucchero*) to pour; **~ lacrime** (*piangere*) to cry; **~ sangue** (*sanguinare*) to bleed **2.** (*spandere*) to spill; **piangere sul latte versato** *fig* to cry over spilt milk **3.** (*soldi*) to deposit **II.** *vr:* **-rsi 1.** (*spargersi, rovesciarsi addosso*) to spill **2.** (*fiume*) to flow

versato, -a [ver·'saː·to] *agg* **essere ~ in qc** (*competente*) to be knowledgeable about sth; (*capace*) to be skilled at sth

versetto [ver·'set·to] *m* **1.** (*verso*) line **2.** REL (*paragrafo*) verse

versione [ver·'sioː·ne] *f* **1.** (*gener*) version **2.** (*traduzione*) translation

verso[1] ['vɛr·so] *prep* **1.** (*direzione*) toward **2.** (*vicino a, nei pressi di*) near **3.** (*nel tempo: circa*) around; (*prima di*) towards **4.** (*nei confronti di*) toward

verso[2] **I.** *m* **1.** LIT (*unità metrica*) line **2.** *pl* LIT (*composizione*) verse *sing* **3.** (*di animale*) call **4.** (*gesto, smorfia*) grimace; **fare il ~ a qu** to do a takeoff on sb **5.** (*direzione*) direction; **prendere qu per il suo ~** [*o* **per il ~ giusto**] to know how to handle sb **6.** *fig* (*modo*) way; **per un ~** in one way **II.** *m* <-> (*di foglio*) back; (*di moneta, medaglia*) reverse

vertebra ['vɛr·te·bra] *f* ANAT vertebra

vertebrale [ver·te·'braː·le] *agg* ANAT, MED vertebral; **colonna ~** spine

vertebrato [ver·te·'braː·to] *m* vertebrate

vertebrato, -a *agg* vertebrate

vertere ['vɛr·te·re] <*mancano il pp e le forme composte*> *vi* **~ su qc** (*discussio-

ne, questione) to turn on sth

verticale [ver·ti·'ka:·le] **I.** *agg* vertical; **pianoforte** ~ upright piano **II.** *f* **1.** (*retta*) vertical **2.** SPORT (*esercizio*) handstand **3.** (*nei cruciverba*) down

vertice ['vɛr·ti·tʃe] *m* **1.** *fig* (*di successo, carriera*) peak **2.** (*di impresa, organizzazione, partito*) leadership **3.** (*incontro*) summit **4.** MAT vertex

vertigine [ver·'ti:·dʒi·ne] *f* (*capogiro*) dizziness

vertiginoso, -a [ver·ti·dʒi·'no:·so] *agg* **1.** (*altezza*) dizzying **2.** MED vertiginous **3.** *fig* (*ritmo, velocità*) breakneck **4.** *fig* (*cifra, prezzo, ricchezza*) breathtaking; **scollatura -a** plunging neckline

vescica [veʃ·'ʃi:·ka] <-che> *f* **1.** ANAT bladder **2.** MED (*bolla*) blister

vescovo ['ves·ko·vo] *m* bishop

vespa ['vɛs·pa] *f* (*insetto*) wasp

vespaio [ves·'pa:·io] <-ai> *m* (*nido*) wasp's nest; **suscitare un** ~ *fig* to stir up a hornet's nest

vessare [ves·'sa:·re] *vt* (*con tributi*) to overburden; (*con richieste*) to harass

vestaglia [ves·'taʎ·ʎa] <-glie> *f* dressing gown

veste ['vɛs·te] *f* **1.** (*abito*) garment; ~ **da camera** dressing gown **2.** *pl* (*indumenti*) clothes *pl* **3.** *fig* (*apparenza*) guise

vestiario [ves·'tia:·rio] <-ri> *m* clothes *pl;* **capo di** ~ item of clothing

vestire [ves·'ti:·re] **I.** *vt* **1.** (*abbigliare*) to dress **2.** (*fornire di vestiti*) to clothe **3.** (*indossare*) to wear; ~ **la divisa** to wear a uniform **II.** *vi* (*abbigliarsi in un certo modo*) to dress; ~ **di bianco/nero** to dress in white/black **III.** *vr:* **-rsi** **1.** (*abbigliarsi*) to get dressed **2.** (*abbigliarsi in un certo modo*) to dress; **sapere** ~ to be well-dressed

vestito [ves·'ti:·to] *m* **1.** (*da donna*) dress **2.** (*da uomo*) suit

Vesuvio [ve·'zu:·vio] *m* Vesuvius

veterano [ve·te·'ra:·no] *m* MIL (*soldato*) veteran

veterano, -a *agg, m, f* *a. fig* veteran

veterinaria [ve·te·ri·'na:·ria] <-ie> *f* veterinary science

veterinario, -a [ve·te·ri·'na:·rio] <-i, -ie> **I.** *agg* (*ambulatorio, medico*) veterinary **II.** *m, f* (*medico*) vet

veto ['vɛ:·to] <-> *m* veto; **diritto di** ~ right of veto

vetraio, -a [ve·'tra:·io] <-ai, -aie> *m, f* (*artigiano*) glazier; (*operaio*) glassmaker

vetrata [ve·'tra:·ta] *f* **1.** (*porta*) glass door; (*finestra*) (large) window; (*soffitto*) glass ceiling **2.** (*di chiesa, decorata*) stained glass window

vetrina [ve·'tri:·na] *f* **1.** (*di negozio*) window **2.** *fig* (*evento, luogo rappresentativo*) showcase **3.** (*mobile*) display cabinet

vetrinista [ve·tri·'nis·ta] <-i *m*, -e *f*> *mf* (*professione*) window dresser

vetrino [ve·'tri:·no] *m* (*del microscopio*) slide

vetro ['ve:·tro] *m* **1.** (*materiale*) glass; ~ **infrangibile** shatterproof glass; ~ **soffiato** blown glass **2.** (*lastra*) pane

vetroresina [ve·tro·'rɛ:·zi·na] *f* TEC fiberglass

vetta ['vet·ta] *f* **1.** *a. fig* (*cima*) peak; **in** ~ at the top **2.** *fig* (*di classifica, graduatoria*) top

vettore [vet·'to:·re] *m* **1.** PHYS, MAT vector **2.** BIOL, MED carrier

vettura [vet·'tu:·ra] *f* **1.** (*automobile*) car **2.** FERR (*vagone*) car

vetturino [vet·tu·'ri:·no] *m* (*conducente*) driver

vezzeggiare [vet·tsed·'dʒa:·re] *vt* (*coccolare*) to pet

vezzeggiativo [vet·tsed·dʒa·'ti:·vo] *m* **1.** (*nome*) pet name **2.** LING (*forma alterata*) diminutive

vezzo ['vet·tso] *m* **1.** (*abitudine*) habit; **avere il** ~ **di fare qc** to be in the habit of doing sth **2.** *pl* (*smancerie*) affectation

vezzoso, -a [vet·'tso:·so] *agg* **1.** (*lezioso*) affected **2.** (*grazioso*) charming

vi [vi] **I.** *pron* **1.** *2. pers pl* (*oggetto: voi*) you; **chi** ~ **ha invitati?** who invited you? **2.** (*complemento: a voi*) (to) you; ~ **farò un bel regalo** I'll give you a lovely present **3.** (*forma di cortesia*) (to) you **II.** *pron 2. pers pl* yourselves **III.** *pron* (*a ciò*) to it; (*in ciò*) in it; (*su ciò*) about it **IV.** *avv* **1.** (*qui*) here; (*lì*) there **2.** (*per di qua, per di là*) along it; (*attraverso*) through it **3.** ~ **sono** there are

via[1] ['vi:·a] <vie> *f* **1.** (*strada*) street; **abitare in ~ …** to live on … Street **2.** (*passaggio, varco*) path **3.** (*percorso*) route **4.** (*mezzo*) by; ~ **aerea** by air; ~ **fax** by fax **5.** *fig* (*modo*) way; **in ~ confidenziale** confidentially; **in ~ eccezionale** exceptionally; ~ **di mezzo** compromise; **per vie traverse** by a roundabout route **6.** *fig* (*modalità d'intervento*) method; **adire le** [*o* **ricorrere alle**] **-e legali** to resort to legal action **7.** ANAT (*canale*) channel **8.** MED (*modalità*) means *sing;* ~ **orale** orally; ~ **endovenosa** intravenously **9.** (*loc*) **per ~ di** (*a causa di*) because of; (*per mezzo di*) through

via[2] **I.** *avv* **1.** (*lontano*) away; **andare ~** to leave; **buttare** [*o* **gettare**] ~ to throw away; **essere** [*o* **stare**] ~ *inf* (*essere fuori casa*) to be out; (*essere fuori città*) to be away; **mandare ~ qu** to get rid of sb; **portare ~ qu** to take sb away **2. venire ~** (*macchia*) to come out; (*bottone*) to come off **3.** (*eccetera*) **e così ~** [*o* **e ~ dicendo**] [*o* **e ~ di questo passo**] and so on **4. ~ ~ (che …)** (*gradualmente*) as (…) **II.** *inter* **1.** (*per allontanare*) away **2.** (*esortazione*) come on **3.** (*incredulità, disapprovazione*) no way **4.** (*conclusione*) that's it **5.** SPORT go; **pronti, attenti, ~!** ready, steady, go! **III.** *m* (*segnale di partenza*) starting signal; **al ~** on the starting signal; **dare il ~** to start; *fig* (*dare inizio*) to start off

viadotto [via·'dot·to] *m* viaduct

viaggiare [vi·ad·'dʒa:·re] **I.** *vi* (*persona, treno, merce*) to travel **II.** *vt* (*percorrere*) to travel

viaggiatore, -trice [vi·ad·dʒa·'to:·re] **I.** *agg* traveling; **commesso ~** traveling salesperson **II.** *m, f* (*passeggero*) traveler

viaggio [vi·'ad·dʒo] <-ggi> *m* (*spostamento*) journey; (*breve*) trip; **buon ~!** have a good trip!; **essere in ~** to be traveling; **mettersi in ~** to set off; ~ **di nozze** honeymoon; ~ **organizzato** vacation package

viale [vi·'a:·le] *m* **1.** (*strada alberata*) avenue **2.** (*in un giardino*) path

viavai [vi·a·'va:·i] <-> *m* (*andirivieni*) coming and going

vibrare [vi·'bra:·re] **I.** *vt* **1.** (*lancia, freccia, insulto*) to hurl **2.** (*colpo*) to strike; (*pugno*) to throw **II.** *vi* **1.** (*gener*) to vibrate **2.** *fig* (*fremere*) to tremble

vibrazione [vi·brat·'tsio:·ne] *f* **1.** (*oscillazione*) vibration **2.** (*di luce*) flicker

vicario [vi·'ka:·rio] <-i> *m* REL vicar

vice ['vi:·tʃe] <-> *mf* deputy

vice- [vi·tʃe] (*in parole composte*) vice-; **il vicedirettore** the vice-director; **la vicepreside** the assistant principal

vicenda [vi·'tʃɛn·da] *f* **1.** (*evento, caso*) event **2.** (*storia, faccenda*) story **3.** (*loc*) **a ~** (*l'un l'altro*) each other; (*a turno*) in turns

vicendevole [vi·tʃen·'de:·vo·le] *agg* mutual

vicentino *sing* (*dialetto*) *dialect spoken in Vicenza*

vicentino, -a I. *agg* (*di Vicenza*) from Vicenza **II.** *m, f* (*abitante*) person from Vicenza

Vicenza [vi·'tʃɛn·tsa] *f* Vicenza *city in north east Italy*

viceversa [vi·tʃe·'vɛr·sa] **I.** *avv* **1.** (*in modo inverso*) the other way around **2.** (*in direzione opposta*) return **II.** *cong* (*e invece*) on the contrary

vicinanza [vi·tʃi·'nan·tsa] *f* **1.** (*nello spazio*) proximity; (*nel tempo*) nearness; **in ~ di** near **2.** *fig* (*di idee, opinioni*) affinity **3.** *pl* (*dintorni*) surrounding area; **nelle -e di qc** near sth

vicinato [vi·tʃi·'na:·to] *m* **1.** (*persone*) neighbors *pl* **2.** (*luoghi*) neighborhood

vicino [vi·'tʃi:·no] *avv* **1.** (*a poca distanza*) nearby; ~ **a** near **2.** (*loc*) **andarci ~** *fig* to come close; **da ~** from close up; *fig* (*bene*) well

vicino, -a I. *agg* **1.** (*luogo*) nearby; (*strada, casa*) neighboring; (*nazione, stato*) neighboring; ~ **a** close to **2.** (*tempo*) near; **essere ~ a qc** to be close to sth **3.** (*parenti, opinioni, idee, colori*) close **II.** *m, f* (*di casa*) neighbor

vicolo ['vi:·ko·lo] *m* (*strada*) alleyway; ~ **cieco** *a. fig* blind alley

videata [vi·de·'aː·ta] *f* COMPUT, TV (*schermata*) screen

video ['viː·de·o] **I.** <-> *m* **1.** COMPUT, TV screen **2.** COMPUT, TV (*immagini*) video **3.** (*televisore*) TV **II.** <inv> *agg* **1.** (*segnale, impianto*) video **2.** (*televisivo*) TV

video- [vi·de·o] (*in parole composte*) video-

videocamera [vi·de·o·'kaː·me·ra] *f* video camera

videocassetta [vi·de·o·kas·'set·ta] *f* video (cassette)

videocitofono [vi·de·o·tʃi·'tɔː·fo·no] *m* video door phone

videoclip [vi·de·o·'klip] <-> *m* (music) video

videoconferenza [vi·de·o·kon·fe·'rɛn·tsa] *f* videoconference

videofonino [vi·de·o·fo·'niː·no] *m* video cellphone

videogioco [vi·de·o·'dʒɔː·ko] *m* video game

videomessaggio [vi·de·o·mes·'sad·dʒo] *m* video message

videoregistratore [vi·de·o·re·dʒis·tra·'toː·re] *m* video recorder

videoteca [vi·de·o·'tɛː·ka] <-che> *f* **1.** (*negozio*) video store **2.** (*collezione*) video collection

videotelefono [vi·de·o·te·'lɛː·fo·no] *m* videophone

vidi ['viː·di] *1. pers sing pass rem di* **vedere**[1]

vidimare [vi·di·'maː·re] *vt* ADM (*bilancio, documento*) to ratify

viene, vieni ['viɛː·ne, 'viɛː·ni] *3. e 2. pers sing pr di* **venire**

vietare [vie·'taː·re] *vt* (*proibire*) to prohibit; ~ **qc a qu** to forbid sth to sb; ~ **a qu di fare qc** to prevent sb from doing sth; **'(è) vietato entrare'** 'no entry'; **'(è) vietato fumare'** 'no smoking'; **'film vietato ai minori'** 'must be over 18 to enter'; **'sosta vietata'** 'no parking'

vig. *abbr di* **vigente**

vigente [vi·'dʒɛn·te] *agg* GIUR (*in vigore*) applicable

vigilante [vi·dʒi·'lan·te] *mf* **1.** (*guardia giurata*) security guard **2.** *pl* (*cittadini organizzati*) vigilantes *pl*

vigilanza [vi·dʒi·'lan·tsa] *f* **1.** (*sorveglianza*) supervision **2.** (*di guardie giurate, polizia*) security

vigilare [vi·dʒi·'laː·re] **I.** *vt* (*sorvegliare*) to supervise **II.** *vi* (*badare*) to keep watch; ~ **su qu/qc** to supervise sb/sth

vigilato [vi·dʒi·'laː·to] *agg* GIUR **libertà -a** probation

vigile ['viː·dʒi·le] *mf* ~ (**urbano**) (local) policeman/woman; ~ **del fuoco** firefighter

vigilia [vi·'dʒiː·lia] <-ie> *f* (*giorno prima*) **alla ~ di ...** the day before ...; **la ~ di Natale** Christmas Eve

vigliaccheria [viʎ·ʎak·ke·'riː·a] <-ie> *f* **1.** (*caratteristica*) cowardice **2.** (*azione*) cowardly act

vigliacco, -a [viʎ·'ʎak·ko] <-cchi, -cche> **I.** *agg* (*persona, azione*) cowardly **II.** *m, f* **1.** (*persona senza coraggio*) coward **2.** (*persona prepotente*) bully

vigna ['viɲ·ɲa] *f* (*vigneto*) vineyard

vigneto [viɲ·'ɲeː·to] *m* vineyard

vignetta [viɲ·'ɲet·ta] *f* (*satirica, umoristica*) cartoon

vignettista [viɲ·ɲet·'tis·ta] <-i *m*, -e *f*> *mf* cartoonist

vigore [vi·'goː·re] *m* **1.** (*gener*) vigor **2.** (*foga*) energy **3.** GIUR **in ~** in force; **entrare in ~** to come into force

vigoroso, -a [vi·go·'roː·so] *agg* **1.** (*uomo, animale, corpo*) vigorous **2.** *fig* (*intelligenza, stile, protesta*) lively **3.** (*pianta*) thriving

vile ['viː·le] **I.** *agg* **1.** (*persona, azione*) cowardly **2.** (*interesse*) despicable **II.** *mf* (*persona codarda*) coward

villa ['vil·la] *f* (*casa*) house; ~ **unifamiliare/bifamiliare** single/multi-family home

villaggio [vil·'lad·dʒo] <-ggi> *m* **1.** (*paese*) village **2.** (*complesso*) complex; ~ **olimpico** Olympic village; ~ **turistico** holiday resort; ~ **universitario** university campus

villano, -a [vil·'laː·no] *agg pej* (*persona, comportamento*) rude

villeggiante [vil·led·'dʒan·te] *mf* vacationer

villeggiatura [vil·led·dʒa·'tuː·ra] *f* **1.** (*va-

canza) vacation **2.** (*luogo*) vacation destination

villetta [vil·'let·ta] *f* **1.** (*in città*) (small) house; ~ **unifamiliare/bifamiliare** single/multi-family home; **-e a schiera** townhouse **2.** (*in campagna, al mare*) cottage

villino [vil·'liː·no] *m* **1.** (*in città*) (small) house **2.** (*in campagna, al mare*) cottage

viltà [vil·'ta] <-> *f* **1.** (*codardia*) cowardice **2.** (*azione*) cowardly act

vimine ['viː·mi·ne] *m* wicker; **di** [*o* **in**] **-i** (*cesto, sedia*) wicker

vincere ['vin·tʃe·re] <vinco, vinsi, vinto> **I.** *vt* **1.** (*superare: nemico, avversario*) to beat; *fig* (*difficoltà, timidezza*) to overcome **2.** (*guerra, concorso, premio*) to win; ~ **una causa** GIUR to win a case; ~ **un terno al lotto** *fig* to hit the jackpot **3.** (*posto, cattedra*) to obtain **II.** *vi* (*prevalere*) to win

vincita ['vin·tʃi·ta] *f* **1.** (*vittoria*) victory **2.** (*premio, somma*) winnings *pl*

vincitore, -trice [vin·tʃi·'toː·re] **I.** *agg* (*candidato, concorrente*) winning **II.** *m, f* (*di gara, concorso*) winner

vincolante [viŋ·ko·'lan·te] *agg* binding

vincolare [viŋ·ko·'laː·re] *vt* **1.** (*impacciare, impedire*) to restrict **2.** *fig* (*obbligare*) to bind **3.** FIN (*conto, deposito, somma*) to tie up **4.** ADM (*limitare*) to restrict

vincolo ['viŋ·ko·lo] *m* **1.** GIUR restraint **2.** *fig* (*obbligo*) obligation **3.** *fig* (*legame*) tie **4.** FIN (*di conto, deposito*) fixed term **5.** ADM (*limite*) restriction

vinificare [vi·ni·fi·'kaː·re] **I.** *vi* (*produrre vino*) to produce wine **II.** *vt* (*trasformare in vino*) ~ **qc** to make wine out of sth

vino ['viː·no] *m* wine; ~ **d'annata** vintage wine; ~ **della casa** house wine

vinsi ['vin·si] *1. pers sing pass rem di* **vincere**

vinto, -a ['vin·to] **I.** *pp di* **vincere** **II.** *agg* (*loc*) **averla -a** to get one's way; **darla -a a qu** to let sb have his [*o* her] way; **darsi per** ~ *a. fig* to give up

viola[1] [vi·'ɔː·la] *f* **1.** (*fiore*) violet; ~ **del pensiero** pansy **2.** MUS (*strumento, violista*) viola

viola[2] <inv> *agg, m* (*colore*) purple

violare [vio·'laː·re] *vt* **1.** (*legge, patto, regolamento*) to break **2.** (*confine*) to violate; (*domicilio*) to break into **3.** (*chiesa, tomba*) to desecrate

violentare [vio·len·'taː·re] *vt* (*sessualmente*) to rape

violento, -a [vio·'lɛn·to] *agg* **1.** (*gener*) violent **2.** (*pioggia*) heavy; (*incendio*) fierce **3.** (*passione, sentimento*) intense **4.** (*sforzo*) huge; (*febbre*) high **5.** (*colore, suono*) harsh

violenza [vio·'lɛn·tsa] *f* **1.** (*aggressività, azione violenta*) violence; **ricorrere alla** ~ to resort to violence **2.** (*di temporale, terremoto*) violence; (*di incendio*) ferocity **3.** (*di febbre, passione*) intensity

violetto [vio·'let·to] *m* (*colore*) violet

violetto, -a *agg* violet

violinista [vio·li·'nis·ta] <-i *m*, -e *f*> *mf* violinist

violino [vio·'liː·no] *m* violin

violoncellista [vio·lon·tʃel·'lis·ta] <-i *m*, -e *f*> *mf* cellist

violoncello [vio·lon·'tʃɛl·lo] *m* cello

viottolo [vi·'ɔt·to·lo] *m* track

vip [vip] **I.** <-> *mf* celebrity **II.** <-> *agg* (*locale, sala*) exclusive

vipera ['viː·pe·ra] *f* (*serpente*) viper

virale [vi·'raː·le] *agg* MED viral

virare [vi·'raː·re] *vi* **1.** NAUT, AERO to veer **2.** CHEM, FOTO to tone

virgola ['vir·go·la] *f* comma; **punto e** ~ semicolon

virgolette [vir·go·'let·te] *fpl* quotation marks; **tra** ~ *a. fig* in quotes

virile [vi·'riː·le] *agg* **1.** (*maschile, coraggioso*) *a. fig* manly **2.** (*da uomo adulto*) adult **3.** (*sessualmente*) virile

virilità [vi·ri·li·'ta] <-> *f* **1.** (*maturità di maschio*) manliness **2.** (*sessuale*) virility

virtù [vir·'tu] <-> *f* (*pregio*) virtue; **in** ~ **di** by virtue of

virtuale [vir·tu·'aː·le] *agg* virtual; **realtà** ~ virtual reality

virtuoso, -a [vir·tu·'oː·so] **I.** *agg* **1.** (*retto*) virtuous **2.** (*molto abile*) virtuoso **II.** *m, f* **1.** (*persona virtuosa*) virtuous person **2.** (*artista, giocatore*) genius; **essere un ~ di qc** to be brilliant at sth

virulento, -a [vi·ru·'lɛn·to] *agg* **1.** BIOL, MED virulent **2.** *fig* (*polemica, linguaggio*) heated; (*critica*) bitter

virus ['viː·rus] <-> *m* COMPUT, BIOL, MED virus

viscere ['viʃ·ʃe·re] *fpl* **1.** ANAT innards *pl* **2.** *fig* (*di terra, montagna*) bowels *pl*

vischio ['vis·kio] <-schi> *m* mistletoe

vischioso, -a [vis·'kioː·so] *agg* (*liquido, sostanza*) viscous

viscido, -a ['viʃ·ʃi·do] *agg* **1.** (*terreno, strada*) slippery **2.** (*al tatto*) slimy **3.** *fig* (*persona, atteggiamento*) unctuous

viscoso, -a [vis·'koː·so] *agg* **1.** PHYS (*fluido, liquido, olio*) viscous **2.** (*appiccicoso*) slimy

visibile [vi·'ziː·bi·le] *agg* **1.** (*con la vista*) visible **2.** *fig* (*evidente*) clear

visibilio [vi·zi·'biː·lio] <-i> *m* (*ammirazione estatica*) ecstasy; **andare** [*o* **essere**] **in ~ per qc/qu** to be in ecstasies over sth/sb

visibilità [vi·zi·bi·li·'ta] <-> *f a. fig* visibility

visiera [vi·'ziɛː·ra] *f* **1.** (*di casco*) visor **2.** (*di berretto*) peak

visionare [vi·zio·'naː·re] *vt* **1.** (*per scegliere*) to examine **2.** (*vedere in anteprima*) to view

visionario, -a [vi·zio·'naː·rio] <-i, -ie> *agg, m, f* visionary

visione [vi·'zioː·ne] *f* **1.** (*percezione visiva*) vision **2.** (*esame*) examination; **prendere in ~ qc** to examine sth **3.** (*scena, panorama, idea*) view; **~ d'insieme** overview **4.** (*di film, spettacolo, trasmissione*) viewing; **prima ~** first showing **5.** (*soprannaturale, allucinazione*) vision

visita ['viː·zi·ta] *f* **1.** (*gener*) visit; **andare in ~ da qu** to visit with sb; **essere in ~ da qu** to stay with sb; **fare (una) ~ a qu** to visit with sb; **~ guidata** guided tour **2.** (*persona*) visitor; **biglietto da ~** business card **3.** MED consultation

visitare [vi·zi·'taː·re] *vt* **1.** (*medico*) to examine; **farsi ~ da uno specialista** to go and see a specialist **2.** (*luogo*) to visit **3.** (*amici, parenti*) to visit with

visitatore, -trice [vi·zi·ta·'toː·re] *m, f* visitor

visivo, -a [vi·'ziː·vo] *agg* (*della vista*) visual; **campo ~** field of vision; **arti -e** visual arts

viso ['viː·zo] *m* **1.** (*volto*) face **2.** (*espressione*) expression; **a ~ aperto** *fig* openly; **far buon ~ a cattivo gioco** to put a brave face on things

visone [vi·'zoː·ne] *m* **1.** (*animale, pelo*) mink **2.** (*cappotto*) mink coat

visore [vi·'zoː·re] *m* FOTO, TEC viewer

vispo, -a ['vis·po] *agg* lively

vissi ['vis·si] *1. pers sing pass rem di* **vivere**[1]

vissuto, -a [vis·'suː·to] **I.** *pp di* **vivere**[1] **II.** *agg* **1.** (*persona*) experienced **2.** (*esperienza, vita*) real

vista ['vis·ta] *f* **1.** (*senso, visuale*) sight **2.** (*percezione, spettacolo, scena, panorama*) view **3.** (*loc*) **a ~** on sight; **conoscere qu di ~** to know sb by sight; **in ~** (*visibile*) in view; *fig* (*novità*) coming up; *fig* **in ~ di** (*di luogo*) in sight of; (*di avvenimento*) in the run-up to; **a ~ d'occhio** as far as the eye can see; *fig, scherz* (*molto rapidamente*) in a flash; **perdere di ~ qc/qu** to lose sight of sth/sb; **a prima ~** at first sight; **punto di ~** *fig* point of view

visto ['vis·to] *m* ADM **1.** (*di documento, domanda*) ratification **2.** (*su passaporto*) visa

visto, -a **I.** *pp di* **vedere**[1] **II.** *agg* (*considerato*) **essere ben/mal ~** to be well/badly thought of; **~ che …** given that …

vistoso, -a [vis·'toː·so] *agg* **1.** (*appariscente*) showy **2.** (*somma, ricompensa*) impressive

visuale [vi·zu·'aː·le] **I.** *agg* (*della vista*) visual **II.** *f* **1.** view **2.** *fig* (*punto di vista*) point of view

visualizzare [vi·zu·a·lid·'dzaː·re] *vt* **1.** (*rendere visibile*) to view **2.** (*rappresentare*) to depict **3.** COMPUT to display

visualizzatore [vi·zu·a·lid·dza·'toː·re] *m* COMPUT display

visualizzazione [vi·zu·a·lid·dzat·'tsioː·ne] *f* **1.** (*il rendere visibile*) visualization **2.** COMPUT display

vita[1] ['viː·ta] *f* **1.** (*gener*) life; **a ~** for life; **dare la ~ a qu** to give birth to sb; **fare la bella ~** to live it up; **rimanere in ~** to stay alive; **perdere la ~** to lose one's life; **togliersi la ~** to take one's own life; **sto aspettando da una ~** *inf* I've been waiting for ages **2.** (*durata: di fenomeno, prodotto*) lifetime **3.** (*sussistenza*) living; **guadagnarsi la ~** to earn a living

vita[2] ['viː·ta] *f* (*di persona, indumento*) waist

vitale [vi·'taː·le] *agg* **1.** (*gener*) vital; **spazio ~** living space **2.** (*neonato, cucciolo*) viable **3.** *fig* (*persona, organismo*) dynamic

vitalità [vi·ta·li·'ta] <-> *f* **1.** (*di persona*) vitality **2.** (*di istituzione, settore*) dynamism **3.** (*di neonato*) viability

vitamina [vi·ta·'miː·na] *f* vitamin

vite ['viː·te] *f* **1.** BOT (*pianta*) vine **2.** (*elemento metallico*) screw; **a ~** (*a spirale*) spiral; (*tappo*) screw top

vitello [vi·'tɛl·lo] *m* **1.** (*animale*) calf **2.** (*carne*) veal; **~ tonnato** CULIN veal with tuna sauce **3.** (*pelle*) calfskin

viterbese **I.** *agg* (*di Viterbo*) from Viterbo **II.** *mf* (*abitante*) person from Viterbo

Viterbo *f* Viterbo *city in central Italy*

viticoltore, viticultore, -trice [vi·ti·kol·'toː·re, vi·ti·kul·'toː·re] *m, f* winegrower

viticoltura, viticultura [vi·ti·kol·'tuː·ra, vi·ti·kul·'tuː·ra] *f* (*coltivazione*) winegrowing

vitreo, -a *agg* **1.** (*di vetro*) glass **2.** (*occhi, sguardo, superficie*) glassy

vittima ['vit·ti·ma] *f* victim; **rimanere ~ di qc** to fall victim to sth; **fare la ~** *inf* to play the victim

vitto ['vit·to] *m* (*cibo*) food; **~ e alloggio** board and lodging

vittoria [vit·'tɔː·ria] <-ie> *f* (*militare, politica, elettorale*) victory; (*sportiva*) win

vittorioso, -a [vit·to·'rioː·so] *agg* **1.** (*gener*) victorious; SPORT winning **2.** (*aspetto, sorriso*) triumphant

viva ['viː·va] *inter* long live; **~ gli sposi!** to the bride and groom!

vivace [vi·'vaː·tʃe] *agg* **1.** (*persona, mente, discussione, protesta*) lively **2.** (*studente*) bright **3.** (*fiamma, fuoco*) intense; (*colore*) bright **4.** MUS vivace

vivacità [vi·va·tʃi·'ta] <-> *f* **1.** (*gener*) liveliness **2.** (*di studente, colore*) brightness **3.** (*di fiamma, fuoco*) intensity

vivaio [vi·'vaː·io] <-ai> *m* **1.** (*di piante*) (plant) nursery **2.** (*di pesci*) (fish) farm **3.** (*di personaggi*) breeding ground

vivanda [vi·'van·da] *f* (*pietanza*) dish

vivente [vi·'vɛn·te] *agg* (*essere, organismo, specie*) living; (*persona*) alive

vivere[1] ['viː·ve·re] <vivo, vissi, vissuto> **I.** *vi essere* **1.** (*gener*) to live; **~ alla giornata** to live from day to day; **~ di qc** *a. fig* to live on sth; **~ per qc/qu** to live for sth/sb **2.** *fig* (*durare, sopravvivere*) to live on **II.** *vt avere* **1.** (*condurre: vita*) to lead **2.** (*passare, sentire*) to live through **3.** *fig* (*godere*) to enjoy

vivere[2] *msing* (*modo di vivere*) life; **per quieto ~** for a quiet life

viveri ['viː·ve·ri] *mpl* supplies *pl*

vivibile [vi·'viː·bi·le] *agg* (*ambiente, città, clima*) pleasant

vivificare [vi·vi·fi·'kaː·re] *vt* (*campagna, terra*) to revive; (*corpo, mente*) to invigorate

vivisezione [vi·vi·set·'tsioː·ne] *f* (*di animali*) vivisection

vivo ['viː·vo] *m* **1.** *pl* (*persone viventi*) **i -i** the living *pl* **2.** (*parte vitale*) living flesh **3.** *fig* (*di argomento, questione, problema*) core **4.** (*disegno, ritratto*) **dal ~** life

vivo, -a *agg* **1.** (*gener*) living; **~ e vegeto** alive and kicking; **farsi ~** to show one's face **2.** (*ricordo, dolore, immagine*) fresh **3.** (*espressione, intelligenza, conversazione*) lively **4.** (*sentimento, bisogno*) deep **5.** (*fuoco, fiamma*) high **6.** (*luce, colore*) bright

viziare [vit·'tsiaː·re] *vt* (*bambino, figlio*) to spoil

viziato, -a [vit·'tsiaː·to] *agg* (*maleducato*) spoiled

vizio ['vit·tsio] <-i> *m* **1.** (*disposizione al male*) vice **2.** (*abitudine*) bad habit **3.** (*difetto*) fault

vizioso, -a [vit·'tsioː·so] *agg* **1.** (*persona, comportamento*) dissolute **2.** (*imperfetto*) **circolo ~** vicious circle

vocabolario [vo·ka·bo·'laː·rio] <-i> *m* **1.** (*dizionario*) dictionary **2.** (*lessico*) vocabulary
vocabolo [vo·'kaː·bo·lo] *m* LING word
vocale [vo·'kaː·le] **I.** *agg* ANAT, MUS vocal **II.** *f* (*suono, lettera*) vowel
vocazione [vo·kat·'tsioː·ne] *f a. fig* vocation
voce ['voː·tʃe] *f* **1.** *a. fig a.* MUS voice; **a ~** orally; **a gran ~** loudly; **sotto ~** in a whisper **2.** (*di strumento, mare*) sound **3.** (*notizia, diceria*) rumor; **-i di corridoio** idle rumors **4.** (*vocabolo*) word **5.** (*in dizionario, enciclopedia*) headword **6.** (*in grammatica*) form **7.** ADM (*capitolo*) item
vociare [vo·'tʃaː·re] *vi* (*gridare*) to shout
voga ['voː·ga] <-ghe> *f* **1.** (*popolarità*) fashion; **essere in ~** to be in fashion **2.** SPORT (*attività*) rowing; (*remata*) stroke
vogare [vo·'gaː·re] *vi* to row
voglia ['vɔʎ·ʎa] <-glie> *f* **1.** (*desiderio*) wish; **avere ~ di (fare) qc** to feel like (doing) sth; **morire dalla ~ di fare qc** to be dying to do sth; **togliersi la ~ di qc** to lose the urge for sth **2.** (*disposizione, volontà*) desire; **fare qc di mala** [*o* **contro**] **~** to do sth reluctantly **3.** *pej* (*capriccio*) whim **4.** *inf* (*in gravidanza*) craving **5.** *inf* (*macchia della pelle*) birthmark
voglio ['vɔʎ·ʎo] *1. pers sing pr di* **volere**[1]
voi ['voː·i] *pron* **1.** *2. pers pl* (*soggetto*) you **2.** (*oggetto, complemento di termine*) you *emphatic* **3.** (*con preposizione*) you **4.** (*forma di cortesia*) **Voi** you
voialtri [vo·'ial·tri] *pron inf* you guys
volano [vo·'laː·no] *m* **1.** SPORT (*pallina*) shuttlecock **2.** (*gioco*) badminton
volante [vo·'lan·te] **I.** *agg* flying; **disco ~** flying saucer **II.** *f* (*in polizia: squadra*) flying squad; (*auto*) patrol car **III.** *m* MOT (*sterzo*) steering wheel; **stare** [*o* **essere**] [*o* **sedere**] **al ~** *a. fig* to be behind the wheel; **sport del ~** motor racing
volantino [vo·lan·'tiː·no] *m* (*pubblicitario, informativo*) leaflet
volare [vo·'laː·re] *vi essere o avere* **1.** (*gener*) to fly **2.** (*piuma, foglia, polvere*) to fly around **3.** (*precipitare*) to fall **4.** (*correre*) to fly along **5.** *fig* (*notizia, diceria, calunnia*) to travel fast **6.** (*tempo*) to fly by
volata [vo·'laː·ta] *f* **1.** *fam* (*corsa veloce*) rush; **fare una ~** to rush; **di ~** in a rush **2.** SPORT (*scatto*) sprint **3.** (*di uccelli*) flight
volatile [vo·'laː·ti·le] **I.** *agg* CHEM volatile **II.** *m* ZOO bird
volentieri [vo·len·'tiɛː·ri] *avv* **1.** (*di buon grado, con piacere*) willingly; **spesso e ~** *inf* always **2.** (*come risposta*) of course
volere[1] [vo·'leː·re] <voglio, volli, voluto> **I.** *vt* **1.** (*intenzione, desiderio*) to want; **senza ~** unintentionally; **~ qu** (*per vederlo*) to want to see sb; (*per parlargli*) to want to speak to sb; (*in offerte e richieste*) **vuole ...?** would you like ...? **2.** (*decidere: potenza superiore*) to will **3.** (*prescrivere: legge, regolamento*) to demand **4.** (*richiedere*) to require; **volerci poco/molto** (*tempo, fatica, denaro*) to take a little/a lot **5.** LING (*reggere*) to take **6.** (*loc*) **~ bene a qu** to love sb; **~ dire** (*significare*) to mean; **voglio/volevo dire ...** I mean/meant ... **II.** *vr* **-rsi bene** (*reciprocamente*) to love each other
volere[2] *m* (*volontà, desiderio*) will
volgare [vol·'gaː·re] **I.** *agg* **1.** *pej* (*comune, ordinario*) crude **2.** *pej* (*triviale*) trivial; (*grossolano*) vulgar **3.** (*nome, termine*) common **4.** (*lingua*) vulgar; **latino ~** Vulgar Latin **II.** *m* (*lingua*) vernacular
volgarità [vol·ga·ri·'ta] <-> *f* (*caratteristica*) vulgarity
volgarizzare [vol·ga·rid·'dzaː·re] *vt* (*divulgare*) to popularize
volgere[1] ['vɔl·dʒe·re] <volgo, volsi, volto> **I.** *vt* **1.** *a. fig* (*gener*) to turn; **~ le spalle a qu** *a. fig* to turn one's back on sb; **~ qc in qc** to turn sth into sth **2.** (*tradurre*) to transform **II.** *vi* **1.** *a. fig* (*gener*) to turn; **~ a qc** to turn towards sth **2.** *fig* (*avvicinarsi*) to come; **~ al termine** to be coming to an end **III.** *vr:* **-rsi** (*girarsi*) to turn; **-rsi indietro** to turn back
volgere[2] *m* passing

volgo ['vol·go] <-ghi> *m pej* (*plebe, massa*) masses *pl*

volli ['vɔl·li] *1. pers sing pass rem di* **volere**[1]

volo ['vo:·lo] *m* **1.** (*gener*) flight; **assistente di ~** flight attendant; **al ~** in mid-air **2.** (*caduta*) fall **3.** (*corsa*) dash **4.** (*loc*) **al ~** (*immediatamente*) at once

volontà [vo·lon·'ta] <-> *f* **1.** (*facoltà di volere*) will; **forza di ~** willpower **2.** (*volere, desiderio*) desire; **a ~** as much as one wishes; **ultime ~** last will and testament **3.** (*disposizione*) **buona ~** goodwill; **cattiva ~** ill will

volontariato [vo·lon·ta·'ria:·to] *m* (*per assistenza, pratica*) voluntary work; **fare ~** to work as a volunteer; **il ~** the voluntary sector

volontario, **-a** [vo·lon·'ta:·rio] <-i, -ie> **I.** *agg* **1.** (*liberamente scelto*) voluntary **2.** (*soldato, medico*) volunteer **II.** *m, f* volunteer

volpe ['vol·pe] *f* **1.** (*animale*) fox **2.** (*pelliccia*) fox-fur **3.** *fig* (*persona astuta*) cunning person

volsi ['vɔl·si] *1. pers sing pass rem di* **volgere**[1]

volt [vɔlt] <-> *m* EL volt

volta ['vɔl·ta] *f* **1.** (*circostanza*) time; **la ~ che ...** when ...; **una ~ (che) ...** once ...; **una ~ tanto** every now and then; **una ~ per tutte** once and for all **2.** (*con numerale*) time; **a -e** [*o* **certe -e**] [*o* **qualche ~**] sometimes; **di ~ in ~** each time; **una ~** once; **c'era una ~** once upon a time **3.** (*turno*) turn; **alla** [*o* **per**] **~** at a time; **tutto in una ~** all at once **4.** (*direzione*) **alla ~ di** towards **5.** ARCH vault

voltafaccia [vol·ta·'fat·tʃa] <-> *m fig* U-turn

voltaggio [vol·'tad·dʒo] <-ggi> *m* voltage

voltare [vol·'ta:·re] **I.** *vt* **1.** (*gener*) to turn; **~ le spalle a qu** *a. fig* to turn one's back on sb; **~ la pagina** to turn the page; **~ pagina** *fig* to move on **2.** (*oltrepassare: angolo*) to go around **II.** *vi* (*girare: persona, strada*) to turn **III.** *vr:* **-rsi** (*girarsi*) to turn; **non sapere da che parte -rsi** *fig* not to know where to turn; **-rsi contro qu** to turn against sb

voltastomaco [vol·tas·'tɔ:·ma·ko] <-chi *o* -ci> *m* **ho il ~** to feel sick; **dare il ~** to turn sb's stomach

volteggiare [vol·ted·'dʒa:·re] *vi* **1.** (*uccello, aereo*) to circle **2.** SPORT to vault; (*nella danza*) to twirl

volto ['vol·to] *m* **1.** (*viso, natura*) face **2.** *fig* (*aspetto*) aspect

volto, **-a** ['vɔl·to] **I.** *pp di* **volgere**[1] **II.** *agg* **(essere) ~ a fare qc** (to be) intended to do sth

volubile [vo·'lu:·bi·le] *agg* (*individuo, carattere, umore*) volatile; (*tempo atmosferico*) changeable

volume [vo·'lu:·me] *m a.* MAT, COM (*gener*) volume; **a tutto ~** at full volume; **~ del traffico** traffic volume; **auto a due -i** hatchback; **auto a tre -i** sedan

voluminoso, **-a** [vo·lu·mi·'no:·so] *agg* bulky

voluto, **-a** [vo·'lu:·to] **I.** *pp di* **volere**[1] **II.** *agg* **1.** (*desiderato*) desired **2.** (*intenzionale*) intentional

voluttà [vo·lut·'ta] <-> *f* **1.** (*piacere sensuale*) pleasure **2.** (*godimento*) enjoyment

voluttuoso, **-a** [vo·lut·tu·'o:·so] *agg* **1.** (*bocca, danza, sguardo*) sensuous **2.** (*persona*) voluptuous; **una vita -a** a life of pleasure

vomitare [vo·mi·'ta:·re] **I.** *vt* **1.** (*rimettere*) to throw up **2.** (*emettere*) to spew forth **3.** *fig* (*ingiurie, insulti, imprecazioni*) to hurl **II.** *vi* (*rimettere*) to throw up

vomito ['vɔ:·mi·to] *m* vomit; **far venire il ~ a qu** *a. fig* to make sb throw up

vongola ['voŋ·go·la] *f* clam

vorace [vo·'ra:·tʃe] *agg* **1.** (*gener*) *a. fig* voracious **2.** (*ingordo*) greedy

voragine [vo·'ra:·dʒi·ne] *f* **1.** (*baratro*) chasm **2.** (*gorgo d'acqua*) whirlpool

vorrò [vor·'rɔ] *1. pers sing futuro di* **volere**[1]

vortice ['vɔr·ti·tʃe] *m* **1.** (*di acqua*) whirlpool; (*di aria, sabbia*) whirlwind; (*di polvere*) dust devil **2.** (*movimento rotatorio*) whirl **3.** *fig* (*di azioni, pensieri*) whirlwind

vostro, **-a** **I.** *agg* **1.** your; **~ padre/**

zio your father/uncle; **il ~ cugino** your cousin; **i -i fratelli** your brothers; **un ~ amico** one of your friends **2.** (*forma di cortesia*) your **II.** *pron* **il ~, la -a 1.** yours **2.** (*forma di cortesia*) yours **3. alla -a!** (*salute*) cheers!; **la -a** (*lettera*) your letter; **dalla -a** (*parte*) on your side; **i -i** (*genitori, parenti*) your folks

votante [vo·'tan·te] **I.** *mf* voter **II.** *agg* voting

votare [vo·'taː·re] **I.** *vt* **1.** (*sottoporre a voto*) to vote on **2.** (*approvare*) to pass **3.** (*sostenere con voto*) to vote for **4.** (*consacrare, dedicare*) to devote **II.** *vi* (*partecipare al voto*) to vote; **~ per** [*o* **a favore di**] **qc/qu** to vote for sth/sb; **~ contro qc/qu** to vote against sth/sb

votazione [vo·tat·'tsioː·ne] *f* **1.** (*voto, risultato*) vote **2.** (*a scuola*) grade

voto ['voː·to] *m* **1.** (*elettorale*) vote; **avere diritto di ~** to have the right to vote; **~ di fiducia** vote of confidence; **mettere ai -i qc** to put sth to the vote; **~ segreto** secret ballot **2.** (*a scuola: punteggio*) grade **3.** REL (*promessa*) vow; **prendere i -i** to take one's vows

v.r. *abbr di* **vedi retro** PTO

vs., Vs. *abbr di* **vostro** your

VT *abbr di* **Vecchio Testamento** OT *Old Testament*

vu cumprà [vu·kum·'pra] <-> *mf pej, scherz North African street vendor*

vulcanico, -a [vul·'kaː·ni·ko] <-ci, -che> *agg* **1.** GEOL volcanic **2.** *fig* (*persona, mente*) dynamic; (*fantasia*) vivid

vulcano [vul·'kaː·no] *m* GEOL volcano

vulnerabile [vul·ne·'raː·bi·le] *agg* vulnerable

vuoi, vuole ['vuɔː·i, 'vuɔː·le] *2. e 3. pers sing pr di* **volere**[1]

vuotare [vuo·'taː·re] **I.** *vt* **1.** (*armadio, cassetto, valigia*) to empty **2.** (*bicchiere, bottiglia*) to drain; (*piatto, luogo*) to clear **3.** (*loc*) **~ il sacco** *fig* (*confessare*) to spill the beans **II.** *vr:* **-rsi** (*diventare vuoto*) to empty

vuoto ['vuɔː·to] *m* **1.** (*spazio libero*) void; **avere paura del ~** to be afraid of heights; **~ d'aria** air pocket **2.** (*spazio senza oggetti*) empty space; (*senza persone*) gap **3.** (*cavità*) cavity **4.** PHYS (*di recipiente, ambiente*) vacuum; **conservato sotto ~** vacuum-packed **5.** (*contenitore*) empty container; (*bottiglia*) empty bottle **6.** *fig* (*lacuna*) gap **7.** (*mancanza affettiva*) emptiness **8.** (*loc*) **a ~** (*senza effetto, inutilmente*) in vain; **assegno a ~** bad check

vuoto, -a *agg* **1.** (*gener*) empty; **a stomaco ~** on an empty stomach; **a mani -e** *a fig* empty-handed **2.** (*persona*) shallow

W

W, w [vu 'dop·pia] <-> *f* W, w; **~ come Washington** W for William

W *abbr di* **watt** W

wagon-lit [va·gɔ̃·'li] <-> *m* sleeper

wagon-restaurant [va·gɔ̃·rɛs·tɔ·'rã] <-> *m* dining car

walking ['wol·king] <-> *m* SPORT power walking

walkman ['wɔːk·mən] <- *o* walkmen> *m* Walkman®

watt [vat] <-> *m* watt

wattora [vat·'toː·ra] <-> *f* watt-hour

wc <-> *m* (*tazza del gabinetto*) toilet; (*stanza*) bathroom

weekend ['wiː·kɛnd/wiː·'kɛnd] <-> *m* weekend; **~ di benessere** weekend health break

weekendista [wi·ken·'dis·ta] <-i *m*, -e *f*> *mf* weekender

western ['wes·tən/'wɛs·tern] **I.** <inv> *agg* **un film ~** a western **II.** <-> *m* western; **~ all'italiana** spaghetti western

whisky ['wis·ki] <-> *m* whiskey

windsurf ['wind·səːf] <-> *m* **1.** (*sport*) windsurfing **2.** (*tavola*) windsurfer

würstel ['vyrs·təl] <-> *m* frankfurter

X, x [iks] **I.** <-> *f* X, x; **~ come xilofono** X for Xylophone; **gambe a ~** bandy legs; **l'asse delle ~** MAT the X axis **II.** *agg* **il signor ~** Mr. X; **l'ora/il giorno ~** at

a certain time/on a certain day; **raggi ~** X-rays

xenofobia [kse·no·fo·'biː·a] *f* xenophobia *f*

xenofobo, -a [kse·'nɔː·fo·bo] **I.** *agg* xenophobic **II.** *m, f* xenophobe

xerocopia [kse·ro·'kɔː·pia] *f* photocopy

xerografia [kse·ro·gra·'fiː·a] *f* photocopying

xilofono [ksi·'lɔː·fo·no] *m* xylophone

xilografia [ksi·lo·gra·'fiː·a] *f* **1.** (*arte*) wood engraving **2.** (*copia*) woodcut

Y

Y, y ['ip·si·lon] <-> *f* Y, y; **~ come yacht** Y for Yoke

yacht [jɔt] <-> *m* (*a motore*) (motor) yacht; (*a vela*) (sailing) yacht

yoga ['joː·ga] <-> *m* yoga

yogurt ['iɔː·gurt] <-> *m v.* **iogurt**

yogurtiera [io·gur·'tieː·ra] *f* yogurt maker

ypsilon ['ip·si·lon] <-> *f o m v.* **ipsilon**

Z

Z, z ['dzɛː·ta] <-> *f* Z, z; **~ come Zara** Z for Zebra; **dalla a alla ~** from A to Z

zabaione [dza·ba·'ioː·ne] *m* zabaglione *sauce made of eggs, sugar and wine*

zaffata [tsaf·'faː·ta] *f* stink

zafferano [dzaf·fe·'raː·no] *m* CULIN (*aroma*) saffron

zaffiro [dzaf·'fiː·ro] *m* (*pietra*) sapphire

zaino ['dzaː·i·no] *m* backpack

zampa ['tsam·pa] *f* **1.** ZOO (*gamba*) leg; (*piede: di cane, gatto*) paw; (*di gallina, uccello*) foot; **-e di gallina** *fig* (*intorno agli occhi*) crow's feet; (*scrittura illeggibile*) scrawl **2.** *fig, pej* (*di persona: mano*) paw; **giù le -e!** keep your paws off!; **a quattro -e** on all fours

zampillare [tsam·pil·'laː·re] *vi essere o avere* to gush

zampillo [tsam·'pil·lo] *m* jet

zampino [tsam·'piː·no] *m fig fam* paw; **mettere lo ~ in qc** to have a hand in sth

zampirone [dzam·pi·'roː·ne] *m* mosquito coil

zampogna [tsam·'poɲ·ɲa] *f* (*mus*) Italian bagpipes *pl*

zanna ['tsan·na] *f* ZOO (*di elefante, tricheco*) tusk; (*di lupo*) fang

zanzara [dzan·'dzaː·ra] *f* ZOO mosquito

zappa ['tsap·pa] *f* hoe; **darsi la ~ sui piedi** *fig* to shoot oneself in the foot

zappare [tsap·'paː·re] *vt* (*terreno, zolle*) to hoe

zapping ['zæ·piŋ] <-> *m* channel surfing; **fare lo ~** to channel-surf

zar [tsar] <-> *m* czar

zarina [tsa·'riː·na] *f* czarina

zattera ['tsat·te·ra/'dzat·te·ra] *f* raft; **~ di salvataggio** life raft; **ponte di -e** pontoon bridge

zavorra [dza·'vɔr·ra] *f* **1.** NAUT, AERO ballast **2.** *fig, pej* (*cosa*) junk; (*persona*) waste of space

zazzera ['tsat·tse·ra] *f* *scherz* (*capelli lunghi*) mop

zebra ['dzɛː·bra] *f* **1.** ZOO zebra **2.** *pl, fam* crosswalk

zecca ['tsek·ka] <-cche> *f* **1.** (*officina*) mint; **nuovo di ~** *fig* brand new **2.** ZOO tick

zelante [dze·'lan·te] *agg* (*persona*) diligent

zelo ['dzɛː·lo] *m* zeal

zenit ['dzɛː·nit] <-> *m* zenith

zenzero ['dzen·dze·ro] *m* ginger

zeppa ['tsep·pa] *f* **1.** (*cuneo*) wedge **2.** (*di scarpa*) platform sole; **scarpe con le -e** platform shoes

zeppo, -a ['tsep·po] *agg fam* **~ di** packed with; **essere pieno ~** to be jam-packed

zerbino [dzer·'biː·no] *m* doormat

zero ['dzɛː·ro] **I.** <-> *m* **1.** (*gener*) zero; **~ virgola otto** zero point eight; **essere uno ~** *fig* to be hopeless; **rasare a ~** (*capelli*) to shave off all sb's hair; **sparare a ~ contro** [*o* **su**] **qu** *fig* to lay into sb; **3 gradi sotto ~** 3 degrees below zero **2.** (*voto scolastico*) F *the lowest possible grade* **II.** *num* zero; **l'ora ~** *fig* zero hour

zeta ['dzɛː·ta] <-> *f v.* **Z, z**

zia ['tsiː·a] <zie> *f* aunt

zigano, -a [tsi·'gaː·no] *m, f agg* Romany

zigomo ['dziː·go·ma] *m* cheekbone

zigzag, zig-zag [dzig·'dzag] <-> *m* zigzag

zimbello [tsim·'bɛl·lo/dzim·'bɛl·lo] *m fig* (*oggetto di scherno*) laughing stock

zinco ['tsiŋ·ko/'dziŋ·ko] *m* zinc

zingaro, -a ['tsiŋ·ga·ro/'dziŋ·ga·ro] *m, f* Romany

zio ['tsiː·o] <zii> *m* **1.** (*uomo*) uncle **2.** *pl* (*zio e zia*) aunt and uncle

zip [dzip] <-> *m o f* (*cerniera*) zipper

zippare [dzip·'paː·re] *vt* COMPUT (*file*) to zip

zit(t)ella [tsi·'tɛl·la/dzi·'tɛl·la (dzit·'tɛl·la)] *f* (*donna nubile*) single woman

zitto, -a ['tsit·to] **I.** *agg* quiet; **sta' ~!** *fam* be quiet!; **~ ~** *fam* quietly **II.** *inter* be quiet!

zizzania [dzid·'dzaː·nia] <-ie> *f fig* (*discordia*) discord

zoccolo ['tsɔk·ko·lo] *m* **1.** (*calzatura*) clog **2.** ZOO (*di cavallo, mucca*) hoof **3.** ARCH (*di edificio, colonna, monumento*) plinth **4.** (*battiscopa*) baseboard **5.** GEOL **~ continentale** continental shelf

zodiaco [dzo·'diː·a·ko] <-ci> *m* zodiac; **i segni dello ~** the signs of the zodiac

zolfo ['tsol·fo] *m* sulfur

zolla ['dzɔl·la/'tsɔl·la] *f* (*pezzo di terra*) clod

zolletta [dzol·'let·ta/tsol·'let·ta] *f* (*di zucchero*) cube; **zucchero in -e** cubed sugar

zona ['dzɔː·na] *f* **1.** (*regione*) zone; **~ collinare** hilly area; **~ desertica** desert region; **~ di montagna** mountain region; **~ sismica** earthquake zone **2.** ADM (*in una città*) area; **~ industriale** industrial park; **~ pedonale** pedestrian mall; **~ residenziale** residential area

zonzo ['dzon·dzo] *fam* **andare a ~** to wander around

zoo ['dzɔː·o] <-> *m* zoo

zoologia [dzo·o·lo·'dʒiː·a] <-gie> *f* zoology

zoologico, -a [dzo·o·'lɔː·dʒi·ko] <-ci, -che> *agg* (*scienze*) zoological; **giardino ~** zoo

zoologo, -a [dzo·'ɔː·lo·go] <-gi, -ghe> *m, f* zoologist

zoppicare [tsop·pi·'kaː·re] *vi* **1.** (*persona*) to limp **2.** *fig fam* (*periodo*) to lose its rhythm; (*ragionamento*) to be full of holes

zoppo, -a ['tsɔp·po] *agg* (*persona, gamba*) lame; **è ~ dalla gamba destra** his right leg is lame

zotico, -a ['dzɔː·ti·ko] <-ci, -che> **I.** *agg* (*persona*) boorish **II.** *m, f* boor

zucca ['tsuk·ka] <-cche> *f* **1.** BOT pumpkin **2.** *scherz fam* head

zuccherare [tsuk·ke·'raː·re] *vt* to sweeten

zuccheriera [tsuk·ke·'riɛː·ra] *f* sugar bowl

zuccherino [tsuk·ke·'riː·no] *m* (*pezzetto di zucchero*) sugar cube

zuccherino, -a *agg* **1.** (*che contiene zucchero*) sweet **2.** (*dolce*) sugary

zucchero ['tsuk·ke·ro] *m* sugar; **~ filato** cotton candy; **~ di canna** cane sugar; **~ in polvere** caster sugar; **~ in zollette** cubed sugar

zuccheroso, -a [tsuk·ke·'roː·so] *agg* **1.** (*frutta*) sweet **2.** *fig* (*parole*) sugary

zucchina [tsuk·'kiː·na] *f* zucchini

zuccone, -a *m, f fig fam* **1.** (*tonto*) blockhead **2.** (*testardo*) stubborn person

zuffa ['tsuf·fa] *f* brawl

zuppa ['tsup·pa] *f* CULIN soup; **~ di pesce** fish soup; **~ di verdura** vegetable soup; **~ inglese** *cold dessert made from sponge soaked in liquor with cream and chocolate*

zuppiera [tsup·'piɛː·ra] *f* soup tureen

zuppo, -a ['tsup·po] *agg fam* (*bagnato*) soaked

Zurigo [dzu·'riː·go] *m* Zurich; **andare a ~** to go to Zurich; **abitare a ~** to live in Zurich

A

A, a [eɪ] *n* **1.** (*letter*) A, a *f o m inv;* **~ for Abel** A come Ancona; **from ~ to Z** dalla A alla Z **2.** MUS (*note*) la *m* **3.** SCHOOL *voto massimo*

a [ə, *stressed:* eɪ] *indef art before consonant,* **an** [ən, *stressed:* æn] *before vowel* **1.** (*in general*) un, uno, una; **~ car** un'automobile; **~ house** una casa; **in ~ day or two** in un paio di giorni **2.** (*not translated*) **do you have ~ car?** hai la macchina?; **he is an American** è americano; **she is ~ teacher** è insegnante; **a hundred days** cento giorni **3.** (*to express prices*) **$2 ~ dozen** 2 dollari la dozzina; **$6 ~ week** 6 dollari a settimana

AA [ˌeɪ·ˈeɪ] *abbr of* **Alcoholics Anonymous** AA *f*

AAA AUTO *abbr of* **American Automobile Association** ≈ ACI *m*

abandon [ə·ˈbæn·dən] *vt* **1.** (*vehicle, person*) abbandonare **2.** (*give up: plan*) rinunciare a; (*game*) sospendere

abandoned [ə·ˈbæn·dənd] *adj* abbandonato, -a

abbey [ˈæ·bi] *n* abazia *f*

abbreviation [ə·ˌbriː·vɪ·ˈeɪ·ʃən] *n* abbreviazione *f*

ABC[1] [ˌeɪ·biː·ˈsiː] *n pl* **1.** (*alphabet*) alfabeto *m* **2.** (*rudiments*) abbiccì *m*

ABC[2] [ˌeɪ·biː·ˈsiː] *n* TV *abbr of* **American Broadcasting Company** *emittente televisiva americana*

abdomen [ˈæb·də·mən] *n* ANAT addome *m*

abdominal [æb·ˈdɑː·mə·nl] *adj* addominale

abduct [æb·ˈdʌkt] *vt* rapire

abduction [æb·ˈdʌk·ʃən] *n* rapimento *m*

ability [ə·ˈbɪ·lə·t̬i] <-ies> *n* **1.** (*capability*) capacità *f;* **to the best of one's ~** al meglio delle proprie capacità **2.** (*talent*) talento *m* **3.** *pl* (*skills*) doti *fpl*

able [ˈeɪ·bl] *adj* (*capable*) capace; **to be ~ to do sth** (*have ability, manage*) essere in grado di fare qc; (*have knowledge*) saper fare qc

abnormal [æb·ˈnɔːr·ml] *adj* **1.** (*feature*) anomalo, -a **2.** (*person*) anormale

abnormality [ˌæb·nɔːr·ˈmæ·lə·t̬i] <-ies> *n* **1.** (*abnormal feature*) anomalia *f* **2.** (*unusualness*) anormalità *f*

aboard [ə·ˈbɔːrd] **I.** *adv* a bordo **II.** *prep* a bordo di

abolish [ə·ˈbɑː·lɪʃ] *vt* abolire

abolition [æ·bə·ˈlɪ·ʃən] *n* abolizione *f*

abominable [ə·ˈbɑː·mɪ·nə·bl] *adj* abominevole

abomination [ə·ˌbɑː·mɪ·ˈneɪ·ʃən] *n* (*abominable thing*) abominio *m*

abort [ə·ˈbɔːrt] **I.** *vt* **1.** MED fare abortire **2.** *a.* COMPUT interrompere **II.** *vi* **1.** MED abortire **2.** (*fail*) fallire

abortion [ə·ˈbɔːr·ʃən] *n* MED aborto (*m* provocato); **to have an ~** abortire

about [ə·ˈbaʊt] **I.** *prep* **1.** (*on subject of*) su; **a book ~ football** un libro sul calcio; **what is the film ~?** di cosa parla il film? **2.** (*characteristic of*) **that's what I like ~ him** è questo che mi piace di lui **3.** (*surrounding*) intorno a; **the garden ~ the house** il giardino intorno alla casa **4.** (*in and through*) per; **to go ~ the streets** girare per le strade ▶ **how ~ a drink?** che ne dici di bere qualcosa?; **what ~ it?** (*suggestion*) che ne dici?; (*so what?*) e allora? **II.** *adv* **1.** (*approximately*) pressapoco; **~ 5 lbs.** circa 5 libbre; **~ here** più o meno qui; **~ 5 years ago** circa 5 anni fa; **~ twenty** una ventina; **to have had just ~ enough of sth** avere avuto abbastanza di qc **2.** (*almost*) quasi; **to be (just) ~ ready** essere quasi pronto **3.** (*on the point of*) **to be ~ to do sth** stare (proprio) per fare qc **4.** (*around*) **to be somewhere ~** essere nei paraggi; **is Paul ~?** c'è Paul da queste parti?

above [ə·ˈbʌv] **I.** *prep* **1.** (*on the top of*) sopra **2.** (*over*) al di sopra; **~ suspicion** al di sopra di ogni sospetto **3.** (*greater than, superior to*) oltre; **those ~ the age of 70** quelli con più di 70 anni; **~ all** soprattutto **II.** *adv* di sopra; **the floor ~** il piano di sopra; **up ~ sth** sopra qc; **from ~** dall'alto; **see ~** (*in text*) vedi sopra **III.** *adj* summenzionato, -a **IV.** *n* **the ~** il suddetto

above-mentioned *adj* suddetto, -a

abroad [ə·'brɑːd] *adv* (*in foreign country*) all'estero; **from ~** dall'estero; **to be ~** essere all'estero; **to go ~** andare all'estero

abrupt [ə·'brʌpt] *adj* **1.** (*sudden*) repentino, -a; (*change*) brusco, -a; (*end*) improvviso, -a **2.** (*brusque*) brusco, -a

ABS [ˌeɪ·biː·'es] *n abbr of* **antilock braking system** ABS *m*

abscess ['æb·ses] *n* ascesso *m*

absence ['æb·səns] *n* **1.** (*of person, thing*) assenza *f;* **in the ~ of** in assenza di; **on leave of ~** MIL in permesso **2.** (*lack of*) mancanza *f*

absent ['æb·sənt] *adj* **1.** (*not present*) assente **2.** (*distracted*) assente

absentee [ˌæb·sən·'tiː] *n* assente *mf*

absentee voting *n* voto *m* per corrispondenza

absent-minded *adj* distratto, -a

absolute ['æb·sə·luːt] *adj* (*total*) *a.* POL assoluto, -a; (*trust, power*) pieno, -a; (*disaster*) totale

absolutely *adv* **1.** (*comprehensively*) assolutamente; **~!** *inf* sicuramente!; **~ not!** assolutamente no! **2.** (*very*) totalmente

absolution [ˌæb·sə·'luː·ʃən] *n* REL assoluzione *f*

absolve [əb·'zalv] *vt* assolvere

absorb [əb·'sɔːrb] *vt* **1.** (*liquid*) assorbire; (*shock*) attutire **2.** (*understand*) assimilare **3.** (*engross*) **to get ~ed in sth** essere assorto in qc

absorbent [əb·'sɔːr·bənt] *adj* assorbente

absorbing *adj* (*book*) avvincente; (*appassionante*)

absorption [əb·'sɔːrp·ʃən] *n* **1.** (*of liquid*) assorbimento *m* **2.** (*in book, story*) interesse *m* **3.** (*in work*) coinvolgimento *m*

abstract ['æb·strækt] **I.** *adj* astratto, -a **II.** *n* **1.** (*not concrete*) astratto *m* **2.** (*summary*) riassunto *m*

absurd [əb·'sɜːrd] *adj* assurdo, -a

absurdity [əb·'sɜːr·də·t̬i] <-ies> *n* assurdità *f*

abundance [ə·'bʌn·dəns] *n* abbondanza *f*

abundant [ə·'bʌn·dənt] *adj* abbondante

abuse[1] [ə·'bjuːs] *n* **1.** (*insults*) insulti *mpl;* **to hurl ~ at sb** insultare qu **2.** (*mistreatment*) maltrattamenti *mpl* **3.** (*misuse*) abuso *m;* **sexual ~** violenza *f* sessuale

abuse[2] [ə·'bjuːz] *vt* **1.** (*insult*) insultare **2.** (*mistreat*) maltrattare **3.** (*sexually*) abusare di **4.** (*misuse*) abusare di

abusive [ə·'bjuː·sɪv] *adj* **1.** (*language*) offensivo, -a **2.** (*person*) violento, -a

abysmal [ə·'bɪz·məl] *adj* pessimo, -a

a/c [ˌeɪ·'si] **1.** *abbr of* **account** c.to **2.** *abbr of* **air conditioning** aria *f* condizionata

academic [ˌæ·kə·'de·mɪk] **I.** *adj* **1.** UNIV accademico, -a; SCHOOL scolastico, -a **2.** (*intellectual*) erudito, -a **3.** (*theoretical*) teorico, -a **4.** (*irrelevant*) irrilevante **II.** *n* accademico, -a *m, f*

academy [ə·'kæ·də·mi] <-ies> *n* accademia *f*

accelerate [ək·'se·lə·reɪt] **I.** *vi* (*car*) accelerare; (*growth*) accelerarsi **II.** *vt* accelerare

acceleration [ək·ˌse·lə·'reɪ·ʃən] *n* accelerazione *f*

accelerator [ək·'se·lə·reɪ·t̬ɚ] *n* AUTO, *a.* PHYS acceleratore

accent ['æk·sent] **I.** *n* **1.** LING accento *m* **2.** LIT, MUS enfasi *f inv* **II.** *vt* **1.** LIT, MUS accentare **2.** (*emphasize*) mettere in evidenza

accentuate [ək·'sen·tʃʊ·eɪt] *vt* accentuare

accept [ək·'sept] **I.** *vt* **1.** (*take when offered*) accettare **2.** (*approve*) approvare **3.** (*believe*) credere in **4.** (*acknowledge*) riconoscere **5.** (*include socially*) accogliere **II.** *vi* accettare

acceptable *adj* (*behavior*) accettabile; (*explanation*) soddisfacente

acceptance [ək·'sep·təns] *n* **1.** (*of gift, help*) accettazione *f* **2.** (*approval*) approvazione *f* **3.** (*social*) accettazione *f*

access ['æk·ses] **I.** *n a.* COMPUT accesso *m;* **~ road** strada *f* d'accesso; **Internet ~** COMPUT accesso a Internet **II.** *vt* COMPUT accedere a

accessible [ək·'se·sə·bl] *adj* **1.** (*place, work of art*) accessibile **2.** (*person*) disponibile

accessory [ək·'se·sə·ri] <-ies> *n* **1.** (*for outfit, machine*) accessorio *m* **2.** LAW complice *mf*

accident ['æk·sɪ·dənt] *n* incidente *m;* **~ insurance** assicurazione *f* contro gli infortuni; **by ~** (*unintended*) senza volere; (*by chance*) per caso

accidental [ˌæk·sɪ·'den·təl] *adj* **1.** (*unintentional*) casuale; LAW (*death*) accidentale **2.** (*discovery*) fortuito, -a

accommodation [ə·ˌkɑː·mə·'deɪ·ʃən] *n* **1.** *pl* (*lodgings*) alloggio *m* **2.** (*on vehicle, plane*) posti *mpl*

accompany [ə·'kʌm·pə·ni] <-ie-> *vt a.* MUS (*go with*) accompagnare; **to ~ sb on the violin** accompagnare qu al violino

accomplice [ə·'kɑːmp·lɪs] *n* complice *mf*

accomplish [ə·'kɑːmp·lɪʃ] *vt* **1.** (*achieve*) compiere **2.** (*finish*) portare a termine; **to ~ a task** portare a termine un compito

accomplished [ə·'kɑːmp·lɪʃt] *adj* provetto, -a

accomplishment *n* **1.** (*achievement*) risultato *m* **2.** (*completion*) realizzazione *f* **3.** (*skill*) talento *m*

accord [ə·'kɔːrd] *n* **1.** (*treaty*) accordo *m* **2.** (*agreement, harmony*) accordo *m;* **on** [*or* **of**] **one's own ~** spontaneamente

accordance [ə·'kɔːr·dəns] *n* **in ~ with** in conformità con

accordingly *adv* **1.** (*appropriately*) conformemente **2.** (*therefore*) di conseguenza

according to [ə·'kɔːr·dɪŋ·tə] *prep* **1.** (*as told by*) secondo; **~ her/what I read** secondo lei/quanto ho letto; **to go ~ plan** andare secondo il previsto **2.** (*as basis*) in conformità con; **~ the law** secondo la legge

account [ə·'kaʊnt] **I.** *n* **1.** (*with bank*) conto *m* **2.** (*bill*) fattura *f;* **to settle an ~** saldare un conto **3.** *pl* (*financial records*) contabilità *f;* **to keep ~s** tenere la contabilità **4.** (*customer*) cliente *mf* **5.** (*description*) resoconto *m;* **an ~ of sth** un resoconto di qc; **by all ~s** a dire di tutti; **by her own ~** a quanto dice lei stessa **6.** (*consideration*) **to take sth into ~** prendere [*or* tenere] in considerazione qc; **to take no ~ of sth** non tener conto di qc; **on ~ of sth** a causa di qc; **on no ~** in nessun caso **7.** *form* (*importance*) **of little/no ~** di poca/nessuna importanza **II.** *vt form* considerare

accountable [ə·'kaʊn·tə·bl] *adj* responsabile

accountancy [ə·'kaʊn·tən·si] *n* contabilità *f*

accountant [ə·'kaʊn·tənt] *n* contabile *mf*

accuracy ['æ·kjɚ·ə·si] *n* accuratezza *f*

accurate ['æ·kjɚ·ət] *adj* **1.** (*on target*) preciso, -a **2.** (*correct*) esatto, -a **3.** (*careful*) accurato, -a

accusation [ˌæ·kjuː·'zeɪ·ʃən] *n* accusa *f*

accusative [ə·'kjuː·zə·t̬ɪv] *n* LING accusativo *m*

accuse [ə·'kjuːz] *vt* accusare

accused [ə·'kjuːzd] *n* **the ~** l'imputato, -a *m, f*

accustomed [ə·'kʌs·təmd] *adj* **1.** (*in habit of*) abituato, -a; **to be ~ to doing sth** essere abituato a fare qc; **to grow ~ to doing sth** abituarsi a fare qc **2.** (*usual*) solito, -a

AC/DC [ˌeɪ·siː·'diː·siː] *n* **1.** ELEC *abbr of* **alternating current/direct current** c.a./c.c. **2.** *sl* (*bisexual*) bisessuale *mf*

ache [eɪk] **I.** *n* dolore *m;* **~s and pains** acciacchi *mpl* **II.** *vi* fare male

achieve [ə·'tʃiːv] *vt* (*goal, objective*) raggiungere; (*task*) portare a termine; (*success*) ottenere

achievement *n* **1.** (*feat*) impresa *f;* (*success*) successo *m* **2.** (*achieving*) realizzazione *f*

acknowledge [ək·'nɑː·lɪdʒ] *vt* **1.** (*admit*) ammettere **2.** (*recognize*) riconoscere; (*letter*) accusare ricevuta di; (*favor*) ringraziare per **3.** (*reply to: person, smile*) **he acknowledged my smile with a wave** ha risposto al mio sorriso con un cenno di saluto

acknowledg(e)ment *n* **1.** (*admission*) ammissione *f* **2.** (*recognition*) riconoscimento *m* **3.** (*reply*) avviso *m* di ricevimento **4.** *pl* (*in book*) ringraziamenti *mpl*

ACLU [ˌeɪ·si·el·'ju] *n abbr of* **Unione Americana per i Diritti Civili**

acne ['æk·ni] *n* acne *f*

acoustic(al) [ə·'ku·stɪk(əl)] **I.** *adj* acustico, -a **II.** *npl* acustica *f*

acoustic guitar *n* chitarra *f* acustica

acquaint [ə·'kweɪnt] *vt* **1.** (*know*) **to be/become ~ed with sb/sth** conoscere qu/qc **2.** (*familiarize*) familiarizzare; **to ~ oneself with sth** familiarizzarsi con qc; **to be ~ed with sth** essere al corrente di qc

acquaintance [ə·'kweɪn·təns] *n* **1.** (*person*) conoscente *mf* **2.** (*relationship*) conoscenza *f;* **to make sb's ~** conoscere qu **3.** (*knowledge*) conoscenza *f*

acquire [ə·'kwa·ɪɚ] *vt* (*by buying*) acquistare; (*by effort*) acquisire; **to ~ a taste for sth** cominciare ad apprezzare qc

acquired immunity deficiency syndrome *n* sindrome *f* da immunodeficienza acquisita

acquisition [ˌæ·kwɪ·'zɪ·ʃən] *n* (*by buying*) acquisto *m;* (*of knowledge, skill*) acquisizione *f*

acquit [ə·'kwɪt] <-tt-> *vt* **1.** LAW assolvere **2. to ~ oneself well/badly** cavarsela bene/male

acquittal [ə·'kwɪ·ţəl] *n* LAW assoluzione *f*

acre ['eɪ·kər] *n* acro *m (4840 iarde quadrate; 4047 metri quadrati)*

acrobat ['æ·krə·bæt] *n* acrobata *mf*

acrobatic [ˌæ·krə·'bæ·ţɪk] *adj* acrobatico, -a

across [ə·'krɑːs] **I.** *prep* **1.** (*on other side of*) dall'altro lato di; **just ~ the street** proprio dall'altra parte della strada; **~ from sb/sth** di fronte a qu/qc **2.** (*from one side to other*) attraverso; **to walk ~ the bridge** attraversare il ponte a piedi; **the bridge ~ the river** il ponte sul fiume **II.** *adv* **1.** (*in distance*) da un lato all'altro; **to run/swim ~** attraversare di corsa/a nuoto; **to be 10 feet ~** essere largo 10 piedi **2.** (*in contact with*) **to come ~ sth** imbattersi in qc **3.** (*conveying meaning*) **to get a point ~** far capire qc

across-the-board *adj* (*pay hike, ruling*) generale

act [ækt] **I.** *n* **1.** (*action*) atto *m;* **an ~ of God** LAW una calamità naturale; **to catch sb in the ~** cogliere qu sul fatto **2.** (*performance*) numero *m;* **a hard ~ to follow** un numero difficile da eguagliare **3.** (*pretence*) scena *f* **4.** THEAT atto *m* **5.** LAW legge *f* ▶ **to get one's ~ together** *inf* organizzarsi; **to get in on the ~** approfittare della situazione **II.** *vi* **1.** (*take action*) agire; **to ~ for sb** agire per conto di qu **2.** (*behave*) comportarsi **3.** (*take effect*) agire **4.** THEAT recitare **5.** (*pretend*) fingere **III.** *vt* THEAT recitare; **to ~ the fool** fare lo stupido

◆ **act up** *vi inf* **1.** (*person*) fare capricci **2.** (*machine*) funzionare male

acting ['æk·tɪŋ] **I.** *adj* facente funzione di **II.** *n* THEAT recitazione *f*

action ['æk·ʃən] *n* **1.** (*activeness*) azione *f;* **to be out of ~** (*person*) essere fuori combattimento; (*machine*) non funzionare; **to put sth out of ~** mettere qc fuori uso; **to take ~** agire **2.** MIL azione *f;* **to see ~** combattere; **killed in ~** morto in combattimento **3.** (*mechanism*) meccanismo *m* **4.** (*motion*) movimento *m* **5.** *inf* (*exciting events*) vita *f;* (*fun*) movimento *m*

action-packed *adj* pieno, -a d'azione

activate ['æk·tə·veɪt] *vt a.* CHEM attivare

active ['æk·tɪv] *adj* (*lively, not passive*) attivo, -a; **to be ~ in sth** partecipare a qc

activist ['æk·tɪ·vɪst] *n* POL attivista *mf*

activity [æk·'tɪ·və·ţi] <-ies> *n* **1.** (*state*) attività *f* **2.** *pl* (*pursuits*) attività *fpl*

actor ['æk·tɚ] *n* attore *m*

actress ['æk·trɪs] *n* attrice *f*

actual ['æk·tʃʊ·əl] *adj* **1.** (*real*) effettivo, -a; **in ~ fact** in realtà **2.** (*precise*) esatto, -a; **what were her ~ words?** quali sono state le sue precise parole?

actually ['æk·tʃʊ·li] *adv* **1.** (*in fact*) effettivamente **2.** (*by the way*) **~ I saw her yesterday** a proposito, l'ho vista ieri

acupuncture ['æ·kjʊ·pʌŋk·tʃɚ] *n* agopuntura *f*

acute [ə·'kjuːt] *adj* **1.** (*serious*) acuto, -a; (*anxiety*) intenso, -a; (*embarrassment*) grande; (*difficulties*) serio, -a; (*shortage*) grave **2.** (*shrewd*) perspicace **3.** MAT (*angle*) acuto, -a

ad [æd] *n inf abbr of* **advertisement** pubblicità *f*

A.D. [ˌeɪ·ˈdi] *abbr of* **anno Domini** d.C.

adapt [ə·ˈdæpt] **I.** *vt* adattare; **to ~ oneself** adattarsi **II.** *vi* adattarsi

adaptable *adj* adattabile

adaptation [ˌæ·dæp·ˈteɪ·ʃən] *n* adattamento *m*

adapter *n*, **adaptor** [ə·ˈdæp·tɚ] *n* ELEC adattatore *m*

ADD [ˌeɪ·di·ˈdi] *n abbr of* **Attention Deficit Disorder** disturbo *m* da deficit di attenzione

add [æd] *vt* **1.** (*put with*) aggiungere **2.** (*say*) aggiungere **3.** MAT sommare

addict [ˈæ·dɪkt] *n* **1.** MED **drug ~** tossicodipendente *mf* **2.** *fig* fanatico, -a *m, f;* **to be a movie ~** essere un fanatico del cinema

addicted [ə·ˈdɪk·tɪd] *adj* dipendente; **~ to drugs** tossicodipendente; **to be ~ to sth** essere dipendente da qc; *fig* essere fanatico di qc

addiction [ə·ˈdɪk·ʃən] *n* dipendenza *f;* **drug ~** tossicodipendenza *f*

addition [ə·ˈdɪ·ʃən] *n* **1.** MAT addizione *f* **2.** (*act of adding*) aggiunta *f;* **in ~** inoltre; **in ~ to ...** oltre a ...

additional [ə·ˈdɪ·ʃə·nl] *adj* supplementare

additionally [ə·ˈdɪʃ·ən·əl·i] *adv* inoltre

additive [ˈæ·də·t̬ɪv] *n* additivo *m*

address[1] [ˈæ·dres] *n* **1.** *a.* COMPUT indirizzo *m* **2.** (*speech*) discorso *m*

address[2] [ə·ˈdres] **I.** *vt* **1.** (*write address on*) indirizzare **2.** (*speak to*) parlare a **3.** (*use title*) **to ~ sb** (**as sth**) rivolgersi a qu usando il titolo di **4.** (*deal with: issue*) affrontare **II.** *n* **1.** (*speech*) discorso *m* **2.** (*title*) **form of ~** titolo *m*

addressee [ˌæ·dre·ˈsiː] *n* destinatario, -a *m, f*

adequate [ˈæ·dɪk·wət] *adj* **1.** (*sufficient*) sufficiente **2.** (*good enough*) adeguato, -a

ADHD [ˌeɪ·di·aɪtʃ·ˈdi] *abbr of* **attention deficit hyperactivity disorder** disturbo *m* da deficit di attenzione e iperattività

adhesive [əd·ˈhiː·sɪv] *adj, n* adesivo, -a *m, f*

adjacent [ə·ˈdʒeɪ·snt] *adj* attiguo, -a; MAT adiacente

adjective [ˈæ·dʒɪk·tɪv] *n* LING aggettivo *m*

adjourn [ə·ˈdʒɜːrn] **I.** *vt* sospendere **II.** *vi* (*pause: meeting*) sospendere

adjust [ə·ˈdʒʌst] **I.** *vt* **1.** *a.* TECH regolare **2.** (*rearrange*) sistemare **3.** (*change*) modificare **4.** (*adapt*) adattare **II.** *vi* adattarsi; **to ~ to sth** adattarsi a qc

adjustable *adj* regolabile

adjustment *n* **1.** (*mechanical*) modifica *f* **2.** (*mental*) adattamento *m*

ad-lib [ˌæd·ˈlɪb] <-bb-> *vi, vt* improvvisare

adman [ˈæd·mæn] <-men> *n* ECON pubblicitario, -a *m, f*

admin [əd·ˈmɪn] *abbr of* **administration** amministrazione *f*

administer [əd·ˈmɪ·nɪs·tɚ] *vt* **1.** *a.* POL (*manage: funds, estate*) amministrare **2.** (*dispense: punishment*) infliggere

administration [əd·ˌmɪ·nɪs·ˈtreɪ·ʃən] *n* **1.** (*organization*) amministrazione *f;* (*management*) gestione *f;* **the ~** l'amministrazione **2.** POL (*time in power*) mandato *m* **3.** POL (*government*) governo *m* **4.** (*dispensing: of medicine*) somministrazione *f*

administrative [əd·ˈmɪ·nɪs·trə·tɪv] *adj* amministrativo, -a

administrator [əd·ˈmɪ·nɪs·treɪ·t̬ɚ] *n* **1.** (*of organization, institution*) amministratore, -trice *m, f* **2.** LAW curatore, -trice *m, f*

admirable [ˈæd·mə·rə·bl] *adj* ammirevole

admiral [ˈæd·mə·rəl] *n* MIL ammiraglio *m*

admiration [ˌæd·mə·ˈreɪ·ʃən] *n* ammirazione *f;* **in ~** con ammirazione

admire [əd·ˈma·ɪɚ] *vt* ammirare; **to ~ sb for sth** ammirare qu per qc

admirer [əd·ˈma·ɪɚ·ɚ] *n* ammiratore, -trice *m, f*

admissible [əd·ˈmɪ·sə·bl] *adj* ammissibile

admission [əd·ˈmɪ·ʃən] *n* **1.** (*entry: to building*) ingresso *m;* (*to college, organization*) ammissione *f* **2.** (*entrance fee*) (prezzo *m* di)ingresso *m* **3.** (*acknowledgement*) ammissione *f;* **by** [*or* on] **his own ~, ...** per sua stessa ammissione, ... **4.** *pl* UNIV ufficio *m* ammissioni

admit [əd·ˈmɪt] <-tt-> **I.** *vt* **1.** (*acknowledge: error*) riconoscere; (*crime*) confessare; **to ~ that ...** ammettere che ... **2.** (*allow entrance to*) lasciar entrare **3.** (*permit*) ammettere **II.** *vi* **to ~ to sth** riconoscere qc

admittance [əd·ˈmɪ·tns] *n* ingresso *m;* **no ~** vietato l'ingresso

adolescence [ˌæ·də·ˈle·sns] *n* adolescenza *f*

adolescent [ˌæ·də·ˈle·snt] **I.** *adj* **1.** (*relating to adolescence*) adolescente **2.** (*immature*) puerile **II.** *n* adolescente *mf*

adopt [ə·ˈdɑːpt] *vt* **1.** (*child, strategy*) adottare **2.** (*candidate*) scegliere

adoption [ə·ˈdɑːp·ʃən] *n* **1.** (*of child, strategy*) adozione *f* **2.** (*of candidate*) scelta *f*

adorable [ˌə·ˈdɔː·rə·bl] *adj* adorabile; **just ~** semplicemente incantevole

adoration [ˌæ·də·ˈreɪ·ʃən] *n* adorazione *f;* **the ~ of the Virgin Mary** REL il culto della Vergine Maria

adore [ə·ˈdɔːr] *vt* adorare

adoring [ə·ˈdɔː·rɪŋ] *adj* adorante

Adriatic [ˌeɪ·dri·ˈæ·tɪk] *n* **the ~** (**Sea**) il (mare) Adriatico

adult [ə·ˈdʌlt] **I.** *n* adulto, -a *m, f* **II.** *adj* **1.** (*fully grown*) adulto, -a **2.** (*mature*) maturo, -a **3.** (*sexually explicit*) per adulti

adult education *n* educazione *f* permanente

adultery [ə·ˈdʌl·tə··i] <-ies> *n* adulterio *m*

adulthood [ə·ˈdʌlt·hʊd] *n* età *f* adulta

advance [əd·ˈvæns] **I.** *vi* avanzare; **to ~ on sb/sth** avanzare verso qu/qc **II.** *vt* **1.** (*cause to move forward*) far avanzare; (*interest*) favorire; (*cause*) promuovere **2.** (*pay in advance*) anticipare **III.** *n* **1.** (*forward movement*) avanzata *f,* progresso *m;* **in ~** in anticipo **2.** FIN anticipo *m* **3.** *pl* (*sexual flirtation*) avances *fpl;* **unwelcome ~s** molestie *fpl* **IV.** *adj* anticipato, -a; **without ~ warning** senza preavviso

advanced [əd·ˈvænst] *adj* (*country, course*) avanzato, -a; (*student*) di livello avanzato

advance notice *n* preavviso *m*

advance payment *n* anticipo *m*

advantage [əd·ˈvæn·tɪdʒ] *n a.* SPORTS vantaggio *m;* **to take ~ of sb/sth** approfittare di qu/qc

advantageous [ˌæd·væn·ˈteɪ·dʒəs] *adj* vantaggioso, -a

adventure [əd·ˈven·tʃə-] *n* avventura *f*

adventurous [əd·ˈven·tʃə··əs] *adj* (*person*) avventuroso, -a; (*decision*) rischioso, -a

adversity [əd·ˈvɜːr·sə·t̬i] <-ies> *n* avversità *f;* **in** (**the face of**) **~** nelle avversità

advertise [ˈæd·və··taɪz] **I.** *vt* rendere noto **II.** *vi* fare pubblicità

advertisement [ˌæd·və··ˈtaɪz·mənt] *n* COM pubblicità *f;* **job ~** annuncio *m* di lavoro

advertiser [ˈæd·və··taɪ·zə-] *n* inserzionista *mf*

advertising [ˈæd·və··ˌtaɪ·zɪŋ] *n* pubblicità *f*

advertising agency <-ies> *n* agenzia *f* pubblicitaria

advertising campaign *n* campagna *f* pubblicitaria

advice [əd·ˈvaɪs] *n* **1.** (*suggestion, opinion*) consiglio *m;* **a piece of ~** un consiglio; **to ask for ~** chiedere consiglio; **to ask sb for ~ on sth** chiedere (un) consiglio a qu su qc; **to give some good ~** dare buoni consigli; **on sb's ~** su consiglio di qu **2.** COM avviso *m*

advisable [əd·ˈvaɪ·zə·bl] *adj* consigliabile; **it is** (**not**) **~** (non) è consigliabile

advise [əd·ˈvaɪz] *vi, vt* consigliare; (*specialist*) offrire consulenze a; **to ~ sb against sth** sconsigliare qc a qu; **to ~ sb on sth** consigliare qu su qc; **to ~ sb of sth** informare qu di qc

adviser *n,* **advisor** [əd·ˈvaɪ·zə-] *n* consulente *mf*

advocate [ˈæd·və·kət] *n* **1.** (*supporter*) sostenitore, -trice *m, f* **2.** (*lawyer*) avvocato (difensore) *m*

aerial [ˈe·ri·əl] **I.** *adj* aereo, -a *f* **II.** *n* antenna *f*

aerobics [ə·ˈroʊ·bɪks] *n + sing/pl vb*

aerobica *f;* **to do ~** fare aerobica
aerodynamic [ˌer·oʊ·daɪ·ˈnæm·ɪk] *adj* aerodinamico, -a
aerodynamics *n + sing vb* aerodinamica *f*
aeronautic [ˈe·rə·nɑː·t̬ik] *adj* aeronautico, -a
aeronautics *n + sing vb* aeronautica *f*
affair [ə·ˈfer] *n* **1.** (*matter*) affare *m;* **~s of state** affari di stato **2.** (*controversial situation*) questione *f;* (*scandal*) caso *m* **3.** (*sexual relationship*) relazione (*f* amorosa) **4.** (*event, occasion*) vicenda *f*
affect [ə·ˈfekt] *vt* **1.** (*have effect on*) colpire; **to be ~ed by sth** (*be moved*) essere toccato da qc **2.** (*influence: decision*) influire su **3.** (*simulate*) fingere
affected [ə·ˈfek·tɪd] *adj* (*behavior, accento*) affettato, -a; (*smile, emotion*) falso, -a; (*style*) artificioso, -a
affection [ə·ˈfek·ʃən] *n* affetto *m*
affectionate [ə·ˈfek·ʃə·nət] *adj* affettuoso, -a
affirmative [ə·ˈfɜːr·mə·t̬ɪv] **I.** *adj* affermativo, -a **II.** *n* **~ action** discriminazione *f* positiva
affluent [ˈæ·flʊ·ənt] *adj* ricco, -a; **an ~ lifestyle** una vita agiata
afford [ə·ˈfɔːrd] *vt* **1.** (*have money, time for*) permettersi; **to be able to ~ sth** potersi permettere qc **2.** (*provide*) fornire; **to ~ protection** offrire protezione
affordable [ə·ˈfɔːr·də·bl] *adj* (*price, purchase*) abbordabile
afield [ə·ˈfiːld] *adv* **far/farther ~** molto/più lontano
afloat [ə·ˈfloʊt] *adj* a galla; **to keep** [*or* **stay**] **~** *a. fig* rimanere a galla
afraid [ə·ˈfreɪd] *adj* **1.** (*scared*) **to be ~** aver paura; **to be ~ of doing** [*or* **to do**] **sth** aver paura di fare qc; **to be ~ of sb/sth** aver paura di qu/qc **2.** (*sorry*) **I'm ~ so** temo proprio di sì; **I'm ~ not** purtroppo no; **I'm ~ I haven't got the time** mi dispiace, ma non ho tempo
Africa [ˈæf·rɪ·kə] *n* Africa *f*
African [ˈæf·rɪ·kən] *adj, n* africano, -a *m, f*
African American *adj, n* afroamericano, - a *m, f*
Afro-American *adj, n see* **African American**
Afro-Caribbean [ˌæf·roʊ·ˌkær·ə·ˈbi·ən] *adj, n* afrocaraibico, -a *m, f*
after [ˈæf·tɚ] **I.** *prep* **1.** (*at later time*) dopo; **~ two days** dopo due giorni **2.** (*behind*) dietro; **to run ~ sb** correre dietro a qu **3.** (*following*) dopo; **D comes ~ C** la D viene dopo la C **4.** (*about*) **to ask ~ sb** chiedere (notizie) di qu **5.** (*despite*) **~ all** dopotutto **6.** (*in the style of*) **a drawing ~ Picasso** un disegno alla maniera di Picasso **II.** *adv* dopo; **soon ~** poco dopo; **the day ~** il giorno dopo **III.** *conj* dopo che *+subj;* **I'll call him** (**right**) **~ I've taken a shower** lo chiamerò subito dopo aver fatto la doccia
aftercare [ˈæf·tɚ·ker] *n* MED assistenza *f* postoperatoria
aftereffects [ˈæf·tər·ɪ·ˌfektz] *npl* (*of drugs, treatment*) effetti *m pl* secondari; (*of accident*) postumi *mpl*
afternoon [ˌæf·tɚ·ˈnuːn] **I.** *n* pomeriggio *m;* **this ~** oggi pomeriggio; **in the ~** nel [*or* di] pomeriggio; **all ~** tutto il pomeriggio; **tomorrow/yesterday ~** domani/ieri pomeriggio; **4 o'clock in the ~** le 4 del pomeriggio; **good ~!** buongiorno! **II.** *adj* pomeridiano, -a; **~ nap** sonnellino (*m* pomeridiano)
aftershave [ˈæf·tər·ʃeɪv] *n* dopobarba *m inv*
aftershock *n* GEO scossa *f* di assestamento
again [ə·ˈgen] *adv* **1.** (*as a repetition*) ancora; (*one more time*) di nuovo; **never ~** mai più; **once ~** ancora una volta; **then ~** d'altra parte; **yet ~** di nuovo; **~ and ~** tante volte **2.** (*anew*) di nuovo
against [ə·ˈgenst] **I.** *prep* **1.** (*in opposition to*) contro; **to be ~ sth/sb** essere contro qc/qu **2.** (*as protection from*) contro; **to protect oneself ~ rain** proteggersi dalla pioggia **3.** (*in contact with*) contro; **to lean ~ a tree** appoggiarsi a un albero **4.** (*in front of*) **~ the light** in controluce **5.** (*in competition with*) contro; **~ time/the clock** contro il tempo **6.** (*in comparison with*) **the**

dollar rose/fell ~ the euro il dollaro è salito/sceso rispetto all'euro **II.** *adv a.* POL contro; **there were 10 votes ~** c'erano 10 voti contro

age [eɪdʒ] **I.** *n* **1.** (*of person, object*) età *f;* **old ~** vecchiaia *f;* **~ of consent** età del consenso; **what is your ~?** quanti anni hai?; **when I was her ~** quando avevo la sua età; **to be seven years of ~** avere sette anni; **to be under ~** essere minorenne; **to come of ~** diventare maggiorenne **2.** (*era*) era *f;* **in this day and ~** ai giorni nostri **3.** (*long time*) secoli *mpl;* **I haven't seen her in ~s** è una vita che non la vedo **II.** *vi* **1.** (*become older*) invecchiare **2.** GASTR (*wine*) far invecchiare; (*cheese*) far stagionare **III.** *vt* **1.** (*make older*) invecchiare **2.** GASTR (*wine*) invecchiare; (*cheese*) stagionare

aged[1] [eɪdʒd] *adj* **1.** (*wine*) invecchiato, -a; (*cheese*) stagionato, -a **2.** (*with age of*) dell'età di

aged[2] ['eɪ·dʒɪd] **I.** *adj* (*old*) anziano, -a **II.** *n* **the ~** gli anziani

age limit *n* limite di età

agency ['eɪ·dʒən·si] <-ies> *n* **1.** COM agenzia *f;* **travel ~** agenzia di viaggi **2.** ADMIN organismo *m;* **government ~** ente governativo

agenda [ə·'dʒen·də] *n* (*for meeting*) ordine *m* del giorno; **to be at the top of the ~** *fig* avere la massima priorità

agent ['eɪ·dʒənt] *n* agente *mf;* **secret ~** agente segreto

age-old *adj* antichissimo, -a

aggravate ['æ·grə·veɪt] *vt* (*make worse*) aggravare

aggression [ə·'gre·ʃən] *n* **1.** (*feelings*) aggressività *f* **2.** (*violence*) aggressione *f*

aggressive [ə·'gre·sɪv] *adj* aggressivo, -a

aggressor [ə·'gre·sɚ] *n* aggressore, aggreditrice *m, f*

aging I. *adj* che invecchia **II.** *n* invecchiamento *m*

agitation [ˌæ·dʒɪ·'teɪ·ʃən] *n a.* POL agitazione *f*

agnostic [æg·'nɑːs·tɪk] *adj, n* agnostico, -a

ago [ə·'goʊ] *adv* **a minute/a year ~** un minuto/un anno fa; **a long time ~, long ~** molto tempo fa

agonizing ['æ·gə·naɪ·zɪŋ] *adj* **1.** (*pain*) atroce **2.** (*delay, decision*) angoscioso, -a

agony ['æ·gə·ni] <-ies> *n* agonia *f;* **to be in ~** avere dolori atroci

agree [ə·'griː] **I.** *vi* **1.** (*hold same opinion*) essere d'accordo; **to ~ on sth** (*be in agreement*) essere d'accordo su qc; (*reach agreement*) accordarsi su qc; **to ~ to do sth** (*reach agreement*) accordarsi per fare qc; (*consent*) accettare di fare qc; **to ~ to disagree** rimanere ognuno della propria opinione **2.** (*be good for*) **to ~ with sb** andare bene per qu **3.** *a.* LING concordare **II.** *vt* (*concur*) essere d'accordo; **it is ~d that ...** è stato deciso che ...; **at the ~d time** all'ora fissata

agreement *n* **1.** (*contract*) accordo *m;* **to break an ~** rompere un accordo **2.** (*shared opinion*) accordo *m;* **to be in ~ with sb/sth** essere d'accordo con qu/qc; **to reach an ~** raggiungere un accordo

agriculture ['æg·rɪ·kʌl·tʃɚ] *n* agricoltura *f*

ah [ɑː] *interj* ah

aha [ɑː·'hɑː] *interj* ah ah

ahead [ə·'hed] *adv* **1.** (*in front*) davanti; **the road ~ was blocked** più avanti la strada era bloccata **2.** (*advanced position, forwards*) avanti; **to go ~** andare avanti **3.** (*in the future*) **to look ~** guardare al futuro

ahead of *prep* **1.** (*in front of*) davanti a; **to walk ~ sb** camminare davanti a qu **2.** (*before*) prima di; **to arrive ~ time** arrivare in anticipo **3.** (*more advanced than*) **to be a minute ~ sb** avere un minuto di vantaggio su qu **4.** (*informed about*) **to keep ~ sth** precorrere i tempi

aid [eɪd] **I.** *n* **1.** (*assistance, support*) aiuto *m;* **to come/go to the ~ of sb** venire/andare in aiuto di qu; **with the ~ of sb/sth** con l'aiuto di qu/qc **2.** POL, ECON aiuto *m;* **emergency ~** primi aiuti; **financial ~** sovvenzione *f* **3.** (*device*) aiuto *m;* **hearing ~** apparecchio *m* acustico **II.** *vt* aiutare

aid convoy *n* convoglio *m* umanitario

AIDS [eɪdz] *n abbr of* **Acquired Immune Deficiency Syndrome** AIDS *m*

aim [eɪm] **I.** *vi* **1.** (*point: weapon*) mirare; **to ~ at sb/sth** mirare a qu/qc **2.** (*plan to achieve*) **to ~ at** [*or* **for**] **sth** puntare a qc; **to ~ to do sth** mirare a fare qc **II.** *vt* **1.** (*point a weapon*) puntare; **to ~ sth at sb/sth** puntare qc su [*or* contro] qu/qc **2.** (*direct at*) **to ~ sth at sb** rivolgere qc a qu **3.** (*intend to*) **to be ~ed at doing sth** essere inteso a fare qc **III.** *n* **1.** (*ability to shoot*) mira *f;* **to take ~** mirare **2.** (*goal*) scopo *m;* **with the ~ of doing sth** col proposito di fare qc

air [er] **I.** *n* **1.** (*earth's atmosphere*) aria *f* **2.** (*space overhead*) aria *f;* **to fire into the ~** sparare in aria **3.** AVIAT **by ~** in aereo **4.** TV, RADIO, CINE **to be on the ~** essere in onda **5.** (*aura, quality*) aria *f;* **to have an ~ of confidence/danger** avere un aspetto sicuro/pericoloso **6.** MUS aria *f* ► **out of <u>thin</u> ~** dal nulla **II.** *adj* aereo, -a **III.** *vt* **1.** TV, RADIO trasmettere; **the program will be ~ed on Saturday** il programma andrà in onda sabato **2.** (*expose to air*) arieggiare **3.** (*publicize*) **to ~ one's grievances** esternare il proprio malcontento **IV.** *vi* **1.** TV, RADIO andare in onda **2.** (*be exposed to air*) prendere aria

air base *n* base *f* aerea

air-conditioned *adj* climatizzato, -a

air conditioner *n* climatizzatore *m*

air conditioning *n* climatizzazione *f*

aircraft ['er·kræft] *n* (*airplane*) aereo *m;* (*in general*) velivolo *m*

airfare *n* costo *m* del biglietto aereo

airfield *n* campo *m* d'aviazione

airline *n* compagnia *f* aerea

airliner *n* aereo *m* di linea

airmail **I.** *n* posta *f* aerea **II.** *vt* spedire per posta aerea

airplane *n* aeroplano *m*

air pollution *n* inquinamento *m* atmosferico

airport *n* aeroporto *m*

airport terminal *n* terminal *m* dell'aeroporto

air quality *n* qualità *f* dell'aria

airsick *adj* **to get ~** soffrire di mal d'aereo

airspace *n* spazio *m* aereo

airstrip *n* pista *f* d'atterraggio

airtight *adj* ermetico, -a

airtime *n* TV spazio *m* televisivo

air-traffic controller *n* controllore *m* di volo

airway ['er·weɪ] *n* **1.** ANAT via *f* respiratoria **2.** (*route of aircraft*) rotta *f* aerea

airy ['e·ri] *adj* **1.** ARCHIT arioso, -a **2.** (*light*) leggero, -a

aisle [aɪl] *n* corridoio *m;* (*in church*) navata *f* laterale

ajar [ə·'dʒɑːr] *adj* socchiuso, -a

AK *n abbr of* **Alaska** Alaska *f*

AKA, **aka** *abbr of* **also known as** alias

AL *n,* **Ala.** [ˌæl·ə·'bæm·ə] *n abbr of* **Alabama** Alabama *f*

Alabama [ˌæl·ə·'bæm·ə] *n* Alabama *f*

alarm [ə·'lɑːrm] **I.** *n* **1.** (*worry*) apprensione *f;* **to cause sb ~** allarmare qu **2.** (*warning*) allarme *m;* **fire ~** allarme antincendio; **burglar ~** allarme antifurto **3.** (*clock*) sveglia *f* **II.** *vt* allarmare

alarm clock *n* sveglia *f*

alarming *adj* allarmante

Alaska [ə·'læs·kə] *n* Alaska *f*

alcohol ['æl·kə·hɑːl] *n* alcol *m*

alcoholic [ˌæl·kə·'hɑː·lɪk] **I.** *n* alcolizzato, -a *m, f* **II.** *adj* alcolico, -a

alert [ə·'lɜːrt] **I.** *adj* sveglio, -a; **to keep ~** stare attento **II.** *n* **1.** (*alarm*) allarme *m* **2.** (*period of watchfulness*) allerta *f;* **to be on the ~** stare all'erta **III.** *vt* (*notify*) allertare

alias ['eɪ·li·əs] **I.** *n* pseudonimo *m* **II.** *adv* alias

alienate ['eɪ·li·ə·neɪt] *vt* **1.** (*person*) alienare; **to ~ sb from sb/sth** far allontanare qu da qc **2.** LAW (*property*) alienare

alienation [ˌeɪ·li·ə·'neɪ·ʃən] *n* **1.** (*of people*) allontanamento *m* **2.** LAW (*of property*) alienazione *f*

alight [ə·'laɪt] *adj* **1.** (*on fire*) acceso, -a; **to be ~** essere in fiamme; **to set sth ~** dar fuoco a qc **2.** *fig* (*with enthusiasm, joy*) risplendente

alike [ə·'laɪk] **I.** *adj* **1.** simile; **to look ~** assomigliarsi **2. Clara and Carl ~ ...** (*both*) sia Clara che Carlo ... **II.** *adv* (*similarly*) allo stesso modo; **to think ~** pensarla allo stesso modo

alimony ['æ·lɪ·moʊ·ni] *n* alimenti *mpl*

alive [ə·'laɪv] *adj* **1.** (*not dead*) vivo, -a; **to be ~** esser vivo **2.** (*active*) pieno, -a di vita; **to make sth come ~** dar vita a qc

all [ɔːl] **I.** *adj* tutto, -a; **~ the butter** tutto il burro; **~ my sisters** tutte le mie sorelle **II.** *pron* **1.** (*everybody*) tutti, -e; **~ aboard!** tutti a bordo!; **~ but him** tutti meno lui; **once and for ~** una volta per tutte **2.** (*everything*) tutto; **~ but ...** tutto tranne ...; **most of ~** soprattutto; **the best of ~ would be ...** la cosa migliore sarebbe ...; **for ~ I know** per quel che ne so io **3.** (*the whole quantity*) tutto, -a; **they took/drank it ~** l'hanno preso/bevuto tutto; **~ of France** tutta la Francia **4.** (*the only thing*) tutto, -a; **~ I want is ...** tutto ciò che voglio è ... **5.** SPORTS **two ~** due a due **III.** *adv* tutto; **~ around** tutt'intorno; **not as stupid as ~ that** non del tutto stupido; **it's ~ the same** è lo stesso

Allah ['æl·ə] *n* Alah *m*

allegation [ˌæ·lɪ·'geɪ·ʃən] *n* accusa *f*; **to make an ~ against sb** accusare qu

allege [ə·'ledʒ] *vt* asserire; **it is ~d that ...** si presume che ...

alleged [ə·'ledʒd] *adj* presunto, -a

allegedly [ə·'le·dʒɪd·li] *adv* a quanto si dice

allegiance [ə·'liː·dʒəns] *n* fedeltà *f*; **to pledge ~ to sb/sth** giurare fedeltà a qu/qc

allergic [ə·'lɜːr·dʒɪk] *adj* allergico, -a; **~ reaction** reazione *f* allergica

allergy ['æ·lɚ·dʒi] <-ies> *n* allergia *f*

alley ['æ·li] *n* vicolo *m*

alliance [ə·'la·ɪəns] *n* alleanza *f*

allied ['æ·laɪd] *adj* **1.** *a.* MIL alleato, -a; **the Allied forces** le forze alleate **2.** (*combined*) **~ with** [*or* **to**] **sth** unito a qc

alligator ['æ·lɪ·geɪ·t̬ɚ] *n* alligatore *m*

all-inclusive [ˌɔl·ɪn·'klu·sɪv] *adj* tutto compreso; **~ rate** prezzo *m* inclusivo di tutto

all-night *adj* (*taking all night*) che dura tutta la notte; (*open all night*) aperto, -a tutta la notte

all-nighter *n inf* **to pull an ~ to finish the project** lavorare tutta la notte per ultimare il progetto

allocate ['æ·lə·keɪt] *vt* **1.** (*assign*) assegnare **2.** (*distribute*) ripartire

allocation [ˌæ·lə·'keɪ·ʃən] *n* **1.** (*assignment*) assegnazione *f* **2.** (*act of distributing*) distribuzione *f*

allot [ə·'lɑːt] <-tt-> *vt* assegnare

allotment *n* **1.** (*assignment*) assegnazione *f* **2.** (*distribution*) distribuzione *f* **3.** (*allotted thing*) quantità *f* assegnata

all-out [ɔːl·'aʊt] *adj* totale; **to make an ~ effort** fare uno sforzo supremo

allow [ə·'laʊ] *vt* **1.** (*permit*) permettere; **to ~ sb to do sth** permettere a qu di fare qc; **~ me** mi permetta; **please ~ me through** *form* mi fa passare, per favore?; **smoking is not ~ed** è vietato fumare **2.** (*allocate*) assegnare; **please ~ up to 7 days for delivery** calcolare fino a 7 giorni per la consegna **3.** (*admit*) **to ~ that ...** ammettere che ...

allowance [ə·'laʊ·əns] *n* **1.** (*permitted amount*) quantità *f* consentita; **baggage ~** bagaglio *m* consentito **2.** (*pocket money*) paghetta *f* **3.** (*preparation*) **to make ~(s) for sth** tener conto di qc **4.** (*excuse*) **to make ~s for sb** essere indulgente nei confronti di qu; **to make ~s for sth** tener conto di qc

all-purpose [ɔːl·'pɜːr·pəs] *adj* universale

all right **I.** *adj* **1.** (*okay*) bene; **that's ~** (*after thanks*) prego; (*after excuse*) non importa **2.** (*healthy*) bene; **to be ~** stare bene; (*safe*) esser sano e salvo **II.** *interj* (*expressing agreement*) va bene **III.** *adv* **1.** (*well*) bene **2.** (*certainly*) sicuramente **3.** (*in answer*) va bene

All Saints' Day *n* Ognissanti *m*

All Souls' Day *n* giorno *m* dei morti

all-terrain vehicle *n* fuoristrada *m inv*

allude [ə·'luːd] *vi* **to ~ to sth** alludere a qc

alluring [ə·ˈlʊ·rɪŋ] *adj* attraente
all-weather *adj* per tutte le stagioni
ally [ˈæ·laɪ] **I.** <-ies> *n* (*country, supporter*) alleato, -a *m, f* **II.** <-ie-> *vt* **to ~ oneself with sb** POL allearsi con qu
alma mater [ˈæl·mə·ma·t̬ər] *n scuola, college o università di cui si è stati studenti*
almighty [ɔːl·ˈmaɪ·t̬i] **I.** *adj inf* enorme **II.** *n* **the Almighty** l'Onnipotente
almond [ˈɑː·mənd] *n* **1.** (*nut*) mandorla *f* **2.** (*tree*) mandorlo *m*
almost [ˈɔːl·moʊst] *adv* quasi
alone [ə·ˈloʊn] **I.** *adj* **1.** (*without others*) solo, -a; **to do sth ~** fare qualcosa da solo; **to leave sb ~** lasciare qu in pace; **to leave sth ~** lasciare stare qc **2.** (*unique*) **to be ~ in doing sth** essere il solo a fare qc; **Jane ~ can do that** solo Jane lo può fare ▶ **let ~ ...** figuriamoci ... **II.** *adv* solo
along [ə·ˈlɑːŋ] **I.** *prep* lungo; **all ~ the river** lungo tutto il fiume; **~ the road** lungo la strada; **it's ~ here** è per di qua **II.** *adv* **all ~** fin dall'inizio; **to bring/take sb ~** portare qu (con sé)
alongside [ə·ˈlɑːŋ·saɪd] **I.** *prep* **1.** (*next to*) accanto a; **~ each other** uno accanto all'altro **2.** NAUT sottobordo **II.** *adv* accanto; NAUT accostato
aloud [ə·ˈlaʊd] *adv* ad alta voce
alphabet [ˈæl·fə·bet] *n* alfabeto *m*
alphabetical [ˌæl·fə·ˈbe·t̬ɪ·kl] *adj* alfabetico, -a; **in ~ order** in ordine alfabetico
alpine [ˈæl·paɪn] *adj* alpino, -a
Alps [ælps] *npl* **the ~** le Alpi
already [ɔːl·ˈre·di] *adv* già
Alsatian [æl·ˈseɪ·ʃən] *n* (*dog*) pastore *m* tedesco
also [ˈɔːl·soʊ] *adv* anche
altar [ˈɔːl·tɚ] *n* altare *m*
alter [ˈɔːl·tɚ] **I.** *vt* **1.** (*change: text*) modificare; (*option*) cambiare **2.** FASHION (*dress*) apportare modifiche a **II.** *vi* cambiare
alteration [ˌɔːl·tɚ·ˈreɪ·ʃən] *n* (*change*) alterazione *f;* (*in house*) ristrutturazione *f*
alternate[1] [ˈɔːl·tɚ·neɪt] **I.** *vt* alternare **II.** *vi* alternarsi
alternate[2] [ɔːl·ˈtɜːr·nət] *adj* **1.** (*by turns*) alterno, -a; **on ~ days** a giorni alterni **2.** (*alternative*) alternativo, -a
alternating [ˈɔːl·tə·neɪ·t̬ɪŋ] *adj* alterno, -a
alternative [ɔːl·ˈtɜːr·nə·t̬ɪv] **I.** *n* alternativa *f;* **to have no ~ but to do sth** non avere altra scelta se non fare qc **II.** *adj* alternativo, -a
alternatively *adv* **1.** (*on the other hand*) altrimenti **2.** (*as a substitute*) in alternativa
although [ɔːl·ˈðoʊ] *conj* nonostante; **~ it's snowing ...** sebbene nevichi ...
altitude [ˈæl·tə·tuːd] *n* altitudine *f*
alto [ˈæl·toʊ] *n* **1.** (*woman*) contralto *m* **2.** (*man*) controtenore *m*
altogether [ˌɔːl·tə·ˈge·ðɚ] **I.** *adv* **1.** (*completely*) completamente; **not ~** non del tutto **2.** (*in total*) complessivamente **II.** *n* **in the ~** completamente nudo
aluminum [ə·ˈluː·mɪ·nəm] *n* alluminio *m*
aluminum foil *n* carta *f* stagnola
always [ˈɔːl·weɪz] *adv* **1.** (*at all times*) sempre **2.** (*alternatively*) sempre
Alzheimer's disease [ˈalts·haɪ·mərz] *n* morbo *m* di Alzheimer
am [əm, *stressed:* æm] *vi 1. pers sing of* **be**
A.M. [ˌeɪ·ˈem], **a.m.** *abbr of* **ante meridiem** a.m.
amateur [ˈæ·mə·tʃɚ] **I.** *n a. pej* dilettante *mf* **II.** *adj* dilettantistico, -a; **~ sport** sport *m* dilettantistico *inv*
amateurish [ˌæ·mə·ˈtʃɜː·rɪʃ] *adj* da dilettante
amaze [ə·ˈmeɪz] *vt* **1.** (*astound*) stupire; **to be ~d that.../by sth** essere stupito che .../da qc **2.** (*surprise*) sorprendere; **to be ~d by sth** essere sorpreso da qc
amazement *n* stupore *m;* **to my ~** con mio grande stupore
amazing *adj* sorprendente
ambassador [æm·ˈbæ·sə·dɚ] *n* ambasciatore, -trice *m, f*
ambidextrous [ˌæm·bɪ·ˈdeks·trəs] *adj* ambidestro, -a
ambiguous [æm·ˈbɪg·jʊ·əs] *adj* ambiguo, -a
ambition [æm·ˈbɪ·ʃən] *n* ambizione *f*
ambitious [æm·ˈbɪ·ʃəs] *adj* ambizioso, -a; **to be ~ to do sth** avere l'ambizione di fare qc

ambulance ['æm·bjʊ·ləns] *n* ambulanza *f*

ambush ['æm·bʊʃ] **I.** *vt* **to ~ sb** tendere un'imboscata a qu **II.** *n* <-es> imboscata *f*

amen [eɪ·'men] *interj* amen; **~ to that!** sono assolutamente d'accordo!

amendment *n* (*to constitution*) emendamento *m;* (*to text, plan*) correzione *f*

America [ə·'me·rɪ·kə] *n* America *f*

American [ə·'me·rɪ·kən] **I.** *n* **1.** (*person*) americano, -a *m, f* **2.** LING (inglese *m*) americano **II.** *adj* americano, -a

Americanism *n* americanismo *m*

Americanize *vt* americanizzare

amiable ['eɪ·mi·ə·bl] *adj* amabile

among(st) [ə·'mʌŋ(st)] *prep* tra; **~ friends** tra amici; (**just**) **one ~ many** (solo) uno fra tanti; **~ other things** fra le altre cose

amount [ə·'maʊnt] **I.** *n* **1.** (*quantity*) quantità *f* **2.** (*very much*) **any ~ of** grandi quantità di **3.** (*of money*) somma *f;* (*of bill*) importo *m* **II.** *vi* **1.** (*add up to*) **to ~ to sth** ammontare a qc **2.** (*be successful*) **to ~ to sth** arrivare a qc

amplifier ['æmp·lɪ·fa·ɪə˞] *n* amplificatore *m*

amplify ['æmp·lɪ·faɪ] <-ie-> **I.** *vt* **1.** MUS amplificare **2.** (*enlarge upon: statement*) ampliare; (*idea*) sviluppare **II.** *vi* **to ~ upon sth** approfondire qc

amuse [ə·'mju:z] *vt* **1.** (*entertain*) divertire; **to ~ oneself** distrarsi; **to keep sb ~d** intrattenere qu **2.** (*cause laughter*) divertire; **I'm not ~d** non lo trovo divertente

amusement [ə·'mju:z·mənt] *n* **1.** (*entertainment*) divertimento *m;* **for one's own ~** per svago **2.** (*mirth*) divertimento *m;* (**much**) **to my ~** con mio gran divertimento **3.** (*laughter*) risata *f*

amusing *adj* divertente

an [ən, *stressed:* æn] *indef art before vowel see* **a**

anal ['eɪ·nəl] *adj* anale

analysis [ə·'næ·lə·sɪs] <-ses> *n* **1.** (*examination*) analisi *f inv* **2.** (*psychoanalysis*) (psic)analisi *f inv;* **to be in ~** essere in analisi

analyst ['æ·nə·lɪst] *n* **1.** (*analyzer*) analista *mf;* **financial ~** analista finanziario **2.** PSYCH (psic)analista *mf*

analyze ['æ·nə·laɪz] *vt* analizzare; PSYCH psicanalizzare

anarchist ['æ·nə˞·kɪst] *adj, n* anarchico, -a *m, f*

anarchy ['æ·nə˞·ki] *n* anarchia *f*

anatomical [ˌæ·nə·'tɑ:·mɪ·kl] *adj* anatomico, -a

anatomy [ə·'næ·t̬ə·mi] <-ies> *n* BIO anatomia *f*

ancestor ['æn·ses·tə˞] *n* (*of person*) antenato, -a *m, f*

anchor ['æŋ·kə˞] **I.** *n* **1.** NAUT ancora *f* **2.** *fig* sostegno *m* **3.** (*news ~*) anchorman, -woman *m, f inv* **II.** *vt* **1.** NAUT ancorare **2.** (*rope, tent*) fissare **3.** RADIO, TV **to ~ a TV program** condurre un programma televisivo **III.** *vi* NAUT gettare l'ancora

anchorman ['æŋ·kə˞·mæn] <-men> *n* RADIO, TV anchorman *m inv*

anchorwoman ['æŋ·kə˞·ˌwʊ·mən] <-men> *n* RADIO, TV anchorwoman *f inv*

anchovy ['æn·tʃoʊ·vi] <-ies> *n* acciuga *f*

ancient ['eɪn·ʃənt] **I.** *adj* **1.** *a.* HIST antico, -a; **since ~ times** da tempi remoti; **~ history** storia antica **2.** *inf* (*very old*) decrepito, -a **II.** *n* **the ~s** gli antichi

and [ən, ənd, *stressed:* ænd] *conj* **1.** (*also*) e; (*before 'i' or 'hi'*) ed; **black ~ white** bianco e nero; **food ~ drink** cibo e bevande **2.** MAT **2 ~ 3 is 5** 2 più 3 fa 5; **four hundred ~ twelve** quattrocentododici **3.** (*then*) **he left ~ everybody was relieved** quando se n'è andato tutti hanno tirato un respiro di sollievo **4.** (*increase*) **more ~ more** sempre più; **better ~ better** sempre meglio **5.** (*repetition*) **I tried ~ tried** ho provato e riprovato **6.** (*continuation*) **he cried ~ cried** continuava a piangere ▶ **~ so on** [*or* **forth**] e così via

anemic [ə·'ni:·mɪk] *adj* anemico, -a

anesthetic [ˌæ·nɪs·'θe·tɪk] *adj, n* anestetico, -a *m, f;* **to be under ~** essere sotto anestesia

angel ['eɪn·dʒl] *n* angelo *m*

angelic [æn·'dʒe·lɪk] *adj* angelico, -a

anger ['æŋ·gɚ] **I.** *n* rabbia *f;* (*stronger*) collera *f* **II.** *vt* far arrabbiare

angle¹ ['æŋ·gl] **I.** *n* **1.** *a.* MAT angolo *m;* **at an ~ of 90 degrees** a un angolo di 90 gradi; **he wore his hat at an ~** portava il cappello inclinato da un lato **2.** (*perspective*) prospettiva *f;* **to see sth from a different ~** vedere qc da un altro punto di vista **3.** (*opinion*) punto *m* di vista; **what's your ~ on this issue?** lei come vede la questione? **II.** *vt* **1.** (*turn at an angle: shot*) angolare **2.** (*information*) rivolgere

angle² ['æŋ·gl] *vi* (*to fish*) pescare (con la lenza); **to go ~** andare a pescare

angler ['æŋ·glɚ] *n* pescatore , -trice (con la lenza) *m*

Anglican ['æŋ·glɪ·kən] **I.** *adj* anglicano, -a **II.** *n* anglicano, -a *m, f*

Anglo-American [ˌæŋ·gloʊ·ə·'mer·ɪ·kən] *adj, n* angloamericano, -a *m, f*

Anglophile [ˌæŋ·glə·faɪl] *n* anglofilo, -a *m, f*

Anglo-Saxon [ˌæŋ·gloʊ·'sæk·sən] *adj, n* anglosassone *mf*

angry ['æŋ·gri] *adj* (*person*) arrabbiato, -a; (*crowd*) inferocito, -a; (*sea*) tempestoso, -a; **to make sb ~** far arrabbiare qu; **to get ~ with sb/about sth** arrabbiarsi con qu/per qc

anguish ['æŋ·gwɪʃ] *n* angoscia *f*

animal ['æ·nɪ·ml] **I.** *n* ZOOL *a. fig* animale *m* **II.** *adj* (*instincts, desires*) animale

animation [ˌæ·nɪ·'meɪ·ʃən] *n* animazione *f;* **computer ~** animazione al computer

animosity [ˌæ·nɪ·'mɑː·sə·t̬i] *n* animosità *f*

ankle ['æŋ·kl] *n* caviglia *f*

annex ['æ·neks] **I.** *n* <-es> **1.** (*of building*) annesso *m* **2.** (*of document*) allegato *m* **II.** *vt* **1.** (*territory*) annettere **2.** (*document, clause*) allegare

annexation [ˌæ·nek·'seɪ·ʃən] *n* annessione *f*

anniversary [ˌæ·nɪ·'vɜːr·sə·ri] <-ies> *n* anniversario *m*

announce [ə·'naʊns] *vt* annunciare; (*result*) comunicare

announcement *n* annuncio *m;* **to make an ~ about sth** annunciare qc

announcer [ə·'naʊn·sɚ] *n* annunciatore, -trice *m, f*

annoy [ə·'nɔɪ] *vt* infastidire; **to get ~ed with sb** essere arrabbiato con qu

annoyance [ə·'nɔ·ɪəns] *n* **1.** (*irritation*) irritazione *f;* **much to my ~, she won** con mia grande rabbia, ha vinto **2.** (*irritating thing*) fastidio *m*

annoying *adj* (*noise*) fastidioso, -a; (*person*) irritante

annual ['æn·jʊ·əl] **I.** *adj* annuale **II.** *n* **1.** (*book*) annuario *m* **2.** BOT pianta *f* annuale

annually ['æn·jʊ·ə·li] *adv* annualmente

annul [ə·'nʌl] <-ll-> *vt* annullare

anonymity [ˌæ·nə·'nɪ·mə·t̬i] *n* anonimato *m*

anonymous [ə·'nɑː·nə·məs] *adj* anonimo, -a

anorexia [ˌɑ·nə·'rek·sɪ·ə] *n* anoressia *f*

another [ə·'nʌ·ðɚ] **I.** *pron* **1.** (*one more*) un altro, un'altra; **it's always one thing or ~** ce n'è sempre una **2.** (*mutual*) **one ~** l'un l'altro; **they love one ~** si amano **II.** *adj* un altro, un'altra; **~ pastry?** un altro pasticcino?; **~ $30** altri 30 dollari

answer ['æn·sɚ] **I.** *n* **1.** (*reply*) risposta *f;* **in ~ to your question** in risposta alla tua domanda **2.** (*solution*) soluzione *f* **II.** *vt* **1.** (*respond to*) rispondere a; **to ~ the telephone** rispondere al telefono **2.** (*fit, suit: description*) rispondere a; (*need*) soddisfare; (*prayers*) esaudire **III.** *vi* rispondere

◆**answer back** *vi* rispondere (male)

◆**answer for** *vt* (*action, situation, person*) rispondere di

◆**answer to** *vt* **1.** (*obey*) obbedire a **2.** (*fit*) rispondere a

answerable ['æn·sə·rə·bl] *adj* **1.** (*responsible*) **to be ~ for sth** essere responsabile di qc **2.** (*accountable*) **to be ~ to sb** dover rendere conto a qu

answering machine *n* segreteria *f* telefonica

answering service *n* servizio *m* di segreteria telefonica

ant [ænt] *n* formica *f*

antagonistic [æn·ˌtæ·gə·'nɪs·tɪk] *adj* antagonistico, -a

antagonize [æn·'tæ·gə·naɪz] *vt* inimicarsi

Antarctic [ænt·'ɑːrk·tɪk] **I.** *adj* antartico, -a **II.** *n* **the ~** l'Antartico *m*

Antarctica [ænt·'ɑːrk·tɪ·kə] *n* Antartide *m*

Antarctic Ocean *n* Oceano *m* Antartico

anti ['æn·ti] *adj, prep* contro; **to be ~** esser contro

antiabortion [ˌæn·ti·ə·'bɔr·ʃən] *adj* antiabortista

anti-American *adj* antiamericano, -a

antibiotic [ˌæn·tɪ·baɪ·'ɑː·t̬ɪk] *adj, n* antibiotico, -a *m, f*

anticipate [æn·'tɪ·sə·peɪt] *vt* **1.** (*expect, foresee*) prevedere; **to ~ doing/being sth** prevedere di fare/essere qc **2.** (*look forward to*) pregustare

anticipation [æn·ˌtɪ·sə·'peɪ·ʃən] *n* **1.** (*foresight*) previsione *f* **2.** (*excitement*) trepidazione *f*

anticlimax [ˌæn·tɪ·'klaɪ·mæks] <-es> *n* delusione *f*

antidepressant [ˌæn·tɪ·dɪ·'pres·ənt] *adj, n* antidepressivo, -a *m, f*

antidote ['æn·tɪ·doʊt] *n* antidoto *m*

antifreeze ['æn·tɪ·friːz] *n* antigelo *m*

antihistamine [ˌæn·tɪ·'hɪs·tə·ˌmiːn] *n* MED antistaminico *m*

antilock braking system *n* AUTO sistema *m* antibloccaggio delle ruote

antiperspirant [ˌæn·tɪ·'pɜːr·spɚ·ənt] *n* antitraspirante *m*

antiquated ['æn·tɪ·kweɪ·t̬ɪd] *adj* antiquato, -a

antique [æn·'tiːk] **I.** *n* (*object*) pezzo *m* d'antiquariato; (*old-fashioned*) anticaglia *f* **II.** *adj* antico, -a; (*old-fashioned*) antiquato, -a

antique shop *n* negozio *m* di antiquariato

antiquity [æn·'tɪ·kwə·t̬i] <-ies> *n* **1.** (*ancient times*) antichità *f* **2.** *pl* (*relics*) antichità *fpl*

anti-Semite [ˌæn·tɪ·'se·maɪt] *n* antisemita *mf*

anti-Semitic [ˌæn·tɪ·sə·'mɪ·t̬ɪk] *adj* antisemita

anti-Semitism [æn·tɪ·'se·mə·tɪ·sm] *n* antisemitismo *m*

antiseptic [ˌæn·tə·'sep·tɪk] **I.** *n* antisettico *m* **II.** *adj* **1.** MED antisettico, -a **2.** *fig, pej* asettico, -a

antivirus [ˌæn·tɪ·'vaɪ·rəs] *adj* COMPUT antivirus *inv;* **~ program** (programa *m*) antivirus *m inv*

anus ['eɪ·nəs] *n* ano *m*

anxiety [æŋ·'za·ɪə·t̬i] *n* **1.** (*concern*) preoccupazione *f;* PSYCH ansia *f* **2.** (*desire*) smania *f;* **~ to do sth** smania di fare qc

anxious ['æŋk·ʃəs] *adj* **1.** (*concerned*) preoccupato, -a; (*look*) pieno, -a d'ansia; **to be ~ about sth** essere in ansia per qc **2.** *inf* (*eager*) impaziente; **to be ~ to do sth** essere impaziente di fare qc

any ['e·ni] **I.** *adj* **1.** (*some*) del, della; **~ books** dei libri; **do they have ~ money?** hanno soldi?; **do you want ~ more soup?** vuoi ancora un po' di zuppa? **2.** (*not important which*) qualsiasi; **come at ~ time** vieni quando vuoi; **in ~ case** in ogni caso **3.** (*in negatives*) **I don't have ~ money** non ho soldi; **there aren't ~ cars** non ci sono macchine **II.** *adv* **1.** (*not*) **~ more** non più; **she doesn't come here ~ more** non viene più qui **2.** (*at all*) **does she feel ~ better?** si sente un po' meglio?; **that doesn't help him ~** *inf* non l'aiuta per niente **III.** *pron* **1.** (*some*) chiunque; **~ of you** chiunque di voi; **~ but him would have gone** chiunque altro sarebbe andato **2.** (*in negatives*) nessuno, -a; **not ~** nessuno; **he ate two pastries and I didn't eat ~** lui ha mangiato due paste e io nessuna

anybody ['e·nɪ·bɑː·di] *pron indef* **1.** (*someone*) nessuno, -a **2.** (*not important which*) chiunque; **~ but him** tutti tranne lui; **~ else would have done it** chiunque altro l'avrebbe fatto **3.** (*no one*) nessuno, -a; **I've never seen ~ like that** non ho mai visto nessuno così; **more than ~** più di chiunque altro

anyhow ['e·nɪ·haʊ] *adv* **1.** (*in any case*) in ogni caso; (*nevertheless*) comunque **2.** (*well*) comunque; **~, as I was saying ...** comunque, come stavo dicendo ... **3.** (*in a disorderly way*) a casaccio

anyone ['e·nɪ·wʌn] *pron indef see* **anybody**

anyplace ['en·ɪ·pleɪs] *adv* **1.** (*interrogative*) da qualche parte; **have you seen my glasses ~?** hai visto da qualche parte i miei occhiali? **2.** (*in or at any location*) dovunque; **I can sleep ~** posso dormire in qualsiasi posto **3.** (*in negatives*) in nessun luogo

anything ['e·nɪ·θɪŋ] *pron indef* **1.** (*something*) qualcosa; **~ else?** nient'altro? **2.** (*each thing*) qualsiasi cosa; **it is ~ but funny** è tutto tranne che divertente **3.** (*nothing*) niente; **hardly ~** quasi niente; **I didn't find ~ better** non ho trovato niente di meglio

anytime ['en·i·taɪm] *adv* in qualsiasi momento

anyway ['e·nɪ·weɪ] *adv*, **anyways** ['e·nɪ·weɪz] *adv sl* **1.** (*in any case*) in ogni modo **2.** (*well*) insomma; **~, as I was saying ...** insomma, come stavo dicendo ...

anywhere ['e·nɪ·wer] *adv* **1.** (*interrogative*) da qualche parte; **have you seen my glasses ~?** hai visto da qualche parte i miei occhiali? **2.** (*positive sense*) dovunque; **I can sleep ~** posso dormire in qualsiasi posto; **~ else** in qualsiasi altro posto; (*in negatives*) in nessun altro posto **3.** (*in negatives*) in nessun posto; **you won't see this ~** questo non lo vedrai in nessun posto

apart [ə·'pɑːrt] *adv* **1.** (*separated*) distanti; **to be 20 miles ~** stare a 20 miglia di distanza; **far ~** molto lontani **2.** (*aside*) **to set sth ~** mettere da parte qc; **to stand ~** stare in disparte **3.** (*into pieces*) **to come ~** cadere a pezzi; **to take sth ~** smontare qc **4.** (*except for*) **all joking ~** scherzi a parte

apart from *prep* **1.** (*except for*) a parte; **~ that** a parte questo **2.** (*in addition to*) oltre a **3.** (*separate from*) **to live ~ sb** vivere separato da qu

apartment [ə·'pɑːrt·mənt] *n* appartamento *m*

apartment building *n*, **apartment house** *n* condominio *m*

aperture ['æ·pɚ·tʃʊr] *n* **1.** (*crack*) spiraglio *m* **2.** PHOT apertura *f*

apologetic [ə·ˌpɑː·lə·'dʒe·t̬ɪk] *adj* (*tone, look*) di scusa; **to be ~ about sth** scusarsi per qc

apologetically *adv* per scusarsi; **to say sth ~** dire qc per scusarsi

apologize [ə·'pɑː·lə·dʒaɪz] *vi* chiedere scusa; **to ~ to sb for sth** scusarsi con qu per qc; **I (do) ~ if ...** chiedo scusa se ...

apology [ə·'pɑː·lə·dʒi] <-ies> *n* scuse *fpl;* **to make an ~** scusarsi; **please accept my apologies** la prego di accettare le mie scuse

apostrophe [ə·'pɑːs·trə·fi] *n* apostrofo *m*

appalling *adj* spaventoso, -a

apparatus [ˌæ·pə·'ræ·t̬əs] *n* **1.** (*equipment*) attrezzatura *f* **2.** (*organization*) apparato *m*

apparent [ə·'pe·rənt] *adj* **1.** (*clear*) evidente; **to become ~ that ...** diventare chiaro che ... **2.** (*seeming*) apparente; **for no ~ reason** senza alcun motivo apparente

appeal [ə·'piːl] **I.** *vi* **1.** (*attract*) attirare **2.** LAW ricorrere in appello **3.** (*plead*) **to ~ to sb for sth** far appello a qu per ottenere qc **II.** *n* **1.** (*attraction*) fascino *m* **2.** LAW appello *m;* **court of ~s** corte *f* d'appello **3.** (*request*) richiesta *f*

appealing [ə·'piː·lɪŋ] *adj* **1.** (*attractive: smile*) affascinante; (*idea*) attraente **2.** (*beseeching: eyes*) supplichevole

appealingly *adv* **1.** (*dress*) con stile **2.** (*look*) in modo supplichevole

appear [ə·'pɪr] *vi* **1.** (*be seen*) apparire **2.** (*newspaper*) uscire; (*book*) essere pubblicato; (*film*) apparire **3.** LAW **to ~ in court/before a judge** presentarsi in tribunale/davanti a un giudice **4.** (*seem*) **to ~ to be ...** sembrar essere ...; **it ~s to me that ...** mi sembra che ...

appearance [ə·'pɪ·rəns] *n* **1.** (*instance of appearing*) apparizione *f;* **to make an ~** apparire **2.** LAW comparizione *f* **3.** (*looks*) aspetto *m* **4.** *pl* (*outward signs*) apparenze *fpl;* **to keep up ~s** salvare le apparenze **5.** (*performance*) comparsa *f*

appendicitis [ə·ˌpen·dɪ·ˈsaɪ·tɪs] *n* MED appendicite *f*

appendix [ə·ˈpen·dɪks] *n* **1.** <-es> ANAT appendice *f* **2.** <-dices *or* -es> TYP appendice *f*

appetite [ˈæ·pə·taɪt] *n* **1.** (*for food*) appetito *m* **2.** *fig* (*for gambling, adventure*) voglia *f*

appetizer [ˈæ·pə·taɪ·zɚ] *n* **1.** (*first course*) antipasto *m* **2.** (*snack*) salatino *m*

appetizing [ˈæ·pə·taɪ·zɪŋ] *adj* appetitoso, -a

applaud [ə·ˈplɑːd] **I.** *vi* applaudire **II.** *vt* a. *fig* approvare

applause [ə·ˈplɑːz] *n* applauso *m*

apple [ˈæ·pl] *n* mela *f*

apple juice *n* succo *m* di mela

apple pie *n* torta *f* di mele; **to be as American as ~** essere americano al 100%

applesauce *n* salsa *f* di mele

apple tree *n* melo *m*

appliance [ə·ˈpla·ɪəns] *n* apparecchio *m;* **electrical ~** elettrodomestico *m*

applicable [ə·ˈplɪ·kə·bl] *adj* applicabile

applicant [ˈæ·plɪ·kənt] *n* **1.** (*for job*) candidato, -a *m, f* **2.** (*for money, support*) richiedente *mf*

application [ˌæ·plɪ·ˈkeɪ·ʃən] *n* **1.** (*form: for job, credit card*) domanda *f* **2.** (*coating*) applicazione *f* **3.** (*use*) impiego *m; a.* COMPUT applicazione *f* **4.** (*perseverance*) applicazione *f* **5.** (*request*) richiesta *f;* **on ~** su richiesta

application form *n* (modulo *m* di) domanda *f*

apply [ə·ˈplaɪ] **I.** *vi* **1.** (*request*) fare domanda; **to ~ to a college** fare domanda ad un' università; **to ~ to sb for sth** rivolgersi a qu per qc; **to ~ for a job** fare domanda di lavoro; **to ~ in writing** fare domanda scritta **2.** (*be relevant*) **to ~ to sb** riguardare qu **II.** *vt* **1.** (*glue, paint*) applicare **2.** (*use*) applicare; **to ~ force** usare la forza; **to ~ common sense** usare il buonsenso **3.** (*work hard*) **to ~ oneself to sth** dedicarsi a qc

appoint [ə·ˈpɔɪnt] *vt* nominare

appointment *n* **1.** (*to office, position*) nomina *f* **2.** (*meeting*) appuntamento *m;* **dentist's ~** appuntamento dal dentista; **to keep an ~** non mancare ad un appuntamento; **by ~ only** solo su appuntamento

appreciable [ə·ˈpriː·ʃə·bl] *adj* apprezzabile; (*change*) notevole; (*progress*) considerevole

appreciate [ə·ˈpriː·ʃi·eɪt] **I.** *vt* **1.** (*value*) apprezzare **2.** (*understand*) rendersi conto di **3.** (*be grateful for*) apprezzare **II.** *vi* FIN (*in price*) aumentare; (*in value: property, shares*) rivalutarsi

appreciation [ə·ˌpriː·ʃi·ˈeɪ·ʃən] *n* **1.** (*gratitude*) gratitudine *f* **2.** (*understanding*) comprensione *f;* **she has no ~ of my work** non apprezza il mio lavoro **3.** FIN (*in price*) aumento *m;* (*in value: of property, shares*) rivalutazione *f*

apprehension [ˌæ·prɪ·ˈhen·ʃən] *n* **1.** (*of a criminal*) arresto *m* **2.** (*fear*) apprensione *f;* **~ about sth** apprensione per qc

apprehensive [ˌæ·prɪ·ˈhen·sɪv] *adj* apprensivo, -a

apprentice [ə·ˈpren·tɪs] *n* apprendista *mf*

approach [ə·ˈproʊtʃ] **I.** *vt* **1.** (*get close to*) avvicinarsi a **2.** (*ask*) rivolgersi a; **to ~ sb (about sth)** rivolgersi a qu (per qc) **3.** (*deal with*) affrontare **II.** *vi* avvicinarsi **III.** *n* **1.** (*coming*) l'avvicinarsi *m* **2.** (*access: to highway, bridge*) accesso *m* **3.** (*methodology*) approccio *m*

approachable [ə·ˈproʊ·tʃə·bl] *adj* (*person, place*) accessibile

appropriate[1] [ə·ˈproʊ·pri·ət] *adj* appropriato, -a

appropriate[2] [ə·ˈproʊ·pri·eɪt] *vt form* **1.** (*take*) appropriarsi di **2.** FIN assegnare

approval [ə·ˈpruː·vl] *n* approvazione *f*

approve [ə·ˈpruːv] **I.** *vi* essere d'accordo; **to ~ of sth** approvare qc **II.** *vt* approvare

approvingly [ə·ˈpruː·vɪŋ·li] *adv* con approvazione

approximate[1] [ə·ˈprɑːk·sɪ·mət] *adj* approssimativo, -a

approximate² [ə·'prɑːk·sɪ·meɪt] **I.** *vt* avvicinarsi a **II.** *vi form* **to ~ to sth** avvicinarsi a qc

approximately *adv* approssimativamente

APR [ˌeɪ·pi·'ar] *n abbr of* **annual percentage rate** *tasso di interesse annuo*

apricot ['eɪ·prɪ·kɑːt] **I.** *n* **1.** (*fruit*) albicocca *f* **2.** (*tree*) albicocco *m* **3.** (*color*) (color *m*) albicocca *m inv* **II.** *adj* (di color) albicocca *inv*

April ['ei·prəl] *n* aprile *m;* **in ~** in aprile; **every ~** ogni mese di aprile; **the month of ~** il mese di aprile; **at the beginning/end of ~** all'inizio/alla fine di aprile; **on ~** (**the**) **fourth** il quattro aprile

April Fools' Day *n* ≈ giorno *m* del pesce d'Aprile

apron ['eɪ·prən] *n* grembiule *m*

apt. [ə·'part·mənt] *n abbr of* **apartment** appto.

aquarium [ə·'kwe·ri·əm] <-s *or* -ria> *n* acquario *m*

Aquarius [ə·'kwe·ri·əs] *n* Acquario *m;* **I'm** (**an**) **Acquarius** sono (dell' [*or* un]) Acquario

AR *abbr of* **Arkansas** Arkansas *m*

Arab ['æ·rəb] *adj, n* arabo, -a *m, f*

Arabian *adj* arabo, -a

Arabic ['æ·rə·bɪk] *n* LING arabo *m*

arcade [ɑrː·'keɪd] *n* **1.** (*of shops*) centro *m* commerciale **2.** (*around square*) portici *mpl* **3.** (*with games*) sala *f* giochi

arch [ɑːrtʃ] **I.** *n* arco *m* **II.** *vi* inarcarsi **III.** *vt* inarcare

archbishop [ˌɑːrtʃ·'bɪ·ʃəp] *n* arcivescovo *m*

archeologist [ˌɑːr·ki·'ɑː·lə·dʒɪst] *n* archeologo, -a *m, f*

architect ['ɑːr·kə·tekt] *n* (*of building*) architetto *m*

architecture ['ɑːr·kə·tek·tʃɚ] *n* architettura *f*

archive ['ɑːr·kaɪv] *n a.* COMPUT archivio *m*

Arctic ['ɑːrk·tɪk] **I.** *n* **the ~** l'Artico *m* **II.** *adj* artico, -a

Arctic Ocean *n* Mare *m* Glaciale Artico

are [ɚ, *stressed:* ɑːr] *vi see* **be**

area ['e·ri·ə] *n a.* MAT, SPORTS area *f;* **in the ~ of** intorno a

aren't [ɑːrnt] = **are not**

Argentina [ˌar·dʒən·'ti·nə] *n* Argentina *f*

Argentine ['ar·dʒən·tin], **Argentinean** [ˌar·dʒən·'tɪn·i·ən] *adj, n* argentino, -a *m, f*

argue ['ɑːrg·juː] **I.** *vi* **1.** (*disagree*) litigare **2.** (*reason*) argomentare **II.** *vt* (*debate*) sostenere; **to ~ that ...** sostenere che ...

argument ['ɑːrg·jə·mənt] *n* **1.** (*disagreement*) discussione *f* **2.** (*reasoning*) ragionamento *m* **3.** LAW argomentazioni *fpl*

argumentative [ˌɑːrg·jə·'men·tə·t̬ɪv] *adj* polemico, -a

Aries ['e·riːz] *n* Ariete *m;* **I'm an Aries** sono (dell' [*or* un]) Ariete

Arizona [ˌær·ɪ·'zoʊ·nə] *n* Arizona *f*

Arkansas ['ar·kən·sɔ] *n* Arkansas *m*

arm¹ [ɑːrm] *n* **1.** ANAT, GEO braccio *m;* **to hold sb in one's ~s** tenere qu tra le braccia; **~ in ~** sottobraccio **2.** (*sleeve*) manica *f* **3.** (*division*) ramo *m* ▶ **to welcome sth with <u>open</u> ~s** accogliere qc con entusiasmo; **to cost an ~ and a <u>leg</u>** *inf* costare un occhio della testa

arm² [ɑːrm] MIL **I.** *vt* **1.** (*supply with weapons*) armare **2.** (*prepare for detonation*) armare **II.** *n* (*weapon*) arma *f*

armchair ['ɑːrm·tʃer] *n* poltrona *f*

armed [ɑːrmd] *adj* armato, -a

armful ['ɑːrm·fʊl] *n* bracciata *f*

armhole ['ɑːrm·hoʊl] *n* giromanica *m*

armored *adj* blindato, -a

armpit ['ɑːrm·pɪt] *n* ascella *f*

arms race *n* **the ~** la corsa agli armamenti

army ['ɑːr·mi] <-ies> *n* **1.** MIL esercito *m;* **to join the ~** arruolarsi **2.** *fig* esercito *m*

aromatherapy [ə·ˌroʊ·mə·'θe·rə·pi] *n* aromaterapia *f*

around [ə·'raʊnd] **I.** *prep* **1.** (*surrounding*) intorno a; **all ~ sth** tutto intorno a qc; **to go ~ the corner** girare l'angolo **2.** (*move within sth*) per; **to go ~ a museum** girare per un museo **3.** (*approximately*) intorno a; ~ **May 10th** intorno al 10 maggio; **somewhere ~ here** qui vicino **II.** *adv* **1.** (*all over*) tutto intorno; **all ~** dappertutto **2.** (*aimlessly*) **to walk ~** andare in giro **3.** (*nearby*) nelle vicinanze; **is Mark ~?** c'è Mark?

arraign [ə·'reɪn] *vt* LAW chiamare in giudizio

arrange [ə·'reɪndʒ] **I.** *vt* **1.** (*organize*) organizzare **2.** (*put in order*) sistemare; MUS arrangiare **II.** *vi* dare disposizioni

arrangement *n* **1.** *pl* (*preparations*) preparativi *mpl* **2.** (*agreement*) accordo *m* **3.** (*method of organizing sth*) sistemazione *f;* MUS arrangiamento *m*

arrears [ə·'rɪrz] *npl* FIN arretrati *mpl;* **to be in ~ on sth** essere in arretrato con qc

arrest [ə·'rest] **I.** *vt* LAW arrestare **II.** *n* arresto *m;* **to be under ~** essere in (stato di) arresto

arrival [ə·'raɪ·vl] *n* **1.** (*at destination*) arrivo *m;* **on his ~** al suo arrivo **2.** (*person*) arrivato, -a *m, f;* **new ~** nuovo arrivo

arrive [ə·'raɪv] *vi* arrivare

arrogance ['æ·rə·gəns] *n* arroganza *f*

arrogant ['æ·rə·gənt] *adj* arrogante

art [ɑːrt] *n* arte *f*

artery ['ɑːr·t̬ə·i] <-ies> *n* arteria *f*

art gallery *n* galleria *f* d'arte

arthritic [ɑːr·'θrɪ·t̬ɪk] *adj* artritico, -a

arthritis [ɑːr·'θraɪ·t̬əs] *n* MED artrite *f*

artichoke ['ɑːr·t̬ə·tʃoʊk] *n* GASTR carciofo *m*

article ['ɑːr·tɪ·kl] *n a.* LAW, LING, TYP articolo *m*

articulate¹ [ɑːr·'tɪk·jə·lət] *adj* (*person*) che si esprime con chiarezza; (*speech*) chiaro, -a

articulate² [ɑːr·'tɪk·jə·leɪt] *vt form* **1.** (*express*) esprimere chiaramente **2.** (*pronounce*) pronunciare distintamente

artificial [ˌɑːr·tə·'fɪ·ʃl] *adj* artificiale

artificial insemination *n* inseminazione *f* artificiale

artificial intelligence *n* intelligenza *f* artificiale

artist ['ɑːr·təst] *n* artista *mf*

artistic [ɑːr·'tɪs·tɪk] *adj* artistico, -a

artistry ['ɑːr·təs·tri] *n* arte *f*

artwork ['ɑːrt·wɜːrk] *n* materiale *m* illustrativo

arty ['ɑːr·t̬i] <-ier, -iest> *adj inf* (*person*) con pretese artistiche; (*film*) pretenzioso, -a

as [əz, *stressed:* æz] **I.** *prep* da; **dressed ~ a clown** vestito da clown; **~ a baby, I was ...** da bambino io ero ...; **to use sth ~ a lever** utilizzare qc come leva **II.** *conj* **1.** (*in comparison*) come; **the same name ~ sth/sb** lo stesso nome di qc/qu; **~ fast ~ sth/sb** (così) rapido come qc/qu; **to eat ~ much ~ sb** mangiare (tanto) quanto qu; **~ soon ~ possible** il più presto possibile **2.** (*like*) (così) come; **~ it is** così com'è; **~ if it were true** come se fosse vero **3.** (*because*) poiché; **~ he is here, I'm going** visto che c'è lui, io vado **4.** (*while*) mentre **5.** (*although*) **~ nice ~ the day is, ...** per quanto sia una bella giornata ... ▶ **~ far ~** (*to the extent that*) fino a; (*concerning*) quanto a; **~ for her/him ...** quanto a lei/lui ... **III.** *adv* **~ well** anche; **~ long as** purché *+subj;* **~ much as** tanto quanto; **~ soon as** non appena

ASAP [ˌeɪ·es·eɪ·'pi] *abbr of* **as soon as possible** il più presto possibile

ash¹ [æʃ] *n* (*from fire*) cenere *f*

ash² [æʃ] *n* BOT frassino *m*

ashamed [ə·'ʃeɪmd] *adj* **to feel ~** vergognarsi

ashore [ə·'ʃɔːr] **I.** *adj* a terra **II.** *adv* a riva; **to go ~** sbarcare; **to run ~** arenarsi

ashtray ['æʃ·ˌtreɪ] *n* posacenere *m inv*

Ash Wednesday *n* mercoledì *m inv* delle ceneri

Asia ['eɪ·ʒə] *n* Asia *f*

Asian ['eɪ·ʒən] **I.** *n* asiatico, -a *m, f* **II.** *adj* asiatico, -a

Asian American *n cittadino americano di origine asiatica*

Asiatic [ˌeɪ·ʒi·'æt̬·ɪk] **I.** *adj* asiatico, -a **II.** *n pej* asiatico, -a *m, f*

aside [ə·'saɪd] *adv* da parte; **to stand** [*or* **step**] **~** farsi da parte; **to leave sth ~**

lasciar qc da parte

ask [æsk] **I.** *vt* **1.** (*request information*) chiedere, domandare; **to ~ sb sth** chiedere qc a qu; **to ~ (sb) a question about sth** fare (a qu) una domanda su qc; **if you ~ me ...** secondo me ... **2.** (*request*) chiedere; **to ~ sb's advice** chiedere consiglio a qu **3.** (*invite*) invitare; **to ~ sb to do sth** invitare qu a fare qc **4.** (*demand a price*) chiedere; **to ~ 100 dollars for sth** chiedere 100 dollari per qc **5.** (*expect*) **to ~ too much of sb** pretendere troppo da qu **II.** *vi* **1.** (*request information*) chiedere **2.** (*make a request*) chiedere

asleep [ə·'sli:p] *adj* addormentato, -a; **to be ~** dormire; **to fall ~** addormentarsi

asparagus [ə·'spe·rə·gəs] *n* CULIN (*vegetable*) asparagi *mpl*

aspirin ['æs·prɪn] *n* aspirina *f*

ass [æs] <-es> *n* **1.** *vulg* (*bottom*) culo *m* **2.** (*donkey*) asino *m* **3.** *inf* (*idiot*) stupido, -a *m, f* ► **to work one's ~ off** farsi un culo così

assemble [ə·'sem·bl] **I.** *vi* radunarsi **II.** *vt* **1.** (*collect*) radunare **2.** (*put together*) assemblare

assembly [ə·'sem·bli] <-ies> *n* **1.** (*meeting*) assemblea *f* **2.** TECH assemblaggio *m*

assert [ə·'sɜ:rt] *vt* asserire; **to ~ oneself** farsi valere

assertion [ə·'sɜ:r·ʃən] *n* asserzione *f*

assertive [ə·'sɜ:r·tɪv] *adj* che sa farsi valere

assess [ə·'ses] *vt* **1.** (*evaluate*) valutare **2.** (*tax*) calcolare

assessment *n* **1.** (*calculation*) calcolo *m* **2.** (*evaluation*) valutazione *f* **3.** (*taxation*) calcolo *m* del valore imponibile

asset ['æ·set] *n* **1.** (*benefit*) vantaggio *m;* (*person*) elemento *m* valido **2.** *pl* FIN attivo *m*

assignment *n* **1.** (*task*) incarico *m* **2.** (*attribution*) assegnazione *f*

assist [ə·'sɪst] **I.** *vt* aiutare; **to ~ sb with sth** aiutare qu in qc **II.** *vi* aiutare; **to ~ with sth** aiutare in qc

assistance [ə·'sɪs·təns] *n* aiuto *m;* **to be of ~** esser d'aiuto; **can I be of any ~?** posso aiutarla?

assistant [ə·'sɪs·tənt] *n* **1.** (*helper*) aiutante *mf* **2.** COMPUT assistente *m*

associate [ə·'soʊ·ʃi·ɪt] **I.** *n* persona *f* vicina; **business ~** socio , -a in affari *m* **II.** *adj* UNIV associato, -a

associate's degree *n* UNIV *diploma universitario rilasciato al termine di un corso biennale*

association [ə·ˌsoʊ·si·'eɪ·ʃən] *n* **1.** (*organization*) associazione *f* **2.** (*involvement*) collaborazione *f* **3.** (*mental connection*) associazione *f*

assortment [ə·'sɔ:rt·mənt] *n* assortimento *m*

asst. [ə·'sɪs·tənt] *n abbr of* **assistant** asistente *mf*

assume [ə·'su:m] *vt* **1.** (*regard as true*) presumere; **let's ~ that ...** supponiamo che ... **2.** (*adopt: alias*) assumere

assumed [ə·'su:md] *adj* presunto, -a; **under an ~d name** sotto falso nome

assumption [ə·'sʌmp·ʃən] *n* **1.** (*supposition*) presupposto *m;* **on the ~ that ...** supponendo che ... **2.** (*hypothesis*) ipotesi *f inv* **3.** (*of office, power*) assunzione *f* **4.** REL **the Assumption** l'Assunzione *f*

assurance [ə·'ʃʊ·rəns] *n* **1.** (*self-confidence*) sicurezza *f* **2.** (*promise*) assicurazione *f*

assure [ə·'ʃʊr] *vt* **1.** (*guarantee*) assicurare **2.** (*promise*) assicurare

asterisk ['æs·tə·rɪsk] *n* TYPO asterisco *m*

asthma ['æz·mə] *n* MED asma *f*

asthmatic [æz·'mæ·t̬ɪk] *adj, n* asmatico, -a *m, f*

astonish [ə·'stɑ:·nɪʃ] *vt* sorprendere; **to be ~ed** essere sorpreso

astonishing *adj* sorprendente

astonishment *n* sorpresa *f*

astrologer [əs·'trɑ:·lə·dʒɚ] *n* astrologo, -a *m, f*

astrology [əs·'trɑ:·lə·dʒi] *n* astrologia *f*

astronaut ['æs·trə·nɑ:t] *n* astronauta *mf*

astronomer [əs·'trɑ:·nə·mɚ] *n* astronomo, -a *m, f*

astronomical [ˌæs·trə·'nɑ:·mɪ·kl] *adj a. fig* astronomico, -a

astronomy [əs·'trɑ:·nə·mi] *n* astronomia *f*

A

astute [əs·ˈtuːt] *adj* astuto, -a
asylum seeker *n chi chiede asilo politico*
at[1] [ət, æt] *prep* **1.** (*place*) a; ~ **the dentist's** dal dentista; ~ **home/school** a casa/scuola; ~ **the table** a tavola; ~ **the office** in ufficio; ~ **the window** alla finestra **2.** (*time*) ~ **Christmas** a Natale; ~ **night** di notte; ~ **once** subito; **all** ~ **once** all'improvviso; ~ **present** in questo momento; ~ **the time** in quel momento; ~ **the same time** nello stesso momento; ~ **three o'clock** alle tre **3.** (*towards*) **to laugh** ~ **sb** ridere di qu; **to look** ~ **sth/sb** guardare qc/qu **4.** (*in reaction to*) ~ **sb's request** su richiesta di qu; **to be mad** ~ **sb** essere arrabbiato con qu **5.** (*in amount of*) ~ **all** per niente; **to sell sth** ~ **$10 a pound** vendere qc a 10 dollari alla libbra; ~ **120 mph** a 120 miglia orarie **6.** (*in state of*) ~ **best/worst** nel migliore/peggiore dei casi; ~ **first** all'inizio; ~ **least** almeno; ~ **20** a vent'anni; **I feel** ~ **ease** mi sento a mio agio **7.** (*in ability to*) **to be good/bad** ~ **French** andare bene/male in francese; **to be** ~ **an advantage** essere in vantaggio ▶ ~ **all** assolutamente; **not** ~ **all!** per niente!, niente affatto!; (*as answer to thanks*) (di) niente; **nobody** ~ **all** assolutamente nessuno
at[2] [æt] (*in email address*) chiocciola *f*
ate [eɪt] *pt of* **eat**
atheist [ˈeɪ·θi·ɪst] **I.** *n* ateo, -a *m, f* **II.** *adj* ateo, -a
athlete [ˈæθ·liːt] *n* atleta *mf*
athletic [æθ·ˈle·t̬ɪk] *adj* atletico, -a
athletics *npl* atletica *f*
Atlantic [ət·ˈlæn·tɪk] **I.** *n* **the** ~ (**Ocean**) l'(oceano) Atlantico *m* **II.** *adj* atlantico, -a
atlas [ˈæt·ləs] <-es> *n* atlante *m*
ATM [ˌeɪ·ti·ˈem] *n abbr of* **automated teller machine** ®Bancomat® *m inv*
atmosphere [ˈæt·məs·fɪr] *n a.* PHYS *a. fig* atmosfera *f*
atomic [ə·ˈtɑː·mɪk] *adj* atomico, -a
atrocious [ə·ˈtroʊ·ʃəs] *adj* atroce
at sign *n* COMPUT chiocciola *f*
attach [ə·ˈtætʃ] *vt* **1.** (*fix onto*) fissare; (*label*) attaccare; **to** ~ **sth to sth** attaccare qc a qc **2.** (*connect*) legare **3.** COMPUT (*to email*) allegare **4.** (*join*) unire; **to be** (**very**) **~ed to sth** essere molto attaccato a qc **5.** (*associate*) attribuire
attachment [ə·ˈtætʃ·mənt] *n* **1.** (*fondness*) attaccamento *m* **2.** (*union*) fissaggio *m* **3.** (*attached device*) accessorio *m* **4.** COMPUT allegato *m*
attack [ə·ˈtæk] **I.** *n* attacco *m;* **to be on the** ~ andare all'attacco; **to come under** ~ essere attaccato **II.** *vt* **1.** (*use violence*) attaccare **2.** (*tackle*) affrontare **III.** *vi* attaccare
attempt [ə·ˈtempt] **I.** *n* **1.** (*try*) tentativo *m* **2.** (*attack*) attentato *m* **II.** *vt* tentare
attend [ə·ˈtend] **I.** *vt* (*be present at*) partecipare a **II.** *vi* **1.** (*be present*) essere presente **2.** (*take care of*) **to** ~ **to sb/sth** occuparsi di qu/qc
attendance [ə·ˈten·dəns] *n* **1.** (*presence*) presenza *f* **2.** (*people present*) affluenza *f*
attendant [ə·ˈten·dənt] **I.** *n* **1.** (*helper*) aiutante *mf* **2.** (*servant*) assistente *mf* **II.** *adj* relativo, -a
attention [ə·ˈten·ʃən] *n* **1.** (*maintenance*) attenzione *f* **2.** (*care, notice*) attenzione *f;* **Attention: John Smith** (*on envelope*) all'attenzione di John Smith; **to pay** ~ prestare attenzione **3.** MIL **~!** attenti!
attention deficit disorder *n* disturbo *m* da deficit di attenzione
attentive [ə·ˈten·tɪv] *adj* attento, -a; **to be** ~ **to sb** essere premuroso con qu
attic [ˈæ·t̬ɪk] *n* soffitta *f*
attitude [ˈæ·t̬ə·tuːd] *n* **1.** (*opinion*) atteggiamento *m* **2.** *a.* ART posa *f*
attorney [ə·ˈtɜːr·ni] *n* avvocato *m*
attorney-at-law *n* <attorneys-at-law> procuratore *m* legale
attract [ə·ˈtrækt] *vt* attrarre; **to** ~ **attention** attirare l'attenzione
attraction [ə·ˈtræk·ʃən] *n* **1.** (*force, place of enjoyment*) attrazione *f;* **tourist** ~ attrazione turistica **2.** (*appeal*) fascino *m*
attractive [ə·ˈtræk·tɪv] *adj* attraente

A

ATV [ˌeɪ·ti·ˈvi] *n abbr of* **all terrain vehicle** fuoristrada *m inv*
auction [ˈɔːk·ʃən] **I.** *n* asta *f* **II.** *vt* **to ~ sth** (**off**) mettere qc all'asta
audible [ˈɔː·də·bl] **I.** *adj* udibile **II.** *n* (*in football*) audible *m inv cambio di tattica di gioco chiamato dal quarterback*
audience [ˈɔː·di·əns] *n* **1.** (*spectators*) pubblico *m;* RADIO ascoltatori *mpl;* TV telespettatori *mpl* **2.** (*formal interview*) udienza *f*
audio [ˈɔː·dɪ·oʊ] *adj, n inv* audio *m inv*
audio-visual *adj* audiovisivo, -a
audit [ˈɔː·dɪt] FIN **I.** *n* revisione *f* dei conti **II.** *vt* sottoporre a revisione
audition [ɔː·ˈdɪ·ʃən] THEAT **I.** *n* audizione *f* **II.** *vi* fare un'audizione
auditor [ˈɔː·də·t̬ɚ] *n* COM revisore *m* dei conti
August [ˈɔː·gəst] *n* agosto *m; s. a.* **April**
aunt [ænt] *n* zia *f*
Australia [ɔːs·ˈtreɪl·ʒə] *n* Australia *f*
Australian *adj, n* australiano, -a *m, f*
Austria [ˈɔːs·tri·ə] *n* Austria *f*
Austrian *adj, n* austriaco, -a *m, f*
authentic [ɔː·ˈθen·t̬ɪk] *adj* autentico, -a
author [ˈɔː·θɚ] *n* **1.** (*writer*) autore, -trice *m, f* **2.** *fig* artefice *mf*
authority [ə·ˈθɔː·rə·t̬i] <-ies> *n* **1.** (*right to control*) autorità *f;* **to be in ~** avere autorità **2.** (*permission*) autorizzazione *f* **3.** (*knowledge*) **to be an ~ on sth** essere un'autorità in qc **4.** (*organization*) autorità *f;* **the authorities** le autorità
authorization [ˌɔː·θɚ·ɪ·ˈzeɪ·ʃən] *n* autorizzazione *f*
authorize [ˈɔː·θə·raɪz] *vt* autorizzare; **to ~ sb to do sth** autorizzare qu a fare qc
autobiography [ˌɔː·t̬ə·baɪ·ˈɑː·grə·fi] *n* autobiografia *f*
automated *adj* automatizzato, -a
automated teller machine *n* ≈ Bancomat® *m inv*
automatic [ˌɔː·t̬ə·ˈmæ·t̬ɪk] **I.** *n* **1.** (*car*) automobile *f* con cambio automatico **2.** (*pistol*) pistola *f* automatica; (*rifle*) fucile *m* automatico **II.** *adj* automatico, -a
automobile [ˈɔː·t̬ə·moʊ·biːl] *n* automobile *f*
autumn [ˈɔː·t̬əm] *n* autunno *m;* **in** (**the**) **~** in autunno
autumnal [ɔː·ˈtʌm·nəl] *adj* autunnale
available [ə·ˈveɪ·lə·bl] *adj* **1.** (*obtainable*) disponibile **2.** (*free*) libero, -a; **to be ~ to do sth** avere tempo a disposizione per fare qc
avalanche [ˈæ·və·læntʃ] *n a. fig* valanga *f*
avenge [ə·ˈvendʒ] *vt* vendicare; **to ~ oneself** vendicarsi
avenue [ˈæ·və·nuː] *n* (*street*) viale *m*
average [ˈæ·və·rɪdʒ] **I.** *n* MAT media *f;* **on ~** in media **II.** *adj* **1.** MAT medio, -a *fpl* **2.** (*mediocre*) mediocre **3.** (*ordinary*) **~ Joe** un tipo ordinario
avoid [ə·ˈvɔɪd] *vt* (*person, thing*) evitare; (*when moving*) schivare; **to ~ doing sth** evitare di fare qc
avoidable *adj* evitabile
awake [ə·ˈweɪk] **I.** <awoke *or* awaked, awoken *or* awaked> *vi* svegliarsi; **to ~ to sth** *fig* rendersi conto di qc **II.** *vt* svegliare **III.** *adj* **1.** (*not sleeping*) sveglio, -a; **to stay ~** stare sveglio; **to keep sb ~** tenere sveglio qu **2.** *fig* conscio, -a; **to be ~ to sth** essere conscio di qc
award [ə·ˈwɔːrd] **I.** *n* **1.** (*prize*) premio *m* **2.** (*reward*) ricompensa *f* **II.** *vt* assegnare; **to ~ sth to sb** assegnare qc a qu
aware [ə·ˈwer] *adj* **1.** (*knowing*) **to be ~ that ...** sapere che ...; **as far as I'm ~ ...** per quel che ne so ... **2.** (*sense*) **to be ~ of sth** rendersi conto di qc
awareness [ə·ˈwer·nɪs] *n* coscienza *f*
away [ə·ˈweɪ] *adv* **1.** (*distant*) **10 miles ~** a 10 miglia; **as far ~ as possible** il più lontano possibile **2.** (*absent*) via; **to be ~ on vacation** essere in vacanza
away from *prep* **1.** (*at distance from*) **~ the town** lontano dalla città; **to stay ~ sth/sb** tenersi lontano da qc/qu **2.** (*in other direction from*) **to go ~ sth** allontanarsi da qc
away game *n* partita *f* fuori casa
awesome [ˈɔː·səm] *adj* **1.** (*impressive*) impressionante **2.** *inf* (*very good*) fantastico, -a
awful [ˈɔː·fəl] *adj* **1.** (*bad*) terribile

2. (*as intensifier*) **an ~ lot** moltissimo

awfully ['ɔː·fə·li] *adv* **1.** (*badly*) terribilmente **2.** (*very*) **~ smart/stupid** molto intelligente/stupido; **I'm ~ sorry** mi dispiace infinitamente

awkward ['ɔːk·wɚd] *adj* **1.** (*difficult*) difficile **2.** (*embarrassed*) imbarazzato, -a; **to feel ~** sentirsi a disagio **3.** (*clumsy*) goffo, -a

awoke [ə·'woʊk] *pt of* **awake**

ax *n*, **axe** [æks] **I.** *n* ascia *f* ▶ **to get the ~** *inf* (*worker*) essere licenziato; (*project*) essere annullato **II.** <axing> *vt* tagliare drasticamente

axle ['æk·sl] *n* assale *m;* **back/front ~** assale posteriore/anteriore

AZ [ær·ɪ·'zoʊ·nə] *n abbr of* **Arizona** Arizona *f*

B

B, b [biː] *n* **1.** (*letter*) B, b *m o f;* **~ for Baker** B come Bologna **2.** MUS si *m*

b & b *n*, **B & B** [ˌbi·ənd·'bi] *n abbr of* **bed and breakfast** bed and breakfast *m*

BA [ˌbi·'eɪ] *n abbr of* **Bachelor of Arts** laureato , -a in lettere e filosofia con laurea breve *m*

babe [beɪb] *n* **1.** (*baby*) bebè *m inf* **2.** *pej sl* (*young woman*) pupa *f* **3.** (*term of endearment*) cara *f*

baby ['beɪ·bi] **I.** *n* **1.** (*child*) bebè *m;* **to expect/have a ~** aspettare/avere un bambino **2.** (*youngest person*) piccolo, -a *m, f;* **the ~ of the family** il piccolo di famiglia **3.** *inf* (*term of endearment*) caro, -a *m, f* **4.** (*personal interest*) **her ~** la sua creatura **II.** *adj* **1.** (*person*) infantile **2.** (*carrots*) baby **III.** *vt* coccolare come un bebè

baby carriage *n* carrozzina *f*

baby food *n* alimenti *m* per bambini *pl*

babysitter ['beɪ·bɪ·ˌsɪ·t̬ɚ] *n* baby-sitter *mf inv*

bachelor ['bæ·tʃə·lɚ] *n* **1.** (*man*) scapolo *m* **2.** UNIV *laureato con laurea breve;* **Bachelor of Arts** *laureato in lettere e filosofia con laurea breve;* **Bachelor of Science** *laureato in materie scientifiche con laurea breve*

back [bæk] **I.** *n* **1.** (*opposite of front*) dietro *m;* (*of a hand*) dorso *m;* (*of a chair*) schienale *m;* (*of fabric*) rovescio *m;* (*of a piece of paper*) retro *m;* **~ to front** al contrario **2.** (*end: of a book*) fine *m* **3.** ANAT schiena *f;* (*of an animal*) dorso *m* **4.** SPORTS difesa *f* ▶ **to know sth like the ~ of one's hand** conoscere qc a menadito *inf;* **to stab sb in the ~** pugnalare qc alle spalle **II.** *adj* (*rear*) posteriore **III.** *adv* **1. to be ~** essere di ritorno; **to come ~** tornare **2.** (*to the rear, behind*) dietro; **~ and forth** avanti e indietro; **to look ~** pensare al passato **3.** (*in return*) indietro **4.** (*into the past*) fa **IV.** *vt* appoggiare

◆**back away** *vi* prendere le distanze da

◆**back down** *vi* far marcia indietro

◆**back out of** *vt* uscire da; *fig* ritirarsi da

◆**back up** *vt* **1.** (*reverse*) fare marcia indietro **2.** COMPUT **to ~ data** fare il backup dei dati **3.** (*support*) appoggiare

backbone *n* **1.** (*spine*) spina *f* dorsale **2.** *fig* pilastro *m* **3.** (*strength of character*) fegato *m*

back door *n* porta *f* di dietro

backfire ['bæk·ˌfa·ɪɚ] *vi* **1.** (*go wrong*) avere un effetto inverso a quello previsto; **his plans ~d** i suoi piani si sono ripercossi contro di lui **2.** AUTO avere un ritorno di fiamma

background ['bæk·graʊnd] *n* **1.** (*rear view*) sfondo *m;* **in the ~** *fig* in secondo piano **2.** (*education, family*) origini *f pl* **3.** (*training*) formazione *f* **4.** (*circumstances*) contesto *m*

backhand ['bæk·hænd] *n* rovescio *m*

backing ['bæ·kɪŋ] *n* **1.** (*support*) supporto *m* **2.** FASHION rinforzo *m* **3.** MUS accompagnamento *m*

backlash *n* reazione *f* brutale

backlog *n* atraso *m;* **a ~ of work** un cumulo *m* di lavoro arretrato

backpack ['bæk·pæk] **I.** *n* zaino *m* **II.** *vi* viaggiare con lo zaino

backpacker *n* turista *mf* con lo zaino

back pay *n* arretrati *mpl*

back seat *n* sedile *m* posteriore

backside *n inf* deretano *m*
backstage [bæk·ˈsteɪdʒ] **I.** *adj* **1.** THEAT (*pass*) per dietro le quinte **2.** *fig* (*of organization*) interno, -a **II.** *adv* THEAT dietro le quinte
backstroke *n* dorso *m*
backward [ˈbæk·wɚd] **I.** *adj* **1.** (*to the rear*) indietro **2.** (*slow in learning*) ritardato, -a **3.** (*underdeveloped*) arretrato, -a **II.** *adv* all'indietro
backwards [ˈbæk·wɚdz] *adv* **1.** (*towards the back*) all'indietro **2.** (*in reverse order*) all'incontrario **3.** (*from better to worse*) di male in peggio **4.** (*into the past*) indietro
backyard *n* giardino *m* sul retro della casa
bacon [ˈbeɪ·kən] *n* pancetta *f*
bacteria [bæk·ˈtɪ·riə] *n pl of* **bacterium**
bad [bæd] <worse, worst> **I.** *adj* **1.** (*not good*) cattivo, a; **to feel ~** sentirsi male; **to look ~** avere una brutta cera; **too ~!** peccato!; **~ habits** cattive abitudini; **~ luck** sfortuna *f;* **in ~ taste** di cattivo gusto **2.** (*harmful*) nocivo, -a; **to be ~ for sth/sb** nuocere a qc/qu **3.** (*spoiled*) andato, -a a male; **to go ~** andare a male **4.** (*unhealthy*) malato, -a **5.** (*serious: accident*) grave **6.** (*severe: pain*) forte **II.** *adv inf* male **III.** *n* **the ~** la cosa brutta
bad dream *n* incubo *m*
badge [bædʒ] *n* distintivo *m*
badger [ˈbæ·dʒɚ] **I.** *n* tasso *m* **II.** *vt* importunare
badly [ˈbæd·li] <worse, worst> *adv* **1.** (*poorly*) male **2.** (*in a negative way*) male; **to think ~ of sb** pensar male di qu **3.** (*very much*) disperatamente
baffle [ˈbæ·fl] *vt* (*confuse*) sconcertare
baffling *adj* sconcertante
bag [bæg] **I.** *n* **1.** (*container*) borsa *f;* (*handbag*) borsetta *f;* (*sack*) sacchetto *m;* **to pack one's ~s** *a. fig* fare le valigie **2.** (*under eyes*) **to have ~s under one's eyes** avere le occhiaie **3.** *inf* (*ugly woman*) racchia *f* ▶ **to be a ~ of** **bones** *inf* essere pelle e ossa **II.** *vt* <-gg-> **1.** (*put in bag*) insacchettare **2.** *inf* (*obtain*) appropriarsi **3.** (*capture*) prendere
baggage [ˈbæ·gɪdʒ] *n* **1.** (*luggage*) bagaglio *m;* **excess ~** bagaglio in eccedenza **2.** *pej* (*unpleasant woman*) racchia *f*
baggage car *n* bagagliaio *m*
baggage check *n* tagliando *m* del bagaglio
baggage claim *n* ritiro *m* bagagli
baggy [ˈbæ·gi] *adj* abbondante
bagpipes *npl* cornamusa *f*
Bahamas [bə·ˈha·məz] *npl* **the ~** le Bahamas
Bahamian [bə·ˈhæ·mi·ən] **I.** *adj* delle Bahamas **II.** *n* abitante *mf* delle Bahamas
bail [beɪl] **I.** *n* cauzione *f;* **on ~** su cauzione **II.** *vi* NAUT sgottare **III.** *vt* **1.** (*remove: water*) sgottare **2.** (*guarantee*) garantire
bait [beɪt] **I.** *n* **1.** (*for fish*) esca *m* **2.** *fig* lusinga *f;* **to swallow the ~** *inf* abboccare all'amo **II.** *vt* **1.** (*put bait on: hook*) amo **2.** (*harass: person*) tormentare
bake [beɪk] **I.** *vi* **1.** (*cook*) cuocere (nel forno) **2.** *inf* (*be hot*) arroventarsi **II.** *vt* **1.** (*cook*) cuocere al forno **2.** (*harden*) cuocere
baker [ˈbeɪ·kɚ] *n* panettiere, -a *m, f*
bakery [ˈbeɪ·kə·ri] *n* panetteria *f*
baking *adj* **it's ~ hot** fa un caldo allucinante
baking powder *n* lievito *m* in polvere
baking soda *n* bicarbonato *m* di soda
balance [ˈbæ·lənts] **I.** *n* **1.** (*device*) bilancia *f* **2.** *a. fig* equilibrio *m* **3.** (*in bank account*) saldo *m* **4.** (*amount to be paid*) saldo *m* **II.** *vi* equilibrarsi **III.** *vt* **1.** (*compare*) soppesare **2.** (*keep in a position*) tenere in equilibrio **3.** (*achieve equilibrium*) equilibrare; **to ~ the books** far quadrare i conti
balanced *adj* equilibrato, -a
balance sheet *n* balancio *m*
balcony [ˈbæl·kə·ni] *n* balcone *m*
bald [bɔːld] *adj* (*lacking hair*) calvo, -a; **to go ~** perdere i capelli
ball [bɔːl] *n* **1.** (*for golf, tennis*) palla *f;* (*for soccer, basketball*) pallone *m;* (*for football*) pallone *m* ovale; **to play ~** giocare a palla; *fig* cooperare **2.** (*round*

form) palla *f* **3.** (*dance*) ballo *m* ► **to have a ~** divertirsi

ballet dancer *n* ballerino, -ina *m, f* classico, -a

balloon [bə·'lu:n] **I.** *n* palloncino *m* **II.** *vi* gonfiarsi

balloonist *n* pilota *mf* di mongolfiere

ballot ['bæ·lət] **I.** *n* **1.** (*paper*) scheda *f* (elettorale) **2.** (*election*) votazione *f* (a scrutinio segreto) **II.** *vi* votare (a scrutinio segreto) **III.** *vt* consultare tramite votazione

ballpark *n* **1.** stadio *m* di baseball **2.** *fig* **a ~ figure** una cifra approssimativa

ballroom *n* sala *f* da ballo

ban [bæn] **I.** *n* divieto *m;* **to put** [*or* **place**] **a ~ on sth** proibire qc **II.** *vt* <-nn-> proibire

banal [bə·'nɑ:l] *adj* banale

banana [bə·'næ·nə] *n* banana *f*

band[1] [bænd] *n* **1.** (*strip: of cloth, metal*) banda *f* **2.** (*stripe*) sriscia *f* **3.** (*ribbon*) nastro *m* **4.** (*range*) *a.* TEL banda *f*

band[2] [bænd] *n* **1.** MUS complesso *m* **2.** (*of friends*) cricca *f;* (*of robbers*) banda *f*

bandage ['bæn·dɪdʒ] **I.** *n* benda *f* **II.** *vt* bendare

Band-Aid® *n* cerotto *m*

bandit ['bæn·dɪt] *n* bandito *m*

bandstand *n* palco *m* della banda

bandwidth *n* INFOR larghezza *f* di banda

bang [bæŋ] **I.** *n* **1.** (*noise, blow*) colpo *m* **2. ~s** (*hair*) frangia *f* ► **to go (off) with a ~** *inf* essere un gran successo **II.** *adv* **1.** *inf* (*exactly*) proprio; **smack ~ in the middle of the road** proprio nel mezzo della strada **2. to go ~** scoppiare **III.** *interj* bang **IV.** *vi* (*make noise*) far rumore; (*exploding noise*) scoppiare; (*slam: porta*) sbattere; **to ~ on sth** dare colpi a qc **V.** *vt* (*hit*) sbattere; **to ~ one's head against** [*or* **on**] **sth** sbattere la testa contro qc

bangle ['bæŋ·gl] *n* braccialetto *m* rigido

banister ['bæ·nəs·tɚ] *n* **1.** (*handrail*) corrimano *m* **2.** (*baluster*) balaustra *f*

bank[1] [bæŋk] **I.** *n* **1.** FIN banca *m;* (*in games*) banco *f* **2.** (*storage place*) banca *m;* **data ~** banca *f* dati **II.** *vi* **1.** (*do banking*) **to ~ with Citibank** avere un conto alla Citybank **2.** (*rely on*) **to ~ on sb/sth** contare su qu/qc **III.** *vt* depositare

bank[2] [bæŋk] **I.** *n* (*edge: of river*) sponda *f* **II.** *vi* AVIAT inclinarsi

bank[3] [bæŋk] *n* (*of earth*) terrapieno *m;* (*of fog*) banco *m;* (*of cloud*) ammasso *m;* (*of switches*) serie *f*

bank account *n* conto *m* in banca

bank balance *n* saldo *m* del conto

bank charges *n* spese *f pl* bancarie

bank holiday *n* festa *f*

banking *n* attività *f pl* bancarie

bank manager *n* direttore *m* di banca

bankrupt ['bæŋ·krʌpt] **I.** *n* bancarotta *f* **II.** *vt* far fallire **III.** *adj* (*bust*) insolvente; **to be ~** aver fatto fallimento; **to go ~** far fallimento

bankruptcy ['bæŋ·krəp·si] *n* <-ies> bancarotta *f*

bank statement *n* estratto *m* conto

bank transfer *n* bonifico *m* bancario

banner ['bæ·nɚ] *n* **1.** (*flag*) stendardo *m* **2.** (*placard*) striscione *m* **3.** (*in Internet*) banner *m inv*

baptism ['bæp·tɪ·zəm] *n* battesimo *m*

Baptist ['bæp·tɪst] *n* battista *mf*

baptize ['bæp·taɪz] *vt* battezzare

bar[1] [bɑ:r] **I.** *n* **1.** (*of cage, prison*) sbarra *f;* (*of chocolate*) tavoletta *f;* **a ~ of soap** saponetta *f* **2.** MUS battuta *f* **3.** (*restriction*) sbarra *f* **4.** (*nightclub*) night *m;* (*counter*) bancone *m* **5.** INFOR barra *f;* **task/scroll ~** barra delle applicazioni/di scorrimento; **space ~** barra spaziatrice **II.** *vt* <-rr-> **1.** (*fasten: door, window*) sprangare **2.** (*obstruct*) sbarrare **3.** (*prohibit*) proibire; **to ~ sb from doing sth** proibire a qu di fare qc **4.** (*exclude*) escludere

bar[2] [bɑ:r] *prep* ad eccezione di; **~ none** senza eccezioni

Bar [bɑ:r] *n* **the ~** (*group of lawyers*) l'Ordine degli Avvocati; (*profession*) l'avvocatura

Barbadian [bar·'beɪ·di·ən] **I.** *adj* di Barbados **II.** *n* abitante *mf* di Barbados

Barbados [bar·'bəɪ·doʊs] *n* Barbados *fpl*

barbecue *n* **1.** (*grill*) griglia *f* **2.** (*event*) grigliata *f*

barber ['bɑːr·bɚ] *n* barbiere *m*

bar code *n* codice *m* a barre

bare [ber] **I.** *adj* **1.** (*without clothes*) nudo, -a; (*uncovered*) scoperto, -a **2.** (*empty*) vuoto, -a **3.** (*unadorned*) **to tell sb the ~ facts** [*or* **truth**] dire la verità nuda e cruda a qu **4.** (*little*) **the ~ minimum** il minimo indispensabile **II.** *vt* mostrare

barefoot ['ber·fʊt] *adv*, **barefooted** [ˌber·'fʊ·tɪd] *adv* scalzo, -a

barely ['ber·li] *adv* (*hardly*) a malapena

bargain ['bɑːr·gɪn] **I.** *n* **1.** (*agreement*) patto *m;* **to strike a ~** concludere un affare **2.** (*item*) affare *f* **II.** *vi* (*negotiate*) contrattare; (*haggle*) tirare sul prezzo

◆**bargain for** *vi,* **bargain on** *vi* aspettarsi

bargain basement *n* angolo *f* delle occasioni

bargain sale *n* saldi *mpl*

bark¹ [bɑːrk] **I.** *n* (*of a dog*) latrato *m* **II.** *vi* abbaiare

bark² [bɑːrk] *n* (*of a tree*) corteccia *f*

barley ['bɑːr·li] *n* orzo *m*

barman ['bɑːr·mən] *n* <-men> barista *mf*

barn [bɑːrn] *n* fienile *m*

barrage [bə·'rɑːʒ] *n* **1.** MIL fuoco *m* di sbarramento **2.** *fig* (*of questions, complaints*) raffica *f*

barrel ['bæ·rəl] **I.** *n* **1.** (*container*) botte *m* **2.** (*measure: of oil*) barile *m* **3.** (*of a gun*) canna *f* **II.** *vi* <-l-> *inf* correre; **to ~ along** (*vehicle, person in vehicle*) andare a tutta birra

barren ['bæ·rən] *adj* **1.** (*infertile*) sterile; (*landscape*) arido, -a **2.** (*unproductive*) improduttivo, -a

barricade ['bæ·rə·keɪd] **I.** *n* barricata *f* **II.** *vt* barricare

barrier ['bær·iɚ] *n* barriera *f*

barring ['bɑː·rɪŋ] *prep* (*except for*) ad eccezione di; (*if there are no*) salvo +*subj;* **~ delays** salvo ritardi

base [beɪs] **I.** *n* **1.** (*lower part, support*) base *f* **2.** (*bottom*) fondo *m* **3.** (*basis*) fondamento *m* **4.** MIL base *f* **5.** (*of a company*) sede *f* ▶ **to touch ~ with sb** riprendere contatto con qu **II.** *vt* **1.** (*found*) basare; **to be ~d on** basarsi su **2.** MIL stazionare **3.** (*stay*) **to be ~d in Florida** (*company*) avere la propria sede in Florida; (*person*) lavorare in Florida; **which hotel are you ~d at?** in quale albergo stai?

baseball ['beɪs·bɔːl] *n* baseball *m*

baseless ['beɪs·lɪs] *adj* (*accusation*) infondato, -a

bashful ['bæʃ·fəl] *adj* timido, -a

basic ['beɪ·sɪk] **I.** *adj* fondamentale; **~ requirements** requisiti minimi; **to have a ~ command of sth** avere nozioni rudimentali di qc **II.** *npl* **the ~s** l'essenziale

basically *adv* sostanzialmente

basin ['beɪ·sn] *n* **1.** (*large container*) bacinella *f;* (*sink*) lavandino *m* **2.** GEO bacino *m*

basis ['beɪ·sɪs] *n* <bases> base *f;* **on the ~ of sth** in base a qc

basket ['bæs·kət] *n* cesto

basketball ['bæs·kət·bɔːl] *n* pallacanestro *f inv*

bass¹ [beɪs] *n* MUS **1.** (*voice*) basso *m* **2.** (*instrument: classical*) contrabbasso *m;* (*electric*) basso *m*

bass² [bæs] *n* ZOOL spigola *f*

bassoon [bə·'suːn] *n* fagotto *m*

bastard ['bæs·tɚd] *n a. vulg* bastardo, -a *m, f*

bat¹ [bæt] *n* ZOOL pipistrello *m*

bat² [bæt] **I.** *n* **1.** (*in baseball*) mazza *f* **2.** (*blow*) colpo *m* **II.** *vt, vi* <-tt-> SPORTS battere

batch [bætʃ] *n* <-es> pila *f;* COM, INFOR lotto *m*

bath [bæθ] *n* **1.** (*action*) bagno; **to give a child a ~** fare il bagno al bambino; **to take a ~** fare il bagno **2.** (*bathtub*) vasca *f* da bagno **3.** (*bathroom*) bagno

bathe [beɪð] **I.** *vi* fare il bagno **II.** *vt* (*person, animal*) fare il bagno a; (*wound, eyes*) lavare; **to be ~d in sweat** essere madido di sudore

bathing *n* balneazione *f;* **~ prohibited** divieto di balneazione

bathing cap *n* cuffia *m* da bagno

bathing trunks *npl* calzoncini *m pl* da bagno

bathrobe *n* accappatoio *m*

bathroom *n* **1.** (*room with bath*) bagno *m* **2.** (*lavatory*) gabinetto *m*

bath towel *n* telo *m* da bagno

bathtub *n* vasca *f* da bagno

baton [bə·'tɑːn] *n* **1.** MUS bacchetta *f;* (*billy club*) manganello *m* **2.** SPORTS testimone *m*

batsman ['bæts·mən] <-men> *n* SPORTS battitore *m*

batter[1] ['bæ·t̬ɚ] **I.** *n* GASTR pastella *f* **II.** *vt* GASTR passare nella pastella

batter[2] ['bæ·t̬ɚ] **I.** *n* SPORTS battitore *m* **II.** *vt* **1.** (*assault*) maltrattare **2.** (*hit*) colpire; **to ~ the door in** [*or* **down**] abbattere la porta **III.** *vi* **the waves ~ed against the rocks** le onde si frangevano sulle rocce

battered ['bæ·t̬ɚd] *adj* **1.** (*injured*) maltrattato, -a **2.** (*damaged: clothes*) sformato, -a; (*reputation*) rovinato, -a **3.** GASTR fritto, -a nella pastella

battery ['bæ·t̬ə·ri] <-ies> *n* (*radio*) pila *f;* (*car*) batteria *f*

battery charger *n* caricapile *m inv;* AUTO caricabatterie *m inv*

battle ['bæ·t̬l] **I.** *n* **1.** MIL battaglia *f* **2.** (*struggle*) lotta *f* ► **that's half the ~** il più è fatto **II.** *vi* (*fight*) combattere; (*nonviolently*) lottare **III.** *vt* combattere

battlefield *n*, **battleground** *n* campo *m* di battaglia

battleship *n* corazzata *f*

bawl [bɑːl] **I.** *vi* **1.** (*yell at*) urlare a squarciagola **2.** (*weep*) piangere gridando **II.** *vt* gridare; **to ~ sb out** dare una lavata di testa a qu; **to ~ one's eyes out** sgolarsi

bay[1] [beɪ] *n* GEO baia *f*

bay[2] [beɪ] *n* BOT lauro *m*

bayou *n* palude *f*

BBQ ['bar·bɪ·kju] *n abbr of* **barbecue** (*event*) grigliata *f*

B.C. [ˌbi·'si] *adv abbr of* **before Christ** a.C.

be [biː] <was, been> **I.** *vi* **1.** + *n/adj* (*permanent state, quality, identity*) essere; **she's a cook** fa la cuoca; **she's Spanish** è spagnola; **to ~ good** essere buono; **to ~ able to do sth** essere capace di far qc; **what do you want to ~ when you grow up?** cosa vuoi fare da grande?; **to ~ married** essere sposato; **to ~ single** essere celibe [*or* nubile] **2.** + *adj* (*mental and physical states*) essere; **to ~ fat/happy** essere grasso/contento; **to ~ hungry** aver fame **3.** (*age*) avere; **I'm 21** (**years old**) ho 21 anni **4.** (*indicates sb's opinion*) **to ~ for/against sth** essere a favore/contro qc **5.** (*calculation, cost*) **two and two is four** due più due fa quattro; **how much is that?** quant'è? **6.** (*measurement*) essere; (*weight*) pesare; **to ~ 2 feet long** è lungo due piedi **7.** (*exist, live*) **there is/are ...** c'è/ci sono...; **to let sth ~** lasciare stare qc; **to let sb ~** lasciare in pace qu **8.** (*location, situation*) essere, trovarsi; **to ~ in Rome** essere a Roma **9.** *pp* (*go, visit*) **I've never ~en to Mexico** non sono mai stato in Messico **10.** (*take place*) essere, tenersi; **the meeting is next Tuesday** la riunione è [*or* si terrà] martedì prossimo **11.** (*circumstances*) **to ~ on vacation** essere in vacanza; **to ~ on a diet** essere a dieta **12.** (*in time expressions*) **I won't ~ too long** non mi dilungherò **13.** (*expressing possibility*) **could it ~ that ...?** *form* è possibile che ...? +*subj* ► **~ that as it may** sia come sia; **so ~ it** così sia **II.** *impers vb* (*expressing conditions, circumstances*) **it's cloudy** è nuvolo; **it's sunny** c'è sole; **it's two o'clock** sono le due; **it's ~en so long!** quanto tempo! **III.** *aux vb* **1.** (*expressing continuation*) stare; **to ~ doing sth** star facendo qc; **don't sing while I'm reading** non cantare mentre leggo; **you're always complaining** non fai altro che lamentarti **2.** (*expressing the passive*) venire; **to ~ discovered by sb** venir scoperto da qu; **he was left speechless** è rimasto senza parole; **he was asked ...** gli hanno chiesto ... **3.** (*expressing future*) **we are to visit Peru in the winter** andiamo in Perù quest'inverno; **she's leaving tomorrow** parte domani **4.** (*expressing future in past*) **she was never to see her brother David again** non avrebbe mai più visto suo fratello David **5.** (*expressing the subjunctive in conditionals*) **if he were to work harder, he'd get better grades** se facesse di più, prenderebbe voti migliori **6.** (*expressing obligation*) **you are to come here right now** devi venir qui subito **7.** (*in tag questions*) **she is tall, isn't she?** è alta, vero?

beach [biːtʃ] *n* spiaggia *f*

bead [biːd] *n* **1.** (*glass*) perla *f;* (*wood*) pallina *f* **2.** (*drop*) goccia *f;* **~s of sweat** gocce *f pl* di sudore **3.** *pl* (*necklace*) collana *f* di perle **4.** *pl* REL rosario *m* **5.** (*on a gun*) mirino *m*

beak [biːk] *n* **1.** ZOOL becco *m* **2.** *inf* naso *m*

beaker ['biː·kɚ] *n* tazzone *m*

beam [biːm] **I.** *n* **1.** (*ray*) raggio *m;* (*light*) fascio *m* di luce; **high ~** AUTO abbaglianti *mpl;* **low ~** anabbaglianti *mpl* **2.** ARCHIT, SPORTS trave *f* **II.** *vt* (*broadcast*) trasmettere **III.** *vi* brillare; (*smile*) sorridere

beaming *adj* **to be ~** essere raggiante

bean [biːn] *n* **1.** BOT, CULIN fagiolo *m;* (**broad**) **~** fava *f;* **green ~** fagiolino *m;* **baked ~s** fagioli *m pl* in salsa di pomodoro **2.** (*seed, pod*) **coffee ~** grano *m* di caffè ▶ **to not have a ~** *inf* non avere un soldo in tasca; **to spill the ~s** *inf* spifferare tutto

bear[1] [ber] *n* **1.** ZOOL orso, -a *m, f* **2.** FIN ribassista *mf* **3.** *sl* (*sth difficult*) lavoraccio *m*

bear[2] [ber] <bore, borne> **I.** *vt* **1.** (*carry*) portare **2.** (*display*) **to ~ a resemblance to ...** somigliare a ... **3.** (*have, possess*) avere; **to ~ a scar** avere una cicatrice **4.** (*support: weight*) sostenere **5.** (*accept: cost*) sostenere; (*responsibility*) assumere **6.** (*endure: hardship*) sopportare; (*blame*) portare **7.** (*tolerate*) sopportare **8.** (*harbor*) **to ~ sb a grudge** serbare rancore a qu **9.** (*keep*) **to ~ sth/sb in mind** tener presente qc/qu **10.** (*give birth to*) dare la luce a **11.** AGR, BOT (*fruit*) dare **12.** FIN, ECON (*interest*) fruttare **13.** (*give*) **to ~ testimony** [*or* **witness**] **to sth** testimoniare qc **II.** *vi* (*tend*) **to ~ left/right** prendere a sinistra/destra

♦**bear up** *vi* non lasciarsi abbattere

bearable ['be·rə·bl] *adj* sopportabile

beard [bɪrd] *n* barba *f*

bearing ['be·rɪŋ] *n* **1.** NAUT rilevamento *m;* **to get one's ~s** *a. fig* orientarsi; **to lose one's ~s** *a. fig* perdere l'orientamento **2.** (*behavior*) comportamento *m* **3.** (*posture*) portamento *m* **4.** TECH cuscinetto *m* ▶ **to have some ~ on sth** influire su qc

beast [biːst] *n* **1.** (*animal*) bestia *f* **2.** *inf* (*person*) bruto *m;* **to be a ~ to sb** comportarsi come un animale con qu

beastly ['biːst·li] <-ier, -iest> *adj inf* tremendo, -a; **to be ~ to sb** comportarsi in modo abominevole con qu

beat [biːt] <beat, beaten> **I.** *n* **1.** (*pulsation: of the heart*) battito *m;* (*of the pulse*) polso *m;* (*of a hammer*) colpo *m* **2.** MUS tempo *m* **3.** (*of a police officer*) ronda *f* **II.** *adj inf* (*worn out*) sfinito, -a **III.** *vt* **1.** (*strike*) colpire; (*metal*) battere; **to ~ sb to death** picchiare qu a morte **2.** (*wings*) battere **3.** GASTR sbattere **4.** (*defeat*) battere **5.** (*surpass: record*) battere **6.** (*arrive before*) **she ~ me to the door** è arrivata prima di me alla porta **7.** (*be better than*) superare; **to ~ sb in** [*or* **at**] **sth** superare qu in qc; **taking the bus sure ~s walking there** *inf* è meglio andarci in autobus che non a piedi **8.** MUS (*drum*) suonare ▶ **that ~s everything** *inf* è il colmo! **IV.** *vi* **1.** (*pound: rain, sea*) battere; (*person*) dar colpi **2.** (*pulsate, vibrate: heart, pulse*) battere; (*wings*) sbattere; (*drum*) rullare

♦**beat back** *vt* respingere

♦**beat down** **I.** *vi* (*rain*) piovere a dirotto; (*sun*) picchiare **II.** *vt* (*haggle*) **to beat the price down** far scendere il prezzo

♦**beat off** *vt* respingere

♦**beat up** *vt* pestare

beaten ['biː·tn] **I.** *pp of* **beat** **II.** *adj* **1.** (*metal*) battuto, -a **2. to be off the ~ track** [*or* **path**] essere isolato

beating ['biː·t̬ɪŋ] *n* **1.** (*assault*) botte *fpl;* **to give sb a ~** dare una manica di botte a qu **2.** (*defeat*) sconfitta *f;* **to**

take a ~ prendersi una batosta **3.** (*of the heart*) battito *m*

beautician [bju:·'tɪ·ʃən] *n* estetista *mf*

beautiful ['bju:·t̬ə·fəl] *adj* bello, -a; (*sight, weather*) stupendo, -a

beauty ['bju:·t̬i] <-ies> *n* **1.** (*property*) bellezza *f* **2.** (*beautiful woman*) bellezza *f* **3.** *inf* (*advantage*) **the ~ of ...** il bello è che ...

beauty parlor *n*, **beauty salon** *n*, **beauty shop** *n* istituto *m* di bellezza

beauty spot *n* **1.** (*location*) luogo *m* pittoresco **2.** (*on the skin*) neo *m*

beaver ['bi:·vɚ] **I.** *n* **1.** ZOOL castoro *m* **2.** *fig inf* (*person*) (**eager**) ~ stacanovista *mf* **3.** *vulg* (*female genitals*) figa *f* **II.** *vi inf* **to ~ away** lavorare di gran lena

became [bɪ·'keɪm] *pt of* **become**

because [bɪ·'kɑ:z] **I.** *conj* perché; **not ~ I am sad but ...** non perché sia triste ma ... **II.** *prep* **~ of** a causa di; **~ of me** per colpa mia; **~ of illness** a causa della malattia; **~ of the fine weather** grazie al buon tempo

beckon ['be·kən] **I.** *vt* chiamare con un cenno **II.** *vi* **to ~ to sb** fare segni a qu

become [bɪ·'kʌm] <became, become> **I.** *vi* **1.** diventare; **to ~ angry** arrabbiarsi; **to ~ famous** diventare famoso **2.** (*happen to*) **what ever became of her?** che cosa ne è stato di lei? **II.** *vt* **1.** (*look good*) star bene **2.** (*be appropriate*) addirsi

bed [bed] **I.** *n* **1.** (*furniture*) letto *m;* **to get out of ~** alzarsi; **to go to ~** andare a letto; **to go to ~ with sb** andare a letto con qu; **to make the ~** (ri)fare il letto **2.** (*for flowers*) aiuola *f;* (*of clams*) banco *m* **3.** (*bottom: of the ocean*) fondo *m;* (*of a river*) letto *m* **4.** (*layer*) strato *m* **II.** <-dd-> *vt* (*embed: plants*) piantare

BEd [bi:·'ed] *abbr of* **Bachelor of Education** laureato, -a *m, f* in Scienze dell'educazione

bed and breakfast *n* pensione *f* familiare

bed linen *n* lenzuola *f pl*

bedraggled [bɪ·'dræ·gld] *adj* **1.** (*wet*) fradicio, -a **2.** (*disheveled: person, appearance*) trasandato, -a; (*hair*) spettinato, -a

bedridden ['bed·ˌrɪ·dn] *adj* inchiodato, -a a letto

bedroom ['bed·rum] *n* camera *f* da letto

bedside rug *n* scendiletto *m*

bedside table *n* comodino *m*

bedspread ['bed·spred] *n* copriletto *m*

bedtime ['bed·taɪm] *n* ora *f* di andare a letto

bee [bi:] *n* **1.** ZOOL ape *f* **2.** (*group*) gruppo *m;* **they have a sewing ~ on Fridays** si trovano a cucire tutti i venerdì; **spelling ~** gara orale *f* di ortografia

beef [bi:f] **I.** *n* **1.** GASTR carne *f* di manzo; **ground ~** carne di manzo tritata; **roast ~** roast-beef *m* **2.** *inf* (*complaint*) lamentela; **what's your ~?** di che cosa ti lamenti? *f* **II.** *vi inf* **to ~ about sth** lamentarsi di qc

beefsteak *n* bistecca *f* di manzo

beehive ['bi:·haɪv] *n* arnia *f*

been [bɪn] *pp of* **be**

beer [bɪr] *n* birra *f*

beetle ['bi:·t̬l] *n* coleottero *m*

before [bɪ·'fɔ:r] **I.** *prep* **1.** (*earlier*) prima di; **~ doing sth** prima di far qc; **to wash one's hands ~ lunch** lavarsi le mani prima di pranzo **2.** (*in front of*) davanti a; **~ my house** davanti a casa mia **3.** (*preceding*) **just ~ the bus stop** proprio prima della fermata dell'autobus **4.** (*having priority*) prima di; **~ everything** prima di tutto **II.** *adv* **1.** (*previously*) prima; **I've seen it ~** l'ho già visto; **the day ~** il giorno prima; **two days ~** due giorni prima; **as ~** come prima **2.** (*in front*) **this word and the one ~** questa parola e quella prima **III.** *conj* prima che *+subj;* **he spoke ~ she went out** parlò prima che lei se ne andasse; **he had a glass ~ he went** ha bevuto un bicchiere prima di andarsene

beforehand [bɪ·'fɔ:r·hænd] *adv* in anticipo

beg [beg] <-gg-> **I.** *vt* (*request*) supplicare; **I ~ your pardon!** scusi! **II.** *vi* **1.** (*seek charity*) **to ~** (**for money**) mendicare **2.** (*request*) implorare; **I ~**

of you ti imploro

began [bɪ·'gæn] *pt of* **begin**

beggar ['be·gɚ] **I.** *vt* **to ~ belief** essere incredibile **II.** *n* (*poor person*) mendicante *mf*

begin [bɪ·'gɪn] <began, begun> **I.** *vt* cominciare, incominciare; **to ~ doing sth** incominciare a fare qc; **to ~ work** incominciare a lavorare **II.** *vi* cominciare, incominciare; **the film ~s at eight** il film comincia alle otto

beginner [bɪ·'gɪ·nɚ] *n* principiante *mf*

beginning **I.** *n* **1.** (*start*) inizio *m;* **at** [*or* **in**] **the ~** all'inizio; **from ~ to end** dall'inizio alla fine **2.** (*origin*) origine *f* **II.** *adj* iniziale

begun [bɪ·'gʌn] *pp of* **begin**

behalf [bɪ·'hæf] *n* **on ~ of sb/sth** (*for*) a nome di qu/qc; (*from*) per conto di qu/qc

behave [bɪ·'heɪv] *vi* **1.** (*act*) comportarsi; **to ~ badly/well** comportarsi male/bene **2.** (*function*) funzionare

behavior [bɪ·'heɪv·jɚ] *n* comportamento *m*

behind [bɪ·'haɪnd] **I.** *prep* **1.** (*to the rear of*) dietro; **right ~ sb/sth** proprio dietro qu/qc; **he's walking ~ me** sta camminando dietro di me; **~ the wheel** al volante **2.** *fig* **there is somebody ~ this** c'è qualcuno dietro a tutto questo **3.** (*in support of*) **to be ~ sb/sth** (**all the way**) appoggiare qu/qc (fino alla fine) **4.** (*late for*) **~ time** in ritardo **5.** (*less advanced*) **to be ~ sb/the times** essere indietro rispetto a qu/ai tempi **II.** *adv* **1.** (*at the back*) dietro; **to leave sb ~** lasciare qu indietro; **to stay ~** fermarsi **2.** (*overdue*) **to be ~** (**in sth**) essere in ritardo (con qc) **III.** *n inf* didietro *m;* **to get off one's ~** darsi una smossa

being ['bi:·ɪŋ] **I.** *n* **1.** (*creature*) essere *m* **2.** (*life*) vita *f* **3.** (*soul*) anima *f* **II.** *pres p of* **be** **III.** *adj after n* **for the time ~** per il momento

Belarus [be·lə·'ru:s] *n* Bielorussia *f*

belfry ['bel·fri] *n* campanile *m*

Belgian ['bel·dʒən] *adj, n* belga *mf*

Belgium ['bel·dʒəm] *n* Belgio *m*

belief [bɪ·'li:f] *n* **1.** REL fede *f* **2.** (*conviction*) convinzione *f;* **to be beyond ~** essere incredibile

believable [bɪ·'li:·və·bl] *adj* credible

believe [bɪ·'li:v] **I.** *vt* credere; **~ (you) me!** credimi!; **she couldn't ~ her eyes** non poteva credere ai suoi occhi **II.** *vi* credere; **to ~ in sth** credere a qc; **to ~ in sb** credere in qu

bell [bel] *n* (*of a church*) campana *f;* (*of a door*) campanello *m*

bellboy *n* fattorino *m* dell'albergo

bellhop *n* fattorino *m* dell'albergo

bellow ['be·loʊ] **I.** *vt* gridare **II.** *vi* muggire **III.** *n* grido *m*

bell pepper *n* peperone *m*

belly ['be·li] <-ies> *n* **1.** *inf* (*stomach*) pancia *f* ▶ **to go ~ up** *inf* fallire

bellyache *inf* **I.** *n* mal *m* di pancia; **to have a ~** avere mal di pancia **II.** *vi* lamentarsi

bellybutton *n* ombelico *m*

belong [bɪ·'lɑ:ŋ] *vi* **1.** (*be property of*) **to ~ to sb/sth** appartenere a qu/qc **2.** (*have a place*) **where do these spoons ~?** dove vanno questi cucchiai? **3.** (*be a member of*) **to ~ to** (*club*) essere socio di; (*political party*) essere membro di **4.** (*match*) **they ~ together** sono fatti l'uno per l'altra

belongings *npl* averi *mpl;* **personal ~** effetti *m* personali *pl*

below [bɪ·'loʊ] **I.** *prep* **1.** (*lower than, underneath*) sotto; **~ the surface** sotto la superficie; **~ us** sotto di noi **2.** GEO **San Diego is ~ Los Angeles** San Diego è a sud di Los Angeles **3.** (*less than*) **~ average** al di sotto della media; **~ freezing** sotto zero **4.** (*inferior to*) **to work ~ sb** lavorare sotto [*or* agli ordini di] qu **5.** (*of a lower standard than*) **to be ~ sb** non essere degno di qu **II.** *adv* (di) sotto; **the family** (**in the apartment**) **~** la famiglia del piano di sotto; **from ~** da sotto; **see ~** (*in a text*) vedi sotto

belt [belt] **I.** *n* **1.** FASHION cintura *m;* **to fasten one's ~** allacciarsi la cintura **2.** TECH cinghia *f* **3.** (*area: industrial, green*) cintura *f* ▶ **to tighten one's ~** tirare la cinghia **II.** *vt inf* (*hit*) picchiare **III.** *vi inf* correre a tutta velocità

♦**belt up** *vi* **1.** AUTO allacciare la cintura di sicurezza **2.** *inf* **~!** chiudi il becco!

bench [bentʃ] *n* **1.** (*seat*) panchina *f* **2.** SPORTS **the ~** la panchina **3.** LAW **the ~** la corte **4.** (*worktable*) banco *m* di lavoro

bend [bend] <bent, bent> **I.** *n* **1.** (*in a river, road*) curva *f;* (*in a pipe*) gomito *m* **2.** *pl, inf* (*illness*) malattia *f* da decompressione ▶ **to go/be around the ~** *inf* diventare/essere matto **II.** *vi* **1.** (*move*) piegarsi **2.** (*change direction: road*) fare una curva **III.** *vt* **1.** (*move: legs*) piegare; (*head*) inclinare **2.** (*not follow strictly*) **to ~ the rules** cambiare le regole a proprio piacimento

♦**bend back** *vt* piegare all'indietro

♦**bend down** *vi* piegarsi

beneath [bɪ·ˈniːθ] **I.** *prep* **1.** (*lower than, underneath*) sotto; **~ the table** sotto la tavola; **~ us** sotto di noi **2.** (*inferior to*) **to be ~ sb in rank** essere di rango inferiore a qu **3.** (*lower standard than*) **to be ~ sb** non essere degno di qu **II.** *adv* sotto, di sotto

benefit [ˈbe·nɪ·fɪt] **I.** *n* **1.** (*profit*) beneficio *m;* **to be of ~ to sb** giovare a qu; **for** [*or* **to**] **the ~ of sb/sth** a beneficio di qu/qc **2.** (*welfare payment*) sussidio *m* **II.** <-t- *or* -tt-> *vi* **to ~ from sth** trarre profitto da qc **III.** <-t- *or* -tt-> *vt* giovare a

bent [bent] **I.** *pt, pp of* **bend II.** *n* (*tendency*) inclinazione *f* **III.** *adj* **1.** (*not straight*) storto, -a **2.** (*determined*) **to be ~ on (doing) sth** essere deciso a fare qc

bereavement [bɪ·ˈriːv·mənt] *n* lutto *f* (per la morte di un familiare)

Bermuda [bɚ·ˈmjuː·də] *n* le Bermuda

Bermuda shorts *n* bermuda *mpl*

berry [ˈbe·ri] <-ies> *n* bacca *f*

berserk [bɚ·ˈsɜːrk] *adj* (*angry*) pazzo furioso, -a; **to go ~ (over sth)** andare su tutte le furie (per qc)

berth [bɜːrθ] **I.** *n* **1.** (*on train, ship*) cuccetta *f* **2.** (*in a harbor*) posto *m* barca **3.** *fig* **to give sb a wide ~** evitare qu **II.** *vt, vi* NAUT ormeggiare

beside [bɪ·ˈsaɪd] *prep* **1.** (*next to*) accanto a; **right ~ sb/sth** proprio accanto a qu/qc **2.** (*together with*) **~ sb** insieme a qu **3.** (*in comparison to*) in confronto a **4.** (*overwhelmed*) **to be ~ oneself** essere fuori di sé **5.** (*irrelevant to*) **to be ~ the point** essere irrilevante

besides [bɪ·ˈsaɪdz] **I.** *prep* **1.** (*in addition to*) oltre a **2.** (*except for*) tranne **II.** *adv* **1.** (*in addition*) inoltre **2.** (*else*) **nothing ~** nient'altro

best [best] **I.** *adj superl of* **good** migliore; **the ~** il/la migliore; **the ~ days of my life** i giorni migliori della mia vita; **~ wishes!** auguri! **II.** *adv superl of* **well** meglio; **the ~** il meglio; **as ~ (as) you can** meglio che puoi; **do what you think is ~** fai ciò che credi meglio; **at ~** al meglio **III.** *n* **1.** (*the finest*) **all the ~!** *inf* auguri!; **to be the ~ of friends** essere i migliori amici del mondo; **to bring out the ~ in sb** tirare fuori il meglio da qu; **to turn out for the ~** andare per il meglio **2.** SPORTS record *m inv*

best man *n* testimone *m* di nozze

bet [bet] <bet *or* -ted, bet *or* -ted> **I.** *n* scommessa *f;* **to place a ~ on sth** scommettere su qc **II.** *vt, vi* scommettere; **to ~ on sth** scommettere su qc; **I'll ~!** certo!; **you ~!** *inf* ne puoi star certo!

betray [bɪ·ˈtreɪ] *vt* tradire; **to ~ sb's trust** tradire la fiducia di qu

better[1] [ˈbe·t̬ɚ] **I.** *adj comp of* **good** migliore; **to be ~** MED star meglio; **~ than nothing** meglio di niente; **it's ~ that way** è meglio così **II.** *adv comp of* **well** meglio; **I like this ~** questo mi piace di più; **there is nothing I like ~ than ...** non c'é nulla che mi piaccia di più di ...; **we'd ~ stay here** faremmo meglio a fermarci qui; **It would be ~ to tell him** sarebbe meglio dirglielo **III.** *n* **1. to change for the ~** cambiare in meglio; **the sooner, the ~** prima è, meglio è; **so much the ~** tanto meglio **2.** *pl* **my ~s** i miei superiori **IV.** *vt* migliorare; **to ~ oneself** migliorare la propria condizione

better[2] [ˈbe·t̬ɚ] *n see* **bettor**

betting office *n* agenzia *f* di scommesse

between [bɪ·ˈtwiːn] **I.** *prep* tra; **~ the two of us** tra noi; **the 3 children have $10 ~ them** i 3 bambini hanno in tutto $10 **II.** *adv* (**in**) ~ in mezzo; (*time*) nel frattempo

beware [bɪ·ˈwer] *vi* stare attento; **~ of pickpockets!** attenti ai borseggiatori!

bewildered *adj* sconcertato, -a

bewildering *adj* sconcertante

beyond [bɪ·ˈjɑːnd] **I.** *prep* **1.** (*on the other side of*) al di là di; **don't go ~ the line!** non oltrepassare la linea!; **~ the wall** al di là del muro **2.** (*after*) dopo; (*more than*) più di; **~ 8:00** dopo le 8:00 **3.** (*further than*) oltre; **to see/go** (**way**) **~ sth** vedere/andare (molto) oltre qc; **~ belief** incredibile **4.** (*too difficult for*) **to be ~ sb** (*theory, idea*) essere troppo difficile per qu; **that's ~ me** io non ci arrivo **5.** (*more than*) al di sopra; **to live ~ one's means** vivere al di sopra delle proprie possibilità **6.** *with neg or interrog* (*except for*) tranne **II.** *adv* **1.** (*past*) **the house ~** la casa più avanti **2.** (*future*) **the next ten years and ~** i prossimi dieci anni e oltre **III.** *n* **the ~** REL l'aldilà

biannual [ˌbaɪ·ˈæn·jʊ·əl] *adj* semestrale

bias [ˈba·ɪəs] **I.** *n* **1.** (*prejudice*) pregiudizio *m* **2.** (*one-sidedness*) parzialità *f;* **without ~** imparziale **3.** (*tendency*) preferenza *f;* **to have a ~ towards sth** avere una preferenza per qc **4.** (*in sewing*) sbieco *m;* **on the ~** di sbieco **II.** <-s-> *vt* influenzare

biased *adj* parziale; **~ in sb's favor** essere bendisposto nei confronti di qu

Bible [ˈbaɪ·bl] *n* **the ~** la Bibbia

bibliography [ˌbɪb·li·ˈɑː·grə·fi] <-ies> *n* bibliografia *f*

bicycle [ˈbaɪ·sɪ·kl] *n* bicicletta *f;* **to ride a ~** andare in bicicletta; **by ~** in bicicletta

bicycle lane *n* pista *f* ciclabile

bid [bɪd] **I.** *n* **1.** (*offer*) offerta *f;* **to make a ~ for sth** fare un'offerta per qc **2.** (*attempt*) tentativo *m;* **to make a ~ to do sth** tentare di fare qc **II.** <bid, bid> *vi* **1.** (*at an auction*) offrire **2.** COM fare un'offerta; **to ~ for a contract** partecipare ad una gara di appalto

bidet [bɪ·ˈdeɪ] *n* bidè *m*

biennial [baɪ·ˈe·ni·əl] **I.** *adj a.* BOT biennale **II.** *n* pianta *f* biennale

big [bɪg] <-ger, -gest> *adj* **1.** (*in size, amount*) grande; **a ~ book** un libro grande; **a ~ house** una casa grande; **the ~ger the better** più grande è, meglio è **2.** (*older*) più grande; **~ boy** bambino più grande; **~ sister** sorella maggiore **3.** (*significant*) grande; **a ~ day** *inf* un gran giorno; **this group is ~ in Italia** questo gruppo è famoso in Italia

Big Apple *n* **the ~** New York *f*

big business *n* grandi aziende *f pl*

Big Easy *n* **the ~** New Orleans *f*

bigoted *adj* intollerante

big shot *n inf* pezzo *m* grosso

bike [baɪk] *n inf* **1.** (*bicycle*) bici *f* **2.** (*motorcycle*) moto *f*

bilingual [baɪ·ˈlɪŋ·gwəl] *adj* bilingue

bill[1] [bɪl] **I.** *n* **1.** (*invoice*) fattura *f;* **phone ~** bolletta *f* del teléfono; **the ~, please** il conto, per favore **2.** (*bank note*) banconota *m* **3.** POL, LAW disegno *m* di legge **4.** (*poster*) cartellone *m* ▶ **to fit the ~** rispondere ai requisiti **II.** *vt* **to ~ sb** presentare il conto a qu; **to ~ sb for sth** fatturare qc a qu

bill[2] [bɪl] *n* (*of a bird*) becco *m*

billboard *n* tabellone *m* pubblicitario

billfold *n* portafoglio *m*

billiards [ˈbɪl·jɚdz] *n* biliardo *m*

billion [ˈbɪl·jən] *n* miliardo *m*

billy club *n* manganello *m*

bin [bɪn] *n* recipiente *m;* **trash ~** pattumiera *f*

bind [baɪnd] **I.** *n inf* difficoltà *fpl;* **to be in a ~** avere delle difficoltà **II.** <bound, bound> *vi* unirsi **III.** <bound, bound> *vt* **1.** (*tie together*) legare **2.** (*unite*) **to ~** (**together**) unire **3.** (*commit*) vinculare **4.** (*book*) rilegare **5.** (*oblige*) **to ~ sb to a contract** obbligare qu contrattualmente

binder [ˈbaɪn·dɚ] *n* (*notebook*) classificatore *m*

binding [ˈbaɪn·dɪŋ] **I.** *n* TYPO rilegatura *f* **II.** *adj* vincolante

binoculars [bɪ·ˈnɑːk·jə·lɚz] *npl* binoco-

B

lo *m;* **a pair of** ~ un binocolo

biodegradable [ˌba·ɪoʊ·dɪ·ˈgreɪ·də·bl] *adj* biodegradabile

biography [baɪ·ˈɑː·grə·fi] <-ies> *n* biografia *f*

biological [ˌba·ɪə·ˈlɑː·dʒɪ·kəl] *adj* biologico, -a; ~ **cycle/rhythm** ciclo/ritmo biologico; ~ **parents** genitori *m* naturali *pl*

biologist [baɪ·ˈɑː·lə·dʒɪst] *n* biologo, -a *m, f*

biology [baɪ·ˈɑː·lə·dʒi] *n* biologia *f*

biorhythm [ˈba·ɪoʊ·ri·ðəm] *n* bioritmo *m*

bird [bɜːrd] *n* **1.** ZOOL uccello *m* **2.** *inf* (*person*) **a strange** [*or* **queer**] ~ un tipo strano ▸ **to kill two ~s with one stone** prendere due piccioni con una fava *prov*

birdcage *n* gabbietta *f* per gli uccelli

bird flu *n* influenza *f* aviaria

birth [bɜːrθ] *n* nascita *f;* MED parto *m;* **at** ~ alla nascita; **from** ~ dalla nascita; **date/place of** ~ data/luogo di nascita; **to give** ~ **to a child** dare alla luce un figlio

birth certificate *n* certificato *m* di nascita

birth control *n* controllo *m* delle nascite

birthday [ˈbɜːrθ·deɪ] *n* compleanno *m;* **happy ~!** buon compleanno!

birthday cake *n* torta *f* di compleanno

birthday card *n* biglietto *m* di auguri di compleanno

birthday party *n* festa *f* di compleanno

birthday present *n* regalo *m* di compleanno

birthmark *n* voglia *f*

birthplace *n* luogo *m* di nascita

birthrate *n* tasso *m* di natalità

biscuit [ˈbɪs·kɪt] *n* FOOD *piccolo panino piatto lievitato con il bicarbonato*

bisexual [ˌbaɪ·ˈsek·ʃʊ·əl] *adj, n* bisessuale *mf*

bishop [ˈbɪ·ʃəp] *n* **1.** REL vescovo *m* **2.** (*chess piece*) alfiere *m*

bit[1] [bɪt] *n* **1.** *inf* (*small piece*) pezzo *m;* **a ~ of paper** un pezzo di carta **2.** (*some*) **a ~ of** un po' di **3.** (*part*) parte *f;* ~ **by** ~ poco a poco **4.** *inf* (*short time*) momento *m;* **for a** ~ per un momento **5.** (*somewhat*) **a** ~ un po'; **a ~ stupid** un po' stupido; **quite a** ~ un bel po'

bit[2] [bɪt] *n* (*for horses*) morso *m*

bit[3] [bɪt] *pt of* **bite**

bitch [bɪtʃ] **I.** *n* **1.** ZOOL cagna *f* **2.** *offensive sl* (*woman*) puttana *f* **3.** *sl* (*difficult matter*) casino *m* **II.** *vi sl* lamentarsi

bite [baɪt] **I.** <bit, bitten> *vt* mordere; (*insect*) pungere; **to ~ one's nails** mangiarsi le unghie **II.** <bit, bitten> *vi* (*dog, person*) mordere; (*insect*) pungere **III.** *n* **1.** (*of a dog, person*) morso *m;* (*of an insect*) puntura *f;* (*of an insect*) puntura *f* **2.** (*mouthful*) boccone *m*

biting [ˈbaɪ·t̬ɪŋ] *adj* (*wind*) pungente; (*criticism*) mordace

bitten [ˈbɪ·tn] *pp of* **bite**

bitter [ˈbɪ·t̬ɚ] **I.** *adj* <-er, -est> **1.** (*in taste*) amaro, -a; (*fruit*) aspro, -a **2.** (*painful*) amaro, -a; **to be ~ about sth** essere amareggiato da qc **3.** (*intense*) acerrimo, -a; (*dispute*) aspro, -a; (*disappointment*) amaro, -a; (*wind*) pungente **II.** *n* **~s** (*in cocktails*) amaro *m*

bitterly *adv* **1.** (*resentfully*) amaramente **2.** (*intensely*) aspramente

bizarre [bɪ·ˈzɑːr] *adj* bizzarro, -a

black [blæk] **I.** *adj* **1.** (*color*) nero, -a; ~ **man** nero *m;* ~ **woman** nera *f* **2.** *fig* (*extreme*) nero, -a; ~ **despair** disperazione nera **3.** (*dark*) oscuro, -a; *fig* **to give sb a ~ look** lanciare un'occhiataccia a qu **4.** (*very dirty: hands*) nero, -a ▸ **to beat sb ~ and blue** *inf* riempire di botte qu **II.** *vt* (*make black*) annerire **III.** *n* **1.** (*color*) nero *m;* **in** ~ di nero; **in ~ and white** CINE, PHOT in bianco e nero **2.** (*person*) nero, -a *m, f*

blackberry [ˈblæk·ˌbe·ri] <-ies> *n* (*fruit*) mora *f;* (*plant*) rovo *m*

blackbird *n* merlo *m*

blackboard *n* lavagna *f*

blackmail [ˈblæk·meɪl] **I.** *n* ricatto *m* **II.** *vt* ricattare

black mark *n* voto *m* negativo

black market *n* mercato *m* nero

blackness [ˈblæk·nɪs] *n* (*color*) nero *m;*

(*darkness*) oscurità *f*

blackout ['blæk·aʊt] *n* **1.** (*faint*) svenimento *m;* **to have a ~** avere uno svenimento **2.** ELEC blackout *m inv* **3.** (*censorship*) **news ~** silenzio *m* stampa

bladder ['blæ·dɚ] *n* ANAT vescica *f*

blade [bleɪd] *n* (*of a tool, weapon*) lama *f;* **~ of grass** filo *f* d'erba

blame [bleɪm] **I.** *vt* incolpare; **to ~ sb for sth** dare la colpa di qc a qu **II.** *n* colpa *f;* **to take the ~** assumersi la colpa

blameless ['bleɪm·lɪs] *adj* innocente

bland [blænd] *adj* **1.** (*mild*) insipido, -a **2.** (*dull*) insulso, -a

blank [blæŋk] **I.** *adj* **1.** (*empty*) bianco, -a; **~ page** pagina *f* bianca; **the screen went ~** il monitor si è oscurato **2.** (*look*) privo di espressione **3.** (*complete*) assoluto, -a **II.** *n* **1.** (*space*) vuoto *m;* (*on form*) spazio *m* vuoto **2.** (*cartridge*) cartuccia *m* a salve

blanket ['blæŋ·kɪt] *n* **1.** (*cover*) coperta *f* **2.** (*of snow*) coltre *f*

blasphemy ['blæs·fə·mi] *n* bestemmia *f*

blast [blæst] **I.** *vt* **1.** (*with an explosive*) far saltare in aria **2.** *inf* (*criticize*) criticare duramente **II.** *n* **1.** (*detonation*) splosione *f* **2.** (*noise*) colpo *m* **3.** *inf* (*party*) festa *f;* (*lots of fun*) **to have a ~** divertirsi un mondo ▶ **(at) full ~** (*volume*) a tutto volume

blaze [bleɪz] **I.** *vi* (*fire*) divampare **II.** *vt* **to ~ a trail** tracciare una pista **III.** *n* **1.** (*fire*) incendio *m;* (*flames*) fiammata *f* **2.** (*of light*) bagliore *m* **3.** (*display*) **a ~ of glory** un'aureola di gloria

◆**blaze up** *vi* infiammarsi

blazing ['bleɪ·zɪŋ] *adj* splendente; (*heat, sunshine*) cocente; (*light*) sfolgorante; (*fire*) ardente; **in a ~ temper** infuriato

bleach [bliːtʃ] **I.** *vt* (*clothing*) candeggiare **II.** *n* candeggina *f*

bleak [bliːk] *adj* (*future*) avvilente; (*landscape*) desolato, -a; (*smile*) triste

bleary ['blɪ·ri] *adj* <-ier, -iest> (*person*) stanco, -a; (*eyes*) annebbiato, -a

bled [bled] *pt, pp of* **bleed**

bleed [bliːd] <bled, bled> **I.** *vi* **1.** (*from a wound*) sanguinare; **to ~ to death** morire dissanguato **2.** (*colors: in the laundry*) stingere **II.** *vt* **1.** salassare; **to ~ sb dry** *inf* lasciare qu senza un soldo **2.** TECH, AUTO (*drain*) spurgare

B

bleep [bliːp] **I.** *n* pitido *m* **II.** *vi* (*emit sound*) fare bip **III.** *vt* (*censor*) coprire (con un bip)

blemish ['ble·mɪʃ] **I.** *n a. fig* macchia *f* **II.** *vt a. fig* manchiare

blend [blend] **I.** *n* mescolanza *f* **II.** *vt* mescolare **III.** *vi* fondersi

blender ['blen·dɚ] *n* frullatore *m*

bless [bles] *vt* benedire ▶ **(God) ~ you!** (*after a sneeze*) salute!

blessed ['ble·sɪd] *adj* benedetto, -a; (*ground*) santo, -a; **the Blessed Virgin** la Santissima Vergine

blessing ['ble·sɪŋ] *n* **1.** (*benediction*) benedizione *f* **2.** (*advantage*) vantaggio *m*

blew [bluː] *pt of* **blow**

blind [blaɪnd] **I.** *n* **1.** *pl* (*person*) **the ~** i ciechi, i nonvedenti **2.** (*window shade*) persiana *f* **II.** *vt* **1.** ANAT, MED accecare **2.** (*dazzle*) abbagliare **III.** *adj a. fig* cieco, -a **IV.** *adv* senza vederci

blind date *n* appuntamento *m* al buio

blindfold ['blaɪnd·foʊld] **I.** *n* benda *f* **II.** *vt* bendare gi occhi a **III.** *adj* con gli occhi bendati

blindness *n* cecità *f*

blind spot *n* AUTO angolo *m* cieco

blink [blɪŋk] **I.** *vi, vt* sbattere le palpebre; **she didn't even ~** non ha battuto ciglio **II.** *n* battito *m* di ciglia ▶ **in the ~ of an eye** in un battito d'occhio

blissful ['blɪs·fəl] *adj* (*enjoyable*) meraviglioso, -a

blister ['blɪs·tɚ] *n* **1.** ANAT vescica *f* **2.** (*bubble*) bolla *f*

blizzard ['blɪ·zɚd] *n* tempesta *f* di neve

blob [blɑːb] *n* grossa goccia *f*

block [blɑːk] **I.** *n* **1.** (*solid lump*) blocco *m* **2.** (*city block*) isolato *m* **3.** (*of traffic*) ingorgo *m* **4.** (*psychological*) blocco *m* **5.** COMPUT selezione *f* **II.** *vt* **1.** (*road, pipe*) bloccare; (*sb's progress*) ostacolare **2.** COMPUT **to ~ and copy** seleziona e copia

◆**block off** *vt* bloccare

◆**block out** *vt* **1.** (*censor*) cancellare **2.** (*repress: memory*) rimuovere

◆**block up** I. *vt* ostruire II. *vi* otturarsi
blockage ['blɑː·kɪdʒ] *n* ostruzione *f*
block letters *n* stampatello *m*
blond(e) [blɑːnd] I. *adj* (*hair*) biondo, -a II. *n* biondo, -a *m, f*
blood [blʌd] *n* sangue *f* ▶ **in cold** ~ a sangue freddo; **it makes my** ~ **boil** mi fa ribollire il sangue
blood clot *n* coagulo *m,* grumo *m* di sangue
blood donor *n* donatore, -trice *m, f* di sangue
blood group *n* gruppo *m* sanguigno
blood poisoning *n* setticemia *f*
blood pressure *n* pressione *f* arteriosa
bloodshed *n* spargimento *m* di sangue
bloodshot ['blʌd·ʃɑːt] *adj* (*eyes*) iniettato, -a di sangue
bloodstained ['blʌd·steɪnd] *adj* macchiato, -a di sangue
bloodstream *n* sistema *m* sanguigno
blood test *n* analisi *m inv* del sangue
bloodthirsty ['blʌd·ˌθɜːrs·ti] *adj* sanguinario, -a
blood transfusion *n* trasfusione *f* di sangue
blood vessel *n* vaso *m* sanguigno
bloody ['blʌ·di] <-ier, -iest> *adj* (*with blood*) insanguinato, -a; (*fight, battle*) sanguinoso, -a
bloom [bluːm] I. *n a. fig* fiore *f;* **to come into** ~ fiorire II. *vi* 1. (*produce flowers*) fiorire 2. (*peak*) prosperare
blooming ['bluː·mɪŋ] *adj* fiorente
blossom ['blɑː·səm] I. *n* fiore *f;* **in** ~ in fiore II. *vi* 1. (*flower*) fiorire 2. (*develop*) diventare
blot [blɑːt] I. *n a. fig* (*mark*) macchia *f* II. *vt* 1. (*make mark on*) macchiare 2. (*dry*) asciugare
blouse [blaʊs] *n* camicetta *f*
blow[1] [bloʊ] *n* 1. (*hit*) colpo *m;* (*with the fist*) pugno *m;* **to come to ~s** venire alle mani 2. *fig* (*setback*) colpo *m*
blow[2] [bloʊ] I. <blew, blown> *vi* 1. (*expel air*) soffiare 2. (*fuse*) saltare 3. (*tire*) scoppiare II. *vt* 1. (*instrument*) suonare 2. (*clear*) **to** ~ **one's nose** soffiarsi il naso 3. (*burst: tire*) far scoppiare 4. *inf* (*spend*) sperperare ▶ **it blew my mind!** *sl* mi ha sconvolto
◆**blow down** I. *vi* (*fall down*) essere abbattuto dal vento II. *vt* (*knock down*) abbattere
◆**blow out** I. *vt* (*candle*) spegnere II. *vi* spegnersi
◆**blow over** *vi* (*scandal*) finire nel dimenticatoio; (*argument, dispute*) calmarsi
◆**blow up** I. *vi* 1. (*storm, gale*) alzarsi 2. (*bomb*) esplodere II. *vt* 1. (*fill with air: balloon*) gonfiare 2. PHOT (*enlarge*) ingrandire 3. (*explode*) far saltare in aria
blow-dry *vt* asciugare con il phon
blow dryer *n* phon *m inv*
blown [bloʊn] *pp of* **blow**
blowout *n inf* 1. (*burst tire*) scoppio *m* 2. *sl* (*party*) **to have a** ~ far bisboccia
blue [bluː] I. *adj* 1. (*color*) blu; **light** ~ azzurro; **dark** ~ blu scuro; **pale** ~ azzurro pallido; **deep** ~ blu intenso 2. (*sad*) triste; **to feel** ~ sentirsi triste II. *n* (*light*) azzurro *m;* (*dark*) blu *m inv;* **sky** ~ azzurro cielo
blueberry ['bluː·be·ri] <-ies> *n* mirtillo *m*
bluebottle *n* moscone *m*
bluff [blʌf] I. *vi* bluffare II. *vt* ingannare III. *n* bluff *m inv;* **to call sb's** ~ far mettere le carte in tavola a qu
bluish ['bluː·ɪʃ] *adj* bluastro, -a
blunder ['blʌn·dɚ] I. *n* gaffe *f* II. *vi* 1. (*make a mistake*) fare una gaffe 2. (*move clumsily*) **to** ~ **into sth** inciampare in qc
blunt [blʌnt] *adj* 1. (*not sharp*) non affilato, -a 2. (*direct*) brusco, -a
bluntly *adv* senza giri di parole
blur [blɜːr] I. *vi* <-rr-> velarsi II. *vt* <-rr-> velare; (*picture*) sfuocare III. *n* (*shape*) massa *f* indistinta; (*memory*) ricordo *m* confuso
blurb [blɜːrb] *n inf* frase *f* pubblicitaria
blurred [blɜːrd] *adj* confuso, -a; (*photograph, picture*) sfuocato, -a
blush [blʌʃ] I. *vi* arrossire II. *n* 1. (*natural color*) rossore *m* 2. (*makeup*) fard *m inv*
board [bɔːrd] I. *n* 1. (*wood*) tavola *f* 2. (*blackboard*) lavagna *f;* (*notice*

board) tabellone *m* **3.** GAMES scacchiera *f* **4.** ADMIN consiglio *m;* ~ (**of directors**) consiglio di amministrazione **5.** (*in a hotel*) **room and** ~ pensione *f* completa **6.** NAUT **on** ~ a bordo ▶ **to take sth on** ~ adottare qc; **across the** ~ a tutti i livelli **II.** *vt* (*get on: airplane, ship*) salire a bordo di; (*bus, train*) salire su **III.** *vi* (*stay*) alloggiare; (*in school*) essere interno; **to** ~ **with sb** alloggiare in casa di qu

boarder ['bɔːr·də˞] *n* (*in a rooming house*) pensionante *mf;* (*at a school*) convittore, -trice *m, f*

boarding house *n* pensione *f*

boarding pass *n* carta *f* di imbarco

boarding school *n* collegio *m*

board meeting *n* riunione *f* del consiglio di amministrazione

boardroom *n* sala *f* del consiglio

boast [boʊst] **I.** *vi* fare sfoggio; **to** ~ **about** [*or* **of**] **sth** vantarsi di qc **II.** *vt* (*be proud of*) vantare **III.** *n* vanto *m*

boastful ['boʊst·fəl] *adj* borioso, -a

boat [boʊt] *n* barca *f;* **to go by** ~ andare in barca ▶ **to be in the same** ~ essere nella stessa barca

boating ['boʊ·t̬ɪŋ] *n* **to go** ~ andare in barca

boat trip *n* viaggio *m* in barca

bob [bɑːb] *n* **1.** (*hairstyle*) caschetto *m* **2.** (*movement*) dondolio *m*

body ['bɑː·di] <-ies> *n* **1.** *a.* ANAT, ASTR, CHEM, MUS corpo *m;* (*dead*) cadavere *m* **2.** ADMIN, POL ente *m* **3.** (*amount*) quantità *f;* (*of water*) massa *f* **4.** AUTO carrozzeria *f*

bodyguard *n* guardia *f* del corpo

body lotion *n* lozione *f* per il corpo

bog [bɑːg] *n* (*wet ground*) pantano *m*

boggle ['bɑː·gl] *vt* **to** ~ **the mind** essere incredibile

boggy ['bɑː·gi] <-ier, -iest> *adj* pantanoso, -a

boil [bɔɪl] **I.** *vi, vt a. fig* bollire **II.** *n* MED foruncolo *m*

◆**boil down** **I.** *vi* ridursi cuocendo **II.** *vt* **1.** CULIN (*sauce*) far ridurre **2.** *fig* (*text*) ridurre

◆**boil over** *vi* **1.** CULIN traboccare **2.** (*person*) perdere il controllo

boiler ['bɔɪ·lə˞] *n* caldaia *f*

boiling *adj* **1.** (*liquid*) bollente **2.** *fig* (*day, weather*) torrido, -a; **I am** ~ (*feeling hot*) sto morendo di caldo; **it's** ~ (**hot**) **today** fa un caldo allucinante

boisterous ['bɔɪs·tə·rəs] *adj* (*person*) turbolento, -a; (*party*) movimentato, -a

bold [boʊld] <-er, -est> *adj* **1.** (*audacious*) audace **2.** (*not shy*) sfacciato, -a **3.** (*color*) sgargiante **4.** COMPUT, TYPO ~ (**type**) grassetto *m;* **in** ~ in grassetto

Bolivia [bə·'lɪv·i·ə] *n* Bolivia *f*

Bolivian [bə·'lɪv·i·ən] *adj, n* boliviano, -a *m, f*

bolt [boʊlt] **I.** *vi* (*run away*) fuggire **II.** *vt* (*lock*) chiudere con il chiavistello **III.** *n* **1.** (*on a door*) chiavistello *m* **2.** (*lightning*) fulmine *m* **IV.** *adv* ~ **upright** dritto come un fuso

bomb [bɑːm] **I.** *n* **1.** (*explosive*) bomba *f* **2.** *fig inf* (*failure*) fiasco *m* **II.** *vt* bombardare **III.** *vi inf* essere un fiasco

bomb scare *n* allarme *m* bomba

bone [boʊn] **I.** *n* ANAT osso *m;* (*of a fish*) lisca *f* ▶ **to work one's fingers to the** ~ lavorare come un cane; **to have a** ~ **to pick with sb** *inf* dover regolare un conto con qu **II.** *adj* d'osso **III.** *adv* (*as intensifier*) ~ **lazy** pigrissimo, -a; ~ **tired** stanchissimo, -a

bonfire ['bɑːn·fa·ɪə˞] *n* falò *m*

bonus ['boʊ·nəs] **I.** *n* **1.** (*money*) gratifica *f;* **Christmas** ~ tredicesima *f;* **productivity** ~ premio *m* di produttività **2.** (*advantage*) vantaggio *m* **II.** *adj* (*additional*) gratuito, -a

bony ['boʊ·ni] *adj* <-ier, -iest> **1.** (*with prominent bones*) ossuto, -a; (*fish*) pieno, -a di lische **2.** (*like bones*) osseo, -a

boo [buː] **I.** *interj inf* bu **II.** *vi, vt* fischiare

boob [buːb] *n* **1.** *vulg* (*breast*) tetta *f* **2.** *sl* (*fool*) scemo, -a *m, f*

booby prize *n* premio *m* all'ultimo classificato

booger ['bʊg·ər] *n sl* croste *f* del naso

book [bʊk] **I.** *n* **1.** libro *m;* **the Good Book** la Bibbia **2.** (*of stamps*) carnet *m inv;* (*of tickets*) blocchetto *m* **3.** COM, FIN **the** ~**s** contabilità **II.** *vt*

1. (*reserve*) prenotare **2.** (*register*) registrare **3.** (*file charges against*) schedare **III.** *vi* prenotare

◆**book up** *vt* **to be booked up** (*hotel*) essere al completo

bookcase *n* libreria *f*

bookie ['bʊ·ki] *n inf* bookmaker *m inv*

booking ['bʊ·kɪŋ] *n* prenotazione *f;* **to make/cancel a ~** fare/annullare una prenotazione

bookkeeper *n* contabile *mf*

bookkeeping *n* contabilità *f*

bookmark *n a.* COMPUT segnalibro *m*

bookseller *n* (*person*) libraio, -a *m, f;* (*shop*) libreria *f*

bookshelf <-shelves> *n* mensola *m* per i libri

bookshop *n* libreria *f*

bookstore *n* libreria *f*

boom¹ [buːm] ECON **I.** *vi* vivere un periodo di boom **II.** *n* boom *m inv* **III.** *adj* **a ~ time** un periodo di sviluppo economico; **a ~ town** una città in pieno sviluppo

boom² [buːm] **I.** *n* (*sound*) rimbombo *m* **II.** *vi* **to ~** (**out**) rimbombare; (*voice*) risuonare **III.** *vt* dire con voce tonante

boom³ [buːm] *n* **1.** NAUT boma *m inv* **2.** (*floating barrier*) barriera *f*

boost [buːst] **I.** *n* **1.** (*lift*) **to give sb a ~** tirare su qu **2.** (*increase*) **to give sth a ~** stimolare qc; (*incentive*) incentivo *m* **II.** *vt* **1.** (*help go higher*) tirare su **2.** (*increase*) incrementare; (*morale*) tirare su; (*process*) stimolare **3.** *inf* (*promote: product*) promuovere

booster seat *n* AUTO rialza bimbo *m* *seggiolino auto per bambini dai 4 agli 11 anni*

boot [buːt] **I.** *n* **1.** (*footwear*) stivale *m;* **ankle ~** stivaletto *m* **2.** *inf* (*kick*) pedata *f; fig* (*dismissal from job*) **to get the ~** essere messo alla porta **3.** COMPUT avvio *m,* inizializzazione *f;* **warm/cold ~** avvio a caldo/a freddo **II.** *vt inf* **1.** (*kick*) dare una pedata a **2.** *fig inf* (*fire from job*) mettere alla porta **3.** COMPUT avviare, inizializzare

◆**boot out** *vt inf* buttar fuori qu a pedate

booth [buːð] *n* **1.** (*cubicle*) cabina *f;* **telephone ~** cabina telefonica **2.** (*at a fair, market*) bancarella *f*

bootlace ['buːt·leɪs] *n* laccio *m*

bootleg ['buːt·leg] <-gg-> *adj* **1.** (*alcohol, cigarettes*) di contrabbando **2.** (*recording, software*) pirata

booze [buːz] **I.** *n inf* bevande *f* alcoliche *pl* **II.** *vi inf* alzare il gomito

boozer ['buː·zɚ] *n inf* ubriacone, -a *m, f*

border ['bɔːr·dɚ] **I.** *n* **1.** (*between states, countries*) frontiera *f* **2.** (*edge, boundary*) margine *m* **3.** FASHION bordo *m* **4.** (*in a garden*) aiuola *f* **II.** *adj* di confine **III.** *vt* confinare con

bordering *adj* confinante

borderline ['bɔːr·dɚ·laɪn] **I.** *n* linea *f* di confine **II.** *adj* (*candidate, case*) limite

bore¹ [bɔːr] **I.** *n* **1.** (*thing*) noia *f;* **what a ~!** che noia! **2.** (*person*) persona *f* noiosa **II.** <bored> *vt* annoiare; **to ~ sb to death** *inf* annoiare qu a morte

bore² [bɔːr] **I.** *n* (*of a gun*) calibro *m* **II.** *vt* perforare; **to ~ a hole** fare un buco

bore³ [bɔːr] *pp of* **bear**

bored *adj* annoiato, -a

boredom ['bɔːr·dəm] *n* noia *f*

boring ['bɔː·rɪŋ] *adj* noioso, -a

born [bɔːrn] *adj* **1.** (*brought into life*) nato, -a; **to be ~** nascere; **where were you ~?** dove sei nato?; **he was ~ in** (**the year**) **1975** è nato nel 1975 **2.** (*ability*) nato, -a; (*quality*) innato, -a

borne [bɔːrn] *pt of* **bear**

borough ['bɜː·roʊ] *n* comune *m*

borrow ['bɑː·roʊ] *vt* (*be given temporarily*) prendere in prestito; **may I ~ your bag?** mi presti la tua borsa?

bosom ['bʊ·zəm] *n* **1.** (*chest*) petto *m,* seno *m* **2.** *fig* seno *m;* **in the ~ of one's family** in seno alla famiglia

boss [bɑːs] **I.** *n* (*supervisor*) capo, -a *m, f;* (*owner*) principale *mf;* **to be one's own ~** lavorare in proprio **II.** *vt inf* **to ~ sb around** comandare a bacchetta **III.** *adj inf* eccezionale

bossy ['bɑː·si] <-ier, -iest> *adj* prepotente

botanical [bə·'tæ·nɪ·kəl] *adj* botanico, -a

botch [bɑːtʃ] **I.** *n* pasticcio *m;* **to make**

a ~ **of sth** raffazzonare qc **II.** *vt* **to ~ sth** (**up**) raffazzonare qc

both [boʊθ] **I.** *adj, pron* entrambi, -e; **~ of them** tutti, -e e due; **~ of us** tutti, -e e due; **~** (**the**) **brothers** entrambi i fratelli; **on ~ sides** su entrambi i lati **II.** *adv* **~ David and Peter** sia David che Peter

bother ['bɑː·ðɚ] **I.** *n* seccatura *f;* **it is not worth the ~** non vale la pena **II.** *vi* scomodarsi; **to** (**not**) **~ to do sth** (non) scomodarsi a fare qc **III.** *vt* **1.** (*annoy*) dar fastidio a **2.** (*worry*) preoccupare; **what ~s me is ...** ciò che mi preoccupa è ... **3.** (*give pain*) far male a

bottle ['bɑː·t̬l] **I.** *n* **1.** (*container*) bottiglia *f;* (*of perfume*) flacone *m;* (*baby's*) biberon *m inv* **2.** *inf* (*alcohol*) **to hit the ~** darsi all'alcol **II.** *vt* imbottigliare

bottled ['bɑː·t̬ld] *adj* imbottigliato, -a; (*beer*) in bottiglia

bottle-feeding *n* allattamento *m* artificiale

bottleneck ['bɑː·t̬l·nek] **I.** *n* (*narrow route*) strettoia *m;* (*traffic*) ingorgo *m; fig* (*standstill*) impasse *f inv* **II.** *vi* (*traffic*) ingorgarsi

bottle opener *n* apribottiglie *m inv*

bottom ['bɑː·t̬əm] **I.** *n* **1.** (*of sea, street, page*) fondo *m;* (*of chair*) sedile *m;* **to touch ~** *fig* toccare il fondo **2.** (*lower part*) parte *f* inferiore; **from top to ~** da cima a fondo **3.** (*buttocks*) sedere *m* ▶ **~s** <u>**up**</u>**!** cin cin!; **to** <u>**get**</u> **to the ~ of sth** andare in fondo a qc **II.** *adj* (*lower*) più in basso

bottomless ['bɑː·t̬əm·ləs] *adj* **1.** (*without limit*) illimitato, -a **2.** (*very deep*) senza fondo

bought [bɑːt] *vt pt of* **buy**

boulder ['boʊl·dɚ] *n* masso *m*

bounce [baʊnts] **I.** *vi* **1.** (*rebound*) rimbalzare; **to ~ against sth** rimbalzare contro qc **2.** (*spring up and down*) saltellare **3.** *inf* COM (*check*) essere scoperto **II.** *vt* **1.** (*cause to rebound*) far rimbalzare **2.** *inf* COM **to ~ a check** respingere un assegno scoperto **III.** *n* **1.** (*rebound*) rimbalzo *m* **2.** (*spring*) salto *m* **3.** (*vitality*) vitalità *f;* (*energy*) energia *f*

♦**bounce back** *vi* riprendersi velocemente

bouncer ['baʊn·tsɚ] *n inf* buttafuori *m inv*

bound[1] [baʊnd] **I.** *vi* **1.** (*leap*) saltare **2.** (*bounce: ball*) rimbalzare **II.** *n* salto *m*

bound[2] [baʊnd] *adj* (*showing direction*) **to be ~ for ...** essere diretto a ...

bound[3] [baʊnd] **I.** *pt, pp of* **bind** **II.** *adj* **1.** (*sure*) **she's ~ to come** viene di sicuro; **it was ~ to happen sooner or later** prima o poi doveva succedere **2.** (*obliged*) **to be ~ to do sth** essere obbligato a fare qc

boundary ['baʊn·dri] <-ies> *n* **1.** *a. fig* (*line*) limite *m* **2.** (*border*) confine *m* **3.** SPORTS limite *m*

boundless ['baʊnd·lɪs] *adj* (*love, patience*) sconfinato, -a; (*energy*) inesauribile

bout [baʊt] *n* **1.** SPORTS (*in boxing*) incontro *m* **2.** (*of illness*) attacco *m*

bow[1] [boʊ] *n* **1.** (*weapon*) arco *m* **2.** MUS archetto *m* **3.** (*knot*) fiocco *m*

bow[2] [baʊ] *n* NAUT prua *f*

bow[3] [baʊ] **I.** *vi* **1.** (*as greeting*) fare un inchino **2.** (*yield*) **to ~ to sth** rassegnarsi a qc ▶ **to ~ and** <u>**scrape**</u> leccare i piedi **II.** *vt* (*one's head*) chinare; (*body*) piegare **III.** *n* inchino *m*

bowl[1] [boʊl] *n* **1.** (*dish*) scodella *f;* **salad ~** insaltiera *f* **2.** (*of toilet*) tazza *f;* (*for washing*) catino *m* **3.** (*stadium*) stadio *m*

bowl[2] [boʊl] SPORTS **I.** *vi* **1.** (*go bowling*) giocare a bowling **2.** (*throw bowling ball*) lanciare la palla **II.** *vt* lanciare; **to ~ a strike/7** fare strike/7 **III.** *n* (*throw of the ball*) lancio *m*

bowler ['boʊ·lɚ] *n* (*in bowling*) giocatore, -trice *m, f*

bow tie *n* farfallino *m*

box[1] [bɑːks] **I.** *vi* SPORTS fare pugilato **II.** *vt* **1.** SPORTS combattere contro **2. to ~ sb's ears** dare un ceffone a qu **III.** *n* ceffone *m*

box[2] [bɑːks] **I.** *n* **1.** (*container*) scatola *f;* **cardboard ~** scatola di cartone; **tool ~** cassetta degli attrezzi **2.** (*rect-*

angular space) casella *f;* (**penalty**) ~ (*in soccer*) area di rigore **3.** THEAT palco *m;* (*booth*) cabina *f* **4.** *inf* (*television*) **the** ~ la tivù **5.** (*mailbox*) cassetta *f* delle lettere **II.** *vt* mettere in una scatola

♦**box in** *vt* bloccare

♦**box up** *vt* mettere in una scatola

boxer ['bɑːk·sɚ] *n* **1.** (*person*) pugile *mf* **2.** (*dog*) boxer *m inv*

boxing ['bɑːk·sɪŋ] *n* boxe *f inv,* pugilato *m*

Boxing Day *il 26 dicembre*

boxing match *n* incontro [*or* pugilato] di boxe *m*

boxing ring *n* ring *m inv*

box lunch *n* cestino *m* pranzo

box office *n* botteghino *m*

boy [bɔɪ] **I.** *n* **1.** (*child*) bambino *m* **2.** (*young man*) ragazzo *m* **3.** (*son*) figlio *m* **4.** (*boyfriend*) ragazzo *m* **II.** *interj* (**oh**) **~!** capperi!

boyfriend ['bɔɪ·frend] *n* ragazzo *m*

bra [brɑː] *n* reggiseno *m*

brace [breɪs] **I.** *vt* **1.** (*prepare*) **to ~ oneself for sth** prepararsi a qc **2.** (*support: wall*) rinforzare **II.** *n* **1.** *pl* (*for teeth*) apparecchio *m* per i denti **2.** (*for the back*) corsetto *m* ortopedico **3.** TYPO (*curly brackets*) graffa *f*

bracelet ['breɪs·lɪt] *n* braccialetto *m*

bracket ['bræ·kɪt] **I.** *n* **1.** *pl* TYPO (*round*) parentesi *f inv;* **curly ~** graffa *f;* **square ~** parentesi quadra *m;* **in ~s** tra parentesi **2.** (*category*) categoría *f;* **age ~** fascia *f* d'età **II.** *vt* **1.** TYPO mettere tra parentesi **2.** (*include*) mettere nello stessa categoria

brag [bræg] <-gg-> *vi, vt inf* vantarsi; **to ~ about sth** vantarsi di qc; **they ~ that they have done sth** si vantano di aver fatto qc

brain [breɪn] *n* **1.** (*organ*) cervello *m* **2.** *pl* (*substance*) cervella *fpl* **3.** (*intelligence*) cervello *m;* **to have ~s** essere intelligente ▶ **to pick sb's ~s** *inf* consultare qu; **to rack one's ~** lambiccarsi il cervello

brainwashing ['breɪn·wɑː·ʃɪŋ] *n* lavaggio *m* del cervello

brainwave ['breɪn·weɪv] *n inf* **1.** ANAT onda *f* cerebrale **2.** *fig* idea *f* geniale; **she had a ~** ha avuto un'idea geniale

brainy ['breɪ·ni] <-ier, -iest> *adj* intelligente

brake [breɪk] **I.** *n* freno *m;* **to put on the ~s** frenare **II.** *vi* frenare

bran [bræn] *n* crusca *f*

branch [bræntʃ] **I.** *n* **1.** (*of a tree*) ramo *m* **2.** (*of railroad*) ramo *m;* (*of road*) diramanzione *f* **3.** (*office: of a company, bank*) filiale *f* **II.** *vi* **1.** (*tree*) ramificare **2.** (*river, road*) biforcarsi

♦**branch off** *vi* **1.** (*start*) diramarsi **2.** (*digress*) **to ~ from a subject** allontanarsi da un argomento

♦**branch out** *vi* estendere le proprie attività; **to ~ on one's own** mettersi in proprio

branch office *n* filiale *f*

brand [brænd] **I.** *n* **1.** COM marca *f* **2.** *fig* genere *m;* **do you like his ~ of humor?** ti piace il suo umorismo? **3.** (*mark*) marchio *m* **II.** *vt* **1.** (*label*) **to ~ sb (as) sth** bollare qu come qc; **to ~ sb a liar** dare del bugiardo a qu **2.** (*cattle*) marchiare

brash [bræʃ] *adj* **1.** (*cocky*) arrogante **2.** (*gaudy*) sgargiante

brass [bræs] *n* **1.** (*metal*) ottone *m* **2.** + *sing/pl vb* MUS **the ~** gli ottoni

brass band *n* fanfara *f*

brat [bræt] *n inf* moccioso, -a *m, f*

brave [breɪv] **I.** *adj* coraggioso, -a **II.** *vt* sfidare **III.** *n* (*Native American warrior*) guerriero *m* indiano

bravery ['breɪ·və·ri] *n* coraggio *m*

brawl [brɑːl] **I.** *n* zuffa *f* **II.** *vi* azzuffarsi

Brazil [brə·'zɪl] *n* Brasile *m*

Brazilian [brə·'zɪl·jən] *adj, n* brasiliano, -a *m, f*

Brazil nut *n* noce *m* del BrasilE

bread [bred] **I.** *n* **1.** pane *m;* **a loaf of ~** una pagnotta **2.** *sl* (*money*) grana *f* **II.** *vt* CULIN impanare

bread and butter *n* fonte *m* di guadagno; **~ issues** temi *m pl* fondamentali

breadbox *n* cassetta *f* per il pane

breadcrumb *n* **1.** (*small fragment*) briciola *f* (di pane) **2.** *pl* GASTR pangrattato *m*

breadth [bretθ] *n a. fig* larghezza *f;* **to**

be 5 feet in ~ essere largo 5 piedi

breadwinner *n* sostegno *m* della famiglia

break [breɪk] **I.** *n* **1.** (*crack, gap*) crepa *f* **2.** (*escape*) fuga *f* **3.** (*interruption*) interruzione *f;* (*commercial*) break *m inv* **4.** (*rest period*) pausa *f;* **coffee** ~ pausa per il caffè **5.** (*vacation*) vacanza *fpl;* **spring** ~ *vacanze scolastiche di primavera* **6.** (*divergence*) rottura *f* **7.** (*opportunity*) opportunità *f* **8.** SPORTS break *m inv* ▶ **to make a clean** ~ voltar pagina; **give me a ~!** lasciami in pace! **II.** <broke, broken> *vt* **1.** (*shatter, damage*) rompere **2.** (*interrupt*) interrompere **3.** (*put an end to: deadlock*) uscire da; (*silence*) rompere; **to ~ sb of a habit** far perdere un vizio a qu **4.** (*in tennis*) **to ~ sb's service** strappare il servizio a **5.** (*violate*) violare; (*promise*) non mantenere **6.** (*decipher*) descifrare **7.** (*make public*) rivelare **8.** (*tell*) dire **III.** <broke, broken> *vi* **1.** (*shatter or separate: leg, chair, TV*) rompersi **2.** (*interrupt*) **shall we ~ for lunch?** facciamo una pausa per il pranzo? **3.** (*hit the shore: wave*) frangersi **4.** (*change of voice*) **the boy's voice is ~ing** il ragazzo sta cambiando voce; (*under strain*) **her voice broke** (**with emotion**) le si ruppe la voce (per l'emozione) **5.** (*come to end: fever*) finire **6.** METEO (*weather*) cambiare; (*dawn, day*) spuntare **7.** (*in pool*) aprire il gioco

◆**break away** *vi* (*piece*) staccarsi; POL (*faction, region*) scindersi

◆**break down I.** *vi* **1.** (*stop working: machine*) smettere di funzionare; (*car*) avere un guasto **2.** (*marriage*) fallire **3.** (*psychologically*) avere un crollo **4.** (*decompose*) decomporsi **II.** *vt* **1.** (*door*) forzare **2.** (*opposition, resistance*) stroncare **3.** CHEM decomporre **4.** (*separate into parts: sentence*) scomporre

◆**break in I.** *vi* **1.** (*enter: burglar*) entrare (per rubare) **2.** (*interrupt*) interrompere **II.** *vt* **1.** AUTO fare il rodaggio di **2.** (*tame*) domare

◆**break into** *vi* **1.** (*enter: car*) scassinare **2.** (*start doing*) **to ~ laughter/tears** scoppiare a ridere/a piangere

◆**break off I.** *vt* **1.** (*detach*) staccare **2.** (*end: relationship*) troncare **II.** *vi* **1.** (*become detached*) staccarsi **2.** (*stop speaking*) interrompersi

◆**break out** *vi* **1.** (*escape: of a prison*) scappare **2.** (*begin*) scoppiare

◆**break through** *vi, vt* penetrare; (*sun*) spuntare

◆**break up I.** *vt* **1.** (*end*) porre fine a **2.** (*split up*) sciogliere; (*collection*) dividere; (*family*) separare **3.** (*make laugh*) **to break sb up** far morire dal ridere **II.** *vi* **1.** (*end a relationship*) separarsi **2.** (*come to an end: marriage*) sfasciarsi; (*meeting*) terminare **3.** (*fall apart*) sciogliersi

breakable ['breɪ·kə·bl] *adj* fragile

breakaway ['breɪk·ə·weɪ] *adj* POL dissidente

breakdown ['breɪk·daʊn] *n* **1.** (*collapse: in negotiations*) rottura *f* **2.** TECH guasto *m* **3.** (*division*) resoconto *m* dettagliato **4.** (*decomposition*) decomposizione *f* **5.** PSYCH (**nervous**) ~ esaurimento *m* nervoso

breakfast ['brek·fəst] **I.** *n* colazione *m;* **to have** ~ fare colazione **II.** *vi form* fare colazione

breakneck ['breɪk·nek] *adj* **to drive at ~ speed** guidare a rotta di collo

breakthrough ['breɪk·θru:] *n* **1.** (*in science*) scoperta *f* decisiva **2.** MIL penetrazione *f*

breakup ['breɪk·ʌp] *n* (*of marriage, talks*) fallimento *m;* (*of group*) scioglimento *m;* (*of family*) disintegrazione *f*

breast [brest] *n* **1.** ANAT (*of woman*) seno *m;* (*of man*) petto *m* **2.** CULIN petto *m*

breastfeed ['brest·fi:d] *vt* allattare

breaststroke ['brest·stroʊk] *n* (nuoto *m*) a rana; **to do** (**the**) ~ nuotare a rana

breath [breθ] *n* fiato *m;* **to be out of** ~ essere senza fiato; **to be short of** ~ avere il fiatone; **to hold one's** ~ *a. fig* trattenere il respiro; **to take a deep** ~ respirare a fondo

Breathalyzer® *n* etilometro *m*

breathe [bri:ð] **I.** *vi* respirare; **to** ~

through one's nose respirare dal naso II. *vt* 1. (*exhale*) **to ~ smoke on sb** soffiare il fumo addosso a qu 2. (*whisper*) sussurrare 3. (*let out*) emettere

breather ['bri:·ðɚ] *n* pausa *f;* **to take a ~** fare una pausa

breathing *n* respirazione *f*

breathless ['breθ·lɪs] *adj* (*person*) senza fiato; (*words*) soffocato, -a

breathtaking *adj* mozzafiato

bred [bred] *pt, pp of* **breed**

breed [bri:d] I. *vt* <bred, bred> 1. (*animals*) allevare 2. (*disease*) causare II. *vi* <bred, bred> riprodursi; (*violence*) nascere III. *n* ZOOL razza *f;* BOT varietà *f*

breeding *n* 1. (*of animals*) allevamento *m* 2. *fig* (*upbringing*) educazione *f*

breeze [bri:z] I. *n* 1. (*wind*) brezza *f* 2. *inf* (*easy task*) **to be a ~** essere un gioco da ragazzi II. *vi* **to ~ into the room** entrare con nonchalance in una stanza

brew [bru:] I. *n* 1. (*mixture*) beveraggio *m* 2. *inf* (*beer*) birra *f* II. *vi* 1. (*beer*) fermentare 2. (*tea*) farsi; **to let the tea ~** lasciare in infusione il tè 3. (*storm*) avvicinarsi III. *vt* (*beer*) produrre; (*tea*) fare

brewery ['bru:·ɚ·i] <-ies> *n* fabbrica *f* di birra

bribe [braɪb] I. *vt* corrompere II. *n* tangente *f*

bribery ['braɪ·bə·ri] *n* corruzione *f*

brick [brɪk] *n* mattone *m*

bricklayer *n* muratore *m*

bride [braɪd] *n* sposa *f*

bridegroom ['braɪd·gru:m] *n* sposo *m*

bridesmaid ['braɪdz·meɪd] *n* damigella *f* d'onore

bridge [brɪdʒ] I. *n* 1. *a.* ARCHIT, MED ponte *m* 2. MUS ponticello *m* 3. ANAT dorso *m* (del naso) 4. NAUT ponte *m* (di comando) 5. GAMES bridge *m inv* II. *vt* 1. (*build a bridge over*) costruire un ponte sopra 2. (*decrease the difference*) colmare

bridle ['braɪ·dl] I. *n* briglia *f* II. *vt* (*horse*) imbrigliare III. *vi* **to ~ at sth** risentirsi per qc

bridle path *n* pista *f* per cavalli

brief [bri:f] I. *adj* 1. (*short*) breve 2. (*skirt*) corto, -a 3. (*concise*) breve; **in ~** in breve II. *n* 1. (*instructions*) istruzioni *fpl;* **her ~ is to ...** ha l'incarico di ... 2. LAW fascicolo *m,* dossier *m inv* 3. *pl* (*underwear: men's*) mutande *fpl;* (*women's*) mutandine *fpl* III. *vt* (*give instructions to*) dare istruzioni a

briefcase ['bri:f·keɪs] *n* ventiquattrore *f inv*

briefing *n* 1. (*instructions*) istruzioni *fpl* 2. (*information session*) briefing *m inv;* (*for reporters*) conferenza *f* stampa

briefly *adv* 1. (*for short time*) per poco tempo 2. (*concisely*) brevemente; **~, ...** in breve, ...

bright [braɪt] I. *adj* 1. (*light*) forte; (*room*) luminoso, -a 2. (*color*) vivace; **to go ~ red** diventare rosso come un peperone 3. (*intelligent: person*) intelligente; (*idea*) brillante 4. (*cheerful*) vivace 5. (*promising*) promettente II. *n pl* AUTO abbaglianti *mpl*

brighten ['braɪt·ən] I. *vt* 1. **to ~ sth (up)** (*make brighter*) illuminare qc 2. (*make cheerful*) allietare II. *vi* 1. (*become brighter: weather*) migliorare 2. (*become cheerful*) rallegrarsi; (*eyes, face*) illuminarsi

brilliant ['brɪl·jənt] *adj* 1. (*shining: color*) brillante; (*smile*) smagliante 2. (*clever*) brillante; (*idea*) geniale

brim [brɪm] I. *n* 1. (*of a hat*) tesa *f* 2. (*of a vessel*) orlo *m;* **to fill sth to the ~** riempire qc fino all'orlo II. *vi* <-mm-> **to ~ with happiness** traboccare di felicità

bring [brɪŋ] <brought, brought> *vt* 1. (*come with, carry*) portare; **to ~ sb in** far entrare qu; **to ~ sth in** portar dentro qc 2. (*take*) portare; **to ~ sth with oneself** portare qc con sé 3. (*cause to come or happen*) portare, causare; **to ~ sb luck** portar fortuna a qu 4. LAW intentare; **to ~ a lawsuit (against sb)** fare causa a qu 5. (*force*) **to ~ oneself to do sth** trovare il coraggio di fare qc

◆**bring about** *vt* (*cause to happen*) provocare

◆**bring along** *vt* portare
◆**bring around** *vt* **1.** MED rianimare **2.** persuadere
◆**bring back** *vt* **1.** (*reintroduce*) reintrodurre **2.** (*call to mind*) ricordare **3.** (*return*) riportare
◆**bring down** *vt* **1.** (*reduce: benefits*) ridurre; (*temperature*) far abbassare **2.** (*fell: tree*) abbattere; (*dictator*) far cadere
◆**bring forward** *vt* **1.** (*reschedule for an earlier date*) anticipare **2.** (*present*) produrre **3.** FIN (*carry over*) riportare
◆**bring in** *vt* **1.** (*introduce*) introdurre **2.** (*call in*) far entrare
◆**bring on** *vt* (*cause to occur*) provocare; **to bring sth on oneself** tirarsi addosso qc
◆**bring out** *vt* **1.** COM lanciare; (*book*) pubblicare **2.** (*reveal*) **to ~ the best/worst in sb** tirar fuori il meglio/peggio di qu
◆**bring over** *vt* (*take with*) portare
◆**bring up** *vt* **1.** (*child*) allevare **2.** (*mention*) citare
brink [brɪŋk] *n* orlo *m;* **to be on the ~ of bankruptcy** stare per fare bancarotta
brisk [brɪsk] *adj* **1.** (*fast*) rapido, -a **2.** (*refreshing*) fresco, -a **3.** (*manner, voice*) energico, -a
Brit [brɪt] *n inf* britannico, -a *m, f*
Britain ['brɪ·tən] *n* Gran Bretagna *f*
British ['brɪ·t̬ɪʃ] **I.** *adj* britannico, -a **II.** *n pl* **the ~** i britannici
British Isles *n* **the ~** le Isole Britanniche
broad [brɑːd] **I.** *adj* **1.** (*wide*) largo, -a **2.** (*spacious*) ampio, -a **3.** (*general*) generale **4.** (*wide-ranging*) vasto, -a **5.** (*liberal*) aperto, -a; **a ~ mind** una mente aperta **6.** (*accent*) marcato, -a **II.** *n inf* (*woman*) donna *f*
broadcast ['brɑːd·kæst] **I.** *n* RADIO, TV trasmissione *f* **II.** *vi, vt* <broadcast *or* broadcasted, broadcast *or* broadcasted> trasmettere
broadcasting *n* TV trasmissioni *fpl*
broadcasting station *n* emittente *f*
broaden ['brɑː·dn] **I.** *vi* (*interests*) allargarsi **II.** *vt* (*street*) allargare; (*horizons*) ampliare
broadly ['brɑːd·li] *adv* **1.** (*generally*) in linea di massima **2.** (*smile*) da un orecchio all'altro
brochure [broʊ·'ʃʊr] *n* opuscolo *m*
broke [broʊk] **I.** *pt of* **break** **II.** *adj inf* al verde ▶ **to go ~** *inf* fallire
broken ['broʊ·kən] **I.** *pp of* **break** **II.** *adj* **1.** (*damaged: TV, radio, toy*) rotto, -a; (*marriage, family*) distrutto, -a; **~ heart** cuore spezzato **2.** LING **to speak in ~ English** parlare un inglese sgrammaticato **3.** (*interrupted*) interrotto, -a
broken-down *adj* **1.** TECH guasto, -a **2.** (*dilapidated*) fatiscente
broken-hearted *adj* affranto, -a; **to die ~** morire di dolore
bronze [brɑːnz] **I.** *n* bronzo *m* **II.** *adj* di bronzo; (*hair*) ramato, -a; (*skin*) abbronzato, -a
brooch [broʊtʃ] *n* spilla *f*
brood [bruːd] *vi* **1. to ~ over sth** (*reflect at length*) rimuginare qc; (*worry about*) preoccuparsi per qc **2.** (*hatch*) covare
brook [brʊk] *n* ruscello *m*
broom [bruːm] *n* (*for sweeping*) scopa *f*
broth [brɑːθ] *n* brodo *m*
brother ['brʌ·ðɚ] *n* fratello *m*
brother-in-law <brothers-in-law *or* brother-in-laws> *n* cognato *m*
brought [brɑːt] *pp, pt of* **bring**
brown [braʊn] **I.** *n* marrone *m* **II.** *adj* marrone; (*eyes, hair*) castano, -a **III.** *vi* (*leaves*) ingiallire; (*person*) abbronzarsi; CULIN dorarsi **IV.** *vt* abbronzare; CULIN far dorare
brown bread *n* pane *m* integrale
brownnose ['braʊn·ˌnoʊz] *vt inf* leccare i piedi a
brown rice *n* riso *m* integrale
browse [braʊz] **I.** *vi* **1.** (*skim*) sfogliare qc **2.** (*look around*) curiosare **II.** *n* **1.** (*act of looking around*) **to go for a ~ around the shops** fare un giro per i negozi **2.** (*act of skimming*) occhiata *f*
browser ['braʊ·zɚ] *n* COMPUT browser *m inv,* navigatore *m*
bruise [bruːz] **I.** *n* livido *m;* (*on fruit*) ammaccatura *f* **II.** *vt* (*person*) farsi un

livido a; (*fruit*) ammaccare; *fig* (*hurt*) ferire **III.** *vi* (*fruit*) ammaccarsi

brush [brʌʃ] **I.** *n* **1.** (*for hair*) spazzola *f* **2.** (*broom*) scopa *f* **3.** (*for painting*) pennello *m* **4.** (*action*) spazzolata *f* **5.** (*stroke*) pennellata *f* **6.** (*encounter*) sfiorata *f;* **a ~ with the law** avere dei guai con la giustizia **7.** (*brushwood*) sottobosco *m* **II.** *vt* **1.** (*hair*) spazzolare; **to ~ one's teeth** pulirsi i denti **2.** (*remove*) **to ~ sth off** togliere qc con una spazzola **3.** (*graze, touch lightly*) sfiorare

♦**brush aside** *vt* **1.** (*push to one side*) allontanare **2.** (*disregard*) ignorare

♦**brush off** *vt* (*dust*) togliere con una spazzola; (*person*) non far caso a; (*criticism*) ignorare

♦**brush up** **I.** *vt* rinfrescare **II.** *vi* **to ~ on sth** dare una ripassata a qc

brush-off *n inf* **to give sb the ~** dare il due di picche a qu

Brussels ['brʌ·səlz] *n* Bruxelles *f*

brutal ['bruː·t̬əl] *adj* **1.** (*cruel, savage*) brutale **2.** (*harsh: honesty, truth*) spietato, -a

BSE [ˌbiː·es·'iː] *n abbr of* **bovine spongiform encephalopathy** BSE *m,* mucca *f* pazza

bubble ['bʌ·bl] **I.** *n* **1.** bolla *f;* (*in cartoons*) fumetto *m,* nuvoletta *f;* **to blow a ~** fare una bolla **2.** *fig inf* (*protective environment*) **to live in a ~** vivere sotto una campana di vetro **II.** *vi* (*boil*) bollire

bubble bath *n* bagnoschiuma *m inv*

bubblegum *n* chewing-gum *m inv*

bubbly ['bʌb·li] **I.** *n inf* champagne *m inv* **II.** *adj a. fig* effervescente

buck[1] [bʌk] <-(s)> **I.** *n* (*male: of deer, rabbit*) maschio *m* **II.** *vi* sgroppare **III.** *vt* andare contro; **to ~ the trend** invertire la tendenza

buck[2] [bʌk] *n inf* (*dollar*) dollaro *m;* **to make a fast ~** fare soldi facili

buck[3] [bʌk] *n inf* **to pass the ~** scaricare la responsabilità agli altri; **the ~ stops here** *prov* me la vedo io

bucket ['bʌ·kɪt] *n* secchio *m*

bucketful ['bʌ·kɪt·fʊl] <-s *or* bucketsful> *n* secchio *m*

buckle ['bʌ·kl] **I.** *n* fibbia *f* **II.** *vt* **1.** (*fasten: belt*) allacciare **2.** (*bend*) piegare **III.** *vi* **1.** (*fasten*) allacciarsi **2.** (*bend*) torcersi; (*knees*) piegarsi; (*metal*) deformarsi

♦**buckle down** *vi* mettersi d'impegno

bud [bʌd] **I.** *n* (*of leaf, branch*) gemma *f;* (*of a flower*) bocciolo *m;* **to be in ~** essere in boccio **II.** *vi* <-dd-> gettare

budding ['bʌ·dɪŋ] *adj* in erba; *fig* (*romance*) che sta nascendo

buddy ['bʌ·di] *n inf* amico *m*

budge [bʌdʒ] **I.** *vi* **1.** (*move*) spostarsi **2.** (*change opinion*) **to not ~ (from sth)** non smuoversi (da qc) **II.** *vt* **1.** (*move*) spostare **2.** (*cause to change opinion*) smuovere

budgerigar ['bʌ·dʒə·rɪ·gɑːr] *n* parrocchetto *m*

budget ['bʌ·dʒɪt] **I.** *n* budget *m inv,* bilancio [*or* di previsione] preventivo *m* **II.** *vt* preventivare **III.** *vi* **to ~ for sth** mettere nel bilancio preventivo **IV.** *adj* (*travel*) low-cost

buffalo ['bʌ·fə·loʊ] <-(es)> *n* bisonte *m*

buffer ['bʌ·fɚ] *n* **1.** (*of a train*) respingente *m* **2.** COMPUT buffer *m; inv*

bug [bʌg] **I.** *n* **1.** ZOOL cimice *f;* (*any insect*) insetto *m* **2.** MED virus *m inv* **3.** COMPUT baco *m* **4.** TEL cimice *m* **5.** *inf* (*enthusiasm*) passione *f;* **she's caught the travel ~** le è venuta la passione per i viaggi **II.** *vt* <-gg-> **1.** (*tap: telephone*) mettere sotto controllo; (*conversation*) intercettare; (*room*) installare microspie in **2.** *inf* (*annoy*) rompere *inf*

bugger ['bʌ·gɚ] **I.** *n sl* (*contemptible person*) stronzo, -a *m, f* **II.** *vt vulg* inculare

buggy ['bʌ·gi] *n* <-ies> **1.** (*stroller*) passeggino *m* **2.** (*carriage*) calesse *f*

build [bɪld] **I.** *vt* <built, built> **1.** (*make: house*) costruire; (*fire*) fare; (*car*) fabbricare **2.** (*establish: trust*) fondare; (*relationship*) impiantare; (*support*) ottenere **II.** *vi* <built, built> **1.** (*construct*) costruire **2.** (*increase*) aumentare **III.** *n* costituzione *f*

♦**build on** *vt* basare su

♦**build up** **I.** *vt* **1.** (*increase*) aumentare **2.** (*accumulate*) accumulare **3.** (*strengthen*) consolidare **4.** (*develop*) potenziare **5.** (*praise*) **to build sth up** promuovere qc **II.** *vi* **1.** (*increase*) aumentare **2.** (*accumulate*) accumularsi

builder ['bɪl·dɚ] *n* (*owner*) costruttore *m* edile; (*worker*) muratore *m*

building *n* edificio *m*

building site *n* cantiere *m* edile

build-up *n* (*accumulation*) accumulo *m;* (*of pressure*) aumento *m*

built [bɪlt] **I.** *pp, pt of* **build II.** *adj* **1.** (*house*) **well ~** ben costruito, -a **2.** (*person*) **slightly ~** minuto, -a; **well ~** ben piantato, -a **3.** (*have nice body*) **he's/she's** (**really**) **built!** che fisico!

built-in *adj* **1.** (*cabinets*) a muro **2.** (*feature*) incorporato, -a

built-up *adj* (*area*) edificato, -a

bulb [bʌlb] *n* **1.** BOT bulbo *m* **2.** ELEC lampadina *f*

Bulgaria [bʌl·'ger·i·ə] *n* Bulgaria *f*

Bulgarian [bʌl·'ger·i·ən] **I.** *adj* bulgaro, -a **II.** *n* **1.** (*person*) bulgaro, -a *m, f* **2.** LING bulgaro *m*

bulging *adj* gonfio, -a; (*bag, box*) pieno, -a; **~ eyes** occhi *m pl* sporgenti

bulk [bʌlk] **I.** *n* **1.** (*magnitude*) volume *m* **2.** (*mass*) massa *f* **3.** (*quantity*) **to ~ buy sth** comprare (qc) in grandi quantità; ECON comprare (qc) all'ingrosso **4.** (*largest part*) **the ~ of** la maggior parte di **II.** *adj* (*large in quantity: mailing*) a larga diffusione; (*order*) in gran quantità; (*discount*) quantità; (*apples, canned goods*) all'ingrosso

bulky ['bʌl·ki] <-ier, iest> *adj* (*large*) voluminoso, -a; (*heavy*) pesante; (*person*) corpulento, -a

bull [bʊl] *n* **1.** (*male bovine*) toro *m* **2.** (*male animal*) macho *m;* **~ elephant** elefante *m* maschio ► **to take the ~ by the <u>horns</u>** prendere il toro per le corna **4.** *inf* (*nonsense*) stronzate *fpl* **5.** FIN toro *m;* **~ market** mercato *m* rialzista

bulldoze ['bʊl·doʊz] *vt* **1.** ARCHIT spianare **2.** *fig* **to ~ sth through** ottenere qc con la forza; **to ~ sb into doing sth** costringere qu a fare qc

bullet ['bʊ·lɪt] *n* MIL proiettile *m*

bulletin board *n* bacheca *f;* COMPUT bacheca *m* informatica

bulletproof ['bʊ·lɪt·pru:f] *adj* antiproiettile

bullshit ['bʊl·ʃɪt] **I.** *n sl* stronzate *fpl vulg;* **don't give me that ~!** non venirmi a raccontare stronzate! *vulg* **II.** *interj sl* e che cazzo! *vulg* **III.** <-tt-> *vi sl* dire stronzate

bully ['bʊ·li] **I.** <-ies> *n* (*person*) prepotente *mf* **II.** <-ie-> *vt* tiranneggiare; **to ~ sb into doing sth** costringere qu a fare qc **III.** *interj inf* **~ for you!** ben fatto!; *iron* bravo!

bum [bʌm] **I.** *n* **1.** (*lazy person*) fannullone, -a *m, f* **2.** (*homeless person*) vagabondo, -a *m, f* **II.** *adj inf* (*bad, useless*) schifoso, -a **III.** <-mm-> *vt inf* **to ~ sth off sb** scroccare qc a qu **IV.** *vi inf* **1. to ~ around** (*laze around*) bighellonare **2.** (*cadge*) **to ~ off sb** vivere alle spalle di qu

bummed out *adj sl* depresso, -a

bump [bʌmp] **I.** *n* **1.** (*lump*) protuberanza *f;* (*on head*) bernoccolo *m* **2.** *inf* (*blow*) colpo *m* **3.** (*thud*) tonfo *m* **II.** *vt* sbattere contro; **to ~ one's head on** [*or* against] **sth** sbattere con la testa contro qc

♦**bump off** *vt sl* **to bump sb off** far fuori qu

bumper ['bʌm·pɚ] **I.** *n* AUTO paraurti *m inv* **II.** *adj* **1.** (*crop*) abbondante **2.** (*edition*) speciale

bumpy ['bʌm·pi] <-ier, iest> *adj* (*surface*) scabro, -a; (*road*) accidentato, -a

bun [bʌn] *n* **1.** (*roll*) panino *m* al latte **2.** (*knot of hair*) chignon *m inv* **3.** *pl, sl* (*buttocks*) culo *vulg*

bunch [bʌntʃ] <-es> **I.** *n* **1.** (*of grapes*) grappolo *m;* (*of bananas*) casco *m;* (*of carrots, radishes, keys*) mazzetto *m;* (*of flowers*) mazzo *m* **2.** (*group: of friends*) gruppo *m* **3.** (*a lot*) **a** (**whole**) **~ of problems** un mucchio di problemi **II.** *vt* raggruppare **III.** *vi* **to ~** (**together**) raggrupparsi

bundle ['bʌn·dl] **I.** *n* (*of clothes*) fagotto *m;* (*of money*) mazzetta *f;* (*of sticks*) fascio *m* ► **to be a ~ of <u>nerves</u>** essere nervosissimo **II.** *vt* **to ~ sb into a car** spingere qu dentro una macchina

bungle [ˈbʌŋ·gl] *vt* fare pasticci

bunk [bʌŋk] *n a.* NAUT cuccetta *f*

bunk bed *n* letto *m* a castello

burble [ˈbɜːr·bl] *vi* **1.** (*make burbling noise*) borbottare **2.** (*talk nonsense*) parlottare

burden [ˈbɜːr·dən] **I.** *n* **1.** (*load*) carico *m* **2.** *fig* peso *m;* (*responsibility*) responsabilità *f* **II.** *vt* **1.** (*load*) caricare **2.** *fig* opprimere

bureau [ˈbjʊ·roʊ] <-s> *n* **1.** (*government department*) dipartimento *m* **2.** (*chest of drawers*) comò *m inv*

burglar [ˈbɜːrg·lɚ] *n* scassinatore, -trice *m, f*

burglary [ˈbɜːrg·lə·ri] <-ies> *n* furto *m* con scasso

burgle [ˈbɜːr·gl] *vt see* **burglarize**

burly [ˈbɜːr·li] <-ier, -iest> *adj* corpulento, -a

burn [bɜːrn] **I.** <burnt *or* -ed, burnt *or* -ed> *vi* **1.** (*be in flames: house*) bruciare; (*coal, wood*) ardere **2.** (*be hot*) scottare **3.** (*be switched on*) essere acceso, -a **4.** (*want*) **to be ~ing to do sth** bruciare dalla volgia di fare qc **5.** (*feel emotion strongly*) **to ~ with sth** ardere di qc **6.** (*be red*) **his face ~ed with anger/shame** è diventato rosso per la rabbia/vergogna **II.** <burnt *or* -ed, burnt *or* -ed> *vt* (*paper, garbage, food*) bruciare; (*building*) incendiare; **to ~ one's finger** scottarsi un dito; **to be ~ed** (*by the sun*) avere una scottatura; (*injured*) avere delle bruciature **III.** *n* bruciatura *f,* scottatura *f;* **severe/minor ~s** bruciature gravi/lievi

◆**burn down** **I.** *vt* incendiare **II.** *vi* (*house*) essere distrutto da un incendio; (*fire*) abbassarsi

◆**burn out** **I.** *vi* (*engine*) bruciarsi; (*fire, candle*) spegnersi; (*light bulb*) saltare **II.** *vt* **to burn oneself out** esaurirsi

◆**burn up** **I.** *vt* (*fuel*) consumare; (*calories*) bruciare **II.** *vi* incendiarsi; **you're burning up!** *inf* (*have fever*) scotti!

burning [ˈbɜːr·nɪŋ] *adj* **1.** (*hot*) in fiamme; (*sun*) infuocato, -a; **it is ~ hot** fa un caldo allucinante; **a ~ sensation** un bruciore **2.** (*issue, question*) scottante; (*desire, hatred*) ardente

burnt [bɜːrnt] **I.** *pt, pp of* **burn** **II.** *adj* bruciato

burp [bɜːrp] **I.** *n* rutto *m;* (*of baby*) ruttino *m* **II.** *vi* ruttare; (*baby*) fare un ruttino **III.** *vt* **to ~ a baby** far fare il ruttino al bambino

burrow [ˈbɜː·roʊ] **I.** *n* tana *f* **II.** *vi* scavare; **to ~ into sth** *a. fig* rovistare in qc **III.** *vt* scavare

burst [bɜːrst] **I.** *n* **1.** (*explosion*) esplosione *f* **2.** MIL (*of fire*) raffica *f* **3.** (*brief period*) **a ~ of laughter** uno scoppio di riso; **a ~ of applause** uno scroscio di applausi **II.** <burst, burst> *vi* **1.** (*balloon, tire*) scoppiare; **to ~ into tears** scoppiare a piangere **2.** (*move suddenly*) **to ~ into a place** irrompere in un luogo **3.** *fig* **to be ~ing to do sth** morire dalla voglia di fare qc; **to be ~ing with health** scoppiare di salute; **to be ~ing with curiosity** morire di curiosità **III.** <burst, burst> *vt* far scoppiare

◆**burst in** *vi* irrompere

◆**burst out** *vi* **1.** (*exclaim*) esclamare **2.** (*break out*) **to ~ laughing/crying** scoppiare e ridere/piangere

bury [ˈbe·ri] <-ie-> *vt* **1.** (*put underground*) sotterrare **2.** (*hide*) nascondere; **to ~ oneself in sth** immergersi in qc; **to be buried in thought** essere immerso nei propri pensieri

bus [bʌs] **I.** <-es> *n* autobus *m inv;* **school ~** scuolabus *m inv;* **to catch/miss the ~** prendere/perdere l'autobus; **to go by ~** [*or* **to take the ~**] andare in autobus ▶ **to miss the ~** perdere il autobus **II.** <-ss-> *vt* **1.** (*travel by bus*) portare in autobus **2.** (*in restaurant*) **to ~ tables** sparecchiare i tavoli **III.** <-ss-> *vi* viaggiare in autobus

busboy *n* sparecchiatavoli *m inv*

bus driver *n* conducente *m* di autobus

bush [bʊʃ] <-es> *n* **1.** BOT cespuglio *m* **2.** (*land*) **the ~** la boscaglia ▶ **to beat around the ~** menare il can per l'aia

bushy [ˈbʊ·ʃi] <-ier, -iest> *adj* (*hair, beard, eyebrows*) folto, -a

busily *adv* alacremente

business [ˈbɪz·nɪs] *n* **1.** (*trade, commerce*) affari *mpl;* **to be away on ~** essere in viaggio d'affari; **to do ~ with sb** fare affari con qu; **to go out of ~** cessare l'attività; **to set up a ~** mettere su un impresa; **~ is booming** gli affari vanno bene **2.** <-es> (*sector*) settore *m;* **the frozen food ~** il settore dei surgelati **3.** <-es> (*company*) impresa *f;* **to start up/run a ~** metter su/gestire un impresa **4.** (*matter*) affare *m;* **an unfinished ~** una questione in sospeso; **it's none of your ~!** *inf* non sono fatti tuoi!

business address *n* indirizzo *m* dell'ufficio

business card *n* biglietto *f* da visita

business expenses *npl* spese *fpl*

business hours *n* orario *m* d'ufficio

businessman <-men> *n* uomo *m* d'affari

business park *n* parco *m* tecnologico

business trip *n* viaggio *m* d'affari

businesswoman <-women> *n* donna *f* d'affari

busker [ˈbʌs·kɚ] *n* sounatore, -trice *m, f* ambulante

bus service *n* servizio *m* di autobus

bus station *n* stazione *f* delle corriere

bus stop *n* fermata *f* dell'autobus

bust[1] [bʌst] *n* ART busto *m*

bust[2] [bʌst] **I.** *adj inf* **1.** (*broken*) rotto, -a **2.** (*bankrupt*) fallito, -a; **to go ~** far fallimento **II.** *vt inf* **1.** (*break*) spaccare **2.** (*raid*) fare una retata in ▶ **to ~ one's <u>butt</u> (doing sth/to do sth)** spaccarsi la schiena (per fare qc)

bustle [ˈbʌ·sl] **I.** *vi* **to ~ around** affacendarsi **II.** *n* viavai *m*

busy [ˈbɪ·zi] **I.** <-ier, -iest> *adj* **1.** (*occupied*) occupato, -a; **to be ~ doing sth** star facendo qc; **to get ~** darsi da fare **2.** (*full of activity*) animato, -a; **a ~ time** un periodo di grande attività; **I've had a ~ day** ho avuto una giornata molto piena **3.** TEL occupato, -a **II.** <-ie-> *vt* **to ~ oneself with sth** occuparsi di qc

but [bʌt] **I.** *prep* tranne; **all ~ one** tutti tranne uno; **anything ~ ...** qualsiasi cosa tranne ...; **nothing ~ ...** nient'altro che ...; **no one ~ him** solo lui; **~ for him ...** se non fosse stato per lui ... **II.** *conj* ma; **I'm not quitting ~ taking time off** non mi sto licenziando mi sto solo prendendo una vac; **he has paper ~ no pen** ha la carta ma non ha la penna **III.** *adv* solo; **he is ~ a baby** è solo un bebè; **I can't help ~ cry** non posso far altro che piangere

butcher [ˈbʊ·tʃɚ] **I.** *n* macellaio, -a *m, f* **II.** *vt* **1.** (*meat*) macellare **2.** (*murder*) massacrare **3.** *fig* **to ~ a language** massacrare una lingua

butt [bʌt] *n* **1.** (*of rifle*) calcio *m* **2.** (*of cigarette*) mozzicone *m* **3.** (*blow: with the head*) testata *f* **4.** (*target*) **to be the ~ of sth** essere oggetto di qc **5.** (*container*) botte *f* **6.** *inf* (*buttocks*) culo *m vulg*

butter [ˈbʌ·t̬ɚ] **I.** *n* burro **II.** *vt* imburrare

butterfly [ˈbʌ·t̬ɚ·flaɪ] <-ies> *n* **1.** ZOOL farfalla *f; fig* (*person*) farfallone, -a *m, f* **2.** SPORTS nuoto *m* a farfalla

buttock [ˈbʌ·t̬ək] *n* natica *f*

button [ˈbʌ·tən] **I.** *n* **1.** bottone *m* **2.** (*with slogan*) distintivo *m* **3.** COMPUT, TECH tasto *m;* **start ~** tasto di start; **right/left mouse ~** tasto destro/sinistro del mouse; **to push a ~** premere un tasto **II.** *vi* abbottonarsi **III.** *vt* abbottonare ▶ **~ <u>it</u>!** *inf* stai zitto!

buy [baɪ] **I.** *n* acquisto *m;* **a good ~** un buon acquisto **II.** <bought, bought> *vt* **1.** (*purchase*) comprare; **to ~ sth from** [*or inf* **off**] **sb** comprare qc da qu **2.** (*bribe*) corrompere

◆**buy back** *vt* ricomprare

◆**buy out** *vt* COM rilevare

buyer [ˈbaɪ·ɚ] *n* **1.** (*in store*) compratore, -trice *m, f* **2.** (*as work*) buyer *m inv*

buzz [bʌz] **I.** *vi* **1.** (*hum*) ronzare; (*bell*) suonare **2.** *inf* (*be tipsy*) essere sbronzo **II.** *vt inf* **1.** TEL telefonare a **2.** AVIAT (*fly low over*) volare radente a **III.** *n* **1.** (*humming noise*) ronzio *m;* (*low noise*) brusio *m;* (*of a doorbell*) suono *m* **2.** *inf* (*telephone call*) colpo *m* di telefono; **to give sb a ~** dare un colpo di telefono a qu **3.** *inf* (*feeling*) euforia *f;* (*from alcohol*) sbornia *f;* **I get a ~ from** [*or* **out of**] **surfing** fare surf mi fa sballare

buzzer ['bʌ·zɚ] *n* cicalino *m*

by [baɪ] **I.** *prep* **1.** (*near*) vicino a; **close** [*or* **near**] **~ ...** vicino a ...; **to be/stand ~ ...** essere/stare vicino a ...; **~ the sea** sul mare **2.** (*at*) presso; **to remain ~ sb for two days** restare presso qu per due giorni **3.** (*during*) **~ day/night** durante il giorno/la notte; **~ moonlight** al chiaro di luna **4.** (*at the latest time*) entro; **~ tomorrow** entro domani; **~ now** [*or* **then**] ormai **5.** (*cause*) da; **a novel ~ Joyce** un romanzo di Joyce; **surrounded ~ dogs** circondato da cani **6.** (*through means of*) **~ train/plane/bus** in treno/aereo/autobus; **made ~ hand** fatto a mano; **~ doing sth** facendo qc **7.** (*through*) **~ chance/mistake** per caso/sbaglio **8.** (*under*) **to call sb/sth ~ their/its name** chiamare qu/qc per nome **9.** (*alone*) **to be ~ oneself** stare da solo; **to do sth ~ oneself** fare qc da solo **10.** (*in measurement, arithmetic*) **to buy ~ the kilo** comprare a chili; **to divide ~ 6** dividere per 6; **paid ~ the hour/day** pagato a ore/a giornata; **4 feet ~ 6** 4 piedi per 6; **one ~ one** uno a uno **II.** *adv* **1.** (*aside*) vicino; **to put** [*or* **lay**] **sth ~** mettere qc da parte **2.** (*in a while*) **~ and ~** fra poco **3.** (*past*) **to go/pass ~** passare

bye [baɪ] *interj,* **bye-bye** [ˌbaɪ·'baɪ] *interj inf* ciao

bypass ['baɪ·pæs] **I.** *n* **1.** AUTO circonvallazione *f* **2.** ELEC derivatore *m* **3.** MED by-pass *m inv* **II.** *vt* **1.** (*make a detour*) evitare **2.** *fig* (*act without permission of*) **to ~ sb** scavalcare qu **3.** *fig* (*avoid*) evitare

C

C, c [siː] *n* **1.** (*letter*) C, c *f;* **~ for Charlie** C come Como **2.** MUS do *m* **3.** SCHOOL ≈ sufficiente *m*

C *after n abbr of* **Celsius** C

c. 1. *abbr of* **circa** (*by numbers*) c.; (*by dates*) ca. **2.** *abbr of* **cent** centesimo *m* **3.** *abbr of* **century** sec.

CA [ˌkæl·ɪ·'fɔr·njə] *n abbr of* **California** California *f*

ca. *abbr of* **circa 1.** (*by numbers*) aprox. **2.** (*by dates*) ca.

cab [kæb] *n* **1.** (*taxi*) taxi *m inv;* **by ~** in taxi **2.** (*of truck*) cabina *f*

cabbage ['kæ·bɪdʒ] *n* CULIN cavolo *m*

cabbie *n,* **cabby** ['kæ·bi] *n,* **cabdriver** *n* tassista *mf*

cabin ['kæ·bɪn] *n* **1.** (*house*) bungalow *m inv* **2.** (*in airplane*) cabina *f*

cabin cruiser *n* cabinato *m*

cabinet ['kæ·bɪ·nɪt] *n* **1.** (*storage place*) armadietto *m;* (*glass-fronted*) vetrina *f;* **filing ~** archivio *m* **2.** + *sing/pl vb* POL consiglio *m* dei ministri

cable ['keɪ·bl] *n* **1.** (*wire rope*) cavo *m* **2.** TV televisione *f* via cavo

cable car *n* teleferica *f*

cable network *n* rete *f* via cavo

cable television *n,* **cable TV** *n* televisione *f* via cavo

cackle ['kæ·kl] **I.** *vi* **1.** *fig* (*laugh*) ridacchiare **2.** (*talk*) chiacchierare **II.** *n* (*laugh*) risata *f*

cafeteria [ˌkæ·fɪ·'tɪ·riə] *n* self-service *m inv*

cage [keɪdʒ] **I.** *n* gabbia *f* **II.** *vt* mettere in gabbia [*or* tenere]

cagey ['keɪ·dʒi] <-ier, -iest> *adj inf* riservato, -a; **to be ~ about sth** mostrarsi reticente su qc

cake [keɪk] **I.** *n* **1.** CULIN torta *f;* (*small*) pasta *f,* pasticcino *m;* **sponge ~** pan di Spagna *m* **2.** (*of soap*) pezzo *m;* (*of chocolate*) barra *f* ▶ **to sell like hot ~s** *inf* andare a ruba; **to want to have one's ~ and eat it, too** volere la botte piena e la moglie ubriaca; **to take the ~** (*outdo in a positive sense*) essere il massimo; (*outdo in a negative sense*) essere il colmo **II.** *vt* (*cover with*) **his boots were ~d with mud** aveva gli stivali incrostati di fango

cal. *n abbr of* **calorie** cal *f*

calcium ['kæl·si·əm] *n* calcio *m*

calculate ['kæl·kjə·leɪt] *vi, vt* calcolare

calculated *adj* **1.** (*likely*) **it's ~ to do**

sth è molto probabile che faccia qc **2.** MATH calcolato, -a; **a ~ risk** un rischio calcolato **3.** (*deliberate*) deliberato, -a

calculating *adj* calcolatore, -trice

calculation [ˌkæl·kjə·ˈleɪ·ʃən] *n* **1.** MATH calcolo *m;* (*figures*) calcoli *mpl* **2.** (*foreseeing*) valutazione *f* **3.** (*selfish planning*) calcolo *m*

calculator [ˈkæl·kjə·leɪ·t̬ɚ] *n* calcolatrice *f*

calendar [ˈkæ·lɪn·dɚ] *n* calendario *m*

calendar year *n* anno *m* civile

calf[1] [kæf] <calves> *n* **1.** (*young cow or bull*) vitello *m* **2.** (*leather*) pelle *f* di vitello

calf[2] [kæf] <calves> *n* (*lower leg*) polpaccio *m*

California [ˌkæ·lə·ˈfɔːrn·jə] *n* California *f*

call [kɔːl] **I.** *n* **1.** (*telephone*) chiamata *f;* **to give sb a ~** telefonare a qu **2.** (*visit*) visita *f;* **to be on ~** esere di guardia; **to pay a ~ on sb** fare visita a qu **3.** (*shout*) grido *m;* **a ~ for help** una richiesta d'aiuto **4.** *a.* POL appello *m* **5.** *a.* ECON richiesta *f;* **there is not much ~ for sth** non c'è molta richiesta di qc **6.** *form* (*need*) **there's no ~ for sth** non c'è bisogno di qc **7.** (*decision*) decisione *f;* **you make the ~** sta a te decidere **8.** (*attraction*) richiamo *m;* **the ~ of the wild** il richiamo della natura ▶ **to have a <u>close</u> ~** scamparla per un pelo **II.** *vt* **1.** (*name, address as*) chiamare; **to ~ sb names** insultare qu; **what's that actor ~ed?** come si chiama quell'attore?; **what's his new film ~ed?** come si intitola il suo ultimo film? **2.** (*telephone*) chiamare; **to ~ sb collect** chiamare qu a carico del destinatario **3.** (*make noise to attract*) **to ~ sb's attention** attirare l'attenzione di qu **4.** (*ask to come*) convocare; **she was ~ed to a meeting in Denver** è stata convocata a Denver per una riunione **5.** (*ask for quiet*) **to ~ for order** richiamare all'ordine **6.** (*reprimand*) ammonire; **to ~ sth to mind** (*recall, remember*) ricordare qc **7.** (*regard as*) **to ~ sth one's own** considerare qc suo; **you ~ this a party?** questa la chiami festa?; **I'm not ~ing you a liar** non ti sto dando del bugiardo **8.** (*decide to have*) **to ~ a meeting** (**to order**) convocare una riunione; **to ~ a halt to sth** sospendere qc; **to ~ a strike** indire uno sciopero **III.** *vi* **1.** (*telephone*) chiamare **2.** (*drop by*) passare **3.** (*shout*) gridare

◆**call back I.** *vt* **1.** (*telephone*) richiamare **2.** (*ask to return*) far tornare **3.** ECON ritirare dal mercato **II.** *vi* (*phone again*) richiamare

◆**call for** *vt insep* **1.** (*come to get*) passare a prendere **2.** (*ask*) chiedere **3.** (*demand, require*) richiedere

◆**call in** *vt* **1.** (*ask to come*) chiamare **2.** FIN **to ~ a loan** richiedere il pagamento di un prestito

◆**call off** *vt* **1.** (*cancel*) annullare **2.** (*order back*) **he called off his dog** ha richiamato il cane

◆**call on** *vt insep* **1.** (*appeal to*) **to ~ sb** (**to do sth**) fare appello a qu (affinché faccia qc); **to ~ a witness** convocare un testimone; **I now ~ everyone to raise a glass** *form* adesso invito tutti a fare un brindisi **2.** (*visit*) fare visita a

◆**call out I.** *vt* (*shout*) gridare **II.** *vi* **1.** (*shout*) gridare **2.** *fig* (*demand*) **to call out for sth** richiedere qc

◆**call up** *vt* **1.** (*telephone*) chiamare **2.** COMPUT **to ~ sth** richiamare qc a video **3.** (*order to join the military*) **to call up the reserves** richiamare le riserve **4.** (*conjure up*) rievocare

caller [ˈkɔː·lɚ] *n* **1.** (*person on the telephone*) persona *f* che fa una telefonata; **hold the line please, ~** attenda in linea, per favore **2.** (*announcer: at bingo game*) persona *f* che legge i numeri estratti

calling card *n* scheda *f* telefonica

calm [kɑːm] **I.** *adj* **1.** (*not nervous*) tranquillo, -a; **to keep ~** mantenere la calma **2.** (*peaceful, not wavy*) calmo, -a **3.** (*not windy*) senza vento **II.** *n* calma *f,* tranquillità *f;* **the ~ before the storm** *fig* la calma che precede la tempesta **III.** *vt* calmare; **to ~ oneself** calmarsi

calorie [ˈkæ·lə·ri] *n* caloria *f*

camcorder [ˈkæm·kɔ·dər] *n* videocamera *f*

came [keɪm] *vi pt of* **come**

camel ['kæ·ml] **I.** *n* **1.** ZOOL cammello *m* **2.** (*color*) color *m* cammello **II.** *adj* **1.** (*camel-hair*) di cammello **2.** (*color*) color cammello

camera ['kæ·mə·rə] *n* **1.** PHOT macchina *f* fotografica; CINE cinepresa *f* **2.** LAW **in ~** a porte chiuse

camp[1] [kæmp] **I.** *n* **1.** (*encampment*) accampamento *m*, campo *m;* **army ~** accampamento militare; **summer ~** colonia *f* estiva; **to set up ~** accamparsi **2.** (*group*) gruppo *m;* **to have a foot in both ~s** tenere il piede in due staffe **II.** *vi* accamparsi; **to ~ out** accamparsi; **to go ~ing** andare in campeggio

camp[2] [kæmp] **I.** *n* (**high**) **~** leziosaggine *m* **II.** *adj* (*affected*) affettato, -a; (*effeminate*) effeminato, -a **III.** *vt* **to ~ it up** fare il gigione

campaign [kæm·'peɪn] **I.** *n* campagna *f;* **~ trail** campagna elettorale **II.** *vi* condurre una campagna; **to ~ for sth/sb** condurre una campagna a favore di qc/qu

camper ['kæm·pɚ] *n* **1.** (*person*) campeggiatore, -trice *m, f* **2.** AUTO camper *m inv*

campfire *n* falò *m* (in accampamento); **~ song** canzone *f* da cantare intorno al falò

campground *n* campeggio *m*

camping ['kæm·pɪŋ] *n* campeggio *m;* **to go ~** andare in campeggio

campsite ['kæmp·sait] *n* campeggio *m*

can[1] [kæn] **I.** *n* **1.** (*container: of food*) scatola *f*, barattolo *m;* (*of drink*) lattina *f;* (*of oil*) bidone *m* **2.** *inf* (*toilet*) cesso *m* **3.** *inf* (*prison*) galera *f* ▶ **to open** (**up**) **a ~ of worms** sollevare un vespaio **II.** <-nn-> *vt* **1.** (*put in cans*) inscatolare **2.** *inf* (*stop*) **~ it!** basta!

can[2] [kən] <could, could> *aux* **1.** (*be able to*) potere, essere in grado di; **if I could** se potessi; **I think she ~ help you** penso che lei possa aiutarti **2.** *inf* (*be permitted to*) potere; **you can't go** non puoi andare **3.** (*know how to*) sapere, essere capace di; **~ you swim?** sai nuotare?

Canada ['kæn·ə·də] *n* Canada *m*

Canadian [kə·'neɪ·di·ən] *adj, n* canadese *mf*

canal [kə·'næl] *n* canale *m*

cancel ['kæn·sl] <-ll-, -l-> **I.** *vt* **1.** (*reservation, meeting, flight*) cancellare; (*license*) revocare; (*contract*) disdire **2.** COMPUT annullare **II.** *vi* cancellare

cancellation [ˌkæn·sə·'leɪ·ʃən] *n* (*of reservation, meeting, flight*) cancellazione; (*of license*) revoca; (*of contract*) disdetta

cancer ['kæn·sɚ] *n* MED cancro *m;* **~ specialist** oncologo, -a *m, f*

Cancer ['kæn·sɚ] *n* Cancro *m;* **I'm** (**a**) **Cancer** sono (del [*or* un]) Cancro

cancerous ['kæn·sə·rəs] *adj* MED canceroso, -a

candid ['kæn·dɪd] *adj* sincero, -a; (*picture*) naturale

candidate ['kæn·dɪ·dət] *n* (*competitor: possible choice*) candidato, -a *m, f*

candle ['kæn·dl] *n* candela *f*

candlelight ['kæn·dl·laɪt] *n* lume *f* di candela

candlestick ['kæn·dl·stɪk] *n* portacandele *m inv*

candy ['kæn·di] **I.** <-ies> *n* (*sweets*) caramelle *fpl* **II.** *vt* candire

candy bar *n* barretta *f* al cioccolato

candy store *n* negozio *m* di caramelle

cane [keɪn] **I.** *n* **1.** (*dried plant stem*) canna *f* **2.** (*furniture*) giunco *m* **3.** (*stick*) bastone *m;* (*for punishment*) bacchetta *f* **II.** *vt* punire con la bacchetta

cane sugar *n* zucchero *m* di canna

canned [kænd] *adj* **1.** (*food, fruit, meat*) in scatola; (*beer*) in lattina **2.** MUS, TV registrato, -a

cannot ['kæ·nɑːt] *aux* = **can not** *see* **can**[2]

canny ['kæ·ni] <-ier, -iest> *adj* (*clever*) astuto, -a

canoe [kə·'nuː] *n* canoa *f* ▶ **to paddle one's own ~** essere autonomo

canoeing *n* canottaggio *m*

canoeist [kə·'nuː·ɪst] *n* canoista *mf*

can opener ['kæn·ˌoʊp·nɚ] *n* apriscatole *m inv*

can't [kænt] = **cannot**

canteen [kæn·'tiːn] *n* **1.** (*cafeteria*)

mensa *f* **2.** MIL (*drink container*) borraccia *f*

canvass ['kæn·vəs] **I.** *vt* **1.** (*gather opinion*) sondare; **to ~ sth** (*proposal*) fare un sondaggio d'opinione su qc **2.** POL (*votes*) sollecitare **II.** *vi* POL fare propaganda

CAP [ˌsiː·eɪ·'piː] *n abbr of* **Civil Air Patrol** soccorso *m* aereo civile

cap[1] [kæp] **I.** *n* **1.** (*without peak*) cuffia *f* **2.** (*with peak*) berretto *m* **3.** (*cover*) tappo *m;* PHOT copriobiettivo *f;* **screw-on ~** tappo a vite **4.** (*of tooth*) capsula *f* **5.** (*limit*) limite *m;* **salary ~** tetto *m* salariale **6.** (*contraceptive*) diaframma *m* **II.** <-pp-> *vt* **1.** (*limit*) limitare **2.** (*cover*) tappare; (*tooth*) incapsulare **3.** (*outdo*) coronare; **to ~ it all** per coronare il tutto

cap[2] [kæp] *n abbr of* **capital (letter)** maiuscola *f*

capable ['keɪ·pə·bl] *adj* **1.** (*competent*) competente **2.** (*able*) capace; **to be ~ of doing sth** essere capace di fare qc

capacity [kə·'pæ·sə·ti] <-ies> *n* **1.** (*volume, amount*) capacità *f,* capienza *f;* **filled to ~** completamente pieno; **seating ~ of fifty** cinquanta posti a sedere **2.** (*ability*) capacità *f,* attitudine *f* **3.** (*output*) capacità *f* **4.** (*role*) qualità *f*

cape[1] [keɪp] *n* GEO capo *m*

cape[2] [keɪp] *n* (*cloak*) mantella *f*

capital ['kæ·pə·tl] **I.** *n* **1.** (*principal city*) capitale *f* **2.** TYPO maiuscola *f;* **to write in ~s** scrivere in stampatello **3.** ARCHIT capitello *m* **4.** FIN capitale *m;* **to make ~ (out) of sth** *fig* trarre vantaggio da qc **II.** *adj* **1.** (*principal*) capitale; **~ city** capitale *f* **2.** TYPO (*letter*) maiuscolo, -a **3.** LAW capitale; **~ punishment** pena *f* capitale

capital crime *n* LAW reato *m* punibile con la pena capitale

capital investment *n* FIN investimento *m* di capitale

capitalism ['kæ·pə·tə·lɪ·zəm] *n* capitalismo *m*

capitalist ['kæ·pə·tə·lɪst] **I.** *n* capitalista *mf* **II.** *adj* capitalista

capital letter ['kæ·pə·tl 'le·t̬ɚ] *n* maiuscola *f;* **in ~s** in stampatello

capital punishment *n* pena *f* capitale

Capricorn ['kæp·rə·kɔːrn] *n* Capricorno *m;* **I'm (a) Capricorn** sono (del [*or* un]) Capricorno

capsize ['kæp·saɪz] **I.** *vt* NAUT *fig* capovolgere **II.** *vi* NAUT *fig* capovolgersi

capsule ['kæp·sl] *n* capsula *f*

captain ['kæp·tɪn] **I.** *n* capitano, -a *m, f* **II.** *vt* (*team*) capitanare; (*ship*) comandare

caption ['kæp·ʃən] *n* **1.** (*of picture*) didascalia *f* **2.** CINE sottotitolo *m*

captive ['kæp·tɪv] **I.** *n* (*person*) prigioniero, -a *m, f* **II.** *adj* (*person*) prigioniero, -a; (*animal*) in cattività; **to hold sb ~** tenere prigioniero qu

captivity [kæp·'tɪ·və·ti] *n* prigionia *f;* **to be in ~** (*animal*) essere in cattività

capture ['kæp·tʃɚ] **I.** *vt* **1.** (*take prisoner*) catturare **2.** (*city, votes*) conquistare; (*ship*) catturare **3.** ART cogliere; **to ~ sth on film** cogliere qc sullo schermo **4.** COMPUT inserire **II.** *n* cattura *f;* (*of city, ship*) presa *f*

car [kɑːr] *n* **1.** AUTO macchina *f,* auto *f inv* **2.** RAIL vagone *m*

carafe [kə·'ræf] *n* caraffa *f*

caravan ['ke·rə·væn] *n* (*group of travelers*) carovana *f*

carbon dioxide *n* diossido *m* di carbonio

carbon monoxide *n* monossido *m* di carbonio

carburetor ['kɑːr·bə·reɪ·t̬ɚ] *n* carburatore *m*

carcinogenic [ˌkɑːr·sə·noʊ·'dʒe·nɪk] *adj* MED cancerogeno, -a

card[1] [kɑːrd] *n* **1.** (*birthday, Christmas, etc.*) biglietto *m* (d'auguri) **2.** GAMES *a.* FIN carta *f;* **pack of ~s** mazzo *m* di carte; **to play ~s** giocare a carte **3.** (*proof of identity*) documento *m;* **membership ~** tessera *f* dei soci **4.** *a.* COMPUT scheda *f* **5.** SPORTS (*program*) programma *m* **6.** (*index ~*) scheda *f* ► **to put one's ~s on the table** mettere le carte in tavola

card[2] [kɑːrd] **I.** *n* cardatrice *f* **II.** *vt* cardare

cardboard ['kɑːrd·bɔːrd] *n* cartone *m*

cardiac ['kɑːr·dɪ·æk] *adj* MED cardiaco, -a

cardinal number *n* numero *m* cardinale

card index ['kɑːrd·ˌɪn·deks] <-es> *n* schedario *m*

card table *n* tavolo *m* da gioco

care [ker] **I.** *n* **1.** (*attention*) cura *f;* **to take ~ of** prendersi cura di; (*object*) fare attenzione a; (*situation*) occuparsi di; **take ~ (of yourself)!** riguardati!; **to do sth with ~** fare qc con cura; **handle with ~** maneggiare con cura **2.** (*worry*) preoccupazione *f;* **to not have a ~ in the world** essere spensierato, -a **II.** *vi* **1.** (*be concerned*) preoccuparsi; **to ~ about sb/sth** preoccuparsi per qu/qc; **for all I ~** (*as far as I'm concerned*) per me; **who ~s?** chi se ne frega? **2.** (*feel affection*) **to ~ about sb** voler bene a qu, tenere a qu **3.** (*want*) **to ~ to do sth** essere disposto a fare qc

career [kə·'rɪr] *n* **1.** (*profession*) professione *f* **2.** (*working life*) carriera *f* (professionale)

carefree ['ker·friː] *adj* spensierato, -a

careful ['ker·fəl] *adj* (*cautious, meticulous*) attento, -a; **to be ~ of sth** fare attenzione a qc; **to be ~ to do sth** fare attenzione a fare qc

careless ['ker·lɪs] *adj* (*lacking attention, unthinking*) distratto, -a

carelessness *n* **1.** (*lack of attention*) distrazione *f* **2.** (*lack of concern*) menefreghismo *m*

caretaker ['ker·ˌteɪ·kɚ] *n* (*of building, property*) custode *mf*

careworn ['ker·wɔːrn] *adj* segnato, -a dalle preoccupazioni

car ferry <-ies> *n* NAUT traghetto *m* per auto

cargo ['kɑːr·goʊ] <-(e)s> *n* **1.** (*goods*) carico *m* **2.** (*load*) carico *m*

Caribbean [ˌker·ɪ·'bi·ən] **I.** *n* **the ~** i Caribi; (*sea*) il Mar dei Caraibi **II.** *adj* caraibico, -a

caring *adj* premuroso, -a

car insurance *n* assicurazione *f* della macchina

carnival ['kɑːr·nə·vl] *n* carnevale *m*

carnivorous [kɑːr·'nɪ·və·rəs] *adj* carnivoro, -a

carol ['ke·rəl] *n* canto *m* (di Natale)

carol singer *n* cantante *mf* di canti di Natale

carpenter ['kɑːr·pn·t̬ɚ] *n* falegname *m*

carpentry ['kɑːr·pn·tri] *n* falegnameria *f*

carpet ['kɑːr·pət] **I.** *n* (*fitted*) moquette *f inv;* (*not fitted*) tappeto *m* ▶ **to sweep sth under the ~** nascondere qc sotto il tappeto **II.** *vt* (*cover floor*) mettere la moquette in

carpool ['kar·pul] *n condivisione della stessa auto da parte di un gruppo di persone che lavorano nello stesso luogo*

car rental *n* autonoleggio *m*

carriage ['ke·rɪdʒ] *n* **1.** (*horse-drawn vehicle*) carrozza *f* **2.** (*part of typewriter*) carrello *m*

carrier ['kæ·rɪ·ɚ] *n* **1.** (*person who carries*) corriere *m* **2.** MIL (*vehicle*) veicolo *m* da trasporto; **aircraft ~** portaerei *f inv* **3.** MED portatore, -trice *m, f* **4.** (*transport company*) spedizioniere *m*

carrot ['ke·rət] *n* carota *f*

carry ['ke·ri] <-ies, -ied> **I.** *vt* **1.** (*transport in hands or arms*) portare **2.** (*transport*) trasportare **3.** (*have on one's person*) avere con sé **4.** MED (*transmit*) trasmettere **5.** (*support*) sostenere **6.** (*approve*) approvare **7.** PUBL **to ~ an article** pubblicare un articolo **8.** (*be pregnant*) **to ~ a child** aspettare un bambino **II.** *vi* (*be audible*) arrivare

◆**carry along** *vt* portarsi dietro; (*water*) portare via

◆**carry forward** *vt* FIN trasferire

◆**carry off** *vt* **1.** (*remove*) **to carry sb off** portarsi via qu **2.** (*succeed*) **to carry it off** farcela

◆**carry on** **I.** *vt insep* continuare; **~ (with) the good work!** bravo, continua così! **II.** *vi* **1.** continuare; **to ~ doing sth** continuare a fare qc **2.** *inf* (*make a fuss*) non finirla più

◆**carry out** *vt* eseguire

◆**carry over** **I.** *vt* **1.** (*bring forward*) riportare; FIN trasferire **2.** (*postpone*) rimandare **II.** *vi* **1. to ~ into sth** (*have an effect on*) influire su qc **2.** (*remain*)

permanere

♦**carry through** *vt* **1.** (*support*) sostenere **2.** (*complete successfully*) portare a termine

cart [kɑːrt] **I.** *n* **1.** (*vehicle*) carro *m* **2.** (*supermarket trolley*) carrello *m* ▶ **to put the ~ before the horse** mettere il carro davanti ai buoi **II.** *vt* (*transport*) portare

carton ['kɑːr·tn] *n* (*box*) scatola *f* di cartone; (*of juice, milk*) cartone *m*

cartoon [kɑːr·'tuːn] *n* **1.** ART vignetta *f* **2.** CINE cartone *m* animato

cartridge ['kɑːr·trɪdʒ] *n* (*for ink, ammunition*) cartuccia *m*

cartwheel ['kɑːrt·hwiːl] **I.** *n* ruota *f* **II.** *vi* fare le ruote

carve [kɑːrv] **I.** *vt* **1.** (*cut*) ritagliare; **to ~ (out) a name for oneself** *fig* farsi un nome **2.** (*stone, wood*) intagliare **3.** (*cut meat*) tagliare **II.** *vi* ritagliare

carving *n* ART intaglio *m*

carving knife <knives> *n* trinciante *m*

car wash <-es> *n* autolavaggio *m*

case[1] [keɪs] *n* **1.** *a.* MED, LING caso *m;* **in any ~** in ogni caso; **just in ~** per precauzione; **in ~ it rains** in caso piova **2.** LAW causa *f,* caso *m* **3.** (*argument*) **to make a ~ for sth** argomentare in favore di qc

case[2] [keɪs] *n* (*container*) cassa *f;* (*for jewels*) astuccio *m;* (*for eyeglasses, musical instrument*) custodia *f;* **a ~ of beer/soft drinks** una cassa di birra/bevande analcoliche; **glass ~** vetrina *f*

cash [kæʃ] **I.** *n* (denaro *m*) contante *m;* **~ in advance** pagamento *m* anticipato; **to be strapped for ~** *inf* essere al verde **II.** *vt* incassare; **to ~ sth in** riscuotere qc; **to ~ in (one's chips)** *inf* (*die*) morire

♦**cash in** **I.** *vt insep* riscuotere **II.** *vi* **to ~ on sth** trarre profitto da qc

cash cow *n sl settore di un'azienda che realizza stabilmente grossi profitti*

cashier [kæʃ·'ɪr] *n* cassiere, -a *m, f*

cash machine *n* Bancomat® *m inv*

cash register *n* registratore *m* di cassa

casing ['keɪ·sɪŋ] *n* involucro *m;* (*of cable*) rivestimento *m* isolante

casserole ['kæ·sə·roʊl] *n* **1.** (*cooking vessel*) casseruola *f* **2.** CULIN piatto *m* di carne e verdure in casseruola

cassette [kə·'set] *n* cassetta *f*

cast [kæst] **I.** *n* **1.** THEAT, CINE cast *m inv;* **supporting ~** attori *m pl* non protagonisti **2.** (*mold*) stampo *m* **3.** MED ingessatura *f* **II.** <cast, cast> *vt* **1.** (*throw*) lanciare **2.** (*direct*) **to ~ doubt on sth** mettere in dubbio qc; **to ~ light on sth** illuminare qc; *fig* fare luce su qc **3.** (*allocate roles*) **to ~ sb as sb/sth** assegnare a qu la parte di qu/qc **4.** (*give*) dare

♦**cast aside** *vt,* **cast away** *vt* (*rid oneself of*) sbarazzarsi di; (*free oneself of*) liberarsi di

♦**cast off** **I.** *vt* **1.** (*get rid of*) disfarsi di **2.** (*stitch*) chiudere **II.** *vi* **1.** NAUT salpare **2.** (*in knitting*) chiudere le maglie

♦**cast out** *vt* (*cacciare: ideas*) respingere; *form* (*person*) espellere

casting ['kæs·tɪŋ] *n* THEAT casting *m inv*

cast-iron *adj* **1.** (*made of cast iron*) in ghisa **2.** *fig* (*evidence*) irrefutabile; (*alibi*) di ferro; (*promise*) fermo, -a

castle ['kæ·sl] *n* **1.** (*building*) castello *m* **2.** (*chess piece*) torre *f*

casual ['kæ·ʒuː·əl] *adj* **1.** (*relaxed*) disinvolto, -a **2.** (*not permanent*) occasionale **3.** (*not serious*) noncurante; (*glance*) casuale; (*remark*) alla leggera **4.** (*informal*) informale; (*clothes*) casual *inv*

casualty ['kæ·ʒuː·əl·ti] <-ies> *n* **1.** (*accident victim*) vittima *f;* (*dead person*) morto, -a *m, f* **2.** (*injured person*) ferito, -a *m, f;* **~s** MIL (*dead people*) perdite *fpl*

cat [kæt] *n* gatto, -a *m, f* ▶ **to let the ~ out of the bag** rivelare un segreto; **to rain ~s and dogs** piovere a catinelle

CAT [kæt] *n* **1.** COMPUT *abbr of* **computer-assisted translation** traduzione *f* assistita dal computer **2.** MED *abbr of* **computerized axial tomography** TAC *f inv;* **~ scan** TAC

catalog ['kæ·t̬ə·lɑːg] **I.** *n* catalogo *m;* (*repeated events*) serie *f* **II.** *vt* catalogare

catalyst ['kæ·t̬ə·lɪst] *n a. fig* catalizzatore *m*

catalytic [kæ·tə·'lɪ·tɪk] *adj* catalitico, -a; ~ **converter** AUTO catalizzatore *m*

catastrophe [kə·'tæs·trə·fi] *n* catastrofe *f*

catastrophic [ˌkæ·t̬ə·'strɑː·fɪk] *adj* catastrofico, -a

catcall ['kæt·kɔːl] *n* fischio *m*

catch [kætʃ] <-es> **I.** *n* **1.** (*fish caught*) pesca *f* **2.** (*fastening device*) chiusura *f*; (*on window*) fermo *m* **3.** *inf* (*suitable partner*) **he's a good ~** è un buon partito **4.** (*trick*) tranello *m* **II.** <caught, caught> *vt* **1.** (*hold moving object*) afferrare; (*person*) prendere, catturare; **to ~ sb at a bad moment** cogliere qu in un momento poco opportuno **2.** (*entangle*) **to get caught in sth** rimanere incastrato in qc; **to get caught up in sth** rimanere coinvolto in qc; **to get caught on sth** rimanere impigliato in qc **3.** (*collect*) raccogliere **4.** (*hear*) sentire **5.** (*attract*) attirare **6.** (*get*) prendere; **to ~ the bus** prendere l'autobus **7.** (*understand*) capire **8.** (*notice*) rendersi conto di; (*by chance*) notare (per caso) **9.** (*discover by surprise*) **to ~ sb doing sth** cogliere qu mentre fa qc; **to ~ sb red-handed** *fig* cogliere qu in flagrante **10.** MED (*become infected*) prendere **11.** (*start burning: fire*) prendere

◆**catch on** *vi* **1.** (*become popular*) prendere piede **2.** *inf* (*understand*) capire

◆**catch up** **I.** *vi* **to ~ with sb** raggiungere qu; **to ~ with sth** (*make up lost time*) recuperare qc; (*equal the standard*) mettersi in pari con qc **II.** *vt* **to catch sb up** mettersi in pari con qu

catch phrase ['kætʃ·freɪz] *n* slogan *m inv*

catchup ['kæt·ʃəp] *n see* **ketchup**

catchy ['kæ·tʃi] <-ier, -iest> *adj* (*tune*) orecchiabile

category ['kæ·t̬ə·gɔː·ri] <-ies> *n* categoria *f*

cater ['keɪ·t̬ɚ] *vi* preparare da mangiare

catering ['keɪ·tə·rɪŋ] *n* catering *m inv*

catfish *n* pesce *m* gatto

cathedral [kə·'θiː·drəl] *n* cattedrale *f*

Catholic ['kæ·θə·lɪk] *adj* REL cattolico, -a

Catholicism [kə·'θɑː·lə·sɪ·zəm] *n* Cattolicesimo *m*

cattle ['kæ·t̬l] *npl* (*bovines*) bestiame *m*; **beef ~** bovini *m pl* da carne; **dairy ~** vacche da *f pl* latte

caught [kɑːt] *pt, pp of* **catch**

cauliflower ['kɑː·lɪ·ˌfla·ʊɚ] *n* cavolfiore *m*

cause [kɔːz] **I.** *n* **1.** (*a reason for: principle*) LAW causa *f*; **this is no ~ for ...** ciò non giustifica ...; **to do sth in the ~ of sth** fare qc per qc **2.** (*objective*) causa *f* **II.** *vt* causare; (*an accident*) provocare; **to ~ sb/sth to do sth** far sì che qu/qc faccia qc

caution ['kɑː·ʃən] **I.** *n* **1.** (*carefulness*) cautela *f*; **~ is advised** si raccomanda di procedere con prudenza; **to throw ~ to the winds** gettare la prudenza alle ortiche **2.** (*warning*) avvertimento *m* **II.** *vt form* **to ~ sb about sth** avvertire qu di qc; **to ~ sb not to do sth** diffidare qu dal fare qc

cautious ['kɑː·ʃəs] *adj* cauto, -a; (*optimism*) moderato, -a

cave [keɪv] **I.** *n* grotta *f*, caverna *f* **II.** *vi* SPORTS praticare speleologia

cave-in *n* cedimento *m*

caveman ['keɪv·mæn] <-men> *n* **1.** (*prehistoric man*) uomo *m* delle caverne **2.** *inf* (*socially underdeveloped*) troglodita *m*

cave painting *n* pittura *f* rupestre

cavern ['kæ·vɚn] *n* caverna *f*

cavity ['kæ·vɪ·ti] <-ies> *n* **1.** *a.* ANAT cavità *f* **2.** MED carie *f inv*

Cayman Islands ['keɪ·mən·ˌaɪ·ləndz] *n* Isole *f pl* Cayman

CBW *n abbr of* **chemical and biological warfare** guerra *f* biochimica

CCTV [ˌsiː·siː·tiː·'viː] *n abbr of* **closed-circuit television** televisione *f* a circuito chiuso

cease [siːs] *vi, vt form* cessare; **to ~ to do sth** cessare di fare qc; **it never ~s to amaze me** non finisce mai di stupirmi

ceiling ['siː·lɪŋ] *n* **1.** ARCHIT soffitto *m* **2.** AVIAT plafond *m inv* **3.** (*upper limit*) tetto *m* massimo; (*on prices*) limite *m*; **to impose a ~ on sth** imporre un limite a qc **4.** METEO ceiling *m* ▶ **to hit**

the ~ *inf* andare su tutte le furie

celebrate ['se·lɪ·breɪt] **I.** *vi* festeggiare; **let's ~!** bisogna festeggiare! **II.** *vt* celebrare; **they ~d him as a hero** lo accolsero come un eroe

celebrated *adj* celebre

celebration [ˌse·lɪ·'breɪ·ʃən] *n* **1.** (*party*) festeggiamento *m* **2.** (*of an occasion, an event*) celebrazione *f;* **to throw a party in ~ of sth** dare una festa per festeggiare qc

celebrity [sə·'le·brə·t̬i] *n* **1.** <-ies> (*person*) famoso, -a *m, f* **2.** (*fame*) celebrità *f*

celery ['se·lə·ri] *n* sedano *m*

cell [sel] *n* **1.** (*in prison*) cella *f* **2.** BIO, POL, ELEC cellula *f;* **grey ~s** materia *f* grigia *inf*

cellar ['se·lɚ] *n* cantina *f*

cellist ['tʃe·lɪst] *n* MUS violoncellista *mf*

cello ['tʃe·loʊ] <-s *or* -li> *n* MUS violoncello *m*

cell phone ['sel·foʊn] *n* cellulare *m*

cellular ['sel·jʊ·lɚ] *adj* **1.** BIO cellulare **2.** (*porous*) poroso, -a

cellular phone *n* cellulare *m*

cement [sɪ·'ment] **I.** *n* ARCHIT, MED *a. fig* cemento *m* **II.** *vt* **1.** (*cover with cement*) cementare **2.** MED otturare

cemetery ['se·mə·te·ri] <-ies> *n* cimitero *m*

censor ['sen·sɚ] **I.** *n* **1.** (*official*) censore *m* **2.** PSYCH censura *f* **II.** *vt* censurare

cent [sent] *n* centesimo *m* ► **to not have a red ~** *inf* non avere un soldo

centenary ['sent·ne·ri] **I.** <-ies> *n* centenario *m* **II.** *adj* (*once every century*) centenario, -a; **~ year** centenario *m*

center ['sen·t̬ɚ] **I.** *n* **1.** centro *m* **2.** SPORTS (*in football*) centravanti *m inv* **II.** *vt* **1.** *a.* SPORTS, TYPO centrare **2.** (*efforts*) concentrare

◆**center around** *vi* incentrarsi attorno a

centigrade ['sen·t̬ə·greɪd] *adj* centigrado, -a

centimeter ['sen·t̬ə·ˌmiː·t̬ɚ] *n* centimetro *m*

central ['sen·trəl] *adj* **1.** (*at the middle*) centrale; **in ~ Boston** nel centro di Boston **2.** (*important: issue*) fondamentale; **to be ~ to sth** essere fondamentale per qc **3.** (*from a main point: bank, air conditioning*) centrale; **~ processing unit** COMPUT unità *f* centrale di elaborazione

century ['sen·tʃə·ri] <-ies> *n* (*100 years*) secolo *m;* **the twentieth ~** il ventesimo

CEO [ˌsiː·iː·'oʊ] *n abbr of* **chief executive officer** direttore, -trice *m, f* generale

ceramic [sə·'ræ·mɪk] *adj* di ceramica

cereal ['sɪ·ri·əl] **I.** *n* **1.** (*cultivated grass*) cereale *m* **2.** (*breakfast food*) cereali *mpl* **II.** *adj* di cereali

ceremonial [ˌse·rə·'moʊn·iəl] **I.** *n form* cerimoniale *m* **II.** *adj* formale; (*event*) solenne

ceremony ['se·rə·moʊ·ni] <-ies> *n* cerimonia *f*

certain ['sɜːr·tn] **I.** *adj* **1.** (*sure*) certo, -a, sicuro, -a; **it is quite ~ (that) ...** è molto probabile che ... *+subj;* **to be ~ about sb** avere fiducia in qu; **to be ~ about sth** essere convinto di qc; **to make ~ of sth** assicurarsi di qc; **it is not yet ~ ...** non è ancora certo ...; **to feel ~ (that ...)** essere sicuro (che ...); **one thing is (for) ~ ...** quel che è certo è che ...; **for ~** con certezza **2.** (*undeniable*) certo, -a; **it is ~ that ...** sicuramente ...; **the disaster seemed ~** il disastro pareva inevitabile **3.** (*specified*) **a ~ Steve Rukus** un certo Steve Rukus; **to a ~ extent** in parte **II.** *pron* certo, -a

certainly *adv* certamente; **~, Sir!** certo, signore!; **~ not!** assolutamente no!

certainty ['sɜːr·tən·ti] <-ies> *n* certezza *f;* **Joan is a ~ to win** di sicuro vincerà Joan

certificate [sɚ·'tɪ·fɪ·kət] *n* **1.** (*document*) certificato *m* **2.** SCHOOL diploma *m*

certify ['sɜːr·tə·faɪ] <-ie-> *vt* certificare; **certified copy** copia *f* autenticata; **this is to ~ that ...** *form* con la presente si certifica che ...

cervical ['sɜːr·vɪ·kl, sɜː·'vaɪ·kl] *adj* **1.** (*neck*) cervicale; **~ collar** collare *m* cervicale **2.** (*cervix*) del collo dell'utero

chain [tʃeɪn] **I.** *n* **1.** catena *f;* ~ **gang** *gruppo di prigionieri incatenati insieme impegnati in lavori forzati;* **to be in ~s** essere incatenato **2.** (*series*) serie *f inv* **II.** *vt* incatenare; **to ~ sth/sb** (**up**) **to sth** incatenare qc/qu a qc; **to be ~ed to a desk** *fig* essere incollato alla scrivania

chain smoker *n* fumatore, -trice *m, f* accanito, -a

chair [tʃer] **I.** *n* **1.** (*seat*) sedia *f* **2.** (*head*) presidente *mf;* **to be ~ of a department** essere il/la capodipartimento **3.** UNIV cattedra *f* **4.** *sl* (*electric chair*) sedia *f* elettrica **II.** *vt* (*a meeting*) presiedere

chairman [ˈtʃer·mən] <-men> *n* presidente *m*

chairperson [ˈtʃer·ˌpɜːr·sən] *n* presidente *mf*

chairwoman <-women> *n* presidente *f*

chalk [tʃɔːk] **I.** *n* gesso *m* **II.** *vt* (*write*) scrivere col gesso; (*draw*) disegnare col gesso

◆**chalk up** *vt* **1.** (*ascribe*) attribuire; **to ~ sth to sb/sth** attribuire qc a qu/qc **2.** (*achieve*) raggiungere

challenge [ˈtʃæ·lɪndʒ] **I.** *n* **1.** (*a call to competition*) sfida *f;* **to be faced with a ~** trovarsi di fronte a una sfida; **to pose a ~ to sth** rappresentare un problema per qc **2.** *a.* MIL alt *m inv* **3.** LAW contestazione *f* **II.** *vt* **1.** (*ask to compete*) sfidare; **to ~ sb to a duel** sfidare qu a duello **2.** (*question*) mettere in discussione **3.** LAW contestare

challenging *adj* (*book, idea*) stimolante; (*course, task*) impegnativo, -a

chambermaid [ˈtʃeɪm·bər·meɪd] *n* cameriera *f* d'albergo

champ [tʃæmp] **I.** *n inf* campione, -essa *m, f* **II.** *vi, vt* masticare

champion [ˈtʃæm·pi·ən] **I.** *n* **1.** SPORTS campione, -essa *m, f* **2.** (*supporter*) difensore *m;* **to be a ~ of sth** essere un paladino di qc **II.** *vt* sostenere **III.** *adj* SPORTS campione, -essa

championship [ˈtʃæm·piən·ʃɪp] *n* (*competition*) campionato *m*

chance [tʃæns] **I.** *n* **1.** (*random force*) caso *m;* **a ~ encounter** un incontro fortuito; **to leave nothing to ~** non lasciare nulla al caso; **by ~** per caso **2.** (*likelihood*) probabilità *f;* **the ~s are that she's already gone** è molto probabile che se ne sia già andata; **to stand a ~ of doing sth** *inf* avere qualche possibilità di fare qc; **not a ~!** *inf* neanche per sogno! **3.** (*opportunity*) opportunità *f inv;* **the ~ of a lifetime** un'occasione unica; **to give sb a ~** (**to do sth**) dare a qu l'opportunità (di fare qc); **to jump at the ~** cogliere la palla al balzo **4.** (*hazard*) rischio *m;* **to take a ~** rischiare **II.** *vt* rischiare; **to ~ it** correre il rischio **III.** *vi* arrischiarsi

chancellor [ˈtʃæn·sə·ləɐ] *n* **1.** POL (*head of state*) cancelliere *m* **2.** (*head of a university*) rettore *m*

chancy [ˈtʃæn·si] <-ier, -iest> *adj* rischioso, -a

change [tʃeɪndʒ] **I.** *n* **1.** (*alteration*) cambio *m,* cambiamento *m;* **a ~ of clothes** un cambio di abiti; **for a ~** per cambiare **2.** (*coins*) spiccioli *m;* **a dollar in ~** un dollaro in monete; **have you got ~ for a twenty-dollar bill?** ha da cambiare 20 dollari? **3.** (*money returned*) resto *m;* **no ~ given** non dà resto **4.** (*exact amount*) **to have exact ~** avere l'importo esatto **II.** *vt* **1.** (*exchange*) cambiare; **to ~ places with sb** *fig* cambiare di posto con qu; **to ~ sth/sb into sth** cambiare qc/qu in qc **2.** (*get off a train/plane and board another*) **to ~ trains** cambiare treno **3.** (*alter speed*) **to ~ gear**(**s**) cambiare marcia **III.** *vi* **1.** (*alter*) cambiare; **to ~ into sth** trasformarsi in qc **2.** (*get off a train/plane and board another*) cambiare **3.** (*put on different clothes*) cambiarsi

changeable [ˈtʃeɪn·dʒə·bl] *adj* mutevole

changeover [ˈtʃeɪndʒ·ˌoʊ·vɚ] *n* **1.** (*transition*) passaggio *m* **2.** (*in a race*) passaggio *m* del testimone

changing [ˈtʃeɪn·dʒɪŋ] *adj* ~ **room** SPORTS spogliatoio *m;* (*in a shop*) camerino *m*

channel [ˈtʃæ·nl] **I.** *n* canale *m;* **The English Channel** il Canale della Manica **II.** <-ll-, -l-> *vt* canalizzare

Channel Tunnel *n* tunnel *m* della Manica *inv*

chaos ['keɪ·ɑːs] *n* caos *m*

chaotic [keɪ·'ɑː·t̬ɪk] *adj* caotico, -a

chapel ['tʃæ·pl] *n* cappella *f;* **funeral ~** camera ardente

chapter ['tʃæp·tɚ] *n* **1.** *a. fig* capitolo *m* **2.** (*local branch*) sezione *f*

character ['ke·rək·t̬ɚ] *n* **1.** (*qualities*) carattere *m;* **to be in/out of ~ with sb/sth** essere/non essere tipico di qu/qc **2.** (*moral integrity*) reputazione *f;* **~ reference** referenze *fpl* **3.** (*unique person: representation*) personaggio *m;* **in the ~ of ...** nel ruolo di ... **4.** TYPO carattere *m*

characteristic [ˌke·rək·tə·'rɪs·tɪk] **I.** *n* caratteristica *f* **II.** *adj* caratteristico, -a

charge [tʃɑːrdʒ] **I.** *n* **1.** (*cost*) spese *fpl;* **admission ~** prezzo *m* d'ingresso; **at no extra ~** senza costi aggiuntivi; **free of ~** gratis **2.** LAW (*accusation*) accusa *f;* **to bring ~s against sb** denunciare qc **3.** (*attack*) carica *f;* SPORTS attacco *m* **4.** (*authority*) responsabilità *f;* **in the ~ of sb** sotto la responsabilità di qu; **to be in ~ of sb/sth** essere responsabile di qu/qc; **who is in ~ here?** chi è il responsabile qui? **5.** ELEC carica *f* **II.** *vi* **1.** FIN far pagare **2.** (*attack*) **to ~ at sb/sth** caricare qu/qc; **~!** carica! **3.** ELEC caricarsi **III.** *vt* **1.** FIN (*ask a price*) far pagare; **to ~ sth to sb's account** addebitare qc sul conto di qu **2.** LAW (*accuse*) imputare; **she's been ~d with murder** l'hanno accusata di omicidio *form* **3.** MIL, ELEC caricare

chargeable ['tʃɑːr·dʒə·bl] *adj* FIN **~ to the customer** a carico del cliente

charge card *n* carta *f* di credito

charged *adj* carico, -a

charity ['tʃe·rə·ti] <-ies> *n* **1.** beneficenza *f* **2.** (*generosity of spirit*) carità *f* **3.** (*organization*) ente *m* di beneficenza

charm [tʃɑːrm] **I.** *n* **1.** (*quality*) fascino *m* **2.** (*ornament*) ciondolo *m* **3.** (*talisman*) amuleto *m* **II.** *vt* incantare

charming ['tʃɑːr·mɪŋ] *adj* incantevole

chart [tʃɑːrt] **I.** *n* **1.** (*display of information*) tabella *f;* **weather ~** carta *f* meteorologica **2.** *pl* MUS **the ~s** la classifica **II.** *vt* **1.** *a. fig* riportare **2.** (*observe*) seguire attentamente

charter flight *n* volo *m* charter

chase [tʃeɪs] **I.** *n* **1.** (*pursuit*) inseguimento *m;* **to give ~** mettersi all'inseguimento **2.** *a. fig* (*hunt*) caccia *f* **II.** *vi* (*rollick about*) **they ~ed after her** le dettero la caccia **III.** *vt* **1.** (*pursue: dreams*) inseguire; (*women*) andare dietro a **2.** (*scare away*) **to ~ away sb/sth** cacciar via qc

chat [tʃæt] **I.** *n* **1.** chiacchierata *f* **2.** COMPUT chat *f inv* **II.** *vi* <-tt-> **1.** chiacchierare **2.** COMPUT chattare

chatter ['tʃæ·t̬ɚ] **I.** *n* chiacchiere *fpl* **II.** *vi* **1.** (*converse superficially*) **to ~ about sth** chiacchierare di qc **2.** (*make clacking noises: machines*) vibrare; **his teeth were chattering** batteva i denti

chatty ['tʃæ·t̬i] <-ier, -iest> *adj inf* (*friendly person*) chiacchierone, -a

cheap [tʃiːp] *adj* **1.** (*inexpensive*) economico, -a, conveniente; **dirt ~** regalato, -a **2.** (*exploited*) **~ labor** manodopera *f* a basso costo **3.** (*inexpensive but bad quality*) scadente **4.** (*miserly*) taccagno, -a

cheat [tʃiːt] **I.** *n* **1.** (*dishonest person*) imbroglione, -a *m, f* **2.** (*trick*) imbroglio *m* **II.** *vi* **to ~ at sth** imbrogliare in qc; **to ~ on a test** copiare a un esame **III.** *vt* ingannare; **to ~ the taxman** frodare il fisco

check [tʃek] **I.** *n* **1.** controllo *m;* **security ~** controllo di sicurezza; **to run a ~** fare un controllo **2.** (*deposit receipt*) scontrino *m;* **coat ~** guardaroba *m* **3.** (*mark*) segno *m* di spunta, visto *m* **4.** (*paper money*) assegno *m;* **to make out a blank ~** fare un assegno in bianco; *fig* dare carta bianca; **to pay by ~** pagare con un assegno **5.** (*bill for food*) conto *m* **6.** (*textile*) tessuto *m* a quadri **II.** *adj* a quadri **III.** *vt* **1.** controllare **2.** (*prevent*) frenare **3.** lasciare in consegna; AVIAT (*baggage*) consegnare **4.** (*make a mark*) fare un segno in **IV.** *vi* **1.** controllare **2.** (*be in accor-*

dance with) coincidere

◆**check in** *vi* **1.** (*at airport*) fare il check-in **2.** (*at hotel*) registrarsi

◆**check off** *vt* spuntare

◆**check out** **I.** *vi* **to ~ of a room** lasciare libera una stanza **II.** *vt* **1.** (*investigate*) controllare **2.** *sl* (*look at*) guardare

checkbook ['tʃek·ˌbʊk] *n* libretto *m* degli assegni

check-in counter *n*, **check-in desk** *n* banco *m* del check-in

checking account *n* conto *m* corrente

check-in time *n* orario *f* del check-in

checklist ['tʃek·lɪst] *n* lista *f*

checkout ['tʃek·aʊt] *n* cassa *f*

checkpoint ['tʃek·pɔɪnt] *n* posto *m* di blocco

checkup ['tʃek·ʌp] *n* MED visita *f* di controllo

cheek [tʃiːk] *n* **1.** (*on face*) guancia *f* **2.** (*impertinence*) faccia *f* tosta; **to have the ~ to do sth** avere la faccia tosta di fare qc

cheeky ['tʃiː·ki] <-ier, -iest> *adj* sfacciato, -a

cheer [tʃɪr] **I.** *n* **1.** (*exuberant shout*) acclamazione *f*; **three ~s for the champion!** tre urrà il campione! **2.** (*joy*) allegria *f* **II.** *interj pl* (*said when drinking*) salute **III.** *vi* **to ~ for sb** acclamare qu

cheerful ['tʃɪr·fʊl] *adj* **1.** (*happy*) allegro **2.** (*color*) vivace **3.** (*encouraging*) confortante

cheerfulness *n* allegria *f*

cheering **I.** *n* applausi *mpl* **II.** *adj* confortante

cheery ['tʃɪ·ri] <-ier, -iest> *adj* allegro, -a

cheese [tʃiːz] *n* formaggio *m*

cheeseburger ['tʃiz·ˌbɜr·gər] *n* hamburger *m* al formaggio *inv*

cheesecake ['tʃiːz·keɪk] *n* cheesecake *m inv (torta a base di formaggio fresco)*

cheesy ['tʃiː·zi] <-ier, -iest> *adj* **1.** (*like cheese*) di formaggio **2.** *inf* (*cheap and shoddy*) di cattivo gusto

chemical ['ke·mɪ·kl] **I.** *n* (*atoms*) sostanza *f* chimica; (*additive*) additivo *m* **II.** *adj* chimico, -a

chemist ['ke·mɪst] *n* chimico, -a *m, f*

chemistry ['ke·mɪs·tri] *n* chimica *f*

cherry ['tʃe·ri] <-ies> **I.** *n* **1.** (*fruit*) ciliegia *f* **2.** (*tree*) ciliegio *m* **II.** *adj* (rosso) ciliegia

chess [tʃes] *n* scacchi *mpl*

chessboard ['tʃes·bɔːrd] *n* scacchiera *f*

chest [tʃest] *n* **1.** (*human torso*) petto *m*, torace *m*; **~ pains** dolori*m pl* al petto **2.** (*breasts*) petto *m*, seno *m* **3.** (*trunk*) baule *m*; **medicine ~** armadietto *m* dei medicinali

chestnut ['tʃes·nʌt] **I.** *n* **1.** (*fruit*) castagna *f* **2.** (*tree, wood*) castagno *m* **3.** (*color*) castano *m* **4.** (*horse*) sauro, castagno *m* **II.** *adj* castano, -a

chew [tʃuː] **I.** *n* (*candy*) caramella *f* **II.** *vt* masticare

◆**chew out** *vt sl* fare una parte a

chewing gum ['tʃuː·ɪŋ·gʌm] *n* gomma *f* da masticare

chick [tʃɪk] *n* **1.** (*baby chicken*) pulcino *m* **2.** *inf* (*young woman*) ragazza *f*

chicken ['tʃɪ·kɪn] *n* **1.** (*farm bird*) pollo *m* **2.** (*meat*) pollo *m*; **fried/roasted ~** pollo fritto/arrosto; **grilled ~** pollo alla griglia **3.** *inf* (*person*) coniglio *m*

chickenpox *n* varicella *f*

chief [tʃiːf] **I.** *n* capo *m* **II.** *adj* **1.** (*top*) capo *inv* **2.** (*major*) principale

chiefly *adv* principalmente

child [tʃaɪld] <children> *pl n* **1.** (*person who's not fully grown*) bambino, -a *m, f* **2.** (*offspring*) figlio, -a *m, f*

child abuse ['tʃaild·ə·bjuːs] *n* abuso *m* di minori

childbearing **I.** *n* maternità *f* **II.** *adj* **women of ~ age** donne in età fertile *fpl*

childbirth *n* parto *m*

child-care *n* assistenza *f* ai bambini

childhood *n* infanzia *f*

childish ['tʃaɪl·dɪʃ] *adj pej* infantile; **don't be ~!** non fare il bambino!

childless ['tʃaɪld·lɪs] *adj* senza figli

childlike ['tʃaɪld·laɪk] *adj* infantile

childproof *adj* a prova di bambino

children ['tʃɪl·drən] *n pl of* **child**

Chile ['tʃɪl·i] *n* Cile *m*

Chilean [tʃɪ·'leɪ·ən] *adj, n* cileno, -a *m, f*

chili ['tʃɪ·li] <-es> *n*, **chile** ['tʃɪ·li] *n* peperoncino *m*

chill [tʃɪl] **I.** *n* **1.** (*coldness*) freddo *m;* **to catch a ~** prendere il raffreddore **2.** (*shiver*) brivido *m* **II.** *adj* (*cold*) freddo, -a; (*frightening*) agghiacciante **III.** *vt* (*thing*) raffreddare; (*person*) infreddolire; **to be ~ed to the bone** avere un freddo cane

chilly ['tʃɪ·li] <-ier, -iest> *adj a. fig* freddo, -a

chimney ['tʃɪm·ni] *n* camino *m*

chin [tʃɪn] *n* mento *m*

china ['tʃaɪ·nə] *n* **1.** (*porcelain*) porcellana *f* **2.** (*crockery*) vasellame *m*

China ['tʃaɪ·nə] *n* Cina *f*

Chinese [tʃaɪ·'ni:z] **I.** *adj* cinese **II.** *n* **1.** (*person*) cinese *mf* **2.** LING cinese *m*

chip [tʃɪp] **I.** *n* **1.** (*flake*) frammento *m;* (*stone*) scheggia, wood *f* **2.** COMPUT chip *m inv* **3.** (*money token for gambling*) fiche *f inv;* **bargaining ~** moneta *f* di scambio **4.** FOOD patatina *f;* **chocolate ~** scaglia *f* di cioccolato ▶ **when the ~s are down** *inf* alla resa dei conti **II.** *vt* <-pp-> scheggiare **III.** *vi* <-pp-> scheggiarsi

chipped [tʃɪpt] *adj* scheggiato, -a

chiropractor [ˌkaɪ·roʊ·præk·tɚ] *n* chiropratico, -a *m, f*

chirpy ['tʃɜ:r·pi] <-ier, -iest> *adj* allegro, -a

chocolate ['tʃɑ:k·lət] *n* **1.** (*sweet*) cioccolato *m;* **dark ~** cioccolato fondente; **a bar of ~** una barretta di cioccolato **2.** (*piece of chocolate candy*) cioccolatino *m*

choice [tʃɔɪs] **I.** *n* scelta *f;* **to make a ~** scegliere; **to have no ~** non avere scelta **II.** *adj* (*top quality*) di prima scelta

choir ['kwa·ɪɚ] *n* coro *m*

choke [tʃoʊk] **I.** *vi* soffocare; **to ~ to death** morire soffocato **II.** *n* AUTO starter *m* **III.** *vt* **1.** (*deprive of air*) soffocare **2.** (*block*) intasare; **~d with leaves** intasato dalle foglie

◆**choke back** *vt* soffocare; **to ~ tears** trattenere le lacrime

◆**choke off** *vt* diminuire

◆**choke up** *vt* intasare

cholesterol [kə·'les·tə·rɑ:l] *n* colesterolo *m*

choose [tʃu:z] <chose, chosen> *vi, vt* scegliere

choos(e)y ['tʃu:·zi] <-ier, -iest> *adj inf* pignolo, -a

chop [tʃɑ:p] **I.** *vt* <-pp-> tagliare; (*wood*) spaccare **II.** *vi* <-pp-> cambiare direzione **III.** *n* **1.** CULIN braciola *f* **2.** (*blow*) colpo *m*

◆**chop down** *vt* abbattere

chop-chop [ˌtʃɑ:p·'tʃɑ:p] *interj inf* su, svelti!

chore [tʃɔ:r] *n* **1.** (*routine job*) lavoro *m;* **household ~s** faccende*f pl* domestiche **2.** (*tedious task*) lavoraccio *m*

chorus ['kɔ:·rəs] **I.** <-es> *n* **1.** (*refrain*) ritornello *m* **2.** + *sing/pl vb* (*singers*) coro *m;* **~ girl** corista *f;* **in ~** in coro **II.** *vi, vt* cantare in coro

chose [tʃoʊz] *pt of* **choose**

Christ [kraɪst] **I.** *n* Cristo *m* **II.** *interj inf* Cristo santo!

christen ['krɪ·sən] *vt* **1.** (*baptize*) battezzare **2.** (*give name to*) **they ~ed their second child Jeff** il secondo figlio l'hanno chiamato Jeff **3.** (*use for first time*) inaugurare

christening ['krɪ·sə·nɪŋ] *n,* **christening ceremony** *n* battesimo *m*

Christian ['krɪst·ʃən] **I.** *n* cristiano, -a *m, f* **II.** *adj* **1.** (*of Christ's teachings*) cristiano, -a **2.** (*kind*) caritatevole **3.** (*decent*) degno, -a

Christianity [ˌkrɪs·tʃi·'æ·nə·ti] *n* Cristianesimo *m*

Christmas ['krɪs·məs] <-es *or* -ses> *n* Natale *m;* **at ~** a Natale; **Merry ~!** Buon Natale!; **Father ~** Babbo *m* Natale; **~ card** biglietto *m* d'auguri natalizio

Christmas carol *n* canto *m* di Natale

Christmas Day *n* (giorno *m* di) Natale *m*

Christmas Eve *n* vigilia *f* di Natale

Christmas tree *n* albero *m* di Natale

chronic ['krɑ:·nɪk] *adj* **1.** (*lasting a long time*) cronico, -a **2.** (*habitual*) inguaribile

chronological [ˌkrɑ:·nə·'lɑ:·dʒɪ·kl] *adj* cronologico, -a; **in ~ order** in ordine cronologico

chubby ['tʃʌ·bi] <-ier, -iest> *adj* cicciottello, -a

chuck[1] [tʃʌk] **I.** *vt* **1.** *inf* (*throw*) tirare **2.** *inf* (*discard*) buttare **II.** *n inf* tiro *m*

chuck[2] [tʃʌk] *n* **1.** (*cut of beef*) *bistecca di manzo della parte della spalla* **2.** (*device for holding tool*) mandrino *m*

chum [tʃʌm] *n inf* amicone, -a *m, f*

chummy ['tʃʌ·mi] <-ier, -iest> *adj inf* (*friendly*) simpatico, -a; **to get ~ with sb** diventare amicone con qu

chump [tʃʌmp] *n inf* tonto, -a *m, f*

chump change *n sl* spiccioli *mpl*

chunk [tʃʌŋk] *n* **1.** (*thick lump*) pezzo *m* **2.** *inf* (*large part*) bella fetta *f*

chunky ['tʃʌŋ·ki] <-ier, -iest> *adj* (*person*) ben piantato, -a; (*soup*) con verdura a pezzi

church [tʃɜːrtʃ] **I.** *n* chiesa *f;* **to go to ~** andare in chiesa; **to enter the ~** farsi prete; (*become a nun*) farsi suora **II.** *adj* **1.** (*of the organization: parade, celebration*) religioso, -a **2.** (*of a building*) della chiesa

churchgoer ['tʃɜːrtʃ·ˌgoʊ·ɚ] *n* praticante *mf*

churchyard ['tʃɜːrtʃ·jɑːrd] *n* cimitero *m*

chute [ʃuːt] *n* **1.** (*sloping tube*) rampa *f;* **garbage ~** botola *f* per i rifiuti **2.** (*swimming pool slide*) scivolo *m* **3.** *inf* AVIAT paracadute *m*

cigar [sɪ·'gɑːr] *n* sigaro *m*

cigarette [ˌsɪ·gə·'ret] *n* sigaretta *f*

cigarette butt *n* mozzicone *m* di cigaretta

cinemagoer ['sɪ·nə·mə·ˌgoʊ·ɚ] *n* cinefilo, -a *m, f*

cipher *n,* **cypher** ['saɪ·fɚ] *n* codice *m;* **in ~** in codice

circle ['sɜːr·kl] **I.** *n* **1.** *a.* MATH cerchio *m;* **to run around in ~s** *fig* non riuscire a combinare niente **2.** THEAT galleria *f* **II.** *vt* cerchiare; (*move in a circle around*) girare attorno a **III.** *vi* (*aircraft*) girare in tondo

circuit ['sɜːr·kɪt] *n* **1.** circuito *m* **2.** (*district under circuit judge*) distretto *m* giurisdizionale

circuit board *n* circuito *m* stampato

circular ['sɜːr·kjə·lɚ] **I.** *adj* circolare **II.** *n* circulare *f*

circulate ['sɜːr·kjə·leɪt] **I.** *vt* far circolare **II.** *vi* circolare

circulation [ˌsɜːr·kjʊ·'leɪ·ʃən] *n* **1.** circolazione *f;* **to be out of ~** essere fuori circolazione **2.** (*of publication*) tiratura *f*

circulatory ['sɜːr·kjə·lə·tɔː·ri] *adj* circolatorio, -a

circumstance ['sɜːr·kəm·stæns] *n* circostanza *f;* **under no ~s** in nessun caso

circus ['sɜːr·kəs] **I.** <-es> *n* circo *m* **II.** *adj* del circo

CIS [ˌsiː·aɪ·'es] *n abbr of* **Commonwealth of Independent States** CSI *f Comunità di Stati Indipendenti*

citizen ['sɪ·t̬ɪ·zn] *n* **1.** (*subject*) cittadino, -a *m, f* **2.** (*resident of town*) abitante *mf*

citrus ['sɪt·rəs] <citrus *or* citruses> **I.** *n* agrume *m* **II.** *adj* citrico, -a

city ['sɪ·t̬i] <-ies> **I.** *n* città *f* **II.** *adj* (*landscape*) urbano, -a; (*life*) di città

city hall *n* municipio *m*

civil ['sɪ·vl] *adj* **1.** civile **2.** (*courteous*) cortese

civil court *n* tribunale *m* civile

civilian [sɪ·'vɪl·jən] <inv> *adj, n* civile *mf*

civilization [ˌsɪ·və·lɪ·'zeɪ·ʃən] *n* civiltà *f inv*

civil marriage *n* matrimonio *m* civile

civil rights *npl* diritti *m pl* civili

civil servant *n* funzionario, -a *m, f* statale

civil service *n* Amministrazione *f* Pubblica

civil war *n* guerra *f* civile

claim [kleɪm] **I.** *n* **1.** (*assertion*) affermazione *f* **2.** (*written demand*) richiesta *f;* **insurance ~** richiesta di risarcimento **3.** (*right*) rivendicazione *f;* **to lay ~ to sth** rivendicare qc **II.** *vt* **1.** (*assert*) affermare; (*right, responsibility*) rivendicare **2.** (*declare ownership*) reclamare; (*reward, title*) rivendicare; (*diplomatic immunity*) chiedere **3.** (*require*) richiedere **4.** (*demand in writing*) fare richiesta di; **to ~ damages** chiedere il risarcimento dei danni **III.** *vi* **to ~ for sth** reclamare qc

claimant ['kleɪ·mənt] *n* richiedente *mf*

clamp [klæmp] **I.** *n* TECH morsetto *m*

II. *vt* 1. (*fasten together*) stringere 2. (*impose forcefully*) imporre

◆**clamp down** *vi* **to ~ on sth** mettere freno a qc

clap [klæp] I. <-pp-> *vi, vt* (*applaud*) applaudire; (*slap palms together*) battere le mani II. *n* 1. (*slap*) pacca *f* 2. (*applause*) applauso *m;* **to give sb a ~** applaudire qu 3. (*noise*) **a ~ of thunder** un tuono

claptrap ['klæp·træp] *n inf* scemenze *fpl*

clarify ['kle·rɪ·fai] <-ie-> *vt* 1. (*make clearer, explain*) chiarire 2. (*purify*) chiarificare

clarity ['kle·rə·ti] *n* chiarezza *f*

clash [klæʃ] I. *vi* 1. (*fight*) scontrarsi 2. (*compete against*) affrontarsi 3. (*contradict: views*) contraddirsi 4. (*not match*) non intonarsi 5. (*make loud noise*) far rumore II. *vt* sbattere rumorosamente III. <-es> *n* 1. (*hostile encounter*) scontro *m* 2. (*conflict, incompatibility*) conflitto *m* 3. (*loud harsh noise*) fragore *m*

clasp [klæsp] I. *n* 1. (*firm grip*) stretta *f* 2. (*fastening device*) fermaglio *m,* fibbia *f* II. *vt* 1. (*grip*) serrare; **to ~ one's hands** stringersi la mano 2. (*fasten*) allacciare

class [klæs] I. <-es> *n* 1. classe *f* 2. (*lesson*) lezione *f,* corso *m* II. *vt* classificare; **to ~ sb as sth** classificare qu come qc

classic ['klæ·sɪk] I. *adj* 1. classico, -a 2. *inf* (*joke, story*) memorabile II. *n* classico *m*

classical ['klæ·sɪ·kl] *adj* classico, -a

classics ['klæ·sɪks] *n* 1. *pl* **the ~** (*great literature*) i classici 2. + *sing vb* (*Greek and Roman studies*) studi *m pl* classici

classified ['klæ·sɪ·faɪd] <inv> *adj* classificato, -a; (*confidential*) riservato, -a

classify ['klæ·sɪ·faɪ] <-ie-> *vt* classificare; (*designate as secret*) dichiarare di carattere riservato

classmate *n* compagno, -a *m, f* di classe

classroom *n* aula *f,* classe *f*

clatter ['klæ·t̬ɚ] I. *vi* (*make rattling noise*) fare fracasso II. *n* fracasso *m*

claw [klɑː] I. *n* artiglio *m;* (*of sea creatures*) chela *f* II. *vt* graffiare

clay [kleɪ] I. *n* 1. argilla *f* 2. SPORTS terra *f* battuta II. *adj* di argilla

clean [kliːn] I. *adj* 1. (*free of dirt, fair*) pulito, -a 2. (*free from bacteria*) disinfettato, -a 3. (*morally acceptable*) onesto, -a; (*reputation*) senza macchia; (*driving license*) con tutti i punti; **~ police record** fedina *f* penale pulita 4. (*smooth: cut*) netto, -a; (*design*) elegante 5. (*complete*) **to make a ~ break with sth** dare un taglio netto a qc 6. (*blank: piece of paper*) bianco, -a II. *n* pulita *f* III. *adv* completamente; **to ~ forget that ...** dimenticarsi completamente che ... IV. *vt* pulire V. *vi* pulirsi

◆**clean out** *vt* 1. (*clean thoroughly*) pulire; (*with water*) lavare 2. *sl* (*make penniless*) ripulire

◆**clean up** I. *vt* 1. (*make clean*) pulire; (*tidy up*) riordinare; **to clean oneself up** darsi una ripulita 2. (*eradicate*) ripulire da II. *vi* 1. (*make clean*) pulire 2. *inf* (*make profit*) guadagnare

cleaner ['kliː·nɚ] *n* 1. (*person*) addetto, -a *m, f* alle pulizie 2. (*substance*) prodotto *m* detergente

cleaning ['kliː·nɪŋ] *n* pulizia *f*

cleaning lady <-ies> *n,* **cleaning woman** <women> *n* donna *f* delle pulizie

cleanly ['klen·li] *adv* (*cut*) di netto; (*honestly*) onestamente

clean-shaven ['kliːn·'ʃeɪ·vn] *adj* sbarbato, -a

cleansing cream *n* crema *f* detergente

cleansing tissue *n* fazzolettino *m* struccante

clear [klɪr] I. *n* **to be in the ~** essere fuori pericolo II. *adv* **to get ~ of sth** togliersi da qc; **to stand ~ (of sth)** tenersi lontano (da qc) III. *adj* 1. (*transparent*) trasparente; (*picture*) nitido, -a; **to make oneself ~** spiegarsi bene; **as ~ as day** chiaro come il giorno 2. (*obvious*) evidente 3. (*free from guilt*) a posto 4. (*net*) netto, -a IV. *vt* 1. (*remove obstacles*) sgombrare; (*empty*) liberare 2. (*remove blockage*) stasare 3. (*remove doubts*) chiarire; **to ~ one's head** chiarirsi le idee 4. (*ac-*

quit) scagionare **5.** (*net*) guadagnare **6.** (*jump*) saltare **7.** (*give official permission*) autorizzare **V.** *vi* (*water, weather*) schiarirsi

◆**clear away** **I.** *vt* mettere via **II.** *vi* andarsene

◆**clear off** **I.** *vi inf* filarsela **II.** *vt* mandare via

◆**clear out** **I.** *vt* ripulire; (*throw away*) sbarazzarsi di **II.** *vi* andarsene

◆**clear up** **I.** *vt* risolvere; (*tidy*) riordinare **II.** *vi* schiarire

clearance ['klɪ·rəns] *n* **1.** (*act of clearing*) rimozione *f* **2.** (*space*) spazio *m* libero **3.** (*permission*) autorizzazione *f*

clearance sale *n* liquidazione *f*

clearly ['klɪr·li] *adv* chiaramente

clench [klentʃ] *vt* stringere

clergy ['klɜːr·dʒi] *n + sing/pl vb* clero *m*

cleric ['kle·rɪk] *n* ecclesiastico *m*

clerical ['kle·rɪ·kl] *adj* **1.** (*of the clergy*) clericale **2.** (*of offices*) d'ufficio; ~ **worker** impiegato, -a *m, f*

clerk [klɑːrk] *n* **1.** (*in office*) impiegato, -a *m, f* **2.** (*in hotel*) receptionist *mf inv;* (*in shop*) commesso, -a *m, f;* **sales** ~ addetto , -a alle vendite *m*

clever ['kle·vɚ] *adj* **1.** (*intelligent*) intelligente **2.** (*skillful*) abile; (*invention*) ingegnoso, -a **3.** *pej* furbo, -a

cleverness *n* **1.** (*intelligence*) intelligenza *f* **2.** (*skill*) abilità *f*

click [klɪk] **I.** *n* clic *m inv;* (*of one's heels*) ticchettio *m;* (*of one's tongue*) schiocco *m* **II.** *vi* **1.** (*make short, sharp sound*) fare un rumore secco **2.** COMPUT fare clic **3.** (*become friendly*) andare subito d'accordo; (*become popular*) avere successo **4.** (*become clear*) tornare **III.** *vt* **1.** (*make short, sharp sound: tongue*) schioccare; (*heels*) battere **2.** (*press button on mouse*) cliccare

client ['kla·ɪənt] *n* cliente *mf*

cliff [klɪf] *n* dirupo *m;* (*on coast*) scogliera *f*

climate ['klaɪ·mɪt] *n* clima *m*

climax ['klaɪ·mæks] **I.** <-es> *n* culmine *m;* (*sexual*) orgasmo *m* **II.** *vi* arrivare al culmine; (*sexual*) raggiungere l'orgasmo

climb [klaɪm] **I.** *n* scalata *f* **II.** *vt* (*stairs*) salire; (*tree*) arrampicarsi su; (*mountain*) scalare **III.** *vi* salire; **to ~ to a height of ...** AVIAT raggiungere una quota di ...

◆**climb down** *vi* scendere; *fig* fare marcia indietro

climber ['klaɪ·mɚ] *n* **1.** (*of mountains*) alpinista *mf;* (*of rock faces*) scalatore, -trice *m, f* **2.** (*plant*) rampicante *m* **3.** *inf* (*striver for higher status*) arrampicatore , -trice *m, f* sociale

climbing ['klaɪ·mɪŋ] **I.** *n* **1.** (*ascending mountains*) alpinismo *m* **2.** (*ascending rock faces*) arrampicata *f* **II.** *adj* (*plant*) rampicante; (*boots*) da montagna

clinch [klɪntʃ] **I.** <-es> *n* stretta *f* **II.** *vt* **1.** (*settle decisively*) risolvere; (*a deal*) concludere **2.** *inf* (*embrace*) abbracciarsi

clincher ['klɪn·tʃɚ] *n inf* argomento *m* decisivo

clinging *adj* **1.** (*clothes*) attillato, -a **2.** (*person*) appiccicoso, -a

clinic ['klɪ·nɪk] *n* clinica *f*

clinical ['klɪ·nɪ·kl] *adj* **1.** clinico, -a **2.** (*emotionless*) freddo, -a

clip[1] [klɪp] **I.** *n* **1.** (*fastener*) clip *f inv;* (*for paper*) graffetta *f;* (*for hair*) fermaglio *m* **2.** (*gun part*) caricatore *m* **3.** (*jewelry*) spillina *f* **II.** <-pp-> *vt* attaccare

clip[2] [klɪp] <-pp-> **I.** *vt* **1.** (*cut*) tagliare; (*sheep*) tosare; (*ticket*) forare **2.** (*reduce*) accorciare **3.** (*attach*) attaccare **4.** (*hit*) colpire **II.** *n* **1.** (*trim*) spuntata *f* **2.** (*extract*) frammento *m* **3.** (*hit*) colpetto *m*

clipboard ['klip·bɔːrd] *n* portablocco *m* a molla

clitoris ['klɪt̬·ər·əs] <-es> *n* clitoride *m inv*

cloak [kloʊk] **I.** *n* **1.** *a. fig* mantello *m* **2.** (*covering*) manto *m* **II.** *vt* avvolgere

cloakroom ['kloʊk·ruːm] *n* guardaroba *m inv*

clock [klɑːk] **I.** *n* **1.** (*for time*) orologio *m;* **alarm** ~ sveglia *f;* **around the** ~ 24 ore su 24; **to run against the** ~ essere in corsa contro il tempo **2.** (*speedometer*) cronometro *m;*

(*odometer*) contachilometri *m inv* **II.** *vt* **1.** (*take amount of time*) cronometrare **2.** (*measure time*) **this car can ~ 150 mph** questa macchina fa 150 miglia all'ora

◆**clock in** *vi* **1.** (*record time*) timbrare il cartellino (all'arrivo) **2.** *inf* (*arrive*) arrivare a lavoro

◆**clock out** *vi* **1.** (*record time*) timbrare il cartellino (all'uscita) **2.** *inf* (*leave work*) uscire dal lavoro

◆**clock up** *vt insep* (*attain*) ottenere; (*travel*) percorrere

clock radio *n* radiosveglia *f*

clockwise *adj, adv* in senso orario

clockwork *n* meccanismo *m;* **to go like ~** andare tutto liscio; **as regular as ~** preciso come un orologio

close[1] [kloʊs] **I.** *adj* **1.** (*near in location, almost even*) vicino, -a **2.** (*intimate*) intimo, -a; **~ relatives** parenti *m pl* stretti **3.** (*similar*) simile **4.** (*airless*) chiuso, -a **II.** *adv* vicino; **to move ~** avvicinarsi

close[2] [kloʊz] **I.** *n* (*end*) fine *f;* (*finish*) finale *m;* **to bring sth to a ~** terminare qc **II.** *vt* **1.** (*shut*) chiudere **2.** (*end*) terminare, chiudere; (*bring to an end*) concludere; **to ~ a deal** concludere un accordo **III.** *vi* **1.** (*shut*) chiudersi **2.** (*end*) terminare, chiudersi

◆**close down** *vi, vt* chiudere (definitivamente)

◆**close off** *vt* chiudere

◆**close up** **I.** *vi* **1.** (*people*) chiudersi **2.** (*wound*) cicatrizzarsi **II.** *vt* chiudere

closed *adj* chiuso, -a; **behind ~ doors** a porte chiuse

closed-door *adj* a porte chiuse

close-knit *adj* unito, -a

closely ['kloʊs·li] *adv* **1.** (*near*) da vicino **2.** (*intimately*) estremamente **3.** (*carefully*) attentamente

close to **I.** *prep* **1.** (*near*) vicino a; **to live ~ the airport** abitare vicino all'aeroporto **2.** (*almost*) **~ tears** sul punto di piangere; **to be ~ doing sth** stare per fare qc; **~ three feet** circa tre piedi **3.** (*in friendship with*) **to be ~ sb** essere vicino a qu **II.** *adv* (*almost*) **~ finished/complete** quasi finito/completo

close-up ['kloʊs·ʌp] *n* CINE primo piano *m*

closing **I.** *adj* ultimo, -a; (*speech*) di chiusura **II.** *n* chiusura *f*

closing date *n* ultimo giorno *m*

closing time *n* orario *m* di chiusura

closure ['kloʊ·ʒɚ] *n* chiusura *f*

clot [klɑːt] **I.** *n* grumo *m;* **blood ~** coagulo *m* di sangue **II.** <-tt-> *vi* raggrumarsi; (*blood*) coagularsi

cloth [klɑːθ] **I.** *n* **1.** (*material*) tela *f;* (*for cleaning*) panno *m* **2.** (*clergy*) clero *m;* **a man of the ~** un ecclesiastico **II.** *adj* di tela

clothe [kloʊð] *vt* vestire; *fig* rivestire di

clothes [kloʊðz] *npl* abiti *mpl*

clothes hanger *n* gruccia *f*

clothesline *n* corda *f* per il bucato

clothespin *n* molletta *f* (per il bucato)

clothing ['kloʊ·ðɪŋ] *n* abbigliamento *f;* **article of ~** capo *m* d'abbigliamento

cloud [klaʊd] **I.** *n* nube *f* **II.** *vt a. fig* offuscare

cloudburst *n* nubifragio *m*

clouded ['klaʊ·dɪd] *adj* **1.** (*cloudy*) nuvoloso, -a **2.** (*not transparent: liquid*) torbido, -a **3.** (*confused: mind*) confuso, -a

cloudless ['klaʊd·lɪs] *adj* sereno, -a

cloudy ['klaʊ·di] <-ier, -iest> *adj* **1.** (*overcast*) nuvoloso, -a **2.** (*not transparent: liquid*) torbido, -a

clout [klaʊt] **I.** *n* **1.** *inf* (*hit*) botta *f* **2.** (*power*) influenza *f* **II.** *vt inf* dare una botta a

clown [klaʊn] **I.** *n* pagliaccio *m* **II.** *vi* **to ~ around** fare il pagliaccio

club [klʌb] **I.** *n* **1.** (*group*) associazione *f,* circolo *m* **2.** (*team*) club *m inv,* squadra *f* **3.** SPORTS mazza *f* da golf **4.** (*weapon*) randello *m* **5.** (*playing card*) carta *f* di fiori **6.** (*disco*) locale *m* notturno **II.** <-bb-> *vt* bastonare

clubbing *vi* **to go ~** andare a ballare

club sandwich <-es> *n* *tramezzino con carne, insalata, pomodoro e maionese*

clue [kluː] *n* **1.** (*evidence, hint*) indizio *m* **2.** (*secret*) chiave *f* **3.** (*idea*) idea *f;* **I don't have a ~** *inf* non ne ho la più pallida idea

◆**clue in** *vt* **to clue sb in (on sth)** informare qu (di qc)
clueless ['klu:·lɪs] *adj inf* **to be ~ (about sth)** non sapere niente (di qc)
clumsy ['klʌm·zi] <-ier, -iest> *adj* maldestro, -a; (*object*) scomodo, -a
clung [klʌŋ] *pp, pt of* **cling**
clutch [klʌtʃ] **I.** *vi* **to ~ at sth** aggrapparsi a qc **II.** *vt* stringere **III.** *n* **1.** AUTO frizione *f* **2.** (*control*) **to be in the ~es of sb/sth** essere nelle grinfie di qu/qc
clutter ['klʌ·t̬ɚ] **I.** *n* disordine *m* **II.** *vt* ingombrare
CO[1] [ˌkal·ə·'rad·oʊ] *n abbr of* **Colorado** Colorado *m*
CO[2] [ˌsi·'oʊ] *n*, **C.O.** [ˌsi·'oʊ] *n* **1.** *abbr of* **Commanding Officer** ufficiale *mf* in comando **2.** *abbr of* **conscientious objector** obiettore , -trice *m, f* di coscienza
co. [koʊ] *abbr of* **company** C.
c/o *abbr of* **care of** a/c
coach [koʊtʃ] **I.** <-es> *n* **1.** (*private bus*) pullman *m inv* **2.** (*horse-drawn carriage*) carrozza *f*, diligenza *f* **3.** (*railway car*) carrozza *f* **4.** (*teacher*) insegnante *mf* privato; SPORTS allenatore, -trice *m, f* **II.** *vt* **to ~ sb (in sth)** insegnare (qc) a qu; SPORTS allenare qu (a qc) **III.** *vi* dare lezioni private
coaching *n* lezioni *f pl* private
coal [koʊl] *n* carbone *m*
coalition [ˌkoʊ·ə·'lɪ·ʃən] *n* coalizione *f*
coal mine *n* miniera *f* di carbone
coal miner *n* minatore *m*
coal mining *n* estrazione *f* carbonifera
coarse [kɔ:rs] <-r, -st> *adj* **1.** (*rough*) grezzo, -a; (*sand*) grosso, -a; (*skin*) ruvido, -a **2.** (*vulgar*) grossolano, -a
coast [koʊst] *n* costa *f*
coastal ['koʊs·tl] *adj* costiero, -a
coast guard ['koʊst·gard] *n*, **Coast Guard** ['koʊst·gard] *n* guardacoste *mf inv*
coastline *n* litorale *m*
coat [koʊt] **I.** *n* **1.** (*overcoat*) cappotto *m;* (*jacket*) giaccone *m*, giacca *f* **2.** (*animal's skin*) manto *m*, pelo *m* **3.** (*layer*) strato *m;* (*of paint*) mano *f* **II.** *vt* **to ~ sth in sth** ricoprire qc di qc
coated ['koʊ·tɪd] *adj* ricoperto, -a
coat hanger *n* gruccia *f*
coating ['koʊ·tɪŋ] *n see* **coat**
coax [koʊks] *vt* persuadere; **to ~ sth out of sb** riuscire ad ottenere qc da qu
cobbler ['ka:b·lɚ] *n* calzolaio *m*
cobweb ['ka:b·web] *n* ragnatela *f*
cock [ka:k] **I.** *n* **1.** (*male chicken*) gallo *m* **2.** *vulg* (*penis*) uccello *m* **II.** *vt* **1.** (*turn*) piegare **2.** (*ready gun*) armare **III.** *adj* (*in ornitology*) maschio
cockerel ['ka:·kɚ·əl] *n* galletto *m*
cockpit ['ka:k·pɪt] *n* (*pilot's area*) cabina *f* di pilotaggio; (*of car*) abitacolo *m;* (*of boat*) pozzetto *m*
cocky ['ka:·ki] <-ier, -iest> *adj inf* sfacciato, -a
cocoa ['koʊ·koʊ] *n* **1.** (*chocolate powder*) cacao *m* **2.** (*hot drink*) cioccolata *f* calda
coconut ['koʊ·kə·nʌt] *n* cocco *m*, noce *f* di cocco
coconut milk *n* latte *m* di cocco
cod [ka:d] *n inv* merluzzo *m*
COD [ˌsi·oʊ·'di] *abbr of* **cash on delivery** pagamento *m* alla consegna
code [koʊd] **I.** *n* codice *m* **II.** *vt* cifrare
code name *n* nome *m* in codice
code number *n* prefisso *m*
code word *n* parola *f* in codice
codify ['ka:ʊ·dɪ·faɪ] <-ie-> *vt* codificare
coeducation [ˌkoʊ·edʒ·ʊ·'keɪ·ʃən] *n* istruzione *f* mista
coffee ['ka·fi] *n* caffè *m inv*
coffee bar *n* bar *m inv*, caffè *m inv*
coffee bean *n* chicco *m* di caffè
coffee break *n* pausa *f* caffè
coffee cup *n* tazzina *f* da caffè
coffee machine *n* **1.** (*in bar, kitchen*) macchina *f* del caffè **2.** (*vending machine*) distributore *m* del caffè
coffeemaker *n* macchina *f* del caffè
coffee shop *n* **1.** (*café*) bar *m inv*, caffè *m inv* **2.** (*shop*) negozio *m* di caffè
coffin ['kɔ:·fɪn] *n* bara *f*
coherent [koʊ·'hɪ·rənt] *adj* coerente
cohesive [koʊ·'hi:·sɪv] *adj* coesivo, -a
coil [kɔɪl] **I.** *n* **1.** (*spiral*) rotolo *m* **2.** ELEC bobina *f* **3.** MED spirale *f* (intrauterina) **II.** *vi* arrotolarsi **III.** *vt* arrotolare

coin [kɔɪn] *n* moneta *f;* **to toss a ~** fare testa o croce
coincide [ˌkoʊ·ɪn·ˈsaɪd] *vi* coincidere; (*agree*) trovarsi d'accordo
coincidence [koʊ·ˈɪn·sɪ·dəns] *n* coincidenza *f*
coincidental [koʊ·ˌɪn·sɪ·ˈden·t̬əl] *adj* coincidente
cold [koʊld] **I.** *adj* freddo, -a; **to be ~** (*person*) avere freddo; **to go ~** (*soup, coffee*) raffreddarsi; **to get ~** (*person*) infreddolirsi; **it's bitterly ~** fa un freddo cane **II.** *n* **1.** METEO **the ~** il freddo *m* **2.** MED raffreddore *m;* **to catch a ~** prendere il raffreddore; **to have a ~** avere il raffreddore
cold-blooded *adj* (*animal*) a sangue freddo; (*person*) crudele
cold feet *n pl, sl* paura *f*
cold-hearted *adj* insensibile
coleslaw [ˈkoʊl·slɑː] *n* insalata *f* a base di cavolo e maionese
collaborate [kə·ˈlæ·bə·reɪt] *vi* collaborare
collaboration [kə·ˌlæ·bə·ˈreɪ·ʃən] *n* collaborazione *f*
collaborator [kə·ˈlæ·bə·reɪ·t̬ɚ] *n* **1.** collaboratore, -trice *m, f* **2.** *pej* collaborazionista *mf*
collapse [kə·ˈlæps] **I.** *vi* **1.** MED collassare **2.** (*fall down: building*) crollare; (*person*) svenire **3.** (*fail*) fallire **II.** *n* **1.** MED colasso *m* **2.** (*act of falling down*) crollo *m;* (*of people*) svenimento *m* **3.** (*failure*) fallimento *m*
collapsible [kə·ˈlæp·sɪ·bl] *adj* pieghevole
collar [ˈkɑː·lɚ] **I.** *n* **1.** FASHION collo *m* **2.** (*of a dog*) collare *m* **II.** *vt inf* acciuffare
collarbone *n* clavicola *f*
colleague [ˈkɑː·liːg] *n* collega *mf*
collect[1] [kə·ˈlekt] **I.** *vt* **1.** (*gather*) raccogliere; (*stamps*) collezionare **2.** *form* (*regain control*) **to ~ oneself** ricomporsi; **to ~ one's thoughts** riordinare le proprie idee **II.** *vi* **1.** (*gather*) raccogliersi **2.** (*money: contributions*) fare una colletta; (*money: payments due*) riscuotere **III.** *adj* TEL (*call*) a carico del destinatario **IV.** *adv* TEL (*call*) a carico del destinatario
collect[2] [kə·ˈlekt] *n* REL colletta *f*
collect call *n* telefonata *f* a carico del destinatario; **to place** [*or* **make**] **a ~** fare una telefonata a carico del destinatario
collected [kə·ˈlek·tɪd] *adj* composto, -a
collection [kə·ˈlek·ʃən] *n* **1.** (*money gathered*) REL colletta *f* **2.** (*objects collected, large number*) collezione *f* **3.** (*act of getting*) raccolta *f*
collective [kə·ˈlek·tɪv] *adj, n* collettivo, -a *m*
collector [kə·ˈlek·tɚ] *n* **1.** (*one who gathers objects*) collezionista *mf* **2.** (*one who collects payments*) esattore *m*
college [ˈkɑː·lɪdʒ] *n* **1.** (*school*) istituto *m* superiore **2.** (*university*) università *f inv*
collide [kə·ˈlaɪd] *vi* scontrarsi
collision [kə·ˈlɪ·ʒən] *n* collisione *f*
Colombia [kə·ˈlʌm·bi·ə] *n* Colombia *f*
Colombian [kə·ˈlʌm·bi·ən] *adj, n* colombiano, -a, -a *m, f*
colon [ˈkoʊ·lən] *n* **1.** ANAT colon *m* **2.** LING due punti *mpl*
colonel [ˈkɜːr·nl] *n* colonnello *m*
color [ˈkʌ·lɚ] **I.** *n* **1.** colore *m;* **what ~ is your dress?** di che colore è il tuo vestito? **2.** *pl* POL, MIL (*official flag*) bandiera *f* **3.** (*character*) **to show one's true ~s** mostrare il proprio vero volto **II.** *vt* **1.** (*change color of*) colorare; **to ~ a room blue** dipingere una stanza d'azzurro **2.** (*dye*) colorare, tingere **3.** (*distort*) alterare **III.** *vi* arrossire
Colorado [ˌkal·əˈrad·oʊ] *n* Colorado *m*
colorblind *adj* daltonico, -a
colored *adj* colorato, -a; (*picture*) a colori; (*people*) di colore
colorful [ˈkʌ·lɚ·fəl] *adj* vivace
coloring [ˈkʌ·lə·rɪŋ] *n* **1.** (*complexion*) colorito *m* **2.** (*chemical*) colorante *m*
colorless [ˈkʌ·lɚ·lɪs] *adj* **1.** (*having no color*) incolore **2.** (*bland*) scialbo, -a
Columbia [kə·ˈlʌm·bi·ə] *n* **the District of ~** il Distretto di Columbia
Columbus Day [kə·ˈlʌm·bəs·ˌdeɪ] *n* anniversario della scoperta dell'America
column [ˈkɑː·ləm] *n* **a.** ARCHIT, ANAT, TYPO colonna *f*

combat ['kɑːm·bæt] I. *n* 1. (*wartime fighting*) combattimento *m* 2. (*battle*) lotta *f* II. *vt* combattere

combination [ˌkɑːm·bə·'neɪ·ʃən] *n* combinazione *f*

combine [kəm·'baɪn] I. *vt* combinare II. *vi* associarsi

combined [kəm·'baɪnd] *adj* combinato, -a; (*efforts*) congiunto, -a

come [kʌm] <came, come, coming> *vi* 1. (*move towards*) venire; **to ~ towards sb** venire verso qu; **are you coming to the game with us?** vieni alla partita con noi?; **the year to ~** l'anno prossimo; **to ~ to an agreement/a decision** raggiungere un accordo/una decisione; **to ~ home** tornare a casa; **to ~ first/second/third** arrivare primo/secondo/terzo 2. (*happen*) succedere; **~ what may** qualunque cosa capiti; **how ~?** *inf* come mai? 3. (*become*) diventare; **my dream has ~ true** il mio sogno si è avverato ▶ **~ again?** *inf* come?; **to have it coming** meritarselo

◆**come about** *vi* succedere

◆**come across** I. *vt insep* incappare in II. *vi* 1. (*be evident*) emergere 2. (*create an impression*) dare l'impressione

◆**come along** *vi* 1. (*hurry*) sbrigarsi 2. (*go too*) **do you want to ~?** vuoi venire anche tu? 3. (*progressing*) procedere

◆**come apart** *vi* staccarsi

◆**come around** *vi* 1. (*change one's mind*) cambiare idea 2. MED riprendere coscienza 3. (*visit sb's home*) passare

◆**come away** *vi* venire via

◆**come back** *vi* 1. ritornare 2. (*be remembered*) tornare alla mente 3. SPORTS contrattaccare

◆**come by** I. *vt insep* trovare II. *vi* passare

◆**come down** *vi* 1. (*move down*) scendere 2. (*roof*) venir giù 3. (*land*) atterrare 4. (*rain, snow*) cadere 5. (*prices, cost, inflation*) calare

◆**come forward** *vi* farsi avanti; **to ~ to do sth** offrirsi di fare qc

◆**come in** *vi* 1. (*enter*) entrare 2. (*arrive*) arrivare 3. (*become fashionable*) diventare di moda 4. (*be useful*) servire 5. (*be*) risultare 6. (*participate in*) prender parte a 7. (*be positioned*) **to ~ first** piazzarsi al primo posto

◆**come into** *vt insep* 1. (*enter*) entrare in; (*power*) andare al; **to ~ office** entrare in carica; **to ~ fashion** diventare di moda; **to ~ sb's life** entrare nella vita di qu 2. (*inherit*) ereditare

◆**come off** I. *vi* 1. *inf* (*succeed*) funzionare 2. (*end up*) uscirne 3. (*become detached*) venir via 4. (*fall*) cadere II. *vt insep* (*complete*) uscire da; **to ~ an injury** MED riprendersi da una lesione ▶ **~ it!** *inf* finiscila!

◆**come on** I. *vi* 1. (*improve*) fare progressi 2. THEAT, CINE (*actor, performer*) entrare in scena 3. (*begin: film, program*) iniziare II. *vt insep* incontrare III. *interj* (*hurry*) sbrigati!; (*encouragement, annoyance*) dai!

◆**come out** *vi* 1. (*express opinion*) **to ~ in favor of/against sth** dichiararsi a favore di/contro qc 2. (*end up*) **how did your painting ~?** com'è venuto il tuo quadro? 3. + *adj* **to ~ wrong/right** venire fuori male/bene 4. (*become known*) venire fuori; **to ~ that ...** è emerso che ... 5. (*reveal one's homosexuality*) dichiararsi omosessuale 6. (*be removed*) venire via 7. (*become available*) uscire 8. (*appear in sky*) spuntare 9. (*flowers*) sbocciare

◆**come over** I. *vi* 1. (*come nearer*) avvicinarsi 2. (*visit sb's home*) passare 3. (*feel*) sentirsi II. *vt* **I don't know what came over me!** non so cosa mi è preso!

◆**come through** I. *vi* 1. (*show*) trasparire 2. (*results, visa, call*) arrivare 3. (*survive*) sopravvivere II. *vt insep* superare

◆**come to** I. *vt insep* 1. (*reach*) arrivare a; **to ~ rest** fermarsi; **to ~ nothing** non approdare a nulla 2. (*amount to*) ammontare a II. *vi* MED rinvenire

◆**come under** *vt* 1. (*be listed under*) comparire nella categoria 2. (*be dealt with*) essere competenza di

◆**come up** *vi* 1. (*be mentioned*) venire fuori 2. (*happen*) capitare 3. (*arrive: a *holiday*) avvicinarsi

◆**come upon** *vt* imbattersi in

comeback ['kʌm·bæk] *n* **1.** ritorno *m* **2.** (*retort*) replica *f*

comedian [kə·'miː·di·ən] *n* **1.** (*person telling jokes*) comico, -a *m, f* **2.** (*funny person*) tipo *m* divertente

comedown ['kʌm·daʊn] *n inf* passo *m* indietro

comedy ['kɑː·mə·di] <-ies> *n* **1.** CINE, THEAT, LIT commedia *f* **2.** (*funny situation*) comicità *f*

come-on ['kʌm·ɑːn] *n inf* **1.** (*expression of sexual interest*) invito *m* **2.** (*enticement*) slogan *m inv*

comet ['kɑː·mɪt] *n* cometa *f*

comfort ['kʌm·fɚt] **I.** *n* **1.** comfort *m inv,* comodità *f inv* **2.** (*consolation*) conforto *m;* **to be a ~ to sb** essere di conforto a qu **II.** *vt* confortare

comfortable ['kʌm·fɚ·tə·bl] *adj* **1.** (*offering comfort*) comodo, -a; **to make oneself ~** mettersi comodo **2.** (*financially stable*) agiato, -a *f*

comfortably ['kʌm·fɚ·təb·li] *adv* **1.** (*in a comfortable manner*) comodamente **2.** (*easily*) facilmente **3.** (*in financially stable manner*) **to live ~** vivere agiatamente

comforting ['kʌm·fɚ·tɪŋ] *adj* (*thought, words*) confortante

comfy ['kʌm·fi] <-ier, -iest> *adj inf* (*furniture, clothes*) comodo, -a

comic ['kɑː·mɪk] **I.** *n* **1.** (*cartoon magazine*) fumetti *mpl* **2.** (*person*) comico, -a *m, f* **II.** *adj* comico, -a; **~ play** commedia *f* brillante

comical ['kɑː·mɪ·kl] *adj* comico, -a; (*idea*) divertente

comic book *n* (*comic*) fumetti *mpl*

comic strip *n* fumetti *mpl*

coming ['kʌ·mɪŋ] **I.** *adj* prossimo, -a; **the ~ year** l'anno prossimo **II.** *n* venuta *f;* **~s and goings** viavai *m*

comma ['kɑː·mə] *n* virgola *f*

command [kə·'mænd] **I.** *vt* **1.** (*order*) **to ~ sb to do sth** ordinare a qu di fare qc **2.** (*have command over*) comandare **3.** (*have at one's disposal*) disporre di **4.** (*respect, sympathy*) suscitare **II.** *n* **1.** (*order*) ordine *m,* comando *m;* **to obey a ~** eseguire un ordine; **under sb's ~** agli ordini di qu **2.** (*control*) MIL, COMPUT comando *m;* **to be in ~ of sth** essere al comando di qc **3.** (*knowledge*) padronanza *f*

commander [kə·'mæn·dɚ] *n* **1.** MIL (*officer in charge*) comandante *m* **2.** MIL, NAUT (*naval officer*) capitano *m* di fregata

command key *n* COMPUT tasto *m* di comando

commando [kə·'mæn·doʊ] <-s *or* -es> *n* MIL **1.** (*group of soldiers*) commando *m inv* **2.** (*member of commando*) membro *m* di un commando

command prompt *n* COMPUT prompt *m inv* di comando

comment ['kɑː·ment] **I.** *n* commento *m,* osservazione *f* **II.** *vi* commentare; **to ~ that ...** osservare che ...

commentary ['kɑː·mən·te·ri] <-ies> *n* cronaca *f*

commentate ['kɑː·mən·teɪt] *vi* TV, RADIO **to ~ on sth** fare la cronaca di qc

commentator ['kɑː·mən·teɪ·t̬ɚ] *n* TV, RADIO commentatore, -trice *m, f,* cronista *mf*

commerce ['kɑː·mɜːrs] *n* commercio *m*

commercial [kə·'mɜːr·ʃl] **I.** *adj* commerciale **II.** *n* RADIO, TV pubblicità *f inv*

commission [kə·'mɪ·ʃən] **I.** *vt* **1.** (*order*) commissionare **2.** MIL (*appoint*) **to ~ sb as sth** nominare qu qc; **~ed officer** ufficiale *m* **II.** *n* **1.** commissione *m;* **to be on ~** lavorare a provvigione **2.** MIL (*appointment*) nomina *m;* **to resign one's ~** dimettersi dall'incarico **3.** NAUT, AVIAT **out of ~** in disarmo

commissioner [kə·'mɪ·ʃə·nɚ] *n* commissario *m*

commit [kə·'mɪt] <-tt-> *vt* **1.** (*carry out*) commettere; **to ~ an error** commettere un errore; **to ~ suicide** suicidarsi **2.** (*bind*) **to ~ oneself (to sth)** impegnarsi (in qc) **3.** (*institutionalize*) **to ~ sb to prison** incarcerare qu **4.** (*entrust*) **to ~ sth to memory** memorizzare qc

commitment [kə·'mɪt·mənt] *n* impegno *m;* **to make a ~** prendersi un impegno

committee [kə·'mɪ·t̬i] *n* comitato *m;* **to be** [*or* **sit**] **on a ~** far parte di un comitato

common ['kɑː·mən] **I.** *adj* **1.** comune; **to be ~ knowledge** essere risaputo **2.** (*vulgar*) grossolano, a **II.** *n* **1.** (*land*) parco *m* pubblico **2.** *pl* UNIV refettorio *m*

common-law marriage *n* matrimonio *m* di fatto

commonly *adv* (*often*) comunemente

commonplace ['kɑː·mən·pleɪs] **I.** *adj* comune **II.** *n* luogo *m* comune

common room *n* sala *f* professori

common sense *n* buon senso *m*

communal [kə·'mjuː·nl] *adj* comune

communicate [kə·'mjuː·nɪ·keɪt] *vi, vt* comunicare

communication [kə·ˌmjuː·nɪ·'keɪ·ʃən] *n* **1.** (*process*) comunicazione *f* **2.** (*missive*) comunicazione *f* **3.** *pl* (*means*) comunicazioni *fpl*

communism ['kɑːm·jə·nɪ·zəm] *n* comunismo *m*

community [kə·'mjuː·nə·ti] <-ies> *n* **1.** (*of people*) comunità *f inv;* **the local ~** il vicinato **2.** (*of animals, plants*) colonia *f*

community center *n* centro *m* sociale

commute [kə·'mjuːt] **I.** *vi* fare il pendolare **II.** *n inf* viaggio *m* (quotidiano) per andare e tornare dal lavoro **III.** *vt* commutare

commuter [kə·'mjuː·t̬ɚ] *n* pendolare *mf*

compact ['kɑːm·pækt] **I.** *adj* (*small*) compatto, -a **II.** *vt* compattare **III.** *n* **1.** AUTO utilitaria *f* **2.** (*powder*) portacipria *f inv*

companion [kəm·'pæn·jən] *n* (*person, animal*) compagno, -a *m, f;* **traveling ~** compagno di viaggio

company ['kʌm·pə·ni] <-ies> *n* **1.** (*firm, enterprise*) società *f inv* **2.** (*companionship*) compagnia *f;* **to keep sb ~** fare compagnia a qu

comparable ['kɑːm·pə·rə·bl] *adj* **~ to** paragonabile a

comparative [kəm·'pe·rə·tɪv] *adj, n* comparativo *m*

comparatively *adv* relativamente

compare [kəm·'per] **I.** *vt* paragonare; **to ~ sth/sb to** [*or* **with**] **sth/sb** paragonare qc/qu a qc/qu **II.** *vi* essere paragonabile; **to ~ favorably with sth** risultare al confronto migliore di qc

comparison [kəm·'pe·rɪ·sn] *n* paragone *m,* confronto *m;* **to make a ~** fare un paragone; **by ~ with sb/sth** a paragone di qu/qc

compartment [kəm·'pɑːrt·mənt] *n* **1.** RAIL scompartimento *m* **2.** (*section*) scomparto *m*

compass ['kʌm·pəs] <-es> *n a.* NAUT bussola *f*

compassion [kəm·'pæ·ʃən] *n* compassione *f*

compassionate [kəm·'pæ·ʃə·nət] *adj* compassionevole

compatible [kəm·'pæ·t̬ə·bl] *adj* compatibile

compel [kəm·'pel] <-ll-> *vt* **1.** (*force*) obbligare **2.** (*produce*) imporre

compelling *adj* convincente

compensate ['kɑːm·pən·seɪt] **I.** *vt* (*make up for*) compensare; (*for loss, damage*) risarcire **II.** *vi* **to ~ for sth** (*reward*) ricompensare per qc

compensation [ˌkɑːm·pen·'seɪ·ʃən] *n* ricompensa *f;* (*for loss, damage*) risarcimento *m;* **to claim ~** chiedere il risarcimento

compete [kəm·'piːt] *vi* **1.** (*strive*) competere; **to ~ for sth** competere per qc **2.** (*take part*) partecipare; **to ~ in an event** partecipare a un evento

competent ['kɑːm·pɪ·t̬ənt] *adj* competente; **to be ~ at sth** essere competente in qc

competition [ˌkɑːm·pə·'tɪ·ʃən] *n* **1.** (*state of competing*) competizione *f* **2.** (*rivalry*) concorrenza *f* **3.** (*contest*) gara *m;* **beauty ~** concorso *m* di bellezza; **to enter a ~** presentarsi in gara

competitive [kəm·'pe·t̬ə·tɪv] *adj* competitivo, -a; **~ spirit** spirito *m* di competizione

competitiveness [kəm·'pe·tə·tiv·nəs] *n* competitività *f*

competitor [kəm·'pe·t̬ə·tɚ] *n* **1.** *a.* ECON concorrente *mf* **2.** SPORTS avversario(a) *m(f);* (*participant*) concorrente *mf*

compile [kəm·ˈpaɪl] *vt* **1.** *a.* COMPUT compilare **2.** (*collect*) raccogliere
complacent [kəm·ˈpleɪ·sənt] *adj* eccessivamente soddisfatto, -a
complain [kəm·ˈpleɪn] *vi* lamentarsi; **to ~ about** [*or* **of**] **sth** lamentarsi di qc
complaint [kəm·ˈpleɪnt] *n* **1.** (*expression of displeasure*) lamentela *f;* **to have cause for ~** avere motivo di lamentarsi **2.** LAW reclamo *m* **3.** (*illness*) disturbo *m*
complete [kəm·ˈpliːt] **I.** *vt* **1.** (*add what is missing*) completare **2.** (*finish*) terminare; **to ~ doing sth** terminare di fare qc **3.** (*fill out entirely*) riempire **II.** *adj* completo, -a, intero, -a; **in ~ darkness** nella completa oscurità
completely *adv* completamente
completion [kəm·ˈpliː·ʃən] *n* ultimazione *f;* **to be nearing ~** essere quasi ultimato
complex [ˈkɑːm·pleks] *adj, n* complesso, -a *m, f;* **inferiority ~** complesso di inferiorità
complexion [kəm·ˈplek·ʃən] *n* (*skin*) carnagione *f;* (*color*) colorito *m;* **a healthy ~** un colorito sano
complexity [kəm·ˈplek·sə·ti] *n* complessità *f*
complicate [ˈkɑːm·plə·keɪt] *vt* complicare
complicated *adj* complicato, -a
complication [ˌkɑːm·plə·ˈkeɪ·ʃən] *n* complicazione *f*
compliment [ˈkɑːm·plə·mənt] **I.** *n* **1.** (*expression of approval*) complimento *m;* **to pay sb a ~** fare un complimento a qu **2.** *pl* omaggi *mpl;* **to present one's ~s** *form* porgere i propri omaggi **II.** *vt* **to ~ sb on sth** complimentarsi con qu per qc
complimentary [ˌkɑːm·plə·ˈmen·ţə·i] *adj* **1.** (*praising*) lusinghiero, -a **2.** (*free*) omaggio *inv*
comply [kəm·ˈplaɪ] <-ie-> *vi* conformarsi; **to ~ with the law/the rules** conformarsi alla legge/alle normative
component [kəm·ˈpoʊ·nənt] *n* componente *m;* **key ~** parte *f* chiave
compose [kəm·ˈpoʊz] **I.** *vi* (*write music, poetry*) comporre **II.** *vt* **1.** comporre **2.** (*write*) redigere **3.** (*make up*) **to be ~d of sth** essere composto di qc; **the committee is ~d of experts** il comitato è composto di esperti **4.** (*calm*) **to ~ oneself** ricomporsi; **to ~ one's thoughts** raccogliere le idee
composed [kəm·ˈpoʊzd] *adj* tranquillo, -a
composer [kəm·ˈpoʊ·zɚ] *n* compositore, -trice *m, f*
composition [ˌkɑːm·pə·ˈzɪ·ʃən] *n* composizione *f*
composure [kəm·ˈpoʊ·ʒɚ] *n* calma *f;* **to lose/regain one's ~** perdere/ritrovare la calma
comprehensible [ˌkɑːm·prɪ·ˈhen·sə·bl] *adj* comprensibile
comprehensive [ˌkɑːm·prə·ˈhen·sɪv] *adj* esauriente; (*global*) totale
compress [kəm·ˈpres] **I.** *vt* **1.** *a.* COMPUT comprimere **2.** (*make shorter*) condensare **II.** <-es> *n* impacco *m*
compromise [ˈkɑːm·prə·maɪz] **I.** *n* compromesso *m;* **to agree to a ~** accettare un compromesso; **to reach a ~** arrivare a un compromesso **II.** *vi* venire a un compromesso **III.** *vt* **1.** (*betray*) tradire; **to ~ one's beliefs** tradire le proprie convinzioni **2.** (*endanger*) compromettere
compulsion [kəm·ˈpʌl·ʃən] *n* obbligo *m*
compulsive [kəm·ˈpʌl·sɪv] *adj* **he's a ~ gambler** ha il vizio del gioco
compulsory [kəm·ˈpʌl·sə·ri] *adj* obbligatorio, -a
compute [kəm·ˈpjuːt] *vt* calcolare
computer-aided *adj* assistito, -a dal computer
computer game *n* videogioco *m*
computer graphics *n + sing/pl vb* grafica *f* al computer
computerize [kəm·ˈpjuː·ţə·raɪz] **I.** *vt* **1.** (*store on computer*) computerizzare **2.** (*equip with computers*) informatizzare **II.** *vi* informatizzarsi
computer network *n* rete *f* informatica
computer program *n* programma *m* informatico
computer science *n* informatica *f*
computer scientist *n* informatico, -a *m, f*

computer virus <-es> *n* virus *m inv* informatico

con[1] [kɑːn] <-nn-> *vt inf* fregare

con[2] [kɑːn] *n* (*against*) contro *m inv;* **the pros and ~s of sth** i pro e i contro di qc

conceal [kən·ˈsiːl] *vt* nascondere

concede [kən·ˈsiːd] **I.** *vt* **1.** (*acknowledge*) ammettere **2.** (*surrender, permit*) concedere **3.** (*allow to score*) **to ~ a goal** regalare un gol **II.** *vi* darsi per vinto

conceited [kən·ˈsiː·t̬ɪd] *adj* presuntuoso, -a

conceivable [kən·ˈsiː·və·bl] *adj* concepibile

conceive [kən·ˈsiːv] *vi, vt* concepire; **to ~ of sb/sth** concepire qu/qc

concentrate [ˈkɑːn·sən·treɪt] **I.** *vi* concentrarsi; **to ~ on sth** concentrarsi su qc **II.** *vt* concentrare **III.** *n* concentrato *m*

concentrated *adj* concentrato, -a

concentration [ˌkɑːn·sn·ˈtreɪ·ʃən] *n* concentrazione *f*

concept [ˈkɑːn·sept] *n* concetto *m*

concern [kən·ˈsɜːrn] **I.** *vt* **1.** (*apply to*) riguardare; **to whom it may ~** a chi di dovere; **as far as I'm ~ed** per quanto mi riguarda; **I'd like to thank everyone ~ed** vorrei ringraziare tutti coloro che sono stati coinvolti **2.** (*worry*) preoccuparsi; **to be ~ed about sth** essere preoccupato per qc **II.** *n* **1.** (*matter of interest*) interesse *m;* **it's no ~ of mine** non mi riguarda; **to be of ~ to sb** riguardare qu **2.** (*worry*) preoccupazione *f;* **a matter of ~** motivo di preoccupazione **3.** (*company*) azienda *f;* **a going ~** un'azienda attiva

concerning *prep* riguardo (a)

concert [ˈkɑːn·sɚt] *n* **1.** (*musical performance*) concerto *m;* **~ hall** sala *f* concerti **2. in ~** (*performing live*) in concerto

concession [kən·ˈse·ʃən] *n* **1.** (*tax compensation*) sgravio *m* (fiscale) **2.** (*compromise*) concessione *f;* **~ to sell goods** licenza *f* per la vendita di prodotti

concise [kən·ˈsaɪs] *adj* conciso, -a

conclude [kən·ˈkluːd] **I.** *vi* terminare; **to ~ by doing sth** terminare facendo qc **II.** *vt* concludere; **to ~ (from sth) that ...** concludere (da qc) che ...

concluding *adj* finale

conclusion [kən·ˈkluː·ʒən] *n* conclusione *f*

conclusive [kən·ˈkluː·sɪv] *adj* **1.** (*convincing*) convincente; **~ arguments** argomentazioni *f pl* irrefutabili **2.** (*decisive*) decisivo, -a

concrete [ˈkɑːn·kriːt] **I.** *n* calcestruzzo *m* **II.** *adj* di calcestruzzo **III.** *vt* ricoprire di calcestruzzo

concurrent [kən·ˈkʌ·rənt] *adj* simultaneo, -a

concussion [kən·ˈkʌ·ʃən] *n* commozione *f* cerebrale

condemn [kən·ˈdem] *vt* **1.** (*reprove, sentence*) condannare; **to be ~ed to death** essere condannato a morte **2.** (*pronounced unsafe: building*) dichiarare inagibile

condemnation [ˌkɑːn·dem·ˈneɪ·ʃən] *n* **1.** (*reproof*) condanna *f* **2.** (*reason to reprove*) motivo *m* di critica

condescend [ˌkɑːn·dɪ·ˈsend] *vi* **to ~ to do sth** abbassarsi a fare qc

condescending [ˌkɑːn·dɪ·ˈsen·dɪŋ] *adj* con aria di superiorità

condition [kən·ˈdɪ·ʃən] **I.** *n* **1.** (*state*) condizione *f;* **in perfect ~** in perfetto stato; **in peak ~** in ottime condizioni; **in terrible ~** in pessime condizioni **2.** (*mental or physical state*) stato *m;* **heart ~** malattia *f* cardiaca **3.** (*circumstances*) **~s** *pl* condizioni *fpl* **4.** (*stipulation*) condizione *f;* **on the ~ that ...** a condizione che ... *+subj* **II.** *vt* **1.** (*train*) preparare; (*influence*) condizionare **2.** (*treat hair*) trattare (con balsamo)

conditional [kən·ˈdɪ·ʃə·nl] *adj* (*provisional*) **~ on sth** condizionato da qc

conditionally [kən·ˈdɪ·ʃə·nə·li] *adv* con riserve

conditioned [kən·ˈdɪ·ʃənd] *adj* (*trained*) preparato, -a; (*air*) condizionato, -a; (*place*) con aria condizionata

conditioner [kən·ˈdɪ·ʃə·nɚ] *n* (*for hair*) balsamo *m*

condom [ˈkɑːn·dəm] *n* preservativo *m*

conduct[1] [ˌkaːn·ˈdʌkt] **I.** *vt* condurre; **to ~ a religious service** officiare una funzione religiosa **II.** *vi* MUS dirigere

conduct[2] [ˈkaːn·dʌkt] *n* **1.** (*management*) conduzione *f* **2.** (*behavior*) condotta *f*

conductor [kən·ˈdʌk·tɚ] *n* **1.** (*director*) direttore *m* d'orchestra **2.** PHYS, ELEC conduttore *m* **3.** (*fare collector*) bigliettaio *m;* (*of train*) capotreno *m*

confederation [kən·ˌfe·də·ˈreɪ·ʃən] *n + sing/pl vb* POL confederazione *f*

confer [kən·ˈfɜːr] <-rr-> **I.** *vi* consultarsi **II.** *vt* conferire

conference [ˈkaːn·fɚ·əns] *n* **1.** (*meeting*) conferenza *f;* **to be in a ~ (with sb)** essere in riunione (con qu) **2.** SPORTS lega *f* sportiva universitaria

confess [kən·ˈfes] **I.** *vi* **1. to ~ to a crime** confessare un reato **2.** REL confessarsi **II.** *vt* confessare

confession [kən·ˈfe·ʃən] *n* confessione *f*

confide [kən·ˈfaɪd] *vt* confidare

confidence [ˈkaːn·fə·dəns] *n* **1.** (*trust*) fiducia *f;* **to have every ~ in sb** avere piena fiducia in qu **2.** (*secrecy*) **~s** confidenze *fpl*

confident [ˈkaːn·fə·dənt] *adj* **1.** (*sure*) sicuro, -a **2.** (*self-assured*) sicuro, -a di sé

confidential [ˌkaːn·fə·ˈden·ʃl] *adj* confidenziale

confidentially [ˌkaːn·fə·ˈden·ʃə·li] *adv* in via confidenziale

confine [kən·ˈfaɪn] **I.** *vt* **1.** (*limit*) **to ~ sth to sth** limitare qc a qc; **to be ~d to doing sth** limitarsi a fare qc **2.** (*imprison*) mettere al confino **3.** (*shut in*) rinchiudere **II.** *n pl* **the ~s** i confini

confinement [kən·ˈfaɪn·mənt] *n* (*act of being confined*) reclusione *f*

confirm [kən·ˈfɜːrm] **I.** *vt* **1.** (*verify*) confermare **2.** REL cresimare **II.** *vi* fare la cresima

confirmation [ˌkaːn·fɚ·ˈmeɪ·ʃən] *n* **1.** REL cresima *f* **2.** conferma *f*

confirmed [kən·ˈfɜːrmd] *adj* **1.** convinto, -a **2.** (*chronic*) **~ alcoholic** alcolizzato *m* recidivo **3.** (*proved*) confermato, -a

confiscate [ˈkaːn·fəs·keɪt] *vt* confiscare

conflict[1] [ˈkaːn·flɪkt] *n* conflitto *m*

conflict[2] [kən·ˈflɪkt] *vi* (*differ*) **to ~ with sth** scontrarsi con qc

conflicting [kən·ˈflɪk·tɪŋ] *adj* contrastante; (*evidence*) contraddittorio, -a

conform [kən·ˈfɔːrm] *vi* conformarsi

confront *vt* affrontare

confuse [kən·ˈfjuːz] *vt* confondere

confused [kən·ˈfjuːzd] *adj* confuso, -a

confusing [kən·ˈfjuː·zɪŋ] *adj* confuso, -a

confusion [kən·ˈfjuː·ʒən] *n* confusione *f*

congratulate [kən·ˈgræt·ʃə·leɪt] *vt* **to ~ sb (on sth)** congratularsi con qu (per qc)

congratulation [kən·ˌgræt·ʃə·ˈleɪ·ʃən] *n* **~s!** congratulazioni! *fpl*

congregate [ˈkaːŋ·grɪ·geɪt] *vi* congregarsi

congregation [ˌkaːŋ·grɪ·ˈgeɪ·ʃən] *n* assemblea *f* dei fedeli

congress [ˈkaːŋ·gres] *n* congresso *m*

congressman [ˈkaːŋ·gres·mən] *n* <-men> membro *m* del Congresso

congresswoman *n* <-women> membro *m* (donna) del Congresso

conjunction [kən·ˈdʒʌŋk·ʃən] *n* **in ~ with** insieme a [*or* con]

conjunctivitis [kən·ˌdʒʌŋk·tə·ˈvaɪ·t̬ɪs] *n* congiuntivite *f*

con man [ˈkaːn·ˌmæn] *n abbr of* **confidence man** truffatore *m*

connect [kə·ˈnekt] **I.** *vi* collegarsi; **to ~ to the Internet** collegarsi a Internet **II.** *vt* collegare; **to ~ sth/sb with sth** collegare qc/qu a qc

connected *adj* **1.** (*joined together*) connesso, -a **2.** (*having ties*) **to be ~d to sb** avere legami con qu

Connecticut [kə·ˈnet̬·ɪ·kət] *n* Connecticut *m*

connecting *adj* comunicante; **~ link** connessione *f*

connection [kə·ˈnek·ʃən] *n* **1.** *a.* ELEC, COMPUT collegamento *m* **2.** (*relation*) connessione *f*

conscience [ˈkaːn·ʃəns] *n* coscienza *f;* **a clear ~** la coscienza pulita; **a guilty ~** rimorsi *m pl* di coscienza; **to prey on sb's ~** *fig* pesare sulla coscienza di qu

conscientious [ˌkaːn·tʃi·ˈen·tʃəs] *adj* scrupoloso, -a

conscious [ˈkɑːn·ʃəs] *adj* **1.** (*deliberate*) conscio, -a **2.** (*aware*) cosciente; **fashion** ~ attento alla moda

consciousness [ˈkɑːn·ʃəs·nɪs] *n* coscienza *f*

conscription [kən·ˈskrɪp·ʃən] *n* MIL servizio *m* militare

consecutive [kən·ˈsek·jə·t̬ɪv] *adj* consecutivo, -a

consent [kən·ˈsent] **I.** *n form* consenso *m* **II.** *vi* (*acconsentire*) **to** ~ **to do sth** acconsentire a fare qc

consequence [ˈkɑːn·tsɪ·kwənts] *n* conseguenza *f;* **in** ~ di conseguenza; **nothing of** ~ niente di importante

consequently *adv* di conseguenza

conservation [ˌkɑːn·tsɚ·ˈveɪ·ʃən] *n* conservazione *f*

conservative [kən·ˈsɜːr·və·tɪv] *adj* **1.** *a.* POL (*opposed to change*) conservatore, trice **2.** (*cautious*) cauto, a; ~ **estimate** stima prudente

conservatory [kən·ˈsɜːr·və·tɔː·ri] *n* conservatorio *m*

conserve [kən·ˈsɜːrv] *vt* preservare; **to** ~ **energy/strength** risparmiare energia/le forze

consider [kən·ˈsɪ·dɚ] *vt* considerare

considerable [kən·ˈsɪ·də·rə·bl] *adj* considerevole

considerate [kən·ˈsɪ·də·rət] *adj* carino, -a

consideration [kən·ˌsɪ·də·ˈreɪ·ʃən] *n* considerazione *f;* **to take sth into** ~ prendere qc in considerazione

considered [kən·ˈsɪ·dɚd] *adj* ponderato, -a

considering [kən·ˈsɪ·də·rɪŋ] **I.** *prep* considerando; ~ **the weather** visto il tempo **II.** *adv* tutto considerato **III.** *conj* ~ (**that**) **...** considerato che ...

consist [kən·ˈsɪst] *vi* **to** ~ **of sth** consistire di qc

consistency [kən·ˈsɪs·tən·tsi] *n* **1.** (*degree of firmness*) consistenza *f* **2.** (*being coherent*) coerenza *f*

consistent [kən·ˈsɪs·tənt] *adj* **1.** (*keeping to same principles*) coerente **2.** (*not varying*) stabile

consolation prize *n* premio *m* di consolazione

console[1] [kən·ˈsoʊl] *vt* (*comfort*) consolare

console[2] [ˈkɑːn·soʊl] *n* (*switch panel*) console *f*

consolidate [kən·ˈsɑː·lə·deɪt] **I.** *vi* **1.** (*reinforce*) consolidarsi **2.** (*unite*) fondersi **II.** *vt* consolidare

consonant [ˈkɑːn·sə·nənt] *n* consonante *f*

consortium [kən·ˈsɔːr·t̬i·əm] *n* <consortiums *or* consortia> consorzio *m*

constant [ˈkɑːn·stənt] *adj, n* costante *f*

constantly *adv* costantemente

constitution [ˌkɑːn·stə·ˈtuː·ʃən] *n* costituzione *f*

construct [kən·ˈstrʌkt] **I.** *n* costruzione *f* **II.** *vt* costruire

construction [kən·ˈstrʌk·ʃən] *n* **1.** (*act of making or building*) costruzione *f* **2.** (*building*) edificio *m*

constructive [kən·ˈstrʌk·tɪv] *adj* costruttivo, -a

consul [ˈkɑːn·sl] *n* console *m*

consulate [ˈkɑːn·sjʊ·lət] *n* consolato *m*

consult [kən·ˈsʌlt] **I.** *vi* consultarsi **II.** *vt* consultare

consultant [kən·ˈsʌl·tənt] *n* ECON consulente *mf;* **management** ~ consulente di gestione; **tax** ~ consulente fiscale

consulting [kən·ˈsʌl·tɪŋ] *adj* ~ **fee** onorario *m* per la consulenza

consume [kən·ˈsuːm] *vt* consumare; **to be ~d by sth** essere consumato da qc

consumer [kən·ˈsuː·mɚ] *n* consumatore, -trice *m, f;* ~ **demand** domanda *f* dei consumatori

consumption [kən·ˈsʌmp·ʃən] *n* consumo *m*

contact [ˈkɑːn·tækt] **I.** *n* contatto *m;* **to have ~s** avere conoscenze **II.** *vt* contattare

contact lens *n* lente *f* a contatto

contagious [kən·ˈteɪ·dʒəs] *adj a. fig* contagioso, -a

contain [kən·ˈteɪn] *vt* contenere

container [kən·ˈteɪ·nɚ] *n* **1.** (*vessel*) contenitore *m* **2.** (*for transport*) container *m inv*

contaminate [kən·ˈtæ·mɪ·neɪt] *vt* contaminare

contamination [kən·ˌtæ·mɪ·ˈneɪ·ʃən] *n* contaminazione *f*

contemplate ['kɑːn·t̬em·pleɪt] *vt* **1.** (*intend*) **to ~ doing sth** avere intenzione di fare qc **2.** (*gaze at*) contemplare

contemporary [kən·'tem·pə·re·ri] *adj, n* contemporaneo, -a *m, f*

contempt [kən·'tempt] *n* disprezzo *m;* **to hold sth/sb in ~** disprezzare qc/qu

contend [kən·'tend] **I.** *vi* **1.** (*compete*) competere **2.** (*struggle*) lottare **II.** *vi* **to ~ that ...** sostenere che ...

content[1] ['kɑːn·tent] *n* contenuto *m*

content[2] [kən·'tent] **I.** *vt* soddisfare; **to ~ oneself with sth** accontentarsi di qc **II.** *adj* contento, -a; **to be ~ with sth** essere soddisfatto di qc

contented *adj* soddisfatto, -a

contentious [kən·'ten·ʃəs] *adj* controverso, -a

contentment [kən·'tent·mənt] *n* appagamento *m*

contest **I.** ['kɑːn·test] *n* **1.** (*competition*) concorso *m;* **sports ~** gara *f* sportiva **2.** (*dispute*) controversia *f* **II.** [kən·'test] *vt* **1.** (*challenge: claims*) contestare; (*a will*) impugnare **2.** (*compete for*) disputare

contestant [kən·'tes·tənt] *n* (*in a matcH*) concorrente *mf;* (*in an election*) candidato, -a *m, f*

context ['kɑːn·tekst] *n* contesto *m*

continent ['kɑːnt·nənt] *adj, n* continente *m*

continental [ˌkɑːnt̬·'nen·t̬l] **I.** *adj* **1.** (*relating to a continent*) continentale **2.** (*of the mainland*) **~ Europe** Europa *f* continentale **II.** *n* continentale *mf*

continual [kən·'tɪn·ju·əl] *adj* continuo, -a

continually *adv* continuamente

continuation [kən·ˌtɪn·ju·'eɪ·ʃən] *n* continuazione *f*

continue [kən·'tɪn·juː] *vi, vt* continuare; **to ~ to do** [*or* **doing**] **sth** continuare a fare qc

continuous [kən·'tɪn·ju·əs] *adj* continuo, -a

contraception [ˌkɑːn·trə·'sep·ʃən] *n* contraccezione *f*

contraceptive [ˌkɑːn·trə·'sep·tɪv] *n* anticoncezionale *m*

contract[1] [kən·'trækt] **I.** *vi* contrarsi **II.** *vt* contrarre; **to ~ AIDS/a cold** contrarre l'Aids/il raffreddore

contract[2] ['kɑːn·trækt] **I.** *n* contratto *m;* **temporary ~** contratto temporaneo **II.** *vt* contrattare

contraction [kən·'træk·ʃən] *n* contrazione *f*

contradict [ˌkɑːn·trə·'dɪkt] **I.** *vi* contraddirsi **II.** *vt* contraddire; **to ~ oneself** contraddirsi

contradiction [ˌkɑːn·trə·'dɪk·ʃən] *n* contraddizione *f*

contradictory [ˌkɑːn·trə·'dɪk·tə·ri] *adj* contraddittorio, -a

contrary ['kɑːn·trə·i] **I.** *n* **on the ~** al contrario **II.** *adj* contrario, -a

contrast [kən·'træst] **I.** *n* contrasto *m;* **by** [*or* **in**] **~** per contrasto; **in ~ to** [*or* **with**] **sb/sth** a differenza di qu/qc **II.** *vt* contrastare

contribute [kən·'trɪ·bjuːt] **I.** *vi* contribuire **II.** *vt* **1.** (*money*) contribuire **2.** (*article*) scrivere; (*information*) dare

contribution [ˌkɑːn·trɪ·'bjuː·ʃən] *n* **1.** contributo *m* **2.** (*text or article for publication*) collaborazione *f*

contributor [kən·'trɪb·jə·tə˞] *n* **1.** (*for charity*) donatore, -trice *m, f* **2.** (*of publication*) collaboratore, -trice *m, f*

control [kən·'troʊl] **I.** *n* **1.** controllo *m;* **to bring sth under ~** controllare qc; **to lose ~ over sth** perdere il controllo di qc **2.** (*leadership*) comando *m;* **to be in ~** essere al comando **3.** AVIAT stazione *f* di controllo **4.** *pl* TECH comandi *mpl;* **to be at the ~s** stare ai comandi **II.** *vt* <-ll-> controllare; (*vehicle*) manovrare

controller [kən·'troʊ·lə˞] *n* (*person in charge*) direttore, -trice *m, f;* FIN, ECON ispettore, -trice *m, f* finanziario, -a

control panel *n* quadro *m* dei comandi

controversial [ˌkɑːn·trə·'vɜːr·ʃəl] *adj* polemico, -a

controversy ['kɑːn·trə·vɜːr·si] *n* <-ies> polemica *f*

convenience [kən·'viːn·jəns] *n* comodità *f;* **for ~'s sake** per comodità

convenient [kən·'viː·ni·ənt] *adj* comodo, -a

convent ['kɑːn·vənt] *n* convento *m*

convention [kən·ˈven·ʃən] *n* **1.** convenzione *f* **2.** (*large meeting*) congresso *m*

conventional [kən·ˈven·tʃə·nəl] *adj* convenzionale; (*wisdom*) ortodosso, -a; (*medicine*) tradizionale

conversation [ˌkɑːn·vɚ·ˈseɪ·ʃən] *n* conversazione *f*

conversion [kən·ˈvɜːr·ʒən] *n* conversione *f*

convert [kən·ˈvɜːrt] **I.** *n* convertito, -a *m, f* **II.** *vi* convertirsi **III.** *vt* convertire

convertible [kən·ˈvɜːr·t̬ə·bl] **I.** *n* AUTO decappottabile *m* **II.** *adj a.* FIN, ECON convertibile

convict[1] [ˈkɑːn·vɪkt] *n* detenuto, -a *m, f*

convict[2] [ˌkəːn·ˈvɪkt] *vt* condannare

conviction [kən·ˈvɪk·ʃən] *n* **1.** LAW condanna *f* **2.** (*firm belief*) convinzione *f*

convince [kən·ˈvɪnts] *vt* convincere; **I'm not ~d** non ne sono convinto

convincing [kən·ˈvɪnt·sɪŋ] *adj* convincente

cook [kʊk] **I.** *n* cuoco, -a *m, f* **II.** *vi, vt* cuocere; **how long does pasta take to ~?** quanto ci mette a cuocere la pasta?; **can you ~?** sai cucinare?; **to ~ lunch** preparare il pranzo

cookbook [ˈkʊk·bʊk] *n* libro *m* di cucina

cooker [ˈkʊ·kɚ] *n* cucina *f*

cookery [ˈkʊ·kə·ri] *n* cucina *f*

cookie [ˈkʊ·ki] *n* **1.** (*biscuit*) biscotto *m* **2.** *inf* (*person*) tipo *m;* **a tough ~** un tipo tosto

cooking [ˈkʊ·kɪŋ] *n* **to do the ~** far da mangiare

cool [kuːl] **I.** *adj* **1.** (*slightly cold*) fresco, -a **2.** (*calm*) tranquillo, -a; **keep ~** mantieni la calma **3.** *inf* (*impudent*) sfacciato, -a; **to be a ~ one** essere uno sfacciato **4.** (*unfriendly*) freddo, -a **5.** *inf* (*fashionable*) **to be ~** essere trendy **II.** *interj inf* grande! **III.** *n* **1.** (*coolness*) fresco *m* **2.** (*calm*) calma *f* **IV.** *vt* rinfrescare; **just ~ it** *inf* calma! **V.** *vi* (*become colder*) rinfrescare; **to ~ down** [*or* **off**] (*become cooler*) rinfrescare; (*food*) freddarsi; (*become calmer*) calmarsi

cooling [ˈkuː·lɪŋ] *adj* rinfrescante; (*breeze*) fresco, -a

coolness [ˈkuːl·nɪs] *n* **1.** METEO fresco *m* **2.** (*unfriendliness*) freddezza *f*

cooperate [koʊ·ˈɑː·pə·reɪt] *vi* cooperare

cooperation [koʊ·ˌɑː·pə·ˈreɪ·ʃən] *n* cooperazione *f*

cooperative [koʊ·ˈɑː·pɚ·ə·tɪv] **I.** *n* ECON cooperativa *f* **II.** *adj* cooperativo, -a; **~ society** società *f* cooperativa

coordinate [ˌkoʊ·ˈɔːr·dɪ·neɪt] **I.** *n* coordinata *f* **II.** *vi* **1.** (*work together effectively*) operare insieme **2.** (*match*) essere coordinato **III.** *vt* coordinare **IV.** *adj* (*involving coordination*) coordinato, -a

coordination [ˌkoʊ·ˌɔːr·də·ˈneɪ·ʃən] *n* coordinazione *f*

cop [kɑːp] *n inf* (*police officer*) sbirro *m*

cope [koʊp] *vi* **1.** (*master a situation*) farcela **2.** (*deal with*) **to ~ with sth** (*problem*) far fronte a qc; (*pain*) sopportare qc

copier [ˈkɑː·piɚ] *n* fotocopiatrice *f*

copper [ˈkɑː·pɚ] **I.** *n* **1.** (*metal*) rame *m* **2.** *inf* (*police officer*) sbirro *m* **II.** *adj* (*color*) color rame

copy [ˈkɑː·pi] **I.** <-ies> *n* **1.** (*facsimile*) copia *f* **2.** COMPUT copia *f;* **hard ~** copia cartacea **3.** (*text to be published*) testo *m* **II.** <-ie-> *vt* **1.** *a.* COMPUT, MUS copiare **2.** (*imitate*) imitare **III.** *vi* SCHOOL copiare

copyright *n* diritti *m pl* d'autore

cord [kɔːrd] *n* (*rope*) corda *f;* ELEC filo *m;* **spinal ~** midollo *m* spinale; **umbilical ~** cordone *m* ombelicale

cordless [ˈkɔːrd·ləs] *adj* senza fili

corduroy [ˈkɔːr·də·rɔɪ] *n* velluto *m* a coste

core [kɔːr] **I.** *n* **1.** (*center*) centro *m;* **the ~ of a problem** il nocciolo della questione **2.** (*center with seeds*) torsolo *m* **3.** PHYS nucleo *m* **4.** ELEC anima *f* **II.** *adj* **the ~ issue** la questione principale **III.** *vt* togliere il torsolo

cork [kɔːrk] **I.** *n* **1.** sughero *m* **2.** (*stopper*) tappo (di sughero) *m* **II.** *vt* **1.** (*put stopper in*) tappare **2.** (*restrain*) **to ~ one's anger** soffocare la propria rabbia

corkscrew [ˈkɔːrk·skruː] **I.** *n* cavatappi *m inv* **II.** *adj* a spirale; ~ **curls** boccoli *mpl*

corn¹ [kɔːrn] *n* **1.** (*crop*) granturco *m;* ~ **on the cob** pannocchia *f* di granturco **2.** *inf* (*something trite*) roba *f* sdolcinata

corn² [kɔːrn] *n* MED callo *m*

corn bread *n* pane *m* di granturco

corncob *n* pannocchia *f* di granturco

corner ['kɔːr·nɚ] **I.** *n* **1.** angolo *m;* **to be around the** ~ essere girato l'angolo; **to turn the** ~ girare l'angolo; *fig* essere al giro di boa **2.** (*kick or shot*) corner *m* **3.** (*difficult position*) **to be in a tight** ~ trovarsi in una posizione difficile **4.** (*domination*) **to have a** ~ **of the market** controllare una fetta di mercato ▶ **to** __**cut**__ **~s** fare le cose tirate via **II.** *vt* **1.** (*hinder escape*) intrappolare **2.** ECON **to** ~ **the market** monopolizzare il mercato **III.** *vi* (*auto*) curvare

corny ['kɔːr·ni] <-ier, -iest> *adj* **1.** *inf* vecchio, -a; (*joke*) trito, -a **2.** (*emotive*) sdolcinato, -a

coronary ['kɔː·rə·ne·ri] **I.** *n* infarto *m* del miocardio **II.** *adj* coronario, -a; (*bypass*) coronarico, -a

coroner ['kɔː·rə·nɚ] *n magistrato incaricato di investigare morti non naturali*

corp. *abbr of* **corporation** società *f*

corporal ['kɔːr·pə·rəl] *n* MIL caporale *m*

corporate ['kɔːr·pə·rət] *adj* **1.** (*shared by group*) collettivo, -a **2.** (*of corporation*) aziendale; ~ **capital** capitale *m* societario; ~ **law** diritto *m* aziendale

corporation [ˌkɔːr·pə·'reɪ·ʃən] *n* + *sing/pl vb* **1.** (*business*) società *f;* **multinational** ~ multinazionale *f* **2.** (*local council*) **municipal** ~ autorità *f* comunale

corpse [kɔːrps] *n* cadavere *m*

correct [kə·'rekt] **I.** *vt* (*put right*) correggere **II.** *adj* corretto, -a; **that is** ~ *form* esatto

correction [kə·'rek·ʃən] *n* correzione *f*

correction fluid *n* bianchetto *m*

correctly [kə·'rekt·li] *adv* correttamente

correspond [ˌkɔː·rə·'spɒnd] *vi* corrispondere

correspondence [ˌkɔː·rə·'spɑːn·dəns] *n* corrispondenza *f;* **business** ~ corrispondenza commerciale

correspondent [ˌkɔː·rə·'spɑːn·dənt] *n* corrispondente *mf;* **special** ~ inviato, -a *m, f* speciale

corresponding [ˌkɔː·rə·'spɒn·dɪŋ] *adj* corrispondente

corridor ['kɔː·rə·dɚ] *n* corridoio *m*

corrosion [kə·'roʊ·ʒən] *n* **1.** corrosione *f* **2.** *fig* (*deterioration*) deterioramento *m*

corrosive [kə·'roʊ·sɪv] **I.** *adj* **1.** (*destructive*) corrosivo, -a **2.** *fig* (*harmful*) distruttivo, -a **II.** *n* corrosivo *m*

corrupt [kə·'rʌpt] **I.** *vt* **1.** corrompere **2.** (*document*) danneggiare **II.** *vi* corrompere **III.** *adj* **1.** (*influenced by bribes*) corrotto, -a **2.** (*document*) danneggiato, -a

corruption [kə·'rʌp·ʃən] *n* corruzione *f*

cosmetic [kɑːz·'me·t̬ɪk] **I.** *n* cosmetico *m;* **~s** cosmetici *mpl* **II.** *adj* **1.** cosmetico, -a *f* **2.** (*superficial*) superficiale

cost [kɑːst] **I.** *vt* **1.** <cost, cost> (*amount to, cause the loss of*) costare; **to** ~ **a fortune** *inf* costare un patrimonio **2.** <costed, costed> (*calculate price*) calculare il costo di **II.** *n* **1.** (*price*) costo *m,* prezzo *m;* **at no extra** ~ compreso nel prezzo **2.** *pl* (*expense*) costi *mpl;* LAW spese *fpl;* **to cut ~s** ridurre le spese **3.** (*cost price*) **to purchase sth at** ~ acquistare qc a prezzo di costo **4.** *fig* **at all** ~(s) a tutti i costi

costly ['kɑːst·li] <-ier, -iest> *adj* costoso, -a; (*mistake*) che costa caro, -a; **to prove** ~ *a. fig* risultare molto caro

costume ['kɑːs·tuːm] *n* costume *m*

cot [kɑːt] *n* **1.** (*baby's bed*) culla *f* **2.** (*camp bed*) brandina *f*

cottage ['kɑː·t̬ɪdʒ] *n* **country** ~ casetta *f* di campagna

cottage cheese *n* fiocchi*m* *pl* di formaggio

cotton ['kɑː·tn] *n* **1.** (*plant*) cotone *m* **2.** (*material*) cotone *m* **3.** (*thread*) filo *m*

cotton candy *n* zucchero *m* filato

couch [kaʊtʃ] <-es> *n* divano *m*

C

couchette [kuː·ˈʃet] *n* cuccetta *f*

couch potato <- -es> *n* pantofolaio, -a *m, f* teledipendente

cough [kɑːf] **I.** *n* tosse *f* **II.** *vi, vt* tossire

cough medicine *n* medicinale *m* per la tosse

could [kʊd] *pt, pp* **can**[2]

council [ˈkaʊn·tsəl] *n* ADMIN, MIL consiglio *m;* **city** ~ consiglio comunale; **local** ~ autorità *f pl* locali

counsel [ˈkaʊn·tsəl] **I.** <-ll-, -l-> *vt* (*advise*) consigliare **II.** *n* **1.** *form* (*advice*) consiglio *m* **2.** (*lawyer*) avvocato *m;* ~ **for the defense** avvocato difensore; ~ **for the prosecution** pubblico ministero *m*

count[1] [kaʊnt] *n* conte *m*

count[2] [kaʊnt] **I.** *n* **1.** conto *m;* **to keep** ~ **of sth** tenere il conto di qc; **to lose** ~ **of sth** perdere il conto di qc *f* **2.** (*measured amount*) livello *m* **3.** LAW capo *m* d'accusa **4.** (*opinion*) punto *m;* **to be angry with sb on several ~s** essere arrabbiato con qu per vari motivi **II.** *vt* **1.** (*number*) contare; **to** ~ **one's change** controllare il resto **2.** (*consider*) considerare; **to** ~ **sb as a friend** considerare qu un amico **III.** *vi* contare; **this doesn't** ~ **for anything** questo non conta nulla

◆**count on** *vt* (*depend on*) contare su

◆**count out** *vt always sep* **1.** (*money*) contare **2.** *inf* (*leave out*) **to count sb out** escludere qu

countdown [ˈkaʊnt·daʊn] *n* conto *m* alla rovescia

counter [ˈkaʊn·t̬ɚ] **I.** *n* **1.** (*service point*) banco *m;* **over the** ~ senza ricetta **2.** (*person who counts*) cassiere, -a *m, f* **3.** (*machine*) cassa *f;* TECH contatore *m* **II.** *vt* controbattere **III.** *vi* **1.** (*oppose*) opporsi **2.** (*react by scoring*) contrattacare **IV.** *adv* contro; **to act** ~ **to sth** agire contrariamente a qc

counterattack [ˈkaʊn·t̬ɚ·ə·tæk] **I.** *n* contrattacco *m* **II.** *vi, vt* contrattaccare

counterclockwise [ˌkaʊn·t̬ɚ·ˈklɑːk·waɪz] *adj* in senso antiorario

counterfeit [ˈkaʊn·t̬ɚ·fɪt] **I.** *adj* contraffatto, -a; (*money*) falso, -a **II.** *vt* contraffare **III.** *n* contraffazione *f*

countermeasure [ˈkaʊn·t̬ɚ·me·ʒɚ] *n* contromisura *f*

counterproductive [ˌkaʊn·t̬ɚ·prə·ˈdʌk·tɪv] *adj* controproducente

counterterrorism [ˌkaʊn·tər·ˈter·ər·ɪz·əm] *n* controterrorismo *m*

countess [ˈkaʊn·t̬ɪs] *n* contessa *f*

countless [ˈkaʊnt·lɪs] *adj* innumerevole

country [ˈkʌn·tri] **I.** *n* **1.** (*rural area*) campagna *f* **2.** <-ies> (*political unit*) paese *m;* (*native land*) patria *f* **3.** MUS country *m* **II.** *adj* **1.** (*rural*) di campagna **2.** MUS country

countryside [ˈkʌn·trɪ·saɪd] *n* campagna *m*

county [ˈkaʊn·t̬i] <-ies> *n* contea *f*

coup d'état <coups d'état> *n* colpo *m* di stato

couple [ˈkʌ·pl] **I.** *n* **1.** (*a few*) paio *m;* **the first** ~ **of weeks** le prime due settimane **2.** + *sing/pl vb* (*two people*) coppia *f* **II.** *vt* **1.** RAIL, AUTO attaccare **2.** (*connect, link*) collegare

coupon [ˈkuː·pɑːn] *n* **1.** (*voucher*) buono *m* **2.** (*order form*) tagliando *m*

courage [ˈkʌ·rɪdʒ] *n* coraggio *m*

courageous [kə·ˈreɪ·dʒəs] *adj* coraggioso, -a

courier [ˈkʊ·ri·ɚ] **I.** *n* (*messenger*) messaggero, -a *m, f* **II.** *adj* ~ **service** servizio *m* corriere

course [kɔːrs] *n* **1.** (*direction*) rotta *f;* (*of a river*) corso *m;* **to be off** ~ *a. fig* deviare; **your best** ~ **of action would be ...** la cosa migliore da fare sarebbe... **2.** (*development*) sviluppo *m;* **over the** ~ **of time** col tempo **3.** (*treatment*) ciclo *m* **4.** SPORTS (*area*) pista *f;* (*golf*) campo *m* **5.** (*part of meal*) portata *f* ▶ **to stay the** ~ rimanere fino alla fine; **of** ~ certo; **of** ~ **not** certo che no

court [kɔːrt] **I.** *n* **1.** (*room for trials*) tribunale *m,* aula *f* **2.** (*judicial body*) tribunale *m,* corte *f* **3.** (*playing area*) cortile *m;* (*for tennis, basketball*) campo *m* **II.** *vt* (*woman*) corteggiare; (*danger*) esporsi a

courtesy [ˈkɜːr·t̬ə·si] <-ies> *n* cortesia *f*

court hearing *n* udienza *f*

courthouse [ˈkɔːrt·haʊs] *n* tribunale *m*

court-martial **I.** <courts-martial> *n*

corte *f* marziale **II.** <-ll-, -l-> *vt* sottoporre alla corte marziale

court of appeals *n* corte *f* d'appello

court of law *n* tribunale *m*

courtroom ['kɔːrt·ruːm] *n* aula *f* di tribunale

courtyard *n* cortile *m*

cousin ['kʌ·zn] *n* cugino, -a *m, f*

cover ['kʌ·vɚ] **I.** *n* **1.** (*top*) rivestimento *m* **2.** (*outer sheet*) copertina *f* **3.** (*bedding*) copriletto *m* **4.** (*concealment*) copertura *f;* **to break ~** uscire allo scoperto **5.** (*shelter*) riparo *m;* **to take ~** ripararsi **6.** (*insurance*) copertura *f* **7.** (*provision*) sostituzione *f* **II.** *vt* **1.** (*hide: eyes, ears*) tappare; (*head*) coprire **2.** (*put over*) coprire; (*book*) rivestire **3.** (*keep warm*) coprire **4.** (*travel*) percorrere **5.** (*deal with*) riguardare **6.** (*include*) includere **7.** (*report on*) fare un servizio su **8.** (*insure*) assicurare **9.** (*give armed protection*) coprire **10.** MUS (*song*) fare una cover di **III.** *vi* sostituire

◆**cover up I.** *vt* (*protect*) coprire **II.** *vi* **to ~ for sb** coprire qu

coverage ['kʌ·vә·rɪdʒ] *n* **1.** (*reporting*) servizio *m* **2.** (*dealing with*) trattamento *m*

cover charge ['kʌ·vɚ·tʃɑːrdʒ] *n* coperto *m*

covered *adj* **1.** (*roofed over*) coperto -a **2.** (*insured*) assicurato, -a

covering *n* rivestimento *m*

cover letter *n* lettera *f* d'accompagnamento

cover-up ['kʌ·vɚ·ʌp] *n* occultamento *m*

cow [kaʊ] *n* **1.** (*female ox*) mucca *f* **2.** (*female mammal*) femmina *f*

coward ['kaʊ·ɚd] *n* vigliacco, -a *m, f*

cowboy ['kaʊ·bɔɪ] **I.** *n* **1.** (*cattlehand*) mandriano *m,* cowboy *m* **2.** *inf* (*dishonest tradesperson*) mascalzone *m* **II.** *adj* di/da cowboy

cowshed ['kaʊ·ʃed] *n* stalla *f*

cozy ['koʊ·zi] <-ier, -iest> *adj* **1.** (*comfortable*) comodo, -a; (*place*) accogliente **2.** *pej* (*convenient*) di convenienza

CPA [ˌsi·pi·'eɪ] *n abbr of* **certified public accountant** ragioniere *m* qualificato

CPR [ˌsi·pi·'ar] *n abbr of* **cardiopulmonary resuscitation** rianimazione *f* cardiorespiratoria

crab [kræb] *n* **1.** (*sea animal*) granchio *m* **2.** ASTR Cancro *m*

crack [kræk] **I.** *n* **1.** (*fissure*) crepa *f* **2.** (*sharp sound: of a rifle*) scoppio *m;* (*of a whip*) schiocco *m* **3.** *inf* (*drug*) crack *m* **4.** *inf* (*attempt*) tentativo *m* **II.** *adj* di prim'ordine **III.** *vt* **1.** (*break*) rompere **2.** (*open: an egg*) spaccare; (*nuts*) aprire; (*safe*) forzare; (*code*) decifrare **3.** (*resolve*) risolvere **4.** (*hit*) battere; (*whip*) far schioccare; **to ~ a joke** raccontare una barzelletta **IV.** *vi* **1.** (*break*) rompersi; (*paintwork*) creparsi **2.** (*break down*) crollare **3.** (*make a sharp noise*) schioccare ▶ **to get ~ing** mettersi al lavoro

◆**crack down** *vi* **to ~ on sb/sth** prendere dure misure contro qu/qc

◆**crack up** *vi* (*laugh*) scoppiare a ridere

crackdown ['kræk·daʊn] *n* offensiva *f*

cracked [krækt] *adj* (*having fissures*) crepato, -a; (*lips*) screpolato, -a

crackle ['kræ·kl] **I.** *vi* scricchiolare **II.** *vt* far scricchiolare **III.** *n* scricchiolio *m*

cradle ['kreɪ·dl] **I.** *n* **1.** (*baby's bed*) culla *f;* **from the ~ to the grave** per tutta la vita **2.** (*framework*) intelaiatura *f* **II.** *vt* cullare

craft [kræft] **I.** *n* **1.** (*means of transport*) imbarcazione *f* **2.** (*special skill*) arte *m* **3.** (*trade*) mestiere *m* **4.** (*ability*) maestria *f* **II.** *vt* fare

craftsman ['kræfts·mәn] <-men> *n* artigiano *m*

crafty ['kræf·ti] <-ier, -iest> *adj* astuto, -a

cram [kræm] <-mm-> **I.** *vt* stipare; **to ~ sth with sth** stipare qc di qc **II.** *vi* sgobbare

cramp [kræmp] **I.** *vt* ostacolare **II.** *n* crampo *m*

crane [kreɪn] **I.** *n* gru *f* **II.** *vt* **to ~ one's neck** alungare il collo **III.** *vi* **to ~ forward** sporgersi in avanti allungando il collo

crank[1] [kræŋk] **I.** *n inf* tipo, -a strano, -a *m* **II.** *adj* **a ~ call** una telefonata molesta

crank² [kræŋk] *n* TECH manovella *f*

cranky ['kræŋ·ki] <-ier, -iest> *adj inf* strano, -a

crap [kræp] I. <-pp-> *vi vulg* cacare II. *n vulg* 1. (*excrement*) merda *f* 2. (*nonsense*) stronzata *f* III. *adj* di merda

crappy ['kræ·pi] <-ier, -iest> *adj inf* di merda

crash [kræʃ] I. *n* <-es> 1. (*accident*) scontro *m* 2. (*noise*) fracasso *m* 3. COM crollo *m* 4. COMPUT blocco *m* (del sistema) II. *vi* 1. (*have an accident*) scontrarsi; (*plane*) precipitare 2. (*make loud noise*) fare fracasso 3. (*break noisily*) fracassarsi 4. COM crollare 5. COMPUT piantarsi III. *vt* (*damage in accident*) schiantare

crash barrier *n* barriera *f* di sicurezza

crash course *n* corso *m* intensivo

crash diet *n* dieta *f* lampo

crash helmet *n* casco *m*

crash-land ['kræʃ·lænd] *vi* eseguire un atterraggio di fortuna

crate [kreɪt] *n* cassa *f*

crawl [krɑ:l] I. *vi* 1. (*go on all fours*) gattonare 2. (*move slowly*) procedere lentamente 3. *inf* (*be obsequious*) **to ~ (up) to sb** strisciare davanti a qu 4. *inf* (*become infested*) **to be ~ing with sth** brulicare di qc II. *n* 1. (*go very slowly*) **at a ~** a passo d'uomo 2. (*style of swimming*) stile *m* libero; **to do the ~** nuotare a stile libero

crayon ['kre·ɪɑ:n] I. *n* pastello *m* II. *vi, vt* disegnare coi pastelli

craze [kreɪz] *n* mania *f*

crazy ['kreɪ·zi] <-ier, -iest> *adj* pazzo, -a; **to go ~** impazzire

creak [kri:k] I. *vi* (*door*) cigolare; (*bones*) scricchiolare II. *n* (*of door*) cigolio *m;* (*of bones*) scricchiolio *m*

creaky ['kri:·ki] <-ier, -iest> *adj* 1. (*squeaky*) cigolante; (*chair*) che scricchiola 2. (*decrepit*) che cade a pezzi

cream [kri:m] I. *n* 1. (*milk fat*) panna *f* 2. (*cosmetic product*) crema *f* 3. (*the best*) fior fiore *m* II. *adj* 1. (*containing cream*) cremoso, -a 2. (*off-white color*) color crema III. *vt* (*butter*) amalgamare; (*milk*) scremare

cream cheese *n* formaggio *m* cremoso

cream-colored *adj* color crema

creamy ['kri:·mi] <-ier, -iest> *adj* 1. (*smooth*) cremoso, -a 2. (*off-white*) color crema

crease [kri:s] I. *n* 1. (*fold*) piega *f* 2. (*in ice hockey*) area *f* di porta II. *vt* piegare III. *vi* piegarsi

create [kri:·'eɪt] *vt* creare

creation [kri:·'eɪ·ʃən] *n* creazione *f*

creative [kri:·'eɪ·t̬ɪv] *adj* creativo, -a; (*imagination*) fervido, -a

creator [kri:·'eɪ·t̬ɚ] *n* creatore, -trice *m, f*

creature ['kri:·tʃɚ] *n* 1. (*being*) essere *m* (vivente), organismo *m* 2. (*person being discussed*) persona *f*

credentials [krɪ·'den·ʃlz] *npl* credenziali *fpl*

credibility [ˌkre·də·'bɪ·lə·ti] *n* credibilità *f*

credit ['kre·dɪt] I. *n* 1. (*belief*) credito *m;* **to give ~ to sth/sb** dar credito a qc/qu 2. (*honor*) onore *m;* (*recognition*) merito *m;* **to be a ~ to sb** fare onore a qu; **to sb's ~** a merito di qu; **to take (the) ~ for sth** prendersi il merito di qc 3. FIN credito *m;* **to buy sth on ~** comprare qc a credito 4. COM attivo *m* 5. *pl* CINE titoli[*or* coda] *m* di testa *pl* II. *vt* 1. (*believe*) credere 2. FIN **to ~ sb with 2000 dollars** accreditare 2000 dollari a qu 3. (*attribute*) **he is ~ed with ...** gli si atribuisce ...

credit card *n* carta *f* di credito

credit limit *n* limite *m* di credito

creditworthy ['kre·dɪt·ˌwɜ:r·ði] *adj* solvibile

creep [kri:p] I. <crept, crept> *vi* 1. strisciare; (*baby*) gattonare; (*plant*) arrampicarsi 2. (*move imperceptibly*) avanzare furtivamente 3. (*move slowly*) avanzare lentamente II. *n* 1. (*act of creeping*) avanzamento *m* furtivo 2. *inf* (*sycophant*) leccapiedi *mf* 3. (*pervert*) persona *f* viscida ▶ **to give sb the ~s** *inf* far accapponare la pelle a qu

◆**creep up** *vi* **to ~ on sb** avvicinarsi furtivamente a qu

creepy ['kri:·pi] <-ier, -iest> *adj inf* repellente

cremate [kriː·ˈmeɪt] *vt* cremare
cremation [krɪ·ˈmeɪ·ʃən] *n* cremazione *f*
crematorium [ˌkriː·mə·ˈtɔː·ri·əm] <-s *or* -ria> *n* crematorio *m*
crept [krept] *pp, pt of* **creep**
crew [kruː] **I.** *n + sing/pl vb* **1.** NAUT, AVIAT (*sport of rowing*) equipaggio *m;* RAIL personale *m;* **ground/flight ~** personale di terra/di volo **2.** *inf* (*gang*) banda *f* **II.** *vt* **to ~ a boat** far parte dell'equipaggio di una imbarcazione **III.** *vi* **to ~ for sb** far parte dell'equipaggio di qu
crew cut *n* taglio *m* a spazzola
crib [krɪb] *n* **1.** (*baby's bed*) lettino *f* **2.** *sl* (*home*) casa *f* **3.** *inf* SCHOOL scopiazzata *f*
cricket [ˈkrɪ·kɪt] *n* ZOOL grillo *m*
crime [kraɪm] *n* **1.** LAW (*illegal act*) reato *m;* (*more serious*) crimine *m;* **~ of passion** delitto *m* passionale; **to accuse sb of a ~** accusare qu di un reato; **to commit a ~** commettere un reato **2.** (*criminal activity*) delinquenza *f,* criminalità *f;* **~ rate** tasso *m* di criminalità
criminal [ˈkrɪ·mɪ·nl] **I.** *n* (*offender*) delinquente *mf;* (*more serious*) criminale *mf* **II.** *adj* **1.** (*illegal*) illegale; (*more serious*) criminale **2.** LAW penale; **~ court** tribunale *m* penale; **~ lawyer** penalista *mf;* **~ record** precedenti *m pl* penali **3.** *fig* (*shameful*) vergognoso, -a
crimson [ˈkrɪm·zn] **I.** *n* cremisi *m inv* **II.** *adj* **1.** (*color*) cremisi **2.** (*red-faced*) paonazzo, -a
cripple [ˈkrɪ·pl] **I.** *n* zoppo, -a *m, f* **II.** *vt* **1.** (*disable*) menomare; (*machine, object*) danneggiare **2.** (*paralyze*) paralizzare
crisis [ˈkraɪ·sɪs] <crises> *n* crisi *f inv;* **to go through a ~** attraversare una crisi
crisp [krɪsp] **I.** <-er, -est> *adj* **1.** (*bacon*) croccante; (*snow*) friabile, -a **2.** (*apple, lettuce*) fresco, -a **3.** (*shirt, pants*) pulito, -a; (*banknote*) nuovissimo, -a **4.** (*air*) tonificante **5.** (*sharp*) nitido, -a **6.** (*lively*) animato, -a **7.** (*manner, style*) secco, -a **II.** *vt* **1.** (*make crisp*) tostare leggermente **2.** (*curl*) increspare
crispy [ˈkrɪs·pi] <-ier, -iest> *adj* croccante
critic [ˈkrɪ·t̬ɪk] *n* critico, -a *m, f*
critical [ˈkrɪ·t̬ɪ·kl] *adj* **1.** (*disapproving*) critico, -a; **to be highly ~ of sth** criticare aspramente qc **2.** (*decisive*) fondamentale; **to be ~ to sth** essere di vitale importanza per qc
criticism [ˈkrɪ·t̬ɪ·sɪ·zəm] *n* critica *f;* **to take ~** accettare le critiche
criticize [ˈkrɪ·t̬ɪ·saɪz] *vi, vt* criticare
crockery [ˈkrɑː·kə·i] *n* vasellame *f*
crocodile [ˈkrɑː·kə·daɪl] <-(s)> *n* ZOOL coccodrillo *m*
crook [krʊk] **I.** *n* **1.** (*criminal*) delinquente *mf* **2.** *inf* (*rogue*) imbroglione, -a *m, f* **3.** (*of elbow*) piega *f* **4.** (*curve*) angolo *m* **II.** *vt* piegare
crooked [ˈkrʊ·kɪd] *adj* **1.** (*not straight: nose, legs*) storto, -a; (*back*) ricurvo, -a; (*path*) tortuoso, -a **2.** *inf* (*dishonest*) disonesto, -a
crop [krɑːp] **I.** *n* **1.** AGR (*plant*) coltura *f;* (*harvest*) raccolto *m* **2.** (*group*) mucchio *m* **II.** <-pp-> *vt* **1.** AGR coltivare **2.** (*cut*) tagliare; (*hair*) tagliare cortissimi; (*plant*) potare **III.** *vi* AGR dare frutti; (*land*) rendere
◆**crop up** *vi* saltar fuori
cross [krɑːs] **I.** *vt* **1.** (*go across, lie across*) attraversare; (*threshold*) superare **2.** (*place crosswise*) **to ~ one's legs** accavallare le gambe; **to ~ one's arms** incrociare le braccia **3.** BIO (*crossbreed*) incrociare **4.** REL **to ~ oneself** farsi il segno della croce **5.** (*oppose*) fare arrabbiare **II.** *vi* **1.** (*intersect*) incrociarsi **2.** (*go across*) fare una traversata **III.** *n* **1.** *a.* REL croce *f;* **the sign of the ~** il segno della croce **2.** (*crossing: of streets, roads*) attraversamento *m,* incrocio *m* **3.** BIO (*mixture*) incrocio *m* **IV.** *adj* arrabbiato, -a; **to be ~ about sth** essere arrabbiato per qc; **to get ~ with sb** arrabbiarsi con qu
◆**cross off** *vt,* **cross out** *vt* depennare
◆**cross over** *vi, vt* attraversare
crossbar [ˈkrɑːs·bɑːr] *n* sbarra *f;* (*of goal*) traversa *f;* (*of bicycle*) canna *f*

C

cross-country I. *adj* che passa per la campagna; ~ **race** campestre *f;* ~ **skiing** sci *m* di fondo *inv* II. *adv* attraverso la campagna III. *n* campestre *f*

cross-examination *n* LAW controinterrogatorio *m*

cross-examine *vt* controinterrogare

cross-eyed *adj* strabico, -a

crossfire *n* fuoco *m* incrociato; **to be caught in the** ~ *fig* trovarsi tra due fuochi

crossing ['krɑː·sɪŋ] *n* 1. (*place to cross*) passaggio *m* pedonale; **level** ~ RAIL passaggio *m* a livello; **border** ~ valico *m* di frontiera; **pedestrian** ~ passaggio pedonale 2. (*crossroads*) incrocio *m* 3. (*journey*) traversata *f*

cross-legged [ˌkrɑːs·'legəd] *adj* a gambe incrociate

cross-purposes *npl* **to be talking at** ~ fraintendersi

cross-reference *n* rimando *m*

crossroads *n inv* 1. incrocio *m* 2. *fig* crocevia *f;* **to be at a** ~ essere a un bivio

crosswalk *n* (*pedestrian crossing*) passaggio *m* pedonale

crouch [kraʊtʃ] I. *vi* **to** ~ (**down**) accovacciarsi; **to be ~ing** stare accovacciato II. *n* **to lower oneself into a** ~ accovacciarsi

crow[1] [kroʊ] *n* ZOOL corvo *m,* cornacchia *f* ► **to eat** ~ *inf* dover ammettere un errore

crow[2] [kroʊ] <crowed, crowed> I. *n* 1. (*call of a cock*) canto *m* del gallo 2. (*cry of pleasure*) gridolino *m* di gioia II. *vi* 1. (*cock*) cantare 2. (*cry out happily*) fare gridolini di gioia 3. (*boast*) vantarsi; **to** ~ **over sth** vantarsi di qc

crowd [kraʊd] I. *n* + *sing/pl vb* 1. (*throng*) folla *f;* **there was quite a** ~ c'era parecchia gente 2. *inf* (*group*) gruppo *m;* **the usual** ~ la solita gente 3. *inf* (*large number*) sacco *m;* **a** ~ **of things** un sacco di cose 4. (*common people, masses*) massa *fpl;* **to stand out from the** ~ *fig* distinguersi dalla massa 5. (*audience*) pubblico *m* II. *vi* ammassarsi III. *vt* 1. (*fill*) affollare 2. (*cram*) stipare 3. *inf* (*pressure*) fare pressione su

crowded *adj* pieno, -a; **the bar was** ~ il bar era affollato

crowd-pleaser *n inf qualcuno o qualcosa che piace alla massa*

crown [kraʊn] I. *n* 1. corona *f;* **the Crown** (*monarchy*) la Corona 2. (*top part*) cima *f* 3. ZOOL (*of bird*) cresta *f* 4. (*culmination*) culmine *m* 5. (*of tooth*) corona *f* II. *vt* 1. (*coronate*) incoronare; **to** ~ **sb queen** incoronare qu regina 2. (*complete*) coronare 3. *inf* (*hit on head*) dare un colpo in testa 4. MED (*tooth*) incapsulare

crow's feet ['kroʊz·fiːt] *npl* zampe *f pl* di gallina

crucial ['kru·ʃl] *adj* (*decisive*) decisivo, -a; (*moment*) crucial; **to be** ~ **to sth** essere cruciale per qc; **it is** ~ **that ...** è di vitale importanza che ... *+subj*

crucifix [ˌkruː·sɪ·'fɪks] <-es> *n* crocifisso *m*

crucifixion [ˌkruː·sɪ·'fɪk·ʃən] *n* crocifissione *f*

crude [kruːd] I. *adj* 1. (*rudimentary*) rudimentale 2. (*unrefined*) grezzo, -a; (*oil*) greggio, -a 3. (*unfinished, undeveloped*) rozzo, -a 4. (*vulgar*) volgare II. *n* greggio *m*

cruel ['krʊ·əl] <-(l)ler, -(l)lest> *adj* crudele

cruelty ['krʊ·əl·ti] <-ies> *n* crudeltà *f;* **society for the prevention of** ~ **to animals** lega *f* per la protezione degli animali

cruise [kruːz] I. *n* crociera *f;* ~ **ship** transatlantico *m;* **to go on a** ~ fare una crociera II. *vi* 1. NAUT (*take a cruise*) fare una crociera 2. (*travel at constant speed*) viaggiare a velocità di crociera; (*airplane*) volare a velocità di crociera 3. (*police car*) pattugliare 4. *inf* (*drive around aimlessly*) fare un giro (in macchina)

cruise control *n* AUTO regolazione *f* di crociera

cruising *adj* (*speed*) di crociera

crumb [krʌm] *n* 1. (*of bread*) briciola *f* 2. (*small amount*) briciolo *m;* **a** ~ **of hope** un barlume di speranza

crumble ['krʌm·bl] **I.** *vt* **1.** (*bread, biscuit*) sbriciolare **2.** (*stone*) sgretolare **II.** *vi* sgretolarsi

crumbly ['krʌm·bli] <-ier, -iest> *adj* (*bread, cake*) friabile; (*house, wall*) che cade a pezzi

crummy ['krʌ·mi] <-ier, -iest> *adj inf* scadente; **a ~ salary** uno stipendio da fame

crumple ['krʌm·pl] **I.** *vt* (*clothes, paper*) spiegazzare; (*metal*) accartocciare; **to ~ a piece of paper into a ball** appallottolare un foglio **II.** *vi* **1.** (*become wrinkled: fabric*) spiegazzarsi **2.** (*collapse*) accasciarsi

crunch [krʌntʃ] **I.** *vt* **1.** (*in the mouth*) sgranocchiare **2.** (*grind*) schiacciare **II.** *vi* scricchiolare **III.** <-es> *n* **1.** (*sound*) scricchiolio *m* **2.** (*crisis*) crisi *f*

crush [krʌʃ] **I.** *vt* schiacciare; (*ice*) triturare; (*rumor*) mettere a tacere **II.** <-es> *n* **1.** (*throng*) calca *f;* **there was a great ~** c'era una gran calca **2.** *inf* (*temporary infatuation*) cotta *f;* **to have a ~ on sb** avere una cotta per qu **3.** (*crushed ice drink*) **orange ~** spremuta *f* d'arancia

crushing *adj* (*defeat,argument*) schiacciante; (*reply*) umiliante

crust [krʌst] **I.** *n* crosta *f* **II.** *vi* incrostarsi **III.** *vt* **to be ~ed with mud** essere incrostato di fango

crusty ['krʌs·ti] <-ier, -iest> *adj* **1.** CULIN croccante **2.** (*grumpy, surly*) scontroso, -a

crutch [krʌtʃ] <-es> *n* **1.** MED stampella *f;* **to be on ~es** avere le stampelle **2.** *fig* (*source of support*) appoggio *m*

cry [kraɪ] **I.** <-ie-> *vi* **1.** (*weep*) piangere; **to ~ for joy** piangere di gioia **2.** (*shout*) gridare; (*animal*) emettere gridi; **to ~ for help** gridare aiuto **II.** <-ie-> *vt* **1.** (*shed tears*) piangere **2.** (*shout*) gridare **3.** (*announce publicly*) dichiarare ▶ **to ~ one's eyes out** piangere a dirotto **III.** *n* **1.** (*weeping*) pianto *m;* **to have a ~** farsi un bel pianto **2.** (*shout*) grido *m;* **to give a ~** gridare; **a ~ for help** un grido d'aiuto **3.** ZOOL verso *m*

♦**cry off** *vi inf* tirarsi indietro

♦**cry out** *vi, vt* gridare; **for crying out loud!** *inf* madonna santa!

crying ['kraɪ·ɪŋ] *adj* (*need*) urgente; (*injustice*) vero, -a; **a ~ shame** *inf* una vera indecenza

crystal ['krɪs·tl] **I.** *n* cristallo *m* **II.** *adj* **1.** cristallino, -a **2.** (*made of crystal*) di cristallo

ct. **1.** *abbr of* **cent** centesimo *m* **2.** *abbr of* **carat** carato *m*

CT *n* GEO *abbr of* **Connecticut** Connecticut *m*

cub [kʌb] *n* ZOOL cucciolo *m*

Cuba ['kju·bə] *n* Cuba *f*

Cuban ['kju·bən] *adj, n* cubano, -a *m, f*

cube [kju:b] **I.** *n* cubo *m;* (*of cheese*) cubetto *m;* (*of sugar*) zolletta *f;* **ice ~** cubetto *m* di ghiaccio **II.** *vt* CULIN tagliare a cubetti

cubic ['kju:·bɪk] *adj* (*cube-shaped*) cubico, -a; (*feet, yards*) cubo, -a

cubicle ['kju:·bɪ·kl] *n* **1.** (*changing room*) cabina *m* **2.** (*sleeping compartment*) cuccetta *f*

Cub Scout *n* lupetto *m*

cuckoo ['ku:·ku:] **I.** *n* cuculo *m* **II.** *adj inf* matto, -a

cuckoo clock *n* orologio *m* a cucù

cucumber ['kju:·kʌm·bɚ] *n* cetriolo *m*

cuddle ['kʌ·dl] **I.** *vt* abbracciare **II.** *vi* abbracciarsi **III.** *n* abbraccio *m;* **to give sb a ~** abracciare qu

cue [kju:] *n* **1.** THEAT battuta *f* d'entrata **2.** MUS attacco *m* **3.** (*billiards*) stecca *f;* **~ ball** pallino *m*

cuff [kʌf] **I.** *n* **1.** (*end of sleeve*) polsino *m* **2.** (*turned-up trouser leg*) risvolto *m* **3.** *pl, inf* (*handcuffs*) manette *fpl* ▶ **off the ~** improvvisato, -a **II.** *vt inf* ammanettare

cuff links *npl* gemelli *mpl*

cul-de-sac ['kʌl·də·sæk] <-s *or* culs-de-sac> *n a. fig* vicolo *m* cieco

culprit ['kʌl·prɪt] *n* colpevole *mf*

cultivate ['kʌl·ţə·veɪt] *vt a. fig* coltivare

cultural ['kʌl·tʃə·rəl] *adj* culturale

culture ['kʌl·tʃɚ] **I.** *n* **1.** (*way of life*) cultura *f* **2.** (*arts*) cultura *f* **II.** *vt* coltivare

cultured ['kʌl·tʃɚd] *adj* **1.** AGR, BIO coltivato, -a **2.** (*intellectual*) colto, -a; (*taste*) raffinato, -a

culture shock *n* shock *m* cultural

cumulative ['kju:m·jə·lə·t̬ɪv] *adj* **1.** (*increasing*) cumulativo, -a **2.** (*accumulated*) accumulato, -a

cunning ['kʌ·nɪŋ] **I.** *adj* **1.** (*ingenious: person*) astuto, -a; (*device, idea*) ingegnoso, -a **2.** (*sly*) scaltro, -a **II.** *n* astuzia *f*

cup [kʌp] *n* **1.** (*container*) tazza *f;* **coffee/tea ~** tazza da caffè/tè; **egg ~** portauovo *m inv* **2.** SPORTS (*trophy*) coppa *f;* **the World Cup** la Coppa del Mondo **3.** BOT, REL calice *m* **4.** (*part of bra*) coppa *f* ▶ **it's not my ~ of** <u>**tea**</u> non è il mio genere

cupboard ['kʌ·bəd] *n* armadio *m;* **built-in ~** armadio a muro; **kitchen ~** armadio di cucina

cupful ['kʌp·fʊl] *n* tazza *f;* **a ~ of sugar** una tazza di zucchero

curable ['kjʊ·rə·bl] *adj* curabile

curb [kɜ:rb] **I.** *vt* tenere a freno **II.** *n* **1.** (*control*) freno *m;* **to keep a ~ on sth** tenere a freno qc; **to put a ~ on sth** mettere freno a qc **2.** (*obstacle*) ostacolo *m* **3.** (*at roadside*) bordo *m* del marciapiede

cure [kjʊr] **I.** *vt* **1.** MED guarire, curare **2.** CULIN (*with smoke*) affumicare; (*with salt*) salare **3.** (*problem*) rimediare a **4.** (*leather*) conciare **II.** *n* **1.** MED cura *f;* (*return to health*) guarigione *f* **2.** CULIN affumicatura *f,* salatura *f* **3.** (*solution*) rimedio *m* **4.** (*of leather*) conciatura *f*

curfew ['kɜ:r·fju:] *n* coprifuoco *m*

curiosity [ˌkjʊ·rɪ·'ɑ:·sə·ti] <-ies> *n* **1.** (*desire to know*) curiosità *f* **2.** (*strange thing*) curiosità *f*

curious ['kjʊ·ə·ri·əs] *adj* curioso, -a

curl [kɜ:rl] **I.** *n* **1.** (*loop of hair, sinuosity*) ricciolo *m* **2.** (*spiral*) spirale *f;* **~ of smoke** anello *m* di fumo **3.** (*of the lips*) smorfia *f* di disprezzo **II.** *vi* (*hair*) arricciarsi; (*paper*) arrotolarsi; (*path*) snodarsi; (*smoke*) formare spirali **III.** *vt* (*hair*) arricciare; **to ~ oneself up** arannicchiarsi ▶ **to ~ one's** <u>**lip**</u> fare una smorfia di disprezzo

curler ['kɜ:r·lə] *n* bigodino *m*

curly ['kɜ:r·li] <-ier, -iest> *adj* (*hair*) riccio, -a; (*paper*) che si arrotola

currant ['kɜ:·rənt] *n* **1.** (*dried grape*) uvetta *f* **2.** (*berry*) ribes *m*

currency ['kɜ:·rən·si] <-ies> *n* **1.** FIN moneta *f;* **foreign ~** valuta *f* estera; **~ market** mercato *m* valutario **2.** (*acceptance*) diffusione *f;* **to enjoy wide ~** essere ampiamente diffuso

current ['kɜ:·rənt] **I.** *adj* **1.** (*present*) attuale; (*year, month*) corrente; **in ~ use** di uso corrente **2.** (*latest*) ultimo, -a; **the ~ issue** (*of magazine*) l'ultimo numero **3.** (*prevalent*) comune **4.** (*valid*) vigente **II.** *n* **1.** *a.* ELEC corrente *f* **2.** (*tendency: of fashion*) tendenza *f*

currently *adv* **1.** (*at present*) attualmente **2.** (*commonly*) comunemente

curse [kɜ:rs] **I.** *n* **1.** (*bad word*) bestemmia *m* **2.** (*evil spell*) maledizione *f;* **to put a ~ on sb** maledire qu **3.** (*affliction*) **the ~ of racism** la piaga del razzismo **II.** *vt* **1.** (*swear at*) insultare **2.** (*wish evil on*) maledire **III.** *vi* (*swear*) bestemmiare

cursor ['kɜ:r·sə] *n* COMPUT cursore *m*

cursory ['kɜ:r·sə·ri] *adj* superficiale

curtain ['kɜ:r·tn] *n* **1.** tenda *f;* **to draw the ~s** chiudere le tende **2.** *fig* cortina **3.** THEAT sipario *m;* **to raise/lower the ~** alzare/abbassare il sipario

curve [kɜ:rv] **I.** *n* curva *f* **II.** *vi* piegarsi; (*path, road*) fare una curva **III.** *vt* curvare

cushion ['kʊ·ʃən] **I.** *n* **1.** cuscino *m* **2.** TECH **a ~ of air** un cuscino d'aria **3.** (*in billiards*) sponda *f* **II.** *vt* **1.** (*furnish with cushions*) mettere dei cuscini in [*or* per] **2.** (*pad*) imbottire **3.** (*ease the effects of*) attutire **4.** (*protect*) proteggere

cushy ['kʊ·ʃi] <-ier, -iest> *adj inf* facile; **a ~ job** un lavoro di tutto comodo

custard ['kʌs·təd] *n* crema *f* pasticceria

custody ['kʌs·tə·di] *n* custodia *f*

custom ['kʌs·təm] *n* **1.** (*tradition*) costume *f;* **according to ~** secondo la tradizione **2.** *pl* (*place,tax*) dogana *f;* **to get through ~s** passare la dogana; **to pay ~s (on sth)** pagare la dogana (su qc)

customary ['kʌs·tə·me·ri] *adj* **1.** (*traditional*) tradizionale **2.** (*usual*) abituale

customer ['kʌs·tə·mɚ] *n* COM, ECON **1.** (*buyer, patron*) cliente, -a *m, f;* **regular ~** cliente abituale **2.** *inf* (*person*) tipo, -a *m, f*

customer service *n* assistenza *f* clienti

cut [kʌt] **I.** *n* **1.** taglio *m;* **to make a ~** tagliare; **a ~ in production/staff** una riduzione della produzione/del personale; **wage/budget ~** tagli salariali/del budget **2.** (*slice, part*) fetta *f;* **to take one's ~ of sth** *inf* prendersi la propria fetta di qc; **cold ~s** carne *f* fredda affettata **3.** GAMES **who's ~ is it?** a chi tocca tagliare? **4.** (*swing in baseball*) colpo tagliato **II.** *adj* tagliato, -a **III.** <cut, cut, -tt-> *vt* **1.** tagliare; **to ~ oneself** tagliarsi; **to have one's hair ~** tagliarsi i capelli; **to ~ the lawn** tagliare l'erba; **who's going to ~ the cards?** GAMES chi taglia? **2.** (*cause moral pain*) ferire **3.** (*decrease size, amount, length*) tagliare **4.** (*divide: benefits*) ripartire **5.** shorten; (*speech*) tagliare; CINE, TV montare **6.** *inf* (*skip: school, class*) saltare **7.** MUS (*a record, CD*) incidere **IV.** <cut, cut, -tt-> *vi* **1.** (*slice*) tagliare, tagliarsi; **this knife ~s well** questo coltello taglia bene; **this cheese ~s easily** questo formaggio si taglia bene **2.** GAMES tagliare il mazzo; **let's ~ to see who starts** tagliamo il mazzo per vedere a chi tocca dare le cart **3.** CINE **~!** stop! **4.** (*morally wound: remark, words*) ferire ► **to ~ both ways** essere un'arma a doppio taglio

◆**cut across** *vt insep* (*take shortcut*) tagliare attraverso

◆**cut away** *vt* tagliare via

◆**cut back** *vt* **1.** (*trim down*) scorciare; (*bushes*) potare **2.** (*reduce: production*) tagliare; **to ~ (on) sth** tagliare qc; **to ~ (on) costs** ridurre i costi

◆**cut down** **I.** *vt* **1.** (*tree*) tagliare **2.** (*reduce: production*) ridurre; **to ~ expenses** ridurre le spese **3.** (*remodel, shorten: garment*) accorciare **II.** *vi* **to ~ on sth** ridurre qc; **to ~ on smoking** fumare meno

◆**cut in** **I.** *vi* **1.** (*interrupt*) **to ~ (on sb)** interrompere (qu) **2.** AUTO sorpassare; **to ~ on sb** tagliare la strada a qu **II.** *vt* **1.** (*divide profits with*) **to cut sb in on sth** spartire qc con qu **2.** (*include when playing*) **to cut sb in on the game** far partecipare qu al gioco

◆**cut into** *vt insep* **1.** (*start cutting: cake*) (iniziare a) tagliare **2.** (*interrupt*) interrompere **3.** AUTO sorpassare

◆**cut off** *vt* **1.** (*sever*) *a.* ELEC, TEL staccare **2.** (*amputate*) tagliare **3.** (*stop talking*) interrompere **4.** (*separate, isolate*) isolare

◆**cut out** **I.** *vt* **1.** (*slice out of*) tagliare, ritagliare **2.** (*suppress: sugar, fatty food*) eliminare; **to cut a scene out of a film** tagliare una scena da un film **3.** *inf* (*stop*) eliminare; **to ~ smoking** smettere di fumare; **cut it out!** smettila! **II.** *vi* TECH (*engine*) fermarsi; (*machine*) bloccarsi

◆**cut up** **I.** *vt* **1.** (*slice into pieces*) tagliare a pezzetti; (*meat*) tritare **2.** (*hurt*) ferire; **to be badly ~** essere ferito gravemente **II.** *vi* (*laugh*) ridere

cut-and-dried [ˌkʌt·ən·ˈdraɪd] *adj* **1.** (*fixed in advance*) definitivo, -a **2.** (*not original*) fisso, -a

cutback ['kʌt·bæk] *n* **1.** (*reduction*) riduzione *f* **2.** CINE flashback *m inv*

cute [kjuːt] *adj* **1.** (*sweet: baby*) carino, -a *inf* **2.** (*remark, idea*) ingegnioso, -a

cutlery ['kʌt·lə·ri] *n* posate *fpl*

cutlet ['kʌt·lɪt] *n* cotoletta *f*

cutoff ['kʌt̬·ɑːf] *n* **1.** TECH otturatore *m;* **~ date** termine *m;* **~ point** limite *m* massimo **2.** (*end of supply*) disconnessione *f*

cutout *n* **1.** (*design prepared for cutting*) modello *m* **2.** ELEC interruttore *m* automatico

cut-rate *adj* ridotto, -a

cutthroat ['kʌt·θroʊt] *adj* spietato, -a

cutting ['kʌ·t̬ɪŋ] **I.** *n* **1.** (*act*) taglio *m* **2.** (*piece*) ritaglio *m* **3.** BOT talea *f* **4.** (*for road, railway*) trincea *f* **5.** CINE montaggio *m* **II.** *adj a. fig* tagliente

cybercash ['saɪ·bɚ·ˌkæʃ] *n* cybercash *m,* denaro *m* virtuale

cycle[1] ['saɪ·kl] **I.** *n* bicicletta *f* **II.** *vi* andare in bicicletta

cycle[2] ['saɪ·kl] *n* (*of life, seasons*) ciclo *m*

cycling I. *n* SPORTS ciclismo *m* II. *adj* ~ **shorts** pantaloncini *m pl* da ciclista

cyclist ['saɪk·lɪst] *n* SPORTS ciclista *mf*

cylinder ['sɪ·lɪn·dɚ] *n* (*container: of gas*) bombola *f*

cylindrical [sɪ·'lɪn·drɪ·kl] *adj* cilindrico, -a

Czech [tʃek] I. *n* 1. (*person*) ceco, -a *m, f* 2. (*language*) ceco *m* II. *adj* ceco, -a

Czech Republic *n* Repubblica *f* Ceca

D

D, d [di:] *n* 1. (*letter*) D, d *f o m inv;* ~ **for David** D come Domodossola 2. MUS re *m* 3. *see* **day** g.

d. 1. *abbr of* **date** data *f* 2. *abbr of* **died** morto

DA [ˌdi·'eɪ] *n abbr of* **District Attorney** procuratore , -trice distrettuale *m*

dab [dæb] I. <-bb-> *vt* tamponare; **to ~ one's eys with a handkerchief** asciugarsi gli occhi con un fazzoletto II. <-bb-> *vi* **to ~ at sth** tamponare qc III. *n* 1. (*pat*) tocco *m;* **to give sth a ~** (**with sth**) dare a qc un tocco (di qc) 2. (*tiny bit*) pizzico *m;* (*of liquid*) goccia *f;* **a ~ of paint** un velo di pittura

dad [dæd] *n inf* papà *m*

daddy ['dæ·di] *n childspeak inf* papà *m inv*

daffodil ['dæ·fə·dɪl] *n* giunchiglia *f*

dagger ['dæ·gɚ] *n* pugnale *m* ▶ **to look ~s at sb** guardare qu in cagnesco

daily ['deɪ·li] I. *adj* giornaliero, -a; **on a ~ basis** quotidianamente; **to earn one's ~ bread** *inf* guadagnarsi il pane quotidiano II. *adv* quotidianamente; **twice ~** due volte al giorno III. <-ies> *n* PUBL quotidiano *m*

dairy ['de·ri] I. *n* 1. (*farm*) caseificio *m* 2. (*shop*) latteria *f* II. *adj* 1. (*made from milk*) fatto, -a con il latte 2. (*producing milk*) che produce latte; ~ **industry** industria casearia

daisy ['deɪ·zi] <-ies> *n* margherita *f*

dam [dæm] I. *n* 1. (*barrier*) diga *f* 2. (*reservoir*) bacino *m* II. <-mm-> *vt* (*river*) arginare

damage ['dæ·mɪdʒ] I. *vt* 1. (*harm: building, objects*) danneggiare; (*environment, health*) nuocere a; **to be badly ~d** subire danni considerevoli 2. (*ruin*) rovinare II. *n* 1. (*harm: to objects*) danno *m;* **to do ~ to sb/sth** nuocere a qu/qc 2. *pl* LAW danni *mpl*

damn [dæm] *sl* I. *interj* accidenti II. *adj* 1. (*expressing irritation*) maledetto, -a 2. (*for emphasis*) **it's a ~ mess!** è un bel casino! *vulg* III. *vt* 1. (*expressing irritation*) (**God** *vulg*) ~ **it!** maledizione! *inf;* ~ **him! he took my bike !** che stronzo! ha preso la mia bici ! *vulg* 2. REL dannare ▶ **well, I'll be ~ed!** mi venisse un colpo! IV. *adv* molto; **to be ~ lucky** avere una fortuna sfacciata; **you know ~ well that ...** sai benissimo che ... V. *n* **I don't give a ~ what he says!** non me ne frega niente di quello che dice!

damnation [dæm·'neɪ·ʃən] I. *n* dannazione *f* II. *interj* maledizione !

damned I. *adj sl* maledetto, -a II. *npl* REL **the ~** i dannati

damp [dæmp] I. *adj* umido, -a; (*clothing*) bagnato, -a II. *vt* 1. (*moisten*) inumidire 2. *a. fig* PHYS, TECH, MUS smorzare 3. (*extinguish*) **to ~** (**down**) (*flames, fire*) soffocare; (*enthusiasm*) smorzare

dampen ['dæm·pən] *vt* 1. (*make wet*) inumidire 2. (*lessen*) diminuire; **to ~ sb's enthusiasm** raffreddare l'entusiasmo di qu; **to ~ sb's expectations** scoraggiare le speranze di qu 3. PHYS, TECH, MUS attutire

dance [dænts] I. <-cing> *vi* 1. (*move to music*) ballare; **to ~ to sth** ballare al ritmo di qc; **shall we ~?** balliamo?; **to go dancing** andare a ballare 2. (*move energetically*) saltare; **to ~ with joy** saltare di gioia 3. (*twinkle*) **his eyes ~d with pleasure** i suoi occhi brillavano di piacere II. <-cing> *vt* ballare; **to ~ the night away** ballare tutta la notte III. *n* ballo *m;* **to have a ~ with sb** ballare con qu

dancer ['dænt·sɚ] *n* ballerino, -a *m, f*

dancing *n* ballo *m*

dandelion ['dæn·də·la·ən] *n* BOT dente *m* di leone

dandruff ['dæn·drəf] *n* forfora *f*

Dane [deɪn] *n* danese *mf*

danger ['deɪn·dʒɚ] *n* **1.** (*peril*) pericolo *m;* **to be in ~** essere in pericolo; **to be out of ~** esser fuori pericolo; **a ~ to sth/sb** un pericolo per qc/qu **2.** (*perilous aspect*) rischio *m;* **the ~s of sth** i rischi di qc

dangerous ['deɪn·dʒə·rəs] *adj* pericoloso, -a

danger zone *n* zona *f* pericolosa

dangle ['dæŋ·gl] **I.** <-ling> *vi* (*hang down*) penzolare **II.** <-ling> *vt* **1.** (*cause to hang down*) far penzolare **2.** (*tempt with*) **to ~ sth in front of sb** tentare qu con qc

Danish ['deɪ·nɪʃ] **I.** *adj* danese **II.** *n* **1.** (*person*) danese *mf* **2.** LING danese *m* **3.** FOOD **~** (**pastry**) *brioche di pasta sfoglia e frutta*

dare [der] **I.** <-ring> *vt* **1.** (*risk doing*) osare **2.** (*challenge*) sfidare; **to ~ sb** (**to do sth**) sfidare qu (a fare qc) **II.** <-ring> *vi* (*risk doing*) osare; **to ~ to do sth** osare fare qc; **I don't ~ go there** non oso andar lì; **just you ~!** provaci, se ne hai il coraggio!; **how ~ you ...** come osi ... ▶ **don't you ~!** non azzardarti! **III.** *n* sfida *f*

daredevil ['der·ˌdev·əl] *inf* **I.** *n* scavezzacollo *m* **II.** *adj* temerario, -a

daring ['de·rɪŋ] **I.** *adj* **1.** (*courageous*) temerario, -a **2.** (*provocative: dress*) audace **II.** *n* audacia *f*

dark [dɑːrk] **I.** *adj* **1.** (*without light, black*) scuro, -a; **~ blue** blu scuro; **~ chocolate** cioccolato fondente **2.** (*not pale: complexion, hair*) scuro, -a **3.** (*depressing*) cupo, -a; **to have a ~ side** avere un lato negativo **4.** (*evil*) tenebroso, -a **5.** (*unknown*) nascosto, -a **II.** *n* **1.** (*darkness*) oscurità *f;* **to be in the ~** essere al buio; **to be afraid of the ~** aver paura del buio **2.** (*time of day*) **at ~** quando fa buio

darken ['dɑːr·kən] **I.** *vi* oscurarsi; (*sky*) rannuvolarsi; *fig* rabbuiarsi **II.** *vt* (*make darker*) oscurare; *fig* rabbuiare

darkly *adv* **1.** (*mysteriously*) misteriosamente **2.** (*gloomily*) tristemente; **to look at sb ~** guardare con aria triste qu

darkness *n* **1.** (*dark*) oscurità *f;* **to plunge sth into ~** far piombare qc nel buio **2.** *fig* (*lack of knowledge*) ignoranza *f*

darling ['dɑːr·lɪŋ] **I.** *n* **1.** (*beloved person*) tesoro *m* **2.** (*term of endearment*) amore *m* **II.** *adj* **1.** (*beloved*) caro, -a **2.** (*cute*) delizioso, -a; **a ~ little room** una stanzetta deliziosa

darn[1] [dɑːrn] **I.** *vt* (*sock*) rammendare **II.** *n* rammendo *m*

darn[2] [dɑːrn] *vt inf* **~ it!** maledizione!; **well, I'll be ~ed !** (*in surprise*) mi venisse un colpo!; **I'll be ~ed if I'll do it!** manco morto lo faccio!

dart [dɑːrt] **I.** *n* **1.** (*type of weapon*) freccia *f* **2.** *pl* (*game*) freccette *fpl;* **to play ~s** giocare a freccette **3.** (*quick run*) guizzo *m* **4.** FASHION pince *f inv* **II.** *vi* **to ~** (**for sth**) precipitarsi (verso qc); **to ~ away** sfrecciare via **III.** *vt* **1.** (*send quickly: look*) lanciare **2.** (*move quickly*) **the lizard ~ed out its tongue** la lucertola fece scattare la lingua

dash [dæʃ] **I.** <-es> *n* **1.** (*rush*) corsa *f;* **to make a ~ for** precipitarsi verso; **to make a ~ for it** fare una corsa **2.** (*pinch*) pochino *m;* (*of salt*) pizzico *m;* **a ~ of color** una punta di colore **3.** (*flair*) brio *m* **4.** TYPO lineetta *f* **5.** (*in Morse code*) linea *f* **II.** *vi* **1.** (*hurry*) correre **2.** (*slam into*) **to ~ against sth** sbattere contro qc **III.** *vt* **1.** (*shatter*) rompere **2.** (*hopes*) infrangere **3.** (*to ~ off a letter/note*) buttar giù una lettera/un appunto

dashboard ['dæʃ·bɔːrd] *n* AUTO cruscotto *m*

dashing ['dæ·ʃɪŋ] *adj* affascinante

data ['deɪ·t̬ə] *npl + sing/pl vb a.* COMPUT dati *mpl*

database *n* database *m inv*

data file *n* file *m* dati *inv*

data processing *n* elaborazione *f* dei dati

date[1] [deɪt] I. *n* 1. (*calendar day*) data *f;* **expiration ~** data di scadenza; **what ~ is it today?** quanti ne abbiamo oggi?; **to be out of ~** FASHION esser fuori moda 2. (*appointment*) appuntamento *m;* **to have a ~** avere un appuntamento; **to make a ~ with sb** fissare un appuntamento con qu 3. *inf* (*person*) ragazzo, -a *m, f con cui si esce* II. *vt* 1. (*recognize age of*) far risalire 2. (*give date to sth*) datare 3. *inf* (*have relationship with*) **to ~ sb** uscire con qu III. *vi* 1. (*go back to*) **to ~ back to** risalire a 2. (*go out of fashion*) passare di moda 3. (*go on dates*) uscire con qu

date[2] [deɪt] *n* 1. (*fruit*) dattero *m* 2. (*tree*) palma *f* da datteri

dated ['deɪ·t̬ɪd] *adj* datato, -a

date rape *n stupro commesso durante un appuntamento*

daughter ['dɔː·t̬ɚ] *n* figlia *f*

daughter-in-law <daughters-in-law> *n* nuora *f*

dawn [dɔːn] I. *n* (*time of day*) alba *f;* **from ~ to dusk** dall'alba al tramonto; **at ~** all'alba II. *vi* spuntare; *fig* (*era*) nascere; **it ~ed on him that ...** si rese conto che ...

day [deɪ] *n* 1. giorno *m;* **~ after ~** giorno dopo giorno; **~ by ~** giorno per giorno; **all ~ (long)** tutto il giorno; **any ~ now** da un giorno all'altro; **by ~** di giorno; **for a few ~s** per qualche giorno; **from that ~ on(wards)** da quel giorno; **from this ~ forth** da oggi in poi; **one ~** un giorno; **two ~s ago** due giorni fa; **the ~ before yesterday** l'altro ieri; **the ~ after tomorrow** dopodomani; **in the (good) old ~s** ai bei tempi; **the exam is ten ~s from now** [*or* **in ten ~s time**] l'esame è fra dieci giorni 2. (*working period*) giornata *f;* **to take a ~ off** prendere un giorno di vacanza ▶ **~ <u>in</u> ~ out** tutti i santi giorni

daylight ['deɪ·laɪt] *n* luce *f* del giorno; **in broad ~** in pieno giorno

day shift *n* turno *m* di giorno

daytime ['deɪ·taɪm] *n* giorno *m;* **in the ~** di giorno

day trip *n* gita *f* (di un giorno)

daze [deɪz] I. *n* stordimento *m;* **to be in a ~** essere stordito II. *vt* stordire

dazzle ['dæ·zl] I. *vt* abbagliare II. *n* bagliore *m*

dazzled *adj* abbagliato, -a

DD [ˌdiː·'diː] *n abbr of* **Doctor of Divinity** dottore, -essa *m, f* in Teologia

DE *n abbr of* **Delaware** Delaware *m*

dead [ded] I. *adj* 1. (*no longer alive*) morto, -a; **to be ~ on arrival** giungere cadavere (all'ospedale); **she wouldn't be seen ~ wearing that** *inf* neanche morta lo indosserebbe 2. *inf* (*inactive: battery*) scarico, -a; (*fire*) spento, -a; **the line went ~** è caduta la linea 3. *inf* (*boring*) morto, -a; (*town*) deserto, -a 4. (*numb*) addormentato, -a 5. **to be a ~ loss** essere un disastro totale II. *n* **the ~** i morti III. *adv* 1. *inf* (*totally*) completamente; **to be ~ set on doing sth** essere assolutmente determinato a fare qc 2. (*directly*) proprio; **~ ahead** sempre dritto

dead end *n* vicolo *m* cieco

dead-end *adj* senza uscita; **~ job** lavoro *m* senza prospettive

dead heat *n* risultato *m* di parità

deadline ['ded·laɪn] *n* scadenza *f;* **to meet/miss the ~** rispettare/non rispettare la scadenza

deadlock ['ded·lɑːk] *n* punto *m* morto

deadly ['ded·li] I. <-ier, -iest> *adj* 1. (*capable of killing*) mortale 2. *inf* (*boring*) noiosissimo, -a II. <-ier, -iest> *adv* estremamente

deaf [def] I. *adj* sordo, -a; **to go ~** diventare sordo II. *npl* **the ~** i sordi

deafen ['de·fən] *vt* assordare

deafening *adj* assordante

deaf-mute [ˌdef·'mjuːt] *n* sordomuto, -a *m, f*

deafness *n* sordità *f*

deal[1] [diːl] *n* (*large amount*) quantità *f;* **a great ~** una gran quantità

deal[2] [diːl] <dealt, dealt> I. *n* 1. COM affare *m;* **a big ~** un affare importante 2. (*agreement*) accordo *m;* **to do a ~ (with sb)** fare un patto (con qu) 3. GAMES (*of cards*) turno *m di dare le carte;* **it's your ~** tocca a te dare le carte ▶ **<u>big</u> ~!** *iron inf* sai che roba!;

it's no big ~! *inf* non è niente di eccezionale! **II.** *vi* **1.** (*do business*) fare affari; **to ~ with sb** fare affari con qu; **to ~ in sth** trattare qc **2.** GAMES dare le carte **3.** *sl* (*accept situation, cope*) **to ~** (**with sth**) farcela (con qc) **III.** *vt* **1.** GAMES (*cards*) distribuire **2.** (*give*) dare; **to ~ sb a blow** assestare un colpo a qu

♦**deal with** *vt* **1.** (*take care of: problem*) affrontare; (*person*) occuparsi di **2.** (*be about: book*) trattare di **3.** (*punish*) fare i conti con

dealer ['diː·lɚ] *n* **1.** COM commerciante *mf;* **drug ~** spacciatore, -trice *m, f;* **antique ~** antiquario, -a *m, f* **2.** GAMES (*in cards*) persona *f* che dà le carte

dealing ['diː·lɪŋ] *n* **1.** COM commercio *m* **2.** *pl* FIN transazione *f* **3.** *pl* (*relations*) rapporti *mpl;* **to have ~s with sb** avere a che fare con qu

dealt [delt] *pt, pp of* **deal**

dear [dɪr] **I.** *adj* **1.** (*much loved*) caro, -a; **it is ~ to me** mi è molto caro **2.** (*in letters*) **Dear David** caro David; **Dear Sir** Egregio Signor **3.** (*expensive*) caro, -a **II.** *adv* caro **III.** *interj inf* **oh ~!** oddio! **IV.** *n* tesoro *m;* **she is a ~** è un tesoro

dearly *adv* **1.** molto; **I love her ~** l'amo molto **2.** *fig* caro; **he paid ~ for his success** ha pagato caro il suo successo

death [deθ] *n* morte *f;* **to die a natural ~** morire di morte naturale; **to be bored to ~ with sth** *inf* annoiarsi a morte con qc; **scared to ~** *inf* spaventato a morte

deathbed ['deθ·bed] *n* letto *m* di morte

death certificate *n* certificato *m* di grazia

deathly ['deθ·li] **I.** *adv* mortalmente; **~ pale** di un pallore mortale **II.** *adj* mortale

death penalty *n* pena *f* di morte

debatable [dɪ·'beɪ·t̬ə·bl] *adj* discutibile

debate [dɪ·'beɪt] **I.** *n* **1.** (*argument*) dibattito *m* **2.** (*consideration*) esame *m* approfondito **II.** *vt* **1.** (*argue*) dibattere **2.** (*consider*) considerare **III.** *vi* **to ~ about sth** discutere di qc

debit ['de·bɪt] **I.** *n* debito *m* **II.** *vt* addebitare

debt [det] *n* debito *f;* **to be in ~** essere in debito; **to pay off a ~** pagare un debito

debt collector *n* agente *m* di recupero crediti

decade ['de·keɪd] *n* decennio *m*

decaf ['diː·kæf] *adj, n inf abbr of* **decaffeinated** decaffeinato *m*

decaffeinated [ˌdiː·'kæ·fɪ·neɪ·t̬ɪd] *adj* decaffeinato, -a

decay [dɪ·'keɪ] **I.** *n* (*of food*) deperimento *m;* (*of intellect*) deterioramento *m;* (*dental*) carie *f inv;* (*of civilization*) decadenza *f* **II.** *vi* (*food*) deperire; (*building, intellect*) deteriorarsi; (*teeth*) cariarsi **III.** *vt* far deperire

deceased [dɪ·'siːst] *adj, n* defunto, -a *m, f*

deceive [dɪ·'siːv] *vt* ingannare; **to ~ oneself** ingannarsi

December [dɪ·'sem·bɚ] *n* dicembre *m;* *s. a.* **April**

decent ['diː·sənt] *adj* **1.** (*socially acceptable*) decente; **are you ~?** *fig* sei presentabile? **2.** *inf* (*kind*) gentile **3.** *inf* (*adequate: salary, living, wage*) adeguato, -a

deceptive [dɪ·'sep·tɪv] *adj* ingannevole

decide [dɪ·'saɪd] **I.** *vi* decidere; **to ~ on sth** scegliere qc **II.** *vt* decidere

decimal ['de·sɪ·ml] **I.** *n* decimale *m* **II.** *adj* decimale

decision [dɪ·'sɪ·ʒən] *n* **1.** (*choice*) decisione *f;* **to make a ~** prendere una decisione **2.** LAW decisione *f* **3.** (*resoluteness*) risolutezza *f*

decisive [dɪ·'saɪ·sɪv] *adj* **1.** (*factor*) decisivo, -a **2.** (*resolute: manner*) risoluto, -a **3.** (*beyond doubt: victory*) determinante

deck [dek] **I.** *n* **1.** (*of ship*) ponte *m;* **to go below ~** scendere sottocoperta **2.** (*back porch*) *piattaforma di legno costruita sul retro di una casa* **3.** (*of cards*) mazzo *m* **4.** MUS, ELEC piastra *f* **II.** *vt* **to ~ sth out** decorare qc; **to be all ~ed out** essere in ghingheri

deck chair *n* sdraio *f inv*

declaration [ˌde·klə·'reɪ·ʃən] *n* dichiarazione *f;* **the D~ of Independence** la Dichiarazione d'Indipendenza

declare [dɪ·ˈkler] **I.** *vt* dichiarare; **to ~ war on sb** dichiarare guerra a qu **II.** *vi* dichiararsi

decline [dɪ·ˈklaɪn] **I.** *vi* **1.** (*price*) calare; (*power*) diminuire; (*civilization*) decadere; **to ~ in value** diminuire di valore **2.** MED deperire **3.** (*refuse*) declinare **II.** *vt* **1.** (*refuse*) declinare **2.** LING declinare **III.** *n* **1.** (*in price, power*) diminuzione *f;* (*of civilization*) declino *m;* **to be in ~** essere in declino **2.** MED deperimento *m*

decorate [ˈde·kə·reɪt] **I.** *vt* **1.** (*adorn*) decorare; (*by painting*) pitturare; (*by wallpapering*) tappezzare **2.** (*honor*) decorare **II.** *vi* **1.** (*paint*) pitturare **2.** (*wallpaper*) tappezzare

decoration [ˌde·kə·ˈreɪ·ʃən] *n* decorazione *f*

decorator [ˈde·kə·reɪ·t̬ɚ] *n* imbianchino *m;* (*with wallpaper*) tappezziere *m*

decrease¹ [dɪ·ˈkriːs] **I.** *vi* diminuire; (*prices*) calare **II.** *vt* diminuire

decrease² [ˈdiː·kriːs] *n* diminuzione *f*

dedicate [ˈde·dɪ·keɪt] *vt* **1.** (*devote*) **to ~ oneself to sth** dedicarsi a qc **2.** (*book, poem, song*) **to ~ sth to sb** dedicare qc a qu **3.** (*formally open*) inaugurare

deduct [dɪ·ˈdʌkt] *vt* dedurre

deduction [dɪ·ˈdʌk·ʃən] *n* detrazione *f*

deed [diːd] *n* **1.** (*act*) azione *f;* (*remarkable*) impresa *f* **2.** LAW atto *m*

deep [diːp] **I.** *adj* **1.** (*not shallow*) profondo, -a **2.** (*full*) **to take a ~ breath** respirare a fondo **3.** (*extending back*) profondo, -a; **the drawer is 2 feet ~** il cassetto è largo 2 piedi **4.** (*extreme*) profondo, -a; **in ~ mourning** in lutto stretto; **to be in ~ trouble** esser nei guai fino al collo *inf* **5.** (*absorbed by*) **to be in ~ thought** esser immerso nei propri pensieri **6.** *inf* (*hard to understand*) complesso, -a **7.** (*low in pitch*) grave **8.** (*dark*) intenso, -a; **~ red** rosso scuro **II.** *adv* **1.** (*far down*) in profondità; **~ in the forest** nel cuore della foresta **2.** (*extremely*) profondamente; **to be ~ in debt** essere nei debiti fino al collo

deep freeze *n* congelatore *m*

deep-frozen *adj* surgelato, -a

deep-fry *vt* friggere in olio abbondante

deeply *adv* profondamente; **to be ~ interested in sth** avere un forte interesse per qc

deep space *n* AVIAT spazio *m* profondo

deer [dɪr] *n inv* cervo *m*

defeat [dɪ·ˈfiːt] **I.** *vt* sconfiggere; (*hopes*) deludere **II.** *n* **1.** (*loss*) sconfitta *f;* **to admit ~** darsi per vinto **2.** (*of plans*) fallimento *m*

defect¹ [ˈdiː·fekt] *n a.* TECH, MED difetto *m*

defect² [dɪ·ˈfekt] *vi* POL (*from a country*) fuggire; (*from the army*) disertare

defective [dɪ·ˈfek·tɪv] *adj* difettoso, -a

defend [dɪ·ˈfend] *vi, vt a.* LAW, SPORTS difendere; **to ~ oneself (from sb/sth)** difendersi (da qu/qc); **who is ~ing in that case?** chi è l'avvocato difensore in quella causa?

defendant [dɪ·ˈfen·dənt] *n* LAW (*in a civil case*) convenuto, -a *m, f;* (*in a criminal case*) imputato, -a *m, f*

defense [dɪ·ˈfents] *n* **1.** (*against attack*) difesa *f;* **to rush to sb's ~** accorrere in difesa di qu **2.** LAW **the ~** la difesa; **counsel for the ~** avvocato *m* difensore **3.** SPORTS **to play ~** giocare in difesa

defenseless [dɪ·ˈfens·lɪs] *adj* indifeso, -a

defensive [dɪ·ˈfent·sɪv] **I.** *adj* difensivo, -a **II.** *n* **to be/go on the ~** essere/mettersi sulla difensiva

defer [dɪ·ˈfɜːr] <-rr-> *vt* rinviare

defiant [dɪ·ˈfa·ɪənt] *adj* **1.** (*person*) ribelle **2.** (*attitude*) di sfida

define [dɪ·ˈfaɪn] *vt* **1.** (*give definition of*) definire **2.** (*explain*) definire; (*rights*) stabilire **3.** (*characterize*) caratterizzare

definite [ˈde·fɪ·nət] *adj* **1.** (*certain*) sicuro, a; (*date*) stabilito, -a; **to be ~ about sth** essere chiaro in merito a qc; **it's ~ that ...** non c'è dubbio che ... **2.** (*clearly defined*) definitivo, -a

definitely *adv* di sicuro

definition [ˌde·fɪ·ˈnɪ·ʃən] *n* definizione *f*

deflect [dɪ·ˈflekt] *vt* far deviare

deflection [dɪ·ˈflek·ʃən] *n* deviazione *f*

defraud [dɪ·ˈfrɔːd] *vt* defraudare; **to ~ sb**

(**of sth**) defraudare qu (di qc)

defrost [ˌdiː·ˈfrɔːst] **I.** *vt* (*food*) scongelare; (*fridge*) sbrinare **II.** *vi* (*food*) scongelarsi; (*fridge*) sbrinarsi

defy [dɪ·ˈfaɪ] *vt* **1.** (*challenge*) sfidare **2.** (*resist*) resistere a; **it defies description** è indescrivibile **3.** (*disobey*) disobbedire a

degree [dɪ·ˈgriː] *n* **1.** MATH, METEO grado *m;* **5 ~s below zero** 5 gradi sotto zero; **first/second ~ burns** MED ustioni di primo/secondo grado **2.** (*amount*) livello *m* **3.** (*extent*) **I agree with you to some ~** son d'accordo con te fino a un certo punto; **by ~s** gradualmente **4.** UNIV laurea *f;* **to have a ~ in sth** essere laureato in qc; **she's got a physics ~ from UCLA** si è laureata in fisica alla UCLA; **to have a master's ~ in sth** avere un master in qc; **to do a ~ in chemistry** prendere una laurea in chimica

dejected *adj* avvilito, -a

Delaware [del·ə·ˈwer] *n* Delaware *m*

delay [dɪ·ˈleɪ] **I.** *vt* rimandare; **to be ~ed** subire un ritardo; **to ~ doing sth** tardare a fare qc **II.** *vi* ritardare; **to ~ in doing sth** tardare a fare qc **III.** *n* ritardo *m;* **a two-hour ~** un ritardo di due ore

delegate[1] [ˈde·lɪ·gət] *n a.* POL delegato, -a *m, f*

delegate[2] [ˈde·lɪ·geɪt] *vt* delegare

delegation [ˌde·lɪ·ˈgeɪ·ʃən] *n* delegazione *f*

delete [dɪ·ˈliːt] *vt* **1.** (*erase*) cancellare **2.** COMPUT cancellare

deletion [dɪ·ˈliː·ʃən] *n* **1.** (*act of erasing*) cancellazione *f* **2.** (*removal*) soppressione *f*

deli [ˈde·li] *n inf see* **delicatessen**

deliberate[1] [dɪ·ˈlɪ·bə·rət] *adj* **1.** (*intentional*) deliberato, -a **2.** (*cautious*) ponderato, -a **3.** (*unhurried*) posato, -a

deliberate[2] [dɪ·ˈlɪ·bə·reɪt] **I.** *vi* **to ~ on sth** riflettere su qc **II.** *vt* deliberare

deliberation [dɪ·ˌlɪ·bə·ˈreɪ·ʃən] *n* **1.** (*formal discussion*) discussione *f* **2.** (*consideration*) riflessione *f* **3.** (*unhurried manner*) posatezza *f*

delicacy [ˈde·lɪ·kə·si] *n* **1.** (*tact*) tatto *m* **2.** (*trickiness*) **the ~ of the situation** la delicatezza della situazione

delicate [ˈde·lɪ·kət] *adj* **1.** (*fragile*) delicato, -a; **to be in ~ health** essere delicato di salute **2.** (*fine*) raffinato, -a; (*balance*) delicato, -a **3.** (*soft: aroma, color*) delicato, -a **4.** (*tricky: situation*) delicato, -a **5.** (*highly sensitive*) sensibile

delicatessen [ˌde·lɪ·kə·ˈte·sən] *n* gastronomia *f*

delicious [dɪ·ˈlɪ·ʃəs] *adj* delizioso, -a

delight [dɪ·ˈlaɪt] **I.** *n* piacere *m;* **to take ~ in sth** trarre piacere da qc **II.** *vt* deliziare; **to be ~ed with sth** essere contentissimo di qc

delightful [dɪ·ˈlaɪt·fəl] *adj* delizioso, -a; (*person*) incantevole

delirious [dɪ·ˈlɪ·ri·əs] *adj* **to be ~** delirare; *fig inf* **to be ~ with joy** essere pazzo, -a di gioia

deliriously *adv* **1.** MED delirantemente **2.** *fig inf* follemente; **she was ~ happy** era pazza di gioia *inf*

deliver [dɪ·ˈlɪ·vɚ] **I.** *vt* **1.** (*hand over*) consegnare; (*mail, letter*) recapitare **2.** (*recite: lecture*) tenere; (*verdict*) pronunciare **3.** (*direct*) **to ~ a blow to sb's head** assestare un colpo sulla testa a qu **4.** SPORTS (*throw*) lanciare **5.** (*give birth to*) **to ~ a baby** (*mother*) dare alla luce un bambino; (*doctor*) far nascere un bambino **6.** (*save*) liberare **7.** (*produce*) **to ~ the goods** mantenere la parola **II.** *vi* **1.** COM **we ~** si fanno consegne a domicilio **2.** *inf* (*make good on*) **to ~ on sth** mantenere qc **3.** (*give birth*) partorire

delivery [dɪ·ˈlɪ·və·ri] *n* **1.** (*distribution*) consegna *f;* **~ charges** spese *f pl* di consegna; **~ man** fattorino *m;* **~ woman** fattorina *f;* **to pay on ~** pagare alla consegna; **to take ~ of sth** ricevere qc **2.** (*manner of speaking*) dizione *f* **3.** SPORTS lancio *m* **4.** (*birth*) parto *m*

delivery room *n* sala *f* parto

delivery service *n* servizio *m* di consegne a domicilio

delivery truck *n* furgone *m* per le consegne

delude [dɪ·ˈluːd] *vt* illudere

deluge ['de·lju:dʒ] **I.** *n a. fig* diluvio *m* **II.** *vt a. fig* inondare; **she is ~d with offers** è sommersa dalle offerte

deluxe [dɪ·'lʌks] *adj* di lusso

demand [dɪ·'mænd] **I.** *vt* **1.** (*ask for forcefully*) esigere; (*a right*) rivendicare **2.** (*require*) richiedere **II.** *n* **1.** (*insistent request*) richiesta *f;* **to make a ~ that ...** richiedere che ... *+subj;* **on ~** su richiesta **2.** COM domanda *f;* **payable on ~** pagabile a vista; **to be in ~** (*object, person*) essere richiesto

demo ['dem·oʊ] *n inf see* **demonstration** dimostrazione

democracy [dɪ·'mɑː·krə·si] *n* democrazia *f*

democrat ['de·mə·kræt] *n* democratico, -a *m, f*

democratic [ˌde·mə·'kræ·t̬ɪk] *adj* democratico, -a

demolish [dɪ·'mɑː·lɪʃ] *vt a. fig* demolire

demolition [ˌde·mə·'lɪ·ʃən] *n* demolizione *f*

demon ['diː·mən] *n* **1.** (*evil spirit*) demonio *m* **2.** (*destructive force*) demone *m*

demonstrate ['de·məns·treɪt] **I.** *vt* (*show clearly*) mostrare; (*prove*) dimostrare **II.** *vi* POL manifestare

demonstration [ˌde·mən·'streɪ·ʃən] *n* **1.** (*act of showing*) dimostrazione *f* **2.** (*march*) manifestazione *f;* **to hold a ~** tenere una manifestazione

demonstrative [dɪ·'mɑːns·trə·t̬ɪv] *adj* **1.** (*illustrative*) dimostrativo, -a **2.** (*expressing feelings*) espansivo, -a

demonstrator ['de·məns·treɪ·t̬ɚ] *n* **1.** (*of a product*) dimostratore, -trice *m, f* **2.** (*protester*) dimostrante *mf*

demoralize [dɪ·'mɔː·rə·laɪz] *vt* demoralizzare

den [den] *n* **1.** (*animal habitation*) tana *f* **2.** *a. iron* (*place for vice*) covo *m;* **a ~ of thieves** un covo di ladri **3.** (*small room*) soggiorno *m* **4.** (*in cub scouts*) tana *f*

denial [dɪ·'na·ɪəl] *n* **1.** (*act of refuting*) negazione *f* **2.** (*refusal*) rifiuto *m* **3.** (*of a right*) negazione *f* **4.** (*rejection*) smentita *f;* **to issue a ~ of sth** smentire qc

denim ['de·nɪm] *n* **1.** (*cloth*) tela *f* jeans **2.** *pl, inf* (*clothes*) jeans *mpl*

Denmark ['den·mɑːrk] *n* Danimarca *f*

denounce [dɪ·'naʊnts] *vt* **1.** (*condemn*) condannare **2.** (*give information against*) denunciare

dense [dents] *adj* **1.** (*thick*) fitto, -a **2.** (*closely packed*) denso, -a; (*compact*) compatto, -a **3.** (*complex*) complesso, -a **4.** *inf* (*stupid*) ottuso, -a

densely *adv* densamente

density ['den·tsə·t̬i] *n* **1.** (*compactness*) densità *f;* **to be high/low in ~** essere ad alta/bassa densità **2.** (*complexity*) spessore *m*

dent [dent] **I.** *n* **1.** (*mark*) ammaccatura *f* **2.** (*adverse effect*) tacca *f* **II.** *vt* **1.** (*put a dent in*) ammaccare **2.** (*have adverse effect on: confidence*) intaccare

dental ['den·təl] *adj* (*treatment, care*) dentistico, -a; (*problem, disease*) dentario, -a; **a ~ appointment** un appuntamento dal dentista

dental floss *n* filo *m* interdentale

dentist ['den·tɪst] *n* dentista *mf*

dentistry ['den·tɪst·ri] *n* odontoiatria *f*

dentures ['den·tʃɚz] *npl* protesi *f* dentaria *inv*

deny [dɪ·'naɪ] *vt* **1.** (*declare untrue*) negare; (*report*) smentire; **to ~ having done sth** negare di aver fatto qc **2.** (*refuse*) rifiutare; **to ~ oneself sth** privarsi di qc **3.** (*disown*) rinnegare

deodorant [di·'oʊ·də·rənt] *n* deodorante *m*

depart [dɪ·'pɑːrt] *vi* partire

departed **I.** *adj* (*dead*) defunto, -a **II.** *n pl* **the ~** i defunti

department [dɪ·'pɑːrt·mənt] *n* **1.** (*division: of a university, company*) dipartimento *m;* (*of a shop*) reparto *m* **2.** ADMIN, POL ministero *m;* **~ of Health and Human Services** ≈ Ministero *m* della Sanità

departmental [ˌdiː·pɑːrt·'men·təl] *adj* dipartimentale

department store *n* grandi *m pl* magazzini

departure [dɪ·'pɑːr·tʃɚ] *n* **1.** (*act of leaving*) partenza *f* **2.** (*deviation*) svolta *f;* (*new undertaking*) nuova fase *f*

departure gate *n* AVIAT uscita *f*

departure lounge *n* AVIAT sala *f* d'imbarco

departure time *n* orario *m* di partenza

depend [dɪ·'pend] *vi* **1.** (*be determined by*) **to ~ on sth** dipendere da qc; **to ~ on sb** dipendere da qu; **~ing on the weather...** a seconda del tempo ... **2.** (*rely on for aid*) **she depends on her father for money** dipende economicamente dal padre **3.** (*trust*) **to ~ on sb/sth** contare su qu/qc

dependable [dɪ·'pen·də·bl] *adj* (*thing*) affidabile; (*person*) fidato, -a

dependent [dɪ·'pen·dənt] **I.** *adj* **1.** (*conditional*) **to be ~ on sb/sth** dipendere da qu/qc **2.** (*in need of*) dipendente; **to be ~ on drugs** essere farmacodipendente; **she has two ~ children** ha due figli a carico **II.** *n* persona *f* a carico

depict [dɪ·'pɪkt] *vt* rappresentare

depiction [dɪ·'pɪk·ʃən] *n* rappresentazione *f*

deport [dɪ·'pɔːrt] *vt* espellere

deportation [ˌdiː·pɔːr·'teɪ·ʃən] *n* espulsione *f*

deportee [ˌdiː·pɔːr·'tiː] *n* deportato, -a *m, f*

deposit [dɪ·'pɑː·zɪt] **I.** *vt a.* FIN depositare; **to ~ $1000** depositare 1000 dollari **II.** *n* **1.** (*sediment*) deposito *m* **2.** GEO giacimento *m* **3.** (*first payment*) acconto *m;* **to make a ~** effettuare un versamento; **to leave a ~** lasciare un acconto; **to leave sth as a ~** lasciare qc in acconto

depositor [dɪ·'pɑː·zə·t̬ɚ] *n* depositante *mf*

depreciate [dɪ·'priː·ʃi·eɪt] **I.** *vi* svalutarsi **II.** *vt* svalutare

depreciation [dɪ·ˌpriː·ʃi·'eɪ·ʃən] *n* svalutazione *f*

depress [dɪ·'pres] *vt* **1.** (*sadden*) deprimere **2.** (*reduce activity of*) ridurre; (*the economy*) deprimere

depressed *adj* **1.** (*sad*) depresso, -a; **to feel ~** sentirsi depresso **2.** (*impoverished: period*) di depressione; (*area*) depresso, -a; (*economy*) in crisi

depressing *adj* deprimente

depression [dɪ·'pre·ʃən] *n a.* METEO, FIN depressione *f*

deprive [dɪ·'praɪv] *vt* privare; (*of dignity*) spogliare; **to ~ sb of sth** privare qu di qc

deprived *adj* svantaggiato, -a

depth [depθ] *n* **1.** *a. fig* profondità *f;* **in the ~ of winter** in pieno inverno; **in the ~s of the forest** nel cuore della foresta **2.** (*intensity*) intensità *f* ▶ **in ~** a fondo

deputize ['dep·jə·taɪz] *vi* **to ~ for sb** sostituire qu

deputy ['dep·jə·t̬i] *n* (*assistant*) vice *mf;* (*in police department*) vicesceriffo *m*

derailment [dɪ·'reɪl·mənt] *n a. fig* deragliamento *m*

derelict ['de·rə·lɪkt] **I.** *adj* (*building*) fatiscente; (*site*) abbandonato, -a **II.** *n* (*person*) vagabondo, -a *m, f*

derision [dɪ·'rɪ·ʒən] *n* derisione *f*

derive [dɪ·'raɪv] **I.** *vt* **to ~ sth from sth** trarre qc da qc **II.** *vi* **to ~ from sth** derivare da qc

derogatory [dɪ·'rɑː·gə·tɔː·ri] *adj* sprezzante

descend [dɪ·'send] **I.** *vi* **1.** (*go down*) scendere; (*fall*) calare **2.** (*lower oneself*) **to ~ to stealing** abbassarsi a rubare **3.** (*come from*) **to ~ from sb/sth** discendere da qu/qc **II.** *vt* scendere

descendant [dɪ·'sen·dənt] *n* discendente *mf*

descent [dɪ·'sent] *n* **1.** *a.* AVIAT discesa *f* **2.** (*ancestry*) discendenza *f*

describe [dɪ·'skraɪb] *vt* **1.** (*tell in words*) descrivere **2.** (*draw*) tracciare

description [dɪ·'skrɪp·ʃən] *n* **1.** (*account*) descrizione *f* **2.** (*sort*) sorta *f;* **of every ~** d'ogni tipo

descriptive [dɪ·'skrɪp·tɪv] *adj* descrittivo, -a

desert[1] [dɪ·'zɜːrt] **I.** *vi* MIL disertare **II.** *vt* abbandonare; (*one's post*) lasciare; **to ~ sb** (**for sb else**) lasciare qu (per un'altra persona)

desert[2] ['de·zɚt] *n* deserto *m*

deserve [dɪ·'zɜːrv] *vt* meritare

deservedly *adv* meritatamente

design [dɪ·'zaɪn] **I.** *vt* **1.** (*plan*) **to**

~ **sth** (**for sb**) progettare qc (per qu) **2.** (*intend*) **to ~ sth for sb/sth** concepire qc per qu/qc **II.** *vi* fare il designer **III.** *n* **1.** (*plan*) progetto *m* **2.** (*sketch*) schizzo *m* **3.** (*pattern*) motivo *m* **4.** (*intention*) proposito *m;* **to do sth by ~** far qc di proposito **5.** *pl, inf* (*dishonest intentions*) cattive *f pl* intenzioni **IV.** *adj* di progetto

designated driver *n* autista *mf* designato *che rimane sobrio per portare gli altri a casa dopo una festa*

designer [dɪ·ˈzaɪ·nɚ] **I.** *n* designer *mf inv* **II.** *adj* firmato, -a

desirable [dɪ·ˈza·ɪə·rə·bl] *adj* **1.** (*necessary*) utile; **it is ~ that ...** sarebbe opportuno che ... *+subj* **2.** (*sexually attractive*) desiderabile **3.** (*popular or fashionable*) interessante

desire [dɪ·ˈza·ɪɚ] **I.** *vt* **1.** (*request*) **to ~ that ...** desiderare che ... *+subj* **2.** (*want*) desiderare; **I ~ you to leave** ti prego di andartene **3.** (*be sexually attracted to*) **to ~ sb** desiderare qu **II.** *n* **1.** (*craving*) desiderio *m* **2.** (*request*) desiderio *m* **3.** (*sensual appetite*) desiderio *m* sessuale

desired *adj* desiderato, -a

desk [desk] *n* **1.** (*table*) scrivania *f* **2.** (*service counter*) banco *m* **3.** (*department of a newspaper*) redazione *f*

desk lamp *n* lampada *f* da tavolo

desolate [ˈde·sə·lət] *adj* **1.** (*barren*) desolato, -a; (*prospect*) triste **2.** (*sad*) sconsolato, -a; **to feel ~** sentirsi sconsolato

despair [dɪs·ˈper] **I.** *n* disperazione *f* **II.** *vi* disperare; **to ~ of sth** disperare di qc

despairing *adj* disperato, -a

desperate [ˈdes·pə·rət] *adj* **1.** (*as last chance*) disperato, -a; (*measure*) estremo, -a; (*violent*) pronto, -a a tutto **2.** (*serious*) grave; (*poverty*) estremo, -a; (*situation*) disperato, -a **3.** (*great*) estremo, -a; **to be in a ~ hurry** avere una fretta terribile **4.** (*having great need*) **to be ~ for sth** avere assolutamente bisogno di qc

desperation [ˌdes·pə·ˈreɪ·ʃən] *n* disperazione *f*

despise [dɪs·ˈpaɪz] *vt* disprezzare

despite [dɪs·ˈpaɪt] *prep* nonostante

dessert [dɪ·ˈzɜːrt] *n* dolce *m,* dessert *m inv*

dessertspoon [dɪ·ˈzɜːrt·ˌspuːn] *n* **1.** (*spoon*) cucchiaio *m* da dessert **2.** (*amount*) cucchiaiata *f*

destination [ˌdes·tɪ·ˈneɪ·ʃən] *n* destinazione *f*

destiny [ˈdes·tɪ·ni] *n* destino *m*

destroy [dɪs·ˈtrɔɪ] *vt* **1.** (*demolish*) distruggere **2.** (*kill*) abbattere **3.** (*ruin*) distruggere

destructible [dɪs·ˈtrʌk·tə·bl] *adj* distruttibile

destruction [dɪs·ˈtrʌk·ʃən] *n* distruzione *f*

destructive [dɪs·ˈtrʌk·tɪv] *adj* distruttivo, -a

detach [dɪ·ˈtætʃ] *vt* staccare

detachable *adj* staccabile

detached *adj* **1.** (*separated*) separato, -a; **~ house** villetta unifamiliare **2.** (*impartial*) imparziale

detail [dɪ·ˈteɪl] **I.** *n* **1.** (*item of information*) dettaglio *m;* **in ~** in modo dettagliato; **to go into ~** entrare nei dettagli **2.** (*unimportant item*) minuzia *f* **3.** (*small feature*) particolare *m* **II.** *vt* **1.** (*explain fully*) specificare dettagliatamente **2.** (*tell*) elencare dettagliatamente

detailed *adj* dettagliato, -a

detain [dɪ·ˈteɪn] *vt* **1.** (*hold as prisoner*) detenere **2.** (*delay*) trattenere

detect [dɪ·ˈtekt] *vt* **1.** (*note*) notare; (*sense presence of*) percepire **2.** (*discover*) scoprire

detection [dɪ·ˈtek·ʃən] *n* (*of disease*) scoperta *f*

detective [dɪ·ˈtek·tɪv] *n* **1.** (*private investigator*) detective *mf inv* **2.** (*police officer*) agente *mf* investigativo

detective novel *n,* **detective story** *n* romanzo *m* poliziesco

detention [dɪ·ˈten·ʃən] *n* **1.** (*act*) detenzione *f* **2.** (*as a prisoner*) detenzione *f* **3.** SCH *castigo consistente nell'essere trattenuti a scuola al termine delle lezioni*

deter [dɪ·ˈtɜːr] <-rr-> *vt* dissuadere

detergent [dɪ·ˈtɜːr·dʒənt] *n* detergente *m*
deteriorate [dɪ·ˈtɪ·rɪ·ə·reit] *vi* **1.** (*wear out*) deteriorarsi **2.** (*become worse*) peggiorare
determination [dɪ·ˌtɜːr·mɪ·ˈneɪ·ʃən] *n* **1.** (*firmness of purpose*) risoluzione *f* **2.** (*decision*) determinazione *f*
determine [dɪ·ˈtɜːr·mɪn] **I.** *vi* **1.** (*decide*) **to ~ on sth** decidersi per qc **2.** LAW estinguersi **II.** *vt* **1.** (*decide*) decidere; (*settle*) definire **2.** (*find out*) stabilire **3.** (*influence*) determinare **4.** LAW (*terminate*) rescindere
determined [dɪ·ˈtɜːr·mɪnd] *adj* determinato, -a
detest [dɪ·ˈtest] *vt* detestare
detestable [dɪ·ˈtes·tə·bl] *adj* odioso, -a
detour [ˈdiː·tʊr] *n* deviazione *f;* **to make a ~** fare una deviazione
detoxify [diː·ˈtɑːk·sɪ·faɪ] *vt* disintossicare
detrimental [ˌde·trɪ·ˈmen·təl] *adj* nocivo, -a
deuce [duːs] *n* **1.** (*in cards*) due *m* **2.** (*in tennis*) parità *f*
devastate [ˈde·vəs·teɪt] *vt* (*land, city*) devastare; (*person*) distruggere
devastating *adj* **1.** (*causing destruction*) devastante; (*powerful*) devastatore, -trice **2.** (*stunning*) impressionante; (*beauty*) sconvolgente; (*charm*) irresistibile
devastation [ˌde·vəs·ˈteɪ·ʃən] *n* devastazione *f*
develop [dɪ·ˈve·ləp] **I.** *vi* (*grow*) svilupparsi; (*become more advanced*) progredire; **to ~ into sth** trasformarsi in qc **II.** *vt* **1.** (*expand*) sviluppare; (*improve*) ampliare **2.** (*create*) creare **3.** (*begin to show*) rivelare **4.** (*build*) costruire; (*build on*) sviluppare **5.** PHOT sviluppare
developing *adj* in via di sviluppo
development [dɪ·ˈve·ləp·mənt] *n* **1.** (*process*) sviluppo *m;* (*growth*) crescita *f* **2.** (*growth stage*) sviluppo *m;* (*of skills*) acquisizione *f* **3.** (*progress*) progresso *m;* (*of products*) ideazione *f* **4.** (*event*) sviluppo *m* **5.** (*building of*) costruzione *f;* **housing ~** complesso *m* abitativo **6.** (*building on: of land*) sviluppo *m* **7.** (*industrialization*) industrializzazione *f*
deviate [ˈdiː·vi·eɪt] *vi* deviare
device [dɪ·ˈvaɪs] *n* **1.** (*mechanism*) dispositivo *m* **2.** (*method*) stratagemma *m* **3.** (*bomb*) ordigno *m*

D

devil [ˈde·vəl] *n* **1.** (*Satan*) diavolo *m;* **to be possessed by the ~** essere posseduto dal demonio **2.** (*evil spirit*) demone *m* **3.** *inf* (*wicked person*) diavolo *m* **4.** (*mischievous person*) **he's a little ~** è una peste; **lucky ~!** fortunato mortale! **5.** (*difficult thing*) **to have a ~ of a time doing sth** fare una fatica del diavolo a fare qc ▶ **between the ~ and the deep blue sea** tra l'incudine e il martello; **there'll be the ~ to pay** saranno guai seri; **how/who/what/where the ~ ...?** come/chi/cosa/dove diavolo ...?
devilish [ˈde·və·lɪʃ] *adj* **1.** (*evil*) diabolico, -a **2.** (*mischievous*) malizioso, -a **3.** (*very clever*) diabolico, -a
devious [ˈdiː·vi·əs] *adj* **1.** (*dishonest*) sleale **2.** (*winding*) tortuoso, -a
devise [dɪ·ˈvaɪz] *vt* **1.** (*plan, think out*) escogitare; (*a plot*) ideare; (*a scheme*) concepire **2.** LAW legare
devoid [dɪ·ˈvɔɪd] *adj* **to be ~ of sth** esser privo di qc
devolution [ˌde·və·ˈluː·ʃən] *n* POL (*decentralization of power*) devoluzione *f inv*
devote [dɪ·ˈvoʊt] *vt* dedicare
devoted [dɪ·ˈvoʊ·t̬ɪd] *adj* dedicato, -a; (*husband, mother*) devoto, -a; (*couple*) fedele; **to be ~ to sb** essere affezionato a qu
devotion [dɪ·ˈvoʊ·ʃən] *n* **1.** (*loyalty*) lealtà *f;* (*affection*) affetto *m* **2.** REL devozione *f*
devour [dɪ·ˈva·ʊɚ] *vt* divorare
devout [dɪ·ˈvaʊt] *adj* **1.** REL devoto, -a **2.** (*compulsive*) fervido, -a
dew [duː] *n* rugiada *f*
diabetes [ˌda·ɪə·ˈbiː·t̬ɪz] *n* diabete *m*
diabetic [ˌda·ɪə·ˈbe·t̬ɪk] *adj, n* diabetico, -a *m, f*
diagnose [ˌda·ɪəg·ˈnoʊs] **I.** *vi* fare una diagnosi **II.** *vt* diagnosticare

diagnosis [ˌda·ɪəg·ˈnoʊ·sɪs] <-ses> *n* diagnosi *f inv*

diagonal [daɪ·ˈæ·gə·nl] *adj, n* diagonale *f*

diagram [ˈda·ɪə·græm] *n* **1.** (*drawing*) diagramma *m* **2.** (*chart*) grafico *m*

dial [ˈda·ɪəl] **I.** *n* **1.** (*face of clock*) quadrante *m* **2.** (*on radio*) manopola *f* di sintonizzazione **II.** <-l- *or* -ll-, -l- *or* -ll-> *vi* fare un numero **III.** *vt* **1.** (*phone number*) chiamare **2.** (*radio station*) sintonizzarsi su

dialect [ˈda·ɪə·lekt] *n* dialetto *m*

dialog *n*, **dialogue** [ˈda·ɪə·lɑːg] *n a.* POL dialogo *m*

dial tone *n* TEL segnale *m* di libero

diameter [daɪ·ˈæ·mə·t̬ɚ] *n* diametro *m*

diamond [ˈda·ɪə·mənd] *n* **1.** (*gemstone*) diamante *m;* **the ace/king of ~s** GAMES l'asso/il re di quadri **2.** (*rhombus*) rombo *m* **3.** (*baseball field*) campo *m;* (*infield*) diamante *m*

diaper [ˈda·ɪə·pɚ] *n* pannolino *m*

diarrhea [ˌda·ɪə·ˈriː·ə] *n* diarrea *f*

diary [ˈda·ɪə·ri] *n* diario *m*

dice [daɪs] **I.** *npl* **1.** (*cubes*) dadi *mpl* **2.** (*game*) gioco *m* dei dadi **3.** (*food cut in cubes*) dadini *mpl* ▶ **<u>no</u> ~** *sl* non se ne parla nemmeno **II.** *vi* giocare a dadi **III.** *vt* tagliare a dadini

dicey [ˈdaɪ·si] <-ier, -iest> *adj inf* rischioso, -a

dick [dɪk] *n vulg* **1.** (*penis*) cazzo *m* **2.** (*stupid person*) cazzone, -a *m, f*

dictate [ˈdɪk·teɪt] **I.** *n* dettame *m* **II.** *vi* **1.** (*command*) dare ordini **2.** (*to a typist*) **to ~ to sb** dettare a qu **III.** *vt* **1.** (*give orders*) dare ordini a; (*terms*) dettare **2.** (*make necessary*) rendere necessario; (*state exactly*) imporre **3.** (*to a typist*) dettare

dictation [dɪk·ˈteɪ·ʃən] *n* SCHOOL dettato *m*

dictator [ˈdɪk·teɪ·t̬ɚ] *n* POL dittatore, -trice *m, f*

dictatorship [dɪk·ˈteɪ·t̬ɚ·ʃɪp] *n* dittatura *f*

dictionary [ˈdɪk·ʃə·ne·ri] *n* dizionario *m*

did [dɪd] *pt of* **do**

didn't [dɪ·dənt] = **did not** *see* **do**

die [daɪ] <dying, died> *vi* **1.** (*cease to live*) morire; **to ~ a violent/natural death** morire di morte violenta/naturale **2.** (*end*) finire **3.** (*stop functioning: appliance*) smettere di funzionare; (*battery*) scaricarsi; **the engine just ~d on me** il motore mi ha abbandonato **4.** (*fade away*) spegnersi ▶ **to be dying to <u>do</u> sth** morire dalla voglia di fare qc

◆**die away** *vi* (*sobs, anger*) calmarsi; (*enthusiasm*) spegnersi; (*sound*) smorzarsi

◆**die down** *vi* (*wind, gossip*) placare; (*enthusiasm, applause*) smorzarsi

◆**die out** *vi* estinguersi

die-hard *n* intransigente *mf*

diesel engine *n* motore *m* diesel

diet [ˈda·ɪət] **I.** *n* dieta *f;* **to be on a ~** essere a dieta; **to go on a ~** seguire una dieta **II.** *vi* essere a dieta

dietary [ˈda·ɪə·te·ri] *adj* (*food*) dietetico, -a

differ [ˈdɪ·fɚ] *vi* **1.** (*be unlike*) differire; **to ~ from sth** essere diverso da qc **2.** (*disagree*) non essere d'accordo; **to ~ about sth** discordare su qc

difference [ˈdɪ·fə·rənts] *n* **1.** (*state of being different*) differenza *f* **2.** (*distinction*) diversità *f;* **to make a ~** fare una bella differenza **3.** (*new feature*) differenza *f* **4.** (*remaining amount*) **to pay the ~** pagare la differenza **5.** (*disagreement*) divergenza *f;* **to settle ~s** mettersi d'accordo

different [ˈdɪ·fə·rənt] *adj* diverso, -a; **to do something ~** far qualcosa di diverso

differentiate [ˌdɪ·fə·ˈren·tʃi·eɪt] *vi, vt* distinguere

difficult [ˈdɪ·fɪ·kəlt] *adj* **1.** (*not easy*) difficile **2.** (*troublesome*) duro, -a

difficulty [ˈdɪ·fɪ·kəl·ti] <-ies> *n* difficoltà *f;* **with ~** difficilmente; **to have ~ doing sth** avere difficoltà a fare qc

dig [dɪg] **I.** *n* **1.** (*poke*) gomitata *f* **2.** (*excavation*) scavo *m* **3.** (*sarcastic remark*) frecciata *f* **II.** <-gg-, dug, dug> *vi* **1.** (*turn over ground*) scavare **2.** (*poke*) conficcarsi **III.** *vt* **1.** (*move ground*) scavare; (*garden*) zappare **2.** (*excavate*) scavare **3.** (*stab, poke*) conficcare **4.** *sl* (*like*) piacere

digest [daɪ·'dʒest] **I.** *vi* digerire **II.** *vt* **1.** (*break down: food*) essere digerito **2.** *inf* (*understand*) assimilare **3.** (*classify*) classificare

digestible [daɪ·'dʒes·tə·bl] *adj* digeribile

digestion [daɪ·'dʒest·ʃən] *n* digestione *f*

digger ['dɪ·gɚ] *n* **1.** (*machine*) escavatrice *f* **2.** (*person*) sterratore, -trice *m, f*

digit ['dɪ·dʒɪt] *n* **1.** (*number*) cifra *f* **2.** (*finger, toe*) dito *m*

digital ['dɪ·dʒɪ·t̬l] *adj* digitale

digitalize ['dɪ·dʒɪ·t̬ə·laɪz] *vt* digitalizzare

digitizer ['dɪ·dʒɪ·taɪ·zɚ] *n* COMPUT digitalizzatore *m*

dignified ['dɪg·nɪ·faɪd] *adj* **1.** (*honorable*) dignitoso, -a **2.** (*solemn*) solenne

dignity ['dɪg·nə·t̬i] *n* **1.** (*state worthy of respect*) dignità *f* **2.** (*respect*) rispetto *m;* **to be beneath sb's ~** non esser degno di qu

digress [daɪ·'gres] *vi* **1.** (*wander from topic*) fare una digressione **2.** (*deviate*) divagare; **to ~ from sth** divagare da qc

dike [daɪk] *n* **1.** *a. fig* diga *f* **2.** (*channel*) canale *m* di scolo

dilapidated [dɪ·'læ·pɪ·deɪ·t̬ɪd] *adj* (*house*) fatiscente; (*car*) scassato, -a

dilate ['daɪ·leɪt] **I.** *vi* dilatarsi **II.** *vt* dilatare

diligent ['dɪ·lɪ·dʒənt] *adj* diligente

dilly-dally ['dɪl·i·dæl·i] *vi inf* **1.** (*waste time*) perdere tempo **2.** (*be indecisive*) tentennare

dilute [daɪ·'lu:t] *vt* **1.** (*liquid*) diluire **2.** *fig* attenuare

dim [dɪm] **I.** <-mm-> *vi* (*lights*) affievolirsi **II.** *vt* abbassare **III.** <-mm-> *adj* **1.** (*not bright*) tenue **2.** (*unclear, faint*) vago, -a **3.** (*stupid*) ottuso, -a **4.** (*unfavorable*) cupo, -a

dimension [dɪ·'men·tʃən] *n* dimensione *f*

diminish [dɪ·'mɪ·nɪʃ] *vi, vt* diminuire

din [dɪn] *n* strepito *m*

dine [daɪn] *vi* cenare

diner ['daɪ·nɚ] *n* **1.** (*person*) cliente *mf* **2.** (*restaurant*) *piccolo ristorante aperto tutto il giorno con tavoli fissi*

dinghy ['dɪŋ·gi] *n* <-ies> (*on larger boat*) tender *m inv;* (*small rowing boat*) piccola imbarcazione *f* a remi

dingy ['dɪn·dʒi] <-ier, -iest> *adj* tetro, -a

dining room *n* sala *f* da pranzo

dinner ['dɪ·nɚ] *n* cena *f;* (**Sunday**) ~ (*meal served in early to mid-afternoon*) pranzo *m*

dinner jacket *n* smoking *m inv*

dinner party *n* cena *f* (tra amici)

dinner service *n* servizio *m* da tavola

dinner table *n* tavolo *m* da pranzo

dinnertime *n* ora *f* di cena

dinosaur ['daɪ·nə·sɔ:r] *n a. fig* dinosauro *m*

dip [dɪp] **I.** *n* **1.** (*dunking*) bagno *m* **2.** (*sudden drop*) calo *m;* (*in the road*) dosso *m* **3.** (*cold sauce*) salsetta *f* **4.** (*brief swim*) nuotata *f* **5.** (*depression in ground*) avvallamento *m* **II.** *vi* **1.** (*drop down: prices*) diminuire; (*road*) essere in discesa **2.** (*slope down*) inclinarsi **3.** (*into a liquid*) immergersi **III.** *vt* **1.** (*immerse*) immergere; *a.* CULIN inzuppare **2.** (*put into*) infilare **3.** (*lower*) abbassare

◆**dip into** *vt* **1.** *always sep* (*put*) infilare **2. to ~ into one's savings** attingere ai propri risparmi **3.** (*look casually*) dare un'occhiata a

diplomacy [dɪ·'ploʊ·mə·si] *n* **1.** (*between countries*) diplomazia *f* **2.** (*tact*) tatto *m*

diplomat ['dɪp·lə·mæt] *n* **1.** (*of country*) diplomatico, -a *m, f* **2.** (*tactful person*) persona *f* diplomatica

diplomatic [ˌdɪp·lə·'mæ·t̬ɪk] *adj* diplomatico, -a

dippy ['dɪ·pi] *adj sl* sciocco, -a

direct [dɪ·'rekt] **I.** *vi* MUS dirigere **II.** *vt* **1.** (*point, intend*) rivolgere; **to ~ sth at sb** destinare qc a qu **2.** (*command*) dirigere **3.** (*indicate*) **to ~ sb to a place** indicare la strada a qu **4.** (*film, play*) dirigere **III.** *adj* **1.** (*straight*) diretto, -a **2.** (*exact*) esatto, -a **3.** (*frank*) franco, -a **IV.** *adv* **1.** (*with no intermediary*) direttamente **2.** (*by a direct way*) dritto

direct deposit *n* (*banking*) accredito *m* su conto corrente

direction [dɪ·'rek·ʃən] *n* **1.** (*supervision*)

direzione *f* **2.** (*movement*) **in the ~ of sth** in direzione di qc; **sense of ~** senso dell'orientamento *m* **3.** *pl* (*information*) istruzioni *fpl;* **can you give me directions?** mi può dare delle indicazioni? **4.** (*of film, play*) regia *f*

directly [dɪ·ˈrekt·li] *adv* **1.** (*without deviation*) direttamente; **go ~ home** va' dritto a casa **2.** (*immediately*) immediatamente **3.** (*shortly*) subito **4.** (*frankly*) francamente

director [dɪ·ˈrek·tɚ] *n* **1.** ECON (*manager*) dirigente *mf* **2.** (*board member*) membro *m* del consiglio; **board of ~s** consiglio *m* di amministrazione

directory [dɪ·ˈrek·tə·ri] *n* **1.** (*book*) guida *f* **2.** COMPUT directory *f inv*

directory assistance *n* servizio *m* informazioni elenco abbonati

dirt [dɜːrt] *n* **1.** (*earth, soil*) terra *f* **2.** (*unclean substance*) sporco *m* **3.** *inf* (*worthless thing*) schifezza *f;* (*person*) merda *f;* **to treat sb like ~** trattare qu come una pezza da piedi **4.** *inf* (*scandal, gossip*) pettegolezzi *mpl fig;* **to get the ~ on sb** sapere tutto su qu ▶ **to eat ~** ingoiare il rospo

dirt cheap *adj inf* a prezzo stracciato

dirty [ˈdɜːr·t̬i] **I.** *vt* sporcare; **to ~ one's hands** sporcarsi le mani **II.** <-ier, -iest> *adj* **1.** (*not clean*) sporco, -a **2.** (*mean, nasty*) **a ~ look** un'occhiataccia **3.** (*lewd*) osceno, -a; (*joke*) spinto, -a; **~ old man** vecchio sporcaccione **4.** (*unpleasant*) sporco, -a; **to do the ~ work** fare il lavoro sporco **III.** *adv* in modo sporco; **to play ~** giocare sporco

disability [ˌdɪs·ə·ˈbɪ·lə·t̬i] *n* **1.** (*handicap*) handicap *m inv* **2.** (*condition of incapacity*) disabilità *f*

disabled **I.** *npl* **the ~** i disabili **II.** *adj* disabile

disadvantage [ˌdɪs·əd·ˈvæn·tɪdʒ] *n* svantaggio *m;* **to be at a ~** essere svantaggiato

disagree [ˌdɪs·ə·ˈgriː] *vi* **1.** (*not agree*) non essere d'accordo **2.** (*differ*) differire **3.** (*have bad effect*) **spicy food ~s with me** il cibo piccante mi fa star male

disagreeable [ˌdɪs·ə·ˈgriː·ə·bl] *adj* sgradevole

disagreement [ˌdɪs·ə·ˈgriː·mənt] *n* **1.** (*lack of agreement*) disaccordo *m* **2.** (*argument*) discussione *f*

disallow [ˌdɪs·ə·ˈlaʊ] *vt* respingere; *a.* LAW, SPORTS annullare

disappear [ˌdɪs·ə·ˈpɪr] *vi* scomparire

disappearance [ˌdɪs·ə·ˈpɪ·rənts] *n* scomparsa *f*

disappoint [ˌdɪs·ə·ˈpɔɪnt] *vt* deludere

disappointed *adj* deluso, -a; **I'm really ~ed in you** mi deludi profondamente

disappointing *adj* deludente

disappointment [ˌdɪs·ə·ˈpɔɪnt·mənt] *n* delusione *f*

disapprove [ˌdɪs·ə·ˈpruːv] *vi* disapprovare; **to ~ of sth** disapprovare qc

disaster [dɪ·ˈzæs·tɚ] *n* **1.** (*great misfortune*) disastro *m;* **~ area** zona *f* disastrata **2.** (*failure*) fiasco *m*

disastrous [dɪ·ˈzæs·trəs] *adj* **1.** (*causing disaster*) disastroso, -a **2.** (*unsuccessful*) catastrofico, -a

disbelief [ˌdɪs·bɪ·ˈliːf] *n* incredulità *f*

disc [dɪsk] *n* disco *m*

discerning [dɪ·ˈsɜːr·nɪŋ] *adj* (*discriminating*) esigente; (*acute*) perspicace

discharge¹ [ˈdɪs·tʃɑːrdʒ] *n* **1.** (*from hospital*) dimissione *f;* (*from army*) congedo *m;* (*from jail*) rilascio *m* **2.** (*firing off*) scarica *f* **3.** (*emission*) emissione *f;* (*of liquid*) secrezione *f* **4.** (*performing of a duty*) adempimento *m*

discharge² [dɪs·ˈtʃɑːrdʒ] **I.** *vi* **1.** (*ship*) scaricare **2.** (*produce liquid: wound*) suppurare **II.** *vt* **1.** *a.* LAW (*release*) liberare **2.** (*dismiss*) MIL congedare; ECON licenziare **3.** (*perform*) **to ~ one's duty** compiere il proprio dovere **4.** (*shoot*) scaricare

disciple [dɪ·ˈsaɪ·pl] *n* **1.** (*follower*) seguace *mf* **2.** *a.* REL (*student*) discepolo, -a *m, f*

disciplinary [ˈdi·sə·plɪ·ne·ri] *adj* disciplinario, -a

discipline [ˈdɪ·sə·plɪn] **I.** *n* **1.** (*obedience, self-control*) disciplina *f* **2.** (*punishment*) punizione *f* **3.** (*field*) disciplina *f* **II.** *vt* **1.** (*punish*) punire; **to ~ oneself to do sth** imporsi di fare qc

2. (*train*) educare

disclosure [dɪs·ˈkloʊ·ʒɚ] *n* **1.** (*act of making public*) divulgazione *f* **2.** (*revelation*) rivelazione *f*

disco [ˈdɪs·koʊ] *n* **1.** (*music*) disco-music *f inv* **2.** (*place*) discoteca *f*

discomfort [dɪs·ˈkʌmp·fɚt] *n* **1.** (*uneasiness*) fastidio *m* **2.** (*inconvenience*) disagio *m*

disconcert [ˌdɪs·kən·ˈsɜːrt] *vt* sconcertare

disconnect [ˌdɪs·kə·ˈnekt] *vt* **1.** (*phone*) **I've been ~ed** è caduta la linea **2.** (*unfasten*) staccare

disconnected *adj* (*cut off*) staccato, -a

disconsolate [dɪs·ˈkɑːn·tsə·lət] *adj* sconsolato, -a

discontented *adj* scontento, -a

discontinue [ˌdɪs·kən·ˈtɪn·juː] *vt* sospendere; **that item's been ~ed** quell'articolo è fuori produzione

discount[1] [ˈdɪs·kaʊnt] *n* sconto *m;* **at a ~** a prezzo ridotto

discount[2] [dɪs·ˈkaʊnt] *vt* **1.** (*reduce price*) scontare **2.** (*disregard*) non far caso a **3.** (*leave out*) scartare

discourage [dɪs·ˈkɜː·rɪdʒ] *vt* **1.** (*dishearten*) scoraggiare **2.** (*dissuade*) **to ~ sb from doing sth** dissuadere qu dal fare qc

discouraging *adj* scoraggiante

discover [dɪs·ˈkʌ·vɚ] *vt* **1.** (*find out*) scoprire **2.** (*find*) trovare

discovery [dɪs·ˈkʌ·və·ri] <-ies> *n* scoperta *f*

discreet [dɪs·ˈkriːt] *adj* discreto, -a

discrepancy [dɪs·ˈkre·pənt·si] <-ies> *n* discrepanza *f*

discretion [dɪs·ˈkre·ʃən] *n* **1.** (*discreet behavior*) discrezione *f* **2.** (*good judgment*) giudizio *m;* **to leave sth to sb's ~** lasciare qc alla discrezione di qu **3.** LAW (*of court*) arbitrio *m*

discriminate [dɪs·ˈkrɪ·mɪ·neɪt] **I.** *vi* **1.** (*see a difference*) distinguere **2.** (*treat unfairly*) **to ~ against sb** discriminare qu **II.** *vt* distinguere

discriminating *adj* **1.** (*able to discern*) perspicace **2.** (*palate, taste*) raffinato, -a

discrimination [dɪs·ˌkrɪ·mɪ·ˈneɪ·ʃən] *n* **1.** (*unfair treatment*) discriminazione *f* **2.** (*good judgement*) discernimento *m* **3.** (*ability to differentiate*) capacità di discriminare *m*

discuss [dɪs·ˈkʌs] *vt* **1.** (*exchange ideas about*) discutere **2.** (*consider*) trattare di

discussion [dɪs·ˈkʌ·ʃən] *n* discussione *f*

disease [dɪ·ˈziːz] *n a. fig* malattia *f*

diseased *adj a. fig* malato, -a

disembark [ˌdɪs·ɪm·ˈbɑːrk] *vi* sbarcare

disentangle [ˌdɪs·ɪn·ˈtæŋ·gl] **I.** *vi* districarsi **II.** *vt* **1.** (*release*) sganciare; **to ~ oneself from sb/sth** sganciarsi da qu/qc **2.** (*untangle*) districare **3.** *fig* (*unravel*) sbrogliare

disgrace [dɪs·ˈgreɪs] **I.** *n* **1.** (*loss of honor*) disonore *m* **2.** (*sth or sb shameful*) vergogna *f* **II.** *vt* disonorare

disgraceful [dɪs·ˈgreɪs·fəl] *adj* vergognoso, -a

disguise [dɪs·ˈgaɪz] **I.** *n* travestimento *m;* **to be in ~** esser travestito **II.** *vt* **1.** (*change appearance*) travestire; **to ~ oneself as sth** travestirsi da qc **2.** (*hide*) nascondere

disgust [dɪs·ˈgʌst] **I.** *n* **1.** (*repugnance*) disgusto *m* **2.** (*indignation*) indignazione *f;* **~ at sth** indignazione per qc **II.** *vt* **1.** (*sicken*) disgustare, ripugnare **2.** (*be offensive*) indignare

disgusting *adj* **1.** (*repulsive*) disgustoso, -a **2.** (*unacceptable*) vergognoso, -a

dish [dɪʃ] **I.** <-es> *n* **1.** (*for food*) piatto *m;* **to do the ~es** lavare i piatti **2.** TEL antenna *f* parabolica **3.** *inf* (*attractive person*) bocconcino *m* **II.** *vi inf* (*gossip*) spettegolare

dishcloth [ˈdɪʃ·klɑːθ] *n* panno *per lavare i piatti*

dishonest [dɪ·ˈsɑː·nɪst] *adj* disonesto, -a

dishonesty [dɪ·ˈsɑː·nəs·ti] *n* **1.** (*lack of honesty*) disonestà *f* **2.** (*dishonest act*) frode *f*

dishwasher *n* (*machine*) lavastoviglie *f inv*

disillusioned *adj* disilluso, -a; **to be ~ with sth/sb** non farsi illusioni su qc/qu

disinclined [ˌdɪs·ɪn·ˈklaɪnd] *adj* riluttante; **to be ~ to do sth** esser restio a fare qc

disinfectant [ˌdɪs·ɪn·ˈfek·tənt] *adj, n* disinfettante *m*

disintegrate [dɪs·ˈɪn·tə·greɪt] **I.** *vi* disintegrarsi **II.** *vt* disintegrare

disinterested [dɪs·ˈɪn·trɪs·tɪd] *adj* **1.** (*impartial*) imparziale **2.** (*not interested*) disinteressato, -a

disk [dɪsk] *n* COMPUT disco *m;* **hard ~** disco *m* rigido; **floppy ~** dischetto *m;* **start-up ~** disco di avvio; **high density ~** disco ad alta densità

disk drive *n* unità *f* disco *inv*

diskette [dɪs·ˈket] *n* dischetto *m*

dislike [dɪs·ˈlaɪk] **I.** *vt* **I really ~ her** mi sta proprio antipatica; **I ~ walking** non mi piace camminare **II.** *n* avversione *f;* **to take a ~ to sb/sth** prendere in antipatia qu/qc

dislocate [dɪs·ˈloʊ·keɪt] *vt* MED (*shoulder, hip*) lussare

dismantle [dɪs·ˈmæn·tl] *vt* smontare; (*system*) smantellare

dismay [dɪs·ˈmeɪ] **I.** *n* costernazione *f* **II.** *vt* costernare

dismiss [dɪs·ˈmɪs] *vt* **1.** (*allow to leave*) congedare **2.** (*from job*) licenziare; **to be ~ed from one's job** essere licenziato **3.** (*not consider*) non tener conto di **4.** LAW archiviare

dismissal [dɪs·ˈmɪ·səl] *n* **1.** (*from school*) permesso *m* di uscire; (*from job*) licenziamento *m* **2.** (*disregarding*) rifiuto *m* di considerare

disobedient [ˌdɪs·ə·ˈbiː·di·ənt] *adj* disubbidiente

disobey [ˌdɪs·ə·ˈbeɪ] **I.** *vi* disubbidire **II.** *vt* disubbidire a

disorder [dɪs·ˈɔːr·dɚ] *n* **1.** (*lack of order*) disordine *m* **2.** MED disturbo *m*

disordered *adj* disordinato, -a

disorderly [dɪs·ˈɔːr·dər·li] *adj* **1.** (*untidy*) disordinato, -a **2.** (*unruly*) turbolento, -a; **~ conduct** turbamento *m* dell'ordine pubblico

disorganized [dɪs·ˈɔːr·gə·naɪzd] *adj* disorganizzato, -a

disoriented *adj* disorientato, -a

dispatch [dɪs·ˈpætʃ] **I.** <-es> *n* **1.** (*news item*) comunicato *m;* **the latest ~ from our correspondent** l'ultimo servizio dal nostro corrispondente **2.** (*delivery*) spedizione *f* **II.** *vt* **1.** (*to send*) inviare **2.** *a. fig* (*to kill*) ammazzare

dispensable [dɪs·ˈpen·sə·bl] *adj* superfluo, -a

dispenser [dɪs·ˈpen·sɚ] *n* **1.** (*device*) distributore *m* automatico **2.** (*container*) dispenser *m inv*

disperse [dɪs·ˈpɜːrs] **I.** *vt* disperdere **II.** *vi* disperdersi

display [dɪs·ˈpleɪ] **I.** *vt* **1.** (*arrange for showing*) esporre **2.** (*express*) mostrare **II.** *n* **1.** (*arrangement*) esposizione *f* **2.** COMPUT display *m inv;* **liquid crystal ~** schermo *m* a cristalli liquidi

display window *n* vetrina *f*

disposable [dɪs·ˈpoʊ·zə·bl] *adj* usa e getta

disposal [dɪs·ˈpoʊ·zl] *n* **1.** (*getting rid of*) eliminazione *f* **2.** (*garbage disposal*) smaltimento *m* ▶ **to be at sb's ~** essere a disposizione di qu

dispose [dɪs·ˈpoʊz] *vi* **to ~ of sth** (*throw away*) eliminare qc; (*get rid of*) sbarazzarsi di qc

disposed *adj* **to be well ~ towards sb** esser ben disposto verso qu

disprove [dɪs·ˈpruːv] *vt* smentire

disputable [dɪs·ˈpjuː·t̬ə·bl] *adj* discutibile

dispute [dɪs·ˈpjuːt] **I.** *vt* **1.** (*argue*) discutere **2.** (*doubt*) mettere in discussione **II.** *vi* **to ~ (with sb) over sth** discutere (con qu) di qc **III.** *n* disputa *f*

disqualification [dɪs·ˌkwɑː·lə·fɪ·ˈkeɪ·ʃən] *n* SPORTS squalifica *f*

disqualify [dɪs·ˈkwɑː·lə·faɪ] <-ie-> *vt* squalificare

disrespect [ˌdɪs·rɪ·ˈspekt] *n* mancanza *f* di rispetto; **to show ~** mancare di rispetto

disrespectful [ˌdɪs·rɪ·ˈspekt·fəl] *adj* irrispettoso, -a

disrupt [dɪs·ˈrʌpt] *vt* (*disturb*) scombussolare; (*interrupt*) interrompere

disruption [dɪs·ˈrʌp·ʃən] *n* (*disturbance*) scombussolamento *m;* (*interruption*) interruzione *f*

disruptive [dɪs·ˈrʌp·tɪv] *adj* che crea scompiglio
dissatisfied [dɪs·ˈsæ·t̬ɪs·faɪd] *adj* insoddisfatto, -a
dissimilar [ˌdɪ·ˈsɪ·mɪ·lɚ] *adj* dissimile
dissolve [dɪ·ˈzɑːlv] **I.** *vi* **1.** (*in a liquid*) dissolversi **2.** *fig* (*collapse*) **to ~ into tears** sciogliersi in lacrime **II.** *vt* sciogliere
dissuade [dɪ·ˈsweɪd] *vt* dissuadere
distance [ˈdɪs·tənts] **I.** *n* **1.** (*space*) distanza *f;* **his house is within walking ~** casa sua è a due passi da qui; **to keep one's ~** tenersi a distanza **2.** (*space far away*) lontananza *f;* **in the ~** in lontananza **II.** *vt* **to ~ oneself from sb/sth** prendere le distanze da qu/qc
distant [ˈdɪs·tənt] *adj* **1.** (*far away*) distante **2.** (*relative, cousin*) lontano, -a
distantly *adv* **1.** (*in the distance*) lontano **2.** *fig* (*in unfriendly manner*) con distacco
distinct [dɪs·ˈtɪŋkt] *adj* **1.** (*separate*) distinto, -a **2.** (*marked*) definito, -a **3.** (*noticeable*) netto, -a
distinction [dɪs·ˈtɪŋk·ʃən] *n* **1.** (*difference*) distinzione *f* **2.** (*eminence*) eminenza *f;* **of great ~** di grande rilievo
distinctive [dɪs·ˈtɪŋk·tɪv] *adj* caratteristico, -a
distinguish [dɪs·ˈtɪŋ·gwɪʃ] **I.** *vi* distinguere **II.** *vt* **1.** (*tell apart*) distinguere **2.** (*be excellent in*) **to ~ oneself in sth** distinguersi in qc
distinguishable *adj* distinguibile
distinguished *adj* **1.** (*celebrated*) eminente **2.** (*stylish*) distinto, -a
distract [dɪs·ˈtrækt] *vt* distrarre
distracted *adj* distratto, -a
distraction [dɪs·ˈtræk·ʃən] *n* **1.** (*disturbance*) distrazione *f* **2.** (*confused agitation*) sconvolgimento *m* **3.** (*pastime*) diversivo *m*
distress [dɪs·ˈtres] **I.** *n* **1.** (*emotional*) angoscia *f* **2.** (*extreme pain*) sofferenza *f* **II.** *vt* angosciare
distressed *adj* **1.** (*unhappy*) angosciato, -a **2.** (*in difficulties*) in difficoltà **3.** FASHION scolorito, -a
distressful *adj*, **distressing** *adj* (*causing worry*) angosciante
distribute [dɪs·ˈtrɪ·bjuːt] *vt* distribuire
distribution [ˌdɪs·trɪ·ˈbjuː·ʃən] *n* distribuzione *f*
district [ˈdɪs·trɪkt] *n* **1.** (*defined area*) distretto *m* **2.** (*region*) regione *f*
district attorney *n* procuratore *m* distrettuale
district court *n* corte *f* distrettuale federale
distrust [dɪs·ˈtrʌst] **I.** *vt* diffidare di **II.** *n* diffidenza *f*
distrustful [dɪs·ˈtrʌst·fəl] *adj* diffidente
disturb [dɪs·ˈtɜːrb] *vt* **1.** (*interrupt*) disturbare **2.** (*worry*) turbare **3.** (*move around*) scompigliare
disturbance [dɪs·ˈtɜːr·bənts] *n* **1.** (*interruption*) disturbo *m* **2.** (*public incident*) disordini *mpl*
disturbed *adj* **1.** (*mentally ill*) affetto, -a da turbe mentali **2.** (*restless*) inquieto, -a **3.** (*moved around*) in disordine
disturbing *adj* **1.** (*annoying*) inquietante **2.** (*worrying*) allarmante
ditch [dɪtʃ] **I.** <-es> *n* (*trench*) fosso *m* **II.** *vt* **1.** *sl* (*discard*) disfarsi di **2.** *sl* (*end a relationship*) mollare
ditsy [ˈdɪt·si] *adj sl* svampito, -a
ditto [ˈdɪ·t̬oʊ] **I.** *n* (*mark indicating repetition*) virgolette *fpl* **II.** *adv* (*so do I*) idem; (*same for me*) lo stesso
dive [daɪv] **I.** *n* **1.** (*in swimming*) tuffo *m* **2.** (*submerge*) immersione *f* **3.** *a. fig* (*sudden decline*) caduta *f* repentina; **to take a ~** precipitare **4.** *sl* (*undesirable establishment*) bettola *f* **II.** *vi* <dived *or* dove, dived *or* dove> **1.** (*in swimming*) tuffarsi **2.** (*submerge*) immergersi **3.** (*go sharply downwards*) scendere in picchiata **4.** (*move towards*) precipitarsi; **to ~ for cover** buttarsi al riparo
diver [ˈdaɪ·vɚ] *n* **1.** (*sb who dives*) tuffatore, -trice *m, f* **2.** (*sb working under water*) sommozzatore, -trice *m, f*
diverge [dɪ·ˈvɜːrdʒ] *vi* divergere; **to ~ from sth** divergere da qc
diverse [dɪ·ˈvɜːrs] *adj* **1.** (*varied*) vario, -a **2.** (*not alike*) diverso, -a
diversion [dɪ·ˈvɜːr·ʃən] *n* **1.** (*changing

of direction) deviazione *f* **2.** (*distraction*) distrazione *f* **3.** (*activity*) diversivo *m*

diversity [dɪ·ˈvɜːr·sə·t̬i] *n* diversità *f*

divert [dɪ·ˈvɜːrt] *vt* **1.** (*change direction*) deviare **2.** (*distract*) distrarre **3.** (*amuse*) divertire

divide [dɪ·ˈvaɪd] **I.** *n* **1.** (*separating line*) divisione *f* **2.** (*watershed*) spartiacque *m inv* **II.** *vt* **1.** *a.* MATH dividere; **to ~ sth into three groups** dividere qc in tre gruppi **2.** (*allot*) ripartire **III.** *vi* (*split*) dividersi

divided *adj* **1.** (*not in agreement*) diviso, -a **2.** (*separated*) separato, -a **3.** (*undecided*) **to be ~ between two options** essere indeciso, -a tra due possibilità

dividend [ˈdɪ·vɪ·dend] *n* MATH, FIN dividendo *m*

diving *n* **1.** (*jumping*) tuffi *mpl* **2.** (*swimming*) immersione *f*

diving board *n* trampolino *m*

diving suit *n* muta *f*

division [dɪ·ˈvɪ·ʒən] *n* **1.** *a.* MIL, MATH, SPORTS divisione *f* **2.** (*splitting up*) ripartizione *f* **3.** COM (*branch of company*) divisione *f*

divorce [dɪ·ˈvɔːrs] **I.** *n* divorzio *m; fig* separazione *f* **II.** *vt* (*break marriage*) **to get ~d** (**from sb**) divorziare (da qu) **III.** *vi* divorziare

DIY [ˌdiː·aɪ·ˈwaɪ] *abbr of* **do-it-yourself** fai da te *m inv*

dizzy [ˈdɪ·zi] <-ier, -iest> *adj* **1.** (*having vertigo*) che ha le vertigini **2.** (*causing vertigo*) vertiginoso, -a **3.** *inf* (*silly*) tonto, -a

DMV [ˌdi·em·ˈvi] *n abbr of* **Department of Motor Vehicles** Ufficio *m* Motorizzazione Civile

do [duː] **I.** *n* **1. the ~s and don'ts** ciò che si deve e ciò che non si deve fare **2.** *inf* (*party*) festa *f* **3.** *sl* (*excrement*) cacca *f;* **dog ~** cacca di cane **II.** <does, did, done> *aux* **1.** (*in questions*) **~ you own a dog?** hai un cane? **2.** (*in negatives*) **Frida ~esn't like olives** a Frida non piacciono le olive **3.** (*in imperatives*) **~ your homework!** fa i compiti!; **~ come in!** entrate, prego! **4.** (*for emphasis*) **~ go to the party!** andateci alla festa!; **he ~es get on my nerves** mi dà proprio ai nervi; **he did ~ it** sì che l'ha fatto **5.** (*replacing a repeated verb*) **so ~ I** anch'io; **neither ~ I** nemmeno io; **she speaks more fluently than he ~es** parla con maggior scioltezza di lui **6.** (*requesting affirmation*) non è vero?; **you ~n't want to answer, ~ you?** non vuoi rispondere, vero? **III.** <does, did, done> *vt* **1.** (*carry out*) fare; **to ~ nothing but ...** non fare altro che ...; **to ~ one's best** fare del proprio meglio; **to ~ everything possible** fare tutto il possibile **2.** (*undertake*) realizzare **3.** (*help*) **to ~ something for sb/sth** far qualcosa per qu/qc **4.** (*act*) agire **5.** (*deal with*) incaricarsi di; **if you ~ the washing up, I'll ~ the drying** se tu lavi i piatti, io li asciugo **6.** (*learn: math, English*) studiare **7.** (*figure out: puzzle, math problem*) risolvere **8.** (*finish*) terminare **9.** (*put in order*) ordinare; (*clean*) pulire; **to ~ one's nails** (*with nail polish*) mettere lo smalto alle unghie; **to do one's hair/face** pettinarsi/lavarsi il viso **10.** (*make neat: the bathroom, one's room*) pulire **11.** (*tour: Europe, California*) visitare **12.** (*go at a speed of*) **to ~ Milan to Rome in five hours** fare Milano-Roma in cinque ore **13.** (*be satisfactory*) **"I only have beer — will that ~ you?"** "ho solo birra — ti va bene?" **14.** (*sell*) vendere; **the shop does fancy kitchen equipment** il negozio vende utensili da cucina un po' particola; (*offer*) servire **15.** (*cook*) cucinare; **to ~ sth for sb** preparare qc per qu **16.** (*cause*) **to ~ sb a good turn** fare un favore a qu; **to ~ sb good** far bene a qu **17.** (*perform: a play*) rappresentare; (*a song*) eseguire; (*imitate: an accent, bird call*) imitare **18.** *inf* (*serve prison sentence: time, life, 10 years*) scontare **19.** *inf* (*swindle*) truffare **20.** *inf* (*drugs*) farsi; (*cocaine, heroin*) farsi di **21.** *sl* (*have sex*) **to ~ it** farlo ▶ **just ~ it!** fallo e basta!; **that ~es it** adesso basta **IV.** <does, did, done> *vi* **1.** (*behave,* *act*) fare **2.** (*manage*) andare; **mother and baby are ~ing well** sia la mamma che il bambino stanno bene; **how are you ~ing?** come va? **3.** (*finish with*) **to be ~ne with sb/sth** aver chiuso con qu/qc **4.** (*be satisfactory*) **this behavior just won't ~!** questo comportamento non è tollerabile! **5.** (*function as*) **it'll ~ for a spoon** può fare da cucchiaio **6.** *inf* (*going on*) **to be ~ing** succedere **7.** (*treat*) **to ~ badly/well by sb** trattar bene/male qu ▶ **that will ~!** adesso basta!

◆**do up** *vt* **1.** (*fasten: button*) abbottonare; (*tie*) fare il nodo a; (*shoes*) allacciare; (*zipper*) tirar su **2.** (*make attractive: one's hair*) raccogliere; **to do oneself up** farsi bello **3.** (*wrap*) avvolgere

◆**do with** *vi* **1.** (*be related to*) **to have to do with sth** (*book*) trattare di qc; (*person*) avere a che fare [*or* vedere] con qu; **to not have anything to do with sb** non aver niente a che vedere con qu **2.** *inf* (*need*) **I could do with a drink** mi ci vorrebbe un bicchierino

◆**do without** *vi* fare a meno di

doable ['du·ə·bəl] *n inf* fattibile

dock¹ [dɑːk] **I.** *n* **1.** (*wharf*) banchina *f;* (*pier*) molo *m* **2.** (*enclosed part of port*) bacino *m* **II.** *vi* **1.** NAUT attraccare **2.** (*spacecraft*) agganciarsi **III.** *vt* NAUT attraccare

dock² [dɑːk] *n* **to be in the ~** essere sul banco degli imputati

dockyard ['dɑːk·jɑːrd] *n* cantiere *m* navale

doctor ['dɑːk·tɚ] **I.** *n* **1.** (*physician*) dottore, -essa *m, f;* **to be at the ~'s** essere dal medico; **to go to the ~'s** andare dal medico **2.** UNIV dottore, -essa *m, f* **II.** *vt* **1.** (*fix temporarily*) **to ~ sth (up)** riparare qc **2.** (*change*) modificare; (*illegally*) falsare

doctorate ['dɑːk·tə·rət] *n* dottorato *m* di ricerca

document ['dɑːk·jə·mənt] **I.** *n* documento *m* **II.** *vt* documentare

documentary [ˌdɑːk·jə·'men·t̬ɚ·i] <-ies> *adj, n* documentario, -a *m, f*

does [dʌz] *3. pers sing of* **do**

doesn't ['dʌ·znt] = **does not** *see* **do**

dog [dɔːg] **I.** *n* **1.** cane, cagna *m, f;* **hunting ~** cane da caccia; **my pet ~** il mio cagnolino **2.** *inf* (*unattractive person*) cesso *m;* (*failure: movie*) fallimento *m* ▶ **to go to the ~s** andare in malora **II.** <-gg-> *vt a. fig* (*pursue*) perseguitare

dog biscuit *n* biscotto *m* per cani

dog collar *n* collare *m* per cani; *iron* colletto *m* da prete

doggy bag *n inf pacchetto con gli avanzi di un pasto consumato al ristorante*

do-it-yourself *n* fai da te *m inv*

doll [dɑːl] *n* **1.** (*toy*) bambola *f* **2.** *inf* tesoro *m* **3.** *inf* (*term of address*) bellezza *f*

dollar ['dɑː·lɚ] *n* dollaro *m* ▶ **to feel like a million ~s** sentirsi una meraviglia; **to look like a million ~s** avere un aspetto fantastico *f*

dolly ['dɑː·li] <-ies> *n* **1.** *childspeak* (*doll*) bambola *f* **2.** (*for transporting*) carrello *m*

dolphin ['dɑːl·fɪn] *n* delfino *m*

dome [doʊm] *n* **1.** (*rounded roof*) cupola *f* **2.** (*rounded ceiling*) volta *f* **3.** *inf* (*bald head*) testa *f* calva

domestic [də·'mes·tɪk] **I.** *adj* **1.** (*of the house*) domestico, -a **2.** (*home-loving*) casalingo, -a **3.** *a.* ECON, FIN, POL (*produce, flight*) nazionale; (*market, trade, policy*) interno, -a **II.** *n* domestico, -a *m, f*

dominant ['dɑː·mə·nənt] *adj* dominante

dominate ['dɑː·mə·neɪt] *vi, vt* dominare

Dominica [ˌdɑː·mɪ·'niː·kə] *n* Dominica *f*

Dominican Republic *n* Repubblica *f* Dominicana

donate ['doʊ·neɪt] *vt* donare

donation [doʊ·'neɪ·ʃən] *n* **1.** (*contribution*) donazione *f* **2.** (*act*) donazione *f*

done [dʌn] *pp of* **do**

donkey ['dɑːŋ·ki] *n a. fig* asino *m*

donor ['doʊ·nɚ] *n* donatore, -trice *m, f*

don't [doʊnt] = **do not** *see* **do**

donut ['doʊ·nʌt] *n* bombolone *m*

doodad ['du·dæd] *n inf* aggeggio *m*

doodle ['duː·dl] **I.** *n* scarabocchio *m* **II.** *vi* scarabocchiare

door [dɔːr] *n* **1.** porta *f;* **front/back ~**

porta principale/di servizio; **to knock at** [*or* **on**] **the** ~ bussare alla porta; **to answer the** ~ aprire la porta; **to see sb to the** ~ accompagnare qu alla porta; **to live next** ~ (**to sb**) abitare vicino (a qu); **out of ~s** all'aria aperta **2.** (*doorway*) entrata *f*

doorbell *n* campanello *m*

doorknob *n* maniglia *f* della porta

doorman <-men> *n* portiere *m*

doormat *n* zerbino *m*

doorstep *n* gradino *m della porta d'ingresso*

doorway *n* entrata *f*

dope [doʊp] **I.** *n inf* **1.** (*drugs*) droga *f* illegale; (*marijuana*) erba *f* **2.** SPORTS doping *m inv;* ~ **test** controllo *m* antidoping **3.** (*stupid person*) idiota *mf* **4.** (*information*) informazioni *fpl;* **to give sb the** ~ **on** [*or* **about**] **sth** fare una soffiata a qu su qc **II.** *vt* (*drug*) drogare; SPORTS dopare

dope dealer *n*, **dope pusher** *n inf* spacciatore, -trice *m, f*

dopey *adj*, **dopy** ['doʊ·pi] *adj* <-ier, -iest> *inf* **1.** (*drowsy*) intontito, -a **2.** (*stupid*) tonto, -a

dormitory ['dɔːr·mə·tɔː·ri] <-ies> *n* **1.** (*room*) dormitorio *m* **2.** UNIV pensionato *m* per studenti

dosage ['doʊ·sɪdʒ] *n* dose *f*

dose [doʊs] **I.** *n a. fig* dose *f;* **a nasty** ~ **of the flu** una brutta influenza **II.** *vt* somministrare una dose a; **to** ~ **oneself with** imbottirsi di

doting *adj* **a** ~ **father** un padre che stravede per i figli

double ['dʌ·bl] **I.** *adj* **1.** (*twice as much/many*) doppio, -a; **a** ~ **whiskey** un doppio whisky; **to lead a** ~ **life** condurre una doppia vita **2.** (*composed of two*) **in** ~ **digits** a due cifre **3.** (*for two*) ~ **mattress** materasso *m* matrimoniale; ~ **room** camera *f* doppia **II.** *adv* doppio; **to see** ~ vedere doppio **III.** *vt* (*increase*) raddoppiare **IV.** *vi* raddoppiare; **to** ~ **for sb** CINE fare la controfigura di; THEAT fare anche la parte di; **to** ~ **as sth** fare anche da qc **V.** *n* **1.** (*double quantity*) doppio *m* **2.** (*person*) sosia *mf inv;* **sb's** ~ il [*or* la] sosia di qu **3.** *pl* SPORTS doppio *m;* **to play ~s** giocare un doppio ▶ **on** [*or* **at**] **the** ~ immediatamente

◆**double up** *vi* **1.** (*bend over*) **to** ~ **with pain/laughter** piegarsi in due per il dolore/ dalle risate **2.** (*share room*) dividere la stanza

double-barreled *adj* (*shotgun*) a due canne

double bass <-es> *n* contrabbasso *m*

double bed *n* letto *m* matrimoniale

double-breasted *adj* (*jacket*) a doppio petto

double-cross **I.** *vt* fare il doppio gioco con **II.** <-es> *n* doppio gioco *m*

double-jointed *adj* snodato, -a

double-park *vi, vt* parcheggiare in doppia fila

double time *n* COM, ECON retribuzione *f* doppia *per lavoro straordinario*

doubt [daʊt] **I.** *n* dubbio *m;* **no** ~ senza dubbio; **without a** ~ senza alcun dubbio; **there is no** ~ **about it** non c'è alcun dubbio a riguardo; **to have one's ~s about sth** avere dei dubbi riguardo a qc; **to raise ~s about sth** sollevare dubbi su qc **II.** *vt* **1.** (*be unwilling to believe*) dubitare di; **to** ~ **sb's word** dubitare della parola di qu **2.** (*call into question*) mettere in dubbio **3.** (*feel uncertain*) nutrire dubbi su; **to** ~ **that** dubitare che ... *+subj* **III.** *vi* dubitare

doubtful ['daʊt·fəl] *adj* **1.** (*uncertain, undecided*) dubbioso, -a; **to be** ~ **about going** essere indeciso, -a se andare o no **2.** (*unlikely*) incerto, -a **3.** (*questionable*) dubbio, -a

doubtless ['daʊt·lɪs] *adv* indubbiamente

dough [doʊ] *n* **1.** CULIN impasto *m* **2.** *inf* (*money*) grana *f*

doughnut ['doʊ·nʌt] *n* bombolone *m*

dove[1] [dʌv] *n* ZOOL colomba *f*

dove[2] [doʊv] *pt of* **dive**

down[1] [daʊn] *n* (*feathers*) piumino *m*

down[2] [daʊn] **I.** *adv* **1.** (*movement*) giù; **to fall** ~ cadere; **to lie** ~ stendersi **2.** (*from another point*) **to go** ~ **to Washington** andare a Washington; ~ **South** a sud **3.** (*less in volume or intensity*) **to be worn** ~ essere consumato; **the sun is** ~ il sole è tramontato; **the price is** ~ il prezzo è sceso **4.** (*temporal*) ~ **through the ages** attraverso i secoli **5.** (*in writing*) **to write/get sth** ~ scrivere/annotare qc **6.** (*not functioning: computer, server*) **to be** ~ non funzionare **7.** (*as deposit*) **to put $100/10% ~ on sth** versare un anticipo di 100 dollari/del 10% per qc ► **to be ~ on sb** avercela con qu; ~ **with the dictator!** abbasso il dittatore! **II.** *prep* **1.** (*lower*) **to go ~ the stairs** scendere le scale; **to run ~ the slope** correre giù per la discesa **2.** (*along*) **to go ~ the street** camminare per strada

downfall ['daʊn·fɔːl] *n* (*of government*) caduta *f;* (*of organization, firm*) crollo *m;* (*of person*) rovina *f*

downhearted [ˌdaʊn·'hɑːr·t̬ɪd] *adj* scoraggiato, -a

downhill [ˌdaʊn·'hɪl] **I.** *adv* in discesa; **to go** ~ andare in discesa; *fig* andare sempre peggio **II.** *adj* (*path*) in discesa; **it's all ~ from now on** *fig* da adesso è tutta discesa *inf*

download ['daʊn·loʊd] *vt* COMPUT scaricare

down payment *n* acconto *m;* **to make a ~ on sth** versare un acconto per qc

downpour ['daʊn·pɔːr] *n* acquazzone *m*

downright ['daʊn·raɪt] **I.** *adj* (*refusal*) categorico, -a; (*disobedience, lie, liar*) bell'e buono, -a; (*fool*) vero, -a; **it is a ~ disgrace** è proprio una vergogna **II.** *adv* completamente; **to be ~ difficult** essere difficilissimo

downstairs [ˌdaʊn·'sterz] **I.** *adv* giù; **to go** ~ andare di sotto **II.** *adj* al piano di sotto **III.** *n* (*ground floor*) pianterreno *m;* (*lower floors*) piani *m pl* inferiori

Down syndrome *n* sindrome *f* di Down

downtime ['daʊn·taɪm] *n* **1.** COMPUT, TECH tempo *m* di inattività **2.** (*rest*) momento *m* di riposo

down-to-earth *adj* (*explanation*) realistico, -a; (*person*) pratico, -a

downtown [ˌdaʊn·'taʊn] **I.** *n* centro (*m* città) **II.** *adv* **to go** ~ andare in centro; **to live** ~ vivere in centro **III.** *adj* del centro; ~ **Los Angeles** il centro di Los Angeles

downturn ['daʊn·tɜːrn] *n* peggioramento *m*

downward ['daʊn·wɚd] **I.** *adj* (*movement*) discendente; (*direction*) verso il basso; (*path*) in discesa; (*tendency, prices*) al ribasso **II.** *adv* verso il basso

downwards ['daʊn·wɚdz] *adv* verso il basso

doz. *abbr of* **dozen** dozzina *f*

doze [doʊz] **I.** *vi* sonnecchiare; **to ~ off** appisolarsi **II.** *n* sonnellino *m;* **to have a** ~ schiacciare un pisolino

dozen ['dʌ·zn] *n* **1.** (*twelve*) dozzina *f;* **half a** ~ mezza dozzina **2.** (*many*) **~s of times** moltissime volte

dozy ['doʊ·zi] *adj* <-ier, -iest> sonnolento, -a

Dr. 1. *abbr of* **Doctor** Dott. *m,* Dott.ssa. *f* **2.** *abbr of* **Drive** viale *m*

drab [dræb] *adj* <drabber, drabbest> **1.** (*dull: color*) smorto, -a; (*existence*) piatto, -a **2.** (*khaki colored*) grigioverde

draft [dræft] **I.** *n* **1.** (*current of air*) corrente *f* d'aria **2.** (*drawing*) schizzo *m* **3.** (*preliminary version*) bozza *f;* (*of novel*) prima stesura *f;* (*of contract*) minuta *f* **4. the** ~ MIL la leva **5.** (*beer from tap*) birra *f* alla spina; **on** ~ alla spina **II.** *vt* **1.** (*prepare first version*) preparare una bozza di; (*novel*) redigere la prima stesura di; (*plan*) tracciare; (*contract*) stendere una bozza di **2.** MIL chiamare alle armi **III.** *adj* (*beer*) alla spina

drafty ['dræf·ti] *adj* <-ier, -iest> pieno, -a di correnti d'aria

drag [dræg] **I.** <-gg-> *vt* **1.** (*pull*) trascinare; **to ~ one's heels** [*or* **feet**] strascicare i piedi; *fig* tirarla per le lunghe **2.** (*in water*) dragare **3.** COMPUT trascinare **II.** <-gg-> *vi* **1.** (*trail along*) strascicare **2.** (*time*) non passare mai; (*meeting, conversation*) trascinarsi **3.** (*lag behind*) restare indietro **III.** *n* **1.** (*device*) draga *f* **2.** PHYS resistenza *f;* AVIAT resistenza *f* aerodinamica **3.** (*hindrance*) ostacolo *m;* **to be a ~ on sb** essere un peso per qu **4.** *inf* (*boring person*) noia *f;* (*boring experience*) rottura *f;* **what a ~!** che rottura!

D

5. *inf* (*women's clothes*) vestiti *m pl* da donna; **to be in ~** travestirsi da donna **6.** *inf* (*inhalation*) tiro *m;* **to take a ~** fare un tiro

◆**drag on** *vi* (*meeting, film*) prolungarsi

◆**drag out** *vt* (*meeting, conversation*) tirare per le lunghe

drain [dreɪn] **I.** *vt* **1.** AGR, MED drenare; (*river, pond*) prosciugare; (*food*) scolare **2.** (*empty by drinking: glass, cup*) svuotare; (*bottle*) scolare **3.** (*exhaust: person*) sfinire; (*resources*) esaurire; **to ~ sb's energy** prosciugare le energie di qu **II.** *vi* (*dishes*) scolare **III.** *n* **1.** (*channel*) canale *m* di scolo; (*pipe*) tubo *m* di scarico **2.** (*sewer*) fognatura *f* **3.** (*in sink*) scarico *m;* **to throw** [*or* **pour**] **money down the ~** buttare i soldi dalla finestra **4.** (*constant outflow*) fuga *f;* **brain ~** fuga di cervelli

drainpipe *n* tubo *m* di scarico

drama ['drɑː·mə] *n* **1.** LIT, CINE dramma *m* **2.** THEAT arte *f* drammatica; **~ teacher** insegnante *mf* di recitazione **3.** *inf* (*emotional situation*) dramma *m*

dramatic [drə·'mæ·t̬ɪk] *adj* **1.** THEAT drammatico, -a; (*artist, production*) teatrale; (*rescue, events*) drammatico, -a **2.** (*very noticeable: rise*) spettacolare; (*effect*) straordinario, -a

drank [dræŋk] *pt of* **drink**

drastic ['dræs·tɪk] *adj* (*measure*) drastico, -a; (*change*) radicale

draw [drɔː] **I.** <drew, drawn> *vt* **1.** ART disegnare; (*line*) tracciare **2.** (*pull, haul: cart, wagon*) trainare; **to ~ the curtains** tirare le tende **3.** (*attract*) attirare; **to be ~n toward(s) sb** sentirsi attratto da qu **4.** (*formulate, perceive*) **to ~ a conclusion** arrivare a una conclusione **5.** (*take out: gun*) estrarre **6.** (*pay with*) **to ~ a check** emettere un assegno; (*withdraw: money*) prelevare **7.** (*lottery*) tirare a sorte **8.** SPORTS, GAMES pareggiare **9.** CULIN **to ~ a beer** spillare una birra **II.** <drew, drawn> *vi* **1.** ART disegnare **2.** (*move*) **to ~ ahead** andare avanti; **to ~ away** allontanarsi **3.** (*approach*) avvicinarsi; **to ~ to a close** volgere al termine; **to ~ to an end** avvicinarsi alla fine **4.** (*draw lots*) estrarre a sorte **5.** SPORTS, GAMES pareggiare **III.** *n* **1.** (*attraction*) attrazione *f* **2.** SPORTS, GAMES pareggio *m* **3.** (*drawing of lots*) sorteggio *m* **4.** (*act of drawing a gun*) **to be quick on the ~** esser veloce nell'estrarre la pistola; *fig* avere la risposta pronta

◆**draw on I.** *vt* (*make use of*) fare ricorso a; **to ~ sb's own resources** attingere alle proprie risorse **II.** *vi* **1.** (*continue: time, day*) avanzare **2.** (*approach*) avvicinarsi

◆**draw out I.** *vt* **1.** (*prolong*) prolungare **2.** (*elicit*) tirar fuori **3.** FIN, ECON prelevare **II.** *vi* **1.** (*car, bus, train*) partire **2.** (*day*) allungarsi

◆**draw up I.** *vt* **1.** (*draft*) stendere; (*list*) compilare; (*guidelines, plan*) preparare **2.** (*pull toward one*) avvicinare **3.** (*raise*) alzare; **to draw oneself up** tirarsi su **II.** *vi* (*vehicle*) fermarsi

drawback *n* svantaggio *m*

drawer ['drɔːr] *n* cassetto *m*

drawing *n* ART disegno *m*

drawing room *n* salotto *m*

drawn [drɔːn] **I.** *pp of* **draw II.** *adj* (*face*) tirato, -a; **you look tired and ~** hai un aspetto stanco e tirato

dread [dred] **I.** *vt* temere; **I ~ to think ...** non oso pensare ... **II.** *n* terrore *m;* **to fill sb with ~** terrorizzare qu

dreadful ['dred·fəl] *adj* **1.** (*terrible*) terribile; (*storm, weather*) orribile **2.** (*of bad quality*) orrendo, -a **3.** (*very great*) spaventoso, -a

dreadfully ['dred·fə·li] *adv* **1.** (*in a terrible manner*) terribilmente **2.** (*very poorly*) malissimo **3.** (*extremely*) estremamente

dream [driːm] **I.** *n* **1.** sogno *m;* **a bad ~** un brutto sogno **2.** (*daydream*) sogno *m* (ad occhi aperti); **like a ~** benissimo, un sogno fatto realtà; **in your ~s!** *inf* col cavolo! **II.** <dreamed *or* dreamt, dreamed *or* dreamt> *vi* sognare; **to ~ of (doing) sth** sognare (di fare) qc **III.** <dreamed *or* dreamt, dreamed *or* dreamt> *vt* sognare; **I never ~ed that ...** non avrei mai immaginato che ... *+conditional* **IV.** *adj* ideale; **his ~ house** la casa dei suoi sogni

◆**dream up** *vt* ideare

dreamt [dremt] *pt, pp of* **dream**

dreary ['drɪ·ri] *adj* <-ier, -iest> (*life*) monotono, -a; (*place*) desolato, -a; (*weather*) uggioso, -a

dress [dres] I. *n* <-es> abito *m;* **strapless/sleeveless ~** abito senza spalline/maniche II. *vi* vestirsi; **to ~ in blue** vestirsi di blu III. *vt* 1. (*put clothes on*) vestire 2. CULIN (*greens, salad*) condire 3. MED (*wound*) medicare IV. *adj* di gala; **a ~ suit** completo *m* da sera

◆**dress down** I. *vi* vestire in modo informale II. *vt* **to dress sb down** fare una ramanzina a qu

◆**dress up** I. *vi* vestirsi in modo elegante; **to ~ as** travestirsi da II. *vt* 1. (*put on formal clothes*) vestire in modo elegante 2. (*disguise*) travestire

dress circle *n* THEAT prima galleria *f*

dressing ['dre·sɪŋ] *n* 1. FASHION modo *m* di vestire 2. CULIN condimento *m* 3. MED medicazione *f*

dressing-down *n* rimprovero *m*

dressing gown *n* (*bathrobe*) vestaglia *f*

dressing table *n* toilette *f inv*

dress rehearsal *n* prova *f* generale

drew [druː] *pt of* **draw**

dried [draɪd] I. *pt, pp of* **dry** II. *adj* secco, -a; **~ milk** latte *m* in polvere

drift [drɪft] I. *vi* 1. (*on water*) lasciarsi trasportare dalla corrente; (*in air*) lasciarsi trasportare dal vento; **to ~ out to sea** andare alla deriva 2. (*move aimlessly*) vagare 3. (*progress aimlessly*) scivolare verso 4. METEO (*sand, snow*) accumularsi II. *n* 1. NAUT deriva *f* 2. *fig* (*movement*) movimento *m* 3. (*trend*) tendenza *f* 4. METEO cumulo *m* 5. *inf* (*sense*) significato *m;* **to catch sb's ~** cogliere il senso di ciò che qu dice

◆**drift apart** *vi* (*people*) allontanarsi (progressivamente)

◆**drift off** *vi* scivolare nel sonno

drill [drɪl] I. *n* 1. TECH, MED trapano *m;* **~ bit** punta *f* da trapano 2. MIL, SCHOOL esercitazione *fpl;* **spelling ~** esercizio ortografico II. *vt* 1. TECH trapanare 2. SCHOOL far esercitare; **to ~ sth into sb** inculcare qc a qu 3. MIL addestrare III. *vi* 1. TECH fare perforazioni 2. (*go through exercise*) fare esercizi 3. MIL fare esercitazioni

drink [drɪŋk] I. <drank, drunk> *vi* bere; **to ~ heavily** bere come una spugna; **to ~ to sb** bere alla salute di qu II. <drank, drunk> *vt* bere; **to ~ a toast (to sb/sth)** brindare (a qu/qc) III. *n* bibita *f;* (*alcoholic beverage*) bicchierino *m;* **to have a ~** bere qualcosa

drinkable ['drɪŋ·kə·bl] *adj* potabile

drinker *n* bevitore, -trice *m, f*

drinking *n* (*act*) il bere *m;* (*drunkenness*) il bere alcolici *m;* **no ~ allowed on these premises** vietato il consumo di bevande alcoliche

drinking fountain *n* fontanella *f*

drinking water *n* acqua *f* potabile

drip [drɪp] I. <-pp-> *vi* gocciolare; (*pipe, faucet*) perdere; (*person, animal*) grondare II. <-pp-> *vt* far gocciolare III. *n* 1. (*act of dripping*) gocciolio *m* 2. (*drop*) goccia *f* 3. MED flebo(clisi) *f inv* 4. *inf* (*person*) inetto, -a *m, f*

dripping ['drɪ·pɪŋ] I. *adj* 1. (*faucet, pipe*) che gocciola 2. (*extremely wet*) fradicio, -a II. *adv* **to be ~ wet** esser bagnato fradicio

drive [draɪv] I. <drove, driven> *vt* 1. AUTO guidare; (*race car*) pilotare 2. (*urge*) spingere; **to ~ sb to (do) sth** spingere qu a (fare) qc 3. (*render, make*) ridurre a; **to ~ sb crazy** far diventar matto qu 4. (*ball*) colpire; (*nail, stake*) conficcare II. <drove, driven> *vi* AUTO 1. (*operate vehicle*) guidare; **the car ~s well** un'auto bella da guidare 2. (*travel*) andare in auto 3. (*function*) funzionare III. *n* 1. AUTO giro *m;* (*journey*) viaggio *m* 2. (*in street names*) **Broadview D~** viale Broadview 3. (*driveway*) vialetto *m* d'accesso 4. TECH trasmissione *f;* **front-wheel ~** trazione *f* anteriore; **all-wheel** [*or* **four-wheel**] **~** trazione *f* a quattro ruote motrici 5. (*campaign*) campagna *f;* **a fund-raising ~** campagna per raccogliere fondi **6.** SPORTS colpo *m* forte **7.** COMPUT drive *m inv*

drive-in ['draɪv·ɪn] *n* (*restaurant, cinema*) drive-in *m inv*

drive-in movie *n*, **drive-in theater** *n* cinema *inv* drive-in

driven ['drɪ·vən] *pp of* **drive**

driver ['draɪ·vɚ] *n* **1.** AUTO conducente *mf;* **truck ~** camionista *mf;* **taxi ~** tassista *mf* **2.** COMPUT driver *m inv*

driver's license *n* patente *f* di guida

drive-through *adj*, **drive-thru** *adj* (*pharmacy, restaurant, bank*) per automobilisti

driving **I.** *n* guida *f* **II.** *adj* **1.** AUTO, TECH di guida **2.** METEO (*rain*) scrosciante **3.** (*powerful: ambition, force*) trainante

driving instructor *n* istruttore, -trice di (scuola) guida *m*

driving test *n* esame *m* di guida

drizzle ['drɪ·zl] METEO **I.** *n* pioggerellina *f* **II.** *vi* piovigginare

drop [drɑ:p] **I.** *n* **1.** (*of liquid*) goccia *f;* **~ by ~** goccia a goccia **2.** *inf* (*small amount: of drink*) goccio *m;* **just a ~** solo un goccio **3.** *fig* (*trace*) briciolo *m* **4.** (*vertical distance*) dislivello *m* **5.** (*decrease*) diminuzione *f;* (*in temperature*) abbassamento *m* **6.** (*fall*) caduta *f;* (*distribution by aircraft*) lancio *m* **7.** (*sweet*) **lemon/peppermint ~s** caramelle*f pl* al limone/alla menta **II.** <-pp-> *vt* **1.** (*allow to fall*) lasciar cadere; **to ~ a bomb** lanciare una bomba **2.** (*lower*) abbassare; **to ~ one's voice** abbassare la voce **3.** *inf* (*send*) mandare; **to ~ sb a line** [*or* **note**] scrivere due righe a qu **4.** *inf* (*express*) accennare; **to ~ a hint** fare un'allusione **5.** (*abandon, give up*) rinunciare a; **to ~ sb** rompere con qu **6.** (*leave out*) omettere; **let's ~ the subject** lasciamo perdere **III.** <-pp-> *vi* **1.** (*descend*) lasciarsi cadere **2.** (*go to*) **to ~ into a bar** andare in un bar **3.** (*go lower: prices*) diminuire **4.** *inf* (*become exhausted*) **to ~ with exhaustion** crollare dalla stanchezza ▶ **to let it ~** lasciar perdere qc

◆**drop by** *vi* passare

◆**drop down** *vi* cadere

◆**drop in** *vi inf* **to ~ on sb** passare a trovare qu

◆**drop off** **I.** *vt inf* (*passenger*) lasciare **II.** *vi* **1.** (*decrease*) diminuire **2.** *inf* (*fall asleep*) addormentarsi **3.** (*become separated*) staccarsi

◆**drop out** *vi* (*person*) ritirarsi; **to ~ of school/college/a club** abbandonare la scuola/l'università/un club

dropout ['drɑ:p·aʊt] *n* **1.** UNIV, SCHOOL persona *f* che ha abbondonato gli studi **2.** (*from society*) emarginato, -a *m, f*

drought [draʊt] *n* siccità *f*

drove [droʊv] *pt of* **drive**

drown [draʊn] **I.** *vt* **1.** (*die in water*) affogare **2.** (*engulf in water*) affogare **II.** *vi* **1.** (*die*) annegare **2.** *fig inf* (*have too much*) **to be ~ing in work** essere sommerso dal lavoro

drowning *n* annegamento *m*

drowsy ['draʊ·zi] <-ier, -iest> *adj* sonnolento, -a

drug [drʌg] **I.** *n* **1.** MED farmaco *m* **2.** (*narcotic*) droga *f;* **to take ~s** drogarsi **II.** <-gg-> *vt* drogare

drug addict *n* tossicodipendente *mf*

drug addiction *n* tossicodipendenza *f*

drug dealer *n* spacciatore, -trice *m, f*

drug pusher *n inf* spacciatore, -trice *m, f*

drugstore *n* farmacia *f che vende anche prodotti cosmetici, tabacco, giornali ecc*

drum [drʌm] **I.** *n* **1.** MUS, TECH tamburo *m* **2.** *pl* (*in a band*) batteria *f* **3.** (*for oil*) bidone *m* **4.** ANAT timpano *m* **II.** <-mm-> *vi* (*play percussion*) suonare il tamburo; (*with fingers*) tamburellare con le dita; **to ~ on sth** tamburellare con le dita su qc **III.** <-mm-> *vt inf* **to ~ sth into sb** ficcare in testa qc a qu

drummer ['drʌ·mɚ] *n* (*in a band*) tamburo *m;* (*in a group*) batterista *mf*

drumstick *n* **1.** MUS bacchetta *f* **2.** CULIN coscia *f*

drunk [drʌŋk] **I.** *pp of* **drink** **II.** *adj* **1.** (*inebriated*) ubriaco, -a; **to be ~** essere ubriaco; **to get ~** ubriacarsi; **~ driving** guida *f* in stato di ebbrezza **2.** *fig* (*very much affected*) **to be ~ with joy** esser ebbro di gioia **III.** *n* ubriaco, -a *m, f*

drunkard ['drʌŋ·kɚd] *n* ubriacone, -a *m, f*

drunken ['drʌŋ·kən] *adj* da ubriaco, -a

dry [draɪ] **I.** <-ier *or* -er, -iest *or* -est> *adj* **1.** (*not wet*) asciutto, -a; **to go ~** asciugarsi; **~ red wine** vino rosso secco **2.** (*climate, soil*) arido, -a **3.** (*bread, toast*) asciutto, -a; (*without alcohol: state, county*) proibizionista **4.** (*uninteresting*) noioso, -a **5.** (*brief*) laconico, -a; **~ (sense of) humor** (senso dell')umorismo pungente **II.** <-ie-> *vt* asciugare; (*tears*) asciugarsi **III.** <-ie-> *vi* asciugare

◆**dry up I.** *vi* **1.** (*become dry*) prosciugarsi **2.** (*dry the dishes*) asciugare i piatti **3.** *inf* (*become silent*) ammutolire; (*on stage*) dimenticare la battuta **4.** (*run out*) finire **II.** *vt* asciugare

dry-clean *vt* lavare a secco

dry cleaning *n* lavaggio *m* a secco

dry cleaner's *n* tintoria *f*

dryer ['dra·ɪɚ] *n* **1.** (*for hair*) asciugacapelli *m inv* **2.** (*for clothes*) asciugabiancheria *f inv*

dual ['du:·əl] *adj inv* doppio, -a

dub [dʌb] <-bb-> *vt* (*film*) doppiare; **to be ~bed into English/French** essere doppiato in inglese/francese

dubbing ['dʌ·bɪŋ] *n* doppiaggio *m*

dubious ['du:·bi·əs] *adj* **1.** (*doubtful*) dubbioso, -a **2.** (*untrustworthy*) dubbio, -a

duchess ['dʌ·tʃɪs] *n* duchessa *f*

duck [dʌk] **I.** *n* **1.** (*bird*) anatra *f* **2.** (*lowering of head*) schivata *f abbassando la testa* **II.** *vi* **1.** (*dip head*) abbassare la testa **2.** (*go under water*) tuffarsi **3.** (*hide*) nascondersi; **to ~ out of sth** *inf* schizzar fuori da qc **III.** *vt* **1.** (*lower suddenly*) **to ~ one's head** abbassare la testa; **to ~ one's head under water** andare sott'acqua con la testa **2.** (*avoid*) schivare; *fig* eludere

ducky ['dʌ·ki] *adj inf* fantastico, -a

dude [dud] *n* **1.** *sl* (*guy*) tipo, -a *m, f* **2.** *inf* (*smartly dressed*) figurino *m*

due [du:] **I.** *adj* **1.** (*payable*) pagabile; (*owing*) dovuto, -a; **~ date** scadenza *f;* **to fall ~** scadere **2.** (*appropriate*) debito, -a; **in ~ course** a tempo debito; **with all ~ respect** col dovuto rispetto **3.** (*expected*) atteso, -a; **I'm ~ in Mexico City this evening** devo essere a Città del Messico stanotte **4.** (*owing to, because of*) **~ to** a causa di; **~ to circumstances beyond our control** per motivi che esulano dalla nostra volontà ... **II.** *n* **1.** (*fair treatment*) dovuto *m;* **to give sb his ~** dare a qu ciò che gli spetta **2.** *pl* (*debts*) debiti *m; pl* **to pay one's ~s** (*meet debts*) pagare i debiti **3.** *pl* (*regular payment*) quota *f* **III.** *adv before adv* **~ north/south** dritto verso nord/sud

duffle bag ['dʌf·əl·ˌbæg] *n* sacca *f* da marinaio

dug [dʌg] *pt, pp of* **dig**

duke [du:k] *n* duca *m*

dull [dʌl] *adj* **1.** (*boring*) noioso, -a; (*life*) monotono, -a **2.** (*not bright: surface*) opaco, -a; (*sky*) grigio, -a; (*weather*) uggioso, -a; (*color*) spento, -a **3.** (*ache*) sordo, -a **4.** (*not sharp: knife*) non affilato, -a

duly ['du:·li] *adv* **1.** (*appropriately*) debitamente **2.** (*on time*) come previsto

dumb [dʌm] *adj* **1.** (*mute*) muto, -a; **deaf and ~** sordomuto, -a **2.** *inf* (*stupid*) stupido, -a; **to play ~** fare il finto tonto

dummy ['dʌ·mi] <-ies> **I.** *n* **1.** (*mannequin*) manichino *m* **2.** (*duplicate*) riproduzione *f* **3.** (*fool*) tonto, -a **II.** *adj* (*false*) finto, -a

dump [dʌmp] **I.** *n* **1.** (*for waste*) discarica *f* **2.** *fig sl* (*dirty place*) tugurio *m* **3.** MIL deposito *m;* **ammunition ~** deposito *m* di munizioni **II.** *vt* **1.** (*drop carelessly*) metter giù; (*get rid of*) disfarsi di **2.** (*abandon*) abbandonare **3.** *inf* (*end relationship with*) piantare **4.** COMPUT riversare **III.** *vi sl* **to ~ on sb** prendersela con qu

dumping *n* scarico *m*

dumpling ['dʌmp·lɪŋ] *n gnocco di pasta ripieno di carne o frutta*

dungarees [ˌdʌŋ·gə·'ri:z] *npl* salopette *f inv*

duplicate[1] ['duː·plɪ·kət] **I.** *adj inv* duplicato, -a; ~ **key** copia *f* di una chiave **II.** *n* duplicato *m*

duplicate[2] ['duː·plɪ·keɪt] *vt* **1.** (*replicate*) duplicare; (*repeat*) ripetere **2.** (*copy*) copiare

duration [dʊ·'reɪ·ʃən] *n* durata *f;* **for the ~ of sth** per l'intera durata di qc

during ['dʊ·rɪŋ] *prep* durante; ~ **work/the week** durante il lavoro/la settimana

dusk [dʌsk] *n* crepuscolo *m;* **at ~** al crepuscolo

dust [dʌst] **I.** *n* polvere *f;* **coal ~** polvere di carbone *m* **II.** *vt* **1.** (*clean*) spolverare **2.** (*spread over*) spargere **III.** *vi* spolverare

duster ['dʌs·tɚ] *n* straccio *m* per la polvere

dust jacket *n* (*on book*) sovraccoperta *f*

dustpan *n* paletta *f;* ~ **and brush** paletta e scopetta

dusty ['dʌs·ti] <-ier, -iest> *adj* **1.** (*covered in dust*) polveroso, -a **2.** (*grayish*) polvere

Dutch [dʌtʃ] **I.** *adj* olandese **II.** *n* **1.** *pl* (*people*) **the ~** gli olandesi **2.** LING olandese ► **to go ~** pagare alla romana

Dutchman ['dʌtʃ·mən] <-men> *n* olandese *m*

Dutchwoman ['dʌtʃ·ˌwʊm·ən] <-women> *n* olandese *f*

duty ['duː·t̬i] <-ies> *n* **1.** (*moral*) dovere *m;* (*obligation*) obbligo *m;* **it's my ~** è mio dovere **2.** (*task, function*) funzione *f* **3.** (*work*) servizio *m;* **to be on/off ~** essere in/fuori servizio **4.** (*tax*) imposta *f;* (*revenue on imports*) diritti *m pl* doganali; **customs duties** dazio *m* doganale; **to pay ~ on sth** pagare il dazio su qc

duty-free *adj* esente da dazio

duvet [duː·'veɪ] *n* piumino *m*

dwarf [dwɔːrf] <-s *or* -ves> *n* nano, -a *m, f*

dwell [dwel] <dwelt *or* -ed, dwelt *or* -ed> *vi* **1.** (*live*) dimorare **2.** (*give attention to*) **to ~ on sth** soffermarsi su qc; **to ~ on a subject** dilungarsi su un tema

dwelt [dwelt] *pp, pt of* **dwell**

dye [daɪ] **I.** *vt* tingere **II.** *n* tinta *m*

dying ['daɪ·ɪŋ] *adj* **1.** (*approaching death*) moribondo, -a **2.** (*words, wishes*) ultimo, -a

dyke[1] [daɪk] *n see* **dike**

dyke[2] [daɪk] *n inf* (*lesbian*) lesbica *f*

dynamic [daɪ·'næ·mɪk] *adj* dinamico, -a

dynamite ['daɪ·nə·maɪt] **I.** *n* dinamite *f* **II.** *vt* far saltare con la dinamite

E

E, e [iː] *n* **1.** (*letter*) E, e *f o m inv;* ~ **for Eric** E come Empoli **2.** MUS mi *m inv*

E *abbr of* **east** E

each [iːtʃ] **I.** *adj* ogni; ~ **one of you** ognuno di voi **II.** *pron* ciascuno, -a; ~ **of them could beat you** ciascuno di loro potrebbe batterti; **$70 ~** $70 ciascuno; **he gave us $10 ~** ci ha dato 10 dollari ciascuno

each other *pron* l'un l'altro, -a **to help ~** aiutarsi l'un l'altro

eager ['iː·gɚ] *adj* desideroso, -a; **to be ~ for sth** essere desideroso di qc

eagerness *n* entusiasmo *m*

eagle ['iː·gl] *n* aquila *f*

ear [ɪr] *n* ANAT orecchio *m;* **~, nose and throat specialist** otorinolaringoiatra *mf;* **to have a good ~** avere orecchio ► **to be up to one's ~s in debt** *inf* essere indebitato fino al collo; **to be all ~s** *inf* essere tutto orecchi

earache ['ɪ·reɪk] *n* mal *m* d'orecchi

eardrum *n* timpano *m*

ear infection *n* infezione *f* dell'orecchio

earl [ɜːrl] *n* conte *m*

early ['ɜːr·li] **I.** <-ier, -iest> *adj* **1.** (*ahead of time, near the beginning*) **to be ~** essere in anticipo; **to take ~ retirement** andare in prepensionamento; **an ~ death** una morte prematura; **the ~ hours** le prime ore del mattino; **in the ~ morning** di primo mattino; **in the ~ afternoon** nel primo pomeriggio; **he is in his ~ twenties** è poco più che ventenne; **the ~**

stages le prime fasi **2.** *form* (*prompt: reply*) sollecito, -a; **at your earliest** (**possible**) **convenience** non appena possibile **3.** (*first*) primo, -a **II.** *adv* **1.** (*ahead of time*) presto; **to get up** ~ alzarsi presto; ~ **in the morning** di mattino presto; ~ **in the year** all'inizio dell'anno; **to be half an hour** ~ essere in anticipo di mezz'ora **2.** (*soon*) prima; **as** ~ **as possible** prima possibile; **reply** ~ rispondete il prima possibile

earn [ɜ:rn] **I.** *vt* **1.** (*be paid*) guadagnare; **to** ~ **a living** guadagnarsi da vivere **2.** (*bring in*) rendere; (*interest*) fruttare **3.** (*obtain*) **to** ~ **money from sth** ottenere denaro da qc **4.** (*deserve*) guadagnarsi **II.** *vi* guadagnare

earnings ['ɜ:r·nɪŋz] *npl* **1.** (*of a person*) entrate *fpl* **2.** (*of a company*) utili *mpl*

earphones ['ɪr·foʊnz] *npl* cuffie *fpl*

earpiece ['ɪr·pi:s] *n* **1.** (*of a phone*) ricevitore *m* **2.** (*of glasses*) stanghetta *f*

earplug ['ɪr·plʌg] *n pl* tappo *m* per le orecchie

earring ['ɪ·rɪŋ] *n* orecchino *m;* **a pair of ~s** un paio di orecchini

earshot ['ɪr·ʃɑ:t] *n* **in/out of** ~ a portata/fuori portata d'orecchio

earth [ɜ:rθ] *n* **1.** (*planet*) terra *f;* **on** ~ al mondo **2.** (*soil*) terra *f* ▶ **to come back** (**down**) **to** ~ tornare coi piedi per terra; **what/who/where/why on** ~ **...?** *inf* cosa/chi/dove/perchè diavolo ...?

earthly ['ɜ:rθ·li] *adj* (*concerning life on earth*) terreno, -a; (*paradise*) in terra

earthquake ['ɜ:rθ·kweɪk] *n* terremoto *m*

ease [i:z] **I.** *n* **1.** (*without much effort*) facilità *f;* **for** ~ **of access** per comodità d'accesso **2.** (*comfort, uninhibitedness*) agio *m;* **to feel at** ~ sentirsi a proprio agio; **to be ill at** ~ essere a disagio; **to be at** ~ essere a proprio agio; **to put sb at** (**his/her**) ~ mettere qu a proprio agio **II.** *vt* **1.** (*relieve: pain*) attenuare; (*tension*) allentare; **to** ~ **sb's mind** tranquillizzare qu **2.** (*burden*) alleggerire **III.** *vi* (*pain*) attenuarsi; (*tension*) allentarsi; (*prices*) calare

♦**ease off** *vi,* **ease up** *vi* (*pain*) attenuarsi; (*fever, wind*) abbassarsi; (*sales, rain*) diminuire; (*tension*) allentarsi; (*person*) rilassarsi

easily ['i:·zə·li] *adv* **1.** (*without difficulty*) facilmente; **to be** ~ **impressed** lasciarsi impressionare facilmente; **to win** ~ vincere con facilità **2.** + *superl* (*clearly*) **to be** ~ **the best** è indubbiamente il migliore **3.** (*probably*) con ogni probabilità; **his guess could** ~ **be wrong** è facile che si sbagli

east [i:st] **I.** *n* est *m;* **to lie 5 miles to the** ~ **of Boston** trovarsi a 5 miglia a est di Boston; **to go/drive to the** ~ andare/guidare verso est; **further** ~ più a est; **in the** ~ **of France** a est della Francia; **Far East** Estremo *m* Oriente; **Middle East** Medio *m* Oriente **II.** *adj* orientale; ~ **wind** vento *m* dell'est; ~ **coast** costa *f* orientale

eastbound ['ist·baʊnd] *adj* diretto , -a a Est

Easter ['i:s·tɚ] *n* Pasqua *f;* **during** ~ a Pasqua

Easter Bunny *n* Coniglietto *m* pasquale

Easter Day *n,* **Easter Sunday** *n* domenica *f* di Pasqua

Easter egg *n* uovo *m* di Pasqua

Easter holidays *npl* vacanze*f pl* di Pasqua

easterly ['i:s·tɚ·li] **I.** *adj* (*wind*) dell'est; **in an** ~ **direction** in direzione est **II.** *adv* **1.** (*towards the east*) verso est **2.** (*from the east*) da est **III.** *n* vento *m* dell'est

Easter Monday *n* lunedì *m* dell'Angelo

eastern ['i:s·tɚn] *adj* orientale

easterner ['i·stər·nər] *n* abitante *mf* dell'est degli Stati Uniti

eastward ['i:st·wɚd] **I.** *adj* **in an** ~ **direction** in direzione est **II.** *adv* verso est

eastwards ['i:st·wɚdz] *adv* verso est

easy ['i:·zi] <-ier, -iest> **I.** *adj* **1.** (*simple*) facile; ~ **money** *inf* denaro *m* facile; **the hotel is within** ~ **reach of the beach** l'albergo è a poca distanza dalla spiaggia; **to be far from** ~ essere tutt'altro che facile; **that's easier said than done** *inf* è più facile a dirsi che a farsi **2.** (*relaxed*) tranquillo, -a; **to be on** ~ **terms with sb** essere in confidenza con qu **3.** (*pleasant*) **~ on the ear/eye** piacevole da ascoltare/guardare **4.** (*undemanding*) indulgente **5.** (*exploitable*) **an ~ target** un bersaglio facile **6.** (*financially secure*) agiato, -a; **to live the ~ life** fare una vita agiata **7.** *pej sl* (*sexually promiscuous*) facile; **she's an ~ lay** è una che ci sta **II.** *adv* **1.** (*cautiously*) con calma; **~ does it** *inf* piano! **2.** (*lenient*) **to go ~ on sb** *inf* andarci piano con qu **3.** *inf* (*less actively*) **to take things ~** prendere le cose con calma

easy-going *adj* (*person*) accomodante; (*attitude*) tollerante

eat [i:t] **I.** <ate, eaten> *vt* mangiare; **to ~ breakfast** fare colazione; **to ~ lunch/dinner** pranzare/cenare ▶ **to ~ one's words** rimangiarsi ciò che si è detto; **what is ~ing him?** *inf* cos'è che lo rode? **II.** *vi* mangiare

◆**eat in** *vi* mangiare a casa

◆**eat out** *vi* mangiare fuori

◆**eat up** *vt* mangiare tutto

eaten ['i:·tən] *pp of* **eat**

eating disorder *n* disturbo *m* dell'alimentazione

eats *npl sl* roba *f* da mangiare

EC [,i·'si] *n abbr of* **European Community** CE *f*

echo ['e·koʊ] **I.** <-es> *n* eco *f o m* **II.** <-es, -ing, -ed> *vi* echeggiare **III.** <-es, -ing, -ed> *vt* **1.** (*reflect*) ripetere **2.** (*repeat*) fare eco a **3.** (*imitate*) richiamare

eclipse [ɪ·'klɪps] **I.** *n* eclissi *f inv;* **solar/lunar ~** eclissi solare/lunare **II.** *vt* eclissare

ecological [,i:·kə·'lɑ:·dʒɪ·kl] *adj* ecologico, -a

ecologically [,ɪ:·kə·'lɑ:·dʒɪk·li] *adv* dal punto di vista ecologico; **~ friendly** attento all'aspetto ecologico; **~ harmful** nocivo all'ambiente

ecologist [i:·'kɑ:·lə·dʒɪst] *n* **1.** (*expert*) ecologo, -a *m* **2.** POL ecologista *mf*

ecology [i:·'kɑ:·lə·dʒi] *n* ecologia *f*

economic [,i:·kə·'nɑ:·mɪk] *adj* **1.** POL, ECON economico, -a **2.** (*profitable*) redditizio, -a

economical [,i:·kə·'nɑ:·mɪ·kl] *adj* economico, -a

economics [,i:·kə·'nɑ:·mɪks] *npl* **1.** + *sing vb* (*discipline*) economia *f* **2.** + *pl vb* (*matter*) aspetti *m pl* economici; **the ~ of the agreement** gli aspetti economici dell'accordo

economist [ɪ·'kɑ:·nə·mɪst] *n* economista *mf*

economize [ɪ·'kɑ:·nə·maɪz] *vi* economizzare; **to ~ on sth** fare economia su qc

economy [ɪ·'kɑ:·nə·mi] <-ies> *n* **1.** (*frugality*) risparmio *m;* **to make economies** risparmiare **2.** (*monetary assets*) economia *f;* **the state of the ~** la situazione economica

ecotourist *n* ecoturista *mf*

ecstasy ['eks·tə·si] <-ies> *n* **1.** (*psychological state*) estasi *f inv* **2.** *inf* (*MDMA*) ecstasy *f inv*

Ecuador ['ek·wə·dɔr] *n* Ecuador *m*

Ecuadorian [,ek·wə·'dɔr·i·ən] *adj, n* ecuadoriano, -a *m, f*

edge [edʒ] **I.** *n sing* **1.** (*limit*) bordo *m;* (*of a lake, pond*) sponda *f;* (*of a page*) margine *m;* **to take the ~ off one's appetite/hunger** placare l'appetitito/la fame **2.** (*cutting part*) filo *m* **3.** (*anger*) **to be on ~** avere i nervi a fior di pelle **4.** SPORTS **to have the ~ over sb** essere avvantaggiato rispetto a qu **II.** *vt* **1.** (*border*) delimitare **2.** (*in sewing*) orlare **3.** (*move slowly*) **to ~ one's way through sth** farsi strada tra qc **III.** *vi* **to ~ closer to sth** accostarsi a qc; **to ~ forward** avanzare progressivamente

edgy ['e·dʒi] <-ier, -iest> *adj inf* teso, -a

edible ['e·dɪ·bl] **I.** *adj* commestibile **II.** *n pl* (*food*) commestibili *mpl*

edit ['e·dɪt] *vt* **1.** (*correct*) correggere; (*articles*) rivedere **2.** (*newspaper*) dirigere **3.** CINE montare **4.** COMPUT editare

edition [ɪ·'dɪ·ʃən] *n* edizione *f;* (*set of books*) tiratura *f;* **paperback ~** edizione *f* economica; **limited ~** edizione a tiratura limitata

editor ['e·dɪ·tə] *n* **1.** (*of book*) curatore, -trice *m, f;* (*of article*) redattore, -trice *m, f;* (*of newspaper*) direttore, -trice *m, f;* **chief** ~ redattore, -trice capo *m;* **sports** ~ redattore, -trice sportivo *m* **2.** CINE addetto, -a *m, f* al montaggio **3.** COMPUT editor *m inv*

editorial [ˌe·də·ˈtɔː·ri·əl] *adj, n* editoriale *m;* ~ **staff** redazione *f*

EDT [ˌi·di·ˈti] *n abbr of* **Eastern Daylight Time** *ora legale addottata negli Stati Uniti orientali*

educate [ˈed·ʒʊ·keɪt] *vt* **1.** (*bring up*) educare **2.** (*teach*) istruire **3.** (*inform*) informare; **to ~ sb in sth** informare qu su qc

educated [ˈed·ʒʊ·keɪ·t̬ɪd] *adj* istruito, -a; **highly** ~ colto

education [ˌed·ʒʊ·ˈkeɪ·ʃən] *n* **1.** SCHOOL istruzione *f;* **primary/secondary** ~ istruzione *f* primaria/secondaria **2.** (*training*) formazione *f;* **science/literary** ~ formazione scientifica/letteraria **3.** (*teaching*) insegnamento *m;* (*study of teaching*) pedagogia *f* **4.** (*culture*) cultura *f*

educational [ˌed·ʒʊ·ˈkeɪ·ʃə·nl] *adj* **1.** SCHOOL (*system, establishment*) educativo, -a; (*method*) pedagogico, -a; **for ~ purposes** a fini educativi **2.** (*instructive*) istruttivo, -a **3.** (*raising awareness*) formativo, -a

EEC [ˌi·i·ˈsi] *n abbr of* **European Economic Community** CEE

eel [il] *n* anguila *f*

effect [ɪ·ˈfekt] **I.** *n* **1.** (*consequence*) effetto *m;* **to have an ~ on sth** avere effetto su qc; **to have no ~ on sb** non avere alcun effetto su qu **2.** (*result*) risultato *m;* **to have little/no** ~ dare scarsi risultati/non dare risultati; **to take** ~ dare risultati; (*medicine, alcohol*) fare effetto; **to no** ~ senza risultato **3.** LAW **to come into** [*or* **to take**] ~ entrare in vigore **4.** (*impression*) impressione *f;* **the overall** ~ l'impressione generale; **for** ~ per creare un effetto **5.** *pl* (*belongings*) effetti *mpl;* **personal ~s** effetti personali ▶ **in** ~ in pratica **II.** *vt* effettuare

effective [ɪ·ˈfek·tɪv] *adj* **1.** (*giving result*) efficace; **he was an ~ speaker** era un oratore di grande abilità **2.** (*real*) reale **3.** (*operative*) in vigore; **to become** ~ entrare in vigore **4.** (*striking*) d'effetto

efficiency [ɪ·ˈfɪ·ʃn·si] *n* **1.** (*of a person*) efficienza *f;* (*of a method*) efficacia *f* **2.** (*of a machine*) rendimento *m*

efficient [ɪ·ˈfɪ·ʃnt] *adj* (*person*) efficiente; (*machine, system*) ad alto rendimento

effort [ˈe·fɚt] *n* **1.** *a.* PHYS sforzo *m;* **to be worth the** ~ valerne la pena; **to make an ~ to do sth** sforzarsi [*or* fare lo sforzo] di fare qc **2.** (*attempt*) tentativo *m;* **please make an ~ to ...** per favore, cerca di ...

effortless [ˈe·fət·ləs] *adj* facile; **an ~ grace** una grazia naturale

e.g. [ˌi·ˈdʒi] *abbr of* **exempli gratia (= for example)** ad es.

egg [eg] *n* uovo *m;* **fried/boiled ~s** uova fritte/alla coque; **hard-boiled** ~ uovo sodo; **scrambled ~s** uova strapazzate ▶ **they had ~ on their faces** *inf* hanno fatto una figuraccia

egg cell *n* ovulo *m*

egg roll *n* involtino *m* primavera

eggshell *n* guscio *m* d'uovo

egg yolk *n* tuorlo *m*

ego [ˈiː·goʊ] *n* <-s> **1.** PSYCH ego *m;* **to bolster sb's** ~ rafforzare l'ego di qu **2.** (*self-esteem*) amor *m* proprio

egoist [ˈiː·goʊ·ɪst] *n* egoista *mf*

Egypt [ˈi·dʒɪpt] *n* Egitto *m*

Egyptian [ɪ·ˈdʒɪp·ʃən] *adj, n* egiziano, -a *m, f*

eh [eː] *interj* **1.** (*what did you say?*) eh? **2.** *Can* (*isn't it; aren't you/they/we*) **it's cold outside, ~?** fa freddo fuori, eh?

eight [eɪt] **I.** *adj* otto *inv;* **there are ~ of us** siamo (in) otto; **~ and a quarter/half** otto e un quarto/mezzo; **~ o'clock** le otto; **it's ~ o'clock** sono le otto; **it's half past** ~ sono le otto e mezza; **at ~ twenty/thirty** alle otto e venti/mezza **II.** *n* otto *m*

eighteen [ˌeɪ·ˈtiːn] *adj, n* diciotto *m; s. a.* **eight**

eighteenth [ˌeɪ·ˈtinθ] **I.** *adj* diciottesimo, -a **II.** *n* **1.** (*order*) diciottesimo, -a *m, f* **2.** (*date*) diciotto *m* **3.** (*fraction*) diciottesimo *m;* (*part*) diciottesima parte *f; s. a.* **eighth**

eighth [eɪtθ] **I.** *adj* ottavo, -a **II.** *n*

1. (*order*) ottavo, -a *m, f;* **to be ~ in a race** arrivare ottavo in una corsa **2.** (*date*) otto *m;* **the ~** l'otto; **the ~ of December** [*or* **December** (**the**) **~**] l'otto dicembre **3.** (*fraction*) ottavo *m;* (*part*) ottava parte *f* **III.** *adv* (*in lists*) ottavo

eightieth ['eɪ·t̬ɪ·əθ] *adj, n* ottantesimo, -a *m, f;* (*fraction*) ottantesimo *m;* (*part*) ottantesima parte *f; s. a.* **eighth**

eighty ['eɪ·t̬i] **I.** *adj* ottanta *inv;* **he is ~ (years old)** ha ottant'anni; **a man of about ~ years of age** un uomo di circa ottant'anni **II.** *n* <-ies> **1.** (*number*) ottanta *m;* **to do ~** *inf* andare a 80 miglia all'ora **2.** (*age*) **a woman in her eighties** una donna tra gli ottanta e i novant'anni **3.** (*decade*) **the eighties** gli anni *m* ottanta *pl*

either ['iː·ðɚ] **I.** *adj* **1.** (*one of two*) **I'll do it ~ way** lo farò in un modo o nell'altro; **I don't like ~ dress** non mi piace né un vestito, né l'altro **2.** (*each*) ciascun(o), -a; **on ~ side of the river** su entrambi i lati del fiume **II.** *pron* l'uno, -a o l'altro, -a; **which one? — ~** quale? — l'uno o l'altro **III.** *adv* neppure; **if he doesn't go, I won't go ~** se lui non ci va, non ci vado neanch'io **IV.** *conj* **~ ... or ...** o ... o ...; **~ buy it or rent it** o lo compri o lo noleggi

EKG [ˌi·keɪ·'dʒi] *n abbr of* **electrocardiogram** elettrocardiogramma *m*

elaborate[1] [ɪ·'læ·bə·rət] *adj* (*complicated*) elaborato, -a; (*very detailed: plan*) minuzioso, -a; (*style*) ornato, -a; (*excuse*) macchinoso, -a

elaborate[2] [ɪ·'læ·bə·reɪt] **I.** *vt* elaborare; (*plan*) sviluppare **II.** *vi* fornire dettagli; **to ~ on an idea** sviluppare un'idea

elastic [ɪ·'læs·tɪk] **I.** *adj* elastico, -a **II.** *n* **1.** (*material*) elastico *m* **2.** (*garter*) giarrettiera *f*

elbow ['el·boʊ] **I.** *n* **1.** (*of people*) gomito *m* **2.** (*in a pipe*) gomito *m;* (*in a road*) curva *f;* (*in a river*) ansa *f* ► **to rub ~s with sb** essere in confidenza con qu **II.** *vt* dare una gomitata a; **to ~ one's way through the crowd** farsi largo a gomitate tra la folla

elder ['el·dɚ] **I.** *n* **1.** (*older person*) maggiore *mf;* **she is my ~ by three years** è maggiore di me di tre anni **2.** (*senior person*) anziano, -a *m, f* **II.** *adj* maggiore; **~ statesman/stateswoman** POL veterano, -a della politica *m*

elderly ['el·dɚ·li] **I.** *adj* anziano, -a; **an ~ woman** una signora anziana **II.** *n* **the ~** gli anziani

eldest ['el·dɪst] *adj superl of* **old** maggiore; **the ~** il/la maggiore; **her ~ (child) is nearly 14** il suo primogenito ha quasi 14 anni

elect [ɪ·'lekt] **I.** *vt* **1.** (*by vote*) eleggere **2.** (*not by vote*) decidere; **to ~ to resign** optare per le dimissioni **II.** *n* REL **the ~** gli eletti **III.** *adj* **the president ~** il presidente eletto

election [ɪ·'lek·ʃən] *n* **1.** (*event*) elezioni *fpl;* **to call/hold an ~** indire le elezioni **2.** (*action*) elezione *f*

election campaign *n* campagna *f* elettorale

electioneering [ɪ·ˌlek·ʃə·'nɪ·rɪŋ] *n* propaganda *f* elettorale; *pej* promesse *f pl* elettorali

electoral [ɪ·'lek·tə·rəl] *adj* elettorale; **Electoral College** *collegio elettorale incaricato di eleggere il presidente e il vicepresidente degli Stati Uniti;* **~ register** [*or* **roll**] lista *f* elettorale

electorate [ɪ·'lek·tə·rət] *n* elettorato *m*

electric [ɪ·'lek·trɪk] *adj* **1.** ELEC elettrico, -a; (*fence*) elettrificato, -a; **~ blanket** termocoperta *f;* **~ stove** fornello *m* elettrico; **~ current** corrente *f* elettrica; **~ heater** stufetta *f* elettrica; **~ shock** scossa *f* elettrica **2.** *fig* elettrizzante; (*atmosphere*) carico, -a di elettricità

electrical [ɪ·'lek·trɪ·kl] *adj* elettrico, -a; **~ engineering** (ingegneria *f*) elettrotecnica

electric chair *n* sedia *f* elettrica

electric guitar *n* chitarra *f* elettrica

electrician [ɪ·ˌlek·'trɪ·ʃən] *n* elettricista *mf*

electricity [ɪ·ˌlek·'trɪ·sə·ti] *n* elettricità *f;* **to run on ~** funzionare a elettricità

electronic [ɪ·ˌlek·'trɑː·nɪk] *adj* elettronico, -a

electronic funds transfer *n* trasferimento *m* elettronico di fondi

electronic mail *n* posta *f* elettronica

electronics [ɪ·ˌlek·ˈtrɑː·nɪks] *n + sing vb* elettronica *f;* **the ~ industry** l'industria elettronica

elegant [ˈe·lɪ·gənt] *adj* elegante

element [ˈe·lɪ·mənt] *n* **1.** *a.* CHEM, MAT elemento *m* **2.** (*factor*) fattore *m;* **an ~ of luck** un pizzico di fortuna; **the ~ of surprise** il fattore sorpresa **3.** ELEC resistenza *f* **4.** *pl* (*rudiments*) rudimenti *mpl* **5.** *pl* METEO **the ~s** gli elementi

elementary [ˌe·lə·ˈmen·t̬ɚ·i] *adj* elementare; (*course*) di base

elementary school *n* scuola *f* elementare

elephant [ˈe·lɪ·fənt] *n* elefante *m*

elevated [ˈe·lɪ·veɪ·t̬ɪd] *adj* **1.** (*raised: part*) sopraelevato, -a **2.** (*important*) elevato, -a; (*position*) di prestigio

elevator [ˈe·lɪ·veɪ·t̬ɚ] *n* (*for people*) ascensore *m;* (*for goods*) montacarichi *m inv*

eleven [ɪ·ˈle·vn] *adj, n* undici *m; s. a.* **eight**

eleventh [ɪ·ˈle·vnθ] **I.** *adj* undicesimo, -a **II.** *n* **1.** (*order*) undicesimo, -a *m, f* **2.** (*date*) undici *m* **3.** (*fraction*) undicesimo *m;* (*part*) undicesima parte *f; s. a.* **eighth**

eligible [ˈe·lɪ·dʒə·bl] *adj* **1.** idoneo, -a; **~ to vote** con diritto di voto **2.** (*desirable*) adatto, -a; **to be ~ for the job** avere i requisiti necessari a un posto di lavoro

eliminate [ɪ·ˈlɪ·mɪ·neɪt] *vt* **1.** (*eradicate*) eliminare **2.** (*exclude from consideration*) scartare

El Salvador *n* El Salvador *m*

else [els] *adv* **1.** (*in addition*) altro; **anyone/anything ~** chiunque altro/qualsiasi altra cosa; **anywhere ~** in qualsiasi altro posto; **anyone ~?** nessun altro?; **anything ~?** (nient')altro?; **everybody ~** tutti gli altri; **everything ~** tutto il resto; **someone/something ~** qualcun altro/qualcos'altro; **how ~?** in che altro modo?; **what/who ~?** cos'/chi altro? **2.** (*otherwise*) **or ~** altrimenti; **come here or ~!** vieni qui, se no vedi!

elsewhere [ˈels·wer] *adv* altrove; **let's go ~!** andiamo in un altro posto!

e-mail [ˈiː·meɪl] *n abbr of* **electronic mail** e-mail *f inv*

e-mail address *n* indirizzo *m* di posta elettronica

embark [em·ˈbɑːrk] **I.** *vi* imbarcarsi; **to ~ on** [*or* **upon**] **a journey** iniziare un viaggio **II.** *vt* imbarcare

embarrass [em·ˈbe·rəs] *vt* **1.** (*make feel uncomfortable*) mettere in imbarazzo **2.** (*disconcert*) sconcertare

embarrassed *adj* imbarazzato, -a; **to be ~** essere in imbarazzo

embarrassing *adj* imbarazzante

embarrassment [em·ˈbe·rəs·ment] *n* **1.** (*shame*) imbarazzo *m* **2.** (*trouble, nuisance*) motivo *m* di imbarazzo

embassy [ˈem·bə·si] <-ies> *n* ambasciata *f*

embers [ˈem·bɚz] *npl* brace *f*

embrace [em·ˈbreɪs] **I.** *vt* **1.** (*hug*) abbracciare **2.** (*accept: offer*) accettare; (*ideas*) abbracciare **3.** (*include*) comprendere **II.** *vi* abbracciarsi **III.** *n* abbraccio *m*

embroider [em·ˈbrɔɪ·dɚ] *vt* ricamare

embryo [ˈem·bri·oʊ] *n* embrione *m*

emerald [ˈe·mə·rəld] **I.** *n* smeraldo *m* **II.** *adj* di smeraldi; (*color*) smeraldo *inv*

emerge [ɪ·ˈmɜːrdʒ] *vi* (*come out*) spuntare; (*secret*) rivelarsi; (*ideas*) emergere

emergency [ɪ·ˈmɜːr·dʒən·si] **I.** <-ies> *n* **1.** (*dangerous situation*) emergenza *f;* **in an** [*or* **in case of**] **~** in caso d'emergenza **2.** MED urgenza *f;* **~ room** (reparto *m* di) pronto soccorso *m* **3.** POL emergenza *f;* **national ~** emergenza nazionale; **to declare a state of ~** dichiarare lo stato di emergenza **II.** *adj* (*brake*) a mano; (*rations*) di sopravvivenza; **~ exit** uscita di sicurezza; **~ landing** atterraggio d'emergenza; **~ services** servizi di pronto intervento

emergency room *n* (reparto di) *m* pronto soccorso

emigrant [ˈe·mɪ·grənt] *n* emigrante *mf*

emigrate [ˈe·mɪ·greɪt] *vi* emigrare

emigration [ˌe·mɪ·ˈgreɪ·ʃən] *n* emigrazione *f*

eminent [ˈe·mɪ·nənt] *adj* eminente

E

emission [ɪ·ˈmɪ·ʃn] *n* emissione *f*

emit [ɪ·ˈmɪt] <-tt-> *vt* (*radiation, light, smoke*) emettere; (*heat, odor*) emanare; (*cry*) lanciare

emotion [ɪ·ˈmoʊ·ʃən] *n* **1.** (*feeling*) sentimento *m* **2.** (*affective state*) emozione *f*

emotional [ɪ·ˈmoʊ·ʃə·nl] *adj* **1.** (*relating to the emotions*) emotivo, -a; (*involvement, link*) affettivo, -a **2.** (*moving*) commovente **3.** (*governed by emotion*) emozionato, -a **4.** (*determined by emotion: decision*) impulsivo, -a

emphasis [ˈem·fə·sɪs] <emphases> *n a.* LING enfasi *f inv;* **to put** [*or* **place**] **great ~ on punctuality** dare particolare importanza alla puntualità

emphasize [ˈem·fə·saɪz] *vt* **1.** (*insist on*) sottolineare; (*fact*) enfatizzare **2.** LING porre l'enfasi su

emphatic [em·ˈfæ·t̬ɪk] *adj* (*forcibly expressive*) enfatico, -a; (*strong*) veemente; (*assertion, refusal*) categorico, -a; **to be ~ about sth** essere categorico su qc

empire [ˈem·pa·ɪɚ] *n* impero *m*

employ [em·ˈplɔɪ] *vt* **1.** (*give a job to*) impiegare; **to ~ sb to do sth** assumere qu per fare qc **2.** (*put to use*) utilizzare

employee [ˈem·plɔɪ·ˈiː] *n* impiegato, -a *m, f*

employer [em·ˈplɔ·ɪɚ] *n* datore, -trice di lavoro *m*

employment [ˈem·plɔɪ·mənt] *n* **1.** (*of a person*) impiego *m* **2.** (*of an object*) utilizzo *m*

emptiness [ˈemp·tɪ·nɪs] *n* vuoto *m; fig* vacuità *f*

empty [ˈemp·ti] **I.** <-ier, -iest> *adj* **1.** (*with nothing inside*) vuoto, -a; (*truck, ship*) senza carico; (*house*) disabitato, -a **2.** (*insincere: promise*) vuoto, -a **3.** (*useless*) vano, -a; **~ phrase** frase senza significato **II.** <-ie-> *vt* (*pour*) versare; (*deprive of contents*) svuotare **III.** <-ie-> *vi* svuotarsi; (*river*) sfociare

empty-handed [ˌemp·tɪ·ˈhæn·dɪd] *adj* a mani vuote

EMT [ˌi·em·ˈti] *n abbr of* **emergency medical technician** assistente *mf* medico di emergenza

enable [ɪ·ˈneɪ·bl] *vt* **1. to ~ sb to do sth** consentire a qu di fare qc **2.** COMPUT predisporre

enchanting *adj* incantevole

enchilada [ˌen·tʃɪ·ˈla·də] *n tortilla messicana ripiena di carne o formaggio e ricoperta di salsa piccante;* **the whole ~** *fig* l'intera faccenda

enclose [en·ˈkloʊz] *vt* **1.** (*surround*) circondare; (*field*) recintare **2.** (*include*) allegare

enclosed [en·ˈkloʊzd] *adj* **1.** (*confined*) chiuso, -a; (*garden*) recintato, -a **2.** (*included*) allegato, -a

enclosure [en·ˈkloʊ·ʒɚ] *n* **1.** (*enclosed area*) area *f* delimitata; (*for animals*) recinto *m* **2.** (*action*) recinzione *f* **3.** (*letter*) allegato *m*

encode [en·ˈkoʊd] *vt a.* COMPUT, LING codificare

encore [ˈɑːn·kɔːr] *n interj* bis *m inv;* **as** [*or* **for**] **an ~** come bis

encounter [en·ˈkaʊn·t̬ɚ] **I.** *vt* incontrare; **to ~ sb** imbattersi in qu **II.** *n* incontro *m*

encourage [en·ˈkɜː·rɪdʒ] *vt* **1.** (*give confidence, hope*) incoraggiare; **to ~ sb to do sth** incoraggiare qu a fare qc **2.** (*support*) favorire

encouragement [en·ˈkɜː·rɪdʒ·mənt] *n* incoraggiamento *m;* **to give ~ to sb** incoraggiare qu

encouraging *adj* incoraggiante

encyclopedia [en·ˌsaɪ·klə·ˈpi·di·ə] *n* enciclopedia *f*

end [end] **I.** *n* **1.** (*finish*) fine *f* **2.** (*extremity*) estremità *f* **3.** (*boundary*) limite *m* estremo **4.** (*stop*) termine *m* **5.** *pl* (*goal*) fine *m;* (*purpose*) scopo *m;* **to achieve one's ~s** raggiungere i propri scopi **6.** (*death*) fine *f;* **he is nearing his ~** si avvicina alla fine **7.** COMPUT tasto *m* di fine ▶ **to reach the ~ of the line** [*or* **road**] arrivare agli sgoccioli; **the ~s justify the means** *prov* il fine giustifica i mezzi *prov;* **~ of story** punto e basta; **to be the ~** *sl* essere il massimo; **to put an ~ to oneself** [*or* **it all**] mettere fine alla propria vita; **in the ~** alla fine; **to this ~** a questo scopo **II.** *vt* **1.** (*finish*) finire **2.** (*bring to* *a stop: reign, war*) porre fine a **III.** *vi* finire; **to ~ in sth** finire in qc

◆**end up** *vi* finire; **to ~ doing sth** finire col fare qc

endeavor [en·ˈde·vɚ] **I.** *vi* **to ~ to do sth** sforzarsi di fare qc **II.** *n* sforzo *m;* **to make every ~ to do sth** fare l'impossibile per fare qc

endless [ˈend·lɪs] *adj* interminabile

endorse [en·ˈdɔːrs] *vt* **1.** (*declare approval for*) approvare; (*product*) promuovere; (*candidate*) appoggiare **2.** FIN girare

endorsement *n* **1.** (*support: of a plan*) approvazione *f;* (*of a candidate*) appoggio *m;* (*recommendation*) promozione *f* **2.** FIN girata *f*

end table *n* tavolino *m*

endurance [en·ˈdʊ·rəns] *n* resistenza *f*

endure [en·ˈdʊr] **I.** *vt* **1.** (*tolerate*) sopportare **2.** (*suffer*) resistere a **II.** *vi form* durare

ENE *abbr of* **east-northeast** ENE

enemy [ˈe·nə·mi] *adj, n* nemico, -a *m, f*

energetic [ˌe·nɚ·ˈdʒe·t̬ɪk] *adj* energico, -a; (*active*) attivo, -a

energy [ˈe·nɚ·dʒi] <-ies> *n* energia *f*

energy resources *npl* risorse *f pl* energetiche

energy-saving *adj* a risparmio energetico

enforce [en·ˈfɔːrs] *vt* imporre; (*law*) far osservare; (*law, regulation*) far rispettare

engage [en·ˈgeɪdʒ] **I.** *vt* **1.** *form* (*hold interest*) attirare **2.** (*put into use*) ingaggiare **3.** TECH (*cogs*) ingranare; **to ~ the clutch** innestare la frizione **4.** MIL (*enemy*) attaccare **II.** *vi* **1.** MIL ingaggiare battaglia **2.** TECH ingranare

engaged *adj* **1.** (*to be married*) fidanzato, -a; **to get ~ (to sb)** fidanzarsi (con qu) **2.** (*occupied*) occupato, -a **3.** (*in battle*) impegnato, -a in combattimento

engagement [en·ˈgeɪdʒ·mənt] *n* **1.** (*appointment*) impegno *m* **2.** (*marriage*) fidanzamento *m* **3.** MIL combattimento *m*

engagement ring *n* anello *m* di fidanzamento

engaging *adj* affascinante

engine [ˈen·dʒɪn] *n* **1.** (*motor*) motore *m;* **diesel/gasoline ~** motore diesel/a benzina; **jet ~** motore a reazione **2.** RAIL locomotiva *f*

engineer [ˌen·dʒɪ·ˈnɪr] **I.** *n* **1.** (*with a degree*) ingegnere *m;* **civil ~** ingegnere civile **2.** (*technician*) tecnico *m* **3.** RAIL macchinista *mf* **II.** *vt* costruire; *fig* macchinare

engineering [ˌen·dʒɪ·ˈnɪ·rɪŋ] *n* ingegneria *f*

England [ˈɪŋ·glənd] *n* Inghilterra *f*

English [ˈɪŋ·glɪʃ] **I.** *n inv* **1.** (*language*) inglese *m* **2.** *pl* (*people*) **the ~** gli inglesi **II.** *adj* inglese; **a movie in ~** un film in inglese; **an ~ class** una lezione di inglese

English Channel *n* canale *m* della Manica

Englishman <-men> *n* inglese *m*

English speaker *n* anglofono, -a *m, f*

English-speaking *adj* anglofono, -a

Englishwoman <-women> *n* inglese *f*

enjoy [en·ˈdʒɔɪ] **I.** *vt* **1.** (*get pleasure from*) trovare piacevole; **to ~ doing sth** provare piacere a fare qc; **~ yourselves!** buon divertimento! **2.** (*have: health*) godere di; **to ~ good health** godere di buona salute **II.** *vi* divertirsi

enjoyable [en·ˈdʒɔ·ɪə·bl] *adj* piacevole; (*film, book*) divertente

enjoyment [en·ˈdʒɔɪ·mənt] *n* piacere *m*

enlarge [en·ˈlɑːrdʒ] **I.** *vt* **1.** (*make bigger*) ingrandire; (*expand*) espandere; **to ~ one's vocabulary** ampliare il proprio lessico **2.** PHOT ingrandire **II.** *vi* ingrandire

enlargement *n* ampliamento *m;* (*expanding*) espansione *f;* PHOT ingrandimento *m*

enormous [ɪ·ˈnɔːr·məs] *adj* enorme

enough [ɪ·ˈnʌf] **I.** *adj* (*sufficient*) sufficiente **II.** *adv* abbastanza; **to be experienced ~ (to do sth)** avere abbastanza esperienza (per fare qc); **to have seen ~** aver visto abbastanza **III.** *interj* basta **IV.** *pron* abbastanza; **to have ~ to eat and drink** avere da mangiare e bere a sufficienza; **I know ~ about it** ne so abbastanza; **that should be ~** questo dovrebbe bastare; **more than**

~ più che a sufficienza; **to have had ~ (of sb/sth)** averne abbastanza (di qu/qc)

enquire [en·'kwa·ɪɚ] *vi, vt see* **inquire**

enquiry [en·'kwaɪ·ri] <-ies> *n* **1.** (*question*) domanda *f* **2.** (*investigation*) inchiesta *f;* **to hold an ~** svolgere un'inchiesta

enrollment *n,* **enrolment** [en·'roʊl·mənt] *n* iscrizione *f*

en route [ˌɑːn·'ruːt] *adv* in viaggio

en suite bathroom [ˌɑːn·swiːt·'bæθ·ruːm] *n* bagno *m* annesso

ensure [en·'ʃʊr] *vt* assicurare; (*guarantee*) garantire

entail [en·'teɪl] *vt* **1.** (*involve*) comportare; **to ~ some risk** comportare dei rischi **2.** (*necessitate*) **to ~ doing sth** richiedere che si faccia qc

enter ['en·t̬ɚ] **I.** *vt* **1.** (*go into*) entrare in; (*penetrate*) penetrare in **2.** (*insert*) inserire; (*into a register*) iscrivere; **to ~ data** COMPUT inserire dati **3.** (*compete in*) partecipare a; **to ~ a competition** partecipare a una gara **4.** (*begin*) entrare in; **to ~ politics** entrare in politica **5.** (*make known*) rendere noto; (*claim, plea*) presentare **II.** *vi* THEAT entrare in scena

enter key *n* COMPUT tasto *m* di invio

enterprise ['en·t̬ɚ·praɪz] *n* **1.** (*business firm*) impresa *f;* **to start an ~** avviare un'impresa **2.** (*initiative*) iniziativa *f*

enterprising *adj* intraprendente

entertain [ˌen·t̬ɚ·'teɪn] **I.** *vt* **1.** (*amuse*) intrattenere **2.** (*guests*) ricevere **3.** (*consider*) prendere in considerazione; **to ~ doubts** nutrire dubbi **II.** *vi* (*invite guests*) ricevere

entertaining *adj* divertente

entertainment [ˌen·t̬ɚ·'teɪn·mənt] *n* **1.** (*amusement*) intrattenimento *m* **2.** (*show*) spettacolo *m*

enthusiasm [en·'θuː·zɪ·æ·zəm] *n* entusiasmo *m*

enthusiastic [en·ˌθuː·zɪ·'æs·tɪk] *adj* entusiasta; **to be ~ about sth** essere entusiasta per qc

entire [en·'ta·ɪɚ] *adj* **1.** (*whole: life*) tutto, -a; **the ~ day** tutto il giorno; **the ~ world** il mondo intero **2.** (*total: commitment, devotion*) totale **3.** (*complete*) intero, -a

entirely *adv* completamente; **he's ~ to blame** è tutta colpa sua; **to agree ~** essere totalmente d'accordo; **to disagree ~** non essere assolutamente d'accordo

entitle [en·'taɪ·t̬l] *vt* (*give right*) dare diritto a; **to ~ sb to act** autorizzare qu ad agire

entrance ['en·trəns] *n* **1.** (*act of entering*) entrata *f* **2.** (*way in*) entrata *f;* **front ~** ingresso *m* principale; **the ~ to sth** l'accesso *m* a qc; **to refuse sb ~** [*or* **to refuse ~ to sb**] negare l'accesso a qu **3.** THEAT entrata *f* in scena

entrance exam(**ination**) *n* esame *m* d'ammissione

entrance fee *n* (biglietto *m* di) ingresso *m*

entrance hall *n* atrio *m*

entrance requirement *n* requisiti *m pl* di ammissione

entrant ['en·trənt] *n* concorrente *mf*

entrée ['ɑːn·treɪ] *n* piatto *m* principale

entrepreneur [ˌɑːn·trə·prə·'nɜːr] *n* imprenditore, -trice *m, f*

entrust [en·'trʌst] *vt* affidare; **to ~ sth to sb** [*or* **to ~ sb with sth**] affidare qc a qu

entry ['en·tri] <-ies> *n* **1.** (*act of entering*) entrata *f;* (*joining an organization*) adesione *f* **2.** (*right to enter*) ammissione; **to refuse sb ~** negare a qu l'accesso **3.** (*entrance*) entrata *f* **4.** (*in dictionary*) voce *f*

entry fee *n* quota *f* di ammissione

entry-level job *n* lavoro *m* di primo livello

envelope ['en·və·loʊp] *n* busta *f*

enviable ['en·vɪ·ə·bl] *adj* invidiabile

envious ['en·vi·əs] *adj* invidioso, -a

environment [en·'vaɪ·ə·rən·mənt] *n* ambiente *m;* **the ~** ECOL l'ambiente; **working ~** ambiente di lavoro

environmental [en·ˌvaɪ·rən·'men·t̬l] *adj* ambientale; **~ damage** danni *m pl* ambientali; **~ impact** impatto *m* sull'ambiente; **~ pollution** inquinamento *m* ambientale

environmentalist [en·ˌvaɪ·ərn·'men·təl·ɪst] *n* ecologista *mf*

environmentally-friendly [en·ˌvaɪ·ərn·ˈmen·t̬ə·li·ˈfrend·li] *adj* ecologico, -a
envy [ˈen·vi] **I.** *n* invidia *f* **II.** <-ie> *vt* invidiare
Epiphany [ɪ·ˈpɪf·ə·ni] <-ies> *n* epifania *f*
Episcopalian [ɪ·ˌpɪs·kə·ˈpeɪ·li·ən] **I.** *adj* episcopaliano, -a **II.** *n* episcopaliano, -a *m, f*
episode [ˈe·pə·soʊd] *n* episodio *m*
equal [ˈiːk·wəl] **I.** *adj* **1.** (*the same*) uguale; (*treatment*) equo, -a; **of ~ size** della stessa misura; **on ~ terms** alla pari **2.** (*able to do*) **to be ~ to a task** essere all'altezza di un compito **II.** *n* pari *mf inv;* **it has no ~** non ha pari **III.** *vt* **1.** *pl* MAT essere uguale a **2.** (*match*) uguagliare
equality [ɪ·ˈkwɑː·lə·ti] *n* parità *f*
equalize [ˈiː·kwə·laɪz] *vt* livellare
equalizer [ˈiː·kwə·laɪ·zɚ] *n* **1.** MUS equalizzatore *m* **2.** SPORTS punto *m* del pareggio
equally [ˈiː·kwə·li] *adv* ugualmente
equal(s) sign *n* MAT segno *m* d'uguaglianza
equate [ɪ·ˈkweɪt] **I.** *vt* equiparare **II.** *vi* **to ~ to sth** equivalere a qc
equation [ɪ·ˈkweɪ·ʒən] *n* equazione *f*
equator [ɪ·ˈkweɪ·t̬ɚ] *n* equatore *m*
equatorial [ˌe·kwə·ˈtɔː·ri·əl] *adj* equatoriale
equip [ɪ·ˈkwɪp] <-pp-> *vt* **1.** (*fit out*) equipaggiare; **to ~ sb with sth** equipaggiare qu di qc; **to ~ sth with sth** attrezzare qc con qc **2.** (*prepare*) preparare
equipment [ɪ·ˈkwɪp·mənt] *n* equipaggiamento *m;* **camping ~** attrezzatura *f* da campeggio; **office ~** arredo *m* per l'ufficio
equitable [ˈe·kwɪ·tə·bl] *adj* equo, -a
equivalent [ɪ·ˈkwɪ·və·lənt] *adj, n* equivalente *m*
erase [ɪ·ˈreɪs] *vt a.* COMPUT cancellare; **to ~ a deficit** eliminare un deficit
eraser [ɪ·ˈreɪ·sɚ] *n* gomma *f*
erect [ɪ·ˈrekt] **I.** *adj a.* ANAT eretto, -a **II.** *vt* erigere; (*construct*) costruire; (*put up*) montare
ergo [ˈer·goʊ] *adv* dunque
erotic [ɪ·ˈrɑː·t̬ɪk] *adj* erotico, -a
erratic [ɪ·ˈræ·t̬ɪk] *adj* **1.** (*inconsistent: heartbeat*) irregolare; (*behavior*) imprevedibile **2.** (*off-line: course*) discontinuo, -a **3.** GEO erratico, -a
error [ˈe·rɚ] *n* errore *m;* **human ~** errore umano ▶ **to see the ~ of one's ways** riconoscere i propri errori; **to show sb the ~ of his/her ways** mostrare a qu dove sbaglia
error message *n* COMPUT messaggio *m* di errore
erupt [ɪ·ˈrʌpt] *vi* **1.** (*explode: volcano*) essere in eruzione; *fig* scoppiare **2.** MED spuntare
eruption [ɪ·ˈrʌp·ʃən] *n* eruzione *f; fig* scoppio *m*
escalate [ˈes·kə·leɪt] **I.** *vi* (*increase*) aumentare; (*incidents*) intensificarsi; **to ~ into sth** trasformarsi in qc *(di più grave)* **II.** *vt* intensificare
escalator [ˈes·kə·leɪ·t̬ɚ] *n* scala *f* mobile
escape [ɪ·ˈskeɪp] **I.** *vi* scappare; (*person*) fuggire; **to ~ from** scappare da; **to ~ from a program** COMPUT uscire da un programma **II.** *vt* sfuggire a; (*avoid*) evitare; **to ~ sb('s attention)** sfuggire all'attenzione di qu; **nothing ~s his attention** non gli sfugge nulla; **the word ~s me** mi sfugge il nome **III.** *n* **1.** (*act*) fuga *f;* **to make a narrow ~** salvarsi per un pelo **2.** (*outflow*) fuga *f* **3.** LAW **~ clause** clausola *f* di recesso da un contratto
escort [ˈes·kɔːrt] **I.** *vt* accompagnare; (*politician*) scortare **II.** *n* **1.** (*companion, paid companion*) accompagnatore, -trice *m, f* **2.** (*guard*) scorta *f*
ESE *n abbr of* **east-southeast** ESE *m*
especially [ɪ·ˈspe·ʃə·li] *adv* **1.** (*particularly*) specialmente; **I bought this ~ for you** l'ho comprato espressamente per te **2.** (*in particular*) particolarmente
espionage [ˈes·piə·nɑːʒ] *n* spionaggio *m;* **industrial ~** spionaggio industriale
essay [ˈe·seɪ] *n* **1.** LIT saggio *m* **2.** SCHOOL tema *m;* **an ~ about sth** un tema su qc
essence [ˈe·sns] *n* **1.** essenza *f;* **in ~** in sostanza; **time is of the ~** è essenziale

E

fare presto **2.** (*in food*) essenza *f*

essential [ɪ·ˈsen·ʃl] **I.** *adj* essenziale; (*difference*) fondamentale; **to be ~ to sb/sth** essere essenziale per qu/qc **II.** *n pl* **the ~s** gli elementi essenziali; **the bare ~s** lo stretto necessario

essentially [ɪ·ˈsen·ʃə·li] *adv* essenzialmente

establish [ɪ·ˈstæb·lɪʃ] **I.** *vt* **1.** (*found*) fondare; (*commission, hospital*) creare; (*dictatorship*) instaurare **2.** (*begin: relationship*) instaurare **3.** (*set: precedent*) creare; (*priorities*) stabilire **4.** (*secure*) affermare; (*order*) imporre; **he ~ed his authority over the workers** affermò la sua autorità sugli operai; **to ~ a reputation as a pianist** farsi un nome come pianista **5.** (*demonstrate*) **to ~ sb as sth** imporre qu come qc **6.** (*determine*) stabilire; (*facts*) accertare; (*truth*) provare; **to ~ whether/where ...** determinare se/dove ...; **to ~ that ...** dimostrare che ... **II.** *vi* stabilirsi

established [ɪ·ˈstæb·lɪʃt] *adj* **1.** (*founded*) fondato, -a **2.** (*fact*) provato, -a; (*procedures*) consolidato, -a

establishment [ɪ·ˈstæb·lɪʃ·mənt] *n* **1.** (*business*) impresa *f;* **family ~** impresa familiare *f* **2.** (*organization*) istituto *m;* **financial ~** istituto *m* finanziario; **the Establishment** POL l'establishment *m; inv*

estate [ɪ·ˈsteɪt] *n* **1.** (*piece of land*) tenuta *f;* **country ~** tenuta di campagna *f* **2.** LAW (*possessions after death*) patrimonio *m;* **industrial ~** zona *f* industriale

estimate[1] [ˈes·tɪ·meɪt] *vt* stimare

estimate[2] [ˈes·tɪ·mɪt] *n* stima *f;* **a rough ~** *inf* un calcolo approssimativo

estimated [ˈes·tɪ·meɪ·t̬ɪd] *adj* stimato, -a

estimation [ˌes·tɪ·ˈmeɪ·ʃən] *n* opinione *f;* **in my ~** a mio avviso

Estonia [es·ˈtoʊ·ni·ə] *n* Estonia *f*

Estonian [es·ˈtoʊ·ni·ən] **I.** *adj* estone **II.** *n* **1.** (*person*) estone *mf* **2.** LING estone *m*

estuary [ˈes·tʃuː·e·ri] <-ies> *n* estuario *m*

etc. *abbr of* **et cetera** ecc.

et cetera [ɪt·ˈse·t̬ə··ə] *adv* eccetera

ETD *abbr of* **estimated time of departure** ora *f* prevista di partenza

eternal [ɪ·ˈtɜːr·nl] *adj* **1.** (*lasting forever: life*) eterno, -a **2.** (*constant: complaints*) continuo, -a

eternally [ɪ·ˈtɜːr·nə·li] *adv* **1.** (*forever*) eternamente **2.** (*constantly*) continuamente

eternity [ɪ·ˈtɜːr·nə·t̬i] *n* eternità *f;* **to seem like an ~** sembrare un'eternità

ethical *adj* etico, -a

ethics *n + sing vb* etica *f*

ethnic [ˈeθ·nɪk] *adj* etnico, -a; **~ cleansing** pulizia etnica; **~ costumes** costumi etnici

EU [ˌiː·ˈjuː] *n abbr of* **European Union** UE *f*

Eucharist [ˈjuː·kə·rɪst] *n* REL **the ~** l'Eucaristia *f*

EUR *n abbr of* **Euro** EUR *m*

euro [ˈjʊ·roʊ] *n* euro *m; inv*

Europe [ˈjʊ·rəp] *n* Europa *f*

European [ˌjʊ·rə·ˈpi·ən] **I.** *adj* europeo, -a **II.** *n* europeo, -a *m, f*

European Community *n* Comunità *f* Europea

European Union *n* Unione *f* Europea

evacuate [ɪ·ˈvæk·jʊ·eɪt] *vt* (*people*) evacuare; (*building*) sgombrare

evacuation [ɪ·ˌvæk·jʊ·ˈeɪ·ʃən] *n* evacuazione *f*

evacuee [ɪ·ˌvæk·juː·ˈiː] *n* sfollato, -a *m, f*

evade [ɪ·ˈveɪd] *vt* (*responsibility, person*) eludere; (*police*) sfuggire a; (*taxes*) evadere; **to ~ doing sth** evitare di fare qc

evaluate [ɪ·ˈvæl·jʊ·eɪt] *vt* (*value*) valutare

evaluation [ɪ·ˌvæl·jʊ·ˈeɪ·ʃən] *n* valutazione *f;* (*of a book*) critica *f*

evangelical [ˌiː·væn·ˈdʒe·lɪ·kl] *adj, n* evangelico, -a *m, f*

evaporate [ɪ·ˈvæ·pə·reɪt] **I.** *vt* far evaporare **II.** *vi* evaporare; *fig* svanire

evasion [ɪ·ˈveɪ·ʒən] *n* **1.** (*of tax, responsibility*) evasione *f* **2.** (*avoidance*) risposta *f* evasiva

evasive [ɪ·ˈveɪ·sɪv] *adj* evasivo, -a

eve [iːv] *n* vigilia *f;* **on the ~ of** alla vigilia di; **Christmas Eve** la vigilia di Natale; **New Year's Eve** la notte di Capodanno

even ['iː·vn] **I.** *adj* **1.** (*level*) piano, -a; (*surface*) liscio, -a **2.** (*equalized*) alla pari; **the chances are about ~** le possibilità sono più o meno le stesse; **to get ~ with sb** pareggiare i conti con qu **3.** (*of same size, amount*) uguale **4.** (*constant, regular*) regolare; (*rate*) costante **5.** (*fair*) equo, -a **6.** MAT pari **II.** *vt* **1.** (*make level*) livellare; (*surface*) appianare **2.** (*equalize*) pareggiare **III.** *adv* **1.** (*indicates the unexpected*) perfino; **not ~** neppure **2.** (*despite*) **~ if ...** anche se ...; **~ so ...** nonostante ciò ...; **~ though ...** nonostante ... **3.** (*used to intensify*) addirittura **4.** + *comp* (*all the more*) ancora; **it will be ~ colder** farà ancora più freddo

♦**even out** **I.** *vi* (*prices*) livellarsi **II.** *vt* pareggiare

♦**even up** *vt* pareggiare

evening ['iːv·nɪŋ] *n* sera *f*; **good ~!** buonasera!; **in the ~** di sera; **that ~** quella sera; **the previous ~** la sera prima; **every Monday ~** tutti i lunedì sera; **on Monday ~** lunedì sera; **during the ~** di sera; **one July ~** una sera di luglio; **8 o'clock in the ~** le 8 di sera

evening class *n* corso *m* serale

evening dress *n* abito *m* da sera; **to wear ~** vestirsi in abito da sera

evening prayer *n* preghiera *f* della sera

evenly ['iː·vən·li] *adv* **1.** (*calmly*) pacatamente **2.** (*equally*) equamente

even-steven *adj*, **even-Steven** *adj inf* **1.** (*settled up: transaction*) ben equilibrato, -a; **to be ~** essere pari **2.** SPORTS (*game*) perfettamente pari

event [ɪ·'vent] *n* **1.** (*happening*) evento *m* **2.** (*case*) caso *m*; **in any** [*or* **either**] **~** in qualsiasi caso [*or* nell'uno o nell'altro caso]

even-tempered ['iː·vən·'tem·pəd] *adj* placido, -a

eventful [ɪ·'vent·fəl] *adj* movimentato, -a

eventual [ɪ·'ven·tʃʊ·əl] *adj* finale

eventuality [ɪ·ˌven·tʃʊ·'æ·lə·ti] <-ies> *n inv* eventualità *f*

eventually [ɪ·'ven·tʃʊ·ə·li] *adv* **1.** (*finally*) alla fine **2.** (*some day*) col tempo

ever ['e·vɚ] *adv* **1.** (*on any occasion*) mai; **have you ~ been to Hawaii?** sei mai stato alle Hawaii?; **for the first time ~** per la prima volta in assoluto; **the hottest day ~** il giorno più caldo; **better than ~** meglio che mai **2.** (*in negative statements*) mai; **nobody has ~ heard of him** nessuno ha mai sentito parlare di lui; **never ~** mai; **hardly ~** quasi mai; **nothing ~ happens** non succede mai niente; **don't you ~ do that again!** non farlo mai più! **3.** (*always*) **~ after** per sempre; **as ~** come sempre; **~ since ...** da quando ...; **~ since** (*since then*) da allora **4.** (*used to intensify*) **who ~ was that woman?** chi mai era quella donna?

every ['ev·ri] *adj* **1.** (*each*) ogni; **~ time** ogni volta; **her ~ wish** ogni suo minimo desiderio **2.** (*all*) tutto, -a; **in ~ way** in tutti i sensi **3.** (*repeated*) **~ other week** ogni due settimane; **~ now and then** [*or* **again**] di tanto in tanto

everybody ['ev·ri·ˌbɑː·di] *pron indef, sing* tutti, -e *pl*; **~ who agrees** tutti quelli che sono d'accordo

everyday ['ev·rɪ·deɪ] *adj* di tutti i giorni; (*event*) ordinario, -a; (*language*) comune; (*life*) quotidiano, -a

everyone ['ev·rɪ·wʌn] *pron see* **everybody**

everything ['ev·rɪ·θɪŋ] *pron indef, sing* tutto; **is ~ all right?** va tutto bene?; **~ they drink** tutto quello che bevono; **to be ~ to sb** essere tutto per qu; **to do ~ necessary/one can** fare tutto il necessario/il possibile

everywhere ['ev·rɪ·wer] *adv* dappertutto; **to travel ~** viaggiare dovunque

evict [ɪ·'vɪkt] *vt* sfrattare

evidence ['e·vɪ·dəns] *n* **1.** (*sign*) segno *m* evidente **2.** (*proof*) prova *f* **3.** (*testimony*) deposizione *f*; **to turn state's ~ against sb** diventare testimone d'accusa contro qu **4.** (*view*) evidenza *f*; **to be in ~** essere visibile

evident ['e·vɪ·dənt] *adj* evidente; **to be ~ (to sb)** essere evidente (per qu); **it is ~ that ...** è chiaro che ...

evil ['iː·vl] **I.** *adj* malvagio, -a **II.** *n* male *m*; **social ~** piaga *f* sociale; **good**

and ~ il bene e il male; **the lesser of two ~s** il minore dei mali
evocative [ɪ·ˈvɑː·kə·t̬ɪv] *adj* evocativo, -a
evoke [ɪ·ˈvoʊk] *vt* evocare
ex [eks] <-es> *n inf* ex *mf*
exact [ɪg·ˈzækt] **I.** *adj* esatto, -a; **the ~ opposite** l'esatto contrario **II.** *vt* esigere; **to ~ sth from sb** esigere qc da qu
exacting *adj* esigente
exactly [ɪg·ˈzækt·li] *adv* esattamente; **~ like ...** proprio come ...; **how/what/where ~ ...** come/che cosa/dove esattamente; **not ~** non proprio; **~!** esatto!
exaggerate [ɪg·ˈzæ·dʒə·reɪt] *vi, vt* esagerare
exaggerated [ɪg·ˈzæ·dʒə·reɪ·t̬ɪd] *adj* esagerato, -a
exaggeration [ɪg·ˌzæ·dʒə·ˈreɪ·ʃən] *n* esagerazione *f*
exam [ɪg·ˈzæm] *n* esame *m*
examination [ɪg·ˌzæ·mɪ·ˈneɪ·ʃən] *n* **1.** (*exam*) esame *m* **2.** (*investigation*) indagine *f;* **medical ~** visita *f* medica **3.** LAW interrogatorio *m*
examine [ɪg·ˈzæ·mɪn] *vt* **1.** (*study*) esaminare; **to ~ the effects of sth** esaminare gli effetti di qc **2.** MED visitare **3.** LAW interrogare
examiner [ɪg·ˈzæ·mɪ·nɚ] *n* esaminatore, -trice *m, f*
example [ɪg·ˈzæm·pl] *n* **1.** (*sample, model*) esempio *m;* **for ~** per esempio; **to follow sb's ~** seguire l'esempio di qu; **to set a good ~** dare il buon esempio **2.** (*copy*) esemplare *m*
exasperate [ɪg·ˈzæs·pə·reɪt] *vt* esasperare
exasperating [ɪg·ˈzɑːs·pə·reɪ·t̬ɪŋ] *adj* esasperante
exasperation [ɪg·ˌzæs·pə·ˈreɪ·ʃən] *n* esasperazione *f*
ex-boyfriend *n* ex ragazzo *m*
exceed [ɪk·ˈsiːd] *vt* eccedere; (*outshine*) superare
exceedingly *adv* estremamente
excel [ɪk·ˈsel] <-ll-> **I.** *vi* eccellere; **to ~ at** [*or* **in**] **sth** eccellere in qc **II.** *vt* **to ~ oneself** superare sé stesso; **to ~ all others** eccellere su tutti
excellence [ˈek·sə·ləns] *n* eccellenza *f*
excellent [ˈek·sə·lənt] *adj* eccellente
except [ɪk·ˈsept] **I.** *prep* ~ (**for**) tranne; **to do nothing ~ wait** non fare altro che aspettare **II.** *vt form* escludere; **children under the age of 14 are ~ed** esclusi i ragazzi sotto i 14 anni
excepting *prep* eccetto
exception [ɪk·ˈsep·ʃən] *n* eccezione *f;* **to be an ~** essere un'eccezione; **to make an ~** fare un'eccezione; **with the ~ of ...** a eccezione di ...
exceptional [ɪk·ˈsep·ʃə·nl] *adj* eccezionale
exceptionally [ɪk·ˈsep·ʃnə·li] *adv* eccezionalmente; **to be ~ clever** essere straordinariamente intelligente
excerpt [ˈek·sɜːrpt] *n* brano (tratto da qc) *m*
excess [ɪk·ˈses] <-es> *n* eccesso *m*
excess baggage *n,* **excess luggage** *n* bagaglio *m* in eccedenza
excessive [ɪk·ˈse·sɪv] *adj* eccessivo, -a; (*claim*) esagerato, -a; (*violence*) gratuito, -a
exchange [ɪks·ˈtʃeɪndʒ] **I.** *vt* **1.** (*trade for the equivalent*) cambiare **2.** (*interchange*) scambiare; **to ~ blows** picchiarsi; **to ~ words** litigare **II.** *n* **1.** (*interchange*) scambio *m;* **in ~ for sth** in cambio di qc **2.** FIN, ECON cambio *m;* **foreign ~** cambio estero
exchangeable *adj* scambiabile; (*goods*) che si può cambiare; **~ currency** valuta *f* scambiabile
exchange rate *n* tasso *m* di cambio
exchange student *n* studente, -essa *m, f* che partecipa a uno scambio culturale
excitable [ɪk·ˈsaɪ·t̬ə·bl] *adj* eccitabile
excite [ɪk·ˈsaɪt] *vt* **1.** (*move*) entusiasmare; **to be ~d about an idea** essere eccitato all'idea di qc **2.** (*stimulate*) suscitare; **to ~ sb's curiosity** suscitare la curiosità di qu
excited [ɪk·ˈsaɪ·t̬ɪd] *adj* eccitato, -a
excitement [ɪk·ˈsaɪt·mənt] *n* eccitazione *f*
exciting [ɪk·ˈsaɪ·t̬ɪŋ] *adj* eccitante
exclaim [ɪks·ˈkleɪm] *vi, vt* esclamare
exclamation [ˌeks·klə·ˈmeɪ·ʃən] *n* esclamazione *f*
exclude [ɪks·ˈkluːd] *vt* **1.** (*keep out*)

escludere **2.** (*possibility*) scartare
excluding [ɪks·ˈkluː·dɪŋ] *prep* eccetto
exclusion [ɪks·ˈkluː·ʒən] *n* esclusione *f*
exclusive [ɪks·ˈkluː·sɪv] **I.** *adj* esclusivo, -a; ~ **interview** intervista *f* esclusiva; ~ **of** escluso; **to be ~ of** non includere **II.** *n* esclusiva *f*
exclusively *adv* esclusivamente
excruciating [ɪks·ˈkruː·ʃi·eɪ·t̬ɪŋ] *adj* **1.** straziante; (*pain*) atroce **2.** (*intense: accuracy*) estremo, -a
excursion [ɪks·ˈkɜːr·ʒən] *n* escursione *f;* **to go on an ~** fare un'escursione
excusable [ɪks·ˈkjuː·zə·bl] *adj* perdonabile
excuse[1] [ɪks·ˈkjuːz] *vt* **1.** (*justify: behavior*) giustificare; (*lateness*) scusare; **to ~ sb for sth** perdonare qu per qc **2.** (*forgive*) scusare; **~ me!** mi scusi! **3.** (*allow not to attend*) **to ~ sb from sth** dispensare qu da qc **4.** (*leave*) **after an hour she ~d herself** dopo un'ora si è scusata e se n'è andata
excuse[2] [ɪks·ˈkjuːs] *n* **1.** (*explanation*) scusa *f* **2.** (*pretext*) pretesto *m;* **poor ~** misera scusa; **to make ~s for sb** giustificare qu
exec *n inf abbr of* **executive** dirigente *mf*
execute [ˈek·sɪ·kjuːt] *vt* **1.** (*carry out*) eseguire; (*maneuver*) effettuare; (*plan*) attuare **2.** (*put to death*) giustiziare
execution [ˌek·sɪ·ˈkjuː·ʃən] *n* esecuzione *f;* **to put a plan into ~** attuare un piano
executive [ɪg·ˈze·kjʊ·t̬ɪv] **I.** *n* **1.** (*senior manager*) dirigente *mf* **2.** + *sing/pl vb* POL (potere *m*) esecutivo *m;* ECON organo *m* esecutivo **II.** *adj* esecutivo, -a; ~ **branch** organo esecutivo
executive assistant *n* assistente *mf* alla direzione
executive order *n* provvedimento *m* esecutivo
exempt [ɪg·ˈzempt] **I.** *vt* esentare **II.** *adj* esente; **to be ~ from (doing) sth** essere esentato da qc (dal fare qc)
exemption [ɪg·ˈzemp·ʃən] *n* esenzione *f*
exercise [ˈek·sɚ·saɪz] **I.** *vt* **1.** (*muscles*) esercitare; (*dog*) portare a passeggio; (*horse*) far fare esercizio a; **to ~ one's muscles/memory** esercitare i muscoli/la memoria **2.** (*apply: authority, control*) esercitare; **to ~ caution** usare cautela; **to ~ discretion** usare discrezione **II.** *vi* fare esercizio **III.** *n* **1.** (*physical training*) esercizio *m;* **physical ~** esercizio fisico; **to do ~s** fare un po' di esercizio **2.** SCHOOL, UNIV esercizio *m;* **written ~s** esercizi scritti **3.** MIL esercitazione *f* **4.** (*action, achievement*) operazione *f* **5.** (*use*) esercizio *m* **6.** *pl* cerimonia *f;* **graduation ~s** cerimonia di laurea
exercise book *n* quaderno *m*
exert [ɪg·ˈzɜːrt] *vt* esercitare; (*apply*) applicare; **to ~ oneself** sforzarsi
exertion [ɪg·ˈzɜːr·ʃən] *n* **1.** (*application*) esercizio *m* **2.** (*physical effort*) sforzo *m*
ex-girlfriend *n* ex ragazza *f*
exhale [eks·ˈheɪl] **I.** *vt* espirare; (*gases*) emettere; (*scents*) emanare **II.** *vi* espirare
exhaust [ɪg·ˈzɑːst] **I.** *vt a. fig* esaurire; **to ~ oneself** sfinirsi **II.** *n* **1.** AUTO (*gas*) gas *m pl* di scarico **2.** (*pipe*) tubo *m* di scappamento
exhausted *adj* esausto, -a
exhausting *adj* estenuante
exhaustion [ɪg·ˈzɑːs·tʃən] *n* sfinimento *m*
exhaustive [ɪg·ˈzɑːs·tɪv] *adj* esauriente
exhaust pipe *n* tubo *m* di scappamento
exhibit [ɪg·ˈzɪ·bɪt] **I.** *n* **1.** (*display*) oggetto *m* esposto **2.** LAW prova *f* **II.** *vt* **1.** (*show*) esporre; (*work*) presentare **2.** (*display character traits*) mostrare
exhibition [ˌek·sɪ·ˈbɪ·ʃən] *n* (*display*) esposizione *f;* (*performance*) esibizione *f*
exhibitor [ɪg·ˈzɪ·bɪ·tɚ] *n* espositore, -trice *m, f*
exhilarating [ɪg·ˈzɪ·lə·reɪ·t̬ɪŋ] *adj* esaltante; **an ~ performance** una performance entusiasmante
exhilaration [ɪg·ˈzɪ·lə·reɪ·ʃən] *n* euforia *f*
ex-husband *n* ex marito *m*
exile [ˈek·saɪl] **I.** *n* **1.** (*banishment*) esilio *m;* **political ~** esilio politico; **to be in ~** essere in esilio; **to go into ~** andare in esilio **2.** (*person*) esiliato, -a *m, f* **II.** *vt* esiliare

E

exist [ɪg·ˈzɪst] *vi* **1.** (*be*) esistere **2.** (*live*) vivere; **to ~ on sth** vivere di qc

existence [ɪg·ˈzɪs·təns] *n* **1.** (*being*) esistenza *f;* **to be in ~** esistere; **to come into ~** nascere **2.** (*life*) vita *f*

existing [ɪg·ˈzɪs·tɪŋ] *adj* esistente; **the ~ laws** l'attuale legislazione

exit [ˈek·sɪt] **I.** *n* uscita *f;* **to make an ~** uscire **II.** *vt* uscire da **III.** *vi* **1.** *a.* COMPUT (*leave*) uscire **2.** THEAT uscire di scena

exit visa *n* visto *m* d'uscita

exorbitant [ɪg·ˈzɔːr·bə·tənt] *adj* exorbitante; (*demand*) eccessivo, -a

exotic [ɪg·ˈzɑː·t̬ɪk] *adj* esotico, -a

expand [ɪk·ˈspænd] **I.** *vi* **1.** (*increase*) espandersi; (*trade*) svilupparsi **2.** (*spread*) estendersi **II.** *vt* **1.** (*make larger*) ampliare; (*wings*) spiegare; (*trade*) sviluppare **2.** (*elaborate*) sviluppare

expandable [ɪk·ˈspæn·də·bl] *adj* espansibile

expansion [ɪk·ˈspæn·ʃən] *n* **1.** (*spreading out*) espansione *f;* (*of a metal*) dilatazione *f* **2.** (*elaboration*) sviluppo *m*

expat [ˌeks·ˈpæt] *n esp. Can abbr of* **expatriate** residente *mf* all'estero

expatriate [eks·ˈpeɪ·tri·ət] *n* residente *mf* all'estero

expect [ɪk·ˈspekt] *vt* aspettarsi; (*imagine*) immaginare; **to ~ to do sth** pensare di fare qc; **to ~ sb to do sth** aspettarsi che qu faccia qc; **to ~ sth of sb** aspettarsi qc da qu; **to be ~ing** (**a baby**) aspettare (un bambino); **I ~ed as much** me l'aspettavo; **I ~ so** penso di sì; **to ~ that** penso che *+subj*

expectation [ˌeks·pek·ˈteɪ·ʃən] *n* **1.** (*hope*) speranza *f* **2.** (*anticipation*) aspettativa *f;* **in ~ of sth** nella speranza di qc

expedition [ˌeks·pɪ·ˈdɪ·ʃən] *n* spedizione *f;* **to be/go on an ~** partecipare a/partire per una spedizione

expel [ɪks·ˈpel] <-ll-> *vt* espellere

expenditure [ɪks·ˈpen·dɪt·ʃɚ] *n* (*money*) spesa *f;* **public ~s** spesa pubblica

expense [ɪks·ˈpens] *n* spesa *f;* **all ~(s) paid** tutto spesato; **at great ~** con forte spesa; **at sb's ~** *a. fig* a spese di qu; **at the ~ of sth** *a. fig* a spese di qc

expense account *n* conto *m* spese

expensive [ɪks·ˈpen·sɪv] *adj* caro, -a

experience [ɪks·ˈpɪ·ri·əns] **I.** *n* esperienza *f;* **to have translating ~** avere esperienza di traduzione; **from ~** per esperienza; **to know sth from ~** sapere qc per esperienza; **to learn by ~** imparare con l'esperienza **II.** *vt* provare; **to ~ happiness/pain** provare felicità/dolore

experienced [ɪks·ˈpɪ·ri·ənst] *adj* esperto, -a; **to be ~ at organizing large events** essere esperto nell'organizzare grandi eventi

experiment [ɪks·ˈpe·rɪ·mənt] **I.** *n* esperimento *m;* **as an ~** come esperimento **II.** *vi* sperimentare; **to ~ on a patient** sperimentare su un paziente

experimental [eks·ˌpe·rɪ·ˈmen·tl] *adj* sperimentale

expert [ˈeks·pɜːrt] **I.** *n* esperto, -a *m, f;* **to be a computer ~** essere un esperto di informatica **II.** *adj* **1.** (*skilful*) esperto, -a **2.** LAW del perito; **~ report** relazione del perito

expiration date *n* (*of a contract*) scadenza *f;* (*of food or medicine*) data *f* di scadenza

expire [ɪks·ˈpa·ɪɚ] **I.** *vi* **1.** (*terminate*) scadere **2.** (*die*) spirare **II.** *vt* espirare

expiry [ɪks·ˈpaɪ·ri] *n see* **expiration**

explain [ɪks·ˈpleɪn] *vi, vt* spiegare; **to ~ how/what/where/why ...** spiegare come/cosa/dove/perché ...

explanation [ˌeks·plə·ˈneɪ·ʃən] *n* spiegazione *f;* **by way of ~** come spiegazione

explanatory [ɪks·ˈplæ·nə·tɔː·ri] *adj* esplicativo, -a

explicit [ɪks·ˈplɪ·sɪt] *adj* **1.** (*exact*) esplicito, -a; **~ directions** istruzioni precise **2.** (*vulgar*) esplicito, -a; **~ language** linguaggio esplicito

explode [ɪks·ˈploʊd] **I.** *vi* **1.** (*blow up*) esplodere; (*tire*) scoppiare; **to ~ with anger** scoppiare di rabbia **2.** (*grow rapidly*) espandersi **II.** *vt* **1.** (*blow up: bomb*) far esplodere; (*ball*) far scoppiare **2.** (*discredit: theory*) demolire; (*myth*) distruggere

exploit ['eks·plɔɪt] **I.** *vt* sfruttare **II.** *n* impresa *f*

exploitation [ˌeks·plɔɪ·'teɪ·ʃən] *n* sfruttamento *m*

exploration [ˌeks·plɔː·'reɪ·ʃən] *n* **1.** *a.* MED esplorazione *f* **2.** (*examination*) esame *m*

exploratory [ɪks·'plɔː·rə·tɔː·ri] *adj* (*voyage, test*) esplorativo, -a; (*meeting*) preliminare

explore [ɪks·'plɔːr] **I.** *vt* **1.** *a.* MED, COMPUT esplorare **2.** (*examine*) esaminare **II.** *vi* esplorare

explorer [ɪks·'plɔː·rɚ] *n* esploratore, -trice *m, f*

explosion [ɪks·'ploʊ·ʒən] *n* esplosione *f;* **gas ~** esplosione di gas; **population ~** esplosione demografica

explosive [ɪks·'ploʊ·sɪv] **I.** *adj* esplosivo, -a; **~ device** ordigno esplosivo; **an ~ situation** una situazione delicata; **to have an ~ temper** avere un carattere irascibile **II.** *n* esplosivo *m*

export **I.** [ɪks·'pɔːrt] *vt* esportare **II.** ['eks·pɔːrt] *n* **1.** (*product*) prodotto *m* d'esportazione **2.** (*selling*) esportazione *f;* **~ taxes** tasse*f pl* d'esportazione

expose [ɪks·'poʊz] *vt* **1.** (*uncover*) mettere a nudo **2.** (*leave vulnerable to*) esporre; **to ~ sb to ridicule** mettere qu in ridicolo **3.** (*reveal: person*) mostrare (per quello che è); (*plot*) smascherare; (*secret*) svelare

exposed [ɪks·'poʊzd] *adj* **1.** (*vulnerable*) esposto, -a **2.** (*uncovered*) scoperto, -a **3.** (*unprotected*) non riparato, -a

exposure [ɪks·'poʊ·ʒɚ] *n* **1.** (*contact*) esposizione *f;* **~ to the sun** esposizione al sole **2.** MED assideramento *m;* **to die of ~** morire assiderato **3.** *a.* PHOT esposizione *f* **4.** (*revelation*) rivelazione *f* **5.** (*media coverage*) pubblicità *f*

exposure meter *n* PHOT esposimetro *m*

express [ɪks·'pres] **I.** *vt* **1.** (*convey: thoughts, feelings*) esprimere; **to ~ oneself** esprimersi **2.** *inf* (*send quickly*) spedire per espresso **II.** *adj* **1.** (*rapid*) rapido, -a; **by ~ delivery** per posta celere; **~ train** (treno) espresso; **~ mail** posta celere **2.** (*precise*) esplicito, -a; **by ~ order** per ordine espresso; **these are her ~ wishes** questi sono i suoi espressi desideri **III.** *n* (*train*) espresso *m* **IV.** *adv* **to send sth ~** spedire qc per espresso

expression [ɪks·'pre·ʃən] *n* espressione *f;* (*of love, solidarity*) manifestazione *f;* **as an ~ of thanks** in segno di ringraziamento; **to give ~ to sth** dare voce a qc

expressive [ɪks·'pre·sɪv] *adj* espressivo, -a

expressly [ɪks·'pres·li] *adv* **1.** (*clearly*) chiaramente **2.** (*especially*) espressamente

expressway [ɪks·'pres·weɪ] *n* autostrada *f*

ex-prisoner *n* ex prigioniero, -a *m, f*

expulsion [ɪks·'pʌl·ʃən] *n* espulsione *f*

exquisite ['eks·kwɪ·zɪt] *adj* **1.** (*delicate*) squisito, -a; **an ~ piece of china** un raffinato oggetto in porcellana **2.** (*intense*) intenso, -a

extend [ɪks·'tend] **I.** *vt* **1.** (*enlarge: house*) ampliare; (*street*) allargare **2.** (*prolong: deadline*) prorogare; (*holiday*) prolungare **3.** (*offer*) offrire; **to ~ an invitation to sb** rivolgere un invito a qu; **to ~ one's thanks to sb** esprimere il proprio ringraziamento a qu; **to ~ a warm welcome to sb** dare un caloroso benvenuto a qu **4.** FIN (*credit*) concedere **II.** *vi* estendersi; **to ~ beyond the river** estendersi oltre il fiume

extended *adj* esteso, -a; **~ family** famiglia *f* allargata

extension [ɪks·'ten·ʃən] *n* **1.** (*increase*) estensione *f;* (*of rights*) ampliamento *m;* **by ~** per estensione **2.** (*of a deadline*) proroga *f* **3.** (*appendage*) annesso *m* **4.** TEL interno *m*

extension cord *n* prolunga *f*

extensive [ɪks·'ten·sɪv] *adj* **1.** *a. fig* esteso, -a; (*knowledge*) approfondito, -a; (*experience*) vasto, -a **2.** (*large: repair*) considerevole; **~ damage** danni *m* ingenti *pl* **3.** AGR (*farming*) estensivo, -a

extent [ɪks·'tent] *n* **1.** (*size*) estensione *f;* **to its fullest ~** in tutta la sua

E

estensione **2.** (*degree*) portata *f;* **to go to the ~ of hitting sb** arrivare fino al punto di picchiare qu; **to a great ~** in gran parte; **to some ~** in parte; **to such an ~ that ...** al punto che ...; **to what ~ ...?** fino a che punto ...?

exterior [ɪks·ˈtɪ·ri·ɚ] **I.** *adj* esterno, -a **II.** *n* **1.** (*outside surface*) esterno *m* **2.** (*outward appearance*) aspetto *m* **3.** CINE esterni *mpl*

external [ɪks·ˈtɜːr·nl] **I.** *adj* **1.** (*exterior*) esterno, -a; **to be ~ to the problem** essere estraneo al problema **2.** (*foreign*) estero, -a **3.** MED esterno, -a **II.** *npl* apparenze *fpl*

extinguish [ɪks·ˈtɪŋ·gwɪʃ] *vt* (*candle, cigar*) spegnere; (*love, passion*) consumare; (*memory*) cancellare; (*debt, life*) estinguere

extort [ɪks·ˈtɔːrt] *vt* estorcere; (*confession*) strappare

extortion [ɪks·ˈtɔːr·ʃən] *n* estorsione *f;* **that's sheer ~!** questo è un furto!

extortionate [ɪks·ˈtɔːr·ʃə·nət] *adj* eccessivo, -a; **~ demands** richieste smodate; **~ prices** prezzi esorbitanti

extra [ˈeks·trə] **I.** *adj* in più; **to work an ~ two hours** lavorare due ore in più; **~ clothes** abiti di riserva; **it costs an ~ $2** costa due dollari in più; **meals are ~** i pasti sono a parte **II.** *adv* (*more*) di più; (*extraordinarily*) particolarmente; **they pay her ~ to work nights** le danno di più per il lavoro notturno; **$10 ~** dieci dollari in più; **to charge ~ for sth** far pagare un supplemento per qc **III.** *n* **1.** ECON extra *m inv;* AUTO optional *m inv* **2.** CINE comparsa *f*

extract [ɪks·ˈtrækt] **I.** *vt* **1.** (*remove*) estrarre **2.** (*obtain: information*) strappare **II.** *n* **1.** (*concentrate*) estratto *m* **2.** (*excerpt*) brano *m*

extraction [ɪks·ˈtræk·ʃən] *n* (*removal*) estrazione *f*

extracurricular [ˌeks·trə·kə·ˈrɪk·jə·lɚ] *adj* extracurricolare; **~ activities** attività extracurricolari

extraordinary [ɪks·ˈtrɔːr·də·ne·ri] *adj* **1.** *a.* POL straordinario, -a **2.** (*astonishing*) incredibile

extravagant [ɪks·ˈtræ·və·gənt] *adj* **1.** (*wasteful*) eccessivamente dispendioso, -a **2.** (*luxurious*) dispendioso, -a; **an ~ lifestyle** uno stile di vita dispendioso **3.** (*exaggerated: praise*) sperticato, -a; **~ price** prezzo esorbitante **4.** (*elaborate*) esagerato, -a

extreme [ɪks·ˈtriːm] **I.** *adj* estremo, -a; **an ~ case** un caso estremo; **with ~ caution** con estrema cautela; **in the ~ north** all'estremo nord; **~ sport** sport estremo **II.** *n* estremo *m;* **in the ~** estremamente; **to go from one ~ to the other** andare da un estremo all'altro

extremely *adv* estremamente; **to be ~ sorry** essere immensamente dispiaciuto

extroverted *adj* estroverso, -a

exuberant [ɪg·ˈzuː·bə·rənt] *adj* **1.** (*luxuriant*) abbondante **2.** (*energetic*) esuberante

ex-wife *n* ex moglie *f*

eye [aɪ] **I.** *n* **1.** ANAT occhio *m;* **to keep an ~ on sth/sb** *inf* tenere d'occhio qc/qu; **to set ~s on sb/sth** mettere gli occhi su qu/qc; **visible to the naked ~** visibile a occhio nudo; **he couldn't take his ~s off the girl** *inf* non riusciva a staccare gli occhi di dosso alla ragazza **2.** BOT gemma *f* ▶ **to have ~s in the back of one's head** *inf* avere cento occhi; **to give sb a black ~** fare un occhio nero a qu; **to turn a blind ~ (to sth)** far finta di non vedere (qc); **as far as the ~ can see** fin dove si riesce a vedere; **(right) before** [*or* **under**] **my very ~s** proprio davanti ai miei occhi; **to not believe one's ~s** non credere ai propri occhi; **to catch sb's ~** catturare l'attenzione di qu; **to give sb the ~** *inf* lanciare occhiate seducenti a qu; **to make ~s at sb** *inf* cercare di sedurre qu con gli sguardi; **to (not) see ~ to ~ with sb** (non) trovarsi d'accordo con qu **II.** <-ing> *vt* guardare; (*observe*) osservare

eyeball [ˈaɪ·bɔːl] **I.** *n* bulbo *m* oculare **II.** *vt inf* guardare con aria di sfida

eyebrow *n* sopracciglio *m*

eye contact *n* contatto *m* visivo; **to establish ~** guardare dritto negli occhi

eyedrops *npl* gocce *f pl* per gli occhi

eyelash <-es> *n* ciglio *m*
eyelid *n* palpebra *f*
eye shadow *n* ombretto *m*
eyesight *n* vista *f*
eyesore *n* **to be an ~** offendere la vista
eyestrain *n* affaticamento *m* della vista; **to cause ~** affaticare la vista
eyewitness <-es> *n* testimone *mf* oculare
e-zine [ˈiː·ziːn] *n* e-zine *f inv (rivista via Internet)*

F

F, f [ef] *n* **1.** (*letter*) F, f *f;* **~ for Fox** F di Firenze **2.** MUS fa *m inv*
F *abbr of* **Fahrenheit** F
fabric [ˈfæ·brɪk] *n* **1.** (*cloth, textile*) stoffa *f* **2.** (*of building*) struttura *f;* **the ~ of society** il tessuto *m* sociale
fabulous [ˈfæb·jə·ləs] *adj* favoloso, -a
face [feɪs] **I.** *n* **1.** *a.* ANAT faccia *f,* viso *m;* **to keep a straight ~** rimanere serio; **to laugh in sb's ~** ridere in faccia a qu; **to make a ~ (at sb)** fare le boccacce (a qu); **to tell sth to sb's ~** dire qc in faccia a qu **2.** (*front: of building*) facciata *f;* (*of coin*) faccia *f;* (*of clock*) quadrante *m* **3.** (*loc*) **to lose/save ~** perdere/salvare la faccia; **to put a brave ~ on sth** far buon viso a cattivo gioco; **to make a long ~** mettere il muso; **on the ~ of it** a giudicare dalle apparenze **II.** *vt* **1.** (*turn towards*) guardare verso; **to ~ the audience** essere rivolti verso il pubblico **2.** (*confront*) affrontare; **to ~ the facts** guardare in faccia la realtà; **to be ~d with sth** trovarsi di fronte a qc; **I can't ~ doing that** non ho il coraggio di farlo **3.** ARCHIT rivestire **III.** *vi* **to ~ towards the street** dare sulla strada; **about ~!** dietro front!
facecloth *n* manopola *f* per il viso
face cream *n* crema *f* per il viso
facelift *n* lifting *m*
face to face [ˌfeɪs·tə·ˈfeɪs] *adv* faccia a faccia
face value *n* **1.** ECON valore *m* nominale **2.** *fig* **to take sth at ~** prender qc alla lettera
facility [fə·ˈsɪ·lə·t̬i] *n* <-ies> **1.** (*services*) servizio *m;* **transport facilities** mezzi *m pl* di trasporto **2.** (*ability*) facilità *f;* (*feature*) funzione *f* **3.** (*building for a special purpose*) complesso *m;* **sports ~** impianto *m* sportivo
fact [fækt] *n* **1.** fatto *m;* **the bare ~s** i fatti nudi e crudi; **to stick to the ~s** attenersi ai fatti ▶ **~s and figures** *inf* fatti e numeri *mpl;* **in ~** anzi; **a ~ of life** un dato di fatto; **as a matter of ~ ...** a dir il vero...
factor [ˈfæk·t̬ɚ] *n* fattore *m*
factory [ˈfæk·tə·ri] <-ies> *n* fabbrica *f*
factual [ˈfæk·tʃuː·əl] *adj* basato, -a sui fatti; **a ~ error** un errore di fatto
faculty [ˈfæ·kl·ti] <-ies> *n* **1.** (*teachers*) corpo *m* docente **2.** UNIV facoltà *f* **3.** (*ability*) facoltà *f;* **to have a ~ for doing sth** avere la capacità di fare qc
fad [fæd] *n inf* **1.** (*fashion*) moda *f* **2.** (*obsession*) mania *f*
fade [feɪd] *vi* **1.** (*lose color*) sbiadire **2.** (*lose intensity: light, sound*) affievolirsi; (*smile, life, interest*) spegnersi; (*hope, optimism, memory*) svanire; (*plant, beauty*) appassire **3.** (*disappear*) scomparire
fag [fæg] *n pej* (*homosexual*) checca *f*
Fahrenheit [ˈfær·ən·haɪt] *n* Fahrenheit *m*
fail [feɪl] **I.** *vi* **1.** (*not succeed*) fallire; **to ~ to do sth** non riuscire a fare qc; **to never ~ to do sth** non scordarsi mai di fare qc; **to ~ to appreciate sth** non saper apprezzare qc; **to ~ in one's duty** venir meno al proprio dovere **2.** SCHOOL, UNIV essere bocciato **3.** TECH, AUTO guastarsi **4.** (*eyesight, hearing*) abbassarsi; **his heart failed** ha avuto un attacco di cuore **II.** *vt* **1.** (*not pass: exam*) non superare; (*pupil*) bocciare **2.** (*not help*) **her courage ~ed her** le è mancato il coraggio **III.** *n* **1.** SCHOOL, UNIV insufficienza *f* ▶ **without ~** (*definitely*) senza eccezioni; (*always*) immancabilmente
failing [ˈfeɪ·lɪŋ] **I.** *n* (*of mechanism*) difetto *m;* (*of person*) debolezza *f*

II. *prep* in mancanza di

failure ['feɪl·jɚ] *n* 1. (*lack of success*) COM fallimento *m;* **his ~ to answer** il fatto che non abbia risposto 2. TECH, ELEC guasto *m*

faint [feɪnt] I. *adj* 1. (*scent, odor, taste*) leggero, -a; (*sound, light, smile*) debole; (*line, outline, scratch*) appena abbozzato, -a; (*memory*) vago, -a 2. (*resemblance, sign, feeling*) vago, -a; **not to have the ~est idea** *inf* non avere la più pallida idea 3. (*weak*) **to feel ~** sentirsi mancare II. *vi* svenire III. *n* svenimento *m;* **to fall down in a faint** cadere svenuto

fair[1] [fer] I. *adj* 1. (*just*) giusto, -a; **a ~ share** una buona dose; **~ enough** mi sembra giusto; **it's only ~** è giusto 2. *inf* (*quite large*) discreto, -a; **it's a ~ size** è della grandezza giusta 3. (*reasonably good: chance, prospect*) buono, -a 4. (*not bad*) discreto, -a 5. (*light in color: skin, hair*) chiaro, -a 6. METEO **~ weather** tempo *m* bello ▶ **~'s ~** *inf* quel che è giusto è giusto II. *adv* 1. **to play ~** giocare pulito ▶ **~ and square** (*following the rules*) lealmente; (*directly*) in pieno

fair[2] [fer] *n* fiera *f*

fairground ['fer·graʊnd] *n* luna park *m inv*

fairly ['fer·li] *adv* 1. (*quite*) abbastanza 2. (*justly*) in modo imparziale

fairness *n* 1. (*justice*) imparzialità *f;* **in (all) ~ ...** in tutta onestà... 2. (*of skin, hair*) chiarezza *f*

fairy ['fe·ri] <-ies> *n* 1. (*creature*) fata *f* 2. *pej inf* (*homosexual*) checca *f*

fairy tale *n* fiaba *f*

faith [feɪθ] *n* fede *f;* **to put one's ~ in sb/sth** confidare in qu/qc; **to keep the ~** conservare la fiducia

faithful ['feɪθ·fəl] I. *adj* fedele II. *n* **the ~** i fedeli

faithfully *adv* 1. (*loyally: serve*) fedelmente; (*promise*) solennemente 2. (*exactly*) fedelmente

fake [feɪk] I. *n* 1. (*painting, jewel*) falso *m* 2. (*person*) impostore, -a *m, f* II. *adj* **~ fur** pelliccia finta; **~ jewel** gioiello falso III. *vt* 1. (*counterfeit*) falsificare 2. (*pretend to feel*) fingere IV. *vi* fingere

fall [fɔːl] <fell, fallen> I. *vi* 1. (*drop down: rain, snow*) scendere; (*tree*) cadere; THEAT (*curtain*) calare; **to ~ flat** (*joke*) non far ridere; (*plan*) fallire; (*suggestion*) cadere nel vuoto; **to ~ (down) dead** cadere morto; **to ~ flat on one's face** cadere faccia a terra 2. (*land: bomb, missile*) cadere 3. (*decrease*) scendere; **to ~ sharply** calare bruscamente 4. (*accent, stress*) cadere 5. (*in rank, on charts*) scendere 6. (*be defeated*) cadere; **to ~ under sb's power** cadere sotto il dominio di qu; **the prize fell to him** il premio toccò a lui 7. (*occur*) **to ~ on a Monday** cadere di lunedì 8. (*darkness, silence*) calare 9. (*belong*) **to ~ into a category** rientrare in una categoria 10. (*hang down: hair, cloth*) ricadere 11. (*go down: cliff, ground, road*) scendere 12. + *adj* (*become*) **to ~ asleep** addormentarsi; **to ~ due** scadere; **to ~ ill** ammalarsi 13. (*enter a particular state*) **to ~ madly in love (with sb/sth)** innamorarsi perdutamente (di qu/qc); **to ~ out of favor** cadere in disgrazia; **to ~ to pieces** *fig* (*person*) crollare; (*plan, relationship*) andare in pezzi II. *n* 1. (*drop from a height*) caduta *f* 2. (*decrease*) calo *m;* **~ in temperature** calo della temperatura 3. (*defeat*) caduta *f* 4. (*autumn*) autunno *m* 5. *pl* (*waterfall*) cascata *f;* **Niagara Falls** le cascate *pl* del Niagara *m* III. *adj* autunnale

◆**fall away** *vi* 1. (*become detached*) staccarsi 2. (*slope downward*) digradare 3. (*decrease*) diminuire 4. (*disappear*) svanire

◆**fall behind** *vi* 1. (*become slower*) rimanere indietro 2. (*achieve less: team, country*) rimanere indietro 3. (*fail to do sth on time*) essere in ritardo 4. SPORTS farsi distanziare

◆**fall down** *vi* 1. (*person*) cadere; (*building*) crollare; *fig* cadere a pezzi 2. (*be unsatisfactory: plan*) fare acqua; (*person*) non essere all'altezza; **to ~ on the job** *inf* non essere all'altezza

◆**fall for** *vt* **to ~ sb** prendersi una cotta per qu; **to ~ a trick** cadere in uno scherzo

◆**fall in** *vi* **1.** (*into water, hole*) cadere **2.** (*collapse: roof, ceiling*) venire giù

◆**fall off** *vi* **1.** (*become detached*) staccarsi **2.** (*decrease*) diminuire

◆**fall on** *vt insep* **1.** (*day or date*) cadere il **2.** (*attack*) gettarsi su

◆**fall out** *vi* **1.** (*drop out*) cadere **2.** *inf* (*argue*) litigare

◆**fall over** **I.** *vi insep* cadere **II.** *vt* inciampare in

◆**fall through** *vi* andare a monte

◆**fall to** *vt insep* toccare a

fallen [ˈfɔː·lən] *adj* caduto, -a

false [fɔːls] **I.** *adj* **1.** (*untrue: idea, information*) falso, -a; **~ move** mossa *f* falsa; **to give a ~ impression** fare un'impressione sbagliata **2.** (*beard, eyelashes*) finto, -a; **a ~ bottom** un doppio fondo *m* **3.** (*name, address, identity*) falso, -a; **under ~ pretenses** con l'inganno **4.** (*insincere*) falso, -a *f* **II.** *adv* **to play sb ~** ingannare qu

falsehood [ˈfɔːls·hʊd] *n* **1.** (*untruth*) falsità *f* **2.** (*lie*) menzogna *f*

false teeth *npl* denti*m pl* finti

falsify [ˈfɔːl·sɪ·faɪ] *vt* falsificare

fame [feɪm] *n* fama *f;* **to rise to ~** diventare famoso

familiar [fə·ˈmɪl·jɚ] *adj* **1.** (*well-known*) familiare **2.** (*acquainted*) **to be ~ with sth** conoscere qc **3.** (*friendly*) familiare; **to be on ~ terms (with sb)** essere in (rapporti di) confidenza (con qu)

familiarize [fə·ˈmɪl·jə·raɪz] *vt* familiarizzare

family [ˈfæ·mə·li] <-ies> **I.** *n* famiglia *f;* **to be ~** essere una famiglia; **to run in the ~** essere un vizio di famiglia; **to start a ~** metter su famiglia **II.** *adj* (*jewels, dinner*) di famiglia; (*life*) familiare; (*entertainment*) per tutta la famiglia

family allowance *n Can* assegni*m pl* familiari

family doctor *n* medico *m* di famiglia

family man *n* uomo *m* tutto casa e famiglia

family name *n* cognome *m*

family planning *n* pianificazione *f* familiare

family tree *n* albero *m* genealogico

famine [ˈfæ·mɪn] *n* carestia *f*

famished [ˈfæm·ɪʃt] *adj inf* **to be ~** essere morto, -a di fame

famous [ˈfeɪ·məs] *adj* famoso, -a

famously *adv* **to get on ~** andare perfettamente d'accordo

fan[1] [fæn] **I.** *n* **1.** (*hand-held*) ventaglio *m* **2.** (*electrical*) ventilatore *m* **II.** <-nn-> *vt* **1.** (*cool with fan*) sventolare **2.** *fig* (*passion, interest*) alimentare; **to ~ the flames** *fig* soffiare sul fuoco

fan[2] [fæn] *n* (*of person*) ammiratore, -trice *m, f;* (*of team*) tifoso, -a *m, f;* (*of classical music*) appassionato, -a *m, f;* (*of pop star*) fan *mf inv*

fanatic [fə·ˈnæ·t̬ɪk] *n* fanatico, -a *m, f*

fanatical *adj* fanatico, -a

fan club *n* fan club *m inv*

fancy [ˈfæn·tsi] **I.** *adj* <-ier, -iest> **1.** (*elaborate: decoration, frills*) fantasioso, -a; (*speech*) infarcito di frasi elaborate **2.** *inf* (*expensive*) costoso, -a; **~ hotel** hotel *m* di lusso; **~ prices** prezzi*m pl* esorbitanti **3.** (*whimsical: ideas, notions*) stravagante **II.** *n* <-ies> **1.** (*liking*) **to take a ~ to sth/sb** invaghirsi di qc/qu; **to take sb's ~** attirare qu **2.** (*imagination*) fantasia *f* **3.** (*whimsical idea*) capriccio *m;* **whenever the ~ takes you** tutte le volte ti gira **III.** <-ie-> *vt* **1.** (*want, like*) **to ~ doing sth** aver voglia di fare qu; **he fancies you** gli piaci; **to ~ oneself** credersi chissà cosa **2.** (*imagine*) **to ~ (that) ...** immaginare (che)...; **~ (that)!** ma pensa un po'!; **~ shouting at him!** come ti è venuto in mente di sgridarlo!; **~ meeting here!** che combinazione incontrarsi proprio qui!

fancy-free [ˌfæ·tsi·ˈfriː] *adj* libero, -a *da legami sentimentali*

fantastic [fæn·ˈtæs·tɪk] *adj* **1.** (*excellent*) fantastico, -a **2.** (*unbelievable: coincidence*) incredibile; (*notion, plan*) fantasioso, -a

fanzine [ˈfæn·ziːn] *n* fanzina *f*

far [fɑːr] <farther, farthest *or* further,

furthest> **I.** *adv* **1.** (*a long distance*) lontano; **how ~ is it from Boston to Maine?** quanto dista Boston dal Maine?; **~ away** (molto) lontano; **~ from doing sth** lungi dal fare qc; **~ from it** al contrario **2.** (*distant in time*) **as ~ back as I remember ...** per quanto riesco a ricordare ...; **so ~** finora **3.** (*in progress*) **he will go ~** farà molta strada; **to go too ~** esagerare **4.** (*much*) **~ better** molto meglio; **to be the best by ~** essere di gran lunga il [*or* la] migliore; **to be ~ too expensive** essere troppo caro **5.** (*connecting adverbial phrase*) **as ~ as I know ...** per quanto ne so...; **as ~ as you can** più che puoi; **as ~ as possible** per quanto possibile; **as ~ as I'm concerned ...** per quel che mi riguarda...; **the essay is OK as ~ as it goes** il tema a grandi linee va bene ▶ **so ~ so good** per ora tutto bene; **~ and wide** in lungo e in largo **II.** *adj* **1.** (*distant*) lontano, -a; **in the ~ distance** in lontananza **2.** (*further away*) **the ~ bank of the river** l'altra riva del fiume; **the ~ left/right** POLITICS l'estrema sinistra/destra

faraway ['fɑːr·ə·weɪ] *adj* (*land*) lontano, -a; (*expression*) assente

fare [fer] **I.** *n* **1.** (*for journey*) tariffa *f* **2.** (*taxi passenger*) passeggero, -a *m, f* **3.** CULIN cibo *m;* **simple home-style ~** cucina *f* casalinga **II.** *vi* **to ~ badly/well** andare male/bene

Far East *n* **the ~** l'Estremo Oriente *m*

farewell [ˌfer·'wel] **I.** *interj form* addio; **to bid ~ to sb/sth** accomiatarsi da qu/qc **II.** *n* addio *m* **III.** *adj* d'addio

far-fetched [ˌfɑːr·'fetʃt] *adj* esagerato, -a

farm [fɑːrm] **I.** *n* fattoria *f* **II.** *vt* (*land*) coltivare; (*sheep*) allevare **III.** *vi* fare l'agricoltore

farmer ['fɑːr·mɚ] *n* (*land*) agricoltore, -trice *m, f;* (*animal*) allevatore, -trice *m, f*

farmyard *n* aia *f*

far-off [ˌfɑːr·'ɑːf] *adj* lontano, -a

far-reaching [ˌfɑːr·'riː·tʃɪŋ] *adj* di grande portata

farsighted [ˌfar·'saɪ·t̬ɪd] *adj, adj* (*decision, policy*) di largo respiro; (*person*) lungimirante

fart [fɑːrt] *inf* **I.** *n* scorreggia *f* **II.** *vi* scorreggiare

farther ['fɑːr·ðɚ] **I.** *adv comp of* **far** **1.** (*distance*) più lontano; **~ away from ...** più lontano da...; **~ down/up** più in basso/in alto **2.** (*time*) **~ back in time** più indietro nel tempo **II.** *adj comp of* **far** più lontano, -a

farthest ['fɑːr·ðɪst] *adv, adj superl of* **far** più lontano, -a

fascinate ['fæ·sə·neɪt] *vt* affascinare

fascination [ˌfæ·sə·'neɪ·ʃən] *n* fascino *m*

fascism ['fæ·ʃɪ·zəm] *n* fascismo *m*

fascist ['fæ·ʃɪst] *adj, n* fascista *mf*

fashion ['fæ·ʃən] **I.** *n* **1.** (*popular style*) moda *f;* **to be in/out of ~** essere di/fuori moda; **to come into ~** diventare di moda; **to be all the ~** essere molto di moda; **the latest ~** l'ultima moda **2.** (*manner*) modo *m;* **after a ~** in un certo senso **II.** *vt* fare

fashionable ['fæ·ʃə·nə·bl] *adj* (*gener*) alla moda; (*clothes*) di moda

fashion designer *n* stilista *mf*

fashion show *n* sfilata *f* di moda

fast[1] [fæst] **I.** <-er, -est> *adj* **1.** (*quick*) veloce; **the ~ lane** la corsia *f* di sorpasso; **~ train** (treno) rapido *m* **2.** (*clock*) **to be ~** andare avanti **3.** (*firmly fixed*) ben saldo, -a; **to make sth ~ (to sth)** fissare qc (a qc) **II.** *adv* **1.** (*quickly*) velocemente; **not so ~!** non così forte! **2.** (*firmly*) saldamente; **to hold ~ to sth** tenersi bene a qc; **to stand ~** non cedere **3.** (*deeply: asleep*) profondamente

fast[2] [fæst] **I.** *vi* digiunare **II.** *n* digiuno *m*

fasten ['fæ·sən] *vt* **1.** (*do up: dress*) allacciare; (*bag*) chiudere **2.** (*fix securely*) fissare; (*seatbelt*) allacciare **3. to ~ sth onto sth** attaccare qc a qc; **to ~ one's eyes on sth** fissare lo sguardo su qc; **to ~ sth together** (*with paper clip*) appuntare qc; (*with string*) legare qc

◆**fasten down** *vt* fermare

◆**fasten up** *vt* allacciare

fastener ['fæ·sə·nɚ] *n* chiusura *f*

fat [fæt] **I.** *adj* **1.** grasso, -a; **to get ~** ingrassare **2.** (*thick, large*) grosso, -a; **a ~ check** un grosso assegno ▶ **~ chance!** *inf* aspetta e spera! **II.** *n* **1.** (*body tissue*) grasso *m* **2.** (*fatty substance*) grasso *m;* **vegetable ~** grasso vegetale ▶ **to chew the ~ with sb** *inf* chiacchierare con qu

fatal ['feɪ·t̬əl] *adj* fatale

fatality [fə·'tæ·lə·t̬i] <-ies> *n* vittima *f*

fatally *adv* **1.** (*causing death*) mortalmente; **~ ill** gravemente malato **2.** (*disastrously*) irrimediabilmente

fate [feɪt] *n* (*destiny*) fato *m;* (*one's end*) destino *m;* **to meet one's ~** andare incontro al proprio destino; **to seal sb's ~** decidere la sorte di qu; **to tempt ~** sfidare la sorte

fated ['feɪ·t̬ɪd] *adj* destinato, -a; **it was ~ that ...** era destino che...

fat-free *adj* senza grassi

fathead ['fæt·hed] *n inf* imbecille *mf*

father ['fɑː·ðɚ] **I.** *n* **1.** (*parent*) padre *m;* **from ~ to son** di padre in figlio; **on your ~'s side** da parte di padre; **like ~, like son** tale padre, tale figlio **2.** (*founder*) padre *m* **II.** *vt* (*child*) diventare padre di

Father Christmas *n* Babbo *m* Natale

fatherhood ['fɑː·ðɚ·hʊd] *n* paternità *f*

father-in-law ['fɑː·ðɚ·ɪn·lɑː] <fathers-in-law *or* father-in-laws> *n* suocero *m*

fatherless ['fɑː·ðɚ·ləs] *adj* orfano, -a di padre

fatherly ['fɑː·ðɚ·li] *adj* paterno, -a

Father's Day *n* Festa *f* del Papà

fatten ['fæ·tən] *vt* ingrassare

fattening *adj* che fa ingrassare

fatty ['fæ·t̬i] **I.** *adj* **1.** (*food*) grasso, -a **2.** (*tissue*) adiposo, -a **II.** <-ies> *n inf* grassone, -a *m, f*

faucet ['fɑː·sɪt] *n* rubinetto *m*

fault [fɔːlt] **I.** *n* **1.** (*responsibility*) colpa *f;* **it's not my ~** non è colpa mia; **to be at ~** essere in torto; **to find ~ with sb** trovare da ridire su qu **2.** (*character weakness*) difetto *m;* **to be generous to a ~** essere fin troppo generoso **3.** (*defect*) difetto *m;* (*electrical, technical*) problema *m* **4.** SPORTS fallo *m;* **to call a ~** fischiare un fallo **II.** *vt* criticare

faultless ['fɔːlt·ləs] *adj* impeccabile

faulty ['fɔːl·ti] *adj* difettoso, -a

favor ['feɪ·vɚ] **I.** *n* **1.** (*approval*) favore *m;* **to be in ~ of sb/sth** essere a favore di qu/qc; **to be in ~** essere di moda; **to be in ~ with sb** godere dell'appoggio di qu; **to be out of ~** non riscuotere più consenso; **to find ~ with sb** essere nelle grazie di qu; **to gain** [*or* **win**] **sb's ~** guadagnarsi il favore di **2.** (*advantage*) vantaggio *m;* **to be in sb's ~** essere a vantaggio di qu **3.** (*helpful act*) favore *m;* **to ask/do sb a ~** chiedere/fare un favore a qu; **do me a ~!** *inf* ma fammi il piacere! **II.** *vt* **1.** (*prefer*) preferire **2.** (*give advantage to*) privilegiare

favorable ['feɪ·vɚ·ə·bl] *adj* **1.** (*approving*) favorevole **2.** (*advantageous*) vantaggioso, -a

favorite ['feɪ·vɚ·ɪt] **I.** *adj* (*most liked*) preferito, -a; **~ son** POL *candidato alle elezioni presidenziali americane designato dal suo Stato natale* **II.** *n* preferito, -a *m, f*

fawning ['fɑː·nɪŋ] *adj* adulatore, -trice

fax [fæks] **I.** *n* fax *m inv;* **to send something by ~** inviare qc per fax **II.** *vt* mandare per fax; **to ~ sth through to sb** inviare qc a qu per fax

fax machine *n* fax *m inv*

FDA [ˌef·di·'eɪ] *n abbr of* **Food and Drug Administration** *organismo governativo statunitense incaricato del controllo di alimenti e medicinali*

fear [fɪr] **I.** *n* paura *m;* **to have a ~ of sth** avere paura di qc; **to be in ~ of sth** temere qc; **to go in ~ of sth** temere per qc; **to put the ~ of God into sb** spaventare qu a morte; **without ~ or favor** in modo imparziale **II.** *vt* **1.** (*be afraid of*) temere; **to ~ to do sth** aver paura di fare qc **2.** *form* (*feel concern*) **to ~ (that ...)** temere (che ...)

fearful ['fɪr·fəl] *adj* **1.** (*anxious*) timoroso, -a **2.** (*terrible: pain*) tremendo; (*accident*) terrible **3.** *inf* (*very bad: noise, mess*) tremendo, -a

feasible ['fiː·zə·bl] *adj* **1.** (*plan*) fattibile **2.** (*story*) plausibile; (*solution*) possibile

feast [fiːst] **I.** *n* **1.** (*meal*) banchetto *m;* **a ~ for the eye** una festa per gli occhi;

a ~ **for the ear** musica per le orecchie **2.** REL festa *f* **II.** *vi* **to ~ on sth** festeggiare con qc **III.** *vt* organizzare un banchetto per; **to ~ one's eyes on sth** rifarsi gli occhi con qc

feat [fiːt] *n* impresa *f;* **~ of agility** prova *f* di agilità; **~ of engineering** capolavoro *m* di ingegneria

feather [ˈfe·ðɚ] *n* **1.** piuma *f* ▶ **to be a ~ in sb's cap** essere un fiore all'occhiello di qu; **to ruffle sb's ~s** dare fastidio a qu

feature [ˈfiː·tʃɚ] **I.** *n* **1.** (*distinguishing attribute*) caratteristica *f;* **a distinguishing ~** un tratto distintivo; **to make a ~ of sth** valorizzare qc **2.** *pl* (*of face*) lineamento *mpl;* **to have strong ~s** avere lineamenti marcati **3.** (*in newspaper, magazine*) articolo *m* **4.** CINE film *m* **II.** *vt* **1.** CINE **a film featuring sb as ...** un film con qu nel ruolo di... **2.** (*give special prominence to*) offrire (come attrazione principale) **3.** (*include*) includere; (*article, report*) contenere **III.** *vi* **1.** (*appear*) apparire **2.** (*be an actor in*) recitare

feature film *n* film *m lungometraggio*

feature story *n* reportage *m inv*

February [ˈfe·brʊ·e·ri] *n* febbraio *m; s. a.* **April**

fed [fed] *pt, pp of* **feed**

federal [ˈfe·də·rəl] *adj* federale

federation [ˌfe·də·ˈreɪ·ʃən] *n* federazione *f*

fed up *adj inf* stufo, -a; **to be ~ with sth/sb** essere stufo di qc/qu

fee [fiː] *n* (*for doctor, lawyer*) onorario *m;* (*for membership*) quota *f* di iscrizione; (*for school, university*) tasse *f pl* (scolastiche o universitarie)

feeble [ˈfiː·bl] *adj* (*person, attempt*) debole; (*performance*) poco convincente

feeble-minded [ˌfiː·bl·ˈmaɪn·dɪd] *adj* deficiente

feed [fiːd] <fed> **I.** *vt* **1.** (*person, animal*) dar da mangiare; (*plant*) nutrire; (*baby*) allattare; (*family, country*) sfamare; **to ~ the fire** ravvivare il fuoco **2.** (*supply*) inserire **II.** *vi* nutrirsi **III.** *n* **1.** (*for farm animals*) mangime *m;* **cattle ~** foraggio *m;* **to be off its ~** non aver fame **2.** *inf* (*meal*) mangiata *f*

◆**feed in** *vt* alimentare; (*information*) introdurre

◆**feed up** *vt* ingozzare

feel [fiːl] <felt> **I.** *vi* **1.** + *adj/n* (*sensation or emotion*) sentirsi; **to ~ well** sentirsi bene; **to ~ hot/cold** sentire caldo/freddo; **to ~ hungry/thirsty** avere fame/sete; **to ~ certain/convinced** essere sicuro/convinto; **to ~ like a cup of coffee** aver voglia di ua tazza di caffè; **to ~ one's age** sentire il peso degli anni; **how do you ~ about him?** che idea ti sei fatta di lui?; **how would you ~ if ...?** che ne diresti se...? **2.** + *adj* (*seem*) sembrare; **it ~s wonderful** mi sembra meraviglioso **3.** (*search*) **to ~ for sth** cercare qc *tastando;* **to ~ (around) somewhere** muoversi a tastoni **II.** *vt* **1.** (*experience*) sentire; **not to ~ a thing** non provare nulla; **to ~ the cold/heat** sentire il freddo/il caldo **2.** (*think, believe*) **to ~ (that) ...** credere (che)... **3.** (*touch*) sentire; (*pulse*) prendere **III.** *n* **1.** (*texture*) **I can't stand the ~ of wool** non sopporto la lana al tatto **2.** (*act of touching*) **to have a ~ of sth** toccare qc **3.** (*character, atmosphere*) atmosfera *f* **4.** (*natural talent*) talento *m* naturale; **to get the ~ of sth** abituarsi a qc

◆**feel for** *vt* **to ~ sb** dispiacersi per qu

feeling [ˈfiː·lɪŋ] *n* **1.** (*emotion*) sentimento *m;* **mixed ~s** sentimenti contrastanti; **to hurt sb's ~s** ferire i sentimenti di qu **2.** (*sensation*) sensazione *f;* **a dizzy ~** un senso di vertigine **3.** (*impression*) sensazione *f;* **to have a bad ~ about sth/sb** avere un brutto presentimento su qc/qu **4.** (*opinion*) opinione *f;* **to have strong ~s about sth** avere idee ben precise su qc **5.** (*strong emotion*) sentimento *m* **6.** (*physical sensation*) sensibilità *f* **7.** (*talent*) talento innato

feet [fiːt] *n pl of* **foot**

fell[1] [fel] *pt of* **fall**

fell[2] [fel] *vt* **1.** (*cut down*) abbattere **2.** (*knock down*) buttare a terra

fellow [ˈfe·loʊ] **I.** *n* **1.** *inf* tizio *m;* **an**

odd ~ un tipo strano **2.** UNIV docente *mf* **3.** *form* (*colleague*) collega *mf* **II.** *adj* ~ **student** compagno, -a *m, f* di studi
fellow member *n* consocio, -a *m, f*
felt[1] [felt] *pt, pp of* **feel**
felt[2] [felt] **I.** *n* feltro *m* **II.** *adj* di feltro
female ['fiː·meɪl] **I.** *adj* femminile; ZOOL, TECH femmina **II.** *n* (*woman*) donna *f;* ZOOL femmina *f*
feminine ['fe·mə·nɪn] *adj* femminile
feminist ['fe·mɪ·nɪst] *adj, n* femminista *mf*
fence [fens] **I.** *n* **1.** (*barrier*) recinto *f* ▶ **to mend one's ~s** ricucire i rapporti; **to sit on the ~** restare alla finestra **II.** *vi* SPORTS giocare a scherma **III.** *vt* (*enclose*) recintare
fencing *n* scherma *f*
ferocious [fə·'roʊ·ʃəs] *adj* (*gener*) feroce; (*heat*) tremendo, -a; (*temper*) violento, -a
ferry ['fe·ri] <-ies> **I.** *n* nave *f* traghetto **II.** *vt* **1.** (*in boat*) traghettare **2.** *inf* (*by car*) portare con la macchina
fertile ['fɜːr·t̬l] *adj a. fig* fertile
fertilize ['fɜːr·t̬ə·laɪz] *vt* BIO, AGR fertilizzare
fertilizer ['fɜːr·t̬ə·laɪ·zər] *n* fertilizzante *m*
festival ['fes·tɪ·vəl] *n* **1.** (*special event*) festa *m;* **a film/music ~** un festival del cinema/della musica **2.** REL festività *f inv*
festive ['fes·tɪv] *adj* festivo, -a; **to be in ~ mood** essere d'umore allegro
festivity [fes·'tɪ·və·t̬i] <-ies> *n* **1.** *pl* (*festive activities*) festeggiamenti *mpl* **2.** (*festival*) festa *f*
fetch [fetʃ] *vt* **1.** (*bring back*) andare a prendere; **to ~ the police** andare a chiamare la polizia; **to ~ sb sth** (**from somewhere**) andare a prendere qc per qn (in qualche posto) **2.** (*be sold for*) fruttare
fetching ['fet·ʃɪŋ] *adj* attraente
fetus ['fiː·t̬əs] *n* feto *m*
fever ['fiː·vɚ] *n* febbre *f;* **to have** [*or* **run**] **a ~** avere la febbre
feverish ['fiː·və·rɪʃ] *adj* **1.** MED febbricitante **2.** (*frantic*) febbrile
few [fjuː] <-er, -est> **I.** *adj det* **1.** (*small number*) pochi, poche; **quite a ~ people** abbastanza gente; **the pickings are ~** i guadagni sono scarsi; **to be ~ and far between** contarsi sulla punta della dita **2.** (*some*) qualche **II.** *pron* pochi, poche; **a ~** alcuni, alcune; **I'd like a ~ more** ne vorrei degli altri
fewer ['fju·ər] *adj, pron* meno; **no ~ than** non meno di
fewest ['fju·ɪst] *adj, pron* il minor numero di
fiancé [ˌfiː·ɑːn·'seɪ] *n* fidanzato *m*
fiancée [ˌfiː·ɑːn·'seɪ] *n* fidanzata *f*
fib [fɪb] <-bb-> *inf* **I.** *vi* raccontare balle **II.** *n* frottola *f*
fiber ['faɪ·bɚ] *n a. fig* fibra *f*
fiberglass ['faɪ·bɚ·glæs] *n* fibra *f* di vetro
fiction ['fɪk·ʃən] *n* **1.** LIT narrativa *f;* **~ writer** scrittore, -trice *m, f* di romanzi **2.** (*false statement*) finzione *f*
fictional ['fɪk·ʃə·nl] *adj* immaginario, -a
fictitious [fɪk·'tɪ·ʃəs] *adj* **1.** (*false, untrue*) falso, -a **2.** (*imaginary*) fittizio, -a
fiddle ['fɪ·dl] **I.** *vi* **1.** *inf* MUS suonare il violino **2. to ~** (**around**) **with sth** (*fidget with*) giocherellare con qc; (*try to repair*) armeggiare con qc **II.** *vt inf* falsificare **III.** *n inf* **1.** MUS violino *m* **2.** (*fraud*) truffa *f;* **to be on the ~** truffare ▶ **to be** (**as**) **fit as a ~** *inf* essere sano come un pesce; **to play second ~** avere un ruolo secondario
fidget ['fɪ·dʒɪt] **I.** *vi* agitarsi **II.** *n* persona *f* irrequieta; **to have the ~s** stare sulle spine
fidgety ['fɪ·dʒɪ·t̬i] *adj* irrequieto, -a
field [fiːld] **I.** *n* **1.** *a.* ELEC, AGR, SPORTS campo *m;* (*meadow*) prato *m;* **to be outside sb's ~** esulare dal campo di qu **2.** + *sing/pl vb* (*contestants*) concorrenti *mpl;* **to lead the ~** essere in testa; **to play the ~** *fig* tastare il terreno **II.** *vt* **1.** (*return*) **to ~ the ball** raccogliere la palla; **to ~ a question** schivare una domanda **2.** (*candidate*) presentare
fielder ['fiːl·dɚ] *n* SPORTS fielder *mf inv*
field glasses *n* binocolo *m*
field mouse *n* topo *m* di campagna

fieldwork ['fi:ld·wɜ:rk] *n* ricerca *f* sul campo

fierce [fɪrs] *adj* <-er, -est> **1.** (*animal*) feroce **2.** (*love*) sconvolgente; (*wind*) forte **3.** *inf* (*hard*) tosto, -a

fiery ['faɪ·ri] <-ier, -iest> *adj* **1.** (*hot, passionate*) infuocato, -a **2.** (*very spicy*) piccante

fifteen [ˌfɪf·'ti:n] *adj, n* quindici *m*; *s. a.* **eight**

fifteenth **I.** *adj* quindicesimo, -a **II.** *n* **1.** (*order*) quindicesimo, -a *m, f* **2.** (*date*) quindici *m* **3.** (*fraction*) quindicesimo *m;* (*part*) quindicesimo *m*; *s. a.* **eighth**

fifth [fɪfθ] **I.** *adj* quinto, -a **II.** *n* **1.** (*order*) quinto, -a *m, f* **2.** (*date*) cinque *m* **3.** (*fraction*) quinto *m;* (*part*) quinto *m*; *s. a.* **eighth**

fiftieth ['fɪf·ti·əθ] **I.** *adj* cinquantesimo, -a **II.** *n* (*order*) cinquantesimo, -a *m, f;* (*fraction*) cinquantesimo *m;* (*part*) cinquantesimo *m*; *s. a.* **eighth**

fifty ['fɪf·ti] *adj* <-ies> *n* cinquanta *m*; *s. a.* **eighty**

fig [fɪg] *n* **1.** (*fruit, tree*) fico *m* ▶ **I don't give** [*or* **care**] **a ~ about it!** non me ne importa un fico secco!; **to be not worth a ~** non valere un fico secco

fight [faɪt] **I.** *n* **1.** (*physical*) rissa *f;* (*argument*) lite *f;* **to put up a ~** lottare **2.** MIL combattimento *m* **3.** (*struggle*) lotta *f* **4.** (*spirit*) combattività *f;* **to show some ~** tirar fuori le unghie **II.** <fought, fought> *vi* **1.** (*exchange blows*) lottare; MIL combattere; **to ~ with each other** bisticciarsi **2.** (*dispute*) litigare; **to ~ over/about sth** litigare per qc **3.** (*struggle to overcome*) lottare **III.** *vt* **1.** (*exchange blows with, argue with*) lottare contro **2.** (*wage war, do battle*) combattere contro; **to ~ a battle** combattere una battaglia; **to ~ a duel** battersi in duello **3.** (*struggle to overcome*) combattere **4.** (*struggle to obtain*) **to ~ one's way through the crowd** farsi largo a fatica fra la folla

◆**fight back** **I.** *vi* (*defend oneself*) difendersi; (*counterattack*) contrattaccare **II.** *vt* **to ~ one's tears** trattenere le lacrime

◆**fight off** *vt* (*repel*) respingere; **to ~ the cold/depression** lottare contro il freddo/la depressione

fighter ['faɪ·t̬ɚ] *n* **1.** (*person*) persona *f* combattiva **2.** AVIAT caccia *m*

fighting ['faɪ·t̬ɪŋ] **I.** *n* (*in the street*) rissa *f;* (*battle*) combattimenti *mpl* **II.** *adj* combattivo, -a *m* ▶ **there's a ~ chance that ...** ci sono buone possibilità che... *+subj*

figurative ['fɪg·jɚ·ə·t̬ɪv] *adj* **1.** LING figurato, -a **2.** ART figurativo, -a

figuratively *adv* in senso figurato

figure ['fɪg·jɚ] **I.** *n* **1.** (*gener*) figura *f;* **mother ~** figura materna; **a fine ~ of a man** un uomo di bell'aspetto; **to cut a fine ~** fare una bella figura; **to cut a sorry ~** fare una brutta figura; **to keep one's ~** mantenere la linea **2.** (*digit*) cifra *f;* (*numeral*) numero *m;* **to be good at ~s** essere bravo con i numeri; **in round ~s** cifra tonda **3.** (*price*) cifra *f* **II.** *vt* **1.** (*think*) immaginare; **to ~ that ...** figurarsi che... **2.** (*in diagram*) raffigurare **3.** (*calculate*) calcolare **III.** *vi* figurare; **that ~s!** lo sapevo!

◆**figure out** *vt* (*comprehend*) capire; (*work out*) risolvere; **to ~ why ...** spiegarsi perché...

file[1] [faɪl] **I.** *n* **1.** (*folder*) cartella *f* **2.** (*record*) pratica *f;* **to keep sth on ~** tenere qc in archivio **3.** COMPUT file *m inv* **4.** (*row*) fila *f;* **in single ~** in fila indiana **II.** *vt* **1.** (*record*) archiviare **2.** (*present: claim, complaint*) inoltrare; (*petition*) presentare **III.** *vi* **1.** LAW **to ~ for divorce** chiedere il divorzio **2.** (*move in line*) muoversi in fila

file [faɪl] **I.** *n* (*tool*) lima *f* **II.** *vt* limare; **to ~ one's nails** limarsi le unghie

file name *n* nome *m* del file

filing cabinet *n* schedario *m*

fill [fɪl] **I.** *vt* **1.** (*make full*) riempire; (*space*) occupare; (*need*) soddisfare **2.** (*seal*) otturare **3.** CULIN farcire **4.** (*fulfill: order*) espletare; (*requirement*) soddisfare **II.** *vi* riempirsi **III.** *n* **to drink/eat one's ~** bere/mangiare a sazietà; **to have one's ~ of sth** averne abbastanza di qc

◆**fill in** I. *vt* 1. (*seal opening*) riempire; **to ~ a hole** tappare un buco 2. (*document*) compilare 3. (*color in*) colorare 4. (*inform*) informare 5. (*time*) riempire II. *vi* **to ~ (for sb)** sostituire (qu)

◆**fill out** I. *vt* (*document*) compilare II. *vi* (*put on weight*) arrotondarsi

◆**fill up** I. *vt* riempire; **to fill oneself up** rimpinzarsi II. *vi* riempirsi

fillet ['fɪ·lɪt] *n* filetto *m*

filling I. *n* 1. (*substance*) ripieno *m* 2. (*in tooth*) otturazione *f* II. *adj* sostanzioso, -a

filling station *n* stazione *f* di servizio

film [fɪlm] I. *n* 1. PHOT, CINE film *m;* **to see** [*or* **watch**] **a ~** vedere un film 2. (*fine coating*) pellicola *f;* **a ~ of oil** un velo d'olio II. *vt, vi* filmare

film star *n* stella *f* del cinema

filter ['fɪl·tɚ] I. *n* filtro *m* II. *vt, vi* filtrare

◆**filter out** I. *vi* filtrare II. *vt* eliminare

◆**filter through** *vi* filtrare

filter tip *n* filtro *m*

filthy ['fɪl·θi] I. *adj* 1. (*very dirty*) sudicio, -a; (*weather*) schifoso, -a 2. *inf* (*obscene*) osceno, -a II. *adv inf* **to be ~ rich** essere ricco sfondato

fin [fɪn] *n* pinna *f*

final ['faɪ·nl] I. *adj* 1. (*last*) finale; (*installment*) ultimo, -a *f* 2. (*irrevocable*) definitivo, -a; **to have the ~ say (on sth)** avere l'ultima parola (su qc); **and that's ~** *inf* e basta II. *n* 1. SPORTS finale *f;* **to get (through) to the ~s** arrivare in finale 2. *pl* UNIV esame *m di fine corso*

finalist ['faɪ·nə·lɪst] *n* finalista *mf*

finalize ['faɪ·nə·laɪz] *vt* ultimare

finally ['faɪ·nə·li] *adv* 1. (*at long last*) finalmente 2. (*in conclusion*) infine 3. (*irrevocably*) definitivamente

finance ['faɪ·nænts] *vt* finanziare

finances ['faɪ·næn·tsɪz] *npl* finanze *fpl*

financial [faɪ·'nænt·ʃəl] *adj* finanziario, -a

find [faɪnd] I. <found, found> *vt* 1. (*lost object, person*) (*a. locate*) trovare; **to be nowhere to be found** non trovarsi da nessuna parte; **to ~ no reason why** non vedere alcun motivo per cui 2. (*experience*) provare 3. (*conclude*) **to ~ sb guilty/innocent** riconoscere qu colpevole/innocente 4. (*discover*) scoprire II. *n* scoperta *f*

◆**find out** I. *vt* scoprire; (*dishonesty*) smascherare II. *vi* **to ~ about sth/sb** informarsi su qc/qu

finder ['faɪn·dɚ] *n* (*of sth unknown*) scopritore, -trice *m, f;* (*of sth lost*) persona *f* che trova

finding ['faɪn·dɪŋ] *n* 1. LAW verdetto *m* 2. (*recommendation*) conclusione *f* 3. (*discovery*) ritrovamento *m*

fine[1] [faɪn] I. *adj* 1. (*slender, light*) *a. fig* sottile; (*feature*) delicato, -a 2. (*clothes, words*) bello, -a; **to be ~** andare bene; **~ weather** bel tempo *m;* **how are you? — I'm ~, thanks** come stai? — Bene, grazie; **to be ~ by sb** andare bene per qu; **that's all very ~, but ...** va bene, però... 3. (*excellent*) eccellente; **to have a ~ time doing sth** divertirsi a fare qc II. *adv* (*all right*) bene; **to feel ~** sentirsi bene; **to work ~** funzionare bene

fine[2] [faɪn] I. *n* multa *f* II. *vt* multare

finger ['fɪŋ·gɚ] I. *n* dito *m* ► **to keep one's ~s crossed** incrociare le dita; **to lay a ~ on sb** sfiorare qu con un dito; **to not lift a ~** non muovere un dito; **to have a ~ in every pie** avere le mani in pasta dappertutto; **to have one's ~ on the pulse** avere il polso della situazione; **to put one's ~ on the spot** mettere il dito nella piaga II. *vt* (*touch*) palpare

fingernail *n* unghia *f*

fingerprint *n* impronta *f* digitale

fingertip *n* punta *f* del dito; **to have sth at one's ~s** avere qc a portata di mano

finish ['fɪ·nɪʃ] I. *n* 1. (*end*) fine *f;* SPORTS finale *f* 2. (*of furniture*) finitura *f* II. *vi* finire; **to ~ doing sth** finire di fare qc III. *vt* 1. (*bring to end*) finire 2. (*with final touches*) rifinire

◆**finish off** *vt, vi* finire

◆**finish up** I. *vi* **to ~ at** ritrovarsi a II. *vt* finire

◆**finish with** *vt* finire con; **to ~ sb** rompere con qu; **to ~ politics** chiudere con la politica

finished *adj* **1.** (*product*) finito, -a **2.** *inf* (*tired*) sfinito, -a

finishing line *n* (linea *f* del) traguardo *m*

finite ['faɪ·naɪt] *adj a.* LING finito, -a

Finland ['fɪn·lənd] *n* Finlandia *f*

Finn [fɪn] *n* finlandese *mf*

Finnish ['fɪn·ɪʃ] *adj, n* finlandese *m*

fir [fɜ:r] *n* abete *m*

fire ['fa·ɪɚ] **I.** *n* **1.** (*gener*) fuoco *m;* (*accidental*) incendio *m;* **to set sth on ~** dare fuoco a qc; **to catch ~** incendiarsi **2.** (*stove*) stufa *f* **3.** MIL **to open ~ on sb** aprire il fuoco su qu; **to be under ~** MIL essere sotto il fuoco (nemico); *fig* essere sotto tiro ▶ **to hang ~** attendere; **to go through ~ and water** farsi in quattro; **to set the world on ~** fare fuoco e fiamme **II.** *vt* **1.** (*burn*) incendiare; (*ceramics*) cucinare **2.** (*weapon*) sparare; **to ~ questions at sb** bombardare qu di domande **3.** *inf* (*dismiss*) licenziare **4.** (*inspire*) accendere **III.** *vi* **1.** (*with gun*) sparare; **to ~ at sb** sparare a qu **2.** AUTO accendersi

◆**fire away** *vi inf* sparare

◆**fire off** *vt* (*letter, reply*) scrivere in tutta fretta

fire alarm *n* allarme *m* antincendio

firearm *n* arma *f* da fuoco

firecracker *n* petardo *m*

fire department *n* vigili *m* del fuoco *pl*

fire engine *n* autopompa *f*

fire escape *n* scala *f* antincendio

fire extinguisher *n* estintore *m*

firefighter *n* vigile, -essa del fuoco *m*

fireman <-men> *n* vigile *m* del fuoco

fireplace *n* caminetto *m*

fireproof *adj* ignifugo, -a

firewall *n* COMPUT firewall *m*

firewood *n* legna *f*

firework *n* fuochi *m* d'artificio *pl*

firm[1] [fɜ:rm] **I.** *adj* **1.** (*secure: ladder*) stabile; (*base*) saldo, -a; (*strong*) solido, -a **2.** (*dense, solid*) sodo, -a **3.** (*resolute*) fermo, -a **4.** (*strict*) rigido, -a **II.** *adv* saldamente; **to stand ~** tener duro

firm[2] [fɜ:rm] *n* (*company*) ditta *f*

first [fɜ:rst] **I.** *adj* primo, -a; **at ~ sight** a prima vista; **the ~ of December/December ~** il primo dicembre; **~ and foremost** anzitutto **II.** *adv* per primo; (*firstly*) in primo luogo; **~ of all** prima di tutto; **at ~** all'inizio **III.** *n* **the ~** il/i primo,-i, la/le prima, -e; **from the (very) ~** fin dall'inizio

first aid *n* pronto soccorso *m*

firstborn ['fɜrst·ˌbɔrn] *adj, n* primogenito, -a *m, f*

first class *n* prima classe *f*

first-class *adj* di prim'ordine

firsthand [ˌfɜrst·'hænd] **I.** *adj* di prima mano **II.** *adv* in prima persona

firstly ['fɜ:rst·li] *adv* in primo luogo

first name *n* nome *m* (di battesimo)

first night *n* prima *f*

first-rate [ˌfɜ:rst·'reɪt] *adj* di prim'ordine

fish [fɪʃ] **I.** <-(es)> *n* ZOOL, CULIN pesce *m* ▶ **to have bigger ~ to fry** avere cose più importanti da fare; **an odd ~** un tipo strano; **there are plenty more ~ in the sea** morto un papa se ne fa un altro **II.** *vi* pescare; **to ~ for** (*information*) andare a caccia di; (*compliments*) andare in cerca di **III.** *vt* pescare

fishbone ['fɪʃ·boʊn] *n* lisca *f* di pesce

fishcake ['fɪʃ·keɪk] *n* polpetta *f* di pesce

fisherman ['fɪ·ʃɚ·mən] <-men> *n* pescatore *m*

fishing **I.** *n* pesca *f* **II.** *adj* da pesca

fishing line *n* lenza *f*

fishing pole *n*, **fishing rod** *n* canna *f* da pesca

fish stick *n* bastoncino *m* di pasce

fishy ['fɪ·ʃi] <-ier, -iest> *adj* **1.** (*taste, smell*) di pesce **2.** *inf* (*dubious*) equivoco, -a

fist [fɪst] *n* pugno *m;* **to clench one's ~s** stringere i pugni

fit[1] [fɪt] **I.** <-tt-> *adj* **1.** (*apt, competent*) adatto, -a; **it's not ~ to eat** non è commestibile **2.** (*ready*) pronto, -a **3.** SPORTS in forma **4.** MED sano, -a **II.** <-tt-> *vt* **1.** (*adapt*) adattare **2.** (*clothes*) andare bene a **3.** (*facts*) corrispondere a **III.** *vi* <-tt-> **1.** (*be correct size*) andare bene **2.** (*correspond*) corrispondere **IV.** *n* (*of clothes*) **to be a good fit** stare a pennello; **to be**

a **tight fit** stare stretto

◆**fit in** *vi* **1.** (*conform*) adattarsi **2.** (*get along well*) andare d'accordo

◆**fit out** *vt* attrezzare

◆**fit up** *vt* attrezzare

fit [fɪt] *n* **1.** MED attacco *m* **2.** *inf* (*of rage*) scatto *m*

fitness ['fɪt·nɪs] *n* **1.** (*good condition*) forma *f* fisica; (*health*) (buona) salute *f* **2.** (*suitability*) idoneità *f*

fitted ['fɪ·t̬ɪd] *adj* idoneo, -a; (*tailor-made*) su misura

fitting ['fɪ·t̬ɪŋ] **I.** *n* **1.** *pl* (*fixtures*) arredi *mpl* **2.** (*of clothes*) prova *f* **II.** *adj* appropiato, -a

five [faɪv] **I.** *adj* cinque **II.** *n* cinque *m*; **gimme ~!** *inf* dammi un cinque!; *s. a.* **eight**

fiver ['faɪ·vɚ] *n inf* biglietto *m* da 5 dollari

fix [fɪks] **I.** *vt* **1.** (*repair*) aggiustare **2.** (*fasten, determine*) fissare **3.** (*arrange*) sistemare **4.** *inf* (*lunch, dinner*) preparare **5.** *inf* (*manipulate*) truccare **II.** *vi* **to be ~ing to do sth** stare per fare qc **III.** *n* **1.** *inf* (*dilemma*) casino *m* **2.** *inf* (*of heroin*) pera *f*

◆**fix on** *vt* (*choose*) scegliere

◆**fix up** *vt* **1.** (*supply with*) **to fix sb up (with sth)** procurare qc a qu **2.** (*arrange*) organizzare

fixed *adj* fisso, -a

fixture ['fɪks·tʃɚ] *n* (*in bathroom and kitchen*) *impianti sanitari ed elettrici*

fizz [fɪz] **I.** *vi* frizzare **II.** *n* (*bubble, frothiness*) effervescenza *f*

fizzle ['fɪ·zl] *vi* frizzare

fizzy ['fɪ·zi] <-ier, -iest> *adj* gassato, -a

FL, Fla. *n see* **Florida** Florida

flabby ['flæ·bi] <-ier, -iest> *adj pej* **1.** (*body*) floscio, -a **2.** (*weak*) fiacco, -a

flag [flæg] **I.** *n* **1.** bandiera *f*; **to raise a ~** issare una bandiera **2.** (*marker*) bandierina *f* **II.** <-gg-> *vt* (*mark*) mettere un segno su **III.** <-gg-> *vi* affievolirsi

flair [fler] *n* **1.** (*genius*) talento *m* **2.** (*style*) stile *m*

flake [fleɪk] **I.** *vi* (*skin*) squamarsi; (*paint, plaster*) sfaldarsi **II.** *n* (*of paint, plaster*) scaglia *f*; (*of wood*) scheggia *f*; (*of skin*) squama *f*; (*of snow*) fiocco *m*

flaky ['fleɪ·ki] <-ier, -iest> *adj* **1.** (*skin*) squamoso, -a; (*paint*) scrostato, -a **2.** *inf* (*strange*) strambo, -a

flame [fleɪm] **I.** *n* fiamma *f*; **to burst into ~** prendere fuoco; (**old**) **~** (*lover*) (vecchia) fiamma *f* **II.** *vi* (*blaze, burn*) ardere; (*glare*) risplendere

flaming ['fleɪ·mɪŋ] *adj* **1.** (*burning*) in fiamme **2.** *fig* (*quarrel*) acceso, -a **3.** *inf* (*as intensifier*) totale

flan [flæn] *n* torta *f di frutta, vedura o formaggio*

flannel ['flæ·nl] *n* (*material*) flanella *f*

flap [flæp] **I.** <-pp-> *vt* (*wings*) battere; (*shake*) agitare **II.** <-pp-> *vi* (*wings*) battere; (*sails*) sbattere; (*flag*) sventolare **III.** *n* **1.** (*of skin*) lembo *m*; (*of envelope*) linguetta *f* **2.** (*of wing*) battito *m*

flare [fler] **I.** *n* (*blaze*) fiammata *f*; (*of light*) chiarore *m* **II.** *vi* **1.** (*blaze*) bruciare; (*light*) brillare **2.** (*trouble*) scoppiare

flash [flæʃ] **I.** *vt* **1.** (*shine: light*) far lampeggiare **2.** (*show quickly*) mostrare velocemente; (*communicate*) trasmettere velocemente; (*smile, look*) lanciare **II.** *vi* **1.** (*lightning*) lampeggiare; *fig* (*eyes*) brillare **2.** *inf* (*expose genitals*) fare esibizionismo **3.** (*move swiftly*) **to ~ by** (*car*) passare a gran velocità; (*time*) volare **III.** *n* **1.** (*burst*) lampo *m*; **~ of inspiration** momento *m* di ispirazione; **~ of lightning** lampo *m* **2.** PHOT flash *m* ▶ **like a ~** come un lampo; **in a ~** in un baleno; **a ~ in the pan** un fuoco di paglia **IV.** <-er, -est> *adj inf* vistoso, -a

flashback ['flæʃ·bæk] *n* flashback *m inv*

flasher ['flæ·ʃɚ] *n inf* esibizionista *m*

flashgun ['flæʃ·gʌn] *n* flash *m inv*

flashlight ['flæʃ·laɪt] *n* torcia *f* (elettrica)

flashy ['flæ·ʃi] <-ier, -iest> *adj inf* vistoso, -a

flask [flæsk] *n* (*thermos*) termos *m inv*

flat[1] [flæt] **I.** *adj* <-tt-> **1.** (*surface*) piatto, -a; (*land*) pianeggiante **2.** (*drink*) sgasato, -a **3.** (*tire*) a terra **4.** (*absolute: refusal, rejection*) categorico, -a **5.** COM (*not changing*) fisso, -a **6.** MUS bemolle **II.** <-tt-> *adv* **1.** (*level*) lungo disteso; **to lie ~ on one's back** stare a pancia in su ► **to be ~ broke** essere completamente al verde; **to fall ~** essere un fiasco **III.** *n* **1.** (*level surface*) piatto *m;* **the ~ of one's hand** il palmo *m* della mano **2.** (*low level ground*) pianura *f*

flat² [flæt] *n* appartamento *m*

flat-footed [ˌflæt-ˈfʊ·t̬ɪd] *adj* con i piedi piatti

flatten [ˈflæ·tn] *vt* appiattire

flatter [ˈflæ·t̬ɚ] *vt* **1.** (*gratify vanity*) adulare **2.** (*make attractive*) donare **3.** (*be proud of*) **to ~ oneself on sth** andare orgoglioso, -a di qc

flattering *adj* **1.** (*clothes, portrait*) che dona [*or* donano] **2.** (*remark, description*) lusinghiero, -a

flattery [ˈflæ·t̬ə·ri] *n* adulazione *f*

flavor [ˈfleɪ·vɚ] **I.** *n* **1.** (*taste*) sapore *m;* (*ice cream, fizzy drink*) gusto *m* **2.** *fig* sapore *m* **II.** *vt* insaporire

flavoring [ˈfleɪ·vɚ·ɪŋ] *n* aroma *m,* aromatizzante *m*

flea [fli:] *n* pulce *f*

flea market *n* mercato *m* delle pulci

fled [fled] *pp of* **flee**

flee [fli:] <fled> **I.** *vt* fuggire da **II.** *vi* fuggire

fleeting [ˈfli:·t̬ɪŋ] *adj* fugace; (*visit*) breve

flesh [fleʃ] *n* (*body tissue*) carne *f;* **to put ~ on an argument/idea** dar corpo ad un ragionamento/un'idea ► **to be (only) ~ and blood** essere fatto di carne ed ossa; **it made my ~ crawl** mi ha fatto accapponare la pelle; **in the ~** in carne ed ossa

flew [flu:] *pp, pt of* **fly**

flex [fleks] *vt* flettere; **to ~ one's muscles** mostrare i muscoli

flexible [ˈflek·sə·bl] *adj* flessible

flextime [ˈfleks·taɪm] *n* orario *m* flessible

flick [flɪk] **I.** *vt* (*with finger*) lanciare con le dita; **to ~ out one's tongue** tirare fuori la lingua; **to ~ the light switch on/off** accendere/spegnere la luce; **to ~ channels** fare zapping **II.** *n* **1.** (*sudden movement, strike*) colpetto *m* **2.** *inf* (*movie*) film *m inv;* **the ~s** (*cinema*) il cinema *m*

flicker [ˈflɪ·kɚ] **I.** *vi* tremolare **II.** *n* tremolio *m*

flier [ˈfla·ɪɚ] *n* **1.** (*leaflet*) volantino *m* **2.** (*in airplane*) aviatore, -trice *m, f*

flight [flaɪt] *n* **1.** (*movement*) volo *m;* **the ~ of time** il passare del tempo **2.** (*group: of birds*) stormo *m* **3.** (*retreat*) fuga *f;* **to take ~** darsi alla fuga **4.** (*of stairs*) rampa *f*

flight attendant *n* assistente *mf* di volo

flimsy [ˈflɪm·zi] <-ier, -iest> *adj* **1.** (*light: dress, blouse*) leggero, -a **2.** (*construction*) fragile **3.** (*argument, excuse*) debole

fling [flɪŋ] <flung> **I.** *vt* (*throw*) lanciare **II.** *n inf* (*relationship*) avventura *f*

flip [flɪp] <-pp-> **I.** *vt* (*pancake*) rigirare; (*pages*) sfogliare; **to ~ a coin** fare a testa e croce **II.** *vi* **to ~ over** (*car*) ribaltarsi

flip-flop [ˈflɪp·flɑ:p] *n* infradito *m inv*

flipper [ˈflɪ·pɚ] *n* pinna *f*

flirt [flɜ:rt] **I.** *n* (*woman*) civetta *f;* (*man*) farfallone *m* **II.** *vi* **1.** (*be sexually attracted*) flirtare **2.** (*toy with*) **to ~ with sth** giocare con qc

float [floʊt] **I.** *vi* **1.** (*in liquid*) galleggiare; (*in air*) fluttuare; **to ~ to the surface** venire a galla **2.** ECON fluttuare **II.** *vt* **1.** (*keep afloat*) far galleggiare **2.** (*company*) quotare in borsa **3.** (*idea, plan*) lanciare **III.** *n* **1.** NAUT, FINSHING galleggiante *m* **2.** (*vehicle*) carro *m*

flock [flɑ:k] **I.** *n* (*of goats, sheep*) gregge *m;* (*of birds*) stormo *m;* (*of people*) stuolo *m* **II.** *vi* affluire

flood [flʌd] **I.** *vt* inondare; *fig* sommergere **II.** *vi* METEO (*town*) allagarsi; (*river*) esondare; (*people*) affluire in massa **III.** *n* **1.** METEO inondazione *f* **2.** REL **the Flood** il Diluvio *m* universale **3.** *fig* (*gener*) marea *f;* (*of tears*) mare *m;* (*of products, complains*) valanga *f*

floodlight [ˈflʌd·laɪt] **I.** *n* riflettore *m* **II.** *vt irr* illuminare con i riflettori

floor [flɔ:r] **I.** *n* **1.** (*of room*) pavimento *m;* **to take the ~** (*in debate*) prendere la parola; (*start dancing*) scendere in pista **2.** (*level in building*) piano *m;* **first** ~ piano terra **II.** *vt* (*knock down*) stendere; **the question ~ed her** la domanda l'ha spiazzata

floorboard ['flɔr:·bɔ:rd] *n* trave *f* di legno

flop [flɑ:p] <-pp-> **I.** *vi* **1.** (*on bed, chair*) buttarsi **2.** *inf* (*fail*) fare fiasco **II.** *n inf* (*failure*) fiasco *m*

floppy ['flɑ:·pi] **I.** <-ier, -iest> *adj* (*ears*) cadente; (*hat*) floscio, -a **II.** <-ies> *n* dischetto *m*

Florida ['flɔ:·rɪ·də] *n* Florida *f*

florist ['flɔ:·rɪst] *n* fioraio, -a *m, f*

flour ['fla·ʊɚ] **I.** *n* farina *f* **II.** *vt* infarinare

flourish ['flɜ:·rɪʃ] **I.** *vi* (*business, trade*) fiorire; (*plant*) crescere rigoglioso, -a **II.** *vt* agitare **III.** *n* **with a ~** con un gesto cerimonioso

flourishing *adj* (*garden, plant*) rigoglioso, -a; (*business, trade*) fiorente

flow [floʊ] **I.** *vi* scorrere **II.** *n* **1.** flusso *m;* **~ of blood** circolazione *f* del sangue ▶ **to go against the ~** andare contro corrente; **in full ~** nel bel mezzo di un discorso; **to go with the ~** seguire la corrente

flower ['fla·ʊɚ] **I.** *n* fiore *m* **II.** *vi* fiorire

flowerbed *n* aiuola *f*

flowerpot *n* vaso *f* (da fiori)

flown [floʊn] *pp of* **fly**[1]

flu [flu:] *n* influenza *f*

fluent ['flu:·ənt] *adj* (*style*) scorrevole; (*movement*) sciolto, -a; **to speak ~ English** parlare l'inglese correntemente

fluffy ['flʌ·fi] <-ier, -iest> *adj* (*animal*) morbido, -a; (*toy*) di peluche; (*clothes*) soffice

fluid ['flu:·ɪd] **I.** *n* liquido *m* **II.** *adj* **1.** (*liquid*) liquido, -a **2.** (*situation*) fluido, -a

flung [flʌŋ] *pp, pt of* **fling**

flunk [flʌŋk] *vt inf* (*math, history*) cannare

flurry ['flɜ:·ri] <-ies> *n* (*of snow*) spruzzata *f;* (*of wind*) folata *f;* **a ~ of excitement** un leggero trambusto *m*

flush[1] [flʌʃ] **I.** *vi* (*blush*) arrossire **II.** *vt* **to ~ the toilet** tirare l'acqua **III.** *n* **1.** (*blush*) rossore *m;* **~ of anger** accesso *m* di rabbia **2.** (*toilet*) sciacquone *m*

flush[2] [flʌʃ] *adj* (*level*) ben allineato, -a

flushed [flʌʃt] *adj* arrossato, -a; **~ with success** emozionato, -a per il successo

fluster ['flʌs·tɚ] *vt* **to ~ sb** fare agitare qu

flute [flu:t] *n* MUS flauto *m*

flutter ['flʌ·ţɚ] **I.** *n* (*of wings*) battito *m* **II.** *vi* **1.** (*quiver*) tremare **2.** (*flag*) sventolare; (*leaves*) volteggiare **III.** *vt* (*wings, eyeleshes*) sbattere

fly[1] [flaɪ] <flew, flown> **I.** *vi* **1.** (*gener*) volare; **to ~ to New York** andare a new York in aereo **2.** (*move rapidly*) precipitarsi; **to ~ at sb** lanciarsi su qu **3.** *inf* (*leave*) scappare **II.** *vt* **1.** (*aircraft*) pilotare **2.** (*make move through air*) far volare; (*flag*) sventolare

◆**fly in** *vi* arrivare (in aereo)

◆**fly off** *vi* volare via

fly [flaɪ] *n* (*insect*) mosca *f*

flyer ['fla·ɪɚ] *n* **1.** (*leaflet*) volantino *m* **2.** (*pilot*) aviatore, -trice *m, f*

flying ['flaɪ·ɪŋ] *adj* volante

flying saucer *n* disco *m* volante

flyover ['flaɪ·ˌoʊ·vɚ] *n* cavalcavia *m*

foam [foʊm] **I.** *n* schiuma *f* **II.** *vi* **to ~ with rage** schiumare di rabbia

focal ['foʊ·kl] *adj* centrale

focus ['foʊ·kəs] <-es *or* foci> **I.** *n* **1.** fuoco *m;* **to be in/out of ~** essere a fuoco/sfocato, -a **2.** (*center*) centro *m* **II.** <-s- *or* -ss-> *vi* mettere a fuoco; **to ~ on sth** (*concentrate*) focalizzare qc **III.** *vt* focalizzare

fog [fɑ:g] *n* nebbia *f;* **to be in a ~** *fig* essere confuso, -a

foggy ['fɑ:·gi] <-ier, -iest> *adj* (*weather*) nebbioso, -a; (*memory*) vago, -a; **to not have the foggiest (idea)** non avere la più pallida idea

fog light *n* faro *m* antinebbia

foil[1] [fɔɪl] *n* **1.** (*metal sheet*) carta *f* d'alluminio **2.** (*sword*) fioretto *m*

foil[2] [fɔɪl] *vt* (*plan*) sventare

fold[1] [foʊld] **I.** *vt* **1.** (*bend*) piegare; **to ~ sth back/down** ripiegare qc **2.** (*wrap*) **to ~ sth (in sth)** avvolgere qc (in qc) **II.** *vi* **1.** (*chair, table*) ripiegarsi **2.** (*fail, go bankrupt*) chiudere i battenti **III.** *n* (*crease*) piega *f*

◆**fold up** *vt* piegare

fold [fould] *n* ovile *m*

folder ['foul·dɚ] *n a.* COMPUT cartella *f*

folding ['foul·dɪŋ] *adj* pieghevole; ~ **money** soldi *m pl* di carta

folk [fouk] *n* **1.** *pl* gente *f*; **the old ~** i vecchi *pl*; **ordinary ~** gente comune **2.** *pl* (*parents*) genitori *mpl*

folk music *n* musica *f* folk

follow ['fɑː·lou] **I.** *vt* (*a. fig*) seguire **II.** *vi* **1.** (*gener*) seguire **2.** (*result*) conseguire; **to ~ from sth** derivare da qc

◆**follow on** *vi* conseguire

◆**follow through** *vt* **1.** (*study*) approfondire **2.** (*pursue*) portare a termine

◆**follow up** *vt* **1.** (*consider, investigate*) esaminare a fondo **2.** (*do next*) **to ~ sth by** [*or* **with**] **sth** far seguire qc a qc

follower *n* seguace *mf*

following **I.** *n inv* (*of idea*) sostenitori, -trici *m, fpl*; (*of doctrine*) seguaci *mfpl* **II.** *adj* seguente **III.** *prep* dopo

follow-up *n* seguito *m*

fond [fɑːnd] <-er, -est> *adj* **1.** (*with liking for*) **to be ~ of sb** essere affezionato, -a a qu; **he is ~ of ...** gli piace [*or* piacciono]... **2.** (*loving*) affettuoso, -a; **~ memories** cari ricordi *mpl* **3.** (*hope*) vano, -a

food [fuːd] *n* cibo *m* ▶ **to be off one's ~** non aver voglia di mangiare; **to give sb ~ for thought** dare da pensare a qu

food poisoning *n* intossicazione *f* alimentare

food processor *n* robot *m* da cucina *inv*

fool [fuːl] **I.** *n* sciocco, -a *m, f*; **to make a ~ of sb** rendersi ridicolo, -a; **any ~** chiunque **II.** *vt* ingannare **III.** *vi* scherzare **IV.** *adj inf* sciocco, -a

◆**fool around** *vi* perdere tempo

foolish ['fuː·lɪʃ] *adj* sciocco, -a

foolproof ['fuːl·pruːf] *adj* infallibile

foot [fut] **I.** <feet> *n* **1.** (*of person*) piede *m*; (*of animal*) zampa *f* **2.** (*unit of measurement*) piede *m* 30,48 *cm* **3.** (*bottom or lowest part*) **at the ~ of one's bed** ai piedi del letto; **at the ~ of the page** a piè di pagina ▶ **to be back on one's feet** essere di nuovo in piedi; **to have/get cold feet** avere fifa; **to find one's feet** ambientarsi; **to have both feet on the ground** avere i piedi per terra; **to put one's ~ down** puntare i piedi; **to put one's ~ in it** [*or* **in one's mouth**] fare una gaffe; **to set ~ in sth** metter piede in qc; **to be under sb's feet** stare sempre in mezzo a piedi a qu; **to get off on the wrong ~** partire col piede sbagliato **II.** *vt inf* **to ~ the bill** pagare il conto

football ['fut·bɔːl] *n* **1.** (*sport*) football *m* americano **2.** (*ball*) palla *f* ovale

football player *n* giocatore, trice *m, f* di football americano

footbridge ['fut·brɪdʒ] *n* ponte *m* pedonale

footing ['fu·t̬ɪŋ] *n* **1. to lose one's ~** perdere l'equilibrio **2.** (*basis*) piano *m*

footpath ['fut·pæθ] *n* sentiero *m*

footprint ['fut·prɪnt] *n* orma *f*

footrest ['fut·rest] *n* poggiapiedi *m inv*

footstep ['fut·step] *n* passo *m*

for [fɔːr] **I.** *prep* **1.** (*destined for, in order to help*) per; **to do sth ~ sb** fare qc per qu **2.** (*intention, purpose*) **~ sale/rent** in vendita/affitto; **it's time ~ lunch** è ora di pranzo; **to invite sb ~ dinner** invitare qu a cena; **what ~?** per quale motivo?; **what's that ~?** a cosa serve?; **~ this to be possible** perché ciò sia possibile **3.** (*to acquire*) **eager ~ power** avido, -a di potere; **to ask/hope ~ news** chiedere/aspettare notizie; **to apply ~ a job** fare domanda di lavoro; **to shout ~ help** gridare aiuto **4.** (*towards, distance*) per; **to make ~ home** dirigersi verso casa **5.** (*time*) per; **to last ~ hours** durare ore e ore; **I haven't been there ~ three years** sono tre anni che non ci vado; **I have known her ~ three years** la conosco da tre anni **6.** (*in support of*) per; **is he ~ or against it?** lui è a favore o contrario? **7.** (*in substitution*) **the substitute ~ the teacher** il supplente dell'insegnante; **say hello ~ me** saluta da parte mia **8.** (*price*) **a check ~ $100** un assegno di $100; **I paid $10 ~ it** l'ho pagato $10 **9.** (*concerning*)

as ~ me/that riguardo a me/quello; **the best would be ~ me to go** farei meglio ad andarmene **10.** (*because of*) per; **to cry ~ joy** piangere di gioia **11.** (*despite*) **~ all that** malgrado tutto ciò; **~ all I know** per quanto ne so **II.** *conj form* perché

forbid [fɚ·ˈbɪd] <forbade, forbidden> *vt* proibire; **to ~ sb from doing sth** proibire a qu di fare qc; **to ~ sb sth** *form* proibire qc a qu

forbidden [fɚ·ˈbɪ·dn] *pp of* **forbid**

forbidding [fɚ·ˈbɪ·dɪŋ] *adj* **1.** (*threatening: a. sky, clouds*) minaccioso, -a **2.** (*disapproving: frown, look*) severo, -a

force [fɔːrs] **I.** *n* **1.** (*power*) forza *f;* **to combine ~s** unire le forze **2.** (*large numbers*) **in ~** in gran numero **3.** (*influence*) forza *f;* **by ~ of circumstance** per cause di forza maggiore; **by ~ of habit** per abitudine **4.** (*validity*) **to come into ~** entrare in vigore **5.** MIL **police ~** forze *f* di polizia *pl;* **Air Force** aeronautica *f* militare; **the armed ~s** le forze *f pl* armate **II.** *vt* **1.** (*use power, cause to grow faster*) forzare **2.** (*oblige to do*) costringere; **to ~ sth on sb** imporre qc a qu; **to ~ a smile** sorridere forzatamente

forced *adj* forzato, -a

forceful [ˈfɔːrs·fəl] *adj* (*person, character*) energico, -a; (*argument*) convincente

forcibly *adv* con la forza

forearm [ˈfɔːr·ɑːrm] *n* avambraccio *m*

forecast [ˈfɔːr·kæst] <forecast *or* forecasted> **I.** *n* previsione *f;* **weather ~** previsioni *m* del tempo *pl* **II.** *vt* prevedere

forefinger [ˈfɔːr·fɪŋ·gɚ] *n* indice *m*

forefront [ˈfɔːr·frʌnt] *n* primo piano *m;* **to be at the ~ of sth** essere all'avanguardia in qc

forego [fɔːr·ˈgoʊ] <forewent, foregone> *vt see* **forgo**

foregone [fɔːr·ˈgɑːn] *pp of* **forego**

foreground [ˈfɔːr·graʊnd] *n a.* ART **(in) the ~** (in) primo piano; **to put oneself in the ~** mettersi in vista

forehand [ˈfɔːr·hænd] *n* TENNIS diritto *m*

forehead [ˈfɔːr·ed] *n* fronte *f*

foreign [ˈfɔː·rɪn] *adj* **1.** (*from another country*) straniero, -a **2.** (*involving other countries*) estero, -a **3.** (*unknown, not belonging*) estraneo, -a; **to be ~ to one's nature** non fare parte della natura di qu

foreign affairs *npl* affari *m pl* esteri

foreign currency *n* valuta *f* estera

foreigner [ˈfɔː·rɪ·nɚ] *n* straniero, -a *m, f*

foreign exchange *n* (*currency*) valuta *f* estera

foreman [ˈfɔːr·mən] <-men> *n* **1.** (*in factory*) caposquadra *m* **2.** LAW capo *m* della giuria

foremost [ˈfɔːr·moʊst] *adj* **1.** (*most important*) maggiore; **to be ~ among ...** essere in prima fila fra... **2.** (*farthest forward*) più avanti

forename [ˈfɔːr·neɪm] *n form* nome *m* (di battesimo)

forerunner [ˈfɔːr·ˌrʌ·nɚ] *n* precursore, precorritrice *m, f*

foresee [fɔːr·ˈsiː] *irr vt* prevedere

foreseeable *adj* prevedibile; **in the ~ future** nell'immediato futuro

foreshadow [fɔːr·ˈʃæ·doʊ] *vt* preannunciare

foresight [ˈfɔːr·saɪt] *n* lungimiranza *f*

forest [ˈfɔː·rɪst] **I.** *n* (*woods*) bosco *m;* (*tropical*) foresta *f* **II.** *adj* forestale

forestall [fɔːr·ˈstɔːl] *vt* prevenire

forester [ˈfɔː·rɪs·tæ] *n* guardia *f* forestale

foretaste [ˈfɔːr·teɪst] *n* assaggio *m*

forever [fɔːr·ˈe·vɚ] *adv* **1.** (*for all time*) per sempre **2.** *inf* (*continually*) continuamente; **to be ~ doing sth** fare qc in continuazione

forewarn [fɔːr·ˈwɔːrn] *vt* avvisare; **~ed is forearmed** *prov* uomo avvisato mezzo salvato

forewent [fɔːr·ˈwent] *pp of* **forego**

foreword [ˈfɔːr·wɜːrd] *n* prefazione *f*

forgave [fɚ·ˈgeɪv] *n pt of* **forgive**

forge [fɔːrdʒ] *vt* **1.** (*make illegal copy*) falsificare **2.** (*metal*) forgiare **3.** *fig* (*bond*) stabilire

forgery [ˈfɔːr·dʒə·ri] <-ies> *n* contraffazione *f*

forget [fɚ·ˈget] <forgot, forgotten> **I.** *vt*

1. (*not remember, leave behind*) dimenticare; **it's best forgotten** meglio scordarselo 2. (*give up*) lasciar perdere; ~ **it** lascia perdere 3. **to ~ oneself** (*behave badly*) perdere il controllo di sé II. *vi* dimenticarsi; **to ~ about sth/sb** dimenticarsi di qc/qu; **let's ~ about it!** lasciamo perdere!; ~ **it!** te lo puoi scordare!

forgetful [fɚ·'get·fəl] *adj* smemorato, -a

forgive [fɚ·'gɪv] <forgave, forgiven> I. *vt* perdonare; **to ~ sb for sth** perdonare qc a qu; **to ~ sb for doing sth** perdonare a qu di aver fatto qc; ~ **me** perdonami II. *vi* perdonare

forgiven *pp of* **forgive**

forgiving *adj* indulgente

forgo [fɔːr·'goʊ] *irr vt* rinunciare a

forgot [fɚ·'gɑːt] *pt of* **forget**

forgotten [fɚ·'gɑː·tn] *pp of* **forget**

fork [fɔːrk] I. *n* 1. (*cutlery*) forchetta *f* 2. (*tool*) forca *f* 3. (*in road*) biforcazione *f* 4. *pl* (*on bicycle*) forcella *f* II. *vt* (*food*) prendere con la forchetta III. *vi* (*road*) biforcarsi

forked *adj* (*tongue, tail, branch*) biforcuto, -a; (*road*) che si biforca

form [fɔːrm] I. *n* 1. (*gener*) forma *f;* **to take ~** prender forma; **in liquid/solid ~** allo stato liquido/solido; **to be in ~/out of ~** essere in forma/fuori forma 2. (*of exercise, disease*) tipo *m;* **in any way, shape or ~** in nessun modo; **in the ~ of sth** sotto forma di qc 3. (*document*) modulo *m;* **to fill in a ~** compilare un modulo 4. (*correct procedure*) **in due ~** come si conviene; **for ~'s sake** per salvare la forma; **to be bad ~** essere cattiva educazione *f* II. *vt* formare; **to ~ part of sth** far parte di qc; **to ~ the basis of sth** costituire le basi di qc; **to ~ the impression that ...** farsi l'idea che...; **to ~ an opinion** farsi un'opinione; **to ~ a habit** prendere un'abitudine; **to ~ a relationship** allacciare una relazione III. *vi* formarsi

formal ['fɔːr·məl] *adj* formale; ~ **dress** abito *m* da cerimonia

formality [fɔːr·'mæ·lə·ţi] <-ies> *n* formalità *f*

formalize ['fɔːr·mə·laɪz] *vt* formalizzare

format ['fɔːr·mæt] I. *n* formato *m* II. <-tt-> *vt* COMPUT formattare

formation [fɔːr·'meɪ·ʃən] *n* formazione *f*

formatting *n* COMPUT formattazione *f*

former ['fɔːr·mɚ] *adj* 1. (*previous*) precedente 2. (*first of two*) primo, -a

formerly *adv* precedentemente

formidable ['fɔːr·mə·də·bl] *adj* (*opponent, task*) difficile

formula ['fɔːrm·jʊ·lə] <-s *or* -lae> *n* 1. *a. fig* MAT, COM, LING formula *f* 2. (*baby milk*) latte *m* artificiale

forsake [fɔːr·'seɪk] <forsook, forsaken> *vt* abbandonare

forsaken [fɔːr·'seɪ·kən] *pp of* **forsake**

forsook [fɔːr·'sʊk] *pt of* **forsake**

fort [fɔːrt] *n* forte *m*

forth [fɔːrθ] *adv* **to go ~** andarsene; **back and ~** avanti e indietro

forthcoming [ˌfɔːrθ·'kʌ·mɪŋ] *adj* 1. (*happening soon*) prossimo, -a; (*book*) di prossima pubblicazione; (*film*) di prossima uscita 2. (*available*) disponibile 3. (*informative*) **to be ~ (about sth)** essere disposto, -a a parlare (di qc)

forthright ['fɔːrθ·raɪt] *adj* schietto, -a

fortieth ['fɔːr·ţɪ·əθ] I. *adj* quarantesimo, -a II. *n* (*order*) quarantesimo, -a *m, f;* (*fraction*) quarantesimo *m;* (*part*) quarantesimo *m; s. a.* **eighth**

fortify ['fɔːr·ţə·faɪ] <-ie-> *vt* 1. MIL fortificare 2. **fortified with** (*vitamins etc*) con l'aggiunta di

fortnight ['fɔːrt·naɪt] *n* due settimane *fpl*

fortunate ['fɔːr·tʃə·nət] *adj* fortunato, -a; **it is ~ for her that ...** è una fortuna che lei...

fortunately *adv* fortunatamente

fortune ['fɔːr·tʃən] *n* 1. (*money*) fortuna *f;* **a small ~** una piccola fortuna 2. *form* (*good luck*) fortuna *f;* (*destiny*) sorte *f;* **good/ill ~** buona/cattiva sorte; **to tell sb's ~** predire il futuro a qu

fortune teller *n* indovino, -a *m, f*

forty ['fɔːr·ţi] *adj* <-ies> *n* quaranta *m; s. a.* **eighty**

forward ['fɔːr·wɚd] I. *adv* (*in space, time*) avanti; **to lean ~** sporgersi in avanti; **to be ~ of sth** trovarsi davanti a qc; **from that day/time** ~ da quel giorno/quel momento in poi **II.** *adj* **1.** (*towards the front*) in avanti; ~ **movement** movimento *m* in avanti **2.** (*relating to the future*) ~ **look** sguardo *m* verso il futuro; ~ **planning** programmazione *f* a lungo termine **III.** *n* SPORTS attaccante *mf* **IV.** *vt* **1.** (*letter, e-mail*) inoltrare **2.** (*help to progress*) promuovere

forward-looking *adj* progressista

forwards ['fɔːr·wɚdz] *adv* (*in space, time*) avanti

forwent [fɔːr·'went] *pt of* **forgo**

foster ['fɑːs·tɚ] *vt* **1.** (*look after*) prendere in affidamento **2.** (*encourage*) coltivare

foster brother *n* fratello *m* adottivo

foster child *n* bambino, -a *m, f* in affidamento

foster father *n* padre *m* affidatario

foster mother *n* madre *f* affidataria

foster sister *n* sorella *f* adottiva

fought [fɑːt] *pt, pp of* **fight**

foul [faʊl] **I.** *adj* **1.** (*mood, temper*) pessimo, -a; (*air*) viziato, -a; (*weather*) orribile; (*taste, smell*) disgustoso, -a **2.** (*vulgar*) sconcio, -a **II.** *n* SPORTS fallo *m* **III.** *vt* **1.** (*pollute*) inquinare; (*dog*) sporcare **2.** SPORTS **to ~ sb** commettere un fallo su qu **3.** (*tangle*) impigliare

♦**foul up** *vt inf* rovinare

foulmouthed *adj* sboccato, -a

found[1] [faʊnd] *pt, pp of* **find**

found[2] [faʊnd] *vt* fondare

foundation [faʊn·'deɪ·ʃən] *n* **1.** *pl, a. fig* fondamenta *fpl;* **to lay the ~(s) (of sth)** gettare le fondamenta (di qc) **2.** (*evidence*) fondamento *m;* **to have no ~** non avere nessun fondamento **3.** (*act of establishing, organization*) fondazione *f* **4.** (*make-up*) fondotinta *m inv*

founder[1] ['faʊn·dɚ] *n* fondatore, -trice *m, f*

founder[2] ['faʊn·dɚ] *vi fig* naufragare; **to ~ on sth** fallire a causa di qc

fountain ['faʊn·tən] *n* fontana *f*

fountain pen *n* penna *f* stilografica

four [fɔːr] **I.** *adj* quattro **II.** *n* **1.** quattro *m* **2.** (*group of four*) quattro *m* ▶ **to go on all ~s** camminare carponi; *s. a.* **eight**

fourteen [ˌfɔːr·'tiːn] *adj, n* quattordici *m; s. a.* **eight**

fourteenth **I.** *adj* quattordicesimo, -a **II.** *n* **1.** (*order*) quattordicesimo, -a *m, f* **2.** (*date*) quattordici *m* **3.** (*fraction*) quattordicesimo *m;* (*part*) quattordicesimo *m; s. a.* **eighth**

fourth [fɔːrθ] **I.** *adj* quarto, -a **II.** *n* **1.** (*order*) quarto, -a *m, f* **2.** (*date*) quattro *m* **3.** (*fraction*) quarto *m;* (*part*) quarto *m; s. a.* **eighth**

Fourth of July *n festa dell'indipendenza degli Stati Uniti*

four-wheel drive *n* veicolo *m* a trazione integrale

fox [fɑːks] **I.** *n* (*animal, fur*) *a. inf* (*person*) volpe *f* **II.** *vt* **1.** (*mystify*) confondere **2.** (*trick*) ingannare

foyer ['fɔ·ɪɚ] *n* (*in hotel*) hall *f inv;* (*in theater*) foyer *m inv*

fraction ['fræk·ʃən] *n* frazione *f*

fracture ['fræk·tʃɚ] **I.** *vt* **1.** MED fratturare **2.** (*break*) rompere **II.** *vi* (*leg*) fratturarsi **III.** *n* MED frattura *f*

fragile ['fræ·dʒəl] *adj* (*a. fig*) fragile; (*health*) delicato, -a; **to feel ~** sentirsi debole

fragment ['fræg·ment] **I.** *n* frammento *m* **II.** *vi* (*a. fig*) frammentarsi **III.** *vt* (*a. fig*) frammentare

fragrance ['freɪ·grəns] *n* fraganza *f*

fragrant ['freɪ·grənt] *adj* fragrante

frame [freɪm] **I.** *n* **1.** (*for picture*) cornice *f;* (*for door*) telaio *m* **2.** *pl* (*spectacles*) montatura *f* **3.** (*of building*) struttura *f* **4.** (*body*) struttura (fisica) *f;* **a slight/sturdy ~** una corporatura esile/robusta **5.** CINE, TV fotogramma *m* **II.** *vt* **1.** (*picture, face*) incorniciare **2.** (*proposal*) elaborare; (*reply*) formulare **3.** *inf* (*falsely incriminate*) incastrare

frame-up ['freɪm·ʌp] *n inf* montatura *f*

framework ['freɪm·wɜːrk] *n* **1.** (*supporting structure*) struttura *f* **2.** *fig* (*set of rules*) base *f*

France [fræns] *n* Francia *f*

frank [fræŋk] **I.** *adj* franco, -a; **to be**

~, ... ad essere sinceri,... **II.** *vt* (*letter*) affrancare; (*stamp*) annullare

frantic ['fræn·tɪk] *adj* (*hurry, activity*) frenetico, -a; **to be ~ with rage** essere furibondo, -a; **to be ~ with worry** essere disperato, -a

fraud [frɑːd] *n* **1.** *a.* LAW frode *f* **2.** (*trick*) imbroglio *m* **3.** (*person*) impostore, -a *m, f*

fraudulent ['frɑː·dʒə·lənt] *adj* fraudolento, -a

fray[1] [freɪ] *vi* (*rope, cloth*) sfilacciarsi; **tempers were beginning to ~** la gente comiciava a spazientirsi

fray[2] [freɪ] *n* lotta *f*

freak [friːk] **I.** *n* **1.** (*person, thing*) mostro *m;* **a ~ of nature** uno scherzo *m* della natura **2.** (*enthusiast*) fanatico, -a *m, f* **II.** *adj* anomalo, -a

freckle ['fre·kl] *n pl* lentiggine *f*

free [friː] **I.** <-r, -est> *adj* **1.** (*gener*) libero, -a; **to break ~** (**of sth/sb**) liberarsi (da qc); **to go ~** essere liberato, -a; **to set sb ~** mettere in libertà qu; **to get sth ~** liberare qc **2.** (*costing nothing*) gratuito, -a; **~ of charge** gratis; **to be ~ of customs/tax** essere esente da dazio/imposte **3.** (*generous*) **to be ~ with sth** essere prodigo, -a di qc ▶ **~ and easy** rilassato, -a e informale **II.** *adv* gratuitamente; **~ of charge** gratis; **for ~** *inf* gratis **III.** *vt* liberare; **to ~ sb to do sth** lasciare a qu la libertà di fare qc

freebie ['friː·biː] *n* omaggio *m*

freedom ['friː·dəm] *n* libertà *f;* **~ of speech/thought** libertà di espressione/pensiero; **to have the ~ of sb's house** poter usare liberamente la casa di qu

free enterprise *n* iniziativa *f* privata

freehold ['friː·hoʊld] *n* piena proprietà *f*

free kick *n* SPORTS calcio *m* di punizione

freelance ['friː·læns] **I.** *n* freelance *mf inv* **II.** *adj* freelance **III.** *vi* lavorare come freelance

freely *adv* **1.** (*unrestrictedly*) **to be ~ available** trovarsi facilmente **2.** (*without obstruction*) liberamente **3.** (*frankly: speak, criticize*) liberamente; (*admit*) apertamente **4.** (*generously*) generosamente

free-range [ˌfriː·'reɪndʒ] *adj* (*chicken*) ruspante; (*egg*) da pollo ruspante

free speech *n* libertà *f* di espressione

freestyle ['friː·staɪl] *n* stile *m* libero

freeway *n* autostrada *f*

freewheel ['friː·hwiːl] *vi* (*car*) andare in folle; (*bicycle*) andare a ruota libera

free will *n* libero arbitrio *m*

freeze [friːz] <froze, frozen> **I.** *vi* **1.** (*liquid*) gelare; (*food*) congelarsi **2.** (*become still*) rimanere di ghiaccio **II.** *vt* (*liquid, food, prices*) congelare **III.** *n* **1.** METEO ondata *f* di gelo **2.** ECON congelamento *m*

freezer *n* congelatore *m*

freezing *adj* (*temperatures*) sotto zero; (*rain*) ghiacciato, -a; **it's ~** si gela; **I'm ~** sto morendo di freddo

freight [freɪt] **I.** *n* **1.** (*transportation*) trasporto *m* **2.** (*goods*) merci *fpl* **II.** *vt* trasportare

freight car *n* RAIL vagone *m* merci

freighter ['freɪ·t̬ɚ] *n* **1.** (*ship*) nave *f* da carico **2.** (*plane*) aereo *m* da carico

freight train *n* treno *m* merci

French [frentʃ] **I.** *adj* francese **II.** *n* **1.** (*person*) francese *mf* **2.** (*language*) francese *m*

French dressing *n* olio e aceto *condimento per insalata*

French fried potatoes *npl,* **French fries** *npl* patatine *f pl* fritte

French kiss *n* bacio vero

Frenchman <-men> *n* francese *m*

French toast *n* toast *m* francese *fetta di pane passata in latte e uova e poi fritta*

Frenchwoman <-women> *n* francese *f*

frequency ['friː·kwən·tsi] <-cies> *n* frequenza *f*

frequent[1] ['friː·kwənt] *adj* frequente

frequent[2] [frɪ·'kwent] *vt* frequentare

fresh [freʃ] *adj* **1.** (*gener*) fresco, -a **2. to make a ~ start** ricominciare da zero; **~ from the oven** appena sfornato, -a

freshen ['fre·ʃən] **I.** *vt* rinfrescare **II.** *vi* (*wind*) rinforzare

friction ['frɪk·ʃən] *n* (*a. fig*) attrito *m*

Friday ['fraɪ·di] *n* venerdì *m inv;* **on ~s** di venerdì; **every ~** tutti i venerdì;

this (**coming**) ~ questo venerdì; **on ~ mornings** di venerdì mattina; **on ~ night** venerdì notte; **last/next ~** venerdì scorso/prossimo; **every other ~** un venerdì sì e uno no; **on ~ we are going on vacation** partiamo per le vacanze venerdì

fridge [frɪdʒ] *n* frigorifero *m*

fried [fraɪd] *adj* fritto, -a

friend [frend] *n* **1.** amico, -a *m, f;* **to make ~s** (**with sb**) fare amicizia (con qu); **a ~ of mine/yours** un mio/tuo amico **2.** (*supporter*) sostenitore, -trice *m, f*

friendly [ˈfrend·li] <-ier, -iest> *adj* (*person*) socievole; (*look, manner*) amichevole; (*house, environment*) accogliente; (*nation*) amico, -a; **to be on ~ terms with sb** essere in rapporti di amicizia con qu; **to be ~ towards sb** mostrarsi gentile con qu; **to be ~ with sb** essere amico di qu

friendship [ˈfrend·ʃɪp] *n* amicizia *f*

fright [fraɪt] *n* **1.** (*gener*) spavento *m;* **to take ~** (**at sth**) spaventarsi (per qc); **to give sb a ~** far prendere uno spavento a qu **2.** *inf* (*unattractive sight*) obbrobrio *m;* **to look a ~** fare paura

frighten [ˈfraɪ·tən] **I.** *vt* spaventare **II.** *vi* spaventarsi

frightened *adj* spaventato, -a

frightening *adj* spaventoso, -a

frightful [ˈfraɪt·fəl] *adj* spaventoso, -a

fringe [frɪndʒ] **I.** *n* **1.** (*decorative edging*) frangia *fpl* **2.** (*edge*) margine *m; fig* **the ~ of society** i margini della società; **the lunatic ~** la frangia estremista **3.** (*fringe benefit*) beneficio *m* accessorio **II.** *vt* contornare **III.** *adj* marginale

frisk [frɪsk] *vt* perquisire

fritter[1] [ˈfrɪ·t̬ɚ] *n* frittella *f*

fritter[2] [ˈfrɪ·t̬ɚ] *vt* **to ~** (**away**) (*money*) sperperare; (*time*) sprecare

frivolous [ˈfrɪ·və·ləs] *adj* frivolo, -a

frizzy [ˈfrɪ·zi] *adj* (*hair*) crespo, -a

fro [froʊ] *adv* **to and ~** avanti e indietro

frock [frɑːk] *n* abito *m*

frog[1] [frɑːg] *n* ZOOL rana *f*

frog[2] [frɑːg] *n pej* (*French person*) mangiarane *mf*

from [frɑːm] *prep* **1.** (*gener: a. temporal*) da; **where is he ~?** di dov'è?; **to appear ~ among the trees** spuntare fra gli alberi; **~ that date on**(**wards**) a partire da quella data **2.** (*one to another*) **to go ~ door to door** andare di porta in porta; **to tell good ~ evil** distinguere il bene dal male **3.** (*caused by*) **~ experience** per esperienza; **weak ~ hunger** debole per la fame; **to die ~ thirst** morire di sete **4.** (*removed*) **to steal/take sth ~ sb** rubare/prendere qc a qu; **to prevent sb ~ doing sth** impedire a qu di fare qc; **to keep sth ~ sb** nascondere qc a qu; **to protect ~ the sun** proteggere dal sole; **4 ~ 7 equals 3** 7 meno quattro fa 3

front [frʌnt] **I.** *n* **1.** (*forward-facing part*) davanti *m inv;* (*of building*) facciata *f* **2.** (*outside cover*) copertina *f;* (*first pages*) inizio *m* **3.** (*front area*) parte *f* davanti; **in ~** (**of**) davanti (a) **4.** THEAT sala *f* **5.** (*deceptive appearance*) facciata *fpl;* **to put on a bold ~** fare mostra di coraggio **6.** MIL, POL, METEO, FIG fronte *m* **7.** (*promenade*) lungomare *m* **II.** *adj* **1.** (*at the front*) davanti *inv* **2.** (*first*) primo, -a **III.** *vt* **1.** (*be head of*) capeggiare **2.** TV presentare **IV.** *vi* guardare a; **the apartment ~s north** l'appartamento è rivolto a nord

front door *n* porta *f* d'ingresso

front-end *n* COMPUT (*interface*) che ha un utente come destinatario

frontier [frʌn·ˈtɪr] *n a. fig* frontiera *f*

front line *n* MIL linea *f* del fronte; *fig* prima linea *f*

front page *n* prima pagina *f*

front-runner *n* favorito, -a *m, f*

frost [frɑːst] **I.** *n* (*crystals*) brina *f;* (*weather*) gelata *f* **II.** *vt* **1.** (*cover with frost*) gelare **2.** (*covered with icing*) glassare

frosted *adj* **1.** (*cake*) glassato, -a **2.** (*glass*) smerigliato, -a

frosty [ˈfrɑːs·ti] <-ier, -iest> *adj* **1.** (*pavement*) ghiacciato, -a; (*morning*) gelido, -a **2.** (*unfriendly*) gelido, -a

frothy [ˈfrɑː·θi] <-ier, -iest> *adj* schiumoso, -a

frown [fraʊn] **I.** *vi* **1.** aggrottare le sopracciglia; **to ~ at sb/sth** guardare qu/qc in cagnesco **2.** *fig* (*disapprove of*) **to ~ on sth** non veder di buon occhio qc **II.** *n* cipiglio *m*

froze [froʊz] *pt of* **freeze**

frozen [ˈfroʊ·zn] **I.** *pp of* **freeze II.** *adj* (*water*) ghiacciato, -a; (*food*) surgelato, -a

fruit [fruːt] *n* (*for eating*) frutta *f;* (*on tree, product*) *a. fig* frutto *m*

fruitcake [ˈfruːt·keɪk] *n* **1.** (*cake*) torta *f* di frutta secca **2.** *inf* (*crazy person*) svitato, -a *m, f*

fruitful [ˈfruːt·fəl] *adj* **1.** (*discussion*) fruttuoso, -a **2.** (*land*) fecondo, -a

fruitless [ˈfruːt·ləs] *adj* infruttuoso, -a

fruit salad *n* macedonia *f* (di frutta)

fruity [ˈfruː·t̬i] <-ier, -iest> *adj* **1.** fruttato, -a **2.** *inf* (*crazy*) svitato, -a

frustrate [ˈfrʌs·treɪt] <-ting> *vt* frustrare

frustration [frʌs·ˈtreɪ·ʃən] *n* frustrazione *f*

fry [fraɪ] <-ie-> **I.** *vt, vi* friggere **II.** *n* **fish ~** grigliata *f* di pesce

frying pan *n* padella *f*

ft. *abbr of* **foot, feet** piede

fuck [fʌk] *vulg* **I.** *vt* scopare; **~ you!** fottiti!; **~ that idea** è un'idea di merda **II.** *vi* scopare **III.** *n* scopata *f* **IV.** *interj* cazzo

◆**fuck off** *vi* **~!** vaffanculo!

fucked up *adj vulg* (*drunk*) sbronzo, -a; (*messed up*) di merda

fucker [ˈfʌ·kɚ] *n vulg* testa *f* di cazzo

fuel [ˈfjuː·əl] **I.** *n* carburante *m* **II.** <-l-> *vt* **1.** (*provide with fuel*) rifornire di carburante **2.** (*increase*) alimentare

fulfil <-ll-> *vt,* **fulfill** [fʊl·ˈfɪl] *vt* (*ambition*) realizzare; (*task, function*) adempiere; (*condition, requirement*) soddisfare; (*need*) rispondere a; **to ~ oneself** realizzarsi

fulfilment *n,* **fulfillment** *n* (*of condition, requirement*) soddisfacimento *m;* (*of function, role*) adempimento *m;* (*satisfaction*) soddisfazione *f*

full [fʊl] **I.** <-er, -est> *adj* **1.** (*container, space*) pieno, -a **2.** (*total: support*) pieno, -a; (*recovery*) completo, -a; (*member*) a pieno titolo **3.** (*maximum: employment*) pieno, -a; **at ~ speed** a tutta velocità; **at ~ stretch** al massimo **4.** (*busy*) intenso, -a **5.** (*plump*) rotondetto, -a; (*lips*) carnoso, -a **6.** (*wide*) ampio, -a **7.** (*not hungry*) **to be ~** essere sazio, -a **8.** (*conceited*) **to be ~ of oneself** essere pieno, -a di sé **II.** *adv* **1.** (*completely*) completamente **2.** (*directly*) direttamente **3.** (*very*) molto; **to know ~ well (that ...)** sapere perfettamente (che...) **III.** *n* **in ~** per esteso; **to the ~** appieno

fullback [ˈfʊl·bæk] *n* SPORTS terzino *m*

full-grown *adj* adulto, -a

full moon *n* luna *f* piena

full-page *adj* a tutta pagina

full stop **I.** *n* punto *m;* **to come to a ~** *fig* bloccarsi **II.** *adv* punto e basta

full-time *adj* a tempo pieno

fully [ˈfʊ·li] *adv* **1.** (*completely*) completamente **2.** (*in detail*) dettagliatamente **3.** (*at least*) almeno

fumble [ˈfʌm·bl] *vi* **to ~ around for sth** frugare alla ricerca di qc; **to ~ for words** farfugliare

fume [fjuːm] *vi* **1.** (*be angry*) essere furibondo, -a; **to ~ at sb** inveire contro qu **2.** (*emit fumes*) fumare

fun [fʌn] **I.** *n* divertimento *m;* **it was a lot of ~** è stato molto divertente; **for** [*or* **in**] **~** per divertimento; **to have** (**a lot of**) **~** divertirsi (molto); **have ~!** divertiti!; **have ~ on your weekend!** buon fine settimana!; **to make ~ of sb, to poke ~ at sb** prendere in giro qu **II.** *adj* **1.** (*enjoyable*) simpatico, -a **2.** (*funny*) divertente

function [ˈfʌŋk·ʃən] **I.** *n* **1.** (*of brain, tool*) MATH funzione *f;* (*of person*) ruolo *m;* **in my ~ as mayor** in qualità di sindaco **2.** (*ceremony*) cerimonia *f;* (*social event*) ricevimento *m* **II.** *vi* funzionare

functional [ˈfʌŋk·ʃə·nl] *adj* **1.** *a.* LING funzionale **2.** (*working*) funzionante; (*operational*) operativo, -a

fund [fʌnd] **I.** *n* fondo *m;* **to have a ~ of knowledge about sth** essere un pozzo di sapienza su qc **II.** *vt* finanziare

fundamental [ˌfʌn·də·ˈmen·təl] **I.** *adj*

fondamentale **II.** *n* **the ~s** le basi

fundamentally *adv* fondamentalmente

fundraising *n* raccolta *f* di fondi

funeral ['fju:·nə·rəl] *n* funerale *m*

funeral home *n* camera *f* mortuaria

fungus ['fʌŋ·gəs] *n* (*mushroom*) fungo *m;* (*mold*) muffa *f*

fun-loving *adj* che ama il divertimento

funnel ['fʌ·nəl] *n* (*tool*) imbuto *m*

funnies ['fʌn·iz] *npl* **the ~** strisce *f pl* comiche

funny ['fʌ·ni] <-ier, -iest> *adj* **1.** (*amusing*) divertente **2.** *inf* (*witty*) spiritoso, -a **3.** (*odd, peculiar*) strano, -a; **to have a ~ feeling that ...** avere lo strano presentimento che...; **to have ~ ideas** avere idee strambe **4.** (*slightly ill*) **to feel ~** sentirsi strano, -a

funny bone *n inf punto sensibile del gomito*

fur [fɜ:r] *n* **1.** (*animal hair*) pelo *m* **2.** (*garment*) pelliccia *f*

furious ['fjʊ·ri·əs] *adj* **1.** (*angry*) furioso, -a; **a ~ outburst** un accesso di collera **2.** (*intense*) violento, -a; **at a ~ pace** a un ritmo vertiginoso

furl [fɜ:rl] *vt* piegare

furnish ['fɜ:r·nɪʃ] *vt* **1.** (*supply*) fornire; **to ~ sb with sth** fornire qc a qu; **to be ~ed with sth** essere provvisto, -a di qc **2.** (*provide furniture for*) arredare

furnished ['fɜr·nɪʃt] *adj* ammobiliato, -a

furniture ['fɜ:r·nɪ·tʃɚ] *n* mobili *mpl;* **piece of ~** mobile *m*

furniture van *n* camion *m* dei traslochi

furry ['fɜ:·ri] <-ier, -iest> *adj* peloso, -a; **~ toy** peluche *m inv*

further ['fɜ:r·ðɚ] **I.** *adj comp of* **far** **1.** (*greater distance*) più lontano, -a **2.** (*additional*) altro, -a; **until ~ notice** fino a nuovo avviso **II.** *adv comp of* **far** **1.** (*greater distance*) più lontano; **~ on** più avanti; **to go ~ with sth** andare avanti con qc **2.** (*more*) in più ▶ **to not go any ~** non spingersi oltre; **this can't go on any ~** così non può continuare **III.** *vt* promuovere; (*interests*) favorire

furthermore ['fɜ:r·ðɚ·mɔ:r] *adv* inoltre

furthest ['fɜ:r·ðɪst] **I.** *adj* **1.** *superl of* **far** **2.** (*at the greatest distance*) più lontano, -a **II.** *adv* **1.** *superl of* **far** **2.** (*greatest distance*) più lontano; **that's the ~ I can go** non posso spingermi più in là di così

fury ['fjʊ·ri] *n* furia *f;* **fit of ~** attacco *m* d'ira

fuse [fju:z] **I.** *n* **1.** ELEC fusibile *m* **2.** (*ignition device*) detonatore *m;* (*string*) miccia *f* ▶ **to light the ~** *fig* accendere la miccia; **to have a short ~** saltare per niente **II.** *vi* **1.** ELEC saltare **2.** (*join together*) fondersi **III.** *vt* **1.** ELEC far saltare **2.** (*join*) fondere

fuss [fʌs] **I.** *n* trambusto *m;* **to make a ~** fare storie **II.** *vi* agitarsi; **to ~ over sth** preoccuparsi per qc; **to ~ over sb** soffocare qu di attenzioni

fussy ['fʌ·si] <-ier, -iest> *adj* **1.** (*overparticular*) troppo esigente **2.** (*overdone, overdecorated*) troppo elaborato, -a

futile ['fju:·ṭəl] *adj* inutile

future ['fju:·tʃɚ] **I.** *n a.* LING futuro *m* **II.** *adj* futuro, -a

fuzz [fʌz] *n* **1.** (*fluff*) peluria *f* **2.** (*fluffy hair*) capelli *m* crespi *pl*

fuzzy ['fʌ·zi] *adj* **1.** (*unclear*) sfuocato, -a **2.** (*with soft hair*) lanuginoso, -a; (*curly*) riccio, -a; (*frizzy*) crespo, -a

G

G, g [dʒi:] *n* G, g *f;* **~ for George** G come Genova

GA ['dʒɔr·dʒə], **Ga.** *n abbr of* **Georgia** GA

gadget ['gæ·dʒɪt] *n* gadget *m inv*

gage [geɪdʒ] *n vt see* **gauge**

gaily ['geɪ·li] *adv* gaiamente

gain [geɪn] **I.** *n* **1.** (*increase*) aumento *m;* **~ in weight** aumento di peso **2.** ECON, FIN (*profit*) guadagno *m;* **net ~** utile *m* netto **3.** *fig* (*advantage*) vantaggio *m* **II.** *vt* **1.** (*obtain*) guadagnare; **to ~ success** conseguire il successo **2.** (*increase: velocity*) acquistare; **to ~ weight** ingrassare **III.** *vi* (*clock, watch*) andare avanti

◆**gain on** *vt* guadagnare terreno su

gal [gæl] *n inf* ragazza *f*

gala ['geɪː·lə] *n* (*celebration*) (gran) gala *m inv*

galaxy ['gæ·lək·si] <-ies> *n* (*space*) galassia *f*

gale [geɪl] *n* burrasca *f;* **a ~-force wind** un vento di burrasca

gallery ['gæ·lə·ri] <-ries> *n a.* ARCHIT, THEAT galleria *f*

gallon ['gæ·lən] *n* gallone *m (3,79 l)*

gallop ['gæ·ləp] **I.** *vi* galoppare **II.** *n* galoppo *m;* **at a ~** *fig* a gran velocità

gamble ['gæm·bl] **I.** *n* scommessa *f;* **to take a ~** rischiare **II.** *vi* giocare d'azzardo; **to ~ on sth** scommettere su qc **III.** *vt* (*money*) scommettere; (*one's life*) rischiare

gambler ['gæmb·lɚ] *n* giocatore, -trice *m, f* d'azzardo

gambling *n* gioco *m* d'azzardo

game[1] [geɪm] **I.** *n* **1.** (*entertaining activity*) gioco *m;* **board ~** gioco da tavolo; **the Olympic Games** le Olimpiadi **2.** (*match*) partita *f;* **a ~ of chess** una partita a scacchi **3.** SPORTS (*skill level*) **to be off one's ~** *a. fig* essere fuori forma **II.** *adj inf* (*willing*) pronto, -a; **to be ~** (**to do sth**) starci (a fare qc)

game[2] [geɪm] *n* (*in hunting*) cacciagione *f;* **big ~** caccia grossa

gammon ['gæ·mən] *n* prosciutto *m*

gang [gæŋ] *n* **1.** (*criminal group*) banda *f* **2.** (*group of workers*) squadra *f* **3.** *inf* (*group of friends*) gruppo *m*

♦**gang up on** *vt* coalizzarsi contro

gangster ['gæŋs·tɚ] *n* gangster *m inv*

gangway ['gæŋ·weɪ] *n* **1.** (*gangplank*) passerella *f* **2.** (*passage*) corridoio *m*

gap [gæp] *n* **1.** (*opening*) apertura *f;* (*empty space*) spazio *m* (vuoto); **to fill a ~** colmare un vuoto **2.** (*break in time*) intervallo *m* **3.** (*difference*) divario *m;* **age ~** differenza *f* d'età

gape [geɪp] *vi* (*jacket*) aprirsi; (*person*) restare a bocca aperta

gaping *adj* (*hole*) enorme; (*wound*) aperto, -a

garage [gə'rɑːʒ] *n* **1.** (*of house*) garage *m inv* **2.** (*for repair*) officina *f*

garage sale *n vendita di roba usata che si tiene in garage o nel prato di fronte a casa*

garbage ['gɑːr·bɪdʒ] *n* spazzatura *f;* **to take** [*or* **throw**] **out the ~** buttare la spazzatura

garbage can *n* bidone *m* della spazzatura

garbage dump *n* discarica *f*

garbage man *n* netturbino *m*

garbage truck *n* camion *m* della nettezza urbana *inv*

garble ['gɑːr·bl] *vt* **1.** (*confuse: facts*) confondere **2.** (*distort: message*) rendere indecifrabile

garden ['gɑːr·dn] *n* **1.** giardino *m;* **vegetable ~** orto *m* **2.** *pl* (*ornamental grounds*) giardini *mpl;* **botanical ~** orto *m* botanico

gardener ['gɑːrd·nɚ] *n* giardiniere *m*

gardening ['gɑːrd·nɪŋ] *n* giardinaggio *m*

gargle ['gɑːr·gl] *vi* fare gargarismi

garlic ['gɑːr·lɪk] *n* aglio *m;* **clove of ~** spicchio *m* d'aglio

garment ['gɑːr·mənt] *n* capo *m* di vestiario

gas [gæs] <-s(s)es> *n* **1.** *a.* MED, CHEM gas *m inv* **2.** (*fuel*) benzina *f;* **unleaded ~** benzina senza piombo

gas-guzzler *n inf macchina che succhia molta benzina*

gash [gæʃ] **I.** <-es> *n* (*wound*) sfregio *m* **II.** *vt* (*wound*) sfregiare

gas mask *n* maschera *f* antigas

gas meter *n* contatore *m* del gas

gasoline ['gæ·sə·liːn] *n* benzina *f*

gasp [gæsp] **I.** *vi* **1.** (*breathe with difficulty*) ansimare; **to ~ for air** [*or* **breath**] boccheggiare **2.** (*in shock*) rimanere senza fiato **II.** *vt* **to ~ sth out** dire qc con voce soffocata **III.** *n* grido *m* soffocato

gas pedal *n* acceleratore *m*

gas pipe *n* tubatura *f* del gas

gas pump *n* pompa *f* di benzina

gas station *n* distributore *m* di benzina

gas stove *n* cucina *f* a gas

gassy ['gæ·si] <-ier, -iest> *adj* **1.** (*full of gas*) gasato, -a **2.** (*gas-like*) gassoso, -a

gas tank *n* serbatoio *m* della benzina

gate [geɪt] *n* **1.** (*entrance*) cancello *m* **2.** AVIAT uscita *f* d'imbarco **3.** SPORTS (*in skiing*) porta *f* **4.** RAIL barriera *f*

gatecrash [ˈgeɪt·kræʃ] **I.** *vt* imbucarsi a; **to ~ a party** imbucarsi a una festa **II.** *vi* imbucarsi

gatekeeper *n* guardiano, -a *m, f*

gatepost *n* pilastro *m*

gateway *n* **1.** (*entrance*) entrata *f* **2.** (*means of access*) porta *f*

gather [ˈgæ·ðɚ] **I.** *vt* **1.** (*convene: people*) radunare **2.** (*collect: flowers, information*) raccogliere **3.** (*increase*) **to ~ speed** acquistare velocità **4.** (*muster*) **to ~ one's strength** raccogliere le forze **5.** (*infer*) dedurre; **to ~ that ...** dedurre che... **II.** *vi* **1.** (*convene*) radunarsi **2.** (*accumulate*) accumularsi

gathering *n* riunione *f*

gauge [geɪdʒ] **I.** *n* **1.** (*measure: of bullet*) calibro *m;* (*of wire*) spessore *m;* (*of rails*) scartamento *m* **2.** (*instrument*) indicatore *m;* **tyre ~** manometro *m* **3.** *fig* misura *f* **II.** *vt* **1.** (*measure*) misurare **2.** (*assess*) valutare

gauze [gɑːz] *n a.* MED garza *f*

gave [geɪv] *pt of* **give**

gawk [gɑːk] *vi inf* stare come un salame; **to ~ at** guardare a bocca aperta

gawky [ˈgɑː·ki] *adj* (*tall, awkward*) allampanato, -a

gay [geɪ] **I.** *adj* **1.** (*homosexual*) gay **2.** (*cheerful*) gaio, -a **II.** *n* gay *mf inv*

gaze [geɪz] **I.** *vi* guardare; **to ~ at sth** rimirare qc **II.** *n* sguardo *f* fisso

GB [ˌdʒiː·ˈbiː] *n abbr of* **Great Britain** GB

gear [gɪr] *n* **1.** TECH ingranaggio *m* **2.** AUTO marcia *f* **3.** (*equipment*) attrezzatura *f*

gearbox [ˈgɪr·bɑːks] <-es> *n* scatola *f* del cambio

gearshift [ˈgɪr·ʃɪft] *n* leva *f* del cambio

gee whiz [ˈdʒi·ˌwɪz] *interj inf* caspita

geez [ʤiz] *interj inf* madonna

gem [dʒem] *n* (*jewel*) pietra *f* preziosa

Gemini [ˈdʒe·mɪ·ni] *n* Gemelli *mf;* **I'm (a) Gemini** sono (dei) Gemelli

gen. *n abbr of* **general** gener. *mf*

gender [ˈdʒen·dɚ] *n* **1.** (*sexual identity*) sesso *m* **2.** LING genere *m*

gene [dʒiːn] *n* gene *m*

general [ˈdʒen·rəl] **I.** *adj* generale; **of ~ interest** di interesse generale; **as a ~ rule** di regola **II.** *n* MIL generale *m;* **four-star ~** generale d'armata

general admission *n* posto *m* unico non numerato

general election *n* elezioni *f pl* politiche

generalize [ˈdʒe·nə·rə·laɪz] *vi, vt* generalizzare

generally [ˈdʒen·rə·li] *adv* **1.** (*usually*) generalmente **2.** (*widely, extensively*) in generale

general store *n* emporio *m*

generate [ˈdʒe·nə·reɪt] *vt* **1.** (*cause: interest*) suscitare; (*jobs*) creare; (*revenue*) produrre **2.** ELEC generare

generation [ˌdʒe·nə·ˈreɪ·ʃən] *n* generazione *f*

generator [ˈdʒe·nə·reɪ·t̬ɚ] *n a.* ELEC generatore *m*

generosity [ˌdʒen·ə·ˈras·ə·t̬i] *n* generosità *f*

generous [ˈdʒe·nə·rəs] *adj* generoso, -a

gene therapy [ˌdʒiːn·ˈθe·rə·pi] *n* terapia *f* genica

genetic [dʒɪ·ˈne·t̬ɪk] *adj* genetico, -a

genitive [ˈdʒe·nə·tɪv] **I.** *adj* genitivo, -a **II.** *n* genitivo *m*

genius [ˈdʒiː·ni·əs] *n* <-ses> genio *m*

genocide [ˈdʒe·nə·saɪd] *n* genocidio *m*

gent [dʒent] *n inf abbr of* **gentleman** signore *m*

gentle [ˈdʒen·tl] *adj* **1.** (*person*) gentile **2.** (*breeze, tap on the door*) leggero, -a; (*slope*) dolce

gentleman [ˈdʒen·t̬l·mən] <-men> *n* **1.** (*man*) signore *m;* **ladies and ~** signore e signori **2.** (*well-behaved man*) gentiluomo *m*

gentleness [ˈdʒen·tl·nɪs] *n* gentilezza *f*

genuine [ˈdʒe·njʊ·ɪn] *adj* **1.** (*not fake: leather, pearls*) vero, -a; (*work of art*) autentico, -a **2.** (*sincere: person, emotion*) sincero, -a

genus [ˈdʒiː·nəs] <-nera> *n* BIO genere *m*

geographic(al) [ˌdʒi·ə·ˈgræ·fɪ·k(l)] *adj* geografico, -a

geography [dʒi·ˈɑː·grə·fi] *n* geografia *f*

geological [ˌdʒi·ə·ˈlɑː·dʒɪ·kəl] *adj* geologico, -a

geologist [dʒi·ˈɑː·lə·dʒɪst] *n* geologo, -a *m, f*

G

geology [dʒi·ˈɑː·lə·dʒi] *n* geologia *f*

geometric(al) [ˌdzi·ə·ˈmet·rɪ·k(l)] *adj* geometrico, -a

geometry [dʒi·ˈɑː·mət·ri] *n* geometria *f*

Georgia [ˈdʒɔr·dʒə] *n* Georgia *f*

germ [dʒɜːrm] *n* germe *m*

German [ˈdʒɜːr·mən] **I.** *n* **1.** (*person*) tedesco, -a *m, f* **2.** (*language*) tedesco *m* **II.** *adj* tedesco, -a

German measles *n + sing vb* rosolia *f*

German shepherd *n* pastore *m* tedesco

Germany [ˈdʒɜːr·mə·ni] *n* Germania *f*

germinate [ˈdʒɜːr·mə·neɪt] **I.** *vi* germinare **II.** *vt* far germinare

gerund [ˈdʒe·rənd] *n* gerundio *m*

gesture [ˈdʒest·ʃɚ] **I.** *n* gesto *m* **II.** *vi* fare un gesto

get [get] **I.** <got, gotten> *vt inf* **1.** (*obtain, catch*) prendere; **to ~ a taxi/bus** prendere un taxi/autobus; **to ~ the impression that ...** avere l'impressione che...; **to ~ a glimpse of sb/sth** intravedere qu/qc; **to ~ the flu** prendere l'influenza **2.** (*receive*) ricevere; **to ~ sth from sb** ricevere qc da qu; **to ~ a surprise** avere una sorpresa **3.** (*hear, understand*) capire; **to ~ a joke** capire una battuta; **I don't ~ it** non capisco **4.** (*answer*) **to ~ the door** *inf* aprire (la porta); **to ~ the phone** *inf* rispondere (al telefono) **5.** (*buy*) comprare; **to ~ sth for sb** comprare qc a qu **6.** (*cause to be*) **to ~ sb to do sth** far fare qc a qu; **to ~ sb ready** preparare qu; **to ~ sth finished** finire qc **II.** *vi* **1.** + *n/adj* (*become*) diventare; **to ~ rich** arricchirsi; **to ~ married** sposarsi; **to ~ upset** prendersela; **to ~ used to sth** abituarsi a qc; **to ~ better** migliorare **2.** (*have opportunity*) **to ~ to do sth** riuscire a fare qc; **to ~ to see sb** riuscire a vedere qu **3.** (*travel*) arrivare; **to ~ home** arrivare a casa; **to ~ to the restaurant** arrivare al ristorante **4.** *inf* (*begin*) iniziare; **to ~ to like sth** iniziare ad apprezzare qc; **to ~ going** darsi una mossa

◆**get across** *vt* far capire

◆**get along** *vi* **1.** (*have a good relationship*) andare d'accordo **2.** (*manage*) cavarsela

◆**get around** **I.** *vt insep* (*avoid*) aggirare **II.** *vi* **1.** (*spread*) spargersi; **word got around that ...** si è sparsa la voce che... **2.** (*travel*) viaggiare molto

◆**get at** *vt insep, inf* **1.** (*reach*) arrivare a **2.** (*suggest*) alludere a

◆**get away** *vi* andarsene

◆**get away with** *vt* cavarsela con; **to ~ murder** passarsela liscia

◆**get back** *vt* ricuperare

◆**get behind** *vi* rimanere indietro

◆**get by** *vi* (*manage*) cavarsela

◆**get down** **I.** *vt always sep* (*disturb*) deprimere **II.** *vi* (*descend*) scendere

◆**get down to** *vt* **to ~ doing sth** mettersi a fare qc

◆**get in** **I.** *vi* **1.** (*arrive*) arrivare **2.** (*enter*) entrare **3.** (*become member*) essere ammesso **II.** *vt* **1.** (*say*) dire **2.** (*bring inside*) portare dentro

◆**get into** *vt insep* **1.** (*become interested in*) interessarsi a **2.** (*involve*) mettere; **to get sb into trouble** mettere qu nei guai

◆**get off** **I.** *vi* **1.** (*avoid punishment*) cavarsela **2.** (*leave work*) staccare **II.** *vt always sep* **1.** (*help avoid punishment*) fare assolvere **2.** (*send*) spedire

◆**get on** *vi* **1.** (*manage*) cavarsela **2.** (*have relationship*) andare d'accordo **3.** (*age*) invecchiare

◆**get out** *vi* **1.** (*leave home*) uscire **2.** (*spread*) circolare **3.** (*escape*) scappare

◆**get over** *vt insep* **1.** (*recover from*) riprendersi da; (*difficulty*) superare **2.** (*forget about*) **to ~ sb/sth** dimenticarsi di qu/qc

◆**get through** **I.** *vt* **1.** (*succeed*) passare **2.** (*finish*) finire **3.** (*make understood*) **to get it through to sb that ...** far capire a qu che ... **II.** *vi* **to ~ to sth/sb** mettersi in comunicazione con qc/qu

◆**get together** **I.** *vi* incontrarsi **II.** *vt* (*gather*) raccogliere

◆**get up** **I.** *vt* **1.** *always sep, inf* (*wake*) svegliare **2.** (*muster*) trovare **3.** *insep* (*climb*) salire **II.** *vi* **1.** (*get out of bed*)

alzarsi **2.** (*rise*) alzarsi in piedi
getaway ['get̬·ə·weɪ] *n inf* fuga *f*; **to make a** (**clean**) ~ darsi alla fuga
get-together ['get·tə·'ge·ðɚ] *n inf* festicciola *f*
ghastly ['gæs·tli] <-ier, -iest> *adj inf* **1.** (*frightful*) spaventoso, -a **2.** (*unpleasant*) terribile
gherkin ['gɜːr·kɪn] *n* cetriolino *m*
ghetto ['ge·t̬oʊ] <-s *or* -es> *n* ghetto *m*
ghost [goʊst] *n a. fig* (*spirit*) fantasma *m;* **to believe in ~s** credere ai fantasmi ▶ **to give up the** ~ *inf* (*to stop working*) smettere di funzionare
ghostly ['gəʊs·tli] <-ier, -iest> *adj* spettrale
ghost story *n* racconto *m* di fantasmi
GI [ˌdʒiː·'aɪ] *n inf* soldato *m* dell'esercito USA
giant ['dʒaɪ·ənt] **I.** *n* gigante *m* **II.** *adj* gigantesco, -a
giddy ['gɪ·di] <-ier, -iest> *adj* **to feel ~** avere le vertigini
gift [gɪft] *n* **1.** (*present*) regalo *m* **2.** *inf* (*bargain*) **it's a ~!** è regalato! **3.** (*talent*) dono *m;* **to have a ~ for languages** avere il dono delle lingue
gifted *adj* **1.** (*talented: musician*) di (gran) talento **2.** (*intelligent*) **~ child** bambino , -a prodigio *m*
gift shop *n* gift shop *m inv*
gig [gɪg] *n inf* (*musical performance*) concerto *m*
gigantic [dʒaɪ·'gæn·t̬ɪk] *adj* gigantesco, -a
giggle ['gɪ·gl] **I.** *vi* ridacchiare **II.** *n* **1.** (*laugh*) risolino *m* **2.** *pl* **to get the ~s** avere la ridarella
gimmick ['gɪ·mɪk] *n* **1.** (*trick*) trucco *m* **2.** (*attention-getter*) trovata *f*
gimmicky ['gɪ·mɪ·ki] *adj* d'effetto
ginger ['dʒɪn·dʒɚ] **I.** *n* **1.** (*root spice*) zenzero *m* **2.** (*color*) rossiccio *m* **II.** *adj* rossiccio, -a
gingerbread ['dʒɪn·dʒɚ·bred] *n* pan *m* di zenzero
gingerly ['dʒɪn·dʒɚ·li] *adv* con cautela
gipsy ['dʒɪp·si] *n see* **gypsy**
giraffe [dʒə·'ræf] *n* <-(s)> giraffa *f*
girl [gɜːrl] *n* **1.** (*child*) bambina *f*; (*young woman*) ragazza *f* **2.** (*daughter*) figlia *f*
girlfriend ['gɜːrl·frend] *n* **1.** (*of man*) ragazza *f* **2.** (*of woman*) amica *f*
girlhood ['gɜːrl·hʊd] *n* infanzia *f*
Girl Scout *n* Giovane Esploratrice *f*
gist [dʒɪst] *n* **to get the ~ of sth** capire il succo di qc
give [gɪv] **I.** *vt* <gave, given> **1.** (*offer, organize*) dare; **to ~ sb something to eat/drink** dare a qu qualcosa da mangiare/bere; **don't ~ me that!** *inf* ma che storie racconti!; **~ me a break!** lasciami in pace!; **I don't ~ a damn** *inf* non me ne importa un cavolo; **to ~ birth** partorire; **to ~ sb a call** dare un colpo di telefono a qu; **to ~ sth a go** provare (a fare) qc **2.** (*cause*) far venire; (*headache, appetite*) **to ~ sb the creeps** far venire i brividi a qu **3.** (*pass on*) **to ~ sb sth** contagiare qc a qu **II.** *vi* <gave, given> **1.** (*offer*) dare; **to ~ as good as one gets** sapersi difendere **2.** (*stretch*) cedere; **something will have to ~** *fig* bisogna che qualcosa cambi **3. what ~s?** *inf* come va?
◆**give away** *vt* **1.** (*for free*) regalare **2.** (*reveal*) revelare **3.** (*betray*) **to give sb away** tradire qu
◆**give back** *vt* restituire
◆**give in** **I.** *vi* **1.** (*agree*) cedere; **to ~ to sth** cedere a qc **2.** (*admit defeat*) arrendersi **II.** *vt* consegnare
◆**give off** *vt* emettere
◆**give out** *vt* **1.** (*distribute*) distribuire **2.** (*announce*) annunciare
◆**give up** **I.** *vt* **1.** (*renounce*) rinunciare a; **to ~ candy for a month** rinunciare alla cioccolata per un mese; **to ~ smoking** smettere di fumare **2.** (*hand over: seat*) cedere **3.** (*lose hope*) **to give sb up as lost** dare qu per scomparso **4.** (*surrender*) **to give oneself up** arrendersi; **to give oneself up to the police** costituirsi **II.** *vi* **1.** (*quit*) rinunciare **2.** (*cease trying to guess*) arrendersi
give-and-take [ˌgɪv·ən·'teɪk] *n* (*compromise*) elasticità *f fig*
giveaway ['gɪv·ə·weɪ] *n* **1.** *inf* (*free gift*) omaggio *m* **2.** *inf* (*exposure*) prova *f* lampante

given ['gɪ·vn] **I.** *pp of* **give** **II.** *adj* (*specified*) stabilito, -a, dato, -a; **at a ~ time and place** all'ora e nel luogo stabiliti **III.** *prep* **~ that** dato che *+subj;* **~ the chance, I would go to Japan** se ne avessi la possibilità andrei in Giappone

giver ['gɪ·vɚ] *n* donatore, -trice *m*

glacial ['gleɪ·ʃəl] *adj a. fig* glaciale

glacier ['gleɪ·ʃɚ] *n* ghiacciaio *m*

glad [glæd] <gladder, gladdest> *adj* contento, -a; **to be ~ about sth** essere contento di qc; **I'd be ~ to go with you** verrei volentieri con te

gladly ['glæd·li] *adv* volentieri

glamorous ['glæ·mə·rəs] *adj* prestigioso, -a; (*outfit*) chic *inv*

glance [glæns] **I.** *n* occhiata *f;* **to take a ~ at sth** dare un'occhiata [*or* uno sguardo] a qc; **at first ~** a prima vista; **at a ~** a colpo d'occhio **II.** *vi* (*look cursorily*) **to ~ up** (**from sth**) sollevare lo sguardo (da qc); **to ~ around sth** dare un'occhiata intorno a qc; **to ~ over sth** dare uno sguardo a qc

glare [gler] **I.** *n* **1.** (*mean look*) occhiata *f* fulminante **2.** (*reflection*) bagliore *m* **II.** *vi* **1.** (*look*) fulminare con lo sguardo **2.** (*shine*) sfolgorare

glaring *adj* **1.** (*obvious*) palese **2.** (*sun*) sfolgorante

glass [glæs] <-es> *n* **1.** (*material*) vetro *m;* **pane of ~** lastra *f* di vetro **2.** (*container, glassful*) bicchiere *m;* **a ~ of wine** un bicchiere di vino; **a wine ~** un bicchiere da vino **3.** *pl* occhiali *mpl* **4.** (*glassware*) cristalleria *f*

glasshouse ['glæs·haʊs] *n* serra *m*

glaze [gleɪz] **I.** *n* CULIN glassa *f;* (*pottery*) vernice *f* **II.** *vt* **1.** (*pottery*) invetriare; (*donut*) glassare **2.** (*window*) mettere i vetri a

glazier ['gleɪ·zi·ər] *n* vetraio, -a *m, f*

gleam [gli:m] **I.** *n* bagliore *m* **II.** *vi* luccicare

glee [gli:] *n* gioia *f*

gleeful ['gli:·fəl] *adj* (*smile, shout*) di gioia

glide [glaɪd] *vi* **1.** (*move smoothly*) scivolare **2.** AVIAT planare

glider ['glaɪ·dɚ] *n* aliante *m*

gliding ['glaɪ·dɪŋ] *n* volo *m* a vela

glimmer ['glɪ·mɚ] **I.** *vi* baluginare **II.** *n* (*light*) baluginio *m;* **~ of hope** barlume *m* di speranza

glimpse [glɪmps] **I.** *vt* intravedere **II.** *n* **to catch a ~ of** intravedere

glint [glɪnt] **I.** *vi* scintillare **II.** *n* scintillio *m*

glisten ['glɪ·sn] *vi* scintillare

glitter ['glɪ·t̬ɚ] **I.** *vi* luccicare **II.** *n* **1.** (*sparkling*) luccichio *m* **2.** (*shiny material*) brillantini *mpl*

glittering *adj* **1.** (*sparkling*) luccicante **2.** (*exciting, impressive*) sfolgorante

glitzy ['glɪ·tsi] <-ier, -iest> *adj inf* sfarzoso, -a

gloat [gloʊt] *vi* gongolare; **to ~ over/at sth** gongolare per qc

global ['gloʊ·bl] *adj* globale

global warming *n* riscaldamento *m* globale

globe [gloʊb] *n* **1.** (*world*) mondo *m* **2.** (*object*) mappamondo *m*

gloom [glu:m] *n* **1.** (*hopelessness*) disperazione *f;* **~ and doom** pessimismo *m* **2.** (*darkness*) oscurità *f*

gloomy ['glu:·mi] <-ier, -iest> *adj* **1.** (*dismal*) deprimente; **to be ~ about sth** essere pessimista rispetto a qc **2.** (*dark*) tetro, -a

glorious ['glɔ:·ri·əs] *adj* **1.** (*honorable, illustrious*) glorioso, -a **2.** (*splendid: day, weather*) splendido, -a

glory ['glɔ:·ri] **I.** *n* **1.** (*honor, adoration*) gloria *f;* **to cover oneself in ~** coprirsi di gloria **2.** (*splendor*) splendore *m* **II.** <-ie-> *vi* gloriarsi; **to ~ in sth** gloriarsi di qc

glossy ['glɑ:·si] <-ier, -iest> *adj* **1.** (*shiny*) lucido, -a **2.** *inf* (*superficially attractive*) patinato, -a

glove [glʌv] *n* guanto *m;* **leather/wool ~s** guanti di pelle/lana ▶ **to fit like a ~** calzare come un guanto

glow [gloʊ] **I.** *n* **1.** (*light*) bagliore *m* **2.** (*warmth and redness*) calore *m* **3.** (*good feeling*) (piacevole) sensazione *f;* **~ of happiness** sensazione *f* di felicità **II.** *vi* **1.** (*produce light*) brillare **2.** (*be red and hot*) ardere **3.** (*look radiant*) (ri)splendere

glower ['glaʊ·ɚ] *vi* guardare torvo; **to ~ at sb** guardare torvo qu

glucose ['glu:·koʊs] *n* glucosio *m*

glue [glu:] **I.** *n* colla *f* **II.** *vt a. fig* incollare; **to ~ sth together** incollare qc

glum [glʌm] <glummer, glummest> *adj* (*morose, downcast*) abbattuto, -a; **to be/feel ~** (**about sth**) abbattersi (per qc)

gnaw [nɑ:] **I.** *vi* (*chew*) **to ~ at** [*or* **on**] **sth** rosicchiare qc **II.** *vt* **1.** (*chew*) rosicchiare **2.** *fig* (*pursue*) **to be ~ed by doubt** essere assillato dal dubbio

gnawing *adj* assillante

go [goʊ] **I.** <went, gone> *vi* **1.** (*proceed*) andare; **to ~** (**and**) **do sth** andare a fare qc; **to ~ home** andare a casa; **to have to ~** dover andare **2.** (*travel*) andare; **to ~ on a holiday** andare in vacanza; **to ~ on a trip** fare un viaggio; **to ~ abroad** andare all'estero **3.** (*adopt position*) **when I ~ like this, my back hurts** quando faccio così mi duole la schiena **4.** (*do*) **to ~ camping/fishing/shopping** andare in campeggio/a pesca/a fare spese; **to ~ jogging** fare jogging; **to ~ swimming** andare in piscina **5.** (*attend*) andare; **to ~ to a concert** andare a un concerto; **to ~ to a movie** andare al cinema; **to ~ to a party** andare a una festa **6.** + *adj* (*become*) **to ~ senile** rimbambire; **to ~ bankrupt** fare fallimento; **to ~ bald** diventare calvo; **to ~ wrong** andare storto; **to ~ hungry/thirsty** soffrire la fame/sete; **to ~ unnoticed** passare inosservato **7.** (*happen*) **to ~ badly/well** andare male/bene; **to ~ from bad to worse** andare di male in peggio **8.** (*pass*) passare; **time seems to ~ faster** il tempo sembra passare più in fretta **9.** (*begin*) cominciare; **ready, set, ~** pronti, attenti, via **10.** (*fail*) **to ~ downhill** andare peggiorando **11.** (*belong*) andare; **where does this ~?** dove va questo? **12.** (*fit*) stare; **that picture would ~ well on that wall** quel quadro starebbe bene su quella parete **13.** (*lead*) condurre; **this highway ~es all the way to California** questa autostrada va fino in California **14.** (*function*) funzionare; **to ~ slow** rallentare **15.** (*be sold*) essere venduto; **the painting went for a lot more than was expected** il dipinto fu venduto a una cifra superiore a quella stimata ▶ **as the saying ~es** come dice il proverbio; **what he says ~es** la sua parola è legge; **here ~!** stiamo a vedere! **II.** <went, gone> *vt* **1.** *inf* (*say*) fare; **and then he goes, "Knock it off!"** e poi fa "Smettila!"; **ducks ~ 'quack'** le anatre fanno 'qua' **2.** (*make*) fare; **to ~ it alone** farlo da solo **III.** <-es> *n* **1.** (*attempt*) tentativo *m;* **all in one ~** tutto in una volta; **to have a ~ at sth** provare a fare qc; **to have a ~ at sb about sth** prendersela con qu per qc **2.** (*a success*) **to make a ~ of sth** riuscire in qc **3.** (*activity*) **to be on the ~** essere sempre attivo

◆**go about** *vt insep* **1.** (*proceed with*) occuparsi di **2.** (*perform a task*) procedere; **how does one ~ it?** qual è la prassi?

◆**go after** *vt insep* **1.** (*follow*) seguire; **to ~ sb** andare dietro a qu **2.** (*chase*) inseguire

◆**go against** *vt insep* **1.** (*contradict*) andare contro a **2.** (*oppose*) opporsi a **3.** (*be unfavorable*) essere sfavorevole a

◆**go ahead** *vi* **1.** (*begin*) iniziare **2.** (*happen*) aver luogo **3.** (*give permission*) **~!** fai pure!

◆**go along** *vi* procedere

◆**go around** *vi* **1.** (*be enough*) bastare; **are there enough pens to ~?** le penne bastano per tutti? **2.** (*visit*) **to ~ to sb's** passare da qu **3.** (*spin*) ruotare **4.** (*be in circulation*) girare

◆**go away** *vi* **1.** (*travel*) viaggiare **2.** (*leave*) andarsene **3.** (*disappear*) sparire

◆**go back** *vi* **1.** (*return*) ritornare **2.** (*date back*) risalire

◆**go by** *vi* (*pass*) trascorrere; **to let sth ~** lasciarsi scappare qc

◆**go down** *vi* **1.** (*sun*) calare; (*ship*) affondare; (*plane*) precipitare; **to ~ on all fours** mettersi a quattro zampe **2.** (*become lower*) diminuire; (*become worse*) peggiorare; **to ~ in sb's**

estimation scendere nella stima di qu **3.** (*be received*) essere accolto; **to ~ well/badly** (**with sb**) essere accolto bene/male (da qu) **4.** (*be remembered*) essere ricordato; **to ~ in history** passare alla storia

♦**go for** *vt insep* **1.** (*try to achieve*) cercare di ottenere; (*try to grasp*) cercare di prendere; **~ it!** buttati! *fig* **2.** (*choose*) scegliere **3.** (*attack*) aggredire; **to ~ sb with sth** aggredire qu con qc

♦**go in** *vi* (*enter*) entrare

♦**go into** *vt insep* **1.** (*fit into*) stare in; **two goes into eight four times** MATH il due nell'otto sta quattro volte **2.** (*begin*) entrare; **to ~ a coma** entrare in coma; **to ~ action** passare all'azione; **to ~ politics** entrare in politica **3.** (*examine and discuss*) parlare di; **to ~ detail** entrare nei particolari

♦**go off** *vi* **1.** (*explode: bomb*) esplodere **2.** (*make sound: alarm clock, siren*) suonare **3.** (*proceed*) andare; **to ~ badly/well** andare male/bene **4.** (*leave*) andarsene **5.** (*stop working*) spegnersi **6.** (*digress*) divagare; **to ~ the subject** uscire dall'argomento

♦**go on** I. *vi* **1.** (*continue*) continuare; (*continue speaking*) continuare a parlare **2.** (*go further*) andare oltre; **to ~ ahead** avanzare **3.** (*pass*) passare **4.** (*happen*) succedere **5.** (*start*) accendersi II. *interj* (*as encouragement*) dai; (*express disbelief*) ma dai

♦**go out** *vi* **1.** (*leave*) uscire; **to ~ to dinner** andare a cena fuori; **to ~ with sb** uscire con qu **2.** (*stop working*) spegnersi **3.** (*recede*) calare

♦**go over** *vt insep* (*examine*) controllare

♦**go through** *vt insep* **1.** (*pass*) attraversare **2.** (*experience*) attraversare; (*operation*) subire **3.** (*practice, review*) ripassare **4.** (*be approved*) essere approvato **5.** (*use up*) consumare **6.** (*look through*) frugare in

♦**go together** *vi* (*harmonize*) **to ~** (**with sth**) stare bene (con qc)

♦**go under** *vi* **1.** NAUT (*sink*) affondare **2.** (*fail*) andare in fallimento

♦**go up** *vi* **1.** (*increase*) aumentare **2.** (*be built*) sorgere **3.** (*explode*) esplodere; **to ~ in flames** andare in fiamme

♦**go with** *vt insep* (*match*) abbinarsi con

♦**go without** *vt insep* fare a meno di

go-ahead ['goʊ·ə·hed] *n* (*permission*) **to give/receive the ~** dare/ricevere l'OK

goal [goʊl] *n* **1.** (*aim*) obiettivo *m* **2.** SPORTS (*scoring area*) porta *f* **3.** SPORTS (*point*) gol *m inv*, rete *f*; **to score a ~** segnare un gol

goalie ['goʊ·li] *n inf*, **goalkeeper** ['goʊl·ˌki:·pɚ] *n* SPORTS portiere *m*

goalpost *n* SPORTS palo *m* della porta

goat [goʊt] *n* ZOOL capra *f*; **~'s cheese** caprino *m*

goatee [goʊ·'ti:] *n* pizzo *m barba*

gobble ['gɑ:·bl] *vt inf* ingozzarsi di

go-between ['goʊ·bət·wi:n] *n* intermediario, -a *m, f*

go-cart ['goʊ·kɑ:rt] *n* AUTO, SPORTS go-kart *m inv*

god [gɑ:d] *n* **1.** REL **God** Dio; **God** (**only**) **knows** Dio (solo lo) sa; **for God's sake!** per amor di Dio! **2.** REL **Greek/Roman ~s** dei *m pl* greci/romani

God-awful *adj sl* schifoso, -a

godchild *n* figlioccio, -a *m, f*

goddaughter *n* figlioccia *f*

goddess ['gɑ:·dɪs] <-es> *n* dea *f*

godfather *n* padrino *m*

godforsaken *adj* dimenticato, -a da Dio

godmother *n* madrina *f*

godparents *npl* padrino *m* e madrina *f*

godsend *n inf* dono *m* del cielo

godson *n* figlioccio *m*

goes [goʊz] *3rd pers sing of* **go**

go-getter [ˌgəʊ·'ge·təɐ] *n inf* persona *f* intraprendente

goggle ['gɑ:·gl] *n pl* (*glasses*) occhiali *mpl*; **safety/ski/swim ~s** occhiali di protezione/da sci/nuoto

going ['goʊ·ɪŋ] I. *n* **1.** (*conditions*) (condizioni *f pl* del) terreno *m* ; **while the ~ is good** finché le cose vanno bene **2.** (*progress*) **it's hard/heavy ~** è difficile/pesante II. *adj* **1.** (*in action*) in moto; **to get sth ~** mettere in moto qc **2.** (*current*) attuale; **~ price**

prezzo *m* di mercato **III.** *vi aux* **to be ~ to do sth** stare per fare qc; **it's ~ to rain** sta per piovere

goings-on [ˌgoʊ·ɪŋz·ˈɑːn] *npl* (*events*) **strange/odd ~** fatti *m* strani *pl*

go-kart [ˈgoʊ·kɑːrt] *n see* **go-cart**

gold [goʊld] **I.** *n* **1.** (*metal*) oro *m* **2.** SPORTS medaglia *f* d'oro; **to go for ~** inseguire l'oro **II.** *adj* d'oro; **a ~ ring** un anello d'oro

golden [ˈgoʊl·dən] *adj* **1.** d'oro; **~ anniversary** nozze *f pl* d'oro **2.** (*color*) dorato, -a

goldfish *n inv* pesce *m* rosso

gold medal *n* SPORTS medaglia *f* d'oro

goldmine *n a. fig* miniera *f* d'oro

golf [gɑːlf] *n* golf *m;* **to play ~** giocare a golf *m*

golf club *n* (*stick*) mazza *f* da golf

golf course *n* campo *m* da golf

golfer [ˈgɑːl·fɚ] *n* golfista *mf*

gone [gɑːn] *pp of* **go**

goner [ˈgɑː·nɚ] *n sl* **to be a ~** essere spacciato, -a

good [gʊd] **I.** <better, best> *adj* **1.** (*gener*) buono, -a; **~ thinking!** buona idea!; **to do a ~ job** fare un buon lavoro; **~ manners** buone maniere; **~ luck** buona fortuna; **a ~ chance** buone probabilità; **~ deeds/work** opere buone; **a ~ 10%** un buon 10%; **to be in ~ shape** essere in (ottima) forma **2.** (*skilled*) bravo, -a; **to be ~ at** [*or* **in**] **sth/doing sth** essere bravo in [*or* a] qc/a fare qc **3.** (*pleasant*) bello, -a; **the ~ life** la bella vita; **the ~ old days** i bei tempi (andati); **to have a ~ time** divertirsi; **it's so ~ to see you!** che piacere rivederti! **4.** (*appealing to senses*) **to feel ~** sentirsi bene; **to look ~** stare bene; **to smell ~** avere un buon odore **5.** (*thorough*) bello, -a; **a ~ beating** una (bella) batosta; **have a ~ cry and you'll feel better** fatti un bel pianto e starai meglio **6.** (*almost, virtually*) **it's as ~ as done** è praticamente finito; **to be as ~ as new** essere come nuovo ▶ **to be as ~ as one's word** mantenere la parola (data); **it's a ~ thing that ...** meno male che...; **to be ~ for sb/sth** far bene a qu/qc; **to be ~ for nothing** non servire a niente **II.** *n* **1.** (*gener*) bene *m;* **this will do you ~** questo ti farà bene; **to do ~** fare del bene; **to be no ~** non servire a nulla; **to be up to no ~** star tramando qc ▶ **for ~** definitivamente **III.** *adv inf* (*well*) bene **IV.** *interj* **1.** (*to express approval*) bene **2.** (*to express surprise, shock*) **~ God!** santo Dio! **3.** (*said as greeting*) **~ afternoon, ~ evening** buonasera; **~ morning** buongiorno; **~ night** buonanotte

goodbye **I.** *interj* arrivederci **II.** *n* arrivederci *m,* addio *m;* **to say ~** (**to sb**) salutare (qu); (*loss*) **to say ~ to sth/to kiss sth ~** dire addio a qc

good-for-nothing [ˈgʊd·fɚ·ˌnʌ·θɪŋ] *n adj* buono, -a a nulla *m*

Good Friday *n* Venerdì *m* Santo

good-humored [ˌgʊd·ˈhjuː·mɚd] *adj* cordiale

good-looking [ˌgʊd·ˈlʊ·kɪŋ] <better-looking, best-looking> *adj* bello, -a

good-natured <better-natured, best-natured> *adj* **1.** (*pleasant*) amichevole **2.** (*inherently good*) bonario, -a

goodness [ˈgʊd·nɪs] *n* **1.** (*moral virtue, kindness*) bontà *f* **2.** (*quality*) (buona) qualità *f* **3.** (*said for emphasis*) **for ~' sake** per amor del cielo!; **thank ~!** grazie al cielo!

goods [gʊdz] *npl* **1.** (*wares*) articoli *mpl,* merci *fpl;* **manufactured ~** manufatti *mpl* **2.** (*personal belongings*) effetti *m* personali *pl*

good-sized [ˌgʊd·ˈsaɪzd] *adj* spazioso, -a

gooey [ˈguː·i] <gooier, gooiest> *adj* appiccicoso, -a

goose [guːs] <geese> *n* oca *f*

gooseberry [ˈguːs·be·ri] <-ies> *n* uva *f* spina

goose bumps *npl* pelle *f* d'oca

gorge [gɔːrdʒ] **I.** *n* GEO, ANAT gola *f* **II.** *vt* **to ~ oneself on sth** ingozzarsi di qc

gorgeous [ˈgɔːr·dʒəs] *adj* splendido, -a

gorilla [gə·ˈrɪ·lə] *n* gorilla *m*

gory [ˈgɔː·ri] <-ier, -iest> *adj* (*bloody*) truculento, -a **2. the ~ details about sth** i particolari piccanti di qc

gospel [ˈgɑːs·pl] *n* vangelo *m;* **~ singer**

G

cantante *mf* di gospel

gossip [ˈgɑː·səp] **I.** *n* **1.** (*rumor*) pettegolezzi *mpl*, gossip *m inv* **2.** (*person*) pettegolo, -a *m, f* **II.** *vi* **1.** (*spread rumors*) spettegolare; **to ~ about sb** spettegolare su qu **2.** (*chatter*) chiacchierare

gossip column *n* cronaca *f* mondana

got [gɑːt] *pt of* **get**

gotten [ˈgɑː·tən] *pp of* **get**

govern [ˈgʌ·vɚn] *vt, vi a.* POL, ADMIN governare

governing *adj* direttivo, -a

government [ˈgʌ·vɚn·mənt] *n* (*ruling body*) governo *m;* **local ~** amministrazione *f* locale; **to be in ~** essere al governo

grab [græb] **I.** <-bb-> *vt* **1.** (*snatch*) prendere; **to ~ sth out of sb's hands** strappare qc di mano a qu **2.** (*take hold of*) afferrare; **to ~ hold of sth** afferrare qc **3.** *inf* (*get, acquire*) **to ~ some sleep** schiacciare un pisolino; **to ~ a chance** afferrare al volo un'opportunità; **to ~ sb's attention** attrarre l'attenzione di qu; **how does this ~ you?** *inf* che te ne pare? **II.** *n* **to make a ~ for sth** cercare di afferrare qc; **to be up for ~s** *inf* essere in palio

grace [greɪs] *n* **1.** *a.* REL grazia *f;* **by the ~ of God** per grazia di Dio **2.** (*favor*) benevolenza *f;* **to be in/get into sb's good ~s** entrare nelle buone grazie di qu; **to fall from ~** cadere in disgrazia **3.** (*politeness*) cortesia *f;* **to do sth with good/bad ~** fare qc con buonagrazia/di malagrazia; **to have the** (**good**) **~ to do sth** avere la cortesia di fare qc **4.** (*prayer*) preghiera *f* di ringraziamento **5.** (*leeway*) proroga *f*

gracious [ˈgreɪ·ʃəs] *adj* **1.** (*kind*) cortese **2.** (*comfortable*) agiato, -a **3.** (*tactful*) garbato, -a **4.** (*merciful*) clemente

grade [greɪd] **I.** *n* **1.** SCHOOL classe *f*, anno (*m* scolastico) **2.** (*mark*) voto *m;* **good/bad ~s** bei/brutti voti **3.** (*level of quality*) qualità *f* **4.** GEO pendenza *f;* **gentle/steep ~** pendenza leggera/forte **5.** (*rank*) grado *m* ► **to make the ~** essere all'altezza **II.** *vt* **1.** (*evaluate*) valutare **2.** (*categorize*) classificare

gradual [ˈgræ·dʒʊ·əl] *adj* **1.** (*not sudden*) graduale **2.** (*not steep*) dolce

gradually [ˈgræ·dʒʊ·li] *adv* **1.** (*not suddenly*) gradualmente **2.** (*not steeply*) dolcemente

graduate[1] [ˈgræ·dʒʊ·ət] *n* **1.** UNIV laureato, -a *m, f* **2.** HIGH-SCHOOL diplomato, -a *m, f*

graduate[2] [ˈgræ·dʒʊ·eɪt] *vi* UNIV laurearsi; SCHOOL diplomarsi

graduate school *n* scuola *f* di specializzazione postlaurea

graduation [ˌgræ·dʒu·ˈeɪ·ʃən] *n* **1.** UNIV laurea *f* **2.** SCHOOL diploma *m*

grain [greɪn] *n* **1.** (*cereal*) cereali *mpl* **2.** (*of wheat, rice*) chicco *m* **3.** (*of sand, salt*) granello *m* **4.** *fig* briciolo *m;* **a ~ of truth** un briciolo di verità **5.** (*direction of fibers*) venatura *f*

gram [græm] *n* grammo *m*

grammar [ˈgræ·mɚ] *n* grammatica *f*

grammatical [grə·ˈmæ·t̬ɪ·kl] *adj* grammaticale

grand [grænd] **I.** *adj* **1.** (*splendid*) magnifico, -a; **in ~ style** in grande stile **2.** (*solemn, sumptuous*) grandioso, -a; **on a ~ scale** su larga scala; **a ~ opening** un'inaugurazione ufficiale **3.** (*overall*) **the ~ total** il totale generale **II.** *n inv, inf* (*dollars*) mille dollari *mpl*

grandchild <-children> *n* nipote *m o f di nonni*

granddad *n inf* (*grandfather*) nonno *m*

granddaughter *n* nipote *f di nonni*

grandfather *n* nonno *m*

grand jury <- -ies> *n* LAW Gran Giurì *m*

grandma *n inf* nonna *f*

grandmother *n* nonna *f*

grandpa *n inf* nonno *m*

grandparents *npl* nonni *mpl*

grand piano *n* pianoforte *m* a coda

grandson *n* nipote *m di nonni*

grandstand *n* tribuna *f;* **~ seat** posto *m* in tribuna; **a ~ view** *fig* un posto in prima fila

granite [ˈgræ·nɪt] *n* granito *m*

grannie, granny [ˈgræ·ni] *n inf* nonna *f*

grant [grænt] **I.** *n* **1.** UNIV borsa *f* di studio **2.** (*funds*) sovvenzione *f;* **research ~** sovvenzioni alla ricerca **3.** LAW concessione *f* **II.** *vt* **1.** (*allow*) concedere; **to ~ sb a permit/visa** concedere un permesso/visto a qu; **to ~ a request** acconsentire a una richiesta; **to ~ a wish** esaudire un desiderio **2.** (*admit to*) riconoscere, ammettere; **~ed** d'accordo; **I ~ you that ...** ammetto che ... ▶ **to take sth for ~ed** dare qc per scontato; **to take sb for ~ed** non apprezzare qu come merita

granulated ['græn·jə·leɪ·t̬ɪd] *adj* granulato, -a; **~ sugar** zucchero *m* semolato

grape [greɪp] *n* **1.** (*fruit*) uva *f*; **a bunch of ~s** un grappolo d'uva ▶ **it's just sour ~s** è tutta invidia

grapefruit ['greɪp·fru:t] *n inv* pompelmo *m*

grapevine *n* vite *f* ▶ **to hear sth on the ~** sentir dire qc

graph [græf] *n* grafico *m*

graphic ['græ·fɪk] *adj* grafico, -a; **to describe sth in ~ detail** descrivere qc con dovizia di particolari

graphics *n + sing vb* (*a. comput*) grafica *f*; **computer ~** computer grafica

graphics card *n* scheda *f* grafica

grapple ['græ·pl] *vi* **to ~ for sth** azzuffarsi per qc; **to ~ with sth** essere alle prese con qc

grasp [græsp] **I.** *n* **1.** (*grip*) presa *f* **2.** (*attainability*) portata *f*; **to be beyond sb's ~** essere fuori della portata di qu **3.** (*understanding*) comprensione *f*; (*knowledge*) conoscenza *f* **II.** *vt* afferrare; **to ~ sb by the arm/hand** afferrare qu per il braccio/la mano **III.** *vi fig* (*take advantage*) **to ~ at** approfittare di; **to ~ at the chance** approfittare dell'opportunità

grasping *adj* avido, -a

grass [græs] <-es> *n* **1.** erba *f* **2.** (*area of grass*) prato *m* **3.** *inf* (*marijuana*) erba *f*

grasshopper ['græs·hɑ:·pɚ] *n* cavalletta *f*

grass snake *n* biscia *f* dal collare

grate[1] [greɪt] *n* grata *f*

grate[2] [greɪt] **I.** *vi* (*annoy*) infastidire; **to ~ on sb** dare sui nervi a qu **II.** *vt* CULIN grattugiare

grateful ['greɪt·fəl] *adj* grato, -a; **to be ~ (to sb) for sth** essere grato (a qu) per qc

grater ['greɪ·t̬ɚ] *n* grattugia *f*

grating ['greɪ·t̬ɪŋ] **I.** *n* grata *f* **II.** *adj* **1.** (*scraping*) stridente **2.** (*annoyingly harsh*) stridulo, -a; **~ voice** voce *f* stridula

gratitude ['græ·t̬ə·tu:d] *n form* gratitudine *f*

gratuity [grə·'tu:·ə·ti] <-ies> *n form* mancia *f*

grave[1] [greɪv] *n* tomba *f*; **mass ~** fossa *f* comune

grave[2] [greɪv] *adj* **1.** (*serious*) grave **2.** (*solemn*) solenne

gravel ['græ·vəl] *n* ghiaia *f*

gravestone *n* lapide *f* (sepolcrale)

graveyard *n* cimitero *m*

gravity ['græ·və·ti] *n* gravità *f*

gravy ['greɪ·vi] *n* CULIN sugo *m* d'arrosto

gravy boat *n* salsiera *f*

gray [greɪ] **I.** *adj a. fig* grigio; **dressed in ~** vestito di grigio; **to go ~** ingrigire **II.** *n* grigio *m*

graying *adj* brizzolato, -a

graze[1] [greɪz] **I.** *n* scalfittura *f* **II.** *vt* scalfire

graze[2] [greɪz] AGR **I.** *vi* pascolare **II.** *vt* far pascolare

grease [gri:s] **I.** *n* **1.** (*fat*) grasso *m* **2.** (*lubricant*) lubrificante *m* **II.** *vt* (*in cooking*) ungere; (*in mechanics*) lubrificare

greasy ['gri:·si] <-ier, -iest> *adj* (*hair*) grasso, -a; (*hands*) unto, -a; (*food*) untuoso, -a

great [greɪt] **I.** *n* grande *mf*; **Alexander the ~** Alessandro Magno **II.** *adj* **1.** (*very big, very good*) grande; **a ~ amount** una gran quantità; **a ~ deal of time/money** moltissimo tempo/denaro; **the ~ majority of people** la stragrande maggioranza (de la gente); **the ~est boxer ever** il più grande pugile di tutti i tempi; **~ minds think alike** i geni pensano allo stesso modo **2.** (*wonderful*) fantastico, -a; **she's ~ at playing tennis** *inf* gioca benissimo a tennis; **it's ~ to be back home again** che bello essere di nuovo a casa; **the ~ thing about sth/sb is (that)** il bello di qc/qu è (che); **I had a ~ time** mi sono divertita moltissimo; **~!** bene!; **to feel ~** stare benissimo; **they're ~ friends** sono molto amici; **he's a ~ big ...** è un grandissimo...

great-aunt *n* prozia *f*

great-grandchild *n* bisnipote *mf*

great-grandparents *npl* bisnonni *mpl*

greatly ['greɪt·li] *adv form* notevolmente

great-nephew *n* pronipote *m*

greatness ['greɪt·nɪs] *n* grandezza *f*

great-niece *n* pronipote *f*

great-uncle *n* prozio *m*

Greece [gri:s] *n* Grecia *f*

greed [gri:d] *n* (*for food*) ingordigia *f;* (*for money*) avidità *f;* (*for power*) sete *f*

greedy ['gri:·di] <-ier, -iest> *adj* (*wanting food*) ingordo, -a; (*wanting money, things*) avido, -a; **~ for success** avido di successi

Greek [gri:k] **I.** *n* **1.** (*person*) greco, -a *m, f* **2.** (*language*) greco *m* **II.** *adj* greco, -a ▶ **it's all ~ to me** per me è arabo

green [gri:n] **I.** *n* **1.** (*color*) verde *m* **2.** *pl* (*green vegetables*) verdure *fpl* **3.** (*lawn*) prato *m* **4.** SPORTS campo *m;* **bowling ~** campo da bocce; **putting ~** green *m inv* **5.** ECOL, POL **Green** verde *mf* **II.** *adj a.* ECOL, POL verde; **to turn ~** (*traffic lights*) diventare verde; **~ with envy** verde d'invidia

greenback *n inf* banconota *f*

green belt *n* cintura *f* verde

green card *n* permesso *m* di soggiorno

greenery ['gri:·nə·ri] *n* vegetazione *f*

greenhouse *n* serra *f*

greenhouse effect *n* **the ~** l'effetto serra

greenish ['gri:·nɪʃ] *adj* verdognolo, -a

green pepper [ˌgri:n·'pe·pɚ] *n* peperone *m* verde

green tea *n* té *m* verde

green thumb *n* **to have a ~** avere il pollice verde

greet [gri:t] *vt* **1.** (*welcome*) salutare; **to ~ each other** salutarsi **2.** (*receive*) accogliere; **to ~ sth with delight** accogliere qc con gioia

greeting *n* saluto *m*

grenade [grɪ·'neɪd] *n* granata *f;* **hand ~** bomba *f* a mano

grew [gru:] *pt of* **grow**

grey [greɪ] *adj, n see* **gray**

greyhound *n* levriero *m*

grid [grɪd] *n* griglia *f*

grief [gri:f] *n* (*extreme sadness*) dolore *m;* **to give sb (a lot of) ~** criticare (aspramente) qu ▶ **to come to ~** avere un incidente; **good ~!** *inf* santo cielo!

grieve [gri:v] **I.** *vi* soffrire; **to ~ for sth/sb** piangere la perdita di qc/qu **II.** *vt* (*make sad*) rattristare

grill [grɪl] **I.** *n* (*part of oven, restaurant*) grill *m inv;* (*for barbecue*) griglia *f* **II.** *vt* cuocere alla griglia

grille [grɪl] *n* (*of windows*) grata *f;* (*of car*) griglia *f*

grim [grɪm] *adj* **1.** (*very serious: expression*) severo, -a **2.** (*ghastly*) orribile; (*gloomy*) deprimente; **to feel ~** stare malissimo **3.** (*without hope*) grigio, -a *fig;* **the future looks ~** il futuro è grigio

grin [grɪn] **I.** *n* gran sorriso *m* **II.** *vi* sorridere ▶ **to ~ and bear it** fare buon viso a cattivo gioco

grind [graɪnd] **I.** *n inf* sgobbata *f;* **the daily ~** il trantran quotidiano **II.** <ground, ground> *vt* **1.** (*crush*) pestare; (*mill*) macinare; **to ~ sth (in)to a powder** ridurre in polvere qc **2.** (*chop finely*) tritare

◆**grind down** *vt* **1.** (*file*) levigare **2.** (*mill*) macinare **3.** (*wear*) logorare **4.** (*oppress*) schiacciare

grindstone ['graɪnd·stoʊn] *n* mola *f* ▶ **to keep one's nose to the ~** *inf* lavorare come un somaro

grip [grɪp] **I.** *n* **1.** (*hold*) presa *f;* **to keep a firm ~ on sth** tenere ben stretto qc; **to be in the ~(s) of sth** (*emotion*) essere in preda a qc; (*crisis*) essere nella morsa di qc **2.** (*bag*) borsa da viaggio *m* ▶ **to get to ~s with sth** affrontare qc; **to get a ~ on oneself** darsi una calmata **II.** <-pp-> *vt* **1.** (*hold firmly*) afferrare **2.** (*overwhelm*) **to be ~ped by emotion** essere preso dall'emozione **3.** (*interest deeply*) avvincere **III.** *vi* aderire

gripping ['grɪ·pɪŋ] *adj* (*story*) avvincente

gristle ['grɪ·sl] *n* cartilagine *f*

grit [grɪt] I. *n* 1. (*small stones*) sabbia *f* 2. *inf* (*courage*) fegato *m* II. <-tt-> *vt* 1. (*press together*) **to ~ one's teeth** *a. fig* stringere i denti 2. **to ~ a road** spargere sabbia sulla strada

grits [grɪts] *n pl* farina *f* di mais

groan [groʊn] I. *n* gemito *m* II. *vi* 1. (*make a noise*) gemere; **to ~ in pain** gemere di dolore 2. (*complain*) lamentarsi; **to ~ about sth** lamentarsi di qc

grocer ['groʊ·sɚ] *n* 1. (*store owner*) negoziante *mf* 2. (*food store*) negozio *f* di (generi) alimentari

groceries ['groʊ·sə·riz] *n pl* generi *f* alimentari *pl*

grocery store *n* negozio *m* di (generi) alimentari

groggy ['grɑː·gi] <-ier -iest> *adj* intontito, -a

groin [grɔɪn] *n* inguine *m*

groom [gruːm] I. *n* 1. (*for horses*) mozzo *m* di stalla 2. (*bridegroom*) sposo *m* II. *vt* (*clean: an animal*) pulire; (*a horse*) strigliare

groove [gruːv] *n* scanalatura *f;* MUS solco *m; fig* routine *f*

grope [groʊp] *vi* andare a tentoni; **to ~ for sth** cercare qc a tentoni; **to ~ for the right words** cercare le parole giuste

gross [groʊs] I. *adj* 1. (*vulgar*) volgare 2. LAW grave 3. (*revolting*) schifoso, -a 4. (*total*) lordo, -a; **gross income** reddito *m* lordo II. *vt* FIN (*earn before taxes*) realizzare un incasso lordo di; **the film has grossed over $200 million** il film ha realizzato un incasso di oltre 200 milioni di dollari

grossly *adv* (*in a gross manner*) volgarmente; (*extremely*) estremamente

grouch [graʊtʃ] *n* (*grumpy person*) brontolone, -a *m, f*

grouchy ['graʊ·tʃi] <-ier, -iest> *adj* brontolone

ground¹ [graʊnd] I. *n* 1. (*the Earth's surface*) terra *f;* **above/below ~** in superficie/sottoterra 2. (*soil*) suolo *m* 3. (*area of land*) terreno *m;* **breeding ~** zona *f* di riproduzione; **waste ~** terreno *m* abbandonato 4. (*reason*) motivo *m;* **to have ~s to do sth** avere validi motivi per fare qc; **on the ~s that ...** perché ... 5. (*area of knowledge*) argomento *m;* **to give ~** cedere terreno; **to stand one's ~** tenere duro II. *vt* 1. AVIAT tenere a terra; **to be ~ed** non poter decollare 2. *fig inf* non fare uscire *(per punizione)*

ground² [graʊnd] I. *vt pt of* **grind** II. *adj* (*glass*) tritato, -a III. *n pl* sedimenti *mpl*

ground crew *n* personale *m* di terra

ground floor *n* pianterreno *m;* **on the ~** a pianterreno

ground forces *npl* MIL esercito *m*

groundless ['graʊnd·lɪs] *adj* infondato, -a

groundskeeper *n* custode *mf* del campo di gioco

groundwork ['graʊnd·wɜːrk] *n* lavoro *m* di preparazione; **to lay the ~ for sth** *fig* stabilire le basi di qc

group [gruːp] I. *n* gruppo *m;* **~ photo** foto *f* di gruppo; **in ~s** a gruppi II. *vt* raggruppare III. *vi* raggrupparsi

grow [groʊ] <grew, grown> I. *vi* 1. (*increase*) crescere; **to ~ taller** crescere di statura; **to ~ by 2%** crescere del 2% 2. (*develop*) svilupparsi 3. (*become*) diventare; **to ~ old** diventare vecchio, invecchiare; **to ~ to like sth** cominciare ad apprezzare qc II. *vt* 1. (*cultivate*) coltivare 2. (*let grow*) farsi crescere; **to ~ a beard** farsi crescere la barba

◆**grow into** *vt insep* diventare; *fig* abituarsi a

◆**grow on** *vt* (*become pleasing*) **it's an album that grows on you** è un album che più l'ascolti e più ti piace

◆**grow up** *vi* 1. (*become adult*) crescere; **oh, ~!** smettila di fare il bambino! 2. (*develop*) svilupparsi

growing ['groʊ·ɪŋ] I. *n* crescita *f* II. *adj* 1. (*developing*) **a ~ boy/girl** un bambino/una bambina che sta crescendo 2. ECON que se espande 3. (*increasing*) crescente

growl [graʊl] I. *n* ringhio *m* II. *vi* ringhiare

G

grown [groʊn] **I.** *adj* adulto, -a **II.** *pp of* **grow**

grown-up ['groʊn·ʌp] *n a. childspeak* grande *m,* adulto, -a *m, f*

growth [groʊθ] *n* **1.** (*increase*) crescita *f;* **rate of ~** tasso *m* di crescita **2.** (*stage of growing*) maturità *f* **3.** (*something grown*) **he had three days ~ of beard on his chin** aveva la barba di tre giorni **4.** MED escrescenza *f*

grub [grʌb] *n* **1.** *sl* (*food*) roba *f* da mangiare **2.** (*larva*) larva *f*

grubby ['grʌ·bi] <-ier, -iest> *adj inf* sporco, -a

grudge [grʌdʒ] **I.** *n* rancore *m;* **to have** [*or* **hold**] **a ~ against sb** serbare rancore a qu **II.** *vt* **to ~ sb sth** invidiare qc a qu

gruesome ['gru:·səm] *adj* agghiacciante

gruff [grʌf] *adj* (*reply*) brusco, -a; **a ~ voice** una voce burbera

grumble ['grʌm·bl] **I.** *n* (*complaint*) lamentela *f* **II.** *vi* (*person*) lamentarsi; (*stomach*) borbottare; **to ~ about sth/sb** lamentarsi di qc/qu

grumpy ['grʌm·pi] <-ier, -iest> *adj inf* (*bad tempered*) brontolone, -a; (*annoyed*) scorbutico, -a

grunt [grʌnt] **I.** *n* **1.** (*snort*) grugnito *m* **2.** *sl* (*soldier*) soldato *m* di fanteria **II.** *vi* grugnire

guarantee [ˌge·rən·'ti:] **I.** *n* **1.** (*certainty, warranty*) garanzia *f* **2.** (*security*) pegno *m* **II.** *vt* garantire

guard [gɑ:rd] **I.** *n* **1.** (*a. sport*) guardia *mf;* **prison ~** secondino, -a *m, f;* **security ~** guardia giurata; **to be on ~** essere di guardia; **to be on one's ~** (**against sth/sb**) stare in guardia (contro qc/qu) **2.** (*protective device*) **fire ~** parascintille *m inv;* **shin ~** parastinchi *m inv* **II.** *vt* **1.** (*protect*) difendere **2.** (*prevent from escaping*) fare la guardia a **3.** (*keep secret*) custodire

guard dog *n* cane *m* da guardia

guard duty <-ies> *n* turno *m* di guardia

guarded ['gɑ:r·dɪd] *adj* guardingo, -a

guardian ['gɑ:r·di·ən] *n* **1.** (*responsible person*) tutore, -trice *m, f* **2.** *form* (*protector*) difensore *m*

guardian angel *n a. fig* angelo *m* custode

guess [ges] **I.** *n* congettura *f;* **to take a ~** tirare a indovinare; **that was a lucky ~** è stata tutta fortuna; **your ~ is as good as mine!** ne so quanto te **II.** *vi* **1.** (*conjecture*) indovinare; **to ~ right/wrong** indovinare/non indovinare; **how did you ~?** come hai fatto a indovinare? **2.** (*believe, suppose*) supporre; **I ~ you're right** immagino che tu abbia ragione **III.** *vt* indovinare ▶ **to <u>keep</u> sb ~ing** tenere qu sulle spine; **~ <u>what</u>?** indovina?

guesswork ['ges·wɜ:rk] *n* congetture *fpl*

guest [gest] *n* **1.** (*invited person*) ospite *mf;* **paying ~** (*lodger*) pensionante *mf* **2.** (*hotel customer*) cliente *mf* ▶ **<u>be</u> my ~** *inf* fai pure

guesthouse *n* pensione *f*

guestroom *n* stanza *f* degli ospiti

guidance ['gaɪ·dns] *n* (*help and advice*) guida *f;* (*for students*) orientamento *m;* **~ system** *a.* MIL sistema *m* di guida

guide [gaɪd] **I.** *n* **1.** (*person, book*) guida *f;* **tour/mountain ~** guida turistica/alpina **2.** (*indication*) indicazione *f* **II.** *vt* guidare

guidebook *n* guida *f*

guided ['gaɪd·ɪd] *adj* **1.** (*led by a guide*) guidato, -a; **~ed tour** visita *f* guidata **2.** (*automatically steered*) teleguidato, -a; **~ missile** MIL missile *m* teleguidato

guide dog *n* cane *m* guida

guild [gɪld] *n* (*medieval*) corporazione *f;* (*modern*) associazione *f;* **Writers' Guild** Unione *f* Nazionale Scrittori

guilt [gɪlt] *n* **1.** (*feeling*) senso *m* di colpa **2.** (*blame*) colpa *f;* **to admit one's ~** ammettere le proprie colpe **3.** (*responsibility for crime*) colpevolezza *f*

guilty ['gɪl·ti] <-ier, -iest> *adj* colpevole; **to be ~ of a murder** essere colpevole di omicidio; **to have a ~ conscience** avere la coscienza sporca; **to feel ~ about sth** sentirsi in colpa per qc

guinea pig *n* porcellino *m* d'India, cavia *f*

guitar [gɪ·'tɑ:r] *n* chitarra *f;* **to play the ~** suonare la chitarra

guitarist [gɪ·'tɑ:·rɪst] *n* chitarrista *mf*

gulf [gʌlf] *n* **1.** (*area of sea*) golfo *m;* **the Gulf of Mexico** il Golfo del Messico; **the Persian Gulf** il Golfo Persico **2.** (*chasm*) abisso *m*

gull [gʌl] *n* ZOOL gabbiano *m*

gullible ['gʌ·lə·bl] *adj* credulone, -a

gully ['gʌ·li] <-ies> *n* (*channel*) gola *f*

gulp [gʌlp] **I.** *n* **in one ~** tutto d'un fiato; **a ~ of water** un sorso d'acqua **II.** *vt* inghiottire **III.** *vi* **1.** (*swallow with emotion*) deglutire **2.** (*breath*) **to ~ for air** prendere (il) fiato

gum[1] [gʌm] **I.** *n* **1.** (*soft sticky substance*) gomma *f;* BOT resina *f;* **chewing ~** gomma *f* da masticare **2.** (*adhesive*) colla *f* **II.** *vt* incollare

gum[2] [gʌm] *n* ANAT gengiva *f*

gumbo ['gʌm·boʊ] *n reg* gombo

gun [gʌn] *n* **1.** (*weapon*) arma *f* da fuoco; (*pistol*) pistola *f;* (*rifle*) fucile *m* **2.** SPORTS pistola *f* da starter

◆**gun down** *vt* freddare

gun control *n* controllo *m* delle armi (da fuoco)

gunfight *n* scontro *m* a fuoco

gunfire *n* (*gunfight*) scontro *m* a fuoco; (*shots*) spari *mpl*

gung-ho ['gʊŋ·hoʊ], **gung ho** *adj sl* fanatico, -a

gunman <-men> *n* bandito *m*

gunpowder *n* polvere *f* da sparo

gunshot ['gʌn·ʃɑːt] *n* sparo *m*

gurgle ['gɜːr·gl] **I.** *n* gorgoglio *m* **II.** *vi* gorgogliare

gush [gʌʃ] **I.** <-es> *n* fiotto *m; fig* slancio *f;* **a ~ of water** un getto d'acqua **II.** *vi* **1.** (*any liquid*) zampillare **2.** *inf* (*praise excessively*) sperticarsi in elogi

gust [gʌst] **I.** *n* (*of wind*) raffica *f* **II.** *vi* soffiare

gusty ['gʌs·ti] <-ier -iest> *adj* a raffiche

gut [gʌt] **I.** *n* **1.** (*intestine*) intestino *m;* **a ~ feeling** un instinto viscerale **2.** *pl, inf* (*bowels*) budella *fpl* **3.** *pl* (*courage*) coraggio *m;* **it takes ~s** ci vuole coraggio **II.** <-tt-> *vt* **1.** (*remove the innards*) sventrare **2.** (*destroy*) distruggere

gutsy ['gʌt·si] <-ier, -iest> *adj* **1.** (*brave*) coraggioso, -a **2.** (*powerful*) vigoroso, -a

gutter ['gʌ·t̬ɚ] *n* (*on the roadside*) canale *m* di scolo; (*on the roof*) grondaia *f*

guy [gaɪ] *n inf* (*man*) tipo *m;* **hi ~s** ciao ragazzi

guzzle ['gʌ·zl] *vt inf* (*of person: alcohol*) tracannare; (*of car: gas*) bere

gym [dʒɪm] *n inf* palestra *f*

gymnasium [dʒɪm·'neɪ·zi·əm] *n* palestra *f*

gymnast ['dʒɪm·næst] *n* ginnasta *mf*

gymnastics [dʒɪm·'næs·tɪks] *npl* ginnastica *f*

gym shoes *n* scarpe *f pl* da tennis

gynecological [ˌgaɪ·nə·kə·'ladʒ·ɪ·kəl] *adj* ginecologico, -a

gynecologist *n* ginecologo, -a *m, f*

gypsy ['dʒɪp·si] <-ies> *n* zingaro, -a *m, f*

H

H, h [eɪtʃ] *n* H, h *f;* **~ for How** H come Hotel

ha [hɑː] *interj a. iron* ah!

habit ['hæ·bɪt] *n* **1.** (*customary practice*) abitudine *f;* **to do sth out of ~** fare qc per abitudine; **to get into the ~ (of doing sth)** abituarsi (a fare qc) **2.** (*dress*) abito *m* **3.** (*addiction*) assuefazione *f;* **to have a heroin ~** essere eroinomane

habitable ['hæ·bɪ·t̬ə·bl] *adj* abitabile

habitual [hə·'bɪt·ʃu·əl] *adj* **1.** (*usual*) abituale **2.** (*describing person: liar*) impenitente

hack [hæk] *vt* COMPUT **to ~ (into) a system** entrare illecitamente in un sistema

had [hæd, *unstressed:* həd] *pt, pp of* **have**

haddock ['hæ·dək] *n* eglefino *m*

hadn't ['hæ·dnt] = **had not** *see* **have**

hag [hæg] *n* (*woman*) megera *f*

haggle ['hæ·gl] *vi* contrattare; **to ~ over sth** contrattare il prezzo di qc

hail[1] [heɪl] **I.** *n* METEO grandine *f;* (*of stones*) scarica *f;* (*of insults*) pioggia *f* **II.** *vi* grandinare

hail[2] [heɪl] *vt* **1.** (*call*) chiamare; **to ~ a taxi** fermare un taxi **2.** (*acclaim*) acclamare

hair [her] *n* **1.** (*on head*) capello *m,*

capelli *mpl;* (*on chest, legs*) pelo *m;* **to have one's ~ cut** tagliarsi i capelli; **to wash one's ~** lavarsi la testa; **to wear one's ~ up/down** avere i capelli raccolti/sciolti **2.** (*on animal*) pelo *m* ▶ **to make sb's ~ curl** *inf* far rizzare i capelli a qu

hairbrush <-es> *n* spazzola (*f* per capelli)

hair conditioner *n* balsamo *m*

haircut *n* taglio (*m* di capelli)

hairdo *n inf* pettinatura *f*

hairdresser *n* parrucchiere, -a *m, f;* **at the ~'s** dal parrucchiere

hair dryer *n* asciugacapelli *m inv*

hairless ['her·lɪs] *adj* (*head*) calvo, -a, pelato, -a; (*body*) senza peli

hairpiece *n* parrucchino *m*

hairpin *n* forcina *f*

hair-raising *adj inf* da far rizzare i capelli

hair remover *n* prodotto *m* depilatorio

hair restorer *n* prodotto *m* per rinfoltire i capelli

hair spray *n* lacca *f* (per capelli)

hairstyle *n* acconciatura *f*

hairy ['he·ri] <-ier, -iest> *adj* **1.** (*having much hair*) peloso, -a **2.** *sl* (*difficult, dangerous*) rischioso, -a

Haiti ['heɪ·t̬i] *n* Haiti *f*

Haitian ['heɪ·ʃən] *adj, n* haitiano, -a *m, f*

hake [heɪk] <-(s)> *n* nasello *m*

half [hæf] **I.** <halves> *n* (*equal part*) metà *f inv;* **~ an apple** mezza mela; **in ~** a metà; **a pound and a ~** una libbra e mezzo; **first/second ~** SPORTS primo/secondo tempo **II.** *adj* mezzo, -a; **~ a pint** mezza pinta; **~ an hour** [*or* **a ~ hour**] mezz'ora **III.** *adv* **1.** (*almost*) quasi; **to be ~ sure** essere quasi sicuro **2.** (*partially*) mezzo; **~ asleep** mezzo addormentato; **~ cooked** mezzo crudo **3.** (*by fifty percent*) **~ as many/much** la metà; **~ as much again** ancora la metà **4.** *inf* (*most*) la maggior parte; **~ (of) the time** la metà del tempo **5. ~ past three** le tre e mezzo; **at ~ past** ai 30 **IV.** *pron* la metà; **only ~ of them came** soltanto metà di loro sono venuti

halfback *n* SPORTS mediano *m*

half-baked *adj* **1.** (*food*) mezzo crudo, -a **2.** *inf* (*plan*) stupido, -a

half-dozen *adj* mezza dozzina *f*

half-empty *adj* mezzo, -a vuoto, -a

halfhearted *adj* poco entusiasta

half-price *n* **at ~** a metà prezzo

half-term *n* **1.** (*between semesters*) vacanze *f pl* di metà trimestre **2.** *pl* (*exams*) esami *m pl* di metà trimestre

halftime *n* SPORTS intervallo *m;* **at ~** alla fine del primo tempo

halfway ['hæf·weɪ] **I.** *adj* **1.** (*midway*) a metà strada **2.** (*partial*) parziale **II.** *adv* **1.** (*half the distance*) a metà strada; **to be ~ between ... and ...** essere a metà strada tra... e...; **~ through the year** a metà anno **2.** (*nearly, partly*) **to go ~ toward (doing) sth** fare qc in parte

hall [hɔːl] *n* **1.** (*corridor*) corridoio *m* **2.** (*entrance room*) atrio *m,* ingresso *m* **3.** (*large public room*) sala *f;* (*in schools*) mensa *f;* **concert ~** sala *f* concerti; **town** [*or* **city**] **~** municipio *m* **4.** UNIV collegio *m;* **residence ~** casa *f* dello studente

Halloween *n,* **Hallowe'en** [ˌhæ·lə·'wiːn] *n* Halloween *m*

hallucinate [hə·'luː·sɪ·neɪt] *vi a. fig* avere le allucinazioni

hallucination [həvˌluː·sɪ·'neɪ·ʃən] *n* allucinazione *f*

hallucinogenic *adj* allucinogeno, -a

halo ['heɪ·loʊ] <-s *or* -es> *n* **1.** *a. fig* REL aureola *f* **2.** *a. fig* ASTR alone *m*

halogen bulb *n* lampadina *f* alogena

halt [hɔːlt] **I.** *n* **1.** (*standstill, stop*) fermata *f;* **to call a ~ to sth** porre fine a qc; **to come** [*or* **grind**] **to a ~** fermarsi **2.** (*interruption*) interruzione *f* **II.** *vt* fermare **III.** *vi* fermarsi **IV.** *interj* **~!** alt!

halve [hæv] **I.** *vt* **1.** (*lessen*) dimezzare; (*number*) dividere per due **2.** (*cut in half*) dividere a metà **II.** *vi* dimezzarsi

ham [hæm] **I.** *n* **1.** prosciutto *m;* **a slice of ~** una fetta di prosciutto **2.** (*actor*) gigione *m* **3.** (*radio*) radioamatore, -trice *m, f* **II.** *vi* recitare in modo gigionesco

hammer ['hæ·mɚ] **I.** *n* **1.** (*tool*) martello *m;* **~ blow** martellata *f* **2.** (*of gun*) cane *m* **II.** *vt* **1.** (*hit with tool:*

metal) prendere a martellate; (*nail*) piantare **2.** *inf* SPORTS (*beat easily*) battere **3.** (*criticize: book, film*) stroncare; **to ~ sb for sth** criticare duramente qu per qc **4.** *inf* (*become very drunk*) **to get ~ed (on sth)** prendersi una sbornia (di qc) **III.** *vi* **1.** (*use a hammer*) martellare; **to ~ at sth** dare martellate a qc **2.** (*beat heavily*) battere; (*heart*) battere forte; (*head*) martellare; **to ~ on sth** insistere su qc

◆**hammer out** *vt* **1.** (*correct: dent*) riaggiustare a martellate **2.** (*find solution*) **to ~ a settlement** raggiungere un accordo

hammock ['hæ·mək] *n* amaca *f*

hamper[1] ['hæm·pɚ] *vt* (*hinder*) **to ~ sb/sth** ostacolare qu/qc

hamper[2] ['hæm·pɚ] *n* (*picnic basket*) cestino *f* da picnic

hamster ['hæm·stɚ] *n* criceto *m*

hamstring ['hæm·strɪŋ] *n* ANAT tendine *m* del ginocchio

hand [hænd] **I.** *n* **1.** ANAT mano *f*; **to do sth by ~** fare qc a mano; **to shake ~s with sb** stringere la mano a qu; **to take sb by the ~** prendere qu per mano; **~ in ~** mano nella mano; **get your ~s off!** giù le mani!; **~s up!** mani in alto! **2.** (*handy, within reach*) **at ~** a portata di mano; **on ~** (*available to use*) disponibile **3.** (*what needs doing now*) **the problem at ~** il problema in questione; **in ~** (*being arranged*) **preparations are in ~** i preparativi sono in corso **4.** *pl* (*responsibility*) **to be in good ~s** essere in buone mani **5.** (*assistance*) **to give (sb) a ~ (with sth)** dare (a qu) una mano (con qc) **6.** (*control*) **to get out of ~** (*things, situation*) sfuggire di mano; **to have sth well in ~** avere qc sotto controllo; **to take sb in ~** far rigare dritto qu **7.** (*games*) **to have a good/poor ~** avere delle belle/brutte carte; **to show one's ~** *a. fig* scoprire le proprie carte; **a ~ of poker** una mano a poker **8.** (*on clock*) lancetta *f*; **the hour/the minute ~** la lancetta delle ore/dei minuti **9.** (*manual worker*) operaio, -a *m, f*; (*sailor*) marinaio *m*; **farm ~** bracciante *mf* **10.** (*skillful person*) **old ~** veterano, -a *m, f*; **to be an old ~ at sth** avere molta pratica in qc **11.** (*applause*) applauso *m*; **let's have a big ~ for ...** un applauso per... **12.** (*measurement for horses*) spanna *f* **13.** (*handwriting*) calligrafia *f*; **in his own ~** di suo pugno ▶ **at first ~** personalmente; **to have one's ~s full** essere molto impegnato; **on the one ~ ... on the other (~) ...** da un lato..., dall'altro (lato)... **II.** *vt* **1.** (*give*) passare; **will you ~ me my bag?** mi passi la borsa? **2.** (*give credit to*) **you've got to ~ it to him** gli va riconosciuto

◆**hand back** *vt* restituire

◆**hand down** *vt* **1.** (*knowledge*) trasmettere; (*objects*) lasciare in eredità **2.** LAW (*judgment*) pronunciare

◆**hand in** *vt* (*document*) consegnare; **to ~ one's resignation** presentare le dimissioni

◆**hand on** *vt* (*knowledge*) trasmettere; (*object*) passare

◆**hand out** *vt* **1.** (*distribute*) distribuire **2.** (*give*) dare

◆**hand over** **I.** *vt* **1.** (*give: money*) consegnare **2.** (*pass: power*) trasferire; (*property*) cedere **3.** TEL passare; **to hand sb over to sb** passare qu a qu **II.** *vi* **to ~ to sb** passare le consegne a qu; TV passare la linea a qu

handbag *n* borsa *f*

handbook *n* manuale *m*

hand brake *n* AUTO freno *m* a mano

handcuff *vt* ammanettare

handful ['hænd·fʊl] *n* **1.** *a. fig* (*small amount*) manciata *f*; **a ~ of people** un gruppetto di persone **2.** (*person*) **to be a real ~** (*child*) essere una peste

handicap ['hæn·dɪ·kæp] **I.** *n* (*disability, disadvantage*) SPORTS handicap *m inv*; **mental/physical ~** handicap mentale/fisico **II.** <-pp-> *vt* ostacolare; **to be ~ped** essere in svantaggio

handicapped **I.** *adj* **physically/mentally ~** fisicamente/mentalmente disabile **II.** *n* **the ~** i disabili *pl*

handkerchief ['hæŋ·kɚ·tʃɪf] *n* fazzoletto *m*

handle ['hæn·dl] **I.** *n* **1.** (*of knife,*

bag) manico *m;* (*of drawer*) maniglia *f* **2.** (*knob*) pomello *m;* (*lever*) leva *f* **3.** *inf* RADIO (*name*) titolo *m* **II.** *vt* **1.** (*touch*) toccare **2.** (*move, transport*) maneggiare; **~ with care** fragile **3.** (*machine*) manovrare; (*tool, weapon*) maneggiare; (*chemicals*) manipolare; **to ~ a situation well** gestire bene una situazione **4.** (*direct*) occuparsi di; **I'll ~ this** me ne occupo io **5.** (*control*) gestire **6.** (*discuss, portray: subject*) trattare **7.** (*operate*) manovrare **III.** *vi* **+ adv/prep** rispondere (ai comandi); **to ~ poorly** non rispondere bene

handlebars *npl* manubrio *m*

handling *n* **1.** (*management*) gestione *f;* (*of goods*) manipolazione *f;* (*of subject*) trattazione *f;* (*of person*) trattamento *m;* (*of car*) conduzione *f* **2.** COM (*fee*) trasporto *m*

hand luggage *n* bagaglio *m* a mano

handmade *adj* fatto, -a a mano

hand-operated *adj* manuale

handout ['hænd·aʊt] *n* **1.** (*money*) elemosina *f* **2.** (*leaflet*) volantino *m* **3.** (*press release*) comunicato *m* stampa **4.** (*written information*) appunti *mpl*

handrail *n* (*on stairs*) corrimano *m;* (*on bridge*) parapetto *m*

handshake *n* stretta *f* di mano

handsome ['hæn·səm] *adj* bello, -a

hands-on *adj* **1.** (*practical*) pratico, -a **2.** COMPUT manuale

handwriting *n* calligrafia *f*

handwritten *adj* scritto, -a a mano

handy ['hæn·di] <-ier, -iest> *adj* **1.** (*convenient*) comodo, -a; (*available*) disponibile; (*nearby*) vicino, -a; **to keep sth ~** tenere qc a portata di mano; **to be ~ for sth** essere comodo per qc; **to come in ~ (for sb)** tornare utile (a qu) **2.** (*user-friendly*) maneggevole; (*form, guide*) utile **3.** (*skillful*) abile; **to be ~ with sth** avere pratica di qc

handyman ['hæn·dɪ·mæn] <-men> *n* operaio *m* tuttofare

hang [hæŋ] **I.** <hung, hung> *vi* **1.** (*be suspended*) pendere; (*picture*) essere appeso, -a; **to ~ by/on/from sth** pendere per/da qc; **to ~ in a gallery** essere esposto in una galleria **2.** (*lean over or forward*) pendere **3.** (*float*) essere sospeso, -a; **to ~ above sb/sth** incombere sopra qu/qc **4.** (*die*) morire sulla forca **5.** (*fit, drape: clothes, fabrics*) cadere; **to ~ well** cadere bene **6.** *inf* (*be friendly with*) **to ~ with sb** frequentare qu; (*spend time at*) bighellonare ▶ **~ in there!** non mollare! **II.** <hung, hung> *vt* **1.** (*attach*) appendere; (*laundry*) stendere; (*door*) mettere; **to ~ wallpaper (on a wall)** attaccare la carta da parati (a un muro) **2.** (*lights, ornaments*) appendere **3.** (*one's head*) chinare **4.** (*execute*) impiccare **III.** *n* FASHION *modo in cui cade un tessuto o un abito* ▶ **to get the ~ of sth** *inf* capire come qc funziona; **I don't give a ~** *inf* non me ne importa nulla

◆**hang back** *vi* **1.** (*be reluctant to move forward*) rimanere indietro **2.** (*hesitate*) tirarsi indietro

◆**hang on** **I.** *vi* **1.** (*wait briefly*) aspettare; **to keep sb hanging on** fare aspettare qu; **~!** *inf* aspetta un attimo! **2.** (*hold on to*) **to ~ to sth** tenersi a qc; **~ tight** tenersi forte **3.** (*persevere, resist*) tenere duro **II.** *vt insep* **1.** (*depend upon*) dipendere da **2.** (*give attention*) **to ~ sb's every word** pendere dalle labbra di qu

◆**hang out** **I.** *vt* (*laundry*) stendere; (*flag*) alzare **II.** *vi* **1.** (*dangle*) sporgere; **let it all ~!** *inf* lasciati andare! **2.** *inf* (*spend time at*) bazzicare; **where does he ~ these days?** dove bazzica ultimamente? **3.** *inf* (*reside*) abitare

◆**hang up** **I.** *vi* riagganciare; **to ~ on sb** mettere giù il telefono a qu **II.** *vt* **1.** (*curtains*) attaccare; (*receiver*) mettere giù **2.** (*give up*) **to ~ one's boxing gloves** *fig* appendere al chiodo i guantoni

hanger ['hæŋ·ɚ] *n* (*clothes*) gruccia *f*

hang glider *n* SPORTS deltaplano *m*

hang-gliding *n* SPORTS deltaplano *m*

hangover *n* **1.** (*after drinking*) postumi*m* *pl* di sbronza **2.** (*left-over*) conseguenze *fpl*

hang-up *n inf* complesso *m;* **to have a ~ about sth** essere complessato per qc

hankie *n*, **hanky** ['hæŋ·ki] *n inf abbr of* **handkerchief** fazzoletto *m*

happen ['hæ·pən] *vi* **1.** (*occur*) succedere; **if anything ~s to me ...** se mi succede qualcosa...; **these things ~** [*or sl* **shit ~s**] sono cose che succedono; **whatever ~s** qualunque cosa succeda **2.** (*chance*) **I ~ed to be at home** per puro caso mi trovavo a casa; **as it ~s ...** come succede...

happily ['hæ·pɪ·li] *adv* **1.** (*contentedly*) felicemente; **they lived ~ ever after** vissero sempre felici e contenti **2.** (*willingly*) molto volentieri **3.** (*fortunately*) fortunatamente

happiness ['hæ·pɪ·nɪs] *n* felicità *f*

happy ['hæ·pi] <-ier, -iest> *adj* **1.** (*feeling very good, fortunate*) felice; **to be ~ that ...** essere contento che...; **to be ~ to do sth** essere contento di fare qc; **~ birthday!** buon compleanno!; **many ~ returns (of the day)!** cento di questi giorni! **2.** (*satisfied*) contento, -a; **to be ~ about sb/sth** essere contento di qu/qc; **are you ~ with the idea?** ti piace l'idea?

harbor ['hɑːr·bɚ] **I.** *n* **1.** (*port*) porto *m* **2.** *fig* (*shelter*) rifugio *m* **II.** *vt* **1.** (*give shelter to*) dare rifugio a **2.** (*feelings*) nutrire; **to ~ a grudge (against sb)** serbare rancore (a qu) **3.** (*keep in hiding*) aiutare a nascondersi

hard [hɑːrd] **I.** *adj* **1.** (*firm, hostile, unkind*) duro, -a; (*rule*) severo, -a; (*fate*) crudele; **~ times** tempi duri; **to have a ~ time** attraversare un brutto periodo; **to give sb a ~ time** rendere le cose difficili a qu; **to be ~ on sb/sth** essere duro con qu/qc **2.** (*intense, concentrated*) **to take a (good) ~ look at sth** guardare bene qc; **a ~ fight** una lotta accanita; **to be a ~ worker** lavorare sodo **3.** (*forceful*) forte **4.** (*difficult, complex*) difficile; **to be ~ to please** essere difficile da accontentare; **to get ~** diventare difficile; **a ~ bargain** un affare poco vantaggioso **5.** (*severe*) severo, -a **6.** (*extremely cold*) rigido, -a **7.** (*evidence*) inconfutabile **8.** (*fact*) innegabile **II.** *adv* **1.** (*forcefully*) con forza; **to hit sb ~** colpire qu con forza; **to press/pull ~** premere/tirare forte **2.** (*rigid*) **frozen ~** ghiacciato, -a **3.** (*energetically, vigorously*) **to study/work ~** studiare/lavorare sodo; **he was ~ at it** era tutto impegnato; **think ~** concentrati **4.** (*intently*) intensamente; **to look ~ at sth** osservare intensamente qc **5.** (*closely*) vicino; **to be ~ up** essere al verde **6.** (*heavy*) forte; **it rained ~** ha piovuto forte; **to take sth ~** prendere male qc

hardback ['hɑːrd·bæk] **I.** *n* (*book*) libro *m* in brossura **II.** *adj* in brossura

hardball *n* baseball *m*

hard-boiled *adj* (*egg*) sodo, -a; *inf* (*person*) indurito, -a

hard copy <-ies> *n* COMPUT copia *f* stampata

hardcover *n* (*book*) libro *m* in brossura

hard currency <-ies> *n* FIN moneta *f* forte

hard disk *n* COMPUT disco *m* duro

hard drive *n* COMPUT disco *m* duro

hard drug *n* droga *f* pesante

hard-earned *adj* (*money*) guadagnato, -a col sudore della fronte; (*rest, vacation*) meritato, -a

harden ['hɑːr·dn] **I.** *vt* **1.** (*make more solid*) indurire; (*steel*) temprare **2.** (*make tougher*) rafforzare; **to ~ oneself to sth** fare il callo a qc; **to become ~ed** indurirsi; **to ~ one's heart** *fig* diventare duro **3.** (*opinions*) irrigidire; (*character*) temprare **II.** *vi* **1.** (*become firmer: character*) indurirsi **2.** (*become accustomed to*) **to ~ to sth** fare il callo a qc **3.** (*attitude*) irrigidirsi

hard feelings *npl* rancore *m;* **no ~!** senza rancore!

hardhat *n* casco *m*

hardheaded *adj* **1.** (*stubborn*) testardo, -a **2.** (*realistic*) realista

hardly ['hɑːrd·li] *adv* **1.** (*barely*) appena; **~ anything** quasi niente; **~ ever** quasi mai; **she can ~ walk** riesce appena a camminare **2.** (*certainly not*) **it's ~**

my fault that it's raining cosa c'entro io se piove?; **~!** è improbabile! *inf*

hard-liner *n* POL radicale *mf*

hardship ['hɑːrd·ʃɪp] *n* (*suffering, adversity*) stenti *mpl*

hard shoulder *n* (*on road*) corsia *f* d'emergenza

hardware *n* **1.** (*household articles*) ferramenta *f inv;* **~ store** negozio *m* di ferramenta; (*home improvement center*) centro *m* di fai-da-te **2.** COMPUT hardware *m*

hard-wearing *adj* resistente

hard-working *adj* laborioso, -a

hare [her] *n* BIO lepre *f*

harm [hɑːrm] **I.** *n* male *m;* **to do ~ to sb/sth** fare del male a qu/qc **II.** *vt* **1.** (*hurt*) fare del male a; (*reputation*) danneggiare; **it wouldn't ~ you to stay at home** non ti farebbe male restare a casa **2.** (*ruin*) rovinare

harmful ['hɑːrm·fəl] *adj* nocivo, -a

harmless ['hɑːrm·lɪs] *adj* (*animal, person*) inoffensivo, -a; (*thing*) innocuo, -a; (*fun, joke*) innocente

harsh [hɑːrʃ] *adj* **1.** (*severe: parents*) severo, -a; (*punishment*) duro, -a **2.** (*unfair: criticism*) duro, -a **3.** (*unfriendly*) brusco, -a **4.** (*uncomfortable: climate, winter*) rigido, -a; (*contrast*) violento, -a **5.** (*rough*) aspro, -a **6.** (*unpleasant to the ear*) stridente

harvest ['hɑːr·vɪst] **I.** *n* (*of crops*) raccolto *m;* (*of grapes*) vendemmia *f;* (*of vegetables*) raccolta *f;* **the apple ~** la raccolta delle mele; **a good ~ of potatoes** una buona produzione di patate **II.** *vt a. fig* raccogliere; (*crops*) mietere; **to ~ grapes** vendemmiare **III.** *vi* fare il raccolto

has [hæz, *unstressed:* həz] *3rd pers sing of* **have**

has-been *n inf* **to be a ~** aver fatto il proprio tempo

hash[1] [hæʃ] **I.** *vt* CULIN tritare **II.** *n* **1.** CULIN *piatto a base di carne, patate e verdure tritate e cotte al forno o in padella* **2.** *inf* pasticcio *m;* **to make a ~ of sth** rovinare qc

hash[2] [hæʃ] *n inf* fumo *m*

hasn't ['hæ·znt] = **has not** *see* **have**

hassle ['hæ·sl] **I.** *n inf* (*trouble*) scocciatura *f;* **to give sb ~** scocciare qu; **it's such a ~** è una bella scocciatura **II.** *vt inf* scocciare; **to ~ sb to do sth** scocciare qu perché faccia qc

haste [heɪst] *n* fretta *f;* **to make ~** affrettarsi; **in ~** di fretta

hasty ['heɪs·ti] <-ier, -iest> *adj* **1.** (*fast*) rapido, -a; **to beat a ~ retreat** *a. fig* ritirarsi in tutta fretta **2.** (*not thought out*) frettoloso, -a

hat [hæt] *n* cappello *m*

hatch [hætʃ] **I.** *vi* uscire dal guscio **II.** *vt* **1.** (*egg*) far schiudere **2.** (*devise in secret*) tramare; **to ~ a plan** tramare un piano

hatchback ['hætʃ·bæk] *n* AUTO auto *f* a tre/cinque porte *inv*

hate [heɪt] **I.** *n* odio *m* **II.** *vt* odiare

hate crime *n reato scatenato dall'odio religioso, razziale ecc*

hateful ['heɪt·fəl] *adj* odioso, -a

hatred ['heɪ·trɪd] *n* odio *m*

haul [hɑːl] **I.** *vt* **1.** (*pull with effort*) tirare; **to ~ up the sail** issare la vela **2.** *inf* (*force to go*) trascinare **3.** (*transport goods*) trasportare **II.** *n* **1.** (*distance*) tragitto *m;* **long ~ flight** volo *m* intercontinentale; **in** [*or* **over**] **the long ~** *fig* alla lunga **2.** (*quantity caught: fish*) pesca *f;* (*of stolen goods*) refurtiva *f*

haunt [hɑːnt] **I.** *vt* **1.** (*ghost*) infestare **2.** (*bother*) perseguitare; **to be ~ed by sth** essere perseguitato da qc **II.** *n* ritrovo *m* preferito

haunted *adj* **1.** (*by ghosts*) infestato, -a dai fantasmi, stregato, -a **2.** (*troubled: look*) preoccupato, -a

Havana [hə·'væn·ə] *n* L'Avana *m*

have [hæv, *unstressed:* həv] **I.** <has, had, had> *vt* **1.** (*own*) avere; **I have two brothers** ho due fratelli; **~ you got a cold? — no, I ~ a headache** hai il raffreddore? — no, ho mal di testa; **to ~ sth to do** avere qc da fare **2.** (*engage in*) **to ~ a talk with sb** parlare con qu; **to ~ a game of sth** fare una partita a qc **3.** (*eat*) **to ~ lunch** pranzare; **to ~ a coffee** prendere un caffè **4.** (*receive*) avere, ricevere; **to ~ news about sb/sth** avere notizie di qu/qc **5.** (*show trait*) **to ~ second thoughts** avere ripensamenti **6.** (*cause to occur*) **I'll ~ Bob give you a ride home** ti farò dare un passaggio da Bob; **I won't ~ you doing that** non te lo lascerò fare ▶ **to ~ it in for sb** *inf* avercela con qu; **to ~ had it with sb/sth** *inf* averne (avuto) abbastanza di qu/qc **II.** <has, had, had> *aux* **1.** (*indicates perfect tense*) **he has never been to California** non è mai stato in California; **we had been swimming** eravamo stati a nuotare; **had I known you were coming, ...** *form* se avessi saputo che venivi,... **2.** (*must*) **to ~ (got) to do sth** dover fare qc; **what time ~ we got to be there?** a che ora dobbiamo essere lì?; **do we ~ to finish this today?** dobbiamo finirlo oggi? **III.** *n pl* **the ~s and the have-nots** i ricchi e i poveri

◆**have back** *vt always sep* **can I have it back?** posso riaverlo?

◆**have on** *vt always sep* **1.** (*wear: clothes*) indossare; **he didn't have any clothes on** era completamente nudo **2.** (*carry*) **to have sth on oneself** avere con sé; **have you got any money on you?** hai dei soldi con te?

◆**have out** *vt always sep* **1.** (*remove*) togliersi **2.** *inf* (*argue*) **to have it out with sb** mettere le cose in chiaro con qu

◆**have over** *vt always sep* invitare

haven't ['hæ·vnt] = **have not** *see* **have**

Hawaii [hə·'waɪ·i] *n* Hawai *fpl*

Hawaiian [hə·'waɪ·jən] **I.** *n* **1.** (*person*) hawaiano, -a *m, f* **2.** LING hawaiano *m* **II.** *adj* hawaiano, -a

hay [heɪ] *n* fieno *m* ▶ **to hit the ~** *inf* andare a nanna

hay fever *n* raffreddore *m* da fieno

hazard ['hæ·zəd] **I.** *n* **1.** (*danger*) pericolo *m* **2.** (*risk*) rischio *m*; **fire ~** pericolo di incendio **II.** *vt* (*dare*) azzardare; **to ~ a guess at sth** provare a indovinare qc

hazardous ['hæ·zə·dəs] *adj* (*dangerous*) pericoloso, -a; (*risky*) rischioso, -a

hazard lights *npl* AUTO blinker *m inv*

haze [heɪz] *n* **1.** (*mist*) foschia *f*; (*smog*) nebbiolina *f* **2.** (*mental*) stordimento *m*

hazelnut ['heɪ·zl·nʌt] *n* BOT nocciola *f*

hazy ['heɪ·zi] <-ier, -iest> *adj* **1.** (*with bad visibility*) nebbioso, -a **2.** (*confused, unclear*) vago, -a

HDTV [ˌeɪtʃ·di·ti·'vi] *n* TV *abbr of* **high-definition television** televisione *f* ad alta definizione

he [hi:] **I.** *pron pers* **1.** (*male person or animal*) egli, lui; **~'s** [*or* **~ is**] **my father** (lui) è mio padre **2.** (*unspecified sex*) **~ who ...** *form* colui che... **II.** *n* (*of baby, animal*) maschio *m*

head [hed] **I.** *n* **1.** ANAT testa *f*; **to nod one's ~** fare sì con la testa **2.** (*unit*) testa *f*; **a** [*or* **per**] **~** a testa; **a hundred ~ of cattle** cento capi di bestiame **3.** (*mind*) **to clear one's ~** chiarirsi le idee **4.** (*top: of line, page*) cima *f*; (*of bed*) testata; **at the ~ of the table** a capotavola **5.** BOT (*of garlic*) testa *f* **6.** *pl* FIN (*face of coin*) testa *f*; **~s or tails?** testa o croce? **7.** (*beer foam*) spuma *f* **8.** GEO (*of river*) sorgenti *fpl* **9.** (*boss*) capo *m*; **the department ~** il capodipartimento; **~ of a company** il direttore di un'azienda **10.** TECH (*device*) testa *f*; (*for recording*) testina *f* **II.** *vt* **1.** (*lead*) capeggiare; (*a company*) dirigere; (*team*) capitanare **2.** PUBL intitolare **3.** SPORTS (*ball*) colpire di testa **III.** *vi* **to ~ (for) home** dirigersi verso casa

◆**head back** *vi* tornare indietro

◆**head off** **I.** *vt* bloccare **II.** *vi* **to ~ toward** andare verso

headache ['hed·eɪk] *n* mal *m* di testa *inv*

headband *n* fascia *f* per la testa

headfirst ['hed·'fɜrst] *adv* di testa

headline **I.** *n* titolo *m* **II.** *vt* intitolare

headmaster *n* direttore *m* di scuola

headmistress <-es> *n* direttrice *f* di scuola

head-on **I.** *adj* (*collision*) frontale **II.** *adv* frontalmente

headphones *npl* cuffie *fpl*

headquarters *n+ sing/pl vb* MIL quartiere *m* generale; (*of company*) sede *f* centrale; (*of political party*) sede *f*; (*of the police*) comando *m* di polizia

headrest *n* poggiatesta *m inv*

headroom *n* altezza *f*

headscarf <-scarves> *n* fazzoletto *m* (per la testa)

headset *n* cuffie *fpl*

head start *n* vantaggio *f;* **to give sb a ~** dare un vantaggio a qu

heads-up *adj* (*baseball, technology*) competente

headway *n* progresso *m;* **to make ~** fare progressi

heal [hiːl] **I.** *vt* (*wound*) guarire; (*differences*) sanare **II.** *vi* (*wound*) guarire

health [helθ] *n* salute *f;* **to be in good/bad ~** godere/non godere di buona salute

health care *n* assistenza *f* sanitaria

health center *n* poliambulatorio *m*

health certificate *n* certificato *m* medico

health club *n* (centro *m*) fitness *inv*

health food shop *n*, **health food store** *n* negozio *m* di prodotti naturali

health insurance *n* assicurazione *f* sanitaria

healthy [ˈhel·θi] <-ier, -iest> *adj* **1.** MED sano, -a **2.** FIN (*strong*) prospero, -a; (*profit*) sostanzioso, -a **3.** (*positive: attitude*) positivo, -a

heap [hiːp] **I.** *n* (*pile*) mucchio *m,* pila *f;* **to collapse in a ~** *fig* (*person*) accasciarsi; **a (whole) ~ of work** *inf* (tutta) una montagna di lavoro **II.** *vt* ammucchiare

hear [hɪr] <heard, heard> **I.** *vt* **1.** (*perceive, be told*) sentire; **to ~ that ...** sentire [*or* sapere] che... **2.** (*listen*) ascoltare; **Lord, ~ our prayers** REL ascoltaci, Signore **3.** LAW (*witness*) ascoltare; (*case*) esaminare **II.** *vi* (*perceive, get news*) sentire; **to ~ of** [*or* **about**] **sth** sentire [*or* sapere] di qc

heard [hɜːrd] *pt, pp of* **hear**

hearing [ˈhɪ·rɪŋ] *n* **1.** (*sense*) udire *m;* **to be hard of ~** avere problemi d'udito **2.** (*act*) ascolto *m* **3.** (*range*) **in sb's ~** in presenza di qu **4.** LAW udienza *f*

hearing aid *n* apparecchio *m* acustico

heart [hɑːrt] *n* **1.** ANAT cuore *m* **2.** (*center of emotions*) **to break sb's ~** spezzare il cuore a qu; **to take ~** farsi coraggio **3.** (*core*) centro *m;* **to get to the ~ of the matter** arrivare al nocciolo della questione **4.** CULIN (*of lettuce*) cuore *m* **5.** *pl* (*card suit*) cuori *mpl* ▶ **to one's ~'s content** finché uno vuole; **by ~** a memoria

heart attack *n* infarto *m*

heartbreaking *adj* struggente

heartbroken *adj* col cuore infranto

heartburn *n* MED acidità *f* di stomaco

heartening [ˈhɑːr·t̬ə·nɪŋ] *adj* incoraggiante

heart rate *n* frequenza *f* cardiaca

heartthrob *n inf* ídolo *m*

heart-to-heart **I.** *n* chiacchierata *f* franca **II.** *adj* franco, -a

heat [hiːt] **I.** *n* **1.** (*warmth*) calore; **in the ~ of the day** quando fa più caldo; **to cook sth on a high/low ~** cuocere qc a ad alta/bassa temperatura **2.** (*heating system*) riscaldamento *m;* **to turn down the ~** abbassare il riscaldamento **3.** (*emotional state*) eccitazione *f;* **in the ~ of the argument** nel fervore della discussione **4.** (*sports race*) eliminatoria *f* **5.** ZOOL calore *m;* **to be in ~** essere in calore ▶ **to put the ~ on sb** mettere qu sotto pressione **II.** *vt* **1.** (*make hot*) scaldare **2.** (*excite*) accalorare **III.** *vi* (*become hot*) scaldarsi; *fig* (*inflame*) accalorarsi

◆**heat up** **I.** *vi* scaldarsi **II.** *vt* scaldare

heated *adj* **1.** (*window*) termico, -a; (*pool, room*) riscaldato, -a **2.** (*argument*) acceso, -a

heater [ˈhiː·t̬ɚ] *n* termosifone *m,* stufa *f;* **water ~** scaldaacqua *m inv*

heating *n* riscaldamento *m*

heat rash <-es> *n* eruzione *f* cutanea da calore

heat-resistant *adj*, **heat-resisting** *adj* termoresistente

heat stroke *n* MED insolazione *f*

heat wave *n* ondata *f* di caldo

heaven [ˈhe·vən] *n* cielo *m,* paradiso *m;* **to go to ~** andare in paradiso; **it's ~** *fig inf* è fantastico ▶ **for ~s sake!** per l'amor del cielo!; **good ~s!** santo cielo!; **~ only knows** Dio solo lo sa; **~ help us** che il cielo ci aiuti; **thank ~s** grazie al cielo

heavy ['he·vi] **I.** *adj* <-ier, -iest> **1.** (*weighing a lot*) pesante; **~ food** cibi pesanti **2.** (*difficult*) difficile **3.** (*strong*) forte **4.** (*not delicate*) poco delicato, -a; (*features*) marcato, -a **5.** (*severe*) severo, -a; (*responsibility, sea*) grosso, -a **6.** (*abundant*) abbondante; (*investment*) grosso, -a; **~ rain** forti rovesci **7.** (*excessive: drinker, smoker*) accanito, -a **8.** (*thick: fog*) denso, -a **II.** *n* <-ies> *inf* gorilla *m inv*

heavy going *adj* difficile

heavy-handed *adj* **1.** (*clumsy*) maldestro, -a **2.** (*harsh*) duro, -a

heavyweight **I.** *adj* **1.** SPORTS di pesi massimi **2.** (*cloth*) resistente **3.** (*important*) serio, -a e importante **II.** *n* peso *m* massimo; *fig* personaggio *m* di spicco

he'd [hi:d] = **he had, he would** *see* **have, will**

hedge [hedʒ] **I.** *n* **1.** (*row of bushes*) siepe *m* **2.** FIN copertura *f* **II.** *vi* (*avoid action*) essere evasivo, -a; FIN coprirsi **III.** *vt* recintare (con una siepe)

hedgehog ['hedʒ·hɑ:g] *n* porcospino *m*

heel [hi:l] **I.** *n* **1.** (*of foot*) tallone *m* **2.** (*of shoe*) tacco *m* ▶ **to dig one's ~s in** puntare i piedi **II.** *interj* (*to dogs*) vieni

hefty ['hef·ti] *adj* <-ier, -iest> (*person*) corpulento, -a; (*profit, amount*) sostanzioso, -a; (*book*) massiccio, -a

height [haɪt] *n* **1.** (*of person*) statura *f*, altezza *f;* (*of thing*) altezza *f* **2.** *pl* (*high places*) alture *fpl;* **to be afraid of ~s** soffrire di vertigini **3.** *pl* (*hill*) cime *fpl* **4.** (*strongest point*) culmine *m;* **the ~ of fashion** l'ultimo grido **5.** (*the greatest degree*) colmo *m;* **the ~ of stupidity** il colmo della stupidità

heir [er] *n* erede *mf*

heiress ['e·rɪs] *n* ereditiera *f*

held [held] *pt, pp of* **hold**

helicopter ['he·lɪ·kɑ:p·tɚ] *n* elicottero *m*

helipad ['he·lɪ·pæd] *n* piattaforma *f* per elicotteri

heliport ['he·lɪ·pɔ:rt] *n* eliporto *m*

hell [hel] **I.** *n* **1.** (*place of punishment*) inferno *m;* **~ on earth** un inferno; **to go to ~** andare all'inferno; **to go through ~** soffrire le pene dell'inferno; **to make sb's life ~** *inf* rendere la vita impossibile a qu **2.** *inf* (*as intensifier*) **to frighten the ~ out of sb** spaventare a morte qu; **to hurt like ~** fare un male cane; **a ~ of a decision** una decisione veramente importante ▶ **come ~ or high water** ad ogni costo; **to have been to ~ and back** aver passato l'inferno; **all ~ broke loose** si è scatenato l'inferno; **to hope to ~** *inf* sperare vivamente **II.** *interj* (*emphasis*) cavolo! ▶ **~'s bells!** per Dio!; **what the ~ ...!** che cavolo...!

he'll [hi:l] = **he will** *see* **will**

hellacious [he·'leɪ·ʃəs] *adj* (*awful*) tremendo, -a

hellhole *n inf* postaccio *m*

hellish ['he·lɪʃ] *adj* infernale; (*experience*) orrendo, -a

hellishly *adv* tremendamente

hello [hə·'loʊ] **I.** <hellos> *n* saluto *m* **II.** *interj* **1.** (*greeting*) salve; **to say ~ to sb** salutare qu **2.** (*beginning of phone call*) pronto **3.** (*to attract attention*) scusi **4.** (*surprise*) scusa; **~,~** senti, senti

helm [helm] *n* timone *m*

helmet ['hel·mɪt] *n* casco *m;* **crash ~** casco (di sicurezza)

help [help] **I.** *vi* aiutare **II.** *vt* **1.** (*assist*) aiutare; **can I ~ you?** (*in shop*) desidera?; **to ~ sb with sth** aiutare qu con qc **2.** (*improve*) migliorare **3.** (*prevent*) evitare; **it can't be ~ed** non c'è altro da fare; **to not be able to ~ doing sth** non poter fare a meno di fare qc; **I can't ~ it** è più forte di me **4.** (*take sth*) **to ~ oneself to sth** (*at table*) servirsi di qc; (*steal*) prendersi **III.** *n* **1.** (*assistance*) aiuto *m;* **to be a ~** essere d'aiuto **2.** (*servant*) uomo , donna delle pulizie *m;* (*in a shop*) aiutante *mf* **IV.** *interj* **~!** aiuto!

◆**help out** *vt* aiutare

helper ['hel·pɚ] *n* aiutante *mf*

helpful ['help·fəl] *adj* **1.** (*willing to help*) disponibile **2.** (*useful*) utile

helping ['hel·pɪŋ] *n* (*food*) porzione *f*

helpless ['help·lɪs] *adj* impotente; (*baby*) indifeso, -a

helpline ['help·laɪn] *n* servizio *m* di assistenza

hem [hem] **I.** *n* orlo *m;* **to take the ~ up/down** accorciare/allungare l'orlo **II.** *vt* fare l'orlo a

hemophilia [ˌhiː·moʊ·'fɪl·iə] *n* emofilia *f*

hemophiliac [ˌhiː·moʊ·'fɪ·lɪ·æk] *n* emofiliaco, -a *m, f*

hemorrhage ['he·mɚ·ɪdʒ] **I.** *n* emorragia *f;* **brain ~** emorragia *m* cerebrale **II.** *vi* MED avere una emorragia

hemorrhoids ['he·mɚ·ɔɪdz] *npl* emorroidi *fpl*

hen [hen] *n* (*female chicken*) gallina *f;* (*female bird*) femmina *f*

her [hɜːr] **I.** *adj pos* il suo *m,* la sua *f,* i suoi *mpl,* le sue *fpl;* **~ dress** il suo vestito; **~ house** la sua casa; **~ children** i suoi figli; **~ sisters** le sue sorelle **II.** *pron pers* **1.** (*she*) lei; **it's ~** è lei; **younger than ~** più giovane di lei; **if I were ~** se fossi in lei **2.** *direct object* la *indirect object* le; **look at ~** guardala; **I see ~** la vedo; **he told ~ that ...** le ha detto che...; **he gave ~ the pencil** le ha dato la matita [*or* ha dato la matita a lei] **3.** *after prep* lei; **it's for ~** è per lei

herb [hɜːrb] *n* erba *f* aromatica

herd [hɜːrd] **I.** *n + sing/pl vb* **1.** (*of animals*) mandria *f;* (*of sheep*) gregge *m;* (*of pigs*) branco *m* **2.** (*of people*) massa *f* **II.** *vt* (*animals*) radunare; (*sheep*) guardare; (*people*) ammassare

here [hɪr] **I.** *adv* **1.** (*in, at, to this place*) qui; **over ~** qui; **give it ~** *inf* dammelo; **~ and there** qui e là **2.** (*in introductions*) **here is ...** ecco... **3.** (*show arrival*) **they are ~** sono arrivati **4.** (*next to*) **my colleague ~** il mio collega **5.** (*now*) ora; **~ you are, ~ you go** (*giving sth*) tieni; **~ we go** e ci risiamo **II.** *interj* (*in roll call*) presente

hero ['hɪ·roʊ] <heroes> *n* **1.** (*brave man*) eroe *m* **2.** (*main character*) protagonista *m;* **the ~ of a film** il protagonista di un film **3.** (*idol*) idolo *m* **4.** (*sandwich*) *panino con carne fritta, formaggio e lattuga*

heroic [hɪ·'roʊ·ɪk] *adj* eroico, -a

heroin ['he·roʊ·ɪn] *n* eroina *f droga*

heroin addict *n* MED eroinomane *mf*

heroine ['he·roʊ·ɪn] *n* (*brave woman*) eroina *f;* (*of film*) protagonista *f*

heron ['he·rən] <-(s)> *n* airone *m*

herring ['he·rɪŋ] <-(s)> *n* aringa *f*

hers [hɜːrz] *pron pos* (il) suo *m,* (la) sua *f,* (i) suoi *mpl,* (le) sue *fpl;* **it's not my bag, it's ~** non è la mia borsa, è la sua; **this glass is ~** questo bicchiere è suo; **a book of ~** uno dei suoi libri

herself [hɚ·'self] *pron* **1.** *reflexive* si *after prep* sé; **she lives by ~** vive sola **2.** *emphatic* lei stessa

he's [hiːz] **1.** = **he is** *see* **be** **2.** = **he has** *see* **have**

hesitantly *adv* con esitazione

hesitate ['he·zɪ·teɪt] *vi* esitare

hesitation [ˌhe·zɪ·'teɪ·ʃən] *n* esitazione *f*

heterosexual [ˌhe·t̬ə·roʊ·'sek·ʃʊ·əl] *adj, n* eterosessuale *mf*

hey [heɪ] *interj inf* ehi

hi [haɪ] *interj* ciao

HI *n abbr of* **Hawaii** Hawai *f pl*

hibernate ['haɪ·bɚ·neɪt] *vi* andare in letargo

hibernation [ˌhaɪ·bɚ·'neɪ·ʃən] *n* **to go into ~** andare in letargo

hiccup, hiccough ['hɪk·ʌp] **I.** *n* singhiozzo *m;* **to have the ~s** avere il singhiozzo **II.** *vi* <-p(p)-> avere il singhiozzo

hid [hɪd] *pt of* **hide**[2]

hidden ['hɪ·dn] **I.** *pp of* **hide**[2] **II.** *adj* nascosto, -a

hide[1] [haɪd] *n* (*of an animal*) pelle *f*

hide[2] [haɪd] <hid, hidden> **I.** *vi* (*be out of sight*) nascondersi **II.** *vt* (*conceal: person, thing*) nascondere; (*emotion, information*) tenere nascosto, -a

♦**hide away** *vt* nascondere

♦**hide out** *vi,* **hide up** *vi* nascondersi

hide-and-seek to play ~ giocare a nascondino

hideaway ['haɪ·də·weɪ] *n* nascondiglio *m*

hideous ['hɪ·di·əs] *adj* tremendo, -a

hideout ['haɪd·aʊt] *n* nascondiglio *m*

hiding[1] ['haɪ·dɪŋ] *n* **a real ~** un sacco di botte

hiding[2] ['haɪ·dɪŋ] *n* **to be in ~** essere nascosto; **to go into ~** nascondersi

hi-fi ['haɪ·faɪ] **I.** *n abbr of* **high-fidelity**

alta fedeltà *f* **II.** *adj abbr of* **high-fidelity** hi-fi; ~ **equipment** impianto *m* stereo

high [haɪ] **I.** *adj* **1.** alto, -a; **one meter ~ and three meters wide** alto una iarda e largo tre; **knee/waist-~** fino al ginocchio/alla cintura; ~ **cheekbones** zigomi alti; **to have ~ hopes for sb/sth** riporre molte aspettative in qu/qc; **to have a ~ opinion of sb** stimare molto qu; ~ **blood-pressure/fever** pressione/febbre alta **2.** (*under influence of drugs*) fatto, -a **3.** (*of high frequency, shrill: voice*) acuto, -a; **a ~ note** una nota alta **4.** (*at peak, maximum*) ~ **noon** mezzogiorno in punto; ~ **priority** massima importanza **II.** *adv* **1.** (*at or to a great point or height*) (in) alto **2.** (*rough or strong*) intensamente ► **to search for sth ~ and low** cercare qc in lungo e in largo **III.** *n* **1.** (*high(est) point*) massimo *m;* **an all-time ~** un picco massimo **2.** *inf* (*from drugs*) **to be on a ~** essere fatto

high court *n* corte *f* suprema

high-definition television *n* televisione *f* ad alta definizione

high-density *adj a.* COMPUT ad alta densità

higher-up *n inf* superiore *m*

high frequency *adj* ad/di alta frequenza

high-grade *adj* di alto livello

high heels *npl* tacchi *m pl* alti

high horse *n* **to get** (**down**) **off one's ~** scendere dal piedistallo

highjack *vt see* **hijack**

high-level *adj* di alto livelo

highlight **I.** *n* **1.** (*most interesting part*) parte *f* più interessante **2.** *pl* (*in hair*) colpi *m* di sole *pl* **II.** *vt* evidenziare

highlighter *n* evidenziatore *m*

highly ['haɪ·li] *adv* **1.** (*very*) molto **2.** (*very well*) **to speak ~ of sb** parlare molto bene di qu; **to think ~ of sb** avere un'alta opionione di qu

high-performance *adj a.* AUTO di buona prestazione

high-pitched *adj* **1.** (*sloping steeply*) ~ **roof** tetto *m* spiovente **2.** (*sound, voice*) acuto, -a

high point *n* **the ~** il culmine

high-powered *adj* **1.** (*powerful*) di grande potenza **2.** (*influential, important*) potente **3.** (*advanced*) avanzato, -a

high pressure *n* METEO alta pressione *f*

high-pressure *adj* **1.** METEO **a ~ area** una zona di alta pressione **2.** (*stressful: job*) stressante

high-ranking *adj* di alto livello

high-risk *adj* ad alto rischio; (*investment*) rischioso, -a

high school *n* scuola *f* media superiore; **junior ~** scuola media inferiore

high-security *adj* di massima sicurezza

high-speed *adj* ad alta velocità

high spirits *npl* buon umore *m*

high-strung *adj* tesissimo, -a

high-tech *adj* ad/di alta tecnologia

high-tension *adj* ELEC (*cable*) dell' alta tensione

high tide *n* (*of ocean*) alta marea *f*

high water *n* alta marea *f*

high-water mark *n* **1.** (*showing water level*) livello *m* di guardia **2.** (*most successful point*) apogeo *m*

highway ['haɪ·weɪ] *n* superstrada *f*

highway patrol *n* polizia *f* stradale

hijack ['haɪ·dʒæk] **I.** *vt* **1.** (*take over by force: plane*) dirottare **2.** *fig* (*adopt as one's own*) **to ~ sb's ideas** appropriarsi delle idee di qu **II.** *n* dirottamento *m*

hijacker ['haɪ·dʒæ·kɚ] *n* dirottatore, -trice *m, f*

hijacking ['haɪ·dʒæ·kɪŋ] *n* dirottamento *m*

hike [haɪk] **I.** *n* **1.** (*long walk*) escursione *f;* **to go on a ~** fare un'escursione; **take a ~!** *inf* vattene! **2.** *inf* (*increase*) aumento *m* **II.** *vi* fare escursioni (a piedi) **III.** *vt inf* (*prices, taxes*) aumentare

hiker ['haɪ·kɚ] *n* escursionista *mf*

hiking ['haɪ·kɪŋ] *n* escursionismo *m*

hill [hɪl] *n* **1.** (*in landscape*) collina *f* **2.** (*in road*) pendio *m* **3.** POL **The Hill** il Congresso ► **as <u>old</u> as the ~s** vecchio come il cucco; **to be <u>over</u> the ~** *inf* essere troppo vecchio

hilly ['hɪ·li] <-ier, -iest> *adj* collinare

him [hɪm] *pron pers* **1.** (*he*) lui; **it's ~** è lui; **younger than ~** più giovane di

H

lui; **if I were ~** se fossi in lui **2.** *direct object* lo *indirect object* gli; **she gave ~ the pencil** gli ha dato la matita [*or* ha dato la matita a lui] **3.** *after prep* lui; **it's for ~** è per lui **4.** (*unspecified sex*) **if somebody comes, tell ~ that ...** se viene qualcuno, digli che...

himself [hɪm·'self] *pron* **1.** *reflexive* si *after prep* sé; **for ~** per sé; **he lives by ~** vive solo **2.** *emphatic* lui stesso

hindsight ['haɪnd·saɪt] *n* **in ~** in retrospettiva; **with the benefit of ~** col senno di poi

hinge [hɪndʒ] **I.** *n* cerniera *f* **II.** *vi* **to ~ on/upon sb/sth** dipendere da qu/qc

hint [hɪnt] **I.** *n* **1.** (*trace*) indizio *m;* (*of anger, salt*) pizzico *m* **2.** (*allusion*) allusione *f;* **to drop a ~** fare un'allusione; **to take a ~** capire l'antifona **3.** (*practical tip*) indicazione *f;* **a handy ~** una dritta **II.** *vt* **to ~ sth to sb** accennare qc a qu **III.** *vi* fare allusioni; **to ~ at sth** fare allusioni a qc

hip [hɪp] **I.** *n* ANAT anca *f* **II.** *adj sl* (*fashionable*) moderno, -a

hipbone ['hɪp·ˌboʊn] *n* osso *m* iliaco

hip flask *n* fiaschetta *f* tascabile

hippo ['hɪ·poʊ] *n inf abbr of* **hippopotamus** ippopotamo *m*

hippopotamus [ˌhɪ·pə·'pɑː·t̬ə·məs] <-es *or* -mi> *n* ippopotamo *m*

hire ['ha·ɪr] **I.** *n* **1.** (*rental*) noleggio *m* **2.** *inf* (*employee*) **a new ~** una persona appena assunta **II.** *vt* **1.** (*rent*) noleggiare; **to ~ sth by the hour/day** noleggiare qc a ore/giornalmente **2.** (*employ*) assumere

◆**hire out** *vt* noleggiare; **to ~ sth by the hour/day** noleggiare qc a ore/giornalmente

his [hɪz] **I.** *adj pos* il suo *m,* la sua *f,* i suoi *mpl,* le sue *fpl;* **~ car** la sua auto; **~ coat** il suo cappotto; **~ children** i suoi figli; **~ sisters** le sue sorelle **II.** *pron pos* (il) suo *m,* (la) sua *f,* (i) suoi *mpl,* (le) sue *fpl;* **it's not my bag, it's ~** non è la mia borsa, è la sua; **this glass is ~** questo bicchiere è suo; **a book of ~** uno dei suoi libri

historic [hɪ·'stɔː·rɪk] *adj* storico, -a

historical *adj* storico, -a

history ['hɪs·tə·i] *n* storia *f;* **to make ~** fare epoca

hit [hɪt] **I.** *n* **1.** (*blow*) colpo *m* **2.** *inf* (*shot*) centro *m* **3.** SPORTS punto *m;* **to score a ~** segnare un punto **4.** (*success*) successo *m* **5.** *inf* (*murder*) omicidio *m* **II.** <-tt-, hit, hit> *vt* **1.** colpire **2.** (*crash into*) sbattere contro **3.** (*arrive at*) raggiungere; (*reach*) toccare; **to ~ rock bottom** *fig* toccare il fondo **4.** (*encounter*) trovare **III.** *vi* **1.** (*strike*) **to ~ against sth** scontrarsi con qc; **to ~ at sb/sth** dare un colpo a qu/qc **2.** (*attack*) **to ~ at sth** attaccare qc

◆**hit back** *vi* contrattaccare

◆**hit off** *vt* **to hit it off** (**with sb**) andare d'accordo (con qu)

◆**hit on** *vt* **1.** (*show sexual interest*) cercare di rimorchiare **2.** (*think of*) avere

◆**hit out** *vi* lanciare un attacco; **to ~ at sb** colpire qu; *fig* criticare qu

hit-and-run *adj* **~ accident** incidente stradale con omissione di soccorso; **~ driver** pirata della strada

hitch [hɪtʃ] **I.** <-es> *n* **1.** (*obstacle*) contrattempo *m;* **technical ~** problema *m* tecnico; **to go off without a ~** andare tutto liscio **2.** (*for a trailer*) gancio *m* **II.** *vt* **1.** (*fasten*) attaccare; **to ~ sth to sth** attaccare qc a qc **2.** *inf* (*hitchhike*) **to ~ a lift** [*or* **ride**] farsi dare un passaggio **III.** *vi inf* fare l'autostop

◆**hitch up** *vt* **1.** (*fasten*) **to hitch sth up to sth** attaccare qc a qc **2.** (*pull up quickly: clothes*) tirare su

hitcher ['hɪt·ʃə] *n* autostoppista *mf*

hitchhike ['hɪtʃ·haɪk] *vi* fare l'autostop

hitch-hiking *n* autostop *m*

hi-tech [ˌhaɪ·'tek] *adj* di alta tecnologia

HIV [ˌeɪtʃ·aɪ·'viː] *abbr of* **human immunodeficiency virus** HIV *m;* **to be ~ positive/negative** essere sieropositivo/sieronegativo

hoard [hɔːrd] **I.** *n* scorta *f* **II.** *vt* accumulare; (*food*) fare scorta di

hoarse [hɔːrs] *adj* rauco, -a

hoax [hoʊks] **I.** <-es> *n* (*joke*) burla *f;* (*fraud*) imbroglio *m* **II.** *vt* imbrogliare

hobble ['hɑː·bl] *vi* zoppicare

hockey ['hɑː·ki] *n* hockey *m;* **field ~** hockey su prato; **ice ~** hockey su ghiaccio

hoist [hɔɪst] *vt* (*raise up*) alzare; (*flag*) issare

hold [hoʊld] **I.** *n* **1.** (*grasp*) presa *f;* **to take/catch ~ of sb/sth** afferrare qu/qc **2.** (*thing to hold by*) appiglio *m* **3.** (*control*) influenza *f;* **to have a** (**strong/powerful**) **~ over sb** avere (molta/grande) influenza su qu **4.** NAUT, AVIAT stiva *f* **5.** (*delayed*) **to be on ~** essere rimandato; TEL essere in attesa; **to put sb on ~** mettere qu in attesa **II.** <held, held> *vt* **1.** (*keep*) tenere; (*grasp*) afferrare; **to ~ hands** tenersi per mano **2.** (*support*) reggere; **to ~ one's head high** tenere alta la testa **3.** (*cover up*) **to ~ one's nose** turarsi il naso **4.** (*keep, retain*) mantenere; **to ~ sb's attention** tenere viva l'attenzione di qu **5.** (*maintain*) **to ~ oneself in readiness** tenersi pronto **6.** (*make keep to*) **to ~ sb to his/her word** [*or* **promise**] far mantenere a qu la parola [*or* la promessa] **7.** (*delay, stop*) fermare; **~ it!** un attimo!; **to ~ one's breath** trattenere il respiro **8.** (*contain*) contenere **9.** (*possess, own*) possedere; (*land, town*) occupare; **to ~ an account** (**with a bank**) avere un conto (presso una banca) **10.** (*make happen*) **to ~ a conversation** (**with sb**) avere una conversazione (con qu); **to ~ a meeting/a news conference** tenere una riunione/una conferenza stampa **11.** (*believe*) considerare; **to ~ sb responsible for sth** ritenere qu responsabile di qc; **to ~ sb/sth in contempt** disprezzare qu/qc **III.** *vi* **1.** (*continue*) mantenere; (*good weather, luck*) durare; **to ~ still** stare fermo; **to ~ true** continuare ad essere valido; **~ tight!** tieni duro! **2.** (*stick*) tenere **3.** (*believe*) sostenere

◆**hold against** *vt always sep* **to hold sth against sb** volerne a qu per qc

◆**hold back** **I.** *vt* (*keep*) trattenere; **to ~ information** non dare informazioni; (*impede development*) frenare; **to ~ tears** trattenere le lacrime **II.** *vi* **1.** (*be unforthcoming*) essere reticente **2.** (*refrain*) **to ~ from doing sth** trattenersi dal fare qc

◆**hold in** *vt* (*emotion*) contenere

◆**hold on** *vi* **1.** (*attach*) tenersi stretto **2.** (*manage to keep going*) **to ~** (**tight**) tenere duro **3.** (*wait*) aspettare

◆**hold onto** *vt insep* **1.** (*grasp*) tenersi stretto a **2.** (*keep*) tenere

◆**hold out** **I.** *vt* tendere **II.** *vi* **1.** resistere; **to ~ for sth** tener duro fino a qc **2.** (*refuse to give sth*) **to ~ on sb** non cedere a qu

◆**hold to** *vt insep* attenersi a

◆**hold up** **I.** *vt* **1.** (*raise*) alzare; **to ~ one's hand** alzare la mano; **to hold one's head up high** *fig* andare a testa alta **2.** (*delay*) trattenere **3.** (*rob with violence*) rapinare **II.** *vi* (*weather*) reggere; (*material*) durare

holdall ['hoʊl·dɔːl] *n* borsone *m* da viaggio

holder ['hoʊl·dɚ] *n* **1.** (*device*) supporto *m* **2.** (*person: of shares, of account*) titolare *mf;* (*of title*) detentore, -trice *m, f*

holdup ['hoʊld·ʌp] *n* **1.** (*robbery*) rapina *f* **2.** (*delay*) ritardo *m*

hole [hoʊl] **I.** *n* **1.** (*hollow space*) buco *m; fig* (*in sb's reasoning*) punto *m* debole **2.** (*in golf*) buca *f* **3.** (*of mouse*) tana *f* **4.** *inf* (*jam*) guaio *m;* **to be in a ~** essere nei guai **II.** *vt* **1.** (*perforate*) bucare, fare un buco in **2.** (*in golf*) mettere in buca

◆**hole up** *vi inf* nascondersi

holiday ['hɑː·lə·deɪ] *n* (*public day off*) giorno *m* festivo

holiday resort *n* località *f* turistica *inv*

holiness ['hoʊ·lɪ·nɪs] *n* santità *f;* **His/Your Holiness** Sua Santità

Holland ['hɑː·lənd] *n* Olanda *f*

hollow ['hɑː·loʊ] **I.** *adj* **1.** (*empty*) vuoto, -a **2.** (*worthless: promise*) vano, -a; (*laughter*) falso, -a **3.** (*sound*) sordo, -a **II.** *n* vuoto *m;* (*valley*) vallata *f*

holly ['hɑː·li] *n* BOT agrifoglio *m*

holy ['hoʊ·li] <-ier, -iest> *adj* (*sacred*) santo, -a; (*water*) benedetto, -a

Holy Communion *n* (Santa) Comunione *f*

Holy Father *n* Santo Padre *m*
Holy Ghost *n* Spirito *m* Santo
Holy See *n* Santa Sede *f*
Holy Spirit *n* Espíritu *m* Santo
Holy Week *n* Settimana *f* Santa
home [hoʊm] **I.** *n* **1.** (*residence*) casa *f;* **at ~** a [*or* in] casa; **to leave ~** uscire di casa; (*stop living with one's parents*) andarsene di casa; **to be away from ~** essere via; **make yourself at ~** fai come fossi a casa tua **2.** (*family*) famiglia *f* **3.** (*institution*) istituto *m;* **children's ~** orfanotrofio *m* **II.** *adv* **1.** (*one's place of residence*) **to be ~** essere a casa; **to go/come ~** andare/venire a casa **2.** (*understanding*) **to bring sth ~ to sb** far capire qc a qu ▶ **to be ~ free** avere la vittoria assicurata; **this is nothing to write ~ about** non è niente di straordinario **III.** *adj* **1.** (*from own country*) nazionale **2.** (*from own area*) locale; (*team*) che gioca in casa; (*game*) in casa
home address *n* indirizzo *m* (privato)
homebody *n* persona *f* casalinga
homeboy *n sl* (*from same neighborhood*) compaesano *m;* (*from same gang*) compagno *m*
Homecoming *festa importante nelle scuole/università di cui fa parte l'elezione della reginetta scolastica (homecoming queen)*
home cooking *n* cucina *f* casalinga
homegirl *n sl* (*from same neighborhood*) compaesana *f;* (*from same gang*) compagna *f*
homegrown *adj* **1.** (*vegetables*) del proprio orto **2.** (*not foreign*) del paese **3.** (*local*) locale
homeland *n* (*country of birth*) terra *f* natale; (*of cultural heritage*) madrepatria *f*
Homeland Security *n dipartimento governativo statunitense per la sicurezza nazionale*
homeless **I.** *adj* senza casa **II.** *n + pl vb* **the ~** i senzatetto
homemade *adj* fatto, -a in casa
homeopath ['hoʊ·mioʊ·pæθ] *n* omeopata *mf*
homeopathic [ˌhoʊ·mioʊ·'pæ·θɪk] *adj* omeopatico, -a
homeopathy [ˌhoʊ·mi·'ɑː·pə·θi] *n* homeopatia *f*
homeowner ['hoʊm·ˌoʊ·nər] *n* proprietario, -a *m, f*
homeschool *vt* istruire a casa
homesick ['hoʊm·sɪk] *adj* **to be ~** avere nostalgia di casa; **to feel ~** (**for**) avere nostalgia (di)
homesickness *n* nostalgia *f* di casa
home team *n* squadra *f* locale [*or* che gioca in casa]
hometown *n* città *f* natale *inv*
homeward ['hoʊm·wɚd] **I.** *adv* verso casa **II.** *adj* (*journey*) di ritorno
homework ['hoʊm·wɜːrk] *n* SCHOOL compiti *mpl*
homey ['hoʊ·mi] <-ier, -iest> **I.** *adj* (*cozy*) intimo, -a **II.** *n sl* (*boy or girl from neighborhood*) compagno, -a di quartiere *m;* (*from same gang*) fratello, sorella *m, f*
homicide ['hɑː·mə·saɪd] **I.** *n* **1.** (*crime*) omicidio *m* **2.** (*criminal*) omicida *mf* **II.** *adj* **the ~ squad** la omicidi
homosexual [ˌhoʊ·mə·'sek·ʃʊ·əl] *adj, n* omosessuale *mf*
homosexuality [ˌhoʊ·moʊ·sek·ʃu·'æl·ə·t̬i] *n* homosessualità *f*
Honduras [hɑːn·'dʊ·rəs] *n* Honduras *m*
honest ['ɑː·nɪst] *adj* **1.** (*trustworthy*) onesto, -a **2.** (*truthful*) sincero, -a
honestly *adv* onestamente
honesty ['ɑː·nɪs·ti] *n* **1.** (*trustworthiness*) onestà *f* **2.** (*sincerity*) sincerità *f*
honey ['hʌ·ni] *n* **1.** CULIN miele *f* **2.** (*term of endearment, sweet person*) tesoro *m* **3.** (*sweet thing*) gioiello *f*
honeybee *n* ape *f*
honeycomb **I.** *n* favo *m* **II.** *adj* (*pattern*) a nido d'ape
honeymoon **I.** *n* luna *f* di miele **II.** *vi* passare la luna di miele
honk [hɑːŋk] **I.** *vi* **1.** ZOOL starnazzare **2.** AUTO suonare (il clacson) **II.** *n* **1.** ZOOL starnazzare *m* **2.** AUTO colpo *m* di clacson
honor ['ɑː·nɚ] **I.** *n* **1.** (*respect*) onore *m;* **in ~ of sb/sth** in onore di qu/qc **2.** LAW **Your Honor** Vostro onore **3.** *pl* (*distinction*) **final ~s** onori*m pl*

funebri; **to graduate with ~s** laurearsi con lode **II.** *vt* onorare; **to be ~ed** sentirsi onorato

honorable *adj* **1.** (*worthy of respect: person*) degno, -a di rispetto; (*agreement*) onorevole **2.** (*honest*) onesto, -a **3.** JUR **the Honorable John Thompson** il giudice John Thompson

honorary ['ɑː·nə·re·ri] *adj* **1.** (*conferred as an honor: title*) onorifico, -a; (*president*) onorario, -a **2.** (*without pay*) onorifico, -a

honor roll *n* UNIV, SCHOOL *elenco degli studenti scolastici e universitarii con i voti alti*

hood[1] [hʊd] *n* **1.** (*covering for head*) cappuccio *m* **2.** AUTO cofano *m* **3.** (*on machine*) coperchio *m;* (*on cooker*) cappa *f*

hood[2] [hʊd] *n* **1.** *inf* (*gangster*) teppista *mf* **2.** *sl* (*urban neighborhood*) quartiere *m*

hook [hʊk] **I.** *n* **1.** (*for holding sth*) gancio *m;* (*fish*) amo *m;* **to leave the phone off the ~** lasciare il ricevitore staccato **2.** SPORTS tiro *m* a gancio; (*in boxing*) gancio *m* ▶ **to fall for it ~, line and sinker** berla; **to be off the ~** essere fuori dai guai **II.** *vt* **1.** (*fasten*) agganciare **2.** (*fish*) prendere all'amo **3.** (*capture attention*) attirare **III.** *vi* agganciarsi

hooked [hʊkt] *adj* **1.** (*nose*) aquilino, -a **2.** (*fascinated*) preso, -a **3.** (*addicted*) assuefatto, -a

hooker ['hʊ·kɚ] *n inf* prostituta *f*

hooky ['hʊ·ki] *n inf* **to play ~** marinare la scuola

hooligan ['huː·lɪ·gən] *n* teppista *mf*

hoot [huːt] **I.** *vi* (*owl*) ululare; (*with horn*) suonare il clacson **II.** *n* (*of owl*) ululato *m;* (*of horn*) colpo *m;* (*of train*) fischio *m*

hooter ['huː·t̬ɚ] *n* **1.** (*siren*) sirena *f* **2.** *inf* (*nose*) naso *m*

hop [hɑːp] <-pp-> **I.** *vi* **1.** (*on one foot*) saltare **2.** *inf* (*be busy*) **to be ~ping** essere in piena attività **II.** *vt inf* (*bus, train*) saltare su **III.** *n* **1.** (*leap*) salto *m;* (*using only one leg*) salto *m* su una gamba **2.** *inf* (*informal dance*) ballo *m* **3.** (*short flight*) volo *m* breve

hope [hoʊp] **I.** *n* speranza *f;* **to give up ~** perdere le speranze ▶ **to hope against ~** sperare con tutto il cuore **II.** *vi* (*wish*) sperare

hopeful ['hoʊp·fəl] **I.** *adj* **1.** (*person*) speranzoso, -a **2.** (*promising*) di belle speranze **II.** *n pl* aspirante *mf;* **young ~s** giovani speranze *fpl*

hopefully *adv* **1.** (*in a hopeful manner*) speranzosamente **2.** (*one hopes*) **~!** speriamo!; **~ we'll be in Sweden at six** se tutto va bene siamo in Svezia alle sei

hopeless ['hoʊp·ləs] *adj* (*situation, effort*) disperato, -a; **to be ~** *inf* (*person, service*) essere un disastro; **to be ~ at sth** essere negato in qc

hopelessly *adv* **1.** (*without hope*) disperatamente **2.** (*totally, completely*) **~ lost** completamente perso

hopping mad *adj inf* furioso, -a

horizon [hə·'raɪ·zn] *n a. fig* orizzonte *m*

horizontal [ˌhɔː·rɪ·'zɑːn·tl] *adj, n* orizzontale *f*

hormone ['hɔːr·moʊn] *n* ormone *m*

horn [hɔːrn] *n* **1.** ZOOL, MUS corno *m* **2.** AUTO clacson *m inv* **3.** (*material*) corno *m*

horoscope ['hɔː·rəs·koʊp] *n* oroscopo *m*

horrendous [hɔːr·'ren·dəs] *adj* **1.** (*crime*) orrendo, -a **2.** (*losses*) tremendo, -a

horrible ['hɔː·rə·bl] *adj* orribile

horrid ['hɔː·rɪd] *adj* (*unpleasant*) orribile; (*unkind*) antipatico, -a

horrific [hɔː·'rɪ·fɪk] *adj* terribile

horrify ['hɔː·rɪ·faɪ] <-ie-> *vt* sconvolgere

horror ['hɔː·rɚ] *n* orrore *m;* **~ film** film *m inv* dell'orrore

horror-stricken *adj,* **horror-struck** *adj* terrorizzato, -a, inorridito, -a

horse [hɔːrs] *n* **1.** ZOOL cavallo *m;* **to ride a ~** andare [*or* montare] a cavallo; **to eat like a ~** mangiare come un lupo **2.** SPORTS cavallo *m*

horseback ['hɔːrs·bæk] **I.** *n* **on ~** a cavallo **II.** *adj* **~ riding** equitazione *f*

horsepower *inv n* cavallo *m* (vapore)

horserace *n* corsa *f* di cavalli

horseracing *n* ippica *f*
horseshoe *n* ferro *m* di cavallo
hose [hoʊz] *n* **1.** (*flexible tube*) tubo *m;* (*in motor*) manicotto *m* **2.** (*pantyhose*) collant *mpl*
hospice ['hɑːs·pɪs] *n* **1.** (*hospital*) centro *m* per malati terminali **2.** (*house of shelter*) ospizio *m*
hospitable ['hɑːs·pɪ·t̬ə·bl] *adj* ospitale
hospital ['hɑːs·pɪ·t̬əl] *n* ospedale *m*
hospitality [ˌhɑːs·pɪ·'tæ·lə·t̬i] *n* ospitalità *f*
hospitalize ['hɑːs·pɪ·t̬ə·laɪz] *vt* ricoverare in ospedale
host[1] [hoʊst] **I.** *n* **1.** (*person who receives guests*) ospite *m,* padrone *m* di casa **2.** (*presenter*) presentatore *m* **3.** BIO ospite *m* **4.** COMPUT host *m inv* **II.** *vt* **1.** (*party*) dare; (*event*) ospitare **2.** TV, RADIO (*program*) presentare
host[2] [hoʊst] *n* molltitudine *f*
hostage ['hɑːs·tɪdʒ] *n* ostaggio *m;* **to take/hold sb ~** prendere/tenere qu in ostaggio
hostel ['hɑːs·tl] *n* ostello *m;* **youth ~** ostello della gioventù
hostess ['hoʊs·tɪs] <-es> *n* **1.** (*woman who receives guests*) ospite *f,* padrona *f* di casa **2.** (*presenter*) presentatrice *f* **3.** (*in restaurant*) cameriera *f*
hostile ['hɑːs·tl] *adj* ostile
hostility [hɑːs·'tɪ·lə·t̬i] <-ies> *n* ostilità *f inv*
hot [hɑːt] **I.** *adj* **1.** (*very warm*) caldo, -a; **it's ~** fa caldo **2.** (*spicy*) piccante **3.** *inf* (*skillful*) bravo, -a; **to be ~ stuff** essere un asso **4.** (*dangerous*) rischioso, -a **5.** *inf* (*sexually attractive*) **to be ~** essere sexy **6.** (*exciting*) **~ news** notizie fresche **7.** *sl* (*stolen*) **to be ~** scottare **II.** *n* **he has the ~s for her** gli piace un sacco
hotcake *n* pancake *m;* **to sell like ~s** andare a ruba
hotel [hoʊ·'tel] *n* hotel *m inv,* albergo *m*
hotel bill *n* conto *f* dell'albergo
hotel staff *n* personale *m* d'albergo
hotfoot ['hɑːt·fʊt] **I.** *adv* di corsa **II.** *vt* **to ~ it somewhere** *inf* andare di corsa da qualche parte
hothead ['hɑːt·hed] *n* testa *f* calda
hot line *n* TEL linea *f* diretta
hot seat *n* (*difficult position*) **to be in the ~** avere un posto che scotta
hotshot *n inf* pezzo *m* grosso; **to be a (real) ~ at sth** *fig* essere un (vero) asso di qc
hot spot *n inf* **1.** (*popular place*) posto *m* molto popolare **2.** (*nightclub*) locale *m* notturno
hot stuff *n* **1.** (*good*) **to be ~ at sth** essere grande a qc **2.** (*sexy*) **to be ~** essere molto sexy
hot-tempered *adj* irascibile
hot-water bottle *n* borsa *f* dell'acqua calda
hour ['aʊ·r] *n* **1.** (*60 minutes*) ora *f;* **to be paid by the ~** essere pagato all'ora **2.** (*time of day*) **ten minutes to the ~** ai 50; **after ~s** fuori orario **3.** (*time for an activity*) **lunch ~** ora di pranzo; **opening ~s** orario *m* d'apertura **4.** (*period of time*) momento *m;* **at any ~** in qualsiasi momento; **to work long ~s** lavorare molto
hourly *adv* (*every hour*) ogni ora; (*pay*) a ore
house[1] [haʊs] *n* **1.** (*inhabitation*) casa *f* **2.** (*family*) famiglia *f* **3.** (*business*) ditta *f;* **it's on the ~** offre la casa **4.** UNIV (*fraternity*) associazione *f* **5.** (*legislative body*) camera *f* **6.** (*audience*) pubblico *m;* **a full ~** il tutto esaurito
house[2] [haʊz] *vt* **1.** (*give place to live*) alloggiare **2.** (*contain*) ospitare
household ['haʊs·hoʊld] **I.** *n* famiglia *m* **II.** *adj* domestico, -a
householder *n* (*owner*) proprietario, -a *m, f* di una casa; (*head*) capo *m* famiglia
house-hunt *vi inf* cercare casa
housekeeper ['haʊs·ˌkiː·pɚ] *n* governante *f*
housekeeping *n* gestione *f* della casa
housemate *n persona con cui si divide la casa*
House of Representatives *n* POL Camera *f* dei Rappresentanti
houseplant *n* pianta *f* da appartamento
house sitter *n persona che bada alla casa in assenza del proprietario*
housewarming *n,* **house-warming**

party *n* festa *f* per inaugurare l'arrivo in casa nuova
housewife <-wives> *n* casalinga *f*
housework *n* faccende *f pl* domestiche
housing ['haʊ·zɪŋ] *n* (*for living*) alloggio *f*
housing development *n* complesso *m* edilizio
hover ['hʌ·vɚ] *vi* **1.** (*stay in air*) stare sospeso a mezz'aria **2.** (*wait near*) aspettare **3.** (*be in an uncertain state*) oscillare **4.** (*hesitate*) indugiare
how [haʊ] **I.** *adv* **1.** (*in this way, in which way?*) come; ~ **are you?** come stai?; ~ **do you do?** piacere **2.** (*for what reason?*) ~ **come ...?** *inf* come mai...? **3.** (*suggestion*) ~ **about ...?** che ne dici di...?; ~ **about that!** senti un po'!; **~'s that for an offer?** che ne dice? **4.** (*intensifier*) ~ **pretty she looked!** come stava bene!; **and ~!** eccome! **II.** *n* modo *m*
however [haʊ·'e·vɚ] **I.** *adv* **1.** (*no matter how*) per quanto *+subj;* ~ **hard she tries ...** per quanto ci provi... **2.** (*in whichever way*) come; **do it ~ you like** fallo come ti pare **II.** *conj* (*nevertheless*) comunque
howl [haʊl] **I.** *vi* **1.** ululare **2.** (*cry*) urlare **3.** *inf* (*laugh*) ridere a crepapelle **II.** *n* **1.** (*person, animal*) ululato *m* **2.** (*cry*) urlo *m*
howler ['haʊ·lɚ] *n sl* errore *m* madornale; **to make a ~** fare una gaffe
HQ [ˌeɪtʃ·'kju] *abbr of* **headquarters** QG
huddle ['hʌ·dl] **I.** *vi* rannicchiarsi **II.** *n* (*close group*) gruppetto *f;* **to go into a ~** fare gruppetto
huff [hʌf] **I.** *vi* **to ~ and puff** (*breathe loudly*) ansimare; *inf* (*complain*) sbuffare **II.** *n inf* sbuffo *m;* **to be in a ~** essere impermalito; **to get into a ~** prendersela
hug [hʌg] **I.** <-gg-> *vt* **1.** *a.fig* (*embrace*) abbracciare **2.** (*not slide on*) **these tires ~ the road** questi pneumatici hanno buona tenuta di strada **II.** *n* abbraccio *m*
huge [hju:dʒ] *adj* enorme
hugely *adv* enormemente
hum [hʌm] <-mm-> **I.** *vi* **1.** (*bee*) ronzare **2.** (*sing*) canticchiare (a bocca chiusa) **3.** (*be full of activity*) essere molto animato, -a **II.** *vt* canticchiare (a bocca chiusa) **III.** *n* ronzio *m*
human ['hju:·mən] **I.** *n* essere *m* umano **II.** *adj* umano, -a
humane [hju:·'meɪn] *adj* umano, -a
humanitarian [hju:·ˌmæ·nə·'te·ri·ən] *adj, n* umanitario, -a *m, f*
humanity [hju:·'mæ·nə·t̬i] *n* umanità *f*
humanly *adv* umanamente
humble ['hʌm·bl] **I.** *adj* umile; **in my ~ opinion, ...** a mio modesto parere,... **II.** *vt* umiliare
humid ['hju:·mɪd] *adj* umido, -a
humidifier [hju:·'mɪ·dɪ·fa·ɪɚ] *n* umidificatore *m*
humidity [hju:·'mɪ·də·t̬i] *n* umidità *f*
humiliate [hju:·'mɪ·li·eɪt] *vt* umiliare
humiliation [hju:·ˌmɪ·li·'eɪ·ʃən] *n* umiliazione *f*
humility [hju:·'mɪ·lə·t̬i] *n* umiltà *f*
humor ['hju:·mɚ] *n* (*capacity for amusement*) umorismo *m;* **sense of ~** senso *m* dell'umorismo
humorous ['hju:·mɚ·əs] *adj* (*speech*) umoristico, -a; (*situation*) divertente
hump [hʌmp] **I.** *n* gobba *f* **II.** *vt* **1.** *inf* (*lug, carry*) portare **2.** *vulg* (*have sex*) scopare *vulg*
humpback ['hʌmp·bæk] *n* gobba *f*
humpbacked ['hʌmp·bækt] *adj* gobbo, -a
hunch [hʌntʃ] **I.** <-es> *n* presentimento *m* **II.** *vi* piegarsi **III.** *vt* curvare
hunchback ['hʌntʃ·bæk] *n* (*person*) gobbo, -a *m, f*
hundred ['hʌn·drəd] <-(s)> *adj, n* cento *m;* **~s of times** centinaia di volte
hundredth ['hʌn·drədθ] *adj, n* centesimo, -a *m*
hung [hʌŋ] **I.** *pt, pp of* **hang** **II.** *adj* diviso, -a
Hungarian [hʌŋ·'ge·ri·ən] **I.** *adj* ungherese **II.** *n* **1.** (*person*) ungherese *mf* **2.** LING ungherese *m*
Hungary ['hʌŋ·gə·ri] *n* Ungheria *f*
hunger ['hʌŋ·gɚ] **I.** *n* **1.** fame *f* **2.** *fig* (*desire*) desiderio *m* **II.** *vi fig* **to ~ after** [*or* **for**] desiderare intensamente
hungry ['hʌŋ·gri] <-ier, -iest> *adj*

H

1. (*desiring food*) affamato, -a; **to be ~** aver fame 2. *fig* (*wanting badly*) desideroso, -a; **to be ~ for sth** desiderare qc

hunk [hʌŋk] *n* 1. (*piece*) pezzo *m* 2. *inf* (*man*) gran figo *m*

hunt [hʌnt] I. *vt* 1. (*chase to kill*) cacciare 2. (*search for*) dare la caccia a II. *vi* 1. (*chase to kill*) cacciare; **to go ~ing** andare a caccia 2. (*search*) **to ~ for** cercare III. *n* 1. (*chase*) caccia *f;* **to go on a ~** andare a caccia 2. (*search*) ricerca *f*

hunter *n* 1. (*person*) cacciatore, -trice *m, f* 2. (*dog*) cane *m* da caccia

hunting *n* caccia *f*

hurrah [hə·ˈrɑː] *interj,* **hurray** [hə·ˈreɪ] *interj* urrà

hurricane [ˈhɜː·rɪ·keɪn] *n* uragano *m*

hurried [ˈhɜː·rɪd] *adj* affrettato, -a

hurry [ˈhɜː·ri] <-ie-> I. *vi* affrettarsi, sbrigarsi II. *vt* 1. (*rush*) mettere fretta a; (*process*) affrettare 2. (*take quickly*) **he was hurried to the hospital** lo portarono di corsa all'ospedale III. *n* fretta *f;* **to do sth in a ~** fare qc in fretta

◆**hurry up** I. *vi* sbrigarsi II. *vt* mettere fretta a

hurt [hɜːrt] I. <hurt, hurt> *vi* far male II. *vt* 1. (*wound*) ferire 2. (*cause pain*) fare male a; **it ~s me** mi fa male 3. (*damage*) danneggiare III. *adj* ferito, -a IV. *n* 1. (*pain*) dolore *m* 2. (*injury*) ferita *f* 3. (*damage*) danno *m*

hurtful [ˈhɜːrt·fəl] *adj* che ferisce

husband [ˈhʌz·bənd] *n* marito *m*

hush [hʌʃ] I. *n* silenzio *m* II. *interj* **~!** silenzio! III. *vi* tacere IV. *vt* (*make silent*) zittire; (*soothe*) calmare

◆**hush up** *vt* mettere a tacere

hush-hush *adj inf* secreto, -a

hush money *n inf denaro per comprare il silenzio di qu*

husky[1] [ˈhʌs·ki] <-ier, -iest> *adj* 1. (*low: voice*) roco, -a 2. (*strong*) robusto, -a

husky[2] [ˈhʌs·ki] <-ies> *n* husky *m inv*

hustle [ˈhʌ·sl] I. *vt* (*hurry, push*) spingere II. *vi* 1. (*push for*) insistere 2. (*practice prostitution*) battere *inf* III. *n* raggiro *m*

hustler [ˈhʌs·lɚ] *n* 1. (*persuader*) imbonitore, -trice *m, f* 2. (*swindler*) imbroglione, -a *m, f* 3. (*prostitute*) prostituto, -a *m, f*

hut [hʌt] *n* capanna *f*

hydrofoil [ˈhaɪ·drə·fɔɪl] *n* aliscafo *m*

hygiene [ˈhaɪ·dʒiːn] *n* igiene *f*

hygienic [ˌhaɪ·dʒi·ˈe·nɪk] *adj* igienico, -a

hymn [hɪm] *n* inno *m*

hype [haɪp] I. *n* COM gran pubblicità *f* II. *vt* superpubblicizzare

hyperactive [ˌhaɪ·pər·ˈæk·tɪv] *adj* iperattivo, -a

hypermarket [ˈhaɪ·pɚ·mɑːr·kɪt] *n* ipermercato *m*

hypertext [ˌhaɪ·pɚ·ˈtekst] *n* COMPUT ipertesto *m*

hyphen [ˈhaɪ·fn] *n* TYPO trattino *m*

hyphenate [ˈhaɪ·fə·neɪt] *vt* (*compound*) scrivere col trattino

hypnosis [hɪp·ˈnoʊ·sɪs] *n* ipnosi *f inv;* **to be under ~** essere in stato d'ipnosi

hypnotherapy [ˌhɪp·noʊ·ˈθe·rə·pi] *n* ipnoterapia *f*

hypnotist [ˈhɪp·nə·tɪst] *n* ipnotizzatore, -trice *m, f*

hypnotize [ˈhɪp·nə·taɪz] *vt* ipnotizzare

hypocrisy [hɪ·ˈpak·rə·si] *n* ipocrisia *f*

hypocrite [ˈhɪ·pə·krɪt] *n* ipocrita *mf*

hypocritical [ˌhɪp·ə·ˈkrɪţ·ɪ·kəl] *adj* ipocrita

hypodermic [ˌhaɪ·pə·ˈdɜr·mɪk] *adj* ipodermico, -a

hypothermia [ˌhaɪ·poʊ·ˈθɜr·mi·ə] *n* ipotermia *f*

hypothetical [ˌhaɪ·pə·ˈθe·ţɪ·kl] *adj* ipotetico, -a

hysterectomy [ˌhɪs·tə·ˈrek·tə·mi] *n* MED isterectomia *f*

hysterical *adj* isterico, -a

I

I, i [aɪ] *n* I, i *f;* **~ for Irene** I di Imola

I [aɪ] *pron pers* (*1st person sing*) io; **~'m coming** arrivo; **~'ll do it** lo faccio io; **am ~ late?** sono in ritardo?; **she and ~** lei ed io

IA [ˈaɪ·ə·wə] *n,* **Ia.** *n abbr of* **Iowa** IA

ice [aɪs] *n* (*frozen water*) ghiaccio *m* ▶ **to break the ~** *inf* rompere il ghiaccio
Ice Age *n* era *f* glaciale
iceberg *n* iceberg *m inv;* **the tip of the ~** *fig* la punta dell' iceberg
iceberg lettuce *n* lattuga *f* iceberg
icebox <-es> *n* **1.** (*freezer*) ghiacciaia *f* **2.** (*fridge*) frigorifero *m*
icebreaker *n* rompighiaccio *m inv*
ice cap *n* calotta *f* glaciale
ice-cold *adj* gelato, -a
ice cream *n* gelato *m*
ice-cream cone *n* **1.** (*only wafer*) cono *m* (per gelato) **2.** (*with ice-cream*) cono *m* (gelato)
ice cube ['aɪs·kju:b] *n* cubetto *m* di ghiaccio
iced [aɪst] *adj* **1.** (*with ice*) con ghiaccio; (*very cold*) ghiacciato, -a **2.** (*covered with icing*) glassato, -a
ice hockey *n* hockey *m* su ghiaccio
ice pack *n* borsa *f* del ghiaccio
ice rink *n* pista *f* di pattinaggio
ice-skate *vi* pattinare sul ghiaccio
ice-skating *n* patinaggio *m* su ghiaccio
icicle ['aɪ·sɪ·kl] *n* ghiacciolo *m*
icing ['aɪ·sɪŋ] *n* **1.** glassa *f* **2.** (*in ice hockey*) pista da hockey
icon ['aɪ·kɑ:n] *n* icona *f*
ICU [ˌaɪ·si:·'ju:] *n abbr of* **intensive care unit** reparto *m* di terapia intensiva
icy ['aɪ·si] <-ier, -iest> *adj* **1.** (*with ice*) ghiacciato, –a; (*very cold*) gelido, -a **2.** (*unfriendly*) gelido, -a
ID[1] [ˌaɪ·'di:] *n abbr of* **identification** documento *m* d'identità
ID[2] [ˌaɪ·'di:] *n abbr of* **Idaho** ID
I'd [aɪd] **1.** = **I would** *see* **would 2.** = **I had** *see* **have**
Idaho ['aɪ·də·hoʊ] *n* Idaho *m*
ID card [aɪ·'di:·ˌkɑ:d] *n see* **identity card** carta *f* d'identità
idea [aɪ·'di:ə] *n* idea *f;* **to get an ~ of sth** farsi un'idea di qc
ideal [aɪ·'di:·əl] **I.** *adj* ideale **II.** *n* ideale *m*
ideally [aɪ·'di·li] *adv* **1.** (*in an ideal way*) idealmente **2. ~, we could catch the train** l'ideale sarebbe prendere il treno
identical [aɪ·'den·t̬ə·kl] *adj* identico, -a
identification [aɪ·ˌden·t̬ə·fɪ·'keɪ·ʃən] *n* identificazione *f*
identify [aɪ·'den·t̬ə·faɪ] <-ie-> *vt* identificare
identity [aɪ·'den·t̬ə·ti] <-ies> *n* identità *f*
identity card *n* carta *f* d'identità
idiom ['ɪ·di·əm] *n* LING (*phrase*) espressione *f* idiomatica
idiomatic [ˌɪ·di·ə·'mæ·t̬ɪk] *adj* idiomatico, -a
idiot ['ɪ·di·ət] *n* idiota *mf*
idiotic [ˌɪ·di·'ɑ:·t̬ɪk] *adj* idiota
idle ['aɪ·dl] *adj* **1.** (*lazy*) pigro, -a **2.** (*not busy*) inoperoso, -a; (*machine*) inattivo, -a **3.** (*frivolous: pleasures*) futile **4.** (*unfounded: promise*) vano, -a; (*gossip*) ozioso, -a; (*fear*) infondato, -a **5.** (*ineffective: threat*) inconsistente **6.** FIN (*capital*) infruttifero, -a
if [ɪf] *conj* se; **~ it snows** se nevica; **~ not** se non; **~ they exist at all** se esistono davvero; **I wonder ~ he'll come** mi chiedo se verrà; **~ A is right, then B is wrong** se A è giusto, allora B è sbagliato; **~ he needs me, I'll help him** se avrà bisogno di me, lo aiuterò
igloo ['ɪg·lu:] *n* iglù *m inv*
ignite [ɪg·'naɪt] **I.** *vi* prendere fuoco **II.** *vt form* dare fuoco a
ignition [ɪg·'nɪ·ʃən] *n* AUTO accensione *f*
ignorance ['ɪg·nə·rəns] *n* ignoranza *f;* **to be left in ~ of sth** restare all'oscuro di qc ▶ **~ is bliss** occhio non vede cuore non duole
ignorant ['ɪg·nə·rənt] *adj* ignorante; **to be ~ about sth** essere ignorante in materia di qc; **to be ~ of sth** ignorare qc
ignore [ɪg·'nɔ:r] *vt* ignorare
IL *n,* **Ill.** *n abbr of* **Illinois** Il
ill [ɪl] *adj* **1.** (*sick*) malato, -a; **to fall ~** ammalarsi **2.** (*bad*) cattivo, -a; (*harmful*) nocivo, -a; (*unfavorable*) avverso, -a; **an ~ omen** un cattivo presagio
I'll [aɪl] = **I will** *see* **will**
illegal [ɪ·'li:·gəl] *adj* illegale
illegal immigrant *n* immigrato , -a*m, f* clandestino, -a
illegible [ɪ·'le·dʒə·bl] *adj* illegibile
illegitimate [ˌɪ·lɪ·'dʒɪ·t̬ə·mət] *adj* illegittimo, -a

Illinois [ˌɪl·ə·ˈnɔɪ] *n* Illinois *m*
illiterate [ɪ·ˈlɪ·t̬ə·rət] **I.** *adj* analfabeta; *pej, fig* ignorante **II.** *n* analfabeta *mf*
illness [ˈɪl·nɪs] <-es> *n* malattia *f*
illogical [ɪ·ˈlɑː·dʒɪ·kl] *adj* illogico, -a
illuminate [ɪ·ˈluː·mə·neɪt] *vt a. fig* illuminare
illumination [ɪ·ˌluː·mɪ·ˈneɪ·ʃən] *n* illuminazione *f*
illusion [ɪ·ˈluː·ʒən] *n* illusione *f;* **to have no ~s** (**about sth**) non farsi delle illusioni(su qc); **to be under the ~ that ...** illudersi che...
illustrate [ˈɪ·ləs·treɪt] *vt a. fig* illustrare
illustration [ˌɪ·ləs·ˈtreɪ·ʃən] *n* **1.** (*drawing*) illustrazione *f* **2.** (*example*) esemplificazione *f;* **by way of ~** a modo di esempio
I'm [aɪm] = **I am** *see* **am**
image [ˈɪ·mɪdʒ] *n* immagine *f;* **to be the living ~ of sb** essere il ritratto vivente di qu
imagery [ˈɪ·mɪ·dʒə·ri] *n* LIT immagini *fpl*
imaginary [ɪ·ˈmæ·dʒə·ne·ri] *adj* immaginario, -a
imagination [ɪ·ˌmæ·dʒɪ·ˈneɪ·ʃən] *n* immaginazione *f*
imaginative [ɪ·ˈmæ·dʒɪ·nə·tɪv] *adj* (*solution, use, way*) creativo, -a
imagine [ɪ·ˈmæ·dʒɪn] *vt* **1.** (*form mental image*) immaginare **2.** (*suppose*) imaginare; **~ that!** pensa un po'!
imbalance [ˌɪm·ˈbæ·ləns] *n* squilibrio *m*
imbecile [ˈɪm·bə·sɪl] *n* imbecille *mf*
imitate [ˈɪ·mɪ·teɪt] *vt* imitare
imitation [ˌɪ·mɪ·ˈteɪ·ʃən] **I.** *n* imitazione *f;* **in ~ of sb/sth** a imitazione di qu/qc **II.** *adj* finto, -a; **~ jewels** bigiotteria *f*
immaculate [ɪ·ˈmæ·kjʊ·lət] *adj* **1.** (*spotless, neat*) immacolato, -a **2.** (*flawless*) perfetto, -a
immature [ˌɪ·mə·ˈtʊr] *adj* **1.** (*young*) immaturo, -a **2.** (*childish*) immaturo, -a
immaturity [ˌɪ·mə·ˈtʊ·rə·ti] *n* immaturità *f*
immediate [ɪ·ˈmiː·di·ɪt] *adj* immediato, -a; **the ~ family** parenti *m* diretti *pl;* **in the ~ area** nelle immediate vicinanze; **in the ~ future** nell'immediato futuro
immediately *adv* **1.** (*time*) immediatamente; **~ after ...** subito dopo... **2.** (*place*) **my flat is the one ~ above yours** il mio appartamento è quello subito sopra il tuo
immense [ɪ·ˈmens] *adj* immenso, -a
immerse [ɪ·ˈmɜːrs] *vt* immergere; **to be ~d in sth** *fig* essere assorto, -a in qc; **to ~ oneself in sth** *fig* immergersi in qc
immigrant [ˈɪ·mɪ·grənt] *n* immigrante *mf*
immigration [ˌɪ·mɪ·ˈgreɪ·ʃən] *n* immigrazione *f*
imminent [ˈɪ·mɪ·nənt] *adj* imminente
immobilize [ɪ·ˈmoʊ·bə·laɪz] *vt* immobilizzare
immoral [ɪ·ˈmɔː·rəl] *adj* immorale
immortal [ɪ·ˈmɔːr·t̬l] *adj, n* immortale *mf*
immortality [ˌɪ·mɔːr·ˈtæ·lə·ti] *n* immortalità *f*
immovable [ɪ·ˈmuː·və·bl] *adj* **1.** (*not moveable*) inamovibile **2.** (*not changeable*) irremovibile
immune [ɪ·ˈmjuːn] *adj* MED, POL, LAW immune
immunity [ɪ·ˈmjuː·nə·ti] *n* MED, LAW immunità *f;* **diplomatic ~** immunità diplomatica
immunize [ˈɪm·jə·naɪz] *vt* immunizzare
impact [ˈɪm·pækt] *n* impatto *m;* **on ~** all'impatto
impartial [ɪm·ˈpɑːr·ʃl] *adj* imparziale
impassable [ɪm·ˈpæ·sə·bl] *adj* (*road*) intransitabile
impassioned [ɪm·ˈpæ·ʃnd] *adj form* appassionato, -a; **an ~ appeal for help** un'accalorata richiesta d'aiuto
impassive [ɪm·ˈpæ·sɪv] *adj* impassibile
impatience [ɪm·ˈpeɪ·ʃns] *n* impazienza *f*
impatient [ɪm·ˈpeɪ·ʃnt] *adj* impaziente; **to be ~ to do sth** essere impaziente di fare qc
impeachment [ɪm·ˈpiːtʃ·mənt] *n* impeachment *m inv incriminazione del Presidente*
impede [ɪm·ˈpiːd] *vt* ostacolare
imperative [ɪm·ˈpe·rə·tɪv] **I.** *adj* **1.** (*urgently essential*) **silence is ~** il silenzio è d'obbligo; **it is ~ that ...** bisogna assolutamente ... **2.** LING imperativo, -a

II. *n a.* LING imperativo *m*

imperceptible [ˌɪm·pɚ·ˈsep·tə·bl] *adj* impercettibile

imperfect [ɪm·ˈpɜːr·fɪkt] **I.** *adj* (*world*) imperfetto, -a; (*flawed*) difettoso, -a **II.** *n* LING imperfetto *m*

imperfection [ˌɪm·pɚ·ˈfek·ʃən] *n* imperfezione *f*

imperial [ɪm·ˈpɪ·ri·əl] *adj* imperiale

impersonal [ˌɪm·ˈpɜːr·sə·nl] *adj a.* LING impersonale

impersonate [ɪm·ˈpɜːr·sə·neɪt] *vt* (*to trick people*) spacciarsi per; (*imitate*) imitare

impertinent [ɪm·ˈpɜːr·t̬·nənt] *adj* impertinente

impetuous [ɪm·ˈpet·ʃu·əs] *adj* precipitoso, -a

impetus [ˈɪm·pɪ·təs] *n* **1.** (*push*) impeto *m* **2.** (*driving force*) slancio *m*

implant [ɪm·ˈplænt] *n* impianto *m*

implement [ˈɪm·plɪ·mənt] **I.** *n* (*tool*) attrezzo *m;* (*small tool*) utensile *m* **II.** *vt* implementare

implicate [ˈɪm·plɪ·keɪt] *vt* **1.** (*show sb's involvement*) implicare **2.** (*involve*) implicare

implication [ˌɪm·plɪ·ˈkeɪ·ʃən] *n* **1.** (*hinting at*) insinuazione *f;* **by ~** implicitamente **2.** (*effect*) implicazione *f*

implicit [ɪm·ˈplɪ·sɪt] *adj* **1.** (*suggested*) implicito, -a **2.** (*total*) assoluto, -a

implore [ɪm·ˈplɔːr] *vt* implorare; **to ~ sb to do sth** implorare qu di fare qc

imploring [ɪm·ˈplɔː·rɪŋ] *adj* supplichevole

imply [ɪm·ˈplaɪ] <-ie-> *vt* **1.** (*suggest*) insinuare **2.** *form* (*imply*) implicare

impolite [ˌɪm·pə·ˈlaɪt] *adj* maleducato, -a; (*rude*) scortese

import **I.** [ɪm·ˈpɔːrt] *vt* ECON, COMPUT importare **II.** [ˈɪm·pɔːrt] *n* (*product*) prodotto *m* d'importazione

importance [ɪm·ˈpɔːr·tns] *n* importanza *f*

important [ɪm·ˈpɔːr·tənt] *adj* importante

impose [ɪm·ˈpoʊz] **I.** *vt* imporre **II.** *vi* disturbare; **to ~ on sb** approfittare di qu; **I don't want to ~** non vorrei disturbare

imposing [ɪm·ˈpoʊ·zɪŋ] *adj* imponente

impossibility [ɪm·ˌpɑː·sə·ˈbɪ·lə·ti] *n* impossibilità *f*

impossible [ɪm·ˈpɑː·sə·bl] **I.** *adj* impossibile **II.** *n* **the ~** l'impossibile

imposter *n,* **impostor** [ɪm·ˈpɑːs·tɚ] *n* impostore, -a *m, f*

impotence [ˈɪm·pə·təns] *n* impotenza *f*

impotent [ˈɪm·pə·tənt] *adj* impotente

impound [ɪm·ˈpaʊnd] *vt* sequestrare

impoverish [ɪm·ˈpɑː·vɚ·ɪʃ] *vt* **1.** (*make poor*) impoverire **2.** (*deplete*) depauperare

impracticable [ɪm·ˈpræk·tɪ·kə·bl] *adj* (*scheme, idea, plan*) impraticabile; (*person*) intrattabile

impractical [ɪm·ˈpræk·tɪ·kl] *adj* (*person*) privo, -a di senso pratico; (*scheme, idea, plan*) impraticabile

imprecise [ˌɪm·prɪ·ˈsaɪs] *adj* impreciso, -a

impress [ɪm·ˈpres] *vt* **1.** (*affect*) colpire **2.** (*stamp*) imprimere; **to ~ sth on** [*or* **upon**] **sb** far capire qc a qu

impression [ɪm·ˈpre·ʃən] *n* **1.** (*gener*) impressione *f;* **to be of** [*or* **under**] **the ~ that ...** avere l'impressione che...; **to make an ~ on sb** fare impressione su qu **2.** (*imitation*) imitazione *f* **3.** *a. fig* impronta *f*

impressive [ɪm·ˈpre·sɪv] *adj* impressionante

imprint **I.** [ɪm·ˈprɪnt] *vt* **1.** (*stamp*) stampare **2.** (*in memory*) imprimere **II.** [ˈɪm·prɪnt] *n a. fig* (*mark*) impronta *f*

imprison [ɪm·ˈprɪ·zən] *vt* imprigionare

imprisonment [ɪm·ˈprɪ·zən·mənt] *n* carcerazione *f;* **life ~** carcere *m* a vita

improbable [ɪm·ˈprɑː·bə·bl] *adj* improbabile

improper [ɪm·ˈprɑː·pɚ] *adj* **1.** (*incorrect*) scorretto, -a; (*showing bad judgment, dishonest*) improprio, -a **2.** (*not socially decent*) sconveniente; (*immoral*) indecente

improve [ɪm·ˈpruːv] *vi, vt* migliorare

improvement [ɪm·ˈpruːv·mənt] *n* miglioramento *m*

improvisation [ɪm·ˌprɑː·vɪ·ˈzeɪ·ʃən] *n* improvvisazione *f*

improvise [ˈɪm·prə·vaɪz] *vi, vt* improvvisare

imprudent [ɪm·ˈpruː·dnt] *adj form* imprudente

impudent ['ɪm·pjʊ·dənt] *adj* sfacciato, -a

impulse ['ɪm·pʌls] *n a.* ELEC, PHYS, BIO impulso *m;* **to do sth on** (**an**) ~ fare qc d'impulso

impulsive [ɪm·'pʌl·sɪv] *adj* impulsivo, -a

impure [ɪm·'pjʊr] *adj* impuro, -a

impurity [ɪm·'pjʊ·rə·ti] <-ies> *n* impurità *f*

in [ɪn] **I.** *prep* **1.** (*inside, into*) dentro; **to be ~ bed** essere a letto; **there is sth ~ the drawer** c'è qc nel cassetto; **to put sth ~ sb's hands** mettere qc nelle mani di qu; **~ town** in città; **~ the country** in campagna; **~ Canada** in Canada **2.** (*within*) **~ sb's face** in faccia a qu; **~ the picture** nella fotografia; **~ the snow** sotto la neve; **~ the sun** al sole; **the best ~ New England** il migliore del New England **3.** (*position of*) **~ the beginning** all'inizio; **~ the end** alla fine; **right ~ the middle** proprio in mezzo **4.** (*during*) **~ the twenties** negli anni venti; **to be ~ one's thirties** essere sulla trentina; **~ May** in maggio; **~ the spring** in [*or* a] primavera; **~ the afternoon** nel pomeriggio **5.** (*at later time*) **~ a week/three hours** fra una settimana/tre ore; **~** (**the**) **future** in futuro **6.** (*in less than*) **to do sth ~ 4 hours** fare qc in 4 ore **7.** (*in situation, state of*) **~ fashion** di moda; **~ search of sth/sb** in cerca di qc/qu; **~ this way** in questo modo; **when ~ doubt** in caso di dubbio; **~ anger** con rabbia; **~ fun** per scherzo; **~ earnest** sul serio; **to be ~ a hurry** essere di fretta; **to be ~ love** (**with sb**) essere innamorato (di qu); **~ alphabetical order** in ordine alfabetico; **dressed ~ red** vestito di rosso **8.** (*concerning*) **deaf ~ one ear** sordo da un orecchio; **to be interested ~ sth** interessarsi di qc; **to have confidence ~ sb** avere fiducia in qu; **to have a say ~ the matter** aver voce in capitolo; **a change ~ attitude** un cambio d'atteggiamento; **a rise ~ prices** un aumento dei prezzi **9.** (*by*) **~ saying sth** nel dire qc; **to spend one's time ~ doing sth** passare il tempo a fare qc **10.** (*made of*) **~ wood/stone** di legno/pietra **11.** (*sound of*) **~ a whisper** sussurando; **to speak ~ a loud voice** parlare a voce alta **12.** (*aspect of*) **6 feet ~ length/height** lungo/alto 2 metri; **~ every respect** sotto ogni aspetto **13.** (*ratio*) **two ~ six** due su sei; **~ part** in parte; **~ tens** in gruppi di dieci **14.** (*substitution of*) **~ your place** al posto tuo **15.** (*as consequence of*) **~ return** in cambio; **~ reply** in risposta ▶ **~ <u>all</u>** in tutto; **<u>all</u> ~ all** tutto sommato **II.** *adv* **1.** (*inside, into*) dentro; **to go ~** entrare; **to put sth ~** mettere qc dentro **2.** (*to a place*) **to be ~** *inf* essere in casa; **to hand sth ~** consegnare **3.** (*popular*) **to be ~** essere di moda **4.** (*up*) **the tide is coming ~** la marea sta salendo ▶ **to be ~ <u>for</u> sth** *inf* doversi aspettare; **to be ~ <u>on</u> sth** essere al corrente di qc **III.** *adj* di moda

IN [ɪn·ˌdi·'æn·ə] *n abbr of* **Indiana** IN

in. *abbr of* **inch** pollice *f*

inability [ˌɪn·ə·'bɪ·lə·ti] *n* incapacità *f*

inaccessible [ˌɪn·æk·'se·sə·bl] *adj* inaccesibile

inaccurate [ɪn·'æk·jɚ·ət] *adj* **1.** (*inexact*) inesatto, -a **2.** (*wrong*) errato, -a

inaction [ɪn·'æk·ʃən] *n* inazione *f*

inactive [ɪn·'æk·tɪv] *adj* inattivo, -a

inadequate [ɪn·'æ·dɪ·kwət] *adj* inadeguato, -a

inadvisable [ˌɪn·əd·'vaɪ·zə·bl] *adj* sconsigliabile

inanimate [ɪn·'æ·nɪ·mət] *adj* inanimato, -a

inappropriate [ˌɪn·ə·'proʊ·pri·ət] *adj* (*incorrect*) inadeguato, -a; (*not suitable*) fuori luogo

inaudible [ɪn·'ɑː·də·bl] *adj* impercettibile

inauguration [ɪ·ˌnɑː·gjʊ·'reɪ·ʃən] *n* inaugurazione *f*

inborn ['ɪn·bɔːrn] *adj* innato, -a

inbuilt ['ɪn·bɪlt] *adj* (*built in*) incorporato, -a; *fig* intrinseco, -a

incalculable [ɪn·'kæl·kjʊ·lə·bl] *adj* incalcolabile

incapable [ɪn·'keɪ·pə·bl] *adj* incapace; **to be ~ of doing sth** non essere in grado di fare qc

incapacity [ˌɪn·kə·ˈpæ·sə·ti] *n* incapacità *f*
incendiary [ɪn·ˈsen·die·ri] *adj a. fig* incendiario, -a
incense [ˈɪn·sents] *n* incenso *m*
incentive [ɪn·ˈsen·t̬ɪv] *n* incentivo *m*
incessant [ɪn·ˈse·snt] *adj* incessante
inch [ɪntʃ] <-es> *n* pollice *m 2,54 cm;* **she knows every ~ of Miami** conosce Miami come le sue tasche
incidence [ˈɪn·tsɪ·dənts] *n* incidenza *f*
incident [ˈɪn·tsɪ·dənt] *n* incidente *m;* **an isolated ~** un incidente isolato
incidentally *adv* (*by the way*) a proposito
incinerator [ɪn·ˈsɪ·nə·reɪ·t̬ɚ] *n* inceneritore *m*
incisive [ɪn·ˈsaɪ·sɪv] *adj* **1.** (*clear*) incisivo, -a; (*penetrating*) penetrante **2.** (*keen, acute: mind*) acuto, -a; (*person*) perspicace
incite [ɪn·ˈsaɪt] *vt* istigare
inclination [ˌɪn·klɪ·ˈneɪ·ʃən] *n* **1.** (*tendency*) propensione *f;* **to have an ~ to do sth** avere voglia di fare qc **2.** (*slope*) inclinazione *f*
incline [ˈɪn·klaɪn] *n* inclinazione *f;* (*of hill, mountain*) pendenza *f*
inclined [ɪn·ˈklaɪnd] *adj* incline; **to be ~ to do sth** essere incline a fare qc
include [ɪn·ˈkluːd] *vt* includere; (*in a letter*) allegare; **do you ~ that in the service?** è incluso nel servizio?
including [ɪn·ˈkluː·dɪŋ] *prep* incluso; **~ tax** tasse incluse *fpl;* **up to and ~ June 6th** fino al 6 giugno compreso
inclusion [ɪn·ˈkluː·ʒən] *n* inclusione *f*
inclusive [ɪn·ˈkluː·sɪv] *adj* compreso, -a
incoherent [ˌɪn·koʊ·ˈhɪ·rənt] *adj* incoerente
income [ˈɪn·kʌm] *n* reddito *m*
income tax *n* imposta *f* sul reddito
incoming [ˈɪn·ˌkʌ·mɪŋ] *adj* (*calls, mail*) in entrata; (*president*) entrante
incomparable [ɪn·ˈkɑːm·prə·bl] *adj* incomparabile
incompatible [ˌɪn·kəm·ˈpæ·t̬ə·bl] *adj* incompatibile
incompetent [ɪn·ˈkɑːm·pə·tənt] *n adj* incompetente *mf*
incomplete [ˌɪn·kəm·ˈpliːt] *adj* incompleto, -a; (*not finished*) incompiuto, -a
incomprehensible [ˌɪn·kɑːm·prɪ·ˈhen·sə·bl] *adj* incomprensibile
inconceivable [ˌɪn·kən·ˈsiː·və·bl] *adj* inconcepibile
inconclusive [ˌɪn·kən·ˈkluː·sɪv] *adj* (*result, discussion, evidence*) inconcludente
inconsiderate [ˌɪn·kən·ˈsɪ·də·rət] *adj* (*action, reply*) irriguardoso, -a; **to be inconsiderate to sb** mancare di rispetto a qu
inconsistent [ˌɪn·kən·ˈsɪs·tənt] *adj* **1.** (*changeable*) incoerente **2.** (*lacking agreement*) in contraddizione
inconspicuous [ˌɪn·kən·ˈspɪ·kjʊ·əs] *adj* poco appariscente; **to be highly ~** passare del tutto inosservato, -a; **to try to look ~** cercare di non farsi notare
inconvenience [ˌɪn·kən·ˈviː·ni·əns] *n* disturbo *m*
inconvenient [ˌɪn·kən·ˈviː·ni·ənt] *adj* scomodo, -a; (*time*) inopportuno, -a
incorrect [ˌɪn·kə·ˈrekt] *adj* (*wrong, untrue*) errato, -a; **it would be ~ to say that ...** non sarebbe del tutto corretto dire che...
increase[1] [ˈɪn·kriːs] *n* aumento *m;* **to be on the ~** essere in aumento
increase[2] [ɪn·ˈkriːs] **I.** *vi* (*become more*) aumentare; (*grow*) crescere; **to ~ dramatically** aumentare notevolmente; **to ~ tenfold/threefold** aumentare di dieci/tre volte **II.** *vt* (*make more, larger*) aumentare; (*make stronger*) intensificare
increasing *adj* crescente
increasingly *adv* sempre più
incredible [ɪn·ˈkre·dɪ·bl] *adj* incredibile
incur [ɪn·ˈkɜːr] <-rr-> *vt* **1.** FIN, ECON (*debt*) contrarre; (*costs*) incorrere in; (*losses*) soffrire **2.** (*bring upon oneself*) tirarsi addosso; **to ~ the anger of sb** attirarsi l'ira di qu
incurable [ɪn·ˈkjʊ·rə·bl] *adj* incurabile; *fig* incorreggibile
indebted [ɪn·ˈde·t̬ɪd] *adj* **1.** (*obliged*) in debito; **to be ~ to sb** (**for sth**) essere in debito con qu (per qc) **2.** (*having debt*) indebitato, -a
indecent [ɪn·ˈdiː·sənt] *adj* indecente
indecisive [ˌɪn·dɪ·ˈsaɪ·sɪv] *adj* **1.** (*un-*

able to make decisions) indeciso, -a **2.** (*not clear*) incerto, -a

indeed [ɪn·ˈdiːd] **I.** *adv* **1.** (*really*) davvero; **many people here are very rich ~** molte persone qui sono veramente ricche **2.** (*expresses affirmation*) certamente; **yes, he did ~ say that** si, lo ha proprio detto **II.** *interj* (*to express surprise*) veramente; **she said she won't come! — Won't she, ~!** ha detto che non verrà! — veramente!

indefensible [ˌɪn·dɪ·ˈfen·sə·bl] *adj* (*theory*) insostenibile; (*crime*) ingiustificabile; (*behavior, argument*) indifendibile

indefinable [ˌɪn·dɪ·ˈfaɪ·nə·bl] *adj* indefinibile

indefinite [ɪn·ˈde·fə·nət] *adj* indefinito, -a; **for an ~ period** per un periodo indefinito

indefinitely *adv* indefinitamente

independence [ˌɪn·dɪ·ˈpen·dəns] *n* independenza *f*

Independence Day *n* Festa *f* dell'Independenza

independent [ˌɪn·dɪ·ˈpen·dənt] **I.** *adj* indipendente **II.** *n* POL deputato, -a *m, f* indipendente

in-depth [ˈɪn·depθ] *adj* approfondito, -a

indescribable [ˌɪn·dɪ·ˈskraɪ·bə·bl] *adj* indescrivibile

indestructible [ˌɪn·dɪ·ˈstrʌk·tə·bl] *adj* indistruttibile

index [ˈɪn·deks] *n* **1.** <-es> (*in book*) indice *m;* (*in library*) catalogo *m* **2.** <-ices *or* -es> ECON indice *m;* **the Dow Jones Index** l'indice Dow Jones

index finger *n* dito *m* indice

India [ˈɪn·di·ə] *n* India *f*

Indian [ˈɪn·di·ən] *adj, n* **1.** (*of India*) indiano, -a *m, f* **2.** (*of America*) indiano, -a (d'America) *m*

Indiana [ɪn·ˌdi·ˈæn·ə] *n* Indiana *f*

Indian Ocean *n* Oceano *m* Indiano

indicate [ˈɪn·dɪ·keɪt] *vt* indicare; **to ~ (to sb) that ...** fare segno (a qu) che...

indication [ˌɪn·dɪ·ˈkeɪ·ʃən] *n a.* MED indicazione *f*

indicative [ɪn·ˈdɪ·kə·tɪv] **I.** *adj* indicativo, -a **II.** *n* indicativo *m*

indicator [ˈɪn·dɪ·keɪ·t̬ɚ] *n* indicatore *m*

indices [ˈɪn·dɪ·siːz] *n pl of* **index**

indict [ɪn·ˈdaɪt] *vt* **to ~ sb for sth** LAW accusare qu di qc

Indies [ˈɪn·diz] *npl* Indie *fpl;* **the West ~** le Indie Occidentali

indifference [ɪn·ˈdɪf·rəns] *n* indifferenza *f*

indifferent [ɪn·ˈdɪf·rənt] *adj* **1.** (*not interested*) indifferente **2.** (*neither good nor bad*) mediocre

indigenous [ɪn·ˈdɪ·dʒɪ·nəs] *adj* indigeno, -a

indigestible [ˌɪn·dɪ·ˈdʒəs·tə·bl] *adj* (*food*) indigesto, -a

indigestion [ˌɪn·dɪ·ˈdʒəst·ʃən] *n* indigestione *f*

indignant [ɪn·ˈdɪg·nənt] *adj* indignato, -a; **to be/feel ~ about sth** essere/sentirsi indignato per qc

indignation [ˌɪn·dɪg·ˈneɪ·ʃən] *n* indignazione *f*

indignity [ɪn·ˈdɪg·nə·ti] <-ies> *n* **1.** (*humiliation*) umiliazione *f* **2.** (*sth that humiliates*) affronto *m*

indirect [ˌɪn·dɪ·ˈrekt] *adj* indiretto, -a

indiscreet [ˌɪn·dɪ·ˈskriːt] *adj* indiscreto, -a; (*tactless*) privo, -a di tatto

indiscretion [ˌɪn·dɪ·ˈskre·ʃən] *n* (*lack of discretion*) mancanza *f* di discrezione; (*act*) indiscrezione *f*

indiscriminate [ˌɪn·dɪ·ˈskrɪ·mɪ·nət] *adj* indiscriminato, -a

indispensable [ˌɪn·dɪ·ˈspen·sə·bl] *adj* indispensabile

indistinct [ˌɪn·dɪs·ˈtɪŋkt] *adj* (*shape, voice, words*) indistinto, -a; (*memory, recollection*) confuso, -a

individual [ˌɪn·dɪ·ˈvɪ·dʒu·əl] **I.** *n* individuo *m* **II.** *adj* (*separate*) individuale; (*single*) singolo, -a; (*particular*) originale; **an ~ style** uno stile personale

indivisible [ˌɪn·dɪ·ˈvɪ·zə·bl] *adj* indivisibile

indoor [ˌɪn·ˈdɔːr] *adj* SPORTS indoor; (*pool*) coperto, -a; **~ plant** pianta *f* da appartamento

indoors [ˌɪn·ˈdɔːrz] *adv* dentro (casa)

induce [ɪn·ˈduːs] *vt* **1.** (*persuade*) *a.* ELEC, PHYS indurre **2.** (*cause*) provocare

indulge [ɪn·ˈdʌldʒ] *vt* (*allow*) assecondare; (*desire*) soddisfare; **to ~ oneself in ...** concedersi...

indulgent [ɪn·ˈdʌl·dʒənt] *adj* indulgente
industrial [ɪn·ˈdʌs·tri·əl] *adj* industriale
industrialize [ɪn·ˈdʌs·tri·ə·laɪz] **I.** *vi* industrializzarsi **II.** *vt* industrializzare
industrious [ɪn·ˈdʌs·tri·əs] *adj* laborioso, -a
industry [ˈɪn·dəs·tri] *n* industria *f*; **heavy/light ~** industria pesante/leggera
inedible [ɪn·ˈe·də·bl] *adj* **1.** (*unsuitable as food*) non commestibile **2.** (*extremely unpalatable*) immangiabile
ineffective [ˌɪn·ɪ·ˈfek·tɪv] *adj* inefficace
ineffectual [ˌɪn·ɪ·ˈfek·tʃʊ·əl] *adj* (*person*) incapace; (*measures*) inefficace
inefficient [ˌɪn·ɪ·ˈfɪ·ʃnt] *adj* inefficente
inept [ɪ·ˈnept] *adj* (*unskilled*) inetto, -a; (*inappropriate*) inopportuno, -a; **to be ~ at sth** non avere attitudine per qc
inequality [ˌɪn·ɪ·ˈkwɑː·lə·ti] <-ies> *n* diseguaglianza *f*
inequitable [ɪn·ˈek·wə·tə·bl] *adj* iniquo, -a
inescapable [ˌɪn·ɪ·ˈskeɪ·pə·bl] *adj* ineludibile
inevitable [ɪn·ˈe·vɪ·tə·bl] *adj* inevitabile
inexcusable [ˌɪn·ɪk·ˈskjuː·zə·bl] *adj* imperdonabile
inexpensive [ˌɪn·ɪk·ˈspen·sɪv] *adj* economico, -a
inexperienced [ˌɪn·ɪk·ˈspɪ·ri·ənst] *adj* inesperto, -a
inexplicable [ˌɪn·ək·ˈsplɪ·kə·bl] *adj* inspiegabile
infallible [ɪn·ˈfæ·lə·bl] *adj* infallible
infamous [ˈɪn·fə·məs] *adj* (*notorious: reputation*) infame; (*person*) famigerato, -a; (*place*) malfamato, -a
infancy [ˈɪn·fən·tsi] *n* infanzia *f*; **from ~** fin da piccolo; **to be in its ~** *fig* essere agli inizi
infant [ˈɪn·fənt] *n* (*very young child*) bambino, -a *m, f*; **a newborn ~** un neonato
infantile [ˈɪn·fən·taɪl] *adj* infantile
infantry [ˈɪn·fən·tri] *n + sing/pl vb* MIL fanteria *f*
infatuated [ɪn·ˈfæ·tʃu·eɪt̬·ɪd] *adj* infatuato, -a; **to become ~ with sb/sth** infatuarsi di qu/qc
infect [ɪn·ˈfekt] *vt* infettare; *a. fig* (*person*) contagiare
infection [ɪn·ˈfek·ʃən] *n* infezione *f*; *fig* contagio *m*; **risk of ~** rischio *m* di contagio
infectious [ɪn·ˈfek·ʃəs] *adj* (*disease*) infettivo, -a; *a. fig* contagioso, -a
infer [ɪn·ˈfɜːr] <-rr-> *vt* dedurre
inference [ˈɪn·fə·rəns] *n form* **1.** (*conclusion*) conclusione *f*; **to draw the ~ that ...** trarre la conclusione che... **2.** (*process of inferring*) deduzione *f*; **by ~** per deduzione
inferior [ɪn·ˈfɪ·ri·ɚ] *adj, n* inferiore *mf*
inferiority [ɪn·ˌfɪ·ri·ˈɔː·rə·ti] *n* inferiorità *f*
inferno [ɪn·ˈfɜːr·noʊ] *n* (*situation*) inferno *m*; (*fire*) incendio *m* infernale
infertility [ˌɪn·fɚ·ˈtɪ·lə·ti] *n* sterilità *f*
infest [ɪn·ˈfest] *vt* infestare
infidelity [ˌɪn·fə·ˈde·lə·ti] *n* infedeltà *f*
infighting [ˈɪn·faɪ·tɪŋ] *n* lotta *f* intestina
infiltrate [ɪn·ˈfɪl·treɪt] *vt* infiltrarsi in
infinite [ˈɪn·fə·nɪt] *adj* infinito, -a; **with ~ patience** con una pazienza infinita; **to take ~ care** prendersi grande cura
infinitive [ɪn·ˈfɪ·nə·tɪv] LING **I.** *n* infinito *m* **II.** *adj* infinito, -a
infinity [ɪn·ˈfɪ·nə·ti] <-ies> *n* **1.** MATH infinito *m*; **to ~** all' infinito **2.** (*huge amount*) infinità *f*
infirmary [ɪn·ˈfɜːr·mə·ri] <-ies> *n* **1.** (*hospital*) ospedale *m* **2.** (*room*) infermeria *f*
inflame [ɪn·ˈfleɪm] *vt* **1.** *a.* MED infiammare **2.** (*stir up: anger*) fomentare; (*desire, enthusiasm*) accendere; **to ~ sb with passion** accendere la passione di qu
inflammable [ɪn·ˈflæ·mə·bl] *adj* (*liquid*) infiammabile; (*situation*) esplosivo, -a
inflammation [ˌɪn·flə·ˈmeɪ·ʃən] *n* MED infiammazione *f*
inflammatory [ɪn·ˈflæ·mə·tɔː·ri] *adj* **1.** MED infiammatorio, -a **2.** (*speech*) incendiario, -a
inflatable [ɪn·ˈflei·t̬ə·bl] *adj* gonfiabile
inflate [ɪn·ˈfleɪt] **I.** *vt a.* ECON gonfiare **II.** *vi* gonfiarsi
inflated [ɪn·ˈfleɪ·t̬ɪd] *adj* gonfiato, -a
inflation [ɪn·ˈfleɪ·ʃən] *n* inflazione *f*
inflexible [ɪn·ˈflek·sə·bl] *adj* inflessibile
inflict [ɪn·ˈflɪkt] *vt* (*wound, damage,*

I

punishment) infliggere

influence [ˈɪn·flʊ·əns] **I.** *n* influenza *f;* **to exert one's ~** esercitare la propria influenza; **to bring one's ~ to bear on sb** fare pressioni su qu; **to be under the ~** *fig* essere sbronzo **II.** *vt* influenzare

influential [ˌɪn·flʊ·ˈen·ʃl] *adj* influente

influenza [ˌɪn·flʊ·ˈen·zə] *n* influenza *f*

influx [ˈɪn·flʌks] *n* afflusso *m*

inform [ɪn·ˈfɔːrm] *vt* informare; **I'm happy to ~ you that ...** sono lieto di informarLa [*or* informarVi] che...; **to be ~ed about sth** essere informato di qc

informal [ɪn·ˈfɔːr·ml] *adj* (*tone, manner*) informale; (*person*) alla mano

information [ˌɪn·fɚ·ˈmeɪ·ʃən] *n* **1.** (*data, knowledge*) informazioni *fpl;* **a lot of/a little ~** molte/poche informazioni; **to ask for ~** chiedere informazioni; **for further ~** per ulteriori informazioni; (*inquiry desk*) banco *m* informazioni **2.** COMPUT dati *mpl*

information science *n* scienze*f pl* dell'informazione

information technology *n* informatica *f*

informative [ɪn·ˈfɔːr·mə·tɪv] *adj* istruttivo, -a

informer [ɪn·ˈfɔːr·mɚ] *n* informatore, -trice *m, f*

infrared [ˈɪn·frə·ˈred] *adj* infrarosso, -a

infrequent [ɪn·ˈfriːk·wənt] *adj* raro, -a

infringe [ɪn·ˈfrɪndʒ] *vt* LAW violare; **to ~ sb's right** ledere un diritto di qu

infuriate [ɪn·ˈfjʊ·ri·eɪt] *vt* fare infuriare

ingenious [ɪn·ˈdʒiːn·jəs] *adj* (*creatively inventive*) dotato, -a di inventiva; (*idea, method, plan*) ingegnoso, -a

ingoing [ˈɪn·goʊ·ɪŋ] *adj* in entrata

ingrained [ˌɪn·ˈgreɪnd] *adj* **1.** (*embedded: dirt*) incrostato, -a **2.** (*deep-seated*) radicato, -a

ingratitude [ɪn·ˈgræ·t̬ə·tuːd] *n* ingratitudine *f*

ingredient [ɪn·ˈgriː·di·ənt] *n* CULIN ingrediente *m*

ingrowing [ˈɪn·groʊ·ɪŋ] *adj* **~ toenail** unghia *f* incarnita

inhabit [ɪn·ˈhæ·bɪt] *vt* abitare

inhabitant [ɪn·ˈhæ·bɪ·tənt] *n* abitante *mf*

inhale [ɪn·ˈheɪl] **I.** *vt* inspirare; MED inalare **II.** *vi* inspirare

inhaler [ɪn·ˈheɪ·lɚ] *n* inalatore *m*

inherit [ɪn·ˈhe·rɪt] *vi, vt* ereditare

inheritance [ɪn·ˈhe·rɪ·təns] *n a. fig* eredità *f;* **to come into an ~** ereditare

inhibition [ˌɪn·ɪ·ˈbɪ·ʃən] *n* inibizione *f*

inhospitable [ɪn·ˈhɑːs·pɪ·t̬ə·bl] *adj* (*attitude, place*) inospitale

in-house [ˈɪn·haʊs] COM **I.** *adj* interno, -a **II.** *adv* in sede

inhuman [ɪn·ˈhjuː·mən] *adj* (*not human*) inumano, -a

inhumane [ˌɪn·hjuː·ˈmeɪn] *adj* (*cruel*) disumano, -a

initial [ɪ·ˈnɪ·ʃəl] **I.** *n* iniziale *f* **II.** *adj* iniziale; **in the ~ phases** nelle fasi iniziali

initially [ɪ·ˈnɪ·ʃə·li] *adv* all'inizio

initiation [ɪ·ˌnɪ·ʃɪ·ˈeɪ·ʃən] *n* (*introducing*) iniziazione *f;* (*as a member*) ammissione *f*

initiative [ɪ·ˈnɪ·ʃə·tɪv] *n* iniziativa *f*

inject [ɪn·ˈdʒekt] *vt* **1.** *a.* MED iniettare **2.** (*introduce*) introdurre; (*enthusiasm*) infondere; (*funds, money*) immettere; (*invest*) investire

injection [ɪn·ˈdʒek·ʃən] *n* iniezione *f*

injure [ˈɪn·dʒɚ] *vt* **1.** (*wound*) ferire **2.** (*damage*) danneggiare **3.** (*do wrong to*) offendere

injury [ˈɪn·dʒə·ri] <-ies> *n* (*physical*) lesione *f;* (*physical, psychological*) ferita *f;* **a knee/back ~** una ferita al ginocchio/alla schiena; **to receive an ~** restare ferito

injustice [ɪn·ˈdʒʌs·tɪs] *n* ingiustizia *f;* **you do me an ~** sei ingiusto con me

ink [ɪŋk] *n* inchiostro *m*

inkling [ˈɪŋk·lɪŋ] *n* (*suspicion*) sospetto *m;* **to have an ~ that ...** avere il sospetto che ...

inland [ˈɪn·lənd] **I.** *adj* (*not coastal: sea, shipping*) interno, -a; (*town, village*) dell'interno *m* **II.** *adv* **1.** (*direction*) verso l'interno **2.** (*place*) all'interno

in-laws [ˈɪn·lɑːz] *npl* suoceri *mpl*

inlet [ˈɪn·let] *n* **1.** GEO insenatura *f* **2.** TECH entrata *f;* (*pipe*) tubo *m* di entrata

inmate [ˈɪn·meɪt] *n* (*in mental hospital*) paziente *mf;* (*in prison*) detenuto, -a *m, f*

inn [ɪn] *n* locanda *f*

inner ['ɪ·nɚ] *adj* **1.** (*located in the interior*) interno, -a **2.** (*deep*) intimo, -a; (*secret*) nascosto, -a

inner city *n il centro degradato di una città, abitato da poveri ed emarginati*

innermost ['ɪ·nɚ·moʊst] *adj* più intimo, -a; **in his/her ~ being** nel suo intimo

inner tube *n* camera *f* d'aria

inning ['ɪ·nɪŋ] *n* SPORTS (*part of baseball game*) inning *m inv*

innocence ['ɪ·nə·sns] *n* innocenza *f*; **to plead one's ~** dichiararsi innocente

innocent ['ɪ·nə·snt] **I.** *adj* innocente; **an ~ bystander** un testimone innocente **II.** *n* (*child*) innocente *mf*; (*inexperienced*) sprovveduto, -a *m, f*

innovation [ˌɪ·nə·'veɪ·ʃən] *n* innovazione *f*

innuendo [ˌɪn·juː·'en·doʊ] <-(e)s> *n* (*insinuation*) insinuazione *f*; **to make an ~** (**about sth**) fare un'insinuazione (su qu)

inoculate [ɪ·'nɑːk·jə·leɪt] *vt* **to ~ sb** (**against sth**) vaccinare qu (contro qc)

inoculation [ɪ·ˌnɑːk·jə·'leɪ·ʃən] *n* vaccinazione *f*

input ['ɪn·pʊt] **I.** *n* **1.** (*contribution*) contributo *m* **2.** COMPUT, FIN input *m inv* **II.** <-tt-> *vt* COMPUT immettere

inquest ['ɪn·kwest] *n a.*LAW inchiesta *f*

inquire [ɪn·'kwaɪr] **I.** *vi* **1.** (*ask*) chiedere; **to ~ about sb/sth** chiedere informazioni su qu/qu **2.** (*investigate*) indagare; **to ~ into a matter** indagare su una questione **II.** *vt* chiedere; **to ~ the reason** informarsi sul perchè

inquiry [ɪn·'kwaɪ·ri] *n* **1.** (*question*) domanda *f* **2.** (*investigation*) indagine *f*

inquisitive [ɪn·'kwɪ·zə·tɪv] *adj* (*curious*) curioso, -a; **to be ~ about sth/sb** avere curiosità per qc/qu

insane [ɪn·'seɪn] *adj* (*crazy*) malato, -a di mente; *fig* pazzo, -a; **to be/go ~** essere/andare fuori di testa

insanitary [ɪn·'sæ·nɪ·te·ri] *adj* antigenico, -a

insanity [ɪn·'sæ·nə·ti] *n* **1.** (*mental illness*) infermità *f* mentale **2.** *a. fig* (*craziness*) follia *f*

inscription [ɪn·'skrɪp·ʃən] *n* (*on stone, metal*) iscrizione *f*; (*dedication*) dedica *f*

insect ['ɪn·sekt] *n* insetto *m*; **~ bite** puntura *f* d'insetto

insecticide [ɪn·'sek·tɪ·saɪd] *n* insetticida *m*

insecure [ˌɪn·sɪ·'kjʊr] *adj* (*person*) insicuro, -a; (*future*) incerto, -a; (*job*) precario, -a; (*structure*) malsicuro, -a

insensitive [ɪn·'sen·sə·tɪv] *adj* insensibile

inseparable [ɪn·'sep·rə·bl] *adj* inseparabile

insert [ɪn·'sɜːrt] *vt* **1.** (*put into*) inserire **2.** (*add within a text, fill in*) inserire

in-service ['ɪn·sɜːr·vɪs] *adj* (*training*) in servizio

inside [ɪn·'saɪd] **I.** *adj* **1.** (*internal*) interno, -a; **the ~ door** la porta interna **2.** (*from within: information*) confidenziale; **the robbery was an ~ job** la rapina è stata realizzata con l'aiuto di un basista **II.** *n* **1.** (*internal part or side*) interno *m*; **on the ~** all'interno; **to turn sth ~ out** rivoltare qc; **to know a place ~ out** conoscere un posto a menadito **2.** *pl, inf* (*entrails*) pancia *f* **III.** *prep* (*within*) **~** (**of**) dentro; **to play ~ the house** giocare dentro casa; **to go ~ the house** entrare in casa **IV.** *adv* (*within something*) dentro; **to go ~** entrare

insight ['ɪn·saɪt] *n* **1.** (*capacity*) perspicacia *f* **2.** (*instance*) intuizione *f*; **to gain ~ into sth/sb** capire meglio qc/qu

insignificant [ˌɪn·sɪg·'nɪ·fɪ·kənt] *adj* insignificante

insincere [ˌɪn·sɪn·'sɪr] *adj* falso, -a

insist [ɪn·'sɪst] **I.** *vi* insistere; **to ~ on doing sth** ostinarsi a fare qc; **if you ~** se insisti [*or* se insiste] **II.** *vt* **1.** (*state*) insistere **2.** (*demand*) esigere

insistence [ɪn·'sɪs·təns] *n* insistenza *f*; **to do sth at sb's ~** fare qc dietro insistenza di qu

insistent [ɪn·'sɪs·tənt] *adj* insistente; **to be ~ (that) ...** insistere (che)...

insofar as [ˌɪn·soʊ·'fɑːr əz] *adv form* per quanto *+subj*

insolent ['ɪn·sə·lənt] *adj* insolente

insoluble [ɪn·'sɑːl·jə·bl] *adj* insolubile

insomnia [ɪn·ˈsɑːm·ni·ə] *n* insonnia *m;* **to suffer from** ~ soffrire d'insonnia
inspect [ɪn·ˈspekt] *vt* **1.** (*examine*) ispezionare; (*tickets, passport*) controllare **2.** MIL **to** ~ **the troops** passare in rassegna le truppe
inspection [ɪn·ˈspek·ʃən] *n* ispezione *f;* MIL rassegna *f*
inspector [ɪn·ˈspek·tər] *n* ispettore, -trice *m, f;* **ticket** ~ controllore, -a *m, f*
inspiration [ˌɪn·spə·ˈreɪ·ʃən] *n* ispirazione *f*
inspire [ɪn·ˈspaɪr] *vt* **1.** (*stimulate*) ispirare; **to** ~ **sb with hope** infondere speranza a qu **2.** (*cause, lead to*) stimolare
instability [ˌɪn·stə·ˈbɪ·lə·ti] *n* instabilità *f*
instal <-ll->, **install** [ɪn·ˈstɔːl] **I.** *vt* **1.** *a.* TECH, COMPUT installare **2. to** ~ **sb** insediare qu **II.** *vr* **to** ~ **oneself** piazzarsi
installation [ˌɪn·stə·ˈleɪ·ʃən] *n* installazione *f*
installment [ɪn·ˈstɔːl·mənt] *n* **1.** RADIO, TV puntata *f* **2.** COM rata *f;* **to pay** (**for sth**) **in** ~**s** pagare (qc) a rate
instance [ˈɪn·stəns] *n* (*case*) caso *m;* **in this** ~ in questo caso; **for** ~ per esempio; **in the first** ~ in primo luogo
instant [ˈɪn·stənt] **I.** *n* istante *m;* **for an** ~ per un momento; **in an** ~ in un istante **II.** *adj* **1.** (*immediate*) immediato, -a **2.** CULIN istantaneo, -a; ~ **coffee** caffè *m* istantaneo; ~ **soup** minestra *f* pronta
instantly [ˈɪn·stənt·li] *adv* all'istante
instead [ɪn·ˈsted] **I.** *adv* invece **II.** *prep* ~ **of** invece di; ~ **of him** al posto suo; ~ **of doing sth** invece di fare qc
instigate [ˈɪn·stɪ·geɪt] *vt* (*laws, proceedings*) promuovere; (*rebellion*) istigare a
instil [ɪn·ˈstɪl] <-ll-> *vt,* **instill** *vt* **to** ~ **sth** (**into sb**) instillare qc (in qu)
instinct [ˈɪn·stɪŋkt] *n* istinto *m;* **to do sth by** ~ fare qc d'istinto
instinctive [ɪn·ˈstɪŋk·tɪv] *adj* istintivo, -a
institute [ˈɪnt·stɪ·tuːt] *n* istituto *m*
institution [ˌɪnt·stɪ·ˈtuː·ʃən] *n* **1.** (*act, society, person*) istituzione *f* **2.** (*home*) istituto *m*
instruct [ɪn·ˈstrʌkt] *vt* (*order*) dare ordini; (*give instructions*) dare istruzioni; **to** ~ **sb** (**to do sth**) ordinare a qu (di fare qc)
instruction [ɪn·ˈstrʌk·ʃən] *n* **1.** (*order*) istruzione *f;* **to give sb** ~**s** dare istruzioni a qu; **to act on** ~**s** agire dietro istruzioni **2.** *pl* (*information on method*) istruzioni *fpl*
instructive [ɪn·ˈstrʌk·tɪv] *adj* istruttivo, -a
instructor [ɪn·ˈstrʌk·tɚ] *n* (*teacher*) istruttore, -trice *m, f;* **driving** ~ istruttore, -trice *m, f* di scuola guida; **ski** ~ maestro, -a *m, f* di sci
instrument [ˈɪn·strə·mənt] *n a.* MUS strumento *m*
instrumental [ˌɪn·strə·ˈmen·t̬l] *adj* **1.** MUS strumentale **2.** (*greatly influential*) **to be** ~ **in doing sth** giocare un ruolo chiave in qc
instrument board *n,* **instrument panel** *n* AUTO quadro *m* strumenti; AVIAT, NAUT pannello *m* dei comandi
insufficient [ˌɪn·sə·ˈfɪ·ʃənt] *adj* insufficiente
insular [ˈɪnt·sə·lɚ] *adj* **1.** GEO insulare **2.** (*person*) provinciale
insulate [ˈɪnt·sə·leɪt] *vt* isolare; **to** ~ **sth** (**against sth**) isolare qc (contro qc)
insulation [ˌɪnt·sə·ˈleɪ·ʃən] *n* isolamento *m*
insult **I.** [ɪn·ˈsʌlt] *vt* insultare **II.** [ˈɪn·sʌlt] *n* insulto *m*
insurance [ɪn·ˈʃʊ·rəns] *n* **1.** (*gener*) assicurazione *f;* **life** ~ assicurazione sulla vita **2.** (*measure*) protezione *f*
insurance policy <-ies> *n* polizza *f* d'assicurazione
insure [ɪn·ˈʃʊr] *vt* assicurare
intact [ɪn·ˈtækt] *adj* intatto, -a
intake [ˈɪn·teɪk] *n* **1.** (*action of taking in: of water*) entrata *f;* (*of air*) aspirazione *f* **2.** (*amount taken in*) consumo *m;* **food** ~ razione *f* di cibo
integral [ˈɪn·t̬əg·rəl] *adj* **1.** (*central, essential*) **to be** ~ **to sth/sb** essere parte integrante di qc; **to be** ~ **to sb** essere di vitale importanza per qu **2.** (*complete*) integrale
integrated [ˈɪn·tɪ·greɪ·t̬ɪd] *adj* **1.** (*coordinating different elements*) integrato, -a **2.** (*with different ethnic groups*) ~

school scuola *f* multietnica

intellect ['ɪn·t̬ə·lekt] *n* (*faculty*) intelletto *m*

intellectual [ˌɪn·t̬ə·'lek·tʃʊ·əl] *adj, n* intellettuale *mf*

intelligence [ɪn·'te·lɪ·dʒəns] *n* (*cleverness*) intelligenza *f;* **artificial ~** intelligenza artificiale

intelligent [ɪn·'te·lɪ·dʒənt] *adj* intelligente

intend [ɪn·'tend] *vt* **1.** (*aim for, plan*) **to ~ to do sth** avere l'intenzione di fare qc; **I ~ed no harm** non volevo fare del male **2.** (*mean*) intendere **3.** (*earmark, destine*) **to be ~ed for sth** essere destinato a qc; **this film is not ~ed for children** questo non è un film per bambini

intense [ɪn·'tents] *adj* **1.** (*acute, concentrated, forceful*) intenso, -a **2.** (*demanding*) impegnativo, -a

intensify [ɪn·'ten·tsɪ·faɪ] <-ie-> **I.** *vt* (*fighting*) intensificare; (*joy, sadness*) aumentare; (*pain*) acuire **II.** *vi* (*fighting*) intensificarsi; (*joy, sadness*) aumentare; (*pain*) acuirsi

intensity [ɪn·'ten·tsə·ti] *n* intensità *f*

intensive [ɪn·'tent·sɪv] *adj* intensivo, -a

intensive care *n* terapia *f* intensiva

intent [ɪn·'tent] **I.** *n* intento *m;* **a declaration of ~** una dichiarazione di intenti; **to all ~s and purposes** a tutti gli effetti **II.** *adj* **1.** (*absorbed, concentrated, occupied*) intento, -a; **to be ~ on sth** essere intento a qc **2.** (*decided, set*) intenzionato, -a

intention [ɪn·'tent·ʃən] *n* intenzione *f;* **it is my ~ to ...** ho intenzione di...

intentional [ɪn·'tent·ʃə·nəl] *adj* intenzionale; (*insult*) deliberato, -a

interactive [ˌɪn·t̬ə·'æk·tɪv] *adj* interattivo, -a

interactive TV [ˌɪn·t̬ə·æk·tɪv·tiː·'viː] *n* televisione *f* interattiva

intercept [ˌɪn·t̬ə·'sept] *vt a.* MAT intercettare; **to ~ sb** bloccare la strada a qu

interception [ˌɪn·t̬ə·'sep·ʃən] *n a.* SPORTS (*act of intercepting*) intercettazione *f*

interchange [ˌɪn·t̬ə·'tʃeɪndʒ] **I.** *n* **1.** (*exchange*) interscambio *m;* **~ of ideas** interscambio *m* d'idee **2.** (*of roads*) svincolo *m* **II.** *vt* (*exchange: ideas, knowledge*) scambiarsi; COMPUT (*data*) scambiare

interchangeable [ˌɪn·t̬ə·'tʃeɪn·dʒə·bl] *adj* intercambiabile

intercom ['ɪn·t̬ə·kɑːm] *n* (*on a plane or ship*) interfono *m;* (*in a building*) citofono *m*

intercourse ['ɪn·t̬ə·kɔːrs] *n* **sexual ~** rapporti *m* sessuali *pl*

interest ['ɪn·trɪst] **I.** *n* **1.** *a.* FIN (*gener*) interesse *m;* **to take an ~ in sth** interessarsi a qc; **just out of ~** *inf* per curiosità; **to lose ~ in sb/sth** perdere interesse in qu/qc; **this might be of ~ to you** questo potrebbe interessarti; **~ rate** tasso *m* di interesse; **business ~s** interessi *m pl* commerciali; **vested ~s** interessi *m pl* acquisiti **2.** *pl* (*profit, advantage*) interesse *m;* **a conflict of ~s** un conflitto di interessi; **to pursue one's own ~s** fare i propri interessi; **it's in your own ~ to do it** è nel tuo interesse farlo **3.** (*legal right*) partecipazione *f;* **to have a controlling ~ in a firm** avere una partecipazione di controllo in un'impresa **II.** *vt* interessare

interested ['ɪn·trɪs·tɪd] *adj* interessato, -a; **to be ~ in sth/sb** interessarsi a qc/qu; **the ~ parties** le parti interessate

interesting ['ɪn·trəs·'tɪŋ] *adj* interessante

interfere [ˌɪn·t̬ə·'fɪr] *vi* **1.** (*become involved*) immischiarsi; **to ~ between two people** intromettersi fra due persone; **to ~ in sth** intromettersi in qc **2.** (*disturb*) disturbare **3. to ~ with sth** (*touch*) armeggiare con qc **4.** RADIO, TECH (*hamper signals*) interferire

interference [ˌɪn·t̬ə·'fɪ·rəns] *n* **1.** (*hindrance*) intromissione *f* **2.** RADIO, TECH interferenza *f* **3.** SPORTS intervento *m;* (*in American football*) interferenza *f*

interior [ɪn·'tɪ·ri·ə] **I.** *adj* **1.** (*inner, inside, internal*) interno, -a; (*lighting*) d'interni **2.** (*central, inland, remote*) dell'interno **II.** *n* **1.** (*inside*) interno *m;* **the ~ of the country** l'interno del paese **2.** POL (*home affairs*) **the U.S. Department of the Interior** il Ministero degli Interni degli Stati Uniti

I

interior designer *n* arredatore, -trice d'interni *mf*
intermediate [ˌɪn·t̬ɚ·ˈmiː·di·ət] *adj* intermedio, -a; ~ **course** corso *m* intermedio
intermission [ˌɪn·t̬ɚ·ˈmɪ·ʃən] *n* **1.** interruzione *m;* **without** ~ senza pausa **2.** CINE, THEAT intervallo *m*
intermittent [ˌɪn·t̬ɚ·ˈmɪ·tnt] *adj* intermittente
intern [ˈɪn·tɜːrn] *n* tirocinante *mf;* **hospital** ~ medico *m* tirocinante
internal [ɪn·ˈtɜːr·nl] *adj a.* MED interno, -a; **for** ~ **use only** solo per uso interno; **Internal Revenue Service** *Agenzia delle Entrate del Ministero delle Finanze degli Stati Uniti*
international [ˌɪn·t̬ɚ·ˈnæʃ·nəl] *adj a.* LAW internazionale
Internet [ˈɪn·t̬ɚ·net] *n* COMPUT Internet *f;* **to access the** ~ entrare in Internet
Internet service provider *n* provider *m inv*
internship *n* internato *m*
interpersonal *adj* interpersonale
interplay [ˈɪn·t̬ɚ·pleɪ] *n* interazione *f*
interpret [ɪn·ˈtɜːr·prət] **I.** *vt* **1.** (*decode, construe*) interpretare **2.** (*translate*) tradurre **II.** *vi* fare da interprete; **to** ~ **from English into Spanish** tradurre dall'inglese allo spagnolo
interpreter [ɪn·ˈtɜːr·prə·t̬ɚ] *n a.* MUS, THEAT interprete *mf*
interrogate [ɪn·ˈte·rə·geɪt] *vt* interrogare
interrogation [ɪn·ˌte·rə·ˈgeɪ·ʃən] *n* **1.** *a.* COMPUT interrogazione *f* **2.** LAW interrogatorio *m*
interrogative [ˌɪn·t̬ɚ·ˈrɑː·gə·tɪv] **I.** *n* LING (*word*) parola *f* interrogativa; (*sentence*) frase *f* interrogativa **II.** *adj* LING interrogativo, -a
interrupt [ˌɪn·t̬ɚ·ˈrʌpt] *vi, vt* interrompere
interruption [ˌɪn·t̬ɚ·ˈrʌp·ʃən] *n* interruzione *f;* **without** ~ senza interruzioni
intersection [ˌɪn·tər·ˈsek·ʃən] *n* **1.** (*crossing of lines*) intersezione *f* **2.** AUTO incrocio *m*
interstate (**highway**) *n* autostrada *f* interstatale
interval [ˈɪn·t̬ɚ·vl] *n a.* MUS intervallo *m;* **at** ~**s of five minutes** a intervalli di cinque minuti; **at two-inch** ~**s** a intervalli di cinque centimetri; **sunny** ~**s** METEO intervalli soleggiati
intervene [ˌɪn·t̬ɚ·ˈviːn] *vi* **1.** (*involve oneself to help*) intervenire; **to** ~ **on sb's behalf** intervenire a favore di qu **2.** (*meddle unhelpfully*) **to** ~ **in sth** intromettersi in qc
intervening *adj* **in the** ~ **period** nel frattempo; **in the** ~ **days** nei giorni di intervallo
intervention [ˌɪn·t̬ɚ·ˈven·ʃən] *n* intervento *m;* **military** ~ MIL intervento militare
interview [ˈɪn·t̬ɚ·vjuː] **I.** *n* (*formal conversation*) intervista *f;* **to have a job** ~ avere un colloquio di lavoro; **to give an** ~ rilasciare un'intervista **II.** *vt* intervistare; **to** ~ **sb about sth** intervistare qu su qc
interviewee [ˌɪn·t̬ɚ·vjuː·ˈiː] *n* intervistato, -a *m, f*
interviewer [ˈɪn·t̬ɚ·vjuː·ɚ] *n* intervistatore, -trice *m, f*
intestine [ɪn·ˈtes·tɪn] *n* intestino *m*
intimate [ˈɪn·t̬ə·mət] *adj* **1.** (*gener*) intimo, -a; ~ **relationship** rapporto *m* intimo; **to be on** ~ **terms with sb** essere intimo, -a di qu **2.** (*very detailed: knowledge*) profondo, -a
intimidate [ɪn·ˈtɪ·mɪ·deɪt] *vt* intimidire
intimidation [ɪn·ˌtɪ·mɪ·ˈdeɪ·ʃən] *n* intimidazione *f*
into [ˈɪn·tə] *prep* **1.** (*to the inside of*) in; (*towards*) verso; **to walk** ~ **a place** entrare in un posto; **to get** ~ **bed** mettersi a letto; ~ **the future** verso il futuro **2.** (*indicating an extent in time or space*) **deep** ~ **the forest** nel cuore della foresta; **to work late** ~ **the evening** lavorare fino a tarda sera **3.** (*against*) contro; **to drive** ~ **a tree** andare a sbattere (con la macchina) contro un albero; **to bump** ~ **a friend** imbattersi in un amico **4.** (*to the state or condition of*) **to burst** ~ **tears** scoppiare in lacrime; **to translate from Italian** ~ **English** tradurre dall'italiano in inglese; **to turn sth** ~ **sth** trasformare qc in qc **5.** *inf* (*interested in*) **she's**

really ~ **her new job** è davvero presa dal suo nuovo lavoro; **I think they are ~ drugs** credo che facciano uso di droga **6.** MATH **two goes ~ ten five times** il due sta nel dieci cinque volte

intolerable [ɪn·ˈtɑː·lɚ·ə·bl] *adj* intollerabile

intolerant [ɪn·ˈtɑː·lɚ·ənt] *adj* intollerante; **to be ~ of sb** essere intollerante verso qu; **to be ~ of alcohol** MED non sopportare l'alcol

intricate [ˈɪn·trɪ·kət] *adj* **1.** (*detailed*) dettagliato, -a **2.** (*complicated: mechanism, problem*) intricato, -a

intrigue **I.** [ɪn·ˈtriːg] *vt* intrigare; **to be ~d by sth** essere intrigato da qc **II.** [ˈɪn·triːg] *n* intrigo *m*

intriguing [ɪn·ˈtriː·gɪŋ] *adj* intrigante

introduce [ˌɪn·trə·ˈduːs] *vt* **1.** (*acquaint, present: person, bill, book*) presentare; **may I ~ you to my husband?** posso presentarLe mio marito?; **the director will ~ the film personally** il regista in persona presenterà il film **2.** (*bring in, insert: subject, product, object*) introdurre; **to ~ sb to sth** introdurre qu a qc; **to ~ sth into sth** introdurre qc in qc; **to ~ a product into the market** introdurre un prodotto sul mercato

introduction [ˌɪn·trə·ˈdʌk·ʃən] *n* **1.** (*first acquaintance*) presentazione *f*; **to do the ~s** fare le presentazioni; (*of a bill*) presentazione *f* **2.** *a.* MUS (*first contact, establishment, insertion*) introduzione *f*; **~ into the market** introduzione sul mercato; **an ~ to sailing** un primo contatto con la vela

introductory [ˌɪn·trə·ˈdʌk·tə·ri] *adj a.* COM introduttivo, -a; **~ remarks** dichiarazioni*f pl* introduttive

intrude [ɪn·ˈtruːd] *vi* **1.** (*meddle*) intromettersi; **to ~ into sth** immischiarsi in qc; **to ~ upon sb's privacy** violare la privacy di qu **2.** (*disturb*) disturbare; **to ~ on sb** disturbare qu

intruder [ɪn·ˈtruː·dɚ] *n* intruso, -a *m, f*

intrusion [ɪn·ˈtruː·ʒən] *n* **1.** (*encroachment, infringement*) intrusione *f* **2.** (*meddling*) intromissione *f*

intrusive [ɪn·ˈtruː·sɪv] *adj* (*noise*) molesto, -a; (*question*) indiscreto, -a; (*person*) invadente

intuition [ˌɪn·tuː·ˈɪ·ʃən] *n* intuizione *f*

intuitive [ɪn·ˈtjuː·ɪ·tɪv] *adj* intuitivo, -a

invade [ɪn·ˈveɪd] *vi, vt* invadere; **to ~ sb's privacy** invadere la privacy di qu

invader [ɪn·ˈveɪ·dɚ] *n* invasore, -ditrice *m, f*

invalid¹ [ˈɪn·və·lɪd] *adj, n* invalido, -a *m, f*

invalid² [ɪn·ˈvæ·lɪd] *adj* **1.** LAW (*not legally binding: marriage*) nullo, -a; (*ticket*) non valido, -a; **legally ~** privo, -a di validità legale **2.** (*unsound*) inefficace

invaluable [ɪn·ˈvæl·ju·ə·bl] *adj* inestimabile; (*help*) prezioso, -a; **to be ~ to sb** avere un valore inestimabile per qu

invasion [ɪn·ˈveɪ·ʒən] *n* **1.** MIL invasione *f* **2.** (*interference*) violazione *f*; **~ of privacy** violazione della privacy

invent [ɪn·ˈvent] *vt* inventare

invention [ɪn·ˈven·ʃən] *n* **1.** (*gadget, falsehood*) invenzione *f* **2.** (*creativity*) inventiva *f*

inventive [ɪn·ˈven·t̬ɪv] *adj* inventivo, -a

inventor [ɪn·ˈven·t̬ɚ] *n* inventore, -trice *m, f*

inventory [ˈɪn·vən·tɔː·ri] <-ies> *n* **1.** (*catalog*) inventario *m*; **to draw up an ~** fare l'inventario **2.** (*stock*) scorte *mpl*

invert [ɪn·ˈvɜːrt] *vt* invertire

invest [ɪn·ˈvest] *vi, vt* investire; **to ~ in sth** investire in qc; **to ~ time and effort in sth** investire tempo ed energie in qc

investigate [ɪn·ˈves·tɪ·geɪt] *vt* indagare su

investigation [ɪn·ˌves·tɪ·ˈgeɪ·ʃən] *n* indagine *f*

investigator [ɪn·ˈves·tɪ·geɪ·t̬ɚ] *n* investigatore, -trice *m, f*

investment [ɪn·ˈvest·mənt] **I.** *n a. fig* investimento *m*; **to be a good ~** essere un buon investimento **II.** *adj* (*bank, company*) d'investimento

investor [ɪn·ˈves·tɚ] *n* investitore, -trice *m, f*

invigorating [ɪn·ˈvɪ·gə·reɪ·t̬ɪŋ] *adj* (*shower, walk*) rigenerante; (*swim*) tonificante

invincible [ɪn·ˈvɪn·sə·bl] *adj* invincibile

invisible [ɪn·ˈvɪ·zə·bl] *adj* invisibile

invitation [ˌɪn·vɪ·ˈteɪ·ʃən] *n* invito *m*

invite[1] [ˈɪn·vaɪt] *n inf* invito *m*

invite[2] [ɪn·ˈvaɪt] *vt* **1.** (*gener*) invitare; **to ~ sb for/to sth** invitare qu per/a qc; **to ~ offers** sollecitare offerte **2.** (*provoke*) provocare; **to ~ trouble** andare in cerca di guai

inviting [ɪn·ˈvaɪ·t̬ɪŋ] *adj* invitante

invoice [ˈɪn·vɔɪs] *n* fattura *f*

involuntary [ɪn·ˈvɑː·lən·te·ri] *adj* involontario, -a

involve [ɪn·ˈvɑːlv] *vt* **1.** (*implicate*) coinvolgere; **to be ~d in sth** essere coinvolto, -a in qc; **to get ~d in sth** immischiarsi in qc **2.** (*entail*) implicare; **to ~ great expense** comportare grosse spese

involved [ɪn·ˈvɑːlvd] *adj* **1.** (*implicated*) coinvolto, -a **2.** (*complicated*) complicato, -a

inward [ˈɪn·wɚd] *adj* **1.** (*inner*) interiore **2.** (*moving in*) verso l'interno **3.** (*in the mind: doubts*) intimo, -a

inwards [ˈɪn·wɚds] *adv* verso l'interno

IOU [ˌaɪ·oʊ·ˈjuː] *n inf abbr of* **I owe you** pagherò *m inv*

Iowa [ˈaɪ·ə·wə] *n* Iowa *m*

IQ [ˌaɪ·ˈkjuː] *n abbr of* **intelligence quotient** QI *m*

Iran [ɪ·ˈræn] *n* Iran *m*

Iranian [ɪ·ˈreɪ·ni·ən] *adj, n* iraniano, -a *m, f*

Iraq [ɪ·ˈrak] *n* Irak *m*

Iraqi [ɪ·ˈrak·i] *adj, n* iracheno, -a *m, f*

Ireland [ˈaɪr·lənd] *n* Irlanda *f;* **Republic of ~** Repubblica *f* di Irlanda; **Northern ~** Irlanda del Nord

Irish [ˈaɪ·rɪʃ] **I.** *adj* irlandese **II.** *n* **1.** *pl* (*people*) **the ~** gli irlandesi **2.** LING irlandese *m;* **~ Gaelic** gaelico *m* irlandese

Irishman [ˈaɪ·rɪʃ·mən] <-men> *n* irlandese *m*

Irishwoman [ˈaɪ·rɪʃ·wʊ·mən] <-women> *n* irlandese *f*

iron [ˈaɪ·ɚn] **I.** *n* **1.** (*metal*) ferro *m* **2.** (*for pressing clothes*) ferro *m* (da stiro) **3.** SPORTS (*golf club*) ferro *m* **II.** *vt* stirare; *fig* appianare **III.** *vi* stirare **IV.** *adj* di ferro; (*discipline*) ferreo, -a

ironic [aɪ·ˈran·ɪk] *adj,* **ironical** [aɪ·ˈran·ɪ·kəl] *adj* ironico, -a

ironing [ˈaɪ·ɚ·nɪŋ] *n* (*clothes*) roba *f* da stirare; **to do the ~** stirare

ironing board *n* asse *f* da stiro

irony [ˈaɪ·rə·ni] <-ies> *n* ironia *f*

irrational [ɪ·ˈræ·ʃə·nəl] *adj* irrazionale

irregular [ɪ·ˈreg·jə·lɚ] *adj* irregolare

irrelevance [ɪr·ˈre·lə·vənts] *n,* **irrelevancy** <-ies> *n* irrilevanza *f*

irrelevant [ɪr·ˈre·lə·vənt] *adj* irrilevante; **to be ~ to sth** non essere rilevante per qc

irreparable [ɪ·ˈre·pə·rə·bl] *adj* irreparabile

irreplaceable [ˌɪ·rɪ·ˈpleɪ·sə·bl] *adj* insostituibile

irresistible [ˌɪ·rɪ·ˈzɪs·tə·bl] *adj* irresistibile

irrespective [ˌɪ·rɪ·ˈspek·tɪv] *prep* **~ of** indipendentemente da; **~ of sth/sb** a prescindere da qc/qu

irresponsible [ˌɪ·rɪ·ˈspɑːn·sə·bl] *adj* irresponsabile

irreverent [ɪ·ˈre·və·rənt] *adj* irriverente

irreversible [ˌɪ·rɪ·ˈvɜːr·sə·bl] *adj* (*movement*) irreversibile; (*decision*) irrevocabile

irrigation [ˌɪ·rɪ·ˈgeɪ·ʃən] *n* AGR, MED irrigazione *f*

irritable [ˈɪ·rɪ·tə·bl] *adj* (*person*) irritabile; (*voice*) irritato, -a

irritate [ˈɪ·rɪ·teɪt] *vt a.* MED irritare

irritation [ˌɪ·rɪ·ˈteɪ·ʃən] *n* irritazione *f*

IRS [ˌaɪ·ar·ˈes] *n abbr of* **Internal Revenue Service** Agenzia *f* delle entrate *negli Stati Uniti*

is [ɪz] *3rd pers sing of* **to be**

Islam [ɪz·ˈlɑːm] *n* Islam *m*

Islamic [ɪz·ˈlɑː·mɪk] *adj* islamico, -a; **~ law** legge *f* islamica

island [ˈaɪ·lənd] *n* isola *f*

islander [ˈaɪ·lən·dɚ] *n* isolano, -a *m, f*

isn't [ˈɪ·znt] = **is not**

isolate [ˈaɪ·sə·leɪt] *vt* isolare

isolation [ˌaɪ·sə·ˈleɪ·ʃən] *n* isolamento *m*

Israel [ˈɪz·ri·əl] *n* Israele *m*

Israeli [ɪz·ˈreɪ·li] *adj, n* israeliano, -a *m, f*

issue [ˈɪ·ʃuː] **I.** *n* **1.** (*problem, topic*) questione *f;* **side ~** questione secondaria; **the point at ~** il punto in discussione; **to make an ~ of sth** fare un caso di qc **2.** PUBL (*copy*) numero *m;* **latest** ~ l'ultimo numero *f* **II.** *vt* **1.** (*supply*) distribuire; (*passport, patent*) rilasciare **2.** (*announce*) **to ~ a statement** rilasciare una dichiarazione; (*ultimatum*) lanciare **3.** (*publish*) pubblicare

it [ɪt] **I.** *pron dem* esso, essa *(in many cases 'it' is omitted);* **who was ~?** chi era?; **~'s in my bag** è nella mia borsa; **~ was in Chicago that ...** fu a Chicago che ... **II.** *pron pers* **1.** esso, essa *direct object:* lo, la *indirect object:* gli, le *(in many cases 'it' is omitted);* **where is your pencil? ~'s on my desk** dov'è la tua matita? è sulla mia scrivania; **~ went off badly** è andato a male; **~'s your cat, give ~ something to eat** il gatto è tuo, dagli qualcosa da mangiare; **I'm afraid of ~** mi fa paura **2.** (*time*) **what time is ~?** che ore sono? **3.** (*weather*) **~'s cold** fa freddo; **~'s snowing** nevica **4.** (*distance*) **~'s 5 miles to town from here** la città è a 5 miglia da qui **5.** (*empty subject*) **~ seems that ...** sembra che... **6.** (*passive subject*) **~ is said/hoped that ...** si dice/spera che...

IT [ˌaɪ·'tiː] *n* COMPUT *abbr of* **Information Technology** Informatica *f*

Italian [ɪ·'tæl·jən] **I.** *adj* italiano, -a **II.** *n* **1.** (*person*) italiano, -a *m, f* **2.** LING italiano *m*

italics [ɪ·'tæl·ɪks] *npl* corsivo *m;* **in ~** in corsivo

Italy ['ɪ·t̬ə·li] *n* Italia *f*

itch [ɪtʃ] **I.** *vi* **1.** (*arm, leg*) prudere; (*person*) avere prurito **2.** *fig inf* **to be ~ing to do sth** morire dalla voglia di fare qc **II.** *n* **1.** prurito *m* **2.** *fig inf* smania *f*

itchy ['ɪt·ʃi] <-ier, -iest> *adj* che prude; **my arm feels ~** ho prurito al braccio

item ['aɪ·t̬əm] *n* **1.** (*thing*) articolo *m;* **~ of clothing** capo *m* di abbigliamento **2.** (*topic*) argomento *m;* **~ by ~** punto per punto **3.** COM **~ of expenditure** voce *f* di spesa **4.** PUBL notizia *f;* **news ~** notizia *f*

itinerary [aɪ·'tɪ·nə·re·ri] <-ies> *n* itinerario *m*

it'll ['ɪ·t̬l] = **it will**

its [ɪts] *adj pos* il suo, la sua, i suoi, le sue; **~ color/weight** il suo colore/peso; **~ mountains** le sue montagne; **the cat hurt ~ head** il gatto si è fatto male alla testa

it's [ɪts] **1.** = **it is 2.** = **it has**

itself [ɪt·'self] *pron* **1.** *reflexive* si; **the cat licks ~** il gatto si lecca; **the government got ~ into trouble** il governo si è cacciato nei pasticci **2.** *emphatic* **the place ~** il posto stesso; **by ~** da solo

IV [ˌaɪ·'vi] <IVs> *abbr of* **intravenous** endovenoso, -a

I've [aɪv] = **I have** *see* **have**

IVF [ˌaɪ·vi·'ef] *n* MED *abbr of* **in vitro fertilization** fecondazione *f* in vitro

ivory ['aɪ·və·ri] *n* avorio *m*

ivy ['aɪ·vi] <-ies> *n* edera *f*

Ivy League *n* UNIV *associazione molto esclusiva che comprende colleges e università di altissimo livello e prestigio nel Nord est degli Stati Uniti*

J

J, j [dʒeɪ] *n* J, j *f;* **~ for Jack** J di Jolly

jab [dʒæb] **I.** *n* **1.** (*with a pin*) puntura *f;* (*with an elbow*) gomitata *f* **2.** (*in boxing*) jab *m inv* **II.** <-bb-> *vt* **to ~ a needle into sth** conficcare un ago in qc; **to ~ a finger at sth** indicare qc con un dito; **to ~ sb in the eye with sth** colpire qu in un occhio con qc **III.** <-bb-> *vi* **to ~ at sb/sth** (**with sth**) colpire qu/qc (con qc)

jack [dʒæk] *n* **1.** AUTO cric *m inv* **2.** (*in cards*) jack *m inv,* fante *m*

◆**jack off** *vi vulg* farsi una sega

◆**jack up** *vt* **1.** (*object*) sollevare **2.** *inf* (*prices*) aumentare

jacket ['dʒæ·kɪt] *n* **1.** (*short coat*) giacca *f* **2.** (*of a book*) sovraccoperta *f;* (*of a record*) copertina *f*

jacket potato *n* patata *f* al forno *(cotta intera con la buccia)*

jackpot ['dʒæk·pɑːt] *n* monte *m* premi ▶ **to hit the ~** *inf* avere un colpo di fortuna

J

jagged [ˈdʒæ·ɡɪd] *adj* (*coastline, rocks*) frastagliato, -a; (*cut, tear*) dentellato, -a

jail [dʒeɪl] **I.** *n* carcere *m*, prigione *f*; **to be in ~** (**for sth**) essere in carcere (per qc) **II.** *vt* incarcerare; **she was ~ed for life** è stato condannato al carcere a vita

jam[1] [dʒæm] *n* CULIN marmellata *f*

jam[2] [dʒæm] **I.** *n* **1.** *inf* (*awkward situation*) pasticcio *m* **2.** (*blockage*) **traffic ~** ingorgo *m* stradale; **paper ~** COMPUT inceppamento *m* carta **II.** <-mm-> *vt* (*cause to become stuck*) far inceppare; (*door*) bloccare; **to ~ sth into sth** ficcare qc in qc **III.** <-mm-> *vi* **1.** (*become stuck*) bloccarsi; (*rifle*) incepparsi **2.** (*play music*) improvvisare

jam-packed [ˌdʒæm·ˈpækt] *adj inf* **to be ~** (**with sth**) essere stracolmo, -a (di qc); **the streets were ~ with people** le strade erano piene zeppe di gente

Jane Doe *n* soggetto *m* da identificare

January [ˈdʒæn·ju·e·ri] <-ies> *n* gennaio *m*; *s. a.* **April**

Japan [dʒə·ˈpæn] *n* Giappone *m*

Japanese [ˌdʒæ·pə·ˈniːz] **I.** *adj* giapponese **II.** *n* **1.** (*person*) giapponese *mf* **2.** LING giapponese *m*

jar[1] [dʒɑːr] *n* barattolo *m*

jar[2] [dʒɑːr] **I.** <-rr-> *vt* (*shake*) scuotere **II.** <-rr-> *vi* **1.** (*cause unpleasant feelings*) **to ~ on sb's nerves** dare ai nervi a qu **2.** (*make unpleasant sound*) stridere **3.** (*clash: colors, design*) stonare

java [ˈdʒa·və] *n inf* caffè *m*

javelin [ˈdʒæv·lɪn] *n* **1.** (*spear*) giavellotto *m* **2.** (*competition*) lancio *m* del giavellotto

jaw [dʒɑː] **I.** *n* **1.** ANAT mascella *f* **2.** *pl*, *a. fig* fauci *fpl* **3.** *pl* TECH ganasce *fpl* **II.** *vi inf* chiacchierare

jaywalk [ˈdʒeɪ·wɔk] *vi attraversare la strada senza prestare attenzione*

jaywalker [ˈdʒeɪ·wɔ·kər] *n* pedone *m* indisciplinato

jazz [dʒæz] *n* jazz *m inv*; **~ band** orchestra *f* jazz; **~ club** locale *m* jazz

◆**jazz up** *vt inf* (*party*) vivacizzare; (*dress*) ravvivare

jealous [ˈdʒe·ləs] *adj* **1.** (*envious*) invidioso, -a (**of** di) **2.** (*of unfaithfulness*) geloso, -a; **a ~ rage** un attacco di gelosia

jealousy [ˈdʒe·lə·si] <-ies> *n* **1.** (*possessiveness*) gelosia *f* **2.** (*envy*) invidia *f*

jeans [dʒiːnz] *npl* jeans *mpl*; **a pair of ~** un paio di jeans

jeep [dʒiːp] *n* jeep *m inv*

jeer [dʒɪr] *vi* dire con tono di scherno; **to ~ at sb** sbeffeggiare qu

jeez [dʒiz] *interj inf* (*expressing surprise*) Gesù; (*expressing annoyance*) Cristo

Jell-O® [ˈdʒel·oʊ] *n* budino *m* di frutta in gelatina

jelly [ˈdʒe·li] <-ies> *n* **1.** (*soft transparent substance*) gelatina *f* **2.** (*jam*) marmellata *f*

jellyfish <-es> *n* medusa *f*

jeopardy [ˈdʒe·pɚ·di] *n* pericolo *m*

jerk [dʒɜːrk] **I.** *n* **1.** (*jolt*) scossone *m*; **with a ~** di soprassalto **2.** (*movement*) strattone *m*; **to give sth a ~** dare una strattonata a qc **3.** *pej inf* (*person*) cretino, -a *m, f* **II.** *vi* muoversi a scatti; **to ~ to a halt** fermarsi con un sobbalzo **III.** *vt* **1.** (*shake*) scuotere **2.** (*pull*) tirare bruscamente

jerky [ˈdʒɜːr·ki] <-ier, -iest> *adj* (*not smooth: ride*) con sobbalzi continui

jersey [ˈdʒɜːr·zi] *n* **1.** (*garment*) maglione *m* **2.** (*sports shirt*) maglietta *f* **3.** (*cloth*) jersey *m inv*

Jesus [ˈdʒiː·zəs] **I.** Gesù **II.** *interj inf* Gesù!

jet [dʒet] *n* **1.** (*aircraft*) jet *m inv* **2.** (*stream*) getto *m*

jet engine *n* motore *m* a reazione

jet fighter *n* caccia *f* a reazione

jet lag *n* jet lag *m inv*

jet-propelled *adj* a reazione

jet set *n inf* **the ~** il jet-set *m*

Jet Ski® **I.** *n* aquascooter *m inv* **II.** *vi* andare in aquascooter

jetty [ˈdʒe·t̬i] *n* imbarcadero *m*

Jew [dʒuː] *n* ebreo, -a *m, f*

jewel [ˈdʒuː·əl] *n a. fig* (*piece of jewelry*) gioiello *m*; (*precious stone*) pietra *f* preziosa

jeweler ['dʒuː·ə·lɚ] *n*, **jeweller** ['dʒuː·ə·lɚ] *n* gioielliere, -a *m, f*

jewelry ['dʒuː·əl·ri] *n* gioielli *mpl;* **a piece of ~** un gioiello

Jewish ['dʒuː·ɪʃ] *adj* (*person*) ebreo, -a; (*law*) ebraico, -a

jiffy ['dʒɪ·fi] *n inf* **in a ~** in un batter d'occhi

jigsaw puzzle *n* puzzle *m inv*

jingle ['dʒɪŋ·gl] **I.** *vt* far tintinnare **II.** *vi* tintinnare **III.** *n* **1.** (*noise*) tintinnio *m* **2.** (*in advertisements*) jingle *m inv*

job [dʒɑːb] *n* **1.** (*piece of work, employment*) lavoro *m;* **to apply for a ~** fare domanda di lavoro **2.** (*duty*) dovere *m;* **to do one's ~** compiere il proprio dovere; **it's not her ~** non tocca a lei farlo

jobless ['dʒɑːb·lɪs] *adj* disoccupato, -a

jobseeker *n* persona *f* che cerca lavoro

jock [dʒɑːk] *n sl* (*athlete*) atleta *mf*

jockey ['dʒɑː·ki] *n* fantino, -a *m, f*

jockstrap *n* sospensorio *m*

John Doe *n* soggetto *m* da identificare

jog [dʒɑːg] **I.** *n* **1.** (*run*) corsa *f* lenta; **to go for a ~** andare a fare jogging **2.** (*nudge*) colpetto *m;* **to give sth a ~** dare una gomitata a qc **II.** <-gg-> *vi* fare jogging **III.** <-gg-> *vt* **to ~ sb's <u>memory</u>** rinfrescare la memoria a qu

jogging ['dʒɑː·gɪŋ] *n* jogging *m inv;* **to go (out) ~** andare a fare jogging

john [dʒɑːn] *n inf* (*toilet*) gabinetto *m*

join [dʒɔɪn] **I.** *vt* **1.** (*connect*) unire; **to ~ hands** prendersi per mano **2.** (*come together with sb*) unirsi a; **they'll ~ us after dinner** ci raggiungeranno dopo cena **3.** (*become member of: club, society*) iscriversi a; (*army*) arruolarsi a **4.** (*begin to work with*) unirsi a **II.** *vi* **1.** (*unite*) unirsi **2.** (*become member*) iscriversi **3.** (*participate*) **to ~ in sth** partecipare a qc **III.** *n* giuntura *f*

joiner ['dʒɔɪ·nɚ] *n* falegname *m*

joint [dʒɔɪnt] **I.** *adj* (*effort, investigation, communiqué*) congiunto, -a; (*account*) cointestato, -a **II.** *n* **1.** ANAT articolazione *f* **2.** (*connection*) unione *f* **3.** TECH giuntura *f* **4.** *sl* (*nightclub*) locale *m* **5.** *inf* (*marijuana*) spinello *m*

jointly *adv* congiuntamente

joke [dʒoʊk] **I.** *n* **1.** (*amusing story*) barzelletta *f;* (*trick, remark*) scherzo *m;* **to play a ~ on sb** fare uno scherzo a qu **2.** *inf* (*easy thing*) **to be no ~** non essere uno scherzo **3.** *inf* (*ridiculous thing*) cosa *f* ridicola; (*ridiculous person*) zimbello *m;* **what a ~!** questa sì che è bella! **II.** *vi* scherzare (**about** su); **you must be joking!** stai scherzando?

joker ['dʒoʊ·kɚ] *n* **1.** (*one who jokes*) burlone, -a *m, f* **2.** *inf* (*annoying person*) idiota *mf* **3.** (*playing card*) jolly *m inv*

jolly ['dʒɑː·li] <-ier, -iest> *adj* (*happy: tune*) allegro, -a

jolt [dʒoʊlt] **I.** *n* **1.** (*sudden jerk*) sobbalzo *m* **2.** (*shock*) colpo *m* **II.** *vt a.fig* scuotere **III.** *vi* (*vehicle*) sobbalzare

jostle ['dʒɑː·sl] **I.** *vt* spingere **II.** *vi* (*push*) spintonare

jot [dʒɑːt] <-tt-> *vt* **to ~ sth down** annotare qc

journal ['dʒɜːr·nəl] *n* **1.** (*periodical*) rivista *f* (specializzata) **2.** (*diary*) diario *m*

journalism ['dʒɜːrn·lɪ·zəm] *n* giornalismo *m*

journalist ['dʒɜːrn·lɪst] *n* giornalista *mf*

journey ['dʒɜːr·ni] *n* viaggio *m*

joy [dʒɔɪ] *n* gioia *f;* **to jump for ~** fare salti di gioia

joyful ['dʒɔɪ·fəl] *adj* gioioso, -a

joy ride ['dʒɔɪ·raɪd] *n giro in un auto rubata*

joystick ['dʒɔɪ·stɪk] *n* **1.** AVIAT cloche *f inv* **2.** COMPUT joystick *m inv*

JPEG ['dʒeɪ·ˌpeg] *n* COMPUT immagine *f* JPEG

Jr., **jr.** *abbr of* **Junior** jr.

jubilant ['dʒuː·bɪ·lənt] *adj* giubilante

jubilee ['dʒuː·bɪ·liː] *n* **1.** (*anniversary*) anniversario *m* **2.** REL giubileo *m*

judge [dʒʌdʒ] **I.** *n* **1.** LAW giudice *mf* **2.** (*referee*) giudice *mf* di gara; (*in a jury*) membro *m* della giuria; **panel of ~s** giuria *f* **II.** *vi a.* LAW giudicare **III.** *vt* **1.** *a.* LAW giudicare; (*question*) decidere; (*assess*) valutare; (*consider*) considerare; **to ~ that ...** ritenere che... **2.** (*as a referee*) fare da arbitro in; (*in a jury*) fare da giudice in

judg(e)ment ['dʒʌdʒ·mənt] *n* **1.** LAW

J

sentenza *f* **2.** (*opinion*) giudizio *m* **3.** (*discernment*) (capacità *f* di) giudizio

judgmental [dʒʌdʒ·ˈmen·təl] *adj* sentenzioso, -a

judicial [dʒuː·ˈdɪ·ʃl] *adj* (*system, enquiry*) giudiziario, -a

judiciary [dʒuː·ˈdɪ·ʃie·ri] *n form* **the ~** (*branch of government*) il potere giudiziario; (*judges*) la magistratura

judo [ˈdʒuː·doʊ] *n* judo *m inv*

jug [dʒʌg] *n* (*container*) caraffa *f*; (*small: for milk, cream*) bricco *m*

juggernaut [ˈdʒʌ·gɚ·nɑːt] *n* mostro *m*

juggle [ˈdʒʌ·gl] **I.** *vi* giocolare; *fig* giocare **II.** *vt* giocolare con; *fig* (*do many things at once*) destreggiarsi fra; (*figures*) manipolare

juggler *n* giocoliere, -a *m, f*

juice [dʒuːs] *n* succo *m*

juiced *adj sl* bevuto, -a

juicy [ˈdʒuː·si] <-ier, -iest> *adj* **1.** (*fruit, steak*) succoso, -a **2.** *inf* (*profit*) sostanzioso, -a; (*role*) interessante **3.** *inf* (*details*) piccante

jukebox [ˈdʒuːk·bɑːks] *n* jukebox *m inv*

July [dʒuː·ˈlaɪ] *n* luglio *m*; *s. a.* **April**

jumble [ˈdʒʌm·bl] **I.** *n* guazzabuglio *m* **II.** *vt* mescolare

jumbo [ˈdʒʌm·boʊ] **I.** *adj* gigante *m* **II.** *n inf* jumbo jet *m inv*

jump [dʒʌmp] **I.** *vi* **1.** (*gener*) saltare; **to ~ up and down** saltare su e giù; **to ~ for joy** fare salti di gioia **2.** (*jerk*) trasalire **3.** (*increase suddenly*) salire di colpo **II.** *vt* saltare; (*attack*) saltare addosso a **III.** *n* **1.** (*leap*) salto *m* **2.** (*hurdle*) ostacolo *m*

◆**jump at** *vt* (*an opportunity, an offer*) cogliere al volo

◆**jump in** *vi* saltare dentro

◆**jump up** *vi* scattare in piedi

jumper [ˈdʒʌm·pɚ] *n* (*dress*) maglione *m*

jumper cables *npl* AUTO cavi *m pl* con morsetti

jumpsuit *n* tuta *f* intera

jumpy [ˈdʒʌm·pi] <-ier, -iest> *adj inf* nervoso, -a

junction [ˈdʒʌŋ·kʃən] *n* incrocio *m*

June [dʒuːn] *n* giugno *m*; *s. a.* **April**

jungle [ˈdʒʌŋ·gl] *n a. fig* giungla *f*

junior [ˈdʒuːn·jɚ] **I.** *adj* **1.** (*younger*) più giovane **2.** SPORTS juniores **3.** (*lower in rank*) subalterno, -a; (*partner*) più giovane **II.** *n* **1.** (*younger person*) **he is five years my ~** è più giovane di me di cinque anni **2.** (*low-ranking person*) subalterno, -a *m, f* **3.** UNIV, SCH *negli USA, studente del penultimo anno di scuola super*

junior college *n negli USA, scuola che offre i primi due anni di un corso di studi universitario*

junior high school *n negli USA, scuola per studenti dai 12 ai 15 anni*

junk [dʒʌŋk] *n* (*objects of no value*) cianfrusaglie *fpl*

junk food *n* porcherie *fpl*

junkie [ˈdʒʌŋ·ki] *n* **1.** *sl* (*addict*) tossico, -a *m, f* **2.** *inf* (*fanatic*) fanatico, -a *m, f*

junk mail *n* posta *f* spazzatura

Jupiter [ˈdʒu·pɪ·t̬ər] *n* Giove *m*

juror [ˈdʒʊ·rɚ] *n* giurato, -a *m, f*

jury [ˈdʒʊ·ri] *n* giuria *f*

just [dʒʌst] **I.** *adv* **1.** (*very soon*) subito; **we're ~ about to leave** stiamo per partire **2.** (*now*) giusto; **to be ~ doing sth** stare giusto facendo qc **3.** (*very recently*) appena; **~ after 10 o'clock** subito dopo le 10; **she's ~ turned 15** ha appena compiuto 15 anni **4.** (*exactly, equally*) proprio; **~ like that** proprio così; **~ as I expected** proprio come mi aspettavo; **~ now** proprio adesso; **not ~ yet** non ancora **5.** (*only*) solo; **~ a minute** aspetta un attimo **6.** (*simply*) soltanto; **~ in case it rains** in caso piovesse **7.** (*barely*) **~** (**about**), (**only**) **~** appena; **we** (**only**) **~ caught the bus** abbiamo fatto appena in tempo a prendere l'autobus; **~ in time** appena in tempo **8.** (*very*) proprio; **you look ~ wonderful!** sei semplicemente fantastica! **9. ~ about** (*nearly*) quasi **10. it's ~ as well that ...** tanto vale che... ▶ **~ my luck!** tutte a me! **II.** *adj* (*fair*) giusto, -a ▶ **to get one's ~ deserts** avere quel che uno si merita

justice [ˈdʒʌs·tɪs] *n* **1.** giustizia *f* **2.** (*judge*) giudice *mf*

Justice of the Peace *n* giudice *mf* di pace

justifiable [ˌdʒʌs·tə·ˈfaɪ·ə·bl] *adj* giustificabile

justification [ˌdʒʌs·tə·fɪ·ˈkeɪ·ʃən] *n* giustificazione *f*

justify [ˈdʒʌs·tɪ·faɪ] *vt* giustificare; **to ~ oneself** giustificarsi

justly [ˈdʒʌs·tli] *adv* giustamente

jut [dʒʌt] <-tt-> *vi* **to ~ out** sporgere

juvenile [ˈdʒuː·vən·aɪl] *adj* **1.** *form* (*young*) giovanile **2.** *pej* (*childish*) infantile

juvenile delinquent *n* delinquente *mf* minorenne

K

K, k [keɪ] *n* K, k *f;* **~ for King** K di Kursaal

K 1. COMPUT *abbr of* **kilobyte** kbyte *m* **2.** (*thousand*) **$30~** trenta mille dollari

kangaroo [ˌkæŋ·gə·ˈruː] <-(s)> *n* canguro *m*

kangaroo court *n* tribunale *m* illegale

Kansas [ˈkæn·zəs] *n* Kansas *m*

karate [kə·ˈrɑː·ti] *n* karate *m inv*

kayak [ˈkaɪ·æk] *n* kayak *m*

kebab [kə·ˈbɑb] *n* kebab *m inv*

keel [kiːl] *n* NAUT chiglia *f*

keen [kiːn] *adj* **1.** (*intent, eager*) entusiasta; (*student*) appassionato, -a (**on** di); **to be ~ to do sth** avere voglia di fare qc **2.** (*perceptive: intelligence*) acuto, -a; (*ear*) fine; **to have ~ eyesight** avere una vista acuta **3.** (*extreme*) forte; **a ~ interest** un vivo interesse **4.** (*shrill, piercing*) penetrante

keep [kiːp] **I.** *n* (*livelihood*) sostentamento *m;* **to earn one's ~** guadagnarsi da vivere **II.** <kept, kept> *vt* **1.** (*have: shop*) avere; (*guesthouse*) gestire; (*animals*) allevare **2.** (*store: silence, secret*) mantenere; **~ my seat** tienimi il posto; **~ the change** tenga il resto **3.** (*maintain*) tenere; **to ~ sb under observation** tenere qu sotto osservazione; **to ~ one's eyes fixed on sth/sb** non staccare gli occhi da qc/qu; **to ~ sth going** (*conversation, fire*) mantenere vivo **4.** (*detain*) **to ~ sb waiting** fare aspettare qu; **to ~ sb in prison** tenere qu in prigione; **he was kept at the hospital** è stato trattenuto in ospedale; **what kept you?** cosa ti ha trattenuto? **5.** (*guard*) **to ~ one's temper** mantenere la calma **6.** (*fulfill*) **to ~ an appointment** rispettare un appuntamento; **to ~ one's word** mantenere la parola (data) **7.** (*record: diary, accounts*) tenere **8.** (*person's expenses*) mantenere; **to earn enough to ~ oneself** guadagnare abbastanza per mantenersi ▶ **to ~ one's hand in** non perdere la mano; **to ~ one's <u>balance</u>** mantenersi in equilibrio; **to ~ <u>time</u>** tenere il tempo **III.** <kept, kept> *vi* **1.** *a. fig* (*stay fresh*) conservarsi **2.** (*stay*) mantenersi; **to ~ fit** mantenersi in forma; **to ~ silent** (**about sth**) mantenere il silenzio (su qc); **to ~ to the left** tenere la sinistra; **~ quiet!** silenzio!; **~ still!** state fermi! **3.** (*continue*) **to ~ going** (*person*) andare avanti; (*machine*) continuare a funzionare; **to ~ doing sth** continuare a fare qc; **he ~s losing his keys** perde sempre le chiavi

◆**keep away I.** *vi* stare alla larga; **~!** non avvicinarti! **II.** *vt always sep* tenere lontano; **keep medicines away from children** tenere i medicinali fuori della portata dei bambini

◆**keep back I.** *vi* (*stay away*) **to ~ from sth/sb** non avvicinarsi a qc/qu **II.** *vt* **1.** (*hide*) nascondere; **to keep the truth back from sb** nascondere la verità a qu **2.** (*retain sth*) **to keep sth back** trattenere qc; (*slow down*) tenere a freno qc

◆**keep down** *vt* **1. to keep one's voice down** non alzare la voce; **to keep prices down** contenere i prezzi **2.** (*suppress*) **to keep sb down** reprimere qu **3.** (*not vomit*) trattenere

◆**keep in I.** *vt* (*person*) tenere dentro; (*emotions*) trattenere **II.** *vi* **to ~ with sb** rimanere in buoni rapporti con qu

◆**keep off** *vi* (*stay off*) tenersi lontano; **'~'** 'vietato avvicinarsi'; **'~ the grass'**

K

'vietato calpestare l'erba'

◆**keep on** *vi* **1.** (*continue*) continuare; **to ~ doing sth** continuare a fare qc **2.** (*pester*) **to ~ about sb/sth** non fare altro che parlare di qu/qc; **to ~ at sb** stare sempre addosso a qu

◆**keep out I.** *vi* no entrare; **~!** vietato l'ingresso!; **to ~ of sth** non intromettersi in qc; **to ~ of trouble** tenersi fuori dai guai **II.** *vt* **to keep sth/sb out (of sth)** non far entrare qc/qu (in qc); **to keep the rain out** non far passare la pioggia

◆**keep up I.** *vt* (*continue*) continuare; **~ the good work!** continua così!; **keep it up!** continua così! **II.** *vi* **1.** (*continue*) continuare; **the rain kept up all night** ha continuato a piovere tutta la notte **2.** (*to stay level with*) **to ~ (with sb/sth)** stare al passo (con qu/qc); **wages are failing to ~ with inflation** i salari non riescono a stare al passo con l'inflazion **3.** (*remain informed*) **to ~ with sth** tenersi aggiornato su qc; **to ~ with the times** stare al passo coi tempi

keeper ['ki:·pɚ] *n* **1.** (*in charge*) guardiano, -a *m, f;* (*museum*) curatore, -trice *m, f;* (*jail*) guardia *f* **2.** SPORTS portiere *m*

keister ['ki·stər] *n sl* (*buttocks*) chiappe *f pl;* (*anus*) culo *m*

kennel ['ke·nl] *n* **1.** (*doghouse*) cuccia *f* **2.** *pl* (*boarding*) pensione *f* per cani; (*breeding*) allevamento *m* di cani

Kentucky [kən·'tʌk·i] *n* Kentucky *m*

kept [kept] *pt, pp of* **keep**

ketchup ['ke·tʃəp] *n* ketchup *m inv*

kettle ['ke·t̬l] *n* bollitore *m;* **to put the ~ on** mettere a bollire l'acqua

key [ki:] **I.** *n* **1.** (*gener*) chiave *f;* **the ~ to a mystery** la chiave di un mistero **2.** *a.* COMPUT tasto *m;* **to hit a ~** premere un tasto **3.** (*list*) legenda *f;* (*exercises*) soluzioni *fpl* **4.** MUS tonalità *f;* **change of ~** cambio *m* di tonalità; **in the ~ of C major** in (tonalità di) Do maggiore **II.** *adj* chiave; **a ~ factor/role** un fattore/ruolo chiave

◆**key in** *vt* COMPUT (*data*) immettere

keyboard ['ki:·bɔ:rd] *n* tastiera *f*

keyboard instrument *n* strumento *m* a tastiera

keycard *n* keycard *f inv*

keyhole ['ki:·hoʊl] *n* buco *m* della serratura

keypad ['ki:·pæd] *n* COMPUT tastiera *f*

key ring *n* portachiavi *m inv*

keystroke *n* battuta *f* di tasto

khaki ['kæk·i] **I.** *n* (*color*) cachi *m;* (*cloth*) tessuto *m* cachi; **~s** pantaloni *m pl* di tessuto cachi **II.** *adj* cachi

KIA *adj abbr of* **killed in action** ucciso, -a in azione

kick [kɪk] **I.** *n* **1.** (*of person, horse*) calcio *m;* (*in football*) tiro *m;* (*in swimming*) battuta *f* delle gambe **2.** (*exciting feeling*) piacere *m;* **to do sth for ~s** fare qc per divertimento; **to get a ~ out of sth** trarre un immenso piacere da qc **II.** *vt* **1.** dare un calcio a; **to ~ a ball** dare un calcio a una palla; **to ~ oneself** *fig* prendersi a schiaffi da solo **2.** (*stop*) smettere; **to ~ a habit** perdere un vizio **III.** *vi* **1.** (*person*) dare un calcio; (*horse*) scalciare; SPORTS tirare un calcio **2. to be alive and ~ing** *inf* essere vivo e vegeto

◆**kick about, kick around** *vi inf* (*hang about*) gironzolare; (*thing*) rotolare

◆**kick off** *vi* (*begin*) cominciare; (*in football*) battere il calcio d'inizio

◆**kick out** *vt* **to kick sb out** cacciare via qu a pedate *inf;* **he was kicked out of the party** lo hanno buttato fuori a calci dalla festa

◆**kick up** *vt* **to ~ dust** *a. fig* sollevare polvere; **to ~ a fuss/row** piantare un casino

kickoff ['kɪk·ɔf] *n* **1.** SPORTS calcio *m* d'inizio **2.** *inf* (*beginning*) inizio *m*

kid [kɪd] **I.** *n* **1.** (*child*) bambino, -a *m, f;* (*young person*) ragazzo, -a *m, f;* **~ brother** fratello *m* piccolo **2.** ZOOL (*goat, leather*) capretto *m* **II.** <-dd-> *vi* scherzare; **just ~ding** stavo scherzando; **no ~ding!** davvero! **III.** *vt* **to ~ sb (about sth)** prendere in giro qu (per qc) **IV.** *vr* **to ~ oneself that ...** illudersi che...; **stop ~ding yourself!** smettila di illuderti!

kiddie pool *n* piscina *f* gonfiabile per

bambini

kidnap ['kɪd·næp] **I.** <-pp-> *vt* rapire **II.** *n* sequestro *m* di persona

kidnapper ['kɪd·næ·pɚ] *n* sequestratore, -trice *m, f*

kidnapping *n* sequestro *m* di persona

kidney ['kɪd·ni] *n* rene *m*

kill [kɪl] **I.** *n* **1.** (*slaughter*) uccisione *f* **2.** (*hunting*) preda *f* **II.** *vi, vt* uccidere; (*cause to die*) uccidere; **to ~ oneself** uccidersi; **this will ~ you!** *fig* questa ti farà morire dalle risate!

◆**kill off** *vt* sterminare; (*a disease*) eradicare

killer ['kɪ·lɚ] *n* (*sb who kills*) assassino, -a *m, f*; **to be a ~** (*disease*) fare tante vittime

killer whale *n* orca *f*

killing ['kɪ·lɪŋ] *n* (*of a person*) assassinio *m;* (*of an animal*) uccisione *f* ▶ **to make a ~** *inf* fare una fortuna

kilo ['kiː·loʊ] *n* chilo *m,* kilo *m*

kilobyte ['kɪ·lə·baɪt] *n* COMPUT kilobyte *m inv*

kilogram ['kɪ·lə·græm] *n* kilogrammo *m*

kilometer [kɪ·'lɑː·mə·t̬ɚ] *n* chilometro *m,* kilometro *m*

kilt [kɪlt] *n* kilt *m inv*

kin [kɪn] *n* **next of ~** parenti *m pl* stretti

kind[1] [kaɪnd] *adj* gentile; **to be ~ to sb** essere gentile con qu; **with ~ regards** (*in a letter*) distinti saluti

kind[2] [kaɪnd] **I.** *n* **1.** (*type*) tipo *f;* **sth of the ~** qualcosa del genere; **he is not that ~ (of person)** non è quel genere di persona; **what ~ of ...?** che tipo di...?; **all ~s of ...** tutti i tipi di... **2.** (*sth similar to*) specie *f;* **a ~ of soup** una specie di minestra **3.** (*payment*) **to pay sb in ~** pagare qu in natura **II.** *adv inf* **I ~ of like it** in un certo senso mi piace; **he was ~ of sad** era piuttosto triste; **"do you like it?" — "~ of"** "ti piace?" — "abbastanza"

kindergarten ['kɪn·dər·gar·dən] *n* asilo *m* infantile

kindhearted [ˌkaɪnd·'har·t̬ɪd] *adj* di cuore; **he is very ~** è molto generoso

kindly ['kaɪnd·li] **I.** <-ier, -iest> *adj* gentile **II.** *adv* **1.** (*in a kind manner*) gentilmente **2.** (*please*) **you are ~ requested to leave the building** siete pregati di abbandonare l'edificio **3.** (*favorably*) **to take ~ to sth** accettare qc di buon grado

kindness ['kaɪnd·nɪs] <-es> *n* gentilezza *f;* **to do sb a ~** fare una gentilezza a qu

king [kɪŋ] *n* **1.** *a.* GAMES re *m* **2.** (*in checkers*) dama *f*

kingdom ['kɪŋ·dəm] *n* regno *m*

kingfisher ['kɪŋ·ˌfɪ·ʃɚ] *n* martin *m* pescatore *inv*

kink [kɪŋk] *n* (*twist: in a pipe, rope*) attorcigliamento *m;* (*in hair*) riccio *m*

kinky ['kɪŋ·ki] <-ier, -iest> *adj* (*unusual*) bizzarro, -a; (*involving unusual sexual acts*) pervertito, -a

kiosk ['kiː·ɑːsk] *n* (*stand, pavilion*) chiosco *m*

kipper ['kɪ·pɚ] *n* aringa *f* affumicata

kiss [kɪs] **I.** <-es> *n* bacio *m;* **~ of life** respirazione *f* bocca a bocca; **~ of death** *fig* colpo *m* di grazia; **to blow sb a ~** mandare un bacio a qu **II.** *vi* baciarsi **III.** *vt* baciare; **to ~ sb goodnight** dare il bacio della buonanotte a qu

kiss-off ['kɪs·ɑːf] *n inf* **to give the ~** dare il benservito

kit [kɪt] *n* **1.** (*set*) attrezzatura *f;* **first aid ~** cassetta *f* di pronto soccorso; **sewing ~** kit *m* per cucire *inv;* **tool ~** cassetta *f* degli attrezzi **2.** (*parts to put together*) kit *m inv*

kitchen ['kɪt·ʃɪn] *n* cucina *f*

kitchenette [ˌkɪt·ʃɪ·'net] *n* (*room*) cucinino *m;* (*part of room*) angolo *m* cottura

kitchenware *n* stoviglie *fpl*

kite [kaɪt] *n* **1.** ZOOL nibbio *m* **2.** (*toy*) aquilone *m*

kitten ['kɪ·tn] *n* gattino, -a *m, f*

kitty ['kɪ·t̬i] <-ies> *n* **1.** *childspeak* (*kitten or cat*) micio, -a *m, f* **2.** (*money*) cassa *f* comune

klutz [klʌts] *n sl* imbranato, -a *m, f*

knack [næk] *n* abilità *f;* **to get the ~ of doing sth** prenderci la mano a fare qc

knee [niː] *n* ginocchio *m;* **to be on one's ~s** *a. fig* essere in ginocchio; **to get down on one's ~s** inginocchiarsi

kneecap ['niː·ˌkæp] *n* rotula *f*

kneel [ni:l] <knelt *or* kneeled, knelt *or* kneeled> *vi* inginocchiarsi

kneepad *n* SPORTS ginocchiera *f*

knelt [nelt] *pt of* **kneel**

knew [nu:] *pt of* **know**

knickers ['nɪ·kɚz] *npl* (*panties*) mutandine *fpl*

knickknack ['nɪk·næk] *n inf* ninnolo *m*

knife [naɪf] <knives> *n* coltello *m*

knight [naɪt] *n* **1.** *a.* HIST (*man of high rank*) cavaliere *m* **2.** (*chess figure*) cavallo *m*

knighthood *n* titolo *m* di cavaliere; **to give sb a ~** nominare qu cavaliere

knit [nɪt] **I.** *vi* lavorare a maglia; (*with a machine*) tessere **II.** *vt* (*wool*) fare ai ferri

knitting *n* **1.** lavoro *f* a maglia **2.** (*action of knitting*) **she likes ~** le piace lavorare a maglia

knitwear ['nɪt·wer] *n* maglieria *f*

knives *n pl of* **knife**

knob [nɑ:b] *n* **1.** (*round handle: of a door, a drawer*) pomello *m;* (*of switch*) manopola *f* **2.** (*small amount*) pezzetto *m;* (*of butter*) noce *f* **3.** (*lump*) zolletta *f*

knock [nɑ:k] **I.** *n* (*blow, sound*) colpo *m;* **to give a ~ at the door** bussare alla porta **II.** *vi* (*hit*) urtare; **to ~ at the door** bussare alla porta **III.** *vt* **1.** (*hit*) colpire; **to ~ sb** colpire qu; **to ~ a hole in the wall** fare un buco nella parete **2.** *inf* (*criticize*) dare addosso a

◆**knock back** *vt inf* **1.** (*drink quickly*) bere tutto d'un sorso **2.** (*surprise*) lasciare di stucco

◆**knock down** *vt* **1.** (*cause to fall*) buttare a terra; (*with a car*) investire **2.** (*demolish*) buttar giù **3.** (*reduce*) abbassare

◆**knock off** **I.** *vt* **1.** (*cause to fall off*) far cadere **2.** (*reduce*) abbassare; **to knock $5 off the price** fare uno sconto di 5 dollari **3.** *inf* (*steal*) fregare **4.** (*stop*) **to knock it off** smetterla; **knock it off!** smettila! **II.** *vi inf* staccare; **to ~ work at 3 p.m.** smontare alle tre dal lavoro; **to ~ for lunch** fare la pausa pranzo

◆**knock out** *vt* **1.** (*render unconscious*) far perdere i sensi; SPORTS mettere K.O. **2.** (*eliminate*) eliminare; **to be knocked out of a competition** essere eliminato da una gara **3.** (*produce quickly*) sfornare **4.** *inf* (*astonish*) sbalordire; **to knock sb out** lasciare qu di stucco

◆**knock over** *vt* (*person*) investire; (*object*) rovesciare

knockdown *adj* (*very cheap*) bassissimo, -a; **~ price** prezzo *m* di saldo

knocker ['nɑ:·kɚ] *n* (*on door*) battente *m*

knockoff *n* FASHION *inf* oggetto *m* contraffatto

knockout *n* **1.** (*competition*) gara *f* a eliminazione diretta **2.** SPORTS (*boxing*) K.O. *m;* **to win sth by a ~** vincere qc per K.O. **3.** *inf* (*person*) schianto *m*

knot [nɑ:t] **I.** *n* **1.** *a.* NAUT nodo *m;* **to tie/untie a ~** fare/disfare un nodo **2.** (*small group*) capannello *m* **II.** <-tt> *vt* annodare; **to ~ sth together** legare qc insieme con un nodo

know [noʊ] **I.** <knew, known> *vt* **1.** (*have information*) sapere; **to ~ a bit of English** sapere un po' di inglese; **to ~ how to do sth** saper fare qc; **to ~ sth by heart** sapere qc a memoria; **do you ~ what I mean?** sai cosa voglio dire?; **you ~ what?** *inf* sai una cosa? **2.** (*be acquainted with*) conoscere; **to ~ sb by sight/by name** conoscere qu di vista/di nome; **to get to ~ sb** cominciare a conoscere qu; **to get to ~ each other** cominciare a conoscersi (bene) **3.** (*recognize*) riconoscere; **to ~ sb/sth by sth** riconoscere qu/qc da qc; **to ~ sb for sth** riconoscere qu per qc **II.** <knew, known> *vi* **1.** (*be informed*) sapere; **as far as I ~** per quanto ne so; **you ~** (*you remember*) tu lo sai; (*you understand*) sai; **I ~!** (*said to agree with sb*) lo so! **2.** (*be certain*) essere sicuro; **there's no ~ing** chissà; **one never ~s** non si sa mai

know-how *n* know-how *m inv*

knowing ['noʊ·ɪŋ] *adj* astuto, -a; (*grin, look, smile*) d'intesa

knowingly *adv* **1.** (*look, smile*) con complicità **2.** (*with full awareness*) deliberatamente

know-it-all ['noʊ·ɪt̬·ɔːl] *n inf* sapientone, -a *m, f*

knowledge ['nɑː·lɪdʒ] *n* **1.** (*body of learning*) conoscenza *m;* **to have a thorough ~ of sth** conoscere qc a fondo **2.** (*acquired information*) sapere *m;* **to have (no) ~ about sth/sb** (non) sapere (niente) di qc/qu; **to my ~** che io sappia; **to be common ~** essere di dominio pubblico **3.** (*awareness*) conoscenza *m;* **to do sth without sb's ~** fare qc all'insaputa di qu; **to deny all ~ (of sth)** negare di sapere qualsiasi cosa (di qc)

known [noʊn] **I.** *pp of* **know** **II.** *adj* (*expert*) riconosciuto, -a; (*criminal*) noto, -a; **to make sth ~** rivelare qc

knuckle ['nʌ·kl] *n* nocca *f* ▶ **to rap sb's ~s** *inf* dare una strigliata a qu

knucklehead *n inf* stupido, -a

Koran [kə·'ræn] *n* **the ~** il Corano

KS *n abbr of* **Kansas** Kansas *f*

KY *n abbr of* **Kentucky** Kentucky *m*

L

L, l [el] *n* L, l *f;* **~ for Love** L come Livorno

l *abbr of* **liter** l.

LA [ˌel·'eɪ] *n* **1.** *abbr of* **Los Angeles** Los Angeles **2.** *abbr of* **Louisiana** Louisiana

lab [læb] *n abbr of* **laboratory** laboratorio *m*

label ['leɪ·bəl] **I.** *n* **1.** etichetta *f* **2.** (*brand name*) marca *f* **II.** <-l- *or* -ll-, -l- *or* -ll-> *vt* **1.** (*affix label*) mettere l'etichetta su **2.** (*categorize*) etichettare

labor ['leɪ·bɚ] **I.** *n* **1.** (*work*) lavoro *m;* **manual ~** lavoro manuale **2.** ECON (*workers*) manodopera *f;* **skilled ~** manodopera qualificata **3.** MED (*childbirth*) travaglio *m;* **to be in ~** avere le doglie **II.** *vi* **1.** (*work*) lavorare **2.** (*do sth with effort*) sforzarsi, faticare; **to ~ over sth** sforzarsi per/in qc **3.** (*act at a disadvantage*) **to ~ under a delusion** illudersi

laboratory ['læb·rə·ˌtɔː·ri] <-ies> *n* laboratorio *m*

Labor Day *n* festa *f* del lavoro *(primo lunedì di settembre)*

laborer *n* manovale *mf*

labor force *n* forza *f* lavoro

laborious [lə·'bɔː·ri·əs] *adj* laborioso, -a

labor union *n* sindacato *m*

lace [leɪs] *n* **1.** (*cloth*) pizzo *m;* (*edging*) merletto *m* **2.** (*cord*) laccio *m;* **shoe ~s** lacci delle scarpe

◆**lace up** *vt* allacciare

lack [læk] **I.** *n* mancanza *f,* carenza *f;* **~ of funds** mancanza di fondi; **for ~ of ...** per mancanza di... **II.** *vt* mancare di; **she ~s experience** le manca l'esperienza

lacking ['læ·kɪŋ] *adj* **he is ~ in experience** gli manca l'esperienza

lactose ['læk·toʊs] *n* lattosio *m*

lad [læd] *n inf* ragazzo *m*

ladder ['læ·dɚ] *n* scala *f* a pioli

laden ['leɪ·dn] *adj* carico, -a (**with** di)

ladies' room *n* bagno *m* delle signore

ladle ['leɪ·dl] *n* mestolo *m;* **soup ~** ramaiolo *m*

lady ['leɪ·di] <-ies> *n* signora *f;* (*aristocratic*) dama *f;* **young ~** signorina *f;* **cleaning ~** donna *f* delle pulizie; **ladies and gentlemen!** signore e signori!

lag [læg] **I.** *n* (*lapse*) intervallo *m* **II.** <-gg-> *vi* **to ~ behind sb/sth** essere indietro rispetto a qu/qc

lager ['lɑː·gɚ] *n* birra *f* chiara

laid [leɪd] *pt, pp of* **lay**[1]

lain [leɪn] *pp of* **lie**[2]

lake [leɪk] *n* lago *m*

lamb [læm] *n* **1.** (*animal*) agnello *m* **2.** (*meat*) (carne *f* di) agnello *m*

lamb chop *n* costoletta *f* d'agnello

lame [leɪm] *adj* **1.** (*person, horse*) zoppo, -a; **to go ~** azzopparsi **2.** *inf* (*argument, excuse*) debole

lament [lə·'ment] **I.** *n* MUS, LIT lamento *m* **II.** *vt* lamentare; **to ~ sb** piangere qu **III.** *vi* **to ~ over sth** lamentarsi di qc

lamentable [lə·'mən·t̬ə·bl] *adj* deplorevole

lamp [læmp] *n* lampada *f;* **bedside ~**

lampada *f* da comodino; **street ~** lampione *m*

lamppost ['læmp·poʊst] *n* lampione *m*

lampshade ['læmp·ʃeɪd] *n* paralume *m*

land [lænd] **I.** *n* **1.** GEO, AGR terra *f;* **on ~** sulla terraferma; **to travel by ~** viaggiare via terra **2.** (*for building*) terreno *m* **3.** *a.fig* (*country*) paese *m* ▶ **to see how the ~ lies** tastare il terreno **II.** *vi* **1.** (*plane, bird*) atterrare **2.** (*arrive by boat*) sbarcare **3.** (*set down, fall on*) posarsi **III.** *vt* **1.** (*bring onto land: aircraft*) far atterrare; (*boat*) approdare **2.** (*unload*) sbarcare **3.** (*obtain*) ottenere; (*fish*) prendere; **to ~ a job** beccarsi un impiego **4.** (*cause*) **to ~ sb with a problem** creare un problema a qu; **to ~ sb in trouble** mettere qu nei guai

landfill ['lænd·fɪl] *n* interramento *m* di immondizia

landing ['læn·dɪŋ] *n* **1.** AVIAT atterraggio *m;* **to make a ~** compiere un atterraggio **2.** NAUT sbarco *m* **3.** (*on staircase*) pianerottolo *m*

landlady ['lænd·ˌleɪ·di] <-ies> *n* padrona *f* di casa

landlocked *adj* senza accesso al mare

landlord *n* padrone *m* di casa

landmark **I.** *n* **1.** punto *m* di riferimento **2.** (*event*) pietra *f* miliare **II.** *adj* (*significant: decision, ruling*) decisivo, -a

land mine *n* mina *f* terrestre

landowner *n* proprietario, -a *m, f* terriero, -a

landscape ['lænd·skeɪp] *n* **1.** (*scenery, painting*) paesaggio *m;* **urban ~** paesaggio urbano **2.** *fig* panorama *m;* **the political ~** il panorama politico

landscape gardener *n* architetto *m* di giardini

landslide ['lænd·slaɪd] *n* **1.** GEO frana *f* **2.** POL vittoria *f* schiacciante; **to win by a ~** vincere in modo schiacciante

lane [leɪn] *n* **1.** (*marked strip*) corsia *f;* **bus/bike ~** corsia degli autobus/ciclabile; **to change ~s** cambiare corsia **2.** (*small road*) vicolo *m* **3.** AVIAT rotta *f* aerea; NAUT rotta *f* marittima

language ['læŋ·gwɪdʒ] *n* **1.** (*system of communication*) linguaggio *m;* **bad ~** parolacce *fpl;* **formal/spoken/written ~** lingua formale/orale/scritta; **legal ~** gergo *m* giuridico **2.** (*of particular community*) lingua *f;* **native ~** madrelingua *f*

lank [læŋk] *adj* (*hair*) piatto, -a

lanky ['læŋ·ki] *adj* allampanato, -a

lantern ['læn·tɚn] *n* lanterna *f*

lap[1] [læp] *n* grembo *m*

lap[2] [læp] *n* SPORTS giro *m;* **~ of honor** giro d'onore

lap[3] [læp] <-pp-> *vt, vi* (*waves*) lambire; **to ~ against sth** lambire qc

◆**lap up** *vt* **1.** (*drink*) leccare **2.** *fig inf* accettare con entusiasmo; **he lapped up the praise** si beò delle lusinghe

lapel [lə·'pel] *n* risvolto *m*

lapse [læps] **I.** *n* **1.** (*failure*) errore *m;* **~ in judgment** errore di giudizio; **~ of memory** vuoto di memoria **2.** (*period*) intervallo *m* **II.** *vi* **1.** (*deteriorate*) deteriorarsi **2.** (*end*) terminare; (*contract, subscription*) scadere **3.** (*revert to*) **to ~ into sth** ripiombare in qc; **to ~ into silence** tacere

laptop (**computer**) ['læp·tap] *n* (computer *m*) portatile *m*

larch [lɑːrtʃ] *n* larice *m*

lard [lɑːrd] *n* lardo *m*

larder ['lɑːr·dɚ] *n* (*pantry*) dispensa *f*

large [lɑːrdʒ] *adj* grande; **a ~ number of people** un gran numero di persone; **a ~ family** una famiglia numerosa ▶ **to be at ~** essere a piede libero; **by and ~** nel complesso

largely ['lɑːrdʒ·li] *adv* in gran parte

large-scale *adj* su grande scala

lark [lɑːrk] *n* (*bird*) allodola *f*

laser ['leɪ·zɚ] *n* laser *m inv*

laser printer *n* stampante *f* laser

lash[1] [læʃ] <-es> *n* (*eyelash*) ciglio *m*

lash[2] [læʃ] **I.** <-es> *n* **1.** (*whip*) frusta *f* **2.** (*stroke of whip*) frustata *f* **II.** *vt* **1.** (*whip*) frustare; (*rain*) sferzare **2.** (*criticize*) criticare aspramente

◆**lash out** *vi* **to ~ at sb** attaccare qu

last[1] [læst] **I.** *adj* **1.** (*final: time, opportunity*) ultimo, -a; **to have the ~ word** avere l'ultima parola **2.** (*most recent*) scorso, -a; **~ week** la settimana scorsa; ~ **night** ieri notte **II.** *adv* **1.** (*at the end*) per ultima cosa; ~ **but not least** infine, ma non per questo meno importante **2.** (*most recently*) l'ultima volta **III.** *n* **the ~ to do sth** l'ultimo a fare qc; **the ~ of the cake** tutto quello che rimaneva della torta ▶ **at (long)** ~ alla fine

last² [læst] *vi, vt* durare; **this coat has ~ed me five years** questo cappotto mi è durato cinque anni

lasting ['læs·tɪŋ] *adj* duraturo, -a

lastly ['læst·li] *adv* infine

last minute *adj* dell'ultimo minuto

last name *n* cognome *m*

latch [lætʃ] <-es> *n* chiavistello *m*

late [leɪt] **I.** *adj* **1.** (*after appointed time*) in ritardo; **you're ~!** sei in ritardo!; **the train was an hour ~** il treno aveva un'ora di ritardo **2.** (*after the usual time*) tardivo, -a **3.** (*towards end of*) ~ **night TV show** programma *m* in tarda serata; **in ~ summer** alla fine dell'estate **4.** (*recent: development*) recente; **~est news** ultime notizie*f pl* **5.** (*deceased*) defunto, -a **II.** *adv* **1.** (*after usual time*) tardi; **too little, too ~** troppo poco, troppo tardi; **to work ~** lavorare fino a tardi **2.** (*towards end of*) ~ **in the day** a fine giornata; ~ **at night** a tarda notte

latecomer ['leɪt·ˌkʌ·mɚ] *n* ritardatario, -a *m, f*

lately ['leɪt·li] *adv* (*recently*) ultimamente, recentemente; **until ~** fino a poco tempo fa

later ['leɪ·t̬ər] **I.** *adj comp of* **late** successivo, -a; (*version*) più recente **II.** *adv comp of* **late** più tardi; **no ~ than nine o'clock** non più tardi delle nove; ~ **on** dopo, in seguito; **see you ~!** a dopo!

latest ['leɪ·t̬ɪst] **I.** *adj superl of* **late** ultimo, -a; **the ~ ...** il più recente...; **his ~ movie** il suo ultimo film; **at the ~** al più tardi **II.** *n* **the ~** le ultime notizie; **have you heard the ~?** la sai l'ultima?

Latin ['læ·tən] **I.** *adj* latino, -a **II.** *n* **1.** LING latino *m* **2.** (*person*) *abitante degli USA di origine latinoamericana*

Latina [lə·'ti·nə] *n* (*person*) *abitante degli USA di origine latinoamericana*

Latin America *n* America *f* Latina

Latin American *adj, n* latinoamericano, -a *m, f*

Latino [lə·'ti·noʊ] *n* (*person*) *abitante degli USA di origine latinoamericano*

latitude ['læ·t̬ə·tuːd] *n* GEO latitudine *f*

latter ['læ·t̬ɚ] *adj* **1.** (*second of two*) **the ~** il secondo; **in the ~ half of the year** nella seconda metà dell'anno **2.** (*near the end*) ultimo, -a

Latter-day Saint *n* mormone

latterly *adv* ultimamente

laugh [læf] **I.** *n* **1.** (*sound*) riso *m;* **to get a ~** far ridere; **to do sth for a ~** [*or* **for ~s**] fare qc per ridere **2.** *inf* (*activity*) divertimento *m* **3.** *inf* (*funny thing*) scherzo *m;* (*sth absurd*) barzelletta *f* **II.** *vi* ridere; **to make sb ~** far ridere qu; **don't make me ~!** *inf* non farmi ridere!

laughable ['læ·fə·bl] *adj* ridicolo, -a

laughingstock *n* zimbello *m*

laughter ['læf·tɚ] *n* riso *m;* **to roar with ~** ridere fragorosamente

launch [lɔːntʃ] **I.** <-ches> *n* **1.** (*boat*) lancia *f* **2.** (*of a boat*) varo *m* **3.** (*of a missile*) lancio *m* **4.** (*introduction: of exhibition*) inaugurazione *f;* (*of book*) presentazione *f* **II.** *vt* **1.** (*set in the water*) varare **2.** (*set in motion: missile*) lanciare **3.** (*introduce: book*) presentare **4.** (*start: investigation*) avviare; (*exhibition*) inaugurare

◆**launch into** *vt* lanciarsi in

launching pad *n,* **launch pad** *n* rampa *f* di lancio

laundry ['lɔːn·dri] *n* **1.** (*dirty clothes*) panni*m pl* sporchi; **to do the ~** fare il bucato **2.** (*washed clothes*) bucato *m* **3.** <-ies> (*place*) lavanderia *f*

lavatory ['læ·və·tɔː·ri] <-ies> *n* toilette *f inv*

lavender ['læv·ən·dər] *n* BOT lavanda *f*

lavish ['læv·ɪʃ] *adj* (*banquet, reception*) fastoso, -a; (*party*) splendido, -a; (*praise*) grande

law [lɔː] *n* **1.** *a.* PHYS legge *f;* **the ~ of supply and demand** la legge della domanda e dell'offerta; **the first ~ of sth** il principio base di qc **2.** (*legal system*)

L

diritto *m;* (*body of laws*) legislazione *f;* **to be against the ~** essere illegale

law-abiding *adj* che rispetta la legge

lawful [ˈlɔː·fəl] *adj* (*legal*) legale; (*demands*) legitttimo, -a

lawless [ˈlɔː·lɪs] *adj* senza legge; (*country*) anarchico, -a

lawn [lɔːn] *n* prato *m*

lawn mower *n* tosaerba *m inv*

law school *n* facoltà *f inv* di giurisprudenza

lawsuit *n* causa *f;* **to bring a ~ against sb** fare causa a qu

lawyer [ˈlɔː·jɚ] *n* avvocato *m*

laxative [ˈlæk·sə·t̬ɪv] *n* lassativo *m*

lay[1] [leɪ] **I.** *n* (*situation*) situazione *f;* **the ~ of the land** la configurazione del terreno; *fig* il panorama attuale **II.** <laid, laid> *vt* **1.** (*place*) porre; **to ~ sth on/over sth** porre qc su/sopra qc; **to ~ sth flat** stendere qc; **to ~ stress on sth** enfatizzare qc; **to ~ the blame on sb** addossare la colpa a qu **2.** (*install*) mettere; **to ~ the foundations for sth** *a. fig* gettare le fondamenta di qc **3.** (*prepare*) allestire **4.** (*egg*) deporre **5.** *vulg* (*have sex with*) scopare **6.** (*state*) presentare; **to ~ sth before sb** mettere qc di fronte a qu; **to ~ a charge against sb** muovere una accusa contro qu; **to ~ claim to sth** reclamare qc

◆**lay aside** *vt* mettere da parte; **to ~ one's differences** mettere da parte le proprie differenze

◆**lay down** *vt* (*put down*) mettere via; (*arms*) deporre; (*life*) sacrificare

◆**lay into** *vt inf* (*assault, criticize*) aggredire

◆**lay off** *vt* (*employee*) lasciare a casa

◆**lay on** *vt* (*provide: food, drink*) offrire

◆**lay out** *vt* **1.** (*organize*) organizzare **2.** (*explain*) presentare

lay[2] [leɪ] *adj* **1.** (*not professional*) non specializzato, -a **2.** REL laico, -a

lay[3] [leɪ] *pt of* **lie**[2]

layabout [ˈleɪ·ə·ˌbaʊt] *n inf* fannullone, -a *m, f*

layaway [ˈleɪ·ə·weɪ] *n* **to buy on ~** *comprare a rate ottenendo il prodotto solo dopo l'ultimo pagamento*

layer [ˈle·ɪɚ] *n* strato *m*

layered *adj* a strati

layoff [ˈleɪ·ɔf] *n* licenziamento *m (per mancanza di lavoro)*

layout [ˈleɪ·aʊt] *n* (*of letter, magazine*) impaginazione *f;* (*of town, building*) pianta *f*

layover [ˈleɪ·oʊ·vɚ] *n* (*on journey*) sosta *f;* AVIAT scalo *m*

laziness [ˈleɪ·zɪ·nɪs] *n* pigrizia *f*

lazy [ˈleɪ·zi] <-ier, -iest> *adj* (*person*) pigro, -a; (*day*) tranquillo, -a

lb. *abbr of* **pound** libbra *f (≈ 0,45 kg)*

lead[1] [liːd] **I.** *n* **1. to be in the ~** essere in testa; **to move into the ~** andare in testa; **to take the ~** assumere il comando **2.** (*example*) esempio *m;* **to follow sb's ~** seguire l'esempio di qu **3.** THEAT ruolo *m* principale **4.** (*clue, tip*) pista *f;* **to get a ~ on sth** ricevere un indizio su qc **5.** (*wire*) cavo *m* **6.** (*dog leash*) guinzaglio *m* **II.** <led, led> *vt* **1.** (*be in charge of*) guidare; (*discussion, inquiry*) condurre **2.** (*conduct*) condurre, portare; **to ~ the way** fare strada; *fig* indicare la strada **3.** (*induce*) indurre; **to ~ sb to do sth** portare qu a fare qc; **to ~ sb to believe that ...** far credere a qu che ... **4.** COM, SPORTS (*be ahead of*) essere in vantaggio su **5.** (*live a particular way: life*) condurre; **to ~ a quiet life** fare una vita tranquilla **III.** <led, led> *vi* **1.** (*be in charge*) dirigere **2.** (*guide followers*) essere alla guida **3.** (*conduct*) portare; **to ~ to/into sth** *a. fig* portare a qc **4.** (*be ahead*) essere in vantaggio; **to ~ by 2 laps** essere in vantaggio di due giri

◆**lead astray** *vt* fuorviare

◆**lead on** *vt* (*trick, fool*) imbrogliare; (*encourage*) incoraggiare; **she doesn't want to lead him on** non vuole dargli false speranze

lead[2] [led] *n* **1.** (*metal*) piombo *m* **2.** (*in pencil*) mina *f*

leaded [ˈle·dəd] *adj* impiombato, -a; **~ fuel** benzina *f* con piombo

leader [ˈliː·dɚ] *n* **1.** (*of group*) leader *mf inv* **2.** (*guide*) guida *f*

leadership [ˈliː·dɚ·ʃɪp] *n* **1.** (*ability to*

lead) ~ **qualities** doti*f pl* di leader **2.** (*leaders*) direzione *f* **3.** (*guidance*) comando *m;* **to be under sb's** ~ essere al comando di qu

lead-free ['led·fri:] *adj* senza piombo

leading ['li:·dɪŋ] *adj* (*main, principle: cause, factor*) primario, -a; (*candidate*) di punta

lead singer *n* cantante *mf* solista

lead story *n* PUBL notizia *f* in prima pagina

leaf [li:f] <leaves> *n* **1.** (*of plant*) foglia *f* **2.** (*piece of paper*) foglio *m* **3.** (*thin layer*) **gold/silver** ~ foglia *f* d'oro/d'argento

leaflet ['li:f·lɪt] *n* dépliant *m inv*

leafy ['li:·fi] <-ier, -iest> *adj* frondoso, -a

league [li:g] *n* **1.** *a.* SPORTS lega *f;* **to be/to not be in the same ~ as sb/sth** *fig* essere/non essere al livello di qu/qc; **to be out of sb's** ~ non essere alla portate di qu ▶ **to be in ~ with sb** essere in combutta con qu

leak [li:k] **I.** *n* (*of gas, information*) fuga *f;* (*of water*) perdita *f;* (*in boat*) falla *f* **II.** *vi* **1.** (*gas, water*) fuoriuscire; (*hose, bucket, faucet*) perdere; (*tire*) perdere aria **2.** (*information*) trapelare; **news had ~ed out** c'era stata una fuga di notizie **III.** *vt* (*information*) far trapelare

leaky ['li:·ki] <-ier, -iest> *adj* che perde

lean[1] [li:n] **I.** <-ed, -ed> *vi* pendere; **to ~ against sth** appoggiarsi a qc **II.** <-ed, -ed> *vt* appoggiare; **to ~ sth against sth** appoggiare qc a qc

lean[2] [li:n] *adj* (*thin*) magro, -a

leap [li:p] **I.** <leaped *or* leapt, leaped *or* leapt> *vi, vt* saltare; **to ~ forward** fare un salto in avanti; **to ~ to sb's defense** lanciarsi in difesa di qu; **his heart ~ed** ebbe un tuffo al cuore **II.** *n* salto *m;* **to take a** ~ fare un salto ▶ **by ~s and bounds** a passi da gigante

◆**leap out** *vi* saltare fuori

leapt [lept] *pt, pp of* **leap**

leap year *n* anno *m* bisestile

learn [lɜ:rn] <learned, learned> *vt, vi* imparare (**to** a); **to ~ that** venire a sapere che; **to ~ from one's mistakes** imparare dai propri errori

learner ['lɜ:r·nɚ] *n* principiante *mf;* **to be a quick** ~ imparare alla svelta

learner's permit *n* foglio *m* rosa

learning ['lɜ:r·nɪŋ] *n* **1.** (*acquisition of knowledge*) apprendimento *m* **2.** (*extensive knowledge*) cultura *f*

learning disability *n* <-ies> difficoltà *f* di apprendimento *inv*

lease [lis] **I.** *vt* dare in locazione **II.** *n* (*act*) locazione *f;* (*contract*) contratto *m* di locazione

leaseholder ['li:s·hoʊl·dɚ] *n* locatario, -a *m, f*

leash [li:ʃ] *n* guinzaglio *m*

least [li:st] **I.** *adj* minore **II.** *adv* meno; **the ~ possible** il meno possibile **III.** *n* **at (the very) ~** almeno; **not in the ~!** affatto!; **to say the ~** per lo meno

leather ['le·ðɚ] *n* cuoio *m*

leathery ['le·ðə·ri] *adj* (*skin*) coriaceo, -a; (*meat*) duro, -a

leave[1] [li:v] **I.** <left, left> *vt* **1.** (*depart from*) partire da; (*school, work*) lasciare; **to ~ home** uscire di casa **2.** (*not take away with*) lasciare; **to ~ sth at home** lasciare qc a casa; **to ~ a note (for sb)** lasciare un biglietto (per qu) **3.** (*put in a situation*) **to ~ sb alone** lasciare in pace qu; **to be left homeless** ritrovarsi senza casa; **to ~ sth open** lasciare qc aperto ▶ **to ~ a lot to be desired** lasciare molto a desiderare; **to ~ it at that** finirla qui **II.** <left, left> *vi* andare via **III.** *n* congedo *m;* **to take (one's) ~ (of sb)** congedarsi (da qu); **to take ~ of one's senses** perdere la testa

◆**leave behind** *vt* **1.** (*not take along, forget*) lasciare **2.** (*progress beyond*) lasciarsi dietro

◆**leave off** *vt* smettere

◆**leave on** *vt* lasciare; (*light*) lasciare acceso

◆**leave out** *vt* **1.** (*omit*) omettere **2.** (*exclude*) escludere

leave[2] [li:v] *n* permesso *m;* **to have sb's ~ (to do sth)** avere il permesso di qu (per fare qc); **to go/be on** ~ MIL andare/essere in licenza

lecture ['lek·tʃɚ] **I.** *n* conferenza *f;* UNIV

lezione *f;* **to give sb a ~** *fig* fare la predica a qu **II.** *vi* (*give a lecture*) tenere una conferenza; (*teach*) fare lezione **III.** *vt fig* (*criticize*) fare la predica a

lecture hall *n* aula *f* universitaria

lecturer ['lek·tʃɚ·ɚ] *n* conferenziere, -a *m, f;* UNIV professore, -essa *m, f* universitario, -a

led [led] *pt, pp of* **lead**[1]

ledge [ledʒ] *n* (*shelf*) mensola *f;* (*on building*) cornicione *m;* (*on cliff*) cengia *f;* **window ~** davanzale *m*

leek [li:k] *n* FOOD porro *m*

left [left] *pt, pp of* **leave**[1]

left [left] **I.** *n* **1.** *a.*POL sinistra *f;* **the ~** la sinistra; **to turn to the ~** girare a sinistra; **on the ~** a sinistra **2.** *a.* POL di sinistra **II.** *adj* sinistro, -a, di sinistra **III.** *adv* a sinistra; **to turn ~** girare a sinistra

left field *n* (*in baseball*) left field *minv; fig sl* **to be out in ~** essere un tipo particolare

left-hand *adj* sinistro, -a, di/a sinistra; **~ side** lato *m* sinistro; **~ turn** curva *f* a sinistra

left-handed *adj* mancino, -a

leftovers ['left·ˌoʊ·vɚz] *npl* (*food*) avanzi *mpl*

left-wing *adj* POL di sinistra

lefty *n* mancino, -a *m, f*

leg [leg] *n* **1.** (*of person, pants*) gamba *f;* (*of animal, furniture*) zampa *f* **2.** GASTR (*of lamb, chichen*) coscio *m* **3.** (*segment of journey*) tappa *f* ► **to give sb a ~ up** *inf* dare una mano a qu; **to pull sb's ~** *inf* prendere in giro qu

legacy ['leg·ə·si] <-ies> *n* lascito *m;* (*inheritance*) retaggio *m*

legal ['li:·gl] *adj* legale

legalize ['li:·gə·laɪz] *vt* legalizzare

legally ['li:·gə·li] *adv* legalmente

legend ['le·dʒənd] *n* leggenda *f*

legendary ['le·dʒən·de·ri] *adj* leggendario, -a

leggings ['le·gɪŋz] *npl* fuseaux *mpl*

leggy ['le·gi] <-ier, -iest> *adj* con le gambe lunghe

legible ['le·dʒə·bl] *adj* leggibile

legit [lə·'dʒɪt] *adj sl* legale

legitimate [lə·'dʒɪ·t̬ə·mət] *adj* **1.** (*legal*) legale **2.** (*reasonable*) valido, -a

legroom ['leg·ru:m] *n* spazio *m* per le gambe

leisure ['li:·ʒɚ] *n* tempo *m* libero ► **at one's ~** con comodo

leisurely *adj* rilassato, -a

lemon ['le·mən] *n* **1.** (*fruit*) limone *m* **2.** (*color*) giallo *m* limone

lemonade [ˌle·mə·'neɪd] *n* limonata *f*

lemon juice *n* succo *m* di limone

lend [lend] <lent, lent> *vt* **1.** (*give temporarily*) prestare **2.** (*impart, provide*) dare; **to ~ color to sth** avvalorare qc ► **to ~ an ear** prestare attenzione; **to ~ a hand to sb** dare una mano a qu

lending ['len·dɪŋ] *n* prestito *m*

length [leŋθ] *n* **1.** (*measurement*) lunghezza *f;* **it's 3 yards in ~** è lungo 3 iarde **2.** (*piece: of pipe, rope*) pezzo *m* **3.** (*of swimming pool*) vasca *f* **4.** (*duration*) durata *f;* (**for**) **any ~ of time** (per) un periodo qualsiasi; **at ~** finalmente ► **to go to great ~s to do sth** darsi un gran daffare per fare qc

lengthen ['leŋ·θən] **I.** *vt* **1.** (*in time*) prolungare **2.** (*physically*) allungare **II.** *vi* **1.** (*in time*) prolungarsi **2.** (*physically*) allungarsi

lengthways ['leŋθ·weɪz] *adv, adj,* **lengthwise** ['leŋθ·waɪz] *adv, adj* per lungo

lengthy ['leŋ·θi] <-ier, -iest> *adj* lungo, -a; (*speech*) prolisso, -a

lenient ['li:·ni·ənt] *adj* (*judge*) indulgente; (*punishment*) poco severo, -a

lens [lenz] <-es> *n* **1.** (*of glasses*) lente *f;* **contact ~es** lenti a contatto **2.** (*of camera*) obiettivo *m*

lent [lent] *pt, pp of* **lend**

Lent [lent] *n* Quaresima *f*

lentil ['len·tl] *n* lenticchia *f*

Leo ['li:·oʊ] *n* Leone *m;* **I'm** (a) **Leo** sono (del [*or* un]) Leone

leopard ['le·pɚd] *n* leopardo *m*

leotard ['li:·ə·tɑ:rd] *n* body *m inv*

lesbian ['lez·bi·ən] *n* lesbica *f*

less [les] *comp of* **little** **I.** *adj* meno; **~ wine/fat** meno vino/grasso **II.** *adv* meno; **to drink ~** bere meno; **~ than 10** meno di 10 **III.** *pron* meno; ~

than ... meno di ...; ~ **and** ~ sempre meno; **to cost ~ than ...** costare meno di ...

lessen ['le·sn] **I.** *vi* (*danger*) ridurre; (*fever, pain*) diminuire **II.** *vt* (*diminish*) diminuire; (*risk, pain*) ridurre

lesser ['le·sɚ] *adj comp of* **less** minore; **to a ~ extent** in grado minore

lesson ['le·sn] *n a.fig* lezione *f;* **to learn one's ~** imparare la lezione; **to teach sb a ~** dare una lezione a qu

let [let] *vt* <let, let> **1.** (*allow*) lasciare; **to ~ sb do sth** lasciar fare qc a qu; **to ~ sb know sth** far sapere qc a qu; **~ him be!** lascialo stare! **2.** (*in suggestions*) **~'s go!** andiamo!; **~'s say ...** diciamo ... **3.** *inf* (*filler while thinking*) **~'s see** vediamo; **~ me think** fammi pensare

◆**let down** *vt* **1.** (*disappoint*) deludere **2.** (*lower*) abbassare; (*hair*) sciogliere; **to let one's hair down** *a. fig* rilassarsi

◆**let in** *vt* (*person*) far entrare; (*light*) lasciar passare

◆**let off** *vt* **1.** (*forgive*) lasciarla passare a; **to be let off with a fine** cavarsela con una multa **2.** (*fire: gun*) fare fuoco con; (*bomb, firework*) far esplodere

◆**let on** *vi inf* (*divulge*) **to not ~ about sth** non dire niente di qc

◆**let out** *vt* (*release*) far uscire; (*prisoner*) mettere in libertà; **to ~ a scream** emettere un grido

◆**let up** *vi* (*become weaker, stop: rain*) cessare; (*cold*) diminuire; (*fog*) svanire

lethal ['li:·θl] *adj* letale

lethargic [lɪ·'θɑ:r·dʒɪk] *adj* **1.** (*lacking energy*) apatico, -a **2.** (*drowsy*) insonnolito, -a

letter ['le·t̬ɚ] *n* (*message, symbol*) lettera *f;* **~ of credit** lettera di credito ► **to the ~** alla lettera

letterbox *n* cassetta *f* delle lettere

letterhead *n* (*logo*) intestazione *f;* (*paper*) carta *f* intestata

lettuce ['le·t̬ɪs] *n* insalata *f,* lattuga *f*

leukemia [lu·'ki·mi·ə] *n* leucemia *f*

level ['le·vəl] **I.** *adj* **1.** (*horizontal*) orizzontale; (*flat*) piatto, -a; (*spoonful*) raso, -a **2.** (*having same height*) **to be ~ with sth** essere allo stesso livello di qc **3.** (*in same position*) **to be ~ with sb/sth** essere alla pari con qu/qc **4.** (*of same amount*) uguale **II.** *adv* alla pari **III.** *n* **1.** (*position, amount, height*) livello *m;* **above sea ~** sopra il livello del mare; **at ground ~** al pianoterra **2.** (*position, quality*) livello *m;* **at a higher ~** a un livello più alto; **intermediate ~ students** studenti *m pl* di livello intermedio **IV.** <-l- *or* -ll-> *vt* **1.** (*smooth, flatten*) livellare, spianare **2.** (*demolish completely*) radere al suolo **3.** (*point gun*) **to ~ sth at sb** puntare qc contro qu

◆**level off** *vi,* **level out** *vi* (*aircraft*) disporsi in assetto orizzontale; (*inflation*) stabilizzarsi

levelheaded *adj* sensato, -a

lever ['le·vɚ] *n* leva *f*

liability [ˌla·ɪə·'bɪ·lə·t̬i] *n* **1.** FIN, LAW responsabilità *f* (**for** di) **2.** FIN **liabilities** debiti *mpl*

liable ['la·ɪə·bl] *adj* **1.** (*prone*) soggetto, -a; **to be ~ to do sth** tendere a fare qc **2.** LAW responsabile (**for** di)

liar ['la·ɪɚ] *n* bugiardo, -a *m, f*

libel ['laɪ·bl] *n* LAW libello *m;* PUBL diffamazione *f*

liberal ['lɪ·bə·rəl] **I.** *adj* **1.** (*tolerant*) *a.* POL liberale **2.** (*generous, plentiful*) generoso, -a **3.** (*not strict: interpretation*) libero, -a **II.** *n* liberale *mf*

liberate ['lɪ·bə·reɪt] *vt* (*free*) liberare; **to ~ oneself from sth/sb** liberarsi di qc/qu

liberation [ˌlɪ·bə·'reɪ·ʃən] *n* liberazione *f*

liberty ['lɪ·bɚ·t̬i] *n form* (*freedom*) libertà *f;* **to be at ~ to do sth** avere il diritto di fare qc

Libra ['li:b·rə] *n* Bilancia *f;* **I'm** (**a**) **Libra** sono (della [*or* una]) Bilancia

librarian [laɪ·'bre·ri·ən] *n* bibliotecario, -a *m, f*

library ['laɪ·bre·ri] *n* <-ies> (*place*) biblioteca *f*

license ['laɪ·sənts] **I.** *n* (*document*) licenza *f,* permesso *m;* **driver's ~** patente *f* di guida **II.** *vt* autorizzare

license plate *n* AUTO targa *f*

license plate number *n* AUTO numero *m* di targa

lick [lɪk] **I.** *n* **1.** (*with tongue*) leccata *f* **2.** (*light coating*) **a ~ of paint** una mano di tinta **II.** *vt* (*with tongue*) leccare

lid [lɪd] *n* (*for container*) tappo *m*, coperchio *m*

lie[1] [laɪ] **I.** <-y-> *vi* mentire (**about** su) **II.** *n* menzogna *f*, bugia *f*; **don't tell ~s!** non mentire!

lie[2] [laɪ] <lay, lain> *vi* **1.** (*be lying down: person*) giacere, stare disteso; **to ~ on the ground** giacere a terra; **to ~ awake** stare a letto sveglio; **to ~ still** giacere immobile **2.** (*be positioned*) trovarsi; **to ~ off the coast** (*boat*) trovarsi al largo; **to ~ to the east of ...** essere situato a est di ...; **to ~ in ruins** essere in rovina; **to ~ in wait** stare in attesa **3. to ~ with sb/sth** (*be responsibility of*) spettare a qu/qc; (*be the reason for sth*) essere colpa di qu/qc **4.** SPORTS posizionarsi

◆**lie around** *vi* **1.** (*be somewhere*) essere in giro **2.** (*be lazy*) bighellonare

◆**lie back** *vi* appoggiarsi (all'indietro)

◆**lie down** *vi* **1.** (*act*) sdraiarsi **2.** *inf* (*do nothing*) **to take sth lying down** accettare qc senza protestare

lieutenant [luː·ˈte·nənt] *n* **1.** MIL tenente *m* **2.** (*assistant*) luogotenente *m*

life [laɪf] <lives> *n* **1.** vita *f*; **plant ~** vita vegetale; **private ~** vita privata; **to be full of ~** essere pieno di vita; **to lose one's ~** perdere la vita; **to take sb's ~** togliere la vita a qu; **to take one's (own) ~** togliersi la vita **2.** *inf* (*prison sentence*) ergastolo *m*; **to get ~** essere condannato all'ergastolo ► **to be a matter of ~ and death** essere una questione di vita o di morte; **to risk ~ and limb (to do sth)** rischiare la vita (per fare qc); **to live the good ~** fare la bella vita; **~ is hard!** *iron inf* che vitaccia!; **for ~** per tutta la vita; **not on your ~!** *inf* nemmeno per idea!; **that's ~!** così è la vita!

lifeboat *n* scialuppa *f* di salvataggio

life expectancy <-ies> *n* durata *f* (media) della vita

lifeguard *n* bagnino, -a *m, f*

life jacket *n* giubbotto *m* di salvataggio

lifeless [ˈlaɪf·ləs] *adj* **1.** (*dead*) senza vita **2.** *fig* spento, -a

lifelike [ˈlaɪf·laɪk] *adj* naturale

lifelong [ˌlaɪf·ˈlɑːŋ] *adj* che dura tutta la vita

life raft *n* zattera *f* di salvataggio

lifestyle *n* stile *m* di vita

life-support system *n* respiratore *m* artificiale

lifetime *n* **1.** (*of person*) vita *f*; **in my ~** nella mia vita; **to happen once in a ~** succedere una volta nella vita **2.** *inf* (*eternity*) vita *f*; **to seem like a ~** sembrare un'eternità

lift [lɪft] **I.** *n* **1.** (*upward motion*) sollevamento *m*; **to give sth a ~** sollevare qc **2.** *fig* (*positive feeling*) **to give sb a ~** tirare un po' su qu **3.** (*hoisting device*) montacarichi *m inv* **4.** *inf* (*car ride*) passaggio *m*; **to give sb a ~** dare un passaggio a qu **II.** *vi* sollevarsi **III.** *vt* **1.** (*move upwards*) sollevare, alzare; **to ~ one's eyes** alzare gli occhi; **to ~ one's head** alzare la testa **2.** (*stop*) togliere; **to ~ restrictions** togliere le restrizioni **3.** (*encourage*) **to ~ sb's spirits** sollevare il morale di qu

◆**lift off** *vi* AVIAT decollare

◆**lift up** *vt* alzare; **to ~ one's head** alzare la testa; **to ~ one's voice** alzare la voce

liftoff *n* AVIAT, TECH decollo *m*

light [laɪt] **I.** *n* **1.** *a. fig* (*gener*) luce *f*; **by the ~ of the moon** al chiaro di luna; **first ~** prime luci; **to turn a ~ off/on** spegnere/accendere una luce; **to bring sth to ~** portare qc alla luce; **to cast** [*or* **shed**] **~ on sth** far luce su qc; **to come to ~** venire alla luce, emergere; **to see things in a new ~** vedere le cose sotto una luce diversa; **you are the ~ of my life** sei la luce dei miei occhi **2.** (*traffic light*) semaforo *m* **3.** (*flame*) fuoco *m*; **to catch ~** prendere fuoco; **to set ~ to sth** dare fuoco a qc; **do you have a ~?** hai da accendere? **II.** *adj* **1.** (*gener*) leggero, -a; **a ~ touch** un tocco leggero; **a ~ meal** un pasto leggero; **to be a ~ sleeper** avere il sonno leggero **2.** (*not dark: color*) chiaro, -a; (*room*) luminoso, -a **3.** (*not intense: breeze, rain*) lieve **III.** *adv* **to make ~ of sth** prendere qc alla leggera **IV.** *vt* <lit *or* lighted> **1.** (*illuminate*) illuminare; **to ~ the way** indicare la strada **2.** (*start burning*) accendere; **to ~ a cigarette** accendere una sigaretta **V.** *vi* <lit *or* lighted> (*catch fire*) prendere fuoco

◆**light up** **I.** *vt* **1.** illuminare **2.** (*cigarette*) accendere **II.** *vi* **1.** (*become bright*) illuminarsi **2.** (*become animated*) animarsi; **his face lit up** gli si illuminò il volto **3.** (*start smoking*) accendersi una sigaretta [*or* accendersi un sigaro]

lighten ['laɪ·tən] **I.** *vi* **1.** (*become brighter*) schiarire **2.** (*become less heavy*) alleggerirsi; (*mood*) sollevarsi **II.** *vt* **1.** (*make less heavy*) alleggerire **2.** (*bleach, make paler*) schiarire

lighter ['laɪ·t̬ɚ] *n* accendino *m*

lighthearted *adj* (*carefree*) spensierato, -a; (*happy*) allegro, -a

lighthouse *n* faro *m*

lighting ['laɪ·t̬ɪŋ] *n* illuminazione *f*

lightly ['laɪt·li] *adv* leggermente; **to sleep ~** dormire non profondamente; **to take sth ~** prendere qc alla leggera; **to get off ~** cavarsela con poco

lightning ['laɪt·nɪŋ] *n* lampo *m;* **thunder and ~** tuoni e fulmuni

lightweight **I.** *adj* (*clothing, material*) leggero, -a **II.** *n* **1.** SPORTS peso *m* leggero **2.** *sl* (*unimpressive person*) persona *f* da poco

light-year *n* anno *m* luce

likable ['laɪ·kə·bl] *adj* simpatico, -a

like[1] [laɪk] **I.** *vt* **1.** (*find good*) **I ~ it** mi piace; **she ~s apples** le piacciono le mele; **I ~ swimming** mi piace nuotare; **I ~ Sarah** Sarah mi piace **2.** (*desire, wish*) volere; **I would ~ to go to ...** vorrei andare a...; **would you ~ a cup of tea?** vuoi un tè?; **I would ~ a little bit more time** vorrei un po' più di tempo; **I'd ~ to know ...** vorrei sapere...; **I'd ~ a steak** vorrei una bistecca **II.** *n pl* preferenze *fpl;* **sb's ~s and dislikes** le preferenze di qu

like[2] [laɪk] **I.** *adj* simile; **to be of ~ mind** pensare allo stesso modo **II.** *prep* **1. to be ~ sb/sth** essere come qu/qc; **what was it ~?** com'era?; **what does it look ~?** che aspetto ha?; **to work ~ crazy** *inf* lavorare come un mulo **2.** *sl* (*say*) **and then she's like...** e allora lei fa... ▶ **~ anything** a più non posso **III.** *conj inf* come se +*subj;* **he speaks ~ he was drunk** parla come se fosse ubriaco **IV.** *n* **1.** (*similar things*) **toys, games and the ~** giocattoli, giochi e simili **2.** *inf* **the ~s of him** gente del genere **V.** *interj sl* (*as filler*) **I'm ~ kind of tired** sono, beh, un po' stanco

likeable *adj see* **likable**

likelihood ['laɪk·li·hʊd] *n* probabilità *f;* **there is every ~ that ...** è molto probabile che ... +*subj*

likely ['laɪk·li] **I.** <-ier, -iest> *adj* probabile; **it is ~ (that ...)** è probabile (che ... +*subj*); **to be quite/very ~** essere abbastanza/molto probabile; **not ~!** *inf* neanche per idea! **II.** *adv* probabilmente; **as ~ as not** probabilmente; **most ~** molto probabilmente

like-minded *adj* con la stessa mentalità

liken ['laɪ·kən] *vt* paragonare; **to ~ sb to sb** paragonare qu a qu

likeness ['laɪk·nɪs] <-es> *n* **1.** (*similarity*) somiglianza *f* **2.** (*painting*) ritratto *m*

likewise ['laɪk·waɪz] *adv* allo stesso modo; **to do ~** fare altrettanto

liking ['laɪ·kɪŋ] *n* predilezione *f;* (*for particular person*) simpatia *f;* **to develop a ~ for sth** prendere gusto a qc; **to develop a ~ for sb** prendere qu in simpatia; **it's too sweet for my ~** è troppo dolce per i miei gusti

lilac ['laɪ·læk] **I.** *n* **1.** (*bush*) lillà *m inv* **2.** (*color*) lilla *m* **II.** *adj* lilla

lily ['lɪ·li] <-ies> *n* giglio *m*

limb [lɪm] *n* **1.** BOT ramo *m* **2.** ANAT arto *m*

lime[1] [laɪm] **I.** *n* **1.** (*fruit, tree*) limetta *f* **2.** (*juice*) succo *m* di limetta **3.** (*color*) verde *m* acido **II.** *adj* verde acido

lime[2] [laɪm] *n* CHEM calce *f*

lime[3] [laɪm] *n* (*linden tree*) tiglio *m*

limit ['lɪ·mɪt] **I.** *n* limite *m;* **speed ~** AUTO limite *m* di velocità; **to put a ~ on sth** porre un limite a qc; **to know one's ~s** conoscere i propri limiti;

within ~s entro certi limiti **II.** *vt* limitare; **to ~ oneself to sth** limitarsi a qc

limited ['lɪ·mɪ·t̬ɪd] *adj* limitato, -a; **to be ~ to sth** arrivare solo a qc

limp[1] [lɪmp] **I.** *vi* zoppicare **II.** *n* **to walk with a ~** zoppicare

limp[2] [lɪmp] *adj* floscio, -a

line[1] [laɪn] <-ning> *vt* rivestire; (*clothes*) foderare

line[2] [laɪn] **I.** *n* **1.** (*gener*) *a.* MAT, TEL linea *f;* **dividing ~** linea divisoria; **to be in a ~** essere allineato; **~s will be open from ...** le linee saranno aperte da ...; **to be/stay on the ~** essere/restare in linea; **to come out with a new ~** produrre una nuova linea **2.** (*for waiting*) fila *f,* coda *f;* **to get in ~** mettersi in fila; **to stand/wait in ~** fare la fila **3.** (*chronological succession*) serie *f;* **a (long) ~ of disasters/kings** una (lunga) serie di catastrofi/re **4.** (*cord*) corda *f;* **clothes ~** corda per il bucato **5.** COMPUT **on ~** on line; **on/off ~** collegato/scollegato **6.** (*defense*) fronte *m,* linea *f;* **front ~** linea del fronte **7.** (*set of tracks*) binari *m inv;* (*train route*) linea *f;* **the end of the ~** il capolinea **8.** (*of text*) riga *f;* (*of poem*) verso *m;* **to drop sb a ~** *inf* mandare due righe qu **9.** MUS rigo *m* **10.** (*comment*) uscita *f;* **to come up with a ~ about sb/sth** uscirsene con un commento su qu/qc **11.** (*position, attitude*) linea *f;* **~ of reasoning** ragionamento *m;* **the official ~ (on sth)** la posizione ufficiale (su qc) ► **somewhere along the ~** a un certo punto; **to cross the ~** superare il limite; **to be in ~ with sb/sth** concordare con qu/qc; **to be out of ~** essere fuori luogo **II.** <-ning> *vt* **to ~ the streets** (*people*) essere lungo le strade; (*trees*) fiancheggiare

◆**line up** **I.** *vt* allineare; (*support, customers*) assicurarsi; (*appointment, job*) avere in programma **II.** *vi* **1.** (*stand in row*) allinearsi **2.** (*wait for sth*) fare la fila **3.** (*oppose*) **to ~ against sb/sth** schierarsi contro qu/qc

linen ['lɪ·nɪn] *n* lino *m;* **bed ~s** biancheria *f* da letto; **table ~s** biancheria *f* da tavola

liner ['laɪ·nɚ] *n* **1.** (*lining*) fodera *f;* (*garbage bag*) sacchetto *m* della spazzatura **2.** (*ship*) transatlantico *m*

lingerie [ˌlan·ʒə·'reɪ] *n* biancheria *f* intima

linguist ['lɪŋ·gwɪst] *n* linguista *mf*

lining ['laɪ·nɪŋ] *n* **1.** (*of coat, jacket*) fodera *f;* (*of boiler, pipes*) rivestimento *m* **2.** ANAT parete *f*

link [lɪŋk] **I.** *n* **1.** (*in chain*) maglia *f* **2.** (*connection*) collegamento *m;* **rail ~** nodo *m* ferroviario **3.** COMPUT collegamento *m,* link *m inv* **II.** *vt* collegare; **to ~ arms** prendersi sottobraccio; **to be ~ed (together)** essere legato (assieme)

lion ['la·ɪən] *n* leone *m*

lioness [la·ɪə·'nes] <-sses> *n* leonessa *f*

lip [lɪp] *n* **1.** ANAT labbro *m* **2.** (*rim: of cup, jug*) orlo *m*

lip balm *n* crema *f* per le labbra

lip-gloss *n* lucidalabbra *m*

lip service *n inf* **to pay ~ to sth** appoggiare qc soltanto a parole

lipstick *n* rossetto *m*

liqueur [lɪ·'kɜːr] *n* liquore *m*

liquid ['lɪk·wɪd] **I.** *n* liquido *m* **II.** *adj* liquido, -a

liquidize ['lɪk·wɪ·daɪz] *vt* frullare

liquidizer ['lɪk·wɪ·daɪ·zɚ] *n* frullatore *m*

Lisbon ['lɪz·bən] *n* Lisbona *f*

lisp [lɪsp] **I.** *n* pronuncia *f* blesa **II.** *vi* avere la pronuncia blesa

list [lɪst] **I.** *n* lista *f;* **price ~** listino *m* prezzi; **shopping ~** lista della spesa **II.** *vt* **1.** (*make a list*) fare la lista di **2.** (*enumerate*) elencare

listen ['lɪ·sən] *vi* **1.** (*hear*) ascoltare; **to ~ to sth/sb** ascoltare qc/qu; **to ~ to reason** intendere ragioni **2.** (*pay attention*) stare in ascolto

◆**listen in** *vi* origliare; **to ~ on sth** origliare qc

listener ['lɪs·nɚ] *n* ascoltatore, -trice *m, f*

lit [lɪt] *pt, pp of* **light**

liter ['liː·t̬ɚ] *n* litro *m*

literacy ['lɪ·t̬ɚ·ə·si] *n* alfabetismo *m*

literal ['lɪ·t̬ɚ·əl] *adj* letterale

literally ['lɪ·t̬ɚ·ə·li] *adv* letteralmente; **to take sth/sb ~** prendere qc/qu alla lettera

literary [ˈlɪ·t̬ɚ·e·ri] *adj* letterario, -a

literate [ˈlɪ·t̬ɚ·ət] *adj* **1.** (*able to read and write*) **to be ~** saper leggere e scrivere **2.** (*well-educated*) colto, -a

literature [ˈlɪ·t̬ɚ·ə·tʃɚ] *n* **1.** (*novels, poems*) letteratura *f* **2.** (*promotional material*) materiale *m* illustrativo

Lithuania [ˌlɪ·θʊ·ˈeɪ·niə] *n* Lituania *f*

Lithuanian **I.** *n* **1.** (*person*) lituano, -a *m, f* **2.** LING lituano *m* **II.** *adj* lituano, -a

litter [ˈlɪ·t̬ɚ] **I.** *n* **1.** (*refuse*) immondizia *f* **2.** ZOOL figliata *f* **3.** (*bedding for animals*) lettiera *f* **II.** *vt* **1.** (*make untidy*) sporcare **2.** *inf* (*scatter*) ricoprire di; **the floor was ~ed with clothes** il pavimento era ricoperto di vestiti

litterbug *n inf persona che getta rifiuti per terra*

little [ˈlɪ·t̬l] **I.** *adj* **1.** (*in size, age*) piccolo, -a; **a ~ old man/woman** un vecchietto/una vecchietta; **the ~ ones** *inf* i bambini; **my ~ brother/sister** il mio fratellino/la mia sorellina **2.** (*in amount*) poco, -a; **a ~ bit (of sth)** un pochino (di qc); **a ~ something** qualcosina; **~ hope** poche speranze; **~ by ~** poco a poco **3.** (*in distance, duration*) breve; **a ~ way** poco distante; **for a ~ while** per un po' **II.** *n* poco *m*; **a ~** un poco; **to know ~** sapere poco; **to have ~ to say** aver poco da dire **III.** *adv* poco; **~ less than ...** poco meno che ...; **~ more than an hour** poco più di un'ora

live[1] [laɪv] **I.** *adj* **1.** (*living*) vivo, -a **2.** RADIO, TV in diretta; MUS dal vivo **3.** ELEC sotto tensione **4.** (*cartridge*) carico, -a; (*bomb*) inesploso, -a **II.** *adv* RADIO, TV in diretta; MUS dal vivo

live[2] [lɪv] **I.** *vi* vivere; **to ~ above one's means** vivere al di sopra dei propri mezzi; **long ~ the king!** lunga vita al re!; **to ~ off sth/sb** vivere alle spalle di qc/qu; **to ~ on sth** (*eat*) mangiare qc ▶ **to ~ and let ~** vivere e lasciar vivere **II.** *vt* vivere; **to ~ a happy life** avere una vita serena

◆**live down** *vt* far dimenticare

◆**live through** *vt* (*experience*) vivere

◆**live together** *vi* vivere insieme

◆**live up to** *vt* rispondere a; **to ~ expectations** essere all'altezza delle aspettative

◆**live with** *vt* **1.** (*share home: couple*) convivere con; (*friends*) abitare con **2.** (*accept*) vivere con

lively [ˈlaɪv·li] *adj* vivace; (*imagination, interest*) vivo, -a

liver [ˈlɪ·vɚ] *n* fegato *m*

livid [ˈlɪ·vɪd] *adj* **1.** (*discolored*) livido, -a **2.** (*furious*) livido, -a di rabbia

living [ˈlɪ·vɪŋ] **I.** *n* **1.** (*livelihood*) vita *f*; **to work for one's ~** lavorare per vivere; **to make a ~** guadagnarsi da vivere **2.** *pl* (*people*) **the ~** i vivi **II.** *adj* vivo, -a; (*creature*) vivente

living room *n* soggiorno *m*

lizard [ˈlɪ·zɚd] *n* lucertola *f*

llama [ˈlɑː·mə] *n* lama *m inv*

load [loʊd] **I.** *n* **1.** carico *m*; **that took a ~ off my mind!** mi sono tolto un peso! **2.** *inf* (*lots*) mucchio *m*; **~s** [*or* **a ~**] **of ...** un mucchio di... **II.** *vt a.* AUTO, PHOT, INFOR caricare

L

◆**load down** *vt a.fig* caricare

loaded [ˈloʊ·dɪd] *adj* **1.** (*filled*) carico, -a **2.** (*unfair: question*) tendenzioso, -a **3.** *inf* (*rich*) straricco, -a

loaf [loʊf] <loaves> *n* pane *m*; **a ~ of bread** una pagnotta

loan [loʊn] **I.** *vt* prestare **II.** *n* prestito *m*

loaves [loʊvz] *n pl of* **loaf**[1]

lobby [ˈlɑː·bi] **I.** <-ies> *n* **1.** ARCHIT ingresso *m* **2.** POL gruppo *m* di pressione **II.** <-ie-> *vt* fare pressioni su

lobster [ˈlɑːbs·tɚ] *n* aragosta *f*

local [ˈloʊ·kəl] **I.** *adj* local; (*people*) del posto; (*official, police*) municipale; TEL urbano, -a **II.** *n* (*inhabitant*) abitante *mf* del posto

local call *n* chiamata *f* urbana

local government *n* amministrazione *f* comunale

local time *n* ora *f* locale

locate [ˈloʊ·keɪt] *vt* **1.** (*find*) localizzare, trovare **2.** (*situate*) trovarsi; **to be ~d near sth** essere situato presso qc

location [loʊ·ˈkeɪ·ʃən] *n* **1.** (*place*) posizione *f*, luogo *m* **2.** CINE esterni *mpl*; **to film sth on ~** girare qc in esterni

loch [lɑːk] *n Scot* (*lake*) lago *m*

lock¹ [lɑːk] *n* (*of hair*) ricciolo *m*

lock² [lɑːk] **I.** *n* **1.** (*fastening device*) serratura *f* **2.** (*on canal*) chiusa *f* **3.** (*in wrestling*) chiave *f* **II.** *vt* **1.** (*fasten with lock*) chiudere a chiave; (*confine safely: thing*) tenere sotto chiave; (*person*) rinchiudere **2.** (*make immovable*) bloccare **III.** *vi* chiudersi (a chiave)

◆**lock away** *vt* (*jewels, document*) tenere sotto chiave; (*person*) rinchiudere

◆**lock out** *vt* **to lock oneself out** chiudersi fuori

◆**lock up** *vt* (*jewels, document*) tenere sotto chiave; (*person*) rinchiudere

locker [ˈlɑː·kɚ] *n* (*at train station*) (armadietto *m* per) deposito *m* bagagli; (*at school*) armadietto *m*

locker room *n* spogliatoio *m*

lodge [lɑːdʒ] **I.** *vi* **1.** (*stay in rented room*) alloggiare **2.** (*become fixed*) incastrarsi **II.** *vt* (*register officially: complaint*) presentare **III.** *n* **1.** (*for hunters*) padiglione *m* di caccia; **ski ~** rifugio (*m* per sciatori) **2.** (*gatekeeper's house*) casa *f* del custode

lodger [ˈlɑː·dʒɚ] *n persona cui si affitta una camera;* **to take in ~s** affitare camere

lodging [ˈlɑː·dʒɪŋ] *n* **1.** (*accomodations*) alloggio *m* **2.** *pl* (*room to rent*) camera *f* in affitto

loft [lɑːft] *n* **1.** (*space under roof*) solaio *m;* **hay ~** fienile *m* **2.** (*upstairs living space*) mansarda *f*

log¹ [lɑːg] *n* **1.** (*tree trunk*) tronco *m* **2.** (*firewood*) ciocco *m*

log² [lɑːg] **I.** *n* registro *m;* **ship's ~** diario *m* di bordo **II.** *vt* **1.** (*record*) annotare **2.** (*achieve, attain*) raggiungere

◆**log in** *vi* COMPUT entrare nel sistema

◆**log off** *vi* COMPUT uscire dal sistema

◆**log on** *vi see* **log in**

◆**log out** *vi see* **log off**

logic [ˈlɑː·dʒɪk] *n* logica *f*

logical [ˈlɑː·dʒɪ·kl] *adj* logico, -a

logo [ˈloʊ·goʊ] *n* logo *m inv*

loin [lɔɪn] *n* **1.** *pl* (*body area*) reni *fpl* **2.** GASTR lombata *f*

loiter [ˈlɔɪ·t̬ɚ] *vi* **1.** (*linger*) attardarsi **2.** *a.* LAW vagabondare

loll [lɑːl] *vi* **to ~** (**about**) ciondolare

lollipop [ˈlɑː·li·pɑːp] *n* lecca lecca *m inv*

London [ˈlʌn·dən] *n* Londra *m*

lone [loʊn] *adj* solitario, -a

loneliness [ˈloʊn·lɪ·nɪs] *n* solitudine *f*

lonely [ˈloʊn·li] <-ier, -iest> *adj* (*person*) solo, -a; (*life, place*) solitario, -a

loner [ˈloʊ·nɚ] *n* solitario, -a *m, f*

long¹ [lɔːŋ] **I.** *adj* (*distance, time, shape*) lungo, -a; **to have a ~ way to go** aver molta strada da fare; **it's been a ~ time since ...** è molto che ... **II.** *adv* **1.** (*a long time*) molto (tempo); **~ after/before** molto dopo/prima; **~ ago** molto tempo fa **2.** (*for the whole duration*) **all day ~** tutto il giorno; **as ~ as I live** finché vivo; **so ~ as** finché **3.** *in comparisons* **as ~ as** lungo quanto ▶ **so ~** *inf* ciao!

long² [lɔːŋ] *vi* **to ~ for sb** desiderare qu; **to ~ for sth** aver voglia di qc

long-distance *adj* (*flight*) lungo, -a; (*race, runner*) di fondo; (*negotiations, relationship*) a distanza; **~ call** chiamata *f* interurbana, chiamata *f* internazionale

longing [ˈlɔːŋ·ɪŋ] *n* **1.** (*nostalgia*) nostalgia *f* (**for** di) **2.** (*strong desire*) desiderio *m* ardente

longitude [ˈlɑːn·dʒə·tuːd] *n* longitudine *f*

long jump *n* salto *m* in lungo

long-lived *adj* **1.** (*person*) longevo, -a **2.** (*feud*) annoso, -a

long-lost *adj* (*friend*) perso, -a di vista da molto tempo; (*object*) perso, -a da molto tempo

long-range *adj* (*missile*) a lungo raggio; (*aircraft*) transcontinentale

long-sighted *adj* **1.** (*far-sighted*) presbite **2.** (*having foresight*) lungimirante

long-standing *adj* di lunga data

long-suffering *adj* paziente

long-term *adj* a lungo termine

long wave *n* onda *f* lunga

long-winded *adj* prolisso, -a

look [lʊk] **I.** *n* **1.** (*act of looking, examination*) sguardo *m,* occhiata *f;* **to take** [*or* **have**] **a ~ at sth** dare un'occhiata a qc **2.** (*appearance*) aspetto *m;* **good ~s** bellezza *f* **3.** (*style*) look *m* *inv* **II.** *vi* **1.** (*use sight*) guardare; **to ~ at sth/sb** guardare qc/qu; **to ~ at a book** dare un'occhiata a un libro; **to ~ out (of) the window** guardare dalla finestra; **oh, ~!** guarda!; **~ here** ehi tu! **2.** (*search*) cercare; **to ~ for sth/sb** cercare qc/qu **3.** (*appear, seem*) sembrare; **to ~ like sb/sth** sembrare qu/qc; **to ~ bad/good** avere/non avere un bell'aspetto; **to ~ tired** avere l'aria stanca; **to ~ as if ...** sembrare che ... *+subj* **4.** (*face*) dare; **to ~ north** essere esposto a nord ▶ **to ~ sb in the eye** guardare qc negli occhi; **to ~ one's age** dimostrare la propria età; **to ~ the other way** voltarsi dall'altra parte

◆**look after** *vi* occuparsi di

◆**look ahead** *vi* guardare in avanti

◆**look around** **I.** *vi* **1.** (*look behind oneself*) voltarsi **2.** (*look in all directions*) guardarsi intorno **3.** (*search*) **to ~ for** cercare **II.** *vt* (*inspect*) ispezionare

◆**look away** *vi* volgere lo sguardo

◆**look back** *vi* **1.** (*look behind oneself*) guardarsi indietro **2.** (*remember*) ricordare

◆**look down** *vi* (*feel superior*) **to ~ on sth/sb** disprezzare qc/qu

◆**look for** *vt* **1.** (*search for*) cercare **2.** (*expect*) sperare

◆**look forward** *vi* **to ~ to sth** aspettare impazientemente qc; **to ~ to doing sth** non vedere l'ora di fare qc

◆**look in** *vi* **to ~ on sb** passare da qu

◆**look into** *vi* esaminare

◆**look on** *vi* (*watch*) guardare

◆**look out** *vi* **1.** (*face a particular direction*) **to ~ on** (*window*) dare su **2.** (*watch out*) fare attenzione; **~!** attento!; **to ~ for** fare attenzione a; (*look for*) cercare

◆**look over** *vt* (*report*) rivedere; (*house*) ispezionare

◆**look through** *vt* **1.** (*examine*) rivedere **2.** (*peruse*) **to ~ sth** dare un'occhiata a qc

◆**look up** **I.** *vt* **1.** (*consult*) cercare **2.** (*visit*) andare a trovare **II.** *vi* **1. to ~ to sb** *fig* ammirare qu **2.** (*improve*) migliorare; **things are looking up!** le cose vanno meglio!

look-alike ['lʊk·ə·ˌlaɪk] *n* (*person*) sosia *mf;* (*thing*) imitazione *f*

lookout ['lʊk·ˌaʊt] *n* **1.** (*observation post*) posto *m* di osservazione **2.** (*person*) vedetta *mf;* **to be on the ~** stare all'erta **3.** (*concern*) problema *m;* **that's his/your ~** è un problema suo/tuo

loony ['luː·ni] *sl* **I.** <-ier, -iest> *adj* strambo, -a **II.** <-ies> *n* matto, -a *m, f*

loop [luːp] **I.** *n* **1.** (*bend*) curva *f;* (*of string*) cappio *f;* (*of river*) ansa *f* **2.** ELEC circuito *m* chiuso **3.** INFOR ciclo *m* ▶ **to <u>throw</u> sb for a ~** *inf* lasciare qu di sale **II.** *vi* serpeggiare **III.** *vt* legare con un laccio; **to ~ sth around ...** passare qc intorno a... ▶ **to ~ <u>the</u> loop** AVIAT effettuare una gran volta

loophole ['luːp·hoʊl] *n fig* scappatoia *f*

loose [luːs] **I.** *adj* **1.** (*not tight: clothing*) comodo, -a; (*knot, rope, screw*) non ben stretto, -a; (*skin*) flaccido, -a **2.** (*not confined*) libero, -a; **~ change** spiccioli *m pl* **3.** (*not exact: translation*) libero, -a **4.** (*not strict or controlled: discipline*) non rigoroso, -a; **~ tongue** bocca *f* larga **II.** *n* **to be on the ~** essere a piede libero

loose cannon *n sl* mina *f* vagante

loosely ['luːs·li] *adv* **1.** (*not tightly*) senza stringere **2.** (*not exactly: translate*) liberamente; (*speak*) genericamente **3.** (*not strictly: organized*) non rigidamente

loosen ['luː·sn] *vt* (*belt*) allentare; (*tongue*) sciogliere

loot [luːt] **I.** *n* **1.** (*plunder*) bottino *m* **2.** *inf* (*money*) grana *f* **II.** *vi, vt* saccheggiare

lope [loʊp] *vi* (*person, animal*) procedere a grandi falcate

lopsided [ˌlɑːp·'saɪ·dɪd] *adj* (*leaning to one side*) storto, -a

lord [lɔːrd] *n* signore *m*

lose [luːz] <lost, lost> *vt* perdere; **to get lost** (*person*) perdersi; (*object*) andare smarrito

loser ['luː·zɚ] *n* perdente *mf*

loss [lɔːs] <-es> *n* perdita *f;* **to be at a ~** essere spiazzato, -a; **to be at a ~ for**

words non avere parole

loss-making *adj* in perdita

lost [lɔːst] I. *pt, pp of* **lose** II. *adj* 1. perduto, -a; (*object*) smarrito, -a; **to get ~** perdersi 2. (*preoccupied*) perplesso, -a

lost and found *n* ufficio *m* oggetti smarriti

lot [lɑːt] *n* 1. (*plot of land, in auction*) lotto *m* 2. *inf* (*large quantity*) **a ~ of, lots of** un sacco di; **a ~ of wine** molto vino; **~s of houses** molte case; **I like it a ~** mi piace molto; **the whole ~** tutto

lotion [ˈloʊ·ʃən] *n* lozione *f*

lottery [ˈlɑː·t̬ə·i] <-ies> *n* lotteria *f*

loud [laʊd] I. *adj* 1. (*voice*) alto, -a; (*shout*) forte 2. (*noisy*) rumoroso, -a 3. (*vigorous: complaint*) energico, -a 4. *fig* (*color*) vistoso, -a II. *adv* forte; **to laugh out ~** ridere a crepapelle

loudspeaker [ˌlaʊd·ˈspiː·kɚ] *n* altoparlante *m*

Louisiana [lu·ˌi·zi·ˈæn·ə] *n* Louisiana *f*

lounge [laʊndʒ] I. *n* 1. (*room*) sala *f* 2. (*bar*) bar *m inv* II. *vi* 1. (*recline*) appoggiarsi all'indietro 2. (*be idle*) oziare

lousy [ˈlaʊ·zi] <-ier, -iest> *adj inf* 1. (*of poor quality*) schifoso, -a; **to feel ~** stare male 2. (*nasty*) brutto, -a

lout [laʊt] *n* teppistello *m*

lovable [ˈlʌv·ə·bəl] *adj* adorabile

love [lʌv] I. *vt* amare; (*friend*) voler bene a; **I ~ swimming** adoro nuotare II. *n* 1. (*affection*) amore *m;* **to be in ~ (with sb)** essere innamorato (di qu); **to fall in ~ (with sb)** innamorarsi (di qu); **to make ~ to sb** fare l'amore con qu 2. *inf* (*darling*) tesoro *m* 3. (*in tennis*) zero *m*

love affair *n* storia *f* d'amore

love-hate relationship *n* rapporto *m* d'amore e odio

lovely [ˈlʌv·li] <-ier, -iest> *adj* (*house, present, weather*) bello, -a; (*person*) carino, -a; **to have a ~ time** divertirsi

lover [ˈlʌ·vɚ] *n* amante *mf*

lovesick [ˈlʌv·sɪk] *adj* pazzo, -a d'amore

loving [ˈlʌ·vɪŋ] *adj* affettuoso, -a

low [loʊ] I. *adj* 1. (*not high, not loud*) basso, -a; **to be ~ on gas** aver poca benzina; **to cook sth on ~ heat** cuocere qc a fuoco lento 2. (*poor: opinion, quality*) cattivo, -a; (*self-esteem, visibility*) scarso, -a II. *adv* basso, -a; **to feel ~** essere giù; **the batteries are running ~** le batterie si stanno scaricando III. *n* 1. METEO zona *f* di bassa pressione 2. (*minimum*) minimo *m*

low-cal *adj,* **low-calorie** *adj* a basso contenuto calorico

low-cut *adj* scollato, -a

lowdown *n inf* **to give sb the ~ on sth** aggiornare qu. su qc

low-down *adj inf* vile; **a ~ trick** un tiro mancino

lower [ˈloʊ·ɚ] I. *vt* abbassare; (*flag, sails*) ammainare; (*lifeboat*) calare; **to ~ one's eyes** abbassare lo sguardo II. *adj* inferiore

lower-case *adj* minuscolo, -a

low-key *adj* (*affair*) discreto, -a; (*debate, discussion*) contenuto, -a

low-pitched *adj* (*voice*) grave

low pressure *n* bassa pressione *f*

low profile *n* **to keep a ~** non mettersi in vista

low season *n* bassa stagione *f*

low tide *n,* **low water** *n* bassamarea *f*

loyal [ˈlɔ·ɪəl] *adj* leale; **to remain ~ to sb/sth** rimanere fedele a qu/qc

loyalty [ˈlɔ·ɪəl·ti] <-ies> *n* lealtà *f*

Ltd. [ˈlɪm·ɪ·t̬ɪd] *abbr of* **Limited** S.r.l.

luck [lʌk] *n* fortuna *f;* (*chance*) sorte *f;* **good/bad ~** fortuna/sfortuna; **a stroke of ~** un colpo di fortuna; **to wish sb (good) ~** augurare buona fortuna a qu; **with any ~** con un po' di fortuna; **to be down on one's ~** attraversare un periodo sfortunato

lucky [ˈlʌ·ki] <-ier, -iest> *adj* fortunato, -a; **to make a ~ guess** indovinare; **~ number** numero *m* portafortuna

luggage [ˈlʌ·gɪdʒ] *n* bagaglio *m*

luggage rack *n* portabagagli *m inv*

lukewarm [ˌluːk·ˈwɔːrm] *adj a.fig* tiepido, -a

lullaby [ˈlʌ·lə·baɪ] <-ies> *n* ninnananna *f*

lumber[1] [ˈlʌm·bɚ] *vi* avanzare pesantemente

lumber[2] [ˈlʌm·bɚ] *n* legname *m*

luminous [ˈluː·mə·nəs] *adj* luminoso, -a

lump [lʌmp] **I.** *n* **1.** (*solid mass*) massa *f;* (*of sauce*) grumo *m;* (*of coal*) pezzo *m;* (*of sugar*) zolletta *f;* ~ **sum** cifra *f* forfettaria **2.** (*swelling: in breast*) nodulo *m;* (*on head*) bozzo *m* ► **to have a ~ in one's** __**throat**__ avere un nodo alla gola **II.** *vt* <**to ~ (together)**> raggruppare

lumpy ['lʌm·pi] <-ier, -iest> *adj* (*custard, sauce*) grumoso, -a; (*surface*) non uniforme

lunacy ['lu:·nə·si] *n* pazzia *f*

lunatic ['lu:·nə·tɪk] *n* pazzo, -a *m, f*

lunch [lʌntʃ] *n* pranzo *m;* **to have ~** pranzare ► **to be** __**out**__ **to ~** *inf* essere fuori di testa

luncheon meat *n* carne *f* in scatola

lunch hour *n* pausa *f* pranzo

lunchtime **I.** *n* ora *f* di pranzo **II.** *adj* (*concert*) di mezzogiorno

lung [lʌŋ] *n* polmone *m*

lurch [lɜ:rtʃ] **I.** *vi* (*people*) barcollare; (*car, train*) sbandare **II.** <-es> *n* sobbalzo *m* ► **to** __**leave**__ **sb in the ~** *inf* lasciare qu nelle peste

lure [lʊr] **I.** *n* **1.** (*attraction*) fascino *m* **2.** (*bait*) esca *f;* (*decoy*) richiamo *m* **II.** *vt* attirare

lurk [lɜ:rk] *vi* nascondersi

lust [lʌst] *n* **1.** (*sexual desire*) lussuria *f* **2.** (*strong desire*) brama *f* (**di** for)

Luxembourg ['lʌk·səm·bɜ:rg] *n* Lussemburgo *m*

luxury ['lʌk·ʃə·i] <-ies> *n* lusso *m*

lying ['laɪ·ɪŋ] *adj* bugiardo, -a

lyric ['lɪ·rɪk] *n* **1.** (*poem*) lirica *f* **2.** *pl* (*words for song*) testo *m* (di canzone)

M

M, m [em] *n* M, m *f;* ~ **for Mary** M come Milano

m **1.** *abbr of* **mile** miglio *m* **2.** *abbr of* **million** milione *m* **3.** *abbr of* **minutes** min **4.** *abbr of* **meter** m **5.** *abbr of* **married** coniugato, -a

M *n* **1.** *abbr of* **male** M **2.** *abbr of* **medium** M

MA [,em·'eɪ] *n* **1.** *abbr of* **Master of Arts** laurea *f (in discipline umanistiche);* **he has an ~ in linguistics** è laureato in linguistica; **Louie Sanders, MA** Dott. Louie Sanders **2.** *abbr of* **Massachusetts** Massachusetts

ma [mɑ:] *n inf* mamma *f*

ma'am [mæm] = **madam** (*form of address*) signora *f*

Mac [mæk] *n* COMPUT *abbr of* **Macintosh** Mac(intosh) *m*

macaroni [,mæ·kə·'roʊ·ni] *n* maccheroni *mpl*

macaroni and cheese *n* maccheroni *m pl* al formaggio

machine [mə·'ʃi:n] *n* **1.** (*mechanical device*) macchina *f* **2.** (*system*) apparato *m*

machinery [mə·'ʃi:·nə·ri] *n* **1.** (*machines*) macchinari *mpl,* macchine *fpl* **2.** *fig* (*organization*) macchina *f* **3.** (*mechanism*) ingranaggi *mpl*

machine-wash *vt* lavare in lavatrice

mackerel ['mæ·krəl] <-(s)> *n* sgombro *m*

macroeconomics [,mæ·kroʊ·,e·kə·'nɑ:·mɪks] *n* macroeconomia *f*

mad [mæd] *adj* **1.** (*upset*) arrabbiato, -a **2.** (*frantic*) frenetico, -a **3.** (*insane*) pazzo, -a, matto, -a; **to go ~** impazzire, diventare matto; **to drive sb ~** fare impazzire qu **4.** (*enthusiastic*) **to be ~ about sb** essere pazzo di qc; **she's ~ about chocolate** andare pazzo per qc

madam ['mæ·dəm] *n* signora *f*

mad cow disease *n* (morbo *m* della) mucca pazza *f*

maddening *adj* esasperante

made [meɪd] *pp, pt of* **make**

made-up ['meɪd·ʌp] *adj* **1.** (*wearing make-up*) truccato, -a **2.** (*invented*) inventato, -a

madhouse ['mæd·haʊs] *n inf* manicomio *m*

madly ['mæd·li] *adv* **1.** (*frantically*) furiosamente **2.** (*intensely*) terribilmente

madman ['mæd·mən] <-men> *n* pazzo *m*

madness ['mæd·nɪs] *n* pazzia *f,* follia *f*

madwoman ['mæd·,wʊm·ən] <-women> *n* pazza *f*

mag [mæg] *n inf abbr of* **magazine** rivista *f*

magazine ['mæ·gə·zi:n] *n* **1.** (*periodical publication*) rivista *f* **2.** MIL (*of gun*) caricatore *m*

magic ['mæ·dʒɪk] **I.** *n* magia *f* **II.** *adj* magico, -a

magical *adj* **1.** (*power*) magico, -a **2.** (*extraordinary, wonderful*) favoloso, -a

magician [mə·'dʒɪ·ʃən] *n* mago, -a *m, f*

magistrate ['mæ·dʒɪs·treɪt] *n giudice di cause di minore entità*

magnet ['mæg·nɪt] *n* calamita *f*

magnetic [mæg·'ne·ṭɪk] *adj* **1.** (*force*) magnetico, -a **2.** (*personality*) affascinante

magnetism ['mæg·nə·tɪ·zəm] *n* magnetismo *m*

magnificent [mæg·'nɪ·fɪ·snt] *adj* magnifico, -a

magnify ['mæg·nɪ·faɪ] <-ie-> *vt* **1.** (*make larger*) ingrandire; (*voice*) amplificare **2.** (*make worse*) esasperare

mahogany [mə·'hɑ:·gə·ni] **I.** *n* mogano *m* **II.** *adj* di mogano

maid [meɪd] *n* (*female servant*) donna *f* (di servizio); (*in hotel*) cameriera *f*

maiden name *n* (cog)nome *m* da ragazza

mail [meɪl] **I.** *n a.* COMPUT posta *f*; **electronic ~** COMPUT posta elettronica; **incoming/outgoing ~** COMPUT posta in arrivo/in partenza; **to send sth through the ~** inviare [*or* spedire] qc per posta [*or* mandare]; **by ~** per posta; **is there any ~?** c'è posta?; **by return ~** a giro di posta **II.** *vt* inviare [*or* spedire] per posta [*or* mandare]

mailbox *n* **1.** (*for postal deliveries*) casella *f* postale **2.** COMPUT (**electronic**) ~ casella *f* (di posta elettronica)

mailman *n* postino *m*

mail order *n* vendita *f* per corrispondenza

main [meɪn] **I.** *adj* (*problem, street*) principale **II.** *n* **1.** (*pipe*) tubatura *f* principale; **the water/gas ~** la conduttura dell'acqua/del gas **2.** (*cable*) cavo *m* principale

Maine [meɪn] *n* Maine *m*

mainframe ['meɪn·freɪm] *n* COMPUT elaboratore *m* centrale

mainland ['meɪn·lənd] **I.** *n* continente *m* **II.** *adj* **~ China** Cina continentale

mainly ['meɪn·li] *adv* soprattutto

main office *n* ufficio *m* principale

main road *n* strada *f* principale

mainstream **I.** *n* corrente *f* dominante **II.** *adj* **1.** (*ideology*) dominante **2.** (*film, novel*) convenzionale; (*jazz*) mainstream

maintain [meɪn·'teɪn] *vt* **1.** (*preserve, provide for*) mantenere **2.** (*claim*) sostenere

maintenance ['meɪn·tə·nəns] *n* **1.** (*repair work*) manutenzione *f* **2.** (*preservation*) mantenimento *m*

majesty ['mæ·dʒəs·ti] <-ies> *n* maestà *f*; **Her/His/Your Majesty** Sua/Vostra Maestà

major ['meɪ·dʒɚ] **I.** *adj* **1.** (*important, significant*) principale, significativo; **a ~ problem** un problema serio **2.** (*serious*) grave **3.** MUS maggiore **II.** *n* **1.** MIL maggiore *mf* **2.** UNIV (*subject*) materia *f* principale

majority [mə·'dʒɔ:·rə·ti] <-ies> *n* **1.** (*greater part/number*) maggioranza *f*; **he won by a narrow/large ~** POL ha vinto di stretta/larga misura **2.** (*most powerful group*) maggioranza *f* **3.** (*full legal age*) maggiore età *f*; **to reach the age of ~** diventare maggiorenne

make [meɪk] **I.** *vt* <made, made> **1.** (*produce: coffee, dinner*) fare, preparare; (*product*) fare, produrre; (*clothes*) fare, confezionare; (*record*) incidere; (*film*) girare; **to ~ time** trovare il tempo **2.** (*cause: trouble*) fare; **to ~ noise/a scene** fare rumore/una scenata **3.** (*cause to be*) **to ~ sb sad** rendere triste qu; **to ~ sb happy** fare felice qu; **to ~ oneself heard** farsi sentire; **to ~ oneself understood** farsi capire **4.** (*perform, carry out*) **to ~ a call** fare una chiamata; **to ~ a decision** prendere una decisione; **to ~ a reservation** fare una prenotazione **5.** (*force*) costringere; **to ~ sb do sth** far fare qc a qu **6.** (*amount to*) fare;

two plus two ~s four due più due fa quattro 7. (*earn, get*) **to ~ friends** fare amicizia; **to ~ money** fare [*or* guadagnare] soldi; **to ~ a profit** ricavare un profitto 8. *inf* (*get to, reach*) **to ~ it to somewhere** arrivare da qualche parte; **to ~ it** farcela, riuscirci 9. (*make perfect*) **that made my day!** questo mi ha fatto felice! II. *vi* **to ~ as if to do sth** fare come per fare qc III. *n* 1. (*brand*) marca *f* 2. (*identification*) **to get a ~ on sb** scoprire l'identità di qu ▶ **to be on the ~** *sl* (*for money, power*) essere un arrivista; (*sexually*) cercare di cuccare

◆**make for** *vt insep* 1. (*head for*) dirigersi verso 2. (*lead to*) **to ~ sth** contribuire a qc

◆**make out** I. *vi* 1. (*succeed: person*) cavarsela 2. *sl* (*kiss passionately*) **to ~ with sb** pomiciare con qu II. *vt* 1. (*discern: writing, numbers*) decifrare; (*sth in the distance*) scorgere 2. (*pretend*) **he made himself out to be rich** si fece passare per ricco 3. (*write out*) **to ~ a check for $100** emettere un assegno per 100 dollari

◆**make over** *vt* 1. LAW (*transfer*) trasferire 2. (*alter, convert*) **to make sth over into sth** trasformare qc in qc

◆**make up** I. *vt* 1. (*invent*) inventare 2. (*prepare*) preparare 3. (*compensate*) **to ~ for sth** compensare qc 4. (*constitute*) costituire 5. (*decide*) **to ~ one's mind** decidersi 6. SCH **to ~ an exam** (*take again*) ripetere un esame; (*take at a later time*) rimandare un esame II. *vi* riconciliarsi

◆**make up to** *vt* **to make it up to sb** sdebitarsi con qu

make-or-break *adj* **this is a ~ situation** qui o la va o la spacca

maker ['meɪ·kɚ] *n* (*manufacturer*) produttore, -trice *m, f*, fabbricante *mf*

make-up ['meɪk·ʌp] *n* 1. (*cosmetics*) trucco *m;* **to put on ~** truccarsi; **to wear ~** essere truccato 2. (*structure*) composizione *f* 3. (*character*) natura *f*

make-up artist *n* truccatore, -trice *m, f*

making ['meɪ·kɪŋ] *n* 1. (*production*) produzione *m;* (*of clothes*) confezione *f;* (*of meals*) preparazione *f* 2. *pl* (*essential qualities*) **to have the ~s of sth** avere la stoffa di qc

male [meɪl] I. *adj* (*person*) maschile; (*animal*) maschio; **~ chauvinism** maschilismo *m* II. *n* maschio *m*

malfunction [ˌmæl·'fʌŋk·ʃən] I. *vi* 1. (*not work properly*) funzionare male 2. (*stop functioning*) smettere di funzionare II. *n* 1. (*defective functioning*) funzionamento *m* imperfetto 2. (*sudden stop*) arresto *m* improvviso

malicious [mə·'lɪ·ʃəs] *adj* maligno, -a

malignant [mə·'lɪg·nənt] *adj* maligno, -a

mall [mɔːl] *n* centro *m* commerciale

malnutrition [ˌmæl·nuː·'trɪ·ʃən] *n* malnutrizione *f*

malpractice [ˌmæl·'præk·tɪs] *n* negligenza *f* professionale; **medical ~** negligenza *f* professionale (in campo medico)

Malta ['mɔːl·tə] *n* Malta *f, s. a.* **Republic of Malta**

Maltese [ˌmɔl·'tiz] *adj, n* maltese *mf;* **~ cross** croce di Malta

mammal ['mæ·məl] *n* mammifero *m*

mammography [mə·'mag·rə·fi] <-ies> *n* mammografía *f*

man [mæn] I. *n* <men> 1. (*male human*) uomo *m* 2. (*the human race*) genere *m* umano 3. (*in games*) pedina *f*, pezzo *m* II. *vt* <-nn-> (*operate: ship*) equipaggiare; **to ~ a factory** dotare di personale uno stabilimento III. *interj* **~, was that cake good!** accidenti, se era buono il dolce!

manage ['mæ·nɪdʒ] I. *vt* 1. *a.* ECON (*be in charge of*) dirigere; (*money, time*) gestire 2. (*accomplish*) riuscire; **to ~ to do sth** riuscire a fare qc 3. (*fit into one's schedule*) **to not ~ the time** non (riuscire a) trovare il tempo II. *vi* **to ~ on a few dollars a day** (riuscire a) farcela con pochi dollari al giorno

manageable ['mæn·ɪ·dʒə·bəl] *adj* (*vehicle*) maneggevole; (*person, animal*) docile; (*amount*) ragionevole

management ['mæ·nɪdʒ·mənt] *n* 1. (*direction*) gestione *f*, direzione *f* 2. *a.* ECON gestione *f;* **to study business ~** studiare gestione aziendale

manager ['mæ·nɪ·dʒɚ] *n* 1. COM (*ad-*

M

ministrator) amministratore, -trice *m, f,* direttore, -trice *m, f;* (*of business unit*) gestore, -trice *m, f* **2.** (*of performer*) agente *mf,* manager *mf inv;* (*of a baseball team*) manager *mf inv*

managerial [ˌmæn·ə·ˈdʒɪr·i·əl] *adj* (*relating to a manager*) manageriale; (*directorial*) direttivo, -a; ~ **position** posizione direttiva

managing director *n* amministratore *m/f* delegato

maneuver [mə·ˈnuː·vɚ] **I.** *n a.* MIL manovra *f* **II.** *vt* manovrare; **to ~ sb into doing sth** indurre qu a fare qc **III.** *vi* manovrare

maneuverable [mə·ˈnuː·və·rə·bl] *adj* manovrabile

maniac [ˈmeɪ·ni·æk] *n* maniaco, -a *m, f*

manic depression *n* mania *f* depressiva

manic depressive *adj* maniaco-depressivo, -a

manicure [ˈmæn·ɪ·kjʊr] **I.** *n* manicure *f inv* **II.** *vt* **to ~ one's fingernails** farsi la manicure

manicurist [ˈmæn·ɪ·kjʊr·ɪst] *n* manicure *f inv*

manipulate [mə·ˈnɪp·jə·leɪt] *vt* manipolare

manipulation [mə·ˌnɪp·jə·ˈleɪ·ʃən] *n* manipolazione *f*

mankind [ˌmæn·ˈkaɪnd] *n* umanità *f*

manly [ˈmæn·li] <-ier, -iest> *adj* (*of man*) virile, maschile

man-made [ˈmæn·meɪd] *adj* (*lake*) artificiale; (*fiber*) sintetico, -a

manner [ˈmæ·nɚ] *n* **1.** (*way, fashion*) maniera *f,* modo *m;* **in the ~ of sb** alla maniera di qc, nello stile; **in a ~ of speaking** per così dire; **a ~ of speech** un modo di dire **2.** (*behavior*) **~s** buone*f pl* maniere; **to teach sb ~s** insegnare a qu l'educazione; **it's bad ~s to ...** è da maleducati ...

manpower [ˈmæn·pa·ʊɚ] *n* manodopera *f*

mansion [ˈmæn·ʃən] *n* dimora *f*

manslaughter [ˈmæn·slɑː·t̬ɚ] *n* omicidio *m* colposo

manual [ˈmæn·jʊ·əl] **I.** *adj* manuale; ~ **dexterity** abilità manuale **II.** *n* manual *m;* **instruction ~** manuale di istruzioni

manual labor *n* lavoro *m* manuale

manually [ˈmæn·jʊ·ə·li] *adv* manualmente, a mano

manufacture [ˌmæn·jʊ·ˈfæk·tʃɚ] **I.** *vt* **1.** (*produce*) fabbricare; **~d goods** prodotti finiti **2.** (*invent*) inventare; **to ~ an excuse/a story** inventare una scusa/una storia **II.** *n* **1.** (*production*) manufactura *f* **2.** (*product*) prodotto *m* (industriale)

manufacturer [ˌmæn·jʊ·ˈfæk·ʃɚ·ɚ] *n* produttore *m,* azienda *f* produttrice; **to send sth back to the ~** rispedire qc alla fabbrica

manufacturing [ˌmæn·jə·ˈfæk·tʃə·rɪŋ] *adj* (*region, company*) industriale; ~ **industry** industria *f* manifatturiera

manuscript [ˈmæn·jʊs·krɪpt] *n* manoscritto *m*

many [ˈme·ni] <more, most> **I.** *adj* molti, -e, tanti, -e; **how ~ bottles?** quante bottiglie?; **too/so ~ people** troppa/tanta gente; **one too ~** uno di troppo; ~ **times** molte/tante volte; **as ~ as** tanti quanti **II.** *pron* molti, molte, tanti, tante; ~ **think that ...** molti [*or* tanti] pensano che ...; **so ~** tanti, -e; **too ~** troppi, -e **III.** *n* **a good ~** moltissimi, -e

map [mæp] **I.** *n* **1.** (*of region, stars*) carta *f* (geografica); (*of town*) pianta *f;* **~ of the world** carta geografica del mondo; **road ~** carta stradale **2.** (*simple diagram*) piantina *f* **II.** <-pp-> *vt* mappare

maple syrup *n* sciroppo *m* d'acero

marathon [ˈme·rə·θɑːn] *n a. fig* maratona *f*

marble [ˈmɑːr·bl] *n* **1.** (*stone*) marmo *m* **2.** (*glass ball*) bilia *f,* pallina *f;* **to play ~s** giocare a bilie

march [mɑːrtʃ] **I.** <-es> *n a.* MIL marcia *f;* **a 20 mile ~** una marcia di 32 km **II.** *vi a.* MIL marciare; (*parade*) sfilare; **to ~ into a country** invadere un paese **III.** *vt* (*compel to walk*) **to ~ sb off** fare marciare qu

March [mɑːrtʃ] *n* marzo *m;* *s. a.* **April**

Mardi Gras [ˈmar·di·ˌgra] *n* **1.** (*Shrove

Tuesday) martedì *m* grasso **2.** (*carnival*) carnivale *m*

margarine ['mɑːr·dʒə·rɪn] *n* margarina *f*

margin ['mɑːr·dʒɪn] *n a.* TYPO margine *m;* **profit ~** margine di profitto; **~ of error** margine di errore

marinate ['me·rɪ·neɪt] *vt* marinare

marine [mə·'riːn] **I.** *adj* (*of the sea*) marino, -a; NAUT nautico, -a; MIL navale **II.** *n* marine *mf inv*

marital ['me·rɪ·t̬əl] *adj* coniugale; **~ problems** problemi *m pl* coniugali

marital status *n form* stato *m* civile

mark [mɑːrk] **I.** *n* **1.** (*spot, stain*) macchia *f;* (*scratch*) graffio *m;* (*trace*) traccia *f;* **to leave one's ~ on sth/sb** *fig* lasciare il segno su qc/qu **2.** (*written sign*) segno *m* **3.** (*required standard*) livello *m;* **to be up to the ~** essere all'altezza **4.** (*target*) bersaglio *m;* **to hit the ~** colpire il bersaglio **5.** (*starting line*) linea *f* di partenza; **on your ~, get set, go!** pronti, via! **6.** LING segno *m;* **punctuation ~** segno di interpunzione ▶ **to be <u>wide</u> of the ~** *fig* essere fuori strada **II.** *vt* **1.** (*make a spot, stain*) macchiare **2.** (*indicate*) marcare; **I've ~ed the route on the map** ho segnato l'itinerario sulla carta **3.** (*commemorate*) commemorare; **to ~ the 10th anniversary** commemorare il 10° anniversario

◆**mark down** *vt* **1.** (*reduce prices*) ribassare **2.** (*jot down*) annotare **3.** SCHOOL **to mark sb down** abbassare il voto a qu **4.** *fig* (*assess*) **to mark sb down as sth** etichettare qu come qc

◆**mark off** *vt* **1.** (*divide land*) delimitare **2.** (*cross off*) spuntare

◆**mark up** *vt* aumentare

marked [mɑːrkt] *adj* **1.** (*improvement*) notevole; (*contrast*) netto, -a **2.** (*with distinguishing marks*) marcato, -a

marker ['mɑːr·kɚ] *n* **1.** (*sign, symbol*) segno *m* **2.** (*pen*) evidenziatore *m* **3.** SPORTS (*indicator*) segnapunti *m inv;* **the first-down ~** la linea del primo down (nel football americano) **4.** *sl* (*IOU*) cambiale *f*

market ['mɑːr·kɪt] **I.** *n* mercato *m;* **the coffee ~** il mercato del caffè; **the housing ~** il mercato immobiliare; **the stock ~** la borsa valori *f;* **to put sth on the ~** mettere in vendita qc; **on the ~** sul mercato **II.** *vt* commercializzare

marketing *n* **1.** (*discipline*) marketing *m* **2.** (*commercialization*) commercializzazione *f*

marketplace *n* **1.** ECON mercato *m* **2.** (*square*) piazza *f*

market research *n* ricerca *f* [*or* analisi] di mercato *f inv*

market trader *n* commerciante *mf*

markup ['mɑːrk·ʌp] *n* margine *m* di utile lordo

marmalade ['mɑːr·mə·leɪd] *n* marmellata *f (di agrumi);* **orange ~** marmellata di arance

marriage ['me·rɪdʒ] *n* **1.** (*wedding*) matrimonio *m,* nozze *fpl* **2.** (*relationship, state*) matrimonio *m;* **arranged ~** matrimonio combinato; **related by ~** imparentato per matrimonio; **he is a relative by ~** è un parente acquisito

marriage license *n* licenza *f* di matrimonio

married *adj* (*person*) sposato, -a, coniugato, -a; **~ couple** una coppia sposata; **~ life** la vita coniugale

married name *n* nome *m* da sposata

marry ['me·ri] <-ie-> **I.** *vt* **1.** (*become husband or wife*) **to ~ sb** sposarsi con qu; **to get married** (**to sb**) sposare qu, sposarsi (con qu) **2.** (*priest*) sposare **II.** *vi* sposarsi

marsh [mɑːrʃ] <-es> *n* palude *f*

marshy ['mɑːr·ʃi] <-ier, -iest> *adj* paludoso, -a

Mars [marz] *n* Marte *m*

martial ['mɑːr·ʃəl] *adj* marziale

marvel ['mɑːr·vl] **I.** *n* **1.** (*thing*) meraviglia *f;* **it's a ~ to me how ...** mi meraviglia come ... **2.** (*person*) persona *f* meravigliosa **II.** <-ll-, -l-> *vi* **to ~ that ...** meravigliarsi che ... *+subj;* **to ~ at sb/sth** meravigliarsi di qu/qc

masculine ['mæs·kjə·lɪn] *adj a.* LING maschile

mash [mæʃ] *vt* ridurre a purè; **to ~ potatoes** passare le patate; **~ed potatoes** purè *m* di patate *inv*

mask [mæsk] **I.** *n a. fig* maschera *f;*

(*only covering eyes*) mascherina *f;* **oxygen ~** maschera di ossigeno **II.** *vt* mascherare

masochist ['mæ·sə·kɪst] *n* masochista *mf*

mass [mæs] **I.** *n* *a.* PHYS massa *f;* **to be a ~ of contradictions** essere pieno di contraddizioni; **the ~ of the people** la folla **II.** *vi* (*gather*) ammassarsi **III.** *adj* di massa

Mass [mæs] *n* messa *f;* **to attend ~** andare a messa; **to celebrate a ~** celebrare una messa

Massachusetts [ˌmæs·ə·'tʃu·sɪts] *n* Massachusetts *m*

massacre ['mæ·sə·kɚ] **I.** *n* **1.** (*killing*) massacro *f* **2.** *fig* (*defeat*) pesante sconfitta *f* **II.** *vt* **1.** (*kill*) massacrare **2.** *fig* (*defeat*) annientare

massage [mə·'sɑːdʒ] **I.** *n* massaggio *m;* **to give sb a ~** fare un massaggio a qu **II.** *vt* **1.** massaggiare **2.** *fig* manipolare

massage parlor *n* salone *m* massaggi

massive ['mæ·sɪv] *adj* massiccio, -a, enorme

mass media *n* **the ~** i mezzi di comunicazione di massa, i (mass) media

mass murderer *n* massacratore, -trice *m, f*

mass-produce *vt* produrre su vasta scala

mass production *n* produzione *f* su vasta scala

mass unemployment *n* disoccupazione *m* massiccia

master ['mæs·tɚ] **I.** *n* **1.** padrone *m* **2.** (*one who excels*) maestro *m;* **~ craftsman** maestro artigiano; **to be a ~ of sth** essere un esperto di [*or* in] qc **3.** (*instructor*) insegnante *m;* **dancing/singing ~** maestro di ballo/canto **4.** (*master copy*) originale *m,* master *m inv* **II.** *vt* **1.** (*cope with*) controllare **2.** (*become proficient at*) padroneggiare

master copy <-ies> *n* originale *m,* master *m*

master key *n* passe partout *m inv*

mastermind ['mæs·tɚ·maɪnd] **I.** *n* (*person*) cervello *m* **II.** *vt* (*activity*) orchestrare; (*crime*) essere il cervello di

Master of Arts *n* (*person*) laureato, -a in lettere *m*

masterpiece *n* capolavoro *m*

mastitis [mæ·'staɪ·t̬ɪs] *n* mastite *f*

masturbate ['mæs·tər·beɪt] **I.** *vi* masturbarsi **II.** *vt* masturbare

mat[1] [mæt] *n* **1.** (*on floor*) tappeto *m,* stuoia *f;* (*doormat*) zerbino *m* **2.** (*on table*) sottopiatto *m* **3.** SPORTS materassino *m*

mat[2] *adj,* **matte** [mæt] *adj* opaco, -a

match[1] [mætʃ] <-es> *n* (*for making fire*) fiammifero *m;* **box of ~es** scatola di fiammiferi

match[2] [mætʃ] **I.** *n* **1.** (*competitor*) pari *mf;* **to be no ~ for sb** non essere all'altezza di qu; **to meet one's ~** trovare pane per i propri denti **2.** (*similarity*) **to be a good ~** essere bene accoppiati **3.** (*in marriage*) **to make a good ~** fare una bella coppia **4.** SPORTS partita *f* **II.** *vi* (*design, color*) armonizzare, coordinare; (*description*) corrispondere **III.** *vt* **1.** (*have same color*) intonarsi a **2.** (*equal*) uguagliare

matchbox ['mætʃ·bɑːks] <-es> *n* scatola *f* di fiammiferi

matching ['mæt·ʃɪŋ] *adj* intonato, -a

match point *n* SPORTS punto *m* decisivo, match *m* point *inv*

matchstick ['mætʃ·ˌstɪk] *n* fiammifero *m*

mate [meɪt] **I.** *n* **1.** (*spouse*) compagno, -a *m, f* **2.** ZOOL (*male*) maschio *m;* (*female*) femmina *f* **3.** NAUT secondo *m;* **first/second ~** primo/secondo ufficiale **4.** (*one of a pair*) compagno, -a, -a *m, f* **II.** *vi* accoppiarsi **III.** *vt* accoppiare

material [mə·'tɪ·ri·əl] **I.** *n* **1.** PHILOS, PHYS materia *f* **2.** (*physical substance*) materiale *m;* **raw ~** materia *f* prima **3.** (*information*) **publicity ~** materiale *m* pubblicitario **4.** (*cloth*) stoffa *f* **5.** (*textile*) tessuto *m* **6.** *pl* (*equipment*) attrezzatura *mpl* **II.** *adj* **1.** (*physical*) materiale; **~ damage** danno materiale **2.** (*important*) importante; **to be ~ to sth** essere importante per qc

maternal [mə·'tɜːr·nl] *adj* materno, -a

maternity [mə·'tɜːr·nə·ti] *n* maternità *f*

maternity leave *n* congedo *m* di maternità
maternity ward *n* reparto *m* maternità
mathematical [ˌmæ·θə·ˈmæ·t̬ɪ·kl] *adj* matematico, -a
mathematician [ˌmæ·θə·mə·ˈtɪ·ʃən] *n* matematico, -a *m, f*
mathematics [ˌmæ·θə·ˈmæ·t̬ɪks] *n* matematica *fsing*
matter [ˈmæ·t̬ɚ] **I.** *n* **1.** (*subject*) argomento *m;* (*question, affair*) questione *f;* **that's another ~ altogether** questo è un altro discorso [*or* questo non c'entra] *fig;* **the ~ at hand** la faccenda in questione; **money ~s** questioni di soldi; **personal ~** questione [*or* faccenda] privata **2.** *pl* (*situation*) situazione *f* **3.** (*wrong*) problema *m;* **what's the ~ with you?** cosa c'è che non va? **4.** (*material*) materiale *m;* **advertising ~** materiale pubblicitario **5.** (*amount*) **a ~ of ...** una questione di ...; **in a ~ of seconds** in pochi secondi **6.** (*substance*) sostanza *f* **II.** *vi* importare; **it really ~s to me** mi importa molto; **it doesn't ~ if ...** non importa se ...; **it ~s that ...** importa che ... *+subj*
mattress [ˈmæ·trɪs] *n* materasso *m*
mature [mə·ˈtʊr] **I.** *adj* **1.** (*person, attitude*) maturo, -a; (*animal*) adulto, -a **2.** (*wine*) invecchiato, -a; (*cheese*) stagionato, -a; (*fruit*) maturo, -a **3.** FIN maturato, -a **II.** *vi* FIN *a. fig* maturare **III.** *vt* **1.** (*cheese, ham*) fare stagionare; (*wine*) fare invecchiare **2.** (*person*) fare maturare
maturity [mə·ˈtʊ·rə·ti] *n* <-ies> **1.** (*of person*) maturità *f* **2.** FIN maturazione *f;* **to reach ~** giungere a scadenza
mauve [moʊv] *adj* malva
maximize [ˈmæk·sɪ·maɪz] *vt* massimizzare
maximum [ˈmæk·sɪ·məm] **I.** *n* massimo *m;* **to do sth to the ~** fare qc al massimo **II.** *adj* massimo, -a
may [meɪ] <might, might> *aux* **1.** *form* (*be allowed*) potere; **~ I come in?** (è) permesso?; **~ I ask you a question?** posso farti una domanda? **2.** (*possibility*) essere possibile; **it ~ rain** può darsi che piova; **be that as it ~** in ogni modo **3.** (*hope, wish*) **~ she rest in peace** riposi in pace
May [meɪ] *n* maggio; *s. a.* **April**
maybe [ˈmeɪ·biː] **I.** *adv* **1.** (*perhaps*) forse **2.** (*approximately*) pressappoco; **~ as many as two hundred people** più o meno duecento persone **II.** *n* forse *m*
mayo [ˈmeɪ·oʊ] *n inf abbr of* **mayonnaise** maionese *f*
mayonnaise [ˌmeɪ·ə·ˈneɪz] *n* maionese *f*
mayor [meɪ·ɚ] *n* sindaco *m*
MD [ˌem·ˈdiː] *n* **1.** *abbr of* **Doctor of Medicine** dott. *mf* **2.** *abbr of* **Maryland** Maryland *m* **3.** *abbr of* **muscular dystrophy** distrofia muscolare
me [miː] *pron* **1.** mi; **look at ~** guardami; **she saw ~** mi ha visto; **he told ~ that ...** mi ha detto che ...; **give ~ the pencil** dammi la matita **2.** (*in comparisons*) **she is older than ~** è più vecchia di me **3.** (*after verb 'to be'*) io; **it's ~** sono io; **she is older than ~** è più vecchia di me **4.** (*after prep*) me; **is this for ~?** è per me?
ME [meɪn] *n abbr of* **Maine** Maine *m*
meadow [ˈme·doʊ] *n* prato *m*
meal [miːl] *n* pasto *m;* **to go out for a ~** andare fuori a pranzo/cena; **~s on wheels** *distribuzione di pasti caldi a domicilio ad anziani*
mealtime [ˈmiːl·taɪm] *n* ora *f* dei pasti
mean[1] [miːn] *adj* **1.** (*unkind*) sgarbato; **to be ~ to sb** trattare male qu **2.** *inf* (*excellent*) eccellente; **he is one ~ cook** *inf* è un cuoco con i fiocchi
mean[2] [miːn] <meant, meant> *vt* **1.** (*signify*) significare; **does that name ~ anything to you?** ti dice niente quel nome? **2.** (*express, indicate: person*) volere dire; **what do you ~?** che cosa vuoi dire?; **I ~ what I say** non sto scherzando **3.** (*intend for particular purpose*) destinare; **to be meant for each other** essere fatti l'uno per l'altro [*or* l'altra]; **it was meant to be** doveva accadere **4.** (*intend*) intendere; **to ~ to do sth** avere intenzione di fare qc; **to ~ well** avere buone intenzioni; **I ~ to say ...** intendo [*or* voglio] dire ... ▶ **to ~ business** *inf* fare sul serio

meaning ['mi:·nɪŋ] *n* significato *m;* **to give sth a whole new ~** dare un senso completamente nuovo a qc; **what is the ~ of this?** e questo cosa vuol dire?

meaningful ['mi:·nɪŋ·fəl] *adj* **1.** (*change*) significativo, -a **2.** (*look, smile*) eloquente **3.** (*relationship*) importante, -a

meaningless ['mi:·nɪŋ·ləs] *adj* senza senso

means [mi:nz] *n* **1.** (*instrument, method*) mezzo *m,* metodo *m;* **~ of communication/transport** mezzo di comunicazione/trasporto **2.** *pl* (*resources*) mezzi *mpl;* **~ of support** mezzi di sostentamento; **ways and ~** modi e maniere; **to use all the ~ at one's disposal** usare tutti i mezzi a propria disposizione **3.** *pl* (*income*) mezzi (economici) *mpl;* **private ~** rendita *f;* **to live beyond one's ~** vivere al di sopra delle proprie possibilità ▶ **by all ~!** ma certo!

meant [ment] *pt, pp of* **mean**

meantime ['mi:n·taɪm] **I.** *adv* frattempo **II.** *n* **in the ~** nel frattempo

meanwhile ['mi:n·waɪl] *adv* nel frattempo

measles ['mi:·zlz] *n* morbillo *m*

measure ['me·ʒɚ] **I.** *vi, vt* misurare **II.** *n* **1.** (*size*) misura *f* **2.** (*measuring instrument*) metro *m;* (*ruler*) righello *m* **3.** (*amount of alcohol*) dose *f* **4.** *pl* (*action*) misurazione *f;* **to take ~s to do sth** prendere i provvedimenti per fare qc **5.** (*degree, amount*) grado *m;* **there was some ~ of truth in what he said** c'era del vero in quello che diceva; **in some ~** in parte

measured *adj* (*response*) misurato, -a; (*voice, tone*) cadenzato, -a

measurement ['me·ʒɚ·mənt] *n* **1.** misura *f;* **to take sb's ~s** prendere le misure a qu **2.** (*act of measuring*) misurazione *f*

meat [mi:t] *n* **1.** carne *f* **2.** *fig* (*essence*) essenza *f*

meatball *n* polpetta *f*

meat loaf *n* polpettone *m* di carne

mechanic [mɪ·'kæ·nɪk] *n* meccanico, -a *m, f*

mechanical *adj* **1.** (*relating to machines*) meccanico, -a **2.** (*without thinking*) automatico, -a

medal ['me·dl] *n* medaglia *f*

medalist ['me·də·lɪst] *n* vincitore, -trice di medaglia *m*

meddle ['me·dl] *vi* **to ~ in sth** intromettersi

media ['mi:·di·ə] *n* **1.** *pl of* **medium** **2. the ~** i media; **the mass ~** i mezzi di comunicazione di massa; **a ~ event** un evento mediatico

mediaeval [ˌme·di·'i:·vəl] *adj see* **medievale**

mediator ['mi:·di·ei·t̬ɚ] *n* mediatore, -trice *m, f*

medic ['me·dɪk] *n* medico, -a *m, f*

Medicaid ['med·ɪ·keɪd] *n servizio sanitario gratuito statunitense per i meno abbienti*

medical ['me·dɪ·kəl] **I.** *adj* medico, -a **II.** *n inf* visita *f* medica

medical examination *n* visita *f* medica

medical history *n* anamnesi *f inv*

medication [ˌme·dɪ·'keɪ·ʃən] <-(s)> *n* medicinale *m*

medicine ['me·dɪ·sən] *n* **1.** (*substance*) medicinale *m;* **to take (one's) ~** prendere le medicine **2.** (*medical knowledge*) medicina *f* **3.** (*remedy*) rimedio *m*

medicine cabinet *n,* **medicine chest** *n* amardietto *m* delle medicine

medieval [ˌmi:·di·'i:·vl] *adj* medievale

meditate ['me·dɪ·teɪt] **I.** *vi* **1.** (*engage in contemplation*) meditare **2.** (*think deeply*) riflettere; **to ~ on sth** riflettere su qc **II.** *vt* (*plan*) meditare

Mediterranean [ˌme·dɪ·tə·'reɪn·iən] **I.** *n* (mare) Mediterraneo *m* **II.** *adj* mediterraneo, -a

medium ['mi:·di·əm] **I.** *adj* **1.** (*not big or small*) medio, -a **2.** FOOD cotto, -a **II.** *n* **1.** <media *or* -s> (*method*) mezzo *m* **2.** COMPUT supporto *m;* **data ~** supporto (di) dati **3.** <-s> (*spiritualist*) medium *mf inv*

medium-dry *adj* semisecco, -a

medium-rare *adj* CULIN poco cotto, -a

medium-sized *adj* di taglia media

meet [mi:t] <met, met> **I.** *vt* **1.** (*en-*

counter) incontrare; (*intentionally*) incontrarsi con; (*for first time*) conoscere; **to arrange to ~ sb** decidere di vedersi con qu **2.** (*at train station, airport*) andare a prendere **3.** (*confront: opponent*) incontrare; (*problem*) affrontare **4.** (*fulfill*) fare al caso; (*cost*) sostenere; (*demand*) soddisfare; (*obligation*) rispettare **II.** *vi* **1.** (*encounter*) incontrarsi; (*intentionally*) trovarsi; (*for first time*) conocersi; **to arrange to ~** decidere di vedersi **2.** (*join: lines*) incontrarsi; (*rivers*) confluire **3.** SPORTS incontrarsi **III.** *n* (*sporting event*) riunione *f;* **a track ~** una riunione di atletica

meeting ['miː·t̬ɪŋ] *n* **1.** (*gathering*) riunione *f,* assemblea *f;* **to call a ~** indire una riunione **2.** POL riunione *f* **3.** (*casual*) incontro *m*

meeting point *n* punto *m* di incontro

melody ['me·lə·di] <-ies> *n* melodia *f*

melon ['me·lən] *n* melone *m;* (*watermelon*) anguria *f,* cocomero *m*

melt [melt] **I.** *vt* (*metal*) fondere; (*ice*) sciogliere **II.** *vi* **1.** (*metal*) fundersi; (*ice*) sciogliersi **2.** *fig* intenerirsi

melting point *n* punto *m* di fusione

member ['mem·bɚ] *n* membro *mf;* (*of club*) socio, -a *m, f*

membership *n* **1.** (*state of belonging*) appartenenza *f;* **to apply for ~ to a club** fare domanda di iscrizione a un club; **~ dues** quote *f* sociali *pl* **2.** (*number of members*) numero *m* di membri/iscritti

membership card *n* tessera *f* (di iscrizione)

memo ['me·moʊ] *n* **1.** (*message*) promemoria *m inv* **2.** (*note*) nota *f*

memorable ['me·mə·rə·bl] *adj* memorabile

memorial [mə·'mɔː·ri·əl] **I.** *n* monumento *m* commemorativo **II.** *adj* commemorativo, -a

Memorial Day *n giorno della commemorazione dei caduti negli Stati Uniti*

memorize ['me·mə·raɪz] *vt* memorizzare

memory ['me·mə·ri] <-ies> *n* **1.** (*ability to remember*) memoria *f;* **if my ~ serves me correctly** se la memoria non mi inganna **2.** (*remembered event*) ricordo *m* **3.** COMPUT memoria *f;* **internal/external/core ~** memoria interna/esterna/a nuclei magnetici; **cache ~** memoria cache; **read only ~** memoria a sola lettura; **random access ~** memoria ad accesso casuale

men [men] *n pl of* **man**

menacing *adj* minaccioso, -a

menacingly *adv* minacciosamente

mend [mend] **I.** *n* **1.** (*repair*) riparazione *f* **2.** (*patch*) rattoppo *m* **3.** *inf* **to be on the ~** essere in via di guarigione **II.** *vt* **1.** (*repair*) riparare **2.** (*darn: socks*) rammendare **III.** *vi* (*improve*) migliorare; (*broken bone*) saldarsi

menopause ['men·ə·pɔz] *n* menopausa *f*

men's room ['menz·ˌruːm] *n* bagno *m* degli uomini

menstruate ['men·stru·eɪt] *vi* mestruare

mental ['men·t̬əl] *adj* **1.** (*of the mind*) mentale **2.** *inf* (*crazy*) pazzo, -a

mental hospital *n* ospedale *m* psichiatrico

mental illness *n* <-es> malattia *f* mentale

mentality [men·'tæl·ə·t̬i] <-ies> *n* mentalità *f*

mentally *adv* mentalmente; **~ disturbed** affetto, -a da turbe psichiche

mentally handicapped *adj* **to be ~** essere un handicappato mentale

mention ['men·ʃən] **I.** *n* menzione *f* **II.** *vt* menzionare; **don't ~ it!** prego, non c'è di che; **not to ~ ...** per non parlare di ...

menu ['men·juː] *n* **1.** (*list of dishes*) menu *m inv* **2.** COMPUT menu *m inv;* **context/pull-down ~** menu contestuale/a tendina

meow [mi·'aʊ] **I.** *n* miao *m* **II.** *vi* miagolare

merchant ['mɜːr·tʃənt] *n* commerciante *mf*

merchant marine *n* marina *f* mercantile

merchant ship *n* nave *f* mercantile

Mercury ['mɜːrk·jə·ri] *n* Mercurio *m*

mercy ['mɜːr·si] *n* **1.** (*compassion*) pietà *f;* **to have ~ on sb** avere pietà di qu **2.** (*forgiveness*) misericordia *f;* **to be at the ~ of sb** essere alla mercè di qu

merely ['mɪr·li] *adv* semplicemente

merge [mɜːrdʒ] **I.** *vi* unirsi; ECON, POL fondersi; **to ~ into sth** fondersi con qc **II.** *vt* unire; ECON, POL, COMPUT fondere

merger ['mɜːr·dʒɚ] *n* ECON fusione *f*

merit ['me·rɪt] **I.** *n* **1.** (*virtue*) valore *m* **2.** (*advantage*) pregio *m* **3.** *pl* (*commendable quality or act*) merito *m* **II.** *vt* meritare

merry ['me·ri] <-ier, -iest> *adj* allegro; **Merry Christmas!** Buon Natale!

merry-go-round ['me·ri·goʊ·ˌraʊnd] *n* giostra *f*

mess [mes] <-es> *n* **1.** (*confusion*) confusione *f;* (*disorganized state*) disordine *m;* **to be in a ~** essere sottosopra; **to make a ~ of sth** fare un pasticcio di qc; (*things*) scompigliare qc **2.** (*trouble*) guaio *m* **3.** (*disheveled person*) disastro *m;* **just look at him — he's a ~!** ma guarda com'è conciato! **4.** (*dining hall*) (sala) *f* mensa

◆**mess around** *vi* **1.** (*joke*) scherzare **2.** (*waste time*) gingillarsi **3.** *sl* (*have sex*) **to ~ with sb** farsela con qu

message ['me·sɪdʒ] *n* messaggio *m;* **error ~** COMPUT messaggio *m* di errore

messenger ['me·sɪn·dʒɚ] *n* messaggero, -a *m, f*

mess-up ['mes·ʌp] *n inf* casino *m*

messy ['me·si] <-ier, -iest> *adj* **1.** (*untidy*) disordinato, -a **2.** (*dirty*) sporco, -a **3.** (*unpleasant*) sgradevole

Met *n* **1.** *see* **Metropolitan Museum of Art (in New York)** Metropolitan *m* Museum of Art (a New York) **2.** *see* **Metropolitan Opera House (in New York)** Metropolitan Opera House *f* (a New York)

met [met] *pt of* **meet**

metabolism [mɪ·'tæb·ə·lɪz·əm] *n* metabolismo *m*

metal ['me·t̬l] **I.** *n* (*element*) metallo *m* **II.** *adj* metallico, -a

metal detector *n* cercametalli *m inv*

metallic [mə·'tæ·lɪk] *adj* metallico, -a

meter[1] ['miː·t̬ɚ] *n* contatore *m;* (**parking**) **~** parchimetro *m;* (**taxi**) **~** tassametro *m*

meter[2] ['miː·t̬ɚ] *n* metro *m*

method ['me·θəd] *n* metodo *m*

methodical [mə·'θɑː·dɪ·kl] *adj* metodico, -a

Methodist *adj, n* metodista *mf*

metric ['met·rɪk] *adj* metrico, -a

metro ['met·roʊ] *n* RAIL metro(politana) *f inv*

metropolis [mə·'trɑː·pə·lɪs] <-es> *n* metropoli *f*

metropolitan [ˌme·trə·'pɑː·lə·tən] *adj* metropolitano, -a

Mexican ['mek·sɪ·kən] *adj, n* mexicano, -a *m, f*

Mexico ['mek·sɪ·koʊ] *n* Messico *m*

Mexico City *n* Città *f* del Messico

MI ['mɪʃ·ɪ·gən] *n abbr of* **Michigan** Michigan *m*

mic [maɪk] *n inf abbr of* **microphone** *abbr of* **mike**

mice [maɪs] *n pl of* **mouse**

mickey ['mɪ·ki] *n sl* bevanda alcolica cui è stato aggiunto furtivamente un sedativo; **to slip sb a ~** mettere furtivamente un forte sedativo nella bevanda

Mickey Mouse [ˌmɪk·i·'maʊs] *n* Topolino *m*

microphone ['maɪ·krə·foʊn] *n* microfono *m;* **to speak into a ~** parlare al microfono

microprocessor [ˌmaɪ·kroʊ·ˌprɑː·se·sɚ] *n* microprocessore *m*

microscope ['maɪ·krə·skoʊp] *n* microscopio *m*

microscopic [ˌmaɪ·krə·'skɑː·pɪk] *adj* microscopico, -a

microwave ['maɪ·kroʊ·weɪv] **I.** *n* **1.** (*wave*) microonda *f* **2.** (*oven*) microonde *m inv* **II.** *vt* cuocere nel microonde

microwave oven *n* forno *m* a microonde

midday [ˌmɪd·'deɪ] **I.** *n* mezzogiorno *m;* **at ~** a mezzogiorno; **~ meal** pasto *m* di mezzogiorno **II.** *adj* di mezzogiorno

middle ['mɪ·dl] **I.** *n* **1.** (*center*) centro *m;* **in the ~ of sth** in mezzo a qc; **to be in the ~ of doing sth** essere impegnato a fare qc **2.** *inf* (*waist*) vita *f* **II.** *adj* **1.** (*equidistant*) centrale

2. (*medium*) medio, -a

middle age *n* mezza età *f*

middle-aged *adj* di mezza età

Middle Ages *npl* Medioevo *m*

middle class *n* ceto *m* medio

middle-class *adj* del ceto medio

Middle East *n* Medio Oriente *m*

middle name *n* secondo nome *m*

middle-of-the-road *adj* moderato, -a

midlife crisis [ˌmɪd·ˈlaɪf·ˈkraɪ·sɪs] *n* crisi *f inv* della mezza età

midnight [ˈmɪd·naɪt] **I.** *n* mezzanotte *f* **II.** *adj* di mezzanotte

midsummer [ˌmɪd·ˈsʌ·mɚ] *n* piena estate *f*

midterm [ˌmɪd·ˈtɜːrm] **I.** *n* UNIV esame *m* di metà trimestre **II.** *adj* di metà trimestre

midway [ˌmɪd·ˈweɪ] **I.** *adv* a metà strada **II.** *n* viale *m* centrale di un luna park

midweek [ˌmɪd·ˈwik] *adv* a metà settimana

midwife [ˈmɪd·waɪf] <-wives> *n* ostetrica *f*

might[1] [maɪt] *pt of* **may; it ~ be that ...** potrebbe essere che ... *+subj;* **how old ~ she be?** quanti anni avrà?

might[2] [maɪt] *n* **1.** (*power*) potere *m* **2.** (*strength*) forza *f;* **with all one's ~** con tutte le proprie forze

mighty [ˈmaɪ·t̬i] **I.** <-ier, -iest> *adj* **1.** (*powerful*) potente **2.** (*great*) imponente **II.** *adv inf* enormemente; **that's ~ fine, indeed** è davvero incredibilmente bello

migraine [ˈmaɪː·greɪn] <-(s)> *n* emicrania *f*

migrant [ˈmaɪ·grənt] **I.** *n* **1.** (*person*) emigrante *mf* **2.** ZOOL migratore, -trice *m, f* **II.** *adj* migratorio, -a

migrant worker *n* lavoratore, -trice *m, f* migratore

mike [maɪk] *n inf abbr of* **mic**

mild [maɪld] <-er, -est> *adj* **1.** (*climate*) mite; (*criticism*) moderato, -a; (*penalty*) lieve **2.** (*not strong tasting*) delicato, -a **3.** METEO temperato, -a **4.** MED (*not serious*) leggero, -a

mildly [ˈmaɪld·li] *adv* **1.** (*gently*) dolcemente **2.** (*slightly*) leggermente ▶ **to <u>put</u> it ~ that's <u>putting</u> it ~** a dir poco

mile [maɪl] *n* miglio *m (1,6093 km);* **to be ~s away** *fig* essere distratto

mileage [ˈmaɪ·lɪdʒ] *n* AUTO chilometraggio *m*

military [ˈmɪ·lɪ·te·ri] **I.** *n* **the ~** le forze armate **II.** *adj* militare

military academy *n* accademia *f* militare

military police *n* polizia *f* militare

military service *n* servizio *m* militare

milk [mɪlk] *n* latte *m*

milk chocolate *n* cioccolato *m* al latte

milkman <-men> *n* lattaio *m*

milkshake *n* frullato *m*

milky [ˈmɪl·ki] <-ier, -iest> *adj* **1.** (*skin*) latteo, -a; (*color*) bianco latte **2.** (*tea, coffee*) con molto latte

mill [mɪl] **I.** *n* **1.** (*for grain*) mulino *m;* (*for coffee*) macinino *m* **2.** (*factory*) fabbrica *f* **II.** *vt* (*grain, coffee*) macinare

millennium [mɪ·ˈlen·iəm] <-s *or* -ennia> *n* millennio *m*

milligram [ˈmɪ·lɪ·græm] *n* milligrammo *m*

milliliter [ˈmɪ·lɪ·ˌliː·t̬ɚ] *n* millilitro *m*

million [ˈmɪl·jən] <-(s)> *n* milione *m;* **two ~ people** due milioni di persone; **to be one in a ~** essere unico

millionaire [ˌmɪl·jə·ˈner] *n* milionario, -a *m, f*

mince [mɪns] **I.** *vt* **1.** (*shred*) macinare, tritare **2.** (*use tact*) **to not ~ words** non usare mezzi termini **II.** *vi* camminare in modo affettato **III.** *n* carne *f* tritata

mince pie *n* pasticcino *m* con ripieno di frutta secca

mind [maɪnd] **I.** *n* **1.** (*brain*) mente *f;* **to be in one's right ~** avere la testa a posto; **to be out of one's ~** essere impazzito **2.** (*thought*) mente *f;* **to bear sth in ~** tenere presente qc **3.** (*intention*) intenzione *f;* **to change one's ~** cambiare idea; **to have sth in ~** avere in mente qc; **to make up one's ~** decidersi **4.** (*consciousness*) coscienza *f;* **her mother is on her ~** è preoccupata per sua madre **5.** (*opinion*) opinione *f;* **to give sb a piece of one's ~** dirne quattro a qu; **to be in two ~s** essere indeciso **II.** *vt* **1.** (*be careful of*) fare attenzione a; ~ **what you're doing!** (stai) attento a quello che fai!; ~ **the step!** attenzione al gradino! **2.** (*look after*) badare a; **don't ~ me** non preoccuparti per me **3.** (*bother*) dare fastidio a; **I don't ~ the cold** il freddo non mi dà fastidio; **would you ~ opening the window?** le dispiacerebbe aprire la finestra?; **I wouldn't ~ a beer** una birra non mi dispiacerebbe **III.** *vi* **never ~!** non fa niente!; **would you ~ if ...** ti dispiacerebbe se ...?

mindless ['maɪnd·lɪs] *adj* **1.** (*job*) meccanico, -a **2.** (*violence*) gratuito, -a **3.** (*heedless*) scriteriato, -a

mine[1] [maɪn] *pron pos* (il) mio *m,* (la) mia *f,* (i) miei *mpl,* (le) mie *fpl;* **it's not his bag, it's ~** non è la sua borsa, è la mia; **this glass is ~** questo bicchiere è mio; **these are his shoes and those are ~** queste sono le sue scarpe e queste sono le mie; **she is a friend of ~** è una mia amica

mine[2] [maɪn] **I.** *n* **1.** MIN miniera *f;* **a ~ of information** *fig* una miniera di notizie **2.** MIL mina *f* **II.** *vt* **1.** MIN estrarre **2.** MIL minare **III.** *vi* MIN estrarre; **to ~ for silver/gold** estrarre l'argento/l'oro

minefield ['maɪn·fi:ld] *n a. fig* campo *m* minato

miner ['maɪ·nə˞] *n* minatore, -trice *m, f*

mineral ['mɪ·nə·rəl] *adj, n* minerale *m*

mineral water *n* acqua *f* minerale

mingle ['mɪŋ·gl] **I.** *vi* mescolarsi; **to ~ with the guests** socializzare con gli invitati **II.** *vt* mescolare

minimal ['mɪ·nɪ·ml] *adj* minimo, -a

minimize ['mɪ·nɪ·maɪz] *vt* minimizzare; *fig* sminuire

minimum ['mɪ·nɪ·məm] <-s *or* minima> *adj, n* minimo, -a *m;* ~ **requirements** requisiti indispensabili

mining ['maɪ·nɪŋ] *n* attività *f* mineraria

miniskirt ['mɪ·nɪ·skɜ:rt] *n* minigonna *f*

minister ['mɪ·nɪ·stə˞] *n* POL, REL ministro, -a *m, f*

minivan ['mɪn·i·væn] *n* monovolume *mf inv*

Minnesota [ˌmɪn·ɪ·'soʊ·t̬ə] *n* Minnesota *m*

minor ['maɪ·nə˞] **I.** *adj* (*not great*) minore; (*role*) secondario, -a; (*detail*) di secondaria importanza; ~ **offense** reato *m* minore; **B ~** MUS si *m* minore **II.** *n* **1.** (*person*) minorenne *mf* **2.** UNIV materia *f* complementare

minority [maɪ·'nɔ:·rə·ti] **I.** <-ies> *n* minoranza *f;* **to be in the ~** essere in minoranza **II.** *adj* minoritario, -a

mint [mɪnt] *n* **1.** (*herb*) menta *f* **2.** (*sweet*) (caramella *f* di) menta

minus ['maɪ·nəs] **I.** *prep* **1.** *a.* MAT meno; **5 ~ 2 equals 3** 5 meno 2 fa 3; ~ **ten degrees Celsius** dieci gradi sotto zero **2.** *inf* (*without*) senza **II.** *adj* MATH negativo, -a; ~ **figures** numeri negativi **III.** *n* **1.** MATH segno *m* meno **2.** (*negative amount*) quantità *f* negativa

minute[1] ['mɪ·nɪt] *n* **1.** (*sixty seconds*) minuto *m* **2.** (*moment*) momento *m,* attimo *m;* **any ~** da un momento all'altro; **at the last ~** all'ultimo momento [*or* minuto]; **in a ~** tra un attimo **3.** *pl* (*of meeting*) verbale *m*

minute[2] [maɪ·'nu:t] *adj* minuto, -a

minute hand *n* lancetta *f* dei minuti

miracle ['mɪ·rə·kl] *n* miracolo *m;* **by a ~** per miracolo

miraculous [mɪ·'ræk·jə·ləs] *adj* miracoloso, -a

mirror ['mɪ·rə˞] **I.** *n* specchio *m* **II.** *vt* riflettere

misbehave [ˌmɪs·bɪ·'heɪv] *vi* comportarsi male

misc. *adj abbr of* **miscellaneous** miscellaneo, -a

miscalculate [ˌmɪs·'kæl·kjə·leɪt] *vi, vt* calcolare male

miscalculation [ˌmɪs·ˌkæl·kjə·'leɪ·ʃən] *n* errore *m* di calcolo

miscarriage ['mɪs·ˌke·rɪdʒ] *n* **1.** MED aborto *m* spontaneo **2.** *form* (*failure*) fallimento *m;* **a ~ of justice** un errore giudiziario

miscarry ['mɪs·ˌke·ri] <-ied, -ying> *vi* **1.** MED abortire spontaneamente **2.** *fig* fallire

miser ['maɪ·zə˞] *n* avaro, -a *m, f*

miserable ['mɪz·rə·bl] *adj* **1.** (*unhappy*) infelice **2.** (*unpleasant*) deprimente **3.** (*inadequate*) miserabile; **a ~ amount** una miseria

miserably *adv* **1.** (*unhappily*) tristemente **2.** (*completely*) **to fail ~** fallire miseramente

misery ['mɪ·zə·ri] *n* **1.** (*unhappiness*) infelicità *f* **2.** (*suffering*) sofferenza *f;* **to make sb's life a ~** rendere la vita un inferno a qu **3.** (*extreme poverty*) miseria *f;* **to be born into ~** essere nato poverissimo

misfortune [ˌmɪs·'fɔːr·tʃən] *n* sventura *m*

misguided [mɪs·'gaɪ·dɪd] *adj* incauto, -a; **~ idea** idea fuorviante

mishandle [ˌmis·'hæn·dəl] *vt* **1.** (*handle without care*) maneggiare sbadatamente **2.** (*maltreat*) maltrattare **3.** (*deal badly with*) trattare senza le dovute attenzioni

mishear [ˌmɪs·'hɪr] *vt irr* udire male

misinform [ˌmɪs·ɪn·'fɔːrm] *vt* informare male, disinformare

misinformation *n* disinformazione *f*

misjudge [ˌmɪs·'dʒʌdʒ] *vt* giudicare male

mislead [ˌmɪs·'liːd] *vt irr* **1.** (*deceive*) ingannare; **to ~ sb about sth** ingannare qu su qc **2.** (*lead into error*) indurre in errore; **to let oneself be misled** farsi fuorviare **3.** (*corrupt*) corrompere

misleading *adj* fuorviante

mismanage [ˌmɪs·'mæn·ɪdʒ] *vt* amministrare male

misplace [ˌmɪs·'pleɪs] *vt* **1.** (*lose*) mettere fuori posto **2.** *fig* (*confidence*) riporre male

misprint ['mɪs·ˌprɪnt] *n* errore *m* di stampa

mispronounce [ˌmɪs·prə·'naʊns] *vt* pronunciare male

misread [ˌmɪs·'riːd] *vt irr* **1.** (*read badly*) leggere male **2.** (*interpret badly*) interpretare male

misrepresent [ˌmɪs·ˌre·prɪ·'zent] *vt* falsare

miss[1] [mɪs] *n* (*form of adress*) signorina *f*

miss[2] [mɪs] **I.** <-es> *n* colpo *m* mancato **II.** *vi* fallire **III.** *vt* **1.** (*not hit*) mancare **2.** (*not catch*) perdere; **to ~ the bus/train** perdere il bus/il treno; **to ~ a deadline** non rispettare una scadenza **3.** (*avoid*) evitare **4.** (*not notice*) non accorgersi di; **to ~ sb** non incontrare qu; **you didn't ~ much** non hai perso molto; **you can't ~ it** non puoi perderlo **5.** (*not hear*) non sentire **6.** (*overlook*) saltare; **to ~ a meeting** saltare una riunione **7.** (*not take advantage*) perdere; **to ~ an opportunity** perdere un'occasione **8.** (*regret absence*) sentire la mancanza di; **we ~ you** ci manchi

◆**miss out** *vi* essere svantaggiato

missing ['mɪ·sɪŋ] *adj* **1.** (*lost: person*) scomparso, -a; (*thing or object*) introvabile; **~ in action** disperso, -a; **to report sth ~** denunciare la perdita di qc **2.** (*absent*) assente

missing person *n* scomparso, -a *m, f*

mission ['mɪ·ʃən] *n* missione *f;* **rescue ~** operazione *f* di salvataggio; **~ accomplished** missione compiuta

Mississippi [mɪs·ɪ·'sɪ·pi] *n* Mississipí *m*

Missouri [mɪ·'zʊr·i] *n* Missouri *m*

misspell [ˌmɪs·'spel] *vt irr* scrivere scorrettamente

mist [mɪst] *n* (*light fog*) foschia *f*

mistake [mɪ·'steɪk] **I.** *n* errore *m,* sbaglio *m;* **to learn from one's ~s** trarre esperienza dai propri errori; **to make a ~** commmettere [*or* fare] un errore; **there must be some ~** ci dev'essere un errore [*or* sbaglio]; **by ~** per sbaglio [*or* errore] **II.** *vt irr* confondere

mistaken [mɪ·'steɪ·kən] **I.** *pp of* **mistake II.** *adj* (*belief*) errato, -a; **~ identity** errore di persona; **to be (very much) ~** sbagliarsi (di grosso)

Mister ['mɪ·stɚ] *n* signore *m*

mistook [mɪs·'tʊk] *pt of* **mistake**

mistreat [ˌmɪs·'triːt] *vt* maltrattare

mistress ['mɪs·trɪs] *n* **1.** (*sexual partner*) amante *f* **2.** (*owner, woman in charge*) padrona *f;* **the ~ of the house** la padrona di casa

mistrust [ˌmɪs·'trʌst] **I.** *n* sfiducia *f,* diffidenza *f* **II.** *vt* **to ~ sb** diffidare di qu; **to ~ sth** non fidarsi di qc

mistrustful [ˌmɪs·'trʌst·fəl] *adj* diffidente

misty ['mɪs·ti] <-ier, -iest> *adj* **1.** (*foggy*) brumoso, -a; (*window, glasses*) ap-

M

pannato, -a **2.** *fig* indistinto, -a

misunderstand [ˌmɪs·ˌʌn·dɚ·ˈstænd] *vt irr* capire male

misunderstanding *n* **1.** (*failure to understand*) equivoco *m;* **there must be some ~** ci dev'essere un equivoco **2.** (*disagreement*) malinteso *m*

mix [mɪks] **I.** *n* misto *m,* mistura *f;* **a cake ~** un preparato per torte; **a ~ of people** un insieme di persone **II.** *vt* **1.** CULIN mischiare; (*ingredients*) mescolare; (*cocktails*) preparare **2.** (*combine*) unire; **to ~ business with pleasure** unire il lavoro al piacere **III.** *vi* **1.** (*combine*) unirsi **2.** (*socially*) **to ~ with sb** socializzare con qu; **to ~ well** legare bene con gli altri

♦**mix in I.** *vi* convivere **II.** *vt* **to mix sth in with sth** incorporare qc a qc

♦**mix up** *vt* **1.** (*confuse*) confondere **2.** (*put in wrong order*) mettere in disordine **3.** CULIN mescolare ► **to mix it up with sb** *sl* attaccar briga con qu

mixed *adj* **1.** (*containing various elements*) misto, -a; **~ marriage** matrimonio misto; **person of ~ race** meticcio, -a *m, f* **2.** (*contradictory*) contradittorio, -a; **~ emotions** sentimenti contrastanti; **to be a ~ blessing** essere una benedizione ma anche una maledizione

mixed marriage *n* matrimonio *m* misto

mixed message *n* messaggio *m* contradditorio

mixer [ˈmɪk·sɚ] *n* **1.** (*machine*) CULIN frullatore **2.** (*drink*) *bevanda analcolica per diluire alcolici o preparare*

mixture [ˈmɪks·tʃɚ] *n* miscuglio *m*

mix-up [ˈmɪks·ʌp] *n* pasticcio *m*

mm *abbr of* **millimeter** mm

MN [ˌmɪn·ɪ·ˈsoʊ·t̬ə] *n abbr of* **Minnesota** Minnesota *m*

MO *n* **1.** *abbr of* **modus operandi** procedimiento *m* **2.** *abbr of* **Missouri** Missouri *m* **3.** *abbr of* **money order** vaglia *m inv*

moan [moʊn] **I.** *n* **1.** (*sound*) gemito *m* **2.** (*complaint*) lamentela *f* **II.** *vi* **1.** (*make a sound*) gemere; **to ~ with pain** gemere per il dolore **2.** (*complain*) lamentarsi; **to ~ about sth** lamentarsi di qc

mobile [ˈmoʊ·bəl] **I.** *n* **1.** (*work of art*) mobile *m inv* **2.** TEL cellulare *m,* telefonino *m* **II.** *adj* **1.** (*able to move*) in grado di muoversi; (*shop, canteen*) ambulante; **to be ~** *inf* disporre di un mezzo di trasporto **2.** (*movable*) mobile

mobile home *n* casa *f* mobile

mobster [ˈmab·stər] *n* gangster *mf*

mock [mɑːk] **I.** *adj* **1.** (*imitation*) finto, -a **2.** (*fake*) finto, -a; **~ battle** battaglia simulata **II.** *vi* prendersi gioco **III.** *vt* **1.** (*ridicule*) canzonare **2.** (*imitate*) parodiare

model [ˈmɑː·dəl] **I.** *n* (*version, example*) *a.* ART modello *m;* (*of car*) modellino *f* **II.** *adj* esemplare; **a ~ student** uno studente modello **III.** <-ll-> *vt* **1.** (*make figure, representation*) modellare **2.** (*show clothes*) sfilare **3. to ~ oneself on sb** prendere qu a modello **IV.** *vi* fare l'indossatore, -trice

moderate[1] [ˈmɑː·dɚ·ət] **I.** *adj* **1.** (*neither large nor small*) medio, -a **2.** *a.* POL (*not extreme: speed*) moderato, -a; (*increase*) modesto, -a; (*price*) modico, -a **II.** *n* POL moderato, -a *m, f*

moderate[2] [ˈmɑː·də·reɪt] **I.** *vt* moderare **II.** *vi* **1.** (*act as moderator*) moderare **2.** (*become less extreme*) moderarsi

modern [ˈmɑː·dɚn] *adj* moderno, -a

modernize [ˈmɑː·dɚ·naɪz] *vt* modernizzare

modest [ˈmɑː·dɪst] *adj* **1.** (*not boastful*) modesto, -a; **to be ~ about sth** non vantarsi di qc **2.** (*moderate*) moderato, -a

modesty [ˈmɑː·dɪs·ti] *n* modestia *f*

modification [ˌmɑː·dɪ·fɪ·ˈkeɪ·ʃən] *n* modifica *f*

modify [ˈmad·ɪ·faɪ] <-ie-> *vt a.* LING modificare

modular [ˈmɑːd·ʒə·lɚ] *adj* modulare

module [ˈmɑːd·ʒuːl] *n* modulo *m*

moist [mɔɪst] *adj* umido, -a

moisten [ˈmɔɪ·sn] **I.** *vt* inumidire **II.** *vi* inumidirsi

moisture [ˈmɔɪs·tʃɚ] *n* umidità *f*

moisturizer *n* idratante *m*

molar [ˈmoʊ·lɚ] *n* molare *m*

mold[1] [moʊld] **I.** *n* (*for metal, clay*) stampo *m* **II.** *vt* modellare

mold[2] [moʊld] *n* BOT muffa *f*

moldy ['moʊl·di] <-ier, -iest> *adj a.* CULIN ammuffito, -a

mole[1] [moʊl] *n* ANAT neo *m*

mole[2] [moʊl] *n* **1.** ZOOL talpa *f* **2.** (*spy*) spia *mf*

molecular [mə·'lek·jə·lɚ] *adj* molecolare

mom [mam] *n inf* mamma *f*

moment ['moʊ·mənt] *n* momento *m;* **at the ~** per il momento; **at any ~** da un momento all'altro; **in a ~** tra un momento; **the ~ that ...** (non) appena ...

momentarily [ˌmoʊ·mən·'ter·li] *adv* **1.** (*very briefly*) momentaneamente **2.** (*very soon*) tra un momento

momentary ['moʊ·mən·te·ri] *adj* momentaneo, -a

momentous [moʊ·'men·t̬əs] *adj* (*fact*) molto importante; (*day*) memorabile

momma ['ma·mə] *n,* **mommy** ['mam·i] *n inf* mamma *f*

Monaco ['man·ə·koʊ] *n* Monaco *m*

monarch ['mɑː·nɚk] *n* monarca *mf*

monarchy ['mɑː·nɚ·ki] <-ies> *n* monarchia *f*

monastery ['mɑː·nəs·te·ri] <-ies> *n* monastero *m*

Monday ['mʌn·di] *n* lunedì *m inv;* **Easter** [*or* **Whit**] **~** lunedì dell'Angelo, lunedì di Pasqua; *s. a.* **Friday**

money ['mʌ·ni] *n* denaro *m,* soldi *mpl;* **to be short of ~** essere a corto di soldi; **to change ~** cambiare i soldi; **to make ~** fare soldi; **to raise ~** raccogliere fondi ► **~ doesn't grow on trees** *prov* i soldi non piovono dal cielo *prov;* **to be made of ~** nuotare nell'oro; **for my ~** secondo me

money order *n* vaglia *m inv*

monitor ['mɑː·nɪ·tɚ] **I.** *n* **1.** COMPUT monitor *m inv;* **15-inch ~** monitor da 15 pollici **2.** (*person*) osservatore, -trice *m, f* **II.** *vt* monitorare; **to ~ sb/sth closely** controllare da vicino qu/qc

monk [mʌŋk] *n* monaco *m*

monkey ['mʌŋ·ki] *n* scimmia *f* ► **to have a ~ on your back** (*desire for drugs*) avere la scimmia; (*a big problem*) avere un problema

monopoly [mə·'nɑː·pə·li] <-ies> *n* monopolio *m*

monotonous [mə·'nɑː·tə·nəs] *adj* monotono, -a

monsoon [mɑːn·'suːn] *n* monsone *m;* **~s** piogge *f pl* monsoniche

monstrous ['mɑːn·strəs] *adj* mostruoso, -a

Montana [man·'tæn·ə] *n* Montana *m*

month [mʌnθ] *n* mese *m*

monthly ['mʌnθ·li] **I.** *adj* mensile **II.** *adv* mensilmente **III.** *n* mensile *m*

monument ['mɑːn·jə·mənt] *n* monumento *m*

monumental [ˌmɑːn·jə·'men·t̬l] *adj* monumentale

mood [muːd] *n* umore *m;* **in a good/bad ~** di buonumore/malumore

moody ['muː·di] <-ier, -iest> *adj* **1.** (*changeable*) lunatico, -a **2.** (*bad-tempered*) di cattivo umore

moon [muːn] *n* luna *f;* **full/new ~** luna piena/nuova ► **once in a blue ~** a ogni morte di papa

moonlight **I.** *n* chiaro *m* di luna **II.** *vi inf* svolgere un secondo lavoro

moor[1] [mʊr] *n* (*area*) brughiera *f*

moor[2] [mʊr] *vt* NAUT ormeggiare

mooring ['mʊ·rɪŋ] *n* ormeggio *m*

moose [muːs] *n* alce *m*

mop [mɑːp] **I.** *n* **1.** (*cleaning device*) mocio *m* **2.** (*mass*) **a ~ of hair** una massa (incolta) di capelli **II.** <-pp-> *vt* **1.** (*wash*) lavare (con il mocio); **to ~ the floor** passare lo straccio **2.** (*dry*) asciugare

moped ['moʊ·ped] *n* motorino *m*

moral ['mɔː·rəl] **I.** *adj* morale **II.** *n* **1.** (*message*) morale *f;* **the ~ of the story** la morale della favola **2.** *pl* (*standards*) principi *m* morali *pl*

morale [mə·'ræl] *n* morale *f*

morality [mɔː·'ræ·lə·ti] <-ies> *n* moralità *f*

morbid ['mɔr·bɪd] *adj a.* MED morboso, -a

more [mɔːr] *comp of* **much, many** **I.** *adj* più; **~ coins** più monete; **a few ~ coins** qualche moneta in più; **no ~ money at all** niente più soldi; **some ~ coffee** un po' più di caffè **II.** *adv* più;

M

~ **beautiful than me** più bello di me; **to drink** (**a bit/much**) ~ bere (un po'/ molto) di più; **once** ~ ancora una volta; ~ **than 10** più di 10 **III.** *pron* più; ~ **and** ~ sempre più; **to have** ~ **than sb** avere di più di qu; **to cost** ~ **than sth** costare di più di qc ► **all the** ~ tanto più

moreover [mɔːr·ˈoʊ·vɚ] *adv form* inoltre

morgue [mɔːrg] *n* obitorio *m*

Mormon [ˈmɔr·mən] *adj, n* mormone *mf*

morning [ˈmɔːr·nɪŋ] *n* mattina *f,* mattino *m;* **good ~!** buon giorno!; **in the** ~ al mattino; **that** ~ quella mattina; **the** ~ **after** la mattina dopo; **every** ~ ogni mattina, tutte le mattine; **every Monday** ~ il lunedì mattina; **one July** ~ una mattina di luglio; **early in the** ~ la mattina presto

morning-after pill [ˌmɔːr·nɪŋ·ˈæf·tɚ·ˌpɪl] *n* pillola *f* del giorno dopo

morning sickness *n* nausea mattutina *f*

mortal [ˈmɔːr·t̬l] *adj* mortale; ~ **danger** pericolo *m* di morte/di vita

mortality [mɔːr·ˈtæ·lə·ti] *n form* mortalità *f*

mortgage [ˈmɔːr·gɪdʒ] **I.** *n* ipoteca *m* **II.** *vt* ipotecare

mortuary [ˈmɔːr·tʃu·e·ri] *n* obitorio *m*

mosaic [moʊ·ˈzeɪ·ɪk] *n* mosaico *m*

Moscow [ˈmɑːs·kaʊ] *n* Mosca *m*

Moslem [ˈmɑːz·lem] *adj, n* mus(s)ulmano, -a *m, f*

mosque [mɑːsk] *n* moschea *f*

mosquito [mə·ˈskiː·t̬oʊ] <-(e)s> *n* zanzara *f*

most [moʊst] *superl of* **many, much I.** *adj* la maggior parte di; ~ **people** la maggior parte della gente; **to have the** ~ **friends** avere il maggior numero di amici; **for the** ~ **part** per lo più [*or* la maggior parte] **II.** *adv* più; **she's the** ~ **beautiful** è la più bella; **what I want** ~ quello che desidero di più; ~ **of all** soprattutto; ~ **likely** molto probabilmente **III.** *pron* la maggior parte; **at the** (**very**) ~ al massimo; ~ **of them** la maggior parte di loro, quasi tutti loro; ~ **of the time** la maggior parte del tempo, quasi tutto il tempo

mostly [ˈmoʊst·li] *adv* **1.** (*mainly*) per lo più **2.** (*usually*) di solito

mother [ˈmʌ·ðɚ] **I.** *n* **1.** (*woman*) madre *f* **2.** (*biggest thing*) madre; **that was the** ~ **of all wars** quella fu la madre di tutte le guerre **3.** *sl* (*sth bad*) **that was a real** ~ **of a problem** è stato un vero casino **II.** *vt* coccolare

motherhood *n* maternità *f*

mother-in-law *n* suocera *f*

motherly [ˈmʌ·ðɚ·li] *adj* materno, -a

Mother's Day *n* giornata *f* della mamma

mother tongue *n* lingua *f* materna

motionless *adj* immobile

motion picture *n* film *m inv*

motivate [ˈmoʊ·t̬ə·veɪt] *vt* **1.** (*cause*) motivare **2.** (*arouse interest of*) stimolare

motivation [ˌmoʊ·t̬ə·ˈveɪ·ʃən] *n* **1.** (*reason*) motivo *m* **2.** (*ambition, drive*) motivazione *f*

motive [ˈmoʊ·t̬ɪv] **I.** *n* motivo *m* **II.** *adj* PHYS, TECH motore, -trice

motor [ˈmoʊ·t̬ɚ] **I.** *n a. fig* motore *m* **II.** *adj a.* PHYS motore, -trice

motorbike *n inf* moto *f inv*

motorboat *n* motoscafo *m*

motorcycle *n* motocicletta *f*

motorcycling *n* motociclismo *m*

motorcyclist *n* motociclista *mf*

motor home *n* motorhome *m inv*

motorist [ˈmoʊ·t̬ɚ·ɪst] *n* automobilista *mf*

motor racing *n* automobilismo *m*

motor scooter *n* scooter *m inv*

motor vehicle *n form* automobile *f*

mount [maʊnt] **I.** *n* **1.** (*horse*) cavalcatura *f* **2.** (*frame*) montatura *f* **II.** *vt* **1.** (*get on: horse*) montare; **to** ~ **a ladder** salire su una scala **2.** (*organize*) organizzare; **to** ~ **an attack** lanciare un attacco; **to** ~ **a rescue** organizzare un salvataggio **3.** (*fix for display*) fissare; (*stamps*) sistemare **4.** ZOOL montare **III.** *vi* salire

mountain [ˈmaʊn·tən] *n* **1.** GEO montagna *f* **2.** *inf* (*amount*) mucchio *m* ► **to move ~s** muovere mari e monti

mountaineer [ˌmaʊn·tən·ˈɪr] *n* alpinista *mf*

mountaineering *n* alpinismo *m*

mountain range *n* GEO catena *f* montuosa

mourn [mɔːrn] **I.** *vi* lamentare; **to ~ for sb** piangere la morte di qu **II.** *vt* lamentare

mourner ['mɔːr·nə˞] *n* chi accompagna un funerale

mourning ['mɔːr·nɪŋ] *n* lutto *m;* **to be in ~** essere in lutto

mouse [maʊs] <mice> *n* ZOOL topo *m;* COMPUT mouse *m inv*

mousetrap *n* trappola *f* per topi

moustache ['mʌs·tæʃ] *n* baffi *mpl*

mouth¹ [maʊθ] *n* **1.** (*of person, animal*) bocca *f;* **to shut one's ~** *inf* stare zitto, tacere **2.** (*opening*) apertura *f;* (*of bottle, jar*) bocca *f;* (*of cave*) imboccatura *f;* (*of river*) foce *f* ► **to be born with a silver spoon in one's ~** essere nato con la camicia; **it made her ~ water** le ha fatto venire l'acquolina in bocca

mouth² [maʊð] *vt* **1.** (*form words silently*) muovere le labbra senza articolare le parole **2.** (*say insincerely*) dire senza sincerità; **to ~ an excuse** tirare fuori la solita scusa

mouthpiece *n* **1.** TEL microfono *m* **2.** (*of pipe*) bocchino *m;* (*of instrument*) imboccatura *m* **3.** (*person*) portavoce *mf*

mouthwash *n* collutorio *m*

mouthwatering *adj* appetitoso, -a

move [muːv] **I.** *n* **1.** (*movement*) movimento *m;* **to be on the ~** (*traveling*) essere in viaggio; (*very busy*) essere in movomento; **to get a ~ on** spicciarsi **2.** (*change of abode*) trasloco *m;* (*change of job*) trasferimento *m* **3.** GAMES mossa *f;* **it's your ~** tocca a te **4.** (*action*) mossa *f;* **to make the first ~** fare la prima mossa **II.** *vi* **1.** (*change position*) muoversi, spostarsi; (*advance fast*) correre; (*make progress*) progredire **2.** (*in games*) muovere **3.** (*change abode*) traslocare; (*change job*) trasferirsi ► **~ it!** *inf* muoviti! **III.** *vt* **1.** (*change position*) spostare; (*make sb change their mind*) fare cambiare idea; (*reschedule*) spostare la data **2.** (*cause emotions*) commuovere; **to be ~d by sth** commuoversi per qc **3.** (*propose*) proporre

◆**move along** **I.** *vt* spostare **II.** *vi* spostarsi

◆**move away** **I.** *vi* allontanarsi; (*move house*) traslocare **II.** *vt* allontanare

◆**move back** **I.** *vi* spostarsi all'indietro **II.** *vt* spostare all'indietro

◆**move down** **I.** *vi* scendere **II.** *vt* abbassare

◆**move in** **I.** *vi* **1.** (*move into abode*) andare ad abitare, traslocare **2.** (*intervene*) intervenire **3.** (*advance to attack*) attaccare; **to ~ on enemy territory** invadere il territorio nemico **II.** *vt* portare

◆**move on** *vi* **1.** (*leave*) andarsene **2.** (*continue to move*) circolare; **to ~ to another subject** passare a un altro argomento

◆**move out** *vi* **1.** (*stop inhabiting*) andare via (da una casa), traslocare **2.** (*depart*) andarsene

◆**move over** **I.** *vi* **1.** (*make room*) spostarsi; (*on seat*) farsi da parte **2.** (*switch*) **to ~ towards sth** passare a qc **II.** *vt* spostare da una parte

◆**move up** **I.** *vi* **1.** (*make room*) fare posto; (*on seat*) farsi da parte **2.** (*increase*) aumentare **3.** (*advance*) avanzare **II.** *vt* spostare in alto

movement ['muːv·mənt] *n* **1.** *a.* MUS (*act*) movimento *m* **2.** FIN, COM attività *f* **3.** (*tendency*) tendenza *f*

movie ['muː·vi] *n* film *m inv;* **the ~s** il cinema

movie camera *n* cinepresa *f*

moviegoer *n* cinefilo, -a *m, f*

movie star *n* stella *f* del cinema

movie theater *n* cinema *m inv*

moving ['muː·vɪŋ] **I.** *adj* **1.** (*that moves*) mobile; **~ stairs** scala mobile **2.** (*motivating*) ispiratore, -trice; **the ~ force** l'ispirazione **3.** (*causing emotion*) commovente, toccante **II.** *n* trasloco *m*

mower ['mo·ʊə˞] *n* (*for lawn*) tosaerba *m inv*

mown [moʊn] *pp of* **mow**

MP [ˌem·'piː] *n abbr of* **Military Police** polizia *f* militare

mph [ˌem·piː·'eɪtʃ] *abbr of* **miles per hour** miglia all'ora

Mr. ['mɪs·tər] *n abbr of* **Mister** Signor

Mrs. ['mɪs·ɪz] *n* Signora

Ms. [mɪz] *n titolo che evita la distinzione tra donna nubile e sposata*

MS [ˌem·'es] **1.** *abbr of* **multiple sclerosis** sclerosi *f inv* multipla **2.** *abbr of* **Mississippi** Mississippi *m* **3.** *abbr of* **Master of Science** laurea *f (in discipline scientifiche);* **he has an ~ in geology** è laureato in geologia; **Louie Sanders, MS** Dott. Louie Sanders

MT *n* **1.** *abbr of* **Montana** Montana *m* **2.** *abbr of* **Mountain Time** Mountain Time *(zona horaria)*

Mt. *abbr of* **Mount** monte

much [mʌtʃ] <more, most> **I.** *adj* molto, molta; **too ~ wine** troppo vino; **how ~ milk?** quanto latte?; **too/so ~ water** troppa/tanta acqua; **as ~ as** tanto quanto; **three times as ~** tre volte tanto **II.** *adv* molto; **~ better** molto meglio; **thank you very ~** molte grazie; **to be very ~ surprised** essere molto sorpreso; **~ to my astonishment** con mia grande sorpresa **III.** *pron* molto; **~ of the day** gran parte della giornata; **I don't think ~ of it** non gli dò grande importanza; **to make ~ of sb/sth** dare importanza a qu/qc

mud [mʌd] *n* fango *m*

muddle ['mʌ·dl] **I.** *vt* **1.** (*mix up*) mettere in disordine **2.** (*confuse*) confondere **II.** *vi* **to ~ along** tirare avanti **III.** *n* disordine *m;* **to get into a ~** fare una gran confusione

muddy ['mʌ·di] **I.** <-ier, -iest> *adj* (*dirty*) infangato, -a; (*water*) torbido, -a; (*ground*) fangoso, -a **II.** *vt* **1.** (*make dirty*) infangare **2.** (*confuse*) confondere

mug[1] [mʌg] *n* (*for tea, coffee*) tazzone *m;* (*for beer*) boccale *m*

mug[2] [mʌg] **I.** *n inf* muso *m,* grugno *m* **II.** <-gg-> *vt* aggredire e rapinare **III.** *vi* **to ~ for the camera** fare le facce per essere fotografati

mugger ['mʌ·gɚ] *n* rapinatore, -trice *m, f*

muggy ['mʌ·gi] <-ier, -iest> *adj* afoso, -a

mule [mju:l] *n* (*animal*) mulo, -a *m, f*

multicolored [ˌmʌl·ti·'kʌ·lɚd] *adj* variopinto, -a

multilingual [ˌmʌl·ti·'lɪŋ·gwəl] *adj* multilingue

multimedia [ˌmʌl·ti·'mi:·diə] *adj* multimediale

multimillionaire [ˌmʌl·ti·mil·jə·'ner] *n* multimilionario, -a *m, f*

multinational [ˌmʌl·ti·'næʃ·nəl] *adj, n* multinazionale *f*

multiple ['mʌl·t̬ə·pl] *adj* multiplo

multiplication [ˌmʌl·tə·plɪ·'keɪ·ʃən] *n* moltiplicazione *f*

multiply ['mʌl·tə·plaɪ] <-ie-> **I.** *vt* moltiplicare **II.** *vi* moltiplicarsi

multitude ['mʌl·tə·tu:d] *n* **1.** (*of things, problems*) massa *f* **2.** (*crowd*) folla *f*

mum [mʌm] *adj* **to keep ~** *inf* restare in silenzio ► **~'s the word** acqua in bocca!

mumble ['mʌm·bl] *vi* borbottare

mummy ['mʌ·mi] <-ies> *n* mummia *f*

mumps [mʌmps] *n* MED orecchioni *mpl*

municipality [mju·ˌnɪs·ə·'pæl·ə·t̬i] *n* <-ies> **1.** (*city, town*) comune *m* **2.** (*local government*) municipalità *f*

murder ['mɜ:r·dɚ] **I.** *n* (*killing*) assassinio *m;* LAW omicidio (volontario/premeditato) *m;* **to commit ~** commettere un omicidio; **this job is ~** *fig* questo lavoro è infernale **II.** *vt* (*kill*) assassinare; *fig* (*music, play*) massacrare

murderer ['mɜ:r·dɚ·ɚ] *n* (*killer*) assassino, -a *m, f;* LAW omicida *mf*

murderous ['mɜ:r·də·rəs] *adj* **1.** (*capable of murder*) capace di uccidere; **~ dealer/gangster** trafficante/gangster assassino **2.** (*capable of causing death: look*) assassino, -a; (*instinct*) omicida; (*plan*) criminale **3.** *inf* (*difficult: heat*) bestiale; (*traffic*) infernale

murmur ['mɜ:r·mɚ] **I.** *vi, vt* mormorare **II.** *n* mormorio *m*

muscle ['mʌ·sl] *n* **1.** ANAT muscolo *m* **2.** *fig* forza *f*

muscular ['mʌs·kjə·lɚ] *adj* **1.** (*pain, contraction*) muscolare **2.** (*arms, legs*) muscoloso, -a

museum [mju:·'zi:·əm] *n* museo *m*

mushroom ['mʌʃ·ru:m] **I.** *n* (*wild*) fungo *m* **II.** *vi* (*population, prices*) aumentare rapidamente; (*town*) spuntare all'improvviso [*or* come i funghi]

music ['mju:·zɪk] *n* **1.** (*art*) musica *f;* **it was ~ to her ears** era musica per le sue orecchie **2.** (*notes*) partitura *f,* spartito *m;* **to read ~** leggere la musica

musical ['mju:·zɪ·kəl] **I.** *adj* musicale **II.** *n* musical *m inv*

musician [mju:·'zɪ·ʃən] *n* musicista *mf*

Muslim ['mʌz·ləm] *adj, n* mus(s)ulmano, -a *m, f*

mussel ['mʌ·sl] *n* cozza *f*

must [mʌst] **I.** *aux* **1.** (*obligation*) dovere; **~ you leave so soon?** devi proprio andar via così presto?; **you ~n't do that** non devi fare questo **2.** (*probability*) dovere; **I ~ have lost it** devo averlo perso; **you ~ be hungry** (immagino che) avrai fame **II.** *n* must *m inv;* **this book is an absolute ~** leggere questo libro è un must

mustache ['mʌs·tæʃ] *n* baffi *mpl*

mustard ['mʌs·tɚd] *n* senape *f*

mustn't ['mʌ·snt] *must not* **must**

mutter ['mʌ·ţɚ] **I.** *vi* **1.** (*talk*) sussurrare [*or* borbottare] **2.** (*complain*) brontolare; **to ~ about sth** brontolare per qc **II.** *vt* sussurrare [*or* borbottare] **III.** *n* mormorio *m,* brontolio *m*

mutton ['mʌ·tən] *n* carne *f* di montone

mutual ['mju:t·ʃu·əl] *adj* (*understanding*) mutuo, -a; (*friend, interest*) comune

MVP *n abbr of* **most valuable player** giocatore , -trice di maggior valore *m*

my [maɪ] **I.** *adj pos* (il) mio *m,* (la) mia *f,* (i) miei *mpl,* (le) mie *fpl;* **~ dog/house** il mio cane/la mia casa; **~ father/sister** mio padre/mia sorella; **~ children** i miei figli; **this car is ~ own** quest'auto è mia; **I hurt ~ foot/head** mi sono fatto male a un piede/alla testa **II.** *interj* santo cielo!

myself [maɪ·'self] *pron reflexive* **1.** (*direct, indirect object*) mi; **I hurt ~** mi sono fatto male; **when I express/exert ~** quando mi esprimo/sforzo; **I bought ~ a bag** mi sono comprato una borsa **2.** *emphatic* me (stesso, stessa), io (stesso, stessa); **my brother and ~** mio fratello e io; **I'll do it ~** lo farò io (stesso); **I did it (all) by ~** l'ho fatto da solo/da me **3.** *after prep* me (stesso/stessa); **I said to ~** mi sono detto; **I am ashamed of ~** mi vergogno di me stesso; **I live by ~** vivo da solo [*or* per conto mio]

mysterious [mɪ·'stɪ·ri·əs] *adj* misterioso, -a

mystery ['mɪs·tə·ri] <-ies> *n* mistero *m*

myth [mɪθ] *n* mito *m*

mythical ['mɪ·θɪ·kl] *adj* **1.** (*legendary*) mitico, -a **2.** (*supposed*) ipotetico, -a

mythology [mɪ·'θɑ:·lə·dʒi] *n* <-ies> mitologia *f*

N

N, n [en] *n* N, n *f;* **~ for Nancy** N di Napoli

n *abbr of* **noun** s.

N *abbr of* **north** N

nail [neɪl] **I.** *n* **1.** (*tool*) chiodo *m* **2.** ANAT unghia *f* ► **to hit the ~ on the head** cogliere nel segno **II.** *vt* **1.** (*fasten*) inchiodare **2.** *inf* (*catch: police*) beccare; (*lie*) scoprire

nail-biting *adj fig* snervante

nail file *n* limetta *f* per le unghie

nail polish *n* smalto *m* per unghie

nail polish remover *n* acetone *m*

naive, naïve [na·'iv] *adj* ingenuo, -a

naked ['neɪ·kɪd] *adj* **1.** (*unclothed*) nudo, -a **2.** (*uncovered: aggression*) manifesto, -a; (*ambition*) palese

name [neɪm] **I.** *n* **1.** nome *m;* **by ~** di nome; **to know sb by ~** conoscere qu di nome; **in ~ only** solo di nome **2.** (*reputation*) fama *f;* **a good ~** una buona reputazione; **to make a ~ for oneself** farsi un nome **II.** *vt* **1.** (*call*) chiamare **2.** (*list*) dire il nome di **3.** (*choose*) **to ~ the time and the place** fissare il posto e l'ora

namely ['neɪm·li] *adv* vale a dire

nanny ['næ·ni] <-ies> *n* bambinaia *f*

nap¹ [næp] (*sleep*) **I.** *n* pisolino *m;* (*after lunch*) pennichella *f;* **to take a ~** fare un pisolino [*or* una pennichella] **II.** <-pp-> *vi* schiacciare un pisolino

nap² [næp] *n* (*on fabric*) pelo *m*

nape [neɪp] *n* nuca *f*

napkin ['næp·kɪn] *n* tovagliolo *m*

narrate ['ne·reɪt] *vt* **1.** (*tale, story*) narrare **2.** TV commentare

narrator ['ne·reɪ·tɚ] *n* narratore, -trice *m, f;* TV voce *f* narrante

narrow ['ne·roʊ] **I.** <-er, -est> *adj* **1.** (*thin*) stretto, -a **2.** (*limited*) limitato, -a **3.** (*margin*) scarso, -a **II.** *vi* (*road*) restringersi; (*gap*) ridursi **III.** *vt* (*field*) restringere; (*gap*) ridurre

narrowly *adv* **1.** (*barely*) per poco **2.** (*meticulously*) attentamente

narrow-minded [ˌne·roʊ·'maɪn·dɪd] *adj* (*person*) di vedute ristrette; (*opinions*) ristretto, -a

nasty ['næs·ti] <-ier, -iest> *adj* **1.** (*bad*) cattivo, -a; (*surprise*) brutto, -a **2.** (*dangerous, serious*) brutto, -a

nation ['neɪ·ʃən] *n* **1.** (*country*) nazione *f,* paese *m* **2.** (*people living in a state*) nazione *f;* **the Jewish ~** la nazione ebraica

national ['næ·ʃə·nəl] **I.** *adj* nazionale **II.** *n* cittadino, -a *m, f;* **foreign ~** cittadino straniero

national anthem *n* inno *m* nazionale

national holiday *n* festa *f* nazionale

nationality [ˌnæ·ʃə·'næ·lə·ti] <-ies> *n* nazionalità *f;* **to adopt American/Spanish ~** prendere la nazionalità americana/spagnola

nationwide [ˌneɪ·ʃən·'waɪd] **I.** *adv* a livello nazionale **II.** *adj* su scala nazionale

native ['neɪ·t̬ɪv] **I.** *adj* **1.** (*indigenous*) indigeno, -a; **to be ~ to the United States** (*plant, animal*) essere originario degli Stati Uniti **2.** (*of place of origin*) nativo, -a *m* **3.** (*indigenous, aboriginal*) indigeno, -a **4.** (*original*) originario, -a; (*innate*) innato, -a; (*language*) materno, -a **II.** *n* (*indigenous inhabitant*) indigeno, -a *m, f;* **a ~ of Italy** un italiano di nascita; **to speak English like a ~** parlare inglese come un madrelingua

native American **I.** *n* indiano, -a d'America *m* **II.** *adj* amerindio, -a

native speaker *n* madrelingua *mf*

natural ['næt·ʃɚ·əl] **I.** *adj* **1.** (*not artificial*) naturale; **~ causes** cause *f pl* naturali; **to die of ~ causes** morire per cause naturali; **~ disaster** calamità *f* naturale **2.** (*usual, to be expected*) naturale **II.** *n inf* **to be a ~ for sth** avere un talento naturale per qc

natural childbirth *n* parto *m* naturale

natural history *n* storia *f* naturale

naturally *adv* naturalmente

natural resources *npl* risorse *f pl* naturali

nature ['neɪ·tʃɚ] *n* natura *f*

nature lover *n* amante *mf* della natura

nature reserve *n* riserva *f* naturale

nature trail *n* percorso *m* naturalistico

naughty ['nɑː·t̬i] <-ier, -iest> *adj* **1.** (*badly behaved*) birichino, a **2.** *iron* (*adults*) birbante **3.** *iron inf* (*sexually stimulating*) piccante

nauseating ['nɔ·zi·eɪ·t̬ɪŋ] *adj* nauseante

nauseous ['nɔ·ʃəs] *adj* nauseante; **she is ~** ha la nausea

naval ['neɪ·vəl] *adj* (*battle, force*) navale; **~ commander** ufficiale *m* di marina

navel ['neɪ·vl] *n* ombelico *m*

navigate ['næ·vɪ·geɪt] **I.** *vt* **1.** (*steer*) governare; AVIAT pilotare; AUTO guidare **2.** (*sail*) navigare; **to ~ the ocean** navigare l'oceano **3.** (*cross*) attraversare **4.** COMPUT **to ~ the Internet** navigare in Internet **II.** *vi* NAUT, AVIAT navigare; AUTO fare da navigatore

navigator ['næ·vɪ·geɪ·t̬ɚ] *n* AUTO navigatore, -trice *m, f*

navy ['neɪ·vi] **I.** <-ies> *n* (*country's military fleet*) **the Navy** la Marina *f;* **to be in the Navy** essere in Marina **II.** *adj* (*dark blue*) blu marino

NB [ˌen·'biː] *abbr of* **nota bene** N.B.

NBA [ˌen·bi·'eɪ] *n abbr of* **National Basketball Association** NBA *f*

NC [ˌnɔrθ·ˌkær·ə·'laɪ·nə] *n abbr of* **North Carolina** NC

ND [ˌnɔrθ·ˌdə·'koʊ·də] *n abbr of* **North Dakota** ND

NE **1.** *abbr of* **Nebraska** Nebraska **2.** *abbr of* **New England** NE **3.** *abbr of* **northeast** NE

near [nɪr] **I.** *adj* **1.** (*spatial*) vicino, -a **2.** (*temporal*) vicino, -a; **in the ~ future** nel prossimo futuro **3.** (*dear*) **a**

~ **and dear friend** un amico intimo **4.** (*similar*) simile **5.** (*almost true*) **to have a ~ accident** fare quasi un incidente; **that was a ~ miss** [*or* **thing**] c'è mancato poco **II.** *adv* **1.** (*spatial or temporal*) vicino; **to be ~** essere vicino; **to come ~** avvicinarsi; **~ at hand** a portata di mano **2.** (*almost*) **~ to tears** sul punto di piangere **III.** *prep* **1.** (*in proximity to*) **~** (**to**) vicino (a); **~** (**to**) **the house** vicino alla casa **2.** (*almost*) **it's ~ midnight** è quasi mezzanotte **3.** (*about ready to*) **to be ~ to doing sth** essere sul punto di fare qc **4.** (*like*) **the copy is ~ to the original** la copia è simile all'originale **IV.** *vt* avvicinarsi a; **it is ~ing completion** è quasi finito; **he is ~ing his goal** si sta avvicinando alla meta

nearby [ˌnɪr·ˈbaɪ] **I.** *adj* vicino, -a **II.** *adv* vicino; **is it ~?** è vicino?

Near East *n* **the ~** il Vicino oriente *m*

nearly [ˈnɪr·li] *adv* quasi; **~ certain** quasi certo; **to be ~ there** essere quasi arrivato; **I very ~ bought that car** per poco non compravo quella macchina; **she's ~ as tall as her father** è alta quasi come suo padre

near-sighted [ˌnɪr·ˈsaɪ·t̬ɪd] *adj a. fig* miope

neat [niːt] *adj* **1.** (*orderly*) ordinato, -a; (*appearance*) curato, -a; **~ and tidy** ordinato **2.** (*deft*) buono, -a; **~ solution** buona soluzione *f* **3.** (*undiluted*) puro, -a; **I'll have a ~ gin please** io prendo un gin liscio **4.** *inf* (*fine, good*) fantastico, -a *inf;* **a ~ guy** un tipo figo

Nebraska [nə·ˈbræs·kə] *n* Nebraska *m*

necessarily [ˌne·sə·ˈse·rə·li] *adv* necessariamente; **not ~** non necessariamente

necessary [ˈne·sə·se·ri] *adj* necesario, -a; **to make the ~ arrangements** fare i preparativi necessari; **a ~ evil** un male necesario; **strictly ~** strettamente necessario; **to be ~** essere necessario; **to do what is ~** fare ciò che è necessario; **if ~** se necessario

necessity [nə·ˈse·sə·ti] <-ies> *n* (*need*) necessità *f;* **in case of ~** in caso di necessità; **~ of doing sth** necessità di fare qc; **~ for sb to do sth** bisogno che qu faccia qc; **the bare ~** lo stretto indispensabile

neck [nek] **I.** *n* **1.** ANAT collo *m* **2.** FASHION scollo *m;* **round ~ sweater** maglione (a) girocollo **3.** (*of bottle*) collo *m* ▶ **to be up to one's ~ in sth** *inf* essere dentro fino al collo in qc **II.** *vi inf* pomiciare

necklace [ˈnek·lɪs] *n* collana *f*

neckline [ˈnek·laɪn] *n* scollatura *f*

necktie *n* cravatta *f*

nectarine [ˌnek·tə·ˈrin] *n* nettarina *f*

née [neɪ] *adj* nata

need [niːd] **I.** *n* **1.** bisogno *m;* **in ~** bisognoso, -a; **~ for sb/sth** bisogno di qu/qc; **to be in ~ of sth** aver bisogno di qc; **to have no ~ of sth** non avere alcun bisogno di qc; **as the ~ arises** al bisogno; **if ~**(**s**) **be** se fosse necessario **2.** *pl* **basic ~s** bisogni primari **II.** *vt* **1.** (*require*) avere bisogno di; **to ~ sb to do sth** aver bisogno che qu faccia qc **2.** (*ought to have*) necessitare di; **to not ~ sth** non esserci bisogno di qc; **to ~ sth** richiedere qc **3.** (*must, have*) **to ~ to do sth** dover fare qc; **~ we/I/you?** dobbiamo/devo/devi proprio?

needle [ˈniː·dl] **I.** *n* ago *m;* **hypodermic ~** siringa *f* (ipodermica); **knitting ~** ferro *m* da calza **II.** *vt* punzecchiare

needless [ˈniːd·lɪs] *adj* inutile; **~ to say ...** inutile dire...

negative [ˈne·gə·tɪv] **I.** *adj a.* LING, MED negativo, -a; **~ answer** risposta *f* negativa; **to be ~ about sth/sb** avere un atteggiamento negativo nei confronti di qu/qc **II.** *n* **1.** (*rejection*) risposta *f* negativa **2.** (*making use of negation*) negazione *f* **3.** PHOT negativo *m*

neglect [nɪ·ˈglekt] **I.** *vt* trascurare; **to ~ one's duties** trascurare i propri doveri; **to ~ to do sth** dimenticarsi di fare qc **II.** *n* (*poor state*) abbandono *m;* **to be in a state of ~** essere in uno stato di abbandono

neglected *adj* trascurato, -a

neglectful [nɪ·ˈglekt·fəl] *adj* negligente

negligible [ˈne·glɪ·dʒə·bl] *adj* trascurabile

negotiate [nɪ·ˈgoʊ·ʃi·eɪt] **I.** *vt* **1.** (*discuss*) negoziare; **to ~ a loan** negoziare un prestito **2.** (*check, securities*) ne-

N

goziare **II.** *vi* negoziare; **to ~ on sth** negoziare qc

negotiation [nɪ·ˌgoʊ·ʃi·ˈeɪ·ʃən] *n* negoziato *m*

negotiator [nɪ·ˈgoʊ·ʃi·eɪ·tə˞] *n* negoziatore, -trice *m, f*

neighbor [ˈneɪ·bə˞] **I.** *n* vicino, -a *m, f* **II.** *vi* **to ~ on sth** confinare con qc

neighborhood [ˈneɪ·bə˞·hʊd] *n* **1.** (*smallish localized community*) quartiere *m;* (*people*) vicinato *m* **2.** (*vicinity*) vicinanze *fpl,* dintorni *mpl;* **in the ~** nei paraggi

neighboring [ˈneɪ·bə·rɪŋ] *adj* (*nearby, bordering*) vicino, -a; **~ house** casa *f* vicina

neighborly [ˈneɪ·bə˞·li] *adj* cordiale

neither [ˈniː·ðə˞] **I.** *pron* nessuno, -a; **which one? — ~ (of them)** quale? — nessuno dei due **II.** *adv* né; **~ ... nor ...** né... né...; **he is ~ wounded nor dead** non è né ferito né morto **III.** *conj* nemmeno; **if he won't eat, ~ will I** se lui non mangia, non mangio nemmeno io **IV.** *adj* nessuno, -a; **in ~ case** in nessun caso

neo-Nazi [ˌniː·əʊ·ˈnɑː·tsi] *adj, n* neonazista *mf*

nephew [ˈnef·juː] *n* nipote *m*

Neptune [ˈnep·tun] *n* Nettuno *m*

nerve [nɜːrv] *n* **1.** ANAT nervo *m* **2.** (*high nervousness*) **~s** nervi *mpl;* **to be a bundle of ~s** *fig* avere i nervi a fior di pelle; **to get on sb's ~s** *inf* dare sui nervi a qu **3.** (*courage, bravery*) coraggio *m;* **to lose one's ~** perdersi d'animo **4.** (*apprehension*) **~s** nervosismo *m* **5.** (*temerity*) sfacciataggine *f;* **to have the ~ to do sth** *inf* avere la faccia tosta di fare qc

nervous [ˈnɜːr·vəs] *adj* (*jumpy*) nervoso, -a; (*edgy*) teso, -a; **to make sb ~** far innervosire qu; **to be ~ about sth** essere nervoso per qc

nervous breakdown *n* esaurimento *m* nervoso

nervousness *n* (*nervous condition, excitement*) nervosismo *m;* (*fearfulness*) paura *f;* **~ about sth** paura per qc

net[1] [net] **I.** *n* **1.** (*material with spaces*) rete *f;* (*fine netted fabric*) tulle *m inv;* **mosquito ~** zanzariera *f* **2.** (*device for trapping fish*) rete *f* **3.** SPORTS rete *f* **II.** <-tt-> *vt* (*catch: fish*) prendere (con la rete); (*criminals*) catturare

net[2] [net] **I.** *adj* **1.** ECON netto, -a; **~ income** [*or* **earnings**] reddito *m* netto **2.** (*excluding package: weight*) netto, -a **II.** *vt* **to ~ 10,000 dollar** guadagnare 10.000 dollari netti

Net [net] *n* COMPUT **the ~** la rete; **~ surfer** navigatore, -trice *m, f* della rete

Netherlands [ˈne·ðə˞·ləndz] *n* **the ~** i Paesi *m pl* Bassi

netiquette [ˈne·tɪ·ket] *n* COMPUT netiquette *f inv norme per il corretto comportamento nell'uso di Internet*

Netspeak [ˈnet·spiːk] *adj* COMPUT linguaggio *m* di Internet

network [ˈnet·wɜːrk] **I.** *n* **1.** COMPUT, TEL rete *f;* **cable ~** cablaggio *m;* **computer ~** rete informatica; **telephone ~** rete telefonica **2.** TV network *m inv* **II.** *vt* **1.** (*link together*) collegare in rete **2.** (*broadcast*) trasmettere a reti unificate **III.** *vi* crearsi una rete di contatti

networking *n* COMPUT collegamento *m* in rete

neurosurgeon [ˌnʊ·roʊ·ˈsɜːr·dʒən] *n* neurochirurgo *m*

neurotic [nʊ·ˈrɑː·t̬ɪk] *adj, n* nevrotico, -a *m, f*

neutral [ˈnuː·trəl] **I.** *adj* **1.** (*uninvolved*) neutrale; **~ country** POL paese *m* neutrale **2.** *a.* CHEM, ELEC neutro, -a **II.** *n* **1.** (*non-combatant in war*) paese *m* neutrale **2.** (*part of gear system*) posizione *f* di folle; **in ~** in folle

Nevada [nə·ˈvad·ə] *n* Nevada *m*

never [ˈne·və˞] *adv* **1.** (*at no time*) non... mai; **I ~ forget a face** non dimentico mai un volto **2.** (*under no circumstances*) mai; **~ again!** mai più!; **it's ~ too late to do sth** non è mai troppo tardi per fare qc; **as ~ before** come mai prima; **~ ever** mai e poi mai; **~ mind** non importa; **~ say die** *fig* non gettare la spugna

never-ending [ˈne·və˞·ˈen·dɪŋ] *adj* infinito, -a

nevertheless [ˌne·və˞·ðə·ˈles] *adv* ciò nonostante, tuttavia

new [nuː] **I.** *adj* **1.** (*latest, recent*) nuovo, -a; **to be the ~est fad** [*or* **craze**] *inf* essere l'ultima moda **2.** (*changed*) nuovo, -a; **the ~ kid on the block** l'ultimo arrivato **3.** (*inexperienced*) nuovo, -a; **to be a ~ one on sb** essere una novità per qu; **she's ~ to the job** è nuova del mestiere **4.** (*in new condition*) nuovo, -a; **brand ~** nuovo di zecca **5.** (*fresh*) fresco, -a; **to feel like a ~ man/woman** sentirsi rinato, -a **II.** *n* **the ~** il nuovo

newbie *n* COMPUT newbie *mf inv nuovo arrivato in un blog, un forum, un newsgroup online*

newborn *adj* appena nato, -a; **~ baby** neonato, -a *m, f*

newcomer *n* **1.** (*person who has just arrived*) nuovo arrivato, -a *m, f* **2.** (*stranger*) nuovo, -a *m, f;* **I'm a ~ to Phoenix** sono nuovo di Phoenix **3.** (*beginner*) novellino, -a *m, f*

New England *n* New England *m*

New Hampshire [ˌnu·ˈhæmp·ʃər] *n* New Hampshire *m*

New Jersey [ˌnu·ˈdʒɜr·zi] *n* New Jersey *m*

newly [ˈnuː·li] *adv* **1.** (*recently*) di recente; **~ married** appena sposati **2.** (*shaved, painted*) di fresco **3.** (*done differently than before*) in modo nuovo

New Mexico [ˌnu·ˈmek·sɪ·koʊ] *n* Nuovo Messico *m*

New Orleans [ˌnu·ˈɔr·li·ənz] *n* New Orleans *f*

new potatoes *npl* patate *f pl* novelle

news [nuːz] *n + sing vb* **1.** (*fresh information*) notizie *fpl;* **the ~ media** i mezzi di informazione; **bad/good ~** buone/cattive notizie; **to break the ~ to sb** dare la notizia a qu **2.** TV telegiornale *m,* notiziario *m;* RADIO giornale *m* radio, notiziario *m;* **to be ~** fare notizia

news agency <-ies> *n* agenzia *f* di stampa

newsflash <-es> *n* notiziario *m* flash

news item *n* notizia *f*

newsletter *n* bollettino *m* di informazione

newspaper *n* giornale *m;* **~ clipping** ritaglio *m* di giornale

news report *n* notizia *f*

newsroom *n* redazione *f*

newsstand *n* edicola *f*

newsvendor *n* giornalaio, -a(a) *m(f)*

newsworthy *adj* che fa notizia

New Testament *n* REL Nuovo Testamento *m*

New Year *n* **1.** anno *m* nuovo; **Happy ~** felice anno nuovo **2.** (*opening weeks of year*) inizio *m* dell'anno

New Year's Day *n* capodanno *m*

New Year's Eve *n* ultimo *m* dell'anno

New York [ˌnu·ˈjɔrk] **I.** *n* New York *f* **II.** *adj* newyorkese

New Yorker *n* newyorkese *mf*

New Zealand [ˌnu·ˈzi·lənd] **I.** *n* Nuova Zelanda *f* **II.** *adj* neozelandese

New Zealander *n* neozelandese *mf*

next [nekst] **I.** *adj* **1.** (*nearest in location*) accanto, -a **2.** (*following in time*) prossimo, -a; **the ~ day** il giorno seguente; **~ month** il mese prossimo; (**the**) **~ time** la prossima volta **3.** (*following in order*) successivo, a; **to be ~** venire dopo; **~ to sth/sb** vicino a qc/qu **II.** *adv* **1.** (*afterwards, subsequently*) dopo **2.** (*almost as much*) **~ to** subito dopo **3.** (*again, once more*) di nuovo; **when I saw him ~ he had transformed** quando lo rividi era molto cambiato **4.** (*almost*) quasi; **~ to impossible** quasi impossibile; **~ to nothing** quasi niente **5.** (*second*) **the ~ best thing** in alternativa, la cosa migliore **III.** *prep* **1.** (*beside*) **~ to** accanto a; **my room is ~ to yours** la mia stanza è accanto alla tua **2.** (*almost*) quasi; **to cost ~ to nothing** non costare quasi niente **3.** (*second to*) **~ to last** penultimo

next door [ˌnekst·ˈdɔːr] *adv* accanto

next-door neighbor *n* vicino, -a *m, f* di casa

next of kin *n* parente *mf* stretto, -a

NFL [ˌen·ef·ˈel] *n abbr of* **National Football League** NFL *f*

NH [ˌnu·ˈhæmp·ʃər] *n abbr of* **New Hampshire** NH

NHL [ˌen·eɪtʃ·ˈel] *n abbr of* **National Hockey League** NHL *f*

Nicaragua [ˌnɪk·ə·ˈrag·wə] *n* Nicaragua *m*

Nicaraguan *adj, n* nicaraguense *mf*
nice [naɪs] I. *adj* 1. (*pleasant, agreeable*) bello, -a; **~ one!, ~ work!** *inf* ben fatto!; **~ weather** bel tempo *m;* **far ~r** molto più bello 2. (*amiable*) simpatico, -a; (*kind*) gentile; **to be ~ to sb** essere gentile con qu; **it is/was ~ of sb to do sth** è/è stato gentile da parte di qu fare qc II. *adv* bene
nicely ['naɪs·li] *adv* 1. (*well, satisfactorily*) bene; **to do very ~** cavarsela bene 2. (*having success*) splendidamente 3. (*in healthy state*) in buona salute 4. (*pleasantly*) gentilmente
nicety ['naɪ·sə·ti] <-ies> *n* 1. (*subtle distinction*) sottigliezza *f* 2. (*precision*) precisione *f* 3. (*precise differentiations*) **niceties** sfumature *fpl;* (*in negative sense*) convenevoli *mpl*
nickel ['nɪ·kl] *n* 1. CHEM nichel *m* 2. (*coin*) moneta *f* da cinque centesimi (di dollaro)
nickname ['nɪk·neɪm] I. *n* soprannome *m* II. *vt* soprannominare
nicotine ['nɪ·kə·tiːn] *n* nicotina *f*
niece [niːs] *n* nipote *f*
nigger ['nɪg·ər] *n offensive sl* negro, -a *m, f*
night [naɪt] *n* notte *f,* sera *f;* **good ~!** buona notte!; **last ~** la notte scorsa; **10 (o'clock) at ~** le dieci di sera; **the ~ before** la sera prima; **during the ~** durante la notte; **to work ~s** lavorare di notte
nightcap *n* (*drink*) *bicchierino che si beve prima di andare a dormire*
nightclothes *npl* biancheria *f* da notte
nightdress <-es> *n* camicia *f* da notte
nightfall *n* crepuscolo *m*
nightgown *n* camicia *f* da notte
nightie *n inf* camicia *f* da notte
nightingale *n* usignolo *m*
nightlight *n* lampada *f* da notte
nightly ['naɪt·li] I. *adv* ogni sera II. *adj* 1. (*done or happening each night*) di tutte le sere 2. (*nocturnal*) notturno, -a
nightmare ['naɪt·mer] *n* incubo *m*
nightmarish ['naɪt·me·rɪʃ] *adj* (*like a horrible dream*) da incubo
night-nurse *n* infermiere, -a di notte *m*
night school *n* scuola *f* serale
night shift *n* turno *m* di notte
nightshirt *n* camicia *f* da notte (da uomo)
nightstand *n* comodino *m*
nighttime *n* notte *f;* **at ~** di notte
night watchman *n* guardia *f* notturna
nil [nɪl] *n* zero *m*
Nile [naɪl] *n* **the ~** il Nilo *m*
nimble ['nɪm·bl] *adj* (*feet, fingers*) agile; (*quick-thinking*) pronto, -a; **~ mind** mente *f* sveglia
nine [naɪn] I. *adj* nove *inv* ▶ **a ~ days' wonder** un fuoco di paglia; **~ times out of ten** nove volte su dieci II. *n* nove *m* ▶ **to be dressed to the ~s** *inf* mettersi in tiro; *s. a.* **eight**
nineteen [ˌnaɪn·'tiːn] *adj, n* diciannove *m; s. a.* **eight**
nineteenth I. *adj* diciannovesimo, -a II. *n* 1. (*order*) diciannovesimo, -a *m, f* 2. (*date*) diciannove *m* 3. (*fraction, part*) diciannovesimo *m; s. a.* **eighth**
ninetieth ['naɪn·t̬ɪ·əθ] *adj, n* (*order*) novantesimo, -a *m, f;* (*fraction, part*) novantesimo *m; s. a.* **eighth**
nine-to-five *adj, adv* dalle nove alle cinque
ninety ['naɪn·t̬i] I. *adj* novanta II. <-ies> *n* novanta *m;* (*decade*) **the nineties** gli anni *m* novanta *pl; s. a.* **eighty**
ninth [naɪnθ] I. *adj* nono, -a II. *n* 1. (*order*) nono, -a *m, f* 2. (*date*) nove *m* 3. (*fraction, part*) nono *m; s. a.* **eighth**
nipple ['nɪ·pl] *n* ANAT capezzolo *m*
nippy ['nɪ·pi] <-ier, -iest> *adj inf* gelido, -a
nitpicking ['nɪt·pɪ·kɪŋ] I. *adj inf* pignolo, -a II. *n inf* pedanteria *f*
nitrate ['naɪ·treɪt] *n* nitrato *m*
nitrogen ['naɪ·trə·dʒən] *n* nitrogeno *m*
nitroglycerin(e) [ˌnaɪ·troʊ·'glɪ·sə·riːn] *n* nitroglicerina *f*
nitty-gritty [ˌnɪ·t̬ɪ·'grɪ·t̬i] *n inf* **the ~** il succo *m;* **to get down to the ~** venire al sodo
NJ [ˌnu·'dʒɜr·zi] *n abbr of* **New Jersey** NJ
NM [ˌnu·'mek·sɪ·koʊ] *n abbr of* **New Mexico** NM

NNE *abbr of* **north-northeast** NNE *m*
NNW *abbr of* **north-northwest** NNO *m*
no [noʊ] **I.** *adj* **1.** (*not to any degree*) nessuno, -a; ~ **parking** divieto di sosta; ~ **way** in nessun modo; ~ **can do** *inf* non posso farlo **2.** (*equivalent to a negative sentence*) no; (*emphasizes previous statement's falsity*) no, anzi **II.** *n* <-(e)s> *n* (*denial, refusal*) no *m;* **to not take ~ for an answer** non accettare un no come risposta **III.** *interj* (*word used to deny*) no; (*emphasizes distress*) questa poi!
no., No. *abbr of* **number** no.
Nobel prize [ˌnoʊ·bel·'praɪz] *n* premio *m* Nobel
noble ['noʊ·bl] **I.** *adj* **1.** (*of aristocratic birth*) nobile **2.** (*person, action*) nobile **3.** (*splendid*) maestoso, -a **II.** *n* nobile *mf*
nobody ['noʊ·bɑː·di] **I.** *pron indef, sing* nessuno; ~ **speaks** nessuno parla; **we saw ~ (else)** non abbiamo visto nessuno (altro); **he told ~** non l'ha detto a nessuno **II.** *n inf* nessuno *m inv;* **those people are nobodies** quelle persone non valgono niente
nod [nɑːd] **I.** *n* cenno *m* (del capo) **II.** <-dd-> *vt* **to ~ one's head** far cenno di sì con la testa **III.** <-dd-> *vi* **1.** (*incline head in agreement*) assentire col capo; **to ~ to sb** salutare qu con un cenno del capo **2.** *inf* (*start sleeping*) addormentarsi
node [noʊd] *n* nodo *m*
nodule ['nɑː·djuːl] *n a.* ANAT, BOT nodulo *m*
nohow ['noʊ·haʊ] *adv inf* in nessun modo
noise [nɔɪz] *n* **1.** (*sound*) rumore *m;* **to make a ~** fare rumore **2.** (*loud, unpleasant sounds*) rumore *m* **3.** ELEC interferenze *f pl*
noiseless ['nɔɪz·ləs] *adj* silenzioso, -a
noise pollution *n* inquinamento *m* acustico
noise prevention *n* prevenzione *f* del rumore
noisy ['nɔɪ·zi] <-ier, -iest> *adj* **1.** (*child*) chiassoso, -a; (*protest, street*) rumoroso, -a; **to be ~** fare rumore **2.** ELEC (*signal*) acustico, -a **3.** *fig* (*clothes*) chiassoso, -a
no man's land ['noʊ·mænz·lænd] *n* terra *f* di nessuno
nominally ['nɑː·mə·nə·li] *adv* nominalmente
nominate ['nɑː·mə·neɪt] *vt* **1.** (*propose*) designare; (*for an award*) candidare **2.** (*appoint*) nominare
nomination [ˌnɑː·mə·'neɪ·ʃən] *n* **1.** (*proposal*) designazione *f* **2.** (*appointment*) nomina *f;* (*for an award*) candidatura *f* **3.** (*action of proposing*) designazione *f*
nominee [ˌnɑː·mə·'niː] *n* (*person chosen*) persona *f* designata; (*person suggested*) candidato, -a *m, f*
nonalcoholic [ˌnan·æl·kə·'hal·ɪk] *adj* analcolico, -a
nonchalant [ˌnɑːn·ʃə·'lɑːnt] *adj* noncurante; **to appear ~** mostrarsi indifferente
noncommittal [ˌnan·kə·'mɪt̬·əl] *adj* evasivo, -a
non compos mentis [ˌnɑːn·ˌkɑːm·poʊs·'men·t̬ɪs] *adj* LAW incapace di intendere e di volere
nonconformist [ˌnɑːn·kən·'fɔːr·mɪst] *adj, n* nonconformista *mf*
nondescript ['nɑːn·dɪs·krɪpt] *adj* (*person*) insignificante; (*color*) indefinito, -a
none [nʌn] **I.** *pron* **1.** (*nobody*) nessuno, -a; ~ **of them** nessuno di loro; ~ **of you helped me** nessuno di voi mi ha aiutato **2.** (*not any*) nessuno, -a; ~ **of my letters arrived** nessuna delle mie lettere è arrivata **3.** (*not any*) **nuts/wine? I've ~ (at all)** frutta secca/vino? Non ne ho (neanche un po'); ~ **of that!** smettila! **II.** *adv* **1.** (*not*) ~ **the less** ciononostante; **to be ~ the wiser** non saperne più di prima **2.** (*not very*) **it's ~ too warm** fa tutt'altro che caldo
nonexistent [ˌnan·ɪg·'zɪs·tənt] *adj* inesistente
nonnegotiable [ˌnan·nɪ·'goʊ·ʃi·ə·bəl] *adj* LAW, FIN non negoziabile
nonpolluting [ˌnan·pə·'lu·t̬ɪŋ] *adj* non inquinante
nonprofit, non-profit-making [ˌnɑːn·'prɑː·fɪt·ˌmeɪ·kɪŋ] *adj* non profit

N

nonrefundable [ˌnan·rɪ·ˈfʌn·də·bəl] *adj* non rimborsabile

nonresident [ˌnan·ˈrez·ɪ·dənt] *adj, n* non residente *mf*

nonreturnable [ˌnan·rɪ·ˈtɜr·nə·bəl] *adj* non restituibile

nonsense [ˈnɑːn·sents] **I.** *n* assurdità *fpl;* **to talk** ~ *inf* dire sciocchezze **II.** *adj* (*without meaning*) inventato, -a **III.** *interj* sciocchezze

nonsensical [ˌnɑːn·ˈsen·tsɪ·kl] *adj* assurdo, -a

nonsmoking *adj* non fumatori

nonstop [ˌnan·ˈstap] **I.** *adj* **1.** (*without stopping, direct*) diretto, -a **2.** (*uninterrupted*) ininterrotto, -a **II.** *adv* ininterrottamente

noodle [ˈnuː·dl] **I.** *n* spaghetto *m;* (*with eggs*) tagliatella *m* **II.** *adj* con la pasta

noon [nuːn] *n* mezzogiorno *m;* **at** ~ a mezzogiorno

no one [ˈnoʊ·wʌn] *pron see* **nobody**

nope [noʊp] *adv inf* no

nor [nɔːr] *conj* **1.** (*and also not*) nemmeno; ~ (**do**) I nemmeno io **2.** (*not either*) né

norm [nɔːrm] *n* norma *f*

normal [ˈnɔːr·ml] *adj* **1.** (*not out of the ordinary*) normale **2.** (*usual*) normale; **as** (**is**) ~ come al solito

normalize [ˈnɔːr·mə·laɪz] *a.* COMPUT **I.** *vt* normalizzare **II.** *vi* normalizzarsi

normally [ˈnɔːr·mə·li] *adv* normalmente

north [nɔːrθ] **I.** *n* **1.** (*cardinal point*) nord *m;* **to lie 3 miles to the ~ of sth** trovarsi a 5 km a nord di qc; **to go/drive to the** ~ andare/viaggiare verso nord; **further** ~ più a nord **2.** GEO nord *m;* **in the ~ of France** nel nord della Francia **II.** *adj* del nord, settentrionale; ~ **wind** vento *m* del nord; **the North Sea** il Mare del Nord; **the North Pole** il Polo *m* Nord

North America *n* America *f* del Nord

North American *adj, n* nordamericano, -a *m, f*

North Carolina [ˌnɔrθ·ˌkær·ə·ˈlaɪ·nə] *n* Carolina *f* del Nord

North Dakota [ˌnɔrθ·ˌdə·ˈkoʊ·də] *n* Nord Dakota *m*

northeast [ˌnɔːrθ·ˈiːst] **I.** *n* nordest *m* **II.** *adj* del nordest

northeastern [ˌnɔːrθ·ˈiːs·tən] *adj* nordorientale

northerly [ˈnɔːr·ðɚ·li] *adj* del nord; ~ **direction** direzione *f* nord

northern [ˈnɔːr·ðɚn] *adj* del nord, settentrionale; ~ **hemisphere** emisfero *m* boreale; ~ **lights** aurora *f* boreale

northerner [ˈnɔːr·ðɚ·nɚ] *n* abitante *mf* del nord

northernmost *adj* più a nord

North Pole [ˈnɔːrθ·poʊl] *n* **the** ~ il Polo *m* Nord

North Sea **I.** *n* Mare *m* del Nord **II.** *adj* del Mare del Nord

North-South divide *n* ECON divario *m* Nord-Sud

northward [ˈnɔːrθ·wɚd] *adv* verso nord

northwest [ˌnɔːrθ·ˈwest] **I.** *n* nordovest *m;* **to the** ~ (**of**) a nordovest(di) **II.** *adj* del nordovest; ~ **Texas** il Texas nordoccidentale **III.** *adv* in direzione nordest

northwesterly [ˌnɔːrθ·ˈwes·tɚ·li] *adj* nordoccidentale; (*from the northwest*) del nordovest; ~ **part** settore *m* nordoccidentale

Norway [ˈnɔːr·weɪ] *n* Norvegia *f*

Norwegian [nɔːr·ˈwiː·dʒən] **I.** *adj* norvegese **II.** *n* **1.** (*person*) norvegese *mf* **2.** LING norvegese *m*

nose [noʊz] **I.** *n* **1.** ANAT naso *m;* **to blow one's** ~ soffiarsi il naso **2.** AVIAT (*front*) muso *m* **3.** (*smell of wine*) bouquet *m inv* ► **with one's ~ in the <u>air</u>** con aria di superiorità; **to put one's ~ to the <u>grindstone</u>** *inf* lavorare sodo; **to put sb's ~ out of <u>joint</u>** *inf* far storcere il naso a qu; **to keep one's ~ <u>clean</u>** *inf* tenersi fuori dai guai; **to <u>have</u> a** (**good**) **~ for sth** avere (un buon) fiuto per qc; **to <u>keep</u> one's ~ out of sth** *inf* non immischiarsi in qc no; **to <u>poke</u> one's ~ into sth** *inf* ficcare il naso in qc; **to <u>rub</u> sb's ~ in it** rimestare il coltello nella piaga **II.** *vi* ficcare il naso **III.** *vt* **to ~ one's way in/out/up** entrare/uscire/superare lentamente; **to ~** (**its way**) **through sth** farsi strada attraverso qc

nosebleed *n* emorraggia *f* nasale

nosedive I. *n* 1. AVIAT picchiata *f* 2. FIN crollo *m* II. *vi* 1. AVIAT scendere in picchiata 2. FIN crollare

nose job *n inf* **to have a ~** rifarsi il naso

nosey ['noʊ·zi] <-ier, -iest> *adj see* **nosy**

no-strike agreement [ˌnəʊ·straɪk·ə·'griː·mənt] *n accordo per la regolamentazione del diritto di sciopero*

nostril ['nɑːs·trəl] *n* narice *f*

nosy ['noʊ·zi] <-ier, -iest> *adj* ficcanaso, -a; **to be ~** *pej* essere invadente

not [nɑːt] *adv* non; **it's a woman, ~ a man** è una donna, non un uomo; **he's asked me ~ to do it** mi ha chiesto di non farlo; **~ me!** io no!; **why ~?** perchè no?; **he is ~ ugly** non è brutto; **or ~** o no; **~ at all** (*nothing*) affatto; (*no need to thank*) di niente; **~ much** non tanto

notable ['noʊ·t̬ə·bl] I. *adj* 1. (*remarkable*) notevole 2. (*eminent*) eminente II. *n* notabile *mf*

notably ['noʊ·t̬ə·bli] *adv* particolarmente

note [noʊt] I. *n* 1. (*annotation*) appunto *m;* **to take ~** prendere nota 2. LIT nota *f* 3. MUS nota *f* 4. (*piece of paper money*) banconota *f* II. *vt form* notare; (*mention*) **to ~** (**that**) **...** far notare (che) ...

notebook ['noʊt·bʊk] *n* taccuino *m*

notepad ['noʊt·pæd] *n* blocchetto *m* per gli appunti

notepaper ['noʊt·ˌpeɪ·pɚ] *n* carta *f* da lettera

noteworthy ['noʊt·ˌwɜːr·ði] *adj form* notevole

nothing ['nʌ·θɪŋ] I. *pron indef, sing* 1. (*no objects*) niente; **~ happens** non succede niente; **~ new** niente di nuovo; **next to ~** quasi niente 2. (*not anything*) **~ doing!** *inf* niente da fare!; **fit for ~** buono a nulla 3. (*not important*) **that's ~!** non è niente! 4. (*only*) **~ but** solo; **~ much** niente di importante II. *adv* **~ less than** né più né meno che III. *n* 1. niente *m* 2. MATH, SPORTS zero *m* 3. (*person*) nessuno *m*

notice ['noʊ·t̬ɪs] I. *vt* 1. (*see*) vedere; (*perceive*) notare; **to ~** (**that**) **...** accorgersi (che) ... 2. (*recognize*) notare II. *vi* accorgersi III. *n* 1. (*attention*) attenzione *f;* **to take ~ of sb/sth** prestare attenzione a qc/qc; **to come to sb's ~** (**that ...**) venire a sapere (che...); **to escape one's ~** sfuggire a qu 2. (*display*) cartello *m;* (*in a newspaper, magazine*) annuncio *m* 3. (*warning*) avviso *m;* **to give sb ~** (**of sth**) avvisare qu (di qc); **at short ~** con poco preavviso; **at a moment's ~** su due piedi; **until further ~** fino a nuovo avviso 4. LAW preavviso *m;* **to give** (**in**) **one's ~** dare le dimissioni; **to give sb their ~** licenziare qu

noticeable ['noʊ·t̬ɪ·sə·bl] *adj* evidente; (*difference*) notevole

notify ['noʊ·t̬ə·faɪ] <-ie-> *vt* informare

notoriety [ˌnoʊ·t̬ə·'raɪ·ə·ti] *n* notorietà *f* negativa

notorious [noʊ·'tɔː·ri·əs] *adj* notorio, -a; (*thief*) famigerato, -a; **to be ~ for sth** essere famoso, -a per qc

notwithstanding [ˌnɑːt·wɪθ·'stæn·dɪŋ] *form* I. *prep* nonostante II. *adv* ciononostante

nourishing ['nɜː·rɪ·ʃɪŋ] *adj* nutriente

nourishment *n* 1. (*food*) nutrimento *m* 2. (*providing with food*) nutrizione *f*

novel[1] ['nɑː·vl] *n* LIT romanzo *m*

novel[2] ['nɑː·vl] *adj* (*new*) nuovo, -a

novelist ['nɑː·və·lɪst] *n* romanziere, -a *m, f*

novelty ['nɑː·vl·ti] I. <-ies> *n* 1. (*newness*) novità *f* 2. (*cheap trinket*) giocattolino *m* II. *adj* 1. (*new*) novità 2. (*cheap*) economico, -a

November [noʊ·'vem·bɚ] *n* novembre *m; s. a.* **April**

now [naʊ] I. *adv* 1. (*at the present time*) ora; **just ~** in questo momento 2. (*currently*) attualmente 3. (*then*) allora; **any time ~** da un momento all'altro; (**every**) **~ and then** di tanto in tanto 4. (*give emphasis*) **~, where did I put her book?** dunque, vediamo, dove ho messo il suo libro?; **~ then** allora ▶ (**it's**) **~ or never** (è) ora o mai più II. *n* (*present*) **now isn't a good time...** questo non è il momento...; **before** ~ prima d'ora; **by** ~ ormai; **for** ~ per ora **III.** *conj* ~ (**that**) ... ora che ...

nowadays ['naʊ·ə·deɪz] *adv* al giorno d'oggi

nowhere ['noʊ·wer] *adv* da nessuna parte; **to appear out of** ~ spuntare fuori dal nulla

noxious ['nɑ:k·ʃəs] *adj form* (*smoke, habit*) nocivo, -a

nuance ['nu:·ɑ:ns] *n* sfumatura *f*

nuclear ['nu:·kliə˞] *adj* nucleare

nuclear power station *n* centrale *f* nucleare

nude [nu:d] **I.** *adj* nudo, -a **II.** *n* **1.** ART, PHOT nudo *m* **2.** (*naked*) **in the** ~ nudo, -a

nudist ['nu:·dɪst] *adj, n* nudista *mf*

nudity ['nu:·də·ti] *n* nudità *f*

nugget ['nʌ·gɪt] *n* MIN pepita *f*

nuisance ['nu:·sns] *n* **1.** (*thing*) seccatura *f;* (*person*) seccatore, -trice *m, f;* **to make a** ~ **of oneself** rompere le scatole **2.** LAW turbativa *f*

nuke [nu:k, nju:k] *vt inf* **1.** MIL bombardare con armi atomiche **2.** *inf* (*cook*) *cucinare al microonde*

nullify ['nʌ·lɪ·faɪ] <-ie-> *vt* annullare

numb [nʌm] **I.** *adj* intorpidito, -a; **to go** ~ intorpidirsi **II.** *vt* (*fear, terror*) paralizzare; (*desensitize*) intorpidire

number ['nʌm·bə˞] **I.** *n* **1.** MATH numero *m;* **house** ~ numero di casa; **telephone** ~ numero di telefono **2.** (*amount*) numero *m;* (**a**) **small/large** ~(**s**) (**of children**) pochi/tanti(bambini); **for a** ~ **of reasons** per una serie di motivi; **to be 3 in** ~ essere in 3; **to be few in** ~ essere in pochi **3.** (*magazine, newspaper*) numero *m;* THEAT numero *m;* MUS pezzo *m* ► ~ **one** se stesso *-a;* **to look after** ~ **one** pensare prima a se stesso, -a; **to be** (**the**) ~ **one** essere il numero uno **II.** *vt* **1.** (*assign a number to*) numerare; **to** ~ **sth from ... to ...** numerare qc da ... a ... **2.** (*count*) contare **3.** (*amount to*) contare; **each group ~s 10 members** ciascun gruppo conta 10 membri

numbering *n* numerazione *f*

numberless *adj* innumerevole

numbness ['nʌm·nɪs] *n* **1.** (*on part of body*) intorpidimento *m* **2.** (*lack of feeling*) torpore *f*

numerical [nu:·'me·rɪ·kl] *adj* numerico, -a; **in** ~ **order** in ordine numerico

numeric keypad [nu:·me·rɪk·'ki:·pæd] *n* COMPUT tastiera *f* numerica

numerous ['nu:·mə·rəs] *adj* numeroso, -a

nun [nʌn] *n* suora *f*

nunnery ['nʌ·nə·ri] <-ies> *n* convento *m* di suore

nurse [nɜ:rs] **I.** *n* **1.** MED infermiere, -a *m, f* **2.** (*nanny*) bambinaia *f* **II.** *vt* **1.** (*care for*) curare **2.** (*nurture*) coltivare **3.** (*harbor*) nutrire **4.** (*hold a child*) cullare **5.** (*breastfeed*) allattare **III.** *vi* poppare

nursery ['nɜ:r·sə·ri] **I.** <-ies> *n* **1.** (*school*) asilo *m* nido **2.** (*bedroom*) camera *f* dei bambini **3.** BOT vivaio *m* **II.** *adj* ~ **education** istruzione *f* prescolare

nursery rhyme *n* filastrocca *f*

nursery school *n* scuola *f* materna

nursing **I.** *n* professione *f* infermieristica **II.** *adj* infermieristico, -a

nut [nʌt] *n* **1.** BOT noce *f* **2.** TECH dado *m* **3.** *inf* (*madman*) svitato, -a *m, f;* (*enthusiast*) fanatico, -a *m, f* **4.** *inf* (*person's head*) testa *f;* **to be off one's** ~ essere fuori di testa ► **a hard** ~ **to crack** (*situation*) una situazione difficile; (*person*) un osso duro

nutcracker ['nʌt·ˌkræ·kə˞] *n* schiaccianoci *m inv*

nuthouse <-s> *n inf* manicomio *m*

nutmeg *n* noce *f* moscata

nutrition [nu:·'trɪ·ʃən] **I.** *n* nutrizione *f* **II.** *adj* della nutrizione

nutritionist [nu:·'trɪ·ʃə·nɪst] *n* nutrizionista *mf*

nutritious [nu:·'trɪ·ʃəs] *adj,* **nutritive** ['nu:·trə·tɪv] *adj* nutriente

nuts [nʌts] **I.** *npl vulg* coglioni *mpl* **II.** *adj* **to be** ~ essere fuori di testa; **to go** ~ diventare pazzo; **to be** ~ **about sb** essere pazzo di qu; **to be** ~ **about sth** andare matto per qc

nutshell ['nʌt·ʃel] *n* guscio *m* di noce

▶ in a ~ in poche parole
nutty ['nʌ·t̬i] <-ier, -iest> *adj* **1.** (*cake*) alle noci; (*ice cream*) alla nocciola; (*taste*) di nocciola **2.** *inf* (*crazy*) svitato, -a; **to be (as) ~ as a fruitcake** essere fuori come un balcone
NV [nə·'va·də] *abbr of* **Nevada** NV
NW *abbr of* **northwest** NO
NY [ˌnu·'jɔrk] *abbr of* **New York** NY
nylon ['naɪ·lɑːn] **I.** *n* nylon *m* **II.** *adj* di nylon
nymphomaniac [ˌnɪm·foʊ·'meɪ·nɪ·æk] *n* ninfomane *f*

O

O, o [əʊ] *n* **1.** (*letter*) O, o *f;* **~ for Oscar** O come Otranto **2.** (*zero*) zero *m*
oak [oʊk] *n* quercia *f*
oar [ɔːr] *n* remo *m*
OAS [ˌoʊ·eɪ·'es] *n abbr of* **Organization of American States** OSA *f*
oath [oʊθ] *n* giuramento *m;* **under ~** sotto giuramento
oats [oʊts] *npl* avena *f*
obedience [oʊ·'biː·di·əns] *n* ubbidienza *f*
obedient [oʊ·'biː·di·ənt] *adj* ubbidiente
obese [oʊ·'bis] *adj* obeso, -a
obesity [oʊ·'bi·sə·t̬i] *n* obesità *f*
obey [oʊ·'beɪ] *vt* (*person, order*) ubbidire a; (*instincts, advice*) seguire; (*the law*) rispettare
object[1] ['ɑːb·dʒɪkt] *n* **1.** (*unspecified thing*) oggetto *m* **2.** (*purpose, goal*) scopo *m* **3.** (*obstacle*) **money is no ~** i soldi non sono un problema
object[2] [əb·'dʒekt] **I.** *vi* avere obiezioni **II.** *vt* obiettare
objection [əb·'dʒek·ʃən] *n* obiezione *f*
objective [əb·'dʒek·tɪv] *adj, n* obiettivo, -a *m, f*
obligation [ˌɑːb·lə·'geɪ·ʃən] *n* obbligo *m;* **to be under an ~ to do sth** avere l'obbligo di fare qc
obligatory [ə·'blɪg·ə·tɔr·i] *adj* obbligatorio, -a
oblige [əb·'laɪdʒ] **I.** *vt* **1.** (*force*) obbligare **2.** (*perform service for*) **to ~ sb** fare un favore a qu **II.** *vi* **to be happy to ~** essere felice di poter essere d'aiuto
oblivious [ə·'blɪv·i·əs] *adj* ignaro, -a
oblong ['ɑːb·lɑːŋ] **I.** *n* rettangolo *m* **II.** *adj* rettangolare
OBO [ˌoʊ·bi·'oʊ] *adv abbr of* **or best offer** negoziabile
obscene [əb·'siːn] *adj* **1.** (*indecent*) osceno, -a **2.** (*scandalous*) scandaloso, -a
obscure [əb·'skjʊr] **I.** *adj* oscuro, -a **II.** *vt* **1.** (*make difficult to see*) oscurare **2.** (*make difficult to understand, hide*) occultare
observant [əb·'zɜːr·vənt] *adj* **1.** (*quick to notice things*) dotato, -a di spirito d'osservazione **2.** (*respectful: of rules, laws*) osservante
observation [ˌɑːb·zə·'veɪ·ʃən] *n* **1.** (*act of seeing*) osservazione *f;* **to keep sth/sb under ~** (*police*) sorvegliare qc/qu; **under ~** MED in osservazione **2.** (*remark*) osservazione *f*
observe [əb·'zɜːrv] *vt* osservare
observer [əb·'zɜːr·vɚ] *n* osservatore, -trice *m, f*
obsession [əb·'se·ʃən] *n* ossessione *f;* **to have an ~ with sb/sth** avere la fissazione di qu/qc
obsessive [əb·'se·sɪv] *adj* (*person, jealousy*) ossessivo, -a; (*memory*) ossessionante; **to be ~ about sth** avere l'ossessione di qc
obsolete [ˌɑːb·sə·liːt] *adj* obsoleto, -a
obstacle ['ɑːb·stə·kl] *n* ostacolo *m;* **to overcome an ~** superare un ostacolo
obstinate ['ɑːb·stə·nət] *adj* **1.** (*person, attitude*) ostinato, -a **2.** (*disease, problem*) persistente
obstruct [əb·'strʌkt] *vt* **1.** (*block*) ostruire; (*view*) impedire **2.** (*hinder: progress*) ostacolare
obstruction [əb·'strʌk·ʃən] *n* **1.** (*action*) *a.* MED, POL ostruzione *f* **2.** (*impediment*) ostacolo *m;* **to cause an ~** essere d'ostacolo; AUTO ostruire il passaggio
obstructive [əb·'strʌk·tɪv] *adj* (*tactic, attitude*) ostruzionista; (*person*) che crea difficoltà
obtain [əb·'teɪn] *vt* ottenere; **to ~ sth for sb** procurare qc a qu
obtainable [əb·'teɪ·nə·bl] *adj* disponibile

obtrusive [əb·ˈtruː·sɪv] *adj form* (*question, presence*) invadente; (*noise*) molesto, -a; (*smell*) penetrante; (*color, design*) vistoso, -a

obvious [ˈɑːb·vi·əs] *adj* ovvio, -a, chiaro, -a; **for ~ reasons** per ovvi motivi

obviously *adv* ovviamente, chiaramente

occasion [ə·ˈkeɪ·ʒən] **I.** *n* **1.** (*particular time, event*) occasione *f;* **on one ~** una volta; **on several ~s** in varie occasioni; **on the ~ of ...** in occasione di... **2.** (*reason*) motivo **II.** *vt* creare

occasional [ə·ˈkeɪ·ʒə·nəl] *adj* occasionale

occasionally *adv* occasionalmente, di tanto in tanto

occupant [ˈɑː·kjə·pənt] *n form* **1.** (*of building, vehicle*) occupante *mf;* (*tenant*) inquilino, -a *m, f* **2.** (*of post*) titolare *mf*

occupation [ˈɑ·ːkjə·ˈpeɪ·ʃən] *n* occupazione *f;* **what's your favorite ~?** cosa fai nel tempo libero?

occupational [ˌɑː·kjə·ˈpeɪ·ʃə·nəl] *adj* professionale

occupier [ˈɑː·kjə·paɪ·ɚ] *n* (*of territory, building*) occupante *mf;* (*tenant*) inquilino, -a *m, f*

occupy [ˈɑː·kjuː·paɪ] <-ie> *vt* **1.** occupare; **the bathroom's occupied** il bagno è occupato; **to be occupied with doing sth** essere occupato a fare qc; **to keep sb occupied** tenere occupato qu **2.** (*employ*) dare lavoro a

occur [ə·ˈkɜːr] <-rr-> *vi* **1.** (*happen*) avvenire **2.** (*come into mind*) **it ~d to me that ...** mi è venuto in mente che ...

occurrence [ə·ˈkɜː·rəns] *n* **1.** (*event*) avvenimento *m;* **to be an everyday ~** accadere tutti i giorni **2.** (*case*) caso *m* **3.** (*incidence: of disease*) insorgenza *f*

ocean [ˈoʊ·ʃən] *n* oceano *m*

o'clock [ə·ˈklɑːk] *adv* **it's one ~** è l'una; **it's two/seven ~** sono le due/le sette

October [ɑːk·ˈtoʊ·bɚ] *n* ottobre *m*; *s. a.* **April**

octopus [ˈɑːk·tə·pəs] <-es *or* -pi> *n* polpo *m*

OD [ˌoʊ·ˈdi] **I.** *n abbr of* **overdose** overdose *f inv* **II.** *vi* **to ~ on sth** prendere una dose eccessiva di qc; *fig* farsi un'overdose di qc

odd [ɑːd] *adj* **1.** (*strange*) strano, -a; **an ~ person** una persona strana; **how (very) ~!** che strano!; **it is ~ that ...** è strano che ... *+subj;* **to look ~** avere un aspetto strano **2.** (*not even: number*) dispari **3.** (*approximately*) **30 ~ people** poco più di 30 persone **4.** (*occasional*) sporadico, -a **5.** (*unmatched: glove, sock*) spaiato, -a **6.** (*left over*) rimanente

oddly *adv* stranamente

odds-on [ˌɑːdz·ˈɑːn] *adj* molto probabile; **it's ~ that ...** la cosa più probabile è che ... *+subj*

odometer [oʊ·ˈdam·ə·tər] *n* contachilometri *m inv*

odor [ˈoʊ·dɚ] *n* (*smell*) odore *m;* (*fragrance*) profumo *m*

of [əv, *stressed:* ɒv] *prep* **1.** di **2.** (*belonging to*) di; **the works ~ Twain** le opere di Twain; **a friend ~ mine** un mio amico **3.** (*done by*) **it's kind ~ him** è gentile da parte sua **4.** (*representing*) di; **a drawing ~ Paul** un disegno di Paul **5.** (*without*) **free ~ charge** gratis **6.** (*with*) **a man ~ no importance** un uomo senza importanza **7.** (*away from*) **to be north ~ Atlanta** essere a nord di Atlanta **8.** (*temporal*) **the 4th ~ May** il 4 (di) maggio; **in May ~ 2009** nel maggio del 2009 **9.** (*to*) **it is ten/(a) quarter ~ two** sono le due meno dieci/un quarto **10.** (*consisting of*) di; **a ring ~ gold** un anello d'oro; **to smell ~ cheese** sapere di formaggio **11.** (*characteristic*) **with the patience ~ a saint** con la pazienza di un santo **12.** (*concerning*) **his love ~ jazz** la sua passione per il jazz; **to approve ~ sb's idea** essere d'accordo con l'idea di qu; **what do you think ~ him?** cosa pensi di lui? **13.** (*cause*) **because ~ sth/sb** a causa di qc/qu; **to die ~ grief** morire di dolore **14.** (*a portion of*) **there's a lot ~ it** ce n'è molto; **one ~ the best** uno dei migliori; **the best ~ friends** grandi amici; **many ~ them came** molti di loro sono venuti; **there are five ~ them** ce ne sono cinque **15.** (*to amount of*) **80 years ~ age** 80 anni

off [ɑːf] **I.** *prep* **1.** (*near*) **to be just ~ the main road** essere vicinissimo alla strada principale **2.** (*away from*) **to take sth ~ the shelf** prendere qc dallo scaffale; **keep ~ the grass** non calpestare l'erba **3.** (*down from*) **to fall/jump ~ a ladder** cadere/saltare da una scala; **to get ~ the train** scendere dal treno **4.** (*from*) **to cut a piece ~ the cheese** tagliare un pezzetto di formaggio; **to take 10 dollars ~ the price** scontare di 10 dollari **5.** (*stop using*) **to be ~ drugs** aver smesso di drogarsi **6.** (*as source of*) **to run ~ batteries** funzionare a batteria **II.** *adv* **1.** (*not on*) **to switch/turn sth ~** spegnere qc; (*tap, water*) chiudere qc; **it's ~ between them** *fig* tra loro è finita **2.** (*away*) **the town is 5 miles ~ to the east** la cittadina è a 5 miglia in direzione est; **not far ~** poco lontano; **it's time I was ~** è ora che vada **3.** (*removed*) **the lid is ~** senza il tappo **4.** (*free from work*) **to get ~ at 4:00 p.m.** finire di lavorare alle 4 del pomeriggio; **to get a day ~** prendersi un giorno libero **5.** (*completely*) **to pay sth ~** finire di pagare **6.** COM **5% ~** 5% di sconto **7.** (*until gone*) **to walk ~ the dinner** fare una passeggiata per digerire (la cena) **8.** (*separating*) **to fence sth ~** recintare qc ▶ **~ and <u>on</u> <u>on</u> and ~** a periodi **III.** *adj* **1.** (*not on: light*) spento, -a; (*faucet*) chiuso, -a; (*water supply*) tolto, -a **2.** (*canceled: engagement, deal*) annullato, -a **3.** (*free from work*) **to be ~ at 5:00 p.m.** finire di lavorare alle 5 del pomeriggio; **I'm ~ on Mondays** il lunedì è il mio giorno libero **4.** (*provided for*) **to** (**not**) **be well ~** (non) essere abbiente **5.** (*substandard*) **to be ~ one's game** SPORTS non essere in forma **6.** *inf* **I've gone ~ him** non mi interessa più **IV.** *vt inf* **to ~ sb** far fuori qu

off-center *adj* **1.** (*diverging from the center*) non centrale **2.** (*unconventional*) alternativo, -a

off-duty *adj* fuori servizio

offend [ə·ˈfend] **I.** *vi* **1.** (*cause displeasure*) offendere **2.** (*violate*) **to ~ against sth** andare contro a qc **3.** LAW infrangere la legge; (*commit a crime*) commettere un reato **II.** *vt* **1.** (*upset sb's feelings*) offendere; **to be ~ed by sth** essere offeso da qc **2.** (*affect disagreeably*) **to ~ good taste** essere un'offesa al buongusto

offender [ə·ˈfen·dɚ] *n* trasgressore, ditrice *m, f;* (*guilty of crime*) criminale *mf,* delinquente *mf*

offense [ə·ˈfents] *n* **1.** (*crime*) reato *m;* **minor ~** reato *m* minore; **second ~** recidiva *f;* **traffic ~** infrazione *f* del codice stradale **2.** (*affront*) offesa *f;* **an ~ against sth** un'offesa a qc **3.** (*upset feeling*) offesa *f;* **to cause ~** (**to sb**) offendere (qu); **to take ~** (**at sth**) offendersi (di qc) **4.** SPORTS attacco *m*

offensive [ə·ˈfen·sɪv] **I.** *adj* **1.** (*remark, language*) offensivo, -a **2.** MIL **~ weapon** arma *f* offensiva **II.** *n* MIL offensiva *f*

offer [ˈɑː·fɚ] **I.** *vt* **1.** (*proffer: help, money*) offrire; (*chance, advice*) dare; **to ~ sb sth** offrire qc a qu; **to ~ an apology** chiedere scusa; **can I ~ you a drink?** le [*or* ti] va qualcosa da bere?; **to ~ a reward** offrire una ricompensa; **to ~ an explanation** dare una spiegazione **2.** (*give: gift*) dare **3.** (*volunteer*) **to ~ to do sth** offrirsi di fare qc **4.** (*propose: plan*) proporre; (*excuse*) presentare; (*opinion*) esprimere; **to ~ a suggestion** fare un suggerimento **II.** *vi* (*present itself: opportunity*) presentarsi **III.** *n* (*proposal*) proposta *f;* (*of help, of a job*) offerta *f;* **an ~ of marriage** una proposta di matrimonio; **that's my last ~** è la mia ultima offerta

offhand [ˌɑːf·ˈhænd] **I.** *adj* **1.** (*without previous thought*) istintivo, -a **2.** (*uninterested*) brusco, -a **II.** *adv* su due piedi

office [ˈɑː·fɪs] *n* **1.** (*of a company*) ufficio *m;* (*room in house*) studio *m;* **to stay at the ~** rimanere in ufficio; **architect's/lawyer's ~** studio di architetto/avvocato; **doctor's ~** ambulatorio *m* **2.** POL (*authoritative position*)

O

carica *f;* **to hold ~ as** ricoprire la carica di; **to be in ~** (*person*) essere in carica; (*party*) essere al potere **3.** *pl* (*assistance*) servigi *mpl* **4.** REL rito *m*

office building *n* palazzo *m* di uffici

office hours *npl* orario *m* d'ufficio

officer ['ɑː·fɪ·sɚ] *n* **1.** MIL ufficiale *m;* **naval ~** ufficiale di marina **2.** (*policeman*) agente *mf;* **police ~** agente di polizia **3.** (*in organization*) funzionario *m;* (*in political party*) dirigente *mf*

office staff *n* personale *m* amministrativo

office supplies *npl* articoli *m pl* per l'ufficio

office worker *n* impiegato, -a *m, f*

official [ə·'fɪʃl] **I.** *n* **1.** POL dirigente *mf* **2.** (*civil servant*) funzionario, -a *m, f* **II.** *adj* ufficiale

officially [ə·'fɪ·ʃə·li] *adv* ufficialmente

off-limits *adj* con divieto di accesso

offline [ˌɔf·'laɪn] *adj* COMPUT non in linea

off-peak [ˌɑːf·'piːk] *adj* (*fare, rate*) fuori dalle ore di punta; (*phone call*) a tariffa ridotta

off-piste [ˌɔf·'pist] *adj* SPORTS fuoripista

off-road vehicle *n* fuoristrada *m inv*

offshore [ˌɑːf·'ʃɔːr] **I.** *adj* **1.** (*from the shore: breeze, wind*) di terra **2.** (*at sea*) vicino alla costa; **~ oilfield** giacimento *m* petrolifero off-shore **3.** (*in foreign country*) off-shore *inv* **II.** *adv* vicino alla costa

offside [ˌɑːf·'saɪd], **offsides** SPORTS **I.** *adv* in fuorigioco **II.** *adj* (*rule*) del fuorigioco **III.** *n* fuorigioco *m inv*

often ['ɑːf·ən] *adv* spesso; **we ~ go there** ci andiamo spesso; **every so ~** di tanto in tanto; **how ~?** ogni quanto?; **more ~ than not** il più delle volte

oh [oʊ] *interj* **1.** (*expressing surprise, disappointment, pleasure*) oh; **~ dear!** oddio!; **~ no!** oh no! **2.** (*by the way*) ah

OH [oʊ·'haɪ·oʊ] *n abbr of* **Ohio** Ohio *m*

Ohio [oʊ·'haɪ·oʊ] *n* Ohio *m*

oil [ɔɪl] **I.** *n* **1.** (*lubricant*) olio *m;* **sunflower ~** olio di girasole **2.** (*petroleum*) petrolio *m* **3.** *pl* (*oil-based paint*) colori *m pl* a olio **II.** *vt* oliare

oil consumption *n* consumo *m* petrolifero

oil field *n* giacimento *m* petrolifero

oil level *n* TECH livello *m* dell'olio

oil painting *n* **1.** (*picture*) dipinto *m* a olio **2.** (*art*) pittura *f* a olio

oil pipeline *n* oleodotto *m*

oil production *n* produzione *f* di petrolio

oil rig *n* piattaforma *f* petrolifera

oil slick *n* marea *f* nera

oil tanker *n* NAUT petroliera *f*

oily ['ɔɪ·li] <-ier, -iest> *adj* **1.** (*oil-like*) oleoso, -a **2.** (*greasy*) unto, -a **3.** (*manner*) untuoso, -a

ointment ['ɔɪnt·mənt] *n* MED pomata *f*

OK[1], **okay** [ˌoʊ·'keɪ] *inf* **I.** *adj* **1.** (*acceptable*) **is it ~ with you if ...?** ti va bene se ...?; **it's ~ with me** per me va bene; **to be ~ for money/work** avere abbastanza soldi/lavoro **2.** (*not bad*) **to be ~** non essere male **II.** *interj* ok *inf* **III.** <OKed, okayed> *vt* **to ~ sth** dare l'ok a qc **IV.** *n* ok *m;* **to give (sb/sth) the ~** dare l'ok (a qu/qc) **V.** *adv* abbastanza bene

OK[2] [ˌoʊ·'keɪ] *see* **Oklahoma** Oklahoma, m

Oklahoma [ˌoʊ·klə·'hoʊ·mə] *n* Oklahoma *m*

old [oʊld] **I.** *adj* **1.** (*not young, not new*) vecchio, -a; **~ people** i vecchi **2.** (*wine*) invecchiato, -a; (*furniture, house*) antico, -a **3.** (*denoting an age*) **how ~ are you?** quanti anni hai?; **he's five years ~** ha cinque anni; **she's three years ~er than me** ha tre anni più di me; **Ted is fifteen, she's ~er** Ted ha 15 anni, lei è più grande **4.** (*former*) **~ boyfriend** ex fidanzato *m* **5.** (*long known*) **~ friend** vecchio amico **II.** *n* (*elderly people*) **the ~** i vecchi; **young and ~** grandi e piccini

old age *n* vecchiaia *f*

old-fashioned [ˌoʊld·'fæ·ʃənd] *adj pej* **1.** (*not modern: clothes*) fuori moda *inv;* (*views*) antiquato, -a; **to be ~** essere all'antica **2.** (*traditional*) tradizionale

Old Testament *n* Antico Testamento *m*

olive ['ɑː·lɪv] *n* **1.** (*fruit*) oliva *f* **2.** (*tree*) olivo *m* **3.** (*color*) verde *m* oliva

olive oil *n* olio *m* d'oliva

Olympic [oʊ·ˈlɪm·pɪk] *adj* olimpico, -a; **the Olympic Games** SPORTS i Giochi Olimpici

omelet(te) [ˈɑːm·lət] *n* frittata *f*

on [ɑːn] **I.** *prep* **1.** (*place*) su; **~ the table** sul tavolo; **to hang sth ~ the wall** appendere qc al muro; **to be ~ the plane** essere sull'aereo **2.** (*by means of*) **to go ~ foot** andare a piedi **3.** (*source of*) **to run ~ gas** andare a benzina; **to live ~ $2,000 a month** vivere con 2.000 dollari al mese **4.** MED **to be ~ drugs** (*legal*) assumere farmaci; (*illegal*) drogarsi **5.** (*spatial*) **~ the right/left** a destra/sinistra; **~ the corner** all'angolo **6.** (*temporal*) **~ Sunday** domenica; **~ Sundays** la domenica; **~ the evening of May the 4th** la sera del 4 maggio; **at 2:00 p.m. ~ the dot** alle due in punto **7.** (*at time of*) **to leave ~ time** partire in orario; **~ arriving there** arrivando là **8.** (*about*) su; **a lecture ~ Shakespeare** una conferenza su Shakespeare **9.** (*through medium of*) **~ TV** alla TV; **~ video/CD** su videocassetta/CD; **to speak ~ the radio/the phone** parlare alla radio/al telefono **10.** (*with basis in*) **to do sth ~ purpose** fare qc di proposito **11.** (*in state of*) **~ sale** in vendita; **to go ~ vacation/a trip** andare in vacanza/viaggio **12.** (*involved in*) **to be ~ the committee** far parte della commissione; **to be ~ page 10** essere a pagina 10; **two ~ each side** due per parte **13.** (*because of*) **~ account of sth/sb** a causa di qc/qu; **to depend ~ sb/sth** dipendere da qu/qc **14.** (*against*) **an attack ~ sb** un attacco a qu **15.** (*paid by*) **to buy sth ~ credit** comprare qc a credito; **this is ~ me** *inf* offro io **II.** *adv* **1.** (*covering one's body*) **to put a hat ~** mettersi un cappello; **to have sth ~** avere qc addosso; **to try ~ sth** provarsi qc **2.** (*connected to sth*) **make sure the top's ~ properly** assicurati che sia tappato bene **3.** (*aboard*) **to get ~ a train** salire in treno; **to get ~ a horse** montare a cavallo **4.** (*not stopping*) **to keep ~ doing sth** continuare a fare qc **5.** (*in forward direction*) avanti; **to move ~** andare avanti; **from that day ~** da quel giorno in poi; **later ~** più tardi; **and so ~** e così via **6.** (*in operation*) **to turn ~** accendere; (*tap*) aprire **7.** (*performing*) in scena; **to go ~** entrare in scena ► **~ and off** di quando in quando; **~ and ~** a lungo **III.** *adj* **1.** (*functioning: light*) acceso, -a; (*faucet*) aperto, -a; (*brake*) inserito, -a; **to leave the light ~** lasciare la luce accesa **2.** (*scheduled*) **what's ~ at the movies this week?** cosa danno al cinema questa settimana?; **have you got anything ~ for tomorrow?** hai programmi per domani? **3.** THEAT (*performing*) **to be ~** essere di scena **4.** (*job*) **to be ~ duty** essere di servizio; (*doctor*) essere di guardia **5.** (*acceptable*) **you're ~!** d'accordo!

once [wʌnts] **I.** *adv* **1.** (*one time*) una volta; **~ a week** una volta alla settimana; **(every) ~ in a while** una volta ogni tanto; **~ again** ancora una volta; **~ more** (*one more time*) un'altra volta; (*again, as before*) ancora una volta; **~ or twice** una volta o due; **at ~** (*simultaneously*) insieme; (*immediately*) subito **2.** *liter* una volta; **~ upon a time there was ...** *liter* c'era una volta ... **II.** *conj* una volta che; **but ~ I'd arrived, ...** ma una volta arrivato ... ► **all at ~** tutto insieme; **at ~** subito

oncoming [ˈɑːn·kʌm·ɪŋ] *adj* imminente; (*traffic, vehicle*) che arriva dalla direzione opposta

one [wʌn] **I.** *n* (*number*) uno *m* ► **(all) in ~** tutto in uno; **in ~** in un colpo solo **II.** *adj* **1.** *numeral* un, uno, -a; **~ hundred** cento; **it's ~ o'clock** è l'una **2.** *indef* un, uno, -a; **we'll meet ~ day** un giorno ci incontreremo; **~ winter night** una notte d'inverno **3.** (*sole, single*) unico, -a; **her ~ and only hope** la sua unica speranza **III.** *pron pers* **1. what can ~ do?** uno cosa fa?; **to wash ~'s face** lavarsi la faccia **2.** (*person*) **no ~** nessuno; **every ~** tutti; **the ~ who ...** quello che ... **3.** (*particular thing or person*)

this ~ questo; **which ~?** quale?; **the ~ on the table** quello sul tavolo; **the thinner** ~ il più magro

one-night stand [ˌwʌn·naɪt·ˈstænd] *n sl* (*relationship*) avventura *f* di una notte

one-piece (**swimsuit**) [ˈwʌn·piːs] *n* costume *m* intero

oneself [wʌn·ˈself] *pron reflexive* **1.** si; **to express** ~ esprimersi **2.** *normal* se stesso, -a; **not to feel** ~ non sentirsi se stessi **3.** *emphatic* da sé; **to do sth** ~ fare qc da sé **4.** (*personally*) **to see for** ~ vedere qc con i propri occhi **5.** (*alone*) da solo; **living by ~ can be very difficult** vivere da soli può essere difficile

one-way street [ˌwʌn·weɪ·ˈstrit] *n* strada *f* a senso unico

one-way ticket *n* biglietto *m* di sola andata

ongoing [ˈɑːn·goʊ·ɪŋ] *adj* in corso

onion [ˈʌn·jən] *n* cipolla *f*

online, on-line COMPUT **I.** *adj* in linea; ~ **information service** servizio *m* di informazioni in linea; ~ **shopping** acquisti *m* via Internet *pl* **II.** *adv* su Internet

onlooker [ˈɑːn·lʊ·kɚ] *n* spettatore, -trice *m, f*

only [ˈoʊn·li] **I.** *adj* unico, -a, solo, -a; **the ~ way of doing sth** l'unico modo di fare qc; **the ~ thing is ...** l'unica cosa è ... **II.** *adv* soltanto; **not ~ ... but also** non soltanto ... ma anche; **I can ~ say ...** posso soltanto dire ...; **I've ~ just eaten** ho appena mangiato **III.** *conj inf* solo che

onside [ˌɒn·ˈsait] SPORTS **I.** *adj* **to be** ~ (*player*) non essere in fuorigioco **II.** *adv* non in fuorigioco

onto [ˈɑːn·tuː] *prep*, **on to** *prep* (*in direction of*) su; **to put sth ~ the chair** mettere qc sulla sedia; **to come ~ a subject** arrivare a un argomento

onward [ˈɑːn·wɚd] *adj, adv* in avanti; **from today** ~ da oggi in poi

open [ˈoʊ·pən] **I.** *adj* **1.** aperto, -a; **wide** ~ spalancato; **to have an ~ mind** avere una mentalità aperta **2.** (*not secret, public: scandal*) pubblico, -a; (*hostility*) dichiarato, -a **3.** (*unfolded: map*) spiegato, -a **4.** (*accessible to all*) aperto, -a; (*discussion*) aperto, -a al pubblico; (*session, trial*) a porte aperte **5.** (*still available: job*) disponibile **II.** *n* **1.** (*outdoors, outside*) (**out**) **in the** ~ all'aperto **2.** (*not secret*) **to get sth** (**out**) **in the** ~ portare qc alla luce **III.** *vi* **1.** (*door, window*) aprirsi **2.** (*shop*) aprire **3.** (*start*) iniziare **IV.** *vt* **1.** (*door, box*) aprire; **to ~ the door to sth** *fig* aprire la strada a qu; **to ~ fire** (**on sb**) sparare (a qu) **2.** (*reveal feelings*) **to ~ one's heart to sb** aprirsi con qu **3.** (*inaugurate*) aprire

open up **I.** *vi* **1.** (*unfold, become wider*) aprirsi **2.** (*shop*) aprire **II.** *vt* aprire; (*map*) spiegare

open-air [ˌoʊ·pən·ˈer] *adj* all'aperto

open-ended [ˌoʊ·pn·ˈen·dɪd] *adj* (*question*) aperto, -a; (*contract*) a tempo indetreminato

opener [ˈoʊ·pən·ɚ] *n* **bottle** ~ apribottiglie *m inv;* **can** ~ apriscatole *m inv*

opening [ˈoʊ·pn·ɪŋ] *n* **1.** (*gap, hole*) apertura *f* **2.** (*job opportunity*) posto *m* vacante **3.** (*beginning*) apertura *f;* (*of book, film*) inizio *m* **4.** (*ceremony*) inaugurazione *f;* (*new play, film*) prima *f*

opening balance *n* FIN saldo *m* iniziale

opening night *n* THEAT prima *f*

openly [ˈoʊ·pən·li] *adv* (*frankly, publicly*) apertamente

open-minded [ˌoʊ·pən·ˈmaɪn·dɪd] *adj* di mentalità aperta

opera house *n* teatro *m* lirico

operate [ˈɑː·pə·reɪt] **I.** *vi* **1.** (*work, run*) funzionare **2.** (*have or produce an effect*) agire **3.** (*perform surgery*) operare **4.** (*do or be in business*) operare **II.** *vt* **1.** (*work*) azionare **2.** (*run, manage*) dirigere

operating [ˈɑː·pə·reɪṭ·ɪŋ] *adj* **1.** ECON (*profit, costs*) di gestione **2.** TECH (*speed*) operativo, a **3.** MED operatorio, -a; ~ **theater** sala *f* operatoria

operation [ˌɑː·pə·ˈreɪ·ʃən] *n* **1.** (*way of working*) utilizzo *m;* **to be in** ~ essere in funzione; **to come into** ~ (*machines*) entrare in funzione **2.** *a.* MED, MIL, MATH operazione *f* **3.** (*financial* *transaction*) operazione *f* (finanziaria)

operational [ˌɑː·pə·ˈreɪ·ʃə·nl] *adj* operativo, -a

operative [ˈɑː·pɚ·ə·tɪv] **I.** *n* **1.** (*worker*) operaio, -a *m, f* **2.** (*detective*) agente *mf* **II.** *adj* **1.** (*rules*) operativo, -a **2.** MED chirurgico, -a

operator [ˈɑː·pə·reɪ·t̬ɚ] *n* **1.** (*person*) operatore, -trice *m, f;* TEL centralino *m;* **machine** ~ macchinista *mf* **2.** (*company*) impresa *f;* **a tour** ~ operatore turistico

opinion [ə·ˈpɪn·jən] *n* opinione *f*

opinion poll *n* sondaggio *m* d'opinione

opponent [ə·ˈpoʊ·nənt] *n* **1.** (*of proposal*) oppositore, -trice *m, f* **2.** POL, SPORTS avversario, -a *m, f*

opportunity [ˌɑː·pɚ·ˈtuː·nə·ti] <-ies> *n* opportunità *f*

oppose [ə·ˈpoʊz] *vt* **1.** (*be against, resist*) opporsi a **2.** (*be on other team, play against*) affrontare

opposed *adj* **to be ~ to sth** opporsi a qc

opposing *adj* (*opinion*) opposto, -a; (*team*) avversario, -a

opposite [ˈɑ·:pə·zɪt] **I.** *n* opposto *m*, contrario *m* ► **~s attract** gli opposti si attraggono **II.** *adj* **1.** (*absolutely different*) opposto, -a, contrario, -a **2.** (*facing*) di fronte **III.** *adv* (*facing*) di fronte; **they live** ~ abitano di fronte **IV.** *prep* di fronte a

opposition [ˌɑː·pə·ˈzɪ·ʃən] *n* **1.** POL opposizione *f* **2.** (*contrast*) contrapposizione *f* **3.** (*opponent*) avversario, -a *m, f* **4.** ECON concorrenza *f*

optician [ɑːp·ˈtɪ·ʃən] *n* MED optometrista *mf*

optimism [ˈɑːp·tə·mɪ·zəm] *n* ottimismo *m*

optimist [ˈɑːp·tə·mɪst] *n* ottimista *mf*

optimistic [ˌɑːp·tə·ˈmɪs·tɪk] *adj* ottimista

option [ˈɑːp·ʃən] *n* (*choice, possibility*) *a.* ECON opzione *f*

optional [ˈɑːp·ʃə·nl] *adj* facoltativo, -a

or [ɔːr] *conj* o; **seven ~ eight** sette o otto; **either ... ~ ...** o... o...; **I can't read ~ write** non so né leggere né scrivere

OR *n* **1.** *abbr of* **operating room** sala *f* operatoria **2.** *abbr of* **Oregon** Oregon *m*

oral [ˈɔː·rəl] *adj* **1.** (*tradition, exam*) orale **2.** (*medication*) per via orale; (*contraceptive, sex*) orale

orange [ˈɔː·rɪndʒ] **I.** *n* **1.** (*fruit*) arancia *f* **2.** (*color*) arancio *m* **II.** *adj* arancione

orangeade [ˌɔː·rɪndʒ·ˈeɪd] *n* aranciata *f*

orange juice *n* succo *m* d'arancia

orchard [ˈɔːr·tʃɚd] *n* frutteto *m*

orchestra [ˈɔːr·kɪs·trə] *n* orchestra *f*

orchid [ˈɔːr·kɪd] *n* orchidea *f*

ordeal [ɔːr·ˈdiːl] *n* calvario *m*

order [ˈɔːr·dɚ] **I.** *n* **1.** (*sequence*) ordine *m;* **to put sth in ~** mettere qc in ordine; **in alphabetical ~** in ordine alfabetico **2.** (*instruction*) *a.* LAW, REL ordine *f;* **to give/receive an ~** dare/ricevere un ordine **3.** (*condition, arrangement*) **to be out of ~** essere guasto; **are your immigration papers in ~?** ha documenti d'immigrazione in regola? **4.** (*appropriate behavior*) **out of ~** inopportuno, -a **5.** (*purpose*) **in ~ (not) to do sth** allo scopo di (non) fare qc; **in ~ for/that** perché *+subj* **6.** (*request to supply goods or service*) ordine *m;* **made to ~** fatto su ordinazione **II.** *vi* ordinare; **are you ready to ~?** siete pronti a ordinare? **III.** *vt* **1.** (*command*) **to ~ sb to do sth** ordinare a qu di fare qc **2.** (*request goods or service*) ordinare **3.** (*arrange*) riordinare **4.** (*arrange according to procedure*) organizzare

order form *n* modulo *m* delle ordinazioni

orderly [ˈɔːr·dɚ·li] <-ies> **I.** *n* **1.** (*hospital attendant*) inserviente *mf* **2.** MIL piantone *m* **II.** *adj* **1.** (*tidy*) ordinato, -a **2.** (*well-behaved*) disciplinato, -a

ordinal [ˈɔːr·də·nəl] *n*, **ordinal number** *n* ordinale *m*

ordinary [ˈɔːr·də·ne·ri] **I.** *n* **out of the ~** fuori dal comune **II.** *adj* ordinario, -a

Oregon [ˈɔr·ɪ·gən] *n* Oregon *m*

organ [ˈɔːr·gən] *n* organo *m*

organ donor *n* donatore , -trice *m, f* di organi

organic [ɔːr·ˈgæ·nɪk] *adj* **1.** (*disease, substance, part, change*) organico, -a

O

2. (*produce, farming method*) biologico, -a

organization [ˌɔːr·gə·nɪ·ˈzeɪ·ʃən] *n* organizzazione *f*

organizational [ˌɔːr·gə·nɪ·ˈzeɪ·ʃə·nəl] *adj* organizzativo, -a

organize [ˈɔːr·gə·naɪz] **I.** *vt* organizzare **II.** *vi* organizzarsi; (*form trade union*) sindacalizzarsi

organized *adj* **1.** (*systemized, arranged*) organizzato, -a **2.** (*brought together in a trade union*) sindacalizzato, -a

organizer *n* **1.** (*person*) organizzatore, -trice *m, f* **2.** COMPUT agenda *f* elettronica

orgasm [ˈɔːr·gæ·zəm] **I.** *n* orgasmo *m* **II.** *vi* raggiungere l'orgasmo

oriental [ˌɔː·ri·ˈen·təl] *adj* orientale

origin [ˈɔː·rə·dʒɪn] *n* origine *f*

original [ə·ˈrɪ·dʒɪ·nəl] *adj, n* originale *m*

originality [ə·ˌrɪ·dʒɪ·ˈnæ·lə·ti] *n* originalità *f*

originally [ə·ˈrɪ·dʒɪ·nə·li] *adv* **1.** (*initially*) originariamente **2.** (*unusually*) originalmente

originate [ə·ˈrɪ·dʒɪ·neɪt] **I.** *vi* avere origine **II.** *vt* creare

ornament [ˈɔːr·nə·mənt] **I.** *n* ornamento *m* **II.** *vt* ornare

ornamental [ˌɔːr·nə·ˈmen·t̬l] *adj* ornamentale

orthodontist [ˌɔːr·θoʊ·ˈdɑːn·t̬ɪst] *n* ortodontista *mf*

OT **1.** *abbr of* **Old Testament** A. T. **2.** *abbr of* **overtime** straordinario *m*

other [ˈʌ·ðɚ] **I.** *adj* **1.** (*different*) altro, -a; **some ~ way of doing sth** un altro modo di fare qc **2.** (*remaining*) **the ~ one** l'altro; **the ~ three** gli altri tre; **any ~ questions?** altre domande? **3.** (*being vague*) **some ~ time** un'altra volta **II.** *pron* **1.** (*people*) **the ~s** gli altri **2.** (*different ones*) **each ~** l'un l'altro **3.** *sing* (*either/or*) **to choose one or the ~** scegliere l'uno o l'altro **4.** (*being vague*) **someone or ~** qualcuno **III.** *adv* **somehow or ~** in un modo o l'altro

otherwise [ˈʌ·ðɚ·waɪz] **I.** *adj form* diverso, -a **II.** *adv* (*differently, in other ways: behave, act*) altrimenti **III.** *conj* altrimenti, se no

ought [ɑːt] *aux* dovere; **you ~ to do it** dovresti farlo; **he ~ to be here** dovrebbe essere qui

ounce [aʊns] *n* **1.** (*weight*) oncia *f* (*28,4 g*) **2.** (*of decency, common sense*) briciolo *m*

our [ˈaʊ·ɚ] *adj pos* nostro, -a; **~ house** la nostra casa; **~ children** i nostri figli; **~ uncle** nostro zio

ours [ˈaʊ·ɚz] *pron pos* il nostro, la nostra; **it's not their bag, it's ~** non è la loro borsa, è la nostra; **this house is ~** questa casa è nostra; **a book of ~** un nostro libro; **~ is bigger** il nostro è più grande

ourselves [aʊ·ɚ·ˈselvz] *pron reflexive* **1.** ci *emphatic* noi stessi, e; **we hurt ~** ci siamo fatti male **2.** *after prep* noi, noi stessi, e

out [aʊt] **I.** *vt* rivelare l'omosessualità di **II.** *adj* **1.** (*absent: person*) fuori **2.** (*released: book*) pubblicato, -a; (*news*) rilasciato, -a **3.** BOT (*flower*) in fiore **4.** (*visible*) **the sun is ~** c'è il sole **5.** (*finished*) **before the week is ~** prima che la settimana finisca **6.** (*not functioning: fire, light*) spento, -a **7.** SPORTS (*out of bounds*) fuori (campo) **8.** (*unfashionable*) fuori moda **9.** (*not possible*) **to be ~** fuori discussione **10.** (*in baseball*) out *inv* **III.** *adv* **1.** (*not inside*) fuori; **to go ~** uscire; **get ~!** fuori!; **to eat ~** mangiar fuori **2.** (*remove*) **to cross ~ words** cancellare le parole con la penna; **to put ~ a fire** spegnere un incendio **3.** (*available*) **the best one ~ right now** il migliore sul mercato adesso **4.** (*away*) **to be ~** (*person*) essere fuori; **the tide is going ~** la marea si sta abbassando **5.** (*unconscious*) **to pass ~** perdere conoscenza; **to be ~ cold** essere privo di sensi ► **to be ~ and about** (*on the road*) essere in giro **IV.** *prep* **1.** (*towards outside*) **~ of** fuori da; **to go ~ of the room** uscire dalla stanza; **to take sth ~ of a box** tirar fuori qc da una scatola; **to look/lean ~ of the window** guardare/sporgersi dalla finestra **2.** (*outside from*) ~ **of sight** non visto; ~ **of reach** non a portata di mano; **to drink ~ of a glass** bere da un bicchiere **3.** (*away from*) **to be ~ of town** essere fuori città; ~ **of the way!** fate largo! **4.** (*without*) **to be ~ of money/work** essere senza soldi/ lavoro; ~ **of breath** senza fiato; ~ **of order** guasto, -a **5.** (*not included in*) **to get ~ of the habit of doing sth** perdere l'abitudine di fare qc **6.** (*from*) **to copy sth ~ of a file** copiare qc da un file; **in 3 cases ~ of 10** in 3 casi su 10 **7.** (*because of*) **to do sth ~ of politeness** fare qc per gentilezza

outclass [ˌaʊt·ˈklæs] *vt* superare

outcome [ˈaʊt·kʌm] *n* risultato *m*

outdo [aʊt·ˈduː] *vt irr* superare; **to ~ sb in sth** superare qu in qc

outdoor [ˌaʊt·ˈdɔːr] *adj* all'aperto; (*clothing*) per attività all'aperto; (*plants*) da esterno

outdoors [ˌaʊt·ˈdɔːrz] *n* all'aperto; **the great ~** i grandi spazi

outer [ˈaʊ·t̬ɚ] *adj* esterno, -a; ~ **suburbs** quartieri più periferici *mpl*

outfit [ˈaʊt·fɪt] *n* **1.** (*set of clothes*) completo *m* **2.** (*team, organization*) squadra *f*

outgoing [ˈaʊt·goʊ·ɪŋ] *adj* **1.** (*sociable, extroverted*) estroverso, -a **2.** (*retiring: President*) uscente **3.** (*ship*) in partenza

outing [ˈaʊ·t̬ɪŋ] *n* escursione *f*; **to go on an ~** fare un'escursione

outlaw [ˈaʊt·lɑː] **I.** *n* fuorilegge *mf* **II.** *vt* (*product, practice*) dichiarare illegale; (*person*) bandire

outlet [ˈaʊt·let] *n* **1.** ECON punto *m* vendita; **retail ~** punto vendita al dettaglio **2.** (*means of expression*) valvola *f* di sfogo **3.** ELEC presa *f* di corrente

outline [ˈaʊt·laɪn] **I.** *n* **1.** (*draft*) abbozzo *m* **2.** (*shape*) sagoma *f* **3.** (*general description*) schema *m* **II.** *vt* **1.** (*draw outer line of*) tracciare il contorno di **2.** (*describe, summarize*) esporre a linee generali

outlive [ˌaʊt·ˈlɪv] *vt* sopravvivere a

outlook [ˈaʊt·lʊk] *n* **1.** (*prospects*) prospettive *fpl* **2.** (*attitude*) punto *m* di vista **3.** (*view*) vista *f*

outlying [ˈaʊt·ˌlaɪ·ɪŋ] *adj* distante, remoto, -a

outnumber [ˌaʊt·ˈnʌm·bɚ] *vt* superare numericamente

outpatient [ˈaʊt·ˌpeɪ·ʃənt] *n* paziente *mf* esterno, -a

outplay [ˌaʊt·ˈpleɪ] *vt* giocare meglio di

output [ˈaʊt·pʊt] *n* ECON produzione *f*; (*of machine*) rendimento *m*

output device *n* COMPUT dispositivo *m* di uscita

outrage [ˈaʊt·reɪdʒ] **I.** *n* **1.** (*atrocity*) atrocità *f*; (*terrorist act*) attentato *m* **2.** (*scandal*) scandalo *m*; **to express ~ (at sth)** mostrare indignazione (per qc) **II.** *vt* (*offend*) oltraggiare

outrageous [aʊt·ˈreɪ·dʒəs] *adj* **1.** (*shocking: behavior*) scandaloso, -a; (*clothing, person*) stravagante **2.** (*cruel, violent*) atroce

outright [ˈaʊt·raɪt] **I.** *adj* (*disaster, defeat*) totale; (*winner*) assoluto, -a; (*hostility*) chiaro, -a **II.** *adv* **1.** (*defeat, ignore*) totalmente; (*win*) indiscutibilmente **2.** (*declare, ask*) apertamente

outset [ˈaʊt·set] *n* principio *m*; **from the ~** dall'inizio

outside [ˌaʊt·ˈsaɪd] **I.** *adj* **1.** (*external*) esterno, -a **2.** (*not likely*) **an ~ chance that ...** una remota possibilità che ... +*subj* **3.** (*extreme*) massimo, -a **II.** *n* **1.** (*external part or side*) esterno *m*; **judging from the ~** a giudicare da fuori **2.** (*at most*) **at the ~** al massimo **III.** *prep* **1.** (*not within*) fuori da; ~ **business hours** fuori dall'orario d'ufficio **2.** (*besides*) oltre a **IV.** *adv* **1.** (*outdoors*) fuori; **to go ~** uscire **2.** (*beyond*) **to be ~ the perimeter** essere fuori dal perimetro

outsider [ˌaʊt·ˈsaɪ·dɚ] *n* **1.** (*person not from a group*) persona *f* di fuori **2.** (*in race*) outsider *mf inv*

outskirts [ˈaʊt·skɜːrts] *npl* periferia *f*

outspoken [ˌaʊt·ˈspoʊ·kən] *adj* diretto, -a

outstanding [ˌaʊt·ˈstæn·dɪŋ] *adj* **1.** (*excellent*) eccezionale **2.** FIN (*account*) da pagare; (*debt*) insoluto, -a **3.** (*unsolved*) in sospeso

outward ['aʊt·wɚd] **I.** *adj* **1.** (*visible, apparent*) esteriore **2.** (*voyage*) di andata **II.** *adv* verso l'esterno

outwardly ['aʊt·wɚd·li] *adv* apparentemente

outwards ['aʊt·wɚdz] *adv* verso l'esterno

ovary ['oʊ·və·ri] <-ies> *n* ovaia *f*

oven ['ʌ·vən] *n* forno *m*

over ['oʊ·vɚ] **I.** *prep* **1.** (*above*) sopra (a), su; **the bridge ~ the freeway** il ponte sopra l'autostrada **2.** (*on*) **to hit sb ~ the head** colpire qu sulla testa; **to drive ~ sth** passare sopra qc **3.** (*across*) **to go ~ the bridge** attraversare il ponte; **the house ~ the road** la casa dall'altra parte della strada **4.** (*behind*) **to look ~ sb's shoulder** guardare da dietro le spalle di qu; *fig* stare addosso a qu **5.** (*during*) durante; **~ the winter** durante l'inverno; **to stay ~ the weekend** restare per il fine settimana **6.** (*more than*) **to speak for ~ an hour** parlare per oltre un'ora; **~ 150** oltre 150 **7.** (*through*) **I heard it ~ the radio** l'ho sentito alla radio **8.** (*in superiority to*) **to rule ~ the Romans** dominare i Romani; **to have an advantage ~ sb** essere in vantaggio su qu **9.** (*about*) **~ sth** riguardo a qc **10.** (*for checking*) **to go ~ a text** rivedere un testo **11.** (*past*) **to be ~ the worst** aver passato il peggio **12.** MATH **4 ~ 12 equals a third** il 4 nel 12 ci sta 3 volte **II.** *adv* **1.** (*moving above: go, jump*) sopra; **to fly ~ the city** sorvolare la città **2.** (*at a distance*) **~ here** qui; **~ there** là; **~ the road** dall'altra parte della strada **3.** (*moving across*) **to come ~ here** venire qui; **to go ~ there** andare là **4.** (*on a visit*) **come ~ tonight** fate un salto qui stasera **5.** (*changing hands*) **to pass/hand sth ~** passare/dare qc **6.** (*downwards*) **to fall ~** cadere **7.** (*another way up*) **to turn the page ~** voltare pagina; **to turn the pancake ~** girare la crêpe **8.** (*in exchange*) **to change ~** cambiare **9.** (*completely*) **to look for sb all ~** cercare qu dappertutto; **to think sth ~** riflettere su qc **10.** (*again*) **to do sth all ~** rifare qc da capo **11.** (*more*) **children 14 and ~** ragazzi dai 14 anni in su **12.** RADIO, AVIAT **~** passo; **~ and out** passo e chiudo **III.** *adj* **1.** (*finished*) finito, -a; **it's all ~** è tutto passato **2.** (*remaining*) rimasto, -a; **there are three left ~** ne sono rimasti tre

overall ['oʊ·və·rɔːl] **I.** *adj* **1.** (*general*) complessivo, -a **2.** (*above all others*) **~ winner** vincitore, -trice *m, f* assoluto, -a **II.** *adv* nel complesso **III.** *n pl* tuta *f*

overbearing [ˌoʊ·vər·'ber·ɪŋ] *adj pej* prepotente

overboard ['oʊ·vɚ·bɔːrd] *adv* fuori bordo; **to fall ~** cadere in mare; **to go ~** *inf* esagerare

overbook [ˌoʊ·vɚ·'bʊk] *vt* prendere troppe prenotazioni per; (*flight*) prenotare in overbooking

overcast ['oʊ·vɚ·kæst] *adj* nuvoloso, -a

overcharge [ˌoʊ·vɚ·'tʃɑːrdʒ] **I.** *vt* **to ~ sb** fare pagare troppo a qu **II.** *vi* fare prezzi troppo cari

overcoat ['oʊ·vɚ·koʊt] *n* soprabito *m*

overcome [ˌoʊ·vɚ·'kʌm] *irr* **I.** *vt* **1.** (*defeat*) sconfiggere **2.** (*cope with*) superare; **to ~ temptation** resistere alla tentazione **II.** *vi irr* vincere

overcrowded [ˌoʊ·vɚ·'kraʊ·dɪd] *adj* sovraffollato, -a

overdone [ˌoʊ·vɚ·'dʌn] *adj* **1.** (*overexaggerated*) esagerato, -a **2.** (*overcooked*) troppo cotto, -a

overdose ['oʊ·vɚ·doʊs] **I.** *n* overdose *f inv* **II.** *vi* **to ~ on sth** (*sleeping pills*) prendere una dose eccessiva di qc; (*heroin*) andare in overdose di qc; *fig* farsi un'overdose di qc

overdraft ['oʊ·vɚ·dræft] *n* FIN scoperto *m*

overdraw [ˌoʊ·vɚ·'drɑː] *irr* **I.** *vi* andare in scoperto **II.** *vt* **to ~ one's account** andare in scoperto

overdue [ˌoʊ·vɚ·'duː] *adj* **1.** (*late*) in ritardo **2.** FIN (*payment*) arretrato, -a

overestimate[1] [ˌoʊ·vɚ·'es·tɪ·mɪt] *n* stima *f* eccessiva

overestimate[2] [ˌoʊ·vɚ·'es·tə·meɪt] *vt* sopravvalutare

overexcited [ˌoʊ·vɚ·ɪk·'saɪ·t̬ɪd] *adj* sovreccitato, -a

overhead [ˌoʊ·vɚ·'hed] **I.** *n* spese *f pl*

generali **II.** *adj* ~ **cable** cavo *m* aereo; ~ **light** luce *f* da soffitto **III.** *adv* in alto
overhear [ˌoʊ·vɚ·ˈhɪr] *irr vt* sentire per caso
overjoyed [ˌoʊ·vɚ·ˈdʒɔɪd] *adj* contentissimo, -a
overland [ˈoʊ·vɚ·lænd] **I.** *adj* terrestre; **by ~ mail** per posta via terra **II.** *adv* via terra
overleaf [ˈoʊ·vɚ·liːf] *adv* sul retro
overload[1] [ˈoʊ·vɚ·loʊd] *n* sovraccarico *m*
overload[2] [ˌoʊ·vɚ·ˈloʊd] *vt* sovraccaricare
overlook [ˌoʊ·vɚ·ˈlʊk] **I.** *n* vista *f* **II.** *vt* **1.** (*look out onto*) dare su **2.** (*not notice*) non vedere; (*deliberately*) chiudere un occhio su **3.** (*forget*) dimenticare
overnight [ˌoʊ·vɚ·ˈnaɪt] **I.** *adj* di notte; ~ **stay** pernottamento *m;* ~ **delivery** consegna *f* per il mattino seguente **II.** *adv* (*travel*) di notte
overpass [ˈoʊ·vɚ·pæs] *n* cavalcavia *m*
overpay [ˌoʊ·vɚ·ˈpeɪ] *irr vt* pagare troppo
overpopulated [ˌoʊ·vɚ·ˈpɑːp·jə·leɪ·t̬ɪd] *adj* sovrappopolato, -a
overrate [ˌoʊ·vɚ·ˈreɪt] *vt* sopravvalutare
overreact [ˌoʊ·vɚ·ri·ˈækt] *vi* reagire in modo sproporzionato
overreaction [ˌoʊ·vɚ·ri·ˈæk·ʃən] *n* reazione *f* esagerata
overseas [ˌoʊ·vɚ·ˈsiːz] **I.** *adj* straniero, -a; (*trade*) estero, -a **II.** *adv* **to go/travel ~** andare/viaggiare all'estero
oversight [ˈoʊ·vɚ·saɪt] *n* **1.** (*omission*) svista *f;* **by an ~** per distrazione **2.** (*supervision*) supervisione *f*
oversleep [ˌoʊ·vɚ·ˈsliːp] *irr vi* non svegliarsi per tempo
overspend [ˌoʊ·vɚ·ˈspend] **I.** *vi* spendere eccessivamente **II.** *vt* **to ~ one's allowance** spendere oltre il limite concesso
overstaffed [ˌoʊ·vɚ·ˈstæft] *adj* con eccesso di personale
overtake [ˌoʊ·vɚ·ˈteɪk] *irr* **I.** *vt* **1.** AUTO sorpassare **2.** (*in contest*) superare **II.** *vi* sorpassare
over-the-counter [ˌoʊ·vər·ðə·ˈkaʊn·tər] *adj* da banco
overtime [ˈoʊ·vɚ·taɪm] *n* **1.** (*work*) straordinario *m* **2.** SPORTS tempo *m* supplementare
overturn [ˌoʊ·vɚ·ˈtɜːrn] **I.** *vi* capovolgersi **II.** *vt* rovesciare
overview [ˈoʊ·vɚ·vjuː] *n* visione *f* generale
overweight [ˌoʊ·vɚ·ˈweɪt] *adj* sovrappeso, -a; **to be ~** (*suitcase, parcel*) pesare troppo
overwhelming [ˌoʊ·vɚ·ˈwel·mɪŋ] *adj* travolgente
overwork [ˌoʊ·vɚ·ˈwɜːrk] **I.** *vi* lavorare troppo **II.** *vt* far lavorare troppo
owe [oʊ] *vt* dovere; **to ~ sb sth** [*or* **to ~ sth to sb**] dovere qc a qu
owing [ˈoʊ·ɪŋ] *adj* da pagare
owing to *prep* dovuto a
own [oʊn] **I.** *adj* proprio, -a; **to see sth with one's ~ eyes** vedere qc coi propri occhi ▶ **to do one's ~ thing** fare qc a proprio modo; **in one's ~ time** nel proprio tempo libero **II.** *vt* possedere **III.** *vt* **to ~ that ...** ammettere che ...
owner [ˈoʊ·nɚ] *n* proprietario, -a *m, f*
ownership [ˈoʊ·nɚ·ʃɪp] *n* proprietà *f,* possesso *m;* **to be under private/public ~** essere di proprietà privata/pubblica
oxtail soup *n* minestra *f* di coda di bue
oxygen [ˈɑːk·sɪ·dʒən] *n* ossigeno *m*
oyster [ˈɔɪs·tɚ] *n* ostrica *f*
oz *n*, **oz.** *n abbr of* **ounce** oncia *f* *(28,4 g)*
ozone layer *n* strato *m* di ozono

P

P, p [piː] <-'s> *n* P, p *f;* ~ **for Peter** P come Palermo
p *abbr of* **page** p., pag.
pa [pɑː] *n inf* papà *m inv*
PA [ˌpiː·ˈeɪ] *n* **1.** *abbr of* **public-address system** sistema *m* di altoparlanti **2.** *abbr of* **Pennsylvania** Pennsylvania *f*
p.a. [ˌpiː·ˈeɪ] *abbr of* **per annum** all'anno

P

pace [peɪs] **I.** *n* **1.** (*speed*) ritmo *m;* **to set the ~** SPORT fare l'andatura; **to keep ~ with sb** procedere di pari passo con qu; **to keep ~ with sth** stare al passo con qc **2.** (*step*) passo *m;* **to quicken one's ~** allungare il passo **II.** <pacing> *vt* **1.** (*walk up and down*) camminare su e giù **2.** (*measure in strides*) misurare a passi **3.** SPORTS (*set a speed*) fare l'andatura per; **to ~ oneself** procedere a un ritmo regolare **III.** <pacing> *vi* **to ~ up and down** camminare avanti e indietro

pacemaker ['peɪs·ˌmeɪ·kɚ] *n* **1.** MED pacemaker *m inv* **2.** SPORTS lepre *f*

Pacific [pə·'sɪ·fɪk] *n* **the ~** il Pacifico; **the ~ Ocean** l'oceano Pacifico

pacifist ['pæ·sə·fɪst] *adj, n* pacifista *mf*

pack [pæk] **I.** *n* **1.** (*bundle*) fagotto *m;* (*backpack*) zaino *m;* (*packet*) pacchetto *m;* **ice ~** borsa *f* del ghiaccio **2.** (*group*) gruppo *m;* (*of wolves*) branco *m;* (*of hounds*) muta *f; inf* (*of lies*) mucchio *m* **II.** *vi* (*prepare luggage*) fare le valigie **2.** *inf* **to send sb ~ing** mandare qu a farsi friggere *inf* **III.** *vt* **1.** (*fill: box, train*) riempire; **~ed with information** pieno di informazioni **2.** (*wrap*) avvolgere; (*put in packages*) impacchettare; **to ~ one's suitcase** fare la valigia

◆**pack in** *vt* **1.** (*put in*) mettere **2.** *inf* (*stop*) smettere; **pack it in!** smettila!

◆**pack off** *vt inf* **to pack sb off** sbarazzarsi di qu

◆**pack up I.** *vt* **1.** (*put away*) mettere via **2.** *inf* (*finish*) piantare tutto **II.** *vi inf* (*stop work*) staccare

package ['pæ·kɪdʒ] **I.** *n* pacco *m;* (*of cookies*) pacchetto *m;* **software ~** pacchetto di software **II.** *vt* **1.** (*pack*) confezionare **2.** *fig* presentare

packaging *n* (*wrapping*) materiale *m* di imballaggio

packet ['pæ·kɪt] *n* **1.** (*parcel*) pacchetto *m;* (*of cigarettes*) pacchetto *m* di sigarette **2.** COMPUT pacchetto *m*

packing *n* (*action, material*) imballaggio *m*

pad [pæd] **I.** *n* **1.** (*cushion*) cuscinetto *m;* **knee ~** ginocchiera *f* imbottita; **mouse ~** COMPUT tappetino *m* del mouse; **shin ~** parastinchi *m inv;* **shoulder ~** spallina (imbottita) *f* **2.** (*of paper*) blocchetto *m* per appunti **3.** (*of animal's foot*) cuscinetto *m* (della zampa) **4.** AVIAT piattaforma *f* **II.** <-dd-> *vt* (*with wrapping material*) imbottire

◆**pad out** *vt* rimpolpare; **to ~ a speech/text** rimpolpare un discorso/testo

padded *adj* imbottito, -a

padding *n a. fig* riempitivi *m; pl*

paddle ['pæ·dl] **I.** *n* **1.** (*type of oar*) pagaia *f* **2.** (*act of paddling*) sguazzata *f;* **to go for a ~** andare a sguazzare nell'acqua **II.** *vt* (*row*) mandare avanti a colpi di pagaia **III.** *vi* **1.** (*row*) pagaiare **2.** (*walk, swim*) sguazzare

padlock ['pæd·lɑːk] *n* lucchetto *m*

page [peɪdʒ] *n a.* COMPUT (*in book, newspaper*) pagina *f;* (*sheet of paper*) foglio *m;* **front ~** prima pagina *f*

pager ['peɪ·dʒɚ] *n* cercapersone *m; inv*

paid [peɪd] **I.** *pt, pp of* **pay II.** *adj* pagato, -a

pain [peɪn] *n* **1.** (*physical suffering*) dolore *m;* **I have a ~ in my foot** mi fa male il piede **2.** *pl* (*great care*) tutto *m* il possibile; **to be at ~s to do sth** fare tutto il possibile per fare qc **3.** *inf* **to be a ~ in the neck** *inf* essere una piaga; **on** [*or* **under**] **~ of sth** sotto pena di

painful ['peɪn·fəl] *adj* **1.** (*physically*) doloroso, -a **2.** (*emotionally*) penoso, -a **3.** (*embarrassing*) spiacevole

painkiller ['peɪn·ˌkɪ·lɚ] *n* analgesico *m*

painless ['peɪn·ləs] *adj* **1.** (*not painful*) indolore **2.** *fig* (*easy*) facile

paint [peɪnt] **I.** *n* pittura *f* **II.** *vi* dipingere **III.** *vt* (*room, picture*) dipingere

paintbrush <-es> *n* pennello *m*

painter ['peɪn·tɚ] *n* **1.** (*artist*) pittore, -trice *m, f* **2.** (*decorator*) imbianchino *m*

painting *n* **1.** (*painted picture*) dipinto *m* **2.** (*art*) pittura *f;* **19th century French ~** la pittura francese del secolo XIX

paint stripper *n* sverniciatore *m*

pair [per] *n* **1.** (*two matching items*) paio *m;* **a ~ of gloves** un paio di guanti; **a ~ of glasses** un paio di occhiali; **a ~ of scissors** un paio di forbici; **a ~ of pants** un paio di pantaloni **2.** (*group of two people, animals*) coppia *f;* **in ~s** a due a due

◆**pair off** *vi* fare coppia

pajamas [pə·'dʒɑː·məz] *npl* pigiama *m;* **in (one's) ~** in pigiama; **a pair of ~** un pigiama

Pakistan ['pæ·kɪs·tæn] *n* Pakistan *m*

Pakistani **I.** *n* pakistano, -a *m, f* **II.** *adj* pakistano, -a

pal [pæl] *n inf* (*friend*) amico, -a *m, f*

palace ['pæ·ləs] *n* palazzo *m*

pale [peɪl] *adj* **1.** (*lacking color*) pallido, -a; **to look ~** essere pallido **2.** (*not dark*) chiaro, -a

palm[1] [pɑːm] *n* (*of hand*) palmo *m;* **to read sb's ~** leggere la mano a qu

palm[2] [pɑːm] *n* (*tree*) palma *f*

◆**palm off** *vt* **to palm sth off on sb** rifilare qc a qu

Palm Sunday *n* Domenica *m* delle Palme

palmtop *n* COMPUT palmare *m*

pamper ['pæm·pɚ] *vt* viziare; **to ~ oneself** viziarsi

pamphlet ['pæm·flɪt] *n* (*leaflet*) opuscolo *m;* POL pamphlet *m inv*

pan [pæn] *n* (*for cooking*) tegame *m;* **frying ~** padella *f*

pancake ['pæn·keɪk] *n* pancake *m inv*

panda ['pæn·də] *n* panda *m*

pane [peɪn] *n* cristal *m;* **window ~** vetro *m* della finestra

panel ['pæ·nəl] *n* **1.** (*wooden*) pannello *m;* (*metal*) placca *f* **2.** (*team*) panel *m inv;* (*in exam*) commissione *f* esaminatrice **3.** (*instrument board*) pannello *m* della strumentazione; **control ~** pannello di controllo; **instrument ~** AUTO, AVIAT quadro *m* dei comandi

paneling *n* pannelli *m pl* (in legno)

panhandler ['pæn·hænd·lər] *n inf* mendicante *mf*

panic ['pæ·nɪk] **I.** *n* panico *m;* **to get into a ~** farsi prendere dal panico **II.** <-ck-> *vi* farsi prendere dal panico

panic-stricken *adj* in preda al panico

pansy ['pæn·zi] <-ies> *n* (*flower*) viola *f* del pensiero

pant [pænt] *vi* (*person, dog*) ansimare

panther ['pænt·θɚ] *n* **1.** (*black leopard*) pantera *f* **2.** (*puma*) puma *m inv*

panties ['pæn·tɪz] *npl* mutandine *fpl*

pantomime ['pæn·tə·maɪm] *n* **1.** (*gestures*) mimica *f* **2.** (*mime*) pantomima *f*

pantry ['pæn·tri] <-ies> *n* dispensa *f*

pants [pænts] *npl* **1.** (*trousers*) pantaloni *mpl* **2.** (*underpants*) mutande *fpl*

pantyhose *npl* collant *m inv*

panty liner *n* salvaslip *m inv*

papacy ['peɪ·pə·si] *n* **1.** (*office*) pontificato *m* **2.** (*tenure of pope*) papato *m*

papal ['peɪ·pl] *adj* papale

paper ['peɪ·pɚ] **I.** *n* **1.** (*for writing*) carta *f;* **a sheet of ~** un foglio di carta; **on ~** sulla carta **2.** (*newspaper*) giornale *m* **3.** (*wallpaper*) carta da parati **4.** (*official document*) documentazione *f;* **~s** documenti *mpl* **II.** *vt* **to ~ the walls** tappezzare le pareti

paperback ['peɪ·pɚ·bæk] *n* libro *m* in edizione economica; **in ~** in brossura

paperboy *n* distributore *m* di giornali

paper clip *n* graffetta *f,* clip *f inv*

paper mill *n* cartiera *f*

paper napkin *n* tovagliolo *m* di carta

paper-thin *adj* sottilissimo, -a

paperwork *n* lavoro *m* amministrativo, scartoffie *fpl inf*

paprika [pæp·'riː·kə] *n* paprica *f*

par. *abbr of* **paragraph** paragrafo *m*

parachute ['pæ·rə·ʃuːt] **I.** *n* paracadute *m* **II.** *vi* lanciarsi con il paracadute

parade [pə·'reɪd] **I.** *n* **1.** (*gener*) *a.* MIL parata *f* **2.** *fig* (*series*) sfilza *f* **II.** *vi* **1.** (*walk in procession*) *a.* MIL sfilare **2.** (*show off*) **to ~ around** pavoneggiarsi **III.** *vt* **1.** (*exhibit*) sfoggiare **2.** *fig* (*show off*) ostentare; **to ~ one's knowledge** fare sfoggio di cultura

paradise ['pæ·rə·daɪs] *n* paradiso *m*

paragliding ['pæ·rə·ˌglaɪ·dɪŋ] *n* parapendio *m*

paragraph ['pæ·rə·græf] *n* paragrafo *m*

parallel ['pæ·rə·lel] **I.** *adj* MAT parallelo, -a **II.** *n* **1.** MAT (retta) parallela *f* **2.** GEO parallelo *m* **3.** ELEC **in ~** in parallelo **4.** (*similarity*) parallelismo *f*

5. to draw a ~ (*make a comparison*) fare un parallelo

parallel bars *npl* SPORTS parallele *fpl*

paralysis [pə·'ræ·lə·sɪs] <-ses> *n* paralisi *f inv*

paralytic [ˌpæ·rə·'lɪ·t̬ɪk] *adj, n* paralitico, -a *m, f*

paralyze ['pæ·rə·laɪz] *vt a. fig* paralizzare; **to be ~d with fear** restare impietrito dalla paura

paramedic [ˌpæ·rə·'me·dɪk] *n* paramedico, -a *m, f*

paramilitary [ˌpæ·rə·'mɪ·lə·te·ri] **I.** *adj* paramilitare **II.** *n* **paramilitaries** truppe *f pl* paramilitari

paranoid ['pæ·rə·nɔɪd] *adj* **1.** PSYCH paranoico, -a **2.** (*very worried*) **to be ~ about sth** essere ossessionato da qc

paraphrase ['pæ·rə·freɪz] *vt* parafrasare

paraplegic [ˌpær·ə·'pli·dʒɪk] *adj, n* paraplegico, -a *m, f*

parasite ['pæ·rə·saɪt] *n a. fig* parassita *mf*

paratrooper ['pæ·rə·tru:·pɚ] *n* parà *mf inv*

paratroops ['pæ·rə·tru:ps] *npl* reparti *m* paracadutisti *pl*

parcel ['pɑ:r·səl] *n* (*packet*) pacco *m*

pardon ['pɑ:r·dn] **I.** *vt* (*forgive*) perdonare; (*prisoner*) graziare; **to ~ sb for sth** perdonare qu per qc; **~ me for interrupting** chiedo scusa per l'interruzione; (**I beg your**) **~?** (*requesting repetition*) come (hai [*or* ha] ha detto)?; **~ me!** (*after interrupting, burping etc.*) chiedo scusa; (*requesting to pass*) (è) permesso? **II.** *n* grazia *f*

parent ['pe·rənt] *n* (*father*) padre *m;* (*mother*) madre *f;* **~s** genitori *mpl*

parental [pə·'ren·təl] *adj* dei genitori

parenthood ['pe·rənt·hʊd] *n* (*of man*) paternità *f;* (*of woman*) maternità *f*

Parent Teacher Association *n,* **Parent Teacher Organization** *n* associazione *f* genitori - insegnanti

Paris ['pær·ɪs] *n* Parigi *m*

parish ['pæ·rɪʃ] <-es> *n* REL parrocchia *f*

Parisian [pə·'ri·ʒən] *adj, n* parigino, -a *m, f*

parity ['pæ·rɪ·t̬i] <-ies> *n* (*equality*) uguaglianza *f*

park [pɑ:rk] **I.** *n* **1.** parco *m* **2.** (*stadium*) **baseball ~** campo di baseball **II.** *vt, vi* (*leave vehicle*) parcheggiare

parking attendant *n* custode *mf* del parcheggio

parking *n* parcheggio

parking lot *n* parcheggio *m*

parking meter *n* parcometro *m*

parking space *n,* **parking spot** *n* (posto di) parcheggio *m*

parking ticket *n* multa *f* per sosta vietata

parkway ['pɑ:rk·weɪ] *n* viale *m* alberato *spesso a doppia corsia*

parliament ['pɑ:r·lə·mənt] *n* parlamento *m*

parliamentary [ˌpɑ:r·lə·'men·tə·ri] *adj* parlamentare

parlor ['pɑ:r·lɚ] *n* (*store*) **beauty ~** salone *m* di bellezza; **ice-cream ~** gelateria *f;* **pizza ~** pizzeria *f*

Parmesan (**cheese**) ['par·mə·zan·ˌ(tʃiz)] *n* (formaggio) *m* parmigiano

parody ['pæ·rə·di] **I.** <-ies> *n* parodia *f* **II.** <-ie-> *vt* fare la parodia di

parole [pə·'roʊl] *n* LAW libertà *f* sulla parola; **to be out on ~** essere libero sulla parola

parrot ['pæ·rət] *n* loro *m,* pappagallo *m*

parsley ['pɑ:rs·li] *n* prezzemolo *m*

parsnip ['pɑ:rs·nɪp] *n* pastinaca *f*

part [pɑ:rt] **I.** *n* **1.** (*gener*) parte *f;* **~ of the body** parte del corpo; **the easy ~** il facile; **in ~** in parte; **for the most ~** per lo più; **spare ~s** parti *f pl* di ricambio; **in these ~s** *inf* da queste parti; **to do one's ~** fare la propria parte; **to play the ~ of the King** interpretare la parte del re **2.** (*in hair*) riga *f;* **a ~ in the middle** riga nel mezzo ▶ **to be ~ and parcel of sth** essere parte integrante di qc; **for my ~** quanto a me; **to take sb's ~** prendere le parti di qu; **on sb's ~** da parte di qu **II.** *adv* parzialmente; **to be ~ African** essere in parte africano **III.** *vt* (*detach, split*) separare; **to ~ sb from sb/sth** separare qu da qu/qc; **to ~ company** andare ciascuno per la propria strada **IV.** *vi* **1.** (*separate*) separarsi; **to ~ from sb** separarsi da qu; *fig inf* **to ~ with one's cash**

tirar fuori i soldi **2.** (*say goodbye*) lasciarsi **3.** (*curtains*) aprire

partial ['pɑːr·ʃəl] *adj* parziale; **she is ~ to ...** lei ha un debole per ...

partially *adv* parzialmente

participant [pɑːr·'tɪ·sə·pənt] *n* partecipante *mf;* (*in contest*) concorrente *mf*

participate [pɑːr·'tɪ·sə·peɪt] *vi* partecipare; (*in contest*) concorrere

participation [pɑːr·ˌtɪ·sə·'peɪ·ʃən] *n* partecipazione *f*

participle ['pɑːr·tɪ·sɪ·pl] *n* participio *m*

particle ['pɑːr·tɪ·kl] *n* PHYS, LING particella *f*

particular [pɚ·'tɪk·jə·lɚ] **I.** *adj* **1.** (*special*) particolare, speciale; (*specific*) specifico, -a; **no ~ reason** nessuna ragione particolare; **in ~** in particolare; **nothing in ~** niente di speciale **2.** (*fussy, meticulous*) meticoloso, -a; (*demanding*) esigente; **he is very ~ about his appearance** cura la sua immagine nei minimi particolari **II.** *n* particolare *m;* **the ~** i particolari *pl*

particularly [pɚ·'tɪk·jə·lɚ·li] *adv* specialmente, particolarmente; **I didn't ~ want to go but I had to** non ne avevo molta voglia, ma ho dovuto andar via

parting ['pɑːr·t̬ɪŋ] **I.** *n* **1.** (*separation*) separazione *f* **2.** (*saying goodbye*) addio *f* **II.** *adj* di addio; **~ words** parole *f pl* di commiato

partition [pɑːr·'tɪ·ʃən] *n* **1.** (*wall*) (parete) divisoria *f* **2.** (*of country*) smembramento *m* **3.** COMPUT segmentazione *f*

partly ['pɑːrt·li] *adv* parzialmente, in parte

partner ['pɑːrt·nɚ] *n* **1.** COM socio, -a *m, f,* partner *mf inv* **2.** (*accomplice*) **~ in crime** complice *mf* **3.** (*in relationship, activity*) compagno, -a *m, f*

partnership ['pɑːrt·nɚ·ʃɪp] *n* **1.** (*association*) associazione *f* **2.** COM società *f* (in accomandita) *inv;* (*of lawyers*) studio *m;* **to go into ~ with sb** entrare in società con qu

part-time [ˌpɑːrt·'taɪm] *adj, adv* part time *inv;* **~ worker** lavoratore, -trice *m, f* part time; **to work ~** lavorare part time

party ['pɑːr·t̬i] *n* <-ies> **1.** (*social gathering*) festa *f,* party *m inv;* **to have** [*or* **throw**] **a ~** dare una festa **2.** + *sing/pl vb* POL partito *m;* **ruling ~** partito al potere **3.** + *sing/pl vb* (*group*) gruppo *m;* **~ of students** gruppo di studenti; **a ~ of three** un gruppo di tre **4.** *a.* LAW parte *f;* **the guilty ~** la parte responsabile; **to be a ~ to a crime** essere complice di un delitto

party pooper *n sl* guastafeste *mf inv*

pass [pæs] **I.** <-es> *n* **1.** (*mountain road*) passo *m,* valico *m;* **mountain ~** passo *m* di montagna **2.** (*in football, soccer*) passaggio *m* **3.** (*sexual advances*) **to make a ~ (at sb)** fare delle avance (a qu) **4.** (*in exam, class*) promozione *f;* **~ mark** sufficienza *f* **5.** (*authorization*) permesso *m;* (*for festival, concert*) ingresso *m* **6.** (*for bus, train*) abbonamento *m* **II.** *vt* **1.** (*go past*) passare (davanti a); (*cross*) incrociare **2.** (*exceed*) oltrepassare; **to ~ a limit** passare il limite **3.** (*hand to*) **to ~ sth to sb** passare qc a qu **4.** SPORTS passare **5.** (*exam, class*) passare **6.** (*avoid boredom*) **to ~ the time** passare il tempo **7.** POL (*officially approve*) approvare; **to ~ a law** approvare una legge **8.** (*utter, pronounce*) dire; **to ~ a comment** fare un commento; **to ~ judgment** sentenziare; **to ~ sentence** LAW emettere una sentenza **III.** *vi* **1.** (*gener*) *a.* SPORTS passare; **we often ~ed on the stairs** ci incrociavamo spesso sulle scale; **to ~ unnoticed** passare inosservato; **it'll soon ~** passerà presto; **~!** passo! **2.** (*in exam*) essere promosso

◆**pass away** *vi* (*die*) spirare

◆**pass by I.** *vi* **1.** (*elapse*) passare **2.** (*go past*) passare (davanti a) **II.** *vt* *life has passed him by* non ha veramente vissuto *fashion just passes her by* la moda la lascia indifferente

◆**pass down** *vt* (*knowledge, beliefs*) trasmettere; (*clothes, possessions*) passare

◆**pass off** *vt* (*sell fake*) *to pass sth off as sth* spacciare qc per qc; (*give appearance of*) **he tried to pass himself off as an expert** ha cercato di farsi passare per esperto

◆**pass on** *vt* **1.** BIO (*transmit*) trasmettere **2.** (*information, advice*) passare **3.** (*refer*) **to pass sb on to sb** mettere qu in contatto con qu

◆**pass out** *vi* (*faint*) svenire

◆**pass over** *vt* non tenere conto di

◆**pass through** *vt* attraversare

◆**pass up** *vt* lasciarsi sfuggire

passage ['pæ·sɪdʒ] *n* **1.** (*corridor*) corridoio *m;* (*path*) passaggio *m* **2.** LIT, MUS brano *m* **3.** (*onward journey*) viaggio *m* **4.** (*sea voyage*) traversata *f* **5. with the ~ of time** con il passare del tempo

passageway ['pæ·sɪdʒ·weɪ] *n* corridoio *m*

passenger ['pæ·sən·dʒɚ] *n* passeggero, -a *m, f*

passerby [ˌpæs·ər·'baɪ] <passersby> *n* passante *mf*

passing I. *adj* **1.** (*going past*) che passa **2.** (*brief: fad, infatuation*) passeggero, -a; (*glance*) di sfuggita; (*remark*) per inciso; **~ fancy** capriccio *m* **II.** *n* **in** ~ casualmente

passing grade *n* sufficienza *f*

passion ['pæ·ʃən] *n* (*emotion*) passione *f;* (*anger*) ira *f;* **crime of ~** delitto *m* passsionale

passionate ['pæ·ʃə·nɪt] *adj* (*emotional*) appassionato, -a; (*angry*) irascibile

passive ['pæ·sɪv] **I.** *n* LING passivo *m* **II.** *adj* passivo, -a

Passover ['pæs·ˌoʊ·vər] *n* Pasqua *f* ebraica

passport ['pæs·pɔːrt] *n* passaporto *m*

passport control *n* controllo *m* passaporti

password ['pæs·wɜːrd] *n* COMPUT password *f inv*

past [pæst] **I.** *n* passato *m;* **to be a thing of the ~** appartenere al passato; **sb with a ~** qu che ha un passato (oscuro); **simple ~** (tempo) passato *m* remoto **II.** *adj* passato, -a; **the ~ week** la settimana scorsa; **that's ~ history** è acqua passata **III.** *prep* **1.** (*temporal*) dopo; **ten ~ two** le due e dieci; **it's ~ 2** sono le 2 passsate **2.** (*spatial*) oltre **3.** (*beyond*) **to be ~ thirty** aver passato la trentina; **~ belief** incredibile; **I'm ~ caring** non me ne importa più nulla **IV.** *adv* oltre; **to go ~** passare

pasta ['pɑːs·tə] *n* pasta *f*

paste [peɪst] **I.** *n* impasto *m;* **meat ~** pasta *f* di carne; **tomato ~** concentrato *m* di pomodoro; **almond ~** pasta *f* di mandorle; **anchovy ~** pasta *f* di acciughe **II.** *vt a.* COMPUT (*stick*) incollare

pasteurize ['pæs·tʃə·raɪz] *vt* pastorizzare

pastry ['peɪs·tri] <-ies> *n* pasta *f*

pasty ['pæs·ti] <-ies> *n* **Cornish ~** *pasticcio di carne e verdure*

pat [pæt] <-tt-> **I.** *vt* (*touch softly*) dare colpetti affettuosi a qu; **to ~ sb on the back** *fig* congratularsi con qu **II.** *n* **1.** (*tap*) colpetto; **to give sb a ~ on the back** *fig* congratularsi con qu *f* **2.** (*of butter*) pezzetto *m*

patch [pætʃ] **I.** *n* **1.** (*piece of cloth*) pezza *f;* (*for mending clothes*) toppa *f* **2.** (*of land*) pezzo *m* di terreno; (*of fog*) banco *m;* **~ of ice** tratto *m* ghiacciato; (*of sky*) pezzetto *m;* (*of color, damp*) macchia *f;* **vegetable ~** orto *m* **3.** *inf* (*phase*) fase *f* **4.** COMPUT patch *m inv* **II.** *vt* (*hole, clothes*) rattoppare

◆**patch up** *vt* **1.** (*mend*) riparare alla meglio **2.** *fig* (*friendship*) salvare; **to patch things up** fare la pace

patchy ['pæ·tʃi] <-ier, -iest> *adj* (*performance, novel*) disorganico, -a; (*weather*) variabile; (*results*) irregolare

pâté [pɑː·'teɪ] *n* pâté *m inv*

patent ['pæ·tənt] **I.** *n* LAW brevetto *m* **II.** *adj* **1.** LAW brevettato, -a **2.** (*unconcealed*) evidente

paternal [pə·'tɜːr·nəl] *adj* paterno, -a; **~ grandfather** nonno *m* paterno; **~ grandmother** nonna *f* paterna

paternity leave *n* congedo *m* di paternità

path [pæθ] *n* **1.** (*footway, trail*) sentiero *m;* **bike ~** corsia *f* per ciclisti; **to clear a ~** aprire un sentiero **2.** (*way*) percorso *m;* (*of bullet*) traiettoria *f;* **to cross sb's ~** incontrare qu per caso **3.** COMPUT path *m inv*

pathetic [pə·'θe·t̬ɪk] *adj* **1.** (*arousing sympathy*) penoso, -a **2.** (*arousing scorn*) patetico, -a

pathway ['pæθ·weɪ] *n* sentiero *m,* percorso *m*

patience ['peɪ·ʃns] *n* pazienza *f*

patient ['peɪ·ʃnt] **I.** *adj* paziente; **just be ~!** un po' di pazienza! **II.** *n* MED paziente *mf*

patio ['pæ·t̬ioʊ] <-s> *n* **1.** (*paved area*) terrazza *f* **2.** (*courtyard*) cortile *m*

patriotic [ˌpeɪ·tri·'ɑː·t̬ɪk] *adj* patriottico, -a

patrol [pə·'troʊl] **I.** <-ll-> *vi, vt* pattugliare **II.** <-ll-> *n* pattuglia *f;* **to be on ~** essere di pattuglia

patrol car *n* auto *f* di pattuglia (della polizia)

patrolman *n* poliziotto (di pattuglia) in divisa *m*

patronize ['peɪ·trə·naɪz] *vt* (*treat condescendingly*) trattare con condiscendenza

patronizing ['peɪ·trə·naɪ·zɪŋ] *adj* condiscendente *mf*

patter ['pæ·t̬ɚ] **I.** *n* **1.** (*tapping: of rain*) picchiettio *m;* (*of feet*) scalpiccio *m* **2.** (*talk*) parlantina *f* **II.** *vi* (*make sound*) picchiettare

pattern ['pæ·t̬ɚn] *n* **1.** (*model*) modello, guide *m* **2.** ART (*design, motif*) disegno *m;* **floral ~** motivo *m* floreale **3.** ECON (*sample*) campione *m*

paunch [pɔːntʃ] *n* pancia *f*

pause [pɔːz] **I.** *n* pausa *f* **II.** *vi* fare una pausa

pave [peɪv] *vt* pavimentare; **to ~ the way for sth** *fig* preparare la strada a qc

pavement ['peɪv·mənt] *n* marciapiede *m*

pavilion [pə·'vɪl·jən] *n* padiglione *m*

paw [pɔː] **I.** *n* zampa *f; fig inf* (*of person*) mano *f* **II.** *vt* toccare con la zampa; **to ~ sb** palpeggiare qu

pawn[1] [pɔːn] *n* GAMES pedina *f;* (*in chess*) pedone *m; fig* pedina *f*

pawn[2] [pɔːn] **I.** *vt* impegnare **II.** *n* **to be in ~** essere impegnato

◆**pawn off** *vt* **to ~ sth off on sb** sbolognare qc a qu; **to ~ sth off as sth** vendere qc spacciandola per qc

pawnbroker ['pɔːn·ˌbroʊ·kɚ] *n* titolare *mf* di agenzia di prestito su pegno

pay [peɪ] **I.** *n* paga *f;* **to be in sb's ~** essere al soldo di qu **II.** <paid, paid> *vt* **1.** (*redeem with money*) pagare; **to ~ cash** pagare in contanti **2.** (*be worthwhile*) convenire **3.** (*give, render*) **to ~ attention** (**to sth**) prestare attenzione (a qc); **to ~ sb a compliment** fare un complimento a qu; **to ~ respects to sb** porgere i propri omaggi a qu **III.** <paid, paid> *vi* **1.** (*settle, recompense*) pagare **2.** (*benefit*) essere conveniente

◆**pay back** *vt* rimborsare; **I'll pay you back!** me la pagherai! [*or* pagherà!] [*or* pagherete!]

◆**pay in** *vt* versare

◆**pay off** **I.** *vt* (*debt*) estinguere **II.** *vi* *fig* dare buoni risultati

◆**pay up** *vi* pagare (quanto è dovuto)

payable ['peɪ·ə·bl] *adj* pagabile; **to make a check ~ to sb** emettere un assegno a favore di qu

pay-as-you-go *n* (*for cell phone*) servizio *m* prepagato

payback ['peɪ·bæk] *n* **1.** FIN (*equaling the sum invested*) recupero *m* dell'investimento **2.** (*benefit from action*) ricompensa *f*

paycheck *n* paga *f*

payee [peɪ·'iː] *n* beneficiario, -a *m, f*

pay freeze *n* blocco *m* salariale

payment ['peɪ·mənt] *n* **1.** (*sum of cash*) pagamento *m* **2.** (*installment*) rata *f;* (*reward*) ricompensa *f*

pay-per-view *n* televisione *f* a pagamento

pay phone *n* telefono *m* pubblico

pay raise *n* aumento *m* di stipendio

payroll *n* ruolo *m* paga

payslip *n* cedolino *m*

PC [ˌpiː·'siː] **I.** *n abbr of* **personal computer** PC *m* **II.** *adj abbr of* **politically correct** politicamente corretto, -a

PDT *n abbr of* **Pacific Daylight Time** ora legale della zona Pacifico

PE [ˌpiː·'iː] *abbr of* **physical education** educazione *f* fisica

pea [piː] *n* pisello *m*

peace [piːs] *n* **1.** (*absence of war*) *a.* REL pace *f;* **to make ~** fare la pace; (**may he**) **rest in ~** riposi in pace **2.** (*social order*) ordine *m* pubblico; **to keep**

the ~ mantenere l'ordine **3.** (*tranquillity*) tranquillità *f;* ~ **of mind** tranquillità; ~ **and quiet** pace e tranquillità; **to be at** ~ essere in pace; **to leave sb in** ~ lasciare in pace qu ▶ **to hold one's** ~ stare zitto

Peace Corps *n organizzazione statunitense di volontari per il terzo mondo*

peaceful ['pi:s·fəl] *adj* **1.** (*calm, quiet: animal*) mansueto, -a; (*place, person*) tranquillo, -a **2.** (*non-violent*) pacifico, -a

peacekeeper *n* **1.** (*in family*) paciere, -a *m, f* **2.** (*soldier*) soldato *m* di un contingente di pace

peacemaker ['pi:s·ˌmeɪ·kɚ] *n* (*between countries*) mediatore (di pace), -trice *m, f;* (*between friends*) paciere, -a *m, f*

peace movement *n* movimento *m* pacifista

peacetime *n* tempo *m* di pace

peach [pi:tʃ] <-es> **I.** *n* **1.** (*fruit*) pesca *m* **2.** (*tree*) pesco *m* **II.** *adj* color pesca

peachy ['pi·tʃi] *adj inf* (*fine*) **to be** (**just**) ~ andare perfettamente

peacock ['pi:·kɑ:k] *n* **1.** ZOOL pavone *m* **2.** (*vain person*) vanitoso, -a *m, f*

peak [pi:k] **I.** *n* **1.** (*mountain top*) cima *f,* vetta *f* **2.** (*highest point, summit*) sommità *f inv;* **to be at the** ~ **of one's career** essere all'apice della carriera **II.** *vi* (*career*) raggiungere il punto massimo; (*athlete*) raggiungere il massimo della forma; (*skill*) raggiungere il livello più alto; (*figures, rates, production*) segnare il picco **III.** *adj* massimo, -a

peal [pi:l] **I.** *n* (*sound: of bell*) scampanio *m;* (*of thunder*) fragore *m;* **a** ~ **of laughter** uno scoppio *m* di risa **II.** *vi* (*thunder, thunderstorm*) rumoreggiare; (*bell*) suonare a distesa

peanut ['pi:·nʌt] *n* **1.** (*nut*) nocciolina *f* americana, arachide *f* **2.** *inf* (*little money*) **to pay ~s** pagare pochissimo

peanut butter *n* burro *m* di arachidi

pear [per] *n* **1.** (*fruit*) pera *f* **2.** (*tree*) pero *m*

pearl [pɜ:rl] *n* perla *f*

peasant ['pe·zənt] *n* **1.** (*poor farmer*) contadino, -a *m, f* **2.** *pej inf* (*crude person*) cafone, -a *m, f*

pebble ['pe·bl] *n* ciottolo *m*

peck [pek] **I.** *n* **1.** (*of bird*) beccata *f* **2.** (*quick kiss*) bacetto *m* **II.** *vt, vi* (*bird*) beccare

peckish ['pe·kɪʃ] *adj* **to be** ~ avere un (certo) languorino

peculiar [pɪ·'kju:l·jɚ] *adj* **1.** (*strange*) strano, -a, insolito, -a **2.** (*belonging to*) caratteristico, -a; **to be** ~ **to sb/sth** essere tipico di qu/qc

pedal ['pe·dəl] **I.** *n* pedale *m* **II.** <-l- *or* -ll-, -l- *or* -ll-> *vi* pedalare

pedal bin *n* pattumiera *f* a pedale

pedestrian [pə·'des·tri·ən] **I.** *n* pedone *m* **II.** *adj* (*for walkers*) pedonale

pediatrician [ˌpi:·di·ə·'trɪ·ʃən] *n* MED pediatra *mf*

pediatrics [ˌpi:·dɪ·'æ·trɪks] *n* pediatria *f*

pedicure ['ped·ɪ·kjʊr] *n* pedicure *f*

pedigree ['pe·dɪ·gri:] **I.** *n* (*genealogy: of animal*) pedigree *m inv;* (*of person*) lignaggio *f* **II.** *adj* (*animal*) di razza

pee [pi:] *sl* **I.** *n* pipì *f;* **to take a** ~ *childspeak* fare (la) pipì **II.** *vi* fare pipì

peek [pi:k] **I.** *n* occhiata *f;* **to have a** ~ **at sth** dare un'occhiata a qc **II.** *vi* (*look*) mirare furtivamente; **to** ~ **at sth** sbirciare qc

peel [pi:l] **I.** *n* (*of fruit*) buccia *f,* pelle *f;* (*of lemon*) scorza *fpl* **II.** *vt* (*fruit, potato*) sbucciare, pelare; (*paper*) staccare; (*bark*) scortecciare **III.** *vi* (*person*) spellarsi; (*paint, layer of paper*) staccarsi; (*bark*) scortecciarsi

◆**peel off** **I.** *vt* (*paper*) staccare; (*paint*) scrostare; (*bark*) scortecciare; (*clothes*) togliersi **II.** *vi* (*come off: paper*) staccarsi; (*paint*) scrostarsi; (*skin*) venire via

peep[1] [pi:p] *n* (*sound: of bird*) pigolio *m;* **to not say a** ~ non aprire bocca

peep[2] [pi:p] **I.** *n* (*furtive look*) sbirciata *f;* **to have a** ~ **at sth** dare una rapida occhiata a qc **II.** *vi* (*look quickly*) sbirciare; **to** ~ **at sth** guardare qc di sfuggita; **to** ~ **through sth** spiare attraverso qc

peer[1] [pɪr] *vi* **to** ~ **at sth** scrutare qc; **to**

~ **into the distance** fissare lo sguardo in lontananza

peer[2] [pɪr] *n* **1.** (*equal*) pari *mf inv;* LAW **to be tried by a jury of one's ~s** essere giudicato dai propri pari **2.** (*lord*) nobile *mf*

peg [peg] **I.** *n* **1.** (*for coat*) gancio *m* dell'attaccapanni **2.** (*in furniture*) piolo *m;* (*for tent*) picchetto *m;* (*for clothes*) molletta *f;* (*on guitar*) bischero *m,* pirolo *m* **II.** <-gg-> *vt* **1.** (*hold down tent*) ancorare **2.** ECON fissare; **to ~ prices** stabilizzare i prezzi **3.** (*link*) **to ~ sth to sth** agganciare qc a qc

pejorative [pɪ·ˈdʒɔː·rə·t̬ɪv] *adj* peggiorativo, -a, spregiativo, -a

pelican [ˈpe·lɪ·kən] *n* pellicano *m*

pelt[1] [pelt] *n* (*animal skin*) pelle *f;* (*fur*) pelliccia *f*

pelt[2] [pelt] **I.** *vt* (*throw*) tempestare; **to ~ sb with stones** prendere qu a sassate **II.** *vi* **1.** (*rain*) scrosciare; **to ~ with rain** piovere a dirotto **2.** (*run, hurry*) fiondarsi; **to ~ after sb** fiondarsi dietro qu **III.** *n* **at full** ~ di gran carriera

pen[1] [pen] *n* (*fountain pen*) penna *f* stilografica; (*ballpoint pen*) biro *f inv,* penna *f* a sfera; **felt-tip** ~ pennarello *m*

pen[2] [pen] **I.** *n* **1.** (*enclosure*) recinto *m* **2.** *inf* (*jail*) **the** ~ la galera **II.** *vt* **to ~ sb/sth in** chiudere qu/qc in un recinto

penal [ˈpiː·nəl] *adj* penale

penalty [ˈpe·nəl·ti] <-ies> *n* **1.** LAW pena *f;* **death** ~ pena di morte **2.** (*punishment*) punizione *f* **3.** (*fine*) multa *f* **4.** SPORTS (*in soccer*) punizione *f,* (calcio di) rigore *m*

penalty box <-es> *n* (*in ice hockey*) *zona a fondo campo dove siedono i giocatori penalizzati*

penalty kick *n* SPORTS calcio *m* di rigore; **to award a** ~ concedere un rigore

pencil [ˈpen·tsəl] *n* matita *f;* **colored** ~ matita colorata

pencil case *n* astuccio *m,* portamatite *m inv*

pencil pusher *n sl* impiegatuccio, -a *m, f*

pencil sharpener *n* temperamatite *m inv*

pendant [ˈpen·dənt] *adj, n* pendente *m*

pending [ˈpen·dɪŋ] **I.** *adj* imminente; **patent** ~ in attesa di brevetto **II.** *prep* fino a; ~ **further instructions** fino a nuovo ordine

penetrate [ˈpe·nɪ·treɪt] *vt* **1.** (*move into or through*) penetrare; **to ~ a market** penetrare (in) un mercato **2.** (*spread through, permeate*) impregnare **3.** *fig* (*see through*) capire

penetrating *adj* (*voice, gaze, cold*) penetrante

penguin [ˈpeŋ·gwɪn] *n* pinguino *m*

penicillin [ˌpe·nɪ·ˈsɪ·lɪn] *n* penicillina *f*

peninsula [pə·ˈnɪn·sə·lə] *n* penisola *f*

penis [ˈpiː·nɪs] <-nises> *n* pene *m*

penknife [ˈpen·naɪf] <-knives> *n* temperino *m,* coltellino *m*

penniless [ˈpe·nɪ·lɪs] *adj* squattrinato, -a; **to be ~** essere senza un soldo; **to leave sb** ~ lasciare qu nella miseria

Pennsylvania [ˌpen·sɪl·ˈveɪ·ni·ə] *n* Pennsylvania *f*

penny [ˈpe·ni] *n* centesimo *m*

pen pal *n* amico, -a *m, f* di penna

pension[1] [ˈpen·ʃən] *n* FIN pensione *f*

pension[2] [pɑ̃n·ˈsjɔ̃ʊŋ] *n* (*boarding house*) pensione *f*

pensioner [ˈpen·ʃə·nɚ] *n* pensionato, -a *m, f*

pentagon [ˈpen·tə·gɑːn] *n* pentagono *m*

pentathlon [pen·ˈtæθ·lɑːn] *n* pentathlon *m*

penultimate [pɪ·ˈnʌl·tə·mət] *adj* penultimo, -a

people [ˈpiː·pl] *n* **1.** *pl* (*plural of person*) gente *f;* **four people** quattro persone; **country** ~ gente di campagna **2.** (*nation, ethnic group*) popolo *m;* **the American people** gli americani **3.** *pl* (*ordinary citizens*) popolo *m;* **of/by/for the** ~ del/dal/per il popolo

pepper [ˈpe·pɚ] **I.** *n* **1.** (*spice*) pepe *m;* **black/white** ~ pepe nero/bianco **2.** (*vegetable*) peperone *m* **II.** *vt* **1.** (*pelt*) **to ~ sb with bullets** crivellare qu di colpi; *fig* **to ~ sb with questions** tempestare qu con/di domande **2.** (*contain*) **to be ~ed with sth** (*speech, comments*) essere cosparso di qc; **to be ~ed with mistakes** esere pieno di errori

peppercorn ['pe·pɚ·kɔːrn] *n* grano *m* di pepe

pepper mill *n* macinapepe *inv*

peppermint ['pe·pɚ·mɪnt] *n* **1.** (*mint plant*) menta *f* (piperita) **2.** (*sweet*) caramella *m* alla menta

pep talk *n inf* **to give sb a ~** fare un discorsetto di incoraggiamento a qu

per [pɜːr] *prep* **1.** (*for a*) per; **$5 ~ pound/hour** $5 (al)la libbra/(al) l'ora **2. 100 miles ~ hour** 100 miglia all'ora

percentage [pər·'sen·tɪdʒ] *n* (*proportion*) percentuale *m*

percentage point *n* punto *m* percentuale

perception [pɚ·'sep·ʃən] *n* **1.** percezione *f* **2.** (*idea*) idea *f* **3.** (*insight*) intuito *m*

perceptive [pɚ·'sep·tɪv] *adj* perspicace, acuto, -a

perch [pɜːrtʃ] **I.** <-es> *n* **1.** (*for birds*) trespolo *m* **2.** (*high location or position*) posizione *f* privilegiata **II.** *vi* (*person, bird*) appollaiarsi

percussion [pɚ·'kʌ·ʃən] *n* MUS percussione *f;* **to play ~** essere percussionista

perfect[1] ['pɜːr·fɪkt] **I.** *adj* perfetto, -a; (*calm*) totale; (*opportunity*) ideale; (*silence*) assoluto, -a; **in ~ condition** in perfette condizioni; **the ~ crime** il delitto perfetto; **a ~ gentleman** un vero signore; **a ~ stranger** un perfetto estraneo **II.** *n* LING (tempo) *m* perfetto

perfect[2] [pɜːr·'fekt] *vt* perfezionare

perfection [pɚ·'fek·ʃən] *n* perfezione *f;* **to do sth to ~** fare qc alla perfezione

perfectly *adv* perfettamente; **~ happy** contentissimo; **to be ~ honest, ...** per essere del tutto sincero, ...

perform [pɚ·'fɔːrm] **I.** *vt* **1.** THEAT, TV (*play*) rappresentare [*or* dare]; THEAT, TV (*part*) interpretare; MUS eseguire **2.** (*do, accomplish*) compiere; **to ~ a function** svolgere una funzione; **to ~ miracles** fare miracoli; **to ~ a task** eseguire un compito; **to ~ a trick** fare un trucco **3.** COMPUT, MED eseguire **4.** SPORTS praticare **II.** *vi* THEAT recitare; MUS esibirsi

performance [pɚ·'fɔːr·mənts] *n* **1.** (*of play*) rappresentazione *f;* (*by individual actor*) interpretazione *f;* **to put on a ~ of a play** mettere in scena un'opera teatrale **2.** SPORTS prova *f;* **high ~** AUTO alto rendimento *m*

performer [pɚ·'fɔːr·mɚ] *n* THEAT artista *mf*

perfume ['pɜːr·fjuːm] *n* **1.** (*scented liquid*) profumo *m* **2.** (*fragrance*) fraganza *f*

perhaps [pɚ·'hæps] *adv* forse

peril ['pe·rəl] *n form* pericolo *m;* **to be in ~** essere in pericolo

period ['pɪ·ri·əd] **I.** *n* **1.** *a.* GEO periodo *m;* **in/over a ~ of sth** nel (corso di un) periodo di qc **2.** ECON scadenza *f;* **a fixed ~** una scadenza fissa **3.** (*distinct stage*) epoca *f* **4.** (*menstruation*) mestruazione *f;* **to have one's ~** avere le mestruazioni **5.** LING punto *m* **II.** *interj* punto e basta *inf*

periodical [ˌpɪ·ri·'ɑː·dɪ·kl] **I.** *n* (*general*) periodico *m;* (*specific*) bollettino *m* **II.** *adj* periodico, -a

perish ['pe·rɪʃ] *vi liter* (*die*) perire; (*disappear: motivation, hope*) svanire

perishable ['pe·rɪ·ʃə·bl] *adj* deperibile

perjury ['pɜːr·dʒə·ri] *n* falsa *f* testimonianza

perk [pɜːrk] *n inf abbr of* **perquisite 1.** (*advantage*) vantaggio *m* **2.** extra *mpl*

◆**perk up** *vi* **1.** (*cheer up*) rallegrarsi; **to ~ at sth** rallegrarsi per qc **2.** (*improve*) riprendersi

perm [pɜːrm] **I.** *n inf* (*permanent wave*) permanente *f* **II.** *vt* **to ~ one's hair, to have one's hair ~ed** farsi la permanente

permanent ['pɜːr·mə·nənt] *adj* (*job*) fisso, -a; (*damage*) irreparabile; (*exhibition, state, position*) permanente; (*relationship*) stabile

permission [pɚ·'mɪ·ʃən] *n* permesso *m*

permit[1] ['pɜːr·mɪt] *n* **work/parking ~** permesso di lavoro/di parcheggio *m;* **building/fishing ~** licenza edilizia/di pesca; **learner's ~** foglio *m* rosa

permit[2] [pɚ·'mɪt] <-tt-> **I.** *vt* permettere; **I will not ~ you to go there** non ti permetto di andarci; **to ~ oneself sth** concedersi qc **II.** *vi* **weather ~ing**

se fa bel tempo, tempo permettendo; **if time ~s** se c'è tempo

perpendicular [ˌpɜːr·pən·ˈdɪ·kjuː·lɚ] *adj, n* perpendicolare *f*

perpetual [pɚ·ˈpe·tʃu·əl] *adj* **1.** (*lasting forever*) perpetuo, -a **2.** (*repeated*) continuo, -a

perplex [pɚ·ˈpleks] *vt* sconcertare

persecute [ˈpɜːr·sɪ·kjuːt] *vt* **1.** *a.* POL perseguitare **2.** (*harass*) molestare

persecution [ˌpɜːr·sɪ·ˈkjuː·ʃən] *n* persecuzione *f*

persevere [ˌpɜːr·sə·ˈvɪr] *vi* perseverare

Persian Gulf *n* Golfo *m* Persico

persist [pɚ·ˈsɪst] *vi* **1.** (*continue: cold, heat, rain*) continuare; (*habit, belief, doubts*) persistere **2.** (*person*) insistere

persistent [pɚ·ˈsɪs·tənt] *adj* **1.** (*cold, belief*) persistente **2.** (*person*) insistente

person [ˈpɜːr·sən] <people *or form* -s> *n a.* LING persona *f;* **per ~** per persona; **first/second ~** prima/seconda persona

personal [ˈpɜːr·sə·nəl] *adj* **1.** (*gener*) personale; **to get ~** mettere le cose sul piano personale; **it's nothing ~** non è niente di personale **2.** (*private: letter*) riservato, -a; (*matter, property, life*) privato, -a **3.** (*offensive: comment, remark*) offensivo, -a

personal computer *n* personal *m* (computer) *inv*

personality [ˌpɜːr·sə·ˈnæ·lə·t̬i] *n* <-ies> personalità *f*

personally *adv* **1.** (*gener*) personalmente; **~, I don't think it matters** per conto mio non credo che abbia importanza; **I respect him but don't like him ~** lo rispetto, ma come persona non mi piace; **she's not involved with him ~** lei non ha una relazione con lui **2.** (*as offensive*) **to take sth ~** offendersi per qc [*or* prendere qc sul piano personale]

personnel [ˌpɜːr·sə·ˈnel] *n* **1.** *pl* (*staff, employees*) personale *m* **2.** (*department*) departamento *m* del personale

perspective [pɚ·ˈspek·tɪv] *n* prospettiva *f;* **you have to keep things in ~** non si deve perdere il senso delle proporzioni; **to put a different ~ on things** vedere le cose da un altro punto di vista

perspire [pɚs·ˈpa·ɪɚ] *vi* sudare

persuade [pɚ·ˈsweɪd] *vt* convincere

persuasion [pɚ·ˈsweɪ·ʒən] *n* **1.** (*act*) persuasione *f* **2.** (*conviction*) convinzione *f*

persuasive [pɚ·ˈsweɪ·sɪv] *adj* (*person, manner*) persuasivo, -a; (*argument*) convincente

perverse [pɚ·ˈvɜːrs] *adj* **1.** (*deviant, perverted*) perverso, -a **2.** (*stubborn*) ostinato, -a

perversion [pɚ·ˈvɜːr·ʒən] *n* (*sexual deviance*) perversione *f*

pervert[1] [ˈpɜːr·vɜːrt] *n* (*sexual deviant*) pervertito, -a *m, f*

pervert[2] [pɚ·ˈvɜːrt] *vt* alterare; (*meaning*) svisare; **to ~ the truth** distorcere la verità

pessimism [ˈpe·sə·mɪ·zəm] *n* pessimismo *m*

pessimist *n* pessimista *mf*

pessimistic [ˌpe·sə·ˈmɪs·tɪk] *adj* pessimista; **to be ~ about sth** essere pessimista su qc/riguardo a qc

pest [pest] *n* **1.** (*destructive insect, animal*) animale *m* nocivo **2.** *inf* (*annoying person*) peste *f*

pest control *n* (*of insects*) disinfestazione *f;* (*of rats*) derattizzazione *f*

pester [ˈpes·tɚ] *vt* infastidire

pesticide [ˈpes·tə·saɪd] *n* pesticida *m*

pet [pet] **I.** *n* **1.** (*house animal*) animale [*or* domestico] da compagnia *m* **2.** *pej* (*favorite person*) preferito, -a *m, f;* **he's the teacher's ~** è il preferito dell'insegnante **II.** *adj* **1.** (*cat, dog, snake*) domestico, -a **2.** (*favorite: project, theory*) preferito, -a

petal [ˈpe·t̬l] *n* BOT petalo *m*

peter [ˈpiː·t̬ɚ] *vi* **to ~ away** [*or* **out**] (*trail, track, path*) perdersi; (*conversation, flame*) languire; (*interest*) andare calando

petition [pə·ˈtɪ·ʃən] **I.** *n* **1.** POL petizione *f* **2.** LAW istanza *f* **II.** *vi* **1.** POL **to ~ for sth** fare una petizione per qc **2.** LAW **to ~ for divorce** presentare istanza di divorzio

P

petroleum [pə·ˈtroʊ·li·əm] *n* petrolio *m* (greggio), greggio *m*

petticoat [ˈpe·t̬ɪ·koʊt] *n* sottoveste *f*

petting zoo *n zoo in cui si possono toccare e carezzare gli animali*

petty [ˈpe·t̬i] <-ier, -iest> *adj* **1.** *pej* (*detail, amount*) trascurabile, insignificante; (*person, attitude*) meschino, -a **2.** LAW minore

petty cash *n* piccola cassa *f*

pew [pjuː] *n* banco *m* (di chiesa)

phantom [ˈfæn·təm] **I.** *n* fantasma *m* **II.** *adj* **1.** (*ghostly*) fantasmatico, -a **2.** (*imaginary*) immaginario, -a

pharmaceutical [ˌfar·mə·ˈsu·t̬ɪkəl] *adj* farmaceutico, -a

pharmacist [ˈfɑːr·mə·sɪst] *n* farmacista *mf*

pharmacy [ˈfɑːr·mə·si] <-ies> *n* farmacia *f*

phase [feɪz] *n* (*stage*) fase *f*; **to go through a ~** attraversare una fase

◆**phase in** *vt* introdurre per gradi

◆**phase out** *vt* (*service*) abolire per gradi; (*product*) cessare per gradi la produzione di

PhD [ˌpiː·eɪtʃ·ˈdiː] *n abbr of* **Doctor of Philosophy** **1.** (*award*) dottorato *m* di ricerca **2.** (*person*) Dott. *mf*

pheasant [ˈfe·zənt] <-(s)> *n* fagiano *m*

phenomenal *adj* (*success, achievement*) fenomenale

phenomenon [fə·ˈnɑː·mə·nɑːn] <phenomena> *n* fenomeno *m*

philosopher [fɪ·ˈlɑː·sə·fɚ] *n* filosofo, -a *m, f*

philosophical [ˌfɪ·lə·ˈsɑː·fɪ·k(əl)] *adj* filosofico, -a

philosophize [fɪ·ˈlɑː·sə·faɪz] *vi* filosofare

philosophy [fɪ·ˈlɑː·sə·fi] *n* filosofia *f*

phobia [ˈfoʊ·bi·ə] *n* PSYCH fobia *f*

phone [foʊn] **I.** *n* telefono *m*; **to hang up the ~** riattaccare; **to pick up the ~** alzare il ricevitore; **by ~** per telefono; **to be on the ~** essere al telefono **II.** *vt* telefonare a, chiamare (al telefono) **III.** *vi* telefonare, chiamare (al telefono); **to ~ in sick** telefonare per darsi malato

◆**phone back** *vt* ritelefonare a, richiamare

◆**phone up** *vt* telefonare a, chiamare (al telefono)

phone booth <-es> *n* cabina *f* telefonica

phone card *n* carta *f* telefonica, scheda *f* telefonica

phone-in *n programma a cui radioascoltatori o telespettatori partecipano telefonicamente*

phonetic [fə·ˈne·t̬ɪk] *adj* fonetico, -a

phoney [ˈfoʊ·ni] *adj, n see* **phony**

phosphorescent [ˌfɑːs·fə·ˈre·sənt] *adj* fosforescente

phosphorus [ˈfɑːs·fə·rəs] *n* fosforo *m*

photo [ˈfoʊ·t̬oʊ] <-s> *n inf abbr of* **photograph** foto *f inv*

photo album *n* album *m* di fotografie

photocopier [ˌfoʊ·t̬oʊ·ˈkɑː·piɚ] *n* fotocopiatrice *f*

photocopy [ˈfoʊ·t̬oʊ·ˌkɑː·pi] **I.** <-ies> *n* fotocopia *f*; **to make a ~ of sth** fare una fotocopia di qc **II.** *vt* fotocopiare

photo finish *n* SPORTS fotofinish *m inv*

photograph [ˈfoʊ·t̬oʊ·græf] **I.** *n* fotografia *f*; **aerial ~** fotografia aerea; **color/black-and-white ~** fotografia a colori/in bianco e nero; **to take a ~ of sb** fare una fotografia a qu **II.** *vt* fotografare

photographer [fə·ˈtɑː·grə·fɚ] *n* fotografo, -a *m, f*; **amateur ~** fotografo(-a) dilettante

photographic [ˌfoʊ·t̬ə·ˈgræ·fɪk] *adj* fotografico, -a

photography [fə·ˈtɑː·grə·fi] *n* fotografia *f*

photojournalism [ˌfoʊ·t̬oʊ·ˈdʒɜːrn·lɪ·zəm] *n* fotogiornalismo *m*

photojournalist *n* fotogiornalista *mf*

photo reporter *n* fotocronista *mf*, fotoreporter *mf inv*

photosynthesis [ˌfoʊ·t̬oʊ·ˈsɪn·θɪ·sɪs] *n* fotosintesi *f*

phrase [freɪz] **I.** *n* frase *f*; (*idiomatic expression*) espressione *f* **II.** *vt* **to ~ sth well/badly** esprimere bene/male qc

phrase book *n* libro *m* delle locuzioni

physical [ˈfɪ·zɪ·kəl] **I.** *adj* fisico, -a; **~ attraction** attrazione *f* fisica; **~ exercise** esercizio *m* fisico **II.** *n* MED visita *f* medica

physical education *n* educazione *f* fisica

physical therapist *n* fisioterapista *mf*

physical therapy *n* fisioterapia *f*

physician [fɪ·ˈzɪ·ʃən] *n* medico, -a *m, f*

physicist [ˈfɪ·zɪ·sɪst] *n* fisico, -a *m, f*

physics [ˈfɪ·zɪks] **I.** *n* fisica *f* **II.** *adj* di fisica

physique [fɪ·ˈziːk] *n* fisico *m*

pianist [ˈpiː·æ·nɪst] *n* pianista *mf*

piano [pi·ˈæ·noʊ] <-s> *n* piano(forte) *m;* **to play the ~** suonare il piano(forte)

pick [pɪk] **I.** *vt* **1.** (*select*) scegliere; **to ~ sth at random** scegliere qc a caso; **to ~ one's way** stare attento a dove si mettono i piedi **2.** (*harvest: fruit, vegetables*) cogliere **3.** (*remove*) togliere; **to ~ one's nose** mettersi le dita nel naso; **to ~ holes in sth** *fig* trovare difetti in qc **4.** MUS (*guitar*) pizzicare [*or* suonare] **5.** (*steal*) **to ~ a lock** scassinare una serratura; **to ~ sb's pocket** borseggiare qu; **to ~ sb's brains** *fig* chiedere lumi a qu **6.** (*provoke*) **to ~ a fight** (**with sb**) attaccare briga (con qu) **II.** *vi* **to ~ and choose** essere selettivo **III.** *n* **1.** (*selection*) scelta *f;* **to take one's ~** scegliere; **to have one's ~** avere la scelta; **the ~ of the bunch** il migliore del gruppo **2.** (*pickax*) piccone *m*

◆**pick off** *vt* **1.** (*shoot*) abbattere (uno dopo l'altro) **2.** *fig* (*take the best*) scegliersi il migliore **3.** (*pull off*) separare; **to pick an apple off the tree** staccare una mela dall'albero

◆**pick on** *vt insep* (*victimize*) prendersela con

◆**pick up** **I.** *vt* **1.** (*lift*) tirare su, sollevare [*or* alzare]; **to ~ the phone** alzare il ricevitore [*or* prendere il telefono]; **to pick oneself up** rimettersi in piedi [*or* tirarsi su]; **to pick oneself up off the floor** risollevarsi; **to ~ the pieces** *fig* raccogliere i cocci **2.** (*get*) prendere; (*conversation*) attaccare discorso; **to ~ a bargain** trovare un buona occasione; **to ~ an illness** prendersi una malattia; **to ~ speed** acquistare velocità; **to ~ the bill** [*or* **tab**] *inf* pagare il conto **3.** (*collect: item*) ritirare; (*person*) (andare a) prendere; **to pick sb up** (*bus*) prendere qu **4.** (*buy*) acquistare (a poco prezzo) **5.** (*detect: noise*) individuare; (*signal*) captare **6.** (*learn*) apprendere **7.** *inf* (*sexually*) **to pick sb up** rimorchiare qu **II.** *vi* **1.** (*improve*) migliorare; MED riprendersi **2.** (*continue*) continuare; **to ~ where one left off** ricominciare da dove si è lasciato

picket [ˈpɪ·kɪt] **I.** *n* (*striker*) *a.* MIL picchetto *m* **II.** *vt* (*in strike*) picchettare

picket line *n* picchetto (di scioperanti) *m*

pickle [ˈpɪ·kl] **I.** *n* **1.** (*pickled item*) sottaceto *m* **2.** (*pickled cucumber*) cetriolo *m* sottaceto **II.** *vt* (*in vinegar*) conservare sottaceto; (*fish*) conservare in salamoia

pickpocket [ˈpɪk·ˌpɑː·kɪt] *n* borsaiolo, -a *m, f,* borseggiatore, -trice *m, f*

pickup *n* **1.** *inf* (*collection*) raccolta *f* **2.** (*increase*) ripresa; **a ~ in sales** una ripresa nelle vendite **3.** (*part of record player*) pick-up *m inv* **4.** *sl* (*partner for sex*) conquista *f* facile

pickup truck *n* pick-up *m inv*

picnic [ˈpɪk·nɪk] *n* picnic *m inv;* **to go on a ~** andare a fare un picnic; **to be no ~** *fig* non essere [*or* una cosa da niente] una passeggiata

picture [ˈpɪk·tʃɚ] **I.** *n* **1.** (*image*) immagine *f;* (*painting*) dipinto *m;* (*in book*) illustrazione *f;* (*drawing*) disegno *m* **2.** (*photo*) foto(grafia) *f;* **to take a ~** fare una foto(grafia) **3.** (*film*) film *m inv;* **to make a ~** fare un film; **to go to the ~s** andare al cinema **4.** (*mental image*) immagine *f* mentale **5.** *fig* (*description*) rappresentazione *f;* **to paint a ~ of sth** fare una descrizione di qc ▶ **to <u>be</u> in the ~** essere al corrente; **to <u>get</u> the ~** capire; **to <u>keep</u> sb in the ~** tenere qu al corrente; **to <u>put</u> sb in the ~** mettere qu al corrente **II.** *vt* (*imagine*) immaginare, immaginarsi; (*depict*) ritrarre; **to ~ oneself ...** immaginare sé stesso ...

pie [paɪ] *n* (*vegetables, meat*) pasticcio *m* (in crosta); (*fruit*) crostata *f,* torta *f*

piece [piːs] *n* **1.** (*gener*) pezzo *m;* (*smaller*) pezzetto *m;* **a ~ of land** un appezzamento di terreno; **a ~ of paper** (*scrap*) un pezzo di carta; (*sheet*) un foglio; **in one ~** (tutto)intero; **in ~s** a pezzi; **to break sth to/in ~s** fare a pezzi qc; (**all**) **in one ~** (*not damaged*) incolume; **~ by ~** pezzo per pezzo; **to go** (**all**) **to ~s** (*collapse, break*) crollare **2.** (*item, one of set*) unità *f;* **~ of luggage** collo *m;* **~ of clothing** indumento *m* **3.** (*with mass nouns*) **a ~ of advice** un consiglio; **a ~ of evidence** una prova; **a ~ of information** un'informazione; **a ~ of news** una notizia **4.** ART, MUS pezzo *m,* brano *m;* PUBL annuncio *m;* **a ~ of writing** uno scritto **5.** (*coin*) moneta *f;* **a 50 cent ~** una moneta da 50 centesimi ▶ **to get a ~ of the action** (*profits*) avere una fetta della torta; **to be a ~ of cake** *inf* essere facilissimo; **to give sb a ~ of one's mind** *inf* dirne quattro a qu; **to say one's ~** dire la propria

piecework ['pi:s·wɜ:rk] *n* lavoro *m* a cottimo

pier [pɪr] *n* (*at the water*) molo *m,* banchina *f*

pierce [pɪrs] *vt* (*perforate*) perforare; (*skin*) trafiggere; **to ~ a hole in sth** fare un buco in qc; **to have one's ears ~d** farsi fare i buchi alle orecchie

piercing **I.** *adj* **1.** (*wind*) penetrante; (*cold*) pungente **2.** (*eyes, look*) penetrante; (*question, wit*) pungente; (*sarcasm*) acuto, -a **3.** (*cry*) lacerante **II.** *n* piercing *m inv*

pig [pɪg] *n* **1.** ZOOL maiale *m,* porco *m* **2.** *inf* (*person*) maiale, -a *m, f*

◆**pig out** <-gg-> *vi inf* mangiare come un porco; **to ~ out on sth** abbuffarsi di qc

pigeon ['pɪ·dʒən] *n* **1.** (*bird*) piccione *m* **2.** *fig* (*easy prey*) merlo *m*

piggy bank *n* salvadanaio *m a forma di maialino*

pigheaded [ˌpɪg·'he·dɪd] *adj* testardo, -a

piglet ['pɪg·lɪt] *n* maialino *m*

pigsty ['pɪgs·taɪ] *n a. fig, pej* porcile *m*

pigtail ['pɪg·teɪl] *n* (*one of two braids*) treccina *f;* **to have one's hair in ~s** portare le treccine

pile [paɪl] **I.** *n* **1.** (*gener*) *a.* ELEC pila *f* **2.** (*heap*) mucchio *m;* **to have ~s of sth** *inf* avere un mucchio di qc **3.** (*of carpet*) pelo *m* **II.** *vt* (*to stack*) impilare; (*to heap*) ammucchiare; **to ~ sth high** ammucchiare una gran quantità di qc

◆**pile in** *vi* **~!** tutti dentro!

◆**pile on** *vt* **1.** (*enter*) accalcarsi per entrare **2.** (*heap*) aggiungere; **to pile sth on sth** aggiungere qc sopra qc **3.** *inf* (*exaggerate*) **to** (**really**) **pile it on** esagerare

◆**pile up** **I.** *vi* **1.** (*accumulate*) accumularsi **2.** (*form a pile*) accatastarsi **II.** *vt* accumulare

piles *npl inf* emorroidi *fpl*

pileup ['paɪl·ʌp] *n* tamponamento *m*

pilfer ['pɪl·fɚ] *vt* rubacchiare

pilgrimage ['pɪl·grɪ·mɪdʒ] *n* pellegrinaggio *m*

pill [pɪl] *n* **1.** pillola *f,* pastiglia *f,* compressa *f;* **the ~** (*contraception*) la pillola; **to be on the ~** prendere la pillola ▶ **to be a bitter ~ to swallow** essere duro da mandar giù; **to sweeten** [*or* **sugar**] **the ~** indorare la pillola

pillar ['pɪ·lɚ] *n* **1.** ARCHIT pilastro *m,* colonna *f;* **a ~ of flame/smoke** una colonna di fiamme/fumo **2.** *fig* (*of support*) sostegno *m;* **a ~ of society** un pilastro della società

pillow ['pɪ·loʊ] *n* **1.** (*for bed*) cuscino *m,* guanciale *m* **2.** (*cushion*) cuscino *m*

pillowcase *n,* **pillow cover** *n,* **pillowslip** *n* federa *f*

pilot ['paɪ·lət] **I.** *n* **1.** AVIAT, NAUT pilota *mf* **2.** TV episodio *m* pilota **3.** TECH (*flame*) fiammella *f* pilota **II.** *vt* **1.** (*plane, boat*) pilotare **2.** COM (*product*) sperimentare; **to ~ a bill** pilotare una legge

pilot boat *n* pilotina *f*

pilot light *n* fiammella *f* pilota

pimp [pɪmp] *n* protettore (di prostitute) *m,* magnaccia *m*

pimple ['pɪm·pl] *n* foruncolo *m*

pimply ['pɪmp·li] <-ier, -iest> *adj* pieno, -a di foruncoli

pin [pɪn] **I.** *n* **1.** (*needle*) spillo *m;* **tie ~** fermacravatta *m inv* **2.** (*brooch*) spilla *f* ▶ **to have ~s and needles** avere un formicolio; **you could have heard a ~ drop** non si sentiva volare una mosca **II.** <-nn-> *vt* **1.** (*attach using pin*) **to ~ sth on** appuntare qc con uno spillo **2.** (*associate with: crime*) **to ~ sth on sb** addossare la responsabilità di qc a qu

◆**pin down** *vt* **1.** (*define*) definire con precisione **2.** (*locate*) localizzare **3.** (*pressure to decide*) **to ~ sb to a particular date** impegnare qu per una certa data **4.** (*restrict movement*) immobilizzare

◆**pin up** *vt* (*attach using pins*) appuntare; (*on the wall*) appendere; **to ~ one's hair** tirarsi su i capelli

PIN [pɪn] *n abbr of* **personal identification number** pin *m (codice numerico personale)*

pinball machine *n* flipper *m inv*

pinch [pɪntʃ] **I.** *vt* **1.** (*with fingers*) pizzicare; **to ~ oneself** *fig* darsi dei pizzicotti (per accertarsi che non si sta sognando) **2.** (*be too tight*) essere troppo stretto; **the shoes ~ my feet** le scarpe mi vanno strette **3.** *inf* (*steal*) fregare *inf* **II.** *vi* **1.** (*with fingers*) stringere **2.** (*boots, shoes, slippers*) essere stretto **III.** *n* **1.** (*nip*) pizzicotto *m;* **to give sb a ~** dare un pizzicotto a qu; **to feel the ~** sentire gli effetti negativi **2.** (*small quantity*) pizzico *m*

pine[1] [paɪn] *n* (*tree, wood*) pino *m*

pine[2] [paɪn] *vi* **1.** (*waste away*) **to ~ (away)** deperire **2.** (*long for*) **to ~ for sb** sospirare per la mancanza di qu

pineapple ['paɪn·æ·pl] *n* ananas *m inv*

pine cone *n* pigna *f*

pine needle *n* ago *m* di pino

pine nut *n* pinolo *m*

pine tree *n* pino *m*

ping [pɪŋ] *n* (*sound: of bell*) din(din) *m;* (*of glass, metal*) tic *m*

Ping-Pong® ['pɪŋ·,paŋ] *n inf* ping-pong *m*

pink [pɪŋk] *adj, n* rosa *m*

pink slip *n* lettera *f* di licenziamento

pinpoint ['pɪn·pɔɪnt] **I.** *vt* (*location, reason*) individuare (con esattezza); **to ~ the cause of sth** determinare la causa di qc **II.** *adj* preciso, -a; **~ accuracy** precisione assoluta

pinstripe ['pɪn·straɪp] *adj* gessato, -a; **pinstripe suit** abito *m* (in tessuto) gessato

pint [paɪnt] *n* pinta *f (0,47 l);* **a ~ of beer/milk** una pinta di birra/latte

pintsize(d) ['paɪnt·saɪz(d)] *adj inf* minuscolo, -a

pinup ['pɪn·ʌp] *n* **1.** (*poster*) poster *m (di una celebrità)* **2.** (*man*) bello *m* da calendario; (*girl*) pin-up(-girl) *f*

pioneer [,paɪ·ə·'nɪr] **I.** *n a. fig* pioniere, -a *m, f* **II.** *vt* essere il pioniere in qc

pious ['pa·ɪəs] *adj* pio, -a; **~ intentions** pie intenzioni

pip[1] [pɪp] *n* BOT seme *m*

pip[2] [pɪp] *n* (*sound*) bip *m*

pipe [paɪp] **I.** *n* **1.** TECH (*tube*) tubo *m;* (*smaller*) canna *f;* (*for gas, water*) conduttura *f,* tubatura *f* **2.** (*for smoking*) pipa *f* **3.** MUS (*wind instrument*) zufolo *m,* piffero *m;* (*in organ*) canna *f;* **~s** cornamusa *f,* zampogna *f* **II.** *vt* (*transport*) trasportare mediante tubazioni

◆**pipe down** *vi inf* (*be quiet*) abbassare la voce; (*become quieter*) calmarsi

◆**pipe up** *vi* farsi sentire

pipe cleaner *n* scovolino *m inv*

pipe dream *n* idea *f* campata in aria

pipeline ['paɪp·laɪn] *n* (*oil*) oleodotto *m;* (*natural gas*) gasdotto *m;* (*methane*) metanodotto *m;* **to be in the ~** *fig* essere in cantiere

piracy ['paɪ·rə·si] *n* NAUT, COM pirateria *f;* **software ~** pirateria *f* di software

pirate ['paɪ·rət] **I.** *adj, n* pirata *m;* **~ copy** copia *f* pirata; **~ video** video *m* pirata **II.** *vt* pirateggiare

Pisces ['paɪ·si:z] *n* Pesci *m;* **I'm (a) Pisces** sono (un[*or* del]) Pesce

piss [pɪs] *vulg* **I.** *n* piscio *m; vulg* piscia *f; vulg* **to take a ~** fare una pisciata **II.** *vi* pisciare

◆**piss off** *vulg sl* **I.** *vi* **~!** (*go away!*) fuori dalle palle! **II.** *vt* **to piss sb off** (*make angry*) fare incazzare qu

pissed [pɪst] *adj vulg sl,* **pissed off** *adj sl* **to be ~** (*angry*) essere incazzato

pistachio [pɪ·'stæ·ʃioʊ] <-s> *n* pistacchio *m*

P

pistol ['pɪs·təl] *n* pistola *f*

piston ['pɪs·tən] *n* TECH pistone *m*

pit[1] [pɪt] *n* **1.** (*in ground*) fossa *f;* (*on metal*) scalfittura *f;* (*on face*) segno *m;* **in the ~ of one's stomach** alla bocca dello stomaco **2.** (*in a mine*) pozzo *m;* (*coal mine*) miniera *m* di carbone; (*chalk, gravel*) cava *f* **3. the ~s** *pl, fig inf* il peggio che ci sia **4.** *inf* (*messy place*) casino *m* **5.** THEAT (*orchestral area*) golfo *m* mistico **6. the ~s** *pl* SPORTS i box

pit[2] [pɪt] *n* (*of fruit*) nocciolo *m*

pitch[1] [pɪtʃ] **I.** *n* **1.** (*in baseball: field*) campo *m;* (*in baseball: throw*) lancio *m,* tiro *m* **2.** (*in cricket*) terreno *m* (di gioco) **3.** (*movement of ship*) beccheggio *m* **4.** (*slope*) grado *m* di inclinazione; **steep ~** inclinazione *f* pronunciata **5.** (*volume*) volume *m;* **to be at fever ~** essere molto eccitato **6.** MUS, LING tono *m* **7.** (*spiel*) imbonimento *m;* **sales ~** parlantina *f* da imbonitore **II.** *vt* **1.** *a.* SPORTS (*throw*) lanciare, tirare **2.** (*fix level of sound*) **this tune is ~ed (too) high/low** questo motivo è in un tono (troppo) alto/basso **3.** (*direct at: speech, advertisement*) **to ~ sth at sb** rivolgere qc a qu; (*product*) promuovere energicamente **4.** (*set up*) **to ~ a tent** piantare la tenda **III.** *vi* **1.** (*fall headlong*) cadere in avanti; (*move back and forth: boat*) beccheggiare **2.** SPORTS (*throw baseball*) lanciare

◆**pitch in** *vi inf* dare una mano

pitch[2] [pɪtʃ] *n* (*bitumen*) pece *f*

pitch-black [ˌpɪtʃ·'blæk] *adj* (*extremely dark*) di un buio assoluto; (*very black*) nero, -a come la pece

pitcher[1] ['pɪ·tʃɚ] *n* (*large jug*) anfora *f;* (*smaller*) brocca *f*

pitcher[2] ['pɪ·tʃɚ] *n* SPORTS (*in baseball*) lanciatore, -trice *m, f*

pitchfork ['pɪtʃ·fɔːrk] *n* forcone *m,* forca *f*

pitfall ['pɪt·fɔːl] *n pl* insidia *f*

pith [pɪθ] *n* BOT (*of lemon, orange*) albedo; BOT midollo *m*

pithy ['pɪ·θi] <-ier, -iest> *adj* (*remark, summary, phrase*) conciso, -a

pitiful ['pɪ·t̬ɪ·fəl] *adj* **1.** (*terrible*) pietoso, -a; **~ conditions** condizioni *f pl* pietose; **a ~ sight** una scena pietosa **2.** (*unsatisfactory*) deplorevole; **a ~ excuse** una scusa patetica

pitiless ['pɪ·t̬ɪ·ləs] *adj* spietato, -a

pit stop *n* **1.** (*in racing*) pit stop *m inv* **2.** *fig* (*quick stop*) sosta *f* (durante un viaggio in auto)

pity ['pɪ·t̬i] **I.** *n* **1.** (*compassion*) compassione *f,* pietà *f;* **to take ~ on sb** impietosirsi di qu; **for ~'s sake** per pietà! **2.** (*shame*) **(it's a) ~ that ...** (è un) peccato che ...; **what a ~!** che peccato! **II.** <-ies, -ied> *vt* commiserare

pivot ['pɪ·vət] *n* **1.** TECH perno *m* **2.** (*focal point*) fulcro *m;* **to be the ~ of sth** essere il fulcro di qc; (*person*) essere il perno di qc

pizza ['piːt·sə] *n* pizza *f*

placard ['plæ·kɑːrd] *n* cartello *m*

place [pleɪs] **I.** *n* **1.** (*location, area*) luogo *m;* **~ of birth** luogo di nascita; **~s of interest** luoghi di interesse; **to be in ~** essere a posto; *fig* (*organized*) essere sistemato; **if I were in your ~, ...** al tuo posto io ...; **in ~ of sb/sth** al posto di qu/qc **2.** *inf* (*house*) casa *f;* **at my ~** a casa mia **3.** (*building*) edificio *m* **4.** (*commercial location*) locale *m* **5.** (*position*) posizione *f;* **to lose one's ~** (*in book*) perdere il segno; **to take first/second ~** avere primaria/secondaria importanza; **in the first ~** in primo luogo **6.** (*seat*) posto *m;* **is this ~ taken?** è libero questo posto?; **to change ~s with sb** scambiare il posto con qu; **to save sb a ~** tenere il posto a/per qu **7.** (*in organization*) posto *f;* **she has got a ~ at the university** ha ottenuto un posto all'università **8.** MAT **decimal ~** decimale *m* **9.** *inf* (*in location*) **any ~** in qualsiasi posto; **every ~** in ogni posto; **some ~** in qualche posto; **no ~** in nessun posto ▶ **a ~ in the sun** un posto al sole; **to fall into ~** andare (perfettamente) a posto; **to go ~s** *inf* (*become successful*) fare strada; **to put sb in his/her ~** mettere a posto qu; **all over the ~** dappertutto; **to feel out of ~** sentirsi fuori posto **II.** *vt* **1.** (*position, put*) sistemare, collocare; **to ~ sth somewhere** sistemare qc da qualche parte; **to ~ an advertisement in the newspaper** fare un'inserzione sul giornale **2.** (*impose*) porre; **to ~ a limit on sth** imporre un limite a qc; **to ~ sb under arrest** arrestare qu **3.** (*ascribe*) **to ~ the blame on sb** addossare la colpa a qu; **to ~ one's hopes on sb/sth** riporre le proprie speranze in qu/qc; **to ~ emphasis on sth** porre l'enfasi su qc **4.** (*arrange for*) piazzare; **to ~ an order for sth** piazzare un ordine per; **to ~ a bet** piazzare [*or* fare] una scommessa **5.** (*appoint to a position*) **to ~ sb in charge** (**of sth**) mettere qu a capo (di qc); **to ~ sb under pressure** mettere qu sotto pressione; **to be ~d first/second** SPORTS classificarsi al primo/secondo posto **III.** *vi* SPORTS classsificarsi

plague [pleɪg] *n* (*epidemic*) epidemia *f;* (*infestation of insects*) invasione *f;* (*source of annoyance*) persecuzione *f*

plaice [pleɪs] *inv n* platessa *f*

plain [pleɪn] **I.** *adj* **1.** semplice; (*one color*) di un solo colore; (*without additions*) senza additivi; **~ yogurt** yogurt *m* naturale; **the ~ folks** la gente semplice; **~ and simple** puro e semplice **2.** (*clear, obvious*) chiaro; **it is ~ that ...** è chiaro che ...; **to make sth ~** mettere in chiaro qc **3.** (*mere, pure*) puro, -a; **the ~ truth** la pura verità **4.** (*not pretty*) non attraente; **a ~ girl** una ragazza bruttina **II.** *adv inf* (*downright*) semplicemente; **~ awful** proprio orribile **III.** *n* **1.** GEO pianura *f;* **the ~s** *pl* le pianure; **the great Plains** le Grandi Pianure **2.** (*knitting stitch*) d(i)ritto *m*

plainclothes *adj* LAW (*policeman*) in borghese

plainly ['pleɪn·li] *adv* **1.** (*simply*) semplicemente **2.** (*clearly*) chiaramente; (*obviously*) evidentemente; **to be ~ visible** essere distintamente visibile **3.** (*undeniably*) senza dubbio

plainspoken [ˌpleɪn·'spoʊ·kən] *adj* franco, -a

plait [plæt] **I.** *n* treccia *f* **II.** *vt* intrecciare

plan [plæn] **I.** *n* **1.** (*scheme, program*) piano *m,* progetto *m;* **to draw up a ~** elaborare un progetto; **to go according to ~** procedere secondo i piani **2.** FIN, ECON (*policy*) piano *m;* **healthcare ~** programma *m* sanitario; **savings ~** programma *m* di risparmio **3.** (*diagram*) disegno *m;* **street ~** pianta *f* stradale **II.** <-nn-> *vt* **1.** (*work out in detail*) pianificare; (*prepare*) programmare; **~ned economy** economia *f* pianificata; **to ~ sth for sb** programmare qc per qu **2.** (*intend*) ripromettersi; **to ~ to do sth** ripromettersi di fare qc **III.** <-nn-> *vi* (*prepare*) fare progetti; **to ~ carefully** fare piani dettagliati

plane[1] [pleɪn] **I.** *n a.* MAT piano *m* **II.** *vi* planare **III.** *adj a.* MAT piano, -a

plane[2] [pleɪn] *n* (*airplane*) aereo *m;* **by ~** in aereo

plane[3] [pleɪn] **I.** *n* (*tool*) pialla *f* **II.** *vt* piallare

plane[4] [pleɪn] *n* (*tree*) platano *m*

planet ['plæ·nɪt] *n* pianeta *m*

plank [plæŋk] *n* **1.** (*long board*) asse *m,* tavola *f* **2.** (*of policy, ideology*) principio *m*

planner *n* pianificatore, -trice *m, f;* **city ~** urbanista *mf*

planning *n* pianificazione *f;* **city ~** urbanistica

plant [plænt] **I.** *n* **1.** BOT pianta *f* **2.** (*factory*) stabilimento *m,* fabbrica *f* **3.** (*machinery*) macchinari *mpl* **II.** *vt* **1.** AGR (*put in earth*) piantare; **to ~ the fields with wheat** seminare i campi a grano **2.** (*put*) piazzare; **to ~ oneself somewhere** *inf* piazzarsi da qualche parte; **to ~ a bomb** mettere una bomba **3.** *inf* (*incriminate*) **to ~ evidence on sb** nascondere prove false addosso a qu per incriminarlo

plantation [plæn·'teɪ·ʃən] *n* piantagione *f;* (*of trees*) albereto *m*

plaque [plæk] *n* **1.** (*on building*) targa *f* **2.** MED placca *f*

plaster ['plæs·tɚ] **I.** *n a.* MED gesso *m;* (*for walls*) intonaco *m* **II.** *vt* **1.** (*wall,* *ceiling*) intonacare **2.** *fig inf* (*put all over*) ricoprire

plasterboard ['plæs·tə·bɔ:rd] *n* cartongesso *m*

plaster cast *n* **1.** MED ingessatura *f* **2.** ART calco *m* in gesso

plastered *adj inf* (*drunk*) ciucco, -a

plastic ['plæs·tɪk] **I.** *n* **1.** (*material*) plastica *m* **2. ~s** *pl* (*manufacturing sector*) industria *f* della plastica **3.** *inf* (*credit cards*) carte *f pl* di credito **II.** *adj* **1.** (*made from plastic*) di plastica **2.** *pej* (*artifical*) falso, artificioso

plastic surgery *n* chirurgia *f* plastica

plate [pleɪt] *n* **1.** (*dinner plate*) piatto *m* **2.** (*panel, sheet*) lamiera *f* **3.** AUTO **license ~** targa *f* **4.** TYPO lastra *f* **5.** (*layer of metal*) placcatura *f*; **gold ~** placcatura a foglia d'oro **6.** (*picture in book*) illustrazione *f*

plated *adj* (*coated in metal*) placcato, -a

plateful ['pleɪt·fʊl] *n* piatto *m*

plate glass *n* vetro *m* in lastre

plate rack *n* scolapiatti *m inv*

platform ['plæt·fɔ:rm] *n* **1.** *a.* COMPUT piattaforma *f* **2.** RAIL marciapiede *m* **3.** (*stage*) palco *m* **4.** (*means for expressing view*) tribuna *f* **5.** POL (*policy*) programma *m* elettorale **6.** *pl* (*shoe*) zatterone *m*

platinum ['plæt·nəm] *n* platino *m*

platter ['plæ·t̬ə] *n* (*large dish*) piatto *m* (di portata), vassoio *m*

play [pleɪ] **I.** *n* **1.** (*gener*) *a.* SPORTS gioco *m*; **to be in/out of ~** essere in gioco/fuori gioco; **to bring sth into ~** mettere qc in gioco; **to come into ~** entrare in gioco **2.** SPORTS (*move*) mossa *f*; **to make a bad/good ~** fare una cattiva/buona mossa **3. foul ~** (*crime*) delitto; **the police suspect foul ~** la polizia sospetta che si tratti di un delitto **4.** THEAT opera *f* teatrale; **a one-act ~** una pièce in un atto; **radio ~** sceneggiato *m* radiofonico ► **to make a ~ for sth** cercare di ottenere qc **II.** *vi* **1.** *a.* SPORTS giocare; **to ~ for a team** giocare in una squadra; **to ~ fair/rough** fare un gioco pulito/sporco **2.** (*perform: of actor*) recitare **3.** MUS suonare **III.** *vt* **1.** (*participate in game, sport*) giocare; **to ~ bridge/soccer** giocare a bridge/a calcio; **to ~ a card** giocare una carta **2.** (*perform a role*) interpretare, fare la parte di; **to ~ the clown** [*or* **fool**] fare lo spiritoso **3.** MUS (*piano, guitar, saxophone*) suonare **4.** (*CD, tape, video, DVD*) mettere **5.** (*perpetrate: joke*) fare ► **to ~ it safe** andare sul sicuro

♦**play along** *vi* **to ~ with sb** stare al gioco di qu

♦**play at** *vt* **1.** (*pretend, for fun*) **to ~ (being) sth** giocare a (essere) qc **2.** *pej* (*do*) **what are you playing at?** cosa diavolo stai facendo?

♦**play down** *vt* minimizzare

♦**play off** **I.** *vi* disputare lo spareggio **II.** *vt* **to play sb off against sb** aizzare qu contro qu

♦**play up** *vi* **1.** *inf* **to ~ to sb** (*flatter*) lisciare qu **2.** (*hurt: knee, elbow, back*) fare male

playback ['pleɪ·bæk] *n* (*of tape*) riproduzione *f*

playboy ['pleɪ·bɔɪ] *n* playboy *m*

player ['ple·ɪə] *n* **1.** SPORTS giocatore, -trice *m, f*; **card ~** giocatore, -trice *m, f* di carte; **soccer ~** calciatore, -trice *m, f*; **tennis ~** tennista *mf* **2.** MUS suonatore, -trice *m, f* **3.** THEAT attore, -trice *m, f* **4.** (*machine*) **CD ~** lettore *m* di CD; **record ~** giradischi *m inv*

playful ['pleɪ·fəl] *adj* **1.** (*full of fun*) giocherellone, -ona **2.** (*comment, tone*) scherzoso

playground ['pleɪ·graʊnd] *n* (*at school*) area *f* per la ricreazione; (*in park*) parco *m* giochi

playgroup ['pleɪ·gru:p] *n* asilo *m* nido

playing card *n* carta *f* da gioco

playing field *n* campo [*or* sportivo] di gioco *m*

playoff ['pleɪ·ɔf] *n* spareggio *m*; **the ~s** i turni eliminatori

playpen ['pleɪ·pen] *n* box *m inv*

playroom ['pleɪ·ru:m] *n* stanza *f* dei giochi

playtime ['pleɪ·taɪm] *n* SCHOOL ricreazione *f*

playwright ['pleɪ·raɪt] *n* scrittore, -trice

teatrale *m*

plea-bargain *n patteggiamento*

plead [pliːd] <-ed *or* pled, -ed *or* pled> *vi* 1. (*implore, beg*) implorare, invocare; **to ~ for forgiveness** implorare il perdono; **to ~ for justice** chiedere giustizia; **to ~ with sb** (**to do sth**) scongiurare qu (di fare qc) 2. LAW **to ~ guilty** (**to a charge**) dichiararsi colpevole (rispetto a un'accusa)

pleasant [ˈple·zənt] *adj* 1. (*pleasing*) piacevole; **what a ~ surprise!** che bella sorpresa!; **~ weather** bel tempo 2. (*friendly*) carino

please [pliːz] I. *vt* 1. (*make happy*) fare contento; (*give pleasure to*) fare piacere a 2. *inf* (*do as one wishes*) **~ yourself** fai quello che vuoi II. *vi* 1. (*be agreeable*) **eager to ~** sempre disponibile 2. (*think fit, wish*) **you can do as you ~** puoi fare come meglio credi III. *interj* per [*or* piacere] favore, fare contento; **more potatoes? — (yes) ~** altre patate? Sí, grazie; **oh, ~!** (*in annoyance*) ma fammi [*or* mi faccia] il piacere! [*or* fatemi]

pleased *adj* 1. (*satisfied, contented*) contento, -a, soddisfatto, -a; **to be ~ about sth** essere contento di qc 2. (*happy, glad*) contento, -a, lieto, -a; **I'm ~ to inform you ...** sono lieto di informarla che ...; **~ to meet you** lieto di conoscerla, piacere!

pleasing *adj* piacevole, gradevole; **~ news** buone notizie *fpl*

pleasurable [ˈple·ʒə·rə·bl] *adj* piacevole, gradevole; **a ~ sensation** una piacevole sensazione

pleasure [ˈple·ʒɚ] *n* piacere *m;* **it was a ~ to meet you** è stato un piacere conoscerla; **to take ~ in sth/in doing sth** divertirsi con qc/a fare qc; **with ~** con piacere; **are you here for business or ~?** è qui per lavoro o per svago?

pleat [pliːt] *n* piega *f*

pledge [pledʒ] I. *n* 1. (*solemn promise*) promessa *f* (solenne); **to fulfill a ~** mantenere una promessa; **to make a ~ that ...** promettere (solennemente) che ... 2. (*symbolic sign of promise*) **as a ~ of sth** in pegno di qc 3. (*promised donation*) contributo *m* promesso II. *vt* (*promise*) promettere; **to ~ loyalty** promettere fedeltà

plentiful [ˈplen·tɪ·fəl] *adj* abbondante

plenty [ˈplen·ti] I. *n* 1. (*abundance*) abbondanza *f* 2. (*a lot*) **~ of money/time** un mucchio di soldi/tempo II. *adv* a sufficienza; **there is ~ more** ce n'è ancora in quantità

pliers [ˈpla·ɪɚz] *npl* pinze *fpl;* **a pair of ~** una pinza

plight [plaɪt] *n* situazione *f* difficile; **a dreadful ~** una situazione disperata

plod [plɑːd] <-dd-> *vi* (*walk heavily*) camminare con passo pesante; **to ~ through the mud** procedere a fatica attraverso il fango

plonk [plʌŋk] *n vt see* **plunk**

plot [plɑːt] I. *n* 1. (*conspiracy, secret plan*) complotto *m* 2. (*story line*) intreccio *m,* trama *f* 3. (*small piece of land*) terreno *m;* **a ~ of land** un appezzamento di terra II. <-tt-> *vt* (*graph, line*) tracciare; (*mark on map*) riportare; **to ~ a course** tracciare una rotta III. <-tt-> *vi* **to ~ against sb** complottare contro qu

plough [plaʊ] *n vi, vt see* **plow**

plow [plaʊ] I. *n* aratro *m* II. *vt* 1. AGR arare 2. (*invest*) **to ~ money into a project** investire molto denaro in un progetto III. *vi* 1. AGR arare 2. **to ~ through sth** (*move through*) farsi strada attraverso qc; (*work through*) portare avanti a rilento

pluck [plʌk] I. *n inf* (*courage*) fegato *m* II. *vt* 1. (*remove quickly*) strappare 2. (*remove hair, feathers*) **to ~ a chicken** spennare un pollo; **to ~ one's eyebrows** depilarsi le sopracciglia 3. MUS pizzicare

plucky [ˈplʌ·ki] <-ier, -iest> *adj* di fegato

plug [plʌg] I. *n* 1. ELEC (*connector*) spina *f;* (*socket*) presa *f* (di corrente) 2. (*stopper*) tappo *m* 3. *inf* (*publicity*) **to give sth a ~** reclamizzare qc 4. (*spark plug*) candela *f* II. <-gg-> *vt* 1. (*connect*) collegare; ELEC collegare (alla rete) 2. (*stop up, close*) **to ~ a hole** tappare un buco; **to ~ a leak**

tamponare una perdita **3.** (*publicize*) propagandare
◆**plug in** *vt, vi a.* ELEC collegare
plug-in *n* COMPUT plug-in *m*
plum [plʌm] **I.** *n* (*fruit*) prugna *f,* susina *f;* (*tree*) susino *m,* prugno *m* **II.** *adj* **a ~ job** un lavoro fantastico
plumber ['plʌ·mɚ] *n* idraulico, -a *m, f*
plumbing ['plʌ·mɪŋ] *n* idraulica *f*
plummet ['plʌ·mɪt] *vi* crollare
plump [plʌmp] *adj* (*person*) rotondetto, -a; (*animal*) grassoccio, -a
◆**plump up** *vt* (*pillow*) sprimacciare
plunge [plʌndʒ] **I.** *n* **1.** (*sharp decline*) crollo *m* **2.** (*dive*) tuffo *m* ▶ **to take the ~** buttarsi **II.** *vi* **1.** (*fall suddenly*) precipitarse; **to ~ to one's death** fare una caduta mortale **2.** (*leap, enter*) **we ~d into the sea** ci siamo tuffati in mare; **he ~d into the forest** si immerse nella foresta **3.** (*begin abruptly*) **to ~ into sth** gettarsi in qc **III.** *vt* immergere; **to ~ a knife into sth** affondare il coltello in qc
plural ['plʊ·rəl] **I.** *n* plurale *m;* **in the ~** al plurale; **second person ~** seconda persona plurale **II.** *adj* **1.** *a.* LING plurale **2.** (*multiple*) multiplo, -a
plus [plʌs] **I.** *prep* più; **5 ~ 2 equals 7** 5 più 2 fa 7 **II.** *conj* in più **III.** <-es> *n* **1.** (*mathematical symbol*) (segno) *m* più **2.** (*advantage*) punto *m* a favore **IV.** *adj* **1.** (*above zero*) positivo, -a; **~ 8** più 8; **~ two degrees** due gradi sopra zero **2.** (*more than*) più di; **200 ~** più di 200 **3.** (*advantageous*) **the ~ side (of sth)** il lato positivo (di qc)
plutonium [plu:·'toʊ·ni·əm] *n* plutonio *m*
plywood ['plaɪ·wʊd] *n* (legno) *m* compensato
PM [ˌpi:·'em] *n abbr of* **prime minister** primo ministro *m,* prima ministra *f*
p.m. [ˌpi·'em] *abbr of* **post meridiem** dopo mezzogiorno; **one ~** l'una del pomeriggio; **ten ~** le dieci di sera
pneumatic [nu:·'mæ·t̬ɪk] *adj* pneumatico, -a
pneumonia [nu:·'moʊn·jə] *n* polmonite *f*
PO [ˌpi·'oʊ] *n abbr of* **Post Office** ufficio *m* postale
poach¹ [poʊtʃ] *vt* (*eggs*) cuocere in camicia; (*fish*) cuocere in bianco
poach² [poʊtʃ] **I.** *vt* **1.** (*hunt illegally*) cacciare di frodo; (*fish*) pescare di frodo **2.** (*take unfairly*) soffiare; **to ~ someone's ideas** rubare le idee a qu **II.** *vi* cacciare di frodo; (*fish*) pescare di frodo
poaching ['poʊ·tʃɪŋ] *n* (*hunting*) caccia *f* di frodo; (*fishing*) pesca *f* di frodo
PO Box [ˌpi·'oʊ·baks] <-es> *n abbr of* **post office box** casella *f* postale
pocket ['pɑ:·kɪt] **I.** *n* **1.** (*in pants, jacket*) tasca *f;* **breast ~** taschino; **to be out of ~** essere in passivo; **to pay for sth out of one's own ~** pagare di tasca propria per qc **2.** (*isolated group, area*) **~ of green** angolo *m* verde; **a ~ of resistance** una sacca di resistenza; **~ of turbulence** AVIAT, METEO vuoto *m* d'aria **II.** *vt* **1.** (*put in pocket*) **to ~ sth** mettersi in tasca qc **2.** (*keep for oneself*) appropriarsi di **III.** *adj* **~ edition** edizione *f* tascabile
pocketbook ['pɑ:·kɪt·bʊk] *n* **1.** (*woman's handbag*) borsa *f* **2.** (*billfold*) portafoglio *m*
pocket money *n* **1.** (*for small expenses*) denaro *m* per piccole spese **2.** (*from one's parents*) paghetta *f*
pod [pɑ:d] *n* BOT baccello *m*
podcast **I.** *n* podcast *m* **II.** *vi fare podcasting*
podium ['poʊ·diəm] <-s *or* -dia> *n* podio *m*
poem ['poʊ·əm] *n* poema *m*
poet ['poʊ·ət] *n* poeta, poetessa *m, f*
poetry ['poʊ·ɪ·tri] *n a. fig* poesia *f*
point [pɔɪnt] **I.** *n* **1.** (*gener*) *a.* TYPO punto *m;* **boiling/freezing ~** punto *m* di ebollizione/congelamento; **starting ~** punto di partenza; **to do sth up to a ~** fare qc fino a un certo punto; **at that ~** a quel punto; **percentage ~** punto *m* percentuale; **to win (sth) on ~s** (*in boxing*) vincere (qc) ai punti **2.** (*sharp end*) *a.* GEO punta *f* **3.** (*significant idea*) questione *f;* **that's just the ~!** è proprio così!; **to be beside the ~** non avere niente a che vedere; **to get to the ~** venire al punto; **to get the ~ (of sth)** afferrare il concetto (di qc); **to make one's ~** esprimere il proprio

punto di vista; **to miss the ~** non cogliere il concetto; **to see sb's ~** capire il concetto di qu; **to take sb's ~** essere d'accordo con qu; **~ taken!** hai ragione tu!; **~ by ~** punto per punto **4.** (*characteristic*) **sb's strong/weak ~s** il forte/il debole di qu **5.** MAT **decimal ~** virgola *f* (decimale) **6.** *pl* AUTO (*electrical contact*) puntina *f* ▶ **to make a ~ of doing sth** farsi un dovere di fare qc **II.** *vi* (*with finger*) additare; (*indicate*) **to ~ to sth** indicare qc **III.** *vt* **1.** (*aim*) puntare; **to ~ sth at sb** puntare qc verso qu; **to ~ a finger at sb** *a. fig* puntare il dito contro qu **2.** (*direct, show position or direction*) **to ~ sb toward sth** indicare a qu la strada verso qc

◆**point out** *vt* **1.** (*show*) indicare; **please point her out to me** indicamela, per piacere **2.** (*inform of*) **to point sth out to sb** far notare qc a qu; **to ~ that ...** far notare che ...

point-blank [ˌpɔɪnt·ˈblæŋk] **I.** *adv* (*fire, ask*) a bruciapelo; **to refuse ~** rifiutare categoricamente **II.** *adj* **1.** (*very close*) **to shoot sb at ~ range** sparare a bruciapelo a qu **2.** (*blunt, direct*) diretto, -a

pointed [ˈpɔɪn·tɪd] *adj* **1.** (*implement, stick*) appuntito, -a **2.** *fig* (*criticism*) pungente; (*question*) diretto, -a; (*remark*) intenzionale

pointer [ˈpɔɪn·tɚ] *n* **1.** (*for blackboard*) bacchetta (per indicare) *f;* (*of scale*) ago *m* **2.** COMPUT cursore *m;* **mouse ~** puntatore **3.** (*advice, tip*) indicazione *f*

pointless [ˈpɔɪnt·ləs] *adj* inutile; **it's ~ arguing with him** non serve a niente discutere con lui

point of no return *n a. fig* punto *m* di non ritorno

point of view <points of view> *n* punto *m* di vista

poison [ˈpɔɪ·zən] **I.** *n* veleno *m;* **rat ~** veleno *m* per topi **II.** *vt* **1.** (*give poison to*) avvelenare **2.** (*spoil, corrupt*) corrompere

poison gas *n* gas *m* tossico

poisonous [ˈpɔɪ·zə·nəs] *adj* velenoso, -a; *fig* **~ atmosphere** atmosfera *f* avvelenata; **~ remark** osservazione *f* maligna

poke [poʊk] **I.** *n* (*push*) spinta *m;* (*with elbow*) gomitata *f;* **to give sb a ~** dare una gomitata a qu **II.** *vt* **1.** (*with finger*) dare una ditata a; (*with elbow*) dare una gomitata a; **to ~ a hole in sth** fare un buco in qc; **to ~ holes in an argument** trovare difetti in un'argomentazione; **to ~ one's nose into sb's business** ficcare il naso nelle faccende di qu **2.** (*push through*) **to ~ one's arm through a sleeve** infilarsi una manica; **it poked its head out of the water** fece capolino dall'acqua **3. to ~ fun at sb/sth** mettere in ridicolo qu/qc

poker[1] [ˈpoʊ·kɚ] *n* (*card game*) poker *m*

poker[2] [ˈpoʊ·kɚ] *n* (*fireplace tool*) attizzatoio *m*

Poland [ˈpoʊ·lənd] *n* Polonia *f*

polar [ˈpoʊ·lɚ] *adj* GEO, MAT polare; **~ opposites** poli *m pl* opposti

pole[1] [poʊl] *n* palo *m;* **electricity ~** palo *m* della luce; **telegraph ~** palo *m* del telegrafo; **flag ~** asta *f* della bandiera; **fishing ~** canna *f* da pesca

pole[2] [poʊl] *n a. fig* GEO, ELEC polo *m;* **the magnetic ~s** GEO i poli magnetici; **opposite ~s** poli opposti; **to be ~s apart** essere agli antipodi

Pole[1] [poʊl] *n* (*person*) polacco, -a *m, f*

Pole[2] [poʊl] *n* GEO **the North/South ~** il Polo Nord/Sud

pole vault *n* salto *m* con l'asta

police [pə·ˈliːs] **I.** *n* polizia *f;* **the riot ~** la squadra antisommossa **II.** *vt* **to ~ an area** vigilare una zona

police car *n* auto *f* della polizia

police force *n* forza *f* pubblica

policeman [pə·ˈliːs·mən] <-men> *n* poliziotto *m,* agente *m* di polizia

police officer *n* poliziotto, -a *m, f,* agente *m* di polizia

police station *n* commissariato *m*

policewoman [pə·ˈliːs·ˌwʊ·mən] <-women> *n* donna *f* poliziotto

policy[1] [ˈpɑː·lə·si] <-ies> *n* POL, ECON politica *f;* **a change in ~** un cambiamento di politica; **company ~** politica aziendale

policy[2] [ˈpɑː·lə·si] <-ies> *n* FIN polizza *f;*

insurance ~ polizza di assicurazione

policyholder ['pɑː·lə·si·ˌhoʊl·dɚ] *n* assicurato, -a *m, f*

policy maker *n* responsabile *mf* delle politiche

polio [ˌpoʊ·lioʊ] *n* MED polio *f*

polish ['pɑː·lɪʃ] **I.** *n* (*substance: for furniture*) cera *f;* (*for shoes, silver*) lucido *m;* (*for nails*) smalto *m* **II.** *vt* **1.** (*make shine*) far risplendere; (*shoes, silver*) lucidare **2.** *fig* (*refine*) raffinare

◆**polish off** *vt* (*food*) far fuori; (*work*) sbrigare; (*opponent*) liquidare

◆**polish up** *vt* (*improve, brush up*) perfezionare

Polish ['poʊ·lɪʃ] **I.** *adj* polacco, -a **II.** *n* LING polacco *m*

polished *adj* **1.** (*shiny*) lucido, -a **2.** *fig* (*sophisticated*) raffinato, -a; **a ~ performance** un'esecuzione impeccabile

polite [pə·'laɪt] *adj* **1.** (*courteous*) cortese; **~ refusal** un cortese rifiuto **2.** (*cultured*) educato, -a; (*refined*) raffinato, -a; **~ society** buona società *f*

political [pə·'lɪ·t̬ə·kəl] *adj* politico, -a; **~ pundit** esperto, -a *m, f* di politica

politically correct *adj* politically correct

politician [ˌpɑː·lə·'tɪ·ʃən] *n* politico, -a *m, f*

politics *n pl* **1.** (*activities of government*) politica *f;* **to go into ~** darsi alla politica; **to talk ~** parlare di politica **2.** (*political science*) scienze *f pl* politiche **3.** (*intrigue*) **company/office ~** rivalità interne dell'azienda/dell'ufficio; **party ~** manovre di partito; (*complex relationship*)

poll [poʊl] **I.** *n* **1.** (*public survey*) sondaggio *m;* **to conduct a ~** fare un sondaggio **2.** *pl* (*elections*) **to go to the ~s** andare alle urne **3.** (*results of a vote*) **to head the ~** ottenere la maggioranza dei voti **4.** (*number of votes cast*) voti *mpl* **II.** *vt* **1.** (*record the opinion*) sondare **2.** (*receive*) **to ~ votes** ottenere voti

pollen ['pɑː·lən] *n* polline *m*

polling place *n* seggio *m* elettorale

pollutant [pə·'luː·tənt] *n* inquinante *m,* agente *m* inquinante

pollute [pə·'luːt] *vt* (*river, atmosphere*) inquinare

pollution [pə·'luː·ʃən] *n* inquinamento *m*

polo ['poʊ·loʊ] *n* SPORTS polo *m*

polyunsaturated fats *npl,* **polyunsaturates** [ˌpɑ·lːi·ʌn·'sæ·tʃə·rəts] *npl* grassi *m pl* polinsaturi

polyurethane [ˌpɑː·lɪ·'jʊ·rə·θeɪn] *n* poliuretano *m*

pomp [pɑːmp] *n* pompa *f*

pompous ['pɑːm·pəs] *adj* **1.** pomposo, -a **2.** (*pretentious*) sfarzoso, -a; **~ language** linguaggio *m* ampolloso

pond [pɑːnd] *n* stagno *m,* laghetto *m*

ponder ['pɑːn·dɚ] **I.** *vt* ponderare, soppesare; **to ~ whether/why ...** riflettere se/sul perché ... **II.** *vi* riflettere; **to ~ on sth** riflettere su qc

ponderous ['pɑːn·də·rəs] *adj* **1.** (*movement*) impacciato, -a **2.** (*style*) pesante

pony ['poʊ·ni] <-ies> *n* pony *m inv*

ponytail ['poʊ·ni·teɪl] *n* coda *f* di cavallo

poodle ['puː·dl] *n* (cane) barbone *m,* barboncino *m*

pool[1] [puːl] *n* **1.** (*of water, blood*) pozza *f;* **a ~ of oil** una sacca di petrolio **2.** (*pond*) laghetto *m;* **swimming ~** piscina *f*

pool[2] [puːl] *n* **1.** (*common fund*) fondo *m* comune **2.** (*common supply*) riserva *f;* **car ~** parco *m* macchine; **gene ~** pool *m* genico **3.** SPORTS biliardo [*or* da pool] americano *m;* **to play** [*or inf* **shoot**] (**a game of**) **~** giocare a biliardo

poor [pʊr] **I.** *adj* **1.** (*lacking money*) povero, -a **2.** (*attendance, harvest*) scarso, -a; (*memory, performance*) cattivo, -a; **~ soil** terreno *m* povero; **~ visibility** visibilità *f* scarsa; **to be ~ at sth** non essere bravo in qc; **to be in ~ health** non stare bene di salute; **to have ~ eyesight** avere la vista debole; **to have ~ hearing** non sentirci bene; **to do a ~ job of** (**doing**) **sth** fare male qc **3.** (*deserving of pity*) povero,-a; **you ~ thing!** poverino! **II.** *n* **the ~** i poveri

poorly ['pʊr·li] **I.** *adv* (*inadequately*) male; **~ dressed** malvestito; **to think ~ of sb** avere una cattiva opinione di qu **II.** *adj* **to feel ~** sentirsi poco bene

pop[1] [pɑːp] *adj, n* MUS pop *m;* **~ culture** cultura *f* pop

pop[2] [pɑːp] *n inf* (*father*) papà *m*

pop[3] [pɑːp] **I.** *n* **1.** (*small explosive noise*) botto *m* **2.** (*soda pop*) gassosa *f;* **orange ~** aranciata *f* **II.** <-pp-> *vi* **1.** (*explode*) scoppiettare; (*burst*) scoppiare **2.** (*come, go quickly*) **to ~ upstairs** fare un salto al piano di sopra; **to ~ out for sth** uscire un attimo per qc **III.** <-pp-> *vt* **1.** (*make burst*) fare scoppiare **2.** (*put quickly*) mettersi; **to ~ sth on/off** mettersi/togliersi qc

◆**pop in** *vi* fare un salto; **we popped in at my brother's** siamo passati da mio fratello

◆**pop out** *vi* saltar fuori; **to ~ from somewhere** schizzare fuori da non si sa dove; **to ~ for sth** fare un salto fuori a fare qc

◆**pop up** *vi* (*appear*) saltar fuori; **to ~ out of nowhere** spuntare all'improvviso

popcorn ['pɑːp·kɔːrn] *n* pop corn *m,* granoturco *m* soffiato

pope [poʊp] *n* REL (*Catholic*) papa *m*

poplar ['pɑːp·lɚ] *n* pioppo *m*

poppy ['pɑː·pi] <-ies> *n* papavero *m*

popular ['pɑːp·jə·lɚ] *adj* **1.** (*liked*) benvoluto, -a; **he is ~ with girls** ha successo con le ragazze **2.** (*by the people*) popolare; **~ front** fronte *m* popolare; **~ support** l'appoggio del popolo; **by ~ request** a richiesta popolare **3.** (*widespread*) generale

popularity [ˌpɑːp·jə·'lær·ə·ṭi] *n* popolarità *f*

population [ˌpɑːp·jə·'leɪ·ʃən] *n* popolazione *f*

population density *n* densità *f* della popolazione

population explosion *n* esplosione *f* demografica

populist ['pap·jə·lɪst] *n* populista *mf*

pop-up ['pap·ʌp] *n* COMPUT pop-up *m*

porcelain ['pɔːr·sə·lɪn] *n* porcellana *f*

porch [pɔːrtʃ] *n* **1.** (*over entrance*) portico *m* **2.** (*verandah*) veranda *f*

porcupine ['pɔːr·kjʊ·paɪn] *n* istrice *m,* porcospino *m*

pore [pɔːr] *n* poro *m*

pork [pɔːrk] *n* (carne *f* di) maiale *m*

pork chop *n* braciola *f* di maiale

pornographic [ˌpɔːr·nə·'græ·fɪk] *adj* pornografico, -a

pornography [pɔːr·'nɑː·grə·fi] *n* pornografia *f*

porous ['pɔː·rəs] *adj* poroso, -a

porpoise ['pɔːr·pəs] *n* focena *f*

porridge ['pɔː·rɪdʒ] *n* porridge *m*

port[1] [pɔːrt] *n* **1.** NAUT (*harbor*) porto *m;* **~ of call** porto di scalo **2.** COMPUT porta *f;* **parallel/serial ~** porta parallela/seriale

port[2] [pɔːrt] *n* AVIAT, NAUT (*left side*) sinistra *f*

port[3] [pɔːrt] *n* (*wine*) porto *m*

portable ['pɔːr·ṭə·bl] *adj* portatile

porter ['pɔːr·ṭɚ] *n* (*person who carries luggage*) portabagagli *m inv*

portfolio [pɔːrt·'foʊl·ioʊ] *n* **1.** (*case*) cartella *f* (portadocumenti) **2.** (*of drawings, designs*) cartella *f* dei disegni

portion ['pɔːr·ʃən] *n* **1.** (*part*) parte *f* **2.** (*serving*) porzione *f;* (*of cake, cheese*) pezzo *m*

portrait ['pɔːr·trɪt] *n* ART, LIT ritratto *m*

portray [pɔːr·'treɪ] *vt* **1.** ART (*person*) ritrarre; (*object*) dipingere; (*scene, environment*) raffigurare **2.** *fig* descrivere **3.** THEAT rappresentare

portrayal [pɔːr·'tre·ɪəl] *n* **1.** ART ritratto *m* **2.** *fig* descrizione *f* **3.** THEAT rappresentazione *f*

Portugal ['pɔːr·tʃə·gəl] *n* Portogallo *m*

Portuguese [ˌpɔːr·tʃə·'giːz] **I.** *adj* portoghese **II.** *n* **1.** (*person*) portoghese *mf* **2.** LING portoghese *m*

pose[1] [poʊz] *vt* (*difficulty, problem*) creare; (*question*) sollevare; **to ~ a threat to sb** costituire una minaccia per qc

pose[2] [poʊz] **I.** *vi* **1.** ART, PHOT posare **2.** (*affected behavior*) assumere pose **3.** (*pretend to be*) **to ~ as sb/sth** spacciarsi per qu/qc **II.** *n* **1.** (*body position*) posa *f;* **to adopt a ~** mettersi in posa **2.** (*pretence*) posa *f;* **it's all a ~** è tutta una posa

posh [pɑːʃ] *adj inf* (*stylish: area*) elegante; (*car, hotel, restaurant*) di lusso

P

position [pə·'zɪ·ʃən] **I.** *n* **1.** (*gener*) *a.* MIL, SPORTS posizione *f;* **to be in ~** essere in posizione; **to take a ~ on sth** adottare una posizione riguardo a qc; **yoga ~** posizione *f* yoga **2.** (*rank, job*) posto *m;* (*social*) rango *m;* **the ~ of director** il posto di direttore; **a ~ of trust** un posto di fiducia **3.** (*situation*) situazione *f;* **financial ~** condizione economica; **to be in a ~ to do sth** essere in grado di fare qc; **to put sb in a difficult ~** mettere qu in una situazione difficile **II.** *vt* (*place*) sistemare; MIL schierare

positive ['pɑː·zə·t̬ɪv] *adj* **1.** *a.* ELEC, MAT positivo, -a; **to think ~** pensare in modo positivo **2.** MED **HIV ~** sieropositivo, -a (al virus HIV) **3.** (*certain*) certo, -a, sicuro, -a; (*proof*) conclusivo, -a; **to be ~ about sth** essere certo di qc; (**absolutely**) **~!** assolutamente! **4.** (*complete*) autentico, -a; **a ~ miracle** un vero miracolo

positively *adv* **1.** (*think*) positivamente; **to answer ~** rispondere affermativamente **2.** (*completely*) assolutamente; **to ~ refuse to do sth** rifiutarsi decisamente di fare qc

possess [pə·'zes] *vt* **1.** (*own, have*) possedere **2. to ~ sb** (*anger, fear*) dominare qu; (*evil spirit*) possedere qu; **what ~ed you to do that?** cosa diavolo ti ha spinto a farlo?

possession [pə·'ze·ʃən] *n* **1.** (*having*) *a.* SPORTS possesso *f;* **illegal ~ of arms** detenzione *f* illegale di armi; **to take ~ of sth** prendere possesso di qc; **to gain ~ of sth** impossessarsi di qc; **to be in ~ of the ball** essere in possesso della palla **2.** (*item of property*) bene *m* **3.** POL possedimento *m*

possessive [pə·'ze·sɪv] *adj* possessivo, -a (**about** verso)

possibility [ˌpɑː·sə·'bɪ·lə·t̬i] *n* <-ies> **1.** (*sth feasible*) possibilità *f* **2.** (*likelihood*) probabilità *f;* **is there any ~ (that) ...?** c'è qualche probabilità che *+subj* ...? **3.** (*potential*) **to have possibilities** avere delle prospettive

possible ['pɑː·sə·bl] *adj* possibile; **as clean as ~** il più pulito possibile; **as far as ~** per quanto è possibile; **as soon as ~** il più presto possibile; **if ~** se possibile

possibly ['pɑː·səb·li] *adv* **1.** (*perhaps*) forse; **could you ~ help me?** saresti così gentile da darmi una mano? **2.** (*by any means*) **we did all that we ~ could** abbiamo fatto tutto il possibile

post[1] [poʊst] **I.** *n* posta *f* **II.** *vt* **1.** (*letter*) impostare, imbucare; (*package*) spedire per posta; **to ~ sth to sb** inviare qc per posta a qu **2.** (*inform*) **to keep sb ~ed on sth** tenere qu al corrente di/su qc

post[2] [poʊst] **I.** *n* (*job*) posto *m;* **a teaching ~** un posto di insegnamento; **to take up a ~** entrare in carica **II.** *vt* MIL (*position*) appostare

post[3] [poʊst] **I.** *n a.* SPORTS palo *m;* **starting/finishing ~** palo *f* di partenza/di arrivo; *inf* (*goalpost*) palo *m* (della porta) **II.** *vt* (*on Web site*) **to ~ sth** (**on sth**) postare qc (su qc)

postage ['poʊs·tɪdʒ] *n* affrancatura *f;* **~ and handling** spese *f pl* di spedizione e trasporto

postage stamp *n form* francobollo *m*

postal ['poʊs·təl] *adj* postale

postcard *n* cartolina *f* (postale)

poster ['poʊs·tɚ] *n* **1.** (*picture*) poster *m* **2.** (*notice*) cartellone *m*

postgraduate [ˌpoʊst·'græ·dʒu·wɪt] **I.** *n* laureato, -a che segue corsi di specializzazione *m* **II.** *adj* postuniversitario, -a; **~ studies** studi *m pl* postuniversitari

Post-It® *n* foglietti *m pl* adesivi

postman ['poʊst·mən] <-men> *n* postino *m*

postmark ['poʊst·mɑːrk] **I.** *n* timbro *m* postale **II.** *vt* timbrare

postnatal [ˌpoʊst·'neɪ·t̬əl] *adj* post partum; **~ depression** depressione *f* post partum

post office *n* ufficio *m* postale

post office box *n* casella *f* postale

postpone [poʊst·'poʊn] *vt* posporre

postponement *n* rinvio *m*

postscript ['poʊst·skrɪp] *n* (*at end of letter*) poscritto *m*

posture ['pɑːs·tʃɚ] *n* **1.** (*position of*

body) postura *f* **2.** (*opinion*) atteggiamento *f*

postwar [ˌpoʊst·ˈwɔr] *adj* postbellico, -a; **the ~ years** gli anni del dopoguerra

pot¹ [pɑːt] *n* **1.** (*container*) recipiente *m* **2.** (*for cooking*) pentola *f;* **~s and pans** batteria *f* da cucina **3.** (*of food*) vasetto *m,* barattolo *m;* (*for coffee*) caffettiera *f;* (*for tea*) teiera *f* **4.** (*for plants, flowers*) vaso *m* **5.** (*common fund*) cassa *f* comune **6.** *inf* (*a lot*) mucchio *m;* **~s of money** un mucchio di soldi ▶ **to go to ~** *inf* andare in malora; (*business, plan*) andare a rotoli

pot² [pɑːt] *n inf* (*marijuana*) erba *f*

potato [pə·ˈteɪ·t̬oʊ] <-es> *n* patata *f;* **sweet ~** patata *f* americana; **baked ~** patata al forno; **mashed ~es** puré *m* di patate; **roast ~es** patate arrosto

potato chips *npl* patatine *fpl*

potent [ˈpoʊ·tnt] *adj* potente; (*drink, motive, symbol*) forte; (*remedy*) efficace; (*argument*) convincente

potential [pə·ˈten·ʃl] *adj, n* potenziale *m;* **to have (a lot of) ~** avere (grandi) potenzialità

potentially [pə·ˈten·ʃə·li] *adv* potenzialmente

pothole [ˈpɑːt·ˌhoʊl] *n* **1.** (*in road*) buca *f* **2.** (*underground hole*) pozzo *m*

potted [ˈpɑː·t̬ɪd] *adj* **1.** (*plant*) in vaso **2.** (*food*) in vasetto, in barattolo; **~ shrimps** pasta *f* di gamberetti

potter [ˈpɑː·t̬ɚ] *n* vasaio, -a *m, f;* **~'s wheel** tornio *m* da vasaio

pottery [ˈpɑː·t̬ɚ·i] *n* **1.** (*art*) ceramica *f* **2.** <-ies> (*workshop*) fabbrica *f* di ceramiche

potty [ˈpɑː·t̬i] <-ies> *n* (*for baby*) vasino *m*

pouch [paʊtʃ] *n a.* ANAT, ZOOL borsa *f;* **tobacco ~** borsa *f* per il tabacco

poultry [ˈpoʊlt·ri] *n* **1.** (*birds*) pollame *m* **2.** (*meat*) carne *f* bianca

pounce [paʊns] *vi* **1.** (*jump*) saltare; **to ~ on sth** balzare addosso a qc; (*cat*) balzare su qc; (*bird of prey*) ghermire qc **2.** *fig* **to ~ on an opportunity** prendere l'occasione al volo

pound¹ [paʊnd] *n* **1.** (*weight*) libbra *f* *(454 g);* **by the ~** alla libbra **2.** (*currency*) sterlina *f;* **~ sterling** (lira) sterlina britannica

pound² [paʊnd] *n* (*for cars*) deposito *m* (auto rimosse per divieto di sosta); (*for dogs*) canile *m* municipale; (*for sheep*) recinto *m*

pound³ [paʊnd] **I.** *vt* **1.** (*hit repeatedly*) picchiare; (*beat*) battere; (*with a hammer*) martellare **2.** (*crush*) macinare; (*spices*) pestare (al mortaio); (*meat*) battere; MIL martellare **II.** *vi* (*beat*) battere; (*on a door*) picchiare; (*on a table*) dare pugni su; (*heart, pulse*) battere forte; (*music*) rimbombare

pour [pɔːr] **I.** *vt* **1.** (*cause to flow*) versare; **to ~ coffee/wine** versare il caffè/il vino; **to ~ sb sth** servire qc a qu **2.** (*give in large amounts*) riversare; (*money, resources*) investire in gran quantità; **to ~ energy into sth** mettere moltissima energia in qc **II.** *vi* **1.** (*flow in large amounts: water*) fluire; **to ~ into sth** (*sunshine*) entrare a fiotti in qc; (*people*) affluire in qc; **refugees are ~ing into the country** i rifugiati continuano a riversarsi nel paese; **to be ~ing with sweat** essere sudato fradicio **2.** *impers* **it's ~ing** piove a dirotto

◆**pour in** *vi* (*people*) affluire; (*letters, messages*) arrivare in gran quantità

◆**pour out** **I.** *vt* **1.** (*from container*) versare **2.** (*cause to flow quickly: smoke*) emettere; (*water*) riversare **II.** *vi* (*liquid*) fuoriuscire; (*people*) uscire a frotte

pout [paʊt] **I.** *vi* fare il broncio **II.** *vt* **to ~ one's lips** sporgere le labbra **III.** *n* broncio *m*

poverty [ˈpɑː·vɚ·t̬i] *n a. fig* (*lack of money*) povertà *f;* **extreme ~** miseria *f*

poverty-stricken [ˈpɑː·vɚ·t̬i·ˌstrɪ·kən] *adj* poverissimo, -a

powder [ˈpaʊ·dɚ] **I.** *n* **1.** (*dust*) polvere *f* **2.** (*snow*) neve *f* farinosa **II.** *vt* **1.** (*cover with powder*) spolverizzare; **to ~ one's face** incipriarsi; **to ~ one's nose** *fig* andare alla toilette **2.** (*sprinkle*) spolverizzare

powdered *adj* in polvere; **~ sugar** zucchero *m* a velo

powdery ['paʊ·də·ri] *adj* **1.** (*snow*) farinoso, -a; (*stone*) friabile **2.** (*surface*) polveroso, -a

power ['pa·ʊɚ] **I.** *n* **1.** (*ability to control*) potere *m* **2.** (*country, organization*) potenza *f;* (*person*) potere **3.** (*right*) facoltà *f* **4.** (*ability*) capacità *f;* **~s of concentration** capacità di concentrazione **5.** (*strength*) forza *f* **6.** (*electricity*) corrente *f* **7.** (*energy*) PHYS energia *f* **8.** MAT potenza *f;* **two to the ~ of five** due elevato alla quinta ▶ **the ~s that be** chi è al potere **II.** *vt* azionare

powerboat *n* imbarcazione *f* a motore

power brakes *npl* AUTO freni *m pl* servoassistiti

power cable *n* cavo *m* elettrico

powerful ['pa·ʊɚ·fəl] *adj* **1.** (*influential, mighty*) potente **2.** (*physically strong*) possente, forte **3.** (*having a great effect*) convincente; **~ speech** discorso convincente **4.** (*anger, jealousy*) intenso, -a; **~ emotions** emozioni *f pl* forti

powerfully ['pa·ʊɚ·fə·li] *adv* **1.** (*using great force*) con forza **2.** (*argue, speak*) in modo autorevole

powerless ['pa·ʊɚ·ləs] *adj* impotente (**against** contro)

power line *n* linea *f* elettrica

power outage *n* interruzione *f* della corrente elettrica

power plant *n* centrale *f* elettrica; **nuclear ~** centrale *f* nucleare

power station *n* centrale *f* elettrica

power steering *n* servosterzo *m*

PR [pi:·'ɑ:r] *n* **1.** *abbr of* **public relations** pubbliche *f pl* relazioni **2.** POL *abbr of* **proportional representation** sistema *m* proporzionale

practical ['præk·tɪ·kl] **I.** *adj* pratico, -a **II.** *n* prova *f* pratica

practical joke *n* scherzo *m*

practically ['præk·tɪk·li] *adv* **1.** (*almost*) praticamente **2.** (*of a practical nature*) **to be ~ minded** avere senso pratico

practice ['præk·tɪs] **I.** *n* **1.** (*act of practicing*) pratica *f;* **to be out of ~** essere fuori esercizio **2.** (*custom, regular activity*) consuetudine *f;* **traditional religious ~s** pratiche *f pl* religiose; **standard ~** procedura *f* abituale **3.** (*training session*) allenamento *m* **4.** (*of a profession*) esercizo *m* **5.** (*business, office*) studio *m* **II.** *vt* **1.** (*do, carry out*) practicare **2.** (*improve skill*) esercitarsi in/a; **to ~ the piano** fare esercizio al piano **3.** (*work in: medicine, law*) esercitare **III.** *vi* **1.** (*improve skill*) esercitarsi; SPORTS allenarsi **2.** (*work in profession*) esercitare; **to ~ as a doctor** fare il medico

practiced ['præk·tɪst] *adj* (*experienced, skilled*) esperto, -a; **a ~ liar** un bugiardo patentato

practicing ['præk·tɪ·sɪŋ] *adj* praticante

praise [preɪz] **I.** *vt* lodare; **to ~ sb to the skies** portare qu alle stelle **II.** *n* lode *f;* **to shower sb with ~** coprire qu di lodi; **~ be** (**to God**)**!** Dio sia lodato!

praiseworthy ['preɪz·ˌwɜ:r·ði] *adj* lodevole

prank [præŋk] *n* scherzo *f*

prattle ['præ·t̬l] **I.** *vi* blaterare; (*child*) balbettare **II.** *n* ciance *fpl;* (*of child*) balbettio *m*

prawn [prɔ:n] *n* gambero *m*

pray [preɪ] *vi* **1.** REL pregare **2.** (*hope*) pregare (**for** in)

prayer [prer] *n* **1.** REL preghiera *f;* **to say a ~** [*or* **one's ~s**] pregare **2.** (*action of praying*) preghiera *f*

praying mantis ['preɪ·ɪŋ·'mæn·tɪs] *n* mantide *f inv* religiosa

preach [pri:tʃ] **I.** *vi* predicare; **to ~ at sb** *pej* fare la predica a qu **II.** *vt* **1.** REL (*a sermon*) tenere; (*the Gospel*) predicare **2.** (*advocate*) predicare ▶ **to practice what you ~** mettere in pratica ciò che si predica

preacher ['pri:·tʃɚ] *n* predicatore, -trice *m, f*

precarious [prɪ·'ke·ri·əs] *adj* precario, -a

precaution [prɪ·'kɔ:·ʃən] *n* precauzione *f*

precede [prɪ·'si:d] *vt* precedere

precedence ['pre·sə·dəns] *n* **1.** (*priority*) precedenza *f;* **to take ~ over sb** avere la precedenza su qu **2.** (*order of priority*) ordine *m* di precedenza

precedent ['pre·sə·dent] *n* precedente *m;* **to set a ~** (**for sth/doing sth**) stabilire un precedente (per qc/fare qc)

preceding [prɪ·'siː·dɪŋ] *adj* precedente

precinct ['priː·sɪŋkt] *n* **1.** (*police district*) distretto *m* di polizia; (*police station*) stazione *f* di polizia **2.** (*electoral district*) circoscrizione *f*

precious ['pre·ʃəs] **I.** *adj* **1.** (*of great value*) prezioso, -a **2.** (*beloved: child, pet*) amato, -a **II.** *adv inf* (*very*) ~ **few** proprio pochi

precipice ['pre·sə·pɪs] *n* precipizio *m*

précis [preɪ·'siː] *n* compendio *m*

precise [prɪ·'saɪs] *adj* **1.** (*moment, measurement*) esatto, -a [*or* preciso, -a] **2.** (*person*) meticoloso, -a

precisely *adv* **1.** (*exactly*) precisamente; ~! certo! **2.** (*carefully*) con precisione

precocious [prɪ·'koʊ·ʃəs] *adj* precoce

preconceived [ˌpriː·kən·'siːvd] *adj* preconcetto, -a

preconception [ˌpriː·kən·'sep·ʃən] *n* preconcetto *m*

precondition [ˌpriː·kən·'dɪ·ʃən] *n* premessa *f* indispensabile

predator ['pre·də·t̬ɚ] *n* predatore *m*

predatory ['pre·də·tɔː·ri] *adj* predatore, -trice

predecessor ['pre·də·se·sɚ] *n* predecessore *m;* (*ancestor*) antenato, -a *m, f*

predicament [prɪ·'dɪ·kə·mənt] *n* impiccio *m*

predict [prɪ·'dɪkt] *vt* predire

predictable [prɪ·'dɪk·tə·bl] *adj* prevedibile

prediction [prɪ·'dɪk·ʃən] *n* **1.** (*forecast*) pronostico *m* **2.** (*act of predicting*) previsione *f*

predominant [prɪ·'dɑː·mə·nənt] *adj* predominante

predominate [prɪ·'dɑː·mə·neɪt] *vi* predominare

preempt [ˌpri·'empt] *vt* prevenire

preexisting [ˌpri·ɪg·'zɪs·tɪŋ] *adj* preesistente

prefab ['priː·fæb] *n inf* casa *f* prefabbricata

preface ['pre·fɪs] *n* prefazione *f*

prefect ['priː·fekt] *n* prefetto *m*

prefer [priː·'fɜːr] <-rr-> *vt* preferire

preferable ['pre·frə·bl] *adj* preferibile

preferably ['pre·frəb·li] *adv* preferibilmente

preference ['pref·rəns] *n* (*liking better*) preferenza *f*

preferential [ˌpre·fə·'ren·ʃl] *adj a.* ECON preferenziale

preferred [priː·'fɜːrd] *adj* preferito, -a

prefix ['priː·fɪks] <-es> *n* prefisso *m*

pregnancy ['preg·nən·tsi] *n* (*condition, period*) gravidanza *f;* ZOOL gestazione *f*

pregnant ['preg·nənt] *adj* (*woman*) incinta; (*animal*) gravida; **to become ~** (*woman*) rimanere incinta; **to get sb ~** mettere incinta qu

prehistoric [ˌpriː·hɪ·'stɔː·rɪk] *adj* preistorico, -a

prejudge [ˌpriː·'dʒʌdʒ] *vt* pregiudicare

prejudice ['pre·dʒʊ·dɪs] **I.** *n a.* LAW pregiudizio *m;* **without ~ to** senza pregiudizio per **II.** *vt* **1.** (*bias*) **to ~ sb against sth** influenzare qu contro qc **2.** (*damage*) pregiudicare

prejudiced ['pre·dʒʊ·dɪst] *adj* prevenuto, -a; **to be ~ against sb** essere prevenuto nei confronti di qu

preliminary [prɪ·'lɪ·mə·ne·ri] **I.** *adj* preliminare **II.** <-ies> *n* **1.** (*introduction*) preliminari *mpl* **2.** SPORTS (*heat*) (gara) eliminatoria *f*

prelude ['prel·juːd] *n* preludio *m*

premature [ˌpriː·mə·'tʃʊr] *adj* prematuro, -a

premeditated [ˌpriː·'me·dɪ·teɪ·t̬ɪd] *adj* premeditato, -a

premier [prɪ·'mɪr] **I.** *n* POL primo ministro *m,* premier *mf inv* **II.** *adj* primo, -a

première [prɪ·'mɪr] *n* prima *f*

premise ['pre·mɪs] *n* **1.** (*of argument*) premessa *f;* **on** [*or* **under**] **the ~ that ...** in considerazione del fatto che ... **2.** *pl* (*land and building on it*) locali *m pl* e area di proprietà; **we are relocating to new ~** ci stiamo trasferendo in nuovi locali

premium ['priː·mi·əm] **I.** *n* **1.** (*insurance payment, bonus*) premio *m* **2.** (*extra charge*) sovrapprezzo *m;* (*high price*) prezzo *m* elevato *f* **II.** *adj* di prima qualità

preoccupation [ˌpriː·ɑːk·jə·'peɪ·ʃən] *n* preoccupazione *f*

preoccupied [priː·ˈɑːk·juː·paɪd] *adj* preoccupato, -a; **to be ~ with sth** essere assorto in qc

preoccupy [priː·ˈɑːk·juː·paɪ] <-ie-> *vt* preoccupare

preowned [pri·ˈoʊnd] *adj* (*vehicle*) usato, -a; (*electronics*) di seconda mano

prep [prep] *adj abbr of* **preparatory** preparatorio, -a; **prep school** scuola superiore (privata); **prep work** lavoro *m* preparatorio

prepaid [ˌpriː·ˈpeɪd] *adj* prepagato, -a; **~ phone** [*or* **calling**] **card** carta *f* (telefonica) prepagata

preparation [ˌpre·pə·ˈreɪ·ʃən] *n* **1.** (*gener*) preparazione *f* **2.** *pl* (*measures*) preparativi *mpl*

preparatory [prɪ·ˈpæ·rə·tɔː·ri] *adj* preparatorio, -a

prepare [prɪ·ˈper] **I.** *vt* preparare; **to ~ sb for sth** preparare qu per qc **II.** *vi* prepararsi; **to ~ for action** prepararsi all'azione

prepared [prɪ·ˈperd] *adj* (*ready, willing*) pronto, -a; **to be ~ to do sth** essere disposto a fare qc

prepayment [ˌpriː·ˈpeɪ·mənt] *n* pagamento *m* anticipato

preposition [ˌpre·pə·ˈzɪ·ʃən] *n* preposizione *f*

Presbyterian [ˌprez·bɪ·ˈtɪr·i·ən] *adj, n* presbiteriano, -a *m, f*

preschool [ˈpri·skul] **I.** *n* giardino *m* d'infanzia **II.** *adj* prescolastico; (*child*) in età prescolastica

prescribe [prɪ·ˈskraɪb] *vt a.* MED prescrivere; (*rest, diet*) raccomandare; **~d by law** stabilito per legge

prescription [prɪ·ˈskrɪp·ʃən] *n* MED prescrizione (medica) *f*, ricetta (medica) *f*; (*medicine itself*) medicina *f*

presence [ˈpre·zənts] *n* presenza *f*; **military ~** presenza militare; **in sb's ~** in presenza di qu

present¹ [ˈpre·zənt] **I.** *n* presente *m* ► **at** ~ al presente/momento; **for the** ~ per il presente/momento **II.** *adj* **1.** (*current: address, generation*) attuale; **at the ~ moment** [*or* **time**] al momento, attualmente; **in the ~ case** in questo caso **2.** (*in attendance*) presente; **to be ~ at sth** assistere a qc

present² [ˈpre·zənt] *n* (*gift*) regalo *m*; **to give sb a ~** fare un regalo a qu; **I got it as a ~** me lo hanno regalato

present³ [prɪ·ˈzent] *vt* **1.** (*gener*) presentare; **to ~ sth** (**to sb**) consegnare qc (a qu); **to ~ sb to sb** presentare qu a qu; **may I ~ my wife?** le presento mia moglie; (*play, musical, concert*) **~ing X as Julius Caesar** con X nel ruolo di Giulio Cesare; **to ~ a paper at a conference** presentare una relazione a un congresso; **to ~ oneself for sth** presentarsi per qc **2.** (*confront*) **to ~ sb with sth** mettere qu davanti a qc; **to ~ sb with a problem** creare un problema per qu **3.** (*constitute*) costituire; **to ~ a problem for sb** costituire un problema per qu **4.** (*offer*) presentare; (*view, atmosphere*) offrire **5.** (*exhibit: argument, plan, theory*) esporre; (*check, passport, ticket*) presentare

presentable [prɪ·ˈzen·tə·bl] *adj* presentabile

presentation [ˌpre·zən·ˈteɪ·ʃən] *n* **1.** (*act*) presentazione *f*; (*of theory, thesis*) esposizione *f*; (*of dissertation*) discussione *f*; **to make** [*or* **give**] **a ~** fare una relazione **2.** (*of prize, award*) consegna *f*

present-day [ˌpre·zənt·deɪ] *adj* attuale

presently [ˈpre·zənt·li] *adv* **1.** (*soon*) tra poco; **I'll be there ~** sarò lì tra poco **2.** (*now*) ora

preservation [ˌpre·zɚ·ˈveɪ·ʃən] *n* (*of building*) conservazione *f*

preservative [prɪ·ˈzɜːr·və·t̬ɪv] *n* conservante *m*; **without artificial ~s** senza conservanti artificiali

preserve [prɪ·ˈzɜːrv] **I.** *vt* **1.** (*maintain: customs, peace, silence*) mantenere; (*dignity, sense of humor, building*) conservare **2.** (*food*) conservare **3.** (*protect*) proteggere; **to ~ sb from sth** proteggere qu da qc **II.** *n* **1.** *pl* (*jam*) confettura *f* **2.** (*reserve*) riserva *f*; **game ~** riserva *f* di caccia; **wildlife ~** riserva *f* naturale **3.** *fig* (*domain*) dominio *m*; **to be the ~ of the rich** essere dominio esclusivo dei ricchi

preserved *adj* **1.** (*maintained*) conservato, -a **2.** (*food*) in conserva

presidency ['pre·zɪ·dən·si] *n* **1.** (*office of president*) POL presidenza *f;* (*of company*) direzione *f;* (*of university*) rettorato *m* **2.** (*tenure as president*) mandato *m* (presidenziale)

president ['pre·zɪ·dənt] *n* POL presidente; (*of club, organization*) presidente, -essa *m, f;* (*of company*) presidente *mf;* (*of university*) rettore, -trice *m, f*

presidential [ˌpre·zɪ·'den·tʃəl] *adj* presidenziale

press [pres] **I.** *vt* **1.** (*push: button, switch*) premere; (*doorbell*) suonare; **to ~ down on the lever** abbassare la leva **2.** (*squeeze*) spingere; **the crowd ~ed us against the locked door** la folla ci spingeva contro la porta chiusa **3.** (*flatten: grapes*) pigiare; (*flowers*) pressare; (*olives*) torchiare **4.** (*extract juice*) spremere **5.** (*iron: shirt, dress*) stirare **6.** MUS (*album, disk*) stampare **7.** (*try to force*) sollecitare; **to ~ sb to do sth** sollecitare qu a fare qc **8.** (*find difficult*) **to be** (**hard**) **~ed to do sth** avere (grosse) difficoltà a fare qc **9.** (*be short of*) **to be ~ed for time** essere a corto di tempo **10.** (*pursue*) insistere; **to ~ a claim** insistere su un reclamo; **to ~ a point** insistere su un punto **11.** LAW **to ~ charges** presentare delle accuse **II.** *vi* **1.** (*push*) premere; **to ~ hard** spingere forte; **to ~ on the brakes** spingere sui freni **2.** (*crowd*) accalcarsi; **to ~ through the crowd** aprirsi un varco tra la folla; **to ~ down** (**on sth**) premere forte (su qc) **III.** *n* **1.** (*push*) pressione *f;* (*with hand*) pressione *m;* **at the ~ of a button** premendo un pulsante **2.** (*machine*) pressa *f;* **printing ~** macchina *f* da stampa **3.** PUBL **the ~** la stampa

◆**press on** *vi* continuare imperterrito

press agency *n* agenzia *f* di stampa

press conference *n* conferenza *f* stampa; **to hold a ~** tenere una conferenza stampa

pressing *adj* (*issue, matter*) urgente; (*need*) impellente

press release *n* comunicato *m* stampa

pressure ['pre·ʃɚ] **I.** *n* **1.** *a.* MED, PHYS pressione *f;* **high/low ~** pressione alta/bassa; **blood ~** pressione sanguigna; **to be under ~** *a. fig* essere sotto pressione; **to put ~ on sb** (**to do sth**) fare pressione su qu (perché faccia qc) **2.** *pl* (*stressful circumstances*) **the ~ of life** le difficoltà della vita **II.** *vt* **to ~ sb to do sth** fare pressione su qu perché faccia qc

pressure cooker *n* pentola *f* a pressione

pressure group *n* POL gruppo *m* di interesse

pressurize ['pre·ʃə·raɪz] *vt* **1.** (*control air pressure*) pressurizzare **2.** *inf* (*person, government*) fare pressione (su); **to ~ sb into doing sth** fare pressione su qu perché faccia qc

prestige [pre·'sti:ʒ] *n* prestigio *m*

prestigious [pre·'stɪ·dʒəs] *adj* prestigioso, -a

presumably [prɪ·'zu:·məb·li] *adv* presumibilmente

presume [prɪ·'zu:m] *vt* **1.** (*suppose*) presumere, supporre; **to be ~d innocent** essere presunto innocente **2.** (*dare*) **to ~ to do sth** osare fare qc

presumption [prɪ·'zʌmp·ʃən] *n* **1.** (*assumption*) supposizione *f;* **the ~ of innocence** LAW la presunzione di innocenza **2.** *form* (*arrogance*) presunzione *f*

presumptuous [prɪ·'zʌmp·tʃu:·əs] *adj* **1.** (*arrogant*) presuntuoso, -a **2.** (*forward*) sfacciato, -a

pretend [prɪ·'tend] **I.** *vt* **1.** (*make believe*) fingere; **to ~ to be interested** fingere di essere interessato; **to ~ to be dead** fare finta di essere morto **2.** (*claim*) pretendere; **I don't ~ to know** non pretendo di sapere **II.** *vi* fingere; **he's just ~ing** sta solo facendo finta

pretense ['pri:·tents] *n* **1.** (*simulation*) finta *f,* finzione *f;* **to make a ~ of sth** fare finta di qc; **to make no ~ of sth** non dissimulare qc **2.** (*pretext*) pretesto *m;* **to do sth under false ~s** fare qc con l'inganno

pretentious [prɪ·'ten·tʃəs] *adj* pretenzioso, -a; (*in bad taste*) pacchiano, -a

P

pretext ['pri:·tekst] *n* pretesto *m;* **a ~ for doing sth** un pretesto per fare qc

pretty ['prɪ·t̬i] **I.** *adj* <-ier, -iest> (*beautiful: thing*) bello, -a, piacevole; (*child, woman*) bello, -a, carino, -a; **not a ~ sight** non bello a vedersi **II.** *adv* (*quite*) abbastanza **2. ~ much** più o meno; **to be ~ much the same** essere praticamente lo stesso; **~ well everything** quasi tutto

prevailing *adj* prevalente; (*atmosphere, feelings*) dominante

prevent [prɪ·'vent] *vt* **1.** (*hamper*) impedire; **to ~ sb from doing sth** impedire a qu di fare qc **2.** (*avoid: confusion, panic, crime*) prevenire

prevention [prɪ·'ven·tʃən] *n* prevenzione *f*

preventive [prɪ·'ven·tɪv] *adj* preventivo, -a

preview ['pri:·vju:] *n* CINE, THEAT anteprima *f;* (*film extract*) trailer *m inv;* (*of TV program, exhibition*) anticipazione *f*

previous ['pri:·vi·əs] *adj* **1.** (*former*) precedente; **on the ~ day/week** il giorno/la settimana precedente **2.** (*prior*) previo, -a

previously *adv* **1.** (*beforehand*) prima **2.** (*formerly*) precedentemente

prey [preɪ] *n* preda *f;* **bird of ~** rapace *m;* **to be easy ~ for sb** essere una preda [*or* vittima] facile per qu; **to fall ~ to** (*animal*) cadere preda di; (*person*) essere vittima di

price [praɪs] **I.** *n* **1.** *a. fig* COM prezzo *m;* **oil ~s, the ~ of oil** il prezzo del petrolio; **a high/low ~** un prezzo alto/basso; **to be the same ~** avere lo stesso prezzo; **to go up/down in ~** aumentare/diminuire di prezzo; **the ~ one has to pay for fame** [*or* **the ~ of fame**] il prezzo della notorietà; **beyond** [*or* **without**] **~** che non ha prezzo; **everyone has their price** ognuno ha il suo prezzo ▶ **at <u>any</u> ~** a qualunque costo; **not at <u>any</u> ~** per niente al mondo; **to pay a <u>heavy</u> ~** pagarla molto cara; **to <u>pay</u> the ~** pagarla cara; **<u>at</u> a ~** a caro prezzo **II.** *vt* **1.** (*mark with price tag*) prezzare **2.** (*fix price*) fissare il prezzo di; **to be reasonably ~d** avere un prezzo ragionevole

priceless ['praɪs·lɪs] *adj* **1.** (*invaluable*) inestimabile, prezioso, -a; **to be ~** non avere prezzo **2.** *fig* (*funny*) divertente; **that's ~!** è da crepare dal ridere! *inf*

price list *n* listino *m* prezzi

price tag *n* **1.** (*label*) cartellino *m* del prezzo **2.** *inf* (*cost*) prezzo *m*

pricey ['praɪ·si] *adj* <pricier, priciest> *inf* (*object, shop*) caro, -a, costoso, -a

prick [prɪk] **I.** *vt* **1.** (*jab*) pungere, bucare; **to ~ one's finger** pungersi il dito **2.** (*listen: animal*) **to ~ one's ears** drizzare le orecchie; (*person*) aguzzare le orecchie **II.** *n* **1.** (*act, pain*) puntura *f* **2.** (*mark*) buco *m* **3.** *vulg* (*penis*) cazzo *m* **4.** *vulg* (*idiot*) coglione *m vulg*

prickle ['prɪ·kl] *n* **1.** (*thorn: of plant*) spina *f;* (*of animal*) aculeo *m* **2.** (*tingle*) formicolio *m*

prickly ['prɪk·li] <-ier, -iest> *adj* **1.** (*thorny: plant*) spinoso, -a; (*animal*) con aculei **2.** (*tingling*) pungente; (*beard*) ispido, -a; **~ sensation** formicolio *m* **3.** *inf* (*easily offended*) permaloso, -a

pride [praɪd] **I.** *n* **1.** (*gener*) orgoglio *m;* **to take ~ in sth** tenere molto a qc; **to be sb's ~ and joy** essere l'orgoglio di qu; **to hurt sb's ~** ferire l'orgoglio di qu; **to swallow one's ~** soffocare l'orgoglio **2.** (*group of lions*) branco *m* **II.** *vt* **to ~ oneself that ...** andare fiero del fatto che ...

priest [pri:st] *n* REL prete *m,* sacerdote *m*

priesthood ['pri:st·hʊd] *n* REL **1.** (*position, office*) sacerdozio *m* **2.** (*priests in general*) clero *m*

primarily [praɪ·'me·rə·li] *adv* principalmente, prima di tutto

primary ['praɪ·me·ri] **I.** *adj* **1.** (*principal*) primario, -a; (*aim*) principale **2.** (*basic*) fondamentale; (*industry*) primario, -a; **~ stress** LING accento *m* primario **II.** <-ies> *n* POL (elezioni) *f pl* primarie

primary school *n* scuola elementare *f*

prime [praɪm] **I.** *adj* **1.** (*main*) principale; (*objective*) primario, -a **2.** (*first-rate*) eccellente; (*beef*) di prima scelta **II.** *n* **1.** (*best stage*) apogeo *m elev;*

to be in one's ~ esssere nel fiore degli anni **2.** (*prime number*) numero *m* primo **III.** *vt* (*prepare*) preparare; **to ~ sb for doing sth** preparare qu a fare qc
prime minister *n* POL primo ministro *mf*
prime number *n* MAT numero *m* primo
primer ['praɪ·mɚ] *n* (*textbook*) manuale *m;* (*for learning to read*) sillabario *m*
prime ribs *n* CULIN costate *f pl* di prima scelta
prime time *n* RADIO, TV prima *f* serata
primitive ['prɪ·mɪ·t̬ɪv] *adj a.* ART, HIST, ZOOL primitivo, -a; (*method, weapon*) rudimentale
primrose ['prɪm·roʊz] *n,* **primula** ['prɪm·jə·lə] *n* BOT primula *f,* primavera *f*
prince [prɪns] *n* principe *m;* **crown ~** principe ereditario; **Prince Charming** principe azzurro
princess ['prɪnt·sɪs] *n* principessa *f*
principal ['prɪn·tsə·pl] **I.** *adj* principale **II.** *n* (*head of a primary school*) direttore, -trice *m, f;* (*head of a secondary school*) preside *mf*
principle ['prɪn·tsə·pl] *n* principio *m;* **in ~** in linea di principio; **on ~** per principio
print [prɪnt] **I.** *n* **1.** (*handwriting*) stampatello *m;* (*type*) **bold ~** neretto *m* **2.** (*printed form*) **to appear in ~** essere pubblicato; **to go out of ~** essere esaurito **3.** (*of artwork*) stampa *f;* (*engraving*) incisione *m;* PHOT copia *f,* stampa *f* **4.** (*printed pattern*) stampato *m* **5.** *inf* (*fingerprint*) impronta *f* digitale **II.** *vt* **1.** (*gener*) *a.* COMPUT, PHOT stampare **2.** (*publish*) pubblicare **3.** (*write in unjoined letters*) scrivere in stampatello
printer ['prɪn·tɚ] *n* **1.** COMPUT stampante *f;* **laser ~** stampante a laser **2.** (*person*) tipografo, -a *m, f*
printing *n* **1.** (*art*) stampa *f* **2.** (*action*) impressione *f*
printing press *n* macchina *f* da stampa
printout ['prɪnt·aʊt] *n* COMPUT stampata *f*
prior ['pra·ɪɚ] **I.** *adv form* (*before*) prima; **~ to doing sth** prima di fare qc **II.** *adj form* **1.** (*earlier*) previo, -a, precedente; **without ~ notice** senza preavviso **2.** (*preferred*) più importante **III.** *n* REL priore *m*
priority [praɪ·'ɔː·rə·t̬i] <-ies> *n* **1.** (*being most important*) priorità *f;* (*in time*) precedenza *f* **2.** *pl* (*order of importance*) priorità *fpl;* **to set priorities** stabilire le priorità
priory ['pra·ɪə·ri] *n* priorato *m*
prism ['prɪ·zəm] *n* prisma *m*
prison ['prɪ·zən] *n* prigione *f,* carcere *m;* **to go to ~** andare in prigione; **to put sb in ~** mettere qu in prigione
prison camp *n* campo *m* di prigionia
prisoner ['prɪ·zə·nɚ] *n* detenuto, -a *m, f;* MIL prigioniero, -a *m, f;* **to take sb ~** fare prigioniero qu
privacy ['praɪ·və·si] *n* privacy *f;* **I'd like some ~** vorrei rimanere un po' solo
private ['praɪ·vət] **I.** *adj* **1.** (*not public*) privato, -a **2.** (*confidential*) riservato, -a; **sb's ~ opinion** l'opinione personale di qu; **he's a very private person** è una persona molto riservata **3.** (*intimate*) intimo, -a; **~ parts** parti *f pl* intime **II.** *n* MIL soldato *m* semplice
private eye *n inf,* **private investigator** *n* investigatore , -trice*m, f* privato, -a
privately ['praɪ·vət·li] *adv* **1.** (*in private*) in privato; **to celebrate ~** festeggiare in privato **2.** (*secretly*) in segreto
private property *n* proprietà privata
privatize ['praɪ·və·taɪz] *vt* privatizzare
privilege ['prɪ·və·lɪdʒ] *n* **1.** (*special right*) privilegio *m* **2.** (*honor*) onore *m*
privileged *adj* (*special*) privilegiato, -a
prize[1] [praɪz] **I.** *n* **1.** (*in competition*) premio *m;* **to take home a ~** vincere un premio **2.** (*reward*) ricompensa *f* **II.** *adj* **1.** *inf* (*first-rate*) eccezionale **2.** (*prizewinning*) premiato, -a **III.** *vt* appprezzare; **to ~ sth highly** tenere qc in gran conto
prize[2] [praɪz] *vt see* **pry**[2]
prize money *n* SPORTS premio *m* in denaro
pro[1] [proʊ] *inf* **I.** *n abbr of* **professional** professionista *mf* **II.** *adj abbr of* **professional** professionistico, -a
pro[2] [proʊ] **I.** *adv* a favore **II.** *n inf* pro *m;* **the ~s and cons of sth** i pro e i contro di qc **III.** *prep* pro, a favore di
probability [ˌprɑː·bə·'bɪ·lə·t̬i] *n* probabi-

P

lità *f;* **in all** ~ con ogni probabilità

probable ['prɑː·bə·bl] *adj* **1.** (*likely*) probabile **2.** (*credible*) verosimile

probation [proʊ·'beɪ·ʃən] *n* **1.** (*at work*) periodo *m* di prova; **to be on** ~ essere in prova **2.** LAW libertà *f* vigilata

probe [proʊb] **I.** *vi* (*examine*) investigare; **to ~ into sb's private life** indagare sulla vita privata di qu **II.** *vt* **1.** (*examine*) esaminare **2.** MED esplorare con una sonda **III.** *n* **1.** (*examination, investigation*) indagine *f* **2.** MED, AVIAT sonda *f*

problem ['prɑːb·ləm] *n* problema *m*

problematic(al) [ˌprɑːb·lə·'mæ·t̬ɪ·k(əl)] *adj* **1.** (*creating difficulty*) problematico, -a **2.** (*questionable, disputable*) dubbio, -a

procedure [prə·'siː·dʒɚ] *n* procedura *f*

proceed [proʊ·'siːd] *vi* **1.** (*move along*) procedere; (*continue*) andare avanti; (*continue driving*) procedere; **to ~ with sth** procedere con qc; **to ~ against sb** procedere legalmente contro qu **2.** (*come from*) **to ~ from** provenire da **3.** (*start, begin*) **to ~ with sth** mettersi a fare qc; **to ~ to do sth** mettersi a fare qc

proceeds ['proʊ·siːdz] *n* ricavo *msg*

process ['prɑː·ses] **I.** *n* processo *m;* **in the** ~ allo stesso tempo; **to be in the ~ of doing sth** stare facendo qc **II.** *vt* **1.** *a.* TECH, COMPUT elaborare; (*raw materials, waste*) trattare **2.** PHOT sviluppare

processing ['prɑː·se·sɪŋ] *n* **1.** *a.* TECH, COMPUT elaborazione *f;* (*of raw materials*) trasformazione *f;* (*of waste*) trattamento *m;* **data** ~ elaborazione dei dati; **batch** ~ lavorazione per lotti **2.** PHOT sviluppo *m*

procession [prə·'se·ʃən] *n* **1.** sfilata *m;* **funeral** ~ corteo *m* funebre; **to go in** ~ sfilare in corteo **2.** REL processione *f*

pro-choice *adj* in favore dell'aborto

proclaim [proʊ·'kleɪm] *vt form* proclamare; **to ~ war** dichiarare guerra

prod [prɑːd] **I.** *n* (*poke*) spintarella *f;* (*with elbow*) colpetto con il gomito *m;* (*with sharp object*) pungolo *m;* **to give sb a** ~ *fig* spronare qu **II.** <-dd-> *vt* **1.** (*poke*) spingere; (*with elbow*) dare un colpetto di gomito a; (*with sharp object*) pungolare **2.** (*encourage, urge on*) **to ~ sb** (**into doing sth**) spronare qu (a fare qc)

produce[1] [prə·'duːs] *vt* **1.** (*create, manufacture*) *a.* CINE, THEAT, TV produrre; **to ~ results** produrre risultati **2.** (*give birth to*) dare alla luce **3.** (*show*) mostrare; **to ~ a knife** estrarre un coltello

produce[2] ['proʊ·duːs] *n* AGR prodotti *m pl* agricoli

producer [prə·'duː·sɚ] *n* produttore, -trice *m, f*

product ['prɑː·dʌkt] *n* **1.** *a.* MAT prodotto *m* **2.** (*result*) risultato *m*

production [prə·'dʌk·ʃən] *n* **1.** (*gener*) *a.* CINE, THEAT, TV produzione *f* **2.** *form* (*presentation: of ticket, passport*) presentazione *f*

production line *n* catena *f* di montaggio

productive [prə·'dʌk·tɪv] *adj* produttivo, -a; (*land, soil*) fertile; (*writer*) prolifico, -a

productivity [ˌproʊ·dək·'tɪ·və·t̬i] *n* produttività *f*

professed [prə·'fest] *adj* **1.** (*self-acknowledged*) dichiarato, -a **2.** (*alleged*) presunto, -a

profession [prə·'fe·ʃən] *n* professione *f;* **the teaching** ~ la categoria *f* degli insegnanti

professional [prə·'fe·ʃə·nəl] **I.** *adj* **1.** (*related to profession*) professionale **2.** (*competent*) competente, da esperto, -a **II.** *n* professionista *mf*

professor [prə·'fe·sɚ] *n* UNIV professore, -essa *m, f*

proficiency [prə·'fɪ·ʃn·si] *n* competenza *f*

proficient [prə·'fɪ·ʃnt] *adj* competente

profile ['proʊ·faɪl] *n* profilo *m;* **in** ~ di profilo; **user** ~ COMPUT profilo *m* utente; **to keep a low** ~ tenere un profilo basso

profit ['prɑː·fɪt] **I.** *n* *a.* FIN profitto *m* **II.** *vi* **1.** (*benefit*) trarre profitto; **to ~ by sth** trarre profitto da qc **2.** (*make a profit*) guadagnare

profitable ['prɑː·fɪ·t̬ə·bl] *adj* **1.** FIN redditizio, -a; **a ~ investment** un investimento lucrativo **2.** (*advantageous*) vantaggioso, -a

profound [prə·'faʊnd] *adj* profondo, -a

program ['proʊ·græm] **I.** *n* programma *m* **II.** <-mm-> *vt* programmare

programmer *n* programmatore, -trice *m, f*

progress[1] ['prɑː·gres] *n* progresso *m;* **to make ~** fare progressi

progress[2] [proʊ·'gres] *vi* **1.** (*improve*) progredire, migliorare **2.** (*continue onward*) procedere; **to ~ to sth** passare a qc altro

progressive [prə·'gre·sɪv] *adj* **1.** (*gener*) *a.* LING progressivo, -a; (*disease*) degenerativo, -a **2.** POL progressista **3.** (*modern*) moderno, -a **4.** MUS d'avanguardia; (*jazz*) progressivo, -a

prohibit [proʊ·'hɪ·bɪt] *vt* **1.** (*forbid*) proibire; **to be ~ed by law** essere vietato per legge **2.** (*prevent*) impedire

prohibition [ˌproʊ·ə·'bɪ·ʃən] *n* (*ban*) proibizione *f,* divieto *m*

prohibitive [proʊ·'hɪ·bə·t̬ɪv] *adj* proibitivo, -a

project[1] ['prɑː·dʒekt] *n* **1.** (*undertaking, plan*) progetto *m* **2.** SCHOOL, UNIV (*essay*) ricerca *f* **3.** (*social housing*) complesso *m* di case popolari

project[2] [prə·'dʒekt] **I.** *vt* **1.** (*forecast*) preventivare; **to be ~ed to do sth** essere previsto per fare qc **2.** (*propel*) lanciare **3.** PSYCH proiettare; **to ~ sth onto sb** proiettare qc su qu **4.** (*promote*) dare un'immagine di **II.** *vi* (*extend out*) sporgere

projection [prə·'dʒek·ʃən] *n* **1.** (*forecast*) *a.* CH proiezione *f* **2.** (*protrusion*) sporgenza *f;* (*of rock*) prominenza *f*

projector [prə·'dʒek·tɚ] *n* proiettore *m*

prolific [proʊ·'lɪ·fɪk] *adj* prolifico, -a

prolong [proʊ·'lɑːŋ] *vt* prolungare

prom [prɑːm] *n* (*school dance*) ballo *m* scolastico

promenade [ˌprɑː·mə·'neɪd] *n* (*seafront*) passeggiata *f* a mare

prominent ['prɑː·mə·nənt] *adj* **1.** (*conspicuous*) prominente **2.** (*teeth, chin*) sporgente **3.** (*distinguished, well-known*) importante; (*position*) di spicco

promiscuous [prə·'mɪs·kju·əs] *adj* promiscuo, -a

promise ['prɑː·mɪs] **I.** *vt* (*pledge, have potential*) promettere; **to ~ to do sth** promettere di fare qc **II.** *vi* (*pledge*) promettere; **I ~!** prometto! **III.** *n* promessa *f;* **to make a ~** fare una promessa; **~s, ~s!** *iron* non ci credo neanche ...!; **a young person of ~** un(a) giovane promettente; **to show ~** essere una promessa

promising *adj* promettente

promote [prə·'moʊt] *vt* promuovere

promotion [prə·'moʊ·ʃən] *n* promozione *f;* **to get a ~** avere una promozione; **sales ~** promozione delle vendite

prompt [prɑːmpt] **I.** *vt* **1.** (*spur*) stimolare; **to ~ sb to do sth** spingere qu a fare qc **2.** THEAT suggerire **II.** *adj* (*quick*) rapido, -a; (*action*) immediato, -a; (*delivery*) pronto, -a **III.** *adv* in punto

promptly ['prɑːmpt·li] *adv* **1.** (*quickly*) rapidamente **2.** *inf* (*immediately afterward*) prontamente

prone [proʊn] **I.** *adj* **to be ~ to doing sth** essere incline a fare qc **II.** *adv* bocconi *inv;* **to lie ~** essere steso a faccia in giù

pronoun ['proʊ·naʊn] *n* LING pronome *m*

pronounce [prə·'naʊnts] *vt* **1.** (*speak*) pronunciare **2.** (*declare*) dichiarare; **to ~ that ...** dichiarare che ...

pronounced *adj* (*accent*) marcato, -a

pronunciation [prə·ˌnʌn·tsɪ·'ei·ʃən] *n* LING pronuncia *f*

proof [pruːf] *n* **1.** *a.* LAW prova *f;* **~ of sth** prova di qc *f;* **the burden of ~** l'onere della prova **2.** TYPO bozza *f* **3.** MAT dimostrazione *f*

prop [prɑːp] **I.** *n* **1.** (*support*) sostegno *m* **2.** THEAT accessorio *m* di scena **II.** <-pp-> *vt* **1.** (*support*) sostenere **2.** (*lean*) appoggiare; **she propped up her head with her hand** (ap)poggiò la testa sulla mano **3.** *fig* sostenere; **the World Bank is propping up the global markets** la banca mondiale sta sostenendo i mercati globali

P

propaganda [ˌprɑː·pə·ˈgæn·də] *n* propaganda *f*

propel [prə·ˈpel] <-ll-> *vt* spingere

propeller [prə·ˈpe·lɚ] *n* elica *f*

proper [ˈprɑː·pɚ] *adj* **1.** (*appropriate: place*) proprio, -a; (*time*) giusto, -a; (*use, method*) corretto, -a; ~ **meaning** significato *m* esatto **2.** (*socially respectable*) **to be ~ to do sth** essere decoroso fare qc **3.** (*itself*) vero, -a; **it's not in Boston ~** non sta esattamente a Boston **4.** (*real*) autentico, -a; **a ~ job** un vero lavoro

properly [ˈprɑː·pɚ·li] *adv* **1.** (*correctly*) correctamente; **~ speaking** per essere esatti; **~ dressed** vestito in modo appropriato **2.** (*behave*) come si deve **3.** (*politely*) educatamente

proper name *n*, **proper noun** *n* nome *m* proprio

property [ˈprɑː·pɚ·t̬i] <-ies> *n* **1.** (*possession*) proprietà *f* **2.** (*house*) immobile *m;* (*land*) terreno *m* **3.** (*attribute*) proprietà *m*

prophecy [ˈprɑː·fə·si] <-ies> *pl n* profezia *f*

prophesy [ˈprɑː·fə·saɪ] <-ie-> *vt* (*predict*) predire; REL profetizzare

prophet [ˈprɑː·fɪt] *n* profeta, -a *m, f;* REL profeta, -essa *m, f*

proponent [prə·ˈpoʊ·nənt] *n* sostenitore, -trice *m, f*

proportion [prə·ˈpɔːr·ʃən] *n* **1.** (*relationship*) rapporto *f;* **to be out of ~ to sth** essere sproporzionato rispetto a qc; **to be in ~ to sth** essere in proporzione a qc; **to keep a sense of ~** mantenere un senso delle proporzioni; **to blow sth (all) out of ~** esagerare enormemente qc **2.** (*part*) parte *f* **3.** *pl* (*size*) dimensioni *fpl,* proporzioni *fpl;* **a building of gigantic ~s** un edificio di enormi proporzioni

proportional [prə·ˈpɔːr·ʃə·nəl] *adj* proporzionale

proportioned *adj* **well ~** ben proporzionato

proposal [prə·ˈpoʊ·zəl] *n* **1.** (*suggestion*) proposta *f;* **to put forward a ~** avanzare [*or* fare] una proposta **2.** (*offer of marriage*) proposta *f* di matrimonio

propose [prə·ˈpoʊz] **I.** *vt* **1.** (*put forward*) proporre; **to ~ a toast** proporre un brindisi **2.** (*intend*) **to ~ to do sth** ripromettersi di fare qc **3.** (*nominate*) candidare **II.** *vi* (*offer marriage*) **to ~ (to sb)** fare una proposta di matrimonio (a qc)

proposition [ˌprɑː·pə·ˈzɪ·ʃən] *n* **1.** (*theory, argument*) affermazione *f* **2.** (*business*) proposta *f* **3.** (*suggestion*) suggerimento *m*

proprietor [prə·ˈpraɪ·ə·t̬ɚ] *n* proprietario, -a *m, f*

propriety [prə·ˈpraɪ·ə·t̬i] <-ies> *n* **1.** (*correctness*) correttezza *f* **2.** *pl* (*standard of conduct*) convenzioni *f pl* sociali

prose [proʊz] *n* prosa *f*

prosecute [ˈprɑː·sɪ·kjuːt] *vt* LAW **to ~ sb (for sth)** procedere legalmente contro qu (per qc); **he was prosecuted for fraud** è stato denunciato per frode

prosecution [ˌprɑː·sɪ·ˈkjuː·ʃən] *n* **1.** LAW (*proceedings*) procedimento *m* penale **2.** LAW (*the prosecuting party*) **the ~** l'accusa; **witness for the ~** teste *mf* a carico

prosecutor [ˈprɑː·sɪ·kjuː·t̬ɚ] *n* LAW pubblico *m* ministero

prospect [ˈprɑːs·pekt] *n* **1.** (*possibility*) probabilità *f;* **the ~ of sth** la probabilità di qc **2.** *pl* (*chances*) prospettive *fpl*

prospective [prə·ˈspek·tɪv] *adj* possible; (*candidate, student*) potenziale; **~ son-in-law** futuro genero

prospectus [prə·ˈspek·təs] *n* prospetto *m;* UNIV opuscolo *m* informativo

prosper [ˈprɑːs·pɚ] *vi* prosperare

prosperity [prɑː·ˈspe·rə·t̬i] *n* prosperità *f*

prosperous [ˈprɑːs·pɚ·əs] *adj* prospero, -a; (*business*) fiorente

prostitute [ˈprɑːs·tə·tuːt] *n* prostituta *f*

prostitution [ˌprɑːs·tɪ·ˈtuː·ʃən] *n* prostituzione *f*

protagonist [proʊ·ˈtæ·gə·nɪst] *n* (*main character*) protagonista *mf*

protect [prə·ˈtekt] *vt* proteggere; (*one's interests*) tutelare; **to ~ oneself** proteggersi

protection [prə·ˈtek·ʃən] *n* (*defense*)

protezione *f;* **to be under sb's ~** essere sotto la protezione di qu

protective [prə·ˈtek·tɪv] *adj* **1.** (*giving protection*) protettivo, -a; **~ custody** detenzione *f* protettiva (a tutela dell'interessato) **2.** (*wishing to protect: instinct*) di protezione

protector [prə·ˈtek·tɚ] *n* (*person*) protettore, -trice *m, f*

protein [ˈproʊ·tiːn] *n* proteina *f;* **~ deficiency** carenza *f* di proteine

protest[1] [ˈproʊ·test] *n* **1.** (*complaint*) protesta *f;* **in ~** in segno di protesta; **to do sth under ~** fare qc malvolentieri **2.** (*demonstration*) manifestazione *f* di protesta

protest[2] [proʊ·ˈtest] **I.** *vi* protestare; **to ~ about/against sth** protestare per/contro qc **II.** *vt* **1.** (*solemnly affirm*) **to ~ that ...** attestare che ...; **to ~ one's innocence** protestarsi innocente **2.** (*show dissent*) contestare

Protestant [ˈprɑː·t̬əs·tənt] *n* protestante *mf*

protester *n* dimostrante *mf*

protracted [proʊ·ˈtræk·tɪd] *adj* protratto, -a

protractor [proʊ·ˈtræk·tɚ] *n* (*for measuring angles*) goniometro *m*

protruding *adj* prominente; (*ears*) a sventola

proud [praʊd] *adj* **1.** (*gener*) orgoglioso, -a (**of** di); **to be ~ to do sth** essere orgoglioso di fare qc **2.** (*arrogant*) arrogante

prove [pruːv] <proved, proved *or* proven> *vt* (*verify*) dimostrare; **to ~ oneself (to be) sth** dimostrare (di essere) qc; **to ~ sb innocent** dimostrare l'innocenza di qu

proven [ˈpruː·vən] **I.** *pp of* **prove** **II.** *adj* (*verified*) provato, -a

proverb [ˈprɑː·vɜːrb] *n* proverbio *m*

provide [prə·ˈvaɪd] **I.** *vt* fornire; **to ~ sb with sth** fornire qc a qu **II.** *vi* **1.** (*prepare*) **to ~ for sth** prevedere qc **2.** (*support*) **to ~ for one's family** mantenere la famiglia

provided *conj* **~ that ...** sempre che ..., purché ... *+subj*

provider *n* **1.** (*person*) fornitore, -trice *m, f* **2.** COMPUT (*for Internet services*) provider *m inv*

province [ˈprɑː·vɪnts] *n* **1.** POL, ADMIN provincia *f* **2.** (*branch of a subject*) campo *m*

provincial [prə·ˈvɪn·tʃəl] *adj a.* POL, ADMIN provinciale; **~ town** città di/della provincia

provision [prə·ˈvɪ·ʒən] *n* **1.** (*gener*) fornitura *f* **2.** (*preparation*) preparativi *mpl;* **to make ~s for sth** provvedere a qc **3.** LAW (*in will, contract*) disposizione *f*

provisional [prə·ˈvɪ·ʒə·nəl] *adj* provvisorio, -a

proviso [prə·ˈvaɪ·zoʊ] <-s> *n* condizione *f;* **with the ~ that ...** a condizione che ... *+subj*

provocation [ˌprɑː·və·ˈkeɪ·ʃən] *n* provocazione *f*

provocative [prə·ˈvɑː·kə·t̬ɪv] *adj* **1.** (*sexually*) provocante **2.** (*thought-provoking: idea, question*) stimolante **3.** (*causing anger*) provocatorio, -a

provoke [prə·ˈvoʊk] *vt* **1.** (*make angry*) provocare; **to ~ sb into doing sth** spingere qu a fare qc **2.** (*discussion*) scatenare; (*interest*) suscitare; (*crisis*) provocare

provoking *adj* (*irritating*) irritante

prowl [praʊl] **I.** *n inf* **to be on the ~** aggirarsi con circospezione **II.** *vt* aggirarsi per [*or* attorno a]; **to ~ the streets** aggirarsi furtivamente per le strade **III.** *vi* **to ~ (around)** aggirarsi

proximity [prɑːk·ˈsɪ·mə·t̬i] *n form* prossimità *f;* **to be in (close) ~ to sth** essere nelle (immediate) vicinanze di qc

proxy [ˈprɑːk·si] <-ies> *n* procura *f;* **to do sth by ~** fare qc per procura

prudent [ˈpruː·dnt] *adj* prudente

prune[1] [pruːn] *vt* potare; **to ~ (back) costs** ridurre i costi

prune[2] [pruːn] *n* (*dried plum*) prugna *f* secca

pry[1] [praɪ] <pries, pried> *vi* (*be nosy*) ficcare il naso; **to ~ into sth** impicciarsi di qc

pry[2] [praɪ] *vt* **to ~ sth off** sollevare qc facendo leva; **to ~ sth open** aprire qc forzandolo

P

PS [ˌpiː·ˈes] *abbr of* **postscript** P.S.

psalm [sɑːm] *n* REL salmo *m*

pseudonym [ˈsuː·də·nɪm] *n* pseudonimo *m*

PST *n abbr of* **Pacific Standard Time** ora della zona pacifico

psych(e) up [ˈsaɪk·ʌp] *vt sl* **to psych(e) oneself up** caricarsi; **to psych(e) sb up** dare la carica a qu

psychiatric [ˌsaɪ·ki·ˈæt·rɪk] *adj* psichiatrico, -a

psychiatrist [saɪ·ˈkaɪ·ə·trɪst] *n* psichiatra *mf*

psychiatry [saɪ·ˈkaɪ·ə·tri] *n* psichiatria *f*

psychic [ˈsaɪ·kɪk] **I.** *adj* **1.** (*with occult powers*) paranormale **2.** (*of the mind*) psichico, -a **II.** *n* sensitivo, -a *m, f*

psycho [ˈsaɪ·koʊ] *n sl* (*crazy person*) **to be a ~** essere fuori di testa

psychoanalysis [ˌsaɪ·koʊ·ə·ˈnæ·lə·sɪs] *n* psicoanalisi *f inv*

psychoanalyst [ˌsaɪ·koʊ·ˈæ·nə·lɪst] *n* psicoanalista *mf*

psychological [ˌsaɪ·kə·ˈlɑː·dʒɪ·kəl] *adj* psicologico, -a

psychologist [saɪ·ˈkɑː·lə·dʒɪst] *n* psicologo, -a *m, f*

psychology <-ies> *n* (*science, mentality*) psicologia *f*

psychopath [ˈsaɪ·kə·pæθ] *n* psicopatico, -a *m, f*

psychopathic [ˌsaɪ·kə·ˈpæ·θɪk] *adj* psicopatico, -a

psychotherapist [ˌsaɪ·koʊ·ˈθe·rə·pɪst] *n* psicoterapeuta *mf*

psychotherapy [ˌsaɪ·koʊ·ˈθe·rə·pi] *n* psicoterapia *f*

PTA [ˌpiː·tiː·ˈeɪ] *n abbr of* **Parent Teacher Association** associazione *f* genitori - insegnanti

pub [pʌb] *n* pub *m*

puberty [ˈpjuː·bɚ·t̬i] *n* pubertà *f*

public [ˈpʌb·lɪk] **I.** *adj* pubblico, -a; **to go ~ with sth** rendere pubblico qc **II.** *n* **1.** (*people collectively, audience*) pubblico *m;* **in ~** in pubblico **2.** (*ordinary people*) gente *f*

public appointment *n* incarico *m* statale

publication [ˌpʌb·lɪ·ˈkeɪ·ʃən] *n* pubblicazione *f*

public defender *n* LAW difensore, -a *m, f* d'ufficio

public health service *n* servizio *m* sanitario nazionale

public holiday *n* festa *f* nazionale

publicity [pʌb·ˈlɪ·sə·t̬i] *n* **1.** pubblicità *f* **2.** (*attention*) **to attract ~** attrarre l'attenzione

publicize [ˈpʌb·lɪ·saɪz] *vt* pubblicizzare

public library <-ies> *n* biblioteca *f* pubblica

publicly *adv* (*openly*) pubblicamente

public prosecutor *n* pubblico ministero *m*

public relations *npl* pubbliche *f* relazioni *pl*

public restroom *n* toilette *f inv*

public school *n* scuola *f* pubblica

public servant *n* funzionario, -a *m, f*

public-spirited [ˌpʌb·lɪk·ˈspɪ·rɪ·t̬ɪd] *adj* che dimostra senso civico

public transportation *n* trasporti *m pl* pubblici

publish [ˈpʌb·lɪʃ] *vt* (*book, author, result*) pubblicare; (*information*) divulgare

publisher *n* **1.** (*company*) editore *m* **2.** (*person*) editore, -trice *m, f*

publishing *n* editoria *f*

pudding [ˈpʊ·dɪŋ] *n* (*dessert*) dolce *m*

puddle [ˈpʌ·dl] *n* pozzanghera *f*

pudgy [ˈpʊ·dʒi] <-ier, -iest> *adj* tracagnotto, -a

puff [pʌf] **I.** *vi* **1.** (*blow*) soffiare **2.** (*be out of breath*) avere il fiato corto **3. to ~ on a pipe/cigar** tirare boccate di fumo dalla pipa/dal sigaro **II.** *vt* (*smoke*) sbuffare; (*cigarette smoke*) fumare **III.** *n* **1.** *inf* (*breath*) fiato *m;* (*of wind*) folata *f;* (*of air*) soffio *m;* (*vapor*) sbuffo *m;* (*of dust, smoke*) nuvola *f* **2.** (*quilt*) piumino *m* **3.** (*drag, breathing-in*) tiro *m;* **to take ~s on a cigarette** dare un tiro a una sigaretta

◆**puff out** *vt* **1.** (*expand*) gonfiare **2.** (*exhaust*) spompare

◆**puff up** **I.** *vt* gonfiarsi **II.** *vi* inorgoglirsi

puff pastry *n* pasta *f* sfoglia

puffy [ˈpʌ·fi] <-ier, -iest> *adj* gonfio, -a

puke [pjuːk] *sl* **I.** *vt* vomitare **II.** *vi* vomitare; **he makes me** (**want to**) **~!** mi fa venire da vomitare!

pull [pʊl] **I.** *vt* **1.** (*draw*) tirare; (*trigger*) premere **2.** *inf* (*take out: gun, knife*) estrarre **3.** MED (*extract*) estrarre **4.** SPORTS, MED (*strain: muscle*) stirarsi **5.** (*attract: business, customers*) attrarre **II.** *vi* **1.** (*exert force*) tirare **2. to ~ on a cigarette** fare una tirata dalla sigaretta; **to ~ on a beer** bere una sorsata di birra **3.** *inf* (*hope for success*) **to be ~ing for sb/sth** essere dalla parte di qu/qc **III.** *n* **1.** (*act of pulling*) tirata *f;* (*stronger*) strappo *m,* strattone *m* **2.** *inf* (*influence*) influenza *f* **3.** (*knob, handle*) maniglia *f;* (*of a curtain*) cordone *m* **4.** (*attraction*) attrazione *f;* (*power to attract*) attrattiva *m* **5.** (*of cigarette*) boccata *f;* (*of drink*) sorsata *f*

◆**pull apart** *vt insep* **1.** (*break into pieces*) smontare **2.** (*separate using force*) fare a pezzi **3.** (*criticize*) demolire

◆**pull away I.** *vi* (*vehicle*) allontanarsi **II.** *vt* strappare; **to pull sth away from sth** strappare via qc da qc

◆**pull back** *vi* **1.** (*move out of the way*) ritirarsi **2.** (*not proceed, back out*) fare marcia indietro

◆**pull down** *vt* **1.** (*move down*) tirare giù, abbassare **2.** (*demolish*) buttare giù, demolire **3.** (*drag down, hold back*) **to pull sb down** abbattere qu **4.** *inf* (*earn wages*) guadagnare

◆**pull in I.** *vi* (*vehicle*) accostare/entrare e fermarsi **II.** *vt* **1.** (*attract*) attrarre **2.** (*arrest*) arrestare

◆**pull off** *vt inf* (*succeed*) spuntarla; **to pull it off** farcela

pull out I. *vi* **1.** (*move out to pass*) uscire (per sorpassare); (*drive onto road*) immettersi **2.** (*leave*) partire **3.** (*withdraw*) ritirarsi **II.** *vt* (*take out*) tirare fuori

◆**pull over** *vt* (*police*) fare accostare

◆**pull through** *vi* cavarsela

◆**pull together** *vt* **1.** (*regain composure*) **to pull oneself together** controllarsi **2.** (*organize, set up*) mettere su

◆**pull up I.** *vt* **1.** (*raise*) sollevare; (*blinds*) tirare su **2.** (*plant*) sradicare **II.** *vi* accostare e fermarsi

pull-down menu *n* COMPUT menu *m* a tendina

pulley ['pʊ·li] <-s> *n* TECH puleggia *f*

pullover ['pʊ·loʊ·vɚ] *n* pullover *m*

pull-up *n* (*exercise*) sollevamento *m* sulle braccia alla sbarra

pulpit ['pʊl·pɪt] *n* REL pulpito *m*

pulsate ['pʌl·seɪt] *vi* pulsare

pulse[1] [pʌls] *n* **1.** ANAT polso *m;* (*heartbeat*) battito *m;* **to take sb's ~** tastare il polso a qu **2.** (*single vibration*) pulsazione *f*

pulse[2] [pʌls] *n* GASTR legume *m*

pump [pʌmp] **I.** *n* pompa *f;* (*for fuel*) pompa (di benzina) *f* **II.** *vt* pompare

pumpkin ['pʌmp·kɪn] *n* zucca *f*

pumpkin pie *torta di zucca*

pun [pʌn] *n* gioco *m* di parole

punch[1] [pʌntʃ] **I.** *vt* **1.** (*hit*) dare un pugno a; **to ~ sb out** *sl* riempire qu di botte **2.** (*push: button, key*) premere **3.** (*pierce*) forare; (*ticket*) forare; **to ~ holes in sth** fare fori in qc; **to ~ the clock** [*or* **card**] timbrare il cartellino **II.** *vi* **1.** (*hit*) colpire **2.** (*employee*) **to ~ in/out** timbrare (il cartellino) in entrata/in uscita **III.** <-es> *n* **1.** (*hit*) pugno *m;* **to give sb a ~** dare un pugno a qu **2.** (*tool for puncturing*) punzone *m;* (*for metal, leather*) punteruolo *m;* (**hole**) **~** perforatore (da ufficio) *m;* (**ticket**) **~** punzone *m* per forare i biglietti **3.** *fig* (*strong effect*) forza *f*

punch[2] [pʌntʃ] *n* (*beverage*) punch *m*

punch line *n* battuta *f* finale (di una barzelletta)

punctual ['pʌŋk·tʃu·əl] *adj* puntuale

punctuality [ˌpʌŋk·tʃu·'æ·lə·t̬i] *n* puntualità *f*

punctuation [ˌpʌŋk·tʃu·'eɪ·ʃən] *n* punteggiatura *f,* interpunzione *f*

puncture ['pʌŋk·tʃɚ] **I.** *vt* **1.** (*pierce*) forare; (*lung*) perforare; **to ~ a hole in sth** fare un buco in qc **2.** *fig* (*sb's confidence, self-esteem, ego*) ferire **II.** *vi* (*tire, ball*) forarsi; (*car*) forare **III.** *n* **1.** (*in tire, ball*) foratura *f;* **to have a ~** (*driver*) forare **2.** MED (*in skin*) puntura *f*

P

punish ['pʌ·nɪʃ] *vt* punire; **to ~ oneself** punirsi

punishing *adj* (*difficult*) duro, -a; (*trying*) estenuante

punishment ['pʌ·nɪʃ·mənt] *n* **1.** (*for criminal act*) pena *f;* **capital ~** pena *f* capitale **2.** (*for child's misbehavior*) **castigo, to inflict a ~ on sb** punire qu **3.** (*rough use*) maltrattamento *m;* **to take a lot of ~** essere molto maltrattato

punitive ['pju:·nɪ·t̬ɪv] *adj form* punitivo, -a; **~ damages** LAW danni *m pl* punitivi; **~ expedition** MIL spedizione *f* punitiva

punk [pʌŋk] **I.** *n* **1.** (*punk rocker*) (musicista) punk *mf* **2.** (*troublemaker*) teppista *mf* **II.** *adj* **1.** (*music, style*) punk **2.** (*poor quality*) scadente

punt[1] [pʌnt] SPORTS **I.** *vt, vi* (*in football*) calciare al volo **II.** *n* (*kick*) calcio *m* di rinvio

punt[2] [pʌnt] **I.** *vi* (*in boat*) andare in barchino **II.** *n* (*boat*) barchino *m*

puny ['pju:·ni] <-ier, -iest> *adj* (*person*) mingherlino, -a; (*argument*) debole; (*attempt*) fiacco, -a

pup [pʌp] *n* **1.** (*baby aniaml*) cucciolo, -a *m, f* **2.** (*young person*) pivello, -a

pupa ['pju:·pə] <pupas *or* pupae> *n* BIO crisalide *f,* pupa *f*

pupate ['pju:·peɪt] *vi* BIO impuparsi, diventare pupa

pupil[1] ['pju:·pl] *n* SCHOOL alunno, -a *m, f*

pupil[2] ['pju:·pl] *n* ANAT pupilla *f*

puppet ['pʌ·pɪt] *n a. fig* marionetta *f,* burattino *m;* **hand ~** burattino *m*

puppeteer [pʌ·pə·'tɪr] *n* burattinaio, -a *m, f*

puppy ['pʌ·pi] <-ies> *n* cucciolo, -a *m, f*

purchase ['pɜ:r·tʃəs] **I.** *vt* (*buy*) acquistare, comprare **II.** *n* **1.** (*act of buying*) acquisto *m;* **to make a ~** fare un acquisto **2.** (*hold*) presa *f;* **to get a ~ on sth** aggrapparsi a qc

purchaser *n* **1.** (*buyer*) acquirente *mf,* compratore, -trice *m, f* **2.** (*at auction*) aggiudicatario, -a *m, f*

purchasing *n* acquisti *mpl*

pure [pjʊr] *adj* puro, -a; **~ air** aria *f* pura; **~ gold** oro *m* puro; **~ mathematics** matematica *f* pura; **~ and simple** puro e semplice

purée [pjʊ·'reɪ] **I.** *vt* passare **II.** *n* purè *m*

purely ['pjʊr·li] *adv* **1.** (*completely*) puramente; **~ by chance** per pura combinazione **2.** (*simply*) semplicemente; **~ and simply** puramente e semplicemente

purge [pɜ:rdʒ] *vt* MED, POL purgare; POL epurare; **to ~ sb from a party** espellere qu da un partito

purify ['pjʊ·rə·faɪ] *vt* (*cleanse*) purificare; (*water*) depurare; REL (*soul, body*) purificare; **to ~ oneself of sth** purificarsi da/di qc

puritan ['pjʊ·rɪ·tən] *n a. fig* puritano, -a *m, f*

puritanical [ˌpjʊ·rɪ·'tæ·nɪ·kəl] *adj* puritano, -a

purity ['pjʊ·rɪ·t̬i] *n* purezza *f*

purple ['pɜ:r·pl] **I.** *adj* (*reddish*) paonazzo, -a, rosso violaceo; (*bluish*) viola, violetto **II.** *n* (*reddish*) rosso *m* violaceo; (*bluish*) viola *m,* violetto *m*

purpose ['pɜ:r·pəs] *n* **1.** (*goal*) scopo *m;* **for the ~** allo scopo; **I did that for a ~** l'ho fatto per un preciso scopo; **for that very ~** proprio per questo; **for practical ~s** per motivi pratici; **for humanitarian ~s** a scopi umanitari; **for future ~s** per esigenze future; **the sole ~ of sth** l'unico scopo di qc **2.** (*motivation*) (**strength of**) **~** fermezza *f* di proposito **3.** (*use*) utilità *f;* **to no ~** inutilmente; **to serve a ~** servire allo scopo; **what's the ~ of ...?** qual è lo scopo di ...? ► **on ~** di proposito, apposta

purposeful ['pɜ:r·pəs·fəl] *adj* **1.** (*determined*) deciso, -a, risoluto, -a **2.** (*meaningful*) significativo, -a **3.** (*intentional*) intenzionale

purposely ['pɜ:r·pəs·li] *adv* intenzionalmente, di proposito

purr [pɜ:r] **I.** *vi* (*cat*) fare le fusa; (*engine*) ronzare **II.** *n* (*of cat*) fusa *fpl;* (*of engine*) ronzio *m*

purse [pɜ:rs] **I.** *n* **1.** (*handbag*) borsa *f* **2.** (*wallet*) portamonete *m inv,* borsellino *m* **II.** *vt* (*lips*) protendere

pursue [pə·'su:] *vt* **1.** (*chase*) inseguire **2.** (*seek to find: goals*) perseguire;

(*dreams*) inseguire; (*rights, peace*) impegnarsi per **3.** (*follow: plan*) seguire; **to ~ a matter** portare avanti una questione **4.** (*work towards*) **to ~ a career** dedicarsi a una professione; **to ~ a degree in sth** studiare per laurearsi in qc

pursuer [pə·ˈsuː·ə] *n* inseguitore, -trice *m, f*

pursuit [pə·ˈsuːt] *n* **1.** (*chase*) inseguimento *m;* **to be in ~ of sth** inseguire qc; (*knowledge, happiness*) essere alla ricerca di qc; (*hunt*) essere a caccia di qu; **to be in hot ~ of sb** stare alle calcagna di qu *fig* **2.** (*activity*) attività *f inv;* **outdoor ~s** attività del tempo libero

pus [pʌs] *n* MED pus *m*

push [pʊʃ] **I.** *vt* **1.** (*shove*) spingere; **to ~ one's way through sth** farsi largo (a spinte) attraverso qc; **to ~ sth to the back of one's mind** cercare di non pensare a qc; **to ~ the door open** aprire la porta spingendola; **to ~ sb out of sth** spingere qu fuori da qc; **to ~ sb out of the way** togliere di mezzo qu a spintoni **2.** (*force*) **to ~ one's luck** sfidare la sorte; **to ~ sb too far** far uscire dai gangheri qu **3.** (*coerce*) obbligare; **to ~ sb to do** [*or* **into doing**] **sth** costringere qu a fare qc; **to ~ oneself** chiedere troppo a sé stesso **4.** (*insist*) insistere con; **to ~ sb for sth** insistere con qu per qc **5.** (*press: button*) spingere, premere; (*the brakes, gas pedal*) premere; **to ~ the doorbell** suonare il campanello **6.** *inf* (*promote*) spingere; ECON promuovere **7. to be ~ing 30** andare per i trenta **II.** *vi* **1.** (*force movement*) spingere **2.** (*press*) premere **3.** (*insist*) pressare; **to ~ for sth** fare pressione per (ottenere) qc **III.** <-es> *n* **1.** (*shove*) spinta *f;* (*slight push*) spintarella *f;* **to give sb a ~** *fig* dare una spinta a qu **2.** (*press*) **at the ~ of a button** premendo un pulsante **3.** (*strong action*) impulso *m;* (*will to succeed*) grinta *f* **4.** (*strong effort*) sforzo *m;* **to make a ~ for sth** fare uno sforzo per qc; **at a ~ ...** in caso di necessità ... **5.** *inf* (*publicity*) pubblicità *f;* **to make a ~** fare una campagna pubblicitaria **6.** MIL (*military attack*) avanzata *f* ▶ **if/when ~ comes to shove** nella peggiore delle ipotesi

◆**push along** *vi inf* andare via

◆**push around** *vt inf* tiranneggiare *inf*

◆**push away** *vt* spingere via

◆**push back** *vt* (*move backwards*) spingere indietro; (*person*) respingere; (*hair*) tirare indietro

◆**push down** *vt* **1.** (*knock down*) demolire **2.** (*press down*) premere **3.** ECON (*price, interest rate*) fare diminuire

◆**push forward** **I.** *vt* **1.** (*force forward*) spingere **2.** (*promote*) promuovere **II.** *vi* **1.** (*advance*) avanzare **2.** (*continue*) **to ~ (with sth)** procedere (con qc)

◆**push in** **I.** *vt* **1.** (*nail*) piantare **2.** (*force in*) **to push one's way in** passare avanti (senza rispettare la fila) **II.** *vi* (*force way in*) intromettersi

◆**push off** **I.** *vi inf* levarsi dai piedi **II.** *vt* NAUT (*boat*) spingere al largo

◆**push on** **I.** *vi* **1.** (*continue despite problems*) **to ~ (with sth)** andare avanti (con qc) **2.** (*continue travelling*) **we pushed on to Baltimore** proseguimmo per Baltimore **II.** *vt* **1.** (*activate*) accelerare **2.** (*urge on*) **to push sb on to do sth** spingere qu a fare qc

◆**push out** *vt* **1.** (*force out*) **to push sb out (of sth)** buttare qu fuori (da qc) **2.** (*get rid of*) buttare fuori; **to push competitors out of the market** sbarazzarsi dei concorrenti sul mercato **3.** (*produce: roots, blossoms*) buttare **4.** NAUT (*boat*) spingere al largo

◆**push over** *vt always sep* (*thing*) rovesciare; (*person*) fare cadere

◆**push through** **I.** *vi* farsi largo attraverso **II.** *vt* **1.** (*legislation, proposal*) fare accettare **2.** (*help to succeed*) aiutare a superare

◆**push up** *vt* **1.** (*move higher*) sollevare; *fig* (*help*) raccomandare **2.** (*price, interest rate*) fare aumentare

pushbutton [ˈpʊʃ·ˌbʌt·ən] **I.** *adj* a tasti **II.** *n* pulsante *m*

pushcart [ˈpʊʃ·kɑːrt] *n* carretto *m* a mano

pushover ['pʊʃ·oʊ·vɚ] *n* **1.** (*easy success*) **to be a ~** essere una cosa da niente **2.** (*easily influenced*) **to be a ~** cascarci facilmente

pushpin ['pʊʃ·pɪn] *n* puntina *f* da disegno

pushy ['pʊ·ʃi] *adj* (*insistent*) insistente; (*aggressive*) troppo intraprendente

pushup ['pʊʃ·ʌp] *n* SPORTS flessione *f* sulle braccia; **to do ~s** fare le flessioni

puss [pʊs] <-es> *n* (*cat*) mici(n)o *m*

pussy ['pʊ·si] <-ies> *n* (*cat*) ~ (**cat**) micio, -a *m, f,* gatto, -a *m, f*

put [pʊt] <-tt-, put, put> **I.** *vt* **1.** (*place*) mettere; (*in box, hole*) mettere; **~ the spoons next to the knives** mettere i cucchiai vicino ai coltelli; **to ~ sth to one's lips** portare qc alle labbra; **~ it there!** (*shake hands*) qua la mano!; **to ~ sth in the oven** mettere qc nel forno **2.** (*add*) mettere; **to ~ sugar/salt in sth** mettere lo zucchero/il sale in qc; **to ~ the date on sth** scrivere la data su qc; **to ~ sth on a list** mettere in lista qc **3.** (*direct*) **to ~ pressure on sb** fare pressione su qu; **to ~ a spell on sb** fare un incantesimo a qu; **to ~ one's heart into sth** mettere tutta l'anima in qc; **to ~ one's mind to sth** dedicare tutto sé stesso a qc; **to ~ one's trust in sb** riporre la propria fiducia in qu; **to put one's faith in sb** avere piena fiducia in qu; **to put one's hope in sb** riporre le speranze in qu **4.** (*invest*) **to ~ sth into sth** impiegare qc in qc; **to ~ energy/time into sth** dedicare le energie/il tempo a qc **5.** (*bet*) scommettere; **to ~ money on sth** scommettere soldi su qc; **to ~ sth toward sth** contribuire con qc a qc **6.** (*cause to be*) **to ~ sb in a good mood** mettere qu di buonumore; **to ~ sb in danger** mettere qu in pericolo; **to ~ oneself in sb's place** [*or* **shoes**] mettersi nei panni di qu; **to ~ sb in prison** mettere qu in galera; **to ~ sth into practice** mettere in pratica qc; **to ~ sb on the train** mettere qu sul treno; **to ~ sth right** correggere qc; **to ~ sb straight** fare capire bene qc a qu; **to ~ sb to bed** mettere a letto qu; **to ~ sb to death** mettere a morte qu; **to ~ sth to good use** fare buon uso di qc; **to ~ sb to shame** fare vergognare qu; **to ~ sb under oath** fare prestare giuramento a qu; **to ~ sb to expense** procurare spese a qu; **to ~ to flight** mettere in fuga; **to ~ a stop to sth** porre fine a qc; **to ~ sb to work** mettere qu al lavoro [*or* a lavorare] **7.** (*impose*) **to ~ an idea in sb's head** mettere in testa un'idea a qu; **to ~ a tax on sth** mettere una tassa su qc **8.** (*attribute*) **to ~ a high value on sth** dare molto valore a qc; **to ~ the blame on sb** dare [*or* attribuire] la colpa a qu; **to ~ emphasis on sth** dare [*or* attribuire] grande importanza a qc **9.** (*present*) **to ~ one's point of view** esporre il proprio punto di vista; **to ~ a question** fare [*or* porre] una domanda; **to ~ sth to discussion** presentare qc per la discussione; **to ~ sth to vote** mettere ai voti qc; **to ~ a proposal before a committee** presentare una proposta alla commissione; **I ~ it to you that ...** ti faccio notare che ... **10.** (*express*) dire; **as John ~ it** come ha detto John; **to ~ one's feelings into words** esprimere a parole i propri sentimenti; **to ~ sth into Italian** tradurre qc in italiano; **to ~ sth in writing** mettere qc per (i)scritto **11.** (*judge, estimate*) **I ~ the number of visitors at 2,000** calcolo che i visitatori siano stati 2.000; **I'd ~ her at about 35** secondo me ha circa 35 anni; **to ~ sb on a level with sb** mettere qu allo stesso livello di qu **12.** SPORTS (*throw*) **to ~ the shot** lanciare il peso **II.** *vi* NAUT **to ~ to sea** salpare

◆**put about** <-tt-> *irr* **I.** *vt* NAUT fare virare di bordo **II.** *vi* NAUT virare di bordo

◆**put across** <-tt-> *irr vt* (*make understood*) comunicare; **to put sth across to sb** fare capire qc a qu; **to put oneself across well** fare buona impressione

◆**put aside** <-tt-> *irr vt* **1.** (*place to one side*) mettere da (una) parte **2.** (*save*) mettere da parte; (*time*) riservare **3.** (*give up*) **to put sth aside** accantonare **4.** (*reject*) rifiutare **5.** (*ig-

nore: fears, differences) mettere da parte

◆**put away** <-tt-> *irr vt* **1.** (*save*) mettere via **2.** *inf* (*eat a lot*) far fuori **3.** (*remove*) mettere via **4.** *inf* (*imprison*) **to put sb away** mettere qu dentro **5.** *sl* (*kill*) fare fuori

◆**put back** <-tt-> *irr* **I.** *vt* **1.** (*replace*) rimettere **2.** (*postpone*) posticipare **3.** SCHOOL (*not be promoted*) **to put sb back a year** fare ripetere l'anno a qu **4.** (*set earlier: watch*) mettere indietro **II.** *vi* NAUT (*return*) rientrare

◆**put by** <-tt-> *irr vt* mettere da parte

◆**put down** <-tt-> *irr vt* **1.** (*set down*) mettere giù; **to not be able to put a book down** leggere un libro tutto d'un fiato **2.** (*lower*) abbassare; **to put one's arm/feet down** abbassare il braccio/i piedi; **to put sb/sth down somewhere** lasciare giù qu/qc da qualche parte **3.** (*attribute*) **to put sth down to sb** attribuire qc a qu **4.** (*write*) scrivere; **to put sth down on paper** annotare qc **5.** (*assess*) classificare; **I put her down as 30** le dò 30 anni **6.** (*register*) **to put sb down for sth** mettere qu in lista per qc **7.** FIN (*prices*) ridurre **8.** ECON (*leave as deposit*) lasciare come deposito **9.** (*stop: rebellion, opposition*) domare **10.** *sl* (*humiliate*) umiliare **11.** (*have killed: animal*) far abbattere

◆**put forward** <-tt-> *irr vt* **1.** (*offer for discussion: subject*) proporre; (*idea, plan*) esporre; (*suggestion*) avanzare; **to ~ a proposal** fare una proposta **2.** (*advance: event*) anticipare; **to put the clock forward** mettere avanti l'orologio

◆**put in** <-tt-> *irr* **I.** *vt* **1.** (*place inside*) mettere dentro **2.** (*add*) inserire; **to ~ a comma/a period** inserire una virgola/un punto **3.** (*say*) dire; (*remark*) fare; **to put a word in** intervenire nella conversazione; **to ~ a good word for sb** mettere una buona parola per qu **4.** AGR (*plant: vegetables, trees*) piantare; (*seeds*) seminare **5.** TECH (*install*) installare; **to ~ a shower** installare una doccia **6.** (*invest: money*) investire; (*time*) dedicare; **to ~ a lot of effort on sth** dedicare molto impegno a qc; **to ~ overtime** fare lo straordinario **7.** (*submit: claim, request*) presentare; (*candidate*) presentarsi; **to put oneself in for sth** iscriversi per qc **8.** (*make*) **to ~ an appearance** fare atto di presenza **II.** *vi* **1.** (*apply*) **to ~ for sth** fare domanda per qc **2.** NAUT (*dock*) fare scalo

◆**put off** <-tt-> *irr vt* **1.** (*turn off: lights, TV*) spegnere; (*take off: sweater, jacket*) togliersi **2.** (*delay*) rimandare; **to put sth off for a week** rinviare qc di una settimana **3.** *inf* (*make wait*) annullare un incontro con; **to put sb off with excuses** dare buca a qu con delle scuse *inf* **4.** (*repel*) disgustare; (*food, smell*) fare schifo a **5.** (*disconcert*) sconcertare **6.** (*distract*) distrarre; **to put sb off sth** distrarre qu da qc; **to put sb off the scent** despistare qu

◆**put on** <-tt-> *irr vt* **1.** (*place upon*) **to put sth on sth** mettere qc su [*or* sopra] qc **2.** (*attach*) **to put sth on sth** attaccare qc a qc **3.** (*wear: shirt, shoes*) mettersi; **to ~ make-up** truccarsi **4.** (*turn on*) accendere; **to ~ Mozart** mettere una musica di Mozart **5.** (*use*) **to ~ the brakes** frenare; **to put the handbrake on** tirare il freno a mano **6.** (*perform: film*) dare; (*show*) presentare; (*play*) mettere in scena **7.** (*provide: dish*) servire; **to ~ a party** dare una festa **8.** (*begin boiling: water, soup, potatoes*) mettere a scaldare **9.** (*assume: expression*) assumere; **to ~ a frown** fare una smorfia; **to ~ airs** darsi delle arie **10.** (*pretend*) fare finta; **to ~ a silly voice** fare una voce ridicola **11.** (*be joking with*) **to put sb on** prendere in giro qu **12.** (*gain: weight*) mettere su; **to ~ 10 years** invecchiare di 10 anni **13.** TEL **to put sb on the (tele)phone** passare il telefono a qu; **to put sb on to sb** passare qu a qu; **I'll put him on** te lo passo **14.** (*comput*) **to put sb on to sb** mettere qu in contatto con qu; **to put sb on to sth** mettere qu sulla buona strada per

◆**put out** <-tt-> *irr* **I.** *vt* **1.** (*take out-*

side) **to put the dog out** mettere fuori il cane **2.** (*extend*) estendere; **to ~ one's hand** tendere la mano **3.** (*extinguish: fire*) estinguere; **to ~ a cigarette** spegnere una sigaretta **4.** (*turn off: lights, TV*) spegnere **5.** (*eject*) buttare fuori; (*dismiss*) mandare via **6.** (*publish: newsletter, magazine*) pubblicare; (*announcement*) diramare **7.** (*spread: rumor*) fare circolare; **to put it out that ...** mettere in giro la notizia che ... **8.** (*produce industrially*) produrre **9.** (*sprout: leaves*) mettere **10.** (*contract out*) **to put sth out to subcontract** dare qc in subappalto a qu; **to put sth out to bid** dare qc in appalto **11.** (*inconvenience*) disturbare; **to put oneself out for sb** scomodarsi per qu **12.** (*offend*) **to be ~** seccarsi **13.** (*dislocate*) slogare; **to ~ one's shoulder** slogarsi una spalla **14.** NAUT varare **II.** *vi* NAUT salpare

◆**put over** <-tt-> *irr vt* **1.** (*make understood: idea, plan*) comunicare **2.** (*fool*) **to put sth over on sb** fregare qu

◆**put through** <-tt-> *irr vt* **1.** (*insert through*) **to put sth through sth** fare passare qc attraverso qc **2.** (*complete, implement*) portare a termine; (*proposal*) fare accettare; (*bill*) fare approvare **3.** (*send*) mandare; **to put sb through college** mantenere qu agli studi **4.** TEL **to ~ a telephone call to Paris** passare una chiamata telefonica a Parigi; **to put a call through** passare una chiamata; **to put sb through (to sb)** passare qu (a qu) **5.** *inf* (*make endure*) **to put sb through sth** fare subire/fare qu a qc; **to put sb through it** fare passare un brutto quarto d'ora a qu

◆**put together** <-tt-> *irr vt* **1.** (*join*) unire; (*collection*) preparare; (*assemble*) mettere insieme; (*machine, model, radio*) montare; (*pieces*) assemblare **2.** *fig* (*connect: facts, clues*) mettere insieme **3.** (*create*) creare; (*list*) fare; (*team*) formare; (*meal*) preparare; (*dress*) fare

◆**put up** <-tt-> *irr* **I.** *vt* **1.** (*hang up*) appendere; (*notice*) attaccare **2.** (*raise*) alzare; (*one's collar*) tirarsi su; (*flag*) issare; (*umbrella*) aprire; **to put one's hair up** tirarsi su i capelli **3.** (*build*) costruire; (*tent*) montare **4.** (*increase: prices*) aumentare **5.** (*make available*) **to put sth up for sale** mettere in vendita qc; **to put sth up for auction** mettere qc all'asta **6.** (*give shelter*) sistemare; **I can put you up for a week** ti posso ospitare per una settimana **7.** (*provide: funds*) fornire; **to ~ the money for sth** mettere i soldi per qc **8.** (*show opposition*) **to ~ opposition** opporsi; **to ~ a struggle** [*or* **fight**] opporre resistenza **9.** (*submit: candidate, proposal*) presentare **II.** *vi* (*tolerate unwillingly*) **to ~ with sb/sth** sopportare qu/qc

put-on *n inf* finta *f;* (*joke*) scherzo *m*

putt [pʌt] SPORTS **I.** *vi* eseguire un putt **II.** *n* putt *m inv*

putter[1] ['pʌ·t̬ɚ] *n* (*golf club*) putter *m inv*

putter[2] ['pʌ·t̬ɚ] *vi* prendersela calma; **to ~ around the house** trafficare in casa

putty ['pʌ·t̬i] *n* stucco (per vetri) *m*

put-up *adj inf* **a ~ job** un imbroglio

put-upon *adj inf* sfruttato, -a

puzzle ['pʌ·zl] **I.** *vt* lasciare perplesso, -a **II.** *vi* **to ~ over sth** scervellarsi su qc **III.** *n* **1.** (*game*) puzzle *m inv,* rompicapo *m inv;* **jigsaw ~** puzzle *m inv;* **crossword ~** cruciverba *m inv* **2.** (*mystery*) mistero *m,* enigma *m;* **to be a ~ to sb** essere un mistero per qu; **to solve a ~** risolvere un enigma

puzzled *adj* perplesso, -a; **to be ~ about sth** essere perplesso riguardo a qc

puzzling *adj* sconcertante

pyjamas [pə·'dʒɑː·məz] *npl see* **pajamas**

pylon ['paɪ·lɑːn] *n* ELEC traliccio *m,* pilone *m*

pyramid ['pɪ·rə·mɪd] *n* piramide *f*

Pyrenees [pɪ·rə·'niːz] *npl* **the ~** i Pirenei

Pyrex® ['paɪ·reks] **I.** *n* pirex *m* **II.** *adj* di pirex

python ['paɪ·θɑːn] <-(ons)> *n* pitone *m*

Q

Q, q [kju:] *n* Q, q *f;* ~ **for Queen** Q come Quarto
Q *abbr of* **Queen** regina *f*
Q-Tip® *n* cotton fioc® *m inv*
qtr. *abbr of* **quarter** quarto *m*
quack[1] [kwæk] **I.** *n* (*duck's sound*) qua qua *m* **II.** *vi* fare qua qua, schiamazzare
quack[2] [kwæk] *pej* **I.** *n* **1.** *pej* (*doctor*) scalzacane *mf inv* **2.** (*charlatan*) ciarlatano, -a *m, f* **II.** *adj* fasullo, -a
quadruped ['kwɑ:·drʊ·ped] *n* quadrupede *m*
quadruple ['kwɑ:·dru:·pl] **I.** *vt* quadruplicare **II.** *vi* quadruplicarsi **III.** *adj* quadruplo, -a
quaint [kweɪnt] *adj* **1.** (*charming*) pittoresco, -a **2.** *pej* (*strange*) strano, -a **3.** (*pleasantly unusual*) bizzarro, -a
Quaker ['kweɪ·kər] *adj, n* quacchero, -a *m, f;* **the ~s** i quaccheri
qualification [,kwɑ:·lɪ·fɪ·'keɪ·ʃən] *n* **1.** (*document*) titolo *m;* (*exam*) qualificazione *f;* **academic ~** titolo accademico **2.** (*limiting criterion*) restrizione *f;* (*condition*) riserva *f*
qualified ['kwɑ:·lɪ·faɪd] *adj* **1.** (*trained*) abilitato,-a; (*certified*) qualificato, -a; (*by the state*) autorizzato, -a **2.** (*competent*) competente **3.** (*limited*) limitato, -a; **to be a ~ success** avere un certo successo
qualify ['kwɑ:·lɪ·faɪ] <-ie-> **I.** *vi* **1.** (*meet standards*) **to ~ for sth** essere idoneo a qc; (*be eligible*) avere i requisiti per qc; (*have qualifications*) essere qualificato per qc **2.** (*complete training*) conseguire una qualifica **3.** SPORTS qualificarsi **II.** *vt* **1.** (*give credentials*) accreditare **2.** (*make eligible*) abilitare **3.** (*explain and limit*) limitare; **to ~ a remark** fare precisazioni su un punto
qualifying ['kwɑ:·lɪ·faɪ·ɪŋ] *adj* **1.** (*limiting*) limitato, -a **2.** SPORTS (*testing standard*) di qualificazione; **~ round** eliminatoria *f*
quality ['kwɑ:·lə·ti] **I.** <-ies> *n* **1.** (*degree of goodness*) qualità *f inv;* **~ of life** qualità della vita **2.** (*characteristic*) qualità *f* **II.** *adj* di qualità
quantify ['kwɑ:n·t̬ə·faɪ] <-ie-> *vt* quantificare
quantitative ['kwɑ:n·t̬ə·teɪ·t̬ɪv] *adj* quantitativo, -a
quantity ['kwɑ:n·t̬ə·ti] **I.** <-ies> *n* (*amount*) quantità *f* **II.** *adj* in quantità
quantity discount *n* sconto *m* quantità
quarantine ['kwɔ:·rən·ti:n] **I.** *n* quarantena *f;* **to be/place under ~** essere/mettere in quarantena **II.** *vt* **to ~ sb/an animal** mettere in quarantena qu/un animale
quarrel ['kwɔ:·rəl] **I.** *n* lite *f* **II.** <-ll-> *vi* litigare; **to ~ about sth** litigare per qc
quarrelsome ['kwɔ:·rəl·səm] *adj* **1.** (*belligerent*) litigioso, -a **2.** (*grumbly*) che ha sempre da ridire
quarry[1] ['kwɔ:·ri] **I.** <-ies> *n* (*rock pit*) cava *f* **II.** <-ie-> *vt* cavare
quarry[2] ['kwɔ:·ri] <-ies> *n* preda *f*
quarter ['kwɔ:r·t̬ɚ] **I.** *n* **1.** (*one fourth*) quarto *m;* **three ~s** tre quarti; **a ~ of the Mexicans** un quarto dei messicani; (**a**) **~ to three** un quarto alle tre, le tre meno un quarto; (**a**) **~ past three** le tre e un quarto **2.** (*25 cents*) 25 centesimi **3.** *a.* FIN, SCHOOL trimestre *m* **4.** (*neighborhood*) quartiere *m;* (*area*) zona *f;* **at close ~s** da vicino **5.** *pl* (*unspecified group or person*) ambienti *mpl* **6.** SPORTS quarto **II.** *vt* **1.** (*cut into four*) dividere in quattro (parti) **2.** (*give housing*) alloggiare; MIL acquartierare **III.** *adj* quarto; **~ hour** un quarto d'ora
quarterfinal *n* SPORTS quarto *m* di finale
quarterly ['kwɔ:r·t̬ɚ·li] **I.** *adv* trimestralmente **II.** *adj* trimestral **III.** *n* trimestrale
quartet *n,* **quartette** [kwɔ:r·'tet] *n* MUS quartetto *m*
quash [kwɑ:ʃ] *vt* **1.** (*supress*) reprimere; (*rebellion*) soffocare; (*rumor*) mettere a tacere **2.** LAW (*annul: conviction, verdict, sentence*) annullare; (*indictment, decision*) invalidare; (*law, bill, writ*) revocare
quay [ki:] *n* banchina *f*
queasy ['kwi:·zi] <-ier, -iest> *adj*

1. (*nauseous*) nauseato, -a; **to have a ~ feeling** avere la nausea 2. *fig* (*unsettled*) inquieto, -a

queen [kwi:n] *n* 1. (*monarch*) regina *f;* **~ of hearts/diamonds** (*cards*) regina di cuori/quadri 2. *pej* (*gay man*) checca *f;* **drag ~** travestito *m*

queen bee *n* 1. ZOOL ape *f* regina 2. *pej* primadonna *f inv*

queen-size *adj* da una piazza e mezza

queer [kwɪr] I. <-er, -est> *adj* 1. (*strange*) strano, -a; **to have ~ ideas** avere delle strane idee 2. *pej sl* (*homosexual*) invertito, -a II. *n pej sl* finocchio *m*

quench [kwentʃ] *vt* 1. (*satisfy*) appagare; (*thirst*) fare passare, estinguere 2. (*put out*) estinguere, spegnere; **to ~ a fire** spegnere un incendio 3. (*suppress*) reprimere

query ['kwɪ·ri] I. <-ies> *n* domanda *f;* **a ~ about sth** una domanda su qc II. <-ie-> *vt* 1. *form* (*dispute*) mettere in discussione; (*doubt*) mettere in dubbio 2. (*ask*) chiedere

question ['kwes·tʃən] I. *n* 1. (*inquiry*) domanda *f;* **frequently asked ~s** *a.* COMPUT domande più frequenti 2. (*doubt*) dubbio *f;* **without ~** senza dubbio 3. (*issue*) questione *f;* **it's a ~ of life or death** *a. fig* è una questione di vita o di morte; **to be out of the ~** essere fuori questione/discussione 4. SCHOOL, UNIV (*test problem*) domanda *f* II. *vt* 1. (*ask*) domandare 2. (*interrogate*) interrogare 3. (*doubt: facts, findings*) mettere in dubbio

questionable ['kwes·tʃə·nə·bl] *adj* discutibile

questioner *n* chi fa domande

question mark *n* punto *m* interrogativo

questionnaire [ˌkwes·tʃə·'ner] *n* questionario *m*

queue [kju:] *n* COMPUT coda *f*

quick [kwɪk] I. <-er, -est> *adj* 1. (*fast*) rapido, -a, veloce; **in ~ succession** uno dopo l'altro; **to be ~ to do sth** fare qc velocemente; **to have a ~ one** farsi una bevuta veloce 2. (*short*) breve; **the ~est way** la strada più breve 3. (*hurried*) frettoloso, -a 4. (*smart*) intelligente; **~ thinking** agilità mentale; **to have a ~ temper** arrabbiarsi facilmente II. <-er, -est> *adv* in fretta, alla svelta; **~!** presto!; **as ~ as possible** al più presto possibile III. *n* carne *f* viva; **to bite/cut nails to the ~** mangiarsi/tagliarsi le unghie fino alla carne ▶ **to <u>cut</u> sb to the ~** pungere qualcuno sul vivo

quickie ['kwɪ·ki] *n inf* 1. (*quick sex*) sveltina *f* 2. (*fast drink*) bevuta *f* veloce

quickly ['kwɪk·li] *adv* in fretta

quick-tempered *adj* irascibile

quick-witted *adj* intelligente; **a ~ reply** una risposta pronta

quiet ['kwaɪ·ət] I. *n* 1. (*silence*) silenzio *m* 2. (*lack of activity*) quiete *m* II. <-er, -est> *adj* 1. (*not loud*) silenzioso, -a; **to speak in a ~ voice** parlare a bassa voce 2. (*not talkative*) silenzioso, -a; **to keep ~** restare in silenzio 3. (*secret*) segreto, -a; **to keep ~ about sth** non dire niente su qc 4. (*unostentatious*) sobrio, -a 5. (*unexciting*) tranquillo, -a

◆**quiet down** I. *vi* 1. (*quiet*) stare zitto, -a 2. (*calm*) calmarsi II. *vt* 1. (*silence*) zittire 2. (*calm (down)*) calmare

quietly ['kwaɪ·ət·li] *adv* 1. (*not loudly*) silenziosamente; **to speak ~** parlare a bassa voce 2. (*speaking*) a bassa voce 3. (*peacefully*) tranquillamente

quietness ['kwaɪ·ət·nɪs] *n* tranquillità *f*

quilt [kwɪlt] *n* trapunta *f*

quintet(te) [kwɪn·'tet] *n* quintetto *m*

quintuple [kwɪn·'tu:·pl] *form* I. *adj* quintuplo, -a II. *vt* quintuplicare III. *vi* quintuplicarsi

quit [kwɪt] <quit *or* quitted, quit *or* quitted> I. *vi* smettere; (*resign*) dimettersi II. *vt* 1. (*job*) dimettersi da 2. (*stop*) smettere; (*smoking*) smettere di 3. COMPUT uscire da

quite [kwaɪt] *adv* 1. (*fairly*) abbastanza; **~ a bit** un bel po'; **~ a distance** una bella distanza 2. (*completely*) del tutto; **~ wrong** proprio sbagliato; **not ~** non esattamente; **not ~ as clever/**

rich as ... non così intelligente/ricco come ...

quits [kwɪts] *adj inf* pari; **we're** ~ siamo pari; **to call it** ~ farla finita

quitter *n* rinunciatario, -a *m, f*

quiz [kwɪz] **I.** <-es> *n* quiz *m inv* **II.** *vt* interrogare

quiz show *n* spettacolo *m* di giochi a quiz

quota ['kwoʊ·t̬ə] *n* **1.** (*fixed amount allowed*) quota *f* **2.** (*proportion*) parte *f*

quotation [kwoʊ·'teɪ·ʃən] *n* **1.** (*repeated words*) citazione *f* **2.** FIN quotazione *f*

quotation marks *npl* virgolette *fpl*

quote [kwoʊt] **I.** *n* **1.** *inf* (*quotation*) citazione *f* **2.** *pl* (*quotation marks*) virgolette *fpl* **3.** (*estimate*) preventivo *m* **4.** FIN quotazione *f* **II.** *vt* **1.** citare **2.** (*name*) nominare **3.** FIN quotare; **a ~d company** un'azienda quotata in borsa **III.** *vi* (*repeat exact words*) citare; **to ~ from sb** citare qu

R

r, R [ɑːr] r, R *f o m;* ~ **for Roger** r come Roma

R 1. CINE *abbr of* **restricted** *vietato ai minori di 17 anni* **2.** *abbr of* **Republican** repubblicano, -a

rabbi ['ræ·baɪ] *n* rabbino *m*

rabbit ['ræ·bɪt] *n* coniglio, -a *m, f*

rabid ['ræb·ɪd] *adj* **1.** (*fanatical*) accanito, -a **2.** (*suffering from rabies*) rabbioso, -a

rabies ['reɪ·biːz] *n* rabbia *f*

race[1] [reɪs] **I.** *n* corsa *f;* **100-meter** ~ 100 metri piani **II.** *vi* **1.** (*move quickly*) correre; SPORTS gareggiare; **to ~ through one's work** fare il lavoro di corsa **2.** (*engine*) girare a vuoto **III.** *vt* **1.** (*compete against*) gareggiare con **2.** (*enter for race: horse*) far correre

race[2] [reɪs] *n* (*ethnic grouping, species*) razza *f*

racecar *n* auto *f* da corsa

racecourse ['reɪs·kɔːrs] *n* ippodromo *m*

racehorse ['reɪs·ˌhɔːrs] *n* cavallo *m* da corsa

racer ['reɪ·sɚ] *n* **1.** (*person*) corridore *m* **2.** (*bicycle*) bicicletta *f* da corsa

race relations *npl* relazioni *f pl* interrazziali

race riot *n* disordini *m pl* razziali

racetrack ['reɪs·træk] *n* (*for horses*) ippodromo *m*

racial ['reɪ·ʃəl] *adj* razziale

racing I. *n* corse *fpl* **II.** *adj* da corsa

racing bicycle *n,* **racing bike** *n inf* bicicletta *f* da corsa

racism ['reɪ·sɪ·zəm] *n* razzismo *m*

racist ['reɪ·sɪst] **I.** *n* razzista *mf* **II.** *adj* razzista

rack [ræk] *n* **1.** (*framework, shelf*) ripiano *m;* **dish** ~ scolapiatti *m inv;* AUTO **luggage** ~ portapacchi *m inv* **2.** (*bar for hanging things on*) sbarra *f* attaccapanni **3.** GASTR ~ **of lamb** carré *m inv* di agnello

racket ['ræ·kɪt] *n* **1.** SPORTS racchetta *f* **2.** *inf* (*loud noise*) chiasso *m* **3.** (*scheme*) racket *m inv*

racketeer [ˌræ·kə·'tɪr] *n* malvivente *mf*

racy ['reɪ·si] <-ier, -iest> *adj* **1.** (*lively*) pieno, -a di ritmo **2.** (*explicit*) piccante

radiant ['reɪ·di·ənt] *adj* raggiante

radiate ['reɪ·di·eɪt] **I.** *vi* irradiare **II.** *vt* (*emit, display*) emanare

radiation [ˌreɪ·di·'eɪ·ʃən] *n* radiazioni *fpl*

radiation therapy *n* radioterapia *f*

radiator ['reɪ·di·eɪ·t̬ɚ] *n* radiatore *m*

radical ['ræ·dɪ·kəl] **I.** *n* **1.** *a.* CHEM, MAT radicale *m* **2.** POL radicale *mf* **II.** *adj* (*change, idea*) radicale; (*measures*) drastico, -a

radio ['reɪ·di·oʊ] **I.** *n* radio *f* **II.** *vt* (*information*) trasmettere via radio; (*person*) chiamare via radio

radioactive [ˌreɪ·dioʊ·'æk·tɪv] *adj* radioattivo, -a

radioactivity [ˌreɪ·dioʊ·æk·'tɪ·və·ti] *n* radioattività *f*

radio alarm (clock) *n* radiosveglia *f*

radiographer *n* radiologo, -a *m, f*

radiography [ˌreɪ·di·'ɑː·grə·fi] *n* radiografia *f*

radio ham *n* radioamatore, -trice *m, f*

radiologist [ˌreɪ·di·'ɑː·lə·dʒɪst] *n* radiologo, -a *m, f*

R

radiology [ˌreɪ·di·ˈɑː·lə·dʒi] *n* radiologia *f*

radio operator *n* radiotelegrafista *mf*

radio station *n* stazione *f* radio

radiotherapy [ˌreɪ·dioʊ·ˈθe·rə·pi] *n* radioterapia *f*

radish [ˈræ·dɪʃ] <-es> *n* ravanello *m*

radius [ˈreɪ·diəs] <-dii> *n* raggio *m*

raffle [ˈræ·fl] **I.** *n* lotteria *f* **II.** *vt* offrire come premio in una lotteria

raft [ræft] **I.** *n* zattera *f* **II.** *vi* andare su una zattera

rag [ræg] **I.** *n* **1.** (*old cloth*) straccio *m* **2.** *pl* (*worn-out clothes*) stracci *mpl* **3.** *pej sl* (*newspaper*) giornalaccio *m* **4.** MUS ragtime *m* **II.** <-gg-> *vt inf* prendere in giro

rage [reɪdʒ] **I.** *n* **1.** (*anger*) rabbia *f*; **to be in a ~** andare su tutte le furie **2.** (*fashion*) **to be all the ~** essere l'ultimo grido **II.** *vi* **1.** (*express fury*) infuriarsi **2.** (*continue*) infuriare

ragged [ˈræ·gɪd] *adj* **1.** (*torn*) sbrindellato, -a **2.** (*wearing worn clothes*) vestito, -a di stracci **3.** (*irregular*) irregolare; (*wound*) lacero, -a; (*performance*) discontinuo, -a

raging [ˈreɪ·dʒɪŋ] *adj* (*fire*) furioso, -a; (*blizzard, gale*) violento, -a; (*sea*) infuriato, -a

raid [reɪd] **I.** *n* **1.** MIL incursione *f* **2.** (*attack*) assalto *m* **3.** (*robbery*) rapina *f* **4.** (*by police*) irruzione *f* **II.** *vt* **1.** MIL fare un'incursione su **2.** (*attack*) assaltare **3.** (*by police*) fare irruzione in

rail [reɪl] **I.** *n* **1.** (*of fence*) sbarra *f*; (*of balcony, stairs*) ringhiera *f* **2.** (*railway system*) ferrovia *f*; **by ~** per ferrovia; **~ ticket** biglietto *m* ferroviario **3.** (*track*) rotaia *f* **II.** *vt* **to ~ sth in** [*or* **off**] recintare qualcosa con sbarre

railing [ˈreɪ·lɪŋ] *n* **1.** (*post*) sbarra *f*; **iron ~** inferriata *f* **2.** (*of stairs*) corrimano *m*

railroad [ˈreɪl·roʊd] **I.** *n* **1.** (*system*) ferrovia *f* **2.** (*track*) binario *m* **II.** *vt fig* **to ~ sb into doing sth** forzare qualcuno a fare qualcosa

railroad crossing *n* passaggio *m* a livello

railway [ˈreɪl·weɪ] *n* ferrovia *f*

rain [reɪn] **I.** *n* pioggia *f* ▶ **to be as right as ~** *inf* essere in piena forma **II.** *vi* piovere **III.** *vt* riversare

rainbow *n* METEO arcobaleno *m*

raincoat *n* impermeabile *m*

rain forest *n* foresta *f* tropicale

rainproof **I.** *adj* impermeabile **II.** *vt* impermeabilizzare

rainy [ˈreɪ·ni] *adj* <-ier, -iest> piovoso, -a

raise [reɪz] **I.** *n* (*of wages, prices*) aumento *m* **II.** *vt* **1.** (*lift*) alzare; (*window*) tirar su; (*arm*) sollevare; (*flag*) issare; (*anchor*) levare **2.** (*stir up*) provocare; (*doubts*) suscitare **3.** (*increase: wages*) aumentare; (*awareness*) accrescere; MAT elevare; (*standards*) migliorare **4.** (*promote*) promuovere **5.** (*introduce: subject*) sollevare **6.** FIN raccogliere **7.** (*build*) costruire; (*monument*) erigere **8.** (*bring up*) tirar su; (*animals*) allevare; (*plants*) coltivare **9.** (*contact*) contattare; **to ~ the alarm** dare l'allarme

raisin [ˈreɪ·zn] *n* uva *f* passa

rally [ˈræ·li] <-ies> **I.** *n* **1.** (*race*) rally *m inv* **2.** (*in tennis*) scambio *m* prolungato **3.** POL raduno *m* **II.** *vi* **1.** MED rimettersi; FIN essere in ripresa **2.** MIL radunarsi **III.** *vt* **1.** MIL radunare **2.** (*support*) raccogliere a sostegno

ramp [ræmp] *n* **1.** (*sloping way*) rampa *f*; AVIAT scaletta *f* **2.** AUTO (*on-ramp*) bretella *f* d'accesso; (*off-ramp*) bretella *f* d'uscita

rampage [ˈræm·peɪdʒ] **I.** *n* furia *f* distruttiva; **to be on the ~** essere scatenato **II.** *vi* scatenarsi

rampant [ˈræm·pənt] *adj* (*disease*) dilagante; (*growth*) incontrollato, -a; (*inflation*) galoppante

ran [ræn] *pt of* **run**

rancher [ˈræn·tʃɚ] *n* **1.** (*owner*) proprietario, -a *m, f* di un ranch **2.** (*worker*) addetto, -a *m, f* ad un ranch

rancid [ˈræn·sɪd] *adj* rancido, -a

random [ˈræn·dəm] **I.** *n* **at ~** a caso **II.** *adj* casuale

rang [ræŋ] *pt of* **ring**[2]

range [reɪndʒ] **I.** *n* **1.** (*variety*) varietà *f*

2. (*scale*) gamma *f* 3. (*extent*) fascia *f;* **price ~** categoria *f* di prezzo 4. (*maximum capability*) portata *f;* **out of ~** fuori della portata; **within ~** entro la portata 5. (*field*) campo *m;* **driving ~** (*in golf*) campo *m* pratica 6. (*pasture*) prateria *f* 7. MUS estensione *f* 8. GEO catena *f;* **mountain ~** catena montuosa 9. (*for kitchen*) cucina *f* II. *vi* 1. (*vary*) variare 2. (*extend*) estendersi III. *vt* ordinare

ranger ['reɪn·dʒɚ] *n* guardaboschi *mf inv*

rank[1] [ræŋk] I. *n* 1. (*status*) rango *m* 2. MIL grado *m;* **the ~s** la truppa II. *vi* classificarsi; **to ~ as sth** collocarsi come qc III. *vt* 1. (*classify*) classificare 2. (*arrange*) sistemare

rank[2] [ræŋk] *adj* 1. (*smelling unpleasant*) maleodorante 2. (*absolute*) completo, -a; (*beginner*) assoluto, -a

ransom ['ræn·səm] I. *n* riscatto *m;* **to hold sb** (**for**) **~** sequestrare qu a scopo di riscatto; *fig* ricattare qu II. *vt* riscattare

rap [ræp] I. *n* 1. (*knock*) colpo *m* secco 2. MUS rap *m* II. *vt* colpire III. *vi* 1. (*talk*) chiacchierare 2. MUS fare del rap

rape [reɪp] I. *n* 1. (*of person*) stupro *m* 2. (*of city*) saccheggio *m* II. *vt* 1. (*person*) violentare 2. (*city*) saccheggiare

rapid ['ræ·pɪd] *adj* (*quick*) rapido, -a

rapid transit *n sistema urbano di ferrovie sotterranee o sopraelevate per il trasporto passaggeri*

rapist ['reɪ·pɪst] *n* violentatore, -trice *m, f*

rare[1] [rer] *adj* (*uncommon*) raro, -a; (*exceptional*) fuori del comune

rare[2] [rer] *adj* GASTR al sangue

rarely ['rer·li] *adv* raramente

rarity ['re·rə·ti] <-ies> *n* rarità *f*

rascal ['ræs·kl] *n* briccone, -a *m, f*

rash[1] [ræʃ] *n* 1. MED eruzione *f* cutanea 2. (*outbreak: of burglaries, etc*) ondata *f*

rash[2] [ræʃ] *adj* (*decision*) affrettato, -a; (*move*) impulsivo, -a

rasher ['ræ·ʃɚ] *n* fetta *f* di pancetta *(o di prosciutto)*

raspberry ['ræz·ˌbe·ri] <-ies> *n* 1. (*fruit*) lampone *m* 2. *inf* (*sound*) pernacchia *f*

rat [ræt] I. *n* 1. (*animal*) ratto *m* 2. (*person*) infame *mf* II. *vi* (*betray*) fare la spia

rate [reɪt] I. *n* 1. (*speed*) velocità *f* 2. (*proportion*) quota *f;* **birth ~** indice *m* di natalità 3. (*price*) tariffa *f;* **~ of exchange** tasso *m* di cambio; **interest ~** tasso *m* di interesse ▶ **at any ~** ad ogni modo II. *vt* stimare III. *vi* **to ~ as** essere considerato come

rather ['ræ·ðɚ] I. *adv* 1. (*somewhat*) alquanto 2. (*more exactly*) meglio 3. (*on the contrary*) anzi 4. (*very*) piuttosto 5. (*in preference to*) **I would ~ stay here** preferirei rimanere qui II. *interj* senz'altro

rating ['reɪ·t̬ɪŋ] *n* 1. (*estimation*) valutazione *f* 2. *pl* TV, RADIO indice *m* d'ascolto

ratio ['reɪ·ʃioʊ] *n* proporzione *f*

ration ['ræ·ʃən] I. *n* 1. (*fixed allowance*) razione *f* 2. *pl* (*total amount allowed*) razioni *fpl* II. *vt* razionare

rational ['ræ·ʃə·nəl] *adj* 1. (*able to reason*) razionale 2. (*sensible*) ragionevole

rationalize ['ræ·ʃə·nə·laɪz] *vt* razionalizzare

rationing *n* razionamento *m*

rat race *n* **the ~** la corsa frenetica per aver successo

rattlesnake ['ræ·t̬l·sneɪk] *n* serpente *m* a sonagli

raunchy ['rɔn·tʃi] <-ier, -iest> *adj* sconcio, -a

rave [reɪv] I. *n* 1. *inf* (*enthusiastic review*) recensione *f* entusiastica 2. (*dance party*) rave *m inv* II. *adj inf* (*review*) entusiastico, -a III. *vi* **to ~ about sth/sb** essere entusiasta di qc/qu; **to ~ against sb/sth** inveire contro qu/qc

ravenous ['ræ·və·nəs] *adj* (*person, animal*) affamato, -a; (*appetite*) insaziabile

ravine [rə·'viːn] *n* burrone *m*

raving ['reɪ·vɪŋ] I. *adj* (*success*) strepitoso, -a II. *adv* **to be ~ mad** essere pazzo da legare III. *npl* vaneggiamenti *mpl*

raw [rɑː] *adj* **1.** (*uncooked*) crudo, -a **2.** (*unprocessed: sewage, data*) non trattato, -a; (*silk*) greggio, -a; ~ **material** materia prima **3.** (*sore*) escoriato, -a **4.** (*inexperienced*) novizio, a **5.** (*unrestrained*) allo stato puro **6.** (*weather*) brutto, -a

ray [reɪ] *n* **1.** (*of light*) raggio *m* **2.** (*trace*) barlume *m*

razor ['reɪ·zɚ] **I.** *n* rasoio *m;* **electric ~** rasoio elettrico **II.** *vt* radere

razorblade *n* lametta *f* da barba

RC [ˌɑːr·'siː] **1.** *abbr of* **Red Cross** Croce *f* Rossa **2.** *abbr of* **Roman Catholic** cattolico, -a *m, f* romano, -a

Rd. *abbr of* **road** v.

reach [riːtʃ] **I.** *n* **1.** (*range*) portata *m;* **to be within (sb's) ~** *a. fig* essere alla portata (di qu) **2.** (*of river*) tratto *m* **II.** *vt* **1.** (*stretch out*) allungare **2.** (*arrive at: city, finish line*) raggiungere **3.** (*attain*) conseguire; (*agreement*) giungere a; **to ~ 80** compiere 80 anni **4.** (*extend to*) arrivare a **5.** (*communicate with*) contattare **III.** *vi* **to ~ for sth** allungare la mano per prendere qc

◆**reach out** *vi* allungare la mano

react [rɪ·'ækt] *vi* reagire

reaction [rɪ·'æk·ʃən] *n* **1.** *a.* CHEM reazione *f* **2.** *pl* MED reazioni *fpl*

reactive [ri·'æk·tɪv] *adj* reattivo, -a

reactor [rɪ·'æk·tɚ] *n* reattore *m*

read[1] [riːd] **I.** *n* lettura *f* **II.** *vt* <read, read> **1.** leggere; **to ~ sth aloud** leggere qc ad alta voce **2.** (*decipher*) decifrare; **to ~ sb's mind** [*or* **thoughts**] leggere nei pensieri di qu **3.** (*interpret*) interpretare **4.** (*inspect*) ispezionare; (*meter*) leggere **III.** *vi* <read, read> (*person*) leggere; (*book*) leggersi

◆**read over** *vt* rileggere

◆**read up on** *vt* raccogliere informazioni su

read[2] [red] *adj* letto, -a; **little/widely ~** poco/molto letto

readable ['riː·də·bl] *adj* **1.** (*legible*) leggibile **2.** (*easy to read*) scorrevole

reader ['riː·dɚ] *n* **1.** (*person*) lettore, -trice *m, f* **2.** TECH lettore *m* **3.** PUBL correttore, -trice *m, f*

readership ['riː·dɚ·ʃɪp] *n* lettori, -trici *m, fpl*

readily ['re·dɪ·li] *adv* **1.** (*promptly*) di buon grado **2.** (*easily*) agevolmente; ~ **available** immediatamente disponibile

readiness ['re·dɪ·nɪs] *n* **1.** (*willingness*) disponibilità *f* **2.** (*preparedness*) preparazione *f*

reading ['riː·dɪŋ] **I.** *n* **1.** lettura *f* **2.** (*interpretation*) interpretazione *f* **3.** TECH rilevazione *f* **II.** *adj* di lettura

reading glasses *npl* occhiali *m pl* da lettura

readjust [ˌriː·ə·'dʒʌst] **I.** *vt a.* TECH riaggiustare **II.** *vi* (*objects*) riaggiustarsi; (*people*) riadattarsi

ready ['re·di] **I.** *adj* <-ier, -iest> **1.** (*prepared*) pronto, -a; **to be ~** essere pronto; **to get ~ (for sth)** prepararsi (per qc); **to get sth ~** preparare qc **2.** (*willing*) disponibile **3.** (*available*) immediato, -a; ~ **cash** contanti *mpl* **4.** (*quick, prompt*) pronto, -a; (*mind*) acuto, -a ▶ **~, set, go!** SPORTS pronti, via! **II.** *n* **at the ~** pronto, -a **III.** *vt* preparare

real [riːl] **I.** *adj* **1.** (*actual*) reale; (*threat, problem*) vero, -a; **for ~** sul serio **2.** (*genuine*) autentico, -a; **the ~ thing** [*or* **deal**] l'originale ▶ **the ~ McCoy** *inf* l'originale autentico **II.** *adv inf* proprio

real estate *n* beni *m pl* immobili

realist ['riː·lɪst] *n* realista *mf*

realistic [ˌriː·ə·'lɪs·tɪk] *adj* realistico, -a

reality [rɪ·'æ·lə·ti] *n* realtà *f*

realization [ˌriː·ə·lɪ·'zeɪ·ʃən] *n* **1.** (*awareness*) percezione *f* **2.** *a.* FIN realizzazione *f*

realize ['riː·ə·laɪz] **I.** *vt* **1.** (*be aware of*) essere consapevole di; (*become aware of*) rendersi conto di **2.** (*achieve, fulfill*) realizzare **3.** FIN liquidare; (*acquire*) realizzare **II.** *vi* (*notice*) rendersi conto; (*be aware of*) essere cosciente

really ['riː·ə·li] **I.** *adv* **1.** (*genuinely*) veramente **2.** (*actually*) realmente **3.** (*very*) molto **II.** *interj* **1.** (*surprise and interest*) davvero? **2.** (*annoyance*) insomma **3.** (*disbelief*) sul serio?

realtor ['ri·əl·tər] *n* agente *mf* immobiliare

reappear [ˌriː·ə·ˈpɪr] *vi* riapparire

reapply [ˌriː·ə·ˈplaɪ] **I.** *vi* **to ~ for sth** rifare domanda per qc **II.** *vt* (*paint*) dare un'altra mano di

rear[1] [rɪr] **I.** *adj* posteriore **II.** *n* **1.** (*back part*) retro *m inv* **2.** *inf* (*buttocks*) posteriore *m* **3.** MIL retroguardia *f;* **to bring up the ~** chiudere la fila

rear[2] [rɪr] **I.** *vt* (*bring up: child*) tirar su; (*animals*) allevare **II.** *vi* (*horse*) impennarsi

rearrange [ˌriː·ə·ˈreɪndʒ] *vt* **1.** (*system*) riorganizzare **2.** (*furniture*) riordinare **3.** (*meeting*) spostare la data di

rearview mirror *n* specchietto *m* retrovisore

rear-wheel drive *n* trazione *f* posteriore

reason [ˈriː·zn] **I.** *n* **1.** (*motive*) motivo *m;* **the ~ why ...** il motivo per cui... **2.** (*common sense*) buon senso *m;* **within ~** entro limiti ragionevoli **3.** (*sanity*) ragione *f* **II.** *vt* sostenere **III.** *vi* ragionare

reasonable [ˈriːz·nə·bl] *adj* **1.** (*sensible*) ragionevole **2.** (*fair*) discreto, -a **3.** (*inexpensive*) non troppo caro, -a

reasonably [ˈriːz·nəb·li] *adv* **1.** (*fairly*) ragionevolmente **2.** (*acceptably*) abbastanza

reassurance [ˌriː·ə·ˈʃʊ·rəns] *n a.* FIN rassicurazione *f*

reassure [ˌriː·ə·ˈʃʊr] *vt* rassicurare

reassuring [ˌriː·ə·ˈʃʊ·rɪŋ] *adj* rassicurante

rebate [ˈriː·beɪt] *n* **1.** (*refund*) rimborso *m;* **tax ~** rimborso delle tasse **2.** (*discount*) ribasso *m*

rebel[1] [ˈre·bl] *adj, n* ribelle *mf*

rebel[2] [rɪ·ˈbel] <-ll-> *vi* ribellarsi

rebellion [rɪ·ˈbel·jən] *n* ribellione *f*

rebellious [rɪ·ˈbel·jəs] *adj* ribelle

reboot [ˌriː·ˈbuːt] COMPUT **I.** *vt* riavviare **II.** *vi* riavviarsi

recall [rɪ·ˈkɔːl] **I.** *vt* **1.** (*remember*) ricordare **2.** (*call back*) richiamare **3.** ECON ritirare (dal mercato) **II.** *vi* ricordare **III.** *n* **1.** (*memory*) memoria *f* **2.** POL richiamo *m* **3.** ECON ritiro *m* (dal mercato)

recap [ˈriː·kæp] *abbr of* **recapitulate I.** <-pp-> *vi, vt inf* ricapitolare **II.** *n inf* ricapitolazione *f*

receipt [rɪ·ˈsiːt] **I.** *n* **1.** (*document*) ricevuta *f* **2.** *pl* COM entrate *fpl* **3.** (*act of receiving*) ricevimento *m;* **payment on ~** pagamento al ricevimento; **on ~ of ...** al ricevimento di ...; **to acknowledge ~ of** accusare ricevuta *f* di **II.** *vt* accusare ricevuta di

receive [rɪ·ˈsiːv] **I.** *vt* **1.** (*be given*) *a.* TEL, RADIO ricevere; (*pension*) percepire **2.** (*react to: proposal*) accogliere **3.** (*injury*) ricevere **4. to ~ sb into the Church** accogliere qu in seno alla Chiesa **5.** LAW **to ~ stolen goods** ricettare beni rubati **II.** *vi* SPORTS ricevere (la battuta)

receiver [rɪ·ˈsiː·vɚ] *n* **1.** TEL, RADIO ricevitore *m* **2.** ECON **the official ~** il curatore fallimentare **3.** SPORTS ricevitore, -trice *m, f*

recent [ˈriː·sənt] *adj* recente

recently *adv* recentemente

reception [rɪ·ˈsep·ʃən] *n* **1.** (*welcome*) accoglienza *f* **2.** (*in hotel*) reception *f inv*

reception desk *n* banco *m* dell'accettazione

receptionist [rɪ·ˈsep·ʃə·nɪst] *n* receptionist *mf*

recession [rɪ·ˈse·ʃən] *n* ECON recessione *f*

recharge [ˌriː·ˈtʃɑːrdʒ] **I.** *vt* ricaricare **II.** *vi* ricaricarsi

rechargeable [ˌriː·ˈtʃɑːr·dʒə·bl] *adj* ricaricabile

recipe [ˈre·sə·pi] *n a. fig* ricetta *f*

recipient [rɪ·ˈsɪ·pi·ənt] *n* (*of letter*) destinatario, -a *m, f;* (*of gift*) beneficiario, -a *m, f*

recite [rɪ·ˈsaɪt] **I.** *vt* **1.** (*repeat*) recitare **2.** (*list*) enumerare **II.** *vi* recitare

reckless [ˈrek·ləs] *adj* sconsiderato, -a; LAW imprudente

reckon [ˈre·kən] **I.** *vt* **1.** (*calculate*) calcolare **2.** (*consider*) ritenere; **what do you ~?** che ne pensi? **3.** (*judge*) stimare **II.** *vi inf* calcolare

◆**reckon with** *vt insep* far i conti con

◆**reckon without** *vt insep* non tenere conto di

reckoning [ˈre·kə·nɪŋ] *n* **1.** (*calcula-*

R

tion) calcolo *m* **2.** (*settlement*) resa *f* dei conti

reclaim [rɪ·ˈkleɪm] *vt* **1.** (*claim back*) reclamare **2.** (*reuse: land*) bonificare; (*material*) riciclare

recline [rɪ·ˈklaɪn] **I.** *vi* adagiarsi **II.** *vt* reclinare

recliner [rɪ·ˈklaɪ·nɚ] *n* poltrona *f* reclinabile

recognition [ˌre·kəg·ˈnɪ·ʃən] *n a.* COMPUT riconoscimento *m*

recognizable [ˈre·kəg·naɪ·zə·bl] *adj* riconoscibile

recognize [ˈre·kəg·naɪz] *vt* riconoscere

recognized [ˈre·kəg·naɪzd] *adj* riconosciuto, -a

recollect [ˌre·kə·ˈlekt] *vi, vt* ricordare

recollection [ˌre·kə·ˈlek·ʃən] *n* ricordo *m*

recommend [ˌre·kə·ˈmend] *vt* raccomandare; **it is not ~ed** non è consigliato

recommendable *adj* raccomandabile

recommendation [ˌre·kə·mən·ˈdeɪ·ʃən] *n* **1.** (*suggestion*) raccomandazione *f;* **on sb's ~** su raccomandazione di qu **2.** (*advice*) consiglio *m*

reconcile [ˈre·kən·saɪl] *vt* **1.** (*person*) riconciliare **2.** (*difference, fact*) conciliare

reconciliation [ˌre·kən·ˌsɪ·li·ˈeɪ·ʃən] *n* **1.** (*restoration of good relations*) riconciliazione *f* **2.** (*making compatible*) conciliazione *f*

reconnaissance [rɪ·ˈkɑː·nə·sənts] *n* ricognizione *f*

reconsider [ˌriː·kən·ˈsɪ·dɚ] **I.** *vt* riconsiderare **II.** *vi* tornare a rifletterci su

reconstruct [ˌriː·kən·ˈstrʌkt] *vt* ricostruire

reconstruction [ˌriː·kən·ˈstrʌk·ʃən] *n* ricostruzione *f*

record[1] [ˈre·kɚd] **I.** *n* **1.** (*account*) resoconto *m;* (*document*) documento *m;* **medical ~** cartella *f* clinica; **to say sth off the ~** dire qc in maniera ufficiosa **2.** (*sb's past*) precedenti *mpl;* **to have a good ~** avere buoni precedenti **3.** *pl* archivi *mpl* **4.** MUS disco *m;* **to make a ~** incidere un disco **5.** SPORTS record *m inv;* **to break a ~** battere un record **6.** LAW verbale *m* **7.** COMPUT record *m inv* **II.** *adj* record; **to do sth in ~ time** fare qc a tempo di record

record[2] [rɪ·ˈkɔːrd] **I.** *vt* **1.** (*store*) prendere nota di **2.** *a.* COMPUT registrare; MUS incidere **3.** LAW mettere agli atti **II.** *vi* registrare

record-breaking *adj* da record

recorded [rɪ·ˈkɔːr·dɪd] *adj* registrato, -a; (*history*) documentato, -a; (*music*) inciso, -a

recorder [rɪ·ˈkɔːr·dɚ] *n* **1.** (*tape recorder*) registratore *m* a cassette **2.** MUS flauto *m* dolce

record holder *n* SPORTS primatista *mf*

recording *n* (*of sound*) registrazione *f*

recording studio *n* studio *m* di registrazione

record label *n* etichetta *f* discografica

record player *n* giradischi *m inv*

recount[1] [rɪ·ˈkaʊnt] *vt* **1.** (*narrate*) raccontare **2.** (*count again*) contare di nuovo

recount[2] [ˈriː·kaʊnt] *n* POL nuovo conteggio *m*

recoup [rɪ·ˈkup] *vt* recuperare

recover [rɪ·ˈkʌ·vɚ] **I.** *vt a.* COMPUT recuperare **II.** *vi* **1.** (*regain health*) ristabilirsi **2.** (*return to normal*) riprendersi

recovery [rɪ·ˈkʌv·ɚ·i] <-ies> *n* **1.** *a.* MED, ECON, FIELD ripresa *f* **2.** COMPUT recupero *m*

recreation [ˌre·kri·ˈeɪ·ʃən] *n* **1.** *a.* SCHOOL ricreazione *f* **2.** (*pastime*) divertimento *m*

recreation center *n* centro *m* ricreativo

recreational [ˌre·kri·ˈeɪ·ʃə·nəl] *adj* ricreativo, -a

recruit [rɪ·ˈkruːt] **I.** *vt* MIL reclutare; (*employee*) assumere **II.** *n* MIL recluta *f*

recruitment agency *n* agenzia *f* di collocamento

rectangle [ˈrek·tæŋ·gl] *n* rettangolo *m*

rectangular [rek·ˈtæŋ·gjə·lɚ] *adj* rettangolare

recur [rɪ·ˈkɜːr] *vi* ripetersi

recurrence [rɪ·ˈkɜː·rəns] *n* ripetizione *f*

recurrent [rɪ·ˈkɜː·rənt] *adj* ricorrente

recycle [ˌriː·ˈsaɪ·kl] *vt* riciclare

recycling **I.** *n* riciclaggio *m* **II.** *adj* di riciclaggio

red [red] **I.** <-dd-> *adj* rosso, -a

II. *n* rosso *m;* **to be in the ~** FIN essere in rosso ▶ **to <u>see</u> ~** vedere rosso

red blood cell *n* globulo *m* rosso

Red Cross *n* **the ~** la Croce Rossa

reddish ['re·dɪʃ] *adj* rossiccio, -a

redeem [rɪ·'di:m] *vt* **1.** *a.* REL (*person*) redimere; (*situation*) salvare **2.** FIN (*policy*) incassare; (*pawned item*) riscattare; (*debt*) estinguere

Redeemer [rɪ·'di:·mɚ] *n* REL **the ~** il Redentore

redemption [rɪ·'demp·ʃən] *n* **1.** *a.* REL redenzione *f* **2.** FIN (*of policy*) liquidazione *f;* (*of mortgage*) estinzione *f*

redevelop [ˌri:·dɪ·'ve·ləp] *vt* dare nuovo sviluppo a

redevelopment [ˌri:·dɪ·'ve·ləp·mənt] *n* nuovo sviluppo *m*

redeye ['red·ˌaɪ] *n sl* volo *m* notturno

red-haired [ˌred·'he·əd] *adj* dai capelli rossi

red-handed [ˌred·'hæn·dɪd] *adj* **to catch sb ~** cogliere qu in flagrante

redhead ['red·hed] *n* rosso, -a *m, f*

red-hot [ˌred·'hɑ:t] *adj* **1.** (*extremely hot*) incandescente **2.** (*exciting*) sensazionale **3.** (*up-to-the-minute: information*) dell'ultim'ora

redirect [ˌri:·dɪ·'rekt] *vt* rindirizzare; (*letter*) spedire al nuovo indirizzo; (*traffic*) deviare

red light *n* semaforo *m* rosso

red-light district *n* quartiere *m* a luci rosse

red meat *n* carne *f* rossa

redo [ˌri:·'du:] *vt irr* rifare

redouble [rɪ·'dʌ·bl] *vt* raddoppiare; **to ~ one's efforts** raddoppiare gli sforzi

red pepper *n* peperone *m* rosso

red tape *n* lungaggini *f pl* burocratiche

reduce [rɪ·'du:s] **I.** *vt* **1.** *a.* MAT ridurre **2. to ~ sb to tears** ridurre qu in lacrime **II.** *vi* dimagrire

reduced [rɪ·'du:st] *adj* **1.** (*lower*) ridotto, -a **2.** (*impoverished*) **to be in ~ circumstances** trovarsi in ristrettezze economiche

reduction [rɪ·'dʌk·ʃən] *n* riduzione *f*

redundant [rɪ·'dʌn·dənt] *adj* (*superfluous*) superfluo, -a

red wine *n* vino *m* rosso

reel[1] [ri:l] *n* (*storage or winding device*) rocchetto *m;* (*for film, tape*) bobina *f*

reel[2] [ri:l] *vi* **1.** (*move unsteadily*) barcollare **2.** (*recoil*) indietreggiare

re-elect [ˌri:·ɪ·'lekt] *vt* rieleggere

ref [ref] *n* **1.** *inf abbr of* **referee** arbitro *m* **2.** *abbr of* **reference** referenza *f*

refectory [rɪ·'fek·tə·ri] <-ies> *n* mensa *f*

refer [rɪ·'fɜ:r] <-rr-> *vt* **to refer sth to sb** (*article*) rimettere qc a qu; **to ~ a patient to a specialist** mandare un paziente da uno specialista

◆**refer to** *vt* **1.** (*mention, allude*) referirsi a; **to ~ sb as sth** riferirsi a qu come qc; **referring to your letter/phone call,...** con riferimento alla sua lettera/telefonata,... **2.** (*concern*) riguardare **3.** (*consult, turn to*) consultare; **to ~ one's notes** consultare i propri appunti

referee [ˌre·fə·'ri:] **I.** *n* **1.** SPORTS arbitro *m* **2.** (*in dispute*) mediatore, -trice *m, f* **II.** *vi, vt* arbitrare

reference ['re·fə·rənts] *n* **1.** (*consultation*) consultazione *f;* **to make ~ to sth** fare riferimento a qc **2.** (*source*) fonte *f* **3.** (*allusion*) riferimento *m;* **with ~ to what was said** con riferimento a quello che si è detto **4.** ADMIN (*number*) numero *m* di riferimento **5.** (*for job application*) referenza *f;* **to take up ~s** chiedere referenze

reference book *n* libro *m* di consultazione

reference library *n* biblioteca *f* di consultazione

reference number *n* **1.** (*in document*) numero *m* di riferimento **2.** (*on product*) numero *m* di serie

refill[1] [ˌri:·'fɪl] *vt* (*fill again*) riempire di nuovo

refill[2] ['ri:·fɪl] *n* (*replacement*) ricambio *m*

refine [rɪ·'faɪn] *vt* **1.** (*oil, sugar*) raffinare **2.** (*technique*) perfezionare

refined [rɪ·'faɪnd] *adj* **1.** (*oil, sugar*) raffinato, -a **2.** (*sophisticated*) sofisticato, -a **3.** (*very polite*) fine

refinery [rɪ·'faɪ·nə·ri] <-ies> *n* raffineria *f*

reflect [rɪ·'flekt] **I.** *vt* riflettere **II.** *vi*

1. (*cast back light*) riflettersi 2. (*contemplate*) riflettere

reflection [rɪ·ˈflek·ʃən] *n* 1. (*image*) riflesso *m* 2. (*thought*) riflessione *f;* **on ~** a pensarci bene

reflex [ˈriː·fleks] <-es> I. *n* riflesso *m* II. *adj* istintivo, -a

reform [rɪ·ˈfɔːrm] I. *vt* riformare II. *vi* ravvedersi III. *n* riforma *f*

reformation [ˌre·fɚ·ˈmeɪ·ʃən] *n* riforma *f;* **the Reformation** la Riforma

reformer *n* riformatore, -trice *m, f*

refrain [rɪ·ˈfreɪn] *vi form* astenersi; **to ~ from doing sth** astenersi dal fare qc

refresh [rɪ·ˈfreʃ] *vt* rinfrescare

refreshing *adj* 1. (*drink*) rinfrescante 2. (*change*) piacevole

refreshment [rɪ·ˈfreʃ·mənt] *n* rinfresco *m*

refrigerate [rɪ·ˈfrɪ·dʒə·reɪt] *vt* refrigerare

refrigerator [rɪ·ˈfrɪ·dʒə·reɪ·t̬ɚ] *n* frigorifero *m*

refuel [ˌriː·ˈfjuː·əl] <-ll-, -l-> I. *vi* fare rifornimento (di carburante) II. *vt* rifornire di carburante; *fig* riaccendere

refuge [ˈre·fjuːdʒ] *n* rifugio *m*

refugee [ˌre·fjʊ·ˈdʒiː] *n* rifugiato, -a *m, f*

refund[1] [ˌriː·ˈfʌnd] *vt* rimborsare

refund[2] [ˈriː·fʌnd] *n* rimborso *m*

refurbish [ˌri·ˈfɜr·bɪʃ] *vt* rimettere a nuovo

refusal [rɪ·ˈfjuː·zl] *n* rifiuto *m*

refuse [rɪ·ˈfjuːz] I. *vi* rifiutar(si) II. *vt* (*request, gift*) rifiutare; (*permission, entry*) negare; **to ~ sb sth** negare qc a qu

regain [rɪ·ˈgeɪn] *vt* (*freedom*) recuperare; (*consciousness*) riprendere; (*health*) riacquistare

regard [rɪ·ˈgɑːrd] I. *vt* 1. (*consider*) considerare; **to ~ sb highly** tenere qu in grande stima 2. (*concerning*) **as ~s ...** riguardo a ... II. *n form* 1. (*consideration*) considerazione *f;* **with ~ to ...** quanto a ... 2. (*respect*) stima *f;* **to hold sb/sth in high ~** avere una grande stima di qu/qc 3. (*point*) **in this ~** a questo riguardo 4. *pl* (*in messages*) saluti *mpl;* **with kind ~s** cari saluti

regarding *prep* quanto a

regardless [rɪ·ˈgɑːrd·ləs] I. *adv* nonostante tutto II. *adj* **~ of ...** senza badare a ...

region [ˈriː·dʒən] *n* regione *f;* **in the ~ of 30** intorno a 30

regional [ˈriː·dʒə·nl] *adj* regionale

register [ˈre·dʒɪs·tɚ] I. *n* registro *m;* **class ~** registro di classe II. *vt* registrare; (*car*) immatricolare; (*voter*) iscrivere nelle liste elettorali; (*letter*) spedire per raccomandata; (*package*) assicurare III. *vi a.* UNIV (*record*) iscriversi

registered [ˈre·dʒɪs·tɚd] *adj* registrato, -a; (*nurse*) diplomato, -a; (*student*) iscritto, -a; (*letter*) raccomandato, -a; (*package*) assicurato, -a

registration [ˌre·dʒɪ·ˈstreɪ·ʃən] *n* 1. (*act*) registrazione *f;* **voter~** iscrizione dei votanti nelle liste elettorali 2. AUTO libretto *m* di circolazione; **license and ~** patente e libretto di circolazione 3. UNIV iscrizione *f*

registration fee *n a.* UNIV quota *f* d'iscrizione

registration number *n* numero *m* di targa

registry [ˈre·dʒɪs·tri] *n* anagrafe *f*

regret [rɪ·ˈgret] I. <-tt-> *vt* rammaricarsi di; **to ~ doing sth** pentirsi di aver fatto qc; **we ~ any inconvenience to passengers** siamo spiacenti per i disagi ai passeggeri II. *n* rammarico *m;* **to have (no) ~s** (non) avere rimpianti; **to send one's ~s** inviare le proprie scuse

regretful [rɪ·ˈgret·fəl] *adj* dispiaciuto, -a

regretfully *adv* con rammarico

regrettable [rɪ·ˈgre·t̬ə·bl] *adj* deplorevole

regular [ˈreg·jə·lɚ] I. *adj* 1. (*pattern*) regolare; (*customer*) abituale; (*procedure*) normale 2. *inf* (*real*) vero, -a II. *n* 1. (*customer*) cliente *mf* abituale 2. MIL militare *m* di carriera

regularity [ˌreg·jʊ·ˈle·rə·ti] *n* regolarità *f*

regulate [ˈreg·jʊ·leɪt] *vt* 1. (*supervise*) regolamentare 2. (*adjust*) regolare

regulation [ˌreg·jʊ·ˈleɪ·ʃən] I. *n* 1. (*rule*) regola *f;* **safety ~s** norme *f pl* di sicurezza 2. (*adjustment*) regolazione *f* II. *adj* regolamentare

rehabilitate [ˌriː·hə·ˈbɪ·lə·teɪt] *vt* riabilitare

rehabilitation [ˌriː·hə·ˌbɪ·lə·ˈteɪ·ʃən] *n* riabilitazione *f*
rehearsal [rɪˈhɜːrsl] *n* prova *f*
rehearse [rɪ·ˈhɜːrs] *vi, vt* provare
reimburse [ˌriː·ɪm·ˈbɜːrs] *vt* rimborsare
reinforce [ˌriː·ɪn·ˈfɔːrs] *vt a.* MIL rinforzare; (*argument*) rafforzare
reinforcement *n* rafforzamento *m*
reject[1] [rɪ·ˈdʒekt] *vt a.* MED, TECH rigettare; (*application, request*) respingere; (*proposal*) scartare
reject[2] [ˈriː·dʒekt] *n* **1.** (*cast-off*) articolo *m* di scarto **2.** (*person*) persona *f* scartata
rejection [rɪ·ˈdʒek·ʃən] *n* rifiuto *m*
rejoice [rɪ·ˈdʒɔɪs] *vi* rallegrarsi; **I ~d to see that ...** mi rallegrai nel vedere che ...
rejoicing *n* esultanza *f*
rejuvenate [riː·ˈdʒuː·və·neɪt] *vt* ringiovanire
relapse [rɪ·ˈlæps] **I.** *n* MED ricaduta *f* **II.** *vi* ricadere; MED avere una ricaduta
relate [rɪ·ˈleɪt] **I.** *vt* **1.** (*establish connection*) mettere in relazione **2.** (*tell*) raccontare **II.** *vi* **1.** (*be connected with*) **to ~ to sb/sth** avere a che fare con qu/qc **2.** (*understand*) **to ~ to sth/sb** entrare in sintonia con qc/qu
related *adj* **1.** (*linked*) correlato, -a **2.** (*in same family*) imparentato, -a
relating to *prep* con riguardo a
relation [rɪ·ˈleɪ·ʃən] *n* **1.** (*link*) relazione *f*; **in ~ to** riguardo a; **to bear no ~ to sb/sth** non avere niente a che fare con qu/qc **2.** (*relative*) parente *mf* **3.** *pl* (*contact*) relazioni *fpl*
relationship [rɪ·ˈleɪ·ʃən·ʃɪp] *n* **1.** (*link*) relazione *f* **2.** (*family connection*) parentela *f* **3.** (*between two people*) rapporto *m*; **business ~s** rapporti commerciali
relative [ˈre·lə·tɪv] **I.** *adj* relativo, -a **II.** *n* parente *mf*
relatively *adv* relativamente
relax [rɪ·ˈlæks] **I.** *vi* rilassarsi; (*restrictions*) allentarsi; **relax!** rilassati! **II.** *vt* rilassare; (*restrictions*) allentare
relaxation [ˌriː·læk·ˈseɪ·ʃən] *n* rilassamento *m*
release [rɪ·ˈliːs] **I.** *vt* **1.** (*set free*) rilasciare **2.** (*cease to hold*) allentare **3.** (*allow to escape: gas*) liberare; (*steam*) emettere **4.** (*weaken: pressure*) alleggerire **5.** (*make public: information*) rendere noto; (*book*) pubblicare; (*film*) fare uscire; (*CD*) mettere in circolazione **II.** *n* **1.** (*of prisoner*) rilascio *m*; (*of hostage*) liberazione *f* **2.** PHOT scatto *m* **3.** (*relaxation*) allentamento *m* **4.** (*escape*) fuga *f* **5.** (*publication*) pubblicazione *f*; (*of film*) uscita *f*; (*of CD*) messa *f* in circolazione; **press ~** comunicato *m* (di) stampa
relent [rɪ·ˈlent] *vi* (*person*) cedere; (*wind, rain*) attenuarsi
relentless [rɪ·ˈlent·ləs] *adj* (*pursuit, opposition*) implacabile; (*pressure*) incessante; (*criticism*) spietato, -a
relevant [ˈre·lə·vənt] *adj* pertinente
reliability [rɪ·ˌla·ɪə·ˈbɪ·lə·ti] *n* **1.** (*dependability*) affidabilità *f* **2.** (*trustworthiness*) attendibilità *f*
reliable [rɪ·ˈla·ɪə·bl] *adj* **1.** (*credible*) attendibile; (*authority*) serio, -a; (*evidence*) convincente **2.** (*trustworthy*) degno, -a di fiducia
reliance [rɪ·ˈla·ɪəns] *n* **1.** (*dependence*) dipendenza *f* **2.** (*belief*) fiducia *f*
reliant [rɪ·ˈla·ɪənt] *adj* **to be ~ on sb/sth** fare affidamento su qu/qc
relief [rɪ·ˈliːf] **I.** *n* **1.** (*relaxation*) sollievo *m*; **what a ~!** che sollievo! **2.** (*aid*) soccorso *m* **3.** (*replacement*) sostituzione *f* **4. tax ~** agevolazione *f* fiscale **II.** *adj* di riserva; **~ driver** secondo autista
relief worker *n* operatore, -trice *m, f* umanitario, -a
relieve [rɪ·ˈliːv] *vt* **1.** (*assist*) soccorrere **2.** (*alleviate: pain, suffering*) alleviare; (*feelings*) dare sfogo a; (*one's mind*) tranquillizzare **3.** MIL liberare
religion [rɪ·ˈlɪ·dʒən] *n* religione *f*
religious [rɪ·ˈlɪ·dʒəs] *adj* religioso, -a
reload [ˌriː·ˈloʊd] **I.** *vt* ricaricare **II.** *vi* ricaricarsi
relocate [ri·ˈloʊ·keɪt] **I.** *vi* trasferirsi **II.** *vt* trasferire
relocation [ˌri·loʊ·ˈkeɪ·ʃən] *n* trasferimento *m*
reluctance [rɪ·ˈlʌk·təns] *n* riluttanza *f*

reluctant [rɪ·ˈlʌk·tənt] *adj* riluttante

rely [rɪ·ˈlaɪ] *vi* **to ~ on** [*or* **upon**] (*trust*) fare affidamento su; (*depend on*) dipendere da

remain [rɪ·ˈmeɪn] *vi* **1.** (*stay*) restare **2.** (*continue*) rimanere; **to ~ seated** rimanere seduto; **the fact ~s that ...** resta il fatto che ...; **it** (**only**) **~s for me to ...** non mi rimane che ...; **it ~s to be seen** (**who/what/how**) resta da vedere (chi/che cosa/come)

remaining [rɪ·ˈmeɪ·nɪŋ] *adj* restante

remains [rɪ·ˈmeɪnz] *npl* resti *mpl*

remand [rɪ·ˈmænd] **I.** *vt* **to ~ sb to prison** [*or* **in custody**] mettere qu in carcere preventivo; **to ~ sb on bail** mettere qu in libertà dietro cauzione **II.** *n* **to be on ~** essere in carcere preventivo

remark [rɪ·ˈmɑːrk] **I.** *vi* **to ~ on sth** fare osservazioni su qc **II.** *n* osservazione *f*; **to make ~s about sb/sth** fare commenti *m pl* su qu/qc

remarkable [rɪ·ˈmɑːr·kə·bl] *adj* notevole; (*coincidence*) straordinario, -a; **to be ~ for sth** essere degno di nota per qc

remarry [ˌriː·ˈme·ri] <-ie-> *vi* risposarsi

remedy [ˈre·mə·di] **I.** <-ies> *n* **1.** rimedio *m* **2.** LAW (**legal**) ~ azione *f* giudiziaria **II.** *vt* rimediare a; (*mistake*) correggere

remember [rɪ·ˈmem·bɚ] **I.** *vt* **1.** (*recall*) ricordare; **I can't ~ his name** non ricordo il suo nome **2.** (*commemorate*) commemorare **II.** *vi* ricordarsi

remind [rɪ·ˈmaɪnd] *vt* ricordare; **to ~ sb to do sth** ricordare a qu di fare qc; **he ~s me of you** mi ricorda te; **that ~s me, ...** ora che mi viene in mente, ...

reminder [rɪ·ˈmaɪn·dɚ] *n* **1.** (*note*) messaggio *m* (per ricordare) **2.** (*warning*) avvertimento *m* **3.** (*memento*) ricordo *m*

remorse [rɪ·ˈmɔːrs] *n* rimorso *m*; **without ~** senza rimorsi

remote [rɪ·ˈmoʊt] *adj* <-er, -est> (*place*) remoto, -a

remote control *n* telecomando *m*

removal [rɪ·ˈmuː·vəl] *n* **1.** (*of stain*) rimozione *f* **2.** (*extraction*) estrazione *f*

remove [rɪ·ˈmuːv] *vt* **1.** (*take away*) levare; (*clothes*) levarsi **2.** (*get rid of*) eliminare; (*cork*) togliere; (*name*) cancellare; (*fears*) dissipare; (*problem*) risolvere

remover [rɪ·ˈmuː·vɚ] *n* **1.** (titolare *mf* di un')impresa *f* di traslochi **2. stain ~** smacchiatore *m*

Renaissance [ˌren·ə·ˈsɑns] *n* **the ~** il Rinascimento

rename [ˌriː·ˈneɪm] *vt* dare un nuovo nome a

rendezvous [ˈrɑːn·deɪ·vuː, ˈrɒn·dɪ·vuːz] **I.** *n inv* **1.** (*meeting*) appuntamento *m* **2.** (*place*) luogo *m* d'incontro **II.** *vi* incontrarsi (a seguito di un appuntamento)

renew [rɪ·ˈnuː] *vt* (*begin again: membership*) rinnovare; (*relationship*) riannodare

renewable [rɪ·ˈnuː·ə·bl] *adj* rinnovabile

renewal [rɪ·ˈnu·əl] *n* rinnovo *m*

renewed [rɪ·ˈnuːd] *adj* rinnovato, -a

renovate [ˈre·nə·veɪt] *vt* restaurare

renovation [ˌre·nə·ˈveɪ·ʃən] *n* restauro *m*

rent [rent] **I.** *vt* (*apartment*) affittare; (*car*) noleggiare **II.** *vi* essere in affitto **III.** *n* affitto *m*; **for ~** affittasi

rent-a-car *n* (*car*) macchina *m* a noleggio; (*agency*) autonoleggio *m*

rental [ˈren·t̬əl] **I.** *n* affitto *m* **II.** *adj* d'affitto

rent-free *adj* concesso, -a senza pagamento di un affitto

reopen [riː·ˈoʊ·pən] **I.** *vt* riaprire **II.** *vi* riaprirsi

reorder [ˌriː·ˈɔː·dɚ] **I.** *n* nuovo ordine *m* **II.** *vt* **1.** (*reorganize*) riordinare **2.** COM ordinare di nuovo

reorganize [riː·ˈɔːr·gə·naɪz] **I.** *vt* riorganizzare **II.** *vi* riorganizzarsi

rep [rep] *n inf* **1.** *abbr of* **representative** rappresentante *mf* **2.** THEAT *abbr of* **repertory** repertorio *m*

repair [riː·ˈper] **I.** *vt* **1.** (*machine*) riparare; (*clothes*) aggiustare **2.** (*set right: damage*) riparare; (*friendship*) ristabilire **II.** *n* **1.** (*mending*) riparazione *f*; **to be beyond ~** non poter essere più riparato **2.** (*state*) **to be in good/bad ~** essere in buono/cattivo stato

repair kit *n* kit *m* *inv* per le riparazioni
repairman <-men> *n* (*for cars*) meccanico *m;* (*for television*) tecnico *m*
repair shop *n* officina *f* di riparazioni
repay [rɪ·ˈpeɪ] <repaid> *vt* (*money*) restituire; (*person*) rimborsare; **to ~ money to sb** rimborsare dei soldi a qu; **to ~ a debt** ripagare un debito
repayable [rɪ·ˈpe·ɪə·bl] *adj* rimborsabile
repayment [rɪ·ˈpeɪ·mənt] *n* rimborso *m*
repeat [rɪ·ˈpiːt] **I.** *vt* **1.** (*say or do again*) ripetere **2.** (*recite*) recitare **II.** *vi* (*happen again*) ripetersi; (*taste*) tornar su **III.** *n* **1.** ripetizione *f* **2.** TV replica *f*
repeated *adj* ripetuto, -a
repeatedly *adv* ripetutamente
repel [rɪ·ˈpel] <-ll-> *vt* **1.** (*ward off*) *a.* MIL, PHYS respingere **2.** (*disgust*) ripugnare a
repellent [rɪ·ˈpe·lənt] **I.** *n* repellente *m* **II.** *adj* ripugnante
repetition [ˌre·pə·ˈtɪ·ʃən] *n* ripetizione *f*
replace [rɪ·ˈpleɪs] *vt* **1.** (*take the place of*) rimpiazzare; (*person*) sostituire **2.** (*put back*) rimettere a posto
replacement [rɪ·ˈpleɪs·mənt] **I.** *n* **1.** (*person*) sostituto, -a *m, f;* (*part*) ricambio *m* **2.** MIL rimpiazzo *m* **3.** (*act of substituting*) sostituzione *f* **II.** *adj* di ricambio
replay[1] [ˌriː·ˈpleɪ] *vt* **1.** SPORTS rigiocare **2.** MUS suonare di nuovo **3.** TV mostrare la replica di
replay[2] [ˈriː·pleɪ] *n* **1.** SPORTS ripetizione *f;* TV replica *f;* **instant ~** replay *m* *inv* **2.** MUS replay *m* *inv*
reply [rɪ·ˈplaɪ] **I.** <-ied> *vt* rispondere **II.** <-ied> *vi* **1.** (*verbally*) rispondere **2.** (*react*) reagire **III.** <-ies> *n* risposta *f*
report [rɪ·ˈpɔːrt] **I.** *n* **1.** (*account*) resoconto *m;* PUBL articolo *m;* (*longer*) servizio *m;* **to give a ~** fare una relazione **2.** (*unproven claim*) voce *f* **3.** (*explosion*) esplosione *m* **II.** *vt* **1.** (*recount*) riferire; (*discovery*) riportare; **nothing to ~** niente da riferire **2.** (*denounce*) denunciare **III.** *vi* **1.** (*make results public*) presentare un rapporto **2.** (*arrive at work*) presentarsi; **to ~ sick** darsi malato
report card *n* scheda *f* di valutazione
represent [ˌre·prɪ·ˈzent] *vt* **1.** (*act for, depict*) rappresentare **2.** (*state*) presentare
representative [ˌre·prɪ·ˈzen·ţə·tɪv] **I.** *adj* **1.** *a.* POL rappresentativo, -a **2.** (*typical*) tipico, -a **II.** *n* **1.** *a.* COM rappresentante *mf* **2.** LAW delegato, -a *m, f* **3.** POL deputato, -a *m, f*
repression [rɪ·ˈpre·ʃən] *n* repressione *f*
repressive [rɪ·ˈpre·sɪv] *adj* repressivo, -a
reprimand [ˈre·prə·mænd] **I.** *vt* redarguire **II.** *n* nota *f* di biasimo
reprint[1] [ˌriː·ˈprɪnt] *vt* ristampare
reprint[2] [ˈriː·prɪnt] *n* ristampa *f*
reprisal [rɪ·ˈpraɪ·zl] *n* rappresaglia *f*
reproach [rɪ·ˈproʊtʃ] **I.** *vt* rimproverare **II.** *n* rimprovero *m;* **beyond ~** irreprensibile
reproduce [ˌriː·prə·ˈduːs] **I.** *vi* riprodursi **II.** *vt* riprodurre
reproduction [ˌriː·prə·ˈdʌk·ʃən] *n* riproduzione *f*
reptile [ˈrep·taɪl] *n* rettile *m*
republic [rɪ·ˈpʌb·lɪk] *n* repubblica *f*
republican [rɪ·ˈpʌb·lɪ·kən] *adj, n* repubblicano, -a *m, f*
repulsion [rɪ·ˈpʌl·ʃən] *n* repulsione *f*
repulsive [rɪ·ˈpʌl·sɪv] *adj* repulsivo, -a
reputable [ˈrep·jʊ·tə·bl] *adj* rispettabile
reputation [ˌrep·jʊ·ˈteɪ·ʃən] *n* reputazione *f;* **to have a good/bad ~** avere una buona/cattiva reputazione; **to know sb by ~** aver sentito parlare di qu
request [rɪ·ˈkwest] **I.** *n* richiesta *f;* ADMIN domanda *f;* **on ~** su richiesta; **to make a ~ for sth** fare richiesta di qc **II.** *vt* richiedere
require [rɪ·ˈkwa·ɪɚ] *vt* **1.** (*need*) aver bisogno di **2.** (*demand*) richiedere; **to ~ sb to do sth** richiedere a qu che faccia qc
requirement [rɪ·ˈkwa·ɪɚ·mənt] *n* requisito *m*
resale [ˈriː·seɪl] *n* rivendita *f*
rescue [ˈres·kjuː] **I.** *vt* (*save*) salvare; (*hostage*) liberare **II.** *n* salvataggio *m;* **to come to sb's ~** venir in soccorso di qu
research [ˈriː·sɜːrtʃ] **I.** *n* ricerca *f* **II.** *vi* fare delle ricerche **III.** *vt* fare delle ricerche su

researcher *n* ricercatore, -trice *m, f*

resemblance [rɪ·'zem·bləns] *n* rassomiglianza *f*

resemble [rɪ·'zem·bl] *vt* rassomigliare a

resent [rɪ·'zent] *vt* **to ~ sth** provare risentimento per qc

resentful [rɪ·'zent·fəl] *adj* (*person*) risentito, -a

resentment [rɪ·'zent·mənt] *n* risentimento *m*

reservation [ˌre·zɚ·'veɪ·ʃən] *n* (*doubt*) riserva *f;* (*booking*) prenotazione *f;* **to have ~s about sth** avere delle riserve su qc

reserve [rɪ·'zɜːrv] **I.** *n* **1.** *a.* SPORTS riserva *f;* **to have sth in ~** avere qc di riserva **2.** MIL **the ~** la riserva **II.** *vt* riservare

reserved *adj* riservato, -a

reshuffle [ˌriː·'ʃʌ·fl] **I.** *vt* riorganizzare **II.** *n* riorganizzazione *f*

residence ['re·zɪ·dənts] *n* residenza *f*

residence permit *n* permesso *m* di residenza

resident ['re·zɪ·dənt] **I.** *n* residente *mf* **II.** *adj* residente

resident alien *n* straniero , -a *m, f* residente

residential [ˌre·zɪ·'den·ʃl] *adj* residenziale

resign [rɪ·'zaɪn] **I.** *vi* **1.** (*leave job*) *a.* POL dimettersi **2.** GAME abbandonare **II.** *vt* (*leave: job*) *a.* POL dimettersi da; **to ~ oneself to sth** rassegnarsi a qc

resignation [ˌre·zɪg·'neɪ·ʃən] *n* **1.** (*from job*) *a.* POL dimissioni *fpl* **2.** (*conformity*) rassegnazione *f*

resigned [rɪ·'zaɪnd] *adj* rassegnato, -a

resilient [rɪ·'zɪl·jənt] *adj* (*material*) elastico, -a; (*person*) resistente

resist [rɪ·'zɪst] **I.** *vt* resistere a **II.** *vi* resistere

resistance [rɪ·'zɪs·tənts] *n* resistenza *f*

resistant [rɪ·'zɪs·tənt] *adj* resistente

resolution [ˌre·zə·'luː·ʃən] *n a.* COMPUT, PHOT, TV risoluzione *f*

resolve [rɪ·'zalv] *vt* **1.** (*solve*) risolvere **2.** (*settle*) decidere

resort [rɪ·'zɔːrt] *n* **1.** (*use*) ricorso *m;* **as a last ~** come ultima risorsa *f* **2.** (*for holidays*) località *f* turistica; **ski ~** stazione *f* sciistica

resounding *adj* **1.** (*noise*) fragoroso, -a **2.** (*failure, success*) clamoroso, -a

resource ['riː·sɔːrs] **I.** *n* **1.** (*asset*) risorsa *f* **2.** *pl* **natural ~s** risorse *f pl* naturali ▶ **to be thrown back on one's own ~s** doversela cavare con le proprie forze **II.** *vt* finanziare

resourceful [rɪ·'sɔːrs·fəl] *adj* pieno, -a di risorse

respect [rɪ·'spekt] **I.** *n* **1.** (*relation, esteem*) rispetto *m;* **with all due ~** con tutto il rispetto **2.** (*point*) aspetto *m;* **in all/many ~s** sotto tutti gli/molti aspetti; **in every ~** sotto ogni aspetto; **with ~ to** riguardo a **3.** *pl* (*greetings*) rispetti *mpl* **II.** *vt* rispettare

respectable [rɪ·'spek·tə·bl] *adj* **1.** (*person, performance, result*) rispettabile **2.** (*behavior*) decente

respected [rɪ·'spek·təd] *adj* rispettato, -a

respectful [rɪ·'spekt·fəl] *adj* rispettoso, -a

respectfully [rɪ·'spekt·fə·li] *adv* rispettosamente

respective [rɪ·'spek·tɪv] *adj* rispettivo, -a

respectively *adv* rispettivamente

respond [rɪ·'spaːnd] *vi* **1.** (*answer*) rispondere **2.** (*react*) reagire

response [rɪ·'spaːns] *n* **1.** (*answer*) risposta *f* **2.** (*reaction*) reazione *f*

responsibility [rɪ·ˌspaːn·sə·'bɪ·lə·ti] *n* responsabilità *f*

responsible [rɪ·'spaːn·sə·bl] *adj* responsabile; **to be ~ for sth/to sb** essere responsabile di qc/davanti a qu

responsive [rɪ·⊠spaːn·sɪv] *adj* (*person*) reattivo, -a; (*mechanism*) sensibile; **to be ~ to sth** MED risponder bene a qc

rest[1] [rest] **I.** *vt* **1.** (*cause to repose*) far riposare **2.** (*support*) appoggiare **3.** LAW **to ~ one's case** concludere la propria arringa **II.** *vi* **1.** (*cease activity*) riposar(si) **2.** (*remain*) rimanere **3.** (*be supported*) appoggiarsi; **to ~ on sth** (*theory*) basarsi su qc **4.** LAW concludere **III.** *n* **1.** (*period of repose*) riposo *m* **2.** MUS pausa *f* **3.** (*support*) appoggio *m*

rest[2] [rest] *n* resto *m;* **the ~** (*the other people*) tutti gli altri; (*the other things*)

il rimanente; **for the ~** quanto al resto
restaurant ['res·tə·rɑːnt] *n* ristorante *m*
restful ['rest·fəl] *adj* riposante
rest home *n* casa *f* di riposo
restless ['rest·lɪs] *adj* **1.** (*agitated*) irrequieto, -a **2.** (*impatient*) impaziente **3.** (*night*) agitato, -a
restoration [ˌres·tə·'reɪ·ʃən] *n* (*act of restoring: of building, painting*) restauro *m;* (*of communication*) ripristino *m*
restore [rɪ·'stɔːr] *vt* (*reestablish: building, painting*) restaurare; (*communication, peace*) ristabilire; **to ~ sb's faith in sth** restituire la fede di qu in qc
restrain [rɪ·'streɪn] *vt* (*person, animal*) trattenere; (*temper, ambition*) controllare; (*trade*) ridurre; (*inflation*) frenare; **to ~ oneself** trattenersi
restraint [rɪ·'streɪnt] *n* **1.** (*self-control*) autocontrollo *m* **2.** (*restriction*) restrizione *f*
restrict [rɪ·'strɪkt] *vt* (*limit*) limitare
restricted *adj* **1.** (*limited*) limitato, -a; (*document*) confidenziale; (*parking*) riservato, -a **2.** (*small: space*) ristretto, -a; (*existence*) limitato, -a
restriction [rɪ·'strɪk·ʃən] *n* restrizione *f;* **speed ~** limite *m* di velocità
rest room *n* toilette *f inv*
rest stop *n* (*on highway*) area *f* di sosta
result [rɪ·'zʌlt] **I.** *n a.* MAT, SPORTS, POL risultato *m;* (*of exam*) esito *m;* **to get ~s** ottenere buoni risultati; **as a ~ of** come conseguenza di **II.** *vi* **to ~ from** derivare da; **to ~ in** portare a
resume [rɪ·'zuːm] **I.** *vt* **1.** (*start again: work, journey*) riprendere **2.** *form* (*reoccupy: place*) riprendere; (*duties*) tornare a svolgere **II.** *vi form* riprendere
résumé ['re·zʊ·meɪ] *n* **1.** (*summary*) riassunto *m* **2.** (*for jobs*) curricolo *m*
resumption [rɪ·'zʌmp·ʃən] *n* **1.** (*of journey, work*) ripresa *f* **2.** (*of power*) riassunzione *f;* (*of duties*) ripresa *f*
resurrection [ˌre·zə·'rek·ʃən] *n* risurrezione *f*
retail business *n* commercio *m* al dettaglio
retailer *n* rivenditore, -trice *m, f*
retail price *n* COM prezzo *m* di vendita al pubblico
retail trade *n* ECON commercio *m* al dettaglio
retaliate [rɪ·'tæ·li·eɪt] *vi* reagire
retaliation [rɪ·ˌtæ·li·'eɪ·ʃən] *n* ritorsione *f*
retarded *adj* **1.** *pej* (*mentally ill*) ritardato, -a; **mentally ~ed person** persona *f* con sviluppo mentale ritardato **2.** *sl* (*very stupid*) ritardato, -a
rethink[1] [ˌriː·'θɪŋk] *vt irr* riconsiderare
rethink[2] ['riː·θɪŋk] *n* ripensamento *m*
reticent ['re·t̬ə·snt] *adj* reticente
retina ['ret·nə] <-s *or* -nae> *n* retina *f*
retire [rɪ·'ta·ɪɚ] **I.** *vi* **1.** (*stop working*) andare in pensione; (*soldier, athlete*) ritirarsi **2.** MIL ripiegare **3.** SPORTS (*from a race*) ritirarsi **II.** *vt* **1.** (*stop working*) mandare in pensione **2.** MIL (*soldier*) far ripiegare **3.** FIN (*bond*) ritirare
retired *adj* in pensione; (*soldier, athlete*) a riposo
retirement [rɪ·'ta·ɪɚ·mənt] *n* **1.** (*act of retiring*) pensionamento *m;* (*from race*) ritiro *m* **2.** (*after working*) pensione *f;* (*of soldier, athlete*) ritiro *m;* **to be in ~** essere in pensione **3.** MIL ritirata *f*
retiring *adj* **1.** (*reserved*) riservato, -a **2.** (*worker, official*) uscente
retract [rɪ·'trækt] **I.** *vt* **1.** (*statement*) ritrattare; (*offer*) ritirare **2.** (*claws*) ritrarre; (*wheels*) ritirare **II.** *vi* **1.** (*withdraw statement, offer*) fare marcia indietro **2.** (*be withdrawn: claws*) ritrarsi; (*wheels*) rientrare
retrain [riː·'treɪn] **I.** *vt* riaddestrare **II.** *vi* fare un corso di riaddestramento
retrial ['riː·traɪl] *n* nuovo processo *m*
retrieval [rɪ·'triː·vl] *n* (*finding*) *a.* COMPUT recupero *m;* **on-line information ~** recupero di informazioni on-line
retrieve [rɪ·'triːv] **I.** *vt* **1.** (*get back*) *a.* COMPUT recuperare **2.** (*repair: loss*) recuperare; (*situation*) salvare **3.** SPORTS (*game*) salvare; (*in tennis*) ribattere **II.** *vi* SPORTS recuperare
retrospect ['re·trə·spekt] *n* **in ~** in retrospettiva
retrospective [ˌre·trə·'spek·tɪv] **I.** *adj* **1.** (*looking back*) retrospettivo, -a **2.** LAW retroattivo, -a **II.** *n* ART retrospettiva *f*
return [rɪ·'tɜːrn] **I.** *n* **1.** (*going back*)

ritorno *m;* (*home, to work*) rientro *m;* **on his ~** al suo ritorno **2.** (*to previous situation*) ritorno *m* **3.** MED (*of illness*) ricaduta *f* **4.** (*giving back*) restituzione *f* **5.** FIN (*proceeds*) proventi *mpl;* (*interest*) rendimento *m;* **~ on capital** rendimento del capitale **6.** *pl* POL risultati *m pl* elettorali **7.** COMPUT (tasto *m* di) ritorno *m* **8.** FIN dichiarazione *f* ► **many happy ~s!** cento di questi giorni!; **by ~ mail** a giro di posta; **in ~ for sth** in cambio di qc **II.** *adj* (*coming back: flight, journey*) di ritorno **III.** *vi* **1.** (*come back*) ritornare; (*home*) rientrare **2.** (*reappear*) ricomparire **IV.** *vt* **1.** (*give back*) restituire **2.** (*reciprocate*) ricambiare; (*compliment, favor, ball*) restituire; **to ~ sb's call** restituire la chiamata di qu **3.** (*send back*) rimandare; **~ to sender** rispedire al mittente **4.** FIN (*yield*) rendere; (*profit*) dare **5.** LAW (*pronounce: verdict*) emettere; (*judgment*) pronunciare **6.** POL (*elect*) eleggere; (*re-elect*) rieleggere

return flight *n* volo *m* di ritorno

return journey *n* viaggio *m* di ritorno

return key *n* COMPUT (tasto *m* di) ritorno

return ticket *n* biglietto *m* di (andata e) ritorno

reunion [ˌriː·ˈjuːn·jən] *n* **1.** (*meeting*) riunione *f* **2.** (*after separation*) riunificazione *f*

reunite [ˌriː·juː·ˈnaɪt] **I.** *vt* **1.** (*bring together*) rimettere insieme **2.** (*friends*) riconciliare **II.** *vi* tornare insieme

reusable [ˌriː·ˈjuː·zə·bl] *adj* riutilizzabile

reuse [ˌriː·ˈjuːz] *vt* riusare

reveal [rɪ·ˈviːl] *vt* **1.** (*divulge: secret, identity*) rivelare **2.** (*uncover*) svelare

revelation [ˌre·və·ˈleɪ·ʃən] *n* rivelazione *f*

revenge [rɪ·ˈvendʒ] **I.** *n* **1.** (*retaliation*) vendetta *f;* **to take ~** vendicarsi **2.** SPORTS rivincita *f* **II.** *vt* vendicare

revenue [ˈre·və·nuː] *n* **1.** (*income*) proventi *mpl* **2.** (*of government*) entrate *fpl;* **tax ~** entrate fiscali

reverse [rɪ·ˈvɜːrs] **I.** *vt* (*turn other way*) invertire; (*policy*) cambiare radicalmente; (*situation*) capovolgere; (*judgment*) revocare; **to ~ the charges** TEL telefonare a carico del destinatario **II.** *vi* (*order, situation*) invertirsi **III.** *n* **1. the ~** il contrario **2.** AUTO (*gear*) retromarcia *f;* **to go into ~** mettere la retromarcia **3.** (*setback*) insuccesso *m* **4.** (*the back*) retro *m inv;* (*of cloth*) rovescio *m* **IV.** *adj* **1.** (*inverse*) inverso, -a **2.** (*opposite: direction*) opposto, -a

review [rɪ·ˈvjuː] **I.** *vt* **1.** (*consider*) esaminare **2.** (*reconsider*) riesaminare; (*salary*) adeguare **3.** (*look over: notes*) rivedere **4.** (*criticize: book, play*) recensire **5.** MIL (*inspect*) passare in rivista **6.** (*study again*) ripassare **II.** *n* **1.** (*examination*) esame *m* **2.** (*reconsideration*) riesame *m* **3.** (*summary*) riassunto *m* **4.** (*criticism: of book*) recensione *f* **5.** (*magazine*) rivista *f* **6.** THEAT rivista *f*

reviewer [rɪ·ˈvjuː·ɚ] *n* critico, -a *m, f*

revise [rɪ·ˈvaɪz] *vt* (*alter: text, law*) rivedere; (*proofs*) correggere; (*opinion*) cambiare

revision [rɪ·ˈvɪ·ʒən] *n* **1.** (*of text, law*) revisione *f;* (*of proofs*) correzione *f;* (*of policy*) modifica *f* **2.** (*book*) edizione *f* riveduta

revive [rɪ·ˈvaɪv] **I.** *vt* **1.** MED rianimare **2.** (*resurrect: interest*) risvegliare; (*idea, custom*) far tornare in voga; (*economy*) far riprendere **3.** THEAT rimettere in scena **II.** *vi* **1.** (*be restored to life*) ritornare in sé **2.** (*be restored: country, interest*) rifiorire; (*tradition*) ritornare in voga; (*style*) ritornare di moda; (*trade, economy*) riprendersi

revolt [rɪ·ˈvoʊlt] POL **I.** *vi* ribellarsi **II.** *vt* disgustare; **it ~s me** mi disgusta **III.** *n* (*uprising*) rivolta *f*

revolting [rɪ·ˈvoʊl·tɪŋ] *adj* disgustoso, -a

revolution [ˌre·və·ˈluː·ʃən] *n a.* POL rivoluzione *f*

revolutionary [ˌre·və·ˈluː·ʃən·ri] <-ies> *adj, n* rivoluzionario, -a *m, f*

revolutionize [ˌre·və·ˈluːʃ·naɪz] *vt* rivoluzionare

revolve [rɪ·ˈvɑːlv] *vi* girare

revolving *adj* girevole

revulsion [rɪ·ˈvʌl·ʃən] *n* repulsione *f*

reward [rɪ·ˈwɔːrd] **I.** *n* ricompensa *f*

II. *vt* ricompensare
rewarding *adj* gratificante
rewind [ˌriː·ˈwaɪnd] *irr* **I.** *vt* (*tape*) riavvolgere; (*clock, watch*) ricaricare **II.** *vi* riavvolgersi
rheumatism [ˈruː·mə·tɪ·zəm] *n* reumatismo *m*
rheumatoid arthritis [ˌru·mə·tɔɪd·ˌɑr·ˈθraɪ·t̬ɪs] *n* MED artrite *f inv* reumatoide
Rhode Island [ˌroʊd·ˈaɪ·ləd] *n* Rhode Island *f*
rhubarb [ˈruː·bɑːrb] *n* rabarbaro *m*
rhythm [ˈrɪ·ðəm] *n* ritmo *m*
RI *n abbr of* **Rhode Island** Rhode Island *f*
rib [rɪb] **I.** *n* **1.** (*bone*) costola *f* **2.** NAUT costa *f* **3.** FASHION costa *f* **II.** <-bb-> *vt inf* prendere in giro
ribbon [ˈrɪ·bən] *n* (*long strip*) nastro *m*
rib cage *n* gabbia *f* toracica
rice [raɪs] **I.** *n* riso *m* **II.** *vt* (*potatoes*) passare *(con il passaverdura)*
rice pudding *n* budino *m* di riso
rich [rɪtʃ] **I.** <-er, -est> *adj* **1.** (*person*) ricco, -a; (*soil*) fertile; ~ **pickings** facili guadagni *mpl;* **to become** ~ arricchirsi **2.** (*stimulating: life, history*) ricco, -a; (*experience*) stimolante **3.** (*food*) sostanzioso, -a **4.** (*intense: color*) vivido, -a; (*flavor*) intenso, -a; (*tone*) pieno, -a **II.** *n* **the** ~ i ricchi
rid [rɪd] <rid *or* ridded, rid> *vt* **to** ~ **sth/sb of sth** liberare qc/qu da qc; **to get** ~ **of sb/sth** sbarazzarsi di qu/qc
ridden [ˈrɪ·dn] *pp of* **ride**
ride [raɪd] **I.** *n* (*on horse, motorcycle, car*) giro *m;* **to give sb a** ~ dare un passaggio a qu ► **to** __**take**__ **sb for a** ~ *inf* ingannare qu **II.** <rode, ridden> *vt* **1.** (*sit on*) **to** ~ **a bike** andare in bicicletta; **to** ~ **a horse** montare a cavallo **2.** *inf* (*tease*) prendere in giro **III.** <rode, ridden> *vi* **1.** (*on horse, bicycle*) **to** ~ **on a horse** andare a cavallo **2.** (*do well*) **to** ~ **high** essere sulla cresta dell'onda **3.** *inf* (*take no action*) **to let sth** ~ lasciar passare qc
rider [ˈraɪ·dɚ] *n* **1.** (*on horse*) cavallerizzo, -a *m, f;* (*on bicycle*) ciclista *mf;* (*on motorcycle*) motociclista *mf* **2.** LAW clausola *f* aggiuntiva
ridicule [ˈrɪ·dɪ·kjuːl] **I.** *n* ridicolo *m* **II.** *vt* ridicolizzare
ridiculous [rɪ·ˈdɪk·jʊ·ləs] *adj* ridicolo, -a
riding *n* equitazione *f*
rifle [ˈraɪ·fl] *n* fucile *m*
rifle range *n* poligono *m* di tiro
rig [rɪg] <-gg-> **I.** *vt* (*falsify*) truccare **II.** *n* **1.** TECH (**oil**) ~ piattaforma *f* petrolifera **2.** (*truck*) autoarticolato *m* **3.** *inf* (*clothing*) completo *m*
right [raɪt] **I.** *adj* **1.** (*correct*) corretto, -a; (*ethical*) giusto, -a; (*change*) adatto, -a; **it is** ~ **that ...** è giusto che ... *+subj;* **to be** ~ (**about sth**) aver ragione (riguardo a qc) **2.** (*direction*) destro, -a **3.** POL di destra **4.** (*well*) a posto **II.** *n* **1.** (*entitlement*) diritto *m* **2.** (*morality*) **to be in the** ~ essere nel giusto **3.** (*right side*) destra *f;* SPORTS lato *m* destro **4.** POL **the Right** la destra **III.** *adv* **1.** (*correctly*) in modo giusto; **to do** ~ agire bene **2.** (*straight*) direttamente; ~ **away** immediatamente **3.** (*to the right*) a destra **4.** (*precisely*) esattamente; ~ **here** proprio qui **IV.** *vt* **1.** (*rectify*) sistemare; (*mistake*) riparare **2.** (*straighten*) raddrizzare **V.** *interj* bene
right angle *n* angolo *m* retto
rightful [ˈraɪt·fəl] *adj* legittimo, -a
right-hand [ˌraɪt·ˈhænd] *adj* **on the** ~ **side** sulla destra
rightly *adv* **1.** (*correctly*) giustamente **2.** (*justifiably*) a ragione
right of way <-rights> *n* **1.** (*over private land*) diritto *m* di passaggio **2.** (*on road*) diritto *m* di precedenza
right-wing [ˌraɪt·ˈwɪŋ] *adj* POL di destra
rigid [ˈrɪ·dʒɪd] *adj* **1.** (*stiff*) rigido, -a **2.** (*inflexible*) rigoroso, -a; (*censorship*) rigido, -a **3.** (*intransigent*) intransigente
rigorous [ˈrɪ·gə·rəs] *adj* rigoroso, -a
rim [rɪm] *n* **1.** (*of cup, bowl*) bordo *m* **2.** (*frame for eyeglasses*) montatura *f* **3.** GEO orlo *m;* **the Pacific** ~ i paesi della costa del Pacifico **4.** (*dirty mark*) orlo *m*
rind [raɪnd] *n* (*of fruit*) buccia *f;* (*of bacon*) cotenna *f;* (*of cheese*) crosta *f*
ring[1] [rɪŋ] **I.** *n* **1.** (*small circle*) anel-

lo *m;* (*of people*) cerchio *m;* (*around eyes*) occhiaia *f* **2.** (*jewelery*) anello *m* **3.** (*arena*) arena *f;* (*in boxing*) ring *m inv;* (*in circus*) pista *f* **II.** *vt* (*surround*) circondare

ring[2] [rɪŋ] **I.** *n* **1.** (*metallic sound*) squillo *m* **2.** (*telephone call*) colpo *m* di telefono; **to give sb a ~** fare uno squillo *m* a qu **II.** <rang, rung> *vt* (*bell*) suonare; (*alarm*) far suonare **III.** <rang, rung> *vi* (*telephone, bell*) squillare

◆**ring up** *vt* **1.** COM **to ~ sth up** battere il prezzo in cassa **2.** (*telephone*) **to ~ sb up** telefonare a qu

ringleader ['rɪŋ·liː·dɚ] *n* capobanda *mf*

ringtone *n* TEL suoneria *f*

rink [rɪŋk] *n* pista *f* di pattinaggio

rinse [rɪns] **I.** *vt* (*dishes, clothes*) risciacquare; (*hands*) sciacquare **II.** *n* **1.** (*wash*) risciacquo *m;* **cold/hot ~** risciacquo freddo/caldo *m* **2.** (*hair coloring*) tintura *f*

riot ['ra·ɪət] **I.** *n* sommossa *f;* **to be a ~** *inf* essere la fine del mondo **II.** *vi* creare disordini **III.** *adv* **to run ~** *fig* scatenarsi

rioter *n* rivoltoso, -a *m, f*

rioting *n* disordini *mpl*

rip [rɪp] **I.** <-pp-> *vi* strapparsi **II.** <-pp-> *vt* strappare **III.** *n* strappo *m*

◆**rip off** *vt* **1.** (*remove*) strappar via **2.** *inf* (*swindle*) fregare

◆**rip up** *vt* fare a pezzi

ripe [raɪp] *adj* (*fruit*) maturo, -a; **at the ~ old age of 80** alla bell'eta di 80 anni

ripen ['raɪ·pən] **I.** *vt* far maturare **II.** *vi* maturare

rip-off ['rɪp·ɑːf] *n inf* furto *m*

rise [raɪz] **I.** *n* **1.** (*increase*) aumento *m;* **to be on the ~** essere in aumento; **to give ~ to sth** dar luogo a qc **2.** (*incline*) salita *f* **II.** <rose, risen> *vi* **1.** (*arise*) alzarsi **2.** (*become higher: ground*) salire; (*temperature*) aumentare **3.** (*go up: smoke*) salire; (*moon, sun*) sorgere; (*building*) innalzarsi

risen ['rɪ·zn] *pp of* **rise**

riser ['raɪ·zɚ] *n* (*person*) **early ~** mattiniero, -a *m, f;* **late ~** dormiglione, -a *m, f*

rising ['raɪ·zɪŋ] **I.** *n* sollevazione *f* **II.** *adj* (*in number*) in aumento; (*in status*) in ascesa; (*sun*) nascente

risk [rɪsk] **I.** *n* **1.** (*chance*) rischio *m* **2.** (*danger*) pericolo *m* **II.** *vt* rischiare; **to ~ one's life** rischiare la propria vita

risk-free *adj*, **riskless** *adj* privo, -a di rischi

risky ['rɪs·ki] <-ier, -iest> *adj* rischioso, -a

rissole ['rɪs·oʊl] *n* crocchetta *f*

rival ['raɪ·vl] **I.** *n* rivale *mf* **II.** *vt* poter competere con

rivalry ['raɪ·vl·ri] *n* rivalità *f*

river ['rɪ·vɚ] *n* fiume *m*

river bed *n* letto *m* del fiume

RN [ˌɑːr·'en] *n abbr of* **registered nurse** infermiere, -a *m, f* qualificato, -a

road [roʊd] *n* **1.** (*between towns*) strada *f;* (*in town*) via *f;* (*route*) percorso *m;* **by ~** su strada **2.** *fig* strada *f;* **to be on the ~ to recovery** essere sulla strada della ripresa ▶ **let's hit the ~!** *inf* mettiamoci in moto!; **to get sth on the ~** *inf* far partire qc

road accident *n* incidente *m* stradale

roadblock *n* posto *m* di blocco

road map *n* carta *f* stradale

road rage *n* furia *f* al volante

road safety *n* sicurezza *f* stradale

road sign *n* cartello *m* stradale

road-test *vt* **to ~ a car** testare una macchina su strada

roadwork ['roʊd·wɜrk] *n* lavori *m pl* stradali

roast [roʊst] **I.** *vt* **1.** (*food*) arrostire; (*coffee*) tostare **2.** (*poke fun at*) prendere di mira qu **II.** *vi* (*food, person*) arrostirsi **III.** *n* **1.** (*meat*) arrosto *m* **2.** (*party*) festeggiamento *m (per un'occasione speciale nella vita di qu)* **IV.** *adj* (*meat*) arrosto *inv;* (*coffee*) tostato, -a

roasting ['roʊs·tɪŋ] **I.** *n* **1.** (*baking*) cottura *f* al forno **2.** *inf* (*telling off*) **to give sb a ~** dare una strigliata a qu **II.** *adj* per l'arrosto **III.** *adv* **~ hot** rovente

rob [rɑːb] <-bb-> *vt* **1.** (*person*) derubare; (*bank, house*) svaligiare **2.** (*deprive*) **to ~ sb of sth** privare qu di qc

robber ['rɑː·bɚ] *n* rapinatore, -trice *m, f;*

bank ~ rapinatore, -trice *m, f* di banche

robbery ['rɑːb·ə·i] <-ies> *n* rapina *f*

robe [roʊb] *n* (*formal*) toga *f;* (*dressing gown*) vestaglia *f*

robotics [roʊ·'bɑː·t̬ɪks] *npl* robotica *f*

rock[1] [rɑːk] *n* **1.** GEO roccia *f;* (*in sea*) scoglio *m* **2.** (*music*) rock *m* ▶ **as solid as a** ~ saldo come una roccia; **to be on the ~s** andare a rotoli

rock[2] [rɑːk] **I.** *vt* **1.** (*swing*) dondolare **2.** (*shock*) scuotere **II.** *vi* dondolare

rock bottom *n* fondo *m;* **to hit** ~ toccare il fondo

rock climber *n* rocciatore, -trice *m, f*

rock climbing *n* alpinismo *m* su roccia

rocker ['rɑː·kɚ] *n* **1.** (*chair*) sedia *f* a dondolo **2.** *inf* (*musician*) cantante *mf* rock; (*fan*) fan *mf inv* del rock

rockery ['rɑːk·ə·i] <-ies> *n* giardino *m* roccioso

rocket ['rɑː·kɪt] **I.** *n* **1.** (*weapon*) missile *m* **2.** (*vehicle for space travel, firework*) razzo *m* **II.** *vi* (*costs, prices*) salire alle stelle; **to** ~ **up** salire alle stelle

Rockies ['rak·iz] *n* **the** ~ le Montagne Rocciose

rocky[1] ['rɑː·ki] <-ier, -iest> *adj* roccioso, -a; (*ground*) pietroso, -a

rocky[2] ['rɑː·ki] <-ier, -iest> *adj* (*unstable*) traballante

Rocky Mountains *n* Montagne *f pl* Rocciose

rod [rɑːd] *n* (*stick*) asta *f;* (*fishing rod*) canna *f* da pesca

rode [roʊd] *pt of* **ride**

rodent ['roʊ·dnt] *n* roditore *m*

roger ['rɑː·dʒɚ] *interj* RADIO ricevuto

rogue [roʊg] **I.** *n* **1.** (*rascal*) briccone, -a *m, f* **2.** (*villain*) mascalzone, -a *m, f* **II.** *adj* (*animal*) solitario, -a; (*trader, company*) disonesto, -a

role *n*, **rôle** [roʊl] *n a.* THEAT ruolo *m*

role model *n* modello *m* da imitare

role play *n* gioco *m* di ruolo

role reversal *n* scambio *m* delle parti

roll [roʊl] **I.** *n* **1.** (*turning over*) capriola *f* **2.** (*swaying movement*) dondolio *m* **3.** (*cylinder: of cloth, paper*) rotolo *m;* (*film*) rullino *m* **4.** (*noise: of drum*) rullo *m;* (*of thunder*) rombo *m* **5.** (*catalog of names*) ruolo *m;* (*for elections*) registro *m;* **to call the** ~ fare l'appello **6.** (*bread*) panino *m (rotondo)* **II.** *vt* **1.** (*push: ball, barrel*) (far) rotolare; (*dice*) tirare; **to** ~ **one's eyes** alzare gli occhi al cielo **2.** (*form into cylindrical shape*) **to** ~ **sth into sth** arrotolare qc fino a farne qc **3.** (*make: cigarette*) arrotolare **III.** *vi* **1.** (*move*) rotolare; (*with undulating motion*) ondeggiare **2.** (*be in operation*) essere in funzione

◆**roll in** *vi* **1.** arrivare in gran quantità **2. to be rolling in money** *inf* far soldi a palate

◆**roll up** **I.** *vi inf* fare la propria comparsa **II.** *vt* arrotolare; (*sleeves*) rimboccarsi

roller ['roʊ·lɚ] *n* **1.** TECH rullo *m* **2.** (*wave*) onda *f* lunga **3.** (*for hair*) bigodino *m*

Rollerblade® **I.** *n* pattino *m* in linea **II.** *vi* andare sui pattini in linea

roller coaster *n* montagne *f pl* russe

rolling pin *n* matterello *m*

Roman ['roʊ·mən] *adj, n* romano, -a *m, f*

Roman Catholic **I.** *n* cattolico, -a *m, f* romano, -a **II.** *adj* cattolico, -a romano, -a; **the** ~ **Church** la Chiesa cattolica romana

romance [roʊ·'mænts] *n* **1.** (*love affair*) storia *f* d'amore **2.** (*novel*) romanzo *m* d'amore; (*film*) film *m inv* d'amore **3.** (*glamour*) fascino *m*

Romania [roʊ·'meɪ·niə] *n* Romania *f*

Romanian [roʊ·'meɪ·ni·ən] **I.** *adj* rumeno, -a **II.** *n* **1.** (*person*) rumeno, -a *m, f* **2.** LING rumeno *m*

Roman numeral *n* numero *m* romano

romantic [roʊ·'mæn·t̬ɪk] *adj, n* romantico, -a *m, f*

Rome [roʊm] *n* Roma *f* ▶ **when in** ~ **(do as the Romans)** *prov* paese che vai usanza che trovi *prov*

roof [ruːf] <-s> **I.** *n* (*of house, car*) tetto *m;* (*of mouth*) palato *m* ▶ **to go through the** ~ (*prices*) andare alle stelle; **to hit the** ~ andare su tutte le furie **II.** *vt* mettere il tetto a

roof garden *n* giardino *m* pensile

R

rookie [ˈrʊ·ki] *n inf* novellino, -a *m, f*
room [ruːm] **I.** *n* **1.** (*in house*) stanza *f;* ~ **and board** vitto e alloggio *m* **2.** (*space*) spazio *m;* **to make ~ for sb/sth** fare posto *m* a qu/per qc **II.** *vi* **to ~ with sb** dividere la camera con qu
roomie *n inf* compagno, -a *m, f* d'alloggio
room service *n* servizio *m* in camera
roomy [ˈruː·mi] <-ier, -iest> *adj* spazioso, -a
rooster [ˈruːs·tɚ] *n* gallo *m*
root [ruːt] *n* **1.** *a.* BOT, LING, MAT radice *f* **2.** (*source*) causa *f*
rope [roʊp] **I.** *n* **1.** (*cord*) corda *f;* (*of pearls*) filo *m* **2.** *pl* (*in boxing*) corde *fpl* **3.** (*for capital punishment*) corda *f* ▶ **to know the ~s** saper il fatto suo; **to learn the ~s** acquisire le basi; **to show sb the ~s** mostrare a qu come procedere **II.** *vt* legare con una corda
rose¹ [roʊz] **I.** *n* **1.** (*flower*) rosa *f;* (*color*) rosa *m* **2.** (*on watering can, shower*) cipolla *f* **II.** *adj* rosa *inv*
rose² [roʊz] *pt of* **rise**
rosemary [ˈroʊz·me·ri] *n* rosmarino *m*
roster [ˈrɑːs·tɚ] *n* elenco *m*
rosy [ˈroʊ·zi] <-ier, -iest> *adj* **1.** (*rose-colored*) rosato, -a; (*cheek*) roseo, -a **2.** (*optimistic: viewpoint, future*) roseo, -a
rot [rɑːt] **I.** *n* marcio *m* **II.** <-tt-> *vi* marcire **III.** *vt* far marcire
rotate [ˈroʊ·teɪt] **I.** *vt* **1.** (*turn around*) (far) ruotare **2.** (*alternate*) alternare; (*duties*) fare una rotazione di; AGR fare la rotazione di **II.** *vi* ruotare; **to ~ around sth** ruotare intorno a qc
rotation [roʊ·ˈteɪ·ʃən] *n* **1.** *a.* ASTR, AGR rotazione *f* **2.** (*alternation*) alternanza *f;* **in ~** a turno
rotten [ˈrɑː·tn] *adj* **1.** (*food*) marcio, -a; **to go ~** marcire **2.** *inf* (*nasty: behavior*) brutto, -a **3.** *inf* (*performance, book*) penoso, -a
rough [rʌf] **I.** *adj* **1.** (*uneven: road*) accidentato, -a; (*surface*) ruvido, -a **2.** (*poorly made: work*) rudimentale **3.** (*harsh: voice*) roco, -a **4.** (*imprecise*) approssimativo, -a; ~ **work** lavoro *m* approssimativo **5.** (*unrefined: person, manner*) rude **6.** (*stormy: sea*) agitato, -a; (*weather*) burrascoso, -a **7.** (*difficult*) pesante **II.** *n* **1.** (*sketch*) schizzo *m* **2.** SPORTS **the ~** il rough **III.** *vt* **to ~ it** *inf* arrangiarsi alla buona **IV.** *adv* **to live ~** vivere per strada
roughly *adv* **1.** (*approximately*) approssimativamente; ~ **speaking** per così dire **2.** (*aggressively*) bruscamente
round [raʊnd] **I.** <-er, -est> *adj* **1.** (*circular: object*) rotondo, -a; (*number*) tondo, -a **2.** (*not angular*) tondeggiante **3.** (*sonorous*) pieno, -a **II.** *n* **1.** (*circle*) cerchio *m* **2.** (*series*) serie *f;* (*of applause*) scroscio *m;* (*of shots*) raffica *f* **3.** *pl* (*route*) giro *m;* MIL ronda *f;* MED giro di visite **4.** (*routine*) routine *f inv* **5.** (*time period: of elections*) turno *m;* (*in card games*) mano *f;* SPORTS turno *m;* (*in boxing*) round *m inv* **6.** (*of drinks*) giro *m* **7.** (*of ammunition*) colpo *m* **III.** *vt* **1.** (*movement*) girare intorno a; (*corner*) girare **2.** MAT arrotondare
◆**round off** *vt* **1.** (*finish*) chiudere **2.** (*smooth*) smussare **3.** MAT arrotondare
◆**round up** *vt* **1.** MAT arrotondare per eccesso **2.** (*gather*) mettere insieme; (*cattle*) radunare
roundabout [ˈraʊnd·ə·baʊt] *adj* indiretto, -a; **to take a ~ route** fare un giro tortuoso
round-the-clock **I.** *adj* (*surveillance*) di ventiquattr'ore su ventiquattro **II.** *adv* ventiquattr'ore su ventiquattro; **to work ~** lavorare ventiquattr'ore su ventiquattro
round trip *n* viaggio *m* andata e ritorno
roundup [ˈraʊnd·ʌp] *n* **1.** AGR raduno *m* **2.** (*by police*) retata *f*
route [raʊt] **I.** *n* **1.** (*way*) via *f;* (*of parade, bus*) percorso *m;* NAUT rotta *f;* (*to success*) strada *f* **2.** (*delivery path*) giro *m* **3.** (*road*) strada *f* **II.** *vt* **to ~ sth via St. Louis** spedire qc via St.Louis
routine [ruː·ˈtiːn] **I.** *n* **1.** *a.* COMPUT routine *f inv* **2.** (*of dancer*) numero *m* **II.** *adj* **1.** (*regular*) abituale; (*inspection*) di routine; (*medical case*) molto

comune **2.** (*uninspiring*) monotono, -a

row[1] [roʊ] *n* **1.** (*line*) fila *f;* **to stand in a ~** essere in fila **2.** (*succession*) successione *f*

row[2] [roʊ] **I.** *vi* remare **II.** *vt* (*boat*) portare (con i remi) **III.** *n* giro *m* in barca a remi

rowboat ['roʊ·boʊt] *n* barca *f* a remi

rowdy ['raʊ·di] <-ier, -iest> *adj* (*noisy*) rumoroso, -a

rower ['roʊɚ] *n* rematore, -trice *m, f*

rowing *n* SPORTS canottaggio *m*

royal ['rɔ·ɪəl] **I.** *adj* **1.** (*of monarch*) reale **2.** *fig* regale **3.** *inf* (*big*) immane; **a ~ pain in the ass** una rottura insopportabile **II.** *n inf* membro *m* della famiglia reale

royalty ['rɔ·ɪəl·ti] <-ies> *n* **1.** (*sovereignty*) famiglia *f* reale; **to treat sb like ~** trattare qu come un principe **2.** *pl* (*payment*) diritti *m pl* d'autore

rpm [ˌɑːr·piː·'em] *n abbr of* **revolutions per minute** giri/m

rub [rʌb] **I.** *n* (*act of rubbing*) strofinamento *m;* **to give sth a ~** strofinare qc **II.** <-bb-> *vt* strofinare; (*one's eyes*) stropicciarsi; (*one's hands*) fregarsi; **to ~ sth clean** pulire qc *strofinandolo* **III.** <-bb-> *vi* strofinare

♦**rub down** *vt* **1.** (*smooth*) levigare; (*horse*) strigliare **2.** (*dry*) strofinare (per asciugare)

♦**rub in** *vt* **1.** (*spread on skin*) applicare con una frizione **2.** *inf* (*keep reminding*) insistere a ricordare; *pej* fare una storia su

♦**rub off I.** *vi* **1.** (*become clean: stain*) andar via **2. to ~ on sb** (*affect*) trasmettersi a qu **II.** *vt* (*dirt*) togliere *sfregando*

♦**rub out** *vt* (*remove: writing*) cancellare; (*dirt*) togliere

rubber ['rʌ·bɚ] *n* **1.** (*material*) gomma *f* **2.** *inf* (*condom*) preservativo *m* **3.** (*game*) *serie di tre o cinque partite;* (*in bridge*) rubber *m inv*

rubber band *n* elastico *m*

rubber gloves *npl* guanti *m pl* di gomma

rubbernecker *n sl* curioso, -a *m, f*

rubber-stamp I. *vt* (*decision*) convalidare senza discussioni **II.** *n* (*device*) timbro *m*

rubbery <-ier, -iest> *adj* (*texture, food*) gommoso, -a

rubbish ['rʌ·bɪʃ] *n inf* stupidaggini *fpl*

rubble ['rʌ·bl] *n* macerie *fpl*

rubella [ruː·'be·lə] *n* MED rosolia *f*

ruby ['ruː·bi] **I.** <-ies> *n* rubino *m* **II.** *adj* (di) color rubino

rudder ['rʌ·dɚ] *n* AVIAT, NAUT timone *m*

rude [ruːd] *adj* **1.** (*impolite*) sgarbato, -a **2.** (*vulgar*) volgare; (*joke*) spinto, -a **3.** (*sudden*) brusco, -a; (*surprise*) brutto, -a

rudimentary [ˌruː·də·'men·tə·ri] *adj* rudimentale

rug [rʌg] *n* (*small carpet*) tappeto *m*

rugged ['rʌ·gɪd] *adj* **1.** (*uneven: cliff, mountains*) scosceso, -a; (*landscape, country*) aspro, -a; (*ground*) accidentato, -a **2.** (*tough: face*) dai tratti marcati; (*construction, vehicle*) resistente

ruin ['ruː·ɪn] **I.** *vt* **1.** (*bankrupt*) mandare in rovina **2.** (*destroy*) distruggere **3.** (*spoil*) rovinare **II.** *n* **1.** (*bankruptcy, downfall*) rovina *f* **2.** *pl* (*remains*) rovine *fpl*

rule [ruːl] **I.** *n* **1.** (*law*) regola *f;* (*principle*) norma *f;* **~s and regulations** norme e regole; **to be the ~** essere la norma; **to break a ~** infrangere una regola; **as a ~** di norma **2.** (*control*) governo *m* **3.** (*measuring device*) riga *f* **II.** *vt* **1.** (*govern: country*) governare; (*company*) dirigere **2.** (*control*) dominare **3.** LAW (*decide*) decretare **III.** *vi* **1.** (*control*) governare; (*monarch*) regnare **2.** (*predominate*) dominare **3.** LAW **to ~ for/against sb/sth** emettere un verdetto a favore/contro qu/qc

♦**rule out** *vt* escludere

ruler *n* **1.** (*governor*) governante *mf;* (*sovereign*) sovrano, -a *m, f* **2.** (*measuring device*) riga *f*

ruling ['ruː·lɪŋ] **I.** *adj* **1.** (*governing*) al governo; (*class*) dirigente; (*monarch*) regnante **2.** (*primary*) dominante **II.** *n* sentenza *f*

rummy ['rʌ·mi] *n* GAMES *gioco di carte sul genere del ramino*

rumor ['ruː·mɚ] **I.** *n* voce *f* **II.** *vt* **it is ~ed that ...** corre voce che ...

rump [rʌmp] *n* **1.** (*back end: of horse, bird*) parte *f* posteriore **2.** (*cut of beef*) quarto *m* posteriore **3.** *iron* (*buttocks*) posteriore *m*

rump steak *n* bistecca *f* di scamone

run [rʌn] **I.** *n* **1.** (*jog*) **to go for a ~** andare a fare una corsa **2.** (*trip*) giro *m;* (*of train*) tragitto *m* **3.** (*series*) serie *f;* (*of books*) tiratura *f* **4.** (*demand*) corsa *f;* **a sudden ~ on the dollar** un'improvvisa pressione sul dollaro; **a ~ on the banks** una pressione sulle banche **5.** (*type*) categoria *f* **6.** (*enclosure for animals*) recinto *m* **7.** (*hole in tights*) smagliatura *f* **8.** CINE programmazione *f;* THEAT permanenza *f* in cartellone ▶ **in the long ~** alla lunga; **to be on the ~** essere latitante **II.** *vi* <ran, run> **1.** (*move fast*) correre; **to ~ for the bus** fare una corsa per prendere l'autobus; **~ for your lives!** scappate se volete salvarvi! **2.** (*operate*) andare **3.** (*go, travel*) andare; **to ~ ashore** NAUT incagliarsi **4.** (*extend*) estendersi **5.** (*last*) **to ~ and ~** durare a lungo **6.** (*be*) esistere **7.** (*flow: river*) scorrere; (*make-up*) sciogliersi; (*nose*) colare **8.** (*enter election*) candidarsi; **to ~ for election/President** candidarsi alle elezioni/alla presidenza **9.** + *adj* (*be*) **to ~ dry** (*river*) prosciugarsi; **to ~ short** (*water*) scarseggiare **III.** *vt* <ran, run> **1.** (*move fast*) **to ~ a race** fare una corsa **2.** (*enter in race: candidate*) presentare in competizione; (*horse*) far correre **3.** (*drive*) portare; **to ~ sb home** accompagnare qu a casa **4.** (*pass*) passare **5.** (*operate*) far funzionare; (*car*) mantenere; (*computer program*) eseguire; (*engine*) far andare **6.** (*manage, govern*) gestire; **to ~ a farm** condurre una fattoria **7.** (*conduct*) fare; (*experiment, test*) condurre **8.** (*provide: course*) tenere **9.** (*let flow*) far scorrere; (*bath*) preparare **10.** (*show: article*) pubblicare; (*series*) trasmettere **11.** (*not heed: blockade*) forzare; (*red light*) passare con **12.** (*incur*) esporsi a; (*risk*) correre **13.** (*perform tasks*) **to ~ errands** fare commissioni

◆**run down I.** *vi* (*clock*) fermarsi; (*battery*) scaricarsi **II.** *vt* **1.** (*run over*) investire **2.** (*disparage*) parlar male di **3.** (*capture*) catturare

◆**run into** *vt* imbattersi in; AUTO andare a sbattere contro

◆**run off I.** *vi* scappare; (*water*) scorrer via **II.** *vt* **1.** (*water*) fare scorrere **2.** TYPO stampare **3.** (*make quickly*) produrre velocemente; (*letter*) buttar giù

◆**run out of** *vi* finire

◆**run over I.** *vi* (*person*) correr su; (*fluid*) traboccare **II.** *vt* AUTO investire

runaway ['rʌn·ə·weɪ] **I.** *adj* **1.** (*train, horse*) fuori controllo; (*person*) scappato, -a via **2.** (*enormous: success*) strepitoso, -a **II.** *n* fuggiasco, -a *m, f*

rundown [ˌrʌn·'daʊn] **I.** *n* **1.** (*report*) resoconto *m;* **to give sb the ~ on sth** fare a qu il resoconto di qc **2.** (*reduction*) ridimensionamento *m;* (*of staff*) riduzione *f* **II.** *adj* **1.** (*building, town*) in stato d'abbandono **2.** (*person*) esaurito, -a

rung [rʌŋ] *pp of* **ring**[2]

runner ['rʌ·nɚ] *n* **1.** SPORTS (*person*) corridore, -trice *m, f;* (*horse*) cavallo *m* partecipante ad una corsa **2.** (*messenger*) messo *m* **3.** (*smuggler*) contrabbandiere, -a *m, f* **4.** (*long rug*) passatoia *f*

runner-up [ˌrʌ·nɚ·'ʌp] *n* classificato, -a dopo il primo *m*

running I. *n* **1.** (*action of a runner*) corsa *f* **2.** (*operation*) direzione *f;* (*of a machine*) funzionamento *m* **II.** *adj* **1.** (*consecutive*) di seguito **2.** (*ongoing*) in corso **3.** (*operating*) in funzione **4.** (*flowing*) che scorre

run-off ['rʌn·ɒf] *n* **1.** POL ballottaggio *m* **2.** SPORTS spareggio *m* **3.** (*rainfall*) deflusso *m*

run-through ['rʌn·θruː] *n* THEAT, MUS prova *f;* **to have a ~ of sth** provare qc

run-up ['rʌn·ʌp] *n* **1.** SPORTS rincorsa *f* **2.** (*prelude*) periodo *m* precedente

runway ['rʌn·weɪ] *n* pista *f*

rural ['rʊ·rəl] *adj* rurale

rush [rʌʃ] **I.** *n* **1.** (*hurry*) fretta *f;* **to be in a ~** aver fretta **2.** (*charge*) corsa *f;* (*attack*) attacco *m;* (*of customers*) ondata *f;* **there's been a ~ on oil** c'è stata una corsa al petrolio; **gold ~** febbre *f* dell'oro **3.** (*dizziness*) vampata *f* di calore (alla testa) **II.** *vi* andar di fretta **III.** *vt* **1.** (*do quickly*) fare in maniera affrettata **2.** (*hurry*) mettere fretta a **3.** (*attack*) attaccare

◆**rush out I.** *vi* (*leave*) uscire precipitosamente **II.** *vt* (*publish*) precipitarsi a pubblicare

rush hour *n* ora *f* di punta

Russia ['rʌ·ʃə] *n* Russia *f*

Russian ['rʌ·ʃən] **I.** *adj* russo, -a **II.** *n* **1.** (*person*) russo, -a *m, f* **2.** (*language*) russo *m*

rust [rʌst] **I.** *n* **1.** (*decay, substance*) ruggine *f* **2.** (*color*) color *m* ruggine **II.** *vi* arrugginirsi **III.** *vt* arrugginire

rustler ['rʌs·lɚ] *n* ladro, -a *m, f* di bestiame

rusty ['rʌs·ti] <-ier, -iest> *adj a. fig* arrugginito, -a

rut [rʌt] *n* solco *m* ▶ **to be stuck in a ~** essere preso dal solito tran-tran

ruthless ['ru:θ·ləs] *adj* (*person*) spietato, -a; (*ambition*) sfrenato, -a

rye [raɪ] *n* segale *f*

S

S [es], **s** *n* S, s; **~ for Sam** S come Savona

s [es] *abbr of* **second** s

S [es] *n abbr of* **south** S

sabotage ['sæ·bə·tɑ:ʒ] **I.** *vt* sabotare **II.** *n* sabotaggio *m*

saccharin ['sæ·kə·rɪn] *n* saccarina *f*

sachet [sæ·'ʃeɪ] *n* bustina *f*

sack [sæk] **I.** *n* **1.** (*large bag*) sacco *m;* (*plastic bag*) busta *f* **2.** (*amount in bag*) **a ~ of potatoes** un sacco di patate **3.** *sl* (*bed*) **to hit the ~** andarsene a letto *inf* **4.** *inf* (*dismissal*) **to get the ~** essere licenziato; **to give sb the ~** licenziare qu **II.** *vt* licenziare

sacred ['seɪ·krɪd] *adj* sacro, -a

sacrifice ['sæ·krə·faɪs] **I.** *vt a.* REL sacrificare **II.** *vi* **to ~ to the gods** fare sacrifici agli dei **III.** *n* sacrificio *m*

SAD [ˌes·eɪ·'di:] *n abbr of* **seasonal affective disorder** Das *m,* disordine *m* affettivo stagionale

sad [sæd] <-dd-> *adj* **1.** (*unhappy, shameful*) triste; **it is ~ that ...** è un peccato che ... *+subj;* **to make sb ~** rattristare qu; **to become ~** rattristarsi **2.** (*pathetic*) patetico, -a

sadden ['sæ·dən] *vt* rattristare

sadistic [sə·'dɪs·tɪk] *adj* sadico, -a

sadness ['sæd·nəs] *n* tristezza *f*

safari [sə·'fɑ:·ri] *n* safari *m;* **to go on ~** fare un safari

safe [seɪf] **I.** *adj* **1.** (*free of danger*) sicuro, -a; (*driver*) prudente; **it is not ~ to ...** è pericoloso ... *+infin;* **just to be ~** per precauzione; **have a ~ trip!** buon viaggio! **2.** (*secure*) salvo, -a; **to feel ~** sentirsi al sicuro **3.** (*certain*) sicuro, -a **4.** (*trustworthy*) affidabile; **to be in ~ hands** essere in buone mani **5.** (*not out in baseball*) salvo, -a ▶ **to be on the ~ <u>side</u> ...** per maggior sicurezza, ...; **~ and <u>sound</u>** sano e salvo **II.** *n* cassaforte *f*

safe-deposit box *n* cassetta *f* di sicurezza

safekeeping [ˌseɪf·'ki:·pɪŋ] *n* custodia *f*

safe sex [seɪf·'seks] *n* sesso *m* sicuro

safety ['seɪf·ti] *n* **1.** (*being safe*) sicurezza *f;* **a place of ~** un posto sicuro; **for sb's ~** per la sicurezza di qu **2.** (*on gun*) sicura *f* **3.** (*football player*) safety *minv (difensore di secondaria nel football americano)*

safety belt *n* cintura *f* di sicurezza

safety net *n* **1.** rete *f* di sicurezza **2.** *fig* protezione *f*

safety pin *n* spilla *f* da balia

safety regulations *npl* norme *f pl* di sicurezza

Sagittarius [ˌsæ·dʒə·'te·ri·əs] *n* Sagittario *m;* **I'm (a) Sagittarius** sono del[*or* un] Sagittario

said [sed] **I.** *pp, pt of* **say II.** *adj* detto, -a

sail [seɪl] **I.** *n* **1.** (*on boat*) vela *f* ▶ **to <u>set</u> ~ (for a place)** salpare (verso un luogo) **II.** *vi* **1.** (*travel*) navigare; **to ~ around the world** far il giro del mondo in barca (a vela) **2.** (*start voyage*) salpare **3.** (*move smoothly*) avanzare deciso **4.** *fig* (*do easily*) **to ~ through sth** fare qc con facilità **III.** *vt* **1.** (*manage*) governare **2.** (*navigate*) attraversare

sailboard ['seɪl·bɔːrd] *n* tavola *f* da windsurf

sailboarding *n* windsurf *m*

sailboat ['seɪl·boʊt] *n* barca *f* a vela

sailing *n* **1.** NAUT navigazione *f* **2.** SPORTS vela *f* **3.** (*departure*) partenza *f*

sailor ['seɪ·lə˞] *n* **1.** (*seaman*) marinaio, -a *m, f* **2.** SPORTS velista *mf*

saint [seɪnt, sənt] *n* santo, -a *m, f*

sake [seɪk] *n* **1.** (*purpose*) **for the ~ of sth** per qc **2.** (*benefit*) **for the ~ of sb** per qu ▶ **for Christ's ~!** *pej* per Dio!; **for goodness ~!** per l'amor di Dio!

salad ['sæ·ləd] *n* insalata *f*

salad dressing *n* condimento *m* per insalata

salami [sə·'lɑː·mi] *n* salame *m*

salaried ['sæ·lə·rɪd] *adj* stipendiato, -a

salary ['sæ·lə·ri] *n* stipendio *m*

sale [seɪl] *n* **1.** (*act of selling*) vendita *f* **2.** (*reduced prices*) svendita *f*; **the ~s** i saldi; **benefit ~** vendita *f* di beneficenza **3.** (*auction*) asta *f* **4.** *pl* (*department that sells*) (ufficio *m*) vendite *fpl* ▶ **to put sth up for ~** mettere in vendita qc; **for/on ~** in vendita

saleable ['seɪ·lə·bl] *adj* vendibile

salesclerk *n* commesso, -a *m, f*

sales executive *n* direttore, -trice *m, f* vendite

salesman *n* (*in shop*) commesso *m*; (*for company*) rappresentante *m* (di commercio); **door-to-door ~** venditore, -trice a domicilio *m*

salesperson *n* venditore, -trice *m, f*

sales rep *n inf*, **sales representative** *n* rappresentante *mf* di commercio

saleswoman *n* commessa *f*

salmon ['sæ·mən] *n* salmone *m*; **smoked ~** salmone affumicato

salmon trout *n* trota *f* salmonata

saloon [sə·'luːn] *n* bar *m*

salt [sɔːlt] **I.** *n* sale *m* ▶ **to take sth with a grain of ~** prendere qc con le molle; **to rub ~ in a wound** rigirare il coltello nella piaga **II.** *vt* salare **III.** *adj* salato, -a

salt water *n* acqua *f* salata

salty ['sɔːl·ti] *adj* (*taste*) salato, -a

salute [sə·'luːt] **I.** *vi, vt a.* MIL salutare **II.** *n* MIL **1.** (*hand gesture*) saluto *m* **2.** (*ceremonial firing of guns*) salva *f*

salvage ['sæl·vɪdʒ] **I.** *vt* salvare **II.** *n* (*retrieval*) salvataggio *m*

salvation [sæl·'veɪ·ʃən] *n* salvezza *f*

Salvation Army *n* Esercito *m* della Salvezza

same [seɪm] **I.** *adj* **1.** (*identical*) stesso, -a; **the ~ (as sb/sth)** uguale (a qu/qc) **2.** (*not another*) stesso, -a; **the ~** lo stesso; **at the ~ time** allo stesso tempo, contemporaneamente **3.** (*unvarying*) stesso, -a, medesimo, -a ▶ **by the ~ token** nello stesso modo **II.** *pron* **1.** (*nominal*) **the ~** lo stesso, la stessa; **she's much the ~** è più o meno uguale; **it's always the ~** è sempre la stessa cosa **2.** (*adverbial*) **it's all the ~ to me** per me è lo stesso; **all the ~** in ogni caso; **~ to you** altrettanto **III.** *adv* uguale

sameness *n* **1.** (*similarity*) uguaglianza *f* **2.** (*monotony*) ripetitività *f*

sample ['sæm·pl] **I.** *n* campione *m*; **free ~** campione gratuito; **urine ~** campione di urina **II.** *vt* (*try*) provare

sanctuary ['sæŋk·tʃu·e·ri] *n* <-ies> **1.** REL (*holy place*) santuario *m* **2.** (*area around altar*) sagrato *m* **3.** (*place of refuge*) rifugio *m* **4.** (*area for animals*) riserva *f*; **wildlife ~** riserva naturale

sand [sænd] **I.** *n* sabbia *f*; **grains of ~** granelli *m pl* di sabbia **II.** *vt* (*make smooth*) carteggiare; (*floor*) levigare

sandal ['sæn·dl] *n* sandalo *m*

sandbag ['sænd·bæg] *n* sacco *m* di sabbia

sandbank ['sænd·bæŋk] *n*, **sandbar** ['sænd·bɑːr] *n* banco *m* di sabbia

sandcastle *n* castello *m* di sabbia

sand dune *n* duna *f*

sandpaper ['sænd·peɪ·pə˞] **I.** *n* carta *f* vetrata **II.** *vt* carteggiare

sandwich ['sænd·wɪtʃ] <-es> *n* panino *m;* (*made with sliced bread*) tramezzino *m*

sandy ['sæn·di] *adj* <-ier, -iest> sabbioso, -a; (*hair*) rossiccio, -a

sane [seɪn] *adj* **1.** (*of sound mind*) sano, -a di mente **2.** (*sensible*) sensato, -a

sang [sæŋ] *pt of* **sing**

sanitary ['sæ·nɪ·te·ri] *adj* **1.** (*relating to hygiene*) sanitario, -a **2.** (*clean*) igienico, -a

sanitation [ˌsæ·nɪ·'teɪ·ʃən] *n* impianti *m pl* igienici

sanity ['sæ·nə·ti] *n* **1.** (*of person*) sanità *f* mentale **2.** (*of decision*) buonsenso *m*

sank [sæŋk] *pt of* **sink**

sarcasm ['sɑːr·kæ·zəm] *n* sarcasmo *m*

sarcastic [sɑːr·'kæs·tɪk] *adj* sarcastico, -a

sardine [sɑːr·'diːn] *n* sardina *f* ▶ **to be packed (in) like ~s** essere come sardine in scatola

Sardinia [sar·'dɪn·i·ə] *n* Sardegna *f*

Sardinian *adj, n* sardo, -a *m, f f*

SASE [ˌes·eɪ·es·'i] *n abbr of* **self-addressed stamped envelope** *busta affrancata con il proprio indirizzo*

sat [sæt] *pt, pp of* **sit**

Satan ['seɪ·tən] *n* Satana *m*

satchel ['sæt·ʃəl] *n* cartella (della scuola) *f*

satellite ['sæ·t̬ə·laɪt] **I.** *n a.* ASTR, TECH satellite *m* **II.** *adj* TECH via satellite

satellite dish *n* antenna *f* parabolica

satellite television *n* televisione *f* via satellite

satin ['sæ·tn] **I.** *n* raso *m* **II.** *adj* satinato, -a

satire ['sæ·taɪ·ər] *n* LIT satira *f*

satirical [sə·'tɪ·rɪ·kl] *adj* satirico, -a

satisfaction [ˌsæ·t̬ɪs·'fæk·ʃən] *n* **1.** soddisfazione *f;* **to do sth to sb's ~** soddisfare qu facendo qc; **to be a ~ (to sb)** essere una soddisfazione (per qu) **2.** (*compensation*) riparazione *f*

satisfactory [ˌsæ·t̬ɪs·'fæk·tə·ri] *adj* soddisfacente; SCHOOL sufficente

satisfy ['sæ·t̬əs·faɪ] <-ie-> *vt* **1.** (*person, desire*) soddisfare **2.** (*condition*) soddisfare **3.** (*convince*) convincere; **to ~ sb that ...** convincere qu che ... **4.** (*debt*) saldare

satisfying *adj* soddisfacente

Saturday ['sæ·t̬ər·deɪ] *n* sabato *m; s. a.* **Friday**

Saturn ['sæ·t̬ərn] *n* Saturno *m*

sauce [sɑːs] *n* salsa *f;* **tomato ~** sugo di pomodoro

sauceboat *n* salsiera *f*

saucepan ['sɑːs·pən] *n* casseruola *f*

saucer ['sɑː·sər] *n* piattino *m*

sausage ['sɑː·sɪdʒ] *n* salsiccia *f;* (*cured*) salame *m*

sausage meat *n* carne *f* di salsiccia

savage ['sæ·vɪdʒ] **I.** *adj* **1.** (*fierce*) feroce **2.** *inf* (*bad-tempered*) con un caratteraccio **II.** *n pej* selvaggio, -a *m, f* **III.** *vt* **1.** (*attack*) attaccare selvaggiamente **2.** (*criticize*) attaccare violentemente

save [seɪv] **I.** *vt* **1.** (*rescue*) salvare; **to ~ sb's life** salvare la vita a qu; **to ~ one's own skin** salvarsi la pelle **2.** (*keep for future use*) conservare **3.** (*collect*) raccogliere **4.** (*avoid wasting*) risparmiare **5.** (*reserve: place*) tenere **6.** (*prevent from doing*) **to save sb doing sth** evitare a qu di fare qc **7.** COMPUT salvare **8.** SPORTS parare **II.** *vi* **1.** (*keep for the future*) risparmiare; **to ~ for sth** risparmiare per qc **2.** (*conserve*) **to ~ on sth** risparmiare qc **III.** *n* SPORTS parata *f*

saver ['seɪ·vər] *n* risparmiatore, -trice *m, f*

saving ['seɪ·vɪŋ] **I.** *n* **1.** *pl* (*money*) risparmi *mpl* **2.** (*economy*) risparmio *m* **II.** *prep* eccetto

savings account ['seɪ·vɪŋ·zə·ˌkaʊnt] *n* conto *m* (di) deposito

savings bank *n* cassa *f* di risparmio

savior ['seɪv·jər] *n* salvatore, -trice *m, f*

savory ['seɪ·və·ri] *adj* **1.** (*salty*) salato, -a **2.** (*appetizing*) gustoso, -a; (*taste*) appetitoso, -a

saw[1] [sɑː] *pt of* **see**

saw[2] [sɑː] **I.** *n* sega *f;* **power ~** sega elettrica **II.** <sawed, sawed *or* sawn> *vt* segare

sawn [sɑːn] *pp of* **saw**

saxophone ['sæk·sə·foʊn] *n* sassofono *m*

S

saxophonist ['sæk·sə·foʊ·nɪst] *n* sassofonista *mf*

say [seɪ] **I.** <said, said> *vt* **1.** (*speak*) dire; **to ~ sth to sb's face** dire qc a qu in faccia; **~ no more!** non dire altro! **2.** (*state information*) **to ~ (that) ...** dire che...; **to ~ goodbye to sb** salutare qu **3.** (*express*) dire **4.** (*think*) dire; **people ~ that ...** si dice che...; **to ~ to oneself** dirsi **5.** (*recite*) dire **6.** (*indicate*) dire; **to ~ sth about sb/sth** dire qc su qu/qc; **the clock says it's 6 o'clock** l'orologio fa le sei **7.** (*convey meaning*) significare **8.** *inf* (*suggest*) dire **9.** (*tell*) dire; **to ~ where/when** dire dove/quando; **it's not for me to ~ ...** non sta a me dire ... **10.** (*for instance*) **(let's) ~ ...** diciamo ... ▶ **when <u>all</u> is said and done** in fin dei conti; **<u>having</u> said that, ...** detto ciò,...; **to ~ <u>when</u>** dire basta **II.** <said, said> *vi* **I'll ~!** *inf* eccome!; **I must ~ ...** devo ammettere che ... **III.** *n* parere *m;* **to have one's ~** esprimere il proprio parere **IV.** *interj* (*positive reaction*) ottimo!; **~, that's a great idea!** benissimo, è un'ottima idea!

SC [ˌsaʊθ·ˌkær·ə·'laɪ·nə] *n abbr of* **South Carolina** Carolina *f* del Sud

scab [skæb] *n* **1.** (*over wound*) crosta *f* **2.** *pej sl* (*strikebreaker*) crumiro, -a *m, f*

scaffolding ['skæ·fəl·dɪŋ] *n* impalcatura *f*

scale[1] [skeɪl] **I.** *n* **1.** ZOOL squama *f* **2.** MED tartaro *m;* TECH calcare *m* **II.** *vt* **1.** (*remove scales*) squamare **2.** MED togliere il tartaro da; TECH togliere il calcare da

scale[2] [skeɪl] *n* (*weighing device*) piatto *m* (di bilancia); **~s** bilancia *f*

scale[3] [skeɪl] **I.** *n* (*range, magnitude, proportion*) *a.* MUS scala *f;* **a sliding ~** ECON una scala mobile; **on a large/small ~** su larga/piccola scala; **to draw sth to ~** disegnare qc in scala **II.** *vt* **1.** (*climb*) scalare; **to ~ the heights (of sth)** scalare le vette (di qc) **2.** TECH, ARCHIT ridurre in scala

◆**scale down** *vt* (*expectations*) ridurre

scallop ['skɑː·ləp] *n* capasanta *f;* **~ (shell)** conchiglia *f* di capasanta

scam [skæm] *n inf* raggiro *m*

scan [skæn] **I.** <-nn-> *vt* **1.** (*scrutinize*) scrutare **2.** (*look through quickly*) dare una scorsa a **3.** MED fare un'ecografia di **4.** LIT scandire **5.** COMPUT scannerizzare **II.** <-nn-> *vi* scandirsi **III.** *n* COMPUT scansione *f;* MED ecografia *f*

scandal ['skæn·dl] *n* **1.** (*public outrage*) scandalo *m;* **to uncover** [*or* **expose**] **a ~** far emergere uno scandalo; **to cover up a ~** soffocare uno scandalo **2.** (*sth bad*) **what a ~!** che scandalo! **3.** (*gossip*) notizie *f* scandalistiche *pl;* **to spread ~** divulgare notizie scandalistiche

Scandinavia [ˌskæn·dɪ·'neɪ·vi·ə] *n* Scandinavia *f*

Scandinavian *adj, n* scandinavo, -a *m, f*

scanner ['skæ·nɚ] *n* COMPUT scanner *m inv*

scanning *n* COMPUT scansione *f*

scapegoat ['skeɪp·goʊt] *n* capro *m* espiatorio

scar [skɑːr] **I.** *n* **1.** MED (*on skin*) cicatrice *f;* **to leave a ~** lasciare una cicatrice **2.** (*mark of damage*) segno *m* **3.** PSYCH trauma *m* **II.** <-rr-> *vt* lasciare una cicatrice a **III.** <-rr-> *vi* **to ~ (over)** cicatrizzarsi

scarce [skers] *adj* scarso, -a; **to make oneself ~** *inf* filarsela

scarcely ['skers·li] *adv* **1.** (*barely*) appena **2.** (*certainly not*) per niente

scare [sker] **I.** *vt* spaventare; **to be ~d stiff** essere paralizzato dalla paura **II.** *vi* spaventarsi; **to (not) ~ easily** (non) spaventarsi facilmente **III.** *n* **1.** (*fright*) spavento *m;* **to give sb a ~** spaventare qu **2.** (*panic*) panico *m*

scarecrow ['sker·kroʊ] *n* spaventapasseri *m inv*

scarf [skɑːrf, *pl* skɑːrvz] <-ves *or* -s> *n* (*around neck*) sciarpa *f;* (*around head*) foulard *m inv*

scarlet ['skɑːr·lət] **I.** *n* scarlatto *m* **II.** *adj* scarlatto, -a

scarlet fever *n* MED scarlattina *f*

scary ['ske·ri] *adj* <-ier, -iest> spaventoso, -a

scat [skæt] *interj inf* sciò

scathing ['skeɪ·ðɪŋ] *adj* mordace

scatterbrain ['skæ·t̬ə·breɪn] *n pej* sbadato *m*

scatterbrained *adj* sbadato, -a

scattered *adj* sparso, -a

scene [si:n] *n* **1.** THEAT, CINE scena *f;* (*setting*) scenario *m;* **nude ~** scena *f* di nudo; **behind the ~s** *a. fig* dietro le quinte **2.** luogo *m;* **the ~ of the crime** la scena del delitto **3.** (*view*) vista *f* **4.** (*milieu*) ambiente *m;* **the art/drugs ~** l'ambiente dell'arte/della droga **5.** (*embarrassing incident*) scena *f;* **to make a ~** fare una scenata

scenery ['si:·nə·ri] *n* **1.** (*landscape*) paesaggio *m* **2.** THEAT, CINE scenario *m*

sceptic ['skep·tɪk] *n* scettico, -a *m, f*

sceptical *adj* scettico, -a

schedule ['ske·dʒu:l] **I.** *n* **1.** (*timetable*) orario *m;* **bus ~** orario degli autobus; **flight ~** orario dei voli; **everything went according to ~** tutto è andato come previsto **2.** (*plan of work*) programma *m* **3.** FIN listino *m* **II.** *vt* **1.** (*plan*) programmare **2.** (*list*) fare una lista di

scheduled *adj* programmato, -a; **~ flight** volo *m* di linea

scheme [ski:m] **I.** *n* **1.** (*structure*) schema *m* **2.** (*plot*) intrigo *m* **II.** *vi pej* tramare; **to ~ to do sth** tramare per fare qc

scheming ['ski:·mɪŋ] *adj* intrigante

schizophrenia [ˌskɪ·tsə·'fri:·niə] *n* schizofrenia *f*

schizophrenic [ˌskɪ·tsə·'fre·nɪk] *adj, n* schizofrenico, -a *m, f*

scholar ['skɑ:·lə] *n* **1.** (*learned person*) erudito, -a *m, f* **2.** (*student*) studente *mf* **3.** (*scholarship holder*) borsista *mf*

scholarship ['skɑ:·lə·ʃɪp] *n* **1.** (*learning*) erudizione *f* **2.** (*grant*) borsa *f* (di studio)

school [sku:l] **I.** *n* **1.** (*institution*) scuola *f;* **primary ~** scuola elementare; **secondary ~** scuola superiore; **public ~** scuola pubblica; **dancing ~** scuola di ballo; **driving ~** scuolaguida *f;* **to be in ~** andare a scuola; **to go to ~** andare a scuola; **to start ~** comiciare la scuola; **to leave ~** finire la scuola **2.** (*buildings*) scuola *f* **3.** (*classes*) classi *fpl* **4.** (*university division*) facoltà *f* **5.** (*university*) università *f* **II.** *vt* formare **III.** *adj* scolastico, -a

school board *n* ADMIN consiglio *m* scolastico

school bus *n* scuolabus *m*

school day *n* giorno *m* di scuola

school district *n* distretto *m* scolastico

schooling *n* istruzione *f*

schoolmate *n* compagno, -a *m, f* di scuola

schoolteacher *n* professore, -essa *m, f*

schoolwork *n* compiti *mpl*

schoolyard *n* cortile *m* della scuola

science ['saɪ·ənts] **I.** *n* scienza *f;* **applied ~** scienze *f pl* applicate **II.** *adj* scientifico, -a

science fiction **I.** *n* fantascienza *f* **II.** *adj* fantascientifico

scientific [ˌsaɪ·ən·'tɪ·fɪk] *adj* scientifico, -a

scientist ['saɪ·ən·tɪst] *n* scienziato, -a *m, f*

sci-fi ['saɪ·ˌfaɪ] *n abbr of* **science fiction** fantascienza *f*

scissors ['sɪ·zəz] *npl* forbici *fpl;* **a pair of ~** un paio di forbici

scold [skoʊld] *vt* rimproverare

scone [skoʊn] *n* panino *m* dolce

scooter ['sku:·t̬ə] *n* **1.** (*toy*) monopattino *m* **2.** (*vehicle*) (**motor**) **~** motorino *m*

scope [skoʊp] *n* **1.** (*range*) ambito *m* **2.** (*possibilities*) possibilità *fpl;* **limited/considerable ~** campo *m* d'azione limitato/ampio

scorching *adj* torrido, -a; **it's ~ hot** c'è un caldo torrido

score [skɔ:r] **I.** *n* **1.** SPORTS punteggio *m;* **to keep (the) ~** tenere i punti **2.** SPORTS (*goal*) gol *m* **3.** SCHOOL voto *m* **4.** (*twenty*) ventina *f;* **~s of people** moltissime persone **5.** (*dispute*) conto *m* in sospeso; **to settle a ~** regolare i conti **6.** MUS partitura *f* **II.** *vt* **1.** segnare **2.** (*cut*) incidere **3.** *sl* (*drugs*) procurarsi **4.** MUS arrangiare **III.** *vi* **1.** SPORTS (*make a point*) fare un punto **2.** *inf* (*succeed*) riuscire **3.** *sl* (*make sexual conquest*) cuccare **4.** *sl* (*buy drugs*) procurarsi la roba

scoreboard ['skɔːr·bɔːrd] *n* tabellone *m* segnapunti

scorecard *n* scheda *f* segnapunti

scorer *n* **1.** (*player: in soccer*) cannoniere, -a *m, f;* (*in basketball*) marcatore, -trice *m, f* **2.** (*scorekeeper*) segnapunti *mf*

Scorpio ['skɔːr·pioʊ] *n* Scorpione *m;* **I'm** (**a**) **Scorpio** sono (dello [*or* uno]) Sorpione

scorpion ['skɔːr·pi·ən] *n* scorpione *m*

Scot [skɑːt] *n* scozzese *mf*

Scotch [skɑːtʃ] **I.** *n* Scotch *m inv* **II.** *adj* scozzese

Scotch tape® ['skatʃ·teɪp] *n* Scotch® *m inv*

scot-free [ˌskɑːt·'friː] *adv* **1.** (*without punishment*) impunemente; **to get away** [*or* **off**] ~ cavarsela impunemente **2.** (*unharmed*) illeso, -a

Scotland ['skɑːt·lənd] *n* Scozia *f*

Scots [skɑːts] *adj see* **Scottish**

Scotsman ['skɑːts·mən] <-men> *n* scozzese *m*

Scotswoman ['skɑːts·ˌwʊ·mən] <-women> *n* scozzese *f*

Scottish ['skɑː·t̬ɪʃ] *adj* scozzese

scout [skaʊt] **I.** *n* MIL esploratore, -trice *m, f* **II.** *vi* **to ~ ahead** fare una ricognizione

scoutmaster *n* capo *m* scout

scowl [skaʊl] **I.** *n* fronte *f* aggrottata **II.** *vi* aggrottare la fronte

scramble ['skræm·bl] **I.** *vi* **1.** (*move hastily*) affrettarsi **2.** (*try to get first*) precipitarsi; **to ~ for sth** darsi da fare per qc **II.** *vt* **1.** (*mix together*) mescolare; **~d eggs** uova strapazzate **2.** (*encrypt*) criptare **III.** *n* **1.** (*rush*) premura *f;* (*chase*) corsa *f* **2.** (*struggle*) lotta *f*

scrap [skræp] **I.** *n* **1.** (*small piece*) pezzetto *m;* (*of fabric*) ritaglio *m* **2.** (*small amount*) frammento *m;* **not a ~ of truth** neanche un briciolo di verità **3.** *pl* (*leftover food*) avanzi *mpl* **4.** (*old metal*) rottame *m* **II.** <-pp-> *vt* **1.** (*get rid of*) eliminare; (*abandon*) accantonare **2.** (*use for scrap metal*) rottamare

scrapbook ['skræp·bʊk] *n* album *m* (dei ricordi)

scrape [skreɪp] **I.** *vt* **1.** (*remove layer*) raschiare **2.** (*graze*) sbucciare; (*scratch*) graffiare **3.** (*rub against*) strisciare contro **II.** *vi* **1.** (*rub against*) strisciare **2.** (*make unpleasant noise*) strisciare **3.** (*economize*) risparmiare **III.** *n* **1.** (*act of scraping*) raschiata *f* **2.** (*graze*) sbucciatura *f* **3.** (*sound*) strisciamento *m* **4.** *inf* (*situation*) guaio *m;* **to get into a ~** mettersi nei guai

scrap iron *n* rottame *m*

scrappy ['skræ·pi] <-ier, -iest> *adj* **1.** (*knowledge*) superficiale **2.** (*performance, game*) irregolare

scratch [skrætʃ] **I.** *n* **1.** (*cut on skin*) graffio *m* **2.** (*mark*) riga *f* **3.** (*act*) grattata *f* **4.** (*start*) inizio *m;* **from ~** da zero **II.** *vt* **1.** (*cut slightly*) graffiare **2.** (*mark*) rigare **3.** (*relieve itch*) grattare **4.** (*erase*) raschiare **5.** (*exclude*) ritirare **6.** *inf* (*cancel*) cancellare **7.** (*write*) incidere **III.** *vi* **1.** (*use claws: cat*) graffiare **2.** (*relieve itch*) grattarsi **IV.** *adj* improvvisato, -a

scratch card ['skrætʃ·kɑːrd] *n* gratta e vinci *m inv*

scream [skriːm] **I.** *n* **1.** (*cry*) grido *m;* (*shrill cry*) strillo *m;* (*shout*) urlo *m* **2.** (*of animal*) grido *m* ► **to be a ~** *inf* essere forte **II.** *vi* (*shout*) gridare; (*cry shrilly*) strillare **III.** *vt* (*shout*) gridare

screen [skriːn] **I.** *n* **1.** *a.* TV, CINE, COMPUT schermo *m;* **split/touch ~** schermo diviso/tattile **2.** (*framed panel*) paravento *m;* (*for protection*) schermo *m;* **glass ~** vetrata *f* **3.** (*thing that conceals*) schermo *m* **II.** *vt* **1.** (*conceal*) coprire **2.** (*shield*) proteggere **3.** (*examine*) esaminare **4.** TV trasmettere; CINE proiettare

screening *n* **1.** (*showing: in cinema*) proiezione *f;* (*on television*) trasmissione *f* **2.** (*testing*) prova *f* **3.** MED (*examination*) esame *m*

screenplay ['skrin·pleɪ] *n* sceneggiatura *f*

screen saver *n* COMPUT salvaschermo *m inv*

screw [skruː] **I.** *n* **1.** (*small metal fastener*) vite *f* **2.** (*turn*) giro *m* **3.** (*spin*) effetto *m* **4.** *vulg* (*sexual intercourse*) I had a good ~ last night mi sono fatto una bella scopata ieri notte **5.** *vulg* (*sexual partner*) **she's a great ~** scopa benissimo ▶ **he's got a ~** [*or* **a few ~s**] **loose** *inf* gli manca qualche rotella **II.** *vt* **1.** (*with a screw*) svitare **2.** (*by twisting*) svitare **3.** *sl* (*cheat*) fregare **4.** *vulg* (*have sex with*) scopare con **5.** *sl* **~ you!** vaffanculo! **III.** *vi* **1.** (*turn like a screw*) avvitarsi **2.** *vulg* (*have sex*) scopare

◆**screw up I.** *vt* **1.** *sl* (*make a mess of*) mandare all'aria **2.** *sl* (*injure*) distruggere **3.** *inf* (*make anxious*) rendere nevrotico **II.** *vi* rovinare tutto

screwball ['skru·bɔl] *n* **1.** *sl* (*odd person*) svitato, -a *m, f* **2.** (*in baseball*) tiro *m* con effetto

screwdriver ['skruː·ˌdraɪ·vɚ] *n* **1.** (*tool*) cacciavite *m* **2.** (*drink*) *cocktail a base di vodka e succo d'arancia*

screwed *adj inf* fregato, -a

screw top *n* tappo *m* a vite

scribble ['skrɪ·bl] **I.** *vi, vt* scarabocchiare **II.** *n* scarabocchi *mpl*

scriptwriter ['skrɪpt·raɪ·t̬ɚ] *n* sceneggiatore, -trice *m, f*

scroll [skroʊl] **I.** *n* (*roll*) rotolo *m* **II.** *vi* COMPUT scorrere; **to ~ down/up** scorrere giù/su

scrub[1] [skrʌb] <-bb-> **I.** *vt* **1.** (*clean*) fregare **2.** (*cancel*) annullare **II.** *vi* fregare; **to ~ at sth** fregare qc **III.** *n* **1.** (*act of scrubbing*) sfregata *f*; **to give sth a (good) ~** dare una (bella) sfregata a qc **2.** *pl* (*clothing*) abiti *m pl* da sala operatoria **3.** SPORTS (*reserve player*) riserva *f* inesperta

scrub[2] [skrʌb] *n* boscaglia *f*

scuba diving ['skuː·bə·ˌdaɪ·vɪŋ] *n* immersioni *f pl* (subacquee)

sculpture ['skʌlp·tʃɚ] **I.** *n* scultura *f* **II.** *vt* scolpire

scum [skʌm] *n* **1.** (*foam*) schiuma *f* **2.** (*evil people*) gentaglia *f*

SD [ˌsaʊθ·ˌdə·'koʊ·t̬ə] *n abbr of* **South Dakota** Dakota *f* del Sud

sea [siː] *n* **1.** mare *m*; **at the bottom of the ~** in fondo al mare; **by ~** per mare; **out at ~** in mare aperto; **the open ~, the high ~s** il mare aperto **2.** (*wide expanse*) **a ~ of people** una marea di gente

seafood ['siː·fuːd] *n* frutti *m* di mare *pl*

seafront ['siː·frʌnt] *n* **1.** (*promenade*) lungomare *m* **2.** (*beach*) spiaggia *f*

seagull ['siː·gʌl] *n* gabbiano *m*

seal[1] [siːl] *n* ZOOL foca *f*

seal[2] [siːl] *n* **1.** (*wax mark*) sigillo *m* **2.** (*to prevent opening*) sigillo *m* ▶ **~ of approval** approvazione *f*

sea legs *npl inf* piede *m* marino; **to get one's ~** acquisire il piede marino

sea level *n* livello *m* del mare

seam [siːm] **I.** *n* (*stitching*) cucitura *f*; **to come** [*or* **fall**] **apart at the ~s** scucirsi; *fig* fare acqua da tutte le parti **II.** *vt* (*sew*) cucire

seamy ['siː·mi] <-ier, -iest> *adj* sordido, -a

search [sɜːrtʃ] **I.** *n a.* COMPUT ricerca *f*; (*of building, person*) perquisizione *f*; **to go in ~ of sth** andare alla ricerca di qc **II.** *vi a.* COMPUT cercare; **to ~ for sth** cercare qc; **~ and replace** COMPUT trovare e sostituire **III.** *vt* **1.** *a.* COMPUT cercare in; (*building, baggage*) perquisire **2.** (*examine*) scrutare; **to ~ one's conscience** fare un esame di coscienza ▶ **~ me!** *sl* che ne so!

search engine *n* COMPUT motore *m* di ricerca

search function *n* COMPUT funzione *f* di ricerca

searching *adj* **1.** (*penetrating*) inquisitorio, -a; (*look*) penetrante **2.** (*exhaustive*) minuzioso, -a

searchlight ['sɜːrtʃ·laɪt] *n* riflettore *m*

search party <-ies> *n* squadra *f* di soccorso

search warrant *n* mandato *m* di perquisizione

sea salt *n* sale *m* marino

seashell ['siː·ʃel] *n* conchiglia *f* (marina)

seashore ['siː·ʃɔːr] *n* **1.** (*beach*) spiaggia *f* **2.** (*near sea*) costa *f*

seasick ['siː·sɪk] *adj* **to get ~** avere il mal di mare

seasickness ['siː·sɪk·nɪs] *n* mal *m* di mare

seaside ['siː·saɪd] **I.** *n* **1.** (*beach*) spiaggia *f* **2.** (*coast*) costa *f* **II.** *adj* costiero,

–a; **a ~ resort** una stazione balneare

season ['si:·zən] **I.** *n* **1.** (*period of year*) stagione *f* **2.** (*epoch*) epoca *f;* **the Christmas ~** le feste natalizie; **Season's Greetings** Buone Feste; **the (fishing/hunting) ~** la stagione (della pesca/caccia); **to be in ~** essere di stagione **3.** SPORTS stagione *f* **4.** ZOOL **to be in ~** essere in calore **II.** *vt* CULIN condire **III.** *vi fig* **to become ~ed to sth** abituarsi a qc

seasonal ['si:·zə·nəl] *adj* **1.** (*connected with time of year*) stagionale **2.** (*temporary*) stagionale; **~ worker** stagionale *mf* **3.** (*grown in a season*) di stagione

seasoning ['si:·zə·nɪŋ] *n* condimento *m*

season ticket *n* abbonamento *m*

season ticket holder *n* RAIL, SPORTS, THEAT abbonato, –a *m, f*

seat [si:t] **I.** *n* **1.** (*furniture*) sedia *f;* (*on a bike*) sellino *m;* (*in theater*) poltrona *f;* (*in a car, bus*) posto *m;* **back ~** sedile posteriore; **is this ~ free/taken?** questo posto è libero/occupato? **2.** (*ticket*) ingresso *m;* **to book a ~** prenotare un ingresso **3.** (*part: of chair*) sedile *m;* (*of pants*) fondo *mpl* **4.** (*buttocks*) fondoschiena *m* **5.** POL seggio *m;* **to win/lose a ~** guadagnare/perdere un seggio **6.** (*center*) sede *f;* **~ of learning** *form* centro *m* universitario **II.** *vt* **1.** (*place on a seat*) sedersi **2.** (*have enough seats for*) accogliere; **the bus ~s 20** l'autobus ha 20 posti a sedere **3.** ARCHIT, TECH poggiare

seat belt *n* cintura *f* di sicurezza; **to fasten one's ~** allacciarsi la cintura (di sicurezza)

seating *n* **1.** (*seats*) posti *mpl* **2.** (*number*) numero *m* di posti; **~ capacity** numero di posti (a sedere); **~ for two thousand** duemila posti **3.** (*arrangement*) disposizione *f* dei posti

seawater ['si:·ˌwɑ:·t̬ɚ] *n* acqua *f* di mare

seaweed ['si:·wi:d] *n* alghe *f* (marine) *pl*

seaworthy ['si:·ˌwɜ:r·ði] *adj* in grado di navigare

secluded [sɪ·'klu:·dɪd] *adj* (*place*) isolato, –a; (*life*) ritirato, –a

second[1] ['se·kənd] **I.** *adj* **1.** (*after first*) secondo, –a; **every ~ boy/girl** un ragazzo/una ragazza su due; **every ~ year** ogni due anni; **every ~ week** una settimana sì e una no; **to be ~** arrivare secondo; **the ~ biggest town** la seconda città più grande; **to be ~ to none** non essere secondo a nessuno **2.** (*another*) altro, –a; **to give sb a ~ chance** dare a qu un'altra possibilità; **on ~ thought** dopo riflessione; **to get one's ~ wind** riprendere fiato; **to have a ~ helping** servirsi di nuovo di qc **3. the ~ floor** il primo piano **II.** *n* **1.** (*second gear*) seconda *f* **2.** *pl* (*extra helping*) **may I have ~s?** posso servirmi di nuovo? **3.** COM (*imperfect item*) articolo *m* di seconda scelta **III.** *adv* in secondo luogo **IV.** *vt* **1.** (*support in debate*) appoggiare **2.** *form* (*back up*) appoggiare

second[2] ['se·kənd] *n* (*unit of time*) secondo *m;* **per ~** al secondo; **at that very ~** in quel preciso istante; **just a ~!** un secondo!; **it won't take (but) a ~!** ci vuole un attimo!

secondary ['se·kən·de·ri] *adj* **1.** (*not main*) secondario, –a; **to be ~ to sth** essere secondario rispetto a qc **2.** (*school*) di scuola secondaria

secondary school *n* scuola *f* secondaria

second class *n* seconda *f* (classe)

second-class **I.** *adj* **1.** (*in second class*) di seconda classe; **~ mail** posta *f* ordinaria **2.** *pej* (*inferior: hotel, service*) di seconda categoria; (*goods*) di seconda scelta **II.** *adv* **1.** RAIL (*in the second class*) in seconda (classe) **2.** (*by second-class mail*) tramite posta ordinaria

second cousin *n* cugino, –a *m, f* di secondo grado

secondhand [ˌsek·ənd·'hænd] **I.** *adj* (*clothing*) di seconda mano; (*bookstore*) di libri usati **II.** *adv* **1.** (*used*) di seconda mano **2.** (*from third party*) tramite terzi

second hand *n* (*on watch*) lancetta *f* dei secondi

secondly *adv* in secondo luogo
second-rate [ˌse·kənd·ˈreɪt] *adj* mediocre
secrecy [ˈsiː·krə·si] *n* **1.** (*confidentiality*) segretezza *f*; **to swear sb to ~** far giurare a qu di mantenere il segreto **2.** (*secretiveness*) enigmaticità *f*
secret [ˈsiː·krɪt] **I.** *n* **1.** (*information*) segreto *m*; **to let sb in on a ~** rivelare un segreto a qu **2.** (*knack*) trucco *m*; (*of success*) segreto *m* **3.** (*mystery*) mistero *m* **II.** *adj* (*known to few*) segreto, -a; **to keep sth ~ (from sb)** tenere qc nascosto (a qu)
secretary [ˈse·krə·te·ri] <-ies> *n* **1.** (*in office*) segretario, -a *m, f* **2.** POL ministro, -a *m, f*; **Secretary of the Treasury** ≈ ministro *m* dell'Economia e delle Finanze; **Secretary of State** segretario di Stato, ≈ ministro *m* degli Esteri
secretive [ˈsiː·krə·tɪv] *adj* riservato, -a
sect [sekt] *n* setta *f*
section [ˈsek·ʃən] **I.** *n* **1.** (*part*) *a.* MIL, MUS, PUBL sezione *f* **2.** (*group*) settore *m* **3.** (*of area*) zona *f*; (*of city*) quartiere *m* **4.** (*of document*) paragrafo *m*; LAW articolo *m* **II.** *vt* **1.** (*cut*) sezionare **2.** (*divide*) suddividere
sector [ˈsek·tɚ] *n* settore *m*; **public/private ~** settore pubblico/privato
secure [sɪ·ˈkjʊr] **I.** *adj* <-rer, -est> **1.** (*safe*) sicuro, -a **2.** (*confident*) **to feel emotionally ~** essere emotivamente stabile **3.** (*guarantee*) **to be financially ~** avere la stabilità economica **4.** (*fixed*) firme; (*foundation*) solido, -a **II.** *vt* **1.** (*obtain*) ottenere **2.** (*make firm*) assicurare; *fig* assicurarsi; (*door*) chiudere saldamente; (*boat*) ormeggiare; (*position*) consolidare **3.** (*guarantee repayment*) garantire; **a ~d loan** un prestito con garanzia
security [sɪ·ˈkjʊ·rə·ti] <-ies> *n* **1.** (*safety*) sicurezza *f*; **~ risk** rischio *m* per la sicurezza **2.** (*stability*) stabilità *f* **3.** (*payment guarantee*) garanzia *f* **4.** *pl* FIN titoli *mpl*
security guard *n* guardia *f* giurata
sedative [ˈse·də·t̬ɪv] *adj, n* sedativo, -a *m, f*
seduce [sɪ·ˈduːs] *vt* sedurre
see[1] [siː] <saw, seen> **I.** *vt* **1.** (*perceive*) vedere; **to ~ that ...** vedere che...; **it is worth ~ing** vale la pena di vederlo **2.** (*watch*) vedere; **you were ~n entering the building** ti hanno visto entrare nell'edificio **3.** (*inspect*) vedere; **may I ~ your driver's license?** posso vedere la sua patente? **4.** (*visit*) trovare; **to ~ a little/a lot of sb** vedere qu raramente/spesso; **~ you around!** ci vediamo!; **~ you (later)!** *inf* (*when meeting again later*) a più tardi! **5.** (*have relationship*) **to be ~ing sb** uscire con qu **6.** (*have meeting*) incontrare **7.** (*talk to*) **Mr. Brown will ~ you now** il Signor Brown la riceve adesso **8.** (*accompany*) accompagnare **9.** (*perceive*) rendersi conto di; (*understand*) capire; **I don't ~ what you mean** non capisco cosa vuoi dire **10.** (*envisage*) credere; **as I ~ it ...** da come la vedo io ...; **I could ~ it coming** me lo aspettavo **11.** (*investigate*) **to ~ how/what/if ...** cercare di capire come/cosa/se ... **12.** (*ensure*) **~ that you are ready when we come** fai in modo di essere pronto quando arriviamo **II.** *vi* **1.** (*use eyes*) vedere; **as far as the eye can ~** fin dove arriva la vista **2.** (*find out*) scoprire; **~ for yourself!** guarda tu stesso!; **let me ~** fammi vedere; **let's ~** vediamo; **we'll/I'll (have to) ~** vedremo; **you'll ~** vedrai **3.** (*understand*) capire; **I ~** capisco; **you ~?** capisci?; **as far as I can ~** per quello che capisco
◆**see off** *vt* salutare
◆**see out** *vt* **1.** (*escort to door*) accompagnare alla porta **2.** (*continue to end*) restare fino alla fine di; (*project*) portare a termine **3.** (*last until end*) durare fino alla fine di
◆**see through** *vt* **1.** (*not be deceived by*) non farsi abbindolare da **2.** (*sustain*) **to see sb through (a difficult time)** essere d'aiuto a qu (in un momento difficile) **3.** (*continue to end*) portare a termine
◆**see to** *vt* **1.** (*attend to*) occuparsi di **2.** (*ensure*) **to ~ it that ...** assicurarsi che ...

see[2] [siː] *n* REL sede *f;* **the Holy See** la Santa Sede

seed [siːd] *n* **1.** BOT (*of fruit*) seme *m* **2.** (*seeds*) semente *f* **3.** (*beginning*) germe *m;* **to sow the ~s of doubt** insinuare dei dubbi **4.** ANAT seme *m*

seeing **I.** *conj* ~ (**that**) visto che **II.** *n* vista *f;* ~ **is believing** vedere per credere

seem [siːm] *vi* **1.** (*appear to be*) sembrare; **it ~ as if ...** sembrare che ... *+subj;* **things aren't always what they ~** l'apparenza inganna **2.** (*appear*) **it ~s that ...** sembra che ... *+subj;* **so it ~s, so it would ~** così sembra

seemingly *adv* apparentemente

seen [siːn] *pp of* **see**

seize [siːz] *vt* **1.** (*grasp*) afferrare; **to ~ sb by the arm/by the throat** afferrare qu per il braccio/alla gola **2.** (*take: opportunity*) cogliere; (*initiative, power*) prendere **3.** (*overcome*) **I was ~d with panic** ero in preda al panico **4.** (*capture: criminal*) catturare **5.** (*confiscate: property*) confiscare; (*drugs*) sequestrare **6.** (*understand*) capire **7.** (*kidnap*) sequestrare

seizure ['siː·ʒɚ] *n* **1.** (*seizing*) presa *f* **2.** (*taking possession: of drugs*) sequestro *m;* (*of property, contraband*) confisca *f* **3.** MED (*stroke*) attacco *m*

seldom ['sel·dəm] *adv* raramente

select [sə·'lekt] **I.** *vt* (*candidate, player*) selezionare; (*gift, wine*) scegliere; **~ed works** scelta *f* di opere **II.** *adj* **1.** (*high-class*) di classe privilegiata; (*club, school*) esclusivo, -a; (*product*) di prima scelta **2.** (*exclusive*) **the ~ few** i pochi privilegiati

selection [sə·'lek·ʃən] *n* **1.** (*act of choosing*) selezione *f* **2.** (*range*) scelta *f* **3.** (*thing chosen*) selezione *f;* (*person chosen*)

selective [sə·'lek·tɪv] *adj* selettivo, -a

self [self] *n* <selves> se stesso, -a; **his true ~** la sua vera natura

self-absorbed *adj* egocentrico, -a

self-addressed *adj* ~ **envelope** busta *f* con il proprio indirizzo

self-assured *adj* sicuro, -a di sé

self-centered *adj* egocentrico, -a

self-complacent *adj pej* compiaciuto, -a di sé

self-confidence *n* sicurezza *f* di sé; **to have ~** essere sicuro, -a di sé

self-conscious *adj* **1.** (*shy*) impacciato, -a; **to feel ~** sentirsi a disagio **2.** *pej* (*unnatural*) affettato, -a

self-contained *adj* **1.** (*self-sufficient: community*) autosufficiente; (*apartment*) indipendente **2.** *pej* (*reserved*) riservato, -a

self-control *n* autocontrollo *m*

self-critical *adj* autocritico, -a

self-defeating *adj* controproducente

self-destruct *vi* autodistruggersi

self-discipline *n* autodisciplina *f*

self-employed **I.** *adj* **to be ~** lavorare in proprio **II.** *n* **the ~** i lavoratori autonomi

self-esteem *n* autostima *f*

self-explanatory *adj* ovvio, -a

self-important *adj pej* presuntuoso, -a

self-indulgent *adj* indulgente verso se stesso

self-interest *n* interesse *m* personale; **to be motivated by ~** essere motivato da interesse personale

selfish ['sel·fɪʃ] *adj pej* egoista

selfishness *n pej* egoismo *m*

selfless ['self·ləs] *adj* altruista

self-pity *n* autocommiserazione *f*

self-portrait *n* ART autoritratto *m*

self-possessed *adj* padrone, -a di sé

self-preservation *n* istinto *m* di autoconservazione

self-reliant *adj* indipendente

self-respect *n* amor *m* proprio; **to lose all ~** perdere ogni dignità

self-righteous *adj pej* moralista

self-rising flour *n* farina *f* con lievito incorporato

self-sacrifice *n* abnegazione *f*

self-satisfied *adj pej* soddisfatto, -a di sé

self-sufficient *adj* **1.** autosufficiente **2.** ECON autosufficiente; ~ **economy** autarchia *f*

sell [sel] **I.** *vt* <sold, sold> **1.** (*exchange for money*) vendere; **to ~ sth for $100/ at half price** vendere qc per 100 dollari/ a metà prezzo **2.** *fig* (*make accepted*) far accettare; **I'm sold on your plan** il tuo piano mi ha convinto ▶ **to ~ oneself short** sminuirsi **II.** *vi* <sold, sold> **1.** (*vendere: product*) essere venduto; (*company, shop*) essere in vendita; **to ~ at** [*or* **for**] **$5** essere venduto a 5 dollari **2.** (*be accepted*) essere accettato **III.** *n* **1.** (*activity of selling*) vendita *f* **2.** *sl* (*deception*) fregatura *f*

◆**sell off** *vt* svendere; (*shares, property*) cedere

◆**sell out** **I.** *vi* **1.** COM, FIN cedere la propria attività [*or* quota] **2.** *fig* vendersi **II.** *vt* cedere

sellable *adj* vendible

sell-by date ['sel·baɪ·ˌdeɪt] *n* COM data *f* limite di vendita

seller *n* **1.** (*person*) venditore, -trice *m, f;* **~'s market** mercato *m* al rialzo **2.** (*product*) **good/poor ~** articolo *m* che si vende bene/male

semester [sə·'mes·tər] *n* UNIV semestre *m*

semicircle ['se·mɪ·ˌsɜːr·kl] *n* semicerchio *m*

semicircular [ˌse·mɪ·'sɜːrk·jə·lɚ] *adj* semicircolare

semicolon ['se·mɪ·ˌkoʊ·lən] *n* punto *m* e virgola

semiconscious [ˌsem·ɪ·'kan·tʃəs] *adj* semiconsciente

semifinal [ˌsem·ɪ·'faɪ·nəl] *n* SPORTS semifinale *f*

seminar ['se·mə·nɑːr] *n* UNIV seminario *m*

senate ['se·nɪt] *n* **1.** POL senato *m* **2.** UNIV senato *m* accademico

senator ['se·nə·tɚ] *n* POL senatore, -trice *m, f*

send [send] *vt* <sent, sent> **1.** (*letter, flowers*) inviare, mandare; **to ~ sth by mail** spedire qc per posta; **Philip ~s his apologies** Philip si scusa **2.** (*propel*) lanciare **3.** *inf* (*cause*) **to ~ sb to sleep** far addormentare qu ▶ **to ~ sb packing** *inf* mandare qu a quel paese

◆**send on** *vt* **1.** (*send in advance*) spedire **2.** (*forward: mail*) inoltrare; (*order*) trasmettere

sender *n* mittente *mf;* **'return to ~'** 'rispedire al mittente'

senile ['siː·naɪl] *adj* arteriosclerotico, -a; **to go ~** diventare arteriosclerotico

senior ['siːn·jɚ] **I.** *adj* **1.** *form* (*older*) più vecchio, -a; **James Smith, Senior** James Smith, padre **2.** (*higher in rank*) superiore; **to be ~ to sb** essere a un livello più alto di qu **3.** (*of earlier appointment*) più anziano, -a **4.** SCHOOL superiore; (*pupil*) dell'ultimo anno **II.** *n* **1.** (*older person*) più vecchio, -a *m, f;* **she is two years my ~** ha due anni più di me **2.** (*of higher rank*) superiore *mf* **3.** SCHOOL studente *mf* dell'ultimo anno

senior citizen *n* anziano, -a *m, f*

senior high school *n* scuola *m* superiore

senior partner *n* socio, -a *m, f* maggioritario, -a

sensation [sen·'seɪ·ʃən] *n* sensazione *f;* **to be a ~** essere sensazionale; **to cause a ~** fare sensazione

sensational [sen·'seɪ·ʃə·nəl] *adj* **1.** (*fabulous*) sensazionale **2.** *pej* (*newspaper*) scandalistico, -a

sense [sents] **I.** *n* **1.** (*faculty*) senso *m;* **~ of hearing** udito *m;* **~ of sight** vista *f;* **~ of smell** olfatto *m;* **~ of taste** gusto *m;* **~ of touch** tatto *m* **2.** (*ability*) senso *m;* **to lose all ~ of time** perdere la nozione del tempo **3.** (*way*) senso *m;* **in every ~** in tutti i sensi; **in a ~** in un certo senso; **in no ~** in nessun modo **4.** (*sensation*) sensazione *f* **5.** *pl* (*clear mental faculties*) giudizi *m;* **to come to one's ~s** (*see reason*) recuperare la ragione; (*recover consciousness*) recuperare i sensi **6.** (*good judgment*) (**common**) **~** buonsenso *m;* **to have enough** [*or* **the good**] **~ to ...** avere il buon senso di ...; **to talk ~** dire cose sensate **7.** (*feeling*) senso *m;* **to feel a ~ of belonging** provare un senso di appartenenza **8.** (*meaning*) senso *m;* **to make ~** avere senso **9.** (*opinion*) opinione *f* (comune) **II.** *vt* percepire; **to ~ that ...** rendersi conto che...

senseless ['sents·ləs] *adj* **1.** (*pointless*) senza senso **2.** MED inconsciente

sensible ['sen·tsə·bl] *adj* **1.** (*having good judgment*) sensato, -a **2.** (*suitable: clothing*) pratico, -a **3.** (*noticeable*) sensibile

sensitive ['sen·tsə·tɪv] *adj* **1.** (*sympathetic*) sensibile; **to be ~ to sb's needs** essere sensibile alle necessità di qu **2.** (*touchy*) suscettibile; **to be ~ about sth** essere suscettibile riguardo a qc **3.** (*delicate: subject*) delicato, -a **4.** (*classified: documents*) confidenziale

sensual ['sen·ʃu·əl] *adj* sensuale

sent [sent] *pp, pt of* **send**

sentence ['sen·t̬əns] **I.** *n* (*court decision*) sentenza *f;* (*punishment*) pena *f;* **jail ~** pena detentiva; **life ~** ergastolo *m* **II.** *vt* condannare

sentimental [ˌsen·t̬ə·'men·t̬əl] *adj* **1.** (*emotional*) sentimentale; **to be ~ about sth** commuoversi per qc **2.** *pej* (*mawkish*) sentimentalista

separate[1] ['sep·ɚ·ɪt] **I.** *adj* separato, -a; **to keep sth ~** tenere qc separato **II.** *n pl* abiti *m pl* da coordinare

separate[2] ['se·pə·reɪt] **I.** *vt* separare; **to ~ two people** separare due persone; **to ~ egg whites from yolks** separare gli albumi dai tuorli **II.** *vi* separarsi

separated *adj* separato, -a

September [sep·'tem·bɚ] *n* settembre *m; s. a.* **April**

septic ['sep·tɪk] *adj* settico, -a; **to go** [*or* **turn**] **~** infettarsi

sequel ['si:k·wəl] *n* seguito *m*

sequence ['si:k·wəns] *n* **1.** (*order*) ordine *m;* (*of events*) serie *f* **2.** (*part of film*) sequenza *f*

Serb [sɜ:rb] *adj, n* serbo, -a *m, f*

sergeant ['sɑ:r·dʒənt] *n* sergente *m*

serial ['sɪ·ri·əl] **I.** *n* seriale *m;* **TV ~** sceneggiato *m* (televisivo), serial *m inv* **II.** *adj* **1.** (*in series*) consecutivo, -a **2.** (*shown in parts*) a puntate

series ['sɪ·ri:z] *n inv a.* ELEC serie *f*

serious ['sɪ·ri·əs] *adj* **1.** (*earnest, solemn*) serio, -a **2.** (*problem*) grave **3.** (*not slight*) serio, -a; (*argument*) importante; **to do some ~ talking** parlare di cose serie **4.** (*determined*) serio, -a; **to be ~ about sb** far sul serio con qu; **to be ~ about doing sth** voler fare qc sul serio **5.** *inf* (*significant*) significativo, -a; **~ money** un sacco di soldi **6.** (*large: debt, amount*) considerevole

seriously *adv* **1.** (*in earnest*) seriamente, sul serio; **no, ~ ...** no, davvero ... **2.** (*ill, damaged*) gravemente **3.** *inf* (*very*) estremamente

sermon ['sɜ:r·mən] *n a. fig* predica *f;* **to deliver a ~** fare la predica

serpent ['sɜ:r·pənt] *n* serpente *m*

servant ['sɜ:r·vənt] *n* domestico, -a *m, f*

serve [sɜ:rv] **I.** *n* SPORTS servizio *m* **II.** *vt* **1.** (*attend*) servire **2.** (*provide: food, drink*) servire; **to ~ alcohol** servire alcolici **3.** (*be enough for*) bastare per **4.** (*work for*) prestare servizio presso **5.** (*complete: sentence*) scontare; **to ~ time (for sth)** *inf* scontare una pena (per qc) **6.** (*help achieve*) essere utile a; **to ~ a purpose** servire ad uno scopo; **if my memory ~s me right** se la memoria non mi inganna **7.** SPORTS servire **8.** (*deliver: writ*) notificare; **to ~ sb with papers** notificare dei documenti a qu ► **it ~s him/her right!** gli/le sta bene! **III.** *vi* **1.** (*put food on plates*) servire **2.** (*be useful*) servire; **to ~ as sth** servire da qc **3.** (*work for*) prestare servizio; **to ~ in the army** servire nell'esercito **4.** SPORTS servire

server ['sɜ:r·vɚ] *n* **1.** (*waiter*) cameriere, -a *m, f* **2.** COMPUT server *m inv* **3.** SPORTS *giocatore che effettua il servizio*

service ['sɜ:r·vɪs] **I.** *n* **1.** (*in shop, restaurant*) servizio *m* **2.** (*help, assistance*) servizio *m;* **bus/train ~** servizio di autobus/ferroviario **3.** (*department*) **the Service** MIL l'esercito; NAUT la marina; AVIAT l'aeronautica; **to be fit/unfit for ~** essere idoneo/ non idoneo al servizio militare **4.** SPORTS servizio *m* **5.** REL funzione *f;* **to hold a ~** celebrare una messa **6.** TECH, AUTO revisione *f* **7.** (*set*) servizio *m;* **tea ~** servizio da tè **II.** *vt* **1.** (*car, TV*) revisionare **2.** FIN **to ~ a loan** pagare gli interessi di un prestito

service area *n* area *f* di servizio

service center *n* (*for repairs*) centro *m*

riparazioni; (*garage*) officina *f*
service charge *n* costo *m* per il servizio
servicemember *n* militare *mf*
service road *n* strada *f* di accesso
service station *n* stazione *f* di servizio
serving ['sɜːr·vɪŋ] **I.** *n* (*portion*) razione *f* **II.** *adj* (*employed*) in servizio attivo
session ['se·ʃən] *n* **1.** (*of Parliament*) sessione *f;* (*of a court*) seduta *f;* **to be in ~** essere in seduta; **a drinking ~** *inf* una sbevazzata **2.** SCHOOL **morning/afternoon ~** lezioni del mattino/del pomeriggio
set [set] **I.** *adj* **1.** (*ready*) pronto, -a; **to get ~** (**to do sth**) prepararsi (per fare qc) **2.** (*fixed*) fisso, -a; **to be ~ in one's ways** essere attaccato, -a alle proprie abitudini **3.** (*assigned*) nel programma **II.** *n* **1.** (*group*) gruppo *m;* (*of cups*) servizio *m;* (*of kitchen utensils*) batteria *f;* (*of stamps*) serie *f inv;* **~ of glasses** servizio di bicchieri; **~ of teeth** dentiera *f* **2.** (*collection*) raccolta *f;* **a complete ~** una raccolta completa **3.** CINE set *m inv* **4.** (*television*) televisore *m* **5.** (*in tennis*) set *m inv* **6.** (*musical performance*) parte *f* (di un concerto) **III.** *vt* <set, set> **1.** (*place*) collocare; **a house that is ~ on a hill** una casa situata su una collina **2.** (*give: example*) dare; (*task*) assegnare; (*problem*) sottoporre **3.** (*start*) **to ~ sth on fire** dare fuoco a qc **4.** (*adjust*) impostare; (*prepare*) preparare; **to ~ the table** apparecchiare la tavola **5.** (*fix*) fissare; (*record*) stabilire; (*date, price*) stabilire; **to ~ oneself a goal** fissarsi un obiettivo **6.** (*arrange*) regolare **7.** (*insert*) inserire; **to ~ a watch with sapphires** incastonare degli zaffiri in un orologio **8.** (*provide*) mettere; **to ~ sth to music** mettere in musica qc **IV.** *vi* **1.** MED comporsi **2.** (*become firm: cement*) solidificarsi; (*cheese*) rapprendersi **3.** (*sun*) tramontare
◆**set back** *vt* **1.** (*delay*) rimandare **2.** (*place away from*) allontanare **3.** *inf* (*cost*) costare a
◆**set off I.** *vi* partire; **to ~** (**for a place**) mettersi in viaggio (verso un luogo) **II.** *vt* **1.** (*detonate*) fare esplodere; (*alarm*) azionare **2.** (*make sb do sth*) **to set sb off laughing** far ridere qu **3.** (*start*) scatenare **4.** (*enhance*) mettere in risalto
◆**set out I.** *vi* **1.** *see* **set off 2.** (*intend*) **to ~ to do sth** avere l'intenzione di fare qc **II.** *vt* **1.** (*display*) disporre **2.** (*explain*) presentare
setback ['set·bæk] *n* intoppo *m;* **to experience a ~** avere un contrattempo
settee [se·'tiː] *n* divano *m*
setting ['se·t̬ɪŋ] *n* **1.** (*of sun*) tramonto *m* **2.** (*scenery*) scenario *m;* (*surroundings*) quadro *m;* (*landscape*) paesaggio *m* **3.** TECH regolazione *f* **4.** (*frame for jewel*) montatura *f* **5.** MUS messa *f* in musica
settle ['se·t̬l] **I.** *vi* **1.** (*take up residence*) stabilirsi **2.** (*get comfortable*) accomodarsi **3.** (*calm down*) calmarsi; (*weather*) diventare sereno; (*situation*) stabilizzarsi **4.** (*reach an agreement*) accordarsi **5.** *form* (*pay*) saldare il conto; **to ~ with sb** saldare i conti con qu **6.** (*accumulate*) accumularsi **7.** (*land*) assestarsi; (*bird*) posarsi **8.** (*sink*) assestarsi **9.** (*food*) **once your lunch has settled ...** una volta digerito il pranzo ..., essere digerito **II.** *vt* **1.** (*calm down: stomach*) mettere a posto **2.** (*decide*) stabilire; **it's been ~d that ...** è stato stabilito che ... **3.** (*conclude*) finalizzare; (*resolve*) risolvere; (*affairs*) sistemare; **to ~ a lawsuit** comporre una lite **4.** (*pay*) saldare **5.** (*colonize*) colonizzare ▶ **that ~s it!** questione risolta!
settled ['se·t̬ld] *adj* **1.** (*established*) stabilito, -a; **to be ~ in a regular way of life** condurre una vita stabile e regolare; **to feel ~** sentirse a proprio agio **2.** (*calm*) calmo, -a **3.** (*fixed: life*) regolare
settlement ['se·t̬l·mənt] *n* **1.** (*resolution*) soluzione *f;* (*of strike*) risoluzione *f* **2.** (*agreement*) accordo *m;* **to negotiate a ~** (**with sb**) negoziare un accordo (con qu) **3.** FIN, ECON saldo *m;* **in ~ of sth** a saldo di qc **4.** (*village, town*) insediamento *m* **5.** (*subsidence*) assestamento *m*

settler ['set̬·lɚ] *n* colono, -a *m, f*
set-to ['set·tu:] *n inf* bisticcio *m;* **to have a ~** (**with sb**) bisticciare (con qu)
setup ['set̬·ʌp] *n* **1.** (*way things are arranged*) disposizione *f;* (*arrangement*) organizzazione *f* **2.** *inf* (*trick*) imbroglio *m*
seven ['se·vn] *adj, n* sette *m*; *s. a.* **eight**
seventeen [ˌse·vn·'ti:n] *adj, n* diciassette *m; s. a.* **eight**
seventeenth [ˌse·vn·'ti:nθ] **I.** *adj* diciassettesimo, -a **II.** *n* **1.** (*order*) diciassettesimo, -a *m, f* **2.** (*date*) diciassette *m* **3.** (*fraction, part*) diciassettesimo *m*; *s. a.* **eighth**
seventh ['se·vəntθ] **I.** *adj* settimo, -a **II.** *n* **1.** (*order*) settimo, -a *m, f* **2.** (*date*) sette *m* **3.** (*fraction, part*) settimo *m*; *s. a.* **eighth**
seventieth ['sev·ən·ti·əθ] **I.** *adj* settantesimo, -a **II.** *n* (*order, fraction*) settantesimo, -a *m, f;* (*fraction, part*) settantesimo *m*; *s. a.* **eighth**
seventy ['se·vən·ti] **I.** *adj* settanta *inv* **II.** *n* <-ies> settanta *m;* (*decade*) **the seventies** gli anni *m* settanta *pl*; *s. a.* **eighty**
several ['se·və·rəl] **I.** *adj* **1.** (*some, distinct*) diversi, -e; **~ times** diverse volte **2.** (*individual*) rispettivi, -e **II.** *pron* (*some*) alcuni, -e; (*different*) diversi, -e; **~ of us** alcuni di noi; **we've got ~** ne abbiamo diversi
severe [sə·'vɪr] *adj* **1.** (*problem*) grave; (*pain*) forte; **to be under ~ strain** attraversare un periodo di grande stress **2.** (*criticism*) severo, -a; (*rough*) duro, -a **3.** (*weather*) rigido, -a; **~ frost** gelata *f* intensa
severely *adv* **1.** (*harshly*) severamente **2.** (*damaged, ill*) gravemente
sew [soʊ] <sewed, sewn *or* sewed> *vi, vt* cucire; **hand ~n** cucito a mano
sewage ['su:·ɪdʒ] *n* acque *f pl* di scarico
sewer ['su:·ər] *n* fogna *f*
sewing ['soʊ·ɪŋ] **I.** *n* cucito *m* **II.** *adj* di cucito
sewing machine *n* macchina *f* da cucire
sewn [soʊn] *pp of* **sew**
sex [seks] **I.** <-es> *n* (*gender, intercourse*) sesso *m;* **to have ~** avere rapporti sessuali **II.** *vt* individuare il sesso di
sex discrimination *n* discriminazione *f* sessuale
sex education *n* educazione *f* sessuale
sexism ['sek·sɪ·zəm] *n* sessimo *m*
sexist *adj, n* sessista *mf*
sex life *n* vita *f* sessuale
sexual ['sek·ʃu·əl] *adj* sessuale
sexual harassment *n* molestie *f* sessuali *pl*
sexual intercourse *n* rapporti *f pl* sessuali
sexuality [ˌsek·ʃu·'æ·lə·ti] *n* sessualità *f*
sexually *adv* sessualmente; **to be ~ abused** subire abusi sessuali
sexy ['sek·si] <-ier, -iest> *adj inf* **1.** (*physically appealing*) sexy *inv* **2.** (*exciting*) eccitante
shabby ['ʃæ·bi] <-ier, -iest> *adj* **1.** (*badly maintained*) in cattivo stato **2.** (*poorly dressed*) transandato, -a **3.** (*substandard*) scadente
shack [ʃæk] *n* baracca *f*
shade [ʃeɪd] **I.** *n* **1.** (*shadow*) ombra *f;* **in the ~ of** all'ombra di **2.** (*covering*) parasole *m* **3.** *pl* (*window blind*) tapparella *f* **4.** (*variation*) sfumatura *f;* (*of color*) tonalità *f;* **pastel ~s** tonalità pastello **5.** *pl, inf* (*sunglasses*) occhiali *m pl* da sole **II.** *vt* **1.** (*cast shadow on*) fare ombra a; (*protect*) riparare (dalla luce) **2.** ART ombreggiare **III.** *vi* (*colors*) fondersi
shadow ['ʃæ·doʊ] **I.** *n* **1.** *a. fig* (*shade*) ombra *f;* **the ~s** le tenebre **2.** (*smallest trace*) pizzico *m;* **without a ~ of a doubt** senz'ombra di dubbio ► **to have ~s under one's eyes** avere le occhiaie; **to be under sb's ~** vivere nell'ombra di qu **II.** *vt* **1.** ART ombreggiare **2.** (*follow*) pedinare
shady ['ʃeɪ·di] <-ier, -iest> *adj* **1.** (*protected from light*) ombreggiato, -a **2.** *inf* (*dubious*) losco, -a
shake [ʃeɪk] **I.** *n* **1.** (*wobble*) scossa *f;* (*vibration*) scossa *f;* **to give sth a good ~** agitare bene qc **2.** *inf* (*milk shake*) frappè *m inv* **3.** (*handshake*) stretta *f* di mano **4.** (*chance*) possibilità *f*

5. *inf* (*earthquake*) scossa *f* 6. *pl* (*sudden trembling*) tremito *m* II. <shook, shaken> *vt* 1. (*joggle*) agitare; (*person*) scuotere; (*house*) far tremare; **to ~ hands** stringersi la mano; **to ~ one's head** scuotere la testa 2. (*unsettle*) agitare 3. (*make worried*) **to be shaken** essere scosso III. <shook, shaken> *vi* 1. (*tremble*) tremare 2. (*clasp hands*) **let's ~ on it** qua la mano!

◆**shake up** *vt* 1. (*reorganize*) ristrutturare 2. (*upset*) scuotere 3. (*jumble*) scuotere

shaken [ˈʃeɪ·kn] *pp of* **shake**

shakeup [ˈʃeɪk·ʌp] *n* ristrutturazione *f*

shaky [ˈʃeɪ·ki] <-ier, -iest> *adj* 1. (*jerky*) tremante; **to be ~ on one's feet** avere un passo malfermo 2. (*wavering*) incerto, -a 3. (*unstable*) instabile

shall [ʃæl] *aux* 1. (*future*) **I ~ give back the money** restituirò i soldi; **we ~ win the match** vinceremo la partita 2. (*ought to*) **we ~ overcome!** ce la faremo!

shallow [ˈʃæ·loʊ] I. *adj* 1. (*not deep*) poco profondo, -a 2. (*only light*) debole 3. (*superficial*) superficiale II. *npl* bassofondo *m*

sham [ʃæm] *pej* I. *n* 1. (*fake*) finzione *f*; (*imposture*) impostura *f* 2. (*impostor*) impostore, -a *m, f* 3. (*cover*) **a pillow ~** federa *f* II. *adj* (*document, trial*) falso, -a; (*deal*) fraudulento, -a; (*marriage*) di facciata III. <-mm-> *vt* fingere

shambles [ˈʃæm·blz] *n inf* (*place, situation*) casino *m*; **to leave sth in a ~** lasciare un gran casino in qc

shame [ʃeɪm] I. *n* 1. (*humiliation*) vergogna *f*; **to die of ~** morire di vergogna; **~ on you!** *a. iron* vergogna! 2. (*discredit*) disonore *m*; **to bring ~ on sb** disonorare qu 3. (*pity*) peccato *m*; **what a ~!** peccato!; **what a ~ that ...** che peccato che ... *+subj* II. *vt* 1. (*mortify*) far vergognare 2. (*discredit*) disonorare

shameful [ˈʃeɪm·fəl] *adj pej* vergognoso, -a

shameless [ˈʃeɪm·lɪs] *adj pej* spudorato, -a

shape [ʃeɪp] I. *n* 1. (*form*) forma *f*; **to get out of ~** sformarsi; **to take ~** prendere forma; **in the ~ of sth** a forma di qc; **the ~ of things to come** quello che ci aspetta 2. (*condition*) stato *m*; **in bad/good ~** in cattivo/buono stato; **to get sth into ~** sistemare qc; **to get into ~** mettersi in forma; **to knock sth into ~** mettere a punto qc; **to knock sb into ~** portare qu a un buon livello II. *vt* 1. (*form*) **to ~ sth into sth** dare a qc la forma di qc 2. (*influence*) influenzare

share [ʃer] I. *n* 1. (*part*) parte *f*; **to take the lion's ~** fare la parte del leone 2. (*portion*) parte *f*; **to do one's ~ of sth** fare la propria parte di qc 3. FIN azione *f*; **stocks and ~s** titoli *mpl* II. *vi* 1. (*divide*) dividere 2. (*allow others to use*) condividere III. *vt* 1. (*divide*) dividere 2. (*allow others to use*) condividere 3. (*have in common*) condividere; **to ~ sb's view** condividere le opinioni di qu

shareholder [ˈʃer·ˌhoʊl·dər] *n* azionista *mf*

shareholding *n* partecipazione *f* azionaria

shark [ʃɑːrk] <-(s)> *n a. fig* squalo *m*

sharp [ʃɑːrp] I. *adj* 1. (*cutting*) affilato, -a; (*pointed*) aguzzo, -a 2. (*angular: nose*) appuntito, -a; (*corner, edge*) acuto, -a; (*curve*) stretta, -a 3. (*severe*) severo, -a; (*pain*) acuto, -a; (*reprimand*) aspro, -a; **to have a ~ tongue** avere la lingua tagliente 4. (*astute*) astuto, -a; (*perceptive*) acuto, -a 5. (*pungent*) aspro, -a; (*wine*) acido, -a 6. (*sudden*) improvviso, -a; (*abrupt*) brusco, -a; (*marked*) pronunciato, -a 7. (*distinct*) netto, -a 8. MUS diesis; **C ~** do diesis II. *adv* 1. (*exactly*) in punto; **at ten o'clock ~** alle dieci in punto 2. (*suddenly*) di colpo; **to pull up ~** fermarsi di colpo 3. MUS in una tonalità troppo alta III. *n* MUS diesis *m*

sharpen [ˈʃɑːr·pən] *vt* 1. (*blade*) affilare; (*pencil*) fare la punta a 2. (*intensify*) rinforzare; (*mind*) aguzzare; (*appetite*) stuzzicare

sharpener [ˈʃɑːr·pə·nɚ] *n* (*for knives*)

S

affilatoio *m;* **pencil** ~ temperamatite *m inv*

sharp-eyed [ʃɑ:rp·ˈaɪd] *adj* dalla vista acuta

sharp-tongued *adj* mordace

sharp-witted *adj* acuto, -a

shatter [ˈʃæ·t̬ɚ] **I.** *vi* infrangersi **II.** *vt* **1.** (*smash*) infrangere; (*one's hopes, one's dreams*) mandare in fumo **2.** (*disturb*) disturbare; **to ~ the peace** disturbare la quiete

shattering *adj* devastante

shatterproof [ˈʃæ·t̬ɚ·pru:f] *adj* infrangibile

shave [ʃeɪv] **I.** *n* **to give oneself a ~** radersi ▶ **to have a close ~** cavarsela per un pelo **II.** *vi* radersi, farsi la barba **III.** *vt* **1.** (*remove body hair*) radere; (*head*) rasare **2.** (*decrease: budget*) ridurre

shaving cream *n* crema *f* da barba

shaven [ˈʃeɪ·vən] *adj* rasato, -a

shaver [ˈʃeɪ·vɚ] *n* rasoio *m* elettrico

shawl [ʃɑ:l] *n* scialle *m*

she [ʃi:] **I.** *pron pers* (*female person or animal*) lei; **~'s my mother** (lei) è mia madre; **~'s gone away, but ~'ll be back soon** è andata via, ma tornerà presto; **here ~ comes** eccola; **~ who ...** *form* colei che ... **II.** *n* (*person, animal*) femmina *f;* (*baby*) **it's a ~** è una femmina

shed[1] [ʃed] *n* capanno *m*

shed[2] [ʃed] <shed, shed> **I.** *vt* **1.** (*cast off*) disfarsi di; (*clothes*) spogliarsi di; (*hair, weight*) perdere; **to ~ one's skin** mutare **2.** (*blood, tears*) spargere; (*light*) emettere **II.** *vi* (*snake*) fare la muta; (*cat*) mutare il pelo

sheep [ʃi:p] *n* pecora *f;* (*ram*) montone *m;* **black ~** pecora nera

sheepdog [ˈʃi:p·dɑ:g] *n* cane *m* pastore

sheepish [ˈʃi:·pɪʃ] *adj* imbarazzato, -a

sheepskin [ˈʃi:p·skɪn] *n* pelle *f* di montone

sheet [ʃi:t] *n* **1.** (*for bed*) lenzuolo *m* **2.** (*of paper*) foglio *m* **3.** (*plate of material*) lamina *f;* (*of glass*) lastra *f*

sheik(h) [ʃi:k] *n* sceicco *m*

shelf [ʃelf, *pl* ʃelvz] <shelves> *n* **1.** (*for storage*) ripiano *m;* **to buy sth off the ~** comprare qc di finito; **to put sth on the ~** *fig* accantonare qc **2.** GEO **continental ~** piattaforma *f* continentale

shell [ʃel] **I.** *n* **1.** (*of nut, egg, snail, tortoise*) guscio *m;* (*of shellfish*) conchiglia *f;* (*of crab*) corazza *f* **2.** TECH (*of vehicle*) scocca *f;* (*of house*) armatura *f;* (*of ship*) carcassa *f* **3.** (*projectile*) proiettile *m* ▶ **to come** [*or* **bust**] **out of one's ~** uscire dal proprio guscio; **to crawl into one's ~** chiudersi nel proprio guscio **II.** *vt* **1.** (*remove shell: nut*) togliere il guscio a; (*peas*) sgusciare **2.** MIL bombardare **III.** *vi* bombardare

shellfish [ˈʃel·fɪʃ] *n* **1.** CULIN frutto *m* di mare **2.** ZOOL (*crustacean*) crostaceo *m;* (*mollusc*) mollusco *m*

shelling *n* bombardamento *m*

shell-shocked *adj fig* traumatizzato, -a

shelter [ˈʃel·tɚ] **I.** *n* rifugio *m;* **to take ~** rifugiarsi **II.** *vt* dare asilo a **III.** *vi* rifugiarsi

sheltered *adj* **1.** (*protected against weather*) riparato, -a **2.** *pej* (*overprotected*) superprotetto, -a; **to lead a ~ life** vivere nella bambagia **3.** (*tax-protected*) protetto, -a

shield [ʃi:ld] **I.** *n* **1.** (*armor*) scudo *m* **2.** (*protective layer*) schermo *m* (protettivo); *fig* scudo *m* **3.** (*badge*) distintivo *m* (di polizia) **II.** *vt* proteggere

shift [ʃɪft] **I.** *vt* **1.** (*change, rearrange*) spostare; **to ~ one's ground** cambiare opinione **2.** (*in mechanics*) cambiare **II.** *vi* (*change*) spostarsi; (*wind*) cambiare **III.** *n* **1.** (*change*) cambiamento *m;* (*of power*) trasferimento *m* **2.** (*period of work*) turno *m;* **to work in ~s** fare i turni

shift key *n* tasto *m* delle maiuscole

shifty [ˈʃɪf·ti] <-ier, -iest> *adj* losco, -a; (*eyes*) furtivo, -a

shin [ʃɪn] *n* stinco *m*

shine [ʃaɪn] **I.** *n* lucentezza *f* ▶ **to take a ~ to sb** prendere qu in simpatia **II.** <shone *or* shined, shone *or* shined> *vi* **1.** (*moon, sun, stars*) splendere; (*gold, metal*) luccicare; **the light is shining in my eyes** ho la luce negli occhi **2.** (*be gifted*) essere brillante **III.** <shone *or* shined, shone *or* shined> *vt* **1.** (*point light*) **to ~ a light at sth/sb** puntare una luce su qc/qu **2.** (*brighten by polishing*) far brillare

shiner [ˈʃaɪ·nɚ] *n inf* occhio *m* nero

shining [ˈʃaɪ·nɪŋ] *adj* **1.** (*gleaming*) splendente; (*eyes*) brillante **2.** (*outstanding*) eccellente, -a; **a ~ example** un esempio perfetto

shiny [ˈʃaɪ·ni] <-ier, -iest> *adj* brillante

ship [ʃɪp] **I.** *n* nave *f;* **passenger ~** nave *m* passeggeri; **sailing ~** veliero *m;* **to board a ~** imbarcarsi su una nave **II.** *vt* <-pp-> **1.** (*send by boat*) mandare via nave; **to ~ freight** mandare della merce via nave **2.** (*transport*) trasportare

shipment [ˈʃɪp·mənt] *n* **1.** (*quantity*) carico *f* **2.** (*action*) spedizione *f*

shipwreck **I.** *n* **1.** (*accident*) naufragio *m* **2.** (*remains of ship*) relitto *m* **II.** *vt* far naufragare; **to be ~ed** naufragare; *fig* rovinare

shipyard *n* cantiere *m* navale

shire [ˈʃa·ɪɚ] *n* contea *f*

shirker [ˈʃɜːr·kɚ] *n pej* scansafatiche *mf inv*

shirt [ʃɜːrt] *n* (*man's, woman's*) camicia *f* ► **to lose one's ~** *inf* rimanere in mutande; **keep your ~ on!** *inf* non scaldarti!

shirtsleeve [ˈʃɜːrt·sliːv] *n* manica *f* di camicia; **to be in ~s** essere in maniche di camicia

shit [ʃɪt] *inf* **I.** *n* **1.** (*feces*) merda *f* **2.** *pej* (*nonsense*) stronzate *fpl* **3.** (*nothing*) una mazza; **he doesn't know ~ about computers** non capisce una mazza di computer **4.** (*as intensifier*) **I don't give a ~!** me ne sbatto! ► **to beat the ~ out of sb** menare qu a sangue; **when the ~ hits the fan** quando scoppia il casino; **no ~!** ma va! **II.** *interj* merda **III.** <shit, shit> *vi, vt* cagare; **to ~ oneself** [*or* **one's pants**] *a. fig* cagarsi addosso

shitty [ˈʃɪ·t̬i] <-ier, -iest> *adj pej inf* **1.** (*unfair, unpleasant*) di merda **2.** (*sick, ill*) di merda; **to feel ~** mi sento di merda

shiver [ˈʃɪ·vɚ] **I.** *vi* tremare; **to ~ with cold** tremare dal freddo **II.** *n* brivido *m;* **to feel a ~** rabbrividire; **to give sb the ~s** *inf* far rabbrividire qu

shock[1] [ʃɑːk] **I.** *n* **1.** (*unpleasant surprise*) shock *m inv;* **to give sb a ~** scioccare qu **2.** *inf* (*electric shock*) scarica *f* **3.** MED shock *m inv;* **to die from ~** soccombere allo shock **4.** (*impact: of explosion*) scossa *f* **II.** *vt* **1.** (*appall*) scioccare **2.** (*scare*) spaventare

shock[2] [ʃɑːk] *n* (*of hair*) zazzera *f*

shock absorber [ˈʃɑːk·əb·ˌsɔːr·bɚ] *n* ammortizzatore *m*

shocking [ˈʃɑː·kɪŋ] *adj* **1.** (*causing indignation, distress*) spaventoso, -a **2.** (*surprising*) scioccante **3.** (*offensive*) scandaloso, -a; (*crime*) orrendo, -a

shockproof [ˈʃɑːk·pruːf] *adj* **1.** (*mechanism*) a prova d'urto **2.** (*person*) imperturbabile

shock wave *n* **1.** PHYS onda *f* d'urto **2.** *fig* **to send shock waves** provocare vivissime reazioni *fpl*

shoddy [ˈʃɑː·di] <-ier, -iest> *adj pej* **1.** (*goods*) scadente **2.** (*treatment*) meschino, -a

shoe [ʃuː] *n* (*for person*) scarpa *f;* (*for horse*) ferro *m;* **high-heeled ~s** scarpe *f pl* col tacco (alto); **athletic ~s** scarpe *f pl* da ginnastica; **to fill sb's ~s** prendere il posto di qu; **if I were in your ~s** *inf* se fossi in te

shoelace *n* laccio *m* (di scarpa); **to tie one's ~s** allacciarsi le scarpe

shoe polish *n* lucido *m* da scarpe

shone [ʃoʊn] *pt, pp of* **shine**

shook [ʃʊk] *n pt of* **shake**

shoot [ʃuːt] **I.** <shot, shot> *vi* **1.** (*fire weapon*) sparare; **to ~ to kill** sparare per uccidere; **to ~ at sth/sb** sparare a qc/qu **2.** (*aim*) **to ~ for sth** mirare a qc **3.** SPORTS tirare **4.** CINE girare; PHOT scattare **5.** (*move rapidly*) sfrecciare; **to ~ to fame** avere un successo fulmineo; **to ~ past** (*car*) sfrecciare ► **to ~ for the moon** [*or* **the stars**] puntare al massimo **II.** <shot, shot> *vt* **1.** (*bullet*) sparare; (*missile, arrow*) lanciare **2.** (*person*) sparare a; **to ~ sb dead** sparare a qu a morte **3.** CINE (*film*) girare; (*a scene*) riprendere; PHOT scattare **4.** (*direct*) **to ~ a glance at sb** lanciare un'occhiata a qu **5.** *inf* **to ~ a goal/basket** fare un gol/canestro **6.** *inf* (*drugs*) **to ~ heroin** farsi di eroina **III.** *n* **1.** (*hunt*) partita *f* di caccia; **to go on a ~** andare a caccia **2.** CINE ripresa *f;* PHOT serie *f inv* di scatti **3.** BOT germoglio *m* **IV.** *interj* (*shit*) mannaggia

shooting ['ʃuː·t̬ɪŋ] **I.** *n* **1.** (*killing*) uccisione *f* **2.** (*firing of gun*) sparatoria *f* **3.** (*caccia*) **to go ~** andare a caccia **4.** SPORTS tiro *m* **II.** *adj* (*pain*) lancinante

shooting star *n* stella *f* cadente

shop [ʃɑːp] **I.** *n* **1.** (*for sale of goods*) negozio *f;* **book ~** libreria *f* **2.** (*for manufacture*) officina *f* ► **to set up ~ (as sth)** mettersi in proprio (come qc); **to talk ~** parlare di lavoro **II.** <-pp-> *vi* comprare

shopaholic [ˌʃɑː·pə·'hɒ·lɪk] *n inf* maniaco, -a *m, f* dello shopping

shopkeeper *n* negoziante *mf*

shoplifter ['ʃɑːp·ˌlɪf·tɚ] *n* taccheggiatore, -trice *m, f*

shoplifting *n* taccheggio *m*

shopper *n* persona *f* che fa acquisti

shopping ['ʃɑː·pɪŋ] *n* **1.** (*activity*) shopping *m inv;* **to go ~** andare a fare shopping; (*food*) andare a fare la spesa **2.** (*purchases*) acquisti *mpl;* (*food*) spesa *f*

shopping bag *n* sacchetto *m* per acquisti; (*for food*) borsa *f* spesa

shopping basket *n* cestino *f* della spesa

shopping cart *n* carrello *m di negozio, supermercato;* COMPUT carrello (acquisti) *m*

shopping center *n* centro *m* commerciale

shopping list *n* lista *f* della spesa

shopping mall *n* centro *m* commerciale

shore [ʃɔːr] *n* **1.** (*coast*) costa *f* **2.** (*beach*) spiaggia *f;* **on ~** a terra

shoreline *n* linea *f* di costa

short [ʃɔːrt] **I.** *adj* **1.** (*not long*) corto, -a **2.** (*not tall*) basso, -a **3.** (*brief*) breve; (*memory*) corto, -a **4.** (*not enough*) scarso, -a; **to be short** [*or* **run**] **on time/money** aver poco tempo/pochi soldi; **to be ~ of breath** essere senza fiato; **to be in ~ supply** scarseggiare **5.** (*brusque*) brusco, -a; **to be ~ with sb** essere brusco con qu **II.** *n* **1.** CINE cortometraggio *m* **2.** *inf* ELEC cortocircuito *m* **III.** *adv* **1.** (*abruptly*) **to cut ~** interrompere di colpo; **to stop sth/sb ~** fermare qc/qu di colpo **2.** (*below the standard*) **to fall ~** non essere sufficiente

shortage ['ʃɔːr·t̬ɪdʒ] *n* carenza *f*

shortchange [ˌʃɔrt·'tʃeɪndʒ] *vt* dare il resto sbagliato a; *fig* fregare

short circuit *n* cortocircuito *m*

shortcoming ['ʃɔːrt·ˌkʌ·mɪŋ] *n* difetto *m*

shortcut *n* atajo *m,* scorciatoia *f;* **keyboard ~** COMPUT combinazione *f* di tasti

shortcut key *n* COMPUT tasto *m* scorciatoia

shorten ['ʃɔːr·tən] **I.** *vt* accorciare; (*name, title*) abbreviare **II.** *vi* accorciarsi

shorthand ['ʃɔːrt·hænd] *n* stenografia *f*

short-handed [ˌʃɔrt·'hæn·dɪd] *adj* a corto di personale

short-list *vt* preselezionare

short-lived *adj* effimero, -a

shortly ['ʃɔːrt·li] *adv* entro breve; **~ after ...** poco dopo ...

short-range *adj* MIL a corto raggio

shorts [ʃɔːrts] *npl* **1.** (*short pants*) pantaloncini *mpl;* **a pair of ~** un paio di pantaloncini **2.** (*underpants*) mutande *fpl;* **boxer ~** boxer *mpl*

short-sleeved *adj* a maniche corte

short-staffed *adj* a corto di personale

short story *n* racconto *m*

short-tempered *adj* irascibile

short-term *adj* a breve termine

shot [ʃɑːt] **I.** *n* **1.** (*act of firing weapon*) sparo *m;* **to fire a ~** sparare un colpo **2.** (*shotgun pellets*) pallini *mpl* **3.** (*person*) tiratore, -trice *m, f;* **to be a good/poor ~** essere un buon/cattivo tiratore **4.** SPORTS (*soccer, basketball*) tiro *m;* (*tennis*) colpo *m* **5.** (*photograph*) foto *f;* CINE ripresa *f* **6.** *inf* (*injection*) puntura *f* **7.** *inf* (*try, stab*) tentativo *m;* **to have** [*or* **take**] **a ~ at sth** fare un tentativo con qc **8.** (*small amount of alcohol*) bicchierino *m* ► **not by a long ~** neanche lontanamente; **to call** (**all**) **the ~s** dettar legge *fig* **II.** *pp, pt of* **shoot**

shotgun [ˈʃɑːt·gʌn] *n* fucile *m*

should [ʃʊd] *aux* **1.** (*expression of advisability*) **to insist that sb ~ do sth** insistere perché qu faccia qc **2.** (*asking for advice*) **~ I/we ...?** devo/dobbiamo ...? **3.** (*expression of expectation*) **I ~ be so lucky!** *inf* magari fossi così fortunato! **4.** *form* (*expressing a condition*) **I ~ like to see her** mi piacerebbe vederla **5.** (*rhetorical expression*) **why ~ I/you ...?** perché dovrei/dovresti ...? **6.** *form* (*would*) **we ~ like to invite you** ci piacerebbe invitarla

shoulder [ˈʃoʊl·dɚ] **I.** *n* **1.** ANAT spalla *f;* **~ to ~** fianco a fianco; **to glance over one's ~** guardare al di sopra delle spalle di qu **2.** (*piece of meat*) spalla *f* **3.** (*side of road*) area *f* di sosta **II.** *vt* **1.** spingere; **to ~ one's way** farsi largo a spinte; **to ~ sb aside** spingere qu da una parte con una spallata **2.** (*place on one's shoulders*) caricarsi in spalla **3.** (*accept: responsibility*) sobbarcarsi

shoulder bag *n* borsa *f* a tracolla

shoulder blade *n* scapola *f*

shoulder pad *n* spallina *f*

shoulder strap *n* bretella *f*

shout [ʃaʊt] **I.** *n* grido *m* **II.** *vi, vt* gridare; **to ~ at sb** gridare a qu; **to ~ for help** gridare aiuto

shouting *n* grida *fpl*

show [ʃoʊ] **I.** *n* **1.** (*expression*) dimostrazione *f;* **~ of solidarity** dimostrazione *f* di solidarietà **2.** (*exhibition*) mostra *f;* **dog ~** mostra canina; **fashion ~** sfilata *f* di moda; **slide ~** proiezione *f* di diapositive; **to be on ~** essere esposto **3.** (*play*) spettacolo *m;* TV programma *m;* THEAT rappresentazione *f;* **quiz ~** quiz *m inv* televisivo **4.** *inf* (*venture*) **who runs the ~?** chi manda avanti la baracca? ► **~ of hands** voto *m* palese; **let's get the ~ on the road** *inf* diamoci dentro; **to put on a good ~** fare una bella figura; **the ~ must go on** *prov* lo spettacolo deve andare avanti; **to run the ~** comandare **II.** <showed, shown> *vt* **1.** (*display*) mostrare; ART esporre **2.** (*express*) manifestare **3.** (*expose*) esporre **4.** (*point out*) indicare **5.** (*prove*) dimostrare; **to ~ sb that ...** dimostrare a qu che ... **6.** (*escort*) accompagnare; **to ~ sb to the door** accompagnare qu alla porta **7.** (*on television*) trasmettere **III.** *vi* <showed, shown> **1.** (*be visible*) vedersi **2.** (*exhibit: art*) essere esposto **3.** *inf* (*arrive*) farsi vivo

◆**show around** *vt* far da guida a

◆**show in** *vt* far passare

◆**show off** **I.** *vt* mettere in risalto **II.** *vi* mettersi in mostra

◆**show out** *vt* accompagnare alla porta

show biz *n inf* mondo *m* dello spettacolo

showdown [ˈʃoʊ·daʊn] *n* resa *f* dei conti

shower [ˈʃa·ʊɚ] **I.** *n* **1.** (*for washing*) doccia *f* **2.** (*of rain*) acquazzone *m;* (*of insults*) pioggia *f* **3.** (*party*) **bridal ~** festa *f* in onore della futura sposa; **baby ~** festa in onore del nascituro **II.** *vi* **1.** (*take a shower*) farsi la doccia **2.** (*spray*) piovere **III.** *vt* **1.** (*spray*) spruzzare; **to ~ sb with water** spruzzare qu d'acqua **2.** (*bestow*) coprire; **to ~ compliments on sb** coprire qu di compliemnti; **to ~ sb with gifts** coprire qu di regali

shower gel *n* gel *m inv* da doccia

showery [ˈʃa·ʊɚ·i] *adj* con frequenti rovesci

showground *n luogo dove si tiene una fiera all'aperto*

show jumping [ˈʃoʊ·ˌdʒʌm·pɪŋ] *n* concorso *m* ippico

shown [ʃoʊn] *pp of* **show**

showoff [ˈʃoʊ·ˌɔf] *n* spaccone, -a *m, f*

showy [ˈʃoʊ·i] <-ier, -iest> *adj* vistoso, -a

shrank [ʃræŋk] *pt of* **shrink**

shred [ʃred] **I.** <-dd-> *vt* (*cut into shreds*) tagliare a striscioline; (*document*) distruggere **II.** *n* **1.** (*strip*) striciolina *f;* **to be in ~s** essere a brandelli; **to tear sth to ~s** ridurre a brandelli qc

2. *fig* (*of hope, truth*) briciolo *m*
shredder ['ʃre·dɚ] *n* distruggidocumenti *m inv*
shrimp [ʃrɪmp] *n* <-(s)> ZOOL gamberetto *f*
shrink [ʃrɪŋk] **I.** *n inf* strizzacervelli *m inv* **II.** <shrank *or* shrunk, shrunk *or* shrunken> *vt* **1.** (*make smaller*) restringere **2.** (*reduce*) ridurre **III.** <shrank *or* shrunk, shrunk *or* shrunken> *vi* **1.** (*become smaller: clothes*) restringersi **2.** (*become reduced*) ridursi **3.** *liter* (*cower*) indietreggiare; **to ~ away from sb/sth** indietreggiare davanti a qu/qc **4.** (*be reluctant to*) **to ~ from sth** sottrarsi a qc; (*be reluctant to*) **to ~ from doing sth** essere restio a fare qc
Shrove Tuesday [ˌʃroʊv·'tuz·deɪ] *n* martedì *m inv* grasso
shrub [ʃrʌb] *n* arbusto *m*
shrug [ʃrʌg] **I.** *n* alzata *f* di spalle **II.** <-gg-> *vi, vt* **to ~ one's shoulders** alzare le spalle
shrunk [ʃrʌŋk] *pp, pt of* **shrink**
shut [ʃʌt] **I.** <shut, shut> *vt* chiudere; **to ~ one's ears to sth** fare orecchie da mercante per non sentire qc; **to ~ one's finger in the door** chiudersi un dito nella porta **II.** <shut, shut> *vi* **1.** (*door, window*) chiudersi **2.** (*shop, factory*) chiudere **III.** *adj* chiuso, -a; **to slam a door ~** chiudere una porta con una spinta
◆**shut in** *vt* rinchiudere
◆**shut off** *vt* **1.** (*turn off*) spegnere **2.** (*isolate*) isolare
◆**shut up** **I.** *vt* **1.** (*confine*) rinchiudere **2.** *inf* (*cause to stop talking*) far tacere **II.** *vi inf* (*stop talking*) stare zitto, -a
shutter ['ʃʌ·t̬ɚ] *n* **1.** PHOT otturatore *m* **2.** (*of window*) persiana *f;* (*of shop*) saracinesca *f;* **to put up the ~s** aprire il negozio
shuttle ['ʃʌ·t̬l] **I.** *n* **1.** (*bus*) navetta; (*train*) treno *m* navetta; (*plane*) aereo *m* navetta; (*space*) navetta *f* spaziale **2.** (*sewing-machine bobbin*) spoletta *f* **II.** *vt* trasportare **III.** *vi* AVIAT effettuare il collegamento; (*travel regularly*) fare la spola
shuttlecock ['ʃʌ·t̬l·kɑːk] *n* volano *m*
shuttle flight *n* aereo *m* navetta
shuttle service *n* servizio *m* navetta
shy [ʃaɪ] <-er, -est> *adj* (*timid*) timido, -a
shyness *n* timidezza *f*
Sicilian [sɪ·'sɪl·jən] *adj, n* siciliano, -a *m, f*
Sicily ['sɪs·ɪ·li] *n* Sicilia *f*
sick [sɪk] **I.** <-er, -est> *adj* **1.** (*ill*) malato, -a; **to feel ~** sentirsi male; **to get ~** ammalarsi; **to be off ~** essere in malattia **2.** (*about to vomit*) **to be ~** (*nauseated*) avere la nausea; (*vomit*) vomitare; **to get ~** vomitare **3.** *inf* (*disgusted*) disgustato, -a; **to be ~ about sth** essere disgustato da qc **4.** (*angry*) furioso, -a; **to be ~ and tired of sth** averne fin sopra i capelli di qc **5.** *inf* (*cruel*) malato, -a; (*joke*) di pessimo gusto **6.** *inf* (*car*) guasto, -a **II.** *n* **the ~** i malati
sickbay *n* infermeria *f*
sickening ['sɪ·kə·nɪŋ] *adj* (*repulsive*) rivoltante, -a
sick leave ['sɪk·liːv] *n* congedo *m* per malattia; **to be on ~** essere in malattia
sickness ['sɪk·nəs] *n* **1.** (*illness*) malattia *f* **2.** (*nausea*) nausea *f*
side [saɪd] *n* **1.** (*vertical surface*) lato *m;* **at the ~ of sth** a lato di qc; **at sb's ~** al fianco di qu; **~ by ~** fianco a fianco **2.** (*flat surface*) lato *m* **3.** (*edge*) lato *m;* (*of river*) riva *f;* (*of road*) argine *m;* **on all ~(s)** su tutti i lati **4.** (*half*) lato *m;* **in Great Britain, cars drive on the left ~ of** in Gran Bretagna, le auto viaggiano sul lato destro **5.** (*cut of meat*) mezzena *f* **6.** (*direction*) **from all ~(s)** da ogni parte; **from ~ to ~** da parte a parte **7.** (*party in dispute*) fazione *f;* (*team*) squadra *f;* **to take ~s** prendere posizione; **to take sb's ~** stare dalla parte di qu **8.** (*aspect*) aspetto *m;* (*of story*) versione *f* **9.** (*aside*) **on the ~** da parte; **to leave sth on one ~** lasciar qc da parte ► **the other ~ of the coin** il rovescio della medaglia; **to get on the right/wrong ~ of sb** ingraziarsi/mettersi contro qu
sideboard ['saɪd·bɔːrd] *n* buffet *m inv*

side dish *n* contorno *m*
side effect *n* effetto *m* collaterale
side road *n* strada *f* secondaria
side street *n* strada *f* laterale
sidewalk ['saɪd·wɑːk] *n* marciapiede *m*
sieve [sɪv] **I.** *n* (*for flour*) setaccio *m;* (*for liquid*) colino *m;* **to put sth through a ~** passare qc al setaccio ▶ **to have a memory like a ~** essere smemorato, -a **II.** *vt* (*flour*) setacciare; (*liquid*) colare
sift [sɪft] *vt* **1.** (*pass through sieve*) setacciare **2.** (*examine closely*) passare al setaccio
sigh [saɪ] **I.** *n* sospiro *m;* **to let out a ~** fare un sospiro **II.** *vi* sospirare; **to ~ with relief** tirare un sospiro di sollievo
sight [saɪt] **I.** *n* **1.** (*view, faculty*) vista *f;* **to be out of** (**one's**) **~** essere nascosto alla (propria) vista; **to come into ~** apparire; **to catch ~ of sth** scorgere qc; **to know sb by ~** conoscere qu di vista; **to lose ~ of sth** *a. fig* perdere qc di vista; **at first ~** a prima vista; **get out of my ~!** *inf* togliti dai piedi!; **at the ~ of ...** alla vista di ... **2.** *pl* (*attractions*) luoghi *m pl* di interesse (turistico) **3.** (*on gun*) mirino *m;* **to set one's ~s on sth** *fig* mirare a qc ▶ **to be a ~ for sore eyes** *inf* essere un piacere per gli occhi; **out of ~!** *inf* fantastico! **II.** *vt* vedere
sightseeing ['saɪt·ˌsiː·ɪŋ] *n* turismo *m;* **to go ~** visitare luoghi di interesse
sightseeing tour *n* giro *m* turistico
sightseer ['saɪt·ˌsiː·ɚ] *n* turista *mf*
sign [saɪn] **I.** *n* **1.** (*gesture*) segno *m;* **to make a ~** (**to sb**) far segno (a qu); **to make the ~ of the cross** farsi il segno della croce; **as a ~ that ...** per segnalare che ... **2.** (*signpost*) cartello *m;* (*signboard*) cartellone *m* **3.** (*symbol*) simbolo *m* **4.** *a.* MAT, ASTR, MUS segno *m;* **a ~ that ...** segno che ... **5.** (*trace*) traccia *f;* **they could not find any ~ of them** non sono riusciti a trovare traccia di loro; **it's a ~ of the times** è un segno dei tempi **II.** *vt* **1.** (*write signature on*) firmare; **he ~ed himself 'Mark Taylor'** ha firmato con il nome di 'Mark Taylor' **2.** (*employ under contract*) ingaggiare **3.** (*gesticulate*) far segno a; **to ~ sb to do sth** far segno a qu di fare qc **4.** (*say in sign language*) dire con il linguaggio dei segni **III.** *vi* **1.** (*write signature*) firmare; **~ here, please** firmi qui, per favore; **to ~ for sth** firmare la ricevuta di qc; **to ~ with a team** essere ingaggiato da una squadra **2.** (*use sign language*) comunicare con il linguaggio dei segni **3.** (*gesticulate*) fare dei segni; **to ~ to sb to do sth** fare dei segni a qu perché faccia qc; **to ~ to sb that ...** far segno a qu che ... *+subj*
◆**sign in** **I.** *vi* registrarsi all'arrivo **II.** *vt* **to sign sb in** firmare per qu
◆**sign off** **I.** *vi inf* **1.** RADIO, TV chiudere **2.** (*end*) chiudere; **I think I'll ~ early today** penso che oggi staccherò presto **II.** *vt* approvare
◆**sign on** **I.** *vi* firmare un contratto; **to ~ for sth** iscriversi a qc **II.** *vt* assumere
◆**sign out** **I.** *vi* firmare il registro di uscita **II.** *vt* **to ~ sth** firmare per ritirare qc
◆**sign over** *vt* cedere la proprietà di; **to sign property over to sb** trasferire dei beni a qu
◆**sign up** **I.** *vi* iscriversi **II.** *vt* assumere
signal ['sɪg·nəl] **I.** *n* **1.** (*particular gesture*) segnale *m;* **to give a ~** dare un segnale **2.** (*indication*) segno *m;* **to be a ~ that ...** esser segno che ... **3.** AUTO, RAIL, COMPUT segnale *m* **4.** ELEC, RADIO segnale *m* **II.** <-ll-, -l-> *vt* **1.** (*indicate*) segnalare; **to ~ that ...** segnalare che ... **2.** (*gesticulate*) fare dei segni; **he ~ed them to be quiet** gli ha fatto segno di tacere **III.** <-ll-, -l-> *vi* dare il segnale; **he ~ed to stop** AUTO ha fatto segno di fermarsi **IV.** *adj form* eclatante
signatory ['sɪg·nə·tɔː·ri] *n* firmatario, -a *m, f*
signature ['sɪg·nət·ʃɚ] *n* firma *f*
significance [sɪg·'nɪ·fə·kəns] *n* **1.** (*importance*) importanza *f* **2.** (*meaning*) significato *m*
significant [sɪg·'nɪ·fə·kənt] *adj* **1.** (*important*) importante; (*improvement, increase*) significativo, -a **2.** (*meaningful*) eloquente

sign language ['saɪn·ˌlæŋ·gwɪdʒ] *n* linguaggio *m* dei segni
signpost **I.** *n* cartello *m* (stradale); *fig* indicazione *f* **II.** *vt* indicare
silence ['saɪ·ləns] **I.** *n* silenzio *m* ▶ ~ **is golden** *prov* il silenzio è d'oro **II.** *vt* (*machine, bells*) silenziare; (*person*) far tacere
silent ['saɪ·lənt] *adj* silenzioso, -a; LING muto, -a; ~ **film** film *m* muto *inv;* **the ~ majority** la maggioranza silenziosa; ~ **partner** ECON socio *m* accomandante; **to fall ~** tacere
silently *adv* silenciosamente, in silenzio
silicon ['sɪ·lɪ·kən] *n* silicio *m*
silk [sɪlk] *n* seta *f;* ~ **scarf** foulard *m* di seta *inv*
silky ['sɪl·ki] <-ier, -iest> *adj* setoso, -a; (*voice*) dolce
sill [sɪl] *n* (*of door*) predellino *m;* (*of window*) davanzale *m*
silly ['sɪ·li] <-ier, -iest> *adj* (*person, idea*) sciocco, -a; **it was ~ of her to ...** è stato sciocco da parte sua ...; **to look ~** avere l'aria ridicola
silver ['sɪl·vɚ] **I.** *n* **1.** (*metal*) argento *f* **2.** (*coins*) monete *f pl* d'argento **3.** (*cutlery*) posate *f pl* d'argento **4.** (*dishes, trays*) argenteria *f* **II.** *adj* **1.** (*made of silver*) d'argento **2.** (*silver-colored*) argentato, -a
silverware ['sɪl·vɚ·wer] *n* **1.** (*cutlery*) posate *fpl* **2.** (*dishes*) argenteria *f*
similar ['sɪ·mə·lɚ] *adj* simile
similarity [ˌsɪ·mə·'le·rə·ti] *n* somiglianza *m*
simmer ['sɪ·mɚ] **I.** *vi* **1.** CULIN cuocere a fuoco lento **2.** *fig* ribollire **II.** *vt* cuocere a fuoco lento **III.** *n* lenta ebollizione *f;* **to bring sth to a ~** portare qc a ebollizione; **to keep sth at a ~** far sobbollire qc
simple ['sɪm·pl] *adj* **1.** (*not difficult*) semplice **2.** (*not elaborate*) semplice **3.** (*honest*) sincero, -a **4.** (*ordinary*) semplice **5.** (*foolish*) sempliciotto, -a
simple-minded [ˌsɪm·pl·'maɪn·dɪd] *adj inf* **1.** (*dumb*) tonto, -a **2.** (*naive*) ingenuo, -a
simplicity [sɪm·'plɪ·sə·ti] *n* semplicità *f*
simplification [ˌsɪm·plə·fɪ·'keɪ·ʃən] *n* semplificazione *f*
simply ['sɪm·pli] *adv* semplicemente; (*naturally*) con semplicità
simulation [ˌsɪm·jʊ·'leɪ·ʃən] *n* simulazione *f*
simultaneous [ˌsaɪ·ml·'teɪn·jəs] *adj* simultaneo, -a; ~ **broadcast** trasmissione *f* in diretta
sin [sɪn] **I.** *n* peccato *m;* **to confess a ~** confessare un peccato ▶ **to be as ugly as ~** essere brutto come il peccato **II.** *vi* <-nn-> peccare
since [sɪns] **I.** *adv* **1.** (*from then on*) da allora; **ever ~** da allora **2.** (*ago*) **long ~** molto tempo fa; **not long ~** non molto tempo fa **II.** *prep* da, da quando; **how long has it been ~ the crime took place?** quanto tempo è passato da quando è avvenuto il crimine? **III.** *conj* **1.** (*because*) siccome **2.** (*from the time that*) da quando
sincere [sɪn·'sɪr] *adj* sincero, -a
sincerely *adv* sinceramente
sing [sɪŋ] <sang, sung> *vi, vt* cantare; **to ~ to sb** cantare per qu
sing-along ['sɪŋ·ə·ˌlɔŋ] *n* canto *m* a coro
singer ['sɪŋ·ɚ] *n* cantante *mf*
singing *n* canto *m*
single ['sɪŋ·gl] **I.** *adj* **1.** (*one only*) unico, -a; (*blow*) solo, -a; **not a ~ person/thing** nessuno/niente; **every ~ thing** ogni cosa **2.** (*unmarried*) single *inv* **3.** (*bed, room*) singolo, -a **4.** (*with one part*) semplice **II.** *n* **1.** (*one-dollar bill*) banconota *f* da un dollaro **2.** (*record*) single *m inv* **3.** (*in baseball*) *conquista della prima base in un'unica battuta* **4.** (*single room*) camera *f* singola
single-handedly *adv* senza l'aiuto di nessuno
single mother *n* madre *f* single
single-minded *adj* risoluto, -a
single parent *n* genitore *m* single
single-parent family <-ies> *n* famiglia *f* monoparentale
singles bar *n* bar *m* per single *inv*
single-seater *n* monoposto *f*
singly ['sɪŋ·gli] *adv* uno ad uno
sink [sɪŋk] <sank *or* sunk, sunk> **I.** *n* (*in kitchen*) lavello *m;* (*in bathroom*)

lavabo *m,* lavandino *m* **II.** *vi* **1.** (*in water*) affondare; **to ~ to the bottom** spronfondare sul fondo **2.** (*price*) calare **3.** (*drop down*) cadere; **to ~ to the ground** cadere al suolo **4.** (*decline*) scendere; **to ~ into depression** sprofondare nella depressione; **to be ~ing (fast)** (*in health*) deperire rapidamente ▶ **to ~ or swim** cavarsela da solo **III.** *vt* **1.** (*cause to submerge*) affondare **2.** (*ruin*) rovinare **3.** MIN scavare **4.** (*invest*) investire **5.** (*plant, bury: teeth*) affondare; **to ~ one's teeth into sth** affondare i denti in qc **6.** SPORTS (*in golf, snooker*) mettere in buca; (*in basketball*) mettere nel canestro

sinner ['sɪ·nɚ] *n* peccatore, -trice *m, f*

Sioux [su] **I.** *adj* sioux **II.** *n* **1.** (*person*) sioux *mf* **2.** (*language*) sioux *m*

sip [sɪp] **I.** <-pp-> *vt* sorseggiare, bere a piccoli sorsi **II.** <-pp-> *vi* **to ~ at sth** sorseggiare qc **III.** *n* sorso *m;* **to have a ~** bere un sorso

sir [sɜːr] *n* signore *m*

siren ['saɪ·rən] *n* sirena *f*

sis [sɪs] *n inf abbr of* **sister** sorella *f*

sissy ['sɪ·si] **I.** <-ies> *n inf* femminuccia *f* **II.** <-ier, -iest> *adj inf* da femminuccia

sister ['sɪs·tɚ] *n a.* REL sorella *f;* **Sister Catherine** Suor Catherine; **~ company** consociata *f;* **~ ship** nave *f* gemella

sister-in-law ['sɪs·tɚ·ɪn·lɑː] <sisters--in-law> *n* cognata *f*

sit [sɪt] <sat, sat> **I.** *vi* **1.** sedere; (*be in seated position*) essere seduto, -a; **~!** (*to dog*) cuccia! **2.** ART posare; **to ~ for one's portrait** posare per un ritratto **3.** *inf* (*babysit*) **to ~ for sb** fare la baby-sitter da qu **4.** (*perch*) posarsi; (*incubate eggs*) covare **5.** (*be placed*) essere, stare; (*rest unmoved*) stare fermo; **to ~ on the shelf** essere sul ripiano **6.** (*be in session*) riunirsi **7.** POL (*be in office*) **to ~ in Congress** sedere in Congresso **8.** (*fit*) **to ~ well/badly** cadere bene/male ▶ **to be ~ting pretty** esser messo bene; **to ~ tight** (*not move*) non muoversi; (*not change opinion*) tenere duro **II.** *vt* mettere a sedere

◆**sit down** *vi* **1.** (*take a seat*) sedersi; **to sit oneself down** sedersi **2.** (*be sitting*) essere seduto, -a

◆**sit on** *vt inf* **1.** (*withold: information*) non divulgare; (*secret*) non rivelare **2.** (*suppress: idea*) ostacolare

site [saɪt] **I.** *n* **1.** (*place*) sito *m;* (*of accident*) luogo *m* **2.** (*vacant land for building*) terreno *m;* **building ~** cantiere *m* **3.** GEO terreno *m;* HIST sito *m* **4.** COMPUT sito *m;* **Web ~** sito Internet **II.** *vt* situare

sitting room *n* soggiorno *m*

situated ['sɪt·ʃu·eɪ·t̬ɪd] *adj* (*located*) situato, -a

situation [ˌsɪt·ʃu·'eɪ·ʃən] *n* **1.** *a.* ECON, POL (*circumstances*) situazione *f;* **according to the ~** date le circostanze **2.** (*location*) posizione *f*

sit-up ['sɪt·ʌp] *n* **to do ~s** fare degli addominali

six [sɪks] *adj, n* sei *m;* **in ~ figures** di sei cifre; **~ of one and half a dozen of the other** la stessa identica cosa

sixteen [sɪks·'tiːn] *adj, n* sedici *m; s. a.* **eight**

sixteenth [ˌsɪks·'tiːnθ] **I.** *adj* sedicesimo, -a **II.** *n* **1.** (*order*) sedicesimo, -a *m, f* **2.** (*date*) sedici *m* **3.** (*fraction, part*) sedicesimo *m; s. a.* **eighth**

sixth [sɪkstθ] **I.** *adj* sesto, -a **II.** *n* **1.** (*order*) sesto, -a *m, f* **2.** (*date*) sei *m* **3.** (*fraction, part*) sesto *m; s. a.* **eighth**

sixtieth ['sɪks·ti·əθ] **I.** *adj* sessantesimo, -a **II.** *n* (*order*) sessantesimo, -a *m, f;* (*fraction, part*) sessantesimo *m; s. a.* **eighth**

sixty ['sɪks·ti] **I.** *adj* sessanta *inv* **II.** *n* <-ies> sessanta *m;* (*decade*) **the sixties** gli anni *m* sessanta *pl*

size [saɪz] **I.** *n* **1.** (*of person, thing*) grandezza *f;* **a company of that ~** un'azienda di quelle dimensioni; **to be the same ~ as ...** essere grande quanto ...; **to increase/decrease in ~** aumentare/diminuire di grandezza; **of any ~** di qualsiasi grandezza **2.** (*of clothes*) taglia *f;* (*of shoes*) numero *m;* **collar ~** misura *f* di collo **3.** (*of bill, debt*) proporzioni *fpl* **II.** *vt* **1.** (*sort*) classificare in base alla grandezza

2. (*make*) fare su misura; (*clothes*) mettere in ordine di taglia

♦**size up** *vt* valutare

siz(e)able ['saɪ·zə·bəl] *adj* piuttosto grande; (*sum*) considerevole

skate[1] [skeɪt] **I.** *n* pattino *m* **II.** *vi* pattinare; **to ~ over an issue** glissare su una questione

skate[2] [skeɪt] *n* (*fish*) razza *f*

skater *n* pattinatore, -trice *m, f;* **figure ~** pattinatore, -trice *m, f* artistico, -a

skating rink *n* pista *f* di pattinaggio

skeleton ['ske·lə·tən] *n* **1.** *a.* ANAT scheletro *m* **2.** (*outline: of book, report*) ossatura *f*

skeleton key *n* passe-partout *m inv*

sketch [sketʃ] **I.** *n* **1.** ART schizzo *m;* **to make a ~ of sb/sth** fare uno schizzo di qu/qc **2.** (*rough draft*) abbozzo *m* **3.** (*outline*) descrizione *f* sommaria **4.** THEAT, TV sketch *m inv* **II.** *vt* **1.** ART fare uno schizzo di **2.** (*write draft of*) fare un abbozzo di **III.** *vi* ART fare degli schizzi

sketchy ['sket·ʃi] <-ier, -iest> *adj* (*vague*) impreciso, -a; (*incomplete*) incompleto, -a

skewed [skju:d] *adj* distorto, -a

skewer ['skju:·ɚ] **I.** *n* spiedo *m* **II.** *vt* infilzare

ski [ski:] **I.** *n* sci *m inv;* **on ~s** sugli sci **II.** *vi* sciare; **to ~ down a slope** scendere da un pendio sciando

ski boot *n* scarpone *m* da sci

skier ['ski:·ɚ] *n* sciatore, -trice *m, f*

skiing *n* sci *m;* **~ equipment** attrezzatura *f* da sci; **~ lesson** lezione *f* di sci

ski instructor *n* maestro, -a di sci *m*

ski jump *n* **1.** (*jump*) salto *m* dal trampolino *con gli sci* **2.** (*runway*) pista *f* per salto dal trampolino

ski lift *n* ski-lift *m inv*

skill [skɪl] *n* **1.** (*ability*) abilità *f;* **to involve some ~** richiedere una certa abilità **2.** (*technique*) dote *f;* **communication ~s** doti *f* di comunicazione *pl*

skilled *adj* **1.** (*trained*) esperto, -a; (*skillful*) abile **2.** (*requiring skill*) qualificato, -a; **~ labor** manodopera *f* qualificata

skillful ['skɪl·fəl] *adj* dotato, -a

ski mask *n* passamontagna *m inv*

skin [skɪn] **I.** *n* **1.** (*of person*) pelle *f;* **to be soaked to the ~** essere zuppo (d'acqua) **2.** (*of apple, potato, tomato*) buccia *f;* (*of melon*) scorza *f* **3.** TECH rivestimento *m* **4.** (*on milk*) panna *f* ▶ **to be all ~ and bone(s)** essere pelle e ossa; **it's no ~ off his/her back** *inf* non le/gli fa né caldo né freddo; **by the ~ of one's teeth** *inf* per un pelo **II.** <-nn-> *vt* **1.** (*remove skin from: animal*) spellare; **to ~ sb alive** *iron* scorticare qu vivo **2.** (*graze*) sbucciarsi

skin-deep *adj* superficiale

skinny ['skɪ·ni] **I.** <-ier, -iest> *adj* ossuto, -a **II.** *n sl* dettagli *mpl* piccanti; **to give sb the ~ on sth** raccontare a qu i dettagli piccanti di qc

skinny-dip ['skɪ·ni·dɪp] <-pp-> *vi inf* fare il bagno nudo

ski pants *npl* pantaloni *m pl* da sci

ski pole *n* racchetta *f* da sci

ski rack *n* portasci *m inv*

ski resort *n* stazione *f* sciistica

skirt [skɜ:rt] *n* (*garment*) gonna *f*

ski slope *n* pista *f* da sci

skull [skʌl] *n a.* ANAT cranio *m* ▶ **to be bored out of one's ~** *inf* essere annoiato a morte

sky [skaɪ] <-ies> *n* cielo *m;* **the sunny skies of California** il cielo assolato della California; **under blue skies** sotto il cielo azzurro ▶ **the ~'s the limit** tutto è possibile

sky-blue [ˌskaɪ·blu:] *adj* azzurro, -a

skydiving ['skaɪ·ˌdaɪ·vɪŋ] *n* caduta *m* libera *(in paracadute)*

sky-high [ˌskaɪ·'haɪ] **I.** *adv a. fig* per aria; **to go ~** (*prices*) salire alle stelle **II.** *adj* (*prices*) astronomico, -a

skyjack ['skaɪ·dʒæk] *vt* (*plane*) dirottare

skylight ['skaɪ·laɪt] *n* lucernario *m*

skyline ['skaɪ·laɪn] *n* **1.** (*city rooftops*) profilo *m* dei tetti **2.** (*horizon*) orizzonte *m*

skyscraper ['skaɪ·skreɪ·pɚ] *n* grattacielo *m*

slacks [slæks] *npl* pantaloni *m pl* (sportivi)

slammer ['ʃlæ·mɚ] *n inf* galera *f*

slanderous ['slæn·də·rəs] *adj* diffamatorio, -a

slang [slæŋ] **I.** *n* gergo *m* **II.** *adj* gergale

slangy <-ier, -iest> *adj inf* gergale, -a

slap [slæp] **I.** *n* schiaffo *m;* **a ~ in the face** *fig* uno schiaffo morale **II.** <-pp-> *vt* **1.** (*hit*) schiaffeggiare **2.** (*put*) **to ~ the book onto the table** sbattere il libro sul tavolo **3.** (*put on quickly*) **to ~ paint onto the wall** dare una spennellata al muro **4.** LAW **to ~ sb with a lawsuit** fare causa a qu **III.** *adv inf* in pieno; **to drive ~ into sth** sbattere in pieno contro qc

slapdash ['slæp·dæʃ] *adj pej inf* raffazzonato, -a

slash [slæʃ] **I.** *vt* **1.** (*cut deeply*) sfregiare; **to ~ one's wrists** tagliarsi le vene **2.** (*reduce: spending*) tagliare drasticamente **II.** *n* **1.** (*cut*) sfregio *m* **2.** (*swinging blow*) ampio movimento *m* **3.** FASHION spacco *m* **4.** TYPO barra *f*

slate [sleɪt] *n* **1.** (*for roof*) tegola *f* **2.** POL lista *f* dei candidati ▶ **to have a <u>clean</u> ~** *inf* ripartire da zero; **to wipe the ~ <u>clean</u>** *inf* metterci una pietra sopra

slaughter ['slɑː·t̬ə] **I.** *vt* **1.** (*kill: animal*) macellare; (*person*) massacrare **2.** *inf* (*defeat*) stracciare **II.** *n* **1.** (*killing: of animal*) macello *m;* (*of person*) massacro *m* **2.** *inf* (*defeat*) sconfitta *f* clamorosa

Slav [slɑːv] *adj, n* slavo, -a *m, f*

slave [sleɪv] *n* schiavo, -a *m, f* ▶ **to be a ~ to <u>fashion</u>** essere schiavo della moda

slavery ['sleɪ·və·ri] *n* schiavitù *f*

sleaze [sliːz] *n* squallore *m;* POL corruzione *f*

sleazy ['sliː·zi] <-ier, -iest> *adj* (*area, bar, affair*) squallido, -a; (*person*) depravato, -a; POL corrotto, -a

sled [sled] **I.** *n* slitta *f* **II.** <-dd-> *vi* andare in slitta

sledgehammer ['sledʒ·ˌhæ·mə] *n* mazza *f*

sleek [sliːk] *adj* (*fur, hair*) liscio, -a e lucido, -a; (*car, person*) elegante

sleep [sliːp] **I.** *n* **1.** (*resting state*) sonno *m;* **to go** [*or* **get**] **to ~** addormentarsi; **to fall into a deep ~** cadere in un sonno profondo; **to put sb to ~** far dormire qc; **to put an animal to ~** (*kill*) far sopprimere; **go back to ~!** *iron* continua a dormire! **2.** *inf* (*substance*) cispa *f* **II.** <slept, slept> *vi* dormire; **to ~ sound(ly)** dormire profondamente; **~ tight!** sogni d'oro! ▶ **to ~ <u>on</u> it** dormirci sopra **III.** *vt* **it ~s four** ci sono quattro posti letto

◆**sleep together** *vi* **1.** (*have sex*) andare a letto insieme **2.** (*share bed*) dormire insieme

◆**sleep with** *vt* **1.** (*have sex with*) andare a letto con **2.** (*share bed with*) dormire con

sleeper ['sliː·pə] *n* **1.** (*person*) persona *f* addormentata; **to be a heavy/light ~** avere il sonno pesante/leggero **2.** RAIL (*carriage*) cuccetta *f*

sleeping bag *n* sacco *m* a pelo

Sleeping Beauty *n* la Bella Addormentata

sleeping car *n* vagone *m* letto

sleeping pill *n* sonnifero *m*

sleepless ['sliːp·ləs] *adj* insonne

sleepwalk ['sliːp·ˌwɑːk] *vi* essere sonnambulo *m;* **he ~s** è sonnambulo

sleepwalker ['sliːp·ˌwɑː·kə] *n* sonnambulo, -a *m, f*

sleepy ['sliː·pi] <-ier, -iest> *adj* **1.** (*drowsy*) sonnolento, -a **2.** (*quiet: village*) sonnolento, -a

sleepyhead ['sliː·pi·hed] *n inf* dormiglione, -a *m, f*

sleet [sliːt] **I.** *n* neve *f* mista a pioggia **II.** *vi* **it is ~ing** cade neve mista a pioggia

sleeve [sliːv] *n* **1.** (*of shirt*) manica *f;* **to roll up one's ~s** rimboccarsi le maniche **2.** (*cover*) custodia *f* **3.** (*for record*) copertina *f* ▶ **to <u>have</u> sth up one's ~** avere qc in serbo

sleeveless ['sliːv·lɪs] *adj* senza maniche

sleigh [sleɪ] *n* slitta *f*

slender ['slen·də] *adj* **1.** (*person*) snello, -a; (*rod, branch*) sottile, -a **2.** (*majority, resources*) scarso, -a; (*chance*) remoto, -a

slept [slept] *pt, pp of* **sleep**

slice [slaɪs] **I.** *n* **1.** CULIN (*of bread, ham, meat*) fetta *f;* (*of pizza*) pezzo *m;* (*of cucumber, lemon*) fettina *f* **2.** (*share: of credit, profits*) parte *f* **3.** (*tennis, golf*) slice *m inv* **II.** *vt* **1.** (*bread, cake*) tagliare a fette; (*ham, meat*) affettare; (*cucumber, lemon*) tagliare a fettine **2.** SPORTS **to ~ the ball** (*in tennis, golf*) dare effetto alla palla **III.** *vi* **to ~ easily** tagliarsi facilmente

sliced *adj* (*bread, meat, cake*) a fette; (*ham*) affettato, -a; (*cucumber, lemon*) a fettine

sliced bread *n* pane *m* a cassetta

slick [slɪk] **I.** <-er, -est> *adj* (*performance*) pulito, -a **II.** *n* (*oil*) onda *f* nera

slide [slaɪd] **I.** <slid, slid> *vi* **1.** (*glide smoothly*) scorrere; **the door ~s open/shut** la porta si apre/chiude facendola scorrere **2.** (*slip*) scivolare **II.** <slid, slid> *vt* far scorrere; (*cause to slip*) far scivolare; **to ~ the door open/shut** aprire/chiudere la porta facendola scorrere; **to ~ sth across the floor** far scivolare qc sul pavimento **III.** *n* **1.** (*act of sliding*) scorrimento *m* **2.** (*incline*) scivolo *m;* **a water ~** un acquascivolo *m* **3.** (*playground structure*) scivolo *m* **4.** PHOT diapositiva *f* **5.** (*for microscope*) vetrino *m* **6.** FIN ribasso *m*

slide projector *n* proiettore *m* di diapositive

slide rule *n* regolo *m* calcolatore

sliding *adj* (*sunroof, door*) scorrevole

slight [slaɪt] **I.** <-er, -est> *adj* **1.** (*small: chance, error*) piccolo, -a; (*change, headache*) leggero, -a; **not in the ~est** assolutamente no; **not to have the ~est (idea)** non aver la minima idea **2.** (*slim: person*) minuto, -a **II.** *n* commento *m* sprezzante **III.** *vt* disprezzare

slightly *adv* leggeremente; **to be ~ familiar with sth** conoscere un po' qc

slim [slɪm] **I.** <slimmer, slimmest> *adj* **1.** (*slender: person*) snello, -a **2.** (*not as wide as tall: cigarette, book*) sottile **3.** (*slight: chance*) piccolo, -a **II.** <-mm-> *vi* (*become slim*) dimagrire; (*try to get thinner*) essere a dieta

slimy ['slaɪ·mi] <-ier, -iest> *adj a. pej.* viscido, -a

sling [slɪŋ] <slung, slung> **I.** *n* **1.** (*bandage*) fascia *f* **2.** (*for carrying baby*) marsupio *m* **II.** *vt* **1.** (*fling*) lanciare **2.** (*hang*) appendere

slip [slɪp] <-pp-> **I.** *n* **1.** (*slipping*) scivolata *f* **2.** (*mistake*) errore *m;* **~ of the pen** lapsus *m* calami *inv;* **~ of the tongue** lapsus *m* (linguae) *inv* **3.** COM ricevuta *f;* **a ~ of paper** un foglietto **4.** (*women's underwear*) sottoveste *f* **5.** NAUT (*place to dock*) posto *m* barca; (*slipway*) scalo di alaggio **II.** *vi* **1.** (*slide*) scivolare **2.** (*move quietly*) **to ~ into a pub** infilarsi in un pub **3.** (*decline*) cadere **III.** *vt* **1.** (*put smoothly*) far scivolare; **to ~ sb a note** far scivolare una banconota in mano a qu; **to ~ in a comment** fare un commento **2.** (*escape from*) sfuggire a; **to ~ sb's attention** passare inosservato a qu; **it ~ped my mind** mi è sfuggito di mente

◆**slip off** **I.** *vi* **1.** (*leave unnoticed*) svignarsela **2.** (*fall off*) cadere **II.** *vt* (*clothes*) togliersi

◆**slip on** *vt* (*clothes*) infilarsi

◆**slip up** *vi* sbagliarsi

slippery ['slɪ·pə·ri] <-ier, -iest> *adj* **1.** (*not giving firm hold*) scivoloso, -a **2.** (*untrustworthy: character*) ambiguo, -a ▶ **to be a ~ customer** essere un individuo subdolo

slipshod ['slɪp·ʃɑːd] *adj* raffazzonato, -a

slip-up ['slɪp·ʌp] *n* disguido *m*

slob [slɑːb] *n inf* zoticone, -a *m, f*

slope [sloʊp] **I.** *n* pendio *m;* (*up*) salita *f;* (*down*) discesa *f;* (*for skiing*) pista *f* **II.** *vi* essere in pendenza; **to ~ down** scendere; **to ~ up** salire **III.** *vt* inclinare

sloping *adj* (*roof*) pendente; (*shoulders*) cadente

Slovakia [sloʊ·'vɑː·kiə] *n* Slovacchia *f*

Slovenia [sloʊ·'viː·niə] *n* Slovenia *f*

slovenly ['slʌ·vən·li] *adj* trasandato, -a

slow [sloʊ] **I.** *adj* **1.** (*not fast*) lento, -a; (*poison*) a effetto ritardato; **to be ~ to do sth** tardare a fare qc; **to be**

(**10 minutes**) ~ essere indietro (di 10 minuti) **2.** (*stupid*) ottuso, -a **II.** *vi* rallentare; **to ~ to a halt** fermarsi progressivamente **III.** *vt* frenare

◆**slow down** **I.** *vi* **1.** (*reduce speed*) rallentare **2.** (*be less active*) rallentare il ritmo **II.** *vt* rallentare

slowly *adv* lentamente; **~ but surely** piano ma con fermezza

slow motion **I.** *n* rallentatore *m;* **in ~** al rallentatore **II.** *adj* al rallentatore

slowpoke ['sloʊ·poʊk] *n inf* posapiano *mf inv*

slow-witted *adj* duro, -a di comprendonio

slum [slʌm] *n* (*area*) bassifondi *mpl;* **to live in ~ conditions** vivere nella miseria

slump [slʌmp] **I.** *n* ECON **1.** (*decline*) flessione *f;* **~ in prices** crollo *m* dei prezzi **2.** (*recession*) recessione *f* **II.** *vi* crollare

slung [slʌŋ] *pt, pp of* **sling**

slut [slʌt] *n pej* sgualdrina *f*

sly [slaɪ] *adj* **1.** sornione, -a; **on the ~** di nascosto **2.** (*crafty*) scaltro, -a

smack [smæk] **I.** *vt* **1.** (*slap*) dare un ceffone a **2.** (*hit noisily*) battere **II.** *n* **1.** *inf* (*slap*) ceffone *m;* (*soft blow*) pacca *f* **2.** *inf* (*kiss*) bacio *m* **3.** (*loud noise*) fragore *m* **III.** *adv* **1.** (*with a loud noise*) fragorosamente **2.** (*directly*) in pieno

small [smɔːl] **I.** *adj* **1.** (*not large*) piccolo, -a; (*person*) basso, -a **2.** (*young*) piccolo, -a **3.** (*insignificant*) piccolo, -a; **on a ~ scale** su scala ridotta; **in his/her own ~ way** nel suo piccolo **4.** TYPO (*letter*) minuscola; **with a ~ 'c'** con la 'c' minuscola ▶ **it's a ~ world** *prov* il mondo è piccolo *prov* **II.** *n* **the ~ of the back** le reni

small change *n* spiccioli *mpl*

small-minded [ˌsmɔːl·'maɪn·dɪd] *adj pej* di idee ristrette

smallpox ['smɔːl·pɑːks] *n* vaiolo *m*

small-scale *adj* in scala ridotta

smalltime *adj* da strapazzo

smart [smɑːrt] *adj* **1.** (*clever*) intelligente; **to make a ~ move** fare una mossa intelligente **2.** (*elegant*) elegante

smart-aleck [ˌsmart·'æl·ɪk] *n pej inf* saccente *mf*

smart-ass ['smarţ·æs] *n pej inf* saccente *mf*

smart card *n* COMPUT tessera *f* elettronica

smarten ['smɑːr·tn] **I.** *vt* **to ~ sth up** dare una sistemata a **II.** *vi* **to ~ up** darsi una sistemata

smash [smæʃ] **I.** *vt* **1.** (*break*) rompere, fare a pezzi; (*glass*) mandare in pezzi **2.** (*crush*) schiacciare; **to ~ a rebellion** soffocare una rivolta **3.** SPORTS (*record*) battere **II.** *vi* **1.** (*break into pieces*) rompersi, andare in pezzi **2.** (*strike against*) sbattere; **to ~ into sth** sbattere contro qc **III.** *n* **1.** (*sound*) schianto *m* **2.** (*accident*) scontro *m* **3.** SPORTS schiacciata *f*

smashed *adj inf* sbronzo, -a; (*on drugs*) completamente fatto, -a; **to get ~** prendersi una sbronza

smattering ['smæ·ţə·rɪŋ] *n* nozioni *fpl*

smear [smɪr] *n* **1.** (*blotch*) macchia *f* **2.** (*accusation*) diffamazione *f* **3.** MED **a pap ~** un pap test

smell [smel] <smelled *or* smelt, smelled *or* smelt> **I.** *vi* **1.** (*use sense of smell*) sentire gli odori **2.** (*give off odor*) odorare; **to ~ good** avere un buon odore **3.** (*have unpleasant smell*) puzzare **II.** *vt* (*person*) sentire odore di; (*animal*) annusare **III.** *n* **1.** (*sense of smelling*) odorato *m,* olfatto **2.** (*odor*) odore *m;* (*stink*) puzzo *m* **3.** (*sniff*) **to have a ~ of sth** odorare qc *f* **4.** (*trace*) odore *m*

smelly ['sme·li] *adj* <-ier, -iest> puzzolente

smelt [smelt] *pt, pp of* **smell**

smile [smaɪl] **I.** *n* sorriso *m;* **to be all ~s** essere tutto sorrisi; **to give sb a ~** sorridere a qu **II.** *vi* sorridere; **to ~ at** [*or* **about**] **sth** sorridere per qc

smiling *adj* sorridente

smoke [smoʊk] **I.** *n* **1.** fumo *m* ▶ **where there's ~, there's fire** *prov* non c'è fumo senza arrosto *prov;* **to go up in ~** andare in fumo **II.** *vt* **1.** (*cigarette, tobacco*) fumare; **to ~ a pipe** fumare la pipa **2.** CULIN fumare **III.** *vi* fumare

S

smoke bomb *n* bomba *f* fumogena

smoked *adj* affumicato, -a; **~ salmon** salmone *m* affumicato

smoke detector *n* rivelatore *m* di fumo

smokeless ['smoʊk·ləs] *adj* senza fumo

smoker *n* fumatore, -trice *m, f;* **to be a heavy ~** essere un fumatore accanito

smoking *n* fumo *m;* **to give up ~** smettere di fumare; **~ ban** divieto *m* di fumare

smoky ['smoʊ·ki] *adj* <-ier, -iest> **1.** (*filled with smoke*) fumoso, -a **2.** (*producing smoke*) fumoso, -a; (*fire*) che fa fumo **3.** (*tasting of smoke*) affumicato, -a

smooth [smu:ð] **I.** *adj* **1.** (*not rough*) liscio, -a; (*surface*) regolare; (*sauce*) ben amalgamato, -a; (*sea*) calmo, -a; **as ~ as silk** liscio come la seta **2.** (*uninterrupted*) senza difficoltà; (*flight*) regolare; (*landing*) non brusco, -a **3.** (*mild: wine, whiskey*) amabile **4.** (*suave*) untuoso, -a; **to be a ~ talker** avere una bella parlantina **II.** *vt* lisciare

♦**smooth over** *vt* (*difficulty*) appianare

smoothie *n*, **smoothy** ['smu:·ði] *n inf* tipo, -a *m, f* untuoso, -a

smug [smʌg] *adj* <-gg-> compiaciuto, -a; **to be ~ about sth** compiacersi di qc

smuggle ['smʌ·gl] *vt* LAW contrabbandare; **to ~ sth into** introdurre qc illegalmente in

smuggling ['smʌg·lɪŋ] *n* contrabbando *m*

snack [snæk] **I.** *n* spuntino *m;* **to have a ~** fare uno spuntino **II.** *vi* mangiucchiare

snack bar *n* snack bar *m inv*

snag [snæg] *n* **1.** (*problem*) inconveniente *m;* **to hit a ~** incontrare un ostacolo **2.** (*in clothing*) squarcio *m*

snail [sneɪl] *n* chiocciola *m* ▶ **at a ~'s pace** a passo di lumaca

snail mail *n* COMPUT posta-lumaca *f (riferito alla posta tradizionale in opposizione all'e-mail)*

snake [sneɪk] **I.** *n* serpente *f* **II.** *vi* snodarsi

snap [snæp] <-pp-> **I.** *n* **1.** (*sound*) botto *m;* (*of fingers*) schiocco *m* **2.** (*fastener*) (bottone *m*) automatico *m* **3.** METEO **a cold ~** un'ondata di freddo **4.** FOOD **a ginger ~** un biscotto allo zenzero **5.** (*photograph*) foto *f inv* **6.** (*in football*) snap *m inv* **II.** *adj* improvviso, -a; **~ decision** decisione *f* improvvisa **III.** *vi* **1.** (*break*) spezzarsi **2.** (*move*) **to ~ back** ritornare; **to ~ shut** chiudersi di botto **3.** (*make snapping sound*) fare un botto **4.** (*bite*) **to ~ at sb** cercare di mordere qu **5.** (*speak sharply*) dire con tono brusco; **to ~ at sb** rispondere male a qu **IV.** *vt* **1.** (*break*) spezzare; **to ~ sth shut** chiudere qc di botto **2.** (*make snapping sound*) schioccare; **to ~ one's fingers** schioccare le dita **3.** PHOT fare una foto a **4.** (*in football*) **to ~ the ball** snappare la palla

snappy ['ʃnæ·pi] *adj* <-ier, -iest> **1.** *inf* FASHION alla moda; **to be a ~ dresser** vestirsi alla moda **2.** (*quick*) rapido, -a; **make it ~!** datti una mossa!

sneaker ['sni:·kɚ] *n pl* scarpe *f pl* da ginnastica

sneaky ['sni:·ki] *adj* <-ier, -iest> furtivo, -a

sneeze [sni:z] **I.** *vi* starnutire **II.** *n* starnuto *m*

sniff [snɪf] **I.** *vi* **1.** (*inhale*) tirare su col naso; **to ~ at sth** annusare qc **2.** (*show disdain*) **to ~ at sth** storcere il naso di fronte a qc **3.** (*snoop*) **to go ~ing around for sth** mostrare interesse per qc ▶ **it's not to be ~ed at** non ci sputerei sopra **II.** *vt* annusare; (*cocaine, glue*) sniffare

sniffer dog ['snɪ·fɚ·ˌdɑ:g] *n* cane *m* antidroga

sniper ['snaɪ·pɚ] *n* cecchino, -a *m, f*

snitch [snɪtʃ] *inf* **I.** *vi pej* fare la spia; **to ~ on sb** fare la spia a qu **II.** *vt* (*steal*) fregare **III.** <-es> *n* **1.** (*thief*) ladruncolo, -a *m, f* **2.** (*tattletale*) spione, -a *m, f*

snobbish ['snɑ:·bɪʃ] <more, most> *adj* snob *inv*

snore [snɔ:r] MED **I.** *vi* russare **II.** *n* il russare

snow [snoʊ] **I.** *n* **1.** METEO neve *f;*

a blanket of ~ un mantello di neve **2.** *inf* (*cocaine*) coca *f* **II.** *vi* nevicare

snowball ['snoʊ·bɔːl] **I.** *n* palla *f* di neve ▶ **to not have a ~'s chance in hell** (**of doing sth** non avere la benché minima possibilità (di fare qc) **II.** *vi fig* aumentare progressivamente

snowbank *n* cumulo *m* di neve

snowboard *n* snowboard *m inv*

snowbound ['snoʊ·baʊnd] *adj* bloccato, -a dalla neve

snow cone *n* cartoccio *m* di granita

snowfall *n* METEO nevicata *f*

snowflake *n* fiocco *m* di neve

snowman *n* pupazzo *m* di neve

snowmobile *n* motoslitta *f*

snowstorm *n* tempesta *f* di neve

snow tire *n* AUTO gomma *f* da neve

snowy ['snoʊ·i] *adj* **1.** METEO (*season*) nevoso, -a; (*street*) innevato, -a **2.** (*clouds*) da neve; (*pure white: hair, flowers*) candido, -a

so [soʊ] **I.** *adv* **1.** (*in the same way*) così, tanto; ~ **did/do I** anch'io; ~ **to speak** per così dire **2.** (*like that*) così; ~ **they say** così si dice; **is that ~?** davvero?; **I hope/think** ~ spero/penso di sì **3.** (*to such a degree*) così (tanto); **I ~ love him** gli voglio così bene; ~ **late** così tardi; ~ **many books** così tanti libri; **not ~ ugly as that** non così brutto; **would you be ~ kind as to ...?** sarebbe così gentile da ...? **4.** (*in order that*) perché; **I bought the book ~ that he would read it** ho comprato il libro perché lo leggesse **5.** (*as a result*) quindi, così; **and ~ she won** quindi, ha vinto ▶ **and ~ on** [*or* **forth**] e così via; **or** ~ più o meno **II.** *conj* **1.** (*therefore*) perciò **2.** *inf* (*and afterwards*) ~ (**then**) **he told me ...** quindi, mi ha detto ... **3.** (*summing up*) allora; ~ **what?** e allora?; ~ **now, ...** allora ...; **~, as I was saying ...** allora, come stavo dicendo ... **III.** *interj* ~ **that's why!** ah, è per questo!

soak [soʊk] **I.** *vt* mettere a bagno; **to ~ sth in liquid** mettere qc a bagno **II.** *vi* (*lie in liquid*) essere a bagno **III.** *n* ammollo *m*

soaking **I.** *n* ammollo *m;* **to get a good ~** inzupparsi **II.** *adj* ~ (**wet**) bagnato, -a fradicio, -a

so-and-so ['soʊ·ən·soʊ] *n inf* (*person*) il tale, la tale; (*thing*) la tal cosa

soap [soʊp] **I.** *n* **1.** (*for washing*) sapone *m* **2.** TV (*soap opera*) soap opera *f inv* ▶ **soft** ~ insaponata *f* **II.** *vt* insaponare

soar [sɔːr] *vi* **1.** (*rise*) salire; (*house*) torreggiare **2.** (*increase: temperature*) aumentare di colpo; (*prices*) salire alle stelle; (*hope*) crescere rapidamente **3.** (*bird, plane*) alzarsi in volo; (*glide*) planare

sob [sɑːb] **I.** <-bb-> *vi* singhiozzare **II.** <-bb-> *vt* dire tra i singhiozzi **III.** *n* singhiozzo *m*

sober ['soʊ·bɚ] *adj* **1.** (*not drunk*) sobrio, -a **2.** (*serious: mood*) serio, -a **3.** (*plain: attire*) sobrio, -a **4.** (*straightforward: assessment*) sensato, -a

so-called [ˌsoʊ·'kɑːld] *adj* cosiddetto, -a

soccer ['sɑː·kɚ] *n* calcio *m*

soccer player *n* calciatore, -rice *m, f*

sociable ['soʊ·ʃə·bl] *adj* socievole

social ['soʊ·ʃəl] *adj* sociale

socialist *n* socialista *mf*

socialize ['soʊ·ʃə·laɪz] **I.** *vi* socializzare **II.** *vt* **1.** PSYCH rendere socievole **2.** POL, ECON nazionalizzare

social science *n* scienze *f pl* sociali

social security *n* sussidi *m pl* di previdenza sociale

society [sə·'sa·ɪə·ti] *n* **1.** (*all people*) società *f;* (**high**) ~ alta società *f;* **to be a menace to ~** essere una minaccia per la società **2.** (*organization*) associazione *f*

sociology [ˌsoʊ·si·'ɑː·lə·dʒi] *n* sociologia *f*

sock [sɑːk] *n* calza *m;* **knee-high** ~ calza *f,* calzino *m*

socket ['sɑː·kɪt] *n* **1.** ELEC presa *f* (della corrente); **double/triple** ~ presa doppia/tripla **2.** (*of eye*) orbita *f;* (*of tooth*) alveolo *m;* (*of shoulder, hip*) cavità *f*

sod [sɑːd] *n* stronzo *m vulg*

sodden ['sɑː·dn] *adj* fradicio, -a

sofa ['soʊ·fə] *n* divano *m*

sofa bed *n* divano *m* letto

soft [sɑft] *adj* **1.** (*not hard: ground*)

molle; (*sand, metal*) morbido, -a; (*pillow, sofa*) soffice; **~ tissue** MED tessuti *m pl* molli **2.** (*smooth: cheeks, skin, landing*) morbido, -a; (*hair*) soffice; **~ as silk** morbido come la seta **3.** (*mild*) leggero, -a **4.** (*not bright*) tenue **5.** (*quiet: voice*) soave, -a; (*music*) di sottofondo **6.** (*lenient*) indulgente; **to go ~ on sb** essere troppo indulgente con qu **7.** (*easy*) facile; **a ~ target** un bersaglio facile **8.** FIN (*currency*) debole

softball ['sɔft·bɔl] *n gioco simile al baseball che si gioca su un campo più piccolo*

soft-boiled [ˌsɑ:ft·'bɔɪld] *adj* alla coque

soften ['sɑ:·fən] **I.** *vi* **1.** (*get soft: butter*) ammorbidirsi; (*ground*) diventare molle **2.** (*become lenient*) ammorbidirsi **II.** *vt* **1.** (*make soft: butter, skin*) ammorbidire **2.** (*voice*) addolcire **3.** (*make easier to bear: effect, blow*) attenuare; (*opinion, words*) ammorbidire

soft-hearted ['sɑ:ft·ˌhɑ:r·t̬ɪd] *adj* dal cuore tenero

softie ['sɑ:f·ti] *n inf* bonaccione, -a *m, f*

softly *adv* **1.** (*not roughly*) dolcemente **2.** (*quietly*) silenziosamente **3.** (*to shine*) in modo tenue

softness ['sɑ:ft·nɪs] *n* **1.** (*not hardness*) mollezza *f* **2.** (*smoothness*) morbidezza *f* **3.** (*of light*) delicatezza *f*

software ['sɑ:ft·wer] *n* software *m inv*, programma *m*; **accounting ~** programma *m* di contabilità

software engineer *n* programmatore, -rice *m, f*

soil [sɔɪl] *n* AGR suolo *m*; **fertile ~** terreno *m* fertile; **foreign ~** terra *f* straniera

solar ['soʊ·lɚ] *adj* solare

solar energy *n* energia *f* solare

sold [soʊld] *pt, pp of* **sell**

soldier ['soʊl·dʒɚ] **I.** *n* **1.** MIL (*military person*) soldato *m*; **old ~** veterano *m* **2.** (*non officer*) soldato *m* **II.** *vi* fare il soldato

sold-out [ˌsoʊld·'aʊt] *adj* esaurito, -a

sole[1] [soʊl] *adj* (*unique*) unico, -a; (*exclusive*) esclusivo, -a; **~ right** diritto *m* esclusivo

sole[2] [soʊl] *n* (*of foot*) pianta *f*; (*of shoe*) suola *f*

sole[3] [soʊl] <-(s)> *n* (*fish*) sogliola *f*; **filet of ~** filetto *m* di sogliola

solely ['soʊ·li] *adv* unicamente

solemn ['sɑ:·ləm] *adj* (*occasion, promise*) solenne; (*person, appearance*) serio, -a

solid ['sɑ:·lɪd] **I.** *adj* **1.** (*hard*) solido, -a; (*table, wall*) robusto, -a; (*meal*) sostanzioso, -a **2.** (*not hollow*) massiccio, -a **3.** (*true*) fondato,-a; (*evidence*) certo, -a; (*argument*) solido, -a; (*conviction*) fermo, -a; (*agreement*) concreto, -a **4.** (*uninterrupted: wall, line*) continuo, -a; (*hour, day*) intero, -a **5.** (*three-dimensional*) solido, -a **6.** (*good: work, picture*) eccellente **II.** *adv* **to be packed ~** essere pieno zeppo; **to be frozen ~** essere completamente gelato **III.** *n* **1.** (*shape*) solido *m* **2.** *pl* CULIN cibi *m pl* solidi

solidly *adv* **1.** (*robustly*) solidamente **2.** (*without interruption*) ininterrottamente **3.** (*in strong manner*) al cento per cento **4.** (*unanimously*) unanimemente

solitary ['sɑ:·lə·te·ri] **I.** *adj* **1.** (*alone*) solitario, -a **2.** (*isolated*) isolato, -a; (*unvisited*) appartato, -a; **to go for a ~ walk** andare a fare una passeggiata da solo **II.** *n inf* (*isolation*) isolamento *m*

solo ['soʊ·loʊ] **I.** *adj* solo, -a; **~ flight** volo *m* in solitario **II.** *adv* da solo; MUS da solo; **to go ~** diventare solista; **to fly ~** AVIAT volare in solitario **III.** *n* MUS assolo *m*

soloist ['soʊ·loʊ·ɪst] *n* solista *mf*

soluble ['sɑ:l·jə·bl] *adj* solubile

solution [sə·'lu:·ʃən] *n* soluzione *f*

solve [sɑ:lv] *vt* risolvere

solvent ['sɑ:l·vənt] **I.** *n* solvente *m* **II.** *adj* solvente

some [sʌm] **I.** *adj indef* **1.** *pl* (*several*) alcuni, -e; **~ apples** alcune mele; **~ people think ...** alcuni pensano che ... **2.** (*imprecise*) qualche; (**at**) **~ place** in qualche posto; **~ day** un giorno o l'altro; (**at**) **~ time** una volta o l'altra; **for ~ time** per qualche tempo; **~ other time** un'altra volta; **~ time ago** qualche tempo fa; **in ~ way or another** in un modo o nell'altro; **to have ~ idea of sth** avere una qualche idea di qc **3.** (*amount*) un po' di; **~ more tea** ancora un po' di tè; **to have ~ money** avere un po' di soldi; **to ~ extent** fino a un certo punto **II.** *pron indef* **1.** *pl* (*several*) alcuni, -e; **I would like ~** ne vorrei alcuni; **~ like it, others don't** ad alcuni piace, ad altri no **2.** (*part of it*) un po'; **I would like ~** ne vorrei un po' **III.** *adv* qualche; **~ more apples** qualche altra mela; **~ more wine** ancora un po' di vino

somebody ['sʌm·ˌbɑː·di] *pron indef* qualcuno; **~ else** qualcun altro; **~ or other** qualcuno; **there is ~ Italian on the phone** c'è un italiano al telefono

somehow ['sʌm·haʊ] *adv* **1.** (*through unknown methods*) in qualche modo **2.** (*for an unclear reason*) per qualche ragione **3.** (*come what may*) in un modo o nell'altro

someone ['sʌm·wʌn] *pron see* **somebody**

someplace ['sʌm·pleɪs] *adv* in qualche posto

something ['sʌm·θɪŋ] **I.** *pron indef, sing* **1.** (*some object or concept*) qualcosa; **~ else** qualcos'altro; **~ nice** qualcosa di bello; **~ or other** qualcosa **2.** (*about*) **... or ~** *inf* ... o qualcosa del genere; **six-foot ~** un metro e ottanta e qualcosa; **his name is David ~** si chiama David qualcosa **II.** *n* **a little ~** una cosetta; **a certain ~** un certo non so che ▶ **that is really ~!** mica male! **III.** *adv* **~ around $10** intorno ai 10 dollari; **~ over/under $100** poco piú/meno di 100 dollari

sometime ['sʌm·taɪm] **I.** *adv* qualche volta; **~ before June** prima di giugno; **~ soon** presto; **~ tomorrow** domani in giornata; **I'll tell him ~** prima o poi glielo dirò **II.** *adj form* ex

sometimes ['sʌm·taɪmz] *adv* a volte

somewhat ['sʌm·wɑːt] *adv* leggermente; **to feel ~ better** sentirsi leggermente meglio

somewhere ['sʌm·wer] *adv* **1.** da qualche parte; **to be/go ~ else** essere/andare da un'altra parte; **to get ~** *fig* fare progressi; **the treatment is getting ~** *fig* la cura sta facendo effetto; **or ~** *inf* o in un posto simile; **he lives in Salt Lake City or ~** vive a Salt Lake City o lì vicino **2.** (*roughly*) intorno a; **she is ~ around 40** lei è sulla quarantina; **he earns ~ around $40,000** guadagna intorno ai 40.000 dollari

son [sʌn] *n* figlio *m*

song [sɑːŋ] *n* **1.** MUS (*piece of music*) canzone *f* **2.** (*action of singing*) canto *m* ▶ **(to go) for a ~** essere regalato

son-in-law ['sʌn·ɪn·lɑː] <sons-in-law> *n* genero *m*

son of a bitch **I.** <sons of bitches> *n vulg* (*jerk*) figlio *m* di puttana **II.** *interj vulg* (*as insult*) porca puttana!

son of a gun **I.** <sons of guns> *n* canaglia *f* **II.** *interj* porca miseria!

soon [suːn] *adv* presto; **~ after ...** poco dopo ...; **how ~ ...?** quando ...?; **as ~ as possible** il più presto possibile; **I would just as ~ ...** preferirei ...

soot [sʊt] *n* fuliggine *f*

soothing *adj* **1.** (*calming*) calmante **2.** (*pain-relieving*) calmante

sophisticated [sə·'fɪs·tə·keɪ·t̬ɪd] *adj* **1.** (*refined*) sofisticato, -a **2.** (*cultured*) colto, -a **3.** (*highly developed*) raffinato, -a; (*method*) sofisticato, -a

sophomore ['sɑː·fə·mɔːr] *n* studente, -essa del secondo anno (di università) *m*

sore [sɔːr] *adj* **1.** (*aching*) dolorante; **to be in ~ need of sth** avere un bisogno disperato di qc; **a ~ point** *fig* un tasto delicato **2.** *inf* (*offended*) risentito, -a; (*aggrieved*) afflitto, -a; **~ loser** cattivo perdente

sorely ['sɔːr·li] *adv form* estremamente; **he will be ~ missed** ci mancherà terribilmente; **to be ~ tempted to do sth** essere molto tentato di fare qc

sorrow ['sɑː·roʊ] *n* dolore *m*; **to feel ~ over sth** essere addolorato per qc; **to my ~** *form* con mio grande dispiacere

sorry ['sɑː·ri] **I.** <-ier, -iest> *adj* **1.** triste, dispiaciuto, -a; **I'm sorry (that)** mi dispiace (che) *+subj;* **to feel ~ for oneself** autocommiserarsi; **to feel ~ for sb**

provare pena per qu **2.** (*regretful*) dispiaciuto, -a; **to be ~ about sth** essere dispiaciuto per qc; **to say ~** chiedere scusa **3.** (*said before refusing*) **I'm ~, but I don't agree** mi dispiace, ma non sono d'accordo **4.** (*pitiful*) penoso, -a; (*choice*) infelice; (*figure*) misero, -a **II.** *interj* **1.** (*expressing apology*) **~!** scusa! [*or* scusi!] **2.** (*requesting repetition*) **~?** prego?; **~, but before continuing ...** chiedo scusa, ma prima di continuare ...

sort [sɔːrt] **I.** *n* **1.** (*type*) genere *m;* (*kind*) specie *f;* (*variety*) classe *f;* **flowers of all ~s** fiori di ogni genere; **something/nothing of the ~** qualcosa/niente del genere **2.** COMPUT sort *m inv,* ordinamento *m* **3.** (*expressing uncertainty*) **he was a friend of ~s** era una sorta di amico **4.** *inf* (*to some extent*) **~ of** in un certo senso; **I ~ of feel that ...** in un certo senso, ho la sensazione che ...; **that's ~ of difficult to explain** é un po' difficile da spiegare **5.** (*not exactly*) **~ of** più o meno **6.** (*person*) **to not be the ~ to do sth** non essere tipo da fare qc ▶ **to be/feel out of ~s** essere giù di forma **II.** *vt* **1.** (*arrange*) mettere in ordine; (*separate*) separare **2.** COMPUT ordinare **III.** *vi* **to ~ through sth** passare in rassegna qc

◆**sort out** *vt* **1.** (*resolve*) sistemare; (*details*) definire **2.** (*choose*) separare **3.** (*tidy up*) sistemare

SOS [ˌes·oʊ·ˈes] *n* SOS *m inv*

so-so [ˈsoʊ·soʊ] *inf* **I.** *adj* cosí cosí **II.** *adv* così cosí

soul [soʊl] *n* **1.** (*spirit*) anima *f;* **to pray for sb's ~** pregare per l'anima di qu **2.** (*person*) anima *f;* **there wasn't a ~ there** non c'era anima viva **3.** MUS soul *m inv* **4.** (*essence*) **to be the ~ of discretion** essere la discrezione personificata

soul food *n piatti tradizionali afroamericani del sud degli Stati Uniti*

sound[1] [saʊnd] **I.** *n* **1.** (*noise*) rumore *m;* **there wasn't a ~ to be heard** non si sentiva volare una mosca **2.** LING, PHYS suono *m* **3.** (*radio, TV*) volume *m;* **to turn the ~ down/up** abbassare/alzare il volume **4.** (*idea expressed in words*) **by the ~ of it** a quanto pare; **I don't like the ~ of that** non mi convince **II.** *vi* **1.** (*make noise*) suonare **2.** (*seem*) sembrare **III.** *vt* (*alarm*) far suonare; (*bell*) suonare

sound[2] [saʊnd] **I.** *adj* **1.** (*healthy*) sano, -a; (*robust*) robusto, -a; **to be of ~ mind** essere in possesso di tutte le facoltà mentali; **to be safe and ~** essere sano e salvo **2.** (*good: character, health*) buono, -a; (*basis*) solido, -a **3.** (*trustworthy*) sicuro, -a; (*competent*) competente **4.** (*thorough*) approfondito, -a **5.** (*undisturbed: sleep*) profondo, -a; **to be a ~ sleeper** avere il sonno profondo **II.** *adv* **to be ~ asleep** dormire profondamente

soundproof [ˈsaʊnd·pruːf] **I.** *vt* insonorizzare **II.** *adj* insonorizzato, -a

soup [suːp] *n* minestra *f;* (*clear*) brodo *m;* **home-made ~** minestra fatta in casa; **instant ~** minestra solubile

sour [ˈsa·ʊɚ] **I.** *adj* **1.** (*fruit, wine*) aspro, -a; (*milk*) cagliato, -a; **to go ~** inacidire; (*milk*) cagliarsi **2.** (*character, person*) acido, -a **II.** *n* **whiskey ~** *cocktail di whisky, succo di limone e zucchero* **III.** *vt* inacidire; *fig* guastare **IV.** *vi* inacidirsi; (*milk*) cagliare; *fig* (*person*) inacidirsi

source [sɔːrs] *n* **1.** *a. fig* (*information giver*) fonte *f;* **according to government ~s** secondo fonti governative; **from a reliable ~** da fonte attendibile **2.** (*origin*) fonte *f;* **a ~ of inspiration** una fonte di ispirazione; **~ text** testo *m* originale

south [saʊθ] **I.** *n* sud *m;* **to lie 5 miles to the ~ of sth** essere 8 km a sud di qc; **to go/drive to the ~** andare verso sud; **further ~** più a sud; **in the ~ of France** nel sud della Francia **II.** *adj* del sud, meridionale; **~ wind** vento *m* da sud; **~ coast** costa *f* meridionale

South Africa *n* Sudafrica *m*

South Carolina [ˌsaʊθ·ˌkær·ə·ˈlaɪ·nə] *n* Carolina *f* del Sud

South Dakota [ˌsaʊθ·ˌdə·ˈkoʊ·t̬ə] *n* Dakota *m* del Sud

southeast [ˌsaʊθ·ˈist] **I.** *n* sudest *m* **II.** *adj* sudorientale **III.** *adv* a sudest

southerly [ˈsʌ·ðɚ·li] **I.** *adj* (*location*) meridionale; **in a ~ direction** in direzione sud; **~ wind** vento *m* da sud **II.** *n* vento *m* da sud

southern [ˈsʌ·ðɚn] *adj* meridionale; **the ~ part of the country** il sud del paese

southerner [ˈsʌ·ðɚ·nɚ] *n* meridionale *mf*

southernmost *adj* più al sud

south-facing *adj* orientato, -a a sud

southpaw [ˈsaʊθ·pɔ] *n* mancino, -a *m, f*

South Pole *n* Polo *m* Sud

southward(**s**) [ˈsaʊθ·wɚd(z)] *adv* verso sud

southwest [ˌsaʊθ·ˈwest] **I.** *n* sudovest *m* **II.** *adj* sudoccidentale **III.** *adv* a sudovest

southwestern *adj* sudoccidentale

soviet [ˈsoʊ·vi·et] **I.** *n* soviet *m* **II.** *adj* sovietico, -a

sow [soʊ] <sowed, sown *or* sowed> *vi, vt* seminare

sown [soʊn] *pp of* **sow**

sox [sɑːks] *npl* calze *fpl*

soy [sɔɪ] *n* soia *f*

spa [spɑː] *n* **1.** (*mineral spring*) fonte *f* termale **2.** (*town*) città *f* termale **3.** (*health center*) centro *m* (di) benessere

space [speɪs] **I.** *n* spazio *m;* **parking ~** posto *f* macchina; **in a short ~ of time** in un breve lasso di tempo **II.** *vt* spaziare

space-saving *adj* poco ingombrante

spacing [ˈspeɪ·sɪŋ] *n* **1.** (*arrangement*) distanziamento *m* **2.** TYPO spaziatura *f;* **double ~** spaziatura doppia

spacious [ˈspeɪ·ʃəs] *adj* spazioso, -a

spade [speɪd] *n* **1.** (*tool*) pala *f* **2.** (*playing card*) **~s** picche *fpl;* **two of ~s** due di picche ▶ **to call a ~ a ~** dire pane al pane e vino al vino

Spain [speɪn] *n* Spagna *f*

Spam® [spæm] *n carne di maiale in scatola*

span [spæn] <-nn-> *vt* **1.** (*cross*) attraversare **2.** (*include*) abbracciare

Spanish [ˈspæ·nɪʃ] **I.** *adj* spagnolo, -a; **~ speaker** ispanofono, -a *mf* **II.** *n* **1.** (*people*) spagnolo, -a *m, f;* **the ~** gli spagnoli **2.** LING spagnolo *m*

spare [sper] **I.** *vt* **1.** (*save*) risparmiare; **to ~ sb sth** risparmiare qc a qu; **to ~ no effort** non risparmiarsi **2.** (*do without*) fare a meno di; (*time*) avere **II.** *adj* **1.** (*additional: key*) di ricambio; (*room*) libero, -a **2.** (*remaining*) in più **III.** *n* **1.** (*part*) ricambio *m* **2.** AUTO ruota *f* di scorta **3.** (*in bowling*) spare *m inv*

spareribs *n pl* costate *f pl* (di maiale)

spark [spɑːrk] **I.** *n* **1.** (*from fire*) scintilla *f* **2.** (*small amount*) briciolo *m* **II.** *vt* (*debate, protest*) scatenare; (*interest*) suscitare; **to ~ sb into action** incitare qu all'azione

sparkle [ˈspɑːr·kl] **I.** *n* luccichio *m* **II.** *vi* (*eyes*) luccicare; (*fire*) scintillare

sparkling [ˈspɑːrk·lɪŋ] *adj* **1.** (*light, diamond*) scintillante **2.** (*conversation, wit*) brillante

spark plug [ˈspɑːrk·plʌg] *n* candela *f*

sparse [spɑːrs] *adj* (*population, information*) scarso, -a; (*vegetation, beard*) rado, -a

spat [spæt] *pt, pp of* **spit**

spate [speɪt] *n* (*of burglaries*) serie *f;* (*of letters, inquiries*) valanga *f*

spatial [ˈspeɪ·ʃəl] *adj* spaziale

speak [spiːk] <spoke, spoken> **I.** *vi* **1.** parlare; **to ~ to sb** parlare con qu; **to ~ on behalf of sb** parlare a nome di qu; **so to ~** per così dire **2.** + *adv* **generally ~ing** in generale; **strictly ~ing** per essere precisi **II.** *vt* parlare; **to ~ dialect/a foreign language** parlare un dialetto/una lingua straniera; **to ~ one's mind** parlare con franchezza; **to ~ the truth** dire la verità

◆**speak out** *vi* esprimersi apertamente; **to ~ against sth** denunciare qc

speaker *n* **1.** (*person speaking*) parlante *mf* **2.** (*orator*) oratore, -trice *m, f* **3.** (*loudspeaker*) altoparlante *m*

speaking **I.** *n* **1.** (*action*) parola *f* **2.** (*public speaking*) oratoria *f* **II.** *adj* (*tour*) commentato, -a; **English ~** anglofono; **to be on ~ terms with sb** conoscere qu abbastanza bene

special [ˈspe·ʃəl] **I.** *adj* (*attention, case*)

speciale; (*aptitude*) particolare; **nothing ~** *inf* niente di speciale **II.** *n* **1.** TV special *m inv* **2.** CULIN piatto *m* del giorno **3.** *pl* COM offerte *f pl* speciali

special delivery *n* servizio *m* espresso

special effects *n* effetti *m pl* speciali

specialist ['spe·ʃə·lɪst] *n* specialista *mf*

specialize ['spe·ʃə·laɪz] **I.** *vi* specializzarsi; **to ~ in sth** specializzarsi in qc; **a lawyer specializing in divorce law** un avvocato specializzato in divorzi **II.** *vt* specializzare

specially *adv* apposta; **a ~ good wine** un vino particolarmente buono

special offer *n* offerta *f* speciale

specialty ['spe·ʃəl·ti] *n* <-ies> specialità *f*

species ['spi:·ʃi:z] *n inv* specie *f inv*

specific [spə·'sɪ·fɪk] **I.** *adj* specifico, -a; **to be ~** essere specifico **II.** *npl* particolari *mpl*

specifically *adv* **1.** (*expressly*) specificamente; (*ask, mention*) espressamente **2.** (*particularly*) precisamente

specification [ˌspe·sə·fɪ·'keɪ·ʃən] *n* specifica *f*

specify ['spe·sə·faɪ] <-ie-> *vt* specificare

specimen ['spe·sə·mən] *n* **1.** (*of blood, urine*) campione *m;* (*example*) esemplare *m;* **a ~ copy** uno specimen **2.** *inf* (*person*) soggetto *m*

specs [speks] *npl* **1.** *inf abbr of* **spectacles** occhiali *mpl* **2.** *inf abbr of* **specifications** specifiche *fpl*

spectacle ['spek·tə·kl] *n* **1.** spettacolo *m;* **to make a real ~ of oneself** dare spettacolo di sè **2.** *pl* (*glasses*) occhiali *mpl;* **a pair of ~** un paio di occhiali

spectacular [spek·'tæk·jʊ·lɚ] **I.** *adj* spettacolare **II.** *n* spettacolo *m* eccezionale

spectator [spek·'teɪ·t̬ɚ] *n* spettatore, -trice *m, f*

speculation [ˌspek·jʊ·'leɪ·ʃən] *n* speculazione *f,* congettura *f;* **stock-market ~** speculazione in borsa

sped [sped] *pt, pp of* **speed**

speech [spi:tʃ] <-es> *n* **1.** (*capacity to speak*) parola *f;* **to lose/regain the power of ~** perdere/ritrovare la facoltà della parola **2.** (*words*) parole *fpl* **3.** (*public talk*) discorso *m;* **to make** [*or* **give**] **a ~** fare un discorso

speech defect *n* difetto *m* di pronuncia

speechless ['spi:tʃ·ləs] *adj* senza parole; **to leave sb ~** lasciare qu senza parole

speed [spi:d] **I.** *n* **1.** (*velocity, quickness*) velocità *f;* **at a ~ of ...** ad una velocità di .. **2.** (*gear*) marcia *f* **3.** PHOT sensibilità *f* **4.** *inf* (*amphetamine*) anfetamine *fpl* **II.** *vi* <sped *or* speeded, sped *or* speeded> **1.** (*go fast*) andare veloce **2.** (*hasten*) accelerare **3.** (*exceed speed restrictions*) superare i limiti di velocità, fare un eccesso di velocità **III.** *vt* <sped *or* speeded, sped *or* speeded> accelerare

speedboat ['spi:d·boʊt] *n* motoscafo *m*

speeding *n* eccesso *m* di velocità

speed limit *n* limite *m* di velocità

speedy ['spi:·di] <-ier, -iest> *adj* veloce

spell¹ [spel] <spelled *or* spelt, spelled *or* spelt> **I.** *vt* **1.** (*form using letters*) scrivere; **how do you ~ it?** come si scrive? **2.** (*signify*) significare; **this ~s trouble** questo vuol dire problemi **II.** *vi* scrivere

spell² [spel] *n a. fig* incantesimo *m*

spell³ [spel] *n* **1.** (*period*) breve periodo *m* **2.** (*turn*) turno *m*

spelling *n* ortografia *f;* **~ mistake** errore *m* di ortografia

spelt [spelt] *pp, pt of* **spell**

spend [spend] <spent, spent> **I.** *vt* **1.** (*money*) spendere **2.** (*time*) trascorrere; **to ~ time** (**doing sth**) passare del tempo (a fare qc) **II.** *vi* spendere

spending *n* spese *fpl;* **public ~** la spesa pubblica

sperm [spɜ:rm] <-(s)> *n* sperma *m*

spice [spaɪs] **I.** *n* **1.** CULIN spezia *f* **2.** (*excitement*) piccante *m;* **the ~ of life** il sale della vita **II.** *vt* speziare

spicy ['spaɪ·si] <-ier, -iest> *adj* **1.** (*seasoned*) piccante **2.** (*sensational*) piccante

spider ['spaɪ·dɚ] *n* ragno *f*

spill [spɪl] **I.** *n* **1.** (*act of spilling*) fuoriuscita *f;* **oil ~** fuoriuscita *f* di petrolio **2.** *inf* (*fall*) caduta *f* **II.** *vt* <spilled

or spilt, spilled *or* spilt> versare **III.** *vi* versarsi

spilt [spɪlt] *pp, pt of* **spill**

spin [spɪn] **I.** *n* **1.** (*rotation*) giro *m* **2.** (*drive*) **to go** [*or* **take the car**] **for a ~** andare a fare un giro (in macchina) **3.** (*in washing machine*) centrifugata *f* **II.** *vt* <spun, spun> **1.** (*rotate*) girare; (*clothes*) centrifugare **2.** (*make thread out of*) filare **3.** (*tell: story, tale*) raccontare **III.** *vi* <spun, spun> **1.** (*rotate*) girare **2.** (*make thread*) filare

spinach ['spɪ·nɪtʃ] *n* BOT spinacio *m;* CULIN spinaci *mpl*

spine [spaɪn] *n* **1.** (*spinal column*) colonna *f* vertebrale **2.** (*spike*) punta *f* **3.** (*of book*) dorso *m* **4.** BOT spina *f*

spiral ['spaɪ·rəl] **I.** *n* spirale *f* **II.** *adj* a spirale; **~ staircase** scala *f* a chiocciola **III.** *vi* <-ll-, -l-> **1.** (*travel in a spiral*) fare delle spirali **2.** (*increase*) essere in progressione costante; (*decrease*) essere in calo costante; **to ~ out of control** aumentare in modo incontrollato

spirit ['spɪ·rɪt] *n* **1.** (*soul*) spirito *m* **2.** (*ghost*) spirito *m* **3.** *pl* (*mood*) morale *mpl;* **to be in high/low ~s** essere su/giù di morale **4.** (*character*) carattere *m* **5.** *pl* (*alcoholic drink*) superacolici *mpl* **6.** (*attitude or principle*) **the ~ of the age** lo spirito dell'epoca; **that's the ~!** questo è spirito giusto!

spit[1] [spɪt] **I.** *n inf* saliva *f* **II.** *vi* <spat, spat> **1.** (*expel saliva*) sputare **2.** (*crackle*) scoppiettare **III.** *vt* sputare

spit[2] [spɪt] *n* **1.** CULIN spiedo *m* **2.** (*sandbar*) banco *m* di sabbia

spite [spaɪt] **I.** *n* rancore *m;* **to do sth out of ~** fare qc per dispetto; **in ~ of** a dispetto di; **in ~ of the fact that he is rich** nonostante (il fatto che) sia ricco **II.** *vt* fare un dispetto a

spiteful ['spaɪt·fəl] *adj pej* vendicativo, -a

spitting image *n* **she's the ~ of her mother** è sua madre sputata

splendid ['splen·dɪd] *adj* splendido, -a

splint [splɪnt] *n* stecca *f*

split [splɪt] **I.** *n* **1.** (*crack*) fessura *f* **2.** (*in clothes*) spacco *m* **3.** (*division*) spaccatura *f* **II.** *vt* <split, split> **1.** (*divide*) dividere; (*atom*) disintegrare; **to ~ sth between two people** dividere qc tra due persone **2.** (*crack*) fendere; **to ~ one's head open** spaccarsi la testa ▶ **to ~ hairs** spaccare il capello in quattro **III.** *vi* <split, split> **1.** (*divide*) dividersi **2.** (*form cracks*) fendersi **3.** *inf* (*leave*) filarsela

◆**split up** **I.** *vt* dividere **II.** *vi* **to ~ with sb** separarsi da qu

split-up ['splɪt·ʌp] *n* rottura *f*

spoil [spɔɪl] **I.** *vt* <spoiled *or* spoilt, spoiled *or* spoilt> **1.** (*ruin*) rovinare **2.** (*child*) viziare **II.** *vi* <spoiled *or* spoilt, spoiled *or* spoilt> andare a male **III.** *n* **1.** *pl* (*profits*) bottino *m* **2.** (*debris*) macerie *fpl*

spoilsport ['spɔɪl·spɔːrt] *n inf* guastafeste *mf inv*

spoilt **I.** *pp, pt of* **spoil** **II.** *adj* viziato, -a

spoke[1] [spoʊk] *pt of* **speak**

spoke[2] [spoʊk] *n* (*of wheel*) raggio *m*

spoken *pp of* **speak**

sponge [spʌndʒ] **I.** *n* **1.** (*animal*) spugna *f* **2.** (*absorbent*) spugna *f* **3.** (*person*) parassita *mf* **II.** *vt* passare una spugna su **III.** *vi inf* essere un parassita

sponger *n pej* parassita *mf*

sponsor ['spɑːn·tsɚ] **I.** *vt* sponsorizzare **II.** *n* sponsor *m inv*

spontaneous [spɑːn·'teɪ·ni·əs] *adj* spontaneo, -a

spooky ['spuː·ki] <-ier, -iest> *adj inf* spettrale

spoon [spuːn] **I.** *n* **1.** (*utensil*) cucchiaio *m* **2.** (*amount*) cucchiaio *m* **II.** *vt* servire (con un cucchiaio)

spoonful ['spuːn·fʊl] <-s *or* spoonsful> *n* cucchiaiata *f*

sport [spɔːrt] *n* **1.** (*activity*) sport *m inv* **2.** *inf* (*person*) **to be a good/poor ~** non prendersela/prendersela

sporting *adj* sportivo, -a

sports car *n* auto *f* sportiva *inv*

sporty ['spɔːr·t̬i] <-ier, -iest> *adj* sportivo, -a

spot [spɑːt] **I.** *n* **1.** (*mark*) macchia *f* **2.** (*pattern*) pois *m inv* **3.** (*on skin*) neo *m* **4.** (*place*) posto *m;* **on the ~** (*at the very place*) sul posto; (*at once*) subito **5.** (*part of TV, radio show*) spot *m inv* ▶ **to really hit the ~** essere quello che ci vuole; **to have a soft ~ for sb** avere un debole per qu; **to put sb on the ~** mettere qu con le spalle al muro **II.** <-tt-> *vt* **1.** (*see*) scorgere **2.** (*speckle*) macchiare

spotless ['spɑːt·ləs] *adj* **1.** (*very clean*) immacolato, -a **2.** (*unblemished*) impeccabile

spotlight ['spɑːt·laɪt] **I.** *n* riflettore *m* ▶ **to be in the ~** essere sotto i riflettori **II.** <spotlighted *or* spotlit, spotlighted *or* spotlit> *vt* illuminare

spotted *adj* macchiato, -a; **a ~ dress** un vestito a pois

spotty ['spɑː·t̬i] <-ier, -iest> *adj* brufoloso, -a

sprain [spreɪn] **I.** *vt* distorcersi **II.** *n* storta *f*

sprang [spræŋ] *pt of* **spring**

spray [spreɪ] **I.** *n* **1.** (*mist*) spruzzi *mpl* **2.** (*device*) nebulizzatore *m*, spray *m inv* **II.** *vt* (*cover in a spray*) spruzzare **III.** *vi* (*gush*) spruzzare

spread [spred] **I.** *n* **1.** (*act of spreading*) diffusione *f* **2.** (*range*) gamma *f* **3.** (*article*) **a full-page ~** articolo *m* su doppia pagina **4.** CULIN crema *f*, pasta *f* **5.** (*ranch*) ranch *m inv* **6.** *inf* (*meal*) banchetto *m* **7.** SPORTS (*number of points*) **point ~** punteggio *m* **II.** <spread, spread> *vt* **1.** (*news*) diffondere; (*disease*) trasmettere **2.** (*butter*) spalmare **3.** (*payments, work*) dilazionare **4.** (*unfold: map, blanket*) spiegare **III.** <spread, spread> *vi* (*news*) diffondersi; (*disease*) trasmettersi; (*liquid*) espandersi

spreadsheet ['spred·ʃiːt] *n* COMPUT foglio *m* elettronico

spring [sprɪŋ] **I.** *n* **1.** (*season*) primavera *f* **2.** (*jump*) balzo *m* **3.** (*metal coil*) molla *f* **4.** (*source of water*) sorgente *f* **II.** <sprang, sprung> *vi* balzare; **to ~ to one's feet** balzare in piedi; **to ~ shut/open** chiudersi/aprirsi di colpo **III.** <sprang, sprung> *vt* **to ~ sth on sb** tirar fuori qc a qu all'improvviso

springboard ['sprɪŋ·bɔːrd] *n* trampolino *m*

spring break *n* vacanze *f pl* scolastiche di primavera

sprinkle ['sprɪŋ·kl] **I.** *vt* spargere **II.** *n* pizzico *f*

sprinter ['sprɪn·t̬ɚ] *n* velocista *mf*

sprung [sprʌŋ] *pp, Am: pt of* **spring**

spud [spʌd] *n inf* patata *f*

spun [spʌn] *pp, pt of* **spin**

spy [spaɪ] **I.** *n* spia *f* **II.** *vi* spiare; **to ~ on sb** spiare qu **III.** *vt* scorgere

squad [skwɑːd] *n* **1.** (*group*) squadra *f*; (*of police*) squadra *f*; **anti-terrorist ~** squadra antiterrorista **2.** (*sports team*) squadra *f*

squalid ['skwɑː·lɪd] *adj* squallido, -a

square [skwer] **I.** *n* **1.** (*shape*) quadrato *m* **2.** (*in town*) piazza *f* ▶ **to go back to ~ one** ritrovarsi al punto di partenza **II.** *adj* **1.** (*square-shaped*) quadrato, -a; **forty-three ~ feet** quattro metri quadrati **2.** (*fair*) **a ~ deal** un affare corretto **3.** (*not owing anything*) pari **III.** *vt* **1.** (*make square*) quadrare **2.** (*settle*) far quadrare; **to ~ one's accounts** far quadrare i conti **3.** MATH elevare al quadrato **IV.** *vi* **to ~ with the facts** quadrare con i fatti **V.** *adv* direttamente; **to run** [*or* **drive**] **~ into sth** andare a sbattere in pieno contro qc

squash[1] [skwɑːʃ] *n* (*vegetable*) zucca *f*

squash[2] [skwɑːʃ] **I.** *n* **1.** SPORTS squash *m* **2.** (*dense pack*) **it's a ~** si sta ammassati *m* **II.** *vt* schiacciare

squat [skwɑːt] **I.** <-tt-> *vi* **1.** (*crouch down*) accovacciarsi **2.** (*in property*) occupare una proprietà abusivamente **II.** *n* **1.** (*exercise*) fare piegamenti sulle gambe **2.** *sl* (*nothing*) **to not know ~** non sapere un tubo **III.** <-tt-> *adj* (*person*) tracagnotto, -a

squatter ['skwɑː·t̬ɚ] *n* occupante *mf* abusivo, -a

squeamish ['skwiː·mɪʃ] *adj* impressionabile; **to feel ~** avere la nausea

squeeze [skwiːz] **I.** *n* **1.** (*pressing action*) stretta *f*; **a ~ of orange** una spruzzata d'arancio **2.** ECON (*limit*) restrizione *f* **3.** (*pressure*) **to put the ~ on sb** fare pressione su qu **II.** *vt* **1.** (*press together: lemon, orange*) spremere; (*hand*) stringere; (*cloth*) strizzare; **freshly ~d orange juice** spremuta *f* d'arancia **2.** (*force*) **to ~ sth out of sb** tirar fuori qc a qu

squid [skwɪd] <-(s)> *n* calamaro *m*

squirrel ['skwɜː·rəl] *n* scoiattolo *m*

Sr. *n abbr of* **senior** padre; **Henry Smith, Sr.** Henry Smith, padre

SSE [ˌes·es·'dʌb·əl·ju] *abbr of* **south-southeast** SSO

SSW [ˌes·es·'i] *abbr of* **south-southwest** SSE

St. *n* **1.** *abbr of* **saint** S.; **~ Thomas** S. Tommaso **2.** *abbr of* **street** via

stab [stæb] **I.** <-bb-> *vt* pugnalare; **to ~ sb in the back** *fig* pugnalare qu alle spalle **II.** <-bb-> *vi* dare dei colpetti **III.** *n* **1.** (*blow*) pugnalata *f* **2.** (*sudden pain*) fitta *f* **3.** (*attempt*) **to take a ~ at (doing) sth** provare (a fare) qc

stabbing **I.** *n* accoltellamento *m* **II.** *adj* lancinante

stability [stə·'bɪ·lə·ti] *n* stabilità *f*

stabilize ['steɪ·bə·laɪz] **I.** *vt* stabilizzare **II.** *vi* stabilizzarsi

stable[1] ['steɪ·bl] *adj* **1.** *a.* ECON stabile **2.** (*structure*) stabile **3.** MED stazionario, -a

stable[2] ['steɪ·bl] **I.** *n* stalla *f* **II.** *vt* tenere in una stalla

stadium ['steɪ·di·əm] <-s *or* -dia> *n* stadio *m*

staff [stæf] **I.** *n* **1.** (*employees*) personale *m;* **the editorial ~** la redazione; **the teaching ~** il corpo insegnante **2.** MIL Stato *m* Maggiore **II.** *vt* dotare di personale

stag [stæg] *n* **1.** ZOOL cervo *m* **2.** (*unaccompanied male*) scapolo *m*

stage [steɪdʒ] **I.** *n* **1.** (*period*) stadio *m;* **to do sth in ~s** fare qc per gradi **2.** THEAT palcoscenico *m;* **the ~** il teatro; **to be on the ~** recitare (in teatro); **to go on the ~** darsi al teatro; **to hold the ~** catturare l'attenzione del pubblico **II.** *vt* **1.** (*produce on stage*) mettere in scena **2.** (*organize*) organizzare

stagnant ['stæg·nənt] *adj a. fig* stagnante

stagnate ['stæg·neɪt] *vi* (ri)stagnare

stain [steɪn] **I.** *vt* **1.** (*mark*) macchiare **2.** (*dye*) dare il mordente a **II.** *vi* (*become marked*) macchiarsi **III.** *n* **1.** (*mark*) macchia *f;* **red wine ~** macchia *f* di vino rosso **2.** (*dye*) colorante *m*

stained *adj* (*marked*) macchiato, -a

stainless ['steɪn·ləs] **I.** *adj* (*immaculate*) immacolato, -a; (*that cannot be stained*) antimacchia *inv* **II.** *n* acciaio *m* inossidabile

stair [ster] *n* **1.** (*rung*) gradino *m* **2.** *pl* (*set of steps*) scala *f*

staircase ['ster·keɪs] *n,* **stairway** ['ster·weɪ] *n* scala *f*

stake [steɪk] **I.** *n* **1.** (*stick*) paletto *m* **2.** (*share*) partecipazione *f;* **to have a ~ in sth** avere una partecipazione in qc **3.** (*bet*) posta *f;* **to be at ~** essere in gioco **II.** *vt* **1.** (*mark with stakes*) segnare con paletti **2.** (*bet*) puntare; **to ~ one's life on sth** mettere la mano sul fuoco per qc; **to ~ a claim to sth** rivendicare qc

stakeholder ['steɪk·ˌhoʊl·dɚ] *n* FIN soggetto *m* portatore di interesse

stale [steɪl] *adj* **1.** (*not fresh*) stantio, -a; (*bread*) raffermo, -a; (*air*) viziato, -a; (*joke*) trito, -a e ritrito, -a **2.** (*tired*) stanco, -a

stalk[1] [stɔːk] *n* (*of plant*) gambo *m*

stalk[2] [stɔːk] **I.** *vt* (*follow*) seguire ossessivamente **II.** *vi* **to ~ off** allontanarsi offeso, -a

stall [stɔːl] **I.** *n* **1.** (*for animal*) posta *f* **2.** (*in market*) bancarella *f,* banco *m* **3.** (*compartment*) **shower ~** vano *m* doccia; **toilet ~** vano *m* gabinetto **II.** *vi* **1.** (*stop running: engine, vehicle*) bloccarsi **2.** *fig inf* (*delay*) **to ~ for time** guadagnare tempo **III.** *vt* **1.** (*engine*) fare spegnere; (*vehicle*) fare spegnere il motore di **2.** *fig inf* (*keep waiting*) tenere a bada

stamina ['stæ·mə·nə] *n* resistenza *f*

stammer ['stæ·mɚ] **I.** *vi, vt* balbettare **II.** *n* balbettamento *m*

stamp [stæmp] **I.** *n* **1.** (*postage stamp*) francobollo *m;* (*device*) timbro *m;* (*mark*) bollo *m* **2.** (*characteristic quality*) impronta *f* **II.** *vt* **1.** (*place postage* *stamp on*) affrancare **2.** (*impress a mark on*) timbrare **3. to ~ one's foot** pestare il piede per terra **III.** *vi* pestare i piedi

◆**stamp out** *vt* sradicare

stand [stænd] **I.** *n* **1.** (*position*) posizione *f;* **to take a ~ on (doing) sth** prendere una posizione in qc/nel fare qc **2.** *pl* (*in stadium*) tribuna *f* **3.** (*support, frame*) supporto *m;* **music ~** leggio *m* **4.** (*market stall*) banco *m* del mercato **5.** (*for vehicles*) posteggio *m;* **taxi ~** posteggio *m* dei taxi **6.** (*witness box*) banco *m* dei testimoni; **to take the ~** salire sul banco dei testimoni **II.** <stood, stood> *vi* **1.** (*be upright*) stare in piedi; **to ~ still** stare fermo, -a **2.** (*be located*) trovarsi **3.** (*remain unchanged: decision*) rimanere valido, -a; (*law*) rimanere in vigore **III.** <stood, stood> *vt* **1.** (*place*) mettere dritto, -a **2.** (*bear*) sopportare; **I can't ~ her** non la sopporto **3.** LAW **to ~ trial** subire un processo

◆**stand aside** *vi* **1.** (*move*) farsi da parte **2.** (*stay*) stare in disparte

◆**stand by** **I.** *vi* **1.** (*observe*) stare a guardare **2.** (*be ready to take action*) essere pronto, -a **II.** *vt* (*support*) appoggiare

◆**stand down** *vi* rinunciare

◆**stand for** *vt* **1.** (*represent*) rappresentare; (*mean*) stare per **2.** (*believe in*) sostenere **3.** (*tolerate*) tollerare

◆**stand in** *vi* **to ~ for sb** sostituire qu

◆**stand out** *vi* risaltare

◆**stand up** **I.** *vi* **1.** (*be upright*) alzarsi (in piedi) **2.** (*evidence, argument*) reggere; **to ~ in court** reggere in tribunale **II.** *vt* **to stand sb up** tirare un bidone a qu

standard ['stæn·dɚd] **I.** *n* **1.** (*level*) livello *m;* (*quality*) livello *m* qualitativo **2.** (*norm*) norma *f* **3.** (*flag*) stendardo *m* **II.** *adj* (*normal*) normale; (*procedure*) usuale

standardize ['stæn·dɚ·daɪz] *vt* standardizzare; TECH normalizzare

standby ['stænd·baɪ] **I.** *n* **1.** (*of money, food*) riserva *f* **2.** AVIAT lista *f* d'attesa; **to be on ~** essere in lista d'attesa; **they put me on ~** mi hanno messo in lista d'attesa **II.** *adj* di riserva

stand-in ['stænd·ɪn] *n* sostituto, -a *m, f;* CINE controfigura *f*

standing ['stæn·dɪŋ] **I.** *n* **1.** (*status*) posizione *f* **2.** (*duration*) durata *f;* **of long ~** di vecchia data **II.** *adj* **1.** (*upright*) verticale **2.** (*permanent*) permanente **3.** (*water*) stagnante

standpoint ['stænd·pɔɪnt] *n* punto *m* di vista

standstill ['stænd·stɪl] *n* fase *f* di stallo; **to be at a ~** essere in fase di stallo

stank [stæŋk] *pt of* **stink**

staple ['steɪ·pl] **I.** *n* (*fastener*) punto *m* (di pinzatrice) **II.** *vt* pinzare

stapler ['steɪp·lɚ] *n* pinzatrice *f*

star [stɑːr] **I.** *n* **1.** (*heavenly body*) stella *f* **2.** (*asterisk*) asterisco *m* **3.** (*popular person*) stella *f;* **a movie ~** una star del cinema **II.** *vt* <-rr-> **1.** THEAT, CINE essere interpretato, -a da **2.** (*mark with asterisk*) segnalare con un asterisco

starboard ['stɑːr·bɚd] **I.** *n* NAUT dritta *f* **II.** *adj* a dritta

stardom ['stɑːr·dəm] *n* celebrità *f*

stare [ster] **I.** *vi* fissare **II.** *vt* fissare; **the answer was staring us in the face** avevamo la risposta sotto gli occhi **III.** *n* sguardo *m* fisso

staring ['ste·rɪŋ] *adj* fisso, -a; **~ eyes** sguardo *m* fisso

Stars and Stripes *n* **the ~** la bandiera a stelle e striscie

star sign *n* segno *m* zodiacale

Star-Spangled Banner *n* (*flag*) bandiera *f* a stelle e strisce; (*anthem*) inno *m* nazionale americano

start [stɑːrt] **I.** *vi* **1.** (*begin*) iniziare; **to ~ to do sth** iniziare a fare qc **2.** (*begin journey*) partire **3.** (*begin to operate: vehicle*) mettersi in moto **4.** SPORTS (*play at beginning*) essere nella formazione iniziale **5.** (*begin at level*) partire **6.** (*make sudden movement*) sobbalzare; **to ~ at sth** sobbalzare per qc **II.** *vt* **1.** (*begin*) iniziare, cominciare; **we ~ work at 6:30 every morning** iniziamo a lavorare alle 6:30 ogni mattina **2.** (*set in operation*) mettere in moto **3.** COM mettere su **4.** SPORTS (*let play *at beginning*) mettere nella formazione iniziale ▶ **to ~ something** *inf* creare un casino **III.** *n* **1.** (*beginning*) principio *m;* **to make an early/a late ~** cominciare presto/tardi **2.** SPORTS (*beginning place*) linea *f* di partenza; (*beginning time*) via *m;* **false ~** falsa partenza *f* **3.** (*sudden movement*) sobbalzo *m;* **to give a ~** sobbalzare; **to give sb a ~** far sobbalzare qu

♦**start back** *vi* **1.** (*jump back suddenly*) retrocedere **2.** (*begin return journey*) cominciare il viaggio di ritorno

♦**start out** *vi* **1.** (*begin*) cominciare; **to ~ to do sth** mettersi a fare qc **2.** (*begin journey*) partire

♦**start up I.** *vt* **1.** (*organization*) mettere su **2.** (*vehicle, motor*) mettere in moto **II.** *vi* **1.** (*begin running: vehicle, motor*) mettersi in moto **2.** (*open*) mettere su un'attività **3.** (*jump up*) balzare in piedi

starter *n* **1.** AUTO motorino *m* di avviamento **2.** *inf* CULIN antipasto *m* **3.** SPORTS (*player at beginning*) giocatore, -trice *m, f* della formazione iniziale ▶ **for ~s** *inf* per cominciare

startup ['start·ˌʌp] *n* avviamento *m*

starvation [stɑːr·'veɪ·ʃən] *n* fame *f;* **to die of ~** morire di fame

starve [stɑːrv] **I.** *vi* **1.** soffire di fame; (*die of hunger*) morire di fame; **to ~ to death** morire di fame **2.** *inf* (*be very hungry*) essere affamato, -a **II.** *vt* **1.** (*deprive: of food*) far soffrire di fame; **to ~ sb to death** far morire di fame **2.** (*deprive: of love*) privare

state [steɪt] **I.** *n* **1.** (*condition*) stato *m;* **~ of war** stato di guerra; **solid ~** stato solido; **~ of mind** stato d'animo **2.** (*nation*) stato *m* **3.** *pl, inf* (*USA*) **the States** gli Stati Uniti **4.** (*pomp*) **to lie in ~** essere nella camera ardente **II.** *adj* (*pertaining to a nation*) statale; **~ secret** segreto *m* di Stato **III.** *vt* **1.** (*express*) dichiarare **2.** LAW (*specify*) stabilire

State Department *n* Dipartimento *m* di Stato, ≈ ministero *m* degli Affari Esteri

statement ['steɪt·mənt] *n* **1.** (*declaration*) dichiarazione *f;* **to make a ~** LAW fare una dichiarazione **2.** (*from bank*) estratto *m* conto

state of the art [ˌsteɪt·əv·ði·'ɑːrt] *adj* d'avanguardia; **~ technology** tecnologia d'avanguardia

stateside ['steɪt·saɪd] *adv inf* negli Stati Uniti

station ['steɪ·ʃən] **I.** *n* **1.** RAIL stazione *f* **2.** (*place*) stazione *f;* **police ~** commissariato *m;* **gas ~** stazione *f* di servizio; **research ~** centro *m* di ricerca **3.** RADIO stazione *f;* TV canale *m* **4.** (*position*) postazione *m;* **action ~s!** MIL ai vostri posti! **II.** *vt* **1.** (*place*) collocare **2.** MIL appostare; **he's ~ed in Washington** é di stanza a Washington

stationary ['steɪ·ʃə·ne·ri] *adj* (*not moving*) fermo, -a

stationery ['steɪ·ʃə·ne·ri] *n* articoli *m pl* di cancelleria

statistics [stə·'tɪs·tɪks] *n* **1.** (*science*) statistica *f* **2.** *pl* (*data*) statistiche *fpl*

statue ['stæ·tʃuː] *n* statua *f*

Statue of Liberty *n* **the ~** la Statua della Libertà

status ['steɪ·t̬əs] *n* **1.** (*official position*) statuto *m* **2.** (*prestige*) prestigio *m*

stay [steɪ] **I.** *vi* **1.** (*remain present*) rimanere; **to ~ in bed** rimanere a letto **2.** (*reside temporarily*) alloggiare **3.** (*remain*) rimanere; **to ~ friends** rimanere amici **II.** *vt* (*endure*) resistere; **to ~ the course** [*or* **distance**] resistere fino alla fine **III.** *n* soggiorno *m*

♦**stay away** *vi* stare lontano; **to ~ from sb/sth** tenersi alla larga da qu/qc

♦**stay behind** *vi* fermarsi

♦**stay in** *vi* rimanere in casa

♦**stay out** *vi* stare fuori; **to ~ all night** stare fuori tutta la notte

♦**stay up** *vi* rimanere alzato, -a; **to ~ late** rimanere alzato fino a tardi

staying power *n* resistenza *f*

STD [ˌes·tiː·'diː] *n* MED *abbr of* **sexually transmitted disease** MST *f*

steady ['ste·di] **I.** <-ier, -iest> *adj* **1.** (*stable*) stabile; (*job*) fisso, -a; (*temperature*) costante **2.** (*regular*) costante **3.** (*not wavering: hand*) saldo, -a **4.** (*calm*) calmo, -a **5.** (*regular:*

boyfriend) fisso, -a **II.** *vt* **1.** (*stabilize*) stabilizzare **2.** (*make calm*) calmare **III.** *adv* **to be going ~** avere una relazione duratura **IV.** *interj* piano!

steak [steɪk] *n* **1.** (*for frying, grilling*) bistecca *f;* (*ground beef*) carne *f* tritata *per hamburger* **2.** (*of fish*) trancio *m*

steal [sti:l] **I.** <stole, stolen> *vt* rubare; **to ~ sb's heart** rubare il cuore a qu ▶ **to ~ the show** monopolizzare l'attenzione **II.** <stole, stolen> *vi* **1.** (*take things illegally*) rubare **2.** (*move surreptitiously*) **to ~ in** entrare di soppiatto; **to ~ away** sgattaiolare via **III.** *n inf* affarone *m*

steam [sti:m] **I.** *n* (*water vapor*) vapore *m;* **to run out of ~** *fig* perdere vigore ▶ **to let off@ ~** scaricarsi **II.** *adj* a vapore **III.** *vi* (*produce steam*) emettere vapore **IV.** *vt* cuocere al vapore

steamer ['sti:·mɚ] *n* **1.** (*boat*) battello *m* a vapore **2.** CULIN pentola *f* a pressione

steamship *n* nave *f* a vapore

steamy ['sti:·mi] <-ier, -iest> *adj* **1.** (*full of steam*) pieno, -a di vapore **2.** (*very humid*) umido, -a **3.** *inf* (*sexy*) spinto, -a

steel [sti:l] **I.** *n* (*metal*) acciaio *m;* **nerves of ~** nervi *m pl* d'acciaio **II.** *adj* d'acciaio

steep [sti:p] *adj* **1.** (*sharply sloping*) ripido, -a **2.** (*dramatic: increase*) notevole; **~!** è un'esagerazione! **3.** (*expensive*) esorbitante

step [step] **I.** *n* **1.** (*foot movement*) passo *m;* (*footprint*) impronta *f;* **to take a ~** fare un passo; **~ by ~** passo a passo **2.** (*of stair*) gradino *m* **3.** (*measure*) provvedimento *m;* **to take ~s** (**to do sth**) prendere provvedimenti (per fare qc) **4.** MUS **whole ~** tono *m;* **half ~** semitono *m* **II.** <-pp-> *vi* **1.** (*tread*) **~ in** [*or* **on**] **sth** calpestare qc **2.** (*walk*) camminare

◆**step down** *vi* (*resign*) dimettersi; **to ~ from sth** rinunciare a qc

◆**step in** *vi* intervenire

stepbrother *n* fratellastro *m*

stepsister ['step·ˌsɪs·tər] *n* sorellastra *f*

stepson ['step·sʌn] *n* figliastro *m*

stereotype ['ste·ri·ə·taɪp] **I.** *n pej* stereotipo *m* **II.** *vt pej* rendere stereotipato, -a

sterile ['ste·rəl] *adj* sterile

sterilize ['ste·rə·laɪz] *vt* sterilizzare

stern[1] [stɜ:rn] *adj* **1.** (*severe*) severo, -a; (*warning*) duro, -a **2.** (*strict*) severo, -a

stern[2] [stɜ:rn] *n* NAUT poppa *f*

stew [stu:] **I.** *n* stufato *m* ▶ **to be in a ~** *inf* essere in ansia **II.** *vt* (*meat*) stufare; (*fruit*) cuocere **III.** *vi* cuocere

stick[1] [stɪk] *n* **1.** (*of wood*) bastone *m;* (*of celery*) gambo *m;* (*of dynamite*) candelotto *m;* (*of deodorant*) stick *m inv;* **a ~ of chalk** un gessetto **2.** *a.* SPORTS (*for hockey*) mazza *f;* **walking ~** bastone *m* (da passeggio) **3.** MUS bacchetta *f* **4.** *inf* (*remote area*) **in the ~s** in un posto sperduto ▶ **to get the wrong end of the ~** prendere fischi per fiaschi

stick[2] [stɪk] <stuck, stuck> **I.** *vi* **1.** (*adhere*) attaccarsi **2.** (*be unmovable: person, mechanism*) bloccarsi; (*door*) incastrarsi **3.** (*endure*) **to ~ in sb's mind** rimanere impresso a qu **II.** *vt* **1.** (*affix*) attaccare **2.** *inf* (*put*) mettere; **to ~ one's head out the window** sporgere la testa dalla finestra

◆**stick around** *vi inf* rimanere (nei paraggi)

◆**stick up** **I.** *vt inf* **1.** (*rob*) assalire **2.** (*raise*) **stick 'em up!** mani in alto! **II.** *vi* spuntare; (*hair*) stare dritto, -a

◆**stick up for** *vt* prendere le difese di

sticker ['stɪ·kɚ] *n* (auto)adesivo *m*

stick-on ['stɪk·ɑ:n] *adj* adesivo, -a

sticky ['stɪ·ki] <-ier, -iest> *adj* **1.** (*label*) adesivo, -a; (*surface, hands*) appiccicoso, -a **2.** (*weather*) afoso, -a

stiff [stɪf] **I.** *n inf* (*corpse*) cadavere *m* **II.** *adj* **1.** (*rigid: paper*) rigido, -a; (*brush*) duro, -a **2.** (*not supple: joints*) duro, -a **3.** (*difficult to move: muscles*) indolenzito, -a; **to have a ~ neck** avere il torcicollo **4.** (*very formal: manner*) impettito, -a **5.** (*strong: competition*) duro, -a; (*opposition, drink*) forte; (*resistance*) tenace; (*punishment*) severo, -a **6.** (*strenuous: climb, hike*) duro, -a **7.** (*very expensive: price*) esorbitante **III.** *adv* **to be bored ~** annoiarsi a morte

stifling ['staɪf·lɪŋ] *adj* soffocante

still[1] [stɪl] **I.** *adj* **1.** (*calm*) tranquillo, -a **2.** (*peaceful*) fermo, -a; (*waters*) calmo, -a; **to keep ~** stare fermo **II.** *n* **1.** *lit* (*peace*) quiete *f;* **the ~ of the night** la quiete notturna **2.** CINE, PHOT fotogramma *m* **III.** *vt* (*calm*) calmare

still[2] [stɪl] *adv* **1.** ancora; **to be ~ alive** essere ancora vivo; **to want ~ more** volere ancora di più; **better ~** ancora meglio **2.** (*nevertheless*) tuttavia

stillbirth ['stɪl·bɜːrθ] *n* nascita *f* di un bambino morto

stillborn ['stɪl·bɔːrn] *adj* **1.** (*born dead*) nato, -a morto, -a **2.** (*unsuccessful*) fallito, -a sul nascere

stimulate ['stɪm·jə·leɪt] *vt* **1.** stimolare; (*economy*) incentivare **2.** MED stimolare

stimulus ['stɪm·jə·ləs] <-li> *n* stimolo *m*

sting [stɪŋ] **I.** *vi, vt* **1.** (*inject with poison*) pungere **2.** (*cause pain: eyes*) (far) bruciare; (*criticism*) pungere sul vivo **II.** *n* **1.** (*injury*) puntura *f* **2.** (*pain*) bruciore *m* **3.** (*of animal*) pungiglione *m* **4.** *sl* **police operation** operazione *f* di infiltrazione

stingy ['stɪn·dʒi] <-ier, -iest> *adj inf* tirchio, -a

stink [stɪŋk] **I.** *n* **1.** (*smell*) puzzo *m* **2.** *fig* scandalo *m* **II.** <stank *or* stunk, stunk> *vi* **1.** (*smell*) puzzare **2.** *inf* (*be very bad*) fare schifo **3.** *inf* (*be suspicious: situation*) puzzare

stipulate ['stɪp·jə·leɪt] *vt* stipulare

stipulation [ˌstɪp·jə·'leɪ·ʃən] *n* condizione *f;* **with the ~ that** a condizione che *+subj*

stir [stɜːr] **I.** <-ring, -red> *vt* **1.** (*mescolare: fire*) attizzare **2.** (*move*) agitare **3.** (*stimulate: imagination*) stimolare **II.** *vi* **1.** (*be able to be agitated*) mescolarsi; **these ingredients really ~ well** questi ingredienti si mescolano molto bene **2.** (*move*) muoversi, agitarsi **3.** (*rouse*) risvegliarsi **III.** *n* **1.** (*agitation*) **to give sth a ~** dare una mescolata a qc **2.** (*excitement*) agitazione *f;* **to cause a ~** creare scompiglio

stir-fry ['stɜːr·fraɪ] <-ied, -ies> *vt* saltare

stitch [stɪtʃ] **I.** <-es> *n* **1.** (*in knitting*) maglia *f;* (*in sewing*) punto *m* **2.** MED punto *m* (di sutura) **II.** *vi, vt* cucire

stock [stɑːk] **I.** *n* **1.** (*reserves*) scorta *f* **2.** COM, ECON scorta *f* (di magazzino); **to have sth in ~** avere qc a magazzino; **to be out of ~** essere esaurito, -a; **to take ~** fare l'inventario; *fig* fare un bilancio **3.** (*share*) FIN azione *f* **4.** AGR, ZOOL bestiame *m* **5.** FOOD (*broth*) brodo *m* **II.** *adj* (*model*) standard *inv;* (*response*) scontato, -a **III.** *vt* **1.** (*keep in supply: goods*) avere disponibile **2.** (*supply goods to: shop*) rifornire **3.** (*fill: shelves*) rifornire

stockbroker ['stɑːk·ˌbroʊ·kɚ] *n* operatore, -trice *m, f* di borsa

stocking ['stɑː·kɪŋ] *n* calza *f*

stock market *n* mercato *m* azionario

stockpile ['stɑːk·paɪl] **I.** *n* riserve *fpl;* (*of weapons, ammunition*) arsenale *m* **II.** *vt* accumulare

stocky ['stɑː·ki] <-ier, -iest> *adj* tarchiato, -a

stodgy ['stɑː·dʒi] <-ier, -iest> *adj* **1.** (*food*) pesante **2.** (*person, book*) noioso, -a

stole [stoʊl] *pt of* **steal**

stomach ['stʌ·mək] **I.** *n* **1.** (*internal organ*) stomaco *m;* **to have an upset ~** avere lo stomaco sottosopra; **to have a strong ~** non essere delicato di stomaco **2.** (*belly*) pancia *f* **II.** *vt inf* (*drink, food*) digerire; **to be hard to ~** (*person, insult*) essere difficile da digerire

stone [stoʊn] **I.** *n* **1.** GEO pietra *f* **2.** MED calcolo *m* **3.** (*jewel*) pietra *f* (preziosa) **4.** (*of fruit*) nocciolo *m* ► **to leave no ~ unturned** non lasciare niente di intentato **II.** *adv* **1.** (*like a stone*) **~ hard** duro, -a come la pietra **2.** *inf* (*completely*) **~ crazy** matto da legare **III.** *vt* **1.** (*throw stones at*) tirare sassi contro **2.** (*olives*) snocciolare

stoned *adj inf* fatto, -a

stood [stʊd] *pt, pp of* **stand**

stool [stuːl] *n* **1.** (*seat*) sgabello *m* **2.** *pl* MED feci *fpl*

stoop [stuːp] *n* veranda *f*

stop [stɑːp] **I.** *n* **1.** (*break in activ-*

ity) pausa *f;* **to come to a ~** fermarsi; **to put a ~ to sth** metter fine a qc **2.** (*halting place*) tappa *f;* (*bus stop*) fermata *f* **3.** MUS registro *m* ► **to pull out (all) the ~s** far tutti gli sforzi possibili e immaginabili **II.** <- ping, -ped> *vt* **1.** (*cause to cease*) fermare **2.** (*refuse payment: payment*) sospendere; **to ~ payment on a check** bloccare un assegno **3.** (*switch off*) spegnere **4.** (*block*) tappare **III.** <- ping, -ped> *vi* **1.** (*cease moving*) fermarsi **2.** (*cease an activity*) **to ~ doing sth** smettere di fare qc **3.** (*pause*) **to ~ and think about sth** fare una pausa per riflettere su qc

◆**stop by** *vi* passare

◆**stop in** *vi* starsene a casa

◆**stop off** *vi* fare un salto

◆**stop over** *vi* fermarsi

◆**stop up** *vt* (*block*) tappare

stopover ['stɑːp·oʊ·vɚ] *n* (*on journey*) tappa *f;* AVIAT scalo *m*

storage ['stɔː·rɪdʒ] *n* **1.** (*of goods, possessions*) immagazzinamento *m;* **to put sth in ~** immagazzinare qc **2.** COMPUT memoria *f*

store [stɔːr] **I.** *n* **1.** (*shop*) negozio *m;* **department ~** grande magazzino *m* **2.** (*supply: of food*) scorta *f;* (*of wine*) riserva *f* **3.** (*place for keeping supplies*) magazzino *m;* (*for weapons*) arsenale *m* ► **to be in ~ what is in ~ for us?** cosa ci riserva il futuro? **II.** *vt* **1.** (*put into storage*) immagazzinare **2.** (*keep for future use*) mettere da parte **3.** COMPUT (*file*) salvare; (*data*) memorizzare

stork [stɔːrk] *n* cicogna *f*

storm [stɔːrm] **I.** *n* **1.** METEO tempesta *f* **2.** *fig* (*of protest*) ondata *f;* (*of applause*) scroscio *m;* **political ~** bufera *f* politica **3. to take sth by ~** prendere qc d'assalto; **to take sb by ~** spopolare presso qu **II.** *vi* METEO esserci tempesta; (*winds*) infuriare **III.** *vt* (*town, castle*) prendere d'assalto; (*house*) fare irruzione in

storm cloud *n* nube *f* temporalesca

stormy ['stɔːr·mi] <-ier, -iest> *adj* (*weather*) tempestoso, -a; (*sea, relationship*) burrascoso, -a; (*argument*) violento, -a

story[1] ['stɔː·ri] <-ies> *n* **1.** (*account*) storia *f;* (*fictional*) racconto *m;* **to tell a ~** raccontare una storia; **to tell stories** (*lie*) raccontare delle storie **2.** (*news report*) articolo *m* ► **it's the same old ~** è sempre la stessa storia; **a tall ~** una storia inverosimile

story[2] ['stɔː·ri] *n* piano *m*

story line *n* trama *f*

stove [stoʊv] *n* **1.** (*range*) fornello *m* **2.** (*heater*) stufa *f*

stowaway ['stoʊ·ə·weɪ] *n* clandestino, -a *m, f*

straight [streɪt] **I.** *adj* **1.** (*not bent*) dritto, -a **2.** (*honest*) franco, -a; **to be ~ with sb** essere franco con qu **3.** (*plain*) semplice; (*undiluted: gin*) liscio, -a **4.** (*consecutive*) di fila; **she won in ~ sets** ha vinto tutti i set **5.** THEAT (*not comic*) serio, -a **6.** (*traditional*) convenzionale **7.** *inf* (*heterosexual*) eterosessuale **II.** *adv* **1.** (*in a direct line*) dritto; **to go ~ ahead** andare dritto; **to head ~ for sth** andare direttamente verso qc **2.** (*at once*) **to get ~ to the point** andare dritto al punto **3.** *inf* (*honestly*) chiaramente; **to give it to sb ~** parlare chiaramente a qu **4.** (*clearly: see, think*) con chiarezza

straightaway [ˌstreɪt̬·ə·'weɪ] **I.** *adv* subito **II.** *n* SPORTS rettilineo *m*

straighten ['streɪ·tn] *vt* **1.** (*make straight*) raddrizzare; (*hair*) lisciare **2.** (*arm, body*) tendere

◆**straighten out** **I.** *vt* **1.** (*make straight*) stirare **2.** (*make level*) uguagliare **3.** (*solve: situation*) sistemare **4.** (*clarify*) chiarificare; **to straighten sb out** far rigare dritto **II.** *vi* (*road*) diventare dritto, -a

◆**straighten up** **I.** *vi* (*stand upright*) raddrizzarsi **II.** *vt* **1.** (*make tidy*) sistemare **2.** (*make level*) uguagliare

straightforward [ˌstreɪt·'fɔːr·wɚd] *adj* **1.** (*honest*) schietto, -a **2.** (*easy*) semplice

straight-out [ˌstreɪt·'aʊt] *adj inf* (*answer*) diretto, -a; (*refusal*) netto, -a

strain [streɪn] **I.** *n* **1.** (*pressure*) pressione *f;* **to be under ~** essere sotto pressione **2.** MED stiramento *m* **II.** *vi* (*try hard*) sforzarsi **III.** *vt* **1.** (*sforzare*) **to ~ one's eyes** sforzare la vista **2.** (*put stress on: relationship*) mettere a dura prova; (*credulity*) mettere alla prova **3.** CULIN (*coffee*) filtrare; (*vegetables*) scolare

strained [streɪnd] *adj* (*relations*) teso, -a; (*smile*) forzato, -a

strait [streɪt] *n* **1.** GEO stretto *m;* **the Bering Strait** lo stretto di Bering **2.** (*bad situation*) **to be in dire ~s** avere serie difficoltà

strange [streɪndʒ] *adj* **1.** (*peculiar*) strano, -a; **I felt ~** mi sentivo strano; **it's ~ that** è strano che *+subj;* **~ to say** strano a dirsi **2.** (*unfamiliar*) sconosciuto, -a

strangely *adv* (*behave, dress*) in modo strano; **~ enough ...** per quanto (possa sembrare) strano, ...

stranger ['streɪn·dʒɚ] *n* sconosciuto, -a *m, f*

strangle ['stræŋ·gl] *vt* (*person*) strangolare

strap [stræp] **I.** *n* (*of bag*) cinghia *f;* (*of dress*) spallina *f* **II.** <-pp-> *vt* legare

strapless ['stræp·lɪs] *adj* senza spalline

strapping ['stræ·pɪŋ] **I.** *adj inf* grande e grosso, -a **II.** *n* (*bandage*) benda *f*

strategy ['stræ·t̬ə·dʒi] <-ies> *n* strategia *f*

straw [strɑː] *n* **1.** (*dry stems*) paglia *f* **2.** (*for drinking*) cannuccia *f* ▶ **to be the last ~** essere la goccia che fa traboccare il vaso; **you've drawn the short ~** ti è andata male; **to clutch at ~s** aggrapparsi a un'illusione

strawberry ['strɑː·ˌbe·ri] <-ies> *n* fragola *f*

stray [streɪ] **I.** *adj* **1.** (*homeless: dog, cat*) randagio, -a **2.** (*loose: hair*) sciolto, -a; (*bullet*) vagante **II.** *vi* (*wander*) vagare; (*become lost*) perdersi; **to ~ from** allontanarsi da; **to ~ from the point** divagare **III.** *n* (*dog*) cane *m* randagio; (*cat*) gatto *m* randagio

stream [striːm] **I.** *n* **1.** (*small river*) ruscello *m* **2.** (*current*) corrente *f;* **to go against the ~** *fig* andare controcorrente **3.** (*flow: of oil, water*) flusso *m* **II.** *vi* **1.** (*flow*) scorrere; **tears ~ed down her face** le lacrime le scorrevano sul viso **2.** (*move in numbers*) riversarsi **3.** (*shine: sunlight*) splendere **4.** (*run: nose*) colare; (*eyes*) lacrimare

streamline ['striːm·laɪn] *vt* (*vehicle*) rendere aerodinamico, -a; (*method*) ottimizzare

streamlined *adj* (*vehicle*) aerodinamico, -a; (*method*) efficiente

street [striːt] *n* (*road*) strada *f;* **in** [*or* **on**] **the ~** per strada

streetcar *n* tram *m inv*

strength [streŋθ] *n* **1.** (*power*) forza *f;* (*of feeling, light*) intensità *f;* (*of economy*) solidità *f;* (*mental firmness*) forza *f* **2.** (*number of members*) numero di effettivi *m;* **to be at full ~** essere al completo **3.** (*strong point*) punto *m* di forza; **one's ~s and weaknesses** i suoi pregi e i suoi difetti

strengthen ['streŋ·θn] **I.** *vt* **1.** (*make stronger: muscles, wall*) rinforzare; (*financial position*) consolidare **2.** (*increase: chances*) aumentare **3.** (*intensify: relations*) intensificare; (*links*) rafforzare **II.** *vi* rinforzarsi

stress [stres] **I.** *n* **1.** (*mental strain*) stress *m inv* **2.** (*emphasis*) rilievo *m* **3.** LING accento *m* **II.** *vt* **1.** (*emphasize*) sottolineare **2.** LING accentare

stressed *adj,* **stressed out** *adj inf* stressato, -a

stressful ['stres·fʊl] *adj* stressante

stretch [stretʃ] **I.** <-es> *n* **1.** SPORTS allungamento *m* (muscolare) **2.** (*elasticity*) elasticità *f* **3.** GEO tratto *m* **4.** (*piece*) pezzo *m;* (*of road*) tratto *m;* (*of time*) periodo *m* **5.** (*stage of a race*) rettilineo *m;* **the home ~** la dirittura d'arrivo **6.** (*exertion*) **at full ~** a pieno regime **II.** *vi* **1.** (*become bigger*) stirarsi; (*clothes*) allargarsi **2.** (*extend muscles*) stirarsi **3.** (*in time*) **to ~** (**all the way**) **back to ...** risalire (fino) a ... **4.** (*cover an area: sea, influence*) estendersi **III.** *vt* **1.** (*extend: muscles*) fare esercizi di allungamento per; **to ~ one's legs** distendere le gam-

S

be **2.** (*make go further*) **to ~ the limit** spingere oltre il limite **3.** (*demand a lot of*) **to ~ sb's patience** mettere alla prova la pazienza di qu **4.** (*go beyond*) **to ~ a point** fare un'eccezione **IV.** *adj* elastico, -a

stretcher ['stret·ʃɚ] *n* barella *f*

strict [strɪkt] *adj* (*person*) severo, -a; (*control, orders*) rigoroso, -a; (*sense*) stretto, -a; (*secrecy*) massimo, -a

strictly ['strɪkt·li] *adv* **1.** (*exactly*) proprio; **not ~ comparable** non proprio paragonabile; **~ speaking** per essere precisi **2.** (*harshly*) rigorosamente; **~ forbidden** rigorosamente vietato

strike [straɪk] **I.** *n* **1.** (*military attack*) attacco *m* **2.** (*withdrawal of labor*) sciopero *m* **3.** (*discovery*) scoperta *f* **4.** (*in baseball*) strike *m inv* **5.** LAW reato *m* **II.** <struck, struck *or* stricken> *vt* **1.** (*collide with*) colpire; **to ~ a match** accendere un fiammifero; **to be struck by lightning** essere colpito da un fulmine **2.** (*achieve*) trovare; **to ~ a balance** trovare un equilibrio **3.** (*seem*) sembrare; **it ~s me that ...** mi sembra che ... **4.** (*impress*) colpire; **to be struck by sth** essere colpito da qc **5.** (*engender*) **to ~ fear into sb** mettere paura a qu **6.** (*discover*) scoprire; (*find*) trovare; **to ~ gold** (*have financial fortune*) fare fortuna **7.** (*adopt*) **to ~ an attitude** assumere un atteggiamento **8.** (*sound the time: clock*) battere; **the clock struck three** l'orologio ha battuto le tre ▶ **to ~ a chord with sb** toccare il tasto giusto con qu **III.** <struck, struck *or* stricken> *vi* **1.** (*hit hard*) colpire; (*attack*) attaccare; **to ~ at sth** colpire qc **2.** (*withdraw labor*) scioperare; **the right to ~** il diritto allo sciopero; **to ~ for sth** scioperare per qc

◆**strike out** **I.** *vt* **1.** (*in baseball*) eliminare **2.** (*delete*) depennnare **II.** *vi* **1.** (*in baseball*) essere eliminato; *fig* fare fiasco **2.** (*move off*) andare in modo deciso; **to ~ on one's own** mettersi in proprio **3.** (*hit out*) colpire (a destra e a manca)

striker ['straɪ·kɚ] *n* **1.** (*strike participant*) scioperante *mf* **2.** SPORTS attaccante *mf*

striking ['straɪ·kɪŋ] *adj* notevole

string [strɪŋ] **I.** *n* **1.** (*twine*) *a.* MUS corda *f*; **to pull ~s** *fig* tenere le fila; **with no ~s attached** senza condizioni **2.** *pl* MUS (*section, players*) (strumenti *m pl* ad) arco *m* **3.** (*sequence: of scandals*) serie *f*; (*of people*) fila *f* **4.** COMPUT stringa *f* **II.** <strung, strung> *vt* appendere; (*beads*) infilare; (*tennis racket*) mettere le corde a

strip [strɪp] **I.** *vt* **1.** (*lay bare*) togliere; **to ~ sb of sth** togliere qc a qu **2.** (*unclothe*) spogliare **3.** (*dismantle*) smontare **II.** *vi* spogliarsi **III.** *n* **1.** striscia *f* **2.** (*striptease*) striptease *m inv*, spogliarello *m* **3.** (*landing area*) **landing ~** pista *f (d'atterraggio)*

stripe [straɪp] *n* **1.** (*colored band*) riga *f* **2.** MIL gallone *m*

striped *adj* a righe

strip mall *n piccolo centro commerciale*

stripper ['strɪ·pɚ] *n* spogliarellista *mf*

strip search *n* perquisizione *f* corporale

stroke [stroʊk] **I.** *vt* **1.** (*caress*) carezzare **2.** SPORTS (*hit smoothly*) colpire **II.** *n* **1.** (*caress*) carezza *f* **2.** MED ictus *m inv*; **to suffer a ~** avere un ictus **3.** (*of pencil*) tratto *m*; (*of brush*) pennellata *f* **4.** (*style of hitting ball*) colpo *m*; (*billiards*) tiro *m* **5.** (*in swimming: style*) stile *m*; (*single movement*) bracciata *f* **6.** (*bit*) **a ~ of genius** un colpo di genio; **a ~ of luck** un colpo di fortuna **7.** (*of clock*) rintocco *m*

stroll [stroʊl] **I.** *n* passeggiata *f*; **to go for a ~** fare una passeggiata **II.** *vi* passeggiare

strong [strɑːŋ] **I.** *adj* **1.** (*powerful*) forte; (*competition*) duro, -a; (*condemnation*) severo, -a **2.** (*capable*) bravo, -a **3.** (*physically powerful*) forte; **to be as ~ as an ox** essere forte come un toro **4.** (*fit*) sano, -a; (*constitution*) robusto, -a **5.** (*durable: will*) forte; (*conviction*) profondo, -a; (*nerves*) saldo, -a **6.** (*staunch: antipathy*) forte; (*believer*) fervente, -a; (*bond*) forte; (*friendship*) grande; (*objection*) duro, -a; (*supporter*) accanito, -a **7.** (*tough*) resistente **8.** (*very likely*) buono, -a **9.** (*marked*) forte; (*language*) volgare **10.** (*bright*) brillante **11.** (*having high value*) forte **II.** *adv inf* **to come on ~ to sb** (*show sexual interest in*) fare delle avances a qu; **to be still going ~** continuare ad andare bene

strongly *adv* **1.** (*powerfully*) vigorosamente; (*advise*) vivamente; (*condemn*) fermamente; (*criticize*) duramente; **to smell ~ of sth** avere un forte odore di qc; **to be ~ opposed to sb/sth** essere fermamente contrario a qu/qc **2.** (*sturdily*) solidamente

strong-minded [ˌstrɑːŋ·ˈmaɪn·dɪd] *adj* determinato, -a

struck [strʌk] *pt, pp of* **strike**

structure [ˈstrʌk·tʃɚ] **I.** *n* struttura *f* **II.** *vt* strutturare

struggle [ˈstrʌ·gl] **I.** *n* **1.** (*effort*) sforzo *m;* **to be a real ~** richiedere un grande sforzo **2.** (*skirmish*) lotta *f;* **to put up a ~** battersi **II.** *vi* **1.** (*make an effort*) sforzarsi **2.** (*fight*) lottare

strung [strʌŋ] *pt, pp of* **string**

stubborn [ˈstʌ·bɚn] *adj* (*person, animal*) testardo, -a; **as ~ as a mule** testardo come un mulo; (*refusal, resistence*) ostinato, -a

stuck [stʌk] **I.** *pt, pp of* **stick II.** *adj* **1.** (*jammed*) incastrato, -a **2.** *inf* (*crazy about*) **to be ~ on sb** essere pazzo di qu

stuck-up [ˌstʌk·ˈʌp] *adj inf* pieno di sè

student [ˈstuː·dənt] *n* studente *mf*

studio [ˈstuː·di·oʊ] <-s> *n* **1.** (*of artist*) atelier *m inv* **2.** CINE studio *m* **3.** (*apartment*) monolocale *m*

studio apartment *n* monolocale *m*

studious [ˈstuː·di·əs] *adj* studioso, -a

study [ˈstʌ·di] **I.** *vt* (*subject*) studiare; (*evidence*) esaminare **II.** *vi* studiare **III.** <-ies> *n* **1.** (*of subject*) studio *m;* (*of evidence*) esame *m* **2.** (*room*) studio *m*

stuff [stʌf] **I.** *n* **1.** *inf* (*things*) cose *fpl;* **to know one's ~** sapere il fatto proprio **2.** (*belongings*) cose *fpl* **3.** (*material*) roba *f;* (*cloth*) stoffa *f* **II.** *vt* **1.** (*fill*) riempire; **to ~ sth into sth** mettere qc dentro a qc **2.** (*preserve: animal*) impagliare

stuffing [ˈstʌ·fɪŋ] *n* ripieno *m*

stumble [ˈstʌm·bl] *vi* **1.** (*trip*) inciampare; **to ~ on sth** inciampare su qc **2.** (*while talking*) impappinarsi; **to ~ over sth** impappinarsi nel dire qc

stumbling block *n* ostacolo *m*

stump [stʌmp] *n* (*of plant*) ceppo *m;* (*of arm*) moncone *m*

stun [stʌn] <-nn-> *vt* **1.** (*stupefy*) lasciare esterrefatto, -a **2.** (*render unconscious*) stordire

stung [stʌŋ] *pp, pt of* **sting**

stunk [stʌŋk] *pt, pp of* **stink**

stunned *adj* esterrefatto, -a

stunning [ˈstʌ·nɪŋ] *adj* **1.** (*surprising*) sbalorditivo, -a **2.** (*impressive*) stupendo, -a

stupendous [stuː·ˈpen·dəs] *adj* stupendo, -a

stupid [ˈstuː·pɪd] *adj* stupido, -a

stupidity [stuː·ˈpɪ·də·ti] *n* stupidità *f*

stutter [ˈstʌ·t̬ɚ] **I.** *vi, vt* (*stammer*) balbettare **II.** *n* **to have a ~** balbettare

style [staɪl] **I.** *n* **1.** *a.* ART, ARCHIT stile *m* **2.** (*elegance*) classe *f;* **to have no ~** non avere classe; **with ~** con classe **3.** (*fashion*) moda *f;* **in ~** alla moda **4.** (*type*) stile *m* **II.** *vt* (*design*) disegnare; (*hair*) pettinare

styling *n* acconciatura *f*

stylish [ˈstaɪ·lɪʃ] *adj* **1.** (*fashionable*) alla moda **2.** (*elegant*) stiloso, -a

stylist [ˈstaɪ·lɪst] *n* stilista *mf*

sub[1] [sʌb] *n* **1.** *inf abbr of* **substitute** sostituto, -a *m, f* **2.** *inf abbr of* **submarine** sottomarino *m* **3.** *inf abbr of* **sandwich** panino *m* imbottito

sub[2] [sʌb] <-bb-> *vi abbr of* **substitute** sostituire

subconscious [ˌsʌb·ˈkɑːn·ʃəs] **I.** *n* subconscio *m* **II.** *adj* subcosciente

subject[1] [ˈsʌb·dʒɪkt] **I.** *n* **1.** (*theme*) argomento *m;* **to change the ~** cambiare argomento; **on the ~ of sb/sth** a proposito di qu/qc **2.** SCHOOL, UNIV materia *f;* (*research area*) ambito *m* **3.** POL suddito, -a *m, f;* (*citizen*) cittadino, -a *m, f* **4.** LING soggetto *m* **5.** (*in* *experiment*) soggetto *m* **II.** *adj* **1.** POL (*nation*) sottomesso, -a **2.** (*exposed to*) **to be ~ to sth** essere soggetto a qc **3.** (*contingent on*) **~ to approval** soggetto ad approvazione

subject² [səb·ˈdʒekt] *vt* sottomettere

subject matter *n* (*of meeting, book*) tema *m;* (*of letter*) soggetto *m*

subjunctive [səb·ˈdʒʌŋk·tɪv] *n* LING congiuntivo *m*

sublet [sʌb·ˈlet] <sublet, sublet> *vt* subaffittare

submarine [ˈsʌb·mə·riːn] **I.** *n* **1.** NAUT, MIL sottomarino *m* **2.** *inf* (*sandwich*) panino *m* imbottito **II.** *adj* sottomarino, -a

submission [səb·ˈmɪ·ʃən] *n* **1.** (*acquiescence*) sottomissione *f* **2.** (*of proposal*) presentazione *f;* (*of document*) consegna *f*

submissive [səb·ˈmɪ·sɪv] *adj* sottomesso, -a

subordinate [sə·ˈbɔːr·də·nɪt] **I.** *n* subordinato, -a *m, f* **II.** *adj* (*secondary*) secondario, -a; (*lower in rank*) subordinato, -a

subscribe [səb·ˈskraɪb] **I.** *vi* **1.** (*order*) abbonarsi **2.** (*agree with*) **to ~ to sth** sottoscrivere qc **II.** *vt* (*contribute*) sottoscrivere

subscriber [səb·ˈskraɪ·bɚ] *n* abbonato, -a *m, f*

subscription [səb·ˈskrɪp·ʃən] *n* abbonamento *m*

subsequent [ˈsʌb·sɪk·wənt] *adj* successivo; **~ to ...** in seguito a ...

subsequently *adv* successivamente; **~ to ...** in seguito a ..

subside [səb·ˈsaɪd] *vi* **1.** (*lessen*) diminuire **2.** (*sink: water*) ritirarsi; (*ground*) sprofondare

subsidiary [səb·ˈsɪ·diə·ri] **I.** *adj* secondario, -a; ECON controllato, -a **II.** <-ies> *n* ECON società *f* controllata

subsidize [ˈsʌb·sə·daɪz] *vt* sovvenzionare

subsidy [ˈsʌb·sə·di] <-ies> *n* sovvenzione *f,* sussidio *m;* **unemployment ~** sussidio di disoccupazione

substance [ˈsʌb·stəns] *n* **1.** (*matter*) sostanza *f* **2.** (*essence*) sostanza *f* **3.** (*significance*) rilevanza *f* **4.** (*main point*) sostanza *f;* **in ~** in sostanza **5.** (*possessions*) ricchezza *f;* **a man of ~** un uomo ricco

substandard [ˌsʌb·ˈstæn·dɚd] *adj* scadente

substantial [səb·ˈstæn·ʃl] *adj* **1.** (*important*) sostanziale **2.** (*large*) sostanzioso, -a; (*sum, damage*) ingente

substantially [səb·ˈstæn·ʃə·li] *adv* **1.** (*significantly*) notevolmente **2.** (*in the main*) sostanzialmente

substitute [ˈsʌb·stə·tuːt] **I.** *vt* sostituire; **to ~ sb for sb** *inf* sostituire qu con qu **II.** *vi* **to ~ for sb** sostituire qu **III.** *n* **1.** (*equivalent*) sostituto *m;* (*alternative: for milk, coffee*) alternativa *f;* **there's no ~ for him** non c'è nessuno come lui **2.** *a.* SPORTS riserva *f;* **to come on as a ~** entrare in campo *(riferito a una riserva)* **3.** SCH (*teacher*) supplente *mf*

substitute teacher *n* supplente *mf*

substitution [ˌsʌb·stə·ˈtuː·ʃən] *n* sostituzione *f*

subtitle [ˈsʌb·ˌtaɪ·t̬l] **I.** *vt* sottotitolare **II.** *n* sottotitolo *m*

subtle [ˈsʌ·t̬l] *adj* **1.** (*delicate*) delicato, -a **2.** (*slight*) sottile **3.** (*astute: person*) perspicace; (*question, suggestion*) sottile

subtotal [ˈsʌb·ˌtoʊ·t̬l] *n* subtotale *m,* totale *m* parziale

subtract [səb·ˈtrækt] *vt* sottrarre; **to ~ 3 from 5** sottrarre 3 da 5

subtraction [səb·ˈtræk·ʃən] *n* resta *f,* sottrazione *f*

suburb [ˈsʌ·bɜːrb] *n* quartiere *m* fuori città; **the ~s** la periferia; **to live in the ~s** vivere fuori città

suburban [sə·ˈbɜːr·bən] *adj* **1.** (*area*) periferico, -a; (*train*) che collega la periferia **2.** (*lifestyle*) di provincia

subway [ˈsʌb·weɪ] *n* metropolitana *f*

sub-zero [ˌsʌb·ˈzɪ·roʊ] *adj* sotto zero

succeed [sək·ˈsiːd] **I.** *vi* **1.** (*be successful*) riuscire; **to ~ in doing sth** riuscire a fare qc **2.** (*follow*) succedere **II.** *vt* (*follow*) succedere a

success [sək·ˈses] *n* (*outcome*) successo *m;* **to meet with ~** avere successo, riuscire; **to be a big ~ with sb/sth** avere molto successo con qu/qc; **to be a great ~** riuscire benissimo, essere un successone

successful [sək·ˈses·fəl] *adj* riuscito, -a; (*business*) florido, -a; (*person, book*) di successo; (*candidate*) vincente; (*solution*) efficace; **to be ~** (*person*) avere successo; (*business*) essere florido

succession [sək·ˈse·ʃən] *n* successione *f;* **in ~** in successione; **a ~ of** una serie di; **an endless ~ of** una serie infinita di

successive [sək·ˈse·sɪv] *adj* consecutivo, -a; **on ~ occasions** in occasioni consecutive

successor [sək·ˈse·sɚ] *n* successore *m*

such [sʌtʃ] **I.** *adj* tale; **~ great weather/a good book** tempo/un libro cosí bello; **~ an honor** tale onore; **to buy some fruit ~ as apples** comprare della frutta, ad esempio delle mele **II.** *pron* **~ is life** così va la vita; **people ~ as him** la gente come lui; **as ~** propriamente detto

such and such [ˈsʌtʃ·ən·sʌtʃ] *adj inf* tale; **to arrive at ~ a time** arrivare a tale ora; **to meet sb in ~ a place** incontrare qu in tale posto

suck [sʌk] **I.** *vt* succhiare; (*with straw*) sorbire; (*air*) aspirare **II.** *vi* **1.** (*with mouth*) succhiare **2.** *inf* **this ~s!** questo fa schifo!

sucker [ˈsʌ·kɚ] **I.** *n* **1.** *pej* (*stupid person*) credulone, -a *m, f* **2.** *sl* (*thing*) rottura *f* di palle **II.** *vt inf* fregare; **to ~ sb into** [*or* **out of**] **doing sth** fregare qu per fargli fare qc

sudden [ˈsʌ·dən] *adj* (*immediate*) improvviso, -a; (*death*) **all of a ~** *inf* all'improvviso

suddenly *adv* improvvisamente

sue [suː] <suing> **I.** *vt* fare causa a; **to ~ sb for damages** fare causa a qu per danni; **to ~ sb for divorce** fare domanda di divorzio da qu **II.** *vi* **to ~ for peace** chiedere la pace

suede [sweɪd] *n* camoscio *m*

suffer [ˈsʌ·fɚ] **I.** *vi* **1.** (*be in distress*) soffrire; **to ~ from sth** MED soffrire di qc **2.** (*seem worse*) **to ~ in** [*or* **by**] **comparison** non reggere il confronto **II.** *vt* **1.** (*undergo: defeat, setback*) subire; **to ~ the consequences** subire le conseguenze **2.** MED subire

suffering [ˈsʌ·fə·rɪŋ] *n* sofferenza *f*

sufficient [sə·ˈfɪ·ʃnt] *adj* sufficiente; **to have had ~** essere sazio; **to be ~ for sth** bastare per qc

suffix [ˈsʌ·fɪks] *n* LING suffisso *m*

suffocate [ˈsʌ·fə·keɪt] *vi, vt* asfissiare

suffocating *adj* **1.** (*heat*) soffocante; (*fumes*) asfissiante **2.** *fig* opprimente

sugar [ˈʃʊ·gɚ] **I.** *n* **1.** CULIN zucchero *m* **2.** *inf* (*term of affection*) tesoro *m* **II.** *vt* zuccherare

suggest [səg·ˈdʒest] *vt* **1.** (*propose*) proporre, suggerire; **to ~ (to sb) that ...** proporre a qu che ... *+subj;* **to ~ doing sth** proporre di fare qc **2.** (*indicate*) far credere **3.** (*hint*) insinuare; **what are you trying to ~?** che cosa vuoi insinuare?

suggestion [səg·ˈdʒest·ʃən] *n* **1.** (*proposed idea*) proposta *f,* suggerimento *m;* **to make the ~ that ...** suggerire che ... *+subj;* **to be open to new ~s** essere aperto a nuove proposte; **at Ann's ~** su proposta di Ann **2.** (*very small amount*) accenno *m* **3.** (*insinuation*) insinuazione *f*

suggestive [səg·ˈdʒes·tɪv] *adj* **1.** (*lewd*) allusivo, -a **2.** (*evocative*) suggestivo, -a

suicide [ˈsuː·ə·saɪd] *n* (*act*) suicidio *m;* **to commit ~** suicidarsi

suit [suːt] **I.** *vt* **1.** (*be convenient*) andare bene a; **to ~ sb** andare bene a qu; **that ~s me fine** mi va benissimo **2.** (*be right*) addirsi; **this lifestyle seems to ~ her** sembra che questo stile di vita le si addica **3.** (*look attractive with*) stare bene; **this dress ~s you** questo vestito ti sta bene **4.** (*choose at will*) **~ yourself!** fai pure come vuoi! **II.** *n* **1.** (*jacket and pants*) completo *m;* (*jacket and skirt*) tailleur *m* (gonna); **bathing** [*or* **swim**] **~** costume *m* (da bagno) **2.** LAW azione *f* legale; **to bring** [*or* **file**] **a ~** intentare un'azione legale **3.** GAMES seme *m;* **to follow ~** giocare lo stesso seme; *fig* seguire l'esempio

suitable ['su:·t̬ə·bl] *adj* adatto, -a; **to be ~ for sb** essere adatto a qu
suitcase ['su:t·keɪs] *n* valigia *f*
sulky ['sʌl·ki] <-ier, -iest> *adj* imbronciato, -a
sultana [sʌl·'tæ·nə] *n* uva *f* sultanina
sultry ['sʌl·tri] <-ier, -iest> *adj* 1. (*weather*) afoso, -a 2. (*sensual*) conturbante
sum [sʌm] *n* 1. (*amount of money*) somma *f* 2. (*total*) totale *m;* **in ~** in breve 3. (*calculation*) calcolo *m*
summarize ['sʌ·mə·raɪz] *vt* riassumere
summary ['sʌ·mə·ri] I. *n* riassunto *m* II. *adj* (*dismissal*) sommario, -a
summer ['sʌ·mɚ] I. *n* estate *f;* **a ~'s day** un giorno d'estate II. *adj* estivo, -a III. *vi* passare l'estate
summertime ['sʌ·mɚ·taɪm] *n* (*season*) estate *m;* **in the ~** d'estate
summer vacation *n* vacanze *f pl* estive
summons ['sʌ·mənz] *npl* LAW mandato *m* di comparizione; **to issue a ~** emettere un mandato di comparizione; **to serve sb with a ~** notificare a qu mandato di comparizione
sun [sʌn] I. *n* sole *m;* **the ~'s rays** i raggi del sole; **the rising/setting ~** il sole nascente/che tramonta; **to sit in the ~** star seduto al sole ▶ **to call sb every name under the ~** dirne di tutti i colori a qu II. <-nn-> *vt* **to ~ oneself** prendere il sole
sundae ['sʌn·di] *n coppa gelato con frutta, nocciole, panna, etc.*
Sunday ['sʌn·dəɪ] *n* domenica *f;* **Palm/Easter ~** domenica delle Palme; *s. a.* **Friday**
sunflower ['sʌn·ˌfla·ʊɚ] *n* girasole *m*
sung [sʌŋ] *pp of* **sing**
sunglasses ['sʌn·ˌglæ·sɪs] *npl* occhiali *m pl* da sole
sunk [sʌŋk] *pp of* **sink**
sunlight ['sʌn·laɪt] *n* luce *f* del sole
sunlit ['sʌn·lɪt] *adj* soleggiato, -a
sunny ['sʌ·ni] <-ier, -iest> *adj* 1. (*day*) di sole; **it's ~** c' é sole 2. (*personality*) solare
sunny-side up *adj* all'occhio di bue
sunrise ['sʌn·raɪz] *n* alba *f;* **at ~** all'alba
sunroof ['sʌn·ru:f] *n* tettuccio *m* apribile
super ['su:·pɚ] I. *adj inf* fantastico, -a II. *adv inf* super III. *n* 1. *inf see* **supervisor** supervisore, -a *m, f* 2. AUTO (benzina *f*) super *f*
superb [sə·'pɜ:rb] *adj* magnifico, -a
superficial [ˌsu:·pɚ·'fɪ·ʃl] *adj* superficiale
superfluous [su:·'pɜ:r·flʊ·əs] *adj* superfluo, -a
superglue® ['su:·pɚ·glu:] *n* attaccatutto *m*
superintendent [ˌsu:·pɚ·ɪn·'ten·dənt] *n* 1. (*person in charge: of department, school district*) direttore, -trice *m, f;* (*of building*) custode *mf* 2. LAW (*police officer*) soprintendente *mf*
superior [sə·'pɪ·ri·ɚ] I. *adj* 1. (*better, senior*) superiore 2. (*greater in amount*) **a ~ number of sth** un numero superiore di qc II. *n* superiore *mf*
superiority [sə·ˌpɪ·ri·'ɔ:·rə·ti] *n* superiorità *f*
superlative [sə·'pɜ:r·lə·tɪv] I. *adj* 1. (*best*) eccezionale 2. LING superlativo, -a II. *n* LING superlativo *m*
supermarket ['su:·pɚ·ˌmɑ:r·kɪt] *n* supermercato *m*
superstitious [ˌsu:·pɚ·'stɪ·ʃəs] *adj* superstizioso, -a
superstore ['su:·pɚ·stɔ:r] *n* ipermercato *m*
supervise ['su:·pɚ·vaɪz] *vt* (*watch over*) supervisionare
supervision [ˌsu:·pɚ·'vɪ·ʒən] *n* supervisione *f;* **under the ~ of sb** sotto la supervisione di qu
supervisor ['su:·pɚ·vaɪ·zɚ] *n* 1. (*person in charge*) supervisore, -a *m, f* 2. POL *rappresentante del governo nell'amministrazione locale*
supervisory [ˌsu:·pɚ·'vaɪ·zɚ·i] *adj* di supervisore
supper ['sʌ·pɚ] *n* cena *f;* **to have ~** cenare
supplement ['sʌ·plə·mənt] I. *n* 1. (*something extra*) supplemento *m* 2. (*part of newspaper, book*) supplemento *m* II. *vt* (*income*) arrotondare
supplementary [ˌsʌ·plə·'men·t̬ɚ·i] *adj* supplementare
supplier [sə·'pla·ɪɚ] *n* fornitore, -trice *m, f*

supply [sə·'plaɪ] **I.** <-ie-> *vt* **1.** (*fornire: electricity, food, money*) distribuire **2.** COM fornire **II.** *n* **1.** (*act of providing: of electricity, water*) erogazione *f* **2.** ECON offerta *f;* ~ **and demand** offerta e domanda; **to be in short** ~ scarseggiare

support [sə·'pɔːrt] **I.** *vt* **1.** (*hold up: roof, weight*) sostenere; (*weight*) **to** ~ **oneself on sth** appoggiarsi a qc **2.** (*provide for*) mantenere; **to** ~ **four children** mantenere quattro figli; **to** ~ **oneself** mantenersi **3.** (*provide with money*) finanziare **4.** (*encourage*) appoggiare **5.** (*show to be true*) avvalorare **II.** *n* **1.** (*backing, help*) appoggio *m;* **to give sb moral** ~ dare appoggio morale a qu **2.** (*structure*) supporto *m; fig* (*person*) sostegno *m* **3.** FIN finanziamento *m* **4.** (*confirmation*) avvaloramento *f;* **in** ~ **of sth** a sostegno di qc

supporter *n* **1.** (*of cause, candidate*) sostenitore, -trice *m, f* **2.** SPORTS (*fan*) tifoso, -a *m, f*

supportive [sə·'pɔːr·t̬ɪv] *adj* comprensivo, -a

suppose [sə·'poʊz] *vt* **1. to** ~ **(that) ...** supporre che ...; **I don't** ~ **so** suppongo di no; **let's** ~ **that** supponiamo che *+subj* **2.** (*believe, think*) ritenere **3.** (*obligation*) **to be ~d to do sth** dover fare qc; **you are not ~d to know that** non lo dovresti sapere **4.** (*opinion*) **the book is ~d to be very good** pare che sia un libro molto bello

supposed *adj* (*killer*) presunto, -a

supposedly [sə·'poʊ·zɪd·li] *adv* a quanto pare

supposing *conj* ~ **that ...** supponendo che ...

supreme [sə·'priːm] **I.** *adj* **1.** (*authority*) supremo, -a; (*commander*) in capo; **Supreme Court** Corte *f* Suprema **2.** (*achievement*) estremo, -a; **to show** ~ **courage** mostrare estremo coraggio **II.** *adv* **to reign** ~ regnare incontestato

surcharge ['sɜːr·tʃɑːrdʒ] **I.** *n* supplemento *m* **II.** *vt* far pagare un supplemento a

sure [ʃʊr] **I.** *adj* **1.** (*certain*) sicuro, -a; **to be** ~ **of sth** essere sicuro di qc; **to be** ~ **(that) ...** essere sicuro che ... *+subj;* **to make** ~ **(that) ...** assicurarsi che.. *+subj;* **to not be** ~ **if ...** non essere sicuro che ... *+subj;* **she is** ~ **to come** verrà di sicuro; **are you** ~ **you won't come?** sei sicuro di non venire?; ~ **thing!** certo!; **for** ~ con certezza **2.** (*confident*) **to be** ~ **of oneself** essere sicuro di sì **II.** *adv* certo; ~ **I will!** *inf* certo (che sì); ~ **enough** come volevasi dimostrare

surely ['ʃʊr·li] *adv* **1.** (*certainly*) indubbiamente **2.** (*to show astonishment*) davvero **3.** (*yes, certainly*) certo!

surf [sɜːrf] **I.** *n* onde *fpl* **II.** *vi* SPORTS fare surf **III.** *vt* COMPUT **to** ~ **the Internet** navigare su Internet

surface ['sɜːr·fɪs] **I.** *n* superficie *f;* **on the** ~ *fig* in apparenza **II.** *vi* venire a galla **III.** *vt* (*road, wall*) rivestire; (*with asphalt*) asfaltare

surfboard ['sɜːrf·bɔːrd] *n* tavola *f* da surf

surfer ['sɜːr·fɚ] *n* **1.** surfista *mf* **2.** COMPUT internauta *mf*

surfing ['sɜːr·fɪŋ] *n* surf *m inv*

surgeon ['sɜːr·dʒən] *n* chirurgo *m*

surgery ['sɜːr·dʒə·ri] *n* chirurgia *f;* **to undergo** ~ subire un intervento (chirurgico)

surgical ['sɜːr·dʒɪ·kl] *adj* (*procedure*) chiurgico, -a; (*collar, gloves*) da chirurgo

surname ['sɜːr·neɪm] *n* cognome *m*

surplus ['sɜːr·pləs] **I.** *n a.* FIN (*of product*) eccedenza *f* **II.** *adj* in eccedenza

surprise [sɚ·'praɪz] **I.** *n* sorpresa *f;* **to sb's** ~ con sorpresa di qu **II.** *vt* sorprendere; **it ~d her that ...** l'ha sorpresa (il fatto) che ... *+subj;* **to** ~ **sb doing sth** sorprendere qu nell'atto di fare qc

surprised *adj* sorpreso, -a

surprising *adj* sorprendente

surprisingly *adv* sorprendentemente

surrender [sə·'ren·dɚ] **I.** *vi* arrendersi; **to** ~ **to sb** arrendersi a qu **II.** *n* (*giving up*) resa *f*

surround [sə·'raʊnd] **I.** *vt* circondare **II.** *n* (*frame*) bordo *m*

surrounding *adj* circostante
surroundings *npl* dintorni *mpl*
surveillance [sə·ˈveɪ·ləns] *n* sorveglianza *f;* **to be under ~** essere sotto sorveglianza
survey[1] [sɚ·ˈveɪ] *vt* **1.** (*poll*) fare un sondaggio su **2.** GEO fare dei rilevamenti di **3.** (*research*) indagare **4.** (*look at carefully*) ispezionare
survey[2] [ˈsɚ·veɪ] *n* **1.** (*poll*) sondaggio *m* **2.** GEO rilevamento *m* **3.** (*report*) indagine *f* **4.** (*examination*) perizia *f*
survival [sɚ·ˈvaɪ·vl] *n* **1.** sopravvivenza *f* **2.** (*relic*) vestigio *m* ▶ **the ~ of the fittest** la legge del più forte
survive [sɚ·ˈvaɪv] **I.** *vi* (*stay alive*) sopravvivere; **to ~ on sth** *inf* vivere di qc **II.** *vt* sopravvivere a; **to ~ an accident** sopravvivere a un incidente
survivor [sɚ·ˈvaɪ·vɚ] *n* sopravvivente *mf*
suspect[1] [sə·ˈspekt] *vt* **1.** (*think likely*) sospettare; **to ~ sth** sospettare qc **2.** (*consider guilty*) sospettare di; **to ~ sb's motives** avere dei dubbi sulle motivazioni di qu
suspect[2] [ˈsʌ·spekt] **I.** *n* sospetto, -a *m, f* **II.** *adj* sospetto, -a
suspend [sə·ˈspend] *vt* sospendere
suspender [sə·ˈspen·dɚ] *n pl* reggicalze *m inv*
suspense [sə·ˈspens] *n* (*uncertainty*) incertezza *f;* **to keep sb in ~** tenere qu in sospeso
suspension [sə·ˈspen·tʃən] *n* **1.** (*stop*) sospensione *f* **2.** SCHOOL, UNIV sospensione *f*
suspicion [sə·ˈspɪ·ʃən] *n* **1.** (*belief*) sospetto *m;* **to be above ~** essere al di sopra di ogni sospetto **2.** (*mistrust*) sospetto *m* **3.** (*small amount*) accenno *m*
suspicious [sə·ˈspɪ·ʃəs] *adj* **1.** (*arousing suspicion*) sospetto, -a **2.** (*lacking trust*) sospettoso, -a
SW [ˌes·ˈdʌb·əl·ju] *abbr of* **southwest** SO
swallow [ˈswɑː·loʊ] **I.** *vt* ingoiare *inf* **II.** *vi* deglutire **III.** *n* sorso *m*
swam [swæm] *vi pt of* **swim**
swan [swɑːn] *n* cigno *m*
swap [swɑːp] **I.** <-pp-> *vt* scambiare; **to ~ sth** (**for sth**) scambiare qc (con qc); **to ~ sth with sb** scambiare qc con qu **II.** <-pp-> *vi* scambiare **III.** *n* scambio *m*
swear [swer] <swore, sworn> **I.** *vi* **1.** (*take oath*) giurare; **to ~ on the Bible** giurare sulla Bibbia; **I couldn't ~ to it** *inf* non ci giurerei **2.** (*curse*) imprecare **II.** *vt* giurare
swearing *n* parolacce *mpl*
sweat [swet] **I.** *n* **1.** (*perspiration*) sudore *m;* **to break into a ~** cominciare a sudare **2.** (*effort*) faticaccia *f;* **no ~** *inf* non c'è problema **3.** *pl inf* (*sweatsuit*) tuta *f* (da ginnastica) **II.** *vi* (*perspire*) sudare **III.** *vt* sudare
sweater [ˈswe·t̬ɚ] *n* golf *m inv*
sweatshirt [ˈswet·ʃɜːrt] *n* felpa *f*
sweaty [ˈswe·t̬i] <-ier, -iest> *adj* sudato, -a
Swede [swiːd] *n* svedese *mf*
Sweden [ˈswiː·dn] *n* GEO Svezia *f*
Swedish [ˈswiː·dɪʃ] **I.** *adj* svedese, -a **II.** *n* **1.** (*person*) svedese *mf* **2.** LING svedese *m*
sweep [swiːp] <swept, swept> **I.** *n* **1.** (*cleaning action*) spazzata *f;* **to give sth a ~** dare una spazzata a qc **2.** SPORTS (*series of wins*) **a three-game ~** tre vittorie consecutive **3.** (*chimney cleaner*) **chimney ~** spazzacamino *m* ▶ **to make a clean ~** fare piazza pulita **II.** *vt* **1.** (*clean with broom: floor*) spazzare; (*chimney*) pulire **2.** (*remove*) spazzare (via) **3.** (*win*) riportare una vittoria schiacciante in; **to ~ a series** riportare una serie di vittorie schiaccianti ▶ **to ~ sb off his/her feet** fare innamorare perdutamente qu **III.** *vi* **1.** (*clean with broom*) spazzare **2.** (*move*) **to ~ into a room** piombare in una stanza **3.** (*extend*) espandersi
sweepstakes [ˈswip·steɪks] *n scommessa in cui tutte le puntate vanno al vincitore*
sweet [swiːt] **I.** <-er, -est> *adj* **1.** (*like sugar*) dolce **2.** (*pleasant*) dolce; **to go one's own ~ way** andare dritto per la propria strada **3.** (*cute*) adorabile **4.** (*kind: gentile*) dolce; **to be ~ on sb**

essere innamorato di qu **II.** *n pl* (*candy*) caramella *f*

sweet-and-sour [ˌswiːt·ən·ˌsa·ʊə˞] *adj* in agrodolce

sweet corn [ˈswit·kɔrn] *n* mais *m*

sweetener *n* **1.** CULIN dolcifcante *f* **2.** *inf* (*incentive*) incentivo *m*

sweetheart [ˈswiːt·hɑːrt] *n* **1.** (*kind person*) tesoro *m* **2.** (*term of endearment*) tesoro *m* **3.** (*boyfriend, girlfriend*) moroso, -a *m, f*

sweetie *n inf* tesoro *m*

sweet tooth *n* **to have a ~** essere goloso, -a di dolci

swell [swel] <swelled, swelled *or* swollen> **I.** *vi* **1.** (*get bigger*) gonfiarsi **2.** (*increase*) aumentare **II.** *vt* **1.** (*in size*) accrescere **2.** (*in number*) ingrossare **III.** <-er, -est> *adj inf* fantastico, -a

swelling *n* gonfiore *m*

sweltering *adj* torrido, -a

swept [swept] *pt of* **sweep**

swiftly *adv* rapidamente

swim [swɪm] **I.** <swam, swum> *vi* **1.** *a. fig* (*in water*) nuotare **2.** (*whirl*) **her head was ~ming** le girava la testa **3.** (*be full of water*) essere inondato, -a; **to ~ with tears** essere in un mare di lacrime **II.** <swam, swum> *vt* **1.** (*cross*) attraversare a nuoto **2.** (*do*) **to ~ a few strokes** fare qualche bracciata **III.** *n* nuotata *f*; **I'm going to take a ~** vado a farmi una nuotata

swimmer [ˈswɪ·mə˞] *n* nuotatore, -trice *m, f*

swimming *n* nuoto *m*

swimming pool *n* piscina *f*

swimsuit [ˈswɪm·suːt] *n* costume *m* da bagno

swindle [ˈswɪn·dl] **I.** *vt* portare via (con la truffa) **II.** *n* truffa *f*

swing [swɪŋ] **I.** *n* **1.** (*movement*) oscillazione *f* **2.** (*punch*) pugno *m*; **to take a ~ at sb** (cercare di) dare un pugno a qu **3.** (*hanging seat*) altalena *f* **II.** <swung, swung> *vi* **1.** (*move back and forth*) oscillare, dondolare; (*move circularly*) ruotare **2.** (*hit*) **to ~ at sb** (cercare di) dare un pugno a qu **3.** (*on hanging seat*) dondolarsi **4.** (*alter*) cambiare; **to ~ between two things** oscillare tra due cose **III.** <swung, swung> *vt* **1.** (*move back and forth*) far dondolare **2.** *inf* (*influence*) influenzare

swipe [swaɪp] **I.** *vt* **1.** *inf* (*steal*) fregare **2.** (*pass: card*) passare **3.** (*graze: car*) strusciare contro **II.** *n* (*blow*) colpo *m*; *fig* (*criticism*) critica *f*; **to take a ~ at sb** (*hit*) (cercare di) colpire qu; (*criticize*) criticare qu

Swiss [swɪs] *adj, n* svizzero, -a *m, f*; **~ German/French** svizzero tedesco/francese

switch [swɪtʃ] **I.** <-es> *n* **1.** ELEC interruttore *m* **2.** (*substitution*) sostituzione *f* **3.** (*change*) cambio *m* **4.** RAIL (*device*) scambio *m* **II.** *vi* cambiare; **to ~ with sb** fare cambio con qu; **to ~ from sth to sth** passare da qc a qc **III.** *vt* scambiare; **to ~ sth for sth** scambiare qc con qc

◆**switch off** **I.** *vt* (*machine*) spegnere; (*water*) chiudere **II.** *vi* **1.** (*machine*) spegnersi **2.** (*lose attention*) sconnettersi

◆**switch on** **I.** *vt* (*machine*) accendere **II.** *vi* accendersi

Switzerland [ˈswɪt·sə˞·lənd] *n* la Svizzera *f*

swollen [ˈswoʊ·lən] **I.** *pp of* **swell** **II.** *adj* gonfio, -a

swore [swɔːr] *pt of* **swear**

sworn [swɔːrn] **I.** *pp of* **swear** **II.** *adj* giurato, -a

swum [swʌm] *pp of* **swim**

swung [swʌŋ] *pt, pp of* **swing**

syllabus [ˈsɪ·lə·bəs] <-es, *form* syllabi> *n* (*in general*) piano *m* di studi; (*for specific subject*) programma *m*

symbol [ˈsɪm·bl] *n* simbolo *m*

symbolize [ˈsɪm·bə·laɪz] *vt* simboleggiare

sympathetic [ˌsɪm·pə·ˈθe·t̬ɪk] *adj* **1.** (*understanding*) comprensivo, -a; (*sympathizing*) compassionevole **2.** POL favorevole; **to be ~ towards sb/sth** appoggiare qu/qc

sympathize [ˈsɪm·pə·θaɪz] *vi* **1.** (*understand*) capire; (*feel compassion for*) provare compassione **2.** (*agree*) essere d'accordo; **to ~ with sth** simpatizzare per qc

sympathy ['sɪm·pə·θi] *n* **1.** (*compassion*) compassione *f;* (*understanding*) comprensione *f;* **you have my deepest ~** le faccio le mie più sincere condoglianze **2.** (*solidarity*) solidarietà *f*

symphony ['sɪm·fə·ni] *n* **1.** (*piece of music*) sinfonia *f* **2.** (*orchestra*) orchestra *f* sinfonica

symptom ['sɪmp·təm] *n* sintomo *m*

synagogue ['sɪ·nə·gɑːg] *n* sinagoga *f*

synchronize ['sɪŋ·krə·naɪz] **I.** *vt* sincronizzare **II.** *vi* sincronizzarsi

syndicate[1] ['sɪn·də·kɪt] *n* **1.** ECON consorzio *m* **2.** PUBL agenzia *f* di stampa

syndicate[2] ['sɪn·də·keɪt] *vt* **1.** ECON raggruppare in un consorzio **2.** PUBL vendere

syringe [sə·'rɪndʒ] *n* siringa *f*

system ['sɪs·təm] *n* **1.** (*set*) sistema *m;* **music ~** impianto *m* musicale **2.** (*method of organization*) *a.* POL sistema *m* **3.** (*order*) metodo *m* (di classificazione) ▶ **to get something out of one's ~** *inf* scaricarsi

systematic [ˌsɪs·tə·'mæ·t̬ɪk] *adj* sistematico, -a

system error *n* errore *m* di sistema

systems analyst *n* analista *mf* di sistemi

system software *n* software *m* di sistema *inv*

T

T, t [tiː] *n* T, t *f o m;* **~ for Tommy** T come Torino

t *abbr of* **tonne** t

tab [tæb] *n* **1.** (*flap*) linguetta *f;* (*on file*) linguetta *f;* **write-protect ~** COMPUT linguetta di protezione **2.** (*label*) etichetta *f* **3.** *inf* (*bill*) conto *m*

tab key *n* tabulatore *m*

table ['teɪ·bl] *n* **1.** tavolo *m;* (*for meals*) tavola *f;* **to clear/set the ~** sparecchiare/apparecchiare (la tavola) **2.** MAT tabellina *f;* **multiplication ~** tavola *f* pitagorica **3.** (*list*) lista *f;* **~ of contents** indice *m*

tablecloth ['teɪ·bl·klɑːθ] *n* tovaglia *f*

table linen *n* biancheria *f* da tavola

table manners *npl* buone maniere *f pl* a tavola

tablespoon *n* **1.** (*spoon*) cucchiaio *m* **2.** (*amount*) cucchiaiata *f*

tablet ['tæb·lɪt] *n* **1.** (*pill*) compressa *f* **2.** (*of stone*) lapide *f*

table tennis *n* ping-pong® *m inv*

tabulate ['tæb·jʊ·leɪt] *vt* disporre in tabella; COMPUT tabulare

tackle ['tæ·kl] **I.** *vt* **1.** (*in soccer*) contrastare; (*in rugby, US football*) placcare **2.** (*deal with: problem*) affrontare **II.** *n* **1.** (*in soccer*) contrasto *m;* (*in rugby, US football*) placcaggio *m* **2.** (*equipment*) attrezzatura *f* **3.** NAUT paranco *m*

tactful ['tækt·fəl] *adj* discreto, -a

tactic ['tæk·tɪk] *n* ~(**s**) tattica *f*

tactical ['tæk·tɪ·kl] *adj* tattico, -a

tactician [tæk·'tɪ·ʃən] *n* stratega *mf*

tactless ['tæk·ləs] *adj* privo, -a di tatto

tag [tæg] **I.** *n a.* COMPUT (*label*) etichetta *f;* (*metal*) targhetta *f* **II.** <-gg-> *vt* (*label*) etichettare

tail [teɪl] **I.** *n* **1.** ANAT, AVIAT coda *f* **2.** *pl, inf* (*tail coat*) frac *m inv* **3.** *pl* (*side of coin*) croce *f* **4.** *inf* (*person*) pedinatore, -trice *m, f* **5.** *inf* (*bottom*) didietro *m inv* **II.** *vt* pedinare

◆**tail off** *vi* diminuire; (*sound*) smorzarsi

tailor ['teɪ·lɚ] **I.** *n* sarto *m* **II.** *vt* **1.** (*clothes*) confezionare **2.** (*adapt*) adattare

tailor-made [ˌteɪ·lɚ·'meɪd] *adj* **1.** (*custom-made*) su misura **2.** (*perfect*) perfetto, -a

take [teɪk] **I.** *n* **1.** (*receipts*) incassi *mpl* **2.** PHOT, CINE ripresa *f* ▶ **to be on the ~** *inf* prendere tangenti **II.** <took, taken> *vt* **1.** (*accept*) accettare; (*advice*) seguire; (*criticism*) accettare; (*responsibility*) assumere; **to ~ sth seriously** prendere qc sul serio; **to ~ one's time** prendersela comoda **2.** (*hold*) prendere **3.** (*eat*) prendere **4.** (*use*) richiedere **5.** (*receive*) ricevere **6.** (*capture: prisoners*) prendere; (*city*) conquistare; (*power*) assumere **7.** (*assume*) **to ~**

office assumere una carica **8.** (*bring*) portare **9.** (*require*) volerci; **this shirt ~s a lot of ironing** ci vuole molto per stirare questa camicia **10.** (*have: decision*) prendere; (*bath, walk, holiday*) fare; (*ticket*) comprare **11.** (*feel, assume*) **to ~** (**an**) **interest in sb/sth** interessarsi a qu/qc; **to ~ offence** offendersi **12.** (*make money*) incassare **13.** (*photograph*) fotografare **14.** (*bus, train*) prendere **III.** <took, taken> *vi* fare effetto; (*plant, dye*) prendere

◆**take apart I.** *vt* **1.** (*disassemble*) smontare **2.** (*analyze*) analizzare **3.** (*destroy*) demolire **II.** *vi* smontarsi

◆**take away I.** *vt* **1.** (*remove*) togliere **2.** (*go away with*) portar via **3.** (*lessen*) sminuire **4.** (*subtract from*) sottrarre **II.** *vi* **to ~ from the importance of sth** diminuire l'importanza di qc

◆**take back** *vt* **1.** (*return*) riportare **2.** (*accept back*) riprendere **3.** (*repossess*) riprendere **4.** (*retract*) ritirare **5.** (*remind*) ricordare

◆**take down** *vt* **1.** (*remove*) togliere; (*from high place*) abbassare **2.** (*disassemble*) smontare **3.** (*write down*) prendere nota di

◆**take in** *vt* **1.** (*bring inside*) fare entrare; (*admit*) ammettere **2.** (*hold*) **to take sb in one's arms** prendere qu in braccio **3.** (*accommodate*) accogliere; (*for rent*) ospitare **4.** (*bring to police*) arrestare **5.** (*deceive*) ingannare **6.** (*understand*) comprendere **7.** FASHION restringere

◆**take off I.** *vt* **1.** (*remove from*) togliere **2.** (*clothes*) togliersi **3.** (*bring away*) portare via **4.** (*subtract*) scontare **5.** (*stop showing*) ritirare **II.** *vi* **1.** AVIAT decollare **2.** *inf* (*leave*) filar via; *inf* (*flee*) darsela a gambe **3.** (*have success*) decollare

◆**take on I.** *vt* **1.** (*agree to try*) accettare **2.** (*acquire*) adottare **3.** (*hire*) assumere **4.** (*fight*) battersi contro **5.** (*stop for loading: passengers*) prendere a bordo; (*fuel*) rifornirsi di; (*goods*) caricare **II.** *vi* prendersela

◆**take out** *vt* **1.** (*remove*) togliere; (*extract*) estrarre; (*withdraw*) ritirare **2.** (*bring outside*) portar via; (*garbage*) buttare **3.** (*for walk*) portar fuori **4.** *inf* (*kill*) far fuori; (*destroy*) distruggere **5.** (*borrow*) prendere in prestito **6.** (*vent anger*) **to take sth out on sb** sfogare qc su qu **7.** *inf* (*tire*) **to take it out of sb** sfinire qu *fig*

◆**take over I.** *vt* **1.** (*buy out*) rilevare **2.** (*seize control*) assumere il controllo di **3.** (*assume*) assumere **4.** (*possess*) prendere possesso di **5.** (*start using*) cominciare a usare **II.** *vi* prendere possesso

◆**take to** *vt* **1.** (*start to like*) prendere in simpatia **2.** (*begin as a habit*) **to ~ doing sth** cominciare a fare qc **3.** (*go to*) dirigersi verso

◆**take up I.** *vt* **1.** (*bring up*) sollevare **2.** (*start doing*) cominciare; (*piano*) cominciare a studiare **3.** (*accept*) accettare **4.** (*adopt*) adottare **5.** (*join in*) partecipare a **6.** (*occupy*) occupare **7.** (*pull up*) alzare **8.** (*shorten*) accorciare **9.** (*absorb*) assorbire **II.** *vi* **to ~ with sb** fare amicizia con qu

take-home pay ['teɪk·hoʊm·ˌpeɪ] *n* retribuzione *f* netta

taken *pp of* **take**

takeoff ['teɪk·ɔf] *n* AVIAT decollo *m*

takeout ['teɪk·aʊt] *n* cibo *m* da asporto

takeover ['teɪk·ˌoʊ·vɚ] *n* POL presa *f* di potere; ECON acquisizione *f* di controllo

taking ['teɪ·kɪŋ] **I.** *n* **1.** (*capture*) presa *f* **2.** *pl* (*receipts*) incassi *mpl* **II.** *adj* attraente

talent ['tæ·lənt] *n* talento *m*

talented *adj* dotato, -a di talento

Taliban ['tæ·li·bæn] *n* taliban *mf*

talk [tɔːk] **I.** *n* **1.** (*conversation*) conversazione *f* **2.** (*lecture*) conferenza *f* **3.** (*things said*) chiacchiere *fpl* **4.** *pl* (*formal discussions*) trattative *fpl* **II.** *vi* (*speak*) parlare; **to ~ about sb behind their back** parlar male di qu alle sue spalle ▶ look **who's ~ing** *inf* senti chi parla! **III.** *vt* **1.** (*utter*) dire **2.** (*discuss*) parlare di

◆**talk over** *vt* **to talk sth over** (**with sb**) parlare di qc (con qu)

◆**talk through** *vt* **1.** (*discuss*) discutere **2.** (*explain*) spiegare

T

talkative [ˈtɔː·kə·t̬ɪv] *adj* loquace

talker *n* parlatore, -trice *m, f*

talking-to [ˈtɔː·kɪŋ·tuː] *n* ramanzina *f;* **to give sb a ~** fare la ramanzina a qu

talk time *n* TEL (*on cell phone*) minuti *m pl* disponibili

tall [tɔːl] *adj* alto, -a; **to grow ~(er)** crescere

tame [teɪm] **I.** *adj* **1.** (*domesticated*) addomesticato, -a; (*not savage*) mansueto, -a **2.** (*unexciting*) noioso, -a **II.** *vt* (*feelings*) dominare; (*animal*) addomesticare

tamper [ˈtæm·pɚ] *vi* intromettersi

tampon [ˈtæm·pɑːn] *n* MED tampone *m;* (*for absorbing menstrual blood*) assorbente *m* interno

tan [tæn] **I.** <-nn-> *vi* abbronzarsi **II.** <-nn-> *vt* **1.** (*make brown*) abbronzare; **to be ~ned** essere abbronzato **2.** (*leather*) conciare **III.** *n* abbronzatura *f;* **to get a ~** abbronzarsi **IV.** *adj* marrone chiaro *inv*

tangle [ˈtæŋ·gl] **I.** *n* **1.** (*in hair*) nodo *m;* (*string*) groviglio *m* **2.** *fig* (*confusion*) confusione *f* **II.** *vt* ingarbugliare **III.** *vi* ingarbugliarsi

tank [tæŋk] *n* **1.** (*container*) serbatoio *m* **2.** (*aquarium*) acquario *m* **3.** MIL carro *m* armato

tanker [ˈtæŋ·kɚ] *n* **1.** (*truck*) autocisterna *f* **2.** (*ship*) nave *f* cisterna; **oil ~** petroliera *f* **3.** (*aircraft*) aereo *m* cisterna

tanned [tænd] *adj* abbronzato, -a

tantalizing *adj* stuzzicante; (*smile*) seducente

tantrum [ˈtæn·trəm] *n* capriccio *m;* **to have** [*or* **throw**] **a ~** fare i capricci

tap[1] [tæp] **I.** *n* **1.** (*for water*) rubinetto *m;* **beer on ~** birra *f* alla spina; **to turn the ~ on/off** aprire/chiudere il rubinetto **2.** TEL microscopia *f* telefonica **II.** <-pp-> *vt* **1.** TEL (*conversation*) intercettare; (*phone*) mettere sotto controllo **2.** (*make use of*) utilizzare; (*sources*) sfruttare

tap[2] [tæp] **I.** *n* **1.** (*light knock*) colpetto *m* **2.** (*tap dancing*) tip tap *m inv* **II.** <-pp-> *vt* dare un colpetto a **III.** <-pp-> *vi* dare un colpetto

tap dance [ˈtæp·ˌdænts] *n* tip tap *m inv*

tape [teɪp] **I.** *n* **1.** (*adhesive strip*) nastro *m* adesivo; MED cerotto *m;* **Scotch ~®** scotch® *m inv* **2.** (*measure*) metro *m* a nastro **3.** SPORTS nastro d'arrivo **4.** (*cassette*) cassetta *m;* **to get sth on ~** registrare qc **II.** *vt* **1.** (*fasten with tape*) sigillare con nastro adesivo **2.** (*record*) registrare

tape measure *n* metro *m* a nastro

tape recorder *n* registratore *m*

tape recording *n* registrazione *f*

tapestry [ˈtæp·əs·tri] *n* **1.** (*art form*) tappezzeria *f* **2.** (*object*) arazzo *m*

tar [tɑːr] *n* catrame *m*

target [ˈtɑːr·gɪt] **I.** *n* **1.** (*mark aimed at*) bersaglio *m;* **to hit the ~** colpire il bersaglio **2.** ECON obiettivo *m;* **to be on ~** essere in linea con gli obiettivi **II.** *vt* mirare a; **to ~ sth on sth** (*missile*) puntare qc su qc; (*campaign*) rivolgere qc a qc

tariff [ˈte·rɪf] *n* (*customs duty*) tariffa *f* doganale

tarnish [ˈtɑːr·nɪʃ] **I.** *vi* ossidarsi **II.** *vt* ossidare; (*reputation*) macchiare **III.** *n* macchia *f*

tarpaulin [tɑːr·ˈpɑː·lɪn] *n* telo *m* impermeabile

tarragon [ˈtær·ə·gan] *n* dragoncello *m*

tart[1] [tɑːrt] *adj* **1.** (*sharp*) aspro, -a; (*acid*) acido, -a **2.** (*caustic*) caustico, -a

tart[2] [tɑːrt] *n* GASTR torta *f*

tartar(e) sauce *n* salsa *f* tartara

task [tæsk] *n* compito *m*

taste [teɪst] **I.** *n* **1.** sapore *m;* **sense of ~** senso *m* del gusto **2.** (*small portion*) assaggio *m;* **to have a ~ of sth** assaggiare qc **3.** (*liking*) gusto *m;* **to have different ~s** avere gusti diversi; **to get a ~ for sth** prendere gusto a qc **4.** (*experience*) assaggio *m* **II.** *vt* **1.** (*food, drink*) assaggiare **2.** (*experience*) assaporare; (*luxury*) provare **III.** *vi* sapere di; **to ~ bitter/sweet** avere un sapore amaro/dolce

tasteful [ˈteɪst·fəl] *adj* di buon gusto

tasteless [ˈteɪs·tləs] *adj* **1.** (*without flavor*) insapore **2.** (*clothes, remark*) di cattivo gusto

tasty [ˈteɪs·ti] *adj* saporito, -a

tattoo [tæ·ˈtuː] **I.** *n* **1.** MIL parata *f* militare **2.** (*marking on skin*) tatuaggio *m* **II.** *vt* tatuare

tatty ['tæ·t̬i] <-ier, -iest> *adj pej* malridotto, -a

taught [tɑ:t] *pt, pp of* **teach**

Taurus ['tɔ:·rəs] *n* Toro *m;* **I'm** (**a**) **Taurus** sono (del [*or* un]) Toro

taut [tɑ:t] *adj* teso, -a

tax [tæks] **I.** <-es> *n* **1.** FIN imposta *f,* tassa *f;* **to collect ~es** riscuotere le imposte; **to increase ~es** aumentare le imposte; **free of ~** esentasse **2.** *fig* (*burden*) carico *m* **II.** *vt* **1.** FIN tassare **2.** (*accuse*) accusare **3.** *fig* (*need effort*) mettere a dura prova

taxable ['tæk·sə·bl] *adj* imponibile

tax allowance *n* detrazione *f* fiscale

taxation [tæk·'seɪ·ʃən] *n* (*taxes*) imposte *fpl;* (*system*) tassazione *f*

tax avoidance *n* elusione *f* fiscale

tax bracket *n* scaglione *f* d'imposta

tax-deductible *adj* deducibile

tax dodger *n,* **tax evader** *n* evasore *m* fiscale

tax evasion *n* evasione *f* fiscale

tax-free *adj* esente da imposte

taxi ['tæk·si] **I.** *n* taxi *m inv* **II.** *vi* andare in taxi; AVIAT rullare

taxi driver *n* tassista *mf*

taxpayer ['tæks·ˌpe·ɪɚ] *n* contribuente *mf*

tax rebate *n* rimborso *m* fiscale

tax relief *n* detrazione *f* fiscale

tax return *n* dichiarazione *f* dei redditi

tax revenues *n* entrate *f pl* fiscali

tax system *n* sistema *m* tributario

tax year *n* anno *m* fiscale

tbs., tbsp. *abbr of* **tablespoonful** cucchiaiata *f*

tea [ti:] *n* (*plant, drink*) tè *m inv;* **a cup of ~** una tazza di tè; **strong/weak ~** tè forte/leggero; **camomile ~** camomilla *f*

tea bag *n* bustina *f* di tè

tea break *n* pausa *f* per il tè

teach [ti:tʃ] <taught, taught> *vi, vt* insegnare

teacher ['ti:·tʃɚ] *n* insegnante *mf*

teacher training *n* formazione *f* degli insegnanti

teaching I. *n* **1.** (*profession*) insegnamento *m* **2.** *pl* (*doctrine*) insegnamenti *mpl* **II.** *adj* didattico, -a

teaching staff *n* corpo *m* docente

teacup *n* tazza *f* da tè

team [ti:m] **I.** *n* (*group*) equipe *f inv;* (*of horses*) tiro *m;* (*of dogs*) muta *f* **II.** *adj* d'equipe **III.** *vt* mettere insieme; (*match*) combinare

team effort *n* sforzo *m* congiunto

teammate *n* compagno , -a di squadra *m*

team spirit *n* spirito *m* di squadra

teapot ['ti:·pɑ:t] *n* teiera *f*

tear[1] [tɪr] *n* lacrima *f;* **to burst into ~s** scoppiare a piangere; **to have ~s in one's eyes** avere le lacrime agli occhi

tear[2] [ter] **I.** *n* strappo *m* **II.** <tore, torn> *vt* **1.** (*rip*) strappare; (*ruin*) rompere; **to ~ a hole in sth** fare un buco in qc **2.** (*strain: muscle*) strappare **III.** <tore, torn> *vi* **1.** (*rip*) strapparsi **2.** (*rush wildly*) lanciarsi

◆**tear apart** *vt* distruggere

◆**tear down** *vt* demolire

◆**tear off I.** *vt* (*remove*) strappare **II.** *vi* (*leave quickly*) scappar via

◆**tear out** *vt* strappare; **to tear one's hair out over sth** *fig* strapparsi i capelli per qc

◆**tear up** *vt* strappare; *fig* (*agreement*) annullare

tearful ['tɪr·fəl] *adj* lacrimevole

tear gas *n* gas *m inv* lacrimogeno

tease [ti:z] **I.** *vt* **1.** (*make fun of*) prendere in giro; **to ~ sb about sth** prendere in giro qu per qc **2.** (*provoke*) stuzzicare; (*sexually*) provocare *(senza intenzione di soddisfare il desiderio suscitato)* **II.** *n* burlone, -a *m, f;* (*sexually*) provocatore, -trice *m, f*

teaser ['ti:·zɚ] *n* rompicapo *m*

teashop *n* sala *f* da té

teaspoon *n* **1.** (*spoon*) cucchiaino *m* **2.** (*amount*) cucchiaino *m*

teaspoonful ['ti:·spu:n·fʊl] *n* cucchiaino *m*

teatime ['ti:·taɪm] *n* ora *f* del tè

tea towel *n* strofinaccio *m*

technical ['tek·nɪ·kəl] *adj* tecnico, -a; **~ term** termine *m* tecnico

technician [tek·'nɪ·ʃən] *n* tecnico, -a *m, f*

T

technique [tek·ˈniːk] *n* tecnica *f*
technological [ˌtek·nə·ˈlɑː·dʒɪ·kl] *adj* tecnologico, -a
technology [tek·ˈnɑː·lə·dʒi] *n* tecnologia *f*
◆**tee off** I. *vi* 1. SPORTS dare il colpo di inizio 2. *inf* (*start*) iniziare *fig* II. *vt inf* **to tee sb off** fare imbestialire qu
teen [tin] *n* adolescente *mf*
teenage(d) [ˈtiːn·eɪdʒ(d)] *adj* adolescente
teenager [ˈtiː·neɪ·dʒɚ] *n* adolescente *mf*
teens [tiːnz] *npl* adolescenza *f*
tee shirt [ˈtiː·ʃɜːrt] *n* maglietta *f*
teeth [tiːθ] *pl of* **tooth**
teethe [tiːð] *vi* mettere i denti
teetotal [ˌtiː·ˈtoʊ·t̬əl] *adj* astemio, -a
teetotaler [ˌtiː·ˈtoʊ·t̬ə·lɚ] *n* astemio, -a *m, f*
telecommunications [ˈte·lɪ·kə·ˌmjuː·nɪ·ˈkeɪ·ʃ] *npl* telecomunicazioni *fpl*
telecommuting [ˈte·lɪ·kɒ·ˌmjuː·tɪŋ] *n* COMPUT telelavoro *m*
telegram [ˈte·lɪ·græm] *n* telegramma *m*
telepathy [tə·ˈle·pə·θi] *n* telepatia *f*
telephone [ˈte·lə·foʊn] I. *n* telefono *m;* **mobile ~** (telefono *m*) cellulare *m* II. *vt* telefonare a III. *vi* telefonare; **to ~ long-distance** fare una chiamata interurbana IV. *adj* telefonico, -a; (*booking*) per telefono
telephone book *n* elenco *m* telefonico
telephone booth *n* cabina *f* telefonica
telephone call *n* telefonata *f;* **to make a ~** fare una telefonata
telephone directory *n* elenco *m* telefonico
telephone exchange *n* centralino *m* telefonico
telephone number *n* numero *m* di telefono
telephone operator *n* operatore, -trice telefonico, -a *m*
teleprocessing [ˈte·lɪ·prəʊ·ˌse·sɪŋ] *n* COMPUT elaborazione *f* dati a distanza
telesales [ˈte·lɪ·seɪls] *n* vendita *f* per telefono
teleshopping [ˈte·lə·ʃɑː·pɪŋ] *n* televendita *f*
televise [ˈte·lə·vaɪz] *vt* trasmettere per televisione; **to ~ sth live** trasmettere qc in diretta
television [ˈte·lə·vɪ·ʒən] *n* televisione *f;* (*television set*) televisore *m;* **to watch ~** guardare la televisione; **to turn the ~ on/off** accendere/spegnere il televisore
television announcer *n* annunciatore, -trice televisivo *m*
television camera *n* telecamera *f*
television program *n* programma *m* televisivo
television set *n* televisore *m*
television studio *n* studio *m* televisivo
tell [tel] I. <told, told> *vt* 1. (*say*) dire; **to ~ sb of sth** informare qu di qc 2. (*narrate*) raccontare 3. (*command*) ordinare; **to ~ sb to do sth** dire a qu di fare qc 4. (*make out*) riconoscere 5. (*distinguish*) distinguere 6. (*know*) sapere; **there is no ~ing** non si sa ▶ **you're ~ing me!** *inf* lo dici a me! II. <told, told> *vi* 1. parlare; **to ~ of sth/sb** parlare di qc/qu 2. (*know*) sapere; **you never can ~** non si sa mai; **how can I ~?** come faccio a saperlo?
◆**tell apart** *vt* distinguere
◆**tell off** *vt* rimproverare
teller [ˈte·lɚ] *n* 1. (*bank employee*) cassiere, -a *m, f* 2. (*vote counter*) scrutatore, -trice *m, f*
telling-off [ˌte·lɪŋ·ˈɑːf] <tellings-off> *n* ramanzina *f;* **to give sb a ~ for (doing) sth** fare una ramanzina a qu per (aver fatto) qc
temp [temp] I. *vi* fare un lavoro temporaneo II. *n* lavoratore, -trice temporaneo, -a *m*
temper [ˈtem·pɚ] I. *n* (*temperament*) temperamento *m;* (*mood*) umore *m;* (*tendency to become angry*) caratteraccio *m;* **to keep one's ~** mantenere la calma; **to lose one's ~** perdere le staffe II. *vt* (*mitigate*) mitigare
temperamental [ˌtem·prə·ˈmen·t̬l] *adj* 1. (*relating to mood*) caratteriale 2. (*unpredictable*) capriccioso, -a
temperature [ˈtem·pɚ·ə·tʃɚ] *n* temperatura *f;* MED febbre *f;* **to run a ~** avere la febbre
temple[1] [ˈtem·pl] *n* REL tempio *m*
temple[2] [ˈtem·pl] *n* ANAT tempia *f*

tempo ['tem·poʊ] <-s *or* -pi> *n* **1.** MUS tempo *m* **2.** (*pace*) ritmo *m*

temporarily ['tem·pə·re·rə·li] *adv* temporaneamente

temporary ['tem·pə·re·ri] *adj* (*improvement, relief*) temporaneo, -a; (*staff, accommodation*) provvisorio, -a; (*relief*) temporaneo, -a

tempt [tempt] *vt* **1.** tentare; **to ~ sb into doing sth** invogliare qu a fare qc **2.** (*persuade*) convincere; **to ~ sb into doing sth** incitare qu a fare qc

temptation [temp·'teɪ·ʃən] *n* tentazione *f*

tempting ['temp·tɪŋ] *adj* attraente; (*offer*) allettante

ten [ten] *adj, n* dieci *m;* **~s of thousands** decine *f pl* di migliaia; *s. a.* **eight**

tenacious [tə·'neɪ·ʃəs] *adj* (*belief*) fermo, -a; (*person*) tenace

tenancy ['ten·ən·si] <-ies> *n* **1.** (*status*) condizione *f* di affittuario **2.** (*right*) affitto *m*

tenant ['te·nənt] *n* (*of land*) affittuario, -a *m, f;* (*of house*) inquilino, -a *m, f*

tend [tend] *vi* **to ~ to do sth** tendere a fare qc

tendency ['ten·dən·si] <-ies> *n* tendenza *f*

tender[1] ['ten·dɚ] *adj* **1.** (*not tough*) tenero, -a **2.** (*easily damaged*) delicato, -a **3.** (*painful*) dolorante; (*part of the body*) sensibile; (*subject*) delicato, -a **4.** (*affectionate*) tenero, -a; **to have a ~ heart** avere il cuore tenero

tender[2] ['ten·dɚ] **I.** *n* COM offerta *f;* **to put in a ~** fare un'offerta; **to put sth out for ~** dare qc in appalto **II.** *vt* (*offer*) offrire **III.** *vi* **to ~ for sth** fare un'offerta per qc

tenderness ['ten·dɚ·nɪs] *n* **1.** (*softness*) tenerezza *f* **2.** (*affection*) tenerezza *f* **3.** (*sensitivity*) sensibilità *f*

tendon ['ten·dən] *n* tendine *m*

tenfold ['ten·foʊld] **I.** *adj* decuplo, -a **II.** *adv* dieci volte

Tennessee *n* Tennessee *m*

tennis ['te·nɪs] *n* tennis *m inv*

tennis ball *n* palla *f* da tennis

tennis court *n* campo *m* da tennis

tennis player *n* tennista *mf*

tennis racket *n* racchetta *f* da tennis

tenpin bowling [ˌten·pɪn·'boʊ·lɪŋ] *n* bowling *m inv*

tense [tents] **I.** *adj* (*wire, person*) teso, -a **II.** *vt* tendere **III.** *vi* entrare in tensione

tension ['ten·tʃən] *n* tensione *f*

tent [tent] *n* (*for camping*) tenda *f;* (*in circus*) tendone *m*

tentative ['ten·t̬ə·t̬ɪv] *adj* **1.** (*person*) esitante **2.** (*decision*) provvisorio, -a

tenth [tenθ] **I.** *adj* decimo, -a **II.** *n* **1.** (*order*) decimo, -a *m, f* **2.** (*date*) dieci *m* **3.** (*fraction*) decimo *m;* (*part*) decima parte *f; s. a.* **eighth**

tent peg *n* picchetto *m* (da tenda)

tent pole *n* paletto *m* (da tenda)

tepid ['te·pɪd] *adj* tiepido, -a

term [tɜːrm] *n* **1.** (*label, word*) termine *m;* **~ of abuse** insulto *m* **2.** *pl* (*conditions*) condizioni *fpl* **3.** (*limit*) limite *m;* COM termine *m;* **~ of delivery** termine di consegna **4.** (*period*) periodo *m;* (*duration*) durata *f;* (*of contract*) validità *f;* (*of office*) mandato *m;* **prison ~** periodo *m* di detenzione; **in the short/long ~** a breve/lunga scadenza **5.** UNIV, SCHOOL trimestre *m* **6.** *pl* rapporti *mpl*

terminal ['tɜːr·mɪ·nl] **I.** *adj* terminale; (*extreme*) estremo, -a; (*boredom*) mortale **II.** *n* **1.** RAIL terminal *m inv* **2.** COMPUT terminale *m*

terminate ['tɜːr·mɪ·neɪt] *form* **I.** *vt* (*finish*) porre fine a; (*contract*) rescindere; (*pregnancy*) interrompere **II.** *vi* terminare

terminus ['tɜːr·mɪ·nəs] <-es *or* -i> *n* (*station*) terminal *m inv;* (*bus stop*) capolinea *m inv*

terrace ['te·rəs] **I.** *n* **1.** *a.* AGR terrazza *f* **2.** SPORT gradinata *f* **3.** (*houses*) case *f pl* a schiera **II.** *adj* a terrazze

terraced house *n* casa *f* a schiera

terrible ['te·rə·bl] *adj* **1.** (*shocking*) terribile **2.** (*very bad*) pessimo, -a **3.** *inf* (*as intensifier*) terribile

terribly ['te·rəb·li] *adv* **1.** (*very badly*) malissimo **2.** (*very*) terribilmente

terrific [tə·'rɪ·fɪk] *adj* **1.** (*terrifying*) spaventoso, -a **2.** (*excellent*) fantastico, -a **3.** *as intensifier* (*very great*) enorme

terrified *adj* terrorizzato, -a

terrify ['te·rə·faɪ] <-ie-> *vt* terrorizzare

terrifying *adj* terrificante

territory ['te·rə·tɔː·ri] <-ies> *n* **1.** (*area of land*) territorio *m* **2.** (*activity*) terreno *m*

terror ['te·rɚ] *n* terrore *m*

terrorism ['te·rə·rɪ·zəm] *n* terrorismo *m*

terrorist ['te·rə·rɪst] **I.** *n* terrorista *mf* **II.** *adj* terroristico, -a

terrorize ['te·rə·raɪz] *vt* terrorizzare

test [test] **I.** *n* **1.** SCHOOL, UNIV esame *m;* **to pass a ~** superare un esame; **to fail a ~** essere bocciato a un esame; **driving ~** esame di guida **2.** MED esame *m;* **blood ~** analisi *f* del sangue *pl;* **pregnancy ~** test *m inv* di gravidanza **3.** (*trial*) **to put sth to the ~** mettere qu alla prova **II.** *vt* **1.** (*examine*) esaminare **2.** MED analizzare; (*hearing*) fare un esame di **3.** (*measure*) provare **4.** (*try to prove*) mettere alla prova **5.** (*try with senses*) provare

test drive *n* giro *m* di prova

testicle ['tes·tɪ·kl] *n* testicolo *m*

testify ['tes·tɪ·faɪ] <-ie-> **I.** *vi* **1.** (*give evidence*) testimoniare **2.** *form* (*prove*) **to ~ to sth** dimostrare qc **II.** *vt* **1.** (*bear witness to*) dimostrare **2.** (*declare under oath*) testimoniare; **to ~ that ...** dichiarare che ...

testimony ['tes·tɪ·moʊ·ni] <-ies> *n* testimonianza *f*

test tube *n* provetta *f*

tetanus ['te·tə·nəs] *n* tetano *m;* **~ injection** antitetanica *f*

tetchy ['te·tʃi] <-ier, -iest> *adj* irritabile

Texan ['tek·sən] **I.** *n* texano, -a *m, f* **II.** *adj* texano, -a

Texas ['tek·səs] *n* Texas *m*

text [tekst] *n* testo *m*

textbook ['tekst·bʊk] **I.** *n* libro *m* di testo **II.** *adj* da manuale

textile ['teks·taɪl] **I.** *n pl* tessili *mpl* **II.** *adj* tessile

Thai [taɪ] **I.** *adj* tailandese **II.** *n* **1.** (*person*) tailandese *mf* **2.** LING tailandese *m*

Thailand ['taɪ·lənd] *n* Tailandia *m*

than [ðən, ðæn] *conj* di; **you are taller ~ she** (**is**) sei più alto di lei; **more ~ 60** più di 60; **more ~ once** più di una volta

thank [θæŋk] *vt* ringraziare; **to ~ sb** (**for sth**) ringraziare qu (per qc); **~ you** grazie; **~ you very much!** grazie mille!; **no, ~ you** no, grazie

thankful ['θæŋk·fəl] *adj* **1.** (*pleased*) contento, -a; **to be ~ that ...** esser lieto che ... *+subj* **2.** (*grateful*) grato, -a

thankfully *adv* fortunatamente

thankless ['θæŋk·ləs] *adj* ingrato, -a

thanks [θæŋks] *npl* ringraziamenti *mpl;* **~ very much** grazie mille; **~ to** grazie a

Thanksgiving (**Day**) *n* giorno *m* del ringraziamento

that [ðæt, ðət] **I.** *adj dem* <those> quel, quello, -a; **~ table** quel tavolo; **~ book** quel libro **II.** *pron* **1.** *rel* che; **the woman ~ told me ...** la donna che me l'ha raccontato ...; **all ~ I have** tutto quello che ho **2.** *dem* quel, quello, -a; **what is ~?** che cos'è?; **who is ~?** chi è? .; **like ~** così; **after ~** dopo quello; **~'s it!** è tutto! **III.** *adv* così; **it was ~ hot** faceva molto caldo **IV.** *conj* **1.** che; **I told you ~ I couldn't come** te l'avevo detto che non potevo venire **2.** (*in order that*) affinché *+subj*

thaw [θɑː] **I.** *n* **1.** (*weather*) disgelo *m* **2.** (*in relations*) distensione *f* **II.** *vi* **1.** (*weather*) sgelare; (*food*) scongelarsi **2.** (*relations*) distendersi **III.** *vt* sciogliere

the [ðə, *stressed, before vowel* ðiː] **I.** *def art* il, lo, l' *m,* la, l' *f,* i, gli *mpl,* le *fpl;* **from ~ garden** dal giardino; **at ~ hotel** in albergo; **at ~ door** alla porta; **to ~ garden** in giardino **II.** *adv* (*in comparison*) **~ more one tries, ~ less one succeeds** quanto più ci si prova, tanto meno ci si riesce; **~ sooner ~ better** prima è, meglio è

theater ['θiː·ə·t̬ɚ] *n* **1.** THEAT (*place, art*) teatro *m* **2.** CINE cinema *m inv* **3.** UNIV auditorium *m inv*

theft [θeft] *n* furto *m;* **petty ~** piccoli furti

their [ðer] *adj pos* il loro *m,* la loro *f,* i

loro *mpl,* le loro *fpl;* ~ **house** la loro casa; ~ **children** i loro figli

theirs [ðerz] *pron pos* il loro *m,* la loro *f,* i loro *mpl,* le loro *fpl;* **this house is** ~ questa casa è loro; **they aren't our bags, they are** ~ non sono le nostre borse, sono le loro; **a book of** ~ uno dei loro libri

them [ðem, ðəm] *pron pers pl* **1.** (*they*) loro; **older than** ~ più vecchio di loro; **if I were** ~ se fossi in loro **2.** *direct object* li, le *indirect object* loro, gli; *fam* **look at** ~ guardali; **I saw** ~ li ho visti; **he gave** ~ **the pencil** ha dato loro la matita; *fam* gli ha dato la matita **3.** *after prep* loro; **it's for/from** ~ è per/da parte loro

theme [θi:m] *n a.* MUS tema *m*

theme music *n* tema *m* musicale

theme park *n* parco *m* tematico

themselves [ðəm·'selvz] *pron* **1.** *subject* essi stessi, esse stesse **2.** *object, reflexive* si; **the children behaved** ~ i bambini si sono comportati bene **3.** *after prep* se stessi, se stesse; **by** ~ da soli

then [ðen] **I.** *adj form* d'allora; **the** ~ **chairman** l'allora presidente **II.** *adv* **1.** (*at aforementioned time*) allora; **before** ~ prima di allora; **from** ~ **on**(**ward**) da allora in poi; **since** ~ da allora; **until** ~ fino ad allora; (**every**) **now and** ~ ogni tanto **2.** (*after that*) poi; **what ~?** e poi? **3.** (*additionally*) inoltre; **but** ~ (**again**) ma d'altronde **4.** (*as a result*) dunque **5.** (*that being the case*) allora **6.** (*agreement*) **all right** ~ allora va bene

theoretical [ˌθi:·ə·'re·t̬ɪ·kəl] *adj* teorico, -a

theory ['θi:·ə·ri] <-ies> *n* teoria *f;* **in** ~ in teoria

therapist ['θe·rə·pɪst] *n* terapeuta *mf*

therapy ['θe·rə·pi] <-ies> *n* terapia *f*

there [ðer] **I.** *adv* lì [*or* là]; **here and** ~ qua e là; ~ **is/are** c'è/ci sono; ~ **will be** ci sarà/saranno; ~ **you are!** eccoti qua!; **~'s the train** ecco il treno; ~ **is no one** non c'è nessuno **II.** *interj* ecco!; **~, take this** prendi questo; **~, that's enough!** insomma, basta adesso!

thereabouts ['ðer·ə·baʊts] *adv* (*approximately*) all'incirca; (*near*) nei dintorni

therefore ['ðer·fɔ:r] *adv* perciò

thermometer [θɚ·'mɑ:·mə·t̬ɚ] *n* termometro *m*

thermos® ['θɜr·məs] *n* (*bottle*) thermos® *m inv*

thermostat ['θɜ:r·məs·tæt] *n* termostato *m*

these [ði:z] *pl of* **this**

they [ðeɪ] *pron pers* **1.** (*3rd person pl*) loro; ~ **are my parents/sisters** (loro) sono i miei genitori/le mie sorelle **2.** (*people in general*) ~ **say that ...** dicono che ...

they'll [ðeɪl] = **they will** *see* **will**

they're [ðer] = **they are** *see* **be**

they've [ðeɪv] = **they have** *see* **have**

thick [θɪk] **I.** *adj* **1.** (*not thin: wall*) spesso, -a; (*coat*) pesante **2.** (*dense: hair*) folto, -a; (*forest*) fitto, -a; (*liquid*) denso, -a **3.** (*extreme: darkness*) fitto, -a; (*accent*) marcato, -a **4.** (*stupid*) tonto, -a; **to be as** ~ **as two short planks** *inf* essere duro di comprendonio **II.** *n inf* **to be in the** ~ **of sth** esser nel pieno di qc

thicken ['θɪ·kən] **I.** *vt* ispessire **II.** *vi* ispessirsi

thickness ['θɪk·nɪs] *n* **1.** (*size*) spessore *m* **2.** (*of hair*) foltezza *f;* (*of sauce*) consistenza *f*

thick-skinned ['θɪk·skɪnd] *adj* insensibile

thief [θi:f, *s* 'θi:vz] <thieves> *n* ladro, -a *m, f*

thigh [θaɪ] *n* coscia *f*

thimble ['θɪm·bl] *n* ditale *m*

thin [θɪn] <-nn-> *adj* **1.** (*not thick: clothes*) leggero, -a; (*person*) delicato, -a; (*very slim*) magro, -a **2.** (*soup*) liquido, -a **3.** (*sparse: hair*) rado, -a **4.** (*voice*) sottile

thing [θɪŋ] *n* **1.** (*object, action*) cosa *f;* **the good/best/main** ~ la cosa buona/migliore/principale; **one** ~ **after another** una cosa dopo l'altra **2.** (*matter*) **another** ~ un'altra cosa; **and another ~, ...** e inoltre, ... **3.** (*social behavior*) **it's the done** ~ è la cosa da farsi **4.** (*fashion*) **the latest** ~ **in**

shoes l'ultima moda in fatto di scarpe **5.** *pl* (*possessions*) cose *fpl;* **all his ~s** tutta la sua roba **6.** *pl* (*the situation*) **as ~s stand** così come stanno le cose **7.** *inf* (*term of affection*) **the poor ~!** povero!; (*children, animals*) poverino! ▶ **it's just one of those ~s** son cose che capitano; **to have a ~ about sth** *inf* avere un debole per qc

think [θɪŋk] <thought, thought> **I.** *n* **to have a ~ about sth** pensarci su **II.** *vt* **1.** (*believe*) pensare, credere **2.** (*consider*) considerare; **to ~ sb (to be) sth** considerare qu (come) qc **III.** *vi* pensare; **to ~ aloud** pensare ad alta voce; **to ~ to oneself** pensare tra sé e sé; **to ~ of doing sth** pensare di fare qc; **to ~ about/of sb/sth** pensare a qu/qc

◆**think ahead** *vi* pensare con anticipo

◆**think back** *vi* **to ~ to sth** ripensare a qc

◆**think of** *vi* pensare di

◆**think out** *vt* **1.** (*consider*) considerare bene **2.** (*plan*) escogitare

◆**think over** *vt* riflettere su

◆**think through** *vt* riflettere attentamente su

◆**think up** *vt* inventare

thinker *n* pensatore, -trice *m, f*

thinking **I.** *n* **1.** (*thought process*) pensiero *m* **2.** (*reasoning*) riflessione *f* **3.** (*opinion*) opinione *f* **II.** *adj* intelligente

third [θɜːrd] **I.** *adj* terzo, -a **II.** *n* **1.** (*order*) terzo, -a *m, f* **2.** (*date*) tre *m* **3.** (*fraction*) terzo *m* **4.** MUS, AUTO terza *f*; *s. a.* **eighth**

Third World *n* **the ~** il Terzo Mondo

thirst [θɜːrst] *n* sete *f;* **to die of ~** morire di sete

thirsty ['θɜːrs·ti] <-ier, -iest> *adj* assetato, -a; **to be ~** aver sete

thirteen [θɜːr·'tiːn] *adj, n* tredici *m*; *s. a.* **eight**

thirteenth [θɜːr·'tiːnθ] **I.** *adj* tredicesimo, -a **II.** *n* **1.** (*order*) tredicesimo, -a *m, f* **2.** (*date*) tredici *m* **3.** (*fraction*) tredicesimo *m;* (*part*) tredicesima parte *f*; *s. a.* **eighth**

thirtieth ['θɜːr·t̬ɪ·əθ] **I.** *adj* trentesimo, -a **II.** *n* **1.** (*order*) trentesimo, -a *m, f* **2.** (*date*) trenta *m* **3.** (*fraction*) trentesimo *m;* (*part*) trentesima parte *f*; *s. a.* **eighth**

thirty ['θɜːr·t̬i] <-ies> *adj, n* trenta *m*; *s. a.* **eighty**

this [ðɪs] **I.** <these> *adj det* questo, -a; **~ car** quest'automobile; **~ house** questa casa; **~ one** questo; **~ day** oggi; **~ morning/evening** stamattina/stasera; **~ time** questa volta; **~ time last month** esattamente un mese fa; **these days** di questi tempi **II.** <these> *pron dem* questo *m,* questa *f;* **what is ~?** che cos'è?; **who is ~?** chi è?; **~ and that** questo e quello; **~ is Anna (speaking)** (*on the phone*) sono Anna **III.** *adv* così; **~ much** tanto così; **~ big** così grande

thong [θaŋ] *n* **1.** (*strip of leather*) correggia *f* **2.** (*G-string*) perizoma *m* **3.** **~s** (*sandals*) infradito *m inv*

thorough ['θɜː·roʊ] *adj* **1.** (*complete*) assoluto, -a **2.** (*detailed*) esauriente **3.** (*careful*) minuzioso, -a

thoroughfare ['θɜː·roʊ·fer] *n form* via *f* principale

thoroughly *adv* **1.** (*in detail*) a fondo **2.** (*completely*) completamente

those [ðoʊz] *pl of* **that**

though [ðoʊ] **I.** *conj* nonostante *+subj;* **as ~** come se *+subj;* **even ~** anche se **II.** *adv* comunque; **he did do it, ~** comunque, lui l'ha fatto

thought [θaːt] *n* **1.** (*process*) pensiero *m;* **on second ~** ripensandoci bene **2.** (*opinion*) idea *f;* **that's a ~** è una buona idea

thoughtful ['θaːt·fəl] *adj* **1.** (*pensive*) pensieroso, -a **2.** (*careful*) ponderato, -a **3.** (*considerate*) premuroso, -a

thoughtless ['θoːt·ləs] *adj* (*not thinking enough*) irriflessivo, -a; (*tactless*) poco delicato, -a; (*careless*) avventato, -a

thought-out [ˌθaːt̬·'aʊt] *adj* pianificato, -a

thought-provoking *adj* che fa pensare

thousand ['θaʊ·znd] *adj, n* mille *m*

thousandth ['θaʊ·zntθ] **I.** *n* millesimo *m* **II.** *adj* **1.** (*being one of a thousand*) millesimo, -a **2.** (*in a series*) **the ~** il numero mille

thrash [θræʃ] *vt* **1.** (*beat*) picchiare **2.** *inf* (*defeat*) battere

◆**thrash out** *vt inf* (*problem*) risolvere; (*agreement*) arrivare a

thrashing *n* botte *fpl*

threat [θret] *n* minaccia *f*

threaten ['θre·tən] **I.** *vt* minacciare; **to ~ to do sth** minacciare di fare qc **II.** *vi* fare minacce

threatening *adj* minaccioso, -a

three [θriː] *adj, n* tre *m*; *s. a.* **eight**

three-D *adj inf abbr of* **three-dimensional** tridimensionale

three-dimensional *adj* tridimensionale

threefold ['θriː·foʊld] **I.** *adj* triplice **II.** *adv* tre volte tanto

three-piece [ˌθriː·'piːs] *adj* in tre pezzi

threshold ['θreʃ·hoʊld] *n a. fig* soglia *f*; **tax ~** minimo *m* imponibile

threw [θruː] *pt of* **throw**

thrill [θrɪl] **I.** *n* brivido *m* **II.** *vt* entusiasmare **III.** *vi* entusiasmarsi

thrilling ['θrɪ·lɪŋ] *adj* entusiasmante

thriving *adj* prospero, -a

throat [θroʊt] *n* ANAT gola *f*; **sore ~** mal *m* di gola ► **to stick in sb's ~** (*proposal*) non andare giù a qu

throttle ['θrɑː·t̬l] **I.** *n* acceleratore *m*; **at full ~** a manetta *inf* **II.** <-ll-> *vt* strangolare

through [θruː] **I.** *prep* **1.** (*spatial*) attraverso, per; **to go right ~ sth** attraversare qc; **to walk ~ a room** attraversare una stanza **2.** (*temporal*) durante; **all ~ my life** per tutta la mia vita **3.** (*until*) da; **open Monday ~ Friday** aperto da lunedì a venerdì **4.** (*by means of*) per mezzo di **II.** *adv* **1.** (*of place*) da parte a parte **2.** (*of time*) **all day ~** per tutto il giorno; **halfway ~** a metà **3.** TEL **to put sb ~ to sb** passare qu a qu **4.** (*completely*) completamente; **to think sth ~** riflettere bene su qc ► **~ and ~** da capo a piedi **III.** *adj* **1.** (*finished*) finito, -a **2.** (*direct*) diretto, -a

throughout [θruː·'aʊt] **I.** *prep* **1.** (*spatial*) in tutto, -a; **~ the town** per tutta la città **2.** (*temporal*) durante tutto, -a; **~ his stay** per tutta la sua permanenza **II.** *adv* **1.** (*spatial*) dappertutto **2.** (*temporal*) tutto il tempo

through train *n* treno *m* diretto

throughway ['θruː·weɪ] *n* autostrada *f* a pagamento

throw [θroʊ] **I.** *n* **1.** (*act of throwing*) lancio *m* **2.** SPORTS lancio *m*, tiro *m* **3.** *inf* (*chance*) chance *f inv* **II.** <threw, thrown> *vi* lanciare **III.** <threw, thrown> *vt* **1.** (*propel*) tirare; (*ball*) lanciare **2.** (*cause to fall: rider*) disarcionare **3.** (*dedicate*) **to ~ oneself into sth** buttarsi in qc **4.** (*direct: glance*) lanciare; (*kiss*) mandare **5.** *inf* (*confuse*) sconcertare **6.** TECH tornire **7.** (*have*) **to ~ a tantrum** fare una scenata **8.** (*give*) **to ~ a party** dare una festa

◆**throw away** *vt* **1.** (*discard*) buttare **2.** (*waste*) buttar via

◆**throw back** *vt* **1.** (*return*) rilanciare **2.** (*open: curtains*) tirare; (*blanket*) buttare indietro **3.** (*remind unkindly*) rinfacciare

◆**throw down** *vt* **1.** (*throw from above*) buttare giù **2.** (*deposit forcefully*) deporre; (*weapons*) gettare

◆**throw in** **I.** *vt* **1.** (*put into*) buttar dentro **2.** (*include*) aggiungere; (*comment*) buttare lì **II.** *vi* (*propel*) lanciare

◆**throw off** *vt* **1.** (*remove*) togliere **2.** (*escape from*) depistare **3.** (*write quickly*) improvvisare

◆**throw out** *vt* **1.** (*eject: person*) buttar fuori; (*thing*) buttar via; (*case*) respingere; (*suggestion*) rifiutare **2.** (*emit: heat, light*) emettere

◆**throw together** *vt inf* (*make quickly*) mettere insieme qc

◆**throw up** **I.** *vt* **1.** (*project upwards*) lanciare in aria **2.** (*bring to light*) rivelare **3.** (*build quickly*) tirar su alla svelta **4.** *inf* (*give up*) mollare **5.** *inf* (*vomit*) vomitare **II.** *vi inf* vomitare

throwaway ['θroʊ·ə·weɪ] *adj* usa e getta *inv*; **~ razor** rasoio *m* usa e getta

throw-in ['θroʊ·ɪn] *n* (*in soccer*) rimessa *m* in gioco; (*in baseball*) lancio *m*

throwing *n* lancio *m*

thrown *pp of* **throw**

thru [θruː] *prep, adj see* **through**

thrush[1] [θrʌʃ] *n* tordo *m*

thrush[2] [θrʌʃ] *n* MED mughetto *m*

thrust [θrʌst] **I.** <-, -> *vi* **1.** (*shove*) spingere **2.** (*force one's way*) farsi largo **II.** <-, -> *vt* (*push*) spingere; (*insert*) ficcare; **to ~ one's hands into one's pockets** ficcarsi le mani in tasca **III.** *n* **1.** (*shove*) spinta *f* **2.** *a.* TECH spinta *f*

thrusting ['θrʌs·tɪŋ] *adj* arrivista

thruway ['θruː·weɪ] *n* autostrada *f*

thud [θʌd] *n* tonfo *m*

thug [θʌg] *n* teppista *mf*

thumb [θʌm] **I.** *n* pollice *m* ▶ **to be all fingers and ~s to be all ~s** essere impacciato **II.** *vt* **1.** (*hitchhike*) **to ~ a lift** fare l'autostop **2.** (*glance through: book*) sfogliare

thump [θʌmp] **I.** *vt* colpire **II.** *vi* **1.** (*heart*) battere forte **2.** (*beat*) **to ~ on sth** battere su qc **III.** *n* **1.** (*blow*) colpo *m;* **to give sb a ~** dare un pugno a qu **2.** (*noise*) tonfo *m*

thunder ['θʌn·dɚ] **I.** *n* **1.** METEO tuono *m;* **a clap of ~** un tuono **2.** (*sound*) rombo *m* **II.** *vi* tuonare; (*shout*) urlare **III.** *vt* tuonare

thunderclap *n* tuono *m*

thundering ['θʌn·də·rɪŋ] **I.** *n* rombo *m* **II.** *adj inf* (*very noisy*) assordante; *fig* (*very great*) tremendo

thunderous ['θʌn·də·rəs] *adj* fragoroso, -a

thunderstorm ['θʌn·dɚ·stɔːrm] *n* temporale *m*

Thursday ['θɜːrz·deɪ] *n* giovedì *m inv;* **Maundy ~** giovedì santo; *s. a.* **Friday**

thyme [taɪm] *n* timo *m*

tick [tɪk] **I.** *n* **1.** (*sound*) tic-tac *m inv* **2.** (*mark*) segno *m* di spunta **II.** *vi* fare tic-tac; **I don't know what makes her ~** non capisco il suo modo di ragionare **III.** *vt* spuntare

◆**tick off** *vt* **1.** (*mark off*) spuntare **2.** *inf* (*exasperate*) esasperare

◆**tick over** *vi* **1.** TECH andare al minimo **2.** *fig* tirare avanti

ticket ['tɪ·kɪt] *n* **1.** biglietto *m;* (*for library*) tessera *f;* **return ~** biglietto *m* di andata e ritorno **2.** (*price*) etichetta *f* **3.** AUTO multa *f* **4.** POL rosa *f* di candidati

ticket agency *n* agenzia *f* per la vendita di biglietti

ticket collector *n* bigliettaio, - *m, f*

ticket counter *n* sportello *m* di vendita di biglietti

ticket holder *n* persona *f* munita di biglietto

ticket machine *n* biglietteria *f* automatica

ticket office *n* biglietteria *f*

tickle ['tɪ·kl] **I.** *vi* fare il solletico; (*clothes*) pizzicare **II.** *vt* **1.** fare il solletico a **2.** (*amuse*) divertire **III.** *n* solletico *m;* (*tingling*) pizzicore *m*

ticklish ['tɪk·lɪʃ] *adj* che soffre il solletico

tidal ['taɪ·dəl] *adj* della marea

tidal wave *n* tsunami *m inv*

tide [taɪd] *n* **1.** (*of sea*) marea *f;* **high/low ~** alta/bassa marea **2.** (*of opinion*) corrente *f*

tidy ['taɪ·di] **I.** *adj* <-ier, -iest> **1.** (*orderly*) ordinato, -a **2.** *inf* (*considerable*) considerevole **II.** *vt* mettere in ordine

tie [taɪ] **I.** *n* **1.** (*necktie*) cravatta *f* **2.** (*cord*) laccio *m* **3.** *pl* (*bond*) legame *mpl;* (*diplomatic*) relazioni *fpl* **4.** (*equal ranking*) pareggio *m* **II.** *vi* **1.** (*fasten*) legare **2.** SPORTS pareggiare **III.** *vt* **1.** (*fasten*) legare; (*knot*) fare **2.** (*restrict*) limitare; **to be ~d by/to sth** essere costretto da/a qc

◆**tie in I.** *vt* collegare **II.** *vi* coincidere

◆**tie up** *vt* **1.** (*bind*) legare; (*hair*) raccogliere **2.** (*delay*) bloccare **3.** (*be busy*) **to be tied up** essere occupato **4.** FIN, ECON (*capital*) immobilizzare

tier [tɪr] *n* (*row*) fila *f;* (*level*) gradinata *f;* (*in a hierarchy*) livello *m*

tiger ['taɪ·gɚ] *n* tigre *f*

tight [taɪt] **I.** *adj* **1.** (*screw, knot*) stretto, -a; (*clothing*) aderente **2.** (*rope*) teso, -a; (*skin*) tirato, -a **3.** (*condition, discipline*) rigoroso, -a; (*budget*) limitato, -a; (*situation*) difficile; (*schedule*) rigido, -a; **to be ~ for money/time** essere a corto di soldi/tempo **4.** (*bend*) stretto, -a **5.** *inf* (*drunk*) sbronzo, -a **II.** *adv* forte; **sleep ~!** dormi bene!

tighten ['taɪ·ten] **I.** *vt* **1.** (*make tight*) stringere; (*rope*) tendere **2.** (*restric-

tions) intensificare **II.** *vi* stringersi; (*restrictions*) intensificarsi

tightfisted [ˌtaɪt·ˈfɪs·tɪd] *adj inf* tirchio, -a

tightlipped [ˌtaɪt·ˈlɪpt] *adj* riservato, -a

tightrope [ˈtaɪ·troʊp] *n* fune *f*

tights [taɪts] *npl* **1.** (*leggings*) collant *m inv* **2.** (*for dancing*) calzamaglia *f*

tigress [ˈtaɪ·grɪs] *n* tigre (*f* femmina)

tile [taɪl] **I.** *n* (*for roof*) tegola *f*; (*for walls, floors*) piastrella *f* **II.** *vt* (*roof*) rivestire di tegole; (*wall, floor*) piastrellare

till[1] [tɪl] **I.** *prep* fino a **II.** *conj* finché

till[2] [tɪl] *n* cassa *f*

tilt [tɪlt] **I.** *n* inclinazione *f* ▶ **(at) full** ~ a tutta velocità **II.** *vt* inclinare **III.** *vi* inclinarsi; **to ~ over** rovesciarsi

timber [ˈtɪm·bɚ] *n* **1.** (*wood*) legname *m* **2.** (*beam*) trave *f* **3.** (*trees*) alberi *m* da legname *pl*

time [taɪm] **I.** *n* **1.** tempo *m*; **to make** ~ trovare il tempo; **to spend** ~ passare il tempo; **in/over** ~ col tempo **2.** (*period*) tempo *m*; **extra** ~ SPORTS tempo supplementare; **free** ~ tempo libero; **all the** ~ continuamente; **a long** ~ **ago** molto tempo fa; **some** ~ **ago** un po' di tempo fa; **for the** ~ **being** per il momento; **to have a good** ~ divertirsi; **to save** ~ guadagnare tempo; **to waste** ~ perdere tempo; **most of the** ~ la maggior parte del tempo; **in one week's** ~ in una settimana **3.** (*clock*) ora *f*; **arrival/departure** ~ ora di arrivo/partenza; **bus/train ~s** orario *m* degli autobus/dei treni; **to have the** ~ sapere [*or* avere] l'ora **4.** (*moment*) momento *m*; **the best** ~ **of day** il momento migliore della giornata; **this** ~ **tomorrow** domani a quest'ora; **at all ~s** sempre; **each** ~ ogni volta **5.** (*specific point in time*) ora *f*; **at any** ~ a qualsiasi ora; **the last/next** ~ l'ultima/la prossima volta; **at the present** ~ attualmente **6.** (*occasion*) volta *f*; **lots of ~s** molte volte; **from** ~ **to** ~ di quando in quando **7.** (*right moment*) ora *f*; **breakfast** ~ ora di colazione **8.** (*epoch*) epoca *f* **9.** SPORTS tempo *m*; **record** ~ tempo da record **10.** MUS tempo **11.** ECON ore *f pl* di lavoro; **to work full/part** ~ lavorare a tempo pieno/parziale ▶ **in less than no** ~ in men che non si dica; **to do** ~ *inf* essere in prigione **II.** *vt* **1.** SPORTS cronometrare **2.** (*choose best moment for*) scegliere il momento adatto per **III.** *adj* SPORTS ~ **trial** prova *f* a cronometro

time bomb *n* bomba *f* ad orologeria

time difference *n* differenza *f* oraria

timekeeper *n* **1.** (*device*) cronometro *m* **2.** (*person*) cronometrista *mf*

time lag *n* lasso *m* di tempo

time limit *n* limite *m* di tempo

timely [ˈtaɪm·li] *adj* <-ier, -iest> opportuno, -a

time-out [ˌtaɪm·ˈaʊt] *n* **1.** SPORTS time out *m inv* **2.** (*rest*) pausa *f*

timer [ˈtaɪ·mɚ] *n* timer *m inv*; GASTR contaminuti *m inv*

time-share *n* multiproprietà *f*

time sheet *n* cartellino (*m* di presenza)

timetable **I.** *n* (*for bus, train*) orario *m*; (*for project, events*) programma *m* **II.** *vt* programmare

time zone *n* fuso *m* orario

timid [ˈtɪ·mɪd] *adj* <-er, -est> timido, -a

timing [ˈtaɪ·mɪŋ] *n* **1.** cronometraggio *m*; **that was perfect** ~ ha scelto il momento opportuno **2.** (*rhythm*) tempismo *m*

tin [tɪn] **I.** *n* **1.** (*metal*) stagno *m*; (*tinplate*) latta *f* **2.** (*container*) barattolo *m* **3.** (*for baking*) teglia *f* **II.** *vt* inscatolare

tin can *n* lattina *f*

tinfoil *n* stagnola *f*

tingle [ˈtɪŋ·gl] **I.** *vi* formicolare **II.** *n* formicolio *m*

tinsel [ˈtɪn·sl] *n* decorazioni *f* natalizie *pl*

tint [tɪnt] **I.** *n* (*color*) sfumatura *f*; (*for hair*) tinta *f* **II.** *vt* tingere

tiny [ˈtaɪ·ni] *adj* <-ier, -iest> minuscolo, -a

tip[1] [tɪp] **I.** <-pp-> *vt* rovesciare **II.** *n* punta *f*; **it's on the ~ of my tongue** ce l'ho sulla punta della lingua

tip[2] [tɪp] **I.** <-pp-> *vt* (*incline*) inclinare **II.** *vi* inclinarsi

tip[3] [tɪp] **I.** *n* **1.** (*for service*) mancia *f*; **10 per cent** ~ una mancia del

10 per cento **2.** (*hint*) suggerimento *m;* **to give sb a ~** dare una dritta a qu **II.** <-pp-> *vt* (*give money*) dare una mancia a **III.** <-pp-> *vi* lasciare la mancia

◆**tip off** *vt* informare

tip-off ['tɪp·ɑːf] *n inf* soffiata *f*

tipsy ['tɪp·si] *adj* <-ier, -iest> alticcio, -a

tiptoe ['tɪp·toʊ] **I.** *n* **on ~(s)** in punta di piedi **II.** *vi* camminare in punta di piedi

tire[1] ['ta·ɪɚ] *n* pneumatico *m;* **spare ~** ruota *f* di scorta

tire[2] ['ta·ɪɚ] **I.** *vt* stancare **II.** *vi* stancarsi

tired ['ta·ɪɚd] *adj* <-er, -est> (*person*) stanco, -a

tiredness *n* stanchezza *f*

tireless ['ta·ɪɚ·ləs] *adj* instancabile

tiresome ['ta·ɪɚ·səm] *adj* fastidioso, -a; (*person*) noioso, -a

tiring ['taɪ·rɪŋ] *adj* stancante

tissue ['tɪ·ʃuː] *n* **1.** (*paper*) carta *f* velina **2.** (*handkerchief*) fazzoletto *m* di carta **3.** ANAT, BIO tessuto *m*

title ['taɪ·t̬l] **I.** *n* **1.** (*name*) titolo *m* **2.** (*championship*) titolo *m* **3.** LAW diritto *m* **II.** *vt* intitolare

titleholder *n* detentore, -trice del titolo *m*

title page *n* frontespizio *m*

title role *n* ruolo *m* principale

title track *n* brano *m* che dà nome all'album

titter ['tɪ·t̬ɚ] **I.** *vi* ridacchiare nervosamente **II.** *n* risatina *f* nervosa

TN *abbr of* **Tennessee** Tennessee *m*

to [tuː] **I.** *prep* **1.** (*in direction of*) a; **to go ~ Mexico/Brasil** andare in Messico/Brasile; **to go ~ Los Angeles/New York** andare a Los Angeles/New York; **to go ~ town** andare in città; **to go ~ the dentist('s)** andare dal dentista; **to go ~ the cinema** andare al cinema; **to go ~ bed** andare a letto; **~ the left/right** a sinistra/destra **2.** (*before*) **a quarter ~ five** le cinque meno un quarto **3.** (*until*) fino a; **to count up ~ 10** contare fino a 10; **~ some extent** fino ad un certo punto **4.** *with indirect object* **to talk ~ sb** parlare con qu; **to show sth ~ sb** mostrare qc a qu **5.** (*towards*) con; **to be kind/rude ~ sb** essere gentile/sgarbato con qu **6.** (*against*) contro; **close ~ sth** vicino a qc; **5 added ~ 10 equals 15** 5 più 10 fa 15 **7.** (*in comparison*) a; **3 (goals) ~ 1** 3 (gol) a 1; **superior ~ sth/sb** superiore a qc/qu **8.** (*from opinion of*) **to sound strange ~ sb** suonar strano a qu; **~ all appearances** all' apparenza **9.** (*proportion*) **by a majority of 5 ~ 1** con una maggioranza di 5 a 1; **the odds are 3 ~ 1** le probabilità sono 3 a 1 **10.** (*by*) da; **known ~ sb** conosciuto da qu **11.** (*of*) di; **the secretary ~ the boss** la segretaria del capo **12.** (*for purpose of*) per **II.** *infinitive particle* **1.** (*infinitive: not translated*) **~ do/walk/put** fare/camminare/mettere **2.** (*in command*) **I told him ~ eat** gli ho detto di mangiare **3.** (*after interrogative words*) **I know what ~ do** so cosa fare; **she didn't know how ~ say it** non sapeva come dirlo **4.** (*wishes*) **he wants ~ listen** vuole ascoltare **5.** (*purpose*) **he comes ~ see me** viene a trovarmi; **to phone ~ ask sth** telefonare per chiedere qc **6.** (*attitude*) **she seems ~ enjoy it** sembra che si diverta **7.** (*future intention*) **the work ~ be done** il lavoro da fare; **sth ~ buy** qc da comprare **8.** (*in consecutive acts*) per; **I came back ~ find she had left** quando son tornato ho scoperto che lei se n'era andata **9.** (*introducing a complement*) **he wants me ~ tell him a story** vuole che gli racconti una storia; **to be too tired ~ do sth** esser troppo stanco per fare qc **10.** (*in general statements*) **it is easy ~ do it** è facile farlo **11.** (*in ellipsis*) **he doesn't want ~ eat, but I want ~** lui non vuole mangiare, ma io sì **III.** *adv* **to push the door ~** chiudere la porta

toad [toʊd] *n* rospo *m*

toadstool ['toʊd·stuːl] *n* fungo *m* velenoso

toast [toʊst] **I.** *n* **1.** (*bread*) pane *m* tostato **2.** (*drink*) brindisi *m inv* **II.** *vt* **1.** (*cook*) tostare **2.** (*drink*) brindare a **III.** *vi* tostarsi

toaster *n* tostapane *m*
tobacco [tə·'bæ·koʊ] *n* tabacco *m*
tobacconist [tə·'bæ·kə·nɪst] *n* tabaccaio, -a *m, f*
toboggan [tə·'bɑː·gən] **I.** *n* toboga *m inv* **II.** *vi* andare in toboga
toboggan run *n*, **toboggan slide** *n* pista *f* di toboga
today [tə·'deɪ] **I.** *adv* **1.** (*this day*) oggi **2.** (*nowadays*) al giorno d'oggi **II.** *n* **1.** (*this day*) oggi *m* **2.** (*nowadays*) oggi *m*
toe [toʊ] *n* **1.** ANAT dito *m* del piede; **on one's ~s** sulle punte **2.** (*of sock, shoe*) punta *f*
toenail *n* unghia *f* del piede
toffee ['tɑː·fi] *n* caramella *f* mou
together [tə·'ge·ðɚ] **I.** *adv* **1.** (*jointly*) insieme; **all ~** tutti insieme; **~ with sb/sth** insieme a qu/qc; **to live ~** vivere insieme; **to get ~** riunirsi **2.** (*at the same time*) insieme, allo stesso tempo **II.** *adj inf* equilibrato, -a
toilet ['tɔɪ·lɪt] *n* **1.** (*room*) gabinetto *m* **2.** (*appliance*) gabinetto *m*
toilet paper *n* carta *f* igienica
toiletries ['tɔɪ·lɪ·triz] *npl* articoli *m pl* da toilette
toilet roll *n* rotolo *m* di carta igienica
token ['toʊ·kən] **I.** *n* **1.** (*sign*) segno *m* **2.** (*for machines*) gettone *m* **II.** *adj* (*symbolic*) simbolico, -a
told [toʊld] *pt, pp of* **tell**
tolerance ['tɑː·lɚ·əns] *n* tollleranza *f*
tolerant ['tɑː·lɚ·ənt] *adj* tollerante
tolerate ['tɑː·lə·reɪt] *vt* **1.** (*accept*) *a.* MED sopportare **2.** (*endure*) tollerare
toll [toʊl] *n* **1.** AUTO pedaggio *m* **2.** TEL tariffa *m* **3.** (*damage*) numero *m* delle vittime
toll call *n* interurbana *f*
toll-free *adv* gratis
toll road *n* strada *f* a pedaggio
tomato [tə·'meɪ·t̬oʊ] <-es> *n* pomodoro *m*
tomato ketchup *n* ketchup *m inv*
tomb [tuːm] *n* tomba *f*
tomboy ['tɑːm·bɔɪ] *n* maschiaccio *m*
tombstone ['tuːm·stoʊn] *n* pietra *f* tombale
tomcat ['tɑːm·kæt] *n* gatto (*m* maschio)
tomorrow [tə·'mɑː·roʊ] **I.** *adv* domani; **the day after ~** dopodomani; **a week from ~** una settimana a partire da domani; **~ morning/evening** domani mattina/sera; **see you ~!** a domani! **II.** *n* domani *m*
ton [tʌn] *n* tonnellata *f;* **~s of** *inf* un sacco di
tone [toʊn] **I.** *n* **1.** (*sound*) tono *m;* (*of instrument*) tonalità *f;* (*of voice*) timbro *m* **2.** (*style*) tono *m* **3.** (*of color*) tonalità *f* **4.** (*condition*) tono *m* **II.** *vt* (*muscles, skin*) tonificare
◆**tone down** *vt* moderare
toner ['toʊ·nɚ] *n* **1.** (*for skin*) tonico *m* **2.** (*for printer*) toner *m*
tongue [tʌŋ] *n* **1.** ANAT lingua *f;* **to hold one's ~** tenere a freno la lingua **2.** (*language*) lingua *f*
tongue-tied ['tʌŋ·taɪd] *adj fig* **to be ~** ammutolire
tongue twister *n* scioglilingua *m inv*
tonic[1] ['tɑː·nɪk] *n* (*stimulant*) tonico *m*
tonic[2] ['tɑː·nɪk] *n*, **tonic water** *n* acqua *f* tonica
tonight [tə·'naɪt] *adv* (*evening*) stasera; (*night*) stanotte
tonsillitis [ˌtɑːn·sə·'laɪ·t̬ɪs] *n* tonsillite *f*
too [tuː] *adv* **1.** (*overly*) troppo; **that's ~ much!** questo è troppo! **2.** (*very*) molto **3.** (*also*) anche; **me ~!** *inf* anch'io! **4.** (*moveover*) troppo **5.** *inf* (*for emphasis*) pure
took [tʊk] *pt of* **take**
tool [tuːl] *n* **1.** (*implement*) attrezzo *m* **2.** (*instrument*) strumento *m*
toolbar *n* COMPUT barra *f* degli strumenti
toolbox *n*, **tool chest** *n* cassetta *f* porta attrezzi
tooth [tuːθ] <teeth> *n* **1.** ANAT (*of person, animal*) dente *m;* **he's cutting a ~** sta mettendo un dente ▶ **to have a sweet ~** esser goloso; **to grit one's teeth** stringere i denti
toothache ['tuːθ·eɪk] *n* mal *m* di denti
toothbrush ['tuːθ·brʌʃ] *n* spazzolino *m* da denti
toothpaste ['tuːθ·peɪst] *n* dentifricio *m*
toothpick *n* stuzzicadenti *m inv*
top [tɑːp] **I.** *n* **1.** (*highest part*) cima *f;* **to get on ~ of sth** *a. fig* avere qc sotto

controllo; **from ~ to bottom** da cima a fondo **2.** (*surface*) superficie *f;* **on ~ of** sopra a **3.** highest rank, apice *m;* **to be at the ~** essere al vertice **4.** (*clothing*) top *m inv* **5.** (*lid: of bottle*) tappo *m* **II.** *adj* **1.** (*highest*) più alto, -a; (*floor*) ultimo, -a; (*layer*) superiore **2.** (*best*) di prim'ordine **3.** (*most successful*) migliore **4.** (*most important*) principale **5.** (*maximum*) massimo, -a **III.** <-pp-> *vt* **1.** (*be at top of*) essere in testa a **2.** (*surpass*) superare

◆**top up** *vt* **1.** (*fill up again*) rabboccare; **can I top you up?** *inf* posso riempirti il bicchiere? **2.** (*add to*) integrare

top dog *n inf* **1.** (*boss*) capo, -a *m, f* **2.** (*victor*) vincitore, -trice *m, f*

top executive *n* alto dirigente *m*

top-heavy *adj* instabile

topic ['tɑː·pɪk] *n* tema *m*

topical ['tɑː·pɪ·kl] *adj* attuale

topless ['tɑːp·lɪs] **I.** *adj* (*person*) in topless **II.** *adv* **to go ~** mettersi in topless

top-level ['tɑːp·ˌle·vəl] *adj* **1.** (*of highest rank*) d'alto livello **2.** (*of highest importance*) di prima categoria

topmost ['tɑːp·məʊst] *adj* più alto, -a

topping ['tɑː·pɪŋ] *n* GASTR guarnizione *f*

top priority *n* priorità *f* assoluta

top quality *n* prima qualità *f*

top-selling *adj* in testa alle vendite

top speed *n* massima velocità *f*

torch [tɔːrtʃ] <-es> *n* **1.** (*burning stick*) fiaccola *f* **2.** (*blowlamp*) lampada *f* per saldare

tore [tɔːr] *pt of* **tear**

torment ['tɔːr·ment] **I.** *n* **1.** (*suffering*) tormento *m;* **to be in ~** soffrire molto **2.** (*physical pain*) supplizio *m* **3.** (*torture*) tortura *f* **4.** (*annoying thing*) supplizio *m* **II.** *vt* tormentare

torn [tɔːrn] *pp of* **tear**

torrent ['tɔː·rənt] *n* **1.** (*large amount of water*) torrente *m* **2.** (*of complaints, abuse*) valanga *f*

torrential [tɔː·'ren·ʃl] *adj* torrenziale

tortoise ['tɔːr·t̬əs] *n* tartaruga *f*

tortoiseshell ['tɔːr·t̬əs·ʃel] *n* guscio *m* di tartaruga

torture ['tɔːr·tʃɚ] **I.** *n* **1.** (*cruelty*) tortura *f* **2.** (*suffering*) supplizio *m* **II.** *vt* **1.** (*cause suffering to*) torturare **2.** (*disturb*) tormentare

toss [tɑːs] **I.** *n* **1.** (*throw*) lancio *m;* (*of head*) scrollata *f* **2.** (*throwing of a coin*) lancio *m;* **to win/lose the ~** vincere/perdere a testa o croce **II.** *vt* **1.** (*throw*) lanciare; (*pancake*) rigirare; **to ~ a coin** fare a testa o croce **2.** (*shake: head*) scrollare **III.** *vi* **to ~ for sth** giocarsi qc a testa o croce ▶ **to ~ and <u>turn</u>** girarsi e rigirarsi nel letto

◆**toss off** *vt inf* (*do quickly*) fare rapidamente *sl;* (*write*) scrivere rapidamente

◆**toss out** *vt* gettar via

◆**toss up** *vi* **to ~ for sth** giocarsi qc a testa o croce

toss-up ['tɑːs·ʌp] *n* **it's a ~ between ...** è una scelta tra ...

total ['toʊ·t̬l] **I.** *n* (*sum, cost*) totale *m* **II.** *adj* **1.** (*entire*) totale **2.** (*absolute*) totale, assoluto, -a; **a ~ failure** un fallimento totale **III.** *vt* **1.** (*count*) sommare **2.** (*amount to*) ammontare a

totalitarian [toʊ·ˌtæ·lə·'te·ri·ən] *adj* POL totalitario, -a

totally ['toʊ·t̬ə·li] *adv* totalmente

totter ['tɑː·t̬ɚ] *vi* barcollare

touch [tʌtʃ] <-es> **I.** *n* **1.** (*sensation*) tatto *m* **2.** (*act of touching*) tocco *m* **3.** (*communication*) **to be/get/keep in ~ (with sb/sth)** essere/mettersi/restare in contatto (con qu/qc) **4.** (*skill*) tocco *m;* **to lose one's ~** perdere la mano **5.** (*small amount*) pizzico *m;* (*of bitterness, irony*) punta *f* **II.** *vt* **1.** (*feel*) toccare **2.** (*brush against*) sfiorare **3.** (*reach*) raggiungere **4.** (*eat, drink*) toccare **5.** (*move emotionally*) commuovere **6.** (*equal*) uguagliare **III.** *vi* toccarsi

◆**touch down** *vi* AVIAT atterrare

◆**touch up** *vt* (*improve*) rifinire; PHOT ritoccare

touch-and-go *adj* **to be ~ whether...** essere incerto se ...

touchdown ['tʌtʃ·daʊn] *n* **1.** AVIAT atterraggio *m* **2.** SPORTS (*American football*) touchdown *m inv;* (*rugby*) meta *f*

touched [tʌtʃt] *adj* **1.** (*moved*) conmosso, -a **2.** *inf* (*crazy*) toccato, -a

touching ['tʌt·ʃɪŋ] *adj* commovente

touchy ['tʌt·ʃi] <-ier, -iest> *adj* (*person*) suscettibile

tough [tʌf] **I.** *adj* **1.** (*fabric*) resistente; (*meat*) duro, -a **2.** (*hardy: person*) forte **3.** (*strict*) severo, -a **4.** (*difficult*) arduo, -a; (*exam*) difficile **5.** (*violent*) violento, -a **6.** *inf* (*unlucky*) ~ **luck** sfortuna nera **II.** *n inf* teppista *mf*

tour [tʊr] **I.** *n* **1.** (*journey*) giro *m;* **guided** ~ visita *f* guidata; **sightseeing** ~ visita *f* dei luoghi di maggiore interesse **2.** MUS tournée *f inv;* **to be/go on** ~ essere/andare in tournée **II.** *vt* **1.** (*travel around*) girare **2.** (*visit professionally*) visitare **3.** (*perform*) fare una tournée in **III.** *vi* viaggiare

tourism ['tʊ·rɪ·zəm] *n* turismo *m*

tourist ['tʊ·rɪst] *n* (*traveler*) turista *mf*

tourist agency *n* agenzia *f* turistica

tourist bureau *n* ufficio *f* turistico

tourist class *n* classe *f* turistica

tourist guide *n* **1.** (*book*) guida *f* turistica **2.** (*person*) guida *f*

tourist industry *n* turismo *m*

tourist information office *n* ufficio *m* informazioni turistiche

tourist season *n* stagione *f* turistica

tourist ticket *n* biglietto *m* turistico

tourist visa *n* visto *m* turistico

tournament ['tɜːr·nə·mənt] *n* SPORTS torneo *m*

tour operator *n* operatore, -trice turistico *m*

tout [taʊt] **I.** *n* bagarino, -a *m, f* **II.** *vt* (*try to sell*) cercare di vendere **III.** *vi* **to ~ for customers** procacciare clienti

tow [toʊ] **I.** *n* rimorchio *m;* **to give sth/sb a** ~ rimorchiare qc/qu **II.** *vt* rimorchiare; **to ~ a vehicle** trainare un veicolo

toward(**s**) [tɔːrd(z)] *prep* **1.** (*in direction of*) verso; (*of time*) verso **2.** (*for*) per **3.** (*in respect of*) nei confronti di

tow bar *n* barra *f* di rimorchio

towel ['ta·ʊəl] **I.** *n* asciugamano *m* **II.** *vt* <-ll-> **to ~ sth dry** asciugare qc *(con un asciugamano)*

tower ['ta·ʊɚ] *n* torre *f*

town [taʊn] *n* (*large*) città *f;* (*small*) cittadina *f*

town center *n* centro *m* urbano

town council *n* consiglio *m* comunale

town hall *n* POL municipio *m*

townhouse *n* **1.** (*residence in town*) casa *f* de la ciudad **2.** (*part of terrace*) casa unifamiliar

town planning *n* urbanistica *f*

townspeople ['taʊnz·ˌpiː·pl] *npl* cittadini *mpl*

tow truck *n* carro *m* attrezzi

toy [tɔɪ] *n* giocattolo *m;* **cuddly** ~ peluche *m inv*

toyshop *n* negozio *m* di giocattoli

trace [treɪs] **I.** *n* **1.** (*sign*) traccia *f;* **to disappear without a** ~ sparire senza lasciar traccia **2.** (*slight amount*) pizzico *m;* **~s of a drug** tracce di droga **II.** *vt* **1.** (*locate*) rintracciare **2.** (*draw outline of*) tracciare; (*with tracing paper*) ricalcare

track [træk] **I.** *n* **1.** (*path*) sentiero *m* **2.** (*rails*) binari *mpl* **3.** (*in station*) binario *m* **4.** (*mark*) traccia *f;* (*of animal*) orma *f;* (*of bullet*) traiettoria *f* **5.** (*path*) pista *f;* **to be on the right/wrong ~** *a. fig* essere sulla strada giusta/sbagliata **6.** (*logical course*) corso *m;* **to be on ~** (**to do sth**) essere sulla buona strada (per fare qc) **7.** (*career path*) indirizzo *m* **8.** SPORTS pista *f* **9.** (*song*) brano *m* ▶ **to keep ~** (**of sth/sb**) tenersi informato su qc/qu **II.** *vt* **1.** (*pursue*) seguire le tracce di **2.** (*trace*) seguire la traiettoria di

◆**track down** *vt* rintracciare

track and field *n* atletica *f* leggera

track event *n* SPORTS gara *f* di atletica leggera

track record *n* curriculum *m*

track shoe *n* scarpetta *f* chiodata

tracksuit *n* tuta (*f* da ginnastica)

traction ['træk·ʃən] *n* **1.** (*grip*) aderenza *f* **2.** MED trazione *f*

tractor ['træk·tɚ] *n* trattore *m*

trade [treɪd] **I.** *n* **1.** (*buying and selling*) commercio *m;* **~ in sth** commercio di qc **2.** (*business activity*) attività *f* economica **3.** (*type of business*) industria *f;* **building** ~ (settore *m* dell') edilizia *f* **4.** (*profession*) mestiere *m;* **to learn a** ~ imparare un mestiere **5.** (*swap*) scambio *m* **II.** *vi* commer-

T

ciare; **to ~ in sth** commerciare in qc **III.** *vt* **1.** (*swap, exchange*) scambiare; **to ~ sth for sth** scambiare qc per qc **2.** (*sell*) vendere

◆**trade in** *vt* dare in permuta

trade fair *n* COM fiera *f* commerciale

trade-in value *n* valore *m* di permuta

trademark *n* **1.** COM marchio *m* di fabbrica; **registered ~** marchio registrato **2.** *fig* marchio *m* distintivo

tradeoff ['treɪd·ˌɔf] *n* **1.** (*exchange*) interscambio *m* **2.** *fig* (*inconvenience*) compromesso *m*

trader ['treɪ·dɚ] *n* commerciante *mf*

trade secret *n* segreto *m* professionale

tradesman ['treɪdz·mən] <-men> *n* negoziante *mf*

trade union *n* sindacato *m*

trade unionist *n* sindacalista *mf*

trading ['treɪ·dɪŋ] *n* commercio *m;* **insider ~** uso *m* di informazioni riservate

tradition [trə·'dɪ·ʃən] *n* tradizione *f;* **by ~** per tradizione

traditional [trə·'dɪ·ʃə·nəl] *adj* tradizionale

traffic ['træ·fɪk] *n* **1.** (*vehicles*) traffico *m;* **heavy ~** traffico intenso; **air/rail ~** traffico aereo/ferroviario; **to get stuck in ~** rimanere bloccato nel traffico **2.** (*movement*) trasporto *m*

traffic accident *n* incidente *m* di traffico

traffic circle *n* rotatoria *f*

traffic island *n* isola *f* spartitraffico *inv*

traffic jam *n* ingorgo *m*

trafficker ['træ·fɪ·kɚ] *n pej* trafficante *mf;* **drug/arms ~** trafficante di armi/droga

traffic light *n* semaforo *m*

traffic sign *n* cartello *m* stradale

tragedy ['træ·dʒə·di] <-ies> *n* tragedia *f*

tragic ['træ·dʒɪk] *adj* tragico, -a

trailer *n* **1.** (*wheeled container*) rimorchio *m* **2.** (*mobile home*) roulotte *f inv* **3.** CINE trailer *m inv*

train [treɪn] **I.** *n* **1.** (*railway*) treno *m;* **to travel by ~** viaggiare in treno **2.** (*retinue*) seguito *m* **3.** (*procession: of animals, things*) fila *f* **II.** *vi* allenarsi; **to ~ to be sth** studiare per diventare qc **III.** *vt* formare; (*animal*) ammaestrare; SPORT allenare; **to ~ sb for sth** preparare qu per qc

train accident *n* incidente *m* ferroviario

train connection *n* coincidenza *f*

train driver *n* macchinista *mf*

train schedule *n* orario *m* dei treni

trained ['treɪnd] *adj* **1.** (*educated*) preparato, -a; (*animal*) ammaestrato, -a; **to be ~ in sth** essere preparato in qc **2.** (*expert*) qualificato, -a

trainee [treɪ·'niː] *n* apprendista *mf*

trainer *n* (*person*) allenatore, -trice *m, f*

training *n* **1.** (*education*) formazione *f;* **~ on-the-job** formazione *f* sul posto di lavoro **2.** SPORTS allenamento *m*

training course *n* corso *m* di formazione

training program *n* programma *m* di allenamento

train service *n* servizio *m* ferroviario

traitor ['treɪ·t̬ɚ] *n* traditore, -trice *m, f*

tram [træm] *n* tram *m inv;* **to go by ~** andare in tram

tramline ['træm·laɪn] *n* (*track*) rotaia *f* del tram; (*route*) linea *f* tranviaria

tramp [træmp] **I.** *vi* **1.** (*walk heavily*) camminare con passo pesante **2.** (*go on foot*) girovagare **II.** *vt* calpestare; (*town*) percorrere *inf* **III.** *n* **1.** (*sound*) rumore *m* di passi **2.** (*walk*) camminata *f* **3.** (*down-and-out*) vagabondo, -a *m, f* **4.** *pej* (*woman*) sgualdrina *f*

tranquilizer *n* tranquillante *m;* **to be on ~s** prendere tranquillanti

transact [træn·'zækt] *vt* trattare; **to ~ business** trattare affari

transaction [træn·'zæk·ʃən] *n* COM transazione *f;* **business ~** operazione *f* commerciale

transatlantic *adj,* **trans-Atlantic** [ˌtræns·ət·'læn·tɪk] *adj* transatlantico, -a

transcribe [træn·'skraɪb] *vt* trascrivere

transcript ['trænts·krɪpt] *n* trascrizione *f*

transfer[1] [trænts·'fɜːr] **I.** <-rr-> *vt* **1.** (*move*) trasferire **2.** (*reassign: power*) passare **3.** COM (*shop*) cedere **4.** SPORTS (*sell*) cedere **II.** <-rr-> *vi* **1.** (*move*) trasferirsi **2.** (*change train*) cambiare

transfer[2] ['trænts·fɜːr] *n* **1.** (*process of moving*) trasferimento *m;* ~ **of information** trasmissione *f* di informazioni **2.** (*reassignment*) passaggio *m* **3.** COM (*of a shop*) cessione *f* **4.** SPORTS cessione *f* **5.** (*ticket*) biglietto *m* cumulativo

transform [trænts·'fɔːrm] *vt* trasformare

transformation [ˌtrænts·fɚ·'meɪ·ʃən] *n* trasformazione *f*

transformer *n* ELEC trasformatore *m*

transfusion [trænts·'fjuː·ʒən] *n* trasfusione *f;* **blood** ~ trasfusione di sangue

transit ['træn·tsɪt] *n* transito *m*

transition [træn·'zɪ·ʃən] *n* transizione *f*

transitional [træn·'zɪ·ʃə·nəl] *adj* (*period*) transitorio, -a; (*government*) di transizione

transit lounge *n* sala *f* transiti

transit passenger *n* passeggero, -a *m, f* in transito

translate [træns·'leɪt] **I.** *vt* **1.** LING tradurre; **to ~ sth from English into Spanish** tradurre qc dall'inglese allo spagnolo **2.** (*adapt*) adattare **II.** *vi* LING tradurre

translation [træns·'leɪ·ʃən] *n* traduzione *f*

translator *n* traduttore, -trice *m, f*

transmission [træns·'mɪ·ʃən] *n* trasmissione *f;* **data** ~ COMPUT trasmissione di dati

transmission speed *n* COMPUT velocità *f* di trasmissione

transmit [træns·'mɪt] <-tt-> *vt* trasmettere

transmitter *n* **1.** (*apparatus*) trasmettitore *m* **2.** (*station*) emittente *f*

transparency [træns·'pe·rən·tsi] *n* <-ies> trasparenza *f*

transparent [træns·'pe·rənt] *adj* trasparente

transplant[1] [træns·'plænt] *vt* **1.** MED, BOT trapiantare **2.** (*relocate*) trasferire

transplant[2] ['trænts·plænt] *n* trapianto *m*

transport[1] [træns·'pɔːrt] *vt* (*people, goods*) trasportare

transport[2] ['trænts·pɔːrt] *n* **1.** (*means of conveyance*) trasporto *m;* **public** ~ mezzi *m pl* pubblici; ~ **costs** spese *f pl* di trasporto **2.** (*plane*) aereo *m* da trasporto; (*ship*) nave *f* da trasporto

transportation [ˌtrænts·pɚː·'teɪ·ʃən] *n* (*of people, goods*) trasporto *m*

transsexual [træns·'sek·ʃu·əl] *adj, n* transessuale *mf*

transvestite ['træns·'ves·taɪt] *n* travestito *m*

trap [træp] **I.** *n* **1.** (*device*) trappola *f;* **to set a** ~ tendere una trappola **2.** (*dangerous situation*) tranello *m;* (*ambush*) imboscata *f* **3.** *inf* (*mouth*) becco *m* **II.** *vt* <-pp-> intrappolare; **to feel ~ped** sentirsi in trappola

trapdoor ['træp·dɔːr] *n* botola *f*

trash [træʃ] **I.** *n* **1.** (*rubbish*) spazzatura *f;* **to take the ~ out** buttare la spazzatura **2.** *inf* (*people*) gentaglia *f;* (*book, film*) schifezza *f* **3.** *inf* (*nonsense*) stupidaggini *fpl;* **to talk** ~ dire stupidaggini **II.** *vt inf* **1.** (*wreck*) distruggere **2.** (*criticize*) stroncare

trash can ['træʃ·kæn] *n* bidone *m* della spazzatura

trashy ['træ·ʃi] *adj inf* di pessima qualità

trauma ['traː·mə] *n* PSYCH, MED trauma *m*

traumatic [traː·'mæ·t̬ɪk] *adj* traumatico, -a

traumatize ['trɔː·mə·taɪz] *vt* traumatizzare

travel ['træ·vəl] **I.** *vi* **1.** (*make journey*) viaggiare; **to ~ by air/car/train** viaggiare in aereo/macchina/treno **2.** (*light, sound*) propagarsi **3.** (*be away*) essere in viaggio **4.** *inf* (*go fast*) andare a manetta **II.** *vt* viaggiare per; **to ~ a country/the world** viaggiare per un paese/per il mondo **III.** *npl* viaggi *mpl*

travel agency *n* agenzia *f* di viaggi

travel agent *n* agente *mf* di viaggi

travel bureau *n* agenzia *f* di viaggi

travel card *n* abbonamento *m*

traveler ['træ·və·lɚ] *n* viaggiatore, -trice *m, f;* **commercial** ~ commesso *m* viaggiatore

traveler's check *n* traveller's *m* cheque

travel expenses *n* spese *f pl* di viaggio

travel guide *n* guida *f* turistica

traveling salesman *n* commesso *m* viaggiatore

travel insurance *n* assicurazione *f* di viaggio

travel sickness *n* (*in car*) mal *m* d'auto; (*in plane*) mal *m* d'aria; (*in boat*) mal *m* di mare

tray [treɪ] *n* vassoio *m*

treacherous ['tre·tʃə·rəs] *adj* **1.** (*disloyal*) infido, -a **2.** (*dangerous*) pericoloso, -a

treachery ['tre·tʃə·ri] *n* tradimento *m*

treason ['tri:·zn] *n* tradimento *m*

treasure ['tre·ʒɚ] **I.** *n* tesoro *m* **II.** *vt* tenere molto a

treasurer ['tre·ʒə·rɚ] *n* tesoriere, -a *m, f*

treasury ['tre·ʒə·ri] <-ies> *n* tesoreria *f;* **the Treasury** il Tesoro

Treasury Secretary *n* ≈ Ministro *m* del Tesoro

treat [tri:t] **I.** *vt* **1.** (*deal with*) trattare; MED curare; **to ~ sth/sb as if ...** trattare qc/qu come se ... *+subj* **2.** (*process*) trattare **3.** (*discuss*) trattare **4.** (*pay for*) offrire; **to ~ sb to an ice cream** offrire un gelato a qu **II.** *vi* **to ~ with sb** trattare con qu **III.** *n* **1.** (*pleasurable event*) piacevole sorpresa *m;* (*present*) regalo *m;* **it's my ~** offro io **2.** (*pleasure*) piacere *m;* **it was a real ~** è stato un vero piacere

treatment ['tri:t·mənt] *n* **1.** trattamento *m;* **special ~** trattamento speciale **2.** MED cura *f;* **to respond to ~** rispondere al trattamento

treaty ['tri:·t̬i] <-ies> *n* trattato *m*

treble ['tre·bl] **I.** *adj* **1.** (*three times greater*) triplo, -a **2.** MUS di soprano **II.** *n* MUS soprano *m* **III.** *vt* triplicare **IV.** *vi* triplicarsi

tree [tri:] *n* albero *m*

tree trunk *n* tronco *m* dell'albero

trek [trek] **I.** <-kk-> *vi* camminare **II.** *n* **1.** (*walk*) (lunga) camminata *f* **2.** (*migration*) migrazione *f*

trekking ['tre·kɪŋ] *n* trekking *m inv;* **to go ~** fare trekking

tremble ['trem·bl] *vi* tremare; **to ~ with cold** tremare di freddo

tremendous [trɪ·'men·dəs] *adj* **1.** (*enormous*) enorme, tremendo, -a; (*crowd*) immenso, -a; (*help*) inestimabile; (*success*) strepitoso, -a **2.** *inf* (*extremely good*) staordinario, -a

tremor ['tre·mɚ] *n* **1.** (*shake*) tremito *m;* (*earthquake*) scossa *f* **2.** (*of fear, excitement*) brivido *m*

trend [trend] **I.** *n* **1.** (*tendency*) tendenza *f;* **downward/upward ~** tendenza al ribasso/al rialzo **2.** (*fashion*) moda *f;* **the latest ~** l'ultima moda **II.** *vi* tendere; **to ~ to sth** tendere a qc

trendsetter ['trend·ˌse·t̬ɚ] *n* persona *f* che fa tendenza

trendy ['tren·di] **I.** <-ier, -iest> *adj* trendy *inv* **II.** <-ies> *n* persona *f* alla moda

trespass ['tres·pəs] *vi* **1.** LAW sconfinare **2.** REL peccare

trespasser ['tres·pæ·sɚ] *n* intruso, -a *m, f*

trial ['tra·ɪəl] *n* **1.** LAW processo *m;* **~ by jury** processo *m* con giuria; **to stand ~** esser processato **2.** (*test*) prova *f;* **to give sb a ~** concedere un periodo di prova; **to have sth on ~** avere qc in prova **3.** (*competition*) selezione *f*

trial period *n* periodo *m* di prova

triangle ['traɪ·æŋ·gl] *n* triangolo *m*

triangular [traɪ·'æŋ·gjʊ·lɚ] *adj* triangolare

tribunal [traɪ·'bju:·nl] *n* tribunale *m;* (*investigative body*) commissione *f* di inchiesta

tribune ['trɪb·ju:n] *n* ARCHIT tribuna *f*

tributary ['trɪb·jə·te·ri] **I.** <-ies> *n* (*river*) affluente *m* **II.** *adj form* (*river*) affluente

tribute ['trɪb·ju:t] *n* **1.** (*token of respect*) omaggio *m* **2.** (*sign of sth positive*) **to be a ~ to sth/sb** fare onore a qc/qu

trick [trɪk] **I.** *n* **1.** (*ruse*) scherzo *m;* **a dirty ~** *inf* un brutto scherzo **2.** (*of magician*) trucco *m* **3.** (*technique*) trucco *m* **4.** (*illusion*) illusione *f;* **a ~ of the light** un'illusione ottica **II.** *adj* (*deceptive*) **a ~ question** una domanda a tranello **III.** *vt* (*deceive*) ingannare; (*swindle*) imbrogliare

trickery ['trɪ·kə·ri] *n* frode *f*

tricky ['trɪ·ki] <-ier, -iest> *adj* **1.** (*crafty*) astuto, -a **2.** (*difficult*) complicato, -a; (*situation*) delicato, -a; **to be ~ to do** essere difficile da fare

trifle ['traɪ·fəl] *n* **1.** (*insignificant thing*) bazzecola *f* **2.** (*small amount*) inezia *f;* **a ~** leggermente **3.** (*dessert*) ≈ zuppa *f* inglese

trifling *adj* insignificante

trigger ['trɪ·gɚ] **I.** *n* **1.** (*of gun*) grilletto *m* **2.** *fig* avvio *m* **II.** *vt* **1.** (*reaction*) provocare **2.** (*start*) innescare; **to ~ an alarm** far scattare un allarme

trillion ['trɪl·jən] *n* trilione *m*

trim [trɪm] **I.** *n* **1.** (*state*) (buono) stato *m* **2.** (*hair*) spuntatina *f;* **to give sb a ~** spuntare i capelli a qu **3.** (*decorative edge*) bordo *m* **II.** *adj* **1.** (*attractively thin*) snello, -a **2.** (*neat*) ordinato, -a **III.** <-mm-> *vt* **1.** (*cut*) spuntare **2.** (*reduce*) ridurre

trimming *n* **1.** (*decoration*) decorazione *f* **2.** *pl* GASTR guarnizioni *fpl*

Trinidad ['trɪ·nɪ·dæd] *n* Trinidad *f;* **~ and Tobago** Trinidad e Tobago

Trinidadian ['trɪ·nɪ·dæ·diən] **I.** *adj* di Trinidad **II.** *n* abitante *mf* di Trinidad

Trinity ['trɪn·ə·t̬i] *n* Trinidad *f;* **the (Holy) ~** la (Santissima) Trinità

trip [trɪp] **I.** *n* **1.** (*journey*) viaggio *m;* (*shorter*) gita *f;* **business ~** viaggio d'affari; **to go on a ~** fare un viaggio **2.** *inf* (*effect of drugs*) trip *m inv* **3.** (*fall*) inciampata *f* **II.** <-pp-> *vi* **1.** (*stumble*) inciampare **2.** (*move lightly*) camminare con passo leggero **III.** <-pp-> *vt* **1.** (*cause to stumble*) **to ~ sb (up)** far inciampare qu **2.** (*switch on*) accendere

◆**trip up** **I.** *vi* **1.** (*stumble*) inciampare **2.** (*verbally*) impappinarsi **II.** *vt* **1.** (*cause to stumble*) far inciampare **2.** (*cause to fail*) far impappinare

triple ['trɪ·pl] **I.** *adj* triplo, -a **II.** *vt* triplicare **III.** *vi* triplicarsi

triplet ['trɪp·lɪt] *n* (*baby*) **to have ~s** avere tre gemelli

tripod ['traɪ·pɑːd] *n* tripode *m*

triumph ['tra·ɪʌmf] **I.** *n* trionfo *m* **II.** *vi* **1.** (*achieve success*) trionfare **2.** (*exult excessively*) mostrarsi trionfante

triumphant [traɪ·'ʌm·fnt] *adj* **1.** (*victorious*) trionfante; (*return*) trionfale **2.** (*successful*) vittorioso, -a

trivial ['trɪ·viəl] *adj* **1.** (*unimportant*) irrilevante; (*dispute, matter*) futile **2.** (*insignificant*) insignificante

trod [trɑːd] *pt, pp of* **tread**

trolley ['trɑː·li] *n* (*trolley car*) tram *m inv*

troop [truːp] **I.** *n* **1.** *pl* MIL truppe *fpl;* **cavalry ~** squadrone *m* di cavalleria **2.** (*of people*) frotta *f* **II.** *vi* **to ~ in/out** entrare/uscire a frotte

trophy ['troʊ·fi] *n* <-ies> trofeo *m*

tropical ['trɑː·pɪ·kl] *adj* tropicale

trotter ['trɑː·t̬ɚ] *n* CULIN zampetto *m* di maiale

trouble ['trʌ·bl] **I.** *n* **1.** (*difficulty*) difficoltà *f,* guaio *m;* **to have ~** avere difficoltà; **to ask for ~** cercare guai; *inf* **to be in/get into ~** essere/mettersi nei guai **2.** *pl* (*series of difficulties*) problemi *mpl* **3.** (*inconvenience*) disturbo *m;* **to go to the ~ of doing sth** prendersi il disturbo di fare qc **4.** (*physical ailment*) disturbo *m* **5.** (*malfunction*) guasto *m;* **engine ~** guasto al motore **II.** *vt* **1.** *form* (*cause inconvenience*) disturbare; **to ~ sb for sth** disturbare qu per qc; **to ~ sb to do sth** dare a qu il disturbo di fare qc **2.** (*make an effort*) **to ~ oneself about sth** darsi pena per qc **3.** (*cause worry*) preoccupare; (*cause pain*) affliggere; **to be ~d by sth** essere preoccupato per qc **III.** *vi* incomodarsi; **to ~ to do sth** darsi pena per fare qc

troubled *adj* **1.** (*period*) turbolento, -a **2.** (*worried*) preoccupato, -a

troublemaker ['trʌ·bl·ˌmeɪ·kɚ] *n* agitatore, -trice *m, f*

troubleshooting ['trʌ·bl·ʃuː·tɪŋ] *n* individuazione *f* e riparazione di un guasto

troublesome ['trʌ·bl·səm] *adj* problematico, -a

trouble spot *n* zona *f* calda

trousers ['traʊ·zɚz] *npl* pantaloni *mpl;* **a pair of ~** un paio di pantaloni

trout [traʊt] *n* <-(s)> (*fish*) trota *f*

truce [truːs] *n* tregua *f*

truck[1] [trʌk] **I.** *n* camion *m;* **pickup ~** pickup *m inv* **II.** *vt* trasportare (su camion)

truck[2] [trʌk] *n inf* (*dealings*) **to have no ~ with sb/sth** non aver niente a che vedere con qu/qc

truck driver *n* camionista *mf*

true [truː] **I.** *adj* **1.** (*not false*) vero, -a; **to be ~ (that ...)** esser vero (che ...) **2.** (*genuine, real*) vero, -a; **~ love**

vero amore *m;* **to come ~** avverarsi **3.** (*faithful, loyal*) fedele; **to be ~ to one's word** tener fede alla parola data **4.** (*accurate*) esatto, -a **II.** *adv* **1.** (*truly*) sinceramente **2.** (*accurately*) esattamente; **to aim ~** mirare bene

truffle ['trʌ·fl] *n* tartufo *m*

truly ['tru:·li] *adv* **1.** (*accurately*) veramente **2.** (*sincerely*) sinceramente **3.** (*as intensifier*) realmente ▶ **yours ~** (*at end of letter*) distinti saluti; (*the speaker*) il sottoscritto *form*

trunk [trʌŋk] *n* **1.** ANAT, BOT tronco *m* **2.** (*of elephant*) proboscide *f* **3.** (*for storage*) baule *m* **4.** (*of car*) portabagagli *m inv* **5.** *pl* costume *m* da bagno (da uomo); **a pair of swimming ~s** un costume da bagno (da uomo)

trust [trʌst] **I.** *n* **1.** (*belief*) fiducia *f;* **to gain sb's ~** guadagnarsi la fiducia di qu **2.** (*responsibility*) responsabilità *f* **3.** FIN, COM trust *m inv;* **investment ~** fondo *m* comune di investimento **4.** (*association*) associazione *f* **II.** *vt* **1.** (*place trust in*) fidarsi di; **to ~ sb to do sth** fidarsi che qu farà qc **2.** (*rely on*) fare affidamento su; **to ~ sb with sth** affidare qc a qu **3.** (*hope*) **to ~ that ...** sperare che ... *+subj* **III.** *vi* fidarsi; **to ~ in sth/sb** fidarsi di qc/qu

trusted ['trʌs·tɪd] *adj* (*friend*) fidato, -a; (*method*) affidabile

trustee [trʌs·'ti:] *n* amministratore, -trice fiduciario, -a *m;* **board of ~s** consiglio *m* d'amministrazione

trust fund *n* FIN fondo *m* fiduciario

trusting *adj* fiducioso, -a

trustworthy ['trʌst·ˌwɜ:r·ði] *adj* (*person*) affidabile; (*data*) attendibile

trusty ['trʌs·ti] <-ier, -iest> *adj* fedele

truth [tru:θ] *n* verità *f;* **in ~** in verità; **to tell the ~** dire la verità

truthful ['tru:θ·fəl] *adj* **1.** (*honest*) sincero, -a **2.** (*accurate*) veritiero, -a

try [traɪ] **I.** *n* **1.** (*attempt*) tentativo *m;* **to give sth a ~** tentare qc **2.** (*in rugby*) meta *f* **II.** <-ie-> *vi* provare **III.** <-ie-> *vt* **1.** (*attempt*) provare; **to ~ one's best** mettercela tutta **2.** (*test*) provare **3.** (*sample*) assaggiare **4.** (*annoy*) stancare **5.** LAW processare

◆**try on** *vt* (*put on*) provare

◆**try out** *vt* provare

trying *adj* (*exasperating*) esasperante; (*difficult*) difficile

T-shirt ['ti:·ʃɜ:rt] *n* maglietta *f*

tsp. *abbr of* **teaspoon** (*amount*) cucchiaino *m*

tube [tu:b] *n* **1.** (*hollow cylinder*) tubo *m* **2.** ANAT tuba *f;* **Fallopian ~** tube di Falloppio **3.** *inf* TV tele *f* ▶ **to go <u>down</u> the ~s** andare in malora

tuberculosis [tu:·ˌbɜ:r·kjə·'loʊ] *n* tubercolosi *f inv*

tuck [tʌk] **I.** *n* (*fold*) piega *f* **II.** *vt* (*fold*) piegare

Tuesday ['tu:z·dəɪ] *n* martedì *m inv;* **Shrove ~** martedì grasso; *s. a.* **Friday**

tuition [tju:·'ɪ·ʃən] *n* **1.** (*fee*) tasse *f* scolastiche *pl* **2.** (*teaching*) lezioni *fpl*

tulip ['tu:·lɪp] *n* tulipano *m*

tumble ['tʌm·bl] **I.** *n* caduta *f;* **to take a ~** cadere **II.** *vi* **1.** (*fall*) cadere **2.** *fig* (*decline*) crollare

tumble dryer *n* asciugabiancheria *f inv*

tumbler ['tʌmb·lɚ] *n* bicchiere *m* (da bibita)

tummy ['tʌ·mi] <-ies> *n childspeak* pancia *f*

tummy ache *n childspeak* mal *m* di pancia

tumor ['tu:·mɚ] *n* tumore *m*

tumultuous [tu:·'mʌl·tʃu:·əs] *adj* (*uproariously noisy*) tumultuoso, -a

tuna ['tu:·nə] *n* <-(s)> tonno *m*

tune [tu:n] **I.** *n* **1.** MUS melodia *f* **2. to be in/out of ~** (*person*) essere intonato/stonato; (*instrument*) essere accordato/scordato **II.** *vt* **1.** MUS accordare **2.** AUTO mettere a punto

◆**tune up** *vt* AUTO mettere a punto

tunnel ['tʌ·nl] **I.** *n* **1.** ARCHIT tunnel *m inv* **2.** MIN galleria *f* **II.** *vi* scavare una galleria **III.** *vt* scavare una galleria in

turbine ['tɜ:r·bɪn] *n* turbina *f*

turbocharged ['tɜ:r·boʊ·tʃa:rdʒd] *adj* ELEC, TECH turbocompresso, -a

turbo engine *n* motore *m* turbo *inv*

turbot ['tɜr·bət] *n* <-(s)> rombo *m*

turbulence ['tɜ:r·bjʊ·ləns] *n* turbolenza *f*

turbulent ['tɜ:r·bjʊ·lənt] *adj* turbolento, -a

turd [tɜːrd] *n vulg* **1.** (*excrement*) stronzo *m* **2.** (*person*) stronzo, -a *m, f*

turf [tɜːrf] <-s *or* -ves> *n* **1.** BOT tappeto *m* erboso **2.** (*territory*) territorio *m*

Turk [tɜːrk] *n* turco, -a *m, f*

turkey ['tɜːr·ki] *n* ZOOL tacchino *m*

Turkey ['tɜːr·ki] *n* Turchia *f*

Turkish ['tɜːr·kɪʃ] **I.** *adj* turco, -a **II.** *n* **1.** (*person*) turco, -a *m, f* **2.** LING turco *m*

turn [tɜːrn] **I.** *vi* **1.** (*rotate*) girare **2.** (*switch direction*) voltare; (*tide*) cambiare; (*car*) svoltare; **to ~ around** voltarsi; **to ~ right/left** girare a destra/sinistra **3.** (*change*) trasformarsi in; (*for worse*) diventare **II.** *vt* **1.** (*rotate*) (far) girare; (*key*) girare; (*screw on*) avvitare; (*unscrew*) svitare **2.** (*switch direction*) voltare; **to ~ one's head** voltare la testa; **to ~ a page** voltare pagina **3.** (*attain a particular age*) compiere **4.** (*pass a particular hour*) **it has ~ed three o'clock** sono le tre **5.** (*cause to feel nauseated*) **it ~ed my stomach** mi ha fatto rivoltare lo stomaco **III.** *n* **1.** (*change in direction*) svolta *f*; **to make a ~ to the right** svoltare a destra **2.** (*changing point*) svolta *f* **3.** (*period of duty*) turno *m*; **it's your ~** tocca a te **4.** (*rotation, twist*) giro *m* **5.** (*service*) favore *m*; **to do sb a good ~** fare un favore a qu

◆**turn against** *vt* mettersi contro

◆**turn away** **I.** *vi* allontanare **II.** *vt* **1.** (*refuse entry*) non fare entrare **2.** (*deny help*) mandar via

◆**turn back** **I.** *vi* (*return to starting point*) tornare indietro **II.** *vt* **1.** (*send back*) far ritornare **2.** (*bedcover, corner of paper*) ripiegare

◆**turn down** *vt* **1.** (*reject*) respingere **2.** (*reduce volume*) abbassare **3.** (*fold*) ripiegare

◆**turn in** **I.** *vt* (*hand over*) consegnare **II.** *vi inf* (*go to bed*) andare a letto

◆**turn into** *vt* transformarsi in

◆**turn off** **I.** *vt* **1.** ELEC spegnere; (*gas*) chiudere **2.** *inf* (*be unappealing*) disgustare **II.** *vi* (*leave path*) svoltare

◆**turn on** *vt* **1.** ELEC accendere; (*gas*) aprire **2.** (*excite*) eccitare; (*attract*) attirare **3.** (*show*) mettere in mostra **4.** (*attack*) aggredire

◆**turn out** **I.** *vi* **1.** (*end up*) finire **2.** (*be revealed*) rivelarsi; **it turned out to be true** si è rivelato essere vero **II.** *vt* **1.** (*light*) spegnere **2.** (*kick out*) cacciare **3.** (*empty*) vuotare

◆**turn over** **I.** *vi* (*start: engine*) accendere **II.** *vt* **1.** (*change the side*) girare **2.** (*control*) affidare; (*possession*) cedere **3.** (*facts*) meditare; **to ~ an idea** riflettere a lungo su un'idea **4.** COM, FIN fatturare

◆**turn to** *vt* (*request aid*) **to ~ sb** (**for sth**) rivolgersi a qu (per qc)

◆**turn up** **I.** *vi* **1.** (*arrive*) arrivare **2.** (*become available*) saltar fuori **II.** *vt* **1.** (*volume*) alzare **2.** (*shorten*) accorciare **3.** (*find*) trovare

turnabout ['tɜːrn·ə·ˌbaʊt] *n*, **turnaround** ['tɜːrn·ɚ·ˌaʊnd] *n* **1.** (*change*) cambiamento *m* radicale **2.** (*improvement*) svolta *f* positiva

turning ['tɜːr·nɪŋ] *n* **1.** (*road*) traversa *f* **2.** (*act of changing direction*) svolta *f*

turning point *n* svolta *f* decisiva

turnip ['tɜːr·nɪp] *n* rapa *f*

turnoff ['tɜrn·ɔf] *n* **1.** AUTO uscita *f* **2.** *sl* (*something unappealing*) **to be a real ~** far passare ogni voglia

turnout ['tɜːrn·aʊt] *n* **1.** (*attendance*) numero *m* di partecipanti **2.** POL affluenza *f* **3.** ECON produzione *f*

turnover ['tɜːrn·ˌoʊ·vɚ] *n* **1.** COM, FIN volume *m* d'affari; (*sales*) fatturato *m* **2.** (*in staff*) rotazione *f* **3.** GASTR *focaccina ripiena di frutta*

turquoise ['tɜːrk·wɔɪz] *n* **1.** (*stone*) turchese *m* **2.** (*color*) turchese *m*

turtle ['tɜːr·t̬l] <-(s)> *n* tartaruga *f* d'acqua

tutor ['tuː·t̬ɚ] **I.** *n* SCHOOL, UNIV (*private teacher*) tutor *professore di riferimento per uno o più studenti inv*; (*at home*) insegnante *mf* privato, -a **II.** *vt* SCHOOL, UNIV **to ~ sb** (**in sth**) dare lezioni individuali a qu (di qc)

tutorial [tuː·'tɔː·ri·əl] *n* COMPUT tutorial *m inv*

tuxedo [tʌk·'siː·doʊ] *n* smoking *m inv*

TV [ˌtiː·'viː] *n abbr of* **television** TV *f inv*

tweezers ['twi:·zə˞z] *npl* (**a pair of**) ~ (un paio di) pinzette *fpl*

twelfth [twelfθ] **I.** *adj* dodicesimo, -a **II.** *n* **1.** (*order*) dodicesimo, -a *m, f* **2.** (*date*) dodici *m* **3.** (*fraction*) dodicesimo *m;* (*part*) dodicesima parte *f; s. a.* **eighth**

twelve [twelv] *adj, n* dodici *m; s. a.* **eight**

twentieth ['twen·t̬ɪ·əθ] **I.** *adj* ventesimo, -a **II.** *n* **1.** (*order*) ventesimo, -a *m, f* **2.** (*date*) venti *m* **3.** (*fraction*) ventesimo *m;* (*part*) ventesima parte *f; s. a.* **eighth**

twenty ['twen·t̬i] <-ies> *adj, n* venti *m; s. a.* **eighty**

twice [twaɪs] *adv* due volte

twilight ['twaɪ·laɪt] *n* crepuscolo *m*

twin [twɪn] **I.** *n* gemello, -a *m, f;* **identical ~s** gemelli identici **II.** *adj* gemello, -a **III.** *vt* <-nn-> gemellare **IV.** *vi* <-nn-> gemellarsi

twin brother *n* fratello *m* gemello

twine [twaɪn] *n* spago *m*

twinge [twɪndʒ] *n* **1.** MED fitta *f* **2.** *fig* punta *f*

twinkle ['twɪŋ·kl] **I.** *vi* (*eyes*) brillare; (*star*) scintillare **II.** *n* (*of stars, jewels*) scintillio *m;* (*of eyes*) luccichio *m*

twinkling ['twɪŋk·lɪŋ] **I.** *adj* (*eyes*) brillante; (*star*) scintillante **II.** *n* **in the ~ of an eye** in un batter d'occhio

twin sister *n* sorella *f* gemella

twist [twɪst] **I.** *vt* **1.** (*turn*) girare **2.** (*wind around*) attorcigliare; **to ~ sth around sth** avvolgere qc intorno a qc **3.** MED slogarsi **4.** (*distort: truth*) distorcere ▶ **to ~ sb's arm** forzare la mano a qu **II.** *vi* **1.** (*squirm around*) (ri)girarsi **2.** (*curve: path*) curvare **3.** (*dance*) ballare il twist **III.** *n* **1.** (*turn*) torsione *f;* **to give sth a ~** far girare qc **2.** (*unexpected change*) svolta *f* **3.** (*dance*) twist *m*

twisted ['twɪs·tɪd] *adj* **1.** (*cable*) attorcigliato, -a; (*ankle*) slogato, -a **2.** (*perverted*) perverso, -a; (*logic, humor*) contorto, -a

twister ['twɪs·tə˞] *n* **1.** METEO tornado *m inv* **2.** *inf* (*swindler*) truffatore, -trice *m, f*

two [tu:] **I.** *adj* due **II.** *n* due *m* ▶ **that makes ~ of us** *inf* così siamo in due; **to put ~ and ~ together** *inf* fare due più due; *s. a.* **eight**

two-dimensional [ˌtu:·dɪ·'men·tʃə·nəl] *adj* **1.** bidimensionale **2.** *fig* superficiale

two-door *adj* AUTO a due porte

twofold ['tu:·foʊld] **I.** *adv* doppiamente **II.** *adj* doppio, -a

two-piece *n* **1.** (*suit*) completo *m* a due pezzi **2.** (*bikini*) bikini *m inv*

two-seater *n* AUTO biposto *m inv*

twosome ['tu:·səm] *n* (*duo*) duo *m inv;* (*couple*) coppia *f*

two-way ['tu:·'weɪ] *adj* (*tunnel, bridge*) a doppio senso; (*process*) reciproco, -a; (*switch*) bipolare

TX *abbr of* **Texas** Texas *m*

tycoon [taɪ·'ku:n] *n* FIN magnate *mf*

type [taɪp] **I.** *n* **1.** (*sort, kind: style, print*) genere *m;* (*of machine*) modello *m* **2.** (*class: animal*) genere *m* **3.** *inf* (*person*) tipo, -a *m, f;* **he's not her ~** non è il suo tipo **4.** TYPO carattere *m* **II.** *vt* **1.** (*write with machine*) scrivere a macchina; (*on computer*) scrivere al computer **2.** (*categorize*) classificare **III.** *vi* scrivere a macchina; (*on computer*) scrivere al computer

typewriter ['taɪp·ˌraɪ·t̬ə˞] *n* macchina *f* da scrivere

typewritten *adj* dattilografato, -a

typhoon [taɪ·'fu:n] *n* METEO tifone *m*

typical ['tɪ·pɪ·kəl] *adj* tipico, -a

typically *adv* tipicamente

typist ['taɪ·pɪst] *n* dattilografo, -a *m, f*

U

U, u [ju:] *n* U, u *f;* **~ for Unicorn** U come Udine

U[1] *abbr of* **uranium** U

U[2] *inf abbr of* **university** U

UFO [ˌju:·ef·'oʊ] *n abbr of* **unidentified flying object** UFO *m inv*

ugh [ɜ:h] *interj inf* puah

ugly ['ʌg·li] <-ier, iest> *adj* **1.** (*not attractive*) brutto, -a **2.** (*threatening*) minaccioso, -a; **to turn ~** degenerare

UK [ˌjuː·ˈkeɪ] *n abbr of* **United Kingdom** RU *m,* UK *f*

Ukraine [juː·ˈkreɪn] *n* Ucraina *f*

Ukrainian **I.** *adj* ucraino, -a **II.** *n* **1.** (*person*) ucraino, -a *m, f* **2.** LING ucraino *m*

ulcer [ˈʌl·sɚ] *n* MED ulcera *f*

ulterior [ʌl·ˈtɪ·ri·ɚ] *adj* ~ **motive** secondo fine

ultimate [ˈʌl·tə·mɪt] **I.** *adj* **1.** (*highest degree of*) massimo, -a; (*honor, sacrifice, accolade*) supremo, -a **2.** (*final*) finale; (*cost, consequences, effect*) definitivo, -a **II.** *n* (*the best*) **the ~ in** il non plus ultra (di)

ultimately [ˈʌl·tə·mɪt·li] *adv* in definitiva

ultimatum [ˌʌl·tə·ˈmeɪ·t̬əm] <ultimata *or* -tums> *n* ultimatum *m inv*

ultrasound [ˈʌl·trə·saʊnd] *n* ultrasuono *m*

ultraviolet [ˌʌl·trə·ˈvaɪ·ə·lɪt] *adj* ultravioletto, -a

umbilical cord *n* cordone *m* ombelicale

umbrella [ʌm·ˈbre·lə] *n* ombrello *m;* **beach ~** ombrellone *m*

umpire [ˈʌm·paɪ·ɚ] SPORTS **I.** *n* arbitro *mf* **II.** *vt, vi* arbitrare

umpteen [ˈʌmp·tiːn] *adj inf* innumerevole; **to do sth ~ times** fare qc milioni di volte

umpteenth [ˈʌmp·tiːnθ] *adj* ennesimo, -a

UN [juː·ˈen] *n abbr of* **United Nations** ONU *f*

unable [ʌn·ˈeɪ·bl] *adj* incapace; **to be ~ to do sth** non poter fare qc

unacceptable [ˌʌn·ək·ˈsep·tə·bl] *adj* **1.** (*not good enough*) inaccettabile **2.** (*intolerable*) inammissibile

unaccompanied [ˌʌn·ə·ˈkʌm·pə·nid] *adj* **1.** (*without companion*) non accompagnato, -a **2.** MUS senza accompagnamento

unaccountable [ˌʌn·ə·ˈkaʊn·t̬ə·bl] *adj* **1.** (*not responsible*) irresponsabile **2.** (*inexplicable*) inspiegabile

unaccustomed [ˌʌn·ə·ˈkʌs·təmd] *adj* insolito, -a; **to be ~ to doing sth** non essere abituato, -a a fare qc

unaffected [ˌʌn·ə·ˈfek·tɪd] *adj* **1.** (*not changed*) **to be ~ by sth** non essere toccato, -a da qc **2.** (*not influenced*) spontaneo, -a **3.** (*down to earth*) non affettato, -a; (*manner, speech*) naturale

unafraid [ˌʌn·ə·ˈfreɪd] *adj* senza paura; **to be ~ of sb/sth** non aver paura di qu/qc

unaided [ʌn·ˈəɪ·dɪd] *adj* senza aiuto; **to do sth ~** fare qc senza l'aiuto di nessuno

unaltered [ʌn·ˈɔːl·tɚd] *adj* inalterato, -a

unambiguous [ˌʌn·æm·ˈbɪg·jʊ·əs] *adj* inequivocabile

unanimous [juː·ˈnæ·nə·məs] *adj* unanime

unannounced [ˌʌn·ə·ˈnaʊnst] **I.** *adj* inatteso, -a **II.** *adv* senza preavviso

unanswered [ˌʌn·ˈæn·sɚd] *adj* senza risposta

unappetizing [ˌʌn·ˈæ·pə·taɪ·zɪŋ] *adj* poco appetitoso, -a

unapproachable [ˌʌn·ə·ˈproʊ·tʃə·bl] *adj* (*person*) inavvicinabile

unarmed [ˌʌn·ˈɑːrmd] *adj* disarmato, -a

unattached [ˌʌn·ə·ˈtætʃt] *adj* **1.** (*not connected*) staccato, -a **2.** (*independent*) indipendente **3.** (*unmarried*) single

unattainable [ˌʌn·ə·ˈteɪ·nə·bl] *adj* irrealizzabile

unattended [ˌʌn·ə·ˈten·dɪd] *adj* **1.** (*alone*) senza sorveglianza **2.** (*unmanned*) incustodito, -a

unattractive [ˌʌn·ə·ˈtræk·tɪv] *adj* poco attraente

unauthorized [ˌʌn·ˈɑː·θə·raɪzd] *adj* non autorizzato, -a

unavailable [ˌʌn·ə·ˈveɪ·lə·bl] *adj* non disponibile

unavoidable [ˌʌn·ə·ˈvɔɪ·də·bl] *adj* inevitabile

unaware [ˌʌn·ə·ˈwer] *adj* **to be ~ of sth** essere ignaro, -a di qc

unawares [ˌʌn·ə·ˈwerz] *adv* **to catch sb ~** cogliere qu alla sprovvista

unbalanced [ˌʌn·ˈbæ·lənst] *adj* **1.** (*uneven: report*) di parte **2.** (*mental state*) precario, -a

unbearable [ˌʌn·ˈbe·rə·bl] *adj* insopportabile

unbeatable [ˌʌn·ˈbiː·t̬ə·bl] *adj* (*record,*

team) imbattibile; (*army*) invincible; (*value, quality*) insuperabile

unbeaten [ˌʌn·ˈbiː·tn] *adj* imbattuto, -a

unbelievable [ˌʌn·bɪ·ˈliː·və·bl] *adj* incredibile

unbiased [ʌn·ˈbaɪ·əst] *adj* imparziale

unborn [ʌn·ˈbɔːrn] *adj* (*not yet born*) non ancora nato, -a

unbreakable [ʌn·ˈbreɪ·kə·bl] *adj* infrangibile

unbroken [ʌn·ˈbroʊ·kən] *adj* **1.** (*continuous, without a break*) ininterrotto, -a **2.** (*unsurpassed*) imbattuto, -a

unbutton [ʌn·ˈbʌ·tən] **I.** *vt* sbottonare **II.** *vi* sbottonarsi

uncanny [ʌn·ˈkæ·ni] *adj* <-ier, -iest> sorprendente

uncertain [ʌn·ˈsɜːr·tən] *adj* **1.** (*unsure*) insicuro, -a; **to be ~ about sth** non essere sicuro di qc; **in no ~ terms** chiaramente **2.** (*unpredictable*) incerto, -a; **an ~ future** un futuro incerto

uncertainty [ʌn·ˈsɜːr·t̬ən·ti] <-ies> *n* incertezza *f*

unchallenged [ʌn·ˈtʃæ·lɪndʒd] *adj* incontestato, -a

unchanged [ʌn·ˈtʃeɪndʒd] *adj* (*prices, rates*) invariato, -a; (*tradition*) immutato, -a

uncharacteristic [ʌn·ˌke·rɪk·tə·ˈrɪs·tɪk] *adj* poco caratteristico, -a; **to be ~ of sb** essere insolito, -a per qu

uncharitable [ˌʌn·ˈtʃe·rə·tə·bl] *adj* **1.** (*unkind*) crudele **2.** (*ungenerous*) poco caritatevole

unchecked [ˌʌn·ˈtʃekt] *adj* (*unrestrained*) incontrollato, -a

uncivil [ˌʌn·ˈsɪ·vl] *adj form* incivile; **to be ~ to sb** essere scortese con qu

uncle [ˈʌŋ·kl] *n* zio *m*

unclear [ˌʌn·ˈklɪr] *adj* **1.** (*not obvious*) poco chiaro, -a; **it's ~ what/whether ...** non è chiaro che cosa/se... **2.** (*not certain*) **to be ~ about sth** non essere sicuro, -a di qc

uncomfortable [ʌn·ˈkʌmp·fɚ·tə·bl] *adj* **1.** (*not comfortable*) scomodo, -a **2.** (*embarrased*) a disagio; **an ~ silence** un silenzio imbarazzato

uncommon [ʌn·ˈkɑː·mən] *adj* (*rare*) raro, -a

uncommonly *adv form* (*extremely*) estremamente

uncompromising [ʌn·ˈkɑːm·prə·maɪ·zɪŋ] *adj* intransigente

unconditional [ˌʌn·kən·ˈdɪ·ʃə·nl] *adj* senza condizioni; **~ love** amore *m* senza condizioni

unconfirmed [ˌʌn·kən·ˈfɜːrmd] *adj* non confermato, -a

unconnected [ˌʌn·kə·ˈnek·tɪd] *adj* scollegato, -a

unconscious [ʌn·ˈkɑːn·tʃəs] *adj* **1.** (*not conscious*) svenuto, -a; **to knock sb ~** far perdere i sensi a qu **2.** PSYCH inconscio, -a **3.** (*unaware*) non intenzionale

unconsciously *adv* inconsciamente

unconsciousness *n* (*loss of consciousness*) incoscienza *f*

uncontrollable [ˌʌn·kən·ˈtroʊ·lə·bl] *adj* (*irresistible*) incontrollabile

uncontrolled [ˌʌn·kən·ˈtroʊld] *adj* incontrollato, -a

unconvincing [ˌʌn·kən·ˈvɪn·sɪŋ] *adj* **1.** (*not persuasive*) poco convincente **2.** (*not credible*) poco credibile

uncooked [ˌʌn·ˈkʊkt] *adj* crudo, -a

uncooperative [ˌʌn·koʊ·ˈɑːp·ɚ·ə·tɪv] *adj* poco collaborativo, -a

uncover [ʌn·ˈkʌ·vɚ] *vt* **1.** (*expose: wound*) scoprire **2.** (*discover*) svelare; **to ~ a secret** scoprire un segreto; **to ~ the truth** far venire a galla la verità

undecided [ˌʌn·dɪ·ˈsaɪ·dɪd] *adj* indeciso, -a (**about** su); **to be ~ as to what to do** essere indeciso sul da farsi

undeniable [ˌʌn·dɪ·ˈnaɪ·ə·bl] *adj* innegabile; **~ evidence** prova *f* irrefutabile

undeniably *adv* innegabilmente

under [ˈʌn·dɚ] **I.** *prep* **1.** (*gener*) sotto; **~ the bed** sotto il letto; **~ there** là sotto; **to break ~ the weight of sth** rompersi sotto il peso di qc; **those ~ the age of 30** quelli sotto i 30 anni; **~ Napoleon** sotto Napoleone **2.** (*less than*) **to cost ~ 10 dollars** costare meno di 10 dollari **3.** (*in state of*) **~ the circumstances** date le circostanze; **~ repair** in riparazione **4.** (*in category of*) **listed ~ fiction** catalogato come narrativa **5.** (*according to*) **~ the treaty** in base al trattato **II.** *adv*

1. (*fewer*) meno 2. (*below*) **to crawl/go ~** strisciare/andare sotto
underage [ˌʌn·dər·ˈeɪdʒ] *adj* minorenne
undercharge [ˌʌn·dɚ·ˈtʃɑːrdʒ] *vt, vi* far pagare meno del dovuto; **to ~ for sth** far pagare qc meno del dovuto
undercoat [ˈʌn·dɚ·koʊt] *n* mano *f* di fondo
undercover [ˌʌn·dɚ·ˈkʌ·vɚ] *adj* segreto, -a; **~ agent** agente *mf* sotto copertura
undercurrent [ˈʌn·dɚ·kɜː·rənt] *n* 1. (*undertow*) corrente *f* sottomarina 2. (*underlying influence*) vena *f* nascosta
underdeveloped [ˌʌn·dɚ·dɪ·ˈve·ləpt] *adj* (*below its economic potential*) sottosviluppato, -a; **an ~ country** un Paese sottosviluppato
underestimate [ˌʌn·dɚ·ˈes·tə·meɪt] *vt* **to ~ sth/sb** sottovalutare qc/qu
underfoot [ˌʌn·dɚ·ˈfʊt] *adv* (*below one's feet*) sotto i piedi; **to trample sb/sth ~** *a. fig* calpestare qu/qc
undergo [ˌʌn·dɚ·ˈgoʊ] *irr vt* subire; **to ~ surgery** subire un intervento chirurgico
undergraduate [ˌʌn·dɚ·ˈgræ·dʒu·ət] *n* universitario, -a *m, f*
underground [ˈʌn·dɚ·graʊnd] **I.** *adj* 1. (*below earth surface*) sotterraneo, -a 2. (*anti-government*) clandestino, -a; **~ movement** organizzazione *f* clandestina **II.** *adv* 1. (*below earth surface*) sottoterra 2. **to go ~** entrare in clandestinità **III.** *n* **the ~** POL la resistenza
undergrowth [ˈʌn·dɚ·groʊθ] *n* sottobosco *m*
underhand [ˌʌn·dɚ·ˈhænd], **underhanded** *adj* 1. (*secret*) subdolo, -a 2. SPORTS (*with arm below shoulder*) basso, -a
underline [ˌʌn·dɚ·ˈlaɪn] *vt a. fig* sottolineare
underlying [ˌʌn·dɚ·ˈlaɪ·ɪŋ] *adj* di fondo; **the ~ reason for sth** il motivo di fondo di qc
undermine [ˌʌn·dɚ·ˈmaɪn] *vt* (*damage, weaken*) minare
underneath [ˌʌn·dɚ·ˈniːθ] **I.** *prep, adv* sotto **II.** *n* **the ~** la parte inferiore
undernourished [ˌʌn·dɚ·ˈnɜː·rɪʃt] *adj* denutrito, -a
underpaid [ˌʌn·dɚ·ˈpeɪd] *adj* sottopagato, -a
underpants [ˈʌn·dɚ·pænts] *npl* mutande *fpl*
underpass [ˈʌn·dɚ·pæs] <-es> *n* sottopassaggio *m*
underprivileged [ˌʌn·dɚ·ˈprɪ·və·lɪdʒd] *adj* svantaggiato, -a
underrate [ˌʌn·dɚ·ˈreɪt] *vt* sottovalutare
underside [ˈʌn·dɚ·saɪd] *n* parte *f* inferiore
undersigned [ˈʌn·dɚ·saɪnd] *n form* sottoscritto, -a *m, f*
understand [ˌʌn·dɚ·ˈstænd] *irr* **I.** *vt* 1. (*perceive meaning, sympathize with*) capire; **to make oneself understood** farsi capire; **to not ~ a word** non capire una parola; **to ~ that/why/how ...** capire che/perché/come... 2. *form* (*be informed*) **to ~ from sb that ...** sapere da qu che... 3. (*believe*) credere; **as I ~ it** se ho capito bene; **it is understood that ...** è inteso che... **II.** *vi* capire; **to ~ about sth** capirne di qc
understandable [ˌʌn·dɚ·ˈstæn·də·bl] *adj* comprensibile
understanding **I.** *n* 1. (*comprehension, rapport*) comprensione *f;* **to not have any ~ of sth** non capire niente di qc 2. (*entente, agreement*) intesa *f;* **to come to an ~** venire ad un'intesa 3. (*condition*) condizione *f;* **to do sth on the ~ that ...** fare qc a condizione che... *f* **II.** *adj* comprensivo, -a
understatement [ˌʌn·dɚ·ˈsteɪt·mənt] *n* understatement *m inv*
understood [ˌʌn·dɚ·ˈstʊd] *pt, pp of* **understand**
understudy [ˈʌn·dɚ·ˌstʌ·di] *n* THEAT sostituto, -a *m, f*
undertake [ˌʌn·dɚ·ˈteɪk] *irr vt* 1. (*set about, take on*) intraprendere; **to ~ a journey** intraprendere un viaggio 2. *form* (*commit oneself to*) **to ~ to do sth** impegnarsi a fare qc; **to ~ (that) ...** garantire (che)...
undertaker [ˈʌn·dɚ·ˌteɪ·kɚ] *n* impresario, -a *m, f* di pompe funebri
undertaking [ˌʌn·dɚ·ˈteɪ·kɪŋ] *n* 1. (*pro-

fessional project) impresa *f*; **noble ~** nobile impresa **2.** *form* (*pledge*) promessa *f*; **an ~ to do sth** la promessa di fare qc

under-the-counter [ˌʌn·dər·ðə·ˈkaʊn·tər] **I.** *adj* illegale **II.** *adv* illegalmente

undervalue [ˌʌn·dɚ·ˈvæl·juː] *vt* sottovalutare

underwater [ˌʌn·dɚ·ˈwɑː·t̬ɚ] **I.** *adj* subacqueo, -a **II.** *adv* sott'acqua

underwear [ˈʌn·dɚ·wer] *n* biancheria *f* intima

underweight [ˌʌn·dɚ·ˈweɪt] *adj* sottopeso *inv*

underworld [ˈʌn·dɚ·wɜːrld] *n* **1.** (*criminal milieu*) malavita *f* **2.** ART, LIT **the Underworld** gli Inferi

undesirable [ˌʌn·dɪ·ˈzaɪ·rə·bl] *adj* indesiderato, -a; **an ~ character** un tipo poco raccomandabile

undid [ʌn·ˈdɪd] *pt of* **undo**

undies [ˈʌn·dɪz] *npl inf* mutandine *fpl*

undisclosed [ˌʌn·dɪs·ˈkloʊzd] *adj* **an ~ amount** una cifra non precisata; **an ~ location** una località segeta; **an ~ source** una fonte anonima

undivided [ˌʌn·dɪ·ˈvaɪ·dɪd] *adj* **1.** (*not split*) unito, -a **2.** (*intense*) intenso, -a; **sb's ~ attention** tutta l'attenzione di qu

undo [ʌn·ˈduː] *irr vt* **1.** (*unfasten*) slacciare; **to ~ a zipper** aprire una cerniera **2.** (*cancel*) disfare; **to ~ the damage** riparare il danno

undone [ʌn·ˈdʌn] **I.** *vt pp of* **undo** **II.** *adj* **1.** (*not fastened*) slacciato, -a; **to come ~** slacciarsi **2.** (*uncompleted*) da fare; **to leave sth ~** non fare qc

undoubted [ʌn·ˈdaʊ·t̬ɪd] *adj* indubbio, -a

undoubtedly *adv* indubbiamente

undress [ʌn·ˈdres] **I.** *vt* spogliare **II.** *vi* spogliarsi

undressed *adj* svestito, -a; **to get ~** spogliarsi

undue [ˌʌn·ˈduː] *adj form* eccessivo, -a

unduly [ʌn·ˈduː·li] *adv* eccessivamente

unearned [ˌʌn·ˈɜːrnd] *adj* **1.** (*undeserved*) immeritato, -a **2.** (*not worked for*) **~ income** reddito *m* non derivante da lavoro

unearthly [ʌn·ˈɜːrθ·li] *adj* **1.** (*unsettling*) sinistro, -a **2.** *inf* (*inconvenient*) inopportuno, -a; **at an ~ hour** a un'ora inopportuna

unease [ʌn·ˈiːz] *n* disagio *m*

uneasy [ʌn·ˈiː·zi] *adj* <-ier, -iest> **1.** (*anxious*) preoccupato, -a; **to be/feel ~ about sth/sb** essere preoccupato per qc/qu **2.** (*awkward: person*) a disagio; **an ~ relationship** un rapporto difficile; **an ~ silence** un silenzio imbarazzato **3.** (*restless: sleep*) agitato, -a

uneducated [ʌn·ˈedʒ·ə·keɪ·t̬ɪd] *adj* illetterato, -a

unemployed [ˌʌn·ɪm·ˈplɔɪd] **I.** *n pl* **the ~** i disoccupati **II.** *adj* disoccupato, -a

unemployment [ˌʌn·ɪm·ˈplɔɪ·mənt] *n* disoccupazione *f*

unemployment benefit *n* indennità *f* di disoccupazione

unequal [ʌn·ˈiːk·wəl] *adj* **1.** (*different*) disuguale; **a triangle with ~ sides** un triangolo con i lati disuguali *m* **2.** (*ill-matched*) non equilibrato, -a **3.** (*unable*) **to be ~ to a task** non essere all'altezza di un compito

uneven [ˌʌn·ˈiː·vən] *adj* **1.** (*surface, margins*) irregolare **2.** (*color*) poco uniforme **3.** (*contest*) impari **4.** (*performance*) discontinuo, -a

uneventful [ˌʌn·ɪ·ˈvent·fəl] *adj* tranquillo, -a

unexpected [ˌʌn·ɪks·ˈpek·tɪd] **I.** *adj* inaspettato, -a **II.** *n* **the ~** gli imprevisti *mpl*

unexplained [ˌʌn·ɪk·ˈspleɪnd] *adj* inspiegato, -a

unfair [ˌʌn·ˈfer] *adj* ingiusto, -a; **~ competition** concorrenza *f* sleale; **~ dismissal** licenziamento *m* senza giusta causa

unfaithful [ˌʌn·ˈfeɪθ·fʊl] *adj* **1.** (*adulterous*) infedele **2.** (*disloyal*) sleale

unfamiliar [ˌʌn·fə·ˈmɪl·jɚ] *adj* sconosciuto, -a; **to be ~ with sth** avere poca dimestichezza con qc

unfashionable [ʌn·ˈfæʃ·ə·nə·bəl] *adj* fuori moda

unfasten [ˌʌn·ˈfæ·sn] **I.** *vt* slacciare **II.** *vi* slacciarsi

unfavorable [ˌʌn·ˈfeɪ·və·rə·bl] *adj* sfavorevole

unfinished [ʌn·ˈfɪ·nɪʃt] *adj* **1.** (*symphony*) incompiuto, -a **2.** (*business*) in sospeso

unfit [ʌn·ˈfɪt] *adj* **1.** (*unhealthy*) fuori forma **2.** (*unsuitable*) inadatto, -a (**for** a); **to be ~ for human habitation** essere inabitabile; **to be ~ for work** essere inabile al lavoro **3.** (*incompetent*) incapace; **to be ~ to do sth** essere incapace di fare qc

unfold [ʌn·ˈfoʊld] **I.** *vt* (*open out sth folded*) aprire, spiegare; **to ~ one's arms** aprire le braccia **II.** *vi* **1.** (*develop, evolve*) svolgersi **2.** (*become unfolded*) schiudersi

unforeseen [ˌʌn·fɔːr·ˈsiːn] *adj* imprevisto, -a

unforgettable [ˌʌn·fɚ·ˈge·t̬ə·bl] *adj* indimenticabile

unforgivable [ˌʌn·fɚ·ˈgɪ·və·bl] *adj* imperdonabile

unfortunate [ʌn·ˈfɔːrtʃ·nət] *adj* **1.** (*luckless*) sfortunato, -a; **it's ~ that ...** purtroppo... *+subj* **2.** *form* (*regrettable*) deplorevole **3.** (*inopportune*) infelice

unfortunately *adv* sfortunatamente, purtroppo

unfriendly [ʌn·ˈfrend·li] *adj* <-ier, -iest> **1.** (*unsociable*) antipatico, -a **2.** (*inhospitable*) ostile

unfulfilled [ˌʌn·fʊl·ˈfɪld] *adj* **1.** (*unsatisfied*) insoddisfatto, -a **2.** (*frustrated*) frustrato, -a

unfurnished [ˌʌn·ˈfɜːr·nɪʃt] *adj* non ammobiliato, -a

ungrateful [ʌn·ˈgreɪt·fəl] *adj* ingrato, -a

unhappy [ʌn·ˈhæ·pi] *adj* <-ier, -iest> **1.** (*sad*) infelice **2.** (*displeased*) scontento, -a

unharmed [ʌn·ˈhɑːrmd] *adj* illeso, -a

unhealthy [ʌn·ˈhel·θi] *adj* <-ier, -iest> **1.** (*sick*) malaticcio, -a **2.** (*unwholesome*) dannoso, -a; **an ~ diet** un'alimentazione scorretta **3.** PSYCH (*morbid*) morboso, -a

unheard [ʌn·ˈhɜːrd] *adj* inascoltato, -a

unheard-of [ʌn·ˈhɜːrd·ˌɑːv] *adj* **1.** (*unknown*) sconosciuto, -a **2.** (*unparalleled*) inaudito, -a

unhelpful [ʌn·ˈhelp·fʊl] *adj* di scarso aiuto

unhoped-for [ʌn·ˈhoʊpt·ˌfɔːr] *adj* insperato, -a

unhurt [ʌn·ˈhɜːrt] *adj* incolume

unidentified [ˌʌn·aɪ·ˈden·t̬ə·faɪd] *n* non identificato, -a

uniform [ˈjuː·nə·fɔːrm] **I.** *n* uniforme *f*, divisa *f* **II.** *adj* uniforme

uniformity [ˌjuː·nə·ˈfɔːr·mə·ti] *n* uniformità *f*

unify [ˈjuː·nə·faɪ] *vt* unificare

unimportant [ˌʌn·ɪm·ˈpɔr·tənt] *adj* senza importanza

uninhabitable [ˌʌn·ɪn·ˈhæ·bɪ·tə·bl] *adj* inabitabile

uninhabited [ˌʌn·ɪn·ˈhæ·bɪ·tɪd] *adj* **1.** (*not lived in*) disabitato, -a **2.** (*deserted*) deserto, -a

uninhibited [ˌʌn·ɪn·ˈhɪ·bɪ·tɪd] *adj* disinibito, -a

unintentional [ˌʌn·ɪn·ˈten·tʃə·nəl] *adj* involontario, -a

uninterested [ʌn·ˈɪn·trəs·tɪd] *adj* indifferente; **to be ~ in sth** non essere interessato a qc

uninterrupted [ʌn·ˌɪn·tər·ˈʌp·tɪd] *adj* ininterrotto, -a

union [ˈjuːn·jən] *n* **1.** (*act*) unione *f* **2.** (*instance*) associazione *f* **3.** + *sing/pl vb* (*organization*) sindacato *m*

unique [juː·ˈniːk] *adj* unico, -a

unison [ˈjuː·nə·sən] *n* **in ~** all'unisono

unit [ˈjuː·nɪt] *n* **1.** *a.* COMPUT, COM unità *f*; **~ of currency** unità monetaria **2.** + *sing/pl vb* (*organized group of people*) reparto *m* **3.** (*element of furniture*) elemento (componibile) *m*

unite [juː·ˈnaɪt] **I.** *vt* (*join together*) unire; (*bring together*) unificare **II.** *vi* unirsi

united *adj* unito, -a

United Kingdom *n* **the ~** il Regno Unito

United Nations *n* **the ~** le Nazioni Unite

United States *n* + *sing vb* Stati *m pl* Uniti; **the ~ of America** gli Stati Uniti d'America

unity [ˈjuː·nə·ti] *n* **1.** (*oneness*) unità *f* **2.** (*harmony, consensus*) armonia *f*

universal [ˌjuː·nə·ˈvɜːr·səl] *adj, n* universale *m*

universe [ˈjuː·nə·vɜːrs] *n* **the ~** l'universo

university [ˌjuː·nə·ˈvɜːr·sə·ti] <-ies> *n* università *f*

unjust [ʌn·ˈdʒʌst] *adj* ingiusto, -a

unjustifiable [ʌn·ˌdʒʌs·tɪ·ˈfaɪ·ə·bl] *adj* ingiustificabile

unjustly *adv* (*wrongfully*) ingiustamente

unkind [ʌn·ˈkaɪnd] *adj* (*not kind*) scortese; **to be ~ to sb** trattare male qu

unkindly *adv* male

unknown [ˌʌn·ˈnoʊn] *adj* sconosciuto, -a; **~ to me ...** a mia insaputa...

unlawful [ˌʌn·ˈlɑː·fəl] *adj* illegal; (*possession, association*) illecito, -a

unleaded [ʌn·ˈle·dɪd] *adj* senza piombo

unless [ən·ˈles] *conj* se non, a meno che +*subj;* **I'll have it ~ you want it** lo prendo io, a meno che lo voglia tu; **~ I'm mistaken** se non sbaglio

unlike [ʌn·ˈlaɪk] **I.** *adj* diverso, -a **II.** *prep* **1.** (*in contrast to*) a differenza di **2.** (*different from*) diverso, -a da; **he's so ~ his father** è così diverso dal padre **3.** (*not characteristic of*) **it's ~ him** non è da lui

unlikely [ʌn·ˈlaɪk·li] <-ier, -iest> *adj* **1.** (*improbable*) poco probabile; **it's ~ that ...** è difficile che... **2.** (*unconvincing*) inverosimile

unlimited [ʌn·ˈlɪ·mɪ·tɪd] *adj* **1.** (*not limited*) illimitato, -a **2.** (*very great*) sconfinato, -a

unload [ʌn·ˈloʊd] *vt, vi* scaricare

unlock [ʌn·ˈlɑːk] *vt* (*release a lock*) aprire

unlocked *adj* non chiuso, -a a chiave

unlucky [ʌn·ˈlʌ·ki] *adj* **1.** (*unfortunate*) sfortunato, -a **2.** (*bringing bad luck*) **to be ~** portare sfortuna

unmarried [ʌn·ˈme·rɪd] *adj* non sposato, -a

unmentioned [ʌn·ˈmen·tʃənd] *adj* **to go ~** passare sotto silenzio

unnatural [ʌn·ˈnæ·tʃə·əl] *adj* **1.** (*contrary to nature*) innaturale; (*affected*) affettato, -a **2.** (*not normal*) anormale

unnecessarily [ˌʌn·ne·sə·ˈse·rə·li] *adv* inutilmente

unnecessary [ʌn·ˈne·sə·se·ri] *adj* **1.** (*not necessary*) non necessario, -a **2.** (*uncalled for*) inutile

unnoticed [ˌʌn·ˈnoʊ·t̬ɪst] *adj* **to go ~** passare inosservato, -a

unobtainable [ˌʌn·əb·ˈteɪ·nə·bl] *adj* introvabile

unoccupied [ˌʌn·ˈɑːk·jə·paɪd] *adj* **1.** (*uninhabited*) disabitato, -a **2.** (*not being used*) libero, -a

unofficial [ˌʌn·ə·ˈfɪ·ʃəl] *adj* ufficioso, -a

unpack [ʌn·ˈpæk] **I.** *vt* (*bag, suitcase*) disfare; (*car*) scaricare **II.** *vi* disfare i bagagli

unpaid [ʌn·ˈpeɪd] *adj* **1.** (*not remunerated*) non remunerato, -a **2.** (*not paid*) non pagato, -a

unpleasant [ʌn·ˈple·zənt] *adj* **1.** (*not pleasing*) sgradevole **2.** (*unfriendly*) antipatico, -a

unplug [ʌn·ˈplʊg] <-gg-> *vt* (*plug, appliance*) staccare (la spina di)

unpopular [ʌn·ˈpɑːp·jə·lɚ] *adj* impopolare

unpopularity [ʌn·ˌpɑːp·jə·ˈle·rə·ti] *n* impopolarità *f*

unprecedented [ʌn·ˈpre·sə·den·tɪd] *adj* senza precedenti

unpredictable [ˌʌn·prɪ·ˈdɪk·tə·bl] *adj* imprevedibile

unprofitable [ʌn·ˈprɑː·fɪ·tə·bl] *adj* **1.** (*not making a profit*) non redditizio, -a **2.** (*unproductive*) infruttuoso, -a

unprompted [ʌn·ˈprɑːmp·tɪd] *adj* spontaneo, -a

unpublished [ˌʌn·ˈpʌb·lɪʃt] *adj* inedito, -a

unqualified [ʌn·ˈkwɑː·lə·faɪd] *adj* **1.** (*without qualifications*) non qualificato, -a **2.** (*unlimited, unreserved*) senza riserve

unravel [ʌn·ˈræ·vəl] <-ll-, -l-> **I.** *vt* **1.** (*unknit, undo*) disfare **2.** (*solve*) risolvere **II.** *vi* disfarsi

unreal [ʌn·ˈriːl] *adj* (*not real*) irreale

unrealistic [ʌn·ˌrɪ·ə·ˈlɪs·tɪk] *adj* **1.** (*not realistic*) non realistico, -a **2.** (*not convincingly real*) inverosimile

unreasonable [ʌn·ˈriː·zə·nə·bl] *adj* **1.** (*not showing reason*) irragionevole **2.** (*unfair*) eccessivo, -a

unrecognized [ʌn·ˈrek·əg·naɪzd] *adj* non riconosciuto, -a

unrelated [ˌʌn·rɪ·ˈleɪ·t̬ɪd] *adj* (*not connected*) senza nesso; (*by kinship*) non imparentato, -a

unreliable [ˌʌn·rɪ·ˈlaɪ·ə·bl] *adj* inaffidabile

unreserved [ˌʌn·rɪ·ˈzɜːrvd] *adj* **1.** (*not having been reserved*) non riservato, -a **2.** (*absolute*) senza riserve
unrest [ʌn·ˈrest] *n* disordini *mpl*
unrestricted [ˌʌn·rɪ·ˈstrɪk·tɪd] *adj* illimitato, -a
unripe [ʌn·ˈraɪp] *adj* non maturo
unroll [ʌn·ˈroʊl] **I.** *vt* srotolare **II.** *vi* srotolarsi
unruly [ʌn·ˈruː·li] <-ier, -iest> *adj* **1.** (*disorderly: crowd, children*) turbolento, -a **2.** (*difficult to control: hair*) ribelle
unsafe [ʌn·ˈseɪf] *adj* pericoloso, -a
unsatisfactory [ʌn·ˌsæ·t̬ɪs·ˈfæk·tə·ri] *adj* **1.** (*not satisfactory*) poco soddisfacente **2.** SCHOOL insufficiente
unsatisfied [ʌn·ˈsæ·t̬ɪs·faɪd] *adj* **1.** (*not content*) insoddisfatto, -a **2.** (*not convinced*) poco convinto, -a **3.** (*not sated*) non appagato, -a
unscheduled [ʌn·ˈsked·ʒʊld] *adj* non previsto, -a
unscientific *adj* poco scientifico, -a
unscrupulous [ʌn·ˈskruːp·jə·ləs] *adj* senza scrupoli
unseemly [ʌn·ˈsiːm·li] *adj form* indecoroso, -a
unseen [ʌn·ˈsiːn] *adj* non visto, -a; **sight ~** a scatola chiusa
unselfish [ʌn·ˈsel·fɪʃ] *adj* generoso, -a
unsettle [ʌn·ˈse·t̬l] *vt* **1.** (*make nervous*) scombussolare **2.** (*make unstable*) destabilizzare
unsettled [ˌʌn·ˈse·t̬ld] *adj* **1.** (*changeable*) instabile **2.** (*troubled*) inquieto, -a **3.** (*unresolved*) non risolto, -a
unsettling *adj* inquietante
unshakable [ʌn·ˈʃeɪ·kə·bl] *adj* irremovibile
unshaved *adj*, **unshaven** [ʌn·ˈʃeɪ·vən] *adj* non rasato, -a
unsightly [ʌn·ˈsaɪt·li] <-ier, -iest> *adj* brutto, -a
unsigned [ʌn·ˈsaɪnd] *adj* non firmato, -a
unskilled [ʌn·ˈskɪld] *adj* non specializzato, -a
unsociable [ʌn·ˈsoʊ·ʃə·bl] *adj* poco socievole
unsold [ʌn·ˈsoʊld] *adj* invenduto, -a
unsophisticated [ˌʌn·sə·ˈfɪs·tə·keɪ·t̬ɪd] *adj* **1.** (*person*) semplice **2.** (*machine*) rudimentale
unspeakable [ʌn·ˈspiː·kə·bl] *adj* indicibile
unstable [ʌn·ˈsteɪ·bl] *adj* instabile
unstuck [ʌn·ˈstʌk] *adj* **to come** [*or* **become**] **~** (*be no longer stuck*) staccarsi; *inf* (*fail*) fallire
unsubscribe [ˌʌn·səb·ˈskraɪb] *vi* disdire l'iscrizione [*or* l'abbonamento]
unsuccessful [ˌʌn·sək·ˈses·fəl] *adj* (*attempt*) non riuscito, -a; (*candidate, applicant*) non selezionato, -a; **to be ~ in doing sth** non riuscire a fare qc
unsuitable [ʌn·ˈsuː·t̬ə·bl] *adj* inadatto, -a; **to be ~ for sth** non essere adatto, -a a qc
unsure [ʌn·ˈʃʊr] *adj* incerto, -a; **to be ~ about sth** essere incerto su qc; **to be ~ of oneself** essere insicuro, -a
unsuspecting [ˌʌn·səs·ˈpek·tɪŋ] *adj* ignaro, -a
unsympathetic [ˌʌn·sɪm·pə·ˈθet̬·ɪk] *adj* poco comprensivo, -a
unthinkable [ʌn·ˈθɪŋ·kə·bl] *adj* impensabile
untidy [ʌn·ˈtaɪ·di] <-ier, -iest> *adj* disordinato, -a
untie [ˌʌn·ˈtaɪ] <-y-> *vt* (*knot*) sciogliere; (*boat, hands, shoelaces*) slegare
until [ən·ˈtɪl] **I.** *prep* fino a; **~ now** finora; **~ then** fino ad allora; **we danced ~ dawn** abbiamo ballato fino all'alba; **she won't be able to leave ~ Friday** non potrà partire prima di venerdì **II.** *conj* finché non; **~ he comes** finché non arriva lui; **he can't leave ~ his work is finished** non può andare via finché non ha finito il lavoro
untimely [ʌn·ˈtaɪm·li] *adj* **1.** (*premature*) prematuro, -a; **sb's ~ death** la scomparsa prematura di qu **2.** (*inopportune*) inopportuno, -a
untold [ˌʌn·ˈtoʊld] *adj* **1.** (*beyond enumeration*) incalcolabile; **~ damage** danni *m pl* incalcolabili **2.** (*beyond description*) indicibile; **~ suffering** sofferenze *f pl* indicibili
untouched [ˌʌn·ˈtʌtʃt] *adj* **1.** (*not affected*) non toccato, -a; **to leave sth ~** lasciare qc intatto **2.** (*not eaten*) **I left**

my meal ~ non ho toccato cibo

untrue [ʌn·'tru:] *adj* (*not true*) falso, -a

untrustworthy [ʌn·'trʌst·ˌwɜ:r·ði] *adj* inaffidabile

unused [ʌn·'ju:zd] *adj* **1.** (*not in use*) non usato, -a **2.** (*never having been used*) nuovo, -a

unused to [ʌn·'jus·tʊ] *adj* **to be ~ sth** non essere abituato, -a a qc

unusual [ʌn·'ju:·ʒu·əl] *adj* insolito, -a; **it's ~ for her to complain** non è da lei lamentarsi

unveil [ˌʌn·'veɪl] *vt fig* (*memorial, plans*) rivelare

unwarranted [ʌn·'wɔ:·rən·t̬ɪd] *adj* ingiustificato, -a

unwelcome [ʌn·'wel·kəm] *adj* non gradito, -a

unwell [ʌn·'wel] *adj* indisposto, -a; **to feel** ~ non sentirsi bene

unwieldy [ʌn·'wi:l·di] *adj* **1.** (*cumbersome*) ingombrante **2.** (*difficult to manage*) poco maneggevole

unwilling [ʌn·'wɪ·lɪŋ] *adj* riluttante

unwillingly *adv* malvolentieri

unwind [ʌn·'waɪnd] *irr* **I.** *vt* srotolare **II.** *vi* **1.** (*unroll*) srotolarsi **2.** *fig* (*relax*) rilassarsi

unwise [ʌn·'waɪz] *adj* imprudente

unwittingly *adv* **1.** (*without realizing*) inconsapevolmente **2.** (*unintentionally*) senza volere

unworthy [ʌn·'wɜ:r·ði] <-ier, -iest> *adj* **1.** (*not worthy*) non degno, -a **2.** (*discreditable, contemptible*) indegno, -a

unwrap [ʌn·'ræp] <-pp-> *vt* (*remove wrapping*) scartare, aprire

unwritten [ʌn·'rɪ·tən] *adj* **1.** (*not official*) tacito, -a **2.** (*not written down*) non scritto, -a

unzip [ʌn·'zɪp] <-pp-> *vt* **1.** (*suitcase*) aprire (la cerniera di) **2.** COMPUT (*file*) decomprimere

up [ʌp] **I.** *adv* **1.** (*movement*) su, in alto; ~ **here/there** quassù/lassù; **to look** ~ guardare in alto; **to stand/get** ~ stare in piedi/alzarsi; **to go** ~ salire; **to jump** ~ saltare in piedi; (**stand**) **~!** in piedi!; **on the way** ~ in salita **2.** (*to another point*) ~ **in Seattle** su a Seattle; **to go ~ to Maine** andare su nel Maine **3.** (*position*) **to be ~ all night** stare alzato, -a tutta la notte; **to jump ~ on sth** saltare sopra qc **4.** (*limit*) **time's** ~ il tempo è scaduto; **from the age of 18** ~ a partire dai 18 anni **5.** SPORTS (*ahead*) **to be 7 points** ~ essere in vantaggio di 7 punti **6.** COMPUT, TECH in funzione ▶ **~ and down** su e giù; **to walk ~ and down** camminare su e giù; **what's ~?** come va?; **what's ~ with him?** cos'ha?; **to feel ~ to sth** sentirsi di fare qc; **~ to** fino a; **~ to here** fino a qui; **~ to now** fino ad ora; **~ to $100** fino a 100 dollari; **it's ~ to you** sta a te decidere **II.** *prep* **1.** (*at top of*) in cima a; **to climb ~ a tree** arrampicarsi in cima a un albero **2.** (*higher*) **to go ~ the stairs** salire le scale; **to go ~ and down sth** andare su e giù per qc **3.** (*along*) **to go ~ the street** percorrere la strada **III.** *n* **~s and downs** alti e bassi *mpl* **IV.** *adj* **1.** (*position: tent*) montato, -a; (*flag*) issato, -a; (*curtains, picture*) appeso, -a; (*hand, blinds*) alzato, -a; (*person*) in piedi **2.** (*healthy*) **to be ~ and about** [*or* **around**] essere di nuovo in piedi **3.** (*ready*) **to be ~ for doing sth** starci a fare qc; **~ for sale** in vendita

up-and-coming ['ʌp·ən·'kʌ·mɪŋ] *adj* promettente

upbeat ['ʌp·bi:t] *adj inf* ottimistico, -a

upbringing ['ʌp·brɪŋ·ɪŋ] *n* educazione *f*

upcoming ['ʌp·ˌkʌ·mɪŋ] *adj* imminente

update[1] [ʌp·'deɪt] *vt* (*bring up to date*) mettere al corrente; COMPUT aggiornare

update[2] ['ʌp·deɪt] *n* aggiornamento *m*; **to give sb an ~** (**on sth**) aggiornare qu (su qc)

up-front [ˌʌp·'frʌnt] *adj inf* **1.** (*open, frank*) franco, -a (**about** riguardo a) **2.** (*advance*) **~ payment** pagamento *m* immediato

upgrade ['ʌp·greɪd] **I.** *vt* **1.** (*improve*) migliorare; (*hardware*) sostituire con un modello più potente; (*software*) sostituire con una versione superiore **2.** AVIAT (*move to better class*) **they ~ed him to first class** gli hanno dato un upgrade in prima classe **II.** *n* upgrade *m inv*

upheaval [ʌp·ˈhiː·vəl] *n* **1.** (*condition of violent change*) sconvolgimento *m* **2.** (*instance of violent change*) cataclisma *m*

uphill [ʌp·ˈhɪl] **I.** *adv* (*in an ascending direction*) in salita; **to run/walk ~** correre/camminare in salita **II.** *adj* **1.** (*sloping upward*) in salita **2.** (*difficult*) arduo, -a; **an ~ struggle** un'ardua battaglia

uphold [ʌp·ˈhoʊld] *irr vt* **1.** (*support, maintain*) difendere; **to ~ the law** difendere la legge **2.** LAW (*confermare*) **to ~ a verdict** confermare un verdetto

upholstery *n* (*covering for furniture*) tappezzeria *m*

upkeep [ˈʌp·kiːp] *n* **1.** (*maintenance*) manutenzione *f* **2.** (*cost*) costi *m pl* di manutenzione

upload [ˈʌp·loʊd] *vt* COMPUT caricare sul server

upmarket [ˈʌp·ˌmar·kɪt] *adj* esclusivo, -a

upon [ə·ˈpɑːn] *prep form* **1.** (*on top of*) su **2.** (*at time of*) **~ her arrival** al suo arrivo **3.** (*long ago*) **once ~ a time** c'era una volta

upper [ˈʌ·pɚ] *adj* **1.** (*further up*) superiore; **~ management** i dirigenti **2.** GEO (*northern*) **the ~ Northeast** le estreme regioni nordorientali

upper class <-es> *n* alta società *f*

upper-class *adj* dell'alta società

uppermost *adj* più alto, -a; **to be ~ in one's mind** essere al primo posto nei pensieri di qu

upright [ˈʌp·raɪt] **I.** *adj* **1.** (*post, rod*) verticale **2.** (*upstanding*) retto, -a; (*citizen*) onesto, -a **II.** *adv* verticalmente; **to stand ~** stare in posizione eretta; **to sit bolt ~** rizzarsi a sedere

uprising [ˈʌp·raɪ·zɪŋ] *n* sommossa *f*

uproar [ˈʌp·rɔːr] *n* scalpore *m*

uproot [ˌʌp·ˈruːt] *vt a. fig* sradicare

upset[1] [ʌp·ˈset] **I.** *vt irr* **1.** (*unsettle*) turbare; (*distress*) scovolgere; **to ~ oneself** prendersela **2.** (*throw into disorder*) disturbare **3.** (*boat*) capovolgere; (*table*) rovesciare **4.** (*cause pain*) **onions ~ him/his stomach** le cipolle gli scombussolano lo stomaco **II.** *adj* **1.** (*disquieted*) turbato, -a; (*distressed*) sconvolto, -a; **to get ~ about sth** prendersela per qc; **don't be ~** non ti offendere **2.** (*nauseated*) **to have an ~ stomach** avere lo stomaco sottosopra **3.** (*overturned*) capovolto, -a

upset[2] [ˈʌp·set] *n* **1.** (*great surprise*) sorpresa *f* **2.** (*illness*) **stomach ~** disturbi *m* di stomaco *pl*

upsetting *adj* sconvolgente

upside down [ˌʌp·saɪd ˈdaʊn] **I.** *adj* **1.** (*reversed in vertical axis*) sottosopra; **to be ~** (*pictures*) essere alla rovescia **2.** (*confused*) sottosopra; **the house was ~** la casa era sottosopra **II.** *adv* alla rovescia; **to turn sth ~** capovolgere qc

upstairs [ˌʌp·ˈsterz] **I.** *adj* **the ~ rooms** le stanze al piano di sopra; **the ~ windows** le finestre del piano di sopra **II.** *adv* di sopra; **to go ~** andare di sopra; **the people who live ~** i vicini del piano di sopra **III.** *n* (**the**) **~** il piano di sopra

upstate [ˈʌp·steɪt] **I.** *adj* **in ~ New York** nel nord dello stato di New York **II.** *adv* al nord

upstream [ˌʌp·ˈstriːm] *adv* controcorrente; **to swim ~** nuotare controcorrente

uptake [ˈʌp·teɪk] *n* **1.** (*level of absorption*) assorbimento *m* ▶ **to be <u>quick</u> on the ~** *inf* capire al volo; **to be <u>slow</u> on the ~** *inf* essere duro di comprendonio

uptight [ʌp·ˈtaɪt] *adj inf* teso, -a

up-to-date [ˌʌp·tə·ˈdeɪt] *adj* (*technology*) moderno, -a; (*fashion*) attuale; (*timetable*) aggiornato, -a; **to bring sb ~** aggiornare qu

up-to-the-minute [ˈʌp·tə·ðə·ˈmɪ·nɪt] *adj* (*fashion*) del momento; (*news*) dell'ultimo minuto

uptown [ˈʌp·taʊn] **I.** *adj* **~ Manhattan** i quartieri alti di Manhattan; **an ~ shop** un negozio dei quartieri alti **II.** *adv* verso i quartieri alti

upturn [ˈʌp·tɜːrn] *n* ripresa *f*; **an ~ in the economy** una ripresa dell'economia

upward [ˈʌp·wɚd] **I.** *adj* verso l'alto; **~ movement** movimento *m* verso l'alto; **~ trend** tendenza *f* al rialzo **II.** *adv*

U

1. (*toward higher level*) verso l'alto 2. (*toward a later age*) in su; **from adolescence** ~ dall'adolescenza in poi 3. (*going higher in number*) in rialzo

upwards *adv* in su; **and** ~ e più

uranium [jʊə-'reɪ-ni-əm] *n* uranio *m*

Uranus [ju-'reɪ-nəs] *n* Urano *m*

urban ['ɜːr-bən] *adj* urbano, -a; ~ **decay** degrado *m* urbano

urge [ɜːrdʒ] **I.** *n* impulso *m;* **an** ~ **to do sth** l'impulso di fare qc **II.** *vt* 1. (*strongly encourage*) esortare; **to** ~ **sb to do sth** esortare qu a fare qc 2. (*recommend*) raccomandre; **to** ~ **caution** raccomandare prudenza

◆**urge on** *vt* **to urge sb on (to do sth)** incitare qu (a fare qc)

urgency ['ɜːr-dʒən-si] *n* 1. (*top priority*) urgenza *f;* **a matter of great** ~ una questione della massima urgenza 2. (*insistence*) insistenza *f*

urgent ['ɜːr-dʒənt] *adj* 1. (*imperative, crucial*) urgente; **to be in** ~ **need of sth** avere un bisogno urgente di qc 2. *form* (*insistent, pleading*) insistente

urgently *adv* 1. (*immediately*) urgentemente 2. (*earnestly*) insistentemente

urine ['jʊ-rɪn] *n* urina *f*

us [əs, *stressed:* ʌs] *pron pers* ci *after prep* noi; **it's** ~ siamo noi; **older than** ~ più vecchi di noi; **look at** ~ guardaci; **he saw** ~ ci ha visto; **it's for** ~ è per noi; **it's from** ~ è da parte nostra

US *n*, **U.S.** [ˌju-'es] *n abbr of* **United States** USA *mpl*

USA [ˌjuː-es-'eɪ] *n abbr of* **United States of America** USA *mpl*

use[1] [juːs] *n* 1. (*practical application*) uso *m* 2. (*possibility of applying*) impiego *m;* **in** ~ in uso; **to be of** ~ **to sb** essere utile a qu; **to make** ~ **of sth** utilizzare qc; **to be out of** ~ essere fuori servizio [*or* uso] 3. (*purpose*) **to be no** ~ non servire a niente; **there's no** ~ **doing sth** non serve a niente fare qc; **it's no** ~ è inutile; **what's the** ~ **of doing sth?** a che serve fare qc? 4. (*consumption*) consumo *m*

use[2] [juːz] **I.** *vt* 1. (*make use of*) usare; **to** ~ **sth to do sth** usare qc per fare qc; **to** ~ **drugs** fare uso di droghe; ~ **your head** usa il cervello 2. (*consume: energy*) consumare 3. (*manipulate*) usare; (*exploit*) sfruttare **II.** *vi* **he** ~**d to be/do ...** era/faceva...; **she** ~**d not to enjoy horror films** i film dell'orrore non le piacevano; **didn't you** ~ **to work in banking?** non lavoravi in banca?

◆**use up** *vt* consumare

used [juːzd] *adj* usato, -a

used to *adj* (*familiar with*) abituato, -a a; **to become** ~ **sth** abituarsi a qc; **to be** ~ **the cold/heat** essere abituato al freddo/al caldo

useful ['juːs-fəl] *adj* 1. (*convenient*) utile; **to do sth** ~ fare qc di utile 2. (*competent*) **to be** ~ **with sth** *inf* saperci fare in qc

usefulness *n* utilità *f*

useless ['juːs-ləs] *adj* 1. (*in vain*) inutile; **it's** ~ **doing sth** è inutile fare qc 2. (*unusable*) inutilizzabile 3. *inf* (*incompetent*) incapace

user *n* utente *mf;* **drug** ~ tossicodipendente *mf*

user-friendly *adj* COMPUT facile da usare

username *n* COMPUT nome *m* utente

usual ['juː-ʒu-əl] *adj* solito, -a; **(the)** ~ **problems** i soliti problemi; **in its** ~ **place** al solito posto; **as** ~ come al solito

usually *adv* normalmente

UT *n abbr of* **Utah** Utah

Utah ['ju-tɔ] *n* Utah

uterus ['ju-t̬ər-əs] <-ri *or* -es> *n* utero *m*

utility [juː-'tɪ-lə-ti] <-ies> *n* 1. (*public service*) impresa *f* di servizi pubblici 2. COMPUT utility *f inv*

utmost ['ʌt-moʊst] **I.** *adj* massimo, -a; **with the** ~ **caution** con la massima cautela **II.** *n* **to try one's** ~ fare tutto il possibile

utter[1] ['ʌ-t̬ɚ] *adj* completo, -a; ~ **nonsense** tutte sciocchezze

utter[2] ['ʌ-t̬ɚ] *vt* proferire

utterly *adv* completamente

U-turn ['juː-tɜːrn] *n* (*on road*) inversione *f* a U; (*in policy*) dietrofront *m inv*

UV [ˌjuː-'viː] *abbr of* **ultraviolet** UV

V

V, v [viː] *n* V, v *f;* ~ **for Victor** V come Venezia

V **1.** *abbr of* **volt** V **2.** *abbr of* **volume** vol.

VA [vər·ˈdʒɪn·jə] *n abbr of* **Virginia** Virginia *f*

vacancy [ˈveɪ·kən·tsi] <-ies> *n* **1.** (*room*) camera *f* libera; **'~'** 'camere *f pl* libere'; **'no ~'** 'completo' **2.** (*job opportunity*) posto (di lavoro) vacante *m;* **to fill a ~** coprire un posto vacante; **to have a ~** offrire un posto di lavoro **3.** (*lack of expression*) vacuità *f*

vacant [ˈveɪ·kənt] *adj* **1.** (*empty*) libero, -a; ~ **lot** terreno *m* libero; **to leave sth ~** lasciare qc libero; **'~'** 'libero' **2.** (*position*) vacante; **to become ~** diventare disponibile; **to fill a ~ position** coprire un posto vacante **3.** (*expressionless*) assente

vacation [veɪ·ˈkeɪ·ʃən] **I.** *n* vacanza *f,* ferie *fpl;* **to take a ~** prendersi una vacanza; **on ~** in ferie; **paid ~** ferie pagate **II.** *vi* andare in vacanza

vacationer *n* vacanziere, -a *m, f*

vaccinate [ˈvæ·ksə·neɪt] *vt* MED vaccinare; **to be ~d against sth** essere vaccinato contro qc

vaccination [ˌvæ·ksə·ˈneɪ·ʃən] *n* MED vaccinazione *f;* **a ~ against measles** la vaccinazione contro il morbillo; **oral ~** vaccinazione orale

vaccine [væk·ˈsiːn] *n* MED vaccino *m*

vacuum [ˈvæk·juːm] **I.** *n* **1.** PHYS (*area without air*) vuoto *m* **2.** (*absence of direction*) **to fill/leave a ~** colmare/lasciare un vuoto **3. in a ~** in isolamento **4.** (*vacuum cleaner*) aspirapolvere *m* **II.** *vt* passare l'aspirapolvere in

vacuum cleaner *n* aspirapolvere *m*

vagina [və·ˈdʒaɪ·nə] *n* vagina *f*

vagrant [ˈveɪ·grənt] *adj, n* vagabondo, -a *m, f*

vague [veɪg] *adj* **1.** (*imprecise*) vago, -a; **I haven't the ~st idea** non ho la minima idea **2.** (*absent-minded*) distratto, -a

vain [veɪn] *adj* **1.** (*conceited*) vanitoso, -a **2.** (*fruitless*) vano, -a; **it is ~ to ...** *+infin* è inutile ... *+infin* **3. in ~** invano; **it was all in ~** è stato inutile

valedictorian [ˌvæl·ə·dɪk·ˈtɔr·i·ən] *n studente che pronuncia il discorso di commiato ai diplomandi*

valentine [ˈvæ·lən·taɪn] *n* **1.** (*card*) *biglietto che si scambia per la festa degli innamorati* **2.** (*sweetheart*) innamorato, -a *m, f*

Valentine's Day *n* festa *f* degli innamorati, San Valentino *m*

valet parking *n* servizio *m* parcheggiatore

valid [ˈvæ·lɪd] *adj* **1.** (*worthwhile*) valido, -a; **no longer ~** scaduto, -a **2.** (*well-founded*) legittimo, -a

validity [və·ˈlɪ·də·ti] *n* validità *f*

valley [ˈvæ·li] *n* valle *f*

valuable [ˈvæl·ju·ə·bl] **I.** *adj* prezioso, -a; **this ring is very ~** quest'anello è preziosissimo **II.** *n pl* oggetti *m pl* di valore

valuation [ˌvæl·ju·ˈeɪ·ʃən] *n* valutazione *f*

value [ˈvæl·juː] **I.** *n* **1.** *a.* MATH, MUS (*worth*) valore *m;* **to be of little ~** essere di scarso valore; **to place a high ~ on sth** dare molta importanza a qc; **to be good ~ (for one's money)** avere un buon prezzo; **to be of great ~** avere molta importanza; **to increase (in) ~** aumentare di valore; **to lose (in) ~** perdere valore; **market ~** valore di mercato **2.** *pl* (*moral ethics*) valori *mpl;* **set of ~s** scala *f* di valori **II.** *vt* **1.** (*appreciate*) apprezzare; **to ~ sb as a friend** tenere all'amicizia di qu **2.** (*estimate worth*) valutare; **to ~ sth at sth** valutare qc a qc

valued *adj* stimato, -a; **~ customer** stimato cliente

valueless [ˈvæl·juː·ləs] *adj* privo, -a di valore

valve [vælv] *n* valvola *f*

vampire [ˈvæm·paɪ·ɚ] *n* vampiro *m*

van [væn] *n* furgone *m;* **delivery ~** furgone delle consegne

vandal [ˈvæn·dəl] *n* vandalo *m*

vandalism [ˈvæn·də·lɪ·zəm] *n* vandalismo *m*

vandalize [ˈvæn·də·laɪz] *vt* vandalizzare

vanilla [və·ˈnɪ·lə] *n* vaniglia *f*
vanish [ˈvæ·nɪʃ] *vi* **to ~ (from sth)** scomparire (da qc); **to ~ into thin air** *fig* svanire
vanity [ˈvæ·nə·ti] <-ies> *n* **1.** (*self-satisfaction*) vanità *f* **2.** (*dressing table*) tavolo *m* da toeletta **3.** (*bathroom cabinet*) mobile *m* portalavabo
vanity bag *n* necessaire *m inv,* beauty case *m inv*
vantage point *n* posizione *f* vantaggiosa
vapor [ˈveɪ·pɚ] *n* vapore *m;* **water ~** vapore acqueo
variable [ˈve·riə·bl] *adj, n* variabile *f*
variation [ˌve·ri·ˈeɪ·ʃən] *n* **1.** *a.* BIO, MUS variazione *f;* **a ~ on sth** una variazione di qc; **variations on a theme** variazioni sul tema **2.** differenza *f;* **wide ~s in sth** grandi differenze in qc
varied [ˈve·rɪd] *adj* **1.** (*diverse*) vario, -a **2.** (*having different colors*) variegato, -a
variety [və·ˈraɪ·ə·ti] <-ies> *n* **1.** (*diversity*) varietà *f* **2.** (*assortment*) assortimento *m;* **for a ~ of reasons** per vari motivi; **a ~ of snacks** un vasto assortimento di stuzzichini **3.** (*sort*) varietà *f;* **a new ~ of tulip** una nuova varietà di tulipano **4.** THEAT varietà *m*
variety show *n* spettacolo *m* di varietà
various [ˈve·riəs] *adj* **1.** (*numerous*) vari, -e; **for ~ reasons** per vari motivi **2.** (*diverse*) diversi, -e
varnish [ˈvɑːr·nɪʃ] **I.** *n* vernice *f* **II.** *vt* verniciare
varsity [ˈvar·sə·t̬i] <-ies> *n squadra del college*
vary [ˈve·ri] <-ie-> **I.** *vi* **1.** (*be different*) variare; **opinions ~** ci sono opinioni diverse; **entry requirements ~** i criteri di ammissione variano **2.** (*diverge*) differire; **to ~ from sth** differire da qc **II.** *vt* (*change*) variare
varying *adj* vario, -a
vase [veɪs] *n* vaso *m*
vast [væst] *adj* **1.** (*big*) vasto, -a; **a ~ country** un paese vasto **2.** (*great in number*) enorme; **the ~ majority** la stragrande maggioranza **3.** (*great in degree*) considerevole; **his ~ knowledge of ...** la sua vasta conoscenza di ...; **a ~ amount of money** un'ingente somma di denaro
vastly *adv* enormemente; **~ superior** infinitamente superiore
vat [væt] *n* tino *m*
Vatican [ˈvæ·t̬ɪ·kən] **I.** *n* **the ~** il Vaticano **II.** *adj* vaticano, -a
vault [vɑːlt] *n* **1.** ARCHIT volta *f;* (*under churches*) cripta *f;* (*at cemeteries*) tomba *f;* **family ~** tomba di famiglia **2.** (*in a bank*) caveau *m inv*
veal [viːl] *n* (carne *f* di) vitello *m*
veal cutlet *n* fettina *f* di vitello
veg [vedʒ] *vi inf* rilassarsi
vegan [ˈviː·gən] *n* vegetaliano, -a *m, f*
vegetable [ˈvedʒ·tə·bl] *n* **1.** (*plant*) vegetale *m* **2.** (*edible plant*) verdura *f;* (**green**) **~** verdura *f* a foglia; **~ soup** minestra *f* di verdura; **root ~** tubero *m;* **seasonal ~** verdura di stagione
vegetable butter *n* margarina *f*
vegetable garden *n* orto *m*
vegetable kingdom *n* regno *m* vegetale
vegetable oil *n* olio *m* vegetale
vegetarian [ˌve·dʒə·ˈte·riən] *adj, n* vegetariano, -a *m, f*
vegetate [ˈve·dʒə·teɪt] *vi a. fig* vegetare
vegetation [ˌve·dʒə·ˈteɪ·ʃən] *n* vegetazione *f*
veggie *n inf* vegetariano, -a *m, f*
veggieburger *n* hamburger *m* vegetariano *inv*
vehemence [ˈviː·ə·mənts] *n* veemenza *f*
vehement [ˈviː·ə·mənt] *adj* veemente
vehicle [ˈviː·ə·kl] *n* **1.** (*for transporting*) veicolo *m;* **motor ~** veicolo a motore, automezzo *m* **2.** (*means of expression*) mezzo *m;* **to be a ~ for sth** essere un mezzo di qc
veil [veɪl] *n* velo *m;* **bridal ~** velo da sposa
veiled *adj* velato, -a; **thinly ~** a malapena dissimulato
velvet [ˈvel·vɪt] **I.** *n* velluto *m* **II.** *adj* di velluto
vendetta [ven·ˈde·t̬ə] *n* vendetta *f*
vending machine *n* distributore *m* automatico
vendor [ˈven·dɚ] *n* venditore, -trice *m, f*

venetian blind [və·ˌniː·ʃən·ˈblaɪnd] *n* veneziana *f*

Venezuela [ˌve·nə·ˈzweɪ·lə] *n* Venezuela *m*

Venezuelan *adj, n* venezuelano, -a *m, f*

vengeance [ˈven·dʒənts] *n* vendetta *f;* **with a ~** a più non posso

venison [ˈve·nɪ·sən] *n* (carne *f* di) cervo *m*

venom [ˈve·nəm] *n* veleno *m; fig* cattiveria *f*

venomous [ˈve·nə·məs] *adj* velenoso, -a; (*malicious*) cattivo, -a

ventilate [ˈven·t̬ə·leɪt] *vt* (*air a space*) arieggiare

ventilation [ˌven·t̬ə·ˈleɪ·ʃən] *n* aerazione *f*

ventilator [ˈven·t̬ə·leɪ·t̬ɚ] *n* **1.** (*device*) ventilatore *m* **2.** MED respiratore *m*

venture [ˈven·tʃɚ] **I.** *n* **1.** (*endeavor*) impresa *f* **2.** COM iniziativa *f* imprenditoriale; **joint ~** joint venture *f inv* **II.** *vt* **1.** (*dare*) **to ~ to do sth** azzardarsi a fare qc **2.** (*dare to express*) azzardare **3.** (*put at risk*) rischiare **III.** *vi* avventurarsi

venue [ˈven·juː] *n* sede *f* (dell'evento)

Venus [ˈviː·nəs] *n* **1.** ASTRON Venere *m* **2.** (*in mythology*) Venere *f*

verbal [ˈvɜːr·bəl] *adj* **1.** (*oral*) verbale; **~ agreement** accordo *m* verbale **2.** (*word for word: translation*) letterale

verbally *adv* verbalmente

verdict [ˈvɜːr·dɪkt] *n* **1.** LAW verdetto *m;* **guilty ~** verdetto di colpevolezza; **to bring in a ~** emettere il verdetto **2.** (*opinion*) parere *m;* **what is your ~?** che cosa ne pensi?

verge [vɜːrdʒ] *n* **1.** (*physical edge*) margine *m* **2.** *fig* (*brink*) orlo *m;* **to be on the ~ of ...** essere sull'orlo di ...; **to be on the ~ of doing sth** essere sul punto di fare qc; **to be on the ~ of tears** essere sul punto di piangere

verifiable [ˈve·rə·faɪ·ə·bl] *adj* verificabile

verify [ˈve·rə·faɪ] <-ie-> *vt* **1.** (*corroborate*) corroborare **2.** (*authenticate*) verificare

vermin [ˈvɜːr·mɪn] *n* **1.** *pl* (*animals*) animali *m pl* nocivi **2.** *pej* (*people*) parassiti *mpl*

Vermont [vər·ˈmant] *n* Vermont *m*

versatile [ˈvɜːr·sə·təl] *adj* versatile

versatility [ˌvɜːr·sə·ˈtɪ·lə·ti] *n* versatilità *f*

versed *adj* **to be** (**well**) **~ in sth** essere (molto) versato, -a in qc

version [ˈvɜːr·ʒən] *n* versione *f*

versus [ˈvɜːr·səs] *prep* **1.** (*in comparison*) in contrapposizione a **2.** SPORTS, LAW contro

vertebra [ˈvɜːr·t̬ə·brə] <-ae> *n* vertebra *f*

vertical [ˈvɜːr·t̬ə·kəl] *adj* verticale

vertigo [ˈvɜːr·t̬ə·goʊ] *n* vertigini *fpl*

very [ˈve·ri] **I.** *adv* **1.** (*extremely*) molto; **~ much** moltissimo; **not ~ much** non molto; **to feel ~ much at home** sentirsi come a casa; **I am ~, ~ sorry** sono dispiaciutissimo **2.** (*expression of emphasis*) **the ~ best** il migliore; **the ~ first** il primissimo; **at the ~ most** al massimo; **at the ~ least** come minimo; **the ~ next day** proprio il giorno dopo; **the ~ same** proprio lo stesso ▶ **~ well** molto bene; **it's all ~ fine ..., but ...** va benissimo ..., però ... **II.** *adj* **at the ~ bottom** proprio in fondo; **the ~ fact** il fatto stesso; **the ~ man we need** proprio l'uomo che fa per noi

vest [vest] *n* panciotto *m;* **bullet-proof ~** giubbotto *m* antiproiettile

vet[1] [vet] *inf* **I.** *n* veterinario, -a *m, f* **II.** *vt* <-tt-> **1.** (*examine*) esaminare **2.** (*screen*) passare al vaglio

vet[2] [vet] *n a. fig inf* MIL veterano, -a *m, f*

veteran [ˈve·t̬ɚ·ən] **I.** *n* **1.** MIL reduce *mf* **2.** *fig* veterano, -a *m, f* **II.** *adj* **1.** MIL dei reduci **2.** *fig* veterano, -a

Veterans Day *n* giornata *m* dei reduci e dei caduti *(l'11 novembre)*

veterinarian [ˌve·tə·rɪ·ˈne·ri·ən] *n* veterinario, -a *m, f*

veterinary [ˈve·tə·rɪ·ne·ri] *adj* veterinario, -a; **~ surgeon** medico *m* veterinario

veto [ˈviː·t̬oʊ] **I.** *n* <-es> veto *m;* **to have a ~ over sth** avere il diritto di veto su qc **II.** *vt* <vetoed> **1.** (*use a veto*) opporre il veto a **2.** (*forbid*) proibire

VHF [ˌviː·eɪtʃ·ˈef] *abbr of* **very high frequency** VHF

V

via ['vaɪ·ə] *prep* per; ~ **Denver** passando per Denver; ~ **airmail** (per) via aerea
viable ['vaɪ·ə·bl] *adj* attuabile
viaduct ['vaɪ·ə·dʌkt] *n* viadotto *m*
vibe [vaɪb] *n sl* atmosfera *f;* **good/bad ~s** buone/cattive vibrazioni
vibrant ['vaɪ·brənt] *adj* **1.** (*lively*) vivace **2.** (*resonant*) vibrante
vibration [vaɪ·'breɪ·ʃən] *n* vibrazione *f*
vicar ['vɪ·kɚ] *n* REL pastore *m*
vicarage ['vɪ·kə·rɪdʒ] *n* canonica *f*
vice [vaɪs] *n* vizio *m;* **the ~ squad** la buoncostume *f inv*
vice president *n* vicepresidente *m*
vice versa [ˌvaɪ·sə·'vɜːr·sə] *adv* viceversa
vicinity [və·'sɪ·nə·ti] <-ies> *n* vicinanze *fpl;* **in the ~ of ...** nelle vicinanze di ...
vicious ['vɪ·ʃəs] *adj* **1.** (*malicious*) malvagio, -a **2.** (*violent*) brutale **3.** (*extremely powerful: wind*) violento, -a
vicious circle *n* circolo *m* vizioso
victim ['vɪk·tɪm] *n* vittima *f;* **to be the ~ of sth** essere vittima di qc ▶ **to fall ~ to sb/sth** cadere vittima di qu/qc
victimize ['vɪk·tə·maɪz] *vt* perseguitare
victor ['vɪk·tɚ] *n* vincitore, -trice *m, f*
Victorian [vɪk·'tɔː·ri·ən] *n* vittoriano, -a *m, f*
victorious [vɪk·'tɔː·ri·əs] *adj* vittorioso, -a; ~ **team** squadra *f* vincitrice; **to emerge ~** risultare vittorioso
victory ['vɪk·tə·ri] <-ies> *n* vittoria *f;* **to win a ~** (**in sth**) conseguire una vittoria (in qc)
video ['vɪ·di·oʊ] **I.** *n* **1.** video *m inv;* **to come out on ~** uscire in video **2.** (*tape*) videocassetta *f;* **blank ~** videocassetta vergine **II.** *vt* registrare
video camera *n* videocamera *f*
videoconference *n* videoconferenza *f*
video game *n* videogioco *m*
videophone *n* videotelefono *m*
video recorder *n* videoregistratore *m*
video surveillance *n* videosorveglianza *f*
videotape **I.** *n* videocassetta *f* **II.** *vt* registrare
Vietcong [ˌviː·et·'kɑːŋ] *n inv* Vietcong *m inv*
Vietnam [ˌviː·et·'nɑːm] *n* Vietnam *m*
view [vjuː] **I.** *n* **1.** (*opinion*) parere *m,* opinione *f;* **point of ~** punto *m* di vista; **exchange of ~s** scambio *m* di opinioni; **to express a ~** esprimere un parere; **to share a ~** condividere un'opinione; **in her ~ ...** a suo modo di vedere ... **2.** (*sight*) vista *f;* **panoramic ~** vista panoramica; **to come into ~** apparire; **to keep sb/sth in ~** non perdere di vista qu/qc **3.** (*picture*) veduta *f* ▶ **in ~ of sth** considerato qc; **in ~ of what you've said ...** considerato quello che hai detto ...; **with a ~ to doing sth** con l'intenzione di fare qc; **with this in ~** a questo scopo **II.** *vt* **1.** (*consider*) considerare; **to ~ sth with suspicion** guardare qc con sospetto **2.** (*watch*) guardare **3.** (*take a look at*) vedere
viewer *n* **1.** (*person*) spettatore, -trice *m, f* **2.** (*device*) visore *m* **3.** COMPUT visualizzatore *m*
viewfinder ['vjuː·ˌfaɪn·dɚ] *n* mirino *m*
viewpoint ['vjuː·pɔɪnt] *n* **1.** (*point of view*) punto *m* di vista **2.** (*vista point*) belvedere *m inv*
vigil ['vɪ·dʒəl] *n* veglia *f;* **to keep ~** vegliare
vigilant ['vɪ·dʒɪ·lənt] *adj* vigile
vigor ['vɪ·gɚ] *n* vigore *m*
vigorous ['vɪ·gə·rəs] *adj* **1.** (*energetic*) energico, -a **2.** (*healthy*) vigoroso, -a
village ['vɪ·lɪdʒ] **I.** *n* **1.** (*small settlement*) paese *m* **2.** + *pl/sing vb* (*populace*) paese *m* **II.** *adj* del paese
villager ['vɪ·lə·dʒɚ] *n* paesano, -a *m, f*
villain ['vɪ·lən] *n* **1.** (*evil person*) mascalzone *m;* **small-time ~** delinquente *mf* di mezza tacca **2.** (*in film*) cattivo *m*
vindictive [vɪn·'dɪk·tɪv] *adj* vendicativo, -a
vinegar ['vɪ·nə·gɚ] *n* aceto *m*
vineyard ['vɪn·jɚd] *n* vigneto *m,* vigna *f*
violation [ˌvaɪ·ə·'leɪ·ʃən] *n* violazione *f;* **traffic ~** violazione del codice stradale
violence ['vaɪ·ə·lənts] *n* violenza *f*
violent ['vaɪ·ə·lənt] *adj* violento, -a
violin [ˌvaɪ·ə·'lɪn] *n* MUS violino *m*
violinist [vaɪ·ə·'lɪ·nɪst] *n* MUS violinista *mf*

virgin ['vɜːr·dʒɪn] *n* vergine *f;* **the Blessed Virgin** la Beata Vergine
Virginia [vər·'dʒɪn·jə] *n* Virginia *f*
virginity [vɚ·'dʒɪ·nə·ti] *n* verginità *f;* **to lose one's** ~ perdere la verginità
Virgo ['vɜːr·goʊ] *n* Vergine *f;* **I'm** (**a**) ~ sono (della[*or* una]) Vergine
virile ['vɪ·rəl] *adj* virile
virility [və·'rɪ·lə·ti] *n* **1.** (*sexual vigor*) virilità *f* **2.** (*forcefulness*) forza *f*
virtual ['vɜːr·tʃu·əl] *adj* virtuale; **a** ~ **certainty** praticamente una certezza
virtually *adv* praticamente
virtue ['vɜːr·tʃuː] *n* **1.** (*moral quality*) virtù *f* **2.** (*advantage*) vantaggio *m*
virtuous ['vɜːr·tʃu·əs] *adj* virtuoso, -a
virulent ['vɪr·jə·lənt] *adj* **1.** MED virulento, -a **2.** (*hateful and fierce*) violento, -a
visa ['viː·zə] **I.** *n* visto *m* **II.** *adj* del visto
vise [vaɪs] *n* morsa *f*
visibility [ˌvɪ·zə·'bɪ·lə·ti] *n* visibilità *f;* **poor** ~ scarsa visibilità
visible ['vɪ·zə·bl] *adj* visibile; **to be barely** ~ essere appena visibile
vision ['vɪ·ʒən] *n* (*sight*) vista *f;* **blurred** ~ vista offuscata
visit ['vɪ·zɪt] **I.** *n* visita *f;* **to have a** ~ **from sb** ricevere una visita da qu; **to pay a** ~ **to sb** andare a trovare qu **II.** *vt* visitare **III.** *vi* fare una visita
visiting hours *npl* orario *m* delle visite
visitor ['vɪ·zɪ·tɚ] *n* visitatore, -trice *m, f;* **we've got** ~**s** abbiamo visite; ~**s' book** registro *m* dei visitatori
visor ['vaɪ·zɚ] *n* visiera *f*
visual ['vɪ·ʒuəl] *adj* visivo, -a; ~ **memory** memoria *f* visiva; ~ **aid** supporto *m* visivo
visualize ['vɪ·ʒu·ə·laɪz] *vt* immaginare
vital ['vaɪ·t̬əl] *adj* vitale; ~ **organs** organi *m pl* vitali; ~ **statistics** statistiche *f pl* demografiche; **it is** ~ **to do ...** è essenziale fare ...
vitality [vaɪ·'tæ·lə·ti] *n* vitalità *f*
vitamin ['vaɪ·t̬ə·mɪn] *n* vitamina *f*
vivacious [vɪ·'veɪ·ʃəs] *adj* vivace
vivid ['vɪ·vɪd] *adj* vivido, -a; ~ **imagination** fervida immaginazione
vocabulary [voʊ·'kæb·jə·le·ri] *n* vocabolario *m;* **limited** ~ vocabolario limitato; **to widen one's** ~ ampliare il proprio vocabolario
vocalist ['voʊ·kə·lɪst] *n* cantante *mf*
vocation [voʊ·'keɪ·ʃən] *n* vocazione *f;* **to miss one's** ~ sbagliare mestiere
vocational [voʊ·'keɪ·ʃə·nəl] *adj* professionale; ~ **counseling** orientamento *m* professionale; ~ **training** formazione *f* professionale
vociferous [voʊ·'sɪ·fə·rəs] *adj* veemente
vogue [voʊg] *n* voga *f* ► **in** ~ in voga; **no longer in** ~ non più in voga
voice [vɔɪs] **I.** *n* voce *f;* **in a loud** ~ a voce alta; **to raise/lower one's** ~ alzare/abbassare la voce; **to lose one's** ~ perdere la voce **II.** *vt* esprimere
voiced *adj* sonoro, -a
voice mail *n* TEL messaggeria *f* vocale
voice-over *n* TV, CINE voce *f* fuoricampo
void [vɔɪd] **I.** *n a. fig* vuoto *m;* **to fill the** ~ colmare il vuoto **II.** *adj* nullo, -a; ~ **contract** contratto nullo **III.** *vt* annullare
volatile ['vɑː·lə·təl] *adj* **1.** CHEM, COMPUT volatile **2.** instabile
volcano [vɑːl·'keɪ·noʊ] <-(e)s> *n* vulcano *m*
volleyball ['vɑː·li·bɔːl] *n* pallavolo *f*
voltage ['voʊl·t̬ɪdʒ] *n* tensione *f,* voltaggio *m*
volume ['vɑːl·juːm] *n* (*all senses*) volume *m;* ~ **of sales** COM volume delle vendite; **to turn the** ~ **up/down** alzare/abbassare il volume
volume control, **volume regulator** *n* (controllo *m* del) volume
voluntary ['vɑː·lən·te·ri] *adj* volontario, -a
volunteer [ˌvɑː·lən·'tɪr] **I.** *n* volontario, -a *m, f* **II.** *vt* **to** ~ **oneself for sth** offrirsi volontario per qc; **to** ~ **information** dare informazioni spontaneamente **III.** *vi* offrirsi volontario **IV.** *adj* volontario, -a
vomit ['vɑː·mɪt] **I.** *vi, vt* vomitare; **it makes me want to** ~ *a. fig* mi fa vomitare **II.** *n* vomito *m*
voodoo ['vuː·duː] *n* vudù *m inv*
vote [voʊt] **I.** *vi* **1.** (*elect*) votare; **to** ~ **for/against sb/sth** votare per/contro

qu/qc **2.** (*formally decide*) **to ~ on sth** mettere qc ai voti **II.** *vt* **1.** (*elect*) eleggere (per votazione) **2.** (*propose*) **to ~ that ...** proporre che ... +*subj* **III.** *n* **1.** (*formally made choice*) voto *m* **2.** (*election*) votazione *f;* **to put sth to the ~** mettere qc ai voti **3.** (*right to elect*) **to have the ~** avere diritto di voto

◆**vote in** *vt* eleggere (per votazione)

◆**vote out** *vt* **to vote sb out (of sth)** non rieleggere qu (a qc)

voter *n* votante *mf*

voucher ['vaʊ·tʃɚ] *n* **1.** (*coupon*) buono *m,* coupon *m inv* **2.** (*receipt*) tagliando *m*

vowel ['vaʊ·əl] *n* vocale *f*

voyage ['vɔɪ·ɪdʒ] **I.** *n* viaggio (per mare) *m* **II.** *vi* viaggiare; **to ~ to distant lands** viaggiare verso terre lontane

VT *n abbr of* **Vermont** Vermont *m*

vulgar ['vʌl·gɚ] *adj* volgare

vulnerable ['vʌl·nɚ·ə·bl] *adj* vulnerabile

W

W, w ['dʌbl·ju:] *n* W, w *f;* **~ for William** W come Washington

W *n* **1.** *abbr of* **watt** W **2.** *abbr of* **west** O

WA *n abbr of* **Washington** Washington *f*

wack *adj sl* penoso, -a

wacko ['wæ·koʊ] *n sl* tipo *m* strambo

wacky ['wæ·ki] <-ier, -iest> *adj sl* strambo, -a

wad [wɑ:d] *n* (*of banknotes*) mazzetta *f;* (*of cotton*) batuffolo *m;* (*of chewing tobacco*) cicca *f;* (*of forms*) plico *m*

waddle ['wɑ:·dl] **I.** *vi* camminare dondolando **II.** *n* andatura *f* dondolante

wade [weɪd] **I.** *vi* avanzare a fatica nell'acqua; **to ~ across** guadare; **to ~ into sth** addentrarsi in qc; **to ~ through a book** leggere un libro con difficoltà **II.** *vt* guadare

wader ['weɪ·dɚ] *n* **1.** (*bird*) trampoliere *m* **2.** *pl* (*boots*) stivali *m pl* da pescatore

wafer ['weɪ·fɚ] *n* **1.** (*biscuit*) cialda *f* **2.** REL ostia *f*

wafer-thin [ˌweɪ·fɚ·'θɪn] *adj* sottile come un'ostia

waffle[1] ['wɑ:·fl] *n* GASTR cialda *f*

waffle[2] ['wɑ:·fl] *inf* **I.** *vi* (*to talk*) **to ~ (on)** blaterare **II.** *n* sproloquio *m*

waffle iron *n* stampo *m* per cialde

waft [wɑ:ft] *liter* **I.** *vi* (*scent, sound*) diffondersi **II.** *vt* portare

wag [wæg] **I.** <-gg-> *vt* agitare; **the dog ~ged its tail** il cane scodinzolò; **to ~ one's finger at sb/sth** minacciare qu con il dito **II.** <-gg-> *vi* agitarsi **III.** *n* scodinzolamento *m*

wage [weɪdʒ] **I.** *vt* (*war*) fare; **to ~ war against sth/sb** fare la guerra contro qc/qu; **to ~ a campaign for/against sth** intraprendere una campaña a favore di/contro qc **II.** *n* salario *m;* **living ~** salario sufficiente per vivere; **minimum ~** minimo *m* salariale; **real ~s** salario effettivo; **to earn a ~** percepire un salario; **to get a good ~** essere pagato bene

wage earner *n* salariato, -a *m, f*

wage freeze *n* blocco *m* dei salari

wage increase *n* aumento *m* salariale

wager ['weɪ·dʒɚ] **I.** *n* scommessa *f;* **to place a ~** fare una scommessa **II.** *vt* scommettere; **to ~ one's reputation/life** giocarsi la reputazione/vita

wage scale *n* scala *f* dei salari

wageworker *n* salariato, -a *m, f*

waggle ['wæ·gl] **I.** *vt* muovere **II.** *vi* muoversi

waggly ['wæg·li] <-ier, -iest> *adj* traballante

wagon ['wæ·gən] *n* **1.** (*horse-drawn*) carro *m* **2.** (*truck*) camion *m inv* ► **to be on the ~** *inf* non bere alcol; **to fall off the ~** *inf* riprendere a bere; **to go on the ~** *inf* smettere di bere

wail [weɪl] **I.** *vi* gemere; (*wind, siren*) ululare **II.** *vt* gemere **III.** *n* gemito *m*

wailing *n* gemiti *mpl*

waist [weɪst] *n* vita *f*

waistband ['weɪst·bænd] *n* cintura *f*

waist-deep [ˌweɪst·'di:p] *adj* fino alla cintura

waistline ['weɪst·laɪn] *n* girovita *m inv;* **to watch one's ~** stare attento alla linea

wait [weɪt] **I.** *vi* aspettare; **to ~ for sth/sb** aspettare qc/qu; **to keep sb ~ing** far aspettare qu; **he cannot ~ to see her** non vede l'ora di vederla; **~ and see** aspetta e vedrai; (**just**) **you ~!** stai a vedere! **II.** *vt* aspettare; **to ~ one's turn** aspettare il proprio turno **III.** *n* attesa *f;* **to lie in ~** essere in agguato

◆**wait about** *vi,* **wait around** *vi* **to ~ for sth** stare in attesa di qc

◆**wait behind** *vi* trattenersi

◆**wait on** *vt* **1.** (*serve*) servire **2.** *form* (*expect*) **to ~ sth** aspettare qc

◆**wait up** *vi* **to ~ for sb** aspettare qu alzato

waiter ['weɪ·t̬ɚ] *n* cameriere *m*

waiting *n* **the ~** l'attesa

waiting game *n* **to play the ~** temporeggiare

waiting list *n* lista *f* d'attesa

waiting room *n* sala *f* d'attesa

waitress ['weɪ·trɪs] *n* cameriera *f*

waive [weɪv] *vt form* (*right*) rinunciare a; (*rule*) non applicare; (*charge*) eliminare

waiver ['weɪ·vɚ] *n* deroga *f*

wake[1] [weɪk] *n* NAUT scia *f;* **in the ~ of sth** in seguito a qc

wake[2] [weɪk] *n* veglia *f* funebre

wake[3] [weɪk] <woke *or* waked, woken *or* waked> **I.** *vi* svegliarsi **II.** *vt* svegliare

◆**wake up** **I.** *vi* svegliarsi **II.** *vt* svegliare

wakeful ['weɪk·fəl] *adj form* **1.** (*sleepless*) sveglio, -a; **~ night** notte *f* in bianco **2.** (*vigilant, alert*) attento, -a; **to feel ~** sentirsi lucido

waken ['weɪ·kən] *vt form* svegliare

Wales [weɪlz] *n* Galles *m*

walk [wɑːk] **I.** *n* **1.** (*stroll*) passeggiata *f;* **to take a ~** fare una passeggiata; **to take sb out for a ~** portare qu a fare una passeggiata; **it's a five minute ~** sono cinque minuti a piedi; **to do sth in a ~** fare qc; **they won in a ~** hanno vinto senza problemi **2.** (*gait*) andatura *f* **3.** (*walking pace*) passo *m* ▶ **~ of <u>life</u> people from all** (**different**) **~s of life** gente di ogni tipo **II.** *vt* **1.** (*go on foot*) camminare per; (*distance*) percorrere a piedi **2.** (*accompany*) **to ~ sb home** accompagnare qu a casa **3.** (*take for a walk*) **to ~ the dog** portare a spasso il cane **III.** *vi* (*go on foot*) andare a piedi, camminare; (*stroll*) passeggiare ▶ **to ~ on <u>air</u>** camminare a un metro da terra

◆**walk about** *vi,* **walk around** *vi* andare a spasso

◆**walk away** *vi form* andarsene; **to ~ from sb** lasciare qu; **to ~ from sth** abbandonare qc; **to ~ from an accident without a scratch** uscire illeso da un incidente

◆**walk back** *vi* tornare a piedi

◆**walk in** *vi* entrare

◆**walk in on** *vt* **to ~ sb** (**doing sth**) entrare e sorprendere qu (a fare qc)

◆**walk off** **I.** *vt* **to ~ the meal** smaltire un pasto facendo una passeggiata **II.** *vi* andarsene

◆**walk on** *vi* continuare a camminare

◆**walk out** *vi* **1.** (*leave*) andarsene **2.** (*go on strike*) scioperare

◆**walk out on** *vt inf* **to ~ sb** piantare qu

◆**walk over** *vt* (*rights*) calpestare; **to walk** (**all**) **over sb** mettere i piedi in testa a qu

◆**walk through** *vt insep* (*part*) aiutare con

◆**walk up** **I.** *vi* **1.** (*go up*) salire **2.** (*approach*) **to ~ to sb** avvicinarsi a qu **II.** *vt* **to ~ sth** salire qc

walkaway ['wɑːk·ə·weɪ] *n* passeggiata *f;* **to win in a ~** vincere senza problemi

walker ['wɑː·kɚ] *n* **1.** (*stroller*) persona che ama passeggiare *f* **2.** SPORTS podista *mf* **3.** (*sb whose hobby is walking*) escursionista *mf*

walkie-talkie [ˌwɑː·ki·'tɑː·ki] *n* walkie-talkie *m inv*

walk-in ['wɑːk·ɪn] *adj* **1.** (*big*) **~ closet** cabina *f* armadio **2.** (*on street*) **~ apartment** *con ingresso sulla strada*

walking **I.** *n* passeggio *m;* SPORTS marcia *f;* **to do a lot of ~** camminare molto **II.** *adj* **1. it is within ~ distance** ci si può andare a piedi **2.** (*human*) ambulante; **to be a ~ encyclopedia** essere una enciclopedia ambulante

walking papers *npl inf* **to give sb his/her ~** dare a qu il benservito

walking stick *n* bastone (*m* da passeggio)

walking wounded *npl* feriti *m pl* in grado di camminare

Walkman® ['wɑːk·mən] <-s> *n* walkman® *m inv*

walk-on ['wɑːk·ɑːn] **I.** *adj* **~ part** THEAT, CINE ruolo *m* di figurante **II.** *n* THEAT, CINE figurante *m*

walkout ['wɑːk·aʊt] *n* abbandono *m;* (*strike*) sciopero *m*

walkover ['wɑːk·ˌoʊ·vɚ] *n inf* **it was a ~** è stata una passeggiata

walkthrough ['wɑːk·ˌθruː] *n* collaudo *m*

walkway ['wɑːk·weɪ] *n* passerella *f*

wall [wɔːl] **I.** *n* muro *m;* (*in the interior*) *a.* ANAT parete *f;* (*enclosing town*) muraglia *f;* **the city ~s** le mura della città; **the Great Wall of China** la Grande Muraglia cinese; **a ~ of silence** un muro di silenzio ▶ **to have one's back to** [*or* **up against**] **the ~** trovarsi con le spalle al muro; **to drive sb up the ~** *inf* far infuriare qu; **to hit a brick ~** trovarsi davanti un muro; **to be off the wall** *sl* essere strambo; **the writing** [*or* **handwriting**] **is on the ~** ci sono segnali d'allarme **II.** *vt* (*garden*) recintare con un muro; (*town*) cintare di mura

◆**wall in** *vt* **1.** (*garden*) recintare con un muro; (*town*) cintare di mura **2.** *fig* circondare

◆**wall off** *vt* separare con un muro

◆**wall up** *vt* murare

wall chart *n* cartellone *m*

wallet ['wɑː·lɪt] *n* portafoglio *m*

wallflower ['wɔːl·ˌfla·ʊɚ] *n* **1.** BOT violacciocca *f* **2.** *fig* **to be a ~** fare da tappezzeria

wall hanging *n* arazzo *m*

Walloon [wɑː·'luːn] **I.** *adj* vallone, -a **II.** *n* **1.** (*person*) vallone, -a *m, f* **2.** LING vallone *m*

wallop ['wɑː·ləp] **I.** *vt inf* **1.** (*hit hard*) dare un colpo a **2.** (*defeat*) stracciare **II.** *n inf* (*hit*) colpo *m;* **to give sb a ~** menare qu

walloping **I.** *adj inf* **1.** (*very big*) enorme **2.** (*very good*) stupendo, -a **II.** *n inf* **to give sb a ~** menare qu

wallow ['wɑː·loʊ] **I.** *n* rotolamento *m* **II.** *vi* **1.** (*lie in earth*) rotolarsi **2.** (*remain in negative state*) **to ~ in self-pity** autocommiserarsi **3.** (*revel*) crogiolarsi

wallpaper ['wɔːl·ˌpeɪ·pɚ] **I.** *n* carta *f* da parati; **to hang ~** mettere la carta da parati **II.** *vt* metere la carta da parati in/su

Wall Street *n* **1.** (*street*) Wall Street *f* **2.** *fig* mondo *m* della Borsa (americana)

wall-to-wall ['wɔl·tə·'wɔːl] *adj* **~ carpeting** moquette *f*

walnut ['wɔːl·nʌt] *n* **1.** (*nut*) noce *f* **2.** (*tree*) noce *m*

walrus ['wɔːl·rəs] <walruses *or* walrus> *n* tricheco *m*

waltz [wɔːlts] <-es> **I.** *n* valzer *m inv* **II.** *vi* **1.** (*dance*) ballare il valzer **2.** *inf* (*walk confidently*) camminare disinvoltamente **III.** *vt* **to ~ sb** far ballare il valzer a qu

◆**waltz about** *vi*, **waltz around** *vi* fare un giro di valzer

◆**waltz in** *vi inf* entrare come se niene fosse

◆**waltz off** *vi inf* **to ~ with sth** fregare qc

◆**waltz out** *vi inf* uscire come se niente fosse

wan [wɑːn] <-nn> *adj liter* smunto, -a

wand [wɑːnd] *n* (*conjuror's stick*) bacchetta *f* magica; **to wave one's magic ~** agitare la bacchetta magica

wander ['wɑːn·dɚ] **I.** *vt* vagare per; **to ~ the streets** vagare per le strade **II.** *vi* (*roam*) vagare; (*stroll*) gironzolare; **to let one's thoughts ~** lasciare libera l'immaginazione **III.** *n inf* giro *m;* **to go for a ~ around the city** fare un giro per la città

wanderer ['wɑːn·dɚ·ɚ] *n* girovago, -a *m, f; pej* vagabondo, -a *m, f*

wandering ['wɑːn·dɚ·ɪŋ] *adj* **1.** (*nomadic*) errante; (*salesman*) ambulante; **~ tribe** tribù nomade **2.** (*not concen-*

trating) distratto, -a

wanderings ['wɑːn·də·rɪŋz] *n* giri *mpl; pej* vagabondaggi *mpl*

wane [weɪn] **I.** *vi* calare; **to wax and ~** avere alti e bassi **II.** *n* calo *m;* **to be on the ~** essere in calo

wangle ['wæŋ·gl] *vt inf* rimediare; **to ~ one's way into sth** riuscire a farsi strada in qc

want [wɑːnt] **I.** *vt* **1.** (*wish*) volere; **to ~ to do sth** voler fare qc; **to ~ sb to do sth** volere che qu faccia qc; **to ~ sth done** volere che qc sia fatto; **you're ~ed on the phone** ti vogliono al telefono **2.** (*need*) aver bisogno di; **he is ~ed by the police** è ricercato dalla polizia; **'~ed'** 'cercasi' **II.** *n* **1.** (*need*) bisogno *m* **2.** (*lack*) mancanza *f;* **for ~ of sth** per mancanza di qc

◆**want in** *vi* **1.** (*want to take part*) **do you ~?** vuoi partecipare? **2.** (*want to enter*) voler entrare

◆**want out** *vi* **1.** (*not want to take part*) **to ~ (of sth)** non voler partecipare (a qc) **2.** (*want to exit*) voler uscire

want ad *n inf* annuncio *m* economico

wanting *adj* **to be ~ in sth** mancare di qc; **there is sth ~** manca qc

wanton ['wɑːn·tən] *adj* **1.** (*extreme*) sfrenato, -a **2.** (*mindless*) gratuito, -a; **~ destruction** distruzione senza senso; **~ disregard** totale sconsideratezza; **~ waste** spreco vano **3.** (*licentious*) lascivo, -a **4.** (*capricious*) capriccioso, -a; (*playful*) burlesco, -a

war [wɔːr] *n* guerra *f;* **civil ~** guerra civil; **the Great War** la Prima Guerra Mondiale; **the Second World War** la Seconda Guerra Mondiale; **a holy ~** una guerra santa; **the horrors of ~** gli orrori della guerra; **in time of ~** in tempo di guerra; **to be at ~** essere in guerra; **to declare ~ on sb** *a.fig* dichiarare guerra a qu; **to go to ~** entrare in guerra

war baby *n* bambino, -a della guerra *m*

warble ['wɔːr·bl] *vi* (*bird*) cinguettare; (*lark*) gorgheggiare; *iron* (*person*) fare gorgheggi

warbler ['wɔːrb·lɚ] *n* silvia *f*

war bond *n* obbligazione *f* di guerra

war correspondent *n* inviato, -a di guerra *m*

war crime *n* crimine *m* di guerra

war criminal *n* criminale *mf* di guerra

war cry *n* grido *m* di guerra

ward [wɔːrd] *n* **1.** (*wardship*) tutela *f;* **in ~** sotto tutela **2.** (*person*) pupillo, -a *m, f* **3.** (*in a hospital*) reparto *m;* (*room*) corsia *f;* **geriatric/psychiatric ~** reparto di geriatria/psichiatria; **maternity ~** reparto maternità

◆**ward off** *vt* evitare

warden ['wɔːr·dn] *n* guardiano, -a *m, f;* (*of a prison*) direttore *m;* **game ~** guardacaccia *m inv*

wardrobe ['wɔːrd·roʊb] *n* **1.** (*closet*) armadio *m* **2.** (*clothes*) guardaroba *m*

wardrobe trunk *n* baule *m*

wardship ['wɔːrd·ʃɪp] *n* tutela *f*

warehouse ['we·rə·haʊs] *n* deposito *m*

wares [werz] *npl inf* merci *fpl*

warfare ['wɔːr·fer] *n* guerra *f*

war game *n* war game *m inv*

warhead ['wɔːr·hed] *n* (*of rocket*) testata *f*

warily ['we·rɪ·li] *adv* in maniera guardinga

warlike ['wɔːr·laɪk] *adj* **1.** (*of war*) bellico, -a **2.** (*belligerent*) bellicoso, -a

warlord ['wɔːr·lɔːrd] *n* capo *m* militare

warm [wɔːrm] **I.** *adj* **1.** caldo, -a; (*not too hot*) tiepido, -a; **nice and ~** bello caldo; **to be ~** (*person*) avere caldo; (*thing*) essere caldo; (*weather*) fare caldo **2.** (*affectionate*) affettuoso, -a; **~ welcome** accoglienza calorosa; **to be ~** essere affettuoso **3.** (*fresh*) fresco, -a; **~ tracks** tracce fresche ▶ **you're getting ~** fuochino! **II.** *n* **the ~** il calore **III.** *vt* riscaldare; **to ~ one's feet** riscaldarsi i piedi; **to ~ the soup** riscaldare la minestra

◆**warm up** **I.** *vi* riscaldarsi **II.** *vt* riscaldare

warm-blooded [ˌwɔːrm·'blʌ·dɪd] *adj* a sangue caldo

warm front *n* fronte *m* caldo

warm-hearted [ˌwɔːrm·'hɑːr·t̬ɪd] *adj* premuroso, -a; (*affectionate*) affettuoso, -a

warmly *adv* **1.** (*of heat*) **wrap yourself**

W

up ~! copriti bene! **2.** (*enthusiasm*) calorosamente

warmth [wɔːrmθ] *n* (*heat, affection*) calore *m*

warm-up, warmup ['wɔːm·ʌp] *n* SPORTS riscaldamento *m*

warn [wɔːrn] *vt* **1.** (*make aware*) avvisare, avvertire; **to ~ sb not to do sth** avvertire qu di non fare qc; **to ~ sb of sth** (*danger*) mettere in guardia qu da qc **2.** LAW dare la diffida a

◆**warn off** *vt* **to warn sb off doing sth** sconsigliare a qu di fare qc

warning ['wɔːr·nɪŋ] **I.** *n* avviso *m*, avvertimento *m*; **a word of ~** un avvertimento; **to give sb a ~** avvertire qu; **to issue a ~** (**about sth**) emettere un avviso (per qc); **without ~** senza preavviso **II.** *adj* di avvertimento

warning shot *n* colpo *m* d'avvertimento; **to fire a ~** sparare un colpo d'avvertimento

warp [wɔːrp] **I.** *vi* distorcersi; (*wood*) imbarcarsi **II.** *vt* **1.** (*wood*) fare imbarcare, deformare **2.** (*mind*) distorcere **III.** *n* deformazione *f*

war paint ['wɔːr·peɪnt] *n* pittura *f* di guerra

warpath ['wɔːr·pæθ] *n* **to be on the ~** *a. fig inf* essere sul sentiero di guerra

warped *adj* deformato, -a; (*mind*) perverso, -a; **to have a ~ way of looking at things** vedere le cose in modo contorto

warrant ['wɔː·rənt] **I.** *n* **1.** LAW mandato *m*; **arrest ~** mandato d'arresto; **search ~** mandato di perquisizione **2.** (*justification*) giustificazione *f* **3.** COM garanzia *f* **II.** *vt* **1.** (*promise*) garantire **2.** (*justify*) giustificare

warrantee [ˌwɔː·rən·'tiː] *n* beneficiario, -a *m, f* di una garanzia

warrant officer *n* maresciallo *m*

warrantor ['wɔː·rən·tɔːr] *n* garante *mf*

warranty ['wɔː·rən·ti] <-ies> *n* garanzia *f*

warren ['wɔː·rən] *n* **1.** ZOOL tane *fpl* **2.** *fig* labirinto *m*

warring *adj* in guerra; **~ factions** fazioni belligeranti

warrior ['wɔːr·jɚ] *n* guerriero, -a *m, f*

Warsaw ['wɔːr·sɑː] *n* Varsavia *f*

warship ['wɔːr·ʃɪp] *n* nave *f* da guerra

wart [wɔːrt] *n* verruca *f*; **~s and all** *inf* (*description, portrait*) con pregi e difetti

wartime ['wɔːr·taɪm] *n* tempo *m* di guerra; **in ~** in tempo di guerra

war-torn ['wɔː·tɔːn] *adj* martoriato, -a dalla guerra

war-weary ['wɔːr·ˌwɪ·ri] *adj* stanco, -a della guerra

wary ['we·ri] <-ier, -iest> *adj* (*not trusting*) diffidente; (*watchful*) guardingo, -a; **to be ~ of sth/sb** diffidare di qc/qu

war zone ['wɔːr·zoʊn] *n* zona *f* di guerra

was [wɑːz] *pt of* **be**

wash [wɑːʃ] **I.** *vt* **1.** (*clean*) lavare; **to ~ one's hair/hands** lavarsi i capelli/le mani **2.** (*waves*) bagnare **3.** (*river, sea*) trascinare; **to ~ sb overboard** gettare qu a mare **II.** *vi* **1.** (*person, cloth*) lavarsi; **that excuse won't ~ with me** *inf* questa scusa con me non attacca **2.** (*do the laundry*) fare il bucato **3.** (*sea*) sciabordare **III.** *n* **1.** (*cleaning with water*) lavata *m*; **to have a ~** lavarsi **2.** (*clothes for cleaning*) **the ~** i panni da lavare; **to be in the ~** essere a lavare **3.** *liter* (*sound of water*) sciabordio *m* **4.** NAUT scia *f*; AVIAT turbolenza *f* **5.** (*painting*) mano *f* **6.** (*even situation*) bilanciamento *m* ▶ **to come out in the ~** *prov* venire a galla

◆**wash away** *vt* **1.** (*clean*) lavare via **2.** (*carry elsewhere*) portare via

◆**wash down** *vt* **1.** (*clean*) lavare **2.** (*carry elsewhere*) portare via **3.** *fig* (*drink*) **to ~ sth with sth** mandare giù qc con qc

◆**wash out** **I.** *vi* andare via **II.** *vt* **1.** (*clean*) lavare via; (*remove*) togliere **2.** *fig* **our party was washed out** la festa fu annullata a causa della pioggia

◆**wash over** *vt* **1.** (*flow over*) spazzare **2.** (*have no effect on*) non intaccare

◆**wash up** **I.** *vt* **1.** (*bring via water*) trasportare **2.** (*clean*) lavare **II.** *vi* (*wash*) lavarsi (le mani e il viso)

washable *adj* lavabile

wash-and-wear *adj* lava e metti

washbasin *n* (*basin*) lavandino *m;* (*bowl*) bacinella *f*
washboard *n* asse *f* da lavare
washbowl *n see* **washbasin**
washcloth *n* panno *m* per lavarsi la faccia
washed-out [ˌwɑːʃt·ˈaʊt] *adj* **1.** (*faded*) scolorito, -a; ~ **jeans** jeans scoloriti; (*pale*) smunto, -a **2.** (*tired*) esausto, -a
washer [ˈwɑː·ʃɚ] *n* **1.** (*washing machine*) lavatrice *f* **2.** (*plastic ring*) guarnizione *f*
washing [ˈwɑː·ʃɪŋ] *n* **1.** (*clothes for cleaning*) panni *m pl* da lavare **2.** (*act*) lavaggio *m;* **to do the** ~ fare il bucato
washing machine *n* lavatrice *f*
Washington [ˌwɑː·ʃɪŋ·tən] *n* Washington *f*
Washington D.C. *n* Washington D.C.
Washington's Birthday *inf* fiasco *m;* **a complete** ~ un totale fiasco
wasn't [·wɑː·znt] = **was not** *see* **be**
wasp [wɑːsp] *n* vespa *f*
WASP [wɑːsp] *n pej inf abbr of* **White Anglo-Saxon Protestant** *cittadino americano bianco, di origine anglosassone e protestante*
waste [weɪst] **I.** *n* **1.** (*misuse*) spreco *m;* **it's a** ~ **of energy/money** è energia sprecata/denaro sprecato; **it's a** ~ **of time** è una perdita di tempo; **to go to** ~ andare sprecato; **what a** ~**!** che spreco! **2.** (*unwanted matter*) rifiuti *mpl;* **household/industrial** ~ rifiuti domestici/industriali; **nuclear/toxic** ~ scorie *f pl* radioattive/tossiche; **to recycle** ~ riciclare i rifiuti **II.** *vt* sprecare; (*time*) perdere; **to** ~ **one's breath** *fig* sprecare il fiato; **to** ~ **no time in doing sth** non perdere tempo a fare qc; **to not** ~ **words** non fare tanti giri di parole **III.** *vi* consumarsi ► ~ **not, <u>want</u> not** *prov* il risparmio è il miglior guadagno *prov* **IV.** *adj* (*bin*) dei rifiuti; (*material*) di scarto; (*land*) incolto, -a
◆**waste away** *vi* consumarsi
wastebasket [ˈweɪst·ˌbæs·kət] *n* cestino *m* per la carta straccia
wasteful [ˈweɪst·fəl] *adj* (*method*) dispendioso, -a; **to be** ~ **with electricity** sprecare corrente
waste heat *n* energia *f* residuale
wasteland *n* terreno *m* abbandonato
waste management *n* trattamento *m* dei rifiuti
wastepaper *n* carta *f* straccia; (*recyclable*) carta *f* riciclabile
wastepaper basket *n* cestino *m* della carta straccia
waste pipe *n* tubatura *f* di scarico
waste product *n* materiale *m* di scarto
waster *n* **1.** (*person*) sprecone, -a *m, f;* **a money** ~ uno spendaccione **2.** (*good-for-nothing*) fannullone, -a *m, f*
wastewater *n* acque *f pl* di scolo
wasting [ˈweɪs·tɪŋ] *adj* (*disease*) debilitante
wastrel [ˈweɪs·trəl] *n* **1.** (*wasteful person*) sprecone, -a *m, f* **2.** (*good-for-nothing*) fannullone, -a *m, f*
watch [wɑːtʃ] **I.** *n* **1.** (*clock*) orologio *m* **2.** (*act of observation*) sorveglianza *f;* **to keep a close** ~ **on sb/sth** sorvegliare bene qu/qc; **to be on the** ~ **for sb/sth** stare in guardia da qc/qu; **to put a** ~ **on sb/sth** mettere qu sotto sorveglianza **3.** (*group of guards*) guardia *f;* HIST ronda *f* **4.** (*period of duty*) guardia *f;* **to keep** [*or* **be on**] ~ essere di guardia **5.** (*alert*) METEO **a tornado/hurricane** ~ una veglia del tornado/dell'uragano **II.** *vt* **1.** (*observe*) guardare; **to** ~ **the clock** guardare l'orologio; **to** ~ **a film** vedere un film; **to** ~ **TV** guardare la televisione; **to** ~ **sb/sth do sth** guardare qu/qc fare qc; **to** ~ **how sb does sth** guardare come qu fa qc **2.** (*keep vigil*) sorvegliare; **to** ~ **the kids** tenere d'occhio i bambini **3.** (*mind*) stare attento a; **to** ~ **every penny** (**one spends**) spendere oculatamente; **to** ~ **one's weight** tenere la linea sotto controllo; ~ **it!** attento!; **to** ~ **it** (**with sb**) stare attento (con qu); ~ **yourself** stare attento **III.** *vi* guardare; **to** ~ **as sb/sth does sth** guardare mentre qu/qc fa qc
◆**watch out** *vi* stare attento; ~**!** attento!
watchband [ˈwɑːtʃ·bænd] *n* cinturino *m* da orologio

watchdog ['wɑːtʃ·dɑːg] *n* **1.** (*dog*) cane *m* da guardia **2.** (*keeper of standards*) supervisore *m;* (*official organization*) organismo *m* di controllo

watcher ['wɑːt·ʃɚ] *n* osservatore, -trice *m, f*

watchful ['wɑːtʃ·fəl] *adj* vigile; **to keep a ~ eye on sb/sth** tenere d'occhio qu/qc; **under the ~ eye of sb** sotto lo sguardo vigile di qu

watchmaker ['wɑːtʃ·meɪ·kɚ] *n* orologiaio, -a *m, f*

watchman ['wɑːtʃ·mən] <-men> *n* guardiano *m;* **night ~** guardiano *m* notturno

watchtower ['wɑːtʃ·ta·ʊɚ] *n* torre *f* di vedetta

watchword ['wɑːtʃ·wɜːrd] *n* **1.** (*symbol*) motto *m* **2.** (*password*) parola *f* d'ordine

water ['wɑː·t̬ɚ] **I.** *n* **1.** (*liquid*) acqua *f;* **bottled ~** acqua in bottiglia; **a bottle of ~** una bottiglia d'acqua; **a drink/a glass of ~** un po'/un bicchier d'acqua; **hot and cold running ~** acqua corrente calda e fredda **2.** (*area of water*) **the ~s of the Mississippi** le acque del Mississippi; **coastal ~s** acque costiere; **territorial ~s** acque territoriali; **unchartered ~s** *fig* territorio *m* sconosciuto; **by ~** via mare **3.** MED **~ on the brain** idrocefalia *f;* **~ on the knee** versamento *m* al ginocchio ▶ **to be ~ under the bridge** essere acqua passata; **it's like ~ off a duck's back** è fiato sprecato; **to spend money like ~** avere le mani bucate; **to pour cold ~ on sth** scoraggiare qc; **to be in deep ~** essere nei guai; **still ~s run deep** *prov* essere più profondo di quel che sembri; **to get into hot ~** finir in cattive acque; **to hold ~** (*explanation*) filare; **to muddy the ~s** intorpidire le acque **II.** *vt* (*plants*) annaffiare; (*livestock*) abbeverare **III.** *vi* **1.** (*produce tears*) lacrimare **2.** (*salivate*) secernere saliva; **it makes my mouth ~** mi fa venire l'acquolina in bocca

waterborne ['wɑː·t̬ɚ·bɔːrn] *adj* via mare; **a ~ disease** una malattia trasmessa attraverso l'acqua; **~ attack** attacco dal mare

water bottle *n* borsa *m* dell'acqua calda; (*for soldiers, travelers*) borraccia *f*

water cannon *n inv* cannone *m* ad acqua

watercolor **I.** *n* acquarello *m* **II.** *adj* ad acquarello

water-cooled ['wɑː·t̬ɚ·kuːld] *adj* raffreddato, -a a acqua

watercress *n* crescione *m*

waterfall *n* cascata *f*

waterfowl *n inv* uccello *m* acquatico

waterfront *n* (*harbor*) porto *m*

water heater *n* scaldaacqua *m inv*

water hose *n* tubo *m* (di gomma) dell'acqua

watering can ['wɑː·t̬ɚ·ɪŋ·kæn] *n* annaffiatoio *m*

watering hole *n* pozza (*f* d'acqua)

watering place *n* abbeveratoio *m*

waterless ['wɑː·t̬ɚ·ləs] *adj* arido, -a

water level *n* livello *m* dell'acqua

water lily <-ies> *n* ninfea *f*

water line *n* linea *f* di galleggiamento

waterlogged ['wɑː·t̬ɚ·lɑːgd] *adj* (*pitch*) fradicio, -a

Waterloo ['wɑː·t̬ɚ·'luː] *n* **to meet one's ~** *subire una pesante sconfitta dopo una serie di vittorie*

water main *n* tubatura *m* principale dell'acqua

waterman <-men> *n* barcaiolo *m*

watermark *n* **1.** (*river or tide level*) livello *f* della marea **2.** (*on paper*) filigrana *f*

watermelon *n* anguria *f*

water meter *n* contatore *m* dell'acqua

water pipe *n* **1.** (*for transporting water*) tubo *m* dell'acqua **2.** (*hookah*) pipa *f* ad acqua

water pistol *n* pistola *f* ad acqua

water pollution *n* inquinamento *f* delle acque

water polo *n* waterpolo *m,* pallanuoto *f*

water pressure *n* pressione *f* dell'acqua

waterproof ['wɑː·t̬ɚ·pruːf] **I.** *adj* impermeabile **II.** *vt* impermeabilizzare

water-repellent *adj* idrorepellente

water-resistant *adj* resistente all'acqua

watershed ['wɑː·t̬ɚ·ʃed] *n* **1.** (*high ground*) spartiacque *m* **2.** *fig* (*great change*) punto *m* di svolta

waterside *n* riva *f*
water-ski ['wɑː·t̬ɚ·skiː] **I.** *vi* fare sci d'acqua; **to go ~ing** fare sci d'acqua **II.** <-s> *n* sci *m* d'acqua
water-skiing *n* sci *m* d'acqua
water softener *n* (*substance*) dolcificante *m* per acqua; (*device*) dolcificatore *m*
water-soluble *adj* idrosolubile
waterspout *n* METEO tromba *f* marina
water supply *n* fornitura *m* d'acqua
water table *n* falda *f* freatica
water tank *n* cisterna (*f* dell'acqua)
watertight ['wɑː·t̬ɚ·taɪt] *adj* **1.** (*not allowing water in/out*) ermetico, -a **2.** *fig* (*not allowing doubt*) incontestabile; **a ~ alibi** un alibi di ferro
water vapor *n* vapore *m* acqueo
waterway *n* canale *m*
water wings *npl* braccioli *mpl;* **to wear ~** avere i braccioli
waterworks *n pl* (*where public water is stored*) riserva *f* idrica ▶ **to turn on the ~** mettersi a piangere
watery ['wɑː·t̬ɚ·ri] <-ier, -iest> *adj* **1.** (*bland*) acquoso, -a; **a ~ soup** una minestra troppo liquida **2.** (*weak in color*) slavato, -a; (*weak in strength*) debole; **a ~ sun** un sole pallido
watt [wɑːt] *n* ELEC watt *m inv*
wattage ['wɑː·t̬ɪdʒ] *n* ELEC wattaggio *m*
wave [weɪv] **I.** *n* **1.** (*of water*) onda *f;* (*on surface, of hair*) ondulazione *f;* **to be on the crest of the ~** *fig* essere sulla cresta dell'onda **2.** PHYS onda *f* **3.** (*hand movement*) **to give sb a ~** salutare qu con la mano ▶ **to make ~s** creare problemi **II.** *vi* **1.** (*make hand movement*) **to ~ at** [*or* **to**] **sb** salutare qu con la mano **2.** (*move from side to side*) ondeggiare **III.** *vt* **1.** (*signal*) **to ~ goodbye** fare ciao con la mano; **to ~ sb away** salutare qu con la mano **2.** (*move from side to side*) agitare **3.** (*hair*) arricciare; **to ~ one's hair** arricciarsi i capelli
◆**wave down** *vt* **to wave sb/sth down** fare cenno a qu/qc di fermarsi
◆**wave on** *vt* **to wave sb/sth on** fare cenno a qu/qc di proseguire
◆**wave through** *vt* fare cenno di passare
waveband *n* RADIO banda *f* de frequenza
wavelength *n* lunghezza *f* d'onda; **to be on the same ~** *fig* essere sulla stessa lunghezza d'onda
waver ['weɪ·vɚ] *vi* **1.** (*lose determination*) vacillare **2.** (*be unable to decide*) esitare; **to ~ between ... and ...** essere indeciso tra ... e ...; **to ~ over sth** essere titubante riguardo a qc **3.** (*lose strength*) indebolirsi
waverer ['weɪ·vɚ·ɚ] *n* indeciso, -a *m, f*
wavering *adj* vacillante; (*between two options*) indeciso, -a
wavy ['weɪ·vi] <-ier, -iest> *adj* ondulato, -a
wax [wæks] **I.** *n* **1.** cera *f;* **candle ~** cera *f* di candela **2.** (*inside ear*) cerume *m* **II.** *vt* **1.** (*polish: floor*) passare la cera su; (*shoes, furniture*) lucidare **2.** (*remove hair from*) fare la ceretta a
wax paper *n* carta *f* cerata
waxy ['wæk·si] <-ier, -iest> *adj* **1.** (*oily, shiny*) lucido, -a **2.** (*apparently of wax*) ceroso, -a
way [weɪ] **I.** *n* **1.** (*route*) strada *f,* via *f;* **to be (well) on the ~ to doing sth** *fig* essere sulla via di fare qc; **to be on the ~** essere sulla strada; **to be out of the ~** essere in un posto remoto; **to be under ~** essere in corso; **on the ~ to sth** sulla strada di qc; **to elbow one's ~ somewhere** farsi strada a gomitate verso qualche posto; **to find one's ~ around sth** orientarsi in qc; *fig* trovare il modo di evitare qc; **to find one's ~ into/out of sth** trovare il modo di entrare in/uscire da qc; **to find one's ~ through sth** trovare la strada attraverso qc; **to go out of one's ~ to do sth** *fig* darsi veramente daffare per fare qc; **to go one's own ~** *fig* andarsene per la propria strada; (**to go**) **by ~ of sth** (andare) via qc; **to know one's ~ around sth** orientarsi bene in qc; **to lead the ~** fare strada; **to lose one's ~** perdersi; **to make one's ~** farsi strada; **to make one's ~ through the crowd** farsi strada nella folla; **to pay one's ~** *fig* pagare tutto da sé; **to see the error of one's ~s** rendersi conto dei propri errori; **to work one's ~ up the ladder** *fig* farsi

strada da sé **2.** (*road*) strada *f;* (*small one*) sentiero *m;* **Way** (*name of road*) Via *f* **3.** (*facing direction*) direzione *f;* **the right/wrong ~ around** perbene/al rovescio; **to show the ~ forward** indicare la strada **4.** (*distance*) **all the ~** (*the whole distance*) tutta la strada; (*completely*) completamente; **to be a long ~ off** essere molto lontano; **to have a (long) ~ to go** avere molta strada da fare; **to have come a long ~** *fig* aver fatto molta strada; **to go a long ~** *fig* andare lontano **5.** (*fashion*) maniera *f;* **in many ~s** per molti versi; **in some ~s** in un certo verso; **there are no two ~s about it** non ci sono alternative; **the ~ to do sth** il modo per fare qc; **by ~ of** a mo'di **6.** (*manner*) modo *m;* (*customs*) usanze *fpl;* **sb's ~ of life** lo stile di vita di qu; **to my ~ of thinking** a mio modo di vedere; **she wouldn't have it any other ~** non le andrebbe bene in nessun altro modo; **in a big ~** alla grande; **either ~** in entrambi i casi; **no ~!** *inf* (*definitely no!*) neanche per sogno!; **to get one's own ~** ottenere quello che uno vuole; **in a ~** in un certo senso **7.** (*free space*) passaggio *m;* **to be in sb's ~** bloccare il passaggio a qu; **to stand in sb's ~** essere d'ostacolo a qu; **in the ~** nel mezzo; **to get out of sb's/sth's ~** lasciare passare qu/qc; **to give ~** dare la precedenza; *fig* cedere il passo; **to give ~ to sth** cedere il passo a qc; **to make ~ (for sb/sth)** fare posto (a qu/qc) **8.** (*condition*) stato *m;* **to be in a bad ~** essere messo male; **to be in a terrible ~** essere in pessime condizioni; **to be in the family ~** *inf* essere incinta ► **to go the ~ of all <u>flesh</u>** soccombere all'inevitabilità della morte; **the ~ to a man's <u>heart</u> is through his stomach** *prov* prendere qu per la gola *prov;* **to want <u>things</u> both ~s** volere la botte piena e la moglie ubriaca *prov;* **to rub sb the <u>wrong</u> ~** prendere qu per il verso sbagliato; **<u>by</u> the ~** a proposito **II.** *adv* **1.** *inf* decisamente; **to be ~ past sb's bedtime** è ben passata l'ora di andare a letto **2.** *sl* (*very*) veramente; **that's ~ cool!** grande!

waybill ['weɪ·bɪl] *n* bolla *f* di accompagnamento

waylay ['weɪ·leɪ] <waylaid, waylaid> *vt* tendere un agguato a

way-out [ˌweɪ·'aʊt] *adj sl* (*very modern*) ultramoderno, -a; (*unusual or amazing*) straordinario, -a

ways and means *npl* **the ~ of doing/to do sth** i modi per fare qc

wayside ['weɪ·saɪd] **I.** *n* ciglio *f* della strada; **to fall by the ~** *fig* non arrivare in fondo **II.** *adj* lungo la strada; **~ inn** motel *m inv*

wayward ['weɪ·wɚd] *adj* difficile

we [wiː] *pron pers* noi; **~'re on our way to Philadelphia, but ~'ll be back tomorrow** stiamo andando a Filadelfia ma torniamo domani; **as ~ say** come diciamo noi

weak [wiːk] *adj* debole; (*coffee, tea*) leggero, -a; **to be ~ with hunger/thirst** essere debilitato dalla fame/la sete; **she went ~ at the knees** le tremavano le ginocchia; **the ~ link/spot** *fig* il punto debole *f;* **to be ~ (at sth)** essere debole (in qc)

weaken ['wiː·kən] **I.** *vi* (*become less strong*) indebolirsi; (*diminish*) diminuire **II.** *vt* (*make less strong*) indebolire; (*diminish*) diminuire

weakling ['wiːk·lɪŋ] *n* persona *f* gracile

weakly ['wiːk·li] *adv* **1.** (*without strength*) debolmente **2.** (*unconvincingly*) senza convinzione

weak-minded [ˌwiːk·'maɪn·dɪd] *adj* **1.** (*lacking determination*) indeciso, -a; (*weak-willed*) poco determinato, -a **2.** *pej* (*stupid*) tonto, -a

weakness ['wiːk·nɪs] <-es> *n* **1.** (*lack of strength*) debolezza *f* **2.** (*area of vulnerability*) punto *m* debole; (*flaw*) difetto *m* **3.** (*fondness*) **to have a ~ for sth** avere un debole per qc

weal [wiːl] *n* segno *m* di frustata

wealth [welθ] *n* **1.** (*money*) ricchezza *f;* (*fortune*) fortuna *f* **2.** (*large amount*) abbondanza *f*

wealthy ['wel·θi] **I.** <-ier, -iest> *adj* ricco, -a **II.** *n* **the ~** i ricchi

wean [wiːn] *vt* (*animal, baby*) svezzare;

to ~ sb (**off sth**) *fig* far perdere a qu l'abitudine (di qc)

weapon ['we·pən] *n* arma *f*

weaponry ['we·pən·ri] *n* armamento *m*

wear [wer] <wore, worn> **I.** *vt* **1.** (*have on body: clothes, jewelry*) portare, indossare; **to ~ one's hair loose/tied back** portare i capelli sciolti/raccolti **2.** (*deteriorate*) logorare **II.** *vi* (*spoil: clothes, machine parts*) logorarsi; **to ~ thin** *fig* cominciare a essere un po' vecchio **III.** *n* **1.** (*clothing*) abbigliamento *f;* **casual/sports ~** abbigliamento casual/sportivo **2.** (*amount of use*) consumo *m;* **to be the worse for ~** (*person*) essere ubriaco; (*thing*) essere rovinato

◆**wear away I.** *vt* consumare **II.** *vi* consumarsi

◆**wear down** *vt* **1.** (*reduce*) diminuire; *fig* (*tire*) sfinire **2.** (*make weak and useless*) logorare

◆**wear off** *vi* sparire

◆**wear on** *vi* (*time*) passare lentamente

◆**wear out I.** *vi* logorarsi **II.** *vt* logorare; (*patience*) far perdere

wearable ['we·rə·bl] *adj* portabile

wear and tear *n* logoramento *m;* **to take some/a lot of ~** essere parecchio/molto resistente

wearing ['we·rɪŋ] *adj* stancante

weary ['wɪ·ri] **I.** <-ier, -iest> *adj* **1.** (*very tired*) sfinito, -a **2.** (*tiring*) stancante **3.** (*bored*) annoiato, -a; (*unenthusiastic*) poco entusiasta; **to be ~ of sth** essere stufo di qc; **a ~ joke** una barzelletta trita e ritrita **II.** *vt* (*make tired*) **to ~ sb with sth** stancare qu con qc; (*make bored*) annoiare qu con qc **III.** *vi* (*become tired*) stancarsi; (*become bored*) annoiarsi

weasel ['wi:·zl] *n* donnola *f*

weather ['we·ðɚ] **I.** *n* tempo *m;* (*climate*) clima *m;* **~ permitting** tempo permettendo ▶ **to make heavy ~ of sth** complicare qc; **to be under the ~** non sentirsi bene **II.** *vi* trasformarsi **III.** *vt* **1.** (*wear*) consumare **2.** (*endure*) superare; **to ~ the storm** *fig* superare la crisi

weather-beaten ['we·ðɚ·ˌbi:·tən] *adj* consumato, -a dalle intemperie; **~ face** volto *m* segnato dalle intemperie

weather-bound *adj* bloccato, -a dal maltempo

weather bureau <-s *or* -x> *n* servizio *m* meteorologico

weather chart *n* carta *f* meteorologica

weather forecast *n* previsioni *f pl* del tempo

weathering ['we·ðə·rɪŋ] *n* azione *f* degli agenti atmosferici

weatherman ['we·ðɚ·mæn] *n* persona *f* che presenta le previsioni del tempo

weatherproof ['we·ðɚ·pru:f] *adj* resistente alle intemperie

weathervane *n* banderuola *f*

weave [wi:v] **I.** <wove *or* weaved, woven *or* weaved> *vt* **1.** (*produce cloth*) tessere; **to ~ wool into fabric** confezionare un tessuto di lana **2.** (*intertwine things*) intrecciare; *fig* intessere **3.** (*move back and forth*) **to ~ one's way through sth** infiltrarsi in qc **II.** <wove *or* weaved, woven *or* weaved> *vi* **1.** (*produce cloth*) tessere **2.** (*move by twisting and turning*) zigzagare **III.** *n* trama *f;* **striped ~** tessitura *f* a righe; **loose/tight ~** trama rada/fitta

weaver ['wi:·vɚ] *n* tessitore, -trice *m, f;* **basket ~** canestraio *m*

web[1] [web] *n* **1.** (*woven net*) tela *f;* **spider('s) ~** tela *f* del ragno; **to spin a ~** tessere una tela **2.** *fig* (*complex network*) groviglio *m;* **a ~ of intrigue/lies** un groviglio di intrighi/menzogne **3.** *fig* (*trap*) trappola *f* **4.** (*connective tissue*) membrana *f*

web[2] [web] **I.** *n* INFOR web *m;* **on the ~** in rete **II.** *adj inv* COMPUT Internet

web browser *n* COMPUT browser *m inv*

webcam *n* webcam *f inv*

web-footed ['web·ˌfʊ·t̬ɪd] *adj* palmipede

weblog *n* weblog *m inv*

webmaster *n* COMPUT webmaster *m inv*

webpage *n* COMPUT pagina *f* web

Web site *n* COMPUT sito *m* web; **to visit a ~** visitare un sito web

web server *n* COMPUT server web *m inv*

webzine *n* COMPUT rivista *f* web

wed [wed] <wedded *or* wed, wedded

W

or wed> *form* I. *vt* 1. (*marry*) **to ~ sb** sposare qu, sposarsi con qu 2. *fig* (*join closely*) unire II. *vi* sposarsi

we'd [wi:d] 1. = **we had** *see* **have** 2. = **we would** *see* **would**

wedded ['we·dɪd] *adj* 1. (*married*) sposato, -a; **lawfully ~ wife** *form* legittima sposa 2. (*united*) **to be ~ to sth** essere unito a qc; **to be ~ to a habit** avere un'abitudine; **to be ~ to an opinion** essere ancorato a un'idea

wedding ['we·dɪŋ] *n* matrimonio *m*

wedding anniversary <-ies> *n* anniversario *m* di matrimonio

wedding cake *n* torta *f* nuziale

wedding day *n* giorno *m* del matrimonio

wedding dress *n* vestito *m* da sposa

wedding night *n* prima notte *f* di nozze

wedding present *n* regalo *m* di nozze

wedding ring *n* fede *f* nuziale

wedge [wedʒ] I. *n* 1. (*tapered block*) cuneo *m;* (*for door*) zeppa *f* 2. *fig* (*triangular piece*) fetta *f;* **a ~ of cake/pie** una fetta di torta II. *vt* **to ~ the door open** tenere aperta la porta con una zeppa; **to be ~d between sth** essere incastrato tra qc

wedlock ['wed·lɑ:k] *n* matrimonio *m;* **out of ~** fuori dal matrimonio; **to be born in/out of ~** essere figlio legittimo/illegittimo

Wednesday ['wenz·deɪ] *n* mercoledì *m inv;* **Ash ~** mercoledì delle Ceneri; *s. a.* **Friday**

wee [wi:] *adj* 1. (*tiny*) piccolino, -a; **a ~ bit** un pochino 2. (*early*) **in the ~ hours of Sunday morning** nelle prime ore di domenica

weed [wi:d] I. *n* 1. (*plant*) erbaccia *f* 2. *inf* (*marijuana*) erba *f* II. *vt* diserbare III. *vi* togliere le erbacce

◆**weed out** *vt* eliminare

weedkiller ['wi:d·kɪ·lɚ] *n* diserbante *m*

weedy ['wi:·di] *adj* <-ier, iest> 1. (*full of weeds*) pieno, -a di erbacce 2. *pej* (*very thin*) gracile; (*underdeveloped*) scarno, -a

week [wi:k] *n* 1. (*seven days*) settimana *f;* **it'll be ~s before ...** passeranno settimane prima che... *+subj;* **a few ~s ago** qualche settimana fa; **last ~** la settimana scorsa; **once a ~** una volta alla settimana; **during the ~** durante la settimana; **~ after ~** settimana dopo settimana; **~ by ~** di settimana in settimana 2. (*work period, working days*) settimana *f* lavorativa; **a forty hour ~** una settimana lavorativa di quaranta ore

weekday ['wi:k·deɪ] *n* giorno *m* infrasettimanale; **on ~s** nei giorni feriali

weekend ['wi:k·end] *n* fine settimana *m inv;* **on the ~** nel/il fine settimana; **over the ~** nel/per il fine settimana

weekender ['wi:k·ˌen·dɚ] *n persona che viene solo nel fine settimana*

weekly ['wi:k·li] I. *adj* settimanale; **~ magazine** (rivista *f*) settimanale *m* II. *adv* settimanalmente; **to meet/publish ~** ritrovarsi/pubblicare una volta alla settimana III. *n* <-ies> settimanale *m*

weenie *n* 1. *inf* (*a hot dog*) hotdog *m inv* 2. *sl* (*penis*) pisello *m*

weeny ['wi:·ni] *adj,* **weensy** *adj* <-ier, -iest> *inf* piccolino, -a; **a ~ bit** un pochino

weep [wi:p] I. *vi* <wept, wept> 1. (*cry*) piangere; **to ~ like a baby** piangere come un bambino; **to ~ with joy/rage** piangere di gioia/rabbia 2. (*secrete liquid*) suppurare II. *vt* <wept, wept> (*tears*) piangere; **to ~ tears of joy/rage** (**over sb/sth**) piangere di gioia/rabbia (per qu/qc) III. *n* pianto *m;* **to have a** (**good**) **~** farsi un bel pianto

weeping I. *adj* piangente II. *n* pianto *m*

weeping willow *n* salice *m* piangente

wee-wee I. *n childspeak inf* pipì *f;* **to have to go ~** dover fare la pipì II. *vi childspeak inf* fare la pipì

weigh [weɪ] I. *vi* pesare II. *vt* 1. (*measure weight*) pesare; **to ~ oneself** pesarsi 2. (*consider carefully*) soppesare; **to ~ one's words** misurare le parole; **to ~ sth against sth** mettere sulla bilancia qc e qc; **to ~ one's options** considerare le proprie opzioni 3. NAUT (*pull up*) **to ~ anchor** levare l'ancora

◆**weigh down** *vt* 1. (*cause to bend*) piegare sotto il peso 2. *fig* (*depress*)

opprimere; **to weigh sb down with sth** opprimere qu con qc

◆**weigh in** *vi* 1. (*be weighed*) pesarsi; **to ~ at 176 pounds** pesare 80 chili 2. *inf* (*enter into, take part*) intervenire; **to ~ (to sth) with sth** intervenire (in qc) con qc

weigh-in ['weɪ·ɪn] *n* pesatura *f*

weight [weɪt] I. *n* 1. (*amount weighed*) peso *m;* **a decrease/an increase in ~** un calo/aumento di peso; **to lift a heavy ~** sollevare qualcosa di molto pesante; **to put on ~** ingrassare 2. (*metal specific weight*) peso *m;* **to lift ~s** sollevare pesi 3. (*value, importance*) peso *m;* **to attach ~ to sth** dare peso a qc; **to carry ~** avere peso ▶ **to take the ~ off one's feet** mettersi a sedere; **to be a ~ off sb's mind** essere un sollievo per qu; **it's a great ~ off my mind** mi sono tolto un gran peso; **to pull one's (own) ~** *inf* fare la propria parte II. *vt* tenere fermo

◆**weight down** *vt* 1. (*overload*) sovraccaricare 2. *a.fig* (*make heavy*) appesantire

weightless ['weɪt·ləs] *adj* (*conditions*) in assenza di gravità

weightlessness *n* assenza *f* di gravità

weightlifter *n* pesista *mf*

weightlifting ['weɪt·ˌlɪf·tɪŋ] *n* sollevamento *m* pesi; **to do ~** fare il sollevamento pesi

weighty ['weɪ·t̬i] *adj* <-ier, -iest> 1. (*heavy*) pesante 2. (*important*) importante; **~ matters** questioni *f pl* importanti

weir [wɪr] *n* diga *f*

weird [wɪrd] *adj* strano, -a; **how ~** che strano!; **~ and wonderful** straordinario

weirdie ['wɪr·di] *n*, **weirdo** ['wɪr·doʊ] *n inf* tipo *m* strano

welcome ['wel·kəm] I. *vt* 1. (*greet kindly*) dare il benvenuto a; **to ~ sb warmly** accogliere calorosamente 2. (*support*) accogliere in modo favorevole II. *n* 1. (*friendly reception*) benvenuto *m;* **to give sb a warm ~** accogliere calorosamente qu 2. (*period of being wanted*) **to wear out one's ~** abusare dell'ospitalità 3. (*expression of approval*) approvazione *f;* **to give sth a cautious ~** accogliere qc con qualche riserva III. *adj* gradito, -a; **a ~ guest** un ospite gradito; **to be ~** essere benvenuto; **a ~ break** una pausa gradita ▶ **you are ~** prego; **to be ~ to do sth** *inf* poter fare qc; **you are ~ to use it** è a sua disposizione IV. *interj* benvenuto!; **~ aboard** NAUT benvenuti a bordo

welcoming *adj* accogliente; **~ arms** braccia aperte; **a ~ smile** un sorriso cordiale

weld [weld] I. *vt* 1. (*join metal*) saldare 2. (*unite*) unire; **to ~ players into a team** unire i giocatori di una squadra II. *n* saldadura *f*

welder *n* saldatore, -trice *m, f*

welding *n* saldatura *f*

welfare ['wel·fer] *n* 1. (*health, happiness*) benessere *m* 2. (*state aid*) previdenza *f* sociale; **social ~** assistenza *f* sociale; **to be on ~** vivere grazie a sussidi statali

welfare state *n* stato *m* assistenziale

welfare work *n* servizio *m* di assistenza sociale

welfare worker *n* assistente *mf* sociale

we'll [wi:l] = **we will** *see* **will**

well[1] [wel] I. *adj* <better, best> bene; **to feel ~** sentirsi bien; **to get ~** rimettersi; **to look ~** avere un bell'aspetto II. <better, best> *adv* 1. (*in a satisfactory manner*) bene; **~ enough** abbastanza bene; **~ done!** bravo!; **to do sth as ~ as ...** fare qc bene quanto ...; **~ put** ben detto; **(time/money) ~ spent** (tempo/denaro) ben speso 2. (*thoroughly, fully, extensively*) bene; **~ enough** abbastanza bene; **pretty ~** parecchio bene; **to know sb pretty ~** conocere qu bene; **~ and truly** completamente; **it costs ~ over...** costa ben più di... 3. (*very, completely*) molto; **to be ~ pleased with sth** essere molto soddisfatto di qc 4. (*fairly, reasonably*) **you may ~ think it was his fault** si potrebbe anche pensare che sia stata colpa sua; **you might (just) as ~ tell her the truth** tanto varrebbe che tu le dicessi verità ▶ **all ~ and good** molto

W

bene; **that's all** **very** **~, but ...** va benissimo, ma...; **as** ~ (*also*) anche; **as** ~ **as** così come; **just as** ~ meglio così; **to be** **in** **~ with sb** *inf* trovarsi bene con qu **III.** *interj* (*exclamation*) bene; **~, ~** bene, bene!; **very ~!** benissimo!

well[2] [wel] **I.** *n* (*hole for water etc.*) pozzo *m;* **water ~** sorgente *f* d'acqua; **to drill a ~** scavare un pozzo **II.** *vi* (*flow*) sgorgare; **to ~ (up) out of sth** (*water*) sgorgare da qc

♦**well up** *vi a. fig* (*rise*) affiorare

well-advised [ˌwel·əd·ˈvaɪzd] *adj form* **he would be ~ to stay at home** farebbe bene a rimanere a casa

well-appointed [ˌwel·ə·ˈpɔɪn·t̬ɪd] *adj form* ben arredato, -a

well-balanced [ˌwel·ˈbæ·ləntst] *adj* equilibrato, -a; **~ diet** dieta bilanciata

well-behaved [ˌwel·bɪ·ˈheɪvd] *adj* (*child*) beneducato, -a; (*dog*) ben addestrato, -a

well-being [ˈwel·ˌbiː·ɪŋ] *n* benessere *m;* **a feeling of ~** una sensazione di benessere

well-bred [ˌwel·ˈbred] *adj* (*well brought up*) beneducato, -a; (*classy, refined*) raffinato, -a

well-chosen [ˌwel·ˈtʃoʊ·zən] *adj* scelto, -a con cura

well-connected [ˌwel·kə·ˈnek·tɪd] *adj* **to be ~** avere molti contatti; **a ~ family** una famiglia influente

well-deserved [ˌwel·dɪ·ˈsɜːvd] *adj* meritato, -a

well-developed [ˌwel·dɪ·ˈve·ləpt] *adj* sviluppato, -a; **a ~ sense of humor** un acuto senso dell'umorismo

well-disposed [ˌwel·dɪs·ˈpoʊzd] *adj* bendisposto, -a; **to be ~ towards sth** essere favorevole a qc; **to feel ~ towards sb** essere bendisposto verso qu

well-done [ˌwel·ˈdʌn] *adj* **1.** (*task*) benfatto, -a **2.** (*meat*) ben cotto, -a

well-dressed [ˌwel·ˈdrest] *adj* benvestito, -a

well-educated [ˌwel·ˈed·ʒʊ·keɪ·t̬ɪd] *adj* colto, -a

well-fed [ˌwel·ˈfed] *adj* (*full of food*) ben nutrito, -a

well-founded [ˌwel·ˈfaʊn·dɪd] *adj* fondato, -a; **~ suspicions** sospetti fondati

well-heeled [ˌwel·ˈhiːld] **I.** *adj inf* ricco, -a **II.** *npl* **the ~** i ricchi

well-informed [ˌwel·ɪn·ˈfɔːrmd] *adj* beninformato, -a; **to be ~ about sb/sth** essere beninformato su qu/qc

well-intentioned [ˌwel·ɪn·ˈten·tʃənd] *adj* benintenzionato, -a

well-kept [ˌwel·ˈkept] *adj* curato, -a; (*secret*) ben mantenuto, -a

well-knit [ˌwel·ˈnɪt] *adj* (*body*) robusto, -a; *fig* (*scheme, idea*) logico, -a; (*family*) molto affiatato, -a; **a ~ plot/story** una trama/storia ben costruita

well-known [ˌwel·ˈnoʊn] *adj* noto, -a; **to be ~ for sth** essere noto per qc; **it is ~ that ...** è risaputo che...

well-mannered [ˌwel·ˈmæ·nɚd] *adj* educato, -a; **a ~ child** un bambino educato

well-meaning [ˌwel·ˈmiː·nɪŋ] *adj* benintenzionato, -a; **~ comments** commenti *m pl* fatti in buona fede

well-meant [ˌwel·ˈment] *adj* benintenzionato, -a

well-nigh [ˈwel·naɪ] *adv* quasi; **to be ~ impossible** essere pressoché impossibile

well-off [ˌwel·ˈɑːf] **I.** *adj* **1.** (*wealthy*) benestante **2.** (*having a lot*) **to be ~ for sth** essere ricco, -a di qc; **to not know when one is ~** non saper quanto si è fortunati **II.** *npl* **the ~** i ricchi

well-oiled [ˌwel·ˈɔɪld] *adj* **1.** (*functioning smoothly*) efficiente **2.** *inf* (*inebriated, drunk*) sbronzo, -a

well-organized [ˌwel·ˈɔːr·gə·naɪzd] *adj* ben organizzato, -a

well-paid [ˌwel·ˈpeɪd] *adj* ben retribuito, -a

well-placed [ˌwel·pleɪst] *adj* situato, -a bene

well-proportioned [ˌwel·prə·ˈpɔːr·ʃənd] *adj* ben proporzionato, -a

well-read [ˌwel·ˈred] *adj* **1.** (*knowledgeable*) colto, -a **2.** (*read frequently*) molto letto, -a

well-spoken [ˌwel·ˈspoʊ·kən] *adj* cortese e istruito, -a

well-thought-of [ˌwel·ˈθɑːt̬·əːv] *adj* (*person*) stimato, -a; (*school*) prestigioso, -a

well-timed [ˌwel·ˈtaɪmd] *adj* opportuno, -a
well-to-do [ˌwel·tə·ˈduː] *inf* **I.** *adj* agiato, -a **II.** *n* **the** ~ le persone agiate
well-turned [ˌwel·ˈtɜːrnd] *adj* **1.** (*gracefully shaped*) elegante **2.** (*cleverly expressed: phrase*) ben costruito, -a
well-wisher [ˈwel·ˌwɪ·ʃɚ] *n* simpatizzante *mf*
well-worn [ˌwel·ˈwɔːrn] *adj* **1.** (*damaged by wear*) consumato, -a **2.** *fig* (*over-used*) trito, -a e ritrito, -a
Welsh [welʃ] **I.** *adj* gallese **II.** *n* **1.** (*person*) gallese *mf* **2.** LING gallese *m*
Welshman [ˈwelʃ·mən] <-men> *n* gallese *m*
Welshwoman [ˈwelʃ·ˌwʊ·mən] <-women> *n* gallese *f*
welt [welt] *n* **1.** (*from blow*) rosso, -a *f* **2.** (*in shoe*) tramezza *f*
welterweight [ˈwel·tɚ·weɪt] *n* welter *m inv*
went [went] *pt of* **go**
wept [wept] *pt, pp of* **weep**
were [wɜːr] *pt of* **be**
we're [wɪr] = **we are** *see* **be**
weren't [wɜːrnt] = **were not** *see* **be**
west [west] **I.** *n* **1.** (*cardinal point*) ovest *m;* **in the** ~ **of Mexico** nel Messico occidentale; **to lie 5 miles to the** ~ **of ...** trovarsi 8 km a ovest di...; **to go/drive to the** ~ dirigersi a ovest **2.** (*part of the world*) **the West** l'Occidente **3.** (*part of the US*) **the Far West** il Far West; **the Wild West** il selvaggio west **II.** *adj* occidentale; ~ **wind** vento *m* da ovest; ~ **coast** costa *f* occidentale; **West African** dell' Africa occidentale; **West Indies** Antille *fpl* **III.** *adv* a ovest; **further** ~ più a ovest ▶ **to go** ~ (*thing*) perdersi; (*person*) finire all'altro mondo
westbound [ˈwest·baʊnd] *adj* in direzione ovest
West End **I.** *n* **the** ~ il West End di Londra **II.** *adj* **the** ~ **theaters** i teatri del West End
westerly [ˈwes·tɚ·li] *adj* occidentale; ~ **winds** venti *m pl* da ovest
western [ˈwes·tɚn] **I.** *adj* occidentale; **the** ~ **part of the country** la parte occidentale del paese **II.** *n* CINE western *m inv*
westerner *n* **1.** (*person from the west*) occidentale *mf* **2.** (*person from the western US*) nordamericano, -a *m, f* dell'ovest
westernize [ˈwes·tɚ·naɪz] *vt* occidentalizzare
Western Samoa *n* Samoa *f* Occidentale
West Germany *n* HIST Germania *f* Ovest
Westminster Abbey [ˌwest·mɪnts·tɚ·ˈæ·bi] *n* Abbazia *f* di Westminster
West Virginia *n* Virginia *f* Occidentale
westward(s) [ˈwest·wɚd(z)] *adj* (verso) ovest
wet [wet] **I.** *adj* <-tt-> **1.** (*soaked*) bagnato, -a; **to get** ~ bagnarsi; **to get sth** ~ bagnare qc; ~ **through** bagnato fradicio **2.** (*not yet dried*) umido, -a; ~ **paint** pittura fresca **3.** (*rainy*) piovoso, -a; ~ **weather** tempo piovoso ▶ **to be** ~ **behind the ears** avere la bocca che sa ancora di latte; **to be all** ~ *sl* sbagliarsi di grosso **II.** <wet, wet> *vt* **1.** (*make damp*) inumidire **2.** (*urinate on*) **to** ~ **oneself/one's pants** farsi la pipì addosso; **to** ~ **the bed** fare la pipì a letto **III.** *n* **1. the** ~ (*rain*) la pioggia **2.** *inf* POL antiproibizionista *mf*
wet nurse **I.** *n* HIST balia *f* **II.** *vt* fare da balia a
wetsuit *n* muta *f* da sub
we've [wiːv] = **we have** *see* **have**
whack [hwæk] **I.** *vt* colpire **II.** *n* (*blow*) colpo *m* ▶ **to be out of** ~ essere sfasciato; **to have a** ~ **at sth** *inf* tentare qc
whacking *n* botte *fpl;* **to give sb a** (**real**) ~ dare a qu un sacco di botte; **to take a** (**real**) ~ prendere un sacco di botte
whale [hweɪl] *n* balena *f;* **a beached** ~ una balena spiaggiata ▶ **to have a** ~ **of a time** divertirsi un mondo; **a** ~ **of a ...** un(a) enorme...; **a** ~ **of a difference** una bella differenza
whaling *n* caccia *f* alle balene
wham [hwæm] *interj inf* **1.** (*sound-effect for blow*) bang **2.** (*describes action*) zac
wharf [hwɔːrf] <-ves> *n* molo *m*

what [hwʌt] **I.** *adj interrog* che, quale; ~ **kind of book?** che tipo di libro?; ~ **time is it?** che ore sono?; ~ **men is he talking about?** di quale uomo parla?; ~ **an idiot!** che idiota!; ~ **a fool I am!** che stupido che sono! **II.** *pron* **1.** *interrog* (che) cosa; ~ **can I do?** cosa posso fare?; ~ **does it matter?** cosa importa?; ~**'s on for tonight?** cosa c'è in programma stasera?; ~**'s up?** cosa c'è?; ~ **for?** a che scopo?; ~ **is he like?** com'è?; ~**'s his name?** come si chiama?; ~**'s it called?** come si chiama?; ~ **about Paul?** e Paul?; ~ **about a walk?** vi va una passeggiata?; ~ **if it snows?** *inf* e se nevica? **2.** *rel* ciò/quello che; ~ **I like is** ~ **he says/is talking about** quello che mi piace è quello che dice/ciò di cui parla; ~ **is more** per di più **III.** *interj* ~**!?** cosa!?; **so ~?** e allora?; **is he coming, or ~?** viene o no?

whatever [hwʌt·ˈe·vɚ] **I.** *pron* **1.** (*anything*) qualunque cosa; ~ **happens, happens** succeda quel che succeda **2.** (*any of them*) qualunque; ~ **you pick is fine** qualunque tu scelga va bene **II.** *adj* **1.** (*being what it may be*) qualunque; ~ **the reason** qualunque sia il motivo **2.** (*of any kind*) **there is no doubt** ~ non c'è alcun dubbio

whatnot [ˈhwʌt·nɑːt] *n* **and** ~ *inf* e roba del genere

whatsoever [ˌhwʌt·soʊ·ˈe·vɚ] *adv* **to have no interest** ~ **in sth** non avere interesse alcuno in qc; **nothing** ~ niente di niente

wheat [hwiːt] *n* grano *m* ▶ **to separate the** ~ **from the <u>chaff</u>** separare il grano dal loglio

wheat belt *n* zona *f* coltivata a grano

wheat germ *n* germe *m* di grano

wheel [hwiːl] **I.** *n* **1.** (*of vehicle*) ruota *f;* **front/rear** ~ ruota anteriore/posteriore; **big** ~ ruota *f;* **to be on ~s** avere le ruote **2.** TECH tornio *m* **3.** AUTO volante *m;* **to be at the** ~ essere al volante; **to take the** ~ mettersi al volante; **to get behind the** ~ mettersi al volante **4.** *pl, inf* (*vehicle, car*) mezzo *m* **5.** NAUT timone *m* ▶ **to be <u>hell</u> on ~s** *inf* essere un pericolo al volante **II.** *vt* spingere **III.** *vi* volteggiare ▶ **to ~ and <u>deal</u>** *inf* intrallazzare

♦**wheel around** *vi* voltarsi di scatto

wheelbarrow [ˈhwiːl·ˌbe·roʊ] *n* carriola *f*

wheelchair *n* sedia *f* a rotelle

wheeler-dealer [ˌhwiː·lɚ·ˈdiː·lɚ] *n pej inf* intrallazzone, -a *m, f*

wheelhouse [ˈhwiːl·haʊs] *n* timoniera *f*

wheeze [hwiːz] **I.** <-zing> *vi* sibilare (respirando) **II.** *n* (*of breath*) sibilo *m*

wheezy *adj* <-ier, -iest> ansante

whelp [hwelp] **I.** *n* cucciolo *m* **II.** *vt* partorire

when [hwen] **I.** *adv* quando; **since ~?** da quando?; **I'll tell him** ~ **to go** gli dirò io quando andare **II.** *conj* **1.** (*at which time*) quando; **at the moment** ~ **he arrived** nel momento in cui è arrivato **2.** (*during the time that*) ~ **singing that song** quando cantava quella canzone **3.** (*every time that*) ~ **it snows** quando nevica **4.** (*although*) **he buys it** ~ **he could (just as easily) borrow it** lo compra quando potrebbe prenderlo in prestito **5.** (*considering that*) se; **how can I listen** ~ **I can't hear?** come faccio ad ascoltare se non riesco a sentire?

whenever [hwen·ˈe·vɚ] **I.** *conj* **1.** (*every time that*) quando; ~ **I can** ogni volta che posso **2.** (*at any time that*) **he can come** ~ **he likes** può venire quando vuole **II.** *adv* ~ **did I say that?** quando mai l'ho detto?; **I can do it tomorrow or** ~ posso farlo domani o un giorno di questi

where [hweəɐ] *adv* **1.** *interrog* dove; ~ **does he come from?** da dove viene?; ~ **does he live?** dove abita?; ~ **is he going (to)?** dove va? **2.** *rel* dove; **I'll tell him** ~ **to go** gli dirò io dove andare; **the box** ~ **he puts his things** la scatola dove mette le sue cose; **this is** ~ **my horse was found** qui è dove hanno trovato il mio cavallo; **Minnesota,** ~ **Paul comes from, is ...** il Minnesota, da dove viene Paul, è...

whereabouts [ˈhwer·ə·baʊts] **I.** *n* + *sing/pl vb* posizione *f;* **do you know the** ~ **of my book?** *form* sa dov'è il mio libro? **II.** *adv inf* dove; ~ **in San Francisco do you live?** in che zona di San Francisco abiti?

whereas [hwer·'æz] *conj* **1.** (*while*) mentre **2.** LAW considerato che

wherein [hwer·'ɪn] *conj form* dove

whereupon ['hwer·ə·ˌpɑːn] *conj form* al che

wherever [ˌhwer·'e·vɚ] **I.** *conj* dovunque; ~ **I am/I go** dovunque sia/vada; ~ **there is sth** dovunque ci sia qc; ~ **he likes** dovunque voglia **II.** *adv* ~ **did she find that?** dove mai l'ha trovato?; **... or** ~ ...o da qualche altro posto

whet [hwet] <-tt-> *vt* **1.** (*sharpen*) affilare **2.** *fig* (*increase, stimulate*) stimulare; **to** ~ **sb's appetite** (**for sth**) stuzzicare il desiderio di qu (di qc)

whether ['hwe·ðɚ] *conj* **1.** (*if*) se; **to tell/ask** ~ **it's true** (**or not**) dire/chiedere se è vero (o no); **she doesn't know** ~ **to buy it or not** non sa se comprarlo o no; **I doubt** ~ **he'll come** dubito che venga **2.** (*all the same*) ~ **rich or poor...** che siano ricchi o poveri...; ~ **I go by bus or bike ...** che vada in autobus o in bicicletta...

whetstone ['hwet·stoʊn] *n* cote *f*

whew [fjuː] *interj inf* fiu

whey [hweɪ] *n* siero *m*

which [hwɪtʃ] **I.** *adj interrog* quale; ~ **one/ones?** quale/quali? **II.** *pron* **1.** *interrog* quale; ~ **is his?** qual è il suo? **2.** *rel* che; **the book** ~ **I read/of** ~ **I'm speaking** il libro che ho letto/di cui sto parlando; **he said he was there,** ~ **I believed** ha detto che c'era, cosa che credo

whichever [hwɪtʃ·'e·vɚ] **I.** *pron* qualunque; **you can choose** ~ **you like** scegli quello che ti pare **II.** *adj* qualunque; **you can take** ~ **book you like** puoi prendere qualunque libro tu voglia

whiff [hwɪf] *n* **1.** (*quick smell*) ondata *f;* **to catch a** ~ **of sth** sentire odore di qc **2.** *fig* (*slight trace*) pizzico *m;* **a** ~ **of corruption** un minimo sospetto di corruzione

while [hwaɪl] **I.** *n* **a short** ~ un pochino; **quite a** ~ un bel po'; **after a** ~ dopo un po'; **for a** ~ per un po'; **once in a** ~ una volta (ogni) tanto **II.** *conj* **1.** (*during which time*) mentre; **I did it** ~ **he was sleeping** l'ho fatto mentre dormiva; ~ **I'm alive** finché sono vivo **2.** (*although*) benché; ~ **I like it, I won't buy it** nonostante mi piaccia, non lo compro; ~ **I know it's true ...** benché pensi sia vero...

♦**while away** *vt* passare; **to** ~ **the time** far passare il tempo

whim [hwɪm] *n* capriccio *m;* **to do sth on a** ~ fare qc per capriccio; **as the** ~ **takes him** quando gli gira

whimper ['hwɪm·pɚ] **I.** *vi* gemere; (*child*) piagnucolare; (*dog*) guaire **II.** *n* gemito *m;* (*of dog*) guaito *m;* **to give a** ~ emettere un gemito

whimsical ['hwɪm·zɪ·kəl] *adj* **1.** (*odd*) bizzarro, -a **2.** (*capricious*) capriccioso, -a

whimsicality [ˌhwɪm·zɪ·'kæ·lə·ti] *n* **1.** (*odd character*) stravaganza *f* **2.** (*caprice*) capriccio *m*

whimsy ['hwɪm·zi] <-ies> *n pej* **1.** (*odd fancifulness*) stravaganza *f* **2.** (*odd, fanciful thing or work*) fantasia *f* **3.** (*whim*) capriccio *m*

whine [hwaɪn] **I.** <-ning> *vi* **1.** (*complaining noise, cry*) gemito **2.** (*engine*) fischiare **II.** *n* (*of a person*) gemito *m;* (*of an animal*) guaito *m;* (*of an engine*) fischio *m*

whinny ['hwɪ·ni] **I.** <-ied, -ing> *vi* nitrire **II.** *n* <-ies> nitrito *m*

whip [hwɪp] **I.** *n* **1.** (*lash*) frusta *f;* **to crack a** ~ far schioccare la frusta **2.** (*person*) *parlamentare incaricato di mantenere la disciplina tra i parlamentari del suo partito* **II.** <-pp-> *vt* **1.** (*strike with whip*) frustare **2.** (*strike*) sferzare **3.** *fig inf* (*battere*) **to** ~ **sb at** [*or* **in**] **sth** battere qu a/in qc **4.** GASTR montare **III.** <-pp-> *vi* **1.** (*strike*) sbattere **2.** (*move fast*) sfrecciare; **to** ~ **around the corner** (*car*) svoltare a tutta velocità

♦**whip back** *vi* (*bounce back*) tornare indietro di scatto

♦**whip off** *vt* (*one's clothes*) togliersi in fretta; (*tablecloth*) togliere di scatto

◆**whip on** *vt* **1.** (*urge on*) incitare **2.** (*put on quickly*) mettersi in fretta
◆**whip out** *vt* tirare fuori
◆**whip up** *vt* **1.** (*encourage*) stimolare **2.** *inf* (*prepare quickly*) preparare rapidamente **3.** GASTR **to ~ eggs** sbattere le uova
whip hand *n* **to hold the ~** avere una posizione di forza
whiplash *n* <-es> **1.** (*whip part*) sverzino *m* **2.** (*blow from whip*) frustata *m* **3.** (*injury*) colpo *m* di frusta
whipped cream *n* panna *f* montata
whippersnapper ['hwɪ·pə·ˌsnæ·pə] *n* *iron* sbruffoncello, -a *m, f*
whippet ['hwɪ·pɪt] *n* *cane simile al levriero*
whipping **I.** *n* **1.** (*punishment, physical beating*) fustigazione *f;* **to be given a (good) ~** essere preso a frustate **2.** (*gusting*) **the ~ of the wind** lo sferzare del vento **II.** *adj* (*gusty*) sferzante; **a ~ wind** un vento sferzante
whipping boy ['hwɪ·pɪŋ·bɔɪ] *n* capro *m* espiatorio
whipping cream *n* panna *f* da montare
whirl [hwɜːrl] **I.** *vi* turbinare; **my head ~s** *fig* mi gira la testa **II.** *vt* far girare; **to ~ sb around** far volteggiare qu **III.** *n* turbinio *m;* **a ~ of dust** un turbine di polvere ▶ **to give sth a ~** provare qc
whirligig ['hwɜːr·lɪ·gɪg] *n* **1.** (*toy*) trottola *f* **2.** *fig* turbine *m*
whirlpool ['hwɜːrl·puːl] *n* mulinello *m*
whirlwind *n* turbine *m;* **a ~ romance** una turbinosa storia d'amore
whirlybird ['hwɜːr·lɪ·ˌbɜːrd] *n* *inf* (*helicopter*) elicottero *m*
whirr [hwɜːr] **I.** *vi* ronzare **II.** *n* ronzio *m;* (*of bird's wings*) frullio *m*
whisk [hwɪsk] **I.** *vt* **1.** GASTR battere **2.** (*take quickly*) portare rapidamente; **to ~ sb off somewhere** portare rapidamente qu da qualche parte **3.** (*with sweeping movement: tail*) agitare **II.** *n* **1.** (*kitchen tool*) frusta *f;* **electric ~** frullino *m* elettrico **2.** (*sweeping motion*) colpo *m*
whisker ['hwɪs·kə] *n* **1.** **~s** (*facial hair*) pelo *m* della barba **2.** *pl* (*of animal*) baffi *mpl* ▶ **by a ~** per un pelo; **within a ~ of sth/doing sth** a un passo da qc/dal fare qc
whiskey *n*, **whisky** ['hwɪs·ki] *n* <-ies> whisky *m inv*
whisper ['hwɪs·pə] **I.** *vi* sussurrare **II.** *vt* **1.** (*speak softly*) sussurrare; **to ~ sth in sb's ear** sussurrare qc all'orecchio di qu **2.** *fig* (*gossip, speak privately*) mormorare; **it is ~ed that ...** si mormora che... **III.** *n* **1.** (*soft sound or speech*) mormorio *m;* **to lower one's voice to a ~** abbassare la voce e parlare sussurrando; **to speak in a ~** sussurrare **2.** *fig* (*rumor*) voce *f*
whispering *n* **1.** (*talking very softly*) susurro *m* **2.** *fig* (*gossiping*) voci *fpl*
whispering campaign *n* campagnia *f* diffamatoria
whist [hwɪst] *n* whist *m;* **a game of ~** una partita a whist
whistle ['hwɪ·sl] **I.** <-ling> *vi* fischiare; **to ~ at sb/sth** fischiare a qu/qc **II.** <-ling> *vt* fischiettare **III.** *n* **1.** (*blowing sound*) fischio *m;* **the ~ of the wind** il fischiare del vento **2.** (*musical device*) fischio *m;* **referee's ~** fischio *m* dell'arbitro; **to blow a ~** fischiare ▶ **to blow the ~ on sb** denunciare qu
white [hwaɪt] **I.** *adj* bianco, -a; **~ sauce** besciamella *f;* **~ wedding** matrimonio *m* tradizionale ▶ **to fly into a ~ rage** andare su tutte le furie **II.** *n* **1.** (*color*) bianco *m;* **the ~ of an egg** il bianco dell'uovo; **the ~ of sb's eyes** il bianco degli occhi di qu **2.** (*person*) bianco, -a *m, f*
white-collar [ˌhwaɪt·'kɑː·lə] *adj* **~ worker** impiegato, -a *m, f*
white elephant *n* cattedrale *f* nel deserto
white flag *n* bandiera *f* bianca; **to fly** [*or* **raise**] **a ~** alzare una bandiera bianca
white goods *npl* **1.** (*major household appliances*) elettrodomestici *mpl* **2.** (*household linen*) biancheria *f* per la casa
white heat *n* **1.** (*of metal*) calor *m* bianco **2.** *fig* (*passion*) fervore *m*
White House *n* **the ~** la Casa Bianca

white lie *n* piccola bugia *f*
white man <-men> *n* uomo *m* bianco
white meat *n* carne *f* bianca
whiten ['hwaɪ·tən] **I.** *vt* (*wall*) imbiancare; (*teeth*) sbiancare **II.** *vi* diventare bianco, -a
whitener ['hwaɪt·nɚ] *n* sbiancante *m*
whiteness *n* bianchezza *f*
whiteout *n* **1.** (*dense blizzard*) bufera *f* di neve **2.** TYPO bianchetto *m*
white sale *n* fiera *f* del bianco
white-tie **I.** *adj* ~ **dinner** cena *f* di gala **II.** *n* papillon *m* bianco *inv*
whitewash ['hwaɪt·wɑːʃ] **I.** <-es> *n* **1.** (*for whitening walls*) calce *m* **2.** (*coverup*) copertura *m* **3.** *inf* (*overwhelming victory*) vittoria *f* schiacciante **II.** *vt* **1.** (*cover in white solution*) imbiancare **2.** (*conceal negative side of*) coprire **3.** *inf* SPORTS (*defeat completely*) schiacciare
white-water rafting [ˌhwaɪt·wɑ·t̬ɚ·'ræf·tɪŋ] *n* rafting *m* in acque bianche
white wine *n* vino *m* bianco
whiting ['hwaɪ·t̬ɪŋ] *n* (*fish*) merlano *m*
Whitmonday [ˌhwɪt·'mʌn·deɪ] *n* Lunedì *m inv* di Pentecoste
Whitsun ['hwɪt·sən] **I.** *n* Pentecoste *f*; **at** ~ per la Pentecoste **II.** *adj* di Pentecoste
Whitsunday [ˌhwɪt·'sʌn·deɪ] *n* Pentecoste *f*
Whitsuntide ['hwɪt·sən·taɪd] *n see* **Whitsun**
whittle ['hwɪ·t̬l] <-ling> *vt* tagliuzzare
◆**whittle away at** *vt* **1.** (*take little bits off*) tagliuzzare **2.** *fig* (*decrease*) ridurre gradualmente
◆**whittle down** *vt* ridurre gradualmente
whiz [hwɪz] **I.** *n* **1.** *inf* (*brilliant person*) genio *m* **2.** (*noise*) ronzio *m* **3.** *sl* (*act of urinating*) **to take a** ~ pisciare **II.** *vi* **1.** (*move fast*) sfrecciare; **to** ~ **along** *inf* sfrecciare; **to** ~ **by** *inf* passare sfrecciando **2.** *sl* (*urinate*) pisciare
whiz kid *n inf* genietto *m*
whizz [hwɪz] *n vi see* **whiz**
who [huː] *pron* **1.** *interrog* chi; ~ **broke the window?** chi ha rotto la finestra?; ~ **were they?** chi erano? **2.** *rel* che; **they have a daughter** ~ **works in Alaska** hanno una figlia che lavora in Alaska; **the people** ~ **work here** la gente che lavora qui; **all those** ~ **know her** tutti quelli che la conoscono; **it was your sister** ~ **did it** l'ha fatto tua sorella
WHO [ˌdʌ·bl·juː·ˌeɪtʃ·'oʊ] *n abbr of* **World Health Organization** OMS *f*
whoa [hwoʊ] *interj* **1.** (*command to stop a horse*) ferma **2.** *fig inf* (*to stop something*) calma
whodunit *n*, **whodunnit** [ˌhuː·'dʌ·nɪt] *n inf* giallo *m*
whoever [huː·'e·vɚ] *pron* **1.** *rel* (*who*) chiunque; ~ **said that doesn't know me** chiunque l'abbia detto non mi conosce **2.** *interrog, inf* (*angry*) chi (diavolo); ~ **said that?** chi diavolo l'ha detto?
whole [hoʊl] **I.** *adj* **1.** (*entire*) tutto, -a; **the** ~ **world** tutto il mondo **2.** (*in one piece, intact*) intero, -a **3.** *inf* (*big*) **a** ~ **lot of people** un sacco di gente; **to be a** ~ **lot faster** essere molto più veloce **II.** *n* **1.** (*a complete thing*) tutto *m*; **as a** ~ (*concept*) nella sua interezza; **on the** ~ nel complesso **2.** (*entirety*) totalità *f*; **the** ~ **of Los Angeles** tutta Los Angeles; **the** ~ **of next week** tutta la settimana prossima **III.** *adv* completamente; ~ **new** completamente nuevo
whole food *n* **1.** (*unprocessed food*) alimenti *m pl* integrali **2.** *pl* (*unprocessed food products*) alimenti *m pl* integrali
wholegrain ['hoʊl·greɪn] *adj* integrale; ~ **bread** pane *m* integrale; ~ **food products** alimenti *m pl* integrali
wholehearted [ˌhoʊl·'hɑːr·t̬ɪd] *adj* entusiasta; (*completely sincere*) profondamente sincero, -a; ~ **thanks** ringraziamenti *m* sinceri
wholesale ['hoʊl·seɪl] **I.** *n* vendita *f* all'ingrosso **II.** *adj* **1.** all'ingrosso; ~ **business** magazzino *m* all'ingrosso; ~ **prices** prezzi *m pl* all'ingrosso; ~ **supplier** grossista *mf* **2.** (*on a large scale*) su grande scala; ~ **reform** riforma *f* su grande scala **III.** *adv* **1.** COM all'ingrosso **2.** (*in bulk*) in massa
wholesaler ['hoʊl·seɪ·lɚ] *n* grossista *mf*;

furniture ~ grossista di mobili

wholesome ['hoʊl·səm] *adj* sano, -a; (**good**) ~ **fun** sano divertimento *f;* (**good**) ~ **food** alimenti *plm* sani (e genuini)

whole-wheat *adj* di grano integrale

who'll [hu:l] = **who will** *see* **will**

wholly ['hoʊ·li] *adv* totalmente; **to be ~ aware of sth** essere del tutto consapevole di qc; ~ **different** completamente differente

whom [hu:m] *pron* **1.** *interrog* chi; ~ **did he see?** chi ha visto?; **to ~ did he talk?** con chi ha parlato? **2.** *rel* che *after prep* il/la quale, i/le quali; **those ~ I love** coloro che amo; **I met a man with ~ I used to work** ho incontrato un signore con il quale lavoravo

whoop [hu:p] **I.** *vi* gridare **II.** *vt* **to ~ it up** fare baldoria **III.** *n* grido *m;* **a ~ of triumph** grido *m* di vittoria; **to give a loud ~** gridare forte

whoopee ['hwu:·pi] **I.** *interj* urrà **II.** *n* giubilo *m;* **to make ~** *sl* (*have sex*) fare sesso; (*celebrate*) fare baldoria

whooping cough ['hu:·pɪŋ·kɑ:f] *n* pertosse *f*

whoops [hwʊps] *interj inf* oplà

whop [hwɑ:p] *inf* **I.** <-pp-> *vt* **1.** (*strike*) colpire **2.** (*in competition*) battere **II.** *n* botta *f*

whopper ['hwɑ:·pɚ] *n iron* **1.** (*huge thing*) cosa *m* gigante; **a ~ of a fish** un pescione **2.** (*lie*) balla *f;* **to tell a ~** raccontare una balla

whopping ['hwɑ:·pɪŋ] *adj inf* enorme; **a ~ lie** una balla enorme

whore [hɔ:r] *n pej* puttana *f*

who's [hu:z] **1.** = **who is** *see* **is** **2.** = **who has** *see* **has**

whose [hu:z] **I.** *adj* **1.** *interrog* di chi; ~ **book is this?** di chi è questo libro?; ~ **son is he?** di chi è figlio? **2.** *rel* il/la cui; **the girl ~ brother I saw** la ragazza di cui ho visto il fratello **II.** *pron pos* di chi; ~ **is this pen?** di chi è questa penna?; **I know ~ this is** questo so di chi è

why [hwaɪ] **I.** *adv* perché; ~ **didn't you tell me about that?** perché non me ne hai parlato?; **that's ~ I didn't tell you** ecco perché non ti ho detto niente; **I want to know ~ you came late** voglio sapere perché sei arrivato tardi; ~ **not?** perché no?; **~'s that?** perché? **II.** *n* perché *m inv;* **the ~s and wherefores of sth** il perché e il percome di qc **III.** *interj* come mai?

WI *n abbr of* **Wisconsin** Wisconsin

wick [wɪk] *n* stoppino *m*

wicked ['wɪ·kɪd] **I.** *adj* **1.** (*evil*) malvagio, -a **2.** (*playfully malicious*) malizioso, -a; **a ~ grin** un sorriso malandrino **3.** (*likely to cause pain*) temibile **4.** *inf* (*great fun*) grande **II.** *n* **the ~** i malvagi

wicker ['wɪ·kɚ] *n* vimine *m*

wickerwork *n* **1.** (*material*) vimine *m* **2.** (*art*) articolo *m* in vimine

wicket ['wɪ·kɪt] *n* **1.** (*cricket target*) wicket *m inv* **2.** (*ground*) campo *m;* **to be in a sticky ~** essere nei casini

wide [waɪd] **I.** *adj* **1.** (*broad*) ampio, -a; (*as a measurement*) largo, -a; **it is 3 feet ~** largo 1 m; **the** (**great**) **~ world** il mondo (intero); **to search** (**for sb/sth**) **the ~ world over** cercare (qu/qc) in tutto il mondo **2.** (*very open*) spalancato, -a; **eyes ~ with fear/surprise** occhi *m pl* sbarrati per la paura/sorpresa **3.** (*varied*) vasto, -a; **a ~ range** una vasta gamma; **to have ~ experience in sth** avere vasta esperienza in qc **4.** (*extensive*) ampio, -a; ~ **support** grosso appoggio *m* ▶ **to be ~ of the mark** mancare il bersaglio **II.** *adv* **to be ~ apart** essere lontanissimi (l'uno dall'altro); **to open ~** aprire bene; ~ **open** spalancato

wide-angle [ˌwaɪd·'æŋ·gl] *adj* (*lente*) grandangolare

wide-awake [ˌwaɪd·ə·'weɪk] *adj* completamente sveglio, -a

wide-eyed ['waɪd·aɪd] *adj fig* innocente

widely *adv* **1.** (*broadly, extensively*) ampiamente; **to gesture ~** fare grandi gesti; **to smile ~ at sb** fare un gran sorriso a qu; ~ **accepted** comunemente accettato; ~ **admired** molto ammirato **2.** (*to a large degree*) notevolmente; ~ **differing aims** obiettivi *m pl* notevolmente diversi

widen ['waɪ·dən] **I.** *vt* ampliare **II.** *vi* allargarsi

wide-open ['waɪd·ˌoʊ·pən] *adj* **1.** (*undecided*) aperto, -a **2.** (*vulnerable, exposed*) esposto, -a; **to be ~ to comments** essere esposto ai commenti

widespread ['waɪd·spred] *adj a.fig* diffuso, -a; **there is ~ speculation that ...** gira voce che...

widow ['wɪ·doʊ] **I.** *n* vedova *f;* **to be left a ~** rimanere vedova **II.** *vt* **to ~ sb** lasciare vedovo qu [*or* lasciare vedova qu]; **to be ~ed** rimanere vedovo [*or* rimanere vedova]

widowed *adj* vedovo, -a

widower ['wɪ·do·ʊə˞] *n* vedovo *m;* **to be left a ~** rimanere vedovo

widowhood ['wɪ·doʊ·hʊd] *n* vedovanza *f*

widow's peak *n* attaccatura *f* dei capelli a forma di V

width [wɪdθ] *n* **1.** ampiezza *f,* larghezza *f;* (*of wallpaper, cloth*) altezza *f;* **to be 4 inches in ~** essere largo 10 cm; (*wallpaper, cloth*) essere alto 10 cm **2.** (*of pool*) vasca *f;* **to swim two ~s** fare due vasche (a nuoto)

wield [wi:ld] *vt* **1.** (*weapon, tool*) impugnare **2.** (*power*) esercitare

wife [waɪf] <wives> *n* moglie *f;* **my ~** mia moglie

wifely ['waɪf·li] *adj* di moglie

wig [wɪg] *n* parrucca *f*

wiggle ['wɪ·gl] **I.** *vt* muovere **II.** *vi* agitarsi **III.** *n* movimento *m*

wigwam ['wɪg·wa:m] *n* wigwam *m*

wild [waɪld] **I.** *adj* **1.** (*animal, man, landscape*) selvaggio, -a; (*flower, cat*) selvatico, -a **2.** (*undisciplined*) scatenato, -a **3.** (*not sensible, extreme*) assurdo, -a **4.** (*not accurate*) azzardato, -a **5.** (*stormy*) burrascoso, -a; (*wind*) furioso, -a **6.** *inf* (*angry*) furioso, -a; **to drive sb ~** mandare qu su tutte le furie; **to go ~** andare su tutte le furie **7.** *inf* (*very enthusiastic*) entusiasta **8.** (*untidy: hair*) arruffato, -a **9.** GAMES, COMPUT (*substitutable*) jolly **10.** *inf* (*wonderful*) fantastico, -a **II.** *adv* allo stato selvatico ▶ **to run ~** (*child*) crescere come un selvaggio; (*horse*) vivere allo stato brado; **to let one's imagination run ~** lasciare libera la fantasia **III.** *n* **1. the ~** (*natural environment*) **in the ~** allo stato libero **2.** *pl* **the ~s** le terre vergini; (**out**) **in the ~s** in capo al mondo *inf*

wild card *n* **1.** *a.* COMPUT carattere *m* jolly **2.** SPORTS wild card *f inv*

wildcat **I.** *n* **1.** ZOOL (*wild cat*) gatto *m* selvatico **2.** *fig* (*fierce woman*) tigre *f* **II.** *adj* **1.** (*very risky*) azzardato, -a **2.** (*unofficial: strike*) selvaggio, -a **3.** (*exploratory: drilling, well*) esplorativo, -a

wilderness ['wɪl·də˞·nəs] *n* **1.** (*desert tract*) distesa *f* desolata **2.** (*unspoiled land*) terra *f* vergine **3.** *fig* (*uncultivated garden*) giungla *f iron*

wildfire ['waɪld·ˌfa·ɪə˞] *n* incendio *m* in zona campestre ▶ **to spread like ~** diffondersi rapidamente

wildfowl ['waɪld·faʊl] *inv n* uccelli *m pl* selvatici

wild goose <- geese> *n* oca *f* selvatica

wild-goose chase *n* impresa *f* vana; (*hopeless search*) ricerca *f* vana

wildlife *n* fauna *f* e flora

wildly *adv* **1.** (*in an uncontrolled way*) sfrenatamente; **to gesticulate ~** fare un sacco di gesti; **to behave ~** comportarsi come un selvaggio **2.** (*haphazardly*) a casaccio **3.** *inf* (*very*) molto; **~ exaggerated** ingigantito; **~ expensive** carissimo; **~ improbable** veramente improbable

wildness *n* **1.** (*natural state*) stato *m* selvaggio **2.** (*uncontrolled behavior*) sfrenatezza *f* **3.** (*haphazardness*) insensattezza *f*

wiles [waɪlz] *npl* astuzie *fpl;* **to use all one's ~** ricorrere a ogni astuzia

wilful ['wɪl·fəl] *adj see* **willful**

wiliness ['waɪ·lɪ·nəs] *n* astuzia *f*

will[1] [wɪl] <would, would> **I.** *aux* **1.** (*to form future tense*) **they'll be delighted** saranno felicissimi; **I'll be with you in a minute** dammi solo un momento; **I expect they'll come by car** suppongo che vengano in auto; **I'll answer the telephone** rispondo io al telefono; **she ~ have received the letter**

W

by now avrà già ricevuto la lettera **2.** (*with tag question*) **you won't forget to tell him, ~ you?** non dimenticarti di dirglielo!; **they ~ accept this credit card in the pizzeria, won't they?** questa carta di credito l'accetteranno in pizzeria, no? **3.** (*to express immediate future*) **we'll be off now** ora ce ne andiamo; **I'll be going then** allora me ne vado; **there's someone at the door — I'll go** hanno suonato il campanello — vado io **4.** (*to express an intention*) **sb ~ do that** qu lo farà; **I'll not be spoken to like that!** non permetto che mi si parli così! **5.** (*in requests and instructions*) **~ you let me speak!?** mi fai parlare!; **just pass me that knife, ~ you?** mi passi il coltello?; **give me a hand, ~ you?** mi dai una mano? **6.** (*in polite requests*) **~ you sit down?** prego, si sieda; **~ you be having a slice of cake?** vuole un pezzo di torta? **7.** (*used to express willingness*) **who'll mail this letter for me? — I ~** chi m'imbuca questa lettera? — lo faccio io; **~ you do that for me? — of course I ~** puoi farmelo? — certamente **8.** (*used to express a fact*) **eat it now, it won't keep** mangialo ora, se no va a male; **the car won't run without gasoline** la macchina non funziona senza benzina **9.** (*to express persistence*) **he ~ keep doing that** continuerà a farlo; **they ~ keep sending me those brochures** non smetteranno di mandarmi quei dépliant; **the door won't open** la porta non si apre **10.** (*to express likelihood*) **they'll be tired** saranno stanchi; **as you ~ all probably know already...** come tutti probabilmente sapranno... **II.** *vi form* volere; **as you ~** come vuole

will² [wɪl] **I.** *n* **1.** (*faculty*) volontà *f;* (*desire*) voglia *f;* **the ~ of the people** la volontà del popolo; **to have the ~ to do sth** voler fare qc; **to lose the ~ to live** perdere la volontà di vivere; **at ~** a volontà/piacere **2.** (*testament*) testamento *m* ▶ **where there's a ~, there's a way** *prov* volere è potere *prov;* **with the best ~ in the world** con tutta la buona volontà del mondo; **to have a ~ of one's own** essere caparbio **II.** *vt* **1.** (*try to cause by willpower*) volere; **to ~ sb to do sth** esortare qu a fare qc **2.** *form* (*ordain*) volere; **God ~ed it and it was so** Dio lo ha voluto e così è stato **3.** (*bequeath*) lasciare per testamento

willful ['wɪl·fəl] *adj* **1.** (*deliberate*) deliberato, -a; (*murder*) premeditato, -a **2.** (*self-willed*) volitivo, -a; (*obstinate*) ostinato, -a

willies ['wɪ·liz] *npl sl* **to have the ~** avere i brividi; **to give sb the ~** far venire i brividi a qu

willing ['wɪ·lɪŋ] *adj* **1.** (*not opposed*) (ben) disposto, -a; **to be ~ to do sth** essere disposto a fare qc; **to lend a ~ hand** dare una mano; **God ~** se Dio vuole **2.** (*compliant*) volenteroso, -a

willingness *n* disponibilità *f;* **to show a ~ to do sth** mostrarsi disposto a fare qc

willow ['wɪ·loʊ] *n* salice *m*

willowy ['wɪ·loʊ·i] *adj* slanciato, -a

willpower ['wɪl·ˌpa·ʊɚ] *n* forza *f* di volontà

willy-nilly [ˌwɪ·li·'nɪ·li] *adv* **1.** (*like it or not*) volente o nolente **2.** (*in disorder*) a casaccio

wilt [wɪlt] *vi* **1.** (*droop: plants*) appassire **2.** (*feel weak: person*) indebolirsi; (*lose confidence*) scoraggiarsi

wily ['waɪ·li] <-ier, -iest> *adj* astuto, -a

wimp [wɪmp] *n inf* imbranato *mf*

win [wɪn] **I.** *n* vittoria *f* **II.** <won, won> *vt* **1.** (*be victorious in*) vincere; **to ~ first prize** vincere il primo premio **2.** (*obtain*) ottenere; (*recognition, popularity*) guadagnarsi; **to ~ a reputation as a writer** affermarsi come scrittore; **to ~ sb's heart** conquistare la simpatia di qu ▶ **to ~ the day** averla vinta; **you can't ~ them all** non si può vincere sempre; **you ~ some, you lose some** a volte si vince, a volte si perde **III.** <won, won> *vi* vincere; **to ~ easily** vincere con facilità ▶ **to ~ hands down** vincere con facilità; **you (just) can't ~ with him/her** per lui/lei non è mai abbastanza; **you ~!** come vuoi!

◆**win back** *vt* riconquistare

◆**win over** *vt* **to win sb over to sth** (*persuade to change mind*) convincere qu di qc; (*persuade to transfer allegiance*) guadagnarsi l'appoggio di qu per qc

wince [wɪns] **I.** *vi* trasalire **II.** *n* smorfia *f* (di dolore); **to give a ~** fare una smorfia

winch [wɪntʃ] **I.** <-es> *n* argano *m* **II.** *vt* tirare su con l'argano

wind[1] [wɪnd] **I.** *n* **1.** (*current of air*) vento *m;* **a breath of ~** un po' di vento; **gust of ~** raffica *f* di vento **2.** (*breath*) fiato *m;* **to get** [*or* **catch**] **one's ~** riprendere fiato **3.** MED aria *f;* **to break ~** passare aria ▶ **to take the ~ out of sb's sails** scoraggiare qu; **to get ~ of sth** fiutare qc; **to go** [*or* **run**] **like the ~** andare come il vento; **there's sth in the ~** c'è qc nell'aria **II.** *vt* mozzare il fiato a

wind[2] [waɪnd] <wound, wound> **I.** *vt* **1.** (*coil*) arrotolare, aggomitolare; (*wool*) **to ~ sth around sth** arrotolare qc intorno a qc **2.** (*wrap*) avvolgere **3.** (*turn: handle*) girare; (*clock, watch*) caricare **4.** (*film*) far avvolgere **II.** *vi* serpeggiare

◆**wind down** **I.** *vt* **1.** (*gradually reduce*) ridurre progressivamente; (*business*) cessare progressivamente **2.** (*relax*) rilassare **II.** *vi* **1.** (*become less active*) rallentare; (*business*) cessare progressivamente **2.** (*relax after stress*) rilassarsi

◆**wind up** **I.** *vt* **1.** (*finish*) finire; (*debate, meeting, speech*) concludere **2.** *inf* (*make tense*) innervosire **II.** *vi* *inf* (*end up*) **to ~ in prison** finire in carcere

windbag ['wɪnd·bæg] *n inf* ciarlatano, -a *m, f*

windbreaker ['wɪnd·breɪk] *n* giacca *f* a vento

winder ['waɪn·dɚ] *n* **1.** (*on watch*) remontoir *m inv* **2.** (*on toy*) manovella *f*

windfall ['wɪnd·fɔːl] *n* **1.** *fig* (*money*) guadagno *f* imprevisto **2.** (*fruit*) frutta *f* caduta

wind farm *n* ECOL centrale *f* eolica

winding ['waɪn·dɪŋ] *adj* sinuoso, -a

wind instrument *n* strumento *m* a fiato

windjammer *n* NAUT veliero *m*

windlass *n* argano *m*

windmill *n* **1.** (*wind-powered mill*) mulino *m* a vento **2.** (*toy*) girandola *f*

window ['wɪn·doʊ] *n* **1.** (*in building, in envelope*) *a.* COMPUT finestra *f;* **~ ledge** davanzale *m;* **a ~ on the world** *fig* una finestra sul mondo, ventana *f;* **pop-up ~** finestra popup **2.** (*of shop*) vetrina *f* **3.** (*of vehicle*) finestrino *m;* **rear ~** finestrino di dietro **4.** *fig* (*time period*) buco *m;* **a ~ of opportunity** una opportunità ▶ **to go out (of) the ~** *inf* (*plan*) sfumare

window box <-es> *n* vaso *m* da davanzale

window-dressing *n* **1.** (*in shop*) allestimento *m* vetrine **2.** *fig* facciata *f*

window envelope *n* busta *f* con finestra

window-shopping *n* **to go ~** guardare le vetrine

windowsill *n* davanzale *m*

windpipe ['wɪnd·paɪp] *n* trachea *f*

windshield ['wɪnd·ʃiːld] *n* parabrezza *m inv*

windshield wiper *n* tergicristalli *m inv*

windsock *n* manica *f* a vento

windsurfer ['wɪnd·sɜːr·fɚ] *n* surfista *mf*

windsurfing ['wɪnd·sɜːr·fɪŋ] *n* windsurf *m*

windswept ['wɪnd·swept] *adj* **1.** (*exposed to wind*) spazzato, -a da vento **2.** (*looking wind-blown*) spettinato, -a

wind tunnel *n* TECH tunnel *m* aerodinamico

windward ['wɪnd·wɚd] NAUT **I.** *adj* sopravento **II.** *n* sopravento *m;* **(to) ~** sopravento

windy[1] ['wɪn·di] <-ier, -iest> *adj* ventoso, -a

windy[2] ['wɪn·di] <-ier, -iest> *adj* sinuoso, -a

wine [waɪn] **I.** *n* vino *m* **II.** *vt* **to ~ and dine sb** far bere e mangiare qu molto bene

wine cooler *n* **1.** (*drink*) *bevanda a base di vino e succo di frutta* **2.** (*container*) refrigeratore *m* da tavolo

W

wineglass <-es> *n* bicchiere *f* da vino

winegrower *n*, **winegrower** *n* viticoltore, -trice *m, f*

wine list *n* carta *f* dei vini

wine merchant *n* **1.** (*seller of wines*) commerciante *mf* di vini, vinaio *m* **2.** (*shop*) enoteca *f*, vinaio *m*

winepress ['waɪn·pres] <-es> *n* pigiatrice *f*

winery ['waɪ·nə·ri] <-ies> *n* azienda *f* vinicola

winetasting *n* **1.** (*activity*) enodegustazione *f* **2.** (*event*) enodegustazione *f*

wing [wɪŋ] **I.** *n* **1.** ZOOL, AVIAT, ARCHIT, POL ala *f*; **the west ~ of the house** l'ala ovest della casa; **left/right ~** ala sinistra/destra **2.** SPORTS (*side of field*) fascia *f*; (*player*) ala *f* **3.** *pl* THEAT quinte *fpl*; **to be waiting in the ~s** *fig* aspettare il momento opportuno **4.** *pl* MIL (*pilot's badge*) gradi *mpl* ▶ **to spread one's ~s** prendere il volo; **to stretch one's ~s** spiegare le ali; **to take sb under one's ~** prendere qu sotto le proprie ali **II.** *vt* **1.** (*wound: bird*) ferire all'ala; (*person*) ferire superficialmente **2.** (*fly*) volare ▶ **~ it** *inf* improvvisare **III.** *vi* volare

wing chair *n* poltrona *f* con ampio poggiatesta

wing commander *n* tenente *m* colonnello

winged [wɪŋd] *adj* alato, -a

winger ['wɪŋ·ɚ] *n* SPORTS ala *f*; **left/right ~** ala sinistra/destra

wing nut *n* TECH galletto *m*

wingspan ['wɪŋ·spæn] *n*, **wingspread** ['wɪŋ·spred] *n* apertura *f* alare

wink [wɪŋk] **I.** *n* occhiolino *m*; **to give sb a ~** fare l'occhiolino a qu ▶ **to have forty ~s** *inf* fare un sonnellino; **to not sleep a ~** non chiudere occhio; **in a ~** in un batter d'occhio **II.** *vi* **1.** (*close one eye*) fare l'occhiolino; **to ~ at sb** fare l'occhiolino a qu **2.** (*flash: a light*) lampeggiare

winner ['wɪ·nɚ] *n* **1.** (*person*) vincitore, -trice *m, f* **2.** *inf* SPORTS **the game ~** punto *m* vincente (della partita) **3.** *inf* (*success*) successone *m*; **they are on to a ~ with this latest product** con quest'ultimo prodotto faranno un successone

winning ['wɪ·nɪŋ] **I.** *adj* **1.** (*that wins*) vincente **2.** (*charming*) accattivante **II.** *n* **1.** (*act of achieving victory*) vincita *f* **2.** *pl* (*money*) vincite *fpl*

winnow ['wɪ·noʊ] *vt* **1.** (*grain*) ventilare **2.** (*select*) distinguere; **to ~ the list down to 8** ridurre la lista a 8

winsome ['wɪn·səm] *adj liter* accattivante

winter ['wɪn·t̬ɚ] **I.** *n* inverno *m* **II.** *vi* svernare

winter coat *n* cappotto *m* pesante; (*of animal*) pelliccia *f*

winter solstice *n* solstizio *m* d'inverno

winter sports *npl* sport *m pl* invernali

wintertime *n* invierno *m*; **in** (**the**) **~** d'inverno

wint(e)ry ['wɪnt·ri] *adj* **1.** (*typical of winter*) invernale **2.** *fig* (*cold, unfriendly*) freddo, -a

wipe [waɪp] **I.** *n* **1.** (*act of wiping*) pulita *f*; **to give sth a ~** dare una pulita a qc, pulire qc **2.** (*tissue*) salvietta *f* **II.** *vt* **1.** (*remove dirt*) pulire; (*one's nose*) asciugarsi; **to ~ sth dry** asciugare qc con un panno **2.** (*erase material from: disk, a tape*) cancellare **III.** *vi* pulire

◆**wipe down** *vt* passare uno straccio su

◆**wipe off** *vt* **1.** (*remove by wiping*) eliminare (con uno straccio) **2.** (*erase: data, program*) cancellare **3.** ECON azzerare ▶ **to wipe the smile off sb's face** far passare a qu la voglia di ridere

◆**wipe out** **I.** *vt* **1.** (*destroy: population*) sterminare; (*village*) distruggere completamente; (*sb's profits*) annientare **2.** (*cancel: debt*) estinguere **3.** *inf* (*tire out*) sfinire **4.** *inf* (*economically*) rovinare **5.** *sl* (*murder*) eliminare **II.** *vi inf* (*driving, skiing*) perdere il controllo

◆**wipe up** **I.** *vt* pulire **II.** *vi* asciugare

wire ['wa·ɪɚ] **I.** *n* **1.** (*metal thread*) filo *m* di ferro **2.** ELEC cavo *m* **3.** (*telegram*) telegramma *m* **4.** (*hidden microphone*) microspia *f* **5.** (*prison camp fence*) filo *m* spinato ▶ **to get one's ~s crossed** *inf* fraintendere; **to get**

in under the ~ *inf* arrivare all'ultimo minuto; **to go (down) to the ~ the elections will go (down) to the ~** *inf* si vedrà solo all'ultimo come andranno le elezioni **II.** *vt* **1.** (*fasten with wire*) attaccare col filo di ferro **2.** ELEC collegare; **to be ~d for cable TV** avere l'attacco per la televisione via cavo **3.** (*fit with concealed microphone*) mettere una microspia a/in; **to be ~d** (*person*) avere indosso una microspia **4.** (*send telegram to*) **to ~ sb** inviare un telegramma a qu; **to ~ sb money** inviare denaro a qu con trasferimento telegrafico/telematico

wirehaired terrier [ˌwa·ɪə·-herd·ˈte·ri·ɚ] *n* terrier *m* a pelo ruvido *inv*

wireless [ˈwa·ɪə·-ləs] *adj* wireless

wiretapping [ˈwa·ɪə·-ˌtæ·pɪŋ] *n* intercettazione *f* telefonica

wire transfer *n* trasferimento *f* telegrafico/telematico

wiring [ˈwa·ɪə·-ɪŋ] *n* ELEC impianto *m* elettrico

wiry [ˈwa·ɪə·-i] <-ier, -iest> *adj* **1.** (*course: hair*) ispido, -a **2.** (*lean and strong: build, person*) asciutto, -a

Wisconsin *n* Wisconsin *m*

wisdom [ˈwɪz·dəm] *n* **1.** (*state of being wise*) saggezza *f;* **with the ~ of hindsight** con il senno di poi **2.** (*sensibleness*) buon senso *m*

wisdom tooth <- teeth> *n* dente *m* del giudizio

wise [waɪz] *adj* **1.** (*having knowledge and sagacity, showing sagacity*) saggio, -a; **the Three Wise Men** i Re Magi; **it's easy to be ~ after the fact** è facile dirlo a posteriori **2.** (*sensible*) sensato, -a **3.** *inf* (*aware*) **to be ~ to sb** capire che tipo è qu; **to be ~ to sth** sapere come qc funziona; **to get ~ to sth** capire come qc funziona; **to get ~ to sb's game** capire il gioco di qu; **to be none the ~r** saperne quanto prima **4.** *inf* (*cheeky*) sfrontato, -a; **to get ~ with sb** essere sfrontato con qu

◆**wise up** **I.** *vi* **to ~ to sth** svegliarsi e capire qc **II.** *vt* **to wise sb up about sth** far capire qc a qu

wiseacre [ˈwaɪ·ˌzeɪ·kɚ] *n* saccente *mf*

wisecrack [ˈwaɪz·kræk] **I.** *n* battuta *f;* **to make a ~ about sth** fare una battuta su qc **II.** *vi* fare battute

wise guy *n inf* saputello, -a *m, f*

wish [wɪʃ] **I.** <-es> *n* **1.** (*desire*) desiderio *m;* **against my ~es** contro la mia volontà; **to have no ~ to do sth** non aver alcuna voglia di fare qc; **to make a ~** esprimere un desiderio **2.** *pl* (*friendly greetings*) auguri *mpl;* **give him my best ~es** fagli gli auguri da parte mia; **(with) best ~es** (*at end of letter*) cordiali saluti **II.** *vt* **1.** (*feel a desire*) desiderare, volere; **I ~ he hadn't come** vorrei che non fosse venuto; **I ~ you'd told me** (*expressing annoyance*) me lo potevi dire **2.** *form* (*want*) **to ~ to do sth** voler fare qc; **I ~ to be alone** desidero stare da solo **3.** (*hope*) **to ~ sb luck** augurare buona fortuna a qu; **to ~ sb happy birthday** fare a qu gli auguri di compleanno; **to ~ sb good night** dare la buonanotte a qu **III.** *vi* **1.** (*want*) desiderare, volere; **as you ~** come vuoi; **if you ~** come vuoi; **to ~ for sth** desiderare qc **2.** (*make a wish*) **to ~ for sth** chiedere qc; **everything one could ~ for** tutto ciò che si potrebbe desiderare

wishbone [ˈwɪʃ·boʊn] *n* forcella *f*

wishful thinking *n* illusione *f*

wishy-washy [ˈwɪ·ʃi·ˌwɑː·ʃi] *adj pej* **1.** (*indeterminate and insipid*) insulso, -a **2.** (*weak and watery: coffee, drink, soup*) acquoso, -a; (*food*) insipido, -a

wisp [wɪsp] *n* (*of hair*) ciocca *f;* (*of straw*) filo *m;* (*of smoke*) voluta *f;* (*of clouds*) bioccolo *m;* **a little ~ of a boy** un ragazzino minuto

wispy [ˈwɪs·pi] <-ier, -iest> *adj* (*hair*) a ciuffetti; (*person*) minuto, -a; (*clouds*) a bioccoli

wisteria [wɪ·ˈstɪ·ri·ə] *n* glicine *m*

wistful [ˈwɪst·fəl] *adj* (*melancholy,*) malinconico, -a; (*nostalgic*) nostalgico, -a

wit [wɪt] **I.** *n* **1.** (*clever humor*) arguzia *f;* **to have a dry ~** essere pungente **2.** (*practical intelligence*) intelligenza *f;* **to be at one's ~s' end** stare per uscire di cervello; **to gather one's ~s** chiarirsi le idee; **to frighten sb out of his/her**

W

~**s** spaventare a morte qu; **to have/ keep one's ~s about one** mantenersi calmo/mantenere la calma **3.** (*witty person*) persona *f* arguta **II.** *vi form* **to ~** vale a dire

witch [wɪtʃ] <-es> *n* **1.** (*woman with magic powers*) strega *f* **2.** *pej inf* (*ugly or unpleasant woman*) arpia *f*

witchcraft ['wɪtʃ·kræft] *n* stregoneria *f*

witch doctor *n* stregone *m*

witch-hunt *n*, **witch hunt** ['wɪtʃ·hʌnt] *n pej* caccia *f* alle streghe

witching hour ['wɪt·ʃɪŋ·ˌaʊr] *n liter* mezzanotte *f*

with [wɪð, wɪθ] *prep* **1.** (*accompanied by*) con; **together ~ sb** insieme a qu **2.** (*by means of*) con; **to take sth ~ one's fingers/both hands** prendere qc con le dita/con ambo le mani; **to replace sth ~ something else** sostituire qc con qualcos'altro **3.** (*having*) **the man ~ the umbrella** l'uomo con l'ombrello; **~ no hesitation at all** senza alcuna esitazione **4.** (*on one's person*) **he took it ~ him** lo prese con sé **5.** (*manner*) **~ all speed** a gran velocità; **~ one's whole heart** di tutto cuore **6.** (*in addition to*) **and ~ that he went out** e così dicendo se ne andò **7.** (*despite*) **~ all his faults** con tutti i suoi torti **8.** (*caused by*) **to cry ~ rage** piangere di rabbia; **to turn red ~ anger** diventare rosso di rabbia **9.** (*full of*) **black ~ flies** nero di mosche; **to fill up ~ fuel** fare il pieno di benzina **10.** (*opposing*) **a war ~ Italy** una guerra con l'Italia; **to be angry ~ sb** essere arrabbiato con qu **11.** (*supporting*) **to be ~ sb/sth** essere dalla parte di qu/qc; **popular ~ young people** popolare tra i giovani **12.** (*concerning*) **to be pleased ~ sth** essere soddisfatto di qc; **what's up** [*or* **what's the matter**] **~ him?** cosa gli è successo? **13.** (*understanding*) **I'm not ~ you** *inf* non ti seguo; **to be ~ it** *inf* essere in gamba; **to get ~ it** darsi una mossa ► **away ~ him!** basta con lui!

withdraw [wɪð·'drɑː] *irr* **I.** *vt* **1.** (*take out, take back*) ritirare; (*money*) prelevare **2.** (*cancel*) cancellare; (*motion, action*) annulare; (*charge*) revocare **II.** *vi* **1.** *form a.* MIL, SPORTS (*leave*) ritirarsi; **to ~ from public life** allontanarsi dalla scena pubblica **2.** *fig* (*become quiet and unsociable*) chiudersi in se stesso; (*into silence*) chiudersi

withdrawal [wɪð·'drɑː·əl] *n* **1.** *a.* MIL ritiro *m;* **to make a ~** FIN effettuare un prelievo **2.** LAW ritrattazione *f;* (*of consent, support*) revoca *f* **3.** (*sports*) abbandono *m* **4.** (*distancing from others*) estraneamento *m* **5.** MED astinenza *f;* **~ symptoms** crisi *f* d'astinenza *inv*

wither ['wɪ·ðɚ] **I.** *vi* **1.** (*plants*) appassire **2.** *fig* (*lose vitality*) perdere vitalità ► **to ~ on the vine** sparire poco a poco **II.** *vt* **1.** (*plant*) far appassire **2.** *fig* (*strength*) ridurre

withering ['wɪ·ðə·rɪŋ] *adj* **1.** (*fierce and destructive*) distruttivo, -a **2.** (*contemptuous: criticism*) caustico, -a

withhold [wɪð·'hoʊld] *irr vt* **1.** (*not give name*) non rendere noto, -a; (*one's support*) negare; (*evidence*) occultare; **to ~ sth from sb** nascondere qc a qu **2.** (*not pay: benefits, rent*) non pagare

within [wɪð·'ɪn] **I.** *prep* **1.** *form* (*inside of*) all'interno di, in; **~ the country/ town** nel paese/nella città **2.** (*in limit of*) **to be ~ sight/hearing** essere visibile/udibile; **~ easy reach** a portata di mano **3.** (*in less than*) entro; **~ one hour** entro un'ora; **~ 3 days** nello spazio di tre giorni; **~ 5 miles of the town** a meno di 8 km dalla città **4.** (*in accordance to*) in conformità con; **~ the law** nei termini di legge **II.** *adv* dentro; **from ~** da dentro

without [wɪð·'aʊt] *prep* senza; **~ warning** senza preavviso; **to be ~ relatives** non avere parenti; **to do ~ sth** fare a meno di qc

withstand [wɪð·'stænd] *irr vt* resistere; (*heat, pressure*) sopportare

witness ['wɪt·nəs] **I.** *n* **1.** *a.* LAW testimone *mf;* **~ for the defense** testimone a discarico; **to be (a) ~ to sth** essere testimone di/a qc **2.** *form* (*testimony*) testimonianza *f;* **to bear ~ to sth** deporre su qc **II.** *vt* **1.** (*see, be there during*) essere testimone di; **to ~ sb**

doing sth vedere qu che fa qc **2.** (*attest authenticity of*) sottoscrivere
witness stand *n* banco *m* dei testimoni
witty ['wɪ·t̬i] <-ier, -iest> *adj* arguto, -a
wizard ['wɪ·zɚd] *n* **1.** (*magician*) mago, -a *m, f* **2.** (*expert*) genio *m;* **to be a ~ at sth** essere un genio di/in qc
wizardry ['wɪ·zɚ·dri] *n* magia *f*
wizened ['wɪ·znd] *adj* avvizzito, -a
wk. *n abbr of* **week** sett.
WNBA *n abbr of* **Women's National Basketball Association** Associazione *f* Nazionale Femminile di Pallacanestro
WNW *abbr of* **west-northwest** ONO
w/o *prep abbr of* **without** senza
wobble ['wɑː·bl] **I.** *vi* **1.** (*move unsteadily*) traballare; (*jelly, fat*) tremolare **2.** (*tremble: voice*) tremolare **3.** *fig* (*fluctuate: prices, shares*) fluttuare **II.** *vt* far traballare; (*camera*) muovere **III.** *n* **1.** (*wobbling movement*) traballio *m* **2.** (*quavering sound*) tremolio *m* **3.** ECON fluttuazione *f*
wobbly ['wɑː·b·li] <-ier, -iest> *adj* **1.** (*unsteady*) traballante; (*line*) a zigzag **2.** (*wavering: a note, a voice*) tremolante
woe [woʊ] *n* **1.** *liter* (*unhappiness*) pena *f;* **a tale of ~** tragedia *f* **2.** *pl, form* (*misfortunes*) disgrazie *fpl* ▶ **~ betide you!** peste ti colga!; **woe is me!** ahimè!
woeful ['woʊ·fəl] *adj* **1.** (*deplorable*) penoso, -a **2.** *liter* (*sad*) afflitto, -a
wok [wɑːk] *n* wok *m inv*
woke [woʊk] *vt, vi pt of* **wake**
woken ['woʊ·kən] *vt, vi pp of* **wake**
wolf [wʊlf] **I.** <wolves> *n* **1.** (*animal*) lupo *m* **2.** *inf* (*seducer*) dongiovanni *m inv* ▶ **to keep the ~ from the door** sbarcare il lunario; **a ~ in sheep's clothing** un lupo in veste d'agnello; **to cry ~** gridare al lupo; **to throw sb to the wolves** dare qu in pasto ai leoni **II.** *vt inf* ingollare
wolfhound *n* cane *m* lupo
wolf whistle *n* fischio *m* di ammirazione
woman ['wʊ·mən] <women> *n* **1.** (*female human*) donna *f;* **the other ~** l'altra; **~ candidate** candidata *f;* **~ president** presidente *m* donna; **women's libber** femminista *f* **2.** *inf* (*man's female partner*) donna *f*
womanhood ['wʊ·mən·hʊd] *n* **1.** (*female adulthood*) l'essere *m* donna; **to reach ~** diventare donna **2.** (*women as a group*) donne *fpl*
womanish ['wʊ·mə·nɪʃ] *adj pej* effeminato, -a
womanize ['wʊ·mə·naɪz] *vi inf* andare a donne
womanizer *n* donnaiolo *m*
womankind ['wʊ·mən·kaɪnd] *n form* sesso *m* femmminile; **all ~** tutte le donne
womanly ['wʊ·mən·li] *adj* **1.** (*not manly*) femminile **2.** (*not girlish*) di donna
womb [wuːm] *n* utero *m;* **in the ~** nel grembo materno
women's center *n* consultorio *m*
women's lib *n inf abbr of* **women's liberation** liberazione *f* della donna
women's shelter *n* casa *f* di accoglienza e ospitalità per donne
won [wʌn] *vt, vi pt, pp of* **win**
wonder ['wʌn·dɚ] **I.** *vt* (*ask oneself, feel surprise*) chiedersi; **it makes you ~** ti fa pensare; **I ~ why he said that** mi chiedo perché l'abbia detto **II.** *vi* **1.** (*ask oneself*) **to ~ about sth** chiedersi qc; **to ~ about doing sth** chiedersi se fare qc **2.** (*feel surprise*) meravigliarsi; **to ~ at sth/sb** meravigliarsi di qc/qu; **I don't ~** non mi meraviglio **III.** *n* **1.** (*marvel*) meraviglia *f;* **to do** [*or* **work**] **~s** fare miracoli; **the ~s of modern technology** i miracoli della tecnologia moderna; **it's a ~ (that) ...** è un miracolo (che)...; **~s (will) never cease!** *iron* non si finisce mai di meravigliarsi! **2.** (*feeling*) meraviglia *f,* stupore *m;* **in ~** con meraviglia; **to listen in ~** ascoltare stupefatto
wonder boy *n iron inf* ragazzo *m* prodigio
wonder drug *n* rimedio *m* miracoloso
wonderful ['wʌn·dɚ·fəl] *adj* meraviglioso, -a
wonderland ['wʌn·dɚ·lænd] *n* paese *m* delle meraviglie
wonderment *n* meraviglia *f*
won't [woʊnt] = **will not** *see* **will**

woo [wu:] *vt* **1.** (*try to attract*) attirare **2.** (*court*) corteggiare

wood [wʊd] *n* **1.** (*material*) legno *m;* (*for a fire*) legna *f* **2.** *pl* (*group of trees*) bosco *m* **3.** SPORTS (*golf*) legno *m* ▶ **(to) touch** [*or* **knock on**] ~ toccare ferro; **to be out of the ~s** *inf* essere salvo

wood alcohol *n* metanolo *m*

woodcraft *n* **1.** (*outdoor skills*) conoscenza *f* dei boschi **2.** (*artistic skill*) arte *f* del lavorare il legno

woodcut *n* ART xilografia *f*

woodcutter *n* boscaiolo *m*

wooded ['wʊ·dɪd] *adj* boscoso, -a

wooden ['wʊ·dn] *adj* **1.** (*made of wood*) di legno; ~ **leg** gamba *f* di legno **2.** (*awkward*) legnoso, -a; (*smile*) inespressivo, -a

woodland ['wʊd·lənd] **I.** *n* bosco *m* **II.** *adj* boschivo, -a

woodpecker *n* picchio *m*

woodpile *n* catasta *f* di legna

wood pulp *n* TECH pasta *f* di legno

woodshed ['wʊd·ʃed] **I.** *n* legnaia *f* **II.** <-dd-> *vi sl* suonare uno strumento musicale

woodwind ['wʊd·wɪnd] MUS **I.** *n* legni *mpl* **II.** *adj* a fiato

woodwork ['wʊd·wɜ:rk] *n* (*wooden parts of building*) strutture *f pl* in legno di un edificio ▶ **to come out of the** ~ *sl* uscire allo scoperto

woodworking *n* lavorazione *f* del legno

woodworm *n inv* **1.** (*larva that attacks wood*) tarlo *m* **2.** (*damage*) tarlatura *f*

woody ['wʊ·di] **I.** <-ier, -iest> *adj* **1.** (*tough like wood: plant, stem, tissue*) legnoso, -a **2.** (*like wood: flavor*) di legno **3.** (*wooded*) boscoso, -a **II.** *n vulg* erezione *f*

woof [wu:f] **I.** *n* (*dog*) latrato *m;* **to give a loud** ~ latrare **II.** *vi* latrare; **to ~ at sb** urlare a qu

wool [wʊl] *n* lana *f*

woolen *adj,* **woollen** ['wʊ·lən] *adj* di lana

woolly *n,* **wooly** ['wʊ·li] <-ier, -iest> *adj* **1.** (*made of wool*) di lana **2.** (*wool-like*) lanoso, -a **3.** (*vague*) confuso, -a

woozy ['wu:·zi] <-ier, -iest> *adj inf* rintontito, -a

word [wɜ:rd] **I.** *n* **1.** (*unit of language*) parola *f;* **a ~ of Hebrew origin** una parola di origine ebraica; **to be a man/woman of few ~s** essere un uomo/una donna di poche parole; **to not breathe a ~ of sth** non dire una parola di qc; **to be too ridiculous for ~s** essere veramente ridicolo; **in other ~s** in altre parole; **~ for ~** parola per parola **2.** (*news*) notizie *fpl;* (*message*) messaggio *m;* **to get ~ of sth** sentire di qc; **to have ~ from sb** avere notizie da qu; **to have ~ that ...** sapere che... **3.** (*order*) ordine *m;* **a ~ of advice** un consiglio; **a ~ of warning/caution** un avvertimento; **to say the ~** dare l'ordine; **just say the ~** devi soltanto chiederlo **4.** (*promise*) parola *f* (d'onore); **to be a man/woman of one's ~** essere un uomo/una donna di parola; **to keep one's ~** mantenere la parola; **take my ~ for it!** credimi! **5.** (*statement of facts*) spiegazione *f* **6.** *pl* MUS (*lyrics*) parole *f,* testo *m* **7.** REL **the Word of God** la parola di Dio ▶ **to have a quick ~ with sb** parlare in privato con qu; **by ~ of mouth** a voce; **to put ~s in(to) sb's mouth** attribuire a qu qc che non ha detto; **to take the ~s (right) out of sb's mouth** togliere la parola di bocca a qu; **to not have a good ~ to say about sb/sth** non aver niente di buono da dire su qu/qc; **to put in a good ~ for sb** mettere una buona parola per qu; **~s fail me!** non ho parole!; **from the ~ go** fin dall'inizio; **mark my ~s!** ricordati di quanto ho detto!; **to mince one's ~s** misurare le parole; **to not mince one's ~s** non avere peli sulla lingua; **my ~!** per bacco! **II.** *vt* esprimere

wording *n* **1.** (*words used*) parole *fpl* **2.** (*style*) stile *m*

wordless ['wɜ:rd·ləs] *adj* muto, -a

word order *n* LING ordine *m* delle parole

wordplay ['wɜ:rd·pleɪ] *n* gioco *m* di parole

word processing *n* COMPUT videoscrittura *f*

word processor *n* COMPUT programma *m* di videoscrittura

word wrap *n* COMPUT a capo *m* automatico

wordy ['wɜːr·di] <-ier, iest> *adj pej* prolisso, -a

wore [wɔːr] *vt, vi pt of* **wear**

work [wɜːrk] **I.** *n* **1.** (*useful activity, employment, place of employment*) PHYS lavoro *m;* **to be hard ~ (doing sth)** essere dura (fare qc); **to set sb to ~** mettere a lavorare qu; **good ~!** bravo!; **to be out of ~** essere disoccupato **2.** (*product*) *a.* ART, MUS opera *f;* **reference ~** opera *f* di consultazione **3.** *pl + sing/pl vb* (*factory*) fabbrica *f;* **steel ~s** acciaieria *f* **4.** *pl* TECH (*of a clock*) meccanismo *m* ▶ **to have one's ~ cut out to do sth** non essere facile per qu fare qc; **to make short ~ of sb** sbrigarsela in fretta con qu; **to make short ~ of sth** fare fuori qc rapidamente; **to get to ~ on sb/sth** *inf* lavorarsi qu/qc; **the ~s** *inf* tutto quanto; **give me a pizza with the ~s** voglio una pizza con tutto **II.** *vi* **1.** (*do job,*) lavorare; **to ~ abroad** lavorare all'estero; **to ~ as a teacher** fare l'insegnante **2.** (*be busy*) essere occupato; **to get ~ing** mettersi al lavoro; **to ~ hard** lavorare sodo; **to ~ to do sth** impegnarsi a fare qc **3.** TECH (*be successful*) funzionare; **to get sth to ~** far funzionare qc **4.** MED fare effetto **5.** (*have an effect*) **to ~ against sb/sth** agire contro qu/qc; **to ~ against/for a candidate** risultare a sfavore/a favore di un candidato; **to ~ both ways** essere un'arma a doppio taglio **6.** (*move*) **to ~ (somewhere)** spostarsi (da qualche parte) **7.** + *adj* (*become*) **to ~ free** liberarsi; **to ~ loose** allentarsi **8.** *liter* (*change expression: sb's face*) contrarsi ▶ **to ~ like a charm** funzionare a meraviglia; **to ~ like a dog to ~ like a slave** lavorare come un mulo; **to ~ around to sth** prepararsi a poco a poco per qc **III.** *vt* **1.** (*make sb work*) **to ~ sb hard** far lavorare molto qu; **to ~ oneself to death** ammazzarsi di lavoro; **to ~ a forty-hour week** avere una settimana lavorativa di quaranta ore **2.** TECH (*operate*) far funzionare; **to be ~ed by sth** essere azionato da qc **3.** (*move back and forward*) muovere; **to ~ sth free** liberare qc; **to ~ sth loose** allentare qc; **to ~ one's way along sth** farsi strada lungo qc **4.** (*bring about*) produrre; (*a miracle*) fare; **to ~ it** [*or* **things**] **so that ...** fare in modo che... +*subj* **5.** (*shape*) modellare; (*bronze, iron*) lavorare **6.** FASHION (*embroider*) ricamare **7.** MIN sfruttare; AGR lavorare **8.** (*pay for by working*) **to ~ one's way through college** mantenersi all'università lavorando

◆**work away** *vi* lavorare senza sosta

◆**work in** *vt* **1.** (*mix in*) amalgamare; (*on one's skin*) far penetrare **2.** (*include*) inserire; (*fit in*) trovare posto a

◆**work off** **I.** *vt* **1.** (*counter effects of: one's anger, frustration*) sfogare; (*stress*) alleviare **2.** (*pay by working*) pagare lavorando **II.** *vi* TECH separarsi

◆**work on** *vt* (*a car, project*) lavorare a; (*accent, fitness, skills*) lavorare per migliorare; (*assumption, hypothesis*) esaminare; (*person*) lavorarsi

◆**work out** **I.** *vt* **1.** (*solve*) risolvere; **to work things out** sistemare le cose **2.** (*calculate*) calcolare **3.** (*develop*) elaborare; (*a settlement, solution*) trovare; (*decide*) decidere **4.** (*understand*) capire **5.** (*complete*) completare; (*one's contract*) lavorare fino alla fine del **6.** **to be worked out** (*mine, quarry*) essere sfruttato **II.** *vi* **1.** (*give a result: a calculation, sum*) ammontare a; (*cheaper, more expensive*) risultare **2.** (*be resolved*) risolversi **3.** (*be successful*) funzionare; **to ~ for the best** finire bene **4.** (*do exercise*) allenarsi

◆**work over** *vt inf* pestare

◆**work up** *vt* **1.** (*generate: courage, energy, enthusiasm*) trovare **2.** (*arouse strong feelings*) stimolare; **to work oneself up** agitarsi **3.** (*develop*) sviluppare; (*idea, plan, sketch*) elaborare; **to work one's way up through the company** fare carriera all'interno dell'azienda

workable ['wɜːr·kə·bl] *adj* **1.** (*feasible*)

fattibile; (*compromise, plan*) realizzabile **2.** (*able to be manipulated: land, metal*) lavorabile

workaday ['wɜːr·kə·deɪ] *adj* di tutti i giorni

workaholic ['wɜrk·ə·ho·lɪk] *n* stacanovista *mf*

workbench <-es> *n* banco *m* (di lavoro)

workbook *n* quaderno *m* degli esercizi

workday *n* (*weekday*) giorno *m* lavorativo; (*time*) giornata *f* di lavoro

worker ['wɜːr·kɚ] *n* lavoratore, -trice *m, f;* (*in factory*) operaio, -a *m, f*

work force *n + sing/pl vb* popolazione *f* attiva

workhorse *n* cavallo *m* da lavoro

working **I.** *adj* **1.** (*employed*) che lavora; (*population*) attivo, -a **2.** (*pertaining to work*) lavorativo, -a; (*clothes*) da lavoro **3.** (*functioning*) funzionante **4.** (*used as basis: theory, hypothesis*) di base; **to have a ~ knowledge of sth** avere conoscenze di base di qc **II.** *n* **1.** (*activity*) funzionamento *m* **2.** (*employment*) lavoro *m*

working class ['wɜːr·kɪŋ·ˌklæs] <-es> *n* **the ~** la classe operaia

working-class *adj* operaio, -a; (*background*) umile

workload ['wɜːrk·loʊd] *n* (carico *m* di) lavoro *m;* **to have a heavy/light/unbearable ~** avere molto/poco/troppo lavoro

workman ['wɜːrk·mən] <-men> *n* operaio *m*

workmanlike ['wɜːrk·mən·laɪk] *adj* **1.** (*showing skill: performance, job*) qualificato, -a **2.** (*technically sufficient: performance*) accurato, -a

workmanship ['wɜːrk·mən·ʃɪp] *n* **1.** (*skill in working*) destrezza *f* **2.** (*work executed*) lavoro *m* **3.** (*quality of work*) esecuzione *f;* **shoddy ~** lavoro malfatto; **of fine ~** di eccellente fattura

work of art *n* opera *f* d'arte

workout ['wɜːrk·aʊt] *n* SPORTS allenamento *m*

work permit *n* permesso *m* di lavoro

workplace *n* COM posto *m* di lavoro; **safety in the ~** sicurezza *f* sul lavoro

work-sharing ['wɜːrk·ʃe·rɪŋ] *n* ripartizione *f* del lavoro

worksheet ['wɜːrk·ʃiːt] *n* foglio *m* di lavorazione

workshop ['wɜːrk·ʃɑːp] *n* **1.** (*repair place*) laboratorio *m* **2.** (*meeting for learning*) seminario *m;* **drama ~** laboratorio teatrale

workspace ['wɜːrk·speɪs] *n* COMPUT spazio *f* di lavoro

workstation *n* COMPUT stazione *f* di lavoro

work-study program *n* SCHOOL, UNIV, COM programma *m* di lavoro-studio

worktable ['wɜːrk·ˌteɪ·bl] *n* tavolo *m* di lavoro

workweek ['wɜːrk·wiːk] *n* settimana *f* lavorativa

world [wɜːrld] *n* **1.** GEO mondo *m;* **the ~'s population** la popolazione mondiale; **a ~ authority** una autorità mondiale; **the ~ champion** il campione del mondo; **the best/worst in the ~** il migliore/peggiore del mondo; **the tallest man in the ~** l'uomo più alto del mondo; **the (whole) ~ over** in tutto il mondo; **to see the ~** girare il mondo; **to travel all over the ~** viaggiare in tutto il mondo **2.** (*defined group*) **the ~ of dogs/horses** il mondo dei cani/cavalli; **the animal ~** il mondo animale; **the Christian/Muslim ~** il mondo cristiano/musulmano; **the New/Old/Third ~** il Nuovo/Vecchio/Terzo Mondo ▶ **there's a ~ of difference between ...** c'è un'enorme differenza tra...; **to have the ~ at one's feet** avere il mondo ai propri piedi; **the ~ at large** un po' tutto il mondo; **the ~ is his/her oyster** ha il mondo ai suoi piedi; **to feel on top of the ~** essere al settimo cielo; **that's the way of the ~** c'est la vie!; **to be for all the ~ like ...** essere tale e quale a...; **to be ~s apart** essere come la notte e il giorno; **to have the best of both ~s** avere il meglio di ambedue le cose; **to be dead to the ~** dormire profondamente; **to be out of this ~** *inf* essere fantastico; **it's a small ~!** il mondo è piccolo!; **I wouldn't do that for** (**all**) **the** (**money in the**) ~ non lo farei per tutto l'oro del mondo; **to move up in the** ~ *inf* prosperare; **to move down in the** ~ *inf* decadere; **to live in a ~ of one's own** vivere in un mondo tutto suo; **to mean** (**all**) **the ~ to sb** essere tutto per qu; **to think the ~ of sb/sth** avere grande ammirazione per qu/qc; **what/who/how in the ~ ...?** cosa/chi/come diavolo...?

World Bank *n* **the** ~ la Banca Mondiale

world-class *adj* a livello mondiale

World Cup *n* SPORTS **the** ~ i Mondiali; **the ~ Finals** la finale di Coppa del Mondo

world-famous [ˈwɜːrld·ˌfeɪ·məs] *adj* di fama mondiale

world language *n* lingua *f* universale

worldly [ˈwɜːrld·li] *adj* **1.** (*of physical, practical matters*) materiale; **~ goods** beni materiali **2.** (*having experience*) mondano, -a; (*manner*) sofisticato, -a; **~ wise** (*person*) esperto, -a

world power *n* potenza *f* mondiale

world record *n* SPORTS record *m* mondiale *inv*

World Series *n* World Series *f inv le finali del campionato di baseball*

World's Fair *n* fiera *f* mondiale

world-shaking *adj*, **world-shattering** *adj* **a ~ piece of news** una notizia sconvolgente

world war *n* HIST guerra *f* mondiale

world-weary [ˈwɜːrld·ˌwɪ·ri] *adj* stanco, -a; **to be** [*or* **feel**] ~ esere stanco della vita

worldwide [ˈwɜːrld·ˌwaɪd] **I.** *adj* mondiale **II.** *adv* in tutto il mondo

World Wide Web *n* COMPUT Rete *f*

worm [wɜːrm] **I.** *n* **1.** verme *m;* (*insect larva*) bruco *m;* **earth** ~ lombrico *m* **2.** (*computer virus*) virus *m inv* **II.** *vt* **1.** (*treat for worms*) dare un vermifugo a **2.** (*squeeze slowly through*) **to ~ one's way through people** farsi strada tra la gente; **to ~ oneself under sth** infilarsi sotto qc **3.** (*gain trust dishonestly*) **to ~ oneself into someone's trust** conquistarsi astutamente la fiducia di qu **4.** (*obtain dishonestly*) **to ~ a secret out of sb** estorcere un secreto a qu **III.** *vi* **to ~ through the crowd** farsi strada tra la folla

worm-eaten [ˈwɜːrm·ˌiː·tən] *adj* (*beam, table, wood*) tarlato, -a; (*fruit*) bacato, -a; (*cloth*) tarmato, -a

wormhole [ˈwɜːrm·hoʊl] *n* buco *m* (di verme/tarlo); **the cupboard was full of ~s** l'armadio era tutto tarlato

wormy [ˈwɜːr·mi] <-ier, -iest> *adj* (*full of worms: fruit*) bacato, -a; (*wood*) tarlato, -a

worn [wɔːrn] **I.** *vt, vi pp of* **wear** **II.** *adj* **1.** (*shabby, deteriorated*) logoro, -a **2.** (*exhausted: person*) sfinito, -a **3.** (*overused: expression, news, story*) vecchio, -a

worn-out [ˌwɔːrn·ˈaʊt] *adj* **1.** (*exhausted: person, animal*) sfinito, -a **2.** (*used up: clothing*) logoro, -a; (*wheel bearings*) consumato, -a

worried *adj* preoccupato, -a; **to be ~ about** [*or* **by**] **sth** essere preoccupato per qc; **I am ~ that he may be angry** ho paura che sia arrabbiato; **to be ~ sick about sb/sth** essere preoccupatissimo per qu/qc; **with a ~ expression** con aria preoccupata

worrisome [ˈwɜː·ri·səm] *adj form* preoccupante

worry [ˈwɜː·ri] **I.** <-ies> *n* **1.** (*anxiety, concern*) preoccupazione *f;* **to be a cause of ~ to sb** preoccupare qu; **to have a ~** (**about sth**) preoccuparsi (per/di qc); **do you really have no ~s about the future?** il futuro non ti preoccupa affatto? **2.** (*trouble*) problema *m;* **financial worries** problemi *m pl* economici; **it is a great ~ to me** mi preoccupa molto **II.** *vt* <-ie-, -ing> **1.** (*preoccupy, concern*) preoccupare; **she is worried that she might not be able to find another job** ha paura di non riuscire a trovare un altro impiego **2.** (*bother*) seccare **3.** (*pursue and scare*) **to ~ an animal** correre dietro a un animale **4.** (*shake around*) **to ~ sth** scuotere qc; **the dog worries the bone** il cane gioca con l'osso **III.** <-ie-, -ing> *vi* (*be preoccupied, concerned*) **to ~** (**about sth**) preoccuparsi (di/per qc); **don't ~!** stai tranquillo!; **not to ~!** *inf* non fa niente!

worrying *adj* preoccupante

worse [wɜːrs] **I.** *adj comp of* **bad** peggiore; **to be ~ than ...** essere peggiore di...; **to be even/much ~** essere anche/molto peggiore; **he was none the ~ for it** no gli è successo niente; **from bad to ~** di male in peggio; **to get ~ and ~** andare sempre peggio; **it could have been ~** poteva andare peggio; **to make matters ~ ...** a peggiorare le cose...; **so much the ~ for her!** tanto peggio per lei!; **~ luck** *inf* sfortunatamente; **to get ~** peggiorare; **if he gets any ~ ...** se peggiora ancora... **II.** *n* **the ~** il peggio; **to change for the ~** peggiorare; **to have seen ~** aver visto di peggio; **~ was to follow** il peggio doveva ancora venire **III.** *adv comp of* **badly** peggio; **to do sth ~ than ...** fare qc peggio di/che...; **he did ~ than he was expecting in the exams** gli esami gli sono andati peggio di quanto si aspettasse; **to be ~ (off)** stare peggio

worsen ['wɜːr·sən] *vi, vt* peggiorare

worship ['wɜːr·ʃɪp] **I.** *vt* <-pp-, -p-> **1.** *a.* REL adorare; **to ~ money/sex** essere ossessionato dai soldi/dal sesso **2.** (*feel great admiration for*) idolatrare ▶ **to ~ the ground sb walks on** baciare la terra su cui qu cammina **II.** *vi* <-pp-, -p-> REL pregare **III.** *n* **1.** (*adoration*) adorazione *f*, venerazione *f* **2.** *a.* REL culto *m;* (*religious service*) funzione *f*

worshipper *n* REL fedele *mf;* **hundreds of ~s attended the ceremony** centinaia di fedeli hanno assistito alla cerimonia; **devil ~** seguace *mf* di setta satanica

worst [wɜːrst] **I.** *adj superl of* **bad; the ~** il/la peggiore; **the ~ soup I've ever eaten** la peggior minestra che abbia mai mangiato; **the ~ mistake** l'errore più grave **II.** *adv superl of* **badly** peggio; **to be ~ hit/affected by sth** essere il più gravemente colpito da qc **III.** *n* (*most terrible one, time, thing*) **the ~** il peggio; **the ~ of it is that ...** il peggio è che...; **the ~ is over now** il peggio ora è passato; **at ~** nel peggiore dei casi; **she's at her ~ in the morning** la mattina non è al meglio; **this problem has shown him at his ~** questo problema ha tirato fuori il suo lato peggiore; **to fear the ~** temere il peggio; **~ of all** il peggio ▶ **if (the) ~ comes to (the) ~** alla peggio; **to get the ~ of it** (*suffer the worst*) soffrire di più

worsted ['wʊs·tɪd] *n* (*fabric*) pettinato *m* di lana

worth [wɜːrθ] **I.** *n* **1.** (*excellence, importance, monetary value: of a person*) valore *m;* **to prove one's ~** dimostrare quanto si vale; **to be of great/little ~ to sb** avere grande/poco valore per qu; **4 thousand dollars ~ of gift items** regali per un valore di quattromila dollari; **to get one's money's ~ from sth** sfruttare al meglio qc **2.** (*wealth*) fortuna *f* **II.** *adj* **1.** *a.* COM, FIN, ECON **to be ~ ...** valere...; **it is ~ about $200 000** è stato valutato circa 200 000 dollari; **it's ~ a lot to me** ha un grande valore per me; **to be ~ millions** *inf* essere milionario **2.** (*significant enough, useful*) **to be ~ ...** meritare...; **to be ~ a mention** meritare di essere ricordato; **it's not ~ arguing about!** non vale la pena discuterne!; **it is ~ seeing** va visto; **it's ~ remembering that ...** si ricorda che...; **it is (well) ~ a visit/listen** merita una visita/di essere ascoltato; **it's ~ a try** vale la pena provare ▶ **to be ~ sb's while (doing sth)** valere la pena (che qu faccia qc); **to make sth ~ sb's while** ricompensare qu per qc; **if a thing is ~ doing, it's ~ doing well** *prov* se vale la pena fare qualcosa tanto vale farla bene; **to do sth for all one's ~** fare qc con tutte le proprie forze; **for what it's ~** *inf* se serve a qc; **to be (well) ~ it** valerne la pena

worthless ['wɜːrθ·ləs] *adj* **1.** (*of no monetary value*) di nessun valore **2.** (*of no significance, use*) inutile

worthwhile [ˌwɜːrθ·'hwaɪl] *adj* **1.** (*profitable, beneficial*) che vale la pena; **it's not ~ making such an effort** non vale la pena impegnarsi tanto; **it isn't financially ~ for me** non vale economicamente la pena per me **2.** (*useful*) utile

worthy ['wɜːr·ði] **I.** <-ier, -iest> *adj* **1.** *form* (*admirable*) encomiabile; (*principle, cause*) nobile **2.** (*appropriate for, to*) degno, -a; **to be ~ of sth** meritare qc; **to be ~ of attention** meritare attenzione **II.** <-ies> *n iron* (*important person*) personalità *f inv*

would [wʊd] *aux pt of* **will** **1.** (*future in the past*) **he said he ~ do it later on** disse che lo avrebbe fatto dopo **2.** (*future seeing past in the past*) **we thought they ~ have done it before** pensammo che lo avrebbero fatto prima **3.** (*intention in the past*) **he said he ~ always love her** disse che l'avrebbe sempre amata **4.** (*shows possibility*) **I'd go myself, but I'm too busy** ci andrei io, ma sono troppo impegnato; **it ~ have been very boring to do that** sarebbe stato molto noioso farlo **5.** (*conditional*) **what ~ you do if you lost your job?** cosa faresti se tu rimanessi senza lavoro?; **I ~ have done it if you had asked** lo avrei fatto se tu l'avessi chiesto **6.** (*polite request*) **if you ~ just wait a moment, I'll see if I can find her** se aspetta un attimo, vado a cercarla; **~ you phone him, please?** mi farebbe la cortesia di chiamarlo?; **~ you mind saying that again?** le dispiacerebbe ripetere?; **~ you like ...?** vuole...?; **~ you like me to come with you?** vuoi che ti accompagni? **7.** (*regularity in past*) **they ~ help each other with their homework** si aiutavano a fare i compiti **8.** (*stresses as being typical*) **of course the bus ~ be late when I'm in a hurry** come sempre l'autobus è in ritardo quando ho fretta; **he ~ say that, wouldn't he?** c'era da aspettarselo che lo dicesse, no? **9.** (*courteous opinion*) **I ~ imagine that ...** suppongo che...; **I ~n't have thought that ...** non avrei mai pensato che... **10.** (*probably*) **the guy on the phone had an Australian accent — that ~ be Tom, I expect** il ragazzo al telefono aveva l'accento australiano — doveva essere Tom **11.** (*shows preference*) **I ~ rather have water** preferisco l'acqua; **I ~ rather die than do that** preferirei morire piuttosto di fare una cosa simile **12.** (*offering polite advice*) **I ~n't worry, if I were you** al tuo posto non mi starei a preoccupare **13.** (*asking motives*) **why ~ anyone want to do something like that?** per quale motivo uno farebbe una cosa del genere? **14.** (*shows a wish*) **ah, ~ I were richer and younger!** ah, se fossi più ricco e più giovane!; **~ that he were here!** ah se solo fosse qui lui!

would-be ['wʊd·biː] *adj* **1.** (*wishing to be*) aspirante; **a ~ politician** un aspirante politico **2.** (*pretending to be*) sedicente

wouldn't ['wʊ·dənt] = **would not** *see* **would**

wound[1] [waʊnd] *vi, vt pt, pp of* **wind**[2]

wound[2] [wuːnd] **I.** *n* ferita *f;* **a gunshot/war ~** una ferita da arma da fuoco/di guerra; **a leg ~** una ferita alla gamba **II.** *vt a. fig* ferire

wounded **I.** *adj a. fig* ferito, -a **II.** *npl* **the ~** i feriti

wove [woʊv] *vt, vi pt of* **weave**

woven ['woʊ·vən] **I.** *vt, vi pp of* **weave** **II.** *adj* (*made by weaving*) tessuto, -a

wow [waʊ] *inf* **I.** *interj* (*demonstrates surprise, excitement*) caspita! **II.** *n* (*hit, popular item*) successone *m;* **to be a ~ with the public** incontrare il favore del pubblico **III.** *vt* (*delight*) **to ~ sb** far impazzire qu

wpm, w.p.m. *abbr of* **words per minute** ppm

wrangle ['ræŋ·gl] **I.** <-ling> *vi* **1.** (*argue, debate angrily*) accapigliarsi; **to ~ (with sb) about sth** discutere (con qu) per qc **2.** (*round up cattle*) radunare il bestiame **II.** *vt* (*round up: horses, cattle*) radunare **III.** *n* (*intricate argument*) lite *f;* **a ~ about sth** una lite per qc

wrap [ræp] **I.** *n* **1.** (*robe-like covering*) accappatoio *m* **2.** (*shawl*) scialle *m* **3.** (*protective covering material*) involucro *m;* **foil** ~ carta *f* d'alluminio ▶ **to keep sth under ~s** tenere qc segreto; **to take the ~s off (of) sth** svelare qc **II.** *vt* <-pp-> **to ~ sth (up) (in a blanket)** avvolgere qc (con una coperta); **~ the glasses in plenty of paper** avvolgi bene i bicchieri con la carta; **to ~ sth around sth/sb** avvolgere qc/qu con qc; **he ~ped a scarf around his neck** si avvolse una sciarpa al collo; **to ~ one's fingers around sth** stringere qc tra le dita; **to ~ one's arms around sb** abbracciare qu; **a matter ~ped in secrecy** una questione avvolta nel mistero

◆**wrap up** **I.** *vt* <-pp-> **1.** (*completely cover*) avvolgere; **to wrap oneself/sb up (against the cold)** (*dress warmly*) coprirsi (per proteggersi dal freddo) **2.** *inf* (*finish well*) portare a buon fine; (*deal*) concludere; (*problem*) mettere fine a; **that wraps it up for today** questo è tutto per oggi **II.** *vi* **1.** (*dress warmly*) coprirsi; **to ~ well/warm** coprirsi bene **2.** (*be absorbed in*) **to be wrapped up in sth** essere assorto in qc **3.** (*finish*) terminare

wraparound ['ræp·ə·ˌraʊnd] *adj* (*skirt, dress*) a portafoglio; (*sunglasses*) avvolgente

wrapper ['ræ·pɚ] *n* **1.** (*packaging*) involucro *m;* (*for a book*) sovraccoperta *f* **2.** (*robe-like covering*) accappatoio *m*

wrapping paper *n* (*plain*) carta *f* da pacchi; (*for presents*) carta *f* da regalo

wrath [ræθ] *n liter* (*fury, anger*) ira *f*

wreath [ri:θ] <wreaths> *pl n* (*of flowers, greenery*) ghirlanda *f;* (*of smoke*) spirale *f*

wreck [rek] **I.** *vt* **1.** (*damage, demolish*) distruggere; (*ship*) far naufragare **2.** (*hopes, plan*) rovinare; **to ~ sb's life** distruggere la vita di qu **II.** *n* **1.** NAUT naufragio *m;* AUTO distruzione *f* **2.** (*ship*) relitto *m;* **~ of a car/a plane** una carcassa d'auto/d'aereo; **an old ~** un rottame **3.** *inf* (*any derelict thing*) resti *mpl;* (*mess*) caos *m;* **to feel like a complete ~** sentirsi a pezzi; **to be a nervous ~** avere i nervi a pezzi

wreckage ['re·kɪdʒ] *n* (*of ship, car, plane*) resti *mpl;* (*of building*) rovine *fpl,* macerie *fpl*

wrecker ['re·kɚ] *n* **1.** (*tow truck*) carro *m* attrezzi **2.** (*worker who demolishes houses*) demolitore *m;* (*worker who demolishes cars*) sfasciacarrozze *m inv* **3.** (*person who causes shipwrecks*) *persona che provoca di proposito il naufragio di una nave per poi saccheggiarla* **4.** (*hooligan*) teppista *mf*

wren [ren] *n* scricciolo *m*

wrench [rentʃ] **I.** *vt* **1.** *a. fig* (*jerk and twist out*) strappare; **to ~ sth from sb** strappare qc a qu; **to ~ oneself away** liberarsi con uno strattone; **to ~ sb/sth from sb/sth** strappare qu/qc a qu/qc **2.** (*injure*) **to ~ one's ankle** slogarsi una caviglia; **to ~ one's shoulder** lussarsi una spalla **II.** *n* **1.** TECH (*spanner*) chiave *f* **2.** (*twisting jerk*) strattone *m;* **to give sb a ~** dare uno strattone qu **3.** (*injury*) distorsione *f;* **to give one's ankle a ~** slogarsi una caviglia **4.** (*pain caused by a departure*) strazio *m (causato da una separazione);* **what a ~, seeing you board the plane!** che strazio, vederti salire sull'aereo!

wrestle ['re·sl] SPORTS **I.** <-ling> *vt a. fig a.* SPORTS lottare con; **to ~ sb** lottare con qu [*or* contro]; **to ~ sb to the ground** atterrare qu **II.** <-ling> *vi* lottare; **to ~ professionally** lottare a livello agonistico **III.** *n* lotta *f*

wrestler *n* lottatore, -trice *m, f*

wrestling *n* SPORTS lotta *f;* **freestyle ~** lotta libera

wrestling bout *n,* **wrestling match** *n* SPORTS combattimento *m* di lotta

wretch [retʃ] <-es> *n* **1.** (*unfortunate person*) disgraziato, -a *m, f;* **a poor ~** un povero diavolo **2.** (*mean person*) spilorcio, -a *m, f;* (*mischievous person*) mascalzone, -a *m, f*

wretched ['ret·ʃɪd] *adj* **1.** (*miserable, pitiable: life, person*) disgraziato, -a; **to be in a ~ state** essere in condizioni pietose; (*house*) squallido, -a **2.** (*despicable*) spregevole **3.** (*very bad, awful: weather*) da cani; **to feel ~** stare da cani **4.** (*expressing annoyance*) **my**

~ car's broken down again! questa macchina del cavolo si è guastata un'altra volta!

wriggle ['rɪ·gl] I. <-ling> *vi* 1. (*squirm around*) contorcersi 2. (*move forward by twisting*) serpeggiare; **to ~ through sth** attraversare qc serpeggiando; **to ~ out of sth** *fig inf* tirarsi fuori da qc II. <-ling> *vt* (*jiggle back and forth*) dimenare; (*body, hand, toes*) muovere; **to ~ oneself into sth** infilarsi in qc (dimenandosi); **to ~ (one's way) out of sth** sgusciare fuori da qc III. *n* dimenamento *m;* **with a ~, she managed to crawl through the gap** dimenandosi, riuscì a passare attraverso il buco

wring [rɪŋ] <wrung, wrung> *vt* 1. (*twist forcibly, twist to squeeze out*) torcere; **to ~ one's hands** torcersi le mani; **to ~ sb's neck** *inf* torcere il collo a qu; **to ~ water out of a shirt** strizzare una camicia 2. (*extract forcibly*) **to ~ the truth out of sb** tirar fuori la verità a qu 3. (*cause pain to*) **to ~ sb's heart** stringere il cuore a qu

wringer ['rɪŋ·ɚ] *n* strizzatoio *m* ▶ **to put sb through the ~** *inf* mettere qu sotto torchio

wrinkle ['rɪŋ·kl] I. *n* (*fold, crease*) ruga *f* ▶ **to iron the ~s out** appianare le difficoltà II. <-ling> *vi* (*form folds, creases*) sgualcirsi; (*apple, fruit*) avvizzire III. <-ling> *vt* (*make have folds, creases*) sgualcire ▶ **to ~ one's brow** corrugare la fronte

wrinkled *adj*, **wrinkly** ['rɪŋk·li] *adj* (*clothes*) sgualcito, -a; (*face, skin*) rugoso, -a; (*apple, fruit*) avvizzito, -a

wrist [rɪst] *n* 1. ANAT polso *m;* **to slash one's ~s** tagliarsi le vene 2. (*of a garment*) polsino *m*

wristband ['rɪst·bænd] *n* 1. (*end of sleeve, sweatband*) polsino *m* 2. (*strap*) cinturino *m*

wristlet *n* polsino *m*

wristwatch <-es> *n* orologio *m* da polso

writ [rɪt] *n* mandato *m;* **~ of summons** mandato *f* di comparizione; **to issue a ~ against sb** emanare un mandato contro qu; **to serve a ~ on sb** presentare un mandato a qu

write [raɪt] <wrote, written, writing> I. *vt* 1. scrivere; **to ~ sth in capital letters** scrivere qc in stampatello; **to ~ a book/a thesis** scrivere un libro/una tesi; **he wrote me a poem** mi ha scritto una poesia; **to ~ sb** scrivere a qu; **to ~ sb a check** fare un assegno a qu 2. MUS comporre; **to ~ a song** scrivere una canzone 3. COMPUT (*save*) salvare; **to ~ sth to a disk** salvare qc su un dischetto ▶ **to be nothing to ~ home about** non essere niente di straordinario II. *vi* 1. scrivere; **to ~ clearly/legibly** scrivere in modo chiaro/leggibile; **to ~ to sb** scrivere a qu; **to ~ about sth** scrivere di/su qc; **to ~ for a newspaper** scrivere per un giornale 2. COMPUT (*save*) **to ~ to sth** salvare su qc

◆**write away** *vi* **to ~ for sth** (*brochures, information*) scrivere per chiedere qc

◆**write back** I. *vt* **to write (sb/sth) back** rispondere (a qu/qc) II. *vi* rispondere

◆**write down** *vt* scrivere, appuntare

◆**write in** I. *vi* (*send a letter to*) scrivere II. *vt* 1. (*insert*) scrivere; **to write sth in a space** scrivere qc in uno spazio 2. LAW (*put in: clause*) inserire 3. TV, CINE (*character*) inserire

◆**write off** I. *vi* (*send away to ask for*) **to ~ for** (*brochures, information*) mandare a chiedere per iscritto II. *vt* 1. (*give up doing*) abbandonare 2. (*abandon as no good*) **to write sth/sb off as useless** scartare qc/qu in quanto inutile 3. FIN (*debt*) cancellare

◆**write out** *vt* 1. (*put into writing*) scrivere 2. (*copy*) ricopiare 3. (*fill in*) riempire; **to write a check out to sb** fare un assegno a qu 4. (*remove from*) eliminare; **to write sb out of a will** diseredare qu

◆**write up** *vt* mettere per iscritto; (*article, report, thesis*) redigere; **to ~ a concert** recensire un concerto

write-in ['raɪt·ɪn] *adj* POL **a ~ candidate** un candidato fuori lista

write-off ['raɪt·ɒf] *n* **1.** FIN (*cancellation*) cancellazione *f* di un debito **2.** (*sth reduced in value*) **the camera was a complete ~** la macchina fotografica ha subito una notevole svalutazione

write-protected ['raɪt·prə·'tek·təd] *adj* COMPUT protetto, -a da sovrascrittura

writer ['raɪ·t̬ɚ] *n* **1.** (*person*) scrittore, -trice *m, f;* **~ of children's books** autore, -trice *m, f* di libri per bambini **2.** COMPUT **CD-ROM/DVD ~** masterizzatore *m* CD-ROM/DVD

write-up ['raɪt·ʌp] *n* ART, THEAT, MUS recensione *f*

writhe [raɪð] <writhing> *vi* **1.** (*squirm and twist around*) contorcersi; **to ~ (around) in pain** contorcersi dal dolore **2.** (*be uncomfortable: with embarrassment*) sentirsi a disagio; **to make sb ~** mettere a disagio qu

writing ['raɪ·t̬ɪŋ] *n* **1.** (*handwriting*) calligrafia *f;* **in ~** per iscritto; **to put sth in ~** mettere qc per iscritto; **there was some ~ in the margin of the page** c'era qualcosa scritto nel margine della pagina **2.** *a.* LIT la scrittura; **she likes ~** le piace scrivere **3.** LIT, THEAT (*process*) redazione *f;* **creative ~** scrittura *f* creativa **4.** LIT, THEAT (*written work*) opera *f;* **women's ~** letteratura *f* femminile **5.** LIT (*style*) stile *m* ▶ **the ~ is on the <u>wall</u>** ci sono chiari segnali

writing desk *n* scrivania *f*

writing pad *n* blocco *m*

writing paper *n* carta *f* da lettere

written **I.** *vt, vi pp of* **write** **II.** *adj* (*recorded in writing*) scritto, -a ▶ **to have <u>guilt</u> ~ all over one's face** avere scritto in faccia che si è colpevoli; **the ~ <u>word</u>** la lingua scritta

wrong [rɑːŋ] **I.** *adj* **1.** (*not right: answer*) sbagliato, -a, errato, -a; **to be ~ about sth/sb** sbagliarsi su qc/qu; **he is ~ in thinking that ...** si sbaglia se pensa che...; **to be in the ~ place** essere nel posto sbagliato; **to be plainly ~** sbagliarsi di grosso; **to get the ~ number** sbagliare numero; **sorry, you've got the ~ number!** guardi, ha sbagliato numero; **to go the ~ direction** sbagliare direzione; **to prove sb ~** dimostrare che qu si sbaglia **2.** (*not appropriate*) inopportuno, -a; **to do/say the ~ thing** fare una gaffe; **she's the ~ person for the job** non è la persona adatta per questo lavoro; **this is the ~ time to ...** non è il momento opportuno per...; **the ~ side of town** una zona malfamata della città **3.** (*bad*) **is there anything ~?** cosa c'è che non va?; **what's ~ with you today?** cosa ti succede oggi?; **there's nothing ~ with your stomach** non ha niente allo stomaco; **something's ~ with the television** la televisione non funziona bene **4.** LAW, REL **it is ~ to do that** non si deve farlo; **it was ~ of him (to do that)** ha fatto male (a farlo); **what's ~ with that?** cosa c'è di sbagliato in questo? ▶ **to fall into the ~ <u>hands</u>** cadere in cattive mani; **to go down the ~ <u>way</u>** (*food, drink*) andare di traverso **II.** *adv* **1.** (*incorrectly*) erroneamente; **to do sth ~** far male qc; **to get sth ~** sbagliare qc; **to get it ~** capire male; **you got it ~ — it's Maria who's coming, not Marina** hai capito male — viene Maria, non Marina; **don't get me ~** non mi fraintendere; **to go ~** sbagliarsi; (*stop working*) guastarsi; (*fail*) andare male; **after 300 feet turn to the left, you can't go ~** dopo 100 m giri a sinistra, non si può sbagliare **2.** (*in a morally reprehensible way*) **to do sth ~** fare qc di male **III.** *n* **1.** *a.* LAW, REL male *m;* **(to know) right from ~** saper distinguere il bene dal male; **to put sb in the ~** dare torto a qu **2.** (*unjust action*) ingiustizia *f;* **to do sb (a) ~ (in doing sth)** commettere un'ingiustizia verso qu (facendo qc); **to right a ~** rimediare a un'ingiustizia; **to suffer a ~** subire un'ingiustizia ▶ **to <u>do</u> ~** agire male; **he can <u>do</u> no ~** non fa mai niente di male; **to be <u>in</u> the ~** (*not right, mistaken*) avere torto; (*do something bad*) agire male **IV.** *vt form* **to ~ sb** (*treat unjustly*) fare un torto a qu; (*judge unjustly*) giudicare male qu

wrongdoer ['rɑːŋ·ˌduː·ɚ] *n* malfattore, -trice *m, f*

wrongdoing *n* disonestà *f;* **to accuse**

sb of ~ accusare qu di azioni illecite

wrongful *adj* **1.** (*unfair*) ingiusto, -a **2.** LAW (*unlawful: arrest*) illegale; (*dismissal*) senza giusta causa

wrong-headed *adj pej* (*person*) irragionevole; (*concept, idea, plan*) insensato, -a

wrongly *adv* mal; (*spell*) incorrettamente; (*believe, state*) erroneamente; (*accuse, convict*) ingiustamente

wrote [roʊt] *vi, vt pt of* **write**

wrought [rɑːt] *adj form* (*crafted*) lavorato, -a; (*metal*) battuto, -a

wrought iron *n* ferro *m* battuto

wrought-up [rɔːt·ˈʌp] *adj* nervoso, -a; **to be/get** ~ (**about sth**) essere nervoso/innervosirsi (per qc)

wrung [rʌŋ] *vt pt, pp of* **wring**

wry [raɪ] <wrier, wriest *or* wryer, wryest> *adj* **1.** (*dry and ironic: comments, humor*) caustico, -a; **a ~ smile** un sorriso beffardo **2.** (*showing dislike*) **to make a ~ face** arricciare il naso

WSW *abbr of* **west-southwest** OSO

wt. *n abbr of* **weight** peso *m*

WV *n abbr of* **West Virginia** Virginia *f* Ovest

WWI *n abbr of* **World War I** Prima Guerra *f* Mondiale

WWII *n abbr of* **World War II** Seconda Guerra *f* Mondiale

WWW *n abbr of* **World Wide Web** COMPUT WWW *m*

WY *n abbr of* **Wyoming** Wyoming *m*

Wyoming *n* Wyoming *m*

X, x [eks] *n* **1.** X, x *f;* ~ **for X-ray** X come Xeres **2.** MAT x *f* **3.** (*symbol for kiss*) un bacio; **love, Katy** ~ baci, Katy

xenophobia [ˌze·nə·ˈfoʊ·biə] *n* xenofobia *f*

xenophobic [ˌzen·ə·ˈfoʊ·bɪk] *adj* xenofobo, -a

Xerox®, xerox [ˈzɪr·aks] **I.** *n* fotocopia *f* **II.** *vt* fotocopiare

Xmas [ˈkrɪs·məs] *n abbr of* **Christmas** Natale *m*

X-ray [ˈeks·reɪ] **I.** *n* (*photo*) radiografia *f* **II.** *vt* radiografare, fare una radiografia a qu

xylophone [ˈzaɪ·lə·foʊn] *n* MUS xilofono *m*

Y, y [waɪ] *n* Y, y *f;* ~ **for Yankee** Y come yacht

yacht [jɑːt] *n* yacht *m inv;* ~ **race** regata *f*

yard[1] [jɑrd] *n* (*3 feet*) iarda *f (0,91 m);* **it's about a hundred ~s down the road** è a un centinaio di metri da qui

yard[2] [jɑrd] *n* **1.** (*enclosed paved area*) cortile *m* **2.** (*land next to house*) pratino *m* **3.** (*work area*) cantiere *m;* **shipbuilding** ~ cantiere *m* navale **4.** (*outside area used for storage*) deposito *m;* **wood** ~ deposito *m* di legna **5.** (*enclosure for livestock*) recinto *m*

yawn [jɑːn] **I.** *vi* sbadigliare **II.** *n* sbadiglio *m*

yawning *adj* (*wide and deep*) enorme

year [jɪr] *n* **1.** (*twelve months*) anno *m;* ~ **of birth** anno di nascita; ~ **in,** ~ **out** per anni; **fiscal** ~ FIN anno contabile; **leap** ~ anno bisestile; **all** (**the**) ~ **round** (durante) tutto l'anno; **every other** ~ ogni due anni; **happy new ~!** buon anno!; **last/next** ~ l'anno scorso/prossimo; **$5000 a** ~ 5000 dollari all'anno; **this** ~ quest'anno; **I'm eight ~s old** ho otto anni; **~s ago** anni fa; **I haven't seen her for ~s** è tantissimo che non la vedo; **over the ~s** nel corso degli anni **2.** SCHOOL, UNIV anno *m;* **the academic** ~ l'anno accademico ▶ **to <u>put</u> ~s on sb** invecchiare qu; **to <u>take</u> ~s off** (**of**) **sb** ringiovanire qu

yearbook [ˈjɪr·bʊk] *n* annuario *m*

yearly **I.** *adj* (*happening every year*) annuale **II.** *adv* (*every year*) annualmente

yeast [jiːst] *n* lievito *m*

yell [jel] **I.** *n* **1.** (*loud shout*) urlo *m* **2.** (*chant*) grido d'incitamento **II.** *vi, vt* (*shout loudly*) urlare; **to ~ at sb** (**to do sth**) urlare a qu (di fare qc)

yellow ['je·loʊ] **I.** *adj* **1.** (*color*) giallo, -a; **to turn** [*or* **go**] ~ ingiallire **2.** *pej inf* (*cowardly*) vigliacco, -a **II.** *n* giallo *m;* ~ **of an egg** tuorlo *m* d'uovo **III.** *vi, vt* ingiallire

Yellow Pages® *npl* **the** ~ le Pagine Gialle®

yes [jes] *adv* **1.** (*affirmative answer*) sì; ~**, sir/ma'am** sì, signore/signora; ~**, please** sì, grazie; **I'm not a very good cook —** ~ **you are** non sono un bravo cuoco — sì che lo sei; ~ **indeed** certo che sì; ~**, of course!** sì, certo! **2.** (*as question*) ~**?** TEL sì?; **Johnny? — yes? — can I have a word?** Johnny — sì? — posso parlarti? **3.** (*indicating doubt*) **oh** ~**?** davvero?

yesterday ['jes·tə·deɪ] **I.** *adv* ieri; ~ **morning** ieri mattina; **the day before** ~ l'altroieri **II.** *n* ieri *m*

yet [jet] **I.** *adv* **1.** (*up to a particular time*) ancora; **not** ~ non ancora; **she hasn't told him** ~ non glielo ha ancora detto; **as** ~ finora; **her best/worst film** ~ il suo migliore/peggiore film fino ad ora; **isn't supper ready** ~**?** non è ancora pronta la cena?; **can you see the lighthouse** ~**?** si vede già il faro?; **the best is** ~ **to come** il meglio deve ancora venire **2.** (*in addition*) ~ **again** un'altra volta; ~ **more food** ancora più roba da mangiare **3.** + *comp* (*even*) ~ **bigger/more beautiful** ancora più grande/bello **4.** (*despite that*) eppure **5.** (*in spite of everything*) nonostante tutto; **you'll do it** ~ lo finirai **II.** *conj* tuttavia

YHA *n abbr of* **Youth Hostel Association** *Associazione Alberghi della Gioventù*

Yiddish ['jɪ·dɪʃ] *adj, n* yiddish *m*

yield [ji:ld] **I.** *n* **1.** (*amount produced*) produzione *f;* AGR raccolto *m* **2.** COM, FIN (*profits*) rendimento *m;* (*interest*) interesse *m;* **fixed/variable** ~ rendita *f* fissa/variabile **II.** *vt* **1.** (*provide: results*) dare **2.** AGR (*produce*) produrre **3.** COM, FIN fruttare; **to** ~ **8% interest** dare un interesse dell'8% **4.** (*give up*) **to** ~ **ground** cedere terreno **III.** *vi* **1.** AGR, COM, FIN essere produttivo **2.** (*give way*) **to** ~ **to temptation** cedere alla tentazione **3.** (*surrender*) arrendersi

yippee ['jɪp·i] *interj inf* urrà

YMCA [ˌwaɪ·em·si·'eɪ] *abbr of* **Young Men's Christian Association** *Associazione Cristiani dei Giovani*

yolk [joʊk] *n* tuorlo *m*

you [ju:] *pron pers* **1.** *2nd pers sing* tu *pl:* voi; **I see** ~ ti/vi vedo; **do** ~ **see me?** mi vedi/vedete?; **I love** ~ ti/vi amo; **it is for** ~ è per te/voi; **older than** ~ più grande di te/voi; **if I were** ~ se fossi in te/voi; ~**'re my brother** sei mio fratello **2.** (*2nd person sing, polite form*) lei; ~ **have a car** ha una macchina; ~**'re going to Toronto** va a Toronto

you'd [ju:d] = **you would** *see* **would**

you'll [ju:l] = **you will** *see* **will**

young [jʌŋ] **I.** *adj* **1.** *a.* GEO (*not old*) giovane; ~ **children** bambini *m pl* piccoli; **a** ~ **man** un ragazzo; ~ **people/persons** i giovani; **sb's** ~**er brother/son** il fratello/figlio minore di qu; **the** ~**er generation** la nuova generazione **2.** (*junior*) **old Mr. Brown and** ~ **Mr. Brown** il Sig. Brown padre e il Sig. Brown figlio **3.** (*young-seeming: appearance, clothes*) giovanile **4.** (*pertaining to youth: love*) giovanile; **in my** ~**(er) days** quando ero giovane ► **you're only** ~ <u>**once**</u>**!** si vive una volta sola! **II.** *n pl* **1.** (*young people*) **the** ~ i giovani **2.** ZOOL (*offspring*) piccoli *mpl*

youngster ['jʌŋks·tə] *n* giovane *mf*

your [jʊr] *adj pos* **1.** *2nd pers sing* tuo, -a *pl:* vostro, -a **2.** (*2nd pers sing: polite form*) suo, -a

you're [jʊr] = **you are** *see* **be**

yours [jʊrz] *pron pos* **1.** *sing:* (il) tuo, (la) tua, (i) tuoi, (le) tue *pl:* (il) vostro, (la) vostra, (i) vostri, (le) vostre; **this glass is** ~ questo bicchiere è il tuo/vostro **2.** *polite form* (il) suo, (la) sua, (i) suoi, (le) sue; ~ **truly** cordiali saluti

yourself [jʊr·'self] *pron reflexive* **1.** *sing:* ti *emphatic:* tu (stesso, a) *after prep:* te (stesso, a) **2.** *polite form:* si *emphatic:* lei (stesso, a) *after prep:* sé, lei stesso, a

yourselves *pron reflexive* vi *emphatic, after prep:* voi (stessi, e)

youth [ju:θ] *n* **1.** (*period when young*) gioventù *f*, giovinezza *f;* **he is a friend from my ~** è un amico di gioventù **2.** (*young man*) giovane *m* **3.** (*young people*) giovani *mpl;* **the ~** i giovani; **~ culture** cultura *f* giovanile

youthful ['ju:θ·fəl] *adj* **1.** (*young-looking*) giovanile; **~ appearance** aspetto *m* giovanile **2.** (*typical of the young*) dei giovani **3.** (*young*) giovane

youth hostel *n* albergo *m* della gioventù

you've [ju:v] = **you have** *see* **have**

yr. *abbr of* **year** a. *m*

Yugoslavia ['ju:·goʊ·'slɑ:·viə] *n* HIST Jugoslavia *f*

Yugoslavian *adj, n* jugoslavo, -a *m, f*

yummy ['jʌm·i] *adj* buonissimo, -a

YWCA *abbr of* **Young Women's Christian Association** *Associazione Cristiana delle Giovani*

Z

Z, z [zi:] *n* Z, z *f;* **~ for Zebra** Z come Zara

Zaire [zaɪ·'ɪr] *n* Zaire *m*

Zambia ['zæm·biə] *n* Zambia *f*

zap [zæp] **I.** <-pp-> *vt* **1.** *inf* (*destroy*) distruggere **2.** *inf* (*send fast*) inviare rapidamente **3.** *inf* FOOD (*microwave*) sbattere nel microonde **II.** <-pp-> *vi inf* **1.** TV **to ~ through the channels** fare zapping **2.** (*move fast*) **to ~ somewhere** fiondarsi in un posto **III.** *interj inf* zac

zebra ['zi:b·rə] *n* zebra *f*

zero ['zɪ·roʊ] **I.** <-s *or* -es> *n* zero *m;* **below ~** METEO sottozero; **to be a ~** non valere una cicca **II.** *adj* zero *inv;* **~ growth** natalità *f* zero; **~ visibility** visibilità *f* nulla; **my chances are ~** ho zero possibilità **III.** *vt* (*return to zero: device*) azzerare

zillionaire *n inf* archimillonario, -a *m, f*

Zimbabwe [zɪm·'bɑ:b·weɪ] *n* Zimbabwe *m*

Zimbabwean [zɪm·'bɑ:b·wi·ən] *adj, n* zimbabwiano, -a *m, f*

zinc [zɪŋk] *n* zinco *m*

zip [zɪp] **I.** *n* **1.** (*ZIP code*) CAP *m inv* **2.** (*whistle*) sibilo *m* **3.** *inf* (*vigor*) brio *m* **4.** *sl* (*nothing*) zero *m;* **I know ~ about that** ne so zero **II.** <-pp-> *vt* **to ~ a bag/a dress** chiudere la lampo di una borsa/un vestito; **will you ~ me up?** mi chiudi la lampo? **III.** <-pp-> *vi* **to ~ in/past** entrare/passare di corsa

ZIP code *n* codice *m* di avviamento postale

zippy ['zɪ·pi] <-ier, -iest> *adj inf* (*fast: car*) veloce; (*energetic*) vivace

zodiac ['zoʊ·di·æk] *n* zodiaco *m*

zone [zoʊn] *n* zona *f;* **time ~** fuso *m* orario

zoo [zu:] *n* zoo *m inv*

zoological [ˌzoʊ·ə·'lɑ:·dʒɪ·kəl] *adj* zoologico, -a; **~ garden** giardino *m* zoologico

zoologist [zoʊ·'ɑ:·lə·dʒɪst] *n* zoologo, -a *m, f*

zoology [zoʊ·'ɑ:·lə·dʒi] *n* zoologia *f*

zoom [zu:m] **I.** *n* PHOT zoom *m inv* **II.** *vt* PHOT zumare **III.** *vi* **1.** *inf* (*move very fast*) sfrecciare; **to ~ away** sfrecciare via; **to ~ past** passare sfrecciando **2.** (*costs, sales*) subire un'impennata

zucchini [zu:·'ki:·ni] <-(s)> *n inv* zucchino *m*

Verbi italiani

Qui sotto sono riportate le coniugazioni dei principali tempi di alcuni verbi, che servono come modello nella coniugazione degli altri verbi regolari.

Italian verbs

Listed below are the conjugations of the main tenses of selected verbs which illustrate how other regular verbs are conjugated.

cantare

1ª coniugazione (verbi in -are)

presente	imperfetto	futuro semplice	passato remoto
(io) canto	(io) cantavo	(io) canterò	(io) cantai
(tu) canti	(tu) cantavi	(tu) canterai	(tu) cantasti
(lui/lei) canta	(lui/lei) cantava	(lui/lei) canterà	(lui/lei) cantò
(noi) cantiamo	(noi) cantavamo	(noi) canteremo	(noi) cantammo
(voi) cantate	(voi) cantavate	(voi) canterete	(voi) cantaste
(loro) cantano	(loro) cantavano	(loro) canteranno	(loro) cantarono

condizionale presente	congiuntivo presente	congiuntivo imperfetto
(io) canterei	che (io) canti	che (io) cantassi
(tu) canteresti	che (tu) canti	che (tu) cantassi
(lui/lei) canterebbe	che (lui/lei) canti	che (lui/lei) cantasse
(noi) canteremmo	che (noi) cantiamo	che (noi) cantassimo
(voi) cantereste	che (voi) cantiate	che (voi) cantaste
(loro) canterebbero	che (loro) cantino	che (loro) cantassero

participio passato	imperativo	gerundio
cantato(a/i/e)	canta (tu)	cantando
	canti (lei)	
	cantiamo (noi)	
	cantate (voi)	
	cantino (loro)	

mancare

1ª coniugazione (verbi in -care e -gare)

presente	imperfetto	futuro semplice	passato remoto
(io) manco	(io) mancavo	(io) mancherò	(io) mancai
(tu) manchi	(tu) mancavi	(tu) mancherai	(tu) mancasti
(lui/lei) manca	(lui/lei) mancava	(lui/lei) mancherà	(lui/lei) mancò
(noi) manchiamo	(noi) mancavamo	(noi) mancheremo	(noi) mancammo
(voi) mancate	(voi) mancavate	(voi) mancherete	(voi) mancaste
(loro) mancano	(loro) mancavano	(loro) mancheranno	(loro) mancarono

condizionale presente	congiuntivo presente	congiuntivo imperfetto
(io) mancherei (tu) mancheresti (lui/lei) mancherebbe (noi) mancheremmo (voi) manchereste (loro) mancherebbero	che (io) manchi che (tu) manchi che (lui/lei) manchi che (noi) manchiamo che (voi) manchiate che (loro) manchino	che (io) mancassi che (tu) mancassi che (lui/lei) mancasse che (noi) mancassimo che (voi) mancaste che (loro) mancassero

participio passato	imperativo	gerundio
mancato(a/i/e)	manca (tu) manchi (lei) manchiamo (noi) mancate (voi) manchino (loro)	mancando

bagnare

1ª coniugazione (verbi in -gnare)

presente	imperfetto	futuro semplice	passato remoto
(io) bagno (tu) bagni (lui/lei) bagna (noi) bagniamo (voi) bagnate (loro) bagnano	(io) bagnavo (tu) bagnavi (lui/lei) bagnava (noi) bagnavamo (voi) bagnavate (loro) bagnavano	(io) bagnerò (tu) bagnerai (lui/lei) bagnerà (noi) bagneremo (voi) bagnerete (loro) bagneranno	(io) bagnai (tu) bagnasti (lui/lei) bagnò (noi) bagnammo (voi) bagnaste (loro) bagnarono

condizionale presente	congiuntivo presente	congiuntivo imperfetto
(io) bagnerei (tu) bagneresti (lui/lei) bagnerebbe (noi) bagneremmo (voi) bagnereste (loro) bagnerebbero	che (io) bagni che (tu) bagni che (lui/lei) bagni che (noi) bagniamo che (voi) bagniate che (loro) bagnino	che (io) bagnassi che (tu) bagnassi che (lui/lei) bagnasse che (noi) bagnassimo che (voi) bagnaste che (loro) bagnassero

participio passato	imperativo	gerundio
bagnato(a/i/e)	bagna (tu) bagni (lei) bagniamo (noi) bagnate (voi) bagnino (loro)	bagnando

mangiare

1ª coniugazione (verbi in -ciare e -giare)

presente	imperfetto	futuro semplice	passato remoto
(io) mangio (tu) mangi (lui/lei) mangia (noi) mangiamo (voi) mangiate (loro) mangiano	(io) mangiavo (tu) mangiavi (lui/lei) mangiava (noi) mangiavamo (voi) mangiavate (loro) mangiavano	(io) mangerò (tu) mangerai (lui/lei) mangerà (noi) mangeremo (voi) mangerete (loro) mangeranno	(io) mangiai (tu) mangiasti (lui/lei) mangiò (noi) mangiammo (voi) mangiaste (loro) mangiarono

condizionale presente	congiuntivo presente	congiuntivo imperfetto
(io) mangerei (tu) mangeresti (lui/lei) mangerebbe (noi) mangeremmo (voi) mangereste (loro) mangerebbero	che (io) mangi che (tu) mangi che (lui/lei) mangi che (noi) mangiamo che (voi) mangiate che (loro) mangino	che (io) mangiassi che (tu) mangiassi che (lui/lei) mangiasse che (noi) mangiassimo che (voi) mangiaste che (loro) mangiassero

participio passato	imperativo	gerundio
mangiato(a/i/e)	mangia (tu) mangi (lei) mangiamo (noi) mangiate (voi) mangino (loro)	mangiando

inviare

1ª coniugazione (verbi in -iare con -i- tonica al presente indicativo)

presente	imperfetto	futuro semplice	passato remoto
(io) invio (tu) invii (lui/lei) invia (noi) inviamo (voi) inviate (loro) inviano	(io) inviavo (tu) inviavi (lui/lei) inviava (noi) inviavamo (voi) inviavate (loro) inviavano	(io) invierò (tu) invierai (lui/lei) invierà (noi) invieremo (voi) invierete (loro) invieranno	(io) inviai (tu) inviasti (lui/lei) inviò (noi) inviammo (voi) inviaste (loro) inviarono

condizionale presente	congiuntivo presente	congiuntivo imperfetto
(io) invierei (tu) invieresti (lui/lei) invierebbe (noi) invieremmo (voi) inviereste (loro) invierebbero	che (io) invii che (tu) invii che (lui/lei) invii che (noi) inviamo che (voi) inviate che (loro) inviino	che (io) inviassi che (tu) inviassi che (lui/lei) inviasse che (noi) inviassimo che (voi) inviaste che (loro) inviassero

participio passato	imperativo presente	gerundio
inviato(a/i/e)	invia (tu) invii (lei) inviamo (noi) inviate (voi) iniino (loro)	inviando

studiare

1ª coniugazione (altri verbi in -iare)

presente	imperfetto	futuro semplice	passato remoto
(io) studio (tu) studi (lui/lei) studia (noi) studiamo (voi) studiate (loro) studiano	(io) studiavo (tu) studiavi (lui/lei) studiava (noi) studiavamo (voi) studiavate (loro) studiavano	(io) studierò (tu) studierai (lui/lei) studierà (noi) studieremo (voi) studierete (loro) studieranno	(io) studiai (tu) studiasti (lui/lei) studiò (noi) studiammo (voi) studiaste (loro) studiarono

condizionale presente	congiuntivo presente	congiuntivo imperfetto
(io) studierei (tu) studieresti (lui/lei) studierebbe (noi) studieremmo (voi) studiereste (loro) studierebbero	che (io) studi che (tu) studi che (lui/lei) studi che (noi) studiamo che (voi) studiate che (loro) studino	che (io) studiassi che (tu) studiassi che (lui/lei) studiasse che (noi) studiassimo che (voi) studiaste che (loro) studiassero

participio passato	imperativo presente	gerundio
studiato(a/i/e)	studia (tu) studi (lei) studiamo (noi) studiate (voi) studino (loro)	studiando

temere

2ª coniugazione (verbi in -ere)

presente	imperfetto	futuro semplice	passato remoto
(io) temo (tu) temi (lui/lei) teme (noi) temiamo (voi) temete (loro) temono	(io) temevo (tu) temevi (lui/lei) temeva (noi) temevamo (voi) temevate (loro) temevano	(io) temerò (tu) temerai (lui/lei) temerà (noi) temeremo (voi) temerete (loro) temeranno	(io) temei *o* temetti (tu) temesti (lui/lei) temé *o* temette (noi) tememmo (voi) temeste (loro) temerono *o* temettero

condizionale presente	congiuntivo presente	congiuntivo imperfetto
(io) temerei (tu) temeresti (lui/lei) temerebbe (noi) temeremmo (voi) temereste (loro) temerebbero	che (io) tema che (tu) tema che (lui/lei) tema che (noi) temiamo che (voi) temiate che (loro) temano	che (io) temessi che (tu) temessi che (lui/lei) temesse che (noi) temessimo che (voi) temeste che (loro) temessero

participio passato	imperativo	gerundio
temuto(a/i/e)	temi (tu) tema (lei) temiamo (noi) temete (voi) temano (loro)	temendo

vincere

2ª coniugazione (verbi in -cere e -gere)

presente	imperfetto	futuro semplice	passato remoto
(io) vinco (tu) vinci (lui/lei) vince (noi) vinciamo (voi) vincete (loro) vincono	(io) vincevo (tu) vincevi (lui/lei) vinceva (noi) vincevamo (voi) vincevate (loro) vincevano	(io) vincerò (tu) vincerai (lui/lei) vincerà (noi) vinceremo (voi) vincerete (loro) vinceranno	(io) vinsi (tu) vincesti (lui/lei) vinse (noi) vincemmo (voi) vinceste (loro) vinsero

condizionale presente	congiuntivo presente	congiuntivo imperfetto
(io) vincerei (tu) vinceresti (lui/lei) vincerebbe (noi) vinceremmo (voi) vincereste (loro) vincerebbero	che (io) vinca che (tu) vinca che (lui/lei) vinca che (noi) vinciamo che (voi) vinciate che (loro) vincano	che (io) vincessi che (tu) vincessi che (lui/lei) vincesse che (noi) vincessimo che (voi) vinceste che (loro) vincessero

participio passato	imperativo	gerundio
vinto(a/i/e)	vinci (tu) vinca (lei) vinciamo (noi) vincete (voi) vincano (loro)	vincendo

muovere

2ª coniugazione (verbi in -ere con dittongo mobile)

presente	imperfetto	futuro semplice	passato remoto
(io) muovo (tu) muovi (lui/lei) muove (noi) muoviamo (voi) muovete (loro) muovono	(io) muovevo (tu) muovevi (lui/lei) muoveva (noi) muovevamo (voi) muovevate (loro) muovevano	(io) muoverò (tu) muoverai (lui/lei) muoverà (noi) muoveremo (voi) muoverete (loro) muoveranno	(io) mossi (tu) muovesti (lui/lei) mosse (noi) muovemmo (voi) muoveste (loro) mossero

condizionale presente	congiuntivo presente	congiuntivo imperfetto
(io) muoverei (tu) muoveresti (lui/lei) muoverebbe (noi) muoveremmo (voi) muovereste (loro) muoverebbero	che (io) muova che (tu) muova che (lui/lei) muova che (noi) muoviamo che (voi) muoviate che (loro) muovano	che (io) muovessi che (tu) muovessi che (lui/lei) muovesse che (noi) muovessimo che (voi) muoveste che (loro) muovessero

participio passato	imperativo	gerundio
mosso(a/i/e)	muovi (tu) muova (lei) muoviamo (noi) muovete (voi) muovano (loro)	muovendo

spegnere

2ª coniugazione (verbi in -gnere)

presente	imperfetto	futuro semplice	passato remoto
(io) spengo (tu) spegni (lui/lei) spegne (noi) spegniamo (voi) spegnete (loro) spengono	(io) spegnevo (tu) spegnevi (lui/lei) spegneva (noi) spegnevamo (voi) spegnevate (loro) spegnevano	(io) spegnerò (tu) spegnerai (lui/lei) spegnerà (noi) spegneremo (voi) spegnerete (loro) spegneranno	(io) spensi (tu) spegnesti (lui/lei) spense (noi) spegnemmo (voi) spegneste (loro) spensero

condizionale presente	congiuntivo presente	congiuntivo imperfetto
(io) spegnerei (tu) spegneresti (lui/lei) spegnerebbe (noi) spegneremmo (voi) spegnereste (loro) spegnerebbero	che (io) spenga che (tu) spenga che (lui/lei) spenga che (noi) spegniamo che (voi) spegniate che (loro) spengano	che (io) spegnessi che (tu) spegnessi che (lui/lei) spegnesse che (noi) spegnessimo che (voi) spegneste che (loro) spegnessero

participio passato	imperativo	gerundio
spento(a/i/e)	spegni (tu) spenga (lei) spegniamo (noi) spegnete (voi) spengano (loro)	spegnendo

sedere

2ª coniugazione (verbi in -ere con alternanza di -ie- ed -e- nella radice)

presente	imperfetto	futuro semplice	passato remoto
(io) siedo (tu) siedi (lui/lei) siede (noi) sediamo (voi) sedete (loro) siedono	(io) sedevo (tu) sedevi (lui/lei) sedeva (noi) sedevamo (voi) sedevate (loro) sedevano	(io) sederò *o* siederò (tu) sederai *o* siederai (lui/lei) sederà *o* siederà (noi) sederemo *o* siederemo (voi) sederete *o* siederete (loro) sederanno *o* siederanno	(io) sedei o sedetti (tu) sedesti (lui/lei) sedé *o* sedette (noi) sedemmo (voi) sedeste (loro) sederono *o* sedettero

condizionale presente	congiuntivo presente	congiuntivo imperfetto
(io) sederei *o* siederei (tu) sederesti *o* siederesti (lui/lei) sederebbe *o* siederebbe (noi) sederemmo *o* siederemmo (voi) sedereste *o* siedereste (loro) sederebbero *o* siederebbero	che (io) sieda che (tu) sieda che (lui/lei) sieda che (noi) sediamo che (voi) sediate che (loro) siedano	che (io) sedessi che (tu) sedessi che (lui/lei) sedesse che (noi) sedessimo che (voi) sedeste che (loro) sedessero

participio passato	imperativo	gerundio
seduto(a/i/e)	siedi (tu) sieda (lei) sediamo (noi) sedete (voi) siedano (loro)	sedendo

partire

3ª coniugazione (verbi in -ire)

presente	imperfetto	futuro semplice	passato remoto
(io) parto (tu) parti (lui/lei) parte (noi) partiamo (voi) partite (loro) partono	(io) partivo (tu) partivi (lui/lei) partiva (noi) partivamo (voi) partivate (loro) partivano	(io) partirò (tu) partirai (lui/lei) partirà (noi) partiremo (voi) partirete (loro) partiranno	(io) partii (tu) partisti (lui/lei) partì (noi) partimmo (voi) partiste (loro) partirono

condizionale presente	congiuntivo presente	congiuntivo imperfetto
(io) partirei (tu) partiresti (lui/lei) partirebbe (noi) partiremmo (voi) partireste (loro) partirebbero	che (io) parta che (tu) parta che (lui/lei) parta che (noi) partiamo che (voi) partiate che (loro) partano	che (io) partissi che (tu) partissi che (lui/lei) partisse che (noi) partissimo che (voi) partiste che (loro) partissero

participio passato	imperativo	gerundio
partito(a/i/e)	parti (tu) parta (lei) partiamo (noi) partite (voi) partano (loro)	partendo

finire

3ª coniugazione (verbi in -ire con l'aggiunta del suffisso -isc- per alcuni tempi)

presente	imperfetto	futuro semplice	passato remoto
(io) finisco (tu) finisci (lui/lei) finisce (noi) finiamo (voi) finite (loro) finiscono	(io) finivo (tu) finivi (lui/lei) finiva (noi) finivamo (voi) finivate (loro) finivano	(io) finirò (tu) finirai (lui/lei) finirà (noi) finiremo (voi) finirete (loro) finiranno	(io) finii (tu) finisti (lui/lei) finì (noi) finimmo (voi) finiste (loro) finirono

condizionale presente	congiuntivo presente	congiuntivo imperfetto
(io) finirei (tu) finiresti (lui/lei) finirebbe (noi) finiremmo (voi) finireste (loro) finirebbero	che (io) finisca che (tu) finisca che (lui/lei) finisca che (noi) finiamo che (voi) finiate che (loro) finiscano	che (io) finissi che (tu) finissi che (lui/lei) finisse che (noi) finissimo che (voi) finiste che (loro) finissero

participio passato	imperativo	gerundio
finito(a/i/e)	finisci (tu) finisca (lei) finiamo (noi) finite (voi) finiscano (loro)	finendo

Verbi irregolari italiani
Italian Irregular Verbs

Infinito	Presente	Imperfetto	Futuro	Passato remoto	Cong. presente	Cong. imperfetto	Gerundio	Part. passato	Imperativo
accendere	(io) accendo	(io) accendevo	(io) accenderò	(io) accesi	che (io) accenda	che (io) accendessi	accen-dendo	acceso(a/i/e)	
	…	…	…	(tu) accendesti	…	…			accendi
				(lui/lei) accese					…
				(noi) accendemmo					
				(voi) accendeste					
				(loro) accesero					
accludere	(io) accludo	(io) accludevo	(io) accluderò	(io) acclusi	che (io) accluda	che (io) accludessi	acclu-dendo	accluso(a/i/e)	
	…	…	…	(tu) accludesti	…	…			accludi
				(lui/lei) accluse					…
				(noi) accludemmo					
				(voi) accludeste					
				(loro) acclusero					
accorgersi	(io) mi accorgo	(io) mi accor-gevo	(io) mi accor-gerò	(io) mi accorsi	che (io) mi accorga	che (io) mi accor-gessi accorgendosi	accorto-si(a/i/e)		
	…	…	…	(tu) ti accorgesti	…	…			accorgiti
				(lui/lei) si accorse					…
				(noi) ci accorgemmo					
				(voi) vi accorgeste					
				(loro) si accorsero					

addurre – *vedi* **condurre**

Infinito	Presente	Imperfetto	Futuro	Passato remoto	Cong. presente	Cong. imperfetto	Gerundio	Part. passato	Imperativo
andare	(io) vado	(io) andavo	(io) andrò	(io) andai	che (io) vada	che (io) andassi	andando	andato(a/i/e)	
	(tu) vai	(tu) andavi	(tu) andrai	(tu) andasti	che (tu) vada	che (tu) andassi			vai
	(lui/lei) va	(lui/lei) andava	(lui/lei) andrà	(lui/lei) andò	che (lui/lei) vada	che (lui/lei) andasse			vada
	(noi) andiamo	(noi) andavamo	(noi) andremo	(noi) andammo	che (noi) andiamo	che (noi) andassimo			andiamo
	(voi) andate	(voi) andavate	(voi) andrete	(voi) andaste	che (voi) andiate	che (voi) andaste			andate
	(loro) vanno	(loro) andavano	(loro) andranno	(loro) andarono	che (loro) vadano	che (loro) andassero			vadano
apparire	(io) appaio	(io) apparivo	(io) apparirò	(io) apparvi	che (io) appaia	che (io) apparissi	apparendo	apparso(a/i/e)	
	(tu) appari	...	...	(tu) apparisti	che (tu) appaia	...			appari
	(lui/lei) appare			(lui/lei) apparve	che (lui/lei) appaia				appaia
	(noi) appariamo			(noi) apparimmo	che (noi) appaiamo				appaiamo
	(voi) apparite			(voi) appariste	che (voi) appaiate				apparite
	(loro) appaiono			(loro) apparvero	che (loro) appaiano				appaiano
appendere	(io) appendo	(io) appendevo	(io) appenderò	(io) appesi	che (io) appenda	che (io) appendessi	appendendo	appeso(a/i/e)	
	...	...	...	(tu) appendesti	...	...			appendi
				(lui/lei) appese					...
				(noi) appendemmo					
				(voi) appendeste					
				(loro) appesero					

Infinito	Presente	Imperfetto	Futuro	Passato remoto	Cong. presente	Cong. imperfetto	Gerundio	Part. passato	Imperativo
aprire	(io) apro	(io) aprivo	(io) aprirò	(io) aprii	che (io) apra	che (io) aprissi	aprendo	aperto(a/i/e)	
	...	...	...	(tu) apristi	...	...			apri
				(lui/lei) aprì					...
				(noi) aprimmo					
				(voi) apriste					
				(loro) aprirono					
ardere	(io) ardo	(io) ardevo	(io) arderò	(io) arsi	che (io) arda	che (io) ardessi	ardendo	arso(a/i/e)	
	...	...	...	(tu) ardesti	...	...			ardi
				(lui/lei) arse					...
				(noi) ardemmo					
				(voi) ardeste					
				(loro) arsero					
assistere – *participio passato* assistito(a/i/e)									
assolvere	(io) assolvo	(io) assolvevo	(io) assolverò	(io) assolsi	che (io) assolva	che (io) assolvessi	assolvendo	assolto(a/i/e)	
	...	...	...	(tu) assolvesti	...	...			assolvi
				(lui/lei) assolse					...
				(noi) assolvemmo					
				(voi) assolveste					
				(loro) assolsero					
assumere	(io) assumo	(io) assumevo	(io) assumerò	(io) assunsi	che (io) assuma	che (io) assumessi	assumendo	assunto(a/i/e)	
	...	...	...	(tu) assumesti	...	...			assumi
				(lui/lei) assunse					...
				(noi) assumemmo					
				(voi) assumeste					
				(loro) assunsero					

Infinito	Presente	Imperfetto	Futuro	Passato remoto	Cong. presente	Cong. imperfetto	Gerundio	Part. passato	Imperativo
avere	(io) ho	(io) avevo	(io) avrò	(io) ebbi	che (io) abbia	che (io) avessi	avendo	avuto/a/i/e)	
	(tu) hai	(tu) avevi	(tu) avrai	(tu) avesti	che (tu) abbia	che (tu) avessi			abbi
	(lui/lei) ha	(lui/lei) aveva	(lui/lei) avrà	(lui/lei) ebbe	che (lui/lei) abbia	che (lui/lei) avesse			abbia
	(noi) abbiamo	(noi) avevamo	(noi) avremo	(noi) avemmo	che (noi) abbiamo	che (noi) avessimo			abbiamo
	(voi) avete	(voi) avevate	(voi) avrete	(voi) aveste	che (voi) abbiate	che (voi) aveste			abbiate
	(loro) hanno	(loro) avevano	(loro) avranno	(loro) ebbero	che (loro) abbiano	che (loro) avessero			abbiano
bere	(io) bevo	(io) bevevo	(io) berrò	(io) bevvi *o* bevetti	che (io) beva	che (io) bevessi	bevendo	bevuto(a/i/e)	
	(tu) bevi	(tu) bevevi	(tu) berrai	(tu) bevesti	che (tu) beva	che (tu) bevessi			bevi
	(lui/lei) beve	(lui/lei) beveva	(lui/lei) berrà	(lui/lei) bevve *o* bevette	che (lui/lei) beva	che (lui/lei) bevesse			beva
	(noi) beviamo	(noi) bevevamo	(noi) berremo	(noi) bevemmo	che (noi) beviamo	che (noi) bevessimo			beviamo
	(voi) bevete	(voi) bevevate	(voi) berrete	(voi) beveste	che (voi) beviate	che (voi) beveste			bevete
	(loro) bevono	(loro) bevevano	(loro) ber-ranno	(loro) bevvero *o* bevettero	che (loro) bevano	che (loro) beves-sero			bavano
cadere	(io) cado	(io) cadevo	(io) cadrò	(io) caddi	che (io) cada	che (io) cadessi	cadendo	caduto(a/i/e)	
	...	...	...	(tu) cadesti	...	...			cadi
				(lui/lei) cadde					...
				(noi) cademmo					
				(voi) cadeste					
				(loro) caddero					

Infinito	Presente	Imperfetto	Futuro	Passato remoto	Cong. presente	Cong. imperfetto	Gerundio	Part. passato	Imperativo
chiudere	(io) chiudo	(io) chiudevo	(io) chiuderò	(io) chiusi	che (io) chiuda	che (io) chiudessi	chiudendo	chiuso(a/i/e)	
	…	…	…	(tu) chiudesti	…	…			chiudi
				(lui/lei) chiuse					…
				(noi) chiudemmo					
				(voi) chiudeste					
				(loro) chiusero					

comparire – *vedi* **apparire**

Infinito	Presente	Imperfetto	Futuro	Passato remoto	Cong. presente	Cong. imperfetto	Gerundio	Part. passato	Imperativo
compri-mere	(io) com-primo	(io) compri-mevo	(io) compri-merò	(io) compressi	che (io) com-prima	che (io) compri-messi compri-mendo	compres-so(a/i/e)		
	…	…	…	(tu) comprimesti	…	…			comprimi
				(lui/lei) compresse					…
				(noi) comprimemmo					
				(voi) comprimeste					
				(loro) compressero					

concludere – *vedi* **accludere**

connettere – *participio passato* connesso(a/i/e)

Infinito	Presente	Imperfetto	Futuro	Passato remoto	Cong. presente	Cong. imperfetto	Gerundio	Part. passato	Imperativo
conoscere	(io) conosco	(io) conoscevo	(io) conoscerò	(io) conobbi	che (io) conosca	che (io) conoscessi	conos-cendo	conosciuto(a/i/e)	
	…	…	…	(tu) conoscesti	…	…			conosci
				(lui/lei) conobbe					…
				(noi) conoscemmo					
				(voi) conosceste					
				(loro) conobbero					

consistere – *participio passato* consistito(a/i/e)

coprire – *vedi* **aprire**

correggere – *vedi* **leggere**

Infinito	Presente	Imperfetto	Futuro	Passato remoto	Cong. presente	Cong. imperfetto	Gerundio	Part. passato	Imperativo
correre	(io) corro	(io) correvo	(io) correrò	(io) corsi	che (io) corra	che (io) corressi	correndo	corso(a/i/e)	
	...	...	...	(tu) corresti	...	...			corri
				(lui/lei) corse					...
				(noi) corremmo					
				(voi) correste					
				(loro) corsero					
crescere	(io) cresco	(io) crescevo	(io) crescerò	(io) crebbi	che (io) cresca	che (io) crescessi	crescendo	cresciuto(a/i/e)	
	...	...	...	(tu) crescesti	...	...			cresci
				(lui/lei) crebbe					...
				(noi) crescemmo					
				(voi) cresceste					
				(loro) crebbero					
cuocere	(io) cuocio	(io) c(u)ocevo	(io) cuocerò	(io) cossi	che (io) cuocia	che (io) c(u)ocessi	c(u)ocendo	cotto(a/i/e)	
	(tu) cuoci	(tu) c(u)ocevi	(tu) cuocerai	(tu) c(u)ocesti	che (tu) cuocia	che (tu) c(u)ocessi			cuoci
	(lui/lei) cuoce	(lui/lei) c(u)oceva	(lui/lei) cuocerà	(lui/lei) cosse	che (lui/lei) cuocia	che (lui/lei) c(u)ocesse			cuocia
	(noi) c(u)ociamo	(noi) c(u)ocevamo	(noi) cuoceremo	(noi) c(u)ocemmo	che (noi) cuociamo	che (noi) c(u)ocessimo			c(u)ociamo
	(voi) c(u)ocete	(voi) c(u)ocevate	(voi) cuocerete	(voi) c(u)oceste	che (voi) cuociate	che (voi) c(u)oceste			c(u)ocete
	(loro) cuociono	(loro) c(u)ocevano	(loro) cuoceranno	(loro) cossero	che (loro) cuociano	che (loro) c(u)ocessero			cuociano

Infinito	Presente	Imperfetto	Futuro	Passato remoto	Cong. presente	Cong. imperfetto	Gerundio	Part. passato	Imperativo
dare	(io) do	(io) davo	(io) darò	(io) diedi *o* detti	che (io) dia	che (io) dessi	dando	dato(a/i/e)	
	(tu) dai	…	…	(tu) desti	che (tu) dia	…			da' *o* dai
	(lui/lei) dà			(lui/lei) diede *o* dette	che (lui/lei) dia				dia
	(noi) diamo			(noi) demmo	che (noi) diamo				diamo
	(voi) date			(voi) deste	che (voi) diate				date
	(loro) danno			(loro) diedero o det-tero	che (loro) diano				diano
dire	(io) dico	(io) dicevo	(io) dirò	(io) dissi	che (io) dica	che (io) dicessi	dicendo	detto(a/i/e)	
	(tu) dici	(tu) dicevi	(tu) dirai	(tu) dicesti	che (tu) dica	che (tu) dicessi			di' *o* dici
	(lui/lei) dice	(lui/lei) diceva	(lui/lei) dirà	(lui/lei) disse	che (lui/lei) dica	che (lui/lei) dicesse			dica
	(noi) diciamo	(noi) dicevamo	(noi) diremo	(noi) dicemmo	che (noi) diciamo	che (noi) dicessimo			diciamo
	(voi) dite	(voi) dicevate	(voi) direte	(voi) diceste	che (voi) diciate	che (voi) diceste			dite
	(loro) dicono	(loro) dicevano	(loro) diranno	(loro) dissero	che (loro) dicano	che (loro) dicessero			dicano
discutere	(io) discuto	(io) discutevo	(io) discuterò	(io) discussi	che (io) discuta	che (io) discutessi	discutendo	discusso(a/i/e)	
	…	…	…	(tu) discutesti	…	…			discuti
				(lui/lei) discusse					…
				(noi) discutemmo					
				(voi) discuteste					
				(loro) discussero					

Infinito	Presente	Imperfetto	Futuro	Passato remoto	Cong. presente	Cong. imperfetto	Gerundio	Part. passato	Imperativo
distin-guere	(io) distin-guo	(io) distinguevo	(io) distin-guerò	(io) distinsi	che (io) distingua	che (io) distinguessi	distin-guendo	distinto(a/i/e)	
	...	...	...	(tu) distinguesti	...	...			distingui
				(lui/lei) distinse					...
				(noi) distinguemmo					
				(voi) distingueste					
				(loro) distinsero					
dividere	(io) divido	(io) dividevo	(io) dividerò	(io) divisi	che (io) divida	che (io) dividessi	dividendo	diviso(a/i/e)	
	...	...	...	(tu) dividesti	...	...			dividi
				(lui/lei) divise					...
				(noi) dividemmo					
				(voi) divideste					
				(loro) divisero					
dolere	(io) dolgo	(io) dolevo	(io) dorrò	(io) dolsi	che (io) dolga	che (io) dolessi	dolendo	doluto(a/i/e)	
	(tu) duoli	...	(tu) dorrai	(tu) dolesti	che (tu) dolga	...			duoli
	(lui/lei) duole		(lui/lei) dorrà	(lui/lei) dolse	che (lui/lei) dolga				dolga
	(noi) do(g)liamo		(noi) dorremo	(noi) dolemmo	che (noi) doliamo				do(g)liamo
	(voi) delete		(voi) dorrete	(voi) doleste	che (voi) do(g)liate				dolete
	(loro) dolgono		(loro) dor-ranno	(loro) dolsero	che (loro) dolgano				

Infinito	Presente	Imperfetto	Futuro	Passato remoto	Cong. presente	Cong. imperfetto	Gerundio	Part. passato	Imperativo
dovere	(io) devo *o* debbo	(io) dovevo	(io) dovrò	(io) dovei *o* dovetti	che (io) deva *o* debba che (io) dovessi	dovendo	dovuto(a/ i/e)		
	(tu) devi	…	(tu) dovrai	(tu) dovesti	che (tu) debba	…			*(manca)*
	(lui/lei) deve		(lui/lei) dovrà	(lui/lei) dovette	che (lui/lei) debba				
	(noi) dobbiamo		(noi) dovremo	(noi) dovemmo	che (noi) dob-biamo				
	(voi) dovete		(voi) dovrete	(voi) doveste	che (voi) dob-biate				
	(loro) devono *o* debbono	(loro) dovranno	(loro) dovet-tero	che (loro) debbano					
essere	(io) sono	(io) ero	(io) sarò	(io) fui	che (io) sia	che (tu) fossi	essendo	stato(a/i/e)	
	(tu) sei	(tu) eri	(tu) sarai	(tu) fosti	che (tu) sia	che (tu) fossi			sii
	(lui/lei) è	(lui/lei) era	(lui/lei) sarà	(lui/lei) fu	che (lui/lei) sia	che (lui/lei) fosse			sia
	(noi) siamo	(noi) eravamo	(noi) saremo	(noi) fummo	che (noi) siamo	che (noi) fossimo			siamo
	(voi) siete	(voi) eravate	(voi) sarete	(voi) foste	che (voi) siate	che (voi) foste			siate
	(loro) sono	(loro) erano	(loro) saranno	(loro) furono	che (loro) siano	che (loro) fossero			siano
evadere	(io) evado	(io) evadevo	(io) evaderò	(io) evasi	che (io) evada	che (io) evadessi	evadendo	evaso(a/i/e)	
	…	…	…	(tu) evadesti	…	…			evadi
				(lui/lei) evase					…
				(noi) evademmo					
				(voi) evadeste					
				(loro) evasero					

evolvere – *participio passato* evoluto(a/i/e)

Infinito	Presente	Imperfetto	Futuro	Passato remoto	Cong. presente	Cong. imperfetto	Gerundio	Part. passato	Imperativo
fare	(io) faccio	(io) facevo	(io) farò	(io) feci	che (io) faccia	che (io) facessi	facendo	fatto(a/i/e)	
	(tu) fai	(tu) facevi	(tu) farai	(tu) facesti	che (tu) faccia	che (tu) facessi			fa' *o* fai
	(lui/lei) fa	(lui/lei) faceva	(lui/lei) farà	(lui/lei) fece	che (lui/lei) faccia	che (lui/lei) facesse			faccia
	(noi) facciamo	(noi) facevamo	(noi) faremo	(noi) facemmo	che (noi) facciamo	che (noi) facessimo			facciamo
	(voi) fate	(voi) facevate	(voi) farete	(voi) faceste	che (voi) facciate	che (voi) faceste			fate
	(loro) fanno	(loro) facevano	(loro) faranno	(loro) fecero	che (loro) facciano	che (loro) facessero			facciano
fingere	(io) fingo	(io) fingevo	(io) fingerò	(io) finsi	che (io) finga	che (io) fingessi	fingendo	finto(a/i/e)	
	...	...	...	(tu) fingesti	...	...			fingi
				(lui/lei) finse					...
				(noi) fingemmo					
				(voi) fingeste					
				(loro) finsero					

flettere – *participio passato* flesso(a/i/e)

Infinito	Presente	Imperfetto	Futuro	Passato remoto	Cong. presente	Cong. imperfetto	Gerundio	Part. passato	Imperativo
frangere	(io) frango	(io) frangevo	(io) frangerò	(io) fransi	che (io) franga	che (io) frangessi	frangendo	franto(a/i/e)	
	...	...	...	(tu) frangesti	...	...			frangi
				(lui/lei) franse					...
				(noi) frangemmo					
				(voi) frangeste					
				(loro) fransero					
friggere	(io) friggo	(io) friggevo	(io) friggerò	(io) frissi	che (io) frigga	che (io) friggessi	friggendo	fritto(a/i/e)	
	...	...	...	(tu) friggesti	...	...			friggi
				(lui/lei) frisse					...
				(noi) friggemmo					
				(voi) friggeste					
				(loro) frissero					

Infinito	Presente	Imperfetto	Futuro	Passato remoto	Cong. presente	Cong. imperfetto	Gerundio	Part. passato	Imperativo
fungere – *vedi* **fingere**			**giacere** – *vedi* **piacere**		**giungere** – *vedi* **fingere**				
ledere	(io) ledo	(io) ledevo	(io) lederò	(io) lesi	che (io) leda	che (io) ledessi	ledendo	leso(a/i/e)	
	…	…	…	(tu) ledesti	…	…			ledi
				(lui/lei) lese					…
				(noi) ledemmo					
				(voi) ledeste					
				(loro) lesero					
leggere	(io) leggo	(io) leggevo	(io) leggerò	(io) lessi	che (io) legga	che (io) leggessi	leggendo	letto(a/i/e)	
	…	…	…	(tu) leggesti	…	…			leggi
				(lui/lei) lesse					…
				(noi) leggemmo					
				(voi) leggeste					
				(loro) lessero					
mettere	(io) metto	(io) mettevo	(io) metterò	(io) misi	che (io) metta	che (io) mettessi	mettendo	messo(a/i/e)	
	…	…	…	(tu) mettesti	…	…			metti
				(lui/lei) mise					…
				(noi) mettemmo					
				(voi) metteste					
				(loro) misero					

Infinito	Presente	Imperfetto	Futuro	Passato remoto	Cong. presente	Cong. imperfetto	Gerundio	Part. passato	Imperativo
morire	(io) muoio	(io) morivo	(io) mor(i)rò	(io) morii	che (io) muoia	che (io) morissi	morendo	morto(a/i/e)	
	(tu) muori	(tu) morivi	(tu) mor(i)rai	(tu) moristi	che (tu) muoia	che (tu) morissi			muori
	(lui/lei) muore	(lui/lei) moriva	(lui/lei) mor(i)rà	(lui/lei) morì	che (lui/lei) muoia	che (lui/lei) morisse			muoia
	(noi) moriamo	(noi) morivamo	(noi) mor(i)remo	(noi) morimmo	che (noi) moriamo	che (noi) morissimo			moriamo
	(voi) morite	(voi) morivate	(voi) mor(i)rete	(voi) moriste	che (voi) moriate	che (voi) moriste			morite
	(loro) muoiono	(loro) morivano	(loro) mor(i)ranno	(loro) morirono	che (loro) muoiano	che (loro) morissero			muoiano
mungere – *vedi* **fingere**									
nascere	(io) nasco	(io) nascevo	(io) nascerò	(io) nacqui	che (io) nasca	che (io) nascessi	nascendo	nato(a/i/e)	
	…	…	…	(tu) nascesti	…	…			nasci
				(lui/lei) nacque					…
				(noi) nascemmo					
				(voi) nasceste					
				(loro) nacquero					
nascon-dere	(io) nas-condo	(io) nascondevo	(io) nascon-derò	(io) nascosi	che (io) nas-conda	che (io) nascondessi	nascon-dendo	nascosto(a/i/e)	
	…	…	…	(tu) nascondesti	…	…			nascondi
				(lui/lei) nascose					…
				(noi) nascondemmo					
				(voi) nascondeste					
				(loro) nascosero					

Infinito	Presente	Imperfetto	Futuro	Passato remoto	Cong. presente	Cong. imperfetto	Gerundio	Part. passato	Imperativo
nuocere	(io) n(u)oc-cio	(io) n(u)ocevo	(io) n(u)ocerò	(io) nocqui	che (io) n(u)occia	che (io) n(u)ocessi	n(u)ocendo	n(u)ociuto(a/i/e)	
	(tu) nuoci	(tu) n(u)ocevi	(tu) n(u)ocerai	(tu) n(u)ocesti	che (tu) n(u)occia	che (tu) n(u)ocessi			nuoci
	(lui/lei) nuoce	(lui/lei) n(u)oceva	(lui/lei) n(u)ocerà	(lui/lei) nocque	che (lui/lei) n(u)occia che (lui/lei) n(u)ocesse				n(u)occia
	(noi) n(u)ociamo	(noi) n(u)ocevamo	(noi) n(u)oceremo	(noi) n(u)ocemmo	che (noi) n(u)ociamo	che (noi) n(u)ocessimo			n(u)ociamo
	(voi) n(u)ocete	(voi) n(u)ocevate	(voi) n(u)ocerete	(voi) n(u)oceste	che (voi) n(u)ociate	che (voi) n(u)oceste			n(u)ocete
	(loro) n(u)oc-ciono	(loro) n(u)ovecano	(loro) n(u)oce-ranno (loro) nocquero	che (loro) n(u)oc-ciano che (loro) n(u)ocessero				n(u)occiano	

offendere – *vedi* **difendere**

Infinito	Presente	Imperfetto	Futuro	Passato remoto	Cong. presente	Cong. imperfetto	Gerundio	Part. passato	Imperativo
offrire	(io) offro	(io) offrivo	(io) offrirò	(io) offrii	che (io) offra	che (io) offrissi	offrendo	offerto(a/i/e)	
	…	…	…	(tu) offristi	…	…			offri
				(lui/lei) offrì					…
				(noi) offrimmo					
				(voi) offriste					
				(loro) offrirono					

opprimere – *vedi* **comprimere**

Infinito	Presente	Imperfetto	Futuro	Passato remoto	Cong. presente	Cong. imperfetto	Gerundio	Part. passato	Imperativo
perdere	(io) perdo	(io) perdevo	(io) perderò	(io) persi *o* perdetti	che (io) perda	che (io) perdessi	perdendo	perso(a/i/e) *o*	
	...	...	...	(tu) perdesti	...	...		perduto(a/i/e)	perdi
				(lui/lei) perse *o* perdette					...
				(noi) perdemmo					
				(voi) perdeste					
				(loro) persero *o* perdettero					
persuadere	(io) persuado	(io) persuadevo	(io) persuaderò	(io) persuasi	che (io) persuada	che (io) persuadessi	persuadendo	persuaso(a/i/e)	
	...	...	...	(tu) persuadesti	...	...			persuadi
				(lui/lei) persuase					...
				(noi) persuademmo					
				(voi) persuadeste					
				(loro) persuasero					
piacere	(io) piaccio	(io) piacevo	(io) piacerò	(io) piacqui	che (io) piaccia	che (io) piacessi	piacendo	piaciuto(a/i/e)	
	(tu) piaci	...	...	(tu) piacesti	che (tu) piaccia	...			piaci
	(lui/lei) piace			(lui/lei) piacque	che (lui/lei) piaccia				piaccia
	(noi) pia(c)ciamo			(noi) piacemmo	che (noi) piacciamo				piacciamo
	(voi) piacete			(voi) piaceste	che (voi) piacciate				piacete
	(loro) piacciono			(loro) piacquero	che (loro) piacciano				piacciano

Infinito	Presente	Imperfetto	Futuro	Passato remoto	Cong. presente	Cong. imperfetto	Gerundio	Part. passato	Imperativo
porre	(io) pongo	(io) ponevo	(io) porrò	(io) posi	che (io) ponga	che (io) ponessi	ponendo	posto(a/i/e)	
	(tu) poni	(tu) ponevi	(tu) porrai	(tu) ponesti	che (tu) ponga	che (tu) ponessi			poni
	(lui/lei) pone	(lui/lei) poneva	(lui/lei) porrà	(lui/lei) pose	che (lui/lei) ponga	che (lui/lei) ponesse			ponga
	(noi) poniamo	(noi) ponevamo	(noi) porremo	(noi) ponemmo	che (noi) poniamo	che (noi) pones-simo			poniamo
	(voi) ponete	(voi) ponevate	(voi) porrete	(voi) poneste	che (voi) poniate	che (voi) poneste			ponete
	(loro) pongono	(loro) ponevano	(loro) porranno	(loro) posero	che (loro) pongano	che (loro) ponessero			pongano

possedere – *vedi* **sedere** *(verbi modello)*

Infinito	Presente	Imperfetto	Futuro	Passato remoto	Cong. presente	Cong. imperfetto	Gerundio	Part. passato	Imperativo
potere	(io) posso	(io) potevo	(io) potrò	(io) potei	che (io) possa	che (io) potessi	potendo	potuto(a/i/e)	
	(tu) puoi	…	(tu) potrai	(tu) potesti	che (tu) possa	…			*(manca)*
	(lui/lei) può		(lui/lei) potrà	(lui/lei) poté	che (lui/lei) possa				
	(noi) possiamo		(noi) potremo	(noi) potemmo	che (noi) pos-siamo				
	(voi) potete		(voi) potrete	(voi) poteste	che (voi) possiate				
	(loro) possono		(loro) potranno	(loro) poterono	che (loro) possano				
redigere	(io) redigo	(io) redigevo	(io) redigerò	(io) redassi	che (io) rediga	che (io) redigessi	redigendo	redatto(a/i/e)	
	…	…	…	(tu) redigesti	…	…			redigi
				(lui/lei) redasse					…
				(noi) redigemmo					
				(voi) redigeste					
				(loro) redassero					
redimere	(io) redimo	(io) redimevo	(io) redimerò	(io) redensi	che (io) redima	che (io) redimessi	redimendo	redento(a/i/e)	
	…	…	…	(tu) redimesti	…	…			redimi
				(lui/lei) redense					…

Infinito	Presente	Imperfetto	Futuro	Passato remoto	Cong. presente	Cong. imperfetto	Gerundio	Part. passato	Imperativo
				(noi) redimemmo					
				(voi) redimeste					
				(loro) redensero					
rispon-dere	(io) rispondo	(io) rispondevo	(io) risponderò	(io) risposi	che (io) risponda	che (io) rispondessi	rispon-dendo	risposto(a/i/e)	
	…	…	…	(tu) rispondesti	…	…			rispondi
				(lui/lei) rispose					…
				(noi) rispondemmo					
				(voi) rispondeste					
				(loro) risposero					
salire	(io) salgo	(io) salivo	(io) salirò	(io) salii	che (io) salga	che (io) salissi	salendo	salito(a/i/e)	
	(tu) sali	…	…	(tu) salisti	che (tu) salga	…			
	(lui/lei) sale			(lui/lei) salì	che (lui/lei) salga				
	(noi) saliamo			(noi) salimmo	che (noi) saliamo				
	(voi) salite			(voi) saliste	che (voi) saliate				
	(loro) salgono			(loro) salirono	che (loro) salgano				
sapere	(io) so	(io) sapevo	(io) saprò	(io) seppi	che (io) sappia	che (io) sapessi	sapendo	saputo(a/i/e)	
	(tu) sai	…	(tu) saprai	(tu) sapesti	che (tu) sappia	…			
	(lui/lei) sa		(lui/lei) saprà	(lui/lei) seppe	che (lui/lei) sappia				
	(noi) sappiamo		(noi) sapremo	(noi) sapemmo	che (noi) sappiamo				
	(voi) sapete		(voi) saprete	(voi) sapeste	che (voi) sappiate				
	(loro) sanno		(loro) sapranno	(loro) seppero	che (loro) sappiano				

Infinito	Presente	Imperfetto	Futuro	Passato remoto	Cong. presente	Cong. imperfetto	Gerundio	Part. passato	Imperativo
scrivere	(io) scrivo	(io) scrivevo	(io) scriverò	(io) scrissi	che (io) scriva	che (io) scrivessi	scrivendo	scritto(a/i/e)	
	...	...	...	(tu) scrivesti	...	...			scrivi
				(lui/lei) scrisse					...
				(noi) scrivemmo					
				(voi) scriveste					
				(loro) scrissero					
stare	(io) sto	(io) stavo	(io) starò	(io) stetti	che (io) stia	che (io) stessi	stando	stato(a/i/e)	
	(tu) stai	...	...	(tu) stesti	che (tu) stia	che (tu) stessi			stai *o* sta'
	(lui/lei) sta			(lui/lei) stette	che (lui/lei) stia	che (lui/lei) stesse			stia
	(noi) stiamo			(noi) stemmo	che (noi) stiamo	che (noi) stessimo			stiamo
	(voi) state			(voi) steste	che (voi) stiate	che (voi) steste			state
	(loro) stanno			(loro) stettero	che (loro) stiano	che (loro) stessero			stiano
stringere	(io) stringo	(io) stringevo	(io) stringerò	(io) strinsi	che (io) stringa	che (io) stringessi	stringendo	stretto(a/i/e)	
	...	...	...	(tu) stringesti	...	...			stringi
				(lui/lei) strinse					...
				(noi) stringemmo					
				(voi) stringeste					
				(loro) strinsero					
tacere	(io) taccio	(io) tacevo	(io) tacerò	(io) tacqui	che (io) taccia	che (io) tacessi	tacendo	taciuto(a/i/e)	
	...	...	...	(tu) tacesti	...	...			taci
				(lui/lei) tacque					...
				(noi) tacemmo					
				(voi) taceste					
				(loro) tacquero					

tendere – *vedi* **prendere**

Infinito	Presente	Imperfetto	Futuro	Passato remoto	Cong. presente	Cong. imperfetto	Gerundio	Part. passato	Imperativo
tenere	(io) tengo	(io) tenevo	(io) terrò	(io) tenni	che (io) tenga	che (io) tenessi	tenendo	tenuto(a/i/e)	
	(tu) tieni	(tu) tenevi	(tu) terrai	(tu) tenesti	che (tu) tenga	che (tu) tenessi			tieni
	(lui/lei) tiene	(lui/lei) teneva	(lui/lei) terrà	(lui/lei) tenne	che (lui/lei) tenga	che (lui/lei) tenesse			tenga
	(noi) teniamo	(noi) tenevamo	(noi) terremo	(noi) tenemmo	che (noi) teniamo	che (noi) tenessimo			teniamo
	(voi) tenete	(voi) tenevate	(voi) terrete	(voi) teneste	che (voi) teniate	che (voi) teneste			tenete
	(loro) tengono	(loro) tenevano	(loro) terranno	(loro) tennero	che (loro) tengano	che (loro) tenessero			tengano
valere	(io) valgo	(io) valevo	(io) varrò	(io) valsi	che (io) valga	che (io) valessi	valendo	valso(a/i/e)	
	(tu) vali	(tu) valevi	(tu) varrai	(tu) valesti	che (tu) valga	...			vali
	(lui/lei) vale	(lui/lei) valeva	(lui/lei) varrà	(lui/lei) valse	che (lui/lei) valga				valga
	(noi) valiamo	(noi) valevamo	(noi) varremo	(noi) valemmo	che (noi) valiamo				valiamo
	(voi) valete	(voi) valevate	(voi) varrete	(voi) valeste	che (voi) valiate				valete
	(loro) valgono	(loro) valevano	(loro) varranno	(loro) valsero	che (loro) valgano				valgano
vedere	(io) vedo	(io) vedevo	(io) vedrò	(io) vidi	che (io) veda	che (io) vedessi	vedendo	visto(a/i/e) *o*	
	...	...	(tu) vedrai	(tu) vedesti	...	...		veduto(a/i/e)	vedi
			(lui/lei) vedrà	(lui/lei) vide					...
			(noi) vedremo	(noi) vedemmo					
			(voi) vedrete	(voi) vedeste					
			(loro) vedranno	(loro) videro					

Infinito	Presente	Imperfetto	Futuro	Passato remoto	Cong. presente	Cong. imperfetto	Gerundio	Part. passato	Imperativo
venire	(io) vengo	(io) venivo	(io) verrò	(io) venni	che (io) venga	che (io) venissi	venendo	venuto(a/i/e)	
	(tu) vieni	...	(tu) verrai	(tu) venisti	che (tu) venga	...			vieni
	(lui/lei) viene		(lui/lei) verrà	(lui/lei) venne	che (lui/lei) venga				venga
	(noi) veniamo		(noi) verremo	(noi) venimmo	che (noi) veniamo				veniamo
	(voi) venite		(voi) verrete	(voi) veniste	che (voi) veniate				venite
	(loro) vengono		(loro) verranno	(loro) vennero	che (loro) vengano				vengano
vivere	(io) vivo	(io) vivevo	(io) vivrò	(io) vissi	che (io) viva	che (io) vivessi	vivendo	vissuto(a/i/e)	
	...	...	...	(tu) vivesti	...	...			vivi
				(lui/lei) visse					...
				(noi) vivemmo					
				(voi) viveste					
				(loro) vissero					
volere	(io) voglio	(io) volevo	(io) vorrò	(io) volli	che (io) voglia	che (io) volessi	volendo	voluto(a/i/e)	
	(tu) vuoi	(tu) volevi	(tu) vorrai	(tu) volesti	che (tu) voglia	che (tu) volessi			*(manca)*
	(lui/lei) vuole	(lui/lei) voleva	(lui/lei) vorrà	(lui/lei) volle	che (lui/lei) voglia	che (lui/lei) volesse			
	(noi) vogliamo	(noi) volevamo	(noi) vorremo	(noi) volemmo	che (noi) vogliamo	che (noi) volessimo			
	(voi) volete	(voi) volevate	(voi) vorrete	(voi) voleste	che (voi) vogliate	che (voi) voleste			
	(loro) vogliono	(loro) volevano	(loro) vorranno	(loro) vollero	che (loro) vogliano	che (loro) volessero			

Verbi irregolari inglesi
English Irregular Verbs

Infinitive	Past	Past Participle
arise	arose	arisen
awake	awaked, awoke	awaked, awoken
be	was *(I/he/she/it)*, were *(you/we/they)*	been
bear	bore	borne
beat	beat	beaten
become	became	become
begin	began	begun
bend	bent	bent
bet	bet	bet
bid	bid, bad, *say* bade	bid, *say* bidden
bind	bound	bound
bite	bit	bitten
bleed	bled	bled
blow	blew	blown
break	broke	broken
breed	bred	bred
bring	brought	brought
build	built	built
burn	burned, burnt	burned, burnt
burst	burst	burst
buy	bought	bought
can	could	–
catch	caught	caught
choose	chose	chosen
cling	clung	clung
come	came	come
cost	cost, *vt* costed	cost, *vt* costed
creep	crept	crept

Infinitive	Past	Past Participle
cut	cut	cut
deal	dealt	dealt
dig	dug	dug
dive	dived, dove	dived
do	did	done
draw	drew	drawn
dream	dreamed, dreamt	dreamed, dreamt
drink	drank	drunk
drive	drove	driven
dwell	dwelt, dwelled	dwelt, dwelled
eat	ate	eaten
fall	fell	fallen
feed	fed	fed
feel	felt	felt
fight	fought	fought
find	found	found
flee	fled	fled
fly	flew	flown
forbid	forbade, forbad	forbidden
forget	forgot	forgotten
freeze	froze	frozen
get	got	gotten, got
give	gave	given
go	went	gone
grind	ground	ground
grow	grew	grown
hang	hung, LAW hanged	hung, LAW hanged
have	had	had
hear	heard	heard

Infinitive	Past	Past Participle
heave	heaved, NAUT hove	heaved, NAUT hove
hew	hewed	hewn, hewed
hide	hid	hidden
hit	hit	hit
hold	held	held
hurt	hurt	hurt
keep	kept	kept
kneel	knelt, kneeled	knelt, kneeled
know	knew	known
lade	laded	laden
lay	laid	laid
lead	led	led
leap	leaped, leapt	leaped, leapt
learn	learned, learnt	learned, learnt
leave	left	left
lend	lent	lent
let	let	let
lie	lay	lain
light	lighted, lit	lighted, lit
lose	lost	lost
make	made	made
may	might	–
mean	meant	meant
meet	met	met
mistake	mistook	mistaken
pay	paid	paid
put	put	put
quit	quit, quitted	quit, quitted
read [rid]	read [red]	read [red]
ride	rode	ridden
ring	rang	rung
rise	rose	risen

Infinitive	Past	Past Participle
run	ran	run
saw	sawed	sawed, sawn
say	said	said
see	saw	seen
seek	sought	sought
sell	sold	sold
send	sent	sent
set	set	set
sew	sewed	sewn, sewed
shake	shook	shaken
shave	shaved	shaved, shaven
shed	shed	shed
shine	shone	shone
shit	shit, shitted	shat
shoe	shod	shod
shoot	shot	shot
show	showed	shown, showed
shrink	shrank	shrunk
shut	shut	shut
sing	sang	sung
sink	sank	sunk
sit	sat	sat
sleep	slept	slept
slide	slid	slid
sling	slung	slung
smell	smelled, smelt	smelled, smelt
speak	spoke	spoken
speed	sped, speeded	sped, speeded
spell	spelled, spelt	spelled, spelt
spend	spent	spent
spill	spilled, spilt	spilled, spilt
spin	spun	spun

Infinitive	Past	Past Participle
spit	spat	spat
split	split	split
spoil	spoiled, spoilt	spoiled, spoilt
spread	spread	spread
spring	sprang, sprung	sprung
stand	stood	stood
steal	stole	stolen
stick	stuck	stuck
sting	stung	stung
stink	stank, stunk	stunk
strike	struck	struck
string	strung	strung
strive	strove	striven, strived
swear	swore	sworn
sweep	swept	swept
swell	swelled	swollen, swelled

Infinitive	Past	Past Participle
swim	swam	swum
swing	swung	swung
take	took	taken
teach	taught	taught
tear	tore	torn
tell	told	told
think	thought	thought
throw	threw	thrown
thrust	thrust	thrust
wake	waked, woke	waked, woken
wear	wore	worn
weave	wove	woven
weep	wept	wept
win	won	won
wind	wound	wound
write	wrote	written

I numeri

Numerals

I numerali cardinali

Cardinal numbers

zero	0	zero
uno, una	1	one
due	2	two
tre	3	three
quattro	4	four
cinque	5	five
sei	6	six
sette	7	seven
otto	8	eight
nove	9	nine
dieci	10	ten
undici	11	eleven
dodici	12	twelve
tredici	13	thirteen
quattordici	14	fourteen
quindici	15	fifteen
sedici	16	sixteen
diciassette	17	seventeen
diciotto	18	eighteen
diciannove	19	nineteen
venti	20	twenty
ventuno	21	twenty-one
ventidue	22	twenty-two
ventitré	23	twenty-three
ventiquattro	24	twenty-four
venticinque	25	twenty-five
trenta	30	thirty
trentuno	31	thirty-one
trentadue	32	thirty-two
trentatré	33	thirty-three
quaranta	40	forty
quarantuno	41	forty-one
quarantadue	42	forty-two

cinquanta	50	fifty
cinquantuno	51	fifty-one
cinquantadue	52	fifty-two
sessanta	60	sixty
sessantuno	61	sixty-one
sessantadue	62	sixty-two
settanta	70	seventy
settantuno	71	seventy-one
settantadue	72	seventy-two
settantacinque	75	seventy-five
settantanove	79	seventy-nine
ottanta	80	eighty
ottantuno	81	eighty-one
ottantadue	82	eighty-two
ottantacinque	85	eighty-five
novanta	90	ninety
novantuno	91	ninety-one
novantadue	92	ninety-two
novantanove	99	ninety-nine
cento	100	one hundred
centouno	101	one hundred and one
centodue	102	one hundred and two
centodieci	110	one hundred and ten
centoventi	120	one hundred and twenty
centonovantanove	199	one hundred and ninety-nine
duecento	200	two hundred
duecentouno	201	two hundred and one
duecentoventidue	222	two hundred and twenty-two
trecento	300	three hundred
quattrocento	400	four hundred
cinquecento	500	five hundred
seicento	600	six hundred
settecento	700	seven hundred
ottocento	800	eight hundred
novecento	900	nine hundred
mille	1 000	one thousand

milleuno	1001	one thousand and one
milledue	1010	one thousand and ten
millecento	1100	one thousand one hundred
duemila	2000	two thousand
diecimila	10000	ten thousand
centomila	100000	one hundred thousand
un milione	1000000	one million
due milioni	2000000	two million
due milioni e cinquecentomila	2500000	two million, five hundred thousand
un miliardo	1000000000	one billion
mille miliardi	1000000000000	one thousand billion

A differenza dell'italiano in inglese in genere si usa una virgola per indicate le migliaia: 1,000, 2,500,00 ecc.

Unlike in English, in Italian the fullstop is used when writing numbers from a thousand upwards – 1.000, 2.500.000 etc.

I numerali ordinali

Ordinal numbers

primo, a	1º, 1ª	1st	first
secondo, a	2º, 2ª	2nd	second
terzo	3º	3rd	third
quarto	4º	4th	fourth
quinto	5º	5th	fifth
sesto	6º	6th	sixth
settimo	7º	7th	seventh
ottavo	8º	8th	eighth
nono	9º	9th	ninth
decimo	10º	10th	tenth
undicesimo	11º	11th	eleventh
dodicesimo	12º	12th	twelfth
tredicesimo	13º	13th	thirteenth
quattordicesimo	14º	14th	fourteenth
quindicesimo	15º	15th	fifteenth
sedicesimo	16º	16th	sixteenth
diciassettesimo	17º	17th	seventeenth
diciottesimo	18º	18th	eighteenth
diciannovesimo	19º	19th	nineteenth
ventesimo	20º	20th	twentieth
ventunesimo	21º	21st	twenty-first
ventiduesimo	22º	22nd	twenty-second
ventitreesimo	23º	23rd	twenty-third
trentesimo	30º	30th	thirtieth
trentunesimo	31º	31st	thirty-first
trentaduesimo	32º	32nd	thirty-second
quarantesimo	40º	40th	fortieth
cinquantesimo	50º	50th	fiftieth
sessantesimo	60º	60th	sixtieth
settantesimo	70º	70th	seventieth
settantunesimo	71º	71st	seventy-first
settantaduesimo	72º	72nd	seventy-second
settantanovesimo	79º	79th	seventy-ninth
ottantesimo	80º	80th	eightieth
ottantunesimo	81º	81st	eighty-first

ottantaduesimo	82°	82nd	eighty-second
novantesimo	90°	90th	ninetieth
novantunesimo	91°	91st	ninety-first
novantanovesimo	99°	99th	ninety-ninth
centesimo	100°	100th	(one) hundredth
centunesimo	101°	101st	(one) hundred and first
centodecimo	110°	110th	(one) hundred and tenth
centonovantacinquesimo	195°	195th	(one) hundred and ninety-ninth
duecentesimo	200°	200th	two hundredth
trecentesimo	300°	300th	three hundredth
cinquecentesimo	500°	500th	five hundredth
millesimo	1000°	$1\,000^{th}$	one thousandth
duemillesimo	2000°	$2\,000^{th}$	two thousandth
milionesimo	1000000°	$1\,000\,000^{th}$	one millionth
diecimilionesimo	10000000°	$10\,000\,000^{th}$	ten millionth

Le frazioni — Fractional numbers

un mezzo	$^{1}/_{2}$	a half
un terzo	$^{1}/_{3}$	a third
un quarto	$^{1}/_{4}$	a quarter
un quinto	$^{1}/_{5}$	a fifth
un decimo	$^{1}/_{10}$	a tenth
un centesimo	$^{1}/_{100}$	a hundredth
un millesimo	$^{1}/_{1000}$	a thousandth
un milionesimo	$^{1}/_{1000000}$	a millionth
due terzi	$^{2}/_{3}$	two thirds
tre quarti	$^{3}/_{4}$	three quarters
due quinti	$^{2}/_{5}$	two fifths
tre decimi	$3/_{10}$	three tenths
uno e mezzo	$1\,^{1}/_{2}$	one and a half
due e mezzo	$2\,^{1}/_{2}$	two and a half
cinque e tre ottavi	$5\,^{3}/_{8}$	five and three eighths
uno virgola uno	1,1	one point one

In inglese per i numeri decimali viene usato il punto invece della virgola.
In Italian the comma is used instead of the full stop in decimal numbers.

Pesi, misure e temperature

Weights, measures and temperatures

Sistema decimale

Decimal system

giga-	1 000 000 000	G	giga-
mega-	1 000 000	M	mega-
miria-	10 000	ma	myria-
chilo, kilo-	1 000	k	kilo-
etto-	100	h	hecto-
deca-	10	da	deca-
deci-	0,1	d	deci-
centi-	0,01	c	centi-
milli-	0,001	m	milli-
decimilli-	0,000 1	dm	decimilli-
centomilli-	0,000 01	cm	centimilli-
micro-	0,000 001	µ	micro-

Tavola di conversione

Negli Stati Uniti viene ancora utilizzato il sistema imperiale di misura, e in Gran Bretagna il vecchio sistema rimane ancora un punto di riferimento per molte persone anche se è stato ufficialmente adottato il sistema metrico decimale. Lo stesso vale per la scala Fahrenheit delle temperature. Nella tabella sono state elencate solamente le misure imperiali oggi ancora in uso. Moltiplicando una misura metrica per il fattore di conversione indicato in **grassetto** si ottiene la misura imperiale corrispondente; per ottenere la misura metrica basterà invece dividere la misura imperiale per il fattore di conversione.

Conversion tables

Only U.S. Customary units still in common use are given here. To convert a metric measurement to U.S. Customary measures, multiply by the conversion factor in **bold**. Likewise dividing a U.S. Customary measurement by the same factor will give the metric equivalent. Note that the decimal comma is used throughout rather than the decimal point.

Unità metriche
Metric measurement

Unità imperiali
U.S. Customary Measures

Medidas de longitud

Length measure

miglio marino	1 852 m	–	nautical mile			
chilometro	1 000 m	km	kilometer	**0,62**	mile (=1760 yards)	m, mi
ettometro	100 m	hm	hectometer			
decametro	10 m	dam	decameter			
metro	1 m	m	meter	**1,09** **3,28**	yard (= 3 feet) foot (= 12 inches)	yd ft
decimetro	0,1 m	dm	decimeter			
centimetro	0,01 m	cm	centimeter	**0,39**	inch	in
millimetro	0,001 m	mm	millimeter			
micron	0,000 001 m	μ	micron			
millimicron	0,000 000 001 m	mμ	millimicron			
Angstrœm	0,000 000 000 1 m	Å	angstrom			

Superfici

Surface measure

chilometro quadrato	1 000 000 m²	km²	square kilometer	**0,386**	square mile (= 640 acres)	sq. m., sq. mi.
ettometro quadrato, ettaro	10 000 m²	hm² ha	square hectometer hectare	**2,47**	acre (= 4840 square yards)	a.
decametro quadrato ara	100 m²	dam² a	square decameter are			
metro quadrato	1 m²	m²	square meter	**1.196** **10,76**	square yard (9 square feet) square feet (= 144 square inches)	sq. yd sq. ft
decimetro quadrato	0,01 m²	dm²	square decimeter			
centimetro quadrato	0,000 1 m²	cm²	square centimeter	**0,155**	square inch	sq. in.
millimetro quadrato	0,000001 m²	mm²	square millimeter			

Volumi e capacità / Volume and capacity

chilometro cubo	1 000 000 000 m³	km³	cubic kilometer			
metro cubo	1 m³	m³	cubic meter	**1,308**	cubic yard (= 27 cubic feet)	cu. yd
stero		st	stere	**35,32**	cubic foot (= 1728 cubic inches)	cu. ft
ettolitro	0,1 m³	hl	hectoliter			
decalitro	0,01 m³	dal	decaliter			
decimetro cubo	0,001 m³	dm³	cubic decimeter	**0,26**	gallon	gal.
litro		l	liter	**2,1**	pint	Pt
decilitro	0,0001 m³	dl	deciliter			
centilitro	0,00001 m³	cl	centiliter	**0,352** **0,338**	fluid ounce	fl. Oz
centimetro cubo	0,000001 m³	cm³	cubic centimeter	**0,061**	cubic inch	cu. in.
millilitro	0,000001 m³	ml	milliliter			
millimetro cubo	0,000000001 m³	mm³	cubic millimeter			

Pesi / Weight

tonnellata	1 000 kg	t	tonne	**1,1**	[short] ton (= 2000 pounds)	t.
quintale	100 kg	q	quintal			
chilogrammo	1 000 g	kg	kilogram	**2,2**	pound (= 16 ounces)	lb
ettogrammo	100 g	hg	hectogram			
decegrammo	10 g	dag	decagram			
grammo	1 g	g	gram	**0,035**	ounce	oz
carato	0,2 g	–	carat			
decigrammo	0,1 g	dg	decigram			
centigrammo	0,01 g	cg	centigram			
milligrammo	0,001 g	mg	milligram			
microgrammo	0,000001 g	µg, γ	microgram			

Temperature: Fahrenheit e Celsius

Temperatures: Fahrenheit and Celsius

To convert a temperature from degrees Celsius to Fahrenheit, multiply by 1.8 and add 32; e.g. 100 degrees C (boiling point of water) × 1.8; 180 + 32 = 212 degrees F.

To convert a temperature from degrees Fahrenheit to Celsius, deduct 32 and divide by 1.8; e.g. 212 degrees F (boiling point of water) – 32; 180/1.8 = 100 degrees C.

	Fahrenheit	Celsius
Freezing point of water	32	0
Boiling point of water	212	100
A very cold day	–40	–40
A cold day	14	–10
A cool day	50	10
A mild day	68	·20
A warm day	86	30
A very hot day	104	40
Normal body temperature	98,6	37

Temperature: Fahrenheit e Celsius

Temperatures: Fahrenheit and Celsius

Per convertire una temperature espressa in gradi Celsius in una temperature in gradi Fahrenheit bisogna moltiplicare per 1,8e aggiungere 32; ad es. 100 gradi C (il punto d'ebollizione dell'acqua) × 1,8; 180 + 32 = 212 gradi Fahrenheit.

Per convertire una temperature espresso in gradi Fahrenheit in una temperatura espressa in gradi Celsius, bisogna sottrarre 32e dividere per 1,8; ad es. 212 gradi F (il punto d'ebollizione dell'acqua) – 32; 180/1,8 = 100 gradi C.

	Fahrenheit	Celsius
Punto di congelamento dell'acqua	32	0
Punto di ebollizione dell'acqua	212	100
Una giornata molto fredda	–40	–40
Una giornata fredda	14	–10
Una giornata fresca	50	10
Una giornata mite	68	20
Una giornata calda	86	30
Una giornata molto calda	104	40
Temperatura normale del corpo umano	98,6	37

Simboli e abbreviazioni

Symbols and abbreviations

fraseologia	▶	phraseology
contrazione	=	contraction
corrisponde a	≈	equivalent to
cambio d'interlocutore	–	change of speaker
marchio depositato	®	trademark
phrasal verb	◆	phrasal verb
Anche	*a.*	also
abbreviazione	*abbr*	abbreviation
acronimo	*acro*	acronym
aggettivo	*adj*	adjective
amministrazione	ADMIN	administration
avverbio	*adv*	adverb
aeronautica, aviazione	AERO	aeronautics, aviation
aggettivo	*agg*	adjective
agricoltura	AGR	agriculture
amministrazione	AMM	administration
anatomia	ANAT	anatomy
architettura	ARCHIT	architecture
arte	ART	art
articolo determinativo	*art det*	definite article
articolo indeterminativo	*art indet*	indefinite article
astronomia, astrologia	ASTR	astronomy, astrology
astronomia	ASTRON	astronomy
attributivo	*attr*	attributive
ausiliare	*aus*	auxiliary verb
automobile, mezzi di trasporto	AUTO	automobile, means of transportation
ausiliare	*aux*	auxiliary verb
aviazione, aeronautica	AVIAT	aviation, aeronautics
avverbio	*avv*	adverb
biologia	BIO	biology
botanica	BOT	botany
inglese canadese	*Can*	Canadian English
chimica	CHEM, CHIM	chemistry
cinema	CINE	cinema
commercio	COM	commerce
comparativo	*comp*	comparative
informatica	COMPUT	computing
congiunzione	*cong, conj*	conjunction
cucina, culinaria	CULIN	culinary, art of cooking
articolo determinativo	*def art*	definite article
dialettale	*dial*	Dialect/dialectical
dimostrativo	*dim*	demonstrative
ecologia	ECOL	ecology
economia, industria	ECON	economics, industry
elettricità, elettronica	ELEC, ELETT	electricity, electronics
Unione Europea	EU	European Union
femminile	*f*	femminine
moda, cucito	FASHION	fashion, sewing
ferrovia	FERR	railways
figurato	*fig*	figurative
filosofia	FILOS	philosophy
finanza, borsa, tassazione	FIN	finance, banking, taxation
fiorentino	*fior*	Florentine
fisica	FIS	physics
linguaggio formale	*form*	formal language
fotografia	FOTO	photography
femminile plurale	*fpl*	feminine plural
gastronomia	GASTR	gastronomy
generalmente	*gener*	generally
geografia, geologia	GEO	geography, geology
geografia	GEOG	geography
geologia	GEOL	geology
giurisprudenza	GIUR	law
storia, storico	HIST	history, historical
imperfetto	*imp*	imperfect
imperativo	*imper*	imperative
impersonale	*impers*	impersonal
indicativo	*ind*	indicative
articolo indeterminativo	*indef art*	indefinite article
pronome indefinito	*indef pron*	indefinite pronoun
linguaggio familiare	*inf*	informal language
infinito	*infin*	infinitive
non separabile	*insep*	inseparable
interiezione	*inter, interj*	interjection
interrogativo	*interrog*	interrogative
invariabile	*inv*	invariable
ironico	*iron*	ironic
irregolare	*irr*	irregular
giornalismo	JOURN	journalism
giurisprudenza	LAW	law
letteratura, poesia	LETT	literature, poetry
letterario	*letter*	literary language
linguistica, grammatica	LING	linguistics, grammar